# STAATSLEXIKON

5

# STAATSLEXIKON

Recht · Wirtschaft · Gesellschaft

Herausgegeben
von der Görres-Gesellschaft
und dem Verlag Herder

8., völlig neu bearbeitete Auflage

# STAATSLEXIKON

## Recht · Wirtschaft · Gesellschaft

### Fünfter Band

### Schule – Virtuelle Realität

HERDER

FREIBURG · BASEL · WIEN

www.herder.de
Satz: SatzWeise, Bad Wünnenberg
Herstellung: Friedrich Pustet GmbH & Co. KG, Regensburg
Printed in Germany
ISBN (Buch) 978-3-451-37515-6
ISBN (E-Book) 978-3-451-82515-6

# Redaktion

**Leitung**
Prof. Dr. Dr. h.c. Heinrich Oberreuter
*Wissenschaftliche Mitarbeiter* (Redaktion Passau)
Sophie Haring, Dipl.-Kulturwirtin (univ.)
Dr. Bernhard Schreyer

**Fachredakteure**
*Geschichte*
Prof. Dr. Thomas Brechenmacher, Potsdam
Prof. Dr. Bernhard Löffler, Regensburg
*Pädagogik*
Prof. Dr. Michael Obermaier, Köln
Prof. Dr. Erik Ode, München
*Philosophie*
Prof. Dr. Dr. Matthias Lutz-Bachmann, Frankfurt am Main
*Politikwissenschaft*
Prof. Dr. Dr. h.c. Heinrich Oberreuter, Passau
Prof. Dr. Werner J. Patzelt, Dresden
*Rechtswissenschaft*
Prof. Dr. Tilman Repgen, Hamburg
Prof. Dr. Rudolf Streinz, München
Prof. Dr. Arnd Uhle, Leipzig
Prof. Dr. Christian Waldhoff, Berlin
*Sozialethik*
Prof. Dr. Marianne Heimbach-Steins, Münster
Prof. Dr. Markus Vogt, München
*Soziologie*
Prof. Dr. Winfried Gebhardt, Koblenz
*Theologie*
Prof. Dr. Dr. Thomas Marschler, Augsburg
*Wirtschaftswissenschaften*
Prof. Dr. Jörg Althammer, Eichstätt-Ingolstadt
Prof. Dr. Nils Goldschmidt, Siegen
Prof. Dr. Christian Müller, Münster

**Redaktion HERDER**
Dr. Bruno Steimer

# Inhaltsverzeichnis
# Band 5

# S

Fortsetzung

## Schule

### 1. Begriff

Die S. ist eine zumeist öffentliche, hierarchisch oder kollegial gegliederte Institution, in der Lehr- und Lernprozesse für qualifizierte und quantifizierte Gruppen dauerhaft und in einem vom alltäglichen Leben abgegrenzten Raum so organisiert werden, dass systematisch geordnete, d. h. didaktisch begründete Sachverhalte, Fertigkeiten und/oder Fähigkeiten auf geplante, d. h. methodisch begründete Weise von speziell professionalisierten Lehrkräften zum ↑Lernen aufgegeben werden.

Im Zentrum einer jeden S.-Theorie stehen die Fragen nach den Gründen, dem Nutzen, dem Sinn oder der Bedeutung, den Gelingensbedingungen und den Folgen der Institutionalisierung des Lehrens und Lernens. Zu unterscheiden sind der Begriff der S. (konstitutiv); der Zweck von S. (regulativ); die Ziele, Absichten und Maßnahmen, um den Zweck zu erreichen; die Motive zur Einrichtung von S.; die (politisch und rechtlich an S. delegierten) Aufgaben; die Funktionen; die Auswirkungen; die (unbeabsichtigten) Folgen und Nebenfolgen; und das Selbstverständnis der S. (S.-Programme). Speziell erforscht wird die S. einerseits in der sich historisch ausdifferenzierenden S.-Pädagogik (als Schwerpunktbildung innerhalb der Erziehungswissenschaft; ↑Pädagogik) oder in der Theorie der S. Beiträge sind zudem von anderen ↑Wissenschaften zu erwarten, die mit ihren ↑Methoden auch die Geschichte, Struktur oder Wirklichkeit der S. erforschen, ohne jedoch ins pädagogische Paradigma integriert zu sein. In historisch-systematischer Perspektive kann die Interdependenz von Struktur und Entwicklung beschrieben werden.

### 2. Historische Struktur

Das Althochdeutsche *scuola* (mittelhochdeutsch *schuol[e]*) wird aus lateinisch *schola* (Muße) sowie griech. *scholé* übernommen und benennt Tätigkeiten, die nicht dem Alltagshandeln zugerechnet werden. Die Begrifflichkeit fasst einen historischen Prozess zusammen: Spätestens seit der Nutzung des Feuers können Lernprozesse außerhalb von Anlernprozessen (Machen-Mitmachen, Vormachen-Nachmachen) situationsunabhängig, exemplarisch, explizit gestaltet, eigensprachlich und symbolisch repräsentiert stattfinden. Das Lernen wird vom Leben getrennt („Didaktische Differenz") und institutionalisiert, um die pädagogische Aufgabe in der Gesellschaft dauerhaft bewältigen und verbessern zu können. So verweisen archäologische Funde frühgeschichtlicher Hochkulturen schon auf eine räumliche Institutionalisierung, wie z. B. die in Mesopotamien als (Schrift-)Tafelhäuser bezeichneten S.n, in denen normierte schriftsprachliche ↑Kommunikation zur Organisation des politisch-ökonomischen Systems erlernt wurde. An Berichten und ägyptischen Schülerschriften um 2000 v. Chr. zeigen sich weitere Strukturmerkmale der S.: Vorratslernen, handlungszwangsentlastete Übungen, eine pädagogisch genutzte Fehlerkultur, stufenweises Lernen und damit die Ermöglichung von Prüfungen als Nachweis handlungsindifferenter und hypothetischer (zumeist kognitiver) Teilleistungen. Aus Lernergebnissen werden zudem Ansprüche auf gesellschaftliche Allokation abgeleitet, die mit sozialen Hierarchien kollidieren. Voraussetzung hierfür ist die begründete Auswahl, Anordnung und Standardisierung von Lerninhalten, die wiederum auf die Gesellschaft durch Optimierung von Kommunikations- und Verwaltungsprozessen zurückwirken. Diese Strukturmerkmale bleiben Ordnungs-, Traditions- und Stabilitätsfaktoren der Institution S., wenn diese die sichere Übergabe kultureller Standards an die nächsten Generationen trotz politisch-sozialer Varianzen gewährleisten soll. Gleichwohl ist frühgeschichtlich die S. die Ausnahme, sie ist nicht allg. zugänglich und vorrangig berufsqualifizierend.

#### 2.1 Phase erster Problematisierungen

Der sokratische Streit mit den Sophisten indiziert eine Neubegründung der S., da im neuen System der Polis nicht mehr nur jene, die durch Abstammung oder Profession am Regierungshandeln teilhaben, sondern nunmehr alle männlichen Vollbürger befähigt werden müssen, die Geschicke der Stadtstaaten zu lenken. Die Sophisten entwickeln ein (vorerst durch Wanderlehrer) organisiertes Unterrichtswesen, in dem gegen Bezahlung gesellschaftlich relevante Fähigkeiten (z. B. Protagoras: Eristik; Gorgias: ↑Rhetorik) von qualifizierten Personen gelehrt werden. Gegen dieses S.-Bildungskonzept wendet Platon ein, dass sich mit formalen Fähigkeiten keine gültigen Handlungsnormen finden ließen. So artikulieren sich zwei bis heute strukturgebende Oppositionen, ob nämlich (1) schulische *Lehre* eine erlernbare Technik oder aber eine Urteilskraft erfordernde Kunst sei, und ob (2) schulisches *Lernen* Wirkung psychologischer Einflussnahme oder ein personaler Verstehensprozess sei. Platons Sokrates löst diesen Streit durch den Nachweis, dass Lehren nie als Belehren aufgefasst werden könne (Menon-Paradox), sondern als Befähigung, einen Dialogpartner mittels Argumenten zu dem zu führen, was dieser nur selbst denken (bzw. in einem vorausgesetzen Kosmos als Idee erinnern) kann (Mäeutik). In seiner Schrift „Politeia" entwickelt Platon einen Lehrplan, der Schriftspracherwerb, Grammatik, Rhetorik, ↑Dialektik, Geometrie, Arithmetik, Musiktheorie und Astronomie sowie gymnastische Übungen vorsieht und später als *Enkyklios paideia* (Isokrates) für die S.-Geschichte Europas wegweisend wird.

Für die alteuropäische Geschichte maßgeblich wird die Differenz von Ausbildung/Anwendungskönnen (der Sklaven) und ↑Bildung/Führungswissen (der Bürger) sowie der Übergang von häuslicher zu schulischer Bildung, die Aristoteles systematisch in seiner Staatsschrift reflektiert. Die schulische Unterweisung der männlichen Bürger als *zoon politikon* sei Bedingung für das Wohlergehen des ↑Staates, sodass unter einer metaphysisch-teleologischen Perspektive die öffentliche und allgemeinbildende S. eine notwendige Institution zur Tradierung von erstrebenswerter ↑Kultur sowie Befähigung zum politischen Handeln darstelle. In Athen wird um 400 v. Chr. das erste S.-Gesetz mit Regularien über Lehrinhalte, die Bestellung von Lehrern (Grammatisten) sowie das Eintrittsalter erlassen.

### 2.2 Phase erster Systematisierungen und vertiefender Kanonisierung

Das römische S.-System entwickelt sich über einen Zeitraum von etwa 1000 Jahren zu einer verlässlich qualifizierenden dreistufigen Einrichtung. Ihre Aufgabe ist die Ausbildung der Heranwachsenden zu öffentlich Einfluss nehmenden Personen *(Rhetor)*, bei der die Kenntnis der Gesamtheit der Dinge angestrebt wird (Cicero), der *orbis ille doctrinarum*, später *septem artes liberales* genannt, also der Künste, die „eines Freien würdig" sind. Der sprachliche Teil wird zum Trivium zusammengefasst. Daran schließt sich das Quadrivium an, bestehend aus den mathematischen Disziplinen. Quintilian sammelt und systematisiert das didaktische, methodische und lernpsychologische Wissen zur S. und entwickelt eine Bildungstheorie, die das Leitbild *(imago)* des sich vervollkommenden Redners in öffentlichen Angelegenheiten hat. Diese *Bild*ung soll an öffentlichen S.n stattfinden, da dort bereits in sachlichen Lernakten der Umgang mit einer widerständigen ↑Öffentlichkeit *(res publica)* geübt werden könne, eine angemessene Allokation komparativ möglich sei und sich ein *sensus communis* entwickle.

Mit Clemens von Alexandrien beginnt die pädagogische Reflexion auf die Spezifika des Lehrers, des Schülers und des Erziehungsprozesses im christlich-theologischen Kontext. Sein Ziel liegt im Ideal der Gottes*ebenbild*lichkeit (nach Gen 1,26 f.; 1 Kor 15,49). Das kindliche Lernverhalten wird als Modell für institutionalisiertes lebenslanges Lernen bewertet, es sei für Frauen und Männer gleich, da es für beide nur einen Erzieher gebe, der nicht eine Person, sondern der Logos sei. In diesem Bildungsprozess werde der Mensch aus der ihm von Jugend an vertrauten weltlichen Gewohnheit gerissen – schulische Bildung sei also gerade nicht Sozialisation, weshalb es möglich werde, dass von der S. die Erneuerung der Welt ausgehe. Augustinus entwirft aus Einsicht in die Verfasstheit menschlicher ↑Sprache die Idee eines ↑Unterrichts, der nicht instruiere, sondern Aufforderung sei, Bedeutung selbst zu suchen.

### 2.3 Phase zunehmender Standardisierung

Der Niedergang des römischen Kultursystems in der Zeit der Völkerwanderung und die christliche Kritik am antiken Bildungskonzept der Rhetorik (Gregorius) führt in Nordeuropa (im Unterschied zum prosperierenden S.-System im arabischen Kulturraum) zu einem Substanz- und Bedeutungsverlust des antiken Bildungssystems. Erst mit der Expandierung des Frankenreiches unter Karl dem Großen gewinnt der Gedanke einer öffentlichen Organisation verschulter Allgemeinbildung, begründet als *Gottes-Dienst* zum Wohle der politischen Gemeinschaft, wieder an Bedeutung. Allerdings stiftet Karl der Große kein neues S.-System, sondern überträgt, auf Anraten des ehemaligen Domschülers Alkuin, die Aufgabe der Bildung (Vorbild: Hof-S. Karls) dem bereits ausdifferenzierten System christlicher ↑Klöster. Ihr zuvor schon von Cassiodor formulierter Grundgedanke ist, dass durch Kanonisierung und Standardisierung guter Unterricht trotz gering qualifizierter Lehrer ubiquitär möglich sei.

Künftig werden die in Nordeuropa erst langsam entstehenden weltlichen S.n durch das gekennzeichnet, was in Theorie (Reformulierung der *septem artes liberales* bereits durch Cassiodor, Martianus Capella und Isidor von Sevilla; Benediktinerregel) und Praxis (Katechismen als standardisierte Lehrbücher) in der klösterlichen Bildungsorganisation, später auch in den Stifts- und Dom-S.n entwickelt wurde: Handlungszwangsentlastung durch die Trennung von beten, arbeiten und lernen (*ora et labora et legere*), die damit verbundene Abtrennung des (kontingenten) Alltagslebens außerhalb der Klostermauern vom (geplanten) Lernen zu einer festgelegten Zeit an einem speziellen Ort und in egalisierender Gemeinschaft. Strukturbildend sind die schriftliche Symbolisierung der Lerngegenstände (Latein als normierte Amts- und daher Bildungssprache) sowie das Qualifikations- oder Selbstwirksamkeitsprinzip, die Auflockerung des Herkunfts- oder Standesprinzips und die Beachtung der Mädchenbildung (exemplarisch: Roswitha von Gandersheim; später Ursulinen, Katharinerinnen, Englische Fräulein). Christine de Pizan fordert allg.e S.-Bildung für Frauen, wobei als Geltungsgrund nicht die erforderliche Qualifikation für die ↑Lebenswelt (Beginen-S.n) dient, sondern die prinzipielle, von Gott verliehene und daher allen Menschen eigene Vernunftfähigkeit. Als empirischen Beleg führt sie erfolgreiche Bildungsverläufe historisch bedeutsamer Frauen an.

### 2.4 Phase der Reformierungen und Innovierungen

Durch die Gründung von europäischen Universitäten (seit 1088) verändert sich die Aufgabe der S., da sie nicht mehr in das gesamte Wissen einführen muss, sondern nur noch obligatorische Voraussetzungen für den weiteren Wissenserwerb schafft.

Die kulturstiftende Bedeutung der Kloster-, Stifts- und Dom-S.n bis zum Hochmittelalter kann nur im Kontrast zu außerschulischen Bildungsprozessen angemessen gewürdigt werden: In der Lebenswelt dieser statischen Gesellschaften erfolgt mehrheitlich das Einüben von Fähigkeiten weiterhin durch Ausüben von Tätigkeiten; Lernen ist bereits Leben, sodass lebensweltlich Kultur eher reproduziert als fachlich fortentwickelt, Sittlichkeit mit herrschender Sitte gleichgesetzt und ↑soziale Mobilität erschwert werden.

Die S.-Konzeption des durch die Eroberung Konstantinopels (Auswanderung griechischer Gelehrter nach Mitteleuropa) begünstigten und von Italien ausgehenden ↑Humanismus orientiert sich am Leitbild des schöpferischen, sich selbst reflektierenden *uomo nouvo* (Pietro Paolo Vergerio), ist geschult an römischer und (erstmalig) griechischer Redekunst, der *humanae litterae*. Dies führt zur Neubewertung und Neugestaltung der National- als Unterrichtssprachen, die zunehmend das Latein ablösen, erfordert die Auswahl der Lerninhalte nach Begabung und Neigung der Schüler sowie einen beispielbezogenen Unterricht, der am didaktischen Prinzip der Altersangemessenheit orientiert ist. Zudem entwickelt sich ein neues Ethos des verständnisvollen, nicht normativ formenden, sondern Selbstbildung anregenden Lehrers (Erasmus von Rotterdam).

Die Erfindung des Buchdrucks verändert und reduziert die Aufgaben der S.: Nicht mehr das Memorieren der „Vorlesung", sondern das Lesenkönnen wird zum Lernziel. Das Buch wandelt sich vom Lehrmedium zum Lernmedium. Erschwingliche Lehr- und Lernbücher erleichtern die Alphabetisierung größerer Bevölkerungsgruppen.

Aus religiösen Gründen *(sola scriptura)* fordern Philipp Melanchthon und Martin Luther von den „Radherrn aller stedte deutsches lands" (Luther 1524) öffentliche, vom politischen System finanzierte, allgemeinbildende, einheitliche (modellbildende) S.n für Jungen und Mädchen aller Schichten, weil sowohl Lebenswelt als auch Klöster die für die Entwicklung von Kultur und Wirtschaft nötige Bildung nicht mehr gewährleisteten. Ignatius von Loyola entfaltet als Reaktion auf die protestantische Bildungsoffensive das bis heute in der ignatianischen Pädagogik weltweit verbreitete Konzept einer vom katholischen Glauben abgeleiteten S.-Verfassung. Ein nunmehr flächendeckendes, angesichts der zunehmenden Arbeitsteilung notwendig allgemeinbildendes S.-System konzipiert Johann Amos Comenius, da Eltern aufgrund des Fehlens fachlicher und pädagogischer Eignung die Aufgabe, alle alles allseitig und allgemeingültig zu lehren *(omnes omnia omnino)*, nicht mehr wahrnehmen könnten oder wollten.

### 2.5 Phase der Intensivierung und Legitimierung

Die Erfahrung, dass sowohl der neue zentralistische Territorialstaat als auch das prosperierende Manufakturwesen größerer, angemessen qualifizierter Bevölkerungsgruppen bedürfen, führt in Mitteleuropa zur staatlichen ↑S.-Pflicht: zuerst im Herzogtum Pfalz-Zweibrücken (1592), in Straßburg (1598), und dann sich mittels zentralisierter Normierung (Kanzleisprache; Konzeption der „Orthographia" von Frangk [1531]) und Lerninhalte flächendeckend ausbreitend. Die lebensweltlich nicht mehr zu erbringende Qualifikation der nachfolgenden Generation wird durch Institutionalisierungsprozesse intensiviert und beschleunigt. Exemplarisch hierfür steht ein „Kurtzer Bericht von der Didactica oder LehrKunst Wolfgangi Ratichii, Darinnen er Anleitung gibt/wie die Sprachen/Künste vnd Wissenschaften leichter/geschwinder/richtiger/gewisser/und vollkömlicher/ als bißhero geschehen/fortzupflanzen seynd" (Helwig/ Jungius/Ratke 1613). Die S.-Pflicht betrifft und bestraft im Weigerungsfall die Eltern, die sich mehrheitlich bis ins 19. Jh. sträuben, ihre Kinder zur S. zu schicken, weil deren Arbeitskraft unverzichtbarer ökonomischer Faktor bleibt.

In der deutschen ↑Aufklärung wird der umfassende Bildungsanspruch der humanistischen S.-Idee zugunsten ständischer Gesellschaftskonzepte (Karl Abraham von Zedlitz), ökonomischer Indienstnahme (Gottlieb Christoph Harles) und politischer Ordnungsvorstellungen (Martin Ehlers) sowie lebensweltlicher Unterrichts- und Erziehungspraxen („Schwarze Pädagogik") einer zweckrationalen Bestimmung unter religiöser Orientierung zugeführt und im preußischen „Generallandschulreglement" (1763) verankert, auch um den Integrationsverlust der inzwischen erodierenden Ständeordnung aufzufangen. Kritik an diesem Modell formuliert Jean-Jacques Rousseau in den „Considérations sur le gouvernement de Pologne" (1772). In seinem Traktat „Émile" (1762) rekonstruiert er postmetaphysisch die Grundlagen für eine prinzipiengeleitete, an der sozial verbindlichen Selbstbestimmung des Menschen (↑Autonomie) ausgerichtete S.-Organisation mit einem durch Prinzipienwissen und Urteilskraft qualifizierten Erzieher. Um der Perfektibilität des Einzelnen Willen soll Lernen zum Erkenntnisakt werden, in dem adressatengemäße Problemstellungen in einem vor gesellschaftlichen Einwirkungen geschützten Raum selbsttätig bearbeitet werden.

### 2.6 Phase der Pädagogisierung

In der Rezeption dieser Ideen beginnen im deutschen Sprachraum die Philanthropen (u. a. Johann Heinrich Campe, Ernst Christian Trapp) S.-Versuche (z. B. 1774 in Dessau), die durch Immanuel Kant forschungsmethodisch als Konzept einer sich selbst immerzu reflektierenden und reformierenden S.-Pädagogik legitimiert werden. Johann Bernhard Basedows „Elementarwerk" (1774) begleitet als Medium weitere philanthropische Institute mit den didaktischen Gründsätzen der Kindzentriertheit, einer dem natürlichen Denkprozess und den angeborenen Fähigkeiten entspr.en Methodik (Friedrich Eberhard von Rochow) und Handlungsorientierung, mit Bildmedien, die ausdrücklich (von Johann

Wolfgang von Goethe scharf kritisiert) Sach- und keine Lebenszusammenhänge darstellen. Schulische Bildung erscheint als Mittel, den zivilisatorischen, kulturellen, sittlichen, ökonomischen ↑Fortschritt oder die Humanität insgesamt zu beförden. Das Finanzierungsproblem sollen Industrie- oder Fabrik-S.n lösen (Heinrich Philipp Sextro), in denen Kinder durch zeitlich begrenzte Eingliederung in den industriellen Produktionsprozess für ihre eigene Ausbildung arbeiten und zugl. professionsrelevante Fähigkeiten und Tugenden (ein-)üben. In England findet dieser S.-Typ u. a. durch Robert Owen schnell Verbreitung.

Nunmehr wird der Begriff *Bildung* als Deutungsmuster (Georg Bollenbeck) für all jene Lernprozesse wiederbelebt, die nach der Aufklärung die einzig verbleibende Bestimmung des Menschen, nämlich die zur Selbstbestimmung, zusammenfassen (Moses Mendelssohn). Ermutigt durch das „Geschichtszeichen" (Kant 1968: 357) der Menschenrechtsdeklaration 1789 in Frankreich entwickeln die Repräsentanten der Weimarer Klassik und des deutschen ↑Idealismus, verbunden mit einer Kritik des nun als zweckorientiert und daher affirmativ bewerteten Philanthropismus, den Gedanken der Bildung, der aus kulturellen (Johann Gottfried Herder), personalen (J. W. v. Goethe), ästhetisch-anthropologischen (Friedrich Schiller), politischen (Friedrich Wilhelm Joseph Schelling, Johann Gottlieb Fichte, Georg Wilhelm Friedrich Hegel), religiösen (Johann Michael Sailer), humanistischen (Wilhelm von Humboldt) oder genuin pädagogischen (Johann Friedrich Herbart) Gründen als *regulative* Idee von S. verstanden wird und die Selbstbestimmung des Menschen telosfrei ermöglicht. Dabei wird die berufliche Qualifikation keinesfalls abgelehnt, sondern dem allg.en Leitbild eines eigenverantwortlich handelnden Menschen untergeordnet bzw. ergänzend zur Seite gestellt.

### 2.7 Phase zunehmender Verstaatlichung

Das PrALR (1794) fasst – für den deutschen Sonderweg folgenreich – die S. als „Veranstaltung des Staates" auf, sodass sie nicht länger kirchlicher Aufsicht unterstellt bleibt, aber auch nicht den zufälligen gesellschaftlichen Kräften überlassen wird. August Hermann Niemeyer resümiert allerdings, dass die Positionen des ↑Natur- und ↑Staatsrechts über die Grenzen dieser obrigkeitlichen Gewalt widersprüchlich seien. Das Interesse des Staates an qualifizierten Bürgern mit „Bürgersinn" und „Nationalcharakter" und das Interesse der Eltern an Selbstbestimmung über den Bildungsweg ihrer Kinder kollidierten. Damit sind die Pole der S.-Organisation abstrakt bestimmt: Auf der einen Seite die vom Staat gelenkte S., die am nützlichen Wissen ausgerichtet ist und den Einzelnen zum Mitglied der existierenden oder noch zu schaffenden (utopischen) Gesellschaft formen will; auf der anderen Seite der Elternwille, der sich patriachal absolut setzt und das zu erwerbende Wissen der Individualität des Kindes aussetzt, die keine Rechenschaft schuldig ist. Zudem stellt sich das (in geschlossenen Kulturen unbekannte) *Zukunftsparadox*, in der Gegenwart mit bekannten Sachverhalten für eine Zeit ausbilden zu müssen, die niemand kennen kann.

Im Anschluss an I. Kants Unterscheidung der pädagogischen Aufgabe differenziert J. F. Herbart die pädagogischen Aktionsformen als Unterricht, (pädagogischer) Zucht (↑Erziehung) und (institutioneller) Kinderregierung (Disziplinierung) aus. Anliegen der S. solle ein erziehender Unterricht sein, der neben der Vorbereitung auf sittliche Urteilskraft insb. der Entfaltung eines vielseitigen (Sach- und Fach-)Interesses im wissenschaftsorientierten Fachunterricht diene, um den künftigen Bürgern die mannigfaltigen Möglichkeiten des gesellschaftlichen Handelns zu eröffnen.

W. v. Humboldt, der als Minister nach den für Preußen desaströsen Folgen der Feldzüge Napoleons S.-Reformen i. S. d. Neuhumanismus durchzuführen versucht, hat allerdings schon 1792 auf die „Gränzen der Wirksamkeit des Staates" im Hinblick auf die Gestaltung von Bildungsprozessen hingewiesen und darauf, dass erst die subjektive Sinnstiftung der Bürger (↑Bürger, Bürgertum) unter den freiheitlich anerkannten regulativen Ideen von ↑Wahrheit und Sittlichkeit jene kreativen Lern- und Lebensenergien freisetze, derer offene Gesellschaften bedürfen, die das Konzept einer sich stetig humanisierenden Welt mittels gültiger Argumentation entwickeln wollen. Als Ergebnis dieser Diskussion zu Beginn des 19. Jh. ist festzuhalten, dass die S. zwar einen Zweck im Hinblick auf ↑Gemeinwohl und Humanisierung der Gesellschaft erfülle, dies allerdings nur durch ihre Orientierung an pädagogischen Regularien gelingen könne. Diese Dialektik wird künftig als Maßstab aller S.-Organisation und -Gestaltung Geltung beanspruchen.

### 2.8 Phase der Genderisierung und Professionalisierung

Ab 1802 entstehen zögerlich Höhere Mädchen-S.n (Lyzeum), die bis zum 14. Lebensjahr besucht werden können. 1887 fordert eine Petition an das Preußische Unterrichtsministerium die Gleichstellung der Mädchenausbildung mit der höheren Knabenausbildung. 1893 wird in Karlsruhe das erste Mädchengymnasium gegründet. Seitdem gleichen sich Mädchen- und Jungen-S.n immer mehr an, bis die – heute zumeist ländergesetzlich geregelte – Koedukation gleichen Unterricht sicherzustellen sucht. Die in Gender-Studies (↑Gender) geäußerte Kritik an diesem Konzept führt derzeit zu neuen Überlegungen einer spezifischen Jungen- und Mädchenpädagogik (Michael Matzner u. a.), auch zu Mischformen wie der Bi-Edukation (bes. an katholischen S.n).

Seit der sog.en Süvern-Beckedorff-Kontroverse, die um die Frage nach der Aufrechterhaltung oder Abschaffung von Standes-S.en kreiste, setzt sich mit Beginn der rasanten Industrialisierung (↑Industrialisierung, Industrielle Revolution) politisch die Auffassung durch, dass der Zweck des Staates eine Gleichförmigkeit der Bildung seiner Bürger verlange. Zugl. werden in der pragmatischen Adaption der Herbartschen Formalstufen im Herbartianismus Regularien für gelingenden Unterricht entwickelt, die auch außerhalb Europas große Beachtung finden und zum Aufbau nationaler S.-Systeme herangezogen werden. Den Gedanken der Funktionalität von S. verstärken die „Preußischen Regulative für das Volksschul-, Präparanden- und Seminarwesen" („Stiehlschen Regulative") von 1854. Ihr Ziel ist die Orientierung der S. an bürgerlicher, christlicher und patriotischer Gesinnung.

Ende des 19. Jh. ist die Einrichtung eines öffentlichen, verpflichtenden, wissenschaftlich reflektierten und professionell betriebenen S.-Wesens und damit die grundlegende Alphabetisierung der sich zunehmend dynamisierenden und öffnenden Gesellschaft auch in Deutschland erreicht. Es ist gegliedert in ein durch privilegierte Zugangswege (S.-Geld, Stadt-Landgefälle) und Abschlüsse (verkürzte Militärzeit bei bestimmten Abschlüssen: „Einjährige") stabilisiertes niederes („Volks-S.n", ca. 90 % eines Jahrgangs) und höheres S.-System ([Real-]Gymnasien), das die sozial-ökonomische Situation nicht transzendiert, sondern spiegelt.

Die allg.e S.-Pflicht zieht eine systematische Neuorganisation der Lehrerbildung nach sich. Während die Philanthropen ihren Lehrernachwuchs noch an den bereits eingerichteten Instituten und durch Lehrbücher (Christian Gotthilf Salzmann, F. E. v. Rochow, J. M. Sailer), Hospitationen und eigene praktische Unterrichtsversuche ausbilden, führen Bayern 1809 und Preußen 1810 Staatsexamina für das Lehramt an höheren S.n ein. Im Laufe des 19. Jh. entstehen entspr.e Prüfungsordnungen, die eine Ausdifferenzierung nach S.-Fächern und -arten berücksichtigen. Nunmehr müssen Universitäten germanistische, romanistische, anglistische, mathematische und naturwissenschaftliche Seminare einrichten, die, künftig in hochschuldidaktischen Konzepten reflektiert (Friedrich Adolph Wilhelm Diesterweg), dem Lehrerberuf zuarbeiten. Um 1890 wird das universitäre Lehramtsstudium um eine zweite Phase der Vermittlung von Berufsfertigkeiten ergänzt. Die Ausbildung von Volks-S.-Lehrern setzt ab den 1820er Jahren ein, die an eigens eingerichteten Seminaren (Präparandenanstalt) stattfindet, an denen eine Ausbildung in der pragmatisch-normativen „Unterichtslehre" (Matthäus Cornelius Münch) aller Fächer erfolgt. Frauen erkennen im Lehrerberuf die Möglichkeit, eine gesellschaftlich anerkannte Tätigkeit auszuüben, sodass 1832 das erste preußische Lehrerinnenseminar gegründet wird. Während es bereits nach der Revolution von 1848/49 kurzfristig die Tendenz zur Umstrukturierung der Volks-S.-Lehrerbildung an die Universität gibt, setzt in der Weimarer Republik (u. a. durch Eduard Spranger) die Gründung Pädagogischer ↑Akademien ein. Diese werden nach 1933 reichseinheitlich in „Hoch-S.n für Lehrerbildung" umgewandelt, bevor sie ab 1945 in Pädagogische ↑Hochschulen überführt und in den 1980er Jahren in den universitären Lehrbetrieb eingegliedert werden.

2.9 Phase der Kritik und Reformpädagogisierung

Bereits zu Beginn des 19. Jh. wird in publizistischen Debatten bezweifelt, dass humane Bildung mit dem institutionellen Charakter der S. vereinbar sei und vermutet, dass „Schulbildung zur Bestialität" führe (Evers 1807). In der Kritik (u. a. J. F. Herbart, Friedrich Daniel Ernst Schleiermacher, Friedrich Nietzsche) sieht von nun an die nationalstaatliche, kollektivierende, das Wissen im „Fetzenstundenplan" (Peter Petersen) fragmentierende, nur instruierende, disziplinierende statt erziehende, kurz: die standardisierte „Zwangsschule" (Müller-Holm 1927), die über das Leben herrsche, statt ihm zu dienen. Diese literarische (Sammlung von Martin Gregor-Dellin), konzeptionelle (Bund Entschiedener S.-Reformer), politische (Fritz Karsen, Karl Liebknecht), sozial-psychologische (Siegfried Bernfeld) und organisatorische (Georg Kerschensteiner, John Dewey) Kritik sucht aufzuzeigen, dass sich der Staat aus einem obrigkeitsstaatlichen Teilinteresse der S. ordnungspolitisch bemächtige (z. B. in der Eröffnungsrede Kaiser Wilhelms II. auf der S.-Konferenz 1890), um verabsolutierend die (vom Neuhumanismus allerdings nie in Abrede gestellte) Qualifikations- und Disziplinierungsaufgabe zu organisieren. S. sei insgesamt „Frevel an der Jugend" (Borgius 1930), sodass im „Jahrhundert des Kindes" (Key 1900) eine (antischulische) Reformpädagogik vom Kinde aus entsteht. Es differenzieren sich neue S.-Typen (Freie S.n) heraus: die (zuerst nur vorschulische) *casa dei bambini* (Maria Montessori) mit Freiarbeit und vorbereiteter Umgebung; das Landerziehungsheim (Hermann Lietz), mit Betonung der sozialen, anlassbezogenen und handwerklichen Bildung; die Lebensgemeinschafts-S. (William Lottig); die Arbeits- oder Produktions-S. (Hugo Gaudig); die Werkstatt-S. (Célestin Freinet); die elastische Einheits-S. (Paul Oestreich); die (ontologisch orientierte) Waldorf-S. (Rudolf Steiner); Gesamt-S.n, in denen „Erziehung zur Gemeinschaft durch Gemeinschaft" (P. Petersen) eine neue „Freie S.-Gemeinde" (Gustav Wyneken) entstehen lassen soll. Das romantische Konzept der „Wohnstubenerziehung" (Johann Heinrich Pestalozzi) wird als human zu gestaltendes S.-Leben adaptiert; die bes. für Gymnasien typische Abspaltung der Erziehung vom Unterricht soll in einer S.-Gemeinschaft oder S.-Genossenschaft überwunden werden, die als „Vorschule der Demokratie" (Wilhelm Dörpfeld) verstanden wird, in einer zum selbstständigen Lernen auffordernden Lernumgebung, einer erziehlichen „just community" (Lawrence Kohlberg) oder „Polis" (von Hentig 2003; 183).

Die inzwischen popularisierte Diskussion darum, ob die S. Kindern einen Schonraum gewähre, in dem sie individuell wachsen und sich entfalten können, oder ob man sie bereits beim Lernen den ↑Normen der Gesellschaft aussetzen müsse, wird indes als verkürzte und daher falsche Polarisierung analysiert. Trotzdem artikulieren sich weiterhin einerseits ordnungspolitische (↑Ordnungspolitik) Konzepte eines etatistisch-ökonomischen, auf Unterricht und ↑Sozialisation reduzierten Qualifikationsbegriffs als Leitziel (Funktionalismus), anderseits vehemente S.-Kritik aus antiautoritären (Alexander Sutherland Neill), antiedukativen (Alice Miller) oder antipädagogischen (Ekkehard von Braunmühl) Beweggründen, die bis zur Forderung nach Abschaffung der S. (Ivan Illich) und neuerdings dem *unschooling* (John Caldwell Holt) führen. Die sog.e Geisteswissenschaftliche Pädagogik entwickelt eine Lehre von den Funktionen der S., sieht den Lehrer als Anwalt des Kindes und schreibt der Institution als „Vorhof des Lebens" vorrangig schützende, personal zu gestaltende Erziehungs- (Hermann Nohl) und sozial- sowie heilpädagogische Aufgaben zu. Der Neukantianismus (Richard Hönigswald, Paul Natorp, Alfred Petzelt) betrachtet die S. unter der Maßgabe, Inhalte des (bereits unter Geltungsanspruch der Gesellschaft bewerteten) Lehrplans im Unterricht mit den Schülern dialogisch auf Gültigkeit hin zu prüfen, sodass S. Kultur nicht vermittle, sondern auf methodische Weise im Prozess der Bildung erst hervorbringe.

### 2.10 Phase der Politisierung

In der ↑WRV wird 1919 die allg.e, mindestens achtjährige S.-Pflicht eingeführt, das gesamte S.-Wesen unter Aufsicht des Staates gestellt, der Beamtenstatus (↑Beamte) für alle Lehrkräfte obligatorisch, Lehrmittelfreiheit gewährt, das Leistungsprinzip als alleiniges Kriterium für die S.-Laufbahn gefordert und der gemeinsame Besuch der Grund-S. als Mittel sozialer Kohäsion eingeführt.

Der ↑Nationalsozialismus nimmt reformpädagogische Konzepte insofern (ideologisch eingebunden) auf, als er Bildung als funktionale Disziplinierung durch die Gemeinschaft („Formationserziehung"; Baeumler 1943: 167) versteht und körperliche Ertüchtigung in außerschulische Institutionen (HJ, Bund deutscher Mädel, Reichsarbeitsdienst) verlegt, während gleichzeitig die „Rasse"-Ideologie (↑Rassismus) in den elitären und in Konkurrenz zum – fast unverändert belassenen – Gymnasium gegründeten Adolf-Hitler-S.n realisiert wird. Spätestens seit dem Runderlass des Reichsministers Bernhard Rust über die „Errichtung gesonderter jüdischer Schulen" vom 10.9.1935 beginnt die zentral gesteuerte, strukturelle ↑Diskriminierung jüdischer Schüler und Lehrer.

Das „Gesetz zur Demokratisierung der deutschen Schulen" (1946) leitet die Umformung des S.-Systems in der SBZ hin zu einer von der SED beherrschten Einheits-S. in einem zentralisierten System ein. Es wird durch das „Gesetz über die sozialistische Entwicklung des Schulwesens in der Deutschen Demokratischen Republik" (1959) und das „Gesetz über das einheitliche sozialistische Bildungssystem" (1965) modifiziert. Hiermit scheint die DDR an reformpädagogisch ganzheitliche Konzepte der Arbeits-S.-Bewegung (Polytechnischer Unterricht) und der außerschulischen Sozialerziehung (FDJ) anzuknüpfen, praktiziert dann aber faktisch einen stark lernzielorientierten, an sozialistischen Verfassungszielen (Verfassung der DDR Art. 25) und Persönlichkeitskonzepten des Marxismus-Leninismus ausgerichteten Unterricht (L. Klingenberg).

In der BRD wird aufgrund der Erfahrungen mit einem totalitär-zentralisierten Bildungssystem die S.-Politik – in Übereinstimmung mit den Plänen der Alliierten – föderal (↑Föderalismus) organisiert. Dies führt zu einer Rehabilitierung des dreigliedrigen S.-Systems und des Halbtagsunterrichts (Stärkung des Elterneinflusses). Qualifikation, Sozialisation und Allokation (Helmut Fend) werden als Funktionen der S. ausgewiesen. In einer ersten Phase scheint diese Reproduktionsaufgabe durch eine materiale Bildungskonzeption gewährleistet, die dann durch ein formales lerntheoretisches Modell der Lernzielorientierung (Wolfgang Schulz) abgelöst wird (Syntheseversuch: Wolfgang Klafki; Bewertung: Herwig Blankertz). Seit 1964 erfährt das als „Bildungskatastrophe" (G. Picht) beurteilte S.-System dauerhaft (oft kurzatmige) und selten evaluierte ↑Reformen; von innen u. a. durch die Einsetzung des Deutschen Bildungsrats, den Versuch einer Curriculumrevision (Saul Benjamin Robinsohn), die Abkehr vom statischen Begabungsbegriff, einer von der OECD übernommenen PISA-Studie (1971), den Ausbau des zweiten Bildungswegs („Kolleg-S.n"), Versuche mit Gesamt-S.n, die Aktivierung von sog.en „Bildungsreserven" (bes. bei Mädchen aus bildungsfernen Schichten; SchülerBafög); von außen als Vision vom „Ende der Schule: oder Alternativprogramme im Spätkapitalismus" (Winkel 1974), durch Gründung von „Schulen, die ganz anders sind" (Borchert/Derichs-Kunstmann 1980). Ein zuerst „Ausländerpädagogik", dann „interkulturelle Bildung" (Krüger-Potratz 2005) genanntes schulisches Bemühen gilt den Kindern von inzwischen über vier Millionen Arbeitsmigranten. Leitideen werden nun Mündigkeit (Theodor Wiesengrund Adorno) und ↑Emanzipation (Klaus Mollenhauer) in der (für S.-Gesetze und Lehrpläne) üblichen Formel „Selbstbestimmung in sozialer Verantwortung". Die (traditionell nach eigenem Paradigma gestaltete) ↑berufliche Bildung (Berufs- und Fach-S.n) orientiert sich fortan an berufsübergreifenden „Schlüsselqualifikationen/-kompetenzen", ein Konzept, das den Bildungsbegriff lernpsychologisch zu reformulieren versucht hatte. Die nach Art. 7 Abs. 4 GG möglichen Privat-S.n (davon ca. 2000 in konfessioneller Trägerschaft; Bekenntnis-S.) lehnen ihr Profil mehrheitlich eng an die staatlichen Vorgaben an. Zur größten bzw. besuchsstärksten S.-Art avanciert das Gymnasium, das in Großstädten über 50 % eines Jahrgangs aufnimmt, während die ehemals als Haupt-S. (heute zumeist Mittel-S.)

gedachte S.-Form unterfinanziert, vernachlässigt, abgewickelt oder in Sekundar-S.n (z. B. als integrierte Haupt- und Real-S.) überführt wird. Bis etwa zur Jahrtausendwende lässt sich eine Sozialpädagogisierung der S. beobachten (Bonner Forum „Mut zur Erziehung", 1978; S.-Leben; Öffnung von S.; Fachübergreifender Unterricht; no-child-left-behind-Initiative; Fördern als Ersatz des Lernbegriffs; Inklusion [↑Inklusion, Exklusion]), die zuerst aus sozialpolitisch-ökonomischen Gründen (Wiedervereinigung), später dann auch aus pädagogischen Motiven den Rückbau des erst seit 1918 etablierten Halbtags- zum Ganztags-S.-System nach sich zieht.

### 2.11 Phase der Ökonomisierung und Digitalisierung

Mit der politischen Umsetzung von OECD-Vorgaben durch das Instrument der PISA-Studien wird seit 2001 „S.-Qualität" im Zuge des parteienübergreifend erstarkenden ↑Neoliberalismus als Gewährleistung der ökonomischen Ressource ↑„Humankapital" verstanden (Jürgen Baumert, „Klieme-Gutachten"). Mit aus der neueren Verwaltungslehre (New Public Management [↑Public Management]) übernommenen Instrumenten wie Kundenorientierung, *learn management*, *Benchmarking*, Controllingkonzepten zur Outputsteuerung, S.- u. Personalentwicklung, Qualitäts- und Change Management wird die Vereinheitlichung von S.n als Versuch einer Qualitätssteigerung unternommen (Zentralabitur; Länderübergreifende Vergleichsstudien; KMK-Kerncurricula). Der Anspruch sachbezogener Qualifikation wird in der Abbreviatur „Lernen des Lernens" formal mit der Zielangabe „Employability" als Erwerb fachlicher, sozialer und personaler Kompetenzbereiche eingelöst, deren Verhältnis zueinander offen bleibt. Erziehung wird als sachimmanent zu lernende Motivation für gesellschaftliche Teilhabe (↑„Partizipation") umgedeutet. Globalisierungstaugliche Kompetenzlehrpläne und S.-Abschlüsse (Europäische Qualifikationsrahmen) sollen dabei unter Zuhilfenahme psychometrischer Testkonzepte und lernpsychologischer Vorannahmen soziale ↑Integration, internationale berufliche Qualifikation und dadurch weltweite Allokationen der Absolventen ermöglichen. Seit den 2010er Jahren formieren sich institutionalisierte Kritik (Gesellschaft für Bildung und Wissen) und wissenschaftliche „Einsprüche" gegen das „Unternehmen Bildung" (Frost 2006) und der dadurch ausgelösten „Unbildung" (Liessmann 2006), in der Bildung zur „Ware" werde (Krautz 2014) und ein „Land seine Zukunft verspielt" (Klein 2019).

Seit der Absicht, bedeutsame Sachverhalte unabhängig von der kontingenten Qualifikation einer Lehrperson zu vermitteln (Katechismus), sind Versuche unternommen worden, Lehre mechanistisch zu steuern (Modularisierung des Wissens). In der kybernetischen Didaktik (Felix von Cube) wird der Lehr-/Lernprozess als autopoietisch zu steuernder Regelkreis dargestellt, der selbstdiagnostizierte Defizite zu Lernaufgaben transformiert und so auf korrigierend führende Lehrer verzichten könne. Es entstehen automatisierte Unterrichtskonzepte, die die Bedeutung der S. grundsätzlich in Frage stellen – insb. im Zeitalter der ↑Digitalisierung (Big Data). Es scheint möglich, Qualifikationen ohne Unterrichtspräsenz und zugeordnete Lehrperson zu erwerben (Fernabitur; Electronic und Mobile Learning). Im „Programmierten Unterricht" verlagert sich die Idee der S. völlig in das didaktisch aufbereitete Material. Mit dem PC (seit 1980) in Verbindung mit dem ↑Internet könnte die zum Transportmedium reduzierte S. Verlinkungen mit außerschulischen Wissensressourcen vornehmen, interaktive Mensch-Maschine-Lernschleifen einbauen, Selbstkontrolle optimieren, Fremdkontrolle automatisieren und sich so als „virtuelle S." gesellschaftlich etablieren. Prognostiziert wird die Individualisierung aller schulischen Lernprozesse, eine Entkopplung von Personen, Räumen und Zeiten bei Beibehaltung von Standards – und damit das Ende der traditionellen S. (Digitale Bildungsrevolution).

Freilich implizieren solche Konzepte die Vorstellung eines normativ als einzig richtig anerkannten statischen Wissens oder Könnens, das auf undiskutierbaren Axiomen ruht und sich kulturneutral durch Anwendung einer linearen Logik notwendig und für alle Akteure gleich darstellt. Individualismen werden in diesem System nur als (vorab einkalkulierte) Regelabweichungen toleriert. Zudem ist vorausgesetzt, dass die Geltung von Wissen nicht nur personal, sondern auch institutionell-anonym verbürgt werden kann und sich durch kleinschrittiges Schlussfolgern für jeden Menschen gleich erschließt. Körpersprachliche Signale und emotionale Intelligenz, individuelle, soziale, kulturell-ethnische oder genderspezifische Motivationslagen und personal verbürgtes Fürwahrhalten werden irrelevant. Es ist derzeit nicht abzusehen, ob die Digitalisierung einen epistemischen Wechsel auslöst, der S. revolutioniert oder gar abschafft, oder ob die Technik lediglich eine optionale Qualitätsverbesserung der S.-Medien zur Folge hat.

## 3. Systematische Struktur

### 3.1 Strukturmerkmal: Differenz von Leben und Lernen

Lebensvollzüge werden seit der Antike explizit in Wahrheits-, Herstellungs- und Handlungsdiskurse (Theorie, Poiesis, Praxis) differenziert. Was in geschlossenen Kulturen noch in einem teleologisch-holistischen Weltbild *(kósmos)* zusammengehalten werden konnte, erfährt unter dem neuzeitlichen Telosschwund eine differenztheoretische Radikalisierung: Erkennen und Handeln fallen nicht nur zeitlich, sondern auch logisch auseinander. Bildung für das zukünftige Handeln erfolgt zudem an kulturellen Objektivationen der Gegenwart. Der moderne Bildungsbegriff vermittelt dieses Zukunftsparadox, allerdings nun nicht mehr teleologisch, sondern im Rückgriff auf den modernen Begriff von Wissenschaft, der methodengeneriertes Wissen als hypothetisch sowie system-, handlungs- und sinnoffen versteht. Zukunftsorientierung der Bildung meint fortan keine prognostische oder utopische Antizipation eines Zeitraums, sondern die Befähigung, künftig in offenen Gesellschaften sinnvoll handeln zu können. Diese Fähigkeit setzt *telosfreie* Kenntnisse, Fähigkeiten und Fertigkeiten, *eigenverantwortete* Sittlichkeit sowie *situationsbezogene* Urteilskraft und *personale* Sinnfindung voraus. Lernen ist nach diesem Verständnis nicht Handeln, weil es nicht eigenverantwortlich vollzogen, sondern vom ↑Lehrer im Unterricht geführt wird. Für die S. ist diese Unterscheidung konstitutiv, wenngleich es immer wieder Versuche gab, sie zu ignorieren (Industrie-S., S. als Lebensraum, Polytechnische S., volkstümliche Bildung, ganzheitliche Bildung, Handlungsorientierung, Projektunterricht, Selbstlernzentren, Kompetenzorientierung).

### 3.2 Strukturmerkmal: Privatheit und Öffentlichkeit des Generationsverhältnisses

Die Kollision elterlicher Sorge (↑elterliches Sorgerecht) mit staatlicher Vorsorge ist historisch oft mit der Dominanz der einen (S.-Pflicht; Solidaritätsprinzip [↑Solidarität]) oder der anderen Seite (Hauslehrer, Subjektivitätsprinzip) zu lösen versucht worden. Einen Ausgleich versuchte G. W. F. Hegel, indem er die S. als Mittelglied zwischen den faktisch geltenden Ansprüchen und Normen der Gesellschaft und der liebevoll verstehenden und beratenden Fürsorge der Eltern bestimmte, deren Vermittlung im Lernen er gemäß seiner Geschichtsphilosophie (↑Geschichte, Geschichtsphilosophie) harmonisch gedacht hat, sodass Eltern und Staat letztlich das gleiche Ziel haben. S. versucht demnach die subjektive Aneignung des kulturell Bedeutsamen um der Objektivität des Ganzen willen (Gemeinwohlprinzip). Denkbar ist auch das Konzept, welches das Generationenverhältnis der ↑Familie als Anstoß zum lebensweltlichen Lernen aus elterlicher Fürsorge deutet und die S. als Ort methodischen Lernens unter Selbstwirksamkeits- und Geltungsansprüchen bestimmt. S. bedürfe so der elterlichen Fürsorge (Ermöglichung lebensweltlicher Erfahrungen), wie umgekehrt Eltern der S. bedürfen, deren (objektive) Methodik sie lebensweltlich nicht einholen können. S. und Elternhaus verhalten sich komplementär (Subsidiaritätsprinzip [↑Subsidiarität]).

Gegenwärtig besteht in der S.-Politik parteiübergreifend die Auffassung, um der Bildungsungerechtigkeit willen alle Kinder weniger in der Einflusssphäre ihrer Eltern zu belassen und das Generationenverhältnis zunehmend öffentlich zu gestalten (Ganztags-S.). Das ↑GG sieht eine je auszuhandelnde Kooperation vor: Nach Art. 6 GG ersetzt der Staat die elterliche Fürsorge (↑Elternrecht) nicht, sondern wacht über deren Gewährleistung und verpflichtet Eltern mit der S. auf eine Institution, die das sichert, was sie nicht zu leisten vermögen. Allerdings sieht das GG keine S.-Pflicht vor. Nach Art. 7 Abs. 1 GG steht das gesamte S.-Wesen „unter der Aufsicht des Staates", woraus sich nach einer Entscheidung des ↑BVerfG (BVerfG 15.10.2014–2 BvR 920/14) das Recht der Länder ergibt, durch Landesgesetze die S.-Pflicht zu bestimmen. In Konfliktfeldern wie ↑Sexualerziehung oder Politikunterricht hat sich inzwischen eine hochkomplexe Rechtsprechung entwickelt, die die Ansprüche von Eltern und das Interesse des Staates auszugleichen sucht.

Ob aus der Aufsichtspflicht des Staates die Verpflichtung abzuleiten ist, eine S. besuchen zu müssen, kann durchaus bestritten werden, denn die Befreiung von der S.-Pflicht zugunsten einer Bildungspflicht (wie in Österreich oder der Schweiz) würde die Aufsichtspflicht des Staates über die S.n nicht tangieren. Bis auf Deutschland ist daher – nach internationaler Auffassung (vgl. den UNO-Bericht von Vernor Muñoz, 2007) – in nahezu allen europäischen Ländern und in den USA das Homeschooling als legaler und vom Staat begleiteter alternativer Bildungsweg möglich.

### 3.3 Strukturmerkmal: Institutionalisierung

Für die Legitimation von S. ist die Möglichkeit der Institutionalisierbarkeit von Bildung Voraussetzung. S. ist zwar eine in allen Gesellschaftssystemen nachzuweisende, in ihnen aber unterschiedlich gewichtete Institution zur Optimierung von Bildungsprozessen. Der bisher längste bekannte Teil der Menschheitsgeschichte ist jedoch in allen Kulturen ohne allgemeinbildende S.n für alle Heranwachsenden ausgekommen.

Versteht man Bildung als Prozess, bei dem der Einzelne durch Lernen befähigt wird, sein Leben selbstverantwortlich zu führen, so legt dies die Annahme nahe, dass sowohl Auswahl wie Bewertung der Lerninhalte im Hinblick auf den individuellen Lebenssinn *nur* subjektiv bestimmt werden können. Zugl. wird die Auffassung vertreten, dass eine Verantwortung für die Initiation bildender Lernprozesse letztlich nur von realen Personen übernommen werden kann („Institutionelle Aporie"). Eine personalistische Pädagogik (Winfried Böhm) bewertet daher den immer funktional und mechanistisch gestalteten Institutionalisierungsprozess der Massen-S. als defizitär. Andere bildungstheoretische Konzepte tolerieren die S. lediglich als notwendige, d. h. fürsorgliche oder „parapädagogische Organisation" (Fischer 1978). Der Zwangscharakter der Pflicht-S. widerspreche dem Gedanken menschlicher ↑Freiheit; die (als authentisch bewertete) intrinsische Motivation werde systematisch durch ein Gratifikations- und Bestrafungssystem (Zensuren) zur extrinsischen Motivation pervertiert. Aus Perspektive der ↑Kritischen Theorie wird S. zum Symbol einer autoritären und zweckrationalen Reduktion dessen, was ehemals als Kultur bezeichnet wurde. Die „verwaltete Schule" (Becker 1954) erscheint – unabhängig von politischen Optionen und Systemen – als Herrschaftsform instrumenteller Vernunft, die in der Quantifizierung aller Qualitäten und in der Normierung aller

Individualitäten zum Zweck ihrer ökonomisch-technischen Manipulation den Ausweg aus und nicht die Ursache von epochaler Barbarei sieht. In der französischen (durch F. Nietzsches ↑Kulturkritik inspirierten) ↑Postmoderne erscheint die S. (analog zu Gefängnis, Krankenhaus oder Militär) als zentrale Institution zur Kontrolle eines Diskurses, der die willkürlichen Grundlagen der Erkenntnisordnung („Ontologische Differenz") nicht mehr offenlegt (Michel Foucault, Martin Heidegger).

Freilich vernachlässigen diese Fundamentalkritiken, dass bereits die Zurkenntnisnahme dieser Kritik kulturell einheitliche Standards an Denk-, Lese- und Schreibfähigkeit voraussetzt. Es ließe sich daher geradezu umgekehrt der S. die Aufgabe zuschreiben, allen Gesellschaftsmitgliedern jene basalen Kulturtechniken (Mindeststandards) zu vermitteln, die Voraussetzungen für die Teilhabe an öffentlicher Kommunikation sind. Allerdings übersieht das soziologisch begründete Standardisierungsmanagement, dass es selbst allein aufgrund von Normabweichung entstehen konnte, da es nicht jener Kultur entsprach, aus der heraus es entstand – sich also gerade *gegen* die gegebenen Kulturstandards der eigenen Entstehungszeit wandte.

Die fundamentalistische Kritik der Institutionalisierung betrachtet ebenso wie ihre fundamentalistische Verteidigung den Bildungsprozess des ↑Individuums verkürzend entweder als individuellen Willkürakt oder als gesellschaftliche Normierung. Beides ist aber nach modernem Wissenschaftsverständnis nicht zwingend. Wissenschaftsorientierter S.-Unterricht kann sich auf methodisch kontrollierte, d.h. intersubjektiv nachprüfbare Begründungsverfahren beziehen – unabhängig davon, ob sie partnerschaftlich *(face to face)* oder kollektiv (Vortrag, Buch) stattfinden. Regulative Idee des Unterrichts ist Wahrheit – und nicht die Person oder das anonyme Regelsystem einer Gesellschaft, wie Ideologiekritik oder Bildungsökonomie annehmen.

Erst im Handeln ist das Individuum als sich vor sich selbst verantwortendes Wesen gefragt, woraus sich erhellt, dass in der S. nicht gehandelt wird und nicht zum Handeln aufgefordert werden darf. Auch individuelle Sinnfindung und Identitätsstiftung können in der modernen S. nicht erfolgen, sondern nur als Bildungsaufgabe artikuliert werden. Aber dies trifft ebenso auf die personale ↑Interaktion zu. Im Hinblick auf sachliche und sittliche Geltungsansprüche lassen sich Bildungprozesse daher ohne Substanzverlust institutionalisieren.

Dies gilt auch angesichts des Vorwurfs, schulisches Lernen erfolge als standardisiertes Lernen. Zwar sind die Lernvoraussetzungen durch Biographie, Umwelt und eigenen Willen individuell, sodass faktisch immer inhomogene Lerngruppen entstehen. Das Ziel für *alle* Schüler besteht aber darin, Geltungsansprüche sachlicher und sittlicher Herausforderungen allgemeingültig und handlungsrelevant zu prüfen (Thomas Mikhail). Diese Geltungsansprüche lassen sich nicht in Idiosynkrasien auflösen, ohne Wahrheit und Sittlichkeit zu suspendieren. Ein vielgliedriges S.-System (vom Internat bis zum Homeschooling; Volker Ladenthin) mit unterschiedlichen Bildungsgängen (Fundamentum/Additum; berufsorientiert/weiterbildungsorientiert; theoretisch/praktisch) und differenzierendem Unterricht vermag es zudem durchaus, individuelle Lernvoraussetzungen und sachliche wie sittliche Geltungsansprüche („Allgemeinbildung") zusammenzuführen. Radio (S.-Funk) und Fernsehen (Telekolleg) als Bildungsmedien haben dies über Jahrzehnte demonstriert; die Digitalisierung ermöglicht weitere Diversifikationen.

Die S.-Pflicht rechtfertigt sich aus dem humanen Interesse des Staates am ↑Kindeswohl, dessen versäumte Bildung nicht zu jeder späteren Lebensphase nachgeholt werden kann, und an seiner Aufgabe der ↑Daseinsvorsorge, die der Tradierung gesicherter Kultur ebenso bedarf wie der Entwicklung handlungsleitender Fähigkeiten. Arbeitsteilige und demokratische Gesellschaften (↑Demokratie) bedürfen zudem der wechselseitigen und qualifizierten Interaktion aller, da niemand mehr das Privileg einer von anderen zu alimentierenden Muße oder Exklusivität für sich reklamieren kann. Schließlich orientiert sich das Ideal einer (ausschließlich) intrinsischen Motivation des menschlichen Handelns an der Vorstellung einer apriorischen Identität von ↑Welt und Mensch sowie von Zweck- und Sinnbestimmungen. Deren doppelter Bruch wurde aber schon in der überlieferten Frühgeschichte der Menschheit, etwa in der Zeitalterlehre Hesiods, als seitdem unhintergehbare Lebensbedingung des denkenden Menschen ausgewiesen: Seither ist nicht mehr davon auszugehen, dass das Begehren des Einzelnen den Notwendigkeiten des (Über-)Lebens in einer vorgefundenen Welt enspricht, dass also der Wille des Einzelnen mit dem schlechthin ↑Guten ineinszusetzen sei; auch haben die Sachverhalte nicht schon deshalb einen guten Sinn, weil man sie lernen will. Die S.-Pflicht ist Teil der Aufgabe aller Menschen, in der sie tragenden Gemeinschaft verantwortungsvoll und über ihr Leben hinaus zur Gestaltung dieser Gemeinschaft beizutragen – eine Verpflichtung, die man Heranwachsenden in je angemessener Form („Pädagogischer Takt") zumuten können muss.

### 3.4 Strukturmerkmal: Staatliche Aufsicht

S. kann – wie die unterschiedlichen S.-Systeme weltweit zeigen – allgemeinbildend oder berufsqualifizierend sein und in staatlicher (zentral/regional), öffentlicher oder privater Trägerschaft verantwortet werden. Unterstehen S.n der staatlichen Aufsicht und Kontrolle, ergibt sich das Paradox, durch die *gegenwärtige* staatliche Verfasstheit die Vorbereitung auf die *zukünftige* (Mit-)Gestaltungsnotwendigkeit des Staates zu ermöglichen. Demokratische Staaten können das institutionelle Paradox lösen, wenn Ziele, Inhalte, Methoden und Medien der S. dem geltenden Recht nicht widersprechen, zugl. aber die Erkenntnisse der Wissenschaften maßgeblich sind („Beutelsbacher Konsens"). Durch die Freiheit von Forschung und Lehre (↑Wissenschaftsfreiheit) nach Art. 5 GG legt der demokratische Staat als eine seiner Gelingensbedingungen fest, dass seine sachlichen Grundlagen permanent einer Prüfung ausgesetzt sind. Im schulischen Bildungsprozess beginnt diese Revision hypothetisch. Die Reglementierung durch eine demokratische Verfassung und die Orientierung an Wissenschaft zusammen ermöglichen ein herausforderndes Verhältnis zwischen der Wahrnehmung gegenwärtiger staatlicher Aufgaben einerseits und der Vorbereitung auf künftige Herausforderungen andererseits. Konsequent scheint es daher, wenn das Lehrpersonal in einem (beamtenrechtlichen) Treueverhältnis zum Staat steht. So ist gewährleistet, dass keine bildungsfremden (dogmatischen oder willkürlichen) Interessen und Anreize an die Lehrenden herangetragen werden.

Maßgeblich für das deutsche S.-System sind Art. 26 AEMR, Art. 7 CRPD und Art. 7 GG sowie die entspr.en Paragraphen der ↑Landesverfassungen oder die S.-Gesetze.

3.5 Strukturmerkmal: Juristische Reglementierung

Als öffentliche, vom Staat beaufsichtigte, kontrollierte, organisierte und/oder finanzierte Einrichtung unterliegt die S. juristischen Regularien und Vorgaben. Im ↑S.-Recht werden der Zweck von S., ihre Ziele, Aufgaben und Funktionen sowie die (Zugangs- und Freiheits-) Rechte und Pflichten von Lernenden und Lehrenden festgelegt. Im Verhältnis von Bildung und Recht konfligieren allerdings (ordnungs-)politische, funktionale, ökonomische und pädagogische Ansprüche. Weist man der S. formal allein den pädagogischen Zweck der Bildung zu, dann müssten rechtliche Vorgaben der pädagogischen S.-Idee untergeordnet werden. Gesetze und Verordnungen dürften dann nur sicherstellen, dass die Zugangsrechte der Lernenden nicht zweckwidrig beschnitten, unterrichtliche Gestaltungsspielräume der Lehrenden nicht eingeengt werden, während die S. eigene, dem Recht vergleichbare Normen schafft (Beispiele für strittige Autonomieansprüche: Kruzifixe im Klassenzimmer; Kopftuchverbot; Handyverbot [in den meisten Bundesländern schulinterne Reglung]; Erlaubnis von Demonstrationen während der Unterrichtszeit).

Versteht man hingegen die S. als Organ des Staates, so müssten sich pädagogische Maßnahmen nicht nur innerhalb des geltenden Rechts bewegen, sondern staatliche Ansprüche auch aktiv exekutieren. Die Rechtsordnung würde dann auch pädagogisches Handeln normieren, sodass es in S.n zu einer „Staatspädagogik" (Kritik: Dietrich Benner) käme und der Staat als „Erziehungsstaat" (Kritik: Hermann Giesecke) agierte. Im Modell der *Bildung in einer demokratisch legitimierten Rechtsordnung* lässt sich diese Antithetik mildern: S.-Gesetze stehen zwar weiterhin in der institutionellen Aporie, durch staatliche Vorgaben („Zwang") das Erlernen freiheitlicher Selbstbestimmung „kultivieren" (Kant 1968: 711) zu wollen. Schwebend gehalten wird die Antithetik aber, indem das positive Recht sich selbst als unter dem Regulativ der Sittlichkeit verwantwortet versteht, dessen Revision eine unabschließbare Bildungsaufgabe darstellt und auch als solche für die und in der S. verstanden wird. Zwar lernen die Schüler den sittlichen Anspruch des Rechts unter Normen positiven Rechts, aber sie lernen ihn so, dass sie befähigt werden, geltendes Recht stets auf seine Geltung und mögliche Verbesserung im Hinblick auf Sittlichkeit zu prüfen. Daher ist Rechtsgehorsam politisch ein hohes Gut, aus pädagogischer Sicht aber allein deshalb, weil das Recht begründbar und daher seine Begründung verbesserungsfähig ist. Schulische Bildung vermittelt zwischen Faktizität und Geltung weder rechtspositivistisch (Carl Schmitt) noch faktisch aushandelnd (Jürgen Habermas), sondern unter dem Aspekt der dialogischen Befähigung zur Prüfung von sittlichen Geltungsansprüchen als Aufgabenstellung des Rechtssystems.

3.6 Strukturmerkmal: Äußere Organisation

Aufgrund politischer Entwicklungen können S.-Systeme immer nur nachträglich zu ordnen versucht werden. Für den deutschen Sprachraum waren seit der Aufklärung die Konzepte von K. A. v. Zedlitz (dreigliedrig: Bauern-, Bürger,- Gelehrten-S.) und W. v. Humboldt (horizontal eingliedrig: Elementar-S., allgemeinbildende S., Berufsbildung/Universität) polarisierend. Man versuchte dann, das S.-System nach Lerntypen (G. Kerschensteiner) oder Erwartungen der Arbeitswelt zu gliedern – was in der BRD zuletzt den Vorwurf der restaurativen Stabilisierung sozialer Verhältnisse ausgelöst hat (Helmut Schelsky). Im Unterschied dazu richtete die DDR ein Einheits-S.-System mit horizontaler Gliederung ein, das allerdings politisch selektiv war. Pädagogische Konzepte zur Neugliederung des bundesrepublikanischen Systems haben zu Gesamt-S.n geführt oder – um die bei der Elternschaft und Wirtschaft angesehenen tradierten S.-Formen zu berücksichtigen – eine Gliederung nach Lerngeschwindigkeit vorgeschlagen, oder statt der (räumlichen) S.-Arten schulinterne Bildungsgänge in Betracht gezogen. Diskutiert und erprobt wurden die zwischen Primar- und Sekundarstufe eingeschobene Orientierungsstufe, die Gemeinschafts- oder Bürger-S. von Klasse 1–10, die Integrations-S. oder die Inklusions-S. (UN-BRK). Um eine sozial möglicherweise diskriminierende „äußere Differenzierung" nach S.-Arten zu umgehen, werden Konzepte der „inneren Differenzierung" (reguliert durch Streaming oder Setting) oder durch Unterrichtsformen (Karl Gerhard Pöppel/Jürgen Rekus: Lehrgangsunterricht, Projektunterricht, Freiarbeit) entwickelt. Faktisch können derzeit in allen Bundesländern S.-Abschlüsse hochindividuell über bis zu fünfzehn unterschiedliche S.-Laufbahnen erworben werden. Das in Deutschland vorbildlich ausgebaute Förder-S.-System mit eigens auf die jeweilige Beeinträchtigung hin qualifiziertem Personal nimmt organisatorisch stets eine Sonderstellung ein, ist aber durch die Ratifizierung der CRPD und die sich anschließende Debatte um Inklusion in Legitimationszwang geraten.

### 3.7 Strukturmerkmal: Innere Organisation

Das Grundproblem der inneren S.-Organisation besteht in der Zusammenstellung der Lerngruppen. Praktiziert wurde eine Zusammensetzung nach dem Rechtsstatus (Bürger-Nichtbürger; ↑Staatsangehörigkeit), nach biologischen Kriterien (Geschlecht, Alter, Reifegrad, Gesundheitszustand; früher auch nach rassischen Gesichtspunkten, z. B. im Deutschen Reich und in den USA), räumlicher Herkunft (einklassige Volks-S. mit „Abteilungsunterricht"; S.-Bezirke), nach sozialer Herkunft (z. B. DDR), Finanzverhältnissen der Eltern (S.-Geld), nach kognitiven Eingangskriterien (Wissen, Intelligenz, Begabung), kognitivem Leistungshandeln (jahrgangsübergreifend), gruppendynamischen Erwägungen („S.-Familien" an S.-Landheimen), weltanschaulichen oder religiösen Vorentscheidungen (konfessionelle Privat-S.n). Jedes dieser Kriterien lässt sich jedoch letztlich ausschließlich pragmatisch und nicht pädagogisch begründen.

Allgemeinbildende S.n sind immer durch Unterricht in Gruppen bestimmt. Zugl. ist jeder einzelne Schüler so anzusprechen, dass ihm Unterricht und Erziehung gerecht werden. Aus diesen aporetischen Ansprüchen ergeben sich für die innere Organisation von S. maßgebende Prinzipien: Es muss vermieden werden, Eingangsdiagnosen als Präjudikation von Abschlüssen zu funktionalisieren, sondern stattdessen die Bildsamkeit aller Menschen, die individualpsychologische Entwicklung, Motivation, Lebensplanung und Arbeitshaltung ebenso als Kriterien bei der Zusammenstellung von Lerngruppen zu berücksichtigen wie den Entstehungsgrund von S., d. h. Unterricht in Gruppen mit vergleichbaren Abschlüssen finanzierbar zu gewährleisten. Spezifische frühzeitige Förderung (↑Früherziehung) ist ebenso notwendig wie die Verhinderung zu früher Festlegung. Lernbeeinträchtigungen und Entwicklungsstörungen sind ebenso zu beachten wie Hochbegabung und überdurchschnittliche Leistungsmotivation. In der äußeren und inneren, zielgleichen und zieldifferenten, fundamentalen und additiven Differenzierung (Enrichment) ist der Versuch unternommen worden, alle Kinder der nachwachsenden Generation so zu befähigen, dass diese ein selbstverantwortetes Leben in einer politisch-sozialen Gemeinschaft führen können. Der Begriff der Bildung, das haben alle Diskussionen um die Ordnung von S.-Systemen gezeigt, ist unteilbar. Demokratische Gesellschaften müssen zudem ihrem Selbstverständnis gemäß voraussetzen, dass sich alle Bürger kundig und verantwortungsvoll an allen politischen Entscheidungsprozessen aktiv beteiligen können. Der Staat hat daher aus Eigeninteresse dafür Sorge zu tragen, dass schulische Abschlüsse weder nach sozialen, ökonomischen, geschlechtlichen noch nach regionalen Kriterien vergeben werden.

### 3.8 Strukturmerkmal: Didaktisierung und Methodisierung

Wenn S.-Pflicht die S. zur vorherrschenden Organisation von Bildungsprozessen bestimmt, kann ihr Ziel nur darin liegen, alle Absolventen zur eigenverantwortlichen Mitwirkung an der sich stets reformierenden politischen Ordnung zu befähigen. Inhalte von Bildungsprozessen müssen ein Wissen und Können sein, das der Wissenschaft nicht widerspricht, wissenschaftlich begründet oder wissenschaftspropädeutisch ist. Schichten des Lehrplans sind Ansprüche der objektiven ‚Mächte' (Wissenschaft, Wirtschaft, Künste, kulturelle Einrichtungen, Militär und Kirchen – während der Staat nicht eigene Interessen verfolgen, sondern nur als „gerechter Makler" [Erich Weniger] zwischen den Interessen vermitteln sollte), geistige Grundrichtungen sowie nützliche Kenntnisse und Fertigkeiten. Sie können ausgewählt und angeordnet werden nach traditionellen Wissensformen, anthropologisch und kulturell konstanten Aufgaben (z. B. normierte Schriftsprachlichkeit) und/oder bezogen auf Adressat, Gesellschaft und Wissenschaft. Kriterien wie Vergangenheitsbezug (Traditionssicherung), Gegenwartsbezug (Handlungsfähigkeit) und Zukunftsbezug (Selbstständigkeit) sind hinzuzuziehen (Wolfgang Klafki). Unter dem Begriff „heimlicher Lehrplan" werden Nebenwirkungen des Lehrplans und Sozialisationsaspekte theoretisch erfasst, die als legitime Einflussnahmen auf die Lehrplangestaltung gelten. Dabei umfassen zwei Unterrichtsmethoden alle Ausdifferenzierungen: Zum einen die *Lern*methode, d. h. die Fachmethoden der Wissenschaften, sodass für Schüler Lernen und Erkennen zusammenfallen; zum anderen die *Lehr*methode, d. h. die Aufforderung zum methodischen Lernen. Kern- und Bezugsmedien sind die Lautsprache (in Sonderfällen auch Gebärdensprache) und die Schrift („Bildungssprache"), d. h. die symbolische, zur Abstraktion tendierende Verallgemeinerung, Verdichtung und damit Beschleunigung von Erfahrungen. Prüfungen und S.-Abschlüsse stellen den Grad der Selbstwirksamkeit fest und dienen der Allokation, sodass gesellschaftliche ↑Anerkennung nicht nach Privilegien, sondern nach Befähigung vergeben werden kann. Die S.-Gemeinschaft muss so organisiert sein, dass sie dem Gedanken der Bildung nicht widerspricht oder aber Anlässe bietet, Bildungsprozesse zu initiieren.

### 3.9 Strukturmerkmal: Schulzeit

Bei der Festlegung der Mindest-S.-Zeit muss unterschieden werden zwischen dem Gesamtvolumen der abzuleistenden S.-Stunden (bezogen auf Kalenderjahre) und der täglichen Präsenzzeiten. Die Dauer der S.-Zeit lässt sich ebensowenig allein aus pädagogischen Voran-nahmen ableiten wie allein aus psychologischem Wissen über Reifung und Entwicklung oder aus kulturellen oder wirtschaftlichen Erwartungen an Absolventen, auch nicht aus sozialen Gegebenheiten wie der Familienstruktur und sozialpädagogischen Institutionen, aus medizinischen Aspekten wie der durchschnittlichen Lebenserwartung, aus sozialpolitischen Zielvorstellungen (Vereinbarkeit von Beruf und Familie), internationalen Vergleichen und politischen Mehrheiten. S.-Zeiten müssen daher unter allen (berechtigten) Ansprüchen ausgehandelt werden. Die Dauer von absoluter wie täglicher S.-Zeit hat hohe didaktische Bedeutung. Die Stauchung oder Gewährung von Unterrichtszeiten wirkt immer selektierend oder integrierend und kann so erhebliche soziale Verwerfungen zeitigen.

### Literatur

M. Harring/C. Rohlfs/M. Gläser-Zikuda: Hdb. Schulpädagogik, 2019 • H. P. Klein: Abitur und Bachelor für alle – wie ein Land seine Zukunft verspielt, 2019 • J. Krautz: Ware Bildung, 2014 • F.-M. Konrad: Geschichte der Schule, [2]2012 • V. Ladenthin: Kulturschulen – Schulkulturen, 2012 • S. Hellekamps/W. Plöger/W. Wittenbruch: Schule: Hdb. der Erziehungswissenschaft, Bd. 3, 2010 • S. Blömeke u. a.: Hdb. Schule, 2009 • H. Fend: Neue Theorie der Schule, [2]2009 • U. Frost: Unternehmen Bildung: die Frankfurter Einsprüche und kontroverse Positionen zur aktuellen Bildungsreform, 2006 • K. P. Liessmann: Theorie der Unbildung, 2006 • M. Krüger-Potratz: Interkulturelle Bildung: eine Einführung, 2005 • H. von Hentig: Die Schule neu denken, 2003, 183–191 • W. Klafki: Schultheorie, Schulforschung und Schulentwicklung im politisch-gesellschaftlichen Kontext, 2002 • H.-G. Herrlitz/W. Hopf/H. Titze/E. Cloer: Deutsche Schulgeschichte von 1800 bis zur Gegenwart, [3]2001 • S. Kirk u. a.: Schule und Geschichte, 2000 • J. Diederich/H.-E. Tenorth: Theorie der Schule, 1997 • K.-J. Tillmann: Schultheorien, 1993 • L. v. Friedeburg: Bildungsreform in Deutschland, 1989 • H. Kemper: Schultheorie und Schulreform, 1985 • T. Ballauff: Funktionen der Schule, 1982 • W. Twellmann: Hdb. Schule und Unterricht, 8 Bde., 1981–86 • M. Borchert/K. Derichs-Kunstmann: Schulen, die ganz anders sind, 1980 • W. Fischer: Schule als parapädagogische Organisation, 1978 • R. Winkel: Ende der Schule: oder Alternativprogramme im Spätkapitalismus, 1974 • B. Michael/H.-H. Schepp: Politik und Schule von der Französischen Revolution bis zur Gegenwart, 2 Bde. 1973 f. • I. Kant: Über Pädagogik, in: ders.: Werke, Bd. 10, 1970, 691–761 • T. Wilhelm: Theorie der Schule, [2]1969 • I. Kant: Der Streit der Fakultäten, in: ders.: Werke, Bd. 9, 1968, 261–393 • G. Picht: Die deutsche Bildungskatastrophe, 1964 • H. Becker: Die verwaltete Schule, 1954 • A. Baeumler: Jugenddienstpflicht, Hitler-Jugend und Schule, in: Weltanschauung und Schule 7/10–12 (1943), 157–170 • W. Borgius: Die Schule – ein Frevel an der Jugend, 1930 • E. Müller-Holm: Die Zwangsschule, 1927 • E. Krieck: Philosophie der Erziehung, 1922 • E. Key: Das Jahrhundert des Kindes, 1900 • F. Paulsen: Geschichte des gelehrten Unterrichts auf den deutschen Schulen und Universitäten vom Ausgang des Mittelalters bis zur Gegenwart, 2 Bde., 1885 • E. A. Evers: Über die Schulbildung zur Bestialität, 1807 • W. v. Humboldt: Ideen zu einem Versuch, die Gränzen der Wirksamkeit des Staates zu bestimmen, 1792 • J. B. Basedow: Elementarwerk, 1774 • J.-J. Rousseau: Considérations sur le gouvernement de Pologne, 1772 • Ders.: Émile, 1762 • C. Helwig/J. Jungius/W. Ratke: Kurtzer Bericht von der Didactica oder LehrKunst Wolfgangi Ratichii, Darinnen er Anleitung gibt/wie die Sprachen/Künste vnd Wissenschaften leichter/geschwinder/richtiger/gewisser/und vollkömlicher/als bißhero geschehen/fortzupflanzen seynd, 1613 • F. Frangk: Orthographia, 1531 • M. Luther: An die Radherrn aller stedte deutsches lands: das sie Christliche schulen auffrichtenn vnd halten sollen, 1524.

VOLKER LADENTHIN
UND THOMAS MIKHAIL

## Schulpflicht

### 1. Begriff und Entstehung

Eine regelmäßige Schulausbildung für breitere Bevölkerungskreise ist erst ein Phänomen der ↑Neuzeit. V. a. reformatorische Forderungen führten Ende des 16. Jh. zu frühen Formen einer allg.en S. in einzelnen deutschen Territorien (zuerst Pfalz-Zweibrücken; Straßburg). In Preußen wurde mit Ausstrahlungswirkung durch Friedrich Wilhelm I. 1717 und dann v. a. durch Friedrich II. 1763, letzteres Generallandschulreglement bereits motiviert durch Gedankengut der ↑Aufklärung, die S. postuliert. Die Durchsetzungschancen waren aufgrund fehlenden Personals, fehlender Gebäude, v. a. jedoch fehlender Motivation der Eltern bzw. der ökonomischen und sozialen Notwendigkeit mitarbeitender Kinder sehr unterschiedlich, v. a. katholische Territorien hinkten hinterher.

Im geltenden Recht ist die S. im Landesrecht – in den ↑Landesverfassungen und in den Landesschulgesetzen – verankert und beträgt neun bzw. zehn (Schul-)Jahre. Nach Ablauf der Vollzeit-S. kann die Berufs-S. wirksam werden. Die S. beginnt zu einem von Land zu Land variierenden Stichtag nach Vollendung des sechsten Lebensjahres.

### 2. Aktuelle gesellschaftliche Problematik

Unterschiedliche Formen der Schulverweigerung aus religiösen und weltanschaulichen Gründen – sei es die Totalverweigerung durch christliche Fundamentalisten (↑Fundamentalismus), sei es die Partialverweigerung durch Moslems – haben sich inzwischen zu einem gesellschaftlichen Problem ausgeweitet. Art. 6 Abs. 2 S. 1 GG i. V. m. Art. 4 Abs. 1 und 2 GG gewährt den Eltern das Recht zur Kindererziehung (↑Elternrecht) in religiöser und weltanschaulicher Hinsicht. Diese ↑Grundrechte sind Einschränkungen zugänglich, die sich aus dem prinzipiell gleichrangigen Erziehungsauftrag des Staates (Art. 7 Abs. 1 GG) ergeben können. U. a. ist die in den Gesetzen der Länder festgeschriebene allg.e S. eine Konkretisierung dieses Erziehungsauftrags. Konflikte zwischen dem (religiösen) Erziehungsrecht der Eltern und dem Erziehungsauftrag des Staates sind nach den Grundsätzen der praktischen Konkordanz zu lösen. Das einfachgesetzliche ↑Schulrecht lässt auf Antrag begrenzte Befreiungen durch den Schulleiter aus bes.n Gründen im Einzelfall zu, vgl. etwa § 11 Abs. 1 ASchO NRW.

Die aus den USA kommende, zumeist christlich-fundamentalistisch begründete Bewegung des sog.en *home-*

*schooling*, d.h. die Totalverweigerung der staatlichen Schulerziehung, ist in den letzten Jahren zum neuralgischen Punkt elterlichen und staatlichen Erziehungsrechts geworden. Hierbei geht es im Wesentlichen um strenggläubige Christen, die einen verwerflichen ideologischen Einfluss der Schulen auf ihre Kinder befürchten und diesen in bestimmten Fächern vermittelte Inhalte „ersparen" wollen. Ihrer Auffassung nach wird den Kindern an staatlichen Schulen „das Falsche" vermittelt und „das Richtige" vorenthalten.

### 3. Rechtsprechung zur Schulpflichtverweigerung

Die deutschen Gerichte lehnen bisher religiös motivierte Ansprüche auf völlige Unterrichtsbefreiung (auch von einzelnen Fächern) nahezu einhellig ab. Das Erziehungsrecht der Eltern sei nicht ausschließlicher Natur; daneben trete gleichrangig der Erziehungsauftrag des Staates. Die mit der in den jeweiligen Landesgesetzen geregelten S. verbundenen Eingriffe in Art. 4 Abs. 1 und 2 GG und Art. 6 Abs. 2 GG stünden in einem angemessenen Verhältnis zu dem Gewinn, den die Erfüllung dieser Pflicht für den staatlichen Erziehungsauftrag und die hinter ihm stehenden Gemeinwohlinteressen (↑Gemeinwohl) erwarten ließen. Die Allgemeinheit habe ein berechtigtes Interesse daran, der Entstehung von religiös oder weltanschaulich motivierten „Parallelgesellschaften" entgegenzuwirken und ↑Minderheiten zu integrieren. Abgesehen von der Frage, ob die Eltern überhaupt in der Lage sind, den gesamten Stoff auch in didaktischer Hinsicht einer wissenschaftlich ausgebildeten, professionell tätigen Lehrkraft vergleichbar zu vermitteln, spricht hierfür v.a. die den Kindern aufgrund der erziehungsbedingten Ausgrenzung fehlende Kompetenz, sich unter normalen gesellschaftlichen Bedingungen behaupten zu können. Im Ergebnis würden die Kinder zur Unmündigkeit erzogen, was mit dem Menschenbild des ↑GG nicht vereinbar wäre. Hinzu kommt der kaum feststellbare rigide familiäre Zwang, der auf die Kinder ausgeübt wird. Auch dies würde – in pädagogischer Hinsicht – gegen eine Befreiung sprechen. Als argumentativen Kern der grundsätzlichen Entscheidung gegen *homeschooling* hat die Rechtsprechung des ↑BVerfG festgehalten: „Es mag zutreffen, dass die Beschränkung des staatlichen Erziehungsauftrags auf die regelmäßige Kontrolle von Durchführung und Erfolg eines Heimunterrichts zur Erreichung des Ziels der Wissensvermittlung ein milderes und insoweit auch gleich geeignetes Mittel darstellen kann. Doch kann es nicht als Fehleinschätzung angesehen werden, die bloße staatliche Kontrolle von Heimunterricht im Hinblick auf das Erziehungsziel der Vermittlung sozialer und staatsbürgerlicher Kompetenz nicht als gleich wirksam zu bewerten. Denn soziale Kompetenz im Umgang auch mit Andersdenkenden, gelebte Toleranz, Durchsetzungsvermögen und Selbstbehauptung einer von der Mehrheit abweichenden Überzeugung können effektiver eingeübt werden, wenn Kontakte mit der Gesellschaft und den in ihr vertretenen unterschiedlichsten Auffassungen nicht nur gelegentlich stattfinden, sondern Teil einer mit dem regelmäßigen Schulbesuch verbundenen Alltagserfahrung sind" (BVerfG, NVwZ 2003: 1113). Diese „Integrationsfunktion" der Schule (↑Integration) besteht folglich nicht nur im Interesse der Kinder, sondern ist auch Voraussetzung für das Funktionieren einer demokratischen Staatsordnung. Nach dieser Prämisse ist auch die zwangsweise Durchsetzung der S. mit Art. 4 Abs. 1 und 2 GG und Art. 6 Abs. 2 GG vereinbar. Tatsächlich schrecken aber selbst Bußgelder und polizeilicher Zwang Familien nicht ab, ausschließlich häuslichen Unterricht für ihre Kinder zu organisieren und durchzuführen.

Die zum *homeschooling* entwickelten Grundsätze hat das BVerwG (NVwZ 2014: 81) auch auf die – vermehrt aufkommenden – Fälle der religiös motivierten Verweigerung einzelner isolierter Unterrichtsinhalte übertragen. Hierzu gehören etwa die Ablehnung des koedukativen Schwimmunterrichts unter Berufung auf islamische Verhüllungsvorschriften, die Nichtteilnahme an Schulfahrten oder das „Boykottieren" von als anstößig empfundenen (Unterrichts-)Filmen; mit leichten Abstrichen lässt sich hier außerdem das Tragen eines *niqab* (eines Gesichtsschleiers) einordnen, als Weigerung, im Unterricht das eigene Gesicht zu zeigen. Auch in diesen Fällen hat das BVerwG die unerlässliche Integrationsfunktion der Schule in einer pluralistischen Gesellschaft betont, die es ihr – auch bei nötiger Rücksichtnahme auf individuelle Glaubensüberzeugungen der Schüler – nicht erlaube, sich in ihren Unterrichtsinhalten auf einen für alle akzeptablen „kleinsten gemeinsamen Nenner" zurückzuziehen, sondern umgekehrt gerade die grundsätzliche Einbeziehung von Minderheiten in alle Aspekte des schulischen Alltags, auch in die als belastend empfundenen, verlange; die Verfassung habe insoweit den Konflikt mit religiösen Überzeugungen bereits abstrakt in den staatlichen Erziehungsauftrag mit einberechnet und aufgelöst. Daraus folgt, dass eine Befreiung auch von einzelnen Unterrichtseinheiten nur dann überhaupt erst in Betracht kommt, wenn eine Beeinträchtigung religiöser Empfindungen von „besonders gravierender Intensität" (BVerwG, Urteil vom 11.9.2013 – 6 C 12.12) – ein Konflikt also mit imperativen Glaubensgeboten – droht. Erst dann sei in einer Abwägungsentscheidung im Einzelfall über eine Befreiung zu befinden – mit dem Auftrag freilich, vorrangig einen für Schule, Eltern und Schüler akzeptablen Kompromiss (bspw. das Tragen eines „Burkini" im Schwimmunterricht) zu suchen. Hier wird in der zunehmenden Pluralisierung der Gesellschaft auf die Schulen in Zukunft eine bedeutende Moderationsaufgabe zukommen, die unmittelbar aus ihrem Integrationsauftrag erwächst.

Was den Besuch der Schule an Tagen angeht, die aus religiösen Gründen heilig sind (z.B. der Sabbat für Juden), gesteht die Rechtsprechung Ausnahmen zu, soweit sie zeitlich begrenzt sind. Bestimmte religiöse Feiertage können daher als Freistellungsgrund anerkannt werden, sofern der Nachweis der Zugehörigkeit zu der betreffenden Religionsgemeinschaft erbracht wird.

Literatur

J. von Lucius: Homeschooling, 2017 • H. Wißmann: Art. 7, in: W. Kahl/C. Waldhoff/C. Walter (Hg.): Bonner Komm. zum Grundgesetz. 172. Erg.-Lfg., Stand Mai 2015, Rdnr. 81–96 • F. Reimer (Hg.): Homeschooling – Bedrohung oder Bewährung des freiheitlichen Rechtsstaats? 2010 • M. Jestaedt: Schule und außerschulische Erziehung, in: HStR, Bd. 7, [3]2009, § 156 • C. Tangermann: „Homeschooling" aus Glaubens- und Gewissensgründen, in: ZevKR 51/3 (2006), 393–417 • T. Hebeler/J. Schmidt: Schulpflicht und elterliches Erziehungsrecht – Neue Aspekte eines alten Themas?, in: NVwZ 24/12 (2005), 1368–1371.

CHRISTIAN WALDHOFF

## Schulrecht

### 1. Schule im Verfassungsstaat

Die ↑Schule ist für das moderne Gemeinwesen ein entscheidender Ort („Wer die Schule hat, hat die Zukunft"). Im freiheitlichen Verfassungsstaat hat das S. deshalb die Aufgabe, unterschiedliche Erziehungsansprüche mit dem Schutz und der individuellen Entfaltung der Schüler zu verbinden.

Das deutsche S. weist dabei bes. Ausprägungen auf. Zum ersten ist in Deutschland das *staatliche Schulwesen* auf der ganzen Breite der Schulformen *vorherrschend;* auch die Leistungsspitze soll durch öffentliche, allg. zugängliche Schulen abgedeckt werden. Ihre Einrichtung dient sowohl dem (jüngeren) individuellen Recht auf ↑Bildung wie auch der Verwirklichung eines (älteren) eigenständigen staatlichen Erziehungsauftrags. Organisatorische Grundlage ist eine im internationalen Vergleich bes. strenge ↑Schulpflicht (statt einer bloßen Unterrichtspflicht). Aus dieser Ausgangslage erklären sich zugl. die in der jüngeren S.s-Praxis entwickelten, sehr weitgehenden verfassungsrechtlichen Bindungen für den Schulbetrieb. Ein zweites Kernelement des S. ist die ergänzende *Garantie des Privatschulwesens*, das eine echte Alternative zum staatlichen Schulbetrieb bilden soll, aber zugl. die dort geltenden Leistungsvorgaben erfüllen muss. Eine bes. Rolle im deutschen S. nimmt drittens traditionell die *Stellung der Religion* ein. Darin bildet sich historisch ein Kompromiss zwischen Staat und Kirche ab, in der Gegenwart wird so v. a. die bes. Achtung persönlicher, grundrechtlich geschützter Identität im Erziehungsprozess wirksam.

### 2. Rechtsgrundlagen

Das S. der Gegenwart wird durch das Mehrebenensystem des modernen Rechts geprägt: Schon das ↑*Völkerrecht* kennt einzelne Vorgaben für das Schulwesen, so insb. das Recht auf Bildung und Anforderungen an die inklusive Beschulung (ZP EMRK 1957, UN-KRK, IPwskR, UN-BRK 2006). Das ↑*Europarecht* spielt im Bereich des S.s keine eigenständige Rolle (Art. 165 AEUV – „Harmonisierungsverbot"; vgl. noch Art. 14 EuGRC). Im ↑*GG* regelt Art. 7 GG – anders als die WRV 1919 – nur knappe Ausschnitte des S.s (neben der Grundformel zur „staatlichen Schulaufsicht" insb. zu Einzelfragen des Religionsunterrichts und der Privatschulen; zur Zusammenarbeit zwischen Bund und Ländern ferner Art. 91b, 104c GG). Wirkung entfalten darüber hinaus v. a. die ↑Grundrechte.

Im Übrigen sind die Entscheidungszuständigkeiten umfassend auf der Ebene der *Bundesländer* verblieben (Art. 30 GG). Dort werden der Schule i. d. R. schon in den ↑Landesverfassungen umfassende Regelungsabschnitte gewidmet. Hinzu treten dann die Schulgesetze, teilweise auch zusätzliche Spezialgesetze. Typischerweise werden hier der Aufbau und die Gliederung des Schulwesens, Erziehungsziele und bestimmte Unterrichtsinhalte, Fragen der Schulpflicht, der Mitwirkung von Lehrern, Eltern und Schülern am Schulleben sowie die Fragen der Schulträgerschaft, der Schulaufsicht und der Schulfinanzierung geregelt. Weiter nehmen landesrechtliche Rechtsverordnungen und Verwaltungsvorschriften verschiedener Art einen breiten Raum ein, um die abstrakten gesetzlichen Vorgaben in der Schulwirklichkeit umzusetzen. Zur Koordination des Länder-S.s bestehen zahlreiche *Staatsverträge;* sie werden i. d. R. durch die bereits 1948 gegründete ständige KMK erarbeitet. Die Bundesländer haben insb. in Bezug auf das Thema „Religion und Schule" seit jeher auch Verträge mit Religionsgemeinschaften abgeschlossen (↑Staatskirchenverträge). Die *Betreuung und Förderung der Schüler jenseits des Unterrichts* wird inzwischen weithin als gemeinsame Aufgabe von Bund, Ländern und kommunaler Ebene begriffen.

### 3. Innere Schulverfassung

Als innere Schulangelegenheiten werden die Teile des S.s bezeichnet, die sich auf ↑Unterricht und ↑Erziehung beziehen. Sie sind durch verfassungsrechtliche Grundentscheidungen geprägt. Das S. muss dabei einen Ausgleich zwischen der staatlichen Schulverantwortung (Gröschner 1996), den Erziehungsrechten der Eltern (↑Elternrecht) und den Rechten des Kindes herstellen. Dabei ist zu beachten, dass die öffentliche Schule als *Begegnungsraum der pluralistischen Gesellschaft* zunehmend unterschiedliche Grundanschauungen integrieren soll.

Nach Art. 7 Abs. 1 GG steht das gesamte Schulwesen unter der Aufsicht des Staates. Diese „staatliche Schulaufsicht" ist bereits seit dem PrALR 1794 der Ankerbegriff des deutschen S.s. Urspr. sicherte er die gesamtstaatliche Zugriffsmöglichkeit gegen lokale Abkapselung, seit 1848 und vollständig seit 1919 war er vorrangig gegen den überkommenen Anspruch der Kirchen auf das Bildungswesen gerichtet. Anders als sonst üblich meint der Begriff der Schulaufsicht nach ganz herrschender Auffassung vollständige Leitungsrechte der staatlichen Schulbehörden gegenüber der einzelnen Schule (und also nicht nur begrenzte Aufsicht gegenüber ansonsten eigenverantwortlichen Rechtsträgern). Bei präziser, allerdings umstrittener Betrachtung schafft das GG anders als seine Vorgängerverfassung insofern (nur) einen entspr.en Kompetenztitel, der erst durch die zuständigen Bundesländer eingelöst wird.

Im Unterschied zum früheren Anstalts-S. sind heute Schüler als Grundrechtsträger der Mittelpunkt des Schulgeschehens. Zur inneren Schulverfassung gehört weiter die Stellung der Eltern, deren Erziehungsrecht nicht an den Mauern der Schule endet. Gleichzeitig ist die öffentliche Schule auch nicht bloßer Agent elterlicher Erziehungsvorstellungen, vielmehr steht dem Staat nach ganz überwiegender Auffassung ein eigenständiger Erziehungsauftrag zu, der sich „nicht nur auf die Vermittlung von Wissen und die Erziehung zu einer selbstverantwortlichen Persönlichkeit [richtet]. Er richtet sich auch auf die Heranbildung verantwortlicher Staatsbürger, die gleichberechtigt und verantwortungsbewusst an den demokratischen Prozessen in einer pluralistischen Gesellschaft teilhaben" (BVerfG 31.5.2006 – 2 BvR 1693/04, Rdnr. 16). Auf diesen Gedanken wird nicht zuletzt die strenge Durchsetzung der Schulpflicht gestützt.

Die innere Schulverfassung lässt sich daher mit den Kategorien von Eingriffs- oder Leistungsverwaltung nur unzureichend erfassen. Die Eigenart des Schulverhältnisses liegt in einer prozeduralen Verantwortung des S. für einen offenen *Unterrichtsprozess*, der als Gesetzesanwendung unzureichend rekonstruiert wäre, auf der anderen Seite aber auch nicht als freier pädagogischer Prozess allein in die Hand der Beteiligten gelegt werden kann. Entscheidungen, die als *Ordnungsmaßnahmen* bes. stark in die Rechte der Schüler eingreifen, bedürfen nach der Wesentlichkeitstheorie spezieller gesetzlicher Ermächtigungen. Das S. muss ferner vor dem Maßstab von Art. 12 GG eine sachgerechte, im Zweifel gerichtsfeste *Beurteilung der Leistungsfähigkeit* von Schülern sicherstellen; es werden unterschiedliche Schulabschlüsse vergeben (u. a. Hauptschulabschluss, mittlere Reife, allg.e Hochschulreife).

Die öffentliche Schule in Deutschland ist grundsätzlich nicht „bekenntnisfrei" (arg. Art. 7 Abs. 3 GG), sondern religionsfreundlich, ohne dass der Staat selbst religiöse Position bezieht (BVerfGE 41,29 – Gemeinschaftsschule; 52,223 – Schulgebet; 93,1 – Kruzifix; 108,282 – Kopftuch I; 138,296 – Kopftuch II). Eine bes. Rolle spielt der ↑*Religionsunterricht*, der als einziges Unterrichtsfach bereits bundesverfassungsrechtlich geschützt ist (Art. 7 Abs. 2 und 3 GG). Da der weltanschaulich neutrale Staat religiöse Wahrheit nicht beurteilen kann und will, und er zugl. die religiöse Identität seiner Bürger achtet, kooperiert er für den Bereich des Religionsunterrichts mit den ↑Religionsgemeinschaften, die so zugl. einen bes.n freiheitlichen Beitrag für das allg.e Schulwesen leisten können.

Durch die zunehmende religiöse Pluralität der Bevölkerung ist in den letzten Jahren das Feld der Religion in der Schule (wieder) zum allgegenwärtigen Streitgegenstand geworden, was sowohl Handeln des Gesetzgebers wie insb. auch verfassungsgerichtliche und verwaltungsgerichtliche Lösungen erfordert. Im Kern geht es um einen Ausgleich zwischen dem schützenswerten Anspruch auf (auch religiöse) Verschiedenheit, die geachtet und gerade auch entfaltet werden soll, und der Sicherung eines Integrationsvorgangs (↑Integration) durch gemeinsame Leistungs- und Erziehungsziele.

### 4. Schulorganisation und Schulaufsicht

Die Schulorganisation ist Sache der Bundesländer. Grundtypus ist das nach Leistungsaspekten *gegliederte Schulwesen* (früher dreigliedrig, heute öfter zweigliedrig: „Gemeinschaftsschule"/Sekundarschule o. ä.; Gymnasium). Parallel werden zunehmend Gesamtschulen angeboten. Umstritten ist, ob die völkerrechtlichen Vorgaben zur *Inklusion* (↑Inklusion, Exklusion) die gesonderten Förderschulen für behinderte Schüler beschränken müssen.

Zwischen den Bundesländern bestehen vertragliche Absprachen für *Leistungsvergleiche* und z. T. für einheitliche *Abschlussprüfungen*, um die Gleichwertigkeit der Bildungsabschlüsse (und damit den allg.en bundesweiten Hochschulzugang) sicherzustellen.

Die einzelne Schule ist regelmäßig als *unselbständige Anstalt des öffentlichen Rechts* organisiert. Sie ist im Hinblick auf die inneren Schulangelegenheiten der Landesverwaltung zugeordnet; die Lehrkräfte sind in Deutschland typischerweise Landesbeamte (↑Beamte). Die sog.en äußeren Schulangelegenheiten (Bau und Unterhaltung der Schulen, örtliche Schulplanung) sind auf der kommunalen Ebene als Pflichtaufgaben angesiedelt; Gemeinden und Landkreise sind *Schulträger* und haben dabei eigene Rechte aus dem Rechtsgedanken der örtlichen Selbstverwaltung (BVerfGE 138,1).

Die in den Schulgesetzen inzwischen oftmals eingeräumte sog.e *Schulautonomie* ist nur eine Selbständigkeit zweiter Ordnung. Sie ändert typischerweise nichts an den Eingriffsrechten der vorgesetzten Schulaufsichtsbehörden. Richtigerweise gilt der Schutz von Eigenständigkeit und Verantwortung dem pädagogischen Prozess im Unterricht *(Pädagogische Freiheit)*, nicht der vorläufigen (und oft bürokratischen) Verselbständigung von Einzelschulen.

Im Ausgangspunkt anders verhält sich Frage von Gleichheit und Aufsicht im Bereich der *Privatschulen*. Sie sind als Ersatz- und Ergänzungsschulen nach Art. 7 Abs. 4 und Abs. 5 durch das GG bes. geschützt. Insofern agieren sie im Ausgangspunkt als Teil der grundrechtsberechtigten Gesellschaft, die sich für Verschiedenheit nicht rechtfertigen muss. Durch die Angleichung an staatliche Standards im Bereich der Ersatzschulen und eine weitgehende staatliche Finanzierung steht der verbleibende Freiheitsanspruch allerdings unter fortgesetztem Rechtfertigungsdruck.

### Literatur

J. Rux: Schulrecht, [6]2018 • F. Hanschmann: Staatliche Bildung und Erziehung, 2017 • H. Wißmann: Art. 7, in: W. Kahl/C. Waldhoff/C. Walter (Hg.): Bonner Komm. zum Grundgesetz., 172. Erg.-Lfg., Stand Mai 2015, Rdnr. 81–96 • H. Avenarius/B. Pieroth/T. Barczak: Die Herausforderung des öffentlichen Schulwesens durch private Schulen – eine Kontroverse, 2012 • H. Avenarius/H. P. Füssel: Schulrecht, [8]2010 • M. Jestaedt: Schule und außerschulische Erziehung, in: HStR, Bd. 7, [3]2009, § 156 • H. Wißmann: Pädagogische Freiheit als Rechtsbegriff, 2002 • M. Thiel: Der Erziehungsauftrag des Staates in der Schule, 2000 • R. Gröschner: Art. 7 GG, in: H. Dreier (Hg.): Grundgesetz. Komm., Bd. 1, 1996, 539–580.

HINNERK WIßMANN

## Schwangerschaftsabbruch

I. Sozialethisch – II. Rechtlich – III. Soziologisch

### I. Sozialethisch

#### 1. Rechts- und theologiegeschichtliche Aspekte

Das Problem des S.s bewegt die Menschen seit jeher. Während in der antiken Welt der S. nur als ein Sachdelikt angesehen wurde, das die Rechte des Staates, des Vaters, der Familie und im Ausnahmefall auch der Mutter, aber niemals des Kindes verletzte, rückte im hellenistischen Judentum erstmals die Perspektive des Embryos in den Blick. Die Septuaginta-Version von Ex 21,22–25 bezog den zu sühnenden Schaden nicht auf die Verletzung der Mutter, sondern auf die Schädigung des Fötus und brachte diese mit der aristotelischen Unterscheidung der beseelten und unbeseelten Leibesfrucht in Verbindung. Nur im Frühstadium seiner Entwicklung konnte die Zerstörung des Embryos durch eine materielle Bußleistung abgegolten werden. War dieser dagegen nach Proportion und Form zur menschlichen Gestalt ausgebildet, galt sie als Tötungsdelikt. Nach Philo von Alexandrien, dem seit Tertullian die christliche Theologie folgte, ist der beseelte Embryo als ausgebildeter Mensch zu betrachten, der in der Werkstatt der Natur nur zurückgehalten wird. Die frühchristliche Ethik sah im Verbot des S.s ein Unterscheidungsmerkmal, durch das sich die junge Kirche von der spätantiken Gesellschaft abhob.

Im Mittelalter galt die Abtreibung als Tötungsdelikt, das jedoch unterschiedlich schwer bestraft wurde, je nachdem, ob der Fötus beseelt oder noch unbeseelt war. Dieser von Thomas von Aquin aufgrund der naturwissenschaftlichen Autorität des Aristoteles bekräftigten Unterscheidung (STh I, 118,1–2; II-II, 64,1 und 8; Summa contra gentiles III, 22), die später vom kirchlichen Recht auf das weltliche überging, wurde vonseiten des Lehramtes erstmals unter Sixtus V. (1588) eine Absage erteilt; von Pius IX. (1869) wurde sie endgültig aus der kirchlichen Rechtsprechung verbannt. Als sich die zeitgenössische Medizin aufgrund neuer wissenschaftlicher Erkenntnisse (Entdeckung des weiblichen Eis; eigener Blutkreislauf eines Fötus) der Annahme einer Simultanbeseelung zuneigte, kam es auch im weltlichen Recht zu einem Umschwung. Das PrALR, das unter dem Einfluss aufgeklärten Gedankenguts 1794 erlassen wurde, stellt erstmals die frühesten Lebensstadien des Menschen unter den Schutz der staatlichen Rechtsordnung: „Die allgemeinen Rechte der Menschheit gebühren auch den noch ungeborenen Kindern, schon von der Zeit ihrer Empfängnis an" (§ 10 Abs. 1 S. 1 PrALR). Zugl. schränkten die Reformgesetze der Aufklärungszeit Strafmaß und Umfang der Abtreibungsdelikte (Zuchthaus statt Todesstrafe, genaue Berücksichtigung der Tatumstände) ein. Die Aufmerksamkeit der aufgeklärten Rechtswissenschaft galt v. a. dem Zusammenhang zwischen der staatlichen Pönalisierung und der gesellschaftlichen Realität der Abtreibung. In den Mittelpunkt trat das sozialpolitische Ziel der Verhütung von Schwangerschaftsabbrüchen (S.en), das nur durch Entkriminalisierung sexueller Verfehlungen und sozialpolitische Maßnahmen wie Armutsbekämpfung und Schulbildung erreichbar erschien. Mit der Forderung, die Strafbarkeit des S.s einzuschränken und sozialpolitischen Maßnahmen den Vorzug zu geben, wiesen diese Reformideen weit nach vorne.

Bei den zurückliegenden Reformen des deutschen Abtreibungsrechts betonten Befürworter wie Gegner einer strafrechtlichen Freigabe des S.s, diese stelle die moralische Missbilligung des S.s durch den demokratischen ↑Rechtsstaat nicht in Frage. Inzwischen ist die befürchtete Wirkung, die Entpönalisierung durch das staatliche Recht werde im gesellschaftlichen Bewusstsein einer moralischen Anerkennung gleichkommen, weithin eingetreten. Der Strafverzicht des Staates trug dazu bei, die Einsicht in den Unrechtscharakter der Abtreibung zu minimieren, und förderte das Missverständnis, die demokratische Rechtsordnung anerkenne ein moralisches Recht der Frau auf den S. Dennoch erscheint der Verzicht auf strafrechtliche ↑Sanktionen im Blick auf die mögliche existenzielle Konfliktlage der Frau angemessen. Die körperliche und psychische Symbiose zwischen Mutter und Kind während der Schwangerschaft stellt eine analogielose „Zweiheit in Einheit" (BVerfGE 88,203 [253]) dar, in der zwei personale Rechte miteinander konkurrieren können: Der Anspruch der Frau auf autonome Selbstbestimmung steht dem fundamentalen Recht des Kindes auf Leben gegenüber.

#### 2. Konfliktsituationen und ethische Bewertungsansätze

Wer ein moralisches Recht der Schwangeren postuliert, nach eigenem Ermessen einen S. vornehmen zu lassen, kann dies entweder mit dem Hinweis auf ihre Selbstbestimmung oder dadurch begründen, dass er die Schutzwürdigkeit des Embryos herabsetzt. Das Autonomieargument kann allerdings nicht begründen, warum der Schwangeren in der Ausübung ihrer Selbstbestimmung das Recht zustehen sollte, über das noch ungelebte Leben ihres Kindes zu verfügen. Zudem beginnt die Ausübung von ↑Autonomie bereits vor der Entdeckung der Schwangerschaft. In einem umfassenden Sinn meint Autonomie die Fähigkeit und das Recht zur selbstbestimmten, eigenverantwortlichen Lebensführung, was die Bereitschaft zur Übernahme von ↑Verantwortung für die Folgen des eigenen Handelns auch dann einschließt, wenn diese ungewollt eintreten. Das Argument einer nur graduellen Schutzwürdigkeit des Embryos trägt zur ethischen Beurteilung von Schwangerschaftskonflikten wenig bei, da der Zeitpunkt, nach dem auf der Basis einer solchen Position dem extra-korporalen Embryo bereits ein uneingeschränktes Lebensrecht zukommt, nämlich die Nidation, schon zurückliegt, so dass dem Nasciturus jedenfalls vom Zeitpunkt der Einnistung an ein uneingeschränktes Recht auf Leben zukommt (BVerfGE 88,203). Dieses gründet in der ↑Menschenwürde, die nicht auf einem sozialen Zuschreibungs- oder Anerkennungsakt der Gesellschaft oder der Eltern basiert, sondern dem Ungeborenen ebenso wie jedem Menschen unabhängig von einer bestimmten Entwicklungsstufe oder der Ausbildung kognitiver Fähigkeiten zukommt. Die Schwangere hat daher grundsätzlich die Pflicht, die Schwangerschaft anzunehmen und auszutragen; diese Pflicht ist Teil der gemeinsamen Elternverantwortung, die beide Partner, also auch der Vater des Kindes, durch seine Zeugung übernommen haben. Weigert sich der Vater, zu seiner Verantwortung zu stehen, oder drängt er die Schwangere gar zum Abbruch, begeht er in moralischer Hinsicht schweres Unrecht, das allerdings rechtlich kaum erfassbar ist, da es sich in dem Kernbereich privater Lebensführung abspielt, in den die staatliche Ordnung nicht eingreift.

Das kirchliche Lehramt anerkennt keinen einzigen Grund, der einen S. objektiv rechtfertigen könnte. „Die direkte, d.h. als Ziel oder Mittel gewollte Abtreibung [stellt] immer ein schweres sittliches Vergehen [dar], nämlich die vorsätzliche Tötung eines unschuldigen Menschen“ (Papst Johannes Paul II., Enzyklika „Evangelium vitae“: 62). Seit dem 19. Jh. gilt der S. im Fall einer vitalen Indikation, also bei bestehender Lebensgefahr für die Mutter, einer zunehmenden Zahl von Moraltheologen jedoch auch als ethisch vertretbar, weil von der Mutter die Gefährdung des eigenen Lebens, auch aus Rücksichtnahme auf bereits geborene Kinder, nicht verlangt werden kann. Die gegenwärtige ↑Moraltheologie bevorzugt zur Begründung eine genauere Güterabwägung: Wenn die Fortführung der Schwangerschaft die Mutter in eine medizinisch nicht abwendbare Lebensgefahr bringen würde (z.B. bei einer Eileiterschwangerschaft) steht das rettbare Leben der Mutter gegen das ohnehin unrettbare Leben des Kindes, so dass die größere Überlebenschance der Mutter auch in moralischer Hinsicht den Ausschlag geben darf. Bei näherer Betrachtung zeigt sich jedoch, dass in der extremen Konfliktsituation, in der das Leben des Kindes und das Leben der Mutter gegeneinanderstehen, keine Güterabwägung oder Vorzugswahl im üblichen Sinn vorgenommen wird. Der Tod des Kindes wird auch nicht als indirektes Mittel gewollt, um die Lebensrettung der Mutter als Handlungsziel zu erreichen. Bei jeder dieser Rechtfertigungsstrategien würde gegen das grundlegende moralische und rechtliche Verbot verstoßen, das Leben eines Menschen gegen das eines anderen abzuwägen. Tatsächlich vergleicht der Arzt nicht zwei Leben, sondern zwei Handlungsweisen miteinander. Wenn er die Wahl zwischen Handeln und Nicht-Handeln hat, wobei als Folge seines Nicht-Handelns der Tod von Mutter *und* Kind eintritt, während er das Leben der Mutter retten kann, ist die Variante des Nicht-Handelns in moralischer Hinsicht nicht wählbar. Der Arzt ist in dieser Situation verpflichtet, alles ihm Mögliche zu tun, um Leben zu retten.

Außer im Fall der vitalen Indikation, in der das Leben der Mutter durch die Schwangerschaft bedroht ist, sind keine weiteren Rechtfertigungsgründe für einen S. erkennbar. Auch eine voraussichtliche ↑Behinderung des Kindes kann keinen ausreichenden Grund zum Abbruch der Schwangerschaft darstellen (eugenische Indikation). Über das vermeintliche Glück oder Unglück, das dieses Kind in seinem Leben erfahren wird, lässt sich keine prospektive Bewertung von außen vornehmen, zumal sein Wohlergehen auch von der Einstellung abhängt, die seine Umgebung und insb. sein näheres familiäres Umfeld ihm gegenüber einnehmen. Die Anerkennung einer eugenischen Indikationsstellung zum S. liefe zudem auf die Ungleichbehandlung eines Nasciturus mit hohem genetischem Risiko auf eine körperliche oder geistige Beeinträchtigung hinaus, die gegen das Diskriminierungsverbot (↑Diskriminierung) verstößt. Der deutsche Gesetzgeber hat dem insofern Rechnung getragen, als er die frühere eugenische Indikation bei der letzten Reform des § 218 der Sache nach in einer erweiterten medizinischen Indikation aufgehen ließ. Demnach ist der S. in einem solchen Fall nicht aufgrund der mutmaßlichen Behinderung des Kindes, sondern deshalb gerechtfertigt, weil das Leben mit einem behinderten Kind von der Mutter als eine unzumutbare Gesundheitsbedrohung angesehen wird. Eine derartige Behauptung, die im Falle schwerster körperlicher Beeinträchtigungen des Kindes, die eine 24-Stunden-Betreuung des Kindes erfordern, einleuchten kann, lässt sich jedoch kaum auf alle Arten von körperlichen oder geistigen Beeinträchtigungen übertragen, v.a. nicht auf solche, die die selbstständige Lebensfähigkeit des Kindes (wie in den meisten Fällen einer Trisomie 21) kaum einschränken. Eine allg.e soziale oder psychische Notlage der Eltern, wie sie die frühere psycho-soziale Notlagen-Indikation vorsah, kann für die betroffene Frau zwar äußerst belastend sein, doch zu keiner moralischen Legitimation des S.s führen. In einem sozialen Rechtsstaat, der sich der ↑Würde des Menschen und dem ↑Grundrecht jedes Menschen auf Leben verpflichtet weiß, müssen existenzielle Belastungen und Zumutungen anders als durch die Tötung fremden Lebens, nämlich durch eine umfassende materielle und soziale Unterstützung der Schwangeren, abzuwenden sein.

Eine bes. tragische Konfliktsituation liegt vor, wenn die Schwangere vergewaltigt wurde (kriminologische Indikation). Da die Frau selbst Opfer einer Gewalttat wurde, greift das Prinzip der Verantwortungsübernahme für die Folgen des eigenen Handelns nicht. Dennoch lässt sich das an der Frau geschehene Unrecht nicht dadurch ausgleichen, dass man ihm durch die Tötung des im Mutterleib der Schwangeren heranwachsenden Kindes ein zweites hinzufügt. Das Heranwachsen des Fötus kann zwar in der Schwangeren die traumatische Erinnerung an die verbrecherische Tat wach halten, so dass sie die Präsenz des Fötus psychologisch mit dem Erleiden der Vergewaltigung identifiziert, doch kann dieser nicht als Mittäter betrachtet werden; er ist an dem Verbrechen ebenso unbeteiligt wie die Schwangere, die zu seinem ersten Opfer wurde. Eine Auflösung dieser Tragik, die auch der Lage der Frau gerecht wird, erscheint nur unter Zuhilfenahme einer Unterscheidung möglich, die für die ethische Bewertung von Schwangerschaftskonflikten generell von großer Bedeutung ist: Die normative Beurteilung eines allg.en Handlungstyps, nach der ein S. als Tötung unschuldigen menschlichen Lebens ein schweres Unrecht darstellt, reicht nicht aus, um eine konkrete Handlung und ihre bes.n Umstände zu bewerten. Dass eine Schwangerschaft aus einer Vergewaltigung hervorgeht, hebt zwar den Unrechtscharakter der Tötung des Kindes nicht auf, doch lässt sich die moralische Verantwortung für dieses zweite Unrecht nicht der Schwangeren zur Last legen, die zum ersten Opfer des Verbrechens wurde.

Eine moralisch einwandfreie Auflösung dieser Konfliktlage würde von der Schwangeren die Bereitschaft erfordern, das Kind dennoch anzunehmen und dem erlittenen Unrecht einen Akt lebensbejahender ↑Liebe und Hingabe entgegenzusetzen. Wenn die Schwangere zu einer solchen supererogatorischen Handlungsweise, die über das Zumutbare hinausgeht, das ↑Recht und ↑Moral von ihr als Pflichtleistung einfordern können, nicht fähig ist, trifft sie gemäß dem Grundsatz *ultra posse nemo tenetur* (= „Über das eigene Können hinaus ist niemand verpflichtet") keine persönliche moralische ↑Schuld am Unrecht des S.s. Vielmehr fällt das zweite Unrecht des S.s auf den Vergewaltiger zurück, indem die Folgen seiner Tat auch das aus ihr hervorgegangene Leben zerstören.

### 3. Mentalitätsverschiebungen und ethische Bewusstseinsbildung

Die gemeldete Zahl der S.e ist seit Jahren leicht rückläufig. Das kann als Beleg dafür gewertet werden, dass sexuelle Aufklärung, die allg.e Zugänglichkeit wirksamer Methoden der Empfängnisregelung und die wachsende Erkenntnis, dass Familienplanung ein verantwortlicher Dienst am Leben ist, die Zahl der gewollten Schwangerschaften aufsteigen lassen. Doch muss auch das Bewusstsein dafür geschärft werden, dass im Fall einer ungewollten Schwangerschaft der S. nicht als moralisch zulässige Methode einer nachsteuernden Geburtenplanung betrachtet werden kann. In der Öffentlichkeit wird der S. im Fall ungewollter Schwangerschaften zwar als Privatangelegenheit des betroffenen Paares toleriert, doch darf diese Duldung nicht mit einer moralischen Gutheißung verwechselt werden. Der Versuch, einer drohenden Mentalitätsverschiebung in dieser Richtung entgegenzuwirken, muss v.a. die Väter in die Verantwortung für das ungeborene Leben einbeziehen. Die Straflosigkeit des S.s sichert das Selbstbestimmungsrecht der Frau nur gegenüber dem Staat, nicht aber gegenüber ihrem privaten Lebenskreis, in dem der Wegfall der Strafandrohung sie sogar erhöhtem Druck aussetzen kann, da sie nun nicht mehr zu einer Straftat gedrängt wird. Tatsächlich betrachten viele Frauen, die den S. entgegen ihren eigenen Wünschen und Gefühlen auf das Verlangen des Partners hin durchführen lassen, den Vorgang des S.s als einen Akt der Selbstschädigung, der im Widerspruch zu ihren eigenen Gefühlen steht. Eine soziologische Untersuchung zu den Verarbeitungsmechanismen eines S.s gelangt zu dem Ergebnis: „Die Frauen, die abtreiben, waren wohl noch nie so allein wie jetzt" (Boltanski 2007: 228).

Die seelische Verarbeitung eines S.s durch die Schwangere wird häufig durch eine von dem Paar vorgenommene Unterscheidung erleichtert, die die Bedeutung der biologischen Zeugung für die Entstehung neuen Lebens herabstuft. Der Fötus, der als Ergebnis einer ungewollten Schwangerschaft angesehen wird, gilt noch nicht als personales Wesen (↑Person), dem Einzigartigkeit und Singularität zukommt. Diese qualitativen Auszeichnungen sollen ihm erst dann zukommen, wenn zu der Zeugung durch das Fleisch, aus der ein „tumoraler" Fötus hervorgeht, die Zeugung durch das Wort hinzutritt, durch die das Paar ein „elterliches Projekt" kundtut, das die Bereitschaft zur Annahme des Kindes beinhaltet (Boltanski 2007: 92). Der Fötus, der aus einem unachtsamen Sexualverkehr hervorging und nicht Gegenstand eines elterlichen Projektes ist, wird dagegen in seiner Wahrnehmung durch die Eltern, die darin von vielen Ärzten unterstützt werden, dekonstruktivistisch ausgeblendet. Eine solche Dissoziation der biologisch-körperhaften und der geistig-sozialen Sphäre der menschlichen Existenz wird jedoch weder dem gerecht, was aufseiten des Fötus durch die physische Zeugung geschah, noch entspricht es dem vollen Umfang der elterlichen Verantwortung. Denn auch die Eltern handeln in der Zeugung durch das Fleisch nicht nur als körperhafte Wesen, sondern in der leib-seelischen Einheit ihrer personalen Existenz, die in der sexuellen Begegnung ihren Ausdruck findet und in der Bereitschaft zur Verantwortungsübernahme für das durch die Zeugung entstandene Leben des Kindes vollendet wird. Die neugewonnene sexuelle Freiheit bleibt nur unter der Bedingung der Ausdruck einer umfassenden Selbstbestimmung von Frau und Mann, dass sich die Partner ihrer Verantwortung füreinander und ihrer Verantwortung für ein möglicherweise gezeugtes Kind bewusst bleiben.

### Literatur

E. Schockenhoff: Die moralische Bewertung der Abtreibung, in: ders.: Ethik des Lebens, [2]2013, 523–537 • L. Boltanski: Soziologie der Abtreibung. Zur Lage des fötalen Lebens, 2007 • M. Rhonheimer: Abtreibung und Lebensschutz. Tötungsverbot und Recht auf Leben in der politischen und medizinischen Ethik, 2004 • C. Creutz: Die „Zweiheit in Einheit" von Mutter und ungeborenem Kind. Grundsatzfragen zur Unteilbarkeit des Lebensschutzes im Schwangerschaftskonflikt, 1997 • J. Connery: Abortion. The Development of the Roman Catholic Perspective, 1977. EBERHARD SCHOCKENHOFF (†)

## II. Rechtlich

### 1. Definition

Unter Schwangerschaft ist eine intakte Gravität zu verstehen; S. ist die bewusste und gewollte Beendigung derselben, die eine vorsätzliche Tötung des Embryos in vivo darstellt. In zeitlicher Hinsicht erfasst das deutsche ↑Strafrecht als S. (§ 218 Abs. 1 StGB) die Tötung eines ungeborenen Menschen im Mutterleib (Leibesfrucht) von der Nidation bis zur Geburt. Handlungen, deren Wirkung vor Abschluss der Nidation eintreten, werden strafrechtlich nicht erfasst (§ 218 Abs. 1 S. 2 StGB). Unter S. im Sinne des ↑StGB muss daher jede, nicht auf bloße Nidationshemmung angelegte Einwirkung auf die Schwangere oder den Embryo verstanden werden, die final darauf gerichtet ist, das Absterben des Embryos im Mutterleib oder dessen Abgang in nicht lebensfähigem Zustand herbeizuführen.

### 2. Verfassungsrechtliche Einordnung und Bewertung

Das ungeborene menschliche Leben besitzt nach deutschem Verfassungsrecht ein eigenes Lebensrecht, und ihm kommt auch bereits ↑Menschenwürde zu. „Diese Würde des Menschseins liegt auch für das ungeborene Leben im Dasein um seiner selbst willen" (BVerfGE 88,203 [252]). Das Lebensrecht, das nicht erst durch die Annahme seitens der Mutter begründet wird, sondern dem Ungeborenen schon aufgrund seiner Existenz zusteht, ist das elementare und unveräußerliche Recht, das von der ↑Würde des Menschen ausgeht.

Die Garantie der Unantastbarkeit der Menschenwürde (Art. 1 Abs. 1 GG) und das ↑Grundrecht auf Leben (Art. 2 Abs. 2 S. 1 GG) gebieten dem Staat die Gewährung ausreichenden Schutzes für das vorgeburtliche Leben, und zwar für jedes einzelne, auch gegenüber der Mutter, und erlauben keine Differenzierungen der staatlichen Schutzverpflichtung mit Blick auf Alter und Entwicklungsstand dieses Lebens oder die Bereitschaft der Frau, es weiter in sich leben zu lassen.

Hinreichender rechtlicher Schutz des Ungeborenen gegenüber seiner Mutter setzt voraus, dass der S. grundsätzlich als Unrecht angesehen wird und demgemäß rechtlich verboten ist, d. h. der schwangeren Frau damit prinzipiell die Rechtspflicht auferlegt wird, das Kind auszutragen (BVerfGE 88,203 [253]). Die kollidierenden Grundrechtspositionen der Frau, insb. ihr Recht auf Leben und körperliche Unversehrtheit (Art. 2 Abs. 2 GG) sowie ihr ↑Persönlichkeitsrecht (Art. 2 Abs. 1 GG) führen allerdings dazu, dass in Ausnahmelagen der prinzipielle Vorrang des Lebensrechts des Ungeborenen zurücktritt. Solche Ausnahmelagen zeichnen sich durch von der Normalsituation einer Schwangerschaft deutlich abweichende, bes. Belastungen aus, die der Frau ein solches Maß an Aufopferung eigener Lebenswerte abverlangen, dass die Auferlegung einer unbedingten Pflicht zum Austragen und Gebären des Kindes unzumutbar wäre.

Danach von Verfassungs wegen rechtswidrige Schwangerschaftsabbrüche (S.e) unter Strafe zu stellen, ist eine dem Gesetzgeber mögliche, aber nicht unter allen Umständen gebotene Erfüllung der grundrechtlichen Schutzpflicht für das ungeborene Leben. Wenn (präventive) Schutzmaßnahmen anderer Art in ausreichendem Maß getroffen werden, kann von einer Strafdrohung für nicht gerechtfertigte S.e in begrenztem Umfang abgesehen werden (BVerfGE 88,203 [258]).

### 3. Das geltende Recht

Der Gesetzgeber ist 1993 mit grundsätzlicher Billigung des BVerfG für den Schutz des ungeborenen Lebens zum sog.en Beratungskonzept übergegangen. Nach dem neuen, an die Stelle der vorher geltenden Indikationenregelung getretenen Schutzkonzept liegt in der Frühphase der Schwangerschaft in Schwangerschaftskonflikten der Schwerpunkt auf der Beratung der schwangeren Frau, um sie für das Austragen des Kindes zu gewinnen. Im Blick auf die notwendige Offenheit und Wirkung der Beratung wird auf eine indikationsbestimmte Strafdrohung und die Feststellung von Indikationstatbeständen durch einen Arzt als Dritten verzichtet. Jede schwangere Frau, die sich zuvor von einer staatlich anerkannten Beratungsstelle hat beraten und eine Beratungsbescheinigung hat ausstellen lassen (§ 219 Abs. 2 StGB), kann sodann – bei Einhaltung einer Dreitagefrist zwischen Beratung und Eingriff – eine von ihr gewünschte Abtreibung durch einen Arzt binnen zwölf Wochen seit der Empfängnis straffrei durchführen lassen (§ 218a Abs. 1 StGB). Ein solcher S. ist strafrechtlich tatbestandlos, darf aber vom Gesetzgeber nicht für gerechtfertigt (d. h. nicht rechtswidrig) erklärt werden, weil eine dafür erforderliche Ausnahmelage nicht durch Dritte oder Gerichte festgestellt worden ist und aus der Wahrnehmung der unkontrollierten Eigenverantwortung, die der Frau mit der Beratungsregelung überlassen ist, keine Rechtfertigung des von ihr zu verantwortenden Abbruchs im Wege der Selbstindikation folgen kann.

Die Beratung dient gemäß § 219 Abs. 1 StGB dem Schutz des ungeborenen Lebens. Sie hat sich von dem Bemühen leiten zu lassen, die Frau zur Fortsetzung der Schwangerschaft zu ermutigen und ihr Perspektiven für ein Leben mit dem Kind zu eröffnen; sie soll ihr helfen, eine verantwortliche und gewissenhafte Entscheidung zu treffen. Der Frau muss bewusst sein, dass das Ungeborene in jedem Stadium der Schwangerschaft auch ihr gegenüber ein eigenes Recht auf Leben hat und dass deshalb nach der Rechtsordnung ein S. nur ausnahmsweise bei außergewöhnlichen Belastungen in Betracht kommen kann, bei denen die Schwangeren zumutbare Opfergrenze überschritten ist. Die Beratung soll durch Rat und Hilfe dazu beitragen, die in Zusammenhang mit der Schwangerschaft bestehende Konfliktlage zu bewältigen und einer Notlage abzuhelfen. Die Beratung hat nach dem SchKG durch eine anerkannte Schwangerschaftskonfliktberatungsstelle zu erfolgen.

Außer dem straflosen S. nach Beratung besteht die Möglichkeit des S.s nach einer weit gefassten medizinischen oder kriminologischen Indikation, deren Vorliegen der schriftlichen Feststellung eines Arztes, der nicht selbst den S. vornimmt, bedarf (§ 218b Abs. 1 StGB). Nach § 218a Abs. 2 StGB ist der mit Einwilligung der Schwangeren von einem Arzt vorgenommene S. nicht rechtswidrig, wenn der Abbruch der Schwangerschaft unter Berücksichtigung der gegenwärtigen und zukünftigen Lebensverhältnisse der Schwangeren nach ärztlicher Erkenntnis angezeigt ist, um eine Gefahr für das Leben oder die Gefahr einer schwerwiegenden Beeinträchtigung des körperlichen oder seelischen Gesundheitszustandes der Schwangeren abzuwenden, und die Gefahr nicht auf eine andere für sie zumutbare Weise abgewendet werden kann. Gleiches gilt, wenn dringende Gründe für die Annahme sprechen, dass die Schwangerschaft auf einer schweren Straftat gegen die sexuelle Selbstbestimmung (§§ 176–178 StGB) beruht, und seit der Empfängnis nicht mehr als zwölf Wochen vergangen sind.

In Reaktion auf die bes. Problematik von Spätabtreibungen körperlich oder geistig geschädigter Kinder hat der Gesetzgeber mittlerweile eine Beratung der Schwangeren und ein Vermittlungsangebot zur Rechtmäßigkeitsvoraussetzung eines auf die medizinische Indikation nach § 218 Abs. 2 StGB gestützten S.s erhoben: Nach § 2a Abs. 2 SchKG hat der die Indikation stellende Arzt vorher die Schwangere über die medizinischen und psychischen Aspekte eines S.s zu beraten, über den Anspruch auf weitere und vertiefende psychosoziale Beratung nach § 2 SchKG zu informieren und im Einvernehmen mit der Schwangeren Kontakte zu Beratungsstellen nach § 3 SchKG zu vermitteln. Die Indikationsfeststellung darf nicht vor Ablauf von drei Tagen nach der Mitteilung der Diagnose der Gesundheitsschädigung des Kindes oder nach der Beratung vorgenommen werden. Mit der dreitägigen Bedenkzeit soll ein überstürzt durchgeführter Abbruch aufgrund des Schocks über die diagnostizierte Gesundheitsschädigung des Kindes vermieden und die Chance gewahrt werden, der Schwangeren im Rahmen einer fundierten Beratung Perspektiven für ein Leben mit dem behinderten Kind (↑Behinderung) zu eröffnen.

Aus Gründen der Achtung der Gewissensfreiheit (Art. 4 Abs. 1 GG; [↑Gewissen, Gewissensfreiheit]) ist niemand verpflichtet, an einem S. mitzuwirken, es sei denn seine Mitwirkung ist notwendig, um von der Frau eine anders nicht abwendbare Gefahr des Todes oder einer schweren Gesundheitsschädigung abzuwenden (§ 12 SchKG). Die Länder sind verpflichtet, ein ausreichendes Angebot ambulanter und stationärer Einrichtungen zur Vornahme von S.n sicherzustellen (§ 13 Abs. 2 SchKG).

Für die Vornahme eines S.s, dessen Rechtmäßigkeit festgestellt wird (§ 218a Abs. 1 und 2 StGB), besteht ein Anspruch auf Leistungen der gesetzlichen ↑Krankenversicherung (§ 24b SGB V). Dies gilt nicht für die lediglich nicht mit ↑Strafe bedrohten S.e nach der Beratungsregelung. Die Schwangere kann aber in diesem Fall Leistungen nach dem Schwangerenhilfegesetz beanspruchen, wenn ihr die Aufbringung der Mittel für einen S. nach § 218a Abs. 1 StGB nicht zuzumuten ist. Die Leistungen werden auf Antrag durch die gesetzliche Krankenkasse gewährt, bei der die schwangere Frau gesetzlich krankenversichert ist; die Länder erstatten den gesetzlichen Krankenkassen die ihnen dadurch entstehenden Kosten. Für indizierte und beratene S.e besteht gleichermaßen ein Anspruch auf Entgeltfortzahlung (§ 3 Abs. 2 EntgeltfortzahlungsG).

### 4. Kritik

Von der seit der Jahrtausendwende abnehmenden, in den letzten drei Jahren bei etwa 100 000 liegenden Gesamtzahl der statistisch erfassten S.e entfallen mehr als 96 % auf die Beratungsregelung.

Hier entscheidet am Ende allein die Schwangere über den S. (sog.e Letztverantwortung). Sie muss weder gegenüber der Beratungsstelle (s. § 5 Abs. 2 Nr. 1 SchKG) noch gegenüber dem Arzt (s. § 218c Abs. 1 Nr. 1 StGB) die Gründe für den von ihr gewünschten S. darlegen. Damit nimmt der Staat bewusst hin, dass S.e auch dann vorgenommen werden können, wenn sie materiell verfassungsrechtlich nicht zu rechtfertigen sind. Hinzu kommt, dass einige Beratungsstellen den Auftrag der Schwangerenkonfliktberatung, dem Schutz des ungeborenen Lebens zu dienen, nicht (hinreichend) erfüllen.

Den vom ↑BVerfG geforderten hinreichenden Schutz für jedes einzelne ungeborene Leben vermag das Beratungskonzept jedenfalls nicht zu leisten. Zudem ist das verfassungsrechtliche Rechtswidrigkeitsverdikt in erheblichem Umfang zurückgenommen, um Nachteile zu vermeiden, die der Frau Veranlassung geben könnten, sich dem Beratungsverfahren und dem ärztlichen Gespräch zu entziehen. Durch die gesetzliche Ausgestaltung der Beratungsregelung und die staatliche Finanzierung beratener S.e ist das Rechtsbewusstsein hinsichtlich des verfassungsrechtlich gebotenen Schutzes des ungeborenen Lebens erodiert. Der S. wird heute verbreitet als eine selbstverständliche medizinische „Dienstleistung" eingeschätzt und in Anspruch genommen und nicht mehr als Abtötung menschlichen Lebens eingeordnet (vgl. die Debatte um das strafbewehrte Werbeverbot des § 219a StGB).

Die vom BVerfG geforderte Vergewisserung, ob das Konzept die erwarteten Schutzwirkungen tatsächlich entfaltet oder ob sich Mängel des Konzepts oder seiner praktischen Durchführung offenbaren, ist ausgeblieben.

#### Literatur

B. Büchner: Das deutsche „Beratungsschutzkonzept", in: ZfL 22/2 (2013), 53–56 • H. Tröndle: Das „Beratungsschutzkonzept", in: G. Dannecker (Hg.): FS für Harro Otto, 2007, 821–844 • B. Büchner: Erfahrungen der Bundesländer mit der Schwangerenberatung, in: ZfL 14/3 (2005), 70–75 • D. Ellwanger: Praktische Erfahrungen mit dem SchKG, in: ZfL 14/3 (2005), 76–80 • C. Hillgruber: Zehn Jahre zweites Abtreibungsurteil (BVerfGE 88,203) – Bilanz und Ausblick, in: ZfL 12/2 (2003), 38–48.

CHRISTIAN HILLGRUBER

### III. Soziologisch

Als S. wird das „durch äußere Einwirkung herbeigeführte vorzeitige Beenden einer Schwangerschaft" (Krolzik-Matthei 2019: 4) bezeichnet. Neben diesem werden außerdem die Begriffe „Abtreibung" und insb. im medizinischen Kontext „Abruptio", „Interruptio" oder „indizierter Abort" verwendet (Krolzik-Matthei 2019: 4). S. stellt in der BRD einen Straftatbestand dar, bleibt unter bestimmten Bedingungen jedoch straffrei (Beratungsschutzkonzept). Geregelt ist er in den §§ 218–219b des 16. Abschnitts des ↑StGB (Straftaten gegen das Leben) und wird ergänzt durch das SchKG.

Die Debatte um S. hat in Deutschland eine lange Tradition und kreist dabei um ständig im Wandel begriffene Fragen der Menschen- und Frauenrechte, der Medizin, Ethik, Religion, u. a. Geprägt wird sie v. a. von zwei sich diametral gegenüberstehenden Positionen, die einen dem S. inhärenten Konflikt repräsentieren: dem Schutz des ungeborenen Lebens einerseits und der körperlichen Autonomie und dem Selbstbestimmungsrecht der Schwangeren andererseits. Nachhaltig geprägt wurde die öffentliche Debatte im letzten Jahrhundert v. a. durch die Neuen Frauenbewegungen (NFB).

#### 1. Die Abtreibungsdebatte im 20. Jh.

Mit der Gründung des Deutschen Kaiserreichs im Jahr 1871 wurden die §§ 218–220 ins RStGB aufgenommen und klassifizierten den S. als Tötung: Eine Zuordnung, die bis heute im StGB verblieben ist.

In der ersten Hälfte des 20. Jh. war die Debatte zum S. eingebettet in die Auseinandersetzung um weitgreifende soziale und gesundheitliche Missstände, von denen maßgeblich die Arbeiterklasse betroffen war. Die bes.n Herausforderungen, vor die der § 218 StGB finanziell benachteiligte Schwangere stellt, brachte ihm den Namen des „Klassenparagraphen" ein (Behren 2019: 13). Forderungen der Debatte reichten von der Verhinderung von S.en mittels sozialstaatlicher Maßnahmen durch konservative und bürgerliche Kräfte, über die Einführung der sozial-medizinischen Indikation durch Teile der Ärzteschaft und Politik, bis zur vollständigen Streichung des § 218 StGB durch KPD, Teile der SPD und den *Bund für Mutterschutz und Sexualreform*. In einer Gesetzesreform wurde S. 1926 zunächst vom Verbrechen zum Vergehen herabgesetzt und 1927 eine medizinische Indikationenregelung, die eine Güterabwägung bei Gefährdung des Lebens der Mutter zugestand, beschlossen. S. blieb jedoch ein Massenphänomen und die gesellschaftlichen Konflikte spitzten sich bis hin zu Massendemonstrationen zu.

Wie viele andere Emanzipationsbestrebungen brach auch die öffentliche Auseinandersetzung um den S. nach der Machtergreifung der Nationalsozialisten ab. Zum Rechtsgut des § 218 StGB wurde in dieser Zeit die „deutsche Volkskraft" (Behren 2019: 14). 1935 wurde die eugenische Indikation eingeführt. Ab 1943 war für den S. die Todesstrafe vorgesehen.

In der Nachkriegszeit wurde die Debatte nur schleppend wieder aufgenommen. Ab den 1960er Jahren wurde der S., angestoßen durch den Contergan-Skandal und Fortschritte in der ↑PND, wieder breiter diskutiert. Gegen Ende der 1960er, eingebettet in eine radikale Gesellschaftskritik der NFB, entstand darüber hinaus eine systematische Auflehnung gegen die konservative Sexual- und ↑Familienpolitik der Nachkriegsjahrzehnte. Insb. die NFB, für die die erneute Politisierung der Abtreibung ein zentrales Moment darstellte, kritisierten den § 218 StGB als Form der frauenspezifischen Unterdrückung. Das Anliegen erhielt bes. Aufmerksamkeit durch die von Alice Schwarzer nach dem französischen Vorbild des „Manifeste des 343" initiierte „Selbstbezichtigungsaktion", die der Stern im Juni 1971 veröffentlichte. 374 Frauen bekannten öffentlich „Wir haben abgetrieben", 230 Ärzte und Professoren „Ich war Komplize einer Abtreibung".

Auch wenn die feministischen Initiativen (↑Feminismus) v. a. über die Forderung nach Selbstbestimmung wahrgenommen wurden, waren die Aktionen von differenzierten Debatten und weitergehenden Forderungen nach Verhütungsmitteln, sexueller Aufklärung und mehr Kinderbetreuungsplätzen oder Hilfen für Alleinerziehende begleitet. Damit wurde die Notwendigkeit der sozialen Infrastruktur betont, die diese Selbstbestimmung erst ermöglicht. 1974 mündeten die Bemühungen im 5. StrRG, welches eine Fristenlösung und somit die Straffreiheit im Falle eines bis zur zwölften Schwangerschaftswoche durchgeführten S.s einführte. Bereits zu Beginn des Folgejahres wurde das Urteil jedoch vom ↑BVerfG für nichtig und der § 218a StGB für verfassungswidrig erklärt: „Das sich im Mutterleib entwickelnde Leben steht als selbstständiges Rechtsgut unter dem Schutz der Verfassung […]. Der Lebensschutz der Leibesfrucht genießt grundsätzlich für die gesamte Dauer der Schwangerschaft Vorrang vor dem Selbstbestimmungsrecht der Schwangeren […]" (BVerfGE 39,1). Im Juni 1976 wurde dann mit dem 15. StRÄndG ein Modell eingeführt, dass bei S. in den ersten zwölf Wochen eine Straffreiheit bei medizinischer, eugenischer, ethischer oder sozialer Indikation vorsieht.

Auch in der DDR blieb der S. zunächst eine Straftat, jedoch mit dem Unterschied, dass eine enge (erb-)medizinische Indikation möglich war. 1965 wurde zusätzlich eine soziale Indikation eingeführt. Durch die sich auch in der DDR formierende Frauenbewegung und den Verweis auf die Rechtsprechung anderer sozialistischer Länder sowie die dort proklamierte Gleichstellung wurde 1972 mit der Verabschiedung des „Gesetzes zur Unterbrechung der Schwangerschaft" (§§ 153–155 DDR-StGB) der S. bis zur zwölften Schwangerschaftswoche straffrei, kostenlos und ohne jedwede Begründung ermöglicht. Im Unterschied zur BRD blieb – wohl auch durch das Fehlen unabhängiger Medien – eine öffentliche Diskussion um den S. aus.

Ab den 1980er Jahren stellten Entwicklungen im Bereich der Gen- und Reproduktionstechnologien insb. feministische Akteure und Akteurinnen vor neue Fragen. Das Selbstbestimmungsrecht der Frau und damit verbunden die programmatische Ablehnung eines von ihr unabhängigen Lebensrechts des Embryos wurden im Kontext neuer Möglichkeiten von PID und PND erneut kontrovers verhandelt. Ende der 1980er Jahre und im Zuge der deutschen Wiedervereinigung erhöhte sich das Konfliktniveau abermals, da der § 218 DDR-StGB verfassungskonform in das StGB der neuen BRD eingegliedert werden musste. V. a. ostdeutsche Frauenverbände befürchteten eine Verschärfung der Regelung des S.s. Deutschlandweit standen sich dabei einerseits konservative und katholische und andererseits gewerkschaftliche, feministische und liberale Akteure gegenüber. Aufgrund des jeweils geringen Mobilisierungspotentials kam es schließlich zur „Einigung im mittleren Spektrum" (Gerhards/Neidhardt/Rucht 1998: 20). Die 1992 nach langen Debatten beschlossene Fristenlösung mit Beratungspflicht wurde jedoch abermals beanstandet. Das BVerfG urteilte erneut zu Ungunsten eines vom Lebensrecht des Kindes losgelösten Selbstbestimmungsrechtes der Schwangeren „und [erlegte] ihr damit die grundsätzliche Rechtspflicht [auf], das Kind auszutragen […]" (BVerfGE 88,203 [253]). Das aktuell geltende Gesetz, welches als Reaktion darauf beschlossen wurde, besteht seit 1996. Es stellt eine Kombination aus Fristen- und Indikationenlösung dar, bei der die Straffreiheit bis zur zwölften Schwangerschaftswoche um eine Beratungspflicht ergänzt wurde, die auf den „Schutz des ungeborenen Lebens" ausgerichtet ist.

### 2. Jüngere Debatten

Ein erneutes Aufleben der Debatte ist in den 2000er Jahren mit der Neuformierung der sog.en Lebensschutzbewegung zu verzeichnen, die sich durch eine hohe Professionalität und internationale Vernetzung auszeichnet. Zurückgehend auf die Gegenbewegungen zu den feministischen Mobilisierungen der 1970er Jahre, zeichnet sie sich durch ein Spektrum an Aktionsformen aus, die von tendenziöser Beratung über Lobbyarbeit bis hin zu Kundgebungen vor S. durchführenden Kliniken reichen. Auch die jährlichen „Märsche für das Leben" sind diesem Kontext zuzurechnen. Das programmatische Ziel stellt dabei stets das völlige Verbot von S. und die Bekämpfung der entspr.en medizinischen, rechtlichen und zivilgesellschaftlichen Infrastruktur dar. Mit der AfD sitzt zudem seit 2013 erneut eine Partei im Bundestag, die sich explizit für einen unbedingten „Schutz des ungeborenen Lebens" ausspricht.

Jüngst haben die Verfahren gegen die Gießener Ärztin Kristina Hänel, die sich weigerte, Informationen über die Leistungen zum S. ihrer Praxis von ihrer Homepage zu nehmen, für breites Aufsehen und schlussendlich eine Reform des Werbeverbots gesorgt. Im Zuge dessen brachen erneut alte Konfliktlinien zwischen konservativen und liberalen Akteuren auf. So bildeten sich zahlreiche feministische Initiativen, die darauf hinweisen, dass auch im Kontext der derzeitigen Regelungen die Möglichkeiten zum S. zunehmend eingeschränkt sind, da unter dem Druck konservativer Aktivisten immer weniger Ärzte Schwangerschaftsabbrüche (S.e) vornehmen. Auch internationale Institutionen wie der ↑Europarat oder die ↑UNO kritisieren die Beratungspflicht.

### 3. Empirische Daten

Die statistische Erfassung der S.e in der BRD wird durch §§ 15 ff. SchKG geregelt und erfolgt durch das StBA auf Grundlage einer vierteljährlichen Übermittlung der Zahlen durch die durchführenden Einrichtungen. In Deutschland sinkt diese Zahl seit Jahren stetig und beträgt 2019 über 100 000 S.e jährlich (4,4 pro 1 000 Frauen im gebärfähigen Alter). In der „Allgemeinen Bevölkerungsumfrage der Sozialwissenschaften" wird zusätzlich die Einstellung der Bevölkerung zu S.en erfasst. Dabei erreichen die medizinische und kriminologische Indikation seit Jahren eine Zustimmung von mehr als 90 %. Einem S. unabhängig einer Begründung stimmen ca. 50 % der Bevölkerung zu, wobei in Ostdeutschland eine deutlich höhere Akzeptanz zu verzeichnen ist. Die

Zustimmung bei Frauen liegt dabei nur wenige Prozentpunkte höher als bei Männern. Weitere Studien befassen sich mit den psychischen Folgen des S.s. Hier können mittlerweile eine Vielzahl unterschiedlicher Studien belegen, dass ein freiwilliger S. *kein* höheres Risiko birgt, psychische Krankheiten auszulösen, als das Fortsetzen einer ungewollten Schwangerschaft. Die annahme einer Posttraumatischen Belastungsstörung *(Post-Abortion-Syndrom)* als wahrscheinliche Folge eines S.s wird dadurch relativiert.

### Literatur

F. Hanschmidt u. a.: The Change in Attitudes Towards Abortion in Former West and East Germany After Reunification, in: Geburtshilfe und Frauenheilkunde 80/1 (2020), 84–94 • L. Klein/F. Wapler: Reproduktive Gesundheit und Rechte, in: APuZ 69/20 (2019), 20–26 • K. Krolzik-Matthei: Abtreibungen in der Debatte in Deutschland und Europa, in: APuZ 69/20 (2019), 4–11 • D. von Behren: Kurze Geschichte des Paragrafen 218 Strafgesetzbuch, in: APuZ 69/20 (2019), 12–19 • U. Busch/D. Hahn (Hg.): Abtreibung, 2015 • U. Busch: Vom individuellen und gesellschaftlichen Umgang mit dem Thema Abtreibung, in: ebd., 13–40 • K. Krolzik-Matthei: Abtreibung als Gegenstand feministischer Debatten, in: ebd., 103–118 • P. Schweiger: Schwangerschaftsabbruch – Erleben und Bewältigen aus psychologischer Sicht, in: ebd., 235–256 • I. Nüthen: Mein Bauch gehört mir: Von der Selbstbestimmung über „unseren" Körper, in: gender...politik...online (2010), URL: https://www.fu-berlin.de/sites/gpo/pol_sys/politikfelder/Mein_Bauch_gehoert_mir/inga_nuethen_.pdf?1361541833 (abger.: 29.5.2020) • T. Krones: Fortpflanzungsentscheidungen zwischen Schwangerschaftsabbruch und assistierter Reproduktion, in: Feministische Studien 23/1 (2005), 24–39 • K. Braun: Menschenwürde und Biomedizin, 2000 • J. Gerhards/F. Neidhardt/D. Rucht: Zwischen Palaver und Diskurs, 1998 • R. Nave-Herz: Die Geschichte der Frauenbewegung in Deutschland, 1994.

VIOLA DOMBROWSKI
UND KATHARINA HAJEK

## Schweiz

I. Geschichte – II. Politisches System – III. Volkswirtschaft

### I. Geschichte

#### 1. Spätmittelalter bis Französische Revolution

Die Territorialpolitik der Habsburger trieb die Städte Zürich und Bern an die Seite der Bauerntalschaften, die sich 1291 zu einem Bündnis in der Gegend um den Gotthardpass zusammengeschlossen hatten. So entstand im Spätmittelalter der Kern des eidgenössischen Bündnissystems an der Südwestecke des Reiches. Bis 1513 erweiterte sich dieser Bund zur dreizehnörtigen Eidgenossenschaft. Als lockere Partner kamen sog.e Zugewandte Orte (= Verbündete) und Gemeine Herrschaften (= Untertanengebiete) hinzu. Mit dem Westfälischen Frieden von 1648 wurde der lose eidgenössische Staatenbund, der seit der ↑Reformation in zwei christliche Konfessionsteile (↑Konfessionalisierung) gespalten war, völkerrechtlich unabhängig und konnte sich dank seiner außenpolitischen Passivität weitgehend aus den großen europäischen Kriegen heraushalten, wozu auch beitrug, dass die Kantone mit mehreren Monarchien Söldnerverträge für den Kriegsdienst abschlossen.

Die Invasion der französischen Revolutionstruppen am Ende des 18. Jh. ließ die Gesellschaftsordnung der alten Eidgenossenschaft zusammenbrechen. 1798 entstand die Helvetische Republik, die als Zentralstaat nach wenigen Jahren scheiterte, aber auf dem Gebiet der heutigen S. neue gesellschaftliche Rahmenbedingungen schuf, die zur Voraussetzung für die erste industrielle Revolution (↑Industrialisierung, Industrielle Revolution) wurden. 1803 stellte die von Napoleon Bonaparte diktierte Mediationsverfassung die alten staatenbündischen Strukturen weitgehend wieder her. Am Wiener Kongress erhielt die S. 1815 ihre bis heute unveränderten äußeren Grenzen und die definitive innere Gliederung in Kantone (mit Ausnahme der viel späteren Schaffung des neuen Kantons Jura 1979). Gleichzeitig wurde die ↑Souveränität und ↑Neutralität der S. international anerkannt und garantiert. Die anschließende Friedensepoche gab der Industrialisierung einen weiteren Schub. Nach der Juli-Revolution in Frankreich 1830 entstanden in zahlreichen Kantonen liberal-demokratische Staatsordnungen, die auch auf der Ebene des Staatenbundes Reformbestrebungen auslösten. Die Spannungen zwischen den stärker industrialisierten Mittellandkantonen und den wirtschaftlich zurückgebliebenen Bergkantonen führten zu heftigen Konflikten mit Unruhen. Auf eidgenössischer Ebene sollte der lockere Staatenbund nach den Reformern stärker vereinheitlicht und an die wirtschaftlichen Erfordernisse angepasst werden. In den 1840er Jahren verkonfessionalisierten sich die Gegensätze und wandelten sich zu eigentlichen ↑Kulturkämpfen avant la lettre (Klosteraufhebungen, Jesuitenberufung an katholische Gymnasien, militärische Befreiungsbewegungen, Putschs). 1847 endete ein kurzer ↑Bürgerkrieg zwischen den reformorientierten, mehrheitlich protestantischen Kantonen und dem Schutzbund („Sonderbund") der katholisch-konservativen Kantone Luzern, Freiburg, Uri, Schwyz, Unterwalden, Zug und Wallis mit dem Sieg der fortschrittlichen Kräfte, die die nationale Einheit mit einem Bundesstaat, die Einführung der liberalen ↑Grundrechte und den Primat des Staates über die Kirchen befürworteten. Mit dem neuen Bundestaat erhielt die S. eine neue Staatsstruktur (Bundesrat als Bundesregierung, Zweikammer-Parlament, allg.es Männerwahlrecht usw.). Nach einem revolutionären Jahrzehnt entstand im monarchisch geprägten Europa die erste liberal-demokratische ↑Republik, die auf dem Kontinent Bestand hatte.

### 2. 1848–1914

Der neu errichtete Bundesstaat schuf – ähnlich wie später die europäische Integrationsbewegung – Schritt für Schritt einen einheitlichen Wirtschaftsraum mit einer gemeinsamen Franken-Währung, führte mit der Niederlassungsfreiheit die Personenfreizügigkeit ein und verwirklichte die ↑Religionsfreiheit für die christlichen ↑Konfessionen (für die Juden ab 1866). Mitten in einem von nationalen und liberalen ↑Revolutionen erschütterten Europa schützte die eidgenössische Armee, vorerst noch aus kantonalen Kontingenten bestehend, die Unabhängigkeit des Kleinstaates. Der Deutsch-Französische Krieg 1870/71 beschleunigte die internen Zentralisierungsprozesse, die 1874 zu einer revidierten ↑Verfassung führten, die den Boden für die moderne S. legte. Diese revidierte Bundesverfassung, die mitten im europäischen Kulturkampf in einer Volksabstimmung wiederum gegen den Widerstand der katholisch-konservativen Bevölkerung durchgesetzt wurde, führte die Modernisierung im Rechts- und Militärwesen weiter, baute die ↑Demokratie mit neuen Volksrechten aus (Referendum 1874 und 1891 Volksinitiative) und verstärkte den Primat des Staates über die Kirchen (Zivilehe, staatliche Volksschule etc.). Seither geben zahlreiche Volksabstimmungen dem ↑politischen System eine direktdemokratische Note (↑Plebiszit). Als Republik mit vier anerkannten Sprachgemeinschaften bildete die multikulturelle (↑Multikulturalismus) und neutrale Eidgenossenschaft im damaligen Europa eine Art Antithese zu den Monarchien und den imperialistisch-aggressiv orientierten großen Nationalstaaten.

Bis in die 1880er Jahre blieb die siegreiche Parteienkoalition von 1848, die aus den linken Radikaldemokraten und den Liberalen der Mitte-Parteien bestand, die bestimmende politische Macht. Die im Bürgerkrieg unterlegenen konservativen (und romtreuen) Katholiken wurden als unzuverlässige Patrioten in den ersten Jahrzehnten von der Bundesregierung ausgeschlossen. Doch das 1874 eingeführte direktdemokratische Referendum gab dem politischen Katholizismus ein Instrument in die Hand, um die Bundesregierung und das Bundesparlament fallweise in die Schranken zu verweisen. Als die sozialistische Arbeiterbewegung vor der Jahrhundertwende von 1900 an Bedeutung gewann, verloren die kulturkämpferisch geprägten Gegensätze zwischen der regierenden ↑Freisinnig-demokratischen Partei (FDP) und dem politischen Katholizismus an Bedeutung. 1891 erhielt die Katholisch-Konservativen Partei (heute ↑Christlichdemokratische Volkspartei der Schweiz [CVP]) einen ersten Sitz im siebenköpfigen Bundesrat.

Parallel verwandelte sich das Land im letzten Drittel des 19. Jh. gesellschaftlich in raschem Rhythmus. Die Jahrzehnte vor dem Ersten Weltkrieg brachten eine stürmische wirtschaftlich-soziale Entwicklung, die durch den raschen Ausbau des Eisenbahnnetzes (1882 das Pionierwerk des Gotthardtunnels für den europäischen Nord-Süd-Verkehr), die fortschreitende Mechanisierung der Industrie und durch das entstehende Bankensystem vorangetrieben wurde. Die Bevölkerung verdoppelte sich von 1,7 Mio. Einwohnern 1800 auf 3,3 Mio. im Jahr 1900. Die aufkommende ↑Soziale Frage fand ihren ersten Niederschlag im Fabrikgesetz von 1877. Wegen der dezentralisierten Fabrikindustrie blieb eine wirkliche Proletarisierung der Arbeiterschaft wie in anderen europäischen Ländern aus. Da der Getreideanbau infolge der ausländischen Konkurrenz in eine Krise geraten war, konzentrierte sich die Landwirtschaft fortan stärker auf die Milch- und Käseproduktion.

Internationale Konfliktherde wie die italienische Einigung und den Deutsch-Französischen Krieg 1870/71 überstand die S. dank der Neutralität in den alten Grenzen. Allerdings sah sich die Regierung gezwungen, eine schlagkräftigere Armee aufzubauen, um nicht zum Spielball kriegführender Mächte zu werden. Im Zeitalter des europäischen ↑Nationalismus und ↑Imperialismus wurde die außenpolitische Maxime der Neutralität für den Kleinstaat überlebenswichtig, denn der expansive Ethno-Nationalismus der Nachbarländer bedrohte die nationale ↑Identität der sprachlich-kulturell vielfältigen S. Als Gegenleistung begann die S. in zunehmendem Maße der Völkergemeinschaft in der Diplomatie ihre guten Dienste zur Verfügung zu stellen. In Genf entstand 1863 das *Internationale Komitee vom Roten Kreuz* (↑Rotes Kreuz).

### 3. 1914–1945

Im Ersten Weltkrieg gelang es der Schweiz, ihre Neutralität aufrechtzuerhalten. Allerdings führte der Krieg zu schweren inneren Spannungen, da in der deutschen und in den romanischen Sprachgemeinschaften unterschiedliche Sympathien für die Kriegsparteien herrschten. Vor diesem Hintergrund erließ der spätere Literatur-Nobelpreisträger Carl Spitteler 1914 einen Aufruf zur nationalen Einheit („Unser Schweizer Standpunkt“). Infolge der schlechten Versorgungslage während des Kriegs nahmen die sozialen Spannungen zu; sie gipfelten im November 1918 im Landesstreik, der vorübergehend zu bürgerkriegsähnlichen Zuständen führte. Obwohl es der bürgerlich geführten Bundesregierung gelang, die Lage mit Hilfe der Armee zu beruhigen, blieb der innenpolitische Konflikt nicht ohne Auswirkungen. Seit 1919 wurde die Volkskammer, d.h. der Nationalrat, nach dem Proporzwahlsystem bestellt, wodurch die Linke auf einen Schlag zu einer starken politischen Kraft aufstieg und die seit 1848 regierende FDP ihre Parlamentsmehrheit verlor. Auf einen festen Koalitionspartner angewiesen, gestand die alte Regierungspartei dem seit 1891 mitregierenden katholisch-konservativen Juniorpartner einen zweiten Sitz im siebenköpfigen Bundesrat zu. 1929 trat auch die bäuerlich-konservative Bauern-, Gewerbe- und Bürgerpartei mit einem Vertreter in die Landesregierung ein. Damit hatte sich die „Bürgerblock“-Regierung formiert, die in der Zwischenkriegszeit die S. politisch führte. Unter dem äußeren

Druck des italienischen ↑Faschismus und des deutschen ↑Nationalsozialismus suchten das Bürger- und Bauerntum und die sozialistische Arbeiterbewegung den nationalen Schulterschluss. Die ↑Sozialdemokratische Partei der Schweiz (SP) und die Gewerkschaften distanzierten sich vom marxistischen ↑Klassenkampf und befürworteten 1935 die Stärkung der militärischen Landesverteidigung. 1937 folgte das Friedensabkommen zwischen den Gewerkschaften und den Arbeitgebern in der wichtigen Metall- und Uhrenindustrie. Kurz vor dem Zweiten Weltkrieg kam auf diese Weise die nationale Einheitsfront gegen die Diktaturen, die die S. umringten, zustande. Doch erst, als sich der Endsieg der West-Alliierten abzeichnete, entschlossen sich die bürgerlichen Bundesratsparteien, die Sozialdemokraten 1943 in die Bundesregierung aufzunehmen.

In wirtschaftlicher Hinsicht setzten sich nach dem Ersten Weltkrieg die ökonomischen und die gesellschaftlichen Transformationen beschleunigt fort. Die Textilindustrie verlor an Boden, Handwerk und Gewerbe erlitten schwere Einbußen, und die Landwirtschaft musste staatlich unterstützt werden. Die Maschinen- und die chemische Industrie entwickelten sich zu Schlüsselindustrien. Die internationale Wirtschafts- und Finanzkrise der dreißiger Jahre (↑Weltwirtschaftskrisen) brachte schwere ↑Arbeitslosigkeit.

In außenpolitischer Hinsicht wechselte die S. für einige Jahre zu einer aktiveren Neutralitätspolitik und trat 1920 mit dem Statut der „differentiellen Neutralität" dem ↑Völkerbund bei. Genf wurde sogar Sitz der neuen Weltorganisation. In dem Maße, in dem die internationale Ordnung in den 1930er Jahren zusammenbrach, kehrte die S. zur „integralen Neutralität" zurück und begann sich abzuschotten. Den Zweiten Weltkrieg überstand sie, ohne ins Kriegsgeschehen militärisch hineingezogen zu werden. Politisch passten sich Regierung und Wirtschaft an die jeweilige Kriegslage an, was dazu führte, dass sie in der ersten Hälfte des Krieges insb. mit den Nachbarmächten Deutschland und Italien partiell zusammenarbeiteten. Wegen der restriktiven Flüchtlings- und Asylpolitik wurden zahlreiche politisch und rassisch Verfolgte, insb. jüdische Flüchtlinge, an der Grenze abgewiesen – mit dem Argument, das Boot sei voll. Diese Politik führte nach dem Krieg und später nochmals in den 1990er Jahren zu nationalen und internationalen Kontroversen im Zeichen der Vergangenheitsbewältigung. Der Streit um nachrichtenlose Vermögen aus der Weltkriegszeit führte 1998 zu einem finanziellen Vergleich mit jüdischen Klägerorganisationen in den USA, mit dem die zwei größten Schweizer Großbanken ihr Fehlverhalten während und nach dem Zweiten Weltkrieg abgalten.

#### 4. Seit 1945

Unmittelbar nach dem Zweiten Weltkrieg befand sich die neutrale S. in einer international isolierten Lage, da sie am siegreichen Kampf der Alliierten zur Befreiung des europäischen Kontinents von den faschistischen Diktaturen nicht aktiv teilgenommen hatte. Als Folge blieb die S. der neu gegründeten ↑UNO fern. Mit dem Beginn des ↑Kalten Kriegs zwischen dem Westen und der kommunistischen Sowjetunion wurde ihre neutrale Position indessen deutlich aufgewertet. Die Beziehungen zu den Großmächten USA und UdSSR normalisierten sich (1946 Aufnahme diplomatischer Beziehungen mit der UdSSR). Politischen und militärischen Bündnissen wie der ↑NATO blieb die neutrale S. fern, machte aber bei Organisationen wirtschaftlicher, humanitärer und technischer Natur der westeuropäischen Partnerländer mit (↑OECD 1948, CERN 1954).

Zu Beginn der europäischen Integrationsbewegung nahm die S. eine abwartende Position ein. Sie schloss aus neutralitätspolitischen Gründen einen Beitritt zur EWG aus, bildete aber 1960 mit Großbritannien und nordischen Ländern die ↑EFTA als konkurrenzierenden Freihandelsraum und trat 1963 dem ↑Europarat und 1966 dem GATT (heute ↑WTO) bei. Bes. aktiv beteiligte sie sich in der ersten Hälfte der 1970er Jahre am Prozess der KSZE (heute ↑OSZE) und betrieb damit eine aktivere ↑Außenpolitik. 1972 näherte sie sich den EG an, und das Schweizer Volk stimmte mit deutlicher Mehrheit einem Freihandelsabkommen (↑Freihandel) zu, das durch den Übertritt Großbritanniens von der EFTA in die EG notwendig geworden war. Zwanzig Jahre später, 1992, lehnten die Stimmbürger den Beitritt zum EWR ab, was die S. zwang, ihr Verhältnis zum zusammenwachsenden Wirtschafts-, Rechts-, Politik- und Sozialraum der ↑EU über „bilaterale Verträge" zu regeln. Nach der Osterweiterung der EU zu Beginn des 21. Jh. sah sich die S. in zunehmendem Maße gezwungen, ihre Beziehungen zur größer gewordenen EU auf neue institutionelle Fundamente zu stellen, was im Innern des Landes zu Diskussionen und Verwerfungen führte und die Regierung zu schwierigen Balanceakten zwang. Als wirtschaftlich und gesellschaftlich stark integriertes Land in der Mitte Europas übernimmt die S. bspw. in der Grenz- und Migrationspolitik (↑Schengen etc.), in der ↑Finanz- und ↑Wirtschaftspolitik sowie in der Klimapolitik europäische Standards weitgehend im „autonomen Nachvollzug". Parallel dazu versucht das Land, mit speziellen Anstrengungen in der globalen ↑Außenwirtschaftspolitik neue Freihandelsverträge abzuschließen. Die weitaus wichtigsten Handels- und Kooperationspartner bleiben jedoch die europäischen Länder (2019 gingen über 50 % der Schweizer Exporte in die EU, 59 % der Importe kamen von dort).

Die schweizerische Wirtschaft nahm nach dem Zweiten Weltkrieg im Gleichschritt mit der Entwicklung in Westeuropa und Nordamerika enormen Aufschwung, der anfangs der 1970er Jahre durch die weltweite Rezession kurz gebremst wurde. Der Dienstleistungssektor mit ↑Tourismus, Finanzindustrie etc. rückte an erste Stelle. Materielle Prosperität ermöglichte den Ausbau des ↑Wohlfahrts- und ↑Sozialstaates: 1946 die Einführung des Sozialwerks *Alters- und Hinterlassenenversicherung* (AHV), 1960 die Invalidenversicherung usw. Mit großer Verzögerung gegenüber dem übrigen Europa wurde mit Blick auf den Beitritt zur Europäischen Menschenrechtskonvention (1974) eine demokratische Anormalität liquidiert und das Stimm- und Wahlrecht für Frauen auf Bundesebene in einer Volksabstimmung 1971 eingeführt. Seither bewegt sich der Frauenanteil in der Politik auf dem Niveau der deutschsprachigen Nachbarländer.

Eine wichtige Zäsur in der politischen Geschichte bildete die Errichtung einer proportional zur Wählerstärke zusammengesetzten Mehrparteien-Regierung im Jahr 1959. Der damals eingeführte Regierungsproporz, d. h. die dauerhafte Koalition der vier großen Parteien aus zwei Freisinnigen, zwei Christdemokraten, zwei Sozialdemokraten und einem Vertreter der ↑Schweizerischen Volkspartei (SVP [früher Bauern-, Gewerbe- und Bürgerpartei]), hatte unter der Bezeichnung „Zauberformel" bis 2003 Bestand und wurde nach stürmischen Übergangsjahren 2015 mit einer neuen Formel weitergeführt. Seit 1987 bilden die Grünen die stärkste parteipolitische Kraft außerhalb der vier Regierungsparteien. Um die gleiche Zeit entstanden am rechten Rand nationalkonservative und rechtspopulistische Bewegungen, die ab Mitte der neunziger Jahre von der SVP im Zug ihres Wandels zu einer nationalkonservativen Partei aufgesogen wurden. Die SVP wuchs damit innerhalb weniger Legislaturen zur mit Abstand stärksten Partei heran und erzielte in den Wahlen 2019 25,6%. Diese fundamentalen Veränderungen der Parteienlandschaft führten 2003 zum Verlust des zweiten Sitzes der Christdemokraten im Bundesrat. Seit 2015 setzt sich die siebenköpfige Landesregierung aus zwei FDP-, zwei SP-, zwei SVP- und einem CVP-Vertreter zusammen.

Die Kulturrevolution der späten 1960er und der 1970er Jahre löste in der S. auf allen Gebieten gesellschaftliche Transformationen und ↑Reformen aus. Die christlichen ↑Kirchen verloren an Gläubigen, und der Anteil der Konfessionslosen wuchs rasant; im Zuge der internationalen ↑Migration nahm die religiöse Vielfalt der Bevölkerung markant zu (2015 rund 5% Muslime). Auch die sprachliche Vielfalt erweiterte sich: Der Anteil „anderssprachiger" Einwohner (Englisch, Portugiesisch etc.) erhöhte sich von unter 5% 1970 auf gegen 10% im Jahr 2000. Als Nationalsprachen gelten nach wie vor Deutsch (ca. 65%), Französisch (23%), Italienisch (8%) und Rätoromanisch (< 1%). Im Zuge des Wirtschaftswunders nahm die Zuwanderung ausländischer Arbeitskräfte rasch zu und erreichte schon 1970 über 17% der Wohnbevölkerung, seit 2012 ein Viertel, der konstant wächst. Mitte der 1960er Jahre zeigten sich die ersten Vorboten der später ganz Europa erfassenden fremdenfeindlichen Bewegungen, die sich mit einem Reflex gegen die EU verbanden.

Trotz der starken Polarisierung bei Volksabstimmungen und ↑Wahlen zeichnet sich die S. weiterhin durch politische Stabilität und wirtschaftlichen Wohlstand aus. Der frühere Kleinstaat zählt seit der Neuordnung Europas nach 1989 zu den mittelgroßen europäischen Staaten und bildet in der stark globalisierten ↑Weltwirtschaft mit hohen Exportüberschüssen eine mittlere Wirtschafts- und Finanzmacht. In der Außenpolitik setzt die S. ihren Sonderweg der zögerlichen Annäherung an die EU fort, was angesichts des Anpassungsdrucks der Union immer schwieriger wird und ein neues Rahmenabkommen erfordert.

### Literatur

U. Altermatt: Vom Unruheherd zur stabilen Republik, 2020 • Ders. (Hg.): Das Bundesratslexikon, 2019 • B. Altermatt: Sprache und Politik – Zweisprachigkeit und Geschichte, 2018 • W. Linder/S. Muller: Schweizerische Demokratie, 2017 • T. Maissen: Geschichte der Schweiz, 2015 • J. Tanner: Geschichte der Schweiz im 20. Jahrhundert, 2015 • A. Holenstein: Mitten in Europa, 2014 • G. Kreis (Hg.): Die Geschichte der Schweiz, 2014 • A. Vatter: Das politische System der Schweiz, 2013 • U. Altermatt: Die Schweiz in Europa. Antithese, Modell oder Biotop?, 2010 • F. Walter: Histoire de la Suisse, 5 Bde., 2010 • U. Altermatt: Konfession, Nation und Rom, 2009 • Stiftung Historisches Lexikon der Schweiz (Hg.): Historisches Lexikon der Schweiz, 13 Bde., 2002–2014 • Unabhängige Expertenkommission Schweiz – Zweiter Weltkrieg: Die Schweiz, der Nationalsozialismus und der Zweite Weltkrieg, 2002 • C. Büchi: Röstigraben. Das Verhältnis zwischen deutscher und französischer Schweiz, 2000 • L. Vischer/L. Schenker/R. Dellsperger (Hg.): Ökumenische Kirchengeschichte der Schweiz, 1998 • Commission Nationale pour la Publication de Documents Diplomatiques Suisses (Hg.): Diplomatische Dokumente der Schweiz, 26 Bde., 1990–2018 • C. Spitteler: Unser Schweizer Standpunkt, 1915.

URS ALTERMATT

## II. Politisches System

### 1. Einleitung

Das ↑politische System der S. gilt bis heute als Sonderfall unter den modernen ↑Demokratien. Die Ursprünge dafür liegen in einer ausgesprochenen Pluralität unterschiedlicher Sprachen, ↑Konfessionen und Gesellschaftsstrukturen sowie einer kontinuierlichen Entwicklung ohne die für zahlreiche europäische Länder typischen Strukturbrüche durch die beiden ↑Weltkriege. Diese Rahmenbedingungen haben zur Herausbildung eines auf den ersten Blick einzigartigen politischen Systems geführt, das sich durch eine außergewöhnliche Kombination von ausgebautem Föderalismus, starker direkter Demokratie und ausgeprägter Konkordanz auszeichnet. Als eine der ersten republikanischen Männerdemokratien weltweit und als erster moderner Bundesstaat auf dem alten Kontinent hat die S. zudem schon bei der Ausgestaltung ihrer politischen ↑Institutionen eine bes. Vorreiterrolle eingenommen. Auch im aktuellen Ländervergleich fällt die S. als Sonderling auf: Sie hat eine Spitzenposition inne mit dem weltweit am stärksten ausgebauten direktdemokratischen System, dem fehlenden Machtwechsel zwischen Regierung und ↑Opposition sowie mit einem weder rein parlamentarischen noch rein präsidentiellen Regierungssystem. Sowohl die zahlreichen vierteljährlich stattfindenden Volksabstimmungen auf allen Staatsebenen als auch die seit Jahrzehnten vom Parlament auf eine festgelegte Periode gewählte, parteipolitisch mehr oder weniger gleich zusammengesetzte Kollegialexekutive von sieben gleichberechtigten Mitgliedern suchen ihresgleichen. Schließlich gilt die S. im internationalen Vergleich auch als Extremtyp einer Konkordanz- und Konsensdemokratie mit stark ausgebauten Elementen der Machtteilung in horizontaler wie vertikaler Dimension.

## 2. Verfassungssystem

### 2.1 Die Regierung: Der Bundesrat

Beim schweizerischen ↑Regierungssystem handelt es sich weder um eine rein parlamentarische noch um eine rein präsidiale Demokratie, sondern um ein versammlungsunabhängiges Direktorialsystem. Dieses zeichnet sich durch eine Kollegialexekutive (Bundesrat) von sieben gleichberechtigten Mitgliedern aus, die sowohl als kollektives ↑Staatsoberhaupt, als Bundesregierung sowie als Spitze der sieben Departemente (Ministerien) tätig ist. Sie wird von der Vereinigten Bundesversammlung (National- und Ständerat vereint) zu Beginn jeder Legislaturperiode für eine vierjährige Amtsdauer neu gewählt. Der Bundesrat ist damit oberste Leitungs- und Vollzugsbehörde des Bundes, wobei jeder Bundesrat einem Departement vorsteht. Während der vierjährigen Amtsperiode können weder der gesamte Bundesrat noch einzelne Bundesräte vom Parlament durch ein Misstrauensvotum zum vorzeitigen Rücktritt gezwungen werden. Umgekehrt kann die Exekutive auch nicht vorzeitig das Parlament auflösen. Der Vorsitzende des Bundesrates, der Bundespräsident, wird als *Primus inter Pares* von der Bundesversammlung für ein Jahr gewählt, wobei eine aufeinanderfolgende Wiederwahl ausdrücklich untersagt ist.

### 2.2 Das Parlament: Die Bundesversammlung

Die Bundesversammlung bildet das Schweizer Parlament (↑Parlament, Parlamentarismus) und besteht aus zwei gleichberechtigten Kammern, dem Nationalrat und dem Ständerat. Der Nationalrat als Volkskammer setzt sich aus 200 nach dem Verhältniswahlrecht gewählten Vertretern zusammen, wobei die Kantone die Wahlkreise bilden und sich die Zahl der Volksvertreter nach der Einwohnerzahl der Kantone richtet. Jeder Kanton entsendet aber mindestens einen Nationalrat. Der Ständerat als Kantonskammer umfasst 46 Abgeordnete, die nach kantonalem Wahlrecht, i. d. R. nach dem Majorzverfahren, für üblicherweise vier Jahre gewählt werden. Jeder Kanton hat zwei Vertreter, die früheren Halbkantone stellen hingegen nur einen Abgeordneten. In Form der Vereinigten Bundesversammlung (d. h. National- und Ständerat gemeinsam) übt das Parlament lediglich seine Wahlkompetenzen aus, insb. die Wahl des Bundesrates und der Bundesrichter. Seine Aufgaben der Rechtssetzung und der Oberaufsicht über die anderen Gewalten nimmt es hingegen in getrennten Kammern wahr. Damit kommt der durch Volkswahlen (↑Wahlen) unmittelbar legitimierten Bundesversammlung als „oberste Gewalt im Bund" (Art. 148 BV) zwar eine gewisse Vorrangstellung gegenüber Bundesrat und Bundesgericht zu. Hingegen ist das Parlament dem Bundesrat und dem Bundesgericht gegenüber nicht umfassend weisungsbefugt.

### 2.3 Die Justiz: Das Bundesgericht

Die oberste rechtsprechende Gewalt ist das Bundesgericht, das zurzeit aus 38 hauptamtlichen Richtern besteht, die für eine Amtszeit von sechs Jahren von der Bundesversammlung gewählt werden; ihre Wiederwahl ist zulässig und üblich. Das oberste Gericht entscheidet als letzte Instanz über Rechtsstreitigkeiten in zivil- und öffentlich-rechtlichen Angelegenheiten sowie bei Streitigkeiten zwischen den einzelnen Staatsebenen. Weiterhin ist es zuständig für die Beurteilung von Beschwerden bei der Verletzung verfassungsmässiger Rechte durch Bundes- oder Kantonsbehörden. Hingegen handelt es sich beim Bundesgericht nicht um ein eigentliches Verfassungsgericht, da in der S. keine ↑Verfassungsgerichtsbarkeit für Bundesgesetze besteht. Die erst zu Beginn des 21. Jh. erfolgten Gründungen des Bundesstrafgerichts und des Bundesverwaltungsgerichts bezweckten v. a. die Entlastung des Bundesgerichts von aufwändigen erstinstanzlichen Prozessen. Die Richter dieser Spezialgerichtshöfe werden ebenfalls für sechs Jahre von der Bundesversammlung gewählt.

### 2.4 Politische Machtteilung: Direkte Demokratie und Föderalismus

Neben dem Grundsatz der ↑Gewaltenteilung und der gängigen Zuordnung der klassischen Aufgaben an die drei Staatsgewalten zeichnet sich das schweizerische Verfassungssystem durch zwei weitere Kernelemente aus, nämlich die stark ausgeprägte direkte Demokratie (↑Plebiszit) und den weitgehenden ↑Föderalismus. Die herausragende Bedeutung der beiden grundlegenden Prinzipien der ↑Volkssouveränität und des föderalen Bundesstaates äußert sich in der Bundesverfassung (Art. 148 Abs. 1 BV) u. a. dadurch, dass das Parlament nur „unter Vorbehalt der Rechte von Volk und Ständen die oberste Gewalt im Bund" ausübt.

Im Gegensatz zu den meisten anderen Regierungssystemen kann die Wählerschaft in der S. zudem nicht nur ihre Abgeordneten wählen, sondern ebenso über Bundesgesetze und Verfassungsänderungen abstimmen. Durch diese unmittelbaren Volksrechte können die Bürger direkten Einfluss auf die Verfassungs- und Gesetzgebungstätigkeit von Parlament und Regierung nehmen. So untersteht jede Verfassungsänderung dem obligatorischen Verfassungsreferendum. Zusätzlich können die Bürger einen Volksentscheid zu einer von ihnen gewünschten Änderung der Bundesverfassung verlangen, indem 100 000 Stimmberechtigte das Initiativbegehren innerhalb von 18 Monaten unterschreiben (Volksinitiative). Schließlich kann zu jedem neuen Bundesgesetz durch die Sammlung von 50 000 Unterschriften innerhalb von 100 Tagen eine Volksabstimmung verlangt werden (fakultatives Gesetzesreferendum).

Der ausgeprägt bundesstaatliche Charakter mit der starken Betonung der Mitwirkung und Autonomie der Kantone wiederum ist durch eine Reihe föderaler Verfassungsinstitutionen abgesichert. Neben dem Ständerat als gleichberechtigter Parlamentskammer und der Notwendigkeit des Ständemehrs bei Verfassungsänderungen (d. h., dass zusätzlich zum Volksmehr auch die Mehrheit der Kantone einer Verfassungsänderung zustimmen muss) bestehen im Kantonsreferendum und in der Standesinitiative zwei weitere föderale Einrichtungen auf der bundespolitischen Ebene als Ersatz für den Verlust der kantonalen Souveränität zur Verfügung. Während mittels des Kantonsreferendums auf Verlangen von acht Kantonen eine Volksabstimmung über ein neues Bundesgesetz gefordert werden kann, hat mit der Standesinitiative jeder Kanton die Möglichkeit, dem Bundesparlament einen Entwurf zu einem Erlass einzureichen bzw. die Ausarbeitung eines solchen vorzuschlagen.

### 2.5 Die machtteilende Verfassung

Insgesamt ist das schweizerische Regierungssystem durch eine starke (v. a. personelle, weniger funktionelle) ↗Gewaltenteilung zwischen Exekutive, Legislative und Judikative auf der horizontalen Ebene geprägt. Auch die vertikale Machtteilung zwischen Bund und Kantonen ist ausgesprochen ausgebaut. Zwar ist damit die verfassungsmässige Grundlage für ein stark auf Machtbegrenzung und Gewaltenteilung ausgerichtetes System gelegt. Jedoch lassen sich aus dieser Betrachtungsweise noch keine Schlüsse über das effektive Zusammenwirken der einzelnen Gewalten und das reale Machtverhältnis zwischen Exekutive, Legislative und Judikative sowie weiteren Akteuren ziehen. Ebenso wenig lassen sich Aussagen über die sich im Verlaufe der Zeit gewandelten föderalen Beziehungen oder darüber machen, welchen Einfluss die Einführung bestimmter Volksrechte, wie z. B. das fakultative Gesetzesreferendum, auf die Zusammensetzung und Funktionsweise von Regierung und Parlament sowie auf das politische System insgesamt ausgeübt hat. Sie beschreibt nur den verfassungsmässigen Rahmen der Machtteilung und -verteilung.

## 3. Der politische Entscheidungsprozess

In ihrem Werk zur schweizerischen Demokratie stellen Wolf Linder und Sean Mueller das machtteilende Entscheidungssystem auf Bundesebene als einen Kreislauf von vier aufeinanderfolgenden Phasen dar: Der politische Entscheidungsprozess zeichnet sich durch die Beteiligung einer Vielzahl von Akteuren aus. In der vorparlamentarischen Phase treten ↗Parteien, ↗Verbände und andere Akteure über das Parlament, mittels Volksinitiative und weiteren Kanälen mit ihren Anträgen an den Bundesrat heran, sofern dieser nicht selbst ↗Reformen initiiert. Zunächst arbeitet dann das zuständige Departement (Ministerium) oder eine von ihm beauftragte Expertenkommission ein Vorprojekt aus, zu dem die unmittelbar betroffenen Kreise angehört werden. Der Entwurf des Bundesrates wird in einem nächsten Schritt den interessierten Kreisen wie Parteien, Verbänden, Kantonen und weiteren Organisationen zur Vernehmlassung unterbreitet, worauf diese ihre Stellungnahmen abgeben und das zuständige Departement die Vorlage auf der Basis der eingegangenen Kommentare überarbeitet. Die bereinigte Vorlage wird dann als sog.er Bundesratsentwurf mit zusätzlichen Erläuterungen durch die Regierung dem Parlament vorgelegt. Damit beginnt die zweite Phase. In der parlamentarischen Phase wird dieser Entwurf in der vorberatenden Kommission des National- oder Ständerats (je nach Erstrat) behandelt und je nachdem abgeändert, wobei die Legislative mit der parlamentarischen Initiative zusätzlich die Möglichkeit besitzt, den vorparlamentarischen Prozess auszuklammern. Der Kommissionsentwurf wird daraufhin vom Plenum des Erstrats beraten und beschlossen. Anschließend beschäftigen sich die zuständige Parlamentskommission und das Plenum des Zweitrats mit dem Geschäft. Kommt eine Einigung zustande, wird die Parlamentsvorlage in den Schlussabstimmungen der beiden Räte verabschiedet. Darauf folgt die direktdemokratische Phase, in der bei Verfassungsänderungen zwingend eine Volksabstimmung mit der notwendigen doppelten Zustimmung von Volk und Ständen erfolgt, wobei Bundesrat und Parlament bei Volksinitiativen die Möglichkeit besitzen, einen direkten oder indirekten Gegenentwurf vorzulegen. Bundesgesetze unterstehen lediglich dem fakultativen Referendum: Eine Volksabstimmung findet nur dann statt, wenn 50 000 Stimmberechtigte sie mit ihrer Unterschrift innerhalb von 100 Tagen fordern. Bei der Abstimmung entscheidet dann das einfache Volksmehr. In der nachfolgenden Implementationsphase schließlich arbeiten die zuständigen Departemente die konkretisierenden Verordnungen und Politikprogramme aus. Eine äußerst wichtige Rolle spielen im Kontext des schweizerischen Vollzugsföderalismus die Kantone. Sie sind in vielen Fällen für die Ausführungsgesetze und die Umsetzung der Bundeserlasse vor Ort zuständig und können z. B. über Standesinitiativen Anträge an das Bundesparlament stellen. Ggf. sorgen dann die Gerichte auf den verschiedenen Staatsebenen für die konkrete Auslegung der Bundeserlasse. Zusammenfassend fällt auf, dass die Schweizer Bürgerschaft aus einer vergleichenden Perspektive über außerordentliche Einflussmöglichkeiten verfügt: Zusätzlich zum in repräsentativen ↑Demokratien üblichen Recht, die Legislative zu bestellen, kommen als unmittelbare Volksrechte namentlich die Volksinitiative in der frühen (vorparlamentarischen) Agenda-Setting-Phase und das Referendum in der nachparlamentarischen Phase hinzu. Damit verfügt das Schweizer Volk in nahezu jeder Phase über einen beträchtlichen direkten oder indirekten Einfluss.

### 4. Schlussfolgerungen

Aus langfristiger Perspektive zeichnet sich die schweizerische Demokratie durch einen beeindruckenden Wandel von einem urspr.en mehrheitsdemokratischen System der freisinnigen Staatsgründer im 19. Jh. hin zum Extremfall einer Konsensdemokratie mit der Integration aller politisch relevanten Kräfte während der zweiten Hälfte des 20. Jh. aus. Allerdings haben in den beiden letzten Dekaden offensichtliche Veränderungen stattgefunden, die verstärkte Zweifel an der S. als Musterbeispiel einer perfekten Konkordanzdemokratie aufkommen lassen. Sichtbarer Ausdruck davon sind die zunehmende Polarisierung des ↑Parteiensystems, der fulminante Aufstieg der sich im klassischen Oppositionsstil gebärdenden ↑Schweizerischen Volkspartei (SVP), die konfrontativer geführten Wahl- und Abstimmungskampagnen, das autonom agierende Parlament, die oft nicht mehr als Kollegialorgan auftretende Regierung und das zunehmend pluralistische Interessengruppensystem (↑Interessengruppen). Trotzdem befindet sich die schweizerische Demokratie noch lange nicht an der Schwelle zum Übergang zur Wettbewerbsdemokratie mit der klassischen Rollenteilung von Regierung und Opposition. Davon ist sie noch weit entfernt und darüber hinaus sind in der Schweizer Referendumsdemokratie, in der systembedingt dem Stimmvolk die Oppositionsrolle zukommt, die Hindernisse für einen Systemwechsel zu einem Konkurrenzsystem bekanntlich hoch und vielfältig. Vielmehr zeigt ein Blick zurück, dass die bedeutendsten Reformen seit der Bundesstaatsgründung (wie die Einführung der Volksrechte, der Wechsel zum Proporzwahlsystem für den Nationalrat und die Modernisierung des Finanzföderalismus) in erster Linie der fortlaufenden ↑Integration und Stärkung von ↑Minderheiten und damit zur Erhöhung der politischen Stabilität beigetragen haben, was längerfristig auch der demokratischen Leistungsfähigkeit des Systems diente.

Im Kern verfügt die S. auch heute nach wie vor über die zentralen Institutionen einer Konkordanzdemokratie: eine breit abgestützte Mehrparteienregierung, eine ausgebaute föderale Autonomie, eine hohe Bedeutung des Proportionalitätsprinzips und ein starkes Minderheitenveto in Form des Ständerats. Allerdings setzt das Funktionieren des Konkordanzsystems nicht nur den institutionellen Überbau durch machtteilende Elemente, sondern auch die Bereitschaft der politischen ↑Elite zu kooperativer Kompromissfindung (↑Kompromiss) voraus. Tatsächlich stellen die erhöhte Konfliktualität und die abnehmende Bereitschaft der politischen Elite zur kooperativen Zusammenarbeit die Belastbarkeit und Funktionsfähigkeit der Konkordanzinstitutionen zunehmend infrage. Damit entspricht die S. zu Beginn des 21. Jh. eher dem gewöhnlichen Durchschnittsfall mit sichtbaren Schwachstellen als dem Idealtypus einer perfekten Konsensdemokratie und erfüllt die hohen Anforderungskriterien einer funktionierenden Konkordanzdemokratie nicht mehr vollständig. Gleichzeitig darf aber nicht übersehen werden, dass die S. aufgrund ihrer ausgebauten Garantie rechtsstaatlicher Prinzipien (↑Rechtsstaat), der vielfältigen vertikalen Gewaltenkontrolle, der hohen politischen Stabilität, dem niedrigen Korruptionsniveau (↑Korruption) und dem leichten Zugang zum politischen Wettbewerb nach wie vor einen der vordersten Plätze unter den entwickelten Demokratien besetzt. In der zweiten Dekade des 21. Jh. entspricht die S. einer Konsensdemokratie, die zunehmend auch konkurrenzdemokratischen Randbedingungen wie steigender parteipolitischer Polarisierung und stärker konfrontativ geprägter Konfliktaustragung in Regierung, Parlament und ↑Öffentlichkeit unterworfen wird. Aus der Perspektive des internationalen Vergleichs handelt es sich dabei in erster Linie um eine Annäherung an die anderen kleinen kontinentaleuropäischen Verhandlungsdemokratien wie etwa Belgien und die Niederlande, die sich im Verlaufe der Jahre ebenfalls von klassischen Konkordanzdemokratien hin zu Mischtypen mit zunehmend kompetitiven und zentrifugalen Zügen gewandelt haben.

### Literatur

*Der Text basiert auf Teilen des Werks von A. Vatter: „Das politische System der Schweiz", ⁴2020.*

S. Mueller/A. Vatter: Der Ständerat: Die Zweite Kammer der Schweiz, 2020 • A. Vatter: Das politische System der Schweiz, [4]2020a • Ders.: Der Bundesrat: Die Schweizer Regierung, 2020b • U. Altermatt, (Hg.): Das Bundesratslexikon, 2019 • A. Vatter: Das Parlament in der Schweiz. Macht und Ohnmacht der Volksvertretung, 2018a • Ders.: Swiss Federalism. The Transformation of a Federal Model, 2018b • W. Linder/S. Mueller: Schweizerische Demokratie, 2017 • C. H. Church: Political Change in Switzerland. From Stability to Uncertainty, 2016 • P. Sciarini/M. Fischer/D. Traber: Political Decision-Making in Switzerland. The Consensus Model Under Pressure, 2015 • P. Knoepfel u. a.: (Hg.): Hb. der Schweizer Politik, 2014 • T. Milic/B. Rousselot/A. Vatter: Hb. der Abstimmungsforschung, 2014 • T. Krumm: Das politische System der Schweiz. Ein internationaler Vergleich, 2013 • H. Kriesi/A. H. Trechsel: The Politics of Switzerland, 2008 • C. H. Church: The Politics and Government of Switzerland, 2004 • A. Vatter: Kantonale Demokratien im Vergleich. Entstehungsgründe, Interaktionen und Wirkungen politischer Institutionen in den Schweizer Kantonen, 2002 • L. Neidhart: Plebiszit und pluralitäre Demokratie: Eine Analyse der Funktion des schweizerischen Gesetzesreferendums, 1970.

ADRIAN VATTER

### III. Volkswirtschaft

#### 1. Die Schweiz im internationalen Wettbewerb

Die S. zählt bevölkerungs- und flächenmäßig zu den kleinen Staaten. Nach ihrem politischen Gewicht liegt sie im unteren, wirtschaftlich aber im oberen Mittelfeld. Mit einem nominalen BIP (↑Volkswirtschaftliche Gesamtrechnung) von 706 Mrd. US-Dollar lag sie 2018 an 20. Stelle, also noch vor z. B. Polen oder Argentinien. Zudem gehört sie mit dem nominalen Pro-Kopf-Einkommen von rund 83 000 US-Dollar zu den zwei wohlhabendsten Ländern der Welt.

| Land | BIP in Mio. US-Dollar | Rang | BIP/Kopf in US-Dollar | Rang |
|---|---|---|---|---|
| Schweiz | 705 546 | 20 | 83 161 | 2 |
| Deutschland | 3 951 340 | 4 | 47 662 | 18 |
| Frankreich | 2 780 152 | 6 | 42 953 | 21 |
| Italien | 2 075 856 | 8 | 34 321 | 27 |
| Österreich | 456 166 | 27 | 51 344 | 14 |
| Großbritannien | 2 828 833 | 5 | 42 580 | 22 |
| USA | 20 580 250 | 1 | 62 869 | 9 |
| China | 13 368 073 | 2 | 9 580 | 72 |
| Russland | 1 657 290 | 12 | 11 289 | 65 |
| Japan | 4 971 767 | 3 | 39 304 | 26 |

Tab. 1: Nominales BIP ausgewählter Länder, 2018
Quelle: IWF

Auch bei vielen anderen *Indikatoren des Wohlstands* und der ↑Wohlfahrt, wie dem HDI der UNCTAD, dem Where-to-be-born-Index des Economist, den Wettbewerbsfähigkeitsindizes des *Institute for Management Development* und des *World Economic Forum*, dem Globalen Innovationsindex der *Weltorganisation für geistiges Eigentum* und sogar dem Glücksindex der UN liegt die S. seit Jahren unter den zehn besten Ländern, bei einigen steht sie ganz an der Spitze. Da das Land – das lange Zeit als „Armenhaus Europas" galt – klein, rohstoffarm und gebirgig ist, über keinen Meeranstoß verfügt und nie Kolonien besaß, spricht einiges dafür, dass dieser Wohlstand nicht trotz, sondern wegen dieser Defizite erarbeitet wurde. Kleinheit und natürliche ↑Armut zwangen früh zu Exportorientierung und Offenheit sowie zu ↑Innovation und Besetzen von Nischen. Daher gehörte die S. bereits vor 1900 zu den wohlhabendsten Staaten Europas, vor Großbritannien und den Niederlanden. Die ↑Neutralität und das Abseitsstehen in zwei ↑Weltkriegen sowie die Institution des 1934 eingeführten und 2009 für Bewohner ausländischer Staaten weitgehend wieder abgeschafften Bankgeheimnisses haben den Wohlstand zusätzlich befördert, sind aber nicht dessen wichtigste Erklärungsfaktoren.

#### 2. Dreifacher Stabilitätsausweis

In den vergangenen Jahrzehnten durchlief die S. eine Tertiarisierung und Spezialisierung – Prozesse, wie sie für viele OECD-Länder charakteristisch sind. 2017 waren im Dienstleistungssektor 3,8 Mio. Erwerbstätige beschäftigt, der Anteil des dritten Sektors an der Bruttowertschöpfung des Landes betrug 73,3 %. Seit Mitte der 1990er-Jahre blieb der relative Anteil des Industriesektors stabil (derzeit bei 26 %), während der Beitrag des primären Sektors auf 0,7 % (2017) sank.

Im europäischen Vergleich ist die S. ein Beschäftigungswunder. Die Zahl der *Beschäftigten* stieg zwischen 1991 und 2019 um über 1 Mio. auf 5,1 Mio. und legte damit gemäß schweizerischer Statistik um 26 % und nach Zählweise der ILO sogar um 31 % zu. In Italien stieg die Beschäftigung im gleichen Zeitraum um 8 %, in Deutschland um 10 % und in Frankreich um 18 %. Die Erwerbsquote der Männer (2018: 88,5 %) übersteigt jene der Frauen (2018: 79,9 %), die Differenz nimmt allerdings seit einigen Jahren ab. Das Beschäftigungswachstum wurde in erster Linie von der Zuwanderung genährt. Der Anteil der ausländischen Erwerbstätigen betrug 2019 mit 1,6 Mio. knapp 32 %, im Industriesektor lag er sogar bei 39 %. War die Zuwanderung lange unterschichtig, erhöhte sich zwischen 1991 und 2008 die Zahl der Einwanderer mit Tertiärbildung von 30 000 auf ungewöhnlich hohe 70 000 pro Jahr. In Europa liegt der Anteil nur in Luxemburg noch höher. Von den ausländischen Erwerbstätigen sind rund 320 000 Grenzgänger, die höchste Zahl in Europa; mehr als die Hälfte lebt in Frankreich.

Zwischen dem Ende des Zweiten Weltkrieges und den 1990er-Jahren verharrte die *Erwerbslosenquote* in der S. auf rekordtiefem Niveau, meist unter 1 %. In den letzten 20 Jahren bewegte sie sich zwischen 2 % und 4 %. Die von der ILO erhobenen, international vergleichbaren Quoten liegen ungefähr zwei Prozentpunkte höher, das ist aber europaweit nach Tschechien und Deutschland immer noch der drittbeste Wert. Wegen des Fehlens branchenübergreifender ↑Mindestlöhne sowie flächendeckender Tarifverträge und eines restriktiven Kündigungsschutzes kann der ↑Arbeitsmarkt als flexibel gelten. Die im internationalen Vergleich hohen direkten Lohnkosten werden durch niedrigere Lohnnebenkosten und hohen Arbeitseinsatz relativiert. Die Arbeitsproduktivität ist im internationalen Vergleich ebenfalls hoch.

| Erwerbstätige | | 1991 | 2000 | 2010 | 2019 |
|---|---|---|---|---|---|
| | Männer | 2370 | 2265 | 2472 | 2769 |
| | Frauen | 1672 | 1749 | 2006 | 2330 |
| | Schweizer | 3014 | 3069 | 3268 | 3489 |
| | Ausländer | 1028 | 944 | 1209 | 1611 |
| | Total | 4042 | 4014 | 4477 | 5099 |
| Erwerbslose | (gemäß ILO) | 72 | 112 | 205 | 213 |

Tab. 2: Wichtige Arbeitsmarktindikatoren, 1991–2019 (in 1000)
Quelle: Bundesamt für Statistik

Die S. erfüllt, obwohl nicht Mitglied der ↑EU, als eines der wenigen Länder seit vielen Jahren die Maastricht-Kriterien: Das jährliche Defizit übersteigt die 3 % des BIP nicht (häufig gibt es sogar einen Überschuss), und die *Verschuldung* der öffentlichen Hand lag 2018 mit 41 % deutlich unter den maximal erlaubten 60 % des BIP. Wesentlich zur niedrigen ↑Staatsverschuldung hat die Einführung einer Schuldenbremse beigetragen. Sie wurde 2001 in einer Volksabstimmung mit 85 % Ja-Stimmen angenommen und postuliert, dass die nominellen Schulden über einen Konjunkturzyklus hinweg stabilisiert werden müssen. Wenn die Volkswirtschaft wächst (↑Wirtschaftswachstum), nimmt dadurch die Schuldenquote (gemessen am BIP) laufend ab.

Die im internationalen Vergleich etwas größere Finanzdisziplin hat auch viel mit einer sehr spezifischen *Finanzordnung* zu tun. Die drei Ebenen des Staates (Gemeinden, Kantone, Bund) erheben selbständig ↑Steuern und bestreiten autonom ihre Ausgaben. Dabei präferiert die S. direkte Steuern (72 %), unter den indirekten Steuern (28 %) schlägt v. a. die Mehrwertsteuer zu Buche. 2016 entfielen gerundet 20 % des Steueraufkommens auf die Gemeinden, 33 % auf die Kantone und 46 % auf den Bund. Zwischen den Gemeinden und zwischen den Kantonen herrscht Steuerwettbewerb. Die Bandbreite bspw. der Spitzensteuersätze reicht an den Kantonshauptorten für 2020 von gut 22 % in der Stadt Zug bis ungefähr 45 % in der Stadt Genf (ohne Kirchensteuern). Je nach Kanton und Zivilstand liegt die Schwelle für diese Höchstsätze irgendwo zwischen 200 000 und 400 000 Schweizer Franken Jahreseinkommen. Zu diesen Spitzensätzen kommen neben der Kirchensteuer noch die Beträge für die *Alters- und Hinterlassenenversicherung* (AHV) und andere Sozialversicherungen, sodass je nach Kanton und Gemeinde die Grenz-Zwangsabgabenbelastung auf hohen Lohneinkommen (ohne Vermögenssteuer) zwischen 35 % und 58 % liegen dürfte, in der Realität näher bei 35 %, da Inhaber hoher ↑Einkommen teure Standorte meiden. Ein horizontaler und ein vertikaler Finanzausgleich sorgen dafür, dass die schwächeren Gemeinwesen ihre Aufgaben trotzdem erfüllen können. Der Steuerwettbewerb hat die Staatsquote nicht viel niedriger gehalten als in anderen Ländern. Offiziell weist die S. eine Fiskalquote von lediglich rund 28 % (2018) und eine Staatsquote von gut 32 % aus, aber dieser tiefe Wert hat in erster Linie damit zu tun, dass Altersvorsorge, Unfall- und Krankenversicherung in der S. teilweise zwar mit Zwangsabgaben, aber über private Institutionen abgewickelt werden. Unter Einbezug dieser Abgaben liegt der Zwangsabgabenquotient sieben bis acht Prozentpunkte höher und damit über dem OECD-Durchschnitt (34,3 %) und nicht viel tiefer als in Deutschland (38,2 %).

Die S. betreibt trotz ihrer Kleinheit eine eigenständige ↑*Geldpolitik*. Den Schweizer Franken gibt es seit 1850, zunächst als schwaches Anhängsel des französischen Francs. Erst als 1907 die *Schweizerische Nationalbank* (SNB) gegründet wurde, begann der Aufstieg zur starken ↑Währung. Zwar musste 1936 im Gefolge der ↑Weltwirtschaftskrise auch der Schweizer Franken gegenüber dem Gold um 30 % abgewertet werden, seither hat er sich indessen zu einer der stärksten Währungen der Welt entwickelt. Dieser Erfolg war jedoch nicht nur ein Segen. Zwar konnte die S. die ↑Inflation relativ niedrig halten – zwischen 1950 und 2016 betrug die durchschnittliche jährliche Inflationsrate 2,3 %. Die Tendenz zur Höherbewertung des Schweizer Franken wurde mit der Zeit aber zu einer Belastung für die Wirtschaft. Die SNB sah sich daher im September 2011 gezwungen, die seit 1973 betriebene Politik flexibler ↑Wechselkurse aufzugeben und über Nacht einen Mindestkurs von Euro 1,00 = Schweizer Franken 1,20 festzulegen. Am 15.1.2015 hob sie diesen Mindestkurs ebenso überraschend wieder auf.

Seither versucht sie mittels Negativzinsen und Interventionen eine zu starke und v. a. zu abrupte Höherbewertung des Schweizer Franken zu verhindern. Eine Folge davon ist, dass die S. wie kaum ein anderes Land *Währungsreserven* anhäuft. Sie betrugen Ende 2019 gut 820 Mrd. Schweizer Franken. Das entspricht mehr als 100 % des BIP und bringt das Land in einer weltweiten Rangliste auf Platz 3, hinter China und Japan. 70 % der Reserven werden in Form von ↑Staatsanleihen gehalten, hauptsächlich von hochliquiden Anleihen der großen europäischen Länder. 40 % der Anlagen entfallen auf den Euro. Das macht die S. zu einem wichtigen, wenn nicht dem wichtigsten Gläubiger der Euro-Staaten, und es macht sie, obwohl sie nicht Mitglied dieses Raumes ist, stark vom Schicksal des Euro abhängig.

Die Wirtschaft hat weitgehend gelernt, mit einem starken Schweizer Franken zu leben. Der Finanzplatz profitiert ohnehin von ihm, weil die Anlage von Vermögen in Schweizer Franken guten Schutz gegen Währungsturbulenzen zu bieten verspricht. Der Werkplatz und der Dienstleistungsplatz mussten dem starken Schweizer Franken mit Produktivitätserhöhungen, Innovationen und dem Besetzen lukrativer Marktnischen begegnen. Einzig dem ↑Tourismus stehen diese Auswege nur in beschränktem Maße offen.

Der hohen Wertschätzung des Bargeldes und des Schutzes der finanziellen Privatsphäre in der S. trägt die SNB dadurch Rechnung, dass sie mit der 1 000-Franken-Note die Banknote ausgibt, die unter den bekannteren Währungen weltweit mit Abstand die höchste Kaufkraft aufweist.

### 3. Kleine, offene Volkswirtschaft

Die S. zeichnet sich durch einen relativ kleinen Binnenmarkt und hohe außenwirtschaftliche Orientierung aus. V. a. die Außenwirtschaft trägt zu einer marktwirtschaftlichen Prägung bei. Der eher lokale Teil der Wirtschaft ist dagegen in vielerlei Hinsicht durch ↑Kartelle, lokale Absprachen und Wettbewerbsverzerrungen geprägt. Trotzdem gehört die S. gemäß dem *Fraser Institute* in Vancouver zu den wirtschaftlich freiesten Staaten der Erde. Im Jahr 2017 lag sie auf Platz 4 der Rangliste.

In der Nachkriegszeit erfuhr der *Außenhandel* eine stürmische Entwicklung. Die traditionell defizitäre Handelsbilanz kompensierte die S. durch Überschüsse aus Dienstleistungstransaktionen und Kapitaleinkommen. Seit den 1980er-Jahren weist das Land durchgehend einen Ertragsbilanzüberschuss aus. In Spitzenjahren betrug dieser Überschuss 15 % des BIP. Hierfür zeichneten in erster Linie die Kapitalerträge aus dem Nettoauslandsvermögen verantwortlich. 2018 betrug der Ertragsbilanzüberschuss gut 56 Mrd. Schweizer Franken, 8 % des nominalen BIP.

Alles überragender *Handelspartner* ist die EU, dort liegt wiederum Deutschland an der Spitze. Im Referenzjahr 2019 stammten 59 % der Wareneinfuhren in die S. aus der EU (163 Mrd. Schweizer Franken), dorthin gelangten 50 % der eidgenössischen Warenausfuhren (rund 155 Mrd. Schweizer Franken). Noch zu Beginn der 1990er-Jahre waren diese Anteile allerdings bei 79 % bzw. 66 % gelegen. Ein ähnliches Bild zeigt sich beim Dienstleistungsaußenhandel: Das größte Volumen weist der Austausch mit der EU auf, darauf folgen die USA. Der Anteil der Exporte von Waren und Dienstleistungen am nominalen BIP beträgt circa 62 %, der Anteil der Importe gut 54 %.

| | Exporte nach | | Importe aus | |
|---|---|---|---|---|
| Land | Waren | Dienstleistungen | Waren | Dienstleistungen |
| Deutschland | 47,69 | 13,23 | 57,19 | 15,86 |
| Frankreich | 19,24 | 7,29 | 18,92 | 6,68 |
| Italien | 16,06 | 5,74 | 22,24 | 5,20 |
| Österreich | 6,36 | 1,46 | 8,45 | 3,65 |
| Großbritannien | 28,14 | 9,64 | 16,41 | 8,73 |
| USA | 44,21 | 20,47 | 18,88 | 24,21 |
| China | 21,44 | 3,90 | 15,05 | 2,01 |
| Japan | 8,14 | 2,65 | 4,53 | 2,07 |
| EU – 28 | 154,94 | 59,04 | 163,46 | 57,87 |
| Total | 311,98 | 120,88 | 276,06 | 103,38 |

Tab. 3: Schweizer Waren- und Dienstleistungsaußenhandel – die wichtigsten Partner, 2019 (in Mrd. Schweizer Franken)
Quelle: Eidgenössische Zollverwaltung; Schweizerische Nationalbank

Bereits im 19. Jh. begann sich die Schweizer Wirtschaft auf die Herstellung von hochwertigen ↑Gütern und ↑Dienstleistungen zu verlegen. Zu den Exportschlagern zählen aber nicht nur Schokolade, Uhren oder Bankdienstleistungen; die *Branchenstruktur* der S. ist breit gefächert. Zu den Branchenclustern mit internationaler

Ausstrahlung und hoher Wertschöpfung gehören *Life Sciences*, d.h. Chemie-, Pharma-, Medtech- und Biotech-Unternehmen; Maschinen-, Elektro- und Metallindustrie; im Transit- und Rohstoffhandel aktive Firmen; sodann Dienstleister im Bank- und Versicherungswesen. Ungefähr ein Drittel der Exporte entfällt auf Chemie und Pharma; Instrumente und Uhren sowie Maschinen und Elektronik kommen dagegen zusammen nicht einmal auf zwei Drittel der Zahlen von Chemie und Pharma. Über die Drehscheibe S. wurden 2017 mehr als 3 Mrd. Tonnen Rohstoffe gehandelt, wobei sich die Einnahmen der Schweizer Transithandelsfirmen auf 25 Mrd. Schweizer Franken (3,8 % des BIP) beliefen. Außerdem verwaltete der Schweizer Finanzplatz Ende 2018 27 % der weltweit grenzüberschreitend angelegten ↑Vermögen. Damit die international ausgerichteten Firmen innovativ und wettbewerbsfähig bleiben, investieren sie im großen Stil in ↑Forschung und Entwicklung. 2017 betrugen die Aufwendungen im Inland 15,6 Mrd. Schweizer Franken, im Ausland 15,3 Mrd. Schweizer Franken.

| Die wichtigsten Warengruppen | Ausfuhr | Einfuhr |
|---|---|---|
| Chemisch-pharmazeutische Produkte | 114575 | 52705 |
| Maschinen, Elektronik, Präzisionsinstrumente | 49074 | 40438 |
| Uhren | 21718 | 3789 |
| Metalle | 13585 | 14942 |
| Fahrzeuge | 5652 | 19503 |
| Bijouterie und Juwelierwaren | 11673 | 16582 |
| Nahrungs- und Genussmittel | 9056 | 10784 |
| Übrige | 86644 | 117315 |
| Total | 311977 | 276058 |

Tab. 4: Gliederung des Außenhandels nach wichtigen Warengruppen, 2019 (in Mio. Schweizer Franken)
Quelle: Eidgenössische Zollverwaltung

Über 99 % der ↑Unternehmen in der S. sind KMU, die nicht mehr als 250 Personen beschäftigen. Sie bilden das Rückgrat der Schweizer Volkswirtschaft. Die größte wirtschaftliche Potenz liegt indessen bei den in der S. ansässigen multinationalen Unternehmen. Allein in den Mutterkonzernen waren 2017 insgesamt 872000 Personen angestellt, in den Tochtergesellschaften im Ausland sogar fast 2,1 Mio. Arbeitskräfte. Wegen der großen Potenz dieser Firmen zählt die S. weltweit zu den zehn größten Investoren (↑Investitionen). Seit 1990 haben die *Direktinvestitionsflüsse* stark zugenommen. 2017 betrug der Kapitalbestand der in der S. domizilierten Firmen im Ausland 1227 Mrd. Schweizer Franken; über zwei Drittel davon lagen in Europa bzw. Nordamerika. Der in der S. investierte ausländische Kapitalbestand lag im selben Jahr bei 1088 Mrd. Schweizer Franken.

Die starke weltwirtschaftliche Integration wird durch *Freihandelsabkommen* (↑Freihandel) wie mit der EU 1972 und bilaterale Verträge gestützt. Der Entscheid des Schweizer Volkes im Jahr 1992, dem EWR nicht beizutreten, stellt eine Zäsur dar. Seither gestaltet die S. ihre Beziehungen mit der EU mittels bilateraler Abkommen, inzwischen mehr als 100. Die Bilateralen I (1999) regeln Themenfelder wie Personenfreizügigkeit, Luft- und Landverkehr, technische Handelshemmnisse und das öffentliche Beschaffungswesen. Die Bilateralen II (2004) behandeln u. a. Zinsbesteuerung, landwirtschaftliche Verarbeitungsprodukte oder Bildung. Damit ist die weltwirtschaftliche Integration des WTO-Mitglieds (↑WTO) aber noch keinesfalls erschöpft, unterhält die S. doch mit 40 Partnerländern insgesamt 30 Freihandelsabkommen.

### Literatur

Bundesamt für Statistik (Hg.): Statistisches Jahrbuch der Schweiz 2019, 2019 • A. Brunetti: Volkswirtschaftslehre. Eine Einführung für die Schweiz, [4]2017 • G. Schwarz/J. R. Breiding: Wirtschaftswunder Schweiz. Ursprung und Zukunft eines Erfolgsmodells, [3]2016 • P. Halbeisen/M. Müller/B. Veyrassat (Hg.): Wirtschaftsgeschichte der Schweiz im 20. Jahrhundert, 2012 • C. Trampusch/A. Mach (Hg.): Switzerland in Europe. Continuity and Change in the Swiss Political Economy, 2011 • Die Schweizerische Nationalbank (Hg.): Die Schweizerische Nationalbank. 1907–2007, 2007.

GERHARD SCHWARZ UND ROMAN WILD

## Schweizerische Volkspartei (SVP)

Die SVP ist seit Beginn der 2000er Jahre die wählerstärkste Partei der Schweiz und gehört im internationalen Vergleich zu den größten Parteien, die dem Rechtspopulismus zugeordnet werden. Mit ihren Abstimmungserfolgen gegen den Bau von Minaretten oder für die Begrenzung der Einwanderung hat sie über die Landesgrenzen hinaus für Aufmerksamkeit gesorgt. Maßgeblich an ihrem Aufstieg beteiligt war Christoph Blocher, ein erfolgreicher Unternehmer.

### 1. Entstehung und Entwicklung

Als nationale Partei gegründet wurde die SVP 1936 unter dem Namen BGB. Ihre heutige Bezeichnung erhielt sie 1971. Der Namenswechsel war Ausdruck einer Öffnung hin zur Mitte, um auf die Erosion ihrer agrarisch-ländlichen Stammwählerschaft zu reagieren und ihre Wählerbasis unter Angestellten und Arbeitern zu erweitern. Es gelang ihr jedoch nicht, ihren Wähleranteil bei den Nationalratswahlen zu erhöhen. Dieser schwankte in den 1970er und 1980er Jahren zwischen 9,9 und 11,6 %.

Zu Beginn der 1990er Jahre bewegte sich die Partei unter der Themenführerschaft der *Zürcher Kantonalpartei* mit ihrem damaligen Präsidenten Nationalrat C. Blocher an den rechten Rand des politischen Spektrums. Die Ablehnung des EWR-Beitritts, eine restriktive Haltung in der Migrationspolitik, wirtschaftspolitischer Liberalismus und eine Anti-Classe-Politique-Rhetorik bescherten ihr anhaltende Erfolge. Bei den Nationalratswahlen 2007 erzielte sie einen Wählerstimmenanteil von 28,9 %. So große Wählerstimmenverschiebungen hatte es im stabilen Schweizer ↑Parteiensystem seit 1919 nicht mehr gegeben.

Motiviert durch diese Erfolge erhob die SVP Anspruch auf einen zweiten Sitz in der Landesregierung. Seit 1959 setzte sich der Bundesrat gemäß der sog.en Zauberformel zusammen aus je zwei Mitgliedern der ↑Freisinnig-Demokratischen Partei (FDP.Die Liberalen), der ↑CVP und der ↑SP sowie einem Mitglied der SVP. Bei den Bundesratswahlen 2003 wurde entgegen den Gepflogenheiten ein wieder kandidierendes CVP-Mitglied des Bundesrats nicht mehr gewählt. An dessen Stelle wurde C. Blocher zweiter SVP-Vertreter im Bundesrat.

Die neue Formel hatte jedoch nicht lange Bestand, v. a. weil sich die SVP kaum weniger oppositionell gebärdete. 2007 wurde C. Blocher vom Parlament nicht mehr wiedergewählt. Ersetzt wurde er durch eine moderate SVP-Politikerin, welche in der Folge aus der SVP ausgeschlossen wurde. Bei den Bundesratswahlen 2011 wurde die nun für die BDP kandidierende Bundesrätin wiedergewählt, sodass die SVP wiederum nur mit einem einzigen Sitz vertreten blieb.

Bei den Nationalratswahlen 2015 stieg der Wähleranteil der SVP erneut an und erreichte mit 29,4 % der Wählerstimmen eine neue Bestmarke. Nun wurde die zurücktretende ehemalige SVP-Vertreterin durch einen „offiziellen" Westschweizer Vertreter der SVP ersetzt, sodass die Partei wieder mit zwei Sitzen in der Regierung vertreten ist.

In jüngerer Zeit ist die Erfolgsgeschichte der SVP, allerdings auf sehr hohem Niveau, leicht getrübt. In einzelnen Kantonen der Westschweiz sieht sie sich mit Problemen konfrontiert, welche z. T. personeller Natur sind aber zu Verlusten an Wählerstimmen bzw. Sitzen führen, und in ihren Stammlanden gelingt es ihr nicht mehr, ihre großen Wahlerfolge zu wiederholen. Bei den Nationalratswahlen 2019 verlor die SVP 3,8 % der Wählerstimmen. Sie bleibt aber mit Abstand die wählerstärkste Partei.

## 2. Politische Ausrichtung

Der SVP ist es gelungen, Einstellungen und Stimmungen – wie das Unbehagen gegenüber der Zuwanderung, die Angst vor Kriminalität, das Gefühl der Bedrohung schweizerischer Grundwerte, das Misstrauen gegenüber einem umfassenden Wohlfahrtsstaat – aufzunehmen und gewinnbringend zu bewirtschaften. Sie wendet sich gegen praktisch alle Errungenschaften der 1968er-Bewegung und kritisiert deren Auswirkungen auf Familie, Schule, Strafvollzug, Integrationspolitik und Sozialhilfe. Ihr Programm kann über weite Strecken als nationalkonservativ bezeichnet werden, wobei die Partei allerdings wirtschaftspolitisch relativ liberal ist und sich für niedrige Staatsausgaben und Steuern einsetzt. In ihren Forderungen finden sich populistische Versatzstücke, wie etwa die Anti-Establishment-Rhetorik, das Insistieren auf einer absoluten ↑Volkssouveränität, das Misstrauen gegenüber dem „Richterstaat" und das Beklagen der schwindenden nationalstaatlichen ↑Souveränität angesichts von Globalisierung und der wachsenden Bedeutung internationaler Vereinbarungen.

Unmittelbare Erfolge konnte die SVP in erster Linie dank der in der Schweiz stark ausgebildeten Instrumente der direkten Demokratie (Volksabstimmungen, ↑Plebiszit) verbuchen, so etwa bei der Verhinderung des EWR-Beitritts (1992), der Anti-Minarett-Initiative (2009), der Ausschaffungsinitiative (Ausweisung wegen bestimmter Delikte straffällig gewordener Ausländer, 2010) oder der Initiative gegen die Masseneinwanderung (2014).

## 3. Auswirkungen auf das Parteiensystem und Ausblick

Ohne Zweifel hat das Agieren der SVP im auf ↑Konsens ausgerichteten Schweizer Parteiensystem zu härteren politischen Auseinandersetzungen und zu einer starken Polarisierung geführt. Im Parlament hat sich die Partei aber eher isoliert. Zwar gehört sie häufig zusammen mit FDP und CVP zum siegreichen Bürgerblock. Nur auf sich selbst gestellt gelingt es ihr aber nicht, ihre Positionen durchzusetzen. Durch ihre Wahlerfolge macht sie Druck auf die ihr nahestehenden Parteien und beeinflusst deren Politik. So verfolgen bspw. CVP und FDP in der Asylpolitik heute eine deutlich schärfere Gangart als früher.

In absehbarer Zeit wird die Partei nicht aus der politischen Arena verschwinden. Europäische Integration, Zuwanderung und Staatsfinanzen werden auch künftig ihre zentralen politischen Themen sein. Zudem ist die SVP in Kantonen und Gemeinden gut verankert. Hier stellt sie viele Mandatsträger und ist häufig fest eingebunden in die Regierungsverantwortung. Entspr. gebärdet sie sich dort auch weniger oppositionell.

Wahrscheinlicher ist, dass sich die SVP aufgrund der dem ↑politischen System der Schweiz immanenten integrativen und auf Konsens bedachten Mechanismen mäßigen wird. Eine einzige Partei allein kann sich im Parlament nicht durchsetzen. Nur wenn es gelingt, mit anderen Parteien eine Mehrheit zu finden, hat man einen direkten Einfluss auf die Entscheidungen; und je extremer sich eine Partei politisch gebärdet, desto schwieriger wird es, Verbündete zu finden.

Diskutiert wird, ob die SVP so einfach dem Lager der rechtspopulistischen Parteien und der Modernisierungsverlierer zugeschlagen werden kann. Die direkte Demokratie in der Schweiz verlangt ein gewisses Maß an ↑Populismus, weil die Stimmbürger fast in allen Fragen das letzte Wort haben. Zudem darf nicht übersehen werden, dass die SVP über ein ausführliches Parteiprogramm verfügt und klar zu den politischen Institutionen und den demokratischen Entscheidungskompetenzen der Stimmbürger steht. Auch sucht man bei der SVP vergebens nach Versuchen, Wähler mit staatlichen Leistungen zu bedienen. Sie vertritt bei Finanz- und Steuerfragen eine restriktive Politik. Der Globalisierung stellt sie ein Modell gegenüber, das auf nationalstaatliche Souveränität setzt. Ihre Exponenten und auch ein großer Teil ihrer Wählerschaft sind ökonomisch durchaus erfolgreich und sehen die Schweiz als vielversprechenden Sonderfall, den es zu verteidigen gilt.

### Literatur

A. Ladner: Die Schweizerische Volkspartei – Gratwanderung zwischen Nationalkonservatismus und Rechtspopulismus, in: E. Hillebrand (Hg.): Rechtspopulismus in Europa. Gefahr für die Demokratie?, 2015, 77–87 • A. Ladner: Parteien, in: P. Knoepfel u.a. (Hg.): Hdb. der Schweizer Politik, [5]2014, 361–390.

ANDREAS LADNER

## Schweizerisches Zivilgesetzbuch

### 1. Entstehung und Inhalt

Im Schweizerischen ZGB und im OR ist einheitlich seit dem 1.1.1912 das ↑Privatrecht der Schweiz kodifiziert. Zuvor galten kantonale Privatrechtsgesetzbücher, die in der Westschweiz in Anlehnung an den französischen ↑Code Civil, in Bern, Aargau, Luzern und Solothurn nach dem Vorbild des österreichischen ↑Allgemeinen Bürgerlichen Gesetzbuch verfasst worden waren; in einigen Kantonen fehlte eine ↑Kodifikation (so z.B. in Basel, St. Gallen und Appenzell). Das Zürcher Privatrechtsgesetzbuch war von Johann Caspar Bluntschli verfasst worden, der ein Schüler Friedrich Carl von Savignys war, weshalb hier die Anlehnung an das gemeine Recht Deutschlands stark hervortrat. Das Privatrechtsgesetzbuch hat einigen anderen Kantonen als Modell gedient (z.B. Thurgau, Glarus und Graubünden). Für seinen Entwurf konnte Eugen Huber, der geniale Jurist, auf die Sammlung und Sichtung des (kantonischen) Rechts für das schweizerische ZGB in seinem monumentalen Werk „System und Geschichte des schweizerischen Privatrechts" (1886–93) zurückgreifen. An dem von E. Huber verfassten Entwurf des ZGB und an der Revision des Bundesgesetzes über das Schweizerische Obligationenrecht von 1881 arbeitete seit Beginn des 20. Jh. eine Kommission unter seiner Leitung.

Die äußerliche Trennung von ZGB und OR hat allein historische Gründe. Den Charakter einer einheitlichen Kodifikation unterstrich man, indem man das OR als fünftes Buch des ZGB bezeichnete. Das ZGB folgt dem Pandektensystem und besteht aus vier Büchern: Personenrecht, ↑Familienrecht, ↑Erbrecht und ↑Sachenrecht. Das gesondert publizierte fünfte Buch ist das OR.

### 2. Charakteristik

In allg.en Charakteristiken wird die Einfachheit und Klarheit des Gesetzes gelobt *(simplex sigillum veri)* und die Tatsache hervorgehoben, dass es im Wesentlichen aus *einer* Feder stammt, aus *einem* Guss ist. Das Gesetz vermeidet die technische Sprache des ↑BGB und bezahlt bessere Verständlichkeit und mehr Volksnähe gelegentlich mit geringerer Präzision. Anders als das BGB kennt das ZGB z.B. keine Fiktionen. So lautet etwa Art. 40 nicht, dass das im Zeitpunkt des Erbfalls noch nicht geborene, aber schon gezeugte Kind als bereits geboren *gilt* (wie § 1923 BGB formuliert), sondern schlicht, dass das Kind vor der Geburt unter dem Vorbehalt rechtsfähig ist, dass es lebendig geboren wird. Volkstümlichkeit offenbart sich in kurzen, gelegentlich sogar sprichwortähnlichen Formulierungen, wie „Heirat macht mündig" (so der der Herabsetzung des Mündigkeitsalters zum Opfer gefallene Art. 15).

Das ZGB ist bei aller Originalität und helvetischen Besonderheiten im Familien- und im ehelichen Güterrecht sowie im ↑Grundpfandrecht – man denke etwa an die obsolete Gült (Art. 847), die Gemeinderschaft (Art. 336) oder die wieder abgeschaffte Heimstätte (Art. 349 ff. a. F.) – auf weiten Strecken, insb. des Mobiliarsachenrechts und des Grundstückrechts mit dem wichtigsten, parallel entstandenen Pandektengesetzbuch, dem BGB, verwandt. Es war die erste Kodifikation der Eidgenossenschaft und ist noch heute eines der modernsten Zivilgesetzbücher der Welt. Nach dem Urteil Franz Wieackers ist das ZGB „die reifste Frucht der deutschsprachigen Rechtswissenschaft des 19. Jahrhunderts" (Wieacker 1967: 491). Dies gilt jedenfalls, wenn man das an den Dresdner Entwurf angelehnte Obligationenrecht von Walther Munzinger einbezieht, der auch als Vorlage für den Allgemeinen Teil und das ↑Schuldrecht des BGB gedient hat. So besteht eine starke Ähnlichkeit und Verwandtschaft zwischen OR und BGB. Es ist deshalb richtig, dass das Bundesgericht im Rahmen der Rechtsvergleichung die deutsche Rechtsprechung verstärkt heranzieht, was vice versa leider nicht geschieht. ZGB und OR sind in der Verwendung abstrakter Begriffe weit zurückhaltender als das BGB. Das OR enthält einen allg.en Teil, in dem allg.e, für Obligationen bzw. ↑Verträge geltende Vorschriften, das Delikts- und das Bereicherungsrecht normiert sind. Für das BGB hat man sich zu einer viel weitergehenden Abstraktion entschlossen: Neben einem allg.en Teil des Schuldrechts gibt es dort einen *Allgemeinen Teil des BGB,* in welchem eine *Rechtsgeschäftslehre* kodifiziert ist (§§ 104 ff. BGB), die nicht nur für alle Verträge des Schuld- und Sachenrechts, des Familien- und Erbrechts gilt, sondern schlechthin für alle Rechtsgeschäfte, z. B. für Testamente. Die Vor- und Nachteile eines solchen Konzepts liegen auf der Hand. Bei zutreffender Abstraktion erzielt man insofern einen Rationalisierungsgewinn, als man bestimmte ↑Normen nicht wiederholen muss. Auf der anderen Seite besteht die Gefahr einer falschen Verallgemeinerung. Mit steigendem Abstraktionsgrad ist eine zunehmende Inhaltsleere der Begriffe verbunden. Dies fördert die Tendenz zur Ausweitung des Anwendungsgebiets abstrakt genereller Normen. Es bedeutet zum anderen fehlende Anschaulichkeit und Lebensnähe.

Schließlich sind auch für ZGB und OR eine gewisse Elastizität und Flexibilität typisch, die dem Richter ausdrücklich ein ↑Ermessen einräumt (vgl. dazu Art. 4 ZGB und etwa Art. 39 Abs. 2, 47, 375 Abs. 2, 422 Abs. 1 OR). Man hat in diesem Zusammenhang von einem offenen System und einem „Richtlinienstil" gesprochen. Ein weiteres Beispiel ist die elastische Regel von Art. 43 Abs. 1 OR, nach welcher der Richter den Umfang der Schadensersatzpflicht nach den Umständen und insb. nach der Größe des Verschuldens bestimmen kann; vgl. dagegen das Alles-oder-nichts-Prinzip von § 249 BGB.

### 3. Einfluss

ZGB und OR hatten auf etliche spätere Kodifikationen anderer Länder Einfluss. Dazu zählen etwa Italien und Griechenland. Auch das chinesische Gesetzbuch von 1929 ist vom ZGB beeinflusst und erneut das chinesische Privatrecht nach dem Ende der Mao-Diktatur seit 1978. Einflüsse lassen sich auch im Vorderen Orient und in Nordafrika nachweisen. Ein Sonderfall ist die Türkei, wo man 1926 im laizistischen Staat des Mustafa Kemal Atatürk das ZGB und das OR (ohne das 1907 unverändert übernommene und erst 1936 novellierte ↑Gesellschaftsrecht) en bloc rezipiert hat, ungeachtet der unterschiedlichen historischen und sozio-ökonomischen Verhältnisse und unter Abschaffung des islamischen Rechts der ↑Scharia, was gewissermassen ein revolutionärer Akt war. In den letzten Jahrzehnten wurde das türkische ZGB einer Revision unterzogen.

### Literatur

M. M. Inceoglu/Y. M. Atamer: Das neue türkische Obligationenrecht vom 11. Januar 2011 – ein Überblick zu den wichtigsten Änderungen, in: ZBJV 149/1 (2013), 67–80 • H. Honsell: 100 Jahre schweizerisches Obligationenrecht, in: ZSchweizR 130/2 (2011), 5–115 • H. Honsell: Rezeption der Rechtsprechung des Bundesgerichtshofs in der Schweiz, in: A. Heldrich/K. J. Hopt (Hg.): 50 Jahre Bundesgerichtshof, Bd. 2, 2000, 927–942 • K. Zweigert/H. Kötz: Einführung in die Rechtsvergleichung, [3]1996 • E. Bucher: Hundert Jahre schweizerisches Obligationenrecht: Wo stehen wir heute im Vertragsrecht?, in: ZSchweizR 102/2 (1983), 251–383 • E. Kramer: Die Lebenskraft des schweizerischen Obligationenrechts, in: ZSchweizR 102/1 (1983), 241–276 • H. Merz: Das schweizerische Obligationenrecht von 1881. Übernommenes und Eigenständiges, in: H. Peter/E. W. Stark/P. Tercier (Hg.): Hundert Jahre Schweizerisches Obligationenrecht, 1982, 3–30 • F. Wieacker: Privatrechtsgeschichte der Neuzeit, [2]1967 • E. Huber: Erläuterungen zum Vorentwurf des Eidgenössischen Justiz- und Polizeidepartements, [2]1914 • Ders.: System und Geschichte des schweizerischen Privatrechts, 4 Bde., 1886–93.

HEINRICH HONSELL

**Schwerbehinderte** ↑Behinderung, ↑Kriegsopferversorgung, ↑Inklusion, Exklusion

## Seelsorge

### 1. Begriff, Abgrenzung und Gliederung

S. ist ein menschliches Grundphänomen, das im ↑Christentum jedoch bes. Ziele, Formen und Vollzüge erhalten hat. Wie sich der Mensch als Wesen der Selbstbestimmung und Selbstverantwortung erfährt, ist er nicht allein instinktdeterminiert und reagiert nicht bloß auf Reize, sondern integriert diese in ein zielgerichtetes, sinnhaftes Handeln, das sich selbst und das eigene Tun mit einer Deutung des Kosmos in Beziehung setzt. In diesem Sinnhandeln ist das Phänomen Seele in einem Gegenüber zum Leib und seinem Funktionieren dem Menschen als dem *„noch nicht festgestellte[n] Tier"* (Nietzsche 1960: 623; Herv. i. O.) urspr. gegeben, wie auch immer es dann sekundär verstanden wird (von einer unsterblichen Seele bis zu einer höheren biologischen Gehirnfunktion). S. ist darum primär die Sorge für die eigene Seele, d. h. Hinwendung und Sorgfalt bei der Orientierung des eigenen Sinnhandelns und Integration des einzelnen Aktes in einen Lebenssinn. Das wichtigste Mittel dieser Sinngebung seiner Handlungen ist die Sprache. Das Christentum (wie schon das Judentum) greift dieses Urphänomen auf, stellt es in den Mittelpunkt seiner Praxis und wertet es auf. Auch hier ist S. zunächst Selbstsorge, und zwar in einer neuen Radikalität, nämlich der von Heilsgewinn und Heilsverlust. Ebenso selbstverständlich ist von Anfang an die S. für andere. Sie hat stets etwa in Form der *correctio fraterna* (geschwisterliche Zurechtweisung nach Mt 18,15–17) oder der „geistlichen Werke der Barmherzigkeit" (Bellarmin 2013: 134) das christliche Miteinander bestimmt. Deren Kern ist freilich nicht das explizite Wort an den anderen, sondern das Gebet für ihn. Neben diese allg.e christliche S. tritt nach dem Vorbild Jesu von Anfang an auch das vollmächtige Wort gesandter, von der Kirche beauftragter Seelsorger (paradigmatisch die Binde- und Lösegewalt nach Mt 18,18, später mit dem kanonistischen Fachbegriff *cura animarum/epimeleia ton psychon* versehen oder auch bei Papst Gregor I. mit dem biblischen Bild vom Hirten *cura pastoralis* benannt). Auch die Sorge für andere radikalisiert sich in ihrer christlichen Dringlichkeit. Denn nun besteht sie nicht mehr hauptsächlich darin, Einzelnen zu einer guten Anpassung an den Kosmos zu verhelfen. Vielmehr vermittelt christliche S. den Ruf heraus aus der „sinnlosen, von den Vätern ererbten Lebensweise“ (1 Petr 1,18), somit heraus aus den von Familie, Herkunft und Brauch bestimmten Lebenswelten hin zu einem Leben unter dem Anspruch des „Kehrt um und glaubt“ (Mk 1,15). Konkret zeigt sich dieses Un-Angepasste in der Kirchlichkeit der S., insofern die Ek-klesia der institutionalisierte Ruf aus dieser Welt in das ↑Reich Gottes ist. So kann das gesamte Handeln der Kirche als S. bezeichnet werden, insofern es den Menschen zum Heil verhelfen will. Insgesamt zeigen sich im Begriff der S. also zwei Spannungsfelder: das zwischen menschlicher und christlicher S. und das zwischen der S. aller Gläubigen und der vollmächtig-amtlichen *cura animarum*.

## 2. Selbstverständnis und Standards christlicher Seelsorge

S. ist im katholischen Raum synonym zu „Pastoral“. Im engeren Sinn ist sie jedoch die vorwiegend gesprächshafte Zuwendung zum Einzelnen. Bei den Standards kehren die beiden Spannungspole (menschlich-christlich und Laien- und Amts-S.) wieder, ersterer in der fruchtbaren Spannung von S. und Psychotherapie. Während nämlich vorneuzeitlich die Psychologie als Teil der Philosophie weitgehend in ein theologisches Menschenbild und eine entspr.e S. integriert war, muss sich eine heutige S.-Lehre gegenüber einer autonomen ↑Psychologie (besser: einer Vielzahl von Psychologien, manchmal auch als Religionsersatz instrumentalisiert) in Rezeption und Abgrenzung selbst neu bestimmen. Daraus kann S. in einem „pragmatischen Eklektizismus“ (Wollbold 2000: 56) aus Psychotherapie und sozialpädagogischer Beratung viele Elemente der Grundhaltungen (etwa Empathie, Akzeptanz und Kongruenz nach Carl Ransom Rogers), des *Settings*, anamnetischer und diagnostischer Verfahren und der Gesprächsdynamik rezipieren, ohne doch das eigene Ziel (Heil im umfassenden Sinn), Selbstverständnis und die eigene Professionalität aus dem Auge zu verlieren. U. a. zeichnen sich viele ihrer Formen durch eine größere Alltagsnähe und Niedrigschwelligkeit aus. So gibt es heute ganz zu Recht eine Pluralität von S.-Konzeptionen.

Wichtig für fruchtbare Verbindungen mit der Psychologie war die US-amerikanische Bewegung des *Clinical pastoral training* (Klinische S.-Ausbildung) bzw. *pastoral counseling* (Anton Theophilus Boisen, Seward Hiltner u. a.), die seit den 60er Jahren des 20. Jh. in Protestantismus (Joachim Scharfenberg, Dietrich Stollberg u. a.) und Katholizismus (Josef Schwermer, Josef Goldbrunner) rezipiert und zu einer eigenen Disziplin wurde, der Pastoralpsychologie. In den letzten Jahren ist durch die Profilierung von *spiritual care* im Rahmen der medizinischen Wissenschaft das Thema S. auch außerkirchlich neu relevant geworden. Dies könnte freilich auch dazu führen, dass das christliche Profil insb. der Krankenhaus- und Hospiz-S. verloren geht. Dadurch könnte die Diskussion zwischen den therapeutischen und den verkündigenden S.-Konzepten der liberalen und der Dialektischen Theologie neu an Bedeutung gewinnen. Lösungen sollten allerdings nicht allzu grundsätzlich, sondern in theologisch verantworteter Pragmatik eines Sowohl-Als auch gesucht werden.

Die Spannung zwischen Laien- und Amts-S. sollte nicht auf die etwas sterile Diskussion enggeführt werden, ob der Titel von Seelsorgern katholischerseits nur Amtsträgern (↑Amt) vorbehalten ist. Sie hat Vorläufer etwa im altkirchlichen ↑Mönchtum und dem charismatischen *pater spiritualis*, in den franziskanischen Laienbewegungen des Mittelalters oder im Anspruch des Pietismus, im persönlichen Gespräch von Christ zu Christ Entscheidendes zum Aufleben des Glaubens wirken zu können. Wohl aber ist das Spezifikum amtlichen Handelns zu wahren, insb. bei den beiden ↑Sakramenten, die auf das engste mit seelsorglichem Handeln verbunden sind, nämlich Buße und Krankensalbung (in diesem Sinn zu verstehen ist der amtliche Seelsorgsbegriff der Übertragung pastoraler Vollmachten an einen ↑Bischof oder ↑Priester für ein bestimmtes Gebiet oder einen Bereich in cann. 150f. CIC, mit begrenzter Mitwirkung von Diakonen oder ↑Laien in can. 517 §2 und can. 1032 §2). Hier sind Modelle der Zusammenarbeit zu entwickeln, die Identitäten wahren und gleichzeitig dem Ziel der *salus animarum* optimal entgegenkommen. Wichtiger aber dürfte die Frage nach der eigenen Spiritualität der S. sein, die nicht in ausgeliehenen psychotherapeutischen Identitäten bestehen kann. Durch ihren starken Alltagsweltbezug muss sie aber wesentlich Elemente der nicht-professionellen Alltagsberatung aufnehmen. Denn faktisch geschieht ein Großteil von S. nicht zuletzt in der Territorial-S. eher unspezifisch und eingebettet in andere Vollzüge. Fatal wäre es, solchen durchaus prägenden Gesprächen den Charakter einer professionellen S. einfach absprechen zu wollen.

## 3. Seelsorge als *res mixta*

Professionelle S. findet nicht nur im kirchlichen Rahmen statt, sondern überall da, wo es gilt, Menschen in bes.n Lebenssituationen und -krisen beizustehen, insb. in oder an Krankenhaus, Kur, Schule, Hochschule, Militär, Polizei, Bundesgrenzschutz, Gefängnis (↑Anstaltsseelsorge), in Häusern der Altenpflege, in jugendpädagogischen und in sozialtherapeutischen Einrichtungen, Notfall- und Telefon-S. und S. für Schausteller, Migranten, Touristen und Menschen unterwegs, Camper und Kreuzfahrer, im Internet, für Aidskranke und nach sexuellem Missbrauch und viele andere. Rechtlich-organisatorische Grundlage schaffen Gesetze und Verwaltungsverordnungen, bei nichtöffentlichen Trägern zumindest privatrechtliche Verträge einen Rahmen für Anstellung, Integration, Wirkungskreis und ggf. bes. Rechte (z. B. „Geistlichenprivileg“ nach §139 Abs. 2 StGB). Grundlage für diese Möglichkeit von S. in nichtkirchlichen Organisationen ist eine doppelte: die korporative, positive ↑Religionsfreiheit, die den Kirchen und ↑Religionsgemeinschaften das Recht auf pastorales

Wirken in der Öffentlichkeit gibt (teilweise noch ausdrücklicher in ↑Staatskirchenverträgen präzisiert), aber auch ein gemeinsames Interesse am Wohlbefinden der sich in diesen Institutionen befindlichen Personen. Beide Begründungen wird man sinnvollerweise auszubalancieren versuchen. Dadurch kann etwa die S. ihre Sonderposition nutzen, Klienten einen Freiraum gegenüber der „totale[n] [Institution]“ (Goffman 1973: 11) von Krankenhaus, Altenheim oder Gefängnis zu bieten. Das gemeinsame Interesse läuft allerdings auch Gefahr, den bes.n christlichen Auftrag, der auch die „Kommunikation des Evangeliums“ (Lange 1981: 101) einschließt, zugunsten einer rein psychotherapeutischen oder bedürfnisorientierten Krisenintervention zu vernachlässigen. Bei nicht kirchenhaft verfassten Religionsgemeinschaften ist vorrangig zu klären, welchen Träger das S.-Angebot hat und inwiefern er diese nicht bloß für Mission oder Proselytismus nutzt.

### Literatur

W. Engemann (Hg.): Hdb. der Seelsorge, ³2016 • J. Ennuschat: Seelsorge, in: HevKR, 2016, 654–680 • D. Nauer: Seelsorge, ³2014 • R. Bellarmin: Ausführliche Erklärung des christlichen Glaubens, 2013 • C. Morgenthaler: Seelsorge, ²2012 • H. Weiß/K. Federschmidt/K. Temme: Hdb. Interreligiöse Seelsorge, 2010 • T. Amann: Kanonistische Präzisierung der „Seelsorge“, in: AKathKR 177/1 (2008), 73–95 • A. Wollbold: Hdb. der Gemeindepastoral, 2004 • J. Ziemer: Seelsorgelehre, ²2004 • D. Nauer: Seelsorgekonzepte im Widerstreit, 2001 • A. Wollbold: Behutsamkeit und Tiefe. Seelsorge als Hinführung zur persönlichen Erfahrung Gottes, in: E. Garhammer/P. Scheuchenpflug/H. Windisch (Hg.): Provokation Seelsorge, 2000, 55–67 • N. Belardi u. a.: Beratung, 1996 • S. Eick-Wildgans: Anstaltsseelsorge, in: HdbStKirchR, Bd. 2, ²1995, 995–1016 • J. Müller: Pastoraltheologie, 1993 • J. Blattner/B. Gareis/A. Plewa (Hg.): Hdb. der Psychologie für die Seelsorge, 2 Bde., 1992 • I. Baumgartner (Hg.): Hdb. der Pastoralpsychologie, 1990 • K. Baumgartner/W. Müller (Hg.): Beraten und begleiten, 1990 • H. Windisch: Sprechen heißt lieben. Eine praktisch-theologische Theorie des seelsorgerlichen Gesprächs, ²1989 • J. Scharfenberg: Seelsorge als Gespräch, ⁴1987 • E. Lange: Aus der „Bilanz 65“, in: ders. (Hg.): Kirche für die Welt. Aufsätze zur Theorie kirchlichen Handelns, 1981, 63–160 • F. Nietzsche: Jenseits von Gut und Böse. Vorspiel einer Philosophie der Zukunft, in: ders.: Werke in drei Bänden, Bd. 2, ²1960, 563–760.

ANDREAS WOLLBOLD

## Seerecht

S. umfasst neben dem Teil des ↑Völkerrechts, der die Rechtsbeziehungen der Subjekte des Völkerrechts im Hinblick auf Meere, Küsten und Häfen regelt (Seevölkerrecht), die bei dem Betrieb von Schiffen im Bereich des Seehandels und der Seewirtschaft entstehenden privatrechtlichen Rechtsverhältnisse (Seeprivatrecht) und die Regeln für die maritimen Rechtsverhältnisse, die staatlicher Verwaltung unterliegen (nationales öffentliches S.).

Das moderne *Seevölkerrecht* ist durch das am 16.11.1994 in Kraft getretene SRÜ geprägt. Es regelt im Ringen um das Meeresfreiheits- bzw. Sachherrschaftsprinzip die „Verfassung der Meere“. Weitere Rechtsquellen bilden die Judikate des mit dem SRÜ etablierten *Internationalen Seegerichtshofs* und die gewohnheitsrechtlich (↑Gewohnheitsrecht) anerkannten Regeln des Seevölkerrechts. Der kodifizierte Grundsatz der Meeresfreiheit findet sich in den Vorschriften über die Freiheit der Hohen See, während die Regeln über die AWZ und den Festlandssockel Herrschaftsbefugnisse zugunsten der Küstenstaaten statuieren. Den Meeresboden und den Meeresuntergrund der Tiefsee wiederum verfasst das SRÜ als „gemeinsames Erbe der Menschheit“ (Art. 136).

Das SRÜ enthält umfassende Regeln über verschiedene Meereszonen. Die inneren Gewässer und das Küstenmeer unterliegen der ↑Souveränität der Küstenstaaten. Die seewärts an das Küstenmeer angrenzende, nicht mehr als 200 Seemeilen breite AWZ unterliegt einer vom SRÜ geschaffenen, bes.n Rechtsordnung. Dem Küstenstaat stehen funktional begrenzte souveräne Rechte zum Zwecke der Erforschung, Ausbeutung, Erhaltung und Bewirtschaftung der lebenden und nichtlebenden natürlichen Ressourcen der Gewässer über dem Meeresboden, dem Meeresboden und seinem Untergrund zu, ebenso wie für andere Tätigkeiten zur wirtschaftlichen Erforschung und Ausbeutung der AWZ (Energieerzeugung aus Wasser, Strömung und Wind). In der AWZ genießen auch alle anderen Staaten bestimmte Rechte (Freiheiten der Schifffahrt, des Überflugs und der Verlegung unterseeischer Kabel und Rohrleitungen). Der Küstenstaat hat sie bei der Ausübung seiner Befugnisse gebührend zu berücksichtigen. Bes. Regelungen enthält das Festlandsockelregime des SRÜ, das souveräne Rechte des Küstenstaats über den Festlandsockel zum Zwecke seiner Erforschung und der Ausbeutung seiner natürlichen Ressourcen anerkennt.

Hinsichtlich der seewärts der AWZ gelegenen Hohen See regelt das SRÜ die Freiheiten der Schifffahrt und des Überflugs, der Verlegung von Kabeln und Rohrleitungen sowie der Fischerei und der wissenschaftlichen Forschung. Der Meeresboden und sein Untergrund jenseits der Grenzen des Bereichs nationaler Hoheitsbefugnisse (sog.es Gebiet) sind als „gemeinsames Erbe der Menschheit“ (Art. 136 SRÜ) nationaler Souveränität entzogen und der Verwaltung durch die *Internationale Meeresbodenbehörde* unterstellt.

Die Aufrechterhaltung der marinen ↑Biodiversität, die $CO_2$-Sequestrierung, die Nutzung der maritimen genetischen Ressourcen und Fragen, die im Zusammenhang mit der globalen Erwärmung und der Nachfrage nach nachhaltigen Energieressourcen entstehen, stehen im Vordergrund des Diskurses um die vom SRÜ gesetzten rechtlichen Rahmenbestimmungen. Zudem schafft das SRÜ den Rechtsrahmen für den Meeresumweltschutz, der v. a. Kompetenzregelungen und Verpflichtungen der Staaten zu deren Umsetzung und Ergänzung enthält.

Das *Seeprivatrecht* umfasst die privatrechtliche maritime Rechtsverhältnisse betreffenden Rechtsregeln des Seehandelsrechts, des Seeversicherungs- und des Seearbeitsrechts. Die Rechtsquellen finden sich in Vorschriften unterschiedlicher Herkunft des internationalen, europäischen und nationalen Rechts. Das Seehandelsrecht ist durch multilaterale Staatsverträge international vereinheitlicht worden. Hervorzuheben sind die sog.en *Haager Regeln* 1924 sowie die *Visby-Regeln* 1968; sie verfolgen das Ziel, international einheitliche Haftungstatbestände, -beschränkungen und -ausschlüsse bei Seetransporten, über die ein Konnossement ausgestellt ist, zur Verfügung zu stellen.

Die Effektivität der Rechtsvereinheitlichung für den Seehandelsverkehr durch die geltenden Übereinkommen leidet darunter, dass nicht alle am Seeverkehr teilnehmenden Staaten die internationalen Regeln unterzeichnet bzw. ratifiziert haben. Die Handelspartner des Seehandelsgeschäfts verständigen sich deshalb – auch im Interesse der Geschäftspartner des Waren-, Finanzierungs- oder Versicherungsgeschäfts – auf eine nationale Rechtsordnung, sehr häufig das englische Recht. Das deutsche Recht ist im Jahr 2013 durch das Gesetz zur Reform des Seehandelsrechts im HGB (↑Handelsrecht) neu gestaltet worden.

Das Recht der Seeversicherung hat bis heute trotz mancher Bemühungen der UNCTAD und des *Comité Maritime International* keine internationale Rechtsvereinheitlichung erfahren und ist eine Domäne des nationalen Rechts bzw. der vertraglichen Versicherungsbedingungen.

Die *Maritime Labour Convention* 2006 der ↑ILO hat die bedeutendsten Regeln des Seearbeitsrechts in einem einzigen Regelungswerk zusammengefasst. Für Schiffe unter deutscher Flagge wurde zur Umsetzung der *Maritime Labour Convention* das Seearbeitsgesetz geschaffen.

Das *nationale öffentliche S.* regelt in seinem Anwendungsbereich die Organisation, Aufgaben und Befugnisse des Staates und der öffentlichen Verwaltungsträger bei der Ordnung, der Nutzung und dem Schutz des Meeres. Es erfasst eine Vielzahl von Sachmaterien. In Deutschland sind diese v. a. im SeeAufgG geregelt und betreffen neben der Seeschifffahrt die Seefischerei sowie andere Arten der Meeresnutzung, etwa bei der Meeresforschung und -technik, sowie nicht zuletzt Aufgaben im Bereich des Meeresumweltschutzes.

### Literatur

M. Paschke/P. Ehlers (Hg.): Maritime Law – Current Developments and Perspectives, 2018 • D. Rabe/K. U. Bahnsen: Seehandelsrecht, [5]2018 • K. Ramming: Seehandelsrecht, Bd. 1, 2018 • A. Proelß (Hg.): United Nations Convention on the Law of the Sea: UNCLOS. A Commentary, 2017 • D. Schwampe: Seeschiffsversicherung, 2017 • D. J. Attard u. a. (Hg.): The IMLI Manual on International Maritime Law. Bd. 2: Shipping Law, 2016 • H. Jessen/M. Werner: EU Maritime Transport Law, 2016 • S. Baughen: Shipping Law, [6]2015 • Y. Tanaka: The International Law of the Sea, [2]2015 • M. Paschke/C. Graf/A. Olbrisch (Hg.): Hamburger Hdb. des Exportrechts, [2]2014.

MARIAN PASCHKE

## Sekte

I. Historisch-gesellschaftlicher Kontext – II. Juristische Spannweite

### I. Historisch-gesellschaftlicher Kontext

#### 1. Begriffsgeschichte

Der Begriff S. geht etymologisch wohl auf lateinisch *sequi* (folgen) zurück. Als *secta* (griechisch: *hairesis*) wurden in der Antike philosophische, religiöse oder politische Gefolgschaften und Lehrmeinungen bezeichnet. Im NT wird der eigentlich neutrale Begriff etwa für Sadduzäer und Pharisäer (Apg 5,17; 26,5), aber auch die ersten Christen (Apg 24,5) verwendet; dort zeigt sich bereits auch ein pejorativer Gebrauch (z. B. 2 Petr 2,1).

In der alten Kirche und im Mittelalter dienten „S." bzw. „Häresie" als Fremdbezeichnung verschiedenster „Irrlehren", die von der „rechtgläubigen" Kirche abwichen: etwa Markioniten, Arianer, Katharer und Waldenser, teilweise auch Muslime. Im Gefolge der ↑Reformation verlagerte sich in Deutschland die Bedeutung von „S." auf nicht reichsrechtlich anerkannte christliche Bekenntnisse (z. B. Täufer). Da in der religiösen Abweichung auch ein Verstoß gegen die staatliche Ordnung gesehen wurde, bedeutete die Kennzeichnung als „S." nicht nur kirchliche Verurteilung, sondern bis in die Neuzeit häufig auch obrigkeitliche Verfolgung.

Obwohl in Deutschland spätestens mit der ↑WRV von 1919 ↑Religionsfreiheit bestand, hielt sich die Negativität des S.n-Begriffs. Allerdings verschob sich mit der ökumenischen Bewegung der Fokus abermals, jetzt auf Gemeinschaften, die sich der ↑Ökumene verweigerten.

Diese Entwicklung wurde aber überlagert durch das Auftauchen neuer, nur teilweise christlich geprägter ↑Religionen und „Psychokulte" ab den 1960er Jahren auch in der BRD („Jugend-S.n"). Neben Betroffeneninitiativen entstand eine kirchliche und staatliche S.n- und Weltanschauungsarbeit. Die religionswissenschaftliche Erforschung dieses Feldes etablierte sich in Deutschland erst relativ spät.

Nach der medial aufgeheizten „S.n-Hysterie" ab den 1970er Jahren trug die Enquete-Kommission des Deutschen Bundestags „Sogenannte Sekten und Psychogruppen" (1996–98 [BT-Drs. 13/10950]) viel zu einer realistischeren Betrachtung bei: Weder waren „S.n" ein Massenphänomen und generell konfliktträchtig, noch hielt der geläufige Vorwurf der „Gehirnwäsche" einer wissenschaftlichen Überprüfung stand. Es zeigte sich, dass „S." als pauschalisierender Dachbegriff der Unterschiedlichkeit der religiösen Phänomene nicht gerecht wird.

Mittlerweile wurde nicht nur in der Religionswissenschaft, sondern auch in der Weltanschauungsarbeit „S.n" zugunsten anderer Begrifflichkeiten (z. B. „neue religiöse Bewegungen") weitgehend zurückgedrängt.

### 2. Begriffsdimensionen

Begrifflich ist „S." nicht auf einen Nenner zu bringen. Als grundlegende Elemente haben sich gezeigt:

*a)* „S." ist fast immer ein Relationsbegriff, der auf eine Gruppe in Abweichung zu einer Muttergemeinschaft und/oder einer religiösen bzw. sozialen ↑Norm abhebt.

*b)* „S." ist eine Fremd-, keine Selbstbeschreibung.

*c)* „S." ist seit der christlichen Antike ganz überwiegend pejorativ geprägt.

Trotzdem begegnet man auch immer wieder einem (eher) *neutralen* S.n-Begriff i. S. verschiedener Schulen, Lehrrichtungen etc. (etwa im Hinduismus und Buddhismus).

In der ↑*Religionssoziologie* haben Max Weber und Ernst Troeltsch den S.n-Begriff für die Typisierung religiöser Gruppenbildung in Anspruch genommen: Im Gegensatz zur „Gnadenanstalt" (Weber 1986: 210) Kirche, in die man hineingeboren wird, ist eine „S." der freiwillige, exklusive Zusammenschluss religiös Engagierter. Dieser und andere religionssoziologische Typisierungsentwürfe können aber wegen der realen Vielfalt religiöser Organisationen nur idealtypisch sein.

Historisch ist „S." ein Begriff aus *innerchristlichen* Auseinandersetzungen. Mit dem Auftauchen nichtchristlicher ↑Religions- und ↑Weltanschauungsgemeinschaften wurde aber die Abweichung nicht von einer christlichen Orthodoxie, sondern von gesellschaftlichen Normalitätsvorstellungen maßgeblich für die Anwendung des S.n-Begriffs.

Daran knüpft der *umgangssprachliche* S.n-Begriff an, der auf die Andersartigkeit abhebt. Mit „S." werden – mit stark negativem Grundton – u. a. verbunden: exklusivistische Abgrenzung nach außen, Abhängigkeit von einer Führungsfigur, Kontrolle durch „Gehirnwäsche", Ausbeutung der Mitglieder. Hier wird „S." schnell zu einem undifferenzierten und unterschiedslos angewandten *Ausgrenzungs- und Kampfbegriff*.

Dagegen nimmt ein verantwortungsvoller *ethischer* S.n-Begriff die Religionsfreiheit ernst, die auch für „unmoderne" religiöse Lebensweisen gilt, und fokussiert auf Verstöße gegen ethisch-humanistische Werte (Freiheit, Selbstbestimmung, Selbstentfaltung, Toleranz etc. [↑Humanismus]). Eine solche Betrachtungsweise legt nahe, insb. einen statischen S.n-Begriff aufzugeben, jede Gruppe einzeln, unvoreingenommen und differenziert zu untersuchen und allenfalls von „sektenhaften" Zügen (Exklusivismus, Dualismus, Autoritarismus etc.) zu sprechen, die in allen Religionen auftreten können.

#### Literatur

M. Pöhlmann/C. Jahn (Hg.): Hdb. Weltanschauungen, Religiöse Gemeinschaften, Freikirchen, 2015 • S. Murken/F. Dambacher: Neue Religiöse Bewegungen, Sekten oder religiöse Minderheiten?, in: E. Franke (Hg.): Religiöse Minderheiten und gesellschaftlicher Wandel, 2014, 237–250 • E. Arweck: Researching New Religious Movements, 2006 • H. Baer u. a. (Hg.): Lexikon neureligiöser Gruppen, Szenen und Weltanschauungen, 2005 • J. Süss: Religiöse Pluralisierung seit dem 19. Jahrhundert zwischen Akzeptanz und Sektenfurcht, in: M. Klöcker/U. Tworuschka (Hg.): Hdb. der Religionen, Bd. 1, 2000, 1–32 • H. Zinser: Der Begriff der Sekte und die Religionsfreiheit, in: G. Löhr (Hg.): Die Identität der Religionswissenschaft, 2000, 219–231 • Deutscher Bundestag, Enquete-Kommission „Sogenannte Sekten und Psychogruppen" (Hg.): Neue religiöse und ideologische Gemeinschaften und Psychogruppen. Forschungsprojekte und Gutachten der Enquete-Kommission „Sogenannte Sekten und Psychogruppen", 1998 • M. Weber: Die protestantischen Sekten und der Geist des Kapitalismus, in: H. Janssen (Hg.): Gesammelte Aufsätze zur Religionssoziologie, Bd. 1, [8]1986, 207–236.

MARTIN HOCHHOLZER

## II. Juristische Spannweite

Einen feststehenden juristischen Begriff S. gibt es nach aktuellem Recht nicht. Vielmehr handelt es sich um eine unsichere, schwankende Kategorie, die eine erhebliche Spannweite sehr unterschiedlicher Phänomene umfasst. Häufig wird der Topos S. durch andere Terminologien ersetzt, wie z. B. Neue (Jugend-)Religionen, neue religiöse Bewegung, Psychokulte, destruktive Kulte. Im religionsverfassungsrechtlichen Kontext des Alten Reichs waren S.n im Gegensatz zu den öffentlich aufgenommenen und privilegierten Kirchen und den konzessionierten, aber nicht privilegierten Religionsgesellschaften bloß geduldet. Zu den christlichen S.n zählten in der Zeit des PrALR 1794 etwa die Herrnhuter und die Mennoniten. Das alte Begriffsverständnis war mit der Vorstellung verbunden, dass es sich bei S.n um Abspaltungen von einer Mutter-Religionsgesellschaft handelte. In der kirchlichen Rechtssprache des ↑CIC/1917 wurde der Topos in zweierlei Richtung verwendet: entweder als die Einheit der Kirche sprengende christliche Sondergemeinschaft *(secta acatholica* bzw. *secta haeretica seu schismatica)* oder auch als bloße Kennzeichnung einer nichtchristlichen religiösen Gruppierung. Der CIC/1983 verzichtet auf die Kategorie S. Ungeachtet der Begriffsunschärfe sind S.n grundsätzlich von sog.en geistlichen Bewegungen *(movimenti)* als konsoziatives Phänomen innerhalb der ↑katholischen Kirche zu unterscheiden. Mit den Verfassungen des 19. Jh. verschwand die Bezeichnung S. zunehmend aus expliziten Normtexten und wird bis heute durch „säkulare

Mantelbegriffe“ (Heckel 1999: 745) wie Religionsgesellschaft, Glaubensgemeinschaft oder ↑Weltanschauungsgemeinschaft ersetzt.

Das Fehlen einer juristischen Definition verhindert nicht die rechtspraktische Verwendung der Kategorie S.n, die sich zu einer „negativ konnotierten Sammelbezeichnung“ (Abel 2006: 2120) gewandelt hat. Mitunter wird eine „Sektenjagd“ (Kriele 1998) beklagt. Die Enquete-Kommission „Sogenannte Sekten und Psychogruppen“ postulierte in ihrem Endbericht 1998 wegen des „nebulösen“ (BT-Drs. 13/10950: 30) Charakters des Begriffs einen Verzicht auf diesen. Er würde der Vielfalt der Erscheinungsformen nicht gerecht und besitze darüber hinaus wegen seiner negativen Konnotationen stigmatisierende Wirkung. Gleichwohl findet der Begriff S. – verbunden mit zusätzlichen Attributen wie destruktiv oder pseudoreligiös – Verwendung im Kontext der juristischen Bearbeitung von Ambivalenzen und Gefahren des religiös-weltanschaulichen Feldes. Dies führt schon seit längerem dazu, dass im Rahmen der religiös-weltanschaulichen ↑Neutralität staatliche Behörden und Gerichte ein religiöses Gefahrenabwehrrecht praktizieren, um die vorgeschobene Inanspruchnahme der ↑Religionsfreiheit und anderer religionsverfassungsrechtlicher Gewährleistungen für ökonomisch-finanzielle Aktivitäten und Ähnliches zu unterbinden bzw. auch vor gefahrenträchtigen Tatsachen zu warnen, die sich bei S.n oder sektenähnlichen Vereinigungen beobachten lassen. Kritische Würdigungen des Staates oder anderer religiöser Akteure sind im Rahmen der Verfassung und unter Beachtung des Verhältnismäßigkeitsgrundsatzes durchaus zulässig, wenngleich wegen der Unschärfen die Grenze zwischen Information und unzulässigen Bewertungen eine schwierige Gratwanderung ist. Die Bezeichnung als S. oder Ähnliches wird im Zusammenhang mit staatlicher Informationstätigkeit juristisch nicht beanstandet (Osho-Entscheidung BVerfG aus dem Jahr 2002, BVerfGE 105,279), obwohl dem umgangssprachlich eine negative Bedeutung beigelegt wird.

### Literatur

H. Langel: Kulte und Sekten, [4]2009 • R. B. Abel: Sekte, in: EvStL, 2006, 2120–2124 • K. Groh: Selbstschutz der Verfassung gegen Religionsgemeinschaften, 2004 • P. Krämer: Sekten, in: LThK, Bd. 9, [3]2000, 416f. • M. Heckel: Religionsunterricht für Muslime?, in: JZ 54/15–16 (1999), 741–757 • M. Kriele: Sektenjagd, in: ZRP 31/6 (1998), 231–234.

ANSGAR HENSE

**Selbstbestimmung** ↑Autonomie

## Selbstbestimmungsrecht

### 1. Begriffsvarianten

Das S. entfaltet sich in unterschiedlichen Bedeutungen.

*a)* Als *individuelles* S. bezeichnet man das allg.e Freiheitsrecht des Einzelnen gegenüber dem Verfassungsstaat, wie es prototypisch Art. 4 der Französischen Menschen- und Bürgerrechtserklärung von 1789 („La liberté consiste à pouvoir faire tout ce qui ne nuit pas à autrui: ainsi, l’exercice des droits naturels de chaque homme n’a de bornes que celles qui assurent aux autres Membres de la Société la jouissance de ces mêmes droits. Ces bornes ne peuvent être déterminées que par la Loi.“) anerkennt und Art. 2 Abs. 1 GG grundrechtlich verbürgt. Im Verfassungsstaat wird damit die Freiheit des Individuums als dem Staat und seinem Recht vorausliegend und unbeschränkt konzipiert. Jede staatliche Beschränkung der individuellen Freiheit ist folglich rechtfertigungsbedürftig, und diese Rechtfertigung gelingt nur, wenn die Freiheitseinschränkung zur Wahrung der gleichen Freiheit aller anderen oder zur Verwirklichung des ↑Gemeinwohls erforderlich ist.

Zum kirchlichen S. nach Art. 140 GG i. V. m. Art. 137 Abs. 3 WRV s. ↑*Kirche und Staat*.

*b)* Ein Recht auf *kollektive* Selbstbestimmung vermitteln die verfassunggebende Gewalt des Volkes und die ↑Demokratie als Staats- und Regierungsform. An ihr haben die das ↑Staatsvolk bildenden Staatsbürger in Gestalt der demokratischen Mitwirkungsfreiheit, namentlich ihres Wahlrechts, Anteil.

*c)* Mit ↑Volkssouveränität ist auch bereits ein Aspekt des völkerrechtlichen S.s der Völker benannt, kraft dessen sie frei über ihren politischen Status entscheiden und in Freiheit ihre wirtschaftliche, soziale und kulturelle Entwicklung gestalten (Art. 1 Abs. 1 IPbpR, IPwskR).

### 2. Das Selbstbestimmungsrecht der Völker

#### 2.1 Entstehungsgeschichte

Mitte des 19. Jh. als Begriff aufgekommen, hat das S. erst gegen Ende des Ersten Weltkriegs als regulatives Prinzip in die internationale Politik Einzug gehalten. Während US-Präsident Thomas Woodrow Wilson es v. a. mit Volkssouveränität und Demokratie verband (vgl. die Kongressrede vom 11.2.1918), proklamierte die Leninsche und Stalinsche Doktrin und die anfängliche Praxis des bolschewistischen Russland „das Recht der Völker Russlands auf freie Selbstbestimmung bis zur völligen Lostrennung und Bildung eines unabhängigen Staates“ (Deklaration vom 15.11.1917), das aber unter dem ideologischen Vorbehalt stand, dass es „nicht als Recht der Bourgeosie, sondern als Recht der werktätigen Massen der gegebenen Nation auf Selbstbestimmung“ auszulegen sei.

Die Territorialentscheidungen der Pariser Friedenskonferenz hat das Prinzip der Selbstbestimmung nicht maßgeblich bestimmt. Insgesamt dokumentiert die

Staatenpraxis nach dem Ersten Weltkrieg, dass der Grundsatz der Selbstbestimmung der Völker sich (noch) nicht von einem politischen Programmsatz zu einem völkerrechtlichen Rechtstitel entwickelt hatte. Die vom Völkerbund mit der Erstattung eines Rechtsgutachtens zur sog.en Aaland-Frage beauftragte internationale Juristenkommission vom 5.9.1920 kam in ihrem Abschlussbericht zu dem Ergebnis, dass der Grundsatz der Selbstbestimmung noch nicht zu einem Satz des positiven Völkerrechts erstarkt sei.

Der „Grundsatz der Gleichberechtigung und Selbstbestimmung der Völker“ fand dann zwar nach dem Zweiten Weltkrieg als „Zielbestimmung“ in Art. 1 Nr. 2 und in Art. 55 Aufnahme in die ↑UN-Charta, aber zunächst nur als ein rechtlich unverbindliches Ziel, noch nicht als Rechtsprinzip. Erst infolge einer im Jahre 1960 verabschiedeten Resolution der UN-Generalversammlung 1514 (XV) erstarkte der Grundsatz der Selbstbestimmung der Völker durch Konkretisierung von Träger und Inhalt im Kontext der Dekolonisierung (↑Kolonialismus) zu einem völkerrechtlichen Rechtstitel und wurde so zum S.

Obwohl außerhalb des Entkolonialisierungsprozesses bis heute über Inhaber und Inhalt des S.s der Völker keine Einigkeit und Klarheit besteht, gilt der Grundsatz der Selbstbestimmung der Völker heute nach allg.er Ansicht nicht bloß als politische Leitlinie, sondern als verpflichtendes Rechtsprinzip. Die Anerkennung des S.s in den jeweiligen Art. 1 der beiden UN-Pakte von 1966 (IPbpR und IPwskR) hat seiner universellen Geltung als ↑Völkerrecht endgültig zum Durchbruch verholfen. In die sog.e „Friendly Relations Declaration“ der UN-Generalversammlung 2625 (XXV) von 1970, die als deklaratorische Wiedergabe geltenden Völkergewohnheitsrechts (↑Gewohnheitsrecht) verstanden wird, ist es als fünfter „Grundsatz“ aufgenommen worden. Die Geltung des S.s als völkervertrags- und auch als völkergewohnheitsrechtliche Norm ist daher heute im Prinzip unbestritten; sie ist auch vom ↑IGH in mehreren Entscheidungen anerkannt worden. Das S. wird sogar überwiegend als *ius cogens* eingestuft. Die Berufung auf das S. ist ubiquitär (s. zuletzt die Unabhängigkeitserklärung Kataloniens vom 27.10.2017).

### 2.2 Träger des Selbstbestimmungsrechts der Völker

Träger des S.s sind zunächst alle bereits staatlich organisierten Völker. Subjekt des S.s kann aber auch und gerade ein ↑Volk sein, das seine Existenz unter Berufung auf das S. erst in eine politische Form bringen will. Hier stellt sich allerdings das Problem, anhand welcher Kriterien die Volkseigenschaft und damit die Rechtsträgerschaft zu bestimmen ist. Hier dürften objektive, einheitsstiftende Momente wie z. B. die räumliche Geschlossenheit des Siedlungsgebiets, gemeinsame Abstammung, Sprache, kulturelle Tradition, Religion und Geschichte von Relevanz sein, die um das subjektive Element eines notwendigen kollektiven Identitätsbewusstseins (↑Identität) zu ergänzen sind. Letztlich identifiziert sich ein Volk kraft seines S.s selbst, indem es politisches Selbstbewusstsein entwickelt und artikuliert. Das S. fordert prinzipiell die Akzeptanz eines manifestierten Selbstverständnisses einer Menschengruppe als „Volk“.

### 2.3 Der Gewährleistungsinhalt des Selbstbestimmungsrechts der Völker

#### *2.3.1 Das äußere Selbstbestimmungsrecht*

Thema des äußeren S.s ist der (inter-)nationale politische Status eines Volkes, d. h. seine eigene organisierte politische Existenz. Hier ist zwischen einem offensiven und einem defensiven S. zu unterscheiden: Ist ein Volk bereits staatlich organisiert, so gibt ihm sein S. einen Abwehranspruch gegen völkerrechtswidrige Beeinträchtigungen der territorialen Unversehrtheit und/oder Unabhängigkeit seines Staates durch Drittstaaten. Der inhaltlich gleichgerichtete Abwehranspruch des Staates aus dem ↑Interventions- und ↑Gewaltverbot selbst erhält dadurch ein zweites Zuordnungssubjekt. Eine offensive, auf Veränderung des (territorialen oder politischen) status quo zielende Stoßrichtung erhält das äußere S. dagegen dann, wenn ein noch nicht staatlich oder in anderer Weise politisch organisiertes Volk eine mehr oder weniger selbständige politische Existenz einfordert. Diese kann die Form eines unabhängigen (National-)Staates annehmen; denkbar sind aber auch unterhalb der Schwelle von Eigenstaatlichkeit im völkerrechtlichen Sinne angesiedelte Ansprüche von Völkern und Volksgruppen auf eine föderative (Auf-)Gliederung (↑Föderalismus) der einheitlichen ↑Staatsgewalt, auf einen (unter Umständen international garantierten) Autonomiestatus oder (lokale bzw. personale) Selbstverwaltung. Diese Realisierungsvarianten eines äußeren S.s werden mitunter auch als „internes“ oder „kleines“ S. bezeichnet. Hier berührt sich das S. mit dem völkerrechtlichen Minderheitenschutz.

Zunehmend strengere Anforderungen werden an die demokratische Art und Weise der Ausübung des äußeren S.s gestellt, denen im Regelfall nur durch ein Referendum Rechnung getragen werden kann, das den Willen des betreffenden Volkes authentisch bekundet.

Außerhalb des kolonialen Kontextes verleiht das S. nach der Praxis der in den ↑Vereinten Nationen weltweit organisierten Staatengemeinschaft nach wie vor grundsätzlich kein Sezessionsrecht; insofern geht die territoriale ↑Souveränität der Staaten vor. Nach überwiegender Auffassung im völkerrechtlichen Schrifttum soll aber ausnahmsweise ein Recht auf Loslösung aus dem bisherigen Staatsverband bestehen, wenn Angehörige einer ethnischen Gruppe gerade wegen ihrer Gruppenzugehörigkeit in einem Staat systematisch diskriminiert und verfolgt werden oder gar von einem Genozid (↑Völkermord) bedroht sind.

Das S. der Völker ist Abwehrrecht gegen Vernichtung, im Übrigen auch gegen Vertreibung (↑Flucht und Vertreibung); es wird damit mittelbar zu einem „Recht auf die Heimat".

*2.3.2 Das innere Selbstbestimmungsrecht*
Das innere S. garantiert einem (Staats-)Volk, seine innere (Verfassungs-)Ordnung ohne Einmischung von außen selbst zu bestimmen. Es gewährleistet dem Staatsvolk die eigene, von dirigierender Einflussnahme dritter Mächte freie Entscheidung über die innere Organisation seines Staates, mithin Verfassungsautonomie. Diese innere Seite des S.s der Völker geht ideengeschichtlich auf die ↑Französische Revolution zurück, in der sich das Prinzip der Volkssouveränität durchsetzte.

Das innere S. eines Volkes richtet sich gegen den eigenen Staat, für den es sich in äußerer Selbstbestimmung entschieden hat. Es steht daher dem jeweiligen Staatsvolk als alleinigem Rechtsträger zu.

So wie das äußere S. der Völker in seinen Rechtsfolgen teilweise mit dem Gewaltverbot korrespondiert, so deckt sich das innere S. in seinem Gehalt z. T. mit dem Interventionsverbot. Das Interventionsverbot stellt die innere politische Ordnung prinzipiell von fremdstaatlicher Einwirkung frei. Die innere Souveränität der Staaten schließt ihr Recht auf Selbstregierung ein. Hier berührt sich also die Staatssouveränität mit der durch das innere S. der Völker garantierten Volkssouveränität; sie erscheint gleichsam als der Zweck, zu dem Staatssouveränität gefordert wird. Hinter dem Schutz staatlicher Souveränität steht als völkerrechtliche Letztbegründung das S. der Völker und damit – verfassungstheoretisch gesprochen – das Prinzip der Volkssouveränität, das im (inneren) S. eine völkerrechtliche Anerkennung und Absicherung erlangt hat.

Das S. umfasst die Gewährleistung der verfassunggebenden Gewalt des Volkes, den demokratischen *pouvoir constituant*. Das S. der Völker erweist sich insofern als ein Ausfluss des demokratischen Prinzips der Regierung mit der Zustimmung der Regierten.

Das innere S. kann aber nicht einfach mit einem „Recht auf Demokratie" gleichgesetzt werden. Es kann auch die Entscheidung gegen Demokratie nach westlichem Verständnis legitimieren, sofern die Herrschaft sich nur auf den Willen des Volkes i. S. d. Prinzips der Volkssouveränität zurückführen lässt. Das innere S. legt nicht fest, wer regieren soll (Herrschaft der demokratisch legitimierten Mehrheit, einer Elite oder eines Einzelnen). Vielmehr ist das Ergebnis dieses – gegen äußere Ingerenz abgeschirmten – Selbstbestimmungsprozesses notwendig offen und wird auch durch die vorausgesetzte Freiheit des Selbstbestimmungsvorgangs nicht, jedenfalls nicht vollständig, präjudiziert.

Anders als bei „bloß" undemokratischen Verhältnissen ist das innere S. der Völker nach der Staatenpraxis verletzt, wenn in einem Staat eine rassistische Minderheit die Mehrheitsethnie von der Teilhabe an der politischen Macht ausschließt und so „Fremdherrschaft" über die Bevölkerungsmehrheit ausübt. Nach der „Friendly Relations Declaration" gebietet das S. der Völker eine Regierung, „welche die gesamte Bevölkerung des Gebietes ohne Unterschied der Rasse, des Glaubens oder der Hautfarbe vertritt". Daraus ergibt sich zugl., dass eine Regierung, die bestimmte politische Gruppen, soziale Schichten oder sprachlich/kulturell definierte ↑Minderheiten, die keine eigene „Rasse" bilden, von der Teilhabe an der Staatsgewalt ausschließt, was zwar unter Umständen gegen die ↑Menschenrechte, nicht aber gegen das S. der Völker verstößt.

2.4 Das wirtschaftliche Selbstbestimmungsrecht
Es betrifft insb. das Recht eines Volkes zur freien und eigennützigen Verfügung über seine Bodenschätze und anderen natürlichen Ressourcen. Davon unberührt bleiben alle Verpflichtungen, die aus der internationalen wirtschaftlichen Zusammenarbeit auf der Grundlage des gegenseitigen Wohles sowie aus dem Völkerrecht erwachsen (Art. 1 Abs. 2 IPbpR, IPwskR). Selbstbestimmungswidrig wird eine ökonomische Lage erst dann, wenn der wirtschaftliche Einfluss fremder Staaten oder Unternehmen die politische Unabhängigkeit eines Landes aushöhlt.

2.5 Reaktionen auf Verletzungen des Selbstbestimmungsrechts der Völker
Drittstaaten können auf Verletzungen des S.s durch andere Staaten mit Repressalien reagieren; dagegen sind ihnen militärische Gegenmaßnahmen verwehrt, auch wenn ein Volk von einem Staat gewaltsam an der Ausübung seines S.s gehindert wird. Nur der UN-Sicherheitsrat kann ggf. auch militärische Zwangsmaßnahmen ergreifen, sofern er in der Verletzung des inneren oder äußeren S.s zugl. eine Friedensbedrohung i. S. d. Art. 39 UN-Charta erblickt.

### Literatur

B. Kempen/C. Hillgruber: Völkerrecht, ²2012, §§ 48–52 • J. Fisch: Das Selbstbestimmungsrecht der Völker, 2010 • D. Thürer/T. Burri: Self-Determination (2008), in: MPEPIL, URL: http://opil.ouplaw.com/view/10.1093/law:epil/9780199231690/law-9780199231690-e873?prd=EPIL, (abger.: 17.2.2021) • A. Cassese: Self-Determination of Peoples – A Legal Reappraisal, 1995 • D. Murswiek: Offensives und defensives Selbstbestimmungsrecht, in: Der Staat 23/4 (1984), 523–548.

CHRISTIAN HILLGRUBER

## Selbstverwaltung

### 1. Begriffsklärung

S. ist ein Organisationskonzept, das sowohl im Bereich der öffentlichen ↑Verwaltung (insb. in Gestalt der kommunalen und funktionalen S.) als auch im gesellschaftlich-privaten Bereich (insb. bei ↑Genossenschaften und ↑Verbänden) zur Anwendung kommt. Es ist in einem allg.en Sinne dadurch gekennzeichnet, dass die Entscheidungskompetenz ganz oder teilweise den Entscheidungsbetroffenen zugewiesen wird. S. ist Gegenstand rechtswissenschaftlicher, soziologischer, ökonomischer und politikwissenschaftlicher Forschung. Es ist von ähnlichen Konzeptionen wie Selbstregulierung, Autonomie, dezentrale Organisation abzugrenzen.

### 2. Rechtswissenschaftliche Verständnisse

Das rechtswissenschaftliche Verständnis von S. ist durch ein übergreifendes formales Begriffsverständnis einerseits und ausgestaltende Regelungen auf mehreren Rechtsebenen andererseits geprägt.

Das formale Begriffsverständnis von S. qualifiziert dieses als „fachweisungsfreie Wahrnehmung eigener Angelegenheiten" (Schreyer 1982: 105). Von einer eigenen Angelegenheit ist auszugehen, wenn die betreffenden Aufgaben einen erkennbaren Bezug zu den Entscheidungsadressaten besitzen. Bei den gebietsbezogenen S.s-Konzepten, v.a. den Kommunen, wird an die örtliche bzw. regionale Wirkung bzw. Verwurzelung der Aufgaben angeknüpft. Bei den personell oder funktionell ausgerichteten S.s-Konzepten (Kammern, Hochschulen, Sozialversicherungen usw.) wird an die jeweiligen Mitglieder als Adressaten von Entscheidungen abgestellt (Betroffenen-S.). Soweit die S. an das Grundeigentum anknüpft (Realkörperschaften, z.B. Wasser- und Bodenverbände, Jagdgenossenschaften), stellen die damit verbundenen Lasten und sozialen Pflichten die Anknüpfungspunkte dar. In Bezug auf die jeweiligen „eigenen Angelegenheiten" wird durch die Etablierung von S. ein Gestaltungsspielraum eröffnet, der die ↑Steuerung sowohl durch das Gesetz als auch durch die Ministerialverwaltung (Weisungsrechte) begrenzt und eigenverantwortliche Entscheidungsfreiräume eröffnet (S. als ↑Dezentralisation). In Bezug auf diese Entscheidungsfreiräume wird zugl. die ↑Legitimation und Verantwortlichkeit den Mitgliedern der S.s-Organisationen zugewiesen (S. als Legitimationskonzept).

In Bezug auf die rechtliche Verankerung von S. ist zwischen verfassungsrechtlich begründeten und geschützten S.s-Trägern einerseits und einfachgesetzlichen Ausgestaltungen von S. andererseits zu unterscheiden.

Der Begriff der S. wird teilweise synonym mit ↑Autonomie verwendet, wobei dieser Begriff ungenauer ist, weil er nur die Unabhängigkeit gegenüber der Ministerialverwaltung zum Ausdruck bringt. S. ist eine von mehreren Erscheinungsformen dezentraler Verwaltungsorganisation. Von Selbstregulierung wird schließlich gesprochen, wenn privaten Verbänden, etwa Wirtschaftsverbänden, die Normsetzung überlassen wird.

### 3. Verfassungsrechtliche Regelungen

Auf der Ebene des Verfassungsrechts ist an erster Stelle die Garantie der kommunalen S. in Art. 28 Abs. 2 GG und den entspr.en Regelungen der ↑Landesverfassungen zu nennen. Sie bezieht sich in erster Linie auf die ↑Gemeinden und Städte und garantiert diesen das Recht, in Bezug auf einen bestimmten Aufgabenkreis („Angelegenheiten der örtlichen Gemeinschaft") das Recht der eigenverantwortlichen Regelung (S.s-Recht). Für die Gemeindeverbände wird in Satz 2 ohne Schutz eines Aufgabenbestandes ebenfalls das S.s-Recht gewährleistet. Satz 3 erstreckt diese Garantien auf das Recht finanzieller Eigenverantwortung. Ein weiteres prägendes Element der kommunalen S. folgt aus Art. 28 Abs. 1 S. 2 und 3 GG. Danach muss es ein direkt gewähltes kollegiales Leitungsorgan geben, durch das das personelle Element (Selbstorganschaft) abgesichert wird.

Neben der kommunalen S. wird auf der Ebene des Landesverfassungsrechts das S.s-Recht der Universitäten und ↑Hochschulen verfassungsrechtlich garantiert, wobei diese Garantie in Bezug auf die Rechtsstellung der Professoren durch das Grundrecht der ↑Wissenschaftsfreiheit aus Art. 5 Abs. 3 GG grundrechtlich unterstützt wird. Die NdsVerf schützt in Art. 57 Abs. 1 das S.s-Recht gesetzlich eingerichteter S.s-Körperschaften und erstreckt auch die Konnexitätsregelung in Absatz 4 auf die nicht kommunalen S.s-Träger.

Schwache verfassungsrechtliche Absicherungen lassen sich zudem für die soziale S. aus Art. 87 Abs. 2 GG ableiten.

### 4. Einfachgesetzliche Regelungen

Die meisten S.s-Träger beruhen auf einfachgesetzlichen Regelungen mit der Folge, dass auch ihr S.s-Recht nicht qualifiziert verfassungsrechtlich geschützt ist. Dazu gehören die Sozialversicherungsträger (↑Renten-, ↑Kranken-, ↑Unfallversicherungen), die Wirtschafts- und ↑Berufskammern und die sog.en Realkörperschaften. Ihre Identifikation als S.s-Träger erfolgt i.d.R. mit Hilfe der Regelungen zur Staatsaufsicht, die auf eine Rechtsaufsicht beschränkt wird. Von einem S.s-Recht wird in den gesetzlichen Regelungen nur ausnahmsweise ausdrücklich gesprochen.

S.s-Rechte sind vereinzelt auch bei Ausschüssen oder Förderanstalten (z.B. der Filmförderung, BVerfGE 135,155) anzutreffen. Dabei geht es meist um die Ermöglichung staatsferner Entscheidungen in grundrechtsrelevanten Bereichen.

### 5. Autonomie und Selbstverwaltung im Bereich der Gesellschaft

Die Autonomie der als K.d.ö.R. verfassten ↑Religions- und ↑Weltanschauungsgemeinschaften nach Art. 140 GG i.V.m. Art. 137 Abs. 5 WRV ist nicht als S.s-Recht, sondern als grundrechtliche ↑Freiheit zu qualifizieren. Das gleiche gilt für die öffentlich-rechtlichen Rundfunkanstalten.

Das S.s-Recht in den eingetragenen Genossenschaften sowie den BGB-Vereinen stellt eine Entfaltung des S.s-Gedankens im Bereich des ↑Privatrechts dar, ist aber systematisch eigenständig zu behandeln.

### 6. Historische Entwicklungen

Idee und Konzept der S. finden ihren historischen Ursprung im frühen 19. Jh. und einer Rezeption und Transformation von Entwicklungen in Großbritannien, die v.a. als Vorbild für die Entwicklung der kommunalen S. wirksam waren. Zunächst für die Städte, Gemeinden und Landkreise (↑Kreis) und ab Mitte des 19. Jh. für die Wirtschafts- und Berufskammern wurde die Idee der S. stufenweise umgesetzt und zu einem bis heute prägenden Merkmal der deutschen Staats- und Verwaltungsorganisation ausgebaut, das u.a. die Bereiche der Sozialverwaltung und der Wirtschaftsverwaltung bestimmt und einen im internationalen Vergleich einmaligen dezentralen Verwaltungsaufbau etabliert.

### 7. Systemfunktionen von Selbstverwaltung

Um diese Gestaltungspraxis zu verstehen, erweist sich der Blick auf die Systemfunktionen von S. als hilfreich. Fünf Gesichtspunkte können dabei unterschieden werden. Erstens wird durch S. die aktive Einbeziehung der Bürger in die Verwaltung ermöglicht und damit ↑Partizipation, Legitimation und Akzeptanz der Entscheidungen erhöht. Durch die mit der S. verbundene Dezentralisation wird die Berücksichtigung örtlicher und regionaler Besonderheiten sowie unterschiedlicher sachlicher Prioritäten ermöglicht. Zugl. wird durch die Staatsaufsicht die Einbindung in das Staatsganze gewährleistet. Durch die Einbeziehung der Betroffenen wird zudem die Wissensgenerierung der Entscheidungen in der S., mittelbar durch die Beratung staatlicher Stellen, durch die S. aber auch die gesamtstaatliche Wissensgenerierung verbessert. Schließlich wird durch die grundsätzliche Selbstfinanzierung der S. der Staatshaushalt entlastet.

### 8. Verfassungsrechtliche Gesichtspunkte

Während die verfassungsrechtlichen Grundlagen und Gewährleistungen in Bezug auf die kommunale S. durch die ausdrückliche Verankerung in Art. 28 Abs. 2 GG und den Landesverfassungen bis auf wenige Streitfragen geklärt sind, besteht bei der sog.en funktionalen S. ein weitreichender Klärungsbedarf. Die Rechtsprechung des ↑BVerfG hat dazu in den letzten Jahren wichtige Klärungen vorgenommen.

Ausgangspunkt der verfassungsrechtlichen Problematik ist die Vereinbarkeit der personellen demokratischen Legitimation der Leitungsorgane der S.s-Körperschaften durch die Mitglieder mit dem Demokratieprinzip (↑Demokratie), das grundsätzlich eine auf das ↑Staatsvolk rückführbare ununterbrochene Legitimationskette verlangt (BVerfGE 83,60). Das BVerfG hatte in den ersten Jahrzehnten mehrfach pauschal die Vereinbarkeit der S. mit dem Demokratieprinzip festgestellt (BVerfGE 33,125 [161 f.]). Erst die Wasserverbands-Entscheidung aus dem Jahr 2001 (BVerfGE 107,59) lieferte dann eine dogmatisch differenzierende Begründung, die durch weitere Entscheidung fortgeführt und vertieft wurde (u.a. BVerfGE 146,164). Die Kernaussagen dieser Rechtsprechung lauten: „1. Außerhalb der unmittelbaren Staatsverwaltung und der gemeindlichen Selbstverwaltung ist das Demokratiegebot des Art. 20 Abs. 2 GG offen für Formen der Organisation und Ausübung von Staatsgewalt, die vom Erfordernis lückenloser personeller demokratischer Legitimation aller Entscheidungsbefugten abweichen. Es erlaubt, für abgegrenzte Bereiche der Erledigung öffentlicher Aufgaben durch Gesetz besondere Organisationsformen der Selbstverwaltung zu schaffen. 2. Die funktionale Selbstverwaltung ergänzt und verstärkt das demokratische Prinzip. Der Gesetzgeber darf ein wirksames Mitspracherecht der Betroffenen schaffen und verwaltungsexternen Sachverstand aktivieren, einen sachgerechten Interessenausgleich erleichtern und so dazu beitragen, dass die von ihm beschlossenen Zwecke und Ziele effektiver erreicht werden. 3. Verbindliches Handeln mit Entscheidungscharakter ist den Organen von Trägern funktionaler Selbstverwaltung aus verfassungsrechtlicher Sicht nur gestattet, weil und soweit das Volk auch insoweit sein Selbstbestimmungsrecht wahrt. Das erfordert, dass die Aufgaben und Handlungsbefugnisse der Organe in einem von der Volksvertretung beschlossenen Gesetz ausreichend vorherbestimmt sind und ihre Wahrnehmung der Aufsicht personell demokratisch legitimierter Amtswalter unterliegt" (BVerfGE 107,59). Bislang haben sich alle gesetzlichen Regelungen, die das BVerfG zu überprüfen hatte, in diesem Rahmen bewegt.

Die zweite verfassungsrechtliche Fragestellung betrifft die Vereinbarkeit der in fast allen Trägern funktionaler S. anzutreffenden gesetzlichen Pflichtmitgliedschaft mit den ↑Grundrechten. Die Grundidee der funktionalen S., die Betroffenen-Partizipation, verlangt die Einbeziehung aller Gruppenangehörigen (Berufsgruppe usw.) in die Mitgliedschaft. Fraglich ist, ob und in welches Grundrecht damit eingegriffen wird.

Das BVerfG hat sehr früh entschieden, dass in diesen Fällen nicht Art. 9 Abs. 1 GG (negative ↑Vereinigungsfreiheit) als Prüfungsmaßstab heranzuziehen ist, weil dieses Grundrecht sich nur auf die Gründung privatrechtlicher Vereinigungen bezieht und mit der gesetzlichen Pflichtmitgliedschaft die Mitwirkung in einem Verwaltungsträger ermöglicht werden soll (BVerfGE 10, 89 – st. Rspr., zuletzt BVerfGE 146,64). Da mit der Mitgliedschaft im Regelfall aber Beitragslasten verbunden sind, weil die S. auch Selbstfinanzierung bedeutet, wurde die allg.e Handlungsfreiheit aus Art. 2 Abs. 1 GG als Prüfungsmaßstab zugrunde gelegt (BVerfGE 146,164 [194]). Die Rechtfertigung der gesetzlichen Pflichtmitgliedschaft unterliegt dabei den folgenden weiteren Anforderungen: Erstens muss die Organisation einem legitimen öffentlichen Zweck dienen, z.B. der Förderung des Berufsstandes und der Qualitätskontrolle. Zweitens muss für die Verwirklichung des Zwecks die Mitgliedschaft aller Gruppenmitglieder erforderlich sein. Drittens müssen die mit der Mitgliedschaft verbundenen (finanziellen) Belastungen verhältnismäßig sein. Bislang wurde in keinem Fall eine Grundrechtsverletzung durch das BVerfG festgestellt. Fehler im Bereich der Beitragserhebung sowie der Beitragsverwendung werden regelmäßig durch die Verwaltungsgerichte korrigiert (siehe BVerwGE 153,314 sowie BVerfGE 111,191 [218]).

### 9. Verwaltungsrechtliche Gesichtspunkte

Aus der verwaltungsrechtlichen Perspektive ist S. materiell-rechtlich durch ein weites Ermessen in Bezug auf das Ob und Wie der Aufgabenwahrnehmung und organisationsrechtlich durch die Rolle des Ehrenamtes geprägt. Zu beachten ist dabei, dass der Gesetzgeber für einzelne Aufgabenbereiche zwingende Vorgaben (Pflichtaufgaben) regeln kann, denn sowohl die kommunale als auch die funktionale S. sind nur im Rahmen der Gesetze gewährleistet, so dass zwingende gesetzliche Vorgaben für die Aufgabenwahrnehmung nicht generell ausgeschlossen sind.

In der gesetzlichen Einräumung von Ermessen kommt die Zurücknahme des gesetzlichen Steuerungsanspruchs zum Ausdruck, der den S.s-Trägern die Gestaltungsspielräume eröffnet, die sie eigenverantwortlich ausfüllen können. Deshalb sind auch die Maßstäbe und Instrumente der Staatsaufsicht auf eine Gesetzmäßigkeitskontrolle, die auch das von den S.s-Trägern erlassene Satzungsrecht (↑Satzung) einbezieht, reduziert; eine Fachaufsicht, die sich auf die Zweckmäßigkeit der Aufgabenwahrnehmung bezieht, ist ausgeschlossen. In Bezug auf diese Gestaltungsfreiheit ist auch die verwaltungsgerichtliche Kontrolle auf die Beachtung der gesetzlichen Vorgaben des Verwaltungshandelns einschließlich des Zwecks des Ermessens und seiner Grenzen (§ 40 VwVfG) beschränkt (§ 114 VwGO). Damit in der Ermessensbetätigung der spezifische Sachverstand der zur S. berufenen Berufs- oder Personengruppen zum Ausdruck kommt, werden die meisten Leitungsorgane der S.s-Träger durch ein Ehrenamt (↑Freiwilligenarbeit) wahrgenommen. Das gilt für die Mitglieder der kommunalen Vertretungsorgane (Gemeinde- und Stadtrat, Kreistag) ebenso wie für die Voll- oder Mitgliederversammlungen der Träger funktionaler S. Die ehrenamtliche Wahrnehmung der Leitungsaufgaben hat keine Absenkung der rechtlichen Anforderungen zur Folge, die zu beachten sind (§ 83 VwVfG). Vielmehr müssen sich die ehrenamtlich tätigen Personen entweder selbst die notwendige Sachkunde erwerben oder sich z. B. durch die Mitarbeiter der hauptamtlichen Verwaltung sachkundig beraten lassen. Auch in haftungsrechtlicher Hinsicht (↑Haftung) besteht grundsätzlich keine Privilegierung. Soweit mit der Wahrnehmung des Ehrenamtes ein Verdienstausfall oder bes. Aufwendungen verbunden sind, besteht ein Entschädigungsanspruch (siehe § 85 VwVfG), der nicht sozialversicherungspflichtig ist.

Für den Bereich der Wirtschafts- und Berufskammern hat die Rechtsprechung aus der gesetzlichen Pflichtmitgliedschaft als kompensatorisches Recht einen allg.en Anspruch auf Einhaltung der gesetzlichen Grenzen der Aufgabenzuweisung abgeleitet, der jedem einzelnen Mitglied einen weitreichenden Kontrollanspruch zuweist (BVerwGE 137,171). Einen vergleichbaren Kontrollanspruch des Einzelnen gibt es in anderen Bereichen der Verwaltung nicht.

Während die kommunale S. durch Art. 28 Abs. 2 S. 3 GG auch hinsichtlich ihrer Finanzierung verfassungsrechtlich und landesverfassungsrechtlich auch die Hochschulen abgesichert sind, sind die meisten Träger funktionaler S. auf eine Finanzierung durch Mitgliederbeiträge angewiesen. Der S. korrespondiert insoweit eine Selbstfinanzierung. Die Rechtsprechung prüft diese auf ihre Angemessenheit im Hinblick auf die mit der Mitgliedschaft verbundenen Vorteile (BVerfGE 146,164; zur GKV BVerfGE 115,25).

S.s-Träger unterliegen grundsätzlich auch der Rechnungshofkontrolle gemäß Art. 114 Abs. 2 GG, §§ 105 ff., 111 f. BHO/LHO, soweit keine gesetzlichen Sonderregelungen greifen (BVerwGE 98,163). Bei der Beurteilung der Wirtschaftlichkeit und Sparsamkeit sind die Besonderheiten des S.s-Rechts zu berücksichtigen.

### Literatur

W. Kluth (Hg.): Die IHK-Entscheidung des Bundesverfassungsgerichts vom 12. Juli 2017, 2018 • Ders. (Hg.): Hdb. des Kammerrechts, ²2011 • S. Köller: Funktionale Selbstverwaltung und ihre demokratische Legitimation, 2009 • E.-W. Böckenförde: Demokratie als Verfassungsprinzip, in: HStR, Bd. 2, ³2004, § 24 • W. Kluth: Funktionale Selbstverwaltung, 1997 • E. T. Emde: Die demokratische Legitimation der funktionalen Selbstverwaltung, 1991 • R. Hendler: Selbstverwaltung als Ordnungsprinzip, 1986 • E. Schreyer: Pluralistische Entscheidungsgremien im Bereich sozialer und kultureller Staatsaufgaben, in: Schriften zum Öffentlichen Recht, Bd. 428, 1982 • D. Mronz: Körperschaften und Zwangsmitgliedschaft, 1973 • R. von Gneist: Verwaltung, Justiz, Rechtsweg: Staatsverwaltung und Selbstverwaltung nach englischen und deutschen Rechtsverhältnissen, 1869.

WINFRIED KLUTH

## Separatismus

### 1. Begriff

Der Begriff S. (von lateinisch *separare* = trennen) steht im politischen Kontext für das Streben eines Bevölkerungsteils nach Gebietsabtrennung zur Gründung eines neuen Staats oder zum Anschluss an ein anderes Staatswesen. Im weiteren Sinn steht S. für den Wunsch nach Reduzierung der Kontrolle der Zentralmacht über ein spezifisches Gebiet sowie für das Ziel, Macht vom Zentralstaat auf die lokale Bevölkerung oder Elite zu übertragen.

## 2. Motive und völkerrechtliche Legitimierung

Separatistische Bewegungen rechtfertigen ihre Forderungen i. d. R. mit dem Verweis auf eine anhaltende politische, wirtschaftliche und/oder kulturelle Benachteiligung aufgrund ihrer Ethnie, Sprache oder Religionszugehörigkeit. Sie sehen zugl. eine Änderung dieses Zustandes im Rahmen der bestehenden politischen Verhältnisse verunmöglicht. Darum versprechen sie sich durch die Veränderung der staatlichen Zugehörigkeit eine gerechtere Politik und eine Besserung des Gemeinwohls.

Für separatistische Bewegungen ist die Anerkennung der Legitimität ihrer Forderung zentral. Das Funktionieren der anvisierten Eigenstaatlichkeit hängt wesentlich von ihrer Anerkennung durch andere Staaten und von normalisierten internationalen Beziehungen ab. Gemäß völkerrechtlicher Praxis (Völkerrecht) werden zwar im Einvernehmen mit dem Mutterstaat stattfindende Separationen anerkannt. Eine unilateral, also ohne Einwilligung des Mutterstaats proklamierte Unabhängigkeit, gilt hingegen als illegitim und wird nur in Ausnahmefällen akzeptiert.

Zentraler völkerrechtlicher Bezugspunkt des S. ist das Selbstbestimmungsrecht der Völker. Dieses ist seit 1945 in der UN-Charta verbrieft. Im Kontext der Entkolonialisierung wurde Kolonien (Kolonialismus) das Recht auf einen unabhängigen Staat in den bestehenden Kolonialgrenzen zuerkannt. Bes. seit dem Ende des Kalten Krieges wird das Selbstbestimmungsrecht aber inkonsistent angewendet. Es ist dabei insb. umstritten, welche Bevölkerungsgruppen als *Volk* unter welchen Umständen ein Recht auf Selbstbestimmung besitzen, sowie, unter welchen Bedingungen Selbstbestimmung als erfüllt anzusehen ist.

## 3. Phänomene

S. tritt unabhängig vom Entwicklungsstand sowie der Staats- und Regierungsform auf und kennt keine einheitliche Erscheinungsform. In demokratischen Staaten vertreten separatistische Bewegungen ihre Forderungen heute meist als politische Parteien. Separatistische Anliegen werden aber auch durch außerparlamentarische Protestaktionen geäußert. Bes. in Staaten, in denen eine politische Vertretung separatistischer Anliegen nicht möglich ist, kann S. paramilitärische oder terroristische Formen annehmen. S. ist heute i. d. R. dort gewaltfrei, wo politische Forderungen auf demokratischem Weg artikuliert werden können. S. besteht zudem meist neben weniger radikalen Forderungen nach Selbstverwaltung, etwa solchen nach mehr regionalen Autonomierechten.

Mehrere Faktoren erhöhen die Wahrscheinlichkeit, dass S. in einem bestimmten Gebiet Unterstützung gewinnt. Dazu gehören historisch erfahrene Unterdrückung, regionale Homogenität oder eine starke regionale ↑Identität. Diese und weitere Faktoren tragen zur Prägung von Narrativen bei, welche die Bevölkerung von der Berechtigung ihrer separatistischen Idee überzeugen können. Darüber hinaus trägt auch die Aussicht auf wirtschaftliche Überlebensfähigkeit des künftigen Staates dazu bei, ob S. in der Bevölkerung Rückhalt gewinnt.

Im europäischen Kontext gibt es einen anhaltenden Trend hin zur gewaltlosen Vertretung separatistischer Forderungen, nachdem zuvor jahrzehntelang Terrorismus ein prägendes Element war. Lange ging man auch davon aus, dass die europäische Einigung im Rahmen der EU den S. seiner Relevanz berauben würde. Dies hat sich als Trugschluss erwiesen, und zwar wohl auch deshalb, weil Europas Nationalstaaten auf absehbare Zeit relevante politische Akteure bleiben werden.

Global und historisch betrachtet führt S. häufig zu bewaffneten innerstaatlichen Konflikten. Diese Konflikte haben oft Bürgerkriegscharakter (↑Bürgerkrieg) und sind von extremer Gewalt geprägt. Häufig sind auch ausländische Akteure in die Auseinandersetzungen involviert, bes. dann, wenn sie direkte Interessen im Konflikt haben.

Ein Phänomen separatistischer Konflikte ist das Entstehen von sog.en De-facto-Staaten. Diese kontrollieren zwar das beanspruchte Territorium, finden aufgrund des Zustandekommens der Separation aber keine internationale Anerkennung. Beispiele dafür sind etwa Somaliland (Somalia) oder Abchasien und Süd-Ossetien (beide Georgien).

## 4. Zentralstaatliche Reaktion

Hinsichtlich von S. steht aus Sicht des Zentralstaats die Frage im Mittelpunkt, wie mit den erhobenen Forderungen umzugehen ist. Betroffenen Staaten droht angesichts von S. ein Verlust von Territorium, Souveränität und Macht, den sie i. d. R. zu verhindern suchen.

Es gibt kein allg. gültiges Rezept zur Prävention von S. Eine vorbeugende Wirkung hatte in der Vergangenheit das Vorhandensein einer intakten Demokratie, das Führen ernsthafter Dialoge zwischen der Regierung und der separatistischen Bewegung sowie Bürgerbeteiligung (Partizipation). Insb. autoritär geprägte Staaten gehen aber repressiv gegen S. vor. Dies kann zur Eskalation des Konflikts führen, kann aber auch die dauerhafte Unterdrückung von S. in einem Land zur Folge haben.

Grundsätzlich scheint die teilweise Übertragung von Macht auf die regionale oder lokale Ebene einer Lösung von separatistischen Konflikten förderlich zu sein. Weithin wird vermutet, dass eine Föderalisierung des Gesamtstaats (Föderalismus) S. stärker befrieden kann als die Gewährung von Autonomierechten (Autonomie) an einzelne Regionen. Zentralregierungen sehen in Autonomierechten und Föderalisierungsschritten aber oftmals die Gefahr einer Legitimierung noch weiterer künftiger Abspaltungen. In der Vergangenheit wurden bestehende innerstaatliche Grenzen von Föderationen als maßgeblich für künftige Staaten angesehen, so etwa beim Zerfall Jugoslawiens.

Da in liberalen Demokratien eher die Möglichkeit

föderaler Machtverteilung besteht und sie wahrscheinlicher zu Verhandlungen mit Minderheiten bereit sind, sieht man sie allg. als fähiger an, mit S. umzugehen.

### Literatur

D. Kingsbury/C. Laoutides (Hg.): Territorial Separatism in Global Politics, 2015 • J.-P. Cabestan/A. Pavković: Secession and Separatism from a Comparative Perspective: An Introduction, in: dies. (Hg.): Secessionism and Separatism in Europe and Asia, 2013, 1–19 • J. Sorens: Secessionism: Identity, Interest, and Strategy, 2012 • A. Buchanan: Justice, Legitimacy, and Self-Determination, 2007. MATTHIAS BIERI

## Sexualdelikte

### 1. Begriff und Schutzgut

Unter S.n werden nur die im 13. Abschnitt des ↑StGB normierten Straftaten gegen die sexuelle Selbstbestimmung (§§ 174 bis 184j StGB) verstanden. Dies schließt nicht aus, dass andere Delikte – wie insb. die Vorschriften über den Menschenhandel in §§ 232 ff. StGB, die etwa in § 232a Abs. 6 StGB eine Freierstrafbarkeit für Fälle von Zwangsprostitution vorsehen – einen nicht unerheblichen Bezug zu den S.n aufweisen. Zentrales Schutzgut des 13. Abschnitts ist das von Art. 2 Abs. 1 i. V. m. Art. 1 Abs. 1 GG gewährleistete Recht auf sexuelle Selbstbestimmung als Ausprägung des allg.en ↑Persönlichkeitsrechts. Dabei geht es nach moderner Auffassung weder um den Schutz der positiven freien Entfaltung der Sexualität und der sexuellen Betätigung noch um die Sittlichkeit oder gar Unmoral des Verhaltens, sondern um das Abwehrrecht des Einzelnen, nicht gegen seinen Willen zum Objekt sexuellen Begehrens anderer gemacht zu werden. Bei einzelnen Delikten können spezielle Ausprägungen dieses Schutzguts bedeutsam werden oder weitere Schutzgüter hinzutreten. Dies gilt insb. für Straftatbestände, die sexuelle Handlungen mit Kindern und Jugendlichen unter Strafe stellen, bei denen es auch um den Schutz der ungestörten sexuellen Entwicklung Minderjähriger vor Beeinträchtigungen ihrer Gesamtentwicklung geht.

### 2. Zentraler Bezugspunkt der Straftatbestände

Die S. knüpfen überwiegend an eine „sexuelle Handlung“ an, die in § 184h StGB freilich nur rudimentär legaldefiniert wird. Eine sexuelle Handlung erfordert stets, dass diese objektiv, d. h. nach ihrem äußeren Erscheinungsbild, einen Sexualbezug aufweist, so dass allein die subjektive Intention des Täters grundsätzlich nicht geeignet ist, die Strafbarkeit zu begründen. Hingegen ist bei Handlungen, die nach ihrem äußeren Erscheinungsbild ambivalent sind, zusätzlich erforderlich, dass sie durch die Absicht motiviert sind, eigene oder fremde sexuelle Interessen zu befriedigen. Ferner sind nach § 184h Nr. 1 StGB sexuelle Handlungen nur solche, die im Hinblick auf das jeweils geschützte Rechtsgut von einiger Erheblichkeit sind. Durch das Erfordernis der Erheblichkeit sollen angesichts der hohen Strafandrohungen der Tatbestände des Sexualstrafrechts Bagatellhandlungen ausgeklammert werden. Die Erheblichkeit ist nicht generell, sondern stets tatbestandsbezogen zu bestimmen, so dass etwa bei Tatbeständen zum Schutz von Kindern und Jugendlichen grundsätzlich geringere Anforderungen zu stellen sind.

Zu unterscheiden sind bei einzelnen Delikten ferner sexuelle Handlungen mit und ohne Körperbezug, d. h. sexuelle Handlungen „an“ und „vor“ einem anderen. Bei Handlungen mit Körperbezug ist weiter zwischen Fällen zu differenzieren, in denen der Täter aktiv sexuelle Handlungen am Opfer vornimmt, und Handlungen, die das Opfer vornimmt; im letzteren Fall ist weiter danach zu unterscheiden, ob der Täter diese Handlungen an sich vornehmen lässt oder ob er das Opfer dazu bestimmt, sie an ihm bzw. einem Dritten vorzunehmen. Bei sexuellen Handlungen vor einer anderen Person kommt es nach § 184h Nr. 2 StGB maßgeblich auf die Wahrnehmung durch eine andere Person an, so dass auch Videoübertragungen erfasst sind.

### 3. Systematik des 13. Abschnitts des StGB

Der 13. Abschnitt des StGB lässt sich in verschiedene Deliktsbereiche unterteilen, wenngleich es an einer strukturierten Reihenfolge mangelt und insoweit Reformbedarf angemahnt wird (Abschlussbericht Reformkommission Sexualstrafrecht 2017: 180 ff.). In §§ 174 bis 174c StGB ist zunächst der sexuelle Missbrauch in bestimmten Institutionen und Anvertrauensverhältnissen wie z. B. der der Schule, Justizvollzugsanstalten oder Beratungs-, Behandlungs- und Betreuungsverhältnissen geregelt, in denen die Abwehrmöglichkeiten gegen Missbrauch eingeschränkt sind. Der sexuelle Missbrauch von Minderjährigen ist verstreut in §§ 174, 176 bis 176b, 180 und 182 StGB unter Strafe gestellt. Sexuelle Handlungen mit Kindern, d. h. Personen unter 14 Jahren, sind dabei strafbar, ohne dass weitere Merkmale hinzutreten müssen. Hingegen sind sexuelle Handlungen mit Jugendlichen nur unter bestimmten Voraussetzungen strafbar, wie etwa bei Ausnutzung einer Zwangslage oder bei fehlender Fähigkeit des Opfers gegenüber dem Täter zur sexuellen Selbstbestimmung. Seit dem 50. StrÄndG v. 4.11.2016 regelt § 177 StGB als zentraler Straftatbestand den sexuellen Übergriff, die sexuelle Nötigung sowie die Vergewaltigung (dazu sogleich 4.2). Straftaten im Zusammenhang mit ↑Prostitution, insb. Ausbeutung von Prostituierten und Zuhälterei, sind in §§ 180, 180a, 181a, 182, 184f und 184g StGB enthalten. Pornografiedelikte sind in §§ 184 bis 184e StGB unter Strafe gestellt, wobei der praktische Schwerpunkt im Bereich der Kinderpornografie via Internet liegt. Hinzu kommen Straftaten, die Belästigungen zum Gegenstand haben. Hierzu gehört neben §§ 183, 183a StGB nunmehr auch die mit dem 50. StrÄndG eingeführte Vorschrift der sexuellen Belästigung (§ 184i StGB), die Verhaltensweisen erfassen soll, bei denen – mangels Erheblichkeit für das geschützte Rechtsgut – die Anforderungen des § 184h Nr. 1 StGB nicht erfüllt sind, so dass keine sexuelle Handlung vorliegt. Systematisch und verfassungsrechtlich bedenklich im Hinblick auf das Schuldprinzip ist die ebenfalls mit dem 50. StrÄndG geschaffene Vorschrift des § 184j StGB, welche Straftaten aus Gruppen pönalisiert und de facto einem Gruppenmitglied die Sexualstraftat eines anderen Gruppenmitglieds zurechnet.

## 4. Kriminalpolitisch bedeutsame Entwicklungen

Während das 4. StrReformG v. 23.11.1973 zu einer erheblichen Einschränkung der Strafbarkeit und damit zu einer Liberalisierung des Sexualstrafrechts führte, ist spätestens seit dem 33. StrÄndG v. 1.7.1997 wieder eine deutliche Tendenz zur Pönalisierung und Strafschärfung eingetreten, die in jüngerer Zeit zumindest teilweise auf Vorgaben der EU beruht. Aufgrund der zahlreichen Änderungen der vergangenen Jahre ist das Sexualstrafrecht insgesamt stark zersplittert, unübersichtlich und in größeren Teilen auch widersprüchlich. Daher hat eine vom Bundesministerium für Justiz und Verbraucherschutz eingesetzte Reformkommission in ihrem im Jahr 2017 vorgelegten Abschlussbericht die gesamte Überarbeitung des 13. Abschnitts empfohlen. Die beiden zentralen Bereiche aktueller Diskussionen sind neben dem Prostitutionsstrafrecht, das vornehmlich einer Angleichung an die gewerberechtlichen Regelungen des Prostituiertenschutzgesetzes bedarf, das Pornografiestrafrecht sowie die Regelungen in § 177 StGB.

### 4.1 Pornografiestrafrecht

Nachdem bereits zuvor der Besitz von Kinderpornografie sowie aufgrund europäischer Vorgaben in § 184c StGB auch derjenige von Jugendpornografie, d. h. pornografischen Aufnahmen von Personen zwischen 14 und 18 Jahren, unter Strafe gestellt wurde, hat das 49. StrÄndG, das u. a. der Umsetzung der Richtlinie 2011/93/EU zur Bekämpfung des sexuellen Missbrauchs und der sexuellen Ausbeutung von Kindern sowie der Kinderpornografie dient, als Reaktion auf den Skandal um den Bundestagsabgeordneten Sebastian Edathy auch das sog.e Posing einbezogen. Gemeint sind Bildaufnahmen, die ein ganz oder teilweise unbekleidetes Kind in unnatürlich geschlechtsbetonter Körperhaltung zeigen oder die sexuell aufreizende Wiedergabe der unbekleideten Genitalien oder des unbekleideten Gesäßes eines Kindes beinhalten. Unterhalb dieser Schwelle sind reine Nacktaufnahmen aber weiterhin nicht strafbar, es sei denn, es werden damit kommerzielle Zwecke i. S. d. § 201a Abs. 3 StGB verfolgt. Da bei Computerdateien bislang sehr streitig war, ob das Erlangen der Daten beim Aufrufen von Webseiten im Internet bereits eine Besitzstrafbarkeit begründet, wurde nunmehr in § 184d Abs. 2 StGB der Abruf kinder- und jugendpornografischer Inhalte im Internet unter Strafe gestellt, so dass bereits das „Surfen" auf solchen Seiten strafbar ist und der schwierige Nachweis des Besitzes solcher Dateien entfällt.

### 4.2 Die Neuregelung in § 177 StGB

Durch das 50. StrÄndG wurde neben der sexuellen Nötigung und der Vergewaltigung auch der sexuelle Übergriff in verschiedenen tatbestandlichen Varianten in § 177 StGB aufgenommen, um bestehende Strafbarkeitslücken zu schließen und die Vereinbarkeit mit Art. 36 des Übereinkommens Nr. 210 des Europarats zur Verhütung und Bekämpfung von Gewalt gegen Frauen und häuslicher Gewalt v. 5.11.2011 (sog.e Istanbul-Konvention) zu sichern. Mit der Verankerung des sog.en „Nein heißt Nein"-Prinzips in § 177 Abs. 1 StGB erfuhr die Vorschrift dabei eine grundlegende dogmatische Umgestaltung, da nunmehr i. S. d. sexuellen Selbstbestimmung als Abwehrrecht jegliche sexuelle Handlungen gegen den erkennbaren Willen einer anderen Person strafbar sind, während es zuvor stets eines Nötigungselements i. S. v. Gewalt, Drohung mit einer gegenwärtigen Gefahr für Leib oder Leben oder Ausnutzung einer schutzlosen Lage bedurfte. Aufgehoben und in § 177 StGB integriert wurde der bisher in § 179 StGB geregelte sexuelle Missbrauch widerstandsunfähiger Personen, um die zuvor kritisierte Sonderbehandlung von Personen mit ↑Behinderung zu beseitigen. Der Neuregelung werden freilich grundlegende Mängel attestiert, so etwa, dass nicht hinreichend zwischen Missbrauchsfällen, d. h. dem bloßen Handeln ohne den Willen des Opfers, und klassischen Nötigungsfällen differenziert werde, so dass nun eine „Vergewaltigung" auch dann vorliegen könne, wenn der Täter keine Gewalt einsetze, nicht drohe oder keine schutzlose Lage ausnutze. Zudem wird geltend gemacht, dass die Strafrahmen der Strafschärfungsgründe in § 177 Abs. 5 bis Abs. 8 StGB nicht auf die neuen weiten Grundtatbestände abgestimmt seien und es daher zu überhöhten Strafen komme.

## Literatur

G. Bezjak: Reformüberlegungen für ein neues Sexualstrafrecht, in: ZStW 2/130 (2018), 303–339 • Bundesministerium für Justiz und Verbraucherschutz (Hg.): Abschlussbericht der Reformkommission zum Sexualstrafrecht, 2017 • J. Eisele: Das neue Sexualstrafrecht, in: RPsych 3/1 (2017), 7–30 • Ders.: Reformbedürftigkeit der Strafvorschriften betreffend die Prostitution, in: KriPoZ 2/6 (2017), 330–337 • Ders.: Notwendigkeit einer Reform der Reform des Sexualstrafrechts, in: DRiZ 95/12 (2017), 398–401 • T. Hörnle: Das Gesetz zur Verbesserung des Schutzes sexueller Selbstbestimmung, in: NStZ 37/1 (2017), 13–21 • E. Hoven/T. Weigend: „Nein heißt Nein" – und viele Fragen offen, in: JZ 72/4 (2017), 182–191 • G. Bezjak: Der Straftatbestand des § 177 StGB (Sexuelle Nötigung, Vergewaltigung) im Fokus des Gesetzgebers, in: KJ 49/4 (2016), 557–571 • J. Eisele/R. Franosch: Posing und der Begriff der Kinderpornografie in § 184b StGB nach dem 49. Strafrechtsänderungsgesetz, in: ZIS 11/8 (2016), 519–525

• B. Krause: Kinderpornografie im Internet, in: MMR 19/10 (2016), 665–669 • J. Renzikowski: Nein! – Das neue Sexualstrafrecht, in: NJW 69/49 (2016), 3553–3558. JÖRG EISELE

## Sexualerziehung

### 1. Begriffe

Mit *S.* „wird in der Regel das gesamte Feld der bewussten, gezielten und geplanten Förderung der menschlichen Sexualität auf allen Altersstufen angesprochen, das sich zudem als ein Teilbereich neben anderen der gesamterzieherischen Bemühungen versteht" (Kluge 1984: 9). S. kann entspr. die gesamte sexuelle ↑Sozialisation begleiten, wenn auch den frühkindlichen Einflüssen in der Familie eine primäre Funktion zukommt. *Sexualpädagogik* „ist eine Aspektdisziplin der Pädagogik, welche sowohl die sexuelle Sozialisation als auch die zielgerichtete erzieherische Einflussnahme auf die Sexualität von Menschen aller Lebensalter erforscht und wissenschaftlich reflektiert" (Sielert 2015: 12). *Sexualaufklärung* meint die Information über Fakten und Zusammenhänge zu allen Themen menschlicher Sexualität. Auch *sexualpädagogische Beratung* kann in S. integriert werden, wenn sie Lern- und Entwicklungsprozesse im Gespräch mit Einzelnen oder Gruppen unterstützt. Mit der Metamorphose des Bildungsbegriffs (↑Bildung) im gesellschaftlichen und erziehungswissenschaftlichen Diskurs – vom humanistischen Ideal über einen bildungsbürgerlichen Habitus zum „unabgeschlossenen Projekt emanzipativer Selbstfindung" (Bernhard 1997: 68) – ist in den letzten Jahren vermehrt vom neuen Paradigma der *sexuellen Bildung* die Rede. Gemeint ist ein lebenslanger Prozess der Selbstaneignung und Gestaltung sexueller Identität in Auseinandersetzung des Menschen mit seiner ↑Lebenswelt, den die ↑Erziehung durch Informationen, Beziehungsangebote und Kontextgestaltung nur freundlich begleiten kann.

### 2. Grundlagen und Konzeptionen

Sexualpädagogik und S. wurden historisch und werden aktuell wissenschaftstheoretisch und gesellschaftspolitisch kontrovers diskutiert. Traditionell wurden drei idealtypische Theoriepositionen der repressiven, der vermittelnd-liberalen bzw. scheinaffirmativen und der emanzipatorischen Richtung unterschieden. Gerhard Glück bevorzugte für die Zeit von 1985–93 aufgrund einer Literaturanalyse vier neue Grundrichtungen: „sexualfreundlich oder affirmatorisch" (Glück 1998: 48), „christlich-konservativ bzw. kulturpädagogisch und realistisch oder sexualnegativ" (Glück 1998: 49), „Mitte, psychoanalytisch oder Sexualität problematisierend" (Glück 1998: 50) und „Werteerhellung ohne Normierung oder wertfrei zur Sexualmoral" (Glück 1998: 51). Die von G. Glück schon in diesem Zeitraum konstatierte Pluralisierung der Lebensrealitäten, der Kampf um Geschlechterdemokratie und die Anerkennung von ↑Homosexualität sowie die Angst vor ↑AIDS und sexualisierter ↑Gewalt dynamisierten sich in der Zeit von 2000–18 durch weitere Befreiungs- und Problemdiskurse. Hinzu kamen der Diskurs um ein erweitertes Verständnis von geschlechtlichen und sexuellen Identitäten (LGBTI), die Queertheorie und -bewegung, die Angst vor weiteren sexuell übertragbaren Krankheiten, sexuellem Missbrauch und Pädophilie sowie der ↑Pornographie. Die heute aktuelle Hauptströmung der „kritisch-reflexiven", bisher auch „neo-emanzipatorisch" genannten Sexualpädagogik hat diese Diskurse in ihr Konzept eingearbeitet. Ihre Vertreter haben sich kritisch mit der emanzipativen Sexualpädagogik der Nach-1968er-Zeit sowie der wertneutralen sexual-affirmativen Richtung auseinandergesetzt. Übernommen wurde der breite Sexualitätsbegriff der Sexualforschung sowie der WHO, einschließlich der dort formulierten sexuellen Rechte.

### 3. Umfang und Stellenwert der Sexualerziehung: aktuelle Kontroversen

Angesichts komplexer Bewältigungslagen während der lebenslangen sexuellen Sozialisation mit dem Anspruch auf sexuelle Selbstbestimmung in einer von Pluralität und ↑Interkulturalität geprägten Gesellschaft sind die Ansprüche an sexuelle Bildung gewachsen. Ein breiter Konsens existiert bzgl. der präventiven Funktion von S. angesichts der Vermeidung sexueller Grenzverletzungen, aber nicht alle gesellschaftlichen Gruppen teilen ihre präventiven Aufgaben zum Schutz sexueller Minderheiten oder der Empfängnisverhütung. Unterschiede bestehen angesichts eines eher sanktionierenden oder befähigenden Kinder- und ↑Jugendschutzes und v. a. bei der Gewährung oder Förderung sexueller Lust außerhalb liebender Beziehungen. Die am Selbstbestimmungsanspruch orientierte professionelle Sexualpädagogik und eine entspr.e ↑Bildungspolitik beanspruchen, eine umfassende und altersangemessene sexuelle Bildung in Familie, Kita, Schule, Jugendhilfe, Erwachsenenbildung zu fördern sowie den offenen Diskurs um „sexuelle Gesundheit" und „gelingendes Sexualleben" in der ↑Zivilgesellschaft anzuregen. Eher staatskritische Gruppen und Skeptiker sexueller Selbstbestimmung plädieren für eine vorwiegend familiäre S. und ergänzende Sexualaufklärung in öffentlichen Bildungseinrichtungen, frühestens in der Grundschule.

### Literatur

U. Sielert: Sexualpädagogisch-geschichtliche Perspektiven auf die Auseinandersetzung mit sexualisierter Gewalt, in: A. Retkowski/A. Treibel/E. Tuider (Hg.): Hdb. Sexualisierte Gewalt und pädagogische Kontexte, 2018, 60–69 • K. Etschenberg: Proaktiv sexualisierende Sexualerziehung – cui bono? (2017), URL: http://www.k-etschenberg.de/resources/Proaktiv+sexualisierende+Sexualerziehung+-+cui+bono.pdf (abger.: 13.5. 2018) • R.-B. Schmidt/U. Sielert/A. Henningsen: Gelebte Geschichte der Sexualpädagogik, 2017 • H. Wettstein: Sexualaufklärung und Herausforderung Pornographie, 2017 • A. Henningsen/E. Tuider/S. Timmermanns (Hg.): Sexualpädagogik kontrovers, 2016 • P. Dabrock u. a.: Unverschämt – schön. Sexualethik: evangelisch und lebensnah, 2015 • U. Sielert: Einführung in die Sexualpädagogik, 2015 • E. Tuider/S. Timmermanns: Aufruhr um die sexuelle Vielfalt, in: SozMag 40/1–2 (2015), 38–47 • G. Kuby: Die globale sexuelle Revolution. Zerstörung der Freiheit im Namen der Freiheit, 2014 • R.-B. Schmidt/U. Sielert: Hdb. Sexualpädagogik und sexuelle Bildung, 2013 • N. Kluge: Sexuelle Bildung, in: ebd., 116–124 • K. H. Valtl: Sexuelle Bildung. Erziehungswissenschaftliche Grundlegung, in: ebd., 125–140 • A. Kraß (Hg.): Queer Studies in Deutschland. Interdisziplinäre Beiträge zur kritischen Heteronormativitätsforschung, 2009 • WHO: Defining Sexual Health. Report of a Technical Consultation on Sexual Health. 28–31 January 2002, Geneva (2006), URL: https://www.who.int/reproductivehealth/publications/sexual_health/defining_sexual_health.pdf (abger.: 13.5.2018) • V. Sigusch: Sexuelle Welten, 2005 • S. Timmermanns/E. Tuider/U. Sielert (Hg.): Sexualpädagogik weiter denken. Postmoderne Entgrenzungen und pädagogische Orientierungsversuche, 2004 • G. Glück: Sexualpädagogische Konzepte, 1998 • A. Bernhard/L. Rothermel (Hg): Hdb. kritische Pädagogik, 1997 • F. Koch: Sexualaufklärung in Deutschland gestern und heute, in: Bundeszentrale für gesundheitliche Aufklärung (Hg.): Lern to Love. Dokumente der ersten europäischen Fachtagung „Sexualaufklärung für Jugendliche", 1995, 17–23 • C. Meves: Kindgerechte Sexualerziehung, 1992 • W. Müller: Skeptische Sexualpädagogik, 1992 • H. Kentler: Eltern lernen Sexualerziehung, 1990 • M. Fries: Sexualerziehung und Religionsunterricht, 1987 • N. Kluge: Hdb. der Sexualpädagogik, Bd. 1, 1984.

UWE SIELERT

## Sexualethik

S. ist die herkömmliche Bezeichnung des Bereichs der angewandten Ethik, der den verantwortlichen Umgang mit der eigenen Sexualität und derjenigen Anderer, mit der Lebensführung und den Lebensformen, die diese einschließen, sowie Elternschaft und die Verpflichtung zur Fürsorge und ↑Erziehung des Menschen im Säuglings- und Kindesalter reflektiert. Jede S. geht aus von der sexuellen Ansprechbarkeit und Bedürftigkeit als konstitutiver Dimension des Menschen wie auch von der Fähigkeit, im Zusammenwirken mit dem anderen biologischen Geschlecht Kinder zu zeugen. Beides ist verschränkt mit Sozialität. Sexualität ist nicht nur ↑Bedürfnis und existenziell erlebte Befriedigung, sondern auch Medium der Expression und der Kommunikation; Kindsein und Elternschaft sind nicht nur das Ergebnis eines biologischen Erzeugungsverhältnisses, sondern begründen darin eine fürsorgliche Pflege- und Erziehungsbeziehung, ohne die der Säugling bzw. das Kind nicht zu einem lebensfähigen Wesen heranwachsen kann. Anders als bei den Tieren sind Sexualität, auch Fortpflanzung sowie die damit einhergehenden Beziehungen, nicht einfach naturale Gegebenheiten, sondern bei aller biopsychosozialen Disponiertheit aus Freiheit heraus gestaltbar und der Umgang mit ihnen Gegenstand der Reflexion und der ethischen Urteilsbildung.

Was als verantwortbare Praxis von Sexualität gilt, hängt stark vom sozialen und kulturellen Kontext ab. Referenzpunkte der entspr.en Ideale und normativen Vorschriften sind die individuellen Voraussetzungen zur Übernahme und eigenständigen Ausfüllung bestimmter ↑sozialer Rollen (Ich-Identität, Erwachsensein), das leibliche und soziale Zueinanderpassen der Partner, die Fähigkeit, ↑Verantwortung für eine neue Generation zu übernehmen, der Wille, das entstehende Beziehungsarrangement auf Dauer zu stellen, ein für die Beteiligten akzeptables Verhältnis zwischen öffentlicher Kontrolle und Privatheit, die Geregeltheit des Machtgefälles im Inneren der Beziehung, die gegebenen materiellen und ideellen Ressourcen, die die Beziehungen überhaupt ermöglichen und ihnen förderlich sind.

### 1. Die institutionelle Dimension von Beziehungen

Unter den kulturellen Leitbildern und normativen Orientierungen für Intimität umfassende und intergenerationelle Fürsorgebeziehungen gibt es die, die die Lebensführung der einzelnen Akteure und ihren Umgang mit anderen beteiligten Personen betreffen. Man klassifiziert sie üblicherweise als individualethisch. Ihr Pendant sind die Leitbilder und normativen Orientierungen, die auf die strukturellen und sozialen Bedingungsfaktoren solcher mit Beteilung des freien Willens der Betroffenen zustande kommender Beziehungen fokussiert sind.

Unter diesen kommt zu allen Zeiten und in sämtlichen Kulturen den Institutionen ↑Ehe und ↑Familie (urspr. als Einheit gesehen) als Konglomeraten von vielen einzelnen normativen Bestimmungen bes. Bedeutung zu, insofern sie als Gewähr für Stetigkeit und Verlässlichkeit (im Unterschied zu bloß temporären und flüchtigen Formen der Verbundenheit) einerseits und für eine bestimmte Sphäre, in der größte persönliche Nähe bis hin zur Selbstpreisgabe möglich wird (ohne Ausnutzung, Gewalt und dem Aufmerksamkeitsentzug des Partners schutzlos ausgeliefert zu sein), andererseits.

Die individualethischen und sozialethischen Aspekte müssen unterschieden werden; sie gehören aber eng zusammen, nicht nur, weil sie in jedem konkreten Beziehungsarrangement als Einheit erlebt werden und möglichst kohärent gelebt werden müssen, sondern auch, weil beide dem gemeinsamen Ziel verpflichtet sind, zum Gelingen tragender Beziehungen unter jeweils gegebenen Bedingungen zu verhelfen und den destruktiven Einflüssen struktureller Belastungs- und Störfaktoren entgegenzuwirken.

Institutionalisierte Lebensformen, insb. Ehe und Familie, sind jedoch keine Garantien für solches Gelingen, sondern lediglich durch lange menschheitliche Erfahrung validierte und durch Gewohnheit gesellschaftsweit gekannte und angesehene Hilfen zur Ordnung der biographischen Lebensverläufe samt der Anteile an Subjektivität, der vorhersehbaren und unvorhersehbaren Veränderungsprozesse und des schicksalhaft Eintretenden.

### 2. Der theologische Aspekt

In so gut wie allen großen Religionen sind Sexualität und intime Beziehungen ein Gegenstand von Deutung und Regulierung. Das liegt an der Zentralität dieses Bereichs für das menschliche Dasein und Zusammenleben, aber auch daran, dass hier Leiblichkeit, Andersartigkeit und das Überschreitenkönnen des eigenen Ichs hin zum Anderen bes. intensiv und z. T. ekstatisch erfahren werden können.

Für die jüdisch-christliche Glaubenstradition gehören die konstitutionelle Suche nach dem ergänzenden Anderen, die erotische Anziehung sowie Zeugung, Schwangerschaft, Geburt und Erziehung elementar zur Schöpfung Gottes und partizipieren an deren Dignität. Die Haltung der Treue zum Partner im Fluss der Zeit und angesichts der Veränderungen im Umfeld gilt schon früh als Abbild und Vergegenwärtigung der Zugewandtheit Gottes zu den Menschen. In der Theologie hat dies seit dem Hochmittelalter in der Klassifizierung der Ehe als eines der ↑Sakramente Ausdruck gefunden. Eine wichtige Rolle in der gesamten Theologiegeschichte hat auch der Gedanke gespielt, dass die Sexualität am allg.en menschheitlichen Schuldzusammenhang (↑Schuld) teilhat und auch Medium von Gewalt, Besitzgier, Ausbeutung und Täuschung sein kann. Im Blick auf die mit dem starken Affektpotential der Sexualität assoziierte Bedrohlichkeit und die darauf reagierende Disziplinierungsmoral und -pastoral hat das ↑Zweite Vatikanische Konzil korrigierend von der sittlichen Würde der sexuellen Kommunikation unter Eheleuten gesprochen, Liebe als den Inbegriff aller Gebote und die erotisch-sexuelle ↑Liebe als ineinander transformierbar und aufeinander verweisend erklärt sowie die Zeugung eines Kindes als Ko-Schöpferschaft mit Gott herausgehoben (vgl. GS 47–52).

Aus diesen prinzipienartigen theologischen Ideen und ihren Neuakzentuierungen lassen sich die normativen Vorschriften einer christlichen S. zwar nicht schon unmittelbar entnehmen oder ableiten. Doch markieren sie den Denkrahmen, innerhalb dessen ein Bezug von Erfahrung, Vernunft und dem verfügbaren humanwissenschaftlichen Wissen in der theologisch-ethischen Normenreflexion stattfinden muss.

### 3. Die beziehungsethische Transformation der Sexualethik

Die sexualethische Reflexion kann sich zu keinem Zeitpunkt als definitiv vollendet verstehen, sondern muss sich vom Wandel der Beziehungsrealität und der Praxis der gelebten Intimität ständig herausfordern und überprüfen lassen. Ein solcher Wandel ist unübersehbar und wird im Rückblick auf die letzten 50 Jahre oberflächlich als sexuelle Revolution beschrieben. Die Gründe dafür sind allerdings vielschichtiger und liegen sowohl in äußeren Faktoren (Verlängerung der durchschnittlichen Beziehungsdauer, Verfügbarkeit hormoneller Empfängnisverhütungsmittel, Delegitimierung tradierter Verbote durch Reformen im Strafrecht, Auftreten von ↑AIDS, medizinisch möglich gewordene Zeugung in vitro [↑Insemination]) wie auch in gesellschaftsweiten Denkströmungen (Bedürfnis nach stärkerer Selbstbestimmtheit, Toleranz gegenüber neuen Lebensformen, neues Selbstverständnis der Frau, Antidiskriminierungsbewegung, das Sichtbarwerden von Missbrauch im Kontext rigider Moralnormen). Für die S. resultieren daraus folgende markante Entwicklungen, die sie als Gegebenheiten zu registrieren hat, es sei denn, man wolle der These Volkmar Siguschs von der neosexuellen Revolution folgen, der zufolge die ↑Moral allgemeinverbindlicher Verbote untergegangen sei und eine individuelle Verhandlungsmoral an ihre Stelle getreten sei:

Die erste besteht darin, dass persönliche Zuneigung („Liebe") zur wichtigsten Voraussetzung für Bindung und das Eingehen jeder freiwilligen Beziehung geworden ist. Sexuelle Intimität gilt als verantwortbar, sobald die Partner ihre Beziehung für entspr. intensiv halten. Deren rechtliche Form wird von den Meisten wohl als bestätigend, formal bekräftigend und als öffentliche Kundgabe verstanden, aber nicht mehr als konstituierend. Liebe und Sexualität gelten als Güter, die man nur frei geben kann; und für die Beziehung selbst kann weder durch fixe moralische ↑Normen noch durch einen rechtlichen Rahmen Sorge getragen werden.

Eine zweite signifikante Entwicklung besteht in der tendenziellen Verselbstständigung von Liebe, Ehe, Sexualität und Familie, die ehedem als untrennbare Einheit gesehen wurden: Ehe gilt nicht mehr als unabdingbare Vorbedingung für die Aufnahme sexueller Beziehung; Sexualität wird praktiziert, ohne dass dies mit der Wahrscheinlichkeit der Zeugung eines Kindes verbunden ist; die Zeugung eines gewünschten Kindes ist im Fall der Unfruchtbarkeit von sexueller Aktivität abtrennbar. Die Gleichzeitigkeit von Liebe, Ehe, Sexualität und Familie ist nicht mehr zwangsläufig, und die einzelnen Elemente dieses Komplexes stellen in Beziehungen häufig zeitliche Abschnitte oder sogar qualitative Stufen dar, die jeweils eines eigenen Entschlusses bedürfen. Das schließt aber nicht aus, dass es auch unter den veränderten Bedingungen Kriterien für verantwortliche Sexualität und einen achtsamen Umgang mit der Möglichkeit, neues menschliches Leben zu zeugen, braucht.

Das dritte neue Phänomen ist das gestiegene Bewusstsein dafür, dass sowohl Liebesbeziehungen als auch Ehen und Familien dynamisch-prozessuale Wirklichkeiten sind. Sie durchlaufen allesamt Entwicklungen, in deren Verlauf es auch zu typischen Krisen kommen kann. Beziehungen können ebenso wachsen wie sie auch verkümmern können. Sie sind niemals etwas Fertiges und automatisch Stabiles, sondern auf Beziehungs„arbeit" angewiesen, wenn sie an Stärke und Tiefe zunehmen sollen. In letzter Konsequenz bedeutet das auch, dass trotz des Ideals unkündbarer Unbedingtheit auch die Möglichkeit des Scheiterns und der Zerstörung neben der bereits bisher anerkannten Figur der Ungültigkeit einer Ehe gegeben ist.

Viertens sind nicht nur die Partner einer Beziehung je für sich, sondern auch die Beziehung selbst verletzlich. Es braucht deshalb nicht nur rechtlich definierte Voraussetzungen für die öffentliche Anerkennung einer Beziehung, sondern auch einen Schutz der einzelnen Partner, insb. des schwächeren Teils, vor möglicher Schädigung während und sogar noch nach einer Beziehung, sowie Unterstützungsmaßnahmen für bes. belastende Situationen. Für die Realisierung persönlicher Potentiale und Chancen sind Modelle und Anreize für die ↑Gerechtigkeit erforderlich, die bis in die innere Architektur der Beziehung hineinreichen (Vereinbarkeit von Familienarbeit und Berufstätigkeit, Anerkennung der Pflege- und Erziehungsleistung, Aufteilung der Hausarbeit u. a.).

S. fällt fünftens auch eine politisch dimensionierte Aufmerksamkeit zu. Staatliche Maßnahmen nämlich, die bezwecken, die Freiheit von Menschen zu beschneiden, sich zu einem Paar zu vereinen und gemeinsam Kinder zu erzeugen, verletzten das ↑Menschenrecht, „ohne Beschränkung durch Rasse, Staatsbürgerschaft oder Religion [...] eine Ehe zu schließen und eine Familie zu gründen" (Art. 16 Abs. 1 AEMR). Mit staatlicher Geburtenkontrolle wie auch pronatalistischer Bevölkerungspolitik zur Steigerung der Geburtenrate sind in der Vergangenheit keine guten Erfahrungen gemacht worden. Wenn Ehe und Geschlechtsbeziehung als selbstbestimmte personale Gemeinschaften zu gelten haben und Kinder Bereicherung und Erfüllung von Beziehungen sein sollen, kann der Staat nicht berechtigt sein, über den Zugang oder Nichtzugang zum Leben zu entscheiden. Indirekte Fördermaßnahmen zur Realisierung bestehender Wünsche und die Beseitigung von entspr.en Hindernissen hingegen sind legitim (↑Familienpolitik).

Eine beziehungsethische Konzeption von S. wird deshalb anders ansetzen müssen als beim Rekurs auf die Natur von Sexualität. Vielmehr wird sie ausgehen vom Begriff gleicher Freiheit von Mann und Frau und ihrem Anspruch auf den rechtlichen Schutz der Räume und Bedingungen, die die Verwirklichung sozialer Freiheit als Lebensgemeinschaft von gleichberechtigten Erwachsenen mit all ihren Unterschieden sowie die Wahrnehmung von Verantwortlichkeit für die Existenz und Fürsorge von Kindern ermöglichen.

### Literatur

Papst Franziskus: Amoris laetitia – Freude der Liebe. Nachsynodales Apostolisches Schreiben, 2016 • K. Hilpert: Ehe – Partnerschaft – Sexualität. Von der Sexualmoral zur Beziehungsethik, 2015 • A. Krebs: Zwischen Ich und Du. Eine dialogische Philosophie der Liebe, 2015 • K. Hilpert/B. Laux (Hg.): Leitbild am Ende? Der Streit um Ehe und Familie, 2014 • Leibfeindliches Christentum? Auf der Suche nach einer neuen Sexualmoral, in: HerKorr Spezial Oktober (2014) • K. Hilpert (Hg.): Zukunftshorizonte katholischer Sexualethik, 2011 • A. Honneth: Das Recht der Freiheit, 2011 • M. M. Lintner: Den Eros entgiften. Plädoyer für eine tragfähige Sexualmoral und Beziehungsethik, 2011 • A. Honneth/B. Rössler (Hg.): Von Person zu Person. Zur Moralität persönlicher Beziehungen, 2008 • V. Sigusch: Neosexualitäten, 2005 • M. M. Nussbaum: Konstruktionen der Liebe, des Begehrens und der Fürsorge, 2002.

KONRAD HILPERT

## Shoa

Sh. meint die Verfolgung und Ermordung jener Einwohner Europas in den Jahren 1933/39–1945, die vom nationalsozialistischen Deutschland (↑Nationalsozialismus) und seinen Verbündeten als Juden angesehen wurden. Seit den 1980ern hat sich dafür v. a. der Begriff „Holocaust" eingebürgert, im israelischen Sprachraum dominiert der Begriff „Sh.", gelegentlich wird noch das jiddische Churbn als Bezeichnung verwendet.

Die Ursachen und Hintergründe dieses Menschheitsverbrechens sind äußerst komplex, nicht zuletzt wegen der enormen geographischen Ausdehnung der Verfolgung (nahezu ganz Kontinentaleuropa bis in den Westen Russlands), wegen der Vielfalt der Opfergruppen (aschkenasische und sephardische Juden, Krimtschaken, zum Christentum Konvertierte usw.), aber auch wegen der breiten Beteiligung von Institutionen und Personen an der Verfolgung. Sicher ist der ↑Antisemitismus als zentrale Voraussetzung der Sh. anzusehen, da diese Diskurse und Ideologeme die Feindbilder schufen, die der Verfolgung zugrunde lagen. Die Judenfeindschaft in Europa nahm ihren Anfang in der christlichen Spätantike, im Kern eine religiös, kulturell und sozioökonomisch begründete Vorstellung. Sie veränderte sich im Laufe des 19. Jh., richtete sich nun gegen ↑Emanzipation und sozialen Aufstieg der jüdischen Bevölkerungsgruppe, die zunehmend für alle als negativ wahrgenommenen Facetten der ↑Moderne verantwortlich gemacht wurde.

Für die Motivierung der antijüdischen Politik und ↑Gewalt war der Stereotyp vom „jüdischen Bolschewismus" wichtig, einer behaupteten Affinität zwischen Juden und dem Kommunismus; daneben die Vorstellung, das „Weltjudentum", das als monolithisch interpretiert wurde, strebe die Weltherrschaft an, in Form des östlichen Kommunismus und des westlichen Finanzkapitalismus. Die lange Kontinuität antijüdischer Vorstellungen im christlichen Europa zeigt jedoch, dass der Antisemitismus allein bei weitem keine hinreichende Erklärung für die S. ist.

Es war vielmehr bedeutsam, dass der Antisemitismus zu einem Element der Politik avancierte, bei politischen Randgruppen schon Ende des 19. Jh., verstärkt dann nach dem Ersten Weltkrieg. Für Adolf Hitlers NSDAP wurde der Antisemitismus dann zum zentralen Feindbild und gleichzeitig zum wichtigsten Faktor der Weltdeutung. Als zweites Element ist aber die Brutalisierung der Politik in Europa nach dem Ersten Weltkrieg zu sehen, in ↑Bürgerkriegen und bei politischen Morden. Schließlich ist der Abbau des Rechtsstaates in Rechnung zu stellen, der schon vor 1933 Risse zeigte, wenn es sich um die Bestrafung rechtsextremer Gewalt handelte.

Die Machtübernahme der NSDAP in einem der größten und wirtschaftsstärksten Länder Europas, einer Bewegung, die selbst gewalttätig war und traditionelle Politikstrukturen zerschlug, schuf die Voraussetzung für den Weg in den Massenmord. Nicht nur speiste das „Dritte Reich" seine Dynamik aus der ständigen Radikalisierung, sondern es mobilisierte auch weite Teile der Bevölkerung für seine Vorstellungen. Entscheidend für den Übergang zum Massenmord war dann aber v. a. die Expansionspolitik ab 1938/39, die immer mehr ausländische Juden unter deutschen Zugriff brachte.

Obwohl rechtsextreme Gruppen schon vor 1933 Gewaltakte und Geschäftsboykotte gegen Juden zu verantworten hatten, begann die eigentlich nationalsozialistische Judenverfolgung erst mit der Machtergreifung im Januar 1933. Die Regierung A. Hitlers und die gleichgeschalteten Verwaltungen unternahmen Schritte zur Entrechtung jener Deutscher, die als Juden betrachtet wurden, also auch von Christen mit jüdischen Vorfahren. Diese wurden sukzessive aus dem öffentlichen Dienst entlassen, mit den Nürnberger Gesetzen von 1935 offiziell zu Bürgern zweiter Klasse degradiert, und sexuelle Kontakte zu Nichtjuden außerhalb der Ehe als „Rassenschande" kriminalisiert. Gleichzeitig unternahmen NS-Formationen und ihre völkischen Sympathisanten immer wieder Aktionen zur ↑Diskriminierung, aber auch zur Terrorisierung (↑Terror) der Juden. So organisierte die NSDAP im April 1933 reichsweit einen Boykott gegen jüdische Geschäfte, während einzelne NS-Chargen in vielen Orten Juden öffentlich demütigten, in einigen Fällen sogar ermordeten. Innerhalb der deutschen Gesellschaft wurden die Juden immer mehr sozial isoliert. Bes. solche Personen jüdischer Herkunft, die politisch engagiert waren, aber auch jene, die wegen kleinster Vergehen kriminalisiert wurden, liefen Gefahr, in die ↑KZ eingewiesen zu werden, wo sie bes. schlecht behandelt wurden.

V. a. ab 1936 setzte ein struktureller Wandel in der Judenverfolgung ein. Nicht mehr nur Innenverwaltung und Justiz machten den Juden das Leben schwer, sondern die Gestapo riss diese Kompetenzen allmählich an sich und der Sicherheitsdienst der SS (SD) entwickelte umfassende Planungen zur Vertreibung. Aus außenpolitischen Gründen blieb während der Olympiade in Berlin 1936 die offizielle Judenpolitik zurückhaltend, doch 1937 verschärfte sich der Kurs der Politik. V. a. jüdische Unternehmer wurden so unter Druck gesetzt, dass sie ihre Geschäfte unter Wert verkaufen mussten. Im Jahr 1938 radikalisierte sich die Judenverfolgung auf allen Feldern. Zunächst folgten auf den deutschen Einmarsch in Österreich eine Welle antijüdischer Gewalt und ein Raubzug österreichischer Nationalsozialisten an den Juden. Im Juni 1938 organisierte die Gestapo eine erste Massenverhaftung von Juden, die als angeblich „asozial" stigmatisiert wurden. Im Oktober 1938 schob die politische Polizei dann 17000 Juden mit polnischer Staatsbürgerschaft nach Polen ab.

Nachdem ein Sohn von damals deportierten Juden ein Attentat auf einen deutschen Diplomaten in Paris verübte, nahm die NSDAP dies zum Anlass, um einen reichsweiten Pogrom zu organisieren. NS-Formationen, Gestapo, aber auch andere Antisemiten begannen bereits am 7.11.1938 mit ersten Ausschreitungen in Hessen, in der Nacht vom 9. auf den 10.11. überzogen sie das ganze Deutsche Reich mit einer Welle antijüdischer Gewalt, Zerstörung und Plünderung. Etwa 27000 jüdische Männer wurden in KZ gebracht, viele von ihnen misshandelt. Etwa 400 von ihnen starben in den nächsten Wochen. Ungefähr 100 Menschen wurden ermordet, Hunderte nahmen sich angesichts der Bedrohung das Leben. Etwa 1200 Synagogen und Bethäuser, unzählige Geschäfte wurden zerstört.

Die Staatsführung verfolgte mit der Initiierung des Pogroms mehrere Ziele: Zum einen sollte die ↑Emigration der Juden, die nach 1934 rückläufig war, wieder forciert werden. Zum zweiten erwartete sie einen größeren wirtschaftlichen Gewinn, zumal der Staatshaushalt durch die ungebremste Rüstung in eine Krise gekommen war. Die Juden sollten alle ihre Unternehmen mit einem Schlag verlieren, zugl. wurde ihnen in zynischer Manier eine Buße von einer Mrd. Reichsmark für die Schäden auferlegt. Und schließlich mobilisierte die Staatsführung die NS-Organisationen und Teile der Bevölkerung, um die Judenverfolgung weiter voranzutreiben. Bis Kriegsbeginn sind etwa 3000 Juden ermordet worden, etwa 250000 flüchteten aus Deutschland und etwa 130000 aus Österreich. Auch die Juden aus dem Sudetenland wurden bei der Annexion im Oktober 1938 weitgehend vertrieben, hingegen gerieten mit der Besetzung der tschechischen Gebiete im März 1939 weitere 100000 Juden unter deutschen Zugriff.

Der deutsche Angriff auf Polen am 1.9.1939 markiert den Bruch von Vertreibungspolitik und individueller Gewalt hin zum Massenmord. Im Krieg in Osteuropa warf die deutsche Führung alle völkerrechtlichen Restriktionen über Bord, zugl. wurden die Polen als angeblich minderwertiger slawischer Gegner denunziert, die Ostjuden sollten hingegen noch unter diesen rangieren. Schon während der Kampfhandlungen verübten deutsche Einheiten, vereinzelt auch solche des Heeres, Morde an Juden. Bereits im Oktober 1939 massakrierte die deutsche Ordnungspolizei eine ganze jüdische Gemeinde in Ostrów Mazowiecki. Zwar richteten sich die deutschen Verbrechen um die Jahreswende 1939/40 v. a. gegen die polnische Oberschicht und auch gegen Patienten der Psychiatrie, die zuerst im besetzten Polen, dann auch in Deutschland systematisch ermordet wurden.

Doch auch jene etwa zwei Mio. polnische Juden, die 1939 unter deutsche Herrschaft gerieten, sahen sich totaler Entrechtung und offener Terrorisierung ausgesetzt. Bes. fatal wirkten sich die deutschen Pläne für eine geographische und demographische Umstrukturierung Polens aus. Die deutsch besetzte Hälfte wurde in zwei Territorien geteilt, die eingegliederten Gebiete im Westen und Norden, welche zum Reich kamen, und das Generalgouvernement in Zentral- und Südpolen. Die Juden aus den eingegliederten Gebieten sollten nach deutschen Plänen alle ins Generalgouvernement abgeschoben werden, dies gelang jedoch nur z. T., da die Besatzungsbehörden im Generalgouvernement deren Aufnahme ablehnten. Mit dem Scheitern dieser Vorhaben begann die deutsche Besatzungsverwaltung, die Juden in Ghettos zu isolieren, zunächst 1940 in Lodz und Warschau, dann auch allmählich in den anderen Städten. Im Gegensatz zu diesen beiden Großghettos waren die Zwangsbezirke für Juden meist nicht hermetisch abgeriegelt; freilich wurde das Verlassen der Ghettos drastisch bestraft, spätestens seit Herbst 1941 wurden flüchtende Ghettoinsassen erschossen. Noch vor dem Beginn der systematischen Massenmorde starben Zehntausende Menschen an den unerträglichen Lebensbedingungen in den Ghettos, an Hunger, Krankheit und Kälte.

In Deutschland und Österreich waren die Juden seit Kriegsbeginn weitgehend isoliert, zumeist in Großstädte vertrieben und dort in „Judenhäusern“ untergebracht, jüngere Personen mussten Zwangsarbeit leisten. Anders als in Polen wurde die jüdische Minderheit in Westeuropa, das im Juni 1940 unter deutsche Herrschaft fiel, erst allmählich Opfer von Verfolgung, in Frankreich nicht zuletzt wegen der administrativen Restriktionen, die das Vichy-Regime verhängte.

Der Krieg gegen die Sowjetunion ab Juni 1941 markierte den Übergang zum systematischen Massenmord an den Juden. Einheiten von SS und Polizei, sowohl Einsatzgruppen als auch Polizeibataillone, hatten allg.e Weisungen erhalten, jene Personengruppen zu ermorden, die die deutsche Führung als gefährlich ansah. Damit waren wahrscheinlich auch alle jüdischen Männer im wehrfähigen Alter gemeint, insb. auch jüdische Kriegsgefangene. Bereits am 22.6.1941 ermordeten deutsche Einheiten vereinzelt jüdische Männer, am 26.6. begannen die Massenmorde. Nach sechs bis acht Wochen gingen die Einheiten dazu über, auch jüdische Frauen, Kinder und alte Personen zu erschießen. Schließlich wurden in jenen Gebieten, die ab September 1941 neu erobert wurden, jüdische Gemeinden binnen kurzem in großen Massakern zur Gänze ausgelöscht, so etwa in Kiew am 29./30.9.1941 beim Massaker von Babi Jar. Von Ende 1941 bis Ende 1942 wurden dann die meisten Juden im Westen der UdSSR, d. h. auch in den von der UdSSR annektierten polnischen und baltischen Gebieten ermordet. An diesen Mordaktionen nahm in der Südukraine auch Rumänien teil, das dort über ein eigenes Besatzungsgebiet verfügte.

Der Mord an den Juden in der besetzten Sowjetunion wurde zwar von deutschen Stellen damit gerechtfertigt, dass die Juden angeblich Träger des kommunistischen Regimes seien, er wirkte jedoch als Katalysator für den systematischen Massenmord an allen Juden in Kontinentaleuropa. Schon seit Ende 1939 diskutierten deutsche Funktionäre „Gesamtlösungen der Judenfrage“, etwa durch die Einrichtung von Sterbereservaten in Polen oder auf der französischen Kolonialinsel Madagaskar. Im Frühjahr 1941 wurde auch die Deportation in die Sümpfe Weißrusslands erwogen. Als jedoch der deutsche Plan eines „Blitzkrieges“ nicht aufging, wurde im Spätsommer/Herbst 1941 deutlich, dass ein umfassender Massenmord im besetzten Polen organisiert werden sollte. Zahlreiche Besatzungsfunktionäre hatten von dort bereits Vorschläge gemacht, zunächst v. a. jene Juden zu töten, die nicht zur Zwangsarbeit eingesetzt wurden.

Im September/Oktober 1941 begann der systematische Massenmord in Polen, zunächst in jenen ostpolnischen Gebieten, die zeitweise von der UdSSR besetzt gewesen waren. Zugl. wurden mehrere Vernichtungslager in Polen aufgebaut. Dabei griff die SS-Führung auf Personal zurück, das vorher bei der Ermordung von Kranken und Behinderten eingesetzt worden war. Im Warthegau, der Region um Posen, wurde im Dorf Kulmhof (Chelmno) ein solches Lager errichtet, im Generalgouvernement zunächst in Belzec, dann im Frühjahr 1942 auch in Sobibor und schließlich Treblinka. Das KZ Auschwitz wurde zu dieser Zeit um einen Lagerteil in Birkenau erweitert, der zunächst zur Inhaftierung sowjetischer Kriegsgefangener gedacht war, dann aber für jüdische Häftlinge genutzt wurde. Auch hier wurden Ende 1941 erste Vernichtungsanlagen installiert.

In dieser Zeit fielen in Berlin auch die endgültigen Entscheidungen zum Massenmord. Vermutlich geht dies nicht auf eine einzelne Weisung A. Hitlers zurück, sondern auf eine Reihe von Einzeldiskussionen zwischen dem März 1941, der Entscheidung zum Massenmord in der UdSSR, und dem Frühjahr 1942, als die Planungen für ganz Europa fertiggestellt wurden. Eine umfassende Weisung, die das Schicksal aller europäischen Juden betraf, hat A. Hitler anscheinend erst nach Beginn der Massenmorde in der Sowjetunion und in Polen ausgegeben, vermutlich im Zusammenhang mit der Kriegserklärung an die USA vom Dezember 1941. Die deutschen Spitzenbehörden koordinierten sich dann auf der sog.en Wannsee-Konferenz vom 20.1. 1942, in der die Kompetenzaufteilung und das Vorgehen beim ↑Völkermord besprochen wurden.

Der Massenmord an Juden in den Vernichtungslagern setzte noch im Dezember 1941 in Kulmhof ein, dann im März 1942 in Belzec und Auschwitz, im Mai in Sobibor und im Juli in Treblinka. Die völlig verarmten Juden wurden in großen Polizeiaktionen aus den Ghettos getrieben und in Güterzügen an die Vernichtungsorte gebracht. Bis zum Frühjahr 1942 richtete sich die Vernichtungspolitik v.a. gegen jene Juden, die aus deutscher Sicht als „arbeitsunfähig" galten oder keine Arbeitsstelle vorzuweisen hatten. Im Sommer 1942 begann die Besatzungsverwaltung zusammen mit SS und Polizei mit der Ermordung der Mehrheit der polnischen Juden, zwischen Ende Juli und Ende Oktober 1942 wurden so jeden Tag 10 000–20 000 Menschen ermordet, entweder in den Vernichtungslagern oder bei Massenerschießungen in Ostpolen.

Wenig zentralisiert verliefen die Massenmorde an Juden in Jugoslawien. Nach der deutschen Besetzung des Landes begann die kroatische Ustascha, die ein faschistisches Regime in Kroatien und Bosnien-Herzegowina einrichtete, eigenständig mit Morden v.a. an Serben, aber auch an Juden. Serbien wiederum fiel unter deutsche Militärverwaltung. Dort erschossen Wehrmacht-Einheiten seit Oktober 1941 die jüdischen Männer unter dem Vorwand, es handle sich um Repressalien gegen Partisanenangriffe. Frauen und Kinder wurden anschließend Anfang 1942 von der Sicherheitspolizei ermordet. Griechenland war 1941 ebenfalls nur teilweise unter deutsche Besatzung gekommen, dort wurde die Angehörigen der größte jüdische Gemeinde von Thessaloniki im März 1943 nach Auschwitz deportiert, ab Herbst des Jahres auch Juden aus dem Westen des Landes.

Auch die Gauleiter der NSDAP und die Verwaltungen im Deutschen Reich drängten schon seit Kriegsbeginn darauf, die Juden aus ihrem Bereich abzuschieben. Im September 1941 entschied die NS-Führung schließlich, nicht – wie geplant – auf das Ende des Krieges in der Sowjetunion zu warten, sondern mit der Deportation zu beginnen. Seit November 1941 wurden Juden aus Deutschland, Österreich und den böhmischen Ländern deportiert, zunächst in Ghettos in Polen, im Baltikum und in Weißrussland. Zahlreiche von ihnen wurden sofort nach Ankunft ermordet, doch die systematische Ermordung der Juden aus dem Reich in Osteuropa setzte dann im Mai/Juni 1942 ein, ab Herbst 1942 auch in Auschwitz. Bis Mitte 1943 waren die Juden in Deutschland und Österreich an die Vernichtungsorte deportiert worden, sofern sie nicht in „Mischehen" mit nichtjüdischen Partnern lebten. Aus propagandistischen Gründen sollten jedoch ältere Personen in ein Ghetto kommen, nach Theresienstadt (Terezin) in Westböhmen, das aber in Wirklichkeit ein Sterbeghetto und eine Durchgangsstation an die Vernichtungsorte darstellte.

Auch die Juden im besetzten Westeuropa wurden seit dem Sommer 1942 in das Vernichtungsprogramm mit einbezogen. Hier baute die deutsche Besatzungsverwaltung mehr auf die politische Kooperation mit einheimischen Verwaltungen und Polizeistrukturen. In den Niederlanden zeitigte diese Politik die schlimmsten Folgen, über 100 000 Juden wurden von dort in die Vernichtungslager deportiert. Die belgische Polizei war hingegen nur teilweise zur Kooperation bereit, zudem gelang es vielen Juden rechtzeitig unterzutauchen; etwa 50 % der im Lande lebenden Juden konnten sich retten. In Frankreich verhandelte die Besatzungsmacht mit der Vichy-Regierung, die sich bereit zeigte, alle Juden ohne französische Staatsbürgerschaft auszuliefern, auch solche aus der unbesetzten Zone im Süden des Landes. Nichtsdestotrotz wurden auch Menschen mit französischem Pass in den Tod deportiert. Insgesamt wurde etwa ein Viertel der in Frankreich lebenden Juden ermordet.

Die deutsche Staatsführung drängte ihre Verbündeten fortwährend, die Juden in deren Ländern auszuliefern. Die neu entstandenen Staaten Slowakei und Kroatien waren dazu frühzeitig bereit. Rumänien beteiligte sich zwar am Massenmord an den Juden in den Gebieten, die es 1940 an die UdSSR verloren hatte, und in der Ukraine selbst, lehnte im Sommer 1942 eine Auslieferung der Juden aus Altrumänien aber ab. Ähnlich verhielt sich die bulgarische Führung, die zwar die jüdischen Staatsbürger schützte, aber die Juden aus bulgarisch besetzten Gebieten in Jugoslawien und Griechenland auslieferte. Das faschistische Italien (↑Faschismus) betrieb zwar selbst eine Verfolgungspolitik gegen Juden, beteiligte sich jedoch nicht an den Massenmorden, und zahlreiche Funktionäre schützten Juden in den italienisch besetzten Gebieten. Mit dem Sturz Benito Mussolinis und dem deutschen Einmarsch in Italien im September 1943 entfiel dieser Schutz und ein Teil der Juden in Italien wurde ermordet; die meisten tauchten jedoch unter. Ungarn wiederum, dessen jüdische Bevölkerungsgruppe durch Annexionen 1938/40 auf über 700 000 angestiegen war, verhielt sich ähnlich, lieferte nichtungarische Staatsbürger teilweise aus und verfolgte Juden generell. Doch erst mit der deutschen Besetzung im März 1944 begann die systematische Deportation der Juden nach Auschwitz mit massiver ungarischer Beteiligung, die im Juli 1944 freilich gestoppt wurde. Weitere Verschleppungen folgten Ende 1944.

Jene Juden, die wegen ihrer Zwangsarbeit noch am Leben gelassen worden waren, kamen seit Sommer 1944 sukzessive in die KZ. Zwar wurden im November 1944 die Massenvernichtungen in Auschwitz eingestellt, ein erheblicher Teil der jüdischen Häftlinge wurde jedoch während der Evakuierungen und Todesmärsche in den ersten Monaten des Jahres 1945 ermordet.

Insgesamt beläuft sich die Zahl der ermordeten Juden auf etwa 5,6 bis 5,8 Mio., das waren fast zwei Drittel aller Juden im Vorkriegseuropa. Hunderttausende überlebten mit schweren gesundheitlichen Schäden und waren ihr Leben lang traumatisiert. Etwa drei Mio. Menschen waren in den Vernichtungslagern umgebracht worden, über zwei Mio. v.a. in den sowjetischen Gebieten bei Massenerschießungen ermordet, Hunderttausende starben in den Ghettos und anderen Lagern, ebenso wie bei den Evakuierungen 1945. Bes. Kinder und alte Menschen hatten kaum eine Überlebenschance, sie wurden von der deutschen Herrschaft als ungeeignet zur Ausbeutung angesehen und als erste ermordet. Aber auch Frauen hatten eine geringere Überlebenschance als Männer, da für die Zwangsarbeit meist letztere ausgesucht wurden. Oft waren jüngere Menschen mobiler, weniger familiär gebunden, und deshalb gelang ihnen eher die Flucht.

Die meisten Opfer hatten die jüdischen Gemeinden in Ostmitteleuropa zu verzeichnen, bes. in Polen und im Baltikum wurden an die 90 % der jüdischen Einwohner ermordet. In den altsowjetischen Gebieten konnten etwa ein Drittel der Juden rechtzeitig flüchten. Von jenen, die unter deutsche Herrschaft kamen, überlebten nur etwa 5 %. Auch in Ungarn, Jugoslawien, Griechenland und den Niederlanden waren die Bevölkerungsverluste sehr hoch. Allein in Frankreich, Belgien, Rumänien, Norwegen und Italien überlebten mehr als die Hälfte der Verfolgten, aus Dänemark gelang den meisten die Flucht.

Die jüdischen Gemeinden waren vor dem Krieg sehr unterschiedlich sozial und kulturell positioniert und deshalb auch mit unterschiedlichen Ressourcen ausgestattet, um mit Verfolgung und Vernichtung unter deutscher Herrschaft umzugehen. In weiten Teilen Ostmitteleuropas verfügten die Juden zwar bereits über Verfolgungserfahrungen aus der Zwischenkriegszeit, aber meist über wenig materielle Mittel und oft waren sie in der Gesellschaft eher isoliert. Meist fehlte ein politischer Rückhalt und der indigene Antisemitismus verschärfte die Situation noch. Dennoch ist Mio. Menschen die Flucht gelungen, etwa 400 000 aus Deutschland und Österreich, über einer Mio. in der Sowjetunion. Wer unter deutschen Zugriff kam, musste eigene Überlebensstrategien entwickeln; Hunderttausende tauchten unter, viele versuchten sich in kriegswichtigen Unternehmen unentbehrlich zu machen. In allen besetzten Ländern entwickelten sich jüdische Untergrundgruppen, die v. a. Leben zu retten versuchten, sich aber seit Beginn der totalen Vernichtung 1942 auch zur Wehr setzten, so in vielen Ghettorevolten, nicht nur jene in Warschau im April/Mai 1943. Die Voraussetzungen für jüdischen ↑Widerstand waren jedoch denkbar schlecht. In den meisten Ländern – mit Ausnahme Jugoslawiens und Italiens – waren Juden von der allg.en Widerstandsbewegung isoliert, oft fehlten Netzwerke zur Beschaffung von Waffen, falschen Papieren usw.

Die Sh. war v. a. das Werk des nationalsozialistischen Deutschland. Während Mio. Deutsche (und Österreicher) von der Enteignung und Ausgrenzung der Juden profitierten, durch materiellen Gewinn oder berufliches Weiterkommen, haben ungezählte zur alltäglichen Diskriminierung beigetragen. Die Zahl der deutschen Täter bei den Massenmorden lässt sich nur schwer eingrenzen: Nimmt man die beteiligten Strukturteile deutscher Institutionen, SS und Polizei, Verwaltung und NSDAP-Apparat, Wehrmacht, andere Organisationen v. a. im besetzten Osteuropa, so kann man etwa eine Zahl von 200 000 Beteiligten schätzen. Zwar ging der Massenmord v. a. von der deutschen Staatsführung aus, wichtige Initiativen kamen jedoch auch aus den Besatzungsverwaltungen oder von Experten der Rassenforschung (↑Rassismus), der Raumplanung oder dem Medizinwesen. Den Kern des kriminellen Systems machte sicher der vereinigte SS- und Polizeiapparat aus, der nicht nur die meisten Exekutoren stellte, Tötungseinheiten, Lagerbesatzungen, Beteiligte bei Deportationen, sondern auch immer mehr Kompetenzen in sich vereinigte. In einigen Militärgebieten wie der besetzten UdSSR oder Serbien übernahm die Wehrmacht die Koordination und oft auch die Exekution der Morde. Die meisten Täter hielten die Morde oder zumindest die Deportationen für sinnvoll, Kritik wurde, anders als etwa bei den Verbrechen an den Kriegsgefangenen, kaum laut. Schließlich schlossen sich immer mehr Täter der Dynamik des Mordens an.

Doch die Sh. war in diesem Ausmaß nicht denkbar ohne die Beteiligung von Ausländern. Dies galt zunächst für die Regierung Rumäniens, aber auch für die von Deutschland abhängigen Regimes in der Slowakei, in Kroatien, Ungarn oder Vichy-Frankreich. Von zentraler Bedeutung waren darüber hinaus die einheimischen Polizeien und Verwaltungen. Nicht selten bekamen die jüdischen Opfer erst beim Deportationstransport oder gar im Vernichtungslager den ersten Deutschen zu Gesicht. Diese Indienstnahme Einheimischer beim Großverbrechen wurde von Deutschen systematisch gefördert, doch baute sie auf antisemitischen Strömungen der Vorkriegszeit auf. Die nichtdeutschen Helfer beim Massenmord, insb. in den einheimischen Polizeien, überstiegen an Zahl die der Deutschen bei weitem, sie kannten die lokalen Verhältnisse und konnten Juden überhaupt erst als solche identifizieren. Doch bleibt die Hauptverantwortung bei den Deutschen.

Zwar war die Sh. unmittelbar nach dem Krieg überall präsent, ihre Folgen waren schlichtweg nicht zu übersehen, doch verschwand das Thema schon Ende der 1940er Jahre aus der deutschen und auch der europäischen Öffentlichkeit. Erst in den 1960er Jahren, mit dem Wiederaufleben der Strafprozesse wegen NS-Verbrechen, kam sie wieder stärker ins Bewusstsein; oft standen die jüdischen Opfer des NS-Regimes aber im Schatten der nichtjüdischen. Erst Ende der 1970er Jahre bahnte sich ein grundlegender Wandel an, zunächst im Westen, dann allmählich auch in Osteuropa, wo die meisten Opfer zu verzeichnen sind. Seit 2000 sind die Bemühungen verstärkt worden, den Mord an den Juden im Zweiten Weltkrieg international als das historische Massenverbrechen schlechthin im allg.en Bewusstsein zu verankern und sein Gedenken weltweit zu begehen.

### Literatur

C. Gerlach: Der Mord an den europäischen Juden, 2017 • P. Hayes: Warum? Eine Geschichte des Holocaust, 2017 • Bundesarchiv u. a. (Hg): Die Verfolgung und Ermordung der europäischen Juden durch das nationalsozialistische Deutschland 1933–1945. 16 Bde., 2007–2021 • D. Pohl: Holocaust. Die Ursachen – das Geschehen – die Folgen, 2000 • S. Friedländer: Das Dritte Reich und die Juden, 2 Bde., 1998/2006 • R. Hilberg: Die Vernichtung der europäischen Juden, 1982.

DIETER POHL

## Sicherheit

S. stellt ein menschliches „Grundbedürfnis" (Frevel 2016) dar. Spätestens mit der Herausbildung des neuzeitlich-modernen ↑Staates ist die Herstellung und Aufrechterhaltung von S. aber auch zur politischen Kernaufgabe avanciert. Zunächst stand die Gewährleistung von ↑innerer Sicherheit und äußerer S. im Vordergrund, was institutionell mit der Herausbildung von modernem ↑Militär, Justizwesen (↑Rechtsprechung; ↑Strafvollzug), ↑Polizei und ↑Nachrichtendiensten sowie der Etablierung entspr.er Politikfelder wie ↑Sicherheits-, Verteidigungs-, ↑Innen-, ↑Außen- und ↑Rechtspolitik einherging. S. wurde im Zuge der Erweiterung der ↑Staatsaufgaben allerdings sukzessive für weitere Bereiche des Politischen relevant, die über das engere Verständnis von öffentlicher S. hinauswuchsen. Das Aufkommen der ↑sozialen Frage im Zuge der Industriellen Revolution (↑Industrialisierung, Industrielle Revolution) führte dazu, dass auch die ↑soziale Sicherheit als zentrale politische Herausforderung wahrgenommen wurde. Der Staat reagiert darauf u. a. mit der Entwicklung unterschiedlicher Systeme der ↑Sozialversicherung. Zugl. blieben jedoch klassische Gefahrenlagen wie ↑Kriege, ↑Kriminalität, wirtschaftliche und politische ↑Krisen, Pandemien sowie ↑soziale Konflikte aller Art weiterhin als Bedrohungen der S. bestehen. Hinzu kamen immer neue und durchaus sich verschränkende Phänomene wie ↑Terrorismus und ↑Digitalisierung, die Probleme des ↑Datenschutzes und der ↑Informationssicherheit aufwerfen. Daneben werden dem Staat S.s-Konzepte wie z. B. Arbeitsplatz-S., Energie-S. oder Versorgungs-S. als Aufgaben vorgelegt, so dass praktisch jedes Politikfeld mindestens partiell mit Problemen der S. konfrontiert ist.

Die Dynamik dieser Vorgänge bleibt aufgrund der komplexen Struktur von modernen ↑Gesellschaften und Globalisierungsprozessen (↑Globalisierung) grundsätzlich unabgeschlossen. Deshalb stellt sich zudem die Frage, inwieweit die Erhaltung von S. der internationalen Zusammenarbeit und Vernetzung bedarf. Insb. bei der Bekämpfung von Gefahren für die innere S. ist darauf zu achten, dass die hierfür gewählten Instrumente nicht unverhältnismäßig die ↑Freiheit der ↑Individuen einschränken. Dieses Verhältnis gilt es jederzeit politisch und rechtlich neu auszubalancieren.

Neben staatlicher S.s-Vorsorge etablierte sich mit dem privaten Versicherungswesen (↑Versicherung) eine weitere Säule des gesellschaftlichen S.s-Managements. Auch hier ist eine permanente Erweiterung der zu versichernden ↑Risiken zu beobachten, die ebenfalls mit gesellschaftlichen Veränderungen korrespondieren.

### Literatur

E. Conze: Geschichte der Sicherheit, 2018 • B. Frevel: Innere Sicherheit, 2018 • J. Krause: Sicherheit, in: R. Voigt (Hg.): Hdb. Staat, Bd. 2, 2018, 1559–1567 • B. Frevel: Sicherheit – ein (un)stillbares Grundbedürfnis, ²2016 • G. Riescher: Freiheit und Sicherheit, in: dies.: Spannungsfelder der Politischen Theorie, 2013, 20–29 • M. Lanzinner (Hg.): Sicherheit in der Vormoderne und Gegenwart, 2010 • H. Münkler/M. Bohlender/S. Meurer: Sicherheit und Risiko. Über den Umgang mit Gefahr im 21. Jahrhundert, 2010 • H.-J. Lange (Hg.): Wörterbuch zur Inneren Sicherheit, 2006.

BERNHARD SCHREYER

## Sicherheitspolitik

In einem weit verstandenen Sinne ist S. die Gesamtheit autoritativer Bestrebungen, ↑Sicherheit vor politisch erzeugten physischen Bedrohungen herzustellen, zu bewahren und auszuweiten. Im engeren klassischen Sinne befasst sich S. mit militärischen Bedrohungen, denen ein ↑Staat von außen ausgesetzt ist. Grundsätzlich lassen sich drei Bedeutungsebenen unterscheiden:

*a)* S. in ihrer Kernbedeutung als *staatlicher Politikbereich*;

*b)* S. als *internationale Sicherheit*, d. h. als Interaktion zwischen und über einzelne Staaten hinaus;

*c)* S. als *systematische und theoretische Auseinandersetzung* mit den oben genannten Problemen.

Sicherheitspolitische Studien sind ihrer Natur nach multidisziplinär, werden i. d. R. aber der Politikwissenschaft respektive den ↑Internationalen Beziehungen zugerechnet.

### 1. Sicherheitspolitik als staatlicher Politikbereich

Seit der Entstehung moderner Staatlichkeit in der europäischen ↑Neuzeit zogen Regierungen die Zuständigkeit für den physischen Schutz ihres Territoriums sowie ihrer Untertanen bzw. Bürger gegen äußere und innere Gefahren an sich. Im Werk des englischen Staatsdenkers Thomas Hobbes hat die Reflexion zur Überwindung eines bedrohlichen „Naturzustandes" durch die Staatsgewalt ihren klassischen Ausdruck gefunden. Wenngleich äußere und ↑innere Sicherheit auch zu früheren Zeiten nicht immer eindeutig voneinander abgrenzbar waren, konzentrierte sich S. traditionell auf äußere Bedrohungen eines nach innen befriedeten Staatswesens. Sie wurde als *high politics* von der stärker rechtsförmigen ↑Innenpolitik unterschieden: Klassische Instrumente staatlicher S. sind nicht Polizei oder Gerichte, sondern Diplomatie, ↑Militär und Allianzen, zu denen später Geheimdienste (↑Nachrichtendienste), Entwicklungshilfe und verschiedene Formen zwischenstaatlicher Zusammenschlüsse traten.

S. hat materiell und organisatorisch einen engen Bezug zur ↑Außenpolitik und zur Verteidigungspolitik eines Staates: Der sicherheitspolitische Aufgabenbereich ist enger als der außenpolitische, und – insb. in der Gegenwart – weiter als der verteidigungspolitische. Gemeinsam mit der Außen- und Verteidigungspolitik bildet S. eine „Trias der wichtigsten Politikfelder, auf denen sich Staaten in Beziehung zu ihrer Umwelt, bezeichnet als das internationale System, setzen" (Gareis 2006: 16). Während sich Verteidigungspolitik darauf richtet, nicht einer kriegerischen Aggression zum Opfer zu fallen und für eine potenzielle militärische Auseinandersetzung gerüstet zu sein, besteht S. aus den Bemühungen eines Staates, für sich selbst existentielle Sicherheit vor Bedrohungen herzustellen. Den paradoxen, zugl. auf Kriegsvermeidung und Kriegsvorbereitung gerichteten Imperativ der S. fasste der römische Autor Vegetius im späten 4. Jh. n. Chr. in den Satz *qui desiderat pacem, praeparet bellum* (wer den Frieden will, rüste zum Krieg) (vgl. Vegetius 2001: 63). Ein potenzieller Aggressor soll durch das glaubhafte Signalisieren von Abwehrbereitschaft (Willen) und Abwehrfähigkeit (Mittel) abgeschreckt werden.

Regierungen räumen sicherheits- und verteidigungspolitischen Aufgaben zumeist den Vorrang vor anderen politischen Aufgaben ein, da bei ihrer Vernachlässigung die physische Sicherheit und die territoriale Integrität eines Staates, äußerstenfalls sogar sein Bestand in Frage gestellt würden. Typischerweise wird auch Regierungen demokratischer Staaten in der S. ein größerer Ermessens- und Handlungsspielraum zugestanden als in anderen Politikfeldern. Auch in föderalistisch (↑Föderalismus) verfassten Staaten wie Deutschland, der Schweiz oder den USA ist S. eine Prärogative des Zentralstaats, nicht der Gliedstaaten. Effektive S. setzt eine funktionierende Staatsgewalt voraus; von gescheiterten oder schwachen Staaten kann sie nicht oder nur sehr eingeschränkt geleistet werden.

Staatliche S. befasst sich nach hergebrachter Auffassung nur mit solchen Bedrohungen, hinter denen individuelle oder kollektive Akteure mit politischen Absichten und Kapazitäten stehen. Arbeitsschutz, technische Sicherheit, Verkehrssicherheit oder soziale Sicherungssysteme sind daher anderen Bereichen als der S. zugewiesen. ↑Katastrophenschutz zählt nicht zur S., sofern es sich um den Schutz vor reinen Naturphänomenen handelt (z. B. Erdbeben, Vulkanausbrüche). Nur dort, wo es einen nachvollziehbaren Zusammenhang mit menschlichen Akteuren gibt (z. B. Reaktorsicherheit, Folgen des ↑Klimawandels), kann Katastrophenschutz zur S. im erweiterten Sinne gezählt werden.

Die Frage, was jeweils eine Bedrohung darstellt und mit welchen Mitteln ihr zu begegnen sei, ist nicht „objektiv" und vom Betrachter losgelöst zu beantworten. S. ist daher – zumindest in demokratischen Staaten – ein Gegenstand politischer Debatten und Neubewertungen. Bei der entspr.en Willensbildung nimmt die exekutive Gewalt aufgrund ihrer verfassungsmäßigen Zuständigkeit und ihres Informationsvorsprungs eine privilegierte Stellung ein. In vielen Staaten besteht ein nationaler Sicherheitsrat als Koordinations- und Entscheidungsgremium, das diejenigen Personen versammelt, die die höchsten sicherheitspolitisch relevanten Ämter verantworten. Im Vergleich dazu nimmt der deutsche Bundessicherheitsrat eine nur nachgeordnete Stellung ein.

Um ihre Wahrnehmungen und Absichten zu dokumentieren sowie um (potenziellen) Gegnern und Verbündeten bestimmte Signale zu übermitteln, veröffentlichen Regierungen sog.e Farbbücher als offizielle Dossiers, die eine Geltung über tagesaktuelle Entwicklungen hinaus beanspruchen. Beispiele sind die in jeder Amtsperiode eines US-Präsidenten mindestens einmal veröffentlichte Nationale Sicherheitsstrategie der USA oder die von der deutschen Bundesregierung verabschiedeten Weißbücher. Im Juli 2016 wurde das derzeit aktuelle *„Weißbuch zur Sicherheitspolitik und zur Zukunft der Bundeswehr"* als „der wesentliche Leitfaden für die sicherheitspolitischen Entscheidungen und Handlungen" (Bundesministerium der Verteidigung 2016: 15) Deutschlands publiziert. Um in Fragen der S. auch auf Expertise und Prognosen außerhalb des Regierungsapparats zurückgreifen zu können, unterhalten Regierungen oft staatsnahe Forschungsinstitute, z. B. die deutsche *Stiftung Wissenschaft und Politik*.

Welcher Art die S. eines bestimmten Staates ist, richtet sich u. a. nach dessen geographischer Lage und anderen geopolitischen Faktoren (↑Geopolitik) sowie den ihm zur Verfügung stehenden (Macht-)Ressourcen. Für die langfristige S. einer Regierung sind neben diesen systematischen und äußeren Faktoren auch historisch-kontingente Einflüsse maßgeblich. Dazu zählen neben der weltpolitischen Lage das jeweilige ↑politische System und eine geschichtlich gewachsene sicherheitspolitische Kultur (↑Politische Kultur). Für die S. der BRD zwischen 1949 und 1990 waren der Antagonismus zur UdSSR, die Einbindung in die von den USA geführte atlantische Allianz und die eigene Verwundbarkeit von überragender Bedeutung: Alle Bundesregierungen mussten der Tatsache Rechnung tragen, dass die Front des ↑Kalten Krieges durch das geteilte Deutschland verlief und die nicht nukleargerüstete BRD der potenzielle Schauplatz eines atomaren Schlagabtauschs zwischen Ost und West (↑Ost-West-Konflikt) war. Durch die weltpolitische Epochenwende von 1989/90 gewann das wiedervereinigte Deutschland an relativer Macht und an Spielraum. Die deutsche S. erfuhr eine Neuausrichtung, zu deren markantesten Merkmalen die seit den 1990er Jahren unternommenen Auslandseinsätze der ↑Bundeswehr zählen. In einer im Vergleich zu den Jahren vor 1990 komplexeren sicherheitspolitischen Gesamtlage gehört es zu den historisch bedingten Kontinuitäten deutscher S., einen erweiterten, über militärische Angelegenheiten hinausgreifenden Sicherheitsbegriff zu betonen und die Aussichten einer Verrechtlichung und Institutionalisierung der internationalen

Sicherheitsarchitektur optimistischer als die meisten anderen Regierungen einzuschätzen.

## 2. Sicherheitspolitik als internationale Sicherheit

Da im internationalen Staatensystem unterschiedliche sicherheitspolitische Präferenzen aufeinandertreffen, findet S. in einer komplexen und tendenziell kompetitiven Umwelt statt. Die internationale Ordnung ist insofern anarchisch, als es keine Autorität über den Staaten gibt, die verlässlich Regeln durchsetzen und Sicherheit garantieren könnte. Internationale Sicherheit ist somit als knappes Gut ein fortdauerndes Problem der internationalen Politik, für das bisher keine befriedigende Lösung in Sicht scheint. Die Entwicklung des europäischen und des internationalen Systems seit der frühen Neuzeit ist einerseits eine Konfliktgeschichte, anderseits auch eine Geschichte der Bemühungen, internationale Sicherheit zu organisieren, die über reine staatliche Selbsthilfe hinausgeht. Der Westfälische Friede (1648), der Wiener Kongress (1814/15), die Pariser Friedenskonferenz und die Gründung des ↑Völkerbundes (1919/1920) sowie zahlreiche nach 1945 entstandenen internationalen Regime (u.a. ↑Vereinte Nationen, Nordatlantikpakt, europäische Integration [↑Europäischer Integrationsprozess]) zeigen an, dass der Vernetzungsgrad internationaler S. im Lauf der Zeit zugenommen hat, ohne dass sich darin ein linearer Prozess hin zur endgültigen Überwindung des Sicherheitsproblems entfalten würde.

Eine zentrale Rolle für internationale S. ist den Vereinten Nationen zugedacht. Der UN-Sicherheitsrat mit seinen fünf vetoberechtigten ständigen Mitgliedern nimmt dabei nach Art. 24 der UN-Charta eine hervorgehobene Stellung ein. Obwohl die Zusammensetzung des Sicherheitsrates aufgrund der Privilegierung weniger Staaten seit Jahrzehnten in der Kritik steht, sind entspr.e Reformvorhaben bislang an macht- und interessenpolitischen Gegebenheiten gescheitert.

Ein wichtiger Faktor internationaler S. sind Allianzen zwischen mindestens zwei Staaten, die eine gegenseitige Verpflichtung zu militärischem Beistand oder eine einseitige Sicherheitsgarantie enthalten. Für die Effektivität von Allianzen spielen neben der geteilten Bedrohungswahrnehmung v.a. die vorhandenen Machtmittel, konvergierende Ziele und Interessen sowie nicht zuletzt die Glaubwürdigkeit des Bündnisses eine Rolle. Empirische Studien haben intuitive Annahmen bestätigt, wonach Staaten eher Allianzen miteinander eingehen, sofern sie in jüngerer Vergangenheit in einem militarisierten Konflikt gegen denselben Drittstaat standen, sowie dann, wenn sie eine ähnliche Religion, Sprache und/oder ein ähnliches politisches System aufweisen. Neben klassischen Militärbündnissen wie der ↑NATO können auch andere, primär nichtmilitärische Kooperationsformen eine sicherheitspolitische Dimension haben. Beispiele sind ↑EU, die 1967 gegründete ASEAN (↑*Vereinigung Südostasiatischer Nationen*) sowie der 1981 gegründete *Kooperationsrat der Arabischen Staaten des Golfes*. Mit der GSVP besteht seit 2001 eine vertragsrechtliche Grundlage für eine gemeinsame S. der EU-Mitgliedstaaten. 2003 und 2016 veröffentlichte offizielle Strategiepapiere betonen einen erweiterten Sicherheitsbegriff der EU. Die Effektivität der GSVP wird jedoch einstweilen durch divergierende Interessen der europäischen Staaten beeinträchtigt.

## 3. Sicherheitspolitik als systematische und theoretische Auseinandersetzung

Die ältesten Auseinandersetzungen mit sicherheitspolitischen Problemen begegnen bei antiken Autoren im Nachdenken über Fragen des ↑Krieges und der ↑Strategie: Hier ragen die Schriften des chinesischen Autors Sun Tzu im 6. Jh. v. Chr. und des griechischen Autors Thukydides im 5. Jh. v. Chr. hervor. Im 19. und frühen 20. Jh. avancierten Strategiedenker wie Carl von Clausewitz, Antoine de Jomini, Alfred Thayer Mahan, Halford Mackinder, Basil Liddell Hart und viele andere zu Klassikern der S. Ihre Etablierung in der akademischen Sozialwissenschaft westlicher Staaten fand die S. nach dem Zweiten Weltkrieg. Rückblickend wird die Zeit zwischen den späten 1940er und den frühen 1970er Jahren im angloamerikanischen Raum als ein „goldenes Zeitalter" der Studien zur S. bezeichnet; *Security Studies* waren seinerzeit nahezu deckungsgleich mit den *Strategic Studies*. Anders als davor stand im 1945 angebrochenen Nuklearzeitalter bei der Strategielehre die Kriegsvermeidung wesentlich stärker im Vordergrund; das Paradigma verschob sich vom „Krieg" zur „Sicherheit". Sicherheits- und Strategiestudien wurden in den englischsprachigen Ländern nach 1945 stärker von Zivilisten und hauptberuflichen Akademikern geprägt als von Offizieren. Diese „Zentralität des Zivilen" (Buzan/Hansen 2010: 782) trug später dazu bei, den Sicherheitsbegriff zu erweitern. Dagegen sind in den meisten nichtwestlichen Staaten Sicherheits- und Strategiestudien bis heute eine Domäne von Militär und Geheimdiensten geblieben.

Seit den 1970er Jahren gewann die Forderung nach einem erweiterten Begriff von S. Anhänger in den ↑Sozialwissenschaften. Die bis dahin dominierende strategische Auseinandersetzung mit S. unter dem Gesichtspunkt „nationaler Sicherheit" traf auf die Kritik der stärker normativ argumentierenden ↑Friedens- und Konfliktforschung. Sie kritisiert den traditionellen Ansatz wegen seiner Staatszentriertheit und betont, dass die S. von Regierungen vielfach das Gegenteil von Sicherheit für Individuen und Menschengruppen bedeuten könne. Seit den 1980er Jahren stellen konstruktivistisch, feministisch und/oder poststrukturalistisch argumentierende *Critical Security Studies* bisherige Ansätze grundsätzlich in Frage.

Innerhalb einer insgesamt pluralisierten und ausdifferenzierten Forschungslandschaft dominieren heute folgende Themenbereich den „Mainstream" des Faches:

Strategie-, Großmacht- und Allianzpolitik; konventionelle und nukleare Abschreckung; Rüstung, Rüstungskontrolle und Abrüstung (↑Rüstungspolitik); Waffensysteme und ihre Wirkung; Proliferation und Nonproliferation von Massenvernichtungsmitteln; ↑Terrorismus, neue, asymmetrische und hybride Formen der Kriegführung und *counter-insurgency*. Von zunehmender Bedeutung sind vernetzte Datensysteme und Informationstechnologien: S. sieht sich durch *cyber warfare*, informationelle Kriegführung und künstliche Intelligenz (insb. autonome Waffensysteme), vor neue, grundlegende Probleme gestellt, bei denen bestimmte bisherige Konstanten wie Zurechenbarkeit und Abschreckung fraglich werden.

Der Ansatz zur Vertiefung und Erweiterung der S. hat in Europa mehr Anhänger als in den USA. Bei der Vertiefung geht es zumeist darum, außer dem Staat noch weitere Referenzobjekte einzubeziehen. Die Erweiterung richtet sich v. a. auf eine stärkere Berücksichtigung von humanitären, gesundheitlichen, ökologischen und entwicklungsökonomischen Gesichtspunkten. Vertreter des traditionellen, enger gefassten Ansatzes halten dem entgegen, dass die Ausweitung die S. konzeptionell überfrachte und analytisch unscharf werden lasse. Überdies laufe „erweiterte Sicherheit" (Buzan/Hansen 2010: 789) Gefahr, schlechte Ratschläge für staatliche S. zu zeitigen.

### Literatur

A. Gheciu/W. Wohlforth (Hg.): The Oxford Handbook of International Security, 2018 • A. Schneiker: Sicherheit in den Internationalen Beziehungen, 2017 • Bundesministerium der Verteidigung (Hg.): Weißbuch zur Sicherheitspolitik und zur Zukunft der Bundeswehr, 2016 • J. Varwick: Vereinte Nationen, in: W. Woyke/ders. (Hg.): Handwörterbuch Internationale Politik, 2015, 498–509 • S. Enskat/C. Masala (Hg.): Internationale Sicherheit. Eine Einführung, 2014 • Dies./F. Sauer: Internationale Sicherheit. Eine Annäherung, in: ebd., 9–18 • C. Masala: Allianzen, in: ebd., 99–119 • B. Posen: Restraint. A New Foundation for US Grand Strategy, 2014 • R. A. Denemark (Hg.): The International Studies Encyclopedia, 2010 • B. Buzan/L. Hansen: Defining-Redefining Security, in: ebd., 782–802 • B. A. Leeds/T. C. Morgan: Alliances and Arms. The Quest for Security, in: ebd., 66–81 • H. M. Sapolsky: Security Studies and Security Policy. An American Perspective, in: ebd., 6442–6457 • S. Walt: Realism and Security, in: ebd., 6077–6095 • G. Hellmann: Sicherheitspolitik, in: S. Schmidt/G. Hellmann/R. Wolf (Hg.): Hdb. zur deutschen Außenpolitik, 2007, 605–617 • S. B. Gareis: Deutschlands Außen- und Sicherheitspolitik, 2006 • Vegetius: Book III: Field Strategy and Tactics, in: N. P. Milner (Hg.): Epitome of Military, übers. v. N. P. Milner, [2]2001, 62–119.

CARLO MASALA UND TILL FLORIAN TÖMMEL

## Sittengesetz

### 1. Wort und Begriff

Das deutsche Wort „S." taucht im 18. Jh. auf. Es handelt sich um eine künstlich geschaffene Wortverbindung, welche v. a. Zusammensetzungen mit dem lateinischen *lex* (Gesetz) wie *lex moralis*, aber auch *jus morale* ins Deutsche übertrug. Johann Heinrich Zedlers „Grosses vollständiges Universal-Lexicon aller Wissenschafften und Künste" verweist bei S. auf „Moral-Gesetz" (1739, Bd. 21: 1461) und „Mosaisches Recht" (ebd.: 1807). „Moral-Gesetz" wird dort wiederum v. a. als *Jus Divinum* definiert, also als gegebenes göttliches Gesetz, insb. die ↑Zehn Gebote, welche Mose nach der Bibel auf dem Berg Sinai von Gott erhalten hat. Allerdings wird betont, dass das moralische Gesetz auch in die Herzen aller Menschen geschrieben sei, so dass der Mensch seine ↑Billigkeit und Notwendigkeit aus dem Lichte der Natur und vermöge seiner gesunden Vernunft erkenne, was es auch den Heiden zugänglich mache. Bereits bei Thomas von Aquin wird die Auffassung geäußert, dass alle Gebote des S.es zum Naturgesetz gehören.

### 2. Das Sittengesetz bei Immanuel Kant

Erst bei Immanuel Kant gewinnen Wort und Begriff des S.es eine zentrale Stellung in der Philosophie. Dabei lässt I. Kant die ältere, religiöse Bedeutung gänzlich fallen und fasst das S. ausschließlich als „moralisches Gesetz in mir" (Kant 1908: 161) auf, verinnerlicht es also radikal, hält aber an seiner Allgemeinheit, Gleichheit und Notwendigkeit für jedes Vernunftwesen fest. Die zentrale Quelle des S.es ist die apriorische, also nichtempirische bzw. nichtsinnliche und somit reine Vernunft (↑Vernunft – Verstand). Dabei hat die Gesetzgebung der reinen Vernunft nach I. Kant zwei Gegenstände, ↑Natur und ↑Freiheit, enthält also sowohl das Naturgesetz (↑Gesetz) als auch das S. Obwohl zunächst unterschieden, sind beide Formen der Gesetzgebung der reinen Vernunft letztlich in einem einzigen philosophischen System vereinigt. Die Philosophie der Natur geht auf alles, was da ist, die der Sitten nur auf das, was da sein soll. Der letzte Seinsgrund des S.es ist die Freiheit. Der letzte Erkenntnisgrund der Freiheit ist das S. Das S. entspringt der Selbstgesetzgebung bzw. ↑Autonomie der reinen praktischen Vernunft. Es verpflichtet alle vernünftigen Wesen und somit auch den Menschen unbedingt und ohne Abhängigkeit von den Konsequenzen. Das S. richtet sich auf das Wollen des verpflichteten Wesens. Dabei stimmt das Wollen reiner Vernunftwesen immer und notwendigerweise mit dem S. überein. Der Mensch ist dagegen auch Sinnenwesen, weshalb seine Freiheit unter Imperativen steht. Neben hypothetischen Imperativen der Zweckrationalität gibt es einen kategorischen Imperativ, der ohne Rekurs auf einzelne Zwecke gebietet. Die subjektiven Handlungsprinzipien, also die Maximen, unterfallen der Notwendigkeit dieses kategorischen Imperativs als wesentlicher

Ausprägung des S.es. Der kategorische Imperativ lautet in der allg.sten Form: „Handle nur nach derjenigen Maxime, durch die Du zugleich wollen kannst, daß sie ein allgemeines Gesetz werde" (Kant 1903: 421). Das S. wird konkretisiert in das Rechtsgesetz, das sich nur auf das äußere Verhältnis bzw. Handeln richtet und nur eine äußere Befolgung fordert, und das ethische Gesetz, das auch das innere Verhältnis bzw. Handeln umfasst und eine innere moralische Zwecksetzung verlangt.

### 3. Das Sittengesetz nach Immanuel Kant

Nach I. Kant nimmt in der Philosophie die Bedeutung von Wort und Begriff des S.es wieder ab. Johann Gottlieb Fichte vertritt zwar im Rahmen seines subjektiven ↑Idealismus noch einen individuellen Ausgang des praktischen Sollens und führt den Begriff weiter. Dessen Gewichtigkeit geht aber gegenüber Begriffen wie Ich sowie subjektives und objektives Sein zurück und dessen Funktion wird zumindest im Ergebnis auf die ethische Sphäre beschränkt. Georg Wilhelm Friedrich Hegel verwendet das Wort kaum mehr. Das praktische Sollen wird im Rahmen seines objektiven Idealismus als Teil einer objektiven und überindividuellen Entfaltung des Geistes verstanden und mit der Sphäre von ↑Recht und ↑Staat zu einer idealischen, aber auch verwirklichten kollektiven „Sittlichkeit" (Hegel 1986: 292) verschmolzen, welche Familie, bürgerliche Gesellschaft und Staat umfassen soll. Die individuelle Moralität von Willen, ↑Pflicht und Gewissen (↑Gewissen, Gewissensfreiheit), soll dagegen nur mehr eine Vorstufe zu dieser objektiven Sittlichkeit darstellen. Das Festhalten an der Subjektivität des „bloß moralischen Standpunkts", der nicht in den Begriff der objektiven Sittlichkeit übergeht und dort seine kollektive und objektive Verwirklichung findet, wird als „leerer Formalismus" und „Rednerei von der Pflicht um der Pflicht willen" kritisiert (Hegel 1986: 252).

Ungeachtet dieser Kritik hat der Begriff des S.es seinen Weg in die kantisch geprägten Alltagsvorstellungen und auch ins Recht gefunden. Während im Zivilrecht die „guten Sitten" bzw. die „Verkehrssitte" als Grenze von Rechtsgeschäften und Leistungen (§§ 138, 242 BGB) bereits eine römischrechtliche Wurzel in den *bona fides* hatten und auch die Begrenzung der Einwilligung zur Körperverletzung im Strafrecht durch die „guten Sitten" (§ 228 BGB) älteren Ursprungs ist, wurde das S. im Jahre 1949 in Art. 2 Abs. 1 als Schranke des Grundrechts auf allg.e Handlungsfreiheit in das deutsche ↑GG aufgenommen. Dabei ist zweifelhaft, ob der Begriff dort die tatsächlichen Sitten, ein überpositives ↑Naturrecht wie in Art. 20 Abs. 3 GG oder nur die Gesamtheit der verfassungsmäßigen Rechtsordnung meint. Während das ↑BVerfG am Beginn seiner Rechtsprechung offenbar ersteres annahm (BVerfGE 6,389 [436]), hält heute die große Mehrheit der Literatur zumindest zusätzlich die Bestätigung durch ein positives Gesetz für erforderlich.

### Literatur

U. di Fabio: Art. 2 Abs. 1, in: T. Maunz/G. Dürig (Hg.): Komm. zum GG, 2017, 80. Erg.-Lfg., Stand Juni 2018, Rdnr. 45 f. • W. Kahl: Das Sittengesetz im Öffentlichen Recht, in: F. Kirchhof/H.-J. Papier/H. Schäffer (Hg.): Rechtsstaat und Grundrechte, 2007, 57–75 • K. A. Schachtschneider: Das Sittengesetz und die guten Sitten, in: D. I. Siebold/A. Emmerich-Fritsche (Hg.): Karl Albrecht Schachtschneider. Freiheit – Recht – Staat, 2005, 90–120 • J. Timmermann: Sittengesetz und Freiheit, 2003 • F.-J. Bormann: Natur als Horizont sittlicher Praxis. Zur handlungstheoretischen Interpretation der Lehre vom natürlichen Sittengesetz bei Thomas von Aquin, 1999 • G. W. F. Hegel: Grundlinien der Philosophie des Rechts oder Naturrecht und Staatswissenschaft im Grundrisse, in: ders.: Werke, Bd. 7, 1986 • W. Kersting: Sitte, in: HWPh, Bd. 9, 1984, 897–907 • F. Busch: Lex Christi Secundum Naturam. Die christologische-heilsgeschichtliche Einheit und Identitität des sittlichen Gesetzes nach Louis de Thomassin († 1695), 1975 • G. Erbel: Das Sittengesetz als Schranke der Grundrechte, 1971 • J. G. Fichte: Das System der Sittenlehre nach den Prinzipien der Wissenschaftslehre, in: ders.: Werke, Bd. 4, 1971, 1–365 • I. Kant: Kritik der praktischen Vernunft, in: AA, Bd. 5, 1908, 1–163 • Ders.: Die Metaphysik der Sitten, in: AA, Bd. 6, 1907, 203–493 • Ders.: Kritik der reinen Vernunft, in: AA, Bd. 3, [2]1904 • Ders.: Grundlegung zur Metaphysik der Sitten, in: AA, Bd. 4, 1903, 385–463 • J. H. Zedler: Grosses vollständiges Universal-Lexicon aller Wissenschafften und Künste, Bd. 21, 1739.

DIETMAR VON DER PFORDTEN

## Skandinavischer Rechtskreis

### 1. Das Ergebnis eines gescheiterten Kodifikationsprojekts

Die nordische Rechtskultur hat über lange Zeit Widerstand gegen die Klassifizierungsversuche der Rechtsvergleichung geleistet. Aus historischer Sicht stehen diese Systeme zwar in engem Zusammenhang mit der kontinentaleuropäischen, v. a. der deutschen Rechtstradition; die Methode nordischer Juristen scheint jedoch sogar gelegentlich die Distinktion zwischen *civil* und *common law* zu überschreiten. Diese Sonderstellung, welche im Allgemeinen bedeutet, dass das nordische Recht eine eigene Rechtsfamilie bildet, hat ihren Grund in einer zeitlich begrenzten, aber formativen historischen Entwicklung der nordischen Länder zwischen 1800 und 1930.

### 2. Die gescheiterte Kodifikation

Im Gegensatz zu den meisten europäischen Ländern fehlt Schweden und den anderen nordischen Staaten nach wie vor eine umfassende und systematische ↑Kodifikation des ↑Privatrechts, weshalb die nordische privatrechtliche Gesetzgebung eher dem englischen *statute law* ähnelt. Diese Eigenheit der nordischen Rechtsquellenlehre ist das Resultat einer Vielzahl im 19. und 20. Jh. gescheiterter Kodifikationsversuche. Zwar wurden in den nordischen Ländern schon lange zuvor Gesetzbücher eingeführt, wie das schwedische *Sveriges Rikes Lag* (1734), das dänische *Danske Lov* (1683) sowie in Norwegen das *Norske Lov* (1687). Diese wurden aber nach Form und Inhalt eher mittelalterlichen Gesetzessammlungen gleich bereits in der Aufklärung als unsystematisch und hoffnungslos unmodern angesehen.

Das Beispiel Schwedens ist dabei bes. auffallend: Infolge der Staatsumwälzung im Jahre 1809 beschloss der schwedische Reichstag, eine Kommission mit dem Auftrag einzusetzen, das bestehende Gesetzbuch zu verbessern und zu vereinfachen. Der daraus folgende, im Jahre 1826 veröffentlichte Entwurf eines privatrechtlichen Gesetzbuches zielte allerdings auf eine vollständige Kodifikation des Privatrechts ab. Als der Entwurf den Obergerichten, einschließlich dem im Jahre 1789 eingerichteten Obersten Gerichtshof, sowie den juristischen Fakultäten in Lund und Uppsala zur Begutachtung vorgelegt wurde, stieß er auf heftigen Widerspruch. Das Misstrauen der Juristen gegenüber der Kodifikation ist verschiedentlich als konservative Reaktion auf ein liberales Projekt eingeschätzt worden, obgleich die Kritik sich eher gegen ihre Form und Ansprüche denn den normativen Inhalt richtete.

Die Arbeit an der Kodifikation wurde dennoch bis in die 1870er Jahre weiterverfolgt, bis schließlich die massive Ablehnung in Kombination mit veränderten politischen Verhältnissen die schwedische Regierung zwang, das Projekt endgültig als Misserfolg zu betrachten. Dieser Vorgang hat sich einige Male wiederholt. Im Jahre 1899 schlug der dänische Rechtswissenschaftler Vinding Kruse vor, eine nordische Zivilrechtskodifikation auszuarbeiten. Dieser „kühnere" Vorschlag stieß ebenso auf heftige Kritik, weshalb die Länder sich fortan auf eine gemeinsame, aber weniger umfassende nordische Gesetzgebung im Schuld- und Sachenrecht konzentrierten. Im Jahre 1948 wurde schließlich der bisher letzte Vorschlag einer nordischen Privatrechtskodifikation abgewiesen. Und mit dem heutigen Vereinheitlichungsstreben des europäischen Privatrechts hat die unter nordischen Juristen immer noch starke Kodifikationsskepsis schließlich eine neue Zielscheibe gefunden.

### 3. Die pluralistische Rechtsquellenlehre

Kurz nach dem Ende des schwedischen Kodifikationsprojekts im Jahre 1879 betonte Ernst Viktor Nordling, der führende schwedische *Rechtswissenschaftler* zu dieser Zeit, dass die Idee einer Kodifikation an sich – also nicht allein der Zivilgesetzentwurf – der schwedischen Rechtskultur fremd wäre. Andere Rechtsquellen, wie Richterrecht und Lehre, würden nämlich von dieser Art von Gesetzgebung mehr oder weniger verdrängt werden. Damit schiene aber eine vollständige Erfassung des geltenden Rechts und dessen Entwicklung nicht mehr möglich. Die das schwedische Kodifikationsprojekt untergrabenden Argumentationslinien fasste E. V. Nordling so zusammen, dass aus technischen Gründen die Reformen des Gesetzbuchs von 1734 nur durch Einzelgesetzgebung geschehen dürften. Der Einfluss von Friedrich Carl von Savignys Programmschrift „Vom Beruf unsrer Zeit für Gesetzgebung und Rechtswissenschaft" von 1814 ist hierbei unverkennbar; der „schwedische" Kodifikationsstreit gleicht folglich am ehesten einer ausgedehnten Version des deutschen Pendants. Die Entscheidung der nordischen Gesetzgeber, E. V. Nordlings Rat zu folgen, hatte allerdings Konsequenzen für die nordische Rechtskultur. Die gradweisen und partiellen Gesetzesreformen im 19. Jh. ließen große Teile des Zivilrechts gesetzlich ungeregelt und bis heute frei für andere Formen der Rechtsfortbildung. Ganz in Linie mit dem Programm der ↑Historischen Rechtsschule entwickelte sich zunehmend ein starker Rechtsquellenpluralismus.

In Schweden bestätigte sich E. V. Nordlings Rechtsquellenlehre, indem die authentische Gesetzesauslegung *(référé législatif)* vollständig von der Präjudizbildung des Obersten Gerichtshofs verdrängt wurde. Auf dem Gebiet des Privatrechts hat die Rechtspraxis deshalb ähnlich wie das Richterrecht in der *common law*-Tradition an Bedeutung gewonnen. Dabei muss der Umstand betont werden, dass die nordische Theorie der Präjudizien nicht das *stare decisis*-Prinzip umfasst, die Untereinstanzen also formell nicht an Präjudizien gebunden sind.

Zugl. haben die Rechtswissenschaftler den vom Gesetzgeber geschaffenen Freiraum für juristische Kreativität zu nutzen gewusst. Die rudimentäre Systematik der älteren Gesetzessammlungen – wie z. B. die Aufteilung in unterschiedliche Teilgesetzbücher, das sog.e *Balk*-System im Gesetzbuch von 1734 – war unzureichend, um Einheit im juristischen Material zu schaffen und Gleichförmigkeit in der Rechtsprechung zu gewährleisten. Die durch die Historische Rechtsschule schon frühzeitig beeinflussten nordischen Fakultäten, haben sich deshalb der Aufgabe gestellt, die unterschiedlichen Rechtsquellen in ein zusammenhängendes und widerspruchsfreies System, „das geltende Recht", zu fügen. Die Rechtslehre hat dabei ihre Stellung unter den Rechtsquellen behauptet und ist laut einer schwedischen Umfrage von Ende der 1990er Jahre gleich nach dem Gesetzestext die meist benutzte Rechtsquelle in der juristischen Praxis.

### 4. Vorarbeiten und Motive als Rechtsquelle

Ein einzigartiger Einschlag in der nordischen, insb. der schwedischen Rechtskultur, ist die Anwendung von Gesetzesvorarbeiten als Rechtsquelle. Es ist unklar, auf welche Weise internes Material der Ministerien eine eigenständige Rechtsquelle wurde, fest steht nur dass es zunehmend als Teil der Gesetzesauslegung Anwendung fand. Mit der Einführung des Öffentlichkeitsprinzips im Jahre 1766 durch das Gesetz über die Pressefreiheit *(Tryckfrihetsförordningen)* wurden die Gesetzesvorarbeiten für schwedische Juristen frei zugänglich, was allerdings nicht bedeutete, dass diese Möglichkeit auch genutzt wurde. Erst i.V.m. dem Zivilgesetzentwurf von 1826 wurden nämlich Gesetzesmotive mit der Absicht verfasst, diese der Öffentlichkeit zugänglich zu machen. Obwohl der zuvor genannte Gesetzentwurf niemals in Kraft getreten ist, wurden die dem Entwurf vorangestellten Vorarbeiten häufig, auch in der Gerichtspraxis, zitiert. Ab dem Jahre 1831 wurde außerdem eine juristische Zeitschrift ins Leben gerufen – *Juridiskt Arkif* –, in welcher ein privater Verleger die wichtigsten Entscheidungen des Obersten Gerichtshofs sowie Zusammenstellungen aus den Gesetzesvorarbeiten des vergangenen Jahres veröffentlichte. Die letztgenannten wurden wiederum ab der zweiten Hälfte des 19. Jh. v.a. bei der Gesetzesauslegung herangezogen. Erst in den ersten Jahrzehnten des 20. Jh. rückte die Frage, inwieweit den Vorarbeiten der Status einer Rechtsquelle zukommt, in den Vordergrund. E. V. Nordling u.a. hatten noch bewusst versucht, die Bedeutung der Vorarbeiten in der juristischen Methodenlehre einzuschränken, denn sie fürchteten, dass die Motiverklärungen die herrschende Meinung der Doktrin in Frage stellen oder schließlich neutralisieren könnten. Mit dem neukantianischen Ansatz, die epistemologische Distinktion von Wissenschaft und Politik hervorzuheben, erlaubte der schwedische Rechtsphilosoph Axel Hägerström die entstandene Friktion zwischen den beiden Rechtsquellen zu reduzieren. Er kam zu dem Schluss, dass der Gesetzgeber auf gleiche Weise die Freiheit der Wissenschaft, wie die ↑Rechtswissenschaft umgekehrt das Primat der politischen Willensbildung respektieren müsse. A. Hägerström entschärfte damit nicht nur den potenziellen Konflikt zwischen Rechtswissenschaft und Gesetzgeber, sondern bahnte auch den Weg dafür, die Gesetzesmotive als eine eigene Rechtsquelle in der nordischen Rechtskultur zu etablieren.

### Literatur

C. Peterson: Der Kampf um ein schwedisches Zivilgesetzbuch im 19. Jahrhundert. Ein schwedischer Kodifikationsstreit?, in: ders. (Hg.): Die Kodifikation und die Juristen, 2008, 208–236 • M. Sandström: The Swedish Model – Three aspects of Legal Methodology, in: P. Cserne u.a. (Hg.): Liber Amicorum: Festschrift in Honour of Csaba Varga, 2007, 297–304 • K. Zweigert/H. Kötz: An Introduction to Comparative Law, [3]1998 • C. Peterson: Das schwedische Gesetzbuch von 1734: ein Gesetzbuch mittelalterlicher Tradition oder reformerischer Aufklärungskodifikation?, in: H. Mohnhaupt (Hg.): Revolution, Reform, Restauration. Formen der Veränderung von Recht und Gesellschaft, 1988, 91–122 • F. C. von Savigny: Vom Beruf unserer Zeit für Gesetzgebung und Rechtswissenschaft, 1814.

MARIE SANDSTRÖM

# Sklaverei

I. Historisch – II. Rechtlich

## I. Historisch

Das Phänomen der S. ist geschichtswissenschaftlich schwer zu definieren. Vereinfacht kann man von einem minimalistischen und einem maximalistischen Ansatz sprechen. Ersterer geht von der römisch-rechtlichen Unterscheidung zwischen Sache und ↑Person aus und sieht S. als gegeben an, wenn menschliche Personen als Sache definiert werden. In diesem Verständnis ist S. eine radikale Variante von Unfreiheit, die mit Dehumanisierung verbunden ist. In dieser engen Definition wären davon andere Formen der Unfreiheit, etwa die Hörigkeit, zu unterscheiden. Die maximalistische Definitionsvariante hingegen bestreitet diese Unterscheidung zwischen Gattungs- und Artbegriff, indem sie S. und Unfreiheit gleichsetzt. Allerdings verwischt die maximalistische Definition epochenspezifische Facetten, was zu unterkomplexen Analysen führt, die gerade nicht der Akteursperspektive gerecht werden. Insgesamt ergibt es Sinn, S. als historisch radikale Form von Unfreiheit als „sozialen Tod" (Patterson 1982), anzusehen, die freilich in unterschiedliche ökonomische, sozialstrukturelle, kulturelle und individuelle Gegebenheiten und Konstellationen eingebettet war. Dies betrifft sowohl den oft sehr unterschiedlichen Umgang der Herren mit ihren Sklaven als auch bspw. die höchst differenzierte Stellung von Sklaven innerhalb eines je gegebenen Systems.

Archäologen gehen davon aus, dass im Spätpaläolithikum um 20000 v.Chr. erste Formen von S. auftraten. Gemeinsam mit dem Frauenraub als gewaltsamer Variante der Exogamie könnte bereits Kriegsgefangenschaft eine Quelle der S. gewesen sein. Da die spätpaläolithischen Gesellschaften wenig Hinweise auf soziale Stratifikation bieten, dürfte es sich um eine schwach institutionalisierte S. gehandelt haben. Dies änderte sich mit dem Übergang zur Sesshaftigkeit im Laufe des Neolithikums, etwa ab 10000 bis 8000 v.Chr. Neben den Frauen- und Mädchenraub trat allmählich die massenhafte Versklavung von Kriegsgefangenen sowie die Schuldknechtschaft. Insgesamt aber entwickelten sich weder die mesopotamischen und nahöstlichen Staaten noch Ägypten zu Sklavenhalterökonomien im engeren Sinn. Der Übergang zwischen dem Status des Freien und des Sklaven blieb fließend. In manchen Gesellschaften, etwa im alten Israel, fanden sich religiös-rechtliche Vorgaben, die Angehörigen des eigenen Volks nach einer gewissen Zeit freizulassen. Gleichzeitig begann in den altorientalischen Gesellschaften der ökonomisierte Menschenhandel. Insgesamt war die S. in den nahöstlichen Gesellschaften des Altertums eine alltägliche Selbstverständlichkeit, die zu keinem Zeitpunkt infrage gestellt wurde. Dies galt auch für die Levante und das östliche Mittelmeer im ersten Jahrtausend v.Chr. Die von Phöniziern und Hellenen intensiv betriebene ↑Piraterie war mit Menschenraub verknüpft; Kriegsgefangenschaft und Schuldknechtschaft lieferten weiterhin Sklaven. Im Gefolge des Aufstiegs Roms zur Weltmacht änderten sich Bild und Struktur der S. In der Phase des römischen Machtgewinns im italischen Umfeld vor 280 v. Chr. wich Rom kaum von der überkommenen Praxis antiker S. ab. Infolge der Kriege erst gegen Karthago und später die hellenistischen Monarchien änderte sich die Situation. Im Laufe des 2. Jh. v. Chr. setzte sich im italischen Kerngebiet römischer Herrschaft die Latifundienwirtschaft und damit die Massenhaltung von Sklaven durch. Darüber hinaus wurde die S. schon zur Zeit der Punischen Kriege im italischen Handwerk vorherrschend. Für das Jahr 225 v. Chr. schätzte der griechische Autor Polybios für Italien 3 Mio. freie Einwohner und 2 Mio. Sklaven. Gleichzeitig änderte sich das Verhältnis von Herren und Sklaven. Es wurde abstrakter, apersonaler und brutaler als zu Zeiten dominanter Haus-S. 259 v. Chr. tritt uns die erste sicher überlieferte Sklavenverschwörung der römischen Geschichte entgegen. Zwischen 135 und 71 v. Chr. kam es in Italien und auf Sizilien zu drei großen Sklavenaufständen. Außer mit brutaler Gewalt reagierte Rom mit Reformen, welche die rechtliche Situation der Sklaven ansatzweise verbesserten. Aber wichtiger noch als eine humanere Philosophie und rechtliche Rigidität war die berechtigte Hoffnung auf Freilassung (Manumission). Schon mit Beginn des augusteischen Prinzipats bildete sich aus dem Reservoir der Freigelassenen der kaiserlichen Familie ein eigener Stand heraus, der in wachsendem Maße politischen und ökonomischen Einfluss gewann, da die *Príncipes* sich auf ihre Loyalität verlassen konnten. Der soziale Status der Freigelassenen blieb indes prekär. Ansonsten zeichnete sich im Kaiserreich ein deutliches Süd-Nord-Gefälle in Sachen S. ab. Nur in den mediterranen Provinzen mit urbanen Zentren war die S. ökonomisch und sozial sinnvoll. In diese Situation hinein entstand das ↑Christentum, das mit Blick auf die S. weder mit den frühjüdisch-alttestamentarischen Vorgaben noch mit der sozialen Praxis der paganen Umwelt radikal brach. Deswegen dürfte sich der Einfluss des Christentums eher auf eine gewisse Humanisierung der Praxis der S. ausgewirkt, als deren direktes Ende befördert zu haben. Mit Ausnahme des heiligen Gregor von Nyssa und des Franziskanertheologen Johannes Duns Scotus fanden sich weder in der Patristik noch in der ↑Scholastik Kritiker der S., die als Folge der Sünde gerechtfertigt wurde. Selbst im Mittelalter und der Frühneuzeit hat es in Europa Haus-S. gegeben, wenn auch deutlich weniger als in der Antike. Außerdem fanden sich in Gestalt der Hörigkeit oder des Galeerendienstes von Straf- und Kriegsgefangenen Formen der Unfreiheit, die nicht unter eine enge Definition von S. fallen. Lediglich in Osteuropa kam es zu Sklavenjagden auf die dortige pagane Bevölkerung. Demgegenüber hielten die islamischen Gesellschaften (↑Islam) an der S. fest. Sie beteiligten sich früh am Handel mit slawischen Gefangenen, wodurch die ethnische Bezeichnung Slawe den lateinischen, rechtlichen Standesbegriff *servus* ersetzte und das Wort „Sklave" in Gebrauch kam. Im Laufe des Mittelalters und bes. der Frühneuzeit sind wohl zwischen 6 und 17 Mio. Menschen von islamischen Sklavenhändlern verschleppt und verkauft worden. Die Spezifik der islamischen S., die sich ansonsten in ihrer Struktur und Praxis nur graduell von der spätantiken S. unterschied, war die Militär-S. (Mameluken). In Ostafrika konnte der islamischen Sklavenhandel, wie später ab dem 15. und 16. Jh. der west- und südeuropäische Sklavenhandel in Westafrika, an die binnenafrikanische S. anknüpfen. Der europäische Sklavenhandel setzte dann in großem Stil nach dem Ende der spanisch-portugiesischen *Reconquista* ab den 1450er Jahren ein. Papst Nikolaus V. gestattete 1452 und 1455 den Portugiesen und Spaniern, Sarazenen und Afrikaner zu versklaven. Mit der Entdeckung des amerikanischen Doppelkontinents verlor allerdings die S. im katholischen Europa rasch ihre religiöse Legitimation, da im Zuge der Gegenreformation Afrika mehr und mehr unter missionarischen Gesichtspunkten (↑Mission) und mithin die S. als kontraproduktiv angesehen wurde. Zu diesem Zeitpunkt aber hatte sich die ökonomische Situation bereits einschneidend verändert. Erst waren die Spanier und Portugiesen und dann die Franzosen, Niederländer und Briten in den Amerikas auf indigene Kulturen gestoßen, welche die S. gleichfalls kannten. Die indianischen Hochkulturen der Inkas, der Maya und Azteken sowie in Nordamerika die Cahokia und Anasazi opferten Sklaven, aber auch Angehörige der eigenen Eliten den Göttern oder nutzten sie als Arbeitskräfte. Aber selbst hortikulturelle Kulturen in Nordamerika übten die S. aus, indem sie kriegsgefangene Männer und Frauen gewaltsam als Unfreie in die eigenen Stammesgemeinschaft einfügten *(kin slavery)*. Die europäischen Eroberer versuchten anfangs, sich dieses vorhandene System zunutze zu machen, zuerst um in Minen Bodenschätze abzubauen (Peru und Mexiko), dann auf großen Zuckerplantagen (Karibik und Brasilien) und schließlich im Baumwollanbau (USA). Allerdings erwiesen sich die ortskundigen Indigenen nur bedingt als geeignet. Ausgerechnet der proindianische Aktivist Bartolomeo de las Casas, OP kam auf die Idee, schwarze Sklaven nach Amerika zu bringen. Um 1520 begann damit das Kapitel des transatlantischen Sklavenhandels, in dessen Verlauf bis 1880 zwischen 10 und 15 Mio. westafrikanische Sklaven in die Amerikas verschleppt worden, hauptsächlich nach Brasilien, in die Karibik (Haiti, Kuba, Barbados, Jamaica), in die spanischen Festlandskolonien (↑Kolonialismus) und in den Süden Nordamerikas. Diesen Überfahrten dürften schätzungsweise 1,5 Mio. Menschen zum Opfer gefallen sein. Im Kontext des transatlantischen Sklavenhandels gewann die S. eine neue, deutlich inhumanere Gestalt, die kapitalistische *chattel slavery*, die aus Interesse an Profitmaximierung die Dehumanisierung der Sklaven noch einmal beförderte. Zugl. wurde, v. a. ab dem 18. Jh. im englischen Kolonialbereich, die Begründung für die S. enttheologisiert. Zwar hielt man im ↑Protestantismus bis ins 19. Jh. an der Idee fest, die „hamitischen" Völker Afrikas seien infolge des Fluchs in Gen 9,25 dazu verdammt, als Sklaven zu dienen. Vollends rassistisch aber wurde die Begründung der *chattel slavery* durch die naturwissenschaftliche Idee der Polygenese, die sich mit sozialdarwinistischem Gedankengut (↑Sozialdarwinismus) verband. Demnach waren die Afrikaner Menschen zweiter Klasse, dem Affen näher als dem – kaukasischen – Menschen, weniger intelligent, aber kräftig und arbeitsam. Dieser ↑Rassismus war nicht die Ursache der modernen S., sondern entwickelte sich im Kontext ihrer sozialen und ökonomischen Praxis. Der aufkommende Industriekapitalismus mitsamt den ihn begleitenden Pauperisierungstendenzen brachte ein weiteres Argument für die S., den ↑Paternalismus. Danach war die S. humaner als die „Lohn-S." in den Fabriken, da die Sklavenhalter sich vorgeblich um ihre Sklaven wie um Familienmitglieder kümmerten. Im 18. Jh. erreichte der transatlantische Sklavenhandel, der inzwischen in den Händen der Briten und Niederländer lag, seinen Höhepunkt. Nahezu zeitgleich kamen die ersten Bewegungen zur Abschaffung der S. (Abolitionismus) auf und zwar aus zwei Wurzeln: Zum einen wiesen Nationalökonomen, u. a. Adam Smith, auf die ihrer Ansicht nach mangelnde wirtschaftliche Effizienz und Profitabilität der S. hin. Sie wollten ein Ende der S., um an ihre Stelle ein auf Lohnarbeit gegründetes kapitalistisches System (↑Kapitalismus) zu setzen. Im Gegensatz zu einem weit verbreiteten Vorurteil war der Beitrag der ↑Aufklärung zum Abolitionismus demgegenüber nicht sehr bedeutend. Von wenigen universalistischen Philanthropen abgesehen, befürwortete die Mehrheit der Aufklärer die S. nicht zuletzt um der Heiligkeit des Eigentumskonzepts (↑Eigentum) wegen. Die zweite Wurzel des Abolitionismus in seiner moderaten Variante lag im späten 18. Jh. zum anderen im freikirchlichen Bereich (↑Freikirchen), zuvörderst bei den Quäkern. Seit den 1820er Jahren bekannten sich Teile des liberalen und evangelikalen Lagers dann zum radikalen Abolitionismus, der ein sofortiges, entschädigungsloses Ende der als Sünde verstandenen S. verlangte. Aus der Koalition von prokapitalistischen Freihändlern und nonkonformistischen Evangelikalen und Quäkern entstanden v. a. in Großbritannien und dann in den USA mächtige abolitionistische Lobbybewegungen, die 1834 das Ende der S. im britischen Empire durchsetzten. Von diesem Zeitpunkt an führte die *Royal Navy* einen erbarmungslosen Kampf gegen Sklavenhändler an der westafrikanischen Küste, was in der Folge eines der zentralen Argumente für den britischen ↑Imperialismus lieferte. Gleichzeitig ersetzte man allerdings im britischen Empire die S. durch ein neues, nicht minder profitables System unfreier Arbeit, das Cooliesystem, in dem indische und chinesische Kontraktarbeiter unter oftmals unmenschlichen Bedingungen Plantagenarbeit verrichten mussten. Mit der ↑Französischen Revolution hatte sich bereits die Situation in der Karibik verschärft. Zwischen 1791 und 1806 kam es auf Haiti zum größten und einzigen erfolgreichen Sklavenaufstand der Geschichte. Im nachrevolutionären Nordamerika hingegen war mit der Erfindung der *cotton gin* (1793), einer neuartigen Entkörnungsmaschine, der Baumwollanbau rentabel geworden. Die Hoffnung vieler nordamerikanischer Revolutionäre, die S. werde aus wirtschaftlichen Gründen einfach mit der Zeit verschwinden, erfüllte sich nicht. Erst mit dem Amerikanischen Bürgerkrieg (1861–65) endete die Ära der S. in den USA. Zeitgleich endete die Leibeigenschaft in Russland durch ein Edikt Zar Alexander II. 1862. 1889 wurde die S. in Brasilien friedlich abgeschafft. In den spanischen Kolonien verlor sie im Laufe des 19. Jh. erst aufgrund der Revolutionen der 1810er und 1820er Jahre, dann auf Kuba und Puerto Rico wegen der Manumissionspolitik an Bedeutung und wurde 1873 auf Puerto Rico und 1886 auf Kuba abgeschafft. In anderen Teilen der Welt, etwa im muslimischen Afrika, blieb die S. bis auf den heutigen Tag weitgehend unangetastet.

Der „westliche" Abolitionismus entsprang der einmaligen Konstellation von radikalem christlichen und liberalen ↑Universalismus, freihändlerischer Nationalökonomie (↑Freihandel) und industriekapitalistischer Praxis. Man darf indes nicht vergessen, wie eng diese ambivalente Bewegung mit dem zivilisationsmissionarischen Impuls des Hochimperialismus verbunden war. Neben dem erwähnten Beispiel des britischen Cooliesystems sei auf die grausamen Erfahrungen des Kongo-Freistaates von 1884–1908 hingewiesen, der unter den Auspizien des Kampfes gegen die S. errichtet worden war, aber in einem Massaker an rund 8 Mio. Menschen endete. Auch die von Abolitionisten initiierten westafrikanischen Staaten Sierra Leone (gegründet 1787) und Liberia (gegründet 1847) hatten blutige ↑Bürgerkriege zwischen den dorthin transportierten Freigelassenen und der indigenen schwarzen Bevölkerung durchzustehen.

### Literatur

E. Flaig: Weltgeschichte der Sklaverei, 2018 • M. Zeuske: Sklaverei. Eine Menschheitsgeschichte von der Steinzeit bis heute, 2018 • K. Morgan: Transatlantic Slavery, 2016 • M. Zeuske: Historiography and Research Problems of Slavery and the Slave Trade in a Global-Historical Perspective, in: IRSH 57/1 (2012), 87–111 • K. Bradley u. a. (Hg.): The Cambridge World History of Slavery, 4 Bde., 2011–17 • S. Drescher: Anislavery Debates. Tides of Historiography in Slavery and Antislavery, in: European Review 19/1 (2011), 131–48 • R. G. Grant: Die Geschichte der Sklaverei, 2010 • M. M. Smith/R. L. Paquette (Hg.): The Oxford Handbook of Slavery in the Americas, 2010 • M. Rediker: The Slave Ship. A Human History, 2007 • M. Hochgeschwender: Wahrheit, Einheit, Ordnung. Die Sklavenfrage und der amerikanische Katholizismus 1835–1870, 2006 • O. Patterson: Slavery and Social Death. A Comparative

Study, 1982 • D. B. Davis: The Problem of Slavery in Western Culture, 1966. MICHAEL HOCHGESCHWENDER

## II. Rechtlich

### 1. Begriff und Abgrenzungen

Das Verhältnis von ↑Recht und S. ist durch Ambivalenz gekennzeichnet: Einerseits wurde das Recht – (kultur-) raum- und epochenübergreifend – als Instrument der Rechtfertigung und konkreten Ausformung der S. ge- bzw. missbraucht („Sklavengesetze"). Andererseits beansprucht das Recht aber spätestens seit dem 19. Jh. auch eine zentrale Rolle im Kampf um die Abschaffung der S. (Abolitionismus).

Eben weil Art und Umfang des quasi-universellen sozialen und gesellschaftlichen Phänomens der S. stark von seiner konkreten rechtlichen Ausgestaltung abhängen, fällt eine abstrakte Definition schwer: Das S.-Abkommen (1926) definiert S. als den „Zustand oder die Stellung einer Person, an der die mit dem Eigentumsrechte verbundenen Befugnisse oder einzelne davon ausgeübt werden" (Art. 1 Nr. 1). Diese Begrifflichkeit erfasst zwar die Extremform einer Dehumanisierung: Starke Einschränkung oder (im Regelfall) sogar gänzlicher Entzug der Rechtsfähigkeit, womit Sklaven möglicher Gegenstand von Handelsgeschäften (z. B. Kauf/ Verpfändung) werden. Andere Formen extremer Unfreiheit sowie (sozialer und/oder wirtschaftlicher) Abhängigkeit werden von dieser (engen) Definition hingegen nicht erfasst.

Auch und gerade in einer global(-historisch-)en Perspektive ist die nach wie vor begriffsprägende Kraft der römisch-rechtlichen Dichotomie ↑Person/Sache nicht unproblematisch. Bemühungen, den Rechtsbegriff der S. auch auf (andere) Fälle des Festhaltens einer Person gegen ihren Willen mittels physischer, psychischer oder institutioneller ↑Gewalt zum Zwecke wirtschaftlicher ↑Ausbeutung zu erstrecken, konnten sich (bisher) nicht durchsetzen. Und so besteht bis heute eine unbefriedigende und bedauerliche, weil auch durch Rechts (-schutz-)lücken geprägte Grauzone zwischen S. im strengen Sinne und sklavenähnlichen Abhängigkeitsverhältnissen (z. B. Leibeigenschaft, Zwangsarbeit, Zwangsprostitution, Kindersoldaten). Die Bekämpfung auch dieser vielfältigen Erscheinungsformen moderner S. steht indes schon seit langem auf der internationalen Agenda (s. bereits „Übereinkommen über Zwangs- und Pflichtarbeit" [1930] sowie „[Zusatz-]Übereinkommen über sklavereiähnliche Einrichtungen und Praktiken" [1956]) und ist in jüngerer Zeit weiter intensiviert worden (z. B. UN-KRK [1989] mit „ZP zu Kinderprostitution und Kindersoldaten" [2000]; „UN-Übereinkommen gegen die grenzüberschreitende organisierte Kriminalität" [„Palermo Konvention"] mit „ZP zum Menschen-, insb. Frauen- und Kinderhandel" [2000]). Internationale Menschenrechtsorgane haben zudem in jüngster Zeit damit begonnen, auch moderne Formen des Menschenhandels in den Anwendungsbereich der Verbotsnormen zur S. selbst einzubeziehen (z. B. Art. 4 EMRK – EGMR Rantsev v Zypern und Russland, 2010: „Sex-S."). In ihrer „Agenda 2030 für nachhaltige Entwicklung" (2016) hat die ↑UNO nunmehr alle Staaten zur energischen Bekämpfung jeglicher Form moderner S. aufgerufen (Ziel 8.7 [↑Nachhaltigkeitsziele]).

### 2. Sklaverei als Rechtsinstitut

Erwähnung findet die Institution der S. bereits in der ältesten schriftlich überlieferten Rechtssammlung überhaupt, dem (mesopotamischen) Codex Ur-Nammu (ca. 2100 v. Chr.). Auch von Rechts wegen bildete die Unterscheidung zwischen Freien und Sklaven fortan eine Konstante aller antiken (Hoch-)Kulturen. Die insoweit von (gemäßigten) Sophisten im 5. Jh. v. Chr. formulierten Bedenken („Gott hat alle Menschen frei gelassen; die Natur hat niemand zum Sklaven gemacht." [Alkidamas; zit. n. Nestle 1908: 202]) führten letztlich nur zu einer Stärkung der Rolle des Rechts bei der Rechtfertigung und Ausgestaltung der S.: Wenn der Mensch auch nicht von Natur aus unfrei war, so konnte er es eben doch kraft positiver Rechtsetzung (Konvention) werden. Insb. das römische Recht entwickelte einen umfangreichen Corpus von Regeln zur Entstehung und Ausgestaltung des Status der Unfreiheit in Form der S. Kriegsgefangenschaft, Schuldknechtschaft, strafrechtliche ↑Sanktion oder auch schlicht Abstammung (von einer unfreien Mutter) stellten die wesentlichen sklavereibegründenden Tatbestände dar. Auch wenn die Versklavung so als eine in der gesellschaftlichen und sozialen Realität omnipräsente Institution des Völkergemeinrechts eine differenzierte Ausgestaltung durch das römische *ius civile* erfahren hatte, widersprach diese doch (auch) nach römischem Rechtsverständnis dem Naturzustand des Menschen („Servitus est constitutio iuris gentium, qua quis dominio alieno contra naturam subicitur", Florentinus D. 1, 5, 4, 1): Im Zweifelsfalle und bis zum Beweis des Gegenteils war eine Person daher als frei zu behandeln (Grundsatz des *favor libertatis*).

Omnipräsent in der antiken Welt, ist die S. als Institution auch von den Offenbarungsschriften der monotheistischen Religionen (Bibel, Koran) und ihren maßgeblichen Interpreten nicht ernsthaft in Frage gestellt worden. Ganz im Gegenteil wurde die S. als Teil der gottgegebenen irdischen Sozial- und Gesellschaftsordnung legitimiert. Noch bis weit in die ↑Neuzeit hinein sollte diese Lehre auch in den politischen und rechtlichen Diskursen zur S.-Frage erhebliche Wirkungskraft entfalten. Dies gilt insb. auch für den vieldiskutierten paulinischen Freiheitsverzicht (1 Kor 7,17–23: „[...] Jeder bleibe in dem Stand, in dem er berufen worden ist. Bist du als Sklave berufen worden, so sei deshalb ohne Sorge! [...]"). Ganz ähnlich war auch das islamische Sklavenrecht von eben diesem (theologisch nicht ganz leicht aufzulösenden) Spannungsverhältnis geprägt:

↑Gleichheit aller Menschen vor Gott einerseits, Anerkennung der Realität einer Sklavenhaltergesellschaft andererseits (grundlegend die von Sahnūn ibn Saīd redigierte Rechtssammlung Mudawwana [malikitische Rechtsschule, erste Hälfte des 9. Jh.]).

Die antike S. ist seit dem 12. Jh. nicht nur von der mittelalterlichen Rechtswissenschaft umfassend rezipiert worden, sondern bildete vielmehr – wie die neuere Forschung u. a. anhand italienischer Notariatsurkunden herausgearbeitet hat – auch in Europa (neben der Grundhörigkeit und Leibeigenschaft) weiterhin einen eigenen, und insb. im Mittelmeerraum verbreiteten Status der Unfreiheit. Auch von einflussreicher juristischer Seite vorgebrachte Bedenken gegen die S. vermochten hieran zunächst wenig zu ändern (Eike von Repgow: Sachsenspiegel/Landrecht 1235, 3. Buch, Kap. 42, §§ 1, 3, 6: „Mit meinem Verstand kann ich es nicht für wahr halten, dass jemand einem anderen gehören soll."). Noch die Naturrechtler des 17. Jh. (Francisco Suárez, Hugo Grotius, Thomas Hobbes, Samuel Freiherr von Pufendorf, John Locke) hielten die S. – unter im einzelnen unterschiedlichen Voraussetzungen – grundsätzlich für mit dem ↑Naturrecht vereinbar und trugen damit wesentlich zu deren fortdauernder politisch-rechtlicher ↑Legitimation bei. Als bes. folgenschwer für die Praxis der S. im Zuge der kolonialen Expansion (↑Kolonialismus) europäischer Staaten ab dem 16. Jh. sollte sich die Rezeption der aristotelischen Figur des „Sklaven von Natur" (*phýsei doúlos* [Aristot. pol. 1253a/b, 1254a] – aufgegriffen u. a. auch von Thomas von Aquin) erweisen, welche als argumentatives Einfallstor für das dem antiken Sklavenrecht noch fremde Element von Rasse und ↑Rassismus ge- bzw. missbraucht wurde (frühes prominentes Beispiel für die französischen Kolonien in Amerika: „Code Noir" Ludwig XIV. [1685], der als „monströsester juristischer Text der Moderne" bezeichnet worden ist [Sala-Molins 1987: 9]).

### 3. Die Ächtung der Sklaverei mit den Mitteln des Rechts

Moralisch-ethische Gründe (S. als Antithese zum aufklärerischen Freiheitsideal [↑Freiheit]) führten in der zweiten Hälfte des 18. Jh. zu einer zunehmenden Delegitimierung der S. (Somerset v Stuart, Kings Bench 1772 – Massenmord an versklavten Afrikanern auf dem britischen Sklavenschiff Zong 1781). Es folgte – nunmehr insb. aus sozial- und wirtschaftspolitischen Gründen – das Verbot zunächst des (transatlantischen) Sklavenhandels (Dänemark 1803, Großbritannien 1807, Wiener Kongress 1815 [S. nach Annex 15 zur Wiener Schlussakte unvereinbar mit den „Grundsätzen der Menschlichkeit und der universellen Moral"], Berliner Kongress [Kongo Akte 1885]) sowie dann sukzessive auch der S. selbst. Die formaljuristische Abschaffung der S. auf nationaler Ebene (1833: Großbritannien und Kolonien *[Slavery Abolition Act]*, 1865: USA [13. Zusatzartikel zur Verfassung], zuletzt Mauretanien 1981) war indes nur der Beginn eines bis heute nicht vollständig abgeschlossenen Kampfes um eine effektive gesellschaftliche Gleichstellung ehemaliger Sklaven und ihrer Nachkommen.

Anknüpfend an das S.-Abkommen von 1926 bestimmt die AEMR (1948): „Niemand darf in Sklaverei oder Leibeigenschaft gehalten werden; Sklaverei und Sklavenhandel sind in allen Formen verboten" (Art. 4). Diese Verbotsnorm stellt heute einen fundamentalen und unbestrittenen Bestandteil des gesamten Korpus des (regionalen und universellen) Menschenrechtsschutzes dar. Eine zentrale Rolle bei der praktischen Implementierung des S.-Verbots spielen auf globaler Ebene der Menschenrechtsrat und andere Organe des UN-Menschenrechtssystems (Arbeitsgruppen, Spezialberichterstatter, Vertragsorgane der Menschenrechtsverträge) sowie – für das verbreitete Szenario sklavenähnlicher Arbeitsbedingungen – auch die ↑ILO. Das SRÜ (1984) statuiert das Recht aller Staaten zur Durchsuchung (potentieller) Sklavenschiffe auch auf Hoher See (Art. 110) und unterstreicht damit die Verantwortung der gesamten Staatengemeinschaft für die Unterbindung des Sklavenhandels auch in staatsfreien Räumen.

Das Verbot der S. und aller damit verbundenen (kommerziellen) Aktivitäten (insb. also des Sklavenhandels) stellt heute nicht nur zwingendes ↑Völkerrecht dar *(ius cogens)*, sondern wird zu Recht auch als Verbrechen gegen die Menschlichkeit qualifiziert. Damit ist auch auf völkerrechtlicher Ebene eine strafrechtliche Ahndung möglich geworden (Art. 7 Abs. 1 c) IStGH-Statut). Die umfassende Ächtung der S. durch nationales und internationales Recht darf indes nicht darüber hinwegtäuschen, dass immer noch über 40 Mio. Menschen (Global Slavery Index 2016) in einem zumindest sklavenähnlichen Status der Unfreiheit leben. ↑Staaten, ↑internationale Organisationen sowie die organisierte ↑Zivilgesellschaft bleiben daher aufgerufen, den Kampf auch und gerade gegen die neuen Formen der S. unvermindert fortzusetzen.

### Literatur

E. Herrmann-Otto: Sklaverei und Freilassung in der griechisch-römischen Welt, [3]2018 • M. Erpelding: Le droit international antiesclavagiste des „nations civilisées" (1815–1945), 2017 • R. Oßwald: Das islamische Sklavenrecht, 2017 • V. Stoyanova: United Nations Against Slavery. Unravelling Concepts, Institutions and Obligations, in: MJIL 38/3 (2017), 359–454 • Special Issue Slavery and the Limits of International Criminal Justice, in: JICJ 14/2 (2016) • N. Siller: „Modern slavery". Does International Law Distinguish Between Slavery, Enslavement and Trafficking?, in: ebd., 405–427 • N. Priesching/H. Grieser (Hg.): Theologie und Sklaverei von der Antike bis in die frühe Neuzeit (Sklaverei – Knechtschaft – Zwangsarbeit), 2016 • J. Allain: The Law and Slavery. Prohibiting Human Exploitation, 2015 • Ders.: Neubestimmung eines alten Begriffs. Sklaverei und internationales Recht, in: APuZ 65/50–51 (2015), 24–28 • E. Herrmann-Otto: Grundfragen der antiken Sklaverei, 2015 • H. Joas: Zur Rechtfertigung der Sklaverei, in: APuZ 65/50–51 (2015), 3–6 • R. Roth: Sklaverei als Menschenrecht – Über die bürgerlichen Revolutionen in England, den USA und Frankreich, 2015 • J. Allain (Hg.): The Legal Understanding of Slavery From the Historical to the Contemporary, 2012 • J. Martinez: The Slave Trade and the Origins of International Human Rights Law, 2012 • K. Bradley u. a. (Hg.): The Cambridge World History of Slavery, 4 Bde., 2011–17 • J. Walvin: The Zong. A Massacre, the Law, and the End of Slavery, 2011 • T. Rüfner: Die Rezeption des römischen Sklavenrechts im Gelehrten Recht des Mittelalters, in: T. Finkenauer (Hg.): Sklaverei und Freilassung im römischen Recht, 2006, 201–221 • P. Finkelmann (Hg.): Slavery and the Law, 2002 • J. Voigt: Die Abschaffung des transatlantischen europäischen Sklavenhandels im Völkerrecht, 2000 • T. Chiusi/J. Filip-Fröschl/J. M. Rainer (Hg.): Corpus der römischen Rechtsquellen zur antiken Sklaverei, Prolegomena und T. 1–10, 1999–2017 • M. Dottridge/D. Weissbrodt: Review of the Implementation of and Follow-up to the Conventions on Slavery, in: German Yearbook of International Law 42 (1992), 242–292 • L. Sala-Molins: Le Code Noir ou le calvaire de Canaan, 1987 • H. Berding: Die Ächtung des Sklavenhandels auf dem Wiener Kongress, in: HZ 219/2 (1974), 265–289 • R. Walter: Die Lage der Sklaven in der altindischen Gesellschaft, 1957 • W. Nestle (Hg.): Die Vorsokratiker, 1908.

DANIEL-ERASMUS KHAN

## Slum

Der Begriff S., der sich im 19. Jh. in England etabliert hat, wird bis heute uneinheitlich verwendet. Weltweit existieren unterschiedliche Typen von „Elendsvierteln“ mit länderspezifischen Konnotationen (bspw. Favela, *informal settlement,* Ghetto). Um dennoch eine gewisse quantifizierbare und vergleichbare Merkmalsbestimmung von S.s zu erzielen, bezeichnen die UN einen Haushalt als S., wenn er eines oder mehrere dieser Kriterien nicht erfüllt: Zugang zu Trinkwasser und sanitären Anlagen, ausreichender Wohnraum mit angemessener Bausubstanz sowie Rechtssicherheit vor Zwangsräumung und Vertreibung. Diesen Richtlinien zufolge lebten 2014 eine Mrd. Menschen in S.s, der weitaus größte Teil davon im Globalen Süden. Auch wenn sich dort der prozentuale Anteil zwischen 2000 und 2014 von 39 % auf 30 % verringert hat, steigen die absoluten Zahlen an. Regional aufgeschlüsselt lebt etwas mehr als die Hälfte der urbanen Bevölkerung in Afrika südlich der Sahara in S.s, in Asien nahezu ein Drittel und in Lateinamerika, der Karibik sowie in Ozeanien ein knappes Viertel.

An der Aussagekraft einer universellen Definition von S.s herrschen Zweifel, da sie eklatante regionale Unterschiede sowie das Selbstverständnis der Bewohner ignoriert. Außerdem verleitet sie dazu, S.s als eigenständigen Siedlungstypus zu verstehen, der territorial wie sozial eingrenzbar ist und vom städtischen Umfeld quasi getrennt existiert. Derartige Vorstellungen gelten wissenschaftlich als überholt. S.s sind räumlicher Ausdruck sozioökonomischer Ungleichheit und inhärenter Teil der urbanen Gesellschaft, die sie produziert. Ihre Bandbreite ist enorm: S.s können ehemalige Mittelschichtviertel sein, die durch wirtschaftlichen Abschwung, politische Benachteiligung und Verfall der ↑Infrastruktur entstanden sind und sich in direkter Nachbarschaft zu Luxusapartments befinden; es können auch Viertel an Stadträndern sein, die durch Landbesetzungen neu entstanden sind. Entgegen gängiger Vorstellungen herrschen in S.s große sozioökonomische Unterschiede, die von mit ↑Gewalt durchgesetzten Hierarchien *(Slumlords)* bis zu solidarischen Nachbarschaftsnetzwerken reichen. In den Medien werden S.s oft stereotyp als der Normalität entgegenstehend, rückständig, krankmachend und kriminell dargestellt, aber auch als exotisch und geheimnisvoll.

Definiert man S.s als relativ arme Viertel, die vom dominanten Stadtbild abweichen, sind sie so alt wie ↑Städte selbst. Generell wird die Entstehung von S.s im Zuge der Industrialisierung (↑Industrialisierung, Industrielle Revolution), Urbanisierung und des radikalen gesellschaftlichen Umbruchs des 19. Jh. gesehen. Beispielhaft dafür sind London und New York, wo das Leben der Arbeiter in überbelegten, mangelhaft ausgestatteten Behausungen die sozialräumliche Segregation der Einwohner beförderte. Die Choleraepidemie und die Dokumentation der elenden Lebensumstände (u. a. von Charles Booth, Edwin Chadwick, Friedrich Engels, Jacob Riis) führten zu Sanierungsmaßnahmen und sozialreformerischen Debatten über die sog.en *deserving* und *undeserving poor,* d. h. die durch eigene Schuld oder durch Schicksal verarmte Bevölkerung. Außerhalb Europas waren S.s von ↑Kolonialismus sowie von Gesundheits- und Hygienevorstellungen geprägt, die eine rassistische Segregationspolitik (↑Rassismus) legitimierten. In den USA und in Kanada bildeten sich ethnisch geprägte, stigmatisierte Viertel wie *Chinatown* oder *Little Italy* heraus, deren ↑Lebenswelten von der Soziologie (u. a. Chicagoer Schule) untersucht wurden.

Im 20. Jh. prägten spezifische Vorstellungen von ↑Fortschritt und ↑Moderne die Stadtentwicklung. Als Folge strebten in der Nachkriegszeit viele europäische und nordamerikanische Städte eine Erneuerung an. In den 1960er- und 1970er-Jahren entstanden bereits damals umstrittene Modernisierungsprojekte, die der Revitalisierung – und damit der „Säuberung“ – innerstädtischer Zonen dienten. Sozial schwache Stadtviertel wurden niedergewalzt oder an den Stadtrand umgesiedelt, um Raum für investitionsträchtige Projekte zu schaffen. Dagegen formierte sich Widerstand, der die strukturelle Benachteiligung von S.s anprangerte und u. a. auf hohe Umweltbelastungen und Standortnachteile verwies. Insb. in den USA engagierten sich ↑soziale Bewegungen gegen die Stigmatisierung der häufig von *African Americans* bewohnten S.s als selbstverschuldete Lebensform. S.s wurden nun als hoffnungsvolle Orte des Kampfes gegen ↑soziale Ungleichheit und Ungerechtigkeit gesehen *(slums of hope)*. Aufgrund des Drucks von Bürgerinitiativen verbesserte sich die Lage in einigen Stadtvierteln merklich.

Im 21. Jh. verstehen die UN die massive Ausbreitung von S.s im Globalen Süden als Bedrohung einer globalen urbanen ↑Nachhaltigkeit und machen ihre Eindämmung zum Gegenstand der Millenniumsziele und der Ziele für nachhaltige Entwicklung. Im Zuge des Bevölkerungswachstums, der Urbanisierung und des spekulativen Immobilienmarkts gilt neben der Landflucht die Verarmung städtischer Bevölkerung als bedeutende Ursache für die S.-Bildung. Landbesetzungen und der informelle Sektor gelten als Wesensmerkmale von S.s, obwohl tatsächlich viele S.-Bewohner im formellen Sektor tätig sind. Teilweise werden S.s sukzessive legalisiert und an die urbane Infrastruktur angeschlossen.

Während die pathologisierenden Darstellungen von S.s – heute oft als Umweltproblem – Vertreibung und Abriss weiterhin legitimieren, verwenden S.-Bewohner den Begriff zunehmend als Selbstbeschreibung, um staatliche Unterstützung und juristischen Beistand zu erhalten sowie um ihre internationale Vernetzung voranzutreiben (vgl. *shack/slum dwellers international*). Zudem existieren neue Formen der Inwertsetzung von S.s durch Filme (bspw. *Slumdog millionaire*), S.-Biennalen, Musik- und Kunstprojekte sowie ↑Tourismus. Durch die Präsenz von S.s in sozialen Medien erhöht sich zwar ihre Sichtbarkeit, die Lebensumstände der Bewohner verbessern sich dadurch allerdings nicht zwangsläufig.

#### Literatur

E. Dürr: Slum(scapes). Armut und mobile Erlebniswelten, in: J. Kersten (Hg.): Inwastement, 2016, 131–152 • UN-Habitat: Slum Almanach, 2015 f. • M. Huchzermeyer: Troubling Continuities. Use and Utility of the Term „Slum", in: S. Parnell/ S. Oldfield (Hg.): The Routledge Handbook on Cities of the Global South, 2014, 86–97 • D. Mitlin/D. Satterthwaite: Urban Poverty in the Global South, 2013 • H. C. Petersen (Hg.): Spaces of the Poor, 2013 • F. Frenzel u. a. (Hg.): Slumtourismus, 2012 • M. Davis: Planet der Slums, 2007 • A. Gilbert: The Return of the Slum. Does Language Matter?, in: IJURR 31/4 (2007), 697–713.

EVELINE DÜRR

## Social Entrepreneurship

### 1. Definition

S. E. bezeichnet einen Prozess, der gesellschaftliche Herausforderungen mit unternehmerischen Herangehensweisen löst. Dabei vereint S. E. Wirkungsorientierung mit unternehmerischem Denken und Handeln. Wirkungsorientiertes Handeln bedeutet, dass das Hauptziel einer Aktivität gesellschaftlichem Mehrwert dient und nicht vornehmlich der Gewinnmaximierung. Weiterhin sollen Veränderungen von Persönlichkeiten durch kreative, gestalterische Prozesse innerhalb bestehender Strukturen hervorgerufen werden. Die Kombination von gesellschaftlicher Wirkung und unternehmerischem Handeln ist darauf ausgerichtet, wirtschaftliche, ökologische und soziale Ziele zu vereinen.

S.-E.-Aktivitäten können unterschiedlich realisiert werden, sei es durch die Gründung eines ↑Unternehmens, eines ↑Vereins oder durch die Initiierung von Projekten innerhalb bestehender Organisationen. Entscheidend ist dabei nicht die organisatorische Firmierung, sondern die Entfaltung gesellschaftlicher Wirkung. Daraus folgt, dass S. E. organisatorisch auch innerhalb von Non-Profit-Gesellschaften abgebildet werden kann, welche nachhaltige finanzielle Geschäftsmodelle anstreben. Dazu gehören u. a. gemeinnützige Kapitalgesellschaften (z. B. gGmbH, Vereine [e. V.], ↑Stiftungen oder ↑Genossenschaften). Auch gewinnorientierte Unternehmen können S. E. praktizieren, indem sie die von ihnen vertriebenen Dienstleistungen oder Produkte bewusst danach ausrichten, gesellschaftliche Wirkung zu entfalten.

Nach dem Grundverständnis von S. E. können gesellschaftliche Probleme durch unternehmerische Ansätze schneller, innovativer, wirkungsvoller und nachhaltiger gelöst werden. S. E. sieht sich gesellschaftlichen Herausforderungen verpflichtet, für die ↑Politik, ↑Wohlfahrt, Entwicklungshilfe oder auch profitorientierte Unternehmen nur unzureichende oder gar keine Lösungen bereitstellen. Dabei setzt S. E. unternehmerische Ansätze wie ↑Innovation oder neuartige Geschäfts- und Skalierungsmodelle allein für die Maximierung gesellschaftlicher Wirkung ein. Hauptziel vieler Sozialunternehmen ist infolgedessen nicht per se der Aufbau eines Unternehmens mit einem möglichst optimierten Ertragsmodell. Die Unternehmensgründung basiert vielmehr auf der Überzeugung, dass dies der wirkungsvollste Weg ist, um eine systemische Veränderung zu erreichen.

Um diese auch plausibel nachzuverfolgen und umzusetzen, sollte S. E. als Prozess zwei Perspektiven verfolgen: Aus Sicht von Motivation und Intention wird er danach bewertet, welche positiven gesellschaftlichen Ziele intendiert sind (Wirkungsorientierung), ohne Beachtung der tatsächlich erwirkten Resultate (Wirkungsanalyse). Die Ergebnisperspektive erforscht dagegen eine Bewertung nach der gesellschaftlichen Wirkung. Die Verknüpfung beider Dimensionen stellt das Idealbild von S. E. dar.

### 2. Entstehung und Entwicklung

Die Entwicklung lässt sich begriffsgeschichtlich in vier Phasen einteilen. Eine der ersten Verwendungen von S. E. geht auf Howard Rothmann Bowen zurück. Er versteht darunter das Konzept der CSR, also Verantwortung als Teilbereich unternehmerischer Aktivitäten. S. E. gilt noch als integraler Bereich von Unternehmen, in Deutschland einhergehend mit Entwicklungen der ↑sozialen Marktwirtschaft und in Europa ideengeschichtlich auf das Konzept des „ehrbaren Kaufmanns" zurückzuführen. Dass ab den 1970er-Jahren Unternehmertum und gesellschaftliche ↑Verantwortung auseinanderdriften, kann als wesentliche Triebkraft für die Entwicklung von S. E. als eigenständige Vorgehensweise gesehen werden.

Die zweite Phase prägt der Amerikaner Bill Drayton durch eine Ausdifferenzierung von S. E. in Abgrenzung zu konventionellem Unternehmertum. B. Drayton, Gründer der weltweiten Organisation *Ashoka*, versteht S. E. nun als spezifische Herangehensweise von Einzelpersonen, sog.er „Changemaker", die sich von den Handlungsfeldern und -arten profitorientierter Unternehmer unterscheidet. S. E. wird in dieser Zeit v. a. über Merkmale individueller Persönlichkeiten definiert, deren sozialunternehmerische Motivation und Intention es ist, durch ihr Handeln Veränderungen im System hervorzurufen. Diesen häufig mit der Glorifizierung von Einzelpersonen einhergehenden Ansatz lässt die Forschung in den 2010er Jahren hinter sich. Es entstehen weitere Ausprägungen von S. E., z. B. das Konzept von *Social Business* nach Friedensnobelpreisträger Muhammad Yunus. Er entwickelte ein neues, teilweise radikales Verständnis eines ganz auf den guten Zweck ausgerichteten Unternehmens, das Gewinne zu 100 % reinvestiert und nicht ausschüttet.

In der dritten Phase, die um 2005 beginnt, löst sich der Begriff S. E. in Deutschland allmählich von der Fokussierung auf Soziales, also Probleme, die sich lediglich zwischen menschlichen Akteuren manifestieren und profiliert sich als effektiverer Ansatz z. B. in der Entwicklungsarbeit. S. E. wird zunehmend als Prozess begriffen und nicht mehr auf die Organisationsform oder die individuelle Gründerpersönlichkeit limitiert.

In der vierten Phase löst sich die Binarität zwischen S. E. und konventionellem Unternehmertum zunehmend wieder auf. Wesentlicher Ausgangspunkt ist die Einsicht, dass Wachstum (↑Wirtschaftswachstum) nicht nur Wohlstand und Gewinnmaximierung, sondern auch negative Konsequenzen, wie etwa ↑Klimawandel oder ↑soziale Ungleichheit, mit sich bringt. Durch unterschiedliche globalgesellschaftliche Initiativen, wie z. B. die im Jahr 2015 von den Vereinten Nationen verabschiedeten ↑Nachhaltigkeitsziele (SDG), wächst der gesellschaftliche Druck auf Unternehmer, wirkungsorientiert zu handeln. Diese öffentliche Wahrnehmung führt dazu, dass Unternehmen, Verwaltungen und weitere Organisationen die Ansätze von S. E. adaptieren. Wirkungsorientiertes Handeln und die Generierung gesellschaftlichen Mehrwerts werden als wichtige Messgröße anerkannt und in die (strategischen) Ziele von Organisationen integriert.

Zusammengefasst hat S. E. zu Beginn seiner Entwicklung versucht, sich vom klassischen Unternehmertum zu emanzipieren. Seit Anfang des 21. Jh. konvergieren die zuvor auseinanderklaffenden Bereiche von gesellschaftlichem Mehrwert und Unternehmertum immer mehr.

### 3. Abgrenzung

Diese rasante Entwicklung, gepaart mit der eingeschriebenen Hybridität des Terminus, hat zur Folge, dass sich S. E. schwer fassen lässt und es zu begrifflichen Doppelungen und Verwirrungen kommen kann. Da S. E. vornehmlich daran gelegen ist, die normalerweise klar getrennten Bereiche von Wirkungsorientierung und Unternehmertum zu vereinen, ist eine Differenzierung gegenüber bestehenden Ansätzen hilfreich.

S. E. lässt sich einerseits von den rein wirkungsorientierten Aktivitätsbereichen abgrenzen – gemeinnützige Institutionen wie Wohlfahrt, ↑Verwaltungen, ↑NGOs oder Entwicklungshilfeorganisationen sind grundsätzlich wirkungsorientiert, da sie das ↑Gemeinwohl im Blick haben. Sie agieren a priori nicht unternehmerisch. Ihre Herangehensweisen an die großen sozialen und gesellschaftlichen Herausforderungen basieren vorwiegend auf ehrenamtlichem Engagement (↑Freiwilligenarbeit) oder erfordern Finanzierung durch Dritte, wie z. B. ↑Spenden oder öffentliche Gelder.

Andererseits lässt sich S. E. von gewinnorientiertem Unternehmertum abgrenzen, wobei die Priorisierung des gesellschaftlichen Mehrwerts wesentliches Unterscheidungskriterium zum Unternehmertum ist. Zwar schaffen konventionelle Unternehmen ebenfalls Arbeitsplätze, bezahlen Steuern oder produzieren nützliche Produkte und Dienstleistungen; jedoch dient die Hervorbringung gesellschaftlichen Mehrwerts in erster Linie der Gewinnmaximierung, Wirkung ist damit nachgeordnetes Ziel.

Aktivitäten, die die gesellschaftliche Verantwortung von Unternehmen ausfüllen und darstellen, sind im Rahmen von CSR-Maßnahmen oftmals nur ein Teilbereich der Leistungen und dienen der Begrenzung negativer Auswirkungen im Kerngeschäft (z. B. durch Imageverbesserung). Bei S. E. liegt dagegen der gesellschaftliche Mehrwert klar im Fokus. Positive gesellschaftliche Wirkung stellt die Kernaktivität dar und wird nicht getrennt zu anderen Aktivitäten gesehen. S. E. wird konzeptionell oft als Unterkategorie von „Entrepreneurship" eingeordnet und steht klassischem Unternehmertum untergeordnet neben anderen Subdisziplinen, wie *Sustainable Entrepreneurship*. Im Einklang mit der begriffsgeschichtlichen Evolution kommt dem Wort „social" in S. E. jedoch die Bedeutung von „gesellschaftlich" zu. Zum einen entfaltet jede Art von Unternehmertum gesellschaftliche Wirkung, denn sie schafft Beziehungen und hat positive wie negative Auswirkungen in sozialen Gefügen. Zum anderen ist Unternehmertum an sich eine neutrale Struktur, deren ethische Unzulänglichkeiten nicht a priori vorhanden, sondern eher historisch und kulturell erklärbar sind. Demnach kann S. E. auch als Überbegriff für alle Varietäten von Entrepreneurship bzw. als Aufhebung dieser Trennung verstanden werden.

Literatur
K. Osbelt: Social Entrepreneurship – Entstehung und Bedeutung, 2019 • A.-K. Achleitner: Social Entrepreneurship (2018), in: Gabler Wirtschaftslexikon, URL: https://wirtschaftslexikon.gabler.de/definition/social-entrepreneurship-52240/version-275382 (abger.: 16.2.2021) • D. Papi-Thornton: Reclaiming Social Entrepreneurship (2017), in: TedX, URL: https://www.youtube.com/watch?v=RdrfMqBRfEQ (abger.: 16.2.2021) • Dies.: Tackling Heropreneurship (2013), in: SSIR, URL: https://ssir.org/articles/entry/tackling_heropreneurship (abger.: 16.02.2021) • C. Volkmann/K. Tokarski/K. Ernst (Hg.): Social Entrepreneurship and Social Business, 2012 • D. Bornstein/S. Davis: Social Entrepreneurship, 2010 • M. Yunus: Building Social Business. The New Kind of Capitalism That Serves Humanity's Most Pressing Needs, 2010 • R. L. Martin/S. Osberg: Social Entrepreneurship. The Case for Definition, in: SSIR 5/2 (2007), 29–39 • B. Drayton: Leading Social Entrepreneurs Changing the World, 2004 • J. G. Dees: The Meaning of Social Entrepreneurship, 1998 • H. Bowen: Social Responsibilities of the Businessman, 1953.

KLAUS SAILER, KRISTINA NOTZ UND SEBASTIAN PLANCK

## Social Media

Der Ausdruck S. M. (deutsch: Soziale Medien) ist ein Sammelbegriff für diverse Angebote auf der Basis von digital vernetzten Technologien, die dazu dienen, ↑Informationen aller Art leicht zu erstellen, verfügbar zu machen (zu „teilen") und zu rezipieren, sowie in diesem Zusammenhang soziale Beziehungen einzugehen, zu pflegen oder zu verändern. ↑Medien sind in gewissem Sinne zwar immer sozial, da sie stets an menschlichen ↑Kommunikationen und ↑Interaktionen beteiligt sind. Mit dem Begriff S. M. wird aber insb. in Abgrenzung zu Massenmedien wie Zeitungen, Fernsehen und Radio hervorgehoben, dass mit den S. M. konkrete und leicht erreichbare Möglichkeiten für die eigene Beteiligung an Informationserstellung, -verteilung und -veröffentlichung zur Verfügung stehen. Zudem schaffen S. M. vielfältige ortsunabhängige Interaktionsmöglichkeiten und bilden soziale Beziehungen ab. Dies wirkt sich dann auch auf die Informationsrezeption aus. Der Begriff S. M. zielt auf dieses bes. und neuartige Verhältnis von Information, Beteiligung und Beziehung auf der Basis von vernetzten digitalen Technologien (↑Vernetzung). Im Detail kann dieses Verhältnis in den diversen S. M.-Angeboten unterschiedlich gestaltet sein. Beispiele für S. M. sind Myspace, Facebook, Twitter, YouTube, WhatsApp und Instagram.

### 1. Entwicklung und Gattungen

Ab den 1990er Jahren etablierte sich das Internet neben den Massenmedien Zeitung, Radio und Fernsehen. Zudem bot das Netz immer mehr Möglichkeiten der zwischenmenschlichen Kommunikation und mehr oder weniger komplexen Mensch-Maschine-Interaktionen. Die Bezeichnung Web 2.0 Mitte der 2000er Jahre steht für einen damaligen Qualitätssprung von Webanwendungen, der v. a. (software-)technisch induziert war, aber auch soziale Fortschrittsgedanken (↑Fortschritt) formulierte und auf ökonomische Veränderungen abzielte. Weitere ↑Innovationen wie immer bessere ortsgebundene und mobile Breitbandverbindungen, leistungsfähige Computer, Smartphones und Cloud-Services sind bis heute Treiber der Entwicklung.

Man kann (analytisch, nicht trennscharf) vier Gattungen unterscheiden: Plattformen, persönliches Publizieren, Sofortnachrichten bzw. persönliche Kommunikation und Wikis. Plattformen bieten Nutzern Infrastruktur für Kommunikation. Auf sozialen Netzwerkplattformen (Social Network Sites [↑Soziale Netzwerke]) wie Facebook können Nutzer ein Profil erstellen, und sich mit anderen Nutzern („Freunden") verbinden. Die dadurch öffentlich gemachten sozialen Beziehungen sind die Basis sowohl für die interpersonale Kommunikation als auch für die Rezeption, Erstellung und Verbreitung von Informationen aller Art. Neben diesen „sozialen Netzwerken" finden sich in dieser Gattung noch Diskussionsplattformen (Foren) und Content Plattformen. Letztere, wie z. B. YouTube und Instagram, bieten die Möglichkeit, eigene und selbst erstellte Inhalte zu veröffentlichen, Inhalte anderer zu kommentieren und zu „liken" (Videos, Rezepte, Bilder, Präsentationen usw.).

In der Gattung persönliches Publizieren steht mehr ein einzelner Autor im Fokus. Z. T. erlauben die Dienste einen größeren Einfluss der Urheber auf die Kommunikationsinfrastruktur, wie etwa bei den Weblogs. Microblogging-Dienste wie Twitter weisen eine größere Nähe zu Netzwerkplattformen auf. Varianten des Personal Publishing sind Podcasts oder Videocasts.

Die zeitlich unmittelbare Kommunikation zwischen zwei oder mehr Personen steht in der Gattung Sofortnachrichten bzw. persönliche Kommunikation im Mittelpunkt. Diese Dienste wie WhatsApp, Signal oder Threema verbinden Merkmale von Netzwerkplattformen, Chaträumen und SMS-Funktionen. Sie sind meistens textbasiert, zur Unterstützung der Kommunikation werden visualisierte Emotionen (Emojis) verwendet. In der letzten Gruppe der Wikis (z. B. Wikipedia) steht die gemeinsame und verteilte Arbeit an Wissensbeständen im Mittelpunkt.

Studien über die Verbreitung zeigen, dass S. M. gesellschaftlich etabliert und für einen Großteil der Bevölkerung regelmäßiger Bestandteil von Information, Kommunikation und Interaktion geworden sind. Hinzu kommt, dass S. M. als Werbeflächen hochattraktiv sind und auch traditionelle Medien, Institutionen und Professionen S. M. als „Kanäle" nutzen. S. M. berühren „Praktiken des alltäglichen Informationsverhaltens, der kulturellen Teilhabe und der Beziehungspflege genauso wie die Arbeit professioneller Kommunikatoren in Journalismus, Politik oder PR" (Taddicken/Schmidt 2017: 19). Damit sind sie für das Alltagshandeln im Hinblick auf Politik, Wissen und Orientierung, aber auch hinsichtlich Überwachung und Kontrolle hoch relevant.

### 2. Alltagsrelevanz

Kontaktpflege, das Bedürfnis nach Zugehörigkeit, das Verlangen nach Unterscheidung in einer sozialen ↑Gruppe, Selbstverwirklichung, die Steuerung des Bildes, das andere von mir haben (Selbstpräsentation, ↑Identität), usw. – sowohl die aktive Beteiligung an S. M. z. B. über das Posting eines Instagram-Bildes als auch die nur lesende oder schauende Teilnahme sind stark durch soziale Motive geleitet. Unklar ist, ob die Effekte der S. M. auf zwischenmenschliche Beziehungen und die individuelle psychische Gesundheit positiv oder negativ zu beurteilen sind. Studien zeigen, dass Nutzer recht reflektiert mit den sozialen, beziehungsorientierten Möglichkeiten umgehen. Digitale Technologien, so die empirische Forschung, unterstützen die Pflege von Beziehungen effizient und ermöglichen es den Menschen, ihre Kommunikation an unterschiedliche Beziehungsarten anzupassen. Daneben werden aber auch negative Situationen wie Mobbing beeinflusst und unter Umständen verstärkt (z.B. Cybermobbing). Pädagogisch und ethisch wird erkennbar, dass gerade für Jugendliche und weniger gut gebildete Erwachsene eine gewisse Kompetenz im Umgang mit der Identitäts- und Beziehungsdimension der S. M. notwendig ist.

Neben dem Blick auf (inter)personale Möglichkeiten spielen die S. M. in der Organisationskommunikation (↑Werbung, ↑Marketing, PR) und in der Unterhaltung eine bedeutende Rolle. Zivilgesellschaftliche, staatliche und wirtschaftliche Organisationen bemühen sich um Aufmerksamkeit in den S. M. Vor allem ökonomisch und im weitesten Sinne ideologisch ist die Kombination aus Beziehungsrelevanz und Information attraktiv. Positiv wichtig ist dies etwa für die Bildungs- und Erinnerungsarbeit (bspw. S. M.-Arbeit von Gedenkstätten). V. a. aber für die strategische Kommunikation entstehen eine Reihe von ethischen Fragen. In der Unterhaltung sind Content-Plattformen wie YouTube relevant, die Marketing, Unterhaltung und Beziehungselemente kombinieren und durch Algorithmen andauernd passende Inhalte vorschlagen und so hohe Attraktivität bes. bei Jugendlichen erzielen.

### 3. Politische Relevanz

S. M., dabei bes. soziale Netzwerkplattformen und der Microblogging Dienst Twitter, sind politisch hoch relevant, weil sie mittlerweile ein wichtiges Element der Informationsverbreitung, des teil-öffentlichen Austauschs über ↑Politik und der gezielten Ansprache durch strategische Kommunikation und ↑Journalismus sind. Dies hat Auswirkungen auf Meinungsbildung, politische Willensäußerung, sowie auf andere Formen von politischer Beteiligung (↑Partizipation) bis hin zum Protest.

Einschätzungen über die Veränderungspotentiale der Politik und der ↑politischen Systeme sind ambivalent. Hoffnungen auf deutliche Demokratisierungseffekte sind abgeflaut. Eher hat sich die „Normalisierungsthese“ durchgesetzt, nach der sich etablierte Machtverhältnisse früher oder später auch in den S. M. reproduzieren. Aber auch für gegenteilige Befürchtungen über eine Bedrohung des politischen Systems und der ↑Demokratie lassen sich kaum eindeutige Befunde finden. Drei Elemente dieser Bedrohungen werden bes. diskutiert und erforscht: Fragmentierung der Öffentlichkeit (Echokammern, Filterblasen), politische Polarisierung und Desinformation (*Fake News*). Obwohl z. T. entspr.e Effekte in kleinerem Ausmaß empirisch nachgewiesen werden können, bleibt der Schluss auf direkte Auswirkungen auf die Politik höchst unsicher. Die gesellschaftlichen und politischen Auswirkungen sind eher indirekt, kontextabhängig und in verschiedenen Gesellschaftsgruppen unterschiedlich.

Positiv lassen sich Belege dafür finden, dass die Nutzung mit Vertrauen und politischem Interesse einhergeht und dass S. M. politische Kampagnenmöglichkeiten etwa für zivilgesellschaftliche Akteure (↑Zivilgesellschaft) bieten, die als neue Beteiligungsmöglichkeiten verstanden werden können. S. M. verändern die Öffentlichkeit strukturell. Die den klassischen Theorien der ↑Öffentlichkeit eigene Asymmetrie zwischen journalistischen Medien als Sendern und Bürgern als Lesern bzw. Zuschauern wird aufgebrochen. So können mit Hilfe der S. M. politische Akteure journalistische Medien umgehen und sich direkt an Bürger wenden. In der ↑Medienethik wird überlegt, ob mit dem Bedeutungsverlust journalistischer Medien diskursive Qualität öffentlicher Kommunikation verloren geht. Zugl. können Bürger leicht aus der Zuschauerrolle heraustreten und sich als Kommunikatoren an der öffentlichen Debatte beteiligen.

### Literatur

A. Jungherr/G. Rivero/D. Gayo-Avello: Retooling Politics. How Digital Media are Shaping Democracy, 2020 • A. Titze: Hashtag KZ? KZ-Gedenkstätten und Social Media, in: CommS 53/1 (2020), 97–108 • J. Bedford-Strohm/F. Höhne/J. Zeyher-Quattlender (Hg.): Digitaler Strukturwandel der Öffentlichkeit, 2019 • A. Jungherr: Kommunikation auf sozialen Netzwerkplattformen, in: T. Faas/O. Gabriel/J. Maier (Hg.): Politikwissenschaftliche Einstellungs- und Verhaltensforschung, 2019, 184–206 • A. Guess u. a.: Avoiding the Echo Chamber about Echo Chambers. Why Selective Exposure to Like-Minded Political News is Less Prevalent than You Think, 2018 • K. Liesem/L. Rademacher (Hg.): Die Macht der Strategischen Kommunikation. Medienethische Perspektiven der Digitalisierung, 2018 • V. Pirker: Social Media und psychische Gesundheit. Am Beispiel der Identitätskonstruktion auf Instagram, in: CommS 51/4 (2018), 467–480 • J.-H. Schmidt: Social Media, [2]2018 • M. Emmer: Soziale Medien in der politischen Kommunikation, in: J.-H. Schmidt/M. Taddicken (Hg.): Hdb. Soziale Medien, 2017, 81–99 • N. C. Krämer/S. C. Eimler/G. Neubaum: Selbstpräsentation und Beziehungsmanagement in sozialen Medien, in: ebd., 41–60 • W. Schweiger: Der (des)informierte Bürger im Netz. Wie soziale Medien die Meinungsbildung verändern, 2017 • I. Stapf/M. Prinzing/A. Filipovič (Hg.): Gesellschaft ohne Diskurs? Digitaler Wandel und Journalismus aus medienethischer Perspektive, 2017 • M. Taddicken/J.-H. Schmidt: Entwicklung und Verbreitung sozialer Medien, in: dies. (Hg.): Hdb. Soziale Medien, 2017, 3–22 • U. Wagner: Kompetenzen für soziale Medien in: ebd., 251–271 • L. W. Bennett/A. Segerberg: The Logic of Connective Action. Digital Media and the Personalization of Contentious Politics, in: IC&S 15/5 (2013), 739–768 • T. Gillespie: The Politics of ‚Platforms', in: NM&S 12/3 (2010), 347–364. ALEXANDER FILIPOVIČ

## Soldat

I. Geschichtswissenschaftlich – II. Politikwissenschaftlich – III. Rechtlich

### I. Geschichtswissenschaftlich

#### 1. Begriff

*S.* ist ein Sammelbegriff für alle Personen, die in Streitkräften militärischen Dienst tun. S.en unterscheiden sich in die Gruppen der Offiziere, Unteroffiziere, Mannschaften. Als *S.* wird auch der unterste Dienstgrad der Mannschaften bezeichnet.

Der Begriff geht zurück auf das italienische *soldato* (= der in Sold Genommene), das sich wiederum aus dem spätlateinischen *solidus* (= gediegene Goldmünze) ableitet. Die Verwendung des Wortes *S.* lässt sich im deutschen Sprachraum erstmals im 16. Jh. nachweisen, setzte sich aber erst in der zweiten Hälfte des 17. Jh. durch. Nicht zu der Gruppe der S.en gehören Zivilangestellte der Streitkräfte, die v. a. in der Militärverwaltung tätig sind und deren juristische Stellung in der BRD durch das Beamtenrecht geregelt ist.

#### 2. Geschichte

Während des Mittelalters war der Adlige seinem Lehnsherrn zur Heerfolge verpflichtet und stellte Streitkräfte aus seinen Untervasallen und freien Bauern auf. Ab dem 14. Jh. entstanden in Europa dann in unterschiedlichen Zeitspannen und in verschiedener Größe Söldnerheere, in denen v. a. Männer dienten, die für ihren Militärdienst bezahlt wurden. Dabei handelte es sich nicht mehr um lehnsabhängige Vasallen, sondern um mittellose Handwerker, entflohene Leibeigene aber auch nachgeborene Adelssöhne. Der Begriff S. drückte diese neue Form der Rekrutierung aus. Die neuen S.en leiteten ihre Motivation v. a. aus der Bezahlung für einen nach Zeit und Raum begrenzten Kriegszug ab. Diese Söldner wechselten oftmals die Fronten und waren weder landmannschaftlich noch konfessionell gebunden. Entspr. hoch waren die Desertionsraten, denen man mit drakonischen Strafen Einhalt zu gebieten suchte. Mit dem Söldnerwesen entstand in verschiedenen Regionen Europas – etwa der Eidgenossenschaft, in Böhmen, in Schottland und in Albanien – aber auch ein überregional anerkannter Berufsstand professioneller S.en, die das immer anspruchsvollere Kriegshandwerk auch in kritischen Situationen auf hohem Niveau beherrschten.

Ideelle Beweggründe nahmen nach dem Dreißigjährigen Krieg (1618–48) an Bedeutung für die Motivation der S.en zu, insb. im 18. Jh. mit der Festigung staatlicher Strukturen und der Aufstellung zahlenmäßig bedeutender stehender Heere. Zumindest die Offiziere sahen sich immer mehr in einem Loyalitätsverhältnis zu ihrem Staat. Die einfachen S.en waren bis zur ↗Französischen Revolution in den meisten europäischen Ländern nach wie vor Söldner, die – anders als im 16. Jh. – meist zwangsweise verpflichtet waren.

Diese Entwicklung ist in weiten Teilen Europas mit der Französischen Revolution, der Idee des Nationalstaates und der Einführung der ↗Wehrpflicht vollendet worden. Damit waren alle männlichen Bürger einer bestimmten Altersgruppe (in Deutschland im Frieden i. d. R. bis zum 25. Lebensjahr, im Krieg bis zum 60. Lebensjahr) dazu verpflichtet, dem Staat im ↗Krieg, aber auch im ↗Frieden Militärdienst zu leisten und zwar unabhängig von Stand, Einkommen oder Konfession. Wenngleich Vorformen bereits in der Frühen Neuzeit existierten (insb. in Schweden), setzte sich die Wehrpflicht erst 1793 in Frankreich durch. Es folgten Preußen (1813) und mit zeitlichem Verzug die anderen Groß- und Mittelmächte, zuletzt Großbritannien (1916).

Damit veränderte sich die Bedeutung des Begriffs *S.* grundlegend. Er steht seitdem für den seinem (National-)Staat ideell verpflichteten Bürger (↗Bürger, Bürgertum) und grenzt sich von dem negativ besetzten Begriff des Söldners ab. Wenngleich heute die allermeisten Länder wieder von der Wehrpflicht abgegangen sind – in Deutschland wurde sie zum 1.7.2011 ausgesetzt – hat sich am Charakter des S.en offiziell nichts geändert. Er bleibt der dem eigenen ↗Staat zum treuen Dienen verpflichtete Bürger. S. kann man daher nur in der Armee des eigenen Landes werden. Daher sind die Mitglieder der Fremdenlegionen Frankreichs und Spaniens streng genommen keine S.en, sondern von ihrem Selbstverständnis her Söldnertruppen.

In den modernen Armeen wird zwischen *Berufs-S.en*, die den Streitkräften bis zum Erreichen des Pensionsalters angehören, und den *Zeit-S.en* unterschieden, die zwischen zwei und 15 Jahren Dienst tun und anschließend ins Zivilleben zurückkehren. Die weit überwiegende Mehrheit der S.en waren in der Moderne Wehrpflichtige, deren Dienstzeit in Deutschland über die Jahrzehnte stark schwankte und zwischen sechs und 36 Monaten betrug.

Wenngleich es seit der Antike einzelne Beispiele von S.innen gibt, wurden die Streitkräfte erst im 20. Jh. in stärkerem Maße für Frauen geöffnet. In den Weltkriegen war es üblich, Frauen als Nachrichtenhelferinnen oder als Krankenpflegerinnen einzusetzen. Einsätze bei den Kampftruppen blieben die große Ausnahme. Lediglich die Rote Armee setzte Frauen in größerer Zahl auch in kämpfenden Verbänden ein. Nach 1945 öffneten die USA ihre Streitkräfte schrittweise für S.innen, wobei die letzten Hürden erst 2016 beseitigt wurden. In der NVA durften Frauen von Anfang an im Sanitätsdienst oder der Nachschubtruppe Dienst tun. In der Bundeswehr waren sie seit 1975 als Ärztinnen, seit 2001 dann für alle Teilstreitkräfte zugelassen. Ihr Anteil in den Streitkräften betrug 2018 12 %.

### 3. Zivil-militärische Beziehungen

S.en hatten im Deutschen Kaiserreich eine herausgehobene gesellschaftliche Stellung, die wesentlich durch die siegreichen Einigungskriege (1864, 1866, 1870/71) begründet war. Das preußische Bürgertum stand vor 1866 dem *Soldatentum* noch skeptisch gegenüber, öffnete sich nach 1866 aber mehr und mehr dem ↑Militär. Abiturienten konnten einen auf ein Jahr verkürzten Wehrdienst leisten (Einjährig-Freiwillige) und anschließend Reserveoffizier werden. Mit der Vergrößerung und Technisierung der Streitkräfte spielte das deutsche Bürgertum in den Streitkräften bis 1914 eine immer größere Rolle.

Die im Kaiserreich nebeneinander existierende preußische, bayerische, sächsische und württembergische Armee wurden auf ihren jeweiligen König vereidigt. Am Vorabend des Ersten Weltkrieges war freilich die deutsche Nation der wohl wichtigste Bezugspunkt für die soldatische Loyalität. In der Weimarer Republik leisteten die S.en erstmals einen Eid auf die Verfassung, ab 1934 hingegen auf Adolf Hitler persönlich. Trotzdem sah sich das Militär neben der NSDAP als zweite unabhängige Säule des Staates. Spätestens mit der Übernahme des Oberkommandos der Wehrmacht durch A. Hitler im Mai 1938 war dies Makulatur. Die Wehrmacht war mittlerweile ein integraler Bestandteil des NS-Staates, in dem S.en so populär waren wie nie zuvor. Die Forschung ist sich indes nicht einig, welche Rolle die NS-Ideologie (↑Nationalsozialismus) für die rund 17 Mio. S.en der Wehrmacht konkret spielte. Ähnlich wie im Kaiserreich scheinen ↑Patriotismus und Kameradschaft eine weit stärkere Rolle für die Motivation gespielt zu haben als die NS-Ideologie.

Die BRD stellte mit der Beendigung des Besatzungsstatus 1955 Streitkräfte auf, die dem demokratischen ↑Rechtsstaat verpflichtet waren und einer umfassenden zivilen Kontrolle unterlagen. Die ↑Bundeswehr war damit eine in ihrer Struktur vollkommen neue Armee. Ihre S.en sollten Staatsbürger in Uniform sein, die als Verfassungspatrioten für den Wehrdienst motiviert waren. Mit dem Prinzip der Inneren Führung galt es die Werte und Normen des ↑GG auch im S.en-Alltag zur Anwendung zu bringen. Am 1.4.1956 trat erstmals ein SoldG in Kraft, in dem die Rechte und Pflichten der Angehörigen der Streitkräfte festgeschrieben waren. In welchem Ausmaß diese neuen Regelungen und Konzeptionen den Alltag der S.en wirklich beeinflussten ist bis heute strittig. Der Versuch, das Innenleben der Streitkräfte zu liberalisieren und zu modernisieren, konnte nicht verhindern, dass sich die Bundeswehr regelmäßig über die mangelnde staatsbürgerliche Motivation junger S.en beklagte und seit Ende der 1960er Jahre die Zahl der Wehrdienstverweigerer stetig anstieg. Dies lag auch daran, dass nach den Erfahrungen von Krieg und Verbrechen und einem ↑Wertewandel in der Gesellschaft der S.en-Beruf in der westdeutschen Öffentlichkeit wenig populär war.

Die Wiedervereinigung markierte eine wichtige Zäsur nicht nur für die Struktur der nun erheblich verkleinerten Bundeswehr, sondern auch für die Vorstellung von den Aufgaben des S.en. Mit dem Ende des ↑Kalten Krieges und den ersten Auslandseinsätzen in Kambodscha, Somalia und Bosnien schien der moderne S. eine neue Aufgabe als *miles protector* gefunden zu haben: Nicht mehr der Kampf im Krieg stand im Vordergrund, sondern das Retten, Helfen und Schützen in *out-of-area operations*. Die zivile Umdeutung des S.en-Berufes trug dazu bei, dass die Bundeswehr seit dem Ende des Kalten Krieges in der Gesellschaft ungleich populärer war als vor 1990. Allerdings hatte die Bundeswehr in Afghanistan zwischen 2008 und 2011 zahlreiche Gefechte gegen die Taliban zu bestehen, was das Konzept vom *miles protector* in der Einsatzrealität ein Stück weit ad absurdum führte. Es herrscht sowohl in der ↑Zivilgesellschaft als auch in den Streitkräften Unklarheit darüber, welche Aufgaben deutsche S.en im 21. Jh. mit welcher Motivation wie erfüllen sollen.

### Literatur

M. Bohnert/L. J. Reitstetter (Hg.): Armee im Aufbruch. Zur Gedankenwelt junger Offiziere in den Kampftruppen der Bundeswehr, 2014 • B. R. Kroener: Kriegswesen, Herrschaft und Gesellschaft 1300–1800, 2013 • Ders.: Militär, Staat und Gesellschaft im 20. Jahrhundert (1890–1990), 2011 • S. Neitzel/H. Welzer: Soldaten. Protokolle vom Kämpfen, Töten und Sterben, 2011 • A. Dörfler-Dierken/G. Kümmel (Hg.): Identität, Selbstverständnis, Berufsbild. Implikationen der neuen Einatzrealität für die Bundeswehr, 2010 • R. Pröve: Militär, Staat und Gesellschaft im 19. Jahrhundert, 2006.

SÖNKE NEITZEL

## II. Politikwissenschaftlich

Politikwissenschaftlich gesehen sind S.en Angehörige der regulären Streitkräfte eines ↑Staates, die in einer militärischen Dienstverwendung stehen (Aktivstand und Miliz- bzw. Reserve). Ihr Dienst ist auf den Einsatzfall ausgerichtet: primär auf den bewaffneten Kampf (Kriegsführung, militärische Gewaltausübung [↑Gewalt]), sekundär auf die Erfüllung gesellschaftlich notwendiger Aufgaben, für welche das militärische Organisationskönnen und zivil nutzbare Potential hilfreich ist (z. B. Katastrophenhilfe, Grenzschutz). Wegen ihrer

Wichtigkeit als staatliches Instrument wird den S.en meist auch eine bes. Rechtsstellung zugewiesen. Je nach Verfassungsordnung können sie von politischer Mitwirkung ausgeschlossen sein. Im demokratisch-pluralistischen ↑Rechtsstaat ist der S. allerdings stets ein Staatsbürger, wenngleich einer in Uniform und mit entspr.en Sonderregeln (s. etwa das deutsche SoldG).

In der Alltagssprache verweist der Begriff S. häufig auf mit ihm verbundene Sachverhalte, etwa soldatisches Verhalten und soldatische Tugenden. Oft werden die Begriffe S. und Kämpfer/Krieger auch synonym verwendet, z. B. bei der Rede von „Kinder-S.en". Besser ist aber ein präziser Begriffsgebrauch, der S.en als legitime Kombattanten i. S. d. Kriegsvölkerrechts unterscheidet von kriegsrechtlich illegitimen bewaffneten Kämpfern außerhalb staatlich organisierter und legitimierter Kampfverbände, also den Guerilleros (↑Guerilla), Partisanen und Terroristen. Ebenso ist der S. abzugrenzen vom Söldner, der als Angehöriger eines privaten Sicherheitsunternehmens zumal dort in Kämpfe geht, wo sich weder ein ↑Gewaltmonopol des Staates noch eine staatlich verantwortete Kriegführung durchsetzen lässt. Historisch gesehen meint „Söldner" denn auch einen professionellen S.en, der gegen Bezahlung („Sold" von lateinisch *solidus* für Goldmünze) für einen Dienstherrn während gewisser Zeit militärischen Dienst leistet. Söldnerheere modernisierten nach der Zeit der feudalen Truppenaufgebote die Kriegführung, entzogen sich beim Ausbleiben ihrer Bezahlung aber der politischen Kontrolle und wurden seit der Französischen Revolution – möglich dank zunehmender Identifizierung von Bürgern (↑Bürger, Bürgertum) mit ihren Staaten – durch Freiwilligenarmeen, Berufs-S.en und Wehrpflichtheere abgelöst. Die zivilisatorische Errungenschaft einer Entprivatisierung der Kriegführung durch deren Verstaatlichung gilt es in den jetzigen Zeiten vielfach zerfallender Staatlichkeit zu verteidigen gegen das Aufkommen eines modernen Söldnertums (s. etwa die im Dezember 1989 von der Generalversammlung der ↑Vereinten Nationen verabschiedete „Internationale Konvention gegen die Anwerbung, den Einsatz, die Finanzierung und die Ausbildung von Söldnern").

Dass mit den Massenheeren (↑Masse) und Weltkriegen des frühen 20. Jh. immer mehr Bürger zu S.en wurden, trug nach 1945 wesentlich dazu bei, dass die politikwissenschaftliche Forschung sich mit S.en v. a. im Rahmen der Themen Friedenssicherung, Kriegsverhütung und ↑Sicherheitspolitik beschäftigte. In den Vordergrund rückten Fragen wie die folgenden: Wie lässt sich der Primat der Politik in der nationalen und internationalen Politik sicherstellen? Wie sollen die zivil-militärischen Beziehungen einer Gesellschaft gestaltet sein, um die Wahrscheinlichkeit militärischer Gewaltanwendung zu minimieren? Welches Militär- bzw. Wehrsystem sowie welches S.en-Bild entsprechen am besten den Friedenspostulaten demokratisch-freiheitlicher Staaten?

Eine neuere politikwissenschaftliche Debatte zum Verhältnis von S. und Politik wurde 1957 angestoßen durch Samuel Phillips Huntingtons Buch „The Soldier and the State" (1957). Vertreten wurde dort die These, dass es zur Verteidigung der ↑Demokratie sowohl einer Stärkung der zivilen Macht als auch einer Professionalisierung der Streitkräfte bedürfe, letztere abgestützt auf das Berufssoldatentum mit einem hochspezialisierten Offizierskorps. Morris Janowitz ergänzte in „The Professional Soldier" (1960) S. P. Huntingtons Analyse der zivil-militärischen Beziehungen, lenkte sie aber in eine andere Richtung und diagnostizierte eine Tendenz der Angleichung zwischen Zivilem und Militärischem (↑Militär): Dem modernen S.en fielen zunehmend polizeiliche bzw. ordnungspolitische Aufgaben zu. Entspr. kamen Konzeptionen eines „postmodernen" bzw. „postheroischen" S.en auf.

Das faktisch enge Zusammenwirken zwischen politischen und militärischen ↑Eliten wurde seit dem Ende des Zweiten Weltkrieges nicht nur in autoritären, sondern auch in demokratisch-freiheitlichen Staaten sichtbar. Gefahren von Militärputschen gab es nämlich nicht nur in den Staaten Lateinamerikas, Afrikas oder Asiens, sondern zeitweise auch in europäischen Ländern. Also wurde auch aus demokratiepolitischer Sicht ein neues S.en-Bild wünschenswert, das den S.en nicht nur an den Staat, sondern außerdem an dessen demokratische Ordnung bindet. So entstand das demokratisch-liberale Leitbild des S.en als Staatsbürger in Uniform. Ihm gemäß leistet der S. einen auf den Friedenserhalt ausgerichteten, staatlich organisierten Dienst mit der Waffe. Obendrein gewährleistet der Primat der Politik eine umfassende, demokratisch-öffentliche und zivile Kontrolle der Streitkräfte. In Deutschland geht das bis hin zur rechtlichen Stellung der ↑Bundeswehr als einer „Parlamentsarmee".

Die Verbindung von demokratischem Staat und S.en beginnt dort zu erodieren, wo durch politische Integrationsschritte klassische Souveränitätsrechte des Staates (↑Souveränität), insb. seine alleinige Befugnis zur Kriegführung, auf supra- oder transnationale Entscheidungsebenen übertragen werden. Zwar gab es ein umfassendes multinationales Zusammenwirken von S.en bereits während des ↑Kalten Krieges; doch die Einsatzperspektive war auf die Abwehr einer sowjetischen Expansion eingegrenzt und somit im Kontext dessen, was die in der ↑NATO zusammenwirkenden Staaten als Ergebnis demokratischer Willensbildung wirklich zusagen konnten. Die heutige Vervielfältigung von Bedrohungsszenarien sowie der ↑europäische Integrationsprozess mit dem immer wieder geäußerten Wunsch nach einer europäischen Armee werfen deshalb neue, durchaus schwierige Fragen auf nach der Ausgestaltung der wechselseitigen Loyalität von „europäischen S.en" und den sie stellenden demokratischen Staaten. Ohne Demokratie auf europäischer Ebene ist jedenfalls so etwas wie eine nicht vorrangig an die europäischen Nationalstaaten gebundene, zugl. aber politisch kontrollierte und im Einsatzfall trotz womöglich divergierender nationaler Interessen zusammenhaltende europäische Armee schwer zu schaffen.

Seitens der feministischen politischen Theorie (↑Feminismus) wird der Zusammenhang zwischen Soldatentum und Männlichkeit bzw. patriarchaler Gesellschaftsstruktur thematisiert. Tatsächlich waren S.en in der bisherigen Geschichte fast immer Männer, was die Rolle des S.en zutiefst prägte. Auch wurde die spätere ↑Wehrpflicht meist nur Männern auferlegt. Das Verlangen nach Frauenemanzipation (↑Emanzipation) begann inzwischen den männerbündischen Charakter von Streitkräften aufzulösen. Die Streitkräfte fast aller Länder bestehen mittlerweile auch aus S.innen. Strategien zum Umgang mit sich daraus ergebenden Rollenherausforderungen beim Zusammentreffen von Geschlechtlichkeit, Kameradschaft und militärischen Hierarchiebeziehungen (↑Hierarchie) sind deshalb zum spannenden Gegenstand der Militärsoziologie geworden.

#### Literatur

S. Gareis/P. Klein (Hg.): Hdb. Militär und Sozialwissenschaft, 2006 • C. Moskos/J. A. Williams/D. R. Segal (Hg.): The Postmodern Military. Armed Forces after the Cold War, 2000 • Vereinte Nationen Generalversammlung: Internationale Konvention gegen die Anwerbung, den Einsatz, die Finanzierung und die Ausbildung von Söldnern, 44/34, 1989 • M. Janowitz: The Professional Soldier: A Social and Political Portrait, 1960 • S. P. Huntington: The Soldier and the State: The Theory and Politics of Civil-Military Relations, 1957.

FRANZ KERNIC

### III. Rechtlich

#### 1. Grundlagen

S. ist, wer aufgrund eines öffentlich-rechtlichen Dienstverhältnisses Angehöriger der Streitkräfte ist. Der rechtlichen Ausgestaltung des S.en-Verhältnisses liegen in der BRD die Konzepte des Staatsbürgers in Uniform und der Inneren Führung der Bundeswehr zugrunde, die darauf zielen, funktionsfähige Streitkräfte mit demokratischer Rechtsstaatlichkeit (↑Rechtsstaat) im Lichte des Primats des Zivilen zu verbinden.

##### 1.1 Soldat im Sonderstatusverhältnis

Die Geltung der ↑Grundrechte ergibt sich als *argumentum e contrario* aus Art. 17a Abs. 1 GG i. V. m. Art. 1 Abs. 3 GG. Der Artikel ermöglicht die Ausübung bestimmter Grundrechte zu beschränken, die jenseits des S.en-Verhältnisses höheren Eingriffshürden unterliegen. § 6 SoldG erlaubt die Beschränkung weiterer Rechte für die Erfordernisse des militärischen Dienstes durch gesetzlich begründete Pflichten. Grundlage hierfür ist der Verfassungsauftrag des Art. 87a Abs. 1 S. 1 GG, Streitkräfte zur Verteidigung aufzustellen, aus dem sich der verfassungsmäßige Rang der Funktionsfähigkeit der ↑Bundeswehr innerhalb der Grenzen der verfassungsmäßigen Ordnung ergibt. Die Bundeswehr ist so auszugestalten, dass sie ihren militärischen Aufgaben gewachsen ist (BVerfGE 28,36 [47]), so dass S.en weitreichenderen Begrenzungen unterworfen werden dürfen als Zivilisten.

##### 1.2 Wehrdienstverhältnisse

Das SoldG unterscheidet drei Formen von Wehrdienstverhältnissen: den Berufs-S.en und den S. auf Zeit als öffentliche Dienstverhältnisse sowie das Wehrdienstverhältnis aufgrund freiwilligen Wehrdienstes als öffentliche Dienstleistungspflicht. Die Bundeswehr ist gegenwärtig wegen der Aussetzung der ↑Wehrpflicht als eine reine Freiwilligenarmee konzipiert. Alle Streitkräftelaufbahnen sind Frauen eröffnet.

#### 2. Zivile Kontrolle

Der Grundsatz der zivilen Kontrolle wird u. a. über die innere Organisation der Streitkräfte verwirklicht, erfordert die Zuweisung des Oberbefehls an eine zivile Führung und verlangt, dass das ↑Wehrrecht die Unterwerfung des S.en unter diese Führung absichert.

##### 2.1 Befehl und Gehorsam

Das S.en-Verhältnis ist durch Befehl und Gehorsam geprägt. Der Befehl ist „eine Anweisung zu einem bestimmten Verhalten, die ein militärischer Vorgesetzter einem Untergebenen […] mit dem Anspruch auf Gehorsam erteilt" (§ 2 Nr. 2 WStG). Indem nur Anweisungen militärischer Vorgesetzter als Befehl gelten, wird gesetzlich abgesichert, dass die Streitkräfte nicht von Zivilisten von außen kommandiert und so für partikulare Interessen missbräuchlich eingesetzt werden können. Vorgesetzter ist, wer eine bestimmte militärische Organisationseinheit führt und damit befugt ist, den unterstellten S.en Befehle zu erteilen. Das Gesetz knüpft für die Vorgesetztenstellung vorrangig an die Dienststellung an. Die Anknüpfung an die Anforderungen der Aufgabe und nicht allein die ↑Hierarchie trägt dem Gedanken des Staatsbürgers in Uniform Rechnung, weil sie Kompetenz über Seniorität stellt.

##### 2.2 Rechtswidrige Befehle

Im Lichte von Art. 20 Abs. 3 GG und Art. 1 Abs. 3 GG muss jeder Befehl im Einklang mit der verfassungsmäßigen Ordnung, den ↑Gesetzen, den ↑Rechtsverordnungen, den Dienstvorschriften und dem Völkerrecht stehen. Bei einem rechtswidrigen Befehl entsteht für den S.en eine Kollision zwischen seiner Pflicht zum Gehorsam und zur Gesetzestreue. Diese Kollision wird durch den Grundsatz des verbindlichen Befehls aufgelöst. Der S. darf auf die Rechtmäßigkeit vertrauen und muss den Befehl befolgen. Die Vermutung wird nur aufgehoben, wenn der Befehl die ↑Menschenwürde verletzt oder nicht zu dienstlichen Zwecken erteilt wurde. Hier hat der S. ein Recht zum Ungehorsam. Ihn kann aber die Pflicht zur Einlegung von Rechtsbehelfen treffen. Einen Befehl, durch den eine Straftat begangen würde, darf der S. nicht befolgen.

#### 2.3 Dienstpflichten und Rechte

Zu den Dienstpflichten des S.en gehören: die Pflicht zum treuen Dienen, die Pflicht, sein Land zu verteidigen, die Gehorsamspflicht, die Pflicht zu diszipliniertem Verhalten, die Pflicht, seinen Vorgesetzten zu achten, die Wohlverhaltenspflicht und die Pflicht, für die Erhaltung der ↑freiheitlichen demokratischen Grundordnung einzutreten.

Zu den Rechten gehören v.a. Beschwerde- und Beteiligungsrechte. Im Lichte der ↑Generalklausel des §1 Abs. 1 S. 1 WBO und von Art. 19 Abs. 4 GG kann der S. gegen jede Beeinträchtigung seiner Rechtsposition die Entscheidung eines Gerichts herbeiführen, so dass der Bereich des inneren Gefüges der Streitkräfte der umfassenden zivilen gerichtlichen Kontrolle geöffnet ist. Die ↑Vereinigungsfreiheit ist im Rahmen der allg.en Verfassungsschranken gewährleistet, so dass S.en eine Mitgliedschaft in Berufsverbänden erlaubt ist.

S.en sind in begrenztem Umfang zu politischer Neutralität zur Aufrechterhaltung der militärischen Disziplin verpflichtet. Nur während des Dienstes und innerhalb militärischer Anlagen besteht ein politisches Betätigungsverbot. Ansonsten gelten Mäßigungs- und Achtungsgebote. Die Entscheidung, parteipolitische Aktivitäten zuzulassen, ist eine Abkehr vom strikten Neutralitätsgebot der Weimarer Republik. Zugl. verpflichtet §33 Abs. 1 SoldG den Dienstherrn, den S.en staatsbürgerlichen Unterricht zu erteilen, und begründet einen gerichtlich durchsetzbaren Rechtsanspruch des S.en auf Erteilung dieses Unterrichts.

### 3. Soldat im Völkerrecht

S.en haben als Angehörige der Bundeswehr in einem international bewaffneten Konflikt grundsätzlich den Kombattantenstatus inne. Die organschaftliche Zuordnung ist entscheidend für die Berechtigung, unmittelbar an den Kampfhandlungen teilzunehmen (Art. 43 Abs. 2 ZP I [Zusatzprotokoll zu den Genfer Abkommen vom 12.8.1949 über den Schutz der Opfer internationaler bewaffneter Konflikte]) und im Einklang mit dem ↑Völkerrecht Schädigungshandlungen auszuführen. Für die bloße Vornahme von Kampfhandlungen dürfen Kombattanten nicht bestraft werden. Verstoßen sie gegen das humanitäre Völkerrecht, können sie sich nach ↑Völkerstrafrecht verantwortlich machen. Sie haben Anspruch auf den Status eines ↑Kriegsgefangenen.

Wer nicht Kombattant ist, aber unmittelbar an Kampfhandlungen teilnimmt, verliert den Schutz des Zivilisten, kann Ziel eines militärischen Angriffs sein, hat keinen Kriegsgefangenenstatus und ist für die bloße Teilnahme an den Kampfhandlungen strafrechtlich verantwortlich. Es gelten aber die Minimalgarantien des Art. 75 ZP I. Dies betrifft z.B. Söldner und u.U. Angehörige privater Militärunternehmen.

Der Einsatz von Söldnern im Rahmen der Dekolonisierungsprozesse der 60er Jahre hat zu Bemühungen geführt, den Einsatz von Söldnern zu verbieten (OAU Konvention zur Eliminierung des Söldnerwesens; UN Söldner-Konvention). Art. 47 Abs. 1 ZP I hat den Söldnern den Status eines Kombattanten und Kriegsgefangen entzogen.

#### Literatur

W. Scherer u.a.: Soldatengesetz, [10]2018 • S. von Kielmansegg: Grundrechte im Näheverhältnis, 2012. HEIKE KRIEGER

## Solidarität

I. Sozialethisch – II. Rechtlich – III. Soziologisch

### I. Sozialethisch

#### 1. Einleitung

Der politisch-soziale Begriff der S. entzieht sich einer klaren definitorischen Bestimmung. Er entstand im Frankreich des frühen 19. Jh., erlebte seinen ersten Höhepunkt im Umfeld des Revolutionsjahres 1848 und entwickelte sich seitdem – nicht ausschließlich, aber überwiegend – zu einem emphatisch aufgeladenen Programmbegriff politisch-moralischer Selbstverständigung, v.a. in der ↑Arbeiterbewegung. Der semantische Gehalt der S. bewegt sich in den Schnittfeldern juristischer, sozialwissenschaftlicher und politisch-ethischer Begriffsbildung und war lange Zeit weit davon entfernt, primär oder gar ausschließlich als Moralkategorie gefasst zu werden. Heute dominiert jedoch eine moralische Engführung, in der S. zumeist zur Bezeichnung eines ethischen Grundprinzips, einer moralischen Tugend oder emotionaler Verbundenheitsgefühle in Kontexten sozialer Kleingruppen o.ä. dient. Damit verliert diese Kategorie aber elementare Bedeutungsschichten, die ihren Sinngehalt von Anfang an kennzeichneten und bis heute ihre Unverwechselbarkeit ausmachen. Der Begriff verdankt seine Erfolgsgeschichte im 19. und 20. Jh. nämlich einer Kombination aus analytisch-deskriptiven, normativ-appellativen und moralisch-affektiven Bedeutungsgehalten, mit denen sich das Konzept der S. anschickt, in spezifischer Weise postliberale Grundlagen für die normative Selbstverständigung spätmoderner Gesellschaften zur Verfügung zu stellen.

#### 2. Solidarität im Kontext der Februar-Revolution von 1848

Erste Spuren des aus der römischen Rechtstradition (*obligatio in solidum*; wechselseitige ‚Solidarhaftung', Bürgschaft) in die ↑politische Sprache eingewanderten Begriffs der *solidarité*, der zunächst nur als Synonym für *solidité* fungierte, finden sich in der frühsozialistischen

Literatur der 1820er und 1830er Jahre, etwa bei Charles Fourier. In diesem Kontext tauchte *solidarité* 1842 erstmals als Titel einer politischen Schrift auf (Hippolyte Renaud). Aber auch in der liberalen Nationalökonomie (Frédéric Bastiat) und der katholischen Restaurationsphilosophie (Juan Donoso Cortés) vermochte dieser neue Topos zu reüssieren. In der Revolution von 1848 avancierte er dann zur zentralen Referenzformel für die Bemühungen um den Aufbau einer sozialen und demokratischen Republik. In diesem Sinne propagierte Pierre Leroux das republikanische Konzept einer egalitären „solidarité humaine" (Leroux 1863: 254), die er gegen die überkommene „charité du christianisme" (ebd.) in Stellung brachte; und Charles Renouvier formulierte in seinem „Manuel républicain de l'homme et du citoyen" (1848): „Die Solidarität ist im Guten wie im Schlechten ein Gesetz der Menschheit; es ist keinem Menschen gegeben, sich allein zu retten oder zu verlieren; kein Mensch ist gut, intelligent oder glücklich, solange andere leiden" (zit. n. Große Kracht 2017: 62). Nach 1848 wurde S. zunehmend zu einer Domäne der sozialistischen Arbeiterbewegung, die vielfach auch ihre Selbsthilfeinitiativen, Gesangsvereine und Gaststätten auf diesen Namen taufte. Der Begriff markiert hier soziale Selbstorganisationsprozesse i. S. einer klassenspezifischen „Kampf- und Interessen-S." und begann als solcher über Frankreich hinaus ganz Europa zu erfassen.

### 3. Solidarität bei Auguste Comte und Émile Durkheim

Parallel dazu entstand ein strikt soziologisch gefasster Begriff der S., der am Phänomen zunehmender Arbeitsteilung ansetzt. A. Comte hatte seit den 1830er Jahren eine sich am Vorbild der Biologie orientierende „Wissenschaft von der Gesellschaft" konzipiert und in diesem Rahmen einen „wissenschaftlichen Begriff der Solidarität" (Comte 1923: 255) entwickelt. Wie die Biologie nicht das Einzelorgan, sondern den Organismus als Ganzen zum Ausgangspunkt ihrer Beobachtungen mache, so müsse man auch im Blick auf die Gesellschaft davon ausgehen, dass das Ganze eine Existenz *sui generis* habe und über höhere Fähigkeiten verfüge als seine Einzelelemente. Zur Bezeichnung dessen, was diese Organismen strukturiert, rekurriert A. Comte auf die Vokabel der *solidarité*. Denn wie „die wachsende Vollkommenheit des tierischen Organismus vor allem in der immer mehr hervortretenden Spezialisierung der mannigfachen Funktionen besteht, die von den mehr und mehr unterschiedenen und gleichwohl streng solidarischen Organen ausgeführt werden, aus denen er sich allmählich zusammensetzt" (ebd.: 427), so sei auch der „eigentümliche Charakter unseres sozialen Organismus" mit seiner „notwendigen Überlegenheit über jeden individuellen Organismus" (ebd.) durch arbeitsteilige Spezialisierung gekennzeichnet. Und geradezu begeistert fragt A. Comte, ob man irgendwo „ein wunderbareres Schauspiel" sehen könne „als diese regelmäßige und fortgesetzte Konvergenz einer unzähligen Menge von Individuen, von denen jedes einzelne eine ganz bestimmte und bis zu einem gewissen Grade unabhängige Existenz besitzt, und die gleichwohl alle [...] unaufhörlich geneigt sind, durch eine Unzahl verschiedener Mittel zu ein und derselben allgemeinen Entwicklung beizutragen, ohne sich für gewöhnlich darüber verständigt zu haben, ja sogar meist ohne daß die Mehrzahl von ihnen es weiß, die nur ihren persönlichen Trieben zu gehorchen meinen?" (ebd.: 427 f.). A. Comte hat mit dieser Beobachtung einen radikalen Bruch mit den aus der Aufklärungsphilosophie (↑Aufklärung) stammenden vertragstheoretischen Konstruktionen von ↑Staat und Gesellschaft vollzogen. Er steht damit an der Schwelle zu einer neuen, sich von liberalen auf solidaristische Theoriemotive umstellenden Sozialtheorie der spätmodernen ↑Industriegesellschaften, auch wenn er in seinem Spätwerk – mit der Idee eines allumfassenden „gouvernement spirituel" (Comte 1848: 373) zur kollektiven Verehrung des „Grand-Être" (ebd.) des sozialen Lebens – in totalitäre Verstrickungen (↑Totalitarismus) gerät und sich als ernstzunehmender Gesellschaftstheoretiker der politischen Moderne selbst zu Fall bringt.

Mit É. Durkheim sollte sich die *solidarité* dann endgültig als Grundtopos der Soziologie etablieren. Auch für ihn ist die S. ein „fait social" (Durkheim 1894: 35) moderner arbeitsteiliger Gesellschaften. Im Unterschied zur segmentären Differenzierung archaischer Gesellschaften („solidarité mécanique" [Durkheim 1893: 73]) vollzögen sich hier Prozesse der Spezialisierung und Individualisierung, in deren Rahmen die zunehmende „soziale Dichte" die Mitglieder dieser Gesellschaften immer enger „organisch" miteinander verbinde („solidarité organique" [ebd.: 106]). Diese würden dadurch – so lautet É. Durkheims berühmte Formel aus dem Jahr 1893 – „zu gleicher Zeit persönlicher und solidarischer" (Durkheim 1992: 82), da sie in diesem Differenzierungsprozess einerseits individueller und autonomer, zugl. aber auch abhängiger voneinander werden. Demnach kennzeichnen sich moderne ↑Gesellschaften dadurch, dass sie in einem gleichgerichteten Entwicklungsprozess S. und wechselseitige Abhängigkeit ebenso wie differenzierte Individualität und Chancen freier Selbstentfaltung hervorbringen. In diesem Sinne hatte der republikanische Philosoph Alfred Jules Émile Fouillée schon 1880 vom gleichzeitigen „l'accroissement de la vie individuelle et l'accroissement de la vie sociale" (Fouillée 1885: V) gesprochen.

É. Durkheim bringt seine Hoffnung auf eine sich mit der Zeit aus der Arbeitsteilung entwickelnde „organische S." explizit gegen die ↑Vertragstheorien der liberalen Tradition in Stellung, die die Phänomene der Arbeitsteilung auf bewusst eingegangene Tauschbeziehungen rationaler Marktteilnehmer zurückführen. Anders als die Naturrechtslehren (↑Naturrecht) des politischen ↑Liberalismus geht er nicht mehr von der Fiktion eines im „aufgeklärten Eigeninteresse" (Tranow 2012: 13) handelnden ↑Individuums aus, sondern von der sozialen Komplexität moderner Massengesellschaften, in denen alles mit allem zusammenhängt, wobei erst diese *de facto*-S.en den Einzelnen die gesellschaftlichen Spielräume eröffnen, in denen sie sich zu differenzierten Persönlichkeiten entwickeln können.

### 4. Solidarität im französischen solidarisme

Damit war im Frankreich des späten 19. Jh. sozialwissenschaftlich und sozialethisch ein neues Reflexionsniveau erreicht, auf dem es der Dritten Republik möglich wurde, den abstrakten, aber geschichts- und gesellschaftslosen Freiheits- und Gleichheitsbegriff der Aufklärung mit den neuen solidaritätstheoretischen Einsichten der Soziologie in Einklang zu bringen und diese für die nun anstehenden Aufgaben einer politischen ↑Legitimation des entstehenden republikanischen ↑Wohlfahrtsstaates zu nutzen.

In diesem Rahmen veröffentlichte der Jurist und Politiker Léon Bourgeois im Jahr 1896 sein innerhalb weniger Jahre sehr populär gewordenes, bis heute jedoch nicht ins Deutsche übersetztes Manifest „Solidarité" (Bourgeois 2008). Er wurde damit zur Leitfigur der linksrepublikanischen Reformbewegung des *solidarisme*, der um die Jahrhundertwende eine zwischen wirtschaftsliberalem ↑Individualismus und marxistischem ↑Sozialismus vermittelnde Gesellschaftskonzeption in den Blick nahm, mit deren Hilfe breit angelegte Projekte staatlicher ↑Sozialpolitik auf den Weg gebracht werden sollten. Mit den solidaristischen Einsichten in die wechselseitigen sozialen Abhängigkeiten der Individuen wurde eine Politik der öffentlichen Hygiene, der ↑Sozialversicherung und der kostenlosen Schulbildung initiiert, auch wenn diese Reformbewegung nach dem Ersten Weltkrieg bald wieder abebbte.

L. Bourgeois nahm eine neue Theorie sozialer ↑Gerechtigkeit auf dem Problemniveau komplexer Industriegesellschaften in den Blick. Aus der Tatsache der sozialen S. folgt für ihn nämlich unmittelbar eine „soziale Schuld" *(dette sociale)* (Bourgeois 1907: 45) aller gegenüber allen: „Der Mensch lebt in der Gesellschaft und kann nicht ohne sie leben; er ist zu jeder Stunde ihr gegenüber ein Schuldner *(débiteur)*. Dies ist die Grundlage seiner Pflichten, die Belastung *(la charge)* seiner Freiheit" (Bourgeois 2008: 83 übers. v. Autor). Die republikanische Trias von ↑Freiheit, ↑Gleichheit und Brüderlichkeit will er deshalb durch die solidaristische Trias von S., Gleichheit und Freiheit ersetzen: „Die Solidarität ist das erste Faktum, vorgängig zu jeder sozialen Organisation; sie ist zur gleichen Zeit der objektive Seinsgrund der Brüderlichkeit. Mit ihr muss man anfangen. Solidarität zuerst, dann Gleichheit oder Gerechtigkeit, die in Wahrheit identisch sind, schließlich: Freiheit" (ebd.: 122 f. übers. v. Autor).

Die „solidarité de fait" (Bourgeois 1907: 36) rufe stets soziale Effekte hervor, „von denen die einen profitieren und unter denen die anderen leiden, und dies in sehr ungleicher Weise" (Bourgeois 1907: 9 übers. v. Autor). Sie produziere „auf der einen Seite diejenigen, die im Besitz einer sehr großen Summe sozialer Vorteile sind und die davon profitieren, ohne wirklich ihre Schuld gegenüber allen bezahlt zu haben – und die dabei ihren Teil so verteidigen, als wäre es ihr Recht; sie begehen damit eine Hinterziehung [...]. Auf der anderen Seite [produziert sie, Anm. des Autors] jene, die um den größten Teil der sozialen Vorteile beraubt sind und das Gefühl haben, dessen Gläubiger zu sein – sie leiden, sie fühlen sich betrogen, sie beanspruchen ihren Anteil, aber sie können nicht genau das Ausmaß des Schadens ermessen, der ihnen zugefügt wurde, oder die Rechtmäßigkeit ihres Anspruchs kalkulieren [...]" (Bourgeois 2008: 114 übers. v. Autor). Ohne den radikalen Umgestaltungsambitionen der Sozialisten das Wort zu reden, komme es deshalb darauf an, im Rahmen sozialreformerischer Politik „diejenigen bezahlen zu lassen, die keine Anstrengungen unternehmen müssen, um nicht nur das Notwendige, sondern auch den Überfluss des Lebens zu haben und dabei meinen, sie könnten dieses frei genießen, ohne persönlich etwas zu schulden" (ebd.: 144 f. übers. v. Autor). L. Bourgeois präsentiert den Profiteuren des gesellschaftlichen Solidarzusammenhangs also gewissermaßen eine „soziale Rechnung", deren Begleichung er für eine unmittelbare Rechtspflicht hält, auch wenn die Höhe dieser Schuld nicht individuell zu ermitteln sei.

Dieses solidaristische Rechtsmotiv verknüpft L. Bourgeois nun – und darin liegt seine theoretische Originalität – mit der liberalen Vertragstheorie. Dazu greift er auf das schon von A. J. É. Fouillée verwendete Motiv eines „quasi-contrat[s]" (Bourgeois 2008: 88) zurück, der nicht durch anfängliche Übereinstimmung aus den Bedingungen eines fiktiven Urzustandes, sondern durch nachträgliche Zustimmung aus den realen S.s- und Abhängigkeitsverhältnissen der Gegenwart heraus zustande kommt. In einem rückwirkenden Vertrag gehe es um die Frage, wie man mit den Resultaten der sozialen S. und der sich zunehmend verfestigenden ↑sozialen Ungleichheiten politisch umgehen will. Und da nicht zu erwarten sei, dass die durch die *solidarité de fait* überproportional Benachteiligten einem solchen Vertrag ohne angemessene Kompensationsleistungen zustimmen werden, sei die Gewährleistung einer entspr.en „justice réparative" (Fouillée 1885: 357) eine der zentralen ↑Staatsaufgaben.

### 5. Solidarität in Deutschland und im katholischen Solidarismus

In Deutschland durchlief der Begriff der S. keine mit Frankreich vergleichbare Theoriegeschichte. Zwar entwickelte er auch in der deutschen Arbeiterbewegung eine hohe moralische Strahlkraft; in den Diskursen der deutschen ↑Staatswissenschaften war er aber nicht präsent; und die sozialpolitischen Aufbrüche der Bismarck-Zeit kamen ohne die Leitsemantik der S. aus. Lediglich in der Sozialdemokratie, etwa bei Ferdinand Lassalle, spielte der Begriff mitunter auch in seinem sozialwissenschaftlichen Bedeutungsgehalt eine gewisse Rolle. Die vielleicht schönste Formulierung des modernen S.s-Gedankens im deutschen Sprachraum, die aus einem privaten Brief Kurt Eisners stammt, blieb aber nahezu unbeachtet. K. Eisner schreibt hier im Jahr 1908: „Nein, nichts mehr von Liebe, Mitleid und Barmherzigkeit. Das kalte, stahlharte Wort Solidarität aber ist in dem Ofen des wissenschaftlichen Denkens geglüht. [...] Die Solidarität hat ihre Wiege im Kopf der Menschheit, nicht im Gefühl. Wissenschaft hat sie gesäugt, und in der großen Stadt, zwischen Schloten und Straßenbahnen ist sie zur Schule gegangen. Noch hat sie ihre Lehrzeit nicht abgeschlossen. Ist sie aber reif geworden und allmächtig, dann wirst Du erkennen, wie in diesem harten Begriff das heiße Herz einer Welt von neuen Gefühlen und das Gefühl einer neuen Welt leidenschaftlich klopft" (Eisner 1919: 56).

Die Aufbrüche des *solidarisme* wurden in Deutschland überraschenderweise nur von der neuscholastisch geprägten katholischen ↑Sozialphilosophie rezipiert, und zwar von Heinrich Pesch SJ, dem Gründervater des katholischen Solidarismus. Auch H. Pesch verwendet die Kategorie der S. zunächst sozialwissenschaftlich zur Bezeichnung für „das ganze Getriebe und Gewebe des wirtschaftlichen Lebens mit seinen unzähligen Relationen, seinem Anziehen und Abstoßen, seiner Gemeinschaft und Feindschaft" (Pesch 1902: 48). Jedoch ortet er diese soziologische *de facto*-S. sofort in den Kategorienrahmen der neuscholastisch-thomistischen Sozialdoktrin ein, auf die seinerzeit die gesamte katholische Sozialphilosophie lehramtlich verpflichtet war. Demnach biete die soziale Komplexität der modernen Wirtschaftsverhältnisse dem Betrachter „nicht nur das Bild einer bloß thatsächlichen Abhängigkeit"; vielmehr erkenne „die vernunftgemäße teleologische Auffassung und Beurteilung" darin zugl. auch „das Mittel für ein Ziel, das durch und in jener Abhängigkeit und Verknüpfung erreicht werden kann und pflichtmäßig erreicht werden soll" (ebd.: 48): „das materielle Wohl der Gesamtheit des Volkes und der diese Gesamtheit bildenden Berufsgruppen, Klassen, Stände" (ebd.: 49).

Die *de facto*-S. wechselseitiger Arbeitsteilung bildet hier den Ausgangspunkt, von dem aus H. Pesch – vermittelt über das thomistische Naturrechtsdenken (↑Thomismus) – die normative Geltungskraft des S.s-Prinzips, d. h. „die Bedeutung der Solidarität als allg.er sozialer Rechtspflicht für Regierung und Volk" (ebd.: 309), offenlegen und begründen will. Vor diesem Hintergrund zielt die solidaristische Idee für H. Pesch zentral auf die – freilich gegen die Gefahr einer Missachtung der individuellen Freiheitsrechte der Einzelnen nicht immer hinreichend geschützte – Einsicht in die „Mitverpflichtung und – in gewissem Umfange – auch die Mitverantwortlichkeit aller Individuen, Gruppen, Stände im Hinblick auf das Gemeinwohl der ganzen staatlichen Gesellschaft. Anders ausgedrückt: Der individuelle Wille, das individuelle oder auch Gruppeninteresse muß sich den Forderungen des sozialen Rechtes, dem höheren Rechte und Wohle der gesellschaftlichen Gesamtheit positiv und negativ anpassen, eventuell sich beugen und opfern nach Maßgabe der für die Rechtskollision geltenden Grundsätze" (ebd.: 316). Um die Kluft zwischen Sein und Sollen, bloß „thatsächlicher Abhängigkeit" und der „soziale[n] Rechtsforderung" (ebd.: 312) zu überwinden, kommt für den neuscholastischen (↑Scholastik) Jesuiten H. Pesch nur eine feste sozialmetaphysische Grundlage dieser Verpflichtung in Frage, die sich einzig in der göttlichen Schöpfungsordnung finden lasse. Der *solidarisme* L. Bourgeois' entfalte dagegen, wie H. Pesch betont, keine hinreichende Verpflichtungskraft, da er unfähig sei, „von der thatsächlichen Solidarität die Brücke zu schlagen zur sittlichen Solidarität" (ebd.: 308). Die Geltung der S. könne nämlich nicht von vertraglichen Zustimmungen abhängen. Sie habe vielmehr „als soziales Gesetz jederzeit unabhängig von der Willkür der Individuen und eventuell auch gegen deren Willen zur Durchsetzung zu gelangen" (ebd.: 309).

H. Peschs katholischer Solidarismus nimmt also sozialwissenschaftliche Einsichten in die zunehmende Relevanz arbeitsteilig induzierter Abhängigkeitsverhältnisse ebenso auf wie die historische Einsicht seiner Zeit, dass die liberalen Konzepte individueller und assoziativer Selbsthilfe nicht mehr ausreichen, um die sozialen Probleme der Industriegesellschaft zu lösen. Während sich seit den 1890er Jahren und später im westdeutschen Sozialkatholizismus die Einsicht in die Notwendigkeit dieses Perspektivenwechsels von Selbsthilfe und Almosen zu staatlicher Sozialpolitik allmählich durchsetzte, ist das Motiv der *de facto*-S. im Schrifttum des ↑sozialen Katholizismus bis dahin in keiner Weise rezipiert worden. H. Pesch hat hier Pionierarbeit geleistet, auch wenn er sich mit dem Rekurs auf die Interpretationsmuster der neuscholastischen Naturrechtsteleologie die gerade erst eröffneten Chancen für einen Dialog mit den nachmetaphysischen Plausibilitäten der politischen ↑Moderne gleich wieder verbaute.

Der katholische Solidarismus wurde im 20. Jh. v. a. von Oswald von Nell-Breuning und Gustav Gundlach vertreten. Beide betonten dabei immer wieder, dass der Begriff der S. nicht primär auf eine Tugend oder Gesinnung, sondern auf ein „gesellschaftliche[s] Sein" (von Nell-Breuning 1951: 359), einen „Wesensverhalt" (ebd.: 361) des sozialen Lebens ziele, d. h. auf die mit der Sozialnatur des Menschen sozialmetaphysisch gegebene wechselseitige Abhängigkeit von ↑Individuum und ↑Gemeinschaft, mit der sich das Doppelmotiv von „Gemeinverstrickung" (von Nell-Breuning 1951: 363) und „Gemeinverhaftung" (ebd.) verbinde. O. von Nell-Breuning beschrieb diesen Zusammenhang gerne mit der Metapher vom „gemeinsamen Boot": „wir fahren alle in einem Boot; sinkt das Boot, so gehen wir alle unter [...]. Das sind keine ‚ethischen Postulate', sondern ganz nüchterne Tatsachen; sind diese Tatsachen aber erst einmal richtig erkannt, dann allerdings ergeben sich aus ihnen sittliche Gebote: Rechte und Pflichten für die Schiffsleitung, wie auch Rechte und Pflichten für alle Insassen des Fahrzeugs" (von Nell-Breuning 1951: 361). V. a. bei G. Gundlach traten jedoch die soziologisch-empirischen Kontexte gegenüber den abstrakten metaphysischen Sozialprinzipien mit der Zeit deutlich zurück, so dass der Solidarismus H. Peschs zunehmend an empirischer Plausibilität verlor. Heute gilt er auch innerhalb des ↑Katholizismus zumeist als eine vergangene, für heutige Diskurslagen wenig anschlussfähige Theorietradition. Dennoch gehört die Kategorie der S. – neben Personalität (↑Personprinzip) und ↑Subsidiarität – zu den drei zentralen ↑Sozialprinzipien der ↑katholischen Soziallehre; und zwar genau in ihrer zwischen Faktizität und Normativität changierenden Bedeutung. So bezeichnet etwa Johannes Paul II. die Haltung der S. in seiner Enzyklika „Sollicitudo rei socialis" von 1987 als angemessene Antwort auf das Faktum zunehmender wechselseitiger Abhängigkeit. Sie sei „kein Gefühl vagen Mitleids", sondern die „feste und beständige Entschlossenheit, sich für das ‚Gemeinwohl' einzusetzen, das heißt für das Wohl aller und eines jeden, weil wir für alle verantwortlich sind" (Sollicitudo rei socialis 38,6).

### 6. Solidarität im Gegenwartsdiskurs

In der Nachkriegszeit erlebte der Begriff der S. eine enorme politisch-moralische Erfolgsgeschichte, zugl. aber auch eine deutliche soziologische Entkernung. Zunächst in der ↑SPD (Godesberger Programm 1959), dann auch in der Parteiprogrammatik der ↑CDU avancierte S. neben Freiheit und Gerechtigkeit zu einem emphatisch aufgeladenen politischen „↑Grundwert", wobei dessen spezifisches „Wert"-Profil rechts- und moralphilosophisch weithin unklar blieb. Im soziologischen Diskurs der Gegenwart spielt die Kategorie der de facto-S. keine konstitutive Rolle mehr; sie wird hier zumeist nur noch als soziales Kleingruppenphänomen thematisiert. Dafür nimmt S. in der Sozialethik einen sehr breiten Raum ein. Jedoch ist nicht zu übersehen, dass die Verwendungsweisen und Bedeutungszuschreibungen hier höchst heterogen sind. Über die Frage, was mit S. eigentlich gemeint ist, herrscht wenig Einigkeit, auch wenn der Begriff durchgehend positiv konnotiert wird. In der gesellschaftstheoretischen und moralphilosophischen Literatur finden sich heute ebenfalls zahlreiche Ausführungen über Wert und Notwendigkeit der S.; allerdings bleibt auch hier unklar, ob S. als ein empirisch beobachtbares soziales Phänomen und/oder als ein modernes Moralkonzept zu fassen ist und ob sie dann als ein universalistisches Rechtsprinzip zu verstehen oder von vorn herein auf partikulare Gruppen und Kontexte zu begrenzen ist. Ungeklärt ist ebenfalls, ob und ggf. wie Individuen oder soziale ↑Gruppen rechtlich und/oder moralisch zur S. „verpflichtet" sein können. Zudem ist fraglich, ob es angesichts der Fülle bereitstehender Alternativbegriffe überhaupt sinnvoll und notwendig ist, auch das Konzept der S. noch auf das enge Feld der ↑Moral zu schicken, um hier einen eigenen Themenbereich für sich ausfindig zu machen.

Zwar klingt S. heute charmanter als etwa Mitmenschlichkeit und Hilfsbereitschaft oder die als paternalistisch in Verruf geratene Barmherzigkeit; allerdings ist die Reichweite der S.s-Semantik – anders als die der gängigen Begriffe der Moral und des ↑Rechts – von vornherein deutlich begrenzt. Sie zielt nämlich auf egalitär-reziproke Sozialbeziehungen und hat einen dezidiert partikularen Charakter, in dem es um gemeinsame ↑Interessen oder die Abwehr gemeinsamer Gefahren geht. In moraltheoretischen Kontexten könnte von S. wohl am ehesten dann gesprochen werden, wenn im Rahmen gemeinsamer Kämpfe gegen gemeinsame Gegner oder Bedrohungen, gegen – real oder potenziell – gemeinsam erlebtes Leid und Unrecht auf regionaler, nationaler oder globaler Ebene starke Empfindungen von Zusammengehörigkeit und Verbundenheit entstehen, die in ihrer Struktur mit den moralischen Gefühlslagen, die sich in sozialen Nahbeziehungen und konkreten Gemeinschaften entwickeln, nicht zu vergleichen sind. In allen anderen Fällen moralisch-emotionaler und praktisch-tätiger Anteilnahme an der Not der anderen steht ein breites moralisches Begriffsarsenal zur Verfügung, das das Empfindungsspektrum von Zugehörigkeit und Zusammenhalt, von Hilfe und Zuwendung, von Empörung und Protest, von Gemeinsinn und ↑Verantwortung hinreichend abdeckt. Und den gegenwärtig zu Unrecht in Misskredit geratenen Konzepten des Mitleids und der Barmherzigkeit dürfte eine solche moraltheoretische Bescheidenheit der S.s-Semantik wieder Räume öffnen, in denen ihnen erneut eine spezifische und unersetzbare Dignität zuwachsen könnte.

### Literatur

H.-J. Große Kracht: Solidarität und Solidarismus. Postliberale Suchbewegungen zur normativen Selbstverständigung moderner Gesellschaften, 2017 • U. Tranow: Kapitel 1: Das Problem, in: ders. (Hg.): Das Konzept der Solidarität. Handlungstheoretische Fundierung eines soziologischen Schlüsselbegriffs, 2012, 11–34 • L. Bourgeois: Solidarité. Présentation de Marie-Claude Blais, 2008 • H.-J. Große Kracht/T. Karcher/C. Spieß (Hg.): Das System des Solidarismus. Zur Auseinandersetzung mit dem Werk von Heinrich Pesch SJ, 2007 • R. Zoll: Was ist Solidarität heute?, 2000 • É. Durkheim: Über soziale Arbeitsteilung. Studie über die Organisation höherer Gesellschaften, 1992 • O. v. Nell-Breuning: Solidarismus, in: ders./H. Sacher (Hg.): Gesellschaftliche Ordnungssysteme, 1951, 357–376 • A. Comte: Soziologie, Bd. 1: Der dogmatische Teil der Sozialphilosophie, ²1923 • K. Eisner: Sieben Briefe. An eine Freundin, IV. Solidarität, in: ders. (Hg.): Gesammelte Schriften, Bd. 2, 1919, 52–56 • L. Bourgeois: L'idée de solidarité et ses conséquences sociales, in: ders. (Hg.): Essai d'une philosophie de la solidarité, ²1907, 1–119 • H. Pesch: Solidarismus, in: Stimmen aus Maria-Laach 63/1 (1902), 38–60 u. 63/3 (1902), 307–324 • É. Durkheim: Qu'est-ce qu'un fait social?, in: ders. (Hg.): Les règles de la méthode sociologique, 1894, 35–45 • Ders.: De la division du travail social, Bd. 1, 1893 • A. Fouillée: La science sociale contemporaine, $^{2}$1885 • P. Leroux: La Grève de Samarez: poème philosophique, Bd. 1, 1863 • A. Comte: Discours sur l'ensemble du Positivisme: ou Exposition sommaire de la doctrine philosophique et sociale propre à la grande république occidentale, 1848 • C. Renouvier: Manuel républicain de l'homme et du citoyen, 1848 • H. Renaud: Solidarité. Une vue synthétique der la doctrine de Charles Fourier, 1842.

HERMANN-JOSEF GROßE KRACHT

## II. Rechtlich

### 1. Begriffsursprung und Entwicklung

Ausgehend von der etymologischen Zuordnung zu den lateinischen Termini *solidus* (fest, ganz, sicher) und *solidum* (fester Grund, Boden) bezeichnet der Begriff der S. im Allgemeinen einen unterschiedlich fundierten und motivierten Gemeinsinn in einer ↑Gruppe oder ↑Gesellschaft, aus dem sich eine wechselseitige Identifikation ergibt, die sich in einem Eintreten des Einzelnen für die Gruppe und der Gruppe für den Einzelnen äußert. S. charakterisiert als *Seinsprinzip* die Zusammengehörigkeit von ↑Individuen und die wechselseitige Verbundenheit innerhalb einer Gruppe. Als *Sollensprinzip* bezeichnet sie die hieraus resultierende ↑Pflicht zur gegenseitigen Hilfe und Unterstützung. Diese Pflicht ist nicht als individuelle Tugend zu verstehen, sondern als *gesellschaftliches Strukturprinzip*. Sie ist Folge des auf ↑Gemeinschaft bezogenen und angewiesenen Wesens des Menschen, der sich als Individuum in Gemeinschaft empfindet und sieht.

Der S.s-Gedanke geht geistesgeschichtlich weit zurück. Dass dieser zu Konsequenzen im Umgang miteinander führt, war schon früh im Bewusstsein nicht nur der Kirche, sondern allg. der Gesellschaft: Du sollst Vater und Mutter ehren – und das heißt auch für sie einzustehen, wenn sie sich nicht mehr selbst helfen können. *Christus* selbst überantwortete am Kreuz hängend seinem Lieblingsjünger die Pflicht, *Maria* als seine neue Mutter anzunehmen und künftig für ihr Wohlergehen zu sorgen. Im familiären Kontext entspricht S. damit persönlich empfundener ↑Verantwortung und Verbundenheit.

Ausgangspunkt der ↑katholischen Soziallehre sind die auf der Grundlage des christlichen Menschenbildes beruhenden Prinzipien der Personalität (↑Personprinzip), der ↑Subsidiarität und der S., die zum einen als in der Schöpfungsordnung angelegte Seinsprinzipien, zum anderen als Sollensprinzipien i. S. v. Leitlinien für den gegenseitigen Umgang in der Gesellschaft zu verstehen seien. S. gehört damit zu den zentralen sozialethischen Ordnungsprinzipien. Sie setzt an der Erhaltung der Individualität des Einzelnen an, betont aber auch die soziale Dimension, die sich in einem wechselseitigen Zusammenhalt in der Gemeinschaft äußert und auf normativer Ebene die Verpflichtung zur gegenseitigen Achtung der ↑Menschenwürde verlangt.

Seinen rechtlichen Ursprung findet S. im Institut der *obligatio in solidum* des Römischen Privatrechts. Das Wesen dieses speziellen Haftungsinstituts bestand darin, dass der Gläubiger von jedem der Schuldner die Erfüllung einer Forderung *in solidum* verlangen konnte, die Leistung aber insgesamt nur einmal erhalten sollte. Dieses urspr.e Haftungsinstitut des Römischen Rechts weist Übereinstimmung mit der zivilrechtlichen Gesamtschuld nach § 421 BGB auf. Der Gesetzgeber hat hier unter abweichender Bezeichnung die Regelung einer gemeinsamen Haftung mehrerer Schuldner gegenüber einem Gläubiger übernommen. Auch für das Institut der Gesamtschuld ist eine Personenmehrheit auf Schuldnerseite kennzeichnend, die gleichstufig für die Erfüllung eines identischen Leistungsinteresses haftet.

Die rechtliche Relevanz von S. geht indes weit über das Haftungsinstitut der Gesamtschuld hinaus. Gerade der Einfluss der katholischen Soziallehre war es, der etwa zur grundlegenden Weichenstellung der Umlagefinanzierung in der ↑Sozialversicherung zu Beginn der BRD geführt hat. Der Gedanke der S. findet in vielen Regelungen Ausdruck. Rechtlich wirkende S.s-Pflichten setzen dabei voraus, dass eine Rechtsnorm diese Forderung und Verhaltenserwartung konkret begründet.

### 2. Rechtliche Ausprägungen

Was zuweilen persönlich empfunden, zuweilen ethisch eingefordert wird, hat stellenweise auch rechtliche und damit zwangsweise durchsetzbare Konturierung erfahren. Die Forderung zu S. des ↑Individuums im Sinne eines Einstehen für andere ist sowohl im Europarecht als auch auf nationaler Ebene v. a. im Sozialversicherungsrecht, im Familien- und Erbrecht, im Arbeitsrecht sowie im Strafrecht von Bedeutung.

#### 2.1 Europarecht

Im Kontext der europäischen Integration (↑Europäischer Integrationsprozess) fungiert das S.s-Prinzip als Leitidee: Durch den Beitritt zur ↑EU stellen die Mitgliedstaaten eine Gemeinschaft her, die zur wechselseitigen Koordination und Kooperation verpflichtet. Hat sich die EU von einer primär wirtschaftlich ausgerichteten Gemeinschaft zu einer facettenreichen Organisation in politischer, sozialer und rechtlicher Hinsicht entwickelt, so wird deutlich, dass das S.s-Prinzip zudem eine immer wichtigere Rolle bei der Gestaltung des Unionsrechts (↑Europarecht) einnimmt. Vor dem Hintergrund der ↑Globalisierung und der Fragestellungen zu Asyl, Umweltkatastrophen und Terrorismusbedrohungen, aber auch der Finanzkrise rückt der S.s-Gedanke deutlicher in den Fokus. In jüngerer Zeit wird diesbezüglich insb. erörtert, inwieweit S. bereits einen Grundsatz des EU-Verfassungsrechts darstellt oder sich in Teilbereichen noch ausschließlich in einem philosophischen oder politischen Konzept erschöpft.

U. a. in Art. 14 i. V. m. Art. 106 AEUV sowie Art. 36 EuGRC ist die Verpflichtung zur Förderung sozialen und territorialen Zusammenhalts geregelt. Daneben findet das S.s-Prinzip bspw. in den aus Art. 174 AEUV folgenden Zuweisungen aus den Strukturfonds und dem Kohäsionsfonds Ausdruck. Durch den Vertrag von Lissabon wurde überdies Art. 222 AEUV – die sog.e *S.s-Klausel* – eingefügt. Indem die Mitgliedstaaten nach dem ausdrücklichen Wortlaut „gemeinsam im Geiste der Solidarität" handeln, ergibt sich eine Rechtspflicht der anderen Mitgliedstaaten zur Unterstützung im Falle eines Terroranschlags, einer Naturkatastrophe oder einer vom Menschen verursachten Katastrophe. Damit findet sich an mehreren Stellen ein „normativer Anker" des S.s-Gedankens im Unionsrecht.

### 2.2 Sozialversicherungsrecht

Grundlage rechtlicher S. als Wesensprinzip der gesetzlichen ↑Sozialversicherung ist das grundgesetzlich verankerte *Sozialstaatsprinzip* (Art. 20 Abs. 1 GG). Als Bestandteil des Sozialstaatsprinzips (↑Sozialstaat) hat die staatliche Gemeinschaft Lasten mitzutragen, die aus einem durch die Gesamtheit zu tragenden Schicksal entstanden sind und mehr oder minder zufällig nur einzelne Bürger oder bestimmte Gruppen von Bürgern getroffen haben.

Das Sozialstaatsprinzip selbst begründet als reine *Staatszielbestimmung* keine subjektiven Ansprüche oder Verpflichtungen. Es erfährt seine Ausgestaltung und Konkretisierung in erster Linie durch gesetzgeberisches Tätigwerden. Die Art und Weise der Zielverfolgung ist den staatlichen Verantwortungsträgern überlassen. Daraus folgt eine verfassungsrechtliche Legitimation des Gesetzgebers, S. rechtlich einzufordern.

Die Sozialversicherungen formieren in diesem Sinne gesetzlich definierte Solidargemeinschaften. Für die ↑Krankenversicherung hält § 1 SGB V diesen Grundsatz ausdrücklich fest. Als grundlegendes und systemimmanentes Prinzip fordert das Sozialversicherungsrecht in erheblichem Umfang S. des Individuums ein. Dies betrifft maßgeblich eine finanzielle S. durch Beitragspflicht. Die für jeden Einzelnen unterschiedlich ausgeprägten sozialen Risiken werden durch die Beiträge der zahlungspflichtigen Versicherungsmitglieder abgedeckt und ausgeglichen. Im Vordergrund steht die finanzielle Einstandspflicht durch Beitragszahlung. Die durch Beitritt begründete Mitgliedschaft des Individuums löst die so definierte S.s-Forderung aus. Soweit es sich um eine Pflichtmitgliedschaft handelt, wird auch diese durch das Sozialstaatsprinzip legitimiert.

### 2.3 Familienrecht

Im ↑Familienrecht findet S. ihre maßgebliche Verankerung im Unterhaltsrecht. Die einschlägigen Normen zum Verwandtenunterhalt und (nach)ehelichen Unterhalt fordern S. des Individuums als Zweck und Regelungsziel. Die gesetzlichen Unterhaltspflichten erlegen dem Schuldner eine finanzielle Unterstützungspflicht auf. Parallel hierzu erhält der Unterhaltsberechtigte einen privatrechtlichen Anspruch gegen den Unterhaltsverpflichteten.

Grundlage der Unterhaltspflicht ist stets eines der gesetzlich begründeten familienrechtlichen Statusverhältnisse Elternschaft, Verwandtschaft oder ↑Ehe bzw. ↑eingetragene Lebenspartnerschaft. Aus diesem Statusverhältnis folgt die familienrechtliche Verantwortung der Individuen füreinander, auf der die rechtliche Forderung zu gegenseitiger S. basiert.

Die Verpflichtung von Verwandten in gerader Linie, einander Unterhalt zu gewähren, formuliert § 1601 BGB. Der Anspruch auf Kindesunterhalt beruht auf der umfassenden Elternverantwortung als Ausfluss von Art. 6 Abs. 2 S. 1 GG. Dadurch sind Unterhaltspflicht und Verwandtschaft in Gestalt der durch Abstammung vermittelten Elternschaft direkt miteinander verknüpft. Das Statusverhältnis der Verwandtschaft ist parallel dazu Grundlage des Elternunterhalts. Dieses Unterhaltsgrundverhältnis in gerader Linie verwandter Individuen besteht grundsätzlich lebenslang.

Ehegattenunterhalt (§§ 1360, 1361 BGB) und nachehelicher Unterhalt (§§ 1569 ff. BGB) finden ihre Grundlage in der bestehenden bzw. zurückliegenden Ehe zwischen den betreffenden Individuen. Maßgeblicher Anknüpfungspunkt ist die gemeinsame Verantwortung der Ehegatten für die wirtschaftlichen Konsequenzen und Folgen einer während der Ehe vereinbarten Arbeitsteilung. Deren Folgen können über die Dauer der Ehe hinauswirken und sind zum Schutz des wirtschaftlich schwächeren Ehegatten daher Grundlage nicht nur des ehelichen, sondern auch des nachehelichen Unterhalts.

Als weiteres familienrechtliches Statusverhältnis zählt die eingetragene Lebenspartnerschaft nach dem LPartG, sofern die Partner sie nach Inkrafttreten des Gesetzes zur Einführung des Rechts auf Eheschließung für Personen gleichen Geschlechts zum 01.10.2017 nicht in eine Ehe umwandeln (§ 20a LPartG). Verpflichtungen zu Lebenspartnerschaftsunterhalt und nachpartnerschaftlichem Unterhalt entstehen über §§ 5, 16 LPartG und einer entspr.en Anwendung von Vorschriften des BGB über den Ehegattenunterhalt und nachehelichen Unterhalt.

### 2.4 Erbrecht

S.s-Pflichten im ↑Erbrecht sind ebenfalls S.s-Pflichten kraft Status. Sie greifen in erster Linie auf die familienrechtlich formulierten Statusverhältnisse zurück. Die gegenseitige Einstandspflicht aus dem zu Lebzeiten bestehenden Statusverhältnis wird durch das Erbrecht über den Tod hinaus fortgesetzt.

In diesem Sinne beruht die gesetzliche Erbfolge auf den familienrechtlichen Statusverhältnissen Verwandtschaft und Ehe. Über das LPartG werden darüber hinaus eingetragene Lebenspartnerschaften einbezogen (soweit diese nach Inkrafttreten des Gesetzes zur Einführung des Rechts auf Eheschließung für Personen gleichen Geschlechts nicht in eine Ehe umgewandelt worden sind). Anknüpfungspunkt ist das rechtlich begründete Verhältnis zwischen Erbe und Erblasser. Die gesetzliche Erbfolge bedeutet eine Fortführung der S.s-Verpflichtung auf Grundlage des familienrechtlichen Status auch nach dem Tod.

Schließt der Erblasser Abkömmlinge, Eltern, den Ehegatten oder Lebenspartner durch Verfügung von Todes wegen von der Erbfolge aus, erlangt die S.s-Forderung in Gestalt der Pflichtteilsberechtigung Bedeutung. Das Pflichtteilsrecht sichert den Abkömmlingen, den Eltern sowie dem Ehegatten oder Lebenspartner im Falle des Ausschlusses von der gesetzlichen Erbfolge aufgrund ihres Statusverhältnisses zum Erblasser eine Mindestteilhabe am Nachlass. Das Statusverhältnis als familienrechtliches Band legitimiert auch in diesem Rahmen die Forderung zu finanzieller S. Die Institute der Pflichtteilsunwürdigkeit und Pflichtteilsentziehung begrenzen diesen Anspruch auf Mindestteilhabe in Fällen, die einen Wegfall der finanziellen S. des Erblassers gerechtfertigt erscheinen lassen.

### 2.5 Arbeitsrecht

Im ↑Arbeitsrecht steht S. in ↑Gewerkschaften und ↑Arbeitgeberverbänden im Vordergrund. Mitglieder der Koalitionen unterliegen im Verhältnis zum Verband und den übrigen Mitgliedern rechtlich wirkenden S.s-Pflichten, die ihre Grundlage in der ↑Koalitionsfreiheit des Art. 9 Abs. 3 GG und ihre Ausprägung in vereinsrechtlichen Grundsätzen finden. Die durch Beitritt begründete Verbandszugehörigkeit unterwirft den ↑Arbeitnehmer oder Arbeitgeber der vereinsrechtlichen Förderpflicht (mitgliedschaftliche Treuepflicht). Ihr Zweck ist das gemeinsame Einstehen für die verbandliche Zielsetzung. Die Wahrung und Förderung der Arbeits- und Wirtschaftsbedingungen im Rahmen der grundgesetzlich gewährleisteten Koalitionsfreiheit kann seitens der ↑Verbände nur durch entspr.e kollektive Ausrichtung ihrer Mitglieder gewährleistet werden. Gewerkschaften und Arbeitgeberverbände sind in erheblichem Maße auf die innerverbandliche Geschlossenheit ihrer Mitglieder angewiesen, um den Koalitionszweck mit der erforderlichen Durchsetzungskraft gegenüber dem jeweiligen sozialen Gegenspieler verfolgen zu können. Die mitgliedschaftliche Treuepflicht formuliert den Umfang dazu erforderlicher S.s-Pflichten. Ausprägungen dieser S.s-Bindung sind insb. die Folgepflicht des Arbeitnehmers oder Arbeitgebers im Arbeitskampf sowie die Verpflichtung des einzelnen Arbeitgebermitglieds zu Tariftreue.

Die Koalitionsfreiheit des Art. 9 Abs. 3 GG ist gleichzeitig kein rechtlicher Ausdruck oder umfassende Verpflichtung zu allg.er S. über die Verbandsgrenzen hinaus. Eine Forderung zu S. aller Arbeitnehmer oder Arbeitgeber wäre als Zwangssolidarisierung mit der negativen Koalitionsfreiheit nicht in Einklang zu bringen und aus diesem Grund einer rechtlichen Ausgestaltung nicht zugänglich. Das Recht des Individuums, Koalitionen fernzubleiben, muss stets gewährleistet bleiben.

Im ↑Betriebsverfassungsrecht unterwirft der *Grundsatz vertrauensvoller Zusammenarbeit* (§ 2 Abs. 1 BetrVG) Arbeitgeber und Betriebsrat gegenseitigen S.s-Pflichten. Als Betriebspartner sind beide dem Wohl von Arbeitnehmern und Betrieb verpflichtet und haben ihre Zusammenarbeit auf dieses Ziel auszurichten. Zu diesem Zwecke fordert der Grundsatz vertrauensvoller Zusammenarbeit gegenseitige S., die Konkretisierung in zahlreichen Vorschriften des Betriebsverfassungsrechts findet. Der Arbeitgeber hat den Betriebsrat als Mitverantwortlichen zu akzeptieren und über umfangreiche Auskunftspflichten (z. B. nach § 80 Abs. 2 BetrVG) einen Informationsgleichstand für die Erfüllung der betriebsverfassungsrechtlichen Aufgabenstellungen zu schaffen. Arbeitgeber und Betriebsrat gleichermaßen trifft eine Verhandlungspflicht (§ 74 Abs. 1 S. 2 BetrVG), die einen grundsätzlichen Vorrang interner Streitbeilegung formuliert. Zum anderen gilt ein an beide Betriebspartner gerichtetes Störungsverbot. Arbeitskampfmaßnahmen und parteipolitische Betätigungen sind ebenso unzulässig wie konkrete Beeinträchtigungen von Arbeitsablauf oder Betriebsfrieden (§ 74 Abs. 2 BetrVG). Der Arbeitgeber darf zudem weder die konkrete Betriebsratstätigkeit behindern noch die unparteiische Amtsausübung als Grundlage einer funktionsfähigen Betriebsratsarbeit durch Begünstigung oder Benachteiligung von Betriebsratsmitgliedern gefährden (§ 78 BetrVG).

### 2.6 Strafrecht

Das ↑Strafrecht formuliert rechtliche S.s-Forderungen mit dem Straftatbestand der unterlassenen Hilfeleistung (§ 323c StGB) und der Regelung des rechtfertigenden ↑Notstands (§ 34 StGB).

§ 323c StGB generiert eine S.s-Pflicht, andere Individuen in den genannten Situationen eines Unglücksfalls, gemeiner Gefahr oder Not durch Hilfeleistung zu schützen, indem das Unterbleiben dieses Handelns unter Strafe gestellt wird. S. fungiert nicht als geschütztes Rechtsgut, sondern ist Regelungsziel der Strafvorschrift, um den Schutz der Individualrechtsgüter Leben und Gesundheit des In-Not-Geratenen sicherzustellen. § 323c StGB verlangt in dem durch die Strafandrohung definierten Umfang S. des Einzelnen. Legitimation für die Strafbewehrung der unterlassenen Hilfeleistung sind in erster Linie das Gewicht der durch § 323c StGB geschützten Individualrechtsgüter und das Allgemeininteresse, in begrenztem Maße Verantwortung für die Sicherheit anderer zu übernehmen, wo staatliche Institutionen nicht in der Lage sind, auf plötzlich auftretende Notsituationen zu reagieren.

Der Rechtfertigungsgrund des rechtfertigenden Notstands (§34 StGB) lässt die Strafbarkeit einer Verletzung rechtlich geschützter Interessen entfallen, wenn sie zum Schutz wesentlich gewichtigerer Interessen eines anderen erforderlich ist. Es wird eine Duldungspflicht des Notstandspflichtigen formuliert, der den Notstandseingriff in seine Rechtsgüter hinzunehmen hat. §34 StGB fordert im Umfang dieser Duldungspflicht ebenfalls S., korrespondierend zu der Hilfeleistungspflicht aus §323c StGB. Zwischen beiden Vorschriften besteht insoweit eine strukturelle Parallele. §34 StGB fordert eine Mindest-S. in dem Sinne, ausnahmsweise Übergriffe in die eigene Rechtssphäre zu dulden. §323c StGB geht über die Ebene einer solchen Duldungspflicht hinaus und verlangt dem Individuum ein aktives Handeln und Tätigwerden ab.

Der Einzelne darf auch im Rahmen von §34 StGB nicht über Gebühr in Anspruch genommen werden. Der rechtfertigende Notstand hat zwingend eine Opfergrenze zu beachten. Der S.s-Anspruch des von einer gegenwärtigen Gefahr Betroffenen ist im Rahmen einer Interessenabwägung zu bewerten. Maßgeblich sind nicht nur das Gewicht der betroffenen Interessen, Intensität und Wahrscheinlichkeit des drohenden Schadens, sondern auch die Schutzwürdigkeit der bedrohten Interessen. So kann derjenige nicht uneingeschränkt S. anderer einfordern, der die Gefahrenlage selbst verschuldet hat oder in bes.r Weise verpflichtet ist, Gefahren auf sich zu nehmen. S. kann zudem nur eingefordert werden, wenn ein Übergewicht der Interessen desjenigen besteht, der sich in gegenwärtiger Gefahr befindet. Dies schließt v.a. eine Abwägung von Leben gegen Leben aus. Zu einer solidarischen Aufopferung des eigenen Lebens ist niemand verpflichtet.

### Literatur

A. Biondi/E. Dagilytė/E. Küçük: Solidarity in EU Law, Legal Principle in the Making, 2018 • A. von Hirsch/U. Neumann/K. Seelmann: Solidarität im Strafrecht, 2013 • U. Steiner: Solidarität als Rechtsbegriff in den Systemen der sozialen Sicherheit, in: E. Hilgendorf/F. Eckert (Hg.): Subsidiarität – Sicherheit – Solidarität, 2012, 489–498 • G. Thüsing: Elemente der Kapitaldeckung in der Pflegeversicherung, Sozialethische Grundlagen und verfassungsrechtlicher Rahmen, in: ZRP 45/5 (2012), 145–148 • S. Meier: Gesamtschulden, 2010 • R. Wolfrum/C. Kojima: Solidarity: A Structural Principle of International Law, 2010 • S. Wernicke: Taking Stock: The EU Institutions and Services of General Economic Interest, in: M. Krajewski u.a. (Hg.): The Changing Legal Framework for Services of General Interest in Europe, 2009, 69–80 • V. Lipp/A. Röthel/P. Windel: Familienrechtlicher Status und Solidarität, 2008 • L. Kühnbach: Solidaritätspflichten Unbeteiligter, 2007 • P. Schmieder: Duo rei: Gesamtobligationen im römischen Recht, 2007 • F. Bayreuther: Tarifautonomie als kollektiv ausgeübte Privatautonomie, 2005 • V. Lipp: Finanzielle Solidarität zwischen Verwandten im Privat- und im Sozialrecht, in: NJW 55/31 (2002), 2201–2207 • J. Höffner/L. Roos: Christliche Gesellschaftslehre, 1997 • C. Ottmann: Das betriebsverfassungsrechtliche Rechtsverhältnis zwischen Arbeitgeber und Betriebsrat, 1993 • R. L. Weber: Die vertrauensvolle Zusammenarbeit zwischen Arbeitgeber und Betriebsrat gemäß §2 Abs. 1 BetrVG, 1989 • W. Dütz: Verbandsbezogene Verhaltenspflichten von Koalitionsmitgliedern, in: T. Dieterich/F. Gamillscheg/H. Wiedemann (Hg.): FS für Marie Luise Hilger und Hermann Stumpf, 1983, 99–124 • O. von Nell-Breuning: Wie sozial ist die Kirche?, 1972.

GREGOR THÜSING, HENRIKE SEIFERT UND MELANIE JÄNSCH

## III. Soziologisch

In der Soziologie findet sich weder eine eindeutige noch eine allg. anerkannte Definition des Begriffes S., die Konzepte sind umstritten, die kontextuelle Einbettung vielgestaltig und dispers. Bereits bei den soziologischen Klassikern oszilliert der Terminus zwischen funktionaler Notwendigkeit als Garant gesellschaftlicher Systemintegration und potentiellem Resultat sozialen Handelns.

### 1. Solidarität bei Max Weber

S. ist nach M. Weber weder notwendige noch wahrscheinliche Folge menschlichen Zusammenseins und resultiert nicht a priori aus der Existenz einer sozialen Beziehung. Jedoch kann eine soziale Beziehung „den Beteiligten Chancen der Befriedigung innerer oder äußerer Interessen eröffnen, sei es dem Zweck oder dem Erfolg nach, sei es durch solidarisches Handeln oder durch Interessenausgleich" (Weber 1980: 23). S. ist in diesem Sinne somit nicht Zweck, sondern lediglich Mittel zur Interessenbefriedigung und Zielerreichung auf Akteursebene.

Je nach Maß der Offenheit und Geschlossenheit einer sozialen Beziehung unterscheidet M. Weber Vertretungsbeziehungen von sog.en „Solidaritätsbeziehungen", wobei im ersten Falle „das Handeln bestimmter Beteiligter (‚Vertreter') den anderen Beteiligten (‚Vertretenen') zugerechnet wird", im zweiten bestimmte Arten des Handelns (↑Handeln, Handlung) eines jeden an der Beziehung Beteiligten allen Beteiligten („Solidaritätsgenossen") zugeschrieben werden (Weber 1980: 25) – unabhängig davon, ob jene Beteiligten passiv oder aktiv solidarisch handeln. „Für das Handeln des Beteiligten gelten alle ganz wie er selbst als verantwortlich, durch sein Handeln andrerseits alle ebenso wie er als legitimiert zur Nutzung der dadurch gesicherten Chancen" (Weber 1980: 25). Neben dem Grad oder Maß der Geschlossenheit kennzeichnen folglich Legitimierung und Verantwortlichkeit (↑Verantwortung) das Phänomen der S., das – wie gerade ausgeführt – sowohl Produkt als auch Produzent sozialen Handelns sein kann, das Vergemeinschaftung bzw. Vergesellschaftung erzeugt oder aber daraus resultiert.

Einen bes.n Typus der solidarischen Vergemeinschaftung benennt M. Weber in den soziologischen Grundkategorien des Wirtschaftens. Hier spielt S. als unmittelbar gefühlte S. eine herausgehobene Rolle, insofern sie die Grundlage kommunistischer, rechnungsfremder Leistungsvergemeinschaftung darstellt, auf traditionaler und affektueller Grundlage: der „Hauskommunismus der Familie", die Kameradschaft des Heeres sowie der „Liebeskommunismus der (religiösen) Gemeinde" (Weber 1980: 88). Grundlage für jene durchaus leistungsbereiten und wirtschaftenden Vergemeinschaftungsformen bilden Einstellungen, welche auf außerwirtschaftlich orientierten Gesinnungen fußen. Folglich können wir diesen S.s-Typus auch als Gesinnungs-S. bezeichnen – ein Begriff, den M. Weber zwar nicht selbst verwendet, der jedoch seine Ausführungen konturiert.

Einen weiteren Typus der S. behandelt M. Weber im Kontext der sog.en Herrschaftstypen und bezeichnet ihn als „Interessensolidarität" (Weber 1980: 154). Grundlage dieser S.s-Form bilden die materiellen oder ideellen ↑Interessen einer Personengruppe (hier: eines Verwaltungsstabes), deren Erfüllung „materielles Entgelt und soziale Ehre, Lehen der Vasallen, Pfründe der Patrimonialbeamten, Gehalt der modernen Staatsdiener, – Ritterehre, ständische Privilegien, Beamtenehre" (Weber 1980: 823), die fortwährende Fügsamkeit und damit die Aufrechterhaltung einer bestehenden ↑Ordnung, einer „Organisation", gewährleistet. Ein Herr(scher), welcher sich auf jene Form der S. stützt, ist zwar – so M. Weber – „jedem einzelnen Mitglied gegenüber stärker, allen gegenüber [jedoch; Anm. der Autorin] schwächer" (Weber 1980: 154). Interessen-S. erhöht folglich die Chance, für einen Befehl eines bestimmten Inhalts bei angebbaren Personen Gehorsam zu finden, was nach M. Weber nicht weniger und nicht mehr ist als seine Definition von ↑Herrschaft. Interessen-S. – auf Organisations-, System- oder Strukturebene institutionalisiert – wirkt somit herrschaftsstabilisierend, weil Fügsamkeit und Disziplin erzeugend, ist jedoch zugl. Prüfstein für den „guten Herrscher", der „die Seinen" und deren Interessen kennt.

### 2. Solidarität bei Émile Durkheim

Im Gegensatz zu M. Weber entwickelt der französische Soziologe É. Durkheim eine Theorie gesellschaftlicher Entwicklung, innerhalb derer S. eine herausgehobene Stellung, ja grundlegende Bedeutung zukommt, und folgt damit Auguste Comte. In É. Durkheims Erstwerk „Über soziale Arbeitsteilung" (2012), stellt er sich der grundlegenden Frage „nach den Beziehungen zwischen der individuellen Persönlichkeit und der sozialen Solidarität" (Durkheim 2012: 82). Diese Frage erwächst nicht einem anthropologischen Erkenntnisinteresse, sondern ist Resultat der Beobachtungen einer sich zunehmend arbeitsteilig spezialisierenden, kapitalistischen ↑Industriegesellschaft, welche das soziale Leben durch „ständig auflebende Konflikte und die verschiedenartigen Formen der Unordnung" (Durkheim 2012: 42 f.) präge. Das Leben werde sukzessive durch das ökonomische ↑Milieu absorbiert, der einzelne sozial desintegriert vor dem Hintergrund des Schwindens alter Struktur- und Ordnungsprinzipien. É. Durkheims Lösung lautet schlicht: Reintegration durch soziale Regeln, denn „nur soziale Regeln können einen Mißbrauch der Macht verhindern" (Durkheim 2012: 43), und damit einhergehend: Reintegration in die Gesellschaft. „Denn es ist unmöglich, daß Menschen zusammenleben und regelmäßig miteinander verkehren, ohne schließlich ein Gefühl für das Ganze zu entwickeln, das sie mit ihrer Vereinigung bilden, ohne sich an dieses Ganze zu binden, sich um dessen Interessen zu sorgen und es in ihr Verhalten einzubeziehen. Nun ist aber diese Bindung an etwas, was das Individuum überschreitet, diese Unterordnung der Einzelinteressen unter ein Gesamtinteresse, die eigentliche Quelle jeder moralischen Tätigkeit" (Durkheim 2012: 56). É. Durkheim stellt folglich die Frage nach dem „Bindemittel" (Delitz 2013: 83) einer Gesellschaft, und seine Antwort lautet: S.! In diesem Entwicklungsprozess hin zur funktionalen Differenzierung und arbeitsteiligen Spezialisierung der modernen (Industrie-)Gesellschaften erkennt er einen Wandel von S.s-Formen oder -typen: von der mechanischen zur organischen S., und damit eine entscheidende Veränderung der Grundlagen gesellschaftlichen Zusammenhalts.

### 3. Solidarität im Strukturfunktionalismus

Strukturfunktionalistisch gewendet wird S. Mittel zum Zweck. So betrachtet Talcott Parsons S. in ihrer Funktionalität für gesellschaftlichen Zusammenhalt und die Erhaltung geltender sozialer ↑Normen. In „Das System moderner Gesellschaften" (1972) konstatiert er, dass in sog.en modernen ↑Gesellschaften „eine Kategorie von Verpflichtungen zu ‚positiv bewerteter Vereinigung' (‚valued association'), zu Solidarität in legitimen sozialen Beziehungen und Unternehmungen" enthalten sein müsse, damit „gewisse Bedingungen kollektiven Handelns nüchtern akzeptiert werden" (Parsons 1972: 25). Spricht T. Parsons von modernen Gesellschaften, so meint er v. a. eine Gesellschaftsform, die auf dem Nationalstaat gründet. S. ist hier von deren urspr.en Grundlagen (Religion, Ethnie, Territorium) „befreit" (Parsons 1972: 35), ist national, autonom, dient jedoch zugl. der Verbundenheit und dem Zusammenhalt der Mitglieder einer demokratischen Gesellschaft als neuem Typus gesellschaftlicher ↑Gemeinschaft, den T. Parsons am Beispiel der USA exemplifiziert. Losgelöst vom Partikularismus der „Klassensolidaritäten" (Parsons 1972: 116), der „Familiensolidarität" (Parsons 1972: 122) und der „Sippensolidarität" (Parsons 1972: 128) stellt sich jedoch „das Problem der Motivationsgrundlagen sozialer Solidarität in einer großen Gesellschaft, deren Struktur ein hohes Maß an Pluralismus erreicht hat" (Parsons 1972: 181). Dieser Problematik begegnet T. Parsons mit einer „neue[n] Art der Integration" (Parsons 1972: 88) qua Staatsbürgerschaft und der daraus resultierenden (universalistischen) Zugehörigkeit aller zu einer (demokratisch, nationalstaatlich gefassten) gesellschaftlichen Gemeinschaft als Gleiche unter Gleichen. Nach T. Parsons spielt in diesem Prozess der ↗Integration S. als „the most important normative condition" (Parsons 1970: 48) eine entscheidende Rolle: „The first is what we call identification in the sense of motivational ‚acceptance' – at levels of ‚deep' motivational ‚commitment' – of membership in collective systems, most notably the society itself, which essentially is what we mean by solidarity, when seen from the point of view of function for the collective system, and secondly, internalization of some kind of priority system which structures the manifold of membership expectations for the individual – and somewhat differently for collective units" (Parsons 1970: 48).

### 4. Solidarität und Solidarnormen

Jener strukturfunktionalistischen Betrachtungsweise des S.s-Begriffs, welche insb. auf das funktionalistische Bezugsproblem gesellschaftlicher Integration – oder allg.er: der Integration sozialer Systeme (↗Systemtheorie) – zugeschnitten ist, fügt Helmut Thome „seine adjektivistische Bedeutung" an, in der der S.s-Begriff „als Attribut von Handlungen erscheint, die soziale (zwischenmenschliche) Beziehungen konstituieren" (Thome 1998: 219). H. Thome schlägt eine Minimal- oder Kerndefinition vor, nach der ein Handeln als solidarisch bezeichnet wird, sofern es „bestimmte Formen des helfenden, unterstützenden, kooperativen Verhaltens beinhaltet und auf einer subjektiv akzeptierten Verpflichtung oder einem Wertideal beruh[t]" (Thome 1998: 219).

Diese bewusst für Theorie und Empirie offen gehaltene und ergänzungsfähige Begriffsbestimmung erweitert Ulf Tranow durch ein explanatives Modell der Solidarnormbindung. In kritischer Auseinandersetzung mit den S.s-Konzepten von É. Durkheim, Karl Otto Hondrich und Claudia Koch-Arzberger, Franz-Xaver Kaufmann sowie Michael Hechter resümiert U. Tranow zunächst, dass für das soziologische Verständnis von S. normative Erwartungen eine zentrale und grundlegende Rolle spielen – unabhängig davon, ob der S.s-Begriff individualistisch auf Akteursebene oder strukturalistisch auf Systemebene analysiert werde: Auf Ebene der Akteure drücke sich S. als bestimmter Handlungstypus (Solidarnormbindung), auf Systemebene in geltenden Solidarnormen (Solidarnormgeltung) aus. In Anlehnung an M. Hechters Theorie der Gruppensolidarität und Michael Baurmanns Normtheorie definiert U. Tranow „Solidarnormen als zum Ausdruck gebrachte Sollens-Erwartungen [...], dass Akteure einen kompensationslosen Transfer privater Ressourcen zugunsten anderer Akteure oder zugunsten einer Gruppe vornehmen" (Tranow 2012: 130). Im Hinblick auf die empirische Untersuchung des S.-Konzeptes hebt der Autor die Relevanz der Unterscheidung von Existenz und ↗Geltung von Solidarnormen hervor, d. h. von kommunikativem Aufrichten einer Sollens-Erwartung und dem Befolgen derselbigen durch eine Mehrheit ihrer Adressaten. Er betont drei grundsätzliche Perspektiven für eine soziologische S.s-Forschung: S. individueller Akteure, S. sozialer Systeme sowie das Verhältnis von Akteurs- und Systemebene. So könne sich die Analyse erstens auf die S. individueller Akteure konzentrieren und damit u. a. Bedingungen und Probleme einer Solidarnormbindung fokussieren. Zweitens könne untersucht werden, welche Normen die S. einer ↗Gruppe oder eines Systems konstituieren. Drittens könnten unterschiedliche Systeme und deren S.en verglichen werden. Darüber hinaus habe die soziologische Analyse möglicher Interdependenzen und Reziprozitäten von S. auf System- und auf Akteursebene das Potential, theoretische und empirische Lücken der S.-Forschung zu schließen. U. Tranow bemüht sich also um eine handlungs- und normtheoretische Fundierung des S.-Konzepts sowie um eine „Verständigung darüber [...], was aus einer genuin soziologischen Perspektive unter Solidarität zu verstehen ist" (Tranow 2012: 250).

### 5. Solidarität in der soziologischen Forschung

Der Vielfalt und Vielgestaltigkeit des S.s-Begriffes in der soziologischen Theorie entspricht eine ebensolche in der empirischen Forschung. So findet sich S. z. B. als Gegenstand in der sozialwissenschaftlichen Untersuchung familialer Unterstützungsideologien zur Erfassung der „Tendenz zur Gerechtigkeit in der Familie" (Gerlitz 2014: 1) in dem Gegensatzpaar ↗Kollektivismus (unbedingte S.) und ↗Individualismus (bedingte S.), wie auch im Bereich der Arbeits- und Industriesoziologie, die bspw. das Verhältnis von S. und Subjektivierung in Bezug auf Erwerbsarbeit in den Blick nimmt. Aktuelle Forschungsprojekte widmen sich den Strukturmerkmalen, Dynamiken und Veränderungsprozessen von S. in der BRD und in Europa. S. wird hier sowohl als Schlüsselbegriff der Gegenwart als auch als zentrales Problem gesellschaftlicher Zukunft definiert und als basaler sozialer Mechanismus wahrgenommener Zusammengehörigkeit und praktizierter Wechselseitigkeit und damit als Ausdruck des relationalen Charakters des Sozialen gesehen. Bes. interessieren die positiven und negativen Effekte verschiedener, z. T. gemeinsam wirkender Krisen auf die S. innerhalb und zwischen den Ländern Europas, die Übergänge von nationalen zu transnationalen Formen der S., die Veränderungen der S. zwischen gesellschaftlichen Gruppen, in Einwanderungsgesellschaften sowie intergenerationale S.en.

### 6. Schlussbemerkung

S. ist in der Soziologie mehr als eine bloße „Formel einer Ideologie" (Luhmann 1984: 89). Bis heute bieten Begriff und Konzept der S. Anlass für theoretische Auseinandersetzung und empirische Analyse. Dabei scheinen angesichts der begrifflichen Breite wie des empirisch-analytischen Potentials des S.-Konzeptes, welches sich von der Ebene sozialen Handelns individueller Akteure bis in die Höhen gesellschaftlicher Systemrelevanzen erstreckt, die grundlegenden Fragen der Soziologie im Begriff der S. zu kulminieren: Was hält eine Gesellschaft zusammen? Wie wird S. hergestellt, wie aufrechterhalten, wie „benutzt“? Welchen Gefährdungen ist S. ausgesetzt?

### Literatur

Gesis: Veränderung durch Krisen? Solidarität und Entsolidarisierung in Deutschland und Europa, URL: https://www.gesis.org/projekte/solikris (abger.: 05.03.2019) • Praktiken der Solidarität: Praktiken der Solidarität: Strukturen und Dynamiken transnationaler Solidarität im 20. und 21. Jahrhundert, URL: https://www.praktiken-solidaritaet.de (abger.: 05.03.2019) • J.-Y. Gerlitz: Familiale Unterstützungsideologie, 2014 • H. Delitz: Émile Durkheim zur Einführung, 2013 • F. Hoose/P. Schütte: Fragmentierte Solidarität. Das Ende des organischen Zusammenhaltes durch subjektivierte Erwerbsarbeit, in: AIS 6/1 (2013), 49–63 • É. Durkheim: Über soziale Arbeitsteilung. Studie über die Organisation höherer Gesellschaften, ⁶2012 • U. Tranow: Das Konzept der Solidarität, 2012 • F.-X. Kaufmann: Sozialpolitik zwischen Gemeinwohl und Solidarität, in: H. Münkler/K. Fischer (Hg.): Forschungsberichte der interdisziplinären Arbeitsgruppe „Gemeinwohl und Gemeinsinn“ der Berlin-Brandenburgischen Akademie der Wissenschaften, Bd. 2: Gemeinwohl und Gemeinsinn, 2002, 19–54 • H. Thome: Soziologie und Solidarität: Theoretische Perspektiven für die empirische Forschung, in: K. Bayertz (Hg.): Solidarität, 1998 • M. Baurmann: Der Markt der Tugend. Recht und Moral in der liberalen Gesellschaft, 1996 • K. O. Hondrich/C. Koch-Arzberger: Solidarität in der modernen Gesellschaft, 1992 • M. Hechter: Principles of Group Solidarity, 1987 • F.-X. Kaufmann: Solidarität als Steuerungsform – Erklärungsansätze bei Adam Smith, in: ders./H.-G. Krüsselberg (Hg.): Markt, Staat und Solidarität bei Adam Smith, 1984, 158–185 • N. Luhmann: Die Differenzierung von Interaktion und Gesellschaft. Probleme der sozialen Solidarität, in: R. Kopp (Hg.): Solidarität in der Welt der 80er Jahre. Leistungsgesellschaft und Sozialstaat, 1984, 79–96 • M. Weber: Wirtschaft und Gesellschaft, ⁵1980 • T. Parsons: Das System moderner Gesellschaften, 1972 • Ders.: Equality and Inequality in Modern Society, or Social Stratification Revisited, in: SI 40/2 (1970), 13–72. LENA M. FRIEDRICH

## Sollicitudo rei socialis ↑Sozialenzykliken

## Sonn- und Feiertage

I. Theologisch – II. Rechtlich

### I. Theologisch

#### 1. Allg.-religionsgeschichtlicher Hintergrund

Fest und Feier sind ein menschheitliches Urphänomen. Der Sinn des Festes ist nicht die Erholung vom Alltag und damit die Bestätigung der Alltags- und Arbeitswelt, sondern die Unterbrechung des Alltags und Erhebung über den Alltag. Ein von Alltagsgeschäften und -zwängen freier, festlich begangener Tag gibt dem ständigen Fließen und Verfließen der ↑Zeit erst Rhythmus und Orientierung; ohne Feste gäbe es keinen Kalender, sondern bloß unstrukturiertes Weiterfließen der Zeit, Langeweile und Routine. Zum Fest gehört die Feier mit Musik, Tanz, Mahl, Umzügen, Aufführungen, festtägliche Kleidung u. a. Auf solche Feste ist jede soziale ↑Gruppe zu ihrer sozialen ↑Identität angewiesen. Feste schaffen außerdem eine soziale Ausnahmesituation, in der vieles gestattet und möglich ist, was sonst versagt und verboten ist (Entspannungs-, Ventil-, Kompensationsfunktion). Die Unterbrechung der Zeit ist urspr. religiös begründet. Das Fest ist die Feier der Gegenwart des Heiligen, heilige Zeit. Der ↑Mythos vergegenwärtigt im ↑Kult den Ursprung, das Fest schafft kollektives Gedächtnis, erneuert den Sieg des Lebens über das Chaos und den Tod und sichert so den künftigen Bestand des Lebens und der Welt. Feste sind deshalb Geschenk und Wohltat der Götter; sie werden darum mit Dankopfer und Dankgebeten begangen. In diesem tieferen Sinn ist das Fest demonstrierte Lebensbejahung, im letzten Zustimmung zur Welt und zum Leben.

#### 2. Der christliche Sonntag

Der Sonntag (S.) nahm das Erbe der alttestamentlich-jüdischen Sabbatfeier in sich auf. Diese ist Teilhabe und Vorgeschmack der Sabbatruhe Gottes, auf die hin die Welt geschaffen ist (Gen 2,2 f.; Ex 20,8–11); auch er hat eine kosmische Bedeutung. Er ist Gedächtnis der Befreiung vom Joch der Sklaverei in Ägypten (Dtn 5,12–15). Beides wird im AT zudem in seiner sozialen und humanitären Bedeutung als Wohltat auch für Slaven und Fremde wie für das Vieh gesehen. Letztlich ist der Sabbat Zeichen des Bundes (Ex 31,12–17; Ez 20,20) und bei den Propheten Vorfeier des verheißenen neuen Exodus (Jes 43; 49). So kann die Sabbatfeier einfach als Wonne bezeichnet werden (Jes 58,13). Im ↑Judentum wird der Sabbat bis heute mit teilweise bis in die Zeit des babylonischen Talmud zurückgehenden Bräuchen begangen.

Bei Jesus kam es schon früh zum Konflikt mit einer legalistischen Auslegung des Sabbatgebots: „Der Sabbat ist für den Menschen da, nicht der Mensch für den Sabbat.“ Dieser Konflikt um die christliche Freiheit wurde zum Grund der Verurteilung Jesu (Mk 2,23–28; 3,1–6). Die urchristliche Gemeinde feierte den S. als ersten Tag der Woche als den Tag der Auferstehung Jesu und des Anfangs der neuen Schöpfung. Als der Herrentag (Offb 1,10) wurde er schon früh durch gemeinsame gottesdienstliche Feier begangen (Apg 20,7; Did 14,1; Barn 15,9; Ign. Magn. 9,1; Iust. 1 apol. 67,3–7; Plin. epist. 10,96).

Im Zusammenhang der Ausbreitung der heidenchristlichen Großkirche hat die Feier des S.s die Sabbatfeier verdrängt. Sie ist als Feier des Pascha-Mysteriums und als „kleines Osterfest“ konstitutiv für die christliche Identität. Als Herrentag ist der S. zugl. Tag des Menschen, Tag der Freude und der Muße (SC 106). Er ist als institutionalisiertes Nein zu einem rein immanentistischen Verständnis des Lebens und der Kultur wie ihrer einseitig ökonomischen Vereinnahmung; er soll den Blick offen halten für das Notwendige, für Gott und den Nebenmenschen. So ist er eine Wohltat und ein Gnadengeschenk.

### 3. Christliche Feiertage

Das ↑Christentum übernahm vom Judentum einen reichen Festkalender, den es ebenso wie manche urspr. heidnische Feste um- und neuinterpretierte. Die jüdischen wie christlichen Feiertage (F.) dienen der vergegenwärtigenden Erinnerung der Heilsereignisse und dem hoffenden Ausblick auf die neue Schöpfung. Im Mittelpunkt des christlichen Kirchenjahrs steht die Feier von Passion und Auferstehung Jesu Christi, die zum Osterfestkreis ausgestaltet wurde (österliche Bußzeit mit den heiligen drei Tagen, österliche Zeit von Ostern bis Pfingsten). Daneben trat der Weihnachtsfestkreis (Advent, Weihnachten, Erscheinung des Herrn). Zu den Christusfesten kamen schon bald die Feste der Heiligen, bes. die Marienfeste und später sog.e Ideenfeste (Dreifaltigkeits-, Fronleichnams-, Christkönigsfest u.a.). Die ↑Ostkirchen konzentrieren das Kirchenjahr noch stärker um die Feier von Ostern. Ökumenisch steht heute die Einigung auf einen gemeinsamen Ostertermin im Vordergrund.

Die ↑Reformation reduzierte die Feste im Wesentlichen auf die Christusfeste und rückte dabei den Karfreitag in den Mittelpunkt. Schon die nachtridentinische Reform hat die Zahl der Heiligenfeste beschnitten; das ↑Zweite Vatikanische Konzil brachte eine einschneidende, auf das Wesentliche bedachte Neuordnung (SC 102–111), welche den ↑Bischöfen bzw. ↑Bischofskonferenzen weitgehende Anpassungen an die örtlichen Gegebenheiten erlaubte (cann. 1244 f. CIC/1983).

Das Kirchenjahr ist eine Deutung und Strukturierung der Zeit und der Geschichte von Jesus Christus her und auf ihn hin, die offen ist auf den Bund Gottes mit den Völkern. Sie steht heute in Konkurrenz mit anderen Geschichtsdeutungen und anderen Einteilungen der Geschichte (↑Geschichte, Geschichtsphilosophie) wie mit einer heute weithin säkularisierten und individualisierten Festzeitpraxis und Feierkultur.

### 4. Sonntags- und Feiertagsheiligung

In den ersten Jahrhunderten geschah die Heiligung des S.s durch die Eucharistiefeier; sie wurde durch die Synode von Elvira (306) zur S.s-Pflicht. Kaiser Konstantin machte 321 den S. zum öffentlichen Ruhetag. Im Fränkischen Reich wurde die knechtliche Arbeit verboten, was als Kirchengebot bis zum Zweiten Vatikanischen Konzil weiterwirkte. Nach Thomas von Aquin ist es der Sinn des S.s, dass der Mensch eine gewisse Zeit frei ist für Gott und die geistliche Erneuerung in Gott (STh II-II, 122,4). Das nachkonziliare ↑Kirchenrecht schreibt die Teilnahme an der Messfeier und die Enthaltung von Tätigkeiten vor, die den Gottesdienst, die dem S. eigene Freude oder die Geist und Körper geschuldete Erholung behindern (can. 1247 CIC/1983). Falls die Teilnahme an der Feier der Eucharistie nicht möglich ist, wird möglichst die Teilnahme an einem Wortgottesdienst, sonst eine Zeit des persönlichen Gebets, des Gebets in der Familie oder in Familienkreisen empfohlen (cann. 1248 f. CIC/1983).

Die Reformatoren legten Wert auf das Hören und Studium des Wortes Gottes. In der puritanischen Tradition wird die absolute S.s-Ruhe betont. V.a. im außerdeutschen Raum ist heute in den reformatorischen Kirchen die sonntägliche Eucharistiefeier zunehmend die Regel.

Durch die moderne ↑Säkularisierung, Individualisierung und Pluralisierung, die Industrialisierung und die Dominanz ökonomischer Gesichtspunkte (Arbeitszeit), das heutige Freizeit-Angebot und durch den Tourismus sind die christlichen S. und F. in der Gefahr, verdrängt oder zum bloßen Wochenende, zur Gelegenheit für Ausflugs und Sportveranstaltungen u.a. zu werden und ihres theologischen und anthropologischen Sinns beraubt und gleichzeitig zum Anlass für neue Zwänge unserer Erlebnisgesellschaft zu werden. Ein bedauerlicher Bruch mit der ↑Tradition war die Empfehlung der ISO, einer Unterorganisation der UNO, ab 1.1.1970 den S. als letzten Tag der Woche zu betrachten.

Angesichts dieser u.a. Gefährdungen veröffentlichten die DBK und der Rat der EKD 1984 ein „gemeinsames Wort": „Den Sonntag feiern" und 1988 eine gemeinsame Erklärung „Unsere Verantwortung für den Sonntag". Dem gleichen Zweck dient das Apostolische Schreiben von Johannes Paul II. „Dies Domini" „über die Heiligung des Sonntags" (1998). Die Bewahrung und Erneuerung der S. und F. als gemeinsame und öffentlich begangene Feiern, die der Gottesverehrung wie der Freude und Muße, der Freiheit von Zwängen, der Gemeinschaft in der ↑Familie, dem Dienst am Nächsten wie der Ruhe, der Entspannung und Erholung dienen, ist eine der wichtigsten kulturpolitischen und pastoralen Aufgaben, damit eines der segensreichsten Kulturgüter nicht einseitig ökonomischen Gesichtspunkten geopfert wird.

### Literatur

A. Bender: Der christliche Sonntag, 2018 • J. L. González: Eine kurze Geschichte des Sonntags, 2017 • P. Stefani: Il sabato. Il settimo giorno nell'ebraismo e nel cristianesimo, 2014 • A. Cabantous: Le dimanche, une histoire. Europe occidentale (1600–1830), 2013 • H. Schiepek: Der Sonntag und kirchlich gebotene Feiertage nach kirchlichem und weltlichem Recht, ²2009 • E. Haag u.a.: Sonntag, in: LThK, Bd. 9, ³2000, 726–731 • J. Assmann: Der zweidimensionale Mensch. Das Fest als Medium des kollektiven Gedächtnisses, in: ders./T. Sundermeier (Hg.): Das Fest und das Heilige. Kontrastpunkte des Alltags, 1999, 13–30 • B. S. Nuß: Der Streit um den Sonntag. Der Kampf der Katholischen Kirche in Deutschland von 1869 bis 1992 für den Sonntag als kollektive Zeitstruktur, 1996 • H. Feller: Sonntage und Feiertage im Recht von Staat und Kirche, 1990 • J. Splett/A. Pahlke/R. Richardi: Der Schutz der Sonn- und Feiertage, 1990 • A. Rauscher: Christliche Sonntagskultur, 1988 • A. M. Altermatt/T. Schnitker (Hg.): Der Sonntag, 1986 • O. Bischofberger u. a.: Feste und Feiertage, in: TRE, Bd. 11, 1983, 93–143 • R. Bärenz: Das Sonntagsgebot, 1982 • J. Ratzinger: Das Fest des Glaubens. Versuche zur Theologie des Gottesdienstes, 1981 • A. Adam: Das Kirchenjahr mitfeiern. Seine Geschichte und seine Bedeutung nach der Liturgieerneuerung, 1979 • W. Dürig: Das christliche Fest und seine Feier, [2]1978 • G. M. Martin: Fest und Alltag, 1973 • G. Bornkamm u. a.: Die Feste der Christenheit und der moderne Mensch, 1968 • J. Pieper: Zustimmung zur Welt. Eine Theorie des Festes, [2]1964 • J. Pascher: Das liturgische Jahr, 1963 • J. A. Jungmann: Das kirchliche Fest nach Idee und Grenze, in: ders.: Liturgisches Erbe und pastorale Gegenwart, 1960, 502–526 • R. Guardini: Der Sonntag, gestern, heute und immer, 1957 • M. Eliade: Der Mythos der ewigen Wiederkehr, 1953.

WALTER KASPER

## II. Rechtlich

Sonntage (S.) und Feiertage (F.) als Ausdruck sozialer Zeitstrukturen sind Regelungsthema sowohl auf Bundes- als auch Landesebene. S. und F. sind dabei nicht ausschließlich religionsverfassungsrechtlich konnotiert, sondern allg. Ausdruck kultureller Selbstbeschreibung. Art. 140 GG i. V. m. Art. 139 WRV spricht durchaus prosaisch von Tagen der „seelischen Erhebung und der Arbeitsruhe" und verkoppelt demnach Religiöses mit Profanem. Dem religiösen Sinngehalt des S.s wie der meisten F. treten säkulare Dimensionen gleichberechtigt an die Seite, die dem Schutz von ↑Ehe und ↑Familie genauso dienen wie der körperlichen Unversehrtheit oder der effektiven Wahrnehmung der ↑Vereinigungsfreiheit und das S.s- und F.s-Recht i. S. eines Grundrechtsvoraussetzungsschutzes profilieren. Gleichwohl ist der verfassungsrechtliche S.s-Schutz das deutlichste „konstantinische Erbe" im geltenden Religionsverfassungsrecht und Ausdruck der christlichen Kulturprägung. Dadurch, dass das S.s- und F.s-Recht Gegenstand verfassungsrechtlicher Regelungen ist, wird die „gewisse zeitliche Synchronisierung des sozialen Lebens in Verfassungsrang erhoben" (Morlok 2018: Rdnr. 11). Während der S. als siebter Tag der Woche (DIN 1355) zeitlich fest genormt ist, gestaltet sich das F.s-Recht im föderalen Gefüge ungleich vielfältiger.

### 1. Sonntag als Verfassungsprinzip

Durch die Rechtsprechung des ↑BVerfG erfährt der S.s-Schutz eine wesentliche Aufwertung, die aus der ehedem bloß institutionell-objektiven Garantie eine durchaus schneidige Rechtsposition insb. in der Hand von ↑Kirchen und ↑Gewerkschaften macht (vgl. BVerfGE 125,39). S.s-Öffnungen sind nur nach einem vom BVerfG näher vorgespurten Regel-Ausnahme-Gebot zulässig. Die mit der Föderalismusreform 2006 intendierte Liberalisierung vom Bundes-Ladenschlussgesetz zu Landesladenöffnungsgesetzen erfährt damit gewisse Restriktionen. Recht weitgehende S.s-Öffnungen insb. in touristischen Destinationen (sog.e Bäder-Regelungen) drohen immer wieder den Charakter der S. unter dem Vorwand der Wirtschaftsförderung und des „Shopping-Interesses" der Touristen beträchtlich auszuhöhlen. Aber auch andere, bspw. anlassbezogene Öffnungsoptionen erweisen sich für den S. als Störpotential. Die mittlerweile ausgedehnte S.s-Rechtsprechung stößt immer wieder auf Kritik, und die gelingende Balancierung der widerstreitenden Interessen und Rechtspositionen mit dem Ziel, den sonntäglichen Charakter zu schützen, erweist sich als rechts- wie religions- bzw. gesellschaftspolitische Herausforderung. Grundsätzlich kann unterschieden werden zwischen Arbeit „für den S." und Arbeit „trotz des S.s". Erstgenanntes dient der Verwirklichung von Nachfrageinteressen der Bürger, um den S. genießen zu können, während die Arbeit trotz des S.s insb. die Tätigkeit in sozialen Dienstleistungseinrichtungen (Pflege, Krankenhaus), Feuerwehr und anderen Trägern der ↑Daseinsvorsorge umfasst. Hier stellen sich ggf. arbeitsrechtliche Probleme, die bspw. im ArbZG geregelt sind.

### 2. Feiertagsrecht

Das F.s-Recht als „kulturelles Identitätselement" (Häberle 1987) bedarf der konstitutiven Ausformung durch den Gesetzgeber. Er muss durch F.s-Gesetze eine „chronopolitische" Entscheidung treffen, welche Tage als F. anerkannt werden. Die meisten F. sind religiös konnotiert, einige politisch (z. B. 1. Mai, Tag der Deutschen Einheit). Art. 139 WRV schützt nicht einzelne F., sondern v. a. das Institut der öffentlichen F. Mit Ausnahme etwa des 3. Oktober (gesamtstaatlicher Tag der Deutschen Einheit), für den der Bund kraft Natur der Sache die Gesetzgebungskompetenz besitzt, ressortiert das weit überwiegende F.s-Recht bei den einzelnen Bundesländern. Die Zahl der F. variiert zwischen diesen und reicht von neun bis zu 15 Tagen, wobei es regionale Unterschiede gibt, da das F.s-Recht u. U. an die konfessionelle Zusammensetzung der Bevölkerung (↑Konfession) anknüpft. Nachdem zum Reformationsjubiläum 2017 der 31. Oktober als Reformationstag bundesweit als einmaliger F. begangen wurde, haben inzwischen mehrere Bundesländer den 31. Oktober dauerhaft als F. eingeführt. Auch über andere neue F. wird zur Zeit verstärkt nachgedacht. Das F.s-Recht kann sich auf die F. nicht-christlicher Religionen erstrecken. So sind schon seit längerem jüdische F. anerkannt, zunehmend werden auch islamische F. berücksichtigt (z. B. Bremen, Hamburg, Baden-Württemberg). Die Anerkennung als gesetzliche F. hat zur Folge, dass diese Tage grundsätzlich arbeitsfrei sind (§ 9 Abs. 1 ArbZG) und die Entgeltfortzahlung ausgelöst wird (§ 2 EntgeltfortzahlungsG). Neben der Anerkennung als gesetzliche F. werden einzelne

F. als sog.e stille F. bes. geschützt, mit dem Ziel, dass der Charakter und die Würde dieser Tage nicht gestört werden dürfen. I.d.R. wird dies unter dem Schlagwort „Tanzverbot“ zusammengefasst, betrifft aber auch Sportveranstaltungen u.a. Gerade der Karfreitag als Tag eines bes.n Stilleschutzes ist angegriffen worden, weil dieser staatliche Schutzauftrag andere Versammlungen und Aktivitätsformen übermäßig beschränke. Das BVerfG hat 2016 den bes.n Stilleschutz von bestimmten F.n grundsätzlich anerkannt, aber auch gefordert, dass der Landesgesetzgeber Ausnahmeregelungen vorsehen müsse (BVerfGE 143,161). Das vom BVerfG mit Art. 139 WRV im Hinblick auf potentiell widerstreitende ↑Grundrechte Dritter postulierte Abwägungskonzept erfährt Kritik. Immer wieder lassen sich Gesetzesinitiativen beobachten, die den „ernsten Charakter“ der stillen F. durch tageszeitliche Spezifizierungen einzuschränken suchen. Zwar darf der Gesetzgeber Änderungen sozialer Lebens- und Arbeitsbedingungen berücksichtigen, doch lassen sich allein aus sozio-demographischen, religionssoziologischen Veränderungen keine zwingenden Schlüsse auf Schutzadäquanz und Bestandsnotwendigkeit dieser F. ziehen.

### Literatur

M. Morlok: Art. 139 WRV, in: H. Dreier (Hg.): GG. Komm., Bd. 3, ³2018, 1825–1841 • H. Schmitz/C.-W. Neubert: Verfassungsrechtlicher Sonntagsschutz auf Irrwegen, in: NVwZ 37/10 (2018), 704–708 • H. Wißmann: „Hirten der Verfassung“? Das BVerfG, die Kirchen und der Sonntagsschutz, in: JURA 33/3 (2011), 214–222 • W. Mosbacher: Das neue Sonntagsgrundrecht, in: NVwZ 29/9 (2010), 537–541 • C. Starck: Über die Sicherung des verfassungsrechtlichen Sonntagsschutzes in der modernen Konsumwelt, in: C. Gröppel/M. Jachmann/G. Manssen (Hg.): Nach geltendem Verfassungsrecht, 2009, 809–825 • P. Unruh: Die Kirchen und der Sonntagsschutz, in: ZevKR 52/1 (2007), 1–29 • P. Häberle: Der Sonntag als Verfassungsprinzip, ²2006 • J. Rozek: Vorsprung durch Rechtsbruch?, in: NJW 52/40 (1999), 2921–2929 • W. Rüfner: Die institutionelle Garantie der Sonn- und Feiertage, in: K.-H. Kästner/K. W. Nörr/K. Schlaich (Hg.): FS für Martin Heckel zum siebzigsten Geburtstag, 1999, 447–461 • P. Häberle: Feiertagsgarantien als kulturelle Identitätselemente des Verfassungsstaates, 1987.

ANSGAR HENSE

**South Asian Association for Regional Cooperation (SAARC)** ↑Südasien

## Southern African Development Community (SADC)

Die Staatengemeinschaft im Südlichen Afrika ist ein Produkt der späten Dekolonisierung in dieser Region. Sie formierte sich mit der Unabhängigkeit Simbabwes 1980 zu einer Organisation der „Frontstaaten“ gegen das südafrikanische Apartheid-Regime. Nach dem Ende der ↑Apartheid wurde sie zur regionalen Dachorganisation einer engeren wirtschafts- und sicherheitspolitischen Kooperation, in der die ehemaligen Befreiungsbewegungen als Regierungsparteien wesentliche Akzente setzen. Trotz zahlreicher lokaler und regionaler kultureller und sprachlicher Identitäten ist die Gemeinschaft relativ homogen, obgleich die ehemals portugiesischen Kolonien Angola und Mosambik sowie die DR Kongo nicht dem anglophonen Sprachraum zuzuordnen sind und die vier Inselstaaten im Indischen Ozean keine einflussreiche Rolle spielen. In allen Mitgliedsstaaten ist die christliche Religion dominant. Die Länder rechnen sich alle den nicht-paktgebundenen Staaten zu. Viele unter ihnen sind Mitglieder im ↑Commonwealth.

### 1. Entstehung

Nach einer Vorkonferenz im Mai 1979 in Arusha/Tansania gründeten im April 1980 – unmittelbar nach der Unabhängigkeit Simbabwes – Angola, Botswana, Lesotho, Malawi, Mosambik, Sambia, Simbabwe, Swasiland und Tansania in Lusaka die *Southern African Development Coordination Conference* zur Koordinierung regionaler Interessen, um die Abhängigkeit von Südafrika zu reduzieren. Namibia schloss sich nach der Unabhängigkeit 1990 als zehnter Mitgliedsstaat an. 1992 gründete sich in Windhoek die SADC mit einem detaillierten Vertragswerk. Deren Sekretariat in Gaborone wurde sukzessive um mehrere ergänzende sektorale Stützpunkte u.a. koordinierende Einrichtungen in anderen Mitgliedsstaaten erweitert. Sie waren Folge diverser Protokolle u.a. zur Energie- und Wasserversorgung, dem Bergbau, Verkehr und Handel. Nach den demokratischen Wahlen trat Südafrika 1994 der Gemeinschaft bei. Die wirtschafts- und entwicklungspolitische Orientierung wurde um die sicherheitspolitische Dimension (↑Sicherheitspolitik) erweitert. 1996 manifestierten sich die neuen Prioritäten durch die Annahme eines Handelsprotokolls sowie der Einrichtung eines Organs für Politik, Verteidigung und Sicherheit. Mit dem Beitritt der DR Kongo sowie der Inselstaaten Mauritius und Seychellen 1997 sowie Madagaskar 2005 stieg die Mitgliedszahl auf 15. 2017 wurden die Komoren als das 16. Mitgliedsland aufgenommen.

### 2. Konsolidierung

Anfänglich herrschte Uneinigkeit über die Grundlinien einer *SADC-Sicherheitspolitik* und die Kontrolle über das Organ. Entgegen der südafrikanischen Auffassung einer Nichteinmischung eilten Angola, Namibia und Simbabwe im August 1998 Laurent-Désiré Kabila militärisch zu Hilfe und trugen zur Abwendung seines Sturzes in der DR Kongo bei. Im September 1998 intervenierte Südafrika militärisch in Lesotho und verstieß damit selbst gegen das geforderte Neutralitätsgebot (↑Neutralität). Die Leitung des Sicherheitsorgans blieb zwischen Simbabwe und Südafrika umstritten. Es wurde 2001 in die SADC-Strukturen integriert; mit jährlich wechselnder

Leitung auf dem SADC-Gipfeltreffen. Inzwischen hat sich die SADC mehrfach diplomatisch in inneren Angelegenheiten von Mitgliedsländern engagiert: In Simbabwe und Lesotho sowie Madagaskar führten Beauftragte Verhandlungen, in der DR Kongo sind SADC-Mitgliedsländer als Teil der UNO-Truppen präsent.

Das 1996 verabschiedete Protokoll zur Schaffung einer *Freihandelszone* trat 2000 in Kraft. 2003 wurde ein Regionaler Indikativer Strategischer Entwicklungsplan *(Regional Indicative Strategic Development Plan)* verabschiedet. Das bis 2007 bestehende integrierte Ministerialkomitee *(Integrated Committee of Ministers)* wurde durch sechs Einheiten ersetzt, die eine vertiefte Regionalintegration (↑Regionalisierung, Regionalismus) fördern sollen.

Es findet ein jährliches Gipfeltreffen der Staats- und Regierungschefs statt. Es wird jeweils von dem Mitgliedsland ausgerichtet, das bis dahin den jährlich wechselnden Vorsitz innehat. Ein Ministerrat, ein ständiger Ausschuss, nationale SADC-Komitees und das SADC-Sekretariat in Gaborone, das von einem von den Mitgliedsstaaten alle fünf Jahre gewählten Generalsekretär geleitet wird, sind wesentliche Strukturelemente.

### 3. Bilanz

Die SADC galt als Vorbild afrikanischer regionaler Kooperation, vermochte die Erwartungen aber nicht zu erfüllen. Die z. T. unter großen Opfern erkämpfte nationale Selbstbestimmung (↑Selbstbestimmungsrecht) wurde von den Regierungen nicht dem regionalen Interesse durch Einschränkung staatlicher Souveränitätsansprüche (↑Souveränität) untergeordnet. Der kollektive sicherheitspolitische Rahmen wurde gestärkt, ohne dass dies zur Disziplinierung von Mitgliedsstaaten führte, die eklatant gegen die Gebote guter Regierungsführung verstießen und damit – wie bes. spektakulär im Falle Simbabwes – auch die nachbarschaftlichen Beziehungen belasteten, da ein beträchtlicher Teil der Bevölkerung Zuflucht in Anrainerstaaten suchte.

Angesichts der mangelnden Kohärenz hat sich die SADC nie als einflussreicher Akteur in der globalen Politik positioniert. In grundsätzlichen Fragen, wie z. B. der fortgesetzten Anerkennung des IStGH gibt es keine gemeinsame Position. Auch in der ↑AU und der ↑UNO vertritt die SADC in Sachfragen keine einheitliche Linie. Bes. Botswana weicht durch deutliche Kritik an Menschenrechtsverletzungen in der Weltgemeinschaft immer wieder von der eher passiven Mehrheitsmeinung ab.

2012 wurde das ab 2005 operative *SADC Tribunal* auf Eis gelegt, das urspr. auch individuelle Klagen zuließ und gegen Mitgliedsstaaten urteilte. Dadurch verstärkte sich der Eindruck, dass es sich um einen Pakt unter Regierungen handelt. Defizite in der Institutionalisierung, mangelnde Effizienz in der Ratifizierung und Operationalisierung der Zielsetzungen sowie ein Mangel an politischem Willen und säumige Beitragszahlungen zur chronisch unterfinanzierten Organisation führten bei externen Gebern zu wachsendem Vertrauensschwund und Legitimationsverlust. Die SADC bleibt dennoch ein wichtiges stabilisierendes Element in der Region und wird weiterhin auch von westlichen Staaten erheblich unterstützt.

### Literatur

J. Muntschik: The Southern African Development Community (SADC) and the European Union (EU). Regionalism and External Influence, 2018 • M. Adelmann: SADC. An Actor in International Relations?, 2012 • C. Saunders/D. Nagar/G. A. Dzinesa (Hg.): Region-Building in Southern Africa, 2012.

HENNING MELBER

## Souveränität

I. Rechtlich – II. Politikwissenschaftlich

### I. Rechtlich

### 1. Begriff

Der Begriff der S., von „verhängnisvolle[r] Vieldeutigkeit" (Kelsen 1962: 278), wird unterschiedlich verstanden. Soziologisch gedeutet, wird er nicht selten mit ungehemmter staatlicher Machtentfaltung gleichgesetzt. S. ist aber, wenn der Begriff auch einen empirischen Gehalt aufweisen mag, im Kern ein Rechtsbegriff, der den Staat, dem sie als wesentliches Attribut beigefügt wird, als Rechtssubjekt anspricht, ihm Rechtsmacht über andere oder gegenüber anderen zuspricht, also ein normativ und nicht real begründetes Herrschaftsverhältnis auf den Begriff bringt, dessen Geltung, d. h. normative Existenz, sich empirisch weder demonstrieren noch widerlegen lässt. S. ist kein in der Außenwelt sozialer Tatsachen wahrnehmbares Faktum. Daraus folgt zugl., dass von der Verdeckung, vielleicht praktischen Unmöglichkeit des souveränen Handelns nicht auf das Nichtvorhandensein von S. geschlossen werden darf; denn als Rechtsbegriff fragt S. nicht nach dem Sein der Staatspraxis, sondern nach dem Sollen im Konfliktfall. Umgekehrt gilt, dass S. nicht einfach bei der (Staats-)Macht verortet werden kann, die überlegene Machtmittel besitzt. Das Problem der S. ist keine durch Gewalt entscheidbare Macht-, sondern eine juristisch zu beantwortende Rechtsfrage. Als Rechtsmacht, nämlich als Kompetenz des Staates zur Letztentscheidung, d. h. zur endgültigen Entscheidung in inneren oder äußeren Angelegenheiten, bedeutet S. eine vom Recht verliehene und daher notwendig begrenzte ↑Macht, d. h. eine rechtlich geordnete Gewalt, nicht *plein pouvoir.*

### 2. Ideengeschichte

So ist die vom geistigen Vater der S., Jean Bodin, dem französischen König zugesprochene *summa potestas* keine unspezifizierte Generalvollmacht, sondern ein wenn auch ergänzbares Bündel von Einzelrechten, die zudem unter dem Vorbehalt von unverfügbaren Schranken stehen: ↑Naturrecht, Erbfolgegesetze, vertragliche Bindung, Steuerbewilligungsrecht der ↑Stände. Demgegenüber wollte Thomas Hobbes tatsächlich den englischen König mit unumschränkter Herrschaftsmacht ausstatten („auctoritas [= rex] facit legem“ [Hobbes 1651: II 26]), im Gegensatz zu dem seinerzeitigen, auf dem Zusammenwirken von König und Parlament basierenden gewaltenteilenden ↑politischen System.

## 3. Souveränität im staats- und völkerrechtlichen Sinne

Bei der Beurteilung der als S. bezeichneten, rechtlichen Qualität der Staatsgewalt ist zwischen der S. nach innen und nach außen, zwischen ↑Staats- und ↑Völkerrecht zu differenzieren.

### 3.1 Die innere Souveränität *des* Staates gegenüber den seiner Herrschaft Unterworfenen

Dem ↑Staat kommt die Hoheitsgewalt zu, Akte zu setzen, die für alle seiner Herrschaftsgewalt territorial oder personal Unterworfenen verbindlich sind, insb. Herrschaftsorgane einzusetzen, eine positive Rechtsordnung zu erlassen und dieselbe kraft seines ↑Gewaltmonopols mit seiner legalen Zwangsgewalt durchzusetzen. Er hat in allen öffentlichen Angelegenheiten das Recht der Letztentscheidung, gleich ob dieses im Einzelfall bei der Regierung, Verwaltungsbehörden oder – wie im heute verbreiteten Jurisdiktionsstaat in aller Regel – bei der Fach- und der ↑Verfassungsgerichtsbarkeit liegt.

### 3.2 Souveränität *im* Verfassungsstaat?

*Im* gewaltenteilenden Verfassungsstaat gibt es dagegen keinen Souverän. Eine souveräne Einheit der Staatsgewalt im funktionellen Sinne besteht hier nicht mehr; die Staatsgewalt ist aufgegliedert und auf verschiedene Staatsorgane verteilt. Im ↑Bundesstaat kommt eine vertikale ↑Gewaltenteilung hinzu. Alle *pouvoirs constitués* besitzen lediglich verfassungsrechtlich begrenzte Zuständigkeiten. Keinem Staatsorgan kommt eine – nicht von anderen Staatsorganen u. U. korrigierbare – ausschließliche Letztentscheidungskompetenz in allen inneren Angelegenheiten des verfassten Staates und damit S. zu.

Man könnte allerdings – in Anlehnung an das berühmte Diktum Carl Schmitts – annehmen, dass in einem Verfassungsstaat „[s]ouverän ist, wer über die Verfassungsinterpretation gebietet“ (Püttner 1984: 573), in einem Verfassungsstaat mit ausgebauter Verfassungsgerichtsbarkeit also das Verfassungsgericht. Aber zum einen kann ein Verfassungsgericht nicht von sich aus tätig werden, entbehrt also der Gestaltungsmacht, zum anderen kann ihm zumindest der verfassungsändernde Gesetzgeber entgegentreten.

Als *pouvoir constituant* ist das Volk souverän, keinen verfassungsrechtlichen Bindungen unterworfen. Die der ↑Verfassung vorausliegende ↑Volkssouveränität erschöpft sich jedoch im Akt der Verfassungsgebung und ist alsdann, bis zur erneuten Verfassungsgebung, in der Verfassung „aufgehoben“. Innerhalb der gegebenen Verfassungsordnung sind auch dem Volk als *pouvoir constitué* nur bestimmte Kompetenzen zur Wahrnehmung zugewiesen.

### 3.3 Staatliche Souveränität im völkerrechtlichen Sinn

In völkerrechtlicher Außensicht, die auf den Staat als Ganzes und seine Position in der ↑Staatengemeinschaft gerichtet ist, bleibt die S. des Staates als einheitliche ↑juristische Person und als einheitliches völkerrechtliches Zurechnungssubjekt erhalten.

S. als völkerrechtlicher Rechtsbegriff meint die unabgeleitete, umfassende Rechtsmacht der voneinander unabhängigen, einander gleichberechtigten und völkerrechtsunmittelbaren Staaten. Staatliche S. bedeutet in völkerrechtlicher Hinsicht zweierlei: erstens die Anerkennung des prinzipiell ausschließlichen und umfassenden Eigenrechts des Staates, mit Bezug auf sein Territorium und gegenüber seinen Staatsangehörigen verbindlich ↑Recht zu setzen und durchzusetzen (Gebiets- und Personalhoheit), d. h. die grundsätzliche Zuerkennung einer Letztentscheidungsbefugnis über Personen und Sachen auf seinem Hoheitsgebiet und über den Status der ihm zuzurechnenden natürlichen und juristischen Personen (sog.e innere S.), zweitens im Außenverhältnis die Befehlsunabhängigkeit von anderen Staaten, die völkerrechtlich die gleiche Rechtsmacht besitzen: *par in parem non habet imperium* (sog.e äußere S.).

#### *3.3.1 Rechtserzeugung unter der Bedingung souveräner Gleichheit*

Die völkerrechtliche Rechtsgleichheit schließt zwischen den koexistierenden Staaten grundsätzlich jeden Rechtsmehrwert des einen gegenüber dem anderen aus und führt dazu, dass in der auf der „souveränen Gleichheit“ *(sovereign equality)* seiner Mitglieder basierenden Staatengemeinschaft (Art. 2 Nr. 1 UN-Charta) überhaupt nur konsensuale Rechtserzeugung möglich ist. Auch die Anerkennung gewisser fundamentaler völkerrechtlicher Rechtsregeln als vertraglich nicht disponibles Recht *(ius cogens)* beruht auf dem Konsens der Staaten.

#### *3.3.2 Souveränität und völkerrechtliche Gebundenheit der Staaten*

Es versteht sich von selbst, dass die vom Völkerrecht prinzipiell anerkannte S. der Staaten deren (gleiche) Unterworfenheit unter das Völkerrecht nicht ausschließt oder aufhebt.

Die Eingehung völkerrechtlicher Verpflichtungen beinhaltet nicht, wie vielfach behauptet wird, Beschränkung, Teilverzicht oder Aufgabe von S., sondern stellt gerade deren Ausübung dar. S. als völkerrechtlicher Status bedeutet also keineswegs materiellrechtliche Ungebundenheit. Völkerrechtliche Bindungen beeinträchtigen die S. eines Staates nicht, jedenfalls solange sie – unter bestimmten Voraussetzungen nach den dafür geltenden völkerrechtlichen Regeln – auch wieder einseitig rückgängig gemacht werden können.

*3.3.3 Souveränität als Herrschaft im Verfahren*

Nicht Freiheit von Bindung, wohl aber Letztentscheidungsbefugnis ist Kennzeichen staatlicher S. Das allg.e Völkerrecht kennt keine obligatorische internationale ↑Gerichtsbarkeit und wegen der souveränen Gleichheit darf kein Staat über einen anderen zu Gericht sitzen: *par in parem non habet iudicium*. Damit aber liegt die Interpretation der eingegangenen Verpflichtungen und die Art und Weise ihrer Erfüllung in der Hand des jeweiligen Staates.

*3.3.4 Souveränität und internationale Zusammenarbeit*

Die Gründung von und die Beteiligung an vielen ↑internationalen Organisationen hebt die S. der Staaten im völkerrechtlichen Sinne nicht auf. Internationale Organisationen können nur für ihre Mitgliedstaaten und nur in dem durch den Gründungsvertrag vorgegebenen Rahmen rechtsetzend tätig werden. Hinsichtlich der Willensbildung gilt in den meisten internationalen Organisationen noch immer das Einstimmigkeitsprinzip; Organbeschlüsse entfalten häufig keine rechtlich bindende Wirkung. Dann bleiben die einzelnen Mitgliedstaaten Herren des Verfahrens und behalten ihre Entscheidungs- und Handlungsfreiheit.

Auch die Mitgliedstaaten der supranationalen ↑EU haben ihre S. nicht eingebüßt. Die EU beruht auf ↑völkerrechtlichen Verträgen, mit denen die Mitgliedstaaten einen Teil ihrer umfassenden staatlichen Hoheitsmacht ausgegliedert und auf der europäischen Ebene auf eine „zwischenstaatliche Einrichtung“ verlagert haben, die dort nach Maßgabe der verliehenen, umfangreichen, aber doch prinzipiell begrenzten Kompetenzen ausgeübt wird. Dieser Ableitungszusammenhang zwischen der prinzipiell unbegrenzten staatlichen Hoheitsgewalt und den begrenzten, durch Austritt auch wieder rücknehmbaren europäischen Hoheitsbefugnissen, der mit dem als europarechtliches Kompetenzverteilungsprinzip fungierenden Grundsatz der begrenzten Einzelermächtigung auf den Begriff gebracht wird, entscheidet die Frage der S. zugunsten der Mitgliedstaaten. Völkerrechtlich liegt die Kompetenz-Kompetenz bei den Mitgliedstaaten.

*3.3.5 Die fortdauernde Gültigkeit des Souveränitätsprinzips*

Von einem Ende staatlicher S. kann völkerrechtlich betrachtet keine Rede sein. Die Staaten haben ihren bestimmenden völkerrechtlichen Status behauptet und werden ihn aller Voraussicht nach auch in Zukunft behalten, auch wenn sie sich zur Erreichung gemeinsamer Ziele verstärkt international und supranational (↑Supranationalität) organisieren werden. Eine „Konstitutionalisierung“ des Völkerrechts im Sinne einer strukturellen Annäherung an das verfassungsrechtliche Ordnungsmodell, die eine völkerrechliche Normenhierarchie und eine willensunabhängige Rechtsunterworfenheit der Staaten implizieren würde, hat bisher nicht stattgefunden. Richtig ist, dass sich die Völkerrechtsordnung immer mehr verdichtet und längst auf Regelungsmaterien Zugriff genommen hat, die – wie die Behandlung eigener Staatsangehöriger – herkömmlich zu den inneren Angelegenheiten der Staaten gerechnet wurden, die ihrer völkerrechtlich nicht determinierten Regelungsbefugnis unterfielen. Aber diese inhaltliche Fortentwicklung und Anreicherung des Völkerrechts, auch die Herausbildung eines völkerrechtlichen Menschenrechtsschutzes, hat sich mit und nach dem Willen der Staaten in den überkommenen Rechtsformen des Völkerrechts vollzogen und daher nicht die Grundstruktur der Völkerrechtsordnung als eine herrschaftsfreie, auf die Herstellung des Staatenkonsenses angewiesene Koordinationsordnung verändert.

*3.3.6 Kritik des Souveränitätskonzepts und Gegenkritik*

Wer S. heute für ein antiquiertes Dogma hält, verweist auf die zahlreichen Abhängigkeiten des heutigen modernen Staates, die diesen zu vielfältigen, auch institutionalisierten Formen intensiver Kooperation mit außerstaatlichen Partnern im Inneren sowie fremdstaatlichen Partnern im völkerrechtlichen Außenverhältnis zwingen. So betrachtet scheint der in seiner eigenen politischen Gestaltungsmacht und Steuerungsfähigkeit (↑Steuerung) stark eingeschränkte, durchsetzungsschwach gewordene Staat längst nicht mehr souverän. Staaten mangels faktischer Allmacht ihrer Staatsgewalt S. abzusprechen, verkennt jedoch zum einen, dass kein Staat der Welt jemals eine solche S. besessen hat, weder im Staatsinneren noch im Außenverhältnis zu anderen Staaten. Gegenüber (welt-)wirtschaftlichen Vorgängen und Entwicklungen, die in erster Linie von – international gültigen – Marktgesetzen (↑Markt) bestimmt werden, und gegenüber dem transnationalen Geld- und Kapitalverkehr hat sich (einzel-)staatliche Regulierung stets als mehr oder weniger machtlos erwiesen, ohne dass dies der recht verstandenen, inneren S. der Staaten Abbruch getan hätte. Im Außenverhältnis haben andere Staaten von „gleicher S.“ staatlichem Machtstreben und Herrschaftswillen faktisch immer Einhalt geboten. Im Übrigen verkennt diese Ansicht den Charakter der S. als Rechtsmacht, nämlich als Letztentscheidungsrecht. Juristisch betrachtet erscheint S., entmystifiziert und zugl. entdämonisiert, weniger „gewaltig“, aber immer noch höchst bedeutsam, weil „entscheidend“.

## Literatur

S. Besson: Sovereignty, in: MPEPIL, Bd. 9, 2012, 366–390 • D. Grimm: Souveränität. Herkunft und Zukunft eines Schlüsselbegriffs, 2009 • U. Haltern: Was bedeutet Souveränität?, 2007 • R. Prokhovnik: Sovereignties. Contemporary Theory and Practice, 2007 • C. Hillgruber: Souveränität. Verteidigung eines Rechtsbegriffs, in: JZ 57/22 (2002), 1072–1080 • G. Püttner: Der schwierige Weg der Verfassungsgerichtsbarkeit, in: D. Wilke (Hg.): FS zum 125jährigen Bestehen der Juristischen Gesellschaft zu Berlin, 1984, 573–606 • H. Quaritsch: Staat und Souveränität, Bd. 1: Die Grundlagen, 1970 • H. Kelsen: Souveränität, in: K. Strupp/H.-J. Schlochauer (Hg.): Wörterbuch des Völkerrechts, Bd. 3, [2]1962, 278–285 • T: Hobbes: Leviathan, 1651. CHRISTIAN HILLGRUBER

## II. Politikwissenschaftlich

S. ist einer der zentralen Begriffe moderner Politikwissenschaft und politischer Philosophie. Er leitet sich vom im 14. Jh. aufkommenden Begriff *suprema potestas* (höchste Gewalt) ab und bedeutet die höchste, unumschränkte, direkte, unabhängige und freie Machtausübung in einem Gemeinwesen. Die S. umfasst die gesamte Staatsgewalt. Der Träger der S., der Souverän, besitzt also das ↑Gewaltmonopol in einem ↑Staat.

### 1. Geschichtlicher Überblick

Der Begriff S. tritt erst in der späten Renaissance bzw. frühen ↑Neuzeit auf. In der Antike, so bei Platon in der „Politeia", steht die gute ↑Verfassung im Mittelpunkt, die sich an der Seelenlehre orientiert und das Philosophenkönigtum (Plat. pol.: V, 473b-VI, 504a) als Ideal vorsieht: Die Philosophen *(philósophoi)* sollen Könige, die Könige *(basilês)* Philosophen werden (Plat. pol.: V, 473c/d). In Platons Spätwerk „Nomoi" sind die ↑Gesetze Garant eines guten und gerechten Staates. Im mittelalterlichen Denken, so bei Thomas von Aquin, steht der rechtschaffene Monarch (Fürst oder König) an der Spitze eines Herrschaftsbereichs. Regeln für den guten Herrscher finden sich in zahlreichen Fürstenspiegeln, bis hin zu Niccolò Machiavellis „Il principe" (1532). Geht es bei N. Machiavelli noch um das Aufrechterhalten der Herrschaft, das „mantenere lo stato" (Machiavelli 1532: XVIII), aufgrund der „virtù", entwickelt wenig später Jean Bodin die Lehre von der S. in „Les six livres de la République" (1576). Die wichtigsten Grundlagen seiner Theorie legt J. Bodin in den Büchern I und II dar: Das Gemeinwesen werde durch oberste Gewalt und Vernunft geleitet („summa potestate ac ratione moderata", Bodin 1576: I 1). Oberste Gewalt setzt J. Bodin mit „maiestas" (1576: I 8) gleich. Der Souverän besteht je nach Staatsform aus einem einzigen (↑Monarchie), wenigen (Aristokratie) oder allen (↑Demokratie). Auf Erden ist der Souverän keiner natürlichen oder ↑juristischen Person untergeordnet, alle Staatsgewalt geht allein von ihm aus. Einzig dem göttlichen Recht oder dem ↑Naturrecht muss sich der Souverän unterordnen. Laut J. Bodin ist der ↑Absolutismus die ideale Staatsform. Für den Staatsrechtler Dieter Grimm stellt J. Bodin in der S.s-Theorie den Wendepunkt schlechthin dar. Auch für Thomas Hobbes manifestiert sich die S. in der unabhängigen und unumschränkten Leitung eines Staates durch einen Einzelnen oder durch eine Gruppe. Der Staat wird zum „Leviathan", wie T. Hobbes sein politisch-philosophisches Hauptwerk von 1651 überschrieben hat. Dies bedeutet, dass der Staat zu einem „Mortall God" (Hobbes 1651: II 17), zu einem „sterblichen Gott" wird. Der vielgliedrige Staatskörper wird von einem einzigen Haupt zusammengehalten und beherrscht, von dem die gesamte S. ausgeht. Der Kern von T. Hobbes' S.s-Lehre ist die Aussage „auctoritas, non veritas facit legem" (Hobbes 1668: II 26). Autorität ist in T. Hobbes' Sinne S. Die freie Ausübung der S. entspricht ihm zufolge dem natürlichen und göttlichen Recht. Er entfernt sich damit von einem Naturrechtsdenken, das in den Strukturen der ↑Natur die transzendente ↑Wahrheit findet, die die Grundlage jeder ↑Gesetzgebung ist. Mit dem Herrschaftsvertrag (↑Vertragstheorie) tritt jeder Einzelne seine S. über sich in einem gemeinsamen Schritt aller an den Souverän ab. Eine weichere Form des Vertragsmodells findet sich bei John Locke, der in seinen „Two Treatises of Government" (1689) eine parlamentarische Versammlung als Träger der S. vorsieht. Bei J. Locke findet sich ein erster Ansatz der ↑Gewaltenteilung zwischen Legislative und Exekutive. Eine weitere Aufteilung der S. in drei Gewalten, Legislative, Exekutive und Judikative, findet sich bei Charles de Montesquieu in „De l'esprit des lois" (1748). Die amerikanische Verfassung setzt im Grundsatz *Balance of Power*, der auf die *checks and balances* (No. 51) der „Federalist Papers" (1788) zurückgeht, die Gewaltenteilung konsequent um. Laut Jean-Jacques Rousseau in seinem „Contrat social" (1762) geht die S. vom Volk aus. Das Volk wählt nicht ein für alle Mal oder in regelmäßigen Abständen einen Souverän, sondern behält die S. fortwährend bei. Politische ↑Entscheidungen werden durch Abstimmungen herbeigeführt, die die „volonté générale" (Rousseau 1762: II 1) ermitteln. Diese wird vom „législateur" (Rousseau 1762: II 7) in ein Gesetz geformt, das bis zur nächsten Abstimmung Gültigkeit hat. Joseph de Maistre stellt J.-J. Rousseau seinen Traktat „De la souveraineté du peuple" (1794) entgegen, einen „Gegen-Gesellschaftsvertrag", wie es im Untertitel heißt. Die S. kann J. de Maistre zufolge nur von einem einzigen (Monarchen) ausgehen. Das geltende katholische ↑Kirchenrecht schließlich schreibt der theologischen Tradition folgend dem ↑Papst die S. zu: „[D]eshalb verfügt er kraft seines Amtes in der Kirche über höchste, volle, unmittelbare und universale ordentliche Gewalt, die er immer frei ausüben kann" (can. 331 CIC/1983).

### 2. Neuere Entwicklungen: Carl Schmitt, Michel Foucault und Giorgio Agamben

Im 20. Jh. prägte der Staatsrechtler C. Schmitt die Lehre von der S. neu. Nicht nur juristisch, auch politikwissenschaftlich ist sein Ansatz von Interesse. Zentral ist seine Aussage in „Politische Theologie. Vier Kapitel zur Lehre von der Souveränität": „Souverän ist, wer über den Ausnahmezustand entscheidet" (Schmitt 1934: 11). Dadurch gibt C. Schmitt eine Formaldefinition für die S. bzw. den Souverän, der jederzeit frei über den Ausnahmezustand entscheidet. Je klarer dieser Entscheidungsweg ist, desto besser. Ferner heißt es bei C. Schmitt: „Alle prägnanten Begriffe der modernen Staatslehre sind säkularisierte theologische Begriffe" (Schmitt 1934: 49). Damit leitet sich die S. von der obersten Macht und Gewalt des transzendenten Gottes ab. Diese oberste und unabhängige ↑Macht wird auch auf den Souverän eines säkularen Staates übertragen. Die S. kann ihre Wurzel im Transzendenten (↑Transzendenz) demnach nicht verleugnen. In der heutigen rechtstheoretischen Debatte wird diese Position mehrheitlich nicht mehr geteilt.

M. Foucault legt seine Überlegungen zur S. in „Surveiller et punir. La naissance de la prison" (1975) vor. Es geht darin v.a. um Machtverhältnisse und ihre Ausübung sowie um Kontrolle, die nur durch Beobachtung und Strafen möglich ist. Nur durch umfassendes Wissen kann die S. demnach am effektivsten ausgeübt werden. Der Weg zum ↑Totalitarismus ist hier nicht weit, wie M. Foucault betont.

G. Agamben legt mit seiner Lehre von der S. einen Neuansatz vor, der sich insb. auf das AT, die Theologie des Paulus sowie auf die Ansätze C. Schmitts bezieht. In „Homo sacer" (1995–2015) behandelt G. Agamben anfangs die „Logik der Souveränität" (Agamben 1995: Kap. 1): S. ist für ihn zutiefst vom Paradox geprägt, dass der Souverän zugl. innerhalb und außerhalb der Rechtsordnung steht. G. Agamben stützt sich auf die transzendente Herkunft höchster Macht, die er bereits in theokratischen Modellen (↑Theokratie) der Bibel begründet sieht und die bis zum totalitären Durchgriff der Regime des 20. Jh. reicht.

### 3. Aktuelle Entwicklungen

Zu Beginn des 21. Jh. wird S. in vielen Staaten als ↑Volks-S. aufgefasst: Die S. geht allein vom Volk aus. Modelle direkter Demokratie sind jedoch weniger verbreitet. Das Repräsentativmodell überwiegt. ↑Wahlen bestimmen Repräsentanten auf Zeit, die die S. des Volkes stellvertretend ausüben. Monarchien sind aktuell überwiegend konstitutionell. Das operative politische Geschehen liegt in den Händen eines Parlaments (↑Parlament, Parlamentarismus), das vom Volk gewählt wird. Zukünftig gewinnen Fragen der ↑Partizipation und Inklusion (↑Inklusion, Exklusion) größere Bedeutung. Unterschiedlichsten Bevölkerungsgruppen soll möglichst klar und eindeutig die Ausübung der S. eingeräumt werden. Plebiszitäre Elemente (↑Plebiszit), die dem Einzelnen die Umsetzung seiner S. auf direkterem Wege ermöglichen, könnten zunehmen.

### Literatur

L. Bahmer u. a. (Hg.): Staatliche Souveränität im 21. Jh., 2018 • H. Dreier: Staat ohne Gott, 2018 • M. Mori (Hg.): Vom Naturzustand zur kosmopolitischen Gesellschaft, 2017 • R. Voigt: Staatliche Souveränität, 2016 • S. Salzborn/R. Voigt (Hg.): Souveränität. Theoretische und ideengeschichtliche Reflexionen, 2010 • D. Grimm: Souveränität. Herkunft und Zukunft eines Schlüsselbegriffs, 2009 • U. Haltern: Was bedeutet Souveränität?, 2007 • T. Stein/H. Buchstein/C. Offe (Hg.): Souveränität, Recht, Moral, 2007 • G. Agamben: Homo sacer, 4 Bde., 1995–2015 • Ders.: Homo sacer, Bd. 1: Il potere sovrano et la nuda vita, 1995 • H. Quaritsch: Souveränität. Entstehung und Entwicklung des Begriffs in Frankreich und Deutschland vom 13. Jh. bis 1806, 1986 • M. Foucault: Surveiller et punir. La naissance de la prison, 1975 • H. Quaritsch: Staat und Souveränität, Bd. 1: Die Grundlagen, 1970 • B. de Jouvenel: De la souveraineté, 1955 • C. Schmitt: Politische Theologie. Vier Kapitel zur Lehre von der Souveränität, ²1934 • J. de Maistre: De la souveraineté du peuple, 1794 • A. Hamilton/J. Madison/J. Jay: The Federalist Papers, 1788 • J.-J. Rousseau: Du contrat social, 1762 • C. de Montesquieu: De l'esprit des lois, 1748 • J. Locke: Two Treatises of Government, 1689 • T. Hobbes: Leviathan, 1651, lat. 1668 • J. Bodin: Les six livres de la République, 1576 • N. Machiavelli: Il principe, 1532.

HANS OTTO SEITSCHEK

## Sozial- und Wirtschaftsgeschichte

### 1. Einleitung

Die disziplinäre Verortung der S. – präziser müsste man sagen S.s-Schreibung – ist nicht einfach, was einen Teil ihrer Attraktivität ausmacht. Zum einen ist sie eine Teildisziplin der Geschichtswissenschaft, zum anderen hat sie fachliche Überschneidungen mit den ↑Sozialwissenschaften, insb. der Ökonomik. Zudem hat das Fach seit den 1980er Jahren Impulse aus den ↑Kulturwissenschaften aufgenommen. Die Übergänge zwischen der Sozial- und der Kulturgeschichte sind fließend, sodass heute die Unterscheidung zwischen Sozial- und Kulturhistorikern nicht quasi-objektiv an Untersuchungsgegenständen oder -methoden, sondern am ehesten noch am jeweiligen Selbstverständnis festgemacht werden kann. Unabhängig davon, ob sich ein Forscher als Wirtschafts-, Sozial- oder Kulturhistoriker bezeichnet, liegen sein Untersuchungsinteresse und -gegenstand typischerweise in der Vergangenheit und nicht in der Weiterentwicklung der aktuellen wirtschafts-, sozial- oder kulturwissenschaftlichen Theorie. Dies gilt selbst für die meisten derjenigen Wirtschaftshistoriker, die sich eher zu den Ökonomen rechnen. Sozial- und Wirtschaftshistoriker konsumieren also mehr wirtschafts-, sozial- und kulturwissenschaftliche Begriffe, Konzepte und Methoden, als dass sie zu ihrer Schärfung oder Ausdifferenzierung, d. h. zur Theoriebildung, beitragen.

### 2. Sozial- und Wirtschaftsgeschichte in Deutschland

Das Bindestrich-Fach S. hat im Grunde zwei Wurzeln. Einerseits ist es aus der allg.en Geschichtswissenschaft entstanden, die sich seit dem späten 19. Jh. nicht mehr nur für Politik- und Militärgeschichte interessierte, sondern auch für die Funktionsweise(n) von Gesellschaften und Wirtschaftsformen in der Vergangenheit. Andererseits, und zeitlich sogar einige Jahrzehnte zuvor, entstand es aus der Nationalökonomik, die sich selbst gerade erst aus den Kameral- und Staatswissenschaft ausdifferenziert hatte. Für die Nationalökonomen des 19. Jh. war es selbstverständlich, dass man für das Verständnis der Funktionsweisen wirtschaftlicher Zusammenhänge empirisches Material aus der Vergangenheit benötigte. Die sich seit Mitte des 19. Jh. formierende „Historische Schule" (↑Historismus in der Wirtschaftswissenschaft) dominierte die Nationalökonomik in Deutschland jahrzehntelang. Ihr induktiver Theorieansatz kam jedoch schon in den 1880er Jahren in die Kritik. Junge Ökonomen forderten eine Hinwendung zu deduktiven mathematisch-formalen Methoden. Den daraus in der Ökonomik entstehenden „Methodenstreit" entschieden die „Marginalisten" in den angelsächsischen Staaten recht schnell für sich. In Deutschland hingegen wich die Historische Schule erst nach dem Zweiten Weltkrieg dem Siegeszug der neoklassischen Ökonomik, die lange Zeit wenig mit der S. anfangen konnte.

In der Geschichtswissenschaft stieß der Alltag als Untersuchungsobjekt bis weit ins 20. Jh. auf wenig Interesse. Erste sozial- und kulturhistorische Arbeiten, etwa von Karl Lamprecht in den 1890er Jahren, wurden nur wegen des Themas in die Nähe des Sozialismus gerückt. Zu dieser Zeit entstanden aus dem Umfeld der Historischen Schule, aber auch aus regional- und technikhistorischer Perspektive immerhin schon so viele Untersuchungen, dass 1893 zwei Historiker, ein Nationalökonom und ein Soziologe die *Zeitschrift für Social- und Wirtschaftsgeschichte* gründeten, aus der 1903 die auch heute noch erscheinende *VSWG* hervorging.

Während die Wirtschaftsgeschichte zunächst weiter eine Domäne der Historischen Schule (und damit der Nationalökonomik) war, kam die Sozialgeschichte in den 1930er Jahren in das Fahrwasser nationalsozialistischer Gestaltungsvorstellungen. Auch (Wirtschafts-) Historiker, insb. der v.a. auf dem Gebiet der Agrargeschichte tätige Günther Franz, vertraten in ihren Schriften dezidiert völkische Ansichten.

Nach dem Zweiten Weltkrieg erlebte die Sozialgeschichte v.a. in den 1960/70er Jahren einen ungeahnten Aufschwung. Neben ältere Fachvertreter wie Werner Conze traten mit Hans-Ulrich Wehler und Jürgen Kocka Befürworter einer „Historischen Sozialwissenschaft", die bald „Bielefelder Schule" genannt wurde. Ihr ging es um eine von der soziologischen und zunächst auch ökonomischen Theorie informierte Geschichtsschreibung, die sich v.a. an der Erklärung der „↑Modernisierung" abarbeitete, also dem Weg vom vormodernen *Ancien Régime* zum kapitalistisch-demokratischen ↑Wohlfahrtsstaat westlicher Prägung. Insofern hatte diese Richtung der S. viele Berührungspunkte mit der in den 1960er/70er Jahren boomenden Entwicklungssoziologie und -ökonomik. Ihr publizistisches Flaggschiff war die ab 1975 erscheinende Zeitschrift *GuG*.

Obwohl sich etliche Vertreter der „Historischen Sozialwissenschaft" als sozial- und gesellschaftskritisch verstanden, gab es nur wenige Berührungspunkte mit den Kollegen in der DDR. Dort hatte insb. die Wirtschaftsgeschichte im Rahmen des „Historischen Materialismus" einen höheren Stellenwert als in der BRD, und sie fand in Jürgen Kuczynski einen charismatischen Vertreter, der auch im Westen respektiert wurde. Mit dem *JbWG* hatte die S. der DDR ein auch im Westen rezipiertes publizistisches Organ, das nach der Wiedervereinigung reformiert wurde und weiter erscheint.

Der Fokus der Historischen Sozialwissenschaft auf anonyme soziale und wirtschaftliche Strukturen, der nicht nur „große Männer" außer Acht ließ, sondern auch Einzelschicksale „kleiner Leute" – insb. auch der weiblichen Hälfte der Bevölkerung –, hinterließ eine Lücke, in die seit den 1970er Jahren Alltagshistoriker stießen. Ihre methodische Innovation, neben klassischer schriftlicher Überlieferung auch Zeitzeugeninterviews (*oral history*) heranzuziehen, wurde von Puristen der Historischen Sozialwissenschaft als atheoretisch abgetan. Theoriekonzepte aus den Kulturwissenschaften, v.a. aus Frankreich und den USA, lieferten jedoch denjenigen, die sich nun als Kulturhistoriker bezeichneten, das theoretische Rüstzeug in der Auseinandersetzung mit der Sozialgeschichte Bielefelder Prägung. Obwohl ihr Untersuchungsgegenstand die Geschichte des Sozialen blieb, standen nun weniger sozialstatistisch beschreibbare Kategorien wie Klasse oder Schicht im Vordergrund als vielmehr Wahrnehmungsweisen, Deutungsmuster, Mentalitäten, Praktiken, Rituale, Repräsentationen, Symbole usw.

Anstatt in friedlicher Konkurrenz durch gute Studien die Vorteile des eigenen Ansatzes hervorzuheben, befehdeten sich „Sozialgeschichte" und „Kulturgeschichte" von den 1980er Jahren bis in die 2000er Jahre. Die auch durch persönlich und generationell geprägte Konflikte aufgeladene Debatte hat sich jedoch in den letzten Jahren beruhigt, zumal die Vertreter der klassischen Historischen Sozialwissenschaft heute nicht mehr den Anspruch aufrechterhalten können, auf dem methodischen Königsweg zu wandeln. Es ist allerdings auch diese Theorien- und Methodenvielfalt der Sozial- und Kulturgeschichte, die es schwierig macht, sie untereinander und von anderen historiografischen Teilfächern abzugrenzen.

Die zunehmende Dominanz der kulturwissenschaftlichen Ansätze in der Sozialgeschichte hat auch Auswirkungen auf die Wirtschaftsgeschichte. Sie erhielt in den 1960er Jahren zunächst Impulse aus einer ganz anderen Richtung, der amerikanischen *New Economic History*. Vertreter dieser Ausrichtung, in aller Regel ausgebildete Ökonomen, übernahmen Konzepte und Methoden aus der Ökonomik und wandten sie auf (wirtschafts-)historische Fragestellungen an. Dies führt(e), so ihre Kritiker, zu einer Engführung auf Fragestellungen, die sich mit quantitativen Daten beantworten lassen. In Anlehnung an die ↑Ökonometrie nennen sich manche Vertreter dieser Richtung Kliometriker. Mit Richard Hugh Tilly übernahm einer von ihnen 1966 den wirtschaftshistorischen Lehrstuhl in Münster. Es dauerte aber noch etwa drei Jahrzehnte, bis die Kliometrie an weiteren deutschen wirtschaftswissenschaftlichen Fakultäten institutionell Fuß fasste.

Seit dieser Zeit muss die Wirtschaftsgeschichte mit einem tendenziell größer werdenden Spagat leben. Kliometriker bekleiden fast ausschließlich Positionen an wirtschaftswissenschaftlichen Fakultäten. Sie unterliegen damit denselben Anreiz- und Reputationsmechanismen wie (andere) Ökonomen. Dazu zählt insb., dass Forschungsergebnisse nur dann respektiert werden, wenn sie in einschlägigen wirtschaftswissenschaftlichen oder einigen wenigen englischsprachigen wirtschaftshistorischen Zeitschriften (*JEconH*, *EconHR*, *Explorations in Economic History*, *European Review of Economic History*, *Cliometrica*) publiziert werden. Monographien, Artikel in Sammelbänden oder nicht in dieser Hinsicht einschlägigen Zeitschriften oder gar auf Deutsch verfasste Beiträge bringen nur wenige oder gar keine Punkte in den Rankings der Ökonomen. Obwohl der Gegenstandsbereich der Kliometriker also derselbe ist wie der nicht-kliometrisch arbeitender Wirtschaftshistoriker, sind ihre Methodik und ihr Publikationsverhalten ganz anders, was den wissenschaftlichen Austausch anspruchsvoller macht und Methodentoleranz auf beiden Seiten voraussetzt.

Die nicht mit kliometrischen Methoden arbeitenden Wirtschaftshistoriker, und das ist nach wie vor die Mehrheit, hat ebenfalls Konzepte aus den Wirtschaftswissenschaften aufgegriffen. Insb. nach der Verleihung des Nobelpreises für Wirtschaftswissenschaften an Robert William Fogel und Douglass Cecil North, zwei frühe Kliometriker, stieg das Interesse an der v. a. von letzterem vertretenen Neuen ↑Institutionenökonomik. Sie bietet mit Begriffen wie Transaktionskosten, Principal-Agent-Beziehung, Corporate Governance usw. heuristische Konzepte, die nicht zwingend den Einsatz ausgefeilter statistischer Methoden erfordern und sich gut auf wirtschafts- und unternehmenshistorische Fragestellungen anwenden lassen. Auch die klassische Wirtschaftsgeschichte arbeitet also insb. seit den 1990er Jahren stärker mit ökonomischen Konzepten als zuvor, sie verzichtet jedoch auf den Einsatz kliometrischer Methoden oder stellt diese zumindest nicht in den Mittelpunkt der Analyse. Dies erlaubt ihr daher, auch zu größeren Fragen Stellung zu nehmen, die sich aufgrund ihrer komplexen Kausalbeziehungen einer statistischen Herangehensweise entziehen.

Schon vor der Rezeption der Neuen Institutionenökonomik, dann aber durch sie verstärkt, lässt sich eine deutliche Aufwertung der Unternehmensgeschichte feststellen. Die 1956 gegründete Zeitschrift *Tradition* wurde 1976 in *ZUG* umbenannt, und das Fach löste sich langsam von dem urspr. durchaus zutreffenden Vorwurf der Apologetik. Unternehmensgeschichte, obwohl deutschlandweit nur in drei Lehrstuhl-Denominationen enthalten (Bochum, Köln und Stuttgart), ist ein respektiertes Untersuchungsfeld geworden, dem sich viele nicht-quantitativ arbeitende Wirtschaftshistoriker verschreiben. Von Unternehmen finanzierte Auftragsforschung ist mittlerweile weithin akzeptiert, weil sich insb. universitär arbeitende Wirtschafts- oder Zeithistoriker ihr wissenschaftliches Renommée nicht durch den Vorwurf der „Weißwäsche" ruinieren möchten.

Die um die Wende zum 21. Jh. drohende Fragmentierung des Fachs in „klassische" und „kliometrisch" arbeitende Wirtschaftshistoriker scheint vorerst abgewendet worden zu sein. Dazu trug auch die Tendenz sowohl in historischen als auch in wirtschaftswissenschaftlichen Fakultäten bei, wirtschafts- und sozialhistorische Lehrstühle durch Umwidmung abzuschaffen. In dieser bedrohlichen Situation Grabenkämpfe auszutragen, hätte das Fach weiter marginalisieren können. Mit der Finanzkrise seit 2007 ist der Trend zum Abbau wirtschafts- und sozialhistorischer Lehrstühle zudem (vorerst) gestoppt, sodass sich insb. die Wirtschaftsgeschichte durchaus als Krisengewinnerin verstehen darf.

Ausdruck des Bemühens, das Fach zusammenzuhalten, ist die erstmalige Schaffung eines gemeinsamen Forums, das sich explizit dem Theorien- und Methodenpluralismus verschrieben hat. Seit 2015 veranstalten die (eher klassisch orientierte) *Gesellschaft für S.* und der (eher kliometrisch orientierte) *Wirtschaftshistorische Ausschuss im Verein für Socialpolitik* (der Fachorganisationen der Ökonomen im deutschsprachigen Raum) alle zwei Jahre einen gemeinsamen *Kongress für Wirtschafts- und Sozialgeschichte*, bei dem zunehmend auch Historiker aus anderen Ländern ihre Forschungsergebnisse vorstellen.

### 3. Perspektiven

Die S. hat in Deutschland seit den 1960er Jahren eine zunehmende Theoretisierung oder zumindest theoretische Informierung durch Impulse aus den Wirtschafts-, Sozial- und Kulturwissenschaften erfahren, die ihrem Niveau zweifellos gutgetan hat. Ob sie den Spagat zwischen den Wirtschafts- und Kulturwissenschaften weiterhin halten kann, hängt von der Bereitschaft ihrer Fachvertreter ab, die eigenen Ergebnisse ohne Jargon zu kommunizieren und umgekehrt mit Kollegen zu diskutieren, die andere Theorie- und Methodenkonzepte favorisieren. In dieser Hinsicht ist darauf hinzuweisen, dass die weibliche Hälfte der Bevölkerung nicht nur als historiografischer Untersuchungsgegenstand, sondern – insb. in der deutschen Wirtschaftsgeschichte – auch als Forschende deutlich unterrepräsentiert ist, sowohl im Vergleich zur Ökonomik als auch zur Geschichtswissenschaft und auch im fachinternen internationalen Vergleich. Erst wenn dieses Manko behoben ist, wird das Fach sein Potential, den historischen Alltag aus sozioökonomischer Perspektive zu beschreiben und zu analysieren, voll ausschöpfen können.

Literatur
B. Hitzer/T. Welskopp (Hg.): Die Bielefelder Sozialgeschichte, 2018 • J.-O. Hesse: Wirtschaftsgeschichte, 2013 • M. Spoerer/J. Streb: Neue deutsche Wirtschaftsgeschichte des 20. Jahrhunderts, 2013 • C. Burhop: Wirtschaftsgeschichte des Kaiserreichs 1871–1918, 2011 • H. Kaelble: Sozialgeschichte Europas. 1945 bis zur Gegenwart, 2007.

MARK SPOERER

Sozialanthropologie ↑Anthropologie

## Sozialdarwinismus

S. ist eine sich auf die Gesetze der ↑Evolution berufende Gesellschaftstheorie und -praxis, deren zentrales Motiv die Auffassung des Zusammenlebens als Daseinskampf bildet. Daraus wird unmittelbar die normative Vorstellung abgeleitet, dass sich um des allg.en Wohles willen nur die „Tüchtigsten" durchsetzen sollen. Der viktorianische Sozialphilosoph Herbert Spencer hat bereits vor dem Erscheinen der Werke Charles Darwins eine Gesellschaftstheorie entwickelt, die man als „S. vor C. Darwin" bezeichnen könnte. Schon in seinem 1851 erschienenen Werk „Social Statics" entwickelt H. Spencer den selektionistischen Grundgedanken der Höherentwicklung durch Eliminierung der Schwachen als gesellschaftspolitisches Leitkonzept.

In dem Aufsatz „A Theory of Population, Deduced From the General Law of Animal Fertility" (Spencer 1852) legt H. Spencer dar, dass die Knappheit an Nahrungsmitteln einen positiven Effekt auf die Entwicklung der menschlichen Rasse haben müsse, da dies bes. kulturelle Anstrengungen stimuliere und so die jeweils Besten zum Überleben ausgewählt würden. In diesem Aufsatz prägte er die sozialdarwinistischen Leitbegriffe *struggle for existence* und *survival of the fittest*. Letzteren übernahm C. Darwin erst 17 Jahre später in der fünften Auflage seines zuerst 1859 erschienenen Hauptwerkes „On the Origin of Species". Der S. ist nicht eine nachträgliche Anwendung der biologischen Evolutionstheorie auf die Gesellschaft sondern in seinen Ursprüngen eine dieser vorausgehende und durch die Autorität der empirischen Forschungen C. Darwins verstärkte Sozialtheorie.

### 1. Sozialdarwinismus auf der Grundlage evolutionärer Fortschrittstheorien

Grundlegend für den S. ist die Interpretation der Gesellschaft als „Naturtatsache", d. h. als ein System sozialer Beziehungen, das sich spontan aus dem biologisch grundgelegten Bedürfnisstreben (↑Bedürfnis) der Individuen entwickelt und über vielfältige Anpassungsmechanismen zu einer dynamischen Sozialordnung integriert wird. Die ↑Ethik wird bei H. Spencer und seinen Nachfolgern nicht mehr primär unter dem Gesichtspunkt der inneren Entscheidung des Einzelnen betrachtet, sondern unter dem der von Konkurrenz und „arbeitsteiliger" Symbiose bestimmten Anpassung an die gesellige Existenz des Menschen. Als Programmschrift des S. gilt die Publikation „The Struggle for Existence. A Programm" von Thomas Huxley (1888), der als weltanschaulicher und politischer Vorkämpfer der Evolutionstheorie in England auch „Bulldogge Darwins" genannt wurde. Seine stärkste politische Wirkung hat der S. jedoch zunächst in den USA in einer Symbiose von Wirtschaftsliberalismus und religiös-calvinistischem Fortschrittsoptimismus (↑Fortschritt) gezeigt.

Während die Evolutionstheorie in den USA weitgehend durch Geistliche mit calvinistischem Hintergrund (↑Calvinismus) verbreitet wurde (Asa Gray, John Fiske, James McCosh, Henry Drummond u. a.), verband sie sich in Deutschland mit einem aggressiv-antikirchlichen Tenor, der maßgeblich durch Ernst Haeckel bestimmt wurde. Der evolutionäre ↑Monismus von E. Haeckel ist antimetaphysisch geprägt und versucht programmatisch auch die Ethik monokausal aus biologischen Prämissen abzuleiten. E. Haeckel propagiert einen „aristokratischen" S., womit er das Naturgesetz einer Bevorzugung der Stärkeren und Besseren meint. Die sozialdarwinistisch-evolutionäre Ethik und die biologistische Weltsicht E. Haeckels stellen einen tiefen Bruch mit der humanitären Tradition dar.

### 2. Der rassenbiologische Sozialdarwinismus

Neben den an evolutionäre Fortschrittstheorien anknüpfenden Formen des S. kann man einen zweiten Grundtyp unterscheiden: die von rassenbiologischen Verfallstheorien beeinflussten, eher kollektivistisch und staatsautoritär ausgerichteten Interpretationen der Evolutionstheorie. Diese gehen davon aus, dass der aufgrund der kulturellen Begrenzung des Daseinskampfes drohende Verfall der biologischen Konstitution des Menschen nur durch staatliche Intervention zu verhindern sei. Selbst so anerkannte Forscher wie August Weissmann haben darwinistische Ideen relativ naiv auf den Bereich der ↑Zivilisation übertragen: „Weissmann hielt nichts von den Segnungen der modernen Medizin, da er meinte, sie laufe der natürlichen Selektion zuwider: So erachtete er es beispielsweise als der Selektion zuwiderlaufend und daher als problematisch, dass sich Personen mit beeinträchtigtem Sehvermögen aufgrund der Verordnung von Brillen genauso gut vermehren konnten wie Sehtüchtige" (Bauer 2008: 26).

Charakteristisch für den rassenbiologischen S. ist der Rückgriff auf vordarwinistische Kategorien (typologischer Rassenbegriff von Arthur de Gobineau, romantische Organontheorie und der damit verbundene normative Gemeinschaftsbegriff). Indem die Rasse als die zentrale Einheit des Daseinskampfes verstanden wird, setzt sich eine kollektivistische Umdeutung des Kampfmotivs durch. Der mit der Rassentheorie (↑Rassismus) verbundene S. gehört zu den grundlegenden und richtungsbestimmenden Konstanten in Adolf Hitlers Denken, der eine Wurzel seiner ideologischen Zielstrebigkeit und seines metaphysischen Sendungsbewusstseins darstellt (↑Nationalsozialismus).

Unter verändertem Namen und in neuem Gewand finden Elemente des sozialdarwinistischen Denkens auch heute Zuspruch. Dies zeigt sich bspw. im Erfolg der ↑Soziobiologie, die das sozialdarwinistische Deutungsmuster des Fortschritts durch Daseinskampf auf der Basis genetischer Theorien in radikaler Weise ausweitet und konsequent auch auf das menschliche Verhalten anwendet. Der bekannteste Vertreter des soziobiologischen S. ist Richard Dawkins. Basierend auf seiner Idee vom egoistischen Gen zeichnet er ein Bild von Tieren wie von Menschen als „Überlebensmaschinen" zur maximalen Verbreitung der sie steuernden Gene (Dawkins 1978: 55). Solche auf die maximale Reproduktion ihrer selbst ausgerichteten Agenten bilden für R. Dawkins auch die Basis seiner Erklärung von ↑Kultur. Dort bezeichnet er die Replikatoren als „Meme" (Dawkins 1978: 223). Wie Gene, so stünden menschliche Gedanken, Ideen und kulturelle Schöpfungen im durch Selektion gesteuerten Kampf um die Vorherrschaft.

### Literatur

C. Kummer: Der Fall Darwin, 2009 • M. Vogt: Sozialdarwinismus. Zur Wechselwirkung zwischen Naturauffassung und Sozialtheorie, in: ThGl 99/4 (2009), 548–571 • J. Bauer: Das kooperative Gen. Abschied vom Darwinismus, 2008 • M. Vogt: Sozialdarwinismus. Wissenschaftstheorie, politische und theologisch-ethische Aspekte der Evolutionstheorie, 1997 • A. Desmond/J. Moore: Darwin, 1992 • J. Sandmann: Der Bruch mit der humanitären Tradition. Die Biologisierung der Ethik bei Ernst Haeckel und anderen Darwinisten seiner Zeit, 1990 • J. Fest: Hitler. Eine Biographie, 1987 • E. Jäckel: Hitlers Weltanschauung. Entwurf einer Herrschaft, [2]1983 • E. K. Francis: Darwins Evolutionstheorie und der Sozialdarwinismus, in: KZfSS 33/2 (1981), 209–228 • R. Dawkins: Das egoistische Gen, 1978 • H. Arendt: Elemente und Ursprünge totaler Herrschaft, 1955 • H. Conrad-Martius: Utopien der Menschenzüchtung, 1955 • R. Hofstadter: Social Darwinism in American Thought, 1944 • E. Haeckel: Die Welträthsel. Gemeinverständliche Studien über Monistische Philosophie, 1899 • A. Ploetz: Grundlinien einer Rassenhygiene. Erster Teil: Die Tüchtigkeit unserer Rasse und der Schutz der Schwachen, 1895 • T. Huxley: Evolution and Ethics. With new Essays on its Victorian and Sociobiological Context, 1894 • H. Spencer: The Principles of Ethics, 1890 • T. Huxley: The Struggle for Existence. A Programme, in: The Nineteenth Century 23/132 (1888), 161–180 • C. Darwin: On the Origin of Species, 1859 • H. Spencer: A Theory of Population, Deduced From the General Law of Animal Fertility, 1852 • Ders.: Social Statics, 1851.

MARKUS VOGT

## Sozialdemokratische Partei der Schweiz (SP)

Am Berner Arbeitertag 1888 wurde die Grundlage für die Sozialdemokratische Partei der Schweiz (SP) gelegt. Noch lange bestanden aber v. a. auf lokaler und regionaler Ebene zahlreiche andere politische Arbeitervereine, als wichtigster der 1838 in Genf gegründete Schweizerische Grütliverein, urspr. ein linksliberaler Handwerkerverein, der sich gegen Ende des 19. Jh. zunehmend sozialdemokratisch orientierte. Er schloss sich 1901 mit der SP zusammen („Solothurner Hochzeit"), stellte lange ca. ein Drittel der Mitgliedschaft und konnte vorerst seine Strukturen behalten. Erst 1915 beschloss ein Parteitag die vollständige Integration, worauf 96 verbliebene Grütli-Sektionen austraten. Sie fristeten aber ein Schattendasein und der Grütliverein empfahl bei seiner Auflösung 1925 den Übertritt zur SP. Von dieser hatte sich Ende 1920 der linke Flügel abgespalten und 1921 die Kommunistische Partei der Schweiz (KPS) gebildet. Weitere Abspaltungen erfolgten 1939, als ein Großteil der Genfer und Waadtländer ihren ausgeschlossenen Führern folgten und die Fédération socialiste suisse (FSS) bildeten, sowie 1944/45, als ein Teil des linken Flügels sich der neuen Partei der Arbeit (PdA) anschloss. Eine Episode blieb die Demokratisch-Soziale Partei (DSP), die rechte Dissidenten ab 1982 v. a. in Basel aufzubauen versuchten. Seit den 1980er Jahren gelang es der SP, wichtige Gruppierungen der neuen Linken in Randgebieten zu integrieren.

### 1. Programme

Die SP gab sich seit ihrer Gründung sieben Grundsatzprogramme und einige Aktionsprogramme. Auf die unsystematische Kapitalismuskritik von 1888 folgte 1904 ein Programm auf der Basis der zeitgenössischen marxistischen Debatte (↑Marxismus), das sich auf den „proletarischen Klassenkampf" (SP 1904: 1) bezog und die „Überführung der Produktionsmittel aus dem Privatbesitz in den Besitz der Gesellschaft" (ebd.) anstrebte. Ihr radikalstes Programm verabschiedete die SP 1920, um die Abspaltung der Kommunisten (↑Kommunismus) möglichst klein zu halten. Aufsehen erregte v. a. die unmissverständlich von der Herrschaft einer Minderheit abgegrenzte „Diktatur des Proletariats" (SP 1920: 6). Diese wurde aber 1935 unter dem Eindruck der NS-Bedrohung wieder gestrichen. Umstrittener war das Bekenntnis zum „bewaffneten Grenzschutz" (SP 1935: 12), das die antimilitaristische Phase der SP endgültig abschloss. Das unverbindlichste und farbloseste Programm gruppierte 1959 um den zentralen Begriff „Mensch" Forderungen wie Produktivitätssteigerung, Vollbeschäftigung, gerechte Verteilung, soziale Sicherheit, Chancengleichheit usw. Ein alternativer Orientierungshorizont fehlte vollständig. Dasjenige von 1982 ging wieder stärker auf Distanz. Zu diskutieren gab v. a., dass wieder von der „Überwindung des Kapitalismus" die Rede war. Diese Formel gab auch im aktuellen Programm von 2010 Anlass zur Kritik. Weitere umstrittene Punkte sind das Bekenntnis zur ↑EU sowie die Abschaffung der Armee. Parallel zu der von Aktivisten getragenen Schärfung des programmatischen Profils erfolgte aber eine Adaption neoliberaler Gedanken durch zahlreiche Mandatsträger.

### 2. Organisation

Weil die SP als einzige große Partei stark auf Mitgliederbeiträge angewiesen ist, verfügt sie über eine bis 1902 zurückreichende Mitgliederstatistik, erst seit 1995 aber über ein zentrales Mitgliederregister. Die Mitglieder waren primär an die Sektionen, nicht an die nationale Partei gebunden.

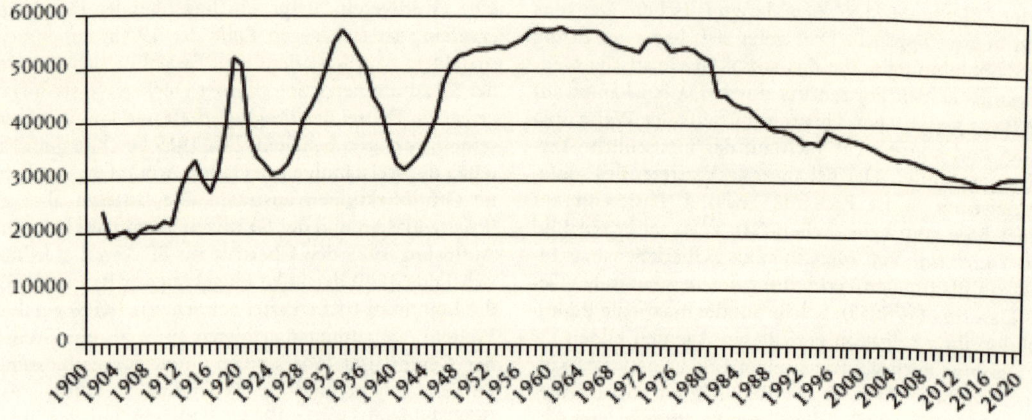


Abb. 1: SP-Mitgliedschaft 1902–2020

Die Parteiorgane (Parteitag, Parteivorstand, Geschäftsleitung) verfügen nur über beschränkten Einfluss, da Parlamentarier und Regierungsmitglieder wegen des Wahlsystems sehr unabhängig sind und nicht selten gegen die eigene Partei antreten. Nach dem Ersten Weltkrieg verfügte die SP über 14 Tageszeitungen und über das theoretische Organ „Rote Revue" bzw. „Profil". Ab den späten 1960er Jahren gerieten die Zeitungen in die Krise und verschwanden bis zur Jahrtausendwende nach und nach. Während Jahrzehnten war die SP die einzige große ↑Partei, die – wenn auch mit schwankender Intensität – das Frauenstimmrecht forderte (Parteitagsbeschluss 1912) und Frauen in die höchsten Parteigremien wählte. In Parlamenten verfügte sie meist über den größten Frauenanteil. Die Bedeutung der Jugendorganisation schwankte stark. Zweimal, nach dem Ersten Weltkrieg und Ende der 1930er Jahre, wanderte sie sogar nach links ab. Heute pflegen die Jungsozialist*innen Schweiz einen profilierten Linkskurs und bringen allzu angepasste Politiker in Verlegenheit.

### 3. Parlament und Regierung

Unter dem Mehrheitswahlrecht (Majorz) eroberte die SP ohne Bündnisse kaum Parlamentssitze. Gegen Ende des 19. Jh. verbreitete sich auf kommunaler und ab 1891 auf kantonaler Ebene das Verhältniswahlrecht (Proporz), was zu einem beträchtlichen Aufschwung der sozialdemokratischen Vertretung führte. Im Bundesparlament erreichte die SP bis 1910 nie mehr als sieben (von 167) Sitze, bis zum Ende des Ersten Weltkrieges 20 (von 189). Mit dem Proporz ab 1919 wuchs die sozialdemokratische Fraktion im Nationalrat stark: 1931–1983 und 1995–1999 war die SP die wählerstärkste Partei. Ihren Höhepunkt erreichte sie 1931 mit 28,7 %, ihren Tiefpunkt 2019 mit 16,8 %. Fast alle kommunalen und kantonalen Regierungen werden direkt durch die Stimmberechtigten gewählt. Sozialdemokratische Kandidaten sind auf bürgerliche Stimmen angewiesen, was profilierten Linken nur ausnahmsweise die Wahl ermöglicht. Konflikte zwischen der Partei und ihren Magistraten gehören deshalb zum politischen Alltag und konnten bis zu Ausschlüssen führen. 1943–1953 ist die SP mit einem, seit 1959 mit zwei Bundesräten in der siebenköpfigen Bundesregierung vertreten, die das Parlament ohne verbindliche Absprachen wählt. Mehrmals konnte die SP ihre Kandidaten nicht durchbringen und musste sich mit Außenseitern begnügen. Am stärksten eskalierte ein solcher Konflikt Ende 1983, als die bürgerliche Mehrheit die erste Frau verhinderte.

### 4. Soziale Basis

Die SP verstand sich urspr. als Arbeiterpartei, zählte aber von Anfang an in Mitgliedschaft und Wählerschaft auch untere Angestellte und Beamte. Offen angesprochen wurden diese v. a. seit der Krise der 1930er Jahre. Da die Arbeiterschaft in der Schweiz nicht durch bes. Institutionen, etwa in der Sozialversicherung, definiert war, verflüchtigten sich die Grenzen in der Hochkonjunktur der 1950er und 1960er Jahre. Damit verlor die SP ihr urspr.es Milieu und versuchte in der Folge, sich neu zu positionieren. Dieser Prozess führte ab den 1970er Jahren immer wieder zu Konflikten, nicht zuletzt deshalb, weil sich die Mitgliedschaft aus den neuen ↑sozialen Bewegungen stark erneuerte. V. a. zu den da-

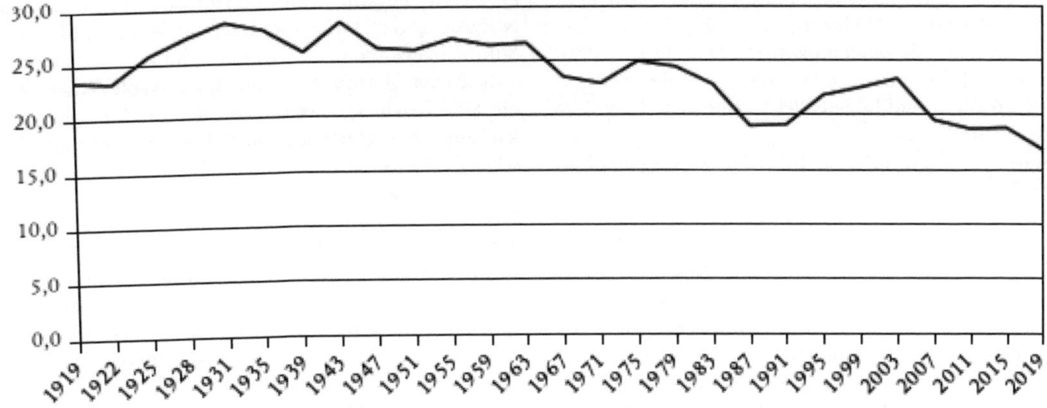


Abb. 2: Wähleranteil der SP bei Nationalratswahlen 1919–2019

mals als traditionelle Akteure wirkenden ↑Gewerkschaften tat sich eine wachsende Kluft auf. Als dann mit der Verbreitung des ↑Neoliberalismus die Sozialpolitik wieder massiv an Bedeutung gewann, stand sie in der SP nicht mehr im Vordergrund. In der öffentlichen Wahrnehmung gelten nun die erneuerten Gewerkschaften als Hauptgegner von ↑Deregulierung und (Teil-) ↑Privatisierung. Dieser Wandel schlug sich in der Wählerschaft der SP nieder. Von dieser waren 1975 noch 36% Produktionsarbeiter, wozu noch 25% untere Angestellte in Dienstleistungs- und Büroberufen kamen. Diese drei Gruppen stellen im 21. Jh. kaum mehr ein Drittel der sozialdemokratischen Wählerschaft. Die Mehrheit zählt nun zu den lohnabhängigen Mittelschichten.

### Literatur

Redbox Edition (Hg.): Einig – aber nicht einheitlich. 125 Jahre Sozialdemokratische Partei der Schweiz, 2013 • B. Degen: Sozialdemokratie: Gegenmacht? Opposition? Bundesratspartei? Die Geschichte der Regierungsbeteiligung der schweizerischen Sozialdemokraten, 1993 • K. Lang (Hg.): Solidarität, Widerspruch, Bewegung. 100 Jahre Sozialdemokratische Partei der Schweiz, 1988 • SP: Schweiz Parteiprogramm 1935 • Dies.: Schweiz Parteiprogramm 1920 • Dies.: Schweiz Parteiprogramm, 1904.

BERNARD DEGEN

## Sozialdemokratische Partei Deutschlands (SPD)

I. Historische Entwicklung – II. Seit der Wiedervereinigung

### I. Historische Entwicklung

#### 1. Gründung und Entwicklung im Kaiserreich

Die SPD entstand im Kontext der Ausdifferenzierung von Formen politischer Vergemeinschaftung seit Mitte des 19. Jh. und wurzelt in zwei Strängen der ↑Arbeiterbewegung: Zum einen im von Ferdinand Lassalle 1863 begründeten *Allgemeinen Deutschen Arbeiterverein* (ADAV), zum anderen in der 1869 in Eisenach entstandenen *Sozialdemokratischen Arbeiterpartei* (SAP) unter August Bebel und Wilhelm Liebknecht, die aus dem radikalen Flügel der drei Jahre älteren *Sächsischen Volkspartei* hervorgegangen war. Die beiden Organisationen schlossen sich 1875 in Gotha zur *Sozialistischen Arbeiterpartei* zusammen (1890 Umbenennung in SPD). Obwohl der ADAV mitgliederstärker war, setzte das Programm nicht auf F. Lassalles reformorientiertes Modell der Produktivassoziationen, sondern auf die – von der marxistisch orientierten (↑Marxismus) SAP formulierte – Überwindung der kapitalistischen Produktionsweise mit der Zielutopie eines sozialistischen Zukunftsstaates.

Ideologische Auseinandersetzungen sollten die SPD in ihrer 150-jährigen Geschichte in bes.m Maß prägen. Auch das von Karl Kautsky und Eduard Bernstein entwickelte „Erfurter Programm" 1891 zielte in seiner Gesellschaftsanalyse auf die Abschaffung kapitalistischer Ordnung, verknüpfte dies aber im praktischen Teil mit Forderungen nach sozialer ↑Reform. Dies wies auf den Revisionismusstreit – Systemüberwindung oder Verbesserung der sozialen Lage durch schrittweise Reform – voraus.

Die Grundlage des organisatorischen Erfolgs der SPD bildete die intensive Einbindung ihrer Mitglieder und Anhänger im sozialmoralischen Milieu und die engmaschige Vernetzung in ↑Partei, ↑Vereinen und ↑Gewerkschaften sowie in der Arbeiterkulturbewegung. Mobilisiert wurden – vermehrt protestantische – Industriearbeiter, Teile der Handwerkerschaft, deutlich weniger Arbeiter im ländlichen Raum wie auch im katholisch geprägten ↑Milieu. Bei Wahlen auf nationaler Ebene erreichte die SPD seit Ende des 19. Jh. regelmäßig einen Anteil von einem bis zwei Fünftel der Wähler. An dieser zunehmenden Präsenz änderte auch staatlicher Gegendruck nichts: Wie Katholiken und Linksliberale wurden bes. auch Sozialdemokraten als „Reichsfeinde" diffamiert. Doch sogar während der zwölfjährigen Dauer des Sozialistengesetzes „Wider die gemeingefährlichen Bestrebungen der Sozialdemokratie" (1878–90) verdreifachte die SPD ihren Stimmenanteil, wurde 1890 zur stärksten Partei und bildete 1912 schließlich die größte Fraktion im Reichstag.

Auch wenn die SPD in prinzipieller Gegnerschaft zum ↑politischen System stand, arbeitete sie im Parlament in allen legislativen Bereichen mit. Sie ging mit Parteien wahltaktische Bündnisse ein und nutzte Vorfeldorganisationen für die politische Arbeit. Insofern förderte sie die tendenzielle Parlamentarisierung des konstitutionellen Systems. Doch lehnte die SPD mögliche politische Kooperationen mit Vertretern bürgerlicher Sozialreform oder der ↑katholischen Soziallehre genauso ab wie Bestrebungen der Linksliberalen um Friedrich Naumann für ein „Bündnis von Arbeiterschaft und Bürgertum". 1914 schwenkte die SPD auf die Politik des „Burgfriedens" und der nationalen Geschlossenheit ein. Diese Entscheidung war heftig umstritten und beförderte drei Jahre später die Abspaltung des linken Fraktionsflügels zur USPD. Die Mehrheits-SPD (MSPD) bahnte zusammen mit Linksliberalen und ↑Zentrum im *Interfraktionellen Ausschuss* den Weg weiterer politischer Reformen.

## 2. Weimarer Republik und Nationalsozialismus

Die Ausrufung der Republik am 9.11.1918 durch Philipp Scheidemann, die Wahl Friedrich Eberts zum Reichspräsidenten, die Verfassungsarbeit und Durchsetzung langjähriger sozialer und rechtlicher Reformen ließen die SPD – neben Zentrum und linksliberaler DDP – zum Träger der Weimarer Demokratie werden. Sie wurde wieder zur stärksten Partei im Reich, ebenso in Preußen und in zahlreichen Kommunen nach dem Wegfall der Wahlrechtseinschränkungen. Nun konnte es nicht mehr um Systemüberwindung gehen, sondern um aktive Mitgestaltung. Doch trotz aller Erfolge befand sich die Partei im Dauerkonflikt über ihre Rolle als Regierungs- oder Oppositionspartei und über die Frage, ob die Regierungsmitglieder, die Partei oder ↑Fraktion ihr Machtzentrum bilden sollten. Differenzen zwischen Führung und teilweise radikaler Parteibasis kamen hinzu. Mit der Aufnahme eines Teils der ehemaligen USPD-Mitglieder 1922 verschärften sich die Flügelkämpfe in der SPD, noch verstärkt durch die Konkurrenz der KPD (↑Kommunistische Parteien) im linken Lager. Charakteristisch war die Rückkehr zu marxistischen Positionen im „Heidelberger Programm" 1925. Die Schwierigkeit der SPD, zugunsten der Regierungsfähigkeit politische Kompromisse zu schließen, zeigte sich sowohl während der Kanzlerschaft Hermann Müllers 1928–30, als auch in der anschließenden Tolerierungspolitik gegenüber Heinrich Brüning. Demgegenüber stand die dauerhafte und erfolgreiche Regierungszeit der SPD unter Otto Braun in Preußen 1920–32. Dass das einst fest gefügte Sozialmilieu der SPD zu erodieren begann, erleichterte beim Aufstieg der NSDAP gegen Ende der Weimarer Republik deren Stimmengewinne in der Arbeiterschaft.

Nach der Machtübernahme durch Adolf Hitler setzte die SPD-Reichstagsfraktion mit der geschlossenen Ablehnung des Ermächtigungsgesetzes und der kämpferischen Rede von Otto Wels am 23.3.1933 ein mutiges – bis heute nachwirkendes – Zeichen des ↑Widerstands. Nach dem nur wenige Monate später erfolgten Verbot der Partei bestand die SPD-Führung im Exil weiter. Zahlreiche Parteimitglieder wurden verfolgt und verhaftet, teils ermordet. Andere SPD-Mitglieder standen im aktiven Widerstand zur ↑Diktatur, im Kreisauer Kreis oder auch im christlich motivierten Widerstand.

## 3. Von 1945 bis zur Wiedervereinigung

Nach 1945 knüpfte die Partei programmatisch und personell zunächst an die Weimarer Republik an, wobei sich die Rahmenbedingungen erheblich verändert hatten: Die früheren Milieustrukturen der politischen Arbeiterbewegung mit ihren kulturellen Bindungen waren durch Nationalsozialismus und Krieg erodiert. Während in der SBZ durch die erzwungene Vereinigung mit der KPD zur SED der Partei praktisch jeglicher Spielraum genommen war, bestand im Westen kaum Konkurrenz, da die ohnehin weitgehend marginalisierte KPD 1956 verboten wurde.

Im Westen gestaltete die SPD die rechtsstaatlichen Fundamente (↑Rechtsstaat) der Bundesrepublik mit, widersprach aber wesentlichen Rahmensetzungen, insb. der ↑Sozialen Marktwirtschaft, der Westbindung und später der Wiederbewaffnung. Stattdessen votierte die Parteiführung um Kurt Schumacher für ein neutrales Gesamtdeutschland mit einem demokratisch-sozialistischen Ordnungsmodell, das aber – v. a. angesichts des im Nachkriegsjahrzehnt einsetzenden wirtschaftlichen Erfolgs – keine Chance auf Realisierung besaß.

Die fehlende politische Perspektive beschleunigte den strukturellen und programmatischen Transformationsprozess von der traditionellen Klassenpartei zur Volkspartei. Mit der entscheidenden Weichenstellung, dem „Godesberger Programm" 1959, wurde erstmals in der Geschichte der SPD das an Karl Marx orientierte Modell einer notwendigen Entwicklung zum ↑Sozialismus zugunsten einer neuen Balance von ↑Freiheit, ↑Gerechtigkeit und ↑Solidarität als Grundwerte der sozialen ↑Demokratie abgelöst. Die Anerkennung der sozioökonomischen und außenpolitischen Grundlagen des westdeutschen Staates und deren Weiterentwicklung – gerade hinsichtlich der Ost- und Deutschlandpolitik und der Keynesianischen Ansätze (↑Keynesianismus) in der ↑Wirtschaftspolitik – ließen die SPD regierungsfähig werden und ebneten Willy Brandt den Weg ins Kanzleramt.

Mit der legitimatorischen Überhöhung der Koalition mit der ↑FDP als „Bündnis von Bürgertum und Arbeiterschaft" erinnerte die SPD an die sozial-liberalen Bestrebungen F. Naumanns. Hintergrund war die Werbung um die „neue Mitte" – die Erweiterung der Parteibasis und Wählerschaft über die Industriearbeiter hinaus auf Angestellte, Beschäftigte im tertiären Sektor und im öffentlichen Dienst. Damit veränderte sich auch die ↑politische Kultur der Partei: Das Identität verbürgende Gemeinschaftserlebnis der Partei als „Heimat" mit ↑Ritualen und ↑Symbolen traf nun auf eine zunehmend heterogene Zweckgemeinschaft der Mitglieder.

Mit dem Ende der Reformeuphorie, schlechterer Wirtschaftslage und dem wachsenden gesellschaftlichen Protest gegen die Atom- und ↑Sicherheitspolitik (NATO-Doppelbeschluss) wurde der Ausgleich von Parteiführung, Gremien und Basis mühsamer. Hauptsächlich an der innerparteilichen Aufkündigung der Unterstützung für die Regierung von Helmut Schmidt scheiterte 1982 schließlich die sozial-liberale Regierung.

Die Krise der SPD bedeutete nicht nur den Regierungsverlust, sondern auch eine Phase der Orientierungssuche, die mit dem Rücktritt des langjährigen Vorsitzenden W. Brandt 1987 noch nicht endete. Symptomatisch zeigte sich die Zerrissenheit der westdeutschen SPD bei der Reaktion auf die Friedliche Revolution 1989/90: Begrüßten die einen, wie W. Brandt, euphorisch die Selbstermächtigung der Menschen und das „Zusammenwachsen" der ↑Nation, befürchteten andere, wie Oskar Lafontaine, Verzögerungen auf dem Weg zur sozialen Gerechtigkeit und europäischen Einigung.

Die SPD vollzog einen langen Weg von der sozialistisch begründeten Systemgegnerschaft im Kaiserreich zur staatstragenden Partei der sozialen Demokratie westlicher Prägung. Sie habe ihre Kernanliegen – Integration der Arbeiterschaft, Aufbau des ↑Sozialstaats, sozialer Aufstieg durch ↑Bildung – realisiert, so Ralf Dahrendorf. Bedeutete dies auch das „Ende des sozialdemokratischen Jahrhunderts" (Dahrendorf 1983: 16 f.)? Die 1998 wieder regierende SPD antwortete im Schröder-Blair-Papier mit dem Konzept eines „Dritten Weges". Nach Wiedervereinigung (↑Deutsche Einheit), Agenda 2010 und einer sich zur Systemfrage entpuppten weltweiten Finanzkrise steht die SPD allerdings vor der Frage, welche konkrete Politikvorstellung sich mit der „sozialen Demokratie" jenseits von Sozialismus und ↑Liberalismus in der Zukunft verbindet.

### Literatur

U. Jun: Sozialdemokratische Partei Deutschlands (SPD), in: F. Decker/V. Neu (Hg.): Hdb. der deutschen Parteien, ³2018, 468–486 • F. Walter: Die SPD. Biographie einer Partei von Ferdinand Lassalle bis Andrea Nahles, 2018 • T. Spier/U. von Alemann: Die Sozialdemokratische Partei Deutschlands (SPD), in: O. Niedermayer (Hg.): Hdb. Parteienforschung, 2013, 439–467 • D. F. Sturm: Uneinig in die Einheit. Die Sozialdemokratie und die Vereinigung Deutschlands 1989/90, 2006 • H. Potthoff/S. Miller: Kleine Geschichte der SPD 1848–2002, ⁸2002 • W. Brandt: Mehr Demokratie wagen. Innen- und Gesellschaftspolitik 1966–74, bearb. von W. von Kieseritzky, 2001 • R. Dahrendorf: Die Chancen der Krise, 1983.

WOLTHER VON KIESERITZKY

## II. Seit der Wiedervereinigung

### 1. Die SPD seit der Wiedervereinigung

Zur Zeit der Wiedervereinigung um 1989/90 stand die SPD am Scheideweg: Sollte sie die gesamtdeutsche Strategie ihres ersten Vorsitzenden Kurt Schumacher fortführen und auf Wiedervereinigung (↑Deutsche Einheit) setzen oder als Opposition zu Kanzler Helmut Kohl Skepsis gegenüber einer vorschnellen Einigung artikulieren? Mit ihrem Vorsitzenden Oskar Lafontaine unternahm sie Letzteres, mit katastrophalen 33,5 % bei der Bundestagswahl 1990 als Folge, dem schlechtesten Ergebnis seit 1957.

1998 ergab sich eine neue Chance, als nach 16 Jahren Kanzlerschaft H. Kohls Gerhard Schröder die Wahl knapp gewinnen konnte. In Koalition mit den Grünen (↑Bündnis 90/Die Grünen) regierte Kanzler G. Schröder bis 2005, allerdings mit vielen Krisen und Problemen. Bes. die Hartz-Gesetze der Agenda 2010 führten dazu, dass ein Teil der SPD-Linken, insb. des Gewerkschaftsflügels, ausscherte und als neue Partei die WASG gründete. Deren Führung übernahm 2005 ihr früherer Vorsitzender O. Lafontaine und vereinte sie mit der PDS zur Linkspartei (↑Die Linke).

Seither ist die SPD gespalten zwischen einer linken Minderheit, die die Agenda 2010 bis aufs Messer bekämpft, und einem mehrheitlichen Regierungsflügel, der kleinere ↑Reformen befürwortet, aber insb. mitregieren will. Eine zweite Große Koalition zwischen 2005 und 2009 gab ihr kaum Ruhe. Mit 23 % verschlechterte sie ihr Ergebnis weiter. 2009 bildete sich eine ihr entgegengesetzte Koalition aus ↑CDU/↑CSU und ↑FDP. Diese scheiterte allerdings 2013 fast überraschend. Mangels Alternativen kam es zur dritten Großen Koalition, mit der die SPD erneut nicht reüssieren konnte: Im September 2017 erreichte sie ihr absolutes Tief mit 20,5 %. Spitzenkandidat Martin Schulz erklärte schon am Wahlabend, es käme keine erneute Große Koalition in Frage. Nachdem die Verhandlungen zwischen CDU/CSU, Grünen und FDP gescheitert waren, musste erneut im Frühjahr 2018 eine Große Koalition gebildet werden, gegen die Vorbehalte in der Partei fortbestehen, die selbst noch die Vorsitzendenwahl 2019 von Saskia Esken und Norbert Walter-Borjans überschatteten.

### 2. Inhaltliches Profil

Das inhaltliche Profil der SPD unterliegt starker Dynamik. Mit dem „Godesberger Programm" wurden die Grundwerte ↑Freiheit, ↑Gerechtigkeit und ↑Solidarität fixiert. Im weiteren Verlauf rundeten ↑Demokratie, ↑Frieden und internationale Zusammenarbeit die Programmatik ab. Mit dem Slogan „Innovation und Gerechtigkeit" hat G. Schröder 1998 die Wahl gewonnen. Dies war eine Gratwanderung, die seitdem die inhaltliche Debatte der SPD bestimmt. Aber die Richtung konnte nicht wirklich ausdefiniert werden. So wurde die SPD von Wahl zu Wahl weiter dezimiert, da sie auch keinen wirklichen Gegenpart gegen ihre Konkurrenz im Lager links der Mitte gegenüber den Grünen einerseits und der neu etablierten Linkspartei aus westdeutscher WASG und ostdeutscher PDS anderseits bilden konnte. Aus der rechten Mitte rückte Angela Merkels modernisierte CDU immer näher an die SPD.

## 3. Aufbau und Willensbildung der Partei

Die SPD war von Alters her eine wohlorganisierte Partei. Nicht zuletzt geht das auf die Verfolgung zu Zeiten der Sozialistengesetze unter Otto von Bismarck zurück, als sie eine Fülle von (Tarn-)Organisationen entwickelte: Turn- und Sportvereine, Bildungsorganisationen, Medien, Jugend- und Frauenvereinigungen bis zu sozialistischen Feuerbestattungsvereinen. Man konnte sich „von der Wiege bis zur Bahre" im selben ↑Milieu tummeln, ähnlich wie bei der ebenfalls verfolgten katholischen Zentrumspartei (↑Zentrum). Dieses soziale Milieu erodierte in den letzten Jahrzehnten.

### 3.1 Organisationsstruktur

Von August Bebel aus der Gründerzeit bis Franz Müntefering in der jüngeren Gegenwart gilt die Organisation als Rückgrat der Partei. Deshalb entwickelte der Klassiker der Parteiensoziologie, Robert Michels, sein „ehernes Gesetz der Oligarchie" schon 1911 am Beispiel der SPD, der damals am besten organisierten Partei. Es besagt, dass sich jede noch so demokratisch gebärdende Organisation durch die Notwendigkeit von Führung oligarchisch degenerieren wird – ein Gesetz, das eine Tendenz richtig beschreibt, Gegentendenzen aber ausblendet.

Die SPD kennt schon immer einen vertikalen Aufbau und eine horizontale Struktur. Von unten beginnt die Organisation vertikal mit den Ortsvereinen, die Gemeinden oder Stadtteile einschließen und je um die 100 Mitglieder umfassen. Sie setzt sich fort über die Unterbezirke, große Gemeindeverbände und Kreise oder Städte. Mächtig waren früher die Bezirke darüber, die aber zugunsten der Landesverbände rückgebaut wurden. Das Dach bildet die Bundespartei. Jede Ebene kennt funktional die Mitglieder- oder Delegiertenversammlung als basisdemokratisches Organ, den Vorstand und Schiedskommissionen, auf Bundesebene auch noch den Parteirat als kleinen Parteitag. Der Bundesvorstand ist wie bei anderen Parteien stark ausdifferenziert: Neben dem Vorsitzenden stehen Stellvertreter, ein engeres Präsidium und schließlich der Gesamtvorstand, der 2018 45 Personen umfasst. Seit dem langjährigen Vorsitzenden Willy Brandt (1964–87) hat die SPD ein Dutzend weiterer Vorsitzender verschlissen, die oft kaum ein Jahr amtierten, wie zuletzt M. Schulz (2017–18) oder die erste weibliche Vorsitzende Andrea Nahles (2018–19). Zu den engeren Parteiorganisationen zählen noch zahlreiche Arbeitsgemeinschaften, u. a. der Jugend *(Arbeitsgemeinschaft der Jungsozialistinnen und Jungsozialisten in der SPD)*, der Frauen *(Arbeitsgemeinschaft sozialdemokratischer Frauen)*, der Älteren *(Arbeitsgemeinschaft SPD 60plus)*, der Arbeitnehmer *(Arbeitsgemeinschaft für Arbeitnehmerfragen)*, der Juristen *(Arbeitsgemeinschaft sozialdemokratischer Juristinnen und Juristen)*, die alle eigene Willensbildungsorgane besitzen.

### 3.2 Mitgliedschaft

Lange Jahrzehnte war die SPD die größte Mitgliederpartei in Deutschland, teilweise sogar in Europa: eine große Massenintegrationspartei mit dem Höhepunkt von über einer Mio. Mitgliedern in den 1970er Jahren. Sie unterschied sich insofern vom Typus der bürgerlichen Honoratiorenpartei, den Union und FDP noch lange bis in die 1960er Jahre verkörperten.

Für große Mitgliederparteien hat sich der Begriff Volkspartei eingebürgert, obwohl er missverständlich ist (Partei des ganzen Volkes?), problematische historische Vorbilder hat (z. B. die DNVP), und in der Parteienforschung umstritten bleibt. Die Mitgliedschaft der SPD hat sich seit den Hochzeiten nahezu halbiert, sie ist, wie in der Union, überaltert.

### 3.3 Innerparteiliche Willensbildung

In Geschichte und Gegenwart hat die SPD das Grundprinzip innerparteilicher Demokratie immer hoch gehalten, obwohl es schon seit R. Michels in der Praxis bezweifelt wurde. Das wiederholt sich bis heute, z. B. bei der Entscheidung im Frühjahr 2018 über eine erneute Große Koalition. Die Parteiführung musste zum Instrument des Mitgliederentscheids greifen, da sie sonst die Akzeptanz ihrer Politik gefährdet sah. Formal ist die innerparteiliche Demokratie im ↑GG und PartG gestaltet.

Die Willensbildung innerhalb einer Partei wird dadurch komplexer, dass sie nicht Selbstzweck ist, sondern über die Wahlen in die Arbeit der Parlamente (↑Parlament, Parlamentarismus) und Regierungen einfließt. Parteimitgliedschaft wird durch das deutsche Parteiengesetz privilegiert, weil ausschließlich durch ihre Gremien die Kandidaten für Direktmandate und die Wahllisten aufgestellt werden. Auch die Auswahl von Spitzenkandidaten sowie die Entscheidung über Koalitionen oder Koalitionsverträge erfolgt durch die Partei – meist durch Parteitage, in der SPD zuweilen auch durch ein Mitgliedervotum, das auch bei den Vorsitzendenwahlen 1993 und 2019 eingeholt worden ist. Schließlich wird auch in der SPD das alltägliche Regierungshandeln durch ein dichtes Geflecht der Willensbildung in ↑Partei, ↑Fraktionen und Regierungen kompliziert. Jeweils situationsadäquat ergibt sich die Entscheidung, ob Partei- und Fraktionsvorsitz bzw. Kanzleramt (bzw. -kandidatur) und Parteivorsitz in eine Hand zusammengeführt werden oder getrennt bleiben: eine für Durchschlagskraft, Profil und Wahlaussichten durchaus wichtige aber offene Frage.

### 4. Wählerschaft

Zu keiner Zeit konnte die SPD an den Wahlsieg W. Brandts 1972 anknüpfen: v.a. nicht nach der Wiedervereinigung, als O. Lafontaine als Spitzenkandidat und Vorsitzender mit seiner zögerlichen Politik H. Kohl den Sieg nicht streitig machen konnte. Erst 1998 führte G. Schröder die SPD wieder als stärkste Partei in den Bundestag und konnte mit den Grünen bis 2005 regieren. Seitdem wechselten sich Große Koalitionen und eine schwarz-gelbe Regierung (2009–13) ab.

Trotz der Regierungbeteiligung sank der Wähleranteil immer bedrohlicher (2017: 20,5 %) ab. Deshalb war in der Mitgliedschaft und erst recht im SPD-Funktionärskörper der Widerstand gegen eine erneute Große Koalition stark. Die Struktur der Wählerschaft hat sich kontinuierlich gewandelt, allerdings i.V.m. dem Wandel der gesamten Bevölkerung. Die schrumpfende Arbeiterschaft wählt immer weniger SPD, die Angestellten werden zur stärksten Gruppe neben den ↑Beamten; Selbständige unterstützen die SPD kaum. Wählerschaft wie Mitgliedschaft sind im Schnitt überaltert; Frauen wählen die SPD durchschnittlich, Gewerkschaftsmitglieder (↑Gewerkschaften) nicht mehr überproportional wie früher. Durchaus nennenswerte Anteile hat die SPD 2017 auch an die neue rechtspopulistische AfD verloren, am meisten aber über die Jahre an die wachsende Gruppe der Nichtwähler abgegeben.

Schonungslose Analyse, Reaktion und Reform, auch in der Parteiorganisation, verspricht die Partei nach jeder Wahlniederlage. Bisher ist keine Trendwende gelungen. Auch bei den Landtagswahlen hat die SPD in Ost- und Westdeutschland in dieser Zeit kräftig Federn lassen müssen und sogar führende Positionen verloren.

### 5. Zukunft als Volkspartei?

Volksparteien werden in der Parteienforschung nicht nach dem Anteil am Wählerkuchen gemessen, sondern danach, ob sie programmatisch und politisch ein breites Wählerspektrum ansprechen und dies auch in Mitglied- und Wählerschaft repräsentieren. In dieser Hinsicht bleibt die SPD weiterhin Volkspartei der linken Mitte, die CDU die der rechten Mitte. Beide sind auch trotz ihrer Bindungen an spezielle Wählerschichten keine Klientelparteien, wie teilweise FDP und Grüne und schon gar nicht Randparteien wie Die Linke und AfD.

Dennoch ist für die SPD das Abschmelzen der Wähler- und Mitgliedschaft bedrohlich: in einigen Regionen Deutschlands – bes. Ost- und Süddeutschland –, wo die SPD Richtung 10 %-Grenze abgesackt ist, wird es zum Desaster. Die Partei hat das Erstarken zweier Konkurrenzparteien links der Mitte – der Grünen und der Linken – nie wirklich verkraftet. Aber auch die Union beherrscht die rechte Mitte seit den Erfolgen der AfD nicht mehr konkurrenzlos. Ein Zeichen dafür ist, dass die Große Koalition von 2017 nur 53,5 % der Wähler repräsentiert, während die erste Große Koalition von 1966 noch stolze 86,9 % gewonnen hatte.

Die vergleichbaren Bedingungen für sozialdemokratische Parteien in Europa und der Welt sind noch weniger vorteilhaft, um nicht zu sagen desaströs. In dieser Perspektive wäre eine stabile Wählerbasis zwischen 20 und 30 % eine honorige Grundlage. Doch sind entspr.e Prophezeiungen irrtumsanfällig und sollen hier tunlichst unterbleiben.

### Literatur

P. Steinbrück: Das Elend der Sozialdemokratie, 2018 • U. von Alemann/P. Erbentraut/J. Walther: Das Parteiensystem der BRD, 2018 • T. Grunden/M. Jaretzki/J. Salandi: Die SPD. Anamnese einer Partei, 2017 • T. Spier/U. von Alemann: Die Sozialdemokratische Partei Deutschlands (SPD), in: O. Niedermayer (Hg.): Hdb. Parteienforschung, 2013, 439–467 • R. Michels: Zur Soziologie des Parteiwesens in der modernen Demokratie, 1911.

ULRICH VON ALEMANN

## Sozialdemokratische Partei Europas (SPE)

↑Europäische Parteien

## Sozialdemokratische Partei Österreichs (SPÖ)

### 1. Entstehung und Geschichte – bis 1945

Die SPÖ wurde 1889 im Kaiserreich gegründet, in der „cisleithanischen" Reichshälfte Österreich-Ungarns. Unter dem ersten Vorsitzenden, Victor Adler, hatten sich verschiedene, bereits bestehende sozialistische Gruppierungen zusammengeschlossen. Die ↑Partei war auch, dem transnationalen Charakter des Kaiserreiches entspr., urspr. für alle im multinationalen Österreich existierenden „Nationalitäten" (Sprachgruppen) konzipiert. Nach der Abspaltung der tschechischen Sozialdemokratie sah sie sich aber faktisch auf die Rolle einer „deutschösterreichischen" Partei reduziert.

Die Sozialdemokratische Arbeiterpartei Deutschösterreichs (SDAP) war an der Gründung der Republik 1918 wesentlich beteiligt, die – mit Berufung auf das „Selbstbestimmungsrecht" – sich als Teil der „Deutschen Republik" verstand. Der Sozialdemokrat Karl Renner unterzeichnete, als „Provisorischer Staatskanzler", am 10.9.1919 in St. Germain den im Wesentlichen von den Siegermächten diktierten „Staatsvertrag", der formell den Kriegszustand beendete und den „Anschluss" Österreichs an Deutschland untersagte. Vertreter der SDAP waren auch an der Ausarbeitung der republikanischen ↑Verfassung beteiligt, die von der „Verfassungsgebenden Nationalversammlung" am 1.10.1920 als „Bundes-Verfassungsgesetz" beschlossen wurde. In der darauffolgenden Wahl des österreichischen Nationalrates erhielt die Partei zwar mit 40,8 % die relative Mehrheit der Stimmen, ging aber dennoch in die

↑Opposition – eine Rolle, die sie bis zum Untergang der (Ersten) Republik 1934 beibehielt.

Zwischen 1920 und 1934 konzentrierte sich die Sozialdemokratie auf die Hauptstadt (und das Bundesland) Wien, wo sie ihre absolute Mehrheit zum Ausbau eines auch international beachteten Modells sozialdemokratischer Politik nutzte („Rotes Wien"). Nachdem die zunehmend autoritären Tendenzen des regierenden *Bürgerblocks* schon 1933 zu einer Ausschaltung des Nationalrates geführt hatten, besiegte die Regierung unter Engelbert Dollfuß in einem am 12.2.1934 begonnenen kurzen ↑Bürgerkrieg die Sozialdemokratie, verbot die Partei, und erließ am 1.5.1934 eine autoritäre Verfassung. Zwischen 1934 und 1938 existierte die Partei im Untergrund *(Revolutionäre Sozialisten)* und im Exil.

Der 1938 gewaltsam vollzogene „Anschluss" Österreichs an das nationalsozialistische Deutschland versetzte die österreichische Sozialdemokratie in Ratlosigkeit. Ein Teil der Partei akzeptierte diese Entwicklung als nicht mehr revidierbare Tatsache und orientierte sich an der Idee einer „gesamtdeutschen Revolution". Erst als die Alliierten am 1.11.1943 („Moskauer Deklaration") die Wiederherstellung der Unabhängigkeit Österreichs in den Grenzen von 1937 zu ihrem Kriegsziel erklärten, begann sich die Partei – im Exil, im Untergrund – mit der Wiederherstellung der ↑Republik zu beschäftigten. Im April 1945 erklärte die neu formierte Sozialistische Partei Österreichs – gemeinsam mit der in der Nachfolge der Christlichsozialen gegründeten ↑ÖVP und der KPÖ – Österreich für unabhängig und beschloss, ebenfalls in Übereinstimmung mit den anderen Parteien, die Republik auf der Grundlage der Verfassung von 1920 wieder aufzubauen.

## 2. Entwicklung seit 1945

Anders als 1920 verließ die SPÖ nach der Wahl des Nationalrates vom November 1945 nicht die Regierung, sondern verblieb in einer Koalition mit der ÖVP – eine „Große Koalition", die bis 1966 an der Regierung blieb. In dieser Phase nahm die SPÖ faktisch Abschied von ihrer marxistischen Programmatik der Vergangenheit („Austromarxismus") und wurde zu einer pragmatisch orientierten Partei, die sich v. a. um Stimmenmaximierung bemühte. Nach einer Oppositionsphase zwischen 1966 und 1970 wurde die SPÖ unter Bundeskanzler Bruno Kreisky zur allein regierenden Partei („Ära Kreisky").

Die pragmatische Orientierung der SPÖ nach 1945 und insb. in den Jahren nach 1970 äußerte sich in einem erfolgreichen Bemühen um einen Modus Vivendi mit der ↑katholischen Kirche, die in der Vergangenheit mit dem „Politischen Katholizismus" der Christlichsozialen identifiziert worden war; um eine Integration ehemaliger Nationalsozialisten nicht nur in die Republik, sondern auch (v. a. als Wähler) in die SPÖ; und um einen pragmatischen Kurs in der Wirtschafts- und Sozialpolitik, der einen in den ersten Jahrzehnten nach 1945 wesentlichen verstaatlichten Wirtschaftssektor mit einer grundsätzlich markt- und privatwirtschaftlich organisierten ↑Wirtschaftsordnung verband.

Nach dem Ende der „Ära Kreisky" regierte die SPÖ in verschiedenen Koalitionsformen weiter, bevor sie 2000 erstmals seit 1945 in die parlamentarische Opposition gedrängt wurde. Davor hatte sie sich – unter der Führung des Parteivorsitzenden (und Bundeskanzlers) Franz Vranitzky – in Sozialdemokratische Partei Österreichs umbenannt, um auf diese Weise auch semantisch einen klaren Trennungsstrich zum ↑Sozialismus à la Marxismus-Leninismus zu ziehen. Es war auch F. Vranitzky, der im Zusammenspiel mit dem Koalitionspartner ÖVP 1994 den Beitritt zur ↑EU vereinbarte und mit einer Volksabstimmung direkt demokratisch absicherte.

Beginnend mit den 1980er Jahren sah sich die SPÖ mit einer gesellschaftlichen Entwicklung konfrontiert, die auf eine allmähliche Erosion ihrer traditionellen Wählerklientel hinaus lief: Die österreichische Arbeiterschaft, i. V. m. dem wachsenden Wohlstand zunehmend an der Sicherung des gewonnenen sozialen Status interessiert, wurde – wie dies auch in anderen Staaten (West-)Europas zu beobachten war – partiell zu einem neuen „Kleinbürgertum", das für populistisch vorgetragene xenophobe Apelle (↑Populismus) anfällig war. Gleichzeitig mündete die auch von der SPÖ forcierte „Bildungsexplosion" zum Anstieg eines neuen „Bildungsbürgertums". Zwischen einem für (rechts-)populistische Parolen anfälligen neuen Kleinbürgertum und einem grün-affinen, neuen Bildungsbürgertum sucht die SPÖ ihren Weg – in einem ↑Parteiensystem, das generell durch abnehmende politische Loyalitäten und wachsende Unberechenbarkeit gekennzeichnet ist.

## 3. Die SPÖ als Parteitypus

Die österreichische Sozialdemokratie war urspr. von einer fast einmaligen strategischen Ausgangslage bestimmt: Die SPÖ hatte – innerhalb der traditionellen Linken – eine faktische Monopolstellung. Die traditionelle Schwäche der KPÖ – verursacht auch von der programmatischen Radikalität des „Austromarxismus" – erlaubte einen „linken" Alleinvertretungsanspruch der SPÖ, die – in Verbindung mit sozialdemokratischen ↑Gewerkschaften (seit 1945 mit der im Rahmen des ÖGB dominanten Fraktion sozialdemokratischer Gewerkschafter) – keine relevante kommunistische (↑Kommunismus) oder linkssozialistische Konkurrenz zu berücksichtigen hatte.

Das hat sich seit den 1980er Jahren geändert: Eine nicht proletarische, „postmaterialistische" Linke hat zwar die Dominanz der SPÖ links von der Mitte nicht aufgehoben, aber das Erscheinungsbild der SPÖ verändert. Die SPÖ hat – beginnend mit dem Ende der „Ära Kreisky" – zunehmend ökologische Positionen bezogen und sich ebenso „feminisiert".

Die SPÖ, die nach der Nationalratswahl 2017 zum zweiten Mal in ihrer Geschichte nach 1945 in die Opposition ging, ist nach wie vor eine der erfolgreichsten sozialdemokratischen Parteien Europas. Mit einem zwar gesunkenen, aber langfristig stabilen Wähleranteil von etwa 25 %; mit einer zwar sinkenden, aber nach wie vor großen Organisationsdichte; und mit führenden Positionen in einigen Bundesländern (v. a. in Wien) ist die SPÖ eine das gesamte ↑politische System Österreichs (mit) bestimmende Größe.

### Literatur

H. Andrasch/H. Fischer/W. Maderthaner (Hg.): Die österreichische Sozialdemokratie seit 1889, 2020 • A. Pelinka: Vom Glanz und Elend der Parteien. Struktur- und Funktionswandel des österreichischen Parteiensystems, 2005 • N. Leser: Zwischen Reformismus und Bolschewismus. Der Austromarxismus als Theorie und Praxis, 1968 • L. Brügel: Geschichte der österreichischen Sozialdemokratie, 5 Bde., 1922–25.

ANTON PELINKA

## Soziale Arbeit

Gegenstand der S.n A. ist das Bewältigen sozialer Probleme, wobei ihr bes.r Fokus auf der Exklusionsvermeidung, Inklusionsvermittlung und Exklusionsverwaltung bes.r Problemfälle liegt (↑Inklusion, Exklusion). Diese Fälle der S.n A. können Personen und Familien, aber auch Milieus und Stadtteile sein, in denen sich ohne spezielle Unterstützung erhebliche mehrdimensionale Problemlagen aufbauen und verfestigen würden. So steht die S. A. in einer engen Wechselwirkung zur (staatlichen wie auch privaten) ↑Sozialpolitik – sie ist operativ die „Hand" der Sozialpolitik, sie ist gleichzeitig konzeptionell auch ihr „Auge"; die S. A. setzt sozialpolitische Vorschriften und Programme um, deckt soziale Missstände auf und entwickelt Konzepte zur Bewältigung sozialer Probleme. In einer modernen Gesellschaft, die durch funktionale Differenzierung und eine Vielzahl und Kombination von Exklusionsrisiken gekennzeichnet ist, kommt der S.n A. eine zunehmende Bedeutung zu, wie auch die seit Jahrzehnten steigenden Zahlen zum Umfang professioneller und ehrenamtlicher S.r A. belegen.

### 1. Rückblick: Armenpflege, Fürsorge, Wohlfahrtspflege

Das Hilfeverständnis wie die Hilfeformen unterliegen einem kulturellen und damit auch zeitlichen Wandel. Das Gleichnis vom barmherzigen Samariter ist dafür ein gutes Beispiel, zeigt es doch die kulturelle Veränderung von Hilfeerwartungen. Zu etwas Besonderem wird die Hilfe im Gleichnis dadurch, dass sie dem Nächsten gegenüber gewährt wird. Im Verständnis seiner Zeit ist der Fremde zur Hilfe gegenüber dem Schwerverletzten zwischen Jerusalem und Jericho nicht verpflichtet; das wäre er nur als Priester, Levit oder als Angehöriger der (erweiterten) Familie. Tätige Nächstenliebe entspricht um die Zeitenwende in Judäa noch nicht dem kulturellen Hilfeverständnis, bahnt sich jedoch langsam an.

Der Blick in die deutsche Geschichte S.r A.: Wird Bedürftigkeit im Mittelalter noch über die Stände und das Almosenwesen abgefedert, wobei der Status der Armen und Bettler als gottgewollt gilt, erreicht dieses System in der frühen Neuzeit mit der Zunahme der Armutsbevölkerung seine funktionalen Grenzen. Neue administrative Maßnahmen, wie Bettelordnungen, Arbeitspflicht, Zucht- und Arbeitshäuser, tragen der veränderten Moralvorstellung Rechnung: Betteln gilt zunehmend als verwerflich und Armut als selbstverschuldet. Zur Hilfe gehört fortan Kontrolle.

Mit dem Beginn der Industrialisierung (↑Industrialisierung, Industrielle Revolution) wird in Deutschland das repressive Armenwesen (Armenpolizei) vom Elberfelder System (1853) abgelöst, das die Grundlagen für eine systematische, bürokratische, kontrollierende, professionelle öffentliche Fürsorge legt und von vielen anderen Kommunen übernommen wird. Dennoch ist das Armenwesen weiterhin zersplittert und überfordert. Es sind v. a. die ehrenamtlichen Vereine der sozialreformerischen Bürger- und der Frauenbewegung (als sozialpädagogische Traditionslinie), die parallel zur öffentlichen Armenpflege (der sozialarbeiterischen Traditionslinie) private karitative und soziale Einrichtungen gründen und die Verelendung des Proletariats empirisch erforschen; ↑Armut wird zum wissenschaftlichen Gegenstand der Nationalökonomie und gilt nun als das, was sie mit Beginn der ↑Moderne geworden ist: ein strukturelles soziales Problem, das einerseits jeden treffen kann und andererseits selbst durch ein Übermaß an Arbeit individuell nicht zu kompensieren ist, was sich in der sog.en ↑Sozialen Frage verdichtet.

Mit der Modernisierung des Fürsorgewesens und der Ausweitung der bürgerlichen Sozialreform differenziert sich die „sociale Fürsorge" (↑Erziehung, Pflege, Fürsorge) in neue Arbeitsfelder und Einrichtungen aus. Gleichzeitig reagiert der deutsche Staat mit dem Ausbau der ↑Sozialversicherung. Der ebenfalls zu dieser Zeit erfolgende Zusammenschluss vieler der sozialen Vereine zu Dachverbänden (*Innere Mission* 1848, *Deutscher Verein für Armenpflege und Wohltätigkeit* 1880, *Caritasverband* 1897 [↑DCV]) markiert den organisatorischen Beginn der freien ↑Wohlfahrtspflege.

Das Verhalten der Armen gerät mit der Jahrhundertwende stärker in den Fokus; Not wird individualisiert: Geschulte Verwaltungskräfte (Straßburger Modell 1905) grenzen ihre Tätigkeit auf Beratung und Betreuung ein. Dieser pädagogische Blick prägt in Deutschland das Verständnis von Armut und sozialen Nöten bis in die Gegenwart.

Die ehrenamtlich tätigen Vereine, angetreten aus Berufung, entwickeln zunehmend ein Berufsverständnis. Hierfür steht v. a. die ↑Frauenbewegung, die die systematische und wissensbasierte Praxis der „socialen Fürsorge" für „Mädchen- und Frauengruppen für soziale Hilfsarbeit" (1893) beruflich nutzen will. Aufbauend auf dem Curriculum für die Hilfstätigkeit, entworfen von Alice Salomon, entsteht 1908 die erste *Soziale Frauenschule* in Berlin mit einer überkonfessionellen, praxisbezogenen, aber wissenschaftlich orientierten, zweijährigen Ausbildung.

Nach der zügigen Entwicklung der S.n A. zum Beruf Anfang des 20. Jh. kann im ↑Nationalsozialismus von Wohlfahrtspflege nicht mehr gesprochen werden. Das Fürsorgewesen ist sowohl theoriebasiert wie auch praktisch an der Umsetzung der nationalsozialistischen Doktrin von der ausgrenzenden Fürsorge beteiligt. Wie heute gut belegt ist, hat sich das sozialrassistische Deutungsmuster in allen Handlungsfeldern S.r A. gezeigt und prägt dieses dunkelste Kapitel der Profession.

Nach den Jahren des ökonomischen Wirtschaftswunders und der gleichzeitigen politischen und kulturellen Erstarrung brechen die Reformbestrebungen („Demokratie von unten") der 1960er Jahre auch über die S. A. herein und führen zu ihrer Politisierung. Ausgehend von der Erkenntnis, dass die Sozialpädagogisierung nur sozialintegrativ wirken, aber an der Entstehung sozialer Probleme nichts ändern kann, wird eine sozialkritische Funktion S.r A. eingefordert. Die neuen sozialen Bewegungen (↑Soziale Bewegungen), wie Jugendzentrumsbewegung, Krüppelbewegung, neue Frauenbewegung, Randgruppenarbeit, Ökologie- oder Kinderladenbewegung, setzen bislang ungekannte Akzente und verändern das Bild und das Selbstbild der S.n A. nachhaltig. Diese Reformbemühungen treffen in den 80er Jahren aber auf schwierige wirtschaftliche Rahmenbedingungen; die Krise des ↑Sozialstaats verlangt eine Bürokratisierung und Spezialisierung. Mit der Bildungsoffensive der frühen 70er, wo die Sozialarbeit und Sozialpädagogik den Weg an die neu gegründeten Fachhochschulen für Sozialwesen finden und Sozialpädagogik als Teilgebiet der Pädagogik sich den universitären Rang zurückerobert, erfährt S. A. als Zusammenfluss der beiden Traditionslinien einen Akademisierungs- und Professionalisierungsschub, der bis heute ungebrochen ist.

## 2. Gegenwart

Die S. A. hat im Gleichschritt mit der zunehmenden Differenzierung sozialer Problemlagen eine Differenzierung von Handlungsfeldern und Methoden erlebt. Dabei werden ihre Handlungsfelder durch die dortigen Zielgruppen bestimmt, für welche die S. A. ihre Konzepte entwickelt. Wichtige Zielgruppen sind u. a. Kinder, Jugendliche und Familien, Menschen in Armutslagen, insb. bei Wohnungslosigkeit, Drogenabhängigkeit und Straffälligkeit sowie Menschen mit Behinderungen, Überschuldungsproblemen, Arbeitnehmer mit Problemen im Betrieb, Senioren sowie nicht zuletzt ganze Milieus und Stadtteile, die seit jeher oder durch den wirtschaftlichen Strukturwandel zu Armutsgebieten geworden sind.

Mit den Konzepten in den Handlungsfeldern haben sich auch die Methoden der S.n A. ausdifferenziert, wobei die Konzepte der S.n A. verschiedene Methoden so miteinander kombinieren, wie es für die Arbeit mit der jeweiligen Zielgruppe erfolgversprechend ist. Eine Methode kann daher in verschiedenen Konzepten der S.n A. eingesetzt werden. Wichtige und typische Methoden sind dabei u. a. motivierende und klientenzentrierte Gesprächsführung, soziale Gruppenarbeit, Supervision, Sport, Theater und Musik, kollegiale Beratung, aktivierende Befragung, qualitative und quantitative Sozialraumanalyse, Großgruppenmethoden der Bürgerbeteiligung und soziale Netzwerkarbeit. Oftmals sind die Fachkräfte in diesen Methoden bes. ausgebildet und folgen speziellen fachlichen Richtlinien, was Ausdruck ihrer professionellen Spezialisierung ist.

Die S. A. hat im internationalen Vergleich eine landestypisch sehr unterschiedliche Stellung, was erstens auf die national unterschiedlichen Sozialstaatsmodelle und zweitens auf das enge Wechselverhältnis von S.r A. und Sozialpolitik zurückzuführen ist. Für den liberalen und den sozialdemokratisch geprägten Sozialstaat ist eine starke Stellung der staatlich organisierten S.n A. charakteristisch, neben der es einen mehr (liberal) oder weniger (sozialdemokratisch) großen Bereich rein privat organisierter und finanzierter S.r A. gibt, der sich dann oftmals auch gegen staatliche Institutionen positioniert. In Deutschland hingegen mit seinem konservativ-korporatistischen Sozialstaatsmodell ist der Anteil unmittelbar staatlich bereitgestellter S.r A. (z. B. im Jugendamt, dem allg.en sozialen Dienst oder der Bewährungshilfe) vergleichsweise gering; charakteristisch ist hier, dass ein Großteil der S.n A. im sozialrechtlichen Dreiecksverhältnis erbracht wird. In ihm übernimmt der Staat eine Gewährleistungspflicht und beauftragt nichtstaatliche Anbieter mit der Erbringung sozialer Dienstleistungen, die dann von den Adressaten meist kostenlos genutzt werden können. Diese nichtstaatlichen Anbieter sind in Deutschland traditionell die Verbände der freien Wohlfahrtspflege, seit den 1990er Jahren verstärkt auch erwerbswirtschaftliche Anbieter, wobei alle Anbieter grundsätzlich miteinander kooperieren und auch im Wettbewerb miteinander stehen. Im Wesentlichen kann man das Dreiecksverhältnis – sofern die notwendigen Voraussetzungen gegeben sind – aus sozialpolitischer Sicht als effektiv, innovativ und effizient bezeichnen, da es die Interessen der Akteure – auch der S.n A. – ausbalancieren kann und ihnen eine Entwicklung ermöglicht.

Der Großteil der S.n A. in Deutschland wird von den sechs Verbänden der Freien Wohlfahrtspflege getragen. Sie sind einerseits Verbände und Interessenvertretungen und verfügen andererseits über nicht profitorientierte Wirtschaftsbetriebe mit ca. 1,7 Mio. Mitarbeitern und einem Umsatz von ca. 40 Mrd. Euro im Jahr 2017. Da diese Verbände große gesellschaftliche Gruppen und Weltanschauungen repräsentieren und somit in Politik und Gesellschaft fest verankert sind, ist auch der Großteil der S.n A. hierzulande sozialpolitisch und ökonomisch vergleichsweise abgesichert. Seit Jahrzehnten wachsende Beschäftigtenzahlen bestätigen diese stabile Tendenz.

Ein wesentliches Problemfeld der Profession S.r A. liegt heute in einer – trotz durchgehender Akademisierung auf Bachelor- und zunehmend auch Masterniveau – vergleichsweise geringen Entlohnung und einer Zunahme atypischer Beschäftigungsverhältnisse. In Kombination mit der recht hohen Arbeitsbelastung kommt es daher zu großer Unzufriedenheit, einer erhöhten Personalfluktuation und einem spürbaren Fachkräftemangel in vielen Handlungsfeldern der S.n A. Dieser Missstand hat bislang nicht zu einer nachhaltigen Verbesserung der Rahmenbedingungen geführt und lässt in Zukunft eine Verschärfung des Fachkräftemangels erwarten.

Ein weiteres Problemfeld ergibt sich aus dem Spannungsfeld aus wirtschaftlicher Abhängigkeit und normativem Unabhängigkeitsanspruch der S.n A., bei dem die Balance immer neu zu finden ist. In den letzten Jahren hat hier die Bewegung der sog.en kritischen S.n A. einen wichtigen Beitrag geleistet, um neue Abhängigkeiten und normative Neujustierungen aufzudecken und zu hinterfragen. Dies ist eines der politischen Themen, in denen die deutsche S. A. Anschluss an die internationale Diskussion findet.

### 3. Ausblick

Auch wenn die sozialen und ökonomischen Trends auf eine zunehmende Bedeutung der Profession S.r A. hinwirken, muss dies nicht unbedingt zur Stärkung ihrer gesellschaftlichen Position führen. Skepsis ist hier aus mehreren Gründen geboten: Zum einen werden angesichts von Kostendruck und Fachkräftemangel zunehmend andere Berufe oder sogar ehrenamtlich tätige Personen anstelle von Fachkräften der S.n A. eingesetzt und dies umso mehr, da viele Methoden der S.n A. heute auch in anderen Professionen gängig sind. Zum anderen hat das stete Wachstum der letzten Jahrzehnte und der Wettbewerb um Handlungskonzepte zu einer Ausdifferenzierung der S.n A. in Spezialisierungen mit Zusatzqualifikationen geführt, wodurch die Identität ihres gemeinsamen Kerns geschwächt wurde. Es bleibt abzuwarten, ob sich durch diese im Wettbewerb erfolgreichen Spezialisierungen – nach dem Vorbild der Fachärzte, Fachanwälte, Fachingenieure u. a. – ein neues Selbstverständnis der S.n A. herausbilden wird, welches dann den Status der S.n A. als gesellschaftlich anerkannte Profession stärken würde.

Auch ist noch nicht ausgemacht, wie die Disziplin S. A. sich ihrer eigenen Erfahrung stellt, dass Hilfeformen, Hilfeverständnis und Hilfefunktion einem kulturellen Wandel unterliegen, die im Fall der deutschen S.n A. von emanzipativer Unterstützung, anwaltschaftlicher Vertretung über erzieherische Hilfe bis zur Sozialdisziplinierung oder Bestrafung und tätiger Mithilfe bei der eugenischen Volkspflege (↑Eugenik) reichen. Ratsam wäre, den Empfehlungen des nationalen und internationalen Berufsverbandes zu folgen, der eine Ausrichtung an den ↑Menschenrechten als ethischer Orientierung empfiehlt.

### Literatur

Deutscher Verein für öffentliche und private Fürsorge e. V. (Hg.): Fachlexikon der Sozialen Arbeit, [8]2017 • C. W. Müller: Wie Helfen zum Beruf wurde. Eine Methodengeschichte der Sozialen Arbeit, [6]2013 • W. Thole (Hg.): Grundriss Soziale Arbeit, [3]2010. RIA PUHL UND WERNER SCHÖNIG

## Soziale Bewegungen

### 1. Begriff

S. B. sind mobilisierte Netzwerke von Gruppen und Organisationen, die, gestützt auf eine kollektive Identität, v. a. mittels kollektiver und öffentlicher Proteste grundlegenden ↑sozialen Wandel herbeiführen oder verhindern wollen. Die Ausrichtung auf einen solchen Wandel betrifft Machtkonstellationen, Grundwerte und Vorstellungen sozialer und politischer ↑Ordnung. Insoweit s. B. auf politische Strukturen und Entscheidungen einzuwirken versuchen, sind sie auch als politische B. anzusehen. Allerdings sind B. von thematisch engeren und zeitlich kurzlebigeren politischen Kampagnen (z. B. zur Änderung konkreter Gesetzesvorhaben) zu unterscheiden. S. B. können formale Organisationen, etwa ↑Parteien und ↑Interessengruppen, einschließen, aber sind als Ganze lockere Verbünde relativ autonomer Gruppierungen und Strömungen.

Im deutschen Sprachraum ist der Begriff „S. B." um die Mitte des 19. Jh. populär geworden. Lorenz von Stein bezeichnete damit die sozialistische B. seiner Zeit. Karl Marx verwendete den Begriff in der doppelten Bedeutung einer Transformation der Gesellschaft wie auch einer historisch potenziell wirkmächtigen Kraft bzw. Klasse innerhalb der Gesellschaft. In der Folgezeit hat sich die letztgenannte Bedeutung im deutschen Sprachraum und auch anderen Sprachen durchgesetzt.

### 2. Historische und gegenwärtige Erscheinungsformen

Proteste, Aufstände und Rebellionen lassen sich bis in die römische und griechische Antike zurückverfolgen. Allerdings handelte es sich dabei um Versuche der Wiedererlangung traditioneller, natur- oder gottgegebener Rechte, welche aus Sicht der Rebellierenden durch die Obrigkeit missachtet wurden. Erst im Zeitalter der ↑Aufklärung kommt der Gedanke auf, dass Menschen Gesellschaft nach ihren eigenen und möglicherweise neuen Ideen gestalten und in diesem Sinne Geschichte „machen" können. Die Aufklärung kann somit als Geburtshelfer s.r B. im heutigen Sinne des Wortes gelten.

Als historisch bes. bedeutsam gelten die antifeudalen bürgerlich-demokratischen B. seit dem 18. Jh. sowie die sozialistische ↑Arbeiter-B. seit dem 19. Jh. Hinzu traten die B. gegen ↑Sklaverei, die ↑Frauen-B. und nationalistische B. und Strömungen (↑Nationalismus). Verstärkt ab der Wende zum 20. Jh. gab es weitere Formierungen, darunter antikoloniale B., Anti-Apartheits-B., Friedens-B., Jugend-B. linker wie rechter Provenienz, Lebensreform-B. und faschistische B. (↑Faschismus).

In der zweiten Hälfte des 20. Jh. erweiterte sich das ohnehin schon breite Spektrum. In Kolonialländern (↑Kolonialismus) kämpften Befreiungs-B.; in diktatorischen Regimen, etwa in einigen Ländern Lateinamerikas, traten prodemokratische B. auf den Plan. In westlichen Demokratien florierten die v.a. in den USA bedeutsame ↑Bürgerrechts-B., weiterhin die ↑Studenten-B. der 1960er Jahre und die nachfolgenden sog.en neuen s.n B., darunter auch Ökologie.-B., Anti-Atomkraft-B., Dritte-Welt-B. und die „neue Frauenbewegung" (Knafla/Kulke 1991). Ab den 1980er Jahren und verstärkt gegen Ende dieses Jahrzehnts erwirkten Bürger-B. in Ost- und Mitteleuropa (↑Dissidenten) mit weitgehend friedlichen Mitteln den Übergang von autoritären staatssozialistischen Systemen zu liberal-repräsentativen Demokratien.

Etwa zeitgleich dazu etablierten sich gegen neoliberale Tendenzen gerichtete globalisierungskritische B., die als eine weitere Generation der neuen s.n B. verstanden werden können. Schließlich kam es ab 2010 in einigen nordafrikanischen Ländern zu pro-demokratischen Erhebungen gegen die dortigen autoritären Systeme. Diese Rebellionen bildeten wiederum eine Inspirationsquelle für ähnlich ausgerichtete Bestrebungen in der Türkei und anderen Ländern des Mittelmeerraums, aber auch für die kurzlebigen Occupy-Proteste in den USA und einigen weiteren Ländern des Westens. V. a. in Südeuropa richteten sich insb. linksorientierte B. gegen die von nationalen Regierungen und der EU betriebene Austeritätspolitik, forderten aber auch, so insb. in Spanien, eine fundamentale ↑Demokratisierung des Landes. Im Zuge dieser Protestwellen haben transnationale Kampagnen und B. an Bedeutung gewonnen, wenngleich das Gros der Aktivitäten noch immer auf den nationalen und subnationalen Rahmen beschränkt bleibt.

Das Aktionsrepertoire s.r B. mit den Grundformen von Streiks, Märschen, Massenkundgebungen sowie friedlichen wie unfriedlichen Störungen der öffentlichen Ordnung bis hin zu Gewaltausbrüchen hatte sich bereits im 19. Jh. herausgebildet. Seither wurde es fortlaufend durch neue Elemente und Varianten, darunter auch Formen des disziplinierten ↑zivilen Ungehorsams und subversive bzw. kreative Protestformen, angereichert. Zunehmend erfolgte eine Ausrichtung öffentlicher Protestaktionen an den Aufmerksamkeitsrastern der modernen Massenmedien. Seit den 1990er Jahren nutzen Protestgruppen und s. B. verstärkt das ↑Internet und damit verbundene Kommunikationsplattformen für Zwecke der Mobilisierung und Selbstdarstellung in Ergänzung und teilweise unter Umgehung herkömmlicher Massenmedien. In Verbindung damit zeichnet sich die Doppeltendenz einer zunehmenden Veralltäglichung wie einer Professionalisierung von Protestaktionen ab. Dies gilt nicht nur für große Verbände (z. B. ↑*Greenpeace*), sondern auch für viele kleine und informelle Gruppen. Der kollektive Protest, der nach wie vor überwiegend aus s.n B. kommt, streift seinen Charakter des Unkonventionellen und Außeralltäglichen ab; er gilt als ein legitimes und „normales" Mittel kollektiver Interessenvertretung auch jenseits von s.n B., um öffentliche Sichtbarkeit und möglichst auch Zustimmung zu erlangen. Entspr. hat sich die soziale Trägerschaft von Protestgruppen und B. verbreitert und diversifiziert. Galt Protest noch vor Jahrzehnten v.a. als ein Instrument der organisierten Arbeiterschaft und der rebellischen Jugend, so wird er heute, wenngleich sehr themenabhängig, auch von Rentnerinnen und Rentnern, von der *Gewerkschaft der Polizei*, von migrantischen Gruppen, Ärzteverbänden und Vertretern konservativer Parteien genutzt, um ihre Themen und Forderungen in die ↑Öffentlichkeit zu tragen. Die Auftritte s.r B. sind insgesamt bunter und facettenreicher geworden, so dass sich stereotypische Beschreibungen und monokausale Erklärungen als untauglich erweisen.

### 3. Bewegungsforschung

Die Theoretisierung s.r B. setzte bereits in der zweiten Hälfte des 19. Jh. in Europa ein. Mit Ausnahme der kruden Massenpsychologie um die Jahrhundertwende blieb die Analyse von B. auf Fragen des gesamtgesellschaftlichen Wandels, aber auch auf Aspekte einer organisatorischen Transformation in Richtung einer Institutionalisierung und Oligarchisierung bezogen – eine Entwicklung, die insb. Robert Michels (1911) am Beispiel der sozialdemokratischen B. nachgezeichnet hatte. Zudem widmete sich eine Fülle historischer Arbeiten der Beschreibung einzelner Phänomene in verschiedenen Regionen und Epochen, verwendete allerdings den B.s-Begriff weitgehend als bloßes Etikett ohne konzeptionelle und theoretische Unterfütterung.

Dagegen entfaltete sich in den USA, zunächst unter dem weiten Sammelbegriff *collective behavior*, eine sozialwissenschaftlich ausgerichtete Protest- und B.s-Forschung, die sich überwiegend auf Konzepte mittlerer Reichweite und Fragen der Motivation, Organisation und Problemdeutung konzentrierte, damit aber den gesamtgesellschaftlichen Kontext, in dem s. B. entstehen und handeln, weitgehend vernachlässigte.

In Europa kam eine professionelle und spezialisierte B.s-F.orschung erst ab dem letzten Drittel des 20. Jh. in Gang. Sie behielt zunächst ihren Bezug auf Gesellschaftstheorie, wurde dann aber stark von der US-amerikanischen Forschung beeinflusst, was eine theoretische und methodische Spezialisierung nach sich zog. Etwa seit der Jahrtausendwende hat sich die B.s-Forschung rasch internationalisiert und globalisiert, wird aber nach wie vor von US-amerikanischen und europäischen Autorinnen und Autoren dominiert. Sozialwissenschaftliche Konzepte (↑Sozialwissenschaften) der B.s-Forschung sickern zunehmend in andere Wissenschaftsdisziplinen ein, etwa die ↑Geschichtswissenschaft, die Sozialpsychologie, die empirischen ↑Kulturwissenschaften und das Fach der Internationalen Politik; umgekehrt werden Anregungen und Konzepte aus diesen Disziplinen in der primär soziologisch geprägten B.s-Forschung aufgegriffen.

Zu den wichtigsten theoretischen Richtungen der gegenwärtigen Forschung zählen individualistische Theorien der rationalen Wahl (↑Rational Choice Theory) und der von Organisationen betriebenen Ressourcenmobilisierung, Konzepte der politischen Gelegenheitsstrukturen als den externen Einflussfaktoren auf die Mobilisierungen, Strategien und Effekte s.r B., weiterhin die sog.en *political process*-Theorien, welche sowohl Rahmenbedingungen als auch Interaktionseffekte mit Partnern und Gegnern von B. in Rechnung stellen, schließlich Framing-Konzepte, die sich den Problemdeutungen s.r B. zuwenden. Teilweise als Gegengewicht zu den gen.en Strömungen bildete sich seit den 1990er Jahren eine heterogene theoretische Strömung heraus, die Fragen kollektiver ↑Identität, die Rolle von kulturellen Codes, Emotionen und Narrationen in s.n B. in den Mittelpunkt rückt. Die Spezialisierung auf s. B. und deren Teilaspekte führt neuerdings wieder zu Bemühungen einer stärkeren gesellschaftstheoretischen Einbettung s.r B.

### 4. Zur Bedeutung

Im historischen Rückblick wird deutlich, in welchem Ausmaß s. B., sei es durch eruptive Erhebungen und Rebellionen, sei es durch die Summeneffekte unspektakulärer kleiner Protesthandlungen, historische Weichenstellungen und konkrete gesellschaftliche und politische Lagen beeinflusst haben. Ihre Wirkmacht wurde auch daran erkennbar, dass sie insb. in den letzten Jahrzehnten etliche politische Regime zu Fall gebracht haben. Neben herausragenden Erfolgen und sozialen wie politischen Errungenschaften sind aber auch zahllose Niederlagen, bloß randständige Effekte sowie Rückschritte zu verzeichnen, hält man sich die faschistischen B. in der ersten Hälfte des 20. Jh. vor Augen. Zudem haben in der jüngsten Zeit rechtspopulistische B. (↑Populismus) an Bedeutung gewonnen und in einigen Ländern sogar Regierungsmacht erlangt. Andererseits gibt es viele Anzeichen dafür, dass prodemokratische zivilgesellschaftliche Kräfte (↑Zivilgesellschaft) einschließlich s.r B. bereit sind, die Errungenschaften ihrer historischen Vorläufer zu verteidigen. Vieles spricht dafür, dass s. B. im Geflecht intermediärer Interessenvermittlung neben politischen Parteien und etablierten ↑Verbänden weiterhin bedeutsam bleiben, vielleicht sogar an Bedeutung gewinnen werden.

### Literatur

P. L. Gassert: Bewegte Gesellschaft. Deutsche Protestgeschichte seit 1945, 2018 • O. Fillieule/G. Accornero (Hg.): Social Movement Studies in Europe, 2016 • J. M. Jasper: Protest: A Cultural Introduction to Social Movements, 2014 • J. Mittag/H. Stadtland (Hg.): Theoretische Ansätze und Konzepte der Bewegungsforschung in der Geschichtswissenschaft, 2014 • J. v. Stekelenburg/C. Roggeband/B. Klandermans (Hg.): The Future of Social Movement Research, 2013 • R. Roth/D. Rucht (Hg.): Die sozialen Bewegungen in Deutschland seit 1945, 2008 • B. Klandermans/C. Roggeband (Hg.): Handbook of Social Movements across Disciplines, 2007 • D. McAdam/S. G. Tarrow/C. Tilly: Dynamics of Contention, 2001 • D. Della Porta/M. Diani: Social Movements, 1999 • K.-U. Hellmann/R. Koopmans (Hg.): Paradigmen der Bewegungsforschung, 1998 • D. Rucht: Modernisierung und neue soziale Bewegungen. Deutschland, Frankreich und USA im Vergleich, 1994 • F. Neidhardt/D. Rucht: Auf dem Weg in die „Bewegungsgesellschaft"?, in: Soziale Welt 44/3 (1993), 305–326 • L. Knafla/C. Kulke: 20 Jahre neue Frauenbewegung, in: R. Roth/D. Rucht (Hg.): Neue soziale Bewegungen in der Bundesrepublik, 1991, 91–115 • J. Raschke: Soziale Bewegungen, 1985 • O. Rammstedt: Soziale Bewegung, 1978 • C. Tilly: From Mobilization to Revolution, 1978 • E. Pankoke: Sociale Bewegung, sociale Frage, sociale Politik. Grundfragen der deutschen „Socialwissenschaft" im 19. Jahrhundert, 1970 • R. Michels: Zur Soziologie des Parteiwesens in den modernen Demokratien, 1911.

DIETER RUCHT

## Soziale Frage

Wie die „nationale Frage" gehörte auch die „s. F." zu den großen Themen des 19. Jh. in Deutschland. Die Antwort auf die „nationale Frage" lag in der Gründung des Nationalstaats, diejenige auf die „s. F." in der Errichtung des deutschen ↑Sozialstaats. Seit dem Übergang von der ständisch verfassten Agrargesellschaft zur bürgerlichen Markt- und ↑Industriegesellschaft war dem eine lange Diskussion über die sozialen Nöte und Konfliktlagen der in einem grundlegenden Transformationsprozess begriffenen deutschen Gesellschaft vorausgegangen. In deren Rahmen umschrieb der Sammelbegriff der „s.n F." die zutiefst beunruhigenden Erscheinungsformen von Massenarmut, Existenzunsicherheit und Klassenkonflikt, die in Deutschland und Europa in Folge der Auflösung der überkommenen vorindustriellen Gesellschaftsordnung und der damit verbundenen sozialstrukturellen Wandlungsprozesse beobachtet wurden. Bereits 1848 rief der Arbeiterführer Stephan Born aus: „Die sociale Frage! Es giebt wohl keine andere, in der neuern Zeit aufgetauchte, welche die Köpfe so vieler Menschen in Anspruch genommen, und die so verschiedenartige Beantwortungen und Beantwortungsversuche hervorgerufen" (zit. n. Pöls 1988: 276). Der dem Französischen entlehnte Begriff begann sich in Deutschland ab den 1840er Jahren einzubürgern und war auch in den Debatten vieler anderer europäischer Länder gegenwärtig.

Ehe die „s. F." seit der Jahrhundertmitte zu einem Zentralthema der öffentlichen Debatten wurde, war die Massenarmut unter dem Begriff des „Pauperismus" diskutiert worden. Er umschrieb das Herabsinken weiter Kreise der Unterschichten in einen Zirkel von materieller ↑Armut, ständiger Existenzunsicherheit, wiederkehrenden Phasen der ↑Arbeitslosigkeit, verbunden mit verbreiteten Verelendungserscheinungen wie Hunger und Mangelernährung, Kinderarbeit, überlangen Arbeitszeiten, erbärmlichen Wohnverhältnissen und schweren gesundheitlichen Gefährdungen. Der „Brockhaus" von 1846 befand: „Pauperismus ist da vorhanden, wo eine zahlreiche Volksklasse sich durch die angestrengteste Arbeit höchstens das notdürftigste Auskommen verdienen kann, auch dessen nicht sicher ist, [...] keine Aussicht der Besserung hat, darüber immer tiefer in Stumpfsinn und Rohheit versinkt [...] und dabei immer noch sich in reißender Schnelligkeit ergänzt und vermehrt" (zit. n. Fischer 1982: 62). Als bedrohlich erschien das Anwachsen der „Paupers" auch deshalb, weil die triste Lage der aus ihren vormaligen ständischen Bindungen (↑Stand) gelösten Elendsgruppen einen Nährboden für jene politischen (sozialistischen und kommunistischen) Bewegungen entstehen zu lassen schien, die gegen die bestehende gesellschaftliche Ordnung aufbegehrten.

Zeitgenössische Beobachter begriffen den Pauperismus vielfach als Folge der Frühindustrialisierung und brachten die massenhafte Armut ursächlich mit der sich ausweitenden Fabrikarbeit und dem Entstehen eines Industrieproletariats in Verbindung (z. B. „Die Lage der arbeitenden Klasse in England" [Engels 1845]). Hingegen führte eine andere Sicht auf den Pauperismus die Massenverelendung umgekehrt – und weit zutreffender – darauf zurück, dass die von den alten ständischen Bindungen soeben erst freigesetzten Wirtschaftskräfte noch nicht imstande waren, den Erwerbs- und Nahrungsspielraum zu schaffen, um den wachsenden Druck eines beschleunigten Bevölkerungsanstiegs ausgleichen zu können. Waren die Krisenerscheinungen in der ersten Deutungsperspektive eine Konsequenz der Ausbreitung von Fabrikindustrie und Industrieproletariat, galten sie in der zweiten, ganz im Gegenteil, als Folge einer noch nicht weit genug vorangeschrittenen Industrialisierung. Seit Mitte des Jh., mit dem Aufstieg des Industriekapitalismus (↑Kapitalismus), verschwand der Begriff des Pauperismus allmählich aus den Debatten. Mit der stattdessen nun diskutierten „s.n F." verschoben sich die Problemperspektiven.

In einer früheren Phase der deutschen Debatten hatten die Freisetzung und Verarmung von landwirtschaftlichen Erwerbsschichten in Folge der Bauernbefreiung, die tendenzielle Überbelegung einzelner Handwerkszweige und die Existenznöte vieler kleiner Handwerksbetriebe (↑Handwerk), schließlich auch das dürftige Dasein der protoindustriellen Hausindustrie und des Heimgewerbes zu dem krisenhaften Gesamtkomplex der Notlagen und Missstände gezählt, welche die „s. F." umschloss. Mit Durchbruch der Industriellen Revolution (↑Industrialisierung, Industrielle Revolution) und Ausweitung der Fabrikproduktion traten nun die prekären Existenzbedingungen des neu im Entstehen begriffenen ↑Proletariats der Fabrikarbeiter als beherrschende soziale Problemlage in den Mittelpunkt. Zum zentralen gesellschaftlichen Antagonismus entwickelte sich damit, bereits 1842 von Lorenz von Stein scharfsichtig analysiert, der Konflikt zwischen Kapital und Lohnarbeit. Dass die menschliche Arbeitskraft dem Marktprinzip unterworfen, als Lohnarbeit in ein einseitiges Abhängigkeitsverhältnis vom „Fabrikherrn" gebracht, von anderen sozialen Bindungen gelöst, tendenziell als Ware behandelt und oft bedenkenlos ausgebeutet wurde, begriffen viele zeitgenössische Beobachter als Kern der „s.n F." – nicht nur die Sozialisten in ihren unterschiedlichen Strömungen, sondern auch konservative und konfessionelle Sozialpolitiker. Hier handelte es sich nicht mehr um ein Armutsproblem im vorindustriellen Verständnis, sondern um eine strukturelle Frage der industriekapitalistischen Gesellschaftsordnung: um die kollektiven Interessenkonflikte zwischen „Klassen". Armen- und Arbeiterfrage traten zunehmend auseinander.

Die „s. F." war eine in hohem Maße politische Frage. Sie problematisierte gesellschaftliche Umstände, die nicht als unveränderlich angesehen wurden. Es allein den Selbststeuerungskräften des ↑Marktes überlassen zu wollen, gesellschaftliche Verhältnisse hervorzubringen, die als sozial gerecht angesehen werden konnten, hielt eine wachsende Zahl von zeitgenössischen Beobachtern nicht für angängig. Die Antworten auf die „s. F." enthielten allerdings einen Handlungsauftrag an Staat oder Gesellschaft, der je nach politisch-weltanschaulichem Standort sehr unterschiedlich ausfallen konnte. Dort, wo die Lösung nicht wie bei den Sozialisten (↑Sozialismus) in einer „sozialen ↑Revolution" gesehen wurde, wurde zunehmend auf „soziale Reformen" (↑Sozialreform) gedrängt. So machten zahlreiche Vertreter der jüngeren „historischen Schule" der Nationalökonomie (↑Historismus in der Wirtschaftswissenschaft) im letzten Drittel des Jh. die „s. F." zum Gegenstand ihrer Gelehrtenpolitik. 1873 sammelten sie sich im ↑*Verein für Socialpolitik* (↑Kathedersozialisten), um gegen den doktrinären Wirtschaftsliberalismus (↑Liberalismus) Front zu machen. Sie propagierten in jenem Jahrzehnt Koalitionsrecht, Arbeiterschutz, Fabrikinspektion, freiwillige Versicherungskassen sowie Schiedsgerichte und Einigungsämter als Lösungsinstrumente. Katholischen Autoren hatten dagegen zunächst eine Restituierung ständisch-korporativer Ordnungsvorstellungen sowie sittliche Missionierung und religiöse Erneuerung der Unterschichten aus dem Geist des Christentums vor Augen gestanden (↑Katholische Soziallehre). Seit den späten Schriften des Mainzer Bischofs Wilhelm Emmanuel von Ketteler wurde die

Lösung der „s.n F." unter katholischen Sozialreformern indes verstärkt auf dem Boden der bestehenden industriekapitalistischen Gesellschaftsordnung gesucht. W. E. von Kettelers Vorschläge zielten Ende der 1860er Jahre u. a. auf die Errichtung von Produktivassoziationen, auf einen Katalog von Arbeitsschutzmaßnahmen und auf die Anerkennung des Koalitions- und Streikrechts. Liberale Sozialreformer wiederum sahen in ↑Bildung, Genossenschaftsgründungen (↑Genossenschaften), freien Assoziationen und Unterstützungskassen das Gebot der Stunde: Nicht Staatshilfe, sondern Hilfe zur Selbsthilfe lautete ihre Forderung. Konservative Sozialreformer wie Hermann Wagener wiederum setzten zunehmend auf die soziale Intervention des Staates, auf ein über den Klasseninteressen erhabenes „Königtum der sozialen Reform" (von Stein 1850: 41).

Mit dem kontinuierlichen Anwachsen der Zahl der industriellen Lohnarbeiter, der Gründung sozialdemokratischer Arbeiterparteien 1863 und 1869 und ihrem Zusammenschluss zur „Sozialistischen Arbeiterpartei" 1875 (↑SPD; ↑Arbeiterbewegung) hatte sich der Bedeutungsgehalt der „s.n F." in der öffentlichen Wahrnehmung so immer mehr auf die „Arbeiterfrage" verengt. Zur Diskussion stand, wie die gewerbliche Arbeiterschaft vor den Wechselfällen des Lebens geschützt und zugl. so weit gesellschaftlich integriert werden konnte, dass ihre politische Radikalisierung verhindert wurde. Die epochemachende Antwort, die in Deutschland auf diese Frage gegeben wurde, lag in der Errichtung der gesetzlichen Arbeiterversicherung in den 1880er Jahren, dem Schutz vor den sozialen Risiken der Erwerbsunfähigkeit aufgrund von Krankheit (↑Krankenversicherung), Arbeitsunfällen (↑Unfallversicherung), Invalidität und Alter (↑Rentenversicherung) – zunächst v. a. für die gewerbliche Arbeiterschaft, bald aber auch für andere Gruppen von Lohnabhängigen und Gehaltsempfängern.

Als Kristallisationspunkt der öffentlichen Debatten hatte der Begriff der „s.n F." v. a. im 19. Jh. fungiert; im sozialpolitischen Vokabular des 20. Jh. verlor er zunehmend an Stellenwert, auch wenn dies nicht hieß, dass damit die „s. F.", verstanden als Konflikt zwischen ↑Kapital und ↑Arbeit und als Problem der Existenzunsicherheiten des Arbeiterlebens, aus der Welt geschafft gewesen wäre. Von Zeit zu Zeit wurde der Begriff in neuen Kontexten revitalisiert und mit veränderten Bedeutungsgehalten gefüllt, sei es, weil neue soziale Probleme identifiziert, neue Lösungsansätze propagiert oder neue Zielgruppen ausgemacht wurden. So hatte Ludwig Erhard als Bundeskanzler in seiner Regierungserklärung von 1963 für das 20. Jh. die Bildungsfrage in den Rang der s.n F. gehoben; Gerhard Schröder nannte vier Jahrzehnte später die Bildung dann die s. F. des 21. Jh. Ein Comeback erlebte der Begriff v. a., als Heiner Geißler 1976 eine breite öffentliche Debatte über die „Neue S. F." anstieß. Indem H. Geißler die „Neue" gegen die „Alte S. F." setzte und an die Stelle des überkommenen Antagonismus von Kapital und Arbeit den Konflikt zwischen „organisierten" und „nichtorganisierten" ↑Interessen rückte, problematisierte er zugl. die Fixierung der ↑Sozialpolitik auf die Erwerbsarbeit und den privilegierten Status der ↑Arbeitnehmer im deutschen Sozialstaat. H. Geißler wollte die Aufmerksamkeit auf bisher vernachlässigte Gruppen wie Frauen, Alte und Kinder in einkommensschwachen Familien lenken – die „Nicht-Organisierten" und „Nichtproduzenten" als die „Unterprivilegierten" des Sozialstaats (Geißler 1976: 16). Auch diese Debatte ebbte bald wieder ab. Weiterhin jedoch wurde in wiederkehrenden Abständen eine „neue s. F." ausgerufen (etwa mit Blick auf die prekären Beschäftigungsverhältnisse, die Migrationsfrage [↑Migration], die Wohnungsnot), ohne dass sich ein einheitliches Bedeutungsfeld etablieren und ohne dass sich das Signalwort „s. F." erneut zum Kristallisationspunkt der sozialpolitischen Debatten entwickeln konnte.

### Literatur

J. Kocka: Arbeiterleben und Arbeiterkultur. Die Entstehung einer sozialen Klasse, 2015 • R. Castel: Die Metamorphosen der sozialen Frage. Eine Chronik der Lohnarbeit, ²2008 • H. Grebing (Hg.): Geschichte der sozialen Ideen in Deutschland. Sozialismus – Katholische Soziallehre – Protestantische Sozialethik, ²2005 • E. Grimmer-Solem: The Rise of Historical Economics and Social Reform in Germany 1864–1894, 2003 • G. A. Ritter: Soziale Frage und Sozialpolitik in Deutschland seit Beginn des 19. Jahrhunderts, 1998 • J. Kocka: Arbeitsverhältnisse und Arbeiterexistenzen. Grundlagen der Klassenbildung im 19. Jahrhundert, 1990 • W. Pöls (Hg.): Deutsche Sozialgeschichte 1815–1870, ⁴1988 • W. Fischer: Armut in der Geschichte. Erscheinungsformen und Lösungsversuche der „Sozialen Frage" in Europa seit dem Mittelalter, 1982 • H. Geißler: Die Neue Soziale Frage, 1976 • E. Pankoke: Sociale Bewegung, sociale Frage, sociale Politik. Grundfragen der deutschen „Socialwissenschaft" im 19. Jahrhundert, 1970 • A. Müssiggang: Die soziale Frage in der historischen Schule der deutschen Nationalökonomie, 1968 • G. Brakelmann: Die soziale Frage des 19. Jahrhunderts, 1962 • L. von Stein: Geschichte der sozialen Bewegung in Frankreich von 1789 bis auf unsere Tage, Bd. 3, 1850 • F. Engels: Die Lage der arbeitenden Klasse in England, 1845. WILFRIED RUDLOFF

## Soziale Gerechtigkeit ↑Gerechtigkeit

## Soziale Kontrolle

Im Kern bezeichnet s. K. Handlungen, die darauf zielen, von sozialen Normen abweichendes Verhalten zu unterbinden. Ihnen liegen also Bewertungen zu Grunde. Soziale Normen als Verhaltenserwartungen wiederum werden in Sozialisationsprozessen u. a. in Familien und peer groups erlernt, wobei die jeweiligen ↑Normen mit übergeordneten politischen, religiösen/weltanschaulichen und/oder ökonomischen Machtbereichen variieren können. In pluralisierten Gesellschaften sind insofern

Norm- und Rollenkonflikte weniger eine Ausnahme, als vielmehr Normalität. Ethnomethodologischen Ansätzen zufolge seien Normen jedoch nicht dinghaft, sondern dienten als sprachliche Konstrukte lediglich der Handlungsorientierung in grundsätzlich interpretationsbedürftigen Situationen. Ein Ausbalancieren heterogener Erwartungen und situationsangemessene Interpretationen seien notwendig, direkte Handlungsaufforderungen ließen sich nicht ableiten.

Beschreibungen und Analysen von Normen, ↑Devianz und damit auch s.r K. werden insofern aus zwei wissenschaftstheoretischen Perspektiven diskutiert: einer objektivistischen und einer konstruktivistischen.

## 1. Theoretische Perspektiven und Paradoxien

Edward Alsworth Ross gilt als Begründer des soziologischen Begriffs s.r K. Diese sei sozialen Prozessen und ↑Institutionen inhärent. Insb. strukturfunktionalistische Annahmen schlossen daran an und verstanden s. K. als Prozesse, die dazu dienten, gesellschaftliche Dysfunktionen zu vermeiden. In solch einem weiten Verständnis s.r K. sind auch Vorstellungen einer internalen (im Unterschied zu externalen) s.n K. einzuordnen. Das sozial erlernte, auf Verhaltenserwartungen anderer bezogene Gewissen (↑Gewissen, Gewissensfreiheit) bewirke Selbstkontrolle. U.a. Alexander L. Clark und Jack P. Gibbs wiesen jedoch auf die fehlende Präzision eines solchen Verständnisses hin. S. K. sei so nicht von ↑Sozialisation oder Institutionalisierung zu unterscheiden und empirisch betrachtet seien nicht unsichtbare Kräfte der Gesellschaft am Werk, sondern es ließen sich konkrete Akteure erkennen. Infolgedessen richtete sich der Blick auf konkrete soziale Systeme, auf explizit intendierte Reaktionen auf Devianz sowie auf Machtverhältnisse (↑Macht) und ↑Interessen statt abstrakt auf *die* Gesellschaft. Mit Bezug auf Instanzen s.r K. wird zwischen formeller (durch Strafjustiz, Polizei, Schule, Sozialarbeit etc. sowie in Einrichtungen wie Gefängnissen und Psychiatrien) und informeller s.r K. etwa durch Peers, Nachbarschaft, Familie unterschieden. Der Objektivitätscharakter von Devianz wird hier nicht bezweifelt und auch von Vertretern des frühen *Labeling Approachs* implizit beibehalten: Edwin McCarthy Lemert wie auch Howard S. Becker betonten gleichwohl die Bedeutung gesellschaftlicher Reaktionen. Mit Begriffen wie „sekundäre Devianz" und „kriminelle Karriere" beschrieben sie, wie Reaktionen auf (erwartete) Devianz/↑Kriminalität in Form negativer ↑Sanktionen (↑Strafen, Strafdrohungen) kontrainduzierte Effekte produzierten. Negative Sanktionen führten zur Degradierung der Devianten (Abwertung des sozialen Status, Zuschreibung eines neues Master-Status z.B. „Dieb"), reduzierten gesellschaftliche Teilhabechancen (z.B. über Geld- oder Freiheitsstrafen) und führten zur Übernahme einer „abweichenden Identität". Devianz reproduziere sich gerade in Folge s.r K., diese schaffe das, was sie verhindern solle. Zahlreiche Untersuchungen unterstrichen eine solche, objektivistische Absurditätsannahme s.r K. auch dadurch, als dass sie zeigten, dass das Konformitätsziel über generalpräventive Maßnahmen systematisch verfehlt wird.

Bei allen Differenzen deuten sowohl Émile Durkheim (1988: 130) – „Wir verurteilen sie [die Tat, J. W.] nicht, weil sie ein Verbrechen ist, sondern sie ist ein Verbrechen, weil wir sie verurteilen" – als auch H. S. Becker (2014: 31) – „Abweichendes Verhalten ist Verhalten, das Menschen als solches bezeichnen" – eine zweite, konstruktivistische (↑Konstruktivismus) Absurditätsannahme an: Weil Handeln (↑Handeln, Handlung) erst über interaktive Be-Deutungen eine spezifische Qualität erlange, würde Devianz erst über die Reaktion und insb. über Kontrollaktivitäten zu dem, was verhindert werden soll. Hier wird jedoch kein Ursache-Wirkungs-Zusammenhang angenommen, sondern es besteht ein Zuschreibungsverhältnis. Die qualitätsproduzierende Zuschreibung erweist sich wiederum als kontext- und machtabhängig. So schützt z.B. der Kontext „Krieg" i.d.R. davor, das Töten von Menschen als Mord zu klassifizieren. Mit Helge Peters kann s. K. daher wie folgt definiert werden: „Der Begriff ‚Soziale Kontrolle' soll Handlungen bezeichnen, die folgende Merkmale aufweisen: Sie

- zielen darauf ab, abweichendes Verhalten in dem sozialen System, in dem sie wirkt, künftig zu verhindern.
- sind eine Reaktion auf gegenwärtiges oder erwartetes abweichendes, d.h. normverletzendes Verhalten und
- stehen im Einklang mit den Vorstellungen einer Bezugsgruppe, die über die Angemessenheit der Handlung wacht und die die Macht hat, diesen Vorstellungen Geltung zu verschaffen" (Peters 2002: 115).

## 2. Begriffskritik und weiterführende Fragen

Kritisiert wird teilweise ein euphemistischer Charakter des Begriffs s. K. Auch wenn Strafe als Teil dieser gemäß É. Durkheim (1988) v.a. auf die „ehrenwerten Leute" und damit auf Normverdeutlichung ziele und – so Heinrich Popitz (1968: 9) – Strafe immer selektiv erfolgen würde und müsse, um das jeweilige Normsystem nicht zu „Tode zu blamieren" (Popitz 1968, S. 9), so bedeute sie für die als deviant/krank/kriminell Etikettierten oft Ausschluss. Aspekte wie Folter, Tötung, Verbannung würden mit dem Begriff verharmlost. S. K. umfasse eben nicht nur Maßnahmen, die Bedingungen des Handels änderten oder positive Sanktionen wie Lob.

Die in den unterschiedlichen Perspektiven zum Ausdruck kommende doppelte Absurditätsannahme verweist wiederum auf neue Fragen. Insb. die Instrumentalisierung von Kriminalität zum Erhalt und Ausbau von (politischer, staatlicher) Macht gerät in den Blick. Johnathan Simon (2007) spricht von „Governing through Crime"; entspr.e Politiken produzierten einen Herrschaftssicherungsmehrwert. Interaktionistisch sowie materialistisch inspirierte Forschungen verwiesen zudem auf die soziale Selektivität s.r K. Obwohl Sachverhalte, die als Devianz/Kriminalität etikettiert würden, ubiquitär seien, erfolgten Reaktionen (u.a. Anzeige, Anklage, Urteil) bzw. deren Abbruch selektiv. Weil Kontextmerkmale wie Lebensführung, Ethnizität, Klassenzugehörigkeit oder Geschlecht zuschreibungsrelevant seien, reproduziere s. K. so ↑soziale Ungleichheit und legitimiere diese.

### Literatur

H. S. Becker: Außenseiter. Zur Soziologie abweichenden Verhaltens, 2014 • J. Simon: Governing Through Crime. How the War on Crime formed American Democracy and Created a Culture of Fear, 2007 • H. Peters: Soziale Probleme und Soziale Kontrolle, 2002 • É. Durkheim: Über soziale Arbeitsteilung, 1988 • K. F. Schumann/C. Berlitz/H. W. Guth/R. Kaulitzky: Jugendkriminalität und die Grenzen der Generalprävention, 1987 • A. L. Clark/J. P. Gibbs: Soziale Kontrolle: Eine Neuformulierung, in: K. Lüderssen/F. Sack (Hg.): Seminar: Abweichendes Verhalten I. Die selektiven Normen der Gesellschaft, 1982, 153–185 • H. Popitz: Über die Präventivwirkung des Nichtwissens. Dunkelziffer, Norm und Strafe, 1968 • E. M. Lemert: Human Deviance: Social Problems and Social Control, 1967 • E. A. Ross: Social Control: A Survey of the Foundations of Order, 1901.

JAN WEHRHEIM

## Soziale Marktwirtschaft

### 1. Definition und Grundgedanken

Die ↑Wirtschafts- und Sozialordnung, die nach dem Zweiten Weltkrieg in Westdeutschland etabliert wurde, wird üblicherweise als S. M. bezeichnet. Als ihre „Geburtsstunde" kann der 20.6.1948 gelten, der Tag der Währungsreform in den drei westlichen Besatzungszonen. Wenige Tage später wurden mit dem „Gesetz über Leitsätze für die Bewirtschaftung und Preispolitik nach der Geldreform" („Leitsätzegesetz") in der Trizone zudem viele Preise freigeben. Die effektive Verringerung der Geldmenge und die Wiedereinsetzung des Preismechanismus führten zum Aufbau marktwirtschaftlicher Strukturen und Prozesse, die die schnelle Erholung der westdeutschen Wirtschaft ermöglichten und Spielräume für die ↑soziale Sicherheit eröffneten. Der Begriff S. M. wurde wohl von Alfred Müller-Armack geprägt, zumindest verwendet er ihn erstmals in einer Publikation, in der im Dezember 1946 abgeschlossenen Schrift „Wirtschaftslenkung und Marktwirtschaft" (Müller-Armack 1947).

S. M. lässt sich als eine regelgeleitete ↑Wirtschaftspolitik charakterisieren, die mittels einer rechtlichen Rahmenordnung sicherstellt, dass der ↑Wettbewerb auf Märkten zu gesellschaftlich wünschenswerten Ergebnissen führt. Der Maßstab für die Güte der wirtschaftlichen Ordnung im Rahmen einer S.n M. ist nicht allein die wirtschaftliche Effizienz, sondern primär das Wohlergehen der Menschen, die in ihr leben. Der ↑Staat garantiert die Rahmenordnung (Wirtschaftsverfassung), um echten und entmachtenden Leistungswettbewerb hervorzubringen. Es ist aber nicht seine Aufgabe, selbst aktiv in den Wettbewerb einzugreifen.

Dieses Verständnis von S.r M. als geordneter, nicht aber gelenkter Marktwirtschaft ähnelt im Grundgedanken einem Fußballspiel: Wie dort wird den wirtschaftlichen Akteuren, die sich im Wettbewerb messen, ein verbindlicher Ordnungsrahmen (Spielregeln) vorgegeben. Innerhalb dieser Spielregeln können sich Produzenten und Konsumenten (Spieler) frei bewegen und solche wirtschaftlichen Aktivitäten (Spielzüge) suchen, die in ihrem ↑Interesse sind. Die Rahmenbedingungen (Spielregeln) sind so zu gestalten, dass ein fairer Wettbewerb (Spiel) zu erwarten ist. Die Aufgabe des Staates bzw. der ↑Politik (i.S. eines Schiedsrichters) ist es, für den regelgerechten Ablauf zu sorgen.

Man mag einwenden, dass die real existierende S. M. vom beschriebenen Ideal weit entfernt ist. Das ist in vielerlei Hinsicht sicherlich richtig, und viele wirtschaftspolitische Entscheidungen entsprechen nicht dem skizzierten Grundanliegen eines dem Menschen dienlichen und geordneten Wettbewerbs. Insb. der Einfluss einzelner ↑Interessengruppen und Partikularinteressen widersprechen der Vorstellung einer machtfreien und allein auf fairem Wettbewerb beruhenden Ordnung der Wirtschaft. Dennoch kann ein solches Ideal als Maßstab dafür dienen, ob bestimmte wirtschafts- wie sozialpolitische Reformvorhaben dem grundsätzlichen Anliegen der S.n M. entsprechen. Festzuhalten bleibt, dass Markt und Wettbewerb gestaltet werden müssen, wenn sie den Zielen der ↑Gesellschaft dienlich sein sollen. In diesem Sinne ist „Wettbewerb als Aufgabe" (Miksch 1937) zu verstehen.

### 2. Das soziale Anliegen

Das soziale Anliegen der S.n M. lässt sich in dreifacher Hinsicht charakterisieren. Erstens und grundlegend ist es erklärtes Ziel, die wirtschaftlichen Vorteile von Markt und Wettbewerb mit den Forderungen eines sozialen Ausgleichs zu verbinden. Anspruch dieses Konzepts ist, Lösungswege dafür aufzuzeigen, „wie die divergierenden Zielsetzungen sozialer Sicherheit und wirtschaftlicher Freiheit zu einem neuartigen Ausgleich gebracht werden können" (Müller-Armack 1976: 236). Zweitens verweist das Attribut „sozial" auf einen gesellschaftlichen Anspruch. Die Wegbereiter der S.n M. zielten auf eine umfassende Gestaltung der Gesellschaft. Angestrebt ist eine solche Ordnung des Gemeinwesens, in der allen jenseits von Klassenschranken gleiche Chancen zukommen. In diesem Sinne steht hinter Ludwig Erhards „Wohlstand für alle" (Erhard 1957) ein verteilungspolitisches Projekt, das jeder und jedem die Möglichkeit eröffnen soll, an den wirtschaftlichen und gesellschaftlichen Errungenschaften der ↑Moderne teilzuhaben. Drittens lässt sich das soziale Anliegen der S.n M. als ein genuin ethisches bzw. normatives verstehen. Das gesellschaftliche Ziel ist eine menschenwürdige

Ordnung, Markt und Wettbewerb sind ein notwendiges Mittel dazu.

### 3. Theoriegeschichtlicher Hintergrund

Üblicherweise wird auf den Ordoliberalismus (↑Ordnungsökonomik, ↑Ordnungspolitik) verwiesen, wenn es um die wirtschaftstheoretischen Hintergründe geht. Im Blick auf die Gestaltungswirkung der ordoliberalen Ideen und ihrer Vordenker wie Walter Eucken, Franz Böhm, Wilhelm Röpke und Alexander Rüstow trifft dies sicherlich zu. Sie wirkten unmittelbar – insb. durch die engen Verbindungen zu L. Erhard, z. B. im *Wissenschaftlichen Beirat beim Bundesministerium für Wirtschaft* – als auch mittelbar – durch ihre Präsenz in den wissenschaftlichen und öffentlichen Diskursen jener Jahre – auf die Ausgestaltung der S.n M. Dennoch sollte man ihre Ursprünge theoriegeschichtlich früher verordnen. Für die Entwicklung des Ordoliberalismus und für die S. M. zugl. ist die Verbindung zur Historischen Schule (↑Historismus in der Wirtschaftswissenschaft) ganz wesentlich. Gleichwohl die Überlegungen dieser Schule keineswegs einen einheitlichen wissenschaftlichen Kanon bilden, einte ihre Vertreter doch die Überzeugung, dass die Ansichten der ↑klassischen Nationalökonomie im Gefolge von Adam Smith und David Ricardo ergänzt werden sollten. Eine Politische Ökonomie habe nicht vordringlich nach allg.en Wirtschaftsgesetzen zu suchen, sondern es gelte vielmehr, die jeweiligen historischen Besonderheiten einzelner Länder im Zeitablauf aufzudecken und zu berücksichtigen. Ziel der historischen Beschreibung ist die konkrete, praktische Umsetzung in wirtschafts- und sozialpolitische Maßnahmen. Insb. Gustav Schmoller, Haupt der sog.en jüngeren Historische Schule, betonte die Notwendigkeit, die Prozesse der Industrialisierung (↑Industrialisierung, Industrielle Revolution) durch eine staatliche Sozialreform abzufedern und den „Wirtschaftsstil" eines Landes zu gestalten.

Diese gesamtgesellschaftliche Sicht auf ökonomische Zusammenhänge spiegelt sich in der Vorstellung wider, dass die S. M. ein „progressiver Stilgedanke" (Müller-Armack 1976: 12) sei. Ebenso stimmen beide Richtungen darüber überein, dass es nicht die Verwirklichung wirtschaftlicher Effizienz, sondern die Ermöglichung von ↑Gerechtigkeit ist, auf die ↑Wissenschaft und Politik letztlich zielen sollten. Gemeinsam ist beiden Ansätzen zudem die Überzeugung, dass die Wirtschaft nicht dem Prinzip des *Laissez-faire* überlassen werden kann, sondern es einer staatlichen Lenkung bzw. im Sinne der S.n M. einer Wirtschaftsverfassung bedarf. Es ist gerechtfertigt, die Vordenker der S.n M. auch personell (nicht zuletzt aufgrund der entspr.en akademischen Karrierewege) als „jüngste Historische Schule" (Schefold 1995) anzusehen. Lange wurde dabei in der Forschung missverstanden, dass die bewusste und teils strategische Abgrenzung der Ordoliberalen von den Ansichten der Historischen Schule keinen derart radikalen Bruch mit diesen Ideen bedeutet, wie manche Selbstzuschreibungen aus jener Zeit es vermuten lassen.

Ihren spezifischen Charakter konnte die S. M. als innovative und in der Praxis erfolgreiche Wirtschafts- und Sozialordnung aber erst dadurch entfalten, dass sie die oben beschriebenen Positionen der Historischen Schule zwar beibehielt, aber sie zugl. um die wirtschaftstheoretischen Überlegungen der Neoklassik und das Programm einer eigenständigen Ordnungspolitik ergänzte. Die Betonung eines „starken Staates" (A. Rüstow [1963], W. Eucken [1932]) als Regelsetzer ist die *differentia specifica* des Ordoliberalismus. Die wirtschaftliche Ordnung ist dabei aber nicht unabhängig von den anderen Teilordnungen der Gesellschaft. Es besteht vielmehr, erneut ganz i. S. d. Historischen Schule, eine „Interdependenz der Ordnungen" (Eucken 1948: 72). L. Erhard lernte wohl während des Krieges die Ideen des Ordoliberalismus kennen, zunächst vermittelt v. a. durch die Schriften von W. Röpke. In seiner akademischen Ausbildung wurde er insb. von seinem Doktorvater, dem Frankfurter Soziologen Franz Oppenheimer, und dessen „liberalen Sozialismus" geprägt. L. Erhard bekannte später, dass er „Adjektiv und Substantiv verlagert" habe und einen „Sozialen Liberalismus" vertrete (Erhard 1988: 861).

### 4. Historische Entwicklungslinien

Genauso wie der Ordoliberalismus wissenschaftshistorisch nicht als monolithischer Block verstanden werden kann, sondern eingebettet werden muss in die Geschichte des ökonomischen Denkens und die in den 1930er Jahren beginnende Debatte um den ↑Neoliberalismus, sind auch die geschichtlichen Ausgangspunkte der S.n M. – insb. hinsichtlich ihrer sozialpolitischen Inhalte – zeitlich vor der eigentlichen Etablierung dieser Wirtschafts- und Sozialordnung in der ↑Bundesrepublik Deutschland zu verorten. Mit der Einführung der drei ersten Säulen der ↑Sozialversicherung – ↑Krankenversicherung 1883, ↑Unfallversicherung 1884 und Invaliditäts- und ↑Rentenversicherung 1889 – unter Otto von Bismarck wurden grundlegende sozialpolitische Weichenstellungen gesetzt. Während der Weimarer Republik wurden diese Grundlagen i. S. einer sozialstaatlichen und demokratischen Politik weiter ausgebaut, u. a. durch die Durchsetzung des Achtstundentags 1918 und die Einführung einer ↑Arbeitslosenversicherung 1927. Trotz mancher Widersprüchlichkeiten, Rückschläge und v. a. der Diskrepanz zwischen sozialpolitischen Ansprüchen und ökonomischen Möglichkeiten festigte sich während der Weimarer Republik ein flächendeckend ausgebauter ↑Sozialstaat und Verwaltungsapparat (↑Verwaltung), der bis heute in seiner Grundstruktur und Grundausrichtung in der S.n M. wirksam ist. Zugl. war die Weimarer Zeit von steter Krisenhaftigkeit geprägt, wie sie sich wirtschaftlich in der Hyperinflation von 1923 und ab 1929 in der ↑Weltwirtschaftskrise und massiver Unterbeschäftigung widerspiegelte. Auch findet sich ab 1919 zunehmende Konzentration und Kartellierung in der deutschen Industrie. Angesichts der wachsenden wirtschaftlichen und politischen Verwerfungen und der „Massenprobleme in der Massendemokratie“ (Müller 2015: 153) wuchs unter liberalen Denkern die Einsicht, dass neue Organisationsformen im Verhältnis von ↑Wirtschaft und Staat unabdingbar seien, die bei den Ordoliberalen zu dem beschriebenen Denken in Ordnungen führte.

In den Jahren ab 1933 etablierte sich das Forschungsprogramm des Ordoliberalismus insb. unter der intellektuellen Führung von W. Eucken an der Universität Freiburg. Ihr theoretisches Fundament fand die Freiburger Schule in dessen 1940 erstmals veröffentlichten „Grundlagen der Nationalökonomie“ (Eucken 1940). Forciert auch durch den Widerstand gegen das nationalsozialistische Regime, entwickelte sich das ordnungspolitische Programm immer mehr auch zu einem ordnungsethischen. Die Bedeutung des religiösen und ethischen Fundaments wird sehr deutlich in einer Denkschrift, die im Umfeld der sog.en *Freiburger Kreise*, drei Widerstandszirkeln (↑Widerstand) von Professoren und Pfarrern gegen die nationalsozialistische Diktatur, entstand. Diese enthielt mehrere Anhänge, u. a. einen zur Wirtschafts- und Sozialordnung, der von W. Eucken und seinen beiden Kollegen Constantin von Dietze und Adolf Lampe ausgearbeitet wurde. Inhaltlich bietet diese Schrift vieles von dem, was später charakteristisch für die S. M. werden sollte.

Die vergleichsweise schnelle wirtschaftliche Erholung nach dem Krieg wird häufig als „Wirtschaftswunder“ bezeichnet, eine Bezeichnung, die L. Erhard selbst ablehnte. Seit Mitte der 1980er Jahre wurde in Frage gestellt, ob die Wirtschaftspolitik der S.n M. tatsächlich ursächlich für diese Entwicklung war. So postulierte Werner Abelshauser 1983) ihre Etablierung als unwesentlich für die wirtschaftliche Entwicklung („Irrelevanz-These“). Die wirtschaftliche Erholung in den Westzonen sei zum Zeitpunkt der Währungsreform und beim Eintreffen der Marshallplan-Lieferungen bereits im vollen Gange gewesen. Mittlerweile geht man davon aus, dass zwar Prozesse der aufholenden Entwicklung gegenüber weniger vom Krieg belasteten Volkswirtschaften *(Catching-up)* und Rekonstruktionsprozesse mit überdurchschnittlichen Wachstumsraten entlang eines langfristigen Entwicklungspfades einen Gutteil der wirtschaftlichen Erholung erklären können, aber doch rund 40 % des Wachstums nach dem Krieg auf ordnungspolitische Voraussetzungen (Etablierung einer funktionsfähigen Marktwirtschaft mit stabilen makroökonomischen Rahmenbedingungen) zurückzuführen sind.

Die zunächst recht kritische Haltung in der Bevölkerung gegenüber der S.n M. – wie sie sich sinnbildlich im Generalstreik vom 12.11.1948 zeigte – wich im Laufe der Jahre, begleitet auch durch publizistische Anstrengungen und kontinuierliche öffentliche Vertrauenswerbung, z. B. durch den 1952 gegründeten Verein *DIE WAAGE* oder die 1953 etablierte *Aktionsgemeinschaft Soziale Marktwirtschaft*. Auch wenn sich die S. M. auf diese Weise im Laufe der Jahre zum „Markenkern“ der jungen Bundesrepublik entwickelte, war und ist ihr Konzept Wandlungen unterworfen.

Eine erste Station war hierbei der Versuch von Karl Schiller, Bundeswirtschaftsminister von 1966 bis 1972, eine „Synthese von Freiburger Imperativ und Keynesianischer Botschaft“ (Schlecht 1968: 4) zu schaffen. In der Verbindung von wettbewerbsorientierter Ordnungspolitik und Konjunktursteuerung (Prozesspolitik) zielte K. Schiller auf eine „Globalsteuerung“ der Wirtschaft. Festgeschrieben finden sich diese Ideen im 1967 in Kraft getretenen StabG und den dort benannten Zielen von Stabilität des Preisniveaus, hohem Beschäftigungsstand, außenwirtschaftlichem Gleichgewicht und stetigem wie angemessenem ↑Wirtschaftswachstum („magisches Viereck“). Inwiefern K. Schillers Konzept den Grundideen der S.n M. noch verbunden war, wird kontrovers diskutiert.

Mit dem Ende der sozialliberalen Koalition 1982 veränderte sich erneut die wirtschaftspolitische Ausrichtung der S.n M. An die Stelle eher nachfrage- und prozessorientierter Ansätze setzte die Koalition aus ↑CDU und ↑FDP unter Bundeskanzler Helmut Kohl stärker auf angebotsseitige Impulse. Eine wichtige Rolle spielte dabei das „Konzept für eine Politik zur Überwindung der Wachstumsschwäche und zur Bekämpfung der Arbeitslosigkeit“, das Otto Graf Lambsdorff im September 1982 vorlegte („Lambsdorff-Papier“) und ein wesentlicher Grund für den Bruch der Koalition unter Bundeskanzler Helmut Schmidt war. Das im Bundeswirtschaftsministerium erarbeitete Papier, das im Wesentlichen wohl von dem langjährigen Staatssekretär Otto Schlecht und dem damaligen Leiter der Abteilung Wirtschaftspolitik und späteren Bundesbankpräsidenten Hans Tietmeyer verfasst wurde, zielte auf die Konsolidierung des ↑Staatshaushalts, die Schaffung von Anreizen zu arbeitsplatzfördernden ↑Investitionen, die Eindämmung der stark steigenden Sozialstaatskosten sowie eine ↑Deregulierung im Inneren und nach außen. Es wäre aber verfehlt, von einer „neoliberalen Wende“ (wie unter Margaret Thatcher in Großbritannien oder Ronald Reagan in den USA) zu sprechen. Insgesamt erscheint die Wirtschaftspolitik bis 1989 eher als ein *muddling through*, die mit steigenden Arbeitslosenzahlen und fehlender finanzieller Sanierung der sozialen Sicherungssysteme zu kämpfen hatte.

Die deutsche Wiedervereinigung stellte die S. M. vor erhebliche Herausforderungen (↑Deutsche Einheit). Insb. die Politik der schnellen Lohnangleichung von Staat und ↑Gewerkschaften sowie die mangelnde Klärung von Eigentumsrechten machten den Einigungsprozess auch wirtschaftlich zu einer Belastungsprobe. Die Übernahme der westdeutschen Regelungen und Institutionen in der Sozialpolitik führte zwar einerseits zum raschen Aufbau einer funktionieren Sozialverwaltung auf dem Gebiet der ehemaligen ↑DDR, andererseits verzögerte sie notwendige Reformprozesse im Bereich der Sicherungssysteme. Aufgrund der zunehmenden Finanzierungsschwierigkeiten, aber auch unter Verweis auf den demographischen Wandel, wurde in den 1990er Jahren ein schrittweiser Umbau der sozialen Sicherung vollzogen, der zur Einführung der ↑Pflegeversicherung 1995 führte und in der ↑Öffentlichkeit insb. mit den Begriffen der „Hartz-Reformen" und der „Agenda 2010" verbunden wird. Es wäre aber falsch, die seitdem durchgeführten ↑Reformen lediglich als Sozialabbau zu verstehen.

Die geschichtlichen Wandlungen der S.n M. werden von nicht wenigen als Schwäche des Systems angesehen und stattdessen eine Rückorientierung an das urspr.e Konzept angemahnt. Der Ruf nach Prinzipientreue, wie sie gerne mit der deutschen Ordnungspolitik in Verbindung gebracht wird, ist genauso verfehlt wie die Vorstellung, S. M. sei eben alles das, was die Politik macht. Immer wieder neu und behutsam zu justieren, wie freiheitliche Wirtschaft und Gesellschaft gestaltet werden und wie Prinzipien im Lichte wechselnder Bedingungslagen gedeutet werden können – hierin liegt die Stärke einer realitätsnahen S.n M. Sie war nie ein in sich fertiges und abgeschlossenes Konzept, sondern bedarf fortlaufender Veränderungs- und Anpassungsprozesse. Die aktuellen globalen Herausforderungen von ↑Digitalisierung, ↑Klimawandel, ↑Handel, Alterung, aber auch konkrete, nicht erwartbare Bedrohungen wie die COVID-19-Pandemie, machen Weiterentwicklung und Umgestaltung ohnehin unabdingbar.

### 5. Soziale Marktwirtschaft als Friedensformel

Eine freiheitliche und ↑Freiheit ermöglichende Gesellschaft im Sinne der S.n M., die vom Einzelnen her gedacht und verstanden werden muss, sollte daran gemessen werden, inwiefern es ihr gelingt, allen Mitgliedern die Chance zu geben, soweit wie möglich aus eigenen Kräften ein dem Standard der Gesellschaft angemessenes Leben zu führen. Ein gutes Leben bedeutet aber auch, dass die Gesellschaft den Raum für ein gelingendes Miteinander bieten muss. Dies erfordert eine Gesellschaft, in der sich unterschiedliche Vorstellungen mit Respekt begegnen und in der der politische ↑Kompromiss der Normalfall ist. Dies zu ermöglichen ist auch ein Versprechen der S.n M. A. Müller-Armack sprach in diesem Zusammenhang von „soziale[r] Irenik" (Müller-Armack 1981). Abgeleitet vom griechischen Begriff *eirene* (↑Frieden) meint er damit nicht nur die Versöhnung von wirtschaftlicher Effizienz und gesellschaftlichem Wollen, sondern zugl. die Versöhnung unterschiedlicher Vorstellungen: „So kann unsere Hoffnung auf eine mögliche Einheit nur die Irenik sein, einer Versöhnung, die das Faktum der Gespaltenheit als gegeben nimmt, aber ihm gegenüber die Bemühung um eine gemeinsame Einheit nicht preisgibt" (Müller-Armack 1981: 563). Die Ziele von Gerechtigkeit und ↑Solidarität, denen sich die S. M. von Anfang an verschrieben hat, sind heute nur in dem Maße zu realisieren, in dem es tatsächlich gelingt, gesellschaftliche ↑Institutionen so zu gestalten, dass soziale ↑Anerkennung in Form von ↑Partizipation an den wesentlichen politischen, wirtschaftlichen und kulturellen Lebensvollzügen der Gesellschaft vermittelt wird. Der ordnungsethische Zielsatz der S.n M. lautet deshalb heutzutage nicht mehr nur: „Wohlstand für alle", sondern auch: „Anerkennung für alle". Vor diesem Hintergrund ordnungsethischer Interpretation lassen sich zahlreiche Brücken auch zur ↑Katholischen Soziallehre schlagen, wie – bspw. bei der ↑Subsidiarität – von den Vordenkern der S.n M. selbst gesehen wurde, wie es sich in bes.r Weise in der Enzyklika „Centesimus annus" gezeigt hat, sich aber auch bis hin zum jüngsten Lehrschreiben „Fratelli tutti" finden lässt.

### 6. Europäischer und internationaler Diskurs

A. Müller-Armack, von 1958 bis 1963 Staatssekretär für Europäische Angelegenheiten im Bundeswirtschaftsministerium, hat die S. M. schon früh als ein Projekt verstanden, dass „sich nicht nur in Deutschland, sondern auch in der übrigen Welt – wenn schon nicht immer unter der gleichen Chiffre, so doch der Sache nach – aufnötigt" (Müller-Armack 1976: 12). Spätestens mit dem 2007 unterzeichneten Vertrag von Lissabon ist dieses Projekt in Europa angekommen. So heißt es in Art. 3 Abs. 3: „Die Union errichtet einen Binnenmarkt. Sie wirkt auf die nachhaltige Entwicklung Europas auf der Grundlage eines ausgewogenen Wirtschaftswachstums und von Preisstabilität, eine in hohem Maße wettbewerbsfähige soziale Marktwirtschaft, die auf Vollbeschäftigung und sozialen Fortschritt abzielt, sowie ein hohes Maß an Umweltschutz und Verbesserung der Umweltqualität hin". Zentrale Elemente einer ordoliberalen Wirtschafts- und Sozialordnung sind heute weitgehend „europäisiert" worden. Unverfälschter Wettbewerb, Reduzierung staatlicher Beihilfen und v.a. die Verwirklichung der vier ↑Grundfreiheiten offener Märkte (freier Verkehr von Personen, Waren, Dienstleistungen und Kapital) blieben nicht nur Absichtserklärungen der Römischen Verträge (1957). Hieraus sind seit der EEA, die 1987 in Kraft trat, europäische Rechtsgrundsätze geworden, die von ↑Europäischer Kommission und ↑EuGH in vielen Fällen ordnungspolitisch konsequenter durchgesetzt wurden, als sie es wohl selbst in Deutschland je hätten werden können, selbst wenn wir auf europäischer Ebene auch Elemente finden, die deutlich mehr auf Marktregulierung und -steuerung setzen. Auch das EU-Budget widmet mit Agrarpolitik (↑Europäische Agrarpolitik), Regional- und Strukturfonds den überwiegenden Teil distributiven und eher planwirtschaftlichen Zwecken. Die europäische Wirtschaftsordnung war und ist also aus ordnungspolitischer Sicht eher ambivalent zu beurteilen.

In jüngster Vergangenheit war die S. M. – und bes.

der ihr zu Grunde liegende Ordoliberalismus – in der internationalen Debatte um die Rolle Deutschlands in der europäischen Schuldenkrise ein zentrales Thema. Angestoßen wurde die Diskussion u. a. von Markus Brunnermeier, Harold James und Jean-Pierre Landau, welche einen nahezu unüberbrückbaren kulturellen Graben zwischen nord- und südeuropäischen Staaten postulieren, der nicht zuletzt während der europäischen Schuldenkrise und deren Nachspiel offensichtlich geworden sei. Unbedingtes Pochen auf die Einhaltung der Regeln wird von den Autoren auf die „typische deutsche“ Spielart des ↑Liberalismus zurückgeführt. Im Kontrast zu anderen wirtschaftspolitischen Traditionen, bei denen eine diskretionäre Politik vergleichsweise unproblematisch sei (so z. B. in Frankreich), drohe das Insistieren auf „Austerität“ (↑Austeritätspolitik) zum Spaltkeil für die ↑EU zu werden.

Diese Thesen sind zu diskutieren. Auf jeden Fall haben sie eine fruchtbare Debatte über die deutsche Tradition der Ordnungsökonomik und der S.n M. eröffnet. Oliver Landmann und Michael Burda argumentieren bspw., dass die deutsche Position während der ↑Eurokrise nicht vordringlich von wirtschaftstheoretischen Einsichten bedingt worden sei, sondern vielmehr durch „harte“, realpolitische Interessen erklärt werden kann, v. a. durch das Engagement deutscher Banken in griechischen Schuldtiteln. Auch wird herausgestellt, dass regelbasierte Ansätze in der Wirtschaftspolitik nicht allein im Ordoliberalismus vorkommen, sondern in unterschiedlichen Denkschulen eine lange Tradition haben.

Unabhängig davon, wie genau man die Bedeutung der deutschen Ordnungspolitik für die europäische Haltung in der ↑Staatsschuldenkrise beurteilt, hat die Diskussion dazu geführt, dass dieser Denktradition und der S.n M. auch international wieder mehr Aufmerksamkeit geschenkt wird. Zugl. rückten grundlegende institutionenökonomische Fragestellungen (↑Institutionenökonomik) erneut in den Vordergrund, v. a. die Rolle unterschiedlicher Regelhierarchien und die Bedeutung informeller, kulturell geprägter und erlernter Institutionen. Auch dies ist im Denken der S.n M. verankert. So sprach bereits A. Müller-Armack von der Notwendigkeit zur „Entdeckung geistiger Landschaften“ (Müller-Armack 1981: 537). Es ist eine weitere Stärke im Konzept der S.n M., dass sie ausdrücklich den Kontext berücksichtigt, in dem wirtschaftliche Aktivität stattfindet.

### 7. Zusammenfassung

In zehn Punkten lassen sich die vorgestellten Überlegungen zusammenfassen:

*1)* S. M. heißt: Wirtschaft für den Menschen. Die Wirtschaft dient ihnen, nicht umgekehrt.

*2)* Das nachhaltige Wohl der Menschen ist das Ziel, der Wettbewerb dazu das Mittel. S. M. bedeutet kein *Laissez-faire*, sondern entmachtenden und fairen Wettbewerb.

*3)* Gute Regeln für den ↑Markt fördern das Wohl der Menschen, nicht Eingriffe in den Markt.

*4)* Märkte halten sich von selbst weder offen noch im Gleichgewicht. Es braucht einen starken, durchsetzungsfähigen Staat, der Marktzugang und ökonomische Mitwirkung regelt.

*5)* S. M. bedarf echten Leistungswettbewerbs. Dort sind diejenigen erfolgreich, die ihr Wissen und ihre Fähigkeiten bestmöglich einsetzen.

*6)* Niemand kann die ↑Bedürfnisse und den Bedarf von morgen genau vorhersagen. Darum muss sich die Wirtschaft immer wieder neu erfinden. Ohne unternehmerische Freiheit und persönliche Initiative geht das nicht.

*7)* Wirtschaft und Gesellschaft brauchen einander. Der Wettbewerb darf seine eigenen kulturellen, sozialen und ökologischen Voraussetzungen nicht untergraben.

*8)* Wer von Menschen Eigenverantwortung fordert, muss auch die Voraussetzungen dafür schaffen. Es gibt keine S. M. ohne eine kluge ↑Sozialpolitik.

*9)* Eine gesunde Ökonomie braucht das Zusammenspiel von ↑Zivilgesellschaft und Politik. Demokraten, nicht Technokraten schaffen das ordnungspolitische Fundament der Wirtschaft.

*10)* Die Herausforderungen der Gegenwart – Klimawandel, Digitalisierung, Welthandel, Alterung, ↑Migration etc. – verlangen neue Lösungen. Um sie zu finden, braucht es den öffentlichen ↑Dialog der Bürger.

### Literatur

N. Goldschmidt/A. Küppers: Franziskus als Fürsprecher der Sozialen Marktwirtschaft, in: FAZ, 8.10.2020, 16 • M. Wohlgemuth: Ordoliberalism and the Future of European Integration, in: M. Dold/T. Krieger (Hg.): Ordoliberalism and European Economic Policy, 2020, 175–189 • S. Kolev/N. Goldschmidt/J. Zweynert: Neue Ordnungsökonomik, in: List Forum 44/4 (2019), 645–660 • M. Kutzner: Marktwirtschaft schreiben, 2019 • Aktionsgemeinschaft Soziale Marktwirtschaft: Was ist die Soziale Marktwirtschaft?, 2018 • G. Cremer: Deutschland ist gerechter als wir meinen, 2018 • S. Kolev/N. Goldschmidt: Neoliberalism as the Ideology of Depolitization?, in: ORDO 69 (2018), 518–522 • O. Landmann: Ordo, Makro und die Schuldenkrise, in: H. Hagemann/J. Kromphardt/M. Martenbauer (Hg.): Keynes, Geld und Finanzen, 2018, 87–107 • T. Beck/H. Klotz (Hg.): Ordoliberalism. A German Oddity, 2017 • M. Burda: Ordnungsökonomik or Teutonomik?, in: ebd., 53–61 • T. Biebricher/F. Vogelmann (Hg.): The Birth of Austerity, 2017 • J. Dörr/M. Störring: An Ordoliberal Catechism for all of Europe?, in: ORDO 68 (2017), 371–382 • J. Hien/C. Joerges (Hg.): Ordoliberalism, Law and the Rule of Economics, 2017 • K. I. Horn: Die Soziale Marktwirtschaft, ²2017 • S. Kolev: Neoliberale Staatsverständnisse im Vergleich, ²2017 • M. Brunnermeier/H. James/J. Landau: The Euro and the Battle of Ideas, 2016 • T. B. Müller: Die Geburt des Sozial-Liberalismus aus dem Geist der Verwaltung, in: A. Doering-Manteuffel/J. Leonhard (Hg.): Liberalismus im 20. Jahrhundert, 2015, 127–155 • H. Meier (Hg.): Die Freiburger Kreise, 2014 • N. Goldschmidt: Ethische Grundlagen der Sozialen Marktwirtschaft, in: M. S. Aßländer (Hg.): Hdb. Wirtschaftsethik, 2011, 76–82 • Ders./A. Lenger: Teilhabe und Befähigung als Schlüsselelemente einer modernen Ordnungsethik, in: zfwu 12/2 (2011), 295–313 • G. A. Ritter: Wir sind das Volk!, 2009 • N. Goldschmidt: Zur Einführung. Wirtschafts- und Sozialordnung (1943), in: ders./M. Wohlgemuth (Hg.): Grundtexte zur Freiburger Tradition der Ordnungsökonomik, 2008, 91–98 • Ders. (Hg.): Wirtschaft, Politik und Freiheit, 2005 • Ders.: Der Brückenschlag zum Markt, in: FAZ, 16.4.2005, 15 • H. Berger/A. Ritschl: Germany and the Political Economy of the Marshall Plan, 1947–52, in: B. Eichengreen (Hg.): Europe's Postwar Recovery, 1995, 199–245 • R. Klump: Produktivitätslücken, Konvergenzprozesse und die Rolle der Wirtschaftsordnung, in: ZfP 44/1 (1995), 29–44 • B. Schefold: Theoretische Ansätze für den Vergleich von Wirtschaftssystemen aus historischer Perspektive, in: ders. (Hg.): Wandlungsprozesse in den Wirtschaftssystemen Westeuropas, 1995, 9–40 • A. Riedl: Liberale Publizistik für Soziale Marktwirtschaft, 1992 • G. Sinn/H.-W. Sinn: Kaltstart, 1991 • L. Erhard: Franz Oppenheimer, dem Lehrer und Freund, in: ders. (Hg.): Gedanken aus fünf Jahrzehnten, 1988, 858–864 • W. Abelshauser: Wirtschaftsgeschichte der Bundesrepublik Deutschland 1945–1980, 1983 • A. Müller-Armack: Religion und Wirtschaft, [3]1981 • Ders.: Soziale Irenik, in: ebd., 559–578 • Ders.: Über die Macht des Glaubens in der Geschichte, in: ebd., 532–558 • Ders. (Hg.): Wirtschaftsordnung und Wirtschaftspolitik, [2]1976 • Ders.: Stil und Ordnung der Sozialen Marktwirtschaft, in: ebd., 231–242 • Ders.: Vorwort, in: ebd., 9–12 • O. Schlecht: Konzertierte Aktion als Instrument der Wirtschaftspolitik, 1968 • A. Rüstow: Die staatspolitischen Voraussetzungen des wirtschaftspolitischen Liberalismus, in: ders. (Hg.): Rede und Antwort, 1963, 249–258 • L. Erhard: Wohlstand für alle, 1957 • K. P. Hensel: Ordnungspolitische Betrachtungen zur katholischen Soziallehre, in: ORDO 2 (1949), 229–269 • W. Eucken: Das ordnungspolitische Problem, in: ORDO 1 (1948), 56–90 • A. Müller-Armack: Wirtschaftslenkung und Marktwirtschaft, 1947 • W. Eucken: Die Grundlagen der Nationalökonomie, 1940 • L. Miksch: Wettbewerb als Aufgabe, 1937 • W. Eucken: Staatliche Strukturwandlungen und die Krisis des Kapitalismus, in: Weltwirtschaftliches Archiv 36 (1932), 297–321.

NILS GOLDSCHMIDT

## Soziale Mobilität

### 1. Definitionen

*Mobilität* nennt man Positionswechsel von Menschen innerhalb räumlicher oder sozialer Strukturen. *S. M.* werden Positionswechsel in sozialen Gefügen (z. B. in beruflichen Strukturen) genannt.

S. M. lässt sich nur vor dem Hintergrund eines Bezugssystems verstehen und erfassen, das die zugrundeliegenden Strukturen abbildet (z. B. Berufsgruppen, soziale Schichten, Einkommensklassen). Art und Ausmaß der ermittelten Mobilität hängen von Art und Differenzierungsgrad der jeweils verwendeten Bezugskategorien ab.

S. M. kann *horizontale* oder *vertikale Mobilität* sein. Wer horizontal mobil ist, verändert die Art, nicht aber den Rang seiner sozialen Position. Es kann sich hierbei u. a. um den Wechsel von Arbeitsplätzen, Berufen, Betrieben, Unternehmen, Branchen, Wirtschaftssektoren, aber auch um die Veränderung von Religion, Konfession, Staatsangehörigkeit, Nationalität, sozialem Milieu, Lebensstil, Lebensform (Familie, Single etc.) handeln.

Wer vertikal mobil ist, verändert den Rang seiner sozialen Position und steigt auf oder ab. Das ist u. a. möglich im Hinblick auf den Erwerbsstatus (vollzeiterwerbstätig, teilzeiterwerbstätig, prekäre Erwerbstätigkeit, erwerbslos), den formalen Bildungsgrad, den Berufs(prestige)status, das ↑Einkommen, die Klasse oder Schicht.

Man unterscheidet u. a. *intergenerationale Mobilität* (Auf- und Abstiege im Vergleich zur Stellung der Eltern) und *intragenerationelle Mobilität* (Auf- und Abstiege im Verlauf der eigenen Karriere) sowie *individuelle Mobilität* (ein begabtes Arbeiterkind wird Lehrer) und *strukturelle Mobilität* (die Lehrerschaft wird akademisch gebildet und steigt auf).

Die dargestellten Mobilitätsarten schließen sich nicht aus: So ist mit einer Berufsveränderung häufig ein Auf- oder Abstieg verknüpft.

### 2. Historischer Rückblick

Häufig besteht die Auffassung, dass *traditionale Gesellschaften* sozial immobil (gewesen) seien. Erst mit der politischen und gesellschaftlichen ↑*Modernisierung* (Deutschlands im Laufe des 19. Jh.) hätte die S. M. dramatisch zugenommen. Diese Meinung ist hauptsächlich dem Selbstverständnis moderner Gesellschaften geschuldet. Historisch trifft sie nur teilweise zu.

Trotz Stände- und Zunftschranken war nicht nur die räumliche, sondern auch die S. M. in *mittelalterlichen* Gesellschaften häufiger als heute weithin vermutet: Bauern stiegen in den ↑Stand unfreier Bauern ab, Händler und Finanziers, Soldaten oder fürstliche Beamten gelangten in den Adelsstand.

Im *17. und 18. Jh.* wurde S. M. infolge der Maßnahmen *absolutistischer Fürsten* systematisch herbeigeführt: So erhielten „Freimeister" Privilegien zur Gründung von „Verlagen" (organisierte Heimarbeit) und Manufakturen; Adelstitel wurden z. T. käuflich.

Im *19. Jh.* machten Industrialisierung (↑Industrialisierung, Industrielle Revolution), Gewerbefreiheit und das Ende der Leibeigenschaft S. M. zum Massenphänomen: So wurden Landarbeiter, Handwerker, Fuhrleute, Kleinhändler, die der industriellen Konkurrenz unterlagen, zu Fabrikarbeitern. Manche Handwerker stiegen zu Fabrikherren auf. Mobilität war in jeder Hinsicht zum Anspruch einer modernen Gesellschaft geworden.

### 3. Neuere empirische Befunde

Unter den Prozessen *horizontaler Mobilität* wurden v. a. Wechsel der Erwerbsarbeit untersucht. Häufig wird unterstellt, die ↑Deregulierung und Flexibilisierung der ↑Arbeitsmärkte habe die Erwerbs- und Berufsverläufe weniger beständig gemacht. Die Daten zeigen jedoch, dass die Beschäftigungsstabilität insgesamt kaum abgenommen hat, obwohl viele Erwerbsbiografien jüngerer Arbeitender durch ↑Arbeitslosigkeit und Zeitverträge in den letzten Jahrzehnten unsteter geworden sind.

Prozesse *vertikaler Mobilität* werden regelmäßig erforscht, bes. oft Auf- und Abstiege zwischen beruflichen *Schichten* oder *Klassen*, die *Einkommensmobilität* sowie die Wechsel zwischen *Arbeitslosigkeit* und *Erwerbstätigkeit*.

Das strukturell bedingte Ausmaß von Auf- und Abstiegen in bestimmten Gruppen der Gesellschaft wurde in den vergangenen Jahrzehnten durch den ↑sozialen Wandel hin zur Dienstleistungsgesellschaft geprägt. Viele Arbeitsplätze für höher Qualifizierte entstanden neu. Geringer qualifizierte Arbeitsplätze gingen massenhaft verloren. Diese Prozesse äußerten sich in struktureller inter- und intragenerationaler Mobilität, bes. in Ostdeutschland seit 1990. Zwischen 1976 und 2008 sind im Vergleich zur Klassenposition der Väter durchgehend gut die Hälfte der ost- und westdeutschen Frauen und knapp die Hälfte der Männer auf- oder abgestiegen.

Bereinigt von Strukturveränderungen geben individuelle Auf- und Abstiege in andere Berufsklassen den Grad der Chancen(un)gleichheit wieder. Für westdeutsche Männer nimmt der Einfluss der sozialen *Herkunft* auf die eigene Berufsklassenzugehörigkeit seit den 1970er Jahren beständig ab, die Chancengleichheit (↑Chancengerechtigkeit, Chancengleichheit) steigt. Für westdeutsche Frauen gilt das jedoch in geringerem Ausmaß. Im Osten Deutschlands nimmt dagegen der Einfluss der sozialen Herkunft deutlich zu.

Dennoch sind im internationalen Vergleich die individuellen Aufstiegschancen der westdeutschen Männer und Frauen immer noch gering. Die bundesdeutsche Gesellschaft ist damit weniger offen als viele andere. Als Ursachen dafür gelten Bildungsungleichheiten nach der sozialen Herkunft und die eher starre berufliche Prägung von Ausbildung und Arbeitsmarkt. In Ostdeutschland zeigte sich seit den 1990er Jahren zunächst mehr individuelle Mobilität als in Westdeutschland. Zuletzt waren die relativen Aufstiegschancen in Ostdeutschland allerdings geringer als in Westdeutschland.

Die berufliche *Karrieremobilität* ist in Deutschland ähnlich eingeschränkt wie die intergenerationale Klassenmobilität: Berufliche Karrieren führen in Deutschland weniger weit als in den meisten anderen Ländern. Die Gründe hierfür liegen im hochdifferenzierten und -standardisierten deutschen Berufsausbildungswesen (↑Berufliche Bildung). Die meisten ↑Berufe haben klare formale Qualifikationsvoraussetzungen. Dadurch ist die Koppelung zwischen *Qualifikation* und beruflicher *Position* in Deutschland bes. eng. Einerseits sind dadurch die Berufstätigen gut qualifiziert, andererseits ist die Karrierestruktur wenig durchlässig, auch wenn sich die Abhängigkeit der Karriere vom Ausbildungsnachweis seit den 1970er Jahren etwas gelockert hat.

Weil Erwerbstätigkeit für die weitaus meisten Deutschen die wichtigste Einkommensquelle darstellt, ist Arbeitslosigkeit die häufigste Ursache für Einkommensabstieg und ↑Armut. Nach dem schubweisen Anstieg der Arbeitslosigkeit seit Mitte der 1970er Jahre sank die Zahl der Arbeitslosen seit 2005 deutlich. Arbeitslosigkeit ist unter qualifizierten und hochqualifizierten Erwerbspersonen bis zum Jahre 2018 selten geworden. Unqualifizierte Erwerbspersonen sind allerdings noch hohen Risiken der Arbeitslosigkeit und Armut ausgesetzt, die in den letzten Jahren kaum noch zurückgegangen sind.

### Literatur

R. Pollak: Soziale Mobilität, in: StBA/WZB (Hg.): Datenreport 2016, 2016, 209–217 • S. Hradil: Soziale Ungleichheit. Eine Gesellschaft rückt auseinander, in: ders. (Hg.): Deutsche Verhältnisse. Eine Sozialkunde, 2013, 152–184 • K. U. Mayer/D. Grunow/N. Nitsche: Mythos Flexibilisierung? Wie instabil sind Berufsbiografien wirklich und als wie instabil werden sie wahrgenommen?, in: KZfSS 62/3 (2010), 369–402 • R. Pollak: Kaum Bewegung, viel Ungleichheit. Eine Studie zu sozialem Auf- und Abstieg in Deutschland, 2010 • J. Schiener: Bildungserträge in der Erwerbsgesellschaft. Analysen zur Karrieremobilität, 2006.

STEFAN HRADIL

## Soziale Netzwerke

Der Begriff S. N. hat vier voneinander unterscheidbare Bedeutungen. Erstens werden darunter – im Zuge der Etablierung des Web 2.0 – Online-Communities verstanden; zweitens Kooperationsformen zwischen Organisationen, insb. Unternehmen. Drittens wird der Begriff i. S. v. Networking und sozialem Kapital verwendet. Und viertens bilden S. N. eine forscherische Perspektive auf soziale und gesellschaftliche Zusammenhänge schlechthin.

### 1. Soziale Netzwerke als Online-Communities

Die mittlerweile prominenteste Verwendung des Begriffs S. N. bezieht sich auf Phänomene der ↑Social Media. Hierbei handelt es sich um Anwendungen des sog.en Web 2.0, die ganz gezielt Plattformen der Selbstpräsentation der Nutzer und des vielfältigen Austauschs zwischen ihnen ermöglichen. Damit einher gehen ebenso neue Formen des Kennenlernens, der enträumlichten Kontaktpflege, der Unterstützung und der ↑Partizipation wie auch Phänomene der Fragmentierung des Internets (Echokammern), der Fake News, *hate speech*, Überwachung und Radikalisierung.

Faktisch handelt es sich um soziotechnische Netzwerke, da die technische Infrastruktur der Plattformen erheblichen Einfluss auf die Faktizität, die Form und den Inhalt der Beziehungen in diesen S.n N.n besitzt. Dadurch dass die Kodierung von Informationen in Bits und Bytes die analoge Welt in manipulierbare Zahlenwelten verwandelt, eröffnen sich bei den digitalen

Medien umfassende informationsbezogene Gestaltungsmöglichkeiten, die nach Tony Feldman vier Charakteristika aufweisen:

*a)* Interaktivität: Medienkonsumenten werden im Web 2.0 gleichzeitig auch Medienproduzenten.

*b)* Viralität: Informationen können gleichzeitig von einer großen Anzahl von Nutzern geteilt und ausgetauscht werden.

*c)* Dichte/Komprimierbarkeit: Informationen können komprimiert und so transferiert werden.

*d)* Unbefangenheit: Alles Mögliche kann digitalisiert werden, womit eine Indifferenz gegenüber dem Inhalt zum Ausdruck kommt, die sich auch in der beliebigen Kombinierbarkeit der Inhalte spiegelt.

Wie Alexander Galloway und Eugene Thacker in ihrer Analyse von S.n N.n auf der „mikrotechnischen Ebene nichthumaner Maschinenpraktiken" (2014: 290) herausarbeiten, bildet das Protokoll das Prinzip der politischen Kontrolle in der digitalen Sphäre. Dabei kommt den Protokollen – wie z. B. den Internetprotokollen IP/TCP – eine Doppelfunktion zu: Sie sind einerseits eine Apparatur, die soziotechnische Netzwerke ermöglichen, und andererseits Regelwerke, die Aufgaben und Abläufe in dieser Apparatur steuern. Protokolle treten als raffinierte Systeme von „dezentalisierter Kontrolle" (Galloway/Thacker 2014: 292) dadurch in Erscheinung, dass sie technisch den Raum des ↑Internets kontrollieren und den Datenfluss regulieren. S. N. lassen sich nach A. Galloway und E. Thacker prinzipiell nur noch mittels derartiger Protokolle wirkungsvoll kontrollieren.

Für Lev Manovich lassen sich die Social Media-Netzwerke durch die fünffache Spezifik ihrer Inhalte, die er Objekte neuer Medien nennt, hinreichend beschreiben:

*a)* Digitalität: Alles, auch Analoges bzw. Materielles, erfährt eine binäre Repräsentation.

*b)* Modularität: Inhalte können in unabhängige Elemente aufgelöst werden, die neu miteinander kombiniert werden können.

*c)* Automation: Algorithmen können digitalisierte Daten automatisch transformieren.

*d)* Variabilität: Der digitalisierte, modulare Inhalt kann in unbegrenzbar vielen Variationen und Kombinationen existieren.

*e)* Transcodierbarkeit: Objekte neuer Medien überschreiten die Grenzen des Digitalen und beeinflussen alle anderen Realitätssphären.

Die beliebige, situationsgebundene Kombinierbarkeit digitalisierter, modularer Inhalte in diesen S.n N.n führt für L. Manovich zu einem Welt- und Selbstverständnis, welches das vormals vorherrschende Paradigma des Narrativs – die Erzählung, das Ursache-Wirkungs-Denken, die klassische Beweisführung – ablöst. Realität ist dann ein sich situativ und unmittelbar einstellendes Netzwerkphänomen aus materiellen, psychischen, sozialen und digitalen Elementen, das sich dynamisch verändert (↑Virtuelle Realität). Für Manuel Castells steht das Internet ebenfalls für eine neue Form der Gesellschaft: für die Netzwerkgesellschaft.

## 2. Soziale Netzwerke als ökonomische Koordinationsform

Auf Walter Woody Powell und Oliver Eaton Williamson geht eine Debatte der vergangenen Jahrzehnte zurück, die nachhaltig das Verständnis von Netzwerken als zentrale ökonomische Koordinationsform geprägt hat. W. W. Powell diskutiert die wirtschaftswissenschaftliche Transaktionskostentheorie kritisch, wonach ein Unternehmen bei jeder seiner Aktivitäten (EDV-Abteilung, Produktionsabschnitte, Marketing etc.) zu entscheiden habe, ob sie innerhalb der Organisation realisiert oder über den Markt eingekauft wird. Die betreffenden Entscheidungen beruhen jeweils darauf, welche der beiden Koordinationsformen – Organisation oder Markt – die geringeren Kosten verursacht. Beim ↑Markt regeln Angebot und Nachfrage alles Weitere, d. h. zu welchem Preis ein Tausch erfolgt. Der Preis fungiert dabei als Koordinationsmittel. Die Koordinationsform Markt ist spontan und weitgehend voraussetzungslos. Die beteiligten Akteure stehen in keiner Abhängigkeit zueinander. Der Markt ist also flexibel und bedarf keiner Erwartungssicherheit. Demgegenüber ist das Erbringen einer Leistung innerhalb einer ↑Organisation hochgradig erwartungssicher, aber eben auch im Verhältnis zum Markt sehr unflexibel. Die beteiligten Akteure stehen in einem Abhängigkeitsverhältnis zueinander, da sie ausgeprägt arbeitsteilig und mit klar definierten Aufgaben und Entscheidungsmöglichkeiten ausgestattet sind. Die Abläufe innerhalb einer Organisation sind weitgehend routinemäßig organisiert. Koordinationsmittel sind Anweisung und ↑Macht. Kurzum, diese Koordinationsform ist formal-bürokratisch.

W. W. Powell kritisiert bei beiden Koordinationsformen, dass sie zu wenig die soziale und kulturelle Eingebettetheit der Austauschprozesse berücksichtigen. Ferner entstehen Ende der 1980er und zu Beginn der 1990er Jahre immer mehr Unternehmensnetzwerke. Gemeint sind temporäre Zusammenschlüsse von Wirtschaftsakteuren, um gemeinsam eine distributive, strategische, innovative und/oder finanzielle Leistung zu erbringen – ansonsten sind die Unternehmen unabhängig voneinander (im Unterschied zu Joint Ventures). W. W. Powell plädiert dafür, S. N. als dritte Koordinationsform auf gleicher Augenhöhe mit Markt und Organisation zu veranschlagen. Denn ein Soziales Netzwerk ist durchaus vergleichbar flexibel wie der Markt, und gleichzeitig bietet es eine ähnliche Erwartungssicherheit wie Organisationen durch Aufbau und Pflege von Vertrauen.

Bei der Governanceforschung besteht im Hinblick auf den Koordinationsmechanismus im S.n N. kein Konsens. Während W. W. Powell (1990) Vertrauen als zentral ansieht, sind es für O. E. Williamson (1991) spezifische Vertragsbeziehungen bezüglich der beteiligten ökonomischen Akteure und für Renate Mayntz Aushandlungen in Organisationsnetzwerken. Auch Macht und generalisierte Reziprozität werden in diesem Zusammenhang angeführt.

### 3. Soziale Netzwerke als Beziehungsmanagement

Eine dritte Verwendungsweise des Begriffs S. N. bezieht sich auf den strategischen Aufbau von Beziehungen und deren Nutzung seitens einzelner Akteure. Umgangssprachlich spricht man auch von Networking. In der sozialwissenschaftlichen Forschung firmiert eine solche Betrachtung von S.n N.n unter dem Begriff soziales Kapital (↑Sozialkapital), das den zu erwartenden Nutzen beschreibt, den ein Akteur aus seinem Netz sozialer Beziehungen zieht. Beziehungen werden dabei als Zugangsmöglichkeiten zu materiellen und immateriellen Ressourcen (z. B. Unterstützung) angesehen.

Das wohl prominenteste Konzept sozialen Kapitals liegt mit Pierre Bourdieu vor. Ihmgemäß besitzen soziale Akteure verschiedene Kapitalformen – das ökonomische, das kulturelle sowie das soziale Kapital. Diese Formen seien prinzipiell gleichwertig, da sie einerseits miteinander konvertiert werden könnten und andererseits alle dazu dienten, die Position einer Person im S.n N. zu erhalten bzw. zu verbessern. Das soziale Kapital ist damit das Produkt seiner Investitionsstrategien auf Basis seiner verfügbaren Kapitalien. Gelinge es einem Akteur, ein dauerhaftes Netz an Beziehungen aufzubauen, so fungiere dieses Soziale Netzwerk als eine Art Sicherheit für die Kreditwürdigkeit seiner Person. Die Höhe seines sozialen Kapitals ist – gemäß P. Bourdieu – zum einen von der Ausdehnung des S.n N.s und zum anderen von dem Umfang desjenigen sozialen Kapitals abhängig, das diejenigen besitzen, mit denen der Akteur in Beziehung steht.

Robert David Putnam hebt stärker die gemeinschaftsorientierten Leistungen des sozialen Kapitals hervor: In S.n N.n lernen Akteure jene Tugenden und Verhaltensdispositionen, welche die Kommunikation, Kooperation und das Vertrauen innerhalb wie außerhalb des Sozialen Netzwerks erhöhen, und damit soziales Kapital generieren.

### 4. Soziale Netzwerke als Paradigma

Beziehen sich die bislang vorgestellten drei Begriffsverständnisse von S.n N.n auf jeweils einen mehr oder weniger klar umrissenen Gegenstand, verweist das nun zu diskutierende Verständnis auf eine spezifische Art und Weise, soziale Phänomene zu beobachten und methodisch zu erforschen. Insb. die formale Netzwerkanalyse ist dabei ein entscheidender Treiber dieser interdisziplinären Forschungsrichtung. Dergemäß sind S. N. soziale Gebilde, die aus Knoten und Kanten/Relationen bestehen. I. d. R. werden dabei soziale Akteure (Individuen, Gruppen, Organisationen, Staaten etc.) als Knoten repräsentiert. Die Kanten stehen dann für soziale Beziehungen, wobei hier auch unterschiedliche Beziehungsformen gleichzeitig untersucht werden können. Es gibt allerdings von dieser gebräuchlichen Verwendungsweise auch abweichende Zuordnungen: So werden bei Ereignisnetzwerken soziale Ereignisse als Knoten modelliert und die Kanten stehen dann für Zusammenhänge zwischen diesen Ereignissen. Des Weiteren hat die sog.e bibzw. multimodale Netzwerkanalyse eine parallele Untersuchung von Akteursnetzwerken mit semantischen Netzwerken ermöglicht. Bei letzteren werden kulturelle Phänomene (Events, Werte, Stile etc.) als Knoten modelliert und über Akteure miteinander in Zusammenhang gebracht.

Insb. durch Harrison Colyar White hat die Netzwerkforschung paradigmatischen Charakter erhalten, indem er eine relationale Theorie des Sozialen unter Einbezug kultureller Faktoren (↑Kultur) vorgelegt hat. Dieser Theorie gemäß bilden nicht Identitäten (soziale Akteure, Institutionen etc.) den Ausgangspunkt für soziale Phänomene, sondern relationale Ereignisse in turbulenten sozialen Dynamiken führen zu Inseln der ↑Ordnungen, innerhalb derer sich Identitäten etablieren können. H. C. White nennt diese relationalen Ereignisse Kontrollprojekte, die sich sowohl auf die gezielte Gestaltung einer Relation beziehen können als auch auf ihre kulturell geprägte Deutung (z. B. die strategische Kennzeichnung einer Beziehung als Freundschaft). Diese Theorie erhebt den Anspruch, alles Soziale mittels der Netzwerkforschung beschreiben und mit den Methoden der Netzwerkanalyse erforschen zu können. Weitere wichtige Konzepte bilden von Mark S. Granovetter das Konzept der Stärke schwacher Beziehungen, wonach neue Informationen eher von lose verknüpften Personen stammen als von engen Kontakten, sowie Ronald Stuart Burts Konzept der strukturellen Löcher, demgemäß es von strategischem Vorteil ist, Gatekeeper von zwei ansonsten kaum verknüpften Nentzwerken zu sein. Ferner hat die *Actor Network Theory* für erhebliche Aufmerksamkeit gesorgt, da sie bei ihrer Analyse soziotechnischer Phänomene menschliche und technische Entitäten auf gleicher Augenhöhe behandelt. Gegenwärtig erfährt die Netzwerkforschung im Zusammenhang mit der ↑Digitalisierung der Gesellschaft und Big Data-Analysen einen weiteren Aufmerksamkeitsschub, da sie neben dem *text mining* und *machine learning* zur wichtigsten Methode bei der Analyse digitaler Daten avanciert.

### Literatur

N. Marres: Digital Sociology, 2017 • A. Galloway/E. Thacker: Protokoll, Kontrolle und Netzwerke, in: R. Reichert (Hg.): Big Data, 2014, 289–311 • A. Rausch: Bimodale Netzwerke, in: C. Stegbauer/R. Häußling (Hg.): Hdb. Netzwerkforschung, 2010, 421–432 • B. Latour: Eine neue Soziologie für eine neue Gesellschaft, 2007 • W. W. Powell/S. Grodal: Networks of Innovators, in: J. Fagerberg/D. C. Mowery/R. R. Nelson (Hg.): The Oxford Handbook of Innovation, 2005, 56–85 • L. Manovich: The Language of New Media, 2001 • R. D. Putnam (Hg.): Gesellschaft und Gemeinsinn, 2001 • T. Feldman: Introduction to Digital Media, 1997 • M. Castells: The Rise of the Network Society, Bd. 1, 1996 • R. Mayntz: Policy Netzwerke und die Logik von Verhandlungssystemen, in: P. Kenis/V. Schneider (Hg.): Organisation und Netzwerk, 1996, 471–496 • R. S. Burt: Structural Holes, 1992 • H. C. White: Identity and Control. 1992 • O. E. Williamson: Comparative Economic Organization, in: ASQ 36/2 (1991), 269–296 • W. W. Powell: Neither Market nor Hierarchy: Network Forms of Organization, in: ROB 12 (1990), 295–336 • P. Bourdieu: Ökonomisches Kapital, kulturelles Kapital, soziales Kapital, in: R. Kreckel (Hg.): Soziale Ungleichheiten, 1983, 183–198 • M. S. Granovetter: The Strength of Weak Ties, in: AJS 78/6, 1973, 1360–1380. ROGER HÄUẞLING

## Soziale Probleme

### 1. Begriff und sozialwissenschaftlicher Stellenwert

Bei s.n P.n handelt es sich um Lebenslagen und Handlungsmuster, die im Hinblick auf die betroffenen Bevölkerungsgruppen als unwürdig, existenzgefährdend oder diskriminierend bzw. im Hinblick auf die Gesamtgesellschaft als dysfunktional oder bedrohlich angesehen werden. Die Expansion der Sozialwissenschaften ist untrennbar verbunden mit dem Interesse an s.n P.n. Ein Beispiel hierfür ist etwa die Ende des 19. Jh. erschienene Studie „Life and labour of the people in London" von Charles Booth. In Deutschland hatten im letzten Drittel des 19. Jh. Enqueten des 1872 gegründeten *Verein für Socialpolitik* die problematische Lage einzelner gesellschaftlicher Gruppen zum Gegenstand. So war Max Weber an der Auswertung einer Enquete zur Lage von Landarbeitern beteiligt, die 1892 veröffentlicht wurde. Eine der klassischen Studien der empirischen Sozialforschung, „Die Arbeitslosen von Marienthal" (1933) von Marie Jahoda, Paul Felix Lazarsfeld und Hans Zeisel befasste sich in der Zwischenkriegszeit mit den Lebensverhältnissen und Bewältigungsstrategien von Arbeitslosen. Und in den Anfangsjahren der Bundesrepublik bearbeiteten Sozialwissenschaftler Themen wie „Flüchtlingskinder in neuer Heimat" (Pfeil 1951), „Arbeitslosigkeit und Berufsnot der Jugend" (Schelsky 1952) oder „Deutsche Familien nach dem Kriege" (Baumert 1954). Nachdem in den USA schon 1951 die Society for the Study of Social Problems (SSSP) gegründet worden war (Publikationsorgan: *Soc. Prob.*), richtete auch die Deutsche Gesellschaft für Soziologie 1980 eine Sektion *Soziale Probleme und soziale Kontrolle* ein. Seit 1990 erscheint die von der Deutschen Gesellschaft für Soziologie herausgegebene Zeitschrift *„Soziale Probleme"*.

### 2. Theoretische Grundpositionen

In den ersten Jahrzehnten der wissenschaftlichen Auseinandersetzung mit s.n P.n dominierte die Auffassung, solche Probleme ließen sich anhand objektiver Kriterien identifizieren. Für den diesem „objektivistischen" Ansatz zugerechneten Soziologen Robert King Merton, der in der zeitgenössischen Fachdiskussion eine große Rolle spielte und dessen Position bis heute einen Bezugspunkt darstellt, liegt einem s.n P. eine erhebliche („substantial" [Merton 1966: 780]) Diskrepanz zwischen weithin geteilten sozialen Standards und den jeweiligen Bedingungen des Zusammenlebens zugrunde. Sozial sei ein Problem dadurch, dass es soziale Ursachen habe. Bei dieser Sichtweise bleibt allerdings außer Betracht, dass „soziale Ursachen" selbst wieder durch physische Faktoren bedingt sein können. Dies ist etwa der Fall, wenn eine Naturkatastrophe die Infrastruktur einer ganzen Region zerstört, die Überlebenden aber aufgrund von Unfähigkeit der Behörden oder wegen eines andauernden Kompetenzgerangels noch Monate oder gar Jahre nach dem Ereignis in Notunterkünften, ohne ausreichende Versorgung mit Nahrungsmitteln und weitgehend unter Verzicht auf medizinische Versorgung leben müssen. Überdies ist etwa durch den Anstieg des Meeresspiegels aufgrund des ↑Klimawandels und durch den damit einhergehenden Verlust der Lebensgrundlagen der Bevölkerung in küstennahen Regionen in Zukunft mit erheblichen s.n P.n zu rechnen, wie überhaupt die Zahl der „Klimaflüchtlinge" zunehmen wird. Dass die sozialen Standards, die dabei in in ärmeren Ländern der Identifikation eines Sachverhalts als s.s P. zugrunde liegen, andere sind als in hoch entwickelten Ländern, liegt auf der Hand. In einer zunehmend vernetzten Welt kann es aber nicht ausbleiben, dass auch in ärmeren Regionen die Bereitschaft abnimmt, Verhältnisse, die bislang als unvermeidlich galten, einfach hinzunehmen. Über lange Zeiträume hinweg fatalistisch ertragene Zustände werden dann zu einem s.n P.

Gegen die Position, s.n P.n liege eine Diskrepanz zwischen sozialen Standards und konkreten Verhältnissen zugrunde, wird zu Recht eingewandt, dass es nicht nur zwischen Gesellschaften, sondern auch innerhalb einer Gesellschaft keinen universellen Konsens im Hinblick auf soziale Standards gibt. Ohne Zweifel besteht, sieht man einmal von kriminellen Subkulturen ab, nahezu völlige Übereinstimmung darin, dass Angriffe auf das Leben oder auf fremdes Eigentum verwerflich sind. Doch können auch innerhalb der durch die Rechtsordnung gesetzten Grenzen in unterschiedlichen sozialen ↑Milieus je eigene Standards existieren. Sicherlich wird etwa Alkoholabusus von der großen Mehrheit der Menschen als ein Problem angesehen, doch bestehen gewöhnlich unterschiedliche Vorstellungen darüber, wie häufig, bei welchen Gelegenheiten und in welcher Intensität man, so die gängige Formulierung, „über die Stränge schlagen" darf. Und beim Vergleich verschiedener Bevölkerungsgruppen wird man feststellen, dass nach wie vor die Meinungen darüber auseinandergehen, welches Verhalten innerhalb der Familie als gewalttätig anzusehen ist und welches nicht. Dass „Gewalt in der Familie" heute dennoch als ein s.s P. wahrgenommen wird, ist das Ergebnis von Prozessen der Sensibilisierung, Aufklärung und politischen Willensbildung.

Wodurch solche Prozesse angestoßen werden, wer die Akteure sind, welche Interessen handlungsleitend sind, welche Strategien zum Einsatz kommen und welche Reaktionsmuster in der Öffentlichkeit anzutreffen sind, dies sind Fragen, welche im „rekonstruktionistischen" Ansatz im Vordergrund stehen. D. h. natürlich nicht, dass der objektive Gehalt von s.n P.n in der heutigen Diskussion keine Rolle mehr spielt. Alkoholismus und ↑Gewalt in der Familie haben eben genauso eine objektive Seite wie Spielsucht oder unzureichende gesellschaftliche Integration von Menschen mit Behinderung. Was sich aber geweitet hat, ist der Blickwinkel bei der wissenschaftlichen Befassung mit s.n P.n durch die Einbeziehung von Prozessphänomenen. Letztlich bleibt aber die schon 1990 formulierte Feststellung von Günter Albrecht gültig, weder der „objektivistische" noch der „rekonstruktionistische" Ansatz sei für sich genommen in der Lage, bei der wissenschaftlichen Analyse von s.n P.n befriedigende Ergebnisse zu liefern.

### 3. Alte und neue soziale Probleme

Betrachtet man die gesellschaftlichen Entwicklungen seit dem Anfang des 19. Jh., dann kann im Phänomen des Pauperismus, sowohl was das Ausmaß als auch was die öffentliche Wahrnehmung anbelangt, eines der ersten s.n P. im heutigen Verständnis gesehen werden. Auch die zeitgenössischen Beobachter, die sich kritisch mit sozialen und ökonomischen Fragen befassten, sahen hierin eine der großen Herausforderungen der Epoche. Ihre Ursache hatte die Massenarmut in einem schnellen Bevölkerungswachstum bei stagnierendem Produktivitätszuwachs. Nicht nur in den politischen und wirtschaftlichen Eliten, sondern auch in bürgerlichen Kreisen wurde darin eine Gefahr für die gesellschaftliche Ordnung gesehen. Heinrich Heine spielte hierauf in seinem Gedicht von den zwei Sorten Ratten an. Während die satten Ratten „vergnügt zu Haus" (Heine 1986: 285) bleiben, wandern die hungrigen aus und lehren als „radikale Rotte" (Heine 1986: 285), die darauf aus ist „aufs neue zu theilen die Welt" (Heine 1986: 285), die Repräsentanten der staatlichen Ordnung das Fürchten.

Zwar entstanden mit der fortschreitenden Industrialisierung (↑Industrialisierung, Industrielle Revolution) neue Arbeitsplätze, doch war das Angebot an Arbeitskräften immer noch so groß, dass die Unternehmer die Arbeitsbedingungen diktieren konnten. Die Folge waren extrem lange Arbeitszeiten, asymmetrische Rechtsbeziehungen zwischen Unternehmer und Arbeiter, fehlende Schutzvorkehrungen am Arbeitsplatz und niedrige Löhne. Mehr und mehr trat die „↑Soziale Frage" ins öffentliche Bewusstsein, theoretische Erklärungen und politische Antworten wurden gesucht. Für Karl Marx und Friedrich Engels war die Soziale Frage Ausdruck des Gegensatzes von ↑Kapital und ↑Arbeit und konnte nur durch die Überwindung der kapitalistischen Wirtschaftsweise aufgelöst werden. Ihre eigentliche politische Sprengkraft entfaltete diese Position allerdings erst im 20. Jh. mit der russischen Oktoberrevolution von 1917. Im 19. Jh. wurden politische Maßnahmen zur Entschärfung der Sozialen Frage noch weitgehend von bürgerlichen Kräften bzw. solchen aus dem kirchlichen Raum (Franz Joseph Ritter von Buß, Wilhelm Emmanuel Freiherr von Ketteler, Adolf Kolping) getragen.

Viele Phänomene, die auch heute noch als s. P. gelten, wurden in der Vergangenheit in eine Verbindung mit der Sozialen Frage gebracht. Dies gilt etwa für Alkoholismus, Deprivation oder Arbeitslosigkeit. Andere Probleme kamen im Laufe der Zeit hinzu, bedingt durch Veränderungen der Lebensformen und der Lebenserwartung, Wandel der Arbeitswelt, gestiegene Ansprüche im Hinblick auf gesellschaftliche und politische ↑Partizipation, Gleichberechtigung von Mann und Frau, wachsende Sensibilität für die Lage von ↑Minderheiten, technologische Entwicklungen sowie Internationalisierung und ↑Globalisierung. Große Aufmerksamkeit erregte Heiner Geißler 1976 mit seinem Buch „Die Neue Soziale Frage". Nicht mehr der Gegensatz von Kapital und Arbeit wie bei der alten Sozialen Frage sei für die Lebensbedingungen und das soziale Klima bestimmend, so sein Argument, sondern zum einen der Gegensatz zwischen denen, die organisiert sind und so ihre ↑Interessen durchsetzen können, und denen, die es nicht sind; zum anderen der Gegensatz zwischen Produzenten und Nichtproduzenten. Zu Letzteren gehören aus seiner Sicht Kinder, Hausfrauen (!) und alte Menschen. Die von H. Geißler mit seiner These von der neuen Sozialen Frage angesprochenen Asymmetrien kommen in einer ganzen Reihe von Konstellationen zum Tragen, die heute als s.s P. wahrgenommen, diskutiert und wissenschaftlich analysiert werden. Zu diesen Problemen gehört die Lage von Menschen mit Behinderung oder chronischer Krankheit ebenso wie Wohnungslosigkeit und Exklusion (↑Inklusion, Exklusion). Wie in einer zunehmend vernetzten Welt exogene politische und wirtschaftliche Prozesse sowie technologische Entwicklungen zu neuen s.n P.n führen können, zeigt sich zum einen beim Umgang mit dem Tatbestand der Zuwanderung sowie bei den Auswirkungen neuer Informationstechnologien auf das Zusammenleben der Menschen.

Anders als „klassische" Einwanderungsländer wie die USA, Kanada oder Australien erleben viele europäische Länder heute eine Zuwanderung, die bislang nicht in ihrem Selbstverständnis verortet ist. Zu diesen Ländern zählt auch Deutschland. Häufig wird im öffentlichen Diskurs in diesem Zusammenhang darauf verwiesen, dass Deutschland auch in der Vergangenheit Zuwanderung kannte, vor 1918 etwa die Zuwanderung von Polen ins Ruhrgebiet oder seit den 1960er Jahren die Zuwanderung von Gastarbeitern. Und dazwischen fand als Folge des Zweiten Weltkriegs der massenhafte Zustrom von Vertriebenen aus den Ostgebieten des Deutschen Reiches und aus den deutschen Siedlungsgebieten in Südosteuropa sowie von Flüchtlingen aus der sowjetischen Besatzungszone und der späteren DDR statt. Deren Eingliederung wurde in den Anfangsjahren der

Bundesrepublik durchaus als s.s P. angesehen. Dass dieses Problem entschärft werden konnte, hing, sieht man einmal von den zunehmend günstigeren wirtschaftlichen Rahmenbedingungen ab, nicht zuletzt damit zusammen, dass die kulturellen Unterschiede zwischen Zugewanderten und einheimischer Bevölkerung bei allen Differenzen im Detail doch nicht allzu groß waren. Dies galt mit einigen Einschränkungen auch für die Gastarbeiter aus Südeuropa.

Die Situation veränderte sich entscheidend mit der Zuwanderung von Menschen – Gastarbeitern, Migranten (↑Migration) auf der Suche nach einem besseren Leben oder Kriegsflüchtlingen – aus Kulturkreisen, die sich deutlich von der Kultur der einheimischen Bevölkerung unterscheiden. Zu denken ist in diesem Zusammenhang an unterschiedliche Vorstellungen hinsichtlich des Verhältnisses von Individuum und Clan, der Loyalität gegenüber staatlichen Institutionen, der Rolle von Mann und Frau oder der Toleranz gegenüber Menschen mit anderen Weltanschauungen. Wo sich Zuwanderer oder deren Nachfahren, heute gewöhnlich als „Menschen mit Migrationshintergrund" bezeichnet, lokal konzentrieren, was aus nachvollziehbaren Gründen häufig der Fall ist, besteht die Gefahr der Herausbildung von Parallelgesellschaften, die einer ↑Integration in die Gesamtgesellschaft im Wege stehen oder sich ihr sogar verweigern. Dieses Problem verschärft wiederum ein anderes, nämlich das der Ausländerfeindlichkeit, das sich in der Verbreitung rassistischer Parolen (↑Rassismus) und in Gewalt gegenüber Zuwanderern äußert.

Die Verbreitung rassistischer Parolen erfolgt bevorzugt über ein Medium, das für die Erfüllung zentraler Funktionen in der modernen Gesellschaft unverzichtbar geworden ist, das aber auch ein erhebliches Problempotential in sich birgt: das ↑Internet. Das Internet bietet all jenen, die sich nicht mehr auf die herkömmlichen ↑Medien einlassen, ein Informationsforum, das aus ihrer Sicht, anders als die „Lügenpresse", der gefühlten Wirklichkeit entspricht. Dabei geht es allerdings gewöhnlich nicht mehr um die Bewertung und Gewichtung von Nachrichten, sondern um das Spektakuläre und um das, was mit Ressentiment (↑Vorurteile) erfüllte Rezipienten in ihren schon bestehenden Auffassungen bestärkt. Die Möglichkeit, in den ↑sozialen Netzwerken mit geringem Aufwand eine große Zahl von Menschen zu erreichen, fördert weiterhin die Neigung, spontane und häufig unsachliche, wenn nicht gar hasserfüllte Kommentare abzugeben, die von den Empfängern dann mit „Likes" bewertet und als „Shares" weitergeleitet werden, wodurch sie zusätzliches Gewicht erhalten. Zwar sind die Betreiber der Netzwerke verpflichtet, Hassbeiträge aus dem Netz zu nehmen, doch besteht dabei unvermeidlich ein gewisser Ermessensspielraum. Zudem verweisen manche Beobachter auf die Gefahr einer Einschränkung der ↑Meinungsfreiheit, wenn nicht gar der Vorwurf der ↑Zensur erhoben wird.

Nicht nur das Informationsverhalten im Internet ist indessen zu einem s.n P. geworden, sondern die Nutzung an sich. Für Jugendliche, aber auch für viele Erwachsene ist es zu einer Selbtverständlichkeit geworden, ständig online zu sein. Insb. im schulischen Bereich mussten deshalb drastische Gegenmaßnahmen ergriffen werden. Beklagt wird, dass schon Kinder, v.a. aber Jugendliche einen erheblichen Anteil ihrer verfügbaren Zeit vor dem Bildschirm verbringen, statt mit Altersgenossen direkt zu interagieren, ein Instrument zu spielen oder Sport zu treiben. Zu den Faktoren, die beim Anstieg der Zahl übergewichtiger Kinder und Jugendlicher eine Rolle spielen, wird ebenfalls die extensive Internetnutzung gezählt. Auf den Entzug von Geräten zur Internetnutzung oder auf technisch bedingte Unterbrechungen reagieren die Betroffenen mit Entzugserscheinungen, die auch von anderen Abhängigkeiten bekannt sind. Insofern kann das Problem der Internetabhängigkeit durchaus in eine Reihe mit anderen s.n P.n wie Drogenabhängigkeit oder Spielsucht gestellt werden.

### 4. Die Thematisierung sozialer Probleme: Akteure und Prozesse

Die Sozialwissenschaften sind nicht die einzige Instanz, die sich mit als problematisch empfundenen Konstellationen im Zusammenleben von Menschen beschäftigt. Repräsentanten von Religionsgemeinschaften, Journalisten, bildende Künstler sowie Kunstschaffende im Bereich von Theater und Film spielen heute ebenfalls eine Rolle. Wie die Geschichte zeigt, trugen nicht zuletzt Schriftsteller dazu bei, dass eine breitere Öffentlichkeit für gesellschaftliche Problemlagen sensibilisiert wurde. Schon 1843 wollte Bettina von Arnim in ihrer Schrift „Dies Buch gehört dem König" auf die sozialen Verhältnisse im Lande aufmerksam machen. Zu denken ist weiter an Autoren wie Charles Dickens („Oliver Twist" [1839]) in England, Victor Hugo („Les Misérables" [1862]) und Émile Zola („Germinal" [1885]) in Frankreich sowie Gerhart Hauptmann („Die Weber" [1892]) und Bertolt Brecht („Die heilige Johanna der Schlachthöfe" [1929/30]) in Deutschland. Und in den USA trug Harriet Beecher Stowe mit ihrem 1852 erschienenen Buch „Uncle Tom's Cabin" dazu bei, dass sich die Kritik des Nordens an der ↑Sklaverei in den Südstaaten noch weiter verstärkte, was wiederum einer der auslösenden Faktoren für den amerikanischen Bürgerkrieg von 1861 bis 1865 war.

Neben Wissenschaftlern, Vertretern von Religionsgemeinschaften, Kunstschaffenden, Journalisten und Schriftstellern spielen bei der Identifikation von s.n P.n und der Veranschaulichung der Auswirkungen solcher Probleme noch andere Akteure eine Rolle. Insb. bei der Thematisierung von Problemlagen im politischen Raum treten Interessenvereinigungen Betroffener (↑Interessengruppen), soziale Aktivisten, politische Parteien und ↑Wohlfahrtsverbände in Erscheinung. Den Resonanzraum für das Wirken dieser Akteure geben sowohl die klassischen Medien Presse, Rundfunk und Fernsehen ab als auch die internetbasierten Kommunikationsformen wie Blogs und soziale Netzwerke. Dabei geht es im Wesentlichen um zwei Ziele: die ↑Öffentlichkeit auf bestimmte als problematisch wahrgenommene Konstellationen aufmerksam zu machen und auf diese Weise ein günstiges Klima für die Verfolgung des zweiten Ziels zu schaffen, nämlich die Formulierung von Forderungen zur Verbesserung der Lage bestimmter Bevölkerungsgruppen. Während Selbsthilfegruppen und Interessenvereinigungen Betroffener in erster Linie für sich selbst sprechen, beanspruchen soziale Aktivisten, im Interesse von Personengruppen zu sprechen, die noch nicht organisiert sind (z. B. vor kurzem zugewanderte Flüchtlinge) oder sich nur schwer organisieren lassen (z. B. Obdachlose). Auch Wohlfahrtsverbände sehen sich in einer anwaltlichen Funktion gegenüber denen, die sich angesichts der Eigenart ihrer Problemlage nicht zu Wort melden können oder deren Anliegen nicht zur Kenntnis genommen werden, weil sie einer als sozial randständig oder sogar als asozial angesehenen Personengruppe angehören. Als Träger sozialer Einrichtungen und Anbieter personenbezogener Dienstleistungen sind Wohlfahrtsverbände allerdings mitunter der Kritik ausgesetzt, sie beteiligten sich an der Thematisierung von s.n P.n nicht zuletzt auch deshalb, um auf diese Weise ihre – in Ländern wie Deutschland weitgehend von Sozialleistungsträgern (z. B. Krankenversicherung und Pflegeversicherung; ↑Sozialversicherung) oder aus Steuermitteln finanzierten – Leistungen ausweiten zu können. Solche Kritik übersieht indessen die ordnungspolitische Bedeutung des Zusammenspiels von staatlichen Institutionen und freien Trägern.

Die Forderungen, die aus aufgezeigten Problemlagen abgeleitet werden, zielen zum einen auf die rechtliche Stellung bestimmter Personengruppen, also um die Aufhebung von als diskriminierend empfundenen Gesetzen oder um die Einführung eines bes.n gesetzlichen Schutzes. Zum anderen richten sich die Forderungen auf die materiale Verbesserung von Lebenslagen. D. h. im ↑Sozialstaat: Einführung neuer oder Ausweitung bestehender Sozialleistungen, also finanzieller Transfers und zunehmend auch personbezogener Dienstleistungen. Sowohl bei der Verbesserung der rechtlichen Stellung von Personengruppen als auch bei der Ausgestaltung von Sozialleistungen kommt in parlamentarischen Demokratien den politischen ↑Parteien eine entscheidende Bedeutung zu. Parteien machen Anregungen und Forderungen dadurch politikfähig, dass sie Erwartungen strukturieren, Lösungsansätze formulieren, mögliche Koalitionen abschätzen und zu erwartende Widerstände prüfen. Dabei geht es gleichermaßen um die Bindung der eigenen Klientel wie um das Erschließen neuer Wählerreservoirs. Dass auf diese Weise die Veränderung der rechtlichen Stellung von Personengruppen und der Zuschnitt von Sozialleistungen im politischen Prozess zum Gegenstand von Machtkalkülen werden können, sagt indessen noch nichts über die Qualität der Ergebnisse aus. Schließlich ist die Geschichte der BRD über Jahrzehnte hinweg trotz teilweise heftiger politischer Auseinandersetzungen über konkrete Maßnahmen durch eine breite Akzeptanz des Sozialstaats geprägt.

## 5. Skandalisierung und gesellschaftliche Verantwortung

Dass über die Erscheinungsformen, das Ausmaß und die Ursachen s.r P.-Lagen öffentlich diskutiert wird und dass dabei die Positionen der relevanten Akteure u. U. heftig aufeinanderprallen, gehört zu den Merkmalen einer freiheitlichen Gesellschaft. Problematisch ist allerdings die Tendenz zur medienwirksamen Skandalisierung von Sachverhalten. Dies wird bes. deutlich beim Umgang mit dem Problem der ↑Armut. Dass es sich dabei nach wie vor um ein für den Zusammenhalt einer Gesellschaft und die Lebensqualität der Menschen zentrales Thema handelt, dürfte unbestritten sein. In einem auffallenden Gegensatz zur Bedeutung des Themas steht aber die Undifferenziertheit, mit der – häufig ohne Nennung der zugrundeliegenden Indikatoren – über „wachsende Armut", „Armutsgefährdung" oder „Altersarmut" gesprochen wird. Dies weckt Ängste in der Bevölkerung und lässt bei den Menschen in der Mitte der Gesellschaft, die mit ihren Beiträgen und Steuern zum Abbau oder zumindest zur Abmilderung von Armut beitragen, Zweifel darüber aufkommen, ob die Mittel tatsächlich zielgenau eingesetzt werden. Von solchen Zweifeln getragene politische Reaktionen, die auf einen Rückbau sozialstaatlicher Aktivitäten abzielen, bedeuten aber eine erhebliche Gefahr für den sozialen Frieden. Für diejenigen, die sich für die Identifikation von s.n P.n und für die Formulierung von Handlungsstrategien verantwortlich fühlen, stellt sich deshalb im Hinblick auf ihre Kommunikationsstrategien und auf die Inhalte der Kommunikation auch die Frage nach der gesamtgesellschaftlichen Verantwortung ihres Handelns.

## Literatur

### Forschungsliteratur:

G. Cremer: Armut in Deutschland, 2016 • A. Groenemeyer/C. Hohage/M. Ratzka: Die Politik sozialer Probleme, in: G. Albrecht/A. Groenemeyer (Hg.): Hdb. soziale Probleme, Bd. 1, [2]2012, 117–191 • G. Albrecht: Theorie sozialer Probleme im Widerstreit zwischen „objektivistischen" und „rekonstruktionistischen" Ansätzen, in: Soziale Probleme 1/1–2 (1990), 5–20 • Zeitschrift für soziale Probleme und soziale Kontrolle, ab 1990 • H. Lampert: Sozialpolitik, 1980 • H. Braun: Die gesellschaftliche Ausgangslage der Bundesrepublik als Gegenstand der zeitgenössischen soziologischen Forschung, in: KZfSS 31/4 (1979), 766–795 • H. Geißler: Die Neue Soziale Frage, 1976 • A. Bellebaum/H. Braun: Soziale Probleme. Ansätze einer sozialwissenschaftlichen Perspektive, in: dies (Hg.): Reader Soziale Probleme I: Empirische Befunde, 1974 • R. K. Merton: Social Problems and Sociological Theory, in: ders./R. A. Nisbet (Hg.): Contemporary Social Problems, [2]1966, 775–823 • G. Baumert: Deutsche Familien nach dem Kriege, 1954 • H. Schelsky: Arbeitslosigkeit und Berufsnot der Jugend, 2 Bde., 1952 • E. Pfeil: Flüchtlingskinder in neuer Heimat, 1951 • M. Jahoda/P. F. Lazarsfeld/ H. Zeisel: Die Arbeitslosen von Marienthal, 1933 • C. Booth: Life and Labour of the People in London, 9 Bde., [2]1892–97 • M. Weber: Die Lage der Landarbeiter im ostelbischen Deutschland, 1892.

Literarische Werke:
B. Brecht: Die heilige Johanna der Schlachthöfe, [25]1995 • H. Heine: Gedichte 1845–1856, in: ders.: Säkularausgabe, Bd. 3, 1986 • G. Hauptmann: Die Weber, 1892 • É. Zola: Germinal, 1885 • V. Hugo: Les Misérables, 1862 • H. B. Stowe: Uncle Tom's Cabin, 1852 • B. von Arnim: Dies Buch gehört dem König, 1843 • C. Dickens: Oliver Twist, 3 Bde., 1839.

HANS BRAUN

## Soziale Rolle

Der Begriff der s.n R. bezeichnet ein Bündel von Erwartungen, die an den Inhaber einer typisch bestimmbaren Position innerhalb der Gesellschaft gerichtet werden. Voraussetzung hierfür ist, dass jeder Mensch einen Platz in der Gesellschaft einnimmt, in dem unterschiedliche Statuspositionen zusammenlaufen. Man ist dann Kind, Berufsmensch, Vereins- oder Parteimitglied, Staatsbürger, Nachbarin usw., und mit jeder dieser Eigenschaften sind bestimmte Erwartungen verbunden. Die Geschichte des soziologischen R.n-Konzepts nimmt ihren Anfang in der philosophischen Subjekt-Welt-Unterscheidung des 19. Jh. – Wilhelm Dilthey hatte sie formuliert, Georg Simmel weitergeführt. Zu dieser Zeit ist allerdings noch nicht von s.n R.n die Rede; der Begriff kommt in den Vereinigten Staaten der 1920er Jahre bei George Herbert Mead und in den 1930er Jahren bei Ralph Linton auf. Dieser bringt den Begriff mit dem Innehaben sozialer Statuspositionen in Verbindung und versteht unter einer R. die handlungsbezogene Ausführung eines jeden Status. R.n begreift er darüber hinaus als entweder von vornherein *zugeschrieben* oder im Laufe des Lebens *erworben*.

Vermutlich kommt der sozialwissenschaftliche Gebrauch des Begriffs aus dem Theater. Die Parallele von Bühne und dem Theater des Lebens findet sich schon bei William Shakespeare, der in seinem Stück „Wie es euch gefällt" festhält: „Die ganze Welt ist Bühne, Und alle Frau'n und Männer bloße Spieler" (Shakespeare 2018: 159). Auch wenn der metaphorische Gebrauch an Grenzen stößt, lassen sich viele Dimensionen des R.n-Begriffs bzw. Etappen der teilweise kontroversen wissenschaftlichen Diskussion gut veranschaulichen. So muss jede R. gelernt werden. Im sozialwissenschaftlichen Zusammenhang geht es hier um ↑Sozialisation, die damit beginnt, dass das Kleinkind typische Verhaltensweisen aus seinem nächsten Umfeld nachahmt. Es übernimmt dabei zunächst spielerisch die R.n anderer, übt sie ein und lernt sie zu verstehen. Später wird es sich in die R.n anderer hineinversetzen, wenn es erfolgreich mit ihnen interagieren will. Der Schauspieler wiederum ist i. d. R. an bestimmte Vorgaben gebunden, die entweder aus seiner R.n-Anweisung, seinem Text oder den Anweisungen durch die Regie hervorgehen. In der Soziologie wird diese Abhängigkeit des R.n-Trägers von gesellschaftlichen Strukturvorgaben als R.n-Determination diskutiert. Dies geht auf Überlegungen von Talcott Parsons zurück, der R.n als Bestandteile des sozialen Systems und damit als gesellschaftliche Erwartungen versteht. Sie ergeben sich aus kulturellen Werten, sind auf ↑Bedürfnisse gestützt und auf soziale ↑Interaktionen ausgerichtet. Ralf Dahrendorf reaktiviert im Anschluss daran den R.n-Begriff für die deutsche Diskussion und stellt ihn in den Mittelpunkt seines Menschenbildes vom *homo sociologicus*. Diesem ist die Gesellschaft mit ihrem komplexen Erwartungssystem, das an jede Position geknüpft ist, eine „ärgerliche Tatsache" (Dahrendorf 1974: 20). Abhängig von der ordnungserhaltenden Relevanz eines Handlungsmusters *kann*, *soll* oder *muss* er sich den gesellschaftlichen Erwartungen beugen – umso mehr, als mit Blick auf die Vielzahl an Erwartungszusammenhängen, in denen Menschen im Alltag stehen, Konflikte *innerhalb* und *zwischen* sozialen R.n unausweichlich sind (Intra- und Inter-R.n-Konflikt). Eine Interpretation des R.n-Konzepts i. S. v. Strukturtheorien übersieht jedoch leicht, dass keinesfalls jede Schauspielerin ihre R. auf identische Weise und exakt nach äußerlichen Vorgaben spielt. Wie eine Bühnen-R. ausgefüllt und ausgeführt wird, hängt nicht nur von Erwartungen ab, bei deren Enttäuschung mit Sanktionen – der Regie oder des Publikums – zu rechnen ist. Zum R.n-Spiel gehören auch die individuelle Interpretation, Emotionen ebenso wie das persönliche Engagement. Übertragen auf die gesellschaftliche Wirklichkeit mögen R.n zwar Erwartungszusammenhänge darstellen – aber nur wenige R.n sind so strikt vorgegeben, dass es keine individuellen Spielräume gäbe, wie die jeweilige R. auszugestalten sei. Allein das Vorhandensein von Sanktionen zeigt, dass gesellschaftliche Kräfte aufgewandt werden müssen, um ein Mindestmaß an Erwartbarkeit oder Planungssicherheit zu gewährleisten.

Problematisch wird die Theatermetaphorik jedoch an zwei Stellen. Zum einen finden sich in der gesellschaftlichen Wirklichkeit kaum die Stereotypen des Dramas; s. R.n sind weitaus komplexer und nicht leicht zu bestimmen – es bedarf einer differenzierten R.n-Analyse. So kann von Status- oder Positions-R.n ausgegangen werden, die eine gewisse Zahl an R.n-Merkmalen beinhalten. Die Lehrer-R. umfasst typische Beziehungen zu Schülern, Kolleginnen, Vorgesetzten und Eltern. Darüber hinaus hat, wer die Berufs-R. des Lehrers ausfüllt, im Alltag mannigfaltige andere Status-R.n wie die der Staatsbürgerin, des Vaters oder der Mittelschichtangehörigen inne.

Zum anderen sind soziale Prozesse in ihrem Ablauf nicht vorgegeben und die Akteure nicht auf ein eng definiertes Bündel an R.n-Aspekten festgelegt. R.n-Trägern haften die meisten ihrer R.n nicht permanent an, und ständig kommen sie in Situationen, die sie in Interaktionszusammenhänge bringen, welche von Status und Position völlig unabhängig sein können – etwa die R. des Verkehrsteilnehmers, der Gottesdienstbesucherin oder des Liebhabers. Die Beschäftigung mit Situations-R.n ist eng mit den Forschungen Erving Goffmans verbunden, der auf das Vorhandensein alltagsspezifischer R.n-Arrangements in Interaktionsritualen hingewiesen hat.

In der deutschen Soziologie hat die These des *homo sociologicus* eine kontroverse Diskussion ausgelöst, die zwei Stoßrichtungen aufweist: So geht es einerseits kritisch um die Frage, ob der in Anlehnung an den *homo oeconomicus* konzipierte *homo sociologicus* für ein soziologisch geprägtes Menschenbild stehen könne. Andererseits wird die Kritik an der Trennung von Individuum und einer ihm äußerlichen R. laut, was der Prämisse einer (Selbst-) ↑Entfremdung des ↑Subjekts gegenüber jedweder ↑Gruppe bzw. einer analytischen Unterordnung der Person unter die Determinierung durch gesellschaftliche Strukturmomente gleichkomme. Überdies stellt sich die Frage, inwieweit das R.n-Konzept überhaupt als sozialtheoretischer und v. a. operationalisierbarer Begriff einen messbaren Gegenstand zu konstituieren vermag. Der zweite Angriff auf rollentheoretische Argumentationsmuster erfolgt vonseiten neomarxistischer Theoretiker, die vorbringen, dass R.n-Theorien die determinierende Kraft gesellschaftlicher Produktionsverhältnisse nicht berücksichtigten.

Nach diesen Auseinandersetzungen ebbt die Diskussion um den Begriff der s.n R. ab. Das Ergebnis muss ambivalent bewertet werden. Einerseits ist das Konzept Bestandteil des Kanons soziologischer Grundbegriffe und dient Studierenden als griffiges Werkzeug zum Einüben des fachspezifisch distanzierten Blickes auf standardmäßiges Verhalten in kontextabhängig typischen Situationen. Andererseits scheint, wie Hartmut M. Griese feststellt, die Diskussion ausgereizt zu sein. Möglicherweise hatten zuerst die Konjunktur und die darauffolgende Trivialisierung des Begriffs zu Kontroversen geführt, nach deren Ende das Konzept zumindest als problematisch, seine Verwendung als riskant gesehen wurde. Kurz: Beim soziologischen R.n-Begriff handelt es sich um ein fachgeschichtlich prominentes Konzept, das – zumindest aus sozialtheoretischer Sicht – bis auf Weiteres unter Quarantäne steht.

### Literatur

W. Shakespeare: Wie es euch gefällt, in: ders.: Shakespeare's dramatische Werke, Bd. 5, 2018, 115–222 • H. M. Griese: Soziale Rolle, in: G. Endruweit/G. Trommsdorff/N. Burzan (Hg.): Wörterbuch der Soziologie, [3]2014, 411–415 • G. H. Mead: Geist, Identität und Gesellschaft, [4]1980 • H. Joas: Die gegenwärtige Lage der soziologischen Rollentheorie, [3]1978 • R. Dahrendorf: Homo Sociologicus. Ein Versuch zur Geschichte, Bedeutung und Kritik der Kategorie der sozialen Rolle, [13]1974 • R. Linton: Rolle und Status, in: H. Hartmann (Hg.): Moderne amerikanische Soziologie, [2]1973, 308–315 • U. Gerhardt: Rollenanalyse als kritische Soziologie, 1971 • H. P. Bahrdt: Zur Frage des Menschenbildes in der Soziologie, in: Europäisches Archiv für Soziologie 2/1 (1961), 1–17 • F. H. Tenbruck: Zur deutschen Rezeption der Rollentheorie, in: KZfSS 13/1 (1961), 1–40 • T. Parsons: The Social System, 1951.

OLIVER DIMBATH

# Soziale Sicherheit

I. Wirtschaftswissenschaftlich – II. Sozialethisch

## I. Wirtschaftswissenschaftlich

S. S. ist bei Umfragen eines der wichtigsten Anliegen der Menschen. Der ↑Staat soll sie gegen die großen ↑Risiken – ↑Arbeitslosigkeit, ↑Armut im Alter, Krankheit und Gebrechlichkeit – schützen. Die Erfüllung dieser Aufgaben ist der Kern jedes sozial- oder wohlfahrtsstaatlichen Konstrukts (↑Sozialstaat, ↑Wohlfahrtsstaat). Aus ökonomischer Perspektive können zwei Gründe für die Etablierung sozialer Sicherungssysteme angeführt werden: Zum einen wirken diese Systeme makroökonomisch als automatische Stabilisatoren. In Phasen der Nichterwerbsarbeit erhalten die Individuen monetäre Unterstützung aus dem Sozialsystem und können somit ihre Ausgaben weitgehend aufrechterhalten. Damit fällt deren ↑Konsum als Teil der gesamtwirtschaftlichen Nachfrage nicht aus und konjunkturelle Einbrüche können abgemildert werden. Soziale Sicherungssysteme stabilisieren die gesamtwirtschaftliche Nachfrage und somit die gesamte ökonomische Entwicklung. Zum anderen spielt die s. S. auch auf mikroökonomischer, d. h. individueller Ebene eine wichtige und stabilisierende Rolle.

Eine freiwillige private Absicherung der klassischen Lebensrisiken ist voraussetzungsreich. Auf sie kann gebaut werden, wenn Individuen die materiellen Ressourcen hierfür haben. Diese materiellen Möglichkeiten hängen wiederum von unterschiedlichen Faktoren wie soziale Stellung, Einkommensniveau und Lebensalter ab, was zu Verteilungsproblemen in der Gesellschaft führt. Über ↑Märkte organisierte Absicherungssysteme werfen aber nicht nur verteilungspolitische Probleme auf, sondern führen auch zu ↑Marktversagen, d. h. bestehende Marktunvollkommenheiten auf dem Versicherungsmarkt (↑Versicherung) haben preissteigernde und wohlfahrtssenkende Wirkungen. Damit ist eine staatliche Organisation der Absicherung von Lebensrisiken nicht nur aus distributiven, sondern auch aus allokativen Gründen (↑Allokation) notwendig. Neben den materiellen Möglichkeiten spielt auch die Bereitschaft der Individuen für eine Absicherung eine entscheidende Rolle, mit anderen Worten: Erkennen die Individuen bspw., dass sie eine Absicherung brauchen? Individuen überschätzen meist geringere und gleichzeitig öfter auftretende Risiken, wie etwa Erkältungen, und unterschätzen höhere Risiken, die seltener auftreten, wie etwa Arbeitslosigkeit, Alter und Krankheit, in ihren Auswirkungen und sorgen nicht entspr. vor. Derartige Abweichungen spielen für die Begründung und die Organisation sozialer Sicherung eine bedeutende Rolle, wie wir insb. am Beispiel der Alterssicherung zeigen werden.

Alterssicherung ist aus ökonomischer Sicht zunächst kein gesellschaftliches, sondern ein individuelles Problem. Unter den Rationalitätsannahmen des *homo oeconomicus* der Neoklassik spart das Individuum während seiner Erwerbsphase entspr. seiner Präferenzen einen Kapitalstock an, der in der Ruhestandsphase aufgebraucht wird. Diese sog.e Lebenszyklustheorie des Sparens benötigt allerdings einige Annahmen über das menschliche Verhalten, die sich i. S. d. Neoklassik am Menschenbild des *homo oeconomicus* orientieren. Zahlreiche Studien aus der ↑Verhaltensökonomik zeigen aber, dass es systematische Verhaltensweisen von Individuen gibt, die nicht mit dem Bild des *homo oeconomicus* zusammenpassen und weitreichende Folgen für die Absicherung im Alter haben, hier seien nur einige aufgezählt:

*a) Geldwertillusion*: Individuen weisen die Tendenz auf, in nominalen Werten zu denken anstatt in realen Geldwerten. Begründet wird dies mit der Einfachheit, Allgemeingültigkeit und dem unmittelbaren Hervorstechen der nominellen Werte. ↑Inflation wird so entspr. (stark) unterschätzt. Eine Überschätzung der individuellen Ansprüche aus der ersten Säule in Folge der unzureichenden Renteninformation führt dazu, dass die Notwendigkeit zur ergänzenden Altersvorsorge nicht erkannt wird.

*b) Finanz- und Altersaversion*: Je umfangreicher und aufwendiger die Beschaffung, Verarbeitung und Auswertung von Informationen zur Bewältigung finanzieller Entscheidungen sind, desto eher kommt es zu einer Überforderung. Dies ist bes. ausgeprägt im Zusammenhang mit geringer finanzieller Allgemeinbildung und wenig Erfahrungen im Umgang mit Finanzprodukten. Weiterhin wird das Alter systematisch mit negativen Eindrücken und Klischees wie geringerer Produktivität, Einsamkeit, Armut, Krankheit und Pflegebedürftigkeit assoziiert. Ein Unterlassen der Beschäftigung mit dem Thema der privaten Altersvorsorge wird bei einer Abneigung gegenüber Finanzthemen und negativen Altersbildern wahrscheinlicher.

*c) Kurzsichtiges Verhalten und Gegenwartspräferenz*: Individuen tendieren dazu, die in der entfernten Zukunft liegenden Konsequenzen ihres Verhaltens in der gegenwärtigen Situation nicht ausreichend zu berücksichtigen. Weiterhin werden gegenwärtige ↑Bedürfnisse gegenüber zukünftigen bevorzugt. Da bei kaum einem Gut der Anlagehorizont so lang ist wie bei der Altersvorsorge, dominieren hier Gegenwartspräfenzen bes. – der gegenwärtige Konsum wird dem im Rentenalter vorgezogen.

*d) Mangelnde Selbstkontrolle*: Durch ein Gefüge von lang- und kurzfristigen Präferenzen kommt es durch fehlende Selbstkontrolle zur Verletzung der intertemporalen Nutzenmaximierung. Das Individuum kann sich als „Planer" oder als „Macher" verhalten. Ersterer ist auf die Nutzenmaximierung über den Lebenszyklus ausgerichtet und kann sich an Regeln binden, etwa durch den Abschluss eines festen Sparplans zur Altersvorsorge. „Macher" hingegen haben einen kurzfristigen Zeithorizont, sind auf den gegenwärtigen Konsum fokussiert und unterliegen eher alltäglichen Versuchungen und Verlockungen als „Planer".

*e) Verlustaversion*: Die Bewertung von Gewinnen und Verlusten erfolgt nicht absolut, sondern relativ zu einem Referenzpunkt, wobei Verlusten ein deutlich höherer Wert beigemessen wird als Gewinnen in gleicher Höhe. Aus Angst vor finanziellen Verlusten kann eine freiwillige Altersvorsorge daher unterbleiben.

*f) Status-quo-bias*: Eng mit der Verlustaversion verknüpft ist der Status-quo-bias, wonach Individuen eine starke Tendenz aufweisen, im Status-quo zu verharren, da die Nachteile, diesen zu verlassen, gravierender erscheinen als die Vorteile. Einmal getroffene Entscheidungen, wie die Wahl des abgeschlossenen Vertrages für die Altersvorsorge, werden entweder nicht mehr hinterfragt oder es kommt erst gar nicht zu einem Vertragsabschluss, da die Situation ohne private Zusatzvorsorge unbedenklicher erscheint.

*g) Überflutung mit Wahlmöglichkeiten*: Eine große Zahl an Produkt- und Wahlmöglichkeiten erhöht die daraus resultierenden Kosten der Informationsbeschaffung deutlich. Bei den Individuen stellt sich schnell das Gefühl der Überforderung ein. Auch sinkt sowohl die Motivation, ein Produkt auszuwählen, als auch die Zufriedenheit mit der Entscheidung mit der Zahl der zur Auswahl stehenden Produkte. Bei der Altersvorsorge werden dann entweder gar keine Entscheidungen getroffen und kein Vorsorgevertrag abgeschlossen oder die Informationssuche vorzeitig abgebrochen, keine weiteren Vergleiche durchgeführt und so möglicherweise ein nicht geeignetes Produkt gewählt.

Aus neoklassischer Sicht liegen Anomalien des menschlichen Verhaltens vor, die zum Marktversagen führen. Die Konsequenz ist, dass Individuen nicht eigenständig und freiwillig für ihr Alter vorsorgen, wie es die Lebenszyklustheorie unterstellt und wie es auch tatsächlich notwendig wäre. Daraus ergibt sich die ökonomische Notwendigkeit für Staatseingriffe in Form einer Versicherungspflicht oder weicheren Formen wie etwa Steuern, Subventionen oder *Nudging* (sog.e Verhaltensanstöße, die eine Entscheidungsfindung erleichtern sollen). Es geht also immer um die Beeinflussung individuellen Verhaltens wie um die Gestaltung von Märkten, damit Individuen sich möglichst rational i. S. d. *homo oeconomicus* verhalten.

In Deutschland besteht Versicherungszwang für alle sozialversicherungspflichtig Beschäftigten, die über ihre

Sozialversicherungsbeiträge Anspruch auf Lohnersatz bzw. Sach- und Dienstleistungen im Falle von Arbeitslosigkeit, Krankheit, Alter, Pflege sowie Unfall (↑Unfallversicherung) erwerben. In der Pflichtversicherung müssen alle Individuen einer Versichertengemeinschaft Mitglied dieser Versicherung sein. In Deutschland ist dies der Fall für alle sozialversicherungspflichtig Erwerbstätigen in der ↑Arbeitslosen- oder der gesetzlichen Rentenversicherung. Hier gibt es nur eine ↑Sozialversicherung, bei der man automatisch versichert ist. Es gilt das Äquivalenzprinzip, d. h. Leistungen, die im Falle des Risikoeintritts in Anspruch genommen werden, richten sich nach den zuvor geleisteten Beiträgen. Gesichert wird so der Lebensstandard, also die Beibehaltung der relativen gesellschaftlichen Position der Individuen. In der Alterssicherung soll dies durch gesetzliche, betriebliche und private Absicherung gewährleistet sein.

Alternativ dazu kann eine Versicherungspflicht vorliegen. Besitzen die Individuen den für eine Versicherungspflicht notwendigen Status, in Deutschland wiederum die sozialversicherungspflichtige Beschäftigung, so müssen sie sich versichern, haben jedoch die Wahl zwischen verschiedenen Versicherungen. Dies ist der Fall in der ↑KV und ↑Pflegeversicherung, wo die Versicherten zwischen verschiedenen Kranken- und Pflegekassen wählen können. Die Modifizierung des Äquivalenzprinzips durch das Solidarprinzip (↑Solidarität) ist v. a. in der Bedarfsorientierung innerhalb der Kranken- und Pflegeversicherung zu sehen. Es gibt keine risikoäquivalente Prämiendifferenzierung, d. h. Beiträge orientieren sich nicht an individuellen Risikowahrscheinlichkeiten oder am Alter, sie sind über den gesamten Erwerbsverlauf für alle gleich. Der Zugang erfolgt ausschließlich über eine sozialversicherungspflichtige Beschäftigung; Ausschluss aufgrund bes.r Risiken wie schweren Erkrankungen oder der Ausschluss von bestimmten Leistungen ist in der Logik des Sozialversicherungssystems nicht vorhanden. Damit sind auch schlechte Risiken bedingungslos und ohne zusätzliche Beitragsleistungen abgesichert. Die für Versicherungen notwendige Streuung sog.er guter und schlechter Risiken erfolgt hier durch die große Zahl an Mitgliedern.

Schließlich kann die Absicherung auch freiwillig sein, der Staat versucht in diesem Fall die Bürger mit Hilfe marktwirtschaftlicher Instrumente zu einer Absicherung zu motivieren. Dies geschieht i. d. R. mit Hilfe von monetären Anreizen wie ↑Steuern und ↑Subventionen. Eine nicht-monetäre Beeinflussungsmöglichkeit ist zudem das sog.e *Nudging*. Die Entscheidungssituation der Individuen soll dabei so gestaltet werden, dass diese quasi automatisch die ökonomisch und damit gesellschaftlich gewünschte Entscheidung treffen. So müssen die Menschen in Deutschland der Organspende ausdrücklich zustimmen, während sie dieser in Österreich ausdrücklich widersprechen müssen. Aufgrund dieses mit Aufwand verbundenen Akts der Zustimmung oder Ablehnung gibt es in Österreich wesentlich mehr Organspender als in Deutschland. Meist handelt es sich bei diesen drei Absicherungsmöglichkeiten nicht um alternative, sondern um komplementäre Organisationen der sozialen Sicherung. Dies zeigt sich idealtypisch am Beispiel der Alterssicherung.

Die ↑Weltbank hat Mitte der 1990er Jahre begonnen, ein Drei-Säulen-Modell der Alterssicherung zu propagieren. Die drei Säulen sind eine staatliche grundlegende Absicherung, organisiert als Pflichtversicherung, eine betriebliche Absicherung verbunden mit einer Versicherungspflicht und als dritte Säule die private Absicherung unterstützt durch Subventionen und positiv wirkende Entscheidungssituationen. Für Deutschland wurde diese Idee der komplementären Absicherung etwas modifiziert: Die umlagefinanzierte gesetzliche ↑Rentenversicherung stellt die erste Säule da. Sie soll zwar nicht das ↑Existenzminimum, sondern den Lebensstandard sichern, was aber noch keine Aussage über den absoluten materiellen Umfang der Rente liefert, sondern nur die relative Position während des Erwerbslebens widerspiegeln soll. Dass die Säulen nicht gleich umfangreich sind, zeigt sich daran, dass diese erste Säule in Deutschland für etwa 80 % der Alterseinkommen steht. Insofern wäre der Begriff der Schichten dem der Säulen vorzuziehen. Die zweite Säule besteht aus der betrieblichen Altersvorsorge: Etwa 64 % der Beschäftigten haben eine betriebliche Altersversorgung, die aber nur etwa 5 % der zu beziehenden Ruhegelder ausmacht. Zudem gibt es ausgeprägte Divergenzen zwischen Branchen und Betriebsgrößen, so dass hier eine starke Segmentation zwischen den Erwerbstätigen in Bezug auf die Beteiligungsmöglichkeiten der Erwerbstätigen an dieser zweiten Säule besteht. Die dritte Säule ist v. a. unter den Begriffen Riester-Rente und Rürup-Rente bekannt geworden. Ziel ist die Sicherung des Lebensstandards mit Hilfe dieser Ergänzung. Rund 40 % der Bürger, die einen derartigen Altersvorsorgevertrag abschließen können, haben dies tatsächlich umgesetzt. Folglich ist auch der Deckungsgrad mit etwa 10 % am gesamten Renteneinkommen eher gering. Auch diese Form ist freiwillig und wird mit Subventionen unterstützt. Zudem wird überlegt, die Renteninformationen umfassender zu gestalten, d. h. insb. eine Übersicht über alle drei Säulen an einer Stelle zu ermöglichen und zudem die Entscheidungssituation so zu gestalten, dass automatisch mehr Personen eine Riester- oder Rürup-Rente abschließen.

Soziale Sicherung sollte also aus ökonomischen Gründen staatlich organisiert sein, weil die Individuen in vielfacher Hinsicht damit überfordert sind, entweder sie erkennen die Notwendigkeit nicht oder sie können aufgrund fehlender materieller Ausstattung nicht ausreichend vorsorgen. Folglich entstehen dem Staat bzw. der Gesellschaft Kosten, die nur über eine Versicherungspflicht bzw. eine Pflichtversicherung minimiert werden können.

### Literatur

M. Haupt/W. Sesselmeier/A. Yollu-Tok: Das Nudging-Konzept und die Altersvorsorge. Der Blick zu knuff und puff in Schweden, in: DIW-Vierteljahreshefte zur Wirtschaftsforschung 87/2 (2018), 17–31 • J. Boeckh u. a.: Sozialpolitik in Deutschland, [4]2017 • B. Dietz/B. Frevel/K. Toens: Sozialpolitik kompakt, [3]2015 • J. Althammer/H. Lampert/M. Sommer: Lehrbuch der Sozialpolitik, [9]2014 • H. Beck: Behavioral Economics, 2014 • G. Kubon-Gilke: Außer Konkurrenz. Sozialpolitik im Spannungsfeld von Markt, Zentralsteuerung und Traditionssystem, [2]2013 • E. Eichenhofer/H. Rische/W. Schmähl (Hg.): Hdb. der gesetzlichen Rentenversicherung. SGB VI, 2011 • G. Bäcker u.a: Sozialpolitik und soziale Lage in Deutschland, [5]2010 • R. H. Thaler/C. R. Sunstein: Nudge. Improving Decisions About Health, Wealth, and Happiness, 2008.

MARLENE HAUPT, WERNER SESSELMEIER UND AYSEL YOLLU-TOK

## II. Sozialethisch

Seit dem Auftauchen des Begriffspaars s. S. in den 1930er Jahren steht sein definitorischer Gehalt nicht fest. Der Begriff entzieht sich einer umfassenden bzw. allg. anerkannten Definition, nichtsdestotrotz kann er aber als normative Zielvorstellung einer auf umfängliche Absicherung ausgerichteten ↑Sozialpolitik identifiziert werden. Oft dient der Begriff auch als Synonym für ↑Sozialversicherung bzw. soziale Sicherung. Er unterliegt historischen Bedeutungsverschiebungen und steht in einem spezifischen, vom nationalen bzw. kulturellen Umfeld geprägten Kontext.

### 1. Der Social Security Act

Zuerst kommt der Begriff s. S. im angloamerikanischen Sprachraum auf und hält als Übersetzung von *social security* Einzug in den deutschen Sprachraum. Eine prominente Stellung nimmt er im Social Security Act ein, der von US-Präsident Franklin Delano Roosevelt am 14.8.1935 unterzeichnet wurde. Dieses Gesetz wurde im Rahmen des *New Deal* von der Roosevelt-Administration ausgearbeitet und begründet in den USA erstmals eine staatliche Verantwortung für die s. S. der Bürgerinnen und Bürger. So wird der Social Security Act mit folgenden Worten eingeleitet: „An act to provide for the general welfare by establishing a system of Federal old-age benefits, and by enabling the several States to make more adequate provision for aged persons, blind persons, dependent and crippled children, maternal and child welfare, public health, and the administration of their unemployment compensation laws; to establish a Social Security Board; to raise revenue; and for other purposes."

Die Verabschiedung des Social Security Act 1935 führte in den USA zur Schaffung eines ↑Sozialstaates, erste Sozialversicherungen wurden eingeführt, so die Rentenversicherung – die in den USA ebenfalls unter der Bezeichnung *Social Security* firmiert –, eine Witwenrente für die Angehörigen der Opfer von Industrieunfällen und Hilfen für Menschen mit Behinderung sowie für alleinerziehende Mütter. Mit Ende der 1930er Jahre verbreitet sich der Begriff der s.n S. über den angloamerikanischen Sprachraum hinaus, sicherlich unterstützt durch die Unschärfe des Begriffs. In der „Atlantik-Charta" vom 14.8.1941 formulierten der britische Premierminister Winston Churchill und US-Präsident F. D. Roosevelt mit Blick auf eine Nachkriegsordnung mehrere politische Grundsätze. Hier findet sich in Punkt 5 der Begriff der s.n S. wieder, wünschen sich die Regierungschefs doch „die engste Zusammenarbeit aller Nationen auf wirtschaftlichem Gebiet, um bessere Löhne, wirtschaftlichen Fortschritt und soziale Sicherheit zu gewährleisten". Auch wurde der Begriff der s.n S. in der „Erklärung von Philadelphia" (1944) der ↑ILO verwendet. „Von da an kann der Begriff als international etabliert gelten" (Kaufmann 2003 b: 84).

### 2. Soziale Sicherheit als menschenrechtlicher Tatbestand

1948 wurde der Begriff der s.n S. in die AEMR der ↑UNO aufgenommen. Art. 22 bestimmt programmatisch das Recht eines jedes Menschen auf s. S.: „Jeder hat als Mitglied der Gesellschaft das Recht auf soziale Sicherheit und Anspruch darauf, durch innerstaatliche Maßnahmen und internationale Zusammenarbeit sowie unter Berücksichtigung der Organisation und der Mittel jedes Staates in den Genuss der wirtschaftlichen, sozialen und kulturellen Rechte zu gelangen, die für seine Würde und die freie Entwicklung seiner Persönlichkeit unentbehrlich sind." S. S. und die Wahrung der ↑Menschenwürde stehen somit in einem unmittelbaren Zusammenhang. Die folgenden Art. 23 bis 27 der AEMR konkretisieren dieses Recht auf s. S.: Jeder Mensch hat ein Recht auf ↑Arbeit und gleichen ↑Lohn, das Recht auf Erholung und ↑Freizeit, das Recht auf ↑Wohlfahrt, das Recht auf ↑Bildung und die Teilnahme am Kulturleben.

Im IPwskR (kurz: „UN-Sozialpakt") – am 16.12.1966 von der UN-Generalversammlung einstimmig verabschiedet und im Jahr 1976 in Kraft getreten – werden in völkerrechtlich (↑Völkerrecht) verbindlicher Form grundlegende soziale ↑Menschenrechte garantiert. In Art. 9 des UN-Sozialpaktes wird zum einen das Recht eines jeden Menschen auf s. S. anerkannt und zum anderen wird klargestellt, dass unter diesen Begriff auch die Sozialversicherung fällt. Allerdings garantiert dieser Artikel weder ein subjektives Recht auf Aufnahme in das System der Sozialversicherung, noch wurde damit eine völkerrechtliche Verpflichtung geschaffen, das normative Leitbild der s.n S. durch die Schaffung einer Sozialversicherung umzusetzen.

### 3. Soziale Sicherheit und das System der sozialen Sicherung

Wenn unter s.r S. eine gesellschaftspolitische Leitidee bzw. eine programmatische Formel verstanden wird (neben ↑Gerechtigkeit, ↑Freiheit, ↑Solidarität und ↑Subsidiarität), auf deren Grundlage sich Staaten verpflichten, die Bevölkerung gegen ↑Risiken verschiedenster Art abzusichern, dann stellt sich die Frage, was alles dieser sozialpolitischen Zielvorstellung der s.n S. zugerechnet werden kann. Die ILO nennt im „Übereinkommen 102" über die „Mindestnormen der sozialen Sicherheit" von 1952 neun verschiedene soziale Risiken, vor denen das Individuum abgesichert werden soll: Krankheit, Verdienstausfall infolge von Krankheit, Alter, Arbeitsunfall und Berufskrankheit, Mutterschaft, Invalidität, Tod und Familienlasten.

Auf welche Weise Staaten diese normativen Zielvorstellungen der s.n S. institutionell umsetzen bzw. wie sie diese i. S. v. ↑Staatsaufgaben gewährleisten, steht ihnen (auch i. S. d. UN-Sozialpaktes) offen. Der Begriff der s.n S. kann von den politisch handelnden Akteuren weit ausgelegt werden. Mit dem Begriff der s.n S. können also verschiedene Systeme der sozialen Sicherung einhergehen, die im internationalen Vergleich verschiedene Ausprägungen erfahren.

### 4. Soziale Sicherung in Deutschland

In Deutschland existiert ein umfassendes System der sozialen Sicherung, das s. S. gewährleisten soll und dessen wichtigste Grundlagen sich in den zwölf ↑SGB finden. Geregelt sind dort u. a. die fünf Zweige der gesetzlichen Sozialversicherung: die ↑Rentenversicherung bzw. Alterssicherung (Rehabilitation, Rente bei Erwerbsminderung, Rente im Alter und Rente für Hinterbliebene), die ↑Arbeitslosenversicherung (Arbeitsvermittlung und Fördermaßnahmen, Arbeitslosengeld), die ↑KV (medizinische Behandlung, Arzneimittel, Krankengeld), die ↑Unfallversicherung (Behandlungskosten und Rente bei Arbeitsunfall oder Berufsunfähigkeit) und die ↑Pflegeversicherung (ambulante Pflege, Heimunterbringung, Pflegehilfsmittel, Rentenversicherungsbeiträge für Pflegepersonen). Mehr als 60 % aller Sozialleistungen (2019: 61,4 %) entfallen auf diese fünf Zweige der Sozialversicherung. Allein die gesetzliche Rentenversicherung und die GKV decken mit 30,5 % und 23,1 % mehr als die Hälfte aller Sozialausgaben ab (die aktuellen Daten finden sich im jährlichen Bericht der Bundesregierung über das Sozialbudget).

Die quantitativen Dimensionen der anderen Sozialleistungen fallen gegenüber der gesetzlichen Sozialversicherung deutlich ab. Hierbei handelt es sich entweder um Arbeitgeberleistungen (Entgeltfortzahlung und betriebliche Altersversorgung) oder um steuerfinanzierte Leistungen (↑Jugend- und ↑Sozialhilfe, Grundsicherung für Arbeitsuchende [„Hartz IV"], Kindergeld/Familienleistungsausgleich). Außerdem gehören zu den Sozialleistungen noch die Pensions- und Beihilfeausgaben für ↑Beamte. Als weitere Sozialleistungen sind zu nennen: die Ausbildungsförderung, das Elterngeld, das Wohngeld, die Entschädigungssysteme (↑Kriegsopferversorgung, Lastenausgleich), die Alterssicherung für Landwirte, die Versorgungswerke der ↑freien Berufe, die Zusatzversorgung im öffentlichen Dienst.

Neben diesen staatlich organisierten Sozialleistungen, die auf den Schutz von Standardrisiken zielen, werden auf der Grundlage der normativen Leitidee S.r S. auch weitere soziale Dienstleistungen vorgehalten. In einem weiteren Sinn gehören deshalb auch die sozialen Dienste mit ihren Angeboten zur Eingliederung und Wiedereingliederung von in Schwierigkeiten geratenen Menschen zum System der sozialen Sicherung.

#### Literatur

H.-J. Große Kracht: Gottvertrauen, Versicherungstechnik und soziale Sicherheit. Eine Spurensuche zur Semantik der Sicherheit im Katholischen Denken, in: K. Gabriel/H.-R. Reuter (Hg.): Religion und Wohlfahrtsstaatlichkeit in Deutschland, 2017, 425–443 • W. Maaser: Soziale Sicherheit in protestantischer Perspektive, in: ebd., 445–466 • M. Lengwiler: Cultural Meanings of Social Security in Postwar Europe, in: Social Science History 39/1 (2015), 85–106 • G. Bäcker u. a. (Hg.): Sozialpolitik und soziale Lage in Deutschland, Bd. 1, [5]2010 • E. Conze: Die Suche nach Sicherheit. Eine Geschichte der Bundesrepublik Deutschland von 1949 bis in die Gegenwart, 2009 • K. H. Metz: Geschichte der sozialen Sicherheit, 2008 • F.-X. Kaufmann: Ambivalenzen der sozialen Sicherheit, in: J. Allmendinger (Hg.): Entstaatlichung und soziale Sicherheit, 2003a, 114–133 • Ders.: Sicherheit: Das Leitbild beherrschbarer Komplexität, in: S. Lessenich (Hg.): Wohlfahrtsstaatliche Grundbegriffe, 2003b, 73–104 • B. Schulte: Das deutsche System der sozialen Sicherheit, in: J. Allmendinger/W. Ludwig-Mayerhofer (Hg.): Soziologie des Sozialstaats, 2000, 15–38 • D. Döring/R. Hauser (Hg.): Soziale Sicherheit in Gefahr. Zur Zukunft der Sozialpolitik, 1995 • G. Esping-Andersen: The Three Worlds of Welfare Capitalism, 1990 • C. Sachße/F. Tennstedt (Hg.): Soziale Sicherheit und soziale Disziplinierung. Beiträge zu einer historischen Theorie der Sozialpolitik, 1986 • F.-X. Kaufmann: Sicherheit als soziologisches und sozialpolitisches Problem, [2]1973 • W. Bogs: Grundfragen des Rechts der sozialen Sicherheit und seiner Reform, 1955 • H. Achinger: Soziale Sicherheit. Eine historisch-soziologische Untersuchung neuer Hilfsmethoden, 1953.

AXEL BOHMEYER

## Soziale Ungleichheit

### 1. Begriffe und Konzepte

*S. U.en* kennzeichnen solche Unterschiede zwischen Individuen oder Gruppierungen, die mit einer relativ stabilen Besser- oder Schlechterstellung verbunden sind und die somit zu verschiedenen Möglichkeiten der Verfügung über gesellschaftlich relevante Ressourcen und Teilhabeoptionen führen. Sie sind abzugrenzen von *Unterschieden*, *Heterogenitäten* oder *Differenzierungen*, die solche ↑Hierarchien nicht oder allenfalls mittelbar markieren (z. B. verschiedene Schuhgrößen). Dabei ist der Begriff der s.n (Un-)Gleichheit zu trennen von dem der sozialen (Un-)Gerechtigkeit: In modernen Gesellschaften gelten s. U.en nicht als natürlich oder gottgegeben, sondern als prinzipiell von Menschen gemacht, was legitime und illegitime Vorstellungen von Besser- und Schlechterstellungen impliziert. So kann etwa (auf Chancengleichheit [↑Chancengerechtigkeit, Chancengleichheit] basierende Ergebnis-)Ungleicheit als gerecht angesehen werden, wenn sie z. B. auf unterschiedlichen Leistungen oder Bedarfen beruht.

Zentrale (prinzipiell raum-zeitlich variierende) *Ungleichheits-Merkmale* sind etwa der Beruf (bzw. die Position im Erwerbsystem), ↑Bildung und materieller Wohlstand. *Ursachen* s.r U. beeinflussen, über welche (Teilhabe-)Ressourcen jemand verfügt; es kann sich um eher zugeschriebene (z. B. ethnische Herkunft) oder erworbene Eigenschaften (z. B. Bildungsqualifikationen) handeln. Hier zeigt sich bereits das Problem, dass Dimensionen, Ursachen und auch Folgen s.r U. (z. B. schichtspezifische Häufigkeiten von Krankheiten) nicht immer scharf voneinander zu trennen sind.

Analytisch wird zwischen vertikalen und horizontalen Ungleichheiten differenziert: *Vertikale* Ungleichheiten sind hierarchisch angeordnet, z. B. Bildungsabschlüsse oder soziale Schichten. *Horizontale* Ungleichheiten implizieren für sich genommen noch keine Rangfolge, können jedoch

*a)* vertikale soziale Positionen mit prägen (wenn z. B. das Geschlecht den beruflichen Aufstieg bei gleicher Qualifikation beeinflusst oder der Geschmack die Zugehörigkeit zu einer Statusgruppe markiert).

Sie können zudem

*b)* vertikale Statusachsen differenzieren (z. B. in Milieus mit unterschiedlichen Werteorientierungen).

Die Forschung zu s.r U. untersucht zum einen ungleichheitsrelevante Zusammenhänge *mittlerer Reichweite* (z. B. in welchem Ausmaß der Schulerfolg vom Bildungshintergrund der Eltern abhängt) und stellt diese zum anderen in einen *gesellschaftstheoretischen Kontext*. Ungleichheitsansätze gehen hier grundsätzlich davon aus, dass Gesellschaften primär vertikal (und nicht funktional in Teilbereiche wie Wirtschaft, Religion, Massenmedien etc.) differenziert sind. In jedem Fall geht das soziologische Interesse für s. U. als eines der Kernthemen der Disziplin über die Deskription von Unterschieden (wie sie z. B. die Marktforschung analysiert) hinaus, indem u. a. danach gefragt wird, welche (hierarchische) Struktur ungleicher Gruppierungen und ihrer Relationen es in einer Gesellschaft gibt, wie sich diese Struktur reproduziert oder wandelt, was daraus für Lebenschancen, Handlungsorientierungen und Zugehörigkeiten, Durchlässigkeit/soziale Schließungen und somit gesellschaftliche ↑Integration oder Spaltungen folgt.

Einer langen Tradition folgt die Konzeptionierung ungleichheitsrelevanter Gruppierungen in soziale *Klassen* oder *Schichten*. Beide Ansätze gehen v. a. von sozioökonomischen Ungleichheiten (der Stellung im Produktionsprozess bzw. ↑Beruf, ↑Einkommen etc.) sowie primär vertikalen Untergliederungen aus. Typische Lebenschancen, Mentalitäten etc. werden von diesen ressourcenorientierten Zuordnungen zu Klassen oder Schichten abgeleitet. Unterschiede der Ansätze bestehen u. a. darin, dass der Blick mit Klassenmodellen (v. a. in der Tradition von Karl Marx) stärker auf Ausbeutungsverhältnisse (↑Ausbeutung) sowie Konflikte zwischen Klassen (↑sozialer Konflikt) gelenkt wird und somit Prozesse vorrangig in Form ↑sozialen Wandels untersucht werden. Dagegen steht in Schichtmodellen (in Anlehnung etwa an Talcott Parsons oder Theodor Geiger) diese relationale Perspektive zugunsten z. B. von Mobilitätsanalysen weniger im Vordergrund. Soziale Durchlässigkeit vorausgesetzt, sind s. U.en nach diesem Modell z. B. aufgrund unterschiedlicher Leistungen für die Gesellschaft durchaus legitim. In der englischsprachigen Diskussion wird oft nicht scharf zwischen *social classes* und anderen Stratifikationsformen unterschieden, und auch zunehmende Differenzierungen s.r U.en (mit z. B. stärker wahrgenommenen Statusinkonsistenzen, der Abnahme übergreifender Geltungen von Statussymbolen und pluralisierten Einstellungs- und Handlungsmustern) stellten spätestens ab den 1960/70er Jahren eine Herausforderung für Klassen- und Schichtansätze dar. Im Zuge dessen löste s. U. auch den bis dahin gängigen Oberbegriff der sozialen Schichtung ab.

Seitdem bringen neben weiterentwickelten, differenzierten Klassen- und Schichtmodellen (z. B. bei John Harry Goldthorpe oder Rainer Geißler) andere Ungleichheitsmodelle diese Differenziertheit zum Ausdruck, bspw. *Milieu-* und *Lebensstilansätze*. Charakteristisch ist hier, dass die vertikale Achse einer U.s-Struktur systematisch durch eine horizontale Untergliederung ergänzt wird, so dass es bei z. B. ähnlicher Ressourcenausstattung mehrere Milieus gibt, die sich nach dem Alter (Gerhard Schulze) oder der Werteorientierung (Michael Vester, Sinus-Milieus) unterscheiden. Horizontale Aspekte wie das Geschlecht, die Lebensphase oder regionale Disparitäten kamen ebenfalls häufiger in den Blick der Forschung. Mit ihrer Differenziertheit sind diese Konzepte allerdings teilweise auch der Kritik ausgesetzt, eine eher theorieferne Beschreibung von Vielfalt zu liefern. Eine Zusammenführung verschiedener Perspektiven (Klassen, Lebensstile) beansprucht das Modell des *sozialen Raums* von Pierre Bourdieu: Lebensstile sind dort nicht allein Ausdruck eines klassenspezifisch geprägten ↑Habitus, sondern sie tragen durch die Markierung von Zugehörigkeit bzw. Distinktion auch zentral zur Reproduktion s.r U.en bei.

Eine weitere Gruppe von Ansätzen schließlich geht davon aus, dass sich bestehende s. U.en nicht mehr in einer stabilen Struktur ungleichheitsrelevanter Großgruppen (↑Gruppe) mit vergleichsweise homogenen

Handlungsorientierungen äußern. Ein prominentes Beispiel stellt hier die *Individualisierungsthese* von Ulrich Beck dar. Eine Freisetzung aus traditionellen Klassenbindungen geht danach mit zunehmenden individuellen ↑Risiken und Orientierungsunsicherheiten einher. *Intersektionalitätsansätze* betonen ebenfalls, dass es komplexe Konstellationen von Ungleichheitseffekten z. B. von Klassen-, Gender- und ethnischer Zugehörigkeit gibt, welche jeweils verstärkend oder abschwächend wirken können.

Die Diskussion um s. U. folgt heutzutage nicht einem dominanten Modell, sondern je nach Forschungsfrage ist eher von einem gewissen Konzeptpluralismus auszugehen. Nach der oben genannten Betonung differenzierter s. U.en ab ca. den 1980er Jahren gab es seither wieder auch „Rückbesinnungen" auf vertikale Ungleichheiten, ↑Diskriminierungen etc., die auf eine konzeptionelle Berücksichtigung von Differenzierungen, Zwischenstufen, Unschärfen etc. jedoch nicht verzichten können. Es bleiben theoretische Herausforderungen der Ungleichheitsforschung bestehen: So gilt es etwa, ungleichheitsrelevante Prozesse wie die Reproduktion bzw. den Wandel s.r U.en zu erklären und mehr oder weniger differenzierte Einteilungen von Kategorien vorzunehmen, die Lebenswirklichkeiten spiegeln (weshalb die soziologische Ungleichheitsforschung oft nicht allein auf z. B. Einkommenseinteilungen rekurriert).

## 2. Perspektiven der Forschung

Die empirische Forschung zu s.r U. ist so breit angelegt, dass hier kein umfassender Überblick zu ihren Befunden erfolgen kann. Stattdessen sei abschließend auf zwei Perspektiven verwiesen, die bei bzw. neben der Analyse von Zusammenhängen zwischen Ausprägungen s.r U. und ihren Ursachen bedeutsam sind.

Erstens geht es darum, *Prozesse* s.r U. treffend abzubilden. Mit Blick auf *Ressourcen* wird für Deutschland darauf verwiesen, dass eine „Schere" von Einkommensungleichheiten auseinandergeht und dass ↑Eliten sich zu einem nennenswerten Anteil aus sich selbst heraus reproduzieren, während die Verfestigung von ↑Armut zugenommen hat. Aber auch stärker *kulturelle Aspekte* solcher Prozesse sind beobachtbar, z. B. mit der Analyse von Dynamiken sozialer Grenzziehungen und Differenzherstellungen oder von Bedeutungen der Werteorientierungen und Habitus für die Statusreproduktion. Für Mittelschichtangehörige steht bspw. in Frage, ob ihnen als typisch zugeordnete Charakteristika wie das Streben nach langfristiger Planung auch unter sich wandelnden Bedingungen der Erwerbsarbeit eine erfolgreiche Strategie des Statuserhalts sein kann.

Zweitens bleibt es eine Aufgabe, *ungleichheitsrelevante Kategorien* festzulegen. Neben der Frage, wie Kategorien eingeteilt werden (z. B. nach beruflichen Qualifikationen), ist dabei – nach wie vor und immer wieder – zu klären, wie viele Gruppierungen mit welchen Grenzziehungen für welche Forschungsfrage unterschieden werden: Ab welchem Haushaltseinkommen gehört man etwa zur „Oberschicht"? Sind z. B. Facharbeiter/innen Teil der Mittelschicht, oder bilden sie eine eigene Kategorie? Dabei erweisen sich auch systematische Unschärfen als konzeptionell relevant, wenn z. B. prekäre Lebenslagen als gesellschaftliche Zwischenzone angesehen werden. Weiterhin sind vertikale U.en systematisch mit „Humandifferenzierungen" im weiteren Sinne in ein Verhältnis zu setzen.

Für beide Perspektiven besteht ein wichtiger Punkt der Debatte stets auch in ihrer *raum-zeitlichen Dimensionierung*. Mithilfe verschiedener Längsschnittdaten (für Deutschland z. B. das SOEP, eine jährliche Befragung seit 1984) können mittlerweile Verläufe über zumindest Jahrzehnte hinweg anhand eines vergleichbaren empirischen Settings nachvollzogen werden. Betont wird in der Diskussion insb. auch die räumliche Dimension in dem Sinne, dass es bedeutsamer wird, über den nationalstaatlichen Blick hinaus transnationale Prozesse bzw. globalisierte Kontexte zu berücksichtigen.

Der Dialog zwischen konzeptionellen Lösungen und empirischen Befunden mittlerer Reichweite einerseits und der Anbindung an gesellschaftstheoretische Fragen nach Strukturen und Dynamiken s.r U. andererseits wird hierbei auch künftig eine Aufgabe der soziologischen U.s-Forschung bleiben.

## Literatur

M. Schad/N. Burzan: Von Generation zu Generation. Strategien des Statuserhalts im Kontext von Familien- und Berufsmentalitäten in der Mittelschicht, in: N. M. Schöneck/S. Ritter (Hg.): Die Mitte als Kampfzone, 2018, 109–124 • L. Behrmann u. a. (Hg.): ‚Doing Inequality', 2017 • S. Hirschauer (Hg.): Un/doing Differences, 2017 • A. Reckwitz: Die Gesellschaft der Singularitäten, 2017 • A. Weiß: Soziologie globaler Ungleichheiten, 2017 • H. Bude/P. Staab (2016): Einleitung: Kapitalismus und Ungleichheit – Neue Antworten auf alte Fragen, in: Dies. (Hg.): Kapitalismus und Ungleichheit, 2016, 7–22 • Bundeszentrale für politische Bildung (Hg.): Oben – Mitte – Unten. Zur Vermessung der Gesellschaft, 2015 • S. Mau/N. M. Schöneck (Hg.): (Un-)Gerechte (Un-)Gleichheiten, 2015 • S. Popp: Die neue globale Mittelschicht, in: APuZ 64/49 (2014), 30–37 • N. Grimm u. a.: Die Ausweitung der Zwischenzone, in: SozW, 64/3 (2013), 249–268 • P. Sachweh: Symbolische Grenzziehungen und subjektorientierte Sozialstrukturanalyse, in: ZfS 42/1 (2013), 7–27 • U. Schimank: Gesellschaft, 2013 • N. Burzan: Soziale Ungleichheit. Eine Einführung in die zentralen Theorien, [4]2011 • J. Rössel: Sozialstrukturanalyse, 2009 • H. Solga u. a. (Hg.): Soziale Ungleichheit. Klassische Texte zur Sozialstrukturanalyse, 2009 • G. Winker/N. Degele: Intersektionalität, 2009 • S. Lessenich/F. Nullmeier (Hg.): Deutschland – eine gespaltene Gesellschaft, 2006 • S. Hradil: Soziale Ungleichheit in Deutschland, [8]2001 • M. Vester u. a.: Soziale Milieus im gesellschaftlichen Strukturwandel, 2001 • U. Beck: Risikogesellschaft, 1986 • P. Bourdieu: Die feinen Unterschiede, 1982.

NICOLE BURZAN

## Sozialenzykliken

Der Begriffsbestimmung (1.) folgen ein Überblick über das Textkorpus der S. (2.), Überlegungen zur Textgattung und ihrer hermeneutischen Erschließung (3.) sowie die Vorstellung der einzelnen Dokumente (4.) samt einem kurzen Ausblick (5.) [s.a.: ↑Christliche Sozialethik, ↑Katholische Soziallehre, ↑Sozialprinzipien].

### 1. Definition

S. sind hochrangige weltkirchliche Rundschreiben, mit denen die ↑Päpste seit Ende des 19. Jh. zu den sozialen, wirtschaftlichen und kulturellen Transformationsprozessen der modernen Gesellschaft Position beziehen. Sie richteten sich zunächst an die Vertreter der kirchlichen Hierarchie und einen innerkirchlichen Adressatenkreis, seit den 1960er Jahren auch an die säkulare Weltöffentlichkeit. Die S. bilden das Rückgrat der kirchlichen Sozialverkündigung, der auch Apostolische Schreiben, Konzils- und Synodendokumente sowie nachsynodale Schreiben, lokalkirchliche Stellungnahmen von ↑Bischöfen und ↑Bischofskonferenzen sowie Laienvertretungen und katholische Verbände zugeordnet werden. Das in den S. sich artikulierende „soziale Lehramt" schöpft aus theologischen Traditionen, christlichen Praxen und gesellschaftlichen Erfahrungen (u. a. Politischer Katholizismus; Sozialer Katholizismus [↑Katholizismus]) und rekurriert auf Erkenntnisse aus Gesellschafts-, im Kontext der ökologischen Frage auch Naturwissenschaften sowie Sozialphilosophie und Sozialethik. Als anlassbezogene Stellungnahmen zu gesellschaftlichen Entwicklungen und Problemlagen formen die S. kein geschlossenes Lehrgebäude; sie spiegeln eine korrekturoffene Entwicklung auf Basis christlicher Grundüberzeugungen in Korrespondenz mit dem gesellschaftlichen Wandel.

### 2. Genealogie der Sozialenzykliken

Die meisten geschichtlichen Darstellungen zur Soziallehre der Kirche zählen zum „Kanon" der S. (Stand: 2020), die Weltrundschreiben Leos XIII. „Rerum novarum" (RN, 1891), Pius' XI. „Quadragesimo anno" (QA, 1931), Johannes' XXIII. „Mater et magistra" (MM, 1961) und „Pacem in terris" (PT, 1963), Pauls VI. „Populorum progressio" (PP, 1967), Johannes Pauls II. „Laborem exercens" (LE, 1981), „Sollicitudo rei socialis" (SRS, 1987) und „Centesimus annus" (CA, 1991), Benedikts XVI. „Caritas in veritate" (CiV, 2009) und Franziskus' „Laudato si'" (LS, 2015) sowie das Apostolische Schreiben Pauls VI. „Octogesima adveniens" (OA, 1971) und das Dokument der Römischen Bischofssynode „De iustitia in mundo" (IM, 1971). Einige Erweiterungen des „Kanons", die den dominanten wirtschafts- und sozialpolitischen Fokus komplementieren, wären angebracht: Die Friedensnote „Dès le début" (1917) und die Enzyklika „Pacem, Dei munus" (1920) Benedikts XV. spielen in der Historiographie der katholischen Soziallehre jenseits friedensethischer Forschung bis dato keine Rolle, sind als Startpunkt der politisch-ethischen Traditionslinie im 20. Jh. aber wichtige Referenzen für PT. Die von QA ausgehende gesellschaftsethische Linie wird in den weiteren Enzykliken Pius' XI. „Mit brennender Sorge" und „Divini redemptoris" (beide 1937) gegen die zeitgenössischen ↑Totalitarismen fortgeschrieben. Pius XII. hat keine Enzyklika zu sozialen Fragen, jedoch zahlreiche wegweisende Ansprachen hinterlassen. In der Genealogie der S. auf die Pastoralkonstitution GS des ↑Zweiten Vatikanischen Konzils Bezug zu nehmen, ist Konsens der Forschung.

### 3. Hermeneutische Erschließung der Sozialenzykliken

Anspruch und Kompetenz(-grenzen) der päpstlichen Wortmeldungen zu wirtschaftlichen, (sozial-)politischen und ökologischen Fragen werden in den S. explizit reflektiert. Das päpstliche Lehramt kann keine genuine ökonomische, (sozial-)politische oder ökologische Fachkompetenz beanspruchen. In Anerkennung der „Autonomie der irdischen Wirklichkeiten" (GS 36) wollen die S. keine „technischen" Lösungen zu politischen oder wirtschaftlichen Problemen bieten (QA 41; IM 38; SRS 41). Hingegen reklamieren sie eine moralische Kompetenz sui generis. Während Pius XI. von der „höchsten Autorität" des Papstamtes ein „Richteramt über die gesellschaftlichen und wirtschaftlichen Fragen" (QA 41) ableitet, weicht der moralische Exklusivanspruch seit dem Zweiten Vatikanischen Konzil einem dialogischen Verständnis sozialmoralischer Verantwortung der Kirche. Begründet in der inkarnatorischen Grundstruktur des Glaubens, begreift diese Verantwortung „Freude und Hoffnung, Trauer und Angst der Menschen von heute, besonders der Armen und Bedrängten aller Art" (GS 1) als Ort von ↑Glaube und Gottesbegegnung und das Engagement für eine gerechte(re) Welt als konstitutive Dimension der Verkündigung des Evangeliums (vgl. IM 6, 36). Das „soziale Lehramt" (CA 2) gründet theologisch im Zusammenhang von Heilsverheißung und Gerechtigkeitsverpflichtung. Es umfasst die Aufgabe, in jeder geschichtlich neuen Situation die „Zeichen der Zeit im Licht des Evangeliums" zu erforschen und zu deuten (GS 4), sowie eine genuine Verantwortung für soziale ↑Gerechtigkeit i. S. d. Option für die Armen (vgl. SRS 42 f.).

Die Weitung zur Weltkirche seit Mitte des 20. Jh. stellt das päpstliche Lehramt vor die Herausforderung, Grenzen der eigenen Zuständigkeit innerhalb der kirchlichen Verantwortungsstrukturen i. S. d. Subsidiaritätsprinzips (↑Subsidiarität) zu bestimmen. Paul VI. erkennt die unersetzbare Sach- und Erfahrungskompetenz der Lokalkirchen in Bezug auf konkrete Kontexte und Problemlagen an und beschränkt das päpstliche soziale Lehramt auf das von „Rom" aus Sag- und Beurteilbare (OA 4). Als global adressierte Textgattung sprechen die S. eher allg.; sie können nur ins Konkrete geöffnet werden, wenn explizit auf kontextspezifische

Erfahrungen und Kompetenzen rekurriert wird. Kontexuelle Rezeption der S. unter weltkirchlichen Kommunikationsbedingungen bedeutet nicht nur „Anwendung" päpstlicher Äußerungen, sondern dialogisches und kreatives Zusammenwirken der Perspektiven und Kompetenzen.

Als gewichtige päpstliche Wortmeldung können S. auch in einer weltanschaulich und religiös pluralen ↑Öffentlichkeit mit Aufmerksamkeit über den kirchlichen Binnenraum hinaus rechnen. Um nachhaltig wirken zu können, muss appellative Kraft mit der Aneignung von Sachkompetenz in der Problemanalyse, argumentativ ausgewiesenen ethischen Urteilen und Handlungsimpulsen zusammenwirken. Anspruch auf Verbindlichkeit kommt ihnen nicht anders denn aufgrund der Überzeugungskraft des Arguments und der Glaubwürdigkeit des kirchlichen Absenders zu.

Als zeitgebundene päpstliche Stellungnahmen können die S. anhand einer Reihe systematischer wie pragmatischer Gesichtspunkte analysiert werden:

*a)* Thematisch kann eine „klassische" Fragestellung (z. B. Arbeit, Frieden) unter veränderten gesellschaftlichen Gegebenheiten (wieder) aufgenommen, ein Thema ganz neu gesetzt (etwa die „Entwicklung der Völker" [PP 1] in PP) oder gewichtet werden (wie die ökologische Frage in LS). Zeitgenössische Erfahrungen und Problemstellungen, unter denen ein Thema (oder Themenbündel) behandelt wird, bestimmen die sozial(-ethisch)e „Botschaft", die vermittelt, und die Intensität, mit der diese zur Geltung gebracht wird.

*b)* Wie ein Problem analysiert, wie ethisch und theologisch argumentiert wird und ob ein sachbezogener, begründender oder eher paränetischer Duktus vorherrscht, beeinflusst die innerkirchlichen, wie säkularen Wirkungsmöglichkeiten.

*c)* Eigenheiten der Argumentation, Differenzen in Sprache und Stil lassen ggf. Schlüsse auf den Entstehungsprozess und das Ringen um Positionen zu. Wessen Expertise in die Textentstehung eingeflossen ist, wird selten bekannt gemacht, kann aber u. U. aus einer „offiziösen" Kommentierung, der Beteiligung bestimmter Akteure an der öffentlichen Präsentation oder im Quellenstudium ex post erschlossen werden.

*d)* Welche kirchlichen und/oder außerkirchlichen Zielgruppen der Text erreichen will, hängt mit dem (historischem Wandel unterworfenen) Amts- und Kirchenverständnis (↑Amt, ↑Katholische Kirche) des päpstlichen Absenders, aber auch mit der Einschätzung der gesellschaftlichen Lage zusammen, die den primären Rezeptionsrahmen bildet.

*e)* Zeitpunkt der Veröffentlichung und signifikante Ereignisse (↑Krisen, Gedenkanlässe) im Umfeld lassen i. d. R. Schlüsse auf die Motive und Wirkabsichten des Absenders zu.

*f)* Mit wachsendem zeitlichen Abstand kann die kirchliche wie säkulare Rezeption eines Rundschreibens evaluiert werden. Welche Argumente, Passagen, Denkfiguren wiederkehren und sich durchsetzen, ist ebenso interessant zu verfolgen wie die Frage, was nicht (oder verzögert) rezipiert wird, und welche Positionen in welchen Kontexten Kritik provozieren.

*g)* S. reagieren auf konkrete historisch-politische Veränderungsprozesse, gleichwohl versteht sich der daraus erwachsene Überlieferungsstrang als konsistente Tradition (vgl. z. B. CA 3). Ein ausgebautes Referenzsystem auf vorausgehende S. indiziert Verknüpfungen mit bzw. Fortschreibungen der Lehre der Vorgänger. Explizite Bezugnahmen auf frühere Positionierungen können (paradoxerweise) auf eine Neubewertung von Sachverhalten hinweisen, die durch Rekurs auf Bewährtes abgesichert bzw. legitimiert werden soll. Neues zu entdecken, verlangt den genauen Blick darauf, *wie* Aussagen aus der Tradition in neue Zusammenhänge eingebettet werden. Selten werden Positionen explizit korrigiert.

*h)* Schließlich ist zu fragen, inwiefern die Impulse der S. für die Gesellschaftsgestaltung in der ekklesialen Sozialgestalt selbst adaptiert werden – man denke an anhaltende Kontroversen etwa um die Geltung des Subsidiaritätsprinzips sowie um die Aneignung menschenrechtlicher Standards in der Kirche.

## 4. Die Sozialenzykliken – Wegmarken einer dynamischen Entwicklung

In chronologischer Folge werden Themen, Schwerpunkte und Kernaussagen der S. vorgestellt, in den jeweiligen Kontext und in den Gesamtzusammenhang der Soziallehre der Kirche eingebettet.

„Rerum novarum", das erste päpstliche Rundschreiben zur ↑„Sozialen Frage" reagiert auf die „Arbeiterfrage" (RN 1), den neuartigen sozialen Konflikt (↑Konflikte, soziale) in den sich entwickelnden europäischen und nordamerikanischen ↑Industriegesellschaften: Lebens- und Arbeitsbedingungen sowie Rechte der Arbeiterschaft; ideologische Auseinandersetzungen zwischen liberalem ↑Kapitalismus und ↑Sozialismus; Polarisierung zwischen restaurativen und innovativ denkenden katholischen Kräften bzgl. der Zulässigkeit oder sogar der Gebotenheit staatlicher Interventionen respektive einer sozialstaatlichen Flankierung des Wirtschaftslebens. Vorstudien zur Enzyklika lieferte die 1885 durch Gaspard Kardinal Mermillod initiierte *Union de Fribourg*; die *Freiburger Katholische Vereinigung für soziale und wirtschaftliche Studien* versammelte kontroverse Positionen europäischer Experten. Erträge der Zusammenarbeit wurden Leo XIII. 1889 unterbreitet. Zudem wirkten US-amerikanische Auseinandersetzungen um Rolle und Gestalt von Arbeitervereinigungen/↑Gewerkschaften, v. a. vermittelt über James Kardinal Gibbons (Baltimore), auf die Enzyklika ein. RN erörtert die Herausforderungen der Sozialen Frage für die Kirche, den Staat sowie die Arbeitgeber und Arbeitnehmer. Sie verurteilt die Nötigung der besitzlosen ↑Massen unter „ein nahezu sklavisches Joch" (RN 2) und verteidigt – mit antisozialistischer Stoßrichtung – auf naturrechtlicher Basis (↑Naturrecht) das private Eigentumsrecht zugunsten der Arbeiterschaft (RN 3–12). Die Idee des ↑Klassenkampfes wird zurückgewiesen; weil ↑Kapital und ↑Arbeit aufeinander angewiesen seien, gelte es, eine ausgleichende Ordnung zu errichten (RN 15). Explizit werden ↑Würde und Menschenrechte (RN 21; 24) der Arbeiter betont; sie dürfen nicht übermäßig beansprucht und auf ihre Arbeitskraft reduziert, faire Arbeitsbedingungen und die Einhaltung von Ruhezeiten, v.a. die Sonntagsruhe, müssen gewährleistet werden (RN 32 f.). RN lehnt einen liberalistischen Minimalstaat ab und begründet die Fürsorgeverantwortung des Staates für die Arbeiterschaft mit deren Beitrag zum volkswirtschaftlichen Wohlstand (vgl. RN 26–29). Der Arbeiter sei auf den Broterwerb durch Arbeit angewiesen und insofern nicht frei im Hinblick auf das Lohnverhältnis. Die Vorenthaltung eines (für die Familie) Lebensunterhalt sichernden ↑Lohns wird als Gewalt verurteilt. Die Unverletzlichkeit des Eigentums der Arbeiter erfordert eine nur maßvolle Besteuerung, um nicht die Eigentumsbildung zu untergraben (RN 34 f.). Die ↑Koalitionsfreiheit der Arbeiter und die (katholischen) Arbeitervereine nehmen breiten Raum ein; die Verhältnisbestimmung zu gewerkschaftlichen Vereinigungen ist noch nicht geklärt (RN 36–44). Als erste lehramtliche Reflexion auf die Folgen der Industrialisierung (↑Industrialisierung, Industrielle Revolution) ist RN traditionsbegründend, markiert klare Standpunkte zu den Rechten der Arbeiter, dringt aber noch nicht zu einer systematischen Ursachenanalyse vor.

Im Pontifikat Benedikts XV. (1914–22), der die Bestrebungen Leos XIII. aufnimmt, den ↑Heiligen Stuhl als moralische Autorität in den Konflikten der Gegenwart zur Geltung zu bringen, zeichnet sich eine zweite, friedens- und politikethische Linie der Soziallehre der Kirche ab. Schon in seiner Antrittsenzyklika (1914) lehnt er den ↑Krieg ab; mit der Note „Dès le début“ (1917) – bis heute ein wichtiger Referenztext für die christliche Friedensbewegung, die Ächtung des Kriegs und das Engagement für politische Lösungen – startet er eine vergebliche Initiative zur Beendigung des Krieges und plädiert für eine internationale, Frieden schaffende ↑Schiedsgerichtsbarkeit. Die Enzyklika „Pacem, Dei munus“ (1920) wirbt für eine umfassende Völkergemeinschaft, für eine echte politische „Weltautorität“ sowie für eine Kampagne zur Demilitarisierung und setzt damit Akzente, die in späteren S. fortwirken sollten.

Die ↑Weltwirtschaftskrise und die Massenarbeitslosigkeit der 1920er Jahre, der Aufstieg totalitärer Regime in Europa sowie der Konflikt zwischen dem Vatikan und dem italienischen Staat um Bestrebungen zu einem faschistischen Korporativstaat bilden den zeitgeschichtlichen Hintergrund der Enzyklika „Quadragesimo anno“ Pius' XI. zum 40. Jahrestag von RN. Der Text geht auf Oswald von Nell-Breuning SJ zurück; ohne Bezug auf den ihm übertragenen Auftrag, einen Entwurf zu schreiben, erörterte er seine Überlegungen im *Königswinterer Kreis* u.a. mit Gustav Gundlach SJ, dessen sozialphilosophischen Impulse auf diesem Weg Eingang in den Text fanden.

Stilbildend für die weitere Tradition wird RN als Grunddokument einer „katholischen Gesellschaftswissenschaft“ (QA 20) gewürdigt; zentrale Aspekte in Bezug auf Kirche (Auftrag zur Arbeiterbildung), Staat (↑Sozialpolitik, ↑Arbeitsrecht) und Arbeiterschaft (Selbsthilfe mittels Arbeitervereinigungen/Gewerkschaften; Inanspruchnahme des Koalitionsrechts) werden rekapituliert. Die explizite Billigung gemischt-konfessioneller Gewerkschaften (QA 35) setzt dem Gewerkschaftsstreit ein Ende. Kernbotschaften von RN werden auf die zeitgenössische Lage hin fortgeschrieben. So wird das natürliche Recht des ↑Individuums auf „Sondereigentum“ verteidigt und über die Unterscheidung von „Recht“ und „Gebrauch“ mit der allem Eigentum innewohnenden Sozialfunktion verbunden (QA 42–52). Am Maßstab der „Gemeinwohlgerechtigkeit“ wird das Verhältnis von Kapital und Arbeit bestimmt (QA 53–58); Ziel ist die „Entproletarisierung des Proletariats“, dessen (bereits als globales Phänomen gesehene) Existenz eine ungerechte Verteilung der Erdengüter indiziere (QA 59–62). Das Lohnarbeitsverhältnis muss durch Lohngerechtigkeit legitimiert werden, die im Zusammenspiel von Lebensunterhaltsicherung (für die Familie), Lebensfähigkeit des Unternehmens und allg.er ↑Wohlfahrt zu ermitteln ist (QA 63–75). Das Stichwortpaar „Zuständereform und Sittenbesserung“ (QA 77) markiert Anforderungen an eine „neue Gesellschaftsordnung“ (QA 76–98). Hier wird das Subsidiaritätsprinzip eingeführt, das den Staat auf seine Rahmenverantwortung verpflichtet und begrenzt, um den Einzelnen und den gesellschaftlichen Akteuren den Freiraum ihrer Eigentätigkeit zu sichern (QA 79 f.). Weitaus weniger wirkmächtig als dieses Prinzip war der Vorschlag einer ↑berufsständischen Ordnung der Wirtschaftsgesellschaft (QA 81–98). Darin eingebettet ist eine kritische Überlegung zum freien Wettbewerb: Dieser könne „unmöglich regulatives Prinzip der Wirtschaft sein“, sondern habe nur innerhalb einer auf „soziale Gerechtigkeit und soziale Liebe“ gegründeten Ordnung Berechtigung (QA 88). Trotz harscher Kritik an der Vermachtung der Wirtschaftsbeziehungen sowie der ökonomischen Übermächtigung nationaler und internationaler Politik wird die „kapitalistische Wirtschaftsweise“ (QA 103) nicht verworfen, sondern nur hinsichtlich ihrer Fehlentwicklungen, die durch eine der sozialen Gerechtigkeit verpflichtete ↑Ordnungspolitik korrigiert werden müssen, kritisiert (QA 101–110). Wird die Kapitalismuskritik durch die Differenzierung zwischen Wirtschaftsordnung und Gesellschaftsordnung „abgefangen“, so beharrt QA trotz der Differenzierung zwischen ↑Kommunismus (sowjetischer Prägung) und „gemäßigtem“ Sozialismus, der „eine bemerkenswerte Annäherung […] an die Postulate einer christlichen Sozialreform“

(QA 113) erkennen lasse, auf der generellen Unvereinbarkeit von Sozialismus und christlicher Gesellschaftsauffassung (vgl. QA 111–125). Das Verdikt basiert auf der Annahme, der Sozialismus negiere notwendigerweise die Transzendenzdimension (↑Transzendenz) und die individuelle ↑Freiheit der ↑Person. Die abschließenden Überlegungen gelten den ideellen und religiösen Voraussetzungen einer Gesellschaftsreform; sie weisen sowohl dem Laienapostolat als auch dem Bildungsauftrag des Klerus eine bedeutende Rolle zu, womit sich der Kreis zum Anfang des Textes schließt (vgl. QA 127–148). QA entwickelt die katholische „Gesellschaftslehre" (QA 36) in neuscholastischer Denkform (↑Scholastik) auf der Höhe wirtschafts- und gesellschaftswissenschaftlicher Theoriebildung der Zeit zu einem systematischen Entwurf sozialer Gerechtigkeit und Gemeinwohlorientierung und fundiert damit auch die zahlreichen, durch G. Gundlach als Berater geprägten Ansprachen Pius' XII. zu sozial-, wirtschafts- und politikethischen Fragen.

Das Pontifikat Johannes' XXIII. beendet die Neuscholastik in der Soziallehre der Kirche. Die stärker erfahrungsbezogene und den empirischen Wissenschaften zugeneigte Denkform und der weniger akademische Sprachstil seiner beiden S. gehen auf französische und italienische Berater zurück. Den epochalen Veränderungen – Neuformierung ↑Europas, Dekolonisierung, ↑Kalter Krieg – entspricht die Erweiterung des Themenspektrums. „Mater et magistra" (1961) weitet das Blickfeld auf die Herausforderungen der Landwirtschaft (MM 123–156), auf die zunehmenden weltweiten Verflechtungen und Abhängigkeitsverhältnisse sowie die internationalen wirtschaftlichen und ↑sozialen Ungleichheiten (MM 157–199). Sie fokussiert überwiegend wirtschaftsethische (↑Wirtschaftsethik) Problemstellungen, setzt aber zugl. pastoral-praktische Akzente. Grundlegende Begriffe aus MM werden weiterwirken: Das im französischen Text – stets in Anführungsstrichen – verwendete Stichwort „socialisation" (Vergesellschaftung) begegnet in GS (6; 25) ebenso wie die Formel „der Mensch [...] Träger, Schöpfer und Ziel aller gesellschaftlichen Einrichtungen" (MM 219), die nur leicht verändert in GS 25 zitiert wird. Die formale Bestimmung des ↑Gemeinwohls geht in das Standardrepertoire päpstlicher Dokumente ein; die Differenzierung zwischen „volkswirtschaftlichem" und „gesamtmenschheitlichem" Gemeinwohl (MM 79 f.) wird PT genauer entfalten. Strukturbildend für etliche Folgetexte wird der Dreischritt „Sehen – Urteilen – Handeln" (MM 236) aus der Lebensweltanalyse der CAJ (↑Christliche Arbeitnehmerorganisationen). Dessen Aufnahme in der Enzyklika entspricht der neuen Gewichtung der Praxis als Ort der Verwirklichung der Soziallehre der Kirche sowie der sozialethischen Erziehung und Bildung.

Zwei Jahre später spricht „Pacem in terris" (1963) erstmals „alle Menschen guten Willens" an. Zeitpunkt und Thema des Dokuments, das von Pietro Pavan entworfen wurde, hängen mit der Kubakrise im Herbst 1962 zusammen. Die Veröffentlichung im April 1963 wirkt nachhaltig auf die Arbeit des Konzils, insb. auf GS und die Erklärung über die Religionsfreiheit DH, ein. Gegenstand des Textes ist die Sicherung des Weltfriedens durch politische Ordnung. Unter der Überschrift „Die Ordnung unter den Menschen" werden die allg.en ↑Menschenrechte in weitgehender sachlicher Entsprechung zur AEMR (1948) angeeignet (I.). Bes. Akzente legt PT auf den Zusammenhang von individuellen Freiheiten und den diese ermöglichenden sozialen ↑Grundrechten (vgl. PT 11) sowie auf die Notwendigkeit eines die Rechte tragenden Ethos („Pflichten"; PT 28–36). Anders als die ↑Vereinten Nationen, die weltanschaulich neutral bleiben mussten, bettet PT das menschenrechtliche Ordnungsmodell in den naturrechtlich und theologisch konnotierten Deutungsrahmen einer von Gott gestifteten gerechten Ordnung des Zusammenlebens in „Wahrheit, Gerechtigkeit, Liebe und Freiheit" (PT 35–38) ein und erörtert auf diesem Fundament die politischen Beziehungen auf staatlicher (II.), zwischenstaatlicher (III.) und weltgemeinschaftlicher Ebene (IV.). Jeder Teil schließt mit einer Würdigung der „Zeichen der Zeit" – Johannes XXIII. hat den neutestamentlichen Topos in die Soziallehre der Kirche eingetragen: Hervorgehoben werden die Emanzipationsbewegungen (↑Emanzipation) zur Überwindung von ↑Diskriminierung aufgrund der sozialen und wirtschaftlichen Lage (↑Arbeiterbewegung), des Geschlechts (↑Frauenbewegung) sowie politischer Abhängigkeit (Dekolonisierung; PT 39–45), die Entwicklung von Rechtsstaatlichkeit (↑Rechtsstaat), Grundrechtsstandards und Partizipationsmöglichkeiten der Bürger (PT 75–79), die Sicherung des ↑Friedens mit den Mitteln des ↑Rechts und der ↑Politik auf Basis vertrauensvoller Beziehungen (PT 126–129) sowie die Anerkennung und Fortentwicklung der UN als Ordnungssystem für die Beziehungen der Völker untereinander zum Schutz von Würde und Rechten der Person (PT 142–145). In diesem Kontext wird das von Benedikt XV. formulierte Postulat einer unparteiischen, im Konsens der Völkergemeinschaft etablierten, subsidiär den Rechten der Person und dem universalen Gemeinwohl verpflichteten, machtvollen politischen Gewalt entfaltet (PT 137–141), das in GS (81), durch Paul VI. in seiner Ansprache an die UN (1965) wie auch in PP (78) bekräftigt und noch von Benedikt XVI. (CiV 67) ohne substanzielle Veränderungen wiederholt werden wird. Das „Gemeinwohl der einzelnen Staaten", das „nicht ohne Rücksicht auf die menschliche Person" bestimmt werden könne, wird in Analogie zu dem „universale[n] Gemeinwohl aller Staaten zusammen" gesehen, das mittels der postulierten „universale[n] politische[n] Gewalt" an der Achtung und Förderung der Rechte der menschlichen Person Maß nehmen müsse (PT 139). Folgerichtig wird der einzelnen Person die doppelte politische Zugehörigkeit zu einem Staat und zur „Menschheitsfamilie" zuerkannt sowie (v. a. mit Blick auf die politischen Flüchtlinge) ein Recht auf Aus- und Einwanderung, begründet (PT 25, 103–108). Wettrüsten und atomare Aufrüstung werden verurteilt (PT 109 f.); angesichts des Zerstörungspotenzials dieser Waffen könne der Krieg vernünftigerweise nicht mehr als Mittel zur Wiederherstellung verletzter Rechte gelten (PT 127). Als friedens- und politikethisches Grundlagendokument ist PT ein zentraler Referenztext für die späteren S. Mit der Aneignung der modernen Menschenrechte als Gerüst einer persongerechten Ordnung überwindet PT unumkehrbar die ablehnende Haltung der Päpste des 19. Jh. gegenüber den modernen Freiheitsrechten.

Die Pastoralkonstitution „Gaudium et spes" (1965) stellt eine Synthese der traditionellen Sozialverkündigung mit den neuen Akzenten des Pontifikats Johannes' XXIII. dar. Eine theologische Zeitdiagnose unter dem Leitmotiv der „Zeichen der Zeit" (GS 4–11), eine Skizze christlicher ↑Anthropologie (GS 12–22) und eine fundamentale theologische Sozialethik (23–39) weisen die erfahrungsbezogene Reflexion der sozialen Frage(n) als genuin theologische Aufgabe aus; sie erfordert einen Dialog (↑Kirche und Welt), in dem die Kirche sich selbst auch als Lernende versteht (vgl. GS 40–44; I.). Mit Familie, Kultur, Wirtschaft, Politik, Frieden wird ein breites sozialethisches Tableau abgesteckt, in dem die ökologische Dimension jedoch noch fehlt (II.). Der Text ist konsequent induktiv aufgebaut und geht in „kritischer Zeitgenossenschaft" (Kreutzer 2006) und einem dialogischen Gestus auf die moderne ↑Gesellschaft zu. In der Adaption der modernen Menschenrechte, der weltweiten Dimensionierung von Gemeinwohl und sozialer ↑Verantwortung und der Fokussierung auf menschengerechte Ordnungen als Fundament des Friedens folgt GS den Weichenstellungen von PT.

Der Enzyklika „Populorum progressio" (1967) Pauls IV. schreibt die Historiografie der S. einen RN analogen Stellenwert zu (SRS 2; CiV 8), insofern sie in der Ära der Dekolonisierung die „Entwicklung der Völker" (PP 1) zentral stellt und der ↑Globalisierung der Sozialen Frage Rechnung trägt. Vorarbeiten sind bereits 1964 im Gang. Autor mindestens des ersten Entwurfs ist Louis-Joseph Lebret OP, Gründer von *Économie et humanisme*, einer Bewegung, die sich der globalen Entwicklung und der ↑Weltwirtschaftsordnung widmete. Eine „Brücke" zwischen GS und PP ist die im Januar 1967 auf Initiative von Konzilsvätern aus der sog.en Dritten Welt (GS 90) eingesetzte Päpstliche Kommission ↑*Justitia et Pax* (PP 5).

PP antwortet auf die wirtschaftliche und soziale Kluft zwischen den ↑Eliten und der Masse der Armen in den ehemaligen Kolonialgesellschaften (↑Kolonialismus) einerseits, den wohlhabenden Industrienationen und den Staaten der sog.en Dritten Welt andererseits und kritisiert ein reduktionistisches Verständnis von „Entwicklung", das den Menschen mit seinen auch immateriellen Bedürfnissen aus dem Blick zu verlieren droht. Teil I (PP 6–42) formuliert ein Modell integraler Entwicklung *jedes Menschen* in materieller, geistiger und spiritueller Dimension (PP 12–21) als Maßstab für Programme und politische Strukturen (PP 32–34). Neue Akzente setzt PP in der Eigentumslehre, indem sie die Teilhabe aller an den Gütern der Erde dem Privateigentum vorordnet und die grundsätzliche Zulässigkeit der ↑Enteignung von Grundbesitz um des Gemeinwohls willen feststellt (PP 22–24). Dies und der Verzicht auf eine Wiederholung des Verdikts gegenüber dem Sozialismus bedeuten eine faktische Öffnung nach „links". Teil II (PP 43–80) stellt mit der dreifachen Verpflichtung *(officium)* zur ↑Solidarität, zur sozialen Gerechtigkeit und zur universalen ↑Liebe die *menschheitliche* Perspektive ins Zentrum (PP 43 f.). Solidarität verlange über Not- und Katastrophenhilfe hinaus partnerschaftliche Entwicklungszusammenarbeit, die das ↑Selbstbestimmungsrecht achtet und die Eigeninitiative der Armen unterstützt, sowie Wissenstransfer und das Teilen von Reichtum (PP 45–55). Die soziale Gerechtigkeit fordere, die internationalen Wirtschaftsbeziehungen zugunsten fairer Teilnahmebedingungen im Welthandel zu regulieren (PP 56–65). Universale Liebe inspiriere Gastfreundschaft und Fairness auf der Ebene menschlicher Beziehungen im internationalen Austausch, in der Entwicklungszusammenarbeit und bei interkulturellen Aktivitäten (PP 66–75). Die (in allen Übersetzungen, aber nicht im lateinischen Text vorhandene) Formel „Entwicklung ist der neue Name für Friede" (Überschrift zu PP 76–80) bindet die wirtschafts- und die politikethische Linie der S. im globalen Horizont unter dem Ziel des Friedens zusammen.

Zum 80. Jahrestag von RN richtet Paul VI. das Apostolische Schreiben „Octogesima adveniens" (1971) an den Präsidenten der Päpstlichen Kommission *Justitia et Pax*. Indem er die Notwendigkeit unterstreicht, kontextuelle Antworten auf die weltweiten Gerechtigkeitsprobleme dezentral zu erarbeiten, wertet er den Beitrag der lokalen Kirchen zur Soziallehre der Kirche auf (OA 4). Das Schreiben spricht „neue Probleme" (OA 42; I.) an, die bis dato allenfalls beiläufig in S. erwähnt worden waren: Angesichts von Landflucht, Verstädterung und Not in den Elendsvierteln am Rande der Megastädte werden die Rechte der Marginalisierten betont (OA 8–15). ↑Rassismus, Arbeitsmigration, ↑Armut, Katastrophen und ungesundes Klima werden als Fluchtursachen und ein ungebremstes Bevölkerungswachstum als Armutstreiber angesprochen (OA 16–18). Auf die drohende Umweltzerstörung als menschengemachtes Problem wird erstmals hingewiesen (OA 21). Der Würdigung der grundlegenden Ansprüche auf menschenrechtliche Gleichheit und Partizipation (Mitbestimmung) sowie deren Umsetzung in demokratischen Gesellschaften (OA 22–25) wird eine Ideologiekritik gegenüber ↑Marxismus und Liberalismus (OA 26–37) sowie einem das Humanitätsideal verkürzenden ↑Positivismus gegenübergestellt (II.); letzterem werden „die

Humanwissenschaften" (OA 38), sofern sie mit totalisierendem Anspruch auftreten, und eine auf einem reduktionistischen Menschenbild basierende Fortschrittsideologie (↑Fortschritt) zugeordnet (OA 38–41). Bemerkenswert im Spiegel früherer S. ist eine differenzierende Wahrnehmung der Vielgestaltigkeit des Sozialismus, dem gegenüber Christen zu einer sorgsamen Unterscheidung in Bezug auf humane ↑Werte aufgefordert werden (OA 31). Praxisorientiert werden die Erfordernisse globaler Verteilungsgerechtigkeit in Achtung vor dem Selbstbestimmungsrecht der Völker, der instrumentelle Charakter der ↑Wirtschaft, der Vorrang der Politik sowie der Auftrag der Christen zur Übernahme von ↑Verantwortung und zur Mitwirkung an einer gemeinwohlorientierten Politik betont (OA 42–47) (III.). Dem von der Haltung des Suchens bestimmten Aufruf zum Handeln (OA 48–52) entsprechen die Wertschätzung der Kreativität, die theologische Würdigung der ↑Utopie als Modus der Gesellschaftskritik (OA 37) sowie die Wertschätzung eines für legitime Pluralität offenen christlichen Engagements (OA 50).

Mit dem ersten sozialethischen Dokument einer Weltbischofssynode „De iustitia in mundo" (1971) macht sich die Versammlung von 170 Repräsentanten des Weltepiskopats die globale soziale Frage als Aufgabe der Kirche zu eigen. Durch weltweite Konsultationen vorbereitet, weist das Dokument die Gerechtigkeitsverantwortung als *konstitutive* Dimension des Verkündigungsauftrags der Kirche aus (IM 6, 36). Der globalen Gerechtigkeitsproblematik (I.) werden die Botschaft des Evangeliums und die Sendung der Kirche (II.) sowie eine religiöse, pädagogische und politische Praxis der Gerechtigkeit (III.) zugeordnet. Angesichts der wirtschaftlichen, politischen und sozialen Asymmetrien zwischen Industrie- und Entwicklungsländern mahnen die Bischöfe Strukturreformen für faire Güterverteilung und Beteiligung an den globalen Interaktionsprozessen an und prangern die Gefährdung der Lebensgrundlagen (IM 8), die Bindung von Ressourcen durch Rüstungswettlauf (IM 9) und die unverhältnismäßige Rohstoffausbeutung durch die Industrieländer (IM 11) an. Sie kritisieren ein ökonomistisch-technizistisches, neokoloniales Entwicklungsverständnis (IM 12) und formulieren 15 Jahre vor der entspr.en Erklärung der UN ein „Recht auf Fortschritt", das Schutz und Verwirklichung von ↑Menschenwürde und Menschenrechten sowie die selbstbestimmte Entwicklung der Völker sichern soll (IM 13–18). Der Notwendigkeit globaler Strukturreformen wird die Verantwortung der Entwicklungsländer zur Eigeninitiative zur Seite gestellt. Den Einfluss der Kirchen und der Befreiungstheologien Lateinamerikas (↑Theologie der Befreiung) zeigen die prägnante Darlegung der biblischen Botschaft von Befreiung und Gerechtigkeit (IM 30–39) und die Verpflichtung der Kirche auf Verwirklichung von Gerechtigkeitskriterien und Grundrechten in der eigenen Institution (IM 40–49); damit eröffnet IM eine neue, selbstreflexive Dimension der Sozialverkündigung der Kirche (IM 42). Zudem werden die Erziehung zur Gerechtigkeit als Aufgabe der Kirche, die ökumenische Zusammenarbeit zur Förderung der Gerechtigkeit und die Bedeutung internationaler Zusammenarbeit, der UN und ihrer Entwicklungsprogramme (IM 64) sowie das Selbstbestimmungsrecht eines jeden Volkes betont.

Zum 90. Jahrestag von RN fokussiert die erste der S. Johannes Pauls II., „Laborem exercens" (1981), die menschliche Arbeit „als Dreh- und Angelpunkt der Sozialen Frage" (I.). Das Arbeitsverständnis (II.) ist bestimmt durch den Vorrang der *Subjektivität* der Arbeit (↑Arbeitnehmer) als Modus menschlicher Selbstverwirklichung (LE 6) gegenüber deren Ergebnis (LE 5). Nicht die Art der Arbeit, sondern die Würde des arbeitenden Menschen (LE 9) bildet den Maßstab jeglicher Arbeit, nicht nur der Erwerbsarbeit. Gleichwohl stehen die abhängige Erwerbsarbeit, die strukturellen Erfordernisse fairer Arbeitsverhältnisse sowie die Verletzlichkeit des arbeitenden Menschen im Vordergrund. Angesichts der Gefahr der ↑Verdinglichung der Arbeit(enden) (LE 7) wird die Solidarität der (und mit den) arbeitenden Menschen, v. a. in Form von Gewerkschaften, die für gerechte Löhne und faire Arbeitsbedingungen kämpfen, betont (LE 8). Im Hinblick auf die Konflikte um Arbeit und Kapital (III.) wird der „Vorrang der Arbeit vor dem Kapital" (LE 12) unterstrichen: Das Kapital wird durch Arbeit hergestellt und hat nur instrumentelle Funktion (LE 13); dementsprechend wird der Anspruch der Arbeitnehmer auf Miteigentümerschaft an den Produktionsmitteln angemahnt (LE 14 f.). Die Rechte des arbeitenden Menschen (IV.) werden aus der Subjektivität der Arbeit und einer korrespondierenden moralischen Verpflichtung zur Arbeit hergeleitet (LE 16). Neu ist die sozialethisch bedeutsame Unterscheidung von unmittelbarem und mittelbarem Arbeitgeber (LE 17–19). Letzterer meint den Staat und seine beschäftigungspolitische Rahmenverantwortung sowie internationale Bedingungsfaktoren für eine „gerechte Arbeitspolitik" (LE 17), die Vermeidung von ↑Arbeitslosigkeit und den Schutz der Arbeitnehmerrechte (LE 18). Der unmittelbare Arbeitgeber wird mit den Ausführungen zum gerechten Lohn als Schlüssel zur Verwirklichung des Rechts auf Teilhabe an der Nutzung der Erdengüter adressiert (LE 19). Unter der Idee des familiengerechten Lohns findet Frauenarbeit Aufmerksamkeit unter dem Fokus, aus finanziellen Gründen erzwungene Erwerbstätigkeit von Müttern zu vermeiden (eine geschlechtergerechte Aufteilung von Familien- und Erwerbsarbeit ist nicht im Blick). Gewerkschaftswesen und Streikrecht werden zur Einforderung der Arbeitnehmerrechte verteidigt (LE 20). Als bzgl. ihrer Rechte in der Arbeit bes. verletzliche Gruppen werden die in der Landwirtschaft Tätigen, Menschen mit Behinderung sowie Wanderarbeiter (LE 21–23) angesprochen. Den Schluss des Textes bildet eine schöpfungstheologische und christologische Spiritualität der Arbeit (V.). Manche Kommentatoren kritisieren die Einlassungen von LE zu den liberal-kapitalistischen Bedingungen der Arbeit als (zu) „radikal“, andere monieren die als einseitig wahrgenommene Fokussierung auf Arbeit gegenüber anderen Formen menschlicher Selbstverwirklichung, die Fokussierung auf europäische bzw. industriegesellschaftliche Verhältnisse sowie das Fehlen eines ökologischen Krisenbewusstseins.

Dem Rundschreiben „Sollicitudo rei socialis“ zum 20. Jubiläum von PP (datiert auf den 31.12.1987; publiziert im Februar 1988) war eine Befragung der Ortskirchen mit der Bitte um Lageeinschätzungen vorausgegangen (SRS 2). Anschließend an die Würdigung von PP (II.) präsentiert SRS im Kontext des „verlorenen Jahrzehnts“ der ↑Entwicklungspolitik eine pessimistische Analyse der Weltlage (III.). Die wachsende wirtschaftliche und soziale Kluft zwischen Arm und Reich (SRS 14 f.), die Unterentwicklung zementierenden Abhängigkeiten und die internationale Verschuldungskrise (SRS 16–19) werden ursächlich mit den Folgen der Blockkonfrontation – ideologische Systemkonkurrenz, Stellvertreterkriege, Vorordnung partikularer Sicherheitsinteressen vor internationaler Solidarität – verbunden (SRS 20–25). Positiv wird die Zunahme von Menschenrechts-, Solidaritäts-, Friedens- und Umweltbewusstsein hervorgehoben. Die moralische Analyse (IV.) beklagt eine schädliche „Überentwicklung“ in den reichen Ländern als Folge der Vorordnung des Habens vor dem Sein (SRS 28) und kontrastiert damit den der „Berufung“ des Menschen zur *imago Dei* entspr.en Maßstab „wahrer“ (SRS 29) menschlicher Entwicklung (SRS 29–31). Dem tugendethischen Maßstab werden sozialethisch menschenrechtliche Kriterien beigeordnet: die Rechte der Völker auf selbstbestimmte Entwicklung und kulturelle ↑Identität, die individuellen Menschenrechte sowie schließlich die Achtung vor den Geschöpfen und ein schonender Umgang mit den natürlichen Ressourcen (SRS 32–34). Neu ist die Aneignung befreiungstheologischer Kategorien in der theologisch-pastoralen Analyse (V.): Die Verflechtung individueller und struktureller Entwicklungshemmnisse wird anhand der Kategorie „Strukturen der Sünde“ (SRS 36) gedeutet; die „(vorrangige) Option für die Armen“ (SRS 39) schärft das Plädoyer für die Solidarität als Wille zur umfassenden Verantwortung und als Weg zum Frieden (SRS 38–40). Nach den Abwehrkämpfen der Römischen Glaubenskongregation unter Joseph Kardinal Ratzinger gegen prominente lateinamerikanische Theologen und nach den Instruktionen zur Befreiungstheologie „Libertatis nuntius“ (1984) und „Libertatis conscientia“ (1986) markiert SRS mit der Adaption befreiungstheologischer Zentralbegriffe einen Wendepunkt in dieser Auseinandersetzung. Der Schlussteil adressiert vor dem Hintergrund des interreligiösen Gebetstreffens in Assisi 1987 die Religionen übergreifende Zusammenarbeit (SRS 47).

„Centesimus annus“ (1991) zum 100. Jahrestag von RN reagiert auf die politische Wende von 1989/90. Der Papst, der an den Voraussetzungen der „friedlichen Revolution“ in Polen selbst mitgewirkt hat, unterzieht RN und die darauf gründende Tradition des „sozialen Lehramts“ der Kirche (CA 2) einer Relecture im Licht von 1989 (II./III.). Drei Themenstränge ziehen sich durch den Text:

*a)* Nach dem Scheitern der real-sozialistischen Regime in Osteuropa wird der „Kapitalismus“ (CA 42) differenziert bewertet: Im Kapitel über ↑Eigentum und universale Bestimmung der Güter (IV.) werden ↑Markt und ↑Wettbewerb als Institutionen des freien Wirtschaftens unter der Bedingung einer freiheits- und sozialrechtlichen politischen Ordnung gutgeheißen; ein liberal-kapitalistisches Gesellschaftsmodell ohne solche ordnungspolitischen Sicherungen sozialer Gerechtigkeit wird entschieden zurückgewiesen. Die Eigentumslehre wird erweitert um den „Besitz von Wissen, von Technik und von Können“ (CA 32), der den Menschen selbst zur wichtigsten Ressource seines Schaffens macht; in diesem Zusammenhang ist das viel beachtete Postulat eines Rechts auf unternehmerische Initiative zu lesen. Der Problemanzeige zur ↑Ökologie werden, jeweils in Anführungszeichen, „Sozialökologie“, bezogen auf Lebensräume und Arbeitsbedingungen, und „Humanökologie“, bezogen auf ↑Familie und Lebensschutz, zur Seite gestellt (CA 38 f.).

*b)* Im Kapitel „Staat und Kultur“ (V.) wird die ↑Demokratie als auf politische Beteiligung und Verantwortung bauendes System unter der Voraussetzung von Rechtsstaatlichkeit und einer die Rechte der Person sichernden Ordnung ausdrücklich wertgeschätzt; die eigenständige Bedeutung („Subjektivität“ [CA 35]) der Gesellschaft als Raum der freien Entfaltung und Beteiligung wird hervorgehoben (CA 46, 50). Die Analyse des politischen Umbruchs von 1989/90, dessen tiefste Ursache Johannes Paul II. im ↑Atheismus und einem transzendenzlosen anthropologischen Reduktionismus sieht, erklärt das neue Gewicht, mit dem das Recht auf ↑Religionsfreiheit als Voraussetzung zur Entfaltung eines Wertefundaments und Artikulation religiöser Wahrheitseinsichten in der Gesellschaft geltend gemacht wird (CA 29, 47).

*c)* In der Rekapitulation der Zeitereignisse wird der gewaltfreie, von der Achtung der Personwürde und einem Willen zur Solidarität bestimmte Umgang mit sozialen und politischen Konflikten herausgearbeitet (CA 23; 25); darin kann ein Plädoyer für gewaltfreie Lösung gesellschaftlicher Konflikte gesehen werden.

Die Enzyklika „Caritas in veritate“ (2009) Benedikts XVI. greift erneut das Konzept ganzheitlicher Entwicklung auf (I.). Die gedankliche Struktur des Textes, der die theologische Handschrift des Papstes trägt und offenbar etliche Redaktionen durchlaufen hat, ist komplex. Eine Vielzahl von ökonomischen, politischen und kulturellen Themen zieht sich durch die sechs Kapitel hindurch. Der eher binnenkirchliche Duktus steht in einer gewissen Spannung zu der politischen Platzierung des unmittelbar vor dem G8-Gipfel von L'Aquila (↑Gruppe der führenden Industrienationen) veröffentlichten Textes. Die globale ↑Finanzmarktkrise (2008), auf die er Bezug nimmt, ist mitursächlich für das späte Erscheinen zwei Jahre nach dem 40. Jahrestag von PP. Neu gegenüber den Vorgängertexten sind die Deutung der globalen sozialen Frage als „radikal anthropologische" (CiV 75), die enge Verknüpfung der Entwicklungsfrage mit einer „Ethik des Lebens" (CiV 15; II., IV.) sowie die theologische Rahmung mit den Leitworten „Liebe und Wahrheit" (angelehnt an Eph 4,15), mit der die christliche Wahrheitsauffassung als exklusive Voraussetzung für eine humane Entwicklung beansprucht wird (CiV 4, 9). Im Geist der „Liebe in der Wahrheit" soll aus globaler Nachbarschaft „globale Geschwisterlichkeit" (CiV 19) werden; die Logik des ordnungspolitisch zu begrenzenden Marktes soll durch „das Prinzip der Unentgeltlichkeit" (CiV 36) bzw. die „Logik des Geschenks" (CiV 37), das etwa in der Mikrofinanzwirtschaft verwirklicht sei, komplementiert werden (CiV 34–39, 65). Mit Blick auf die Ambivalenzen der ökonomischen und kulturellen Globalisierung unterstreicht CiV die moralische Verantwortung und den Gestaltungsauftrag des Menschen (CiV 42), würdigt Ansätze der Humanisierung, betont, es gebe keine moralfreien Räume und insistiert – im Kontext der Finanzmarktkrise virulent – auf der sozialen Verantwortung von ↑Unternehmern und ↑Unternehmen (CiV 40, 45). Die ↑Zivilgesellschaft soll – auch auf internationaler Ebene – als ethosgenerierendes Subjekt neben Staat und Markt gestärkt werden; hier findet sich ein Plädoyer für eine Internationalisierung der Gewerkschaftsbewegung (CiV 64). CiV steht für eine bestimmte Art der Theologisierung der Soziallehre der Kirche, ordnet diese der Glaubensverkündigung unter (CiV 15) und stärkt eine theologische Metaphysik der Person. Weniger als die Bezugstexte PP und SRS bietet die erste Sozialenzyklika des 21. Jh. eine systematische Zeit- und Gesellschaftsanalyse; sozial- und humanwissenschaftliches Wissen wird kaum einbezogen; die in SRS adaptierten befreiungstheologischen Topoi werden nicht aufgegriffen. Die Sozialbindung des Eigentums, die Schlüsselrolle der Frauen, die ökologische Dimension der globalen Entwicklung und der Klimawandel spielen kaum eine Rolle.

Mit „Laudato si'" (2015) erhebt Papst Franziskus die ökologische Krise – ↑Klimawandel, Energie- und Ernährungskrise, Armutsmigration u.a. – erstmals zum Zentralthema eines päpstlichen Weltrundschreibens. Insofern er diesen Komplex als „eine einzige [...] sozioökologische Krise" (LS 139) analysiert, gilt LS fraglos als *Sozial*enzyklika. Papst Franziskus platziert seine Wortmeldung im Kontext zweier ökologie-politischer Großereignisse, des UN-Gipfel Post-2015-Agenda in New York und der COP 21 UN-Klimakonferenz in Paris. Er bietet einen explizit religiösen Deutungsrahmen zur Bewältigung der ökologischen Krise, appelliert an das ökologische Krisen-Bewusstsein und ruft zur „ökologischen Umkehr" (LS 5) auf. Überzeugungskraft entfaltet die Botschaft durch die Verknüpfung der Analyse der ökologischen Gefährdungslagen mit einer starken religiösen Deutung der Ökologie als „gemeinsames Haus" (LS 13) alles Lebendigen, die mit der Anspielung auf den Sonnengesang des heiligen Franziskus das Lob des Schöpfers intoniert. Umfänglich zitiert LS das bischöfliche Lehramt verschiedenster Ortskirchen und trägt der kontextuellen Vielfalt der Weltkirche Rechnung. Der Text ist induktiv und netzwerkartig angelegt: Einer Problemanalyse auf der Höhe des verfügbaren wissenschaftlichen Wissens (I.) folgt eine biblisch informierte Darlegung der Verantwortung des Menschen als Treuhänder Gottes in der Schöpfung (II.). Die Reflexion auf die (menschengemachten) Ursachen der Krise (III.) präludiert das Kernkonzept der „ganzheitlichen Ökologie" (LS 124; IV.), auf dem politisch-ethische „Leitlinien für Dialog und Aktion" (LS 15; V.) und spirituelle „Leitlinien zur menschlichen Reifung" (LS 15; VI.) aufbauen. Die ökologische Krise ist zugl. eine schwerwiegende soziale Krise, aber die überproportionale Belastung und Bedrohung der Armen stellt kein unabwendbares Schicksal dar, sondern ist Indiz einer Wirtschaftsweise, die den Wohlstandsländern des globalen Nordens eine schwere „ökologische Schuld" (LS 51) gegenüber den Armen des globalen Südens wie gegenüber den künftigen Generationen auferlegt. Eine ganzheitliche Ökologie muss neben der Trias *Umwelt, Wirtschaft, Soziales* auch die Kultur – Achtung der lokalen Kontexte, Beteiligung der lokalen Akteure, insb. der Indigenen – umfassen (LS 143–146). Die in CA eingeführte ↑*Humanökologie* wird neu konnotiert und auf die Lebensqualität in lokalen Lebenswelten bezogen. Die Option für die Armen und die Forderung generationenübergreifender Gerechtigkeit bilden grundlegende Kriterien einer ganzheitlichen Ökologie. Um die Spannungen zwischen den lokalen, nationalen, kontinentalen und globalen Gemeinwohlebenen konstruktiv, sozial- und ökologieverträglich zu lösen, braucht es gemeinsam akzeptierte Maßstäbe; Ansätze dafür finden sich in den Dialog-Leitlinien (LS 163–201). Ökologische Umkehr erfordert einen genügsamen Lebensstil, eine Neubestimmung von Lebensqualität und eine diesen Zielen zugeordnete *Global* ↑*Governance*. Den Wohlstandsländern des Nordens als Hauptverursachern der Krise kommt die Hauptlast des Umsteuerns zu. LS schließt an die von den Konzilspäpsten unterstrichene Aufwertung der Praxis, die Hinwendung zu den Armen und die dezidiert weltkirchliche und global-öffentliche Orientierung an und stärkt den subsidiären Habitus der päpstlichen Sozialverkündigung. Teilweise sehr konkrete Vorschläge gründen auf der zentralen Botschaft, dass der Mensch die Dinge ändern und sich neu orientieren (umkehren) kann. Dem entsprechen die herausgehobene Bedeutung von (Umwelt-)Erziehung und spiritueller Orientierung, die Fokussierung auf ↑Wissenschaft und ↑Forschung sowie auf den Dialog zwischen Wissenschaften, religiösen und gesellschaftlichen Akteuren.

Mit „Fratelli tutti" (FT, 3.10.2020) reagiert Franziskus auf die globale Corona-Pandemie. Wie LS ist das Schreiben durch Franz von Assisi inspiriert; Grundlinien des Vorgängertextes aufnehmend, legt es den Akzent auf ein gemeinschaftliches und politisches Ethos des geschwisterlichen Zusammenlebens unter den Leitmotiven „universale Liebe" und „soziale Freundschaft". Umfängliche Bezugnahmen auf die von Franziskus mit Groß-Imam Ahmad Al-Tayyeb in Abu Dhabi veröffentlichte Botschaft (2019, FT 5; 285 und öfter) signalisieren eine bis dato in der päpstlichen Sozialverkündigung beispiellose interreligiöse Weitung (↑Interreligiöser Dialog). Die ↑Religionen werden als Quelle für „Geschwisterlichkeit und soziale Freundschaft" gewürdigt und in die Pflicht genommen (Kap. VIII). Neben der interreligiösen Perspektive bildet die Parabel vom barmherzigen Samariter (Lk 10,25–37; vgl. FT Kap. II und öfter) eine zweite Leitlinie für die Lektüre: Der biblische rote Faden lenkt die Aufmerksamkeit auf die universale Dimension der „geschwisterlichen Liebe" als Zentralidee.

Die Enzyklika bietet eine nüchterne Wahrnehmung der politischen und ethischen Probleme der Gegenwart, erhebt Einspruch gegen einen sich ausbreitenden Politikstil, der partikulare (Macht-)Interessen den Anforderungen des (globalen) Gemeinwohls vorordnet, und prangert erneut Dysfunktionalitäten einer Wirtschaft an, die entgegen der Grundlogik einer ökosozialen Marktwirtschaft die Sozialpflichtigkeit allen Eigentums auf Kosten der Armen und der ökologischen Lebensgrundlagen unterlaufen. Kritisiert werden u. a. ↑Populismus (FT 37; 155–163), die in sozialen Medien (↑Social Media) verbreitete Hassrede (FT 43–46), politische und ökonomische Ausgrenzung der Armen, Geflüchteten und Menschen in der (irregulären) Migration *(passim)*, Formen moderner ↑Sklaverei (FT 24; 188) sowie eine weltweite Verschärfung von Konflikten („Weltkrieg in Stücken", FT 25; 259). Angesichts der „Schatten einer abgeschotteten Welt" (Kap. I) dringt Franziskus auf ethische Neuorientierung. Gegen einen abstrakt-idealistischen ↑Universalismus plädiert er für den konkreten Universalismus der Nächstenliebe als Baustoff einer „offenen Welt" (Kap. III), der die „Peripherien in unserer Nähe" (FT 97) wahrnimmt, die Würde jedes Einzelnen (vgl. FT 106 und öfter) in der ↑Diversität und Verletzlichkeit der (potenziellen) Nächsten anerkennt und sich dem Konfliktpotenzial, das in der Begegnung mit den Fremden und ihrer Fremdheit liegt, stellt, indem Annäherung durch Dialog gesucht wird. Die Spannung zwischen „universaler Liebe" und „sozialer Freundschaft" sei grundlegend für eine humane Existenz in der global interdependenten Welt (Kap. IV). Eine Politik der ↑Anerkennung, die in Auseinandersetzung mit den Problemanzeigen aus Kap. I anti-populistisch konturiert wird (Kap. V), setzt ein nicht-individualistisch enggeführtes Verständnis von Menschenrechten (FT 111), die Orientierung an der Gemeinwidmung der Güter und dem globalen Gemeinwohl voraus; beide Linien werden u. a. in der Argumentation zugunsten eines urspr.en Rechts von Migranten zusammengeführt, an einem Ort Aufnahme zu finden, an dem sie ihren Lebensunterhalt sichern können (FT 129). Das Prinzip Dialog, das bereits in LS entfaltet wurde, sei politischer Ausdruck der „universalen Liebe" (Kap. VI). Die Enzyklika bekräftigt menschenrechtlich bedeutsame Positionen der jüngsten katholischen Sozialverkündigung (Kap. VII), namentlich die Verurteilung der ↑Todesstrafe (im Jahr 2018 eindeutig im Katechismus der katholischen Kirche festgeschrieben, vgl. KKK 2267), und weitet das Verdikt auf die lebenslange Freiheitsstrafe aus (vgl. FT 263–269). FT hat offenkundig verschiedene Redaktionen durchlaufen; es liest sich in weiten Teilen wie eine Summe des bisherigen Pontifikates. Mit einem energischen Plädoyer für das überfällige Umdenken und Umsteuern auf ein solidarisches Zusammenleben mahnt der Papst, alle religiösen und säkularen Ressourcen für eine Umkehr zu mobilisieren, ohne die weder die langfristigen Folgen der Corona-Pandemie noch die sich zuspitzende Klimakrise auf humane Weise zu bewältigen sein werden.

### 5. Ausblick

Das Korpus der S. repräsentiert eine Lerngeschichte, in der Zeitbezug, Geschichtlichkeit und Kontextgebundenheit positiv zum Tragen kommen, eine fortschreitende Erweiterung der geographischen wie thematischen Horizonte entspr. den Transformationsprozessen der modernen Gesellschaft und der Globalisierung. Kontinuität in den Grundideen muss sich an neuen situativen Herausforderungen bewähren; der Wandel wirkt – oft tiefer als explizit formuliert – auf die Botschaft selbst ein, wie sich u. a. an den Positionierungen zum „Sozialismus", zu Markt und Wettbewerb und zu den Menschenrechten zeigt. Den gesellschaftlichen Umbrüchen korrespondiert ein Wandel im Verhältnis der Kirche zu Staat (↑Kirche und Staat) und Gesellschaft sowie vom Eurozentrismus zur Weltkirche; für beide Dynamiken bildet das Jahrzehnt des Zweiten Vatikanischen Konzils die bisher einschneidendste „Epochenschwelle". Angesichts beachtlicher Veränderungen in Selbstverständnis, Denkform und Methodik lässt sich angesichts wechselnder Denkstile der Päpste keine lineare Entwicklung rekonstruieren, wie das Verhältnis von päpstlichem und lokalkirchlichem Sprechen und der Umgang mit der Expertise der ↑Sozial- und Humanwissenschaften zeigen. Die Überwindung einer patriarchal-androzentrischen Perspektive, die Herausforderungen der globalen ↑Migration und der ↑Digitalisierung bilden Desiderate für künftige S. Die mangelnde Aneignung zentraler Impulse der S. (u. a. Subsidiarität, Menschen-/Grundrechte, Partizipation) in der kirchlichen Sozialgestalt bleibt ein die Glaubwürdigkeit des „sozialen Lehramts" der Kirche beeinträchtigendes Skandalon (IM 41).

## Literatur

Quellen:
KAB (Hg.): Texte zur katholischen Soziallehre, Bd. 1, [8]2007 • A. F. Utz/J. F. Groner (Hg.): Aufbau und Entfaltung des gesellschaftlichen Lebens. Soziale Summe Pius' XII., Bd. 1–3, 1954–61 • Heiliger Stuhl (Hg.): AAS, ab 1909.

Literatur:
J. Hohmann: Wer entscheidet? Die Subsidiarität als verbindliches Prinzip für eine dezentrale Gesetzgebung in der Kirche, 2021 • B. Aschmann/H.-G. Justenhoven (Hg.): Dès le début, 2019 • M. Heimbach-Steins/S. Schlacke (Hg.): Die Enzyklika Laudato si', 2019 • M. Baumeister u. a. (Hg.): Menschenrechte in der katholischen Kirche, 2018 • J. Hagedorn: Oswald von Nell-Breuning SJ, 2018 • V. J. Miller: The Theological and Ecological Vision of Laudato si', 2017 • J. Ernesti: Benedikt XV. Papst zwischen den Fronten, 2016 • H. Frambach/D. Eissrich: Der dritte Weg der Päpste, 2016 • H.-G. Justenhoven/M. E. O'Connell (Hg.): Peace Through Law. Reflections on Pacem in Terris From Philosophy, Law, Theology, and Political Science, 2016 • Schwerpunktthema Laudato si', in: Amos International 9/4 (2015), 3–44 • B. Emunds/M. Möhring-Hesse: Die öko-soziale Enzyklika. Sozialethischer Komm. zum Rundschreiben „Laudato si'", in: Papst Franziskus (Hg.): Die Enzyklika Laudato si', 2015, 217–355 • M. Heimbach-Steins/A. Lienkamp: Die Enzyklika Laudato si' von Papst Franziskus, in: JCSW 56 (2015), 155–179 • K. Hilpert: Menschenrechtsrezeption in der Kirche. Was hat sich bisher entwickelt?, in: JCSW 55 (2014), 59–78 • J. Althammer (Hg.): Caritas in veritate. Katholische Soziallehre im Zeitalter der Globalisierung, 2013 • U. Nothelle-Wildfeuer: Caritas in veritate. Globalisierung, Wirtschaft und Entwicklung, in: J.-H. Tück (Hg.): Der Theologenpapst, [2]2013, 83–96 • S. Schratz: Das Gift des Alten Europa und die Arbeiter der Neuen Welt, 2011 • Schwerpunktthema Caritas in veritate, in: Amos International 3/3 (2009), 3–35 • G. Kruip: „De iustitia in mundo", in: E. Mack (Hg.): Absolute Poverty and Global Justice, 2009, 79–90 • Ders.: Entwicklung und Wahrheit, in: HerKorr 63/8 (2009), 388–392 • A. Kreutzer: Kritische Zeitgenossenschaft. Die Pastoralkonstitution Gaudium et spes modernisierungstheoretisch gedeutet und systematisch-theologisch entfaltet, 2006 • M. Heimbach-Steins: Kirchliche Sozialverkündigung, in: dies. (Hg.): Christliche Sozialethik, Bd. 1, 2004, 200–219 • J. Holland: Modern Catholic Social Teaching, 2003 • J. F. Pollard: The Unknown Pope. Benedict XV. (1914–1922) and the Pursuit of Peace, 1999 • A. Anzenbacher: Christliche Sozialethik, 1998, 125–177 • M. Schäfers: Prophetische Kraft der kirchlichen Soziallehre?, 1998 • D. Pelletier: Economie et Humanisme, 1996 • A. Rauscher: Sozialenzykliken, in: StL, Bd. 4, [7]1995, 1250–1257 (Lit.) • J. Dwyer (Hg.): The New Dictionary of Catholic Social Thought, 1994 • J. Schasching: Zeitgerecht – zeitbedingt, 1994 • M. D. Chenu: Kirchliche Soziallehre im Wandel, 1991 • O. von Nell-Breuning: Arbeit vor Kapital, 1983 • Ders.: Soziallehre der Kirche, 1977.

MARIANNE HEIMBACH-STEINS

# Sozialer Katholizismus

## 1. Begriff

S. K. bezeichnet die Kräfte und Bewegungen der Selbstorganisation der Katholiken, die die Lage der Arbeiterschaft als soziales Problem betrachten und auf Lösungen der ↑Sozialen Frage dringen. Entstanden im Umbruch von der ständisch geprägten Feudalgesellschaft (↑Feudalismus) zur modernen ↑Industriegesellschaft mit einer Ökonomisierung des Bodens, Auflösung der Zunftordnungen, einem kapitalgesteuerten Wirtschaftssystem und Bestrebungen zur ↑Demokratisierung der Politik, bildet er zusammen mit dem politischen Katholizismus einen Teil der Emanzipationsbewegung katholischer Bevölkerungsteile, in der diese um Anerkennung als gleichberechtigte Bürger in protestantischen Mehrheitsgesellschaften ringen. Organisatorisch findet er Ausdruck in (Arbeiter-)Vereinen, Verbänden und christlichen Gewerkschaften. Programmatisch grenzt er sich scharf vom säkularistischen ↑Liberalismus wie vom ↑Sozialismus/↑Kommunismus ab, was die Übernahme von Deutungselementen der konkurrierenden Weltanschauungen nicht ausschließt. Der S. K. ist vornehmlich ein Phänomen mitteleuropäischer, gemischt konfessioneller Länder wie Deutschland, Schweiz, Niederlande und Belgien. Als Teil einer modernen Bewegung, die sich gleichzeitig gegen die ↑Moderne richtet, hat der S. K. zur Öffnung der ↑katholischen Kirche zur modernen Welt (↑Kirche und Welt) beigetragen und mit den päpstlichen Sozialenzykliken und dem ↑Zweiten Vatikanischen Konzil weltkirchliche Bedeutung erlangt.

## 2. Die Anfänge

Der S. K. reicht in die Zeit der religiösen Revitalisierung nach der ↑Französischen Revolution als Gegenbewegung zur rationalistischen ↑Aufklärung zurück. Vertreter einer romantischen Sozialkritik (↑Politische Romantik) machten als erste auf die Kehrseite des kapitalistischen Umbruchs für das Industrieproletariat aufmerksam. Angeregt durch Erfahrungen mit dem englischen Fabriksystem verfasste Franz von Bader 1835 eine Schrift mit dem programmatischen Titel „Über das dermalige Mißverhältnis der Vermögenslosen oder Proletairs zu den Vermögen besitzenden Klassen der Sozietät". Zwei Jahre später hielt der junge katholische Abgeordnete des badischen Landtags, Franz-Josef Buß, seine parlamentarische Antrittsrede zu dem in Baden noch kaum vorhandenen Fabriksystem und entwickelte sozialpolitische Reformforderungen. Im zeitgenössischen ↑Katholizismus fehlte aber für die hellsichtigen Ideen der frühen Sozialreformer noch ein Resonanzraum, sodass sie wirkungslos blieben. Zur prägenden Gestalt des S.n K. wurde Bischof Wilhelm Emmanuel von Ketteler; in seiner Schrift „Die Arbeiterfrage und das Christentum" (1864) machte er das Schicksal der Industriearbeiterschaft zum Thema und trat ab 1869 für die Selbstorganisation der Arbeiter und für eine staatliche Arbeiterschutzgesetzgebung ein.

## 3. Die Formierung

Organisatorisch ruhte der S. K. auf drei Säulen: den Arbeitervereinen, den christlichen Gewerkschaften (↑Christliche Arbeitnehmerorganisationen) und dem *Volksverein für das katholische Deutschland*; in der 1870 gegründeten Partei *Das Zentrum* (↑Zentrum) besaß er einen parteipolitisch-parlamentarischen Arm. Die programmatische und personelle Verflechtung zwischen S.m K. als Bewegung und dem Zentrum als Partei des politischen Katholizismus blieb eng. Ging die erste Generation von Arbeitervereinen in den Wirren des ↑Kulturkampfs unter, setzte nach dessen Ende eine zweite Welle von Neugründungen ein. Deren Impulsgeber waren die „roten Kapläne" und die Sozialreformer des Vereins *Arbeiterwohl* mit Franz Brandts und Franz Hitze an der Spitze. Die Arbeitervereine nutzten die Rechtsform des bürgerlichen ↑Vereins, hielten aber an der Präsidesverfassung mit amtskirchlicher Leitung und Kontrolle fest. Die christlichen Gewerkschaften – 1894 wurde der erste *Gewerkverein christlicher Bergarbeiter* im Ruhrgebiet gegründet – stellten einen neuen Typus der Selbstorganisation im S.n K. dar, ließen auch protestantische Mitglieder zu und blieben ohne klerikale Leitung. Sie verstanden sich als Interessenvertretung christlicher Arbeiter im Gegenüber zu den der Sozialdemokratie nahestehenden „Freien Gewerkschaften". Mit 350 000 Mitgliedern machten sie im Jahr 1914 14 % aller Gewerkschaftsmitglieder in Deutschland aus. Teile des S.n K. und der katholischen Hierarchie lehnten die überkonfessionellen christlichen Gewerkschaften entschieden ab. Der erbittert ausgetragene deutsche Gewerkschaftsstreit endete mit einer päpstlichen Duldung, schadete aber den Christlichen Gewerkschaften wie dem S.n K. insgesamt nachhaltig. Der 1890 von Ludwig Windthorst und der Spitze des Vereins *Arbeiterwohl* gegründete *Volksverein für das katholische Deutschland* mit Sitz in Mönchengladbach fasste alle sozialpolitischen Aktivitäten im Katholizismus zusammen und verschaffte ihnen als Bildungsbewegung eine Massenbasis. Er besaß am Ende des Kaiserreichs 800 000 Mitglieder und diente als Kaderschmiede für eine sozialpolitisch aktive Elite im Zentrum.

Programmatisch kämpften von Anfang an zwei Grundrichtungen um die Vorherrschaft im S.n K.: Die der romantischen Sozialkritik verpflichtete „Wiener Richtung" mit dem zum Katholizismus konvertierten mecklenburgischen Adeligen Karl Freiherr von Vogelsang an der Spitze vertrat eine Sozialreform, die wirtschaftliche und politische Fehlentwicklungen mit der Rückkehr zu einer vormodernen Ständegesellschaft (↑Stand) zu überwinden trachtete. Während die „Wiener Richtung" der durch wirtschaftsliberale Ideen betriebenen Durchsetzung einer kapitalgesteuerten Wirtschaft feindlich gegenüberstand, ging die Mönchengladbacher Richtung davon aus, dass die Entwicklung hin zu einer kapitalistischen Wirtschaft nicht zu verhindern sei und für die Bevölkerung auch Vorteile mit sich bringe. Die gesellschaftliche Integration der Industriearbeiterschaft müsse deshalb innerhalb einer kapitalgesteuerten Wirtschaft verfolgt werden. Dazu sei eine Zuständereform mit staatlichem Schutz und Rechten der Selbstorganisation für die Arbeiter notwendig. Beide Richtungen sahen sich durch die Enzyklika „Rerum novarum" (↑Sozialenzykliken) 1891 bestätigt. Die politische Konstellation unter Reichskanzler Otto von Bismarck verschaffte der „Mönchengladbacher Richtung" eine historische Wirkmächtigkeit weit über deren zahlenmäßige und politische Stärke hinaus. In der Entwicklung des deutschen ↑Wohlfahrtsstaats als „korporatistischer Sozialversicherungsstaat" (Gabriel/Reuter 2013) wird der Einfluss katholischer Sozialpolitiker wie Georg von Hertling und F. Hitze sowie des sozialpolitischen Flügels des Zentrums deutlich.

## 4. Die Zwischenkriegszeit

Mit dem Ende des Kaiserreichs rückte der S. K. in die Mitte der neuen Gesellschaft mit einer demokratischen politischen Ordnung. Seine Lage war durch widersprüchliche Entwicklungen gekennzeichnet. Einerseits ließen ohne Druck von außen unter den Katholiken die Motive nach, sich in der Bewegung des S.n K. zu organisieren. Auch der *Volksverein für das katholische Deutschland* verlor an Mitgliedern und geriet gegen Ende der 1920er Jahre in eine finanzielle Krise. Andererseits prägte der S. K. die Grundlegung und sozialpolitische Entwicklung (↑Sozialpolitik) des Weimarer Wohlfahrtsstaats nachhaltig. Das neu geschaffene Arbeitsministerium wurde der bevorzugte Ort von Akteuren des S.n K., die eine pragmatische Politik der Eindämmung des ↑Kapitalismus und des Ausbaus des korporatistischen ↑Wohlfahrtsstaats betrieben. Der frühere Direktor des *Volksvereins für das katholische Deutschland*, Heinrich Brauns, stand als Minister mit der längsten Amtszeit während der Weimarer Republik zwischen 1920 und 1928 an der Spitze des Arbeitsministeriums. Die größte sozialpolitische Innovation der Weimarer Zeit, die Einführung einer ↑Arbeitslosenversicherung (1927), lässt den Einfluss der Mönchengladbacher Richtung erkennen. Auch der in Weimar begonnene Weg einer am Subsidiaritätsprinzip (↑Subsidiarität) orientierten „dualen" ↑Wohlfahrtspflege in Deutschland mit starken kirchlichen ↑Wohlfahrtsverbänden lässt die Handschrift des karitativen und S.n K. erkennen. Mit wachsenden wirtschaftlichen und politischen Spannungen kehrten die alten Richtungskämpfe im S.n K. wieder zurück. In der Tradition K. Freiherr von Vogelsangs griffen der Wiener Ökonom Othmar Spann und der österreichische Publizist Anton Orel den S.n K. Mönchengladbacher Richtung als „Anpassungskatholizismus" (Ruster 1932: 102) an den liberalen Kapitalismus scharf an. Von 1928 an suchten vom *Volksverein für das katholische Deutschland* zusammengerufene katholische Sozialwissenschaftler (Königswinterer Kreis) eine überzeugende Einheitslinie für den S.n K. zu finden; deren solidaristische Positionen bildeten das Grundgerüst für die Sozialenzyklika „Quadragesimo anno".

### 5. Verkirchlichung und Transformation

Die Organisationen des S.n K. haben im Unterschied zu den amtskirchlichen Strukturen die nationalsozialistische Herrschaft nicht überstanden. Nach dem Krieg zeigte sich die Mehrheit der Bischöfe an einem Wiedererstehen eines starken, auch finanziell unabhängigen S.n K. nicht interessiert. Der von den Nationalsozialisten als erstes verbotene *Volksverein für das katholische Deutschland* blieb Geschichte. Arbeitervereine, die gegen den Willen vieler Bischöfe wieder entstanden, rückten in die Nähe amtskirchlicher Strukturen („Verkirchlichung"). Trotz Mitgliederschwund und Überalterung stellen die zumeist auf der Ebene von Gemeinden organisierten Vereine der KAB, des Kolpingwerks und des KKV nach wie vor einen Resonanzraum zur Artikulation sozialer Fragen i. S. d. ↑Katholischen Soziallehre dar. Eine Minderheit katholischer Arbeiter trat dem 1959 gegründeten, umstrittenen CGB bei, während sich die Mehrheit der Entscheidung für Einheitsgewerkschaften (↑Gewerkschaften) ohne weltanschauliche Ausrichtung anschloss. Der Tradition des politischen und S.n K. zugl. sehen sich bis heute die Sozialausschüsse der CDA verpflichtet. Trotz der organisatorischen Zersplitterung des S.n K. haben dessen programmatische Positionen zur wohlfahrtsstaatlichen Entwicklung, der ↑Mitbestimmung und des Arbeits- und ↑Sozialrechts bis heute wenig an Virulenz verloren. Die Pluralisierung von Akteuren in Vereinen, Verbänden, kirchlichen Werken und Initiativen hat – wie der Konsultationsprozess und das Sozialwort der Kirchen („Für eine Zukunft in Solidarität und Gerechtigkeit") aus dem Jahr 1997 gezeigt haben – neue Formen der Wirksamkeit auf ökumenischer Basis hervorgebracht.

### Literatur

J. Hagedorn: Oswald von Nell-Breuning. Aufbrüche der katholischen Soziallehre in der Weimarer Republik, 2018 • K. Gabriel/H.-R. Reuter: Religion und Wohlfahrtsstaatlichkeit in Deutschland. Korporatistischer Sozialversicherungsstaat mit konfessioneller Prägung, in: dies u. a. (Hg.): Religion und Wohlfahrtsstaatlichkeit in Deutschland, 2013, 93–140 • S. Münnich: Interessen und Ideen. Die Entstehung der Arbeitslosenversicherung in Deutschland und den USA, 2010 • F.-J. Stegmann/P. Langhorst: Geschichte der sozialen Ideen im deutschen Katholizismus, in: H. Grebing (Hg.): Geschichte der sozialen Ideen in Deutschland, 2000, 603–862 • M. Heimbach-Steins/A. Lienkamp: Einleitung, in: dies. (Hg.): Für eine Zukunft in Solidarität und Gerechtigkeit, 1997, 11–54 • J. Mooser: Das katholische Milieu in der bürgerlichen Gesellschaft. Zum Vereinswesen des Katholizismus im späten Deutschen Kaiserreich, in: O. Blasche/F.-M. Kuhlemann (Hg.): Religion im Kaiserreich, 1996, 59–92 • W. Loth: Der Katholizismus – eine globale Bewegung gegen die Moderne?, in: H. Ludwig/W. Schröder (Hg.): Sozial- und Linkskatholizismus, 1990, 11–31 • T. Nipperdey: Religion im Umbruch. Deutschland 1870–1918, 1988 • H. Hürten: Kurze Geschichte des Katholizismus 1800–1960, 1986 • O. von Nell-Breuning: Katholizismus, in: K. Gabriel/F.-X. Kaufmann (Hg.): Zur Soziologie des Katholizismus, 1980, 24–38 • Ders.: Wie sozial ist die Kirche? Leistungen und Versagen der katholischen Soziallehre, 1972 • H. Ruster: Die soziologische Tagung von Maria Laach 1931, in: Der Katholische Gedanke 5/1–2 (1932), 92–102 • C. Bauer: Wandlungen der sozialpolitischen Ideenwelt im deutschen Katholizismus des 19. Jahrhunderts, in: Sektion für Sozial- und Wirtschaftswissenschaft der Görres-Gesellschaft (Hg.): Die soziale Frage und der Katholizismus, 1931, 11–46 • W. E. von Ketteler: Die Arbeiterfrage und das Christentum, 1864 • F. von Bader: Über das dermalige Mißverhältnis der Vermögenslosen oder Proletairs zu den Vermögen besitzenden Klassen der Sozietät, 1835.

KARL GABRIEL

## Sozialer Konflikt

### 1. Begriffsbestimmung

Der Begriff s. K. wird in den Sozialwissenschaften, bes. in der Soziologie benutzt zur Kennzeichnung situationsübergreifender Auseinandersetzung je spezifischer Intensität innerhalb oder zwischen sozialen Einheiten um gesellschaftlich als relevant erachtete Gegenstände, die auf der Grundlage unterschiedlicher Leidenschaften, Weltbilder oder ↑Interessen bei einer Mindestressourcenausstattung aller beteiligten K.-Parteien ausgetragen werden. Der s. K. wird v. a. in der Soziologie seit dem Beginn des 20. Jh., zunächst von Georg Simmel, später von Lewis Alfred Coser und Ralf Dahrendorf als wissenschaftlicher Schlüsselbegriff etabliert. Durch diese soziologische Fokussierung unterscheidet sich s. K. von Begriffen wie politischer K. oder ↑internationaler Konflikt (Politikwissenschaften) und psychischer oder Individual-K. (Psychologie).

Von der Verwendung in der alltäglichen Lebenswelt unterscheidet sich der Begriff s. K. erstens durch die Betonung einer *über nur eine Handlungssituation hinausgehende Auseinandersetzung* (im Gegensatz zu situativen K.en z. B. um einen freien Sitzplatz in der Straßenbahn). Zweitens werden s. K.e *zwischen sozialen Einheiten* (Personen, Gruppen, Klassen, Gesellschaften) ausgetragen. Drittens ist der s. K. auf *sozial relevante Gegenstände* fokussiert (also z. B. nicht auf die Richtigkeit einer mathematischen Formel oder ästhetische Interpretation eines Romans). Schließlich verfügen *viertens* alle beteiligten K.-Parteien über ein Mindestmaß an Ressourcen, um in eine Auseinandersetzung einzutreten (Gewaltausübung gegenüber wehrlosen Personen ist kein s. K. sondern einseitige Machtausübung).

## 2. Dimensionen

S. K.e lassen sich nach den jeweils betrachteten Dimensionen unterscheiden: beteiligte soziale Einheiten, Gegenstände, Intensität und Austragungsformen.

### 2.1 Beteiligte soziale Einheiten

Unmittelbar beteiligte soziale Einheiten können einzelne Personen, soziale ↑Gruppen, soziale Klassen oder ganze ↑Gesellschaften sein, wobei sich der s. K. innerhalb oder zwischen diesen sozialen Einheiten entwickeln kann. Intra- und inter-Rollen-K.e treten sowohl innerhalb von einzelnen Personen als auch zwischen diesen und größeren sozialen Gruppen auf. S. K.e als Intra-Rollen-K.e treten auf, wenn innerhalb einer Rolle (als Bündel von an eine soziale Position herangetragenen Verhaltenserwartungen; ↑Soziale Rolle) widerstreitende Erwartungen von unterschiedlichen Personen oder sozialen Gruppen erfahren werden. Inter-Rollen-K.e als s. K.e beziehen sich auf die widerstreitenden Erwartungen an unterschiedliche Rollen, die eine Person auszuüben hat (z. B. Vorgesetzter, Vater und Liebhaber zu sein). Inter- und Intra-Rollen-K.e existieren auf der (intra-)personalen Ebene, sie manifestieren sich häufig auf der Gruppenebene, und sie können sogar auf der gesamtgesellschaftlichen Ebene ausgetragen werden (z. B. in Bezug auf Geschlechterrollenverteilungen).

Ein typischer s. K. auf der Ebene sozialer Klassen ist der sog.e industrielle K. Aufgrund ihrer unterschiedlichen Marktlagen tragen die Beschäftigten und die Unternehmen divergierende Interessen überall auf der Welt in wiederkehrenden Auseinandersetzungen als s. K.e aus. Große soziale Gruppen können aber auch s. K.e austragen, wenn es z. B. um die Nutzung der Kernenergie oder um die Bedingungen der Massentierhaltung geht. S. K.e können schließlich auch zwischen ganzen (National-)Gesellschaften oder umfangreichen sozio-kulturellen Gruppen auftreten (z. B. Auseinandersetzungen um größere Autonomie Kataloniens oder Kurdistans, „Handelskriege").

### 2.2 Gegenstände

Als s. K.e werden nur solche K.e bezeichnet, die um *gesellschaftlich als relevant erachtete* Gegenstände – v. a. *knappe Güter*, Werte und Normen, Aufmerksamkeit und Deutungsmuster – geführt werden. Beim klassischen industriellen s.n K. steht die Auseinandersetzung um materielle Güter (wie Lohnhöhe, Arbeitszeiten) im Vordergrund. Der s. K. um den Bau einer Autobahn oder Stromtrasse wird ebenfalls um von den beteiligten Gruppen als relevant erachtete knappe Güter geführt (Lärmbelastung, Abgase, Strahlenrisiken, schneller Transport). Viele s. K.e werden vorwiegend um *↑Werte und ↑Normen* geführt (z. B. Auseinandersetzung um Gebrauch religiöser Symbole in öffentlichen Gebäuden, um Anerkennung und Repräsentanz der Diversität in Organisationen oder um die Behandlung gleichgeschlechtlicher Lebensgemeinschaften). In der modernen Mediengesellschaft werden s. K.e auch um *Aufmerksamkeit* und als legitim erachtete *Deutungsmuster* geführt (etwa um die Frage, ob bestimmte benachteiligte Gruppen im Vergleich zu anderen angemessene Beachtung finden, z. B. Arbeitslose v Flüchtlinge).

### 2.3 Intensität

S. K.e können die vielfältigsten Intensitätsgrade annehmen und durchlaufen (von intensiven Debatten, öffentlichen Verlautbarungen und organisierten Protestaktionen über kollektive Kampfmaßnahmen wie Streiks und gewaltsame Proteste z. B. bei Globalisierungsgipfeln bis zur organisierten ↑Gewalt etwa bei staatlich organisierten „Befriedungen" oder Vertreibungen in bestimmten Regionen oder ethnisch motivierten Gewaltexzessen). S. K.e können schließlich in andauernden offen kriegerischen Auseinandersetzungen kulminieren, in denen völkerrechtlich legitimierte oder „neue [...] Kriege" (Kaldor 2000) jenseits allen internationalen Rechts vorherrschen (↑Krieg).

### 2.4 Austragungsformen

Es lassen sich antagonistische von graduellen K.en unterscheiden, bei denen als Ergebnis entspr. ein Nullsummenspiel (eine K.-Partei kann nur gewinnen, was die andere verliert), eine Win-Win-Situation oder eine Alle-verlieren-Lösung steht. Je nach Austragung auf dem eigentlichen oder einem Ersatz-Themenfeld werden „echte" und „umgeleitete" s. K.e unterschieden. S. K.e werden auch nach informellen und formellen, latenten oder manifesten Austragungsformen differenziert. Schließlich können s. K.e die Gestalt einer eher revolutionären oder eher reformerischen Veränderung annehmen (↑Revolution, ↑Reform).

## 3. Theorien des sozialen Konflikts

Theorien des s.n K.s variieren je nach sozialwissenschaftlicher Disziplin, paradigmatischem Standpunkt und Menschenbild. Es lassen sich vereinfacht vier Gruppen unterscheiden. Für *„harte" K.-Theoretiker* ist „[d]er Mensch [...] dem Menschen ein Wolf" (Hobbes 2017: 7) oder „die Geschichte [...] eine Geschichte von Klassenkämpfen" (MEW 4: 462). Danach stehen sich immer jeweils antagonistisch Individuen oder soziale Klassen mit widerstreitenden ökonomischen und politischen Interessen gegenüber. Alle anderen s.n K.e werden der Auseinandersetzung um Besitz, Status und ↑Macht untergeordnet. S. K.e sind in dieser Sichtweise auch das Primäre und Vorherrschende, wodurch ↑sozialer Wandel praktisch auf Dauer gestellt ist. Ein dauerhaftes Gleichgewicht in sozialen Systemen ist demnach nicht zu erwarten.

Begründer einer *„weichen" K.-Theorie* ist der US-amerikanische Soziologe L. A. Coser. Ausgehend von G. Simmels Grundidee, dass der Streit eine wichtige Form der Gemeinschaftsstiftung sei, argumentiert er, dass Konkurrenz und Auseinandersetzung konstitutiv für alle Sozialbeziehungen seien und dass – v. a. institutionalisierte – s. K.e eine stimulierende, stabilisierende und positive Funktion für das soziale Zusammenleben hätten. Mit seiner K.-Theorie orientiert sich L. A. Coser zwar einerseits an der funktionalistischen ↑Systemtheorie Talcott Parsons, kritisiert diese aber gleichzeitig wegen ihrer zu einseitigen Orientierung auf Stabilität: „Weit davon entfernt, notwendig dysfunktional zu sein, ist ein gewisses Maß an Konflikt ein wesentliches Element für die Gruppenbildung und den Bestand des Gruppenlebens“ (Coser 1972: 33).

Als Vertreter einer machtbasierten *liberalen K.-Theorie* gilt R. Dahrendorf. Zwischen Marxismus und Funktionalismus vertritt er, dass jede Form von ↑Herrschaft s. K.e generiere, dass Gesellschaft immer ein äußerst labiles Gleichgewicht und deshalb der K. permanenter Begleiter aller Vergesellschaftung sei. Dabei geht er von der ungleichen Verteilung von Macht auf der gesamtgesellschaftlichen und individuellen Ebene aus: Menschen können z. B. in bestimmten sozialen Positionen (z. B. als Hauptabteilungsleiter in einem Unternehmen) mächtig, aber in anderen sozialen Positionen (z. B. als Anwohner einer viel befahrenen Straße) vergleichsweise ohnmächtig sein. S. K.e entstehen ihm zufolge deshalb nicht nur zwischen Besitz- oder Einkommensklassen, sondern überall dort, wo es um Aspekte der menschlichen Lebenschancen geht.

In einer vierten Theorietradition wird der s. K. (sozialpsychologisch) im Kontext sozialer Deprivation oder als moralischer *Kampf um ↑Anerkennung* analysiert. Soziale Deprivation beschreibt die (neben ökonomischer Deprivation bestehende, oft mit ihr verbundene) subjektive Wahrnehmung von „Beraubung“ bzw. Benachteiligung von Personen und sozialen Gruppen gegenüber relevanten Bezugsgruppen. Axel Honneth deutet s.n K. als Reaktion auf fehlende Wertschätzung von Personen, ihrer sozialen und körperlichen Integrität. S. K.e entstehen demzufolge weniger aus widerstreitenden Interessen um (begrenzte) materielle Güter oder Einfluss, sondern um die Achtung und Anerkennung sozialer Gruppen. Demnach sind auch ↑soziale Bewegungen und die damit einhergehenden s.n K.e Ausdruck verweigerter Anerkennung.

### Literatur

T. Hobbes: De cive/Vom Bürger, 2017 • T. Bohnacker (Hg.): Sozialwissenschaftliche Konflikttheorien, 2008 • M. Kaldor: Neue und alte Kriege. Organisierte Gewalt im Zeitalter der Globalisierung, 2000 • G. Simmel: Der Streit, in: ders.: Soziologie. Untersuchungen über die Formen der Vergesellschaftung, 1999, 186–255 • A. Honneth: Kampf um Anerkennung. Zur moralischen Grammatik sozialer Konflikte, 1994 • T. Skocpol: States and Social Revolutions. A Comparative Analysis of France, Russia and China, 1979 • W. L. Bühl: Theorien sozialer Konflikte, 1976 • L. A. Coser: Theorie sozialer Konflikte, 1972 • R. Dahrendorf: Elemente einer Theorie des sozialen Konflikts, in: ders. (Hg): Gesellschaft und Freiheit, 1961, 197–235 • Ders.: Soziale Klassen und Klassenkonflikt in der industriellen Gesellschaft, 1957.

LUDGER PRIES

## Sozialer Wandel

### 1. Problemstellung

Der s. W., einer der allg.sten Grundbegriffe der Soziologie, ist leicht zu definieren, wenn man einen anderen, komplizierteren Begriff zu Hilfe nimmt, nämlich den Begriff der sozialen Struktur (↑Sozialstruktur). Unter sozialen Strukturen kann man sich die (relativ) stabilen Regelmäßigkeiten des sozialen Lebens, die (relativ) stabile Ordnung der ↑Gesellschaft vorstellen, die gegen Veränderungen widerständig sind. S. W. heißt also: Veränderungen sozialer Strukturen, Veränderung der gesellschaftlichen Ordnung. Die Theorien des s.n W.s bemühen sich, die Einheiten und Ebenen zu bestimmen, an denen und auf denen sich s. W. beobachten lässt: die Dimensionen des s.n W.s, z. B. Tempo, Tiefgang, Richtung und Steuerbarkeit sowie die äußeren und inneren Wandlungskräfte, die eine gegebene Ordnung verändern können. Bis hierhin entspricht dies alles noch unserem Alltagsverständnis. Von Struktur-, System- und ↑Wertewandel reden wir bereits in der Umgangssprache; dass wir uns in einer Epoche beschleunigten Wandels befinden, in der überkommene Ordnungen zunehmend in Frage gestellt werden, wird seit dem Beginn der ↑Moderne regelmäßig behauptet.

Die wissenschaftlichen Probleme setzen ein, wenn wir fragen, was soziale Strukturen bzw. gesellschaftliche Ordnung sind und bedeuten, wie man ihre Veränderung messen und erklären kann, inwieweit s. W. steuerbar und prognostizierbar ist. Beginnend mit den Klassikern der Soziologie (man könnte noch weiter in die Philosophiegeschichte zurückgehen), gehen die Kontroversen um die „Natur“ von Ordnung und Wandel, um den Primat von Ordnung oder Wandel, um die Möglichkeit einer einheitlichen Sozialtheorie bzw. die Notwendigkeit komplementärer Erklärungsansätze. Diese Grundlagenprobleme sind auch heute keineswegs erledigt geschweige denn gelöst, sondern brechen an den Fronten der Theoriediskussion immer wieder auf.

Auguste Comte, der der zeitgenössischen *physique social* den Namen „Soziologie“ gegeben hat, war – wie zuvor die Denker des Rationalismus, ↑Liberalismus und ↑Idealismus – von einer umfassenden gesellschaftlichen Entwicklung hin zum „positiven Stadium“ ausgegangen, in dem sich die Menschheit mit Hilfe der entfalteten ↑Wissenschaft selbst steuert. A. Comte hatte als gleichgewichtige Grundkräfte dieser Entwicklung Statik (↑Ordnung) und Dynamik (↑Fortschritt) unterschieden: „In der positiven Politik sind Ordnung und Fortschritt die beiden untrennbaren Seiten desselben Prinzips“ (Comte 1974: 38). Andere Klassiker haben sich eindeutig für Wandel oder Ordnung als Ausgangspunkt ausgesprochen, obwohl sie dann bzgl. der Erklärung des jeweiligen Prinzips zu ganz unterschiedlichen Ergebnissen gelangten. Für Karl Marx war bekanntlich die „Geschichte aller bisherigen Gesellschaft [...] die Geschichte von Klassenkämpfen" (MEW 4: 462), das Wachstum der Produktivkräfte der Motor der Entwicklung und die Ordnung der jeweiligen Produktionsverhältnisse immer nur ein Übergang. Vilfredo Pareto stellte die Marxsche Formel auf den Kopf: „Die Geschichte ist ein Friedhof von Eliten" (Pareto 1955: 229), d. h. ein ständiger Wechsel von Regimes, die der Gesellschaft eine Zeit lang ihre Ordnung aufprägen, dann aber ihren Konkurrenten und deren Regime Platz machen müssen.

Die andere theoretische Linie repräsentiert Émile Durkheim. Für ihn war Ordnung die primäre soziale Tatsache und ihre Veränderung nur aufgrund spezifischer Wandlungskräfte denkbar. Gesellschaft beruht auf der Grundtatsache der ↑Solidarität, d. h. des urspr.en Zusammenhalts der Gesellschaftsmitglieder aufgrund gemeinsamer Wertorientierungen. Durch äußere Störungen (z. B. Bevölkerungszuwachs) und durch innere Störungen (↑Anomie als ein gewisses Maß an Unvollkommenheit der Solidarität) gerät die Ordnung unter Wandlungsdruck; durch Differenzierung bildet sich die moderne, arbeitsteilige Gesellschaft heraus. Max Weber sah die Ordnung durch die jeweilige Organisation und ↑Legitimation von Herrschaftsverbänden (↑Herrschaft) garantiert. Die verschiedenen historischen Epochen sind durch unterschiedliche „Herrschaftstypen" zu interpretieren, die jeweils durch innere und äußere Kräfte (↑Rationalisierung, Traditionalisierung [↑Tradition], ↑Charisma) verändert werden. M. Weber zögerte, von einem generellen Entwicklungstrend zu sprechen, aber er hat den Weg zur modernen Welt schließlich doch – am Idealtyp des ↑Kapitalismus – als die fortschreitende Rationalisierung aller Lebensbereiche dargestellt.

Dieser dogmengeschichtliche Rückblick ist in mehrfacher Hinsicht bedeutsam. Anders als vielleicht in den Naturwissenschaften sind in den ↑Geistes- und Gesellschaftswissenschaften die Klassiker nicht endgültig zu überholen, sondern immer wieder Anknüpfungspunkt für die aktuelle Theoriediskussion. Was die sozialen Strukturen konstituiert (moralische Gemeinsamkeit, kulturelle Legitimation, ökonomischer Zwang, politische ↑Macht) und was die Wandlungskräfte sind (Klassen- und Kulturkonflikte, Gegeneliten, heute v. a. in Form neuer sozialer Bewegungen [↑Soziale Bewegungen], ökologische Herausforderungen wie Umweltzerstörung und ↑Klimawandel, technologische Errungenschaften wie ↑Digitalisierung und KI), wird auch in den heutigen Theorien unterschiedlich akzentuiert.

S. W. und soziale Strukturen sind selbst bereits abstraktere Begriffe als die Kategorien der Klassiker (Ordnung/Fortschritt, Produktionsverhältnisse/Produktivkräfte, Solidarität/Differenzierung, Herrschaftsordnung/Rationalisierung). Sie sind in die moderne Soziologie hineingekommen, als diese das Problem bewältigen wollte, auch „einfache Gesellschaften" außerhalb des abendländischen Kulturkreises sowie die vielfältigen sozialen Ordnungs- und Wandlungsprozesse unterhalb der Ebene der Gesamtgesellschaft zu begreifen: ↑Institutionen, ↑Organisationen, ↑Gruppen, ↑Interaktionen. Sozialpsychologie, Kleingruppenforschung, Kulturanthropologie haben zur Abstraktion der soziologischen Grundbegriffe und zur Generalisierung der Theorien des s.n W.s beigetragen.

Bei einer der zentralen neueren Kontroversen geht es dabei um die Frage, ob die Soziologie überhaupt einen eigenen Gegenstandsbereich und eigene Gesetzmäßigkeiten für sich beanspruchen kann oder ob nicht Institutionen, Strukturen, Organisationen, Gruppen prinzipiell aus individuellem Handeln rekonstruiert werden müssen (Individualismus-Kollektivismus-Kontroverse). Sehr vereinfacht ausgedrückt geht es um die These, dass letztlich nur handelnde Individuen Motive und Pläne haben, Entscheidungen treffen, sich solidarisch oder abweichend verhalten (↑Devianz), ↑Legitimität anerkennen oder ↑Widerstand leisten können. In dieser Perspektive sind Theorien des s.n W.s als Lerntheorien zu konzipieren oder als Nutzentheorien oder Motivationstheorien. Der symbolische Interaktionismus zeigt, wie selbst kulturelle Legitimationen, die die Lebenszeit eines Individuums weit übergreifen, nur durch Handeln produziert, tradiert und reaktualisiert werden. Die Gegenposition bestreitet nicht, dass letztlich nur Individuen handeln, sondern sie bestreitet, dass diese Einsicht tragfähig ist, um soziale Phänomene zu erklären, die aufgrund der Interaktion mehrerer Akteure prinzipiell emergente Eigenschaften aufweisen. Damit ist gemeint, dass die Beziehungs- und Verteilungsstrukturen zwischen Akteuren und die aggregierten Folgen von Handlungen nicht aus den Lernerfolgen, Nutzenschätzungen, Motiven und Situationsdefinitionen der Handelnden alleine abgeleitet werden können, insb. nicht unintendierte, paradoxe Folgen.

Man muss nicht É. Durkheims Auffassung sein, das nutzenmaximierende Individuum sei selbst erst ein Spätprodukt der gesellschaftlichen Entwicklung, man muss nicht der Gesellschaft einen Vorrang vor dem ↑Individuum geben, um die Eigenständigkeit sozialer Phänomene, also auch des s.n W.s, zu behaupten. Aber diese Kontroverse ist mitnichten abgeschlossen, und insgesamt befindet sich die Soziologie heute bzgl. ihrer theoretischen Entwicklung in einem Zustand, in dem verschiedene Paradigmen nebeneinander existieren, mehrere „Sprachen" zugl. gesprochen werden.

## 2. Fragestellungen von Theorien des sozialen Wandels

Wir gehen davon aus, dass eine einheitliche Theorie des s.n W.s derzeit nicht in Sicht ist und dass wir andererseits die Fülle der Einzelbefunde nicht zusammenfassen können. Deshalb organisieren wir die folgende Übersicht anhand von zentralen Fragestellungen, die

i. d. R. jeweils von mehreren Erklärungsansätzen benutzt werden.

Die Frage nach den Einheiten des s.n W.s führt uns nochmals zu den Definitionsproblemen und zur Beschaffenheit der sozialen Strukturen, die sich wandeln können. Jeder „Strukturwandel" soll verstanden werden als „Veränderung des Personals der Herrschaftspositionen" (Dahrendorf 1957: 201): Diese konflikttheoretische Formulierung bringt zum Ausdruck, dass die Anordnung und die Besetzung von Herrschaftspositionen als die entscheidenden Strukturtatsachen und damit als Einheiten des Wandels anzusehen sind. So hilfreich aber diese einfache Operationalisierungsregel für die empirische Messung des Wandels ist (Personalwechsel ist leicht beobachtbar), so unbefriedigend ist die mangelhafte Unterscheidung von Personenaustausch, Positionsveränderung und Regimeveränderung; diese Unterscheidungen könnten allenfalls mit den Dimensionen Tempo und Tiefgang nachgeliefert werden.

„Wir definieren einen Wandel in der Struktur eines sozialen Systems als Wandel seiner normativen Kultur. Wenn wir die oberste Ebene sozialer Systeme betrachten, handelt es sich um einen Wandel des gesamtgesellschaftlichen Wertsystems" (Parsons 1979: 43): Diese strukturfunktionalistische Formulierung fasst nur die Veränderung von ↑Normen und ↑Werten als Strukturwandel, während Rollen- und Beziehungsänderungen innerhalb eines konstanten Norm- und Wertrahmens als Anpassung gefasst werden; außerdem werden die in den ↑sozialen Rollen und sozialen Beziehungen handelnden Personen definitorisch aus der Betrachtung von sozialen Systemen ausgeblendet, was natürlich die Kritik vonseiten des methodologischen ↑Individualismus provoziert hat. Ganz klar kommt jedoch heraus, dass nach dieser Auffassung Veränderungen des Rechts, der Verfassung, der kulturellen Leitprinzipien die weitreichendsten Wandlungsvorgänge indizieren, obwohl eindeutige Operationalisierungen nicht gegeben werden.

„Wandlungsprozesse sind grundsätzlich als Selektionsprozesse erkenntlich, die unterschiedliche Handlungsweisen durch die eigenen kollektiven Folgen und/oder durch die Ressourcenbedürftigkeit reproduktiver Prozesse differentiell ausscheiden oder bevorzugen" (Schmid 1982: 35): Diese anspruchsvolle Formulierung kann verdeutlichen, was in den jüngeren systemtheoretischen Ansätzen thematisiert wird (↑Systemtheorie). Soziale Systeme müssen sich in einer komplexen Umwelt in der Weise bewähren, dass sie ihre eigenen Handlungsfolgen bewältigen und die Ressourcen für ihr Überleben sichern; sie müssen diejenigen Strukturen ändern (Handlungsweisen ausscheiden), die dies nicht leisten, und solche Strukturen verstärken (Handlungsweisen bevorzugen), die dies bes. gut leisten. Diese Theorieansätze betrachten alle möglichen sozialen Einheiten in Bezug auf ihre eigenen, überindividuellen Handlungsfolgen und Reproduktionserfordernisse innerhalb einer komplexen Umwelt und ihres Selektionsdrucks.

Die Frage nach den Ebenen des s.n W.s lässt sich einfacher behandeln. Über die Unterscheidung in die Mikroebene des sozialen Handelns, in die intermediäre Ebene der Gruppen und Institutionen und Organisationen und in die Makroebene der Gesamtgesellschaft besteht weitgehende Übereinstimmung. Es gibt aber, je nach theoretischem Ausgangspunkt, interessante Verknüpfungsprobleme. Der individualistische Ansatz kommt über die „Zusammenlegung von Ressourcen" von individuellen zu kollektiven Akteuren und den entspr.en Wandlungsprozessen. Kollektivistisch-makrosoziologische Ansätze gehen den umgekehrten Weg über Differenzierung, Spezialisierung, Segmentierung von gesamtgesellschaftlichen Prozessen zu intermediären und zu Mikroprozessen des Wandels. Die für die Klassiker zentrale Ebene der ↑Zivilisationen (ja der Menschheit insgesamt) ist heute in der Modernisierungstheorie (↑Modernisierung), in den Konvergenztheorien und in der Theorie der Weltgesellschaft aktuell. Praktisch geht es um die Frage der ↑Autonomie bzw. Interdependenz der nationalstaatlich verfassten Gesellschaften. Je weiter die Perspektive, desto mehr treten supranationale Akteure (↑Supranationalität) und Wandlungsprozesse in den Blick (multinationale ↑Unternehmen, ↑internationale Organisationen, Verteidigungsbündnisse, ↑NGOs, globalisierte Märkte, ↑Medien und Massenkultur usw.); aber je genauer die vergleichende Analyse, desto deutlicher wird auch, dass die strukturprägende Kraft der historisch gewachsenen Institutionen, die auch in den modernen Gesellschaften nach wie vor nationalstaatlich geprägt sind, immer noch Relevanz entfaltet.

Auf allen Ebenen wollen wir die Dimensionen des s.n W.s beschreiben, messen und ihre Zusammenhänge erklären, v. a. Tempo, Tiefgang, Richtung und Steuerbarkeit (↑Steuerung). Tempo wird in chronologischen Zeiteinheiten gemessen, aber es macht Sinn, nicht nur vom historischen Zeitverlauf und darin von individuellen Lebensläufen zu sprechen, sondern auch vom Lebenszyklus von Organisationen, Regimes oder Zivilisationen. Karl Mannheim hat in der Abfolge der ↑Generationen, in der altes Wissen sozusagen abstirbt und neues Wissen sich nach dem Maße der die jungen Generationen prägenden historischen Erfahrungen durchsetzt (beschleunigt, retardiert), einen entscheidenden Mechanismus des s.n W.s gesehen. In der Innovationsforschung wird diese Idee verallgemeinert: Wandel ergibt sich aus dem Aggregat von Diffusionsprozessen.

Der Tiefgang des s.n W.s bemisst sich zunächst nach der Quantität bzw. der Proportion der von einer Änderung betroffenen Einheiten (z. B. bei den Prozessen der Urbanisierung, der ↑Migration, der Nutzung insb. sozialer Medien (↑Social Media), der Elementarbildung, der Wahlrechtsausdehnung etc.), sodann nach dem Umfang der betroffenen Bereiche (↑Wirtschaft, ↑Politik, ↑Kultur usw.), im Wortsinn jedoch nach der Art und Anzahl der betroffenen Ebenen, wo immer die Sozialstruktur als Hierarchie von Ebenen bzw. Bereichen konzipiert wird. Nach der marxistischen Theorie (↗Marxismus) sind deshalb diejenigen Wandlungsprozesse die entscheidenden, die die ökonomische Struktur verändern. Nach der Hierarchie des Strukturfunktionalismus (Rollen, Kollektive, Normen, Werte) sind Wertveränderungen die gewichtigsten Wandlungsprozesse; nach der Konflikttheorie (↗Sozialer Konflikt) solche Veränderungen, die nicht nur Personal oder Organisation, sondern das Regime eines Herrschaftsverbandes umformen. Die jüngeren systemtheoretischen Ansätze wollen einen solchen Perspektivismus überwinden zugunsten einer universalistischen Theorie sozialer Systeme und ihres Wandels und bedienen sich dabei evolutionstheoretischer Konzepte: Variation, Selektion und Reproduktion. Danach bestimmen sich die zentralen Wandlungsprozesse innerhalb der permanenten Variation von Eigenschaften als diejenigen Selektionen, die die Reproduktionschancen der betreffenden Einheiten am stärksten verbessern: im Falle der gesamtgesellschaftlichen ↗Evolution solche „Errungenschaften" wie ↗Recht, ↗Markt, demokratisch legitimierte ↗Herrschaft, ↗Wissenschaft, die sich als „evolutionäre Universalien" (Parsons 1979: 55) in einer Mehrzahl von Gesellschaften durchsetzen.

Bzgl. der Richtung des s.n W.s können wir eine Reihe von typischen Verlaufsmustern unterscheiden, z. B. lineare, exponentielle und limitationale Trends; Differenzierungsprozesse der Multiplikation, Verzweigung und der Ausgrenzung (Segmentation); zyklische Schwankungen und Kreisläufe; sowie Kombinationen dieser Muster mit positiven und negativen Rückkoppelungen, Multiplikator- und Akzeleratoreffekten. Entspr. verwenden wir zur Analyse Wachstumsmodelle, Stufen- und Stadienmodelle mit und ohne Schwellen, Konjunkturmodelle, kybernetische Modelle. Das dominierende Richtungsproblem ist der „Weg zur modernen Welt", wie er in den Modernisierungstheorien und allen Kritiken daran behandelt wird. Wichtig ist jedoch, dass sich die Theorien des s.n W.s prinzipiell von der „Fortschrittsidee" befreit haben und Phänomenen der Stagnation, des Trendbruchs, der Regression, der Segmentation, Nischenbildung und Vereinfachung ihre Aufmerksamkeit zuwenden.

Bzgl. der Steuerbarkeit des s.n W.s (der Modernisierung, von ↗Innovationen usw.) hat sich in den auf Rationalismus und Comteschen ↗Positivismus zurückgehenden Optimismus der Soziologie heute Skepsis gemischt. Ungeplanter Wandel, latente Funktionen, informelle Gegenstrukturen, paradoxe Folgen des Handelns, Nebenwirkungen, konterintuitive Effekte gehören heute zu den aktuellen Forschungsthemen der Soziologie ebenso wie die inhärenten Probleme der ↗Planung, ↗Entscheidung, ↗Implementation und Akzeptanz. Der Zivilisationsprozess selbst wird von Autoren wie Norbert Elias als ungeplante „Verflechtungsordnung" (Elias 1980: 314) begriffen. Dem „Zufall" wird sowohl in der Innovationsforschung als auch in der generellen System- und Evolutionstheorie ein systematischer Platz eingeräumt. Dennoch aber bleibt die Planbarkeit und Steuerbarkeit wenigstens von begrenzten Prozessen des s.n W.s eines der konstitutiven Projekte der Soziologie und eine der grundlegenden Überlebens- und Entwicklungsvoraussetzungen moderner Gesellschaften.

Bzgl. der klassischen Frage nach den Antriebskräften des s.n W.s ist zusammenfassend zu sagen, dass sie dieselbe Vielfalt aufweisen wie die Erklärungen von Stabilität und Ordnung. Unterscheidungen in exogene und endogene, dominante und multifaktorielle Ursachen haben nur mehr dogmengeschichtlichen oder heuristischen Wert. Nach wie vor präferiert die Soziologie gegenüber exogenen Einflüssen die Konzentration auf endogene Störungen sozialer Strukturen und Systeme: inhärente ökonomische Konflikte und Herrschaftskonflikte, unvermeidliche Rollenüberlastung, notwendige Kontroll- und Sozialisationsdefizite, Spannungen zwischen gesellschaftlichen Teilbereichen. Insgesamt sucht die soziologische Theorie heute jedoch nach vereinheitlichenden Bezugsrahmen, innerhalb deren sich die verschiedenen Paradigmen und Terminologien aufheben und mit den neuen Konzepten von Rückkoppelungen, paradoxen Effekten, Umweltdruck und Selektion usw. verbinden lassen.

### Literatur

T. Meyer: Wandel, sozialer, in: G. Endruweit u. a. (Hg.): Wörterbuch der Soziologie, [3]2014, 603–607 • W. Jäger/U. Weinzierl: Moderne soziologische Theorien und sozialer Wandel, 2007 • U. Beck: Risikogesellschaft, 1986 • W. Zapf: Innovationschancen der westeuropäischen Gesellschaften, in: SozWe Sonder-Bd. 4 (1986), 167–179 • R. U. Ayres: The Next Industrial Revolution, 1984 • N. Luhmann: Soziale Systeme, 1984 • M. Schmid: Theorie sozialen Wandels, 1982 • R. Boudon: Die Logik des gesellschaftlichen Handelns, 1980 • N. Elias: Über den Prozeß der Zivilisation, 2 Bde., [7]1980 • B. Giesen: Makrosoziologie, 1980 • H. Strasser/S. C. Randall: Einführung in die Theorien des sozialen Wandels, 1979 • W. Zapf (Hg.): Theorien des sozialen Wandels, [4]1979 • T. Parsons: Das Problem des Strukturwandels: Eine theoretische Skizze, in: ebd., 35–54 • Ders.: Evolutionäre Universalien der Gesellschaft, in: ebd., 55–74 • W. Zapf: Die soziologische Theorie der Modernisierung, in: SozWe 6/2 (1975), 212–226 • A. Comte: Die Soziologie. Die positive Philosophie im Auszug, 1974 • P. Flora: Modernisierungsforschung, 1974 • S. N. Eisenstadt/S. Rokkan (Hg.): Building States and Nations, 1973 • K. Mannheim: Das Problem der Generationen, in: ders. (Hg.): Wissenssoziologie. Auswahl aus dem Werk, [2]1970, 509–565 • W. F. Ogburn: Kultur und sozialer Wandel, 1969 • H. P. Dreitzel: Sozialer Wandel, 1967 • W. E. Moore: Strukturwandel der Gesellschaft, 1967 • S. N. Eisenstadt: Modernization: Protest and Change, 1966 • R. Dahrendorf: Soziale Klassen und Klassenkonflikt in der industriellen Gesellschaft, 1957 • V. Pareto: Allgemeine Soziologie, 1955.

WOLFGANG ZAPF (†),
REDAKTIONELL BEARBEITET VON
WINFRIED GEBHARDT

**Sozialethik** ↑Christliche Sozialethik

## Sozialgerichtsbarkeit

### 1. Fachgerichte für Sozialrecht

Die S. ist eine der fünf gem. Art. 95 Abs. 1 GG in Deutschland vorgesehenen Fachgerichtsbarkeiten und von diesen die jüngste. Sozialgerichte wurden erst nach Verabschiedung des SGG vom 3.9.1953 (BGBl. I 1239) errichtet. Die Gerichte der S. entscheiden als bes. VG über öffentlich-rechtliche Streitigkeiten in Angelegenheiten des ↑Sozialrechts, insb. der ↑Sozialversicherung und des sozialen Entschädigungs- einschließlich des Schwerbehindertenrechts. Seit 2005 ist S. auch für die bis dahin den VG zugewiesenen Angelegenheiten der ↑Sozialhilfe und des Asylbewerberleistungsrechts sowie die neu eingeführte Grundsicherung für Arbeitsuchende zuständig. Weiter zählen auch Angelegenheiten der privaten ↑Pflegeversicherung zur Zuständigkeit der S. Ihre Wurzeln hat die S. in der Bismarckschen Sozialgesetzgebung, die auf Grund der Kaiserlichen Botschaft vom 17.11.1881 erlassen wurde. Bis zur Errichtung der Sozialgerichte waren bei den Versicherungsämtern (letztinstanzlich beim Reichsversicherungsamt) gebildete Spruchkörper zur Entscheidung von Streitigkeiten in Angelegenheiten der Sozialversicherung berufen.

Die S. ist *dreistufig aufgebaut*. Derzeit gibt es in Deutschland neben dem BSG mit Sitz in Kassel 68 Sozialgerichte sowie 14 LSG. Bremen und Niedersachsen sowie Berlin und Brandenburg haben jeweils gemeinsame LSG errichtet (§ 28 Abs. 2 SGG). Die *Kammern* der Sozialgerichte sind mit einem Berufsrichter, die *Senate* der LSG und des BSG mit je drei Berufsrichtern (↑Richter) besetzt. In allen drei Instanzen wirken neben den Berufsrichtern jeweils zwei *ehrenamtliche Richter* als sachkundige Beisitzer mit (§ 3 SGG). Sie werden auf Vorschlag insb. von Verbänden und Gewerkschaften von der Justizverwaltung für jeweils fünf Jahre bestellt und von den Präsidien der Gerichte den dortigen *Fachkammern* (§ 19 SGG) bzw. beim LSG und BSG den dortigen *Fachsenaten* zugewiesen. Sie sollen Kenntnisse und Erfahrungen aus dem Arbeits- und Wirtschaftsleben in die Rechtsprechung einbringen.

### 2. Grundzüge der Prozessordnung

Die Sozialgerichte prüfen u. a., ob die handelnden Sozialleistungsträger von zutreffenden Tatsachen ausgegangen sind und das Recht richtig angewendet haben. Sozialgericht und LSG erforschen dabei den wahren Sachverhalt von Amts wegen (*Amtsermittlungsgrundsatz, § 103 SGG*). Die Vorsitzenden haben den Rechtsstreit aktiv zu fördern; ihnen obliegt eine *prozessuale Fürsorgepflicht* gegenüber den Prozessbeteiligten (§ 106 SGG). Der Fürsorgepflicht kommt im Sozialgerichtsprozess vielfach bes. Bedeutung zu. Dies ist der typischen Verfahrenssituation geschuldet, in der häufig ein deutliches Ungleichgewicht zwischen den Prozessbeteiligten besteht und es für den Kläger um existenziell wichtige Ansprüche geht, die auf einem äußerst komplexen und unübersichtlichen Regelungssystem beruhen. Die Gerichte sind an das Vorbringen und die Beweisanträge der Beteiligten nicht gebunden (§ 103 Nr. 2 SGG); eine Bindung an einen Beweisantrag besteht lediglich insoweit, als auf Antrag Versicherter, behinderter Menschen (↑Behinderung), Versorgungsberechtigter oder Hinterbliebener ein bestimmter Arzt gutachterlich gehört werden muss (§ 109 SGG). Allg. verletzen die SG ihre Amtsermittlungspflicht, wenn sich weitere Ermittlungen zur Sachverhaltsklärung aufdrängen, das Gericht aber in seinem Ermessen stehende weitere Beweiserhebungen unterlässt. Die Amtsermittlungspflicht findet ihre Grenzen in den *Mitwirkungspflichten der Beteiligten* (§ 103 Abs. 1 Hs. 2 GG).

Das Verfahren ist für Versicherte, Leistungsempfänger und behinderte Menschen, wenn sie in dieser Eigenschaft am Verfahren beteiligt sind, gerichtskostenfrei (§ 183 SGG, Ausnahme: Verfahren wegen überlanger Verfahrensdauer). Von der *Gerichtskostenfreiheit* im Verhältnis zur Staatskasse zu unterscheiden ist, ob die Prozessbeteiligten einander *außergerichtliche Prozesskosten* zu erstatten haben. Darüber hat das Gericht im Urteil oder – bei anderweitiger Erledigung – auf Antrag durch gesonderten Beschluss nach billigem Ermessen zu entscheiden (§ 193 Abs. 1 SGG). I. d. R. gilt der Grundsatz, dass der unterlegene Beteiligte seine Kosten selbst zu tragen hat. Zumindest wenn die obsiegende Partei zum kostenprivilegierten Personenkreis gehört, hat die unterlegene Partei ihr grundsätzlich ihre notwendigen außergerichtlichen Kosten zu erstatten.

Vor den Sozialgerichten und LSG besteht *kein Vertretungs- bzw. Anwaltszwang*; Kläger können dort selbst auftreten und Anträge stellen. Das *Klagesystem* der S. entspricht im Wesentlichen dem der ↑Verwaltungsgerichtsbarkeit. Das SGG enthält insb. Regelungen zur Anfechtungs- und Verpflichtungsklage (§ 54 Abs. 1), zur Leistungsklage (§ 54) und zur Feststellungsklage (§ 55). Daneben ist die Untätigkeitsklage als spezielle Form der Verpflichtungsklage vorgesehen (§ 88) mit der Besonderheit, dass diese im Sozialgerichtsprozess auf den Erlass eines Verwaltungsaktes schlechthin gerichtet ist. Unter bestimmten Voraussetzungen kann eine Anfechtungsklage nach Erledigung des angefochtenen Verwaltungsaktes als Fortsetzungsfeststellungsklage fortgesetzt werden (§ 131 Abs. 1 S. 3). Die Gerichte entscheiden über die vom Kläger erhobenen Ansprüche, ohne an die Fassung der Anträge gebunden zu sein (§ 123 SGG); auch hierin kommt zum Ausdruck, dass das wirkliche Rechtsschutzziel zu ermitteln ist. Daneben bietet das SGG für Eilfälle auch *einstweiligen Rechtsschutz* (§ 86b).

Dem Institut der Beiladung (§ 75 SGG) kommt im Sozialgerichtsprozess große Bedeutung zu. Durch die Beiladung wird ein Dritter durch Beschluss des Gerichts zum Beteiligten des Prozesses. Das Gericht kann auf Antrag oder von Amts wegen andere beiladen, deren berechtigte Interessen durch die Entscheidung berührt werden *(einfache Beiladung)*. Es muss von Amts wegen eine Beiladung anordnen, wenn Dritte an dem streitigen Rechtsverhältnis derart beteiligt sind, dass auch ihnen gegenüber die Entscheidung nur einheitlich ergehen kann *(echte notwendige Beiladung)* oder wenn bei einer Ablehnung des Anspruches ein anderer der in § 75 Abs. 2 Alt. 2 SGG aufgeführten Leistungsträger als leistungspflichtig in Betracht kommt *(unechte notwendige Beiladung)*. Hat der Kläger also den „falschen" Beklagten verklagt, kann das Gericht aus Gründen der Prozeßökonomie den „richtigen" Beklagten zum Rechtsstreit beiladen und diesen – auch ohne entspr.en Antrag – verurteilen (§ 75 Abs. 5 SGG). Die Entscheidung entfaltet in Fällen notwendiger Beiladung Wirkung auch gegenüber dem Beigeladenen, so dass in möglichen Folgeprozessen einander widersprechende Entscheidungen vermieden werden (§ 141 SGG).

### 3. Revisionsverfahren

Das BSG ist ein *reines Rechtsmittelgericht*. Es ist an die im Berufungsverfahren festgestellten Tatsachen gebunden (§ 163 SGG) und prüft nur noch, ob Fehler in der Anwendung des Rechts vorliegen. Das LSG kann die Revision im angegriffenen Urteil selbst zulassen. Ist dies nicht geschehen, kann beim BSG eine sog.e *Nichtzulassungsbeschwerde* eingelegt werden mit der Begründung, die Sache habe grundsätzliche Bedeutung, das LSG sei bewusst von einer Entscheidung des BSG oder ↑BVerfG abgewichen oder die Entscheidung des LSG beruhe auf einem Verfahrensfehler (§ 160 SGG). Vor dem BSG besteht *Vertretungszwang*. Vertretungsbefugt sind neben Rechtsanwälten z. B. Gewerkschaften, Arbeitgeber- oder Sozialverbände (§ 73 SGG). Eine Ausnahme gilt für den Antrag auf Bewilligung von *Prozesskostenhilfe* für das Verfahren der Revision oder der Nichtzulassungsbeschwerde; einen solchen Antrag kann ein Kläger vor dem BSG auch selbst stellen. Das BSG prüft dann von Amts wegen sowohl die wirtschaftlichen Verhältnisse als auch die Erfolgsaussichten des Rechtmittels.

### Literatur

P. Kummer: Das sozialgerichtliche Verfahren in: F. Ruland/ U. Becker/P. Axer (Hg.): Sozialrechtshandbuch, [6]2018, 576–709 • J. Meyer-Ladewig u. a. (Hg.): Sozialgerichtsgesetz Komm., [12]2017 • R. Schlegel/T. Voelzke (Hg.): juris Praxis-Kommentar Sozialgerichtsgesetz, 2017 • O. E. Krasney/P. Udsching: Hdb. des sozialgerichtlichen Verfahrens, [7]2016 • W. Ayaß: Wege zur Sozialgerichtsbarkeit. Schiedsgerichte und Reichsversicherungsamt bis 1945, in: P. Masuch u. a. (Hg.): Grundlagen und Herausforderungen des Sozialstaats, Bd. 1, 2014, 265–283 • H. Plagemann: Prozessrecht – Wandel des Sozialstaates – Herausforderungen an den Sozialrechtsschutz, in: M. v. Wulffen/O. Krasney (Hg.): Festschrift 50 Jahre Bundessozialgericht, 2004, 813–835.

RAINER SCHLEGEL

## Sozialgesetzbuch (SGB)

### 1. Entstehung

Die Sozialgesetzgebung der BRD verfolgt mit dem SGB seit den siebziger Jahren das nach wie vor noch nicht ganz abgeschlossene Projekt einer ↑Kodifikation des gesamten ↑Sozialrechts. Schon zuvor gab es verschiedentlich die Forderung, das bis dahin in vielen Einzelgesetzen geregelte und damit sehr unübersichtliche Sozialrecht in einem Gesamtwerk zusammenzufassen, so etwa im Godesberger Programm der ↑SPD von 1959: „Die gesamte Arbeits- und Sozialgesetzgebung ist einheitlich und übersichtlich in einem Arbeitsgesetzbuch und einem Sozialgesetzbuch zu ordnen" (Vorstand der SPD 1959: 19). Aber erst die sozialliberale Regierung unter Bundeskanzler Willy Brandt begann damit, dieses Projekt zu realisieren. In seiner Regierungserklärung vor dem Deutschen Bundestag in Bonn am 28.10.1969 kündigte W. Brandt an: „Meine Damen und Herren, die Bundesregierung ist dem sozialen Rechtsstaat verpflichtet. Sie wird zur Verwirklichung dieses Verfassungsauftrages das unübersichtlich gewordene Arbeitsrecht in einem Arbeitsgesetzbuch zusammenfassen. Sie wird auch mit den Arbeiten für ein der Zeit entsprechendes Sozialgesetzbuch beginnen." (Brandt 2002: 174). Ziel war es, das Sozialrecht grundlegend zu vereinfachen, um es für die Bürger und die Verwaltung transparenter zu machen. Während ein Arbeitsgesetzbuch bis heute nicht verwirklicht wurde, begannen die konkreten Umsetzungsarbeiten bzgl. des SGB mit dem Kabinettsbeschluss vom 19.3.1970, in der einer Vorlage des Bundesministers für Arbeit und Sozialordnung vom 25.2.1970 über die Einsetzung einer Sachverständigenkommission für ein SGB zugestimmt wurde. Diese Sachverständigenkommission nahm ihre Arbeit am 5.5.1970 auf (Auflösung 1980). Ihr gehörten 30 Personen aus Wissenschaft, Rechtsprechung, Sozialpartnern, Spitzenverbänden und Ländern an. Sie erarbeitete in engem Zusammenwirken mit der Bundesregierung eine Gesamtkonzeption für das SGB sowie Thesen für dessen Allgemeinen Teil. Das formale Gesetzgebungsverfahren zur Umsetzung der Gesamtkodifikation des Sozialrechts begann mit dem Gesetzentwurf der Bundesregierung vom 27.6.1973. Die Regierung machte darin nochmals die Notwendigkeit einer Gesamtkodifikation deutlich: „Eine grundlegende Vereinfachung des Sozialrechts ist nur im Rahmen eines einheitlichen Sozialgestzbuchs möglich, wie es in der Regierungserklärung vom 28.10.1969 angekündigt wurde. In dieses Gesetzbuch sollen alle auf Dauer angelegten Sozialleistungsbereiche nach einheitlichen Grundsätzen einbezogen werden" (BT-Drs. 7/868 – Entwurf eines SGB [SGB] – Allgemeiner Teil). Der Entwurf wurde im Bundestag am 20.9.1973 in erster Lesung beraten und anschließend an den Ausschuss für Arbeit und Sozialordnung federführend überwiesen. In seiner Sitzung am 4.6.1975 beriet der Ausschuss den Gesetzentwurf dann abschließend und brachte ihn erneut in den Bundestag ein (BT-Drs. 7/3738 – vgl. hierzu den Bericht des Abgeordneten Norbert Gansel als Berichterstatter des Ausschusses für Arbeit und Sozialordnung [BT-Drs. 7/3786]). Aufgrund des Umfanges des Sozialrechts und der Fülle von Problemen, die im Zuge der Kodifikation zu lösen waren, hatte man sich für ein gestuftes Verfahren entschieden. Als erste Stufe sollte ein Allgemeiner Teil verabschiedet werden. In ihm wurden die Regelungen zusammengefasst, „die zur Vereinheitlichung der geltenden Sozialrechtsordnung und ihrer besseren Tranparenz den einzelnen Sozialleistungsbereichen vorangestellt werden sollten, zugleich den Geltungsbereich des Sozialgesetzbuchs verbindlich festlegen und damit die Grundlage für die weitere Arbeit bilden" (BT-Drs. 7/3738). Gleichzeitig sollten die Vorschriften der einzelnen Sozialleistungsbereiche an den Allgemeinen Teil angepasst sowie in weiteren Stufen überarbeitet und als bes. Teile in das SGB eingeordnet werden (vgl. BT-Drs. 7/3738). Der Allgemeine Teil (SGB I) wurde dann am 11.12.1975 erlassen (BGBl. I S. 3015) und trat am 1.1.1976 in Kraft. Damit war das Vorhaben der Gesamtkodifikation gesetzgeberisch auf den Weg gebracht. Am 23.12.1976 folgte bereits das SGB IV – Allgemeine Vorschriften zur Sozialversicherung – (BGBl. I S. 3845) und später das SGB X – Verwaltungsverfahrensrecht am 18.8.1980 (Kap. 1 u. 2 SGB X – BGBl. I S. 1469) und 4.11.1982 (Kap. 3 SGB X – BGBl. I S. 1450). Es zeigte sich allerdings in den Arbeiten an den einzelnen Sozialleistungsbereichen, dass – anders als urspr. gedacht – die formale Einordnung in das SGB auch inhaltliche Reformen erforderte.

Ungeachtet des Umstands, dass zwischenzeitlich weite Bereiche des Sozialrechts in das SGB eingefügt werden konnten, ist das Vorhaben einer Gesamtkodifikation noch nicht abgeschlossen. Dies zeigt schon § 68 SGB I, der verschiedene Gesetze mit den zu ihrer Ergänzung und Änderung erlassenen Gesetzen bis zu ihrer Einordnung in das SGB als dessen bes. Teile ausweist. Diese Fiktion bewirkt v. a., dass auf die in § 68 SGB I gen.en Sozialleistungsbereiche die allg.en Regelungen des SGB I und das Verfahrensrecht des SGB X Anwendung finden. Für das sozialgerichtliche Verfahren ist § 51 SGG zu beachten.

## 2. Regelungsbereiche

Das SGB weist derzeit folgenden Stand auf: SGB I (Allgemeiner Teil), SGB II (Grundsicherung für Arbeitssuchende), SGB III (Arbeitsförderung), SGB IV (Gemeinsame Vorschriften der ↑Sozialversicherung), SGB V (Gesetzliche ↑Krankenversicherung), SGB VI (Gesetzliche ↑Rentenversicherung), SGB VII (Gesetzliche ↑Unfallversicherung), SGB VIII (Kinder- und ↑Jugendhilfe), SGB IX (Rehabilitation und Teilhabe behinderter Menschen [↑Behinderung]), SGB X (Verfahrensrecht), SGB XI (↑Pflegeversicherung), SGB XII (↑Sozialhilfe). Über § 68 SGB I gelten zudem bis zu ihrer Einordnung in das SGB als dessen bes. Teile: das BAföG, die Reichsversicherungsordnung, das ALG, das KVLG, das BVG (auch soweit andere Gesetze die entspr.e Anwendung der Leistungsvorschriften des BVG vorsehen), das KOVVfG, das BKGG, das WoGG, das AdVermiG, das UhVorschG, die Abschnitte 1 bis 3 des BEEG, das AltersteilzeitG sowie der Abschnitt 5 des SchKG.

## 3. Gesetzgebungskompetenz

Die Gesetzgebungskompetenz für die Sozialgesetzgebung folgt den Art. 70 ff. GG. Das Sozialrecht ist danach in erster Linie Bundesrecht. Eine umfassende Kompetenz des Bundes für die Sozialgesetzgebung insgesamt besteht allerdings nicht. Das ↑BVerfG hat insb. den Art. 74 I Nr. 12 GG – trotz eines weiten Verständnisses vom Begriff der Sozialversicherung – nicht in diesem weiten Sinne interpretiert (vgl. BVerfGE 11, 105 [110 ff.]). Die Gesetzgebungszuständigkeit des Bundes ergibt sich vielmehr aus der Kompentenzverteilung für die einzelnen Sozialleistungsbereiche. Im Zentrum der Betrachtung stehen dabei Art. 73 I Nr. 13 GG (Versorgung der Kriegsbeschädigten und Kriegshinterbliebenen [↑Kriegsopferversorgung] und die Fürsorge für die ehemaligen ↑Kriegsgefangenen), Art. 74 I Nr. 7 (öffentliche Fürsorge [ohne das Heimrecht]) sowie Art. 74 I Nr. 12 (u. a. Arbeitsvermittlung und Sozialversicherung einschließlich der ↑Arbeitslosenversicherung). Bes. Regelungen finden sich zudem in Art. 74 I Nr. 13 GG (Ausbildungsbeihilfen) und Art. 74 I Nr. 18 GG (Wohngeld). Für die Länder verbleiben nur wenige Regelungsbereiche, wie etwa die berufsständischen Versorgungswerke als öffentliche Versicherung von Angehörigen der freien Berufe (z. B. Rechtsanwaltsversorgung) und das Blinden- bzw. Gehörlosengeld in NRW.

### Literatur

U. Becker/T. Kingreen: Einführung, in: dies. (Hg.): SGB – Sozialgesetzbuch, [47]2018, X-XIII • H-J. Papier/F. Shirvani: Der Einfluss des Verfassungsrechts auf das Sozialrecht, in: F. Ruland/U. Becker/P. Axer (Hg.): Sozialrechtshandbuch, [6]2018, 136–146 • K. Hauck/W. Noftz (Hg.): Sozialgesetzbuch. Gesamtkommentar, 2017 • W. Brandt: Regierungserklärung vom 28. Oktober 1969, in: K. Stüwe (Hg.): Die großen Regierungserklärungen der deutschen Bundeskanzler von Adenauer bis Schröder, 2002 • H. F. Zacher: Materialien zum Sozialgesetzbuch, 1974–79 • Ders.: Das Vorhaben des Sozialgesetzbuches, 1973 • Vorstand der SPD (Hg.): Grundsatzprogramm der SPD, 1959. STEFAN MUCKEL

**Sozialgesetzgebung** ↑Sozialrecht, ↑Sozialgesetzbuch (SGB)

## Sozialhilfe

### 1. Historische Wurzeln

Als ältester Teil des heutigen ↑Sozialrechts hat sich die S. in Deutschland entwickelt aus dem Fürsorge- und Armenrecht in Polizeiverordnungen und kommunalen Armen-(ver-)ordnungen der frühen Neuzeit. Zu einer großen Aufgabe sozialer Staatlichkeit wurde sie mit dem Aufkommen von Massenarmut als Folge der Industrialisierung (↑Industrialisierung, Industrielle Revolution). Nach dem Zweiten Weltkrieg war v. a. das BSHG (1961) prägend, das einen gesetzlichen Anspruch auf S. vorsah. Seit 2003 ist die S. im SGB XII (↑Sozialgesetzbuch) geregelt. Neben der S. besteht die freie ↑Wohlfahrtspflege v. a. durch die Kirchen, aber auch nicht konfessionell gebundene Organisationen (z. B. DRK, AWO, Deutscher Paritätischer Wohlfahrtsverband; ↑Wohlfahrtsverbände).

### 2. Wesentliche Prinzipien

S. wird als nachrangige, beitragsfreie Sozialleistung gewährt, die bedarfsabhängig zur Bewältigung von Notlagen erbracht wird, wenn der Bedarf nicht durch den Einsatz von Arbeitskraft, Einkommen oder Vermögen gedeckt werden kann und sonstige Sozialleistungen nicht oder nur unzureichend zur Verfügung stehen (§ 2 SGB XII). S. soll die Führung eines menschenwürdigen Lebens (↑Menschenwürde) sichern und zugl. dazu befähigen, unabhängig von ihr zu leben (Hilfe zur Selbsthilfe). Auf den Grund der Hilfsbedürftigkeit kommt es nicht an. Die Hilfe ist an sich nicht von einem Antrag abhängig, sondern wird von Amts wegen gewährt. In der Praxis muss der Anspruch auf S. (§ 17 SGB XII) gleichwohl regelmäßig bei der zuständigen Stelle geltend gemacht werden.

### 3. Träger der Sozialhilfe

Träger der S. sind v. a. die kreisfreien Städte und ↑Kreise (§ 3 SGB XII). Ihre finanzielle Belastung ist erheblich (2017: netto ca. 30 Mrd. Euro). Die örtlichen Träger der S. sind grundsätzlich sachlich zuständig für die S. (§ 97 SGB XII). Örtlich zuständig ist der Träger, in dessen Bereich die Leistungsberechtigten sich aufhalten (§ 98 SGB XII). Die überörtlichen Träger wie auch ihre Zuständigkeit werden nach Landesrecht bestimmt.

### 4. Einzelfragen

S. wird geleistet nach den Besonderheiten des Einzelfalls (§ 9 SGB XII). Sie ist als individuelle Hilfe gedacht. S. kann (demgemäß) in Gestalt von Dienstleistungen, Sach- oder Geldleistungen erbracht werden (§ 10 SGB XII). Aus dem Kreis der gesetzlich vorgesehenen S.-Leistungen hat die Hilfe zum Lebensunterhalt die größte Bedeutung. Sie wird Personen gewährt, die ihren notwendigen Lebensunterhalt nicht oder nicht ausreichend aus eigenen Kräften und Mitteln, insb. aus ihrem Einkommen und Vermögen, bestreiten können (§ 27 SGB XII). Dem Hilfebedürftigen sollen die Mittel zur Verfügung gestellt werden, die er benötigt, um seinen notwendigen Lebensunterhalt bestreiten zu können. Der (gerichtlich uneingeschränkt überprüfbare) Begriff des notwendigen Lebensunterhalts meint die materiellen Voraussetzungen, die erfüllt sein müssen, damit der Hilfeempfänger ein menschenwürdiges Leben führen kann. Das erfordert mehr als ein Minimum an Nahrung und Kleidung zum Überleben, also mehr als das ↑Existenzminimum, an das das Gesetz mit dem Begriff des zum Lebensunterhalt Unerlässlichen (§ 26 SGB XII) anknüpft. Was jeweils zum notwendigen Lebensunterhalt gehört, lässt sich abstrakt-generell nicht abschließend festlegen, sondern kann nur für den Einzelfall ermittelt werden. Dabei sind die herrschenden Lebensgewohnheiten zu berücksichtigen, die einem kontinuierlichen Wandel unterliegen. Nach der beispielhaften Aufzählung in § 27a SGB XII umfasst der notwendige Lebensunterhalt Ernährung, Unterkunft, Kleidung, Körperpflege, Hausrat, Heizung und persönliche Bedürfnisse des täglichen Lebens. Hierzu gehört in vertretbarem Umfang auch eine Teilnahme am sozialen und kulturellen Leben in der Gemeinschaft. Der notwendige Lebensunterhalt wird der Höhe nach weitgehend anhand von monatlichen Regelsätzen bemessen. Zu deren Bestimmung wird ein Statistikmodell zugrunde gelegt, das auf Daten basiert, die das StBA erhoben hat. Nicht mit dem Regelsatz abgegolten sind die Kosten für die Wohnung. Insoweit erbringt der S.-Träger laufende Leistungen in Höhe der tatsächlichen Aufwendungen (§ 35 SGB XII). Übernommen werden allerdings grundsätzlich nur die angemessenen Kosten der Unterkunft. Dabei wird auf die gesetzliche Regelung aus dem Recht der Grundsicherung für Arbeitssuchende abgestellt (§ 22 SGB II), woraus sich für eine alleinstehende Person z. B. eine angemessene Wohnfläche zwischen 45 und 50 Quadratmeter ergibt. Die laufende Hilfe zum Lebensunterhalt soll keine rentengleiche wirtschaftliche Dauerleistung sein. Der S.-Fall bedarf vielmehr ständig der Überprüfung und Regelung, weil die S. stets an einen gegenwärtigen Bedarf anknüpft und auch nur einem solchen abhelfen soll. Ein bewilligender S.-Bescheid entfaltet daher, soweit nicht ohnehin etwas anderes vorgesehen ist, an sich nur Wirkung für die Vergangenheit und den laufenden Monat. Regelmäßig werden aber Leistungen nach dem Recht der Grundsicherung für Arbeitsuchende (SGB II) und S. für mehrere Monate bewilligt. Bestimmten Gruppen von Hilfeempfängern erkennt das Gesetz (§ 30 SGB XII) von vornherein einen Mehrbedarf zu. Das betrifft Personen, die mindestens 65 Jahre alt sind, werdende Mütter, Alleinerziehende, Menschen mit Behinderung (↑Behinderung) und Kranke, die einer aufwendigeren Ernährung bedürfen. Auch die Mehrbedarfe werden überwiegend pauschaliert erbracht. Zudem kennt das Gesetz Bedarfe für ↑Bildung und Teilhabe (§ 34 SGB XII), die Schülern zugestanden werden, die eine allgemein- oder berufsbildende Schule besuchen; auch sind Bedarfe von Kindern und Jugendlichen für Teilhabe am sozialen und kulturellen Leben gesetzlich anerkannt. Sie werden neben dem Regelbedarf gesondert berücksichtigt. Neben der Hilfe zum Lebensunterhalt standen vormals Hilfen in bes.n Lebenslagen. Statt ihrer kennt das Gesetz heute stärker differenzierte Hilfen zur Bewältigung einzelner Bedarfssituationen (§§ 47 ff. SGB XII). Dazu gehören Hilfen zur ↑Gesundheit, die Eingliederungshilfe für behinderte Menschen, die Hilfe zur Pflege, die Hilfe zur Überwindung bes.r sozialer Schwierigkeiten sowie die Hilfe in anderen Lebenslagen. Die Aufzählung ist nicht abschließend. Die S.-Träger haben die Möglichkeit, Leistungen auch in sonstigen Lebenslagen zu erbringen, wenn sie den Einsatz öffentlicher Mittel rechtfertigen (§ 73 SGB XII). Diese Regelung dient häufig als Auffangnorm für Bedarfe, die nicht gesetzlich geregelt sind.

### 5. Abgrenzungen

Zu unterscheiden ist die S. von der Grundsicherung für Arbeitsuchende („Hartz IV"), die im SGB II geregelt ist, und von Leistungen an Asylbewerber, die grundsätzlich keine S. erhalten sollen (§ 23 Abs. 2 SGB XII), sondern deren notwendiger Bedarf durch Sachleistungen und ggf. auch Geldleistungen nach dem AsylbLG gedeckt wird (↑Asyl). Die urspr.e Intention des Gesetzgebers, Ausländern möglichst keine Anreize zu bieten, aus wirtschaftlichen Erwägungen nach Deutschland zu kommen, stand in einem Spannungsverhältnis zur verfassungsrechtlichen Garantie eines menschenwürdigen Existenzminimums, wie das ↑BVerfG 2012 feststellte. Das Gesetz wurde daraufhin geändert. Doch bleibt insb. das Niveau der Gesundheitsversorgung (§§ 4, 6 AsylbLG) erheblichen verfassungs-, europa- und völkerrechtlichen Bedenken ausgesetzt.

### Literatur

R. Bieritz-Harder/W. Conradis/S. Thie (Hg.): Sozialgesetzbuch XII, [12]2020 • S. Muckel/M. Ogorek/S. Rixen: Sozialhilfe, in: dies. (Hg.): Sozialrecht, [5]2020, 420–459 • C. Rolfs u. a. (Hg.): BeckOK Sozialrecht, SGB XII: Sozialhilfe, [58]2020.

STEFAN MUCKEL

## Sozialindikatoren

### 1. Begriff

S. sind Maßzahlen, mit deren Hilfe die ↑Wohlfahrt einer Gesellschaft beschrieben (Querschnittsmaß) sowie wohlfahrtsstaatliche Entwicklungen (Zeitreihen) aufgezeigt werden können. Neben ökonomischen Kennziffern sollen S. Informationen über gegenwärtige und vergangene Entwicklungen im Hinblick auf Lebensbedingungen und Lebensqualität der Bevölkerung geben. Diese Informationen stellen für politische Entscheidungsträger eine wichtige Orientierung im Kontext steuerungspolitischen Handelns dar und sind Grundlage für eine aktive ↑Gesellschaftspolitik.

S. sollen zunächst soziale Probleme identifizieren und Aufmerksamkeit herstellen (*Identifizierungsfunktion)* und sind somit ein wichtiges Instrument gesellschaftlicher Dauerbeobachtung. Über ein regelmäßiges Berichtsystem sollen Zeitreihen erstellt werden, sodass die Entwicklung der S. sichtbar wird *(Beobachtungsfunktion)*. Die Entwicklung selbst kann als Frühwarnsystem für zukünftige soziale Probleme interpretiert werden *(Antizipationsfunktion)*. Schließlich können S. auch dafür verwendet werden, die Wirkung steuerungspolitischer Entscheidungen zu bewerten *(Evaluationsfunktion)*.

International stehen sich zwei Ansätze gegenüber. Das skandinavische Modell steht in einer sozialpolitischen Tradition, welche den Fokus auf individuelle Ressourcen wie Einkommen, Bildung, Vermögen usw. legt. Demgegenüber steht der amerikanische *Quality-of-Life* Ansatz, der weniger materielle Ressourcen, sondern subjektive Wahrnehmungs- und Bewertungsprozesse in den Blickpunkt rückt.

In Deutschland hat sich seit den 1970er Jahren ein System sozialer Indikatoren durchgesetzt, das beide Ansätze kombiniert. Unter den drei Kategorien *Having*, welche die materielle Dimension abdeckt und z. B. ökonomische Ressourcen, Wohnbedingungen, Gesundheit usw. umfasst, *Living*, die das Bedürfnis nach Zugehörigkeit und sozialen Kontakten berücksichtigt und *Being*, die sich auf Optionen zur Beteiligung und Selbstverwirklichung bezieht, werden sowohl objektive Lebensbedingungen als auch Aspekte subjektiven Wohlbefindens zusammengefasst.

### 2. Geschichte und Institutionalisierung

Inspiriert durch amerikanische Vorarbeiten wurde in Deutschland in den 1970er Jahren ein Gutachten für den *Sachverständigenrat zur Beurteilung der gesamtwirtschaftlichen Entwicklung* erstellt. Die Autoren waren von der Vorstellung überzeugt, dass eine alleinige Konzentration auf das BIP nicht ausreicht, um das Wohlstandsniveau einer Gesellschaft adäquat abbilden zu können. In den Folgejahren wurden zahlreiche Projekte initiiert, was schließlich zu einer Institutionalisierung der S. führte. So waren Hans-Jürgen Krupp und Wolfgang Zapf auch die Leiter des Projekts *SozialPolitisches Entscheidungs- und Indikatoren-System* (SPES), in dem konkrete Zielbereiche formuliert wurden. Aus diesem Projekt ging ein von der DFG geförderter Sonderforschungsbereich hervor, im Rahmen dessen gesellschaftliche Wohlfahrt in einen materiellen und einen immateriellen Bereich differenziert wurde. Da verlässliche S. auf eine breite Datenbasis angewiesen sind, wurde im Rahmen des Sonderforschungsbereichs sowohl die Zusammenarbeit mit dem StBA intensiviert als auch das SOEP entwickelt, welches bis heute in regelmäßigen Abständen repräsentative Bevölkerungsbefragungen durchführt und vom DIW verantwortet wird. Das SOEP stellt somit auch aktuell noch ein wichtiges Instrument zur gesellschaftlichen Dauerbeobachtung und Selbstaufklärung der Bevölkerung dar.

Sowohl in Amerika als auch in Deutschland ist in den 1980er Jahren ein gewisser Rückgang der Aufmerksamkeit auf S. zu verzeichnen. Parallel dazu haben aber supranationale Organisationen wie die ↑UNO, die ↑OECD oder die ↑Weltbank die Konzepte der S.-Bewegung aufgegriffen und eigene S.-Modelle und Berichtsysteme, wie den HDI oder den *Human Sustainable Development Index*, etabliert. Hier wurden die Konzepte der S.-Forschung mit denen einer global geführten Nachhaltigkeitsdebatte (↑Nachhaltigkeit) verbunden. Spätestens seit dem Bericht des ↑Club of Rome etablierte sich die Vorstellung, die gesellschaftliche Entwicklung nachhaltig, d. h. nicht auf Kosten zukünftiger Generationen voranzubringen.

### 3. Zum aktuellen Stand der Sozialindikatoren und ihrer Weiterentwicklung

Im Zusammenhang mit der weltweiten Wirtschaftskrise 2008 fand eine Renaissance der S.-Bewegung statt, die nun auch auf politischer Ebene wieder diskutiert und durch ökologische Nachhaltigkeitsindikatoren ergänzt wurde. In Deutschland gründete 2010 der Deutsche Bundestag eine Enquete-Kommission mit dem Titel *Wachstum, Wohlstand, Lebensqualität*, die ein sog.es W3-Indikatorenmodell mit den Dimensionen „Materieller Wohlstand", „Soziales/Teilhabe" und „Ökologie" entwickelt hat. 2013 beschlossen CDU, CSU und SPD im Koalitionsvertrag ein eigenes Berichtsystem zu entwickeln. 2016 folgte dann der „Bericht der Bundesregierung zur Lebensqualität in Deutschland", in dem die Ergebnisse zum aktuellen Stand der Lebensqualität aufgelistet sind.

Den Konstrukteuren der S. in den 1970er Jahren war die Einrichtung eines von politischen Entscheidungsträgern unabhängigen Berichtsystems ein bes. Anliegen. Die Entwicklung zeigt aber, dass die Aufmerksamkeit, die den Indikatoren entgegengebracht wird, stark von politischen Konjunkturschwankungen abhängt. S. machen soziale Probleme lediglich sichtbar und tragen selbst nicht zu sozialen Veränderungen bei. Dafür bedarf es einer Interpretation, die normativ ausgerichtet ist, sowie weitergehender Analysen, die auch die Bedingungsfaktoren und Wechselwirkungen der S. in den Blick nehmen.

### Literatur

J. Schupp: 40 Jahre Sozialberichterstattung und Lebensqualitätsforschung in Deutschland, in: SOEP Papers on Multidisciplinary Panel Data Research 680 (2014) • H. H. Bohle: Angewandte Sozialforschung und soziale Indikatoren, in: G. Albrecht/A. Groenemeyer (Hg.): Hdb. soziale Probleme, 2012, 1350–1384 • H-J. Krupp/W. Zapf: Die Rolle alternativer Wohlstandsindikatoren bei der Begutachtung der gesamtwirtschaftlichen Entwicklung, in: Rat für Sozial- und Wirtschaftsdaten Working Paper 171 (2011) • H-H. Noll: Konzepte der Wohlfahrtsentwicklung. Lebensqualität und „neue" Wohlfahrtskonzepte, in: WZB-Discussionpapers No. P00–505 (2000) • K.-U. Mayer: Sozialindikatoren, in: StL, Bd. 5, [7]1995, 2–3 • R. A. Bauer: Social Indicators, 1967.

MARC HANNAPPEL

## Sozialisation

Die S.s-Forschung ist ein interdisziplinäres Arbeitsfeld, das insb. in den 1970er und 1980er Jahren eine große Fülle theoretischer Konzeptualisierungen und empirischer Untersuchungen zur Bedeutung objektiv gegebener, historisch entstandener Lebensbedingungen für die Subjektgenese hervorbrachte. Gegenstand sozialisationstheoretischer Untersuchungen sind Prozesse des Werdens und Geworden-Seins von Individuen im Schnittpunkt von gesellschaftlichen Strukturen, Institutionen, Praktiken, Interaktionen und Normierungen. Im Mittelpunkt steht die Erforschung eines wechselseitigen Zusammenhangs von ↑Individuum und ↑Gesellschaft, der Verflechtung von „Sozialstruktur und Persönlichkeit" (Hurrelmann 1993).

Das Themenfeld hat sich in den letzten Jahrzehnten stark ausdifferenziert und so ist der Begriff S. um die Entfaltung der Begriffe Biografie, ↑Habitus, ↑Identität, Lebenslauf und Subjekt-Konstitution ergänzt worden und haben ihn teilweise ersetzt. Allerdings unterscheiden sich die Zugänge hinsichtlich ihrer Fragestellungen und theoretischen Bezüge. Während weite Teile der S.s- und Identitätsforschung wie auch die Lebenslaufforschung untersuchen, wie sozialstrukturelle Unterschiede und Ungleichheiten sich in den und durch die Individuen fortsetzen, nehmen biografie- und habitustheoretische Ansätze und dekonstruktive Subjekt-Theorien (↑Dekonstruktion) auch die symbolisch-imaginäre Qualität des Selbst sowie diskursive Identitätseffekte in den Blick. Damit verbunden sind Unterschiede der Herangehensweise und des methodischen Instrumentariums. So favorisiert der erst genannte Forschungszusammenhang Umfragen und sozial-statistische Erhebungen, während in der zweiten Perspektive diskurs- und kommunikationsanalytische und hermeneutische Verfahren dominieren.

### 1. Nach den Regeln der Gesellschaft – Sozialisation als Prozess sozialer Integration

Eine Perspektive der Forschung denkt S. von der Gesellschaft her und zielt auf die Erarbeitung eines Verständnisses der sozialen Standardisierung und normativen Strukturierung von Individuen. Grundannahme ist, dass Menschen in einer jeweils spezifischen Umwelt geformt, wahrgenommen, interpretiert und bewertet werden. So galt das anfängliche sozialisationstheoretische Interesse der Erfassung des Zusammenhangs zwischen der Transformation westlicher Gesellschaften zu industriekapitalistisch wirtschaftenden, national organisierten Staaten und der Herausbildung eines handlungs- und leistungsfähigen ↑Subjekts, das in diesen Strukturen seine Persönlichkeit und Biografie ausbildet. Diese übergreifenden Prinzipien von S. wurden später mit Blick auf die gesellschaftliche Arbeitsteilung, in der Individuen zu unterschiedlich positionierten und identifizierten Personen werden, nach Klasse/↑Milieu, Geschlecht und Ethnie/↑Kultur differenziert. Ab Mitte der 1970er Jahre artikulierten sich Forderungen nach grundlegender Erweiterung: die Forschung sollte die Fokussierung auf die frühen Altersphasen ↑Kindheit und ↑Jugend überwinden und sich von der Annahme verabschieden, dass S. mit dem Erreichen des Erwachsenenalters abgeschlossen sei. Auch wurde bemängelt, dass S. zumeist als Einbahnstraße vom Erwachsenen zum Kind gedacht und auf das Bild des erfolgreich sozialisierten Erwachsenen enggeführt werde.

## 2. Produzenten sozialer Verhältnisse – Sozialisation als Prozess individueller Verarbeitung und interaktiver Herstellung von Sozialität

Die zweite Perspektive konzipiert S. mit Blick auf das Individuum. Schon 1890 hatte Georg Simmel seinen Begriff der „Socialisierung" eingeführt, wonach die Individuen in Wechselwirkung zueinander ihr Verhalten fortlaufend aufeinander abstimmen und so ihre Vergesellschaftung selbst betreiben. Diese Perspektive erhielt ab 1980 durch Klaus Hurrelmann neuen Schub. Sein Modell der „produktiven Realitätsverarbeitung" (Hurrelmann 2012) macht den Gedanken stark, dass Subjekte nicht einfach durch die Gesellschaft geprägt werden, sondern sie vielmehr aus eigenem, wenn auch nicht immer bewusstem Interesse verarbeiten und so die Bedingungen ihrer S. gewissermaßen selbst produzierten. Dies lenkte den Blick auf die Frage nach den praktischen Vollzügen von „Selbstsozialisation" (Zinnecker 2000). Dabei machte insb. Ulrich Oevermann die Sozialität und Gesellschaftlichkeit der Herausbildung von Bewusstseinsstrukturen, moralischen Vorstellungen, Motivationen und Kompetenzen deutlich: das Kind wird in eine spezifische Familienstruktur hineingeboren, die Eltern transportieren in allem, was sie erwarten, sagen und tun, gesellschaftliche Vorstellungen darüber, wie sich ein Kind normal entwickelt und was eine ↑Familie ist und leisten soll. Indem U. Oevermann zeigt, dass sozialisatorische Interaktion strukturell von kollektiven Deutungsmustern mit normativ-objektivierender Bedeutung bestimmt ist, die subjektive Absichten tendenziell konterkarieren, setzt er der Vorstellung des aktiven und selbst-sozialisierenden Individuums Grenzen.

## 3. Leerstellen und offene Fragen

Forschungen zur S. thematisieren die normative und regulative Wirkung gesellschaftlicher Lebensbedingungen und deren subjektive Verarbeitung und Ausgestaltung. Verbunden damit sind drei Verkürzungen, die es für weitere Konzeptualisierungen von S. zu bedenken gilt. Die erste betrifft das konstitutionslogische Paradoxon sozialisationstheoretischer Annahmen, die schon am Beginn der Ontogenese von einer Interaktion zwischen Individuum und einer gegebenen Außenwelt ausgehen, obwohl sich doch die Subjekte erst ausbilden müssen. Dies verweist auf den ungeklärten theoretischen Status der gegebenen, sozialen und natürlichen Außenwelt einerseits und den Status der Konstruktivität des Individuums andererseits. In dem einschlägigen Diskurs wird dieses Verhältnis als Innen-Außen-Dichotomie begriffen und dementsprechend spielt in der S.s-Forschung die Idee des „Akteurs" eine herausragende Rolle, der durch methodisches und diszipliniertes Handeln (↑Handeln, Handlung), durch rationale Kontrolle seine affektiven Regungen durch die Ausrichtung an äußeren Bedingungen zu bearbeiten sucht. Damit verbunden ist ein zweites Problem, nämlich die theoretische Konzeptualisierung des Verhältnisses von Körper und Psyche. Weite Teile der S.s-Forschung gehen von der Unterscheidung eines gegenständlichen, mit Wahrnehmungsfunktionen ausgestatteten Körper-Individuums einerseits und einer immateriellen, sprachlich und spirituell konstituierten Psyche bzw. Persönlichkeit andererseits aus. Die Erklärungsreichweite dieser Dichotomie findet ihre Grenzen im Bereich emotionaler S. Da Emotionen sowohl leiblich erfahren (z. B. in Form von Schwitzen, Gänsehaut oder Rot-Werden) als auch kognitiv gedeutet werden und zudem gesellschaftlich reguliert sind, stößt hier die Dichotomie von Innen und Außen an ihre Grenzen. Drittens schließlich stellt sich die Frage, wie erklärt werden kann, dass in Prozessen der S. nicht nur Bekanntes weitergegeben und reproduziert wird, sondern auch Variation und Erweiterung von Bestehendem stattfinden kann. Bis heute fehlt es in der S.s-Forschung, neben den gesellschaftlichen und sozialen Bedingungen des Handelns auch die Entfaltung von kreativen und transzendierenden Praktiken theoretisch zu bestimmen.

## Literatur

U. Oevermann: Sozialisationsprozess als Dynamik der Strukturgesetzlichkeit der ödipalen Triade und als Prozesse der Erzeugung des Neuen durch Krisenbewältigung, in: D. Garz/ B. Zizek (Hg.): Wie wir zu dem werden, was wir sind, 2014, 15–70 • K. Hurrelmann: Sozialisation. Das Modell der produktiven Realitätsverarbeitung, [10]2012 • J. Zinnecker: Selbstsozialisation – Essay über ein aktuelles Konzept, in: ZSE 20/3 (2000), 272–290 • K. Hurrelmann: Einführung in die Sozialisationstheorie. Über den Zusammenhang von Sozialstruktur und Persönlichkeit, [4]1993 • G. Simmel: Über sociale Differenzierung, [2]1989 • É. Durkheim: Erziehung, Moral und Gesellschaft, [7]1984 • C. Hagemann-White: Sozialisation weiblich – männlich?, 1984 • M. Kohli: Sozialisation und Lebenslauf, in: R. M. Lepsius (Hg.): Zwischenbilanz der Soziologie, 1976, 311–326.

KATHARINA LIEBSCH

## Sozialisierung

### 1. Überführung in Gemeinwirtschaft

Der S.s-Artikel des Art. 15 GG eröffnet die Möglichkeit, „Grund und Boden, Naturschätze und Produktionsmittel [...] zum Zwecke der Vergesellschaftung durch ein Gesetz, das Art und Ausmaß der Entschädigung regelt, in Gemeineigentum oder in andere Formen der Gemeinwirtschaft" zu überführen. Die Vorschrift enthält *keinen Verfassungsauftrag* zu einer S. (BVerfGE 12,354 [363 f.]) oder auch nur eine objektive Wertentscheidung zugunsten von S.en. Sie legt vielmehr fest, dass der Staat, wenn er sich zur Überführung von Gütern in Gemeinwirtschaft entschließt, die in Art. 15 GG angegebenen *Formen* und *Grenzen* beachten muss.

Art. 15 erlaubt die Überführung bestimmter Güter in Gemeinwirtschaft nur zum Zwecke der *Vergesellschaftung:* Die Güter bzw. ihre Nutzung sollen nicht mehr dem individuellen Nutzen des Eigentümers dienen, sondern – wie im Falle der Inanspruchnahme von Schlüsselindustrien – der gesellschaftlichen Bedarfsdeckung oder der Verfolgung sonstiger Gemeinwohlziele. Dies soll zum einen dadurch erreicht werden, dass das ↑Eigentum an den Gütern auf öffentlich-rechtliche Träger – Staat im engeren Sinne, Gemeinden, Selbstverwaltungseinrichtungen – überführt wird (*„Gemeineigentum"*), mit dem Ziel, seine *Nutzung am Gemeinwohl* zu orientieren. Die Verstaatlichung aus fiskalischen Gründen, insb. die Überführung in ein erwerbswirtschaftliches Unternehmen der öffentlichen Hand, ist daher durch Art. 15 GG nicht gedeckt. Die Vergesellschaftung kann zum anderen dadurch bewirkt werden, dass das Eigentum zwar formal dem Eigentümer belassen wird, der dominierende Einfluss auf die Nutzung aber der öffentlichen Hand oder gesellschaftlichen Gruppen übertragen wird (*„andere Formen der Gemeinwirtschaft"*) und damit die Privatnützigkeit ganz oder zumindest nahezu vollständig beseitigt wird. Keine S. ist die Umverteilung von Eigentum unter Privaten, etwa von Grund und Boden (Bodenreform).

### 2. Sozialisierungsfähige Gegenstände

Zu den sozialisierungsfähigen Gegenständen gehören zunächst *Grund und ↑Boden*, einschließlich der Bestandteile und des Zubehörs, etwa der Gebäude, es sei denn, sie werden persönlich genutzt. Die Nichtsozialisierbarkeit der Nutzung (privatgenutztes Eigenheim, nicht sozialisierbares Unternehmen) schließt auch die Sozialisierbarkeit des zugehörigen Grundstücks aus. Einer S. zugänglich sind ferner *Naturschätze*, zu denen die Bodenschätze und die wirtschaftlich nutzbaren Naturkräfte, wie die Wasserkraft und die Windenergie, gehören.

Zu den sozialisierungsfähigen Gütern rechnen weiter die *Produktionsmittel.* Die herrschende Lehre beschränkt diesen Begriff auf die in einem Betrieb der *Gewinnung* und *Herstellung* (einschließlich der Be- und Verarbeitung) *wirtschaftlicher Erzeugnisse* dienenden Gegenstände und Rechtstitel, und zwar sowohl die der Produktion unmittelbar dienenden Betriebsanlagen (Gebäude, Maschinen, Werkzeuge) als auch die für die Produktion verwandten Betriebsmittel (Rohstoffe, Halbfabrikate) und die in der Produktion eingesetzten Patente und Warenzeichen. Danach sind Handel, Banken, Versicherungen, Verkehrs- und Transportwesen sowie alle anderen Dienstleistungsbetriebe einer S. nicht zugänglich. Gegen diese restriktive Auslegung wird eingewandt, sie schließe angesichts der heutigen Bedeutung von ↑Banken und ↑Versicherungen die gemeinwirtschaftliche Alternative des Wirtschaftens praktisch aus. Diese Argumentation verkennt, dass infolge der erheblichen Verflechtung von Industrie einerseits und Banken und Versicherungen andererseits die Letzteren zu den von einer S. im Industriesektor am stärksten betroffenen Privateigentümern gehören würden. Für eine restriktive Auslegung des Begriffs der Produktionsmittel spricht auch, dass Art. 15 GG von Art. 156 WRV zwar die zentralen Begriffe der Vergesellschaftung, der Überführung in Gemeineigentum und der Gemeinwirtschaft übernommen hat, nicht aber den ebenso zentralen Begriff der „privaten wirtschaftlichen Unternehmungen".

### 3. Gemeinwohl

Art. 15 GG entfaltet eine Legitimationswirkung dahingehend, dass einem konkreten S.s-Projekt keine prinzipielle Illegitimität der Verfolgung gemeinwirtschaftlicher Zielsetzungen entgegengehalten werden kann, auch wenn die volkswirtschaftliche Sinnhaftigkeit der mit Vergesellschaftungsmaßnahmen verbundenen Ausschaltung von Privatinitiative und privatnützigem Handeln generell bezweifelt werden mag. Mit dieser Einschränkung bedarf der mit einem S.s-Projekt im Einzelfall konkret verfolgte Zweck sehr wohl der Rechtfertigung durch das *↑Gemeinwohl*, ebenso der Überprüfung am Maßstab der *Geeignetheit, Erforderlichkeit und Verhältnismäßigkeit.*

### 4. Gesetzesvorbehalt und Entschädigung

Die S. darf wegen ihrer Bedeutung nur durch *förmliches Gesetz* erfolgen. Die entspr.e Anwendung der Regeln über die Enteignungsentschädigung (Art. 14 Abs. 3 S. 3 GG) im Hinblick auf Art und Ausmaß der Entschädigung bedeutet, dass auch im Falle der S. ein gerechter *Ausgleich* der *öffentlichen* und *privaten Interessen* geboten ist. Die S. darf nicht zur Konfiskation entarten, d. h. darf nicht wegen des Vorwurfs der Sozialschädlichkeit der Eigentumsverwendung durch den bisherigen Eigentümer erfolgen. Daher muss wie bei der ↑Enteignung auch im Falle der S. den betroffenen Eigentümern grundsätzlich ein *äquivalenter Ausgleich* für den Rechtsverlust gewährt werden. Mit der grundsätzlichen Ausrichtung der Entschädigung am Verkehrswert wird eine weitgehende gemeinwirtschaftliche Umstrukturierung des gütererzeugenden Sektors der Volkswirtschaft insgesamt ausgeschlossen. Möglich ist aber eine *gemeinwirtschaftliche Umstrukturierung* bestimmter *Unternehmen* bzw. *einzelner Bereiche* der Wirtschaft, wie sie etwa in Notlagen und Krisenzeiten oder als Reaktion auf die internationale Wettbewerbssituation in Frage kommt.

### 5. Wirtschaftsverfassungsrechtliche Bedeutung

Der begrenzte Raum für die von Staats wegen erzwungene Verwirklichung gemeinwirtschaftlicher Vorstellungen ist nicht nur Folge des eingeschränkten Kreises der vom ↑GG für sozialisierungsfähig erklärten Gegenstände und des der Vorschrift des Art. 15 zu entnehmenden Verbots, für die S.s-Entschädigung andere als die für Entschädigung für Entziehungen von Eigentum gemäß Art. 14 GG geltenden Maßstäbe zu entwickeln. Er ergibt sich vielmehr auch daraus, dass Art. 15 GG wie im Falle von Enteignungen gemäß Art. 14 Abs. 3 GG zwar erlaubt, bestimmte bestehende individuelle Rechtsstellungen zu relativieren und die Betroffenen auf die bloße Wertgarantie des Eigentums zu verweisen, aber wie Art. 14 GG das Fortbestehen von *(Individual-)Eigentum*, und zwar gerade auch von produktiv eingesetztem Eigentum, als *Einrichtung der Privatrechts- und Wirtschaftsordnung* voraussetzt. Art. 14 und 15 GG stehen in einem nicht umkehrbaren *Regel-Ausnahme-Verhältnis* zueinander. Dass Art. 15 GG keine Handhabe bietet, die private Wirtschaftstätigkeit auf breiter Front zurückzudrängen, folgt im Übrigen daraus, dass er nicht zugl. die *Berufs- und Gewerbefreiheitsgarantie des Art. 12 Abs. 1 GG* (↑Berufsfreiheit) zu derogieren vermag. Eine S. muss nämlich nicht notwendigerweise mit einer Monopolisierung oder Berufssperre seitens der öffentlichen Hand für die betroffenen Wirtschaftsbereiche verbunden sein. Die S.s-Ermächtigung kann daher die ihr häufig zugedachte *„wirtschaftsverfassungsrechtliche Konträrfunktion"* nicht erfüllen. Sie bietet zwar die Möglichkeit zur partiellen gezielten Durchbrechung der Bestandsgarantie des Eigentums und zur gemeinwirtschaftlichen Organisation einzelner Wirtschaftsbereiche, sprengt aber angesichts der aufgezeigten Grenzen nicht den *Gesamtrahmen der Staats- und Wirtschaftsverfassung*.

Soweit in ↑*Landesverfassungen* enthaltene *S.s-Vorschriften* einen über Art. 15 GG hinausgehenden Zugriff auf privates Eigentum zulassen, steht ihnen das GG entgegen. Unter der Geltung des GG hat allerdings weder der Bundes- noch ein Landesgesetzgeber von den Ermächtigungen zur S. (vgl. Art. 74 Abs. 1 Nr. 15 GG) Gebrauch gemacht. Die Nichtanwendung des Art. 15 hat jedoch *nicht* dazu geführt, dass die Vorschrift inzwischen *obsolet* geworden wäre Der Zusammenbruch der DDR hat aber S.en noch unwahrscheinlicher werden lassen.

### Literatur

W. Durner: Sozialisierung, Überführung in Gemeineigentum, in: T. Maunz/G. Dürig (Hg.): GG. Komm., 87. Erg.-Lfg., Stand März 2019, Art. 15 • O. Depenheuer/J. Froese: Sozialisierung, Überführung in Gemeineigentum, in: H. von Mangoldt/F. Klein/C. Starck (Hg.): Komm. zum GG, Bd. 1, [7]2018, Art. 15 • R. Wendt: Sozialisierung, Überführung in Gemeineigentum, in: M. Sachs (Hg.): GG. Komm., [8]2018, Art. 15 • B.-O. Bryde: Sozialisierung, in: I. von Münch/P. Kunig (Hg.): GG. Komm., [6]2012, Art. 15 • U. Schliesky: Sozialisierung, Überführung in Gemeineigentum, in: W. Kahl/C. Waldhoff/C. Walter (Hg.): Bonner Komm. zum GG, 153. Erg.-Lfg., Stand August 2011, Art. 15 • J. Dietlein: Die Eigentumsfreiheit und das Erbrecht, in: K. Stern/M. Sachs/ders.: Das Staatsrecht der Bundesrepublik Deutschland, Bd. IV 1, 2006, § 113 • L. Gramlich: Zur Zulässigkeit von Vergesellschaftungen (Nationalisierungen) nach dem Grundgesetz der Bundesrepublik Deutschland, in: ZVglRWiss 82/2 (1983), 165–189 • G. Püttner: Gemeinwirtschaft im deutschen Verfassungsrecht, 1980.

RUDOLF WENDT

## Sozialismus

I. Philosophische Entwicklungslinien –
II. Staatssozialistische Geschichte

### I. Philosophische Entwicklungslinien

Es ist sicherlich nicht falsch, den S. als geistiges Kind der kapitalistischen Industrialisierung (↑Industrialisierung, Industrielle Revolution) zu betrachten. Die ersten Zirkel intellektueller und politischer Aktivisten, die sich ausdrücklich diese Selbstbezeichnung zulegten, finden sich in den 20er und 30er Jahren des 19. Jh. in Frankreich und England, wo sie eine schnell wachsende Anhängerschaft gewannen. Man hatte zwar, was geistige Herkunft und philosophische Orientierung anbelangt, zunächst wenig gemeinsam, teilte aber die moralische Empörung darüber, dass die politisch unkontrollierte Expansion der auf privates Kapitaleigentum (↑Eigentum) gegründeten Wirtschaft zu einer wachsenden Verelendung von immer größeren Teilen der Bevölkerung führte. Der Ausdruck „sozialistisch", der zunächst relativ verschwommen und ohne größeres Nachdenken zur Selbstbezeichnung verwendet wurde, nahm so allmählich nach innen wie nach außen die Bedeutung eines „zukunftsorientierten Bewegungsbegriffs" (Schieder 1984: 923) an, mit dem auf die kollektive Absicht einer Rückgewinnung von gesellschaftlicher Kontrolle über die privat organisierte ↑Wirtschaft zum Wohl der arbeitenden Bevölkerung abgehoben wurde. Erst als sich dieses Verständnis allg. durchgesetzt hatte und man damit wusste, wofür man sich im weitesten Sinn politisch-praktisch einsetzt, begann sich unter den intellektuellen Repräsentanten (↑Intellektuelle) der neuen Bewegung allmählich eine Diskussion darüber zu entfalten, was sowohl in gesellschaftspolitischer wie auch in normativer Hinsicht genauer unter „S." verstanden werden soll. Seither sind der Terminus und die ihm anhaftenden Assoziationen einer Alternative zum ↑Kapitalismus aus dem politisch-philosophischen Diskurs der ↑Moderne nicht mehr wegzudenken.

Schon die Diskussionen innerhalb der theoretischen Zirkel, die von heute aus als „frühsozialistisch" bezeichnet werden, geben freilich zu erkennen, wie umfangreich gleich zu Beginn das Spektrum der gesellschaftspolitischen und moralischen Vorstellungen war, die mit den neuen Bewegungen verknüpft wurden; sobald dann Karl Marx die intellektuelle Bühne betreten hatte, um in die Debatten einzugreifen, wurde diese Bedeutungsvielfalt noch einmal durch eine prägnante, philosophisch erheblich vertiefte Position erweitert, die sich ihrerseits allerdings bald erneut in verschiedene Unterströmungen verzweigte. Blickt man von heute aus auf die Geschichte des S. zurück, so ist man daher mit einer schier unüberblickbaren Menge von alternativen Programmatiken und Zielsetzungen konfrontiert. Es gibt im Prinzip nur zwei Möglichkeiten, sich über diese historische Vielfalt einen Überblick zu verschaffen: Entweder kann der Versuch unternommen werden, möglichst getreu die einzelnen Positionen in der Reihenfolge ihrer Entstehung nachzuverfolgen, oder aber es wird von vornherein auf die Absicht einer solchen Gesamtübersicht verzichtet, um stattdessen den gemeinsamen „Geist" der unterschiedlichen Positionen auf den Begriff zu bringen. Letzteres soll hier in dem Bewusstsein geschehen, dass damit den vielen interessanten, bis heute attraktiven Varianten dieser wirkmächtigen Bewegung nicht angemessen Rechnung getragen werden kann; nur dort, wo es vollkommen unverzichtbar ist, wird im Folgenden zu Tage treten, wie sehr sich einzelne, bes. profilierte Positionen dann doch in zentralen Fragen voneinander unterscheiden. Um der besseren Übersichtlichkeit willen wird hier der gemeinsame „Geist" des S. in drei Aspekten dargestellt.

### 1. Normative Leitvorstellungen

Auch wenn während der ersten Jahrzehnte in der Entwicklung der sozialistischen Bewegung kaum die Nötigung zu bestehen schien, sich über die eigenen normativen Vorstellungen größere Rechenschaft abzulegen, weil die elende Lage der arbeitenden Klassen nach direkter Abhilfe verlangte, so wurde doch schon bald der Druck einer solchen moralischen Rechtfertigung empfunden. Die Alternative, vor die man sich angesichts dieser Aufgabe gestellt sah, bestand in der Berufung entweder auf das seit der ↑Französischen Revolution bereits institutionalisierte Prinzip der allg.en ↑Gleichheit oder auf das seither ebenfalls prinzipiell schon akzeptierte Prinzip der individuellen ↑Freiheit; gewiss gab es auch weitaus extravagantere Vorstellungen darüber, wie die eigenen Bemühungen um eine Rückgewinnung der Kontrolle über die wirtschaftliche Sphäre normativ zu rechtfertigen seien – man denke nur an den Versuch des jungen K. Marx, die Beseitigung des Privateigentums als Hebel einer Wiedergewinnung der durch den Kapitalismus verlorengegangenen Natur des Menschen zu verstehen, aber im Großen und Ganzen bevorzugte man doch die Strategie, sich „immanent" auf die gesellschaftlich bereits etablierten Normen zu beziehen. Vor die Wahl zwischen „Gleichheit" und „Freiheit" als begründende Prinzipien gestellt, lässt sich die normative Argumentation der intellektuellen Wortführer der sozialistischen Bewegung unter einer leicht idealisierenden Perspektive folgendermaßen rekonstruieren: Sicherlich geht es angesichts der Lage des Proletariats vordergründig zunächst einmal darum, die sozialen Hindernisse und Benachteiligungen zu beseitigen, die einer Gleichstellung der Mitglieder der arbeitenden Klassen mit den bislang privilegierten Schichten im Wege stehen; fragt man sich aber, worum willen eine solche Gleichstellung überhaupt angestrebt wird, so handelt es sich dabei um die individuelle Freiheit jedes Einzelnen: Alle Gesellschaftsmitglieder, und v. a. diejenigen, die mit ihrer ↑Arbeit für die soziale Reproduktion sorgen, sollen durch entspr.e gesellschaftliche Veränderungen gleichermaßen in die Lage versetzt werden, über ihren eigenen Lebensweg und ihr Glück nach Maßgabe selbstgewählter Grundsätze zwanglos und autonom zu bestimmen. Wird allerdings, so der nächste Gedankenschritt, mit einer solchen Versöhnung von Gleichheit und Freiheit mehr angestrebt als eine bloß formale Chancengleichheit, wie sie der liberale Egalitarismus vorsieht, so muss jeder Einzelne seine individuelle Freiheit über das Maß hinaus einzuschränken lernen, welches das moderne Recht zwingend vorschreibt; vielmehr sollte die Freiheit relational oder kommunikativ gedacht werden, so nämlich, dass jeder in der zwanglosen Realisierung seiner Lebensziele zugleich um die Ermöglichung der Lebensziele des Anderen bemüht ist. Insoweit eine solche „soziale Freiheit" (Honneth 2015: Kap. 1) aber nur dort vorstellbar ist, so der letzte Schritt in diesem fingierten Gedankenaustausch, wo die zentralen Institutionen ihrerseits ein gemeinschaftliches oder kooperatives Handeln verlangen, läuft die normative Leitvorstellung des S. letztlich auf eine ethische Institutionenlehre hinaus: Die institutionellen Lebensverhältnisse des „Kapitalismus" sollten in eine Richtung umgewälzt, reformiert oder transformiert werden, die es zukünftig erlaubt, die zentralen Einrichtungen der ↑Gesellschaft als Orte eines gemeinschaftlichen Zusammenwirkens zum Wohle aller Mitbürgerinnen und Mitbürger zu verstehen. Natürlich handelt es sich bei dieser normativen Schlussfolgerung um das Ergebnis einer idealtypischen Konstruktion, denn kaum einer der leibhaftigen Repräsentanten der Bewegung dachte tatsächlich in derartigen Kategorien. Die Bandbreite der faktisch verfochtenen Positionen reichte im Laufe der Geschichte des S., sofern man überhaupt eine moralische Rechtfertigung für erforderlich hielt, von linkshegelianischen Denkfiguren über Anlehnungen an Immanuel Kant bis hin zu utilitaristischen Ethiken (↑Utilitarismus). Aber bei allen Unterschieden im Begriff der ↑Moral war allen diesen Strömungen doch gemeinsam, sich die zukünftige Gesellschaft als eine soziale Gemeinschaft von nicht mehr konkurrenzhaft aufeinander bezogenen, sondern von füreinander tätigen Subjekten vorzustellen.

## 2. Gesellschaftspolitische Programmatik

Von den normativen Leitideen der sozialistischen Tradition sollten, worauf Gerald Allen Cohen mit Recht hingewiesen hat, deren Vorstellungen über die entspr.en „Organisationsformen" deutlich unterschieden werden. Mit der ersten Kategorie sind die soeben dargestellten Prinzipien gemeint, mit denen die Ziele des S. normativ gerechtfertigt werden, mit der zweiten Kategorie bezieht man sich hingegen auf die organisatorischen Strukturen, in denen jene normativen Prinzipien in einer zukünftigen Gesellschaft Gestalt annehmen sollen. Was diesen zweiten Gesichtspunkt anbelangt, so waren die Meinungen und Positionen darüber innerhalb der sozialistischen Bewegung von Beginn an ebenso unterschiedlich wie mit Bezug auf die Frage der normativen Leitideen; daher hilft auch hier nur wieder eine eher idealtypisierende Darstellungsweise. Allerdings müssen, was die Diskussionen über die organisatorischen Strukturen anbelangt, zwei Aspekte der Frage unterschieden werden. Zum einen stritt man darüber, in welche neuen Formen ökonomischen Handelns das kapitalistische Wirtschaftssystem überführt werden sollte, das aufgrund seiner verheerenden Wirkungen auf die „Lage der arbeitenden Klassen" (Engels 1845) ja schließlich den Anstoß zur Initiierung der sozialistischen Bewegung gegeben hatte; zum anderen aber ging es schon sehr früh auch um das Problem, ob die sozialistischen Prinzipien eine grundsätzliche Veränderung nur der Wirtschaftssphäre oder auch anderer gesellschaftlicher Sphären verlangen würden. Versucht man, die intellektuellen Reaktionen auf die erste Frage erneut stark zu stilisieren, so zeichnen sich innerhalb der sozialistischen Tradition zwei entgegengesetzte Lager ab: Die eine Gruppe wollte marktwirtschaftliche Strukturen unter der Bedingung beibehalten, dass die ↑Unternehmen in Zukunft anstelle von privaten Eigentümern von Kooperativen in kollektivem Eigentum betrieben und die Konkurrenzbestrebungen durch staatliche Anreize zur wechselseitigen Rücksichtnahme abgemildert würden – also weitgehend Vorstellungen, die heute mit dem Begriff des „Marktsozialismus" (Roosevelt/Belkin 2016) assoziiert werden. Auf der anderen Seite, die glaubte, sich auf K. Marx berufen zu können, hielt man indessen eine zentralisierte Planwirtschaft (↑Zentralverwaltungswirtschaft) für besser geeignet, eine soziale Gemeinschaft von freien und doch füreinander tätigen Produzenten zu schaffen; grob gesagt war hier die inzwischen wohl als gescheitert zu betrachtende Idee die, dass der Staat mit Hilfe einer Vorausberechnung des wirtschaftlich zu befriedigenden Güterbedarfs den gesamten Produktionsprozess effektiv genug koordinieren könne, um den Wohlstand aller Bürgerinnen und Bürger zu sichern. Viel weniger klar war das Meinungsbild innerhalb der sozialistischen Tradition mit Blick auf die zweite der genannten Fragen. Über einen längeren Zeitraum hinweg überwog wohl die Vorstellung, dass eine Transformation des Wirtschaftssystems in eine der beiden erwähnten Richtungen zwangsläufig auch die anderen gesellschaftlichen Teilbereiche in einen neuen, wünschenswerten Zustand versetzen würde. Gegen diesen „Wirtschaftsfundamentalismus" – wie sich die Vorstellung beschreiben lässt – demzufolge mit der richtigen Verfassung des Wirtschaftssystems die anderen Aufgaben der sozialen Reproduktion entweder überflüssig werden oder sich von selber regeln würden, machte sich aber alsbald Widerstand breit. Man realisierte im Zuge der wachsenden Teilnahme am demokratischen Wahlkampf, dass die politischen Verhältnisse ebenso wie die Familien- und Intimbeziehungen nicht einfach ein Anhängsel der ökonomischen Gegebenheiten waren, sondern einer eigenständigen Betrachtung bedurften. Das Ergebnis der langanhaltenden Debatten darüber, ob und wie der S. diese anderen Sphären des sozialen Lebens in seine gesellschaftspolitische Programmatik einbeziehen soll, war die Idee eines „demokratischen S.", mit welcher der Existenz eines demokratischen ↑Rechtsstaats ein unabhängiger Wert eingeräumt wurde.

## 3. Geschichtlich-strategische Orientierung

Von den normativen Leitideen und der gesellschaftspolitischen Programmatik müssen als eine dritte zentrale Komponente die geschichtlich-strategischen Überlegungen unterschieden werden, die der Verständigung über die eigene Rolle im historischen Prozess dienten. Über einen langen Zeitraum hinweg glaubte man in dieser Hinsicht, sich als intellektuelles Sprachrohr einer geschichtlichen Bewegung verstehen zu können, die aufgrund der inneren Widersprüche des kapitalistischen Systems mit einer gewissen Notwendigkeit über die gegenwärtigen Sozialverhältnisse hinwegtrieb und eine Zukunft mit sozialistischen Wirtschafts- und Lebensformen mit sich bringen würde. Der Übergang von hier nach dort wurde gewöhnlich in Kategorien der Umwälzung oder der ↑Revolution gedacht, als deren Träger fast immer das Proletariat galt, dessen Leidenserfahrungen eine revolutionäre Gesinnung unvermeidlich machen sollte. Erst nach mehr als 50 Jahren begann sich dann innerhalb der Sozialdemokratie eine Debatte über die Frage zu entspinnen, ob es angesichts der historischen Umstände nicht opportun sei, auch die Möglichkeit eines reformistischen Übergangs zum S. ins Auge zu fassen. Noch einmal 50 Jahre später, nämlich in der Zeit nach dem Zweiten Weltkrieg, wuchsen schließlich auch die Zweifel daran, ob angesichts der veränderten Lebensumstände tatsächlich nur die Industriearbeiterschaft als Adressat der eigenen Bewegung und damit als einziger Träger zukünftiger Umwälzungen betrachtet werden sollte. Inzwischen befindet sich der S. in einer tiefgreifenden Krise, in der wohl nur der Mut zu radikalen Neuerungen und ein gutes Auge für historisch

Machbares die wertvollen Ideen der Vergangenheit in die Zukunft hinüber retten werden können.

### Literatur

F. Pollock: Schriften zur Planwirtschaft und Krise, in: ders.: Ges. S., Bd. 2, 2020 • F. Roosevelt/D. Belkin (Hg): Why Market Socialism? Voices from Dissent, 2016 • A. Honneth: Die Idee des Sozialismus. Versuch einer Aktualisierung, 2015 • G. A. Cohen: Sozialismus – warum nicht?, 2010 • R. Wuthnow: Communities of Discourse. Ideology and Social Structure in the Reformation, the Enlightenment, and European Socialism, 1989 • W. Schieder: Sozialismus, in: GGB, Bd. 5, 1984, 923–996 • P. Gay: The Dilemma of Democratic Socialism. Eduard Bernstein's Challenge to Marx, 1970 • G. Lichtheim: Ursprünge des Sozialismus, 1969 • K. Marx: Ökonomisch-philosophische Manuskripte aus dem Jahr 1844, in: MEW, ErgBd. 1, 1968, 465–588 • F. Engels: Die Lage der arbeitenden Klasse in England, 1845. AXEL HONNETH

## II. Staatssozialistische Geschichte

Staats-S. ist der zutreffende Begriff für die sich auf Karl Marx berufende kommunistische Spielart (↑Kommunismus) sozialistischer Ideen, die sich historisch in den staatlich verfassten Wirtschafts- und Sozialsystemen der „real existierenden Sozialismen" (S.en) niederschlugen.

K. Marx hatte kaum ausgeführt, wie er sich eine sozialistische bzw. kommunistische Gesellschaft vorstellte. Dies blieb Vladimir Iljitsch Lenin im Zuge der Machteroberung vorbehalten. Ausgehend von der Oktoberrevolution 1917 in Russland entstanden Gesellschaften, die von den dort herrschenden kommunistischen Parteiführungen als sozialistisch verstanden wurden. Anders als von K. Marx erwartet, waren es nicht die entwickelten Industrieländer, in denen die sozialistische Idee in die Tat umgesetzt wurde. Dieser Versuch wurde wesentlich durch das niedrige Entwicklungsniveau Russlands und die Persönlichkeit von Josef Stalin als Nachfolger V. I. Lenins geprägt. Er wollte in der entstehenden Sowjetunion den „S. in einem Land" verwirklichen, diese mit Hilfe einer zentralen Planwirtschaft (↑Zentralverwaltungswirtschaft) forciert industrialisieren und die Landwirtschaft kollektivieren. Damit sollte der Rückstand auf die westlichen Industrieländer aufgeholt, das Land modernisiert und letztlich auch militärische Stärke gewonnen werden. Die Maßnahmen wurden mit Zwang und unter Inkaufnahme des Todes von Mio. Menschen durchgesetzt. Zudem wurde jede politische Opposition innerhalb und außerhalb der kommunistischen Partei ausgeschaltet und mit Säuberungen und dem „Großen Terror" die ↑„Diktatur des Proletariats" errichtet, in dieser Ausprägung als ↑Stalinismus bezeichnet.

Der große Anteil der UdSSR am Sieg der Alliierten im Zweiten Weltkrieg begründete ebenso wie das erfolgreiche Wachstum in den 1930er Jahren – als der größte Teil der Welt mit der ↑Weltwirtschaftskrise zu kämpfen hatte – eine in der Nachkriegszeit verbreitete Faszination für das sowjetische Entwicklungsmodell. Im Schatten der Ost- und Ostmitteleuropa besetzenden Roten Armee wurden ab 1948 durch die Sowjets und nationale Kommunisten stalinistische Regimes etabliert (Bulgarien, DDR, Polen, Rumänien, Tschechoslowakei, Ungarn), die jeweils gewisse nationale Besonderheiten aufwiesen. So wurde in Polen aufgrund des Widerstands der Bauern auf die durchgängige Kollektivierung der Landwirtschaft verzichtet. Eine Sonderrolle – gestützt von dem auf der Selbstbefreiung durch die Partisanen beruhenden Selbstbewusstsein – spielte Jugoslawien, wo Josip Broz Tito ab 1948 ein von der Sowjetunion abweichendes S.-Modell umsetzte (Titoismus). Einen bes.n Fall stellte auch die 1949 gegründete VR China dar, die sich unter der Führung von Mao Zedong ab 1956 von der Sowjetunion abwandte und eine anders geartete Entwicklungsdiktatur mit Mio. von Toten errichtete (↑Maoismus).

Als allg.e Strukturmerkmale der real existierenden S.en gelten die Herrschaft einer ↑kommunistischen Partei (überwiegend im Einparteiensystem), deren Absicherung durch diktatorische ↑Gewalt und geheimdienstliche Mittel, Staatseigentum an den wesentlichen Industrien und Verbindungssystemen („Kommandohöhen der Wirtschaft"), Planwirtschaft und damit die weitgehende Abschaffung von Märkten sowie das Primat der Politik über alle anderen gesellschaftlichen Teilbereiche. Auf dieser Grundlage sollten der Anspruch und das Selbstverständnis als sozialistische Gesellschaft durchgesetzt werden, wonach diese gerechter als alle bisherigen Ordnungen sei und Wirtschaftskrisen, Arbeitslosigkeit und Obdachlosigkeit verhindere. Mit der als Wissenschaft verbrämten Ideologie des Marxismus-Leninismus wurde das System legitimiert. Da man sich selbst als die bessere Alternative zum kapitalistischen Westen verstand, blieb dieser immer die Messlatte, mit der die Parteiführer, aber auch die Bevölkerung die eigenen erreichten Ergebnisse verglichen. Herausforderungen lagen nicht nur beim Lebensstandard, sondern auch auf kulturellem und militärischem Gebiet, was ökonomische Stärke erforderte. Aus dem Alternativanspruch resultierten auch tatsächliche und vermeintliche Bedrohungen, gegen die man militärisch und mit Sicherheitsapparaten gewappnet sein wollte. Daraus, aber vielmehr noch aus der geforderten Unterordnung der Individuen unter die von der Partei proklamierten Ziele („gesellschaftliches Ganzes") resultierte die Einschränkung ihrer Freiheitsrechte. Demgegenüber erhielten die aus dem sozialistischen Ideal abgeleiteten sozialen Rechte in den meisten Ländern Verfassungsrang (v. a. das „Recht auf Arbeit").

Zunächst schien der Wettlauf mit den kapitalistischen Ländern des Westens offen zu sein und dieses alternative Modell auch den Ländern der damaligen Dritten Welt im Zuge der Dekolonialisierung so attraktiv, dass es – befördert von den Ostblockländern – in einer Reihe von ihnen, wie Vietnam, Laos, Kuba oder Mozambique, übernommen wurde und sich damit geographisch weiter ausbreitete. Zugl. zeigten sich in den realsozialistischen Ländern in zunehmenden Maße die Funktionsprobleme einer zentralgelenkten Planwirtschaft: Sie bot Betrieben und Beschäftigten kaum Anreize zur Leistungssteigerung und hatte mit den für Hierarchien typischen Problemen und asymmetrischen Informationen sowie einer systemimmanenten Innovationsschwäche zu kämpfen. In der Konsequenz machten sich Ineffizienzen bemerkbar. Die selbstgesteckten Ziele konnten nicht erreicht werden. Trotz punktueller Erfolge, wie in der sowjetischen Raumfahrt, war nicht daran zu denken, die westlichen Länder in Wirtschaft und Lebensstandard zu überholen. Die wirtschaftlichen Schwierigkeiten betrachteten die meisten Verantwortlichen als „Kinderkrankheiten“. Sie erschienen ihnen je nach Standpunkt mit mehr oder weniger Planung lösbar. Seit den ausgehenden 1950er Jahren wurde deshalb in verschiedenen Ländern versucht, die Wirtschaft zu reformieren. Dabei blieben die Eigentumsverhältnisse und die Macht der Partei unangetastet. Die zentrale Planung wurde gelockert, Marktmechanismen simuliert oder gar partiell zugelassen. Die Wirtschaftsreformen blieben in sich widersprüchlich und begrenzt und so die mit ihnen erzielten Ergebnisse. Die Reformen scheiterten letztlich an den ihnen gesetzten politischen Grenzen. Als 1968 in der Tschechoslowakei auch die politische Struktur reformiert werden sollte, wurde dieser Versuch durch die Sowjetunion und die anderen Ostblockländer militärisch unterbunden.

Als Reaktion auf die gescheiterten Reformen und die allg.e Unzufriedenheit mit den Lebensbedingungen (Streiks und Proteste in Polen Ende 1970) wechselten die Parteiführungen in nahezu allen Ostblockländern – angeführt von der UdSSR – Anfang der 1970er Jahre ihren politischen Kurs: Um die vermeintlich herrschende Arbeiterklasse zu pazifizieren und die eigene Macht zu sichern, setzten sie auf (in Relation zu den wirtschaftlichen Möglichkeiten) ausgedehnte Sozial- und Konsumprogramme. In den meisten Ländern ersetzten weiche tendenziell die harten Herrschaftsinstrumente. Seitdem wurde der Begriff des „real existierenden S.“ als Selbstbeschreibung gebräuchlich, womit die Lösung der Probleme in der Gegenwart in den Vordergrund gestellt sowie der Abschied von der ↑Utopie und die Differenz zwischen der Marxschen Theorie und der Realität markiert wurden. Zugl. wollten viele Länder mit Importen westlicher Technologie die Wirtschaft modernisieren und die dafür aufgenommenen Kredite aus den auf diese Weise gewonnenen zusätzlichen Erträgen zurückzahlen, die dann aber nicht erwirtschaftet wurden. Infolge beider Maßnahmen stieg die Verschuldung dieser Länder im Westen an; weiter verengten sich die wirtschaftlichen Spielräume durch international steigende Rohstoffpreise, stagnierende oder sinkende Konkurrenzfähigkeit der eigenen Produkte sowie eine neue Runde des Wettrüstens seit Anfang der 1980er Jahre.

In Polen verdichteten sich zwischen 1979 und 1982 wirtschaftliche und politische Krisen, die zur Entstehung der unabhängigen Gewerkschaft „Solidarność“ führten. Damit begann die Erosion des Machtmonopols der Partei. Auf die zugl. eskalierende Schuldenkrise – Ausdruck der wirtschaftlichen Schwäche – und zunehmende Konsumwünsche reagierten die Parteiführungen in den verschiedenen Ostblockländern in unterschiedlichem Umfang mit erneuten Reformen. Seit Mitte der 1980er Jahre beschritt auch die KPdSU unter Michail Gorbatschow diesen Weg, auf dem zunehmend auch mehr politische ↑Partizipation gefordert wurde. Die teils konservativ, teils reformerisch in Gang gesetzten Veränderungen zogen als unintendierte Folge die Auflösung und schließlich die Beseitigung der Macht der kommunistischen Partei 1989/90 nach sich.

Letztlich scheiterten die Länder des real existierenden S. daran, dass sie den die kommunistische Herrschaft legitimierenden Anspruch, dem kapitalistischen System überlegen zu sein, aufgrund systemimmanenter Probleme nicht einzulösen vermochten: Sie boten weder technisch-technologisch, in der Produktivität und beim Konsum Alternativen zum kapitalistischen Westen, noch erreichten sie sein Niveau. Der Versuch, die sozialen Kosten des ↑Kapitalismus zu vermeiden, unterminierte wiederum die eigene wirtschaftliche Leistungsfähigkeit. Aufgrund des Machtmonopols der Partei und der etablierten Herrschaftsstrukturen sprachen Kritiker diesem System schon früh die Bezeichnung S. ab.

### Literatur

S. Pons u. a. (Hg.): The Cambridge History of Communism, 2017 • S. A. Smith (Hg.): The Oxford Handbook of the History of Communism, 2014 • M. Hildermeier: Geschichte der Sowjetunion 1917–1991, 1998 • I. T. Berend: Central and Eastern Europe 1944–1993. Detour from the Periphery to the Periphery, 1996 • J. Kornai: The Socialist System. The Political Economy of Communism, 1992. ANDRÉ STEINER

## Sozialistische Einheitspartei Deutschlands (SED)

↑Deutsche Demokratische Republik (DDR)

# Sozialkapital

Der Begriff „S.“ taucht erstmals in einer Publikation von Lyda Judson Hanifan aus dem Jahr 1916 auf, in der er die Entstehung einer erfolgreichen Gemeinschaftsbildung in einer 2 180 Einwohner zählenden Gemeinde in West Virginia (USA) beschreibt. Die Lehrer der Gemeinde gründeten zunächst ein Gemeindezentrum, in dem sie gesellige Anlässe für die ortsansässige Bevölkerung organisierten. Aus diesen Treffen entwickelten sich nach und nach Diskussions- und Informationsveranstaltungen, in denen es um Innovationen in der Landwirtschaft oder die Verbesserung von Schulen und Infrastruktur ging. Nach L. J. Hanifan zeigten sich schon innerhalb eines Jahres wesentliche Verbesserungen in der Gemeinde. Etwa konnte der Schulbesuch unter den Kindern und Jugendlichen deutlich gesteigert und eine Verbesserung des Straßennetzes erreicht werden. L. J. Hanifan benutzt den Begriff „S." in Analogie zum finanziellen ↑Kapital: Ebenso wie für die erfolgreiche Gründung eines Unternehmens zuerst Kapital durch viele Individuen akkumuliert werden muss, hängt eine erfolgreich funktionierende Gemeinde vom S. ab, d. h. vom Zusammentreffen, Austausch und der Vernetzung der einzelnen Gemeindemitglieder.

Die Idee, dass ↑Individuen durch die Vernetzung mit anderen Vorteile für sich und die ↑Gemeinschaft generieren können, ist später zu einem zentralen Thema der Soziologie geworden. Allerdings beziehen sich nicht alle Autoren explizit auf L. J. Hanifan oder den Begriff des S.s. Etwa hat Marc Sanford Granovetter in seinem berühmten Aufsatz „The Strength of Weak Ties" (Granovetter 1973) die These vertreten, dass v. a. schwache soziale Beziehungen zu einer Verbesserung des Informationsflusses und dadurch zum Finden von besseren Jobs führen. M. S. Granovetter verwendet in diesem Zusammenhang zwar nicht den Begriff „S.", spricht aber – ganz i. S. der S.-Theorie – von den Vorteilen der sozialen Einbettung *(social embeddedness)* von Individuen.

Der Begriff „S." wurde in der Folge v. a. von den Soziologen Pierre Bourdieu und James Samuel Coleman wieder aufgegriffen. P. Bourdieu definiert S. als „die Gesamtheit der aktuellen und potentiellen Ressourcen, die mit dem Besitz eines dauerhaften Netzes von mehr oder weniger institutionalisierten Beziehungen gegenseitigen Kennens oder Anerkennens verbunden sind, oder anders ausgedrückt, es handelt sich um Ressourcen, die auf der Zugehörigkeit zu einer Gruppe beruhen" (Bourdieu 1983: 190 f.), und J. S. Coleman schreibt: „Social capital inheres in the structure of relations between persons and among persons" (Coleman 1990: 302).

In der modernen ↑empirischen Sozialforschung hat v. a. Robert David Putnam in seinem Buch „Bowling Alone" (2000) auf den Wert von S. hingewiesen. Er erweiterte dabei die Definition des S.s um Vertrauen sowie Normen wie Reziprozität: „Social capital refers to connections among individuals, social networks and the norms of reciprocity and trustworthiness that arise from them" (Putnam 2000: 19). Die grundlegende Idee bei R. D. Putnam ist, dass eine hinreichende Vernetzung der Individuen Vertrauen in andere Menschen fördert und zu einer stärkeren Berücksichtigung von Normen wie Reziprozität und Fairness führt. Die soziale Einbindung von Individuen schafft demnach Gelegenheiten, durch kooperatives Verhalten in die eigene Reputation zu investieren. Durch diese Förderung der Kooperationsbereitschaft profitieren Gesellschaften u. a. auch in wirtschaftlicher Hinsicht. So zeigen empirische Studien, dass in wirtschaftlich erfolgreichen Gesellschaften auch ein höheres Ausmaß an Vertrauen vorliegt. Eine Studie von Axel Franzen und Katrin Botzen zeigte für die rund 400 Landkreise und kreisfreien Städte in Deutschland, dass Landkreise mit einer hohen Anzahl an Vereinen pro Einwohner auch ein höheres BIP erwirtschaften. Ein hohes Ausmaß an S. führt aber nicht nur zu wirtschaftlichen Vorteilen. Empirische Studien legen überdies nahe, dass Individuen mit besseren Netzwerkeinbindungen auch über eine höhere Lebenszufriedenheit verfügen und einen besseren subjektiven Gesundheitszustand (↑Gesundheit) angeben. Viele Studien über die Vorteile von S. basieren allerdings auf der Analyse von Querschnittsdaten, mit denen die kausale Richtung der Zusammenhänge nicht überprüft werden kann und deren Erkenntnisse entspr. unsicher sind. Zuverlässigere Ergebnisse lassen sich durch die Analyse von Längsschnittdaten gewinnen, auf die sich die moderne empirische Sozialforschung deshalb auch zunehmend konzentriert.

Literatur

S. Bartolini/F. Sarracino: Happy for How Long? How Social Capital and Economic Growth Relate to Happiness Over Time, in: Ecol. Econ. 108 (2014), 242–256 • A. Franzen/K. Botzen: „Mir hei e Verein". Eine Studie über Vereine, Sozialkapital und Wohlstand im Kanton Bern, in: Swiss Journal of Sociology 40/1 (2014), 79–98 • A. Rodríguez-Pose/V. von Berlepsch: Social Capital and Individual Happiness in Europe, in: J. Happiness Stud. 15/2 (2014), 357–386 • A. Franzen/K. Botzen: Vereine in Deutschland und ihr Beitrag zum Wohlstand von Regionen, in: SozW 62/4 (2011), 391–413 • G. N. Giordano/M. Lindstrom: The Impact of Changes in Different Aspects of Social Capital and Material Conditions on Self-Rated Health over Time. A Longitudinal Cohort Study, in: Soc. Sci. Med. 70/5 (2010), 700–710 • A. Franzen/M. Freitag (Hg.): Sozialkapital. Grundlagen und Anwendungen, in: KZfSS Sonderheft 47 (2007) • A. Franzen/D. Hangartner: Social Networks and Labour Market Outcomes. The Non-Monetary Benefits of Social Capital, in: ESR 22/4 (2006), 353–368 • R. D. Putnam: Bowling Alone. The Collapse and Revival of American Community, 2000 • S. Knack/P. Keefer: Does Social Capital Have an Economic Payoff? A Cross-Country Investigation, in: QJE 112/4 (1997), 1251–1288 • J. S. Coleman: Foundations of Social Theory, 1990 • Ders.: Social Capital in the Creation of Human Capital, in: AJS 94/1 (1988), 95–120 • P. Bourdieu: Ökonomisches Kapital, kulturelles Kapital, soziales Kapital; in: R. Kreckel (Hg.): Soziale Ungleichheiten, SozW Sdb. 2 (1983), 183–198 • M. S. Granovetter: The Strengths of Weak Ties, in: AJS 78/6 (1973), 1360–1380 • L. J. Hanifan: The Rural School Community Centre, in: AAPSS 67/1 (1916), 130–138.

AXEL FRANZEN

**Soziallehre** ↑Katholische Soziallehre

# Sozialontologie

## 1. Das Verhältnis von Philosophie zu Sozialphilosophie

Die *Philosophie* befragt das Sein selbst und bespricht dessen Ausprägungen in den Fächern u. a. der rationalen ↑Theologie, der Naturphilosophie sowie der ↑Ethik, welche die *Ordnung zwischen* den Menschen bedenkt und deren Sollen in Sozial-, ↑Rechts- und Staatsphilosophie ausfächert. *Die ↑Sozialphilosophie* ist also ein Teilbereich der Seinsphilosophie, gleichrangig mit den anderen Teilbereichen; sie ist *a) theoretische* Philosophie bzw. „Sozialontologie" (Koslowski 1989: 38), insofern sie über die gesollte Ordnung nachdenkt; *b) ↑praktische* Philosophie, insofern sie das Sollen in Handeln umzusetzen hilft; und *c) praktische Vernunft* (↑Praktische Urteilskraft), die bestimmt, ob, wann und wie zu handeln ist.

## 2. Die Geschichte der Bestimmung des „Sozialen"

Das in 1. aufgezeigte Nachdenken verläuft vom Allgemeinen zum Besonderen und vom Umfassenden zum Nächsten, von Gott zum Menschen; zu solcher Umsetzung sah sich der Mensch in der Frühzeit verpflichtet. Allmählich wurde er sich seiner ihm geschenkten Eigenständigkeit in den sozialen ↑Ordnungen bewusst. Noch stärker erkannte er ab der ↑Neuzeit, dass ihn der Schöpfer selbst nicht nur als in Ordnungen lebend, sondern auch in freudiger Erwartung zum Errichter von Ordnungen erschuf: Die Menschen sollen sich als ermächtigt erkennen, die *vorstaatliche* Lebens- und Wirtschaftsgemeinschaft um des ↑Friedens und des Wohlergehens willen in den ↑Staat umzuwandeln; dies betont Francisco Suárez u. a. in der „Defensio fidei" (1613; Lib. III, Kap. 2 f.).

Ab dem 17. Jh. wandte sich der Mensch jedoch zunehmend von Gott und seiner Lenkung, von Stamm, ↑Familie und „Geschichte" (↑Geschichte, Geschichtsphilosophie) ab und verstand sich selbst als Aufgabe, die ihm die ihm eigene ↑Natur auferlegt. Die ↑Französische Revolution denkt allein vom Menschen her jedes Soziale; sie sieht ihn als frei, als mit allen Menschen gleich und als zur Brüderlichkeit bestimmt an. Dieses Programm bestimmt zunehmend Gesellschaft und Staat, doch beeinträchtigen es bis heute Ungleichheiten, die innerhalb des Staates und zwischen Staaten oft nicht ungern von Mächtigen belassen werden. Zugl. trennte man noch deutlicher als F. Suárez „Gesellschaft" und „Staat".

Adam Ferguson schrieb in „An Essay on the History of Civil Society" (1767) (übersetzt): „Im Zuge des Heraufkommens des Bürgertums [...] ist Gesellschaft der Inbegriff der im Vertrag und in der Wirtschaft zweckrational zusammenwirkenden Individuen geworden" (Bernsdorff 1969: 355).

Immanuel Kants „Societas civilis" (Kant 1907: 314) setzt sich aus Freien, an Rechten Gleichen und Selbständigen zusammen; sie bilden das Staatsvolk; über ihnen arbeitet der institutionell verfasste Träger der hoheitlichen Gewalt.

Georg Wilhelm Friedrich Hegel trennte 1816 in seinen „Grundlinien der Philosophie des Rechts" das Zusammenleben der Menschen in „Ehe und Familie", „Bürgerliche Gesellschaft" und „Sittlichen Staat" auf (Hegel 1976: 306), um in § 182 Zusatz zu betonen: „Die Bürgerliche Gesellschaft [...] setzt [...] den Staat voraus, den sie als Selbständiges vor sich haben muss, um zu bestehen" (Hegel 1976: 339).

Das Verhältnis ihrer Mitglieder zueinander beschreibt § 182 Zusatz so: „In der bürgerlichen Gesellschaft ist jeder sich Zweck, alles andere ist ihm nichts. Aber ohne Beziehung auf andere kann er den Umfang seiner Zwecke nicht erreichen [...] sie sind daher Mittel zum Zweck des Besonderen". Damit jedoch ein Mittel dem Zweck zu helfen vermag, muss der Zweck das Mittel intensiv pflegen! Es kommt somit dem Zweck darauf an, das dem Mittel eigene Wohl zu fördern; also jeder Mensch steht jedem Menschen in der ↑Verantwortung gegenüber, die nie beendet, nie voll erfüllt ist und durch keinen noch so beschwerlichen oder tödlichen Dienst je verloren wird! Doch mit ihr dient Jeder der „Allgemeinheit" (Hegel 1976: 339 f.).

Zur neueren Geschichte der „Philosophie des Sozialseins":

*a) Sozialsein verlangt, sich für Obere aufzuopfern*: Johann Gottlieb Fichte betont in „Das System der Sittenlehre" (1793) § 33 die Ober- und Unterordnung: Eine kleine Oberschicht steht über der großen Unterschicht; dieses Oben soll für sich geistige Vollendung anstreben; für sein körperliches Leben hat sich das Unten zu verausgaben; es hat nicht für sich, sondern nur für das Oben zu leben. Die Unten werden glücklich sterben, wenn sie zuletzt sagen können: Wir haben völlig rücksichtslos uns selbst gegenüber denen, die oben leben, gedient. – Kritik: Jedem Menschen steht ↑Würde zu, unabhängig von der Art des Dienstes.

*b) Sozialsein verlangt, dass Arbeiter und Angestellte sich radikal ihren Chefs unterordnen*: Ab Ende des 18. Jh. werden sich immer krasser die ↑Unternehmer von jenen abheben, die bloß die Fabrik- und Firmenarbeit verrichten. Die Unten-Lebenden sollen strengstens auf das allg.e Wohl achten, die „Oben" nur ihrem Nutzen nachgehen. – Langsam baut sich dagegen der völlig berechtigte Widerstand auf.

*c) Sozialsein ist Kampf für das Leben der Bevölkerung*: Ab dem 19. Jh. entschied die „Medizin" immer radikaler über das Überlebensrecht des Menschen und seine Verpflichtung zum Sterben. Solchem Programm ging es aber zunehmend um die „Bevölkerung"; die Unterteilung in „Gesunde" und „Kranke" begann sich rücksichtslos todbringend oder lebensunterstützend für Teile der Bevölkerung auszuwirken (↑Eugenik). – Kritik: Gesund- oder Kranksein entscheidet überhaupt nicht über Würde und ↑Menschenrechte.

*d) Sozialsein ist Kampf für die eigene Rasse*: Alle Menschen wurden nun in „allein zum Leben Berechtigte" und „Unberechtigte" eingeteilt, die somit zur Tötung preisgegeben waren. So der ↑Rassismus und die Rassenpolitik, mit seiner maschinellen Vernichtungsarbeit. Michel Foucault arbeitet heraus, dass Rassenvernichtung eines unter mehreren Mitteln für Herrschende war, um schlicht selbst ↑Macht zu gewinnen und zu stärken. – Kritik: Eine äußerliche Eigenschaft nebensächlicher Art wird aus Hass zum Hauptmerkmal erhoben.

*e) Sozialsein ist Kampf auf Leben und Tod:* M. Foucault schreibt in der Vorlesung vom 17.3.1976: „Die Zerstörung der anderen Rassen ist eine Seite des Plans, die andere geht dahin, die eigene Rasse der absoluten und universellen Todesgefahr auszuliefern". Wer die ihm schwerst drohende Todesgefahr besteht, wird sich zum echt Überlegenen stempeln und sich dabei auch „definitiv erneuern" (Foucault 2010: 84). Ein solches Programm verbindet beide Parteien. – Verachtet oder geleugnet wird, dass Menschen gerade durch friedliche Auseinandersetzung mit den anderen wachsen; und dass das physische Überleben geistige Reife nur ermöglicht, nicht erzeugt.

*f) Sozialsein besteht im Verhältnis von Freund-und-Feind*: Das soziale Leben erkannte als immer dringende Aufgabe an, den Feind zu vernichten, und erstellte daraufhin Freundschaften und Feindschaften; ↑Ehe, Staat und ↑Wirtschaft wurden zu bloßen Hilfen dazu erniedrigt, beständig den ↑Krieg gegen den Feind und seine Vernichtung vorzubereiten. Um der Kriegsvorbereitung und der Täuschung willen sind Friedensabkommen zwischen Freund und Feind ein Mittel. – Auch wenn ein solches Verhältnis möglich ist, bleibt zu betonen, dass sich Freundschaft in schlimmste Hassbeziehung verwandeln kann und sich zwischen einzelnen Vertretern je beider Gruppen tiefste Freundschaften zu bilden vermögen.

*g) Dem sozialen Sein des Wir kommt Rang vor jedem Ich zu*: So der Kernsatz einer radikalen Form des ↑Kommunitarismus. – Kritik: Der Kommunitarismus überbetont das WIR, indem jedes ICH sich ihm unterzuordnen hat. Jedes Ich mit seiner je einzigartigen Vernunftnatur (↑Vernunft – Verstand) und seinem Freiheitsvermögen (↑Freiheit) arbeitet natürlich mit andern Ichs zusammen, um das eine lebendig-aktive Gemeinwesen zu gründen: Kein Produkt kann jedoch seinem Produzenten je gleichrangig sein oder werden. Die quantitative Vermehrung der ICHs – in Aufgaben- und Pflichterfüllung höchst notwendig – verringert nicht die Qualität auch nur irgendeines Ichs, kann natürlich dessen Einzigartigkeit ausgestalten.

*h)* Der sog.e *Relativismus* behauptet, dass sich absolute Werte nicht erkennen lassen; eine ↑Gemeinschaft und ↑Gesellschaft, die sich auf eine für alle Teilnehmer verbindliche inhaltliche Ordnung gründe, sei also nicht herstellbar. Gesellschaft könne und dürfe sich nur auf Mehrheit gründen, die auch entscheide, was wahr ist und was gilt. Alle Aussagen seien orts-, zeit- und weltanschaulich bedingt. – Kritik: Diese Kernaussage hält der *Relativismus* für uneingeschränkt wahr. Somit bejaht er erstens zumindest im Sprechen über sich selbst Allgemeingültigkeit! Wer zweitens bereit ist, seine Theorie auf sich selbst anzuwenden, gesteht: Ich bin nur und solange wahr, als eine Mehrheit mich trägt; solange ich ↑Minderheit bin, steht für mich als wahr fest, dass ich nicht wahr bin! Drittens unterstellt der Relativismus meist selbst ↑Grundwerte, die er als der Mehrheitsabstimmung (↑Mehrheitsprinzip) entzogen ansieht: *Audiatur et altera pars*, „der Mensch ist frei, vernünftig und einzigartig", „alle Menschen stehen unter gewissen Pflichten", wie der, sich lebendig zu erhalten. – Zum Schluss: Öfter gewann eine Partei, die formell dem relativistischen Verfassungsmodell zustimmte, rücksichtslos für sich die Mehrheit, um nach ihrem Sieg mit ↑Gewalt gegen andere Parteien vorzugehen; so 1932–34. „Relativismus" also als raffinierter Weg zum Machtgewinn!

*i)* Der *Historismus* wendet sich der historischen Entwicklung zu: Sie zeige alles im Fluss und in Vereinzelung: Staat, ↑Recht, ↑Moral, ↑Religion, ↑Kunst lösen sich ununterbrochen auf und entwickeln sich je anders. Was sich durchgesetzt hat, sei gerechtfertigt. Der Historismus lehnt jede den Menschen vor- und aufgegebene Ordnung ab. – Kritik: Indem der Historismus behauptet, dass alle Menschen darin gleich sind, verschieden und einzigartig zu sein und sein zu dürfen, anerkennt er eine allgemeingültige Aussage und widerspricht damit grundsätzlich seinem Ansatz der Einzigartigkeit und Unterschiedlichkeit. Außerdem: Alle Gemeinschaften, die überdauern wollen, sehen sich zu Basisversorgung, Sicherheit u. a. verpflichtet.

Grundsätzliche Stellungnahme zu 2.:

*a) Formaler Art*: Insofern Sozialphilosophie zuerst ungehindertes Nachdenken ist, protestiert sie gegen jede politische Strömung, welche freies und ungezwungenes Nachdenken im freien Austausch der Positionen verbietet oder erschwert. Sie tritt ebenso grundsätzlich gegen Strömungen an, die Nachdenken für unnütz oder gefährlich halten, die nur eine einzige Philosophie zulassen und staatlich fördern, gegenteilige Philosophien und deren Anhänger verurteilen, oder den kritisch denkenden Menschen radikal zum Schweigen bringen und körperlich vernichten.

*b) Inhaltlicher Art*: Der Mensch ist Selbstzweck, nie nur Mittel. Hingegen sind ↑Geld, Gewinn, ↑Kapital, Hautfarbe, Geschlecht letztlich nur Mittel, um seinsgerecht zu leben.

Jedoch soll sich jeder Mensch darauf einstellen und damit zu leben vermögen, dass alles, was Menschen behaupten, sogleich oder später, teilweise oder grundsätzlich von Menschen bestritten werden wird.

### 3. Der Inhalt der Sozialphilosophie mit Blick auf ICH, ICH-DU und WIR

ICH: Ich bin mir selbst aufgegeben und habe für mich selbst umfassend zu sorgen; verständnisvoll sind die Angebote anderer, die mein Leben betreffen, zu prüfen. Ebenso soll ich andere auf ihrem Lebensweg umfassend und immer überlegt unterstützen. Ichsein besteht nur als ein Miteinandersein.

ICH – DU: Ich habe sein leibliches Leben zu unterstützen und ihm bei seiner geistigen Orientierung zu helfen. Das Ich soll sich dabei immer bewusster werden, dass und wie es sich selbst in vielfacher, unbegrenzbarer Weise durch die Beziehungen mit den Nächsten verwirklichen kann und soll, *a)* in Tausch und Kauf, *b)* im ↑Lernen und Lehren, *c)* durch Einspringen für ihn zwecks seiner Erholung oder Lebensvertiefung und *d)* im Streiten gegen ihn, um ihn die ↑Wahrheit über sich finden zu lassen. Diese vier Verhältnisse müssen je der Situation und dem Personsein (↑Person) beider Hauptbetroffener entsprechen. Es kann – selten, so in extremen Notfällen, wie im Verteidigungskrieg – sittlich von ihm verlangt sein, sein eigenes Leben zu opfern, um das Leben vieler anderer zu retten und zu sichern.

Das Leben ist fortzupflanzen; die im Ehevollzug Geborenen sind zu pflegen und zur liebevollen, anerkennenden Beziehung zu ihren Eltern sowie zur Pflicht zu erziehen, auf die Hilfe der anderen gerecht und liebevoll zu antworten; die Kinder sollen zugl. lernen, für sich selbst immer verantwortlicher zu sorgen, das eigene unvertretbare ↑Leben mit Leben zu füllen und mit sich identisch zu bleiben.

Die Begegnungen des ICH mit dem DU steigern, verdichten und erhöhen sich in der *Freundschaft*. Karl Löwith behandelt sie selbst ausgiebig in seinem Werk „Das Individuum in der Rolle des Mitmenschen“ (1928). Er entdeckt neben der ↑Pflicht des Ichs zu sich selbst ebenso das Dem-Anderen-Zugehörig-Sein wie auch das Verpflichtetsein beider Freunde gegenüber Dritten. Er charakterisiert v.a. im §17 seines Werkes eine solche „Freundschaft“ als „das zweckfreie Füreinandersein“ und führt aus: In den „Verhältnissen des unmittelbaren Füreinanderseins ist [...] keiner der beiden als Selbsteigner, sondern als Zugehöriger bestimmt. Trotzdem entwickelt sich nur aus solchem Verhältnis und für es die wahre Selbständigkeit eines jeden an ihm selbst [...] in der gegenseitigen Anerkennung ihres unverhältnismäßigen Daseins“ (Löwith 1928: 71).

Die Freundschaft, vom ICH zum DU führe zur ehrlichen Suche nach guten Beziehungen mit Dritten! Es wäre ein schwerer Irrtum, das Wesen der Freundschaft zwischen Ich und Du gegen das WIR abzuschotten. Ein Irrtum, denn eine echte Freundschaft gewinnt eine Selbständigkeit, so dass sie weder mir noch dir gehört! Sodann bricht die echte freundschaftliche ↑Liebe zwischen beiden aus der ihr eigenen Dynamik die Zweierbeziehung auf andere hin auf. Freundschaft zielt vom Wesen her auf das „Glück der Menschheit“! „Um das Glück der Menschheit besorgen zu können, muss der eine des andern Glück besorgen [...] die Selbstliebe ist in der Idee der großmütigen Wechselliebe verschlungen“ (Löwith 1928: 160f.).

WIR: Die ICHs, die sich als Wir zusammenfinden, sollen bejahen, dass die jedem Einzelnen aufgegebene Selbsterhaltung durch die Zugehörigkeit zu einem WIR überhaupt erst gesichert, vertieft und immer tiefer entfaltet wird, so F. Suárez in „De Legibus“ (1612; Lib. II. Kap. 8, Nr. 4).

*Erstens* ist es Grundpflicht, die Ordnungen, in der das Ich lebt, zu bejahen und stets zu prüfen. Im gemeinsamen Prüfen verwirklicht sich das WIR. Jedes echte Ja bleibt sich und die anderen prüfendes Ja! *Zweitens* kann die gemeinsam durchgeführte Überprüfung die weitere Pflicht ergeben, die bestehende Ordnung nur leicht oder gründlich zu ändern oder sich eine neue Ordnung aufzuerlegen. *Drittens* ist festzustellen, ob nicht ein jeder, also alle Teilnehmer ausnahmslos für alle soziopolitischen Entscheidungen in vollem Maße zuständig sind oder ob diese Verantwortung aufzuteilen ist. Oft werden sich rasch und gemeinsam darin einig, dass es förderlicher für das Einzelwohl und die Gesamtgerechtigkeit (↑Gerechtigkeit) ist, die Macht zum Erstellen der neuen Ordnung verschiedenen Personen oder ↑Institutionen zu übertragen. Eine solche Aufteilung spornt die Verantwortung an: Aus solchem Verzicht eines jeden ergibt sich Gewinn für alle! *Viertens* erscheint es damit auch vernünftig, die Machtausübung in verschiedene Bereiche einzuteilen und je einen je einer Gruppe zuzuteilen. Die Gesamteigenschaft soll jedoch die ↑Politik der Einzelinstitutionen gutheißen oder verwerfen, billigen oder von ihr abraten dürfen. „Was Alle betrifft, sollen Alle billigen“ *(Quod omnes tangit, ab omnibus approbari debet)*, formulierte Papst Bonifaz VIII. als 29. Regula im Schlusstitel „De Regulis Iuris“ des 5. Buches des „Liber Sextus“ von 1298, eines Rechtsbuches des Kanonischen Rechts (↑Kirchenrecht).

Sozialphilosophie lenkt somit unsere Aufmerksamkeit daraufhin, dass eine Verteilung von Verantwortungen – der einen Gruppe steht die ↑Gesetzgebung, einer anderen die Anwendung der Gesetze, einer dritten deren rechtliche Bewertung zu – nicht vorrangig aus Misstrauen aller gegenüber allen notwendig ist, sondern die Verteilung ein hervorragendes, da gut geeignetes Mittel ist, um das anstehende Problem von verschiedenen Seiten zu beleuchten, gemeinsam um die je höhere Gerechtigkeitslösung zu streiten und somit den von allen gesuchten Frieden tief zu verankern. Auf diesem Weg wirkt der Austausch bereichernd, wird eine von allen bejahbare Lösung gefunden und die gerechtere Antwort auf die politischen Sachprobleme ausfindig gemacht.

Sobald aber möglichst Alle frei auf jede Frage des sozialen Lebens zu antworten haben und antworten dürfen, vermag eine jede Antwort mit jeder anderen desto stärker diese Welt zu einem sozialen Ganzen zusammenwachsen zu lassen. Damit wird erkennbar, dass z.B. die ↑Gewaltenteilung nicht nur und nicht zuerst Machtmissbrauch zu verhindern beabsichtigt, sondern ein gemeinsames Zusammenwirken von Legislative, Exekutive und Judikative hin zum gerechteren Zusammenleben anstrebt.

Dadurch erkennen und anerkennen wir zweierlei:

Dass *erstens* das soziale Leben zuerst ein Spiel und Werk zwischen Ich, Du, Wir, also zwischen den einzelnen Menschen und den Institutionen ist; dass es also Informationsaustausch, Auseinandersetzung und Lösung im *horizontalen* Sinne anstrebt und sichert. Und natürlich gibt es in solchem sozialen Verhältnis die Ungleichheit (↑Soziale Ungleichheit), die sozial Höheren und Niedrigeren, Schenkende, Täuschende, Betrüger und Mörder. – *Zweitens* ist zu erkennen, dass sich auch jeder auf dem Weg ins Umfassendere und Höhere, zum Gerechten und ↑Guten, also auf dem *vertikalen* Wege befindet.

Auf diesem Weg untersteht jeder Mensch letztlich dem gleichen Bemühen des Vorwärtsgehens. Sobald die Teilnehmer nur intensiv miteinander diskutieren, Antworten noch vervollständigen oder gar verwerfen und um andere Lösungen ringen, oder schlicht Bisheriges fortsetzen oder und einen Neuanfang festlegen, so handeln sie auf *horizontaler* Ebene. Doch wenn sie sich dabei bewusst werden, dass es selbst im Kleinsten um „das Größte", und im Nächsten um „Letztes" geht, so streben sie dabei bewusst *vertikal* nach vorn oder nach dem, worauf sich tiefstes Ersehnen und Begehren ausrichten.

### 4. Schluss

Sozialphilosophisches Denken kann sich in den Worten des Herzogs Vincentio wiederfinden, welche er in William Shakespeares „Maß für Maß" ([Measure for Measure] 1604 in London uraufgeführt), 1. Akt, 1. Szene, an seinen Sohn Angelo richtet. Übersetzt lauten sie: „Du selbst und dein Talent/sind nicht dein eigen, dass du dich verzehrst/Für deinen eignen Wert, den Wert für dich./Der Himmel braucht uns, so wie wir die Fackeln,/ Sie leuchten nicht für sich; wenn unsre Kraft/nicht strahlt nach außen hin, wär's ganz so gut,/Als hätten wir sie nicht". Betont werden der unverlierbare Wert des Menschen, des Ichs, das im Guten gründet; wie ebenso die sich aus dieser Gründung ergebende bleibende Verpflichtung gegenüber anderen. Was das ICH, so W. Shakespeare, als SEIN Geschenk entgegennimmt, soll Kraft für andere sein.

### Literatur

P. Leo: Der Wille zum Wesen. Weltanschauungskultur, charakteriologisches Denken und Judenfeindschaft in Deutschland 1890–1940, 2013 • W. Shakespeare: Maß für Maß, 2011 • M. Foucault: Kritik des Regierens. Schriften zur Politik, 2010 • N. Brieskorn: Sozialphilosophie. Eine Philosophie des gesellschaftlichen Lebens, 2009 • U. Tietz: Die Grenzen des Wir. Eine Theorie der Gemeinschaft, 2002 • P. Koslowski: Sozialphilosophie, in: StL, Bd. 5, 71995, 33–41 • G. König: Relativismus, in: HWPh, Bd. 8, 1992, 613–622 • A. Buchanan: Community and Communitarianism, in: E. Craig (Hg.): Routledge Encyclopedia of Philosophy, Bd. 3, 1988, 464–471 • M. Müller/A. Halder (Hg.): Philosophisches Wörterbuch, 1988 • J. G. Fichte: System der Sittenlehre, in: ders. (Hg.): GA, Bd. I 5, 1977, 1–317 • G. W. F. Hegel: Grundlinien der Philosophie des Rechts, 1976 • G. Scholtz: Historismus, in: HWPh, Bd. 3, 1974, 1141–1147 • W. Bernsdorff (Hg.): Wörterbuch der Soziologie, 1969 • C. Schmitt: Der Begriff des Politischen, 1932 • K. Löwith: Das Individuum in der Rolle des Mitmenschen. Ein Beitrag zur anthropologischen Grundlegung der ethischen Probleme, 1928 • I. Kant: Metaphysik der Sitten, in: AA, Bd. 6, 1907, 203–492 • A. Ferguson: An Essay on the History of Civil Society, 1767 • F. Suárez: Defensio fidei, 1613 • Ders.: De Legibus, 1612.

NORBERT BRIESKORN

**Sozialpädagogik** ↑Soziale Arbeit

## Sozialpartnerschaft

### 1. Konzept

Mit dem Begriff S. wird allg. die institutionalisierte Kooperation zwischen ↑Verbänden wirtschaftlicher Interessen verstanden, insb. zwischen Arbeitgebern und ↑Arbeitnehmern. Der Begriff wird im deutschen Sprachraum v. a. auf die Tarifpartnerschaft bezogen, deren Kern die Lohnpolitik ist. In Österreich steht er für ein umfassendes System des Interessenausgleichs über die Lohnpolitik hinaus – für ein System der Machtteilung, für eine Fortsetzung der Großen Koalition mit anderen Mitteln.

Im internationalen Kontext ist S. mit dem Diskurs über den ↑Korporatismus und seine Entwicklung verbunden. Unter Korporatismus wird, beginnend mit der Entwicklung der ↑Katholischen Soziallehre ab 1891 (Papst Leo XIII. und dessen Enzyklika „Rerum Novarum"), die Übertragung zentraler Kompetenzen zur Gestaltung von ↑Wirtschaft und ↑Gesellschaft auf die organisierten ↑Interessen der in „↑Ständen" organisierten Betroffenen verstanden.

Dieser Gedanke wurde auch vom italienischen ↑Faschismus aufgegriffen, der den Staat nicht als parlamentarisches Mehrparteiensystem gestalten wollte, sondern korporativ organisiert – unter dem Diktat der faschistischen Einheitspartei. Dieser explizit antidemokratische Korporatismus, der auch in den vom Faschismus beeinflussten Systemen in Europa (Österreich bis 1938 sowie Portugal, Spanien) und in Lateinamerika in unterschiedlichen Formen existierte, wurde ab 1945 v. a. in Europa als Neokorporatismus nicht als Antithese zur, sondern als Ergänzung der liberalen Demokratie weiterentwickelt. Anfänge eines solchen, demokratischen Korporatismus gab es schon davor – etwa der „New Deal" während der Präsidentschaft Franklin D. Roosevelts in den USA, aber auch in den Niederlanden.

Das Konzept des Neo-Korporatismus baut auf dem „Tripartismus" auf: der nicht nur ad hoc, sondern systematisch organisierten Kooperation zwischen den drei Partnern Staat (vertreten durch Parlament und Regierung), Arbeit (vertreten durch ↑Gewerkschaften) und Kapital (vertreten durch die ↑Arbeitgeberverbände). Auf diese Weise ist die so verstandene S. auch eine Konkretisierung der ↑Sozialen Marktwirtschaft, wie sie in der BRD nach 1949 entwickelt wurde: nicht als Alternative zur Marktwirtschaft, sondern als eine Möglichkeit zu deren sozialer Ausgestaltung.

In den real existierenden Demokratien Europas ist S. kein „dritter Weg" zwischen ↑Kapitalismus und ↑Sozialismus; sehr wohl aber ein Weg, eine marktwirtschaftliche (in diesem Sinne kapitalistische) Ordnung politisch zu steuern. S. ist der systematische Versuch, Marktwirtschaft sozial verträglich zu gestalten. Eine solche Politik wird heute als eine der historischen Bedingungen für die Stabilisierung und damit für den Erfolg der Demokratie in Europa – jedenfalls in Westeuropa – nach 1945 gesehen.

## 2. Voraussetzungen für die Umsetzung

Der „Tripartismus" setzt voraus, dass die Interessenvertreter der Faktoren ↑Arbeit und ↑Kapital in mehrfacher Hinsicht ↑Autonomie genießen: Grundsätzlich müssen sie voneinander unabhängig sein – und sie müssen auch ein Maximum an Selbständigkeit vom dritten Partner eingeräumt bekommen, vom ↑Staat. Dieser wiederum darf seine Kernkompetenzen als Verfassungs- und ↑Rechtsstaat nicht an die Sozialpartner verlieren.

Als Konsequenz kommt der Organisationsform der Partner eine bes. Bedeutung zu: Der Staat ist, wie aus der Erfahrung in Europa nach 1945 ableitbar, nur als demokratisch organisiertes Mehrparteiensystem in der Lage, S. zu respektieren. Die Verbände der Arbeitgeber und Arbeitnehmer wiederum müssen, um dauerhaft sozialpartnerschaftlich agieren zu können, eine Balance zwischen interner Zentralisierung und interner Demokratie sichern: Zentralisierung, um in den Konflikten mit der jeweils anderen Seite (und mit dem Staat) mit einer Stimme zu sprechen; und interne Demokratie, um die Akzeptanz sozialpartnerschaftlich getroffener Entscheidungen – die immer Kompromisscharakter haben – sicher zu stellen.

S. lässt sich nur schwer umsetzen, wenn – etwa wie in der italienischen oder der französischen Tradition – „ideologisch" voneinander abgegrenzte Gewerkschaften in Konkurrenz zueinander stehen; oder wenn, wie in der britischen Tradition, ein zentraler gewerkschaftlicher Dachverband nur eine geringe Autorität gegenüber den weitgehend unabhängig voneinander agierenden Einzelgewerkschaften besitzt. Ein sozialpartnerschaftlich organisiertes System des Interessenabtausches stößt aber auf Schwierigkeiten, wenn ↑Demokratie als – und nur als – ↑Mehrheitsprinzip und nicht auch als Ausgleich zwischen Mehrheit und ↑Minderheit verstanden wird.

Der S. entspricht ein Demokratieverständnis der Teilung politischer ↑Macht – und nicht ein Verständnis des *The Winner Takes All*. S. ist daher auch ein geeignetes System, eine grundsätzlich breit akzeptierte Ordnung von Gesellschaft und Wirtschaft zu optimieren. Eine S. ist aber ihrem Wesen nach nicht geeignet, eine bestehende Ordnung durch eine andere zu ersetzen: S. ist ein evolutionäres und kein revolutionäres Instrument.

## 3. Herausforderungen

In ursächlichem Zusammenhang mit dem Zusammenbruch der ↑politischen Systeme sowjetischen Typs in Europa war und ist eine Renaissance von Vorstellungen zu beobachten, die jede Beschränkung des Marktmechanismus als Beschränkung der ↑Freiheit sehen. Ideengeschichtlich mit dem Namen Friedrich August von Hayek verbunden, politisch mit der Regierungstätigkeit Margaret Thatchers und Ronald Reagans assoziiert, ist diese als ↑Neoliberalismus etikettierte Sichtweise zwar nicht a priori dem Konzept der S. entgegengesetzt. Aber eine Politik, die primär auf die Freisetzung einer auf individuelle Gewinnmaximierung gerichtete Dynamik setzt, muss sich mit einer permanenten Abstimmung zwischen den notgedrungen oft gegenläufigen Interessen von Arbeitgebern und Arbeitnehmern reiben.

Zu dieser Herausforderung kommt – für die europäische Ebene – die Konsequenz der europäischen Integration [↑Europäischer Integrationsprozess]. Die nach 1945 entwickelten sozialpartnerschaftlichen Muster wurden unter den Rahmenbedingungen von Nationalstaaten entwickelt. Die ↑EU aber nimmt – allmählich – ihren Mitgliedstaaten Kompetenzen. Insb. der ↑Europäische Binnenmarkt mit seinen ↑Grundfreiheiten entzieht sich nationalstaatlicher Gestaltung. Eine mögliche Schlussfolgerung ist die Übertragung sozialpartnerschaftlicher Parameter auf die europäische Ebene. In Ansätzen ist dies auch schon geschehen – etwa in Form des *Eurpäischen Wirtschafts- und Sozialausschusses* als ein dauerhaft eingerichtetes Beratungsorgan innerhalb der Union.

Diese und andere Herausforderungen des v. a. im Europa der Jahrzehnte nach 1945 so erfolgreich beschrittenen Weges der S. werden v. a. von einem Megatrend verursacht: von der ↑Globalisierung. Wenn die europäische Stahlindustrie im Wettbewerb mit einem indischen Stahlkonzern steht, wenn die europäische Schiffbauindustrie von der Entwicklung brasilianischer und südkoreanischer Kapazitäten bedroht ist, können solche Tendenzen kaum oder gar nicht in einem neokorporativen Tripartismus eingefangen werden. Wenn südostasiatische oder auch afrikanische Rahmenbedingungen dazu führen, dass global agierende Textilkonzerne Produktionsstätten aus Europa weg verlagern, hilft die Konfliktbereitschaft europäischer Gewerkschaften nicht: Ihr Gegenüber sind ja nicht mehr deutsche oder italienische Produzenten, die sozialpartnerschaftlich eingebunden die zentralen Interessen der Gewerkschaften aus Eigeninteresse berücksichtigen. Es ist diese Herausforderung, die das europäische Erfolgsmodell S. vor eine ungewisse Zukunft stellt.

## Literatur

E. Tálos/T. Hinterseer: Sozialpartnerschaft: Ein zentraler politischer Gestaltungsfaktor der Zweiten Republik am Ende?, 2019 • B. P. Priddat: Leistungsfähigkeit der Sozialpartnerschaft in der sozialen Marktwirtschaft. Mitbestimmung und

Kooperation, 2011 • G. Lehmbruch/P. C. Schmitter (Hg.): Patterns of Corporatist Policy-Making, 1982 • A. Lijphart: Democracy in Plural Societies. A Comparative Exploration, 1977.

ANTON PELINKA

## Sozialphilosophie

Das Nachdenken über den Menschen im Kontext anderer Menschen und als Teil von ↑Gemeinschaften ist so alt wie das Nachdenken über den Menschen im Allgemeinen. Deshalb gilt für den westlichen Kontext, dass es Elemente von S. schon seit der frühen griechischen Philosophie gibt. Allerdings ist die Idee eines klar demarkierbaren Bereichs des Sozialen oder der Gesellschaft gegenüber dem Politischen oder der Natur jüngeren Datums und erst ab der Mitte des 18. Jh. einschlägig. In diesem Sinne fällt der Beginn der S. im engeren Sinne in die Entwicklungsgeschichte der modernen Philosophie, die die Herausbildung der modernen westlichen Gesellschaften mit ihren spezifischen Strukturen und Dynamiken begleitet.

### 1. Ideengeschichtliche Perspektiven: Die Natur der Gesellschaft

Schon für das antike *polis*-Denken ist eine Reflexion auf die soziale ↑Natur des Menschen entscheidend. Aristoteles' berühmte Formel vom Menschen als *zoon politikon* hat die Vorstellung auf nachhaltige Weise tradiert, dass der Mensch seinem Wesen nach in gemeinschaftlichen Strukturen, in ↑Stadt oder ↑Staat, lebt und diese Gemeinschaft zur Ausbildung einer wahrhaft menschlichen Lebensform braucht. Gleichzeitig ist schon bei Aristoteles diese Frage mit der Überlegung verbunden, dass bestimmte soziale Unterschiede und ↑Hierarchien, zwischen den Geschlechtern oder zwischen Herren und Sklaven, notwendig und naturbedingt sind, als gäbe es das „von Natur Regierende und das von Natur Regierte" (Aristot. pol. 1252a26–31). ↑Soziale Ungleichheit ist hier somit von Beginn an mitgedacht, allerdings noch weitgehend naturalisiert bzw. mit der Vorstellung einer in sich gegliederten natürlichen oder kosmischen Ordnung verknüpft. Auch für die spätantiken und dann christlichen ↑Anthropologien stellt sich das Problem der zunächst selbstverständlichen und allmählich fragwürdigen faktischen Ungleichheit der Menschen, während sie doch zumindest normativ gesehen als Gleiche (↑Gleichheit) verstanden werden sollten.

In den ↑politischen Philosophien der frühen ↑Neuzeit wird diese fragwürdige Ungleichheit zum zentralen Problem: Niccolò Machiavelli zieht aus der Brüchigkeit der älteren theologischen oder naturphilosophischen Begründungen von Herrschaft den nüchternen Schluss, dass sich jeder Anspruch auf Vorrang erst praktisch beweisen und gegen Konkurrenten durchsetzen muss. Paradigmatisch bei Thomas Hobbes erscheint nun der Mensch als von Natur aus seinen Mitmenschen gleich, nämlich in seiner existenziellen Gefährdetheit und in der Bedrohung, die er potenziell für andere darstellt. Welche Differenzen und Hierarchien mit menschlichen Mitteln gerechtfertigt werden könnten, wird so zum entscheidenden philosophisch-politischen Problem, auf das die Lehre vom ↑Gesellschaftsvertrag die für Jahrhunderte gültige Antwort gibt (↑Vertragstheorien): Nur menschengemachte und zustimmungsfähige Unterordnungen sind legitim; nur gesellschaftliche ↑Ordnungen, die auf bewusster Autorisierung oder Legitimierung beruhen, verdienen Befolgung und Bestand, nur einer auf ↑Konsens begründeten Schaffung einer zentralen Macht gelingt es dauerhaft, „die Menschen vor dem Angriff Fremder und vor gegenseitigen Übergriffen zu schützen" (Hobbes 1984: 134).

Um diesen Problemkreis aus natürlichen und künstlichen Unterschieden, legitimer und illegitimer ↑Herrschaft und ↑Macht drehen sich auch die einflussreichen sozialtheoretischen Entwürfe der frühen Moderne. Der Aufklärer Jean-Jacques Rousseau erfindet mit seinen epochemachenden kulturkritischen Schriften (↑Kulturkritik) in einem gewissen Sinne das Genre des sozialphilosophischen Traktats und prägt zwei entscheidende Denkfiguren: Zum einen artikuliert er eine gewisse Skepsis, ob nicht schon das Leben in Gesellschaft als solches einen Abfall und eine ↑Entfremdung von der „wahren" menschlichen Natur bedeutet, der Vergesellschaftungsprozess somit als ganzer als Verfallsgeschichte zu betrachten sei. Zum anderen entwickelt er als erster systematisch eine republikanische Vorstellung (↑Republikanismus) einer weitgehend horizontalen Gesellschaft mit von freien Bürgern selbstgestalteten ↑Institutionen, in denen sich eine kollektive Lebensform finden lässt, die den Einzelnen und seine ↑Freiheit so wenig entfremdet wie möglich existieren lässt.

Beide Motive in ihrer Spannung – ein eher pessimistischer Blick auf Vergesellschaftung als solche und ihm gegenüber eine optimistische politische Philosophie der gelingenden, bald explizit als demokratisch verstandenen Ordnung – haben auch die folgenden sozialphilosophischen Debatten des späten 18. und des 19. Jh. tief geprägt. Bei Alexis de Tocqueville, den Romantikern (↑Politische Romantik), im Anarchismus (↑Anarchie, Anarchismus) und später bei Friedrich Nietzsche finden sich skeptische und drastische Beschreibungen, wieviel an individueller Kraft, Kreativität und Integrität das Leben in Gesellschaft abschleift und abschwächt. Bei Georg Wilhelm Friedrich Hegel, den Frühsozialisten (↑Sozialismus) und im ↑Liberalismus finden sich dagegen Ordnungsvorstellungen, die die Ansprüche des modernen ↑Individuums mit den Zumutungen moderner Sozialformen zu versöhnen suchen. Bei Karl Marx und in der nun neu entstehenden wissenschaftlichen Konkurrenzdisziplin für die S., der ↑Soziologie, finden sich vermittelnde Formen eines gesellschaftstheoretischen Denkens, das eine beißende Kritik an den vergangenen und gegenwärtigen Herrschaftsformen übt und zugl. realistische oder utopische Alternativen (↑Utopie) zu ihnen theoretisch ausarbeitet.

## 2. Macht im Sozialen: Sozialphilosophie im 20. Jh.

In der Philosophie des 20. Jh. verdichten und transformieren sich zahlreiche dieser traditionellen Motive und in einem gewissen Sinne wird die S. erst jetzt zu einem profilierten Reflexionsmedium, das den klassischeren philosophischen Bereichsdisziplinen in nichts mehr nachsteht. Zwei große Linien lassen sich hier zumindest idealtypisch methodisch unterscheiden. Auf der einen Seite finden sich fundamentalphilosophische Entwürfe, die das In-Gesellschaft-Sein des Menschen nun ganz grundsätzlich ausdeuten und ins Zentrum ihrer Philosophien stellen. Viele Entwürfe in dieser Richtung sind inspiriert von Martin Heideggers Analyse des „Mitseins" als notwendigem existenziellen Modus (↑Existenzphilosophie), da „Dasein als In-der-Welt-sein je schon mit Anderen ist" (Heidegger 1986: 125), auch wenn diese in einem ganz anders motivierten theoretischen Rahmen stand. Hannah Arendts originelle Philosophie der Natalität und des „Bezugsgewebe[s] menschlicher Angelegenheiten" (Arendt 1983: 173) hat eine solche Reflexion energisch weitergetrieben, zahlreiche phänomenologisch orientierte Intersubjektivitätslehren nach Jean-Paul Sartre haben diesen Punkt aufgenommen und weitergeführt. Auch die ganz unterschiedlichen Theorien von Cornelius Castoriadis und von Jean-Luc Nancy lassen sich als solche fundamentale Philosophien menschlicher Relationalität und Bezogenheit verstehen, ebenso die zahlreichen an die ↑Sprachphilosophien des 19. und 20. Jh. anknüpfenden Reflexionen auf die sprachliche und damit wesentlich intersubjektive Vermitteltheit individueller Existenz, etwa bei Charles Taylor.

Auf der anderen Seite stehen Versuche, sich einen eher zeitdiagnostischen und kritischen Reim auf die Sozialverhältnisse der Gegenwart zu machen und hierfür sowohl philosophische als auch soziologische, historische u. a. empirische Perspektiven fruchtbar zu machen. Die Gesellschaftstheorie der frühen Frankfurter Schule (↑Kritische Theorie) etwa ist als ein solches interdisziplinäres Unternehmen konzipiert, das es erlaubt, die „aufs Große zielenden philosophischen Fragen anhand der feinsten wissenschaftlichen Methoden zu verfolgen" (Horkheimer 1988: 30). S. ist hier gewissermaßen der grundbegriffliche Beitrag einer dezidiert nicht-idealistischen, Empirie-offenen Philosophie, die sich kritisch auf die Macht- und Herrschaftsverhältnisse in ihrer Zeit bezieht. Ist hier anfänglich noch die Orientierung am ↑Marxismus und der Psychoanalyse leitend, hat sich diese Programmatik, etwa in der Fortführung durch Jürgen Habermas, auch anderer sozialwissenschaftlicher Ressourcen kritisch bedient; v. a. seit den 1970er Jahren findet sich generell eine fruchtbare, oft polemische Auseinandersetzung der S. mit den soziologischen Entwürfen der Zeit.

Diese multidisziplinäre Ausrichtung zeigt sich auch in den ab dieser Zeit enorm einflussreichen historischen Analysen Michel Foucaults, der sich, ähnlich wie die Frankfurter Schule, an einer kritischen Gegenerzählung zu den Fortschrittsnarrativen der ↑Moderne versucht hat und dabei implizit eine agonale, machttheoretisch grundierte S. entwickelt hat. Auch die von diesem Projekt z. T. entscheidend geprägten, aber mit einer eigenen Entwicklungsgeschichte versehenen Diskursstränge der feministischen Theorie (↑Feminismus), der Queer Theory und der Postkolonialen Kritik (↑Postkolonialismus) haben immer eine solche Stoßrichtung gehabt und haben sich deshalb in den letzten Jahrzehnten als unverzichtbare Gesprächspartner für eine an der gesamten Komplexität der Gegenwart interessierten S. etabliert. Das Projekt all dieser eher „unreinen" S.n und Theorien des Sozialen, deren philosophischer Kern von einer Unmenge auch nichtphilosophischer Elemente ummantelt ist, bleibt es zu versuchen, die gesellschaftliche Existenz in ihrer historischen Spezifik zu erfassen und zur konkreten Kritik und Transformation faktischer Machtverhältnisse beizutragen.

## 3. Die kommende Gesellschaft: Forschungsfelder und offene Fragen

Die S. der Gegenwart, d. h. der letzten beiden Jahrzehnte, ist weiterhin dem in vielfacher Weise realisierbaren Projekt einer Beschreibung, Analyse und ↑Kritik der gegenwärtigen Sozialverhältnisse verpflichtet und bedient sich hierfür vielfältiger theoretischer und methodischer Instrumente. Vielleicht wird im Rückblick die Jahrtausendwende, oder noch symbolischer die Zäsur im Datum des 11.9.2001, eine neue Ära auch der theoretischen Entwicklungen eröffnet haben. Ein bemerkenswerter Umstand liegt in der Renaissance marxistischer Begriffe und Topoi in diesem Kontext: Entfremdungs- und Ideologietheorien sowie Kapitalismuskritik sind auf die Theorie-Agenda zurückgekehrt. Konflikttheoretische Ansätze haben sich als prominente Gegenpole zu eher versöhnungs- oder konsensorientierten Theorien etabliert. Schließlich ist sogar das altehrwürdige Problem des gesellschaftlichen ↑Fortschritts als Streitthema zurückgekehrt und damit die Frage, ob sich moderne ↑Gesellschaften selbst nur gut verstehen können, wenn sie zumindest die Möglichkeit von Lernprozessen und von normgeleiteter gesellschaftlicher Kooperation unterstellen. Man könnte spekulieren, dass die an der Schwelle zu den 2020er Jahren eingetretene globale Pandemie den schon einige Zeit vorher prominenten Themen kollektiver ↑Verantwortung und ↑Solidarität, Verletzlichkeit und Interdependenz eine anhaltende Resonanz verschaffen wird, denn selten war unabweisbarer, dass Gesellschaftlichkeit eine fragiles Gefüge ist, angewiesen auf institutionelle und soziomoralische Stabilisierungsressourcen.

Die S. der Gegenwart hat sich aber auch neue Themenfelder erschlossen und neuen Herausforderungen gestellt. Noch nie stand etwa so klar vor Augen, dass sich eine Konzeption des menschlichen Sozialen auch der Interaktion des Menschen mit seiner nicht-menschlichen Umwelt annehmen und dass sie in Richtung einer holistisch oder ökologischen aufgeklärten Philosophie aus falschen Dichotomien herauskommen muss. Auch war noch nie die Rolle der ↑Technik als Potential und Verhängnis zugl. so deutlich im Fokus zeitdiagnostischer Theoriebildung, ob sich dies nun auf den rasanten Medien- und Öffentlichkeitswandel, die neuen technologischen Revolutionen oder die Herausbildung nichtmenschlicher Intelligenz bezieht. In einem gewissen Sinne zurückgekehrt ist das Thema (und das Problem) der ↑Religion, die als Struktur- und Ordnungselement auch die menschlichen Gemeinschaften des 21. Jh. noch tiefgreifender prägt als es so mancher (westliche) säkularistische Traum (↑Säkularisierung) hätte zulassen wollen. Schließlich bleibt es eine der zentralen Herausforderungen, auf das historische und soziale Faktum der ↑Globalisierung und das Sich-Öffnen des Welthorizonts auch epistemisch, und d. h. philosophisch, zu reagieren und die partikularen Gemeinschaft- und Gesellschaftsvorstellungen der westlichen Spätmoderne fruchtbar mit ihren globalen Alternativen zu konfrontieren. So schwierig dies auch im Einzelnen methodisch zu realisieren sein mag, S. im 21. Jh. kann sicherlich nicht mehr nur die Selbstreflexion eines (kleinen) Kontinents sein (s. a. ↑Sozialontologie).

### Literatur

M. Saar: Ordnung – Praxis – Subjekt. Oder: Was ist Sozialphilosophie, in: WestEnd 16/2 (2019), 161–174 • R. Celikates/R. Jaeggi: Sozialphilosophie, 2017 • F. Fischbach: Manifest für eine Sozialphilosophie, 2016 • B. de Sousa Santos: Epistemologies of the South. Justice Against Epistemicide, 2014 • B. Latour: Existenzweisen. Eine Anthropologie der Modernen, 2014 • T. Bedorf: Andere. Eine Einführung in die Sozialphilosophie, 2011 • R. Forst/M. Hartmann/R. Jaeggi: Sozialphilosophie und Kritik, 2009 • J. Butler: Gefährdetes Leben, 2005 • H. Joas/W. Knöbl: Sozialtheorie, 2004 • K. Röttgers: Kategorien der Sozialphilosophie, 2003 • U. Stäheli: Poststrukturalistische Soziologien, 2000 • A. Honneth (Hg.): Pathologien des Sozialen, 1994 • B. Yack: The Problems of a Political Animal. Community, Justice, and Conflict in Aristotelian Political Thought, 1993 • M. Horkheimer: Die gegenwärtige Lage der Sozialphilosophie und die Aufgaben eines Instituts für Sozialforschung, in: ders. (Hg.): Ges. S., Bd. 3, 1988, 20–35 • M. Heidegger: Sein und Zeit, 1986 • T. Hobbes: Leviathan, oder Stoff, Form und Gewalt eines kirchlichen und bürgerlichen Staates, 1984 • H. Arendt: Vita activa oder Vom tätigen Leben, 1983 • M. Theunissen: Der Andere. Studien zur Sozialontologie der Gegenwart, 1977. MARTIN SAAR

## Sozialpolitik

### 1. Definition

Unter praktischer S. versteht man die politische Beeinflussung gesellschaftlicher Verhältnisse und sozialer Beziehungen mit dem Ziel, die Lebenslage von Personen oder sozialen ↑Gruppen entspr. der in einer Gesellschaft verfolgten Ziele zu verbessern. Diese Grundziele sind in allen demokratisch verfassten Gesellschaften die Sicherung der aktiven Freiheit und der ↑sozialen Sicherheit sowie die Gewährleistung sozialer Gerechtigkeit. S. lässt sich somit als jenes politische Handeln definieren, das darauf gerichtet ist, die gesellschaftliche Stellung jener sozialen Gruppen oder Personen zu verbessern, die hinsichtlich ihrer Freiheitsspielräume eingeschränkt oder in Relation zu anderen schlechter gestellt sind. Je nach politischer Reichweite des Trägers unterscheidet man supra- und internationale, staatliche, kommunale und betriebliche S.

### 2. Notwendigkeit und Ziele

#### 2.1 Notwendigkeit

S. ist in allen Gesellschaften nötig, in denen eine ↑soziale Frage existiert, d. h. in denen die Unterschiede in den persönlichen Rechten oder den Lebenslagen der Gesellschaftsmitglieder so groß sind, dass sie entweder den von der Gesellschaft gesetzten Grundzielen widersprechen oder die politische ↑Ordnung gefährden. S. ist damit systemunabhängig in allen arbeitsteilig organisierten Gesellschaften erforderlich. Denn ohne S. wäre in allen modernen ↑Gesellschaften die Existenz erwerbsgeminderter oder nicht erwerbsfähiger Gesellschaftsmitglieder gefährdet. Des Weiteren steht das wirtschaftssystemunabhängige Ziel der Maximierung des Produktionsertrags in einem inhärenten Konflikt mit dem Ziel der Sicherung menschenwürdiger Arbeitsbedingungen. Obwohl also die moderne staatliche S. historisch gesehen eine Reaktion auf die gesellschaftlichen Herausforderungen der Industrialisierung (↑Industrialisierung, Industrielle Revolution) war, ist S. nicht nur eine „funktionale Begleiterscheinung kapitalistischer Entwicklung" (Köppe/Starke/Leibfried 2018: 1577 f.). S. war und ist auch in vorindustrialisierten Gesellschaften und in planwirtschaftlich gesteuerten Wirtschaften (↑Zentralverwaltungswirtschaft) erforderlich.

Dennoch beginnt die Phase einer umfassenden, neuzeitlichen S. erst mit der Durchsetzung der Ideen des ↑Liberalismus und der Industrialisierung. Dies ist auf drei eng miteinander verknüpfte Ursachen zurückzuführen. Zum einen wurde der sozialpolitische Handlungsbedarf durch die wirtschaftliche ↑Liberalisierung und die Industrialisierung bes. groß und vielfältig. Mit der Durchsetzung der Ideen von ↑Freiheit, ↑Gleichheit und ↑Menschenwürde durch die ↑Aufklärung und durch den politischen Liberalismus wurden persönliche Abhängigkeitsverhältnisse wie Grundherren- und Leibeigenschaft aufgehoben und Vertragsfreiheit, Gewerbe-

und ↑Berufsfreiheit, Freiheit der Arbeitsplatzwahl und Freizügigkeit eingeführt. Dadurch wurde die soziale Frage der vorindustriellen, feudalen und ständisch organisierten Gesellschaften (↑Feudalismus, ↑Stand) gelöst, die in den strengen persönlichen und wirtschaftlichen Abhängigkeitsverhältnissen bestanden hatte. Gleichzeitig entstand jedoch eine neue soziale Frage in Form der Arbeiterfrage des 19. Jh. Sie bestand im Wesentlichen darin, dass die eigentumslosen und sozial ungeschützten Arbeiter zur Existenzsicherung auf Verwertung ihrer Arbeitskraft angewiesen waren. Obgleich formal frei, waren sie gezwungen, ihre Arbeitskraft unabhängig von den jeweils herrschenden Lohn- und Arbeitsbedingungen anzubieten. Dieser Zwang verursachte in Verbindung mit den bestehenden Arbeitsmarktverhältnissen kaum existenzsichernde ↑Löhne bei extrem langen Arbeitszeiten und gesundheitsgefährdenden Arbeitsbedingungen. Darüber hinaus bestanden nur sehr eingeschränkte Möglichkeiten des sozialen Aufstiegs und die Bestrebungen der Arbeiterschaft um politische und gewerkschaftliche Organisation wurden zunächst bekämpft. Ein weiterer Grund für die Entwicklung staatlicher S. im 19. Jh. ist jedoch auch die Tatsache, dass erst die mit der Industrialisierung stark gestiegene Produktivität die wirtschaftlichen Voraussetzungen für staatliche S. schaffte. Schließlich ermöglichte die schrittweise Durchsetzung des allg.en, freien und geheimen Wahlrechts breiten Bevölkerungsschichten, ihren sozialpolitischen Bedarf zu artikulieren und politisch umzusetzen. Damit war in den westlichen ↑Industriegesellschaften die Dringlichkeit, aber auch die Fähigkeit und die Bereitschaft zur Lösung sozialer Probleme gegeben.

Obwohl die Arbeiterfrage in den entwickelten Gesellschaften heute als gelöst bezeichnet werden kann, ist die Notwendigkeit einer staatlichen S. weiterhin gegeben. Denn für die überwiegende Mehrheit der Menschen stellt die Erwerbstätigkeit nach wie vor ihre Existenzgrundlage dar. Damit ist die Verfasstheit der ↑Arbeitsmärkte und die Regulierung der Arbeitsbeziehungen weiterhin entscheidend für die Lebenslage der Menschen. Da sich private Versicherungslösungen als unzureichend erwiesen haben, um die sog.en Standardrisiken Alter, Krankheit, Arbeitslosigkeit und Tod des Ernährers abzudecken, ist auch in entwickelten Volkswirtschaften ein umfassendes System sozialer Sicherung erforderlich. Und schließlich steigt mit zunehmendem Wohlstand der gesellschaftliche Bedarf an einer gleichmäßigen ↑Verteilung von Bildungschancen, Einkommen und Vermögen sowie des Zugangs zu Gesundheits- und sozialen Dienstleistungen.

### 2.2 Ziele

Generelle Ziele der S. sind *a)* die Sicherung der individuellen Freiheit und der freien Entfaltungsmöglichkeiten aller Gesellschaftsmitglieder sowie *b)* die Herstellung von sozialer ↑Gerechtigkeit i.S.v. Startchancen- und Verteilungsgerechtigkeit.

Diese Finalzielsetzungen sollen durch die Realisierung bestimmter Modalziele erreicht werden. Ein vordringliches Ziel staatlicher S. ist der Schutz der unter Arbeitsangebotszwang stehenden abhängig Beschäftigten vor den Gefährdungen, die von der Ausübung der Erwerbstätigkeit ausgehen (S. als *Schutzpolitik*). Als die gravierendsten Missstände abhängiger Beschäftigungsformen gelten Kinderarbeit, überlange Arbeitszeiten sowie gefahrgeneigte und gesundheitsgefährdende Arbeitsbedingungen. Entspr. der Dringlichkeit der Schutzbedarfe beginnt die staatliche S. mit einem Verbot der Kinderarbeit und dem Schutz jugendlicher Arbeiter (Erlass des Kinderarbeitsschutzes durch das preußische Regulativ 1839, durch das eidgenössische Fabrikgesetz 1877 und durch die Gewerbeordnung 1885 in Österreich-Ungarn). Dieser spezielle, zunächst nur auf Kinder und Jugendliche beschränkte Arbeiterschutz wurde in den Folgejahren nach Art und Umfang ausgeweitet, zunächst durch den Wöchnerinnen- bzw. Mutterschutz (1877 in der Schweiz, 1878 in Deutschland und 1885 in Österreich) und anschließend durch einen allg.en Arbeitszeitschutz im Zuge des generellen Verbots der Arbeit an ↑Sonn- und Feiertagen. In der Folgezeit wurden diese Schutzmaßnahmen auf Angestellte und weitere Berufsgruppen ausgeweitet, so dass die S. bereits ab der ersten Hälfte des 20. Jh. keine reine Politik für Industriearbeiter mehr war.

Da für vermögenslose Arbeitnehmer die Verwertung ihrer Arbeitskraft die einzige Erwerbsquelle darstellt, ist neben dem Schutz der Arbeitskraft die soziale Sicherung bei einem Verlust der Erwerbsfähigkeit eine weitere vordringliche Aufgabe der S. So wurde in Deutschland durch die bismarcksche Sozialgesetzgebung schon sehr frühzeitig ein umfassendes System sozialer Sicherung eingeführt (↑Krankenversicherung 1883, ↑Unfallversicherung 1884, ↑Rentenversicherung 1889). Dieser Schutz vor den wirtschaftlichen Folgen von Unfall, Krankheit, Invalidität oder dem Tod des Ernährers wurde 1927 durch die ↑Arbeitslosenversicherung und 1994 durch die gesetzliche ↑Pflegeversicherung ergänzt (↑Sozialversicherung). In Österreich wurde im Jahr 1889 die Arbeiter-Unfall- und -Krankenversicherung eingeführt, 1906 trat die gesetzliche Rentenversicherung für Angestellte und 1920 die Arbeitslosenversicherung hinzu. Das Sozialstaatsmodell der Schweiz ist durch die starke Stellung der Kantone und eine enge Verflechtung von öffentlichen und privaten Akteuren charakterisiert, wodurch die Einführung einer bundeseinheitlichen Sozialversicherung erst mit erheblicher zeitlicher Verzögerung erfolgte. Noch im Jahr 1900 scheiterte die Gesetzesvorlage einer obligatorischen Unfall- und Krankenversicherung in einer Volksabstimmung. Die Einführung einer einheitlichen Unfallversicherung erfolgte im Jahr 1918, die einer bundesstaatlichen *Alters- und Hinterlassenenversicherung* im Jahr 1948. Eine obligatorische gesamtstaatliche Arbeitslosenversicherung wurde in der Schweiz erst im Jahr

1977 eingeführt. Die Schweiz kennt keine gesetzliche Krankenversicherung; seit 1996 existiert jedoch eine bundeseinheitliche Versicherungspflicht.

Die Erweiterung der S. von einer Politik zum Schutz der Arbeitnehmer zu einer Politik der Angleichung materieller Lebenslagen (S. als *Ausgleichspolitik*) begann in Deutschland in der Weimarer Republik, nachdem die sozialen Sicherungsziele weitgehend erreicht waren und dem Ziel des Ausgleichs von Einkommens- und Vermögensunterschieden größere Bedeutung beigemessen wurde. Zahlreiche Transferleistungen wie das Wohngeld, das Kindergeld, der Kinderzuschlag, die Förderung der Vermögensbildung, die Ausbildungsförderungen und andere Maßnahmen dienen dem Ziel, die Einkommenssituation von Haushalten mit geringen Einkünften zu verbessern. Die größten Umverteilungseffekte zeitigen jedoch das progressive Steuersystem und das System sozialer Sicherung.

Schließlich dienen sozialpolitische Regelungen auch der Sicherstellung der gesellschaftlichen Anerkennung und von Teilhabechancen von Einzelnen bzw. sozialen Gruppen (S. als ↑*Gesellschaftspolitik*). S. als gesellschaftsgestaltende ↑Strukturpolitik beginnt im Bereich der ↑Bildungspolitik bereits im 18. Jh. mit der Einführung der allg.en ↑Schulpflicht und deren faktischer Durchsetzung im Zuge der Kinder- und Jugendschutzgesetzgebung des 19. Jh. Eine weitere Zäsur stellt die Anerkennung der ↑Gewerkschaften und die Einführung der ↑Tarifautonomie dar (Schweiz: 1911, Deutschland: 1918, Österreich: 1919). Die Anerkennung der Tarifautonomie repräsentiert den Aufstieg der abhängig Beschäftigten vom „Objekt" staatlicher S. zur selbstverantwortlichen Sozialpartei. In die gleiche Richtung zielen die gesetzlichen Regelungen zur Betriebs- und Unternehmensverfassung. Durch das BetrVG (↑Betriebsverfassungsrecht) werden den Arbeitnehmern bzw. ihren Vertretern Informations-, Anhörungs- und Mitwirkungsrechte in sozialen, personellen und wirtschaftlichen Angelegenheiten eingeräumt, das MitbestG (↑Mitbestimmung) gibt den Arbeitnehmervertretungen einen zusätzlichen Einfluss auf die Unternehmensführung in großen Kapitalgesellschaften. Durch die Regelungen der Betriebs- und Unternehmensverfassung werden die Leitungs- und Dispositionsbefugnisse im ↑Unternehmen nicht mehr streng einseitig durch die Interessenvertreter der Anteilseigner ausgeübt, sondern unter Beteiligung der im Unternehmen Beschäftigten.

Von dem Gedanken der sozialen Teilhabe ist auch die soziale Grundsicherung getragen. Denn durch die Leistungen der Grundsicherung werden nicht nur die Mittel zum notwendigen Lebensunterhalt bereitgestellt; die Hilfeempfänger sollen darüber hinaus befähigt werden, am politischen und gesellschaftlichen Leben zu partizipieren (sog.es sozioökonomisches ↑Existenzminimum). Schließlich ist bei der Ausgestaltung aller sozialpolitischen Leistungen darauf zu achten, dass die Wirkungen dieser Maßnahmen gesellschaftspolitischen Zielen wie der Chancengleichheit (↑Chancengerechtigkeit, Chancengleichheit) oder der Gleichbehandlung der Geschlechter (↑Gender) nicht entgegenstehen bzw. diese nach Möglichkeit unterstützen. Sozialpolitische Maßnahmen mit dem expliziten Ziel des Abbaus indirekter geschlechtsspezifischer ↑Diskriminierung sind bspw. der Ausbau der Kindertagesbetreuung und die Partnermonate beim Elterngeld.

## 3. Instrumente und Träger

### 3.1 Instrumente

Als Instrumente umfasst die S. rechtliche Regelungen, die Vergabe von Geldleistungen sowie die verbilligte oder unentgeltliche Vergabe von Sach- und Dienstleistungen. Hinsichtlich des Zwangscharakters unterscheidet man zwischen zwingenden und führenden Instrumenten. Zwingende Instrumente schreiben ein bestimmtes Verhalten oder Unterlassen vor (z. B. die Versicherungspflicht oder bestimmte Beschäftigungsverbote), führende Instrumente wollen Anreize setzen, um Menschen zu einem bestimmten Verhalten zu veranlassen (z. B. die Förderung einer privaten, kapitalgedeckten Alterssicherung). Eine bes. Form der Verhaltensbeeinflussung ist das *nudging*. Dabei wird versucht, durch eine Veränderung der Rahmenbedingungen das Verhalten von Menschen in vorhersagbarer Weise zu beeinflussen, ohne die individuelle Entscheidungsfreiheit einzuschränken oder auf ökonomische Anreize zurückzugreifen (libertärer ↑Paternalismus). Dies geschieht in der S. insb. durch eine gezielte Ausgestaltung bei der Befreiung von der Versicherungspflicht.

### 3.2 Träger

Urspr. wurden sozialpolitische Maßnahmen durch ↑Verbände, ↑Kirchen, Unternehmen und private Organisationen erbracht. Aufgrund der Vereinheitlichung und Verrechtlichung der S. sowie der Tatsache, dass S. weiterhin primär eine nationalstaatliche Aufgabe ist, ist mittlerweile der ↑Staat Hauptträger. Internationale S. findet v. a. im Rahmen zwischenstaatlicher Sozialversicherungsabkommen statt. Eine Zwischenstellung zwischen inter- und supranationaler S. nehmen die sozialpolitischen Maßnahmen der ↑EU ein. Die S. zählt innerhalb der EU zu den Politikbereichen, die weiterhin grundsätzlich nationalstaatlich geregelt werden. Der ↑Europäische Rat kann jedoch unter Mitwirkung des ↑Europäischen Parlaments Richtlinien zu bestimmten sozialpolitischen Mindeststandards mit qualifizierter Mehrheit erlassen. Diese Richtlinien sind für alle Mitglieder der EU bindend. In bestimmten sozialpolitischen Bereichen wie der sozialen Sicherung, der Mitbestimmung oder den Regelungen über die Beschäftigungsbedingungen ist jedoch weiterhin Einstimmigkeit erforderlich.

Ein weiterer sozialpolitischer Akteur, der in jüngster Zeit verstärkt diskutiert wird, sind multinationale Unternehmen. Da es bislang nicht gelungen ist, globale Mindeststandards bei den Arbeitsbedingungen auch in den Entwicklungs- und Schwellenländern durchzusetzen, wird zunehmend versucht, multinational agierende Unternehmen zur Einhaltung dieser Mindeststandards in ihren Betrieben und in den Betrieben ihrer Zulieferer zu bewegen.

### 4. Wirkungen

Die S. verursacht zahlreiche persönliche, gesamtwirtschaftliche und gesellschaftspolitische Wirkungen. Primäre Wirkung aus Sicht der Haushalte ist der Schutz vor den wirtschaftlichen Folgen der sog.en Standardrisiken Alter, Krankheit, Arbeitslosigkeit und Tod des Ernährers. Die Eingriffe des Staates durch sozialpolitische Maßnahmen sind aber auch gesamtwirtschaftlich erheblich. Seit Mitte der 1990er Jahre beträgt die Sozialleistungsquote, also der Anteil der Sozialleistungen am BIP, in Deutschland und Österreich annähernd 30 %, für die Schweiz liegt sie mit 25 % etwas niedriger. Dadurch und durch zahlreiche regulatorische Maßnahmen stabilisiert die S. den ↑Wirtschaftskreislauf, verhindert massive Rezessionen und egalisiert die Einkommensverteilung. Gleichzeitig erhöht die S. aber auch die Produktionskosten und verteuert den Faktor ↑Arbeit. Ob und inwieweit der Sozialstaat das ↑Wirtschaftswachstum beeinflusst, ist in der Literatur umstritten.

Die zentrale gesellschaftspolitische Wirkung neuzeitlicher staatlicher S. besteht jedoch in der Tatsache, dass durch sie die soziale Frage i. S. d. Arbeiterfrage gelöst wurde. Beschäftigte in einem sozialversicherungspflichtigen Beschäftigungsverhältnis sind den Standardrisiken nicht mehr schutzlos ausgeliefert und unterliegen nicht mehr dem extremen Arbeitsangebotszwang der Frühindustrialisierung. Darüber hinaus können die Leitungs- und Dispositionsbefugnisse in den Unternehmen nicht mehr streng einseitig ausgeübt werden. Durch die S. ist die ↑Wirtschaftsordnung somit nicht mehr kapitalistisch verfasst; die S. repräsentiert vielmehr die Überwindung des ↑Kapitalismus durch den demokratischen ↑Sozialstaat.

### 5. Herausforderungen und Probleme

Der moderne Sozialstaat sieht sich mit zahlreichen Problemen konfrontiert. Die Wesentlichen sind der demographische Wandel, die Globalisierung und die Digitalisierung der Arbeitswelt. Durch den *demographischen Wandel* wird der Altenquotient, also der Anteil der Über-65-Jährigen an der Gesamtbevölkerung, in allen OECD-Staaten deutlich steigen. Für Deutschland, Österreich und die Schweiz wird ein Anstieg dieses Anteils von derzeit etwa einem Drittel auf deutlich über 50 % prognostiziert. Dadurch erhöhen sich die altersbedingten sozialpolitischen Ausgaben für Gesundheit, Pflege und Rente, welche durch ↑Steuern und Sozialabgaben finanziert werden müssen. Diese zunehmende Belastung der ohnehin schon stark belasteten Haushalte und Unternehmen stellt die langfristige finanzielle Tragfähigkeit des Sozialstaats in Frage. Die ↑*Globalisierung* ermöglicht es Unternehmen, ihre Produktionsstätten ohne den Verlust von Absatzmärkten in Länder mit niedrigen Belastungen durch sozialpolitische Maßnahmen zu verlagern. Dadurch besteht die Gefahr, dass die Staaten in einen ruinösen Standortwettbewerb um die niedrigsten Sozialstandards und die geringste Abgabenbelastung eintreten. Ein spezifisches sozialpolitisches Problem der Globalisierung stellt sich für die EU. Sie steht vor der Frage, inwieweit ein einheitlicher Währungs- und Wirtschaftsraum (↑EWWU) mit unterschiedlichen nationalen Sozialsystemen dauerhaft funktionsfähig bleiben kann, oder ob der ↑Europäische Binnenmarkt durch eine integrierte europäische S. ergänzt werden muss. Weitgehend ungeklärt sind schließlich noch die Auswirkungen der ↑*Digitalisierung der Arbeitswelt* auf die staatliche S. Auch wenn nicht davon auszugehen ist, dass die Digitalisierung das sog.e Normalarbeitsverhältnis überflüssig machen wird, so ist doch absehbar, dass in der digitalen Wirtschaft neue Beschäftigungsformen jenseits des klassischen abhängigen Beschäftigungsverhältnisses sozialpolitisch geschützt und reguliert werden müssen.

### Literatur

G. Bäcker/G. Naegele/R. Bispinck: Sozialpolitik und soziale Lage in Deutschland, 2 Bde., 62020 • H. Obinger/M. G. Schmidt (Hg.): Hdb. Sozialpolitik, 2019 • S. Köppe/P. Starke/S. Leibfried: Sozialpolitik, in: H.-U. Otto u. a. (Hg.): Hdb. Soziale Arbeit, 62018, 1572–1585 • OECD (Hg.): Renten auf einen Blick 2017. OECD- und G20-Länder – Indikatoren, 2018 • J. Althammer/H. Lampert: Lehrbuch der Sozialpolitik, 92014 • Bundesministerium für Arbeit und Soziales (Hg.): Geschichte der Sozialpolitik in Deutschland seit 1945, 11 Bde., 2001–08;

JÖRG ALTHAMMER

## Sozialprinzipien

Die Rede von S. gehört zum festen Bestand der Sozialverkündigung der Kirche wie der ↑Christlichen Sozialethik (CSE) katholischer Prägung. Begriff, Charakter und systematische Bedeutung der S. werden im Zusammenhang der ↑katholischen Soziallehre (KSL) bzw. der CSE erläutert und Forschungsdesiderate, die sich daraus ergeben, markiert. Es geht mithin um eine Metareflexion auf ein Spezifikum normativer Theoriebildung im katholischen sozialethischen Diskurs. Zwar kennen auch Sozialethiken protestantischer und orthodoxer Prägung die Rede von Prinzipien; jedoch finden sich ein regelrechter „Prinzipientraktat" und ein häufig als nahezu kanonisch vorgestellter Zusammenhang bestimmter Prinzipien nur in der katholischen Tradition. Dieser enthält immer die Prinzipien Personalität, Subsidiarität, Solidarität, sodann in divergierenden Zuordnungen Gemeinwohl und Gerechtigkeit, sowie in jüngster Fortschreibung als ökologische Erweiterung

Nachhaltigkeit. Diese in der katholischen Tradition eingebürgerte Auswahl ist allerdings weder exklusiv noch zwingend; z.B. kann auch ↑Verantwortung als ethischer Grundbegriff dieser Kategorie zugeordnet oder das Subsidiaritäts- durch ein Demokratieprinzip ergänzt werden.

## 1. Begriff und Charakter der Sozialprinzipien

Unbeschadet divergierender Formulierungen kann ein Basiskonsens darüber angenommen werden, dass mit den S. ein grundlegender orientierender Anspruch an die Institutionen des sozialen Zusammenlebens in Staat und Gesellschaft sowie – unter den Bedingungen fortschreitender ↑Globalisierung – auch an suprastaatliche politische und zivilgesellschaftliche Formationen (↑Zivilgesellschaft) herangetragen wird. Als *grundlegende* Orientierungen haben S. allg.en Charakter und liegen konkreten Normierungen voraus. Verortet „zwischen theoretischer Begründung und konkreter Anwendung" (Wilhelms 2010: 103) können aus ihnen nicht ohne weitere Vermittlungsstufen Handlungsanweisungen extrapoliert werden; vielmehr bilden sie „strukturierungs- und verfahrensrelevante Grundsätze" (Baumgartner/Korff 1999: 225). Mit ihrem *orientierenden* Anspruch antworten die S. auf die Dynamik moderner Gesellschaften. In Auseinandersetzung mit diesem Prozess permanenten Wandels und den damit evozierten ethisch relevanten Problemlagen sukzessive ausformuliert, bilden sie einen entwicklungs- und deutungsoffenen Kanon. Metaphorische Umschreibungen der S., typischerweise mit Anleihen aus dem Sachbereich der Architektur oder der Sprache, zielen auf deren strukturgebenden Charakter: etwa die Rede von „Baugesetze[n] der Gesellschaft" (Nell-Breuning 1968; ähnlich Baumgartner/Korff 1999: 226) oder von einer „ethische[n] Grammatik für den Strukturaufbau der modernen, ‚offenen' Gesellschaft" (Vogt 2017: 1097).

Drei Funktionen bzw. Bedeutungsebenen der S. können unterschieden werden:

*a)* Als *Analysekategorien* für die Identifizierung veränderungsbedürftiger Verhältnisse bilden sie eine Schnittstelle zwischen sozialethischem und sozialwissenschaftlichem Diskurs, an der die Transformation von empirisch belegbaren Einsichten in Charakter und Funktionalität moderner Gesellschaften in ethisches Orientierungswissen geleistet werden muss.

*b)* Als *Ordnungskategorien* formulieren sie Maßstäbe für die Richtung und Zielsetzung solcher ethisch indizierter Veränderungen. Insofern sie damit einen Rahmen für die Ausarbeitung konkreter Normen zur Ausgestaltung und zur Bewertung sozialer Institutionen bilden, liegen sie an der Schnittstelle zwischen Sozialethik und den Praxisfeldern von Recht und Politik.

*c)* Schließlich bilden die S. ihrerseits einen *Begründungszusammenhang*, jedoch nicht als in sich geschlossenes Denkgebäude, sondern als offener Diskurs; an dieser Schnittstelle setzt ein kontinuierlich zu führender Dialog zwischen Christlicher Sozialethik und ↑Sozialphilosophie an.

Im Zusammenspiel der drei Ebenen muss eine geschichtliche ↑Hermeneutik der S. herausarbeiten, wie und aufgrund welcher Erfahrungen sich die Gewichtung von Deutungsressourcen im Wechselspiel mit der Dynamik moderner Gesellschaften von einer Wesensmetaphysik zu einer postmetaphysischen Sozial- bzw. Strukturenethik, von einem statischen und räumlich geschlossenen zu einem dynamischen und global geweiteten Gesellschaftsmodell, vom Paradigma der Deduktion zu einer induktiv ansetzenden, Empirie, Sozialphilosophie und theologische Reflexion verknüpfenden, geschichts- und kontextbewussten Denkweise, verlagert hat und wie, warum und wozu sie sich auf dieser Grundlage fortentwickelt.

## 2. Systematisierungen

„Die bleibenden Prinzipien der Soziallehre der Kirche bilden die wahren und eigentlichen Angelpunkte der katholischen Soziallehre" (Päpstlicher Rat 2006: 131). Mit dieser Aussage wird die strukturierende Funktion der S. auf die Soziallehre der Kirche und deren dynamischen Charakter bezogen: Im Zusammenspiel von vernunft- und glaubensgeleiteter Einsicht in die „Wahrheit über den Menschen" ist dem konsequenten Bemühen um eine sorgfältige Zeit- und Gesellschaftsanalyse und dem „kluge[n] Nachdenken" (Päpstlicher Rat 2006: 131) über die eigene Glaubensüberlieferung gewinnen die S. eine immer klarere Grundlage und Gestalt. Damit übereinstimmend betonen wissenschaftliche Systematisierungsansätze die Dynamik und die kontextspezifische Deutungsoffenheit des Zusammenhangs der S.; dementsprechend sind jeder Gesamtentwurf und jeder Begründungsversuch desselben Resultat einer *Rekonstruktion* eines schrittweisen (nicht zwingend linearen) Entwicklungsprozesses; sie können nur insoweit Geltung beanspruchen, wie sie zugl. korrekturoffen und erweiterungsfähig bleiben. Hermann Josef Wallraff vertrat in Auseinandersetzung mit einem naturrechtlich-essentialistisch (↑Naturrecht) erstarrten Normativismus die Auffassung, die katholische Gesellschaftsethik bilde gerade kein geschlossenes Lehrsystem, sondern „ein Gefüge von generellen Sätzen, ein genus, ein weithin offenes System" (Wallraff 1965: 37). Deren Stoßkraft entfalte sich, gebündelt in S., in der Abwehr von Angriffen auf ↑Grundrechte und geschützte Institutionen der Gesellschaft (Ehe und Familie, Privateigentum etc.); ansonsten ließen sie als abstrakte Aussagen weiten Raum für unterschiedliche Sozialethiken und die Erarbeitung divergierender ↑Wert- bzw. Ermessensurteile. Diese zur Zeit ihrer Formulierung sozialethisch durchaus nicht selbstverständliche Einsicht beleuchtet das Wechselverhältnis von normativer Grundstruktur und dynamischer, kommunikativer, pluralitätsoffener Aneignung unter sich wandelnden gesellschaftlichen Gegebenheiten.

In der gegenwärtigen sozialethischen Theoriebildung herrscht ein Typus der Systematisierung der S. vor, der dieser Einsicht Rechnung trägt: Basierend auf der Überzeugung, dass jede Sozialphilosophie wie jede Sozialethik (implizit oder explizit) Annahmen über den Menschen (als ethisches ↑Subjekt) voraussetzen muss, geht er von der Anthropologie und einem bestimmten Begriff der ↑Person aus. Folglich wird das Prinzip der Personalität als sozialethisches Grundprinzip verstanden und die humane Gestaltungsverantwortung – i. S. d. „Wende zu Subjekt" – ins Zentrum gestellt. Überholt ist damit die Limitierung des ethischen Anspruchs auf gegebene, durch gleichsam metageschichtlich verankerte Wesensordnungen bestimmte, gesellschaftliche Verhältnisse, in denen nach ethischen Grundsätzen zu handeln wäre. Vielmehr sind die gesellschaftlichen Verhältnisse und Institutionen selbst zum Gegenstand ethischer Gestaltung geworden; sie sind nach ethischen Grundsätzen einzurichten, zu entwickeln und kritisch zu prüfen. Diese Voraussetzung ist grundlegend für zeitgenössische Sozialethiken, insofern sie sich auf die Erfahrung einer dynamischen Gesellschaft beziehen, deren Ordnungsmuster in einem unabschließbaren Prozess immer wieder neu hergestellt und ausgehandelt werden müssen. Dabei kommt es darauf an, Wissenszuwächse und neue Wirklichkeitseinsichten zu integrieren.

Stärker auf vormoderne theologische Traditionen greift ein Systematisierungsvorschlag zurück, der nicht vom handelnden Subjekt ausgeht, sondern – im aristotelischen Sinne – von der Verpflichtung der Gesellschaft auf das Gemeinwohl als substantiell bestimmbares und verallgemeinerungsfähiges Ziel hin bzw. von diesem her zu denken versucht, um so einen Fluchtpunkt für den sozialen Zusammenhalt jenseits von Individualismus und Pluralismus zu gewinnen.

### 3. Normativer Gehalt und Zusammenhang der Sozialprinzipien

Die Ausrichtung an der menschlichen Person als „Träger, Schöpfer und Ziel aller gesellschaftlichen Einrichtungen" (Enzyklika „Master et magistra" 219; Enzyklika „Gaudium et spes" 25) ist als sozialethisches Grundprinzip der katholischen Soziallehre allg. anerkannt. Insofern es die unantastbare Würde des Menschen (↑Menschenwürde) schützt und i. S. d. zugl. sozialfähigen und -bedürftigen Existenzweise eine kommunikative Freiheit und gerechte Teilhabe ermöglichende Gesellschaftsgestaltung einfordert, wendet sich das ↑Personprinzip kritisch sowohl gegen den normativen Individualismus einer liberalen Gesellschaftsauffassung als auch gegen eine kollektivistische Marginalisierung des Status der Individualität. Mit der Differenzierung von Person und Subjekt in der theologischen Anthropologie kann zwischen einem normativen Entwurf geschöpflichen Menschseins einerseits und der stets im Werden begriffenen konkreten Gestalt des Menschseins andererseits unterschieden werden. Dynamik und Ambivalenz der (Selbst-)Erfahrung personaler Existenz kann in den Spannungsbögen von

*a)* Verdanktheit und ↑Autonomie,
*b)* Individualität und sozialer Verwiesenheit,
*c)* verantwortlicher ↑Freiheit und Schuldanfälligkeit (↑Schuld) sowie
*d)* Selbstüberschreitung und Sterblichkeit gefasst werden, mit denen Anhaltspunkte für die Entfaltung von Kriterien einer persongerechten Gesellschaft markiert werden können.

↑Menschenrechte, fundamentale Anerkennungsansprüche (↑Anerkennung) und Achtungspflichten (↑Achtung) können von diesem Fundament her erschlossen und begründet werden, ebenso die normative Grundlegung einer Ordnung gesellschaftlicher Kooperation. Persongerecht kann eine Gesellschaft etwa dann genannt werden, wenn dem Vorrang der konkreten Person vor objektivierenden Instititutionen (vgl. Enzyklika „Gaudium et spes" 25) sowie der Subjektivität und den Rechten des arbeitenden Menschen vor dem Kapital(interesse) (Enzyklika „Laborem exercens" 12) Rechnung getragen wird. Ein Prüfstein der Persongerechtigkeit politischer und ökonomischer Entscheidungen sind deren Wirkungen auf die Lebens- und Beteiligungsmöglichkeiten der am schlechtesten gestellten Betroffenen i. S. d. Option für die Armen (Enzyklika „Sollicitudo rei socialis" 42; „Zur wirschaftlichen und sozialen Lage in Deutschland" 107; „Economic Justice for All" 41). ↑Solidarität wird in der katholischen Soziallehre sowohl als Strukturprinzip (Rechtsprinzip) einer persongerechten Gesellschaft als auch als ↑Tugend (Enzyklika „Sollicitudo rei socialis" 38) aufgefasst, die der Annahme der Kooperationsverpflichtungen und der Verantwortlichkeit der Einzelnen in dieser Gesellschaft zugrundeliegt. Komplementär werden mit Hilfe der ↑Subsidiarität (Enzyklika „Quadragesimo anno" 9) Zuständigkeiten zwischen der Ebene der Personen und den unterschiedlichen Ebenen gesellschaftlicher Organisations- und Institutionsbildung geregelt. Mit seiner doppelten normativen Stoßrichtung schützt es sowohl die Freiheit der Person gegen einen (übergriffigen) Staat als auch ihre Angewiesenheit auf unterstützende Institutionen zur Sicherstellung von Handlungs- und Verantwortungsfähigkeit.

Über die Auslegung und die Verortung des ↑Gemeinwohls im Zusammenhang der S. gehen die Auffassungen auseinander, was nicht zuletzt mit der Mehrdeutigkeit des lateinischen Referenzbegriffs *bonum commune* zusammenhängt. Entweder wird es substantiell mit dem „Gemeingut" identifiziert und als Zielwert verstanden oder aber formal bestimmt und als Dienstwert aufgefasst. Im kirchlichen Schrifttum herrscht die Bestimmung als Dienstwert einer sozialen Gemeinschaft/Gesellschaft (welcher Größenordnung und Organisationsgestalt auch immer) vor (u. a. Enzyklika „Mater et magistra" 65). Daran zeigt sich ein Grundverständnis für die Spezifizität moderner Gesellschaften, deren Heterogenität eine substantielle und verallgemeinernde Definition des Gemeinwohls verbietet, gleichwohl aber einen Maßstab für das persongerechte Zusammenleben erfordert. Basiskriterien einer gemeinwohlartigen Gesellschaft werden unter Rekurs auf die sozialen Menschenrechte umschrieben (Enzyklika „Gaudium et spes" 26). Die „weltweite Dimension" des Gemeinwohls hebt bereits die Pastoralkonstitution des ↑Zweiten Vatikanischen Konzils hervor und verweist damit auf die Bedingungen einer globalisierten (Welt-)Gesellschaft. Heute erscheint es systematisch klärungsbedürftig, ob nicht weitere Differenzierungen, z. B. in Anlehnung an Theorien globaler (öffentlicher) ↑Güter, erarbeitet werden müssen, um die Kategorie Gemeinwohl im Kanon der S. angesichts der gegebenen Herausforderungen globaler Gerechtigkeit in einer hochgradig differenzierten, jedoch vielfach ungeordneten Weltgesellschaft weiterentwickeln zu können. Der Zusammenhang zwischen Gemeinwohl und sozialer ↑Gerechtigkeit erscheint manchen Interpreten so eng, dass beide miteinander identifiziert werden. Jedoch wirft auch die Bestimmung von Gerechtigkeit als „Zielprinzip" der CSE aufgrund seiner enormen Komplexität gewichtige Fragen auf.

Dass die S. der kontextspezifischen Auslegung, dynamischen Aneignung und Fortentwicklung bedürfen, um kritisches und orientierendes Potential im Wandel (welt-)gesellschaftlicher Verhältnisse und der damit verbundenen sozialethischen Herausforderungen entfalten zu können, zeigt sich auch an der Aneignung des umweltpolitischen Begriffs ↑Nachhaltigkeit als ökologisches Prinzip der KSL (erstmals: „Zur wirschaftlichen und sozialen Lage in Deutschland" 122–125). Die in der CSE diskutierte Frage, ob es als *Sozial*prinzip gelten kann, beantwortet die Enzyklika „Laudato Si'" positiv, indem sie die sozialen Implikationen der ökologischen Krise, bes. für die Armen, zur Zentralperspektive der Situationsanalyse wie der ethischen Reflexion auf die (akteursspezifisch konkretisierte) Verantwortung „für das gemeinsame Haus" erhebt.

### 4. Ausgewählte Forschungsdesiderate

Abschließend seien zwei miteinander zusammenhängende Forschungsdesiderate knapp benannt:

*a)* Um den grundlegenden Status des Personprinzips angesichts der Entwicklung von ↑Medizin und Biologie, ↑Hirnforschung, Kognitionswissenschaften, ↑Transhumanismus und digitaler Transformation sozialphilosophisch und theologisch plausibel vertreten zu können, müssen die (sozial-)anthropologischen Grundlagen der S. dringend weiterentwickelt werden.

*b)* Nicht nur das Verhältnis zwischen einem anthropologischen Ansatz und einer Theorie der Gesellschaft, auf die sich der sozialethische Orientierungsanspruch richtet, ist weitgehend ungeklärt, sondern das sozialethische Verständnis von Gesellschaft als solcher bedarf einer eingehenden theoretischen Durchdringung auf der Höhe heutiger Gesellschaftstheorien, um das Konstrukt von S. als ethisch grundlegenden Orientierungen für diese soziale Wirklichkeit wissenschaftlich angemessen vertreten zu können.

### Literatur

M. Heimbach-Steins u. a. (Hg.): Globales Gemeinwohl. Sozialwissenschaftliche und sozialethische Analysen, 2020 • M. Vogt: Christliche Sozialethik, in: StL, Bd. 1, [8]2017, 1095–1102 • M. Möhring-Hesse: „… sollte man sich nicht nötigen lassen, nach den Sternen zu greifen", in: JCSW, Bd. 56, 2015, 205–226 • J. Ostheimer: Das Verhältnis von Sozialethik und Gesellschaftstheorie am Beispiel des Subsidiaritätsprinzips, in: W. Schaupp (Hg.): Ethik und Empirie, 2015, 279–294 • G. Wilhelms: Christliche Sozialethik, 2010 • M. Heimbach-Steins: Sozialethik, in: K. Arntz u. a. (Hg.): Ethik der Lebensbereiche, 2008, 166–208 • U. Nothelle-Wildfeuer: Die Sozialprinzipien der Katholischen Soziallehre, in: A. Rauscher (Hg.): Hdb. der katholischen Soziallehre, 2008, 143–163 • Päpstlicher Rat für Gerechtigkeit und Frieden (Hg.): Kompendium der Soziallehre der Kirche, 2006, 96–164 • A. Baumgartner/W. Veith/T. Bohrmann: Normative Orientierungen, in: M. Heimbach-Steins (Hg.): Christliche Sozialethik, Bd. 1, 2004, 263–326 • A. Baumgartner/W. Korff: Sozialprinzipien als ethische Baugesetzlichkeiten moderner Gesellschaft, in: W. Korff u. a. (Hg.): Hdb. der Wirtschaftsethik, Bd. 1, 1999, 225–237 • A. Anzenbacher: Prinzipien. in: ders. (Hg.): Christliche Sozialethik, 1998, 178–224 • W. Kerber: Zweiter Teil: Allgemeine Sozialethik in: ders. (Hg.): Sozialethik, 1998, 28–71 • O. von Nell-Breuning: Gerechtigkeit und Freiheit, 1980 • O. von Nell-Breuning: Baugesetze der Gesellschaft, 1968 • H.-J. Wallraff: Die katholische Soziallehre – ein Gefüge von offenen Sätzen, in: H. Aichinger u. a. (Hg.): Normen der Gesellschaft, 1965, 27–48.

MARIANNE HEIMBACH-STEINS

## Sozialrecht

### 1. Begriff

Der Begriff des S.s dient dazu, einen Ausschnitt der Rechtsordnung, die im sozialen ↑Rechtsstaat auch auf die Leitvorstellungen der sozialen ↑Gerechtigkeit und der ↑sozialen Sicherheit ausgerichtet ist, zu umschreiben. Ein allgemeingültiger und in allen Belangen überzeugender Begriff des S.s in diesem Sinne besteht allerdings bis heute nicht und erscheint letztlich angesichts der stets zeit- und situationsbedingten Wandelbarkeit der sozialen Sicherung auch nicht möglich. Hans Friedrich Zacher stellte 1978 bereits fest: „Der Sozial- und Rechtsstaat kommt ohne den Begriff des Sozialrechts nicht mehr aus. Dieser aber ist durch die Allgemeinheit seiner Bestandteile ‚sozial' und ‚Recht', durch den weitgreifenden Wandel, den der Begriff im Verlauf der letzten Jahrhunderte, v. a. aber seit der Mitte des 19. Jh., erlebt hat, aber auch durch die Vielfalt der Bedeutungen, mit denen ‚Sozialrecht' auch heute verbunden ist, im äußersten Maße mehrdeutig. Diese Mehrdeutigkeit läßt sich nicht durch Anordnung, auch nicht durch wissenschaftliche Wunschvorstellungen ausräumen. Sie läßt sich auch nicht durch wissenschaftliche Argumente überwinden, mit denen sich der eine oder andere Begriffsinhalt als optimal – und in Steigerung dessen als allein ‚richtig' – erweisen ließe" (Zacher 1978: 380). An diesem Befund hat sich im Grundsatz bis heute nichts geändert. Dennoch bleibt, wie auch H. F. Zacher damals feststellte, ein Bedürfnis für eine Begriffsbildung: „Das Bedürfnis, von ‚Sozialrecht' zu reden, ist alt. Im Sozialstaat der Gegenwart hat die Nachfrage nach dem Terminus ‚Sozialrecht' jedoch einen neuen, für Staat, Gesellschaft und Recht zentralen Sinn. Sozialpolitik ist seine vielleicht wichtigste politische Dimension. Das Recht ist schon unter den allgemeinen Bedingungen moderner staatlicher Steuerungstechnik das zentrale Medium der Realisierung von Sozialpolitik. Und es ist dies erst recht im Rechtsstaat. Somit drängt sich die Frage auf, wo im Recht der spezifische Ort des Sozialstaats ist; und so liegt es nahe, danach als nach dem ‚Sozialrecht' zu fragen" (Zacher 1978: 371). Folgerichtig fehlt es nicht an Versuchen, den Begriff des S.s zu definieren.

Herkömmlich wird dabei zwischen einem formellen Begriff und einem materiellen Begriff unterschieden. Der formelle Begriff definiert das S. unabhängig von seinem Inhalt als Summe der Rechtssätze, die der Gesetzgeber dem SGB ausdrücklich zugewiesen hat. Danach gehören zum S. alle Normen, die im ↑Sozialgesetzbuch (SGB) (I-XII) enthalten sind oder gemäß § 68 SGB I als bes. Teile des SGB anzusehen sind. Der materielle Begriff des S.s zielt dagegen darauf ab, die Rechtsmaterie des S.s – gesetzesunabhängig – anhand ihres Inhalts zu definieren. Der formelle Begriff des S.s erscheint zwar auf den ersten Blick praktisch, weil er für eine gegenständliche Klarheit zu sorgen scheint. Der allg.e Sprachgebrauch und die Rechtspraxis dürften daher wohl meist diesen formellen Begriff vor Augen haben, wenn von S. die Rede ist. In der Sache selbst ist der formelle Begriff aber ungenau, kann er doch dynamische Entwicklungen außerhalb des SGB nicht erfassen, obwohl sie möglicherweise für den ↑Sozialstaat und seine Aufgaben von Bedeutung sind. Rechtsmaterien, die der Gesetzgeber – aus welchen Gründen auch immer – nicht in das SGB (auch nicht über § 68 SGB I) integriert hat, bleiben außen vor und gehören begrifflich nicht zum S. Insofern plädierte H. F. Zacher schon früh dafür, das S. von seiner Funktion und seinem Zweck her als Mittel der ↑Sozialpolitik zu verstehen. Aber auch eine materielle Begriffsbildung des S.s bleibt schwierig, v. a. wenn man bedenkt, dass im internationalen Kontext auch das ↑Arbeitsrecht nicht selten dem S. zugerechnet wird. Eine gewisse Annäherung an eine materielle Umschreibung des S.s kann daher nur bei der deutschen Rechtsordnung ansetzen. Anhaltspunkte lassen sich insofern aus § 1 Abs. 1 SGB I entnehmen. Die dort formulierten Ziele der sozialen Gerechtigkeit und der sozialen Sicherheit sind zugl. auch Ziele des Sozialstaats. Das S. zeichnet sich demnach dadurch aus, dass es auf die Verwirklichung des verfassungsrechtlichen Sozialstaatsprinzips ausgerichtet ist. Das Sozialstaatsprinzip verpflichtet als ↑Staatszielbestimmung den Staat, „für einen Ausgleich der sozialen Gegensätze und damit für eine gerechte Sozialordnung zu sorgen" (BVerfGE 22,180 [204]; 69,272 [314]). Die wesentlichen Leitgedanken des Sozialstaatsprinzips sind damit angedeutet, nämlich der soziale Ausgleich, die soziale Sicherheit und die soziale Gerechtigkeit. Das S. soll dazu beitragen, ein menschenwürdiges Dasein zu sichern, gleiche Voraussetzungen für die freie Entfaltung der Persönlichkeit zu schaffen, die Familie zu schützen und zu fördern, den Erwerb des Lebensunterhalts durch eine frei gewählte Tätigkeit zu ermöglichen und bes. Belastungen des Lebens abzuwenden oder auszugleichen (§ 1 Abs. 1 S. 2 SGB I). In diesem Sinne kann das S. durchaus als das Recht angesehen werden, das mit der Lösung sozialer Probleme spezifisch soziale Zwecke verwirklichen soll. Eine absolut trennscharfe Abgrenzung zwischen S. und Nicht-S. ist damit aber auch nicht verbunden.

## 2. Geschichte

Die Anfänge des S.s im heutigen Sinne, d. h. als sozialstaatliche Verpflichtung, stehen in engem Zusammenhang mit der Industrialisierung (↑Industrialisierung, Industrielle Revolution) im 19. Jh. In der vorindustriellen Gesellschaft wurde die soziale Sicherung grundsätzlich privat durch Besitz von Gütern vermittelt, die bei Bedarf verkauft oder beliehen werden konnten. Zudem hat sich in fast allen Kulturen die materielle und immaterielle Sorge für Arme und sonstige Bedürftige aus Mitleid und sittlich-religiöser Verpflichtung als sozialethische Norm und Praxis herausgebildet. Eine bes. Rolle haben dabei frühzeitig die Kirchen (Bischöfe und Klöster) übernommen, gehört die Sorge um Bedürftige doch zum Grundauftrag der Kirchen. Erst seit dem Spätmittelalter nahmen sich auch die Kommunen der Sorge für Bedürftige an, vermischten dies aber zugl. auch mit säkularen (Ordnungs-)Zwecken. Die kommunale Armenfürsorge nahm so nur in begrenztem Maße die Aufgabe einer sozialen Sicherung wahr. Sie hatte auch diskriminierende Züge, denn ihr lag der Gedanke zugrunde, dass Armut regelmäßig auf individuelles Fehlverhalten zurückzuführen sei und Unterstützung grundsätzlich nur solchen Personen gewährt werden dürfe, die unverschuldet in Armut geraten sind und sich nicht selbst helfen können. Dieser Gedanke spiegelt sich auch im ALR von 1794 wider, wo die Armenfürsorge erstmals als gesetzliche Pflicht normiert wurde (Zweiter Teil, 19. Titel – Von Armenanstalten, und andern milden Stiftungen). Es heißt dort in § 1: „Dem Staate kommt es zu, für die Ernährung und Verpflegung derjenigen Bürger zu sorgen, die sich ihren Unterhalt nicht selbst verschaffen, und denselben auch von andern Privatpersonen, welche nach besondern Gesetzen dazu verpflichtet sind, nicht erhalten können". Es bestand damit jedoch weder ein Rechtsanspruch des Armen noch wurde eine umfassende soziale Absicherung begründet. Auch wälzte der Staat die Aufgaben- und Finanzierungslast auf die Kommunen ab und beschränkte sich auf die Wahrnehmung von Aufsichtsfunktionen (Zweiter Teil, 19. Titel, §§ 10, 27, 40 ALR). Schon in den sich direkt anschließenden Normierungen (§§ 2–5) zeigt sich jedoch der – aus heutiger Sicht diskriminierende – Ordnungscharakter: „§ 2. Denjenigen, welchen es nur an Mitteln und Gelegenheit, ihren und der ihrigen Unterhalt selbst zu verdienen, ermangelt, sollen Arbeiten, die ihren Kräften und Fähigkeiten gemäß sind, angewiesen werden. § 3. Diejenigen, die nur aus Trägheit, Liebe zum Müßiggange, oder andern unordentlichen Neigungen, die Mittel, sich ihren Unterhalt selbst zu verdienen, nicht anwenden wollen, sollen durch Zwang und Strafen zu nützlichen Arbeiten unter gehöriger Aufsicht angehalten werden. § 4. Fremde Bettler sollen in das Land nicht gelassen, oder darin geduldet, und wenn sie sich gleichwohl einschleichen, sofort über die Gränze zurückgeschafft werden. § 5. Auch einheimischen Armen soll das Betteln nicht gestattet, sondern dieselben an den Ort, wohin sie gehören, und wo für sie nach den Vorschriften des gegenwärtigen Titels gesorgt werden muß, zurückgeschafft werden". Vereinzelt gab es schon vor der Industrialisierung auch Vorformen der heutigen Sozialversicherung (z. B. die im Wege freiwilliger Selbsthilfe gegründeten Kassen der Handwerksgesellschaften und der Bergleute [Knappschaftskassen]). In der Gewerbeordnung von 1845 wurde den Gemeinden dann erstmals das Recht zugestanden, Gesellen und Gehilfen zum Beitritt zu den genannten Kassen zu zwingen. Wenig später wurde diese Möglichkeit auf Fabrikarbeiter erstreckt. Während die Gemeinde von der durch das *Gesetz, betreffend die gewerblichen Unterstützungskassen* vom 3.4.1854 (PrGS 1854: 138) eingeräumten Möglichkeit, selbst gewerbliche Unterstützungskassen zu gründen, kaum Gebrauch machten, gründeten Unternehmer größerer Betriebe eigene Fabrikkrankenkassen, die ebenfalls durch Beitrittszwang und lohnbezogenen Beitrag gekennzeichnet waren. Die Risiken der Industriearbeiter in Bezug auf Armut, etwa durch Arbeitslosigkeit und Alter, blieben ungesichert.

Bis zur Bismarckschen Sozialgesetzgebung in den 80er Jahren des 19. Jh. hielt sich der Staat – trotz des erkennbaren Problems der Massenarmut in der Folge der Industrialisierung – mit einer qualifizierten Sozialgesetzgebung sehr zurück. Eingeleitet wurde die Bismarcksche Sozialgesetzgebung als Reaktion auf die bestehende soziale Notlage der Arbeiterschaft und der damit verbundenen Gefahr für den sozialen Frieden mit der Kaiserlichen Botschaft vom 17.11.1881 (vollständig abgedruckt in: ZSR 27/2 [1981]:730–735). Auf diese Botschaft wurde zunächst am 15.6.1884 das *Gesetz, betreffend die Krankenversicherung der Arbeiter* erlassen. Ihm folgten am 6.7.1884 das *Unfallversicherungsgesetz* und am 22.6.1889 das *Gesetz, betreffend die Invaliditäts- und Altersversicherung*. Diese drei Gesetze wiesen bereits Strukturmerkmale auf, die auch die heutige ↑Sozialversicherung kennzeichnen: Rechtsansprüche auf Leistungen, Gewährung von Leistungen im Versicherungsfall ohne Bedürftigkeitsprüfung, Abhängigkeit der Beitragshöhe vom Arbeitslohn, gemeinsame Verwaltung der Kassen von Arbeitgebern und Arbeitnehmern. Nach einer Reihe von inhaltlichen Modifikationen wurden die bestehenden drei Versicherungszweige im Jahre 1911 in der Reichsversicherungsordnung zusammengefasst. Ebenfalls im Jahre 1911 wurde das AVG verabschiedet, das die Angestellten – mit günstigeren Leistungen als für Arbeiter – in die Rentenversicherung einbezog. Die Trennung von Angestellten und Arbeitern in der Rentenversicherung wurde erst 2004 aufgegeben. In der Zeit nach dem Ersten Weltkrieg wurden weitere Bereiche gesetzlich geregelt: 1920 die Versorgung der Kriegsopfer, 1922 die Jugend- und Sozialhilfe (Fürsorge), 1927 die Arbeitsvermittlung und Arbeitslosenversicherung. In der Zeit des ↑Nationalsozialismus blieben wesentlich Strukturen des bis dahin geltenden Sozial(-versicherungs-)rechts erhalten. Die diskriminierende Rassenpolitik machte aber vor dem S. nicht halt und führte u. a. zu einem Ausschluss der Juden aus der Sozialversicherung.

Nach dem Zweiten Weltkrieg erfuhr die Sozialgesetzgebung in beiden Teilen Deutschlands einen erheblichen Aufschwung, wobei die Entwicklung in der DDR und der BRD unterschiedlich verlief. In der BRD wurde das System sozialer Sicherheit auf der Grundlage der historisch gewachsenen Strukturen fortgeführt und weiterentwickelt. Ein wesentlicher Schritt war zunächst die Rentenreform im Jahre 1957, mit der v. a. das bis dahin geltende Kapitaldeckungsverfahren durch das auf einem „Generationenvertrag" aufbauende Umlageverfahren ersetzt wurde. Das bisherige Fürsorgerecht wurde 1961 durch das BSHG ersetzt, welches seinerseits 2015 als SGB XII in das SGB integriert wurde. In den folgenden Jahren wurden mit Kindergeld, Wohngeld, Erziehungsgeld und Ausbildungsförderung weitere wichtige Sozialleistungsbereiche geschaffen. 1969 löste das AFG das Gesetz über Arbeitsvermittlung und Arbeitslosenversicherung von 1927 ab. Im gleichen Jahr begannen mit der Regierungserklärung von Bundeskanzler Willy Brandt auch die Arbeiten an einer Gesamtkodifikation des S.s, dem ↑SGB. Bis heute sind folgende Sozialleistungsbereiche in das SGB einbezogen: die Grundsicherung für Arbeitssuchende (SGB II), die ↑Arbeitslosenversicherung (SGB III), die gesetzliche ↑Krankenversicherung (SGB V), die gesetzliche ↑Rentenversicherung (SGB VI), die gesetzliche ↑Unfallversicherung (SGB VII), die Kinder- und ↑Jugendhilfe (SGB VIII), die Rehabilitation und Teilhabe von Menschen mit Behinderungen (SGB IX), die soziale ↑Pflegeversicherung (SGB XI) sowie die ↑Sozialhilfe (SGB XII). Gemäß § 68 SGB I gelten noch weitere Bereiche bis zur ihrer formalen Einordnung als bes. Teile des SGB. Am 3.10.1990 trat mit dem Beitritt der ostdeutschen Länder dort das S. der BRD in Kraft. Seit Mitte der 90er Jahre steht die Sozialgesetzgebung schwerpunktmäßig im Zeichen der finanziellen Konsolidierung, was u. a. zu Leistungseinschränkungen und erhöhten Zuzahlungen in der Krankenversicherung sowie der Anhebung der Altersgrenzen in der Rentenversicherung führte. In der Tat bedarf der Sozialstaat in der BRD fortwährend der Reform und Anpassung. Mitunter wird er in der Krise gesehen. Neben neuen Herausforderungen, wie z. B. Veränderungen in der Arbeitswelt, bleibt die Frage nach einer wirtschaftlich sinnvollen Finanzierung ein drängendes Thema.

### 3. Einteilung

Vergleichbar der Diskussion um den Begriff sind auch immer wieder Versuche unternommen worden, das S. in einzelne Bereiche zu untergliedern und zu systematisieren. Ziel einer solchen Systematisierung ist das bessere Verständnis der Rechtsmaterie als solcher und das Erkennen übergreifender Leitlinien innerhalb des S.s. Vollständig überzeugende Lösungen sind bislang aber noch nicht gefunden worden und lassen sich wohl auch nicht finden. Denn die Sozialgesetzgebung im Sozialstaat folgt keinem „Masterplan" (Becker 2018: 53), sondern reagiert oft situativ, was zu diversen Zufälligkeiten führen kann. Bemühungen um eine Systematisierung des S.s können sich an verschiedenen Kriterien orientieren, etwa an den Leistungsbereichen des S.s, dem Leistungsgrund oder dem Leistungszweck. Klassisch wurde dabei in Deutschland zwischen Sozialversicherung, Versorgung und Fürsorge unterschieden, einer Einteilung, die auch dem GG zugrunde liegt. So ist in Art. 74 Abs. 1 Nr. 12 GG (aber auch in Art. 87 Abs. 2 GG und Art. 120 Abs. 1 S. 4 GG) von der Sozialversicherung die Rede. Art. 73 Abs. 1 Nr. 13 GG handelt von der Versorgung der Kriegsbeschädigten und Kriegshinterbliebenen und der Fürsorge für die ehemaligen Kriegsgefangenen (↑Kriegsopferversorgung). Art. 74 Abs. 1 Nr. 7 GG spricht von der öffentlichen Fürsorge. Diese klassische Einteilung – nach dem Leistungsgrund – wird mittlerweile weitgehend als unzureichend empfunden und weithin durch eine stärker an die Funktion der jeweiligen Leistung (§§ 1–10 sowie 18–29 SGB I) anknüpfende Dreiteilung ersetzt, nämlich in Vorsorge, Entschädigung sowie Hilfe- und Förderleistungen. Bei der Vorsorge geht es um den Schutz vor bestimmten sozialen Risken (u. a. Krankheit, Alter, Arbeitsunfall). Realisiert wird dies durch die Sozialversicherung (SGB V [Krankenversicherung], VI [Rentenversicherung], VII [Unfallversicherung], XI [Pflegeversicherung] und SGB III [soweit Arbeitslosenversicherung]). Die soziale Vorsorge ist beitragsbezogen und setzt zur Leistungsgewährung den Versicherungsfall voraus. Auf eine Bedürftigkeit kommt es nicht an. Der Bereich der Entschädigung (vgl. § 5 SGB I) erfasst neben der klassischen (Kriegsopfer-)Versorgung alle Sozialleistungen, die wegen einer bes.n Verantwortung der Allgemeinheit für einen Gesundheitsschaden erbracht werden. Soziale Entschädigungsleistungen sind wegen der Verantwortung der Allgemeinheit steuerfinanziert und verlangen lediglich dem Leistungsgrund nach Kausalität, nicht aber eine Bedürftigkeit. Das soziale Entschädigungsrecht ist nicht in einem eigenen Buch kodifiziert. Die einschlägigen Einzelgesetze gelten gemäß § 68 Nr. 7 und 8 SGB I aber als bes. Teile des SGB. Der Komplex der Hilfe und Förderung erfasst einerseits die Sozialhilfe, die eine bes. Leistungsschwäche und Bedürftigkeit auffangen (§ 9 SGB I), andererseits die soziale Förderung, die soziale Entfaltungsmöglichkeiten und Chancengleichheit (↑Chancengerechtigkeit, Chancengleichheit) herstellen soll (z. B. Kindergeld, Wohngeld, Ausbildungsförderung, § 3 Abs. 1 sowie §§ 6–8 SGB I; vgl. auch § 68 Nr. 1, 9, 10, 15). Der Bereich „Hilfe" dient als „Auffangnetz" in den Situationen, in denen sich Menschen nicht selbst ihren Lebensunterhalt sichern können. Sie wird als Sozialhilfe oder Grundsicherung bezeichnet und ist im SGB II, SGB XII und im AsylbLG geregelt. Letzteres ist bisher weder in das SGB aufgenommen worden noch wird es über § 68 SGB I als bes.r Teil des SGB behandelt. Mittlerweile wird auch eine Vierteilung vertreten, die zwischen Sozialversicherung, sozialer Entschädigung, sozialer Hilfe und Förderleistungen differenziert.

### 4. Zuständigkeitsverteilung nach dem GG

Die Verteilung der Kompetenzen bzgl. der Sozialgesetzgebung folgt den allg.en Vorgaben der Art. 70 ff. GG. Das S. ist danach in erster Linie Bundesrecht, wobei aber eine umfassende Kompetenzbestimmung, die dem Bund das S. zuweist, fehlt. So hat der Bund die ausschließliche Gesetzgebungskompetenz für die Versorgung der Kriegsbeschädigten und Kriegshinterbliebenen sowie die Fürsorge für die ehemaligen Kriegsgefangenen (Art. 73 Abs. 1 Nr. 13 GG). Der konkurrierenden Gesetzgebungszuständigkeit (Art. 74 Abs. 1 GG) unterfallen u. a.: die öffentliche Fürsorge mit Ausnahme des Heimrechts (Nr. 7), die Kriegsgräber und Gräber anderer Opfer des Krieges und Opfer der Gewaltherrschaft (Nr. 10), das Arbeitsrecht einschließlich des Arbeitsschutzes und der Arbeitsvermittlung sowie die Sozialversicherung einschließlich der Arbeitslosenversicherung (Nr. 12), die Regelung der Ausbildungsbeihilfen und die Förderung wissenschaftlicher Forschung (Nr. 13), das Wohngeldrecht (Nr. 18). Das ↑BVerfG legt die einzelnen Kompetenzen überwiegend weit aus und versteht insb. den Begriff der Sozialversicherung in Art. 74 Abs. 1 Nr. 12 GG als einen weit gefassten Gattungsbegriff. Neue Lebenssachverhalte können daher in das System „Sozialversicherung" einbezogen werden, wenn die neuen Sozialleistungen in ihren wesentlichen Strukturelementen, insb. in der organisatorischen Durchführung und hinsichtlich der abzudeckenden Risiken, dem Bild entsprechen, das durch die klassische

Sozialversicherung geprägt ist (BVerfGE 11,105 [112]; 75,108 [146]; 88,203 [313]). Unter öffentlicher Fürsorge i.S.d. Art. 74 Abs. 1 Nr. 7 GG ist die gesamte öffentliche Fürsorge, einschließlich der Mutterschafts-, Säuglings-, Jugend- und Behindertenfürsorge zu verstehen. Es geht um „eine besondere Situation zumindest potenzieller Bedürftigkeit […], auf die der Gesetzgeber reagiert" (Papier/Shirvani 2018: 139 mit Verweis auf BVerfGE 140,65 Rdnr. 29). Insgesamt hat das BVerfG bislang aus keiner der Kompentenzregelungen des ↑GG eine Kompetenz für das gesamte S. oder für den Gesamtbereich der sozialen Sicherheit abgeleitet. Für die Länder bleiben angesichts der weitgehenden Bundeskompetenzen nur wenige Spielräume zur Sozialgesetzgebung (z.B. Versorgungswerke der Angehörigen freier Berufe und einzelne landerechtliche Leistungen, z.B. Blindengeld in NRW). Gestaltungrechte bestehen für den Landesgesetzgeber im Krankenhausrecht, Pflegerecht sowie Kinder- und Jugendhilferecht. Das BVerfG hat jedoch im Jahre 2010 ausgeführt, dass der Bund nach der grundgesetzlichen Kompetenzverteilung die Verantwortung für die Sicherstellung des gesamten menschenwürdigen ↑Existenzminimums hat (BVerfGE 125,175 ff.).

Die Ausführung der Sozialgesetze obliegt nach Art. 83 GG grundsätzlich den Ländern. Da die Sozialversicherungen aber von Selbstverwaltungsträgern selbst ausgeführt werden, kommt den Ländern kein großer Anteil zu. Die Länder führen u.a. das SGB XII, das SGB VIII (KJHG), das BEEG, das WoGG und die Kriegsopferversorgung aus. Daneben sind die Verwaltungskompetenzen des Bundes nach Art. 87 Abs. 2 und 3 GG sowie Art. 91e GG zu beachten. Die jeweils zuständigen Leistungsträger für einzelne Sozialleistungen sind im Übrigen aus den §§ 18–29 SGB I ersichtlich, so z.B. die Agenturen für Arbeit und die sonstigen Dienststellen der BA (↑Arbeitsverwaltung) bei den Leistungen der Arbeitsförderung (§ 19 Abs. 2 SGB I).

### 5. Internationale Bezüge

Das S. weist in vielfältiger Form Bezüge zum internationalen Recht auf. Es geht dabei meist um koordinierende Regelungen, wenn ein Sachverhalt über die nationalen Grenzen hinaus Bedeutung hat. Zunehmend geht es aber auch um materielle Vorgaben für die nationalen Staaten.

Betroffen ist zunächst das nationale Recht selbst, wenn es um grenzüberschreitende Sachverhalte geht. Man spricht insofern vom Internationalen S. In Anlehnung an das ↑Internationale Privatrecht kann das Internationale S. als Gesamtheit solcher sozialrechtlichen Normen verstanden werden, die bestimmen, welches nationale Recht zur Anwendung kommt, ohne aber selbst eine materielle Regelung zu treffen. Bezogen auf das deutsche Recht ist dabei v.a. § 30 SGB I zu nennen, der den Geltungsbereich des SGB festlegt. Allerdings gibt es nach § 37 SGB vielfache Ausnahmen von § 30 SGB I, insb. im Sozialversicherungsrecht (z.B. §§ 4 und 5 SGB IV). Tendenziell verliert das Internationale S. im beschriebenen Sinne zudem, bedingt durch viele Sozialversicherungsabkommen und supranationale Regelungen der EU, an Bedeutung.

Einen weiteren Bereich internationaler Bezüge stellen die vielfältigen Sozialversicherungsabkommen dar. Dies sind zwischenstaatliche Übereinkünfte, also völkerrechtliche Staatsverträge, die der Transformation gemäß Art. 59 Abs. 2 GG bedürfen. Sie enthalten koordinierende Regelungen.

Von erheblicher Bedeutung ist mittlerweile das EU-Recht (↑Europarecht). Zu beachten ist dabei, dass die Begrifflichkeiten im einschlägigen EU-Recht insgesamt recht unterschiedlich sind. Titel X des AEUV (Art. 151–161) ist mit „Sozialpolitik" überschrieben und enthält Zielvorgaben auch für das Arbeitsrecht. Enger dürfte der Begriff der sozialen Sicherheit (z.B. Art 48, 153 Abs. 4 AEUV) zu verstehen sein. Bzgl. der Kompetenzen der EU im Bereich des S.s ist auf Art. 48 AEUV sowie die Art. 151 ff. AEUV (Art. 153, 157 AEUV) zu verweisen. Die EuGRC enthält in Titel IV (Solidarität) soziale ↑Grundrechte. Für das S. sind dabei v.a. Art. 34 (Soziale Sicherung und soziale Unterstützung) und 35 (Gesundheitsschutz) EuGRC einschlägig.

Auf globaler bzw. europäischer Ebene spielen sozialrechtliche Bezüge als Recht auf soziale Sicherheit v.a. unter dem Gesichtspunkt des Menschenrechtsschutzes eine Rolle. Zu nennen ist hier auf globaler Ebene v.a. die AEMR (Art. 22, 25) sowie der IPwskR (Art. 9). Auf europäischer Ebene sind die ↑ESC (Art. 12 f.) sowie die ↑EMRK zu nennen, auch wenn letztere keine eigenständigen Vorgaben enthält. Hingewiesen sei schließlich noch auf die ↑ILO, die seit ihrer Gründung eine Vielzahl von Konventionen zu Fragen der sozialen Sicherheit verabschiedet hat.

### Literatur

S. Muckel/M. Ogorek/S. Rixen: Sozialrecht, [5]2019 • U. Becker/T. Kingreen: Einführung, in: SGB – Sozialgesetzbuch, [47]2018, XIII-XV • F. Ruland/U. Becker/P. Axer (Hg.): Sozialrechtshandbuch, [6]2018 • U. Becker: Das Sozialrecht. Systematisierung, Verortung und Institutionalisierung, in: ebd., 52–82 • A. Hänlein: Die Geschichte des Sozialrechts, in: ebd., 83–130 • Internationales, supranationales und zwischenstaatliches Sozialrecht, in: ebd., 1505–1645 • H.-J. Papier/F. Shirvani: Der Einfluss des Verfassungsrechts auf das Sozialrecht, in: ebd., 136–142 • M. Stolleis: Geschichte des Sozialrechts in Deutschland, 2003 • H. F. Zacher: Grundtypen des Sozialrechts, in: W. Fürst/R. Herzog/C. Umbach (Hg.): FS für Wolfgang Zeidler, Bd. 1, 1987, 571–595 • Ders.: Was ist Sozialrecht?, in: K. Müller (Hg.): Sozialrecht in Wissenschaft und Praxis, 1978, 371–380 • Ders.: Das Vorhaben des Sozialgesetzbuchs, 1973.

STEFAN MUCKEL

## Sozialreform

### 1. Begriffsverständnis

↑„Sozialpolitik" und „S." sind Begriffe, die selten trennscharf voneinander geschieden werden. In historischer Betrachtung kommt hinzu, dass mit „S." sehr Verschiedenes gemeint sein konnte. Im Ganzen kann man indes sagen, dass unter „S.", einem v. a. im 19. Jh. geläufigen Begriff, eine grundsätzliche Veränderung der sozialen Ordnung auf friedlichem Weg verstanden wurde, verbunden mit dem Ziel einer gerechteren Verteilung der Lebenschancen. Demgegenüber wurden und werden als „Sozialpolitik" alle Maßnahmen zur Korrektur und Regulierung der sozialen Verhältnisse bezeichnet (inkl. Fragen „technischer" Funktionstüchtigkeit der bestehenden sozialpolitischen Systeme).

Programmatik und Zielsetzung der konkurrierenden Reformkonzepte, die sich unter „S." zusammengefasst fanden, wurden stark durch normative Ordnungsideen beeinflusst. Um die verschiedenen sozialreformerischen Lager voneinander abzugrenzen, wird der Begriff daher häufig mithilfe von weltanschaulich-ideellen Gruppenbezeichnungen aufgefächert. Danach gab es eine katholische und protestantische, eine liberale und konservative S., zugl. eine überwölbende bürgerliche S. Die bevorzugte Organisationsform dieser Bewegungen war der ↑Verein, ihr wichtigstes Medium das geschriebene Wort. Sie verfolgten das dreifache Ziel, die ↑öffentliche Meinung zu beeinflussen, politischen Einfluss auszuüben und die Gruppenidentität (↑Identität) innerhalb des eigenen Trägermilieus zu schärfen. Unterschieden werden kann weiterhin zwischen einer eher praktisch ausgerichteten S., die auf die soziale Aktivierung hinwirken wollte, und einer stärker theoretisch geleiteten S., der es um die Verbreitung bestimmter Reformideen ging. Die erste zielte auf zivilgesellschaftliche Handlungsorientierungen, die zweite folgte stärker politischen Durchsetzungslogiken.

### 2. Sozialreform im 19. Jahrhundert

„S." wurde im 19. Jh. als Gegenbegriff zum revolutionären Umsturz (↑Reform; ↑Revolution) verstanden. Er umschloss sehr unterschiedliche Antworten auf die ↑Soziale Frage. Zu den frühen, öffentlichkeitswirksamen sozialreformerischen Vereinigungen zählte der 1844 gegründete *Centralverein für das Wohl der arbeitenden Klasse*, der für eine S. auf Grundlage frühliberalen Gedankenguts eintrat. Zur Bekämpfung der sozialen Not setzte der *Centralverein* einerseits auf Volksbildung und sittliche Hebung der arbeitenden Klassen, andererseits auf eine Verbesserung der wirtschaftlichen Lage mit Hilfe von Spar-, Prämien- und Vorsorgekassen. Später trat der Genossenschaftsgedanke (↑Genossenschaften) hinzu. Die konkrete Wirksamkeit des *Centralvereins* blieb indes beschränkt. Auf kirchlicher Seite waren es eher die Vertreter der praktischen S., die auf sich aufmerksam machten, im protestantischen Raum v. a. Johann Hinrich Wichern. Auf dessen Initiative entstand 1848/49 der *Central-Ausschuss für die Innere Mission*, der diakonische Vereinsarbeit mit der Evangelisation der Unterschichten zu verbinden suchte.

Im Kaiserreich war das Flaggschiff der bürgerlichen S. zunächst der 1873 gegründete *Verein für Socialpolitik*, in dem führende Nationalökonomen der „Historischen Schule" (Gustav von Schmoller, Lujo Brentano) den Ton angaben (↑Historismus in der Wirtschaftswissenschaft). Anfänglich v. a. durch die scharfe Stoßrichtung gegen den Manchesterliberalismus bestimmt, propagierten die Führer des Vereins eine aktive Rolle des ↑Staates bei der Bekämpfung der sozialen Gegenwartsnöte. Ihr zentrales Anliegen war, die Arbeiter wieder mit dem Staat zu versöhnen und ihre ↑Integration in die Gesellschaft zu gewährleisten. G. von Schmoller und L. Brentano standen dabei für zwei unterschiedliche Denkströmungen, die eine eher liberalkonservativ, auf institutionalisierten Interessenausgleich bedacht und auf einen konfliktregulierenden starken Staat setzend, die andere mehr sozialliberal und weniger staatsinterventionistisch, für die Förderung der kollektiven Selbsthilfe und die gewerkschaftliche Selbstorganisation der Arbeiter im industriegesellschaftlichen Verteilungskampf eintretend (Stärkung des Koalitions- und Streikrechts). Nach der Jahrhundertwende wurde der Verein in der öffentlichen Wahrnehmung als „Stoßtrupp der Sozialreform" (vom Bruch 1985: 76) zunehmend von der *Gesellschaft für soziale Reform* abgelöst, die den Hauptakzent ihrer Agitationsarbeit auf die Stärkung von Koalitionsrecht und ↑Gewerkschaften, eine Erweiterung des Schieds- und Einigungswesens und die Förderung des Tarifvertragswesens legte. Den Arbeitern sollte eine gleichberechtigte Stellung mit den Arbeitgebern verschafft werden. Zur bedeutendsten Plattform der protestantischen Sozialreformer wurde seit 1890 der *Evangelisch-Soziale Kongress*, mit beträchtlichen Schnittmengen zur bürgerlichen S., während im katholischen Spektrum der im selben Jahr gegründete *Volksverein für das katholische Deutschland* als sozialpolitische Massenorganisation eine breite Mobilisierungswirkung entfalten konnte.

Was die Ordnungsideen anging, hatten die katholischen Antworten auf die soziale Frage im 19. Jh. allerdings lange Zeit eine stark rückwärtsgewandte Ausrichtung an ständestaatlichen Leitbildern besessen. Im letzten Drittel des 19. Jh. vollzog sich hier dann eine bedeutsame Wende. Der ↑soziale Katholizismus stellte sich nunmehr auf den Boden der gegebenen marktkapitalistischen und industriewirtschaftlichen Gesellschafts- und Wirtschaftsordnung. Der Konflikt zwischen ↑Kapital und ↑Arbeit sollte vornehmlich durch die Gewährung sozialer Rechte entschärft werden. Bes. wichtig war dabei Bischof Wilhelm Emmanuel von Ketteler, der in zwei Reden 1869 eine neue Sicht auf die Soziale Frage zu erkennen gab. Nicht mehr vorrangig mit dem Heilmittel der religiösen Erneuerung sollten die sozialen Nöte bekämpft werden, erforderlich erschienen vielmehr vom Staat zu gewährende soziale Schutzrechte (Koalitions- und Streikrecht, Arbeiterschutzgesetze). Auch katholische Sozialpolitiker wie Franz Hitze propagierten die Abkehr von berufsständischen Idealen (↑berufsständische Ordnung) und eine S. auf der Grundlage der marktwirtschaftlichen Ordnung, d. h. konkret reformpolitische Maßnahmen des Arbeiterschutzes, des ↑Arbeitsrechts und der Arbeiterversicherung.

Einen nachhaltigen Impuls erfuhr der Sozialkatholizismus durch die päpstliche ↑Sozialenzyklika „Rerum novarum" von 1891 zur „Arbeiterfrage" (↑Katholische Soziallehre), die ebenfalls vom Boden der bestehenden Sozialordnung aus argumentierte. Eine Verbesserung der Lage der Arbeiter sei nicht durch ↑Klassenkampf zu erreichen, sondern nur durch sozialpartnerschaftlichen Interessenausgleich (↑Sozialpartnerschaft). Koalitionsrecht und katholische Arbeitervereine (↑Christliche Arbeitnehmerorganisationen) wurden anerkannt, das Kampfmittel des Streiks (↑Arbeitskampf) hingegen abgelehnt. Dem Staat wurde beim Schutz der Arbeiter vor übermäßiger ↑Ausbeutung eine aktive Rolle zugedacht, ansonsten erhielten die vielfältigen sozial-caritativen Initiativen im Umkreis der Kirche weiteren Auftrieb.

Seit den 1880er Jahren rückte die staatliche S. ins Zentrum der Debatten – die Errichtung der Bismarckschen Arbeiterversicherung mit ihren drei Zweigen ↑Kranken-, ↑Unfall- und Alters-/Invaliditäts- bzw. ↑Rentenversicherung (1883, 1884, 1889). Auch hier standen charakteristische sozialreformerische Leitentscheidungen zur Diskussion (Freiwilligkeit/Selbsthilfe oder staatlicher Zwang, staatliche ↑Steuerung oder korporative ↑Selbstverwaltung, Beitrags- oder Steuerfinanzierung, zentralistische oder föderalistische Organisationsmodelle, Begrenzung auf gewerbliche Arbeiterschaft oder Ausweitung auf weitere soziale Gruppen).

### 3. Sozialreform in der Weimarer Republik

In der Weimarer Republik erwiesen sich ↑Zentrum und Sozialdemokratie als entscheidende Stützen des ↑Sozialstaats und maßgebliche Motoren der Sozialpolitik; die ↑SPD entwickelte sich zur treibenden Kraft eines evolutionären Sozialreformismus. Die Vereine der bürgerlichen S. büßten hingegen ein Stück ihrer Stichwortgeber- und Schrittmacherfunktion ein. Zugl. rückten in der S. neue Wirkungsfelder in den Vordergrund, insb. der soziale Wohnungsbau, die Sozialfürsorge und die Erweiterung der ↑Sozialversicherung um den neuen Zweig der ↑Arbeitslosenversicherung (1927). Im kollektiven Arbeitsrecht wurden Leitideen verwirklicht, wie sie zuvor vielfach von den bürgerlichen Sozialreformern verfochten worden waren. In Kreisen des Sozialkatholizismus erhielten berufsständische Leitkonzepte wieder neuen Auftrieb (so neben der Betonung des Prinzips der ↑Subsidiarität auch in der päpstlichen Enzyklika „Quadragesimo anno" 1931). Im Übrigen sahen sich die Sozialreformer unter den Vorzeichen schwerer wirtschaftlicher ↑Krisen wiederholt in die Defensive gedrängt. Bereits 1923/24 wurde eine Diskussion über die Grenzen der Sozialpolitik entfacht. In der Schlusskrise der Republik, als es auf breiter Front zu Maßnahmen des Sozialabbaus kam, fanden sich die ideellen wie materiellen Fundamente der S. so grundsätzlich wie nie zuvor in Frage gestellt. Gleichzeitig stieß der Ruf nach einer eugenischen (↑Eugenik) oder rassenhygienischen Neuausrichtung der Sozialpolitik auf wachsenden Widerhall.

### 4. Sozialreform in der Bundesrepublik

Eine gewisse Renaissance erlebte der Begriff der „S." in den 1950er Jahren, als Bundeskanzler Konrad Adenauer 1953 eine „umfassende Sozialreform" ankündigte. In der Folge belebte sich die Diskussion über mögliche Neuordnungskonzepte der sozialen Systeme. Die Zielsetzung der Bundesregierung war dabei allerdings eine vergleichsweise begrenzte. S. hieß für sie vornehmlich Sozialleistungsreform: Es ging darum, den „Wildwuchs" an Sozialleistungen zu systematisieren, die Sozialleistungen stärker aufeinander abzustimmen und den veränderten gesellschaftlichen Bedingungen anzupassen. Das gelang nur in sehr begrenztem Umfang. Allerdings erwies sich die 1957 verabschiedete Rentenreform als überaus bedeutsame Etappe der bundesdeutschen S. Die Rente wurde „dynamisiert", d. h. in regelmäßigen Abständen der Lohnentwicklung angepasst; aus dem Zuschuss zum Lebensunterhalt wurde eine „Lohnersatzleistung". Die Beteiligung der nicht mehr erwerbstätigen Generation am Wohlstandszuwachs war ein Stück ausgleichender ↑Generationengerechtigkeit. Das Prinzip der Dynamisierung strahlte auch auf andere Sozialleistungen aus. Neben der Rentenreform verblassten andere Anläufe zu einer einzelgesetzlichen S. – die Förderung der privaten Vermögensbildung, die Umsteuerung der Wohnungsbauförderung auf Eigenheimpolitik, eine auf den Ausbau individualisierter sozialer Dienste zielende Fürsorgereform, die Angleichung der Sozialleistungen von Arbeitern und Angestellten. Das terminologische Erbe der „S." trat alsbald der Begriff der ↑„Gesellschaftspolitik" an. Nach der Wiedervereinigung waren es 1994 die Einführung der ↑Pflegeversicherung als fünfte Säule der Sozialversicherung und die Zusammenlegung von Arbeitslosenhilfe und Sozialhilfe im Rahmen der kontrovers diskutierten „Hartz IV"-Reformen 2003, die aufgrund ihres Neuordnungscharakters aus dem Kontinuum der sozialpolitischen Gesetzesproduktion herausstachen. Im letzteren Fall zeigte sich noch einmal, dass die Bezeichnung „S.", die viele den Hartz-IV-Reformen nicht zugestehen wollten, stärker umstritten blieb als der wertneutralere Begriff der „Sozialpolitik".

## Literatur

H. Grebing (Hg.): Geschichte der sozialen Ideen in Deutschland. Sozialismus – Katholische Soziallehre – Protestantische Sozialethik, ²2005 • E. Grimmer-Solem: The Rise of Historical Economics and Social Reform in Germany 1864–1894, 2003 • J.-C. Kaiser/W. Loth (Hg.): Soziale Reform im Kaiserreich. Protestantismus, Katholizismus und Sozialpolitik, 1997 • C. Dipper: Sozialreform. Geschichte eines umstrittenen Begriffs, in: AfS 32. Bd. (1992), 323–351 • R. vom Bruch (Hg.): Weder Kommunismus noch Kapitalismus. Bürgerliche Sozialreform in Deutschland vom Vormärz bis zur Ära Adenauer, 1985 • J. Reulecke: Sozialer Friede durch soziale Reform. Der Centralverein für das Wohl der arbeitenden Klassen in der Frühindustrialisierung, 1983 • H. G. Hockerts: Sozialpolitische Entscheidungen im Nachkriegsdeutschland, 1980 • U. Ratz: Sozialreform und Arbeiterschaft. Die „Gesellschaft für Soziale Reform“ und die sozialdemokratische Arbeiterewegungen von der Jahrhundertwende bis zum Ausbruch des Ersten Weltkrieges, 1980. WILFRIED RUDLOFF

# Sozialstaat

I. Rechtlich – II. Wirtschaftswissenschaftlich – III. Philosophisch

## I. Rechtlich

### 1. Vieldeutigkeit des Begriffs

S. ist eine in den Zeitläuften und ↑politischen Systemen mehrdeutige Bezeichnung, die selbst für die deutsche Entwicklung nicht auf einen Begriff und eine historisch klar nachvollziehbare Traditionslinie gebracht werden kann. Für Deutschland muss z. B. unterschieden werden zwischen der Sozialstaatlichkeit in der Weimarer Zeit und den in unterschiedlicher Weise daran anknüpfenden Ausprägungen „sozialer“ Staatlichkeit im Nationalsozialismus, in der DDR und der BRD. Bezogen auf das vom GG geprägte Modell des S.s, das historisch maßgeblich auf preußische Wurzeln zurückgeht, lässt sich der S. umschreiben als ein ↑Staat des Ausgleichs, der Hilfe für die Schwächeren, der gerechten Sorge für ihr menschenwürdiges Dasein, der dazu ein sozialgestaltender und dabei gesellschaftsbezogener Staat u. a. im Rahmen der Leistungsverwaltung sein muss. Ein solcher S. ist auf die Gemeinschaftsgebundenheit, aber auch -bezogenheit aller Bürger – und zwar derjenigen, denen geholfen werden soll, aber auch und gerade der anderen – angewiesen.

### 2. Der Sozialstaat des GG

Verfassungsrechtlich ist unter der Geltung des ↑GG v. a. das S.s-Prinzip für die nähere Ausgestaltung des S.s prägend. Es ist in Art. 20 Abs. 1, 28 Abs. 1 S. 1 GG verankert und wird zu den Fundamenten der vom GG geformten staatlichen Ordnung gerechnet, die nach Art. 79 Abs. 3 GG nicht einmal durch eine Verfassungsänderung berührt werden dürfen. Als ↑Staatszielbestimmung verpflichtet das S.s-Prinzip den Staat, „für einen Ausgleich der sozialen Gegensätze und damit für eine gerechte Sozialordnung zu sorgen“ (BVerfGE 22,180 [204]; 69,272 [314]). Die wesentlichen Leitgedanken des S.s-Prinzips sind damit bereits angedeutet; es sind der soziale Ausgleich, die soziale Sicherheit und die soziale Gerechtigkeit. Der soziale Ausgleich meint den Abbau ↑sozialer Ungleichheiten. Er wird oft mit dem Gedanken der Chancengleichheit (↑Chancengerechtigkeit, Chancengleichheit) in Verbindung gebracht und erfasst Maßnahmen zur Verbesserung der wirtschaftlichen Situation schlechter gestellter Bevölkerungsgruppen. Ziel des sozialen Ausgleichs ist die „Herstellung erträglicher Lebensbedingungen für alle“ (BVerfGE 1,97 [105]). Unter dem Gesichtspunkt der sozialen ↑Sicherheit verlangt das S.s-Prinzip die Fürsorge für Hilfebedürftige und allg. den Schutz der sozialen Existenz gegen die Wechselfälle des Lebens (BVerfGE 28,324 [348 ff.]; 45,376 [387]). Soziale ↑Gerechtigkeit schließlich bedeutet zunächst eine annähernd gleichmäßige Verteilung der Lasten (BVerfGE 5,85 [198]). Darüber hinaus spielt die soziale Gerechtigkeit als übergreifendes Ordnungsprinzip eine Rolle. Der Staat hat die im Zusammenhang mit sozialem Ausgleich und sozialer Sicherheit stehenden, teilweise widerstreitenden Forderungen, ↑Bedürfnisse und ↑Interessen in eine am sozialen Ganzen bzw. am ↑Gemeinwohl orientierte Balance zu bringen. Das S.s-Prinzip steht damit inhaltlich in deutlicher Nähe zum Gedanken der ↑Solidarität, verstanden als gegenseitiges Einstehenmüssen für einen bestimmten Erfolg. Allein daraus lässt sich aber noch nicht schließen, dass der Gedanke der Solidarität nicht nur als moralisch-ethische Größe der Verfassung vorausliegt, sondern unter dem GG zu einem verfassungsrechtlichen Prinzip erstarkt ist.

### 3. Sozialstaat nach Maßgabe der Gesetzgebung

Die nähere Ausformung des S.s obliegt dem Gesetzgeber, der dazu einen weiten Gestaltungsspielraum hat. Der Gesetzgeber ist im Hinblick auf die Wahl der Mittel zur Verwirklichung der sozialen Ziele grundsätzlich frei. So kann er z. B. zur Ergänzung staatlicher Aktivitäten die Arbeit privater Wohlfahrtsorganisationen (↑Wohlfahrtsverbände) vorsehen, ohne sich damit auf die ↑Subsidiarität staatlicher Erfüllung sozialer Aufgaben festzulegen. Auch das gegenwärtige System der ↑Sozialversicherung genießt als solches keinen sozialstaatlichen Bestandsschutz. Ein Rückbau des S.s wie auch Kürzungen einzelner Leistungen bedürfen stets im konkreten Fall einer verfassungsrechtlichen Überprüfung. V. a. an der Menschenwürdegarantie (↑Menschenwürde) in Art. 1 Abs. 1 GG, dem Gleichheitssatz des Art. 3 Abs. 1 GG, der Eigentumsgarantie (↑Eigentum) des Art. 14 Abs. 1 GG und dem rechtsstaatlichen Grundsatz des Vertrauensschutzes muss eine Reduzierung von Sozialleistungen verfassungsrechtlich gemessen werden. Das S.s-Prinzip begründet weder konkrete Pflichten des Gesetzgebers noch subjektive Rechte des Bürgers auf bestimmte Sozialleistungen, die durch Gesetz vorgesehen sein müssen (§ 31 SGB I). Es hat heute Bedeutung v. a. bei der Auslegung und Anwendung bestehender Rechtsnormen und der Ausfüllung administrativer Entscheidungsspielräume. Im Einzelfall kann sich allerdings aus der Menschenwürdegarantie des Art. 1 Abs. 1 GG i. V. m. dem S.s-Prinzip in Art. 20 Abs. 1 GG ein subjektives Recht des Einzelnen auf ein menschenwürdiges ↑Existenzminimum ergeben. Jedem Hilfebedürftigen müssen diejenigen materiellen Voraussetzungen gewährt werden, die für seine physische Existenz und für ein Mindestmaß an Teilhabe am gesellschaftlichen, kulturellen und politischen Leben unerlässlich sind (↑Partizipation). Ein bestimmter „Regelsatz" lässt sich allerdings nicht aus der Verfassung ableiten, sondern muss vom Gesetzgeber konkretisiert werden. Dem Gesetzgeber kommt zwar auch dabei wiederum ein Gestaltungsspielraum zu, jedoch ist er verpflichtet, den Leistungsumfang in einem transparenten und sachgerechten Verfahren realitätsgerecht sowie nachvollziehbar auf der Grundlage verlässlicher Zahlen und schlüssiger Berechnungsverfahren zu bemessen (BVerfGE 125,175 [225]).

### 4. Sozialbudget

Das sog.e Sozialbudget stellt als Teil des Sozialberichts der Bundesregierung den Umfang, die Struktur und die Entwicklung der Einnahmen und Ausgaben der einzelnen Zweige der sozialen Sicherung in der BRD dar. Danach stiegen die Sozialleistungen im Jahre 2017 auf ca. 962 Mrd. Euro und werden 2021 ca. 1091,3 Mrd. Euro betragen. 2016 wurden Sozialleistungen wegen Alters (v. a. Altersrenten) und an Hinterbliebene in Höhe von ca. 343 Mrd. Euro erbracht. Wegen Krankheit wurden rund 305 Mrd. Euro und wegen Invalidität rund 72 Mrd. Euro aufgewandt. Die Leistungen für Kinder, Ehegatten und wegen Mutterschaft betrugen 2016 ca. 99 Mrd. Euro, Aufwendungen wegen Arbeitslosigkeit lagen bei rund 31 Mrd. Euro.

### 5. Inter- und supranationale Bezüge

Der S. ist nicht als nationales Reservat denkbar. Der in Deutschland bestehende S. weist zahlreiche internationale Bezüge auf. Dabei beantwortet das sog.e Internationale Sozialrecht nach Regeln des deutschen Rechts die Frage, ob im Einzelfall das deutsche oder ein ausländisches Sozialrecht anzuwenden ist. Das zwischenstaatliche Sozialrecht beruht auf bilateralen Abkommen, durch die die einzelnen Staaten gegenseitige Verpflichtungen eingegangen sind. Das Europäische Sozialrecht entfaltet unmittelbare Rechtswirkungen in den Mitgliedstaaten der ↑EU und gewinnt zunehmend an Bedeutung.

### 6. Probleme des Sozialstaats

Der S. in Deutschland bedarf fortwährend der Reform und Anpassung. Das folgt schon aus seiner enormen volkswirtschaftlichen Bedeutung, die u. a. aufgrund der sog.en Lohnnebenkosten mit der Erwerbstätigenquote bzw. der ↑Arbeitslosigkeit in einem unmittelbaren Zusammenhang stehen. Mitunter wird der S. in einer regelrechten ↑Krise gesehen. Probleme bestehen in der Tat darin, dass Veränderungen der Arbeitswelt, Belastungen des Rentensystems durch versicherungsfremde Leistungen (↑Rentenversicherung), die internationale Mobilität des ↑Kapitals im Zuge der ↑Globalisierung, die quantitative Reduktion der ↑Arbeit, der Trend zur Individualisierung, neue Muster der Familien- und Lebensplanung die sozialstaatlichen Systeme vor immer neue Herausforderungen stellen. Dabei bleibt stets die Frage nach einer wirtschaftlich sinnvollen Finanzierung zu beantworten. Ebenso steht der sog.e Generationenvertrag auf dem Prüfstand, wenn die Lebenserwartung älterer Menschen steigt, die erwerbstätige Generation aber (aus ganz verschiedenen Gründen) kleiner wird. Leistungskürzungen werden in Zukunft möglicherweise unvermeidlich sein. Auch über eine größere Flexibilität der Systeme wird nachzudenken sein, die im Sozialversicherungsrecht immer noch an in die Jahre gekommene Kategorien anknüpfen, u. a. an Beschäftigung (§ 7 SGB IV) statt an ↑Vermögen als Grundlage der Beitragsbemessung, ferner die Dreiteilung des Lebens in Ausbildung, Berufstätigkeit und Ruhestand statt gleitender Übergänge, die die soziale Wirklichkeit längst vielfach hervorbringt.

### Literatur

Bundesministerium für Arbeit und Soziales (Hg.): Sozialbericht 2017, 2017 • S. Muckel/M. Ogorek/S. Rixen: Sozialrecht, [5]2019 • F. Welti: Abschied vom Normalarbeitsverhältnis? – Neue Beschäftigungsformen, Diskontinuität von Lebensläufen und das Sozial- und Arbeitsrecht, in: SGb 57/8 (2010), 441–448 • T. Kingreen: Das Sozialstaatsprinzip im europäischen Verfassungsverbund, 2003 • H. Maier: Historische Voraussetzungen des Sozialstaats in Deutschland, 2002 • H. Butzer: Fremdlasten in der Sozialversicherung, 2001 • H. G. Hockerts: Drei Wege deutscher Sozialstaatlichkeit. Das NS-Regime, die ‚alte' Bundesrepublik und die DDR in vergleichender Betrachtung, in: F. Ruland/H.-J. Papier/B. Maydell (Hg.): Verfassung, Theorie und Praxis des Sozialstaats. FS für Hans F. Zacher zum 70. Geburtstag, 1998, 267–279 • R.-U. Schlenker: Soziales Rückschrittsverbot und Grundgesetz, 1986 • H. F. Zacher: Sozialpolitik und Verfassung im ersten Jahrzehnt der Bundesrepublik Deutschland, 1980.

STEFAN MUCKEL

## II. Wirtschaftswissenschaftlich

Der moderne S. entstand als Reaktion auf die neue ↑Soziale Frage des 19. Jh., d. h. die vielfältigen Missstände in der Lebenslage der Arbeiter und ihrer Familien, welche durch die sprunghafte wirtschaftliche Entwicklung zu beobachten waren. So ist der S. in seiner Genese eine sozialreformerische Reaktion auf die gesellschaftlich zentrifugalen Wirkungen einer unregulierten Marktwirtschaft, insb. der durch sie ausgelösten Unsicherheit und Ungleichverteilung. Ähnliche Prozesse lassen sich auch heute in jenen Ländern beobachten, die eine sprunghafte wirtschaftliche Entwicklung mit wirtschaftlichen und sozialen Folgen erleben, auf die sozialstaatlich reagiert werden wird.

Aus ökonomischer Sicht dient der S. der Produktion sozialer ↑Sicherheit und sozialer ↑Gerechtigkeit. Seine Institutionen und Instrumente haben immer vertikale und horizontale Verteilungseffekte. Vertikale Verteilungseffekte wirken zwischen Gruppen mit unterschiedlich hohem sozial-ökonomischen Status in sozialpolitischer Intention nivellierend, d. h. von oben nach unten, dies z. B. durch den progressiven Tarif der ↑Einkommensteuer und durch Bezug von Lohnersatzleistungen bei ↑Arbeitslosigkeit. Horizontale Verteilungseffekte hingegen wirken innerhalb einer sozialen Schicht z. B. zwischen alten und jungen Personen (Rentenbezug bzw. Bildungssubventionen) sowie auch unterschiedlich nach Geschlecht, Wohnort oder anderen Merkmalen. Im deutschen S. wird, bei einem Umverteilungsvolumen von ca. 30 % des BIP, vergleichsweise wenig vertikal, sondern weit stärker horizontal umverteilt. Zudem liegt ein Großteil der Verteilungseffekte intertemporal, d. h. innerhalb der Mittelschicht.

### 1. Mindeststandards und Sozialversicherungen

Der S. greift in die privatrechtliche Vertragsfreiheit ein und setzt dort Mindeststandards. Dies geschah zunächst im ↑Arbeitsrecht, wo bis heute Arbeitsverbote (z. B. Kinderarbeit, Mutterschutz) und Gebote (z. B. Arbeitszeit, Kündigungsschutz) gelten. Eingriffe in das private Vertragsrecht haben immense Verteilungswirkungen, die allerdings nicht im Sozialbudget ausgewiesen werden. Diese Verteilungswirkungen ergeben sich durch einen Bestandschutz der Mehrheit vertraglich geschützter Personen und benachteiligen eine Minderheit, die aufgrund dieses Bestandsschutzes keinen Marktzugang finden kann. Aufgrund dieser Friktionen, die auch eine Gerechtigkeitsproblematik aufwerfen, hat das Reformkonzept der aktivierenden Sozialpolitik Ende der 1990er Jahre den Fokus auf einen Abbau von Schutzstandards gelegt und gleichzeitig aktivierende sozialstaatliche Transfers (Fort- und Weiterbildung, Kinderbetreuung u. a.) ausgebaut und damit gute Erfolge erzielt. Insgesamt bleibt ein kluges und maßvolles Setzen von Mindeststandards für die moderne ↑Sozialpolitik unverzichtbar.

Auch die ↑Sozialversicherung wurde in allen modernen S.en eingerichtet, jedoch in sehr unterschiedlicher Gestalt. Ihre ökonomischen Merkmale sind, dass sie zum einen wie eine private ↑Versicherung einen beschränkten Personenkreis umfasst und dort einen Risikoausgleich im Kollektiv betreibt. Hier kommt es somit zu einem versicherungsimmanenten Verteilungseffekt zugunsten der durch ein Lebensereignis geschädigten Personen. Zum anderen liegt der Unterschied zur Privatversicherung in der Ausgestaltung der Beiträge. In der Privatversicherung erfolgt sie risikoäquivalent, in der Sozialversicherung hingegen nach der Leistungsfähigkeit, d. h. Einkommenshöhe, weshalb es hier zu einer sozialversicherungsimmanenten Umverteilung von Personen mit hohem ↑Einkommen und geringen ↑Risiken zu Personen mit geringem Einkommen und hohen Risiken kommt. Aufgrund dieser Beitragsfestsetzung gemäß dem Solidarprinzip (↑Solidarität) muss es bei der Sozialversicherung eine Versicherungspflicht oder eine Pflichtversicherung geben. Ohne diese käme es zu einer Negativselektion (adversen Selektion), da sich die guten Risiken dem solidarischen Beitragssystem entziehen würden und so die Sozialversicherung zusammenbräche. Auch hier ist von der Sozialpolitik Augenmaß gefordert, um den solidarischen Kern der Sozialversicherung zu erhalten, andererseits aber ihrer solidarischen Überfrachtung zu widerstehen.

Ein Ansatz, hier Augenmaß walten zu lassen, ist die Beschränkung des Personenkreises in der Sozialversicherung auf schutzbedürftige Personen. Hier hat die Sozialpolitik Mindesteinkommensgrenzen der Versicherungspflicht und Beitragsbemessung definiert, ab der Personen als nicht mehr schutzbedürftig gelten. Darüber hinaus existieren berufsständische Versicherungs- und Versorgungsinstitutionen. Auch durch sie bleiben gute Risiken den Sozialversicherungen fern, was sie zweifelsohne schwächt. Andererseits stärkt die Beschränkung des versicherten Personenkreises im konservativen S.s-Modell bismarckscher Prägung die ↑Legitimität der Sozialversicherung. In anderen S.s-Modellen ist hingegen die Sozialversicherung universalistisch konstruiert und schließt alle Personenkreise ein; auch diese einheitlichen Sicherungssysteme weisen eine bemerkenswerte Stabilität auf.

### 2. Wirtschaftlicher Wert

Der erhebliche Umfang sozialstaatlicher Aktivität wirft aus ökonomischer Sicht die Frage auf, welche Allokations- und Wachstumseffekte (↑Allokation) von ihr ausgehen. Dies wiederum ist eine Frage der Anreize an private Haushalte (↑Haushalt, privater) und ↑Unternehmen, sich am ↑Markt zu beteiligen, Einkommen zu erzielen und zu investieren. Einen hohen wirtschaftlichen Wert hat der S. dann, wenn er den Marktteilnehmern formale und materielle Freiheitsspielräume gewährt, damit sie möglichst umfassend und überlegt auf dem Markt aktiv sind (z. B. auf dem Arbeits- und Wohnungsmarkt) und bestmögliche Investitionsentscheidungen (z. B. in Bildung und Gesundheit) treffen können. Ist ein S. in diesem Sinne institutionell gut konstruiert, so wird er erhebliche positive Wachstumseffekte haben und Ausdruck eines hohen Entwicklungsstandes sein. Der Wachstumseffekt des S.s ist mithin nicht primär vom Volumen der Sozialbudgets abhängig, sondern vielmehr von den Anreizen, welcher der S.

setzt. Ein gut konstruierter und umfangreicher S. wird mehr positive Wachstumseffekte haben als ein schlecht konstruierter minimaler S.

↑Reformen des S.s zielen daher, sofern sie nicht rein verteilungspolitisch motiviert sind (wie z.B. bei der Mütterrente oder der Rente wegen Erwerbsminderung), auf Veränderungen von Anreizen und dies häufig durch Variation von Details, wie etwa in der Wohnungspolitik oder Gesundheitspolitik, wo nicht nur der Umfang, sondern auch die Art der Regulierung ökonomisch untersucht wird. Details entscheiden darüber, wann und wie z.B. eine Höchstmietengrenze wirkt bzw. welche Effekte eine Selbstbeteiligung Versicherter an den Kosten von Gesundheitsdienstleistungen hat. Angesichts dieser Detailfragen sind Pauschalurteile zu sozialstaatlichen Interventionen unangebracht.

Das Konzept der ↑Sozialen Marktwirtschaft, wie es u.a. von dem ordoliberalen Ökonomen Alfred Müller-Armack nach dem Zweiten Weltkrieg entwickelt wurde, zielt darauf ab, die wirtschaftliche ↑Freiheit auf dem Markt mit dem sozialen Ausgleich zu verbinden und somit einen dritten Weg zwischen unregulierter Marktwirtschaft und staatlicher ↑Zentralverwaltungswirtschaft einzuschlagen. Dieser irenische, d.h. versöhnende Gedanke prägt bis heute das Verhältnis von ↑Wirtschaft und S. in Deutschland. Der außerordentliche Erfolg der Sozialen Marktwirtschaft und ihre hohe Akzeptanz in der Bevölkerung liegen auch darin begründet, dass dieses Konzept nachhaltiges ↑Wirtschaftswachstum ermöglicht und es realiter mit sozialem Ausgleich verbunden hat.

#### Literatur

J. Althammer/H. Lampert: Lehrbuch der Sozialpolitik, [9]2014 • W. Schönig: Rationale Sozialpolitik, 2001 • E. Liefmann-Keil: Sozialpolitik als Verteilungspolitik, 1961.

WERNER SCHÖNIG

## III. Philosophisch

### 1. Deskriptiver Begriff

Der Begriff des „S.s" stellt in deskriptiver Hinsicht eine Präzision des Begriffs des ↑„Wohlfahrtsstaates" dar. Während der Begriff „Wohlfahrtsstaat" generell auf eine Wohlfahrtsgesellschaft oder (in früheren Epochen) auf die Wohlfahrtsstadt angewendet wird, bezeichnet der Begriff „S." eine Gesellschaftsordnung, in der der moderne ↑Staat der primäre Akteur für Maßnahmen ist, die die soziale und wirtschaftliche Absicherung seiner Mitglieder gewährleisten oder zu große Unterschiede zwischen ihren sozialen und wirtschaftlichen Stellungen abmildern sollen. Damit tritt hier der moderne Staatsbegriff in Erscheinung, der im Gegensatz zum klassischen Staatsbegriff, der i.S.d. Aristotelismus eine autarke und von ihren Mitgliedern organisierte Gemeinschaft beschreibt (↑Autarkie), um die Dimension des Staates als wirtschaftspolitischem (↑Wirtschaftspolitik) und sozialpolitischem (↑Sozialpolitik) Akteur bereichert ist. Der moderne S. zeichnet sich also, wie dies bereits Adolph Wagner beschrieb, dadurch aus, dass „eine Ausdehnung der Staatsthätigkeit und der gesamten öffentlichen, durch die Selbstverwaltungskörper neben dem Staate ausgeführten Thätigkeiten erfolgt. [...] Der deutliche Beweis dafür liegt ziffermässig in der Steigerung des finanziellen Staats- und Communalbedarfs vor" (Wagner 1892: 893). Dabei verweist A. Wagner bereits auf das Problem, dass die Staatsausgaben in der fortschreitenden wirtschaftlichen Entwicklung überproportional zur gesamten Wirtschaftsleistung wachsen würden (sog.es Wagnersches Gesetz).

Deskriptiv verstanden bezeichnet der S. damit die Gesamtheit der vorhandenen sozialpolitischen Institutionen, unter denen die ↑Sozialversicherungen meist eine herausgehobene Position einnehmen. Die Erscheinungsformen des S.s sind äußerst vielfältig, da seine genaue Ausgestaltung sich als Ergebnis seiner jeweiligen historischen Genese und den jeweils vorliegenden gesellschaftlichen Gegebenheiten, wie Ausgestaltung des rechtlichen und ↑politischen Systems, Niveau der wirtschaftlichen Entwicklung oder bes.n gesellschaftlichen und religiösen Konstellationen, darstellt.

Der rechtsstaatlich verfasste und nach freiheitlichen Prinzipien organisierte S., der im deutschen Kontext häufig mit dem Begriff der ↑„Sozialen Marktwirtschaft" verknüpft wird, zielt dabei nicht auf ein Maximum von Absicherung oder Gleichheit hin, sondern sucht eine ausgleichende Position zwischen den beiden genannten Werten auf der einen und individueller Freiheit, Eigentumsrechten (↑Eigentum) sowie ökonomischer Effizienz auf der anderen Seite. So wird bspw. der Fortfall des Arbeitslohns durch ↑Arbeitslosigkeit, Erwerbsunfähigkeit oder Eintritt in das Rentenalter meist nicht vollkommen, sondern nur teilweise kompensiert, oder es werden von einer ↑Krankenversicherung nur bestimmte Anteile aller möglicherweise entstehenden Kosten zur Erhaltung der Gesundheit übernommen. Ebenso sollen ↑soziale Ungleichheiten nicht vollkommen beseitigt werden (wie dies bspw. in sozialistischen Systemen unter dem Schlagwort der „klassenlosen Gesellschaft" zumindest als Ziel vorgegeben wird), sondern es wird lediglich eine mehr oder minder starke Abmilderung von Ungleichheiten angestrebt.

### 2. Normativer Begriff

Von einem normativen S.s-Begriff ist mit Blick auf die moralischen oder rechtlichen Regelungen zu sprechen, die den modernen Staat dazu verpflichten, das Wohlergehen aller seiner Bürger in je gleicher Weise durch direkte Eingriffe und in Bezug auf die sog.e ↑Soziale Frage zu verfolgen. Ideengeschichtlich gewinnt das normative Konzept des S.s erst in dem Zusammenspiel ganz unterschiedlicher Grundkonzepte seine heutigen Konturen. So wurzelt es ebenso in der christlichen Caritas (↑Caritas, Diakonie) und der scholastischen Rezeption des Gemeinwohlgedankens (↑Gemeinwohl) der aristotelischen ↑politischen Philosophie wie auch in den Antwortversuchen auf die gesellschaftlichen Verwerfungen der Industrialisierung (↑Industrialisierung, Industrielle Revolution) durch die politische Philosophie des 18. und 19. Jh., insb. bei den französischen Frühsozialisten. Claude Henri de Saint-Simon „Noveau Christianisme" von 1825 kann hier als bes. augenfälliges Zusammenspiel der verschiedenen Traditionslinien genannt werden. Politische Wirkmacht erhält der S.s-Gedanke jedoch erst durch die Verknüpfung mit Zielen, zu denen die ↑Wohlfahrt der Bürger nur eine Vorbedingung darstellt, vornehmlich den Zielen der innerstaatlichen politischen Stabilisierung und Herrschaftssicherung (↑Herrschaft) sowie dem Ausweiten der staatlichen Einflusssphäre. So können etwa die Einführungen der rudimentären Sozialversicherungen im zweiten deutschen Kaiserreich als Abwehrreaktion der staatlichen Obrigkeit gegen die sozialistischen und sozialdemokratischen politischen Bewegungen einerseits und als Zurückdrängen nichtstaatlicher, oft in kirchlicher Trägerschaft geführter sonstiger Wohlfahrtseinrichtungen andererseits verstanden werden.

Sozialstaatliche Maßnahmen konfligieren im Grunde immer mit anderen Staatszielen (↑Staatszielbestimmungen) oder mit individuellen Rechten von Bürgern, weshalb sie in einem freiheitlichen ↑Rechtsstaat nie schlechthin und absolut zum bestimmenden Merkmal staatlichen Handelns werden können. So muss stets eine Abwägung zwischen sozialstaatlichen Maßnahmen auf der einen und Werten wie individueller Freiheit, Eigentumsrechten, wirtschaftlicher Effizienz usw. auf der anderen Seite getroffen werden, da bspw. Eigentumsrechte durch staatliche Verteilungspolitik eingeschränkt werden. Andere staatliche Ziele oder individuelle Rechte hingegen werden durch sozialstaatliche Eingriffe befördert und dienen somit zu ihrer moralischen Rechtfertigung oder rechtlichen ↑Legitimation, bspw. der Schutz der ↑Menschenwürde, Beförderung von ↑Freiheit und ↑Gleichheit, gleiche Möglichkeiten zu gesellschaftlicher und wirtschaftlicher ↑Partizipation, Schutz der individuellen Existenz usw. Das S.s-Prinzip, wie es sich im ↑GG andeutet, hat damit v. a. ausgleichende Funktion, denn einerseits darf die Konzeption des S.s nicht nur auf ein bloßes politisches Postulat reduziert werden, sondern stellt eine verpflichtende ↑Norm für staatliches Handeln dar, andererseits darf es aber nicht als Einfallstor für ↑Sozialismus, staatlichen Dirigismus und Einschränkungen der persönlichen Freiheiten missbraucht werden.

### Literatur

C. Butterwegge: Krise und Zukunft des Sozialstaates, 2014 • S. Lessenich: Theorien des Sozialstaats zur Einführung, 2012 • M. Gräser: Wohlfahrtsgesellschaft und Wohlfahrtsstaat. Bürgerliche Sozialreform und Welfare State Building in den USA und in Deutschland 1880–1940, 2009 • M. Stolleis: Geschichte des Sozialrechts in Deutschland, 2003 • J. Höffner: Christliche Gesellschaftslehre, 1997 • A. Wagner: Lehr- und Handbuch der politischen Ökonomie. Grundlegung der politischen Ökonomie, 1892 • C. H. de Saint-Simon: Le nouveau Christianisme et les écrits sur la réligion, 1825.

STEFAN SCHWEIGHÖFER

## Sozialstruktur

### 1. Was ist Sozialstruktur? – Einführung und Überblick

Bei der Beschreibung von Nationalstaaten respektive Bevölkerungen oder Gesellschaften und deren Vergleich sind z. B. die Altersstruktur, die Bildungsstruktur, die Wohlstandsverteilung, die Arbeitslosenquote, die Lebenserwartung, Zu- und Abwanderung und vieles mehr von Bedeutung. All dies sind Aspekte der S.

Was genau sind jedoch soziale Strukturen? Je nachdem, ob es um Alter, Bildung, Wohlstand, Arbeitslosigkeit, Lebenserwartung oder um Migration geht, sind bspw. die Verteilung der Bevölkerung auf Altersgruppen, auf Bildungsabschlüsse bzw. Einkommensgruppen, der Anteil der Arbeitslosen an der Erwerbsbevölkerung, die durchschnittliche Lebensdauer, die schlichte Anzahl von Zu- oder Abwanderungen oder sonstige Verteilungen und Zusammenfassungen der Bevölkerung nach sozialstatistischen Merkmalen von Interesse. Soziale Strukturen beziehen sich somit nicht (nur) auf ein einzelnes Individuum und dessen Verhalten, sondern auf darüber hinausgehende, aus dem individuellen Handeln resultierende Strukturen, die aus der zusammenfassenden Beschreibung einer Vielzahl von Individuen bestehen.

Die zusammenfassende Beschreibung erfolgt oft in Form von Durchschnitten, Anteilen oder einer schlichten Anzahl, jedoch sind auch theoretisch und/oder statistisch voraussetzungsvollere Maßzahlen gebräuchlich und manchmal notwendig. Der vorliegende Beitrag beschränkt sich weitgehend auf einige statistisch einfache Beschreibungen sozialer Strukturen und will für die Missverständnisse und Fehlinterpretationen sensibilisieren, die gar nicht selten schon mit ganz einfachen sozialstrukturellen Angaben einhergehen.

### 2. Soziale Ungleichheit und soziale Mobilität – nicht ganz selbstverständliche Grundbegriffe

Die soziale Strukturierung der Bevölkerung nach Geschlecht, Migrationshintergrund, Bildung, Beruf usw. bestimmt z. T. erheblich über die gesellschaftliche Verteilung von Lebensumständen und -chancen. Soweit bei einzelnen Merkmalen – z. B. beim Beruf – mit der Zugehörigkeit zu einer bestimmten Sozialkategorie eine Besser- oder Schlechterstellung gegenüber anderen Kategorien verbunden und die betreffende Gruppenzugehörigkeit nicht relativ kurzfristig frei wählbar ist, handelt es sich um ↑soziale Ungleichheit. Gelegentlich spricht man auch von *vertikaler* sozialer Ungleichheit – im Unterschied zu den horizontalen „Disparitäten", die nicht mit allg. als solche empfundenen Vor- und Nachteilen verbunden und i. d. R. im Rahmen der Lebensform und des Lebensstils frei bestimmbar sind. Lebensstile und Lebenschancen waren zwar in historischen Epochen z. B. durch Bekleidungsvorschriften u. a. Regelungen fast immer eng aneinander gebunden und haben sich erst im Verlauf des 20. Jh. zunehmend entkoppelt. Ausschlaggebend für die soziale Ungleichheit sind jedoch die Lebenschancen, nicht die Lebensstile.

Kennzeichnend für die soziale Ungleichheit sind also sozialgruppenspezifische Vor- und Nachteile in der Gesellschaft. Die betreffenden Gruppierungsmerkmale müssen somit wichtig sein für die Realisierung weit verbreiteter Zielvorstellungen über die Lebensgestaltung. Diese Zielvorstellungen betreffen nicht nur die materielle Versorgung, sondern auch die Arbeitsbedingungen, die soziale ↑Integration, die körperliche und psychische ↑Gesundheit und vieles mehr. Die Relevanz einzelner Merkmale für die Analyse sozialer Ungleichheit variiert zwischen den Gesellschaften und in der historischen Zeit. So war bspw. Geldbesitz in der DDR weniger bedeutsam für die Gestaltung der materiellen Lebensumstände als in der BRD, weil in Anbetracht einer knappen Versorgungslage manche Versorgungsgüter vorwiegend über die Einbindung in Tauschbeziehungen beschafft wurden. Ein anderes Beispiel sind hohe Bildungszertifikate, die in vorindustrieller Zeit für den Großteil der Bevölkerung ziemlich unerheblich gewesen wären.

In heutigen westlichen ↑Industriegesellschaften sind in erster Linie die drei im Folgenden behandelten Dimensionen für die Analyse sozialer Ungleichheit von Bedeutung, nämlich Bildung, Beruf und materieller Wohlstand. Dies sind zugl. – nicht ohne Grund – die drei klassischen Schichtindikatoren. Dabei sind die drei Ungleichheitsdimensionen natürlich eng miteinander verbunden: Geringe Bildung bspw. geht tendenziell mit einer schlechten beruflichen Stellung und niedrigem Einkommen einher.

Bei der Analyse der Ursachen sozialer Ungleichheit spielen ↑soziale Mobilität und Mobilitätsbarrieren eine zentrale Rolle. Je nach Ungleichheitsdimension handelt es sich um Bildungsmobilität, Berufsmobilität, Einkommensmobilität usw. Während die Beschreibung sozialer Ungleichheit eine statische Perspektive einnimmt, richtet die Mobilitätsforschung den Blick auf die Dynamik der Veränderung sozialer Ungleichheit.

Das Ausmaß sozialer Mobilität ist ein Maßstab für die Offenheit einer Gesellschaft und wichtig für die Herstellung sozialer ↑Gerechtigkeit: Definiert man soziale Gerechtigkeit aus der liberalen Perspektive als Leistungsgerechtigkeit, dann sind gleiche – bzw. der Leistung entspr.e – Auf- und Abstiegschancen der Inbegriff sozialer Gerechtigkeit, ungeachtet dessen, ob sich dadurch die Verteilungsgleichheit gar noch vergrößert. Aus der Perspektive des sozialen Ideals der Verteilungsgerechtigkeit ist hingegen die Offenheit einer Gesellschaft nur eine Grundbedingung für die Herstellung von mehr Verteilungsgerechtigkeit. Je nach politischer Orientierung ist also soziale Mobilität selbst Maßstab für soziale Gerechtigkeit oder doch zumindest ein wichtiges Mittel für ihre Verwirklichung.

## 3. Bildungsstruktur und Bildungsungleichheit

Die stetige Höherqualifizierung der Bevölkerung – auch bekannt als Bildungsexpansion – ist ein Prozess, der nicht nur die letzten Jahrzehnte betrifft, sondern schon im 19. Jh. mit der Alphabetisierung begann. Ein Hintergrund dieser Entwicklung ist, dass der soziale Status in modernen Gesellschaften überwiegend nicht mehr direkt vererbt, sondern im Verlauf des Lebens erworben wird, wobei der ↑Bildung eine wichtige soziale Platzierungsfunktion zukommt. Grundlage der Bildungsexpansion sind außerdem die sukzessive komplexer gewordenen technischen, wirtschaftlichen, gesellschaftlichen und politischen Lebensbedingungen in modernen Gesellschaften. So sind nicht zuletzt seit Beginn des 20. Jh. die Alphabetisierung und eine minimale Grundbildung zentrale Voraussetzungen für die Teilnahme am wirtschaftlichen, sozialen und politischen Leben sowie für die Wahrnehmung staatsbürgerlicher Rechte und damit auch für die Herausbildung moderner ↑Demokratien. Hinzu kam in den letzten Jahrzehnten auch eine Professionalisierung oder gar Akademisierung vieler Berufsfelder. Neben diesen und weiteren wirtschaftlichen, sozialen und politischen Entwicklungen ist die Bildungsexpansion auch eine Folge bildungspolitischer Maßnahmen (↑Bildungspolitik).

Die vermehrte Bildungsbeteiligung wurde insb. von Frauen getragen, bei denen zunächst auch eine Berufsausbildung (↑Berufliche Bildung) selbstverständlicher wurde und deren Anteil inzwischen auch bei Abiturienten sowie Hoch- und Fachhochschulabschlüssen teilweise über dem der Männer liegt.

Die allg.e Höherqualifizierung der Bevölkerung und die damit einhergehende Veränderung der Bildungsstruktur impliziert eine Bildungsmobilität zwischen den Generationen. Dies ist mit Tab. 1 veranschaulicht, die sich exemplarisch auf die Bildungsmobilität zwischen Männern der Geburtsjahrgänge 1970–85 und deren Vätern bezieht. Die Tab. ist zugl. ein Beispiel für eine Mobilitätsmatrix bzw. Mobilitätstabelle, die prinzipiell für die Betrachtung jedweder Mobilitätsprozesse – auch die von Karrieremobilität – nützlich ist.

| Abschluss des Vaters | Eigener Bildungsabschluss | | | | |
|---|---|---|---|---|---|
| | Maximal Hauptschule | Mittlere Reife | Abitur[1)] (ohne Uni/FH) | Universität/FH | Gesamt |
| | Abstromprozent | | | | |
| Maximal Hauptschule | 38 | 28 | 12 | 22 | 100 |
| Mittlere Reife | 15 | 25 | 19 | 40 | 100 |
| Abitur[1)] (ohne Uni/FH) | 11 | 22 | 20 | 47 | 100 |
| Universität/FH | 4 | 10 | 19 | 67 | 100 |
| | | | | | |
| Gesamt | 24 | 23 | 16 | 38 | 100 |
| | Zustromprozent | | | | |
| Maximal Hauptschule | 81 | 63 | 40 | 31 | 51 |
| Mittlere Reife | 13 | 22 | 25 | 22 | 20 |
| Abitur[1)] (ohne Uni/FH) | 2 | 5 | 6 | 6 | 5 |
| Universität/FH | 4 | 10 | 29 | 42 | 24 |
| | | | | | |
| Gesamt | 100 | 100 | 100 | 100 | 100 |

[1)] inklusive Fachhochschulreife

Tab. 1: Westdeutsche Männer der Geburtsjahrgänge 1970 bis 1985 nach dem eigenen Bildungsabschluss und dem Bildungsabschluss des Vaters (in %)

Quelle: Sozio-ökonomisches Panel (Welle 30); zusammengestellt in Anlehnung an Klein 2016: 190 f.

Im oberen Teil der Tab. ist horizontal bzw. zeilenweise prozentuiert, und die „Gesamt"-*Zeile* gibt wieder, wie sich die Söhne auf die vier Bildungsgruppen verteilen: 24 % haben maximal Hauptschulabschluss und 38 % einen Hochschul- oder Fachhochschulabschluss. Im unteren Teil der Tab. ist hingegen vertikal bzw. spaltenweise prozentuiert, und die „Gesamt"-*Spalte* zeigt die Bildungsstruktur bei den Vätern, von denen 51 % maximal Hauptschulabschluss und nur 24 % einen Hochschul- oder Fachhochschulabschluss haben. Diese Veränderung der Bildungsstruktur zwischen Vätern und Söhnen spiegelt die strukturelle bzw. „erzwungene" Aufwärtsmobilität in der Bildungshierarchie wider.

Die unterschiedliche Prozentuierungsrichtung gibt völlig unterschiedliche Information, die nicht selten verwechselt wird. In der Anordnung von Tab. 1 informieren die spaltenbezogenen Prozentuierungen – auch Zustrom- bzw. Herkunftsquoten genannt – darüber, aus welcher Herkunftsschicht sich eine Schicht rekrutiert bzw. aus welcher Herkunftsschicht die Mitglieder einer Schicht „zuströmen". So kommen z. B. in Tab. 1 (unterer Teil) 42 % der Akademiker aus einem akademischen Elternhaus und bei 31 % hat der Vater maximal Hauptschulabschluss. Zustromquoten sind damit ein Maßstab für die Offenheit bzw. Abgeschlossenheit einer Sozialschicht. Gleichzeitig informieren Zustromquoten über die Verbreitung individueller Mobilitätserfahrung in der Gesellschaft und in den einzelnen Sozialschichten und sozialen Klassen.

Erwähnenswert ist, dass auf der Basis von Zustromquoten bzw. auf der Basis der sozialen Zusammensetzung einer Gruppe nicht selten auch Aussagen über Chancen, Chancenunterschiede und Benachteiligung (↑Chancengerechtigkeit, Chancengleichheit) getroffen werden. In diesem Kontext steht z. B. auch eine Aufschlüsselung von Bildungsabschlüssen nach dem Bildungsniveau des Vaters wie im unteren Teil von Tab. 1. In der Tat sind auch die Zustromquoten (bzw. „Sozialprofile" [Geißler 2002: 351]) einzelner Teilgruppen der Gesellschaft Ausdruck von Chancen, wenn man sie mit den betreffenden Quoten in der Gesamtbevölkerung vergleicht. So sind Männer, deren Väter mit maximal Hauptschulabschluss haben, unter den Akademikern deutlich seltener als in der Gesamtbevölkerung (31 % v 51 %, vgl. Tab. 1) – eine Unterrepräsentation, welche die Bildungsbenachteiligung deutlich zum Ausdruck bringt.

Hauptproblem bei dieser Herangehensweise an die Analyse von Chancenungleichheit ist jedoch, dass oft genug eine falsche Referenzgruppe herangezogen oder gar eine Referenzgruppe gar nicht explizit genannt, sondern nur diffus mitgedacht wird. Dafür gibt es viele Beispiele. Auch die (im Wissenschaftsbetrieb) viel diskutierte Frauenquote in der Professorenschaft wird oft genug als Benachteiligung von Frauen bei der Berufung von Professoren fehlinterpretiert. Die Frauenquote beschreibt jedoch das Sozialprofil – in diesem Fall das Geschlechtsprofil – einer Berufsgruppe, nicht aber die geschlechtsspezifischen Aufstiegschancen. Für einen

Rückschluss auf Benachteiligung ist jedoch ein Vergleich mit der Frauenquote unter den habilitierten Bewerbern der jeweiligen Jahrgänge (was empirisch schwierig zu ermitteln ist) notwendig, während ohne Angabe einer Referenz implizit die Frauenquote in der Gesamtbevölkerung mitgedacht wird.

Zur Analyse von Mobilitätschancen bezieht man sich deshalb besser auf die horizontalen, so genannten Abstromquoten im oberen Teil von Tab. 1, mit denen unterschiedliche Mobilitätschancen direkt beziffert werden. Die Abstromquoten geben in Abhängigkeit vom Bildungsniveau des Vaters an, welcher Anteil der Söhne einen jeweiligen Bildungsabschluss erreicht (d. h. entweder auf demselben Bildungsniveau landet oder in andere Bildungsgruppen „abströmt") und berichten somit über die Aufstiegschancen und Abstiegsrisiken in einer Gesellschaft. Wie aus den Abstromquoten in Tab. 1 hervorgeht, erreichen auch Söhne von Vätern mit Abitur oder gar mit (Fach-)Hochschulabschluss z. T. nur Hauptschulabschluss (11 bzw. 4%). In nicht unbedeutendem Ausmaß kompensieren sich daher Auf- und Abstiege gegenseitig (zirkuläre Mobilität). Dabei gilt: Je größer die zirkuläre Mobilität, desto geringer ist der Einfluss der sozialen Herkunft auf den Bildungsweg der nachwachsenden Generation. Trotzdem ist bspw. in den betreffenden Kohorten die Chance von Kindern aus einem Hauptschul-Elternhaus, einen Hoch- oder Fachhochschulabschluss zu erreichen, mit 22% deutlich niedriger als bei Akademikerkindern (67%).

Für diese herkunftsspezifisch unterschiedlichen Bildungschancen ist eine Vielfalt sozio-kultureller und ökonomischer Faktoren verantwortlich. Im Hinblick auf sozio-kulturelle Faktoren wird die unterschiedliche Bildungsbeteiligung zum einen mit einer unterschiedlichen Nähe sozialer Schichten zu den in der Schule relevanten Werten und Bildungsanforderungen begründet, zum anderen mit der Bedeutung, die die familiären Lebensverhältnisse für die kulturellen und sozialen Ressourcen des Kindes haben. Die zunehmende Verbreitung bildungsnaher Herkunftsmilieus infolge der Bildungsexpansion gibt dabei der Bildungsexpansion eine Eigendynamik, die auch als Bildungsspirale bezeichnet wird und eventuell langfristig eine Verringerung der ungleichen Bildungschancen begünstigt.

Demgegenüber thematisieren ökonomische Erklärungsfaktoren der herkunftsabhängigen Bildungsungleichheit die materiellen Ressourcen, die für die Investition in das ↗Humankapital notwendig sind, sowie die Ertragserwartungen der Bildungsinvestitionen. Dabei variieren zumindest die materiellen Ressourcen zwischen den sozialen Schichten, wobei aber in der Vergangenheit zahlreiche bildungspolitische Maßnahmen (Abschaffung von Schulgeld, weiterführende Schulen am Wohnort, Verlängerung der Schulpflicht, Stipendien und vieles mehr) sowie auch geringere Familiengrößen die Kosten einer weiterführenden Bildung erheblich reduziert haben.

Über die Bedeutung der Bildung für Berufsverlauf und Einkommen bestehen allerdings unterschiedliche Theorien: Die Humankapitaltheorie (beruhend auf Gary Stanley Becker) geht von einer Qualifizierung durch Bildung aus. Ihr liegt die Vorstellung zugrunde, dass der Berufserfolg in erster Linie von den individuellen Ressourcen bestimmt wird. In diesem Kontext werden Bildungsabschlüsse als Investition in das Humankapital interpretiert, da eine höhere individuelle Berufsqualifikation zu höherer Arbeitsproduktivität und darauf beruhend zu höherem Einkommen führt.

Demgegenüber sehen strukturalistische Arbeitsmarkttheorien (beruhend u. a. auf Lester Carl Thurow) in dem erreichten Bildungsabschluss mehr oder weniger nur eine Selektionsfunktion für den ↗Arbeitsmarkt. Formale Bildungszertifikate werden v. a. beim Berufseinstieg als Indikator für Lernfähigkeit und geringe Einarbeitungskosten interpretiert und dienen als Eintrittskarte in berufliche Mobilitätspfade, wohingegen die Berufsqualifikation in starkem Maße *on-the-job* erworben wird. Ausschlaggebend für die Arbeitsproduktivität ist aus dieser Perspektive weniger der formale Bildungsabschluss als vielmehr der Arbeitsplatz. Verantwortlich für die individuelle Statuszuweisung ist somit nicht nur die individuelle Qualifikation, sondern auch die Qualifikationsstruktur der anderen Bewerber bzw. ein Vorsprung vor den Mitkonkurrenten. Eine zunehmende Bildungsbeteiligung folgt deshalb in dieser Theorietradition auch aus der Notwendigkeit, in der Konkurrenz um Arbeitsplätze mithalten zu können. Auch dies ist ein Motor der Bildungsspirale.

Der bekannte Zusammenhang zwischen Bildungsniveau und Beruf bzw. Einkommen des *Individuums* kennt somit unterschiedliche Erklärungen. Je nachdem aber, inwieweit Humankapital oder Wettbewerbsvor- und -nachteile für den Zusammenhang ausschlaggebend sind, sind *gesamtgesellschaftlich* sehr unterschiedliche Folgen der Bildungsexpansion für den Wohlstand der Gesellschaft zu erwarten. Insoweit, wie mit der Bildungsexpansion eine allg.e Höherqualifizierung der Bevölkerung stattfindet, postuliert die Humankapitaltheorie eine kollektive Wohlstandsverbesserung. Soweit hingegen Bildungszertifikate nur die Selektion bei der Besetzung beruflicher Positionen regeln, ist keine kollektive berufliche Aufwärtsmobilität und Wohlstandsverbesserung zu erwarten, wenn sich nicht auch die Positionsstruktur entspr. verändert.

Selbst die Auswirkungen der Bildungsexpansion auf die in Schule und Ausbildung vermittelten Kompetenzen sind keineswegs selbstredend. Eine Vergrößerung höherer Bildungsgruppen (z. B. Abiturienten) auf Kosten unterer Bildungsgruppen (z. B. Hauptschülern) bedeutet nicht automatisch eine Verbesserung der Kompetenzen im Querschnitt der Bevölkerung. Was gelegentlich übersehen wird ist ein einfacher logischer Zusammenhang: Geht man davon aus, dass es auf jeder Bildungsstufe zumindest tendenziell die begabteren

Schüler sind, die eine nächsthöhere Bildungsinstitution besuchen, dann wird im Zuge der Bildungsexpansion die oberste Bildungsgruppe um tendenziell weniger Begabte erweitert und die unterste Bildungsgruppe um die vergleichsweise Begabtesten reduziert, während das Bildungspotenzial in den mittleren Bildungsinstitutionen unter Zu- *und* Abgängen leidet. Die logische Folge ist eine Reduzierung der Kompetenzen *im Durchschnitt jedes Bildungsabschlusses.* Doch wie steht es um den *Durchschnitt der Bevölkerung?* Dies hängt davon ab, ob der Kompositionseffekt der Vermehrung höherer Bildungsabschlüsse oder die veränderte Zusammensetzung der Klassen den Ausschlag gibt, und das Gesamtergebnis hängt nicht zuletzt davon ab, wie die tendenziell gestiegene Heterogenität in den höheren Bildungseinrichtungen und die reduzierte Heterogenität in der Hauptschule pädagogisch bewältigt werden. Für den internationalen Vergleich werden sinnigerweise nicht einzelne Bildungseinrichtungen, sondern eine Altersstufe über alle Bildungseinrichtungen hinweg untersucht, sodass mit einem alters- bzw. jahrgangsbezogenen Ländervergleich eine Evaluation des gesamten Bildungssystems inkl. der institutionellen Struktur des Bildungssystems und der Verteilung der betreffenden Schüler auf die Schultypen durchgeführt wird.

## 4. Berufsstruktur und Beschäftigung

Die Integration in das Beschäftigungssystem und die berufliche Stellung sind die zentralen Determinanten sozialer Ungleichheit. Die Ungleichheit im Bildungssystem ist v.a. deshalb so vielbeachtet, weil Bildung eine wichtige Voraussetzung für die Integration in das Erwerbsleben und für die Erlangung beruflicher Positionen darstellt. Die Erwerbstätigkeit – die eigene wie die von Angehörigen – ist hingegen für den weitaus größten Teil der Bevölkerung nicht nur die wichtigste Basis materiellen Wohlstands (auch sozialstaatliche Transferleistungen hängen z. T. von der vorherigen Erwerbstätigkeit ab), sondern auch die weiteren Lebensbedingungen werden von der (Nicht-)Integration in das Beschäftigungssystem und von dem ausgeübten ↑Beruf nachhaltig geprägt. Dabei ist das Beschäftigungssystem für die soziale Ungleichheit in zweierlei Weise bedeutsam: zum einen hinsichtlich der beruflichen Stellung, zum anderen hinsichtlich der Integration in das Erwerbssystem.

In der Berufsstruktur hat seit Beginn der Industrialisierung (↑Industrialisierung, Industrielle Revolution) eine sukzessive Verschiebung von der Arbeiter- zur Angestelltenschaft stattgefunden. Diese beruht zum einen auf einer Verschiebung der Positionsstruktur von der Landwirtschaft (dem primären Sektor) über den industriellen zum Dienstleistungssektor (Tertiarisierungsprozess). Stark abgenommen haben zuerst die Beschäftigtenzahlen in der Landwirtschaft und inzwischen auch in der hochautomatisierten großindustriellen Produktion. Hinzu kommt die steigende Professionalisierung vieler Berufsfelder.

Hinsichtlich der Integration in das Erwerbssystem sind unterschiedliche Kategorisierungen des Erwerbsstatus verbreitet: die des StBA und die der ↑Arbeitsverwaltung. Die international gebräuchliche und hierzulande vom StBA realisierte ILO-Klassifikation (*labour force*-Konzept) ist in Abb. 1 (Sp. 395) dargestellt und der Begriffssystematik der deutschen Arbeitsverwaltung gegenübergestellt.

Das *labour force*-Konzept unterscheidet zwischen Erwerbspersonen und Nichterwerbspersonen, wobei die Erwerbspersonen die Erwerbstätigen und die Erwerbslosen umfassen. Gleichzeitig wird zwischen Erwerbstätigen und Nichterwerbstätigen unterschieden, wobei die Erwerbslosen zwar zu den Nichterwerbs*tätigen*, aber dennoch zu den Erwerbs*personen* zählen. Die Kategorisierung hängt somit im Detail davon ab, wie die Erwerbslosen auf der einen Seite von den Erwerbstätigen und auf der anderen Seite von den Nichterwerbspersonen abgegrenzt sind. Im Hinblick auf die Abgrenzung gegenüber der Erwerbstätigkeit macht sich Erwerbslosigkeit daran fest, dass der Betreffende nicht (d. h. weniger als eine Stunde pro Woche) arbeitet. Im Hinblick auf die Abgrenzung gegenüber den Nichterwerbspersonen ist Erwerbslosigkeit definiert durch

*a)* aktive Arbeitssuche in den zurückliegenden vier Wochen und durch
*b)* sofortige Verfügbarkeit für eine Beschäftigung innerhalb von zwei Wochen.

Die Erwerbslosenquote gibt den Anteil der Erwerbslosen an allen Erwerbspersonen an.

Im Unterschied zur Erwerbslosigkeit ist ↑Arbeitslosigkeit auch mit einer Beschäftigung mit weniger als 15 Stunden pro Woche vereinbar (vgl. Abb. 1). Auf der anderen Seite – in Abgrenzung zur Nichterwerbstätigkeit – zählen als arbeitslos nur diejenigen, die arbeitslos gemeldet sind und der Arbeitsvermittlung zur Verfügung stehen. Summa summarum existieren im Jahr 2014 2,8 Mio. Arbeitslose und 2,1 Mio. Erwerbslose. Natürlich haben Arbeitslosigkeit und Erwerbslosigkeit eine hohe Überschneidung, die aber stark zurückgegangen ist. Bezogen auf das Jahr 2014 gilt nur die Hälfte der Arbeitslosen auch als erwerbslos und nur zwei Drittel der Erwerbslosen sind arbeitslos.

Die wichtigsten Größen der Beschäftigungsentwicklung sind die Erwerbstätigen und die Arbeits- respektive Erwerbslosen. Abb. 2 (Sp. 397) bezieht sich zunächst auf die Erwerbstätigkeit. Während die Erwerbstätigenquote von Männern seit den 1950er Jahren leicht abgenommen hat, ist die von Frauen gestiegen, wobei sich aber in der DDR bzw. in den neuen Bundesländern die Erwerbstätigenquote von Frauen nach 1990 auf das westdeutsche Niveau reduziert hat und die von Männern wegen der zunächst hohen Arbeitslosigkeit zeitweilig deutlich unter das westdeutsche Niveau gefallen war. Inzwischen hat die Erwerbstätigenquote von Frauen fast das Niveau der Männer erreicht.

Verantwortlich für die allg. rückläufige Erwerbstätigenquote von Männern sind drei Faktoren: die Verlängerung der Schul- und Ausbildungszeiten, der zeitweilig frühere Übergang in den Ruhestand und bis etwa 2005 die langfristige Zunahme der Arbeitslosigkeit. Die Frauenerwerbstätigkeit hat hingegen trotz dieser drei Faktoren stetig zugenommen. Verantwortlich hierfür ist nicht nur der Rückgang der Fertilität, sondern die Zunahme steht auch in Zusammenhang insb. mit höheren Ausbildungsabschlüssen und mit der Entwicklung zur Dienstleistungsgesellschaft – die gestiegene Frauenerwerbsbeteiligung ist deshalb auch bei Müttern zu beobachten.

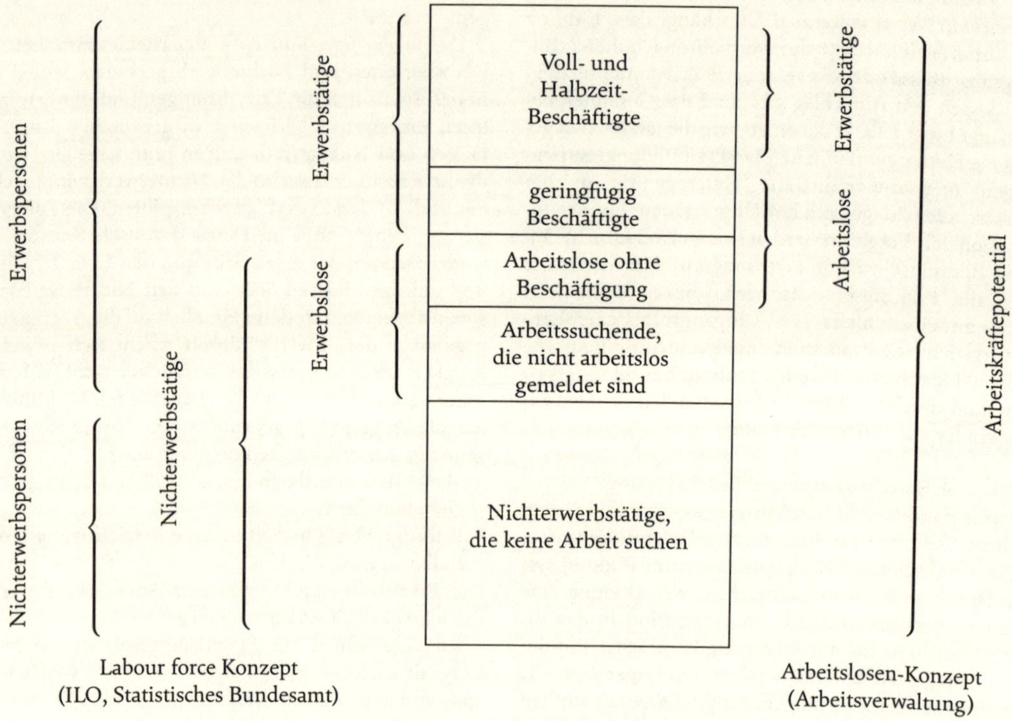


Abb. 1: Arbeitsmarkt und Beschäftigung – Begriffsystematik
Quelle: Klein 2016: 222

Abb. 3 (Sp. 397) zeigt schließlich die Entwicklung der Arbeitslosigkeit und die der Langzeitarbeitslosigkeit. Die hohe Arbeitslosigkeit nach dem Zweiten Weltkrieg – bedingt durch Kriegszerstörung und Zuwanderung – ist während der 1950er Jahre im Zusammenhang mit der prosperierenden wirtschaftlichen Entwicklung stark gesunken und blieb bis Mitte der 1970er Jahre auf einem historisch niedrigen Niveau von zumeist unter 1 %. Die Wiederanstiege Mitte der 70er und Anfang der 80er Jahre erklären sich mit wirtschaftlichen Rezessionen und Anfang der 80er Jahre auch mit geburtenstarken Jahrgängen, die in dieser Zeit auf den Arbeitsmarkt drangen und zu einem Anstieg v. a. der Jugendarbeitslosigkeit geführt haben. Der Anstieg in den 90er Jahren beruht auf den Transformationsprozessen in den neuen Bundesländern nach der Wende.

Ein sozialpolitisch vieldiskutiertes Thema ist die Arbeitslosigkeitsdauer, denn lange andauernde Arbeitslosigkeit hat natürlich bes. nachhaltigen Einfluss auf die Lebenslage der Betroffenen. Seit 2008 ist auch der Anteil der Langzeitarbeitslosen statistisch in Zeitreihen erfasst und in Abb. 3 wiedergegeben. Zu sehen ist ein deutlicher Anstieg. Ein „beliebter" Trugschluss ist allerdings, einen Anstieg als Verschlechterung der Beschäftigungsaussichten, als Versagen der Regierung oder ähnlich zu interpretieren. Das Gegenteil ist der Fall. Denn bei den meisten Angaben zur Arbeitslosigkeitsdauer handelt es sich nämlich nicht um die Dauer bis zur Wiederbeschäftigung, sondern um die zurückliegende Dauer der Arbeitslosigkeit *unter den aktuell Arbeitslosen*. Wie aus Abb. 3 zu entnehmen hat aber parallel zum „Anstieg" der Arbeitslosigkeitsdauer die Arbeitslosenquote *ab*genommen. Und dies hängt unmittelbar miteinander zusammen, denn bei den Arbeitslosen, die wieder Arbeit finden, handelt es sich tendenziell um diejenigen mit den vergleichsweise besten Wiederbeschäftigungschancen und noch kurzer Arbeitslosigkeit – zurück bleiben diejenigen, die schon vergleichsweise länger arbeitslos sind, sodass natürlich die durchschnittliche Arbeitslosigkeitsdauer und der Anteil der Langzeitarbeitslosen *unter den nach wie vor Arbeitslosen* ansteigt. Niemand wünscht sich, dass die „Arbeitslosigkeitsdauer" abnimmt, was nämlich i. d. R. bedeutet, dass die Arbeitslosigkeit zunimmt und nun unter den Arbeitslosen viele mit noch ganz kurzer Arbeitslosigkeit sind.

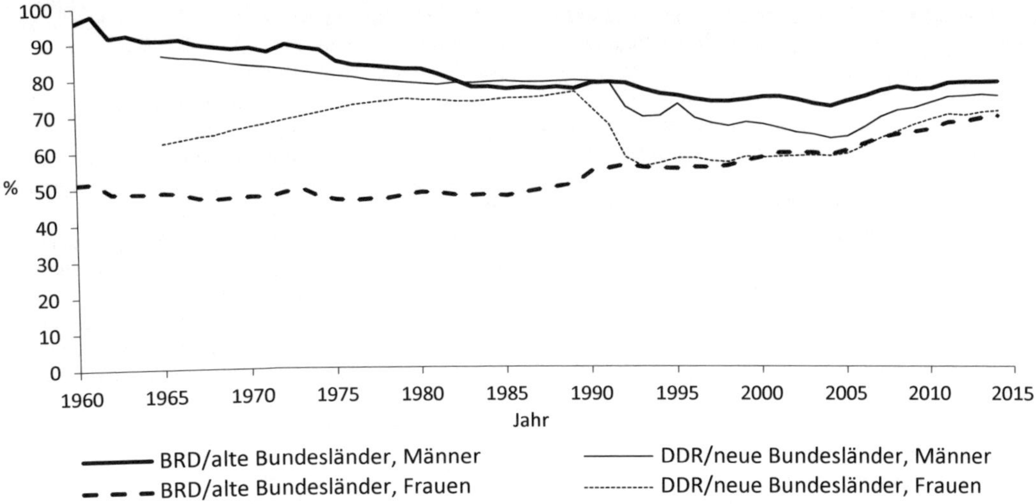


Abb 2: Die Erwerbstätigenquote (im Alter von 15 bis 65 Jahren, bis 2004 nach dem Arbeitslosenkonzept [Arbeitsverwaltung], ab 2005 nach dem ILO-Konzept) seit 1960 nach Geschlecht und Gebietszugehörigkeit
Quellen: Statistisches Bundesamt (verschiedene Jahrgänge des Statistischen Jahrbuchs für die Bundesrepublik Deutschland); Staatliche Zentralverwaltung für Statistik (verschiedene Jahrgänge des Statistischen Jahrbuchs der DDR); eigene Berechnungen (zusammengestellt aus Klein 2016: 225)

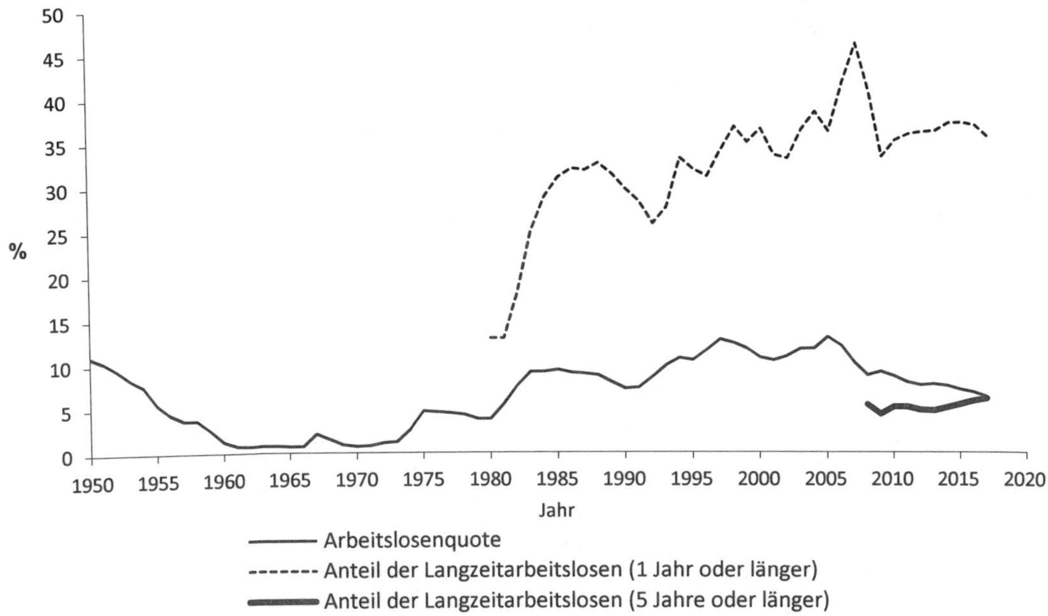


Abb. 3: Die Entwicklung von Arbeitslosigkeit und Beschäftigung in der Nachkriegszeit
Quelle: Zusammenstellung in Anlehnung an Klein 2016: 225, 227

Längst ist jedoch die strikte Zweiteilung des Arbeitsmarkts in Erwerbstätige und Arbeitslose obsolet geworden, denn eine wachsende Gruppe von „Beschäftigten" ist nur in Teilzeit beschäftigt oder gar nur „geringfügig", nur befristet und/oder nur in Zeit- bzw. Leiharbeit – verbunden mit geringer Entlohnung und schlechter sozialer Absicherung. Diese sog.en Atypischen Beschäftigungsverhältnisse machen im Jahr 2017 fast ein Viertel (23,1 %) der abhängig Beschäftigten aus (bei Frauen 33,0 %, bei Männern 13,9 %). Unter den Atypisch Beschäftigten sind die Teilzeitbeschäftigten mit 62 % die größte Gruppe, hierauf folgen mit 33,0 % die befristet Beschäftigten und mit 28,2 % die Geringfügig Beschäftigten. Der kleinste Teil mit 12,1 % sind die Zeitarbeitnehmer.

### 5. Wohlstand und Armut

Die Verteilung von Wohlstand und ↑Armut hängen in starkem Maße ab von Bildung und Beschäftigung wie auch von demographischen Strukturen: Geburtenentwicklung, Haushaltsstrukturen u. a. mehr (↑Demographie). Auch für die Beschreibung der Verteilung von Wohlstand sind einige Erläuterungen nötig. Denn die Armutsquote und viele andere Angaben zu Wohlstand und Armut sagen *nichts* aus, wenn man nicht reflektiert, wie sie jeweils berechnet wurden. Und hierbei gibt es viele sinnvolle Möglichkeiten mit jedoch unterschiedlicher Aussage.

Zu den wichtigsten Wohlstandsindikatoren zählen ↑Einkommen und ↑Vermögen. Meistbeachtet (auch aufgrund der besseren Datenverfügbarkeit) sind allerdings Einkommen und Einkommensunterschiede. Zu den wichtigsten Einkommensquellen gehört das Markteinkommen, v. a. aus selbständiger und nichtselbständiger ↑Arbeit. Die Verteilung der Markteinkommen wird auch als primäre oder als Brutto-Einkommensverteilung bezeichnet. Nach Abzug von (direkten) Steuern und Sozialabgaben und nach Hinzufügung von sozialen und privaten Transferleistungen resultiert daraus die Verteilung des Nettoeinkommens, die sog.e sekundäre Einkommensverteilung. Die primäre Einkommensverteilung rekurriert auf den Entstehungszusammenhang sozialer Ungleichheit im Produktionsprozess, und der Vergleich zwischen primärer und sekundärer Einkommensverteilung beleuchtet das Ausmaß sozialer Umverteilung.

Von großer Bedeutung ist außerdem die „familiäre" Umverteilung im Haushalt (↑Haushalt, privater). Ausschlaggebend für den individuellen Wohlstand ist nicht das individuelle Einkommen, sondern die individuelle Partizipation am Haushaltsnettoeinkommen. Dabei hängt der individuelle Wohlstand nicht nur davon ab, welche Ressourcen im Haushalt zusammenfließen, sondern auch davon, welcher Bedarf – insb. welche Personenzahl – den Ressourcen des Haushalts gegenübersteht. Zu berücksichtigen sind zudem die Einsparungsmöglichkeiten *(economies of scale)*, die in größeren Haushalten durch gemeinsames Wirtschaften entstehen, nämlich

*a)* durch breitere Verteilung von Fixkosten (z. B. die gemeinsame Nutzung von Bad und Küche in der Wohnung, Einsparungen beim täglichen Einkauf und der Nahrungszubereitung, ggf. gemeinsame Nutzung eines Autos usw.),

*b)* durch geringere, in der Unteilbarkeit mancher Konsumgüter angelegte Überschusskapazitäten (z. B. bei einer Gefriertruhe) sowie

*c)* durch Güter, die in den Grenzen des gemeinsamen Haushalts den Charakter öffentlicher Güter haben, weil sie von mehreren parallel konsumiert werden können, ohne dass sich deren Konsum gegenseitig beeinträchtigt (Beispiele sind Licht, Heizung usw.).

Hinzu kommen Bedarfsunterschiede zwischen den Individuen, v. a. zwischen Kindern und Erwachsenen.

Die Einkommensrelationen, die zwischen Haushalten mit unterschiedlichem Bedarf bestehen müssten, damit deren Haushaltsmitglieder auf demselben bzw. einem äquivalenten Wohlstandsniveau leben, finden in so genannten Äquivalenzskalen Ausdruck. Die Relation zwischen einem Ein- und einem Zweipersonenhaushalt ist bspw. 1:1,5, sofern zwei Personen im Haushalt für denselben Pro-Kopf-Konsum unter Berücksichtigung der genannten Einsparungen nur das 1,5-fache Einkommen benötigen. Dividiert man das Nettohaushaltseinkommen durch die Summe der Bedarfsgewichte, erhält man ein bedarfsgewichtetes Pro-Kopf-Einkommen, das sog.e Äquivalenzeinkommen.

Da die Skalenvorteile in verschiedenen Lebensbereichen recht unterschiedlich ausfallen und in ihrer Gesamtheit somit vom Lebensstil abhängen und da die Unterschiede des Bedarfs auch von anderweitigen individuellen Lebensumständen (Erwerbstätigkeit, Gesundheitszustand usw.) beeinflusst werden, ist die empirische Ermittlung wohlstandsäquivalenter Einkommensrelationen keineswegs einfach. Gebräuchlich sind Skalen, die entweder von der ↑OECD vorgeschlagen wurden oder sozialstaatlichen Regelungen entnommen sind – z. B. in Deutschland den Leistungsabstufungen, die für Arbeitslosengeld II (bzw. umgangssprachlich „Hartz IV") und für ↑Sozialhilfe gelten. Je nach zugrunde liegender Äquivalenzskala ergeben sich sehr drastische Unterschiede dessen, was als wohlstandsäquivalentes Haushaltseinkommen anzusehen ist. Dabei hat die bei empirischen Analysen zugrunde gelegte Äquivalenzskala nachhaltige Auswirkungen auf die Verteilung und die sozialen Unterschiede von Wohlstand und Armut in der Gesellschaft. So fällt bspw. Kinderarmut sehr unterschiedlich aus, je nachdem, wie der wohlstandsäquivalente Bedarf von Kindern veranschlagt wird.

Erst recht hängt eine Armutsquote davon ab, bei welchem Einkommen die Armutsgrenze gezogen ist. Viele Studien verwenden eine Armutsgrenze bei 50 oder 60 % des Durchschnittsäquivalenzeinkommens (arithmetisches Mittel oder Median). Dabei kann je nachdem die Armutsquote 18,7 % betragen oder nur 6,2 %. Die Dramatisierung oder Bagatellisierung eines einzelnen

Werts ist daher nichtssagend ohne Reflexion der zugrundeliegenden Berechnung. Um die Auswirkungen der letztlich willkürlichen Armutsgrenze, der Äquivalenzskala und weiterer Analyseentscheidungen auf Umfang und Struktur der Armut einzuschätzen, empfiehlt es sich vielmehr, die Ergebnisse alternativer Berechnungsmethoden parallel zu betrachten. Ebenfalls erkenntnisträchtig ist ein Vergleich von Armutsquoten zwischen verschiedenen Zeitpunkten oder Sozialgruppen (die natürlich auf je dieselbe Weise berechnet sein sollte), wenn dabei die zeitlichen und sozialgruppenbezogenen Unterschiede im Vordergrund stehen und das Niveau nicht überinterpretiert wird.

Will man die Einkommensungleichheit über das gesamte Einkommensspektrum betrachten, geschieht dies oft mittels einer Perzentildarstellung. Diese beruht auf einer Einteilung der Bevölkerung in gleich große Teile (Perzentile), sortiert nach der Höhe des Einkommens. Häufig anzutreffen ist eine Einteilung in zehn Teile (Dezile). In diesem Fall ist im untersten Dezil das Bevölkerungszehntel mit den geringsten Einkommen, im nächsten Dezil das mit den nächstgeringsten Einkommen usw. Das oberste Dezil enthält dementsprechend das Bevölkerungszehntel mit den höchsten Einkommen. Gibt man zusätzlich an, welcher Anteil des Volkseinkommens in den einzelnen Dezilen zusammenkommt, so erhält man eine Darstellung der Ungleichverteilung, wie sie aus Tab. 2 hervorgeht.

| | Nettovermögen | Nettoäquivalenzeinkommen |
|---|---|---|
| | 2012 | 2014 |
| 1. Dezil | –1,2 | 3,4 |
| 2. Dezil | 0,0 | 5,1 |
| 3. Dezil | 0,1 | 6,3 |
| 4. Dezil | 0,5 | 7,3 |
| 5. Dezil | 1,5 | 8,3 |
| 6. Dezil | 3,6 | 9,3 |
| 7. Dezil | 7,1 | 10,5 |
| 8. Dezil | 11,9 | 12,1 |
| 9. Dezil | 19,1 | 14,6 |
| 10. Dezil | 57,3 | 23,1 |

*Tab. 2:* Verteilung des individuellen Nettoäquivalenzeinkommens[2)] und des Nettovermögens auf Bevölkerungsdezile (in % des Gesamtnettoäquivalenzeinkommens bzw. des Gesamtnettovermögens)
[2)] inklusive des Mietwerts selbstgenutzten Wohneigentums
*Quelle:* Fünfter Armuts- und Reichtumsbericht der Bundesregierung (2017): 504, 509

Wie Tab. 2 zu entnehmen, bezog das einkommensärmste Zehntel der Bevölkerung in Deutschland im Jahr 2014 zusammen nur 3,4 % des gesamten Nettoäquivalenzeinkommens, das reichste Zehntel hingegen insgesamt 23,1 %. Typischerweise ist exakt der Übergang vom 6. zum 7. Dezil in vielen Ländern mit einem Überschreiten der 10 %-Grenze verbunden, bei der ein Bevölkerungszehntel gerade zu einem Zehntel am gesellschaftlichen Wohlstand teilhat. Eine 10 %-Teilhabe in allen Dezilen würde Gleichverteilung bedeuten.

Die in Tab. 2 beschriebenen Perzentilinformationen lassen sich auch zur Berechnung stärker zusammengefasster Maßzahlen heranziehen. Ein Ungleichheitsindikator ist bspw. die Relation, die zwischen dem Einkommen des obersten Perzentils zu dem des untersten besteht. Bezogen auf die in Tab. 2 wiedergegebenen Werte ist das Einkommen des obersten Dezils um das (23,1/3,4 =) 6,8-fache höher als das des untersten!

Neben dem Einkommen ist der Wohlstand durch das Vermögen bestimmt. Während dem Einkommen eine gewisse Regelmäßigkeit unterliegt, spricht man bei einem einmaligen Ressourcenbezug von einem Vermögenstransfer. Der Unterschied zwischen Einkommen und Vermögenstransfers ist allerdings unter dem Aspekt der Wohlstandsverteilung durchaus fließend: So unterliegt auch das Einkommen gewissen Schwankungen, die sich als Einkommensmobilität begreifen lassen. Zu berücksichtigen ist außerdem, dass Vermögen die Grundlage des Vermögenseinkommens darstellt und umgekehrt die Vermögensbildung auch auf dem Ansparen von Einkommen basiert.

Zum Vermögen gehören Geld- und Sachvermögen (d. h. insb. Immobilien und Betriebsvermögen). Obwohl das Vermögen den Ressourcen zugerechnet wird, haben einige Vermögensarten – nämlich das Gebrauchsvermögen (z. B. ein teures Auto) und das selbst genutzte Wohneigentum – auch einen Konsumwert, weshalb in empirischen Untersuchungen der Mietwert selbstgenutzten Wohneigentums gelegentlich zum Einkommen gerechnet wird.

Das private Nettovermögen ist wesentlich ungleicher verteilt als das Nettoäquivalenzeinkommen: Im Jahr 2014 verfügt das oberste Dezil über 57,3 % des Netto-Gesamtvermögens, die obere Hälfte sogar gut über 99 %, und die gesamte untere Hälfte besitzt zusammen nur knapp 1 % (siehe Tab. 2).

Das durchschnittliche Nettovermögen (d. h. das Bruttovermögen abzüglich von Schulden) belief sich 2014 auf 214 500 Euro je *Haushalt*. Die deutlich größte Komponente ist das Immobilienvermögen, und die Vermögensverteilung wird deshalb stark von der des Immobilienvermögens geprägt. Deutlich geringere Bedeutung hat das Finanzvermögen. Sachvermögen ohne die Immobilien spielt überhaupt nur im obersten Dezil der Vermögensverteilung eine größere Rolle, nämlich in Form von Betriebsvermögen an einem selbstgeführten Betrieb.

Betrachtet man Einkommen und Vermögen im EU-Vergleich haben deutsche Haushalte ein durchschnittlich hohes Bruttoeinkommen – hinter Luxemburg, Belgien, Niederlande und Finnland, aber vor z. B. Frankreich, Spanien und Italien. Jedoch hat Deutschland mit rund 50 % der Arbeitskosten inzwischen die höchste Abgabenlast durch Steuern und Sozialabgaben – selbst im Vergleich mit allen OECD-Staaten. Weit überdurchschnittlich sind die Abgaben in Deutschland auch gerade bei Geringverdienern und Alleinerziehenden.

Im Unterschied zu dem tendenziell hohen (Brutto-) Einkommen ist das Privatvermögen der Deutschen erstaunlich gering – große Aufmerksamkeit hat z. B. erfahren, dass das durchschnittliche Haushalts-Nettovermögen (Median) in Spanien, Italien und anderen Ländern, die wirtschaftlich schlechter aufgestellt wahrgenommen werden als Deutschland, mehr als dreimal so hoch ist wie hierzulande.

### Literatur

D. Baron/P. Hill: Atypische Beschäftigung und ihre sozialen Konsequenzen, 2018 • OECD: Taxing Wages 2018 (2018), URL: http://dx.doi.org/10.1787/tax_wages-2018-en (abger.: 17.2.2021) • StBA: Atypische Beschäftigung (2018), URL: https://www.destatis.de/DE/ZahlenFakten/Gesamtwirtschaft Umwelt/Arbeitsmarkt/Erwerbstaetigkeit/TabellenArbeits kraefteerhebung/AtypKernerwerbErwerbsformZR.html (abger.: 30.8.2018) • Deutsche Bundesbank: Vermögen und Finanzen privater Haushalte in Deutschland. Ergebnisse der Vermögensbefragung 2014, 2016 • European Central Bank: The Household Finance and Consumption Survey. Results From the Second Wave, 2016 • T. Klein: Sozialstrukturanalyse. Eine Einführung, 2016 • OECD: PISA 2015 Ergebnisse. Exzellenz und Chancengerechtigkeit in der Bildung (2016), URL: http://www.oecd.org/education/pisa-2015-ergebnisse-band-i-978 9264267879-de.htm (abger.: 17.2.2021) • European Central Bank: The Eurosystem Household Finance and Consumption Survey-results From the First Wave, 2013 • R. Becker/A. Hecken: Studium oder Berufsausbildung? Eine empirische Überprüfung der Modelle zur Erklärung von Bildungsentscheidungen von Esser sowie Breen und Goldthrope, in: ZfS 36/2 (2007), 100–117 • B. Keller/H. Seifert: Atypische Beschäftigung, 2007 • J. Baumert/G. Schürmer: Familiäre Lebensverhältnisse, Bildungsbeteiligung und Kompetenzerwerb im internationalen Vergleich, in: J. Baumert u. a. (Hg.): PISA 2000. Die Länder der Bundesrepublik Deutschland im Vergleich, 2002, 159–202 • R. Geißler: Die Sozialstruktur Deutschlands, 2002 • P. Bourdieu: Cultural Reproduction and Social Reproduction, in: J. Karabel/A. Halsey (Hg.): Power and Ideology in Education, 1977, 487–510 • L. Thurow: Generating Inequality, 1975 • R. Boudon: Education, Opportunity, and Social Inequality, 1974 • G. Becker: Human Capital, 1964. THOMAS KLEIN

## Sozialversicherung

S. ist gekennzeichnet durch die versicherungsrechtliche Absicherung typischer Wechselfälle des Lebens im Wege des sozialen Ausgleichs mittels Versicherungspflicht bei selbständigen Anstalten oder Körperschaften des öffentlichen Rechts unter maßgeblicher Finanzierung durch Beiträge, die von den Betroffenen, regelmäßig von Arbeitgebern und Versicherten, getragen werden, wobei z. T., gerade in der ↑Unfallversicherung, nur der Arbeitgeber beitragspflichtig ist und zudem, gerade in der ↑Rentenversicherung, Steuermittel als Bundeszuschüsse zur Finanzierung hinzukommen. Das ↑BVerfG versteht S. im Hinblick auf die Gesetzgebungskompetenz des Bundes nach Art. 74 Abs. 1 Nr. 12 GG als einen weit gefassten verfassungsrechtlichen Gattungsbegriff (grundlegend BVerfG 8.4.1987–2 BvR 909/82 u. a., BVerfGE 75,108 ff. – Künstler-S.), der nicht auf die traditionellen Bereiche Krankheit (GKV [↑Krankenversicherung]; SGB V), Alter und Invalidität (gesetzliche Rentenversicherung; SGB VI), Arbeitsunfall und Berufskrankheiten (gesetzliche Unfallversicherung; SGB VII) und Arbeitslosigkeit (↑Arbeitslosenversicherung, geregelt im SGB III) beschränkt ist. Erfasst werden auch neue Sachverhalte, sodass das Risiko der Pflegebedürftigkeit durch die Mitte der 1990er Jahre als fünfter S.s-Zweig eingeführte soziale ↑Pflegeversicherung (SGB XI), die sowohl gesetzlich als auch privat Krankenversicherte einbezieht, im Rahmen des SGB abgesichert werden konnte.

Von der privatrechtlichen Grundsätzen folgenden Privatversicherung unterscheidet sich die öffentlich-rechtliche S. inhaltlich insb. durch das Prinzip des sozialen Ausgleichs und der ↑Solidarität, das sich etwa in der GKV daran zeigt, dass die Beiträge nicht nach dem individuellen Krankheitsrisiko berechnet werden, sondern nach dem ↑Einkommen oder die Möglichkeit der beitragsfreien Mitversicherung von Familienmitgliedern besteht. Als Teil des ↑Sozialrechts steht die S. systematisch neben der jeweils steuerfinanzierten sozialen Entschädigung, etwa bei Impfschäden oder bei Gewalttaten, und der sozialen Hilfe und Förderung gerade bei Bedürftigkeit (Grundsicherung für Arbeitsuchende, ↑Sozialhilfe).

Die maßgeblich auf Otto von Bismarck zurückgehende Idee einer beitragsfinanzierten, durch verselbständigte Verwaltungseinheiten im Wege der ↑Selbstverwaltung von Arbeitgebern und Versicherten öffentlich-rechtlich organisierten Absicherung hat sich seit den Anfangstagen in den 80er Jahren des 19. Jh. trotz aller Reformbedürftigkeit und immer wieder aufkommenden Finanzierungsfragen grundsätzlich bewährt und ist in den Grundstrukturen durch ein hohes Maß an Kontinuität geprägt. Geändert hat sich v. a. der Kreis der Pflichtversicherten, der immer weiter ausgedehnt wurde, und unter den Stichworten Bürgerversicherung und Erwerbstätigenversicherung wird eine weitere Ausdehnung von einer urspr. beschränkten Arbeiterversicherung hin zu einer umfassenden Volksversicherung diskutiert, die dann auch die Frage nach der Bedeutung der bestehenden privaten Versicherungen, gerade der PKV, und der Beihilfe für ↑Beamte aufwirft.

### Literatur

F. Ruland/U. Becker/P. Axer (Hg.): Sozialrechtshandbuch, [6]2018 • P. Masuch u. a. (Hg.): Grundlagen und Herausforderungen des Sozialstaats, Bd. 2, 2015. PETER AXER

## Sozialwissenschaften

### 1. Begriff

Der Begriffsumfang der S. ist umstritten, ebenso wie derjenige des Synonyms „Gesellschaftswissenschaften“.

*a)* Von Sozialwissenschaft im Singular wird im Anschluss an Vorbilder des 19. Jh. i. S. einer synthetisierenden, ↑Gesellschaft in ihrem komplexen Zusammenhang begreifenden Perspektive gesprochen.

*b)* S. bezeichnen die soziologische Dimension der Fachwissenschaften, die sich heute zunehmend in Teil- oder Brückendisziplinen (z. B. Sozialmedizin/Medizinsoziologie, Rechtstatsachenforschung/Rechtssoziologie) ausdifferenzieren.

*c)* Durch die Schaffung eines „Lehramtes S.“ und von sozialwissenschaftlichen Fachbereichen verfestigt sich ein institutionelles Verständnis, das ↑Soziologie, Politikwissenschaft und mancherorts ↑Wirtschaftswissenschaften umfasst.

*d)* S. wird verwandt als Residualkategorie nächstverwandter Disziplinen, zu denen sich eine Einzeldisziplin in Beziehung setzt, z. B. Wirtschaftswissenschaft und S.

*e)* S. wird als Korrelat zu ↑Naturwissenschaften und ↑Geisteswissenschaften verwandt und umfasst als Oberbegriff alle Disziplinen, die sich mit Gestalt und Entwicklung des menschlichen Zusammenlebens befassen, neben den Genannten z. B. auch die Rechtswissenschaft und Geschichtswissenschaft, die Demographie, Statistik, Ethnologie, Sozialphilosophie und Sozialpsychologie. Das ↑„Staatslexikon“ spiegelt in etwa die Weite des letztgenannten Begriffsverständnisses.

Die Variabilität und Unschärfe des Begriffsumfangs folgt nicht nur aus disziplinären Profilierungsbedürfnissen, sondern dient auch der Verständigung: S. bezeichnet nach allg.em Verständnis einen die Einzeldisziplinen übergreifenden Kommunikationszusammenhang von größerer Dichte als denjenigen des gesamten Wissenschaftssystems. Mit dem Begriff S. werden Gemeinsamkeiten und Ähnlichkeiten verschiedener Disziplinen angesprochen. Seine Aktualität verweist auf die Notwendigkeit, die reduktionistischen Perspektiven verschiedener Einzelwissenschaften i. S. einer multi- oder interdisziplinären Betrachtungsweise zu überwinden.

### 2. Historische Gemeinsamkeiten

Der heute auch international i. S. d. Bedeutung *e)* (s. o.) eingebürgerte Begriff lässt sich im Wesentlichen auf drei nationale Wissenschaftstraditionen zurückführen: die deutsche ↑Staatswissenschaft und Kameralwissenschaft (↑Kameralismus), die französische Geschichtsphilosophie (↑Geschichte, Geschichtsphilosophie) und die britische Moralphilosophie. Deren gemeinsamer Ausgangspunkt liegt im Politikverständnis der Antike, insb. von Aristoteles und der Stoa, vermittelt über die Tradition des ↑Naturrechts und die ↑Staatslehren des 16. und 17. Jh.

Der Beginn der modernen S. ist im Nachdenken über die Natur des ↑Staates und die Staatskunst des Herrschers zu sehen. Selbst der „Wealth of Nations“ (Smith 1776), der heute als Ausgangspunkt der Wirtschaftswissenschaften gilt, war von Adam Smith noch als „Zweig der Wissenschaft [...] de[s] Staatsmann[es] und Gesetzgeber[s]“ (Smith 1974: 347) konzipiert. Die diesem Denken zugrunde liegende Vorstellung unterschied noch nicht zwischen Staat und Gesellschaft: Die *societas civilis* meinte beides in einem, d. h. das in politischer Gemeinschaft verfasste Zusammenleben der Menschen. Die absolutistischen Staatslehren provozierten als Reaktion die Betonung der *Eigendynamik* des „Gesellschaftlichen“, das sich einer umfassenden staatlichen Lenkung entzieht. Aus der Unterscheidung von Staat und Gesellschaft entwickelte sich diejenige von Staats- und Sozial- bzw. Gesellschaftswissenschaft, doch verfestigte sich diese Differenz im 19. Jh. nicht institutionell. Der Name S. erschien zuerst 1837 in der Übersetzung von Jean Charles Léonard de Sismondis „Etudes sur les sciences sociales“ (1836); die französische Bezeichnung findet sich zuerst bei Jean Antoine Nicolas de Condorcet (1792) und Charles Fourier (1808).

Unter dem Einfluss von ↑Idealismus und Historismus entwickelten sich die deutschen S. im Spannungsfeld von Theorie, Empirie und Praxis. Das Erkenntnisinteresse einer Erklärung und Überwindung der im Begriff der sozialen Frage zusammengefassten Nöte des Pauperismus und des entstehenden Industrialismus bildete den Ausgangspunkt ihrer Eigenständigkeit. Ihr Ziel war ein theoretisches Verständnis der historischen Umbrüche des Zeitalters und, davon ausgehend, die Entwicklung einer „socialen Politik“, um dem offenkundigen Zerfall alter Ordnungen entgegenzuwirken. Konservative (Wilhelm Heinrich Riehl), liberale (Robert von Mohl), sozialreformerische (Lorenz von Stein) und sozialrevolutionäre (Karl Marx) Positionen wurden dabei schon um die Mitte des 19. Jh. voll entwickelt. Seit 1872 bildete der *Verein für Socialpolitik* das maßgebliche Forum der deutschen ↑Kathedersozialisten, bis sich 1909 die DGS unter dem Eindruck des Werturteilsstreits von ihm trennte.

Obwohl bereits in der ersten Hälfte des 19. Jh. die Differenzierung der alten Politiklehre in die Grunddisziplinen ↑Philosophie, ↑Rechtswissenschaft, ↑Geschichtswissenschaft, Wirtschaftswissenschaft und Soziologie einsetzte, blieben die Querbeziehungen im Deutschen Reich ausgeprägter als im Ausland. Hierzu trugen neben Heinrich von Treitschkes einflussreicher Gegnerschaft gegen die „Gesellschaftswissenschaft“ entscheidend eine sozialwissenschaftliche Ausrichtung der juristischen Staatslehre und das Dominieren der historischen Schule der Nationalökonomie (↑Historismus in der Wirtschaftswissenschaft) bei. Nach dem Zweiten Weltkrieg verselbständigten sich die sozialwissenschaftlichen Einzeldisziplinen gemäß dem amerikanischen Vorbild, vielfach unter Übernahme angelsächsischer Paradigmen und fachspezifischer Organisationsformen.

Die selbständige Institutionalisierung der genannten fünf Grunddisziplinen hat zu deren interner Differenzierung, aber auch zur Bildung neuer, zu dieser Einteilung quer liegender Disziplinen wie der Politikwissenschaft, Verwaltungswissenschaft und Bevölkerungswissenschaft geführt. Disziplinen wie die Ethnologie, die Geographie, die Biologie oder die Psychologie, die in anderen Ländern die Entwicklung der S. nachhaltig beeinflusst haben, stehen dagegen im deutschen Kontext in einer gewissen Distanz.

### 3. Systematische Gemeinsamkeiten

Mit Bezug auf die klassische Unterscheidung zwischen Natur- und ↑Kultur- bzw. Geisteswissenschaften entziehen sich die S. einer klaren Zuordnung. In methodischer Hinsicht sind sie vielmehr durch das Erfordernis der Kombination experimenteller und hermeneutischer ↑Methoden zu kennzeichnen. Dies ergibt sich aus der historischen Wandelbarkeit ihrer Gegenstände, bzgl. derer keine Konstanz der Eigenschaften vorausgesetzt werden kann. Soziale ↑Ordnungen sind nichts Statisches; sie warten nicht darauf, bis Sozialwissenschaftler ihre Gesetzmäßigkeiten erkannt haben, ja sie können sich unter dem Einfluss sozialwissenschaftlicher Erkenntnisse in nicht voraussehbarer Weise verändern. Die soziale Wirksamkeit sozialwissenschaftlicher Einsichten folgt also typischerweise nicht einem naturwissenschaftlich-technischen Handlungsmodell. Auseinandersetzungen über die grundlegenden Denkmodelle und die richtige Methode prägen daher die S. in weit stärkerem Maße als die Natur- und die Geisteswissenschaften. V. a. vier Problemkreise – in klassisch gewordenen Disputen verdeutlicht – beleuchten die *Multivalenz* und *Komplexität* der S.

*a) Theorie und Erfahrung:* Der Gegensatz zwischen geschichtlich gewordener Mannigfaltigkeit und rationaler Ordnung bestimmte bereits die Kritik der Romantik an der Aufklärung und die Spannung zwischen der ↑Historischen Rechtsschule und der auf Universalisierung und Kodifikation drängenden Rechtswissenschaft. Der mit den Namen von Carl Menger und Gustav von Schmoller verbundene *Methodenstreit* (1883) machte das Problem erstmals zum Gegenstand wissenschaftstheoretischer Reflexion: Es geht um das Verhältnis von einer an der Formulierung „allgemeiner Gesetze" orientierten *Rationalwissenschaft* zu einer an möglichst angemessener Erfassung der Wirklichkeit orientierten *Erfahrungswissenschaft*. Bis heute ist die Frage umstritten, ob in den S. die Formulierung erklärungskräftiger ↑Gesetze oder zum mindesten empirisch bewährter nomologischer Hypothesen möglich ist oder ob es sich bei „allgemeinen Theorien" lediglich um konsistente Denkmodelle handelt, deren heuristischer Nutzen von raumzeitlich variablen Bedingungen abhängig ist, deren Erhellung die eigentliche Aufgabe einer erfahrungswissenschaftlichen Sozialwissenschaft darstellt. Weitgehend akzeptiert erscheint immerhin die bereits von John Stuart Mill formulierte Unmöglichkeit bloß induktiv verallgemeinernder Erkenntnis im Bereich der sozialen Tatsachen. Jede soziale Erfahrung – auch die wissenschaftliche Empirie – vollzieht sich im Horizont kultureller Deutungen, einer vorgängigen kognitiven Ordnung, deren distanzierte Reflexion erst die sozialwissenschaftliche von der naiven Erfahrung unterscheidet.

*b) Normative und erklärende S.:* Die ältere Staats- und Verwaltungslehre hatte einen klaren Adressaten, den „Staatsmann" oder „Gesetzgeber". Sie beanspruchte zugl. Erkenntnis und Handlungsanleitung zu sein: Wissen, Voraussicht und Handeln (↑Handeln, Handlung) bildeten die Trias des rationalen Entwurfs. Seine Gültigkeit setzt jedoch die Garantie einer erkennbaren Ordnung voraus, die zunächst theologisch, dann naturrechtlich und zuletzt positivistisch (Auguste Comte) begründet wurde. Dieses Denkmodell und damit die Einheit von Objektivität und Normativität geriet in dem Maße ins Wanken, als die Eigendynamik der gesellschaftlichen Verhältnisse durch den Prozess der Industrialisierung (↑Industrialisierung, Industrielle Revolution) und die Unvereinbarkeit politischer Wertorientierungen im Gefolge der ↑Französischen Revolution ins Bewusstsein trat. Die S. des 19. Jh. reflektierten den Bruch erst ansatzweise und hielten an der Möglichkeit einer gleichzeitig erklärenden und handlungsnormierenden ↑Wissenschaft fest.

Im Werturteilsstreit (↑Werturteil) hat Max Weber gegen diese im *Verein für Socialpolitik* vorherrschende Auffassung das Problem radikalisiert: „Eine empirische Wissenschaft vermag niemanden zu lehren, was er soll, sondern nur, was er kann und – unter Umständen – was er will" (Weber 1972: 151). M. Webers Auffassung zufolge sind kulturelle Wertbindungen zwar notwendige Voraussetzung sinnvoller wissenschaftlicher Erkenntnis, aber nur subjektiv verbindlich und in ihrer Kulturbedeutung wandelbar. Sie sind daher für die Gültigkeit einer erklärenden Sozialwissenschaft irrelevant. Diese bei M. Weber auch weltanschaulich begründete radikale Trennung zwischen Sein und Sollen verhindert jedoch nicht den Entwurf wirtschafts- und sozialpolitischer Handlungskonzepte; er versteht dies als ein rein „technisches" Problem der Umkehrung von Kausalsätzen. Diese Grundgedanken sind bis heute für die empirisch arbeitenden S. maßgeblich.

Diese Position ist insofern hilfreich, als sie den verbreiteten Ideologisierungstendenzen in den S. entgegenwirkt, aber die daraus gezogenen methodologischen Schlussfolgerungen scheinen nicht geeignet, den Umgang mit der unhintergehbaren Kulturtatsache zu erleichtern, dass die S. stets im Spannungsfeld von Normativität und Faktizität einer bestimmten Gesellschaft operieren.

S., die von einer inhaltlichen Wertbindung ausgehen, z. B. die katholische Soziallehre, müssen diesem Umstand ebenfalls Rechnung tragen und daher zusätzliche Begründungsleistungen auf sich nehmen. Deren wissenschaftstheoretischer Status scheint bis heute wenig geklärt. In der juristischen und politikwissenschaftlichen Staatslehre wird in diesem Zusammenhang vornehmlich auf den durch Interpretation zu erschließenden Wertgehalt verfassungsmäßiger Ordnungen rekurriert, womit das sozialphilosophische Begründungsproblem zugunsten einer historischen Legitimation abgeschnitten wird.

*c) Theorie und Praxis der S.*: Die Kritik der Frankfurter Schule (↑Kritische Theorie) an als „positivistisch" denunzierten Formen sozialwissenschaftlicher Methodologie führte zum sog.en *Positivismusstreit* (1963). Die Kontrahenten (Karl Raimund Popper, Hans Albert) bestanden darauf, dass der Positivismusvorwurf den ↑kritischen Rationalismus nicht treffe, sein Prinzip der kritischen Prüfung vielmehr dem Fortschritt der S. dienlicher sei als das Beharren auf der Dialektik von Wesen und Erscheinung.

Während die Kontroverse mit Bezug auf die Punkte *a)* und *b)* (s. o.) infolge von Missverständnissen wenig ergiebig blieb, führte sie mit Bezug auf das Problem praktischer Relevanz der S. zu einer klaren Frontstellung: Während der kritische Rationalismus eine Praxis, die den Namen Wissenschaft verdient, auf die Entwicklung und Prüfung von Sätzen und Satzsystemen im Begründungszusammenhang beschränkt und ihre Anwendung im Sinne M. Webers als Umformung nomologischen Wissens in technologische Vorschläge versteht, besteht die Frankfurter Schule auf einem kommunikativen Begriff wissenschaftlicher Praxis, der die Produktions- und Verwertungsbedingungen von S. mit reflektiert. Im Unterschied zu den Naturwissenschaften, deren praktische Wirksamkeit immer technisch vermittelt ist, wirken sozialwissenschaftliche Theorien und Einsichten auch kommunikativ durch die Modifikation von Sprachsymbolen und durch Umformung handlungsleitender Vorstellungen. Weil soziale Wirklichkeit stets das Ergebnis sinnhafter Handlungen ist, die ihrerseits Sinnvorgaben voraussetzen, deren Beeinflussung durch die S. zum alltäglichen Vorgang geworden ist, spricht vieles für einen erweiterten Begriff sozialwissenschaftlicher Praxis.

*d) Reduktion und Emergenz:* Im Vergleich zu den Naturwissenschaften erscheinen „interessante" sozialwissenschaftliche Aussagen als unpräzise und prognostisch unzuverlässig. Dies ist die Konsequenz eines Forschungsdilemmas: zunehmende Präzision der Messungen und Aussagen muss häufig mit einem Bedeutungsverlust des erfassten Objekts bezahlt werden. Die reduktionistische Strategie, d. h. die Auflösung eines Phänomens in möglichst elementare Teilvorgänge und deren isolierte Messung, Erklärung und Prognose, erweist sich hier im Gegensatz zu Physik und Chemie als wenig erfolgreich. Soziale Einzelphänomene erhalten ihren Sinn i. d. R. nur im Kontext übergreifender Zusammenhänge, ihr isoliertes Verständnis verkürzt ihre Bedeutung oft gerade um die wissenschaftlich und praktisch interessanten Dimensionen. Z. B. setzt das Verständnis institutioneller Ordnungen und ihrer Wirksamkeit – eine zentrale Aufgabe der S. – sowohl die Beobachtung menschlichen Handelns als auch die Erschließung des Sinnzusammenhangs bestehender Regelungen voraus. Institutionelle Ordnungen haben, bezogen auf soziales Handeln, emergente Eigenschaften, und gerade sie bestimmen häufig unverstanden die soziale Wirklichkeit. Die Kritik reduktionistischer Forschungsstrategien löste den Positivismusstreit aus, doch brachte er hierfür keine Lösung, da die Interpretation emergenter Eigenschaften als „Wesen" oder „Totalität" das Problem ebenso verzerrt wie ihre Verdrängung im Rahmen kausaler Erklärungsmodelle. ↑Systemtheorie, phänomenologisch (↑Phänomenologie) und kultursoziologisch (↑Kultursoziologie) orientierte Theorieansätze suchen heute allerdings zunehmend eine atomistische Betrachtungsweise sozialer Wirklichkeit zu überwinden.

## 4. Disziplinarität und Interdisziplinarität in den Sozialwissenschaften

Die bisherige Geschichte der S. ist im Wesentlichen als Differenzierungsprozess zu verstehen, der jedoch nicht in allen Ländern die gleichen Grenzen aufgerichtet hat. In Deutschland folgte einer Hauptdifferenzierung in Rechtswissenschaft, Wirtschaftswissenschaften, Geschichtswissenschaft und Soziologie eine vielfältige Binnendifferenzierung, die zu zahlreichen Fachgebieten innerhalb oder zwischen diesen (und weiteren) Disziplinen geführt hat. Die damit verbundene Spezialisierung und Fragmentierung des wissenschaftlichen Wissens lässt dieses jedoch immer *inkongruenter* zu den Anforderungen gesellschaftlicher Praxis werden. Die Lösung praktischer Probleme setzt immer häufiger ein Fachwissen aus unterschiedlichen Disziplinen und Fächern voraus. Der Trend zur Spezialisierung scheint auch innerhalb der S. irreversibel und macht alle Hoffnungen auf die „Einheit der S." in Form einer großen Synthese, wie sie heute wieder *Big Data* verspricht, illusorisch. „Gesellschaft" lässt sich immer weniger als Ganzheit, sondern nur noch als komplexe Architektur interdependenter Prozesse auf nach Emergenzgesichtspunkten hierarchisierten Analyseebenen und in von unterschiedlichen Einzeldisziplinen interpretierten Handlungszonen in etwa angemessen begreifen. Dennoch bleibt die „Einheit der S." ein notwendiges Desiderat, das sich jedoch nur in thematisch differenzierter Form als spezialisierte, fachübergreifende, interdisziplinäre Kommunikation realisieren lässt.

## Literatur

C. Albrecht: Gesellschaft, in: Görres-Gesellschaft (Hg.): Staatslexikon, Bd. 2, [8]2018, 1220–1230 • R. Benedikter: Die Zukunft der Sozialwissenschaft, 2018 • F. Lehner: Sozialwissenschaft, 2018 • S. Salzborn (Hg.): Klassiker der Sozialwissenschaften, 2014 • Ders.: Sozialwissenschaften zur Einführung, 2013 • S. Moebius/A. Reckwitz (Hg.): Poststrukturalistische Sozialwissenschaften, 2008 • G. Delanty: Social Science. Beyond Constructivism and Realism, 1997 • H. Hohmann: Gesetz und Wirklichkeit in den Sozialwissenschaften. Vom Methodenstreit zum Positivismusstreit, 1989 • H. Maier: Die ältere deutsche Staats- und Verwaltungslehre, 1986 • K. Acham: Philosophie der Sozialwissenschaften, 1983 • F.-X. Kaufmann: Nationalökonomie und Soziologie. Zum Problem der Interdisziplinarität in den Sozialwissenschaften, in: E. Küng (Hg.): Wandlungen in Wirtschaft und Gesellschaft, 1980, 31–51 • F. Jonas: Geschichte der Soziologie, 2 Bde., 1976 • U. Beck: Objektivität und Normativität, 1974 • M. Weber: Gesammelte Aufsätze zur Wissenschaftslehre, [3]1972 • E. Topitsch (Hg.): Logik der Sozialwissenschaften, 1965 • E. Pankoke: Sociale Bewegung – Sociale Frage – Sociale Politik. Grundfragen der deutschen „Socialwissenschaft" im 19. Jahrhundert, 1970 • T. W. Adorno (Hg.): Der Positivismusstreit in der deutschen Soziologie, 1969 • J. C. L. de Sismondi: Études sur les sciences sociales, 1836 • A. Smith: An Inquiry Into the Nature and Causes of the Wealth of Nations, 1776.

FRANZ-XAVER KAUFMANN
REDAKTIONELL BEARBEITET
VON WINFRIED GEBHARDT

## Soziobiologie

S. bezeichnet das naturwissenschaftliche Unternehmen, tierliches und menschliches Sozialverhalten auf der Basis der Darwinischen Evolutionstheorie (↑Evolution) zu erklären. Human-Soziobiologen sind der Auffassung, dass auch der Mensch – wie alle anderen Organismen neben ihm – reines Produkt des evolutionären Naturgeschehens sei. Dies schließe den menschlichen Geist und seine Manifestationen im Denken, Fühlen und Handeln ausdrücklich mit ein, weshalb die Leistungen des menschlichen Geistes in ↑Kultur und ↑Gesellschaft mit den Implikationen des Evolutionsgeschehens behaftet und deshalb prinzipiell einer evolutionären Analyse zugänglich seien.

Im charakteristischen Unterschied zu herkömmlichen Sozialwissenschaften, wie etwa der ↑Soziologie oder Kulturanthropologie, die schwerpunktmäßig die sog.en *proximaten* Ursachen (Wirkursachen) für soziale Prozesse und deren Dynamik untersuchen, streben Soziobiologen auch sog.e *ultimate* Erklärungen des Verhaltens an. Damit sind die funktionalen Zweckursachen sozialer Phänomene gemeint, welche in der adaptiven Selektionsgeschichte der Arten zu suchen sind. Mit Begriffen wie bspw. *biologische Anpassung*, *Fitness* und *Selektionsvorteil* bedienen sich Soziobiologen der Terminologie der Evolutionstheorie. Weiterhin spielen in der S. Kultur- und Artvergleiche eine hervorgehobene Rolle, nicht nur, weil auf diese Weise die Naturgeschichte des infrage stehenden Verhaltens studiert werden kann, sondern auch, weil durch das vergleichende Studium artspezifischer, kultureller und ethnohistorischer Variabilität die Regelhaftigkeit des sozialen Geschehens sichtbar wird.

Der Begriff S. geht auf das 1975 erschienene Lehrbuch „Sociobiology – The New Synthesis" des vielfach ausgezeichneten Harvard-Zoologen Edward Osborne Wilson zurück. Ein wesentliches Verdienst dieser Monographie bestand darin, die zuvor von unterschiedlichen Autoren in Einzelpublikationen vorbereitete sog.e *Hamiltonische Wende* der Biologie systematisch entfaltet zu haben. Während man zuvor der Überzeugung war, dass die Mechanismen des Sozialverhaltens aus einer Gruppenselektion hervorgegangen seien, die das Sozialverhalten der Individuen nach deren Beitrag für die Arterhaltung, oder zumindest für das Gruppenwohl, bewerte, wurde in den 60er und 70er Jahren des letzten Jahrhunderts zunehmend deutlich, dass diese Überzeugung weder empirisch noch theoretisch Bestand haben konnte. Stattdessen setzte sich die Einsicht durch, dass die biologische Evolution ein konsequent genzentrierter Prozess ist. Die neue Sichtweise wurde v.a. vom britischen Zoologen Richard Dawkins durch sein Buch „The Selfish Gene" (1975) popularisiert. Inzwischen gilt in der wissenschaftlichen Fachwelt die *Hamiltonische Wende* der Evolutionstheorie als umfassend vollzogen und bildet damit das derzeit breit akzeptierte Fundament aller modernen theoretischen und empirischen Biologie.

Dass es überhaupt zu einem Paradigmenwechsel in der Biologie kam, war eng mit dem sog.en *Altruismus-Problem* verknüpft. Wie sollte man sich erklären können, dass sich in einer kompetitiven Welt, die mit den Floskeln vom „struggle for life" und „survival of the fittest" skizziert wird, selbstloses Verhalten evolutionär durchsetzen konnte? Fortschritt im Verständnis dieses augenscheinlichen Paradoxons konnte durch die Einsicht erzielt werden, dass das, was auf der phänotypischen Ebene als Altruismus aufscheint, auf der genotypischen Ebene durchaus eigennützig sein kann. In mehreren Modellen wurde diese Einsicht aufgegriffen, erfolgreich theoretisch formalisiert und empirisch unterfüttert, so dass das *Altruismus-Problem* keine unüberwindliche Hürde mehr zum Verständnis der biologischen Evolution des Sozialverhaltens darstellt. Im Gegenteil: Vielen Soziobiologen gelten Altruismus und Kooperation als Musterbeispiele für die Erklärungskraft dessen, was im Jargon als „the gene's eye view" der Evolution bezeichnet wird.

Die Rezeptionsgeschichte der S. war anfänglich sehr holprig. Innerhalb der Wissenschaften, einschließlich der ↑Biowissenschaften selbst, und auch innerhalb einer breiteren Öffentlichkeit gab es gegen die S. große, teilweise sehr emotionalisierte Widerstände. Beobachter der einschlägigen Debatten im letzten Drittel des 20. Jh. sprechen gar von den „Sociobiology Wars" (Segerstråle 2000: 320). Die Gründe dafür haben mehrere unterschiedlich motivierte Ursachenbündel. So haben Missverständnisse zu Fehlinterpretationen soziobiologischer Arbeit geführt. Dies betraf v.a. die jeweilige Rolle von Genen bzw. von ↑Tradition und Kultur für die soziale Praxis von Menschen, womit die Diskussion um die S. in der fruchtlosen Endlosschleife der Kulturalismus/Naturalismus-Debatte hängen blieb ohne die soziobiologischen Theorieofferten zur Rolle der Kultur im Evolutionsgeschehen sachgerecht zu würdigen. Ferner gab es ideologische Vorbehalte gegen die S. Für sich politisch links verstehende Wissenschaftler fiel wissenschaftliche und ideologisch motivierte Kritik legitimerweise aufeinander, womit die wissenschaftstheoretisch so wichtige Unterscheidung zwischen „Erklären“ und „Rechtfertigen“ eingeebnet wurde. Auf diese Weise wurden Soziobiologen gelegentlich mit der Unterstellung kollektiv unter Ideologieverdacht gestellt, dass sie eine politisch reaktionäre Agenda verfolgten.

Diese Debatten haben sicherlich ihren Teil dazu beigetragen, dass in der Folge der Begriff „S.“ eher gemieden wurde. Stattdessen hat sich bei praktisch gleichem Erkenntnisinteresse der Begriff „Verhaltensökologie“ *(Behavioural Ecology)* eingebürgert. In der Wissenschaftslandschaft hat sich inzwischen S./Verhaltensökologie gerade auch in Bezug auf das menschliche Sozialverhalten u. a. mit internationalen Fachgesellschaften und hochrangigen Zeitschriften fest etabliert. Überdies strahlen ihre Ergebnisse zunehmend in benachbarte Disziplinen aus. So hat sich eine *Evolutionäre Psychologie* entwickelt, eine *Evolutionäre Soziologie* scheint in statu nascendi, und auch die Philosophie blieb von der S. nicht unberührt, was bes. in Arbeiten zu einer *Evolutionären Ethik* sichtbar wird.

### Literatur

E. Voland: Soziobiologie – Die Evolution von Kooperation und Konkurrenz, [4]2013 • U. Segerstråle: Defenders of the Truth, 2000 • R. Dawkins: The Selfish Gene, 1975 • E. O. Wilson: Sociobiology – The New Synthesis, 1975.

ECKART VOLAND

## Soziologie

### 1. Bezugsprobleme des soziologischen Denkens

Wie für alle wissenschaftlichen Disziplinen gilt auch für die S., dass ihre Entstehung als ↑Wissenschaft an die Entfaltung hinreichend komplexer Problembezüge gebunden ist. Für die S. war dies der Zeitpunkt, an dem sich der Blick auf die Formen des Zusammenlebens der Menschen an einem neuen Bezugsproblem schärfte: dem der Handlungskoordination bzw. dem der Anpassung unterschiedlicher Handlungsmöglichkeiten aneinander. Entscheidend dafür waren die historischen Voraussetzungen im 18. Jh. Man könnte Fragestellungen, die auf dieses Problem reagieren, schon in den sehr viel älteren Texten der „Nikomachischen Ethik“ Aristoteles' entdecken. Aber die Vorläufer etwa in der jüngeren schottischen Moralphilosophie oder auch Jean-Jacques Rousseau und überhaupt die Texte der ↑Aufklärung lassen sich bereits als Dokumente der Gestaltung der Gesellschaft lesen. Hintergrund hierfür waren die großen politischen Revolutionen, v. a. die ↑Französische Revolution 1789, die spätere Industrialisierung (↑Industrialisierung, Industrielle Revolution) und die damit verbundenen Optionssteigerungen im Hinblick auf technisches Wissen, ökonomische Rationalitäten und eine philosophische Neubeschreibung der Welt jenseits von metaphysischen Verortungen. Was aus heutiger Perspektive als gesellschaftlicher Umbruch und Beginn der neuzeitigen Wissenschaften verstanden werden kann, stellte sich im 18. Jh. v. a. als eine Erfahrung der ↑Emanzipation von der politischen ↑Autorität von Monarchen und der damit verbundenen Infragestellung kirchlicher Autoritäten und einer gottgegebenen Ordnung dar. Wer nach dem Ort dieser Entwicklung fragte, stieß fast zwangsläufig auf die ↑Gesellschaft als nun neuem Ursprung sozialer ↑Ordnung. Eine sich in vielerlei Hinsicht dynamisierende Gesellschaft lernte, sich als Gesellschaft zu verstehen, als Korrelat gesellschaftlicher Zugzwänge, die sich gestalten lassen.

Mit diesen neuen Gestaltungsmöglichkeiten entstanden Problembeschreibungen, die sich in der S. zum Teil bis heute erhalten haben. „Die Erfahrung des Sozialen auf den Begriff der ‚Gesellschaft‘ zu bringen, drückte eine Vorstellung von Einheit, von Zusammengehörigkeit aus, welche die Zeitgenossen wahrnahmen oder jedenfalls für die Zukunft anzustreben versuchten. Aber daneben stand die andere Erfahrung, dass die Gesellschaft aus verschiedenen, ungleichen Teilen bestand, aus größeren Verbänden, die hierarchisch übereinander angeordnet waren“ (Nolte 2000: 37). Soziale Ordnung erscheint aus dieser Perspektive als gelungene Form einer Handlungskoordination, bei der die Ungleichheit gesellschaftlicher Gruppen nach einer ↑Integration verlangt. Wenn Walter Schulz (1972) die Philosophie dieser Zeit mit den Kategorien Verwissenschaftlichung, Verinnerlichung, Vergeistigung, Verleiblichung, Vergeschichtlichung und Verantwortung auf den Begriff bringt, wird damit gleichzeitig sichtbar, wie sich diese neu entstehende bürgerliche Gesellschaft verstand: als Ensemble von unverwechselbaren Subjekten, die sich über (moralische) Motive Auskunft geben und sich und andere mit Hilfe von guten Gründen und einer entspr.en Einsichtsfähigkeit steuern, „als Sphäre der zum Publikum versammelten Privatleute“ (Habermas 1990: 86).

Bemerkenswert in Bezug auf diese Zeit wären also drei Elemente:

*a)* Radikale Umwälzungen in Ökonomie, Recht, Wissenschaft, Verkehr und staatlichem Gemeinwesen führen zu einer janusköpfigen Situation: Einerseits ging die Sicherheit spendende Kraft vorheriger überzeitlicher Weltbilder verloren, andererseits gewann man einen nie zuvor da gewesenen Gestaltungsspielraum. Was als Gesellschaft sichtbar wurde, war nun nicht mehr nur ein Raum der Geselligkeit, nicht mehr bloße Sphäre gemeinsamen Lebens, sondern ein Spielraum für Gestaltung.

*b)* Gleichzeitig verstand sich diese Gesellschaft selbst sowohl als Adressat als auch als Publikum dieser Dynamik. Gesellschaft war kein abstrakter Begriff – sondern chiffrierte jenen Raum, jene Arena, in der sie sich selbst zum Thema wurde. Was entfesselt wurde, war v.a. ↑Kommunikation, d.h. die beredte Form der Selbstwahrnehmung der Gesellschaft, des öffentlichen Diskurses und der Beobachtungen aller möglichen Handlungsfelder durch unterschiedliche Instanzen der Gesellschaft.

*c)* Darüber hinaus war aber auch die Beschleunigung der gesellschaftlichen Entwicklung selbst ein entscheidendes Thema. War die Welt zuvor stärker an der Tradierung ihrer Routinen orientiert, wurde die Dynamik der Gesellschaft nun selbst zu jenem Thema, das dynamische Debatten hervorgebracht hat. In ihrer Selbstbeschreibung als „Neueste Zeit" zeigt sich die Reflexion dieser Erfahrungen: „die Revolution, der Fortschritt, die Entwicklung, die Krise, der Zeitgeist, alles Ausdrücke, die zeitliche Indikationen enthielten, die es zuvor in gleicher Weise noch nicht gegeben hatte" (Koselleck 1992: 320).

## 2. Frühe vorsoziologische Denkfiguren

Wie sich auf dieser Grundlage im 19. Jh. aus dem Blick auf die Gesellschaft die S. als eigenständige Disziplin entwickelte, lässt sich beispielhaft an den Überlegungen der folgenden fünf Theoretiker zeigen: Georg Wilhelm Friedrich Hegel, Auguste Comte, Wilhelm Heinrich Riehl, Lorenz von Stein und Karl Marx.

G. W. F. Hegels Staats- und Rechtsphilosophie hat in den ersten drei Jahrzehnten des 19. Jh. ein Primat des Politischen, des ↑Staates vor den anderen großen Sphären der Gesellschaft betont – vor der Familie nämlich und vor der bürgerlichen Gesellschaft. In der Familie geht der Einzelne völlig auf, in der bürgerlichen Gesellschaft ist er Wirtschaftsbürger und Eigentümer und verfolgt eigene Interessen, und dem Staat unterwirft er sich als Teil eines Ganzen, das aber aus freien Stücken. Die Mitgliedschaft im starken, selbstbewussten Nationalstaat – verfasst wurde dies 1821, kurz nach dem Wiener Kongress – mit starkem Identitäts- und Bekenntnisanspruch war es, die G. W. F. Hegel v.a. im Blick hatte. Aber G. W. F. Hegel erkannte auch an, dass der Mensch nicht nur Staatsbürger ist, sondern auch Wirtschaftsbürger – während Ersterer sich Kollektivinteressen unterzuordnen hat, verfolgt Zweiterer je eigene Ziele. Es dürfte deutlich sein, dass eine solche – zwar noch vorsoziologische, die S. aber stark bestimmende – Denkungsart dort entsteht, wo man die Erfahrung macht, dass unterschiedliche Sphären der Gesellschaft unterschiedliche Logiken ausbilden, unterschiedliche Gestaltungsmöglichkeiten eröffnen und unterschiedliche Anforderungen an den Menschen stellen – und damit je eigene Typen individuellen Handelns hervorbringen und legitimieren.

Bei A. Comte, dem die Prägung des Begriffs S. zugeschrieben wird, sollte die S. jene Wissenschaft darstellen, mit Hilfe derer sich zum einen die statischen Strukturen der Gesellschaft beschreiben lassen, die aber zum anderen in der Lage ist, die objektiven Bewegungsgesetze der gesellschaftlichen Entwicklung herauszuarbeiten. A. Comte hat ein geschichtsphilosophisches System (↑Geschichte, Geschichtsphilosophie) entworfen, nach dem sich im Laufe der Weltgeschichte nach dem theologischen und dem metaphysischen Zeitalter nun das Zeitalter der ↑Rationalität, der Vernunft (↑Vernunft – Verstand), das positive Zeitalter durchsetzen werde. Hier sollten allein wissenschaftliche, gemäß den ↑Naturwissenschaften gebildete Vernunftgründe Geltung besitzen und so eine allein auf Vernunft und rationales Kalkül gestützte Gesellschaftsform begründen. Der S. wies A. Comte die zentrale Rolle gesellschaftspolitischer ↑Planung und ↑Steuerung zu, die soziologische Vernunft sollte gar Züge einer positivistischen ↑Zivilreligion annehmen und damit durch die positivistische Versöhnung von Ordnung und ↑Fortschritt geschichtspraktische Relevanz erhalten.

In der zweiten Hälfte des 19. Jh. hat W. H. Riehl als Professor für ↑Staatswissenschaft in München eine Gegenerzählung zu dieser Fortschrittsphilosophie entwickelt. Er entwirft ein Denkgebäude, in dem dafür geworben wird, die moderne Gesellschaft nicht schlicht nivellierend auf ein Prinzip zurückzuführen, sondern die unterschiedlichen Schichten und ↑Gruppen der Gesellschaft in ihrer Vielfalt wieder in den „Volkskörper" zu integrieren. Sein bes.s Interesse gilt dem Proletariat, das losgelöst von Brauchtum und Sitte wieder mit sozialen Bezügen versehen werden sollte. W. H. Riehl hält eine Reform der auseinanderstrebenden kapitalistischen Gesellschaft (↑Kapitalismus) vonnöten, und der S. kommt nach seiner Auffassung eine bes. Bedeutung zu, denn „in der Erkenntnis der Gesellschaft" könnte „bereits die Reform der Gesellschaft vorgebildet" sein (Riehl 1885: 35).

Ähnlich wie W. H. Riehl setzt auch L. von Stein, ab 1846 Professor für Nationalökonomie in Kiel, ab 1855 in Wien, an der sog.en ↑Sozialen Frage an. Zentrales Thema für L. von Stein ist die Frage nach „Wesen, Bestimmung und Recht der Ungleichheit der Individuen mit ihren Folgen für alle menschliche Entwicklung" (Stein 1988: 11). L. von Stein war kein Sozialrevolutionär, sondern stellte sich die Frage, in welcher Weise die Gesellschaft in der Lage ist, die durch den Industriekapitalismus bedingte radikale Ungleichheit der Klassen zu legitimieren und zu tolerieren und welche Rolle dem Staat zukommt, diese Ungleichheit abzumildern und damit sozialen Frieden zu stiften.

Ein weiteres Beispiel, das hier nicht fehlen darf, ist der wissenschaftliche ↑Sozialismus von K. Marx und Friedrich Engels. K. Marx schrieb am 25.7.1867 in London im Vorwort zur ersten Aufl. des „Kapitals", es sei „der letzte Endzweck dieses Werks, das ökonomische Bewegungsgesetz der modernen Gesellschaft zu enthüllen" (Marx 1962: 15 f.), und zwar ein Bewegungsgesetz, das mit quasi-natürlicher Notwendigkeit sich entfalte und das im Prozess der Befreiung des Proletariats lediglich „die Geburtswehen abkürzen und mildern" (Marx 1962: 16) helfen könne. Als wesentliche Ursache des radikalen Wandels gilt hier die Entwicklung der Produktivkräfte und Produktionsmittel hin zu einer industriell-technischen Produktionsweise.

Alle diese fünf frühen Theoretiker machen gleichermaßen auf radikale Umwälzungen der Gesellschaft aufmerksam. So verschieden sie auch sein mögen, der S. bzw. der Gesellschaftswissenschaft, weisen sie eine bes. Rolle zu. Sie solle eine bes., gewissermaßen mäeutische Funktion für das Entstehen eines neuen gesellschaftlichen Zustandes, für eine neue Epoche, für eine Zeit haben, die modern genannt wird.

## 3. Gründungstexte

Die eigentliche Konsolidierungsphase der S. als eigenständige wissenschaftliche Disziplin sollte erst zu Beginn des 20. Jh. einsetzen, und zwar auf der Grundlage von Texten von Émile Durkheim, „De la division du travail social" (1893; Über die Arbeitsteilung), „Les règles de la méthode sociologique" (1895; Die Regeln der soziologischen Methode), „Le suicide. Étude de sociologie" (1897; Der Selbstmord), George Herbert Mead, „Mind, self, and society" (1934; Geist, Identität und Gesellschaft), im deutschen Sprachraum Ferdinand Tönnies, „Gemeinschaft und Gesellschaft" (1897), Max Weber, „Die ‚Objektivität' sozialwissenschaftlicher und sozialpolitischer Erkenntnis" (1904), „Die protestantische Ethik und der Geist des Kapitalismus" (1904/05), „Wirtschaft und Gesellschaft" (1922), und Georg Simmel, „Über sociale Differenzierung" (1890), „Philosophie des Geldes" (1900). Hier erst beginnt eine eigenständige Begriffs-, Methoden- und Theoriebildung, in deren unmittelbarer Kontinuität auch die heutige akademische S. nach wie vor steht. Ab nun stand weniger Programmatik als Pragmatik auf dem Programm: Die Konsolidierung der S. erfolgte nämlich insb. dadurch, dass die Erfahrung einer brüchig gewordenen Welt in soziologische Analysen von gesellschaftlichen Wandlungsprozessen übersetzt wurde: die Veränderung von Solidaritätsformen bei É. Durkheim, die Bestimmung der Identität des Einzelnen als Produkt der Gesellschaft bei G. H. Mead, der Wandel von Gemeinschaft zu Gesellschaft bei F. Tönnies, Rationalisierungsprozesse bei M. Weber und kulturelle Differenzierungs- und Individualisierungsprozesse bei G. Simmel.

## 4. Institutionalisierung

Den ersten Lehrstuhl, der den von A. Comte ca. 1838 geprägten Namen S. trug, hatte É. Durkheim (Bordeaux 1887) inne, der 1895 die „Regeln der soziologischen Methode" veröffentlichte. Das erste Institut für S. entstand 1892 in Chicago (USA) und wurde von Albion Woodbury Small geleitet. Doch schon vorher existierten in England und den USA *Social Science Associations* (England 1857, USA 1865), die sich als Reformbewegungen verstanden, und noch früher gab es die *Statistical Society of London* (1834) und die *American Statistical Association* (1839), die beide auf der Grundlage großer statistischer Datenmengen Berichte veröffentlichten und z. B. eine entspr.e Armengesetzgebung vorbereiteten. Florence Nightingale, die als Begründerin der modernen Krankenpflege und als bedeutende Reformerin des frühen Gesundheitswesens gilt, war Mitglied beider Gesellschaften. Die ersten soziologischen Fachgesellschaften entstanden 1905 (USA) und 1909 (Deutschland).

Ein entscheidender Einschnitt für die deutsche S. war der ↑Nationalsozialismus. Während sich die deutsche Fachgesellschaft für S. während dieser Zeit auflöste und viele Wissenschaftler (Theodor W. Adorno, Max Horkheimer, Karl Mannheim, Karl Popper, Marie Jahoda, Norbert Elias und viele andere) aufgrund ihrer jüdischen Herkunft oder politischer Aktivitäten emigrieren mussten, stabilisierte sich soziologische Expertise v. a. in der Form der sozialstatistischen Beschaffung und Aufbereitung von Daten. Die Machtzentren des Nationalsozialismus hatten ein großes Interesse an empirischen Untersuchungsmethoden, die in eigens gegründeten Zentren zum Zweck der Informationsbeschaffung (↑Rationalisierung, Produktivitätssteigerung in der Rüstungsindustrie, Einsatz von Zwangsarbeitern, ethnische Segregation, Verwaltung von Häftlingen/der ↑Konzentrationslager) genutzt wurden. Auch frühe Formen der Meinungsforschung entstanden hier. Die großen deutschen Meinungsforschungsinstitute (EMNID-Institut, Institut für Demoskopie in Allensbach, IFO-Institut, Infratest, DIVO) wurden alle zwischen 1945 und 1950 gegründet (vgl. Adamski 2009; Klingemann 2009).

Die sich in der Nachkriegszeit anschließende flächendeckende Institutionalisierung der S. als akademischer Disziplin vermittelt ein sehr breit gefächertes Bild von dem, was die noch junge, aber nun mittlerweile etablierte S. leisten kann. Die S. ist seitdem sehr erfolgreich darin, der Gesellschaft kontraintuitive Selbstbeobachtungen anzubieten, Analysen über ↑soziale Ungleichheit und Bildungsbeteiligung, über die ↑Integration von Minderheiten und den kulturellen Wandel, über Familienformen, geschlechtliche Arbeitsteilung, Lebensalter und Globalisierungsprozesse. Politische, administrative und ökonomische Prozesse sind ohne soziologisches Wissen kaum möglich. Neben dieser erfolgreichen soziologischen Praxis freilich stellt sich die Frage der Gegenstandskonstitution und der theoretischen Selbstverortung.

## 5. Gegenstandskonstitution

Üblicherweise beschreibt sich die S. als eine multiparadigmatische S., deren Stärke darin besteht, dass die Paradigmen oder Theorietraditionen eine Form der friedlichen Koexistenz gefunden haben. Die Lehrbücher des Faches quittieren dies mit Kategorien wie eher kollektivistisch oder eher subjektivistisch gebaute Theorien oder unterscheiden quantitative von qualitativen/verstehenden S.n. Das ist aber eher die Abbildung der fachstabilisierenden Differenzierung unterschiedlicher Orientierungen. Es ist letztlich kein soziologisches Argument.

Sucht man nach einem soziologischen Argument, könnte man diese Vielfalt jedoch auch in zwei sehr charakteristischen Diskurssträngen aufeinander beziehen, um einerseits die historische ↑Kontingenz der Entstehung dieser Vielfalt nicht zu stark zu betonen und um andererseits auch etwas über die Praxis der soziologischen Formenbildung sagen zu können und über die Frage danach, wie sich soziologische Argumentationsfiguren selbst hervorbringen.

Kreist, wie Jürgen Habermas herausgearbeitet hat, der philosophische Diskurs der ↑Moderne um das ↑Subjekt und seine Überwindung, so gilt das auch für die S., deren Gegenstand freilich nicht die philosophische Substitution der Vernünftigkeit des vernünftigen Subjekts ist. Was die S. seit ihren Anfängen umgetrieben hat, war nicht die Vernunft als solche, sondern die Rekonstruktion des Individuums als Subjekt/Objekt seiner Verhältnisse und der Verhältnisse als der Bedingung der jeweiligen Subjektivität. Die S. hat also zweierlei entdeckt: das handelnde ↑Individuum und das Individuum als Produkt seiner Verhältnisse. Die S. als eigenständige Denkform ist erst entstanden, als sich die Welt als gesellschaftlicher Horizont darstellte, als die Ordnung der Welt als soziale Ordnung erschien und die Idee des individuellen Menschen als des Subjekts der Welt einer merkwürdigen Dekonstruktion unterzogen wurde: Zwar galt und gilt selbstverständlich der Mensch als das Subjekt der Welt, aber als ein vergesellschaftetes Subjekt, was seinen Subjektstatus unbemerkt korrumpiert.

Ein dominanter soziologischer Diskursstrang fasst soziologische Denkungsarten zusammen, die mit ihren Analysen an eben diesem Subjekt bzw. an einem Akteur beginnen. Diese Perspektive zehrt von einem Gesellschaftsbegriff und von einem Begriff des Sozialen, der auf Kontinuitäten setzt: auf stabile Strukturen bei Talcott Parsons, auf lebensweltliche Bedingungen authentischer Rede bei J. Habermas und auf eine gewisse widerständige Substantialität des Sozialen bei beiden, so unterschiedlich die Theorieanlagen auch immer sind. Diskontinuitäten erscheinen aus dieser Perspektive als Dysfunktionen oder Pathologien. Dieser Diskursstrang setzt angemessene Motive voraus, und selbst dort, wo fehlgeleitete Motive diagnostiziert werden, zehrt die Diagnose von der unterstellten Angemessenheit. Auch der gegenwärtige Utilitarismus und Ökonomismus der ↑Rational Choice Theory setzt auf Motive des Handelns von Individuen und auf die motivierende Kollektivität von Gesellschaften. Immer geht es um einen Integrationsmechanismus, entweder i.S.d. Angemessenheit des Handelns oder der Angemessenheit der Handlungskoordination durch legitime Formen normativer Zumutungen oder durch strukturierende Konflikte. Gesellschaft erscheint dann als eine Arena für handelnde Subjekte, die ihre ↑Interessen formulieren und sich gegen die Macht der Verhältnisse in Stellung bringen. Dies ist bis heute das milieuspezifische Bild einer S., die sich selbst als Spieler in dieser Arena vorfindet und den Gesellschaftsbegriff am Ende nah an politischen Funktionen und Leistungen engführt.

Ein zweiter Diskursstrang macht exakt das zum Thema: Er bürstet gegen den Strich, was dem ersten Diskursstrang als Selbstverständlichkeit erscheint – das Motiv als Movens des sozialen Handelns (↑Handeln, Handlung) und die Gesellschaft als (politisch) vernünftige Kollektivität. Dieser Diskursstrang beginnt mit G. H. Meads Umkehrung der Bedeutung des bewussten Motivs für die Handlung sowie mit John Deweys Einsicht, dass die Zurechnung auf Motive eine spezielle Funktion besitzt, mithin also unterscheidbar ist von anderen Möglichkeiten, nicht nur von anderen Motiven. Der zweite Diskursstrang behandelt also das als Explanandum, was der erste zum Explanans erhob. Es macht einen erheblichen Unterschied, ob eine soziologische Beobachtung in ihrem Gegenstand Motive und Formen der Kollektivität auf der Ebene der Inhalte unterscheidet oder ob sie sich für Ordnungsaufbau interessiert, für die praktische Ereignisstruktur der sozialen Welt, die die Einheit von Motiv und Kollektivität nicht immer schon voraussetzt. Im zweiten Diskursstrang sind es v.a. die S.n G. H. Meads, Pierre Bourdieus und Niklas Luhmanns, die die Dezentrierung des Akteurs betreiben, ohne diese theoretische Figur zu marginalisieren. Alle drei interessieren sich für die praktische, ereignisbasierte Herstellung und den Vollzug von Ordnung. Für alle ist das grundlegende Bezugsproblem der Aufweis von Bezugsproblemen, durch die erst sich die Praxis als Praxis entfalten kann. Bei P. Bourdieu ist es ein ökonomisches Bezugsproblem, bei der alle soziale Praxis der Selbstbehauptung und Distinktion mit ökonomischen Metaphern beschrieben wird. Bei N. Luhmann ist das Bezugsproblem die Frage danach, wie sich Ordnung und Strukturen in je konkreten Gegenwarten operativ aufbauen und wie sich jeweilige Gegenwarten zu anderen Kontexten verhalten.

## 6. Zeitgenössische Debatten

Die zeitgenössische S. ist nicht trennscharf in diese beiden Diskursstränge differenziert, aber theoretische Neuerungen und empirische Orientierungen zehren von diesen Theoriefiguren. Mit am prominentesten ist ohne Zweifel ein Import von für soziologische Fragestellungen eher unsensiblen Theorien der Verflüssigung von Bedeutungen und der Betonung der Arbitrarität aller Struktur v.a. aus den ↑Kulturwissenschaften, insb. aus dem Poststrukturalismus und dem Dekonstruktivismus (↑Dekonstruktion). Solche Theorien sind zumeist eher strukturkonservativ gebaut, weil sie sich nahtlos in die Struktur des Arena-Modells, also des oben genannten ersten Diskursstrangs, einmustern und für die andere, die bessere Bedeutung kämpfen, indem sie Kategorien des Geschlechts, der Klasse, der Ethnizität usw. dekonstruieren. An den zweiten Diskursstrang schließen eher Theorien wie Bruno Latours Akteur-Netzwerk-Theorie oder *Science and Technology Studies* an, und zwar mit dem Versprechen, essentialistische Konzeptionen von Entitäten in relationale prozesshafte Assemblagen aufzulösen. Dieses Programm wird jedoch praktisch zumeist nicht durchgehalten. Stattdessen werden v.a. nicht-menschliche Entitäten zu Akteuren erhoben, ohne dass daraus Konsequenzen für das Problem des Ordnungsaufbaus gezogen werden. Deutlich ist jedenfalls, dass die großen Debatten der Vergangenheit, die sich eher an politisch-normativen Fragen orientiert haben, in der S. so nicht mehr stattfinden.

Relativ stabil erhalten hat sich der Konflikt zwischen solchen Parteien, die sich bereits in den 1960er Jahren unter dem Titel „Positivismusstreit" gegenüberstanden – hier ging es um die Streitachse einer eher „kritischen" und einer eher „affirmativen", aber auch gleichzeitig einer eher an verstehender Methodik und einer an quantitativen Daten ansetzenden S. Diese Auseinandersetzung war schon damals eher unergiebig und geht auch heute an der Frage vorbei, auf welche komplexen Problembezüge das Fach reagieren kann, zumal völlig unbestritten ist, dass sowohl qualitative als auch quantitative Methoden in der S. gebraucht werden. Jedenfalls muss konzediert werden, dass das Fach international sehr erfolgreich darin ist, die Gesellschaft mit soziologischen Erkenntnissen zu versorgen, aber sie ist nicht mehr jener akademische Akteur, der sie mit kontraintuitiven, mit überraschenden Informationen konfrontiert. Das könnte auch an jenem Defizit liegen, sich selbst nicht mehr über die eigenen Konstitutionsbedingungen als ↑Sozialwissenschaft aufzuklären. Insofern ist die S. ohne Zweifel auch ein wissenschaftliches Opfer ihres institutionellen Erfolgs.

### Literatur

P. Berger/T. Luckmann: Die gesellschaftliche Konstruktion der Wirklichkeit, [27]2018 • N. Luhmann: Soziale Systeme, [17]2018 • G. Mead: Geist, Identität und Gesellschaft, [18]2017 • G. Simmel: Philosophie des Geldes, [11]2017 • F. Tönnies: Gemeinschaft und Gesellschaft, 2017 (zuerst 1887) • J. Habermas: Theorie des kommunikativen Handelns, 2 Bde., [10]2016 • P. Bourdieu: Sozialer Sinn, [9]2015 • É. Durkheim: Die Regeln der soziologischen Methode, [8]2014 • M. Weber: Die protestantische Ethik und der Geist des Kapitalismus, [4]2013 • T. Parsons: The Social System, 2012 (zuerst 1951) • B. Latour: Eine neue Soziologie für eine neue Gesellschaft, [4]2010 • J. Adamski: Ärzte des sozialen Lebens 2009 • N. Elias: Was ist Soziologie?, [11]2009 • C. Klingemann: Soziologie und Politik, 2009 • A. Nassehi: Der soziologische Diskurs der Moderne, [2]2009 • M. Weber: Wirtschaft und Gesellschaft, [5]2009 • J. Dewey: Erfahrung, Erkenntnis und Wert, 2004 • M. Weber: Die „Objektivität" sozialwissenschaftlicher und sozialpolitischer Erkenntnis, in: ders.: Schriften 1894–1922, 2002, 77–149 • G. Simmel: Aufsätze 1887 bis 1890. Über sociale Differenzierung. Die Probleme der Geschichtsphilosophie (1892), 2001 • P. Nolte: Die Ordnung der deutschen Gesellschaft, 2000 • H. Esser: Soziologie. Allgemeine Grundlagen, [3]1999 • É. Durkheim: Über soziale Arbeitsteilung, [7]1992 • R. Koselleck: Vergangene Zukunft, [2]1992 • J. Habermas: Strukturwandel der Öffentlichkeit, 1990 • T. Adorno: Der Positivismusstreit in der deutschen Soziologie, [12]1987 • A. Comte: Die Soziologie, [2]1974 • W. Schulz: Philosophie in der veränderten Welt, [6]1972 • M. Weber: Methodologische Schriften, 1968 • K. Marx: Das Kapital. Bd. 1, in: MEW, Bd. 23, 1962 • L. von Stein: Hdb. der Verwaltungslehre, Bd. 3, [3]1888 • W. H. Riehl: Die Naturgeschichte des Volkes als Grundlage einer deutschen Social-Politik, Bd. 1, [8]1885.

Deutschsprachige Periodika:

BerJSoz, ab 1991 • Soziologische Revue, ab 1978 • ÖZS, ab 1976 • Schweizerische Zeitschrift für Soziologie, ab 1975 • ZfS, ab 1972 • SozW, ab 1949 • KZfSS, ab 1948.

ARMIN NASSEHI UND IRMHILD SAAKE

# Sparkassen

I. Rechtlich – II. Wirtschaftswissenschaftlich

## I. Rechtlich

### 1. Einleitung

Die deutsche Kreditwirtschaft ist durch eine dreigliedrige Struktur geprägt („Drei-Säulen-System"), in der neben privaten und genossenschaftlichen ↑Banken die öffentlich-rechtlichen, von staatlichen Gebietskörperschaften getragenen Institute einen bedeutenden Pfeiler bilden. Innerhalb dieser Säule verfügen die kommunalen S. über einen Marktanteil von ca. 15 % der Gesamtbilanzsumme (2017). S. stehen in alleiniger oder in gemeinsamer Trägerschaft von ↑Gemeinden, Städten, ↑Kreisen oder kommunalen Zweckverbänden. Neben kommunalen gibt es auch einige wenige sog.e freie S., die von den Gebietskörperschaften unabhängig sind.

Während die Geschäftstätigkeit der privaten Banken durch legitimes Streben nach Gewinnmaximierung, die der Genossenschaftsinstitute (↑Genossenschaft) durch den Solidargedanken geprägt ist, haben die öffentlichen Kreditinstitute im Allgemeinen, die S. im Besonderen einen „öffentlichen Auftrag" zu erfüllen. Dabei kann die Erwirtschaftung von Gewinnen willkommener Nebeneffekt sein, darf aber nicht als primäre Motivation der Geschäftstätigkeit im Vordergrund stehen.

Das deutsche S.-Wesen findet seine Wurzeln in privaten Initiativen des 18. Jh. Deren Ziel war es, durch die Einrichtung von Armen- und Leihkassen auch der verarmten Bevölkerung Zugang zu grundlegenden Finanzdienstleistungen (Einlagen- und dem Kleinkreditgeschäft) zu ermöglichen. Als erste S. im eigentlichen Sinne gilt die 1778 gegründete Hamburger *Ersparungs-Classe*. Sie sollte die oben angeführten Dienstleistungen anbieten und den Sparsinn der ärmeren Bevölkerung wecken. Später entstanden die ersten kommunalen S., die zunächst als unselbstständige Einrichtungen der Gemeinden geführt wurden. Das preußische S.-Recht ordnete im Jahr 1838 eine Trennung der kommunalen Vermögensmasse von der S. an und richtete damit die Aufmerksamkeit auf das Problem der Einlagensicherheit. Im Zusammenhang mit der Wirtschaftskrise des Jahres 1931 griff das Reich durch Notverordnung in die Organisationsstrukturen der S. ein und ordnete an, dass diese als selbstständige Anstalten des öffentlichen Rechts zu organisieren sind. Die durch diese endgültige Emanzipation der S. beendete Möglichkeit ihrer Gläubiger, auf Kommunalvermögen zuzugreifen, wurde durch Einrichtung der Gewährträgerhaftung und Bestätigung der bereits etablierten Anstaltslast kompensiert. Während letztere, nicht immer ausdrücklich gesetzlich normierte Regelung die Verpflichtung der die S. tragenden Gebietskörperschaften zu deren angemessener Ausstattung mit finanziellen und sonstigen Mitteln beschreibt, entspricht erstere einer gesetzlichen Garantie an die Gläubiger, aufgrund derer diese bei Ausfall der S. auf die Gebietskörperschaft zurückgreifen können. Im Jahr 2001 verpflichtete sich Deutschland gegenüber der ↑Europäischen Kommission zur schrittweisen Abschaffung dieser Regelungen, weil es sich bei ihnen um nicht notifizierte, nicht genehmigungsfähige und daher unionsrechtswidrige Beihilfen (vgl. Art. 107 Abs. 1 AEUV) handeln sollte (s. jetzt z.B. §7 Abs. 2 SparkassenG NRW).

## 2. Recht

### 2.1 Rechtsgrundlagen

Organisation und Rechtverhältnisse der S. werden im Zusammenwirken von Bundes- und Landesrecht geregelt. Bei den kommunalen S. handelt es sich um Anstalten des öffentlichen Rechts und damit um Einrichtungen der mittelbaren ↑Verwaltung, auch wenn sie sich als solche im Geschäftsverkehr kaum zu erkennen geben. Die zentralen Organisationsvorschriften sind den S.-Gesetzen der Länder zu entnehmen, in denen Aufgaben sowie Organisation der S., die Aufsicht über die sowie ihr Verhältnis zu den Trägerkörperschaften geregelt sind. Bisweilen sehen die Gesetze auch die Möglichkeit anderer Organisationsformen vor (vgl. §32 SparkassenG Schleswig-Holstein).

Zugl. handelt es sich bei den S. um Kreditinstitute i.S.v. §1 KWG, so dass die allg.en kreditwirtschaftlichen Vorschriften (insb. die des KWG) Geltung beanspruchen. Dies gilt trotz des grundsätzlichen landesrechtlichen Organisationsvorbehalts auch soweit das KWG Vorgaben für die Organisation eines Kreditinstituts enthält (z.B. §25a KWG). Daher unterliegen S. auch der wirtschaftsverwaltungsrechtlichen Aufsicht durch die BaFin (↑Finanzaufsicht).

Die Geschäfte der S. werden, wie die anderer Kreditinstitute, in den Formen des ↑Privatrechts abgewickelt.

### 2.2 Anbindung an die Trägerkörperschaften, v.a. Regionalprinzip

Die Errichtung der S. ist von der kommunalen Selbstverwaltungsgarantie (↑Selbstverwaltung) umfasst.

Ihre öffentlich-rechtliche Organisationsform, v.a. aber der dauerhafte Einfluss der sie tragenden Gebietskörperschaften macht die S. zu einer Einrichtung der organisierten Staatlichkeit.

S. können sich daher nicht auf Grundrechte berufen (BVerfGE 75,192), sind in dem Rahmen des Verwaltungsprivatrechts ihrerseits an ↑Grundrechte gebunden (str.) und unterliegen mit Blick auf die Einhaltung der Vorgaben des S.-Rechts der staatlichen Aufsicht (s. z.B. §40 SparkassenG NRW), die neben die wirtschaftsverwaltungsrechtliche Aufsicht der BaFin tritt. Deutlichstes Zeichen für die Verbindung zwischen Trägerkörperschaft und S. ist das sog.e Regionalprinzip, das Ausfluss der bundes- und rechtsstaatlich inspirierten Aufteilung von Kompetenzen ist und daher unabhängig von seiner gesetzlichen Normierung gilt. Das Prinzip besagt, dass sich eine kommunale S. weder in organisatorischer Hinsicht (etwa durch die Errichtung von Zweigstellen) noch in geschäftlicher Hinsicht (durch die Begründung von Geschäftsbeziehungen ohne personelle oder räumliche Anknüpfung) jenseits ihres Geschäftsgebiets (das mit dem Territorium der sie tragenden Gebietskörperschaft identisch ist) betätigen darf. Indes ist das Regionalprinzip zunehmend gesetzlich aufgeweicht und nicht zuletzt unter dem Eindruck der Abwicklung von Bankgeschäften im Internet tatsächlich ignoriert worden; zudem ist es unter kartellrechtlichen Legitimationsdruck geraten.

### 2.3 Aufgaben

Exemplarisch regelt etwa §2 Abs. 1 des SparkassenG NRW, dass S. „der geld- und kreditwirtschaftlichen Versorgung der Bevölkerung und der Wirtschaft insbesondere des Geschäftsgebietes und ihres Trägers [...] dienen“. Es treten weitere Funktionen hinzu, die Abs. 2 der Vorschrift beschreibt: „Die Sparkassen stärken den Wettbewerb im Kreditgewerbe. Sie fördern die finanzielle Eigenvorsorge und Selbstverantwortung vornehmlich bei der Jugend, aber auch in allen sonstigen Altersgruppen und Strukturen der Bevölkerung. Sie versorgen im Kreditgeschäft vorwiegend den Mittelstand sowie die wirtschaftlich schwächeren Bevölkerungskreise.“ Daneben verfügen die S. über umfangreiche Geschäftsbeziehungen zu ihren Trägerkörperschaften (Hausbank). Zur Erfüllung dieser Aufgaben dürfen die S. alle banküblichen Geschäfte („Universalbankprinzip“) nach kaufmännischen Grundsätzen unter Beachtung ihres öffentlichen Auftrags betreiben (Abs. 3 und 4). Sparkassengesetzlich zum Zwecke der Risikobegrenzung niedergelegte Einschränkungen zulässiger Geschäfte sind im Laufe der Zeit unter dem Vorzeichen des Universalbankprinzips indes immer weiter zurückgedrängt worden.

Die Norm betont auch, dass „Gewinnerzielung [...] nicht Hauptzweck des Geschäftsbetriebes" (Abs. 3 S. 2) ist. Ein umfassender Verzicht auf die Gewinnerzielung ist allerdings bereits deswegen nicht möglich, weil die S. mangels einer Kapitalzuführung durch die Trägerkörperschaften und bei nur begrenzter Möglichkeit der Aufnahme fremden Kapitals (vgl. § 26 SparkasseG NRW) die für ihre Geschäftstätigkeit bankenaufsichtsrechtlich erforderliche Kapitalausstattung aus eigenen Gewinnen aufbauen müssen. Dieses Erfordernis steht in einem Spannungsverhältnis zu den Interessen der Trägerkörperschaften an der Abführung von Gewinnen, die indes oft nur bestimmten Verwendungszwecken zugeführt werden können (vgl. § 25 SparkassenG NRW).

### 2.4 Innere Organisation

Die S.-Gesetze gestalten die innere Organisation der Institute angelehnt an die Strukturen einer ↑AG (z. B. § 9 SparkassenG NRW). Dementsprechend verfügen sie über ein geschäftsführendes (kollegiales oder monokratisches) Organ – den Vorstand – sowie den Verwaltungsrat, der die Richtlinien der Geschäftspolitik bestimmt, die Geschäftsführung überwacht und zentrale Entscheidungen trifft (vgl. z. B. § 15 SparkassenG NRW). Nach einigen S.-Gesetzen tritt zu diesen beiden Organen noch der Kreditausschuss hinzu.

Die jeweiligen Organwalter von Vorstand und Verwaltungsrat bedürfen der fachlichen Qualifikation (vgl. z. B. § 12 Abs. 1 SparkassenG NRW bzw. § 33 Abs. 1 S. 1 Nr. 4 KWG). Dem Verwaltungsrat gehören durchweg Personen an, die den kommunalen Trägerkörperschaften verbunden sind und von diesen entsandt wurden. Dennoch haben sie bei ihrer Tätigkeit das Wohl der S. im Auge zu behalten und sind an Weisungen der Trägerkörperschaft nicht gebunden (vgl. § 15 Abs. 6 SparkassenG NRW).

### 2.5 Sparkassen im Verbund

Die dezentral entstandenen S. schlossen sich schon früh aus Gründen der Interessenvertretung in regionalen S.-Verbänden zusammen und errichteten zur Erleichterung des überörtlichen Zahlungsverkehrs Girozentralen, denen oftmals auch die Funktion einer S.-Zentralbank zukam. In einigen Fällen trat später das jeweilige Land als Träger des Instituts hinzu, so dass eine LB/Girozentrale entstand, unter deren Dach dann auch eine Landesbau-S. betrieben wurde. Auf Bundesebene existiert heute der *Deutsche S.- und Giroverband e. V.* (DSGV) als Dachverband der S.-Finanzgruppe, der zudem die institutssichernden Einrichtungen verwaltet. Die daneben bestehende Körperschaft des öffentlichen Rechts DSGV trägt die *DekaBank Deutsche Girozentrale*.

Die Struktur der S.- und Landesbankenlandschaft hat sich seit den 1990er Jahren durch wechselseitige Verflechtungen und Übernahmen verändert. Aufgrund der Auswirkungen der Finanzkrise 2008 (↑Finanzmarktkrise) sind viele der Institute unter wirtschaftlichen Druck geraten und wurden strukturell verändert bzw. hinsichtlich ihrer Aufgaben reduziert.

Nicht erst seit dieser Krise, sondern seit jeher haben sich Gebietskörperschaften S. aus verschiedenen Gründen zusammengelegt und hatten sich mit den Folgen kommunaler ↑Gebietsreformen und den daraus resultierenden Folgen für den Neuzuschnitt der jeweiligen S.-Geschäftsgebiete auseinanderzusetzen. In den 1990er Jahren waren zunehmend innovative Organisationsmodelle in der S.-Landschaft zu beobachten. Hierzu zählte z. B. die *Bankgesellschaft Berlin*, die unter einem gesellschaftsrechtlichen Konzerndach u. a. die *Berliner S.* und die *Landesbank Berlin* vereinte, oder der *Sachsen Finanzverband*, in den das Land seine LB einbrachte und Gemeinden ihre S. einbringen konnten.

#### Literatur

K. Stern: Das sparkassenrechtliche Regionalprinzip. Verfassungsrechtliche Verankerung und Europarechtsgemäßheit, 2014 • H.-G. Henneke: Die kommunalen Sparkassen. Der rechtliche Rahmen, in: T. Mann/G. Püttner (Hg.): Hdb. der kommunalen Wissenschaft und Praxis, Bd. 2, [3]2011, § 53a • R. Hoffmann-Theinert (Hg.): Rechtsprechung zum Sparkassenrecht, 2011 • T. Jungkamp: Das Recht der regionalen Sparkassen- und Giroverbände, 2011 • J. Ipsen (Hg.): Zukunft der Sparkassen – Sparkasse der Zukunft, 2004 • H. Schlierbach/ G. Püttner: Sparkassenrecht, 2003 • F. Becker: Vernetzung der Landesbanken, 1998.

FLORIAN BECKER

## II. Wirtschaftswissenschaftlich

Bei S. handelt es sich in Deutschland um Kreditinstitute, deren Bezeichnung durch den § 40 KWG hoheitlich geschützt ist. Sie sind bis auf wenige Ausnahmen als Anstalten des öffentlichen Rechts organisiert und üben ihre Geschäfte auf der Basis des jeweils für sie gültigen Landes-S.-Gesetzes aus. Träger dieser rechtsfähigen Institutionen sind kommunale Gebietskörperschaften oder speziell eingerichtete Zweckverbände. S. sind, im Gegensatz zu privat organisierten Kreditinstituten (↑Banken), dem ↑Gemeinwohl verpflichtet.

### 1. Entstehung und historische Entwicklung

Die Idee für die Einrichtung eines Finanzinstituts für breite und nicht-wohlhabende Teile der Bevölkerung geht auf das 18. Jh. zurück. Die 1778 in Hamburg gegründete *Ersparungsclasse* gilt als weltweit erste Institution, die der heutigen S.-Philosophie etwa dadurch entspricht, indem sie z. B. Sparbücher für einfache ↑Arbeitnehmer eingerichtet hat. Die erste Einrichtung unter kommunaler Führung wurde mit der *Spar- und Leihcasse* 1801 in Göttingen gegründet. Im Laufe des 19. Jh. entstanden in vielen Regionen und größeren Städten ähnliche Institute unter der Trägerschaft von Gebietskörperschaften, 1838 wurde in Preußen das erste „S.-Reglement", ein Vorläufer der späteren S.-Gesetze, erlassen. Zur Vertretung ihrer gemeinsamen Interessen in der Öffentlichkeit schlossen sich die Institute 1884 in Dortmund zum *Deutschen S.-Verband* zusammen.

Das Geschäftsmodell der S., insb. den gering verdienenden Bevölkerungsschichten einen Zugang zum institutionellen Vorsorgesparen zu geben und diese Einlagen auch zu verzinsen, fand spätestens nach der Jahrhundertwende anhaltenden Zulauf. Die Zahl der Institute wuchs stetig, Anfang der 1900er Jahre besaß nahezu jeder dritte Deutsche ein S.-Buch. Parallel wurde in ersten Schritten der bargeldlose Zahlungsverkehr eingeführt, an dem die Kunden der S. ebenfalls teilnehmen konnten. Zur Abwicklung des Giroverkehrs wurden regionale Girozentralen errichtet. Die zunächst von den großen Privatbanken ignorierten öffentlichen Institute entwickelten sich systematisch zu Universalbanken und ernsthaften Konkurrenten im Wettbewerb um die Gunst des Privatkunden.

Trotz der Wirren des Ersten Weltkrieges entdeckten die S. auch das Wertpapiergeschäft als weiteres Angebotssegment, das von der Reichsregierung dankbar als Vertriebskanal für Kriegsanleihen genutzt wurde. Noch vor Kriegsende gründeten die regionalen Girozentralen ein gemeinsames Spitzeninstitut *(Deutsche Girozentrale)*, 1924 schließlich entstand mit dem *Deutschen S.- und Giroverband* (DSGV) die noch heute existierende Spitzenorganisation der öffentlichen Kreditinstitute. Noch vor dem Zweiten Weltkrieg konnten die S. ihre vollständige Abhängigkeit von den sie tragenden Gebietskörperschaften verringern, sie erhielten 1931 eine eigene Rechtspersönlichkeit, zudem steht der Name „S." unter rechtlichem Schutz. Das Reichskreditwesengesetz stellte 1934 überdies die S. den (privaten) Banken gleich.

In den Folgejahren konnten sich die S. und ihre Organisationen dem politischen Druck nicht vollständig entziehen. Sie wurden wie viele andere Institutionen „gleichgestellt", ihre Kundenbeziehungen dienten missbräuchlich der Kriegsfinanzierung, seit 1935 gehörte der DSGV unfreiwillig zur staatlich gelenkten Wirtschaftsorganisation.

### 2. Vom Wiederaufbau zur Wiedervereinigung

Durch die Aufteilung Nachkriegsdeutschlands in vier Besatzungszonen entwickelte sich die Idee öffentlich-rechtlicher S. nur in den drei westlichen Sektoren, der 1949 gegründeten Bundesrepublik, sehr schnell wieder positiv. Nicht zuletzt durch die Re-Etablierung des DSGV im Jahr 1953 haben die Institutionen der Gruppe erheblich zum konsequenten Wiederaufbau und zum sog.en Wirtschaftswunder beigetragen. Im sowjetisch besetzten Teil Deutschlands, der späteren ↑DDR, wurden die ehemaligen S. hingegen vollständig in das zentral gelenkte sozialistische Wirtschaftssystem (↑Zentralverwaltungswirtschaft, ↑Sozialismus) integriert.

In der Bundesrepublik folgte die Neuausrichtung weitgehend deren föderaler Organisation (↑Föderalismus). Die regionale Verbandsstruktur orientierte sich eng an den Landesgrenzen, die relative Bedeutung dieser einzelnen Subsysteme wiederum beruhte nicht zuletzt auf der Wirtschaftskraft des betreffenden Bundeslandes. Im gesamten Bundesgebiet nahm zwar die Zahl der rechtlich selbstständigen S. durch häufige ↑Gebietsreformen im Laufe der Zeit kontinuierlich ab, gleichzeitig intensivierte die Gruppe aber den Aufbau eines dichten Filialnetzes. Dadurch wurden S. zu schnell und leicht erreichbaren Finanzpartnern von Haushalten, Gewerbetreibenden oder mittelständischen ↑Unternehmen. Zudem formierte sich parallel die S.-Finanzgruppe durch angeschlossene Landesbau-S. und öffentlich-rechtliche Versicherungsunternehmen. Die regionalen Girozentralen sowie die *Deutsche Kapitalanlagegesellschaft* rundeten das Angebotssortiment ab. Seit 1975 unterhält die S.-Organisation auch einen eigenen Haftungsverbund.

In den drei Dekaden vor dem Fall der Mauer waren die S. mit Abstand die wichtigste Bankengruppe in der Bundesrepublik. Gemessen am Geschäftsvolumen betrug ihr Marktanteil durchweg über 20 %, in einzelnen Jahren übertraf ihre Bedeutung sogar alle Groß- und Privatbanken zusammen.

### 3. Entwicklung seit 1990 und Ausblick

Nach der Wiedervereinigung wurden die früheren DDR-S. von der Staatsbank getrennt und als jetzt kommunale Kreditinstitute in die erweiterte gesamtdeutsche S.-Organisation integriert. Durch die effektive Unterstützung der westdeutschen Partner wurden auch die S. in den neuen Bundesländern sehr schnell zu funktionsfähigen und fachkundigen Finanzpartnern im Neuaufbau der wirtschaftlichen Strukturen.

Im Nachgang der Einführung der ↑EWWU gerieten die deutschen S. unter Druck, da ihnen durch die kommunalen Bestandsgarantien unerlaubte Wettbewerbsvorteile unterstellt wurden. Nach einem langwierigen und komplizierten Verhandlungsprozess einigten sich die ↑Europäische Kommission und die Bundesrepublik im Jahr 2005 auf die sog.e Brüsseler Konkordanz. Sie beinhaltet im Wesentlichen die Abschaffung der Anstaltslast und der Gewährträgerhaftung, nimmt also den S. die hoheitlichen Garantien. Damit wurde u. a. die Beschaffung von Eigenkapital deutlich schwieriger, gleichwohl demonstrierten die S. nicht zuletzt in der Finanzkrise 2008 (↑Finanzmarktkrise), dass sie selbst heftigste Verwerfungen an internationalen Finanzmärkten im Gegensatz zur privaten Konkurrenz ohne nennenswerte Einbußen verkraften können.

Erst die Einführung der Europäischen Bankenunion (↑Bankenunion) rüttelte an den Grundfesten des öffentlich-rechtlichen Systems. Die Flut an Melde- und Regulierungsauflagen, die deutlich verschärften Kapitalanforderungen und die zusätzlichen Liquiditätsregeln belasten bei vielen, vornehmlich relativ kleinen S. nachhaltig das operative Geschäft. Die unkonventionelle ↑Geldpolitik der ↑EZB mit den einhergehenden negativen Marktzinssätzen konterkarierte das Geschäftsmodell zusätzlich und erhöhte den Konsolidierungsdruck. Geradezu zwangsläufig ging die Zahl der selbstständigen S. kontinuierlich zurück.

Die Idee einer gemeinwohl-orientierten Säule des Kreditgewerbes steht auf dem Prüfstand. Die in der vergangenen Dekade eingeleiteten Reformen auf EU-Ebene (↑EU) blenden die Besonderheiten des deutschen Finanzsystems beinahe vollständig aus. Die offensichtliche Hinwendung zu einer kapitalmarktbasierten Finanzbranche nimmt den deutschen S. die erforderliche Geschäftsgrundlage. Trotz der beispiellosen Erfolge beim Wiederaufbau und nach der Wiedervereinigung fehlt es der S.-Idee (bisher) an gesellschaftlicher und politischer Unterstützung. Aber auch die Gruppe selbst ist gefordert, sehr schnell ein belastbares Zukunftskonzept zu erstellen.

### Literatur

H. Gischer/P. Reichling/T. Hartmann-Wendels: Modell für eine leistungsfähige Sparkassen-Finanzgruppe. Kooperation im Verbund statt vertikale Konzentration, in: ZfgK 64/8 (2011), 378–383 • P. Brämer u. a.: Der öffentliche Auftrag der deutschen Sparkassen aus der Perspektive des Stakeholder-Managements, in: ZögU 33/4 (2010), 313–334 • G. Ashauer: Von der Ersparungscasse zur Sparkassen-Finanzgruppe, 1991.

HORST GISCHER

## Sparpolitik ↑Austeritätspolitik

## Spekulation

### 1. Definition von Spekulation

Im wirtschaftswissenschaftlichen Sprachgebrauch bezeichnet S. das Ausnutzen von zeitlichen Kurs-, Preis- und Zinsschwankungen zum Zwecke der Gewinnerzielung. Das wesentliche Merkmal besteht darin, dass der Spekulant das ↑Gut in keiner Weise verändert, verbessert oder einsetzt, um damit neue Produkte herzustellen. In einem bes. starken Ausmaß findet S. im Börsenhandel (↑Börsen) mit Hilfe verschiedener Finanzinstrumente statt. S. ist dabei streng vom Begriff der Arbitrage zu trennen. Arbitrage bezeichnet einen risikofreien Gewinn, oft *Free Lunch* genannt, der durch Preisunterschiede eines Gutes zu einem bestimmten Zeitpunkt an unterschiedlichen Orten möglich wird. Im Gegensatz dazu ist S.s-Handel risikobehaftet, da die zukünftige Preisentwicklung nicht vorhersehbar ist.

### 2. Auswirkungen von Spekulation

S. hat mehrere Funktionen innerhalb der ↑Finanzmärkte. Zunächst erhöht S. die Markteffizienz, da die „begründeten Vermutungen" der Spekulanten über zukünftige Preisentwicklungen in den Preisbildungsprozess einfließen. Zweitens erfüllen Spekulanten in Finanzmärkten eine Versicherungsfunktion, da sie willentlich Preisrisiken übernehmen. Das klassische Beispiel hierfür ist der Landwirt, der zum Zeitpunkt der Saat den Preis für seine Ernte nicht einschätzen kann und so einem hohen Ertragsrisiko ausgesetzt ist. Durch ein Termingeschäft kann er zum Zeitpunkt der Saat seine Ernte zu einem bereits festgelegten Preis verkaufen. Der Spekulant übernimmt hierbei das Risiko des Landwirts und übt somit eine Versicherungsfunktion aus. Empirische Untersuchungen zeigen, dass diese Effekte die Volatilität in ↑Märkten verringern.

Neben diesen positiven Effekten wird in der Forschung der Hypothese nachgegangen, dass bei einer relativ zur Menge der Marktteilnehmer großen Anzahl an Spekulanten bzw. eines hohen Anteils spekulativer Investments der Preisbildungsmechanismus nicht korrekt funktioniert, da Angebot und Nachfrage nicht mehr durch die marktlichen Fundamentaldaten getrieben werden. So können ↑Preise zustande kommen, die Produzenten und/oder Endverbrauchern schaden.

### 3. Öffentliche Akzeptanz von Spekulation

S., insb. in Aktienmärkten, wird von der Öffentlichkeit oft negativ wahrgenommen. Auf der einen Seite wird S. verantwortlich gemacht für extreme Preissteigerungen zu Lasten der Konsumenten, insb. bei Nahrungsmitteln, zum anderen aber auch für Preisverfälle bei den Erzeugern. Dabei wird in der wissenschaftlichen Literatur die S. von den Begriffen Manipulation und Glückspiel (englisch *Gambling*) abgegrenzt. Manipulation beschreibt die konkrete (illegale) Handlung zur Veränderung des Preises zugunsten der Manipulatoren. *Gambling* bezeichnet S.s-Handel, der ohne begründete Aussicht auf einen erzielbaren Gewinn stattfindet. Während gegenüber S. aufgrund der oben beschriebenen Eigenschaften selten moralische Einwände erhoben werden, so sind Manipulation und *Gambling* in der Gesellschaft weithin verpönt.

### 4. Spekulationsblasen

Als S.s-Blasen werden Marktsituationen beschrieben, in denen die Preise für verschiedene Güter (bspw. Vermögensgegenstände oder Rohstoffe) zu stark erhöhten Preisen gehandelt werden, wobei diese ihren intrinsischen Wert übersteigen. Die Handelsmengen steigen dabei so lange an, bis Investoren aufgerufene Preise nicht mehr akzeptieren, womit eine Abwärtsspirale in Gang gesetzt wird und in der Folge die Nachfrage einbricht. Auswirkungen können, v. a. in modernen vernetzten Märkten, global ausfallen und zum Zusammenbrechen ganzer Volkswirtschaften führen. Bspw. sei hier die Subprime-Krise 2007/08 genannt, wobei verbriefte Immobilienkredite der USA zu einer weltweiten Finanzkrise (↑Finanzmarktkrise) geführt haben.

Aber nicht nur in den weltweit stark vernetzten Volkswirtschaften der Neuzeit sind S.s-Blasen zu verzeichnen. Heraufbeschworen durch teilweise ausschließlich auf eine schnelle Renditeerzielung orientierte Investoren können sie starke Auswirkungen auf die nationale wie die internationale Wirtschaftsstabilität haben. Auch historisch betrachtet sind Auswüchse dieser zu beobachten, wie folgende zwei Beispiele zeigen.

### 4.1 Tulpenmanie

Das wohl bekannteste Beispiel für eine S.s-Blase ist die holländische Tulpenmanie in den Jahren 1634–37. Durch die Verbreitung in der gehobenen Gesellschaft avancierten die Tulpe zum Statussymbol, wodurch auf den zu Beginn ausschließlich kommerziellen Handel spekulative Anlagen folgten, sodass sich Tulpenzwiebeln zu einem S.s-Objekt entwickelten. Durch den lukrativen Handel mit Ostindien befanden sich die Niederlande zu Beginn des 17. Jh. am Beginn einer goldenen Periode, in der vermögende Kaufleute ihr Vermögen in stattliche Anwesen mitsamt riesigen Gartenanlagen nach italienischem Vorbild investierten. Durch den weltweiten großen Zufluss von Gold und Silber im Zuge des wirtschaftlichen Aufschwungs waren stark inflationäre Tendenzen zu verzeichnen. Gepaart mit der Eigenschaft von Tulpenzwiebeln, relativ schwer reproduzierbar zu sein, wodurch die stark ansteigende Nachfrage nicht befriedigt werden konnte, kam es auch spekulationsbedingt zu einem sehr hohen Preisanstieg. Erst im Jahr 1637 verweigerten sich Investoren der Zahlung noch höherer Preise, sodass der Handel zusammenbrach.

### 4.2 Agrarspekulationen

In den Jahren 2007/08 und 2010–12 kam es auf den Märkten für Agrarrohstoffe zu rasanten Preissteigerungen, die global zu Hungersnöten führten. Hervorgerufen wurden diese einerseits durch verschiedene makroökonomische Faktoren. Die Nachfrage nach Nahrungsmitteln weltweit stieg durch eine wachsende Weltbevölkerung, eine weltweit ultra-expansive ↑Geldpolitik und einen schwachen US-Dollar merklich an. Gepaart mit Missernten in Folge von Wetterereignissen und einer zunehmenden Nutzungskonkurrenz der landwirtschaftlichen Flächen durch Biokraftstoffe erfolgte ein starker Anstieg der Angebotspreise. Andererseits nutzten Spekulanten die Möglichkeit zur Renditeerzielung aus und trieben dadurch die hohen Preise weiter an. V. a. Index-basierte Termingeschäfte wurden von weiten Teilen der Öffentlichkeit stark kritisiert. In Folge der Diskussion wurde immer wieder an die soziale ↑Verantwortung der Investoren appelliert und eine Regulierung des Rohstoffmarktes gefordert.

### Literatur

I. Pies: Hunger durch Agrarspekulation? Zur Geschichte eines Fehl-Alarms (Lehrstuhl für Wirtschaftsethik an der Martin-Luther-Universität Halle-Wittenberg Diskussionspapier No. 2016–08), 2016 • M. G. Will u. a.: Schadet oder nützt die Finanzspekulation mit Agrarrohstoffen? Ein Literaturüberblick zum aktuellen Stand der empirischen Forschung, in: LiFo 3/1 (2013), 16–45 • A. Belke/A. Boron/U. Volz: Effects of Global Liquidity on Commodity and Food Prices, in: World Development 44 (2012), 31–43 • I. Pies: Wirtschaftsethik konkret. Wie (un)moralisch ist die Spekulation mit Agrarrohstoffen? (Lehrstuhl für Wirtschaftsethik an der Martin-Luther-Universität Halle-Wittenberg Diskussionspapier No. 2012–15), 2012 • J. J. Angel/D. M. McCabe: The Ethics of Speculation, in: Journal of Business Ethics 90 (2009), 277–286 • W. von Petersdorff: Eine Blumenzwiebel für 87.000 Euro, in: FAZ, 25.3.2008, 21 • M. C. Adam/A. Szarfarz: Speculative Bubbles and Financial Markets, in: Oxford Economic Papers N. S. 44/4 (1992), 626–640 • P. M. Garber: Tulipmania, in: JPE 97/3 (1989), 535–560.

ANSGAR BELKE (†)
UND FRANZISKA BONGARTZ

## Spende

Der *Begriff* der S. bezeichnet im ↑Steuerrecht freiwillige und unentgeltliche Zuwendungen zur Förderung steuerbegünstigter oder politischer Zwecke, die in einem bestimmten Umfang steuerlich abziehbar sind (§ 10b EStG). S.n sind eine Form altruistischen Verhaltens, das nicht nur Gegenstand zivilrechtlicher Überlegungen, sondern auch ökonomischer und sozialwissenschaftlicher Betrachtung ist.

Die *Wirtschaftswissenschaften* interessieren sich v. a. für die Motive eines altruistischen Verhaltens, weil es dem Leitbild des rational handelnden *homo oeconomicus* scheinbar widerspricht. Indes lässt sich auch wohltätiges Handeln als „eigenrational" erklären, wenn man die individuelle Nutzenfunktion eines Individuums z. B. um „soziale Präferenzen" erweitert. Andere Erklärungsansätze gehen davon aus, dass S.n dem Zuwendenden einen eigenen ↑Nutzen *(warm glow)* vermitteln oder öffentlichkeitswirksame Zuwendungen als gesellschaftskonformes statusbezogenes Signal für privaten Wohlstand dienen. Weitere Untersuchungen betreffen den Einfluss staatlicher Sozialprogramme auf die Bereitschaft zu privater Wohltätigkeit *(crowding out)* und den Einfluss der steuerlichen Abzugsfähigkeit von S.n auf die individuellen „Kosten" von gemeinnützigen Zuwendungen. In den *Sozialwissenschaften* werden v. a. Erklärungsansätze diskutiert, die S.n als eine dritte Handlungsform jenseits der Dichotomie von ↑Interesse und ↑Moral verstehen. S.n sollen als „Gaben" mithin soziale Reziprozität initiieren, auch wenn der Geber ohne die Erwartung einer Gegengabe gibt.

Im *Zivilrecht* gelten unentgeltliche Geld- und Sachzuwendungen als Schenkungen (§ 516 ff. BGB). Sie beruhen also auf einem (u. U. auch schlüssig vereinbarten) ↑Vertrag zwischen Schenker und Beschenktem. Schenkungsversprechen sind zum Schutz des Spenders vor Übereilung nur verbindlich, wenn sie notariell beurkundet werden (§ 518 BGB). Ferner gelten für Schenker verschiedene Haftungsprivilegien (z. B. bei der ↑Haftung für Mängel bei Sach-S.n). S.n an steuerbegünstigte Einrichtungen stellen regelmäßig Schenkungen unter Auflage (§ 525 BGB) dar, weil sie nach dem Willen der Beteiligten nur für die satzungsmäßigen Zwecke der Empfängerorganisation oder – bei der Einwerbung für konkrete Projekte – nur für die vom Spender bestimmten Zwecke eingesetzt werden sollen. Zudem hat ein – jedenfalls namentlich bekannter – Spender einen gerichtlich durchsetzbaren Vollzugsanspruch sowie bei S.n an steuerbegünstigte Einrichtungen – als steuerrechtlich begründete Nebenpflicht – einen Anspruch auf Ausstellung einer Zuwendungsbestätigung für Zwecke des steuerlichen S.n-Abzugs. Viele S.n sammelnde Einrichtungen unterwerfen sich inzwischen freiwillig der Prüfung durch „Watchdog-Organisationen" (z. B. das *Deutsche Zentralinstitut für soziale Fragen*), um über ein *S.n-Siegel* das Vertrauen der Öffentlichkeit zu gewinnen und zu erhalten. Darüber hinaus hat das *Institut der Wirtschaftsprüfer in Deutschland* bes. Empfehlungen für die Rechnungslegung von S.n sammelnden Organisationen entwickelt.

*Steuerrechtlich* mindern Zuwendungen (gemeint sind S.n und Mitgliedsbeiträge) „zur Förderung steuerbegünstigter Zwecke" innerhalb bestimmter Grenzen die Bemessungsgrundlage der ↑Einkommen-, ↑Körperschaft- und ↑Gewerbesteuer. Natürliche Personen können z. B. Zuwendungen an gemeinnützige Einrichtungen bis zur Höhe von 20 % des Gesamtbetrags der Einkünfte wie Sonderausgaben abziehen (§ 10b Abs. 1 EStG). Entspr.e Abzugsmöglichkeiten bestehen auch für ↑juristische Personen im Rahmen der Körperschaftsteuer (§ 9 Abs. 1 Nr. 2 KStG) sowie für ↑Unternehmen bei der Gewerbesteuer (§ 9 Nr. 5 GewStG). Die Abzugsfähigkeit setzt voraus, dass die Zuwendung freiwillig und uneigennützig erfolgt, was z. B. bei Geldauflagen zur Einstellung eines Strafverfahrens (§ 153a StPO) oder bei der Erfüllung eines vom Erblasser angeordneten Vermächtnisses zugunsten einer gemeinnützigen Einrichtung nicht der Fall ist. Mitgliedsbeiträge zu steuerbegünstigten ↑Vereinen sind hingegen i. d. R. abzugsfähig, da die Mitgliedschaft freiwillig eingegangen wurde. Lediglich bei Sport- und bestimmten Freizeitvereinen gilt ein Abzugsverbot, weil die Mitgliedschaft auch privaten Zwecken dient. Unverzichtbare Voraussetzung für die steuerliche Abziehbarkeit einer S. ist eine nach amtlichem Vordruck ausgestellte Zuwendungsbestätigung (ggf. auch elektronisch). Gleichzeitig genießen gutgläubige Spender Vertrauensschutz in Hinsicht auf die Gemeinnützigkeit einer Empfängerorganisation (§ 10b Abs. 4 EStG), wenn z. B. die Finanzbehörden später Verstöße gegen steuerliche Vorgaben feststellen. *Zustiftungen* in den Vermögensstock einer steuerbegünstigten ↑Stiftung sind über die normalen Abzugsgrenzen für S.n hinaus bis zur Höhe von 1 Mio. Euro (bei Zusammenveranlagung 2 Mio. Euro) über einen Zeitraum von zehn Jahren abziehbar (§ 10b Abs. 1a EStG). Insgesamt wurden in 2017 ca. 5,19 Mrd. Euro private Geld-S.n für steuerbegünstigte Zwecke geleistet. Unter *Gleichheitsgesichtspunkten* ist der geltende S.n-Abzug nicht unbedenklich, weil der Abzug von der Bemessungsgrundlage wegen des progressiven Einkommensteuertarifs bei Steuerpflichtigen mit verschieden hohen ↑Einkommen zu einer unterschiedlich hohen Entlastung führt. Neben dem S.n-Abzug gibt es noch weitere steuerliche Vorteile, z. B. das Buchwertprivileg (§ 6 Abs. 1 Nr. 4 S. 4 EStG) und die Befreiung von der Schenkungsteuer (§ 13 Abs. 1 Nr. 16 b ErbStG).

Für die Abzugsfähigkeit von *Partei-S.n* gelten nach der Rechtsprechung des ↑BVerfG bes. Vorgaben, um dem Gebot der steuerlichen Chancengleichheit der Parteien Rechnung zu tragen (§ 10b Abs. 2 EStG). Partei-S.n sind zum einen nur bei natürlichen Personen steuerlich abziehbar. Zum anderen sind Partei-S.n vorrangig bis zu 1650 Euro pro Jahr (bei Zusammenveranlagung 3300 Euro) zur Hälfte – also ohne einkommensabhängige Progressionseffekte – von der Steuerschuld abziehbar (§ 34g EStG). Darüber hinaus können weitere Partei-S.n bis zu 1650 Euro (bei Zusammenveranlagung 3300 Euro) als Sonderausgaben von der Bemessungsgrundlage abgezogen werden.

### Literatur

R. Hüttemann: Gemeinnützigkeits- und Spendenrecht, [4]2018 • F. Adloff: Philanthropisches Handeln, 2010 • P. Rawert: Zivilrechtsfragen des Spendens, in: W. R. Walz u. a. (Hg.): Non Profit Law Yearbook, 2005, 165–183 • A. Glazer/K. A. Konrad: A Signaling Explanation for Charity, in: AER 86/4 (1996), 1019–1028 • J. Andreoni: Impure Altruism and Donations to Public Goods. A Theory of Warm-Glow Giving, in: JPE 100/491 (1990), 464–477. RAINER HÜTTEMANN

## Spiel

Trotz aller erdenklichen Unterschiede haben die heute noch existierenden ca. 4500 Säugetierarten eine evolutionsentscheidende Eigenschaft gemeinsam: Sie spielen, sie lernen und – im besten Falle – sie innovieren. Auch der Mensch, mit Friedrich Nietzsche kulturkritisch als „vernunftbegabtes Raubtier" (1954: 785) verstanden oder anthropologisch als „homo ludens" (Huizinga 1939) konstruiert, ist insb. in seiner Kindheit, teils auch bis ins hohe Alter hinein ein ausgelassener Spieler voller Neugierde, Lerneifer und Explorationsdrang. Dabei werden im Folgenden zunächst vier Diskurse über das Phänomen S. gebündelt, danach die Formen des S.s aufgezeigt und schließlich der pädagogische Zugang und die Förderung des S.s einer kritischen Würdigung unterzogen, ein kurzes Fazit rundet den Beitrag ab. Aufgrund der Weite und Multidisziplinarität des Themas sowie der bes.n Entwicklungsbedeutung für Kinder wird das Thema vorwiegend aus einer erziehungswissenschaftlichen Perspektive auf das Lebensalter der frühen Kindheit fokussiert.

### 1. Diskurse um das Phänomen Spiel

Verhaltensbiologisch betrachtet sind alle Säugetiere in ihrer ↑Kindheit und Jugend ausgesprochene „Neugierwesen", die aktiv neue Situationen und Objekte aufsuchen, explorieren und spielen. Dieses spielerische Verhalten war und ist Gegenstand zahlreicher Studien etwa aus der Biologie, der ↑Anthropologie, der ↑Kulturwissenschaft oder aus der ↑Wirtschaftswissenschaft. Derzeit lassen sich vier zentrale Diskurse im Themenfeld S. differenzieren: Der *a)* sozialromantische, der *b)* wirtschaftswissenschaftliche, der *c)* entwicklungspsychologische und der *d)* Diskurs um die Merkmale des S.s.

*a)* Der in der Epoche der ↑Aufklärung einsetzende sog.e sozialromantische Diskurs über die pädagogische Bedeutung des S.s, prominent etwa von Jean-Jacques Rousseau, Heinrich Pestalozzi, Friedrich Schiller oder Friedrich Fröbel vertreten, fasst dabei S. als etwas ausschließlich Positives und die frühe Kindheit als reine S.-Zeit, als Zeit der Unschuld und unverbildeten Natürlichkeit. Diese naturalistische Sichtweise, die im heutigen Alltagsverständnis Lernen und Spielen zumeist als Gegensätze begreift und spätestens mit dem Zeitpunkt des Schuleintritts die durchaus bedauernde Vorstellung verbindet, die „S.-Zeit" sei nun endgültig vorbei (vgl. Leuchter 2013: 575), prägt aktuell die herrschende westliche Meinung.

*b)* Etwa seit den 1970er Jahren spielt die von John von Neumann und Oskar Morgenstern 1944 begründete ↑Spieltheorie im wirtschaftswissenschaftlichen Diskurs eine wichtige Rolle. In diesem Verstehenshorizont wird S. als eine mathematische Methode verstanden, die das Handeln der Akteure auf einem ↑Markt als S. auffasst. Ziel dabei ist das Verständnis von rationalem Verhalten in Entscheidungssituationen, das nicht nur vom eigenen, sondern auch vom Verhalten anderer Akteure beeinflusst wird (vgl. Wildmann 2014: 203 ff.).

*c)* Insb. die in der ersten Hälfte des 20. Jh. entstandene Kindheitspsychologie hat unser Denken über das S. am einflussreichsten geprägt. Es ist evident, alle Kinder haben von Anfang an das natürliche Bedürfnis nach spielerischer Betätigung. Auch ist die existenzielle Bedeutsamkeit des S.s für eine gesunde biopsychosoziale Entwicklung, für kulturelle Teilhabe und für das Wohlbefinden des Kindes mittlerweile unumstritten und seit 1989 in Art. 31 der UN-KRK rechtlich geschützt: „Die Vertragsstaaten erkennen das Recht des Kindes auf Ruhe und Freizeit an, auf Spiel und altersgemäße aktive Erholung sowie auf freie Teilnahme am kulturellen und künstlerischen Leben".

*d)* Der vierte Diskursstrang widmet sich dem Phänomen S., seinen Merkmalen und Wesensmomenten. Statt einer Definition ist hier in Anschluss an Johan Huizinga, Andreas Flitner und Hans Scheuerl eine phänomenologische Explikation zielführender. Somit kann unter einem S. eine Handlung, eine Geschehniskette oder auch eine Empfindung verstanden werden, die intrinsisch motiviert ist, durch freie Wahl entsteht, ihr Ziel in sich trägt (Prozess vor Ergebnis), von positiven Emotionen begleitet ist, eine Balance von Unter- und Überforderung anstrebt, ein gewisses Flowerleben ermöglicht und sich i. S. eines So-tun-als-ob von realen Lebensvollzügen absetzt.

Insgesamt ist die Diskussion um S. sehr normativ aufgeladen, intrinsische Motivation und das Fehlen von äußeren Zielen werden dabei häufig mit dem Spielen in der ↑Kindertagesstätte identifiziert; ↑Lernen wird dagegen mit extrinsischer Motivation assoziiert und unter die Bedingung der Erreichung von äußeren Zielen – bspw. guten Noten in der Schule – gestellt. Gouvernementalitätsstudien untersuchen derzeit die sozialen Konstruktionen hinter den aufgezeigten Diskursen.

## 2. Formen des Spiels

Bereits dem intrinsisch motivierten S. unter dreijähriger Kinder liegt eine gewisse Intentionalität zugrunde. Diese spiegelt sich kongruent zu den einzelnen Entwicklungsabschnitten in Form der priorisierten S.-Formen der Kinder wider. Der Übergang zwischen den einzelnen S.-Formen gestaltet sich fließend und entspr. des soziokulturellen sowie ökosozialen Hintergrunds des Kindes.

Das Übungs-S. (sensomotorisches S., Funktions-S., Explorations-S.) führen Säuglinge bereits ab der Geburt aus. Hier stehen die Wiederholung sowie das Austesten der Körperfunktionen im Modus eines Ursachen-Wirkungsprinzips im Vordergrund der S.-Freude. Das Symbol-S. (Illusions-S., Fantasie-S.) setzt etwa ab dem ersten Lebensjahr ein und zeichnet sich durch das Nachspielen bestimmter Handlungen oder Verhaltensweisen aus. Diese S.-Form zeigt sich zunächst in Form der gegenseitigen Nachahmung bei Kindern i. S. eines Parallel-S.s, welches als Voraussetzung für das später einsetzende Konstruktions- sowie das soziale Rollen-S. gilt (↑Soziale Rolle). Dieses setzt zwischen dem dritten und vierten Lebensjahr bei Kindern ein, wenn sie sich auf einen „gemeinsamen Gegenstandsbezug" (Renner 2008: 114) zur Initiierung von Geschichten und Rollenzuschreibungen einigen können. Auch wenn grundsätzlich alle bisher aufgezeigten S.-Formen gewissen Regeln unterliegen, sind beim Regel-S. die Regularien im Besonderen spielleitend, auch wenn das Handeln der Spieler „im Rahmen der Regeln prinzipiell offen" (Fritz 2004: 59) bleibt. Das Regel-S. mündet in Wettkampf-S.e bei Kindern ab sechs Jahren.

## 3. Pädagogischer Zugang und Begleitung des Spiels

Die pädagogische Begleitung des kindlichen S.s ist in ihrem spezifischen Verständnis von S. bereits ambivalent zu hinterfragen. Wie kann zwischen S. und Nicht-S. pädagogisch unterschieden werden? Während Kinder ein spezifisches Verhalten und Handeln womöglich als spielerisch einstufen, kann dieses Verhalten von Erwachsenen als Ungehorsam oder bewusste Provokation erlebt werden. Das spielerische Verhalten steht demnach in vielen Fällen in einer engen Verknüpfung mit der Gesamtsituation und dem Zusammenwirken der beteiligten Personen. Die „ökologische Spielforschung" legt darüber hinaus einen Fokus auf das „Wechselverhältnis von Spiel und Umweltgegebenheiten" (Schäfer 2011: 180) als weiteren wesentlichen Einflussfaktor auf das kindliche S. Dieses verortet sich demnach stets in der aktuellen ↑Lebenswelt und spiegelt auch „gesellschaftliche Einflüsse mit ihren Normen, Rollenstrukturen und übergreifenden Wertvorstellungen wider" (Fritz 2014: 110).

Damit das Kind in das Phänomen S. und in eine „Spielwelt" (Fritz 2014: 32) vordringen kann, braucht es verlässliche Bezugspersonen und Bindungen. Hier gilt zu beachten, dass „nicht nur die verlässliche Befriedigung primärer ↑Bedürfnisse, sondern auch die Anregung und Befriedigung von Spielbedürfnissen einen wichtigen Entwicklungsbeitrag leisten" (Renner 2008: 105). Dies ist im Besonderen im Hinblick auf die Vermeidung von S.-Hemmungen bei Kindern zu beachten. „Die Freiheit des Spiels besteht geradezu darin, dass jede Festlegung und Fesselung an einen eindeutigen ‚Aktionstunnel' fehlt" (Scheuerl 1990: 87). Das freie S. und die Erfahrung eigener S.-Dynamiken stellen demnach für alle Kinder bedeutsame Möglichkeitsräume dar. Auch wenn die Themen „Lernen, Bildung und Förderung" (Stenger 2014: 273) die Diskurse in der Frühpädagogik seit vielen Jahren dominieren, darf das kindliche S. nicht aus dem Blick geraten: „Das Spiel ist ein zentrales Bildungsmedium – nicht nur in der Kindheit" (Stenger 2014: 274).

### 4. Fazit

Aktuell ist eine Tendenz zur „Ludifizierung von Alltagspraxen" jenseits der Domäne S. zu beobachten. Trendbegriffe wie *Gamification*, *Gamifizierung* oder *Spielifizierung* beschreiben Übertragungsprozesse, in denen spieltypische Merkmale und Vorgänge in spielfremde Kontexte transformiert werden mit dem Ziel der Verhaltensänderung und Motivationssteigerung. Dies findet nicht mehr nur digital und online im Unterhaltungs- und Werbebereich statt, sondern vermehrt Anwendung im Fitnessbereich, beim Shopping, in betrieblichen Produktionsprozessen und in pädagogischen Lernumgebungen und knüpft an älteren Formaten wie *Game-based Learning*, *Edutainment* oder *Serious Games* an (vgl. Raichle 2016: 222 ff.). Einem zukünftigen ideologiekritischen Diskurs bliebe es vorbehalten zu klären, wo die Grenze zwischen Motivation und Manipulation gezogen werden könnte.

### Literatur

N. Raichle: Quests, Raids. Level Up … Game Over?! Erfolgsfaktoren von Gamification in der Hochschullehre, in: W. Pfau u. a. (Hg.): Teaching Trends 2016, 2016, 221–234 • U. Stenger: Spiel, in: C. Wulf/J. Zirfas (Hg.): Hdb. Pädagogische Anthropologie, 2014, 267–274 • L. Wildmann: Einführung in die Volkswirtschaftslehre, Mikroökonomie und Wettbewerbspolitik, [3]2014 • M. Leuchter: Die Bedeutung des Spiels in Kindergarten und Schuleingangsphase, in: ZfPäd 59/4 (2013), 575–592 • G. Schäfer: Bildungsprozesse im Kindesalter, [4]2011 • F.-M. Konrad/K. Schultheis: Kindheit, 2008 • M. Renner: Spieltheorie und Spielpraxis, [3]2008 • J. Fritz: Das Spiel verstehen, 2004 • H. Scheuerl: Das Spiel. Untersuchungen über sein Wesen, seine pädagogischen Möglichkeiten und Grenzen, [11]1990 • A. Flitner: Das Kinderspiel, 1973 • F. Nietzsche: Zur Genealogie der Moral, in: ders.: Werke in drei Bänden, Bd. 2, 1954, 761–900 • J. Huizinga: Homo Ludens. Vom Ursprung der Kultur im Spiel, 1939.

MICHAEL OBERMAIER
UND AMELIE BERNAL COPANO

## Spieltheorie

Die S. beschäftigt sich mathematisch bzw. quantitativ-formalisiert mit Situationen, in denen zwei oder mehr Akteure interdependente ↑Entscheidungen treffen. Die Entscheidungstheorie hat hingegen Situationen zum Gegenstand, in denen nur ein Akteur Entscheidungen trifft und in einer Umwelt agiert, die sich deterministisch oder stochastisch verhält, aber nicht selbst entscheidet. Die S. begann 1928 mit dem Beitrag „Zur Theorie der Gesellschaftsspiele" von John von Neumann, auch wenn es bereits Vorläufer gab. Anfangs ging es tatsächlich v. a. um Spiele wie Schach oder Poker, die klare Regeln und Ziele haben. Die Methoden lassen sich jedoch auch auf wirtschaftliche, politische und sogar militärische Probleme anwenden, wobei zwischen kooperativer und nichtkooperativer S. unterschieden wird. Die evolutionäre S., die nicht von rationalen Akteuren, sondern erfolgreichen Strategien ausgeht, ist außerdem in der Biologie und ↑Informatik relevant, während die empirische, insb. experimentelle S. das reale Verhalten von Menschen analysiert, statt vollständige Rationalität zu postulieren.

### 1. Kooperative Spieltheorie

Die kooperative S. untersucht Spiele, in denen verbindliche Vereinbarungen möglich sind, weil diese von außen durchgesetzt werden oder sich alle daran gebunden fühlen. Es geht dann darum, welche ↑Koalitionen sich bilden und welche gemeinsamen Handlungen von einer Gruppe ausgewählt werden. Häufig wird die ↑Macht von Akteuren rein formal beschrieben, z. B. durch die Zahl der Abgeordneten von ↑Parteien im Parlament, woraus sich die rechnerisch möglichen Koalitionen bestimmen lassen und die Bedeutung der Parteien zu ihrer Bildung. In der Realität kann es jedoch sein, dass zwei Parteien aus ideologischen Gründen nicht miteinander koalieren können, wozu die Modelle ggf. um entspr.e Nebenbedingungen erweitert werden müssen. Ebenso kann es sein, dass es relevante Konventionen gibt, z. B. dass immer der größte Koalitionspartner den Regierungschef stellt unabhängig von alternativ möglichen Koalitionen.

Die kooperative S. kann auch dazu verwendet werden, Verhandlungslösungen zu bestimmen, die plausible oder wünschenswerte Eigenschaften aufweisen. So ist die Nash-Lösung, nicht zu verwechseln mit dem Nash-Gleichgewicht der nichtkooperativen S., Pareto-optimal und unabhängig von irrelevanten Alternativen, von der Identität der Akteure sowie gegenüber positiven Lineartransformationen. Unter diesen Voraussetzungen gibt es eine eindeutige Lösung, die das Nash-Produkt maximiert, also das Produkt des zusätzlichen Nutzens durch die Verhandlungslösung für jeden Verhandlungspartner im Vergleich zum Konfliktpunkt.

### 2. Nichtkooperative Spieltheorie

Die nichtkooperative S. ist allg.er als die kooperative S., da jeweils die einzelnen Akteure betrachtet werden. Selbst wenn eine Koalition für eine Partei besser ist, muss das nicht für jedes ihrer Mitglieder gelten. Zugl. ergeben sich die kooperativen Lösungen als Spezialfall der nichtkooperativen S. mit entspr.en Nebenbedingungen wie der extern abgesicherten Durchsetzbarkeit von Vereinbarungen. Andernfalls müssen Vereinbarungen selbstdurchsetzend sein, also auch ex post im individuellen Interesse aller Beteiligten bleiben.

Die ersten Lösungskonzepte der (nichtkooperativen) S. wie die Maximin-Regel (man maximiert das Minimum, welches man auf jeden Fall bekommt) gab es für Zwei-Personen-Nullsummenspiele, bei denen die eine Seite genau das verliert, was die andere gewinnt. Dagegen ist das Nash-Gleichgewicht ein ganz allg. anwendbares Lösungskonzept für alle nichtkooperativen Spiele. Wechselseitig beste Antworten bilden ein Nash-Gleichgewicht, was bedeutet, dass sich kein Spieler durch Wechsel seiner ↑Strategie bzw. Handlungsalternative besserstellen kann gegeben die Strategien aller anderen Spieler. In reinen Strategien, bei denen immer eine der Handlungsoptionen durchgängig gewählt wird, muss es nicht immer ein Nash-Gleichgewicht geben. In gemischten Strategien, bei denen mit bestimmten Wahrscheinlichkeiten eine der Handlungen ausgelost wird, gibt es hingegen immer mindestens ein Nash-Gleichgewicht. Es kann umgekehrt zu dem Problem kommen, dass es zwei, mehrere oder sogar unendlich viele Nash-Gleichgewichte gibt, aus denen dann eines von allen Spielern ausgewählt werden muss, häufig ohne Kommunikation zwischen den Spielern. Deshalb wurden verschiedene Verfeinerungen des Gleichgewichtskonzepts entwickelt, z. B. das teilspielperfekte Nash-Gleichgewicht. Dieses setzt bei Spielen über mehrere Runden in jeder möglichen Runde und in Teilmengen der Runden ein Nash-Gleichgewicht voraus und nicht nur im gesamten Spiel. Dadurch werden u. a. unplausible Drohungen ausgeschlossen.

Ein anderes Problem besteht darin, dass Nash-Gleichgewichte nicht Pareto-optimal sein müssen. Individuelle und kollektive ↑Rationalität geraten dann in Konflikt zueinander. Alle könnten davon profitieren, nicht ein solches Gleichgewicht zu spielen. Das berühmteste Spiel mit nur einem ineffizienten Gleichgewicht ist das extra so konstruierte Gefangenendilemma. Nicht zu kooperieren, ist hier für jeden die dominante Strategie, obwohl eine Kooperation von allen für alle besser wäre. Kollektivgutprobleme sind entspr.e Dilemmata, die relativ häufig vorkommen. Durchsetzbare Vereinbarungen und andere Veränderungen des Spiels sind Auswege. Potentiell unendliche Wiederholungen des Gefangenendilemmas können auch helfen, da unkooperatives Verhalten bestraft werden kann. Bei nur endlicher Wiederholung ist jedoch ein solches Bestrafen individuell nicht rational, da die letzte Runde einem einfachen, nicht wiederholten Gefangenendilemma entspricht, in dem Kooperieren nicht rational ist, was durch Rückwärtsinduktion auch für alle Runden davor gilt.

In der S. sind viele Arten von Spielen differenziert worden. Erwähnenswert ist hier noch der Informationsstand. Spiele mit vollständiger Information sind solche, bei denen jeder Spieler die möglichen Strategien und Auszahlungen bzw. Nutzenfunktionen von allen Spielern kennt. Bei Spielen mit perfekten Informationen kennt jeder zusätzlich noch alle bisherigen Spielzüge. Schach ist z. B. ein Spiel mit perfekten Informationen, Poker ein Spiel mit vollständigen, aber imperfekten Informationen. Bei unvollständigen Informationen können z. B. Wahrscheinlichkeitsverteilungen über verschiedene Spielertypen bekannt sein, die ggf. im Laufe des Spiels angepasst werden können.

### 3. Evolutionäre Spieltheorie

Die evolutionäre S. setzt bei verschiedenen Spielertypen an, die sich jedoch nicht (zwingend) rational verhalten, sondern eine bestimmte Strategie oder Strategiekombination verfolgen. Wenn sie damit erfolgreich sind, vermehren sie sich, bei Misserfolg in Form niedriger Auszahlungen geht ihre Verbreitung zurück. Damit lassen sich biologische Selektionsprozesse (↑Evolution) modellieren, aber auch das Lernverhalten von nicht vollständig rationalen Menschen, Institutionen und Computern. Interessanterweise lässt sich sogar zeigen, dass vollständige Rationalität i. S. d. reinen S. evolutionär nicht optimal bzw. stabil ist. Definitionsgemäß versucht der rationale Spieler, seinen ↑Nutzen zu maximieren. In einer entscheidungstheoretischen Situation ohne andere Spieler ist er damit sehr erfolgreich. Andere Spieler können das jedoch ausnutzen, wenn sie z. B. Drohstrategien anwenden, da der Klügere immer nachgibt. Ein seinerseits vollständig rationaler Spieler kann nicht glaubwürdig drohen, wenn die Umsetzung einer Drohung ihn später mehr kostet als nutzt.

Welcher Spielertyp am erfolgreichsten ist, hängt von den Mitspielern und deren Typen ab. Ein evolutionäres Gleichgewicht kann dementsprechend mehrere verschiedene Spielertypen beinhalten, z. B. gleichzeitig friedliche Tauben und aggressive Falken. Nur Tauben oder Pazifisten bilden ein Gleichgewicht, welches jedoch instabil ist und von nur einem Falken bzw. Gewalttäter zerstört werden kann. Schließlich kann es bei Existenz verschiedener Spielertypen rational sein, sich als ein anderer Typ auszugeben. Insb. der vollständig rationale Spieler kann dann vortäuschen, nicht vollständig rational, sondern z. B. rachsüchtig, bes. kooperativ oder stets ehrlich zu sein. Selbst wenn es nur rationale Spieler gäbe, könnte man durch scheinbar irrationales Verhalten die Annahme zerstören, dass es so ist. Ein wirklich rationaler Spieler sollte das auch tun, wenn es vorteilhaft ist, statt zwingend den Modellvorstellungen von Rationalität zu folgen.

### 4. Experimentelle Spieltheorie

In der experimentellen S. wird versucht, das Verhalten von realen Menschen in Spielsituationen zu beobachten und zu analysieren. Das geschieht meistens in Form von (Labor-)Experimenten, weil in der realen Wirtschaft und Gesellschaft die Situationen meistens zu komplex sind und sich auch nicht zu Forschungszwecken variieren lassen. In der Praxis ist es tatsächlich ein großes Problem zu bestimmen, welches Spiel denn gerade genau gespielt wird und ob alle Beteiligten das tatsächlich ebenso sehen. Selbst in kontrollierten Experimenten kann es dazu kommen, dass die Spieler das Spiel nicht oder anders verstehen als die experimentierenden Wissenschaftler. Verschärft wird die Situation dadurch, dass gelegentlich Forscher die Teilnehmer über die Spielsituation täuschen, was nicht nur für sich genommen problematisch ist, sondern auch auf alle anderen Experimente ausstrahlt, bei denen die Teilnehmer nicht sicher sein können, dass die angegebenen Regeln und Auszahlungsversprechen wirklich gelten.

Das wichtigste, wenn auch nicht unbedingt überraschende, empirische Ergebnis ist, dass sich reale Menschen nicht nur häufig anders verhalten als rein rationale Spieler in Modellen, sondern nahezu jedes mögliche Verhalten tatsächlich vorkommt. Eine einheitliche Theorie, die jedes individuelle menschliche Verhalten komplett erklärt, ist vermutlich nicht möglich. Dagegen lassen sich menschliche Verhaltensregelmäßigkeiten aufspüren, die über reine Zufallsschwankungen hinausgehen. Bspw. wird die in Modellen rein rationalen Verhaltens angenommene Rückwärtsinduktion meistens nicht vollständig wirksam, sodass entgegen der entspr. theoretischen Prognose auch in endlich oft wiederholten Gefangenendilemmata häufig lange kooperiert wird, allerdings meist nicht in den letzten Runden. Ein rationaler Spieler wird dieses Wissen berücksichtigen.

### Literatur

K. Binmore: Game Theory, 2008 • R. J. Aumann/M. Maschler: Repeated Games With Incomplete Information, 1995 • D. Fudenberg/J. Tirole: Game Theory, 1991 • D. M. Kreps: Game Theory and Economic Modelling, 1990 • J. C. Harsanyi/R. Selten: A General Theory of Equilibrium Selection in Games, 1988 • A. Rubinstein: Perfect Equilibrium in a Bargaining Model, in: EC 50/1 (1982), 97–109 • J. M. Smith: Evolution and the Theory of Games, 1982 • R. Axelrod/W. Hamilton: The Evolution of Cooperation, in: Science 211/4489 (1981), 1390–1396 • R. Selten: The Chain Store Paradox, in: TD 9/2 (1978), 127–159 • J. W. Friedman: Non-Cooperative Equilibrium for Supergames, in: RES 38/1 (1971), 1–12 • N. Howard: Paradoxes of Rationality. Theory of Metagames and Political Behavior, 1971 • J. C. Harsanyi: Games With Incomplete Information Played by „Bayesian" Players, I-III. Part I. The Basic Model, in: ManSci 14/3 (1967), 159–182 • R. J. Aumann/M. Maschler: The Bargaining Set for Cooperative Games, in: M. Dresher/L. S. Shapley/A. W. Tucker (Hg.): Advances in Game Theory, 1964, 443–476 • J. C. Harsanyi: Bargaining in Ignorance of the Opponent's Utility Function, in: JCR 6/1 (1962), 29–38 • T. C. Schelling: The Strategy of Conflict, 1960 • R. J. Aumann: Acceptable Points in General Cooperative n-Person Games, in: A. W. Tucker/R. D. Luce (Hg.): Contributions to the Theory of Games, Bd. 4, 1959, 287–324 • R. D. Luce/H. Raiffa: Games and Decisions, 1957 • J. F. Nash: Two-Person Cooperative Games, in: EC 21/1 (1953), 128–140 • L. S. Shapley: A Value for n-Person Games, in: H. W. Kuhn/A. W. Tucker (Hg.): Contributions to the Theory of Games, Bd. 2, 1953, 307–317 • J. F. Nash: Non-Cooperative Games, in: Annals of Mathematics 54/2 (1951), 286–295 • Ders.: The Bargaining Problem, in: EC 18/2 (1950), 155–162 • Ders.: Equilibrium Points in n-Person Games, in: PNAS 36/1 (1950), 48 f. • J. von Neumann/O. Morgenstern: Theory of Games and Economic Behavior, 1944 • J. von Neumann: Zur Theorie der Gesellschaftsspiele, in: Mathematische Annalen 100/1 (1928), 295–320 • E. Zermelo: Über eine Anwendung der Mengenlehre auf die Theorie des Schachspiels, in: E. W. Hobson/A. E. H. Love (Hg.): Proceedings of the 5th International Congress of Mathematicians, Bd. 2, 1913, 501–504 • A. A. Cournot: Recherches sur les Principes Mathématiques de la Théorie des Richesses, 1838. ALEXANDER DILGER

## Spionage

### 1. Begriff

Der Begriff S. baut etymologisch auf dem französischen *espionnage* auf: die verdeckte Beschaffung geheimer, öffentlich nicht zugänglicher ↑Informationen aus Politik, Militär, Wirtschaft, Technik und Wissenschaft. Auftraggeber ist i. d. R. der ↑Staat. Das Wesen der S. ist die geheime Tat. Sie ist darauf gerichtet, die Entscheidungsgrundlagen einer Regierung zu verbessern. S. kann daher auch als Fortsetzung der ↑Politik mit geheimen Mitteln begriffen werden. Sie ist Ausdruck des Misstrauens zwischen den Staaten, deren internes Lagebild von öffentlichen Positionierungen abweicht. Innerhalb eines ↑Nachrichtendienstes gehört die S. zum operativen Teil der Arbeit, der Beschaffung. Sie ist von der Aufbereitung der Informationen, der Auswertung, zu unterscheiden. Im internationalen Diskurs wird S. dem Tätigkeitsbereich der *Intelligence* zugeordnet. Eine einheitliche Definition dieses Begriffs existiert nicht. Grundsätzlich umfasst *Intelligence* aber mindestens vier Elemente: Nachrichtendienst, Nachrichtenbeschaffung, analytische Aufbereitung der Informationen und ihre Präsentation gegenüber den Entscheidungsträgern.

## 2. Rechtliche Grundlagen und Kontrolle

In demokratisch verfassten Staaten unterliegt S. der rechtlichen Bindung und der ↑politischen Kontrolle. Dies ist notwendig, um den Einsatz nachrichtendienstlicher Mittel (z.B. Abhören von Telefonaten, Führen menschlicher Quellen, Einsatz nachgefertigter Dokumente) zu ermöglichen. Spione würden gegen geltendes Recht verstoßen, wenn ihre Handlungen nicht explizit vom Gesetzgeber im Rahmen einer Ausnahmeregelung für rechtens erklärt werden. Die politische Kontrolle durch die Regierung und das ↑Parlament soll wiederum möglichen Auswüchsen vorbeugen und trägt so zur ↑Legitimation nachrichtendienstlichen Handelns in der ↑Öffentlichkeit bei. Spione müssen naturgemäß im Geheimen operieren, dürfen sich in ihrer Tätigkeit aber nicht verselbständigen, also im Laufe einer Operation eigene Maßstäbe entwickeln und diese ihren Handlungen zugrunde legen. In autokratischen Systemen sind die rechtliche Bindung und v.a. die parlamentarische Kontrolle der Nachrichtendienste nicht immer zwingend gewährleistet. Die Handlungsräume der S. werden dadurch erweitert.

Für die Informationsgewinnung über das Ausland ist der BND als einziger Auslandsnachrichtendienst der BRD zuständig. Seine Aufgaben und Befugnisse werden durch das BNDG von 1990 festgelegt (zuletzt geändert im Jahr 2017). Es enthält auch Regelungen zu den Themenbereichen ↑Datenschutz, Datenspeicherung und Datenübermittlung. Weitere rechtliche Grundlagen bilden das SÜG von 1994, das Artikel 10-Gesetz von 2001 und das PKGrG von 2009.

Der BND ist eine Bundesoberbehörde. Er fällt in den Geschäftsbereich des Bundeskanzleramts, das über die Abteilung 7 die Dienst- und Fachaufsicht ausübt. Dazu gehört die Überprüfung der eingesetzten Mittel mit Blick auf ihre Rechtmäßigkeit und Zweckmäßigkeit. Das geheim eingestufte Auftragsprofil der ↑Bundesregierung ist die Arbeitsgrundlage des BND. Sein in regelmäßigen Abständen aktualisierter Inhalt bestimmt die regionalen und thematischen Arbeitsschwerpunkte der Behörde. Das *Parlamentarische Kontrollgremium* (PKGr) wiederum überwacht die Exekutive, indem es die Bundesregierung bzgl. der Tätigkeit der Nachrichtendienste kontrolliert. Die Mitglieder des Gremiums werden aus der Mitte des ↑Bundestages gewählt; sie tagen in geheimer Sitzung. Mitarbeiter des BND können sich direkt an das PKGr wenden, um z.B. Beschwerden oder mutmaßliche Verfehlungen des Arbeitgebers zu melden. Der geheime Wirtschaftsplan der Behörde wird vom Bundesministerium der Finanzen dem *Vertrauensgremium*, das sich ebenfalls aus Mitgliedern des Bundestages zusammensetzt, zur Billigung vorgelegt. Die *G10-Kommission* wird vom PKGr für die Dauer einer Legislaturperiode bestellt. Sie entscheidet in geheimer Sitzung, ob Beschränkungen des Brief-, Post- und Fernmeldegeheimnisses (↑Post- und Telekommunikationsgeheimnis) notwendig sowie zulässig sind. Das *Unabhängige Gremium*, das vom Bundeskabinett berufen wird und sich u.a. aus Richtern am BGH zusammensetzt, trägt zur Kontrolle von Maßnahmen des BND im Rahmen der Ausland-Ausland-Fernmeldeaufklärung aus dem Inland bei. Der *Bundesbeauftragte für den Datenschutz und die Informationsfreiheit* kontrolliert die Einhaltung des BDSG. Die Haushalts- und Wirtschaftsführung des BND wird vom BRH geprüft.

Konkrete Regelungen zu Fragen der S. gibt es auch im Rahmen der bi- und multilateralen Zusammenarbeit zwischen Nachrichtendiensten. Sie können Ergebnis einer eingeübten Praxis sein oder aber sich an schriftlich fixierten Vereinbarungen orientieren. Da Nachrichtendienste von Natur aus misstrauisch sind, ist davon auszugehen, dass die tatsächliche Befolgung zwischenstaatlicher Abmachungen im Bereich der S. nur schwer zu kontrollieren ist. Wird gleichwohl bekannt, dass sie gegen bestimmte Vereinbarungen verstoßen haben, dürfte sich dies negativ auf die Kooperationsfähigkeit des entspr.en Dienstes auswirken. Durchaus vorstellbar ist, dass die Vereinbarung zur Bildung der *Five Eyes* von allen Vertragspartnern in hohem Maße beachtet wird. Ihre sicherheitspolitische Kultur weist große Schnittmengen auf. Die USA, Großbritannien, Kanada, Australien und Neuseeland hatten nach dem Zweiten Weltkrieg eine exklusive Vereinbarung unterschrieben, die den Informationsaustausch zwischen den Nachrichtendiensten dieser Länder ermöglicht. Das *Intelligence and Situation Centre* der ↑EU kann wiederum als aussichtsreicher Versuch verstanden werden, nachrichtendienstliche Tätigkeiten der Mitgliedsstaaten besser zu koordinieren.

Die gebotene rechtliche Fundierung der Arbeit der Nachrichtendienste erzeugt Spannungsfelder. Auf der einen Seite stehen Geheimhaltungsinteressen des Staates, ohne die S. nicht möglich ist. Dabei geht es auch darum, angeworbene Spione im Ausland zu schützen. Auf der anderen Seite setzt Kontrolle Einblicke in die Tätigkeiten der Behörde voraus. Nur so ist festzustellen, ob sich ein Nachrichtendienst tatsächlich an verabschiedete Gesetze und erlassene Vorschriften hält. Der demokratische ↑Rechtsstaat muss in seinem Handeln ein Gleichgewicht zwischen den Zielen der ↑Freiheit und der ↑Sicherheit finden, das den jeweiligen Verhältnissen gerecht wird.

## 3. Geschichte und politische Bedeutung

Das Handwerk der S. existiert seit Beginn der Menschheit. Über Spione gibt es Berichte aus der Zeit der Pharaonen, der Perser und des Römischen Reiches. In der Bibel entsendet Josua Kundschafter nach Jericho, Mose nach Kanaan. Eine der ersten systematischen Darstellungen der S. hat der chinesische Militärstratege und General Sun Tzu um 500 v.Chr. in der Abhandlung „Die Kunst des Krieges" vorgelegt. In dem Kapitel „Der Einsatz von Spionen" unterscheidet er fünf verschiedene Geheimagenten. Der *eingeborene Spion* werde im Land des Gegners rekrutiert; degradierte und frustrierte Beamte des Feindes könnten zu *inneren Spionen* werden; Spione des Feindes müssten aufgespürt und zu eigenen Zwecken als *übergelaufene Spione* eingesetzt werden; der *todgeweihte Spion* werde vom eigenen Auftraggeber verraten, um den Gegner zu verwirren; der *überlebende Spion* sei schließlich derjenige, der mit Informationen aus dem Feindesland zurückkehrt.

In der Geschichte der S. gibt es zahlreiche Erfolge, die maßgeblichen Einfluss auf den Ausgang von Kriegen oder die Stabilität von Regierungen hatten. Zu den bes. spektakulären Fällen gehört die Entschlüsselung der Enigma-Maschine im Zweiten Weltkrieg durch Kryptologen des britischen Nachrichtendienstes des Bletchley Park. Dadurch konnte der Marine-Funkverkehr der deutschen U-Boote dechiffriert werden, was maßgeblich zum Sieg der Alliierten in der Schlacht im Atlantik beitrug. Agenten des Mossad machten Adolf Eichmann in Argentinien ausfindig und entführten ihn 1960. Der Mitverantwortliche des Holocaust wurde in Israel vor Gericht gestellt und 1962 hingerichtet. Das MfS der DDR konnte erfolgreich seinen Agenten Günter Guillaume im Bundeskanzleramt platzieren. Dies führte 1974 zum Sturz von Willy Brandt. Durch Anwerbung des Überläufers Werner Stiller, bis 1979 Oberleutnant des MfS, konnte der BND zahlreiche Agenten der DDR in der BRD enttarnen. Der Behörde ist es zudem seit 2001 mehrfach gelungen, Anschläge gegen deutsche Soldaten im Auslandseinsatz und seit 2016 mehrere Attentate in Deutschland durch Kooperation mit ausländischen Stellen zu verhindern.

Die Erfolge eines Nachrichtendienstes sind zugl. Niederlagen der Gegenseite. Misserfolge beruhen meistens auf dem Zusammenspiel von bis zu drei Faktoren: die notwendigen Informationen zur Erstellung eines Lagebildes sind durch S. nicht rechtzeitig beschafft worden; bei der analytischen Aufbereitung wurden Fehler gemacht; Entscheidungsträger haben trotz eines korrekten Lagebildes nicht die angemessenen politischen Schlüsse gezogen. Falschen Informationen waren etwa die Nachrichtendienste der Alliierten erlegen, als sie am Ende des Zweiten Weltkrieges der deutschen ↑Propaganda über eine massiv ausgebaute Alpenfestung als letzter Trutzburg Adolf Hitlers Glauben schenkten. Vor Ausbruch des Korea-Krieges von 1950 hat die CIA die Positionierungen der Sowjetunion, Chinas und Nordkoreas falsch eingeschätzt. Die bevorstehende Invasion der Truppen Kim Il-sungs wurde nicht erkannt. 1982 hat die britische Regierung Informationen über den geplanten Angriff Argentiniens auf die Falklandinseln nicht ernst genommen. Die Aussagen eines irakischen Ingenieurs zu mobilen Kampfstofflaboratorien Saddam Husseins wurden von der CIA trotz gegenteiliger Einwände des BND – und unter hohem politischen Druck – unkritisch übernommen, um den Angriff der USA gegen den Irak 2003 zu rechtfertigen.

Viele Vorgänge der S. werden erst im Rahmen historischer Aufarbeitung öffentlich bekannt. Die Forderung nach mehr Transparenz nachrichtendienstlicher Arbeit kollidiert mit ihrem Wesensgehalt. Nur wenn Agenten wirklich im Geheimen operieren können, sind sie auch wirkungsvoll. Dies führt naturgemäß zu Spekulationen über die Tätigkeiten von Nachrichtendiensten, die nur selten etwas mit der Realität zu tun haben. Bereits Reinhard Gehlen, erster Präsident des BND von 1956 bis 1968, klagte: „Der Agent, der mit doppelbödigem Koffer, schallgedämpfter Pistole und kosmetischen Utensilien den ‚Superspion' darzustellen hat, gehört jedenfalls in das filmische und romanhafte Fabelreich, in das immer wieder auch attraktive Agentinnen einbezogen wurden" (Gehlen 1971: 248). Zur Verklärung des S.-Wesens haben reale Geschichten wie jene der Margaretha Geertruida Zelle beigetragen. Zahlreiche Filme und Erzählungen über das Leben dieser Person, die sich selbst „Mata Hari" nannte, trugen zu erheblich verzerrten Wahrnehmungen des Tätigkeitsfeldes eines Spions bei.

### 4. Arbeitsweisen

Zu Zwecken der S. werden nachrichtendienstliche Mittel eingesetzt. Die Informationsgewinnung erfolgt grundsätzlich auf bis zu sechs Wegen. Der Einsatz von Spionen ist dem Bereich der *Human Intelligence* (HUMINT) zugeordnet. Ziel ist die Beschaffung geheimer, öffentlich nicht zugänglicher Informationen. Dieser Bereich der Informationsgewinnung ist mit Abstand der risikoreichste. Über *Signals Intelligence* (SIGINT) werden die weltweiten Datenströme ausschnittsweise gefiltert und elektronisch auf bestimmte Inhalte untersucht. Die technische Beschaffung erfolgt aktiv wie rezeptiv und ist nur begrenzt steuerbar. Informationsbeschaffung mittels Visualisierung wird durch *Imagery Intelligence* (IMINT) ermöglicht. Ausgewertet werden Satellitenaufnahmen und Luftbilder, die das Fernerkundungsaufkommen liefern. *Geospatial Intelligence* (GEOINT) stellt die raumbezogene Analyse von Daten und Informationen in Geoinformationssystemen dar. *Measurement and Signature Intelligence* (MASINT) wertet Emissionen von Aufklärungsobjekten aus, etwa frei gewordene nukleare Strahlung oder chemische Substanzen. Von diesen öffentlich nicht zugänglichen Informationen ist die *Open Source Intelligence* (OSINT) abzugrenzen. Sie stützt sich auf offenes Material wie Bücher, Fachaufsätze oder Meldungen aus Tageszeitungen. Bei Themen grundsätzlichen Charakters kann ein Nachrichtendienst sein Lagebild zu großen Teilen aus OSINT-Aufkommen zusammensetzen. Dagegen dominieren bei der situativen Aufklärung einer militärischen Krise, etwa bei der Feststellung von Aufmarschstärken, nichtöffentliche Beschaffungswege. Zu einer analytischen Herausforderung ist die Filterung relevanter Informationen aus unüberschaubaren Datenmengen (*Big Data*) geworden.

Ein guter Spion ist breit ausgebildet. Er verfügt über umfassende Kenntnisse der Einsatzregion und die notwendigen praktischen Fähigkeiten. Als Faustregel kann gelten, dass ein Spion nur dann die richtigen Informationen beschaffen kann, wenn er auch hinreichende Erfahrungen in der Auswertung gesammelt hat. Gearbeitet wird mit klassischen wie auch modernen Mitteln. Dazu gehören Führung von Quellen, Observation, konspirative Fotografie, Abhörmaßnahmen, Legendierungen, Tarnpapiere, Tarnkennzeichen, fingierte Gründung von Unternehmen oder die Ausspähung von Daten im Internet. Ein Spion kann sich sozialen Situationen anpassen und agiert im Rahmen zweier Identitäten (Klarname/ Deckname als Arbeits- oder Dienstname) unauffällig.

Beim Einsatz nachrichtendienstlicher Mittel unterscheiden sich die Staaten voneinander. Je mehr sie rechtlichen Kontrollen und moralischen Selbstbindungen unterliegen, desto weniger werden sie zu Zwecken der S. gegen ↑Menschenrechte verstoßen. Umstritten und jedenfalls in Deutschland ausgeschlossen sind v.a. Formen der ↑Folter zur Informationsgewinnung, etwa durch *Waterboarding*, oder das Kompromat. Der Einsatz von „Romeo“-Agenten wird nicht von allen Nachrichtendiensten praktiziert. Dies gilt auch für eine Politik der gezielten Desinformation sowie das Instrument der Gegenspionage. Nur wenige Demokratien dürften ihren Agenten zudem die Entführung oder gar Tötung von Zielpersonen erlauben.

Die Kontrolle der Arbeitsweise von Nachrichtendiensten ist v.a. im demokratischen Rechtsstaat eine Selbstverständlichkeit. Sie kann aber auch zu einer erheblichen Beeinträchtigung des Kerngeschäfts führen, wenn z.B. durch Untersuchungsausschüsse die Arbeitskraft vieler Mitarbeiter der Behörde gebunden wird. Von ihnen wird dann u.a. erwartet, Dokumente so für die Mitglieder eines Untersuchungsausschusses aufzubereiten, dass vertraulich oder gar geheim eingestufte Informationen nicht an die Öffentlichkeit gelangen, was in der Umsetzung sehr zeitintensiv sein kann.

Die Arbeitsweise eines Nachrichtendienstes hängt schließlich ganz maßgeblich von seiner Finanzierung ab. Sie entscheidet über den Umfang der (operativ tätigen) Mitarbeiter und die Wettbewerbsfähigkeit technologischer Aufklärungsmittel. In Deutschland standen 2018 1,37 Mrd. Euro für die nachrichtendienstliche Arbeit auf Bundesebene zur Verfügung (BND: 925,45 Mio. Euro; BfV: 345,88 Mio. Euro; BAMAD: 95,63 Mio. Euro). Dagegen wurden die 17 Nachrichtendienste der USA 2018 mit 81,5 Mrd. Dollar ausgestattet (National Intelligence Program: 59,4 Mrd. Dollar; Military Intelligence Program: 22,1 Mrd. Dollar).

Solche Asymmetrien in der Finanzierung haben Folgen. Um ein vollständiges Lagebild zu erhalten, ist eine umfassende Zusammenarbeit notwendig. Kleinere Nachrichtendienste können von den S.-Ergebnissen größerer Nachrichtendienste abhängig sein. Stellt eine Seite jedoch dauerhaft einseitig mehr Informationen zur Verfügung, wird sie gemäß dem Prinzip des *do ut des* Gegenleistungen an anderer Stelle erwarten. Der kleinere Nachrichtendienst laviert dann zwischen sicherheitspolitischen Notwendigkeiten und zivilgesellschaftlichen (↑Zivilgesellschaft) Empfindlichkeiten. Eine Ursache dieser Lage bleibt die Unterfinanzierung nachrichtendienstlicher Arbeit, die Abhängigkeiten ermöglicht.

## 5. Ausblick

Staaten werden auch in der Zukunft auf S. setzen, um sich zu schützen und um gegenüber Freunden wie Gegnern Vorteile zu erzielen. Im Vergleich zur Vergangenheit haben technische Neuerungen wie z.B. der Bereich der ↑Digitalisierung heute weitaus mehr Einfluss auf das S.-Wesen. Die Informationsgewinnung ist mittlerweile zu großen Teilen aus der Distanz möglich, etwa durch Maßnahmen der Fernmeldeaufklärung gegen Aufklärungsobjekte. Diese Entwicklung hat dazu beigetragen, dass von den Mitarbeitern eines Nachrichtendienstes nur ein sehr kleiner Teil operativ direkt im Ausland tätig ist. Zu einer großen Herausforderung der eingesetzten Spione sind biometrische Erkennungsverfahren geworden, die Legendierungen gefährden. Über Erfolg und Misserfolg der S. werden weiterhin die Regierungen und (in Demokratien) die Parlamente entscheiden: Sie legen den Aufklärungsauftrag fest; sie befinden über den Finanzierungsumfang; sie setzen die rechtlichen Grenzen, in denen Spione operieren dürfen; und sie müssen aus aufbereiteten Lagebildern die richtigen Schlussfolgerungen ziehen.

## Literatur

J.-H. Dietrich u.a. (Hg.): Nachrichtendienste im demokratischen Rechtsstaat, 2018 • Ders./S. Eiffler: Hdb. des Rechts der Nachrichtendienste, 2017 • J. Hughes-Wilson: On Intelligence. The History of Espionage and the Secret World, 2016 • G. Greenwald: No Place to Hide. Edward Snowden, the NSA and the U.S. Surveillance State, 2014 • W. Krieger: Geschichte der Geheimdienste, 2014 • M. Bar-Zohar/N. Mishal: Mossad. The Greatest Missions of the Israeli Secret Service, 2012 • J. Goldman: Words of Intelligence. An Intelligence Professional's Lexicon for Domestic and Foreign Threats, 2011 • R. J. Heuer Jr./R. H. Pherson: Structured Analytic Techniques for Intelligence Analysis, 2011 • W. Stiller: Der Agent. Mein Leben in drei Geheimdiensten, 2010 • G. Steinhauer: Ich war der Spion des Kaisers, 2009 • G. Tenet: At the Center of the Storm. My Years at the CIA, 2007 • J. H. Critchfield: Auftrag Pullach. Die Organisation Gehlen 1948–1956, 2005 • W. Krieger (Hg.): Geheimdienste in der Weltgeschichte. Spionage und verdeckte Aktionen von der Antike bis zur Gegenwart, 2003 • S. Dorril: MI6. Inside the Covert World of Her Majesty's Secret Intelligence Service, 2000 • M. Wolf: Spionagechef im geheimen Krieg. Erinnerungen, 1997 • L. D. Carl: International Dictionary of Intelligence, 1990 • J. Piekalkiewicz: Weltgeschichte der Spionage, 1988 • P. Knightley: Die Geschichte der Spionage im 20. Jahrhundert, 1986 • R. Gehlen: Der Dienst. Erinnerungen 1942–1971, 1971 • W. Fischer: Spionage. Spione und Spioninnen, 1919.

MARTIN WAGENER

# Sponsoring

## 1. Begriffsbestimmung und inhaltliche Einordnung

Der Begriff *S.* im engeren Sinn (engl. *sponsoring, sponsorship*, lat. *sponsio*, dt. *Unterstützung, gegenseitige Zusage, Abmachung*) bezeichnet die ökonomisch motivierte Unterstützung von Einzelpersonen, Gruppen oder Organisationen durch Dritte, um im Gegenzug vorrangig öffentlichkeitswirksamen, kommunikativen ↑Nutzen (auch: *good-will*) für die eigene Person, Gruppe oder Organisation zu erhalten. In einer erweiterten Betrachtung des S.s spielt der Förderungsgedanke eine wesentliche Rolle in der Beziehung zwischen beiden Vertragspartnern.

Gegenstand des S.s sind Zuwendungen in Form von Finanzmitteln sowie Sach- oder Dienstleistungen. Im Gegensatz zu philanthropischen oder altruistischen Formen der Zuwendung, wie bspw. des privaten moralisch motivierten *Spendenwesens* (↑Spende) oder des uneigennützigen *Mäzenatentums*, handelt es sich beim S. um ein funktionales Synallagma in Form einer *Leistungsverpflichtung auf Gegenseitigkeit* nach dem Prinzip *do ut des* (lat. *Ich gebe, damit du gibst*). In der Umsetzungspraxis basiert S. regelmäßig auf umfangreichen und zugl. detaillierten, schriftlich fixierten *S.-Verträgen*, um Umfang und Dauer von Rechten zur Kommunikaton über Marken, Personen oder Aktivitäten konkret einzugrenzen. Die Überlassung von medialen Nutzungsrechten ist somit zugl. Wesenskern und Grundlage des S.s.

Ziel des Leistungstausches sind auf Seiten des Mittelgebers (engl. *sponsor*) die Realisierung eines *Imagetransfers* zur Steigerung der eigenen Bekanntheit und Positionierung innerhalb einer gewünschten Zielgruppe und auf Seiten des Mittelnehmers (engl. *sponsee*) die Einnahmen von *Drittmitteln* zur Absicherung der ökonomischen Handlungsfähigkeit.

## 2. Herkunft des Sponsoring

Image-motivierte Unterstützung durch *Einzelpersonen* gibt es schon lange: Seit der Antike ist die Unterstützung von Kunst, Kultur – und später auch Wissenschaft – durch weltliche wie kirchliche Herrscher und Regierungshäuser überliefert. Die Förderung der ↑Kunst war hierbei vornehmlich *Auftragskunst* mit dem Ziel, das Ansehen und Reichtum der Unterstützer zu preisen, um so deren ↑Legitimität von Macht und Herrschaft für Volk und Nachkommenschaft zu manifestieren. Im Verlauf der Jh. varriert diese Form der Förderung als *Herrschaftskunst* (auch: *Kunstpatronage*) stark.

Die gezielte, Image-motivierte Unterstützung durch *Organisationen* entwickelt sich erst später mit dem Aufkommen und der zunehmenden Verbreitung von Wirtschaftsunternehmen im Zuge der Industrialisierung. Erste Beispiele für unternehmensseitige *S.-Aktivitäten* lassen sich v.a. im Bereich des ↑Sports finden; bspw. in Form des Engagments von Kodak im Rahmen der ersten neuzeitlichen Olympischen Spiele im Jahr 1896 in Athen sowie der finanziellen Unterstützung der Olympischen Spiele 1928 in Amsterdam durch Coca Cola.

## 3. Einsatzfelder und Entwicklung des Sponsoring

Mit dem Aufkommen und der Verbreitung des ↑Fernsehens seit den 1960er Jahren, erweiterten sich für Unternehmen die kommunikativen Möglichkeiten zur Imageprofilierung und Ausweitung von Zielgruppenkontakten erheblich. Das Hauptbetätigungsfeld für Unternehmens-Sponsoren war zunächst der *Sport* (Banden- und Trikotwerbung, Integration von Sportlern in Mediawerbung und Verkaufsförderung); seit den 1980ern folgten weitere Engagements in den Bereichen *Kultur* (Kunstpreise, Kultur-Festivals), *Gesellschaft* (Kindergärten, Wohlfahrts- und Pflegeorganisationen, Einrichtung von Unternehmensstiftungen), *Bildung* (Schul- und Hochschulförderung, Förderpreise und -wettbewerbe, Stiftungslehrstühle) und *Umwelt* (Umweltorganisationen, Natur- und Tierschutz-Projekte).

| Zeitverlauf | |
|---|---|
| – Anfang 1960er Jahre: | Schleichwerbung im *Sport*, |
| – Anfang 1970er Jahre: | *Sport*-Werbung, |
| – Anfang 1980er Jahre: | *Sport*-Sponsoring, |
| – Anfang 1990er Jahre: | *Kultur,/Sozio-* u. *Umwelt*-Sponsoring, |
| – Mitte 1990er Jahre: | *Medien- und Programm*-Sponsoring |
| – Anfang 2000 Jahre: | *Poltik*-Sponsoring, integratives Sponsoring |

Abb. 1: Entwicklungsphasen des S.
(eigene Darstellung in Anlehnung an: Bagusat/Marwitz/Vogl [2008]: 26.)

Seit den 1990ern sind verstärkt Aktivitäten in der gezielten Förderung von *Medien-* und *Programminhalten* (Übertragung von Sport-/Kultur-Events, Themensendungen, Informationsbeiträge) sowie im Bereich der *Politik* (Fachkongresse, Kommunikations-Events) festzustellen.

Durch Internationalisierung und ↑Digitalisierung der damit verbundenen wachsenden Wettbewerbsintensität steigt das Angebot und zugl. die Ähnlichkeit von Produkten und Dienstleistungen weltweit. Gleichzeitig führt eine zunehmende Fragmentierung von Kommunikationskanälen zu steigenden Werbekosten. Vor diesem Hintergrund erfährt S. eine wachsende Bedeutung als Instrument des Unternehmens-Marketings (↑Marketing). Angesichts allg. steigender Wettbewerbsintensität ist eine Professionalisierung des S.s in Bezug auf Planung, Umsetzung und insb. Erfolgscontrolling auf Seiten der ↑Unternehmen erkennbar. Somit orientiert sich die Auswahl von S.-Aktivitäten an klaren betriebswirtschaftlichen Maßgaben der Effizienz- und Effektivitätssteigerung.

| | Sport-Sponsoring | Kultur-Sponsoring: Kunst | Sozial-Sponsoring Gesellschaft, Bildung, Umwelt |
|---|---|---|---|
| zu fördernder Bereich | Professioneller u. Amateursport: Fußball, Handball, Ski, Eis-hockey, Motorsport, Tennis u.a. | Bildende Kunst: Architektur, Bildhauerei, Malerei, Fotografie; Darstellende Kunst: Theater, Tanz, Oper, Literatur, Film, Musik | Gesundheit, Bildung, Wissenschaft, Natur- u. Tierschutz |
| Leistungsebenen | Leistungssport, Breitensport, Nachwuchs | Spitzenkünstler, Nachwuchskünstler | Spitzenforschung, Breitenforschung, Nachwuchsforschung, Lokale u. kommunale Gesellschaft Familien- u. Kinderhilfe Naturreservate u. Wildnisgebiete, Arten- u. Biotopschutz Landschaftsschutz, Ressourcenschutz |
| zu fördernde organisatorische Einheiten | Verband, Verein, Team, Sportler | Veranstaltungen, Institutionen, Gruppen, Individuen, Projekte | Hochschulen u. Forschungseinrichtungen, Kommunen, Familien, bes. Personengruppen, Landschaftsareale, spezifische Tierarten, Naturregionen |
| Leistungsarten | Geld, Sachzuwendungen, Dienstleistungen u. a. Zeiteinsatz Mitarbeiter auf Projektbasis, Marktmacht und Kontakte/ Reichweite in Medien | | |
| Arten von Gegenleistungen | Gestaltung von Ausrüstungs-/Ausstattungsgegenständen, Präsenz im Umfeld von Veranstaltungen/Projekten/Projektkommunikation, Nutzung Markenlogos, Unternehmensbranding, Einsatz von gesponserten als Testimonials für Werbekommunikation/PR/Verkaufsförderung | | |

Tab. 1: Handlungsmöglichkeiten des Sponsoring
(eigene Darstellung in Anlehnung an: Berndt [1995]: 302)

Insgesamt ist zu erkennen, dass Unternehmen und Organisationen S. zusehends an Freizeitaktivitäten und -interessen der Bevölkerung ausrichten, um die Wirksamkeit ihrer Unternehmenskommunikation durch die Einbettung in ein v.a. emotional geprägtes Umfeld zu erhöhen und die Reaktanz (psychologische Abwehrreaktion) auf Seiten der Konsumenten zugl. zu verringern.

Mit der Ausweitung des S.s in die privaten Lebensbereiche der Gesellschaft intensiviert sich zugl. die Diskussion über die Vor- und Nachteile einer voranschreitenden ↑Ökonomisierung, die immer mehr Lebensbereiche zu umfassen scheint. Befürworter des S.s argumentieren, dass erhöhte Mittelzuflüsse erst die Basis für Leistung und Wettbewerbsfähigkeit von Sportvereinen, Kulturinstitutionen oder Bildungseinrichtungen bilden würden; Gegner erachten diese Entwicklung hingegen als Beginn eines Negativkreislaufes, der Machtkonzentrationen auf Seiten der Unternehmen befördere und privates, ehrenamtliches Engagement (↑Freiwilligenarbeit) dagegen zunehmend verhindere, wodurch ↑Solidarität und Gemeinschaft innerhalb der Gesellschaft nachhaltig negativ beeinträchtigt würden. Im internationalen Vergleich hat das S. in Deutschland mittlerweile einen hohen monetären Gesamtumfang erreicht. Angesichts zunehmender Investitionsbedarfe in Kultur, Bildung und Umwelt sowie einer demographiebedingten, absoluten Abnahme von steuerpflichtigen Erwerbstätigen, ist in einer realpolitischen Perspektive davon auszugehen, dass sich Maßnahmen des S.s qualitativ, wie auch quantitativ ausweiten werden.

### Literatur

M. Bruhn: Sponsoring, 2018 • A. Weiland: Private Kunst- und Kulturförderung in der Bundesrepublik Deutschland, 2017 • A. Bagusat/C. Marwitz/M. Vogl: Hdb. Sponsoring, 2008 • A. Hermanns/C. Marwitz: Sponsoring, [3]2008 • A. Leuteritz/S. Wünschmann/U. Schwarz/S. Müller: Erfolgsfaktoren des

Sponsoring, 2008 • A. Hermanns/A. Glogger: Management des Hochschulsponsoring, 2005 • A. Glogger: Imagetransfer im Sponsoring. Entwicklung eines Erklärungsmodells, 1999 • K. M. Fehring: Kultursponsoring – Bindeglied zwischen Kunst und Wirtschaft, 1998 • R. Berndt: Marketing 2 – Marketing-Politik, [3]1995 • A. Cavegn: Öko-Sponsoring, 1993 • R. G. Strachwitz/S. Toeple (Hg): Kulturförderung. Mehr als Sponsoring, 1993 • M. Bruhn: Sozio- und Umweltsponsoring, 1990 • N. Drees: Sportsponsoring, 1989 • P. Roth: Kultur-Sponsoring, 1989 • M. Bruhn: Sponsoring. Unternehmen als Mäzene und Sponsoren, 1987 • A. Hermanns: Sponsoring. 15 Merkpunkte zu einem noch jungen Thema, in: MJ, 6/19, 1986: 556–557 • P. H. Fenkart: PR konkret – Zum Beispiel Sponsoring, 1985.

NINA SALDSIEDER UND KAI ALEXANDER SALDSIEDER

## Sport

Der S. ist gegenwärtig in seinen unterschiedlichen Erscheinungsformen ein überall auf der Welt verbreitetes kulturelles und soziales Phänomen. S. bleibt allerdings ein Handlungsfeld mit unbestimmten Rändern, das sich eindeutigen Festlegungen entzieht und daher als Oberbegriff für verschiedenartige Bewegungsformen bzw. -praktiken dienen kann. Der S. differenziert sich letztendlich seit seinen Anfängen im späten 18. Jh. fortlaufend weiter aus und die so entstandene Vielfalt an S.- und Bewegungskulturen bringt ihrerseits immer wieder neue Praktiken, Ausprägungsformen, Zuwendungsmotive sowie Aneignungstaktiken hervor. Daher kann es kaum überraschen, dass bislang kein wissenschaftlicher Definitionsversuch vorgelegt worden ist, der keine Leerstellen aufweist und allg.e Akzeptanz gefunden hat. Wiederkehrende Elemente solcher Definitionsansätze sind die Kriterien der körperlichen Aktivität, die Zweckfreiheit des sportlichen Sich-Bewegens, die Chancengleichheit der Akteure, das Wettkampf- und das Leistungsprinzip sowie der Verweis auf eine eigenartige Wertestruktur. Während diese Elemente ohne Ausnahme im Feld der S.-Arten (Fußball, Leichtathletik, Schwimmen usw.) anzutreffen sind, haben sie in ihrer Mehrzahl für andere Bewegungsformen, die sich ebenfalls als S. bezeichnen lassen (Jogging, Skateboarding, Surfen usw.) keine konstitutive Bedeutung. Vor diesem Hintergrund ist es durchaus fraglich, ob sich noch ein Bedeutungskern oder eine Sinnmitte des S.s bestimmen lässt. I. S. eines Hilfskonstrukts grenzt man daher seit einiger Zeit einen S. im engeren Sinne, der sich über international gültige Regeln als Wettkampf organisieren lässt, ein bestimmtes institutionelles Setting (↑Verein, Verbände) sowie standardisierte S.-Anlagen und -geräte erfordert, und einen S. im weiteren Sinne voneinander ab. Der S. im weiteren Sinne umfasst zahlreiche Bewegungsaktivitäten, die häufig von den Akteuren selbst organisiert und als S. erlebt werden, obwohl sie sich den Formprinzipien der traditionellen S.-Arten entziehen.

### 1. Historische Entwicklung

Der moderne S. im engeren Sinne entsteht in England im späten 18., vorwiegend aber im 19. Jh. und ist in seiner Entwicklung eng mit der Durchsetzung bürgerlicher (Industrie-)Gesellschaften verwoben, wie u. a. Norbert Elias mit Blickrichtung auf die Veränderung der Machtstrukturen in der englischen Gesellschaft nachgezeichnet hat: „Die Parlamentarisierung der grundbesitzenden Klassen in England hatte ihr Gegenstück in der Versportlichung ihrer Freizeitbeschäftigungen" (Elias 2003: 68). Das Phänomen S. wird also von den Oberschichten hervorgebracht, die zunächst v. a. in dem auf ihre Interessen ausgerichteten Bildungssystem *(Public Schools)* die volkstümlichen Wettkampfspiele einem Bedeutungswandel unterziehen und die Kodifizierung der jeweiligen S.-Praktiken vorantreiben. Der am agonalen Prinzip orientierte S. lässt sich somit als ein Angebot begreifen, das zu einem bestimmten historischen Zeitpunkt auf eine gesellschaftliche Nachfrage trifft. S.s-Geist zu zeigen gehört seinerzeit schlicht zum Status eines Gentleman und das Feld der S.-Praktiken wird zu einem Bestandteil des Lebensstils von Angehörigen höherer Soziallagen. Nicht zuletzt die vielfach propagierten Potentiale des S.s zur Charakter- und Gemeinschaftsbildung sowie seine Attraktivität für junge Menschen tragen dazu bei, dass auch weitere Institutionen (wie Unternehmen, Gewerkschaften oder Kirchen) als S.-Anbieter hervortreten und damit dessen soziale Basis schrittweise erweitern. Daher kommt es zu einer raschen Verbreitung des Wettkampf-S.s: Im Fußball werden bspw. 1845 in Rugby die ersten Spielregeln *(Laws of Football)* niedergeschrieben, 1863 gründet sich die Football Association (FA), die 1871 den landesweit ausgetragenen FA-Cup einführt, 1872 findet das erste Länderspiel statt und ab 1888 gibt es in England offiziell professionelle Ligen. Während der FA 1871 erst 50 Clubs angehören, sind es 1905 bereits 10 000 Clubs und das Finale des FA-Cups sehen im Jahr 1901 bereits 111 000 Zuschauer im Londoner Crystal Palace. Auf dem europäischen Kontinent werden nationale Fußballverbände u. a. in Italien im Jahr 1898, in Deutschland 1900 sowie in Spanien 1913 gegründet, während der internationale Verband FIFA seit 1904 existiert. In Deutschland akzentuiert die seinerzeit dominierende Bewegungs- und Körperkultur des Turnens die Gegensätze zum S., der sich aber nicht zuletzt wegen seiner Anschlussofferten für eine „moderne Bürgerlichkeit" (Eisenberg 1999: 145) etabliert. Ebenso wie das Turnen ist der S. zunächst ein urbanes Phänomen gewesen, weil in den (Groß-)Städten bereits erste Formen einer Freizeitkultur (↑Freizeit) anzutreffen sind und S. hier sowohl als geselliges Vergnügen von Angehörigen des Bürgertums (↑Bürger, Bürgertum), der neuen Schicht der Angestellten und der Arbeiterschaft (↑Arbeitnehmer) als auch als kommunales Dienstleistungsangebot Verbreitung finden kann. Aus dem elitären Freizeitvergnügen von Gentlemen wird im 20. Jh. eine weltweite

Massenbewegung, an der jedermann – und nach Überwindung weiterer Zugangsbarrieren – auch jede Frau teilhaben kann.

Charakteristisch für den modernen S. sind nach Allen Guttmann sieben Merkmale (Weltlichkeit, Chancengleichheit, Rollenspezialisierung, Rationalisierung, Bürokratisierung, Quantifizierung und Streben nach Rekorden), die ihn in der Summe markant von Bewegungskulturen in früheren Epochen unterscheiden. Aus dieser Perspektive spiegelt die Ausformung der zuvor genannten Merkmale des S.s den okzidentalen Rationalisierungsprozess (i. S. v. Max Weber). Einerseits finden sich im modernen S. im engeren Sinne Spuren eines emanzipatorischen ↑Humanismus, die im Fair Play, in der transnationalen Ausrichtung oder im Prinzip der (Chancen-)Gleichheit ihren Niederschlag gefunden haben und andererseits setzt sich im S. das instrumentell-zweckrationale Denken durch, das in der Rollenspezialisierung, der Bürokratisierung, im Begriff des Rekords sowie im Glauben an einen nahezu unbegrenzten Leistungsfortschritt zum Ausdruck kommt. Aufgrund seiner Wettkampf- und Leistungsorientierung sowie dem Merkmal der Chancengleicheit (↑Chancengerechtigkeit, Chancengleichheit) bleibt der S. im engeren Sinne ferner ein gesellschaftlicher Bereich, in dem die Akteure nach Alter, Geschlecht und/oder Behinderung getrennt werden.

Mit der Popularisierung des Leistungs- und Wettkampf-S.s gewinnt auch der Zuschauer-S. und hierbei v. a. die mediale Rezeption des S.s an Bedeutung. S.-Großereignisse (Olympische Spiele, Fußball-Weltmeisterschaft) erhalten des Weiteren eine nationale Repräsentationsfunktion und dienen als globale Bühne, auf der die Nationen die Vorstellungen, die sie von sich selbst besitzen, wirkungsvoll zur Geltung bringen wollen. S. kann also auf lokaler, regionaler, nationaler und transnationaler Ebene als Medium kollektiver ↑Identitäten fungieren. Der S. ist in der heutigen Gesellschaft nahezu allgegenwärtig und spielt im Alltagsleben zahlreicher Menschen eine prominente Rolle. Sein globaler Siegeszug im Verlauf des 20. Jh. hat aber den universellen Geltungsanspruch des zuvor skizzierten S.-Modells relativiert und alternative Zugänge zur sportlichen Bewegung hervorgebracht. Spätestens mit dem Aufkommen der internationalen *S. für alle*-Bewegung Mitte der 1960er Jahre hat sich die Partizipationsrate der Bevölkerung am Breiten- bzw. Freizeit-S. nach und nach weiter erhöht und gerade Frauen engagieren sich im Vergleich zu früheren Jahrzehnten vermehrt in diesem Handlungsfeld.

## 2. Felder des Sportengagements

Die fortlaufende Inkludierung weiterer Bevölkerungsgruppen in den S. geht mittelfristig mit einem Wandel der auf diese Praxis bezogenen Motive, Funktionen, Handlungsdispositionen, Körper- und Wertvorstellungen einher, der in letzter Konsequenz eine Entfaltung von S.- und Bewegungspraktiken begünstigt, die sich vom leistungs- und wettkampforientierten S.-Modell mehr oder weniger deutlich abheben. In der Folge dieser seit den 1980er Jahren wirksamen Entwicklungstendenz kommt es nach Klaus Cachay sowohl zu einer Versportlichung der Gesellschaft als auch zu einer Entsportlichung des S.s: Zum einen nehmen die gesellschaftliche Wertschätzung, die Anerkennung seiner sozialen Funktionen, die ökonomische Relevanz, die Bindungskraft und die individuelle Teilhabe weiter zu. Jenseits des traditionellen S.-Artenmodells entstehen zum anderen vielfältige Formen des bewegungskulturellen Engagements, die sich u. a. mit Begriffen wie Ausdauer-, Erlebnis-, Fitness-, Gesundheits-, Risiko-, Medien- oder Trend-S. kennzeichnen lassen.

Die Durchsetzung alternativer S.-Modelle bietet Anknüpfungspunkte für zeitgenössische Lebensstile und stimuliert ein weiteres Anwachsen des S.-Konsums, verweist jedoch zugl. auf tiefgreifende Veränderungen im Verhältnis des S.-Systems zu seiner gesellschaftlichen Umwelt, wobei nicht zuletzt die Individualisierung der Lebensgestaltung und die Pluralisierung sozialer Milieus eine „Komplexitätssteigerung" (Cachay 1990: 102) des S.s bewirken. Neben staatlichen Institutionen (z. B. Schul-S.) und dem organisierten S., dessen Dachverband in Deutschland der Deutsche Olympische Sportbund (DOSB) mit inzwischen mehr als 100 Mitgliedsorganisationen ist, haben sich so längst kommerzielle S.-Anbieter und informelle S.-Szenen etabliert. Letztendlich stehen gegenwärtig verschiedene Felder des S.-Engagements nebeneinander, die gewisse Schnittmengen aufweisen, jedoch nur z. T. wechselseitige Beziehungen unterhalten. In diesem Zusammenhang ist von Eckart Balz ein Vier-Felder-Modell vorgelegt worden, dass die dynamische Vielfalt des S.s mitsamt seiner uneinheitlichen Deutungs-, Orientierungs- und Inszenierungsmuster prägnant abzubilden sucht.

*a)* Das Feld des agonalen S.s folgt einem Siegescode und zielt auf den Vergleich körperlicher Leistungen, was ein durch Vereine und Verbände organisiertes Wettkampfsystem sowie systematische Übungs- und Trainingsprozesse voraussetzt.

*b)* Demgegenüber steht das Feld des informellen S.s eher für Ausgleicherfahrungen, für die Gestaltung von Bewegungen bzw. für bewegungskulturelle Innovationen (z. B. Trendsportarten), wobei hier i. d. R. Selbstorganisation und Szenenbildung an die Stelle der Vereine bzw. Verbände treten.

*c)* Gewinne zu erwirtschaften ist das übergeordnete Ziel des Felds des kommerziellen S.s. Das Spektrum kommerzieller S.-Angebote ist breit gefächert und reicht bspw. von Yoga-Zentren, Reiterhöfen, Ballett- und Tanzschulen über die Fitnessbranche, professionelle S.-Ligen und den S.-Tourismus bis zum Zuschauer- und Medien-S.

*d)* Dem Feld des humanitären S.s lassen sich schließlich als zentrale Funktionen die Entwicklungsförderung, die ↑Integration und die Gesundheitsprävention zuordnen. Teilbereiche dieses Feldes sind der S.-Unterricht und der Schul-S., die Kinder- und Jugendsozialarbeit mit Bewegung, Spiel und S. sowie die präventiven und rehabilitativen Bewegungsangebote des Gesundheits-S.s.

Die vier Felder stellen jeweils bestimmte Funktionen des S.s in den Mittelpunkt und können aufgrund ihrer inneren Differenzierung weitgehend zielgruppengerecht inszeniert werden.

### 3. Aktuelle Entwicklungstendenzen

Dem S. kann man sich in der Gegenwartsgesellschaft wohl nur noch mit einigem Aufwand entziehen, da er in seinen diversen Ausprägungsformen – u. a. als Medium von Bildungs- und Erziehungsprozessen, als Allzweckwaffe der Gesundheitsprävention, als prestigeträchtige Freizeitpraxis, als Publikumsattraktion und TV-Quotengarant oder schlicht als ökonomischer *Global Player* – nahezu omnipräsent ist. Gerade der Marktwert des Medien-S.s und des globalen Mediensportkomplexes könnte mittelfristig sogar noch eine Steigerung erfahren: Sein gemeinschaftsbildendes Potenzial macht ihn zu einem der raren Angebote, die gegenwärtig vor den Bildschirmen und Monitoren weltweit noch echte Versammlungseffekte auslösen. Allerdings konzentriert sich die öffentliche Aufmerksamkeit auf einen kleinen Ausschnitt des S.s, während andere Diszplinen eher den Status von medialen Randsportarten erhalten. Mit der Digitalisierung des Medien-S.s vergrößert sich nicht nur die Vielfalt der frei zugänglichen medialen S.-Angebote, gerade im Bereich ↑*Social Media* entstehen zugl. neue Optionen zur ungefilterten Präsentation und (Selbst-)Vermarktung von S.-Treibenden, Stars, Klubs, Ligen, Verbänden und Sponsoren, was wiederum die medienvermittelte Kommunikation über das Phänomen S. sowie die Ausbildung von virtuellen Fangemeinschaften anschwellen lässt.

Es drängt sich geradezu der Eindruck auf, dass nur der S. selbst in der Lage ist, seinen aktuellen Stellenwert nachhaltig zu untergraben. Die überbordende Kommerzialisierung, die Häufung von Dopingvergehen (↑Doping), gewalttätiges Verhalten von Athleten und Fans auf allen Leistungsebenen, Fälle von sexualisierter Gewalt, Betrugs- und Korruptionsaffären (↑Korruption) sowie die mangelnde Transparenz in den transnationalen S.-Organisationen zeigen die Schattenseiten der Wachstumslogik des S.s im engeren Sinne und konfrontieren das gesamte System mit Legitimationsproblemen. Aufgrund ihres Showcharakters laufen einige Bereiche des Profi-S.s nach Robert Redecker Gefahr, sich gegen die Menschen zu richten und in ein „für das Volk geschaffenes Spektakel" (Bourdieu 1986: 101) zu verwandeln. Auf der anderen Seite ist die S.-Nachfrage in der „Gesellschaft der Singularitäten" (Reckwitz 2017) ungebrochen, da sich über bestimmte Bewegungs- und S.-Praktiken sowie die Teilhabe an den (Medien-)Events des S.s das Besondere der eigenen Lebensführung bzw. deren Originalität verkörpern lässt.

Weiteres Wachstum ist so u. a. im Bereich des Fitness- und Gesundheits-S.s zu erwarten, der in gewisser Hinsicht ein ideales Mittel gegen die Folgen eines inzwischen in allen Altergruppen festzustellenden bewegungsarmen Lebensstils darstellt und sich daher als Partner des Gesundheitssystems (↑Gesundheit) profiliert. Mit der Tendenz zur Ausdehnung der täglichen Nutzung von Online-Medien bei nahezu gleichbleibender Verbreitung der Risikofaktoren sitzendes Verhalten und körperlicher Inaktivität im Alltag dürfte die soziale Relevanz dieses eher instrumentellen S.-Modells noch zunehmen. Jenseits der bewegungsbezogenen Gesundheitsförderung verbreitet sich Fitness seit einigen Jahren auch als jugendliche Bewegungskultur, die um subjektiv wünschenswerte körperliche Veränderungen kreist und in der das eigene *Bodywork* mittels Bewegungs-Tracker und Fitness-App optimiert wird.

Vergleichbar günstig sind die Entwicklungsperspektiven des Trend-S.s, der nicht nur bei Jugendlichen und jungen Erwachsenen beliebt ist, sondern mit seinen nonkonformistischen Inszenierungen und Individualitätsversprechen ebenfalls Sponsoren und die S.-Artikelbranche anzieht. Bewegungskulturen im Feld des Trend-S.s verändern sich des Weiteren ständig und differenzieren sich in unterschiedliche Stilrichtungen aus. Mit der Aufnahme einiger dieser Bewegungspraktiken (BMX, Skateboarding, Surfen und Streetball) in das Programm der Olympischen Sommerspiele 2021 geht eine Versportlichung und Kommerzialisierung einher, die das Selbstverständnis der jeweiligen Trendsportszenen berührt. Die olympische Perspektive bringt sie mehr denn je in ein Spannungsverhältnis zwischen Subkultur und Konsumentenkultur, zwischen einer Fortschreibung der stilistischen Ausdrucksformen einer alternativen Bewegungskultur, der objektiven Quantifizierung i. S. d. (Leistungs-)Sportsystems und der Ökonomisierung durch den Einfluss der Marken bzw. Medien. Aktuell spricht einiges für die Annahme, dass sich in einzelnen Bereichen des Trend-S.s ein wechselseitiger Wirkungszusammenhang von subkulturell geprägter Bewegungspraxis und professionellem Hochleistungs-S. ausbildet. Die spürbaren Unterschiede zwischen dem Feld des Trend-S.s und dem leistungsorientierten Wettkampf-S. bleiben bestehen, aber die Schnittstellen nehmen dort zu, wo ökonomische Interessen ins Spiel kommen.

Ein sich wandelnder S. benötigt ebenfalls neue Raumordnungen und -produktionen, was v. a. eine wichtige Zukunftsaufgabe für die kommunale S.-Entwicklungsplanung darstellt. Neben zweckbestimmte S.-Stätten treten so vermehrt multifunktionale Bewegungs- und S.-Räume, die als Bausteine urbaner Erneuerung oder als Teil öffentlicher Park- und Grünanlagen konzipiert werden und unterschiedlichen *spatial practices* offen stehen.

Die schon angesprochene Digitalisierung im Feld des S.s wirft schließlich die Frage auf, ob das bislang unumstrittene Kriterium der körperlichen Aktivität noch länger für die Klassifizierung einer Praxis als S. herangezogen werden kann. Der sog. E-S. – verstanden als wettkampf- und leistungsorientiertes Computerspielen – findet nicht nur weltweit zunehmend mehr Anhänger und Sponsoren, sondern verfügt bereits heute über eigene elektronische Ligen, professionalisiert sich in raschem Tempo und bemüht sich intensiv um eine Aufnahme in den DOSB und die Olympische Bewegung. Das Phänomen der E-S.s veranschaulicht im Übrigen exemplarisch die prinzipielle Ambivalenz des gesamten Handlungsfeldes S., das neben humanistischen Idealen und gesellschaftlich wünschenswerten Effekten (u. a. Gemeinschaftsbildung, Gesundheitsförderung, Persönlichkeitsentwicklung, Selbstermächtigung) auch Showspektakel, Kommerz und nicht-intendierte Wirkungen (z. B. Spielsucht, Selbstvermarktung, Ausgrenzung oder Überlastung) hervorbringen kann.

### Literatur

T. Horky/H.-J. Stiehler/T. Schierl (Hg.): Die Digitalisierung des Sports in den Medien, 2018 • J. Schwier/V. Kilberth (Hg.): Skateboarding zwischen Subkultur und Olympia. Eine jugendliche Bewegungskultur im Spannungsfeld von Kommerzialisierung und Versportlichung, 2018 • T. Bindel: Informeller Jugendsport – institutionelle Inanspruchnahme und Wandel eines deutungsoffenen Geschehens, in: Diskurs Kindheits- und Jugendforschung 12/4 (2017), 417–426 • D. Jütting/M. Krüger (Hg.): Sport für Alle. Idee und Wirklichkeit, 2017 • A. Reckwitz: Die Gesellschaft der Singularitäten. Zum Strukturwandel der Moderne, 2017 • E. Balz: Körperbilder im Schulsport: Konstruktion, Kontrastierung, Kommentar, in: V. Schürmann u. a. (Hg.): Bewegungskulturen im Wandel, 2016, 293–305 • F. Holzhäuser/T. Bagger/M. Schenk: Ist E-Sport „echter" Sport?, in: SpuRt 22/3 (2016), 94–98 • A. Rütten/K. Pfeifer (Hg.): Nationale Empfehlungen für Bewegung und Bewegungsförderung, 2016 • J. Maguire: Reflections on Process Sociology and Sport. ‚Walking the Line', 2013 • H. Preuß/C. Alfs/G. Ahlert: Sport als Wirtschaftsbranche. Der Sportkonsum privater Haushalte in Deutschland, 2012 • J. Schwier/C. Leggewie: Wettbewerbsspiele. Die Inszenierung von Sport und Politik in den Medien, 2006 • A. Guttmann: Sports. The First Five Millennia, 2004 • N. Elias: Einführung, in: ders./E. Dunning: Sport und Spannung im Prozess der Zivilisation, 2003, 42–120 • S. Nielsen: Sport und Großstadt 1870 bis 1930. Komparative Studien zur Entstehung bürgerlicher Freizeitkultur, 2002 • R. Redecker: Le sport contre les peuples, 2002 • C. Eisenberg: English Sports und deutsche Bürger. Eine Gesellschaftsgeschichte 1800–1939, 1999 • K. Cachay: Versportlichung der Gesellschaft und Entsportlichung des Sports – Systemtheoretische Anmerkungen zu einem gesellschaftlichen Phänomen, in: H. Gabler/U. Göhner (Hg.): Für einen besseren Sport, 1990, 97–113 • P. Bourdieu: Historische und soziale Voraussetzungen modernen Sports, in: G. Hortleder/G. Gebauer (Hg.): Sport – Eros – Tod, 1986, 91–112 • A. Guttmann: Vom Ritual zum Rekord. Das Wesen des modernen Sports, 1979.

JÜRGEN SCHWIER

# Sprache

I. Sprachwissenschaftliche Grundlagen – II. Sprache und Kommunikation – III. Sprache in Politik und Gesellschaft

## I. Sprachwissenschaftliche Grundlagen

### 1. Dimensionen von Sprache als Kommunikationssystem

S. ist ein den Menschen kennzeichnendes *Kommunikationssystem*. Als kommunikatives System ist S. für Zwecke des menschlichen Handelns (↑Handeln, Handlung) entwickelt. In ihm werden Strukturen der physischen Welt mit kommunikativen Funktionen gekoppelt. Die *Formen* im Kommunikationssystem und die *Funktionen*, für die sie eingesetzt werden, bilden eine unabdingbare Einheit.

Drei Dimensionen sind dabei zu unterscheiden: *a)* Das sprachliche Handeln verbindet Menschen zur gemeinsamen *Realisierung* von *Handlungszwecken*, zu deren Erfüllung ↑*Interaktion* erforderlich ist. Dies ist die *teleologische* Dimension von S. *b)* Zugl. bietet S. die Möglichkeit, *intramentale Strukturen* in einer organisierten Weise zu speichern, für das Gedächtnis handhabbar zu machen, für das Denken und Erkennen vorzuhalten und für die Projektion von Handlungsplänen zu nutzen. Dies ist die *gnoseologische* oder epistemische Dimension. *c)* Interaktionales Handeln geschieht nicht in einer isolierten Dyade, sondern in jeweiligen ↑Gruppen. S. hat für die Konstituierung und für den Erhalt der Gruppen und ihrer Mitglieder eine wichtige Aufgabe: die *kommunitäre* Dimension von S.

### 2. Die Lautlichkeit der Sprache und ihre Funktionalität

S. nutzt die akustische Dimension der sinnlich wahrnehmbaren Welt (*Laut-S.n*; anders *Gebärden-S.n* sowie die *Schrift*). Die akustische Dimension ermöglicht durch physiologische Spezifika des artikulatorischen Apparats des Sprechers die Erzeugung von distinkten Lauten. Sie können vom Hörer auditiv aufgenommen und identifiziert werden. Solche Laute können zu Lautketten kombiniert und moduliert werden (Intonation im engeren Sinn). Die Lautketten sind artikulatorisch wiederholbar, und sie sind in ihren Strukturen memorierbar, weisen also eine *Gestaltkonstanz* auf. Das macht sie geeignet für das „Andocken" mentaler Einheiten.

Die konstanten Lautkombinationen sind, wenn sie artikuliert werden, *Schallereignisse in der Zeit*. Sie verlaufen linear. Die mentalen Einheiten unterliegen einer solchen Linearität nicht, sind vielmehr in sich synchron als *komplexe Netzstrukturen* präsent. Zwischen dieser unterschiedlichen Chronizität des Mentalen und des Verbalen besteht ein Spannungsverhältnis, das durch Formstrukturen höherer Abstraktionsstufe bearbeitet wird.

Jeder einzelnen Sprachgemeinschaft gemeinsam ist ein spezifisches Inventar lautlicher Einheiten, der *Phoneme*. Sie sind Abstraktionen über die je einzelnen

Artikulationen. Aufgrund ihrer Konstanz sind sie zur Unterscheidung weiterer, größerer Einheiten, z. B. semantischer, geeignet. Die geordnete Reihung einzelner Phoneme, z. B. zu Silben, und dieser wiederum zu noch größeren Einheiten geschieht unter Nutzung einer gesellschaftlich stabilisierten Menge von Inventaren. Sie machen die *lautliche Sprachstruktur* der einzelnen S.n aus. Diese wird linguistisch – meist auf der Basis des griechisch-lateinischen *Schriftsystems* – erfasst. Vorgaben dieses Systems ermöglichen die Aussonderung von *Wörtern* und *Sätzen*. Entspr.e Sprachbeschreibungen sehen S. also als ein Ensemble einer *Grammatik* und eines *Lexikons*.

Sehr viel schwieriger als die lautlichen Strukturen von S. sind all jene Strukturen zu erfassen, die alltagssprachlich als „Bedeutung" gefasst werden, die Funktionen. Erst durch sie und in ihnen wird S. als Kommunikationssystem konkret.

### 3. Sprachen und Sprachtypen

Die Anzahl der S.n der Welt kann nur als Schätzung angegeben werden. Man rechnet mit 5 000 bis 7 000 S.n. Schwierigkeiten bei der Bestimmung dieser Schätzungen ergeben sich aus der unzureichenden Sprachbeschreibung; sie ergeben sich aber auch aus dem, *was* als eine S. gelten soll: Sind z. B. die sog.en Dialekte als eigene S.n oder als Untergruppen *einer* S. zu sehen?

Die einzelnen S.n weisen sehr unterschiedliche Zahlen von Sprechern auf. Einige von ihnen zählen Mio., wie Chinesisch, Hindi, Spanisch, einige weisen gerade noch wenige Dutzend Sprecher auf. Für eine größere Zahl der S.n sterben die letzten Sprecher aus, oder es gibt nur noch mehr oder minder rudimentäre Relikte solcher S.n („tote S.n").

Den „Sprachen der Welt" (Wunderlich 2015; s. auch Haspelmath u. a. 2005, www.ethnologue.com) liegen, formal gesehen, unterschiedliche Strukturentscheidungen zugrunde, die im Gebrauch der Sprecher in langdauernden Gebrauchsprozessen getroffen wurden. Eine umfassende Struktursystematik aller bekannten und beschriebenen S.n der Welt liegt nicht vor. Bedeutende Grundlagen sind in den Arbeiten Wilhelm von Humboldts gelegt (Trabant 2012). Gewisse Grundtypen lassen sich erkennen. Vier von ihnen sind als solche relativ gut erfasst:

*a)* der flektierende Sprachtypus,
*b)* der agglutinierende Sprachtypus,
*c)* der isolierende Sprachtypus,
*d)* der inkorporierende Sprachtypus.

Beispiele für den *flektierenden* Sprachtypus sind viele S.n im indoeuropäischen Bereich (Hindi, Farsi, Griechisch, Polnisch, Deutsch, Französisch, Lettisch), aber auch die meisten semitischen S.n (Arabisch, äthiopische S.n). Die Nutzung des Merkmals Flexion ist dabei unterschiedlich stark ausgeprägt. Beispiele für den *agglutinierenden* Typus sind das Japanische und Koreanische oder das Türkische. Der *isolierende* Typus ist durch das Chinesische repräsentiert, die, was die Sprecherzahlen anlangt, meistverwendete S. der Welt. Der *inkorporierende* Typus findet sich bei einer größeren Zahl indigener S.n des amerikanischen Kontinents, z. B. bei der S. der Inuit (Inuktitut).

Bei den Sprachtypen handelt es sich um idealtypische Bestimmungen. Zudem verändern einzelne S.n in langfristigen Prozessen ihre typologische Charakteristik, wie dies etwa am heutigen Englisch (vom flektierenden zu einem isolierenden Sprachtyp) gut zu beobachten ist. In Bezug auf die Beschreibung dieser S.n hat sich das an der hochflektierenden S. Griechisch entwickelte linguistische Instrumentarium unterschiedlich gut, z. T. aber auch nahezu gar nicht bewährt.

### 4. Sprachtheoretische Entwicklungen im 20. Jh.

Die Sichtweisen auf S. sind stark von dem bestimmt, was durch die griechisch-lateinisch basierte Sprachwissenschaft vorgegeben und durch deren Tradierung als Schulgrammatik ins allg.e Wissen übergegangen und zur stillschweigenden Voraussetzung geworden ist. Im 20. Jh. haben in der wissenschaftlichen Befassung mit S. sehr unterschiedliche Teilbereiche Aufmerksamkeit gefunden; andere sind fast völlig aus dem Blick geraten. – Einflussreiche Konzeptionen sind *zeichen-* bzw. *symbol*zentriert (Ferdinand de Saussure, Charles Sanders Peirce). Ausgehend von dem saussureschen Konzept entwickelte sich bis weit in die Sozialwissenschaften hinein der ↑*Strukturalismus* in seinen verschiedenen Ausprägungen (vgl. z. B. Claude Lévi-Strauss, Roman Ossipowitsch Jakobson). Die mit dem Namen Noam Chomsky verbundene Generative Grammatik konzentriert sich auf syntaktische Merkmale, die sie als universell betrachtet.

Erst mit der sog.en *Pragmatischen Wende* im letzten Drittel des 20. Jh. wird die Vielfalt von Aspekten, die das Kommunikationssystem S. für die Handelnden bedeutet, näher erforscht und kategorial erfasst. Von den Kategorien der *Sprechhandlung* und der *Illokution* aus wird die teleologische Dimension in ihrer Bedeutung für das sprachliche Handeln der Aktanten, aber auch für das Sprachsystem als Ensemble von Handlungsmitteln erkennbar.

Unter dem Stichwort einer *kognitiven Linguistik* werden mentale Aspekte von S. und Sprachverwendung – auch interdisziplinär – verstärkt in den Blick genommen.

Veränderte Fragestellungen ergeben sich v. a. durch ein neues Interesse für die *gesprochene* S. Sie ist die primäre Erscheinungsweise von S. Für ihre Untersuchung bedarf es differenzierter Aufzeichnungsmittel und eigens dafür entwickelter Transkriptionssysteme (vgl. Dittmar 2009).

Gesprochene S. ist die S., die sich Kinder in der konkreten Interaktion mit ihren Bezugspersonen aneignen (Ehlich/Bredel/Reich 2009), und die mündliche ↑Kommunikation bestimmt die sprachliche Handlungswirklichkeit der meisten Interaktanten. Die Möglichkeiten der Schriftlichkeit und die der ↑Digitalisierung sind davon abgeleitet, entwickeln allerdings ihre je eigene Charakteristik und Dynamik.

### 5. Die teleologische Dimension von Sprache: Sprechhandlungen, Diskurse, Texte

Die Sprechhandlungsanalyse hat in der einzelnen *Sprechhandlung* eine ihrer zentralen Kategorien. In deren Mittelpunkt steht der *Handlungszweck*. Er wird im *illokutiven Akt* der Sprechhandlung interaktiv erkennbar und verpflichtend gemacht, z. B. als *Warnung* oder als *Versprechen*. Die Sprechhandlung ist ein Teil der komplexen Kooperation zwischen den beteiligten Interaktanten (Rehbein 1977). In der Sprechhandlung bedienen sich die Interaktanten spezifischer *Prozeduren*, die in die Sprechhandlung konstituierend eingehen (Ehlich 2007, Bd. 2). Viele Sprechhandlungen werden zu *Diskursen* (Wrana u. a.) zusammengeschlossen. Sie gehören unterschiedlichen Diskursarten an. Eine Systematik der Diskursarten steht aus.

Gegenüber der Flüchtigkeit der konkreten sprachlichen Handlung, die sich aus ihrer Bindung an die akustische Dimension der Wirklichkeit ergibt, bedarf es für viele Handlungszwecke einer *Verstetigung*. Diese ist nicht einfach zu gewinnen, aber von hoher Relevanz. So wird die einzelne Sprechsituation zeitlich *zerdehnt*. Vermittlungen zwischen der Äußerung selbst und ihrer Rezeption treten ein. Memorierende Techniken und die Entwicklung eines reichen Repertoires von Formen werden für die *Verdauerung* des sprachlichen Handelns eingesetzt. Das Ergebnis sind *Texte*. Diese sind phylogenetisch zunächst und für lange Zeit mündlich. Erst mit der Schrift bildet sich ein zweites Verfahren der Textualisierung heraus, das sich als außerordentlich leistungsfähig erweist und für viele Zusammenhänge die mündliche Textualität ablöst (zum Verhältnis von Mündlichkeit und Schriftlichkeit S. Koeh/Oesterreicher 1985, Ehlich 2007, Bd. 3).

### 6. Institutionelle v homilëische Kommunikation

Große Teile der alltäglichen ↑Kommunikation sind institutionelle Kommunikation. Das Verständnis dieser Kommunikation wird erst mit der linguistischen Pragmatik auf systematische Weise möglich. Auch ↑Institutionen (Organisationen wie politische Verbände, Kartelle usw., Institutionen im engeren Sinn wie Schulen, Krankenhäuser usw.) sind zweckgetriebene gesellschaftliche Einrichtungen. Schwerpunkte der bisherigen Forschung zur institutionellen Kommunikation liegen bei der medizinischen Kommunikation, der juristischen, der Kommunikation in der Schule und in der Wissenschaft, der administrativen Kommunikation, der Kommunikation in der Politik (Wolfgang Bergsdorf). Die Rezeption der linguistisch gewonnenen Erkenntnisse durch die institutionellen Handlungsfelder hat bisher erst ansatzweise stattgefunden, ist aber nicht nur ein dringendes Desiderat, sondern für die nähere Zukunft auch zu erwarten.

Von der institutionellen Kommunikation ist systematisch zu unterscheiden die *homilëische Kommunikation*, sprachliches Handeln, das der Geselligkeit und Unterhaltung der Interaktionspartner dient. Dazu gehört v. a. das alltägliche Gespräch. Seine Analyse wird z. T. ins Zentrum der Aufmerksamkeit gerückt; die Gesprächs- oder Konversationsanalyse greift aber auch auf ältere, literatur- und kulturwissenschaftliche Untersuchungen und deren Begrifflichkeit zurück („Genre").

### 7. Die gnoseologische Dimension von Sprache

Die gnoseologische Dimension von S. hat es primär mit den mentalen Sphären des Menschen und ihren kommunikativen Nutzungen zu tun. Sprachliche Systeme halten Instrumentarien vor, um das Wissen der Interaktanten mental verfügbar und kommunikativ vermittelbar zu machen. Dies geschieht in Einheiten wie den Wörtern, die in ganzen Strukturfeldern („Wortfeldern") geordnet sind, aber auch in grundlegenden Organisationsangeboten, die die S.n für Wissen machen (vgl. z. B. Nominativ-Akkusativ-S.n wie Deutsch v Ergativ-S.n wie Baskisch). In einer radikalisierten Konzeption wird daraus eine unüberwindbare Determination des Wissens durch die Präformationen der S. (bei einer prinzipiellen Unübersetzbarkeit einzelner S.n ineinander) theoretisch gefasst (Sapir-Whorf-Hypothese). In einer weniger strikten Form geht es darum, die Rolle der einzelsprachspezifischen Wortungen der Welt konkret und differenziert in ihren kommunikativen Auswirkungen zu erforschen und Übersetzung als einen Prozess wechselseitigen Transfers und einer aus der Differenz entwickelten und sie nutzenden Weiterentwicklung einzelner Sprachsysteme anzusehen.

Die *neurologischen Grundlagen* für S. werden zunehmend weiter erforscht (vgl. Pulvermüller 2002). Für adäquate Konzeptualisierungen des Verhältnisses zwischen neurologischen Grundlagen und sprachlichen Strukturen wird es noch erheblicher linguistischer kooperativer Arbeit bedürfen. Sie wird sowohl von linguistischer Seite wie von psychologischer Seite aus angegangen (Psycholinguistik, Sprachpsychologie). Als ein problematisches Erbe der neuzeitlichen Theoriebildung stellt sich dabei die Trennung zwischen Kognition und Emotion heraus. Die Überwindung dieser Trennung und die Erforschung der konkreten Interrelationen von beidem innerhalb der Individuen und bei der Interaktion zwischen Individuen gehören mit zu den bes. interessanten, aber auch bes. aufwendigen Analyseaufgaben.

Zur gnoseologischen Dimension gehören als herausragende Gebiete insb. die für die neuzeitlichen Entwicklungen wichtigen und sich immer weiter differenzierenden *Fach-S.n* (Roelcke 2005). Der Ausdruck „S." wird für sie in einem metonymischen Sinn angewendet, denn sie sind lediglich Teilrepertoires einer ihnen zugrundeliegenden Alltags-S. Die Systematisierung von Terminologieentwicklungen durch Instanzen, die sprachlich normierend tätig sind, wie z. B. DIN und ISO bildet einen wichtigen Teilbereich der Versuche, sprachliche Strukturen zu vereinheitlichen und so deren Einsatzmöglichkeiten zu optimieren.

Von erheblicher Bedeutung für die gnoseologische Dimension sind zudem die S.n, die innerhalb der *wissenschaftlichen Kommunikation* zum Einsatz kommen (Oberreuter u. a. 2012). Eine der wichtigsten gegenwärtigen sprachenpolitischen Auseinandersetzungen betrifft die Frage nach einer *wissenschaftlichen Mehrsprachigkeit*, die die entwickelten neuzeitlichen Wissenschafts-S.n wie Französisch, Russisch, Italienisch, Deutsch usw. gnoseologisch nutzt, gegenüber einer Einsprachigkeit, die mit dem Englischen eine dieser S.n zum alleinigen Medium wissenschaftlicher Kommunikation erhebt (vgl. z. B. Ammon/McConnell 2003; zur Kritik s. www.adawis.de, Münch u. a. 2020).

### 8. Die kommunitäre Dimension von Sprache

S. gehört zu den wichtigsten Mitteln für die Gemeinschaftsbildung: die kommunitäre Dimension. S. ermöglicht ↑Partizipation – und verhindert sie, wenn der Zugang zu ihr versperrt wird. Sprachteilhabe fällt allerdings weder extensional noch intensional mit anderen Mitgliedschaftsausweisen einfach zusammen. Sie geht mit diesen vielmehr komplexe Wechselverhältnisse ein. Durch die Entwicklung des „Projekts ↑Nation" seit der ↑Französischen Revolution zu Beginn des 19. Jh. hat S. gemeinschaftskonstituierende Funktionen übernommen, die ihr keineswegs an sich zukommen. Bis zu einem Ausschließlichkeitsanspruch hin erfolgte und erfolgt seither eine Diskreditierung der Mehrsprachigkeit, die als inkompatibel mit dem durch eine S. konstituierten Nationalstaat erscheint und propagiert wird. Mehrsprachigkeit gehört aber zu den sprachlichen Möglichkeiten des Menschen, und zwar keineswegs nur als Ausnahme. Große Teile der heutigen Menschheit sind faktisch mehrsprachig. Der Kampf um die Herstellung nationaler Homogenität verhindert leicht den Blick auf diese sprachlichen Realitäten. Dies wird im Rahmen von weltweiten Migrationsbewegungen (↑Migration) nicht selten ideologisch ein- und umgesetzt.

Die kommunitäre Dimension der S. ist genuines Forschungs- und Analysegebiet einer *sprachsoziologisch* ausgerichteten Linguistik. Von der demographischen (oder besser gesagt: glottographischen) Erfassung der Sprachlichkeit der Weltbevölkerung und der Bevölkerung einzelner Räume über die ethnographische Beschreibung der S.n-Verwendungen in größeren und kleineren Vergemeinschaftungsformen bis hin zu didaktisch-pädagogischen Großprojekten wie der Welt-Alphabetisierung und der sprachlichen Curricularentwicklung in den einzelnen Ländern erstrecken sich die Arbeitsfelder. Dabei bildet ein reflektierter Zugang zu S. als gesellschaftlichem Basisphänomen eine unabdingbare Voraussetzung für ein erfolgreiches gesellschaftliches Handeln. Dies gilt bes. für demokratisch verfasste ↑Wissensgesellschaften, für die kommunikatives Verständigungshandeln (Habermas 1981) zu den unhinterfragbaren Grundlagen gehört.

### Literatur

U. Münch u. a. (Hg.): Die Sprache von Forschung und Lehre, 2020 • H. Glück/M. Rödel (Hg.): Metzler Lexikon Sprache, [5]2016 • D. Wunderlich: Sprachen der Welt. Warum sie so verschieden sind und sich doch alle gleichen, 2015 • D. Wrana u. a. (Hg.): DiskursNetz, 2014 • H. Oberreuter u. a. (Hg.): Deutsch in der Wissenschaft, 2012 • J. Trabant: Weltansichten. Wilhelm von Humboldts Sprachprojekt, 2012 • N. Dittmar: Transkription, 2009 • K. Ehlich/U. Bredel/H. H. Reich: Referenzrahmen zur altersspezifischen Sprachaneignung, 2 Bde., 2009 • K. Ehlich: Sprache und sprachliches Handeln, 3 Bde., 2007 • M. Haspelmath u. a. (Hg.): The World Atlas of Language Structures, 2005 • T. Roelcke: Fachsprachen, 2005 • U. Ammon/G. McConnell: English as an Academic Language in Europe. A Survey of Its Use in Teaching, 2003 • F. Pulvermüller: The Neuroscience of Language, 2002 • P. Koch/ W. Oesterreicher: Sprache der Nähe, Sprache der Distanz, in: RJb 36 (1985), 15–43 • G. Ungeheuer/H. E. Wiegand (Hg.): Handbücher zur Sprach- und Kommunikationswissenschaft/ Handbooks of Linguistics and Communication Science, ab 1982 • J. Habermas: Theorie des kommunikativen Handelns, 2 Bde., 1981 • J. Rehbein: Komplexes Handeln, 1977.

KONRAD EHLICH

## II. Sprache und Kommunikation

S.n dienen dem Denken, der Wahrnehmung der Wirklichkeit, dem Wissen und der ↑Kommunikation. Sie sind das menschliche Ausdrucksmittel schlechthin und die Grundlage der Vielfalt menschlicher Kulturen. Sie treten in der ↑Evolution nicht erst mit dem Menschen auf, sondern in Vorstufen der Kommunikation mit lautlichen und gestischen Mitteln schon sehr viel früher. Die menschliche Sprachfähigkeit hat sich in der Evolution allmählich entwickelt, nicht zuletzt in Abhängigkeit von Veränderungen des Kehlkopfs. Die genetische Disposition, S.n zu erlernen, hat auch unter den Hominiden eine lange Vorgeschichte. Wie sich diese Disposition durch Mutation und Selektion entwickelt hat, ist ein evolutionstheoretisches Forschungsproblem. Der Zusammenhang zwischen S. und der Struktur des Gehirns wird neurobiologisch immer besser verständlich. Dieser Zusammenhang erklärt aber weder die Vielfalt noch die Struktur der S.en, v. a. aber nicht den Gebrauch und die Bedeutungen von Worten und Sätzen. Linguistik und ↑Sprachphilosophie wollen dies erklären. Ähnlich wie sich die Sprachentwicklung nicht von ↑Kultur und ↑Gesellschaft trennen lässt, kann sie nicht von Neurobiologie und ↑Hirnforschung getrennt werden. Die Wiederherstellung der Sprachfähigkeit nach Läsionen des Gehirns etwa durch Unfälle oder Schlaganfälle ist auf neurobiologische und neuromedizinische Erkenntnisse angewiesen.

Die Frage nach dem Ursprung der S. ist mit der Philosophie entstanden, hatte aber noch bei Johann Gottfried Herder keine naturwissenschaftliche oder historisch-genetische Bedeutung. J. G. Herders Frage ist zeitlos gemeint und will Prinzipien der Entstehung von S. finden. Er glaubt, dass S. aus dem Wesen des Menschen zu begründen ist. Einen Zusammenhang mit den Lautäußerungen der Tiere lehnt er ebenso ab wie die Herkunft aus dem Kommunikationsbedürfnis. Auch einen göttlichen Ursprung der S. verneint J. G. Herder. Wilhelm von Humboldt glaubt auch an den Ursprung aus dem Wesen des Menschen, sieht aber einen engen empirischen Zusammenhang zwischen den Lauten, dem Denken und der Erfahrung. Erfahrung ohne Denken hält er für ebenso unmöglich wie Denken ohne die Verwendung lautlicher Zeichen. Er glaubt, dass das Denken sprachabhängig ist und grenzt S. und Denken nicht voneinander ab. Der Begründer der modernen Linguistik, Ferdinand de Saussure (↑Strukturalismus), unterscheidet dagegen den „äußeren", von Geschichte, Politik und Kultur geprägten, Bezirk der Linguistik vom „inneren", das Sprechen *(parole)* von der S. *(langue)*. F. de Saussure versteht die S. als ein System. Es besteht aus einer Menge von Sprachelementen (Vokabular). Die Elemente dieser Menge sind miteinander durch „Anreihungen" (z. B. „für uns", „ab-reißen") oder assoziativ (z. B. „Belehrung", „Bekehrung") verkettet. Nach F. de Saussure entsprechen diese beiden Beziehungen der Elemente „zwei Arten unserer geistigen Tätigkeit" (Saussure 1967: 147). Er erklärt diese Beziehungen unabhängig vom „äußeren Bezirk" (Diachronie) der S. Das Sprachsystem betrachtet er nur synchron, unabhängig von den Bedingungen seiner Entstehung. Diesem Internalitätsprinzip der Spracherklärung folgt auch Noam Chomsky. Er reduziert den Begriff der S. auf die syntaktischen Strukturen von Sätzen. Die Syntax bzw. Grammatik ist die Beschreibung der Regeln, die dem Sprachverhalten zugrunde liegen und damit die Beschreibung des idealen Sprechers und Hörers in seiner S. Die so charakterisierte Sprachkompetenz hat in N. Chomskys strukturalistischer Linguistik Vorrang vor der Performanz, dem Sprachgebrauch. Er entwickelt mit mathematischen Mitteln den Begriff der generativen Grammatik: mit einem endlichen Vokabular und einer endlichen Menge von Regeln kann eine unendliche Menge an Sätzen erzeugt werden. Die Fähigkeit dazu folgt Rekursivregeln, die beliebig oft auf die Ergebnisse ihrer Befolgung angewandt werden können. Die generative Grammatik soll die internen mentalen Strukturen und Prozesse beim Sprechen repräsentieren. N. Chomsky vertritt nicht die These von Benjamin Lee Whorf, dass das linguistische System in Gestalt der Grammatik die Gedanken der Menschen formt. Dem Erwerb aller menschlichen S.en liegt, wie N. Chomsky glaubt, die von ihm konstruierte, angeborene Universalgrammatik mit den identischen Mustern der syntaktischen Kategorien von Nomen und Verb (linguistische Universalien) voraus. N. Chomsky wird ein reduzierter Sprachbegriff vorgeworfen, der nicht beachte, dass S. nicht aus isolierten Sätzen bestehe, sondern eingebettet sei in das außersprachliche menschliche Handeln (↑Handeln, Handlung). Die neuere Linguistik berücksichtigt dagegen außersprachliche Faktoren und beschreibt mit theoretischen Mitteln Sprachvariation und Sprachveränderung. Die Theorie der Syntax wird durch Pragmatik und Semantik ergänzt. „Semantik" steht für das Verhältnis der Zeichen zu den Gegenständen, „Pragmatik" für die Beziehungen zwischen Zeichen und Benutzer, „Syntax" für das formale Verhältnis der Zeichen untereinander. Diese auf Charles William Morris zurückgehenden Unterscheidungen sind nicht scharf, sondern gehen ineinander über.

Dies gilt v. a. für die theoretische Untersuchung des Zusammenhangs von S. und Kommunikation. C. W. Morris bestimmt in Anlehnung an George Herbert Mead S. als Kommunikations-System. Dieses System bestehe aus konventionalen Zeichen, die nach bestimmten Regeln kombiniert und artikuliert werden. Es sei ein von Menschen gemachtes System. G. H. Mead erläutert den Symbolcharakter der Zeichen als signifikante und bewusste Gesten. Kommunikation entstehe dann bewusst, wenn Gesten zu Zeichen würden. Dann erhielten sie für das Individuum, das sie verwendet und beantwortet, bestimmte Bedeutungen. Hinter dieser Zeichentheorie (Semiotik) steht G. H. Meads Auffassung, Kommunikation entstehe im sozialen Prozess der wechselseitigen Anpassung individueller menschlicher Akte. Ein Individuum übernehme dabei die Rolle eines anderen. Der „generalized other" (Mead 1974: 154) entstehe in diesem Rollenspiel. Die Position G. H. Meads ist von einem der Gründer des amerikanischen ↑Pragmatismus, John Dewey, beeinflusst. J. Dewey war überzeugt, dass sprachliche Bedeutung überhaupt erst durch Kommunikation entsteht. G. H. Mead erweitert diese Auffassung um die Dimension der Teilnahme am Anderen. Die Übernahme der Rolle des Anderen eröffnet die Möglichkeit, das Verhalten des Anderen ebenso wie sein eigenes selbstbewusst und selbstkritisch zu prüfen. Auf diese Weise wird durch Kommunikation ↑soziale Kontrolle möglich.

Jürgen Habermas stellt sich in die von G. H. Mead begründete Tradition. G. H. Meads Theorie sei bereits auf den Entwurf einer „idealen Kommunikationsgemeinschaft" (Apel 1976: 431) angelegt. Er selbst leitet aus diesem Ideal die Maßstäbe vernünftiger, wahrheitsfähiger Kommunikation ab und rekonstruiert damit Intersubjektivität als zwanglose Verständigung der Individuen miteinander ebenso wie die Selbstidentifikation. J. Habermas' Kommunikationstheorie lehnt sich an die Theorie der Sprechakte (↑Analytische Philosophie) an. Die universalen ↑Normen des wahrhaften, wahren, verständlichen und richtigen Sprachgebrauchs dienen der

Begründung einer zwangfreien, rationalen Kommunikation. Ihr Ziel ist nicht nur die Lösung von Verständigungsproblemen, sondern auch die Aufklärung verdrängter und verdeckter Gewaltverhältnisse (↑Gewalt) in der menschlichen Sozialgeschichte. Diese Verhältnisse spiegeln sich in der S. und ihrem Gebrauch. Tatsächlich reflektiert der Sprachgebrauch nicht nur die sozialen Beziehungen, sondern beeinflusst auch die soziale, ökonomische und politische Ungleichheit.

Basil Bernstein hat dies im Hinblick auf das Sprachverhalten von Kindern und deren Lernfähigkeit (Pädagogische ↑Anthropologie) empirisch untersucht. Seine These ist, dass Kinder der Mittelschicht aufgrund ihrer soziokulturellen Umwelt befähigt sind, nicht nur auf eine „öffentliche", d.h. durch lokale ↑Tradition gebundene und durch starre syntaktische Strukturen gekennzeichnete, S. zu reagieren, sondern eine ungebundene (sog.e formale) S. zu handhaben: sie eröffnet eine größere Zahl sozialer Beziehungen, als sie Kindern offenstehen, die lediglich eine „öffentliche" S. sprechen. B. Bernstein zeigt, dass der Sprachgebrauch dazu dient, die Einflüsse der jeweiligen soziokulturellen Umwelt zu einer Synthese zu vereinigen. Kinder lernen die sozialen Strukturen, in denen sie leben, durch deren S.n kennen. Allg. gilt, dass bestimmte S.n innerhalb einer Gesellschaft bestimmten sozialen Strukturen korrespondieren, mit denen sich Menschen bewusst oder unbewusst identifizieren. S. kann aufgrund dieser Korrespondenz als Instrument der Beeinflussung und Manipulation von Überzeugungen missbraucht werden. Sie kann aber auf derselben Basis auch zur Aufklärung irrationaler und falscher Überzeugungen dienen. Die neuere Linguistik entwickelt theoretische Instrumentarien, um diese sozialwissenschaftlichen Bedingungen der Kommunikation berücksichtigen zu können. Sie bemüht sich auch, eine Verbindung zwischen theoretischer Linguistik und Sprachphilosophie anhand einer Analyse der mereologischen, relationalen Strukturen der S. herzustellen.

### Literatur

D. Poeppel: The Neuroanatomic and Neurophysiological Infrastructure for Speech and Language, in: Current Opinion in Neurobiology 28 (2014),142–149 • E. Leiss: Sprachphilosophie, 2009 • R. R. Hausser: Surface Compositional Grammar, 1984 • J. Habermas: Theorie kommunikativen Handelns. Bd. 2, 1981 • G. Seebaß: Das Problem von Sprache und Denken, 1981 • N. Chomsky: Reflexionen über die Sprache, 1977 • H. Fricke: Die Sprache der Literaturwissenschaft, 1977 • K.-O. Apel: Transformation der Philosophie, Bd. 2, 1976 • A. V. Cicourel: Cognitive Sociology, 1974 • G. H. Mead: Mind, Self, and Society, 191974 • D. Wunderlich: Grundlagen der Linguistik, 1974 • H. Holzer: Kommunikationssoziologie, 1973 • B. Bernstein: Class, Codes and Control, Bd. 1, 1971 • F. de Saussure: Grundfragen der allgemeinen Sprachwissenschaft, 21967 • S. Ullmann: Grundzüge der Semantik, 1967 • N. Chomsky: Aspects of the Theory of Syntax, 1965 • B. L. Whorf: Language, Thought and Reality, 1956 • W. von Humboldt: Über die Verschiedenheit des menschlichen Sprachbaues (1827–1829), in: ders: Ges. S., Bd. 6, Erste Hälfte, 1907, 111–303 • J. G. Herder: Abhandlung über den Ursprung der Sprache, in: ders.: Sämtliche Werke, Bd. 5, 1891, 1–154.

WILHELM VOSSENKUHL

## III. Sprache in Politik und Gesellschaft

Politik bewegt sich im Spannungsverhältnis von ↑Konsens und Konflikt. Um den Einsatz von physischer ↑Gewalt zu vermeiden, benutzt ↑Politik S. als wichtigstes Zeichensystem der ↑Gesellschaft. Mit ihr werden Ziele dargestellt und Zustimmungsbereitschaft ersucht. S. ist nicht nur Kommunikationsinstrument, um Übereinstimmung, Unterscheidung oder Gegnerschaft zu eruieren, sondern auch Handlungsanleitung zur Erreichung des angestrebten Zieles. S. wird so zum kaum überschätzbaren Mittel der ↑Sozialisation, indem sie Teilhabe am wichtigsten Symbolsystem der Gesellschaft ermöglicht. Die Kernbereiche der politischen S. sind Rhetorik, Sprachpolitik und Felder der politischen S.; bei letzteren spielen Schlüsselbegriffe eine wichtige Rolle.

### 1. Rhetorik

Im Anfang der Beschäftigung mit der politischen S. stand die ↑Rhetorik. Als mit dem Ende der Tyrannis in den griechischen Stadtdemokratien politische Auseinandersetzung möglich wurde, entdeckten v. a. Platon und Aristoteles ihre Bedeutung für die Politik. Rhetorik lieferte immer wieder Referenzrahmen für die beiden zentralen Alternativen der politischen ↑Ordnung: einerseits ein für ↑Meinungsfreiheit offenes Staatswesen und andererseits eine vom Wahrheitsanspruch (↑Wahrheit) einiger Weniger geleitete geschlossene Ordnung. Aristoteles bindet die Rhetorik an die Demokratie, also an Rede und Gegenrede. Ziel ist es, in der ↑Öffentlichkeit zu politischen ↑Entscheidungen zu kommen und gemeinsames Handeln (↑Handeln, Handlung) festzulegen. Beredsamkeit und Überzeugungskraft gewinnen immer dann an Bedeutung, wenn die Willensdurchsetzung von Machthabern durch Wettbewerb der Meinungen abgelöst wird. Umgekehrt verliert Rhetorik immer dann an Bedeutung, wenn absolute Fürsten (↑Absolutismus) oder ständisch-feudale Herrscher politisch entscheiden, unter denen die Öffentlichkeit weitgehend ausgeschlossen ist. Anders war dies bei den totalitären Diktatoren des 20. Jh. (↑Totalitarismus). Sie konnten auf Öffentlichkeit nicht verzichten, weil S. jetzt dazu diente, ↑Massen zu mobilisieren, zu indoktrinieren und ideologische Geschlossenheit zu erzeugen. Rhetorik war im ↑Nationalsozialismus wie im ↑Kommunismus ein Mittel zur ↑Legitimation der Herrschaftssysteme. In totalitären Systemen wird Rhetorik monologisch eingesetzt („von oben nach unten"), in pluralistischen jedoch dialogisch („auf Augenhöhe").

Die Instrumentalisierung der Rhetorik für autoritäre und totalitäre Zwecke zeigt ihre ethische Ambivalenz, die im Umschlag zu ↑Propaganda und Demagogie zu erkennen ist. Allerdings befördert oder verhindert nicht die Kunst der Rhetorik politische Entwicklungen, sondern Menschen, die sich ihrer zum Zwecke der Überzeugung oder Überredung bedienen. Der Erfolg solcher Bemühungen hängt von den politischen und kommunikativen Rahmenbedingungen ab, unter deren Herrschaft politische Rhetorik und damit auch politische Terminologie entfaltet werden.

### 2. Sprachpolitik

Hier wird S. selbst zum Gegenstand politischen Handelns. Jeder Staat betreibt Sprachpolitik, indem er seine Amts-S.(n) festlegt. In Staaten mit verschiedensprachiger Bevölkerung ordnet sie das kommunikative Zusammenleben. Innerhalb einer faktisch oder tendenziell einsprachigen Gesellschaft bezieht sie sich auf Aufbau, Normierung und Pflege der Amts-S. Wenn eine S. wie Deutsch in mehreren Ländern als Amts-S. fungiert, sind regierungsamtlich indizierte Veränderungen, z. B. in der Orthographie, nur schwer durchzusetzen, wie die bis heute umstrittene Rechtschreibreform der 1990er-Jahre zeigte, an der neben Deutschland auch Österreich, die Schweiz, Frankreich und Belgien beteiligt waren.

Die außenpolitische Variante der Sprachpolitik ist der Export der eigenen S. in anderssprachige Staaten: eine Aufgabe der auswärtigen ↑Kulturpolitik. Dieses Angebot muss unterschieden werden von einer Sprachausbreitung v.a. aus ökonomischen und militärischen Gründen, wie sie für die Epoche des ↑Kolonialismus typisch war. Sie hat teilweise auch noch heute, etwa in Afrika, sprachpolitische Konsequenzen, wie z.B. die ↑Frankophonie.

*a) S.n-Frage*: Sie kann pluralistisch durch das Prinzip gleichberechtigten Nebeneinanders mehrerer S.n innerhalb eines ↑Staates gelöst werden (z.B. Schweiz) oder zentralistisch zur Durchsetzung einer einheitlichen S. im gesamten ↑Staatsgebiet (National-S.). Für die BRD ist Deutsch überall Amts-S.; im Norden und Osten sind Friesisch, Dänisch, Sorbisch und Romanes als Minderheits-S.n anerkannt, seit 1994 auch Plattdeutsch. Ähnliches gilt für Frankreich; auch hier genießen Minderheits-S.n wie Baskisch, Bretonisch, Korsisch und Okzitanisch staatliche Anerkennung. Anders der Sprachpluralismus: Er beruht rechtlich entweder auf dem Territorialprinzip (Aufteilung des Staatsgebietes in mehrere, jeweils einsprachige Gebiete, z.B. harmonisch Schweiz oder konfliktuell Belgien), oder aber dem Personalprinzip (Aufteilung der Bevölkerung in Sprachgruppen mit jeweils eigenen Rechten, z.B. Südtirol).

*b) Sprachwandel*: Jede S. ist ein lebendiges System, dessen sich Menschen bedienen, deren Vorstellungswelten sich verändern. Nicht eine zentrale Instanz bewirkt Wandel, sondern jene Berufsgruppen, deren Handwerkszeug die S. ist, also Lehrer, Wissenschaftler, Journalisten und Schriftsteller. Politische Moden kennzeichnen das, was üblicherweise gesagt werden kann, ohne anzuecken (↑Political Correctness).

*c) Sprachbeeinflussung*: Hierunter versteht man die Anstrengung amtlicher oder mit hoher ↑Autorität ausgestatteter ↑Institutionen, Einfluss auf den Sprachgebrauch und seine Veränderungen zu nehmen: z.B. staatliche Vorgaben für den muttersprachlichen Unterricht in der Schule, die Normung der Terminologie oder die Namensgebung von Straßen, Brücken o.ä., die v.a. den kommunalen Vertretungskörperschaften kreative Spielräume verschaffen.

*d) Sprachlenkung*: So heißen alle Maßnahmen, mit denen eine zentrale Instanz die Verwendung politischer Termini gebietet oder verbietet. Sie ist in autoritären oder totalitären Systemen die Regel, weil sie die Gleichschaltung aller konkurrierenden Institutionen (Verbände, Medien) unter einen politischen Willen voraussetzt. Diese Regime nutzen ihr Herrschaftsmonopol, um im öffentlichen Sprachgebrauch Begrifflichkeiten einschließlich ihrer ideologischen Konnotationen (↑Ideologie) durchzusetzen. Beispiele sind die Presseanweisungen des Reichspropagandaministeriums während der NS-Herrschaft, später in der DDR ähnliche Vorschriften, denen die ↑Medien Folge zu leisten hatten. Wie sich der Sprachgebrauch der Medien in die Öffentlichkeit transponierte, zeigen Victor Klemperer für den NS-Staat und Jean-Paul Picaper für die DDR.

### 3. Felder der politischen Sprache

Wenn über politische Themen oder aus einer Machtposition öffentlich geredet wird, gehören diese Äußerungen zur politischen S. Man unterscheidet idealtypisch fünf wesentliche Felder, wobei die Übergänge fließend sind.

*a)* Die *S. der ↑Gesetzgebung und ↑Rechtsprechung* hat zur Aufgabe, die Handlungen der Bürger vorzuprägen, durch Gebote und Verbote für ein an den gesetzlichen ↑Normen ausgerichtetes Verhalten zu sorgen. Für sie ist Schematisierung kennzeichnend, denn ihre Anweisungen sollen auf alle Bürger anwendbar sein. Individualität wird hier sprachlich nicht berücksichtigt.

*b)* Die *S. der ↑Verwaltung* gibt Handlungsanweisungen, ob in der Form eines Steuerbescheids oder eines militärischen Befehls. Auch die Verwaltungs-S. hat eine stark dezisionistische Komponente; sie ist eine Fach-S.: terminologisch durchgegliedert, präzis, sachbezogen.

*c)* Die *S. der Verhandlung* präsentiert sich geschmeidiger in der Formulierung und verbindlicher im Ton. Ihre Aufgabe besteht eher darin, Übereinstimmung herbeizuführen als einen Sachverhalt an sich darzustellen. Sie entwickelt ein abgestuftes System von Formulierungen, das dem Sprecher erlaubt, seinem Partner die eigenen ↑Interessen und Ziele darzulegen, ohne verbal in Konflikt mit dessen Interessen und Zielen zu kommen (diplomatische S.).

*d)* Die *S. der politischen Erziehung* soll eine normative Struktur errichten und politische Meinungen bilden. Sie ist emotiv, flexibel und argumentativ. In der ↑politischen Bildung, in Schule und Hochschule wie im nachdenklicheren Teil der Massenmedien dient sie dazu, politische ↑Werte und Überzeugungen zu begründen. Die polemische Komponente wird stark zurückgenommen, die Positionen des angenommenen Gegners werden in der Präsentation der eigenen Position dargestellt, um sie mit überzeugender Argumentation zurückweisen zu können.

*e)* Die *S. der politischen Auseinandersetzung* wird v.a. in politischen Reden und der ↑Öffentlichkeitsarbeit von Regierung und ↑Parteien benutzt. Sie soll Handlungen auslösen, indem bestehende Wertstrukturen und Meinungen bestätigt oder verändert werden. Sie ist ebenso emotiv und werthaltig wie die S. der politischen Erziehung, besitzt jedoch nicht deren Flexibilität und Argumentationsfähigkeit: Die Präzision ihrer Begrifflichkeit ist vage, um den Kreis ihrer Adressaten möglichst groß zu halten. Diese S. ist das wichtigste Medium des sprachlich geführten Kampfes um politische ↑Macht. Ihre Begriffssysteme verfügen über einen hohen Grad an Emotionalität und eine im Vergleich mit den anderen Sprachfeldern der Politik starke polemische Komponente. Die Darstellungsfunktion der S. tritt hinter ihre appellative Leistung zurück. Je stärker der Appell dominiert, desto eher kann von Propaganda gesprochen werden.

### 4. Schlüsselwörter

Die politische S. wird häufig als S. der Begriffe wahrgenommen, die die politische Auseinandersetzung charakteristisch prägen. Begriffe sind nicht nur Symbole wie Wörter, die als Namen oder Zeichen für einen Gegenstand oder eine Handlung stehen. Die Bedeutung von Wörtern wird durch den allg.en Sprachgebrauch geregelt, während Begriffe normierte oder normierende Bedeutung haben. Begriffe sind verdichtete Symbole, die für Zusammenhänge stehen und durch sie bestimmt werden. Erst diese Zusammenhänge bestimmen ihre Bedeutung. Ohne Zusammenhänge sind sie unvollständig, ergänzungsbedürftig, „ungesättigt" (Frege 1975: 22). Begriffe werden so zu „Orientierung über Orientierungen" (Orth 1978: 147). Weil sie mit Werten aufgeladen sind, eignen sie sich für die Politik als Mittel im Kampf um Macht. V.a. ihre idealtypische Verwendung macht Schlüsselwörter in Politik und Geschichte so erfolgreich. Begriffe wie ↑*Freiheit*, ↑*Gerechtigkeit* und ↑*Solidarität*, aber auch ↑*Demokratie*, ↑*Fortschritt* und ↑*Sozialismus* fungieren als Schlüsselwörter, die Parteinahme verlangen. Sie sind an einem Begriff festgemachte Zukunftsentwürfe mit Vergangenheitsdeutungen, die ↑politische Philosophien suggerieren, ohne sie deutlich zu explizieren. Die hohe Verwendungsfrequenz solcher Schlüsselwörter markiert die Möglichkeiten ihrer ideologischen Aufladung. Auch umgekehrt gilt: Diese Ideologisierbarkeit ist Voraussetzung ihrer Wirksamkeit im Kampf um Macht. Die der politischen S. aus dem ideologischen Potenzial ihrer zentralen Begriffe zufließende Irrationalität erschwert die rationale Perzeption der Politik. Sie trägt dazu bei, die jahrhundertealte Aversion gegen Politik auch unter den Mitwirkungsmöglichkeiten der parlamentarischen Demokratie (↑Parlament, Parlamentarismus) am Leben zu erhalten. Die Forderung nach mehr ↑Rationalität in der politischen S., nach mehr Präzision und inhaltlicher Konstanz in der Verwendung ihrer zentralen Begriffe ist deshalb ein politikwissenschaftliches und demokratietheoretisches Postulat, um die Zukunftsfestigkeit der pluralistischen Demokratie (↑Pluralismus) zu stärken.

### Literatur

T. Niehr/J. Kilian/M. Wengeler (Hg.): Hdb. Sprache und Politik, 3 Bde., 2017 • J. Klein: Von Gandhi und al-Qaida bis Schröder und Merkel, 2016 • H. D. Schlosser: Die Macht der Worte, 2016 • W. Bergsdorf: Rhetorik und Stilistik in der Politologie, in: U. Fix/A. Gardt/J. Knape (Hg.): Rhetorik und Stilistik, Bd. 2, 2009, 1842–1855 • M. Tomasello: Die Ursprünge der menschlichen Kommunikation, 2009 • U. Pörksen: Die politische Zunge, 2002 • J. Kopperschmidt: Politik und Rhetorik, 1995 • M. Opp de Hipt/E. Latniak (Hg.): Sprache statt Politik? Politikwissenschaftliche Semantik- und Rhetorikforschung, 1991 • V. Klemperer: LTI. Notizbuch eines Philologen, 41987 • W. Bergsdorf: Herrschaft und Sprache, 1983 • K. D. Bracher: Schlüsselwörter der Geschichte, 1978 • E. W. Orth: Theoretische Bedingungen und methodische Reichweite der Begriffsgeschichte, in: R. Koselleck (Hg.): Historische Semantik und Begriffsgeschichte, 1978, 136–153 • J.-P. Picaper: Kommunikation und Propaganda in der DDR, 1976 • W. Dieckmann: Sprache in der Politik, 21975 • G. Frege: Funktion, Begriff, Bedeutung, 41975 • H. D. Lasswell/N. Leites: Language of Politics, 1968.

WOLFGANG BERGSDORF

## Sprachenregime

Der Ausdruck „S." hat erst in jüngerer Zeit in die deutsche Rechtssprache Eingang gefunden. Das aus dem Französischen stammende *régime* lässt sich mit „System", „Ordnung" oder „Regelungskomplex" übersetzen. Dementsprechend bezeichnet das S. eines Staates oder einer Organisation ihre Sprachenregelung bzw. Sprachenordnung, also die Gesamtheit aller Normen, in denen der Gebrauch der Sprache(n) in und mit dieser Einheit geregelt wird. Der Begriff lässt sich für den einzelstaatlichen, zwischenstaatlichen und überstaatlichen Kontext fruchtbar machen; hierbei wird in Anlehnung an die schweizerische Terminologie zwischen dem konstitutionellen, legislativen, exekutiven und judikativen S. unterschieden (Schübel-Pfister 2004: 48 ff.).

### 1. Das einzelstaatliche Sprachenregime

Einzelstaatliche S. sind entweder monolingual i.S.d. normativen Festlegung auf eine einzige Staatssprache (z.B. Österreich) oder plurilingual ausgerichtet, wobei im letztgenannten Fall sowohl territorial gegliederte

(z. B. Schweiz, Belgien) als auch an die jeweilige Muttersprache anknüpfende (z. B. Südtirol) Regelungsmodelle verbreitet sind (↑Sprache). Anders als etwa in der österreichischen oder schweizerischen Verfassung findet sich in der Verfassungsordnung der BRD keine ausdrückliche Sprachenklausel. Gleichwohl ergibt sich aus dem in deutscher Sprache abgefassten ↑GG zwanglos die mit Verfassungsrang ausgestattete Anerkennung des Deutschen als *Staatssprache* (Kirchhof 2004: § 20 Rn. 100 ff.). Auch ohne positiv-rechtliche Bestimmung ist das Deutsche die selbstverständliche Parlamentssprache sowie die *Gesetzessprache*, in der alle Normen erlassen und verkündet werden müssen.

Das exekutive und judikative S. in der BRD ist einfachgesetzlich geregelt. Nach § 23 Abs. 1 VwVfG ist die *Amts-* bzw. *Verwaltungssprache* deutsch; diese Klarstellung wird durch das Schutzkonzept des Abs. 2 bis 4 für Sprachunkundige sowie durch landesrechtliche Spezialregelungen zum Schutz autochthoner sprachlicher Minderheiten ergänzt (Kahl 2006: 386/423 ff.; Mäder, JuS 2000, 1150/1152 f.). § 184 GVG normiert die deutsche Sprache als verbindliche *Gerichtssprache* und gewährleistet das Recht der Sorben, in ihren Heimatkreisen vor Gericht sorbisch zu sprechen. Die wegen der Garantie des ↑rechtlichen Gehörs gebotene Zuziehung von Dolmetschern für nicht der deutschen Sprache mächtige Personen ist in § 185 GVG vorgesehen. Noch nicht abgeschlossen ist die rechtspolitische Diskussion, ob bei gesondert einzurichtenden Kammern für internationale Handelssachen, sog.en Commercial Courts, die Verwendung des Englischen als fakultative Gerichtssprache ermöglicht werden soll (Stürner 2019: 1122–1127).

### 2. Das Sprachenregime im Völkerrecht

Im ↑Völkerrecht bezeichnet der Begriff S. sowohl die Sprachenregelungen ↑internationaler Organisationen als auch die im zwischenstaatlichen Verkehr, insb. bei bi- und multilateralen Verträgen, zum Einsatz kommenden Regelungssysteme. Im internationalen amtlichen Verkehr wurde traditionellerweise jeweils eine einzige Sprache für bestimmte Regionen bevorzugt (Rudolf 1972: 21 ff.). Trotz der Vorherrschaft des Lateinischen und später des Französischen als *Diplomaten- und Vertragssprache* spielten mehrsprachige ↑völkerrechtliche Verträge zwischen den Nationalstaaten seit jeher eine erhebliche Rolle. In neuerer Zeit hat sich zunehmend die Praxis etabliert, Verträge nicht nur (nachträglich) zu übersetzen, sondern in mehreren Sprachfassungen für verbindlich zu erklären, wobei die bes.n Schwierigkeiten bei der Auslegung mehrsprachiger Rechtstexte in Kauf genommen wurden. Die dazu in der völkerrechtlichen Judikatur entwickelten Auslegungsregeln fanden teilweise Eingang in die Wiener Konvention über das Recht der Verträge aus dem Jahr 1969. Art. 33 Abs. 3 WVRK stellt – entspr. der bereits zuvor anerkannten Einheitsregel – die Vermutung auf, dass die Ausdrücke des Vertrags in jedem authentischen Text dieselbe Bedeutung haben. Gleichwohl auftretende Sprachdivergenzen sind nach Art. 33 Abs. 4 WVRK durch eine umfassende Anwendung der allg.en Auslegungsmethoden, insb. durch systematisch-teleologische Erwägungen, zu beheben (Hilf 1973: 101 ff.). Das S. ist auch für den völkerrechtlichen Schutz von ↑Minderheiten bedeutsam. Art. 27 IPbpR sieht vor, dass in Staaten mit sprachlichen Minderheiten deren Angehörigen nicht das Recht vorenthalten werden darf, sich ihrer eigenen Sprache zu bedienen. Im Rahmen des ↑Europarats wurde 1992 die „Europäische Charta der Regional- und Minderheitensprachen" verabschiedet (von Deutschland ratifiziert, 1998 in Kraft getreten). Bedeutsam sind bilaterale Regelungen, z. B. hinsichtlich Südtirol zwischen Österreich und Italien („Gruber-de Gasperi-Abkommen" und Folgeregelungen).

### 3. Das Sprachenregime der EU

Während herkömmliche internationale Organisationen regelmäßig mit einer eingeschränkten Sprachenzahl auskommen, spiegelt sich die mit ↑„Supranationalität" umschriebene bes. Rechtsnatur der ↑EU auch in ihrem S. wider. Durchgängiges Prinzip der unionsrechtlichen Sprachenregelung ist der Grundsatz der Gleichberechtigung der nationalen Amtssprachen auf Unionsebene. Gemäß Art. 55 EUV, der von Art. 358 AEUV für entspr. anwendbar erklärt wird, sind die Gründungsverträge der Union in den Sprachen aller Mitgliedstaaten abgefasst und in allen Sprachfassungen gleichermaßen verbindlich. Von diesen *Vertragssprachen* bzw. authentischen Sprachen sind die Amts- und Arbeitssprachen der Union zu unterscheiden. Unter den *Amtssprachen* versteht man die Sprachen der externen Kommunikation, während mit dem Begriff der *Arbeitssprachen* die zum internen Gebrauch der Unionsorgane bestimmten Sprachen bezeichnet werden (Huber 1992: 1/2 f.; C. Luttermann/K. Luttermann 2020: 26). In Umsetzung des Art. 342 AEUV, wonach die Regelung der Sprachenfrage einer sekundärrechtlichen Normierung vorbehalten ist, erklärt die Verordnung Nr. 1 aus dem Jahr 1958 die (urspr. vier, derzeit 24) Amtssprachen aller Mitgliedstaaten zu Amts- und Arbeitssprachen der Union. Aus dieser formalen Gleichberechtigung, die sich auch in den einzelnen ↑Geschäftsordnungen der Organe als weiteren Bestandteilen des EU-S.s wiederfindet, folgt insb., dass die Unionsrechtstexte in allen Sprachfassungen gleichermaßen verbindlich sind.

In der Praxis wird der Grundsatz der Gleichrangigkeit der Arbeitssprachen häufig zugunsten der Konzentration auf einige wenige Verkehrssprachen durchbrochen. De facto vollzieht sich das unionale Rechtssetzungsverfahren nur in einzelnen *internen Arbeitssprachen*, zu denen das Deutsche nicht durchgängig zählt. So hat sich etwa in der ↑Europäischen Kommission während der letzten Jahrzehnte sukzessive die englische Sprache als *lingua franca* durchgesetzt (Zedler 2015: 77 ff.). Dies ist mit der in der Verordnung Nr. 1 angeordneten gleichen Authentizität aller Sprachfassungen nur schwerlich vereinbar. Zwischen den verschiedenen Fassungen der Unionsrechtstexte kommt es mitunter zu Sprachdivergenzen in Form von Begriffs- und Bedeutungsdivergenzen, die der ↑EuGH im Wege der (auch sprachvergleichenden) Auslegung auflöst (Schübel-Pfister 2004: 227 ff.). Die vom EuGH postulierte Pflicht des nationalen Rechtsanwenders zur Berücksichtigung anderer Sprachfassungen soll der einheitlichen Anwendung des Unionsrechts dienen, steht aber in einem Spannungsverhältnis zu dem schutzwürdigen Vertrauen der Unionsbürger auf die Verlässlichkeit ihrer eigenen Sprachfassung.

Das für Verfahren vor dem EuGH geltende S. weist seinerseits Besonderheiten auf. Gemäß seiner Verfahrensordnung sind die Urteile des EuGH nur in der zuvor verwendeten *Verfahrenssprache* verbindlich, die der jeweilige Kläger grundsätzlich aus allen Amtssprachen der Union wählen kann. Nicht geregelt ist die interne Arbeitssprache des EuGH, bei der nach wie vor das Französische dominiert. Bes. Organe und Einrichtungen der Union verfügen teilweise über ein spezifisches, von der Verordnung Nr. 1 abweichendes S. mit einer eingeschränkten Zahl an Amts- und/oder Arbeitssprachen (Zedler 2015: 85 ff.). Vom EU-S. im eigentlichen Sinne sind andere Regelungen mit Sprachenbezug zu unterscheiden, zu denen etwa die – im Zusammenhang mit dem Minderheitenschutz stehende – Sprachenpolitik der Union, die Anerkennung subjektiver sprachbezogener Rechte i. S. eines ↑Grundrechts auf die eigene Sprache sowie die Vorgaben der ↑Grundfreiheiten für mitgliedstaatliche Sprachenregelungen zählen.

### Literatur

C. Luttermann/K. Luttermann: Sprachenrecht für die Europäische Union, 2020 • M. C. Stürner: Deutsche Commercial Courts?, in: JZ 74/23 (2019), 1122–1130 • F. Zedler: Mehrsprachigkeit und Methode, Der Umgang mit dem sprachlichen Egalitätsprinzip im Unionsrecht, 2015 • W. Kahl: Sprache als Kultur- und Rechtsgut, in: VVDStRL, Bd. 65, 2006, 386–471 • P. Kirchhof: Deutsche Sprache, in: HStR, Bd. IV, [2]2004, § 20 • I. Schübel-Pfister: Sprache und Gemeinschaftsrecht: Die Auslegung der mehrsprachig verbindlichen Rechtstexte durch den Europäischen Gerichtshof, 2004 • P. M. Huber: Deutsch als Gemeinschaftssprache, BayVBl 38/1 (1992), 1–7 • M. Hilf: Die Auslegung mehrsprachiger Verträge, 1973 • W. Rudolf: Die Sprache in der Diplomatie und internationalen Verträgen, 1972.

ISABEL SCHÜBEL-PFISTER

## Sprachphilosophie

Die S. wurde durch Friedrich Ludwig Gottlob Frege zur Grunddisziplin der Philosophie und ersetzte die seit René Descartes vorherrschende Erkenntnistheorie, bis sie selbst in jüngerer Zeit durch die Philosophie des Geistes als führende Disziplin abgelöst wurde. Der Satz Ludwig Wittgensteins „Alle Philosophie ist ‚Sprachkritik'" (Wittgenstein 1921: 4.0031) bringt die Bedeutung der S. prägnant zum Ausdruck. Es geht in der S. um das sprachlich vermittelte Verhältnis zum Denken und zur Wirklichkeit. Es sollen die Bedingungen, unter denen Aussagen wahr und verstehbar sind, geklärt werden. Das, was ist (Ontologie), und die Begriffe, mit denen wir erkennen (Erkenntnistheorie), gehören in sprachlicher Form zu diesen Bedingungen. Mit ihrer Klärung soll das Erkennen und Wissen, aber auch die ↑Kommunikation gesichert werden. In Antike und Mittelalter wurden dazu bereits Instrumente entwickelt (Signifikationstheorie, Prädikationstheorie). Die Analytische S. setzt diese Tradition fort (↑Analytische Philosophie).

Die Sprach-Abhängigkeit des Denkens und Erkennens ist seit der Antike ein Thema der Philosophie. Ideen, Prädikate (das Eine, das Seiende, das Wahre), Kategorien (Qualität, Quantität, Ursache) und die Gesetzmäßigkeiten des Argumentierens (Syllogismus) galten als die universalen Instrumente, die in den Natursprachen für die Erkenntnis und Wissensbildung verwendet werden. Platon nahm im Dialog „Kratylos" an, dass diesem Prozess eine geistige Sprache zugrunde liegt, eine Auffassung, die auch zeitgenössische Philosophen vertreten. Sie deuten die geistige Sprache allerdings psychologisch und die Logik als die eigentliche Grammatik des Denkens und Sprechens. Im Anschluss an Avram Noam Chomskys Syntax-Theorie sprechen die Vertreter einer mentalen Sprache von der syntaktischen und semantischen Realität (Tiefenstruktur), die den Natursprachen (Deutsch, Englisch etc.) zugrunde liegt (Jerry Alan Fodor, Jerrold Jacob Katz). Eine ebenfalls psychologische Variante der geistigen Sprache deutet das Meinen und Beabsichtigen (sog.er Intentionalismus) als konstitutiv für die Bedeutungen der sprachlichen Äußerungen (Herbert Paul Grice). Der sprachlichen Verständigung liegen danach nicht-natürliche Bedeutungen zugrunde, die im Meinen zum Ausdruck kommen. Es bleibt dabei offen, inwieweit das Meinen selbst die sprachlichen Mittel und deren konventionale Bedeutung voraussetzt oder dieser Bedeutung zugrunde liegt.

Die aristotelische Tradition in Antike und Mittelalter unterlegt der Wahrnehmung geistige Abbilder *(phantasmata)* der äußeren Gegenstände. Auf diese Abbilder und nicht auf die Gegenstände beziehen sich die sprachlichen Zeichen. Wilhelm von Ockham u. a. sog.e Nominalisten lehnen diese Ähnlichkeitsbeziehung ab, beziehen die Zeichen direkt auf die Gegenstände und machen sie damit zu den Trägern der Bedeutung. Jedes sprachliche Zeichen steht direkt für das Bezeichnete. Diese direkte Beziehung zwischen Zeichen und Ding (Referenz) ergänzt zunächst die Auffassung der geistigen Sprache, macht sich in der modernen formalen Semantik (Alfred Tarski, Donald Davidson) aber selbständig. Die wahre Übereinstimmung zwischen Zeichen und Ding wird als eine Funktion verstanden, die mit logisch-syntaktischen Mitteln zwischen Sätzen der natürlichen ↑Sprache und

Sätzen der sie definierenden Meta-Sprache hergestellt wird. Jeder Satz der Sprache (Objekt-Sprache), der Gegenstand der Meta-Sprache ist, erhält so eine Definition seiner ↑Wahrheit. Diese Referenztheorie der Bedeutung deutet die Sprachabhängigkeit des Denkens als Abhängigkeit von sprachlich manifesten logischen Strukturen. Es kann nicht mehr und anderes sinnvoll gedacht werden, als das, was diese Strukturen erlauben.

Die erste radikale Fassung dieser Abhängigkeit formuliert L. Wittgenstein im „Tractatus logico-philosophicus" (1921). Sätze bilden danach die logische Struktur der Welt ab. In den „Philosophischen Untersuchungen" (1953) kritisiert L. Wittgenstein diese referenztheoretische Auffassung der S. als einseitig. Die Bedeutung von Worten und Sätzen ist von ihrem Gebrauch in der Praxis des Sprechens abhängig. Die Philosophie der Normalen Sprache (John Langshaw Austin) sieht ebenfalls im Gebrauch die Grundlage sprachlicher Bedeutungen und versteht das Sprechen als sprachliches Handeln. Mit der wörtlichen (lokutionären) Bedeutung wird etwas getan (illokutionär) und erreicht (perlokutionär). Diese Bedeutungsebenen bilden insgesamt das, was Sprache bedeutet (Sprechakttheorie).

Charakteristisch für die Entwicklung der S. ist ihre disziplinäre, methodische Aufspaltung. Der Bezug zu den Gegenständen (Referenztheorie, Saul Aaron Kripke) und die zuverlässige Beschreibung der Wirklichkeit (Ontologie, Willard Van Orman Quine) wird mit unterschiedlichen, teilweise konkurrierenden begrifflichen Instrumenten (Verifikationismus, wahrheitstheoretische Semantik, D. Davidson) betrieben und deutlich von Gebrauchstheorien (Pragmatik) der Bedeutung getrennt. Diesen Theorien stehen die metaphysischen Ansätze gegenüber, welche die Bedeutungen in möglichen Welten zum Gegenstand ihrer Analyse machen (Mögliche-Welten-Semantik, intensionale Semantik). Andere Ansätze verbinden methodische Elemente der idealen mit der normalen Sprache verhaltenstheoretisch mit Mitteln der ↑Spieltheorie. Sprachliche Zeichen können dabei als Konventionen (David Kellogg Lewis) verstanden werden, die den Interessen und Präferenzen von Sprechern gerecht werden.

Jenseits dieser methodischen Varianten will die S. allen Ansprüchen gerecht werden, die mit der Erkenntnis der Wirklichkeit, der Bildung wahren Wissens und dem Verständnis des menschlichen Denkens verbunden sind. Dabei kann sie die kulturellen und historischen Bedingungen dieser Ansprüche nicht ignorieren. Die methodische Vielfalt und die begrifflichen Differenzen, die diesen Bemühungen zugrunde liegen, verhindern oder erschweren zumindest eine einheitliche, universale S., die allen Ansprüchen genügen kann. Jenseits von theoretischen Bemühungen mit diesem Ziel kann die S. die historisch bedingten sprachlichen Formen der sozialen und kulturellen Selbstidentifikation klären und damit der menschlichen Verständigung über die Grenzen von ↑Kulturen hinaus dienen. In diesem Zusammenhang wird offensichtlich, dass die Sprache nicht nur ein Medium der Verständigung, sondern auch ein Instrument der Gewaltausübung (↑Gewalt) ist. Die Sprachkritik gewinnt im Blick auf diese Bedeutung der Sprache eine weitere, unverzichtbare Dimension.

### Literatur

S. Kripke: Reference and Existence, 2013 • W. Vossenkuhl: Solipsismus und Sprachkritik, 2009 • W. Künne: Conceptions of Truth, 2003 • W. Vossenkuhl: Anatomie des Sprachgebrauchs, 1982 • W. V. Quine: Wort und Gegenstand, 1980 • J. L. Austin: Zur Theorie der Sprechakte, 1972 • S. Kripke: Naming and Necessity, 1972 • P. F. Strawson: Einzelding und logisches Subjekt. Ein Beitrag zur deskriptiven Metaphysik, 1972 • L. Wittgenstein: Philosophische Untersuchungen, 1953 • Ders.: Tractatus logico-philosophicus, 1921.

WILHELM VOSSENKUHL

## Staat

I. Rechtswissenschaftlich – II. Wirtschaftswissenschaftlich – III. Philosophisch – IV. Soziologisch – V. Politikwissenschaftlich – VI. Katholisch – VII. Evangelisch – VIII. Orthodox

### I. Rechtswissenschaftlich

#### 1. Wort, Sache, Begriff

„S." ist ein Wort der ↑Neuzeit. Das lateinische Ursprungswort „Status" („Zustand", im Mittelalter auch „Stand") bezeichnet zunächst den Parteianhang eines (Renaissance-)Herrschers, sodann jeden Besitz von Macht über Menschen („Stati" bei Niccolò Machiavelli). Es verbreitet sich mit der Ausbildung des „modernen S.es" bis zum 19. Jh. über Europa, früh in Spanien *(estado)* und in Frankreich *(état)*, spät in Deutschland. Frühere Bezeichnungen (*res publica, civitas, regimen, imperium* etc.) gehen in den Begriff des S.es auf.

Doch das Wortfeld „S." umfasst nicht nur den Strukturtypus des „modernen S.es" europäischer Provenienz sowie den darauf aufbauenden Typus des freiheitlichen Verfassungs-S.es, sondern allg. das zeitlose Phänomen politischer Vergemeinschaftung und Herrschaft. Diesen Typusbegriffen gegenüber steht der Rechtsbegriff des S.es, wie er sich insb. im Völkerrecht entwickelt hat.

#### 2. Staat als politische Herrschaft

S. ist keine Erfindung der Neuzeit. S.en i. S. politischer ↑Herrschaft gab es zu allen Zeiten in allen Kontinenten (die S.en der Antike – Inka, Ägypten, China – und des Mittelalters). Auch der moderne S. gründet auf vorneuzeitlichen Voraussetzungen und knüpft an sie an. Nach griechisch-römischem S.s-Denken hat sich alle politische Herrschaft am ↑Gemeinwohl zu orientieren: „res publica res populi" (Cic. rep. 1, 39). Die Ausschaltung des Eigennutzes der Herrschenden ist Kriterium der

„richtigen“ S.s-Formen (Aristot. pol. III, 7). Herrschaftsausübung ist treuhänderisch, rechenschaftspflichtig, verantwortlich, wird rechtlich verfasst in der Institution des ↑Amtes und bildet den S. im engeren Sinne (Ämterwesen, Herrschaftsorganisation, Regierung), dem der S. im weiteren Sinne (Gemeinwesen, Allgemeinheit, Volk) gegenüber steht. Über alle politischen Epochen bis in die Gegenwart wirkt die republikanische Tradition auf die ↑Legitimation des S.es als Herrschaft für das Volk (res populi) ebenso hin wie auf die Bereitschaft des Bürgers, die Sache des Gemeinwesens zu seiner eigenen zu machen (Bürgertugenden und -pflichten). Zudem gilt S.s-Macht als ethisch gebunden an die Maßstäbe der ↑Gerechtigkeit. Der staatsbürgerliche Gehorsam steht unter dem Vorbehalt des ↑Widerstandsrechts, das auflebt, wenn das Recht des S.es gegen höheres Recht verstößt. Das ↑Christentum steigert diesen Rechtfertigungszwang des S.es. Das Gebot Gottes beansprucht höhere Verpflichtungskraft als das des S.es (Apg 5,29). Dennoch ist der Christ kraft Gewissenspflicht (Röm 13) zum staatsbürgerlichen Gehorsam verpflichtet.

## 3. Der moderne Staat

Der „moderne S.“ ist ein historisch-kontingentes, in Europa in der frühen Neuzeit ausgebildetes Strukturmodell politischer Herrschaft und prägt diesen „konkreten, an eine geschichtliche Epoche gebundenen Begriff“ (Schmitt 1958) des S.es. Der Begriff des modernen S.es repräsentiert idealtypisch die strukturelle Gemeinsamkeit aller S.en jenseits ihrer historischen, geopolitischen, ethnischen und verfassungsrechtlichen Besonderheiten. Ihm entsprechen dem Anspruch nach die auf der Erde existierenden ca. 200 S.en (von ihnen 193 Mitglieder der UN). Auf ihm baut das Völkerrecht auf und finden die ↑Staatswissenschaften ihren Idealtypus. Ob dieses rational konzipierte europäische Modell von Staatlichkeit auch nach dem Ende der westlichen Dominanz in anderen Teilen der Welt vital bleiben wird, bildet den Kern der offenen Frage nach dem „Ende des S.es“. Das Strukturmodell des modernen S.es ist gekennzeichnet durch die rationale Verdichtung politischer Herrschaft bei gleichzeitiger Begrenzung der S.s-Gewalt zu Gunsten einer sich frei entfaltenden Gesellschaft.

### 3.1 Staat als rationale Einheit

S. im modernen Sinne ist zweckrationale Organisation, Derivat praktischer Vernunft (↑Vernunft, Verstand). Die Einheit des S.es wird durch ↑Institutionen gesichert, muss aber auch von den Bürgern wie von den Amtsträgern durch existentielle ↑Integration vollzogen, gelebt und immer wieder erneuert werden, damit sie Wirklichkeit bleibt. Rationale staatliche Einheit entfaltet sich in mehreren Dimensionen.

*a)* Der moderne S. ist in erster Linie *Friedenseinheit*. Hervorgegangen aus den Erfahrungen der religiösen ↑Bürgerkriege in der frühen Neuzeit, stellt er deren institutionelle Überwindung dar. In Thomas Hobbes' Philosophie bildet der Bürgerkrieg das politische Urtrauma des *status naturalis*. Er wird abgelöst durch den *status civilis* aufgrund allseitiger Vereinbarung des Bürgerfriedens und Unterwerfung unter den S. als dessen machtbewehrten Garanten *(pactum unionis)*; dieser aber kann von seinen Bürgern Gehorsam nur verlangen, solange er ihnen effektiv Sicherheit gewährleistet. Schutz und Gehorsam bilden einen wechselseitigen Legitimationskonnex. Die staatliche Friedenseinheit bildet den Rahmen innergesellschaftlicher Konflikte und garantiert, dass keine Gruppe die Macht zu Feinderklärung und Bürgerkriegführung hat. Insoweit ist er wesenhaft politische Einheit (Carl Schmitt). Dadurch unterscheidet sich der moderne S. vom mittelalterlichen Gemeinwesen, das Fehde und Selbsthilfe Raum gab und umfassenden, effektiven Landfrieden nicht kannte. Der moderne S. dagegen hat die Gesellschaft befriedet, den Bürger entwaffnet und Selbstjustiz durch gerichtliche Verfahren ersetzt. Die erste Grundpflicht des Bürgers besteht darin, auf Androhung wie Anwendung physischer ↑Gewalt als Mittel der Konfliktlösung zu verzichten. Dieser *Friedenspflicht* des Bürgers korrespondiert das ↑*Gewaltmonopol* des S.es. Dieses bildet Grundlage wie Grenze verfassungsrechtlicher Freiheitsgewähr. Das Gewaltverbot ist die Bedingung der Möglichkeit von ↑Frieden, ↑Sicherheit und ↑Kultur.

*b)* Der moderne S. ist organisierte *Entscheidungseinheit*. Im Unterschied zur Vielfalt ständischer Entscheidungskompetenzen im mittelalterlichen S., entscheidet der moderne S. allein und letztverbindlich mit dem Anspruch auf Rechtsgehorsam. Die staatliche Entscheidungseinheit umfasst auch die Interpretation vorgegebener ↑Normen, insb. der Verfassung. Das S.s-Denken seit T. Hobbes und John Locke begreift die Frage nach der (stets bestreitbaren) Richtigkeit der politischen ↑Ordnung auch als Frage nach der (dem Streit entzogenen) Entscheidungskompetenz *(quis iudicabit)*. Je größer der Dissens der Gesellschaft in der Sache, desto notwendiger der ↑Konsens über die Entscheidungsinstanz, den Modus der ↑Legalität. Daher begründet die formale Kompetenz *(auctoritas)*, nicht die materiale Richtigkeit *(veritas)*, die Verbindlichkeit der staatlichen Rechtsordnung.

*c)* Der moderne S. ist „Handlungs- und Wirkungseinheit“ (Heller 1934: 88). In ihm organisiert sich die Aktivität des neuzeitlichen Menschens, der die natürliche Umwelt und die Ordnung des Zusammenlebens als immer wieder neue Herausforderung und Gestaltungsaufgabe begreift. Aus diesem Grund beansprucht der moderne S. virtuelle *Allzuständigkeit* in sämtlichen Sachbereichen und *Blankovollmacht* zum Handeln.

*d)* Die Entscheidungs- und Handlungseinheit des modernen S.es ist Bedingung seiner *Rechtseinheit*. Diese bewährt sich in der Rechtssetzung wie in der Rechtsdurchsetzung, in der Normgeltung (↑Geltung) wie in der Norminterpretation. Der S. ist Erzeuger und Hüter der Rechtsordnung. Er geht dem (positiven) ↑Recht voraus, auch wenn er selbst dessen Gegenstand und Adressat ist.

*e)* Der S. ist notwendig Machteinheit (↑Macht). Nur dann kann er den inneren Frieden gewährleisten und sich im internationalen Konzert behaupten. Grundlage ist das „Monopol legitimer physischer Gewaltsamkeit" (Weber 1980: 822), das der S.s-Gewalt die faktische Überordnung über die ↑Gesellschaft qua Einzigkeit, Einseitigkeit, Unwiderstehlichkeit und autoritativer Verbindlichkeit vermittelt. Typische Hoheitsfunktionen sind polizeiliche Gefahrenabwehr nach Innen (↑Polizei) und nach Außen (Armee), Besteuerung, Wirtschaftsaufsicht, ↑Zwangsvollstreckung. Dabei ist die S.s-Gewalt nicht auf die nur ihr zukommenden subordinationsrechtlichen Handlungsformen (↑Gesetz, Verwaltungsakt, Urteil) beschränkt, sondern umfasst neben förmlichen Regelungen auch informelle Einflussnahme, Information und Werbung, ↑Planung, ↑Entscheidung und Ausführung, Befehl und Leistung.

Die Machteinheit konstituiert die *innere Souveränität* des S.es, kraft derer er das Gemeinwohl definieren und durchsetzen kann. ↑Souveränität bedeutet insoweit Gemeinwohlfähigkeit. Allerdings bedarf die Macht des S.es auch der Anerkennung der Bürger und ihrer Bereitschaft zum Rechtsgehorsam. So gründet der moderne S. auf der apriorischen Bürgerpflicht zum Gehorsam, der die Bürger im Verfassungs-S. a priori verpflichtet, dem verfassungsmäßigen Gesetz und der gesetzmäßigen Verwaltungs- oder Gerichtsentscheidung zu folgen.

Staatliche Macht ist ambivalent: „Denn derjenige, der genug Kräfte hat, jeden zu schützen, der hat auch genug, um jeden zu unterdrücken" (Hobbes 2017: 233). Die Zähmung staatlicher Macht zählt daher zum zentralen Thema von Theorie und Praxis des modernen S.es (Verfassungs-S.). Immer aber bleibt auch der Verfassungs-S. auf Macht angewiesen: ohne Macht ist Recht ohnmächtig.

*f)* Der S. ist *Solidarverband*, dessen Mitglieder füreinander und für das Ganze einstehen. Die ↑Solidarität seiner Bürger konstituiert den S. als Einheit in der Zeit. Sie verknüpft die gegenwärtige Generation mit den vergangenen Generationen, in deren Geschichte sie im Guten wie im Bösen steht und für die sie haftet, wie auch sein gegenwärtiges Handeln Nutzen wie Lasten für künftige Generationen zeitigt. Die intersubjektive wie intertemporale Einheit bedeutet Fortbestand von Rechten und Pflichten, aber auch die Chance, das geistige und wirtschaftliche Erbe zu pflegen und Verantwortung zu tragen für die Nachwelt im Umgang mit natürlichen, kulturellen und moralischen Grundlagen des gemeinsamen Lebens (↑Nachhaltigkeit).

Die staatliche Solidarität wird rechtlich verfasst und organisiert als ↑juristische Person (Gebietskörperschaft), die dem S. rechtliche Identität unabhängig vom Wechsel der einzelnen Mitglieder vermittelt. Die Zugehörigkeit zum S.s-Volk folgt aus der ↑Staatsangehörigkeit, die die S.s-Bürger grundsätzlich unentrinnbar und auf Lebenszeit an die Gefahren- und Schicksalsgemeinschaft des Heimat-S.es bindet. Das personenrechtliche Band, das unabhängig vom jeweiligen Aufenthalt fortbesteht, schafft einen wesentlichen Statusunterschied des S.s-Angehörigen zum Ausländer, der sich freiwillig unter fremde Gebietshoheit begeben und sich dieser jederzeit wieder entziehen kann.

Die staatliche Einheit der S.s-Angehörigen kann sich mit der *nationalen Einheit* eines Volkes decken. Diese geht hervor aus dem Zusammengehörigkeitsbewusstsein ihrer Mitglieder sowie dem existentiellen Willen zum staatlichen Zusammenleben. ↑Nation ist Herkunft und Zukunft. Historisch ist sie zumeist das Produkt staatlicher Entwicklung (z. B. in Deutschland). Sie wirkt jedoch existentiell als Legitimationsgrund der staatlichen Einheit, kann deren (zeitweisen) Zerfall ebenso überdauern (Beispiel Polen) wie ihr eigener Zerfall jenen aber auch bewirken kann.

### 3.2 Begrenzter Staat

Als rational organisierte Einheit ist der moderne S. begrenzter, sektoraler S. Er beschränkt sich auf innerweltliche Aufgaben und kennt, anders als der Herrschaftsverband des Mittelalters, keinen geistlichen Auftrag für das Seelenheil der anvertrauten Menschen und für die Durchsetzung transzendenter Heilswahrheiten. Die Einheit des ↑Corpus Christianum zerbrach mit der ↑Reformation. Der Versuch, die Glaubenseinheit mit staatlichen Mitteln wiederherzustellen, führte über die konfessionellen Bürgerkriege zur Ausbildung des rationalen, d. h. modernen S.es, der um des innerstaatlichen Friedens willen die (religiöse) Wahrheitsfrage seinen Bürgern überließ und seine politische Einheit auf säkulare Aufgaben reduzierte. Die „Allzuständigkeit" des modernen S.es besteht nur im säkularen Horizont.

Die Säkularität des modernen S.es hat sich in einem langwierigen, konfliktreichen und blutigen historischen Prozess gegen den Widerstand der christlichen Kirchen durchgesetzt. Dabei ist die Ausdifferenzierung des Politischen in der christlichen Überlieferung angelegt: in Gestalt des Dualismus der zwei Reiche (↑Zwei-Reiche-Lehre), der Polarität von Immanenz und Transzendenz, von Kirche und S. (↑Kirche und Staat), von Gesetz und Gewissen (↑Gewissen, Gewissensfreiheit). Diese „christliche Gewaltenteilung" geht allen staatsrechtlichen Gewaltenteilungen voraus. Ohne das politische Bewusstsein über die „absolute Entzweiung" (Hegel 1970: 22) ist der moderne S. weder zu denken noch überlebensfähig.

Die Säkularität des S.es ist für die Menschen anspruchsvoll: Die staatliche Absage an Wahrheit um des Friedens willen zeitigt denn auch politisch gegenläufige Entwicklungen. Einerseits als Kompensation des Transzendenzverzichts durch politische „Zivilreligion" (Rousseau 2000: 186 f.) oder immanente Heils- und Erlösungslehre (Marxismus), die in der Form des Totalitarismus auf die ganzheitliche Erfassung des Menschen zielt. Andererseits in der Form des Verfassungs-S.es, der die religiöse wie die ideologische Spaltung der Gesellschaft als unaufhebbar akzeptiert und die Angelegenheiten der Weltanschauung und Wissenschaft, der Kultur und öffentlichen Meinung, der Wirtschaft und der politischen Willensbildung der grundrechtlich fundierten Freiheitsausübung der Bürger überlässt. Der Verfassungs-S. gründet politische Einheit nicht auf Wahrheit, sondern auf Freiheit, die durch Grundrechte sowie durch rechtsstaatliche und demokratische Institutionen verfassungsrechtlich gewährleistet wird (↑Staat und Gesellschaft).

### 3.3 Verfassungsstaat

*a)* Der Begriff des modernen S.es gibt nur einen Ordnungsrahmen, der auf Ausfüllung durch eine ↑Verfassung angelegt ist. Als Realverfassung bezeichnet sie eine „bestimmte Ordnung für die Bewohner eines Staates" (Aristot. pol. 1274b) und macht seine S.s-Form aus. Als normative Verfassung bildet sie die „rechtliche Grundordnung des Staates" (Kägi 1945). Zu dieser gehören Grund, Ziel und Grenze staatlicher Herrschaft, das Recht der höchsten Führungsorgane, das Grundverhältnis von S. und Bürger. Diese „materielle" Verfassung wird heute i. d. R. durch eine „formelle" Verfassung kodifiziert (Verfassungsgesetz, ↑Grundgesetz), die sich an den klassischen Leitbildern der ersten amerikanischen und französischen Verfassungsgesetze des 18. Jh. orientiert.

*b)* Jede Verfassung muss an vorhandene staatliche Strukturen anknüpfen. Sie schafft nicht den S., sondern übernimmt ihn als vorgegebenes Strukturmodell, um ihn näher auszuformen. Die verfassunggebende Gewalt bedarf des S.es als vorgegebenen Objekts und eines vorgegebenen, handlungsfähigen Subjekts, das sie ausübt. Die demokratische Doktrin setzt als souveränen Ursprung der Verfassung das ↑Volk voraus: als vorab existierende staatliche (oder zumindest nationale) Einheit, für die nur noch die Form der politischen Existenz entscheidungsbedürftig ist.

Die institutionellen Voraussetzungen effektiver Verfassungsgeltung sucht der Verfassungs-S. durch ↑Gewaltenteilung, ↑Grundrechte, parlamentarische ↑Demokratie, soziale Rechtsstaatlichkeit und ↑Föderalismus zu gewährleisten. Das staatliche Organisationsrecht ist insoweit Gegenstand verfassungsrechtlicher Regelung als auch die Bedingung ihrer rechtspraktischen Geltung. So ist der S. zugl. Pflichtenadressat der Verfassung wie deren Hüter.

Die meisten Verfassungen setzen die Strukturen des modernen S.es als selbstverständlich voraus, rezipieren sie stillschweigend und fügen konstitutiv ihre bes.n Strukturen (Parlamentarismus [↑Parlament, Parlamentarismus], Grundrechte etc.) in diese ein. Die normative Verfassung vermag nur dann wirksam und dauerhaft zu gelten, wenn sie die unabweislichen Gegebenheiten und vitalen Bedürfnisse des Gemeinwesens in sich aufnimmt und der Selbstbehauptung und Funktionsfähigkeit des S.es noch hinreichend Spielraum belässt („S.s-Raison"), um einen fatalen Konflikt zwischen staatlichem Überlebensinteresse und Verfassungsloyalität zu vermeiden.

*c)* Mit der Verfassung gewinnt der S. sowohl Verbindlichkeit, Transparenz und Rationalität des Rechts wie auch materiale Legitimation. Die Verfassung vermag die staatliche Einheit mit Sinn zu füllen und zu stärken. Die heute mächtigste Legitimationsidee, welche die Verfassung vermittelt, ist die ↑Freiheit als grundrechtliche Selbstbestimmung des Bürgers und als demokratische Selbstbestimmung des Volkes. So verkörpert die Verfassung die rechtliche Besonderheit des Gemeinwesens, sein spezifisches Maß an privater, gesellschaftlicher und politischer Freiheit, an sozialer Gerechtigkeit, an föderaler Vielfalt. Diese Verfassungsidentität bildet für den S. Grund wie Grenze supranationaler Zusammenschlüsse (BVerfGE 140,317 [↑Supranationalität]).

### 3.4 Ende des modernen Staates?

„Die Epoche der Staatlichkeit geht jetzt zu Ende" (Schmitt 1933: 10). Diese Diagnose bezieht sich auf den modernen S. als das Zentrum des Politischen. Sie gründet auf vier Tendenzen: der Schwächung der inneren Souveränität durch Auflösung der staatlichen Machteinheit, der Schwächung der äußeren Souveränität durch Internationalisierung und Globalisierung, der zunehmend selbstbewussten Ablehnung des modernen S.es in nichtwestlichen Staaten, sowie der Schwächung und Instrumentalisierung von ↑Rationalität und Säkularität in den modernen westlichen S.en selbst als Folge zunehmender Orientierungslosigkeit und gleichzeitiger Suche nach sinngebenden, sektoralen Gemeinschaften. All dies könnte dazu führen, dass sich das Politische neue Strukturen sucht.

*a)* Die Auflösung religiöser, sozialer, nationaler Substrukturen ermöglicht ebenso volative wie irrationale Massenbewegungen und tendiert zum Fanatisieren politischer Konflikte. Organisierte Gruppenmacht (↑Parteien, ↑Gewerkschaften, ↑Unternehmen, Massenmedien) sucht den S. für eigene Partikularinteressen (↑Interessen) zu instrumentalisieren. Dies führt bei den Bürgern zu schrumpfender Akzeptanz staatlicher Lasten, schwindender Bereitschaft zur Annahme der Loyalitäts- und Zivilitätspflichten. Organisierte ↑Kriminalität stellt das staatliche Gewaltmonopol offen in Frage und diskreditiert das elementare „Grundrecht auf Sicherheit" (Isensee 1983). Technische Sachzwänge führen zu begrenzten politischen Entscheidungsmöglichkeiten und die zunehmende ↑Ökonomisierung der staatlichen Aufgabenerfüllung unterminiert die Gemeinwohlorientierung des S.es.

*b)* ↑Globalisierung, Internationalisierung, Multilateralisierung und ↑Digitalisierung stellen den als geschlossen und impermeabel gedachten S. zunehmend in Frage. Interdependenz und Verflechtung der S.en wie ihrer ↑Gesellschaften verlangen nach internationaler Zusammenarbeit, führen aber zugl. zum Verlust von staatlicher Handlungsautarkie in zentralen staatlichen Aufgabenfeldern (militärische und polizeiliche Sicherheit, Energieversorgung, Umweltschutz, Marktkapazität), die von internationalen und supranationalen Zusammenschlüssen (Integration) wahrgenommen werden. Die überkommene nationalstaatliche Idee des modernen S.es wird durch die Universalisierung der ↑Menschenrechte und des Menschenrechtsschutzes, durch internationale Flucht- und Migrationsbewegungen (↑Migration) fragwürdig. All dies führt zu zunehmender Inkongruenz von territorial radizierten S.en und global agierenden Akteuren.

*c)* Diese Entwicklungen treffen das Strukturmodell des modernen S.es auch in seinen kulturellen, historisch-kontingenten Bedingungen: Aktivität und Rationalität, ↑Autonomie und ↑Individualismus, Säkularität und Offenheit gegenüber dem Wechsel geschichtlicher Möglichkeiten und Herausforderungen. Das S.s-Modell ist als effizientes Werkzeug für offene Ziele konstruiert, Medium der Aktivität und organisierten ↑Evolution. Ob dieser moderne S. als Schöpfung des „okzidentalen Rationalismus" (Weber 1988: 1) auch außerhalb des europäischen Kulturkreises dauerhaft Wurzeln schlagen kann, entscheidet mit über seine Zukunftsfähigkeit. Die nichteuropäischen S.en haben zwar der semantischen Form nach das Gerüst des modernen S.es und damit ein Mindestmaß an erdumspannender S.en-Homogenität ermöglicht. Doch untergründig wirken fundamentale Mentalitätsunterschiede in Kulturen, die Renaissance und Aufklärung nicht erlebt haben, in denen christliche und antike Tradition nicht wirksam ist, in denen das irdische Dasein als wiederholbar erscheint (z. B. in den Wiedergeburtslehren Asiens) und deswegen die politische Mentalität gelassener, gleichmütiger, nicht zeitbedrängt, nicht tatenbedürftig ist. Dem ↑Islam ist die Unterscheidung des S.es von der Religion fremd. Das Ethos der Familienbindung wie der Gruppenpatronage in großen Teilen der Welt reibt sich an der Idee individueller Freiheit zur Selbstbestimmung und demokratischer Mitbestimmung (↑Partizipation). Wo letzte Wahrheiten und das Gesicht zu wahren sind, fehlt die Voraussetzung für demokratischen Wettbewerbsgeist (↑Wettbewerb), Fairness und Kompromissbereitschaft (↑Kompromiss). Die Frage, ob die Rezeption des modernen S.s-Modells nur eine äußere, formale und semantische ist oder ob autochthone politische Kräfte die von außen übergestülpte politische Form sprengen werden, wird sich mit der sich ihrem Ende zuneigenden wirtschaftlichen und kulturellen Dominanz des ↑Westens zeigen.

*d)* Diese Herausforderungen treffen auf einen Westen, dessen rational-säkular bedingte kulturelle Offenheit und Relativität sich im Zuge von Digitalisierung und Globalisierung zur Auflösung gesellschaftlicher Strukturen und damit zu einer „Gesellschaft der Singularitäten" (Reckwitz 2017) steigert. Die Überflutung mit quantitativ wie qualitativ grenzenlosen ↑Informationen, die immer größere Schwierigkeit, wahre von unwahren Informationen unterscheiden zu können, schwächt nicht nur die Idee rationaler Problembewältigung, sondern schafft mit zunehmender Orientierungslosigkeit zugl. ein Sinnvakuum, das die Säkularität als Lebensprinzip des modernen S.es in Frage stellen könnte. Die Hinwendung der Menschen zu religiösen, moralischen, ideologischen Heilsversprechungen mit Wahrheits- und Ausschließlichkeitsanspruch, könnte die Gesellschaft in einander sprachlos gegenüberstehe Segmente spalten, die das kulturell-gemeinsame Minimum des modernen S.es existentiell zu untergraben in der Lage sind.

### 4. Staat als Rechtsbegriff

Das ↑Völkerrecht muss den S. definieren, entscheidet doch die S.s-Qualität über die Anerkennung als Völkerrechtssubjekt und über die Zugehörigkeit zum System völkerrechtlicher Rechte und Pflichten. Der völkerrechtliche S.s-Begriff begnügt sich mit einem Minimum an äußerlich erkennbaren Merkmalen und blendet die innere Verfasstheit des konkreten S.es aus. Die nach Völkerrecht notwendigen, aber auch hinreichenden Voraussetzungen sind nach der Drei-Elemente-Lehre S.s-Gebiet, S.s-Volk und S.s-Gewalt (Jellinek 1914: 394–434).

↑*Staatsgebiet* ist ein abgegrenzter Teil der Erdoberfläche als ausschließlicher Herrschaftsbereich. *S.s-Volk* ist ein sesshafter, auf Dauer angelegter Personenverband, der grundsätzlich durch das mitgliedschaftliche Band der S.s-Angehörigkeit rechtlich verfestigt wird. Auf Einwohnerzahl und Gebietsgröße kommt es nicht an. *S.s-Gewalt* erfordert eine organisierte Herrschaft mit der Aussicht auf Dauer, ausgeübt durch eine effektive, handlungsfähige Regierung über den größten Teil des Territoriums und über die Mehrzahl der Einwohner. Diese (innere) Souveränität setzt das Völkerrecht voraus, weil ohne sie der S. seine internationalen Pflichten nicht erfüllen könnte. Demgegenüber bedeutet die äußere Souveränität die rechtliche Unabhängigkeit gegenüber jeder Autorität außer der des Völkerrechts selbst. Der völkerrechtliche S.s-Begriff stellt auf die Effektivität von Herrschaft ab, nicht auf deren Legitimität. Die Anknüpfung an die ethisch indifferente Effektivität ermöglicht indes das befriedende, ausgleichende und disziplinierende Miteinander unterschiedlichster politischer Regime und steht derart im Dienst des Friedens.

### 5. Idee und Rechtfertigung des Staates

Der Frage nach der Rechtfertigung des S.es geht es um die Begründung, warum überhaupt politische Herrschaft in der Form des S.es existiert. Sie tritt als die Frage nach der Idee des S.es auf, wenn denn der S. als unverfügbar gegebenes Schicksal erscheint, weil es „nicht in der Willkür der Individuen [liegt], sich vom

Staate zu trennen, da man schon Bürger desselben nach der Naturseite hin ist" (Hegel 1986: §75 Zusatz). Die Antworten gehen von einem geschichtlichen Anfangs- oder Endzustand, von einem göttlichen Willen oder anthropologischen Bedürfnissen aus.

In einem spezifischen Sinne konnte die Rechtfertigungsfrage erst gestellt werden, seit im neuzeitlichen Menschen das Bewusstsein seiner individuellen Persönlichkeit erwacht und er gegenüber Schranken und Gesetzen aller Art „das Gefühl eigener Souveränität" (Burckhardt 1908: 179) ausbildet. Seither bestimmt der Mensch selbstständig, ob er sich zu überkommenen Bindungen bekennt, sie übernimmt, sich in sie einfügt. Nunmehr kann die Frage in aller Radikalität gestellt werden: Warum überhaupt S. und warum nicht vielmehr kein S.? Ist diese Frage einmal gestellt, unterliegt der S. Bedingungen der ↑Legitimität seiner Existenz. Die Wirklichkeit des S.es wird am normativen Idealmodell gemessen. Die Frage nach der Rechtfertigung führt vom Ob über Wie bis zur Frage nach der bestmöglichen Verfassung des S.es.

### 5.1 Ideen vom Staat

*a)* Anfangsmythen (↑Mythos) gründen die Existenz des S.es teils auf dem Schreckensbild eines anarchischen Urzustands („bellum omnium contra omnes" [Hobbes 2017: 32]), der durch die staatliche Ordnung überwunden wird, teils als Kompensation für ein verlorenes Paradies, aus dem die Menschheit infolge eines Sündenfalls vertrieben wurde (aus dem Reich der natürlichen Unschuld durch die Anerkennung des Privateigentums, aus dem urkommunistischen Zustand „natürlicher Demokratie" durch Klassenspaltung (Friedrich Engels), aus der ersten mutterrechtlichen Kulturstufe des Hetärismus (Urpromiskuität) und der zweiten, der Gynaikokratie, durch Vergeistigung in die vaterrechtliche Ordnung (Johann Jakob Bachofen). Anfangsmythen dieser Art sind durchwegs Spekulationen bzw. historische Rückprojektionen gegebener Machtverhältnisse.

*b)* Endzeitmythen weisen dem S. eine heilsgeschichtliche Legitimation durch die Aufgabe zu, das Unheil der Endzeit zu verzögern oder ihr Heil zu beschleunigen. So sah sich das Heilige Römische Reich des Mittelalters als die Kraft, die den Antichrist aufhält (Katechon: 2 Thess 2,1–12). Der Chiliasmus seit Joachim von Fiore dient als Ermächtigung, das 1000-jährige Reich (Offb 20) heraufzuführen. Das Legitimationsmuster wird aufgenommen von der marxistischen Endzeitutopie eines kommunistischen Reiches der Freiheit, die den S. absterben lässt (↑Marxismus, ↑Kommunismus). Endzeitmythen leben von der Wahrheit eines geschlossenen Weltbildes und entbinden in historischer Perspektive totalitäre ↑Diktaturen mit größten Gewaltexzessen.

*c)* Legitimation aus dem Willensursprung finden sich in theonomen Lehren, die den S. aus dem Willen Gottes ableiten. Eine kurzschlüssige Interpretation von Röm 13 identifiziert den jeweiligen Status quo von S. und Recht mit dem positiven Willen Gottes, erklärt ihn für unantastbar und entlastet die Regierenden vom Rechtfertigungszwang gegenüber den Regierten.

*d)* Eine anthropologische Legitimation lässt das Gemeinwesen aus der mangelnden Autarkie des Individuums und dem korrespondierenden natürlichen Streben der Menschen nach Gemeinschaft *(appetitus societatis)* hervorgehen. Die Verwiesenheit auf Mitmenschen *(imbecillitas)* mit dem Ziel wechselseitiger Ergänzung und arbeitsteiliger Verbindung zeitigt ein universalistisches Legitimationsmuster, das den Vorrang des Ganzen vor dem Teil und die Integration des ↑Individuums in den staatlichen Organismus postuliert. Der S. erscheint als „absoluter, unbewegter Selbstzweck" und die höchste Pflicht der Einzelnen besteht darin, „Mitglieder des Staats zu sein" (Hegel 1986: §258). Das Wesen des S.es ist „das Höhere, welches dieses Leben und Eigentum selbst auch in Anspruch nimmt und die Aufopferung desselben fordert" (Hegel 1986 §100). Das Ethos der sozialen Solidarität im S.s-Verband rechtfertigt die Pflicht der Bürger, im Falle äußerer oder innerer Not ihr Leben für Mitbürger und S. einzusetzen.

### 5.2 Rationale Rechtfertigung

Die Herstellung des Bürgerfriedens und der Sicherheit ist das fundamentale materiale Ziel des modernen, gewaltmonopolistischen S.es. Dieser rationale Legitimationsgedanke rückt an den Anfang des modernen S.es, der den Bürgern voreinander Sicherheit gewährleistet (T. Hobbes), der die (religiösen) Konflikte (↑Religionskonflikte) in geregelte Verfahren überführt und durch den neutralen S. entscheiden lässt (J. Locke). Die Existenz des S.es als politische Einheit ist bedingt durch seine Fähigkeit, die Spannungen in seinem Inneren nicht in Feindschaft umschlagen zu lassen (C. Schmitt). Der Rechts-S. fügt der Sicherheit der Bürger voreinander die Sicherheit der Bürger vor der S.s-Gewalt hinzu. Der soziale S. gewährleistet darüberhinaus die Sicherheit gegenüber sozialen Existenzrisiken. Die Verfassungen fügen weitere S.s-Ziele hinzu wie etwa den Schutz der natürlichen Lebensgrundlagen des Menschen und den Schutz vor den Schäden der technischen ↑Zivilisation (Schutz der natürlichen Lebensgrundlagen).

Die demokratische Idee gibt dem konkreten S. eine ergänzende autonome Rechtfertigung. Sie gründet ihn auf den Willen des Volkes, der wiederum aus dem Willen der einzelnen Bürger hervorgeht. Der Bürger unterwirft sich einer Herrschaft, an der er in Form von Wahlen und Abstimmungen nach dem ↑Mehrheitsprinzip aktiv Anteil hat. Neben die förmliche Legitimation des S.es aus dem Volkswillen tritt die informelle Mitwirkung der Bürger an den öffentlichen Angelegenheiten (u.a. öffentliche Meinungsbildung, Ehrenämter). Der Individualismus sieht die zweckrationale Legitimation des S.es darin, die Lebensbedingungen der Bürger zu sichern und zu fördern. Doch das individualistische Legitimationsmuster vermag existentielle S.s-Agenden nicht zu erklären. So verlangt der moderne Sozial-S. von gesellschaftlichen Gruppen Umverteilungsopfer, die nicht durch adäquate Vorteile aufgewogen, sondern nur durch ein Ethos der sozialen Solidarität gerechtfertigt werden können. Erst recht gilt dies für die Pflicht der Bürger, im Falle äußerer oder innerer Not ihr Leben für Mitbürger und S. einzusetzen.

### 5.3 Legitimation des konkreten Staates im Pluriversum der Staatenwelt

Der bestehende einzelne S. ist kein Produkt philosophischer Notwendigkeit, sondern geographischer und historisch-politischer ↑Kontingenz. Die philosophische Rechtfertigung kann daher den konkreten S. in seinem gegebenen territorialen und personalen Umfang nicht rechtfertigen. Das Prinzip der Selbstbestimmung des Volkes bietet als solches gleichfalls keine Rechtfertigung, weil es das Volk als Subjekt voraussetzt. Das Volk aber kennt keinen anderen Grund seiner Existenz als den Willen zur Einheit. Von diesem geht die Idee des National-S.es aus, die allerdings angesichts der großen Flucht- und Migrationsbewegungen (↑Flucht und Vertreibung) der Gegenwart in die Krise geraten ist.

Die Rechtfertigung des konkreten S.es kann durch die Hegelsche „vernünftige Interpretation" der tatsächlichen Gegebenheit der Vielzahl und Mannigfaltigkeit der S.en gelingen. Das Pluriversum der S.en ermöglicht die Entfaltung kollektiver Individualität des einzelnen S.es, die geopolitische, ethnische und geschichtliche Eigenart zur Geltung bringt, die ↑Religion und Kultur, ↑Sprache und Sitte in spezifischer Weise kombiniert. Das Pluriversum der S.en ermöglicht den friedlichen Wettbewerb ↑politischer Systeme. Es gibt Innovationen Raum und eröffnet Alternativen. Die Vielfalt der S.en schafft internationale Gewaltenteilung, die der ↑Humanität und den Menschenrechten wenigstens regionale Lebenschancen sichert und weltweite Unterdrückung hindert. Das staatliche Pluriversum gerät heute allerdings gleichfalls unter Rechtfertigungsdruck, angesichts der Idee der „einen" Menschheit und der universalen Menschenrechte, angesichts des Bedürfnisses nach einer weltweiten Friedensordnung, nach Abbau von Spannungen und Kriegsgefahr, nach gerechter und ökonomischer Verteilung der Ressourcen, angesichts der Notwendigkeit überstaatlicher Bewältigung wirtschaftlicher, sozialer und ökologischer Aufgaben. Gleichwohl sind die S.en bis heute die wesentlichen Bausteine der internationalen Ordnung geblieben. Die politischen Spannungen würden sich, gäbe es einen Universal-S., nicht auflösen, sondern nach innen verlagern. Gegenüber einem kosmopolitischen Leviathan gäbe es kein ↑Asyl.

## 6. Staatsformen

### 6.1 Klassische Staatsformenlehre

S.s-Formen (S.s-Typen) dienen der deskriptiven Erfassung, der typisierenden Gliederung und Gruppierung der S.en nach Maßgabe ihrer inneren Verfasstheit. Die klassische S.s-Formenlehre der Antike prägt bis heute die typologischen Grundkategorien. Aristoteles unterscheidet im Anschluss an Herodot und Platon zwischen ↑*Monarchie* (Alleinherrschaft), *Aristokratie* (Elitenherrschaft) und *Politie* (Volksherrschaft i. S. unmittelbarer Demokratie). Jedem dieser drei „guten" S.s-Typen korrespondiert ein korruptes Gegenbild: *Tyrannis* (Despotie eines Alleinherrschers), *Oligarchie* (Herrschaft der besitzenden Clique) und *Demokratie* (i. S. v. Ochlokratie: Herrschaft des Pöbels). Diese Typologisierung verbindet das deskriptive Prinzip nach der Zahl der Herrschenden mit dem ethischen des Gemeinwohls: jede der drei S.s-Formen kann ethische Legitimität erlangen durch den selbstlosen Dienst der Regierenden für die Sache des Volkes, aber auch verfehlen durch eigennützige Ausbeutung der Macht.

Die S.s-Formen wechseln nach antiker Lehre einander ab nach dem Gesetz des Kreislaufs *(Anakyklosis)*. Die gute S.s-Form neigt zur Entartung, wird dadurch diskreditiert und geht in die nächste (gute) über, bis diese ihrerseits verfällt; die Rotation läuft von der Monarchie, die zur Tyrannis entartet, über die Aristokratie und deren Verfallsform (Oligarchie), bis zur Demokratie, die in Ochlokratie übergeht, aus der wiederum die Monarchie sich erhebt. Das Gesetz der permanenten Verfassungslabilität wird aufgehoben in der „gemischten S.s-Form", die Elemente aller „guten" S.s-Typen in sich zu dauerhafter Stabilität vereinigt. Sie kehrt in der Form des modernen Verfassungs-S.es wieder. Die klassische Dreiteilung der S.s-Formen wird seit der Renaissance überlagert durch die Gegenüberstellung der Herrschaft eines Einzelnen (Monarchie) oder dem rechtlich organisierten Volk (↑Republik).

### 6.2 Neuere Typologisierungsansätze

An die Stelle dieser im 19. Jh. verbreiteten typologischen Unterscheidung ist heute diejenige zwischen Verfassungs-S. *(Demokratie)* und *Autokratie* getreten.

*a)* Verfassungs-S.en: Verfassungs-S.en als rational organisierte politische Einheiten weisen eine Vielfalt staatlicher Strukturen auf, die sich typologisch verdichten lassen: nach Maßgabe der staatlichen Gliederung zwischen Einheits- und ↑Bundesstaaten; nach dem Grad der staatlichen Durchdringung der Gesellschaft zwischen bürgerlichem ↑Rechtsstaat („Nachtwächter-S."), sozialem Rechts-S. (↑Sozialstaat) und sozialistischem ↑Wohlfahrtsstaat; nach Maßgabe des Finanzierungsmodus zwischen ↑Steuerstaat und Unternehmer-S. (merkantilistischer oder sozialistischer Prägung); nach der Regierungsform zwischen parlamentarischem und Präsidialsystem, zwischen republikanischem und dynastischem ↑Staatsoberhaupt sowie zwischen repräsentativer und plebiszitärer Demokratie.

Neuere S.s-Typologien suchen die – sich stetig ändernde – tatsächliche Machtlage zu erfassen und unterscheiden zwischen S.en, bei denen der Sitz der Souveränität innerhalb der staatlichen Organisation liegt, und solchen, bei denen sie bei außerstaatlichen ↑Verbänden sitzt, nach *Parteien-*, *Verbände-*, *Gewerkschafts-S.*, *kapitalistischem S.*

*b)* Autokratien: Dem *Verfassungs-S.* gegenüber stehen mehrere Antitypen. Die *Autokratie* als die selbstermächtigte Herrschaft eines Einzelnen oder einer Gruppe bildet den Antitypus zur Demokratie. Der *autoritäre S.* („Obrigkeits-S."), dessen Herrschaftsstruktur ausschließlich „von oben nach unten" verläuft, beansprucht das Monopol des Politischen. Der *totale S.*, der alle Lebensbereiche durchreglementiert und der privaten wie gesellschaftlichen Autonomie keinen Freiraum belässt, ist der konträre Typus zum sektoralen S. Der *totalitäre S.* (↑Totalitarismus) in der Form, wie ihn Wladimir Iljitsch Lenin, Josef W. Stalin und Adolf Hitler hervorgebracht haben, zeitigt autokratische, autoritäre und totalitäre Strukturelemente: totale Inanspruchnahme des Menschen für eine ganzheitliche, profanreligiöse, aggressive ↑Ideologie, Politisierung des privaten und gesellschaftlichen Lebens, zentralistische Diktatur, Zusammenwirken von S.s-Apparat und „Bewegung" (Einheitspartei), moderne Technik der Massenmobilisierung, der ↑Propaganda, des ↑Terrors.

Der *religiöse S.*, der sich mit einer S.s-Religion identifiziert, leitet sich als ↑*Theokratie* unmittelbar von Gott ab. Als *Hierokratie* durch priesterliche Mittler des göttlichen Willens politisch geführt, bildet er den Gegentypus zur Säkularität des modernen S.es. Religiös geprägte staatliche Strukturen finden sich in islamischen (Islamische Republik Iran, „Islamischer S.") wie in hinduistischen (↑Hinduismus) und buddhistischen (↑Buddhismus) Ländern.

### Literatur

J. Isensee: Staat und Verfassung, 2018 • T. Hobbes: De Cive. Vom Bürger, 2017 • A. Reckwitz: Die Gesellschaft der Singularitäten. Zum Strukturwandel der Moderne, 2017 • O. Depenheuer: Solidarität im Verfassungsstaat. Grundlegung einer normativen Theorie der Verteilung, ²2016 • J. Isensee: Staat und Verfassung, in: HStR, Bd. 2, ³2004, § 15 • J.-J. Rousseau: Vom Gesellschaftsvertrag oder Grundlagen des politischen Rechts, 2000 • A. Demandt: Antike Staatsformen. Eine vergleichende Verfassungsgeschichte der Alten Welt, 1995 • J. Isensee: Staat, in: StL, Bd. 5, ⁷1995, 134–158 • M. Weber: Gesammelte Aufsätze zur Religionssoziologie, ⁷1988 • G. W. F. Hegel: Grundlinien der Philosophie des Rechts, in: ders: Werke, Bd. 7, 1986 • J. Isensee: Das Grundrecht auf Sicherheit. Zu den Schutzpflichten des freiheitlichen Verfassungsstaates, 1983 • M. Weber: Wirtschaft und Gesellschaft. Grundriss der verstehenden Soziologie, ⁵1980 • E.-W. Böckenförde: Die Entstehung des Staates als Vorgang der Säkularisation, in: ders.: Staat, Gesellschaft, Freiheit, 1976, 42–63 • F. Berber: Das Staatsideal im Wandel der Weltgeschichte, 1973 • G. F. W. Hegel: Differenz des Fichteschen und Schellingschen Systems der Philosophie (1801), in: ders.: Werke, Bd. 2, 1970, 7–138 • H. Quaritsch: Staat und Souveränität, Bd. 1, 1970 • H. Krüger: Allgemeine Staatslehre, ²1966 • M. Imboden: Die Staatsformen. Versuch einer psychologischen Deutung staatsrechtlicher Dogmen, 1959 • C. Schmitt: Staat als ein konkreter, an eine geschichtliche Epoche gebundener Begriff, in: ders.: Verfassungsrechtliche Aufsätze aus den Jahre 1924–1954, 1958, 375–385 • W. Kägi: Die Verfassung als rechtliche Grundordnung des Staates. Untersuchungen über die Entwicklungstendenzen im modernen Verfassungsrecht, 1945 • H. Heller: Staatslehre, 1934 • C. Schmitt: Der Begriff des Politischen, ³1933 • H. Kelsen: Der soziologische und der juristische Staatsbegriff. Kritische Untersuchung des Verhältnisses von Staat und Recht, ²1928 • G. Jellinek: Allgemeine Staatslehre, ³1914 • J. Burckhardt: Die Kultur der Renaissance in Italien, Bd. 2, ¹⁰1908. OTTO DEPENHEUER

## II. Wirtschaftswissenschaftlich

Seit Adam Smith mit seiner „Untersuchung über Wesen und Ursachen des Reichtums der Völker" (2005, zuerst 1776) die Wirtschaftswissenschaft als eigenständige Disziplin begründete, ist sie in ihrem Kern eine Theorie des ↑Marktes, den sie als ein sich selbst regulierendes System betrachtet, in dem sich, ohne zentrale Lenkung, eine zweckmäßige Ordnung aus der wechselseitigen Anpassung der ihre jeweiligen Ziele verfolgenden Akteure ergibt. Der S. als Organ planmäßigen kollektiven Handelns wird vornehmlich in seinem Verhältnis zum Markt Gegenstand der Analyse, sei es in seiner Bedeutung für die Schaffung notwendiger Voraussetzungen marktlicher Ordnung, sei es im Hinblick auf die Korrektur- oder Ergänzungsbedürftigkeit des Marktes. Dabei sind, was die notwendigen Voraussetzungen und die Korrektur- oder Ergänzungsbedürftigkeit des Marktes anbelangt, in der Geschichte der Ökonomik unterschiedliche Auffassungen vertreten worden. Entspr. hat denn auch die Frage, welche Aufgaben bei der Gestaltung der sozialen Verhältnisse den spontanen Ordnungskräften des Marktes überlassen werden und welche planmäßigem staatlichen Handeln vorbehalten sein sollten, unterschiedliche Antworten gefunden.

### 1. Markt und Staat bei Adam Smith

Was die im Titel seiner „Untersuchung" angesprochene Frage nach Wesen und Ursachen des Wohlstands eines Landes anbelangt, so lautet A. Smiths Antwort, dass Wohlstand an der Befriedigung der wirtschaftlichen ↑Bedürfnisse der Bevölkerung zu messen sei und dass das von ihm sog.e „einfache System natürlicher Freiheit" (Smith 2005: 671) die günstigsten Bedingungen für seine Schaffung biete. Darunter versteht A. Smith ein System, in dem es jedermann freisteht, im Rahmen von „Gesetz und Recht […] sein eigenes Interesse auf seine eigene Weise zu verfolgen und […] anderen […] Konkurrenz zu machen" (Smith 2005: 671). Dabei sieht er im ↑Wettbewerb die entscheidende Wirkmacht, die das Eigeninteresse der Produzenten in den Dienst der Befriedigung von Konsumentenwünschen stellt, wie er dies in der bekannten Formulierung zum Ausdruck gebracht hat: „Nicht vom Wohlwollen des Metzgers, Brauers oder Bäckers erwarten wir unsere Mahlzeit, sondern von deren Bedachtsein auf ihr eigenes Interesse" (Smith 2005: 98). Der Wettbewerb um die Gunst der Kunden lenkt nach A. Smith das Bestreben der Produzenten verlässlicher in Richtung der Befriedigung von Konsumentenbedürfnissen als dies „ein Staatsmann oder Gesetzgeber" (Smith 2005: 467) je könnte.

Die Pflichten, die der S. in einem „System natürlicher Freiheit" wahrzunehmen hat, sieht A. Smith zum einen in der Pflege und Durchsetzung einer Rechtsordnung, die die Freiheitsräume (↑Freiheit) der Einzelnen in wechselseitig kompatibler Weise definiert, und zum anderen in der Bereitstellung im allg.en Interesse liegender öffentlicher Leistungen, deren Erbringung von Privaten nicht erwartet werden kann, „weil der Gewinn daraus [...] nie ihre Aufwendungen ersetzen könnte, obwohl er sie in einer großen Gesellschaft häufig weit mehr als zu ersetzen vermag" (Smith 2005: 672).

### 2. Die Rolle des Staates als „Hüter des Marktes"

Sieht man von anarcho-libertären Fachvertretern ab, die einen rein privatrechtlich geordneten Markt ohne S. für ein realisierbares Ideal halten, so ist in der Ökonomik unstrittig, dass der S. eine unerlässliche Rolle bei der Durchsetzung des rechtlichen Regelrahmens zu spielen hat, der den Markt als Arena freiwilligen Tauschs schützt, indem er ↑Gewalt und Betrug als Mittel zur Verfolgung der eigenen ↑Interessen unterbindet. Unterschiedliche Auffassungen gibt es allerdings zu der Frage, wie der staatliche Auftrag zur Pflege und Durchsetzung des Regelrahmens genau zu umschreiben ist, wobei hier insb. der Kontrast zwischen Laissez-Faire-Liberalismus (↑Neoliberalismus) und Ordo-Liberalismus von Bedeutung ist.

Die Bezeichnung Laissez-Faire-Liberalismus ist zum Inbegriff einer wirtschaftspolitischen Auffassung geworden, die den Einfluss des S.es auf das Wirtschaftsgeschehen minimieren will, die zwar die Notwendigkeit staatlicher Durchsetzung von Eigentumsrechten (↑Eigentum) und Vertragsfreiheit als den Markt konstituierende Prinzipien anerkennt, sich ansonsten aber gegen jegliche Einflussnahme wendet.

In ausdrücklicher Abgrenzung gegenüber einer solchen Minimal-S.s-Programmatik betonen die Vertreter eines Ordo-Liberalismus die bes. Rolle, die dem S. als „Hüter der Wettbewerbsordnung" (Eucken 1990: 327) bei der *Gestaltung des Regelrahmens* zukommt, innerhalb dessen sich das Marktgeschehen abspielt. Ebenso wie die Laissez-Faire-Variante des ↑Liberalismus wendet sich auch seine ordo-liberale Ausprägung, wie sie insb. in der Freiburger Schule formuliert worden ist, gegen partikulare politische Eingriffe in den Wirtschaftsablauf, legt dafür aber umso mehr Nachdruck darauf, dass es eine genuin politische Aufgabe ist, die Wirtschaftsverfassung i.S.d. den Marktakteuren vorgegebenen Spielregeln, in einer Weise zu gestalten, die geeignet ist, den „spontanen Kräften der Menschen zur Entfaltung zu verhelfen und zugleich dafür zu sorgen, dass sie sich nicht gegen das Gesamtinteresse wenden" (Eucken 1990: 365). Ganz i.S. eines ordo-liberalen Ansatzes stellt Friedrich August von Hayek fest, der Liberalismus lehre „nicht, dass wir die Dinge sich selbst überlassen sollen. [...] Er leugnet nicht, sondern legt sogar besonderen Nachdruck darauf, dass ein sorgfältig durchdachter Rahmen die Vorbedingung für ein ersprießliches Funktionieren der Konkurrenz ist und dass sowohl die jetzigen wie die früheren Rechtsnormen von Vollkommenheit weit entfernt sind" (1952: 58).

### 3. Staatstätigkeit als Korrektur und Ergänzung des Marktes

Mit der Frage der Korrektur- und Ergänzungsbedürftigkeit des Marktes befasst sich als wirtschaftswissenschaftliche Teildisziplin speziell die Wohlfahrtsökonomik (↑Wohlfahrt). In der Tradition des Benthamschen ↑Utilitarismus versteht sie unter der Gesamtwohlfahrt eines Gemeinwesens das Aggregat der individuellen ↑Nutzen seiner Mitglieder und fragt danach, wie staatliche Tätigkeit dazu beitragen kann, dieses Aggregat über das hinaus zu steigern, was der Markt zu leisten vermag. Arthur Cecil Pigou, der der Disziplin mit „The Economics of Welfare" (1920) zu ihrem Namen verhalf, sah entspr.e Möglichkeiten insb. in staatlichen Maßnahmen zur Korrektur von „Marktfehlern" oder ↑„Marktversagen", die er nicht zuletzt im Falle von Externalitäten (↑externe Effekte) gegeben sah, also bei Auswirkungen wirtschaftlichen Handelns, die der Verursacher bei seiner handlungsleitenden Abwägung von Nutzen und ↑Kosten nicht in Rechnung stellt.

Das Hauptaugenmerk der A. C. Pigou nachfolgenden Wohlfahrtsökonomik galt denn auch der Identifikation immer neuer Formen von Marktversagen und daraus gefolgerten Empfehlungen korrigierender S.s-Eingriffe. Dass sie aufgrund ihrer Diagnose von Marktversagen meint, unmittelbar staatliches Eingreifen empfehlen zu können, ohne die realen Bedingungen des politischen Prozesses in Betracht zu ziehen, hat der Wohlfahrtsökonomik die Kritik eingetragen, sie betrachte den S. stillschweigend als einen „wohlwollenden Diktator", dessen Bestreben allein darauf gerichtet sei, die Wohlfahrt des Gemeinwesens zu maximieren. Diese Kritik ist v.a. von Vertretern der Public Choice Theorie vorgebracht worden.

### 4. Public Choice: Ökonomische Theorie der Politik

Die „Public Choice Theorie" (Buchanan 1999) ist aus der kritischen Auseinandersetzung mit einer Wohlfahrtsökonomik hervorgegangen, der man vorwarf, ihrer Argumentation liege eine irreführende Asymmetrie in der Analyse zugrunde. Auf der einen Seite stütze sie ihre Diagnose von Marktmängeln auf einen Vergleich der Funktionsweise realweltlicher Märkte mit dem theoretischen Ideal eines vollkommenen Marktes, ohne zu fragen, ob dieses Ideal überhaupt realisierbar sei. Auf der anderen Seite unterstelle sie bei ihren politischen Handlungsempfehlungen stillschweigend einen idealen, wohlfahrtsmaximierenden S., ohne zu fragen, welchen Aussagewert diese Unterstellung für realweltliche politische Prozesse haben kann. Analytische Symmetrie erfordere demgegenüber, so das Argument der Kritiker, dass man sich zwischen folgenden Alternativen entscheidet: Entweder vergleicht man das theoretische Ideal eines vollkommenen Marktes mit dem eines vollkommenen S.es, ein Vergleich, der offensichtlich für Fragen der praktischen ↑Politik wenig ergiebig sein dürfte. Oder, man vergleicht realweltliche Marktprozesse mit realweltlichen politischen Prozessen. Nur auf dieser Grundlage könne man sich überhaupt ein Urteil darüber bilden, ob von staatlichen Interventionen in der Tat eine Wohlfahrtsverbesserung gegenüber den Ergebnissen erwartet werden kann, die ein „unvollkommener" Markt erbringt.

Um einen solchen realistischen Vergleich anstellen zu können, bedarf es einer der ökonomischen Theorie des Marktes analogen Theorie der Politik, einer Theorie, die den S. nicht als monolithischen Akteur betrachtet, sondern der Tatsache Rechnung trägt, dass in der Arena der Politik, nicht anders als in der Arena des Marktes, Menschen agieren, deren Verhalten es mit denselben theoretischen Annahmen zu erklären gilt, wie sie die Ökonomik für das Verhalten der Akteure im Markt unterstellt. Die Feststellung, dass eine solche, der Markttheorie analoge Theorie staatlichen Handelns nicht existierte, gab den Anstoß zur Entwicklung der Public Choice Theorie als einer ökonomischen Theorie der Politik (↑Neue politische Ökonomie). Sie kommt zu dem nicht überraschenden Schluss, dass realweltliche politische Prozesse, in denen – nicht anders als im Markt, wenn auch unter anderen Rahmenbedingungen – eigeninteressierte Akteure ihre jeweiligen Interessen verfolgen, ebenso hinter dem Ideal eines vollkommenen S.es zurückbleiben, wie realweltliche Märkte gegenüber ihrem vollkommenen Referenzideal. In diesem Sinne bildet die Public Choice Theorie als „Theorie des Staatsversagens" das Gegenstück zur Wohlfahrtsökonomik als einer „Theorie des Marktversagens" (Buchanan 1999: 46).

Eine Hauptquelle von ↑„Staatsversagen" sehen die Public Choice Theoretiker in der – von ihnen als *rent-seeking* umschriebenen – Einflussnahme von ↑Interessengruppen, die den politischen Prozess nutzen, um für sich Sonderrechte – in der Form von Schutz vor Wettbewerb, ↑Subventionen, Steuervorteilen u. a. – zu erstreiten, zu Lasten anderer Mitglieder des Gemeinwesens. Damit thematisieren sie ein Problem, in dem auch die Freiburger Begründer des Ordo-Liberalismus, Walter Eucken und Franz Böhm, eine Quelle ständiger Gefährdung des Marktes als einer privilegienfreien Wettbewerbsordnung sahen. Sie sprachen in diesem Zusammenhang von einer „Unterhöhlung der Staatsautorität durch partikulare Gewalten, die partikulare Interessen vertreten" (Eucken 1990: 329).

## 5. Konstitutionelle Ökonomik als Theorie der Regelwahl

Die wohlfahrtsökonomische Diagnose von Marktmängeln ebenso wie die Public Choice Diagnose von Politikmängeln beziehen sich jeweils auf marktliche bzw. politische Prozesse, die unter bestimmten, *gegebenen* Rahmenbedingungen ablaufen. Mit dem von ihm initiierten Forschungsprogramm der konstitutionellen Ökonomik hat James McGill Buchanan die Aufmerksamkeit darauf gelenkt, dass die die Funktionseigenschaften von Markt und Politik prägenden Spielregeln *wählbar* sind, dass also, mit anderen Worten, die Wirtschaftsverfassung und die politische ↑Verfassung reformierbar sind. Statt die Diagnose von Markt- bzw. Politikmängeln vorschnell im Lichte der grundlegenden Alternative „Markt oder Staat" zu erörtern, sollte man daher, so argumentiert J. M. Buchanan, zunächst fragen, ob nicht Möglichkeiten für Regeländerungen in Markt und Politik gegeben sind, die Abhilfe für die in Frage stehenden Mängel versprechen.

Mit ihrer Ausrichtung des Forschungsinteresses auf Fragen der Gestaltung der Regelordnung oder *Verfassung* von Markt und Politik befindet sich die konstitutionelle Ökonomik in enger Nachbarschaft zum ordo-liberalen Forschungsprogramm. Dessen Hauptaugenmerk gilt zwar der Ordnungspolitik als Wirtschaftsverfassungspolitik, die Notwendigkeit entspr.er, den Problemen der S.s-Verfassung gewidmeter Forschungsanstrengungen wird jedoch ausdrücklich betont. So heißt es bei W. Eucken (1990: 331, 338): „Die Ordnung des Staates ist ebenso eine Aufgabe wie die Ordnung der Wirtschaft. [...] So falsch es ist, im vorhandenen Staat einen allwissenden und allmächtigen Betreuer allen wirtschaftlichen Geschehens zu erblicken, so unrichtig ist es auch, den faktisch vorhandenen, von Machtgruppen zersetzten Staat als Datum hinzunehmen und dann – folgerichtig – an der Möglichkeit der Bewältigung des wirtschaftspolitischen Ordnungsproblems zu verzweifeln. Die Interdependenz von Staatsordnung und Wirtschaftsordnung zwingt dazu, den Ordnungsaufbau von beiden in einem Zug in Angriff zu nehmen".

Die Forschungsprogramme der konstitutionellen Ökonomik und des Ordo-Liberalismus sehen die Aufgabe der Gestaltung von Wirtschaftsverfassung und S.s-Verfassung darin, das Eigeninteresse der in den jeweiligen sozialen Arenen handelnden Akteure „in solche Bahnen zu lenken, dass hierdurch das Gesamtinteresse gefördert wird" (Eucken 1990: 360). In „The Calculus of Consent" (Buchanan/Tullock 1962), dem grundlegenden Werk der konstitutionellen Ökonomik, heißt es ähnlich, Aufgabe einer Theorie der politischen Verfassung sei die Suche nach „Regeln kollektiver Entscheidung, die das Handeln der politischen Akteure mit den Interessen aller Mitglieder des Gemeinwesens in Einklang bringen" (Buchanan/Tullock 1962: 23).

Literatur

A. Smith: Untersuchung über Wesen und Ursachen des Reichtums der Völker, 2005 • V. J. Vanberg: Market and State. The Perspective of Constitutional Political Economy, in: JOIE 1/1 (2005), 23–49 • J. M. Buchanan: Politics Without Romance. A Sketch of Positive Public Choice Theory and Its Normative Implications, in: ders.: The Logical Foundations of Constitutional Liberty, 1999, 45–59 • V. J. Vanberg: Freiburg School of Law and Economics, in: P. Newman (Hg.): The New Palgrave Dictionary of Economics and the Law, Bd. 2, 1998, 172–179 • W. Eucken: Grundsätze der Wirtschaftspolitik, [6]1990 • J. M. Buchanan/G. Tullock: The Calculus of Consent, 1962 • F. A. von Hayek: Der Weg zur Knechtschaft, [3]1952 • A. C. Pigou: The Economics of Welfare, 1920. VIKTOR VANBERG

## III. Philosophisch

### 1. Begriff des Staates

Der Ausdruck S. taucht erst spät, im 14. Jh., auf. Die Sache ist aber weit älter, so dass man schon bei altorientalischen Großreichen, griechischen Stadtrepubliken (Poleis), dem Römischen Reich und dem mittelalterlichen Lehnswesen von einem S. sprechen kann. In all diesen Fällen handelt es sich um politische Gemeinwesen, des näheren um ein Beziehungsgefüge von Menschen (↑Staatsvolk), dem mehrere Generationen angehören (Generationengemeinschaft), die zur Wahrung gemeinsamer materieller und kultureller Güter (↑Gemeinwohl) aber auch in Konkurrenz und Konflikt zueinander stehen. Indem der S. dieses komplexe Zusammensein organisiert, ist er eine soziale Institution, die aber nicht nur Personen, sondern auch andere Institutionen wie Familien, Dorf- oder Stadtgemeinden umfasst und als ↑Institution zweiter Ordnung oder Dachinstitution auch deren Beziehungen organisiert.

Wesentlich für einen S. sind zwangsbefugte Regeln, derentwegen er sowohl eine Rechts- als auch eine Herrschaftsordnung (S.s-Macht) ist. Im Unterschied zu einer bloßen ↑Gemeinschaft, in der die Mitglieder aufgrund freier Einigung gleichberechtigt sind, ist der S. ein Verband, der auf Über- und Unterordnung beruht. Das nach S.s-Volk und S.s-Macht dritte Element der traditionellen S.s-Definition, das ↑Staatsgebiet, trifft auf die meisten, aber nicht auf alle S.s-Wesen, etwa auf die von Nomadenvölkern nicht, zu. Jahrhunderte-, sogar jahrtausendelang haben sich Gemeinwesen auf eine göttliche Stiftung zurückgeführt, so dass ihre S.en einen religiösen Charakter hatten, der in säkularisierten S.en weithin, aber – sichtbar in der Anrufung Gottes zu Beginn von „Verfassungstexten" oder dem Passus „so wahr mir Gott helfe" in Eidesformeln (↑Eid) – nicht vollständig verschwunden ist.

Nicht von Anfang an, aber im „modernen" S. beansprucht dieser die ↑Souveränität i.S.d. Erst- und Letztzuständigkeit hoheitlicher Gewalt. In Form der hoheitlichen Gewalten ist der S. zu einer selbstständigen und eigenverantwortlichen Willens- und Aktionseinheit geworden, die, aus sich heraus ermächtigt, nach innen Gebote, Verbote und Verfahrensvorschriften erlässt und autoritativ interpretiert und nach außen mit anderen Gemeinwesen Verträge abschließt, aber auch ↑Kriege führt.

### 2. Anthropologie des Staates

Dass sich so gut wie überall und zu aller Zeit staatliche oder staatsähnliche Gebilde finden, spricht für eine anthropologische Grundlage (↑Anthropologie). Sie besteht in der Doppelnatur des Menschen, einem Kooperations- und einem Konfliktwesen, wobei in der antiken S.s-Theorie die Kooperation, in der modernen der Konflikt im Vordergrund steht. Mit dem Begriff der ungeselligen Geselligkeit hat Immanuel Kant beide Wesenszüge des Menschen in eine spannungsgeladene Einheit gebracht.

Zu Recht hält Aristoteles in seiner „Politik" den Menschen von Natur aus für ein Polis-Wesen (*physei politikon zôon* [Aristot. pol. 1253a3]). Denn mangels Autarkie für sich allein nicht lebensfähig, bedarf schon der Einzelne, dann auch die Gattung zum Fortbestehen der Mitmenschen: Aufgrund der natürlichen Sozialimpulse, der Sexualität und der Hilfsbedürftigkeit von Kindern und des ökonomischen ↑Interesses an arbeitsteiliger Kooperation gründen die Menschen ↑Familien und Hausgemeinschaften, die sich mit der Entwicklung der Kinder zu Erwachsenen zu Dorf- i.S.v. Sippengemeinschaften erweitern. Den Polis- bzw. S.s-Charakter erhält das Zusammenleben aber erst beim Zusammenschluss mehrerer Dörfer bzw. Sippen zu einer nicht bloß durch Blutsbände verbundenen Einheit.

### 3. Der moralische Begriff des Staates

Der moralische Standpunkt gegenüber dem S. heißt politische Gerechtigkeit. Bezogen auf den S. greift sie im Rahmen der Sozialmoral jenen Teil heraus, deren Anerkennung die Menschen sich gegenseitig schulden. Dafür unverzichtbar ist, dass die Menschen sowohl sich selbst als auch gegenseitig als freie, zurechnungsfähige ↑Personen anerkennen. Zu diesem Zweck haben sie sich dem moralischen Begriff des ↑Rechts zu unterwerfen, nämlich mit I. Kant dem „Inbegriff der Bedingungen, unter denen die Willkür des einen mit der Willkür des anderen nach einem allgemeinen Gesetze der Freiheit zusammen vereinigt werden kann" (Kant 1914: 230).

Zu diesem Begriff gehört wesentlich die Zwangsbefugnis, die aber nur deshalb und insoweit legitim ist, wie sie aufgrund des moralischen Rechtsbegriffs allen Betroffenen die ↑Freiheit gewährt, folglich dem Wesen des Menschen, eben der Freiheit, gerecht wird. Ihretwegen hat jeder Mensch ein angeborenes, unveräußerliches Recht, dessentwegen Leibeigenschaft und ↑Sklaverei verboten sind. Das angeborene Recht lässt sich ausdifferenzieren in ↑Grundrechte und ↑Menschenrechte mitsamt dem Recht auf eigenes, privates ↑Eigentum. Zur zuverlässigen Sicherung all dieser Elemente braucht es als Inbegriff öffentlicher Gewalten den S.: kategorischer (Rechts-)S.s-Imperativ. Ihm obliegt es im Rahmen des moralischen Rechtsbegriffs das positive Recht zu setzen, durchzusetzen und Streitfälle autoritativ zu entscheiden. Auf diese Weise gewährleistet der S., was, systematisch gesehen, die Bürger sich vorab gewähren: die Sicherheit eines die Freiheit ermöglichenden Rechts.

### 4. Staatsverfassungen

Aristoteles einschlägige Lehre ist immer noch plausibel, insb. in der von I. Kant leicht abgewandelten Gestalt. Danach gibt es gemäß der Zahl der die oberste S.s-Gewalt innehabenden Personen drei S.s-Formen (*formae imperii*): als „Fürstengewalt" die Autokratie (bzw. ↑Monarchie), als „Adelsgewalt" die Aristokratie und als „Volksgewalt" die ↑Demokratie. Während Aristoteles zwischen legitimer, am Gemeinwohl orientierter und illegitimer, am Herrscherwohl orientierter Verfassung unterscheidet, spricht I. Kant von Formen der Regierung (*formae regiminis*). Sie betreffen die „Constitution (den Act des allgemeinen Willens, wodurch die Menge ein Volk wird)". Nach der „Art, wie der Staat von seiner Machtvollkommenheit Gebrauch macht" (jeweils: Kant 1923: 352), setzt sich der – allein legitime – ↑Republikanismus, der sich durch ↑Gewaltenteilung auszeichnet, vom illegitimen Despotismus ab, dem die Gewaltenteilung fehlt.

Soll eine ↑Herrschaft von Menschen über Menschen berechtigt sein, dann muss sie von den Betroffenen ausgehen und ihren Interessen dienen. Legitimationstheoretisch ist deswegen die Demokratie allen Alternativen überlegen. Dies trifft insb. auf die „aufgeklärt liberale" Gestalt zu: die Verbindung der formalen Demokratie, der Herrschaft des Volkes, mit dem ↑Rechtsstaat und den Menschenrechten, mit der Gewaltenteilung, mit einem ↑Sozialstaat und mit einer darin eingebundenen ↑„sozialen Marktwirtschaft". Hinzu kommen die Bausteine der partizipativen, auch „republikanisch" genannten Demokratie: Zwischen dem privaten und dem öffentlichen Bereich entwickle sich als Zwischensphäre eine Zivil- bzw. Bürgergesellschaft. Intensive, wo erforderlich auch grundlegende („diskursive") öffentliche Debatten lassen die Demokratie „deliberativ" werden. Schließlich empfiehlt sich, zur erfahrbaren Rückbindung der Legislative und der Exekutive an den Souverän, das Volk, gewisse Elemente direkter Demokratie (↑Plebiszit) einzuführen.

#### Literatur

O. Höffe: Geschichte des politischen Denkens, 2016 • P. Bourdieu: Über den Staat, 2014 • T. Hobbes: Leviathan, 2013 • Platon: Der Staat/Politeia, 2011 • J.-J. Rousseau: Der Gesellschaftsvertrag, 2008 • E.-W. Böckenförde: Geschichte der Rechts- und Staatslehre. Antike und Mittelalter, ²2006 • O. Höffe: Politische Gerechtigkeit, ⁴2003 • Ders.: Demokratie im Zeitalter der Globalisierung, ²2002 • E.-W. Böckenförde: Recht, Staat, Freiheit, 1991 • D. Grimm: Recht und Staat der bürgerlichen Gesellschaft, 1987 • G. W. F. Hegel: Grundlinien der Philosophie des Rechts oder Naturrechts und Staatswissenschaft im Grundrisse, 1970 • I. Kant: Zum ewigen Frieden, in: AA, Bd. 8, 1923, 341–386 • Ders.: Die Metaphysik der Sitten, in: AA, Bd. 6, ²1914, 203–494.

OTFRIED HÖFFE

## IV. Soziologisch

Die im 19. Jh. in Frankreich und England aufkommende Soziologie entfaltet sich unter dem doppelten Eindruck der erfolgreichen ↑Naturwissenschaften und der Nationalökonomie. Ihre verschiedenen Strömungen sind dabei durch das unterschiedliche Gewicht bestimmt, das sie dabei der einen oder der anderen Disziplin einräumen. Auguste Comte denkt die ↑Gesellschaft in Analogie zur Biologie als Organismus, der sich differenziert und dabei eine Funktion ausbildet, die eine Rückwirkung des Ganzen auf die Teile ermöglicht und damit der „Zersplitterung der Ideen, der Gefühle und der Interessen" entgegenwirkt: die „Regierung" (Comte 1923, Bd. 1: 441). Das geschieht entspr. der im Zeitalter der „metaphysischen Politik" eingetretenen Bildung von National-S.en auf multiple Weise, wird aber, je mehr sich die Menschheit durch ↑Wissenschaft und ↑Industrie dem positiven Endzustand nähert, durch die Entstehung einer „modernen geistlichen Gewalt" (Comte 1923, Bd. 3: 443) konterkariert, die à la longue eine Assoziation der fünf großen europäischen Nationen unter der Leitung eines „okzidentalen positiven Komitees" (Comte 1923, Bd. 3: 535) ermöglichen wird, schon davor aber den privaten wirtschaftlichen Aktivitäten einen öffentlichen Charakter beilegen und die Regierung auf den (freilich nicht allzu großzügig bemessenen und die Eigentumsordnung nicht tangierenden) „Schutz der zahlreichsten Klassen" (Comte 1923, Bd. 3: 500 f.) sowie ein ausgedehntes System öffentlich finanzierter Erziehung verpflichten soll. Auf eine spezielle Form des S.es hat sich A. Comte nicht festgelegt, jedoch die parlamentarische Monarchie als Hybrid aus reaktionären und revolutionären Tendenzen abgelehnt. Trotz mancher Vorbehalte gegen den rückwärtsgewandten Charakter ihrer Postulate steht er deshalb den gegenrevolutionären Traditionalisten (Joseph de Maistre, Louis-Gabriel-Ambroise de Bonald) nahe und hat auch auf den „integralen ↑Nationalismus" der *Action Française* gewirkt.

Mit deutlich größeren Einschränkungen hat sich Herbert Spencer der Organismusanalogie bedient und Gesellschaft mehr von den Vorgaben der Nationalökonomie her konzipiert. Dem S. bzw. den „political institutions" schreibt zwar auch er eine Funktion im sozialen System zu – die der „Regulierung" (Spencer 1877, Bd. 1: § 249) –, doch beschränkt sich diese, je länger, desto mehr auf ↑Rechtsprechung. Genetisch gesehen entspringt sie im Übrigen nicht wie bei A. Comte aus der intrasozial bedingten Notwendigkeit einer Gegenwirkung des Ganzen auf die Teile, sondern aus Zwangsmechanismen, die sich aus dem „intersocialen Kampf ums Dasein“ (Spencer 1888, Bd. 3: §438) ergeben, von dem H. Spencer, in dieser Beziehung keineswegs der Sozialdarwinist (↑Sozialdarwinismus), als der er gewöhnlich gehandelt wird, zugl. behauptet, er trete im Lauf der sozialen ↑Evolution allmählich zurück. Nach dem Aufhören des kriegerischen Kampfes ums Dasein zwischen den einzelnen Gesellschaften werde nur noch der industrielle Kampf ums Dasein bestehen, der es erlaube, die staatliche ↑Verwaltung nicht nur zu dezentralisieren, sondern auch in ihrem Umfang bedeutend einzuschränken – eine Auffassung, der man nicht zu Unrecht eine Nähe zum Manchesterliberalismus nachgesagt hat.

Émile Durkheim hat H. Spencer vorgeworfen, nur die Primitivform des S.es zu beschreiben und die zahlreichen Funktionen zu übersehen, die ihm im Laufe der Evolution zugefallen seien: von der Überwachung der Erziehung über das öffentliche Gesundheits- und Fürsorgewesen bis hin zur Regelung von ↑Verkehr und ↑Kommunikation. Damit knüpft É. Durkheim explizit an A. Comte an, geht jedoch zugl. zu diesem auf Distanz mit der Annahme, das wirtschaftliche Geschehen sei zu speziell und zu komplex für eine durchgängige staatliche ↑Steuerung. A. Comte habe zwar recht mit der Forderung, dass das Ganze auf die Teile reagieren müsse, doch müsse dazu diese Gesamtheit erst existieren, „d. h. die Teile müssen schon untereinander solidarisch sein, damit das Ganze sich seiner selbst bewußt wird und als solches reagiert“ (Durkheim 1988: 429). Den Glauben, eine solche „organische Solidarität“ ergebe sich spontan aus der Arbeitsteilung, hat É. Durkheim spätestens in seinem Buch über den Selbstmord (1897) aufgegeben und stattdessen eine allg.e Tendenz moderner Gesellschaften zur ↑Anomie postuliert, der nur durch eine Schaffung bzw. Stärkung intermediärer Instanzen zu begegnen sei. So empfiehlt er, den Berufsgruppen bzw. Korporationen umfassende Aufgaben in den Bereichen Fürsorge, ↑Erziehung und ↑Kultur zuzuweisen und sie zum „Hauptelement unserer sozialen Struktur“ (Durkheim 1988: 72) zu erheben. Daraus ergibt sich eine Unterscheidung zwischen politischer Gesellschaft und S. Unter der ersteren versteht É. Durkheim ein Ensemble sozialer ↑Gruppen, unter dem letzteren den „Träger der obersten Autorität“ (Durkheim 1991: 72), der „aus einer speziellen Gruppe von Funktionsträgern sui generis [besteht], in deren Schoß Vorstellungen und Willensakte entwickelt werden, die für die Gemeinschaft bindende Kraft haben, obwohl sie nicht das Werk der Gemeinschaft sind“ (Durkheim 1991: 74). Damit nimmt É. Durkheim ein Verständnis von staatlich-politischem Handeln vorweg, das bis heute in den, sei es funktionalistischen, sei es systemtheoretischen Strömungen (↑Systemtheorie) der Soziologie dominiert.

Die Spannung zwischen Organismusmetaphorik und Diagnose des nationalökonomischen Zustands hat auch die frühe deutsche Soziologie geprägt, namentlich das Werk von Ferdinand Tönnies. Als organisch gelten ihm die gemeinschaftlichen Willensbeziehungen der ↑Genossenschaft, der ↑Kirche und des ↑Reichs sowie der ↑Religion. Deren Abschwächung oder Zerfall entbindet dagegen die auf Konkurrenz beruhenden Willensbeziehungen gesellschaftlicher Art, zu denen F. Tönnies neben dem Verein und der ↑öffentlichen Meinung auch den S. zählt. Seine in der frühen Soziologie singuläre Rezeption des ↑Marxismus schlägt sich in dem Satz nieder: „Der Staat ist kapitalistische Institution und bleibt es, wenn er sich für identisch mit der Gesellschaft erklärt. Er hört daher auf, wenn die Arbeiterklasse sich zum Subjekte seines Willens macht, um die kapitalistische Produktion zu zerstören“ (Tönnies 1991: 200). Im Ersten Weltkrieg revidiert F. Tönnies diese Auffassung freilich zugunsten einer Sichtweise, der zufolge die kapitalistische Qualität des S.es (↑Kapitalismus) v. a. für England gelte, wohingegen in Deutschland der S.s-Gedanke stets einen gemeinschaftlichen Charakter besessen habe, der, wenngleich mangelhaft, in allg.er ↑Wehrpflicht, allg.er ↑Schulpflicht und allg.er Versicherungspflicht zum Ausdruck gekommen sei. Unter Ausblendung der nationalistischen Konnotationen wird F. Tönnies deshalb bis heute gern als Theoretiker des ↑Sozialstaates in Anspruch genommen.

Georg Simmel handelt den nationalökonomischen Zustand unter dem Titel „Konkurrenz“ ab, beschränkt diese jedoch nicht auf wirtschaftliche Beziehungen. Die auch bei ihm vorkommende Organismusanalogie wird von biologischen Konnotationen befreit und so umgedeutet, dass organisch „die einheitlich-zweckmäßige Regulierung jedes kleinsten Teiles durch eine einheitliche Idee“ meint (Simmel 1968: 343) – eine Auffassung, die das Dual organisch/mechanisch nicht mehr als Nullsummenspiel deutet und der komplexeren Sicht den Boden bereitet, wonach gerade „die lokal-mechanische Einteilung die Technik für die viel höhere organische Synthese des Ganzen darbietet“ (Simmel 1968: 343). Der S. erscheint nun nicht nur als Ensemble von Apparaten (das er auch ist: ↑Bürokratie), sondern als Gestalt einer objektiven Idee, „für die jeder momentane Bestand an Individuen gleichsam nur ein Beispiel oder ein Träger ist“ (Simmel 1968: 410). Das hierfür charakteristische Herrschaftsverhältnis ist danach wohl ein solches, das über die auf einem bestimmten Gebiet lebenden Personen ausgeübt wird, jedoch eines, das fortschreitender Versachlichung unterliegt, insofern die „Unterordnung weder unter einen Einzelnen, noch unter eine Mehrheit, sondern unter ein unpersönliches, objektives Prinzip stattfindet“ (Simmel 1968: 147), entweder in der Form des ↑Gesetzes oder vermittelt durch einen konkreten Gegenstand. Bes.n Nachdruck legt G. Simmel dabei auf den Gebietsgeltungscharakter staatlicher ↑Herrschaft, der sich als Impermeabilität, Ausschließlichkeit und Absolutheit des staatlichen Gebildes, als „überall wirkliche und prinzipielle Solidarität“ desselben mit dem von wie immer auch willkürlichen, „scharf bewußten Grenzen" (Simmel 1968: 464 f.) eingefassten Raum manifestiert. ↑„Grenze" meint dabei keine natürliche Gegebenheit, die soziale Effekte verursacht, sondern umgekehrt: „[E]ine soziologische Tatsache, die sich räumlich formt" (Simmel 1968: 467) und dadurch zweierlei bewirkt: die Konsolidierung bestimmter Arten von sozialen Wechselbeziehungen und deren Abgrenzung von anderen. „Die Verbindungsart zwischen den Individuen, die der Staat schafft oder die ihn schafft, ist mit dem Territorium derartig verbunden, daß ein zweiter gleichzeitiger Staat auf eben demselben kein vollziehbarer Gedanke ist" (Simmel 1968: 463).

Im Schrifttum Max Webers ist der S. von Anfang an Thema, wenn auch zumeist aus rechtsgeschichtlicher oder nationalökonomischer Perspektive, nicht selten in politischer Absicht. Erst mit der Arbeit an „Wirtschaft und Gesellschaft" ab 1909 schieben sich soziologische Gesichtspunkte in den Vordergrund und führen zu einer ersten S.s-Definition, die 1918 noch einmal verfeinert wird. In den „Soziologischen Grundbegriffen" entwickelt M. Weber ein Baumdiagramm, das von Typen sozialen Handelns (↑Handeln, Handlung) und sozialer Beziehungen ausgeht und von dort zu fortschreitend komplexeren Ordnungen wie Verband, ↑Verein und ↑Anstalt gelangt. Die Begriffskette kulminiert im Begriff des Herrschaftsverbandes, der in doppelter Weise spezifiziert wird: Wird die Verbandsordnung mittels psychischen ↑Zwangs – der Spendung oder Versagung von Heilsgütern – garantiert, liegt der Fall des hierokratischen Verbandes vor. Erfolgt die Bestandssicherung durch Androhung oder Anwendung physischen Zwangs, hat man es mit einem politischen Verband zu tun, der sich vom hierokratischen Verband durch ein weiteres Kriterium unterscheidet: die Gebietsgeltung seiner Ordnung. Ein hierokratischer Verband, der durch das Monopol legitimen psychischen Zwangs bestimmt ist, ist eine Kirche, ein politischer Verband mit dem Monopol legitimen physischen Zwangs ein S. – eine Definition, die durch den Begriff der ↑Legitimität auf die Soziologie der Herrschaft verweist, im Weiteren auch auf die nur in der Vorkriegsfassung von „Wirtschaft und Gesellschaft" vorliegende Soziologie des Rechts und der Religion (↑Rechtssoziologie, ↑Religionssoziologie). Für die Nachkriegsfassung war eine spezielle „Staatssoziologie" (Weber 2013: 568, 570) geplant, die u. a. die Parteien behandelt hätte. Dazu ist es jedoch nicht mehr gekommen.

Sieht man von M. Webers Spätwerk ab, so ist, was die Soziologie der Zwischenkriegszeit zum S. zu sagen hatte, heute nur mehr von historischem Interesse. Erst nach dem Zweiten Weltkrieg hat das Fach wieder das Niveau der Klassiker erreicht. Die in der Rezeption auftretenden Lücken und Widersprüche suchte man im Wege des Synkretismus auszugleichen, wie er erstmals 1937 von Talcott Parsons in „The Structure of Social Action" beschritten wurde. Die dort und in späteren, mehr systemtheoretischen Fassungen anvisierte Fusionierung von É. Durkheim und M. Weber ging dabei zunächst zu Lasten des letzteren, was sich u. a. in einer Ersetzung des S.s-Begriffes durch einen vage auf „Ziel-Erreichung" (Parsons 1975: 52) festgelegten Begriff des ↑politischen Systems als eines von vier Subsystemen der nur im Plural zu denkenden „Gesellschaft" niederschlug. Dass die sachlichen Probleme ungeachtet dieser neuen Terminologie fortbestanden, zeigt der Umstand, dass T. Parsons sich genötigt sah, dem Sozialsystem „den höchsten Grad der Selbstständigkeit in bezug auf sein Milieu" (Parsons 1975: 19) zuzuschreiben, womit er exakt Jean Bodins klassische Definition der ↑Souveränität als Freiheit vom Gesetz eines Höheren oder Gleichen reproduzierte.

Stärker zur Geltung kommen dagegen die von M. Weber und G. Simmel eingebrachten Gesichtspunkte bei Niklas Luhmann, allerdings erst nach dessen „autopoietischer Wende": Davor, in seinen Schriften der 60er und 70er Jahre, wertet er Kategorien wie Herrschaft, Legitimität und selbst S. als Relikte eines anachronistischen Denkens ab und äußert die Vermutung, ↑Politik und ↑Recht könnten sich aufgrund ihrer normativen Programmierung als eine „Fehlspezialisierung der Menschheitsentwicklung" erweisen, „an die sich eine weitere Evolution nicht anschließen läßt" (Luhmann 1972: 339 f.). Der späte N. Luhmann dagegen hat im Rahmen einer nach wie vor systemtheoretischen Theorieanlage der „alteuropäischen Semantik" unter dem Titel der „Selbstbeschreibungen des politischen Systems" (Luhmann 2000: 319) ihr historisches Recht zurückerstattet. Die Ausdifferenzierung eines politischen Systems war danach „nur in der auffälligen Form von Herrschaft möglich" (Luhmann 2000: 324) und zumindest in der „Erstphase politischer Evolution" (Luhmann 2000: 416) durch Herrschaft bestimmt, Legitimität, wenn auch in der Form der „Selbstlegitimation" (Luhmann 2000: 358), unentbehrlich, und der S. eine zwar späte, aber dann unvermeidliche Größe. Aus dem von M. Weber benannten Merkmal des „Monopol[s] legitimer physischer Gewaltsamkeit" (Weber 1992: 159) wird die Konditionierung und Kasernierung eines „symbiotischen Mechanismus" (Luhmann 2000: 62, 195); aus dem von M. Weber wie von G. Simmel gleichermaßen herausgestellten Raum- bzw. Gebietsbezug der Gedanke, dass die „Weltgesellschaft" einer segmentären Differenzierung in Territorial-S.en unterliegt, welche sich ihrerseits in die ↑Staatsorganisation im engeren Sinne (Regierung und Verwaltung) und in politische Organisationen (↑Parteien, ↑Verbände) gliedern. Der Vorbehalt einer möglichen „Anachronistik der politischen Begriffe" (Luhmann 2000: 319) bleibt wohl erhalten, tritt aber hinter anderen Fragestellungen zurück, die sich auf die Selbstüberforderungen beziehen, welche sich das politische System mit dem Übergang zum ↑Wohlfahrtsstaat und einer damit einhergehenden Übernahme einer Generalzuständigkeit für „den Ausgleich von Schicksalsschlägen jeder Art" (Luhmann 2000: 424 f.) bereitet hat.

Es kennzeichnet die hieran anschließende Diskussion, dass auch Autoren, die die Systemtheorie nicht für das letzte Wort in der Soziologie halten, hinsichtlich des S.es in vielem ihren Vorgaben verpflichtet bleiben, damit aber auch den in sie eingegangenen Vorgaben der Klassiker. Modifikationen und unterschiedliche Akzente lassen sich in Folgendem beobachten. Die Beziehungen zwischen dem politischen System (oder auch „Feld") und den übrigen Systemen/Feldern können grundsätzlich asymmetrisch gedacht werden, wie dies v. a. für Pierre Bourdieu gilt, für den die (kapitalistische) Wirtschaft (↑Kapitalismus) nicht nur analytischen Primat genießt (abzulesen u. a. an der Übertragung des Kapitalbegriffs auf außerökonomische Zusammenhänge), sondern auch einen realen Primat, insofern das politische Feld zwar ein Kampffeld sein soll, jedoch eines, in dem die ökonomisch herrschende Klasse über erhebliche Konkurrenzvorteile verfügt. Sie können aber auch als symmetrische Intersystembeziehungen aufgefasst werden, „die sich nicht mehr dem Primat eines Teils fügen und die deshalb Gesamtsystemrationalität nicht aus der Geltung des Universalen herleiten, sondern aus der reflexiven Abstimmung des Partikularen" (Willke 1992: 207) – eine Perspektive, in der der S. nicht mehr, wie bei P. Bourdieu, als Repressionsinstrument und Wohlfahrts-S. erscheint, sondern als „Supervisionsstaat" (Willke 1992: 335), der kollektive Kommunikationsprozesse zwischen autonomen Teilsystemen moderiert. Weitere Varianten ergeben sich, wenn in dieses Beziehungsgeflecht Akteure eingeschaltet werden, sei es i. S. d. „akteurzentrierten Institutionalismus" (Scharpf 2000), der die Verflechtungen zwischen aggregierten, kollektiven und korporativen Akteuren untersucht, sei es i. S. einer auf „deliberative Politik" ausgerichteten Diskurstheorie, die darauf zielt, staatliche Entscheidungen durch eine auf die „Lebenswelt" hin geöffnete „höherstufige Intersubjektivität" (Habermas 1992: 362) zu beeinflussen, der zugl. die Fähigkeit zugetraut wird, im *„Zusammenspiel* [...] mit der rechtsstaatlich institutionalisierten Meinungs- und Willensbildung im parlamentarischen Komplex" (Habermas 1992: 448) die ausdifferenzierten Teilsysteme auf einem höheren Niveau der Gesellschaft im Ganzen wieder zu integrieren – eine Idee, welche sich ihrerseits dem Verdacht ausgesetzt hat, einer Kommunikationsform das Wort zu reden, die sich strukturell nur „in der Form einer elitären Differenzierung" (Luhmann 2000: 357) durchsetzen lasse.

In diesem Spannungsfeld trifft man verschiedene Konzepte an, die unter Titeln wie „verhandelnder", „aktiver", „kooperativer", „managerieller" oder „gewährleistender" S. je bes. Akzente setzen, hinsichtlich der zentralen Merkmale des S.es aber im Horizont der klassischen Soziologie wie auch der ↑Staatslehre verbleiben. Erst in der jüngsten Zeit beginnt sich die Erkenntnis durchzusetzen, dass mit dem Aufkommen supra- und transnationaler Regime (↑Supranationalität), global agierender Unternehmen und weltweit anschwellender Migrationsströme (↑Migration) die von G. Simmel und M. Weber angenommene ausschließende Identifizierung staatlicher ↑Ordnungen mit einem bestimmten Raum in Frage gestellt wird, während zugl. durch die Übertragung von Aufgaben der Setzung und Erzwingung von ↑Normen auf korporatistische Netzwerke (↑Korporatismus) von privatrechtlich verfassten Organisationen einerseits, privaten Sicherheitsdiensten andererseits der durch das ↑Gewaltmonopol garantierte Hoheitsanspruch erodiert. Ebenso deutlich ist, dass für die damit erforderliche Neujustierung des S.s-Verständnisses die Soziologie keinen privilegierten Beobachterstandpunkt beanspruchen kann, sondern nur noch im Verbund mit der Politik-, Rechts- und Wirtschaftswissenschaft fruchtbar zu werden vermag.

### Literatur

A. Anter: Max Webers Theorie des modernen Staates, ³2013 • M. Weber: Wirtschaft und Gesellschaft. Soziologie, in: MWG, Bd. I/23, 2013 • S. Breuer: „Herrschaft" in der Soziologie Max Webers, 2011 • N. Luhmann: Die Politik der Gesellschaft, 2000 • F. Scharpf: Interaktionsformen. Akteurzentrierter Institutionalismus in der Politikforschung, 2000 • J. Habermas: Faktizität und Geltung, 1992 • M. Weber: Politik als Beruf, in: MWG, Bd. I/17, 1992, 157–252 • H. Willke: Ironie des Staates, 1992 • P. Bourdieu: Die Intellektuellen und die Macht, 1991 • É. Durkheim: Physik der Sitten und des Rechts, 1991 • F. Tönnies: Gemeinschaft und Gesellschaft, ³1991 • É. Durkheim: Über soziale Arbeitsteilung, ²1988 • P. Bourdieu: Sozialer Raum und „Klassen". Leçon sur la leçon, 1985 • T. Parsons: Gesellschaften, 1975 • M. Weber: Gesammelte Aufsätze zur Wissenschaftslehre, ⁴1973 • N. Luhmann: Rechtssoziologie, 1972 • G. Simmel: Soziologie, ⁵1968 • T. Parsons: The Structure of Social Action, 1937 • F. Tönnies: Soziologische Studien und Kritiken, Bd. 1, 1925 • A. Comte: Soziologie, 3 Bde., ²1923 • H. Spencer: Die Principien der Sociologie, Bde. 1 und 3, 1877/88.

STEFAN BREUER

## V. Politikwissenschaftlich

Die Politikwissenschaft ist nicht nur Teil der ↑Sozialwissenschaften, sondern auch Teil der ↑Staatswissenschaften. Als Sozialwissenschaft geht es ihr um das Erforschen politischer Strukturen (polity), Inhalte (policies) und Prozesse (politics) sowie der politischen Erscheinungen und Handlungen des menschlichen Zusammenlebens. Als S.s-Wissenschaft ist Gegenstand der Politikwissenschaft der S. als politische ↑Ordnung. In der empirisch-analytischen Politikwissenschaft wird meist der Begriff „S." vermieden und stattdessen von politischem System, Regierungssystem oder Governance gesprochen. Diese Bezeichnungen sollen deutlich machen, dass in modernen Gesellschaften ↑Politik auch außerhalb des S.es stattfindet. In Abgrenzung hierzu sieht die normative Politikwissenschaft den S. als Bestandteil einer gesellschaftlichen Ordnung, die ↑Legitimität für sich in Anspruch nehmen kann.

Die wissenschaftliche Analyse politisch-sozialer Herrschaft hat eine mehr als zweitausendjährige Tradition. Sie geht auf die ↑politische Philosophie des Altertums zurück, deren zentrales Thema der „S.", auch wenn noch nicht der neuzeitliche S., ist. Bei Platon besteht im guten S. eine ständische Ordnung (↑Stand), an deren Spitze die Philosophenkönige stehen. Nur auf der Grundlage der richtigen Seelenordnung („innerer S.") lässt sich der gerechte S. („äußerer S.") realisieren. Nach Aristoteles ist die staatliche Gemeinschaft *(polis)* die Grundlage für die Verwirklichung der menschlichen Anlagen. Denn der Mensch ist ein *zoon politikon*, ein Gemeinschaftswesen. Diese anthropologische Einschätzung greift Cicero auf. Bei ihm sind die gegenseitigen Beziehungen durch ↑„Recht" i.S. einer stabilen Ordnung geregelt. Auf diese Weise wird in der *Res publica* aus dem ↑Naturrecht *(ius naturale)* ein „bürgerliches" Recht *(ius civile)*.

## 1. Der neuzeitliche Staat

Mit der Entstehung des neuzeitlichen S.es (↑Neuzeit) tritt die politikwissenschaftliche S.s-Diskussion in der Renaissance in ein neues Stadium. Niccolò Machiavelli kann mit seiner Analyse der politischen ↑Macht als der Begründer der praktischen Politikwissenschaft (↑Politikberatung) gelten. Er untersucht, wie es insb. einem neuen Fürsten gelingen kann, nicht nur die Macht zu erringen, sondern auch an der Macht zu bleiben. Machtbewusste Politiker werden auch heute Machiavellisten genannt. Ohne die S.s-Philosophie von Thomas Hobbes ist die heutige S.s-Theorie nicht zu verstehen. Aus Furcht vor dem Tode übertragen die Menschen ihre Rechte durch einen einseitigen Vertrag auf den *Leviathan*, eine gottähnliche Person, die aus zahllosen Menschen besteht. Dafür garantiert der Leviathan seinen Untertanen Schutz und ↑Frieden, gerade auch in Zeiten des ↑Bürgerkriegs (↑Vertragstheorien).

T. Hobbes' Unterwerfungsvertrag wird von John Locke, der die Bedeutung von ↑Freiheit und ↑Eigentum hervorhebt, heftig kritisiert. Gegen eine strikte Einheitlichkeit des Herrschaftsapparates bringt Charles de Montesquieu die Verteilung souveräner Gewalt (↑Gewaltenteilung) ins Spiel. Und Jean-Jacques Rousseau stellt den ↑Gesellschaftsvertrag auf eine neue Grundlage, indem er die Unfehlbarkeit der *volonté générale* als Gemeinwillen eines Volkes betont. Das ↑Volk herrscht über sich selbst, indem es sich selbst ↑Gesetze gibt. J.-J. Rousseau gilt als einer der geistigen Wegbereiter der ↑Französischen Revolution. Bereits in der ersten französischen Verfassung von 1791 wird die ↑Volkssouveränität postuliert, die fortan als unhintergehbare Voraussetzung legitimer Herrschaft angesehen wird. Damit wird der von Jean Bodin als Antwort auf die Hugenottenkriege forcierte Begriff der Souveränität ganz neu interpretiert. Alexis de Tocqueville schließlich stellt die Verbindung von Volkssouveränität und ↑Repräsentation her. Damit widerspricht er J.-J. Rousseaus Vorstellungen von einer direkten Demokratie und bereitet damit der repräsentativen ↑Demokratie den Weg.

## 2. Der Staat als Entscheidungs- und Wirkeinheit

Aus der Sicht der normativen Politikwissenschaft erfasst der S.s-Begriff „die spezifische *Form der Herrschaft*" (Benz 2008: 5) in einer modernen Gesellschaft. Nach Max Weber soll ↑Herrschaft die Chance heißen, „für einen Befehl bestimmten Inhalts bei angebbaren Personen Gehorsam zu finden" (Weber 1980: 38). M. Weber unterscheidet drei Idealtypen legitimer Herrschaft, die traditionale, die charismatische und die legal-bürokratische Herrschaft. Dieser legal-bürokratische Herrschaftstyp ist M. Weber zufolge heute maßgeblich. Sein S.s-Begriff hat in der Politikwissenschaft lange Zeit dominiert: „Staat soll ein politischer *Anstaltsbetrieb* heißen, wenn und soweit sein Verwaltungsstab erfolgreich das *Monopol legitimen* physischen Zwanges für die Durchführung der Ordnungen in Anspruch nimmt" (Weber 1980: 822). Pierre Bourdieu bezieht sich auf M. Webers S.s-Begriff, erweitert ihn aber, indem er neben die physische Gewalt die symbolische Gewalt stellt. Den S. interpretiert er als „Zentralbank des symbolischen Kapitals" (Bourdieu 2017: 308). P. Bourdieu knüpft an Antonio Gramscis Konzept des integralen S.es an, der nicht nur die politische Gesellschaft mit ihren repressiven Elementen, sondern auch die ↑Zivilgesellschaft mit ihren konsensualen Elementen umfasst.

In der Weimarer Republik entwickelt Hermann Heller eine politikwissenschaftliche ↑Staatslehre, die auf die heutige Diskussion in der deutschen Politikwissenschaft ausstrahlt. Dabei setzt er sich einerseits mit dem ↑Rechtspositivismus, andererseits mit Carl Schmitt auseinander, der als Dezisionist allerdings ebenfalls ein Gegner der rechtspositivistischen S.s-Lehre ist. Für H. Heller steht im Mittelpunkt der politisch-deskriptiven Wissenschaft vom S. „das Problem der politischen Machtorganisation und Machtverteilung, sowie des Machterwerbs" (Heller 1934: 23). H. Hellers Definition, der S. sei eine „organisierte Entscheidungs- und Wirkungseinheit" (Benz 2008: 64), die sich von anderen Gebietsherrschaftsverbänden durch ihre Souveränität, das ↑Gewaltmonopol und den Gebietsbezug der Herrschaft unterscheide, ist auch heute aktuell. Kritisiert wird allerdings H. Hellers Vorstellung von der Einheit des S.es, der zufolge der S. ein „vielheitlich bewirktes, aber einheitlich wirkendes Aktionszentrum" (Heller 1934: 262) der Gesellschaft sei. Vielmehr wird der S. heute in der Politikwissenschaft als pluralistisches Gebilde verstanden, dessen ↑Institutionen, Organe und Verfahren im Zusammenspiel mit ↑Parteien, ↑Verbänden und anderen gesellschaftlichen Kräften (z. B. Social Media) agieren. Für C. Schmitt ist der S. „das Modell der politischen Einheit", der „Träger des erstaunlichsten aller Monopole, nämlich des Monopols der politischen Entscheidung" (Schmitt 1963: 10).

In Anlehnung an die US-amerikanische Forschung und unterstützt durch aus den USA zurückkehrende Emigranten wendet sich die westdeutsche Politikwissenschaft nach dem Krieg anderen Themen zu. Der S. rückt dabei zunehmend in den Hintergrund. In unterschiedlichen Politiktheorien, wie z.B. Institutionalismus, ↑Systemtheorie, Neomarxismus (↑Marxismus), ↑Feminismus, Neopluralismus (↑Pluralismus) und Neokorporatismus (↑Korporatismus) finden sich heute verschiedene S.s-Begriffe. Der S. wird als Institutionenordnung, als Selbstbeschreibung des politischen Systems, als Apparat zur Durchsetzung der Klasseninteressen der Kapitaleigentümer, als „Männerbund", als Interessengruppe sui generis bzw. als oberste Steuerungsinstanz (↑Steuerung) einer Gesellschaft definiert. Diese Steuerungsfähigkeit des S.es wird jedoch v.a. von Vertretern der Systemtheorie zunehmend in Zweifel gezogen. Niklas Luhmanns konstruktivistische ↑Systemtheorie ist dabei bes. erfolgreich. Insb. seine Theorie autopoietischer Systeme hat die Steuerungsdiskussion intensiviert. Danach bestehen soziale Systeme, also auch das ↑politische System, ausschließlich aus ↑Kommunikation. Sie produzieren, steuern und reproduzieren sich selbst.

### 3. Zwischen Government und Governance

Zu Beginn der 1980er Jahre kommt – wiederum aus den USA – ein Perspektivenwechsel, der von einer Wiederkehr des S.es ausgeht. In den politikwissenschaftlichen Teildisziplinen Regierungslehre und ↑Verwaltungswissenschaft wird zunächst auf eine Denkfigur Lorenz von Steins Bezug genommen. Sein Begriff des „arbeitenden Staates" (von Stein 1887: 25), den er aus der Analyse des französischen Systems gewonnen hat, passt v.a. auf den modernen ↑Wohlfahrtsstaat. Die Ebene politischer Willensbildung und die Vollzugsebene staatlicher Administration sind für L. von Stein komplementäre Elemente des S.es. Die wesentliche Legitimationsleistung des arbeitenden S.es liege in der gelungenen Vermittlung von politischem Willen, realer Problemsituation und faktischem Bedarf. In den Begriffen P. Bourdieus ist es diese „linke Hand des Staates" (Bourdieu 1997: 18), die für die Menschen sorgt. Demgegenüber ist die „rechte" Hand des S.es auf die Durchsetzung des staatlichen Gewaltmonopols gerichtet.

Zunehmend macht auch ein anderer Ansatz von sich reden, der anstelle von staatlicher Steuerung den Begriff ↑*Governance* verwendet. Während im angelsächsischen Sprachgebrauch *government* sowohl S. als auch Regierung sowie die Wirksamkeit staatlicher Steuerung bedeutet, verweist der Begriff *governance* auf „neue Formen gesellschaftlicher, ökonomischer und politischer Koordination und Steuerung in komplexen institutionellen Strukturen" (Benz u.a. 2010: 11). Charakteristisch für diese Form der Koordination ist das Zusammenwirken staatlicher und privater Akteure, wobei Elemente von ↑Markt, ↑Hierarchie, Netzwerken und ↑Gemeinschaft zur Anwendung kommen können. Im Unterschied zu *government* bezieht sich Governance auf Programme, nicht auf Politik, weil sie keine bindende, Entscheidungen treffende Struktur ist.

### 4. Neue Ansätze der Staatstheorie

Das Governance-Konzept geht auf Michel Foucaults Arbeiten zur Gouvernementalität zurück. Darunter versteht M. Foucault die „Gesamtheit, gebildet aus den Institutionen, den Verfahren, Analysen und Reflexionen, den Berechnungen und den Taktiken, die es gestatten, diese recht spezifische und doch komplexe Form der Macht auszuüben, die als Hauptzielscheibe die Bevölkerung, als Hauptwissensform die politische Ökonomie und als wesentliches technisches Instrument die Sicherheitsdispositive hat" (Foucault 2005: 172). Mit diesem Ansatz sowie seiner Interpretation der Macht als „schöpferischem Prozess" hat M. Foucault der S.s-Diskussion wichtige Impulse gegeben. Giorgio Agamben entwickelt M. Foucaults Konzept der Biomacht weiter, womit die „wachsende Einbeziehung des natürlichen Lebens des Menschen in die Mechanismen und das Kalkül der Macht" (Agamben 2007: 127) gemeint ist.

P. Bourdieu geht von der Hegemonietheorie A. Gramscis aus, derzufolge in der bürgerlichen Gesellschaft Herrschaft nicht nur durch Zwang, sondern durch Überzeugung ausgeübt wird. Hegemonieapparate wie Bildungssysteme, ↑Kirchen, Massenmedien, ↑Gewerkschaften etc. führen einen allg.en ↑Konsens herbei, der die Herrschaft zu verschleiern hilft. P. Bourdieu verwendet dafür den Begriff *Doxa*, der besagt, dass die Menschen die gesellschaftlichen Machtverhältnisse akzeptieren. Stillschweigend wird ein Einklang zwischen den inneren Erwartungen und den äußeren Gegebenheiten angenommen. Das wird durch den Habitus der Menschen, also ihre „Wahrnehmungs-, Denk- und Handlungsschemata" (Bourdieu 1987: 112), ermöglicht. Der S. erscheint hier nicht mehr als pluralistisches ↑Mehrebenensystem, in dem Entscheidungen zur Lösung politischer Probleme getroffen werden, sondern als „materielle Verdichtung von Kräfteverhältnissen" (Poulantzas 1978: 159), wie Nicos Poulantzas festgestellt hat.

### Literatur

P. Bourdieu: Meditationen. Zur Kritik der scholastischen Vernunft, [4]2017 • P. L. Weinacht: Staat – Staatsräson – Staatsbürger. Studien zur Begriffsgeschichte und zur politischen Theorie, 2014 • N. Urbinati: Democracy Disfigured, 2014 • A. Benz u.a.: Vorwort, in: ders./N. Dose (Hg.): Governance – Regieren in komplexen Regelsystemen, [2]2010, 11f. • A. Benz: Der moderne Staat, [2]2008 • G. Agamben: Homo sacer. Die Souveränität der Macht und das nackte Leben, 2007 • M. Foucault: Analytik der Macht, 2005 • C. de Montesquieu: Vom Geist der Gesetze, 1999 • N. Machiavelli: Il Principe/Der Fürst, 1999 • P. Bourdieu: Die fortschrittlichen Kräfte, in: ders. u.a.: Perspektiven des Protests, 1997, 11–25 • T. Hobbes:

Leviathan, [5]1992 • A. Gramsci: Gefängnishefte, 1991–2002 • P. Bourdieu: Sozialer Sinn. Kritik der theoretischen Vernunft, 1987 • P. B. Evans/D. Rueschemeyer/T. Skocpol (Hg.): Bringing the State Back In, 1985 • M. Weber: Wirtschaft und Gesellschaft, [5]1980 • N. Poulantzas: Staatstheorie, 1978 • J. Locke: Zwei Abhandlungen über die Regierung, 1977 • P. Bourdieu: Zur Soziologie der symbolischen Formen, 1974 • C. Schmitt: Der Begriff des Politischen, 1963 • H. Heller: Staatslehre, 1934 • L. von Stein: Handbuch der Verwaltungslehre, Bd. 1, [3]1888 • Ders.: Der Socialismus und Communismus des heutigen Frankreichs, [2]1848. RÜDIGER VOIGT

## VI. Katholisch

### 1. Grundsätzliches

Das Verhältnis von S. und Kirche (↑Kirche und Staat) ist komplex, da es von rechtstheologischen bzw. biblischen, historischen und normativen Aspekten durchwoben ist. Der Heiligen Schrift lässt sich keine systematische oder gar abgeschlossene Lehre der Kirche über das Verhältnis von S. und Kirche entnehmen. S.s-Gewalt und göttliche Ordnung stehen nach biblischem Verständnis nicht im Widerspruch; die weltliche ↑Herrschaft kann sogar von Gott selbst eingesetzt werden (vgl. Dan 2,21; 4,14). Obwohl Christus sein „Königtum" nicht irdisch versteht, verneint er weder das vorhandene S.s-Wesen noch akzeptiert er es vorbehaltlos. Die weltliche ↑Autorität steht vielmehr von Anfang an unter dem eschatologischen Vorbehalt, dass mit dem Zeitpunkt, in dem das ↑Reich Gottes anbricht, alle weltlichen Herrschaftssysteme enden. Die Worte Jesu zum Zinsgroschen „Gebt dem Kaiser, was des Kaisers, und Gott, was Gottes ist!" (Mk 12,17) sind lehramtlich so interpretiert worden, dass das S.s-Wesen von jedem anzuerkennen und ihm in gewisser Weise Loyalität entgegenzubringen sei, doch dass im Letzten nur Gott der Vorrang gebühre. Jesus wendet sich gegen Menschen erniedrigende, totalitäre Systeme und den Missbrauch politischer ↑Macht. Das 13. Kap. des Römerbriefs fordert „schuldigen Gehorsam" (Röm 13,1) gegenüber den Trägern staatlicher Gewalt. Allerdings gilt die Pflicht für die Kirche nur so lange, wie sich die weltliche Obrigkeit im Dienste Gottes am Wohl der Menschen orientiert.

### 2. Historische Entwicklung

Dem heutigen Verhältnis von S. und Kirche geht eine Entwicklung voraus, in der sich die ↑katholische Kirche immer wieder neu ausrichten und positionieren musste. Mit der Erhebung des ↑Christentums zur S.s-Religion des Römischen Reichs (380) wurde dessen Leitungsstruktur zunehmend in das S.s-Wesen integriert, sodass S. und ↑Religion zu einer Einheit wurden, in der Glaubensfragen S.s-Angelegenheiten waren. Später prägte Augustinus von Hippo mit seiner – nicht juristisch-institutionell, sondern philosophisch-theologisch verstandenen – Trennung von *civitas dei* und *civitas terrena* die katholische Sichtweise zum Verhältnis von Kirche und S.

Das konfliktträchtige mittelalterliche Verständnis der „Zwei-Schwerter-Lehre" führte zum Investiturstreit, der mit dem Wormser Konkordat beigelegt wurde, welches die Stärkung des Papsttums (↑Papst) und zugl. die ↑Säkularisierung weltlicher Herrschaft zur Folge hatte. Daraus entwickelte sich die Vorstellung, die Kirche und der S. seien autonome Institutionen, die zwar auf ihren Gebieten souverän sind, jedoch nicht beziehungslos nebeneinanderstehen, sog.e *societates perfectae*. Leo XIII. schrieb im 19. Jh. die Unabhängigkeit und Selbständigkeit des S.s für die Kirche fest und forderte die Anerkennung der kirchlichen Eigenrechtsmacht sowie die Zusammenarbeit der beiden Institutionen, auch wenn er sich für einen konfessionellen S. und gegen staatlich gewährleistete Religionsfreiheit aussprach.

### 3. Heutige Position

Für substanzielle und nachhaltige Änderungen ihres Verhältnisses zum S. entschied sich die Kirche im ↑Zweiten Vatikanischen Konzil. Mit der Pastoralkonstitution *GS* sieht sich die Kirche nicht mehr mit einem politischen Auftrag ausgestattet, sondern als funktionelles Element in der gemeinsamen ↑Verantwortung für den Menschen (GS 40–45). In der Erklärung über die ↑Religionsfreiheit bezeichnet sie ihre Freiheit als „das grundlegende Prinzip in den Beziehungen zwischen der Kirche und den öffentlichen Gewalten sowie der gesamten bürgerlichen Ordnung" (DH 13). Die Kirche ist fortan auf Kooperation statt auf Konfrontation ausgerichtet. In diesem Sinne ruft das Konzil die Christen dazu auf, „von Recht und Pflicht der freien Wahl Gebrauch zu machen zur Förderung des Gemeinwohls" (GS 75). Andererseits wird „eine sinnvolle Aufteilung der Ämter und Institutionen der öffentlichen Gewalt in Verbindung mit einem wirksamen und nach allen Seiten hin unabhängigen Schutz der Rechte" (GS 75) eingefordert. Damit bekennt sich die Kirche zu den Prinzipien und Strukturen eines freiheitlich-demokratischen ↑Rechtsstaats.

Die heutigen Positionen der ↑Katholischen Soziallehre zum Verhältnis von S. und Kirche finden sich zusammengefasst in dem vom *Päpstlichen Rat für Gerechtigkeit und Frieden* erarbeiteten „Kompendium der Soziallehre der Kirche" (2006) sowie in einigen lehramtlichen Dokumenten Benedikts XVI. Papst Franziskus hat bekräftigt, dass die Kirche im Dialog mit dem S. „mit aller Klarheit auf die Grundwerte des menschlichen Lebens hin[weist], um Überzeugungen zu vermitteln, die dann in politisches Handeln umgesetzt werden können" (EG 241).

Von großer Bedeutung für die Kirche ist das Grundrecht der Religionsfreiheit, die Johannes Paul II. als „Recht, in der Wahrheit des eigenen Glaubens und in Übereinstimmung mit der transzendenten Würde der eigenen Person zu leben" (Centesimus annus 47), definierte. Gleichwohl muss die Religionsfreiheit aus kirchlicher Sicht verstanden werden als ein an den S.

gerichtetes Verbot, keinen äußeren Zwang anzuwenden. Religiöser Pluralismus ist für die Kirche nicht erstrebenswert; erst recht gibt sie den Wahrheitsanspruch des katholischen ↑Glaubens nicht auf. Zudem ist die Kirche eigenständig und unabhängig, wie sie im CIC/1983 klarstellt (can. 113 § 1 i. V. m. can. 204 § 2; cann. 1254, 1401). Sie anerkennt und präferiert die demokratische S.s-Form (↑Demokratie), sieht es aber nicht als ihre Aufgabe an, „sich mit politischen Programmen auseinanderzusetzen, es sei denn im Hinblick auf ihre religiösen oder moralischen Implikationen" (Päpstlicher Rat für Gerechtigkeit und Frieden 2006: 425). Ihr kommt ein Wächteramt zu, mit dem sie sich vorbehält, zur Wahrung der ↑Grundrechte und zur Rettung der Seelen kritisch Stellung zu beziehen. Dabei lehnt sie eine strikte Trennung von S. und Kirche ab, soweit dadurch eine effektive Zusammenarbeit unmöglich wird. Mag sie auch den Anspruch erheben, ggf. zu allen menschlichen Bereichen ihr Urteil abzugeben, so strebt sie doch stets *„stabile Formen des Miteinanders"* (Päpstlicher Rat für Gerechtigkeit und Frieden 2006: 427; Herv. i. O.) an.

### Literatur

C. Link: Kirchliche Rechtsgeschichte, [3]2017 • Päpstlicher Rat für Gerechtigkeit und Frieden: Kompendium der Soziallehre der Kirche, 2006 • P. Mikat: Das Verhältnis von Staat und Kirche nach der Lehre der katholischen Kirche, in: HdbStKirchR, Bd. 1, [2]1994, 111–155 • G. Göbel: Das Verhältnis von Kirche und Staat nach dem Codex Iuris Canonici des Jahres 1983, 1993.

STEFAN MUCKEL

## VII. Evangelisch

### 1. Grundlagen

Eine allg.e S.s-Lehre der evangelischen Kirche oder ein allg. anerkanntes S.s-Konzept des ↑Protestantismus existiert, schon mangels institutionalisierten Lehramts in den evangelischen Kirchen, nicht. Lehren evangelischer Theoretiker verschiedener (auch) mit dem S. befasster Disziplinen decken eine erhebliche Bandbreite unterschiedlicher S.s-Konzepte ab.

Für evangelisch-theologisch fundierte Aussagen zum S. haben die biblischen, insb. die wenigen neutestamentlichen Aussagen zur Obrigkeit bes. Bedeutung. Der „staats"bejahenden Tendenz von Röm 13,1 (von Gott verordnete Obrigkeit) und Mt 22,21 (Zinsgroschen) steht dabei Apg 5,29 („Man muss Gott mehr gehorchen als den Menschen.") gegenüber. Einige Grundaussagen der Reformatoren (↑Reformation) des 16. Jh. zu diesem Spannungsfeld haben bes. Bedeutung erlangt. Diese haben allerdings naturgemäß nicht den modernen S. im Blick, sondern beziehen sich allg.er auf das Verhältnis des Christen zur „Obrigkeit". Dazu zählt insb. die von Martin Luther entfaltete Lehre von den zwei Reichen und Regimentern (↑Zwei-Reiche-Lehre): dem Reich der wahrhaft Glaubenden einerseits und der (sündigen) Welt andererseits, denen die beiden Regimente (Regierweisen), geistliches und weltliches, zugeordnet sind. Das ↑Recht als Mittel des weltlichen Regiments ist notwendig, um die Voraussetzung für ein friedliches Zusammenleben zu schaffen. Beide Reiche und Regimente sind von Gott verordnet.

Während in M. Luthers Theologie eine Tendenz zur Beschränkung der weltlichen Obrigkeit in geistlichen Angelegenheiten angelegt war, hat insb. Huldrych Zwingli die Aufgabe der politischen ↑Macht zur Durchsetzung der biblischen Gebote betont. Johannes Calvin nimmt die Unterscheidung der beiden Reiche und Regimente auf, bindet aber auch die Obrigkeit deutlicher in die ↑Verantwortung für die Kirche und ihre Lehre ein.

### 2. Frühe Neuzeit

In den evangelischen Territorien des Heiligen Römischen Reichs treten die Kirchen unter dem sich seit der Mitte des 16. Jh. herausbildenden landesherrlichen Kirchenregiment in enge Verbindung mit der weltlichen Obrigkeit bzw. dem sich entwickelnden S. Gerechtfertigt wurde die bes. Rolle des Landesherren bei der Organisation der Kirche als Notamt und mit der *cura religionis* der weltlichen Obrigkeit. Diese enge Verbindung hat die evangelische Position zum S. nachhaltig geprägt.

Die Rechts- und S.s-Lehren evangelischer Theoretiker der frühen Neuzeit decken ein erhebliches Spektrum der jeweiligen zeitgenössischen Meinungen ab. Es reicht von Fürstenspiegeln (Georg Lauterbeck) zu durchkomponierten Theoriegebäuden, von Lehren einer unmittelbaren Ableitung weltlicher Herrschaftsgewalt von Gott (Johann Friedrich Horn) zu rationalnaturrechtlichen (↑Naturrecht) Vertragskonstruktionen (Samuel von Pufendorf, Christian Thomasius, Justus Henning Boehmer), von streng auf fürstlicher ↑Souveränität aufbauenden Modellen (dies.n) zu Lehren, die den S. als Ergebnis eines föderalen bzw. konsozialen Prozesses (↑Föderalismus) betrachten (Johannes Althusius).

### 3. 19. und frühes 20. Jh.

Evangelische Theoretiker nehmen Elemente Hegelscher S.s-Lehre auf. Daneben steht Friedrich Schleiermachers theologische Lehre des S.es als einer Sphäre des sittlichen Lebens (neben anderen) auch für die Forderung nach einer Trennung von S. und Kirche. Altliberale Theorien (Richard Rothe), konservative Theorien vom Christlichen S. (Friedrich Julius Stahl), die vorsichtige Aufnahme sozialer Lehren sind weitere Beispiele, wobei ein eher konservativer Grundzug vorherrscht. Dieser dauert auch nach dem Ende des landesherrlichen Kirchenregiments an. Die Weimarer Republik wird von vielen mit Skepsis betrachtet, z. T. als religionsloser S. eingestuft. Daneben stehen aber auch republikfreundlichere (Ernst Troeltsch, Otto Dibelius) und auch sich sozialistischen Positionen öffnende Entwürfe (Paul Tillich). Allerdings nähern sich Vertreter einer Theologie der Schöpfungsordnungen auch völkischen Positionen an (Werner Ehlert, Paul Althaus).

Als wesentlicher Schritt für eine Neupositionierung kann die in der Geschichte des ↑„Kirchenkampfes" gegen die nationalsozialistische Kirchenpolitik zentrale „Barmer Theologische Erklärung" eingestuft werden, die von Karl Barth wesentlich mitgeprägt wurde. Die große Mehrheit der protestantischen Christen gehörte aber ebenso wenig wie die evangelischen Amtskirchen zum ↑Widerstand gegen den ↑Nationalsozialismus.

### 4. Nachkriegszeit und Gegenwart

Die Zeit nach dem Zweiten Weltkrieg versucht die Katastrophe des Nationalsozialismus zu bewältigen und Lehren daraus zu ziehen. Dabei wird zum einen an die „Barmer Theologische Erklärung" angeknüpft, zum anderen ist eine politische Verschiebung von national-konservativen zu eher sozialdemokratischen Positionen zu beobachten.

Auch in der BRD waren und sind die theologischen Stellungnahmen zum S. von einer erheblichen Pluralität geprägt. Charakteristisch ist die Inanspruchnahme eines „Öffentlichkeitsauftrags" der Kirche (↑Öffentlichkeitsauftrag der Kirchen), auch zur theologisch fundierten Stellungnahme zu politischen Fragen. Dabei standen Positionen, die eher die Ordnungsfunktion des S.es und seine „Eigengesetzlichkeit" betonten, solchen gegenüber, die die Kirche in einer Art Oppositionsrolle als kritisches „Gegenüber von Staat und Politik" etablieren wollten. In der grundsätzlich positiven Aufnahme von ↑Demokratie und ↑Pluralismus war man sich allerdings im Wesentlichen einig – bei aller Kritik an der jeweiligen Politik und dem „kapitalistischen" Gesellschaftssystem (↑Kapitalismus) und trotz Positionen, die bis zur Geltendmachung eines vermeintlichen „Widerstandsrechts" gegen demokratisch getroffene Entscheidungen gingen. Neue politische Herausforderungen (z. B. Umwelt [↑Umweltschutz], Friedenssicherung [↑Frieden], ↑Wirtschaftsordnung, ↑Migration) bergen aber Ansätze zu einer Re-Politisierung, der der S. z. T. entgegenkommt („Kirchenasyl").

In der DDR stellte sich die Aufgabe, die Position von Christen und Kirche in einer ganz anders gearteten S.s- und Gesellschaftsordnung zu definieren. Die seit den 70er Jahren des 20. Jh. sich etablierende Formel von der ↑„Kirche im Sozialismus" war dabei ihrerseits offen und deckte ein Spektrum von einer bloßen Zustandsbeschreibung bis zu einer positiven Bewertung der sozialistischen Gesellschaftsordnung ab (↑Sozialismus). Die Kirchen in der DDR haben z. T. die Funktion eines Forums der Diskussion und einer Gegenöffentlichkeit zur SED-Herrschaft gehabt. Dies hat dazu geführt, dass gerade Kirchen und Pfarrer eine bes. Rolle bei der politischen Wende spielten.

Insgesamt ist die Positionsfindung der evangelischen Kirche in der Nachkriegszeit als positive Übernahme der wesentlichen Merkmale pluralistischer und demokratischer S.s-Modelle und insb. der Würde des Menschen (↑Menschenwürde) und aus ihr abgeleiteter ↑Menschenrechte zu beschreiben. Sie ist daher treffend als „die protestantische Aneignung des Grundgesetzes" (von Scheliha 2013: 197) bezeichnet worden. Sie kommt in den einschlägigen Denkschriften der EKD, der „Demokratie-Denkschrift" von 1985 und ihren Aktualisierungen, zum Ausdruck.

### Literatur

H. de Wall: Das Verhältnis von Staat und Kirche nach evangelischem Verständnis, in: HdbStKirchR, [3]2021, Bd. 1, §4 • R. Leonhardt: Religion und Politik im Christentum, 2017 • M. Heckel: Martin Luthers Reformation und das Recht, 2016 • R. Anselm: Politische Ethik, in: W. Huber/T. Meireis/H.-R. Reuter (Hg.): Hdb. der Evangelischen Ethik, 2015, 195–263 • A. von Scheliha: Protestantische Ethik des Politischen, 2013 (Lit.) • M. Honecker: Staat/Staatsphilosophie. IV., in: TRE, Bd. 32, 2001, 22–47 (Lit.) • Kirchenamt der EKD (Hg.): „Evangelische Kirche und freiheitliche Demokratie: Der Staat des Grundgesetzes als Angebot und Aufgabe". Eine Denkschrift der Evangelischen Kirche in Deutschland, 1985 • C. Link: Herrschaftsordnung und bürgerliche Freiheit, 1979 • M. Luther: Von weltlicher Obrigkeit, wie weit man ihr Gehorsam schuldig sei (1523), in: WA, Bd. 11, 1900, 245–281.

HEINRICH DE WALL

## VIII. Orthodox

### 1. Vorbemerkungen

Eine gemeinsame Lehre über die Beziehung der orthodoxen Kirchen (↑Ostkirchen) zum S. hat sich seit den allg.en ↑Konzilien der Spätantike nicht ausgebildet. Auch auf dem Pan-Orthodoxen Konzil auf Kreta (2016, ohne Teilnahme der Patriarchate Antiochien, Bulgarien, Georgien und Moskau) wurde das Verhältnis von S. und Kirche (↑Kirche und Staat) nicht grundlegend diskutiert. Seine Entwicklung, häufig stärker durch die konkrete Praxis als durch die Erarbeitung theoretischer Modelle geprägt, muss daher regional differenziert nach den autokephalen Landeskirchen betrachtet werden.

### 2. Byzantinisch-griechische Kirche

Das orthodoxe Kirchenrecht beruft sich bis heute auf Kanones der altkirchlichen Konzilien, welche das Selbstbestimmungsrecht der Kirche betonen und gleichzeitig Eingriffe der Kirche in die staatliche Ordnung ablehnen. Der Achtung, welche die Kirche dem S. entgegenbringt, soll eine angemessene Unterstützung der Kirche durch den S. entsprechen. Als Ideal des Kirche-S.-Verhältnisses gilt seit der Gesetzgebung Kaiser Justinians (527–565; vgl. Novella 6 und 42) das sog.e *Synallelia-* bzw. *Symphonia*-Prinzip, das Kirche und S. als ebenbürtige, gleichermaßen von Gott eingesetzte ↑Autoritäten betrachtet, die auf verschiedenen Wegen, aber in organischer Harmonie das Wohl des Menschen fördern. Eine exakte Abgrenzung der Zuständigkeiten war damit nie verbunden, je neue zeitgemäße Ausformungen des Prinzips blieben notwendig.

Bis zur Eroberung Konstantinopels 1453 war der Ehrenvorrang des Kaisers mit seiner Funktion für den Zusammenhalt der Kirche unbestritten. Er fungierte als Schutzherr, gesetzgebende Ordnungsmacht und Bewahrer des rechten Glaubens. Nach dem Erlöschen des Kaisertums waren Orthodoxe und Juden im Osmanischen Reich gegenüber Muslimen nur Bürger zweiter Klasse. Im sog.en Millet-System wurde die Stellung der verschiedenen orthodoxen Patriarchate schrittweise neu geordnet, wobei v. a. der orthodoxe Patriarch von Konstantinopel als *Ethnarch* eng an die politische Führung gebunden wurde. Er übernahm gegenüber dem Sultan die Verantwortung für die Loyalität der Gläubigen sowie das Steueraufkommen, durfte die zivilrechtlichen Belange und die den Orthodoxen gewährte Autonomie verwalten. Mit dem Zerfall des Osmanischen Reiches in unterschiedliche National-S.en im 19. Jh. war auch eine verstärkte ethnisch-nationale Aufsplitterung der orthodoxen Kirchengemeinschaft verbunden. Die Funktion des Ökumenischen Patriarchen als kanonisches Ehrenoberhaupt aller orthodoxen Kirchen blieb aber bis heute erhalten.

In der gegenwärtigen Orthodoxie wird das *Symphonia*-Prinzip meistens i. S. „einer kooperativen Partnerschaft, bei der zwischen den beiden Sphären kritische Distanz und Freiheit besteht" (Ursa 2016: 273), verstanden. Auf dieser Basis werden „gemeinsame Angelegenheiten" (Ursa 2016: 274) definiert. Die staatskirchliche Prägung der griechisch-orthodoxen Kirche wirkt bis heute nach.

### 3. Russische Kirche

Das Selbstverständnis der russischen Zaren, die Nachfolge des byzantinischen Kaisertums angetreten zu haben, wurde zum konstanten Faktor der Religionspolitik hinsichtlich der russischen Kirche, deren Entwicklung sich seit dem 15. Jh. endgültig von der byzantinischen Mutterkirche trennte. Kirchliches Streben nach größerer Eigenständigkeit wurde zurückgedrängt (Absetzung des Patriarchen Nikon 1666). 1721 erließ Zar Peter I. eine neue Kirchenordnung, das „Geistliche Regulament". Das Amt des Patriarchen als Oberhaupt der Kirche wurde abgeschafft; der Zar wies die Funktion des obersten Bischofs dem Metropoliten von St. Petersburg zu. Mit dem Anwachsen des Zarenreiches kam es zur Ausdehnung der Russischen Kirche, die zunehmend zur S.s-Kirche wurde. Die aus der russischen Februar-Revolution von 1917 hervorgegangene, kurzlebige demokratische Regierung gestattete ein Allrussisches Konzil (1917/18), welches das Patriarchat wiederherstellte. Die sowjetische Oktober-Revolution (1917) trennte die Kirche vom S. und unterstellte sie neuer repressiver S.s-Aufsicht. Ab den 1920er Jahren wurde die Russische Orthodoxe Kirche zunehmend in den Untergrund gedrängt, was zu zahlreichen Spaltungen führte. Die Kirchenverfolgung nahm als Teil des „Großen Terrors" seit 1936 Massencharakter an. Der Zweite Weltkrieg brachte Lockerungen, weil Josef W. Stalin Unterstützung durch die Russische Orthodoxe Kirche benötigte. Im Gegenzug sicherte er den Wiederaufbau kirchlicher Institutionen und die Wiedereinsetzung von Bischöfen und Priestern zu. 1943 wählte das Bischofskonzil Metropolit Sergij (Bellavin) zum Patriarchen. Nach J. W. Stalins Tod 1953 begann eine kurze Periode der Entspannung. Partei- und S.s-Chef Nikita Sergejewitsch Chruschtschow (1958–1964) nahm aber die kirchenfeindliche Politik J. W. Stalins wieder auf, die erst durch die Politik der „Perestrojka" („Umgestaltung") unter Michail Sergejewitsch Gorbatschow (1985–1991) beendet wurde. Infolge der neuen Religionsfreiheit und der von Präsident Boris Nikolajewitsch Jelzin 1997 durchgesetzten Religionsgesetze kam es zu neuer Kooperation zwischen S. und Russischer Orthodoxer Kirche. Die Religionsgesetze benachteiligen nicht-orthodoxe Religionsgemeinschaften sowie orthodoxe Gruppen, die sich von der Russischen Orthodoxen Kirche abgespalten haben. Diese selbst dankt der russischen Führung, namentlich Präsident Wladimir Wladimirowitsch Putin, für die Förderung durch bedingungslose Unterstützung seiner Politik und Vermeidung grundsätzlicher Kritik.

### 4. Die Folgen der politischen Wende ab 1989 in Staaten mit orthodoxen Volkskirchen

Nach der politischen Wende von 1989 ff. wurde in allen vormals kommunistischen S.en nach oftmals heftigen Auseinandersetzungen Religionsfreiheit verkündet. Im Rahmen der angestrebten Zusammenarbeit zwischen Kirche und S. können sich nun prinzipiell alle Religionsgemeinschaften relativ frei entfalten. In den meisten nach 1989 beschlossenen ↑Verfassungen sind Religions-, ↑Meinungsfreiheit und Gedankenfreiheit garantiert; S. und Kirchen sind (theoretisch) getrennt. Die neuen Verfassungen und Religionsgesetze orientieren sich an der ↑EMRK.

Die Wirklichkeit jedoch sieht oft anders aus. Vorbehalte gegenüber pluralistisch-säkularen ↑Demokratien und überstaatlichen europäischen Institutionen werden innerhalb vieler orthodoxer Kirchen nur langsam abgebaut, kritische politische Theologien haben nur geringen Einfluss. In S.en mit orthodoxen Volks-/Nationalkirchen (Russland, Weißrussland, Bulgarien, Rumänien, Serbien, Makedonien, Montenegro) genießen die orthodoxen Kirchen derartige Privilegien, dass man von einer neuen *Symphonia* zwischen S. und Kirche – und von S.s-Kirchen – sprechen kann. Dabei unterliegen die orthodoxen Volkskirchen weiterhin staatlicher Einflussnahme, etwa bei der Einsetzung von Bischöfen und der Besetzung kirchenleitender Ämter. An öffentlichen Schulen ist ↑Religionsunterricht die Regel. Die Besoldung der Religionslehrer übernimmt meist der S. Theologische Fakultäten sind größtenteils wieder in die staatlichen Universitäten integriert. Sie und ihr Personal werden vom S. finanziert. In kommunistischer Zeit konfisziertes Kirchenvermögen wurde den Religionsgemeinschaften (zumindest teilweise) zurückerstattet, Schäden an kirchlichen Gebäuden auf S.s-Kosten behoben.

### Literatur

S. Mückl (Hg.): Kirche und Staat in Mittel- und Osteuropa, 2017 • I. Ursa: Grundzüge des Verhältnisses der Kirche zu Politik und Staat, insbesondere in der Europäischen Union, in: I. V. Leb/K. Nikolakopoulos/I. Ursa (Hg.): Die Orthodoxe Kirche in der Selbstdarstellung, 2016, 259–280 • E. C. Suttner: Kirche und Staat aus orthodoxer Sicht, in: IKaZ 32/2 (2003), 177–188 • T. Nikolaou: Das Ideal der Synallilie. Staat und Kirche aus orthodoxer Sicht, in: Orthodoxes Forum 16/1 (2002), 123–136 • G. Stricker: Religion in Rußland. Darstellung und Daten zu Geschichte und Gegenwart, 1993 • Metropolit Pitirim (Hg.): Die Russische Orthodoxe Kirche, 1988 • S. Troianos: Kirche und Staat. Die Berührungspunkte der beiden Rechtsordnungen in Byzanz, in: OstkSt 37/4 (1988), 291–296 • A. M. Wittig: Die orthodoxe Kirche in Griechenland. Ihre Beziehung zum Staat gemäß der Theorie und der Entwicklung von 1821–1977, 1987 • P. C. Spyropoulos: Die Beziehungen zwischen Staat und Kirche in Griechenland unter besonderer Berücksichtigung der orthodoxen Kirche, 1981 • R. Stupperich: Die orthodoxe Kirche in ihrem Verhältnis zum Staat, in: ders. (Hg.): Kirche im Osten, Bd. 2, 1959, 9–26.

GERD STRICKER (†) UND THOMAS MARSCHLER

## Staat und Gesellschaft

I. Rechtswissenschaftlich – II. Politikwissenschaftlich – III. Sozialethisch

### I. Rechtswissenschaftlich

#### 1. Begriff

Das Begriffspaar „↑Staat (S.) und ↑Gesellschaft (G.)" bezeichnet eine spezifische Ordnungsstruktur moderner Staatlichkeit. S. meint das territorial radizierte politische Gemeinwesen, in dem die hoheitliche Herrschaftsgewalt konzentriert und verfassungsrechtlich begrenzt ist. G. steht demgegenüber für den Inbegriff des freien, pluralistischen Spektrums zwischenmenschlichen Zusammenwirkens politischer, ökonomischer oder kultureller Provenienz. Insofern umschreibt das Begriffspaar S. und G. den Spannungsbogen von staatlicher ↑Herrschaft und gesellschaftlicher ↑Freiheit, die sich jenseits staatlicher Herrschaftsgewalt bildet und von dieser ebenso ermöglicht wie geschützt wird.

Dem Dualismus von S. und G. kommt keine universale oder kategoriale Bedeutung zu. Seine Entstehung ist historisch-kontingentes Derivat der europäischen Entwicklung der ↑Neuzeit, die ihre begriffliche Verdichtung nur im deutschen Sprachraum fand. Dort prägte und präformierte das Begriffspaar S. und G. das verfassungsrechtliche Denken sowie die Verfassungstexte in Deutschland seit dem frühen 19. Jh. Die Unterscheidung von Hoheitsgewalt und Freiheit, von Herrschaft und individueller Selbstbestimmung, von Demokratie und Privatheit bestimmt bis heute als regulatives Prinzip wie als verfassungsrechtliches Theorem die Wirklichkeit des freiheitlich verfassten Gemeinwesens.

#### 2. Geschichte

*a)* Die Unterscheidung von S. und G. thematisiert die sich seit der ↑Reformation allmählich ausbildende neue Grundstruktur politisch-sozialer Ordnung, die aus dem Prozess der „Entzweiung" resultierte. Aus der alten, in sich homogenen, herrschaftlich-politisch durchformten und ständisch geschichteten *societas civilis* bildete sich einerseits der S. heraus, der nach und nach alle hoheitlichen Befugnisse bei sich konzentrierte und monopolisierte. Andererseits entwickelte sich die aller eigenen Herrschaftsfunktionen entkleidete unpolitische G., die – aus ständischen Bindungen (↑Stand) befreit – zur eigenen, interessegeleiteten Tätigkeit im Rahmen der allg.en Rechtsordnung freigesetzt wurde. Diese staatsfreie und unpolitische Freiheit zur individuellen Selbstentfaltung gründete sich auf den Prinzipien der Rechtsgleichheit, Erwerbsfreiheit, der ↑Privatautonomie sowie der Garantie des ↑Eigentums und entfaltete sich allmählich in allen gesellschaftlichen – ökonomischen, sozialen, politischen, religiösen, kulturellen – Sphären. Eine erste theoretische Durchdringung dieser Entwicklung und deren begriffliche Verdichtung zum Theorem von S. und G. verdankt sich Georg Wilhelm Friedrich Hegel.

*b)* Während des 19. Jh. blieb in Deutschland der Dualismus von S. und G. die maßgebliche Begrifflichkeit zur Analyse und verfassungspolitischen Beurteilung der politisch-sozialen Wirklichkeit. S. und G. wurden als eigene, einander gegenüberstehende, voneinander weithin unabhängige Sachbereiche aufgefasst, die von bestimmten Schichten der Bevölkerung wahrgenommen wurden: Den S. bildeten Krone, Beamtenschaft (↑Beamte), ↑Militär und teilweise ↑Adel, zur staatsfreien G. gehörten das Handel und Gewerbe treibende Bürgertum (↑Bürger, Bürgertum), die Bauern, die aufkommende Arbeiterschaft sowie die Vertreter von ↑Kultur, ↑Wissenschaft und ↑Kunst. In dieser Gestalt schien das Trennungstheorem von S. und G. so selbstverständlich, dass es als positive Gegebenheit und kategoriale Unterscheidung einfach vorausgesetzt und kaum noch begründet wurde. Im 20. Jh. ließ indes die ↑Demokratisierung des ↑politischen Systems und die Entwicklung zum interventionistischen ↑Sozialstaat die Annahme prinzipieller Trennung und ↑Autonomie von S. und G. fragwürdig werden.

*c)* Mit dem Übergang zur ↑Demokratie wurde der S. zur politischen Selbstorganisation der G. Die Annahme eines gleichwohl weiterbestehenden Dualismus von S. und G. wurde damit fragwürdig. Die Indienstnahme des S.es durch die G., d. h. die Vergesellschaftung des S.es, schien die vorausgesetzte symmetrische Polarität beider Sphären aufzuheben: Der S. wurde zu einer Funktion der G. Ein Indiz dafür bildete die immer weiter ausgreifende staatliche Vorsorge für die Realisierung rechtlicher Freiheit, ↑sozialer Sicherheit, wirtschaftlichen Wachstums (↑Wirtschaftswachstum) und der Steigerung des Lebensstandards. Was der Sache nach Aufgabe der in Freiheit gesetzten G. hätte sein müssen, mutierte zu einer ↑Staatsaufgabe. Indem die G. derart für die Folgen ihrer autonom getroffenen Entscheidungen (z. B. Tarifabschlüsse) kaum mehr einstehen musste und die Verantwortung auf den S. verlagern konnte, geriet die vorausgesetzte Symmetrie von S. und G. in Zweifel.

Tatsächlich ist die in Freiheit gesetzte und sich entfaltende G. unter den Bedingungen der ↑Moderne nur noch in Grenzen selbstregulierungsfähig. Die soziale Ordnungs- und Regulierungsaufgabe des S.es in der Demokratie führt notwendig zu einem verstärkten Zusammenwirken von S. und G., zu gesellschaftlicher Einflussnahme auf staatliche Entscheidungen auch jenseits von Wahlen sowie zu wachsender staatlicher Indienstnahme gesellschaftlicher Ressourcen. Doch auch in diesem Kontext bleibt die Polarität von S. und G. als normativ wie real wirksames Ordnungsprinzip erhalten. Auch der demokratische S. ist nicht davon freigestellt, sein politisches Handeln auf das allg.e Interesse auszurichten, Partikularinteressen (↑Interessen) zu integrieren und gemeinwohlgerecht zu transzendieren. Staatliches Handeln muss repräsentatives Handeln für alle Bürger sein und bleiben; es muss als politische Organisation die Einheit der Bürger darstellen und wirklich werden lassen. Das erfordert neben durch ↑Wahlen vermittelte ↑Legitimation auch inhaltliche (demokratische) ↑Repräsentation, deren Bezugspunkt der S. als eine Partikularinteressen übergreifende, zu verbindlicher Entscheidung befugte Organisation ist. Diesem kommt die Aufgabe zu, die freiheitliche Rahmenordnung zu gewährleisten, Freiheitsgefährdungen aus dem gesellschaftlichen Bereich entgegenzuwirken, um die Integrationskraft der G. (das „Wir") und damit auch die Einheit des S.es zu erhalten. Käme repräsentatives Handeln der staatlichen Organe in diesem Sinn nicht (mehr) zustande, denaturierte der S. zur beliebig instrumentalisierbaren Hohlform der politischen Umsetzung gesellschaftlicher ↑Macht: vom Gegenspieler der G. mutierte er zum Agenten der sich total setzenden G.

*d)* Die Vergesellschaftung des S.es findet ihr Pendant im Phänomen der Verstaatlichung der G. als Folge der tendenziell unbegrenzten Ausdehnung der Regulierungs- und Interventionsmacht des S.es gegenüber der G. Der Initiativ- und Entfaltungsraum individueller und gesellschaftlicher Freiheit wird mit einem immer dichter geknüpften Netzwerk materieller Verrechtlichung und vorsorgenden Kontroll- und Eingriffsbefugnissen überzogen. In der Folge bleiben die Bürger nur mehr formell frei, werden aber in der Sache Funktionsträger und Pflichtsubjekte eines umfassend agierenden staatlichen Handlungs- und Vorsorgesystems in immer mehr gesellschaftlichen Bereichen „von der Wiege bis zur Bahre".

Eine derartige Verstaatlichung der G. könnte in der Logik der Entwicklung gleichfalls der symmetrisch angelegten Polarität von S. und G. die reale Grundlage entziehen. Doch haben sich die Befürchtungen einer Überwältigung der G. durch den interventionistischen S. bis heute nicht bewahrheitet. V. a. stößt der sozialstaatliche Interventions- und Verwaltungs-S. aufgrund der wachsenden Komplexität der Lebensverhältnisse als Steuerungsinstrument (↑Steuerung) an die Grenzen seiner Wirksamkeit und muss sich zunehmend auf die rechtliche Steuerung von Selbstregulierungsprozessen beschränken (z. B. ↑Regulierungsverwaltungsrecht). Die Unvermeidlichkeit des arbeitsteiligen Zusammenwirkens von S. und G. wirkt daher auch unter den modernen Gegebenheiten eher stabilisierend für diese begriffliche Unterscheidung.

### 3. Funktion

*a)* Die Unterscheidung von S. und G. bringt die einzelnen Bürger und die politische Gemeinschaft in ein polares Beziehungsverhältnis. In diesem Verhältnis wird die Subjektstellung und Freiheit der einzelnen als dem S. grundsätzlich vorausliegend gedacht, zugl. aber die Eigenständigkeit und Notwendigkeit einer einheitlichen hoheitlichen Gewalt anerkannt, die über das Monopol legitimer Gewaltanwendung (↑Gewaltmonopol) verfügt. Diese polare Struktur des Gemeinwesens findet im freiheitlichen Verfassungs-S. ihre normative Gestalt und behält damit ihre theoretische Valenz und praktische Wirkmächtigkeit. Mit seiner demokratischen sowie grundrechtlichen Legitimationsquelle verwirklicht der freiheitliche Verfassungs-S. die normative Idee der Unterscheidung von S. und G. auch unter den Bedingungen der Moderne. Rechtstechnisch realisiert sie sich in Gestalt des rechtsstaatlichen Verteilungsprinzips, wonach die Freiheit des Bürgers als dem S. vorausliegend gedacht wird, während der S. für alle Eingriffe in die Freiheit des Bürgers einer Rechtfertigung bedarf.

*b)* Die Unterscheidung von S. und G. wird auch in der Demokratie nicht funktionslos, sondern entfaltet gerade in ihr ihre freiheitssichernde Funktion. Die Idee der Freiheit differenziert sich aus in die politische Freiheit der Mitwirkung und Mitbeteiligung aller Bürger an den Entscheidungen der S.s-Gewalt einerseits und die grundrechtliche (bürgerliche) Freiheit der einzelnen vor Zugriffen der S.s-Gewalt andererseits. Dieses Zusammenwirken der demokratischen und grundrechtlichen Freiheitsidee sichert auch unter den Bedingungen der komplexen und ausdifferenzierten G. der Gegenwart reale Freiheit. Unter Berufung auf den demokratischen Charakter des S.es die Freiheitsidee allein auf die demokratische Mitwirkungsfreiheit (↑Partizipation) der Bürger zu reduzieren, führte zu einer totalitären Demokratie (↑Totalitarismus), in der alle über alles beschließen können (Jean-Jacques Rousseau).

*c)* Der Verfassungs-S. ist seinem Wesen nach begrenzter, sektoraler S. Er sucht nicht die G. in ihrer Ganzheit zu erfassen, sondern nur in bestimmten Beziehungen. Um der Freiheit seiner Bürger willen bildet er nur eine sektorale, eine politische Einheit. Der Verfassungs-S. respektiert die eigengesetzlichen Lebensbereiche der G., erkennt ihnen Autonomie zu und behält sich nur begrenzte Einwirkungsbefugnisse vor. Dem ↑Individuum öffnet der S. in den ↑Grundrechten die Freiheit, die sich in den verschiedenen Räumen des Privaten und der ↑Familie, des ↑Berufs und der ↑Freizeit, des kirchlichen, kulturellen, politischen Lebens realisieren. Die Differenziertheit und relative Eigenständigkeit der Lebensbereiche ermöglicht zivilisatorische Gewaltenteilung. Nicht im S. allein stellt sich heute die Einheit der ↑Lebenswelt dar, sondern in den Menschen, die sich ihrer Individualität gemäß in den verschiedenen Lebensbereichen entfalten. Der ↑Pluralismus der gesellschaftlichen Vielfalt erweist sich als Einheits- und Ordnungsprinzip wider Willen.

*d)* Im Raster von S. und G. ist die G. der Ort für ↑Religion, Kultur und ↑Wirtschaft, die allerdings ausschließlich vom S. konstituiert werden: negativ dadurch, dass sie nicht zu seinen ↑Institutionen gehören, positiv dadurch, dass sie die persönliche und sachliche Reichweite staatlicher Herrschaftsbeziehungen normieren. Der freiheitliche Verfassungs-S. findet seine rechtliche Identität daher weder in einer Religion noch in einer S.s-Kultur oder gar in einer S.s-Wirtschaft. Die nach Jacob Burckhardt nichtstaatlichen „Potenzen" Religion, Kultur und Wirtschaft bilden nicht das staatlich Allgemeine, sondern das Besondere der G.

*e)* Allerdings schützt und gewährleistet der S. die ↑Religionsfreiheit und die Freiheit der Kindererziehung (↑Elternrecht), die ↑Wissenschaftsfreiheit und ↑Kunstfreiheit, die ↑Berufsfreiheit und die Freiheit des Eigentums sowie ↑Tarifautonomie grundrechtlich. Damit kann sich das geistige und wirtschaftliche Leben nach eigener Sachgesetzlichkeit in Freiheit entfalten. Aus den Grundrechten fließt eigenständige verfassungsrechtliche Legitimation, die sich wesenhaft unterscheidet von der demokratischen Legitimation, die der S.s-Gewalt aus dem Willen des Volkes zukommt. Während die Demokratie die staatliche Ordnung aus der Bürgerschaft hervorgehen lässt, sichern die Freiheitsgrundrechte Bereiche des Unabstimmbaren sowohl gegen die staatliche Mehrheitsdemokratie als auch gegen eine staatlich verfügte „Demokratisierung" gesellschaftlicher Bereiche, kraft deren individuelle Selbstbestimmung durch Mitbestimmung im Kollektiv abgelöst würde.

*f)* Der S. ist freilich Destinatär von Religion, Kultur, Wirtschaft, deren Lebenskräfte aus der freien G. kommen: Intuition, Kreativität und Wagnis, Religion und Moralität, ↑Sprache und Kultur, Wirtschaftsmentalität und ethische Standards prägen in ihren spezifischen, eigentümlichen Kombinationen die nationale Besonderheit und Identität des konkreten S.es (↑Nation). Daher versteht sich der S. bewusst auch als Kultur- und Sozial-S. Er setzt die kulturellen und wirtschaftlichen Potenzen voraus und respektiert ihre Freiheit als vorgegeben, wenn er im Rahmen seiner begrenzten Befugnisse diese anregt, pflegt, fördert, organisiert, schulische Erziehung (↑Schule) leistet, rechtliche Rahmenbedingungen schafft, und wenn er um des ↑Gemeinwohls willen in das Marktgeschehen (↑Markt) interveniert und dessen Resultate nach seinen Vorstellungen von sozialer ↑Gerechtigkeit korrigiert. So lebt der S. zu weiten Teilen aus Voraussetzungen, über die er um der Freiheit willen nicht verfügen kann (Ernst-Wolfgang Böckenförde). Zwischen S. und G. besteht daher kein Gegensatz, wie er sich in altliberaler Sichtweise des 19. Jh. darstellte, sondern vielmehr ein polares Zuordnungsverhältnis.

## 4. Entwicklungen

Im 21. Jh. stellen zwei Entwicklungen die Erklärungskraft der Unterscheidung von S. und G. vor neue Herausforderungen: Eine zunehmend globalisierte Wirtschaft sowie eine entspr.e multilaterale politische Ordnung könnten ebenso wie die grenzenlose Digitalisierung aller Lebensbereiche der vorausgesetzten und im S. zu effektiver Wirklichkeit gewordenen symmetrischen Polarität von S. und G. die reale Grundlage entziehen.

*a)* Schon immer haben gesellschaftliche Freiheit und Organisationen personale und territoriale S.s-Grenzen (↑Staatsgebiet) überwunden. ↑Information und ↑Kommunikation, Wissenschaft und Kunst, rechtliche und wirtschaftliche Beziehungen, gewerkschaftliche Solidarität enden nicht an den S.s-Grenzen. Doch im Zeitalter der ↑Globalisierung sind die nichtstaatlichen Potenzen quantitativ wie qualitativ in einem Maße permeabel und weltoffen geworden, dass die im Theorem von S. und G. vorausgesetzte sektorale Machtüberlegenheit des an sein Territorium gebunden bleibenden S.es fragwürdig wird. Die Symmetrie im Verhältnis von S. und G. ist ferner dadurch gefährdet, dass sich viele politische Probleme und Herausforderungen heute nicht mehr im staatlichen Kontext allein lösen lassen. International vernetzt organisierte Wirtschaftsunternehmen (↑Unternehmen) ebenso wie ↑NGOs entziehen sich zunehmend staatlicher Regulierung und können S.en gegeneinander ausspielen (Steuerwettbewerb). In der Folge droht der S. vom Gegenspieler der globalen G. zum machtlosen Zuschauer zu mutieren. Die politische Antwort auf das Dilemma zunehmender „Entstaatlichung" der G. war die Hinwendung zum politischen Multilateralismus zu Beginn des 21. Jh., der zwar einerseits kollektive staatliche Handlungs- und Durchsetzungsfähigkeit wieder ermöglichte, freilich auf Kosten der Eigenständigkeit und ↑Souveränität des nationalen S.es. In den G.en der freiheitlichen Verfassungs-S.en hat sich gerade insoweit erheblicher Widerstand angestaut, dessen Ziel in einer Wiederherstellung der Kongruenz von S. und G. gedeutet werden kann („Brexit"). Doch wollte ein S. seine souveräne Bestimmungsmacht insoweit frei von multilateraler Einbindung durchsetzen, müsste er gleichzeitig auf die ökonomischen Vorteile weltweit vernetzter Wirtschaftsräume verzichten. Ob die Völker (die G.) dazu auf Dauer wegen absehbarer Wohlstandsverluste bereit sein werden, ist derzeit offen. Die G. steht mithin im Spannungsfeld der unangenehmen Alternative von politischer Selbstbestimmung oder partieller Unterwerfung unter Formen internationaler Zusammenarbeit und deren Sachzwänge.

*b)* Die seit den 1980er Jahren breitenwirksam sich entwickelnde ↑Digitalisierung aller Lebensbereiche schien zunächst eine ↑Emanzipation des Individuums von staatlicher Ingerenz mit sich zu bringen. Die Symmetrie von S. und G. schien sich zu Lasten des S.es zu verschieben. Der einzelne Bürger war weltweit und grenzenlos vernetzt, wurde autonom und souverän gegenüber dem S., der insoweit seine Herrschaftsmacht über seine Bürger zu verlieren droht. Doch scheint sich diese Schwächung staatlicher Souveränität als Folge der Digitalisierung als eine nur vorübergehende zu erweisen. In immer größerem Maße vermag der S. technisch Grenzen der weltweit vernetzten, freien und unkontrollierten Kommunikation zu setzen und durch entspr.e Regulierungen zu kontrollieren und zu verhindern. Was als Befreiung des Individuums erschien, verwandelt sich unversehens in eine massive Machtkonzentration und -steigerung des S.es, dem der einzelne Bürger in elementarer Machtlosigkeit gegenübersteht. Die Digitalisierung führte dann weniger zu einer Emanzipation der G. in eine politische Grenzen transzendierende Sphäre, als vielmehr zu einer beispiellosen Steigerung des staatlichen Machtpotentials über die G. Insoweit könnten diese faktischen Machtverhältnisse im Bereich des Digitalen das Verhältnis von S. und G. zu Lasten der G. unterlaufen und die verfassungsrechtlichen Freiheitsgarantien weithin leerlaufen lassen.

### Literatur

H. H. Rupp: Die Unterscheidung von Staat und Gesellschaft, in: HStR, Bd. 2, ³2004, 879–928 • E.-W. Böckenförde: Staat und Gesellschaft, in: StL, Bd. 5, ⁷1995, 228–235 • N. Luhmann: Die Unterscheidung von Staat und Gesellschaft, in: ders. (Hg.): Soziologische Aufklärung, Bd. 4, ²1994, 67–73 • P. Pernthaler: Allgemeine Staatslehre und Verfassungslehre, 1986 • P. Koslowski: Gesellschaft und Staat, 1982 • E.-W. Böckenförde (Hg.): Staat und Gesellschaft, 1976a • Ders.: Staat, Gesellschaft, Freiheit, 1976b • H. Krüger: Allgemeine Staatslehre, 1964 • J. Burckhardt: Weltgeschichtliche Betrachtungen, 1949 • G. W. F. Hegel: Grundlinien der Philosophie des Rechts, 1821.

OTTO DEPENHEUER

## II. Politikwissenschaftlich

Mit der begrifflichen Verbindung von ↑Staat (S.) und ↑Gesellschaft (G.) wird zum einen die Unterscheidbarkeit beider Formen spezifisch organisierter menschlicher Vereinigungen thematisiert, zum anderen das Problem ihres Verhältnisses zueinander aufgeworfen. Der Dualismus besagt allg., dass die G. eine öffentliche außerpolitische Realität sei, die sich weder über ihr politisches Selbstverständnis identifiziert noch politische ↑Herrschaft einschließt, sich aber (teilweise) über eigene Gesetzmäßigkeiten koordiniert. Der moderne S. als Gegenpart zur G. wird als genuin politische Einheit aufgefasst; er übt Herrschaftsgewalt mit je nach Theoriemodell unterschiedlicher Zweckbestimmung für die G. aus. Ob und inwiefern die Unterscheidung theoretisch sinnvoll und berechtigt ist, ist umstritten.

### 1. Ideenhistorisch

Der alte Begriff der *societas civilis* (*politikē koinōnia*/„bürgerliche G." im nicht-modernen Sinn), drückt noch die Nichtunterscheidung von S. und G. aus. „Der griechisch-römischen Städtewelt bleibt die moderne Trennung von Staat und Gesellschaft unbekannt" (Riedel 2011: 17). Dieser politisch-soziale Einheitsbegriff hat das klassische politische Denken seit Aristoteles wie das Naturrechtsdenken (↑Naturrecht) bis ins 18. Jh. hinein geprägt. Ideenhistorisch hat v.a. Georg Wilhelm Friedrich Hegel die Unterscheidung von S. und (bürgerlicher) G. in einem geschichtlich spezifischen Sinn in seine ↑Rechtsphilosophie eingeführt und damit einer Differenzierung der modernen politisch-sozialen Wirklichkeit philosophisch Ausdruck verliehen, welche die neuzeitliche Konzentration der Herrschaftsgewalt in der Entstehung des S.es zur Voraussetzung hatte und auf der ↑Emanzipation des Bürgertums (↑Bürger, Bürgertum) beruhte. Mit der Gegenüberstellung der bürgerlichen G., verstanden als „System der Bedürfnisse" (Hegel 1979: 346), und dem S. als Wirklichkeit der sittlichen Idee sollte die freie (außerpolitische) Betätigung der Bürger in der G. zugl. in ihrer Vielfalt und ihrem Eigenrecht anerkannt wie auch zum Ausdruck gebracht werden, dass diese ↑Freiheit(en) ihren Ausgleich, ihre politische Organisation und sittliche Vertiefung im S. finden. Die G. sollte damit weder schlechthin der Macht eines autoritären S.es unterworfen, noch sich allein und den von ihr selbst erzeugten Widersprüchen (etwa einer Spaltung in arm und reich) überlassen werden.

### 2. Problematisierungen

In Frage gestellt wird die mit dem Begriffspaar getroffene Unterscheidung insb. seit der zweiten Hälfte des 20. Jh. v.a. aus fünf Gründen:

*a)* Demokratietheoretisch: Mochte der Dualismus im 19. Jh. angesichts monarchischer Regierungsformen noch eine gewisse Berechtigung gehabt haben, so verliert er diese in demokratischen. Denn als demokratisch regierter bildet der S. kein losgelöstes, autoritär-obrigkeitliches Gegenüber zur G. (etwa verkörpert in ↑Monarchie, ↑Adel, ↑Militär und Beamtenapparat [↑Beamte]), sondern eine politische Ordnungsform aus der Selbstorganisation und -bestimmung der G. heraus. In der überkommenen Gegenüberstellung von S. und G. scheinen sich lediglich die Überreste einer obrigkeitlichen deutschen S.s-Auffassung sowie der historischen Malaise eines unpolitischen Bürgertums erhalten zu haben.

*b)* Staatstheoretisch: Für eine materialistische S.s-Theorie blieb der bürgerliche S. ein Reflex der kapitalistischen G. (↑Kapitalismus), dem keine Eigenständigkeit attestiert werden sollte, oder er wurde in seiner wohlfahrtsstaatlichen Ausprägung (↑Wohlfahrtsstaat) als stabilisierender Reparaturbetrieb und „Lückenbüßer im kapitalistischen Gesellschaftssystem" gedeutet (Anter/Bleek 2013: 52). Nach liberaler Auffassung (↑Liberalismus) mochte die Unterscheidung von S. und G. im 19. Jh. aufgrund vergleichsweise beschränkter staatlicher Tätigkeit noch sinnvoll gewesen sein. Im Zuge der erheblichen Ausweitung der S.s-Tätigkeit im 20. Jh., insb. mit der Entwicklung zum modernen demokratischen ↑Sozialstaat, habe sich das indes geändert. Ausmaß staatlicher Interventionen und umfassende Einflussnahme auf gesellschaftliche und ökonomische Prozesse ließen die „staatsfreien" gesellschaftlichen Räume schrumpfen.

*c)* Zugl. gilt umgekehrt, dass auch die Einflussnahme gesellschaftlicher und ökonomischer Akteure und ↑Interessengruppen auf die sachlich entgrenzte staatliche Willensbildung erheblich zugenommen hat. Die Ausweitung der S.s-Tätigkeit wie auch deren gesellschaftlich-ökonomische Programmierung lassen die Trennung von S. und G. anachronistisch erscheinen. Theoretisch reflektiert wird die Vereinnahmung des S.es durch die G. in G.s-Theorien des S.es (Niklas Luhmann, Helmut Willke), in denen der S. zur bloßen Formel der Selbstbeschreibung des ↑politischen Systems reduziert wird (↑Systemtheorie). Seit den 1980er Jahren scheint die Unterscheidung beider in Folge von Schwächesymptomen des S.es weiter an Triftigkeit eingebüßt zu haben.

*d)* Denn die Ausweitung seiner Tätigkeit im 20. Jh., verbunden mit gestiegenen Erwartungen an ihn, dgl. die zunehmende Komplexität gesellschaftlicher Handlungszusammenhänge und Steuerungsanforderungen führten zum „überforderten Staat" (Ellwein/Hesse 1994). Als Gegenbewegung wurde vermehrt auf die Selbstregulierung der G. durch den ↑Markt vertraut (↑Neoliberalismus); an die Stelle staatlichen Regierens durch hierarchische ↑Steuerung *(government)* sind Mischformen von *governance* als kollektive Steuerungs- und Koordinierungsformen in ↑Politik, ↑Wirtschaft und G. zur Erfüllung öffentlicher Aufgaben getreten.

*e)* Hinzu kamen Einschränkungen der Handlungsfähigkeit des S.es und folglich ein Bedeutungsverlust von Staatlichkeit im Prozess der Denationalisierung und ↑Globalisierung. Beides ließ sich bis zur These vom Ende des S.es zuspitzen, womit auch der Dualismus von S. und G. obsolet würde. Schwächere Varianten der S.s-Skepsis sprechen von Zerfaserung der Staatlichkeit oder einem Wandel zum kooperativen S. bzw. „Gewährleistungsstaat" (Schuppert 2005). Jedenfalls soll sich die Vorstellung eines souveränen (↑Souveränität), hoheitlich agierenden S.es als einer hierarchisch (↑Hierarchie) über der G. waltenden Willens-, Entscheidungs- und Wirk*einheit* bzw. Ordnungs*macht* als nicht mehr zeitgemäß erweisen.

Gleichwohl lässt sich aus mindestens sechs Gründen von einer „Staatsbedürftigkeit der Gesellschaft" (Vogel 2007) sprechen, so dass der Dualismus seine theoretische Bewandtnis behält. Ferner hat sich eine veränderte Konstellation der Gegenüberstellung von S. und G. etabliert, so dass die des Anachronismus verdächtige Unterscheidung aus dem 19. Jh. weiterhin relevant bleibt.

### 3. „Staatsbedürftigkeit der Gesellschaft"

*a)* Die netzwerkartigen Governance-Mechanismen horizontaler kollektiver Steuerung und Koordinierung in Politik, Wirtschaft und G. erfolgen noch „im Schatten der Hierarchie des Staates" (Benz/Dose 2010: 22). Die S.en bleiben „die bei Weitem wichtigsten politischen Akteure innerhalb ihrer eigenen Territorien" (Skinner 2012: 86). Auch der kooperative oder Gewährleistungs-S. trägt eine politische Letztverantwortung, übernimmt Regulierungen und schafft eine ↑Ordnung, welche die G. im Wettbewerb freier Selbstorganisation nicht hervorbringt.

*b)* Dem korrespondiert, dass auch wenn weitere gemeinwohlverantwortliche gesellschaftliche Akteure in der politischen Arena agieren (↑soziale Bewegungen; ↑NGOs) weniger von diesen als von den staatlichen Akteuren normative *Verpflichtung auf das ↑Gemeinwohl* bei der Erfüllung *gemeinsamer Zwecke* oder der Verfolgung *öffentlicher Interessen* erwartet werden kann.

*c)* Auch sind es die staatlich-politischen Akteure, die in demokratischen Regierungsformen über *ausdrückliche demokratische ↑Legitimation* verfügen. Sie gewährleisten mithin, dass ↑Governance den Maßstäben demokratischer ↑Repräsentation gerecht wird, da diese nicht durch eine etwaige Effizienz kooperativen, öffentlich-privaten Zusammenwirkens aufgewogen oder ersetzt werden können. Zudem sprechen die drei normativen Leitideen moderner demokratisch regierter staatlicher Ordnungen (↑Gleichheit, ↑Freiheit, ↑Sicherheit) für eine Beibehaltung einer dualistischen Auffassung von S. und G.

*d)* Wie schon in G. W. F. Hegels urspr.er Unterscheidung anerkannt, führt der Gebrauch individueller Freiheit bei allein gesellschaftlichen Formen der Selbstregulierung insb. über den ↑Markt, aber auch aufgrund der Inanspruchnahme unterschiedlichen ↑Sozialkapitals zur Zunahme ↑sozialer *Ungleichheit* bzw. zu sozialer Spaltung etwa zwischen Arm und Reich, Alt und Jung. Die G. bedarf daher einer politischen Form, welche die partikularen ↑Interessen übersteigt sowie die unterschiedlichen Machtressourcen ihrer Mitglieder reguliert und ausbalanciert.

*e)* Die Unterscheidung von S. und G. kann ferner als Bedingung individueller *Freiheit* verstanden werden, indem sie organisatorisch bewirkt, dass gesellschaftliche ↑Macht sich nicht unmittelbar in politische Macht umsetzt. Würde darüber hinaus unter dem Leitmotiv der ↑Demokratisierung die Unterscheidung zwischen S. und G. aufgehoben, dann mag im Zeichen einer „politischen Gesellschaft" (Greven 1999), in der potentiell alles kontingent erscheint (↑Kontingenz) und mithin zum Gegenstand politischer Entscheidung gemacht werden kann, der Bürger an demokratischer Mitwirkungsfreiheit (↑Partizipation) nur gewinnen, was er in jedem Falle an persönlicher Freiheit dem sachlich entgrenzten demokratischen Entscheidungsprozess gegenüber verliert.

*f)* Schließlich ist der S. die unverzichtbare Instanz, von dem angesichts einer zunehmenden Bedrohungslage komplexer moderner ↑Risikogesellschaften noch *Sicherheitsgewährleistungen für alle* zu erwarten sind. Insoweit erweist sich das vermeintliche Verschwinden des S.es letztlich als „Folge einer Wahrnehmungsstörung" (Anter/Bleek 2013: 10), ist die These von der „S.s-Bedürftigkeit der G." zutreffend, und die Unterscheidung von S. und G. theoretisch belangvoll.

### 4. Staat – Zivilgesellschaft

Während in westlichen Demokratien die Gegenüberstellung von S. und G. zu verblassen schien, formierte sich zunächst in den ↑Bürgerrechtsbewegungen mittel- und osteuropäischer Länder seit den 1970er Jahren – unter dem Begriff der *civil society* (↑Zivilgesellschaft) – eine Gegenmacht zum autoritären sozialistischen S. Verstanden wurde darunter „ein Netz selbständiger, vom Staat unabhängiger Vereinigungen, die die Bürger in gemeinsam interessierenden Dingen miteinander verbanden und die durch ihre bloße Existenz oder Aktivität Auswirkungen auf die Politik haben konnten" (Taylor 2002: 64). Als Inbegriff spontaner bürgerlicher Selbstorganisation, öffentlicher ↑Kommunikation und gemeinsinnorientierten bürgerschaftlichen Engagements mit der Fähigkeit zur Beeinflussung politischer Willensbildung stellt die Zivil-G. auch in demokratischen Regierungsformen einen wirksamen sozialen Faktor ↑politischer Kontrolle dar und übt Einfluss sowohl auf staatliches Handeln aus als auch auf die stärker formalisierten Verflechtungsstrukturen des ↑Korporatismus oder der öffentlich-privaten Kooperationen i. S. moderner ↑Governance. Im Unterschied zum früheren Dualismus von S. und G. hebt der zivilgesellschaftliche Widerpart zum S. allerdings nicht primär auf Formen freier ökonomischer Selbstbetätigung der Bürger ab, sondern auf einen genuinen politischen Gestaltungsanspruch. Der Dualismus von S. und bürgerlicher (Markt-)G. wird um die politische Zivil-G. erweitert.

### Literatur

A. Anter/W. Bleek: Staatskonzepte. Die Theorien der bundesdeutschen Politikwissenschaft, 2013 • Q. Skinner: Die drei Körper des Staates, 2012 • M. Riedel: Bürgerliche Gesellschaft. Eine Kategorie der klassischen Politik und des modernen Naturrechts, 2011 • A. Benz/N. Dose: Governance – Modebegriff oder nützliches sozialwissenschaftliches Konzept?, in: dies. (Hg.): Governance – Regieren in komplexen Regelsystemen, ²2010, 13–36 • B. Vogel: Die Staatsbedürftigkeit der Gesellschaft, 2007 • G. F. Schuppert (Hg.): Der Gewährleistungsstaat. Ein Leitbild auf dem Prüfstand, 2005 • C. Taylor: Die Beschwörung der Civil Society, in: ders. (Hg.): Wieviel Gemeinschaft braucht die Demokratie?, 2002, 64–92 • A. Klein: Der Diskurs der Zivilgesellschaft, 2001 • M. T. Greven: Die politische Gesellschaft, 1999 • T. Ellwein/J. J. Hesse: Der überforderte Staat, 1994 • H. Ottmann: Bürgerliche Gesellschaft und Staat bei Hegel. Überlegungen zur Logik ihrer Vermittlung, in: HegelJ (1986), 339–347 • G. W. F. Hegel: Grundlinien der Philosophie des Rechts, in: ders. (Hg.): Werke, Bd. 7, 1979 • E.-W. Böckenförde: Die verfassungstheoretische Unterscheidung von Staat und Gesellschaft als Bedingung der individuellen Freiheit, 1973.

DIRK LÜDDECKE

## III. Sozialethisch

Die neuzeitliche, auf Lorenz von Stein zurückgehende und von Georg Wilhelm Friedrich Hegel erstmals theoretisch ausgearbeitete Unterscheidung von ↑Staat (S.) und ↑Gesellschaft (G.), stellt den S. als neutrale übergeordnete Instanz, als dem ↑Gemeinwohl verpflichteten Schiedsrichter, den sich widerstreitenden Partikularinteressen (↑Interesse) der Bürger in der G. gegenüber. Die Unterscheidung hat in demokratischen G.en, in denen sich das ↑Staatsvolk als die Instanz versteht, die sich eine ↑Verfassung und entspr. dieser Regeln eine Regierung selbst gibt (↑Volkssouveränität), an Schärfe verloren. Unter totalitären oder autoritären Regimen (↑Totalitarismus) kann, ja soll es jedoch durchaus einen Gegensatz zwischen beiden geben. Wo der S. zudem – auch um des Gemeinwohls und insb. um der Bereitstellung öffentlicher Güter willen – in wirtschaftliche Prozesse massiv eingreift, für sozialen Ausgleich sorgen soll, auf Grund seiner Verantwortung für Bildung auch auf die Entwicklung von ↑Werten Einfluss nimmt und umgekehrt gesellschaftliche Gruppen und Organisationen auf vielfältige Weise staatliches Handeln zu beeinflussen versuchen, lässt sich jedenfalls ein strenger Dualismus von S. und G. nicht mehr aufrecht erhalten. Trotzdem ist die Unterscheidung nicht obsolet, geht es doch darum, einerseits die Notwendigkeit des staatlichen ↑Gewaltmonopols und der für alle verpflichtenden Regulierung gesellschaftlicher Prozesse anzuerkennen, andererseits aber auch die ↑Freiheit und Subjektivität der Bürger und ihrer Organisationen zu sichern. Die damit zusammenhängenden Fragen werden heute eher unter dem Begriff „Zivil-G." und mit Blick auf deren Verhältnis zur Regierung und den politischen Prozessen verhandelt.

## 1. Kirchliche Sozialverkündigung und Sozialethik

Wegen ihrer v.a. auf Thomas von Aquin zurückgehenden traditionellen Bindung an eine kulturell und religiös homogene und von einer göttlich legitimierten ↑Gewalt regierten „politischen Gemeinschaft" und verstärkt durch institutionelle Eigeninteressen insb. des Kirchen-S.es (bis 1870), hat die ↑katholische Kirche lange Zeit ↑Menschenrechte, ↑Demokratie, Volkssouveränität und auch Eigenständigkeit der G. gegenüber dem S. abgelehnt. Noch Papst Leo XIII., der die Demokratie jedenfalls nicht mehr als grundsätzlich illegitim betrachtete (so in „Libertas praestantissimum" von 1888), tat sich schwer mit der neuzeitlichen, vertragstheoretisch angelegten S.s-Auffassung (↑Vertragstheorien), dass sich die Völker ihre Verfassung und ihre Regierung selbst geben. Dabei war er zu einer in sich widersprüchlichen Position gezwungen, weil zugl. die von ihm begrüßten und unterstützten Organisationen des ↑sozialen Katholizismus in verschiedenen Ländern, bes. auch in Deutschland, auf diese Eigenständigkeit der G. gegenüber dem S. großen Wert legten, da sie ihnen überhaupt erst die nötigen Handlungsspielräume gab, aus denen den sog.en intermediären oder Zwischengruppen bes. Bedeutung erwuchs (↑Katholische Soziallehre). Erst der aus dem totalitär regierten kommunistischen Polen stammende Papst Johannes Paul II. sprach eine eindeutige Option für den demokratischen S. aus, welche bereits im ↑Zweiten Vatikanischen Konzil (GS 1965) grundgelegt war. Sein dafür zunächst in der Enzyklika (↑Sozialenzykliken) „Laborem exercens" (1981) verwendeter und in „Centesimus annus" (1991) nach den tiefgreifenden Umbrüchen in den sozialistischen S.en des Ostblocks vertiefter Schlüsselbegriff, mit dem er sowohl einen totalitären oder autoritären ↑Kommunismus als auch einen staatliche Regulierung ablehnenden libertären ↑Kapitalismus kritisierte, lautet „Subjektivität der Gesellschaft" („Centesimus annus": 13): Die „richtige Sicht der Gesellschaft" besteht danach darin, dass sich „die gesellschaftliche Natur des Menschen nicht im Staat [erschöpft], sondern sie verwirklicht sich in verschiedenen Zwischengruppen, angefangen von der Familie bis hin zu den wirtschaftlichen, sozialen, politischen und kulturellen Gruppen, die in derselben menschlichen Natur ihren Ursprung haben und daher – immer innerhalb des Gemeinwohls – ihre eigene Autonomie besitzen" („Centesimus annus": 13). Im eigenartigen Gegensatz zu anderen kirchlichen Dokumenten dieser Zeit (bes. „Veritatis splendor" 1993) spricht der Papst hier sogar von „der Person als autonome[m] Subjekt moralischer Entscheidung, das gerade dadurch die gesellschaftliche Ordnung aufbaut" („Centesimus annus": 13), eine Auffassung, die bei der Austragung innerkirchlicher Konflikte nicht zum Tragen kam. Nach einem Rückfall in überholte naturrechtliche S.s- und Politikkonzepte (↑Naturrecht) bei Papst Benedikt XVI. setzt Papst Franziskus seit 2013 diese Wende zu einer zivilgesellschaftlichen Politikkonzeption (und größeren Freiheit der innerkirchlichen Debatten) konsequent fort (↑Zivilgesellschaft), was u.a. dadurch seinen Ausdruck findet, dass sich die katholische Kirche zunehmend weniger als Gegenüber der Spitzen der S.en versteht, sondern als Partnerin ↑sozialer Bewegungen, die sich für Menschenrechte, soziale ↑Gerechtigkeit, die Bewahrung der Schöpfung und das Weltgemeinwohl (↑Gemeinwohl) einsetzen.

Aus heutiger sozialethischer Sicht ist zu fordern, dass der S. die individuellen Freiheitsrechte und die politischen Beteiligungsrechte (↑Partizipation) seiner Bürger respektiert und schützt. S.en müssen heute nach allg.er sozialethischer Auffassung demokratische ↑Rechtsstaaten sein, in denen sich die gesellschaftlichen Kräfte möglichst frei entfalten können. Darüber hinaus muss der S. dafür sorgen, dass alle Bürger ihre Rechte auch wirklich wahrnehmen können, indem er ihnen als ↑Sozialstaat, sofern sie dazu nicht selbst in der Lage sind, ein soziokulturelles ↑Existenzminimum bereitstellt, für die Absicherung der allg.en sozialen Risiken und für Chancengerechtigkeit (↑Chancengerechtigkeit, Chancengleichheit) und Leistungsgerechtigkeit auf dem ↑Arbeitsmarkt sorgt und alle durch geeignete ↑Bildung dazu befähigt, ihre Chancen und Möglichkeiten zu kennen, zu beanspruchen und zu nutzen. Dabei darf er seinen Wirkungsbereich nicht in paternalistischer Weise überdehnen, sondern muss gemäß dem Subsidiaritätsprinzip (↑Subsidiarität) den Mitgliedern der G. möglichst großen Freiraum geben. Dort, wo bspw. ↑Religionsgemeinschaften oder andere gesellschaftliche Initiativen notwendige Leistungen im Bereich von Bildung, ↑Gesundheit, sozialer Hilfen oder ↑Kultur bereitstellen, darf der S. sie nicht verdrängen, ist aber zu finanzieller Förderung verpflichtet, wenn wichtige Aufgaben für die Allgemeinheit wahrgenommen werden, die sonst der S. selbst leisten müsste. Bes.s Augenmerk ist heute auf eine kluge, sowohl die Freiheit aller als auch die ↑politische Kultur des öffentlichen Austausches fördernde Regulierung der ↑Medien zu legen, was staatliche Monopole genauso ausschließt wie eine ausschließlich von privaten, häufig an partikularen Kapitalinteressen ausgerichteten Unternehmen beherrschte Medienlandschaft. Umgekehrt sind alle Bürger nicht nur verpflichtet, sich den auf demokratische Weise zustande gekommenen ↑Gesetzen und ↑Entscheidungen (bis auf wenige Ausnahmen, in denen ↑ziviler Ungehorsam gerechtfertigt sein kann) zu unterwerfen, sondern sich im Rahmen ihrer Möglichkeiten und Fähigkeiten auch konstruktiv am politischen Prozess zu beteiligen, um an der Aushandlung möglichst sachgerechter und für alle G.s-Mitglieder fairer Lösungen der Probleme mitzuwirken.

## 2. Neue Herausforderungen

Der mit der beschleunigten ↑Globalisierung verbundene Machtverlust der National-S.en verschärft die Steuerungsprobleme des S.es (↑Steuerung), was bei vielen

Bürgern zu Enttäuschungen über dessen Leistungen führt und häufig wenig rational agierenden nationalistischen Protestbewegungen Zulauf beschert, der bspw. durch fremdenfeindliche Reaktionen auf Migrationsbewegungen (↑Migration) noch verstärkt wird. Zugl. verschärfen funktionale Differenzierung, Individualisierung und Pluralisierung der Lebensformen in der spätmodernen „Gesellschaft der Singularitäten" (Reckwitz 2017) die als Ungerechtigkeiten wahrgenommenen Disparitäten und untergraben die Ressourcen an Gemeinsamkeiten, über die nationale G.en verfügen müssten, um die nötigen diskursiven Prozesse als Grundlage der politischen Kultur und politischer Entscheidungen erfolgreich voranbringen zu können. Die neuen Medien, die zu einer Parzellierung der ↑Öffentlichkeit führen, so dass sich die Einzelnen in ihre jeweiligen Echoräume zurückziehen und wenig konstruktive Auseinandersetzungen mit den Positionen anderer stattfinden, was ↑Fundamentalismen und ↑Populismen bis hin zu gänzlich irrationalen ↑Verschwörungstheorien Tür und Tor öffnet, erschweren zusätzlich den gleichzeitig immer notwendiger werdenden konstruktiven „öffentlichen Gebrauch [der] Vernunft" (Kant 1923: 37). Das „Projekt der Moderne" (Habermas 1981: 453) und das von vielen lange Zeit gehegte Vertrauen in die ↑Rationalität offener gesellschaftlicher Verständigungsprozesse geraten dadurch in eine massive Krise.

Trotzdem können die Probleme, vor denen die Menschheit als Ganze steht, wenn überhaupt nur dadurch gelöst werden, dass sich in einer die S.en und überstaatliche Strukturen kontrollierenden und begleitenden Welt-G. neue und erfolgreichere Formen globaler Verständigung über kulturelle und religiöse Grenzen hinweg (↑Interreligiöser Dialog) und im friedlichen Ausgleich gegensätzlicher ökonomischer Interessen und Machtansprüche herausbilden. Die Tendenz zum Partikularen und Besonderen muss nicht nur seitens der S.en und der internationalen S.en-Gemeinschaft, sondern auch in den verschiedenen gesellschaftlichen Gruppen und Organisationen, die allmählich zu einer Welt-G. zusammenwachsen, ohne Rückfall in nostalgische Homogenitätserwartungen von dem Bemühen abgelöst werden, wieder das Allgemeine und Verbindende in den Blick zu nehmen, auch wenn dieses selbstverständlich strittig und umkämpft bleiben wird und nicht in illiberaler Weise den Individuen und partikularen Gruppen aufoktroyiert werden darf. Erste Ansätze dazu lassen sich z. B. in zivilgesellschaftlichen Initiativen identifizieren, die sich weltweit um die *Commons* (die Weltgemeingüter) kümmern.

### Literatur

A. Reckwitz: Die Gesellschaft der Singularitäten. Zum Strukturwandel der Moderne, [2]2017 • S. Helferich/Heinrich-Böll-Stiftung (Hg.): Commons. Für eine neue Politik jenseits von Markt und Staat, 2012 • S. Leibfried/D. Wolf: Der demokratische Staat und seine Voraussetzungen im Zeitalter der Globalisierung, in: H.-J. Große Kracht/C. Spiess (Hg.): Christentum und Solidariät. Bestandsaufnahmen zu Sozialethik und Religionssoziologie, 2008, 565–590 • H. H. Rupp: Die Unterscheidung von Staat und Gesellschaft, in: HStR, Bd. 2, [3]2004, § 31 • K. Christoph: Gesellschaft, in: H. Drechsler u. a. (Hg.): Gesellschaft und Staat. Lexikon der Politik, [10]2003, 405–408 • H.-J. Große Kracht: Kirche in ziviler Gesellschaft, 1997 • E.-W. Böckenförde: Staat und Gesellschaft, in: StL, Bd. 5, [7]1995, 228–235 • J. Habermas: Faktizität und Geltung, [4]1994 • Ders.: Die Moderne – ein unvollendetes Projekt (1980), in: ders.: Kleine politische Schriften (I-IV), 1981, 444–464 • I. Kant: Beantwortung der Frage: Was ist Aufklärung?, in: AA, Bd. 8, 1923, 33–42.

GERHARD KRUIP

## Staatenbund

Der S. ist ein auf Dauer angelegter völkerrechtlicher Zusammenschluss gleichberechtigter, souveräner Staaten mit eigener Bundesorganisation, aber anders als die ihn bildenden Mitgliedstaaten nicht selbst ↑Staat. Der S. gehört daher nach dem ihm zugrundeliegenden staatstheoretischen Prinzip zur Formenwelt des ↑Föderalismus, in diesem Zusammenhang verstanden als die Idee einer handlungseinenden Verbindung weiterhin eigenständiger Staaten. Als Gegenentwurf beschreibt der Unitarismus das Prinzip geschlossener, zentral organisierter Staatlichkeit.

Abzugrenzen ist der S. nach den Kategorien der klassischen ↑Staatslehre zuvörderst vom ↑Bundesstaat, der jeweils spezifische Anteile von Föderalismus und Unitarismus vereint. Die Gegenüberstellung besticht zunächst durch ihre vermeintliche Klarheit. Hier ↑Völkerrecht, Vertrag, Mediatisierung des Einzelnen, Einstimmigkeitsprinzip und Austrittsrecht; dort ↑Staatsrecht, ↑Verfassung, unmittelbare Anwendbarkeit, Bundeszwang und Sezessionsverbot. Größtmögliche Deutlichkeit herrscht insb. auch bei der Frage des Trägers der ↑Souveränität: Beim S. allein die Mitgliedstaaten, im Bundesstaat der Gesamtverband. In den so idealtypisch beschriebenen Konstellationen geben beim Bundesstaat die Gliedstaaten Teile ihrer Souveränität unwiderruflich auf und unterwerfen sich Bundeszwang und Bundesgerichtsbarkeit. Den Übergang vom S. zum Bundesstaat markiert insoweit jedenfalls das fehlende Recht auf Austritt bzw. Sezession: „no State upon its own mere motion can lawfully get out of the Union" (Lincoln 1861). Im Gegensatz dazu bleibt der S. als paritätische ↑Staatenverbindung ganz Geschöpf des Völkerrechts mit zumeist außenpolitischer Zielsetzung, aus der Konferenz der Mitgliedstaaten hervorgehender Bundesorganisation und eigener Verwaltungsstruktur, jedoch ohne Kompetenz-Kompetenz. Seine Mitgliedstaaten sind nach dem Grundsatz *pacta sunt servanda* an ihre vertraglich eingegangenen Verpflichtungen gebunden, behalten aber auch jenseits von *rebus sic stantibus*-Situationen ihre souveräne Handlungsfreiheit bis hin zum Austritt aus dem Bund.

Die so bezeichneten Charakteristika des S.s erklären damit nach herrschender Ansicht gleichzeitig die Gründe für sein Schattendasein. Sein aus der Sicht der Mitgliedstaaten hervorstechender Vorzug – ihre eigene fortbestehende Souveränität – führt zu einem prekären Zwischenzustand der nicht souveränen Bundesorganisation, der sich – so die These – innerhalb kurzer Zeit konstruktiv oder destruktiv auflöst. Der S. entwickelt sich entweder zum Bundesstaat fort oder scheitert, etwa aufgrund von Kompetenz- oder Finanzierungsproblemen, die sich im schwerfälligen völkerrechtlichen Rechtssetzungsprozess jenseits des ↑Mehrheitsprinzips nur schwer überwinden lassen. Und tatsächlich lassen einige historische Beispiele den S. als Durchgangsstadium zum Bundesstaat erscheinen: Nordamerikanische Konföderation (1778–88), Rheinbund (1806–13), Deutscher Bund (1815–66), Schweizerische Eidgenossenschaft (1815–48).

Wie stets im deutschen Bundesstaatsrecht sind allerdings die unitarischen Prämissen dieses Verständnisses im Blick zu behalten. Die nationalliberal-unitarisch orientierte klassische Staatslehre beschrieb schon das Deutsche Reich gerade durch die Abgrenzung zum Deutschen Bund und gewann so den Begriff des Bundesstaates. Die tatsächliche Gestalt von Staatenbünden lässt sich in dieser idealtypischen Reduzierung deswegen nicht immer erfassen. Weder ist in diesem Erklärungsschema Platz für die teilweise erheblichen Souveränitätsübertragungen der Mitgliedstaaten noch für die Völkerrechtssubjektivität des Bundes oder die teilweise unmittelbare Geltung des von ihm gesetzten Rechts. Begreift man demgegenüber den Bund als institutionalisierte „Schwebelage der Souveränität" (Schönberger 2004: 104) und die bündische Grundsituation als eine der „Befriedung und Intervention" (Schönberger 2004: 104), so erweitert sich sein Anwendungsbereich und Erklärungspotential. Es sind dann weniger klare Zuordnungen von Souveränität und in ihrem Gefolge von Kompetenz-Kompetenz, anhand derer sich das Verhältnis zwischen Bund und Mitgliedstaaten, beschreiben lässt, sondern vielmehr gegenläufige Souveränitätsselbstzuschreibungen zwischen Bund und Mitgliedstaaten, wie sie etwa den Diskurs zwischen der ↑EU und ihren Mitgliedstaaten prägen.

Die EU ist dabei nach überwiegender Ansicht gerade kein S. Als supranationale Organisation mit einem eigenen Status der Unionsbürgerschaft lässt sie sich nicht in die gängigen idealtypisch reduzierten Kategorien des S.-Bundesstaat-Schemas fassen, sondern ist ein Hoheitsgebilde eigener Art *(sui generis)*. Zwar kommt ihr keine Kompetenz-Kompetenz, wohl aber die Befugnis zu, im Anwendungsbereich des europäischen Primärrechts mit direktem Durchgriff auf die Staatsangehörigen der Mitgliedstaaten Hoheitsgewalt auszuüben. Die Austrittsmöglichkeit nach Art. 50 EUV, die jedenfalls eine Nähe zur Typologie des S.s aufweist, findet dabei bislang keine große Erwähnung. In diesem Sinne bezeichnet auch das ↑BVerfG die EU nicht als S., sondern seit dem Maastricht-Urteil (BVerfGE 89,155) aus dem Jahr 1993 als ↑Staaten*verbund*. Den zunächst rein deskriptiv verwendeten Begriff des Verbundes erhob es im Lissabon-Urteil von 2009 zum Rechtsbegriff und definierte ihn als „eine enge, auf Dauer angelegte Verbindung souverän bleibender Staaten, die auf vertraglicher Grundlage öffentliche Gewalt ausübt, deren Grundordnung jedoch allein der Verfügung der Mitgliedstaaten unterliegt und in der die Völker – d. h. die staatsangehörigen Bürger – der Mitgliedstaaten die Subjekte demokratischer Legitimation bleiben" (BVerfGE 123,267, 1. LS.). Das BVerfG stützt damit nur begrifflich die *sui generis*-These, kehrt aber in seiner im Mittelpunkt stehenden Souveränitätsbehauptung letztlich zurück zur Ausgangsbeschreibung des S.s.

Der doppelte Negativbefund – kein Bundesstaat und kein Fall der als Gegenentwurf beschriebenen völkerrechtlichen Rohform des S.s – trägt indes zum Verständnis föderaler Gebilde jenseits des Staates nichts bei und hilft auch nicht, die dort wirkenden Antinomien zu erfassen. Gleiches gilt für neuere Staatenbünde in Form ↑internationaler Organisationen (etwa: ↑Vereinte Nationen, ↑NATO), deren Spannungsfeld zwischen Gesamtverband und Mitgliedstaaten sich in den übersichtlichen geologischen Kategorien des ↑„Mehrebenensystems" kaum erfassen lässt. Die Konstellation der EU legt es deshalb ebenso wie das sich fortentwickelnde Recht der internationalen Organisationen nahe, die Theorie des Bundes für das Verständnis spezifischer föderaler Organisationsformen i. S. eines Verfassungsrechts internationaler Organisationen nutzbar zu machen.

### Literatur

J. Klabbers: An Introduction to International Organizations Law, [3]2015 • J. Crawford: The Creation of States in International Law, [2]2007 • C. Schönberger: Die Europäische Union als Bund. Zugleich ein Beitrag zur Verabschiedung des Staatenbund-Bundesstaat-Schemas, in: AöR 129/1 (2004), 81–120 • S. Oeter: Integration und Subsidiarität im deutschen Bundesstaatsrecht, 1998 • F. K. Lister: The European Union, the United Nations, and the Revival of Confederal Governance, 1996 • M. Forsyth: Unions of States, 1981 • J. B. Westerkamp: Staatenbund und Bundesstaat, 1892 • G. Jellinek: Die Lehre von den Staatenverbindungen, 1882 • A. Lincoln: First Inaugural Address (1861).

SIGRID BOYSEN

## Staatengemeinschaft

Der Begriff der S. besagt, dass ↑Staaten in den ↑internationalen Beziehungen nicht völlig frei agieren können, sondern miteinander in einer durch das ↑Völkerrecht gefassten Gemeinschaft verbunden sind. In Anlehnung an die von Ferdinand Tönnies geprägte Unterscheidung von Gemeinschaft und Gesellschaft basiert die Gemeinschaft auf Homogenität und Solidarität ihrer Mitglieder, die sich gemeinsamen Zielen verschreiben. In der S. gelten verbindliche Werte und Prinzipien, an denen sich die Einzelstaaten zu orientieren haben.

Der Terminus S. wird häufig synonym mit den Begriffen der Völkerrechtsgemeinschaft oder der internationalen Gemeinschaft verwandt. Allerdings betont der Terminus S. bes., dass Staaten die Hauptakteure im Völkerrechtssystem sind. Z.T. wird der Begriff auch zur Kennzeichnung von regionalen Verbünden von Staaten benutzt. So bezieht sich die Bezeichnung europäische S. auf die ↑EU als bes. eng verflochtene ↑Staatenverbindung. In der DDR wurde zudem das Bestehen einer auf gemeinsamen Werten beruhenden „sozialistischen S." hervorgehoben.

Historisch kann die Idee der S. weit zurückverfolgt werden. Bereits die spanischen Spätscholastiker Francisco de Vitoria und Francisco Suárez bekannten sich zu einer Völkergemeinschaft, die auf der Vernunft aller Völker beruhe bzw. das ↑Gemeinwohl zu fördern habe. Auch die Protestanten Hugo Grotius und Christian Wolff gingen von der Existenz eines universell geltenden Völkerrechts aus, das die gesamte Menschheit und alle Staaten verbinde. Im 19. Jh. gewann allerdings gerade im hegelianisch geprägten Deutschland der Voluntarismus viele Anhänger, nach dem der unabhängige Staat rechtlich nur eingehegt werden könne, wenn er sich selbst dazu verpflichte. Zudem war im Zeitalter des ↑Imperialismus die Mitgliedschaft in der S. auf die „zivilisierten" Staaten Europas und Amerikas begrenzt. Kolonialisierte Völker in Asien und Afrika konnten sich nicht auf den Schutz völkerrechtlicher Regelungen berufen. Nach Gründung des ↑Völkerbundes 1919 entwickelten einige Völkerrechtler die Idee einer Völkerrechtsgemeinschaft weiter, die auf gemeinsamen Grundlagen wie dem Grundsatz *pacta sunt servanda* beruhe. Nach Errichtung der ↑Vereinten Nationen 1945 fand die Begrifflichkeit zunehmend Eingang in den allg.en völkerrechtlichen Sprachgebrauch.

In der Rechtspraxis spielt der Begriff der S. bzw. der internationalen Gemeinschaft eine wichtige Rolle. Nach dem ↑BVerfG geht das ↑GG in seiner Präambel und den Art. 24–26 von der Eingliederung des von ihm verfassten Staats in die Völkerrechtsordnung der S. aus. Daraus leitet das Gericht ab, dass insb. im Rechtshilfeverkehr Strukturen und Inhalte fremder Rechtsordnungen zu respektieren sind. Auf internationaler Ebene wird das Konzept der internationalen Gemeinschaft herangezogen, um zu begründen, warum das Völkerrecht auch unabhängig von staatlichem Konsens gelten kann. Art. 53 WVRK erkennt die Existenz von unabdingbaren Normen *(jus cogens)* an, die durch vertragliche Vereinbarungen nicht gebrochen werden dürfen. Klassisches Beispiel für eine solche Norm ist das in Art. 2 Abs. 4 der UN-Charta verankerte ↑Gewaltverbot. Zudem hat der ↑IGH bereits 1970 die Existenz von *erga omnes*-Normen anerkannt, die auf Grund ihrer Bedeutung alle Staaten betreffen und von diesen geltend gemacht werden können. Diese Idee hat die Völkerrechtskommission in Art. 48 des Artikelentwurfs zur Staatenverantwortlichkeit aufgenommen. Darüber hinaus finden sich in Resolutionen der Generalversammlung sowie des Sicherheitsrats routinemäßig Appelle an die internationale Gemeinschaft.

In der aktuellen völkerrechtswissenschaftlichen Debatte lässt sich beobachten, dass der Begriff der S. langsam durch den Begriff der internationalen Gemeinschaft abgelöst wird. Dadurch können auch ↑internationale Organisationen als Mitglieder der Gemeinschaft erfasst werden, zumal ihr Status als Völkerrechtssubjekte nicht bestritten wird. Dagegen begegnet der Vorschlag, ↑NGOs, internationale Wirtschaftskonzerne oder menschliche Individuen als vollwertige Mitglieder der internationalen Gemeinschaft anzuerkennen, häufig Bedenken, da deren völkerrechtlicher Status (noch) nicht geklärt ist. Allerdings propagieren einige Völkerrechtler den Gemeinschaftsbegriff anzureichern und die völkerrechtliche Ordnung als eine Verfassungsordnung zu verstehen (Konstitutionalisierung des Völkerrechts). Nach dieser Theorie existieren nicht bloß Gemeinschaftswerte, sondern Verfassungsprinzipien, an die die Mitglieder der internationalen Gemeinschaft gebunden seien.

Das Verständnis einer konstitutionalisierten internationalen Gemeinschaft, aber auch das klassischere Konzept der S. erfahren Kritik aus verschiedenen Lagern. Gegen den globalen Konstitutionalismus wird vorgebracht, dass die Souveränitätsorientierung aufstrebender Mächte wie China und Russland einem solchen idealistischen Verständnis entgegenstünde. Grundsätzlicher stellen Anhänger des politikwissenschaftlichen ↑Realismus die Idee einer auf gemeinsamen ↑Werten basierenden S. in Frage, da die für eine Gemeinschaft nötige Homogenität auf internationaler Ebene nicht existiere. Als pessimistisches Gegenbild geht die Vision eines Kampfes der Kulturen davon aus, dass verschiedene geopolitisch bedeutsame Regionen in Zukunft aggressiv um Macht und Herrschaft miteinander ringen. Aus postmoderner Perspektive wird zudem die Universalisierbarkeit von Gemeinschaftswerten abgestritten. Die Rede von der Gemeinschaft maskiere die Ausübung von hegemonialer Machtpolitik durch starke Staaten auf Kosten des globalen Südens. Auch die Fragmentierung des Völkerrechts, nach der sich immer mehr völkerrechtliche Rechtsbereiche ausdifferenzieren, die als Spezialrecht wenig Bezug zum allg.en Völkerrecht herstellen, wird teilweise als Herausforderung für die Idee der S. aufgefasst.

### Literatur

M. Payandeh: Internationales Gemeinschaftsrecht, 2010 • W. Graf Vitzthum: Der Staat der Staatengemeinschaft, 2006 • A. L. Paulus: Die internationale Gemeinschaft im Völkerrecht, 2001 • H. Mosler: The International Society as a Legal Community, 1980 • A. Verdross: Die Verfassung der Völkerrechtsgemeinschaft, 1926.

FELIX LANGE

## Staatenverbindung

S. ist eine Sammelbezeichnung für völkerrechtliche Formen der Assoziation von Staaten, die mit der Übertragung von Souveränitätsrechten (↑Souveränität) einhergehen. Die rechtliche Gestalt dieser Assoziationen ist vielfältig und lässt sich jenseits tatsächlicher Kooperationsbeziehungen, Abhängigkeits- und Vertragsverhältnisse anhand der Ein- oder Gegenseitigkeit sowie des Grads der Übertragung von Souveränitätsrechten systematisieren. Einseitige Souveränitätsübertragungen führen auch unter dem Grundsatz souveräner Staatengleichheit zu imparitätischen S.en. Der abhängige Staat ist zwar Völkerrechtssubjekt, aber in seiner völkerrechtlichen Handlungsfähigkeit eingeschränkt. In Nachfolge historischer Formen (v. a. Vasallität) entwickelten sich insb. die Typen des Protektorats (etwa Frankreich: Tunesien [1881–1956] und Marokko [1912–56] und seit 1861 mit außenpolitischen Sonderrechten Monaco), des Quasi-Protektorats, der Protektion und des Mandats- und Treuhandsystems unter Völkerbundsatzung und UN-Charta (str.). Auch im 21. Jh. existieren eine Vielzahl sog.er Mikrostaaten, die sich außenpolitisch oder militärisch durch Nachbarstaaten vertreten lassen. Zu den paritätischen S.en zählen der ↑Staatenbund/↑Staatenverbund und der ↑Bundesstaat, soweit dessen Gliedstaaten zumindest partielle Völkerrechtssubjektivität besitzen.

### Literatur

J. Klabbers: An Introduction to International Organizations Law, ³2015 • J. Crawford: The Creation of States in International Law, ²2007 • R. Aldrich/J. Connell: The Last Colonies, 1998 • G. Jellinek: Die Lehre von den Staatenverbindungen, 1882.

SIGRID BOYSEN

## Staatenverbund

### 1. Funktion und Genese des Begriffs

Mit dem Begriff „S." versuchen das ↑BVerfG und die deutsche Staatsrechtslehre die bes. Natur der ↑EU zu erfassen, welche an Integrationsdichte einerseits über einen klassischen ↑Staatenbund hinausgeht, andererseits hinter der Staatsqualität eines ↑Bundesstaates aber zurückbleibt. Als Rechtsbegriff geprägt hat ihn – auf Vorarbeiten von Paul Kirchhof zurückgehend – das BVerfG, das ihn im Urteil zum Maastricht-Vertrag (BVerfGE 89,155) eingeführt, im Urteil zum Lissabon-Vertrag (BVerfGE 123,267) näher konkretisiert und seither an ihm festgehalten hat (zuletzt z. B. in BVerfG 27.6.2018 – 2 BvR 1287/17, NJW 2018: 2393 Rdnr. 42).

### 2. Bedeutungsgehalt

Das BVerfG hat den Begriff wie folgt definiert (BVerfGE 123,267, LS. 1): „Das Grundgesetz ermächtigt mit Art. 23 GG zur Beteiligung und Entwicklung einer als Staatenverbund konzipierten Europäischen Union. Der Begriff des Verbundes erfasst eine enge, auf Dauer angelegte Verbindung souverän bleibender Staaten, die auf vertraglicher Grundlage öffentliche Gewalt ausübt, deren Grundordnung jedoch allein der Verfügung der Mitgliedstaaten unterliegt und in der die Völker – das heißt die staatsangehörigen Bürger – der Mitgliedstaaten die Subjekte demokratischer Legitimation bleiben". Aus dem Blickwinkel des nationalen Verfassungsrechts wird auf diese Weise festgehalten, dass die Mitgliedstaaten im Integrationsprozess bei aller inzwischen erreichten Kompetenzfülle der Union ihre ↑Souveränität nicht aufgegeben haben und dass die EU auch weiterhin wesentlich auf der Kraft und ↑Legitimität der in ihr zusammengeschlossenen Staaten beruht.

Die Rede vom S. will einerseits zugestehen, dass die EU – obwohl durch ↑völkerrechtlichen Vertrag der Mitgliedstaaten gegründet – über eine normale ↑internationale Organisation weit hinausgeht und eine hochintegrierte überstaatliche Föderation eigener Art verwirklicht. Die Union zeichnet sich insb. durch Supranationalität aus, d. h. sie ist imstande, dem Einzelnen gegenüber unmittelbar Hoheitsgewalt auszuüben, und etabliert eine autonome Rechtsordnung, die den nationalen Rechtsordnungen mit prinzipiellem Vorranganspruch gegenübertritt; das ↑GG gestattet dies ausdrücklich („Übertragung von Hoheitsrechten"). Hinzu kommt, dass die EU mittlerweile über eine beinahe staatsähnliche Kompetenzfülle verfügt, die bis in den vormaligen Kernbereich souveräner Staatlichkeit hineinreicht; einen wesentlichen Teil ihrer Kompetenzen und Staatsfunktionen üben die (auf sich allein gestellt zur Erfüllung ihrer Aufgaben immer weniger tauglichen) Mitgliedstaaten in der EU nunmehr „gemeinsam" (in vergemeinschafteter Form) aus (vgl. Art. 88–1 der Französischen Verfassung). Der unmittelbare Entscheidungsraum der demokratisch legitimierten Staatsorgane der Mitgliedstaaten wird dadurch verkürzt; umgekehrt müssen neuartige Mechanismen einer europäischen Demokratie verwirklicht werden (Art. 9 ff. EUV), und das obwohl die Union über kein ↑Staatsvolk verfügt und wesentliche Gelingensbedingungen der ↑Demokratie im vielsprachigen Europa strukturell erschwert sind; gerade deswegen dringt das BVerfG darauf, dass die Staatsvölker der Mitgliedstaaten die maßgeblichen Legitimationssubjekte bleiben, die bei den Wahlen zum ↑Europäischen Parlament (aufgrund des Unionsbürgerwahlrechts), freilich bereits nur noch in supranational aufgebrochener Gestalt, ↑Legitimation vermitteln (so dass Ansätze einer Union auch der Bürger sichtbar werden). Hervorgetreten ist schließlich ein in vielerlei Hinsicht „integriertes" Verfassungsrecht – eine in den Verträgen manifestierte europäische Verfassungsrechtsordnung –, die zunehmend auch in den innerstaatlichen Raum hineinreicht und gemeinsame Verfassungswerte garantiert.

Die Rede vom S. will gegenüber dieser Entwicklung andererseits festhalten, dass die EU bei alledem doch nicht zum (Bundes-)Staat avanciert ist (und das unter dem GG auch nicht dürfte), sondern dass die Mitgliedstaaten souveräne Staaten bleiben und weiter (so das BVerfG) den demokratischen „Primärraum" bilden, auf deren Legitimität auch die Union maßgeblich beruht. Entscheidend hierfür ist, dass die Union ihre Kompetenzen nicht aus eigener Legitimation und Souveränität heraus wahrnimmt (keine sog.e Kompetenz-Kompetenz), sondern über sie allein in dem Maße verfügt, in dem ihr die Mitgliedstaaten diese – als souveräne „Herren der Verträge" – zur gemeinschaftlichen Erledigung übertragen haben; die Unionorgane dürfen ihre Befugnisse nicht *ultra vires* wahrnehmen, worüber das BVerfG auch wacht (*ultra vires*-Kontrolle); das Recht zum Austritt aus der Union (Art. 50 EUV) bleibt unberührt. Hinzu kommt, dass den Mitgliedstaaten nach der Rechtsprechung des BVerfG (als demokratischem Primärraum) ein ausreichender Raum zur politischen Gestaltung verbleiben muss (was das BVerfG bei Kompetenzübertragungen prüft). Maßgeblich ist schließlich, dass die Union zur Wahrung der nationalen Identität der Mitgliedstaaten, die in ihren grundlegenden politischen und verfassungsmäßigen Strukturen zum Ausdruck kommt, verpflichtet bleibt (Art. 4 Abs. 2 EUV); zudem behält sich das BVerfG gegenüber der EU die Prüfung vor, ob ihre Handlungen den unantastbaren Kerngehalt der Verfassungsidentität des GG (Art. 23 Abs. 1 S. 3 i. V. m. Art. 79 Abs. 3 GG) berühren (Identitätskontrolle) und sieht in diesem „letzten Wort der deutschen Verfassung" auch einen wesentlichen Ausdruck der verbliebenen Souveränität Deutschlands.

### 3. Kritik und Rechtfertigung des Begriffs

Die Charakterisierung der EU als S. ist nicht ohne Diskussion und Kritik geblieben. Andere Umschreibungen – Verfassungsverbund, ↑Mehrebenensystem, Föderation/Bund, *European Governance* etc. – mögen je nach dem mit ihnen verbundenen Erkenntnisinteresse durchaus ihre Berechtigung haben, ihnen fehlt jedoch das aus dem Blickwinkel des ↑Staatsrechts entscheidende Moment des Insistierens auf das Fortbestehen nationaler Staatlichkeit. In jüngeren Entscheidungen spricht das BVerfG z. T. offener davon, die EU sei ein „Staaten-, Verfassungs-, Verwaltungs- und Rechtsprechungsverbund" (z. B. BVerfGE 146,216/254), ohne dadurch das Bekenntnis zum S. aufzugeben. Zuzugeben ist, dass sich der Begriff schwer übersetzen lässt und daher international nur beschränkt anschlussfähig ist. Dies ist jedoch kein Schaden, denn der Begriff dient der deutschen Staatsrechtslehre zur Selbstvergewisserung über ihren Gegenstand – den Staat – im Zuge des ↑Europäischen Integrationsprozesses.

### Literatur

P. Kirchhof: Der deutsche Staat im Prozeß der europäischen Integration, in: HStR, Bd. 10, [3]2012, § 214.

MARKUS MÖSTL

## Staatsangehörigkeit

### 1. Begriffliches

#### 1.1 Staatsangehörigkeit und Staatsbürgerschaft

Die Begriffe der S. und der Staatsbürgerschaft werden vielfach synonym verwendet. Auch rechtlich ist eine Unterscheidung nicht klar vorgegeben. Es gibt aber Gesichtspunkte der Zweckmäßigkeit. So werden in der englisch- und französischsprachigen Literatur die dortigen Pendants (*nationality/citizenship* bzw. *nationalité/citoyenneté*) meist für eine Unterscheidung zwischen der völkerrechtlichen und der innerstaatlichen Bedeutung verwendet. *Nationality* und *nationalité* stehen in dieser Unterscheidung für die völkerrechtlichen Rechtsbeziehungen, *citizenship* und *citoyenneté* dagegen für die staats- und verfassungsrechtlichen Rechtbeziehungen. In konzeptioneller Hinsicht lässt sich eine formelle Dimension der Zuordnung einer Person zu einem ↑Staat (Angehörigkeitsbeziehung) von einer materiellen Dimension unterscheiden, bei der es um die Rechte und Pflichten geht, welche einer Person aus der Zuordnung zu einem bestimmten Staat erwachsen (Mitgliedschaftsbeziehung). Auch wenn die beiden Begriffe der S. und der Staatsbürgerschaft in der Literatur nicht durchgängig i. S. dieser Unterscheidung verwendet werden, wird sie der nachfolgenden Darstellung zugrunde gelegt, weil sie wichtige konzeptionelle Unterscheidungen sichtbar werden lässt.

#### 1.2 Einbürgerung

Neben den Begriffen der S. und der Staatsbürgerschaft ist der Begriff der Einbürgerung von Bedeutung. Im Gegensatz zum Erwerb der S. durch Geburt bezeichnet er den Erwerb einer neuen S. entweder unter Wegfall einer bestehenden S. oder unter deren Beibehaltung. Im zuletzt genannten Fall entsteht eine doppelte oder unter Umständen sogar mehrfache S.

#### 1.3 Staatszugehörigkeit für juristische Personen

Für ↑juristische Personen gibt es mit der sog.en Staatszugehörigkeit ein ähnliches Konzept. Es dient der Zuordnung von v. a. Handelsunternehmen, aber auch anderen juristischen Personen zu einem Staat. Bedeutung hat die Staatszugehörigkeit von juristischen Personen traditionell im Bereich des Investitionsschutzes. Sie spielt aber in neuerer Zeit auch in Freihandelsabkommen eine Rolle. Die Kriterien für die Bestimmung der Staatszugehörigkeit sind im Einzelnen etwas umstritten. Weitgehend anerkannte Zuordnungskriterien sind der Sitz und der Gründungsort einer juristischen Person. Der Ort der wirtschaftlichen Kontrolle wird zwar von einigen Staaten auch für die Zuordnung herangezogen, konnte sich aber bislang nicht allg. durchsetzen.

#### 1.4 Unionsbürgerschaft

Auf der Ebene der ↑EU gibt es seit dem Vertrag von Maastricht mit der ↑Unionsbürgerschaft einen Status, der an den der S. angelehnt ist. Die Unionsbürgerschaft ist akzessorisch zur S. eines Mitgliedstaats, begründet aber nach der Rechtsprechung des ↑EuGH einen eigenen unionsrechtlichen Status, der Rückwirkungen auf das mitgliedstaatliche S.s-Recht v. a. beim Entzug der S. haben kann. Die Unionsbürgerschaft beinhaltet neben dem Recht auf Freizügigkeit innerhalb der Union das aktive und passive Wahlrecht im Aufenthaltsstaat bei Kommunalwahlen und bei den Wahlen zum ↑Europäischen Parlament. Außerdem umfasst sie das Recht auf diplomatischen und konsularischen Schutz durch die anderen Mitgliedstaaten der Union gegenüber Drittstaaten, wenn es keine Vertretung des eigenen Heimatstaats in dem betreffenden Drittstaat gibt, und das ↑Petitionsrecht zum Europäischen Parlament sowie das Recht auf Eingaben an den Europäischen Bürgerbeauftragten (Art. 20 Abs. 2 AEUV).

## 2. Die völkerrechtliche Ebene

### 2.1 Grundlage für die Ausübung von Hoheitsgewalt und die Gewährung von diplomatischem Schutz

Auf völkerrechtlicher Ebene spielt die S. für die Begründung von Jurisdiktion eine entscheidende Rolle. Neben dem Territorialitätsprinzip, demzufolge Staaten Hoheitsgewalt über ihr ↑Staatsgebiet ausüben, ist das Personalitätsprinzip anerkannt, das die Ausübung von Hoheitsgewalt über eigene Staatsangehörige erlaubt. Außerdem sind die Heimatstaaten berechtigt, Rechtspositionen ihrer eigenen Staatsangehörigen im Wege des diplomatischen Schutzes gegenüber anderen Staaten geltend zu machen. Voraussetzung für die Wahrnehmung dieses Rechts ist aber nach der Entscheidung des ↑IGH im Fall Nottebohm, dass die S. „real and effective" (IGH, Urteil vom 6.4.1955, ICJ Reports 1955: 4) ist. Dafür verlangt der Gerichtshof eine hinreichend enge Verbindung („genuine connection" [IGH, Urteil vom 6.4.1955, ICJ Reports 1955: 23]) zwischen dem Heimatstaat und seinem Staatsangehörigen. Dieses zusätzliche Erfordernis soll verhindern, dass Staaten Schutzrechte für Personen in Anspruch nehmen, zu denen sie außer der durch die S. vermittelten formalen Beziehung in keiner materiellen Nähebeziehung stehen.

### 2.2 Staatsangehörigkeit und Auslieferung

Die Auslieferung ist die Überstellung einer Person an einen anderen Staat zum Zwecke der Strafverfolgung. Viele Staaten verweigern die Auslieferung eigener Staatsangehöriger (vgl. für Deutschland das Verbot der Auslieferung eigener Staatsangehöriger in Art. 16 Abs. 2 Satz 1 GG). Völkerrechtlich ist das weitgehend unproblematisch, weil keine allg.e Verpflichtung zur Auslieferung besteht. Soweit solche Auslieferungspflichten im Wege der strafrechtlichen Zusammenarbeit vereinbart werden, enthalten sie zumeist Ausnahmeklauseln für eigene Staatsangehörige (vgl. z. B. Art. 6 Europäisches Auslieferungsübereinkommen vom 13.12. 1957). Ausnahmen von dieser Form des Schutzes bestehen in Bezug auf die ↑internationale Strafgerichtsbarkeit und das Recht der Europäischen Union, das mit dem Europäischen Haftbefehl eine eigene Form der strafrechtlichen Zusammenarbeit zwischen den Mitgliedstaaten kennt, bei der die S. weitgehend unerheblich ist. In Bezug auf einige wenige, bes. schwere Delikte (z. B. Kriegsverbrechen, Völkermord, Folter, Flugzeugentführung, Verbrechen gegen Diplomaten u. a. international geschützte Personen) besteht nach dem Grundsatz *aut dedere, aut iudicare* eine völkervertragliche und darüber hinaus auch teilweise eine völkergewohnheitsrechtliche Pflicht (↑Gewohnheitsrecht), entweder selbst die Strafverfolgung durchzuführen oder die betreffende Person an einen Staat auszuliefern, der zur Strafverfolgung bereit ist. Diese Verpflichtung gilt auch in Bezug auf eigene Staatsangehörige.

### 2.3 Völkerrechtliche Vorgaben für die Verleihung der Staatsangehörigkeit

#### *2.3.1 Allg.e Grundsätze*

Die Verleihung der eigenen S. ist grundsätzlich eine autonome Entscheidung eines jeden Staats. Maßgeblich ist das jeweilige innerstaatliche S.s-Recht. Für Deutschland ist dies das StAG vom 15.7.1999, das mit Wirkung vom 1.1.2000 das bis dahin geltende RuStAG aus dem Jahr 1913 ersetzte. Allerdings würde es zu nicht unerheblichen Schwierigkeiten führen, wenn das ↑Völkerrecht hier keine Grenzen ziehen würde. Wie bereits erwähnt, verlangt der IGH für die völkerrechtliche Ausübung des diplomatischen Schutzes eine „genuine connection". Gängige Prinzipien, die ohne weiteres eine solche Nähebeziehung begründen, sind das Abstammungsprinzip und das Territorialitätsprinzip. Das Abstammungsprinzip knüpft an die S. der Eltern an, das Territorialitätsprinzip an den Ort der Geburt. Von entscheidender Bedeutung ist, dass jeder Staat nur über die Verleihung seiner eigenen S. entscheiden kann. Dies bedeutet, dass es bei unterschiedlicher S. der Eltern für das Abstammungsprinzip auf deren jeweilige Heimatstaaten ankommt, für den Erwerb nach dem Territorialitätsprinzip auf das Recht des Staates, auf dessen Territorium das Kind geboren wird.

#### *2.3.2 Doppelte und mehrfache Staatsangehörigkeit*

In der Kombination dieser Prinzipien können mehrfache S.en entstehen. Das gilt insb., wenn die Eltern unterschiedliche S.en besitzen und beide Heimatstaaten dem Abstammungsprinzip folgen. Aber auch in der Kombination von Abstammungs- und Territorialitätsprinzip kann es zu mehrfachen S.en kommen. Früher stand das Völkerrecht doppelten und mehrfachen S.en skeptisch gegenüber, weil die damit verbundenen unterschiedlichen Loyalitätspflichten als problematisch angesehen wurden. Inzwischen setzt sich eine eher pragmatische Haltung durch, die zur Kenntnis nimmt, dass doppelte und mehrfache S.en eine unvermeidliche Nebenwirkung von ↑Migration im Allgemeinen und Freizügigkeit im ↑Europäischen Binnenmarkt im Besonderen sind. Weil die Mehrzahl der Staaten das Abstammungsprinzip zumindest auch anwendet, sind Kinder aus binationaler Verbindung sehr oft von Geburt an Doppel- oder Mehrstaater. Im Jahr 2015 entstammten 12,2 % aller in Deutschland geborenen Kinder einer binationalen Verbindung. Die geänderte Haltung gegenüber Doppel- oder Mehrstaatigkeit drückt sich in Art. 14 Abs. 1 lit. a des „Europäischen Übereinkommens über die Staatsangehörigkeit“ vom 6.11.1997 aus, demzufolge Kindern, die bei der Geburt ohne weiteres verschiedene S.en erworben haben, die Beibehaltung dieser S.en gestattet wird. Deutschland folgt dieser Tendenz und hat dementsprechend im Zuge der Ratifikation des „Europäischen Übereinkommens über die Staatsangehörigkeit“ im Jahr 2002 das ältere „Übereinkommen über die Verringerung der Mehrstaatigkeit und über die Wehrpflicht von Mehrstaatern“ vom 6.5.1963 gekündigt.

Doppelte und mehrfache S.en ziehen eine Reihe von Folgewirkungen nach sich, die nicht übersehen werden dürfen. Manche dieser Folgewirkungen sind für die Betroffenen positiv (etwa die Möglichkeit in mehreren Staaten wahlberechtigt zu sein), andere sind negativ (etwa eine möglicherweise bestehende doppelte Wehrpflicht). Diese Folgewirkungen lassen sich nicht vollständig vermeiden, aber durch entspr.e Regelungen abmildern. So kann der im Land der anderen S. bereits abgeleistete Wehrdienst möglicherweise angerechnet werden oder die beteiligten Heimatstaaten können eine Absprache über die Beschränkung des Wahlrechts auf denjenigen Staat vereinbaren, zu dem die Person die engsten Beziehungen hat. Solche Absprachen gibt es etwa zwischen Spanien und einigen südamerikanischen Staaten.

Für die Zukunft wird man verstärkt über Möglichkeiten der Begrenzung bei der Weitergabe der S. nach dem Abstammungsprinzip nachdenken müssen. Das deutsche Recht enthält hier seit der Reform des S.s-Rechts im Jahr 2000 mit dem sog.en Generationenschnitt in § 4 Abs. 4 StAG eine Regelung, durch welche die Weitergabe nach dem Abstammungsprinzip für im Ausland geborene Kinder unterbunden wird, wenn das Kind im Ausland geboren und auch der deutsche Elternteil nach dem 31.12.1999 im Ausland geboren wurde und dort seinen gewöhnlichen Aufenthalt hat, es sei denn, das Kind würde sonst staatenlos. Diese Regelung reagiert auf den Umstand, dass ansonsten eine endlose Weitergabe der S. nach dem Abstammungsprinzip auch auf Kinder erfolgen würde, denen jedweder Bezug zu Deutschland fehlt. Unter den gegenwärtigen Migrationsbedingungen wäre eine möglichst breite Einführung dieser Lösung auch im S.s-Recht anderer Länder wünschenswert. Auch könnten völkerrechtliche Vereinbarungen hierüber dazu führen, in mittel- und langfristiger Perspektive Doppel- und Mehrstaatigkeit auch in Fällen wieder einzuschränken, die – wie der Erwerb aus einer binationalen Verbindung der Eltern – in der politischen Diskussion zumeist gar nicht thematisiert werden.

*2.3.3 Staatenlosigkeit*

Völkerrechtlich höchst unerwünscht ist dagegen weiterhin die Staatenlosigkeit, weil sie zu einer weitgehenden Rechtlosstellung der betreffenden Personen führt. Es gibt deshalb vertragliche Regelungen, mit denen Staatenlosigkeit vermieden oder zumindest die Rechtsstellung von Staatenlosen verbessert werden soll (z. B. „Übereinkommen über die Rechtsstellung der Staatenlosen“ vom 28.9.1954; „Übereinkommen zur Verminderung der Staatenlosigkeit“ vom 30.8.1961; Art. 4 lit. b des „Europäischen Übereinkommens über die Staatsangehörigkeit“ vom 6.11.1997). Zu solchen Regeln gehört etwa die Verpflichtung, einem im Inland geborenen Kind die S. nach dem Territorialitätsprinzip zu verleihen, wenn es andernfalls staatlos wäre (Art. 20 Abs. 2 „Interamerikanische Menschenrechtskonvention“ vom 22.11.1969). Eine vergleichbare Pflicht begründet auch Art. 6 Abs. 2 „Europäisches Übereinkommen über die Staatsangehörigkeit“ vom 6.11.1997.

*2.3.4 Staatensukzession und Staatsangehörigkeit*

Bes. Probleme können in Staatensukzessionsfällen entstehen. Das betrifft zum einen die Situation des sog.en Zerfalls, d. h. den Untergang des bisherigen Völkerrechtssubjekts bei gleichzeitiger Entstehung mehrerer neuer Völkerrechtssubjekte auf dem bisherigen Gebiet. In solchen Fällen können die ethnische oder persönliche Zuordnung einerseits und der territoriale Aufenthalt andererseits auseinanderfallen und es entstehen schwierige aufenthaltsrechtliche Fragen. Illustrativ ist der vom EGMR entschiedene Fall Kurić u. a. v Slowenien (EGMR, Urteil vom 26.6.2012 – 26828/06). Hier geht es um die staatsangehörigkeitsrechtlichen und aufenthaltsrechtlichen Folgen des Zerfalls der ehemaligen föderativen jugoslawischen Republik, der bes. Härten für Angehörige einer Teilrepublik mit sich brachte, die sich seit langem auf dem Gebiet einer anderen Teilrepublik niedergelassen hatten, deren S. aber nach dem Zerfall nicht erlangt hatten. Hier hat der EGMR mit einem aus Art. 8 EMRK abgeleiteten dauerhaften Aufenthaltsrecht geholfen, das unabhängig von der S. eingreift.

*2.3.5 Menschenrecht auf Staatsangehörigkeit*

Wie oben unter den allg.en Grundsätzen ausgeführt (s. 2.2.1) geht das Völkerrecht traditionell davon aus, dass es zur staatlichen ↑Souveränität gehört, frei über die Vergabe der eigenen S. zu entscheiden. Dieser Grundsatz wird aber v. a. im Bereich des Antidiskriminierungsrechts zumindest punktuell modifiziert. Für die ↑EMRK hat der EGMR hierzu entschieden, dass die Konvention zwar keinen Anspruch auf den Erwerb einer bestimmten S. beinhalte. Dessen ungeachtet könne das willkürliche Vorenthalten einer S. wegen des Einflusses der S. auf die Persönlichkeitsentwicklung und die sozialen Beziehungen einer Person zu ihrer Umwelt u. U. einen Verstoß gegen das Recht auf Achtung des Privatlebens begründen. Auf dieser Basis hat der Gerichtshof eine Regelung des maltesischen Rechts für konventionswidrig erklärt, in der uneheliche Kinder beim Erwerb der S. benachteiligt wurden (EGMR, Urteil vom 11.10.2011 – 53124/09, Rdnr. 30 – Genovese v Malta). Solche punktuellen Durchbrechungen begründen zwar keinen allg.en menschenrechtlichen (↑Menschenrechte) Anspruch auf eine S., sie können aber im Einzelfall eben doch einen Anspruch auf Zugang zu einer bestimmten S. begründen.

## 3. Die staatsrechtliche und staatstheoretische Ebene

### 3.1 Formale Staatsangehörigkeit und materiale Gemeinschaftszugehörigkeit

Nach dem ↑BVerfG kommt in der S. die „Grundbeziehung der mitgliedschaftlichen Verbindung und rechtlichen Zugehörigkeit zur staatlichen Gemeinschaft" zum Ausdruck (BVerfGE 37,217 [241]). Mit der S. wird demnach über die Zugehörigkeit zum ↑Staatsvolk im (verfassungs-)rechtlichen Sinne entschieden. Da nach der herrschenden Auffassung in Völkerrecht und Staatstheorie das Staatsvolk ein wesentliches Element von Staatlichkeit ausmacht, kommt der Entscheidung über die Verleihung der S. auch aus dieser Perspektive grundlegende Bedeutung zu. Ob jenseits des formalen Bandes der S. noch eine engere, materiale Zusammengehörigkeit i. S. einer „Schicksalsgemeinschaft" erforderlich ist, um von einem Staatsvolk sprechen zu können, ist in Rechtsprechung und Literatur umstritten geblieben. Teilweise wird ein solches (vorrechtliches) Zusammengehörigkeitserfordernis als Verfassungsvoraussetzung (↑Verfassungsvoraussetzungen, Verfassungserwartungen) für erforderlich gehalten, andere weisen solche Voraussetzungen als übertriebene Homogenitätspostulate zurück. Wie auch immer die Frage in staatstheoretischer Hinsicht zu beantworten sein mag, jedenfalls in rechtlicher Hinsicht kommt der demokratische Verfassungsstaat nicht darum herum, das formale Band der S. ausreichen zu lassen, weil weitergehende Einheitsforderungen an Kriterien ansetzen, die entweder nicht hinreichend sicher messbar oder gar wegen ihres diskriminierenden Charakters (↑Diskriminierung) verfassungswidrig sind.

### 3.2 Der von der Staatsangehörigkeit vermittelte Bürgerstatus

Nach dem traditionellen Verständnis vermittelt die S. einen rechtlichen Status i. S. eines Bündels an Rechten und Pflichten. In praktischer Hinsicht äußerst bedeutsam sind zunächst das Aufenthalts- und das Freizügigkeitsrecht. Staatsbürger haben einen – auch völkerrechtlich anerkannten – Anspruch auf Aufenthalt im Heimatstaat sowie auf freie Wahl des Aufenthalts- und Wohnorts. Das Recht umfasst auch die Einreise. Einen zweiten wichtigen Aspekt bildet das Recht auf wirtschaftliche Betätigung, das in Deutschland durch die ↑Berufsfreiheit des Art. 12 GG garantiert wird. Die politischen Mitwirkungsrechte (↑Partizipation) sind das dritte zentrale Element. Zu ihnen gehören v. a. das aktive und das passive Wahlrecht, also diejenigen Rechte, die sich auf den Bereich der organisierten Staatswillensbildung beziehen. Als vierter großer Bereich ist die sozialstaatliche Dimension (↑Sozialstaat) zu nennen. Mit dem Bürgerstatus ging traditionellerweise im Falle der Bedürftigkeit ein Anspruch auf soziale Unterstützung durch die Gemeinschaft einher. Unter den der Gemeinschaft geschuldeten Grundpflichten wird allein die Wehrpflicht mit der S. verknüpft. Die anderen Pflichten (insb. auch die Steuerpflicht) gelten in aller Regel unabhängig von der S. für alle Bewohner des jeweiligen Staatsgebiets.

### 3.3 „Entbündelung" des Bürgerstatus

Zentrales Charakteristikum der Entwicklung der letzten Jahrzehnte im Bereich der S. ist die „Entbündelung" des ehemals von der S. abhängigen Rechtebündels. Insb. im Bereich des Aufenthaltsrechts haben sich zahlreiche grund- und menschenrechtliche sowie durch das Recht der EU (↑Europarecht) vermittelte aufenthaltsrechtliche Rechtspositionen entwickelt, sodass die S. inzwischen nur noch eine von mehreren rechtlichen Möglichkeiten darstellt, einen gefestigten Aufenthaltsstatus zu erwerben. So genießen etwa Unionsbürger innerhalb der EU Freizügigkeit einschließlich der Niederlassungsfreiheit und das Grundrecht auf Achtung des Privat- und Familienlebens kann eigenständige aufenthaltsrechtliche Rechtspositionen vermitteln. Auch die Unterstützung bei Bedürftigkeit und die wirtschaftliche Betätigungsfreiheit sind schon lange nicht mehr an die S. gebunden. Die sozialstaatliche Fürsorge knüpft entweder an eigene Sozialversicherungsbeiträge oder im Hinblick auf die Gewährleistung des ↑Existenzminimums schlicht an den Aufenthalt im Inland an. Sowohl in Bezug auf die soziale Absicherung als auch bei der wirtschaftlichen Betätigungsfreiheit hat im Zuge der europäischen Integration (↑Europäischer Integrationsprozess) zudem eine weitgehende Angleichung der Rechtspositionen von Inländern und nicht-deutschen Unionsbürgern stattgefunden. Und auch der Status von Drittstaatsangehörigen wurde in Bezug auf die wirtschaftliche Betätigungsfreiheit immer weiter ausgebaut.

Allein das aktive und passive Wahlrecht bleibt weiterhin streng an die S. gebunden. Hier gibt es lediglich für die Wahlen zum Europäischen Parlament und für Wahlen auf kommunaler Ebene Ausnahmen. Politische Bestrebungen, diesen Zustand zumindest auf der Ebene der Länder zu ändern und dort ein begrenztes Ausländerwahlrecht einzuführen, hat das BVerfG in seinen Entscheidungen zum Ausländerwahlrecht in Schleswig-Holstein (BVerfGE 83,37) und Hamburg (BVerfGE 83,60) zurückgewiesen. Der bislang eingeschlagene Weg geht deshalb dahin, an der Verbindung von Wahlrecht und S. festzuhalten und die Möglichkeiten des Erwerbs der S. durch Einbürgerung auszubauen.

### 4. Ausblick

In historischer Perspektive enthielt der mit der S. verbundene Bürgerstatus ein elementares Gleichheitsversprechen, das zugl. die Abkehr von den Ungleichheiten einer ständischen Struktur bedeutete. In staatsbürgerlicher Hinsicht waren Unterschiede im ↑Stand unerheblich und stattdessen alle gleichzubehandeln. Solange die einzelnen Statusrechte im Bürgerstatus gebündelt waren, konnte dieser Bürgerstatus ↑Gleichheit garantieren, gerade auch hinsichtlich der politischen Mitwirkungsmöglichkeiten. In dem Maße, in dem der Bürgerstatus entbündelt und der dauerhafte Aufenthalt unabhängig von der S. ermöglicht wird, drohen neue Ungleichheiten, die sich als demokratisches Mitwirkungsproblem darstellen. Für die repräsentative ↑Demokratie kann das zum Krisenfall werden, denn es droht eine Inkongruenz „zwischen den Inhabern demokratischer politischer Rechte und den dauerhaft einer bestimmten staatlichen Herrschaft Unterworfenen" (BVerfGE 83,37 [52]).

### Literatur

R. Fritz/J. Vormeier (Hg.): Gemeinschaftskommentar zum Staatsangehörigkeitsrecht, 31. Erg.-Lfg., Stand Juni 2018 • F. Weber: Staatsangehörigkeit und Status, 2018 • K. Hailbronner u. a.: Staatsangehörigkeitsrecht, [6]2017 • P. Schlotzer (Hg.): Praxishandbuch Staatsangehörigkeitsrecht, 2017 • K. F. Gärditz: Der Bürgerstatus im Lichte von Migration und europäischer Integration, in: VVDStRL, Bd. 72 (2013), 49–163 • C. Walter: Der Bürgerstatus im Lichte von Migration und europäischer Integration, in: VVDStRL, Bd. 72 (2013), 7–48 • A. Kesby: The Right to Have Rights. Citizenship, Humanity and International Law, 2012 • S. Uslucan: Zur Weiterentwicklungsfähigkeit des Menschenrechts auf Staatsangehörigkeit, 2012 • M. Nettesheim: Der „Kernbereich" der Unionsbürgerschaft – vom Schutz der Mobilität zur Gewährleistung eines Lebensumfelds, in: JZ 66/21 (2011), 1030–1037 • P. J. Spiro: A New International Law of Citizenship, in: AJIL 105/4 (2011), 694–746 • S. Benhabib: Die Rechte der Anderen, 2008 • A. M. Boll: Multiple Nationality and International Law, 2007 • F. Wollenschläger: Grundfreiheit ohne Markt, 2007 • C. Maierhöfer, „Aut dedere – aut iudicare" – Herkunft, Rechtsgrundlagen und Inhalt des völkerrechtlichen Gebotes zur Strafverfolgung oder Auslieferung, 2006 • C. Schönberger: Unionsbürger, 2005 • T. A. Aleinikoff/D. Klusmeyer (Hg.): Citizenship Today, 2001 • D. Gosewinkel: Einbürgern und Ausschließen. Die Nationalisierung der Staatsangehörigkeit vom Deutschen Bund bis zur Staatsangehörigkeit der Bundesrepublik Deutschland, 2001 • J. Masing: Wandel im Staatsangehörigkeitsrecht vor den Herausforderungen moderner Migration, 2001 • K. Holz (Hg.): Staatsbürgerschaft. Soziale Differenzierung und politische Inklusion, 2000 • A. Wallrabenstein: Untertan, Bürger oder Volkszugehöriger? Zum Verständnis des deutschen Einbürgerungsrechts, in: Der Staat 38/2 (1999), 260–278 • B. Ziemske: Die deutsche Staatsangehörigkeit nach dem Grundgesetz, 1995 • R. Brubaker: Staats-Bürger. Deutschland und Frankreich im historischen Vergleich, 1994 • J. Habermas: Staatsbürgerschaft und nationale Identität, 1991 • K. Thedieck: Deutsche Staatsangehörigkeit im Bund und in den Ländern, 1989 • R. Grawert: Staat und Staatsangehörigkeit, 1973.

CHRISTIAN WALTER

## Staatsanleihe

### 1. Definition

S.n sind ein spezieller Typ von Wertpapieren, welche Forderungen verbriefen, und damit den Forderungspapieren zuzurechnen sind. Der Schuldner der Papiere ist in diesem Fall ein ↑Staat. Jede Anleihe für sich hat Anspruch auf aus dem Wertpapier hervorgehende Zahlungsversprechen, welcher unabhängig von anderen Anleihen besteht. Ihren historischen Ursprung haben S.n in der Finanzierung von Kriegsausgaben norditalienischer Städte und Fürstentümer im Mittelalter. Wertpapiere moderner Prägung entwickelten sich erst im England des 16. Jh.

Als Wertpapiere im engeren Sinn sind S.n nach sachenrechtlichen Grundsätzen (↑Sachenrecht) übertragbar und damit leicht handelbar (fungibel). In der BRD werden sie meist als Inhaberpapiere konstituiert, so dass aus dem Eigentum am Papier der direkte Anspruch der Rechte aus dem Papier erfolgt. Dies führt dazu, dass S.n, die in großen Stückzahlen durch den Schuldner ausgegeben werden, oft an einem strukturierten Markt, einer ↑Börse, gehandelt werden. Somit hat der Zeichner einer Emission von S.n, der erste Käufer, die Möglichkeit diese Papiere weiterzuveräußern, was die Attraktivität für den Käufer steigert, da er sich i. d. R. jederzeit von den Papieren trennen kann. Aus finanzwirtschaftlicher Sicht ist das entscheidende Merkmal der Anleihen der Aufbau des Zahlungsstroms, der durch die Laufzeit der Anleihe (Fälligkeit der letzten Tilgungszahlung), den Kupon, die Nominalverzinsung sowie die Rückzahlungsmodalitäten der Tilgungszahlung determiniert ist.

### 2. Emittenten von Staatsanleihen

In der BRD werden S.n mit verschiedenen Laufzeiten emittiert, die jeweils verschiedene Namen und leicht unterschiedliche Ausstattungsmerkmale tragen. Während Bundesobligationen, Bundesanleihen und Bundesschatzeinweisungen als endfällige Anleihen mit fixem Kupon (Zinszahlungsversprechen) und Laufzeiten zwischen zwei und zehn Jahren ausgegeben werden, haben unverzinsliche Schatzanweisungen bei einem Kupon von Null einen niedrigeren Ausgabekurs. Daneben existieren noch Sonderformen wie inflationsindexierte Anleihen, deren Nominalbetrag mit der Inflationsrate ansteigt, oder Anleihen mit variablem Kupon, der an einen Referenzzins gekoppelt ist.

Je nach Staat können Anleihen unterschiedlich gestaltet sein, so wurden bspw. im Vereinigten Königreich Anleihen mit unendlicher Laufzeit emittiert. Größter Markt für S.n weltweit ist der Markt der *US Treasury*

*Bonds, Notes and Bills*, also der Schuldverschreibungen der USA.

In vielen größeren föderal organisierten Staaten (↑Föderalismus) emittieren neben dem Nationalstaat auch Körperschaften unterhalb der Zentralstaatsebene Anleihen. So sind in der BRD ebenfalls die Bundesländer wie auch weitere Gebietskörperschaften oder Verbünde von Gebietskörperschaften als Anleiheemittenten tätig. Davon abzugrenzen sind die Kommunalobligationen, die keine direkten Emissionen der Kommunen, sondern von speziellen Kreditinstituten sind, wobei die Emissionen kongruent mit Kommunalschulden gedeckt sind.

### 3. Rechtliche Ausgestaltung von Staatsanleihen

Ein grundsätzliches Ausgestaltungsmerkmal ist die ↑Währung bei S.n. Meist begeben die Staaten Anleihen in ihrer eigenen oder einer Gemeinschaftswährung wie dem Euro. Gerade in kleineren Ländern mit überschaubarem Kapitalmarkt (↑Geld- und Kapitalmarkt) ist die Emission von Fremdwährungsanleihen, d. h. von Anleihen nicht in der Heimatwährung, üblich. So emittieren zahlreiche lateinamerikanische Staaten in Euro oder US-Dollar, vereinzelt begeben auch Länder der Eurozone Anleihen in anderen Währungen. Da die Zins- und Tilgungszahlungen jedoch in der fremden Währung zu bedienen sind, birgt dies für den Schuldnerstaat die Gefahr, dass bei negativer Entwicklung der ↑Wechselkurse die Zahlungen in Heimatwährung größer ausfallen können.

Da im Gegensatz etwa zu Hypothekenpfandbriefen bei S.n keine direkten Sicherheiten vorliegen, ist es üblich, in die Anleihebedingungen Klauseln zum Absichern des Anleihekäufers mitaufzunehmen. Nach der Pari-Passu-Klausel darf der Emittent anderen Gläubigern keinen Vorrang bei der Schuldenbedienung einräumen. Die Negativerklärung schützt den Gläubiger davor, dass andere Gläubiger durch Kreditsicherheiten des Schuldners einseitig bessergestellt werden. Die Cross-Default-Klausel räumt dem Anleihegläubiger das Recht ein seine Forderung zu kündigen, falls eine sonstige Anleihe des gleichen Emittenten in Zahlungsverzug ist, auch wenn die im Eigentum gehaltene Anleihe nicht ausgefallen ist. Mit der *Collective Action Clause* ist es möglich Anleihekonditionen zu verändern, wenn eine Mehrheit der Gläubiger einer solchen Änderung zustimmt. Damit ist eine Abkehr vom Grundprinzip gegeben, dass jede einzelne Anleihe selbstständig ein Gläubigerrecht verbrieft.

### 4. Bonität

Für Staaten existieren keine Insolvenzvorschriften, es besteht jedoch die Möglichkeit eines Moratoriums oder Staatsbankrotts. Dabei werden Staatsschulden umgeschuldet, d. h. alte Anleihen gegen neue Anleihen getauscht. So wurden etwa im Falle Griechenlands 2012 den Anleihegläubigern neue Anleihen mit niedrigem Kupon und langer Laufzeit für ihre alten Anleihen mit hohen Zinsversprechen und kurzer Laufzeit angeboten. Auf diese Weise wird zwar de facto das Zahlungsversprechen aufrechterhalten, allerdings sind die Konditionen für die Gläubiger deutlich schlechter, so dass dies für sie einen Wertverlust darstellt. Teilweise findet auch eine echte Reduktion des Nennwerts und damit des Rückzahlungsversprechens wie im Falle von Ecuador 1999 statt (↑Staatsschuldenkrise).

Diese Fälle demonstrieren, dass insb. in Fremdwährungen S.n einem Ausfallrisiko unterliegen können. In solchen Fällen liegt der versprochene ↑Zins dieser Staaten erheblich über dem Zins, der für die Schuldner bester Bonität gefordert wird. Letztere sind dabei meist Staaten, die sich in ihrer eigenen Heimatwährung verschuldet haben.

### 5. Finanzwirtschaftliche Bedeutung

Staatliche Anleiheemissionen dienen grundsätzlich der Erzielung von Staatseinnahmen (s. a. ↑Staatsverschuldung). Zudem stellen S.n aus Sicht der Finanzwirtschaft eine zentrale Möglichkeit dar, den Kapitalmarkt zu vervollständigen. S.n gelten insb. wenn sie in der eigenen Währung emittiert werden als meist sehr sichere Anlagemöglichkeit, wenn nicht sogar als die risikoärmste Anlagemöglichkeit. Damit bieten S.n sich als mündelsichere und deckungsstockfähige Investitionsmöglichkeit für ↑Versicherungen an. Ferner bildet der Zinssatz für solch risikoarme S.n die Untergrenze für Zinssätze in einer Volkswirtschaft. Dieser wird dann als Referenzzinssatz verwendet, auf den sich risikoreichere Anlagen beziehen oder mit dem Rechenwerke wie die Investitionsrechnung kalkulieren.

### Literatur

L. Perridon/M. Steiner/A. Rathgeber: Finanzwirtschaft der Unternehmung, [17]2017 • M. Choudhry/D. Moskovic/ M. Wong: Fixed Income Markets, 2014 • P. Gantenbein/ K. Spremann: Zinsen, Anleihen und Kredite, [5]2014.

ANDREAS RATHGEBER

## Staatsanwaltschaft

### 1. Rolle und Organisation

Die S. ist trotz ihrer Eingliederung in die Justiz Teil der Exekutive und übt keine rechtsprechende Gewalt i. S. v. Art. 92 GG aus. Anders als die Gerichte findet sie keine Erwähnung im GG, sondern ist einfachgesetzlich im GVG als selbständiges, vom Gericht unabhängiges, notwendiges *Organ der Strafrechtspflege* etabliert. Nach der Rspr. des ↑BVerfG kommt ihr hierbei die Rolle als „Wächter[in] des Gesetzes" (BVerfGE 133,168 [220]) und „Garantin für Rechtsstaatlichkeit" (BVerfGE 133,168 [219]) zu; sie hat in allen Stadien des Strafverfahrens auf die Ermittlung der Wahrheit hinzuwirken und darauf zu achten, dass die rechtsstaatlichen Vorgaben eingehalten werden. Gemeinsam mit den Gerichten erfüllt sie die Aufgabe der Justizgewährung.

Das GVG sieht vor, dass an allen Gerichten S.en vorhanden sind, wobei einzelne S.en für mehrere Gerichte bestimmt sein können. Beim BGH üben der Generalbundesanwalt und die Bundesanwälte das Amt der S. aus. Die Tätigkeit der S. kann beim Amtsgericht auch durch die Amtsanwaltschaft ausgeübt werden (§142 GVG).

§§146f. GVG regeln die *Weisungsgebundenheit* der Staatsanwälte (StA.e), die über Berichtspflichten der S. an die Justizministerien sichergestellt wird. Insb. das externe (ministerielle) Weisungsrecht in Einzelfällen ist in der rechtspolitischen Diskussion seit seiner Einführung 1879 umstritten. Begründet wird es mit der Sicherstellung der parlamentarischen Kontrolle und demokratischen Legitimation der S. als Teil der Exekutive. Reformbemühungen in den 1970er Jahren zur Neuordnung und Formalisierung des Weisungsrechts blieben ohne Erfolg. Die Aufforderung der Parlamentarischen Versammlung des Europarats gegenüber Deutschland, das Einzelweisungsrecht der Justizministerien abzuschaffen (Resolution 1685/2009), und Reformvorschläge des *Deutschen Richterbundes* wurden vom Gesetzgeber bislang nicht aufgegriffen. Innerhalb der ↑EU zeichnet sich eine andere Entwicklung ab: Zahlreiche Mitgliedstaaten haben das ministerielle Einzelweisungsrecht abgeschafft; auch die durch VO (EU) 2017/1939 errichtete Europäische S. ist unabhängig und darf externe Weisungen weder einholen noch entgegennehmen (Art. 6 Abs. 1 der VO).

Begrenzt wird das Weisungsrecht freilich durch Art. 20 Abs. 3 GG, der die Exekutive an Gesetz und Recht und damit insb. auch an das in der StPO verankerte Legalitätsprinzip bindet.

### 2. Aufgaben und Zuständigkeiten

Aufgabenschwerpunkt der S. ist die Verfolgung strafbarer Handlungen. Das aus der Rechtsstaatsgarantie herrührende *Legalitätsprinzip* verpflichtet die S., bei Vorliegen eines Anfangsverdachtes einzuschreiten (§152 StPO). Eine Durchbrechung dieses Grundsatzes ist jedoch im Rahmen der Opportunitätsvorschriften zulässig (insb. §§153 ff. StPO; §45 JGG). Bei der Erforschung des Sachverhalts ist die S. zur *Objektivität* verpflichtet, es sind auch die zur Entlastung dienenden Umstände zu ermitteln (§160 Abs. 2 StPO). Obwohl der Großteil der Ermittlungsarbeit von der ↑Polizei – bei kleinerer und mittlerer ↑Kriminalität auch weitgehend selbständig – durchgeführt wird, ist die S. jederzeit Herrin und Leiterin des Ermittlungsverfahrens und trägt die Gesamtverantwortung für eine rechtsstaatliche und ordnungsgemäße Durchführung des Verfahrens. Über die Beendigung eines Ermittlungsverfahrens, sei es durch Anklage oder Einstellung, entscheidet allein die S. *(Anklage- und Einstellungsmonopol)*. Ein gerichtliches Strafverfahren kann nur auf Anklage und mit notwendiger Mitwirkung der S. durchgeführt werden *(Akkusationsprinzip)*. Ausnahmen hiervon sind die Privatklage und die Befugnis der Finanzbehörde zur Beantragung eines Strafbefehls im Steuerstrafrecht (§400 AO). Um eine – länderübergreifend – möglichst einheitliche Behandlung von Straf- und Bußgeldverfahren zu erreichen, sieht die RiStBV Vorgaben für die Durchführung dieser Verfahren vor. Als Verwaltungsvorschrift hat sie jedoch keine Außenwirkung. Auch der weisungsgebundene StA kann bei Besonderheiten im Einzelfall davon abweichen.

Nach Abschluss des gerichtlichen Verfahrens ist die S. auch für die Strafvollstreckung zuständig (§451 StPO). Außerhalb des Strafverfahrens kommen ihr u.a. Aufgaben bei der Verfolgung von ↑Ordnungswidrigkeiten und bei der internationalen Rechtshilfe (↑Amts- und Rechtshilfe) zu. Einzelne Gnadenordnungen der Länder übertragen der S. auch die Aufgaben einer Gnadenbehörde. Bei den Generalstaatsanwaltschaften und beim Generalbundesanwalt sind zudem die nationalen Kontaktstellen für das *Europäische Justizielle Netz für Strafsachen* angesiedelt.

#### Literatur

H. Mayer: Zehnter Titel. Staatsanwaltschaft (§§141–152 GVG), in: R. Hannich (Hg.): Karlsruher Kommentar zur Strafprozessordnung, [8]2019, 2833–2848 • H. Mayer: Zehnter Titel. Staatsanwaltschaft, in: O. R. Kissel/H. Mayer: Gerichtsverfassungsgesetz, [9]2018, 972–1011 • E. S. Carsten/E. C. Rautenberg: Die Geschichte der Staatsanwaltschaft in Deutschland bis zur Gegenwart, [3]2015 • U. Franke: Zehnter Titel. Staatsanwaltschaft, in: V. Erb u.a. (Hg.): Löwe-Rosenberg. Die Strafprozessordnung und das Gerichtsverfassungsgesetz, Bd. 10, [26]2010, 697–773.

CLAUDIA SPOERHASE

## Staatsaufgaben

I. Rechtswissenschaftlich – II. Ökonomisch

### I. Rechtswissenschaftlich

#### 1. Begriff und Abgrenzung

Mit S. werden die öffentlichen Aufgaben bezeichnet, auf die der Staat nach Maßgabe und in den Grenzen der Verfassung zugreift, zugreifen darf oder auch zugreifen muss; der Begriff ist damit formell wie auch materiell definiert. In den Kategorien der verschiedenen Angelegenheiten des Gemeinwesens sind öffentliche Aufgaben solche Belange, deren Pflege im öffentlichen Interesse liegt. Der Begriff des öffentlichen Interesses meint ideelle Güter (öffentliche Belange), die das Gemeinwesen hegt und anstrebt (Gemeinwohlinteressen). S. knüpfen an öffentliche Interessen an. Für das Vorliegen einer staatlichen Aufgabe ist dabei ein gegenwärtiges Tätigwerden staatlicher Stellen nicht notwendig, sondern es kommt lediglich darauf an, dass Verfassung und ↑Gesetz dem Staat die Möglichkeit eröffnen, sich eines Themas anzunehmen und seine Erledigung zu verfolgen. Damit kann es neben aktuellen staatlichen Aufgaben, bei denen der Staat von der ihm durch das ↑Recht eröffneten Möglichkeit, sich einer Angelegenheit anzunehmen, tatsächlich Gebrauch macht, auch nur virtuelle staatliche Aufgaben geben, bei denen der Staat derzeit untätig bleibt.

S. sind abzugrenzen von den Staatszielen (↑Staatszielbestimmungen) und den Staatszwecken. Staatszwecke benennen den Grund, um dessentwillen ein Staat idealtypisch besteht, Staatsziele heißen die öffentlichen Belange, die sich ein individueller Staat in einer bestimmten geschichtlichen Lage zu eigen macht und in deren Dienst er sich stellt. Staatszwecke entstammen der Staatsphilosophie und -theorie, Staatsziele sind normiert im geltenden Recht. Staatsziele aktualisieren sich in den verschiedenen Feldern staatlicher Aufgaben.

### 2. Historische Entwicklung

Die Aufgaben des modernen ↑Staates stehen nicht ein für alle Mal fest, sondern ändern sich mit den vorherrschenden staatstheoretischen Anschauungen. Am Anfang der historischen Entwicklung des modernen Staates als der institutionellen Überwindung des ↑Bürgerkrieges stand seine Aufgabe, die ↑Sicherheit der Bürger zu gewährleisten (Thomas Hobbes). Dabei verstand der absolutistische Staat (↑Absolutismus) unter Sicherheit nicht nur die physische Existenz des Menschen, sondern auch das Wohl der Bürger, die er der Sorge seiner Policey unterwarf. Die sich hiergegen formierende Verfassungsbewegung zielte darauf, die Freiheit der Bürger auch vor der ↑Macht des Staates zu schützen (John Locke) und die „Gränzen der Wirksamkeit des Staats" (Humboldt 1792) um der Freiheit willen auf die Gewährleistung der öffentlichen Sicherheit zu beschränken. Sind die Menschen persönlich und gesellschaftlich in ↑Freiheit entlassen, sind sie indes den wirtschaftlichen Risiken der Verkehrsgesellschaft ausgesetzt. Um den hieraus erwachsenden Gefahren für deren reale Freiheit zu begegnen, ist dem Staat in der Folge die soziale Aufgabe der Sorge für die tatsächlichen Voraussetzungen der Freiheit und ein Mindestmaß an ↑sozialer Sicherheit auferlegt worden.

Im vom ↑GG verfassten Staat besteht hingegen kein Konsens über das richtige Maß an staatlicher Aktivität. So wechseln etwa ein sich bis an die „Grenzen der Belastbarkeit" ausdehnender ↑Sozialstaat mit dem Leitbild eines „schlanken", sämtliche staatliche Aufgaben einer Kritik unterstellenden Staates mit einem wieder umfassend um das körperliche und seelische Wohlergehen seiner Bürger besorgten Staat, der bspw. Lebensmittel, die sich bei Verzehr im Übermaß negativ auf die Gesundheit des Menschen auswirken können (z. B. Salz, Fleisch, Fett), wie auch Genussmittel (z. B. Zucker, Tabak, Alkohol) generell zurückdrängen und die Menschen zu einem medizinisch gesunden Leben (z. B. Bewegung, Sport) erziehen will.

### 3. Verfassungsrecht

Das GG enthält keine Kodifikation der Aufgaben des von ihm verfassten Staates. Lediglich indirekt lassen sich der bundesstaatlichen Verteilung der Kompetenzen für Gesetzgebung (↑Bundesstaat) und Vollziehung Aussagen für das Verhältnis des Staates zur Gesellschaft (↑Staat und Gesellschaft) entnehmen. Bestimmt das GG, welche staatliche Ebene befugt ist, auf einem Gebiete gesetzgebend oder vollziehend tätig zu werden, setzt es voraus, dass der Staat hier als solches im Verhältnis zur Gesellschaft Aktivitäten entfalten darf. Das Tätigwerden des Staates ist dabei jedoch nicht abhängig von einer sachlichen Ermächtigung in der ↑Verfassung; für staatliche Aufgaben besteht kein Vorbehalt der Verfassung. Der Staat kann sich jedes Themas annehmen, das seiner Verfügung zugänglich ist; er besitzt eine virtuelle Allzuständigkeit. Das GG legt es in das politische Ermessen des Gesetzgebers, die Aufgaben staatlichen Handelns zu bestimmen; um seiner Freiheitlichkeit willen regelt es weniger die Aufgaben staatlichen Handelns als seine Mittel. Es genügt, dass eine bundesstaatliche Kompetenz zur Gesetzgebung besteht und der Vorrang der Verfassung beachtet wird.

### 4. Unterscheidungen

S. können danach unterschieden werden, ob sie unmittelbar (direkt) der Verwirklichung des ↑Gemeinwohls dienen (finale S., z. B. Gefahrenabwehr, soziale Fürsorge) oder ob sie vorrangig auf die Organisation des staatlichen Machtapparats und so lediglich mittelbar (indirekt) auf das öffentliche Interesse gerichtet sind (instrumentale Staatsaufgaben, z. B. Steuererhebung, Beschaffungswesen). Sodann lassen sich S. danach differenzieren, ob der Staat sie erfüllen muss (obligatorische S., z. B. Bereitstellung und Durchsetzung der Rechtsordnung, Justizgewähr, Schulaufsicht, Schutz der grundrechtlich gewährleisteten Güter und Freiheiten, Erschließung des Staatsgebietes durch Verkehrswege) oder er sie lediglich wahlweise zu erfüllen braucht (fakultative S., z. B. Betrieb der Verkehrsunternehmen, Pflege der Kultur). Weiter gibt es öffentliche Angelegenheiten, die in all ihren Facetten nur vom Staat erledigt werden können (ausschließliche S.), und solche, bei denen auch Private tätig werden dürfen (konkurrierende S.); bei der Wahrnehmung der konkurrierenden S. kommt den Individuen und gesellschaftlichen ↑Verbänden gegenüber dem Staat aufgrund des Subsidiaritätsprinzips (↑Subsidiarität) der Vorrang zu, wenn sie bereit und in der Lage sind, den öffentlichen Interessen, um deren Verwirklichung es geht, zu genügen. Ausschließlich dem Staat vorbehalten sind solche Angelegenheiten, deren Erfüllung notwendig und wesentlich durch Einsatz des dem Staat vorbehaltenen Mittels des körperlichen Zwangs geprägt ist (z. B. ↑Polizei, ↑Militär, Justiz, ↑Zwangsvollstreckung), konkurrierende Angelegenheiten dagegen sind solche, die ohne körperlichen Zwang wahrgenommen werden können (z. B.

Bildungs-, Kultur- und Wirtschaftsförderung, Schulwesen und ↑Daseinsvorsorge). Die obligatorischen staatlichen Aufgaben müssen nicht alle vom Staat selbst wahrgenommen werden (unvertretbare S.), sondern können in bestimmten Bereichen auch gesellschaftlichen Kräften (vertretbare S.) zugeordnet oder überlassen und vom Staat nur in einer Garantenstellung gesichert werden. Nur vom Staat wahrgenommen werden können (unvertretbare S.) die elementaren staatlichen Funktionen (↑Gesetzgebung, Regierung und ↑Rechtsprechung) wie auch solche Tätigkeiten, die seine Authentizität beanspruchen (z. B. Selbstdarstellung des Staates, staatliche ↑Öffentlichkeitsarbeit). Sämtliche Formen der Privatisierung von ausschließlichen und obligatorischen Aufgaben, die erfolgreich nur unter Einsatz von Zwangsmitteln erledigt werden können, sind ausgeschlossen.

### 5. Modi der Aufgabenwahrnehmung

Greift der Staat auf eine öffentliche Angelegenheit zu, wird diese nicht zur Gänze zu einer staatlichen Aufgabe. In einer freiheitlichen Ordnung kann die alleinige und vollständige Wahrnehmung einer öffentlichen Aufgabe durch staatliche Stellen nur die Ausnahme und nicht die Regel sein, sichern die ↑Grundrechte der Gesellschaft doch jenseits der ausschließlichen staatlichen Aufgaben einen Vorrang (Subsidiaritätsprinzip) zu. Demzufolge lassen sich öffentliche Aufgaben danach unterscheiden, in welchem Ausmaß der Staat sie selbst erledigt oder er sich ihre Erfüllung mit der Gesellschaft teilt. So gibt es die vollständige Wahrnehmung durch staatliche Stellen selbst (z. B. militärische Landesverteidigung, polizeiliche Gefahrenabwehr), die Teilnahme des Staates an der Aufgabenwahrnehmung in Kooperation oder in Konkurrenz zu gesellschaftlichen Akteuren (z. B. ↑Sozial- und ↑Jugendhilfe, ↑politische Bildung), die Lenkung privater Tätigkeit durch Interventionen (z. B. ↑Subventionen, beeinflussende ↑Planung), die Überwachung privater Tätigkeit durch Aufsicht (z. B. ↑Wirtschaft, ↑Schule), die Sicherstellung privater Leistungen und eines bestimmten Leistungsniveaus (z. B. im Gesundheitswesen), die Förderung und Anregung privater Tätigkeit in für das Gemeinwohl bedeutsamen Feldern, die sich der staatlichen Regelungsgewalt entziehen (z. B. religiöse, sittliche und kulturelle Grundlagen des Gemeinwesens) sowie die Schaffung eines rechtlichen Rahmens mit dem Mittel des Gesetzes für die private Hervorbringung des Gemeinwohls auf der Grundlage grundrechtlicher Freiheit.

### 6. Europäisierung und Internationalisierung

Das Thema der S. bezieht sich auf das Verhältnis des Staates zur Gesellschaft, nicht auf das Binnenverhältnis der staatlichen Organisation oder auf das Verhältnis des Staates zu überstaatlichen und zwischenstaatlichen Potenzen. Um eine Aushöhlung des demokratischen Herrschaftssystems (↑Demokratie) in Deutschland zu verhindern, hat das ↑BVerfG eine Reihe von öffentlichen Aufgaben identifiziert, deren Regelung dem Nationalstaat vorbehalten bleiben muss; das Thema erhält so eine über das innerstaatliche Verhältnis von Staat und Gesellschaft hinausweisende Dimension. So ist es unter Geltung des GG den staatlichen Organen der Bundesrepublik versagt, die sozialstaatliche Existenzsicherung (↑Existenzminimum), das zivile und militärische ↑Gewaltmonopol, die Entscheidung über Einnahmen und Ausgaben einschließlich der Kreditaufnahme sowie die für die Grundrechtsverwirklichung maßgeblichen Eingriffstatbestände, kulturelle Fragen wie die Verfügung über die ↑Sprache, die Gestaltung der Familien- und Bildungsverhältnisse, die Ordnung der ↑Meinungs-, Presse- und ↑Versammlungsfreiheit oder den Umgang mit religiösen oder weltanschaulichen Bekenntnissen auf die ↑EU oder andere supranationale Organisationen (↑Supranationalität) zu übertragen.

### Literatur

J. Isensee: Staatsaufgaben, in: HStR, Bd. 4, ³2006, § 73 • H. H. Rupp: Die Unterscheidung von Staat und Gesellschaft, in: HStR, Bd. 2, ³2004, § 31 • M. Heintzen: Beteiligung Privater an der Wahrnehmung öffentlicher Aufgaben in staatlicher Verantwortung, in: VVDStRL, Bd. 62, 2003, 220–260 • C. Gramm: Privatisierung und notwendige Staatsaufgaben, 2001 • J. Isensee: Nachtrag. Die Zeitperspektive 2001, Subsidiarität – das Prinzip und seine Prämissen, in: ders.: Subsidiaritätsprinzip und Verfassungsrecht, ²2001, 333–381 • D. Grimm (Hg.): Staatsaufgaben, 1994 • K. Stern: Staatsziele und Staatsaufgaben in verfassungsrechtlicher Sicht, in: Gesellschaft für Rechtspolitik (Hg.): Bitburger Gespräche Nr. 14: Staatsaufgaben, 1984, 5–16 • H. Maier: Die ältere deutsche Staats- und Verwaltungslehre, ²1980 • H. P. Bull: Die Staatsaufgaben nach dem Grundgesetz, ²1977 • H. Peters: Öffentliche und staatliche Aufgaben, in: R. Dietz/H. Hübner (Hg.): FS für Hans Carl Nipperdey, Bd. 2, 1965, 877–895 • G. Jellinek: Allgemeine Staatslehre, ³1914 • W. von Humboldt: Ideen zu einem Versuch, die Gränzen der Wirksamkeit des Staats zu bestimmen (1792), 1851.

SEBASTIAN MÜLLER-FRANKEN

## II. Ökonomisch

### 1. Legitimation staatlichen Handelns

Im Unterschied zur rechtswissenschaftlichen Bestimmung von S. bei der verfassungsrechtliche Aspekte im Mittelpunkt der Betrachtung stehen, erfolgt die ökonomische Festlegung von staatlichen Aufgaben anhand von spezifischen Markt- oder Gütereigenschaften, die einen Einsatz des staatlichen ↑Gewaltmonopols erforderlich machen, um eine nicht vorhandene bzw. unzulängliche Güterversorgung der Bevölkerung in bestimmten Bereichen zu korrigieren. Gemeinsam ist den staatsrechtlichen und ökonomischen Theorien, dass eine Grenzziehung zwischen dem staatlichen und dem gesellschaftlichen Bereich vorgenommen wird. Aus der ökonomischen Perspektive heraus betrachtet wird dabei der staatliche Bereich mit kollektiv gefassten Beschlüssen verbunden, die im politischen Prozess getroffen wurden und den Einsatz von Zwangsmitteln rechtfertigen. Demgegenüber wird der gesellschaftliche Bereich mit privaten Entscheidungsträgern gleichgesetzt, die als Eigentümer von Ressourcen selbstverantwortlich über die Ressourcenverwendung bestimmen können. Im Kontext einer marktwirtschaftlich orientierten ↑Wirtschaftsordnung erfolgt die Produktion der meisten ↑Güter und ↑Dienstleistungen über einen marktlichen Interaktionsprozess, der kein staatliches Handeln erforderlich macht. Denn unter bestimmten Bedingungen wird ein Gütermarkt mit funktionsfähigem Preissystem dazu führen, dass nachfrageseitig die individuellen Präferenzen befriedigt werden und angebotsseitig zu den geringsten volkswirtschaftlichen Kosten produziert wird.

Vor diesem Hintergrund entwickelt sich die ökonomische Fragestellung hinsichtlich der Bestimmung staatlicher Aufgaben: Gibt es Güter, bei deren ↑Produktion oder ↑Konsum der Marktmechanismus in unterschiedlich starkem Ausmaß keine optimale ↑Allokation der Ressourcen herbeiführt, sodass Versorgungmängel bei der Befriedigung privater bzw. öffentlicher ↑Bedürfnisse entstehen? In Abhängigkeit von Art und Ausmaß dieses sog.en ↑Marktversagens können dann staatliche Interventionen in Form von Regulierungen oder durch den instrumentellen Einsatz der öffentlichen Finanzen angezeigt sein, um die Güterversorgung zu verbessern. Entscheidend für die ökonomische Festlegung staatlicher Aufgaben sind die *Eigenschaften* von *spezifischen Märkten* und *spezifischen Gütern*, die ein staatliches Handeln erforderlich machen.

## 2. Historische Entwicklung

Dogmengeschichtlich betrachtet kann die ökonomische Begründung von staatlichen Eingriffen im Rahmen von marktwirtschaftlich verfassten Ordnungen als eine der zentralen Aufgaben der Nationalökonomie angesehen werden, die sich spätestens mit der Entstehung von modernen Staaten theoretisch mit kollektiven Bedürfnissen und der Bereitstellung von öffentlichen Gütern beschäftigt hat. Mit dem Entstehen der Disziplin als selbstständige Wissenschaft im 18. Jh. wurde die Grenzziehung zwischen ↑Staat und ↑Markt erstmalig neu bestimmt, wobei als Ausgangspunkt zunächst die fundamentale Entdeckung der ökonomischen Klassiker (↑Klassische Nationalökonomie) gelten kann, dass mit dem eigennutzorientierten Handel der Wirtschaftssubjekte auf Märkten keine schädigenden Wohlfahrtseffekte verbunden sind, sondern sogar eine Förderung des ↑Gemeinwohls erzielt werden kann. Mit der Metapher der „unsichtbaren Hand" (Smith 1776: 387) Adam Smiths wird die Erkenntnis umschrieben, dass ein ↑Wirtschaftssystem mit offenen Märkten und funktionierendem ↑Wettbewerb als ein nicht autoritärer und selbststeuernder gesellschaftlicher Koordinierungsmechanismus angesehen werden kann, der die Güterversorgung optimiert und dadurch den Wohlstand erhöht.

Als Konsequenz für die normative Bestimmung der S. folgt hieraus eine Orientierung am *Laissez-faire-Prinzip*: Der Staat sollte den Grundsatz der Nichteinmischung in die wirtschaftlichen Belange seiner Bürger befolgen. Es liegt hier eine *Negativabgrenzung* staatlicher Tätigkeit vor, bei der zur Förderung des Wohlstands zunächst alle Privilegien und rechtliche Hindernisse beseitigt werden und der staatliche Einfluss auf ein Mindestmaß reduziert werde sollte. Im Anschluss hieran wurden Ausnahmebereiche genannt, in denen staatliches Handeln legitimiert war. So lassen sich A. Smith folgend bspw. drei funktional unterschiedliche Bereiche der legitimen staatlichen Tätigkeit benennen: Staatsschutz mittels Verteidigung nach außen; Rechtsschutz nach innen; Wahrnehmung öffentlicher Einrichtungen und Dienstleistungen. Mit diesem Ansatz lässt sich das staatliche Aufgabenspektrum jedoch nur unzureichend bestimmen, weshalb die neueren ökonomischen Überlegungen, die als „Theorie des Marktversagens" bzw. „Theorie der öffentlichen Güter" bezeichnet werden, auf die Eigenschaften von unterschiedlichen Märkten und Gütern zur Bestimmung staatlicher Aufgaben rekurrieren. Gemein ist diesen beiden normativen Theorien die übergeordnete Zielsetzung, die S. ausschließlich aus ökonomischen Erwägungen heraus abzuleiten.

## 3. Marktversagen und die Bestimmung staatlicher Aufgaben

Staatliche Handlungen in Form von Korrekturen der marktwirtschaftlichen Güterversorgung sind dann erforderlich, wenn Märkte durch die Eigenschaft fehlender oder *unvollständiger Konkurrenz* gekennzeichnet werden können (Monopole, Oligopole), d. h. die industrielle Organisation einen freien Zugang zum Markt verhindert. In diesem Fall besteht die staatliche Aufgabe darin, über eine Monopol- und Fusionskontrolle oder andere wettbewerbspolitische Maßnahmen die bestehenden Marktunvollkommenheiten zu beseitigen. Regulierende Staatseingriffe sollen ebenfalls eingesetzt werden, wenn ökonomisch unvermeidliche Monopole existieren (sog.e natürliche Monopole, monopolistische Bottlenecks), so wie dies häufig bei leitungsgebundenen Angeboten (Elektrizitäts-, Gas-, Wassernetzen) der Fall ist, um ein gesellschaftlich wünschenswertes Angebotsverhalten zu bewirken.

Aus ökonomischer Perspektive können staatliche Aufgaben ferner auch entstehen, wenn mit der privatwirtschaftlichen Produktion und Konsumtion sog.e ↑*externe Effekte* (externe Kosten und externe Erträge) verbunden sind. Hierunter können allg. Handlungen eines Wirtschaftssubjekts verstanden werden, die die ↑Wohlfahrt von unbeteiligten Dritten beeinflussen, indem sie ihnen entweder „externe Kosten" aufbürden oder ihnen „externe Erträge" verschaffen. Die Produktionstätigkeit einer Fabrik kann bspw. zu einer Verunreinigung der Luft führen und damit zu Schäden (externen Kosten) bei den Anwohnern führen, ohne dass dieser Effekt über den Marktprozess verrechnet wird. Als Beispiel für externe Erträge kann die Impfung eines Teils der Bevölkerung betrachtet werden, da die geimpften Personen nicht mehr als Krankheitsüberträger in Frage kommen und somit das Erkrankungsrisiko auch für den nicht geimpften Bevölkerungsteil sinkt, und zwar ohne für einen entspr.en Impfstoff zu zahlen. Aufgrund der Tatsache, dass solche Kosten und Erlöse nicht direkter Bestandteil der Wirtschaftsrechnung von Unternehmen und privaten Haushalten sind, kommt es häufig zu Abweichungen von der volkswirtschaftlich optimalen Güterversorgung, da für die Wirtschaftssubjekte ein Anreiz besteht, die Produktion und den Konsum mit hohen externen Kosten auszudehnen bzw. mit hohen externen Erlösen zu verringern. In diesen Fällen kann es als staatliche Aufgabe angesehen werden, die Verursacher von privaten Aktivitäten mit unerwünscht hohen externen Kosten zu belasten bzw. solche privaten Aktivitäten, die mit hohen externen Erträgen verbunden sind, zu subventionieren (↗Subventionen).

Weiterhin kann es auf Märkten zu ineffizienten Ergebnissen kommen, wenn zwischen den Anbietern und Nachfragern große *Informationsasymmetrien* hinsichtlich der Produktqualität, von Vertragsbestandteilen oder hinsichtlich eines zu versichernden Risikos bestehen, sodass für die jeweils besser informierte Seite ein starker Anreiz besteht, ihren Informationsvorsprung ökonomisch auszunutzen. Allg. gesprochen kann bei ungleich verteilten Informationen die Sorge von schlechter informierten Marktteilnehmern dazu führen, dass die entspr.en Märkte nicht mehr vollständig geräumt werden oder sogar zusammenbrechen. In solchen Fällen kann es zur staatlichen Aufgabe werden, durch geeignete regulierende Eingriffe die Informationsprobleme der Marktteilnehmer zu beseitigen. Bsp. hierfür sind die Pflichtversicherung, Maßnahmen des ↗Verbraucherschutzes sowie gesetzliche Gewährleistungsrechte.

## 4. Gütereigenschaften und die Bereitstellung von öffentlichen Gütern

Neben dieser Begründung staatlichen Handelns aufgrund von bestimmten Markteigenschaften sind es aber v.a. spezifische Gütereigenschaften, die gemäß der *Theorie der öffentlichen Güter* staatliche Aufgaben definieren. Die Bestimmung staatlicher Aufgaben anhand von gutstechnischen Eigenschaften lässt sich verdeutlichen, wenn auf zwei Klassifikationsvariablen zurückgegriffen wird: einerseits der Möglichkeit, das sog.e Ausschlussprinzip (Exkludierbarkeit) zur Anwendung zu bringen und andererseits die Konkurrenzsituation, die bei der Güterverwendung besteht (Rivalität im Konsum). Unter Anwendung dieser Klassifikation ergibt sich eine Matrix von vier unterschiedlichen Güterarten, wie in Tab. 1 ersichtlich.

| | | *Grad der Nutzungsrivalität*<br>hoch | <br>niedrig |
|---|---|---|---|
| *Grad der Ausschließbarkeit* | hoch | **1. Private Güter**<br>Beispiele:<br>– Lebensmittel<br>– Mobiltelefon | **2. Klub-Kollektivgüter**<br>Beispiele:<br>– abgrenzbarer Park<br>– Tennisclubanlage |
| | niedrig | **3. Quasi-Kollektivgüter**<br>Beispiele:<br>– Fischbestand im Ozean<br>– überfüllte Innenstadt | **4. Reine Kollektivgüter**<br>Beispiele:<br>– Leuchtturm<br>– Landesverteidigung |

Tab. 1: Individual- und Kollektivgüter

Mit dem „Grad der Ausschließbarkeit" wird die Möglichkeit eines Anbieters bezeichnet, die Konsumenten bzw. Nutzer einer Leistung zur Zahlung eines Preises heranzuziehen oder sie vom Konsum des Gutes auszuschließen. Wenn es mit privatrechtlichen Mitteln nicht möglich ist von den Nachfragern einen kostendeckenden Preis für die Leistung zu fordern, dann wird es kein privatwirtschaftliches Angebot des betreffenden Gutes geben. Volkswirtschaftlich betrachtet ist dieses Ausschlussprinzip also von großer Bedeutung, weil hierdurch sichergestellt wird, dass ein Konsument vor der Kaufentscheidung eine Abwägung zwischen den ↗Kosten und ↗Nutzen eines Gutes durchführt. Mit dem „Grad der Nutzungsrivalität" wird zum Ausdruck gebracht, inwieweit mehrere Konsumenten ein Gut nutzen können, ohne dass es zu einer gegenseitigen Beeinträchtigung führt. Bei Verbrauchsgütern (wie z.B. Lebensmittel, Bekleidung) besteht im Konsum eine Rivalität, denn was eine Person X verbraucht, steht für eine Person Y nicht mehr zur Verfügung. Demgegenüber kann bei einigen Gebrauchsgütern (wie z.B. Leuchtturm, Radioprogramm) festgestellt werden, dass diese Verwendungsrivalität fehlt. Die Kosten der Bereitstellung dieser Güter sind offensichtlich unabhängig davon, wie viele Nutzer (Schiffe, Zuhörer) vorhanden sind.

In Hinblick auf die vier Gütergruppen lässt sich dann schlussfolgern:

*a)* Neben den privaten Gütern existieren verschiedene Formen von Kollektivgütern, die den Charakter von Gebrauchsgütern aufweisen und von mehreren Menschen genutzt werden können;

*b)* Zwischen den Kollektivgütern kann zunächst danach unterschieden werden, ob eine Verwendungsrivalität der Nutzer gegeben ist. Sofern diese Rivalität besteht, sollte wenn möglich versucht werden das Ausschlussprinzip anzuwenden, da es ansonsten zu negativen Wohlfahrtseffekten in Form einer Übernutzung von Ressourcen kommen kann (Überfischung der Weltmeere, Stau in der Innenstadt);

*c)* Bei reinen Kollektivgütern wird es aufgrund der Charakteristika kein privatwirtschaftliches Angebot geben, sodass staatliches Handeln erforderlich wird, um eine entspr.e Versorgungslücke der Bevölkerung zu vermeiden.

Zusammengefasst kann die Frage der ökonomischen Bestimmung von S. damit wie folgt beantwortet werden: Im Bereich der Güterversorgung sollte der Staat immer dann tätig werden, wenn es – bei gegebenem Stand der Technik – um die Bereitstellung von reinen Kollektivgütern bzw. Quasi-Kollektivgütern geht. Die zur ökonomischen Bestimmung staatlicher Aufgaben angeführten Gütereigenschaften sind nicht notwendigerweise stets auch mit den gleichen Gütern verbunden, da es aufgrund des technischen ↑Fortschritts häufig zu einer Veränderung dieser gutstechnischen Eigenschaften kommt.

### Literatur

H. Zimmermann/K.-D. Henke/M. Broer: Staatsaufgaben und Staatsanteil, in: dies.: Finanzwissenschaft, [12]2017, 31–70 • M. Fritsch: Marktversagen und Wirtschaftspolitik, [9]2014 • N. Otter: Ökonomische Erkenntnisprogramme in der Finanzwissenschaft, 2003 • H. Grossekettler: Staatsaufgaben aus ökonomischer Sicht, 1988 • C. Watrin: Staatsaufgaben – die ökonomische Sicht, in: ZfW 34/1 (1985), 131–160 • R. Windisch: Staatseingriffe in marktwirtschaftliche Ordnungen, in: E. Streißler/C. Watrin (Hg.): Zur Theorie marktwirtschaftlicher Ordnungen, 1980, 297–339 • K. Littmann: Problemstellungen und Methoden der heutigen Finanzwissenschaft, in: N. Andel/H. Haller (Hg.): Hdb. der Finanzwissenschaft, Bd. 1, [3]1977, 99–120 • R. A. Musgrave: Finanztheorie, 1966 • F. M. Bator: The Anatomy of Market Failure, in: QJE 72/3 (1958), 351–379 • A. Smith: Der Wohlstand der Nationen, 1776.

NILS OTTER

## Staatsaufsicht

### 1. Begriff und Abgrenzungen

Aufsicht wird nach der klassischen Definition von Heinrich Triepel verstanden als „die Gesamtheit aller staatlichen Handlungen, die zum Zweck haben, das Verhalten der dem Staate Unterstellten in Übereinstimmung mit einem feststehenden Richtmaß zu setzen oder zu erhalten" (Triepel 1917: 121). Demnach umfasst Aufsicht die Befugnis zur Überprüfung der Konvergenz eines Ist-Zustandes und eines Soll-Zustandes (Aufsichtsmaßstab) einschließlich ggf. zur Berichtigung, d. h. der Einwirkung auf das Aufsichtsobjekt durch Information, Dialog, Korrektur, ↑Sanktion etc., um dessen Verhalten mit dem (i. d. R. rechtsnormativen) Aufsichtsmaßstab in Einklang zu bringen. (Staats-)Aufsicht bildet damit eine wichtige Unterkategorie der auf einen Soll-/Ist-Abgleich gerichteten (Verwaltungs-)Kontrolle. Bei Aufsicht geht es um Kontrolle *innerhalb* der Exekutive, während Verwaltungskontrolle auch von *außerhalb* der Exekutive stehenden staatlichen Organen (z. B. Gericht [↑Gerichtsbarkeit], Parlament [↑Parlament, Parlamentarismus], Ombudsmann [↑Ombudswesen], ↑Rechnungshof) oder sozialen Akteuren (z. B. ↑Öffentlichkeit, ↑Medien) ausgeübt werden kann.

Der Begriff Aufsicht lässt sich in die Subkategorien der Wirtschaftsaufsicht und die S. im weiten Sinne einteilen. Wirtschaftsaufsicht bezeichnet die Aufsicht über private Wirtschaftssubjekte, welche deren selbstverantwortliche Teilnahme am Wirtschaftsverkehr mit dem geltenden Recht in Einklang halten soll. S. im weiten Sinne ist ein heuristischer Sammelbegriff, der alle Aufsichtsvorgänge gegenüber Trägern öffentlicher ↑Verwaltung sowie deren Organen (Behörden) und Organ- bzw. Amtswaltern erfasst. Darunter fallen die völkerrechtliche Aufsicht, die Unionsaufsicht, die Bundesaufsicht, die Behördenaufsicht, die Dienstaufsicht sowie die S. im engeren Sinne. S. umfasst dabei auch die Aufsicht über Private, sofern diese Verwaltungsaufgaben erfüllen (Verwaltungshelfer, Beliehene) sowie die Aufsicht über vom Staat beherrschte Unternehmen (sog.e öffentliche Unternehmen). Die S. im engeren Sinne beschreibt die Aufsicht über verselbständigte Verwaltungseinheiten (v. a. Selbstverwaltungsträger), soweit diese zur Erfüllung öffentlicher Aufgaben (↑Staatsaufgaben) tätig werden. Insb. fällt die Kommunalaufsicht hier herunter, aber etwa auch die Hochschul- oder Rundfunkaufsicht.

Ein Teil der Literatur (Gunnar Folke Schuppert, Birgit Schmidt am Busch) hält die tradierte, der Unterscheidung von ↑Staat und ↑Gesellschaft folgende, „binäre" Einteilung in S. und Wirtschaftsaufsicht (mit jeweiligen Subkategorien) für unterkomplex und schlägt daher ein Viersektorenmodell mit zwei zusätzlichen, am neueren Wandel öffentlicher Aufgabenerfüllung orientierte Aufsichtstypen vor, namentlich der Steuerungs- und der Gewährleistungsaufsicht. Erstere soll bei Einheiten mit dezentraler Ressourcenverantwortung im Rahmen des ↑Neuen Steuerungsmodells sowie im Fall von Organisationsprivatisierungen (↑Privatisierung) greifen. Letztere umfasst die Beaufsichtigung privater Unternehmen, entweder als Regulierungsaufsicht im Rahmen der materiellen Aufgabenprivatisierung oder als Überwachungsaufsicht in Fällen, in denen zunächst eine private Eigenüberwachung erfolgt. Neuere („systemische") Risiken (insb. im Finanzsektor) haben zur Forderung nach hierzu passenden, eigenständigen Aufsichtsstrukturen („Systemaufsicht" [Kaufhold 2016]) geführt.

### 2. Verfassungsrechtliche Gründe der Staatsaufsicht

Das Erfordernis von S. leitet sich aus dem *Demokratieprinzip* (↑Demokratie) ab. Gemäß Art. 20 Abs. 2 S. 1 GG geht alle Staatsgewalt vom Volke aus. Die Ausübung staatlicher Gewalt bedarf daher grundsätzlich der hinreichenden personellen und sachlich-inhaltlichen demokratischen ↑Legitimation. Letztere wird für die Verwaltung neben deren Bindung an das parlamentarische Gesetz durch den mit Sanktionen bewehrten Grundsatz der Ministerialverantwortlichkeit, die Weisungsgebundenheit der Amtsträger sowie das Institut der S. vermittelt. Ihre zweite verfassungsrechtliche Grundlage findet die S. im *Rechtsstaatsprinzip* (↑Rechtsstaat). Der aus Art. 20 Abs. 3 GG folgende Grundsatz des Vorrangs des Gesetzes besagt als Teilausprägung des Prinzips der Gesetzmäßigkeit der Verwaltung, dass jegliche öffentliche Gewalt bei der Ausübung ihrer Befugnisse umfassend an das geltende Recht gebunden ist. Um die praktische Wirksamkeit dieses Grundsatzes nicht zu gefährden, bedarf es der S. zur verbindlichen Durchsetzung der Rechtsbindung. Schließlich folgt das Erfordernis der S. aus der *Selbstverwaltungsgarantie* (vgl. für den kommunalen Bereich Art. 28 Abs. 2 S. 1 GG: „im Rahmen der Gesetze"). Die S. stellt das „verfassungsrechtlich gebotene Korrelat der Selbstverwaltung" (BVerfGE 78,331 [341]) dar (↑Selbstverwaltung).

### 3. Funktionen

Neben den Funktionen der Herstellung sachlich-inhaltlicher Legitimation und der Gewährleistung der Gesetzmäßigkeit der Verwaltung erfüllt S. eine *Funktionssicherungsfunktion*. Die Aufsichtsbehörden haben bei ihrer Tätigkeit die Funktionsfähigkeit der Selbstverwaltungsträger zu sichern. Dies verlangt *Schutz*, *Förderung* und *Vermittlung*. Der Staat hat allen unrechtmäßigen Einwirkungen auf die Selbstverwaltungskörper entgegenzutreten, seine Aufsicht derart auszuüben, dass Entschlusskraft und Verantwortungsfreudigkeit der beaufsichtigten Einheiten nicht beeinträchtigt werden, und im Falle eines Konflikts zwischen den verselbständigten Verwaltungseinheiten und Dritten zu vermitteln. S. zielt mithin nicht nur negativ auf die Abwehr etwaiger Rechtsverstöße, sondern auch positiv auf die bestmögliche Erfüllung der Aufgaben, welche dem Beaufsichtigten obliegen.

### 4. Maßstäbe

Aufsicht über die Erfüllung der eigenen (Selbstverwaltungs-)Angelegenheiten der verselbständigten Verwaltungseinheiten (z.B. ↑Gemeinden) ist grundsätzlich bloße Rechtsaufsicht. Ihr liegt allein der Maßstab der *Rechtmäßigkeit* zugrunde. Bei der Fachaufsicht über die Erfüllung der nach Weisung bzw. im Auftrag des Staates wahrgenommenen Aufgaben hingegen prüft die Aufsichtsbehörde daneben auch die *Zweckmäßigkeit* des Verwaltungshandelns.

### 5. Mittel

Die Mittel der S. lassen sich in drei Gruppen einteilen: Die *informatorischen* Aufsichtsmittel (z. B. Auskunftsverlangen), die *präventiven* Aufsichtsmittel des Anzeige- und Genehmigungsvorbehalts, der Beratung oder Unterrichtung sowie die *repressiven* Aufsichtsmittel der Beanstandung, Anordnung, Ersatzvornahme, Bestellung eines Beauftragten/Staatskommissars oder der Amtsenthebung bzw. Auflösung von Organen. Im Rahmen der Fachaufsicht stellen Weisungen das zentrale Instrument dar. Existenz sowie Inhalt und Umfang der Aufsichtsmittel ergeben sich aus den jeweiligen konkreten gesetzlichen Bestimmungen.

### 6. Grundsätze

Im Rahmen der S. gilt das *Opportunitätsprinzip*. Es liegt daher im (pflichtgemäßen) ↑Ermessen der Aufsichtsbehörde, ob sie einschreitet und wie sie die ihr zur Verfügung stehenden Aufsichtsmittel anwendet. Dabei kann das Ermessen ausnahmsweise auf Null reduziert sein und infolgedessen eine Pflicht der Aufsichtsbehörde zum Einschreiten bestehen, etwa zum Schutz von Grundrechtspositionen Dritter oder bei offensichtlichen und schwerwiegenden Rechtsverstößen. Aus der Schutz- und Förderungsfunktion der S. sowie aus dem rechtsstaatlichen Verhältnismäßigkeitsgrundsatz (Erforderlichkeit) folgt grundsätzlich das *Gebot der aufsichtsrechtlichen Zurückhaltung* (↑Verhältnismäßigkeit), v.a. was den Einsatz der repressiven Aufsichtsmittel betrifft. Die S. ist schonend und moderat auszuüben. So sind informale vor formalen Aufsichtsmitteln zu ergreifen, ausreichende Fristen zu setzen und Aufsichtsmittel zunächst anzudrohen.

### 7. Rechtsschutz

Die S. dient allein dem öffentlichen Interesse. Der Bürger hat daher keinen Anspruch auf ein aufsichtsrechtliches Tätigwerden der staatlichen Behörden und kann ein solches infolgedessen auch nicht gerichtlich erzwingen. Der Rechtsschutz der Beaufsichtigten gegen aufsichtsrechtliche Maßnahmen unterscheidet sich je nach Art der Aufsicht: Bei der Rechtsaufsicht stellen die Aufsichtsmaßnahmen Verwaltungsakte dar, welche etwa die vom Land beaufsichtigte Gemeinde in ihrem Selbstverwaltungsrecht betreffen. Der Beaufsichtigte kann hier vor Gericht Rechtsschutz erhalten, z. B. in Form der Anfechtungsklage. Maßnahmen im Rahmen der Fachaufsicht kommt hingegen nach überwiegender (z. T. bestrittener) Meinung keine Außenwirkung zu, es handele sich vielmehr um schlichtes Verwaltungshandeln. Die Gemeinden werden hierdurch grundsätzlich nicht in eigenen subjektiven Rechten berührt, weshalb Rechtsschutz ausscheide. Eine Ausnahme wird gemacht, wenn eine Weisung den Rahmen der Fachaufsicht überschreitet und in den Bereich der Selbstverwaltung eingreift.

### Literatur

S. Kempny: Verwaltungskontrolle, 2017 • A.-K. Kaufhold: Systemaufsicht, 2016 • B. Schmidt am Busch: Gewährleistungsaufsicht zur Sicherstellung privater Aufgabenerledigung. Eine dritte Kategorie zwischen Staatsaufsicht und Wirtschaftsaufsicht, in: DV 49/2 (2016), 205–232 • S. U. Pieper: Aufsicht. Verfassungs- und verwaltungsrechtliche Strukturanalyse, 2006 • T. Franz: Die Staatsaufsicht über die Kommunen, in: JuS 44/11 (2004), 937–942 • W. Kahl: Gewährleistung öffentlicher und privater Aufgabenerfüllung durch „Staatsaufsicht", in: H. Bauer/P. Huber/Z. Niewiadomski (Hg.): Ius Publicum Europaeum, XII. Deutsch-Polnisches Verwaltungsrechtskolloquium, 2002, 180–220 • Ders.: Die Staatsaufsicht, 2000 • G. F. Schuppert: Staatsaufsicht im Wandel, in: DÖV 51/19 (1998), 831–838 • H. Triepel: Die Reichsaufsicht, 1917.

WOLFGANG KAHL

## Staatsbürgerschaft ↑Staatsangehörigkeit

## Staatsgebiet

### 1. Staat und Staatsgebiet

„Ohne Land kein Staat" (Bluntschli 1861: 209). Das Vorhandensein eines S.es ist nicht nur eine konstitutive Voraussetzung für die Qualifizierung eines politischen Gemeinwesens als ↑Staat im (völker-)rechtlichen Sinne (neben ↑Staatsvolk und Staatsgewalt: „Drei Elemente Lehre", Jellinek 1914: 39; Art. 1 b) Montevideo-Konvention [1933]). Raumbezogenheit, Raumwirksamkeit und Raumgestaltungswillen bilden vielmehr – als Ergebnis eines komplexen Entwicklungsprozesses vom mittelalterlichen Personenverband zur modernen Gebietskörperschaft – *das* „identitätsprägende Merkmal neuzeitlicher Staatstätigkeit" (Vitzthum 2004: 164) und territorial definierte ↑Souveränität damit die „Kernidee" (Di Fabio 1998: 2), die „grundlegendste sachliche Wesenskonkretisierung" (Smend 1928: 86) des modernen Flächenstaates schlechthin. Trotz Beseitigung physischer Grenzkontrollen und einer sich auf allen Ebenen intensivierenden grenzüberschreitenden Kooperation muss so auch eine transmoderne Staatstheorie die fortdauernde Wichtigkeit der Territorialität souveräner Staaten anerkennen. Nach wie vor gilt uneingeschränkt: „Wie immer wir über das Wesen des Staates denken, wir vermögen ihn uns nicht ohne Gebiet vorzustellen" (Sieger 1919: 3).

Zur vollumfänglichen Erfassung der Bedeutung des ↑Raumes für den Staat bedarf es einer Kombination verschiedener theoretischer Ansätze („Objekt-/Eigenschafts-" „Raum-" und „Kompetenztheorien"), die insb. im späten 19./frühen 20. Jh. intensiv diskutiert worden sind: Für den Staat ist „sein" Gebiet richtigerweise nicht nur notwendiges Element seiner Existenz, sondern auch „sowohl Kompetenzbereich wie Gegenstand und Grundlage seiner Herrschaft" (Vogel 1987: 3394). Einer nicht zuletzt im Licht der jüngeren deutschen Geschichte zu Recht als verhängnisvoll empfundenen geopolitischen Überhöhung der Bedeutung des staatlichen Territoriums (↑Geopolitik) und seiner räumlichen Lage (u. a. Friedrich Ratzel/Karl Haushofer) ist damit eine klare Absage erteilt.

Das gleichermaßen ↑Identität stiftende wie Differenz schaffende räumliche Gegensatzpaar Inland/Ausland ist nach wie vor mit einem festen Assoziationsgehalt versehen und hat seinen positivrechtlichen Niederschlag auch in einer Vielzahl (nationaler und internationaler) Rechtsnormen gefunden: Staatliche ↑Herrschaft entfaltet sich damit bis heute ganz überwiegend (nur) auf dem eigenen S. – die (extraterritoriale) Ausübung von Staatsgewalt auf fremdem S. bleibt die stets rechtfertigungsbedürftige Ausnahme.

### 2. Dimensionen des Staatsgebietes

Das S. ist ein dreidimensionaler Raum. Dieser bildet zwar nicht notwendig, aber heute doch regelmäßig ein zusammenhängendes Ganzes (Ausnahme z. B. deutsche Exklave Büsingen, umgeben von Schweizer S.). Auf die Größe kommt es dabei nicht an (kleinster Staat [0,44 km²]: Vatikanstaat; kleinster UN-Mitgliedstaat [2,03 km²]: Monaco). Hinreichend für das Vorhandensein eines S.es ist die Existenz eines unbestrittenen Kerngebietes; einer präzisen, unbestrittenen Grenzfestsetzung bedarf es hingegen nicht. Neben einem Teil der Erdoberfläche und – soweit vorhanden – einem angrenzenden Meeresstreifen (innere Gewässer, Küstenmeer), umfasst das S. auch die Luftsäule (Luftraum) über diesen Räumen (Art. 1 Chicago Konvention [1944], Art. 2 UN-Seerechtskonvention [1982]) sowie deren Untergrund. Künstlich geschaffene Landgebiete (z. B. Polder) und Inseln (nicht aber „landlose", d. h. nur über künstliche Pfeiler mit dem Meeresboden verbundene Installationen wie z. B. Ölplattformen) können das auf natürliche Weise entstandene S. ergänzen, nicht aber ersetzen. Nicht zum S. gehören Meereszonen, in denen der Küstenstaat (nur) über einzelne souveräne Rechte zur exklusiven Nutzung verfügt (sog.e Funktionshoheitszonen, insb. AWZ, Festlandsockel).

Das S. stellt keinen „natürlichen" Raum dar, sondern wird in Existenz und Umfang erst durch teilweise sehr alte und (daher) nicht immer einfach und zweifelsfrei nachweisbare Rechtsnormen konstituiert und begrenzt. Die Festlegung der ↑Grenzen des S.es benachbarter Staaten erfolgt mittels ↑völkerrechtlicher Verträge (selten auch ↑Gewohnheitsrecht). Der Anspruch auf ein Küstenmeer (maximal zulässige Breite nach Völkerrecht: 12 Seemeilen) ist durch (einseitige) Erklärung geltend zu machen. Im Hinblick auf die vertikale Begrenzung des S.es gibt es bisher keine rechtlich verbindliche Regelung. Die Grenze des S.es zum ↑Weltraum wird überwiegend in einer Höhe von ca. 100 km verortet (Kármán Linie: Flugdynamische Kriterien). Im Erdinnern setzt sich das S. theoretisch trichterförmig bis zum Erdmittelpunkt fort, wo das S. aller Staaten damit einen gemeinsamen Grenzpunkt finden würde. Faktisch wird man das S. aber auf den Raum beschränken müssen, in dem zumindest die theoretische Möglichkeit der Ausübung staatlicher Gebietshoheit besteht. Dies ist derzeit bis zu einer Tiefe von ca. 20 km anzunehmen, womit das S. tatsächlich nur einen winzigen Ausschnitt der gesamten Erdkugel umfasst (Erdradius ca. 6371 km).

Den ↑Cyberspace, also den Raum der digitalen Daten und Dienste, wird man richtigerweise nicht als eine „vierte Dimension" des S.es begreifen können, handelt es sich hierbei doch um ein virtuelles Gebilde, das sich mit klassischen physikalischen Raumkategorien (Länge, Breite und Höhe, Begrenztheit) nicht erfassen lässt. Das schließt indes nicht aus, dass der Staat seinen Herrschaftsanspruch auch auf bestimmte Teile dieses Raumes *sui generis* sollte erstrecken können. Die aktuelle Diskussion über das ob und wie einer Regulierung internetbasierter Aktivitäten ist geprägt durch das Spannungsfeld zwischen einem territorial verstandenen Souveränitätsanspruch einerseits und einem hiermit nicht (notwendig) kongruenten Anspruch auf Souveränität im Netz („technologische Souveränität") andererseits. S. und „Internet Territorium" wird man denn wohl auch weniger als Komplementäre denn als Aliud begreifen müssen.

### 3. Erwerb und Verlust von Staatsgebiet

Der Umfang des S.es unterliegt immer wieder Veränderungen. Bei den Gebietserwerbsgründen unterscheidet man zwischen Annexion (heute wegen des ↑Gewaltverbots kein wirksamer Erwerbstitel mehr), Okkupation (effektive Einverleibung eines bisher herrenlosen Gebietes mit Erwerbswillen), Zession (einvernehmlicher Gebietsübergang, üblicherweise in Vertragsform; z. B. Tausch Helgoland/Sansibar, 1890), Ersitzung (Erwerb durch Zeitablauf und Duldung) und Adjudikation (Entscheidung einer internationalen Institution). Der Verlust von S. tritt in spiegelbildlicher Weise ein (Ausnahme: Okkupation), kann aber auch durch Sezession (Abspaltung eines Gebietes mit dem Ziel staatlicher Unabhängigkeit) oder Dereliktion (einseitiger Verzicht) erfolgen.

Auch Naturereignisse können sowohl zu einer Vergrößerung des S.es führen (Anschwemmung, natürliche Bildung von Inseln), als auch zu dessen Verkleinerung (Überschwemmung, Untergang von Inseln), die bis zum vollständigen Verlust des S.es und damit zum Ende der Existenz eines Staates führen kann. Der Anstieg des Meeresspiegels infolge des ↑Klimawandels macht letzteres Szenario für flache Inselstaaten (z. B. Malediven, Seychellen, Tuvalu) mittelfristig nicht ganz unrealistisch.

### 4. Das deutsche Staatsgebiet

Mangels bundesunmittelbarem (z. B. Elsass-Lothringen von 1871–1919) oder bundesfreiem (z. B. weite [Ost-] Gebiete Preußens und Österreichs bis 1866/71) Gebiet, besteht das deutsche S. heute aus der Summe des Gebietsbestandes der (16) Bundesländer. Diese bilden damit die exklusiven territorialen „Bausteine" des deutschen Staates (so implizit auch die Präambel des ↑GG [explizit noch Art. 2 Abs. 1 WRV]). Der territoriale *status quo* kann durch einfaches Bundesgesetz geändert werden (für lediglich sehr kleine Grenzkorrekturen s. Art. 29 Abs. 7 GG), wenn auch unter qualifizierten Voraussetzungen („interne" Gebietsänderungen: Volksentscheid [Art. 29 Abs. 2 GG]; „externe" Gebietsänderungen: Anhörungsrecht des betroffenen Landes [Art. 32 Abs. 2 GG]). „Andere Teile Deutschlands" (so noch Art. 23 S. 2 GG a.F. [bis 1990]) existieren seit der Wiedervereinigung nicht mehr. Aus verfassungsrechtlicher Sicht ist die Einheit Deutschlands (↑Deutsche Einheit) damit auch in territorialer Hinsicht vollendet.

### Literatur

N. Bergmann: Versinkende Inselstaaten. Auswirkungen des Klimawandels auf die Staatlichkeit kleiner Inselstaaten, 2016 • M. L. Mueller: Gibt es Souveränität im Cyberspace?, in: Journal of Self-Regulation and Regulation 1 (2015), 64–80 • D.-E. Khan: Territory and Boundaries, in: B. Fassbender/A. Peters (Hg.): The Oxford Handbook on the History of International Law, 2014, 225–249 • W. Graf Vitzthum: Staatsgebiet, in: HStR, Bd. 2, [3]2004, 163–191 • D.-E. Khan: Die deutschen Staatsgrenzen. Rechtshistorische Grundlagen und offene Rechtsfragen, 2004 • U. Di Fabio: Das Recht offener Staaten. Grundlinien einer Staats- und Rechtstheorie, 1998 • R. Goedhart: The Never Ending Dispute: Delimitation of Air Space and Outer Space, 1996 • K. Vogel: Staatsgebiet, in: R. Herzog u. a. (Hg.): Evangelisches Staatslexikon, [3]1987, 3394 • M. Dauses: Die Grenze des Staatsgebietes im Raum, 1972 • R. Jennings: The Acquisition of Territory in International Law, 1963 • W. Schoenborn: La nature juridique du territoire, in: Recueil des cours 30 (1929), 81–189 • R. Smend: Verfassung und Verfassungsrecht, 1928 • R. Siegert: Staatsgebiet und Staatsgedanke, in: Mitteilungen der geographischen Gesellschaft in Wien 62 (1919), 3–17 • G. Jellinek: Allgemeine Staatslehre, 1914 • J. C. Bluntschli: Land, in: ders./C. L. T. Brater (Hg.): Deutsches Staats-Wörterbuch, Bd. 6, 1861, 209–213.

DANIEL-ERASMUS KHAN

**Staatsgewalt** ↑Staat

## Staatshaftung

S.s-Recht bezeichnet das Recht der öffentlich-rechtlichen Schadensersatz-, Entschädigungs- und Ausgleichsleistungen. Ziel der folgenden Darstellung ist es, einen Überblick über die Grundlagen des Rechtsgebietes zu geben. Die Betonung liegt dabei auf den Strukturen und entspr.en Grundfragen.

Dabei zeigt sich, dass das deutsche S.s-Recht aus unterschiedlichsten Gründen das Bild eines dogmatischen Flickenteppichs unterschiedlichster Ansprüche bietet. Die tradierte Amtshaftung ist den historischen Ursprüngen der S. stark verhaftet und der Bestand weiterer expliziter staatshaftungsrechtlicher Normen ist gering. Deshalb sind im Wege des ↑Richterrechts eine Reihe von Ansprüchen geschaffen worden, die auf unterschiedlichen Rechtsquellen beruhen und in Begründung sowie Inhalt häufig auf bestimmte Konstellationen beschränkt sind. Die Aufspaltung des Rechtsweges zwischen Verwaltungsgerichtsbarkeit und Zivilgerichtsbarkeit hat das Potential für Widersprüchlichkeiten weiter erhöht. Die Pläne zu einer Reform des S.s-Rechts haben sich zwar auch nach dem Scheitern des StHG von 1981 nicht gänzlich erledigt: so wurde für die S. mittlerweile eine konkurrierende Zuständigkeit des Bundes geschaffen. Ein neuer Gesetzesentwurf ist aber zur Zeit nicht absehbar. Das S.s-Recht ist deshalb weiterhin eines der komplexesten Gebiete des deutschen ↑öffentlichen Rechts.

### 1. Amts- und Beamtenhaftung

Den zentralen Schadensersatzanspruch des deutschen S.s-Rechts bildet die Amtshaftung nach §839 BGB i.V.m. Art. 34 GG. §839 BGB sieht vor, dass ein ↑Beamter, der eine drittschützende Amtspflicht vorsätzlich oder fahrlässig verletzt, dem Dritten den Schaden zu ersetzen hat, den er infolge der Amtspflichtverletzung erleidet. Während §839 BGB zunächst die persönliche Haftung des Beamten etabliert, leitet Art. 34 GG den Anspruch auf die Anstellungskörperschaft über, sofern der Beamte in Ausübung des ihm anvertrauten öffentlichen ↑Amtes gehandelt hat.

§839 BGB und Art. 34 GG erfassen dabei jeden, der öffentlich-rechtlich handelt; auf die persönliche Rechtsstellung des Handelnden kommt es hingegen nicht an (haftungsrechtlicher Beamtenbegriff). Der Begriff der Amtspflicht verweist in erster Linie auf die Pflichten, die den Amtsträger gegenüber dem Staat treffen. Auch die Verletzung von Rechtspflichten, die lediglich im Innenverhältnis bestehen, kann daher Anlass für einen Amtshaftungsanspruch sein. Über die sich aus Art. 20 Abs. 3 GG ergebende Amtspflicht zu rechtmäßigem Verhalten bezieht der Amtshaftungsanspruch aber auch die außenrechtlichen Pflichten des Amtsträgers mit ein. Unverzichtbare Voraussetzung bleibt in beiden Fällen, dass die verletzte Amtspflicht gerade (auch) den Schutz der Interessen des Geschädigten zum Zweck hat.

Konsequenz dieser Drittbezogenheit der Amtspflicht ist, dass eine Haftung für legislatives Unrecht regelmäßig ausscheidet. Nach überwiegender Auffassung schützen die Amtspflichten des Gesetzgebers nur die Interessen der Allgemeinheit. Im Hinblick auf judikatives Unrecht schränkt das Richterspruchprivileg des §839 Abs. 3 GG die Haftung empfindlich ein. Für abschließend gedachte richterliche Entscheidungen haftet der Staat nur dann, wenn die Entscheidung einen Straftatbestand erfüllt, insb. also eine Rechtsbeugung i.S.d. §339 StGB darstellt.

Hinsichtlich der Rechtsfolgen des Amtshaftungsanspruchs finden grundsätzlich die allg.en bürgerlichrechtlichen Regeln der §§249 ff. BGB Anwendung. Diese bedürfen indes insoweit der Modifikation als ein Amtshaftungsanspruch nur zum Geldersatz verpflichtet, regelmäßig aber nicht auf Naturalrestitution gerichtet ist. Das trägt der Tatsache Rechnung, dass Art. 34 GG einen Anspruch auf den Staat überleitet, der sich zunächst gegen den Beamten persönlich richtet. Bei der Bemessung des zu ersetzenden Schadens ist ein Mitverschulden des Verletzten schadensmindernd zu berücksichtigen. §839 Abs. 3 BGB zieht daraus die Konsequenz, dass die Ersatzpflicht nicht eintritt, soweit der Verletzte es versäumt hat, Primärrechtsschutz gegen die angegriffene Maßnahme zu suchen.

### 2. Ansprüche wegen Eingriffen in das Eigentum

Für Eingriffe in das ↑Eigentum hat der Staat unter bestimmten Voraussetzungen auch jenseits der deliktsrechtlich orientierten Amtshaftung eine Entschädigung zu leisten. In der zu Art. 14 GG entwickelten Dogmatik lassen sich insofern vier Fälle unterscheiden: ↑Enteignungen i.S.d. Art. 14 Abs. 3 GG, ausgleichspflichtige Inhalts- und Schrankenbestimmungen sowie der enteignende und der enteignungsgleiche Eingriff.

Die haftungsrechtlichen Ansprüche wegen Enteignung oder ausgleichspflichtiger Inhalts- und Schrankenbestimmungen finden ihre Grundlage nicht unmittelbar in Art. 14 GG. Stattdessen folgt aus der Eigentumsgarantie in diesen Fällen lediglich die Pflicht, eine einfachgesetzliche Ausgleichsregelung vorzusehen. Versäumt es der Gesetzgeber, eine erforderliche Ausgleichsregelung zu treffen, so sind die entspr.en Eigentumsbeeinträchtigungen zwar rechtswidrig, doch ein Ausgleichsanspruch besteht nicht. Wer eine wegen fehlender Ausgleichsregelung rechtswidrige Enteignung oder Inhalts- und Schrankenbestimmung duldet, kann daher für die mit ihr einhergehende Eigentumsbeeinträchtigung keine Entschädigung verlangen (kein „Dulden und Liquidieren").

Nach Art. 14 Abs. 3 GG sind Enteignungen stets mit einer Ausgleichsregelung zu verbinden (sog.e Junktimklausel). Eine Enteignung liegt vor, sofern dem Eigentümer bestimmte durch Art. 14 Abs. 1 GG geschützte Rechtspositionen zur Erfüllung bestimmter öffentlicher Aufgaben vollständig oder teilweise entzogen werden. Inhalts- und Schrankenbestimmungen enthalten demgegenüber generelle und abstrakte Beschränkungen der Eigentumsnutzungen. Nach der Rechtsprechung des ↑BVerfG lösen diese eine Ausgleichspflicht nur ausnahmsweise aus, nämlich dann, wenn die ↑Verhältnismäßigkeit des Eingriffs nicht durch bestandssichernde Maßnahmen (z.B. Ausnahme- oder Härtefallregelungen) gewährleistet werden kann. In jüngerer Zeit hat das BVerfG die Ausgleichspflicht auch auf Fälle erstreckt, in denen die Inhalts- und Schrankenbestimmung zum Entzug konkreter Eigentumspositionen führt, ohne dass dieser der staatlichen Güterbeschaffung dient.

Die Ansprüche aus enteignungsgleichem und enteignendem Eingriff finden ihre Grundlage im Richterrecht und werden auf den allg.en Aufopferungsgedanken gestützt, wie er in §§ 74, 75 Einl. PrALR Ausdruck gefunden hat. Ein Anspruch aus enteignungsgleichem Eingriff kommt nur bei rechtswidrigen Eigentumseingriffen in Betracht, während der Anspruch aus enteignendem Eingriff eine Entschädigung für Nebenfolgen rechtmäßiger Eigentumsbeeinträchtigungen gewährt. Der Fundierung im Aufopferungsgedanken entspr. setzen beide zudem ein Sonderopfer voraus. Im Fall des enteignungsgleichen Eingriffs wird dieses durch die Rechtswidrigkeit des Eingriffs regelmäßig indiziert. Rechtmäßige Eigentumsbeeinträchtigungen stellen indes nur dann ein Sonderopfer dar, wenn sie aufgrund ihrer Schwere oder im Lichte des Grundsatzes der Lastengleichheit die Schwelle des enteignungsrechtlich Zumutbaren überschreiten. Von ausgleichspflichtigen Inhalts- und Schrankenbestimmungen unterscheiden sich die vom enteignenden Eingriff erfassten bes.n Belastungen durch ihre Atypizität und fehlende Vorhersehbarkeit. Sie entziehen sich daher einer gesetzlichen Regelung, was es rechtfertigt, in ihrem Fall auf einen gesetzlich geregelten Ausgleichsanspruch zu verzichten.

### 3. Ansprüche aus Aufopferung

Für bestimmte immaterielle Rechtsgüter tritt neben die eigentumsbezogenen Ansprüche der allg.e Aufopferungsanspruch. Er gewährt in all den Fällen einen Anspruch auf Entschädigung, in denen eines der in Art. 2 Abs. 2 GG geschützten Rechtsgüter (Leib, Leben, Freiheit) unmittelbar durch eine staatliche Maßnahme beeinträchtigt wird, die dem Betroffenen ein Sonderopfer abverlangt. Ob auch Beeinträchtigungen des allg.en ↑Persönlichkeitsrechts (Art. 2 Abs. 1 i. V. m. Art. 1 Abs. 1 GG) erfasst werden, hat die Rechtsprechung bislang nicht entschieden. Hinsichtlich des Erfordernisses eines Sonderopfers gelten die im Zusammenhang mit enteignendem und enteignungsgleichem Eingriff skizzierten Grundsätze entspr.: Die Rechtswidrigkeit des Eingriffs indiziert das Vorliegen eines Sonderopfers; bei rechtmäßigen Eingriffen kommt ein Anspruch nur dann in Betracht, wenn die Beeinträchtigung des Betroffenen über das hinausgeht, was allen anderen Bürgern zugemutet wird. Sind diese Voraussetzungen gegeben, so hat der Betroffene Anspruch auf eine angemessene Entschädigung, nicht auf vollen Schadensersatz. Nach neuerer Rechtsprechung kann die Entschädigung im Falle einer Beeinträchtigung der körperlichen Unversehrtheit auch ein Schmerzensgeld beinhalten.

### 4. Folgenbeseitigung sowie sozial-rechtlicher Herstellungsanspruch

Ebenfalls zu den ungeschriebenen S.s-Ansprüchen zählt der Folgenbeseitigungsanspruch. Er findet seine normative Grundlage in den ↑Grundrechten.

Inhaltlich vermittelt der Folgenbeseitigungsanspruch einen verschuldensunabhängigen Anspruch auf Beseitigung eines rechtswidrigen Zustands, der dem Staat zugerechnet werden kann. Er ist auf die Wiederherstellung des Status quo ante gerichtet, weshalb er einen Schadensersatz in Geld im Grundsatz nicht gewährt. Nur wenn die Wiederherstellung des urspr.en Zustands rechtlich oder tatsächlich unmöglich ist, wandelt sich der Folgenbeseitigungsanspruch in einen Folgenentschädigungs- bzw. Folgenersatzanspruch.

Parallel zum Folgenbeseitigungsanspruch hat die sozialrechtliche Rechtsprechung den sog.en sozialrechtlichen Herstellungsanspruch entwickelt. Er reagiert auf Fehler der Sozialverwaltung und vermittelt den betroffenen Bürgern einen Anspruch auf Herstellung desjenigen Zustands, der bestünde, wenn sich die Sozialverwaltung rechtmäßig verhalten hätte. Anders als der Folgenbeseitigungsanspruch kann der sozialrechtliche Herstellungsanspruch dabei allerdings auch in einem Anspruch auf eine Geldleistung bestehen.

### 5. Einfachgesetzlich geregelte Ansprüche

Neben diesen mit Ausnahme des Amtshaftungsanspruchs aus § 839 BGB i. V. m. Art. 34 GG nicht ausdrücklich geregelten S.s-Ansprüchen enthält das deutsche S.s-Recht eine Vielzahl spezieller einfachgesetzlicher Ausgleichsregelungen.

Insb. in einigen Polizeigesetzen der Länder finden sich öffentlich-rechtliche Entschädigungsansprüche. Umfang und Ausgestaltung der Haftungstatbestände unterscheiden sich dabei aber teils erheblich. In den meisten Landespolizei- bzw. -ordnungsgesetzen enthalten ist allerdings ein Anspruch auf angemessene Entschädigung für Nichtstörer, sofern sie zur Gefahrenabwehr in Anspruch genommen wurden und ihnen hierdurch einen Schaden entstanden ist.

Daneben enthalten auch die §§ 39 ff. BauGB Ansprüche auf Gewährung einer angemessenen Entschädigung, wenn ein zur Grundstücksnutzung Berechtigter im berechtigten Vertrauen auf den Bestand eines rechtswirksamen Bebauungsplans Aufwendungen gemacht hat, die infolge einer Änderung des Bebauungsplans an Wert verlieren. Gleiches gilt, wenn der Grundstückseigentümer durch fremdnützige Festsetzungen im Bebauungsplan Vermögensnachteile erleidet oder das Grundstück infolge einer Änderung zulässiger Nutzungen in nicht unwesentlichem Umfang an Wert einbüßt.

Ausfluss des Vertrauensschutzgedankens sind die in § 48 Abs. 3 S. 1 und § 49 Abs. 6 S. 1 VwVfG vorgesehenen Ausgleichsansprüche. Sie gewähren im Fall von Rücknahme oder Widerruf eines begünstigenden Verwaltungsakts einen Anspruch auf Ausgleich des negativen Interesses. Entspr.e Regelungen finden sich auch in Fachgesetzen, bspw. in § 18 AtG oder in § 21 Abs. 4 BImSchG.

Im Rahmen verwaltungsrechtlicher Schuldverhältnisse, der öffentlich-rechtlichen Verwahrung, der öffentlich-rechtlichen Geschäftsführung ohne Auftrag sowie den verwaltungsrechtlichen Verträgen, können sich öffentlich-rechtliche Schadensersatzansprüche ferner aus §§ 280 ff. BGB ergeben. Im Falle von Pflichtverletzungen findet das bürgerlich-rechtliche Haftungsregime hier entspr.e Anwendung.

Kraft Anordnung des Einigungsvertrags gilt daneben in einigen Bundesländern auf dem Gebiet der ehemaligen DDR auch das S.s-Gesetz der DDR noch als Landesrecht fort. Dieses etabliert eine verschuldensabhängige S. für Schäden, die daraus erwachsen, dass die staatlichen und kommunalen Organe bei ihrer hoheitlichen Tätigkeit eine Rechtsnorm verletzen, die dem Schutz der Haftungsinteressen des Geschädigten dient.

### 6. Europarechtliche Haftungsansprüche

Neben diesen nationalrechtlichen Grundlagen des S.s-Rechts vermittelt auch das ↑Europarecht öffentlich-rechtliche Haftungsansprüche, die sich einerseits gegen die Organe der ↑EU, andererseits gegen die Mitgliedstaaten richten.

Nach Art. 340 Abs. 2 AEUV sowie gemäß Art. 41 Abs. 3 EuGRC haftet die Union selbst, wenn ein Bediensteter oder ein Organ der Union in Wahrnehmung seiner amtlichen Tätigkeit eine unionsrechtliche Bestimmung verletzt, die auch den Schutz desjenigen intendiert, der den Anspruch geltend macht, und ihm daraus ein Nachteil an seinem Vermögen oder seinen sonstigen rechtlich geschützten Gütern erwächst. Ein Verschulden wird dabei nicht vorausgesetzt. Seiner Rechtsfolge nach vermittelt der Haftungsanspruch gegen die Union einen Anspruch auf Schadensersatz in Geld. Ob die außervertragliche Haftung der Union auch auf Naturalrestitution gerichtet sein kann, wie das im Schrifttum zuweilen behauptet wird, ist umstritten.

Der unionsrechtliche Haftungsanspruch gegen die Mitgliedstaaten ist hingegen nicht ausdrücklich normiert. Der ↑EuGH hat ihn zur Absicherung der Effektivität des Unionsrechts richterrechtlich entwickelt. Demnach haften die Mitgliedstaaten für Schäden, die dadurch entstehen, dass sie gegen eine Norm des Unionsrechts verstoßen, die den Zweck verfolgt, dem geschädigten Bürger ein subjektives Recht zu verleihen. Der Rechtsverstoß muss dabei hinreichend qualifiziert, also offenkundig und schwerwiegend sein.

### 7. Haftung nach der EMRK

Öffentlich-rechtliche Entschädigungsansprüche ergeben sich schließlich auch auf Grundlage der ↑EMRK. Art. 41 EMRK sieht vor, dass der ↑EGMR einer verletzten Partei einen Entschädigungsanspruch gegen den beklagten Staat zusprechen kann, wenn drei Voraussetzungen vorliegen: Erstens muss eine Konventionsverletzung festgestellt worden sein, durch die der verletzten Partei zweitens Nachteile entstanden sind; drittens bedarf es der Feststellung, dass das nationale Recht des beklagten Staates für die nachteiligen Folgen nur eine unvollkommene ↑Wiedergutmachung gestattet. Ob der EGMR im Fall des Vorliegens dieser Voraussetzungen einen Entschädigungsanspruch zuspricht, steht in seinem billigen ↑Ermessen.

Für konventionswidrige Festnahmen und Freiheitsentziehungen gewährt Art. 5 Abs. 5 EMRK daneben einen eigenständigen Anspruch auf Schadensersatz. Anders als der Entschädigungsanspruch aus Art. 41 EMRK hängt er nicht davon ab, dass der EGMR eine Entschädigung ausdrücklich zuspricht. Zudem steht er nicht im Ermessen. Er kann daher unmittelbar vor den nationalen Gerichten eingeklagt werden.

### Literatur

M. Baldus/B. Grzeszick/S. Wienhues: Staatshaftungsrecht, [5]2018 • B. Grzeszick: Staatshaftungsrecht, in: D. Ehlers/H. Pünder (Hg.): Allgemeines Verwaltungsrecht, [15]2016, 881–981 • A.-Z. Steiner: Die außervertragliche Haftung der Europäischen Union nach Art. 340 Abs. 2 AEUV für rechtswidriges Verhalten, 2015 • B. J. Hartmann: Öffentliches Haftungsrecht, 2013 • F. Ossenbühl/M. Cornils: Staatshaftungsrecht, [6]2013 • H. Sauer: Staatshaftungsrecht, in: JuS 52/8 u. 9 (2012), 695–699, 800–806 • M. Breuer: Staatshaftung für judikatives Unrecht, 2011 • B. Kümper: Risikoverteilung im Staatshaftungsrecht, 2011 • D. Tietjen: Das System des gemeinschaftsrechtlichen Staatshaftungsrechts, 2010 • A. Gromitsaris: Rechtsgrund und Haftungsauslösung im Staatshaftungsrecht, 2006 • B. Grzeszick: Rechte und Ansprüche, 2002 • D. Röder: Die Haftungsfunktion der Grundrechte, 2002 • R. Schmidt-de Caluwe: Der sozialrechtliche Herstellungsanspruch, 1992.

BERND GRZESZICK

## Staatshaushalt

I. Juristisch – II. Ökonomisch

### I. Juristisch

#### 1. Begrifflichkeit

Haushalt – das Budget – als S. meint ein zentrales Instrument zwischen ↑Politik und ↑Recht auf sämtlichen staatlichen Ebenen: des Bundes, der Länder und der Kommunen. Auch die EU besitzt einen Haushalt, der teilweise freilich anderen Prämissen folgt. Haushalt ist insofern der Oberbegriff für den Haushaltsplan, d. h. das alle Einnahmen und Ausgaben veranschlagende umfangreiche Zahlenwerk, und das Haushaltsgesetz, das den Haushaltsplan feststellt und damit rechtsverbindlich macht.

#### 2. Geschichte

Der S. hat in der Verfassungsgeschichte einen Funktionswandel durchlaufen. Als historische Wurzeln treffen im 19. Jh. das Steuerbewilligungsrecht sowie das Budget als Instrument der Veranschlagung von Ausgaben zusammen, d. h. der S. bezog sich zunächst auf Einnahmen und auf Ausgaben der ↑öffentlichen Finanzwirtschaft. Die im preußischen Verfassungskonflikt 1862–66 kulminierenden Budgetkämpfe sind nur vor dem Hintergrund des konstitutionellen Dualismus zu verstehen: Die Volksvertretungen suchten über die Mittelbewilligung im S. Einfluss auf die monarchische, parlamentarisch gerade nicht verantwortliche Exekutive zu erhalten.

In der parlamentarischen ↑Demokratie (↑Parlament, Parlamentarismus) kann kein Zweifel daran bestehen, dass der Haushalt ein staatsleitender Hoheitsakt in Gesetzesform ist. Das Budgetrecht des Deutschen Bundestags stellt das wesentliche Instrument der parlamentarischen Regierungskontrolle (↑Politische Kontrolle) dar. Das voll ausgebildete Budgetrecht der Volksvertretung ist in historischer Perspektive der entscheidende Schlussstein einer Parlamentarisierung des konstitutionellen staatsrechtlichen Systems gewesen. Die parlamentarische Ausgabenbewilligung durch die Verabschiedung eines S.s ist heute Gemeingut aller Verfassungsstaaten. Es hat sich freilich gezeigt, dass gerade Volksvertretungen in parlamentarischen Demokratien – im Gegensatz zum konstitutionellen Staatsrecht des 19. Jh. – kaum mehr in der Lage sind ausgaben- und damit einnahmebegrenzend zu wirken.

### 3. Funktionen

Das parlamentarische Budgetrecht ist das Recht des Deutschen ↑Bundestags, den von der Regierung vorgelegten Haushaltsplan durch Gesetz festzustellen (Art. 110 Abs. 2 GG) und mit Hilfe eines unabhängigen ↑Rechnungshofs den ordnungsgemäßen Haushaltsvollzug zu überprüfen (Art. 114 GG). Abgesichert wird das Budgetrecht dadurch, dass die Aufnahme von Krediten und ähnlicher Verpflichtungen ebenfalls gesetzlicher Ermächtigung bedürfen (Art. 115 GG). Die zentrale Funktion des S.s besteht in der periodischen Koordination von Nehmen und Geben. Mit einem Bild wird vom Haushalt als „politischem Programm in Zahlen" gesprochen. Da das Haushaltsgesetz mit den komplexen Steuerungsaufgaben (↑Steuerung) des funktionsausgeweiteten Verfassungsstaats in seiner sozialtechnokratischen und interventionistischen Spielart allein überfordert wäre, ist die allg.e ↑Gesetzgebung in diese Steuerungslücke getreten. Die haushaltsrechtlich zugewiesene, angemessene Finanzausstattung erweist sich als Vollzugsvoraussetzung für die ↑Verwaltung. Die parlamentarische Kontrolle hat einen doppelten Ansatzpunkt: Durch die Ausgabenbewilligung wird den Verwaltungsstellen die zur Erfüllung ihrer Aufgaben notwendige Finanzausstattung zugewiesen und über Art und Ausmaß der Zuweisung auch das Verwaltungshandeln gesteuert. Durch die nachträgliche ↑Finanzkontrolle besteht insgesamt eine zusätzliche Kontrollebene, insb. auch für die Bereiche des Verwaltungshandelns, die ohne gesetzliche Ermächtigung erfolgen. In der parlamentarischen Beteiligung vereinigen sich so die legitimatorische und die kontrollierende Komponente des Haushaltsrechts. Insofern ist die Begriffsbildung vom Haushaltsrecht als dem Verfahrensrecht des Finanzstaates zu verstehen. Anschaulich ist davon gesprochen worden, dass die Stellen- und Sachpläne im S. Organisation durch Zuweisung von Geld bedeuten: In der Organisationsfunktion des Haushaltsplans findet ein Stück Lenkung bzw. Steuerung des Staatsapparats mittels des Mediums ↑Geld statt.

Die dargestellte demokratische Koordinations- und Legitimationsfunktion des Haushalts ist durch neuere Entwicklungen gefährdet, die in ihrer Summe zu einer Entparlamentarisierung des Haushalts führen könnten: Der dargestellte Funktionswandel des Budgetrechts bei politischer Interessenidentität zwischen Regierung und Parlamentsmehrheit und damit das Fortfallen eines die Situation im ↑Konstitutionalismus beherrschenden Charakteristikums des Dualismus zwischen Parlament und monarchischer Exekutive hat insgesamt eine Bedeutungsminderung der parlamentarischen Mitwirkung in diesem Bereich bewirkt. Hinzu kommt, dass das „freie" Haushaltsvolumen und damit wirkliche politische Gestaltungschancen eher gering zu veranschlagen sind angesichts des beachtlichen Anteils am Gesamthaushalt, der durch dauerhafte Personalstellen, Kreditaufnahmen, Verpflichtungsermächtigungen und sonstige Dauerverpflichtungen gebunden ist. Die immer noch nicht effektive Eingrenzung zahlreicher Nebenhaushalte tut ihr Übriges. Haushaltsreformen, die eine effizientere Haushaltswirtschaft durch eine grundlegende Änderung der Budgetaufstellung und der staatlichen Rechnungslegung im Rahmen einer Stärkung von sog.en Globalhaushalten bzw. der sog.en Budgetierung und Dezentralisierung der Haushalte (zusammengefasst im sog.en ↑NSM) und damit notwendig verbunden einer Haushaltsflexibilisierung zu erreichen suchen, lockern in der Tendenz die Direktivkraft parlamentarischer Steuerung. ↑Privatisierung und die Veräußerung von ↑Staatsvermögen werden traditionell als Agenden der Exekutive behandelt und entziehen in finanzwirtschaftlich relevanten Bereichen dem Parlament Entscheidungsmacht. Die langsame aber stetige Aufwertung direktdemokratischer Elemente im demokratischen System (↑Plebiszit), v. a. auf Landesebene, ist nur dann mit dem parlamentarischen Budgetrecht kompatibel, sofern sog.e Finanzausschlussklauseln wirksam sind. Die Abkehr vom ↑Steuerstaat in Richtung eines Gebühren- oder Abgabenstaates zersetzt mit dem parlamentarischen Budgetrecht eine wesentliche Steuerungsressource des Parlaments, da die politische Gesamtentscheidung über Einnahmen und Ausgaben mit ihrer spezifischen Koordinationsfunktion erschwert wird.

### 4. Rechtsgrundlagen

Das Haushaltsverfassungsrecht der Art. 109–115 GG enthält die wesentlichen bundesstaatlichen wie organisatorischen Kompetenzvorschriften das Haushaltswesen betreffend sowie einige Haushaltsgrundsätze. Für die

Länder enthalten die ↑Landesverfassungen jeweils eigene haushaltsverfassungsrechtliche Vorschriften. Die Gemeindeordnungen auf Landesebene regeln das kommunale Haushaltsrecht. Darüber hinaus finden sich einfachrechtliche Vorschriften, die den Haushalt des Bundes betreffen, im StabG, im HGrG, im BRHG und v. a. in der BHO.

### 5. Haushalt der EU

Die ↑EU als supranationaler Staatenverbund (↑Supranationalität) benötigt ebenfalls einen Haushalt und entspr. steuerndes Haushaltsrecht. Primärrechtlich sind hier vorrangig die Art. 310 ff. AEUV zu erwähnen, ergänzt durch sekundärrechtliche Normen wie v. a. die Haushaltsordnung. Der entscheidende Unterschied zu den S.en der Mitgliedstaaten besteht darin, dass die Budgetbefugnisse des ↑Europäischen Parlaments im Wesentlichen nur die Ausgabenseite des Haushalts betreffen, da die Einnahmenausstattung der EU durch die einstimmig zu beschließenden Eigenmittelbeschlüsse für mehrere Jahre durch die Mitgliedstaaten festgelegt werden.

Im Rahmen der europäischen Verschuldungskrise (↑Staatsschuldenkrise) hat das ↑BVerfG die Budgetverantwortung der nationalen Parlamente erneut ins Bewusstsein gerufen: Die Regierung darf nicht durch das Eingehen ungewöhnlich großer Risiken die zukünftigen nationalen Haushaltsspielräume verengen. Dem Bundestag wird in diesem Kontext eine spezifische Budgetverantwortung als Unterfall seiner Integrationsverantwortung zugeschrieben (BVerfGE 123,267 [361 f.]; 129,124 [179]; 132,195 [243 f.]).

### Literatur

C. Gröpl (Hg.): Bundeshaushaltsordnung/Landeshaushaltsordnung, [2]2019 • C. Waldhoff: Überforderung nationaler Parlamente durch die Globalisierung? Grenzen am Beispiel der Budgetverantwortung, in: C. Franzius/F. C. Mayer/J. Neyer (Hg.): Modelle des Parlamentarismus im 21. Jahrhundert, 2015, 109–133 • L. Hummel: Verfassungsrechtsfragen der Verwendung staatlicher Einnahmen, 2008 • H. Pünder: Haushaltsrecht im Umbruch, 2003 • S. Strube: Die Geschichte des Haushaltsrechts vom Mittelalter bis zur Gegenwart, 2002 • C. Gröpl: Haushaltsrecht und Reform, 2001 • M. Rossi: Europäisches Parlament und Haushaltsverfassungsrecht, 1997 • H. Dreier: Der Kampf um das Budgetrecht als Kampf um die staatliche Steuerungsherrschaft, in: W. Hoffmann-Riem/E. Schmidt-Aßmann (Hg.): Effizienz als Herausforderung an das Verwaltungsrecht, 1989, 59–105 • W. Heun: Staatshaushalt und Staatsleitung, 1989 • Ders.: Das Budgetrecht im Regierungssystem der USA, 1989 • E. Müller: Theorie und Praxis des Staatshaushaltsplans im 19. Jahrhundert, 1989 • P. Kirchhof: Die Steuerung des Verwaltungshandelns durch Haushaltsrecht und Haushaltskontrolle, in: NVwZ 2/9 (1983), 505–515 • W. Patzig: Haushaltsrecht des Bundes und der Länder, 1981 • R. Mußgnug: Der Haushaltsplan als Gesetz, 1976 • W. Krüger-Spitta/H. Bronk: Einführung in das Haushaltsrecht und die Haushaltspolitik, 1973 • K. H. Friauf: Der Staatshaushaltsplan im Spannungsfeld zwischen Parlament und Regierung, 1968 • F. Neumark: Der Reichshaushaltsplan, 1929.

CHRISTIAN WALDHOFF

## II. Ökonomisch

### 1. Begriff und Bedeutung

Der S. (auch als Haushaltsplan, Budget oder Etat bezeichnet) stellt das Kernstück der ↑öffentlichen Finanzwirtschaft dar, da im Budget die Ziele und Pläne (samt ihrer jeweiligen Größenordnung) der finanzpolitischen Entscheidungsträger einen zahlenmäßigen Niederschlag finden. Mit dem Begriff des S.s wird die höchste Aggregationsstufe des öffentlichen Haushalts bezeichnet, d. h. er umfasst sämtliche staatlichen Ausgaben und Einnahmen und ist insofern auch zutreffend als „Hauptbuch des Staates" (Heinig 1955: 374) bezeichnet worden. Die öffentliche Haushaltsführung ist ihrem Wesen nach eine Planwirtschaft, da die Gestaltung der öffentlichen Einnahmen und Ausgaben auf einem feststehenden, in Zahlen ausgedrückten Programm beruht, dessen Einhaltung zur Amtspflicht des Personals in Regierung und ↑Verwaltung zählt. Dieses Programm besteht aus „einer genauen Einzelaufstellung aller voraussehbaren Ausgaben und Einnahmen, die in ihrer Gesamtsumme aufeinander abgestimmt und miteinander ins Gleichgewicht gebracht (balanciert) werden" (Schmölders 1970: 48). Der Haushaltsplan wird daher oftmals auch als „Soll-Budget" bezeichnet, welches erst durch den konkreten Haushaltsvollzug zum „Ist-Budget" wird. Im Unterschied zum Haushaltsplan einer privaten Einzelwirtschaft, bei der die Planung und Ausführung in einer Hand liegen und stets verändert werden können, weist das Budget der öffentlichen Finanzwirtschaft den Charakter einer strengen Vollzugsverbindlichkeit auf, was sich auch in der Gesetzesform des Haushaltsplans niederschlägt.

Historisch betrachtet stellt der S. eine noch relativ junge Institution dar, die erst im 20. Jh. als Ausdruck der finanzpolitischen Willensbildung sowie als fixiertes politisches Programm der Regierung seine volle Bedeutung erlangt. In enger Verbindung mit dem parlamentarischen System (↑Parlament, Parlamentarismus) lassen sich drei wesentliche Etappen dieser Evolution des Haushaltsplans feststellen:

*a)* Die Durchsetzung des Steuerbewilligungsrechts des Parlaments;
*b)* das Mitbestimmungsrecht des Parlaments nicht nur bei der Steuererhebung, sondern auch bei der Verwendung der Steuermittel (↑Steuer) für öffentliche Aufgaben (↑Staatsaufgaben); sowie
*c)* die Zusammenfassung dieser Bewilligungsrechte zu einer (meistens jährlichen) Beratung und Beschlussfassung durch das Parlament.

Angesichts der großen Bedeutung des öffentlichen Finanzwesens für den modernen ↑Staat steht der Weg des Haushaltsplans durch die staatlichen Instanzen, unter Beeinflussung durch zahlreiche private ↑Interessengruppen, heutzutage im Zentrum der (finanz-)politischen Willensbildung.

### 2. Haushaltsfunktionen, Haushaltskreislauf und Haushaltsgrundsätze

Unabhängig vom ↑Regierungssystem oder einer allgemeinpolitischen Funktion muss ein Haushaltsplan aufgestellt werden, um verschiedene *Budgetfunktionen* zu erfüllen:

*a)* Die *finanzwirtschaftliche Funktion* kann darin gesehen werden, sich durch eine planmäßige Gegenüberstellung von Einnahmen und Ausgaben der zukünftigen Periode einen Überblick zu verschaffen und einen Ausgleich beider Größen zu realisieren.

*b)* Die *wirtschafts- und sozialpolitische Funktion* kommt darin zum Ausdruck, dass sowohl das gesamte Budget wie auch einzelne Finanzströme instrumentell eingesetzt werden können, um die angestrebten Ziele der ↑Wirtschaftspolitik und ↑Sozialpolitik zu erreichen. Der S. stellt insofern das wichtigste staatliche Steuerungsinstrument (↑Steuerung) dar, um die vorgegebenen allokativen, distributiven und stabilitäts- und wachstumspolitischen Zielsetzungen zu realisieren.

*c)* Die *administrative Lenkungsfunktion* bezieht sich auf die Zuweisung von vorgesehenen Ausgaben sowie den dafür erforderlichen Einnahmen im Haushalt auf die einzelnen Verwaltungsstellen. Das Budget stellt sich folglich auch als ein Koordinierungsinstrument dar, um sämtliche Stellen des Regierungs- und Verwaltungsapparats, die mit der staatlichen Aufgabenerfüllung befasst sind, miteinander abzustimmen.

*d)* Die *parlamentarische Funktion* weist der Exekutive die Aufgabe zu, dem Parlament das Budget in einer aussagekräftigen Form zur Beschlussfassung vorzulegen. Die wiederkehrende Feststellung des S.s durch das Parlament dient einer Begrenzung bzw. Beeinflussung der Verwaltungstätigkeiten und soll damit eine rechtliche und leistungsorientierte Kontrolle (↑Politische Kontrolle) sicherstellen.

Mit dem Begriff des *Haushaltskreislaufs* wird der gesetzlich vorgeschriebene haushaltsplanerische Entscheidungs- und Vollzugsprozess des Budgets in einem parlamentarischen System umschrieben. Die wesentliche Aufgabe dieses Budgetzyklus ist darin zu sehen, dass Art, Umfang und Träger der Verantwortlichkeit für jeweils bestimmte haushaltsbezogene Handlungen politisch und rechtlich festgelegt werden. Im Kontext dieses Prozesses können grob drei Phasen unterschieden werden: die Aufstellung des Haushaltsplans durch die Exekutive, die parlamentarische Beratung und Verabschiedung des Budgets durch die Legislative, sowie die Durchführung (Exekutive), Kontrolle (Bundesrechnungshof [↑Rechnungshöfe]) und Entlastung (Parlament) des Haushalts.

Um sicherzustellen, dass der Haushaltsplan sowohl eine Beurteilung des wirtschafts- und finanzpolitischen Regierungsprogramms erlaubt als auch in der vom Parlament beschlossenen Form durchgeführt wird, sind im Rahmen einer langen Tradition die sog.en *Haushaltsgrundsätze* entwickelt worden. Es handelt sich dabei um Regeln oder Prinzipien, die bei der Haushaltswirtschaft von öffentlichen Gebietskörperschaften zu beachten sind und „deren Befolgung eine möglichst vollkommene Erfüllung der verschiedenen Budgetfunktionen gewährleisten soll" (Neumark 1952: 572 f.). In Deutschland haben sie ihren Niederschlag in der gesetzlichen Regelung des Haushaltswesens (↑GG, HGrG, BHO, LHO) gefunden und stellen damit eine institutionelle Schranke dar, um Mängel im Prozess der finanzpolitischen Willensbildung zu korrigieren bzw. die Exekutive und ↑Öffentlichkeit vor fehlerhaften Informationen zu schützen. Die nachfolgende Tab. 1 gibt hierüber einen groben Überblick.

### 3. Der Haushaltsplan – Gliederung und Komponenten

Die Haushaltssystematik des S.s umfasst drei verschiedene Prinzipien der Gliederung des Zahlenmaterials (Ressortprinzip, Gruppierungsplan, Funktionenplan), deren Zweck darin besteht, Transparenz der Haushaltsmaterie im Hinblick auf die unterschiedlichen Budgetfunktionen herzustellen. Jede Gliederungsart des Haushaltsplans korrespondiert mit einer spezifischen Haushaltsfunktion; ausgenommen ist lediglich die finanzwirtschaftliche Funktion, deren Erfüllung nicht von der formalen Darstellung des Budgets abhängig ist.

Zur Unterstützung der administrativen Lenkungsfunktion ist es erforderlich, die politische bzw. finanzielle Verantwortung den dafür jeweils zuständigen Verwaltungsstellen zuzuordnen. Gemäß dem *Ressortprinzip* (auch als Ministerialprinzip oder institutionelles Prinzip bezeichnet) wird daher der Haushaltsplan auf Bundes- und Landesebene in *Einzelplänen* gegliedert, die für jeden Verwaltungsbereich der obersten Bundes- und Landesbehörden eingerichtet und im Gesamtplan zusammengefasst werden. In den jeweiligen Einzelplänen der Verwaltungsbereiche (z. B. Einzelplan 01 Bundespräsident und Bundespräsidialamt) sind die Einnahmen, Ausgaben, Verpflichtungsermächtigungen, Planstellen sowie Stellen veranschlagt. Die Einzelpläne wiederum sind unterteilt in *Kapitel* und *Titel*, wobei in einem Kapitel alle Einnahmen, Ausgaben und Verpflichtungsermächtigungen eines bestimmten Behörden- oder Verwaltungsbereichs bzw. eines bestimmten Aufgabengebiets erfasst werden. Die Titel stellen die unterste Ebene der Gliederung des Haushaltsplans dar und bilden die einzelnen Einnahme- und Ausgabepositionen ab.

Um Transparenz hinsichtlich der wirtschafts- und sozialpolitischen Funktion zu schaffen, müssen die gesamten Titel der Einzelpläne in Form von Einnahme- und Ausgabearten bezeichnet werden, was mit Hilfe des *Gruppierungsplans* erfolgt (vgl. Tab. 2). Zusammengefasst werden die Einnahme- und Ausgabearten in der

| | |
|---|---|
| Haushaltsgrundsatz der Vollständigkeit | Im Haushalt sollen sämtliche Einnahmen und Ausgaben erfasst sein (Bruttoprinzip). Eine Ausnahme können lediglich öffentliche Betriebe und Sondervermögen bilden. |
| Haushaltsgrundsatz der Einheit | Die Ausgaben und Einnahmen einer Gebietskörperschaft sollen innerhalb eines einzigen Etats aufgeführt werden (Vermeidung von Neben- und Sonderhaushalten). |
| Haushaltsgrundsatz der Klarheit | Der Haushaltsplan soll in übersichtlicher und systematischer Form unter klarer und nachvollziehbarer Kennzeichnung der Einzelposten gegliedert sein. |
| Haushaltsgrundsatz der Genauigkeit | Im Haushalt sollen sämtliche Einnahmen und Ausgaben möglichst genau veranschlagt werden (Stichwort: Steuerschätzung, zukünftige Ausgabeverpflichtungen). |
| Haushaltsgrundsatz der Vorherigkeit | Der Haushaltsplan muss vor Beginn einer Periode, in der er gelten soll, dem Parlament vorgelegt werden. Ausnahmen regelt das sog.e Nothaushaltsrecht. |
| Haushaltsgrundsatz der Spezialität (qualitativ, quantitativ, temporär) | Die Ausgaben dürfen nur für vorgegebene Zwecke, im veranschlagten Umfang und in der betreffenden Haushaltsperiode verausgabt werden (aber: Tendenz zu Globalhaushalten im öffentlichen Sektor, bei denen Mittel pauschal bewilligt werden). |
| Haushaltsgrundsatz der Öffentlichkeit | Es verbindet sich damit die Forderung, dass alle Phasen des Haushaltskreislaufs der Öffentlichkeit (d. h. den Bürgern = Steuerzahlern) prinzipiell zugänglich zu machen sind. |
| Haushaltsgrundsatz der Nonaffektation | Innerhalb des Haushaltsplans sollen im Regelfall Einnahmen nicht an bestimmte Ausgabezwecke gebunden sein (d. h. Zweckbindungen bilden die Ausnahme). |

Tab. 1: Haushaltsgrundsätze

sog.en Gruppierungsübersicht, die es ermöglichen soll, die ökonomischen (Kreislauf-)Wirkungen des Budgets abzuschätzen. Die im Gruppierungsplan für Bund und Länder verwendete Gliederung für die Einnahme- und Ausgabearten basiert im Wesentlichen auf den Kriterien der ↑Volkswirtschaftlichen Gesamtrechnung (VGR), wodurch zugl. sichergestellt ist, dass die notwendigen Grunddaten für die Berechnung des Staatskontos in der VGR bereitgestellt werden können.

| Gliederungseinheit | Hauptgruppen (Einnahmen = 0–3; Ausgaben = 4–9) |
|---|---|
| 0 | Einnahmen aus Steuern und steuerähnlichen Abgaben sowie EU-Eigenmittel |
| 1 | Verwaltungseinnahmen, Einnahmen aus Schuldendienst und dergleichen |
| 2 | Einnahmen aus Zuweisungen und Zuschüssen mit Ausnahme für Investitionen |
| 3 | Einnahmen aus Schuldenaufnahmen, aus Zuweisungen und Zuschüssen für Investitionen, bes. Finanzierungseinnahmen |
| 4 | Personalausgaben |
| 5 | Sächliche Verwaltungsausgaben, militärische Beschaffungen usw., Ausgaben für den Schuldendienst |
| 6 | Ausgaben für Zuweisungen und Zuschüsse mit Ausnahme für Investitionen |
| 7 | Baumaßnahmen |
| 8 | Sonstige Ausgaben für Investitionen und Investitionsförderungsmaßnahmen |
| 9 | Besondere Finanzierungsausgaben |

Tab. 2: Gruppierungsplan

Zur Erfüllung der parlamentarischen Kontrollfunktion sollte der S. auch Transparenz bzgl. des Regierungsprogramms erlauben, schließlich kann der Haushaltsplan auch als zahlenmäßige Umsetzung des politischen Handlungsprogramms interpretiert werden. Dafür muss ersichtlich sein, wie viele Mittel für welche staatlichen Aufgaben verwendet werden sollen. Dies wird mit Hilfe des *Funktionenplans* erreicht, indem jedem Haushaltsansatz, zusätzlich zur Titelbezeichnung gemäß Gruppierungsplan, eine Funktionenkennziffer zugeteilt wird (vgl. Tab. 3). Zusammengefasst werden die so gekennzeichneten Ausgabetitel in der sog.en Funktionenübersicht, die auf einer Aggregation der gleichen Ausgabetitel aus den jeweiligen Einzelplänen der Ressorts beruht. Der Funktionenplan für Bund und Länder enthält gemeinsame Gliederungsmerkmale, die eine systematische Übersicht der Einnahmen und Ausgaben nach Aufgabenbereichen erlaubt: Die Hauptfunktionen werden mit einer einstelligen Gliederungseinheit abgebildet, die Oberfunktionen mit einer zweistelligen Zahl und die Funktionen mit einer dreistelligen Zahl gegliedert. Insgesamt umfasst der Funktionenplan die folgenden neun Hauptfunktionen, die jeweils weiter unterteilt sind.

| Gliederungseinheit | Hauptfunktion (= Staatsaufgabe) |
|---|---|
| 0 | Allgemeine Dienste |
| 1 | Bildungswesen, Wissenschaft, Forschung, Kulturelle Angelegenheiten |
| 2 | Soziale Sicherung, Familie und Jugend, Arbeitsmarktpolitik |
| 3 | Gesundheit, Umwelt, Sport und Erholung |
| 4 | Wohnungswesen, Städtebau, Raumordnung und kommunale Gemeinschaftsdienste |
| 5 | Ernährung, Landwirtschaft und Forsten |
| 6 | Energie- und Wasserwirtschaft, Gewerbe und Dienstleistungen |
| 7 | Verkehrs- und Nachrichtenwesen |
| 8 | Finanzwirtschaft |

Tab. 3: Funktionenplan

Insgesamt betrachtet hilft diese Haushaltssystematik, eine große Transparenz hinsichtlich des öffentlichen Finanzgebarens zu erreichen, wobei das so strukturierte Zahlenmaterial des Haushaltsplans insb. den Anforderungen der administrativen Lenkungsfunktion in hohem Maße gerecht wird.

### 4. Reformansätze und Entscheidungshilfen des Budgetverfahrens

Der relativ kurze Zeithorizont des S.s erschwert eine längerfristige Planung der öffentlichen Finanzen, so dass die wirtschafts- und sozialpolitische Funktion mit dem Budget nur bedingt erfüllt werden kann. Ferner ist zur Erfüllung der finanzwirtschaftlichen Funktion des Budgets auch eine Abschätzung der zukünftigen Einnahmen und Ausgaben erforderlich, da einerseits die wesentlichen Einnahmequellen (Steuereinnahmen und Sozialabgaben) Schwankungen in Abhängigkeit von der volkswirtschaftlichen Aktivität aufweisen und andererseits mit den heute getätigten Ausgaben Folgekosten für die zukünftigen Haushaltsjahre verbunden sein können. Die Einführung der *Mittelfristigen Finanzplanung* entsprach diesem Reformbedürfnis, indem die voraussichtlichen Ausgaben und Einnahmen eines fünfjährigen Zeitraums im *Finanzplan* abgebildet werden. Die Mittelfristige Finanzplanung ist eine kamerale Planungsrechnung (↑Kameralistik), die das (zumeist jährliche) Vollzugsbudget ergänzt, jedoch keine Vollzugsverbindlichkeit für Regierung und ↑Verwaltung besitzt. Weiterhin wurden mit dem OECD-Konzept der *Nachhaltigkeit der Finanzen* sowie der sog.en *Generationenbilanzierung* Vorschläge zur Verbesserung des Budgetverfahrens entwickelt, die einen Zeitraum von mehreren Jahrzehnten umfassen. Die Zielsetzung dieser Konzepte ist darin zu sehen, die langfristigen Auswirkungen der Haushaltspolitik im Hinblick auf die demographische Entwicklung (↑Demographie), das Steuereinnahmepotenzial sowie das Niveau der ↑Staatsverschuldung zu prognostizieren, um erste Einblicke in die längerfristige Tragfähigkeit der öffentlichen Finanzen zu gewinnen.

Hinsichtlich der parlamentarischen Kontrollfunktion kann eine weitere Schwierigkeit der geltenden Haushaltstechnik in der Verwaltungsorientierung des Budgets (Exekutivbudget) gesehen werden, die eine wünschenswerte Verzahnung von politischer und finanzieller Planung erschwert. Die traditionelle Budgetaufstellung erfolgt „von unten nach oben", d. h. Umfang und Inhalt des Haushaltsplans werden von den einzelnen untergeordneten Verwaltungsstellen über Bedarfsmeldungen an die übergeordneten Stellen weitergeleitet. Obwohl für den Bundeshaushalt seit dem Jahr 2012 ein „Top-down"-Verfahren eingeführt wurde, setzt sich das Budget letztlich immer noch aus einer Summe von Einzelanforderungen zusammen. Im Kontext dieses Planungsprozesses können zwei Schwierigkeiten auftreten: einerseits eine unzureichende *Abwägung von alternativen Strategien* zur Lösung der bestehenden politischen Aufgaben, andererseits eine ausgeprägte Orientierung an *Input-Größen* (= Bedarfsanmeldungen in Form von Personal- und Sachmitteln). Um eine höhere Rationalität des finanzpolitischen Handelns zu erreichen, wäre es daher wünschenswert, wenn das Haushaltssystem sowohl die Budgetanforderungen stärker mit den anvisierten Ergebnissen *(Outcome)* verbinden würde als auch relevante Handlungsalternativen zur Erreichung dieser Ergebnisse berücksichtigen könnte. Insb. in den USA sind in der Vergangenheit mehrere

Versuche unternommen worden, das Budgetverfahren in dieser Richtung zu verändern (z. B. *Planning-Programming-Budgeting System*, *Zero-Base-Budgeting System*), die sich in der haushaltspolitischen Praxis jedoch nicht durchsetzen konnten. Nichtsdestotrotz bleibt das Anliegen einer effizienteren Budgetierung und damit letztlich verbesserten Produktivität im öffentlichen Sektor bestehen. Vor diesem Hintergrund sind auch die Maßnahmen und Instrumente des ↑NSM zu sehen, die insb. durch Rückgriff auf Steuerungsmechanismen, die im privatwirtschaftlichen Sektor angewendet werden, den Versuch darstellen, die politische Entscheidungsebene zu stärken und die Exekutive effizienter zu organisieren.

Neben solchen Reformansätzen des Budgetverfahrens sind in Theorie und Praxis auch Entscheidungshilfen für die Träger der ↑Finanzpolitik entwickelt worden, die sich mit der Auswahl von konkurrierenden Handlungsalternativen beschäftigen. Als etablierte Entscheidungshilfen sind insb. die ↑*Kosten-Nutzen-Analyse* bzw. die *Kosten-Wirksamkeits-Analyse* zu nennen, deren vereinfachte Zielsetzung in einer Übertragung von privatwirtschaftlichen Investitionskriterien auf öffentliche (Investitions-)Ausgaben gesehen werden kann. Seit dem Jahr 2015 wird die Aufstellung des Bundeshaushalts in Deutschland zudem um sog.e *Spending Reviews* ergänzt, d. h. es werden einnahme- und ausgabeseitige Haushaltsanalysen zu ausgewählten Politikfeldern durchgeführt. Diese Analysen sollen einerseits eine stärkere inhaltliche Ausrichtung des Haushaltsaufstellungsverfahrens bewirken und andererseits die Ergebnis- bzw. Wirkungsorientierung der zur Aufgabenerfüllung eingesetzten Haushaltsmittel verbessern.

### Literatur

Bundesministerium der Finanzen: Funktionenplan mit allgemeinen Vorschriften, 2019 • Ders.: Gruppierungsplan mit allgemeinen Vorschriften, 2019 • Ders.: Wirkungsorientierung im Bundeshaushalt – mehr als Spending Reviews (2017), in: Monatsbericht des BMF, URL: https://www.bundesfinanzministerium.de/Monatsberichte/2017/09/Inhalte/Kapitel-3-Analysen/3-5-Wirkungsorientierung-im-Bundeshaushalt-mehr-als-Spending-Reviews.html (abger.: 4.11.2020) • H. Zimmermann/K.-D. Henke/M. Broer: Finanzwissenschaft, [12]2017 • Bundesministerium der Finanzen: Das System der öffentlichen Haushalte, 2015 • H. Hanusch: Kosten-Nutzen-Analysen, [3]2011 • J. Bogumil u. a. (Hg.): Zehn Jahre Neues Steuerungsmodell – eine Evaluation kommunaler Verwaltungsmodernisierung, 2007 • U. Benz/S. Fetzer: Indicators for Measuring Fiscal Sustainability. A Comparison of the OECD Method and Generational Accouting, in: Finanzarchiv 62/3 (2006), 367–391 • E. Wille: Mittel- und langfristige Finanzplanung, in: F. Neumark u. a. (Hg.): Hdb. der Finanzwissenschaft, Bd. 1, [3]1977, 427–474 • P. Senf: Kurzfristige Haushaltsplanung, in: ebd., 371–425 • K.-H. Hansmeyer u. a. (Hg.): Das rationale Budget, 1971 • W. Albers: Anforderungen an eine moderne Haushaltswirtschaft, in: H. Haller u. a. (Hg.): Theorie und Praxis des finanzpolitischen Interventionismus, 1970, 347–368 • G. Schmölders: Finanzpolitik, [3]1970 • K. Heinig: Budgetliteratur, in: ZgS 111/2 (1955), 373–381 • F. Neumark: Theorie und Praxis der Budgetgestaltung, in: ders. (Hg.): Hdb. der Finanzwissenschaft, Bd. 1, [2]1952, 554–605 • K. Heinig: Das Budget, Bde. 1–3, 1949–51 • A. Amonn: Grundsätze der Finanzwissenschaft, 1947.

NILS OTTER

## Staatskirchenrecht

### 1. Begriff und Gegenstand

Während der Begriff des ↑Kirchenrechts das von den Kirchen selbst gesetzte Recht, also die innerkirchliche Rechtsordnung, erfasst, bezeichnet der im deutschen Rechtskreis seit langem etablierte Terminus des S.s die Gesamtheit aller staatlich in Geltung gesetzten Normen, die das Beziehungsgefüge von ↑Staat und ↑Religionsgemeinschaften betreffen. Der Ausdruck ist in einem doppelten Sinne umfassend: Er ist einerseits, obgleich sein historischer Ursprung in der Zeit des Staatskirchentums und der Staatskirchenhoheit liegt, nicht auf Bestimmungen über das Verhältnis des Staates zu den traditionellen christlichen Kirchen zu verengen, sondern erfasst auch Regelungen über die Beziehungen zwischen dem Staat und allen übrigen Religionsgemeinschaften. Andererseits ist er nicht auf das Recht des deutschen Staates beschränkt, sondern bezieht im Lichte eines beständig weiter ausgreifenden Europäisierungsprozesses auch Akte der EU und ihrer Organe ein, die auf die Materie einwirken.

Umfassend angelegt ist der Begriff des S.s auch insofern, als unter ihm nicht nur das Beziehungsgefüge zwischen den Institutionen Staat und Religionsgemeinschaften zu verstehen ist. Zwar akzentuiert der Terminus die institutionelle Dimension dieses Verhältnisses, die historisch-kulturell geprägter Gegenstand des nationalen, autochthonen Rechts ist und auch als *S. im engeren Sinne* bezeichnet werden kann. Gleichwohl schließt er die in dem Grundrecht der Religionsfreiheit gründende Rechtsstellung des einzelnen Grundrechtsträgers und der Religionsgemeinschaften – mithin die grundrechtliche Dimension der Materie, die menschenrechtlich fundiert und durch den Anspruch auf universelle ↑Geltung charakterisiert ist – notwendig ein. Denn die institutionelle und die grundrechtliche Dimension des S.s sind zwar voneinander zu unterscheiden, stehen indes in der grundgesetzlichen Verfassungsordnung nicht beziehungslos nebeneinander, sondern sind vielfältig miteinander verschränkt. Insofern erfasst der Begriff das *S. im weiteren Sinne*.

Bedenken, der Terminus des S.s sei allzu sehr auf die christlichen Kirchen zugeschnitten und bedürfe daher der novellierenden Bezeichnung als Religionsverfassungsrecht, haben zu Beginn des 21. Jh. einen begrifflichen Vergewisserungsprozess in Gang gesetzt. Die hierdurch zunächst ausgelöste Debatte hat sich jedoch alsbald wieder entspannt. Hierzu beigetragen hat nicht nur die rasch gewachsene Einsicht, dass die Verarbeitung religiöser Pluralisierungsprozesse, für die das geltende S. alle Voraussetzungen mitbringt, v.a. von der sachlichen Bewältigung der mit ihnen zusammenhängenden Herausforderungen und weniger von begriffspolitischen Auseinandersetzungen abhängt. Mehr noch indes hat dazu geführt, dass die Defizite der vorgeschlagenen Ersatzbezeichnung – die unter Ausblendung anderer Rechtsquellen zu Unrecht insinuiert, sedes materiae des S.s. sei lediglich das Verfassungsrecht – ebenso deutlich geworden sind wie die Vorzüge einer traditionellen Terminologie, die das S. nicht nur als Erinnerungsspeicher historischer Entwicklungsprozesse ausweist, denen das ↑Staatsrecht insgesamt wesentliche Prägungen verdankt, sondern die auch die europäische Anschlussfähigkeit der Materie wahrt, die in Spanien als *derecho Eclesiástico del Estado*, in Italien als *diritto ecclesiastico*, in Frankreich als *droit ecclésiastique* und in Großbritannien als *ecclesiastical law* bezeichnet wird. Angesichts dessen gelangen heute beide Begriffe zur Anwendung, ohne dass indes die Bezeichnung als S. ihre Leitfunktion verloren hätte. Letzteres gilt umso mehr, als im Lichte der ersatzbegrifflichen Unzulänglichkeiten des Terminus des Religionsverfassungsrechts zwischenzeitlich auch andere Bezeichnungen Verwendung finden, namentlich der Begriff des von Paul Mikat geprägten (staatlichen) Religionsrechts, mit dem nach der Intention seines Urhebers allerdings keine Frontstellung gegenüber dem Begriff des S.s verbunden ist.

## 2. Historische Grundlagen

Auch wenn sich von S. im eigentlichen Sinne erst seit der Herausbildung des modernen Staates in der frühen Neuzeit sprechen lässt, liegen ihm historische Tiefenschichten zugrunde, die weiter zurückreichen. Das gründet auf dem Umstand, dass Grundvoraussetzung eines rechtlich regulierten Verhältnisses von Staat und Religionsgemeinschaften der Dualismus von politischer und religiöser ↑Ordnung ist. Dessen geschichtliche Bedingung war die Überwindung der antiken Einheit von weltlicher und geistlicher ↑Macht.

### 2.1 Historische Tiefenschichten

Diese antike Einheit erfuhr eine grundstürzende Um- und Neugestaltung durch das ↑Christentum, das den sakralen Herrschaftsanspruch des römischen Reiches abwies und diesem auf der Grundlage des neutestamentlichen Zinsgroschenwortes die Forderung entgegenstellte, dem Kaiser zu geben, was des Kaisers ist und Gott, was Gottes ist. Die hierin liegende Distinktion von weltlicher und geistlicher Sphäre stieß nach der Konstantinischen Wende jedenfalls für das weströmische Reich die Tür zur Herausbildung einer Ordnung auf, die als „bipolare Einheit" (Mückl 2009: 715) charakterisiert werden kann. In ihr sollten nach der geschichtsmächtigen Zwei-Schwerter-Lehre, die Papst Gelasius I. im Jahre 494 formulierte, die weltliche und die geistliche Gewalt auf der einen Seite innerhalb der Einheit der Christenheit zusammenwirken und die Welt regieren, auf der anderen Seite indes in ihrem je eigenen Bereich über prinzipielle Unabhängigkeit verfügen. Damit war diese Ordnung gleichermaßen geprägt von politisch-religiösem Einheitsdenken wie von institutioneller Trennung. Diese Ambivalenz bildete die Grundlage des mittelalterlichen Großkonflikts, welcher der beiden Gewalten – Kaiser oder ↑Papst, Heiligem Römischen Reich oder Heiliger Römischer Kirche – der Vorrang gebühre. Dieser Konflikt mündete in den kirchlichen Suprematieanspruch des 1075 vorgelegten „Dictatus Papae" von Papst Gregor VII. und damit in den Investiturstreit, der die geistig-politische Auseinandersetzung um die Ordnungsform der abendländischen Christenheit zum Gegenstand hatte. Allerdings gelang es der Kirche in letzter Konsequenz nicht, den auf diese Weise geltend gemachten päpstlichen Führungsanspruch dauerhaft durchzusetzen, obgleich ihr das Wormser Konkordat von 1122 eine von der weltlichen Macht unbeeinflusste Investitur der Bischöfe, die mit weltlichen Gütern zu belehnen waren, gewährleistete. Auch wenn Papst Bonifaz VIII. die kirchliche Vormachtstellung in seiner aus dem Jahre 1302 stammenden Bulle „Unam sanctam" noch einmal nachdrücklich einforderte, verschoben sich ab dem 13. Jh. sowohl aufgrund der zunehmenden Bedeutung aufstrebender Territorialstaaten als auch aufgrund der innerkirchlichen Schwächephase, in der die Einheit der Kirche dem großen Schisma zum Opfer fiel und die Durchsetzung des kirchlichen Suprematieanspruchs praktisch nicht mehr zu realisieren war, die Gewichte zusehends zugunsten der weltlichen ↑Herrschaft.

### 2.2 Reformation

Die ↑Reformation des 16. Jh. brachte fundamentale Veränderungen für das Verhältnis von weltlicher und geistlicher Gewalt mit sich. In der Tradition mittelalterlichen Einheitsdenkens beanspruchten die nunmehr getrennten ↑Konfessionen den Schutz der weltlichen, reichsfürstlich föderalisierten Macht und bewirkten so, dass in den Territorien die religiöse Wahrheits- mit der politischen Machtfrage verwoben wurde. In der praktischen und politischen Konsequenz führte die Glaubensspaltung auf diese Weise – mit einer Wendung von Martin Heckel – zu einer gravierenden „Verfassungsstörung" (Heckel 2007: 21) im Reich. Der Augsburger Religionsfriede von 1555 antwortete hierauf mit Regelungen, deren Kernelemente das *ius reformandi* und das *ius emigrandi* waren. Während sie auf der Ebene der Territorien eine weitgehende konfessionelle Geschlossenheit zur Folge hatten *(cuius regio, eius religio)*, ließen sie auf der Ebene des Reiches bereits die Neutralität der weltlichen Gewalt in der Frage des religiösen Bekenntnisses erkennen und führten hier zudem zur Parität zwischen der katholischen und der lutherischen Religionspartei. Im Westfälischen Frieden von 1648 wurde das Paritätsgebot *(aequalitas exacta mutuaque)* nicht nur auf die

Reformierten erweitert, sondern auch dahingehend konkretisiert, dass kollegiale Reichsorgane wie das Reichskammergericht nunmehr konfessionell paritätisch besetzt wurden und in Religionsangelegenheiten keine Mehrheitsentscheidung erfolgte, sondern der Beschluss des Reichstages eine getrennte Beratung der Religionsparteien *(itio in partes)* und deren Bemühung um eine Verständigung *(amicabilis compositio)* voraussetzte.

Die Abhängigkeit der widerstreitenden Religionsparteien von den weltlichen Herrschern – gleichermaßen bei der Institutionalisierung des ↑Protestantismus wie bei der Verteidigung des traditionellen Glaubens – trug wesentlich zur ↑Konfessionalisierung des öffentlichen Lebens in den Territorien bei. Für die protestantische Seite folgenreich wurde die Entscheidung der Reformatoren, die Territorialfürsten als oberste Kirchenleitung anzuerkennen, da dies ebenso der Herausbildung territorialer Landeskirchen wie auch der Etablierung bzw. Verfestigung des landesherrlichen Kirchenregiments den Weg bahnte. Begünstigt wurde diese Entwicklung durch den Umstand, dass der Augsburger Religionsfriede für die protestantischen Territorien die geistliche Jurisdiktionsgewalt der katholischen ↑Bischöfe suspendierte. Das sich hieraus entwickelnde Summepiskopat des Landesherrn wurde zunächst mit einer temporär begrenzten Übertragung der Kirchengewalt gerechtfertigt (Episkopaltheorie), dann mit der territorialen ↑Souveränität des Fürsten (Territorialsystem) und schließlich mit der Erwägung, die Kirche unterstehe wie alle Vereinigungen der Vereinshoheit des Territorialherrn (Kollegialsystem). Für die katholische Seite galt, dass sie den ihr verbliebenen Besitzstand nur durch Anlehnung an die verbliebenen katholischen Fürsten wahren konnte. Dies trug wesentlich dazu bei, dass das vorreformatorische landesherrliche Kirchenregiment auch hier eine erhebliche Verstärkung erfuhr, die in der staatlichen Vereinnahmung des österreichischen Josephinismus gipfelte. Indes stieß diese Entwicklung auf den entschlossenen Widerstand des Papsttums, weshalb die ↑katholische Kirche im Ergebnis in deutlich geringerem Ausmaß staatlichen Herrschaftseinflüssen unterlag als die sich entwickelnden evangelischen Kirchen.

### 2.3 Das 19. und 20. Jahrhundert

Nachdem die reichsrechtlichen Regelungen des Augsburger Religionsfriedens und des Westfälischen Friedens das Verhältnis von Staat und Kirche im alten Reich bis zu dessen Ende im Jahre 1806 geprägt und das S. als „Reformationsfolgenrecht" (Heinig 2003: 74) ausgeformt hatten, leitete der Reichsdeputationshauptschluss von 1803 grundlegende Veränderungen ein. In ihm wurden die weltlichen Reichsfürsten für den durch die napoleonische Besetzung verursachten Verlust der linksrheinischen Gebiete mit den rechtsrheinischen geistlichen Reichsfürstentümern entschädigt und zudem ermächtigt, sich weiteres Kirchengut einzuverleiben; die hierdurch bewirkten Vermögensverluste, die v. a. die katholische Kirche empfindlich trafen, sollten zumindest partiell durch finanzielle Leistungen, die sog.en Staatsleistungen (↑Staatsleistungen an die Kirchen; ↑Kirchenfinanzierung), ausgeglichen werden. Allerdings erschöpfte sich die Bedeutung des Reichsdeputationshauptschlusses nicht in diesen eigentumsrechtlichen Konsequenzen, ganz im Gegenteil: Denn infolge der mit ihm sowie dem Wiener Kongress von 1814/15 verbundenen territorialen Neuordnung konnte zum einen das Verhältnis von weltlicher und kirchlicher Macht in den sich herausbildenden Territorialstaaten nicht mehr mit dem überkommenen reichsstaatskirchenrechtlichen Regime erfasst werden; zum anderen entstanden in seiner Folge zahlreiche gemischtkonfessionelle Territorien, was die Entwicklung in Richtung Religionsfreiheit lenken sollte. Damit stand der Reichsdeputationshauptschluss am Beginn einer Neuausrichtung des S.s, die im 19. Jh. zwar in der Phase der ↑Restauration zu vielfältigen Formen der Staatskirchenhoheit in den deutschen Staaten, im Übrigen indes zur Beseitigung der kirchlichen Jurisdiktion in temporalibus, zur Neuordnung des Verhältnisses von Staat und Kirche in den Territorialstaaten durch Konkordatsabschlüsse oder parallel laufende päpstliche Zirkumskriptionsbullen und staatliche Rechtsetzungsakte, zur deutlichen Ausdehnung der Autonomie für die katholische Kirche – und zu deren Anbahnung für die evangelische Kirche – sowie zum allmählichen Durchbruch der Religionsfreiheit führte. Diese Entwicklung wurde durch die Paulskirchenverfassung von 1849 repräsentiert, die zwar letztlich scheiterte, aber doch mit ihren Verbürgungen der Glaubens- und Gewissensfreiheit, der Religionsausübungsfreiheit, der religiösen Vereinigungsfreiheit, der Abschaffung der Staatskirche, der Parität der Religionsgesellschaften und dem kirchlichen Selbstbestimmungsrecht ebenso die zeitgenössische Rechtsetzung wie auch die weitere Entwicklung des S.s beeinflusste. Dass sich diese Entwicklung keinesfalls als linear verlaufender, bruchloser Prozess darstellte, verdeutlichte hierbei der ↑Kulturkampf Otto von Bismarcks, der sich vielfältiger Einschränkungen der kirchlichen Autonomie bediente, um den kirchlichen Einfluss auf das öffentliche Leben zurückzudrängen. Auch wenn sich diese Zielsetzung letztlich nicht durchzusetzen vermochte, führte sie doch zu Entwicklungen, die – wie etwa die obligatorische Zivilehe, die staatliche Schulaufsicht und die Regelung des Kirchenaustritts für den weltlichen Bereich – bis in die Gegenwart bedeutsam sind.

Das Ende des Ersten Weltkrieges und der Sturz der Monarchie führten zu epochalen Änderungen des S.s, das mit der ↑WRV von 1919 zudem, nachdem im Deutschen Reich von 1871 die Regelungszuständigkeit für das Beziehungsgefüge zwischen Staat und Kirche grundsätzlich bei den einzelnen Staaten gelegen hatte, nunmehr eine reichseinheitliche Grundlage erhielt. Deren Bestimmungen über das Verhältnis von Staat und Kirche – die namentlich in Bayern, Preußen und Baden um vertragliche Vereinbarungen ergänzt wurden – knüpften an jene der Paulskirchenverfassung an. Die Glaubens- und Gewissensfreiheit – in den Schranken der allg.en Gesetze – wurde dem Grundsatz nach nicht nur in ihren positiven, sondern auch in ihren negativen Bezügen gewährleistet; zudem wurde das kirchliche Selbstbestimmungsrecht verbürgt. Ferner wurde das Verbot der Staatskirche aufgegriffen, das letzte Überreste des landesherrlichen Kirchenregiments beseitigte, dabei aber nicht auf eine kirchenfeindliche, sondern auf eine freundschaftliche Trennung von Staat und Kirche abzielte. Dieser epochalen Entscheidung an die Seite gestellt wurden Regelungen über den Körperschaftsstatus (↑Körperschaft) der Kirchen, der beibehalten wurde, fortan aber auch anderen Religionsgesellschaften offenstehen sollte, ebenso über die an ihn anknüpfende ↑Kirchensteuer. Ergänzende Regelungen zum Sonn- und Feiertagsschutz (↑Sonn- und Feiertage), zum Schutz des kirchlichen Eigentums sowie zur Ablösung der Staatsleistungen traten hinzu. Insgesamt wurde den großen Kirchen eine von rein privaten Vereinigungen deutlich unterschiedene öffentliche Stellung, Raum für Autonomie sowie die Möglichkeit der Kooperation mit dem Staat eingeräumt. Damit gelang es der WRV, das Staatskirchentum endgültig hinter sich zu lassen, ohne deshalb dem französischen ↑Laizismus zu folgen.

Gleichwohl sollten die Bestimmungen der WRV zunächst nur für einen kurzen Zeitraum die Verfassungswirklichkeit bestimmen, da der ↑Nationalsozialismus – ebenso wie nach dem Zweiten Weltkrieg im Osten Deutschlands der ↑Kommunismus – religions- und kirchenfeindlich eingestellt und allenfalls zu taktischen Zugeständnissen an die Kirchen bereit war. Es blieb nach dem Zweiten Weltkrieg dem ↑Parlamentarischen Rat vorbehalten, sich diese staatskirchenrechtlichen Entscheidungen im Kompromisswege zu eigen zu machen und Art. 136, 137, 138, 139 und 141 WRV in das ↑GG zu inkorporieren. Das freilich bedeutete im Lichte der staatsrechtlichen Divergenzen zwischen der WRV und dem Bonner GG nicht, dass den Regelungen ein identischer Bedeutungsgehalt zukam; die Wandlungen des neuen staatsrechtlichen Umfeldes, insb. der in ihm angelegte Ausbau des Grundrechtsschutzes, führten vielmehr zu einem normativ veränderten Umfeld, für dessen Auswirkungen das Diktum Rudolf Smends „[...] wenn zwei Grundgesetze dasselbe sagen, so ist es nicht dasselbe“ (1951: 4) klassisch geworden ist.

### 3. Zweispurigkeit der Rechtsquellen

Unter der Geltung des GG wird der Normenbestand des S.s aus zwei Rechtsquellen gespeist: auf der einen Seite aus der Quelle des vom Staat einseitig gesetzten Rechts – zu dem das Verfassungsrecht ebenso wie das einfache Gesetzesrecht zählt –, auf der anderen Seite aus der Quelle des zwischen Staat und Religionsgemeinschaften vertraglich vereinbarten Rechts, das auch als „Vertragsstaatskirchenrecht“ oder als „Staatskirchenvertragsrecht“ bezeichnet wird (Zweispurigkeit des S.s). Aufgrund der föderalen Struktur der BRD handelt es sich teils um Bundes-, teils um Landesrecht. Zunehmende, wenngleich mittelbare Einwirkungen auf das S. folgen zudem aus dem ↑Europarecht.

#### 3.1 Einseitig staatlich gesetztes Recht

Aus dem vom Staat einseitig gesetzten Recht ragen aufgrund ihrer Bedeutung die verfassungsrechtlichen Bestimmungen heraus, die sich auf der Ebene des Bundesrechts im GG finden. Dessen staatskirchenrechtliche Ordnung ruht auf zwei zentralen Pfeilern: auf dem grundrechtlichen Pfeiler der Religionsfreiheit (Art. 4 Abs. 1, 2 GG) und auf dem Pfeiler institutioneller Regelungen (Art. 140 GG). Für Letzteren sind jene Bestimmungen maßgeblich, die der WRV entstammen (Art. 136, 137, 138, 139 und 141 WRV), vom Parlamentarischen Rat übernommen und als vollgültiges Verfassungsrecht in das GG inkorporiert worden sind. Ergänzende Bestimmungen betreffen die Verbürgung des ↑Religionsunterrichts als ordentliches Lehrfach an öffentlichen Schulen (Art. 7 Abs. 2 und 3 GG), das Verbot der Ungleichbehandlung aus Gründen der Religion (Art. 3 Abs. 3 S. 1, Art. 33 Abs. 3 GG) und die Fortgeltung des Reichskonkordats (Art. 123 Abs. 2 GG).

Die Normen des grundrechtlichen wie des institutionellen Pfeilers zeichnen sich durch ein außerordentlich hohes Maß an Stabilität aus. Sie sind grundgesetzlich miteinander verwoben, weshalb die jeweiligen Bestimmungen im Rahmen der Einheit der ↑Verfassung zu praktischer Konkordanz zu bringen sind. Indes können Regelungen des institutionellen Pfeilers nicht ausschließlich als Ausdruck grundrechtlicher Freiheit gedeutet werden, soweit sich in ihnen ein „staatsrechtlicher Überhang institutioneller Absicherungen“ (Isensee 1991: 112 f.) zeigt. Das gilt etwa für den Sonntagsschutz.

Die Parallelität von grundrechtlicher Verbürgung und institutionellen Sicherungen prägt – teils durch originäre Regelung, teils durch Inkorporation von Art. 140 GG oder von Art. 136–139 und Art. 141 WRV – auch die überwiegende Anzahl der deutschen ↑Landesverfassungen; Ausnahmen bilden lediglich die Verfassungen Berlins (1995), Niedersachsens (1993) sowie Schleswig-Holsteins (2014), die sich auf die grundrechtliche Gewährleistung der Religionsfreiheit beschränken, und die Verfassung Hamburgs (1952), die auf einen Grundrechtskatalog verzichtet. Auch das landesverfassungsrechtliche S. ist durch eine bemerkenswerte Kontinuität geprägt. Das verdeutlichen namentlich jene Verfassungen, die – obgleich auf einer erheblich veränderten religionsdemographischen Ausgangslage aufbauend – nach der deutschen Wiedervereinigung in den östlichen Bundesländern Deutschlands in Kraft gesetzt worden sind und sich inhaltlich an dem überkommenen S. ausgerichtet haben. Bei alledem sind die landesverfassungsrechtlichen Bestimmungen überwiegend umfangreicher als die des GG ausgestaltet; so erkennen exemplarisch etwa die BadWüVerf (1953) und die SächsVerf (1992) explizit die Bedeutung der Kirchen und Religionsgemeinschaften für die Bewahrung der religiösen und sittlichen Grundlagen des menschlichen Lebens an und gewährleisten zudem ausdrücklich den Schutz deren diakonischer und karitativer Arbeit.

Auf unterverfassungsrechtlicher Ebene können staatskirchenrechtliche Regelungen Gegenstand des einfachen Gesetzes und ggf. darauf basierender Rechtsverordnungen sein. Die diesbezügliche Gesetzgebungskompetenz ist grundsätzlich den Ländern zugeordnet; dem Bund ist gemäß Art. 140 GG i.V.m. Art. 138 Abs. 1 S. 2 WRV lediglich die Zuständigkeit für die Grundsatzgesetzgebung über die Ablösung von Staatsleistungen zugewiesen. Unterschieden werden kann zwischen einfachgesetzlichen Regelungen, die einen spezifisch staatskirchenrechtlichen Inhalt aufweisen – relevant sind hier namentlich die landesrechtlichen Vorschriften über die Kirchensteuer und den Kirchenaustritt – und gesetzlichen Bestimmungen, die zwar unmittelbar andere Materien betreffen, hierbei jedoch einzelne Regelungen mit staatskirchenrechtlichem Bezug enthalten.

### 3.2 Vertraglich mit den Kirchen und Religionsgemeinschaften vereinbartes Recht (Staatskirchenverträge)

Ergänzt wird das vom Staat einseitig gesetzte Recht durch ein elaboriertes Netz vertraglicher Vereinbarungen, die der Staat mit den Kirchen und Religionsgemeinschaften abgeschlossen hat. Der für diese Vereinbarungen etablierte Terminus der ↑Staatskirchenverträge stellt einen Oberbegriff dar. Dieser umfasst die mit der katholischen Kirche abgeschlossenen ↑Konkordate (bei denen kirchlicher Vertragspartner der ↑Heilige Stuhl ist) und Verträge (bei denen Vertragspartner ein inländischer kirchlicher Rechtsträger ist), die ↑evangelischen Kirchenverträge sowie jene vertraglichen Vereinbarungen, die mit anderen Religionsgemeinschaften – namentlich mit jüdischen Gemeinden (↑ Jüdische Organisationen), in jüngerer Zeit erstmals auch mit muslimischen Vereinigungen (↑Islamische Organisationen) – abgeschlossen werden.

Mit Ausnahme der Konkordate, die im Lichte der Völkerrechtssubjektivität des Hl. Stuhls ↑völkerrechtliche Verträge darstellen, sind Staatskirchenverträge ihrer Natur nach staatsrechtliche Verträge. Bindungswirkung für Gubernative und Verwaltung sowie Allgemeinverbindlichkeit entfalten sie aufgrund eines staatlichen Transformationsakts, der bei bedeutsamen Vertragswerken in Form eines Parlamentsgesetzes, bei sonstigen vertraglichen Regelungen in Form eines Exekutivakts ergeht und zur Einordnung der vertraglichen Vereinbarung in das System der staatlichen Rechtsquellen führt.

Typische Inhalte von Staatskirchenverträgen sind, jedenfalls sofern diese kodifikatorischen Charakter aufweisen, die Bekräftigung bestehender verfassungsrechtlicher Verbürgungen, Bestimmungen über Fragen der kirchlichen Organisation und des kirchlichen Personals, die Verbürgung des Körperschaftsstatus und hiermit verbundener Rechtspositionen, die Gewährleistung kirchlichen und religionsgemeinschaftlichen Wirkens in der Öffentlichkeit, die Regelung der sog.en res mixtae, mithin jener Angelegenheiten, die – wie etwa der schulische Religionsunterricht oder die ↑Anstaltsseelsorge – sowohl staatliche als auch kirchliche bzw. religionsgemeinschaftliche Belange betreffen, Bestimmungen über finanzielle Fragen sowie Verfahrensregelungen und Bestimmungen über das institutionelle Zusammenwirken (↑Staatskirchenverträge).

### 3.3 Europarechtliche Einwirkungen

Trotz voranschreitender Europäisierung verfügt die ↑EU über keine Regelungskompetenz für das S. Diese liegt stattdessen in der Konsequenz von Art. 4 Abs. 1 EUV und Art. 2 ff. AEUV bei den Mitgliedstaaten. Dem entspricht das europäische Primärrecht, das die EU in Art. 17 Abs. 1 AEUV dazu verpflichtet, den Status, den Kirchen und religiöse Vereinigungen oder Gemeinschaften in den Mitgliedstaaten nach deren Rechtsvorschriften genießen, zu achten und ihn nicht zu beeinträchtigen; gemäß Abs. 2 gilt Gleiches für weltanschauliche Gemeinschaften. Vor diesem Hintergrund ist der EU ein unmittelbarer Zugriff auf die Materie des S.s versagt. Das schließt indes mittelbare Einwirkungen des Unionsrechts auf die staatskirchenrechtliche Ordnung in den Mitgliedstaaten dort nicht aus, wo der EU Zuständigkeiten explizit übertragen sind, deren Inanspruchnahme sich indirekt auf die Religionsfreiheit oder die Stellung der Religionsgemeinschaften auswirkt. Derartige mittelbare Einwirkungen sind Konsequenz des Umstands, dass das Unionsrecht von seiner Anlage her funktionell konzipiert ist, also im Gegensatz zum deutschen S. nicht auf die Kirchen und Religionsgemeinschaften als Subjekte abstellt, sondern auf die von diesen ausgeübten Tätigkeiten. Bewegen sich diese in einem unionsrechtlich normierten oder geprägten Bereich, entfaltet das Unionsrecht dem Grundsatz nach auch für sie Relevanz. Das ist exemplarisch auf dem Feld des ↑Arbeitsrechts – namentlich im Bereich der arbeitsrechtlichen Antidiskriminierung – oder auch des Beihilferechts der Fall. Anderes gilt, sofern das Unionsrecht Ausnahmeregelungen vorsieht oder kompetenzielle Schranken Aktualisierung erfahren, die etwa aus dem Schutz der Religionsfreiheit gemäß Art. 6 Abs. 1 EUV i.V.m. Art. 10 Abs. 1 EuGRC, dem Gebot der Achtung der nationalen Identität i.S.d. Art. 4 Abs. 2 EUV oder dem Kirchenartikel des Art. 17 AEUV resultieren können.

### 4. Grundentscheidungen des grundgesetzlichen Staatskirchenrechts

Das S. des GG setzt einen Rahmen für das Wirken der Kirchen und Religionsgemeinschaften in Gesellschaft und Staat. Grundlegend sind neben den Grundsätzen der Säkularität, der Neutralität und der Parität die Gewährleistung der Religionsfreiheit sowie die Verbürgung des kirchlichen bzw. religionsgemeinschaftlichen Selbstbestimmungsrechts.

#### 4.1 Säkularität des Staates

Einen tragenden Pfeiler des grundgesetzlichen S.s bildet zunächst das Verbot der Staatskirche, das der durch Art. 140 GG in das GG inkorporierte Art. 137 Abs. 1 WRV normiert. Sein eigentlicher Kerngehalt besteht – ungeachtet der mit ihm 1919 verbundenen Beseitigung der letzten Überreste des landesherrlichen Kirchenregiments – in der grundsätzlichen Trennung von Staat und Religionsgemeinschaften und der Anerkennung der als selbstverständlich vorausgesetzten Wesensverschiedenheit derselben. Damit ist er insb. Beleg für die Säkularität des Staates und dessen freiheitlicher Rechts- und Verfassungsordnung, in diesem Sinne Ausweis der Weltlichkeit der politischen Ordnung.

Unmittelbare Folge der sog.en Scheidung in der Wurzel ist die prinzipielle Unstatthaftigkeit sowohl der institutionellen Verflechtung von Staat und Religionsgemeinschaften als auch der Einmischung in die Binnensphäre der jeweils anderen Gewalt. Sie intendiert, beiden Potenzen Freiheit zu gewährleisten, zielt also auf ein Arrangement wechselseitiger Freiheit: Dem Staat dient sie zur Sicherung der Freiheit von religionsgemeinschaftlicher Ingerenz, den Kirchen und Religionsgemeinschaften zur Verbürgung der Freiheit von staatlicher Bevormundung und Aufsicht bei der Regelung eigener Belange. Die beidseitige Freiheitsfinalität belegt, dass das Verbot der Staatskirche nicht auf eine kirchenfeindliche Trennung von Staat und Religionsgemeinschaften abzielt und insb. – wie bereits die verfassungsrechtliche Offerte des Körperschaftsstatus (Art. 140 GG i. V. m. Art. 137 Abs. 5 WRV) anzeigt – kein Instrument ist, um Religion und Religionsgemeinschaften aus der Öffentlichkeit zu verdrängen. Sie steht daher nicht im Dienst einer radikalen Trennung beider Gewalten.

Vor diesem Hintergrund hindert das in Art. 140 GG i. V. m. Art. 137 Abs. 1 WRV normierte Trennungsprinzip Staat und Religionsgemeinschaften nicht an einem gemeinwohlförderlichen (↗Gemeinwohl) Zusammenwirken bei Materien, die sie gemeinsam berühren, v. a. in jenen Bereichen, die den Einzelnen als Bürger und als Gläubigen betreffen. Das GG unterstreicht dies dadurch, dass es eine entspr.e Kooperation explizit vorsieht, etwa im Falle des Religionsunterrichts in öffentlichen Schulen (Art. 7 Abs. 2 und 3 GG) oder im Falle der Anstaltsseelsorge (Art. 140 GG i. V. m. Art. 141 WRV). Aber auch dort, wo ein institutioneller Kontext im Vordergrund steht, etwa beim Einzug der Kirchensteuer (Art. 140 GG i. V. m. Art. 137 Abs. 6 WRV) oder im Falle der Staatsleistungen (Art. 140 GG i. V. m. Art. 138 Abs. 1 WRV), öffnet es einer von der Verfassung evidentermaßen als statthaft betrachteten Zusammenarbeit die Tür. Daher erhellt sich, dass das S. des GG nicht nur durch eine prinzipielle Trennung von Staat und Kirche geprägt ist, sondern zugl. durch eine grundsätzliche Offenheit für ein gemeinwohldienliches Zusammenwirken beider Potenzen.

Mit diesem Gehalt unterscheidet sich die von Art. 140 GG i. V. m. Art. 137 Abs. 1 WRV angeordnete Trennung von Staat und Religionsgemeinschaften grundlegend von den Trennungssystemen anderer Staaten, namentlich von dem laizistischen Trennungssystem Frankreichs, aber auch von – anders gearteten – Trennungssystemen totalitärer Regime (↗Totalitarismus). Das verdeutlicht, dass ihre Interpretation nicht aus einem abstrakten „vorverfassungsrechtlichen" Modell der Trennung zu gewinnen ist, das der Auslegung von Art. 140 GG i. V. m. Art. 137 Abs. 1 WRV verabsolutierend zu unterlegen wäre. Vielmehr ist das kulturell fundierte, historisch gewachsene und grundgesetzlich konkretisierend ausgeformte Trennungssystem des deutschen S.s zutreffend nur i. S. d. Einheit der Verfassung – und damit unter Einbeziehung aller grundgesetzlichen Bestimmungen – zu erfassen.

#### 4.2 Religiös-weltanschauliche Neutralität des Staates

Das Prinzip der religiös-weltanschaulichen ↗Neutralität des Staates folgt aus einer Zusammenschau zentraler Verfassungsnormen, zu denen – neben der staatlichen Säkularität – die Garantie der Religionsfreiheit (Art. 4 Abs. 1 und 2 GG, Art. 140 GG i. V. m. Art. 136 Abs. 1 und 4 WRV) und die Verbürgung der Gleichheit vor dem Gesetz (Art. 3 Abs. 3 S. 1 und Art. 33 Abs. 3 GG) zählen. Damit ist auch die staatliche Neutralität kein von den konkreten Verfassungsnormen unabhängiger Grundsatz, sondern ein bestimmten Verfassungsnormen immanentes Prinzip, das im Dienste der Sicherung individueller ↗Freiheit steht.

Unterschieden werden kann zwischen negativer und positiver Neutralität. So untersagt es die Neutralitätspflicht dem Staat auf der einen Seite, in Fragen von ↗Religion und ↗Weltanschauung Partei zu ergreifen und Einfluss zugunsten oder zulasten einer Religionsgemeinschaft auszuüben; insb. darf der Staat Glaubensinhalte oder interne Angelegenheiten der Religionsgemeinschaften nicht – auch nicht am Maßstab verfassungsrechtlicher Rationalitäten – bewerten und sich nicht mit einer Religion bzw. Religionsgemeinschaft identifizieren. Auf der anderen Seite verpflichtet der Neutralitätsgrundsatz nicht dazu, die religiösen Bindungen der Bürger oder das Wirken der Religionsgemeinschaften zu ignorieren; der Staat ist vielmehr angehalten, die Präsenz religiöser Institutionen wie auch die glaubensgeprägten Überzeugungen seiner Bürger als Bestandteile der pluralistischen Wirklichkeit anzuerkennen. Ihnen darf und muss er in seinem Handeln bereits deshalb Raum geben, weil er in der Pflicht steht, den grundrechtsberechtigten Bürgern die Möglichkeit zu eröffnen, ihren religiösen Einstellungen so weit wie möglich Geltung zu verschaffen. Demgemäß steht die staatliche Neutralität der Zulassung religiös geprägter Aktivitäten im staatlichen Bereich oder deren gleichheitskonformer Förderung durch Maßnahmen der positiven Religionspflege nicht entgegen.

### 4.3 Parität

Der Grundsatz der Parität stellt eine spezielle Ausprägung des allg.en Gleichheitssatzes (Art. 3 Abs. 1 GG) dar, dem in individueller (Art. 3 Abs. 3 S. 1, Art. 33 Abs. 2 und 3 GG, Art. 140 GG i. V. m. Art. 136 Abs. 1 und 2 WRV) und institutioneller Hinsicht (Art. 140 GG i. V. m. Art. 137 Abs. 5 und 7 WRV) spezielle Paritätsmaßstäbe an die Seite treten. Er verpflichtet den Staat zur rechtlichen Gleichbehandlung aller Religions- und Weltanschauungsgemeinschaften. Gleichwohl ist zu Recht allg. anerkannt, dass die Parität nicht auf eine schematische Gleichbehandlung abzielt. Vielmehr gilt, dass grundsätzlich wesentlich Gleiches gleich und wesentlich Ungleiches ungleich zu behandeln ist und dass sachliche Differenzierungen zulässig – unter Umständen gar geboten – sind, wenn sie durch hinreichend gewichtige tatsächliche Verschiedenheiten der Religionsgemeinschaften bedingt oder durch einen sonstigen sachlichen Grund gerechtfertigt sind. Als Differenzierungskriterien können etwa die Größe, die soziale Bedeutung oder auch das Maß der öffentlichen Wirksamkeit einer Religionsgemeinschaft dienen, nicht hingegen der Glaubensinhalt als solcher oder alleine die schlichte ↑Tradition.

Dieser Paritätsmaßstab verfügt als spezifische Erscheinungsform des allg.en Gleichheitssatzes über einen weitgespannten Anwendungsbereich; er gilt namentlich auch im Bereich der positiven Religionspflege. Allerdings sind Differenzierungen im religiösen Kernstatus der Religionsgemeinschaften – insb. im Anwendungsbereich von Art. 4 Abs. 1 und 2 GG sowie von Art. 140 GG i. V. m. Art. 137 Abs. 3 WRV – a priori unstatthaft, da für diesen „ein System der prinzipiellen Statusgleichheit" (Heckel 1994: 605) gilt; insofern sind Ungleichbehandlungen von vornherein nur außerhalb dieses Kernbereiches rechtfertigungsfähig. Eine spezifische Paritätsregelung trifft für den organisatorischen Status zudem Art. 140 GG i. V. m. Art. 137 Abs. 5 S. 2 GG, demzufolge Religionsgemeinschaften auf ihren Antrag „gleiche Rechte" wie den sog.en altkorporierten Körperschaften zu gewähren sind, wenn sie durch ihre Verfassung und die Zahl ihrer Mitglieder die Gewähr der Dauer bieten.

### 4.4 Religionsfreiheit

Von zentraler Bedeutung für das grundgesetzliche S. ist ferner die grundrechtliche Verbürgung der ↑Religionsfreiheit, die grundgesetzlich zwar nicht explizit als solche benannt, in Art. 4 Abs. 1 und 2 GG indes – ergänzt um die Freiheit des Gewissens (↑Gewissen, Gewissensfreiheit) und der Weltanschauung (↑Weltanschauungsfreiheit) – als Freiheit des Glaubens, des religiösen Bekenntnisses und der Religionsausübung gewährleistet wird. Das GG garantiert sie in individueller, kollektiver und korporativer Hinsicht, verbürgt sie mithin gleichermaßen dem Einzelnen alleine wie auch in Gemeinschaft mit anderen sowie Kirchen und Religionsgemeinschaften als solchen. Inhaltlich gewährleistet das ↑Grundrecht die religiöse Freiheit umfassend: Geschützt ist sowohl die Freiheit, sich eine Glaubensüberzeugung zu eigen zu machen und sie für sich als verpflichtend zu betrachten (sog.es *forum internum*), als auch die Freiheit, sich i. S. dieser religiösen Überzeugung gegenüber Dritten zu äußern und nach ihr zu handeln (sog.es *forum externum*). Konkretisierungen der Religionsfreiheit sichert das GG mit der Gewähr des elterlichen Erziehungsrechts (Art. 6 Abs. 2 S. 1 GG [↑Elternrecht]) – die das Recht zur religiösen Kindererziehung umfasst – und mit der Verbürgung des Bestimmungsrechts der Erziehungsberechtigten über die Teilnahme des Kindes am schulischen Religionsunterricht (Art. 7 Abs. 2 GG). Ergänzt wird die grundrechtliche Freiheitsgarantie zudem durch die Verbürgung der Unabhängigkeit der staatsbürgerlichen Stellung von der Religion und den freien Zugang zu öffentlichen Ämtern (Art. 3 Abs. 3 S. 1 GG, Art. 33 Abs. 3 GG sowie Art. 140 GG i. V. m. Art. 136 Abs. 1 und 2 WRV).

Als doppelpoliges Grundrecht schützt Art. 4 GG die Religionsfreiheit sowohl in ihrer negativen als auch in ihrer positiven Dimension: In negativer Hinsicht gewährleistet sie die Freiheit, keine Religion zu haben, sich zu keiner Religionsgemeinschaft zu bekennen und auch etwaige religiöse Überzeugungen nicht offenbaren zu müssen; in positiver Hinsicht umschließt sie die Freiheit, eine religiöse Überzeugung auszubilden und zu pflegen, sich zu einer Religionsgemeinschaft zu bekennen, eine Religion ungehindert auszuüben und diese öffentlich zu praktizieren. Im Kollisionsfall – etwa beim Schulgebet in der öffentlichen Schule oder bei der Anbringung von Kruzifixen in öffentlichen Gebäuden – sind beide Grundrechtsdimensionen miteinander abzuwägen und in einen schonenden Ausgleich miteinander zu bringen, ohne dass der negativen eine generelle Prävalenz vor der positiven Religionsfreiheit zukäme, die positive also der negativen Religionsfreiheit prinzipiell zu weichen hätte.

Eingriffe in die grundrechtliche Gewähr von Art. 4 Abs. 1 und 2 GG liegen (jedenfalls) dann vor, wenn der Staat Verhaltensweisen, die durch die Religionsfreiheit geschützt werden, untersagt oder wesentlich erschwert. Die Statthaftigkeit derartiger Eingriffe hängt davon ab, ob sie verfassungsrechtlich gerechtfertigt werden können. Eine solche Rechtfertigung kommt nach bundesverfassungsgerichtlicher Rechtsprechung nur auf gesetzlicher Grundlage und nur zum Schutz der Grundrechte Dritter oder sonstiger Güter von Verfassungsrang in Betracht. Zudem setzt sie voraus, dass sich die jeweiligen Grundrechtseingriffe in einer nach dem Prinzip der praktischen Konkordanz qualifizierten Verhältnismäßigkeitsprüfung (↑Verhältnismäßigkeit) als geeignet, erforderlich und angemessen darstellen.

#### 4.5 Das religionsgemeinschaftliche Selbstbestimmungsrecht

Abgerundet wird der grundgesetzlich gesetzte Rahmen für das Wirken der Religionsgemeinschaften durch die Gewähr des Selbstbestimmungsrechts (↑Kirche und Staat), das den Religionsgemeinschaften unabhängig von ihrem rechtlichen Status in Art. 140 GG i. V. m. Art. 137 Abs. 3 S. 1 und 2 WRV verbürgt ist. Hiernach ordnet und verwaltet jede Religionsgemeinschaft ihre Angelegenheiten – zu denen etwa Lehre und ↑Kult, Organisation und Verwaltung, wirtschaftliche Betätigung und Vermögensverwaltung zählen – selbständig innerhalb der Schranken des für alle geltenden Gesetzes; zudem verleiht sie ihre ↑Ämter ohne Mitwirkung des Staates oder der bürgerlichen ↑Gemeinde. Mit diesem Gehalt, der die praktischen Konsequenzen aus dem Prinzip der staatlichen Säkularität zieht, überschneidet sich das religionsgemeinschaftliche Selbstbestimmungsrecht zwar vielfältig mit der korporativen Religionsfreiheit, erweist sich indes der bundesverfassungsgerichtlichen Rechtsprechung zufolge als „rechtlich selbständige Gewährleistung, die der Freiheit des religiösen Lebens und Wirkens der Kirchen und Religionsgemeinschaften die zur Wahrnehmung dieser Aufgaben unerlässliche Freiheit der Bestimmung über Organisation, Normsetzung und Verwaltung hinzufügt" (BVerfGE 53, 366 [401]); zugl. gewinnt es eigenständigen Gehalt dadurch, dass es die Gemeinwohlrelevanz von Religionsgemeinschaften anerkennt und akzentuiert.

Die durch Art. 140 GG i. V. m. Art. 137 Abs. 3 WRV gewährleistete Autonomie steht nicht nur jeder Religionsgemeinschaft und ihren rechtlich verselbständigten Untergliederungen zu, sondern auch allen ihr in einer bestimmten Weise zugeordneten Institutionen, mit denen sie ihren selbstbestimmten Auftrag religiösen Wirkens in der Welt erfüllt. In der Praxis ist sie nicht zuletzt deshalb von herausragender Bedeutung, namentlich etwa für Einrichtungen, die karitative Zielsetzungen oder Bildungszwecke verfolgen. Das hat zu ihrer Würdigung als „lex regia" des deutschen S.s (Heckel 1950: 85) geführt.

Den Schutz der religionsgemeinschaftlichen Selbstbestimmung gewährleistet die Verfassung lediglich „innerhalb der Schranken des für alle geltenden Gesetzes" (Art. 137 Abs. 3 WRV). Deren Bestimmung wird in der jüngeren bundesverfassungsgerichtlichen Judikatur anhand der sog.en Abwägungslehre (↑Abwägung) vorgenommen. Diese geht auf der Grundlage der Annahme, dass sich die Bindung an das für alle geltende Gesetz grundsätzlich auf sämtliche Angelegenheiten der Religionsgemeinschaften erstreckt, davon aus, dass die durch die Freiheitsgewährleistung und den Schrankenvorbehalt geschützten Rechtsgüter einander im Wege einer Abwägungsentscheidung zuzuordnen sind. Diese Abwägungsentscheidung soll dem religionsgemeinschaftlichen Selbstverständnis einen bes.n Rang einräumen, hierbei aber zugl. auch den staatlichen Schutz anderer für das Gemeinwesen bedeutsamer Rechtsgüter gewährleisten.

### 5. Bewährung und Bewahrung des grundgesetzlichen Staatskirchenrechts

Im Spiegel der staatskirchenrechtlichen Grundentscheidungen des GG erweist sich das Verhältnis von Staat und Religionsgemeinschaften in Deutschland als ein Arrangement, das auf einer Balance von trennungsbasierter Freiheit und gemeinwohldienlicher Kooperation beruht. Auf dieser Grundlage ist es sowohl durch eine beidseitige Beschränkung – des Staates auf weltliche Angelegenheiten, der Religionsgemeinschaften auf geistlich-religiöse Zielsetzungen – als auch durch eine von wechselseitigem Respekt getragene Zusammenarbeit bei Materien, die beide Potenzen gemeinsam berühren, gekennzeichnet. Beide Charakteristika sind nicht nur Gründe für die Bewährung des deutschen S.s, das in dem bemerkenswert langen Zeitraum seiner bisherigen Geltung vielfältig unter Beweis gestellt hat, auf flexible Weise ebenso den Belangen des Staates wie den Bedürfnissen der Religionsgemeinschaften gerecht werden zu können. Vielmehr bilden sie auch wesentliche Voraussetzungen dafür, die Herausforderungen von ↑Säkularisierung, Pluralisierung und Europäisierung zu bewältigen und namentlich zu einer gelingenden Integration neu entstehender oder sich neu in Deutschland etablierender Religionsgemeinschaften beizutragen. Daher stellt das S. des GG gleichermaßen eine ebenso erprobte wie zukunftstaugliche Ordnung des Beziehungsgefüges von Staat und Religionsgemeinschaften dar, dessen Leistungsfähigkeit sich nicht zuletzt auch im europäischen Vergleich erweist. Seine Bewahrung ist ein Gebot verfassungsrechtlicher Umsicht und staatspolitischer Weitsicht.

### Literatur

S. Mückl/A. Uhle (Hg.): Kirche und Staat in West-, Süd- und Nordeuropa, 2020 • D. Pirson u. a. (Hg.): Hdb. des Staatskirchenrechts der Bundesrepublik Deutschland, [3]2020 • M. Schlagheck/A. Uhle (Hg.): Individualität und Institutionalität. 100 Jahre staatskirchenrechtliche Regelungen der Weimarer Reichsverfassung, 2019 • P. Unruh: Religionsverfassungsrecht, [4]2018 • C. D. Classen: Religionsrecht, [2]2015 • C. Hillgruber (Hg.): Das Christentum und der Staat, 2014 • T. Holzner/H. Ludyga (Hg.): Entwicklungstendenzen des Staatskirchen- und Religionsverfassungsrechts, 2013 • S. Korioth: Freiheit der Kirchen und Religionsgemeinschaften, in: HGR, Bd. 4, 2011, 617–662 • C. Waldhoff: Neue Religionskonflikte und staatliche Neutralität. Erfordern weltanschauliche und religiöse Entwicklungen Antworten des Staates? Gutachten D zum 68. Deutschen Juristentag, 2010 • S. Mückl: Grundlagen des Staatskirchenrechts, in: HStR, Bd. 7, 32009, 711–789 • U. Sackofsky/C. Möllers: Religiöse Freiheit als Gefahr?, in: VVDStRL, Bd. 68 (2009), 7–93 • R. Zippelius: Staat und Kirche, 22009 • M. Heckel: Vom Religionskonflikt zur Ausgleichsordnung. Der Sonderweg des deutschen Staatskirchenrechts vom Augsburger Religionsfrieden 1555 bis zur Gegenwart, 2007 • C. Walter/M. Heinig (Hg.): Staatskirchenrecht oder Religionsverfassungsrecht?, 2007 • A. von Campenhausen/H. de Wall: Staatskirchenrecht, 42006 • C. Walter: Religionsverfassungsrecht in vergleichender und internationaler Perspektive, 2006 • S. Mückl: Europäisierung des Staatskirchenrechts, 2005 • A. Uhle: Staat – Kirche – Kultur, 2004 • C. D. Classen: Religionsfreiheit und Staatskirchenrechts in der Grundrechtsordnung, 2003 • H. M. Heinig: Öffentlich-rechtliche Religionsgesellschaften, 2003 • M. Heckel: Religionsfreiheit und Staatskirchenrecht in der Rechtsprechung des BVerfG, in: P. Badura/H. Dreier (Hg.): FS 50 Jahre Bundesverfassungsgericht, Bd. 2, 2001, 379–420 • A. Hense: Staatskirchenrecht oder Religionsverfassungsrecht, in: A. Haratsch/S. Schmahl/N. Weiß (Hg.): Religion und Weltanschauung im säkularen Staat, 2001, 9–47 • W. Fiedler/G. Robbers/M. Brenner: Staat und Religion, in: VVDStRL, Bd. 59 (2000), 199–300 • B. Jeand'Heur/S. Korioth: Grundzüge des Staatskirchenrechts, 2000 • C. Hillgruber: Staat und Religion, in: DVBl 7 (1999), 1155–1178 • J. Isensee: Die Zukunftsfähigkeit des deutschen Staatskirchenrechts, in: ders./W. Rees/W. Rüfner (Hg.): Dem Staate, was des Staates – der Kirche, was der Kirche ist, 1999, 67–90 • M. Heckel: Die religionsrechtliche Parität, in: HdbStKirchR, Bd. 1, 21994, § 20 • J. Isensee: Verfassungsstaatliche Erwartungen an die Kirche, in: EssGespr. 25 (1991), 104–146 • R. Smend: Staat und Kirche nach dem Bonner Grundgesetz, in: ZevKR 1/1 (1951), 4 • J. Heckel: Melanchthon und das heutige deutsche Staatskirchenrecht, in: Um Recht und Gerechtigkeit. Festgabe für Erich Kaufmann, 1950, 83–102.

ARND UHLE

## Staatskirchenverträge

### 1. Begriff und Typologie

Der im deutschen Rechtskreis seit langem etablierte Terminus der S. stellt den Oberbegriff für vertragliche Vereinbarungen dar, die der ↑Staat auf zentral- oder gliedstaatlicher Ebene – in Deutschland mithin auf der Ebene des Bundes oder der Länder – mit den ↑Kirchen und ↑Religionsgemeinschaften abschließt (Staatskirchenvertragsrecht bzw. Vertragsstaatskirchenrecht). Die Bezeichnung umfasst neben den mit der ↑katholischen Kirche geschlossenen Verträgen, bei denen zwischen ↑Konkordaten (mit dem ↑Hl. Stuhl als kirchlichem Vertragspartner) und sonstigen Verträgen (mit einem inländischen kirchlichen Rechtsträger als Vertragspartner) zu unterscheiden ist, die ↑evangelischen Kirchenverträge sowie die mit anderen, auch kleineren Religionsgemeinschaften getroffenen vertraglichen Vereinbarungen.

Typologisch kann unter dem Aspekt ihres inhaltlichen Umfangs zwischen kodifikatorischen Verträgen und Spezialverträgen differenziert werden. Kodifikatorische Verträge intendieren eine umfassende vertragliche Regelung der zwischen den Vertragsparteien bestehenden Beziehungen; sie suchen daher das Gesamtspektrum der mit ihnen verbundenen Fragen zu erfassen und einer im Grundsatz abschließenden Regelung zuzuführen. Spezialverträge zielen demgegenüber auf Einzelmaterien und die vertragliche Klärung der sie betreffenden Aspekte ab.

### 2. Historische Entwicklung und gegenwärtige Lage

Bedingt durch die historische Herausbildung zweier vergleichbar großer konfessioneller Lager ist die Entfaltung des modernen Vertragsstaatskirchenrechts in Deutschland durch vertragliche Übereinkünfte mit der katholischen Kirche und den evangelischen Landeskirchen geprägt. Es lassen sich mehrere Entwicklungsperioden unterscheiden.

Eine erste Phase umfasst den Geltungszeitraum der ↑WRV. In dieser Zeitspanne wurden Konkordate und evangelische Kirchenverträge mit den Freistaaten Bayern (1924), Preußen (1929/31) und Baden (1932) abgeschlossen, die den vertraglichen Weg für ein Zusammenwirken der beiden seit 1919 verfassungsrechtlich getrennten Potenzen ebneten. Am Ende dieser ersten Phase stand das im Grundsatz bis heute fortgeltende Reichskonkordat von 1933.

Eine zweite Phase erstreckt sich auf den Zeitraum zwischen dem Inkrafttreten des ↑GG im Jahre 1949 und der deutschen Wiedervereinigung im Jahre 1990. Prägende Schrittmacher dieser Periode wurden die evangelischen Kirchenverträge, allen voran der mit dem Land Niedersachsen abgeschlossene Loccumer Vertrag (1955), dem weitere Verträge (Schleswig-Holstein 1957, Hessen 1960, Rheinland-Pfalz 1962) folgten, ergänzt u. a. um den Evangelischen Militärseelsorgevertrag auf der Ebene des Bundes (1957). Auf katholischer Seite erfolgte v. a. der Konkordatsschluss mit Niedersachsen (1965). Zudem kam es in dieser Phase erstmals auch zu Vertragsschlüssen mit jüdischen Gemeinden (Berlin 1971, Niedersachsen 1983, Hessen 1986), denen weitere Verträge zu speziellen Fragen mit kleineren Religionsgemeinschaften an die Seite traten.

Die deutsche Wiedervereinigung leitete eine dritte Phase der S. ein. In dichter Folge wurden in allen fünf neuen Bundesländern evangelische Kirchenverträge geschlossen, denen auf katholischer Seite – nach einer Neuregelung der diözesanen Zirkumskriptionen – Verträge mit dem Hl. Stuhl folgten (Sachsen 1994/96, Thüringen 1994/97, Mecklenburg-Vorpommern 1994/97, Sachsen-Anhalt 1993/98, Brandenburg 1996/2003); zudem kam es – auch in den sog.en alten Bundesländern – zum Vertragsschluss mit den jeweiligen jüdischen Gemeinden. 2003 traf schließlich der Bund mit dem Zentralrat der Juden (↑Jüdische Organisationen) eine vertragliche Vereinbarung, die v.a. die Erbringung von Staatsleistungen regelt; 2019 folgte ein Vertrag zur jüdischen Militärseelsorge.

Ende 2012 schloss Hamburg mit der Alevitischen Gemeinde Deutschlands einerseits sowie mit den Landesverbänden muslimischer Dachverbände (Schura, DITIB, Verband der Islamischen Kulturzentren) andererseits erstmals Verträge mit muslimischen Gemeinschaften (↑Islamische Organisationen); Bremen folgte mit entspr.en Vereinbarungen 2013/14. Zudem wurde in Niedersachsen 2012 eine Spezialvereinbarung über die Seelsorge für Gefangene und Arrestanten muslimischen Glaubens geschlossen. Ob mit diesen Verträgen eine neue – vierte – Phase des Staatskirchenvertragsrechts eingesetzt hat, ist derzeit noch nicht abschließend zu beurteilen; die mit ihnen verbundene Ausweitung des Kreises der Vertragspartner, eine spezifische inhaltliche Ausgestaltung und eine dezidierte Integrationsmotivation sprechen indes dafür.

### 3. Inhalte und Funktionen

Die typischen Inhalte der jüngeren S. mit kodifikatorischem Charakter lassen sich bei typologisierender Betrachtung in sieben Kategorien zusammenfassen:

Eine erste Kategorie bildet die wiederholende Bekräftigung bestehender verfassungsrechtlicher Verbürgungen (zu denen v.a. die ↑Religionsfreiheit und das religionsgemeinschaftliche Selbstbestimmungs- und Ämterbesetzungsrecht zählen [↑Staatskirchenrecht]), eine zweite betrifft die Regelung kirchlicher Organisation und kirchlichen Personals (etwa die Bestellung und Gewährleistung der Kirchlichkeit des Lehr- bzw. Dienstpersonals) und eine dritte die Konkretisierung der aus dem Status als K.d.ö.R. (↑Körperschaft) folgenden Rechtspositionen (u.a. im Hinblick auf die Kirchensteuererhebung [↑Kirchensteuer; Kirchenfinanzierung]). Gegenstand einer vierten Gruppe ist die Gewährleistung kirchlichen und religionsgemeinschaftlichen Wirkens (etwa in eigenen Bildungseinrichtungen und im Rundfunk), Thema einer fünften Kategorie das Zusammenwirken von Staat und Religionsgemeinschaften bei den sog.en gemeinsamen Angelegenheiten, also bei den res mixtae (u.a. im Schul- und Hochschulwesen und in der ↑Anstaltsseelsorge). Eine sechste Gruppe typischer Vertragsinhalte betrifft finanzielle Belange (insb. Staatsleistungen oder Baulasten [↑Kirchenfinanzierung]), eine siebte Kategorie Verfahrensregelungen und Bestimmungen über das institutionelle Zusammenwirken (v.a. die herkömmlichen Revisions- und Freundschaftsklauseln).

Allerdings sind nicht sämtliche der typischen Regelungsgehalte Bestandteil jedes Vertrages, weil die konkrete Vertragsgestaltung stets von den konkreten Umständen des jeweiligen Einzelfalles abhängt; so kommen etwa Regelungen über die historisch begründeten Staatsleistungen für sich erst in jüngerer Zeit in Deutschland etablierende Religionsgemeinschaften naturgemäß nicht in Betracht. Umgekehrt können je nach Erfordernis auch Regelungen Vertragsinhalt werden, die nicht Teil des etablierten thematischen Kanons der S. sind; das belegen exemplarisch die Verträge mit muslimischen Gemeinschaften, die bes. Bestimmungen über die gemeinsamen Wertgrundlagen enthalten. Schließlich unterliegen auch die hergebrachten Vertragsinhalte Fortentwicklungen und Wandlungen, wie der Umstand zeigt, dass jüngere S. auf die Begründung staatlicher Mitwirkungsrechte bei der Bestellung oberster kirchlicher Amtsträger verzichten (politische Klausel, Treueid).

Im Spiegel der typischen Vertragsinhalte erhellen sich die mit S.n verfolgten Ziele, die als vier Funktionen – „Absicherungsfunktion", „Kooperationsfunktion", „Förderfunktion" und „Verpflichtungsfunktion" (Anke 2000: 64) – gekennzeichnet worden sind: S. sollen anderweitig gewährleistete Rechtspositionen sichern und konkretisieren, das Zusammenwirken von Staat und Religionsgemeinschaften näher ausgestalten, staatliche Leistungen bestimmen sowie die Vertragspartner – und damit auch die Religionsgemeinschaften – auf das Vereinbarte verpflichten. Letzteres wird mit den Bestimmungen zur Rechtstreue und zu den grundgesetzlichen Wertvorstellungen namentlich in den Verträgen mit muslimischen Verbänden und Gemeinschaften akzentuiert, die insofern eine fünfte Funktion der S. – die Integrationsfunktion (↑Integration) – deutlich werden lassen.

### 4. Rechtsnatur

Mit Ausnahme der Konkordate, die im Lichte der Völkerrechtssubjektivität der beiden Vertragspartner – namentlich des Hl. Stuhls – ↑völkerrechtliche Verträge darstellen, sind S. ihrer Natur nach staatsrechtliche Verträge. Die hieraus resultierenden Unterschiede der Rechtsnatur von Konkordaten auf der einen Seite und von sonstigen S.n auf der anderen Seite führt zwar gelegentlich zu der These, das Recht der S. sei einheitlich – also auch bei Verträgen, deren Vertragspartner nicht der Hl. Stuhl ist – in den Völkerrechtskreis aufzunehmen oder, ebenso einheitlich, außerhalb desselben anzusiedeln; indes muss dies daran scheitern, dass alleine der Hl. Stuhl Völkerrechtssubjekt ist. Auch die vereinzelt erwogene Qualifikation als verwaltungsrechtliche Verträge i.S.d. §§54ff. VwVfG vermag nicht zu überzeugen, da sie weder dem Wesen noch dem Gehalt der S. gerecht zu werden vermag.

### 5. Legalität und Legitimation

Die prinzipielle ↑Legalität von S.n, in concreto: deren grundsätzliche verfassungsrechtliche Zulässigkeit, bezeugt auf der Ebene des Bundesrechts das GG (Art. 140 GG i.V.m. Art. 138 Abs. 1 S. 1 WRV und Art. 123 Abs. 2 GG), auf der Ebene des Landesrechts die überwiegende Zahl der ↑Landesverfassungen (exemplarisch

Art. 145 Abs. 1, Art. 182 BayVerf; Art. 50 Abs. 1 HessVerf; Art. 21, 23 NRWVerf; Art. 109 Abs. 2 S. 3 SächsVerf). Indes sind diese Bestimmungen lediglich Beleg, nicht aber konstitutiver Grund für die verfassungsrechtliche Statthaftigkeit von S.n. Diese fußt vielmehr auf dem Umstand, dass der Staat für sein Handeln nach geltendem Verfassungsrecht keiner spezifischen Ermächtigung bedarf, sofern er die ihm gesetzten Schranken wahrt. Angesichts dessen unterliegt die prinzipielle Statthaftigkeit von S.n von vornherein deshalb keinen Zweifeln, weil dem GG ein staatskirchenrechtliches Vertragsverbot fremd ist.

Darüber hinaus sind S. auch sachangemessen. Sie ermöglichen eine freiheits- und funktionsgerechte sowie ausgleichende Regelung jener Belange, die das Beziehungsgefüge von Staat und Religionsgemeinschaften betreffen. Zudem sind sie ein adäquates Mittel, um den „Kompetenzmangel des neutralen Staates in religiösweltanschaulicher Hinsicht" (Hollerbach 1994: 270) auszugleichen, der für den säkular-sektoralen Staat charakteristisch ist und sich gerade bei der rechtlichen Ordnung von Materien zeigt, die (auch) Fragen der ↑Religion betreffen oder sich auf diese auswirken (können). Ferner dienen S. dazu, den kirchlichen bzw. religionsgemeinschaftlichen Beitrag zum ↑Gemeinwohl – namentlich auch zur Pflege der Grundlagen einer freiheitlichen Verfassungsstaatlichkeit – vertraglich zu sichern. Schließlich sind Absprachen und Verträge im kooperationsoffenen Staat des GG auch im Übrigen weder Privileg noch Ausnahmeerscheinung, weshalb sich S. nahtlos in das Zusammenwirken des Staates mit vielfältigen gesellschaftlichen Akteuren einfügen.

### 6. Vertragsschluss und Bindungswirkung

Während sich die Kompetenz wie auch die Organzuständigkeit für den Abschluss von S.n auf Seiten der Religionsgemeinschaften nach den jeweiligen internen religionsrechtlichen Organisationsbestimmungen richtet, liegt die diesbezügliche – der Gesetzgebungszuständigkeit folgende – Kompetenz auf staatlicher Seite in Deutschland ganz überwiegend bei den Ländern, da die typischen Vertragsinhalte gemäß Art. 70 GG deren Legislativbefugnis unterfallen; für S. des Bundes bleibt, wie auch die Staatspraxis belegt, abseits von Spezialverträgen nur ein äußerst eng umgrenztes Feld. Zuständig für den Vertragsschluss ist nach den landes- bzw. bundesverfassungsrechtlichen Regelungen jeweils die Regierung.

Bindungswirkung für Gubernative und Verwaltung sowie Allgemeinverbindlichkeit entfalten S. erst aufgrund eines staatlichen Transformationsakts, der bei Vertragswerken, deren Gegenstände dem Vorbehalt des Gesetzes unterfallen, in Form eines Parlamentsgesetzes ergeht – mit der Konsequenz, dass der Vertragsinhalt im Range eines einfachen Gesetzes gilt und gemäß Art. 20 Abs. 3 GG Anteil am Vorrang des Gesetzes hat –, während er bei sonstigen vertraglichen Regelungen die Form eines Exekutivakts aufweist. Auf diese Weise führt die Transformation zur Einordnung der S. in das System der staatlichen Rechtsquellen.

Gegenstand rechtswissenschaftlicher Diskussion ist die Frage, wie sich die Bindungswirkung von S.n für den Staat, insb. für den staatlichen Gesetzgeber, auswirkt. Sie wurde über lange Zeit hinweg damit beantwortet, dass der Staat wegen des Grundsatzes pacta sunt servanda zwar nicht vertragsbrüchig werden dürfe, dies aufgrund seiner ↑Souveränität aber letztlich doch könne. In jüngerer Zeit treten an die Stelle dieser Sichtweise unterschiedliche Ansichten, die von prozeduralisierenden Lösungsvorschlägen – namentlich dem Rückgriff auf vertragliche Revisions- und Freundschaftsklauseln – bis zur Annahme der Nichtigkeit vertragswidriger Gesetze reichen. Letzterem freilich steht entgegen, dass die Kompetenz des parlamentarischen Gesetzgebers im Lichte des grundgesetzlichen Demokratieprinzips nicht vertraglich abdingbar ist. Das spricht für eine Lösung, welche die Aktualisierung vertraglicher Anpassungspflichten, ggf. auch eine Vertragskündigung, in den Fokus rückt. Eine Ausnahme gilt dort, wo (bestehenden) S.n im Verhältnis zu später ergehenden einfachen Gesetzen von Verfassungs wegen eine erhöhte Bindungskraft zugemessen wird, wie dies in einigen Landesverfassungen vorgesehen ist (Art. 8 BadWüVerf, Art. 23 Abs. 2 NRWVerf, Art. 67 S. 2 HessVerf).

### 7. Rechtsschutz

Sofern Meinungsverschiedenheiten über staatskirchenvertraglich vereinbarte Rechte und Pflichten auftreten, deren konsensuale Beilegung sich trotz der herkömmlichen Freundschaftsklauseln im Ergebnis als nicht möglich erweist, kann bei Beeinträchtigung einer Rechtsposition durch die Exekutive gemäß § 40 VwGO der Rechtsweg zu den Verwaltungsgerichten eröffnet sein. Im Falle einer Vertragsverletzung durch den Gesetzgeber kommt (allenfalls) eine Verfassungsbeschwerde nach Art. 93 Abs. 1 Nr. 4a GG in Betracht, die indes die mögliche Verletzung eines ↑Grundrechts oder eines grundrechtsgleichen Rechts voraussetzt, für die die Beeinträchtigung einer Vertragsbestimmung als solche grundsätzlich nicht ausreicht. Bei Streitigkeiten, die im Zusammenhang mit Konkordaten stehen, sind aufgrund der völkerrechtlichen Natur deutsche Gerichte nicht zuständig. Weil der Vatikanstaat (↑Vatikanstadt) kein Signatarstaat ist, kann auch der ↑IGH nicht angerufen werden.

### 8. Vertragsende

S. werden in aller Regel unbefristet und ohne Kündigungsbestimmungen geschlossen, da sie insb. im Falle kodifikatorischer Verträge auf eine dauerhafte Regelung des Beziehungsgefüges zwischen Staat und Religionsgemeinschaften angelegt sind. Gleichwohl bleibt es den Vertragspartnern unbenommen, Konsens über eine Beendigung des Vertrages wie auch – in der Praxis weitaus bedeutsamer – über dessen umfassende oder partielle Ersetzung durch neue Bestimmungen (sog.e Novationen) zu erzielen. Erforderlich werdende Anpassungen des Staatskirchenvertragsrechts können über die vertraglichen Freundschafts- und Revisionsklauseln bewältigt werden, im Falle einer ebenso fundamentalen wie unvorhergesehenen Änderung der tatsächlichen Umstände ggf. auch unter Rückgriff auf den Grundsatz clausula rebus sic stantibus.

#### Literatur

S. Mückl: Verträge zwischen Staat und Kirchen sowie anderen Religionsgemeinschaften, in: D. Pirson u. a. (Hg.): Hdb. des Staatskirchenrechts der Bundesrepublik Deutschland, [3]2020, § 10 • A. Uhle (Hg.): 20 Jahre Staatskirchenverträge in Sachsen, 2016 • J. Lutz-Bachmann: Mater rixarum? Verträge des Staates mit jüdischen und muslimischen Religionsgemeinschaften, 2015 • A. Hense: Konkordate und Staatskirchenverträge, in: H. Kube u. a. (Hg.): Leitgedanken des Rechts, Bd. 2, 2013, 1437–1446 • C. Hermes: Konkordate im vereinigten Deutschland, 2009 • K. Schier: Die Bestandskraft staatskirchenrechtlicher Verträge, 2009 • P. M. Huber: Konkordate und Kirchenverträge unter Europäisierungsdruck, in: AKathKR 177/2 (2008), 411–446 • S. Korioth: Konkordate und Kirchenverträge im System des deutschen Staatskirchenrechts, in: AKathKR 177/2 (2008), 394–410 • S. Mückl (Hg.): Das Recht der Staatskirchenverträge. Colloquium aus Anlaß des 75. Geburtstags von Alexander Hollerbach, 2007 • D. Ehlers: Problemstellungen des Vertragsstaatskirchenrechts, in: ZevKR 46/3 (2001), 286–318 • S. Muckel: Der Staatskirchenvertrag als Instrument zur Regelung des Verhältnisses von Staat und Kirche, in: R. Tillmanns (Hg.): Staatskirchenverträge im Freistaat Sachsen, 2001, 23–44 • D. Wengenroth: Die Rechtsnatur der Staatskirchenverträge und ihr Rang im staatlichen Recht, 2001 • H. Anke: Die Neubestimmung des Staat-Kirche-Verhältnisses in den neuen Ländern durch Staatskirchenverträge, 2000 • A. Hollerbach: Die vertragsrechtlichen Grundlagen des Staatskirchenrechts, in: HdbStKirchR, Bd. 1, [2]1994, § 7 • Ders.: Verträge zwischen Staat und Kirche in der Bundesrepublik Deutschland, 1965.

ARND UHLE

## Staatslehre

S. oder ↑Staatswissenschaft war seit dem Aufkommen des Begriffs „↑Staat" in der frühen ↑Neuzeit zunächst eine andere Bezeichnung für praktische Philosophie oder Staatsphilosophie, so etwa in Samuel Freiherr von Pufendorfs 1691 erschienener „Einleitung zur Sitten- und Stats-Lehre", dann aber auch ein Sammelbegriff für die ↑Kameralistik im ↑Absolutismus. Johann Gottlieb Fichte schrieb 1820 eine „Staatslehre", während Georg Wilhelm Friedrich Hegels „Grundlinien der Philosophie des Rechts" im selben Jahr mit dem Untertitel „Naturrecht und Staatswissenschaften im Grundrisse" erschienen. Nach der Durchsetzung des sog.en staatsrechtlichen Positivismus seit der Mitte des 19. Jh. einerseits, der methodischen Verselbständigung von Nationalökonomie (↑Klassische Nationalökonomie), ↑Soziologie und ↑Geschichtswissenschaft anderseits entstand dann in Deutschland um 1900 die Disziplin der „Allgemeinen S.", die zu einer Verknüpfung staatsrechtlicher, historischer, soziologischer und philosophischer Forschung über die dynamische Veränderung von Staatlichkeit in dieser Zeit wurde. Herausragende Bedeutung unter den Vertretern der Allgemeinen S. hat Georg Jellinek erlangt, weil er mit der neukantianischen Zweiseitenlehre als letzter ein integrierendes theoretisches Modell für den inneren Zusammenhang der normativen und der empirischen Seite des Phänomens Staat anzubieten hatte. Daran fehlt es seither. Carl Schmitt, der die politische ↑Moderne mit dem Ende der Monopolisierung des Politischen durch den Staat identifizierte, schrieb darum 1928 eine „Verfassungslehre" und keine S. Mit ganz anderen theoretischen Mitteln betrieb auch die „Allgemeine Staatslehre" Hans Kelsens (1925) die Kritik an einem dem ↑Staatsrecht vorausliegenden Staatsbegriff. In der BRD wurden weite Teile der von der S. üblicherweise behandelten Themen (Staatsformen, ↑Staatsaufgaben, Herrschaftssoziologie) rasch und erfolgreich von der ↑Politikwissenschaft reklamiert. Als theoretisch innovatives Projekt sticht die gleichsam negative, weil um die fehlende Staatlichkeit der Bundesrepublik kreisende S. Ernst Forsthoffs (1971) heraus. Als Fach in den juristischen Curricula hat sich die Allgemeine S. bis heute vielerorts behauptet, auch wenn sie neuerdings zugunsten anderer Grundlagenfächer zurückgedrängt wird. Die seit den 1990er Jahren im Zeichen der Forderung nach mehr Interdisziplinarität betriebene Neugründung von Zeitschriften („Staatswissenschaften und Staatspraxis", 1990–1998) sowie Instituten und Fakultäten (Berlin, Erfurt) hat die theoretische Anknüpfung an die Tradition der deutschen S. bewusst vermieden.

#### Literatur

C. Möllers: Staat als Argument, [2]2011 • G. F. Schuppert: Staatswissenschaft, 2003 • J. Kersten: Georg Jellinek und die klassische Staatslehre, 2000 • C. Schönberger: Der „Staat" der Allgemeinen Staatslehre, in: O. Beaud/E. V. Heyen (Hg.): Eine deutsch-französische Rechtswissenschaft?, 1999, 111–137 • M. Stolleis: Geschichte des Öffentlichen Rechts in Deutschland, Bd. 2, 1992 • E. Forsthoff: Der Staat der Industriegesellschaft, 1971 • C. Schmitt: Verfassungslehre, 1928 • H. Kelsen: Allgemeine Staatslehre, 1925 • G. Jellinek: Allgemeine Staatslehre, [3]1914 • J. G. Fichte: Die Staatslehre, 1820 • G. W. F. Hegel: Grundlinien der Philosophie des Rechts. Naturrecht und Staatswissenschaft im Grundrisse, 1820 • S. von Pufendorf: Einleitung zur Sitten- und Stats-Lehre, 1691.

FLORIAN MEINEL

## Staatsleistungen an die Kirchen

S. sind dauerhafte und wiederkehrende vermögenswerte Leistungen des Staates an die Kirchen, die aufgrund der ↑Säkularisation der kirchlichen Güter in der Reformationszeit (↑Reformation), des Westfälischen Friedens und für die ↑katholische Kirche insb. durch §35 des Reichsdeputationshauptschlusses von 1803 gezahlt werden, um die verlorenen Erträge des verlustig gegangenen Vermögens zu ersetzen. S. ersetzen daher nicht das durch die Säkularisation entzogene Vermögen. Sie unterscheiden sich von Subventionen oder anderen staatlichen Leistungen z.B. für die Ausübung gemeinwohldienlicher Aufgaben im Bereich der Caritas, Denkmalpflege oder der Bildung etc., insofern als bei S. ein Bezug zur Säkularisation vorliegen muss und diese kein Leistungsentgelt, sondern eine Entschädigung darstellen, für deren Verwendung gegenüber dem Staat keine Nachweispflicht besteht. Sie werden nicht als Gegenleistung für eine Leistung der ↑Religionsgemeinschaften in der Gegenwart bzw. Zukunft, sondern diesen aufgrund der Enteignung bzw. des nicht rechtmäßigen Entzugs von Vermögen in der Vergangenheit gezahlt. S. sind vermögenswerte Leistungen, die als positive S. entweder in Form von Geldleistungen oder Sachleistungen an die Kirchen und ihre Untergliederungen z.B. für die ↑kirchliche Verwaltung (Dotationen), die Ausbildung, die Bezahlung und Versorgung kirchlicher Amtsträger, kirchliche ↑Stiftungen und Bauten geleistet werden, die entweder objektiv fassbare Betragsleistungen oder subjektiv anfallende Bedarfsleistungen (insb. die Kirchenbaulast) sind oder in Naturalleistungen bestehen. Als negative S. bestehen sie in Befreiungen von Abgaben (Steuern und Gebühren) oder in der Bereitstellung von Räumlichkeiten. Aufgrund der verschiedenen Formen der S., insb. der Bedarfsleistungen, ist ihre genaue Bezifferung schwierig. Sie machen insgesamt nur ca. 3–5% der Kirchenfinanzierung aus, stehen aber nicht selten wegen ihrer historischen, nicht mehr präsenten Begründung in der Kritik. Die katholische und evangelische Kirche (↑EKD) erhalten ca. 500 Mio. Euro pro Jahr.

Die verfassungsrechtlich für die S. einschlägige Norm Art. 138 Abs. 1 WRV i.V.m. Art. 140 GG anerkennt die S. und gibt zugl. den Auftrag, die „auf Gesetz, Vertrag oder besonderen Rechtstiteln beruhenden Staatsleistungen“ durch Ländergesetze abzulösen. Die in der ↑WRV nochmals normierte Bestandsgarantie der S. bis zum Erlass eines Gesetzes des Reichs gemäß Art. 173 WRV wurde nicht in das ↑GG inkorporiert. Die Ablösung bewirkt die Auflösung der Leistungsverpflichtung bei gleichzeitigem Ausgleich für das säkularisierte Vermögen. Die Nennung des Gesetzes schließt auch ↑Gewohnheitsrecht mit ein. Neben den Verträgen (Zirkumskriptionsbullen, Kirchenverträge [↑Staatskirchenverträge] und ↑Konkordate) können S. auch aufgrund der bes.n Rechtstitel z.B. einer Gerichtsentscheidung oder eines Erlasses eines Landesherrn bestehen. Zur Ablösung bedarf es eines Grundsätzegesetz des Reiches bzw. heute des Bundes, das aber bislang nicht erlassen wurde, was die Ablösung der S. trotz der Aufforderung dazu bislang nicht Realität hat werden lassen. Nach Art. 18 RK ist vor dem Erlass eines solchen freundschaftliches Einvernehmen mit der katholischen Kirche herzustellen und aufgrund der Parität auch mit anderen betroffenen Religionsgemeinschaften. Für ein solches Bundesgesetz wäre keine Zustimmung des Bundesrates notwendig. Josef Isensee sprach von der „List einer konservativen Vernunft“, die de iure die Ablösung fordert und de facto sich als „Veränderungssperre“ und damit für den momentanen Erhalt der S. erwiesen hat (Isensee 1994: 1017). Während ohne Grundsätzegesetz eine einseitige Ablösung der S. durch die Länder nicht möglich ist, ist aber unabhängig vom Erlass eines solchen Gesetzes möglich, dass Kirche und Staat (↑Kirche und Staat) in gegenseitigem Einvernehmen eine Ablösung der S. vereinbaren können. Neue S. dürfen nicht begründet werden. Dies betrifft aber nur S. und nicht Subventionen für Leistungen, die die Religionsgemeinschaften im Rahmen gemeinwohldienlicher Aufgaben (↑Gemeinwohl) erbringen. Es handelt sich um objektives Verfassungsrecht und es besteht kein subjektives Recht auf Ablösung der S.

Art. 138 Abs. 1 WRV i.V.m. Art. 140 GG bezieht sich auf die S., die zum Stichtag des Inkrafttretens der WRV am 13.8.1919 bestanden inkl. der i.d.R. später vertragsrechtlich auf jährliche Zahlungen pauschalierten S. (vgl. z.B. Art. 4 Preußisches Konkordat). Der Wortlaut der Norm bezieht sich nur auf die Länder; es werden dennoch auch S. der Kommunen als Teil der mittelbaren Staatsverwaltung nicht ausgenommen sowie der Bund, wenn sich Kompetenzen der Länder auf diesen verschoben haben. Die Norm stellte einen Kompromiss zwischen den den Kirchen freundlich und feindlich gesinnten Kräften dar. Der Sinn eines Grundsätzegesetz des Reiches bzw. heute des Bundes sollte in der Rolle eines ehrlichen Maklers ein einheitliches, vergleichbares und korrektes Vorgehen der Ablösung garantieren und muss den Ländern aber zugl. auch einen substanziellen Gestaltungsspielraum lassen. Die Ablösung der S. würde sodann durch entspr.e Gesetze der Länder erfolgen. Die bisher geleisteten Zahlungen können nicht auf die Ablösung angerechnet werden, denn sie stellen nicht das Abtragen der Entschädigung für die durch die Säkularisation verlorenen Güter und deren Erträge dar. Es besteht eine Diskussion darüber, ob die Ablösung vollwertig oder auch in Abwägung der Interessen der Allgemeinheit unterhalb der Vollwertigkeit erfolgen könne, analog zu Ablösungen im 19. Jh. bzw. zu den Sozialisierungstatbeständen gemäß Art. 14 Abs. 3 GG oder der ↑Enteignung gemäß Art. 15 GG. Die Form der Ablösung könnte mit einer Summe oder über einen begrenzten Zeitraum in Raten gezahlt werden. Die Ablösung z.B. durch eine unbefristete Rentenzahlung (↑Rente) oder Ähnlichem wird kritisiert, da sie keine definitive Ablösung darstellen würde, und die von Art. 138 Abs. 1 WRV i. V. m. Art. 140 GG gewünschte Entflechtung von ↑Staat und ↑Religion konterkarieren würde.


### Literatur

Quellen:

Konkordat zwischen dem Heiligen Stuhl und dem Deutschen Reich (Reichskonkordat), in: RGBl. II, 1933, 679–690 • Vertrag des Freistaates Preußen mit dem Heiligen Stuhl (Preußenkonkordat), in: PrGS, 1929, 152–161 • Hauptschluß der außerordentlichen Reichsdeputation, in: K. Zeumer (Hg.): Quellensammlung zur Geschichte der Deutschen Reichsverfassung in Mittelalter und Neuzeit, Bd. 2, [2]1913, 509–528.

Literatur:

D. zu Hohenlohe: Ablösung der Staatsleistungen an die Kirchen, in: ZevKR 62/2 (2017), 178–196 • M. Droege: Die verfassungsrechtliche Absicherung der Staatsleistungen und die Voraussetzung einer Ablösung, in: M. Pulte/A. Hense (Hg.): Grund und Grenzen staatlicher Religionsförderung unter besonderer Berücksichtigung des Verhältnisses von Staat und Katholischer Kirche in Deutschland, 2014, 15–25 • S. Müller-Franken: Die öffentliche Finanzierung der Religionsgemeinschaften in Deutschland – unter besonderer Berücksichtigung der Staatsleistungen, in: A. Uhle (Hg.): Kirchenfinanzen in der Diskussion, 2014, 43–80 • A. Uhle: Die öffentliche Finanzierung der Religionsgemeinschaften im säkularen Verfassungsstaat, in: L. Gerosa/L. Müller (Hg.): Politik ohne Religion? Laizität des Staates, Religionszugehörigkeit und Rechtsordnung, 2014, 191–218 • F. Kirchhof: Grundlagen und Legitimation der deutschen Kirchenfinanzierung, in: EssGespr. Bd. 47 (2013), 7–33 • V. Knöppel: Aktuelle Überlegungen zum Ablösegebot der Staatsleistungen nach Art. 140 GG i. V. m. Art. 138 Abs. 1 WRV, in: ZevKR 58/2 (2013), 188–200 • J. Reisgies: „Die Grundsätze hierfür stellt das Reich auf". Zum Grundsätzegesetz gem. Art. 140 GG i. V. m. Art. 138 Abs. 1 S. 2 WRV, in: ZevKR 58/3 (2013), 280–302 • A. Uhle: Kirchenfinanzierung in Europa. Erscheinungsformen, Eignung, Zukunftsperspektiven, in: W. Rees/M. Roca/B. Schanda (Hg.): Neuere Entwicklungen im Religionsrecht europäischer Staaten, 2013, 743–788 • H. de Wall: Die Fortwirkungen der Säkularisation im heutigen Staatskirchenrecht, in: EssGespr. Bd. 38 (2004), 53–79 • M. Droege: Staatsleistungen an Religionsgemeinschaften im säkularen Kultur- und Sozialstaat, 2004 • J. Isensee: Staatsleistungen an die Kirchen und Religionsgemeinschaften, in: HdbStKirchR, Bd. 1, [2]1994, 1009–1063 • J. Isensee: Die Finanzquellen der Kirchen im deutschen Staatskirchenrecht, in: JuS 20/2 (1980), 94–100 • H.-J. Brauns: Staatsleistungen an die Kirchen und ihre Ablösung, 1970 • W. Weber: Die Ablösung der Staatsleistungen an die Religionsgemeinschaften, 1948.


THOMAS MECKEL

# Staatslexikon

I. Erste bis vierte Auflage – II. Fünfte bis siebte Auflage

## I. Erste bis vierte Auflage

### 1. Gründung und Programm

Schon ein Jahr nach ihrer Gründung nahm die Görres-Gesellschaft auf der Generalversammlung in Münster 1877 das Großprojekt eines von ihr herausgegebenen S.s in Angriff. Sie wollte ein Gegengewicht zur Vorherrschaft der „liberalen Schule" in Jurisprudenz und öffentlichem Leben schaffen sowie Position im kirchenpolitischen Konflikt beziehen, der v. a. mit staatsrechtlichen Argumenten bestritten wurde. Der Kölner Zentrumsabgeordnete und Rechtsanwalt Julius Bachem führte die Haltung der tonangebenden liberalen Staatslexika (das „S." von Carl von Rotteck und Carl Theodor Welcker [1834–1849], das „Deutsche Staats-Wörterbuch" von Johann Caspar Bluntschli und Karl Brater [1857–1870]) auf den überzogenen Staatsbegriff der idealistischen Philosophie (↑Idealismus) bes. Georg Wilhelm Friedrich Hegels zurück. Der „moderne Staat" erscheine hier als Selbstzweck, allkompetenter Organisator menschlicher Kultur auf nationaler oder Welt-Ebene, als abstrakte und kollektive Persönlichkeit, die sich die gesellschaftlichen Kräfte unterordne und dienstbar mache. Das aufgrund der Vorarbeiten des Kirchenhistorikers Dr. Alfons Bellesheim erstellte, auf der Generalversammlung von 1878 redigierte Programm wollte den „modernen Irrthümern im Staats- und Kirchenrecht, in Naturrecht, Politik und Gesellschafts-Wissenschaft" entgegentreten und „das Hauptgewicht auf die Erörterung der fundamentalen Begriffe von Religion und Moral, Recht und Gesetz, natürlichem und positiven Recht, von Staat und Kirche, Familie und Eigenthum" legen. Das Recht war „auf seinen ewigen Urgrund, den Schöpfer selbst" zurückzuführen, aus ihm die Verbindlichkeit der positiven Gesetzgebung und staatlichen Ordnung sowie die zweckhafte Entfaltung des menschlichen Gemeinschaftslebens letztlich abzuleiten. Die Artikel sollten bei „strenger Wahrung des katholischen Standpunktes" den „Anforderungen der heutigen Wissenschaft" entsprechen und „auf die besonderen Bedürfnisse der modernen Verhältnisse" eingehen (Görres-Gesellschaft 1879: 20). Das Werk sollte mehr systematisch als historisch-biographisch angelegt sein. Das „Systematische Programm" (24 S.) des Werkes, geplant waren zunächst drei Bände mit je 800 Seiten und 452 Stichworten, entwarf Georg von Hertling, Privatdozent und Professor (seit 1880) der Philosophie in Bonn: Der ↑Staat war weder als Notbehelf abzuwerten noch als Selbstzweck überzubetonen, sondern „im Zusammenhange mit der sittlichen Ordnung begründet". Neben dem Staat standen die „Lebenskreise" der Gesellschaft. Sie sollten die Rechtsgrundsätze achten; dagegen sollte der Staat ihr inneres Recht anerkennen, aber auch in ihre Interessen und Bedürfnisse leitend und ausgleichend eingreifen. Die Innovationen des S.s bestanden in einer alternativen Grundlagenreflexion über den Staat, in einer verbindlich aufgefassten Beziehung zwischen Staat und Gesellschaft (↑Staat und Gesellschaft), in der (von den liberalen Staatslexika vernachlässigten) Beachtung des Verhältnisses zwischen Staat und Kirche (↑Kirche und Staat) sowie in der ↑Sozialpolitik. Die acht Abschnitte des Systematischen Programms führten diese mehrmals auf, u. a. unter den Stichworten Sozialpolitik, Sozialismus, Arbeitergesetzgebung, Armenpflege, Eigentum, Kapitalismus, Gesellschaft.

## 2. Mitarbeiter und Verlag

G. von Hertling versandte am 1.1.1881 an mehr als 170 Adressen das Angebot zur Mitarbeit. Die beigefügten „Grundsätze für die Bearbeitung des Staatslexikons" offerierten ein Honorar von 60 Mark pro Oktavbogen. Die Hoffnung, unter den dünn gesäten katholischen Universitätsprofessoren, Juristen, Staatswissenschaftlern und Philologen die vielen notwendigen Autoren zu finden, grenzte an Verwegenheit. Drei eingeführte katholische Zeitschriften, die „Historisch-politischen Blätter" in München, „Das Vaterland" in Wien und die „Christlich-socialen Blätter" in Aachen, versagten ihre Mitarbeit aus Arbeitsüberlastung oder weil sie einer Redaktion mit ungewissen Zukunftschancen misstrauten. Das katholische Milieu stellte schließlich doch genug Mitarbeiter. Sie kamen meist von den theologischen Fakultäten oder Seminaren in Münster, München, Innsbruck, Mainz, Köln, Fulda, Regensburg, Eichstätt und Braunsberg, ergänzt um die Exil-Jesuiten in den Niederlanden, freiberuflich tätige Rechtsanwälte, Redakteure und Parlamentarier der Zentrumspartei (u. a. J. und Carl Bachem, Peter Spahn, Franz Hitze, Carl Adolph von Hoyningen Huene, Präsident der preußischen Zentralgenossenschaftskasse). G. von Hertling trat bewusst an junge Gelehrte heran: die Historiker Dr. Hermann Grauert, Dr. Victor Gramich und den Nationalökonomen Dr. Adolf Bruder. Wissenschaftlich interessierte und ausgewiesene junge Geistliche stellten sich trotz der nach dem ↑Kulturkampf gewachsenen Anforderungen an die Seelsorge zur Verfügung. Unentbehrlich war der Rückgriff auf Mitarbeiter aus Süddeutschland, Österreich und der Schweiz, doch ein rheinisch-schlesisch-norddeutsches Kontingent sorgte für Ausgleich. G. von Hertlings „Systematisches Programm" fand allg.e Anerkennung, konzeptionelle Kontroversen blieben aus. Mit Zustimmung des Verwaltungsausschusses vereinbarten G. von Hertling und der Herder-Verlag die Herausgabe der ersten Auflage des S.s und „aller etwa nothwendig werdenden folgenden Auflagen" durch Herder sowie eine Auflage von 2 500 Stück (Vertrag vom 12.5.1887).

## 3. Professionalisierung bis zur dritten/vierten Auflage

Dr. A. Bruder, Bibliothekskustos an der Universität Innsbruck, übernahm unter Aufsicht G. von Hertlings die Redaktion. Er achtete peinlich genau auf Vereinheitlichung der Zitierweise, positives Material, zeitnahe Belege, Statistiken und lieferte selbst ausführliche Artikel. Als er 1886 plötzlich und unerwartet starb, führte J. Bachem die Redaktion der ersten Auflage (1889–97) zügig zu Ende. Die jahrzehntelange Verzögerung rührte von dem Mangel und der Säumigkeit der Beiträger her, während die Auflage wegen der Stofffülle auf fünf Bände anwuchs. 1899 wurde J. Bachem mit der Durchführung der zweiten Auflage betraut und erhielt von G. von Hertling freie Hand für die Auswahl der Mitarbeiter. J. Bachems im Vorwort des ersten Bands bekannt gegebene Richtlinie für die zweite Auflage (1901–04) sah vor, bei Schilderung der „neuzeitlichen staatlichen Verhältnisse" (Bachmann 1990: iv) die Bedürfnisse der Gegenwart stärker zu berücksichtigen sowie zwischen feststehender Kirchenlehre und mehr oder weniger verbindlichen Schulmeinungen zu unterscheiden. Für die mehr staats- als kirchenrechtliche Orientierung der Neuauflage gaben ihm die Staats- und sozialwissenschaftliche Sektion der Görres-Gesellschaft und der Präsident G. von Hertling Rückendeckung. J. Bachem ersetzte v. a. jene Artikel, in denen Autoren aus dem Jesuitenorden die Gegenwartsprobleme mit „mittelalterlichen Staatstheorien" (zitiert nach Becker 2019: 393) zu bewältigen suchten. G. von Hertling steuerte selbst den Artikel „Staat" bei; den in der früheren Auflage der Moraltheologe Viktor Cathrein SJ verfasst hatte. Die Zentrumsfraktion (↑Zentrum) im Reichstag hielt freilich an ihrer Forderung nach gänzlicher Aufhebung des Jesuitengesetzes und völliger Wiederherstellung des Rede- und Publikationsrechts des Ordens unbeirrt fest. J. Bachem setzte seinen Kurs in der dritten Auflage unter Beiziehung des Herder-Angestellten Dr. Hermann Sacher fort. Er fand nun eine ausreichende Anzahl angesehener Autoren, auch aus dem Nachwuchs der Görres-Gesellschaft (u. a. den Philosophen Clemens Baeumker und den Historiker Gustav Schnürer). Drei Frauen, die öffentlich für Frauenrechte und Sozialpolitik eintraten, lieferten Beiträge (Elisabeth Gnauck-Kühne, Hedwig Dransfeld, Dr. Fanny Immle). Wegen der großen Nachfrage nach den ersten drei Bänden der dritten Auflage (1908–10) erschienen diese nochmals 1911 unverändert als vierte Auflage mit 3 000 Exemplaren. Der vierte und fünfte, bis zur Gegenwart fortgeführte Band (mit ebenfalls 3 000 Stück) wurden 1911 und 1912 als dritte, neu bearbeitete, und vierte Auflage gedruckt. Mit repräsentativem Einband versehen, wurden Exemplare des S.s dem Papst, dem Reichskanzler sowie den Bischöfen von Köln und Breslau zugestellt. Das gute Echo auf die dritte/vierte Auflage aus dem nicht-katholischen Lager gab J. Bachems Strategie recht, wenngleich der Verlag Herder sich für den Absatz des Werkes weiterhin bes. auf die katholischen Käuferkreise angewiesen sah. Das S. leistete einen bedeutsamen Beitrag zum Aufbau kultureller Identität, indem es sich der drohenden Uniformität deutscher Nationalkultur im Kaiserreich auf konstruktive Weise widersetzte.

### Literatur

W. Becker: Ein Spiegel der Kulturgeschichte. Das Staatslexikon, in: HJb 139 (2019), 375–409 • Ders.: „Ein kleines Feuer am Fuße des Jettenbühels". Die Anfänge des Staatslexikons der Görres-Gesellschaft, in: Schweizerische Zeitschrift für Religions- und Kulturgeschichte 2012/106, 2012, 107–142 • H.-J. Becker: Der Staat im Spiegel der Staatslexika. Ein Vergleich des Evangelischen Staatslexikons und des Staatslexikons der Görres-Gesellschaft, in: HJb 121 (2001), 367–399 • Görres-Gesellschaft (Hg.): Staatslexikon, Bd. 1–5, 3/41908–12 • Dies. (Hg.): Staatslexikon, Bd. 1–5, 21901–04 • Dies. (Hg.): Staatslexikon, Bd. 1–5, 1889–97 • Dies.: Jahresberichte 1877–1913, 1878–1914.

WINFRIED BECKER

## II. Fünfte bis siebte Auflage

### 1. Fünfte Auflage 1926–32

Bereits zwei Jahre nach Erscheinen von Band 5 der dritten/vierten Auflage begann Hermann Sacher mit Vorarbeiten für eine neue Auflage. Er schlug 1920 der Görres-Gesellschaft sein Konzept eines „von Grund auf neuen Werkes" vor. Es würde mit den früheren Auflagen „nur das im Vorwort der ersten Auflage" von Georg von Hertling formulierte „katholische Programm gemeinsam" haben. Es gehe um die „Erfassung der Zeitaufgaben". Aus dem „Studienbuch" müsse ein „praktisches Nachschlagewerk auf gelehrter Grundlage" werden. 1921 bestätigte die Görres-Gesellschaft H. Sacher als Herausgeber der fünften, von Grund aus neubearbeiteten Auflage. Nach seinem Programm von 1922 sollte das „neue S." ein „geistiger Leuchtturm der Gegenwart und der voraussichtlichen Zukunft" werden. 1926–32 erschienen fünf Bände mit 2500 Beiträgen. Sie enthielten ein Verzeichnis der 747 Mitarbeiter. Ihre Artikel wurden honoriert.

Das Werk bot einen Überblick über die neue parlamentarische ↑Demokratie, die „man ziemlich genau nicht gewollt" hatte (Krings 1989: 769), ihre Institutionen und Parteien, die politischen, wirtschaftlichen und sozialen Probleme sowie über aktuelle Fragen, auch der europäischen wie der Weltpolitik. Zur „vorsichtigen Annäherung an die Republik von Weimar" diente v. a. die breite Darstellung der ↑katholischen Soziallehren (Bauer 1964: 89). Die fünfte Auflage belegte die Rückkehr des ↑Katholizismus aus dem Exil der Kulturkampfzeit (↑Kulturkampf) und die Überwindung der Polemik gegen den ↑Liberalismus. Sie suchte Spannungen innerhalb des Katholizismus über die Grundlage der ↑WRV (↑Volkssouveränität) auszugleichen und die Republik zu legitimieren.

Um 1933 eine Beschlagnahme des S.s zu verhindern, lieferten H. Sacher und Emil Ritter für die Artikel „Nationalsozialismus", von Franz Schweyer in Band 3 (1929) und von E. Ritter in Band 5, zeitgemäße Nachträge. Präsident Heinrich Finke musste sich bei Adolf Hitler entschuldigen. Das S. verschwand 1936 in den „Giftschränken" der Bibliotheken (wo es in der DDR verblieb). 1937 wurde die Auslieferung verboten.

### 2. Sechste Auflage 1957–68

Die 1948 wieder begründete Görres-Gesellschaft vereinbarte 1953 mit dem Herder-Verlag eine sechste, erneut völlig neubearbeitete Auflage. Das Herausgeber-Gremium (Friedrich August Freiherr von der Heydte, J. Heinz Müller, Max Müller, Helmut Ridder), das Clemens Bauer leitete, betreute, mit einer Redaktion im Verlag (Walter Dadek), die 1957–68 erschienenen acht Bände. Der Untertitel „Recht – Wirtschaft – Gesellschaft" umschrieb die inhaltliche Öffnung, die – so Präsident Hans Peters –, „die Tradition der früheren Auflagen" fortsetzte, sich aber in eine „Enzyklopädie der Sozialwissenschaften" ausweitete (Bauer 1964: 91). „Nachträge" in Band 8 galten den 21 „neuen Staaten in Afrika". Die 279 Biographien machten ca. 19 % des Gesamtanteils aus. Die meisten Mitarbeiter waren Protestanten.

### 3. Ergänzungsbände der sechsten Auflage 1969/70

Die Redaktion der 1969/70 erschienenen drei Ergänzungsbände leitete Präsident Paul Mikat. Aus ihr schieden C. Bauer und F. A. von der Heydte, an dessen Stelle Ulrich Hommes trat, aus, dann H. Ridder. Er hatte, politisch nach links gerückt, gleichgesinnte Mitarbeiter gewonnen. Infolge der Auswirkungen der 1968er Revolution konnten sich Herausgaber und Redaktion, so im Vorwort, mit „vielen" Beiträgen („einseitige Sichten") (Mikat 1969) nicht mehr identifizieren. So erschien der Artikel „Demokratie" erst am Schluss von Band 3. Die Ergänzungsbände enthielten 34 Biographien. Von der sechsten Auflage wurden mehr als 12000 Exemplare verkauft.

### 4. Siebte Auflage 1985–93

Ab 1976 erarbeitete unter Vorsitz von Hermann Krings eine Redaktion (Karl Forster, nach dessen Tod Walter Kasper, Alexander Hollerbach, Hans Maier, P. Mikat, Rudolf Morsey und J. H. Müller) die „Grundorientierung" einer wiederum völlig neu bearbeiteten siebten Auflage. Sie erschien, ab 1980 vorbereitet mit einer Verlagsredaktion (Günter Böingh), 1985–89 in fünf Bänden mit einer Auflage von 6000. In Band 6 und 7 (1992/93) wurden „Die Staaten der Welt" behandelt, eingeleitet von zehn Beiträgen „Globale Perspektiven".

Auch die siebte Auflage war ein Spiegel des weltgeschichtlichen Umbruchs von 1945, des Wandels in Staat und Gesellschaft wie des Wandels des Katholizismus in seinen Einstellungen zur Welt. Ausführlich behandelt wurden die Entwicklung in der BRD und die ihrer elf Länder und West-Berlins sowie, bis 1990, die in der DDR, ab Band 6 nach dem Stand der Wiedervereinigung Deutschlands. Diese Auflage enthielt 1941 Artikel von 839 Verfassern, darunter 237 Biographien. 1995 erschien eine Sonderausgabe.

### Literatur

R. Morsey: Die Görres-Gesellschaft zur Pflege der Wissenschaft. Streiflichter ihrer Geschichte, 2009 • A. Frenken: Die Görres-Gesellschaft im Dritten Reich, in: H. Lehmann u. a. (Hg.): Nationalsozialismus in den Kulturwissenschaften, Bd. 1, 2004, 371–415 • H.-J. Becker: Der Staat im Spiegel des Staatslexikons, in: HJb 121 (2001), 367–399 • H. Krings: Das Staatslexikon und der Staat, in: D. Schwab u. a. (Hg.): Staat, Kirche, Wissenschaft in einer pluralistischen Gesellschaft, 1989, 759–774 • H. Maier: Das „Staatslexikon" als Spiegel des katholischen Rechtsdenkens, in: ders.: Katholizismus und Demokratie, 1983, 89–106 • P. Mikat: Vorwort, in: StL, Bd. 9 (Erster Ergänzungsband), [6]1969 • C. Bauer: Das Staatslexikon. Zur Vollendung der 6. Auflage, in: ders.: Deutscher Katholizismus. Entwicklungslinien und Profile, 1964, 54–92.

RUDOLF MORSEY

## Staatsnotstand

I. Staatsrechtliche Entwicklungslinien – II. Perspektiven historisch-politischer Relativierung

### I. Staatsrechtliche Entwicklungslinien

Der Begriff S., der nicht trennscharf vom Begriff des Ausnahmezustands abgegrenzt werden kann, gibt die Antwort auf ein Verfassungsproblem: Was geschieht mit den in einer ↗Verfassung garantierten Freiheitsrechten und den auf verschiedene Staatsorgane verteilten Kompetenzen, wenn es zu einer für den ↗Staat existentiellen Ausnahmelage kommt? Auf der einen Seite sollen staatliche Organe zwar auch in der ↗Krise handlungsstark sein und durch verfassungsrechtliche Begrenzungen möglichst nicht behindert werden, auf der anderen soll die Krise aber nicht zur Aushebelung der Verfassung genutzt werden können. Die Antwort auf diese komplexe Frage ist bis heute umstritten. Die verfassungstheoretischen Antworten bewegen sich zwischen zwei Polen: einem Differenzmodell in der Form des Suspensionsmodells und einem Einheitsmodell. Während das Suspensionsmodell mit dem Argument, dass Normativität Normalität voraussetze, zur Suspension der Verfassung in der existenziellen Ausnahmelage kommt, geht das Einheitsmodell von der umgekehrten Annahme aus: Auch im Ernstfall sei unverändert an der bestehenden Verfassungslage festzuhalten.

Historisch hat sich in Frankreich mit dem Gesetz von 1849 über den sog.en *état de siège* (Belagerungszustand) – später über eine Migration dieses Modells in viele andere europäische Staaten – ein Mittelweg durchgesetzt: Einerseits sollte die existenzielle Ausnahmelage *rechtlich eingehegt* werden, weshalb ein Suspensionsmodell abgelehnt wurde. Andererseits ging man in doppelter Hinsicht von der Notwendigkeit der *Modifikation der verfassungsrechtlichen Regelungen* in einer großen Staatskrise aus: Suspension von ↗Grundrechten und Übergang der Befugnisse von Zivilbehörden und ↗Polizei auf die Militärbehörden (↗Militär). Für Verkündung und Aufhebung des Belagerungszustands war die Nationalversammlung zuständig.

Auch Verfassungen deutscher Einzelstaaten griffen das französische Modell des Belagerungszustands auf, freilich in modifizierter Form. Exemplarisch kann auf das preußische „Gesetz über den Belagerungszustand" von 1851 verwiesen werden, das die preußische Verfassung von 1850 konkretisierte: Als Ausnahmelagen waren ↗Krieg und innerer Aufruhr anerkannt. Auf Rechtsfolgenseite sah auch das preußische Gesetz die Möglichkeit der Suspension verschiedener Grundrechte und den Übergang der Exekutivgewalt auf die Militärbefehlshaber vor, ferner bes. Straftatbestände und Strafverschärfungen. Über den Belagerungszustand entschied allerdings nicht die Legislative, sondern das Staats-Ministerium. Art. 68 RV erklärte das preußische Belagerungszustandsgesetz provisorisch auf Reichsebene für anwendbar, doch blieb es bis 1918 bei dieser Rechtslage.

In der ↗WRV regelte Art. 48 den S., den die zeitgenössische Literatur zumeist als „Ausnahmezustand" bezeichnete. Mit der dem Reichspräsidenten eingeräumten Möglichkeit der Grundrechtssuspension knüpfte die Regelung an die Tradition des Belagerungszustands an. In der praktischen Anwendung – die Reichspräsidenten Friedrich Ebert und Paul von Hindenburg griffen insb. in der Anfangs- und Endphase der Republik insgesamt rund 250-mal auf die Ausnahmegewalt zurück – warf Art. 48 WRV zudem zahlreiche verfassungsrechtliche Fragen wie diejenige nach der Zulässigkeit des praktizierten Notverordnungsrechts auf. V. a. bereiteten die auf Art. 48 WRV gestützten Präsidialkabinette ab März 1930 den Weg in die ↗Diktatur, bevor Adolf Hitler mit der Reichstagsbrandverordnung vom Februar 1933 – wiederum gestützt auf Art. 48 WRV – sämtliche dort genannten Grundrechte suspendierte und den permanenten Ausnahmezustand herbeiführte. Doch weist die neuere Forschung zu Recht darauf hin, dass Art. 48 WRV gerade in den Anfangsjahren Weimars mehrfach zur Rettung der Republik beitrug.

Aus der Weimarer Zeit stammen auch zentrale und bis heute wirkmächtige theoretische Auseinandersetzungen mit dem Konzept des S.s, insb. Carl Schmitts „Politische Theologie" (1922). Ihr zufolge erweist sich gerade im Moment der existentiellen Krise eines Staates, wer der wahre Souverän im Staat ist. Der Ausnahmezustand, für C. Schmitt ein rechtlicher Grenzbegriff, führe zwar zur Suspension der *Rechts*ordnung, doch bleibe eine Ordnung bestehen. Diese Auffassung fand zwar in der damaligen positiven Rechtsordnung keine Stütze, kann aber als hellsichtige Antizipation der späteren „Machtergreifung" A. Hitlers gelesen werden. In jedem Fall hat sie den Rechtsbegriff des Ausnahmezustands verdunkelt. Stand dieser zuvor für eine zumindest teilweise rechtliche Einhegung des S.s, wird er seitdem häufig als Suspension des Rechts (Suspensionsmodell) bzw. als „kenomatischer Zustand" (Agamben 2004: 59) missverstanden.

In der Nachkriegszeit stellte sich für die Väter und Mütter des ↑GG auch im Hinblick auf den Umgang mit dem S. die Frage, welche Lehren aus dem Scheitern der Weimarer Republik und dem ambivalenten Art. 48 WRV gezogen werden sollen. Art. 111 des Herrenchiemseer Entwurfs orientierte sich noch an dieser ↑Norm und sah die Möglichkeit der Suspension von (politischen) Grundrechten sowie ein Notverordnungsrecht der ↑Bundesregierung ausdrücklich vor. Wohl auf die Intervention der Alliierten hin wurde dieser Artikel jedoch vom ↑Parlamentarischen Rat gestrichen. Regelungen zum S. fanden sich bei Inkrafttreten des GG immerhin noch in Art. 91 GG a.F., einer rudimentären Positivierung des inneren Notstands, sowie in Art. 81 GG, der den (bislang bedeutungslosen) sog.en Gesetzgebungsnotstand betrifft und einen Ausweg bei einer Funktionsstörung des ↑Bundestags weisen soll. Gleichzeitig kennt das GG mit den Vorschriften zur wehrhaften Demokratie ein neuartiges Ausnahmeverfassungsrecht. Innere Ausnahmelagen sollen möglichst frühzeitig verhindert werden, etwa durch Vereins- und Parteiverbote (Art. 9 Abs. 2, Art. 21 GG). Die abstrakt-generelle Grundrechtssuspension des Art. 48 WRV mutierte unter dem GG zur Möglichkeit der Individualsuspension (Grundrechtsverwirkung, Art. 18 GG), die bislang allerdings nicht relevant wurde. Insb. die Menschenwürdegarantie (Art. 1 Abs. 1 GG), die Wesensgehaltsgarantie (Art. 19 Abs. 2 GG) oder die sog.e Ewigkeitsgarantie (Art. 79 Abs. 3 GG) sind umgekehrt als negatives Ausnahmeverfassungsrecht zu verstehen, das auch im S. *unantastbar* bleibt. Über die im S. einzuhaltenden verfassungsrechtlichen Grenzen wacht das ↑BVerfG.

Als die Westalliierten 1955 das Besatzungsstatut aufhoben, begann die lange Diskussion um die Notstandsverfassung, die – nachdem zahlreiche Entwürfe vorgelegt worden waren – 1968 verabschiedet und von einfachen Notstandsgesetzen flankiert wurde. Zuvor hatte es vehemente Proteste gegen die Verfassungsänderung gegeben. Die eingefügten Normen der Notstandsverfassung, von denen – mit Ausnahme des Katastrophennotstandes – bis heute kein Gebrauch gemacht wurde, umfassen insb. eine ausführliche Regelung des Spannungs- und Verteidigungsfalles (Art. 80a, Art. 115a ff. GG); hinzu trat eine Ergänzung von Art. 91 GG sowie die Regelung des Katastrophennotstands (Art. 35 Abs. 2 und 3 GG). Neu hinzugefügt wurde aber auch das ↑Widerstandsrecht, Art. 20 Abs. 4 GG. Eine abstrakt-generelle Suspension von Grundrechten im S. kennt das GG – anders als etwa Art. 15 EMRK – nicht.

Die Regelungen der Notstandsverfassung gelten als hypertroph und praxisfern. Weil sie zur Lösung der RAF-Krise, in der teilweise auf ↑Naturrecht zurückgegriffen wurde, nicht beitragen konnten, wurde die Einfügung einer ↑Generalklausel vorgeschlagen. Auch die Corona-Pandemie im Jahr 2020 f., der wohl erste echte S. der BRD, wird außerhalb der Notstandsverfassung bewältigt; für sie wurde in den §§ 5 und 28a Infektionsschutzgesetz einfaches Notstandsrecht geschaffen.

### Literatur

A.-B. Kaiser: Ausnahmeverfassungsrecht, 2020 • D. Dyzenhaus: States of Emergency, in: M. Rosenfeld/A. Sajó (Hg.): The Oxford Handbook of Comparative Constitutional Law, 2012, 442–462 • G. Agamben: Ausnahmezustand, 2004 • M. Jahn: Das Strafrecht des Staatsnotstandes, 2004 • E.-W. Böckenförde: Der verdrängte Ausnahmezustand. Zum Handeln der Staatsgewalt in außergewöhnlichen Lagen, in: NJW 31/38 (1978), 1881–1890 • H. Oberreuter: Notstand und Demokratie. Vom monarchischen Obrigkeits- zum demokratischen Rechtsstaat, 1978 • H. Boldt: Ausnahmezustand. Necessitas publica, Belagerungszustand, Kriegszustand, Staatsnotstand, Staatsnotrecht, in: GGB, Bd. 1, 1972, 343–376 • D. Sterzel: Kritik der Notstandsgesetze, 1968 • H. Boldt: Rechtsstaat und Ausnahmezustand. Eine Studie über den Belagerungszustand als Ausnahmezustand des bürgerlichen Rechtsstaates im 19. Jahrhundert, 1967 • C. Schmitt: Politische Theologie. Vier Kapitel zur Lehre von der Souveränität, 1922.

ANNA-BETTINA KAISER

## II. Perspektiven historisch-politischer Relativierung

Traditionell hat der Notstandsdiskurs die extreme Ausnahmelage innerer oder äußerer Bedrohung und in ihrer Folge die Einschränkung prozeduraler Spielräume und bürgerlicher Freiheiten zur Gewährleistung öffentlicher Sicherheit und Ordnung im Visier. Seine Orientierung an klassischen Modellen (des 19. Jh.) wird dem politischen, rechtlichen und ↑sozialen Wandel (Oberreuter 1978: 275 ff.) seither nicht mehr gerecht. Neben die Sicherung der (rechtsstaatlichen) ↑Ordnung ist die existentielle Vorsorge für die Menschen getreten, politisch und in der Mentalität der Bürger sogar mit Vorrang. Nicht nur die Aktualität weist darauf hin. Historisch erwiesen sich schon im Ersten Weltkrieg die klassischen Rechtsinstrumente als irrelevant. An deren Stelle illustrierte eine ausfächernde Kriegswirtschaftsverwaltung das Notstandsproblem moderner Industriegesellschaften. Seither hat sich ↑Daseinsvorsorge als ↑Staatsaufgabe voll entfaltet. Zugl. nahmen Komplexität, globale Implikationen und Abhängigkeiten sowie Anfälligkeit der sozialen Systeme zu. Ist der ↑„Staat" der Daseinsvorsorge (Forsthoff 1959) zugl. ein Staat der Notstands- oder Krisenvorsorge, wird entspr.es Recht zur „Vorsorge für den Menschen" (Schäfer 1966). Der „moderne Staat ist Verfassungsstaat in dem Maße, in dem er als Rechtsstaat und Sozialstaat sich bewährt" (Huber 1958: 4) – auch in außergewöhnlich herausfordernden Situationen.

Zum einen partizipiert spezielles Notstandsrecht an

der sozialstaatlichen Ausweitung der Staatstätigkeit: Dienstpflichten, Arbeitsplatzwechselverbote, Sicherstellung von Gütern und Dienstleistungen z. B. waren ehedem nicht sein Gegenstand. Zum anderen zieht es sich aus seiner früheren Domäne der engeren politischen Grundfreiheiten weithin zurück. Es suspendiert die politischen Organisations- und Artikulationsrechte nicht und fügt sich in jene Freiheitsordnung ein, die es zu bewahren gilt. Zum dritten entwickelte sich, von der vorherrschenden bürgerschaftlichen Mentalität getragen, das Sicherheitsrecht seit der industriellen Revolution (↑Industrialisierung, Industrielle Revolution) nachhaltig zum Präventionsrecht, mit dem situations- und problemorientiert ausnahmsweise ↑Krisen rechtskonform bewältigt (oder verhindert) werden sollen, statt im engeren Sinn keineswegs zielführende Not- oder Ausnahmezustände auszurufen. Beide verlieren ihre frühere Bedeutung. Neuestens gilt dies als „antizipierter" Ausnahmezustand (Barczak 2020: 350). Doch wird die Grenze zwischen Ausnahme- und Normalzustand keineswegs fließend, zumal dieses fallangemessene Recht an die ↑Verfassung gebunden, dem Grundsatz der ↑Verhältnismäßigkeit unterworfen und richterlicher Überprüfung ausgeliefert bleibt. Unter diesen Bedingungen sind z. B. ↑Katastrophen- und Infektionsschutz nicht absolut formenstreng, sondern flexibel geregelt, weil die herausfordernden Situationen nicht im Vorhinein definiert werden können. Es geht um situative Flexibilität und ihr angemessene spezifische rechtliche Maßnahmen. Zugl. sind Sensibilität und Flexibilität des Gesetzgebers gefordert, um der Gefahr exekutiver Grenzüberschreitung zu begegnen. Damit wandelt sich früheres Ausnahmerecht nicht zum Recht der Normallage, sondern das Recht der Normallage begegnet unter Beachtung seiner normativen und prozeduralen Prinzipien – u. U. auch präventiv – ungewöhnlichen Herausforderungen. Die Rechtswissenschaft widmet dem neue Aufmerksamkeit (Kaiser 2020), die sich zunehmend auch auf unklare Kompetenz- und Legitimitätsprobleme im Rahmen supranationaler Rechtssysteme (↑Supranationalität) wie der ↑EU, aber auch auf (meist nachträglich richterlich korrigierte) Spielraumerweiterungen auf nationaler Ebene richtet. Jedenfalls kennt die Zeitrechnung der parlamentarischen Demokratie keine „Stunde der Exekutive".

In jüngerer Zeit zunehmende, missbräuchliche und freiheitsfeindliche Anwendung von Ausnahmerechten in zahlreichen ↑politischen Systemen weltweit ist ein gänzlich anderes Thema.

### Literatur

T. Barczak: Der nervöse Staat, 2020 • A.-B. Kaiser: Ausnahmeverfassungsrecht, 2020 • J. Kersten/S. Rixen: Der Verfassungsstaat in der Corona-Krise, 2020 • M. Lemke: Demokratie im Ausnahmezustand. Wie Regierungen ihre Macht ausweiten, 2017 • H. Oberreuter: Notstand und Demokratie. Vom monarchischen Obrigkeits- zum demokratischen Rechtsstaat, 1978 • F. Schäfer: Die Notstandsgesetze. Vorsorge für den Menschen und den demokratischen Rechtsstaat, 1966 • E. Forsthoff: Rechtsfragen der leistenden Verwaltung, 1959 • E. R. Huber: Zur Problematik des Kulturstaats, 1958.

HEINRICH OBERREUTER

## Staatsoberhaupt

I. Politikwissenschaftlich – II. Rechtswissenschaftlich

### I. Politikwissenschaftlich

#### 1. Herkunft

Die Verhaltensforschung versteht unter einem „Alphatier" das Leittier in Herden oder Rudeln. Dieses hat vorrangigen Zugriff auf Nahrungsmittel und Weibchen, muss allerdings in Konflikten beweisen, dass es an Kraft oder Erfahrung die Rivalen übertrifft. Stirbt – etwa bei Gorillas – ein solcher Anführer oder besiegt ihn ein Rivale, so kommt es oft zum Zerfall der von ihm geführten Gruppe. Es wäre erstaunlich, wenn die schon aus den einfachsten menschlichen Sozialverbänden bekannten Rollen des Vorkämpfers, Streitschlichters oder Clanchefs nicht in bruchloser Entwicklung aus solchen, bereits unter Primaten wirksamen Sozialstrukturen hervorgegangen wären. Tatsächlich kennen schon die ältesten Geschichtsquellen erbliche, ernannte oder gewählte Anführer, später dann Fürsten oder (Priester-)Könige.

#### 2. Geschichtliche Vielfalt

Spannungen traten immer wieder auf zwischen den Rollen von militärisch-politischen und geistlichen Anführern. Sie hingen regelmäßig mit Vorstellungen darüber zusammen, ob die sichtbare Welt mit unsichtbaren Gottheiten zu tun habe, die über Mittelsleute ins politisch-gesellschaftliche Geschehen hineinwirken könnten. Das Aufkommen von Monotheismus machte daraus eine zentrale politische Machtfrage: Wem gebührt die oberste Position in einem Sozialverband? Im biblischen Israel unterstanden die Könige Gott, der sich lehrend oder strafend seiner Propheten bediente. Islamische Kalifen sahen sich selbst in der Tradition des letzten aller Propheten und regierten persönlich im göttlichen Auftrag. Ägyptische Pharaonen konnten als lebende Götter gelten, und chinesische Kaiser legitimierten sich durch ein „Mandat des Himmels"; beide verbanden deshalb kultische mit politischer ↑Macht. Doch in der christlichen Tradition gab es seit jeher einen Dualismus zwischen den obersten Verwaltern politischer und geistlicher Macht (s. Mt 22,12; Lk 20,25). Die Konflikte um den Vorrang ließen sich dann entweder nach einer der beiden Seiten auflösen oder in Balance halten. Nur in – geschichtlich seltenen – säkularen Gesellschaften kann eine geistliche Position überhaupt nicht legitim zu einer auch politischen Position werden. Wer also das „Oberhaupt" eines Sozialverbandes ist, und ob es mehr als nur eines geben soll, resultiert somit aus kulturell sehr vielfältigen Organisationsmöglichkeiten des Verhältnisses zwischen ↑Religion und ↑Politik.

Im Übrigen setzt die Position eines „S.s" die Entstehung der Sozialfiguration des „Staates" voraus. Die geht zwar dem modernen Territorial- und Verfassungsstaat weit voraus, teilt mit ihm aber Grundmerkmale: Auf einem angebbaren Gebiet wird über einen bestimmbaren Personenkreis halbwegs verlässliche – „weltliche" oder „geistliche" – ↑Herrschaft ausgeübt. Das vom Inhaber der jeweiligen Spitzenposition ausgeübte ↑Amt wird – oberhalb der Vorstellungskraft vormenschlicher Primaten – dann auch noch gedanklich von der es jeweils innehabenden Person unterschieden. Das gibt dann etwa einem König gleichsam „zwei Körper" (Kantorowicz 1992) und stellt so die Transpersonalität des Staates sicher, also dessen Zusammenhalt auch nach dem Tod des S.s.

### 3. Funktionen und Strukturen im Wandel

Ein S. kann sowohl symbolische als auch instrumentelle Leistungen erbringen. Symbolisch fungiert ein S., wenn es Staat oder Volk gegenüber anderen Staaten, gegenüber Gottheiten oder gegenüber der eigenen Bevölkerung repräsentiert. Dann tritt das S. auf als nominell oder real Handlungsbevollmächtigter (vormodern etwa als „Souverän", in der modernen Delegationstheorie als „Agent"), als Liturg einer ↑(Zivil-)Religion, oder als „Symbol der Einheit". Instrumentelle Leistungen erfüllt ein S. etwa als militärischer Anführer, oberster Richter, Gesetzgeber, Chef der Verwaltung oder Garant von Wohlergehen in ↑Krisen. Während der Herausbildung des modernen, säkularen ↑Staates sowie der ihn kennzeichnenden Arbeitsteilung fielen immer mehr dieser Funktionen anderen, oft neu entstehenden Institutionen bzw. deren jeweiligen Inhabern zu: Generälen, Richtern, Parlamentariern, Ministern, staatlichen Versicherungen. Auf diese Weise konnte die Rolle eine S.s sogar entbehrlich werden. So ist es jetzt etwa in allen deutschen Bundesländern, die rechtlich weiterhin Staaten sind – und früher oft Monarchien waren.

Wo sich im Rahmen einer ↑Monarchie, wie einst in England, ein parlamentarisches ↑Regierungssystem (↑Parlament, Parlamentarismus) entwickelte, schrumpfte die politische Rolle des S.s auf das symbolische „Herrschen", während das instrumentelle Regieren immer umfangreicher der Führung des Parlaments zufiel. Wo hingegen die Formen konstitutioneller Monarchie nur republikanisiert wurden, wie in den präsidentiellen Regierungssystemen, wurde das monarchische S. zum Staatspräsidenten. Und wo sich politische ↑Parteien wie religiöse ↑Orden organisierten sowie später – meist im Dienst ihrer „politischen Religion" (↑Totalitarismus) – die politische Macht übernahmen, rückten die Anführer genau dieser Parteien (etwa die Generalsekretäre ↑kommunistischer Parteien) in jene Positionen, aus der sich die jeweils für erforderlich gehaltenen symbolischen und instrumentellen Funktionen eines S.s ausüben ließen.

Zwischen diesen Grundformen gibt es vielfältige Varianten der Rolle eines S.s., desgleichen – je nach gesellschaftlich vorherrschenden Legitimationsressourcen (↑Legitimation) – unterschiedliche Rechtfertigungen für die jeweilige Ausgestaltung dieser Rolle. Im Einzelnen kann es sich um einen wirklich regierenden Präsidenten handeln wie in den USA. Der kann auch ein Diktator sein, wie so oft im „Hyperpräsidentialismus" vieler südamerikanischer und afrikanischer Staaten. Das S. kann, wie in parlamentarischen Demokratien, auch ein „Staatsnotar" sein, ebenso ein „Zeremonienmeister", mitunter selbst eine Zeremonialfigur wie der japanische Kaiser. Das alles pflegt dann mit der Erwartung von Überparteilichkeit einherzugehen. Es kann außerdem eine – oft labile – Machtteilung geben zwischen einem (mit oder ohne Reservevollmachten, mit oder ohne klarer Kompetenzabgrenzung) mitregierenden S. sowie einem Regierungschef, der sich auf Parlament, Militär oder gesellschaftliche Korporationen stützt. Und wo Demokratie zum – wenigstens ideologisch vorgeblendeten – Organisationsprinzip eines Staates wurde, hängt die reale Machtposition des S.s sehr stark davon ab, wie dessen Beziehungen zum Volk ausgestaltet sind: Wird das S. vom Volk gewählt? Kann es eigenständig Volksabstimmungen ansetzen oder das Parlament auflösen? Wie stark sind die Medien und der öffentliche Diskurs auf das S. ausgerichtet?

Was auch immer ein S. dann obendrein dazu bewegen mag, im Rahmen einer Verfassungsordnung, oder auch diese sprengend, auf eine – oft mit den Begriffen „Bonapartismus" oder „Cäsarismus" bezeichnete – ganz persönliche Rolle auszugehen (etwa Notzeiten, die nach seiner Prärogative verlangen, oder neue politisch-religiöse Anforderungen an sein Amt): Nie reicht zum Begreifen solcher Entwicklungen der Blick ins Verfassungsrecht, sondern stets braucht es ein Verstehen der Verfassungspraxis und ihrer soziokulturellen Ressourcen sowie jener Entwicklungsdynamik mitsamt ihrer Antriebskräfte, die das alles prägt.

### Literatur

M. L. Mezey: Presidentialism. Power in Comparative Perspective, 2013 • J. Hartmann/U. Kempf: Staatsoberhäupter in der Demokratie, 2011 • J. A. Cheibub: Presidentialism, Parliamentarism, and Democracy, 2009 • J. E. Lane: Comparative Politics. The Principal-Agent Perspective, 2008 • E. Kantorowicz: Die zwei Körper des Königs. Eine Studie zur politischen Theologie des Mittelalters, 1992 • M. S. Shugart/J. M. Caray: Presidents and Assemblies. Constitutional Design and Electoral Dynamics, 1992 • H. Tigges: Das Staatsoberhaupt. Porträts im Wandel der Zeit, 1988.

WERNER J. PATZELT

## II. Rechtswissenschaftlich

Als S. wird jenes zumindest protokollarisch höchste staatliche ↑Amt bezeichnet, dessen Träger völkerrechtlich sowohl zur umfassenden Vertretung „seines" ↑Staates berechtigt, als auch durch umfassende ↑Immunität geschützt ist. Wer S. ist, bleibt indes eine Frage der jeweiligen Verfassungsordnung, die diese wiederum nur selten ausdrücklich beantwortet. Einen bemerkenswerten Sonderfall bildet die Schweiz, die überhaupt kein S. als gesondertes Staatsorgan kennt und den Bundesrat als Kollegialorgan die völkerrechtlich vorausgesetzten Aufgaben des S.s wahrnehmen lässt.

Staatsformübergreifend stellt das S. eine Art Fremdkörper der Wissenschaften von Staat und Recht dar, der schillernd zwischen einem jeden Inhalts entleerten atavistischen „Un-Begriff" (Wiegand 2008: 483) und dem Sehnsuchtsobjekt hypostasierter antiparlamentarischer Affekte oszilliert. Selbst nüchterne Höchstgerichte hören „the clanking of mediaeval chains of the ghosts of the past" (*Council of Civil Service Unions v Minister for the Civil Service*, [1984] UKHL 9 [Lord Roskill]), wenn sie über die Kompetenzen eines S.s entscheiden.

## 1. Genealogie

In der Tat erweist sich der moderne Begriff des S.s als Ergebnis eines komplexen Säkularisationsprozesses (↑Säkularisierung), der auf die Übertragung der urspr. sakramentalen, Corpus-Christi-Lehre (1 Kor. 12,12) in die ekklesiologische Sphäre durch Bonifaz VIII. in der Bulle „Unam sanctam" zurückreicht: „Corpus christi mysticum ibi est, ubi est caput, scilicet papa". Mit der folgenden Ideenwanderung „von der Liturgie zur Rechtswissenschaft" (Kantorowicz 1990: 106) verdünnt sich die, ihrerseits auch aus archaischen Wurzeln wachsende, politische Theologie des Königtums zu einer politischen Organologie. Spätestens mit der wirkmächtigen Ikonographie des Frontispizes des Hobbesschen Leviathans ist das S. aus Vorstellungen der Staatsorganisation nicht mehr wegzudenken. Als juristische Kategorie erlaubte es den Übergang zur Republik durch bloße Neubesetzung.

## 2. Typologie

Der Typ des S.s ist für die jeweilige Staatsform begriffsbestimmend und häufig für den konkreten Staat namensgebend. Die moderne Dichotomie von ↑Monarchie und ↑Republik entfaltet sich in den drei Dimensionen der Kreation, der Temporalität und der Sakralität: Das S. wird in der Monarchie grundsätzlich durch Erbfolge und auf Lebenszeit, in Republiken grundsätzlich durch Wahl und auf Zeit berufen. Ein Proprium der Monarchie bleibt die offen sakrale Dimension des S.s. Selbst wenn sich das Gottesgnadentum und das aus ihm folgende monarchische Prinzip rechtlich weitestgehend erledigt haben, führen einige Monarchen das Prädikat von Gottes Gnaden und/oder ihr Summepiskopat fort – die Königin von England ist sogar noch gesalbt.

Weniger scharf lässt sich angesichts zahlloser Zwischenformen die Abgrenzung von exekutiven und repräsentativen Staatsoberhäuptern vornehmen, die neben der jeweiligen Kompetenzausstattung auch von der gelebten Verfassungspraxis abhängt.

## 3. Funktionen

Im modernen Verfassungsstaat führt jedenfalls das repräsentative S. ein „verschleiertes Zepter" (Twomey 2018): Staatsformübergreifend sind die Kompetenzen des S.s und ihre Ausübung häufig von seltsamen – rechtlichen wie tatsächlichen – Unklarheiten gekennzeichnet; nicht zuletzt leben zahlreiche, oft mit dem Präfix der „Reserve" gekennzeichnete Vollmachten eines S.s gerade davon, möglichst nie ausgeübt werden zu müssen. Daneben verbleiben Aspekte des S.s, die sich einer Reduktion auf Kompetenzausübung entziehen und für die sich im deutschsprachigen Schrifttum die Redeweise von den „Funktionen" des S.s etabliert hat. Deren gemeinsamer Kern liegt in der historischen Konstante, nach der das S. die „Staatsgewalt vorstellt" (Kant 1914: 338). Inbegriff der nach außen gerichteten Vertretungsfunktion ist der Staatsbesuch; in der zugrundeliegenden völkerrechtlichen Identifikation des S.s mit „seinem" Staat lebt die Genealogie des S.s bes. eindrucksvoll fort. Die nach innen gewendete Repräsentationsfunktion verdichtet sich u. a. zur bes.n Verantwortung des S.s für ↑Staatssymbole und -zeremoniell. Die Integrationsfunktion weist dem S. die Aufgabe zu, „die Einheit des Staatsvolks [...] zu ‚verkörpern', d. h. ein Symbol für sie zu sein" (Smend 1994: 144). Sie folgt weniger aus der je nach Verfassungsordnung ohnehin unterschiedlich ausgeprägten politischen Neutralität des S.s, sondern aus seiner Organstruktur: Im S. fallen Amtsausübung und „Gewissen" (Hegel 1979: 454) sowie anschließende Äußerung in öffentlicher Rede in einer natürlichen Person zusammen, während die anderen Verfassungsorgane als Kollektivorgane auf den – i. d. R. geschriebenen – ↑Kompromiss verwiesen sind. Zu dieser kommunikativen Dimension tritt eine performative hinzu: Das S. kann sein Amt etwa schon durch bloße Anwesenheit, durch Sich-Zeigen ausüben. Auch die unzähligen Schirmherrschaften des S.s als aufgeklärtes Erbe der königlichen Thaumaturgen gehören hierher, wie auch das nahezu jedem S. zukommende Gnadenrecht. In der dem S. beigelegten integrativen Kraft leben folglich Spuren der archaischen Auratisierung des Königtums in der modernen Republik nach.

## Literatur

A. Twomey: The Veiled Sceptre. Reserve Powers of Heads of State in Westminster Systems, 2018 • J. Foakes: The Position of Heads of State and Senior Officials in International Law, 2014 • H. Dreier: Säkularisierung und Sakralität, 2013 • C. Waldhoff/H. Grefrath: Der Bundespräsident, in: K. H. Friauf/W. Höfling (Hg.): Berliner Komm. zum GG, 27. Erg.-Lfg., Stand Juli 2009, Art. 54–61 • A. Wiegand: Zum Begriff des Staatsoberhauptes, in: AöR 133/4 (2008), 475–522 • J. Hartmann: Staatszeremoniell, [4]2007 • M. Bloch: Die wundertätigen Könige, 1998 • R. Smend: Verfassung und Verfassungsrecht, in: ders. (Hg.): Staatsrechtliche Abhandlungen, [3]1994,

119–276 • E. Kantorowicz: Die zwei Körper des Königs, 1990 • H. Hofmann: Der spätmittelalterliche Rechtsbegriff der Repräsentation in Reich und Kirche, in: Der Staat 27/4 (1988), 523–545 • G. W. F. Hegel: Grundlinien der Philosophie des Rechts, in: ders. (Hg.): Werke, Bd. 7, 1979 • O. Brunner: Vom Gottesgnadentum zum monarchischen Prinzip, in: ders. (Hg.): Neue Wege in der Verfassungs- und Sozialgeschichte, [2]1968, 160–186 • I. Kant: Die Metaphysik der Sitten, in: AA, Bd. 6, 1914, 203–494. HOLGER GREFRATH

# Staatsorganisation

I. Rechtswissenschaftlich – II. Politikwissenschaftlich

## I. Rechtswissenschaftlich

### 1. Einleitung

Der Begriff der ↑Organisation wird in verschiedenen, bspw. betriebswirtschaftlichen oder sozialwissenschaftlichen Zusammenhängen verwendet. Im juristischen Kontext wird er durchaus mehrdimensional begriffen, nämlich mit Blick auf die Wirkeinheit von funktionsteilig handelnden Organen institutionell, im Zusammenhang mit den Beziehungen dieser Organe zueinander instrumental oder aber, sofern die Herstellung von Wirkeinheit im Zentrum der Betrachtung steht, funktional. Nimmt man in einem enggeführten Begriffsverständnis die Organisation von Staaten in den Blick, so richtet sich der Fokus auf deren verfassungsrechtlich ausgeformte Konstruktion, die entweder, gewissermaßen losgelöst vom konkreten ↑Staat, nach den abstrakten Maßstäben der Staatsrechtslehre zu beurteilen ist, oder aber, fokussiert auf einen einzelnen Staat, dessen konkrete Erscheinungs- und Verwirklichungsform einer näheren Betrachtung unterwirft.

### 2. Organisation und Organisationsgewalt

Staaten sind Herrschaftsorganisationen, die auf einen organisatorischen Rahmen angewiesen sind, und zwar unabhängig von ihrer ↑Legitimation. Als ↑juristische Personen und damit als souveräne Rechtssubjekte gewinnen sie von den handelnden Personen nicht nur Unabhängigkeit, sondern sind zugl. durch Stetigkeit gekennzeichnet, was nicht zuletzt im völkerrechtlichen Verkehr (↑Völkerrecht) von großer Bedeutung ist. In ihrer konkreten Ausgestaltung vermittelt die S. einem Staat als rechtlich verfasster Gemeinschaft daher nicht nur Sichtbarkeit nach innen und außen, sondern sichert diesem zugl. seine Handlungsfähigkeit; denn ohne ein organisatorisches Grundgeflecht und damit ohne organisatorische Verfasstheit wäre der Staat eine amorphe Erscheinung und letztlich nicht in der Lage, als solcher in Erscheinung zu treten, zu handeln und verbindliche ↑Entscheidungen zu treffen. Die organisatorische Verfasstheit eines Staates stellt mithin eine Funktionsbedingung für dessen Handlungsfähigkeit dar, und zwar unabhängig von dessen Legitimation. Diese mittels einer Verfassung zu verwirklichen, ist im Verfassungsstaat Aufgabe des Inhabers der Organisationsgewalt, mithin des Verfassungsgebers.

Die aus dieser Organisationsgewalt fließende Gestaltungsmacht ist umfassend; sie schließt die Entscheidung darüber ein, welche Staatsgewalten etabliert und wie diese einander zugeordnet werden, welche Staatsorgane eingerichtet werden und welche Kompetenzen diesen zukommen und in welcher Weise sich die Staatsorgane gegenseitig kontrollieren. In föderativ organisierten Staaten ist von der Organisationsgewalt auch die Entscheidung darüber umfasst, ob und in welchem Umfang die eine Staatsgewalt zwischen Zentralstaat und Gliedstaaten aufgeteilt wird (↑Föderalismus). Darüber hinaus schließt die Organisationsgewalt auch die Entscheidung darüber ein, ob und in welchem Umfang Tätigkeiten aus der staatlichen Sphäre ausgegliedert und durch juristische Personen, insb. durch ↑Körperschaften, ↑Anstalten und ↑Stiftungen des öffentlichen Rechts, oder durch Private wahrgenommen werden dürfen.

### 3. Die Verfassung als staatsordnender Rahmen

Auch wenn die ↑Verfassung, in der sich die Organisationsgewalt des Verfassungsgebers manifestiert, regelmäßig durch den Anspruch gekennzeichnet ist, eine Einigungs-, Rechtfertigungs- und Schutzfunktion wahrnehmen zu wollen, so kommt doch der ihr innewohnenden Ordnungsfunktion vorrangige Bedeutung zu; ohne staatsrechtliche Ordnung (↑Staatsrecht) sind andere sinngebende Funktionen eines Staates nicht zu verwirklichen. Ein organisatorisches Gerüst zu verwirklichen, um auch andere, im Einzelnen wie auch immer ausgeformte Staatsziele verwirklichen zu können, mit anderen Worten eine Staatsordnung ins Werk zu setzen, ist daher die primäre Aufgabe einer Verfassung, mithin die Architektur der S. zu zeichnen und damit zugl. die Struktur, Zusammensetzung und Verfahrensweise der verschiedenen Staatsorgane festzulegen, über die Schaffung, Abgrenzung und Zuordnung der Staatsfunktionen (↑Staatsaufgaben) zu befinden und die Kompetenzen zwischen den Staatsfunktionen und den verschiedenen Ebenen des Staates zu verteilen. Die Verfassung stellt daher die eine umfassende Rahmenordnung für ein staatliches Gebilde dar, sie gibt dem Staat das organisatorische, auf Beständigkeit ausgelegte Gerüst, das in letzter Konsequenz darauf ausgerichtet ist, ↑Sicherheit nach innen wie nach außen zu gewährleistet.

Flankiert wird die Summe der staatsorganisatorischen Einzelregelungen durch die – geschriebenen oder ungeschriebenen – verfassungsrechtlichen Grundentscheidungen. Diese Grundentscheidungen – seien sie aufgrund einer Ewigkeitsgarantie unabänderlich oder aber durch die Option der Verfassungsänderung dispositiv – geben dem verfassten Staat jenseits seiner organisatorischen Ausgestaltung das maßgebliche materiell-rechtliche Gepräge, unabhängig davon, ob sie als Strukturprinzipien, als Staatsstrukturprinzipien, als Grundprinzipien oder als Verfassungsprinzipien charakterisiert werden (↑Staatszielbestimmungen). Hierzu zählen etwa der Grundsatz der ↑Gewaltenteilung, das Demokratie-, das Sozialstaats-, das Rechtsstaats- und das Umweltprinzip (↑Demokratie, ↑Sozialstaat, ↑Rechtsstaat, ↑Umweltschutz). Darüber hinaus bietet die Verfassung hinreichend Raum, einer Gesellschaft inhaltliche Orientierung zu vermitteln, was zumeist durch die Verankerung eines Grundrechtskataloges (↑Grundrechte) erfolgt.

### Literatur

R. Zippelius: Allgemeine Staatslehre, [16]2010 • B. Schöbener: Allgemeine Staatslehre, 2009 • P. Kirchhof: Mittel staatlichen Handelns, in: HStR, Bd. 5, [3]2007, §99 • W. Krebs: Verwaltungsorganisation, in: ebd., § 108 • M. Jestaedt: Grundbegriffe des Verwaltungsorganisationsrechts, in: W. Hoffmann-Riem/ E. Schmidt-Aßmann/A. Voßkuhle (Hg.): Grundlagen des Verwaltungsrechts, Bd. 1, 2006, § 14 • H. Butzer: Zum Begriff der Organisationsgewalt, in: DV 27/2 (1994), 157–174 • H.-P. Schneider: Die Funktion der Verfassung, in: D. Grimm (Hg.): Einführung in das öffentliche Recht, 1985, 1–23 • K. Stern: Das Staatsrecht der Bundesrepublik Deutschland, Bd. 1, [2]1984 • F. E. Schnapp: Dogmatische Überlegungen zu einer Theorie des Organisationsrechts, in: AöR 105/2 (1980), 243–278 • K. Stern: Das Staatsrecht der Bundesrepublik Deutschland, Bd. 2, 1980 • E.-W. Böckenförde: Die Organisationsgewalt im Bereich der Regierung, 1964.

MICHAEL BRENNER

## II. Politikwissenschaftlich

Der Staat ist eine „organisierte Wirkungs- und Entscheidungseinheit" (Heller 1934: 228). Zu seiner ↑Organisation gehört auch die Zuweisung von Kompetenzen, Aufgaben und Finanzmitteln zu ihrer Durchführung. Die Regeln hierfür sind in der ↑Verfassung, in ↑Gesetzen, in ↑Rechtsverordnungen und Verwaltungsvorschriften festgelegt. In einem ↑Bundesstaat ist zwischen dem Bund und den Bundesländern sowie generell zwischen Leitungs- und Ausführungsebene zu unterscheiden. Die Gesetzgebungs- und Verwaltungszuständigkeiten sowie die Einnahmequellen sind zwischen Bund und Ländern aufgeteilt. Daneben gibt es die kommunale ↑Selbstverwaltung, die den ↑Kreisen und ↑Gemeinden/↑Städten einen eigenen – wenn auch begrenzten – verfassungsrechtlich gewährleisteten Wirkungskreis zuweist. Das eigene Steueraufkommen reicht hierfür allerdings nicht aus. Darüber hinaus erfüllen die Kommunen Aufgaben im Auftrag des Bundes und des Landes (Auftragsverwaltung). Hierfür erhalten sie Finanzzuweisungen. Die ↑Bundesregierung, bestehend aus dem Bundeskanzler und den Bundesministern, ist die Leitungsebene im Bund, der ↑Bundespräsident repräsentiert Deutschland nach außen. In den Flächenländern besteht die Landesregierung aus dem Ministerpräsidenten, der zugl. (Landes-)Staatsoberhaupt ist, und den Landesministern. In den Stadtstaaten (Berlin, Hamburg, Bremen) gelten abweichende Regelungen, da sie zugl. Kommunen oder – wie Bremen – sogar Zwei-Städte-Staaten sind. Die Gesetzgebungszuständigkeiten sind so verteilt, dass die Länder das Recht zur ↑Gesetzgebung haben, „soweit dieses Grundgesetz nicht dem Bunde Gesetzgebungsbefugnisse verleiht" (Art. 70 Abs. 1 GG). In der Praxis verkehrt sich dieses Verhältnis jedoch eher in sein Gegenteil. Ähnliches gilt auch für die Ertragshoheit über die ↑Steuern.

### 1. Aufgabenerfüllung

Die ↑Verwaltungen von Bund, Ländern und Kommunen sind die Ausführungsebene. Je nach der Aufgabenzuweisung durch die Verfassung sind der Bund, die Länder bzw. die Kommunen (öffentliche Hand) zuständig. Im sog.en ↑Mehrebenensystem kommt überdies die ↑EU hinzu, die übergreifende Aufgaben erfüllt und generelle Regelungen erlässt. Zu den Besonderheiten des deutschen Bundesstaates gehört es, dass der Bund lediglich für einige im GG abschließend aufgezählte Verwaltungsbereiche zuständig ist; alles andere fällt in die Länderzuständigkeit. Im Übrigen kann der Staat seine Aufgaben (↑Staatsaufgaben) auf verschiedenen Ebenen selbst erledigen, im Wege der Organleihe von anderen öffentlichen Trägern erfüllen lassen, oder ganz bzw. teilweise an Private auslagern und dadurch abgeben. In Betracht kommen dabei Outsourcing (Auslagerung) oder ↑Privatisierung, wobei das Hauptmotiv bei beiden meist in einer erwarteten Kostensenkung liegt. Daneben geht es um die Stärkung der Privatwirtschaft. Eine weitere organisationspolitische Option, um öffentliche Aufgaben zu erfüllen und öffentliche Leistungen zu erbringen, ist die sog.e ↑*Public-Private-Partnership* (PPP). Bei der institutionellen PPP handelt es sich um ein gemischtwirtschaftliches Unternehmen, das sich nur teilweise im öffentlichen Eigentum befindet und i. d. R. erwerbswirtschaftliche Ziele verfolgt. Probleme ergeben sich allerdings bei der Bewertung von möglichen Effizienzgewinnen sowie bei der Errichtung eines (in solchen Fällen erforderlichen) öffentlichen Netzwerkmanagements.

### 2. Governance

Unabhängig von der Staatsform ist ↑Steuerung durch den Staat unverzichtbar. Angesichts des großen Machtpotenzials von ↑Verbänden, ↑Wirtschaft und verschiedenen ↑NGOs einerseits sowie internationalen ↑Konzernen, Internetgiganten und eines staatenübergreifenden Finanzsystems andererseits ist eine treffsichere staatliche (imperative) Steuerung in vielen Bereichen jedoch schwierig bis unmöglich. Dabei zeigt bes. die Vetomacht großer „Spieler" Wirkung. Anstelle von Steuerung wird daher in jüngster Zeit zunehmend die sog.e ↑Governance als die einer pluralistischen Gesellschaft angemessene Lenkungsform empfohlen. Aus dem Französischen kommend *(gouvernance)*, wird damit ein Verfahren benannt, das mehrere Machtfaktoren einschließt, nämlich den Ersten (↑Staat), Zweiten (Privatwirtschaft) und Dritten Sektor (Intermediäre Organisationen). Damit ist die Vorstellung verbunden, dass eine politische Einheit durch organisatorische Vorkehrungen ihre Ziele effizienter erreichen kann. Legitimatorische und damit demokratietheoretische Probleme ergeben sich aus der mangelnden Kontrollierbarkeit und der Intransparenz solcher Arrangements. Weder gegenüber den gewählten Politikern noch gegenüber den Wählern besteht eine (einklagbare) Rechenschaftspflicht. Fragen nach der Durchsetzung von Partikularinteressen (↑Interessen) zulasten des ↑Gemeinwohls rücken bei dieser Sichtweise ebenso in den Hintergrund wie die nach der Machtkontrolle (↑Politische Kontrolle). Diese Fragen thematisiert allerdings Michel Foucault in seinem Konzept der Gouvernementalität, mit dem er Formen, Techniken und Künste des Regierens beschreibt.

### Literatur

A. Benz/N. Dose (Hg.): Governance – Regieren in komplexen Regelsystemen, $^{2}$2010 • A. Benz: Der moderne Staat, $^{2}$2008 • M. Foucault: Geschichte der Gouvernementalität, 2 Bde., 2006 • H. Heller: Staatslehre, 1934. RÜDIGER VOIGT

**Staatsphilosophie** ↑Staat, ↑Politische Philosophie

## Staatsrecht

### 1. Begriff und Funktionen

S., ein in die romanischen Sprachen und das Englische kaum übersetzbarer Begriff, wird – wie der konkurrierende Begriff „Verfassungsrecht" (im materiellen Sinne) – heute als Gesamtheit der ↑Normen verstanden, die die Grundzüge des ↑Staates regeln, d. h. Staats- bzw. Verfassungsorgane sowie Aufbau und Ausrichtung des Staates im Ganzen. Auf den Rang dieser Normen (etwa: Verfassungsrang, Rang einfacher ↑Gesetze, ↑Rechtsverordnungen, Geschäftsordnungen) kommt es dabei nicht an. S. geht daher in einer Hinsicht über das Verfassungsrecht im formellen Sinne hinaus. So zählen zum S. des Bundes neben dem ↑GG bspw. das PartG, das BWahlG, die BWO, die ↑Geschäftsordnungen der Bundesorgane, das BVerfGG; entspr.es gilt für das jeweilige Landes-S. Auch die ↑Rechtsprechung der Verfassungsgerichte gehört – je nach Einordnung: als Rechtsquelle oder Rechtserkenntnisquelle – zum S., ferner das Verfassungsgewohnheitsrecht (↑Gewohnheitsrecht). Auf der anderen Seite kann das S. hinter dem Verfassungsrecht im formellen Sinne zurückbleiben, wenn nämlich Verfassungen Einzelfragen regeln, die bei materieller Betrachtung verwaltungs- oder bürgerlichrechtlichen Charakter haben (wie die Nichtigkeitsklausel in Art. 9 Abs. 3 S. 2 GG). – Im Begriffswettstreit mit „Verfassungsrecht" (im materiellen Sinne) ist „S." im Laufe der bundesrepublikanischen Geschichte mehr und mehr zurückgefallen; dabei wird häufig (zu undifferenziert) auf den Vorrang der ↑Verfassung vor dem Staat verwiesen. Funktionen des S.s sind die „Formung, Bindung, Limitierung" (Dreier 2001: 59) staatlicher ↑Macht und damit ihre ↑Legitimation, wenn nicht sogar ihre Konstituierung.

### 2. Historische Aspekte

Im letzten Drittel des 17. Jh. entstand durch Werke wie Ulricus Hubers „De Jure Civitatis libri tres" (1672) ein „Allgemeines S." (oder „philosophisches S.") als staatsbezogenes ↑Naturrecht; es trug wesentlich zur Verrechtlichung des neuzeitlichen Staates bei. Demgegenüber war der im ersten Drittel des 18. Jh. aufkommende Begriff „Staats-Recht" die Bezeichnung des positiven Verfassungsrechts, etwa bei Friedrich Gladov, Heinrich Burchard Meder und insb. bei Johann Jakob Moser („Teutsches Staats-Recht", 1737–54). Auf Reichsebene bestand es aus den *leges fundamentales* (wie der „Goldenen Bulle" oder dem Ewigen Landfrieden), Verträgen, Lehnrecht u. a. Auch nach 1806 blieb der Begriff des S.s erfolgreich und fand (etwa bei Johann Ludwig Klüber) auf den Rheinbund Anwendung. Demgegenüber verlor das Allgemeine S. im 19. Jh. an Bedeutung; wegweisend wurden auf die juristische Methode ausgerichtete Werke, insb. Paul Labands „Staatsrecht des Deutschen Reiches" (3 Bde., 1876–82). Während dem Begriff des S.s in dieser Zeit auch Normen unterfielen, die einfache Gerichte und Behörden adressierten (wie Gerichtsverfassungsrecht, ↑Prozessrechte und ↑Verwaltungsrecht), wurden diese Materien schrittweise aus dem S. ausgesondert, so dass S. in der Weimarer Zeit meist als Verfassungsrecht im materiellen Sinne verstanden wurde. Im von Gerhard Anschütz und Richard Thoma herausgegebenen „Hdb. des Staatsrechts" (2 Bde., 1930–32) stellten die berühmtesten Staatsrechtler der Zeit „das Ganze des deutschen Reichs- und Landesstaatsrechts" (Anschütz/Thoma 1930: V) dar, wobei das Reichs-S. dem Landes-S. weit rigidere Vorgaben machte, als es heute Art. 28 GG tut. Sowohl auf Länder- wie auf Reichsebene waren nebeneinander die Begriffe „S." und „Verfassungsrecht" geläufig. Dies galt auch für das Dritte Reich, in dem die ↑WRV und das bisherige S. – ohne förmliche Aufhebung – nicht mehr galten, aber auch nicht durch ein neues S. ersetzt wurden, sondern der Polykratie und Willkür des *dual state* weichen mussten: „In dieser form- und normentleerten Welt absoluter personaler Allgewalt reduzierte sich das gesamte Staatsrecht auf einen einzigen Satz: es gilt der Wille des Führers" (Dreier 2001: 59). Das S. des Neuanfangs war und ist durch die ausdrückliche Bindung aller drei Staatsgewalten an die ↑Grundrechte gekennzeichnet; diese treten z. T. an den Beginn der Verfassungen (HessVerf 1946, GG 1949) und werden durch eine starke ↑Verfassungsgerichtsbarkeit durchsetzbar. Art. 20 GG bringt das S. der Bundesrepublik mit der Formel „sozialer und demokratischer Bundesstaat" auf den Begriff. Sowohl das ↑Öffentliche Recht wie auch die darauf bezogene Wissenschaft differenzieren sich stark aus, doch sind Verfassungs- und Verwaltungsrecht durch die ↑Konstitutionalisierung des einfachen Rechts miteinander verklammert. In der akademischen Befassung rückte seit den 1960er Jahren das S. zugunsten des Verfassungsrechts zunehmend in den Hintergrund, der „Staat trat als Denkkategorie zu Beginn der siebziger Jahre bei der Mehrheit der Staatsrechtslehrer gänzlich in den Hintergrund" (Günther 2004: 321). Doch machen Europäisierung und Internationalisierung zunehmend deutlich, welche Errungenschaften der Staat als demokratisch und rechtsstaatlich verfasste Friedensordnung und damit auch das moderne S. verkörpern.

## 3. Systematische Einordnung und Bereiche des Staatsrechts

S. als das Recht der zentralen Organe eines Staates ist Gegenbegriff zu überstaatlichem Recht (↑Völkerrecht, ↑Europarecht), zum Verwaltungsrecht (etwa ↑Kommunalrecht, Polizeirecht) und zum ↑Kirchenrecht. Dagegen ist das ↑Staatskirchenrecht jener Teil des S.s, der sich mit dem Verhältnis zu den ↑Religionsgemeinschaften und ihren Angehörigen befasst („Religionsverfassungsrecht"). Häufig unterteilt man das S. in Staatsorganisationsrecht („S. I"), Grundrechte („S. II") sowie Bezüge zum Völker- und Europarecht („S. III"). Dabei ist Staatsorganisationsrecht die Gesamtheit der geschriebenen und ungeschriebenen Rechtsnormen, die sich mit den Staatsorganen, Staatsebenen (wie Bund und Ländern) sowie Verfassungsprinzipien (Staatszielen und Staatsstrukturbestimmungen [↑Staatszielbestimmungen]) beschäftigen. Demgegenüber sind Grundrechte jene verfassungsrechtlichen Verbürgungen, die das Grundverhältnis der Privaten (insb. der Individuen) zum Staat betreffen; als solche sind sie eminenter Teil des S.s, während die ↑Menschenrechte als ihr internationales Pendant Teil des Völkerrechts sind. Als Scharnier zwischen Verfassungsrecht einerseits und Völker- und Europarecht andererseits fungiert das „S. III", das in der Sache Bezüge zum Staatsorganisationsrecht wie zu den Grundrechten hat. In der wissenschaftlichen Beschäftigung besteht in Deutschland ein Hiatus zwischen Grundrechten einerseits und dem Staatsorganisationsrecht andererseits, der ihren gemeinsamen Boden vergessen lässt: das positive Verfassungsrecht vor dem Hintergrund seiner Entwicklung und das jeweilige Vorverständnis von Staat und Verfassung. Daher kann S. nicht betrieben werden ohne ↑Verfassungsgeschichte, Verfassungslehre und Allgemeiner Staatslehre.

## 4. Eigenart des Staatsrechts

S. wird als „fundamentales", „politikbezogenes", „fragmentarisches" und „rahmenartiges Recht" angesehen (Böckenförde 1991: 14): Es gibt der gesamten Rechtsordnung ihr Fundament; es reguliert ↑Politik durch Verteilung von Macht- und Entscheidungspositionen; es regelt nicht vollständig, sondern selektiv; und es hält bewusst Spielräume offen. Allerdings wird beim S. des Bundes der fragmentarische Charakter durch die Regelungslust des verfassungsändernden Gesetzgebers, der Rahmencharakter durch die zuweilen aktivistische Rechtsprechung des ↑BVerfG zweifelhaft: Seit 1949 hat das GG seinen Umfang verdoppelt, und die starke Grundrechtsrechtsprechung des BVerfG entnimmt den Grundrechten als (vermeintlich) „objektiver Werteordnung" (BVerfGE 7,198) Richtlinien und Impulse für die gesamte Rechtsordnung. Darin liegt eine außerordentliche Verdichtung des S.s (und konkret des Verfassungsrechts im formellen Sinne), die unter demokratischen Gesichtspunkten problematisch ist.

## 5. Staatsrechtswissenschaft

„S." dient manchmal zugl. als abkürzende Bezeichnung der S.s-Wissenschaft, also der wissenschaftlichen, insb. akademischen Befassung mit dem S. In der S.s-Wissenschaft der Bundesrepublik – in den 1950er und 1960er Jahren durch die Konfrontation von Schmitt- und Smend-Schule geprägt – sind kaum mehr Schulen und auch kaum konfessionelle Prägungen erkennbar. Auffällig ist eine Fixierung auf die Rechtsprechung des BVerfG, dem eine „Entthronung der Staatsrechtswissenschaft" (Schlink 1989) zugeschrieben worden ist. Richtig ist, dass die Aufgabe der S.s-Wissenschaft in einer kritisch-konstruktiven Begleitung des Handelns *aller* Verfassungsorgane liegt, die auch nicht nur retrospektiv, sondern auch prospektiv (beratend) sein sollte. Daher erscheint eine Integration der Legistik (Rechtsetzungslehre) in die S.s-Wissenschaft überfällig. Während sich die S.s-Wissenschaft in der Bundesrepublik intensiv mit dem S. des Bundes befasst, ist die Beschäftigung mit den S.en der Länder randständig; die „Zweigeteiltheit des deutschen Staatsrechts" (Stern 1995: 220) droht in Vergessenheit zu geraten. – Im Gegensatz zur S.s-Wissenschaft ist „S.s-Lehre" ein (leicht antiquiertes) Synonym für die Wissenschaft vom Öffentlichen Recht insgesamt, d. h. vom Verfassungs-, Verwaltungs-, Europa- und Völkerrecht. Deren Fachgesellschaft für den deutschsprachigen Raum ist die 1922 gegründete *Vereinigung der Deutschen Staatsrechtslehrer*; ihre Bedeutung liegt darin, die Zusammengehörigkeit der verschiedenen Zweige des Öffentlichen Rechts sichtbar zu machen und zu stärken.

## 6. Zukunft des Staatsrechts

Während sich die Konkurrenz zwischen S. und Verfassungsrecht in den letzten Jahren relativiert hat, erleidet das S. durch die zunehmende Europäisierung und Internationalisierung von Hoheitsgewalt und die damit bedingte Relativierung der Steuerungskraft der nationalstaatlichen Verfassung einen Bedeutungsverlust. Von dem im 20. Jh. proklamierten Tod des Staates und damit auch des S.s kann jedoch keine Rede sein. Daher behält das S. für den innerstaatlichen Bereich (Bund wie Länder) seine herrschaftskonstituierende, -legitimierende und -limitierende Funktion und setzt damit zugl. Maßstäbe für Unionsrecht und Völkerrecht.

### Literatur

M. Herdegen u. a. (Hg.): Hdb. des Verfassungsrechts, 2021 • R. Zippelius/T. Würtenberger: Deutsches Staatsrecht, [33]2018 • C. Waldhoff: Katholische Elemente in der Staatsrechtslehre? in: HJb 136 (2016), 73–99 • J. Isensee/P. Kirchhof (Hg.): Hdb. des Staatsrechts der Bundesrepublik Deutschland, 13 Bde., [3]2013–15 • D. Grimm: Die Zukunft des Staatsrechts, in: ders.: Die Zukunft der Verfassung II, 2012, 182–200 • F. Günther: Denken vom Staat her. Die bundesdeutsche Staatsrechtslehre zwischen Dezision und Integration 1949–1970, 2004 • F. Wittreck: Weimarer Landesverfassungen, 2004 • H. Dreier/W. Pauly: Die deutsche Staatsrechtslehre in der Zeit des Nationalsozialismus, in: VVDStRL, Bd. 60 (2001), 9–105 • R. Schelp: Das Allgemeine Staatsrecht – Staatsrecht der Aufklärung, 2001 • M. Friedrich: Geschichte der deutschen Staatsrechtswissenschaft, 1997 • K. Stern: Staatsrecht, in: StL, Bd. 5, [7]1995, 218–222 • E.-W. Böckenförde: Die Eigenart des Staatsrechts und der Staatsrechtswissenschaft (1983), in: ders.: Staat, Verfassung, Demokratie, 1991, 11–28 • B. Schlink: Die Entthronung der Staatsrechtswissenschaft durch die Verfassungsgerichtsbarkeit, in: Der Staat 28/2 (1989), 161–172 • M. Stolleis: Geschichte des öffentlichen Rechts in Deutschland, 4 Bde., 1988–2012 • G. Anschütz/R. Thoma (Hg.): Hdb. des Deutschen Staatsrechts, 2 Bde., 1930–32 • P. Laband: Das Staatsrecht des Deutschen Reiches, Bde. 1–3, 1876–82.

FRANZ REIMER

## Staatsschuldenkrise

Eine S. tritt ein, wenn ein Staat unwillig und unfähig ist, seine Verbindlichkeiten in Form von Zinszahlungen bzw. Tilgung zu bedienen. Die Zahlungsunfähigkeit wird öffentlich erklärt oder die Zahlungen werden faktisch eingestellt. Darüber hinaus kann der Versuch, die Staatsschulden über ↑Inflation abzubauen, zu wirtschaftlicher und politischer Instabilität führen. S.n gehen oft mit Finanz-, Zahlungsbilanz-, Wirtschafts- und politischen Krisen einher. Die ↑Krisen verschärfen sich gegenseitig.

### 1. Ursachen

S.n geht ein kontinuierlicher Anstieg der Staatsverschuldung voraus, wenn über einen längeren Zeitraum hinweg die Staatsausgaben höher als die Staatseinnahmen sind. Machterhalt und Krieg sowie zügellose Ausgaben herrschender Eliten waren in der Vergangenheit wichtige Ursachen zu hoher Staatsausgaben (z. B. absolutistisches Frankreich). In vielen demokratischen Industrieländern hat politischer Machterhalt zu einem kontinuierlichen Ausbau der ↑Wohlfahrtsstaaten geführt, die in vielen Fällen nur noch mit Hilfe der Notenbanken finanzierbar sind. Sinkende Staatseinnahmen sind meist auf Krisen zurückzuführen (z. B. Japan seit 1990).

Zu niedrige ↑Zinsen und eine übermäßige Kreditvergabe (↑Kredit) von ↑Banken können zu Spekulationsblasen führen, die zunächst aufgrund steigender Steuereinnahmen zu höheren Staatsausgaben verleiten. Platzen die Blasen, sind die Ausgabenerhöhungen nur schwer rückgängig zu machen. Zudem ist die Stabilisierung des Finanzsektors kostspielig (z. B. Griechenland, Irland, Island nach 2008). In aufstrebenden Volkswirtschaften gehen S.n oft große Kapitalzuflüsse voraus, die zu Investitionen mit geringen Renditen, Spekulation und öffentlichen Ausgabensteigerungen verführen (z. B. Lateinamerika in den 1970er Jahren, Südostasien vor der Asienkrise 1993–97, Türkei zwischen 2003 und 2017). Mit der Auslandsverschuldung steigt das Währungs- und Fristentransformationsrisiko, weil aufgrund unterentwickelter ↑Finanzmärkte Instrumente zur Absicherung dieser Risiken fehlen.

### 2. Auslöser

Auslöser der S. ist der Verlust des Vertrauens in den verlässlichen Schuldendienst. Für den Zeitpunkt des Ausbruchs spielen Erwartungen eine große Rolle, die selbst erfüllend sein können. Denn um die Rückzahlung der Außenstände sicherzustellen, müssen diese vor anderen Gläubigern eingefordert werden. Mit einem wachsenden Misstrauen steigen die Zinsen für neu emittierte bzw. zu revolvierende Anleihen, was die Zinslasten für die Staaten erhöht und die Ratings verschlechtert. Eine klare Schwelle der Staatsverschuldung als Anteil am BIP, bei der eine Krise eintritt, gibt es nicht. Diese dürfte jedoch bei Industrieländern höher als bei aufstrebenden Volkswirtschaften liegen.

In aufstrebenden Volkswirtschaften mit hoher Auslandsverschuldung wird die S. häufig durch das Abebben der internationalen Kapitalzuflüsse ausgelöst. Bei hohen Kapitalzuflüssen erodieren Inflation und wachsende Leistungsbilanzdefizite das Vertrauen in das Wachstum und die Tragfähigkeit der Auslandsverschuldung. Regierungen bzw. Banken werden bei Ausbleiben der Kapitalzuflüsse illiquide. Wenn Banken große Mengen an Staatsanleihen halten, ist bei einer S. auch die Finanzmarktstabilität gefährdet. Bei einer starken Abwertung der ↑Währung (Währungskrise) steigen die fremdwährungsdenominierten Verbindlichkeiten gerechnet in Inlandswährung. Der daraus folgende Zusammenbruch von Banken (Finanzkrise) und Unternehmen (Wirtschaftskrise) treibt die Staatsverschuldung nach oben. Die Steuereinnahmen fallen.

In Ländern mit überwiegend im Inland finanzierter Staatsverschuldung kann die Zentralbank durch den Ankauf von Staatsanleihen die S. hinauszögern (z. B. Japan seit 1999). Die Folge ist meist Inflation, die das Wachstum bremst und die Reallöhne senkt (z. B. Venezuela seit 2017). In den mittel- und osteuropäischen Planwirtschaften (↑Zentralverwaltungswirtschaft), wo nach dem Zweiten Weltkrieg die Inflation durch Preiskontrollen unterdrückt wurde, entwickelte sich die S. schleichend. Die weitgehend bedingungslose Finanzierung von Unternehmen und Banken unabhängig von der Rentabilität nahm die Leistungsanreize, sodass das Wachstum gering oder negativ war. Niedrige ↑Löhne und Mangel in der Versorgung mit ↑Gütern und ↑Dienstleistungen bewirkten politische Unzufriedenheit, Kapitalflucht und Auswanderung. Die Einschränkung der ↑Meinungsfreiheit und der internationalen Kapitalmobilität wirkten zusätzlich negativ auf die wirtschaftliche Stabilität.

### 3. Geschichte

In der Geschichte kam es immer wieder zu Finanzierungsengpässen von Souveränen und Staaten. Nach Carmen Reinhart und Kenneth Rogoff soll es seit dem Jahr 1800 320 S.n gegeben haben. Im 16. Jh. deckte die ↑katholische Kirche unter Papst Leo X. hohe Ausgabendefizite (Petersdom, dekadenter Lebensstil des ↑Klerus, Kreuzzug) mit Ablassbriefen, die das verfügbare Einkommen der Ablasskäufer reduzierten. Martin Luther und andere Reformatoren zogen die Rückzahlung der Ablassbriefe in Form von Sündenerlass im Jenseits in Zweifel und bewirkten so nicht nur Unruhen (Bauernkriege), sondern erzwangen auch drastische Ausgabenkürzungen der Kirche unter Papst Hadrian VI.

Im 18. Jh. hatte das absolutistische Frankreich (↑Absolutismus) durch Kriege (Siebenjähriger Krieg, amerikanischer Unabhängigkeitskrieg) hohe Schulden akkumuliert. Der prunkvolle Lebensstil des Königs und des Klerus sowie Transferleistungen an den ↑Adel zur Sicherung der ↑Macht des Königs waren teuer. Die Situation eskalierte, als Ludwig XVI. die Zuwendungen für den Adel reduzierte und die Bürger wegen hoher ↑Steuern und Brotpreise (Missernten) aufbegehrten. In der ↑Französischen Revolution 1789 vertiefte die inflationäre Verbriefung von Kirchenbesitz (Assignanten) die wirtschaftliche und politische Krise, was schließlich in die Machtübernahme des Militärs (Napoleon) und in europaweite Kriege mündete.

Zu Beginn des 20. Jh. hatten im Ersten Weltkrieg Deutschland und Österreich-Ungarn durch die Kriegsfinanzierung eine hohe Staatsverschuldung angehäuft. Nach dem verlorenen Krieg erhöhten hohe Reparationsforderungen die Lasten, während die wirtschaftliche Entwicklung schwach blieb. Zur Finanzierung von Reparationen und Wiederaufbau druckten die deutsche Reichsbank und die österreichische Nationalbank im großen Umfang Geld, was in Hyperinflation und einschneidende Wirtschaftskrisen mündete. Die Weimarer Republik war aufgrund der zunehmenden politischen Fragmentierung und Polarisierung schwach.

Das Platzen der japanischen Blasenökonomie (1985–89) führte zu einem Einbruch der Steuereinnahmen und einem Anstieg der Staatsausgaben durch Konjunkturprogramme und wachsende Sozialausgaben. Japans Staatsverschuldung stieg von ca. 6 % als Anteil am BIP (1990) auf 240 % (2018). Die hohe Staatsverschuldung blieb tragbar, weil die Bank von Japan die Leitzinsen auf null senkte und seit 1999 in großem Umfang Staatsanleihen kauft. Nebenwirkungen der makroökonomischen Stabilisierungspolitik sind eine zunehmende Konzentration im Banken- und Unternehmenssektor, ein sinkendes Lohnniveau, wachsende Einkommens- und Vermögensungleichheit sowie eine zunehmende Konzentration der wirtschaftlichen Aktivität in der Region Tokio. Während die Konsumentenpreisinflation gering blieb, zeigten sich die inflationären Effekte der lockeren ↑Geldpolitik v.a. auf den Vermögensmärkten im In- und Ausland.

Die europäische Finanz- und Schuldenkrise (↑Finanzmarktkrise) entstand aus Zinssenkungen der EZB in Reaktion auf das Platzen der Dotcom-Blase ab dem Jahr 2001. Da Deutschland in dieser Zeit ein strenges Reformprogramm auf den Weg gebracht hatte, floss viel Kapital zu niedrigen Zinsen in den Süden der ↑EWWU, wo es kreditgetriebene Immobilienblasen und schnell wachsende Staatsausgaben nährte. Das Platzen der Blasen ließ die Staatsverschuldung sprunghaft ansteigen, weil die Steuereinnahmen wegbrachen, hohe Ausgabenverpflichtungen bestehen blieben und die Rettung der Finanzsektoren kostspielig war. Umfangreiche europäische Hilfsprogramme, anhaltend niedrige Zinsen und immense Anleihekäufe der ↑EZB halten seitdem die Krise am Schwelen.

### 4. Lösungsansätze

Die Strategien zur Bewältigung von S.n sind vielfältig. Ein Schuldenabbau durch Kürzung der Staatsausgaben und der Löhne im öffentlichen Sektor ist nachhaltig, insb. dann, wenn er mit Lohnzurückhaltung im privaten Sektor einhergeht. Die Produktivität und die internationale Wettbewerbsfähigkeit steigen, was das ↑Wirtschaftswachstum belebt und längerfristig wieder reale Lohnerhöhungen ermöglicht. I. d. R. sind solche ↑Reformen politisch schwer durchsetzbar. Die über viele Dekaden schwelenden S.n der mittel- und osteuropäischen Planwirtschaften endeten mit dem wirtschaftlichen Kollaps, der schließlich den Weg für grundlegende marktwirtschaftliche Reformen ebnete.

Ein Schuldenschnitt reduziert die Schuldenlast des Staates, destabilisiert aber die Gläubiger. Eine ↑Währungsreform reduziert den monetären Überhang, der sich bei der Finanzierung der Staatsverschuldung mit der Notenpresse kombiniert mit Preiskontrollen ergibt. Preisliberalisierungen erhöhen die Effizienz (z. B. Wirtschafts- und Währungsreform in Westdeutschland 1948). Um die Staatsfinanzen auf Dauer nachhaltig zu halten, müssen die Staatsausgaben den -einnahmen angepasst werden. In aufstrebenden Volkswirtschaften wird dies oft über IWF-Restrukturierungsprogramme erreicht (z. B. Südostasien nach der Asienkrise). Im Gegenzug für Reformen vergibt der ↑IWF Kredite (Konditionalität), die den Finanzsektor und das Wachstum stabilisieren.

Der Staatsschuldenabbau durch Inflation wirkt politisch destabilisierend, weil Inflation negative Wachstums- und Verteilungswirkungen hat. Die deutsche Hyperinflation der 1920er Jahre vertiefte die Wirtschaftskrise und verarmte die deutsche Mittelschicht, was extreme politische Parteien begünstigte. Schlagen sich die inflationären Effekte der Staatsanleihekäufe der Zentralbank in steil steigenden Vermögenspreisen nieder, dann wird das Wachstum durch Finanzkrisen gestört. Wenn die Zentralbanken auf die Krisen mit Zinssenkungen und Anleihekaufprogrammen reagieren, gewinnen die Besitzer von realen Vermögenswerten. Hingegen geraten die Renditen aus Nominaleinkommen und die Löhne breiter Bevölkerungsschichten in Zuge von Krisen unter Druck. Wachsende Ungleichheit bewirkt politische Unzufriedenheit.

Scheuen die Souveräne großer Länder vor Reformen und Ausgabensenkungen zurück, dann können sie ↑Kriege führen, um die Ausgabenlücke auf Kosten von Drittstaaten zu schließen (siehe Hitler-Deutschland, Napoleon). Die Einschnitte für die Bevölkerung aller in den Krieg verwickelten Länder sind i. d. R. hoch.

Die USA reduzierten nach dem Zweiten Weltkrieg die Schuldenlasten des Krieges durch finanzielle Repression. Die Zentralbank hielt die Zinsen auf Staatsanleihen tief, während eine strenge Regulierung Kapitalabflüsse und Finanzmarktspekulation verhinderte. Das hohe Wachstum der Nachkriegszeit (Wiederaufbau) und moderate Inflation trieben den Schuldenabbau (als Anteil am BIP) voran. Heute bleibt die Staatsverschuldung trotz finanzieller Repression hoch, weil das Wachstum durch die finanzielle Repression weiter gestört wird.

Die USA konnten bisher trotz hoher Staatsausgaben und eines hohen Konsumniveaus eine S. vermeiden. Aufgrund der Rolle des Dollar als internationaler Leitwährung werden die inflationären Effekte einer hohen Staatsverschuldung über alle Länder verteilt, die ihre Währung an den Dollar gebunden haben. Ronald McKinnon spricht von einer quasi-unbegrenzten Kreditlinie für die USA.

### Literatur

A. Hoffmann/G. Schnabl: Warum der frühe Ausstieg aus der finanziellen Repression lohnt, in: WD 98/7 (2018), 498–503 • G. Schnabl: Die japanischen Lehren für die europäische Krise, in: ZfW 62/1 (2015), 1–22 • R. McKinnon: The Unloved Dollar Standard. From Bretton Woods to the Rise of China, 2013 • C. Reinhart/K. Rogoff: This Time is Different. Eight Centuries of Financial Folly, 2011a • Dies.: Growth in a Time of Debt, in: NBER Working Paper 15639, 2011b • E. S. Brezis/F. H. Crouzet: The Role of Assignats During the French Revolution. An Evil or a Rescuer?, in: JEEH 24/1 (1995), 7–40.

GUNTHER SCHNABL

## Staatsschutzdelikte

### 1. Begriff

S. engeren Sinnes sind Angriffe von innen oder außen auf den Bestand, die ↑Sicherheit oder die verfassungsmäßige Ordnung des deutschen Staates. Im weiteren Sinne sind Übergänge zum Schutz von ↑internationalen Organisationen u. a.n Staaten bzw. der im Kern im VStGB geschützten völkerrechtlichen Ordnung zu verzeichnen (z. B. Strafbarkeit der Mitgliedschaft in – auch ausländischen – terroristischen Vereinigungen [↑Terrorismus]), auch wenn sie sich gegen Rechtsgüter des VStGB richten, § 129a/b StGB; Friedensverrat durch Aufstacheln zum Angriffskrieg, § 80a StGB; Erstreckung der Bestechlichkeit/Bestechung von Mandatsträgern u. a. auch auf die Mitglieder von Gesetzgebungsorganen anderer Staaten, § 108e StGB). Dies folgt aus der zunehmenden internationalen Verflechtung und Kooperation (z. B. Terrorismusverfolgung nach europa- oder völkerrechtlichen Vorgaben), der Völkerrechtsfreundlichkeit des GG (Art. 25 GG) und dem Verfassungsauftrag, Angriffe auf das friedliche Zusammenleben der Völker unter Strafe zu stellen (Art. 26 GG).

Der verwandte Begriff „politische Delikte" der polizeilichen Kriminalstatistik erfasst allg.e Delikte, die aus politischen Gründen begangen werden, im Übrigen wird er unspezifisch verwendet oder kritisch mit dem Vorwurf einer Instrumentalisierung des ↑Strafrechts zur Ausschaltung politischer Gegner verbunden. S. sind insoweit „politische Delikte", als ihrer Begehung oft auch eine politisch-weltanschauliche Motivation zugrunde liegt und die Strafverfolgung u. U. politischen Vorentscheidungen unterworfen ist: Z. T. setzt die Strafverfolgung eine Ermächtigung durch das Bundesministerium der Justiz und für Verbraucherschutz voraus (z. B. §§ 129b Abs. 1, 89a Abs. 4 StGB). Umgekehrt besteht die Möglichkeit, von der Verfolgung wegen überwiegender öffentlicher Interessen der BRD (§ 153d StPO), wegen tätiger Reue oder Aufklärungshilfe (§ 153e StPO), in bestimmten Fällen bei Auslandstaten (§ 159c StPO) oder bei Straftaten nach dem VStGB (§ 153 f. StPO) von der Verfolgung abzusehen.

### 2. Legitimation

S. legitimieren sich im liberal-demokratischen ↑Rechtsstaat in Abgrenzung zur Selbstaufgabe staatlicher Ordnung qua Sanktionslosigkeit einerseits, zum Selbstverlust durch die – insoweit nur vermeintlich schützende – Entgrenzung zu rechtlich ungebundener Feindbekämpfung andererseits.

Selbsterhaltung der staatlichen Freiheitsordnung mit Mitteln des Strafrechts setzt ein nicht-relativistisches Selbstverständnis von ↑Staat und Verfassung („wehrhafte Demokratie", Art. 79 Abs. 3 GG) und ein striktes Verbot der Gewaltanwendung bei der Durchsetzung politischer Ziele („Mittelverbot") voraus.

Wird der Staat durch seine rechtliche Ordnung zur Verwirklichung allg.er ↑Freiheit bestimmt, kann er sich auch nur in den Formen des ↑Rechts und unter Beachtung der Grundrechtsbindungen schützen. Der Angriff auf Staat und Verfassung durch Private wird als strafbare Geltungsanmaßung begriffen und nicht dem Kriegs- oder Naturzustand überantwortet. Es gelten die grundlegenden strafprozessualen Garantien und das Schuldprinzip, auch im Umgang mit sog.en Überzeugungstätern, die sich zu ihrer Tat aus weltanschaulichen, religiösen oder politischen Gründen verpflichtet und sie als gerechtfertigt ansehen. Der Schuldvorwurf stützt sich in diesem Grenzfall auf den inneren Widerspruch, mit ↑Gewalt eine andere Ordnung schaffen zu wollen, die wiederum das Recht, auf das der Täter sich zur Tatbegehung beruft, anderen nicht zugestehen will. Umstritten ist, ob ein Schuldvorwurf wie gegen den „normalen" Straftäter mit eigensüchtiger Motivation erhoben werden kann oder im Strafmaß eine Privilegierung erfolgen muss, weil es sich eigentlich nur um einen Andersdenkenden handele. Das Tatstrafrecht schließt es allerdings aus, Verhaltensweisen unter ↑Strafe zu stellen, deren Unrecht allein aus dem Willen und dem Meinen des Täters oder rein privaten Handlungsvollzügen bestimmt wird (Gesinnungsstrafrecht); auch die Einordnung der S. in ein rein präventives „Feindstrafrecht", das Täter außerhalb der üblichen Garantien als bes. gefährlichen und zu bekämpfenden Feind behandelt, hat keine Anerkennung gefunden.

S. schützen nicht spezifizierte Rechtsgüter (z. B. Eigentum) oder einzelne Funktionen des Staates (z. B. die Rechtspflege), sondern die Ordnung als notwendige Rahmenbedingung der einzelnen Rechte insgesamt. Rechtsgut und strafende Instanz fallen dabei in eins. Historische Erfahrung und internationaler Vergleich zeigen, dass dies die Anfälligkeit für übermäßige Reaktionen oder im äußersten Fall – wie in ↑Diktaturen oder zu deren Etablierung – für die Funktionalisierung der S. zur Ausschaltung politischer Gegner begründet. S. erfordern im freiheitlichen Staat daher die ständige Überprüfung der Einhaltung – meist kontrovers beurteilter – verfassungsrechtlicher Grenzen durch Gesetzgebung und Justiz, namentlich der Bindung an die ↑Grundrechte zum Schutz auch politischer Betätigung (z. B. Meinungs-, Presse-, Vereinigungs-, Religions- und Weltanschauungsfreiheit) oder der Privatsphäre gegenüber (heimlichen) Ermittlungsmaßnahmen (z. B. Brief- und Fernmeldegeheimnis). Anlass dafür geben insb. zwei Besonderheiten der S.: die Verwendung recht allg.er Begriffe (z. B. Änderung der „verfassungsmäßigen Ordnung", § 81 StGB; Bestimmung einer Tat, „die politischen, verfassungsrechtlichen, wirtschaftlichen oder sozialen Grundstrukturen eines Staates erheblich zu beeinträchtigen", § 129a StGB; Herbeiführen „der Gefahr eines schweren Nachteils für die äußere Sicherheit", § 94 StGB) und die unvermeidliche Vorverlagerung der Strafbarkeit, die nicht erst eingreifen kann, wenn ein Schaden eingetreten ist, Schutzgut und strafende Instanz also bereits verloren sind.

Auseinandersetzungen in Wissenschaft und Politik betreffen vor diesem Hintergrund

*a)* materiell-rechtlich die Grenzen der Vorverlagerung der Strafbarkeit auf gefährliche Handlungsweisen vor dem eigentlichen Verletzungsgeschehen (Gefährdungsdelikte), namentlich auf Vorbereitungshandlungen, die Gründung von und Mitwirkung in bestimmten Organisationen (Organisationsdelikte), die Gleichstellung von Versuch und Vollendung (Unternehmensdelikte) oder propagandistische Aktivitäten (Äußerungsdelikte),

*b)* verfahrensrechtlich das Ausmaß, in dem heimliche (technische) Ermittlungsmethoden eingesetzt und nachrichtendienstliche Erkenntnisse genutzt werden, und die durch die – auch zu diesem Zweck eingeführte – Vorverlagerung der Strafbarkeit eröffneten strafprozessualen und polizeirechtlichen Eingriffsmöglichkeiten sowie

*c)* das zunehmende Verschmelzen von Gefahrenabwehr und Strafverfolgung namentlich im Bereich der Terrorismusabwehr.

Gegner der liberal-demokratischen Ordnung berufen sich demgegenüber auf ein außerhalb des Rechts bestehendes Substrat (z. B. ein durch ethnisch-kulturelle Homogenität bestimmtes Volk, eine sozial bestimmte Klasse oder eine Glaubensgemeinschaft als Akteur und Schutzgut). S. werden in die Nähe von Ausnahme- und Kriegszustand gerückt und ausschließlich als politische Kampf- und Machtfrage verstanden. Die (vermeintliche) Indifferenz des zu überwindenden liberalen Rechts- und Verfassungsstaates soll als Schein entlarvt und die bloß instrumentelle Bedeutung des Rechts i. S. eines politischen (Feind-)Strafrechts offengelegt werden, nicht ohne sich gegenüber eigener Strafverfolgung emphatisch auf die abgelehnte Rechtsordnung zu berufen und zugl. in ihrem Namen die Bestrafung (nur) des politischen Gegners zu fordern.

Die Legitimation der S. ist somit unlösbar verbunden mit der staatstheoretischen Grundlegung ihres Schutzgegenstandes. Im geltenden Recht zeigt sich die Polarität der staatstheoretischen Sichtweisen an dem nicht abschließend geklärten Verhältnis der Schutzgüter „Staat" und „verfassungsmäßige Ordnung".

### 3. Einzelne Delikte

S. sind im Besonderen Teil des ↑StGB in den ersten fünf Abschnitten, z. T. auch noch im sechsten Abschnitt des StGB vorangestellt. Weite Teile der S. sind angesichts der Stabilität des Gemeinwesens bislang kaum zur Anwendung gekommen oder wissenschaftlich systematisiert worden. Anders ist dies hinsichtlich des Terrorismusstrafrechts, das bereits Mitte der 70er Jahre angesichts der Anschläge der RAF und dann erneut im Zuge des dschihadistisch motivierten Terrorismus (↑Islamismus) – kontrovers diskutiert – erheblich umgestaltet und ausgeweitet wurde. Demgegenüber sind die bis in die 60er Jahre (z. B. anlässlich der Spiegel-Affäre) überwiegend diskutierten Kerntatbestände der überkommenen S., Hochverrat und Landesverrat, in den Hintergrund getreten, auch wenn Spionagefälle die Gerichte kontinuierlich und im Rahmen der Wiedervereinigung noch einmal verstärkt beschäftigt haben.

S. zielen bes. auf das innerstaatliche Verhältnis: Inbegriff eines S.s ist insoweit der Hochverrat gegen den Bund (§ 81 StGB), die Vorschrift zum Schutz der Bundesländer ist entspr. gefasst (§ 82 StGB): Strafbar ist, wer es unternimmt mit Gewalt oder Drohung mit Gewalt den Bestand der BRD – ihre Freiheit von fremder Botmäßigkeit, ihre staatliche Einheit oder die Integrität des Staatsgebietes durch Abtrennung von Gebiet (§ 92 StGB) – zu beeinträchtigten („Bestandshochverrat") oder die verfassungsmäßige Ordnung des ↑GG zu ändern („Verfassungshochverrat"). Unter Strafe steht bereits die Vorbereitung eines hochverräterischen Unternehmens (§ 83 StGB). Unter dem Titel „Gefährdung des demokratischen Rechtsstaates" sind verschiedene S. zusammengefasst: Verboten ist es, als Führungsperson, Mitglied oder Unterstützer eine vom ↑BVerfG für verfassungswidrig erklärte Partei oder deren Ersatzorganisation fortzuführen (§ 84 StGB) sowie Vereine aufrecht zu erhalten, die unanfechtbar verboten sind, weil sie sich gegen die verfassungsmäßige Ordnung oder gegen die Völkerverständigung richten (§ 85 StGB). Bestraft werden auch das Verbreiten von Propagandamitteln verfassungswidriger Organisationen (§ 86 StGB), das Verwenden ihrer Kennzeichen (§ 86a StGB) sowie die verfassungsfeindliche Sabotage von wesentlichen Einrichtungen der ↑Daseinsvorsorge und der Sicherheitsbehörden (§ 88 StGB). Verboten ist die verfassungsfeindliche Einwirkung auf ↑Bundeswehr und Sicherheitsorgane, um deren Schutzauftrag zu untergraben (§ 89 StGB).

Dem Schutz des Ansehens des Staates dient die Strafbarkeit öffentlicher Verunglimpfungen des Bundespräsidenten (§ 90 StGB), des Staates und seiner Symbole (§ 90a StGB) und verfassungsfeindlicher Verunglimpfungen von Verfassungsorganen (§ 90b StGB).

Straftaten gegen Verfassungsorgane sind die Nötigung von ganzen Verfassungsorganen (§ 105 StGB) oder einzelner ihrer Mitglieder (§ 106 StGB) sowie die Störung der Tätigkeit eines Gesetzgebungsorgans durch Verstoß gegen dessen Anordnungen (§ 106b StGB). Umfassend ist der Wahlvorgang insb. bei Volkswahlen und -abstimmungen gegen Behinderung, Fälschung von Wahlergebnissen und -unterlagen, Wählernötigung und -bestechung, Täuschung über die korrekte oder dem Willen des Wählers entspr.e Stimmabgabe und Verletzung des Wahlgeheimnisses geschützt (§§ 107–108d StGB). Die Einflussnahme auf Mandatsträger in Volksvertretungen und anderen gewählten Gremien einschließlich des Europäischen Parlaments, parlamentarischer Versammlungen internationaler Organisationen und von Gesetzgebungsorganen ausländischer Staaten ahndet § 108e StGB als Bestechung bzw. Bestechlichkeit von Mandatsträgern.

Die Bestrafung von ↑Spionage und Geheimnisverrat dient sodann der Sicherheit gegenüber fremden Staaten und Organisationen: Schwerwiegende Gefährdungen der äußeren Sicherheit durch die Mitteilung von Staatsgeheimnissen an fremde Mächte oder deren Bekanntmachung zur Begünstigung solcher Mächte werden als Landesverrat (§ 94 StGB) oder als Offenbaren von Staatsgeheimnissen (§ 95 StGB) verfolgt, das vorbereitende Ausspähen zu diesem Zweck als Landesverräterische Ausspähung (§ 96 StGB), ihre fahrlässige Preisgabe nach § 97 StGB. Illegale Geheimnisse gelten nicht als Staatsgeheimnisse (§ 93 Abs. 2 StGB), ihr Verrat ist nur für bestimmte Fälle unter Strafe gestellt (§ 97a StGB). Agententätigkeit für fremde Mächte und schon das Bereiterklären zu einer solchen werden als landesverräterische oder geheimdienstliche Agententätigkeit geahndet, je nachdem, ob sie auf Staatsgeheimnisse (§ 98 StGB) oder sonstige Informationen (§ 99 StGB) gerichtet ist. Vorbereitungen für Sabotageakte im Auftrag ausländischer Regierungen und Organisationen im Rahmen von Bestrebungen gegen Bestand und Sicherheit der BRD sind als Agententätigkeit zu Sabotagezwecken strafbar (§ 87 StGB).

Strafandrohungen zum Schutz der Aufgabenerfüllung und Funktionsfähigkeit der Bundeswehr z. B. vor Sabotage oder Ausforschung enthalten die „Straftaten gegen die Landesverteidigung" (§§ 109–109k StGB).

Kern des Terrorismusstrafrechts sind die Organisationsdelikte. Sie erfassen die Gründung, die mitgliedschaftliche – tätige – Beteiligung, die Unterstützung und das Werben um Mitglieder und Unterstützer von terroristischen Vereinigungen (§ 129a StGB), unter bestimmten Bedingungen auch von ausländischen Vereinigungen (§ 129b StGB). Der Zweck oder die Tätigkeit einer Vereinigung (vgl. § 129 Abs. 2 StGB) gelten als terroristisch, wenn sie auf die Begehung im Gesetz genannter Schwerverbrechen gerichtet sind (§ 129a Abs. 1 StGB, z. B. Mord, bestimmte Delikte des VStGB) oder auf die Begehung anderer genannter Delikte, durch die bestimmte weitergehende Zwecke, z. B. Einschüchterung der Bevölkerung oder Nötigung von staatlichen oder internationalen Stellen mit Gewalt oder deren Androhung, verfolgt werden und deren Begehungsweise oder Auswirkungen einen Staat oder eine internationale Organisation erheblich schädigen können (§ 129a Abs. 2 StGB). §§ 89a ff. StGB greifen in sehr umstrittener Weise weit in das Vorbereitungsstadium aus, indem bestimmte Vorbereitungshandlungen für eine schwere staatsgefährdende Gewalttat (§ 89a StGB), wie z. B. die Unterweisung an Schusswaffen, die erfolgte oder versuchte Ausreise ins Ausland zum Zweck einer solchen Unterweisung, aber auch die Aufnahme von Beziehungen zu einer ausländischen Vereinigung, um sich zur Begehung einer solchen unterweisen zu lassen (§ 89b StGB), die Anleitung zu ihrer Begehung (§ 91 StGB) und weitesten Umfangs die Terrorismusfinanzierung (§ 89c StGB) unter Strafe gestellt sind. Staatsgefährdend sind Taten gegen das Leben oder die persönliche Freiheit, wenn sie bestimmt und geeignet sind, den Bestand oder die Sicherheit eines Staates oder einer internationalen Organisation zu beeinträchtigen oder Verfassungsgrundsätze der BRD zu beseitigen, außer Geltung zu setzen oder zu untergraben (§ 89a Abs. 1 S. 2 StGB).

### 4. Verfahren

Die Rechtsprechung im Bereich der S. fällt originär in die Zuständigkeit des Bundes (Art. 96 Abs. 5 GG), ist aber im Wege der Organleihe auf die Länder übertragen, um die erstinstanzliche Zuständigkeit des BGH zur Wahrnehmung von Aufgaben der Bundesgerichtsbarkeit auf die OLG, in deren Bezirk die Landesregierungen ihren Sitz haben, zu übertragen (§ 120 GVG). Für die Verfolgung ist primär der Generalbundesanwalt zuständig (§§ 142a, 120 Abs. 1 GVG), in den Fällen des § 120 Abs. 2 GVG dagegen nur, wenn er wegen der bes.n Bedeutung die Verfolgung übernimmt. Gibt er in den Fällen des § 120 Abs. 1 GVG die Verfolgung an die Länder ab, oder liegt eine bes. Bedeutung (§ 120 Abs. 2 GVG) nicht vor, üben die Gerichte des Landes (OLG, AG oder Staatsschutzkammern des LG, § 74a GVG) Landesgerichtsbarkeit aus, im Übrigen die OLG auf Anklage des Generalbundesanwaltes Bundesgerichtsbarkeit.

### Literatur

T. Fischer: Strafgesetzbuch, [67]2020 • V. M. Wilfert: Strafe und Strafgesetzgebung im demokratischen Verfassungsstaat, 2017 • M. Zöller: Terrorismusstrafrecht, 2009 • R. Hefendehl: Politisches Strafrecht zwischen dem Schutz von Staat und Verfassung und einem Kampf gegen die Feinde, in: A. Hoyer u. a. (Hg.): FS für Friedrich-Christian Schroeder zum 70. Geburtstag, 2006, 453–475 • F.-C. Schroeder: Der Schutz von Staat und Verfassung im Strafrecht, 1970.

FRIEDRICH VON FREIER

## Staatssekretär

### 1. Der beamtete Staatssekretär

Der beamtete S. wurde nach preußischem Vorbild 1871 mit der Gründung des deutschen Kaiserreichs als Leiter der Reichsämter eingeführt. Erst in der Weimarer Republik wurden die Leiter der Ressorts – wie zuvor nur der Reichskanzler – zu politisch verantwortlichen Ministern. Der S. blieb aber als geschäftsleitender Amtschef und ggf. als bevollmächtigter Stellvertreter des Ministers erhalten. Als oberste Fachbeamte finden sich S.e heute in allen Bundesministerien. Die Bundesministerien verfügen inzwischen regelmäßig über mehrere S.e, die jeweils – als Vorgesetzte der Abteilungsleiter – für eine Mehrzahl von Abteilungen verantwortlich sind. Das Bundespräsidialamt wird ebenfalls von einem S. geleitet und auch der Direktor beim Deutschen ↑Bundestag führt seit 2008 den Titel eines S.s. Weder der ↑Bundespräsident noch der Bundestagspräsident können jedoch durch ihre S.e vertreten werden; der Chef des Bundespräsidialamtes kann aber (beratend) an den Sitzungen der ↑Bundesregierung (Kabinett) teilnehmen.

Bei den allfälligen Ministerwechseln sorgen sie für die Kontinuität der ministeriellen Arbeit; ihre Amtszeit ist rechtlich nicht mit der ihres Ministers verknüpft. Als politische ↑Beamte können sie nach § 54 Abs. 1 Nr. 1 BBG allerdings – auf Initiative des Ministers – jederzeit vom Bundespräsidenten in den einstweiligen Ruhestand versetzt werden.

### 2. Der Parlamentarische Staatssekretär

Parlamentarische S.e werden den Bundesministern oder dem Bundeskanzler zur Unterstützung bei der Erfüllung ihrer Regierungsaufgaben beigegeben. Der Parlamentarische S. steht in einem öffentlich-rechtlichen Amtsverhältnis, wird im GG neben den Ministern aber nicht erwähnt und ist daher kein Regierungsmitglied, sondern Hilfsorgan der Bundesregierung. Rechtsgrundlagen für das ↑Amt finden sich im Gesetz über die Rechtsverhältnisse der Parlamentarischen Staatssekretäre (ParlStG) sowie der GOBReg.

Gemäß § 1 Abs. 2 ParlStG muss ein Parlamentarischer S. grundsätzlich Mitglied des Bundestags sein. Davon kann lediglich bei einem Parlamentarischen S. beim Bundeskanzler abgewichen werden. Parlamentarische S.e werden auf Vorschlag des Bundeskanzlers vom Bundespräsidenten – im Einvernehmen mit dem Bundesminister – ernannt. Das Gesetz macht keine Vorgaben über die Auswahl oder Anzahl der Parlamentarischen S.e. Ihre Amtszeit endet mit Entlassung, mit Ablauf der Amtszeit ihres Ministers oder mit dem Ende ihres Bundestagsmandats, § 4 ParlStG. In einer geschäftsführend im Amt bleibenden Bundesregierung bleiben die Parlamentarischen S.e unabhängig davon im Amt, ob sie bereits aus dem Bundestag ausgeschieden sind. Die Parlamentarischen S.e beim Bundeskanzler und beim Außenminister können auch den Titel eines Staatsministers führen, der ihnen aber keinen anderen rechtlichen Status verleiht.

Die Einsetzung von Parlamentarischen S.en auf Bundesebene wurde in den Verhandlungen der ersten großen Koalition von CDU/CSU und SPD 1966 beschlossen und erfolgte mit dem ParlStG vom 6.4.1967. Sie nehmen insb. eine Scharnierfunktion zwischen den Bundesministerien bzw. dem Bundeskanzleramt und dem Parlament (↑Parlament, Parlamentarismus) wahr, indem sie ihren Minister insb. im Deutschen Bundestag und seinen Ausschüssen einschließlich der Fraktionsgremien, aber auch im ↑Bundesrat vertreten (§ 14 Abs. 2 GOBReg). Sie übernehmen ferner im Regelfall die Vertretung des verhinderten Bundesministers im Kabinett, der Minister kann aber im Einzelfall auch eine Vertretung durch einen S. anordnen (§ 23 Abs. 2 GOBReg). Darüber hinaus bestimmt gemäß § 14a GOBReg alleine der Bundesminister, welche Aufgaben sein Parlamentarischer S. wahrnehmen soll. Diese Bestimmung konkretisiert die Hoheit des Ministers über die innere Organisation seines Ministeriums und bezieht sie ausdrücklich auch auf Parlamentarische S.e, so dass er dazu ermächtigt ist, dem Parlamentarischen S. bestimmte Themen, Arbeitsbereiche oder Abteilungen – gleich einem S. – ganz oder teilweise zur Leitung und eigenverantwortlichen Wahrnehmung zu überantworten. Die Ressortverantwortung gegenüber der Bundesregierung und dem Bundestag bleibt auch dann aber in jedem Fall beim Bundesminister. Nur in den Grenzen solcher bes.r Verantwortungsübertragung unterliegt der Parlamentarische S. den Weisungen des Bundesministers. Im Übrigen besteht ein solches Weisungsrecht nicht.

Die z. T. geäußerte Kritik am Amt des Parlamentarischen S.s unter dem Blickwinkel der Gewaltenteilung geht fehl, da dieses Amt insb. Die Erfüllung der verfassungsrechtlichen Informations- und Kontrollrechte des Parlaments sicherstellt und die grundsetzliche Ordnung keine strikte Trennung zwischen Exekutive und Legislative fordert.

### 3. Staatssekretäre in anderen Regierungen

Insb. im angelsächsischen Raum (USA, Vereinigtes Königreich) firmieren die Kabinettsminister oftmals als *Secretaries (of State)*, während etwa im Vereinigten Königreich *Ministers of State* die Arbeit ihres *Secretary of State* unterstützen, aber i. d. R. auch eigenverantwortlich wahrzunehmende Aufgaben haben.

In NRW ist jedem Minister ein S. beigegeben, der den Minister vertritt und den Vorschriften der Beamtengesetze unterliegt. Lediglich dem Ministerpräsidenten (vormals einem Landesminister) ist zusätzlich ein Parlamentarischer S. zugeordnet, der Mitglied des Landtags ist und nicht dem Kabinett angehört.

Die bayerische Staatsregierung darf laut Art. 43 Abs. 2 BayVerf nicht mehr als 17 Staatsminister und S.e umfassen. Die S.e, die nicht Mitglieder des Landtags sein müssen, aber dies wie die Staatsminister i. d. R. sind, sind an die Weisungen des Staatsministers, dem sie zugewiesen sind, gebunden, dürfen aber im Falle seiner Verhinderung selbstständig und unter eigener Verantwortung gegenüber dem Landtag handeln (Art. 51 Abs. 2 BayVerf). Im Kabinett besitzen sie ein eigenständiges Stimmrecht.

Nach Art. 45 Abs. 2 BadWüVerf können neben den Ministern S.e als weitere Mitglieder der Regierung ernannt werden. Ihre Zahl darf aber ein Drittel der Zahl der Minister nicht übersteigen und sie können nur durch einen Beschluss des Landtags Stimmrecht in der Landesregierung erhalten.

### Literatur

S. Menzenbach: Die Parlamentarischen, 2015 • V. Busse: ParlStG, ²2014 • H. Groß/J. Bohnefeld: Regieren aus der zweiten Reihe, in: K. Schrenk/M. Soldner (Hg.): Analyse demokratischer Regierungssysteme, 2010, 237–255 • K. Herrmann: StS ohne Beamtenverhältnis, in: VerwArch 101 (2010), 377–398 • J. Hefty: Die Parlamentarischen Staatssekretäre im Bund, 2005 • M. Neumann: Parlamentarische Staatssekretäre in der Bundesverwaltung, in: ZRP 35/5 (2002), 203–205 • M. Köhler: Der bayerische Staatssekretär nach der Verfassung von 1946, 1982.

GÜNTER KRINGS

## Staatssymbole

Symbole sind optische, akustische, rituelle oder gedankliche Zeichen, die auf einen aus ihrer konkreten Erscheinung nicht ohne weiteres wahrnehmbaren Sinngehalt verweisen. Durch ↑Symbole erschließt der Mensch als „animal symbolicum" (Cassirer 1990: 51) die Welt, er verwendet sie zu den verschiedensten Zwecken, die sich als „Ausdruck", „Darstellung" und „Bedeutung" zusammenfassen lassen. S. erfüllen als integraler Teil des Staatszeremoniells alle diese Funktionen: Zunächst sind sie schlicht (zu-)ordnende Kennzeichen des ↑Staats, und zwar ganz allg. im internationalen Verkehr und spezifisch für das Ausüben von Hoheitsgewalt. Ferner repräsentieren sie den Staat und machen ihn, insb. als „substitutive Bildakte" (Bredekamp 2015: 194) oder entspr.e „Tonakte" (van Leeuwen 1999: 92), sinnlich wahrnehmbar. Schließlich kommt den S.n eine herausgehobene Bedeutung für die „sachliche Integration" (Smend 1994: 160) des Staates und die „Staatspflege" (Krüger 1977) zu.

### 1. Genealogie und Theorie der Staatssymbole

Die zeitgenössische Alltagssprache kontrastiert das „bloß" Symbolische mit dem rechtlich Relevanten, die Ordnung der Welt durch „symbolische Kommunikation" (Stollberg-Rilinger 2004) erscheint fremd und vergangen. Doch gerade im modernen Verfassungsstaat sind die S. ↑Recht. Damit bilden sie – neben den Verkehrszeichen – die letzte relevante Teilmenge des ehemals reichen Kreises der Rechtssymbole. Deren gegenüber dem sprachlich gefassten Rechtssatz spezifische, „komplementäre" (Habermas 2001: 62) Wirkung liegt in „besonders elastischer Repräsentation eines Wertgehalts" (Smend 1994: 164), letztlich in ihrer „Poesie" als „dunkle, heilige und historische bedeutung; mangelte diese, so würde der allgemeine glaube daran und seine herkömmliche Verständlichkeit fehlen" (Grimm 1816: 75).

Der moderne Staat hat dementsprechend keine neue Symbolsprache erfunden, sondern sich des vorgefundenen symbolischen und heraldischen Instrumentariums bedient – prototypisch: Flagge, Wappen, Siegel, Hymne, Orden, Nationalfeiertag und Hauptstadt, im weiteren Sinne auch ↑Denkmale und repräsentative Gebäude.

Insb. die visuellen S. wurzeln als Feld- und Herrschaftszeichen in antiken bis archaischen Zeiten, bis heute ist ihr Erscheinungsbild und ihre Formensprache, insb. ihre Tiersymbolik von einer bemerkenswerten globalen Konstanz geprägt. Ihre Transposition zu S.n setzte zunächst die Entkoppelung des ↑Staatsoberhaupts und des Staats als ↑juristische Person voraus, aus der die bis heute gegenwärtige (etwa Art. 1 der Japanischen Verfassung von 1946) und das ↑Völkerrecht prägende Auffassung des Staatsoberhaupts als verkörpertes Symbol „seines" Staates folgt.

Mit dem republikanischen Verfassungsstaat der ↑Moderne treten ↑Verfassungen selbst als nüchtern im „Verbalismus" (Isensee 1992: 238) existierendes Textsymbol, bisweilen aber auch als „Ikone der Revolution" (Schulz 2015: 196) in den Kreis des S.s ein. Dies gilt im bes.n Maße für die Verfassung der USA von 1787 und die *Déclaration des Droits de l'Homme et du Citoyen* von 1789.

### 2. Staatssymbole der BRD

Art. 22 Abs. 2 GG bestimmt die Farben schwarz-rot-gold zur Bundesflagge. Bis 2006 war die Bundesflagge das einzige von Verfassungs wegen bestimmte S., was deren herausgehobene Bedeutung kennzeichnet. Seitdem tritt gemäß Art. 22 Abs. 1 GG die Bundeshauptstadt Berlin hinzu.

Alle anderen S. wurden durch – i. d. R. im BGBl verkündete – präsidentielle Akte in Gestalt von Anordnungen, Erlassen, Bekanntmachungen, Proklamationen gestiftet. Bundeswappen und -siegel sowie die Standarte des Bundespräsidenten übernehmen die Bild- und Formensprache ihrer Weimarer Vorgänger und führen die Tradition des Adlers als Herrschaftszeichen fort. Für die Bestimmung der Nationalhymne hat sich die bemerkenswerte Form des Briefwechsels zwischen ↑Bundespräsident und Bundeskanzler (1952: Theodor Heuss/Konrad Adenauer, 1991: Richard von Weizsäcker/Helmut Kohl) etabliert. Deren letzter bestimmte endgültig die dritte Strophe des – erstmals 1922 durch Reichpräsident Friedrich Ebert proklamierten – Deutschlandlieds zur Nationalhymne der BRD.

Die in der Staatspraxis gelebte Symbolverantwortung des Bundespräsidenten ist keine ausdrückliche Kompetenz, sondern fließt aus seiner Integrationsfunktion als Staatsoberhaupt. In der parlamentarischen Demokratie (↑Parlament, Parlamentarismus) des ↑GG kann die Regelung der S. daher freilich jederzeit auch durch förmliches Gesetz erfolgen; eingedenk des Vorbehalts des Gesetzes muss sie das auch, soweit in ↑Grundrechte eingegriffen wird. So flankiert das Ordensgesetz etwa den Stiftungserlass des Bundespräsidenten über den Verdienstorden der BRD durch Regelungen zum Entzug der Auszeichnung etc.; analog regelt das Flaggenrechtsgesetz die punktuelle Pflicht Privater zum Führen der Bundesflagge. § 90a StGB schließlich stellt die Verunglimpfung des S.s unter Strafe.

Die oftmals beklagte zeitgenössische nüchterne Distanz gegenüber den klassischen S.n – bei gleichzeitiger Tendenz zur Apotheose des GG als S. – kann als Kontrast zu dem bis in den alltäglichen Lebensvollzug ausgetragenen Weimarer Flaggenstreit auch als ein Ausdruck errungener republikanischer Normalität verstanden werden. Die Formlosigkeit staatlicher Selbstdarstellung ist allerdings kein Ausdruck gereifter ↑Demokratie und Rechtsstaatlichkeit (↑Rechtsstaat), sondern unter dem Aspekt der Symbolklarheit geradewegs deren Gegenteil.

#### Literatur

M. Llanque: Die Weimarer Reichsverfassung und ihre Staatssymbole, in: H. Dreier/C. Waldhoff (Hg.): Das Wagnis der Demokratie. Eine Anatomie der Weimarer Reichsverfassung, 2018, 87–110 • H. Bredekamp: Der Bildakt, 2015 • D. Schulz: Verfassungsbilder. Die visuelle Inszenierung konstitutioneller Rechtsordnung, in: ders./M. Llanque (Hg.): Verfassungsidee und Verfassungspolitik, 2015, 191–200 • P. Goodrich: Legal Emblems and the Art of Law, 2013 • P. Häberle: Nationalhymnen als kulturelle Identitätselemente des Verfassungsstaates, [2]2013 • H. Bredekamp: Staat, in: U. Fleckner/M. Warnke/H. Ziegler (Hg.): Hdb. der politischen Ikonographie, Bd. 2, [2]2011, 373–380 • P. Häberle: Nationalflaggen, 2008 • J. Hartmann: Staatszermoniell, [3]2007 • W. Gephart: Recht als Kultur, 2006 • H. Hattenhauer: Deutsche Nationalsymbole. Geschichte und Bedeutung, [4]2006 • E. Klein: Die Staatssymbole, in: HStR, Bd. 1, [3]2004, § 19 • B. Stollberg-Rilinger: Symbolische Kommunikation in der Vormoderne, in: ZHF 31/4 (2004), 489–527 • J. Habermas: Symbolischer Ausdruck und rituelles Verhalten, in: G. Melville (Hg.): Institutionalität und Symbolisierung, 2001, 53–68 • T. van Leeuwen: Speech, Music, Sound, 1999 • R. Smend: Verfassung und Verfassungsrecht, in: ders. (Hg.): Staatsrechtliche Abhandlungen, [3]1994, 119–276 • J. Isensee: Staatsrepräsentation und Verfassungspatriotismus. Ist die Republik der Deutschen zu Verbalismus verurteilt?, in: J.-G. Gauger/J. Stagl (Hg.): Staatsrepräsentation, 1992, 223–241 • E. Cassirer: Versuch über den Menschen, 1990 • P. Häberle: Feiertage als kulturelle Identitätselemente des Verfassungsstaates, 1987 • H. Krüger: Von der Staatspflege überhaupt, in: H. Quaritsch (Hg.): Die Selbstdarstellung des Staates, 1977, 21–50 • P. E. Schramm: Herrschaftszeichen und Staatssymbolik. Beiträge zu ihrer Geschichte vom 3. bis zum 16. Jahrhundert, 3 Bde., 1954 ff. • E. Cassirer: Das Symbolproblem und seine Stellung im System der Philosophie, in: ZAAK 21/2 (1927), 295–312 • J. Grimm: Von der Poesie im Recht, in: Zeitschrift für geschichtliche Rechtswissenschaft, Bd. 2 (1816), 25–99.

HOLGER GREFRATH

## Staatsvermögen

### 1. Begriff und Charakteristik

S. ist die Gesamtheit der geldwerten Güter und Rechte, über die der ↑Staat verfügen kann. Auch wenn in Deutschland die Unterscheidung zwischen öffentlichem Eigentum und Privateigentum – von wenigen Ausnahmen abgesehen – keine rechte Tradition besitzt, unterscheidet sich der Staat als Eigentümer politisch, ökonomisch und rechtlich charakteristisch von privaten Eigentümern. Das S. steht in der Gegenwart nicht als solches, sondern stets nur in bestimmten Konstellationen, bestimmt durch konkrete Problemlagen, im Fokus des Interesses, v. a. wenn es um Veräußerung von S. zur außerordentlichen Einnahmeerzielung geht. Das bedeutet nicht „ordentliche" Einnahmebeschaffung, sondern dass in der Vergangenheit geschaffene Vermögenswerte bei der Vermögensveräußerung verloren gehen. Als Normalfall, als „ordentliche" Staatsfinanzierung in diesem Sinn figuriert damit die im Haushalt (↑Staatshaushalt) periodisch gekoppelte zeitnahe Vereinnahmung und Verausgabung.

## 2. Funktionen

Das S. ist wie das gesamte staatliche Finanzwesen funktional an die staatliche Aufgabenerfüllung (↑Staatsaufgaben) gekoppelt, instrumentell, kein Selbstzweck. Ohne einen derartigen Bezug zur Aufgabenerfüllung wäre die Akkumulation von ↑Eigentum in der Hand des Staates zumindest im Grundsatz illegitim. Das stellt einen entscheidenden Unterschied zu jeglichem Privatvermögen dar, das – trotz etwaiger Sozialbindungen – als solches zunächst keiner Rechtfertigung bedarf, auch Selbstzweck sein mag (wenn auch nicht muss). Mag auch – mangels der Kategorie des öffentlichen Eigentums in Deutschland – das Eigentumsverhältnis zu den Vermögensgegenständen in privatrechtlicher Form sich konstruktiv zunächst nicht vom Eigentum Privater unterscheiden, ist dieses „Privateigentum des Staates" (der dann oftmals als ↑Fiskus tituliert wird) jedoch stets durch zweckbezogene, d. h. funktionale öffentlich-rechtliche Bindungen überlagert, besteht eine „gemischtrechtliche" Konzeption des S.s. Der Grad der öffentlichrechtlichen Bindung schwankt – bes. stark ist er bei der zur Erfüllung hoheitlicher Kernaufgaben unverzichtbaren Vermögensteilen, eher schwach gestaltet er sich bei reinen Anlagegütern. Aus alledem folgt ferner, dass der Staat auch in der Sphäre seines Finanzvermögens niemals „Privatmann" ist – wie dies noch Paul Laband im Kaiserreich angenommen hatte. Die Tatsache, dass es sich um „Privateigentum" des Staates handelt, ist mithin rein rechtsdogmatisch-konstruktiv zu verstehen. Der Staat als ↑juristische Person ist konstruktiv Bezugspunkt, Zurechnungssubjekt für (Privat-)Eigentum, ohne damit zum „Privateigentümer" in einem materiellen Sinne zu werden, denn das S. ist als Bestandteil öffentlicher Gewalt grundrechtlich gebunden, kann sich nicht auf grundrechtliche Verbürgungen berufen. Damit ist die Grenze zum Verwaltungsvermögen entscheidend relativiert: Wenn beide Vermögensgruppen stets öffentlichen Zwecken dienen, geht es eher um den Grad der Unmittelbarkeit der Zweckverwirklichung, als um eine kategoriale Unterscheidung.

## 3. Systematik des Staatsvermögens

Traditionell wird – in Anknüpfung an finanzwissenschaftliche Vorstellungen (↑Finanzwissenschaft) des 19. Jh., juristisch rezipiert v. a. durch P. Laband – das S., dem jeweiligen Verwendungszweck folgend, in Verwaltungsvermögen und Finanzvermögen eingeteilt (vgl. auch BVerfGE 10,20 [37 f.]). Bei den Gegenständen des Verwaltungsvermögens ergibt sich die spezifisch rechtliche Bindung aus dem mit ihnen zu verfolgenden öffentlichen Zweck. Diese Zweckbestimmung kann rechtsförmlich – v. a. durch Widmung (Beispiel: öffentliche Straßen und Wege) – oder eher informell durch Ingebrauchnahme des Gegenstandes erfolgen (Beispiel: Polizeifahrzeug; Büromaterial). Die Gegenstände des Verwaltungsvermögens lassen sich weiter systematisieren in solche im internen oder im externen Verwaltungsgebrauch: Erstere dienen durch ihren Sachgebrauch dem Verwaltungszweck, letztere wie Straßen, Brücken aber auch Museen und Theater erfüllen ihren Zweck durch den Gebrauch durch außerhalb der Verwaltung stehende Dritte. Das Finanzvermögen erfüllt seinen Zweck demgegenüber durch seine Erträge bzw. seinen Kapitalwert. Durch wirtschaftliche Betriebe, Unternehmensbeteiligungen, Grundstücke ohne Verwaltungsnutzung, Forsten, Wertpapiere oder Darlehensforderungen lassen sich die Staatseinnahmen stärken. Öffentliche Zwecke werden daher nur mittelbar gefördert. In der Sache treten diese Einnahmen, weniger wegen der hier umfänglichen ↑Privatisierungen, als vielmehr wegen der Dominanz der ↑Steuer in der Staatsfinanzierung weitgehend zurück. Gerade hierin bildet sich die Funktionsänderung des S.s, fort von der Staatsfinanzierung durch Domänen, Forsten, später Post, Telegraphie, Eisenbahn und Industriebeteiligungen, hin zur unmittelbaren Verwirklichung konkreter öffentlicher Aufgaben und Verwaltungszwecke deutlich ab. Die Legitimation des Finanzvermögens hat sich in der Gegenwart aus einander sich gegenseitig überlagernden Gründen fast gegen Null verringert: Das ↑GG geht mit seinem Konzept der Steuerstaatlichkeit von einem Vorrang der Steuerfinanzierung aus; wirtschaftsverfassungsrechtlich mag die erwerbswirtschaftliche Betätigung der öffentlichen Hand nicht pauschal unzulässig sein, sie steht jedoch spätestens durch die gerade hier bes. intensive europarechtliche Überlagerung unter zunehmend stärkerem Druck. Das Horten von Finanzmitteln durch den Staat ist niemals „neutral" oder staatsrechtlich irrelevant: Da es die verfügbare Finanzmasse verändert, beschränkt es auch private ↑Freiheit. Die konkreten Vermögensgegenstände liegen – zumindest z. T. – „quer" zu dieser Systematik, denn Grundstücke können als Grund für Verwaltungsgebäude Teil des Verwaltungs-, als Anlage- oder Spekulationsobjekte des Finanzvermögens sein. Entspr.es gilt für Beteiligungen, die im Rahmen funktionaler Privatisierung der Erfüllung materieller Verwaltungsaufgaben dienen, als Industriebeteiligung jedoch auch reinen Anlagecharakter besitzen.

### 4. Rechtlicher Rahmen

Eine der „klassischen" Fragen des Staatseigentums ist diejenige nach den Grenzen der Eigentumsakkumulation. Zwei Richtungen können unterschieden werden: Die Bildung von „Reserven" und die erwerbswirtschaftliche Betätigung.

Das Rechtsregime der Beschaffung von Staatseigentum unterliegt einem bemerkenswerten Paradigmenwandel. Verfolgte das öffentliche Auftragswesen urspr. primär haushaltsrechtliche Zielsetzungen, um eine möglichst sparsame Beschaffung zu erzwingen und wurde zwischenzeitlich die konjunkturpolitische Dimension öffentlicher Beschaffung erkannt, hat sich dieses Feld unter unionsrechtlicher Anleitung und Überlagerung zu dem primär wettbewerbsrechtlich ausgerichteten ↑Vergaberecht weiterentwickelt, ein expandierendes komplexes neues Rechtsgebiet von kaum zu überschätzender praktischer Bedeutung.

Staatseigentum dient einmal der Verwirklichung anderer Ziele, andererseits ist es selbst und unmittelbar Gegenstand der Nutzung. Rechtsregime hinsichtlich der Verwendung von Staatseigentum finden sich auf beiden Ebenen. Die Zulässigkeit der erwerbswirtschaftlichen Betätigung des Staates ist v. a. auf kommunaler Ebene eine virulente Rechtsfrage. Unabhängig von schwankenden politischen und ökonomischen Bewertungen der Sinnhaftigkeit kommunaler Wirtschaftstätigkeit waren die Verwaltungsgerichte mit diesen Fragen aufgrund von Konkurrentenklagen kontinuierlich beschäftigt. Geht es um die unmittelbare Nutzung von im Eigentum des Staates stehenden Sachen ist die für das öffentliche Sachenrecht grundlegende Unterscheidung zwischen dem sog.en Gemeingebrauch und der Nutzung im Verwaltungsgebrauch zentral. Öffentliche Straßen und Wege sind die traditionellen öffentlichen Sachen im Gemeingebrauch. Nicht dem Gemeingebrauch unterfallend aber auf durch Zulassung gewährte unmittelbare Nutzung gerichtet sind die öffentlichen Einrichtungen der Kommunen: V. a. die Vergabe der Nutzung von Stadthallen, etwa für politische Veranstaltungen, haben insofern umfängliche Judikatur hervorgebracht.

Bestimmte Gegenstände sind für den Eigentümer nur beschränkt verfügungsfähig. Der Kulturgüterschutz unterscheidet insofern nicht zwischen Beschränkungen privater oder staatlicher Kunsteigentümer. Entspr.es gilt etwa für auch den Staat als Besitzer und Nutzer in der Forschung zur Verfügung stehendem spaltfähigen Kernmaterial, das in einer komplexen Konstruktion im Eigentum der EURATOM steht. Andere Eigentumsgegenstände, die massiven Verfügungsbeschränkungen unterliegen, können nach deutschem Recht grundsätzlich nur (etwa Kriegswaffen) bzw. auch (etwa sonstige Waffen oder Betäubungsmittel) in Staatseigentum stehen.

Zahlreiche Teilrechtsgebiete des ↑öffentlichen Rechts weisen Bezüge zum S.s-Recht auf: das ↑Wirtschaftsverwaltungsrecht/das öffentliche Wirtschaftsrecht, das Haushaltsrecht, das Finanzverfassungsrecht (↑Finanzverfassung) und das ↑Steuerrecht. Auch jenseits des öffentlichen Rechts im engeren Sinne berührt das Staatseigentum zahlreiche Rechtsgebiete und zwar über die Tatsache hinaus, dass das gesamte Zivil- und Wirtschaftsrecht zunächst angesichts der Konstruktion des Staatseigentums als Privateigentum prinzipiell anwendbar bleibt. Nimmt der Staat am Privatrechtsverkehr teil, stehen ihm auch heute noch einige Sonderrechte zu, die sog.en Fiskusprivilegien. Das ↑Strafrecht knüpft bei seinen Qualifikationsstraftatbeständen nicht im technischen Sinn an Staatseigentum an; bei der gemeinschädlichen Sachbeschädigung (§ 304 StGB) oder dem bes. schweren Diebstahl (§ 243 Abs. 1 Nr. 5 oder 7 StGB) sind jedoch Sachen betroffen, die regelmäßig bzw. – so bei den Kriegswaffen – nur in Staatseigentum stehen.

### 5. Veräußerung von Staatsvermögen

Historisch war „konstruktive Prämisse", um ein „S." zu bilden, die Lösung des Monarchen aus der in den Patrimonialstaatslehren prägenden Sicht, dass der Landesherr als Privatrechtssubjekt private Herrschaftsrechte (und damit auch Vermögensrechte) in sich vereinte und die Erkenntnis, des von der Person des Landesherrn getrennt zu denkenden Staates. In unterschiedlicher Weise waren nun – sofern nicht das Patrimonialvermögen insgesamt etatisiert wurde – zwischen dem Fürsten- und dem S. zu trennen. Drei Ansichten konkurrierten miteinander: Eine erste Gruppe von Autoren vertrat in Parallele zum Haushaltsrecht für jegliche Veräußerung von Staatsgut die parlamentarische Zustimmung; P. Laband vertrat, dass das Verwaltungsvermögen zum Kernbereich der Exekutive gehöre und somit ohne Zustimmung der Volksvertretung veräußert werden könnte, während das Finanzvermögen dieser Zustimmung bedürfe; die radikal exekutivische Ansicht unter Leugnung jeglichen parlamentarischen Mitwirkungsrechts wurde u. a. von Gerhard Anschütz vertreten. Das vorkonstitutionelle Verbot der Veräußerung des Fürsteneigentums bzw. deren Bindung an die Zustimmung der ↑Stände hatte zunächst den Hintergrund, das dynastisch gebundene Vermögen zusammenzuhalten, darüber hinaus, die im Verlust- oder Minderungsfall subsidiär eintretende Steuerfinanzierung zu vermeiden.

Im geltenden Recht sind – neben völker- und unionsrechtlichen Bindungen – v. a. verfassungs- und haushaltsrechtliche Schranken zu beachten. Für die Privatisierung und d. h. konkret: Veräußerung des Finanzvermögens hat das ↑BVerfG schon im Volkswagen-Urteil von 1961 bis heute gültige Worte gefunden: „Ein Verfassungssatz, der die Veräußerung rein erwerbswirtschaftlicher Unternehmen des Bundes generell verböte, besteht nicht. Eine solche Maßnahme bleibt im Rahmen des Ermessens der politischen Organe des Bundes, soweit nicht ihre Durchführung gegen Verfassungsrecht, insbesondere Grundrechtsnormen verstößt [...]" (BVerf-

GE 12,354 [363]). Dabei wurde gleichzeitig betont, dass bei derartigen Veräußerungen ein „angemessener Preis" erzielt werden müsse – das alte Verbot des Verschenkens öffentlichen Vermögens in neuem, verfassungsstaatlichen Gewande. Das Gericht ergänzt, dass, falls in einer „verbilligten" Abgabe zugl. sozialpolitische Ziele verfolgt werden, auch eine solche Gestaltung grundsätzlich zulässig sein kann. Dies war bei der Privatisierung des Volkswagen-Werks mit dem Konzept sog.er Volksaktien gerade der Fall. Beim Verwaltungsvermögen kommt freilich die den privatrechtlichen Ausgangsstatus überlagernde öffentlich-rechtliche Sachherrschaft, welche die Zweckverwirklichung garantiert, hinzu. Dies führt bei der Veräußerung zu einer weiteren, ungeschriebenen Sperre: Die Funktionsfähigkeit der ↑Verwaltung muss prinzipiell erhalten bleiben.

Auf Ebene der ↑Landesverfassungen versuchen zahlreiche Normen mit unterschiedlichen Mitteln – Statuierung eines Gesetzesvorbehalts; Bindung von S. in bestimmten Konstruktionen – die Substanz des Landesvermögens zu erhalten. Art. 81 BayVerf (zum sog.en Grundstockvermögen) und Art. 63 NdsVerf stellen markante Beispiele dar.

In Konkretisierung des allg.en haushaltsrechtlichen Grundsatzes der Wirtschaftlichkeit normiert § 63 Abs. 2 ff. BHO Regeln für die Veräußerung von Bundesvermögen. Relevant sind diese Regelungen für die Veräußerung von Grundstücken und von Unternehmensbeteiligungen. Danach wird nur in den Fällen des § 64 BHO parlamentarische Zustimmung benötigt – eine einfachrechtliche Festlegung, welche verfassungsrechtliche Anforderungen freilich nicht außer Kraft setzen kann. Zentrales inhaltliches Kriterium für die Veräußerung staatlicher Vermögensgegenstände ist, dass diese „in absehbarer Zeit nicht benötigt" werden, d. h. entbehrlich sind. Auch das ist eine Konkretisierung des Wirtschaftlichkeitsgebots. Da die Veräußerung nur zum vollen Wert (= Verkehrswert) erfolgen darf, statuiert das Haushaltsrecht kein Bestands-, wohl aber ein Werterhaltungsgebot. Durch den 2005 eingefügten S. 2 des § 63 Abs. 2 BHO ist die Möglichkeit der Veräußerung bei langfristiger Eigennutzung eingeräumt, sofern dies wirtschaftlich vorteilhaft ist – ↑PPP, wie insb. *Sale-and-Lease-back* Gestaltungen sollen so ermöglicht werden. Eine hier nicht zu vertiefende Frage ist die Vergaberechtspflichtigkeit von Vermögensveräußerungen. Für die Grundstücksveräußerung gilt die Sonderregel des § 64 BHO.

### Literatur

O. Depenheuer/B. Kahl (Hg.): Staatseigentum, 2017 • C. Waldhoff: Versilbern und Verschulden – Staatssanierung auf Kosten der vorangegangenen und der kommenden Generation, in: K. von Lewinski (Hg.): Staatsbankrott als Rechtsfrage, 2011, 77–105 • J. Isensee: Staatsvermögen, in: HStR, Bd. 5, ³2007, § 122.

CHRISTIAN WALDHOFF

# Staatsversagen

I. Wirtschaftswissenschaften – II. Politikwissenschaft

## I. Wirtschaftswissenschaften

### 1. Staatsversagen als ökonomischer Fachbegriff

Von S. wird in den Wirtschaftswissenschaften dann gesprochen, wenn staatliches Handeln oder Nichthandeln zu Fehlallokationen bzw. Ineffizienzen auf ↑Märkten, im Wirtschaftssystem oder in anderen Gesellschaftsbereichen führt. Ob eine Fehlallokation bzw. Ineffizienz vorliegt, wird mittels des Instrumentariums der Wohlfahrtsökonomik bestimmt; etwa durch Kosten-Nutzen-Analysen oder die modellhafte Bestimmung der aus wohlfahrtsökonomischer Sicht optimalen bzw. effizienten ↑Allokation von Ressourcen. Während ↑Marktversagen Situationen bezeichnet, in denen Märkte nicht so perfekt funktionieren, wie im wohlfahrtsökonomischen Modell der vollkommenen Konkurrenz (z. B. aufgrund von ↑externen Effekten, Marktmacht oder Informationsproblemen), so trägt der Begriff des S.s dem Umstand Rechnung, dass staatliches Handeln nicht nur Probleme lösen und Ineffizienzen beseitigen kann (z. B. Marktversagen); staatliches Handeln kann selbst wiederum zur Quelle von Fehlallokationen bzw. Ineffizienzen werden. Als Synonym zum Begriff S. (engl. *government failure*) wird in den Wirtschaftswissenschaften häufig auch der Begriff Politikversagen verwendet. Der alltagsweltliche Sprachgebrauch folgt oft nicht der engen wohlfahrtsökonomischen Begriffsdefinition, sondern in öffentlichen Diskussionen wird Staats- bzw. Politikversagen häufig als politischer (Kampf-)Begriff verwendet, mit dem kritische Beobachter auf (subjektiv) empfundene Missstände in ↑Politik und ↑Verwaltung aufmerksam machen möchten.

### 2. Formen des Staatsversagens

In der wirtschaftswissenschaftlichen Literatur wird zwischen verschiedenen Ursachen bzw. Quellen des S.s unterschieden. Vertreter des Wirtschafts- und Ordoliberalismus weisen darauf hin, dass gut gemeinte wirtschaftspolitische (↑Wirtschaftspolitik) Eingriffe (z. B. ↑Subventionen, ↑Zölle oder Preis-, Mengen- und Qualitätsregulierungen) zu Allokationsineffizienzen und unbeabsichtigten Nebenwirkungen führen können. Wirtschaftspolitische Interventionen können demnach u. U. volkswirtschaftliche Wohlfahrtsverluste nach sich ziehen. Wenn ein gut gemeinter Staatseingriff nicht die intendierten Wirkungen zeitigt, sondern neue Ineffizienzen und weitere Probleme erzeugt, dann kann dies u. a. an der mangelnden bzw. begrenzten Steuerungsfähigkeit (↑Steuerung) der an der Intervention beteiligten politisch-administrativen Akteure liegen. Während der ↑Staat in wohlfahrtsökonomischen Modellwelten oft als allwissender Sozialplaner modelliert wird, kann es in einer konkreten, realweltlichen Situation sein, dass im Politikbetrieb und Verwaltungsapparat die für einen Eingriff notwendigen Qualifikationen und die nötige Expertise fehlen, oder dass Entscheidungsträgern in Politik und Verwaltung situations- bzw. entscheidungsrelevante ↑Informationen fehlen. Friedrich August von Hayek spricht mit Blick auf derartige Informations- und Wissensprobleme der Staatstätigkeit in diesem Zusammenhang auch von der „Anmaßung von Wissen" (Hayek 1975), die staatliches Handeln zur Problemquelle machen kann.

Auf eine weitere mögliche Ursache von S. macht die ökonomische Theorie der Politik, oft auch als ↑Neue Politische Ökonomie oder Public Choice Theory bezeichnet, aufmerksam. Während in Modellen der traditionellen Wohlfahrtsökonomik von wohlwollenden, gemeinwohlorientierten politisch-administrativen Akteuren ausgegangen wird, berücksichtigt die ökonomische Theorie der Politik in der Tradition von Anthony Downs, James Buchanan und Gordon Tullock, dass Akteure in Politik und Verwaltung in der Realität natürlich auch eigene ↑Interessen verfolgen können. Z. B. kann es sein, dass zur Bearbeitung eines Marktversagenstatbestands nicht die aus wohlfahrtsökonomischer Sicht effizienteste und effektivste Politikmaßnahme ergriffen wird, da die beteiligten politischen Entscheidungsträger erwarten, dass diese Maßnahme in der Bevölkerung unpopulär ist und Wählerstimmen kosten würde. Der politische Wettbewerb um Wählerstimmen bzw. das Motiv der Steigerung von Popularitätswerten in Hinblick auf den nächsten Wahltermin kann also dazu führen, dass nicht diejenigen Politikmaßnahmen ergriffen werden, die aus wohlfahrtsökonomischer Perspektive zur Erhöhung der gesamtgesellschaftlichen ↑Wohlfahrt angezeigt wären; sondern solche Maßnahmen, die der Stimmenmaximierung und Erhöhung der Wiederwahlchancen dienen (z. B. Wahlgeschenke in Form bestimmter Staatsausgaben oder Steuererleichterungen).

Während die traditionelle Wohlfahrtsökonomik von einem Verwaltungsapparat ausgeht, der wohlwollend und gemeinwohlorientiert an der Bearbeitung von Marktversagensproblemen (d. h. an der Beseitigung von Ineffizienzen) oder anderen gesellschaftlichen Problemen mitwirkt, so weist die ökonomische Theorie der ↑Bürokratie in der Tradition von William Arthur Niskanen darauf hin, dass die Verwaltung selbst eine Quelle neuer Ineffizienzen sein kann. In diesem Kontext wird in den Wirtschaftswissenschaften bisweilen auch der Begriff des Bürokratie- bzw. Verwaltungsversagens als Spezialfall von S. verwendet. Bspw. kann es sein, dass das Selbsterhaltungsinteresse und Eigennutzstreben von Verwaltungsmitarbeitern (z. B. in Form von ↑Macht, Prestige, ↑Einkommen) dazu führt, dass ineffiziente Strukturen und Behörden aufrechterhalten bzw. nicht reformiert werden. Auch kann es sein, dass ↑Bürokratien keinen Anreiz haben, sorgsam und wirtschaftlich mit öffentlichen Mitteln bzw. Steuergeldern umzugehen, und somit Steuergeld verschwenden. In der Vergangenheit hat sich gezeigt, dass Staatsbetriebe wie z. B. diejenigen, die zur Korrektur des Marktversagenstatbestands des natürlichen Monopols (u. a. Stromnetz, Schienennetz) geschaffen wurden, vielfach mit Qualitäts- und Effizienzproblemen zu kämpfen hatten.

Zudem kann, wie die ökonomische Theorie der Interessengruppen in der Tradition von Mancur Olson herausgearbeitet hat, auch das Lobbying (↑Lobby) bzw. die Einflussnahme durch Wirtschaftsunternehmen (↑Unternehmen) und ihre ↑Verbände, aber auch durch ↑Gewerkschaften und andere ↑Interessengruppen dazu führen, dass politisch-administrative Akteure nicht die (wirtschafts-)politischen Entscheidungen treffen, die aus wohlfahrtsökonomischer Sicht i. S. d. gesamtgesellschaftlichen Wohlfahrt angezeigt wären; sondern solche, die den Partikularinteressen bestimmter Gruppen innerhalb der Gesellschaft dienen. Politiker könnten sich z. B. für gesamtgesellschaftlich ineffiziente Politikmaßnahmen-Vorschläge bestimmter Interessengruppen stark machen, weil sie Parteispenden, Wählerstimmenzusagen oder andere Zuwendungen (Aufsichtsratsposten, Nebeneinkünfte, Jobs für Familienmitglieder etc.) von diesen Gruppen erhalten haben. Werden solche (Geschäfts-)Beziehungen publik, dann stellt sich nicht nur die demokratietheoretische Frage der ↑Legitimität dieser Beziehungen, sondern vielfach wird auch juristisch die ↑Legalität der jeweiligen Transaktionen zwischen Politikern und Interessengruppenvertretern überprüft. Zahlreiche empirische Studien innerhalb der polit-ökonomischen Literatur belegen, dass sich u. U. auch Verwaltungsmitarbeiter anfällig für Lobbying-Aktivitäten und konkrete Zuwendungen (↑Korruption) von Interessengruppen zeigen.

### 3. Theorie und Empirie: Potentielles und tatsächliches Staatsversagen

Während die ökonomische Theorie des Marktversagens darauf aufmerksam macht, dass Märkte nicht immer und überall perfekt funktionieren, weist die ökonomische Theorie des S.s darauf hin, dass in Politik und Verwaltung aus verschiedenen Gründen bisweilen Entscheidungen getroffen werden, die nicht zur Sicherung oder Erhöhung der gesamtgesellschaftlichen Wohlfahrt des betreffenden Gemeinwesens führen. Insb. staatliche Eingriffe in das Marktgeschehen und Wirtschaftssystem betrachtet diese Theorie mit großer Skepsis und mahnt in diesem Bereich zur Zurückhaltung bzw. zu gut überlegter und wohldosierter Staatstätigkeit. Die Stärke dieser Theorie ist demnach, dass sie sozusagen *worst case*-Szenarien bzw. Hypothesen dahingehend entwirft, was in Politik und Verwaltung in puncto ökonomischer Effizienz und Effektivität unter bestimmten Bedingungen suboptimal geschehen könnte. Auf Basis dieser theoretischen Szenarien kann dann darüber nachgedacht werden, mittels welcher Mechanismen die Wahrscheinlichkeit des Auftretens von S. reduziert werden kann.

Ein Kritikpunkt an dieser Theorie besteht darin, dass sie ein recht düsteres bzw. negatives Bild von Politik, Verwaltung und Staatstätigkeit zeichnet. Was bei der Betonung der Funktionsmängel und Ineffizienzen im Politikbetrieb und Verwaltungsapparat leicht aus dem Blick gerät, ist der Tatbestand, dass der Staat und seine Bediensteten vielfach sehr gute Arbeit leisten, wenn es um die Bereitstellung von ↑Gütern und ↑Dienstleistungen für die Bevölkerung oder den Schutz der Bürger (z. B. im Falle von Naturkatastrophen [↑Katastrophenschutz]) geht. Dass es eine Reihe von ökonomischen Theorien gibt, die vor der *Möglichkeit* des S.s warnen, bedeutet indes nicht, dass es in der Realität auch zwangsläufig so kommt, wie theoretisch vermutet. Von daher muss im konkreten Einzelfall empirisch untersucht werden, ob tatsächlich aus (wohlfahrts-)ökonomischer Perspektive ein Fall von S. vorliegt und mittels welcher Mechanismen das jeweilige S. verhindert bzw. korrigiert werden kann.

### Literatur

M. Fritsch: Marktversagen und Wirtschaftspolitik. Mikroökonomische Grundlagen staatlichen Handelns, [10]2018 • K. Mause/C. Müller: Allokation. Marktversagen und Staatstätigkeit, in: dies./K. Schubert (Hg.): Politik und Wirtschaft. Ein integratives Kompendium, 2018, 147–190 • W. R. Keech/M. C. Munger: The Anatomy of Government Failure, in: Public Choice 164/1 (2015), 1–42 • G. Tullock/A. Seldon/G. L. Brady: Government Failure. A Primer in Public Choice, 2002 • F. A. von Hayek: The Pretence of Knowledge, in: Swedish Journal of Economics 77/4 (1975), 433–442.

KARSTEN MAUSE

## II. Politikwissenschaft

### 1. Definitionen

Der nur wenig präzise Begriff des S.s wird für verschiedenartigste Entscheidungs-, Handlungs- und Leistungsdefizite des ↑Staates, konkret seiner Institutionen und Handlungsträger verwendet. Die Handhabung ist höchst uneinheitlich:

*a)* Handlungstheoretisch wird unterschieden zwischen solchen Fehlleistungen staatlichen Handelns, die als korrigierbar oder auch revidierbar angesehen werden, und strukturell verursachten Defiziten, also S. in engerem, gesellschaftstheoretisch/holistisch begründetem Begriffsverständnis.

*b)* In staatsrechtlicher Perspektive tritt S. dann ein, wenn der Staat seine territoriale Integrität, die innere (↑Innere Sicherheit) wie äußere Sicherheit und die ↑Wohlfahrt seiner Bürger, die ↑Legalität staatlichen Handelns nicht oder nur unzulänglich zu gewährleisten vermag. Dabei ist das „Monopol der legitimen physischen Gewaltsamkeit" (Weber 1988: 506) des Staates zur Durchsetzung seiner Entscheidungen im Innern in Frage gestellt, beschränkt oder gar ausgehöhlt sowie die völkerrechtliche ↑Souveränität nach außen durch Interdependenzen geteilt bzw. vermittelt und/oder gar aufgehoben.

*c)* Sozialwissenschaftlich bzw. systemtheoretisch erfasst der Begriff des S.s (oder genauer: des politischen Systemversagens) Defizite seiner subsystemisch nur ihm eigenen Steuerungsleistungen (↑Steuerung), sowohl bei direkter, gesamtsystemisch verbindlicher (legislativer) Entscheidungsfindung, (administrativer) ↑Implementation und (justizialer) Konfliktregulierung als auch bei unzureichender bzw. fehlender indirekter oder (dezentraler) Kontext-Steuerung.

*d)* Politikwissenschaftlich ist S. bestimmt worden als die strukturell verursachte unzulängliche „Versorgung eines Landes mit öffentlichen Gütern, [da] deren Preis zu hoch und deren Qualität zu niedrig ist" sowie als die „gleichfalls nicht zufällige Unfähigkeit, Entscheidungen zu fällen, deren Notwendigkeit weithin unbestritten ist" (Jänicke 1986: 11).

### 2. Formen und Begründungen

Art und Ausmaß von S. hängen ab insb.:

*a)* von den jeweiligen Legitimitätsansprüchen (↑Legitimation) des Staates und deren Akzeptanz,

*b)* vom sozio-politischen Entwicklungsstand wie

*c)* von der konkreten Gestalt der Staatsorganisation und des Staatsinterventionismus. Formen von S. können von revidierbaren Fehleistungen des Staates bei Input- wie Output-Legitimation, strukturellen Defiziten, (partiellen) ↑Anomien bis hin zum Staatszerfall (↑Failed States) reichen.

In Anbetracht der Abwesenheit von Letztbegründungen jenseits der drei allg.en Staatszwecke – ↑Sicherheit, ↑Freiheit, soziale ↑Gerechtigkeit – unterliegen mit dem Wandel der ↑Staatsaufgaben auch die Funktionserwartungen wie die Handlungs- und Leistungsdefizite raumzeitlich unterschiedlich zu bewertenden Prozessen von S. Dies gilt bei historisch-diachroner Betrachtung, aber auch in synchron-gegenwartsbezogener Perspektive, etwa bei Vergleichen von S. in Staaten unterschiedlicher kultureller oder auch sozialer Entwicklung, und sogar für industrielle Demokratien in der sog.en OECD-Welt, deren Gegenwart als Folge sich beschleunigenden Gesellschafts- wie Politikwandels zunehmend von Prozessen „variierender" (Lundgreen 2014: 35) wie „begrenzter Staatlichkeit" (Risse/Lehmkuhl 2007) bestimmt wird. Infolgedessen unterliegen auch die Kriterien von S. dynamischen Veränderungen; zudem fallen die Begründungen je nach den zugrunde gelegten staats- und politiktheoretischen Positionsbestimmungen unterschiedlich aus:

*a)* In Anbetracht der Souveränitätsverluste des Nationalstaates (auch Deutschlands), die als Folge der verschiedenen Souveränitätsteilungen und -verflechtungen international, EU-europäisch, national zu komplexen, vertikalen wie horizontalen ↑Politikverflechtungen führen, verlieren (anders als die Populisten eines antiquierten ↑Nationalismus suggerieren) das Prinzip völkerrechtlicher Souveränität und deren traditionelle Instrumente an Gewicht; vielmehr signalisieren die begrenzte oder ganz fehlende Bereitschaft zur multinationalen Kooperation und/oder transnationalen Integration, zur Konsensbildung auf der Basis des Multilateralismus etc. das Politikversagen staatlicher Akteure in internationalen Kontexten.

*b)* Mit Blick auf die Staatsorganisation im Innern sind es insb. Demokratiedefizite als Folge von unzulänglichen bzw. ungleichen Partizipationschancen (↑Partizipation), von intransparenten Governance-Prozessen (↑Governance), von Reformträgheiten, die S. indizieren.

*c)* Bezogen auf den Staatsinterventionismus im ↑Sozialstaat definieren Neokonservatismus und ↑Neoliberalismus S. als Unregierbarkeit, als Überlastung *(government overload)* als Folge der Anspruchsinflation und leiten daraus Forderungen nach ↑Deregulierung, Abbau von Staatstätigkeit ab, v.a. die Notwendigkeit des Rückzugs des Staates aus der Wirtschaft. Neo-marxistische Theoretiker hingegen führen S. kapitalismuskritisch auf die nur selektiven Handlungsmöglichkeiten des Staates zurück, die begrenzt seien durch den unaufhebbaren Widerspruch zwischen den Imperativen der Kapitalverwertung einerseits und der Notwendigkeit der Sicherung demokratischer Massenloyalität andererseits. Demgegenüber setzen sozialdemokratische Theoretiker des „Dritten Weges" oder auch des Sozialinvestitionsstaats nicht mehr primär auf die Vorsorge des aktiven Staates, sondern auf die Aktivierung der Selbsthilfe und Selbststeuerung der Kräfte, Netzwerke und Institutionen der ↑Zivilgesellschaft und sehen v.a. in mangelhafter Begleitung bei der Aktivierung und/oder dem Fehlen der Gewährleistungsgarantie des Staates S.

### Literatur

P. Dobner/T. Fischer: Versagen, Fiasko, Katastrophe! Schritte zu einem Forschungskonzept über politische Fehler, in: ZParl 49/4 (2018), 870–884 • R. Voigt (Hg.): Hdb. Staat, 2 Bde., 2018 • S. Leibfried u.a. (Hg.): The Oxford Handbook on Transformations of the State, 2015 • C. Lundgreen: Staatsdiskurse in Rom? Staatlichkeit als analytische Kategorie für die römische Republik, in: ders. (Hg.): Staatlichkeit in Rom? Diskurse und Praxis (in) der römischen Republik, 2014, 13–61 • U. Vögeli: Staatstheoretische Kritik am Konzept Staatszerfall, 2014 • R.-O. Schultze: Governance – ein neues Regime?, in: ZParl 44/3 (2013), 659–674 • A. Benz: Der moderne Staat, ²2008 • M. Beisheim/G. F. Schuppert (Hg.): Staatszerfall und Governance, 2007 • T. Risse/U. Lehmkuhl: Governance in Räumen begrenzter Staatlichkeit, in: APuZ 20/21 (2007), 3–9 • W. Reinhard: Geschichte der Staatsgewalt, ³2002 • D. Grimm (Hg.): Staatsaufgaben, 1996 • F. W. Scharpf: Die Handlungsfähigkeit des Staates am Ende des zwanzigsten Jahrhunderts, in: PVS 32/4 (1991), 621–634 • M. Weber: Politik als Beruf, in: ders.: Gesammelte Politische Schriften, ⁵1988, 505–561 • M. Jänicke: Staatsversagen. Die Ohnmacht der Politik in der Industriegesellschaft, 1986.

RAINER-OLAF SCHULTZE

## Staatsverschuldung

### 1. Begriff

S. (englisch: *public debt*; lateinisch: *debitum*, d.h. Schuld, Schuldigkeit, moralische Verpflichtung) stellt aus ökonomischer Perspektive eine Kreditaufnahme des Staates und aus rechtswissenschaftlicher Perspektive eine Rechtsverbindlichkeit des ↑Staates gegenüber Dritten dar. Zumeist sind die Gläubiger private Investoren, die für die Zahlung eines Nominalbetrags vom Staat eine ↑Staatsanleihe als verbrieftes vermögenswertes Recht erhalten, den Nominalbetrag zzgl. Zinszahlungen am Laufzeitende zurückzuerhalten. Neben ↑Steuern, Beiträgen und Gebühren ist die S. eine staatliche Einnahmequelle, indem der Staat im Rahmen des Emissionsgeschäftes von Staatsanleihen als aktiver Finanzmarktakteur und zugl. als Kreditnehmer auftritt. In der BRD übernimmt die *Bundesrepublik Deutschland – Finanzagentur GmbH* (Bundesfinanzagentur) diese Funktion im Bereich der Bundesschulden und handelt im Auftrag der ↑Bundesregierung bzw. des Bundesfinanzministeriums.

Die S. wird insb. dann herangezogen, wenn die laufenden Einnahmen zur Deckung der Ausgaben nicht ausreichen. Hier ermöglicht S. dem Staat in der kurzen Frist die Einnahmeseite zu erhöhen, wodurch der Staat in der Gegenwart mehr Ausgaben oder ↑Investitionen tätigen kann. In der mittleren bis langen Frist hingegen, müssen die ↑Kredite zzgl. Zinsen zurückbezahlt werden. Somit entsteht durch die S. eine schwebende Verbindlichkeit gegenüber zukünftigen ↑Staatshaushalten.

Der Staat zahlt also für die S. einen Preis: den Zins. Das Zinsniveau ist das Preissignal, das der ↑Wirtschaftspolitik vermittelt, wie mit der S. umzugehen ist.

Hierbei ist es umstritten, ob der Staat durch S. finanzierte öffentliche Ausgaben und Investitionen die effektive Nachfrage wirksam erhöhen kann. Unumstritten ist, dass die S. ein zentrales Instrument der Wirtschaftspolitik liefert, das interdependente Auswirkungen auf monetäre Entwicklungen haben kann.

In der wirtschaftswissenschaftlichen Rezeption ist es seit jeher umstritten, ob die S. positiv oder generell negativ zu bewerten ist. In der negativen Darstellung wird die Belastung der S. für künftige Generationen hervorgehoben. Überdies führe eine übermäßige S. zu Inflation und drohe, die Stabilität der Geldverfassung zu erodieren, wie aus monetaristischen Perspektiven der S. entgegengehalten wird. In der positiven Darstellung wird die S. gefordert, um diejenigen Bürger zu unterstützen, die unterdurchschnittlich Realvermögen gebildet haben. Zwischen diesen beiden Perspektiven entscheidet der Zins, welche Seite prinzipiell überwiegt. Wenn der Zins so gering ist, dass dynamische Ineffizienz vorliegt, liegen gute Gründe vor, um die Belastung zukünftiger Generationen geringer zu bewerten. Anderseits kann ein plötzlich eintretendes höheres Zinsniveau den Staat in eine Refinanzierungsnotlage bringen. Über die Entwicklungslinien dieser beiden Positionen und der modernen Diskussion siehe auch ↑*Austeritätspolitik*.

## 2. Ursachen

Aus moderner wirtschaftswissenschaftlicher Perspektive können die Ursachen der S. in exogene und endogene Faktoren unterteilt werden:

Exogene Faktoren sind bspw. ↑Kriege, Pandemien und andere ↑Krisen, die nicht durch die Regierung oder die S. selbst verursacht worden sind, wie z. B. eine ↑Finanzmarktkrise, die auf eine unzureichende Regulierung des Geschäfts- und Investmentbankensystems (↑Banken) zurückzuführen ist.

Endogene Faktoren hängen mit der S. selbst zusammen. Ihr kausaler Wirkungszusammenhang und die Wirkungsrichtung mit der S. sind empirisch nicht immer zweifelsfrei zu identifizieren und daher schwer messbar. In empirischen Untersuchungen wird dazu versucht, die S. über einen längeren Zeitraum, auf mehreren Gebietskörperschaftsebenen oder durch die gemeinsame Betrachtung vieler Staaten zu untersuchen. Hierdurch erhört sich die Variation der S. und ihrer Einflussfaktoren, die sodann besser auf Gemeinsamkeiten untersucht werden können. Instrumentalvariablen, Regressionsdiskontinuitäten und Differenz-von-Differenzen-Ansätze werden hier heutzutage herangezogen. Eine experimentelle Überprüfung ist aufgrund der mangelnden externen Validität schlechter geeignet. Normalerweise wird zur Überprüfung der Tragfähigkeit der S. die sog.e modell-basierte Tragfähigkeitskonzeption von Henning Bohn herangezogen.

Zu den endogenen Einflussfaktoren zählen ökonomische, institutionelle und kulturelle Einflussfaktoren. Bei den institutionellen Faktoren sind insb. die allg.en Haushalts- und Verschuldungsregeln und die spezifischen Merkmale der lokalen ↑Finanzverfassung und des (föderalen) (Mehrebenen-)Regierungssystems (↑Mehrebenensystem), der ↑Verfassung und der weiteren interdependenten Regeln der Geldverfassung zu erwähnen, die einen Einfluss auf die S. ausüben. Unbestritten ist, dass ökonomische Ursachen, wie die wirtschaftliche Entwicklung, die Demographie und weitere sozioökonomische Determinanten die S. beeinflussen. Diese Erklärungen werden als „traditionelle Erklärungen" in einem kleinen Ausschnitt genauer erläutert.

Die endogenen politökonomischen Bestimmungsgründe werden mit Hilfe der neuen ↑Institutionenökonomik untersucht und unterhalb genauer dargestellt. Die *Public Choice-Theorie* baut auf der Verhaltensannahme auf, dass Politiker allein an ihrem Eigennutz interessiert sind und daher ihre eigene Wiederwahl anstreben. Aus diesem Ansatz lassen sich politökonomische Ursachen der S. zusammenfassen, die nach den traditionellen Erklärungen weiter unterhalb dargestellt werden.

### 2.1 Traditionelle Erklärungen

*a)* Lastenverschiebungen: Staaten investieren u. a. in die ↑Bildung und/oder die ↑Infrastruktur. Gleichwohl profitieren nicht nur gegenwärtige, sondern v. a. zukünftige Steuerzahler von diesen Investitionen. Geht man normativ aus, dass sich alle Nutznießer an den zur Bereitstellung dieser Güter verbundenen ↑Kosten beteiligen sollen, so kann dies mittels S. bewerkstelligt werden: Aufgrund der S. werden die Steuerbelastungen auf unterschiedliche Zeitpunkte verteilt. Somit müssen zukünftige Steuerzahler für ihren ↑Nutzen aus den gegenwärtigen Investitionen aufkommen. Anhänger des deutschen Finanzklassizismus, wie Lorenz von Stein und Adolph Wagner, wiesen im 19. Jh. auf eben diese Funktion als Ursache und Notwendigkeit der S. hin: So heißt es bei L. von Stein: „Ein Staat ohne Staatsschuld thut entweder zu wenig für seine Zukunft, oder er fordert zu viel von seiner Gegenwart" (von Stein 1871: 666).

*b)* Steuerglättung *(Tax Smoothing)*: Bei Konjunkturschwankungen, die im Abschwung mit zurückbleibenden Staatseinnahmen einhergehen, führt die Finanzierung der Staatsausgaben mittels S. – anstelle einer Steuerfinanzierung – laut Robert Joseph Barro (1979) zu Effizienzgewinnen. Denn durch das Herauf- und Absenken der verzerrenden Steuersätze entstehen zusätzliche Kosten. Die Steuern werden also bei einer Finanzierung mittels S. geglättet, dadurch kann die Wirtschaftspolitik konstant gehalten werden. Bereits der Freiburger Ökonom Walter Eucken wies auf die erhebliche Bedeutung von langfristig festgelegten Steuersätzen hin: Nur so seien die ↑Unternehmer in der Lage ihre Investitionen langfristig planen zu können. Ohne eine derartig konsistente Politik sei eine „Atmosphäre des Vertrauens" (Eucken 2004: 288) nicht vorhanden.

*c)* Expansive Fiskalpolitik und wechselnde fiskalpolitischen Strategien.

### 2.2 Politökonomische Ursachen

Einige der in der ↑Neuen Politischen Ökonomie ermittelten Ursachen für die S. in demokratischen (Mehrebenen-)Systemen werden im Folgenden kurz vorgestellt. Sie basieren auf der eigennutzorientierten (rationalen) Verhaltensannahme der *Public Choice* und unterstellen ein Wiederwahlinteresse der Politiker im politischen Wettbewerb.

*a)* Zermürbungskrieg *(War of Attrition)*: Beim Modell des Zermürbungskrieges wird angenommen, dass Budgetüberschüsse bzw. Defizitvermeidung durch die Erhöhung der Steuern und eine Rückführung der Staatsausgaben zu erreichen sind. Konsolidierungsversuche auf beiden Seiten verursachen politische Kosten. Aufgrund des Wiederwahlmotivs versuchen die politischen Akteure, die Konsolidierungsanstrengungen zu vermeiden und auf die nächste Regierung abwälzen zu können. Hier können Verschuldungsregeln wie z. B. eine Schuldenbremse sinnvoll eingesetzt werden.

*b)* Zeitinkonsistenz: Vor der Wahl (ex ante) erscheint eine bestimmte ↑Finanzpolitik als optimal, die nach den Wahlen (ex post) nicht mehr optimal ist: So versprechen Politiker z. B. vor der Wahl einen Staatsschuldenabbau. Sind sie erst einmal gewählt, unterliegen sie den unter *a)* geschilderten Anreizen. Um ihre Chancen auf eine Wiederwahl zu erhöhen, verteilen sie Wahlgeschenke und erhöhen die Ausgaben und/oder senken Steuern. Die Budgetdefizite werden durch S. finanziert. Um derartigen Anreizen vorzubeugen, können Verfassungs- bzw. Fiskalregeln eingeführt werden, die dieses opportunistische Verhalten einschränken.

*c)* Tragik der Allmende *(Common Pool Problem):* Die Fähigkeit des Staates als Finanzmarktakteur aufzutreten übt auf Politiker, die der Wiederwahlrestriktion unterliegen, den Anreiz aus, das öffentliche Gut der S. intensiv zu nutzen. Dabei wird in der *Public Choice*-Theorie unterstellt, dass sie das Geld primär für Zwecke ausgeben, die ihrer persönlichen Interessenslage entsprechen. Allerdings erhalten sie aus den Projekten einen höheren Nutzen als Kosten, da die Kosten von allen Steuerzahlern übernommen werden. Es kommt zu einer „Übernutzung der fiskalischen Allmende".

*d)* Politischer Konjunkturzyklus: Um eine „hervorragende" konjunkturelle Lage (z. B. eine niedrige ↑Arbeitslosigkeit) im Wahljahr herbeizuführen, werden die Ausgaben des Staates erhöht und Steuern gesenkt. Dieses Verhalten kann die S. erhöhen.

## 3. Auswirkungen

Die Effekte der S. auf die Volkswirtschaft werden kontrovers diskutiert. Insb. die Interdependenzen zwischen der S. und den Zinsen, der Geldwertstabilität und den öffentlichen Finanzen sind umstritten.

### 3.1 Interdependenz zwischen Staatsverschuldung und Zinsen

Bzgl. der Wirkungsweise der S. auf die ↑Zinsen kann zwischen zwei grundlegend verschiedenen theoretischen Ansätzen unterschieden werden: Zum einen nach dem ricardianischen Ansatz, demzufolge eine Erhöhung der S. zu keiner Veränderung des Zinses führt. Zum anderen nach den nicht-ricardianischen Ansätzen bei denen eine Erhöhung der S. mit einer Veränderung des Zinses einhergeht.

*a)* Ricardianischer Ansatz: Urheber des ricardianischen Ansatzes ist der englische Nationalökonom Daniel Ricardo (↑Klassische Nationalökonomie). Im Zuge der drastischen englischen S. nach den Napoleonischen Kriegen setze er sich mit der S. auseinander: Dem sog.en Äquivalenztheorem zufolge ist es unerheblich, ob eine feste Staatsausgabe mittels Steuern oder S. finanziert wird: Wenn sich der Staat verschuldet, antizipieren die Bürger zukünftige Steuererhöhungen in ihr aktuelles Sparverhalten. Die im Zuge der S. erhöhte Nachfrage nach ↑Kapital ergibt zwar steigende Auswirkungen auf den Zins, allerdings steigt dieser aufgrund der äquivalent erhöhten Ersparnis nicht. S. hat beim ricardianischen Äquivalenztheorem keine Auswirkungen auf das ↑Wirtschaftswachstum. S. ist somit neutral.

Das ricardianische Äquivalenztheorem wurde von R. J. Barro (1974) in einem neoklassischen Modell wieder aufgegriffen. Hier antizipieren die Individuen die mit der S. verbundenen späteren Steuerlasten in ihr gegenwärtiges rationales Entscheidungskalkül (Ricardo-Barro-Äquivalenztheorem). Allerdings widerfuhr R. J. Barros Modell zahlreiche Kritik: Insb. Wurde R. J. Barros wirklichkeitsfremde Annahme eines perfekten Kapitalmarkts (↑Geld- und Kapitalmarkt) kritisiert.

*b)* Nicht-ricardianische Ansätze: Nicht-ricardianische Ansätze gehen hingegen davon aus, dass der private Sektor die mit der S. verbundenen zukünftigen Steuerlasten nicht vollständig in sein Sparverhalten integriert. Dabei lassen sich Verstärkungseffekte *(Crowding-in)* und Verdrängungseffekte *(Crowding-out)* unterscheiden:

Der Verdrängungseffekt geht auf das in der klassischen Nationalökonomik entwickelte saysche Theorem zurück: Demzufolge kann es keine allg.e langfristige Überproduktion geben – und somit keine langfristige Unterbeschäftigung in einer Volkswirtschaft vorherrschen. Eine Erhöhung der S. führt somit zu einer Steigerung der Zinsen. Dies hat einen negativen Verdrängungseffekt zur Folge: Denn der private Sektor investiert aufgrund der Zinserhöhung weniger.

Die private Nachfrage wird durch die mit der S. finanzierte staatliche Nachfrage verdrängt. S. hat somit negative Folgen für das Wirtschaftswachstum.

John Maynard Keynes kritisierte im Zuge der Weltwirtschaftskrise von 1929–32 das saysche Theorem und lieferte der Wirtschaftswissenschaft eine umfassende Begründung, warum Verstärkungseffekte der S. auf die wirtschaftliche Entwicklung zu erwarten sind.

Zur Auslastung der in der ↑Weltwirtschaftskrise nicht vollausgelasteten Kapazitäten schlug J. M. Keynes zur Überwindung der Liquiditätsfalle eine expansive Fiskalpolitik vor, die mittels Defizitfinanzierung *(deficit spending)* die S. intensiv nutzt. Durch den Multiplikatoreffekt steigt die Nachfrage erheblich mehr an als um den Betrag der Summe aller fiskalpolitischen Maßnahmen. Dies kommt durch die ↑Unternehmen zustande, die aufgrund der Nachfragesteigerung mehr investieren und somit die wirtschaftliche Dynamik über den Impuls der staatlichen Konjunkturpolitik (↑Konjunktur) hinaus beflügeln. J. M. Keynes' Analyse der Wirkungsweise der S. war allerdings kurzfristig. Eine Analyse der langfristigen Folgen der S. blieb aus. Mit der monetaristischen Gegenrevolution wurden Zweifel an der Wirksamkeit der keynesianischen Fiskalpolitik angemeldet (↑Keynesianismus). In der langen Frist träten die Verdrängungseffekte in den Vordergrund. Grundsätzlich wäre mit höheren Preisen zu rechnen und Konsumenten, die höhere Steuerbelastungen in der Folge erwarteten. Einer ihrer prominentesten Vertreter ist der US-amerikanische Ökonom Milton Friedman.

Folgt man hingegen den Gedanken der Neukeynesianer – Nicholas Greogory Mankiw und Douglas William Elmendorf – wirkt sich in der kurzen Frist S. positiv auf das Wirtschaftswachstum aus, während in der langen Frist S. zu einem negativen Verdrängungseffekt führt.

Die Postkeynesianer der *Modern Monetary Theory* hingegen betonen in ihrer Theorie den Verstärkungseffekt und negieren die Existenz eines Verdrängungseffektes (z. B. Dirk Enths): Denn den Anhängern der *Modern Monetary Theory* zufolge ist die Geldmenge nicht fixiert, was allerdings eine Grundannahme des Verdrängungseffekts darstellt.

Carl Christian von Weizsäcker und Hagen Krämer sehen positive Effekte der S. auf die wirtschaftliche Dynamik, insb. aufgrund des Verdrängungseffektes: Sie gehen von einem sog.en langfristig ineffizienten dynamischen Gleichgewicht – überkapitalakkummulierten Zustand – der deutschen Wirtschaft aus. Denn die Sparquote der deutschen Bevölkerung sei u. a. aufgrund des demographischen Wandels in Deutschland gestiegen und träfe auf eine verringerte Kapitalnachfrage im Zuge der ↑Digitalisierung. Ein derartig dynamisch ineffizienter Zustand führe zu Nullzinsen, der durch massive S. korrigiert werden solle. Die Theorie von C. C. von Weizsäcker und H. Krämer wird insb. von Stefan Homburg und Hans-Werner Sinn aufgrund des Landrentenarguments abgelehnt: Insb. Ersterer bestreitet, dass sich die ↑Wirtschaft nicht langfristig in einem Zustand der dynamischen Ineffizienz befinden kann, solange die Rendite auf Land der Wirtschaftswachstumsrate entspräche.

Die Wirkungsweise zwischen S. und Zinsen ist nicht unidirektional: Vielmehr kann die Höhe der Zinsen einen Einfluss auf die S. haben. So ergeben sich z. B. bei niedrigen Zinsen niedrigere Kosten der S., wodurch für den öffentlichen Sektor ein zusätzlicher Anreiz besteht, Kredite aufzunehmen.

### 3.2 Interdependenz zwischen Staatsverschuldung und der Geldwertstabilität

Mit der fiskalischen Theorie des Preisniveaus hat Eric Leeper eine Theorie geliefert, die die Interdependenz zwischen der S. und dem Preisniveau erklärt. Dabei ist die konkrete Ausgestaltung der Geldverfassung von zentraler Bedeutung. Ist es der Zentralbank nicht erlaubt, zur Stabilisierung der Erwartungen auf den Anleihemärkten einzugreifen, können andererseits Risiken für die Währungsordnung entstehen. Unbestritten ist jedoch, dass exzessive Verschuldung einen negativen Effekt auf die Geldwertstabilität ausüben kann. Siehe hierzu den Beitrag zu ↑Währungsreform.

### 3.3 Interdependenz zwischen Staatsverschuldung und öffentlichen Finanzen

Die Interdependenz zwischen S. und den öffentlichen Finanzen spielt insb. bei der Tragfähigkeitsanalyse der gegenwärtigen Finanzpolitik eine Rolle: Tragfähigkeit bzw. Nachhaltigkeit der Finanzpolitik gibt u. a. an, inwieweit sich die gegenwärtige öffentliche Verschuldung langfristig auf den öffentlichen Haushalt auswirkt.

Die Schuldenklemme beschreibt einen nicht tragfähigen Zustand der öffentlichen Finanzen, bei dem der Staat einen großen Anteil seiner laufenden Einnahmen für Zinszahlungen verwenden muss. Diese entsteht, wenn der Staat keinen Primärbudgetüberschuss (die Differenz zwischen laufenden Staatsausgaben und Einnahmen) erwirtschaftet, um die exponentiell wachsenden Staatsschulden zu finanzieren.

### Literatur

L. Bahnsen u. a.: Update 2019. Ehrbarer Staat? Die Generationsbilanz. Fokus: Pflegefall Pflegeversicherung? in: Stiftung Marktwirtschaft (Hg.): Argumente zu Marktwirtschaft und Politik 146 (2019) • C. C. von Weizsäcker/H. Krämer: Sparen und Investieren im 21. Jahrhundert. Die große Divergenz, 2019 • C. Brümmerhoff: Finanzwissenschaft, 2018 • C. B. Blankart: Öffentliche Finanzen in der Demokratie. Eine Einführung in die Finanzwissenschaft, 2017 • C.-L. Holtfrerich u. a.: Staatsschulden. Ursachen, Wirkungen und Grenzen (2015); URL: https://www.leopoldina.org/uploads/tx_leopublication/3Akad_Bericht_Staatsschulden_2015.pdf (abger.: 11.01.2021) • D. Enths: A Simple Macroeconomic Model of a Currency Union With Endogenous Money and Investment Saving, in: International Journal of Pluralism and Economic Education 5/3 (2014), 279–297 • S. Homburg: Overaccumulation, Public Debt, and the Importance of Land, in: GER 15/4 (2014), 411–435 • H.-W. Sinn: Aktuelle Stellungnahme zur aktuellen Diskussion über die säkulare Stagnation, 2014 • T. Beigel/G. Eckert: Zum Wandel der Staatsverschuldung. Eine Einführung, in: T. Beigel (Hg.): Vom Wohl und Wehe der Staatsverschuldung, 2013, 1–28 • H. T. Burret/L. Feld/E. A. Köhler: Sustainability of Public Debt in Germany – Historial Considerations and Time Series Evidence, in: JBNSt 233/3 (2013), 291–335 • L. Calmfors: The Role of Independent Fiscal Policy Institutions, in: CESifo Working Papers No. 3367 (2011) • L. R. Wray: An Alternative View of Finance, Saving, Deficits, and Liquidity, in: Levy Economics Institute Working Papers No. 580 (2009) • W. Eucken: Grundsätze der Wirtschaftspolitik, 2004 • G. Erdal: Crowding-Out Hypothesis Versus Ricadian Equivalent Proposition. Evidence From Literature, 2003 • K. Feist/B. Raffelhüschen: Möglichkeiten und Grenzen der Generationenbilanzierung, in: WD 80/7 (2000), 440–448 • D. W. Elmendorf/N. G. Mankiw: Government Debt, in: NBER Working Paper No. 6470 (1998) • A. Belke: Politischer Konjunkturzyklus – Anmerkungen zum Erklärungswert des Parteigängeransatzes, in: ifo-Studien 43/3 (1997), 311–347 • J. De Haan/J.-E. Sturm: Political and Economic Determinants of OECD Budget Deficits and Government Expenditures, in: Eur. J. Political Econ. 13/4 (1997), 739–750 • A. J. Auerbach/A. Gokhale/L. J. Kotlikoff: Generational Accounts. A Meaningful Alternative to Deficit Accounting, in: Tax Policy and the Economy 5 (1991), 55–100 • C. Schiller: Staatsausgaben und Crowding-out-Effekte, 1983 • R. J. Barro: On the Determination of Public Debt, in: JPE 87/5 (1979), 940–971 • J. M. Buchanen/R. E. Wagner: Democracy in Deficit. The Political Legacy of Lord Keynes, 1977 • R. J. Barro: Are Government Bonds Net Wealth?, in: JPE 82/6

(1974), 1095–1117 • H. G. Johnson: The Keynesian Revolution and the Monetarist Counter-Revolution, in: AER 61/2 (1971), 1–14 • D. Ricardo: On the Principles of Political Economy and Taxation, 1951 • J. M. Keynes: Allgemeine Theorie der Beschäftigung, des Zinses und des Geldes, 1936 • Ders.: A Tract on Monetary Reform, 1923 • L. von Stein: Lehrbuch für Finanzwissenschaft, 1871.

EKKEHARD A. KÖHLER UND JULIA AICHER

## Staatsvolk

Das S. als Rechtsbegriff bewirkt eine formale Zurechnung zu einem Staat und ist traditionelle Bezugsgröße des völkerrechtlichen Staatsbegriffs, des Demokratiebegriffs und der Staatsangehörigkeit.

### 1. Staatsvolk zwischen Rechtsbegriff und politischer Theorie

Die Verfassunggebung, mit der die jeweilige Grundordnung moderner Staaten gesetzt wird, benötigt zur politischen Legitimierung des Gründungsaktes ein Subjekt, auf dessen Willen verwiesen werden kann. In der ↑politischen Theorie ist ein wirkmächtiges Legitimierungsmodell von Verfassungen das der ↑Volkssouveränität. Diese braucht aber ein ↑Volk, dem ein politischer Willen zum verfassten ↑Staat zugerechnet werden kann. Die Definition dieses S.es *in statu nascendi* bereitet hierbei auch der politischen Theorie Schwierigkeiten, weil Kriterien der Zugehörigkeit benötigt werden. Materiale Volksdefinitionen (etwa nach Ethnie, ↑Kultur) sind hierbei zum einen anfällig für demokratietheoretisch nicht zu rechtfertigende Exklusionen und leiden zum anderen an völliger Unbestimmtheit, weil man auf ein „Volk" verweist, das keine natürliche Einheit ist, sondern ein normatives Konstrukt, das erst durch eine Rechtsordnung entsteht.

In der Staatspraxis entstehen jedoch ↑Verfassungen durchweg nicht auf einer rechtlichen Tabula rasa, sondern in einer partiellen rechtlichen Geltungskontinuität zu einer vorherigen – z. B. revolutionär überwundenen oder transformierten – Rechtsordnung, die jedenfalls ein Konzept der Staatsangehörigkeit kennt. Ein souveränes Gründungsvolk kann also entweder rechtlich vorverfasstes S. sein oder muss alle Einwohner eines Gebiets erfassen.

Mit der Verfassunggebung verliert das politisch-theoretische Konzept der Volkssouveränität seine Bedeutung. Es bleibt das S., das demokratische ↑Herrschaft innerhalb der verfassungsrechtlichen Legitimationsmechaniken legal ausübt. Änderungen des personalen Substrats des S.es sind daher verfassungsrechtlich auch keine Änderung einer staatstheoretischen Bezugsbasis der Volkssouveränität. Es gibt kein mythisches vorrechtliches Volk, das inhärente Grenze rechtlicher Fortschreibungen des S.es sein könnte.

### 2. Staatsvolk und völkerrechtlicher Staatsbegriff

Das ↑Völkerrecht bedient sich zur Definition, was Staaten und damit geborene Völkerrechtssubjekte sind, immer noch der Kriterien der sog.en Drei-Elemente-Lehre von Georg Jellinek. Ein Staat benötigt hiernach ein ↑Staatsgebiet, ein S. und Staatsgewalt. In einer Weltordnung, in der die Staaten primärer Bezugspunkt von Herrschaftsausübung geblieben sind, ist die Unterscheidung zwischen Staatszugehörigen und Fremden unvermeidbar. S. ist hier ein formaler Begriff der Zugehörigkeit, mit dem Einwohner einem territorialen Staatsverband zugeordnet werden. Für den völkerrechtlichen Staatsbegriff, der die friedenssichernde Staatsformneutralität des Völkerrechts spiegelt, kommt es hingegen nicht darauf an, ob ein Staat den Mitgliedern seines Volkes Bürgerstatus mit Rechten gewährt. Auch Staaten, die nicht demokratisch verfasst sind (z. B. ↑Diktaturen, Erbmonarchien [↑Monarchie], Hierokratien) oder konkreten Teilen des Volkes politische Rechte vorenthalten, haben ein S.

### 3. Staatsvolk und Demokratie

Das S. ist Legitimationssubjekt der ↑Demokratie. Exemplarisch bringt dies Art. 20 Abs. 2 S. 1 GG zum Ausdruck: „Alle Staatsgewalt geht vom Volke aus." Das verfasste S. ist also Subjekt demokratischer Selbstbestimmung, die das Objekt Herrschaft über rechtlich definierte Verfahren legitimiert. Die Legitimationsverfahren können hierbei sehr unterschiedlich ausgestaltet sein. Sie setzen aber eine eindeutige rechtliche Bestimmung des S.es voraus, also einen rechtlichen Bürgerstatus. Das S. legitimiert einerseits Herrschaft auf dem jeweiligen Staatsgebiet auch gegenüber denjenigen, die nicht selbst Mitglied des Volkes sind (z. B. ausländische Einwohner, Durchreisende). Andererseits kann das jeweilige Verfahrensrecht einer Demokratie auch Teilen des S.es demokratische Teilhabe (↑Partizipation) vorübergehend vorenthalten, indem das Wahlrecht an Voraussetzungen geknüpft wird (z. B. Mindestwahlalter).

Herrschaftslegitimation (↑Legitimation) muss sich zwar auf ein verfasstes Legitimationssubjekt beziehen. Dieses muss aber nicht zwingend mit dem S. des Gesamtverbandes identisch sein. Demokratische Verfassungen kennen z. B. Gliedstaats- oder Gemeindevölker (↑Föderalismus), die für ein Teilgebiet als Legitimationssubjekt von Herrschaft fungieren.

### 4. Staatsvolk und Staatsangehörigkeit

Zugehörigkeit zum S. wird in liberalen Rechtsordnungen nicht über vorrechtlich-materiale Zugehörigkeitskriterien (wie Ethnie oder Kultur) definiert, sondern über das formale Band der ↑Staatsangehörigkeit. Die Summe der Staatsangehörigen ist dann das Volk. Nicht-Staatsangehörige werden insoweit i. d. R. von den politischen Legitimationsverfahren ausgeklammert, Zugang zu politischer Teilhabe wird aber über eine Einbürgerung offen gehalten.

Eine demokratische Verfassung zeichnet sich auch durch einen egalitären Bürgerstatus aus: Es gibt grundsätzlich keine diskriminierende Staatsangehörigkeit, die Mitglieder des Staatsverbandes in verschiedene Klassen einteilt, wie dies namentlich unter NS-Herrschaft mit der Differenz von Reichsbürgern und ausgegrenzten, aber gewaltunterworfenen sonstigen Staatsangehörigen durch Reichsbürgergesetz vom 15.9.1935 (RGBl. I, 1146) der Fall war. Unter dem Grundgesetz wäre eine „völkische" bzw. ethno-kulturelle Definition von Zugehörigkeit, die Menschen aus rassistischen Gründen (↑Rassismus) von gleichberechtigter Teilhabe an der politischen Willensbildung ausschließt, mit der ↑Menschenwürde unvereinbar (BVerfGE 144,20 [208 f.]).

#### Literatur

K. F. Gärditz: Der Bürgerstatus im Licht von Migration und europäischer Integration, in: VVDStRL, Bd. 72 (2013), 49–163 • C. Joppke: Citizenship and Immigration, 2010 • C. Waldhoff: Die Entstehung des Verfassungsgesetzes, in: O. Depenheuer/C. Grabenwarter (Hg.): Verfassungstheorie, 2010, 289–348 • S. Unger: Das Verfassungsprinzip der Demokratie, 2008 • I. von Münch: Die deutsche Staatsangehörigkeit, 2007 • G. Jellinek: Allgemeine Staatslehre, [3]1928 • H. Kelsen: Allgemeine Staatslehre, 1925.

KLAUS FERDINAND GÄRDITZ

## Staatswissenschaften

### 1. Entstehung im 18. Jh.

Der Begriff „S." als Bezeichnung eines akademischen Faches wie eines Fächerverbunds wurde ab der Mitte des 18. Jh. geläufig. Beiden lag ein vormodernes Verständnis des Staates zugrunde, das sich auf das lateinische „status" zurückführt und einen Zustand, einen Stand und einen Rang meinte.

S. in der Einzahl wurde synonym für die ältere, aristotelisch geprägte Phase der Politikwissenschaft gebraucht. Diese gehörte seit Gründung der Universitäten im späten Mittelalter zu den akademischen Lehrgegenständen.

Die S. in der Mehrzahl gingen in der zweiten Hälfte des 18. Jh. aus dem Konglomerat der Kameral- und Policeywissenschaften der Frühen ↑Neuzeit hervor. Zu den S. gehörte die ältere Policeywissenschaft als das Fach von Organisation und Inhalten der inneren ↑Verwaltung, die Kameralwissenschaft (↑Kameralismus) als Lehre von den fürstlichen Finanzen, die Ökonomik sowohl als Haus- wie auch als Staatswirtschaftslehre, die Staatenkunde als beschreibend-historische Länderberichte und ein ganzer Kranz von technologischen Fächern (Landwirtschaftslehre, Forstwissenschaft, Bergbau und selbst Bienenkunde).

Diese utilitaristischen Gebrauchswissenschaften dienten der akademischen Ausbildung von höheren Verwaltungsbeamten im Rahmen des Kameralstudiums.

### 2. Entfaltung der Staatswissenschaften im 19. Jh.

Mit der Wende vom 18. zum 19. Jh. erfuhren die S. im Wandel des Staats- wie des Wissenschaftsverständnisses einen Transformationsprozess. Die Aufklärungsphilosophie (↑Aufklärung) und insb. die marktwirtschaftlichen Ideen von Adam Smith revolutionierten ihr Lehrgebäude. Die umfassende Verwaltungslehre der Policeywissenschaft verengte sich zur Verwaltungs*rechts*wissenschaft (↑Verwaltungsrecht). An die Stelle der fürstlichen Kameralwissenschaft trat die ↑klassische Nationalökonomie, die von den wirtschaftenden Individuen ausging. Die ältere qualitativ orientierte Staatenkunde wurde zur quantitativ ausgerichteten modernen ↑Statistik. Das staatswissenschaftliche Kernfach der älteren Politiklehre mutierte in der ersten Hälfte des 19. Jh. zu einer philosophisch oder historisch inspirierten liberal-bürgerlichen Verfassungslehre, die nach dem Scheitern der bürgerlichen Revolution von 1848/49 in der zweiten Hälfte des 19. Jh. weitgehend unterging.

In der akademischen Lehre waren die S. der Konzeption der preußischen Universitätsreformer zufolge elementarer Bestandteil des in den Philosophischen Fakultäten verankerten Bildungsstudiums. In der Forschung dominierte das Bestreben der staatswissenschaftlichen Einzelfächer, sich entspr. dem modernen Wissenschaftsideal durch eigenständige Theorien und Methoden autonomes Ansehen zu verschaffen, aber auch die Einheit der auseinanderstrebenden S. zu bewahren. Diese Bemühungen führten zu umfangreichen Handwörterbüchern wie dem von Carl von Rotteck und Carl Theodor Welcker in den Jahren 1834 bis 1843 veröffentlichten „Staats-Lexikon" und dem nachfolgenden „Deutschen Staats-Wörterbuch" von Johann Caspar Bluntschli und Karl Ludwig Brater. Auch das erstmals 1889 erscheinende „↑Staatslexikon" der Görres-Gesellschaft steht in dieser Tradition.

Die Gründung der renommierten „Zeitschrift für die gesamte Staatswissenschaft" 1843 war der Höhepunkt der Reformbemühungen des altliberalen Staatswissenschaftlers Robert von Mohl an der 1817 auf Initiative Friedrich Lists in Tübingen etablierten „Staatswirtschaftlichen Fakultät", die einen eigenständigen Studiengang für den allg.en höheren Verwaltungsdienst ermöglichen sollte. Auf längere Sicht allerdings höhlte in Deutschland das sich in Preußen beim Zugang zur höheren Verwaltung durchsetzende Juristenprivileg mit seiner Fokussierung auf die justiziellen Fächer des ↑Privat- und ↑Strafrechts die urspr.e Ausbildungsfunktion der gesamten S. aus.

### 3. Zusammenschluss zu Rechts- und Staatswissenschaftlichen Fakultäten

Die Idee institutioneller Zusammenfassung aller S. wurde auch an anderen deutschen Universitäten realisiert. Nach der Gründung des Deutschen Reiches kam es, beginnend 1872 mit der Reichsuniversität Straßburg, an den meisten preußischen und mitteldeutschen Universitäten zur Etablierung von „Rechts- und Staatswissenschaftlichen Fakultäten", in welchen die bisherigen Juristischen Fakultäten und die staatswissenschaftlichen Fächer zusammengefasst wurden.

Trotz dieser institutionellen Bemühungen um den organisatorischen Zusammenhalt der S. verstärkte sich mit Beginn des 20. Jh. die inhaltliche Ausdifferenzierung ihrer Einzelfächer, insb. der Dualismus von ↑Rechts- und ↑Wirtschaftswissenschaften. Zu einem interessanten Intermezzo in dieser scheinbar unaufhaltsamen Entwicklung kam es im Dritten Reich, als Ernst Rudolf Huber 1934 die Übernahme der Herausgeberschaft der „Zeitschrift für die gesamte Staatswissenschaft" nutzte, deren urspr.es Programm der Einheit der gesamten S. unter dem politischen Schlagwort einer „deutschen Staatswissenschaft" wiederzubeleben (Huber 1935).

## 4. Abschied vom Staat und seiner Wissenschaft nach 1945

Nach dem Ende der Hitlerdiktatur galt in der frühen BRD die Idee einer S. zusammen mit dem ihr zugrundeliegenden Begriff des Staates als kompromittiert, hatten doch konservative Obrigkeitsstaatsideologien zum Aufstieg des Hitlerregimes beigetragen und war die Tradition einer gesamten S. durch die Indienstnahme für eine nationalsozialistisch verbrämte Wissenschaftskonzeption diskreditiert worden. Prototypisch für diese Vorbehalte war die nach 1945 in der BRD (wieder-) etablierte ↑Politikwissenschaft, welche sich als Demokratiewissenschaft definierte und ihr Hauptaugenmerk auf den politischen Wissensbildungsprozess (Parlament, Wahlen, Parteien, Interessensverbände) legte (zu den Konjunkturen der bundesdeutschen Politikwissenschaft auf dem Gebiet der Theorie und Praxis des Staates s. ausführlich bei Anderas Anter und Wilhelm Bleek [dies.: 2013]).

An die Stelle der tradierten S. trat in Forschung und Lehre der Begriff der ↑Sozialwissenschaften. Dieser Entwicklung entspr. spalteten sich die meisten Rechts- und Staatswissenschaftlichen Fakultäten schon in der Weimarer Republik und spätestens mit der bundesdeutschen Hochschulreform der 1960er Jahre in drei Bestandteile auf: Rechts-, Wirtschafts- und Sozialwissenschaften.

## 5. Sozialwissenschaftliche Wiederentdeckungen des Staates

Obwohl zumal im progressiven Wissenschaftslager oft von einem „Abschied vom Staat" gesprochen wurde, ist das Realphänomen staatlicher Institutionen und Aktivitäten in der rechts-, wirtschafts- und sozialwissenschaftlichen Diskussion nie untergegangen. Zur expliziten Wiederbelebung staatswissenschaftlicher Bemühungen insb. auch in der deutschen Politikwissenschaft kam es im Zusammenhang mit der Mitte der 1960er Jahre einsetzenden Debatte um die Reform zentraler Tätigkeitsbereiche staatlichen Handelns in Arbeitsmarkt-, Bildungs-, Sozial- und Umweltpolitik. Zu den Politikfeldanalysen (↑Policy) gehören nicht nur die Inhalte, sondern auch die Organisation der staatlichen Aktivitäten in Regierung und Verwaltung sowie deren Zusammenspiel mit gesellschaftlichen und wirtschaftlichen Akteuren. Der Begriff des (modernen) ↑Staates gibt grundlegenden wissenschaftlichen Publikationen wieder ihren Titel. Ihm widmen sich auch Periodika wie die seit 1962 bestehende Zeitschrift mehr juristischer und konservativer Ausrichtung „Der Staat". Aber auch Neugründungen aus dem eher progressiven und sozialwissenschaftlichen Lager („Staatswissenschaft und Staatspraxis", 1990; „Der moderne Staat" [seit 2008]) haben den interdisziplinären sowie praxisbezogenen Anspruch der „gesamten S." wieder aufgenommen.

## 6. Perspektiven der Staatswissenschaft(en)

Organisatorisch sind Bemühungen zu beobachten, in der BRD die S. als Fächerverbund wiederzubeleben. Den Anfang machte 1973 unter dem Einfluss von Thomas Ellwein die Münchener Hochschule, heute Universität der Bundeswehr mit der Errichtung einer „Fakultät für Staats- und Sozialwissenschaften". Studiengänge staatswissenschaftlicher Ausrichtung gibt es auch an den Universitäten Passau und Lüneburg. Bei der Wiedergründung der Universität Erfurt 1994 wurden unter Berufung auf Geburtsort und Werk Max Webers die Rechts-, Sozial- und Wirtschaftswissenschaften in einer „Staatswissenschaftlichen Fakultät" zusammengeführt.

Auf längere Sicht erfolgversprechender erscheint die Wiederbelebung des Konzeptes der S. in der Forschung der Rechts-, Sozial- und Wirtschaftswissenschaften, aber auch der ↑Geschichtswissenschaft. Theorie und Empirie des Staates erweisen sich nicht nur als Inspiration für die Einzelfächer, sondern auch als interdisziplinäre Brücke zu den staatswissenschaftlichen Nachbarwissenschaften.

## Literatur

A. Anter/W. Bleek: Staatskonzepte. Die Theorien der bundesdeutschen Politikwissenschaft, 2013 • A. Voßkuhle/ C. Bumke/F. Meinel (Hg.): Verabschiedung und Wiederentdeckung des Staates im Spannungsfeld der Disziplinen, 2013 • H. Maier: Die ältere deutsche Staats- und Verwaltungslehre, [3]2009 • R. Voigt: Der Januskopf des Staates, 2009 • A. Benz: Der moderne Staat, [2]2008 • W. Bleek: Deutsche Staatswissenschaften im 19. Jahrhundert, in: E. Holtmann (Hg.): Staatsentwicklung und Policyforschung, 2004, 41–67 • G. F. Schuppert: Staatswissenschaft, 2003 • W. Bleek: Von der Kameralausbildung zum Juristenprivileg, 1972 • P.-L. Weinacht: Staat. Studien zur Bedeutungsgeschichte des Worts von den Anfängen bis ins 19. Jahrhundert, 1968 • E. R. Huber: Die deutsche Staatswissenschaft, in: ZgS 95/1 (1935), 1–65.

WILHELM BLEEK

**Staatszerfall** ↑Failed state

## Staatszielbestimmungen

S. sind Normen des Verfassungsrechts, die zwar rechtlich bindend sind, dem Bürger jedoch keine einklagbaren subjektiven Rechte einräumen. Damit sind sie juristisch alles andere als irrelevant, können sie als „Verfassungsgüter" doch Abwägungstopoi von Gewicht in den zahlreichen, v. a. grundrechtlichen Abwägungsvorgängen (↑Abwägung) in der Verfassungs- und Verwaltungsgerichtsbarkeit darstellen. S. bilden zum einen die zentralen Strukturprinzipien einer Verfassungsordnung ab (daher wird teilweise auch von Staatsstrukturprinzipien gesprochen): ↑Republik, Bundesstaatlichkeit (↑Bundesstaat), ↑Demokratie, Rechtsstaatlichkeit (↑Rechtsstaat). Dieser Typus von S. findet seine Konkretisierung in zahlreichen Normen der jeweiligen ↑Verfassung (für die Bundesstaatlichkeit unter dem GG etwa in den Art. 20 ff., 70 ff., 83 ff. und 104a ff.). Daher hat es – v. a. anhand des Rechtsstaatsprinzips – Diskussionen gegeben, ob angesichts der Positivierung in Einzelbestimmungen auf die übergeordnete Kategorie nicht verzichtet werden kann. Durchgesetzt hat sich insoweit jedoch ein summarisches Verständnis, das in der übergeordneten Kategorie und d. h. in der jeweiligen S. einen Eigenwert erblickt. Der zweite Typus von S. normiert ↑Staatsaufgaben und gibt gleichzeitig Direktiven für sämtliche Staatsorgane vor, diese zu verwirklichen (ohne die Konkretion von Gesetzgebungsaufträgen zu erreichen). Hierunter fällt das Sozialstaatsprinzip (Art. 20 Abs. 1, 28 Abs. 1 S. 1 GG; ↑Sozialstaat), das Staatsziel europäische Integration (Präambel, Art. 23 GG; ↑Europäischer Integrationsprozess), ↑Umweltschutz und ↑Tierschutz (Art. 20a GG), das Friedensgebot (Präambel, Art. 24 Abs. 2, 26 GG), Maßgaben für die Konjunkturpolitik (Art. 109 Abs. 2 GG) und bis 1990 auch das Wiedervereinigungsgebot (Präambel). Rechtspolitisch ist seit jeher umstritten, welche Staatsaufgaben durch eine S. hervorgehoben werden sollen. Diskussionen gibt es insoweit über eine S. „Kultur" (↑Kulturpolitik) oder ↑„Sport". Auf Ebene der ↑Landesverfassung besteht hier eine kontextual erklärbare größere Vielfalt. Klar ist dabei, dass sich die Staatsaufgaben nicht allein aus dem Verfassungstext herleiten lassen, sondern im Wesentlichen dem politischen Prozess überantwortet bleiben (müssen).

### Literatur

C. Waldhoff: Der positive und der negative Verfassungsvorbehalt, 2016 • F. Reimer: Verfassungsprinzipien, 2001 • K. P. Sommermann: Staatsziele und Staatszielbestimmungen, 1997 • P. Badura: Arten der Verfassungsrechtssätze, in: HStR, Bd. 7, [1]1992, § 159 • Bundesminister des Innern/Bundesminister der Justiz (Hg.): Staatszielbestimmungen – Gesetzgebungsaufträge. Bericht der von den Bundesministern des Innern und der Justiz eingesetzten Sachverständigenkommission, 1983 • U. Scheuner: Staatszielbestimmungen, in: R. Schnur (Hg.): FS für Ernst Forsthoff zum 70. Geburtstag, 1972, 325–346.

CHRISTIAN WALDHOFF

## Stabilisierung

### 1. Stabilisierung und Stabilisierungspolitik

Seit Richard Abel Musgrave (1969) werden die Aufgaben des Staates zur Gestaltung der Marktwirtschaft in die Bereiche ↑Allokation, ↑Distribution und S. unterteilt. Das Aktivitätsfeld der S.s-Politik ist relativ jung. Es wurde im Rahmen der sog.en Globalsteuerung in der zweiten Hälfte der 1960er Jahre in Deutschland und auch auf europäischer Ebene mit dem Werner-Plan zu einer stufenweisen Verwirklichung einer ↑Währungsunion in Europa populär. Letzterer empfahl eine vollständige Zentralisierung der Fiskalpolitik auf europäischer Ebene zur Sicherung einer flexiblen S.s-Politik mit Ermessensspielräumen.

Generell wird der ↑Staat seit der *Great Depression* von 1929 bis 1932 und John Maynard Keynes' „General Theory" (1936) in vielen westlichen Volkswirtschaften über die Allokations- und Distributionsfunktion hinaus mit der Aufgabe bedacht, das Marktsystem zu stabilisieren.

Die Begriffe der S. und S.s-Politik in Volkswirtschaften haben mehrere Dimensionen. Vorrangiges Ziel von Zentralbanken, wie der ↑EZB, ist die Stabilität des Preisniveaus. Hierdurch soll die Kaufkraftstabilität der Währung im Inland sichergestellt werden. Diese sog.e innere Stabilität wird i. d. R. durch die Bekämpfung von ↑Inflation und Deflation durchgesetzt *(Inflation Targeting)*. Äußere Stabilität, d. h. eine konstante Kaufkraft der heimischen ↑Währung im Ausland, wird nach allg.em Verständnis durch die S. der ↑Wechselkurse gegenüber dem Ausland durch Minimierung von Schwankungen, die nicht fundamental begründet sind, erreicht. Beide Varianten der Stabilität bedingen einander.

Zusätzlich geht es aber auch um die wirtschaftliche Stabilität einzelner Märkte, bspw. der internationalen Rohstoffmärkte und – spätestens seit Ausbruch der globalen Finanzkrise (↑Finanzmarktkrise) – auch der ↑Finanzmärkte im Allgemeinen, sowie um die S. der Gesamtwirtschaft, gemessen an der Minimierung der (zyklischen) Abweichungen der Arbeitslosenrate von ihrem gleichgewichtigen natürlichen Niveau und der (zyklischen) Abweichungen des Wirtschaftswachstums von seinem langfristigen Trend.

Eine wichtige Erkenntnis aus der globalen Finanzkrise ist, dass die Finanzstabilität eine wesentliche Voraussetzung für Preisstabilität und gesamtwirtschaftliche Stabilität darstellt. Sie hat deshalb als bedeutende Vorgabe Einzug in den neuen Handlungsrahmen von Zentralbanken und Regierungen gefunden.

Nach traditioneller Auffassung beinhaltet der Begriff der S.s-Politik im weiteren Sinne (auch Stabilitätspolitik genannt) alle staatlichen Maßnahmen zur Erreichung eines makroökonomischen Gleichgewichts mit angemessenem und stetigem Wirtschaftswachstum, hohem Beschäftigungsstand und stabilem Preisniveau.

Die S.s-Politik im engeren Sinne, oft synonym mit dem keynesianisch (↑Keynesianismus) geprägten Begriff der Konjunkturpolitik verwendet, umfasst alle prozesspolitischen Maßnahmen zur Beeinflussung des Wirtschaftsablaufs.

Ordnungspolitische Aktivitäten (↑Ordnungspolitik), die den Handlungsrahmen der ↑Wirtschaft verändern, werden hingegen der Wachstumspolitik und der Angebotspolitik (Angebotsökonomik) zugeordnet. Dabei geht es darum, durch die Schaffung freien Wettbewerbs, die Entfesselung des Unternehmertums und die Förderung technischen ↑Fortschritts den Angebotsspielraum der Volkswirtschaft zu erhöhen.

Die Effekte der S.s-Politik betreffen also die kurze Frist und, nach Abschluss aller Anpassungsvorgänge an die stabilisierungspolitischen Impulse, auch die mittlere Frist. Die Effekte der Wachstumspolitik zielen hingegen auf die lange Frist, also das Trendwachstum.

In § 1 des am 8.6.1967 als Reaktion auf die erste größere deutsche Nachkriegsrezession eingeführten StabG wurde entspr. festgehalten, dass Bund und Länder bei ihren wirtschafts- und finanzpolitischen Maßnahmen (↑Finanzpolitik) die Erfordernisse des sog.en gesamtwirtschaftlichen Gleichgewichts zu beachten haben. Diese Erfordernisse sind auch als *magisches Viereck* bekannt. Die vier „Ecken" bestehen aus der Preisniveaustabilität, einem hohen Beschäftigungsstand, außenwirtschaftlichem Gleichgewicht und einem stetigen angemessenen ↑Wirtschaftswachstum. Bei der Erreichung dieser Ziele werden häufig Zielkonflikte ausgemacht, die Kompromisse bei der S.s-Politik erfordern. So thematisiert bspw. die Theorie optimaler Währungsräume S.s-Verluste aus dem Wegfall einer souveränen ↑Geldpolitik und eines flexiblen Wechselkurses der eigenen Währung. Genau dies ist ein Problem für alle heutigen Euro-Mitgliedsländer, die nicht über das „Ersatzventil" flexibler ↑Löhne und Preise verfügen und/oder ihre fiskalpolitischen S.s-Instrumente nicht mehr hinreichend nutzen können, weil sie schon zu stark verschuldet sind.

Zu den direkten Zielen der S.s-Politik zählt das Erreichen eines angemessenen und stetigen Trendwachstums der Wirtschaft nicht, da dies die Kernaufgabe einer längerfristigen angelegten Wachstumspolitik ist.

Spätestens seit der globalen Finanzkrise wird jedoch deutlich, dass die von Vertretern der traditionellen S.s-Politik vorgenommene klare Trennung von Trend und Zyklus zunehmend verschwimmt. Bspw. liefern neuere Forschungsergebnisse Evidenz dafür, dass die aktuelle Wachstumsrate des BIP sein zukünftiges Trendwachstum oder die aktuelle Arbeitslosenrate die zukünftige Höhe der natürlichen Rate mitbestimmt („Hysterese"). Dann aber wird auch die Einschränkung der Definition einer S.s-Politik auf rein prozesspolitische Maßnahmen zur Beeinflussung des Wirtschaftsablaufs kaum noch zu halten sein. Denn es ergeben sich unter Umständen permanente Effekte temporärer S.s-Politik, wodurch auch die antizyklische S.s-Politik wieder teilweise rehabilitiert werden könnte.

### 2. „Staatliche" Stabilisierung

Die Stabilitätspolitik im engeren Sinne basiert v. a. auf dem antizyklischen Einsatz der Geld- und der Fiskalpolitik zur S. konjunktureller Schwankungen. Dieser kann um Elemente einer Einkommenspolitik erweitert werden, um dem Einfluss von Einkommensungleichheit auf ↑Arbeitslosigkeit und Wirtschaftswachstum Rechnung zu tragen.

Träger der Geldpolitik ist in den meisten führenden Industrieländern eine von der Regierung formal unabhängige Zentralbank. In der Eurozone werden die Aufgaben der Geldpolitik von der EZB wahrgenommen. Diese verfolgt ein mittelfristiges Stabilitätsziel für das Preisniveau, was eine Nutzung der Geldpolitik für kurzfristige S.s- bzw. Konjunkturpolitik ausschließt. Mithilfe der geldpolitischen Instrumente (Offenmarkt-, Zins-, Mindestreservepolitik u. a.) kann die Zentralbank die Geldversorgung der Wirtschaft und die Geldmarktzinssätze beeinflussen. Durch Liquiditätsverknappung und Zinserhöhung kommt es tendenziell zu einem Rückgang der gesamtwirtschaftlichen Nachfrage, damit kurzfristig zu einer Senkung der Kapazitätsauslastung und der Beschäftigung und zu einer Dämpfung des Preisauftriebs und vice versa.

Die öffentlichen Haushalte können mit den ihnen zur Verfügung stehenden Instrumenten der Fiskalpolitik ebenfalls Einfluss auf die wirtschaftlichen Aktivitäten nehmen. Durch Verringerung der öffentlichen Ausgaben oder durch Erhöhung der öffentlichen Einnahmen wird die öffentliche bzw. die private Nachfrage gedämpft (restriktive Fiskalpolitik). Geschieht genau dies zielgerichtet im Boom und werden spiegelbildlich in einer Rezession staatliche Ausgaben erhöht und öffentliche Einnahmen verringert (expansive Fiskalpolitik), spricht man von antizyklischer Fiskalpolitik. Durch die antizyklische S.s-Politik soll in Zeiten der Rezession fehlende private Nachfrage durch staatliche Nachfrage ersetzt werden, um den Konjunkturzyklus (↑Konjunktur) zu glätten. Empirische Untersuchungen belegen jedoch bei hohen Schuldenständen der betroffenen Staaten genau das Gegenteil, dass nämlich eine fiskalpolitische Anpassung überschuldeter Staaten, also eine restriktive Fiskalpolitik, wegen zukünftig erwarteter niedriger ↑Zinsen und ↑Steuern zukünftig zu mehr privater Konsum- und Investitionsnachfrage führt *(expansionary fiscal contraction)*.

Umstritten ist die Frage, ob sich die S.s-Politik als Stabilitätspolitik auf die Preisstabilität beschränken und diese Aufgabe nur einem Träger der ↑Wirtschaftspolitik, der Zentralbank, zugeordnet werden soll. Die Antwort hierauf hängt von der makroökonomischen Denkschule ab.

Nach der monetaristisch geprägten Auffassung, dass die Geldpolitik zumindest mittelfristig nur die Inflationsrate beeinflusst, nicht aber die Beschäftigung, ist der Inflationsbekämpfung höchstes Gewicht einzuräumen und dieser Bereich der Stabilitätspolitik dem Zentralbanksystem zuzuordnen. Dieses sollte eine allein an der Preisstabilität ausgerichtete Geldpolitik verfolgen. Die übrigen Träger staatlicher Wirtschaftspolitik sollten sich darauf beschränken, verlässliche Rahmenbedingungen für den privaten Sektor zu setzen und sich einer aktiven S.s-Politik enthalten. Zumal die Effektivität einer antizyklischen S.s-Politik von einer genauen, nicht zu leistenden Kenntnis der Entscheidungs- und Wirkungsverzögerungen dieser Politik abhängt. Dieser Sichtweise folgten vor der globalen Finanzkrise nahezu alle internationalen Zentralbanken, indem sie ein System des *Inflation Targeting* implementierten.

Dagegen vertreten Keynesianer die Sichtweise, die Geldpolitik habe auch mittelfristig Einfluss auf die Beschäftigung. Deshalb sei dem Beschäftigungsziel ein höherer Rang einzuräumen. In diesem Fall wären die Instrumente der Geld- und der (antizyklischen) Fiskalpolitik von ihren Trägern i. S. einer Globalsteuerung der Wirtschaft abzustimmen. Dies wirft im Euroraum bes. Probleme auf, da die Geldpolitik von der EZB verantwortet wird und ausschließlich auf das Ziel der Preisniveau-S. (und seit der Finanzkrise auch auf die Finanzstabilität) gerichtet ist, während die Fiskalpolitik im Wesentlichen weiterhin von den einzelnen Mitgliedsstaaten betrieben wird, in denen erhebliche Auffassungsunterschiede über Möglichkeiten und Grenzen einer fiskalpolitischen Steuerung von Produktion und Beschäftigung bestehen.

### Literatur

A. Belke: Die EWWU und ihre Governance, in: P. Becker/B. Lippert (Hg.): Hdb. Europäische Union, 2018, 1–38 • Ders.: Secular Stagnation, Unemployment Hysteresis and Monetary Policy in EMU. Scratches but not Scars?, in: Economist's Voice 15/1(2018), 1–14 • Ders./C. Domnick/D. Gros: Business Cycle Synchronisation in the EMU. Core vs. Periphery, in: Open Economies Review 28/5 (2017), 863–892 • O. Blanchard/G. Illing: Makroökonomie, [7]2017 • A. Belke/D. Gros/G. Schnabl: Das europäische Verfahren zur Vermeidung und Korrektur von Leistungsbilanzungleichgewichten, in: WD 96/8 (2016), 548–556 • A. Belke/T. Polleit: Monetary Economics in Globalised Financial Markets, 2010 • C. M. Reinhart/K. S. Rogoff: Growth in a Time of Debt, in: AER 100/2 (2010), 573–578 • A. Belke: Politische Konjunkturzyklen in Theorie und Empirie. Eine kritische Analyse der Zeitreihendynamik in Partisan-Ansätzen, 1996 • F. Giavazzi/M. Pagano: Can Severe Fiscal Contractions be Expansionary? Tales of two Small European Countries, in: NBER Macroecon. Ann. 5 (1990), 75–122 • H. Giersch: Konjunktur- und Wachstumspolitik in der offenen Wirtschaft. Allgemeine Wirtschaftspolitik, Bd. 2, 1977 • P. Werner u. a.: Report to the Council and the Commission on the Realisation by Stages of Economic and Monetary Union in the Community (the Werner Report), of the European Communities. Suppl. to Bull. II-1970, 1970 • R. A. Musgrave: Finanztheorie, 1969 • R. A. Mundell: A Theory of Optimum Currency Areas, in: AER 51/4 (1961), 657–665 • J. M. Keynes: The General Theory of Employment, Interest and Money, 1936.

ANSGAR BELKE (†)

## Stabilitäts- und Wachstumspakt

### 1. Ausgangspunkt

Der S. stellt einen regelbasierten Rahmen für die Koordinierung und Überwachung der nationalen Finanzpolitiken in der ↑EU dar. Im Zuge der Gründung der europäischen ↑Währungsunion wurden die nationalen Haushalte (↑Staatshaushalt) nicht vergemeinschaftet, sodass ein Mittel zur Überwachung und Koordinierung der fiskalischen Haushaltsdisziplin in Form des S.s implementiert werden musste. Erarbeitet in den Jahren 1996/97 auf den EU-Gipfeln in Amsterdam und Dublin, wurde der Pakt 1997 geschlossen, um solide öffentliche Finanzen – eine entscheidende Voraussetzung für das korrekte Funktionieren der ↑*Europäischen Wirtschafts- und Währungsunion* (EWWU) zu garantieren. Er dient somit in Ermangelung einer politischen Union als Konkretisierung des Vertrages von Maastricht. Seine in Abschnitt 5 beschriebenen Erweiterungen sind eine wichtige Lehre aus der 2010 aufgetretenen ↑Staatsschuldenkrise.

Aufgrund zyklischer, konjunktureller Schwankungen variieren die Staatseinnahmen und Staatsausgaben fortlaufend (automatische Stabilisatoren), sodass ein ausgeglichener Haushalt nicht durchweg gesichert werden kann. V. a. aber kommt es in westlichen ↑Demokratien unabhängig von den automatischen Stabilisatoren zu einer Tendenz im Zeitablauf immer weiter steigender ↑Staatsverschuldung. Durch die Festlegung von Grenzwerten der Schulden- und Defizitquote bestehen haushaltspolitische Regeln zur Verhinderung einer staatlichen Zahlungsunfähigkeit, wobei (unter der Annahme eines nominalen Wachstums des BIP von 5 %) das jährliche Defizit maximal 3 % und die kumulierte Staatsverschuldung maximal 60 % des BIP betragen dürfen.

Hierdurch ist gesichert, dass in Phasen des Abschwungs und daraus resultierend negativer Haushalte eine Verschuldung in einem gewissen Rahmen, der die automatischen Stabilisatoren wirken lässt, toleriert wird, aber die Staatsschulden nicht explodieren (↑Nachhaltigkeit der Staatsschulden). Eine bes. Bedeutung kommt dem Pakt bei der Sicherung der No-bail-out-Klausel zu, die der Vergemeinschaftung öffentlich-rechtlicher Verbindlichkeiten in der EWWU einen Riegel vorschiebt.

### 2. Vorgehensweise bei Verstößen

Angestrebtes Ziel der EWWU ist eine dauerhafte Übereinstimmung des öffentlichen Haushalts eines Mitgliedslands mit den Prinzipien einer nachhaltigen ↑Finanzpolitik. Deshalb hält der Pakt Warnsignale bereit, falls ein fiskalpolitisches Fehlverhalten eines Landes vorliegt. Bei Anzeichen eines Vergehens erfolgt ein Bericht der ↑Europäischen Kommission an den ↑Rat der Europäischen Union, in welchem zusätzlich auf die mittelfristige Wirtschafts- und Haushaltslage des jeweiligen Landes eingegangen wird. Nach weitergehender

Prüfung und unter Berücksichtigung der Stellungnahme des Landes wird mit qualifizierter Mehrheit entschieden, ob ein übermäßiges Defizit vorliegt. Die Feststellung erfolgt mit einer gewichteten Zweidrittelmehrheit der EU-Mitgliedstaaten, wobei jedoch das Votum des betroffenen Landes keine Berücksichtigung erfährt.

Sollte, in Folge einer entspr.en Entscheidung, innerhalb einer gewissen Zeitspanne keine Abhilfe geschaffen werden können, so wird nach einer Veröffentlichung der Empfehlung eine Frist zur Erfüllung der Maßnahmen gesetzt. Verstreicht auch diese ohne nennenswerte Erfolge, so sind am Ende des Prozesses finanzielle Sanktionen möglich. Durch dieses Vorgehen sollen stabilitätspolitische Konflikte vermieden werden, v. a. vor dem Hintergrund kurzsichtiger Entscheidungen von Regierungen mit Blick auf anstehende Wahltermine. Eine unabhängige Zentralbank, die sich einzig auf die Einhaltung der Preisstabilität konzentriert, kann solchen Entwicklungen unmöglich allein entgegentreten. Im Gegenteil zeigen die Erfahrungen seit der europäischen Schulden- und Bankenkrise, dass die ultra-expansive ↑Geldpolitik der ↑EZB die dringende Reduzierung der Staatsschulden verminderte bzw. die Aufnahme weiterer Staatschulden in der Eurozone sogar beförderte.

### 3. Sanktionen

Bei Verletzung der Kriterien und Nichtbeachtung der Beschlüsse des Rates können gegen ein Mitgliedsland ↑Sanktionen verhängt werden. Diese setzen sich üblicherweise aus einer festen Geldbuße und einer variablen, unverzinslichen Einlage zusammen, welche bei einer erstmaligen Übertretung aus 0,2 % des BIP zzgl. 10 % des Betrages, um den das Defizit den Wert von 3 % übersteigt, besteht. Werden die Kriterien in den folgenden Perioden weiterhin verfehlt, so wird ausschließlich die variable Komponente weiter erhoben, wobei die Strafzahlungen immer auf 0,5 % des BIP beschränkt sind. Verbessert sich die haushaltspolitische Lage dahingehend, dass die Grenzwerte eingehalten werden, so erfolgt eine Rückerstattung der Einlagen. Die Erlöse aus Sanktionszahlungen kommen den Mitgliedsländern zu, welche fiskalpolitisch im Rahmen des Erlaubten gewirtschaftet haben. Grundsätzlich besteht die Möglichkeit, dass das Strafverfahren gegen Defizitsünder ausgesetzt wird.

### 4. Ausnahmeregelungen

Eine Übertretung der gesetzten Grenzwerte ist unter gewissen Gesichtspunkten straffrei erlaubt. Sollte die Ursache der Verfehlung einer vorübergehenden Ausnahmesituation geschuldet sein, die sich der Kontrolle des Teilnehmerlandes entzieht und eine schwerwiegende Beeinträchtigung der gesamtstaatlichen Finanzlage absehen lässt, so wird von einer Sanktionierung Abstand genommen. Beispiele dafür können schwerwiegende Naturkatastrophen, Auswirkungen von Arbeitskämpfen oder negatives Wirtschaftswachstum sein. Auch Auswirkungen ähnlich der deutschen Wiedervereinigung oder Produktionseinbußen durch einen schwächeren Anstieg des Potenzialwachstums können unter diesem Aspekt subsumiert werden.

### 5. Erweiterungen

Neben den kurzfristigen Rettungsmaßnahmen konzipierten die EU-Politiker während der europäischen Schulden- und Bankenkrise zahlreiche Programme, die darauf abzielten, die eigentlichen Ursachen der Krise zu beseitigen und die Währungsunion langfristig zu stabilisieren und zu stärken. Darunter fällt auch eine Reform des S.s, die im Dezember 2011 in Kraft getreten ist. Der Pakt sieht seither u. a. strengere Vorgaben für die staatliche Haushaltspolitik vor, falls ein Land mit seiner Schuldenquote die bindende Obergrenze von 60 % verletzt. Der „überschießende" Prozentsatz ist nun jährlich um ein Zwanzigstel abzubauen („Gros-Regel" nach Daniel Gros 2003). Auch der Sanktionsmechanismus bei Nichtbefolgen der Vorgaben wurde leicht verschärft (*Excessive Deficit Procedure* [EDP]).

Dieses EDP wird durch die EU-Kommission eingeleitet, wenn ein EU-Mitgliedstaat mit seinem Haushalt die in den EU-Rechtsvorschriften zum S. festgelegte Defizitgrenze überschreitet. Das Verfahren setzt sich aus mehreren Schritten zusammen, einschließlich der Möglichkeit von Sanktionen, um den betreffenden Mitgliedstaat dazu zu veranlassen, sein Haushaltsdefizit unter Kontrolle zu bringen – eine der Voraussetzungen für ein reibungsloses Funktionieren der EWWU. Außerdem wurden weitere Verordnungen zur Überwachung der Haushaltsdisziplin und makroökonomischer Ungleichgewichte erlassen: Die 2011 im Rahmen des *Sixpacks* implementierten Regularien sollen die Realisierbarkeit der nationalen Finanzierung mit Hilfe korrektiver und präventiver Maßnahmen sicherstellen. Das darauf aufbauende *Twopack* ergänzt dieses Regelwerk um eine Verbesserung der Überwachung sowie eines einheitlichen zeitlichen Rahmens.

Die politische Durchsetzungskraft der haushaltspolitischen Verpflichtungen wurde durch die Verordnungen *Sixpack* und *Twopack* effektiv kaum erhöht. Dies lässt sich auf verschiedene Ursachen zurückführen, auf die im Folgenden eingegangen wird.

### 6. Kritikpunkte

Wie die Schuldenstände der Mitgliedstaaten im Jahr 2019 zeigen, konnten die Gefahren einer nicht mehr tragfähigen Verschuldung durch die festgeschriebene Begrenzung des Defizits auf 3 % und des Schuldenstands auf 60 % des BIP eines Mitgliedstaats nicht hinreichend gebannt werden.

Die Verträge weisen die Verantwortung für die Durchsetzung der Verschuldungsgrenzen der EU-Kommission zu. Diese verfügt jedoch einerseits nicht über durchschlagende Durchgriffsrechte auf haushaltspolitische Entscheidungen der Mitgliedstaaten und nur schwache Sanktionsrechte, andererseits ist sie mit sehr ausgeprägten Beurteilungs- und Handlungsspielräumen ausgestattet.

Letztere kommen insb. beim Umgang mit größeren Ländern zum Tragen: So waren im Jahr 2018 mit Deutschland, dem Vereinigten Königreich, Frankreich, Italien und Spanien die fünf größten Volkswirtschaften der EU allesamt höher verschuldet als vereinbart. Diese geduldete Überschreitung lässt sich auch durch den hohen Einfluss dieser Mitgliedstaaten erklären. Ein automatischer und verlässlicher Prozess der Sanktionierung und hierdurch des S.s insgesamt ist dadurch nicht gewährleistet.

Ein weiterer Kritikpunkt besteht, in Umkehrung der weiter oben dargelegten Sichtweise, in der potenziellen Verletzung der souveränen Fiskalpolitik durch die Androhung bzw. Auferlegung von Sanktionen als illegitime politische Einflussnahme seitens der EU-Kommission.

Zudem gibt es Bestrebungen, die fiskalische Disziplin gemäß dem Motto „weniger Austerität bedeutet mehr Flexibilität" aufzuweichen. Die glaubwürdige Durchsetzung des S.s wird hierdurch mit dem negativ konnotierten Begriff „Austerität" gleichgesetzt.

Schließlich zeigt sich, dass das EDP, das den S. eigentlich sinnvoll ergänzen soll, eine Schwachstelle des Fiskalpakts darstellt, und zwar durch die „zielgerichtete Ausgestaltung" von Datenrevisionen beim BIP und dem staatlichen Budgetsaldo durch die europäischen Statistikbehörden. So kann das BIP strategisch erst einmal zu niedrig ausgewiesen werden, wenn es darum geht, eine bes. gravierende Wirtschaftskrise (↑Krise) zu belegen und einen Mitgliedstaat vom EDP auszunehmen, da bis zur Festlegung des endgültigen BIP-Wertes vier Jahre vergehen.

### Literatur

A. Belke: Die Europäische Wirtschafts- und Währungsunion und ihre Governance, in: P. Becker/B. Lippert (Hg.): Hdb. Europäische Union, 2020, 751–789 • P. De Grauwe: The Economics of Monetary Union, 2018 • C. Ohler: Europäische Wirtschafts- und Währungsunion (EWWU), in: StL, Bd. 2, [8]2018, 406–423 • A. Mühlauer: Scharfe Kritik an Juncker, in: SZ, 3.6.2016, 1 • A. Belke: Der Fiskalpakt als Vertrag außerhalb des EU-Rahmens, in: U. von Alemann u. a. (Hg.): Ein soziales Europa ist möglich. Grundlage und Handlungsoptionen, 2015, 285–309 • European Parliament: Review of the „Six-Pack" and „Two-Pack", 2014 • F. De Castro/J. J. Perez/M. Rodríguez-Vives: Fiscal Data Revisions in Europe, in: JMBC 45/6 (2013), 1187–1209 • E. Görgens/K. Ruckriegel/F. Seitz: Europäische Geldpolitik, [6]2013 • K. Hentschelmann: Der Stabilitäts- und Wachstumspakt als Ordnungsrahmen in Krisenzeiten, 2010 • R. Ohr/A. Schmidt: Regelgebundene versus diskretionäre Wirtschaftspolitik. Das Beispiel des Stabilitäts- und Wachstumspaktes, in: Vierteljahrshefte zur Wirtschaftsforschung 73/3 (2004), 381–391 • D. Gros: A Stability Pact for Public Debt? CEPS Policy Brief No. 30, 2003 • R. Peffekoven u. a.: Sollte der Stabilitäts- und Wachstumspakt geändert werden?, in: WD 82/3 (2002), 127–140 • H. Siebert: Weshalb die Europäische Währungsunion den Stabilitätspakt braucht, 2002 • A. Belke: Politische Konjunkturzyklen in Theorie und Empirie, 1996.

ANSGAR BELKE (†) UND FRANZISKA BONGARTZ

## Stadt

I. Stadtgeschichte – II. Stadtsoziologie

### I. Stadtgeschichte

#### 1. Die moderne europäische Stadtgeschichte im globalen Kontext

Obwohl die S. als Siedlungsform global verbreitet ist, hat sich die S.-Geschichte lange Zeit auf die spezifisch europäische Ausprägung der Urbanisierung fokussiert. Spätestens seit Max Weber galt die S. als Kristallisationspunkt der westlichen ↑Moderne, die in der „europäischen Stadt" des 19. und 20. Jh. idealtypisch verwirklicht zu sein schien. Mit dieser Annahme eng verbunden war die Vorstellung einer historischen Dynamik, wonach Städte (S.e) in anderen Weltregionen aufgrund mangelnder kommunaler Autonomie unzureichend entwickelt seien, aber langfristig dem westlichen Muster folgen und sich modernisieren würden. In den letzten Jahrzehnten ist diese Grundannahme aus mehreren Richtungen hinterfragt worden.

Erstens wird die historische Entwicklung außereuropäischer S.e nicht mehr als Defizitgeschichte geschrieben. Unter dem Schlagwort „multiple modernities" (Eisenstadt 2002) kommen vielmehr endogene Formen städtischer Modernität in anderen Weltregionen und die Hybridisierung mit den im 19. und 20. Jh. wirkmächtigen westlichen Vorbildern in den Blick. Zweitens wird die Entwicklung europäischer S.e in globale Verflechtungsprozesse eingeordnet. Demnach profitierten insb. die S.e Nordwesteuropas als Knotenpunkte in weltweiten Handelsnetzwerken von ungleichen Machtverhältnissen und vom ↑Kolonialismus. Drittens zeigt sich, dass auch die Geschichte von S.en innerhalb Europas keineswegs durch einen einheitlichen Modernisierungsprozess gekennzeichnet ist. Gerade die S.-Entwicklung in Süd- und Osteuropa weicht deutlich von den idealtypischen Annahmen ab und führt dazu, auch das Bild der europäischen S. zu differenzieren. Jedoch blieben die S.e Nordwesteuropas ein unverändert wichtiger Gegenstand der S.-Geschichte, nunmehr allerdings eingeordnet in den globalen Kontext.

#### 2. Die Stadt als politisch-administrative Einheit

Der klassischen Definition von S. als politisch-administrativer Einheit folgend, sind Verfassung und Verwaltung von S.en ein zentrales Thema der S.-Geschichte. Die kommunale ↑Selbstverwaltung, die bereits in der Antike und im europäischen Mittelalter für S.e kennzeichnend war, veränderte sich seit dem 19. Jh. qualitativ. Dabei lassen sich zwei Trends konstatieren: die sukzessive Verbreiterung von Partizipationsmöglichkeiten sowie die Ausweitung kommunaler Aufgaben (↑Gemeinde).

Unter dem Eindruck der ↑Französischen Revolution kam es in vielen europäischen Staaten Anfang des 19. Jh. zur Reform der Kommunalverfassung. Dabei wurde, in unterschiedlichem Maße, die kommunale Autonomie gegenüber dem Staat z. T. wiederhergestellt, die die ehemals freien S.e des *Ancien Régime* erst wenige Jahre zuvor eingebüßt hatten. Zudem wurden ständische Rechte durch Bürgerrechte ersetzt, die auch das Wahlrecht für kommunale Ämter umfassten. Obwohl die politische Partizipation auf Männer mit Besitz beschränkt blieb und Wahlen nicht immer dem Grundsatz der Gleichheit und Freiheit entsprachen, war die kommunalpolitische Erfahrung in der ersten Hälfte des 19. Jh. ein wichtiger Impuls für den Übergang von der Stände- zur Bürgergesellschaft.

Mit dem Ende des Ersten Weltkriegs kam es zu einem erneuten Schub in der Ausweitung der ↑Partizipation, als in den meisten europäischen Ländern das Frauenwahlrecht eingeführt wurde. In der Zeit des Nationalsozialismus und autoritärer Regime wurden Beteiligungsmöglichkeiten als Teil von Gemeinschaftsideologien beschnitten und kanalisiert. Demgegenüber war die Autonomie der Kommunen trotz verfassungsrechtlicher Festschreibung schon in den Krisen der 1920er und frühen 1930er Jahre durch finanzpolitisch legitimierte staatliche Eingriffe in die Selbstverwaltung erheblich geschwächt worden.

Einen dritten Schub erhielten kommunale Partizipationsmöglichkeiten in westeuropäischen S.en in den späten 1960er und 1970er Jahren. Dabei verbanden sich die Forderungen der anwachsenden Protestbewegungen mit kommunalpolitischen Reformen, die auf eine ↑Demokratisierung der Gesellschaft zielten. Charakteristisch hierfür war neben der Einbeziehung weiterer Bevölkerungskreise die Diversifizierung der Gegenstandsbereiche, bei denen Mitbestimmung möglich war. Zugl. nahm die politische Mobilisierung der Bevölkerung in z. T. konflikthaften Auseinandersetzungen zu. Mit der seit Ende der 1970er Jahre zuerst in Großbritannien einsetzenden ↑Deregulierung vieler kommunaler Zuständigkeitsbereiche behielten Partizipationsmöglichkeiten zwar ihre Bedeutung, wurden aber in komplexere Konstellationen der Entscheidungsfindung eingebettet.

Parallel zur Partizipation kam es seit dem 19. Jh. zur Ausweitung kommunaler Aufgaben. Das Sozialwesen war eines der wichtigsten Felder dieser Entwicklung. Aus der Tradition der Fürsorge, die bereits in der Vormoderne eine kommunale Aufgabe war, entwickelten sich Mitte des 19. Jh. neue Formen ehrenamtlicher Armenverwaltung, die auch Raum für öffentliches Engagement von Frauen bot. Zum Ende des Jahrhunderts wurde das Sozialwesen dann professionalisiert, Leistungsansprüche wurden zunehmend bürokratisch geregelt und überwacht. Unter dem Eindruck eines starken Bevölkerungswachstums und massenhafter Verelendung in den S.en richtete sich die Aufmerksamkeit insb. auf Fragen der Hygiene und auf die Wohnbedingungen.

Um diese zu verbessern, schritten europäische S.e in der zweiten Jahrhunderthälfte zum Ausbau der ↑Infrastruktur. Zu den ersten Maßnahmen gehörte der Aufbau von Wasserversorgungssystemen und Kanalisation. Vielerorts erfolgte darauf der Ausbau der Gas- und Elektrizitätsversorgung. Daneben wurde die Verkehrsinfrastruktur modernisiert, um die ↑Mobilität innerhalb der wachsenden S.e zu gewährleisten. Den Aufbau und Betrieb dieser Systeme übernahmen auf dem europäischen Kontinent nach einer ersten privatwirtschaftlichen Phase die Kommunen ab den 1880er Jahren oft selber. Die wachsende Verantwortung für die infrastrukturelle Ausstattung und weitere Bereiche der ↑Daseinsvorsorge führte nicht nur zur Ausdehnung der Aufgabenbereiche, sondern auch zur Expansion der S.e im Zuge kommunaler ↑Gebietsreformen. Damit einher ging der Ausbau zu einer umfassenden Leistungsverwaltung, die zunehmend professionell organisiert war.

In diesem Zusammenhang bildete sich mit der ↑Stadtplanung ein zentrales Betätigungsfeld der Kommunalverwaltungen heraus. Neben der Projektierung der Infrastruktursysteme spielte um die Wende zum 20. Jh. die Koordination von Nutzungsansprüchen in Bebauungsplänen eine immer wichtigere Rolle. Regulierende Eingriffe in die S.-Entwicklung zielten auf die Wohn- und Lebensbedingungen, aber auch auf den Werterhalt von Immobilien. In dem Maße, in dem Planungsentscheidungen wissenschaftlich legitimiert wurden, trugen sie entscheidend zur allg.en Verwissenschaftlichung der Kommunalverwaltung bei. Von Beginn an war die S.-Planung international vernetzt und verfolgte gemeinsame Leitbilder. Dominierten in der ersten Hälfte des 20. Jh. funktionalistische Leitbilder, die ihren prominentesten Ausdruck 1933 in der *Charta von Athen* fanden, setzte sich seit den 1960er Jahren ein prozessorientiertes Planungsverständnis mit zunehmend partizipativen Elementen durch.

### 3. Sozial- und Wirtschaftsgeschichte der europäischen Stadt

Das Wachstum der städtischen Bevölkerung ist ein zentrales Merkmal der modernen S.-Geschichte. Zum einen wuchsen die Einwohnerzahlen einzelner S.e, zum anderen nahm der Anteil der Städter an der Gesamtbevölkerung zu. Diese als *Verstädterung* bezeichnete Entwicklung setzte in einzelnen Ländern bereits vor dem 19. Jh. ein und hält als globaler Trend bis heute an. Im Unterschied zu früheren Epochen erwies sich dieses Wachstum der letzten Jahrhunderte als kontinuierlich und irreversibel. Wo sie auftraten, blieben Schrumpfungsprozesse im Allgemeinen lokal beschränkt oder waren außergewöhnlichen Umständen, etwa Kriegshandlungen oder wirtschaftsstrukturellen Umbrüchen, geschuldet.

Die S.e profitierten insb. von Wanderungsbewegungen. Dominierte bis zur ersten Hälfte des 19. Jh. die Nahmigration aus dem jeweiligen Umland, kam in der zweiten Hälfte eine ansteigende Fernmigration hinzu, z. T. mit interkontinentaler Dimension (↑Migration). Geburtenüberschüsse spielten zu Beginn keine Rolle, da die Sterberaten in den S.en über denen des Landes lagen. Dieses Verhältnis kehrte sich im Laufe des 19. Jh. um, als eine bessere medizinische Versorgung und die systematische Wasserver- und -entsorgung die Sterberaten in den S.en überproportional sinken ließ.

Inwieweit Verstädterung an Industrialisierungsprozesse geknüpft ist, ist umstritten. Während die aufstrebenden industriellen Zentren Nordwesteuropas im 19. Jh. spektakulär wuchsen, sind die Wachstumsschübe im 20. Jh., die auch Süd- und Osteuropa erfassten, nur teilweise auf die Ausweitung industrieller Produktion zurückzuführen. Gleiches gilt für andere Teile der Welt. Zudem gab es unterschiedliche S.e-Typen mit je eigener Entwicklungsdynamik. Industrie-S.e, die z. T. aus dem Nichts entstanden, waren eine Ausnahme. Häufiger expandierten bestehende Handels- und Hafen-S.e, in denen sich zwar auch industrielle Betriebe ansiedelten, die aber v. a. als Logistik-, Finanz- und Verwaltungszentren reüssierten. Mit der Globalisierung von Handelsströmen Ende des 19. Jh. und dann nochmals in der zweiten Hälfte des 20. Jh. wurden sie zu wichtigen wirtschaftlichen Knotenpunkten. Einen noch anderen Entwicklungspfad durchliefen Residenz- und Haupt-S.e, deren Wachstum an die Nationalstaatsbildung im 19. und 20. Jh. gebunden war und aufgrund der Expansion der Staatstätigkeit (↑Staatsaufgaben) bis heute anhält. Unterdessen entwickelten sich Industrie-S.e in Europa unter dem Eindruck der Deindustrialisierung im letzten Drittel des 20. Jh. kaum noch dynamisch.

Das S.e-Wachstum des 19. und 20. Jh. brachte differenzierte Raumstrukturen hervor. Mit dem Ausbau der Eisenbahn kam es zunächst rund um die Bahnhöfe zu einer Verdichtung von Dienstleistungsfunktionen in den Zentren. Industriebetriebe siedelten sich am Rande der Zentren an, wo auch Arbeiterviertel entstanden. Die Ausweitung von Straßenbahn- und S-Bahn-Netzen ermöglichte es bürgerlichen S.-Bewohnern seit der zweiten Hälfte des 19. Jh. in Vororte zu ziehen, um der wachsenden Umweltbelastung zu entgehen und sich in die Privatsphäre des Eigenheims zurückziehen zu können. Dieser Trend zur Suburbanisierung verstärkte sich Mitte des 20. Jh. nochmals, als Autos das Mobilitätsverhalten tiefgreifend veränderten. Seit den 1970er Jahren kehrte sich dieser Trend um und das Wohnen im S.-Zentrum gewann wieder an Attraktivität, sodass heute von *Reurbanisierung* gesprochen wird.

Obwohl jeder Entwicklungsschub sozialräumliche Ungleichheiten mit sich brachte, lässt sich kein eindeutiges Muster der Segregation erkennen. Vielmehr wechselten unterschiedlich gelagerte soziale und ethnische Abgrenzungsprozesse einander ab. Während der Industrialisierung (↑Industrialisierung, Industrielle Revolution) zeigte sich dies in der zunehmenden Ausdifferenzierung zwischen Arbeitervierteln und bürgerlichen Vororten, die in der Hochphase der Suburbanisierung nach dem Zweiten Weltkrieg aber an Bedeutung verlor. Während ältere Muster der ethnischen Segregation verblassten, schuf die Ausgrenzung migrantischer Gruppen, die auf dem Wohnungsmarkt diskriminiert wurden, immer wieder neue sozialräumliche Segregationsmuster. Die mitunter als *slums* bezeichneten S.-Teile mit geringer Lebensqualität und sanierungsbedürftigem Baubestand, wiesen oft eine Konzertration ethnischer ↑Minderheiten und erhöhte Ausländeranteile auf. Mit der Gentrifizierung innerstädtischer Viertel am Ende des 20. Jh. gerieten die sozialräumlichen Ungleichheiten erneut in Bewegung.

### 4. Kulturgeschichte der europäischen Stadt

Unter dem Schlagwort der *Urbanisierung* ist in der S.-Geschichte die Herausbildung und zunehmende gesellschaftliche Verbreitung einer spezifischen städtischen Lebensweise seit dem 19. Jh. beschrieben worden. Zunächst war die europäische S. der Ort, an dem sich eine bürgerliche ↑Öffentlichkeit etablierte und sich bürgerliche Sozialformen entwickelten. Zivilgesellschaftlich getragene Bildungs- und Kultureinrichtungen und das Vereinswesen hatten dabei eine wichtige Stabilisierungsfunktion (↑Zivilgesellschaft). Mit den sozialstrukturellen Veränderungen im 19. Jh. kam es dann zu einer Pluralisierung der Lebensstile und identitätsstiftenden kulturellen Angebote, von der Alltagskultur der Arbeiterschaft bis zu migrantischen Kulturen, die nebeneinander existierten. Trotz des Konfliktpotenzials, das die kulturelle Heterogenität barg, war sie auch Kennzeichen der bes.n Attraktivität und Dynamik städtischer ↑Kultur.

S.e, zumal die europäische S., sind Gegenstand spezifischer Vorstellungen und Repräsentationen des Urbanen. Diese herausgehobene Rolle spielten S.e als politische, wirtschaftliche und religiöse Zentren zwar bereits in der Antike, seit dem 19. Jh. ist Urbanisierung aber stark mit Modernisierungsvorstellungen verknüpft. Einerseits galten S.e als technologisch wie sozial fortschrittlich und arbeiteten z. T. aktiv an der Konstruktion dieses Images. Zum anderen wirkten Modernisierungsvorstellungen auf die städtische Entwicklung zurück, insb. als Motiv für den Ausbau der Leistungsverwaltung und Infrastruktur. Die kulturelle wie materielle Konstruktion moderner Urbanität machte die europäische S. zu dem normativen Vorbild für die Entwicklung von S.en weltweit, dessen Wirkmächtigkeit in den letzten Jahren kritisch hinterfragt wurde. Sie definierte zudem den Gegensatz zwischen S. und Land, bis Mitte des 20. Jh. die Urbanisierung des Landes einsetzte, d. h. Merkmale städtischer Modernität zunehmend auf dem Land Verbreitung fanden.

Städtische Modernität war aber nicht nur positiv konnotiert, S.e wurden auch zu einem Objekt der ↑Kulturkritik. Der technische ↑Fortschritt, der als ↑Entfremdung von der ↑„Natur“ interpretiert wurde, galt Kritikern als Ursache sozialpathologischer Symptome, wie dem um 1900 konstatierten Anstieg der „Nervosität“, und zunehmenden körperlichen Degenerationserscheinungen. Unterdessen beförderten die kapitalistische Organisation (↑Kapitalismus) und die Anonymität städtischer Gesellschaften moralisches Fehlverhalten, so die Kritik. Aus dieser Perspektive erschien auch die Heterogenität von Lebensstilen als Zeichen des Werteverfalls. V. a. migrantische und Arbeiterkulturen, aber auch abweichende Geschlechterrollen und Sexualität standen im Fokus der Kulturkritik. Diese im Prinzip stadtfeindliche Interpretation erodierte erst ab den 1960er Jahren.

Erst in der zweiten Hälfte des 20. Jh. wurde Heterogenität zu einem eindeutig positiven Merkmal von Urbanität und fand Eingang in Konzepte der S.-Entwicklung. Kulturelle Vielfalt gilt zunehmend als entscheidender Standortfaktor im Wettbewerb um Einwohner und Investitionen, insb. für die Entwicklung einer wissensbasierten „creative economy“ (Howkins 2001). In dem Maße, in dem urbane Heterogenität seit den 1970er Jahren Teil städtischer Repräsentation wurde, reüssierte auch das geschichtskulturelle Bewusstsein für die Diversität des städtischen Erbes.

### 5. Stadt und Umwelt

Die Geschichte der S. ist über den Verbrauch von Ressourcen, Eingriffe in topografische und ökologische Gegebenheiten und Umweltbelastung eng mit der Geschichte der Umwelt verflochten. Aufgrund der wachsenden Einwohnerzahlen und der Konzentration von produzierendem Gewerbe prägten S.e in der Neuzeit zunehmend den gesellschaftlichen Stoffumsatz und weiteten ihren „ökologischen Fußabdruck“ aus. Die als „sozialer Metabolismus“ beschriebene Zufuhr von Nahrungsmitteln, Brennstoffen, Wasser u. a. Ressourcen auf der einen Seite und Emissionen, die Beseitigung von Abfällen und Fäkalien, aber auch die Bereitstellung von Fertigprodukten auf der anderen Seite wurden zunehmend von städtischen Gesellschaften und deren Bedürfnissen dominiert. Dazu gehörte auch die räumliche Ausweitung städtischer Versorgungs- und Entsorgungsgebiete vom unmittelbaren Hinterland, das im 18. Jh. die ökologischen Funktionen noch weithin erfüllte, bis hin zur signifikanten globalen Vernetzung heutiger S.e.

Bereits im 19. Jh. wurde die Beziehung von S. und Umwelt intensiv gesellschaftlich reflektiert. Proteste gegen Umweltbelastung durch neue Industrien führten zunächst zu punktuellen, dann im 20. Jh. zu systematischen regulatorischen Eingriffen und technologischen ↑Innovationen. Ebenso bewusst wahrgenommen wurde die Tatsache, dass Umweltrisiken und -belastungen sozial höchst ungleich verteilt waren, ein Zusammenhang, der in der Forschung unter dem Schlagwort *environmental justice* verhandelt wird. Neben der Kritik an ↑sozialer Ungleichheit avancierte zum Ende des 20. Jh. das Konzept der ↑„Nachhaltigkeit“ zu einem normativen Ideal der S.-Entwicklung.

### Literatur

C. Hein (Hg.): The Routledge Handbook of Planning History, 2017 • D. Schott: Europäische Urbanisierung (1000–2000). Eine umwelthistorische Einführung, 2014 • P. Clark (Hg.): The Oxford Handbook of Cities in World History, 2013 • F. Lenger: Metropolen der Moderne, 2013 • C. Bernhardt: Urbanisierung im 20. Jahrhundert, in: IMS 2 (2012), 5–12 • P. Clark: European Cities and Towns 400–2000, 2009 • A. Lees/L. H. Lees: Cities and the Making of Modern Europe. 1750–1914, 2007 • S. N. Eisenstadt (Hg.): Multiple Modernities, 2002 • J. Howkins: The Creative Economy, 2001 • C. Zimmermann: Die Zeit der Metropolen, 1996 • J. Reulecke: Geschichte der Urbanisierung in Deutschland, 1985.

SEBASTIAN HAUMANN

## II. Stadtsoziologie

### 1. Elemente einer Definition

Eine einzige, alles Wesentliche umfassende Definition von S. kann es nicht geben. Das liegt an der historischen, sozialen und kulturellen Bedeutungsfülle dieses die Menschheitsgeschichte seit nunmehr 5 000 Jahren mitbestimmenden Siedlungstyps. Viele Städte (S.e), zumal in Europa, geben mit ihren Bauwerken aus verschiedenen Kultur- und Herrschaftsepochen Zeugnis von dieser Vielfalt.

S.e vor und nach der „Doppelrevolution“ (Hobsbawm 1962: 13) – dieses sich wechselseitig beschleunigenden Prozesses von politisch-emanzipatorischer und industrieller ↑Revolution seit Ende des 18. Jh. – unterscheiden sich nach Größe und Struktur erheblich von S.-Typen der Antike, des Mittelalters oder der frühen Neuzeit. Einige Gemeinsamkeiten lassen sich dennoch hervorheben:

*a)* Eine relativ dichte Bebauung und höhere Gebäude im Vergleich zu anderen Siedlungstypen, z. B. dem ↑Dorf, führen zu größerer Bevölkerungsdichte.
*b)* Die Bebauung ist durch spezifische Gebäude und Plätze charakterisiert, die die S. zum politischen, religiösen, kulturellen und ökonomischen Zentrum für ein größeres Umland machen.
*c)* In der S. finden und entwickeln sich die für die jeweilige Gesellschaft differenziertesten Formen der Arbeitsteilung und des Güteraustausches.

Über die längsten Phasen ihrer Entwicklung hinweg – in Europa bis zum Ende des 18. Jh. –, waren S.e von einer Mauer umgeben. Sie hoben sich hierdurch vom agrarisch geprägten Umland ab und entwickelten *intra muros* neue Herrschafts- und Lebensformen. Mit der industriellen, bürgerlich-kapitalistisch geprägten S. kamen – neben einem bisher unbekannten Größenwachstum – als Charakteristika hinzu:

*a)* Neue Verkehrssysteme, v. a. die Eisenbahn, führten zu neuen Mustern der S.-Gestalt.

*b)* S.e wurden zum Laboratorium der ↑*Moderne*: technisch, ökonomisch, kulturell und sozial.

*c)* Auch städtebaulich – z. B. durch Umbau der vielen innerstädtischen Klosteranlagen – wirkten sich Trends der ↑Säkularisierung und die Zunahme anonymer Sozialbeziehungen aus.

*d) Urbanität* wurde ein Element typisch großstädtischer Verhaltensweisen, für die es erst nach 1800, beginnend in London und Paris, Barcelona und Mailand, die erforderlichen architektonischen Ausdrucksformen gab: Passagen und Großkaufhäuser, Boulevards und Cafés, Theater und Konzertsäle.

Die neuen Größenordnungen der S.e veranschaulichen beispielhaft folgende Zahlen: Köln, seit dem Mittelalter eine der größten deutschen S.e, hatte um 1800 mit seinen 41 000 Einwohnern noch Platz im alten Mauerring. Die S. Essen – im aufstrebenden Industriegebiet Rhein-Ruhr gelegen – hatte zu dieser Zeit nur 4 000 Einwohner, um 1910 bereits 443 000. Durch die Verdopplung der Bevölkerungsanzahl im 19. Jh. und starken Zuzug vom Land war auch Köln auf 437 000 Einwohner angewachsen.

Dieses Muster der industriell-bürgerlichen S.-Entwicklung und *Urbanisierung* hatte bis nach dem Zweiten Weltkrieg Bestand. Dann kamen, bedingt durch eine Veränderung der Schwerpunkte wirtschaftlicher Tätigkeit und das Automobil als individuellem Massenverkehrsmittel, neue Faktoren hinzu:

*a)* Die Tertiärisierung der Berufs- und Produktionsverhältnisse und damit ein Übergewicht des dritten Sektors, des Dienstleistungssektors, gegenüber dem bisher dominanten sekundären Sektor der Produktion in Fabriken und Handwerksbetrieben, bei gleichzeitiger Schrumpfung des primären Sektors, zumal der Landwirtschaft.

*b)* Damit verbunden waren ein Rückgang der innerstädtischen Arbeiterviertel und eine Ausbreitung suburbaner Räume und der „Städte am Stadtrand“ (Schäfers 2010: 229). Die Verlagerung von Betrieben, Tankstellen, Einkaufszentren usw. in den suburbanen Raum führte und führt zur Entwicklung der „Zwischenstadt“ (Sieverts 1997).

Mit der ↑*digitalen Revolution* seit ca. 1970 begann ein Prozess der ↑*Globalisierung* völlig neuen Ausmaßes, der zusammen mit der weiteren Bevölkerungsvermehrung von 2,5 Mrd. Menschen im Jahr 1950 auf 7,4 Mrd. im Jahr 2015 zu einem Weltverstädterungsprozess und neuen Bedingungen für die S.-Entwicklung geführt hat.

## 2. Stadt und Kultur. Urbanität

Die Verbindung und wechselseitige Beeinflussung von S. und ↑Kultur gehört zu den komplexesten Phänomenen der menschlichen Lebenswelt. Das Verhältnis war in traditionalen Gesellschaften, die deutlich zwischen S. und Land trennten, eindeutiger als heute. Seit der digitalen Revolution und dem Prozess der Weltverstädterung wird es zunehmend diffuser, nicht zuletzt durch die global ausgerichtete, auch individuell verfügbare Medienwelt.

Mit der Dominanz der bürgerlichen und kapitalistischen Gesellschaft (↑Kapitalismus) wurde die Kultur nicht mehr von einem religiös fundierten, geistig-kulturellen Zentrum bestimmt, sondern zu einer Angelegenheit des autonomen bürgerlichen ↑Subjekts und eines öffentlichen Publikums. Die bis heute Staunen erregenden Kathedralen blieben als (Bau-)Zeugen früherer Kulturepochen zwar erhalten, verloren aber an religiöser Bedeutung. Bilder, Altäre, wertvolle Handschriften und Bücher wanderten nach der Säkularisierung zu großen Teilen in die neu gegründeten ↑Museen und Landesarchive.

Für das Verhältnis von S. und Kultur wurden folgende Bedingungen zentral:

*a)* Das ubiquitär werdende Tauschprinzip löste andere Verkehrsformen ab und stellte die Beziehungen der Menschen auf eine neue, geldwirtschaftlich und gesellschaftlich dominierte Basis. Das galt auch für die ↑Kunst.

*b)* Die Menschen wurden hineingezogen in die Ausweitung moderner Kommunikations-, Verkehrs- und Nachrichtentechniken wie Telegrafie und Telefon. Auf der Basis der digitalen Revolution entwickeln sich gegenwärtig Strukturen einer globalen Informations- und „Netzwerkgesellschaft“ (Castells 2017), was für den Kulturprozess und seine Vermittlung völlig neue Bedingungen schafft.

Die neuere Diskussion um S.-Kultur ist eng mit dem Begriff *Urbanität* verknüpft, die entspr.e architektonische und städtebauliche Voraussetzungen hat. Eine weitere Bedingung ist eine differenzierte städtische ↑Öffentlichkeit. In einem der einflussreichsten Beiträge zum Thema Urbanität schrieb Edgar Salin: „Urbanität ist nicht losgelöst zu denken von der aktiven Mitwirkung einer Stadtbürgerschaft am Stadtregiment. Urbanität ist Bildung, ist Wohlgebildetheit an Leib und Seele und Geist; aber sie ist in allen Zeiten […] auch auf fruchtbare Mitwirkung des Menschen als Poliswesen, als politisches Wesen in seinem ihm und nur ihm eigenen politischen Raum“ (Salin 1960: 13 f.). Der semantisch positiv besetzte Begriff „Urbanität“ (Wüst 2004) zielt damit auf städtische Lebensformen, für die u. a. folgende Voraussetzungen gegeben sein müssen:

*a)* Elemente in der S.-Struktur und ihrer Architektur, die als historisches Erbe anerkannt sind und ein Identität stiftendes Band zwischen den Generationen, Einheimischen und Fremden ermöglichen sowie

*b)* Straßen und Plätze, öffentliche und halböffentliche Räume, die urbanes Verhalten allererst ermöglichen und Menschen, die bereit und fähig sind, sich urban zu verhalten und hierfür bestimmte Voraussetzungen mitbringen, v. a. die Fähigkeit zu distanziertem und zugl. empathischem Verhalten.

Die öffentlich-repräsentative S.-Kultur hat in

Deutschland eine lange Tradition, die in vielen S.en bis in das Mittelalter zurückreicht. Waren es früher prächtige Rathäuser und Bürgerhäuser am zentralen Markt, die zum Ruhm der S. beitrugen und weiterhin beitragen – zu denken ist an Bremen, Brüssel oder Münster –, so sind es in der Gegenwart v. a. neue Museen, Ausstellungen, Festspiele und Events, von denen sich die S.e einen Vorteil im kulturellen Wettbewerb erwarten.

Auch aus ökonomischen Gründen erhielt die Inszenierung der S.-Kultur einen bedeutenden Stellenwert für die Identität der S.-Bewohner. Das Ruhrgebiet z. B., einst die bedeutendste Industrieregion Europas, erlebte seit den 1960er Jahren einen Umbau seiner Industriebauten und damit seiner ökonomischen und sozialen Grundlagen. Ehemalige Zechen, Fabrikhallen, Waschkauen oder Gasometer wurden als Projekte der *Internationalen Bauausstellung Emscher Park* zu kulturellen Zentren umgestaltet.

### 3. Stadt in der soziologischen Theorie

Die S. gehört, neben der Familie, zu den ersten Objekten der sich in der zweiten Hälfte des 19. Jh. entwickelnden *Soziologie*. Diese Wissenschaft entstand nicht zuletzt aus dem Impetus, den Umbruch der ständisch-feudalen zur bürgerlich-industriellen Gesellschaft zu erklären. Nach Ferdinand Tönnies ist die S. „die höchste, nämlich komplizierteste Gestaltung menschlichen Zusammenlebens [...]. Die Großstadt ist typisch für die Gesellschaft schlechthin [...]. Der Unterschied von Einheimischen und Fremden wird gleichgültig. Jeder ist, was er ist, durch seine persönliche Freiheit, durch sein Vermögen und durch seine Kontakte“ (Tönnies 1963: 245–253).

Der Berliner Soziologe und Kulturphilosoph Georg Simmel beschrieb, welche geistige und psychische Veränderung mit den in der Großstadt wohnenden Menschen vor sich geht: „Die psychologische Grundlage, auf der der Typus großstädtischer Individualitäten sich erhebt, ist die Steigerung des Nervenlebens, die aus dem raschen und ununterbrochenen Wechsel äußerer und innerer Eindrücke hervorgeht [...]. Daraus wird vor allem der intellektualistische Charakter des großstädtischen Seelenlebens begreiflich, gegenüber dem kleinstädtischen, das vielmehr auf das Gemüt und gefühlsmäßige Beziehungen gestellt ist [...]. Die geistige Haltung der Großstädter zueinander wird man in formaler Hinsicht als Reserviertheit bezeichnen dürfen“ (Simmel 1998: 119–134).

Für Max Weber, neben F. Tönnies und G. Simmel der wichtigste Gründungsvater der Soziologie in Deutschland, war die okzidentale S. des Mittelalters – neben dem Recht und vielen anderen Kultur- und Lebensbereichen – ein Demonstrationsobjekt für die sich über einen langen Zeitraum erstreckende ↑Rationalisierung der Arbeits- und Lebensverhältnisse, die zur Entwicklung der bürgerlich-kapitalistischen Gesellschaft führten.

Die Auswirkungen der *Urbanisierung* seit der digitalen Revolution fasste Manuel Castells unter dem Begriff der „Informational City“ (1989) zusammen. In diesem Werk finden sich jene Stichworte und Analysen der internationalen Diskussion um die Entwicklung der S. im digitalen Zeitalter, z. B. „the space of flows“ (Castells 1989: 126), der „Raum der Ströme“. Er basiert auf einem elektronischen Netzwerk, ist nicht ortlos, bewirkt aber durch seine Beschaffenheit eine Dialektik zwischen Dezentralisierung und Ortsgebundenheit der Dienstleistungen und anderer Produkte über Zeitzonen und Kontinente hinweg. Günstige Produktionsstandorte basieren im 21. Jh. auf schnellen Netzen.

### 4. Integration in die Stadtgesellschaft. Segregation und Gettoisierung

Für die S. kann als typisch angesehen werden, dass sie unterschiedliche Lebensformen und kulturelle Besonderheiten zulässt und zu integrieren vermag. Sie war auch der Ort, an dem Menschen der Enge eines traditional und religiös geprägten Lebens auf dem Lande entkommen konnten. Das änderte sich in (West-)Deutschland erst seit den 1960er Jahren, als das Land ebenso wie die S. von einem allg.en „Wertwandel“ (Kmieciak/Klages 1979) erfasst wurde und die ländliche Bevölkerung, bedingt durch eine zunehmend industriell arbeitende Agrarwirtschaft, zurückging.

↑*Integration* ist ein strukturell und prozessual zu verstehender Grundbegriff der Soziologie. Strukturell ist ein soziales Gebilde (Familie, Schule, S. etc.) integriert, wenn seine einzelnen Mitglieder volle Akzeptanz haben, sich zugehörig fühlen und eine Einheit bilden. Prozessual ist Integration ein dauerhafter Vorgang, bei dem sich der Sozialverband und dessen Mitglieder um Akzeptanz und ein Wir-Bewusstsein bemühen, mit dem Ziel, den Zustand der Integration zu erhalten bzw. zu verbessern.

Die Voraussetzungen für die Integrationskraft des Sozialverbandes S.-Gesellschaft haben sich im Verlauf der neuzeitlichen Geschichte, zumal seit der Doppelrevolution, grundlegend gewandelt. Die S.-Gesellschaft als ein auch ökonomisch relativ autonomer und geschlossener Sozialverband existiert nicht mehr. Gerade beim Thema Integration, zumal der Fremden, Ausländer, Flüchtlinge und Asylsuchenden, sind die Verflechtungen mit gesellschaftlichen Strukturen und Politikfeldern, auf die die S.e kaum Einfluss haben, nur zu offenkundig. Vielerorts ist die Integrationskraft der S.e erschöpft und es mehren sich Anzeichen für verstärkte Prozesse der Segregation und der Gettoisierung.

Mit dem Begriff *Segregation* wird die sich räumlich widerspiegelnde soziale Differenzierung der Bevölkerung in der Siedlungsstruktur von S.en und Gemeinden zum Ausdruck gebracht. Segregation ist zugl. ein wichtiger Indikator der ↑sozialen Ungleichheit bzw. der sozialen Differenzierung. Eine Untersuchung von Jürgen Friedrichs und Sascha Triemer über die soziale und ethnische Segregation in 15 deutschen S.en zeigte die Wirkungen, die die steigende ↑Arbeitslosigkeit und ↑Armut im Zeitraum von 1990 bis 2008 auf die Segregation hatten.

Der Begriff Getto (oder Ghetto) stammt aus Venedig, wo es seit dem 13. Jh. ein jüdisches Viertel mit diesem Namen gibt. Gettobildung steht jetzt unter ganz anderen Voraussetzungen als die gettoisierten Judenviertel in europäischen Städten, die erst seit der um 1800 beginnenden Judenemanzipation aufgelöst wurden.

Bei der Bewertung stark segregierter S.-Viertel wie Berlin-Kreuzberg oder Köln-Mülheim darf nicht übersehen werden, dass Segregation das Ergebnis eines freiwilligen Zusammenwohnens von ethnisch und religiös basierten Gruppen sein kann. Die gleichwohl vorhandenen sozialen Zwänge zu dieser Art von Gettobildung sowie die dadurch erheblich gesunkenen Chancen der Integration in die (S.-)Gesellschaft dürfen gleichwohl nicht übersehen werden.

### 5. Stadtentwicklung und Stadtplanung. Leitbilder

Die Entwicklung der S.e spiegelt den sozialen, ökonomischen und kulturellen Wandel durch alle Epochen, aber auch planerische und utopische Vorstellungen über die Ideal-S. und damit verbunden über ideale Formen des menschlichen Zusammenlebens. Bezogen auf die Epochen der S.-Entwicklung nach dem Zweiten Weltkrieg in Deutschland ist hervorzuheben, dass es noch vor Kriegsende Planungen für den Wiederaufbau kriegszerstörter deutscher S.e gab.

Ein Leitbild war die „gegliederte und aufgelockerte Stadt“ (Göderitz/Rainer/Hoffmann 1957). Als Musterbeispiel gilt das Hansaviertel in Berlin, das im Rahmen einer *Internationalen Bauausstellung* verwirklicht wurde, woran sich die Weltelite der Architekten beteiligte, unter ihnen Alvar Aalto, Le Corbusier, Walter Gropius, Oscar Niemeyer. Dieses Leitbild war allerdings ebenso umstritten wie das des bekanntesten Manifests des Städtebaus im 20. Jh., die *Charta von Athen* aus dem Jahre 1933, die aber erst später zur Wirkung kam. Der in der Charta Grund gelegte funktionalistische S.e-Bau mit der räumlichen Trennung von Wohnen, Arbeiten, Sich-Erholen und Verkehr wurde seit Mitte der 1960er Jahre heftig kritisiert und zumal für den Zustand vieler seelenloser neuer S.e am S.-Rand verantwortlich gemacht.

Und es gab das Leitbild der „autogerechte[n] Stadt“ (Reichow 1959), das der renommierte Hannoveraner S.-Planer Rudolf Hillebrecht propagierte, der zu Albert Speers Wiederaufbaustab für die kriegszerstörten S.e gehört hatte. Ab 1948 war er S.-Baurat in Hannover und konnte dort seine Vorstellungen einer an den (vermeintlichen) Bedürfnissen des motorisierten Individualverkehrs orientierten ↑Stadtplanung, unter Umgehung der alten Fluchtlinienpläne, weitgehend durchsetzen. Bis heute haben viele S.e unter den großen, nach diesen Prinzipien gestalteten innerstädtischen Durchgangsstraßen zu leiden; nur wenigen gelang ein mustergültiger Rückbau, wie z. B. Ulm.

Ein neues Leitbild seit Beginn der 1960er Jahre war das der „Urbanität durch Dichte“ (Beckmann 2015). Heidelberg-Emmertsgrund ist ein bekanntes Beispiel. Wie die Entwicklung des S.-Teils zeigte, konnte die Vernetzung von Nutzungsarten nicht erreicht werden. Wohnen und Arbeiten konnten ebenso wenig auf kleinem Raum verwirklicht werden wie eine lebendige Öffentlichkeit. Das hing nicht zuletzt mit dem Rückzug der Individuen in die Privatheit zusammen, in der das Fernsehen die Hauptrolle der Freizeitbeschäftigung spielte und das eigene Auto den Radius über den engeren Wohnbereich hinaus erheblich erweiterte.

Gegen die „Unwirtlichkeit [der] Städte“ (Mitscherlich 2008), zumal der Trabanten-S. und den Abriss wertvoller Bausubstanz in den historischen S.en, regte sich immer mehr Unmut, der in den 1970er Jahren zu einer Besinnung auf das architektonische Erbe der S.e führte. Umfangreiche Sanierungen, Rückbauten von Straßen und die Sperrung innerstädtischer Plätze für Autos führten zur Ausweitung der Fußgängerzonen und zur Rückgewinnung von Wohnqualität im Innen-S.-Bereich. Zugl. entstand ein werbewirksames S.-Marketing und sorgte für die Inszenierung der historischen S. und die Öffnung schöner Plätze für Events aller Art – ein bis heute ungebrochener Trend.

Das Leitbild des „ökologische[n] Städtebau[s]“ (Ruano 2019) ist Teil jener Bewegung, die seit Ende der 1960er Jahre die Gefährdungen der Umwelt in das öffentliche Bewusstsein hob. Wissenschaftliche Disziplinen, wie die Biologie, Chemie oder die Physik der Baustoffe, erarbeiteten Grundlagen für den ökologischen Haus- und S.e-Bau, die auf den Prinzipien der Ressourcenersparnis und der Nachhaltigkeit beruhen. In den 1980er Jahren wurden Umweltämter in den S.en eingerichtet, die eine zunehmende Anzahl „stadtökologischer Handlungsfelder“ (Ritter 1989: 460) durchsetzten.

Die Anzahl der umweltrelevanten Gesetze und Verordnungen auf Bundes-, Landes- und Gemeindeebene (↑Gemeinde) stieg entsprechend. Selbstverständliche Grundsätze des Bauens, die Rücksicht auf die Natur, auf Bodenbeschaffenheit und Klima, auf Windschneisen, Lichteinfall, auf Flora und Fauna nehmen, waren jahrzehntelang missachtet worden. Bereits in Vitruvs um 25 v. Chr. entstandenen „Zehn Bücher über Architektur“ finden sich Kapitelüberschriften wie: „Die Ausrichtung der Straßenzüge mit Rücksicht auf die Winde“ (Vitruv 1976: 59); „Über die Berücksichtigung der klimatischen Verhältnisse bei der Anlage von Privatgebäuden“ (Vitruv 1976: 262).

Neuere Entwicklungen des ökologischen S.e-Baus stehen unter dem Druck des fortschreitenden ↑Klimawandels und der Reinhaltung der Luft in den von Stickoxyden und Feinstaub belasteten S.en. Die sich ändernden klimatischen Bedingungen in den S.en werden nicht nur zu begrünten Häusern, Plätzen und neuartigen Wohnvierteln führen, sondern auch zur weitgehenden Verbannung des mit Benzin und Diesel angetriebenen Automobils aus dem S.-Bereich.

Da aber eine S. durch die Persistenz ihrer Gebäude und ihrer ober- und unterirdischen ↑Infrastrukturen auf Langfristigkeit angelegt ist, wird sich ihr Umbau unter Kriterien von ↑Ökologie und ↑Nachhaltigkeit, neuen Verkehrssystemen, Sicherheit sowie den Bedürfnissen einer alternden Gesellschaft über Jahrzehnte hinziehen.

### Literatur

M. Ruano: Ökologischer Städtebau, 2019 • M. Castells: Der Aufstieg der Netzwerkgesellschaft, [3]2017 • K. Beckmann: Urbanität durch Dichte? Geschichte und Gegenwart der Großwohnkomplexe der 1970er Jahre, 2015 • W. Endlicher: Stadtökologie, in: H. Mieg/C. Heyl (Hg.): Stadt, 2013, 97–119 • B. Schäfers: Stadtsoziologie. Stadtentwicklung und Theorien, Grundlagen und Praxisfelder, [2]2010 • J. Friedrichs/S. Triemer: Gespaltene Städte?, 2008 • A. Mitscherlich: Die Unwirtlichkeit unserer Städte, [2]2008 • R. Burdett/D. Sudjic (Hg.): The Endless City, 2007 • T. Wüst: Urbanität. Ein Mythos und ein Potential, 2004 • R. Eaton: Die ideale Stadt. Von der Antike bis zur Gegenwart, 2003 • I. Flagge/F. Pesch (Hg.): Stadt und Kultur, 2001 • L. Benevolo: Die Geschichte der Stadt, [8]2000 • M. Weber: Die Stadt, 1999 • H. P. Bahrdt: Die moderne Großstadt, 1998 • T. Sieverts: Zwischenstadt. Zwischen Ort und Welt, Raum und Zeit, Stadt und Land, 1997 • S. Sassen: The Global City, 1992 • M. Castells: The Informational City, 1989 • E. H. Ritter: Stadtökologie, in: J. J. Hesse (Hg.): Kommunalwissenschaften in der Bundesrepublik Deutschland, 1989, 447–482 • W. Durth/N. Gutschow: Träume in Trümmern. Planungen zum Wiederaufbau zerstörter Städte im Westen Deutschlands, 2 Bde., 1988 • T. Hilpert (Hg): Le Corbusiers „Charta von Athen". Texte und Dokumente, [2]1988 • K. von Beyme: Der Wiederaufbau, 1987 • J. Reulecke: Geschichte der Urbanisierung in Deutschland, 1985 • P. Kmieciak/H. Klages (Hg.): Wertwandel und gesellschaftlicher Wandel, 1979 • L. Mumford: Die Stadt, 2 Bde., 1979 • B. Schäfers: Phasen der Stadtbildung und Verstädterung, in: Zeitschrift für Stadtgeschichte, Stadtsoziologie und Denkmalpflege 4/2 (1977), 243–269 • Vitruv: Zehn Bücher über Architektur, 1976 • F. Tönnies: Gemeinschaft und Gesellschaft, [9]1963 • E. Hobsbawm: Europäische Revolutionen 1789–1848, 1962 • E. Salin: Urbanität, in: Deutscher Städtetag (Hg.): Erneuerung unserer Städte, 1960, 9–34 • H. B. Reichow: Die autogerechte Stadt. Ein Weg aus dem Verkehrs-Chaos, 1959 • J. Göderitz/M. Rainer/H. Hoffmann: Die gegliederte und aufgelockerte Stadt, 1957.

BERNHARD SCHÄFERS

## Stadtplanung

S. bezeichnet allg. eine Handlungspraxis öffentlicher oder privater Akteure, die urbane und dörfliche Räume vorausschauend gestaltet. Im spezifischeren Sinn meint S. eine akademische Disziplin, die räumliche Entwicklung auf Ebene der Gemeinde oder des Quartiers unter Berücksichtigung ästhetischer, baukultureller, ökonomischer, ökologischer, sozialer und technischer Aspekte betrachtet und hieraus Strategien und Konzepte zukünftiger Entwicklung für eine theoriegeleitete Praxis ableitet. Im engsten und institutionellen Sinn ist S. ein kommunales Aufgabenfeld, dem als unterster Ebene der Raumordnung (↑Raumordnung und Landesplanung) in der BRD auch die Bauleitplanung, d. h. die städtebauliche Ordnung der Gemeinde, zugeordnet wird.

Kern der Aufgabe der S. ist es, die vielfach konkurrierenden (Nutzungs-)Ansprüche an begrenzten (städtischen) Boden und Raum im Dienste des ↑Gemeinwohls und nach Maßgabe fachlicher Expertise zu organisieren. Dabei hat die Praxis der S. der fachlichen und gesellschaftlichen Komplexität räumlicher Entwicklung, der Unsicherheit zukünftiger Erwartungen und der langfristigen ↑Pfadabhängigkeiten, die durch planerische Entscheidungen geschaffen werden, Rechnung zu tragen. Dies gilt umso mehr, als räumliche (Nutzungs-)Ansprüche abhängig von gesellschaftlich divergierenden Interessen und Werthaltungen entstehen und artikuliert werden. S. ist aufgrund der hiermit umschriebenen „Bösartigkeit planerischer Probleme" (Rittel/Webber 1992: 20–31) in modernen komplexen Gesellschaften durch konflikthafte gesellschaftliche Aushandlungsprozesse geprägt. Notwendig inhärent ist ihr daher ein Widerspruch zwischen ihrem an fachlicher Expertise und Gemeinwohl ausgerichteten professionellen disziplinären Selbstverständnis einerseits und der gesellschaftlich und politisch zu implementierenden Praxis (↑Implementation) andererseits. Prozesse und Verfahren räumlicher Planung sowie deren ↑Legitimation sind daher zentraler Gegenstand der S. in Theorie und Praxis.

### 1. Stadtplanung und Stadtproduktion

Als fachlich übergreifende Disziplin in Praxis und Wissenschaft in diesem Sinne bildet sich S. im Übergang vom 19. zum 20. Jh. heraus. Allerdings war im deutschsprachigen Raum bis in die 1960er Jahre der von Camillo Sitte und Joseph Stübben geprägte Begriff „Städtebau" dominant und wurde synonym zu S. benutzt. Demgegenüber war im angelsächsischen Raum bereits um 1900 der Begriff *Town Planning* etabliert. S. entsteht im 19. Jh. vor dem Hintergrund des rasanten liberalistischen Wachstums der ↑Städte, das durch Industrialisierung, Einführung bürgerlichen Eigentums an Grund und Boden und Zunahme städtischer Bevölkerung in Gang gesetzt worden war und verheerende hygienische, soziale und verkehrliche Probleme verursachte. Um die infrastrukturelle Funktionalität, soziale Stabilität und ökonomische Produktivität städtischen Raums und Bodens zu sichern und weiteres Wachstum zu ermöglichen, bedurfte es fachlicher Expertise und vorausschauender Steuerung räumlicher Entwicklung ebenso wie staatlicher Institutionen, um diese zu implementieren. Folglich ist die Genese der Disziplin eng verwoben mit der Herausbildung eines neuen kommunalen Aufgabenfelds und seiner zugehörigen Institutionen.

Ebenso verändert sich auch mit den wechselnden Herausforderungen räumlicher und städtischer Entwicklung das Selbstverständnis der Disziplin und die Funktion der S. als kommunale Aufgabe. Anschließend an Gerd Albers und Julian Wékel lässt sich diese Entwicklung im deutschsprachigen Raum in fünf aufeinander aufbauende Phasen einteilen: Anpassungsplanung (1860–1900), Auffangplanung (1900 bis 1960), Entwicklungsplanung (1960 bis 1980), Perspektivplanung (ab 1980) und Integriertes Entwicklungsmanagement (ab 1995). Diese unterscheiden sich mit Blick auf die Annahmen zur Reichweite planerischer Steuerung und der Rollenverteilung zwischen fachlicher Expertise, ↑Verwaltung, Politik und Gesellschaft. Stets ist allerdings die Praxis der S. wie in allen westlichen kapitalistischen Gesellschaften geprägt durch eine Co-Produktion der Stadt von Akteuren aus Staat, Markt und Gesellschaft. Allerdings unterscheidet sich je nach Struktur der politischen Ökonomie das Ausmaß, in dem öffentliche Instanzen die private Produktion von Stadt steuern. So prägen nationale und historische Kontexte aber auch lokale Traditionen und Logiken die Auffassung und Rolle institutionalisierter S. Dabei wird eine starke, dem Allgemeinwohl verpflichtete lokale Steuerung als ein wesentliches Merkmal der idealtypisch konzipierten „europäischen Stadt“ (Siebel 2004) betrachtet, das die Folgen liberalistischer Stadtentwicklung einzuhegen sucht. Demgegenüber ist S. bspw. in den neugegründeten Städten der USA seit ihrem Anfang in erster Linie Aufgabe und Bedingung privater Entwicklung und Vermarktung städtischen Bodens.

## 2. Berufsfeld und Qualifikation

Das Studium der S. (oder verwandter Studiengänge) zielt darauf, Verständnis für die Komplexität städtischer Räume hinsichtlich ihrer sozialen und ökologischen, technischen, ökonomischen aber auch baukulturellen Dimensionen und die methodischen sowie verfahrenstechnischen Kompetenzen zur planerischen Gestaltung räumlicher Entwicklung zu vermitteln. Es integriert daher sowohl Wissen und Methoden aus Planungs-, Sozial-, Geistes- und Ingenieurwissenschaften als auch Kompetenzen im räumlichen Entwerfen, in der Moderation und Organisation von (räumlicher) Planung und Entwicklung. Durch ein technisches Referendariat samt Staatsexamen in der Fachrichtung „Städtebau“ kann eine Qualifikation für den höheren Verwaltungsdienst erworben werden. Als universitäre Disziplin entsteht S. in Westdeutschland ab 1968. Die geschützte Berufsbezeichnung Stadtplaner/in wird durch ↑Berufskammern in den Bundesländern vergeben. In der DDR wurde S. in der Sektion „Gebietsplanung und Städtebau“ als Spezialisierung der Architektur bzw. des Bauingenieurwesen an der HAB Weimar gelehrt.

## 3. Stadtplanung als kommunale Aufgabe

S. ist, anders als baupolizeiliche Aufgaben, keine übertragene staatliche Aufgabe, sondern gehört seit den Preußischen Fluchtliniengesetzen 1870 in den Bereich der Selbstverwaltungsaufgaben (↑Selbstverwaltung) der ↑Gemeinde, die über die Planungshoheit für ihr gemeindliches Gebiet verfügt. Innerhalb des vielfältigen Aufgabenspektrums der kommunalen S. kommt der städtebaulichen Ordnung der Gemeinde durch die (zweistufige) Bauleitplanung als gesetzlich übertragener, weisungsfreier Pflichtaufgabe der Kommune (BauGB § 1; ↑Baurecht) eine bes. Bedeutung zu. Mit dem Flächennutzungsplan (vorbereitender Bauleitplan, BauGB §§ 5–7) wird die langfristige Entwicklung der Art der Nutzung städtischen Bodens geregelt, mit dem Bebauungsplan (verbindlicher Bauleitplan, BauGB §§ 8–10a) zusätzlich mindestens das Maß der Nutzung sowie überbaubare Grundstücks- und Verkehrsflächen. Zu den Aufgaben der kommunalen S. zählt zudem die „integrierte Stadtentwicklungsplanung“, die alle Fachplanungen und Teilräume des Gemeindegebiets umfasst. Zuständig ist sie in Zusammenarbeit mit den jeweils einschlägigen Fachämtern auch für Wohnraum- und Grünflächenentwicklung sowie Infrastrukturplanungen, die Stabilisierung sozialräumlicher Strukturen und den Erhalt baukultureller Qualitäten. Eine wesentliche Aufgabe kommunaler S. ist es heute auch, die mit Stadtentwicklung verbundenen gesellschaftlichen Aushandlungen zu moderieren.

### 3.1 Instrumente der Stadtplanung

Für diese Vielzahl an Aufgaben stehen der S. Instrumente zur Verfügung, die auf unterschiedliche Weise Einfluss auf räumliche Entwicklung nehmen. Über *indirekte* Instrumente lässt sich das raumwirksame Handeln Dritter beeinflussen (vgl. Selle 2005). Hierzu zählen insb.
*a)* regulative (also rechtssetzende),
*b)* persuasive, auf Kommunikation ausgerichtete und
*c)* finanzielle Instrumente (Fördermittel, Abgaben etc.).
Kommunale S. aber kann räumliche Entwicklung auch direkt beeinflussen, und zwar durch
*d)* Marktteilnahme,
*e)* indem sie Grundstücke oder Liegenschaften etwa über Vorkaufsrechte erwirbt und sie kann Standorte mit öffentlichen Investitionen entwickeln.
Schließlich kann S.
*f)* interne Instrumente nutzen, um durch Prozessmanagement und Organisationsentwicklung strukturierend auf Planungsprozesse einzuwirken.
Diese Instrumente sind jeweils hinsichtlich ihres Rechtscharakters zu unterscheiden. *Formelle* Instrumente regulieren rechtsverbindlich die räumliche Entwicklung der Gemeinde. Hierzu zählen neben dem Bau- und Planungsrecht eine Vielzahl weiterer formeller Instrumente, z. B. aus dem ↑Naturschutz- oder ↑Umweltrecht. *Informelle* Instrumente (z. B. integrierte Stadtentwicklungskonzepte) oder Verfahren (z. B. runde Tische, Zukunftswerkstätten o. Ä.) entfalten hingegen lediglich diskursive oder politisch strategische Wirkung. Sie werden oft auch genutzt, um eine größere Zahl an Akteuren, insb. auch nicht-staatliche Akteure, einzubinden.

3.2 Organisation und Rolle der Stadtplanung

Institutionell wird S. meist mit anderen Aufgaben des Bauwesens in einem kommunalen Dezernat zusammengefasst. In den Stadtstaaten fallen Aufgaben der Landesplanung und gemeindlichen ↑Planung zusammen. Die kommunale S. untersteht der politischen ↑Steuerung durch die kommunalen Gremien, denen die wesentlichen Entscheidungen über Stadtentwicklung und -planung obliegen.

Letztlich ist stadträumliche Entwicklung, insoweit sie durch S. gesteuert wird, heute jedoch nicht das Ergebnis von Setzungen amtlicher S., sondern eines komplexen, von der kommunalen S. moderierten Aushandlungsprozesses zwischen politischen Vorgaben, (konkurrierenden) Verwaltungen und Aufgabenträgern, Wirtschaft, Zivilgesellschaft und Privatpersonen.

Seit den 1970er Jahren wurde diesem gesellschaftlichen Aushandlungsprozess als Teil von Planungsprozessen vor dem Hintergrund mangelnder Legitimation und Akzeptanz öffentlicher Planungen sukzessive mehr Raum eingeräumt. Die Funktion der kommunalen S. hat sich dabei von einer (an-)ordnenden und ausführenden hin zu einer kooperierenden Verwaltung gewandelt. Im Zuge dieses Prozesses wurden in der formellen, rechtsverbindlichen Planung zu den Beteiligungsrechten der betroffenen Träger öffentlicher Belange und Fachplanungen auch Beteiligungsrechte für die planungsbetroffene allg.e Öffentlichkeit hinzugefügt. Dies geschah zunächst im Rahmen der Ausweisung von Sanierungsgebieten im Städtebauförderungsgesetz, 1971. Mit der Novelle des BBauG 1976 wurde in der regulären Bauleitplanung die zweistufige Beteiligung der Öffentlichkeit eingeführt (heute BauGB § 3), die jedoch zur Beschleunigung von Planung unter bestimmten Bedingungen 2007 wieder eingeschränkt wurden (vgl. § 13a BauGB). Gleichzeitig führte die Verknappung öffentlicher und personeller Ressourcen auf lokaler Ebene und die hiermit einhergehende Einschränkung kommunaler Handlungsmöglichkeiten ab den 1990er Jahren zunehmend zur Ausbildung kooperativer Formen der Stadtentwicklung (↑*Governance*): Einerseits werden Aufgaben der S. auf private und insb. profit-orientierte Akteure i. S. v. ↑PPP ausgelagert, seit 1998 gibt es für Kooperationen im Städtebau auch eine eigenständige Norm im BauGB (§ 11 Städtebaulicher Vertrag). Andererseits nutzt kommunale S. vermehrt informelle Instrumente ohne formaldemokratische Legitimation, die darauf zielen zusätzliche gesellschaftliche Akteure einzubinden. Diese Erhöhung von Beteiligung soll zusätzliches implizites Wissens in Planungsprozessen generieren, und damit tragfähige und gesellschaftlich akzeptierte planerische Entscheidungen ermöglichen. Neben diesen lokalen Planungsprozessen wird kommunale S. auch durch sog.e „heimliche Stadtpolitik" (Dreier et al. 2001: 102) beeinflusst. Bezeichnet sind damit Politiken übergeordneter politischer Akteure, die nicht als S. intendiert sind, lokalräumliche Entwicklung jedoch in hohem Maße prägen. Beispiele hierfür sind strukturpolitische Förderungen der ↑EU, nationale Steuerpolitik oder die Förderung spezieller Wohnformen und Infrastrukturen.

### Literatur

G. Albers/J. Wékel: Stadtplanung, 2017 • P. Hall: Cities of Tomorrow. An Intellectual History of Urban Planning and Design since 1880, 2014 • N. Carmon: The Profession of Urban Planning and Its Societal Mandate, in: N. Carmon/S. Fainstein (Hg.): Policy, Planning, and People, 2013, 13–31 • H. Bodenschatz: Städtebau 1908, 1968, 2008. Impulse aus der TU (TH) Berlin, 2009 • F. Betker: „Einsicht in die Notwendigkeit". Kommunale Stadtplanung in der DDR und nach der Wende (1945–1994), 2005 • K. Selle: Planen, Steuern, Entwickeln, 2005 • W. Siebel: Die europäische Stadt, 2004 • P. Dreier/ J. Mollenkopf/T. Swanstrom: Place Matters, 2001 • G. Albers: Zur Entwicklung der Stadtplanung in Europa, 1997 • H. Rittel/M. Webber: Dilemmas in einer allgemeinen Theorie der Planung, in: H Rittel (Hg.): Planen, Entwerfen, Design, 1992, 13–35 • C. Sitte: Der Städtebau nach seinen künstlerischen Grundsätzen, 1909 • J. Stübben: Der Städtebau, 1890.

BARBARA SCHÖNIG

## Stalinismus

Mit S. wird gemeinhin die seit Ende der 1920er Jahre durch Josef W. Stalins „Revolution von oben" in der Sowjetunion geschaffene Herrschafts-, Wirtschafts- und Gesellschaftsverfassung bezeichnet. Der forcierte Aufbau des „Sozialismus in einem Lande" (Stalin 1976: 331), die Verabschiedung eines ersten Fünfjahresplans (↑Zentralverwaltungswirtschaft) und die Zwangskollektivierung der Landwirtschaft sollten dem Land eine neue schwerindustrielle Basis geben, die verbliebenen privatwirtschaftlichen Freiräume in Handel und Gewerbe beseitigen und die Millionen Bauernhöfe zu großen Kolchosen und Sowchosen zusammenschließen, denen der Staat die Ziele und die Verwendung ihrer Produktion vorgab. Die in Fabriken und Behörden, Schulen, Hochschulen und anderen kulturellen Einrichtungen verbliebenen „bürgerlichen" Eliten sollten durch neue „proletarische Kader" ersetzt und allen „Ehemaligen", „Überbleibseln" des Alten, als „Saboteuren" des sozialistischen Fortschritts, als „Sowjetfeinden" und „Spionen" des kapitalistischen Auslands der bedingungslose Kampf („Säuberungen") angesagt werden: Sie wurden verhaftet, vor Gericht gestellt, in „Schauprozessen" abgeurteilt, an die Peripherie verbannt, zu Millionen in Arbeitskolonien und Zwangsarbeitslager (Gulag) verbracht und zu Hunderttausenden erschossen.

Als politisches Schlagwort, das wertende, beschreibende und analytische Elemente miteinander verband, war S. bereits zeitgenössisch in Gebrauch. Nur zwei prominente Stimmen. Der Journalist Walter Duranty, der für die New York Times seit Anfang der 1930er Jahre aus der UdSSR berichtete, sprach analog zum „Marxismus“ (Duranty 1931: 1) und „Leninismus“ (ebd.) auch von „S.“ (ebd.): Während ↑Marxismus eine Theorie und Leninismus die Debatte darüber gewesen sei, war S. für ihn die Praxis und Anwendung in der russischen Tradition autokratischer Regime. Stalins „Revolution von oben“ stellte er dabei in die Tradition der Reformen Ivans IV., Peters des Großen und Alexanders II. Reformen seien in Russland stets „von oben“ unternommen worden; ein „autokratisches Regime“, das ein „Allgemeinwohl“ beschwöre, liege dem „asiatischen“ Denken der Russen näher als die Vorstellungen vom „Individuum“, von „freiem Unternehmertum“ und auch als jene „Neue Ökonomische Politik“, die Sowjetrussland seit Anfang der 1920er Jahre betrieben hatte. Für seine durchaus einflussreichen Berichte aus dem stalinistischen Russland erhielt Duranty 1932 den Pulitzer Preis. Nachrichten von der furchtbaren Hungersnot, in der 1932/33 Millionen starben, hielt Duranty für „übertriebene Gräuelpropaganda“ (Duranty 1933: 1).

Für Leo Trotzki – in den 1920er Jahren J. W. Stalins erbittertster innerparteilicher Gegner, 1927 aus der Partei ausgeschlossen und 1929 ins türkische Exil abgeschoben – verriet die „thermidorianische Bürokratie“ (Trotzki 1997: 191) des S. „die Weltrevolution“ (ebd.); den S. trenne vom Leninismus ein „Strom von Blut“ (Trotzki 2009: 13). Schon die massive politische Verfolgung und die Verherrlichung des Staates widersprächen der Behauptung von einer Verwirklichung des ↑Sozialismus. Der Sowjetstaat sei unter J. W. Stalin zu einem „bürokratischen Absolutismus“ (Deutscher 1963: 292) verkommen, eine sich selbst bereichernde, „herrschende Gruppe“ (ebd.: 293) verteidige ihre Interessen inmitten „des Mangels und der Armut“ (ebd.: 287).

In der UdSSR war S. ein Unwort. Zwar hatte Lasar Kaganowitsch, seit 1930 Vollmitglied des Politbüros und J. W. Stalin über dessen Tod hinaus treu ergeben, mehrfach angeregt, nicht nur immer von Wladimir Iljitsch Lenin und Leninismus zu sprechen – W. I. Lenin sei seit 1924 tot. Zeitgemäß wäre es, die Losung vom Leninismus durch diejenige vom S. zu ersetzen, was J. W. Stalin, obwohl geschmeichelt, abgelehnt hatte. Eine solche Losung hätte auch J. W. Stalins Behauptung in Frage gestellt, immer nur Lordsiegelbewahrer des Leninismus gewesen zu und nie von dessen Kurs abgewichen zu sein (ein Vorwurf, den er in den Nachfolgekämpfen nicht zuletzt seinem Erzrivalen L. Trotzki gemacht hatte).

Nach J. W. Stalins Tod (1953) berichtete sein Nachfolger im Parteiamt Nikita Chruschtschow in einer internen Rede Ende Februar 1956 den irritierten Delegierten des 20. Parteitags von dessen „Intoleranz, Brutalität und Machtmissbrauch“ (Chruschtschow 1990: 21), von Massenrepressalien gegen Partei-, Sowjet- und Wirtschaftsfunktionäre 1937/38, Säuberungen der militärischen Führungskader, Deportationen ganzer Völker während des Krieges sowie von Kampagnen gegen regionale Parteigruppen und „Kosmopoliten“ nach dem Krieg. N. Chruschtschow machte unter Ausklammerung des karrierebewussten Führungszirkels J. W. Stalin persönlich und allein für alle „Fehler“ (ebd.) und „zügelloseste Willkür“ (ebd.: 81) verantwortlich, ohne den Begriff des S. zu gebrauchen. Schließlich sollten J. W. Stalins „Revolution von oben“, forcierte Industrialisierung und Kollektivierung der Landwirtschaft weiterhin als revolutionäre Errungenschaften, als Voraussetzungen für den Sieg im Zweiten Weltkrieg und für den Aufstieg zur Weltmacht gefeiert werden. Dass in ihrer Folge Millionen von Sowjetbürgern Anfang der 1930er Jahre verhungert waren, blieb ein Staatsgeheimnis bis Ende der 1980er Jahre.

Der Kurs selektiver Erinnerung hielt an. Wenn Michail S. Gorbatschow Mitte der 1980er Jahre wiederholt betonte, man könne auf den zurückgelegten Weg „stolz“ (Gorbatschow 1988: 170) sein, wollte er die Stalin-Zeit nicht ausnehmen: „‚Stalinismus‘ ist ein Begriff, den sich die Gegner des Kommunismus ausgedacht haben und der umfassend dafür genutzt wird, die Sowjetunion und den Sozialismus insgesamt zu verunglimpfen“ (Gorbatschow 1988: 178). Doch ließ sich im Zuge der selbst propagierten neuen „Offenheit“ die Auseinandersetzung nicht verhindern. Wenn der sowjetische Philosoph Alexander Zipko in der Artikelserie einer populärwissenschaftlichen Zeitschrift 1988/89 nach den „Quellen des Stalinismus“ (Zipko 1988 f.) fragte, landete er sehr schnell in jenen Tabuzonen, deren Betreten Gorbatschow hatte verhindern wollte: Stalins Vorstellungen vom Sozialismus unterschieden sich nicht grundsätzlich von denen anderer Marxisten-Leninisten. Die säuberliche Trennung des S. vom „Leninismus“ war damit obsolet.

Wenn westliche Analysten seit Beginn des ↑Kalten Krieges von der „stalinistischen Sowjetunion“ sprachen, sahen sie deren ↑politisches System v. a. als Variante eines neuen, totalitären Staates, den S. (zusammen mit dem italienischen ↑Faschismus und dem deutschen ↑Nationalsozialismus) als Gegenentwurf zum demokratischen parlamentarischen ↑Rechtsstaat. Neuere Studien sahen nach dem Krieg im Zentrum totalitärer Systeme eine auf den Endzustand der Menschheit ausgerichtete, alles erklärende, alles legitimierende ↑Ideologie („↑Weltanschauung“) und als deren Hüter eine hierarchisch organisierte „Massenpartei“ (Friedrich/Brzezinski 1968: 611) mit einem Führer an ihrer Spitze; sie verfüge über ein nahezu „vollständiges Monopol der Kontrolle aller Mittel wirksamer Massenkommunikation“ (Friedrich/Brzezinski 1968: 611) und ein Terrorsystem auf physischer oder psychischer Grundlage; dies erlaube ihr zugl. „eine zentrale Überwachung und Lenkung der gesamten Wirtschaft durch die bürokratische Koordinierung vorher unabhängiger Rechtskörperschaften“ (Friedrich/Brzezinski 1968: 611).

Indem sie den Blick auf das Zusammenspiel von Ideologie, Massenpartei, Führerstaat und Terrorsystem richtete, schien die Totalitarismustheorie (↑Totalitarismus) Funktionsbedingungen des stalinistischen Systems auf den Begriff gebracht zu haben. Ihr konnte auch der Einwand, dass die Theorie als Teil der ideologischen Auseinandersetzungen des Kalten Krieges entstanden sei, wenig anhaben. Gewichtiger war, dass sie einen gedachten Ist-Zustand beschrieb, Veränderungen, wie sie nach 1956 in der UdSSR zu registrieren waren, kaum erklären konnte, auch nicht die unterschiedlichen Entwicklungen in den sozialistischen Staaten, von Polen, Albanien und Rumänien bis nach Kuba und China. Zugl. hieß ein totaler Machtanspruch noch nicht, dass er trotz Terrorsystem problemlos durchzusetzen war; dann mussten die mentalen Vorbehalte und institutionellen Widerstände historisch erklärt werden, was eine inhaltliche Auseinandersetzung mit der Ideologie unverzichtbar machte. Da schließlich eine dauerhafte ↑Herrschaft, die sich nur auf ↑Gewalt und ↑Terror stützte, nicht vorstellbar war, musste auch die Vorstellung, die die Gesellschaft zum bloßen Objekt und Opfer machte, systematisch hinterfragt werden.

Eben diese sozialgeschichtlichen Untersuchungen mahnten eine neue („revisionistische") Forschungsgeneration seit Ende der 1960er Jahre an. J. W. Stalins „Revolution von oben" beschrieb sie (in Anspielung auf die damaligen Ereignisse in China) als „Kulturrevolution", mit der Ablösung alter ↑Eliten und der Entstehung neuer Trägerschichten, die ihren Platz einnahmen und zu Profiteuren und Trägern dieser Entwicklung wurden; Vergleichbares galt für die Entwicklung auf dem Dorf und in den explosionsartig wachsenden Städten. Sie erschütterten das Bild vom allmächtigen Staat und einer straff organisierten Kaderpartei, machten Machtaushandlungsprozesse und Chaos sichtbar. Selbst der Terror schien unter diesem Blickwinkel, als „Stalinismus von unten" (Bonwetsch 1988), einen neuen Stellenwert zu bekommen und die Bedeutung Stalins als Initiator und *spiritus rector* der Massengewalt zu relativieren.

Wie stark sich die (westliche) Forschung zum S. bis Anfang der 1980er Jahre diversifiziert hatte, zeigte eine Studie, die sieben verschiedene Erklärungsmodelle unterschied:

*a)* die Überzeugung, dass in der sowjetischen Geschichte die Kontinuität von W. I. Lenin zu J. W. Stalin überwog;
*b)* ein Ansatz, der ↑Revolution und S. in der Tradition der großen russischen („vaterländischen") Geschichte sah, in deren Tradition sich ja auch die stalinistische Führung seit den 1930er Jahren bewusst stellte;
*c)* der dargestellte Totalitarismus-Ansatz;
*d)* eine Beschreibung des S. als Variante der Modernisierungs- und Industrialisierungspolitik (auch unter dem Stichwort einer „Erziehungsdiktatur" zur Überwindung der Rückständigkeit);
*e)* ein Verständnis des S. als Parallele zur ↑Französischen Revolution und S. als „thermidorianische Degeneration" (Fitzpatrick 2001: 2) eines Revolutionsregimes, im Verbund mit der Entstehung einer „neuen Klasse" (ebd.: 162);
*f)* die Fokussierung auf die etatistischen und bonapartistischen Züge und Charakterisierung des S. als Staatskapitalismus oder Staatssozialismus;
*g)* die Sicht des S. als Form einer „asiatischen" oder „orientalische[n] Despotie" (Wittfogel 1957), bei der der Staat zentrale, so nur von ihm zu bewältigende Aufgaben übernahm und sich dafür einen riesigen Apparat aufbaute.

Es versteht sich, dass die skizzierten Modelle nicht klar voneinander zu trennen waren und manche Beobachtungen in unterschiedlichen Modellen auftauchten.

Die endachtziger und neunziger Jahre konfrontierten die westliche Forschung mit einer doppelten Herausforderung: Die schrittweise Öffnung der sowjetischen Archive stellte sie auf eine neue, viel breitere Basis. Sie erlaubte erst jetzt, die großen Entscheidungen der Stalin-Zeit, deren Durchführung und Folgen hell und detailliert auszuleuchten; der Forschung völlig unbekannte Tatbestände und Entwicklungen kamen zu tage. Sie bestätigten das riesige Ausmaß von Chaos, Terror und Gewalt. Dass dafür nicht der Namensgeber, sondern ein „Stalinismus von unten" verantwortlich sei, bestätigten die neuen Quellen nicht. Gerade an den großen Kampagnen und Gewaltexzessen ließ sich zeigen, dass das Signal dazu stets „von oben" (Barberowski 1995: 97) ausging und man ihnen von dort auch ein Ende setzte. Beispielhaft zeigte dies die Umsetzung des Befehls 00447 vom Sommer 1937, nach dem bis Ende 1938 767 397 Menschen verurteilt wurden, 386 798 zum Tod durch Erschießen.

Die zweite Herausforderung der endachtziger Jahre war der Paradigmenwechsel von der „klassischen Sozial"- zu einer „neuen Kulturgeschichte". Die „neue Kulturgeschichte" versuchte, Anregungen aus den Nachbardisziplinen der Anthropologie, Mentalitäts-, Mikro-, Alltags- und Geschlechtergeschichte aufzunehmen, Wertvorstellungen, Wahrnehmungs- und Deutungsmuster von historischen Akteuren, Gruppen und Randgruppen einzubeziehen, Kommunikationsformen (↑Symbole, ↑Rituale und Zeremonien) zu entschlüsseln und mit den „alten" Ansätzen der Politik-, Verfassungs-, Sozial- und Geistesgeschichte in Beziehung zu setzen. Sie erweiterten damit auch das Spektrum in der S.-Forschung beträchtlich. Ein Versuch, beide Ansätze miteinander zu verbinden, war Stephen Kotkins Plädoyer, „Stalinismus als Zivilisation" (Kotkin 1995) zu verstehen, in der die eine Seite „von oben" die Ziele vorgab („Building socialism" [Kotkin 1995: 27]) und die andere darauf reagierte („Living socialism" [ebd.: 141]), sich angewöhnte, „bolschewistisch zu sprechen" (ebd.: 198). Wie unterschiedlich die Forschungsansätze inzwischen sind, zeigen andererseits die Arbeiten Jörg Baberowskis, die J. W. Stalin als Person und Gewalt als Leitkategorie in den Mittelpunkt rücken. Sie beschreiben S. als „Despotie, in der die Willkür des Diktators den Alltag der Funktionäre und ihrer Untergebenen strukturierte“ (Barberowski 2012: 22) und sich von dort aus in alle Lebensbereiche ausbreitete. Das Ordnungsprojekt des Bolschewismus habe nicht zuletzt deshalb in den Massenterror geführt, „weil der Diktator ein Gewalttäter aus Leidenschaft war“ (Barberowski 2012: 30): „Ohne Stalins kriminelle Energie, seine Bösartigkeit und seine archaischen Vorstellungen von Freundschaft, Treue und Verrat wären die Mordprozesse der dreißiger Jahre kaum möglich gewesen. Der Exzess war die Lebensform des Diktators“ (Barberowski 2012: 30). Die kommunistische Ideologie (↑Kommunismus) diente dabei nur als Rechtfertigung, sie sei nicht deren Motivation gewesen. J. Baberowskis Sichtweise blieb nicht unwidersprochen; kritisch disktuiert wurde sie u. a. in einem speziell diesem Forschungsansatz gewidmeten Heft der Zeitschrift „Osteuropa“.

Insgesamt gilt: Nach dem Zerfall der UdSSR und dem Ende der kommunistischen Regime in Osteuropa hat das Schlagwort S. viel von seiner urspr.en politischen Brisanz verloren. An die Stelle des relativ starren Bildes von der totalitären UdSSR ist durch die Beiträge der politik-, sozial-, kultur- und geistesgeschichtlichen Forschung ein vielschichtigeres Bild der Zeit getreten, ohne ihr den Schrecken schier beispiellosen Terrors und entgrenzter Gewalt zu nehmen.

### Literatur

H. Altrichter: Stalin. Herr des Terrors, 2018 • K. Schlögel: Das sowjetische Jahrhundert, ²2018 • Ders.: Terror und Traum, ³2016 • D. Neutatz: Träume und Alpträume. Eine Geschichte Russlands im 20. Jahrhundert, 2013 • J. Baberowski: Verbrannte Erde. Stalins Herrschaft der Gewalt, 2012 • G. Koenen/U. Schmid/S. Plaggenborg/B. Ennker/F. Pohlmann/J. Zarusky/C. Dieckmann/M. Junge: Stalins Herrschaft der Gewalt. Jörg Baberowskis „Verbrannte Erde“. Eine Debatte, in: Osteuropa 62/4 (2012), 115–159 in: Osteuropa 62/4 (2012), 81–140 • R. Binner/B. Bonwetsch/M. Junge (Hg.): Stalinismus in der sowjetischen Provinz 1937–1938. Die Massenaktion aufgrund des operativen Befehls No 00447, 2010 • Dies. (Hg.): Massenmord und Lagerhaft. Die andere Geschichte des Großen Terrors, 2009 • L. Trotzki: Bolschewismus und Stalinismus, 2009 • J. Keep: Wrestling With Revisionism: Recent Western Writing on Stalinism, in: A. Litvin/ders. (Hg.): Stalinism. Russian and Western Views at the Turn of the Millenium, 2005, 87–213 • O. V. Khlevniuk: The History of the Gulag, 2004 • D. L. Hoffmann (Hg.): Stalinism. The Essential Readings, 2003 • S. Fitzpatrick: The Russian Revolution, ²2001 • Dies. (Hg.): Stalinism. New Directions (Rewriting Histories), 2000 • H. Altrichter: „Offene Grossbaustelle Russland“. Reflexionen über das „Schwarzbuch des Kommunismus“, in: VfZ 47/3 (1999), 321–361 • S. Kotkin: 1991 and the Russian Revolutions. Sources, Conceptual Categories, Analytical Frameworks, in: JModH 70/2 (1998), 384–425 • S. Plaggenborg (Hg.): Stalinismus. Neue Forschungen und Konzepte, 1998 • N. Werth: Ein Staat gegen sein Volk. Gewalt, Unterdrückung und Terror in der Sowjetunion, in: Stéphane Courtois u. a. (Hg.): Das Schwarzbuch des Kommunismus. Unterdrückung, Verbrechen und Terror, ⁵1998, 51–295 • L. Trotzki: Verratene Revolution, 1997 • J. Baberowski: Wandel und Terror. Die Sowjetunion unter Stalin 1928–1941. Ein Literaturbericht, in: JbbGOE 43/1 (1995), 97–129 • S. Kotkin: Magnetic Mountain. Stalinism as a Civilization, 1995 • M. Jakobson: Origins of the Gulag. The Soviet Prison Camp System 1917–1934, 1993 • W. G. Rosenberg/L. H. Siegelbaum (Hg.): Social Dimensions of Soviet Industrialization, 1993 • J. Burbank: Controversies over Stalinism. Searching for a Soviet Society, in: PAS 19/3 (1991), 325–340 • H.-H. Schröder: Stalinismus „von unten“? Zur Diskussion um die gesellschaftlichen Voraussetzungen politischer Herrschaft in der Phase der Vorkriegsfünfjahrpläne, in: D. Geyer (Hg.): Die Umwertung der Sowjetischen Geschichte, 1991, 133–143 • N. S. Chruschtschow: Die Geheimrede Chruschtschows. Über den Personenkult und seine Folgen. Die Rede des Ersten Sekretärs des ZK der KPdSU, Gen. N. S. Chruschtschow auf dem XX. Parteitag, 1990 • S. J. Taylor: Stalin's Apologist. Walter Duranty, 1990 • M. Gorbatschow: Ausgewählte Reden und Aufsätze, Bd. 3, 1988 • B. Bonwetsch: Stalinismus „von unten“. Sozialgeschichtliche Revision eines Geschichtsbildes, in: Sozialwissenschaftliche Informationen 17/2 (1988), 120–125 • A. S. Zipko: Istoki stalinisma (Quellen des Stalinismus), in: Nauka i zhizn, (1988 f.), 1988/11, 45–55; 1988/12, 40–48; 1989/1, 45–55; 1989/2, 53–61 • S. Fitzpatrick (Hg.): Cultural Revolution in Russia, 1928–1931, 1978 • J. Stalin: Die Oktoberrevolution und die Taktik der russischen Kommunisten, in ders.: Werke, Bd. 6. 1976, 320–358 • I. Deutscher: Trotzki. Der verstoßene Prophet, 1929–1940, ²1972 • C. J. Friedrich/Z. Brzezinski: Die allgemeinen Merkmale der totalitären Diktatur, in: B. Seidel/S. Jenkner (Hg.): Wege der Totalitarismus-Forschung, 1968, 600–634 • N. Berdyaev, The Origin of Russian Communism, ³1964 • K. A. Wittfogel: Die orientalische Despotie, 1957 • W. Duranty/A. Woollcott: Duranty Reports Russia, 1934 • W. Duranty: Red Russia of Today Ruled by Stalinism, not by Communism, New York Times vom 14. 05. 1931, 1.

HELMUT ALTRICHTER

## Stammesgesellschaft

S. hat mehrere alltagssprachliche und wissenschaftliche Bedeutungen, die sich nur teilweise überlappen und in der Geschichte der Sozialwissenschaften, insb. der Ethnologie, Soziologie und Politikwissenschaft, wiederholt revidiert wurden.

### 1. Sprache und koloniales Erbe

Alltagssprachlich wurde und wird der Ausdruck S. pauschal und oft abwertend für alle Gesellschaften verwendet, die im kolonialen Denken (↑Kolonialismus) als vormodern, vorindustriell oder allg. als Zeugen einer vergangenen Entwicklungsstufe der Menschheit galten. Diese ausgrenzende Verwendung zeigt sich in seiner Wurzel Stamm (englisch *tribe*, französisch *tribu*) und seiner Generalisierung als ethnischer oder politischer Einheit, die Objekt kolonialer Herrschaft oder später nachholender ↑Modernisierung durch Entwicklungszusammenarbeit war oder ist. S.en waren Gesellschaften, die nicht der Gegenwart angehörten und die wesentlich anders organisiert waren als die eigene, moderne Gesellschaft. Mit Hilfe dieses Gegenbildes versicherten sich die Kolonialmächte der eigenen Überlegenheit. Die koloniale Sicht auf außereuropäische Gesellschaften als dem Gegenüber des Globalen Nordens, bzw. das imaginierte Andere der westlichen ↑Moderne wurde unter dem Etikett der S. in eine scheinbar natürliche Dichotomie gegossen, mittels derer (post-)koloniale Akteure (↑Postkolonialismus) aus „entwickelten" Ländern Interventionen in das Leben der Menschen legimitieren zu können glaubten.

Seit der Dekolonialisierung der ↑Ethnologie und, in geringerem Maße, der Soziologie in den 1980er und 90er Jahren wird der Begriff S. heute nur noch selten verwendet oder rundweg abgelehnt. Dazu trug auch die vehemente Ablehnung durch Intellektuelle und Wissenschaftler aus dem Globalen Süden bei, die sich durch den Begriff herabgewürdigt sahen.

## 2. Das strukturfunktionalistische Modell

In der modernen, klassisch-strukturfunktionalistisch geprägten Ethnologie britischer Prägung wurden unter S.en in einem engeren Sinne solche verstanden, deren wichtigsten sozialen Verbände sich durch verwandtschaftliche Abstammung konstituieren. Dieser liegen oft unilineare Deszendenzregeln zugrunde, d. h. die Zugehörigkeit wird entweder in matri- oder patrilinearer Linie bestimmt. Analog zum Englischen werden sie als *Lineages* bezeichnet, welches in der deutschsprachigen Ethnologie das ältere Stamm oder Linie verdrängt hat. Die Größe einer Lineage folgt der genealogischen Tiefe, d. h. der Zahl der Generationen seit dem letzten, allen Mitgliedern gemeinsamen Vorfahren. Als sozialer Verband wird in einer Lineage Solidarität aller Mitglieder zu allen Mitgliedern erwartet. Abweichendes Handeln wird nötigenfalls sanktioniert, wobei die Älteren, die dem Vorfahren näher stehen, in aller Regel Macht über die Jüngeren ausüben. Die erwartete solidarische Grundhaltung äußert sich als *amity*, d. h. präskriptiver Altruismus, sowie in einer Ökonomie, in der moralische Verpflichtungen gegenüber anderen Mitgliedern derselben Lineage vor individueller Gewinnmaximierung stehen. Kulturell werden Lineages häufig als ein sozialer Körper vorgestellt, dessen Gedeihen oder Verletzung immer alle Mitglieder trifft.

Der durch Abstammung definierten Mitgliedschaft und Solidarität nach innen steht die Reziprozität des Tausches zwischen den Lineages als sozialen Verbänden gegenüber. Arbeitsleistungen, Waren, Geld werden als Pflichten gegenüber anderen Lineages aufgerechnet und meist genau ausgeglichen. Dadurch werden Beziehungen und oft dauerhafte Allianzen geschaffen. Ein wichtiges Mittel, eine solche Allianz zu verstetigen, sind vielfach Ehen bzw. im strukturalistischen Duktus der Tausch von Frauen. Dabei sind Regeln zu befolgen. Häufig darf zwischen zwei Lineages in einer Generation nur eine eheliche Verbindung geschlossen werden, so dass die Gabe einer Frau erst in der nachfolgenden Generation erwidert werden kann. Derartige Allianzen können mithin eine große zeitliche Tiefe erreichen und integrieren in der Summe die einzelnen Lineages gesellschaftlich.

Andere Institutionen, die die einzelnen Lineages aneinander binden, können hinzutreten, existieren jedoch nicht in allen S.en. Dazu gehören Altersklassen, die Männer und Frauen gleichen Alters aus verschiedenen Lineages in Verbänden zusammenfassen, die quer zu den verwandtschaftlich konstituierten Abstammungsgruppen stehen. Mitgliedschaft in Altersklassen ist oft obligatorisch und nach Geschlechtern getrennt, so dass junge Männer und Frauen bereits früh lernen, über die Grenzen ihrer Lineages zu kooperieren. Der Eintritt ist i. d. R. rituell überhöht und kommt dann einer Initiation gleich, in der Rechte und Pflichten gelernt und die Ethik eines anerkannten erwachsenen Mitglieds der Gesellschaft vermittelt werden. Dabei stehen religiöse Grundüberzeugungen im Dienste der verwandtschaftlichen Organisation. Sie bestätigen einerseits die dominierende Rolle der Alten, die den Vorfahren näher stehen, und erlauben andererseits den Jungen, während der rituellen Passage in das Erwachsenenalter diese Normen für eine eng begrenzte Zeit zu unterlaufen. Klassische Beispiele solcher S.en sind die Weidewirtschaft betreibenden Nuer, Südsudan, und die vom Ackerbau lebenden Tallensi, Ghana.

## 3. Historisch-materialistische Perspektiven

S.en sind durch eine Balance der Rechte und Pflichten der Menschen zu ihren grundlegenden sozialen Verbänden und ↑Institutionen charakterisiert. Der generellen Solidarität zur eigenen Lineage stehen immer die individuellen reziproken Verpflichtungen zu anderen Lineages gegenüber, aber auch zu Institutionen wie den Altersklassen, die quer zu den Abstammungsgruppen den Einzelnen zur Zusammenarbeit mit Mitgliedern anderer Lineages verpflichten. ↑Macht wird innerhalb der eigenen Abstammungsgruppe ausgeübt, aber zwischen den Verwandtschaftsverbänden kann Herrschaft weitgehend vermieden werden. Aus einer kritischen, historisch-materialistischen Perspektive sind Lineages zugl. Produktions- und Konsumeinheiten, die v. a. die Stellung der Alten sichern, welche mittels verwandtschaftlicher Autorität über die Arbeitskraft der Jüngeren verfügen. Da in den oft landwirtschaftlich geprägten Wirtschaftsweisen von S.en die Arbeitskraft des Haushalts (und nicht der Zugang zu Land) der limitierende Faktor ist, muss deren verwandtschaftliche Organisation als Teil der politischen Ökonomie verstanden werden. Eine solche häusliche Produktionsweise ist durch die verwandtschaftlichen Verhältnisse legitimiert, deren vermeintlich natürlichem Charakter eine doppelte ideologische Funktion zukommt: er rechtfertigt die Ausbeutung der Jungen durch die Alten sowie die der Frauen durch die Männer.

So ungleich die Allokation der Arbeitskraft innerhalb der Lineages ist, so wenig führt sie jedoch zu einer Herrschaft einzelner Verwandtschaftsverbände. Da die Größe der Abstammungsgruppen durch annähernd gleiche genealogische Tiefe reguliert wird, haben sie etwa die gleiche Zahl von Mitgliedern und damit ähnliche wirtschaftliche Leistungsfähigkeit. Dadurch und zusammen mit den reziproken Verpflichtungen ist es einzelnen Verbänden kaum möglich, eine dominante politische Stellung zu erreichen. Die Balance der Institutionen mit ihren einander ausgleichenden Rechten und Pflichten garantiert politische Stabilität, die auch als *„ordered anarchy“* (Evans-Pritchard 1940: 5) oder „regulierte Anarchie“ (Sigrist 1967) bezeichnet wird. S.en bedürfen mithin nicht notwendig zentraler politischer Institutionen wie eines Häuptlingstums oder eines außerweltlich legitimierten Herrschers, z. B. eines sakralen Königs.

S.en ohne zentrale politischen Institutionen sind als staatenlose, segmentäre oder akephale, wörtlich „kopflose“, Gesellschaften bezeichnet worden. Es sind nicht die einzigen Gesellschaften ohne Staat oder politische Herrschaft. Auch Wildbeutergesellschaften sind akephal bzw. staatenlos, lassen sich aber genauso wenig als S.en beschreiben wie die meisten Händlergesellschaften, industriellen und städtischen Gesellschaften. Sie haben meist ein flexibles, offenes Verwandtschaftssystem, dem die nach Abstammung gebildeten sozialen Verbände fehlen.

Was S.en bemerkenswert macht, ist deren relative Größe. Aus der Geschichte sind Siedlungen mit 5 000 oder noch mehr Einwohnern ohne zentrale politische Institutionen bekannt. Deren bloße Existenz war eine Herausforderung des kolonialen Denkens und später der modernen ↑politischen Theorie. Die hobbessche Grundannahme, dass jede menschliche Gesellschaft eines staatlichen ↑Gewaltmonopols, des Leviathans, bedürfe, damit der Mensch nicht in den Naturzustand zurückfiele und jeder wieder des anderen Wolf werde, wird von S.en widerlegt. Dass Anarchie (↑Anarchie, Anarchismus), wörtlich „Herrschaftslosigkeit“ nicht gleich Chaos und soziale ↑Anomie bedeutet war ein zentraler empirischer Befund der politischen Anthropologie. Entspr. fasziniert waren anarchistische Theoretiker von Gesellschaften, denen es am Rande des kapitalistischen Weltsystems gelang, eine solche politische Ordnung zu bewahren.

### 4. Postkoloniale Ansätze

Segmentäre bzw. akephale Gesellschaften bilden seit dem späten 19. Jh. ein zentrales Thema der politischen Anthropologie. Mit dem Zweifel an dem modernen Modell institutioneller Balance rückten im ausgehenden 20. Jh. neue Aspekte in den Vordergrund. Anarchische Gesellschaften zeichnet häufig eine spontane und heftige Ablehnung jedweder ↑Herrschaft aus. Solche kollektiven Intentionen – und nicht die systemisch begründete Balance zwischen den sozialen Verbänden – sind mitunter als Voraussetzungen verstetigter anarchischer S.en bezeichnet worden. Andernfalls werde eine S. früher oder später zentrale politische Institutionen entwickeln. Stammesälteste würden zunächst zu sog.en *big men* oder *grands hommes*, deren dominante Stellung jedoch noch auf persönlicher ↑Autorität beruht. Dem folgten Herrscher, die *chiefs, chefs* oder Häuptlinge, die ihr Amt vererbten, und schließlich der Staat.

Diesem linearen Modell politischen Wandels wurde umgehend widersprochen. Ihm steht die These gegenüber, dass S.en sich nur unter den Bedingungen befriedeter, etablierter Staatlichkeit zu den ausbalancierten Formen entwickeln konnten, die das strukturfunktionalistische Modell und die anarchistische Perspektive als autonom auszeichneten. Die regulierte Anarchie sei linker Romantik (↑Politische Romantik) entsprungen. Die empirische Forschung zeigt jedoch auch, dass soziale Formationen durchaus akephale Strukturen von S.en (wieder) annehmen können, also sich von zentraler Herrschaft abwenden. Solche sozialen Räume können eng begrenzt oder diffus und weit gestreut sein. Sie entstehen auch heute. In vielen Gebieten, in denen kriegerische Auseinandersetzungen geführt werden, können sich segmentäre gesellschaftliche Formationen immer dort bilden, wo es den Menschen gelingt, sich veralltäglichter ↑Gewalt zu entziehen. Die 2012 als Rojava bekannte autonome Region in Nordostsyrien kann in diesem Sinne gedeutet werden.

Ein weiterer Einwand richtete sich gegen das institutionelle Modell selbst, denn die Lineages sind oft im alltäglichen Leben der Menschen kaum sichtbar. Die Existenz der Lineages ist gleichsam an Situationen gebunden, in denen der Rückgriff auf sie es den Akteuren erlaubt, bestimmte individuelle oder kollektive Rechte einzufordern bzw. politische Ansprüche zu erheben. Einem Akteur ist es möglich, in einer gegebenen Situation auf verschiedene Rollenmodelle zurückzugreifen, die ihm als separate Register durch seine Zugehörigkeit zu verschiedenen sozialen Verbänden offen stehen. In der konventionellen Formulierung heißt das, dass er bspw. entweder als Mitglied einer Lineage oder einer Altersklasse handeln kann. Dabei (re-)produziert er durch sein Handeln erst jene institutionellen Strukturen, die ihm im klassischen Modell nur vorgegeben sind. Der Gegensatz zwischen Struktur und individuellem Handeln wird in dieser Perspektive aufgelöst. Demnach sind S.en verstetigte Praktiken, die nicht ohne die Handelnden bestehen. Die Menschen haben daher auch die freie Wahl, zu solchen Praktiken zu greifen, wann immer sie ihnen vorteilhaft erscheinen – oder sie zu verwerfen. Der Weg in die staatlich verfasste Gesellschaft (↑Staat) ist keine Einbahnstraße.

### Literatur

J. Scott: The Art of Not Being Governed, 2009 • D. Graeber: Fragments of an Anarchist Anthropology, 2004 • M. Strathern/M. Godelier (Hg.): Big Men and Great Men, 1991 • H. Barclay: People Without Government, 1990 • J. Fabian: Time and the Other, 1983 • M. Godelier: La production des grands hommes, 1982 • C. Meillassoux: Femmes, greniers et capitaux, 1975 • P. Clastre: La société contre l'État, 1974 • M. Fried: The Evolution of Political Society, 1967 • C. Sigrist: Regulierte Anarchie, 1967 • J. Middleton/D. Tait (Hg.): Tribes Without Rulers, 1958 • M. Fortes: The Web of Kinship Among the Tallensi, 1949 • Ders.: The Dynamics of Clanship Among the Tallensi, 1945 • E. Evans-Pritchard: The Nuer, 1940 • É. Durkheim: De la division du travail social, 1893.

TILL FÖRSTER

## Stammzellenforschung

### 1. Biologisch-medizinische Grundlagen

Die S. zielt darauf ab, Therapien für Krankheiten zu entwickeln, die auf der Schädigung von Geweben beruhen und bislang nicht oder unzureichend behandelbar sind. Als Stammzellen werden Zellen bezeichnet, die sich einerseits fast unbegrenzt teilen und andererseits potenziell zu allen Körperzellen ausdifferenzieren können.

Totipotente Stammzellen können einen ganzen Organismus hervorbringen. Dies gilt für die befruchtete Eizelle sowie für jede aus ihr hervorgegangene Zelle in den ersten Tagen nach der Befruchtung. Pluripotente Stammzellen können spezialisierte Körperzellen hervorbringen. Je nach Herkunft werden embryonale und adulte Stammzellen unterschieden. Pluripotente humane embryonale Stammzellen (hES-Zellen) werden aus der inneren Zellmasse des frühen Embryos (Blastozyste) gewonnen, wobei der Embryo zerstört wird. Der Embryo kann durch eine künstliche Befruchtung im Labor (In-vitro-Fertilisation) oder durch den Transfer einer Körperzelle in eine entkernte Eizelle (Klonen) entstanden sein. Adulte Stammzellen kommen im erwachsenen Organismus vor; sie können gewebe- bzw. organspezifische Zelltypen bilden. Durch „Rückprogrammierung" ist es auch möglich, sog.e induzierte pluripotente Stammzellen (iPS-Zellen) aus normalen Körperzellen herzustellen, die hES-Zellen sehr ähnlich sind und ebenfalls potenziell alle Zellarten des Organismus bilden können. iPS-Zellen werden als Alternative zu hES-Zellen diskutiert; ihnen wird ein großes Potenzial für personalisierte Therapieentwicklungen zugeschrieben.

hES- und iPS-Zellen spielen für die Grundlagenforschung eine wichtige Rolle. So ist es gelungen, aus hES- und iPS-Zellen mit Hilfe geeigneter Signalstoffe dreidimensionale, organähnliche Strukturen zu züchten, mit deren Hilfe Lebensprozesse und therapeutische Wirkstoffe untersucht werden können. Aber auch die Therapieentwicklung schreitet voran. Erste klinische Prüfungen für Behandlungen von Herz-, Stoffwechsel- und Augenerkrankungen auf der Basis von hES- und iPS-Zellen laufen, wenn auch großteils noch in einem frühen Stadium.

Seit der Publikation des neuen Verfahrens der Genomeditierung mit Hilfe des CRIRP/Cas-Systems 2012 werden an dessen Verbindung mit der S. große Erwartungen geknüpft. CRISPR/Cas ermöglicht gentechnologische Veränderungen des Erbguts von Zellen deutlich einfacher, schneller und präziser vorzunehmen, als das mit bisher verfügbaren Verfahren der Fall war. hES- und iPS-Zellen lassen sich im Labor problemlos kultivieren und in verschiedene Gewebe differenzieren. So entstand die Idee, mit Hilfe von CRISPR/Cas bestimmte Mutationen zu erzeugen und ihre krankheitsbedingende Bedeutung zu untersuchen. Möglicherweise lassen sich auch neuartige Therapien mit Hilfe von außerhalb des Körpers gentechnisch (↑Gentechnik) veränderten Geweben *(tissue engineering)* entwickeln.

### 2. Gesellschaftliche, ethische und rechtliche Aspekte

Bei der ethischen Beurteilung der embryonalen S. stehen „die Pflicht Leid zu verhindern oder zu verringern" und „die Pflicht menschliches Leben zu respektieren" im Konflikt (Eurostemcell 2016). Aufgrund des Verbrauchs menschlicher Embryonen wird die Herstellung und Nutzung von hES-Zelllinien als ethisch problematisch angesehen und ist in vielen Ländern gesetzlich verboten oder stark reglementiert. In Deutschland ist die Herstellung von hES-Zellen nach dem ESchG von 1990 verboten. Als es 1998 erstmals gelang, aus menschlichen Embryonen Stammzelllinien zu schaffen, löste dies eine ausgesprochen kontrovers geführte Debatte über das Verbot der „verbrauchenden Embryonenforschung" aus, die letztlich zu einem politischen Kompromiss führte: Mit dem StZG von 2002 wurde der Import von hES-Zellen aus dem Ausland für hochrangige Forschungsziele unter bestimmten Voraussetzungen, deren Vorliegen die dafür eingesetzte *Zentrale Ethik-Kommission für S.* (↑Ethikkommissionen) zu prüfen hat, zugelassen. Bis Ende 2017 wurden 132 Genehmigungen erteilt.

Mittlerweile ist es zwar ruhiger um die S. geworden, die ethischen Probleme sind aber nicht gelöst. Insb. über die Schutzwürdigkeit des menschlichen Embryos wird nach wie vor kontrovers diskutiert. Während für die einen das Menschensein mit der Befruchtung beginnt und „verbrauchende Embryonenforschung" sowie „Klonen" eine Missachtung der ↑Menschenwürde darstellt, knüpfen andere die Zuschreibung von Menschenwürde an personale Eigenschaften wie die „Fähigkeit zur freien, vernunftgeleiteten Selbstbestimmung", die frühe menschliche Embryonen noch nicht aufweisen. Häufig wird ein Unterschied gemacht, ob „überzählige Embryonen" verwendet werden, die nicht mehr für die Kinderwunschbehandlung eines Paars benötigt werden, oder, wie beim Klonen, Embryonen gezielt für die Forschung erzeugt werden. Es wird aber auch befürchtet, dass fremdnützige Interessen an „gespendeten" Embryonen und Eizellen, die für das Klonen benötigt werden, zu einem sozialen Druck auf Frauen und Paare in der Kinderwunschbehandlung führen könnten. Insofern iPS-Zellen keinen „Verbrauch" von Embryonen und Eizellen mit sich bringen, werden sie als ethisch vorzugswürdig gegenüber hES-Zellen diskutiert. Weitere ethisch und rechtlich relevante Aspekte im Kontext der S. betreffen Biopatente sowie den Schutz von Patienten in klinischen Versuchen und im Zusammenhang mit kommerziellen Angeboten ungeprüfter Stammzelltherapien.

**Literatur**

S. Müller/H. Rosenau: Stammzellen, iPS-Zellen, Genomeditierung, 2018 • M. Zenke/L. Marx-Stölting/H. Schickl: Stammzellforschung, 2018 • Zentrale Ethik-Kommission für Stammzellenforschung: 15. Tätigkeitsbericht, 2017 • Eurostemcell: Embryonale Stammzellforschung. Ein ethisches Dilemma (2016), URL: https://www.eurostemcell.org/de/embryonale-stammzellforschung-ein-ethisches-dilemma (abger.: 31.7.2020) • S. Kühl/M. Kühl: Stammzellbiologie, 2012 • G. Badura-Lotter: Forschung an embryonalen Stammzellen, 2005 • I. Schneider: Gesellschaftliche Umgangsweisen mit Keimzellen, in: S. Graumann/dies.: Verkörperte Technik – entkörperte Frau, 2003, 41–65 • F. Oduncu/U. Schroth/W. Vossenkuhl: Stammzellenforschung und therapeutisches Klonen, 2002 • C. Geyer: Biopolitik, 2001 • S. Graumann: Die Genkontroverse, 2001. SIGRID GRAUMANN

## Stand

„S." wurde in seinem Artikel der „Geschichtlichen Grundbegriffe" mit „Klasse" zusammengefasst. Darin kam nicht zuletzt zum Ausdruck, dass die Wiederkehr der funktionalen Nutzung von *status* im 10. Jh. in die Konzeptualisierung von Kriegern, Betenden und Arbeitenden durchaus auch ein Ausdruck der vollendeten Ausdifferenzierung herrschender spezialisierter Krieger und unterworfener (ländlicher, bäuerlicher) Bevölkerung war. Beide Komponenten, die funktionale Zuordnung und damit Begründung von Pflichten – und ihnen korrespondierenden, schließlich auch klagbaren, Rechten – in der christlichen Gesellschaft hienieden und die Beschreibung empirischer Unterschiede verschiedener Gruppen nach Tätigkeit, Wohlstand und ↑Macht blieben zwischen dem Hochmittelalter und dem 19. Jh. miteinander verwoben. Dem entsprach, dass sich einerseits die – im Vergleich zur griechischen und römischen Antike – Wertschätzung körperlicher ↑Arbeit und die Ablehnung ihrer perhorreszierenden Bewertung in der Antike durch das NT in der christlichen Kirche des Westens im Wesentlichen durchsetzte, zugl. aber die konträren antiken Bewertungen zum Zusammenhang von Herrschen, Ressourcen, Unterwerfung und (körperlicher) Arbeit „in die christliche Ständereflexion" gleichwohl einflossen (Oexle 1990: 181 f.). Bedeutungsgehalte und Wortverwendungen von „S." blieben in der Folge doppelt gebrochen, zwischen systematischer philosophischer Durchdringung funktionaler gesellschaftlicher Zurechnungen und ihrer (in der von Gott geschaffenen Welt) ontologischen Begründung einerseits und empirischen Beschreibungen verschiedener beobachtbarer Gruppen andererseits, zwischen antiken Selbstverständlichkeiten der Legitimität von ↑sozialer Ungleichheit und der politisch-rechtlichen Privilegierung der zur Muße durch Ressourcen Befähigten einerseits und christlichen Begründungs- und Relativierungsbedürfnissen irdischer materieller und rechtlicher Ungleichheit andererseits. Völlig im Widerspruch zur sozialen und rechtlichen Lage erklärt der klerikale Autor des Sachsenspiegels daher die Leibeigenschaft (Landrecht III 42) für Rechtsbruch, habe der Herr doch alle Menschen nach seinem Ebenbild geschaffen. Die unterschiedlichen disziplinären Kontexte der Reflexion über Stände (S.e) und der Beschreibung von S.en müssen daher mitbedacht werden, um der Vielzahl der Konnotationen Herr zu bleiben. V.a. empirische Beschreibungen der Gesellschaft mit einem Fokus auf ihrer funktionalen Differenzierung – ein Beispiel unter vielen ist Johannes Ferrarius' „Tractatus de re publica bene instituenda" (Marburg 1533, 1556) und seine englische Übersetzung (London 1559) –, (christlich motivierte) erzieherische S.e-Didaxe zu den christlichen ↑Pflichten jeder Person in ihrem bzw. seinem S., kritische Reflexion unchristlicher Unterschiede zwischen den allemal von Gott geschaffenen Menschen (darunter auch Satiren, Reformschriften wie die „Reformatio Sigismundi"), und rechtliche Reflexionen und Vorgaben zu den spezifischen klagbaren Rechtsansprüchen verschiedener Personengruppen entwickelten sich parallel zueinander und mit unterschiedlichen, z.T. widersprüchlichen Zielrichtungen. Im Wesentlichen blieb dabei bis zum Ausgang des Mittelalters das funktionale Drei-S.e-Schema bestimmend, obwohl es mit der empirischen Entwicklung der ↑Städte und ihrem eigenen auch rechtlich privilegierten Stadtbürgertum nur mit Vorbehalt in Einklang zu bringen war.

Ob die protestantischen ↑Reformationen mit ihrem Angriff auf den S. der Kleriker und ihren Versuchen einer Durchdringung des Alltagslebens und seiner Pflichten mit gelebter Frömmigkeit letztlich einer Säkularisierung des S.es-Begriffs vorgearbeitet haben, ist angesichts der vielfältigen Strömungen, die sich des Begriffs für unterschiedliche Ziele bedienten, keineswegs unumstritten. Neben der Aktualisierung der Drei-S.e-Lehre in einer eigenen Lehre durch Martin Luther bemächtigte sich die Gesetzgebung in zunehmendem Maße mit der Privilegierung und Instrumentalisierung von S.en für die Zwecke der Organisation von ↑Herrschaft. Ein ganz bes. wichtiger Aspekt dabei war die engere Fixierung der Personenkreise, welche zu S.e-Tagen einzuladen waren, um Beschwerden vorzubringen, zu beraten, und ↑Steuern zu beschließen. Einig ist sich die Forschung, dass von den reflektierenden und beschreibenden Zuordnungen von Personen zu S.en die Kriterien zur Einladung von Personen zu Versammlungen durch den Herrscher (König, Kaiser oder Fürst) zu unterscheiden sind. In der Tat kam es im Reich bspw. erst gegen Ende des 15. Jh., in den Fürstentümern erst im Verlauf des 17. Jh. zu klaren rechtlichen Kriterien, wer zu solchen Tagen einzuladen sei, und zur Fixierung dieser Kriterien als Rechtsprivilegen der natürlichen Mitglieder einer bestimmten Gruppe, eben eines „S.es“.

Die Offenheit dieser Entwicklung und die Verwobenheit der Entstehung größerer bezahlter Dienerapparate im Dienste der Könige und Fürsten und der Zuordnung rechtlicher Privilegien zu bestimmten Personengruppen durch Könige und Fürsten muss dagegen unterstrichen werden. Die perhorreszierenden Angriffe v. a. der späten ↑Aufklärung auf die Ungleichheit der S.e im *Ancien Régime* zielten auf die Abschaffung eines vermeintlich falschen Alten, sie übersahen gezielt die tatsächliche Dynamik der S.e-Gesellschaft, sowohl im Hinblick auf die Möglichkeit sozialen Auf- oder Abstiegs in privilegierte S.e hinein (oder hinaus) als auch im Hinblick auf die dynamische Privilegierung von Persongruppen zu S.en durch Fürsten und Könige. Während es einerseits in der frühen ↑Neuzeit zur massiven rechtlichen Fixierung ständischer Privilegien kam – und damit auch zur Entstehung oder Verfestigung von (neuen) sozialen und rechtlichen Differenzierungen, z. B. zum Ausschluss von Besitzern größerer ländlicher Güter von S.e-Versammlungen aufgrund ihrer mangelnden „S.es-Qualität“ – blieb die rechtliche Zuordnung solcher Privilegien in der Hand von Kronen und Fürsten doch zugl. ein Merkmal der gesellschaftlichen Formung im Interesse der Krone. Dänemark und Russland schufen im 17. Jh. entspr.e Rangtabellen und Privilegienordnungen neu, weil ohne spezifische privilegierte Gruppen die Beherrschung des Gemeinwesens eben nicht oder nur schwierig möglich war. Das napoleonische Kaiserreich schuf eine eigene Adelsordnung unter Integration des Alten ↑Adels. So sehr Fürsten und Könige nachhaltig darauf hinwiesen, ständische Privilegien in ihren Landen könnten niemand von seiner Gehorsamspflicht entbinden oder seien letztlich nur unter Zustimmung des Königs oder Fürsten möglich, und insofern der moderne Begiff der ↑Souveränität auch in der Rechtsprechung und Gesetzesgebung, und damit auch bei der Privilegienvergabe, potentiell in Spannung zu hergebrachten Privilegien eines bestimmten S.es treten konnte, so operierten praktisch alle Fürsten und Kronen im gesamten 18. und über weite Teile des 19. Jh. mit der Vergabe von Privilegien, deren Besitz S.e begründen sollte. Der Druck und die Herausgabe von Hofkalendern mit den Personengruppen der Privilegierten florierte durch das gesamte 18. und 19. Jh. hindurch. So weit der Begriff „S.“ und die Vorstellung einer funktional begründeten (auch Rechts-) Ungleichheit unter den Menschen in die Antike auch zurückreichte, muss von der Vorstellung eines frühmodernen absolutistischen Anstaltsstaates (↑Absolutismus), der den S.en letztlich seit der Mitte des 17. Jh. mit dem neuen ↑Naturrecht als Schwert den Garaus gemacht hatte, Abstand genommen werden.

Das ändert nichts daran, dass die auch rechtlich zementierte Ungleichheit v. a. auch als Folge der (erfolgreichen) Revolution in den britischen Kolonien Nordamerikas und der zunehmenden Perhorreszierung des *Ancien Régime* in Frankreich zunehmend zum Skandalon der Aufklärung wurde. Rechtsprivilegien der Geburt sollten auf den Prüfstand der allg.en Vernunft kommen. Die Spannung zwischen dieser Fundamentalkritik, den Rechtsansprüchen der bereits Privilegierten und dem Wunsch der monarchischen Regierungen, durch Privilegierung Anhänger zu rekrutieren, durchzog das gesamte 19. Jh.

Im Grunde wurde der „S.es“-Begriff in seinen vielfältigen Funktionen erst seit der zweiten Hälfte des 19. Jh. im Zuge der zunehmenden Ersetzung durch den Klassenbegriff in seiner Bedeutung eingeschränkt, und auch dann noch spielte der Begriff des „S.es“ nicht zuletzt im deutschen Sprachraum angesichts der weitgehenden Ablehnung einer „Normalität einer Klassengesellschaft“ (Nolte 2000: 82) im späteren 19. und 20. Jh. im deutschsprachigen Mitteleuropa noch lange eine wichtige Rolle. Konzentriert man sich aus der langen rund 1 000 Jahre währenden Geschichte der Wechselwirkung gesellschaftlichen Seins und seiner Reflexion zu „S.“ zwischen dem 10. Jh. und unserer Gegenwart nur auf das späte 18. und die ersten zwei Drittel des 19. Jh., mag die These vom generellen Übergang vom „S.“ zur „Klasse“ nicht zuletzt unter dem erheblichen Eindruck der Fabrikindustrialisierung (↑Industrialisierung, Industrielle Revolution) verständlich sein. Sie verkürzt jedoch die Vielfalt der Bedeutungen und Funktionen von „S.“ und überschätzt die Langlebigkeit von Phänomen wie des Industrieproletariats (↑Proletariat) der 1850er bis 1950er Jahre. Die Legitimation von materieller wie rechtlicher Ungleichheit durch Funktionen für die Gesellschaft ist so aktuell – und kontrovers – wie eh und je.

### Literatur

R. von Friedeburg/J. Morrill (Hg): Monarchy Transformed. Princes and Their Elites in Early Modern Western Europe, 2017 • P. Nolte: Die Ordnung der deutschen Gesellschaft, 2000 • L. Schorn-Schütte: Die Drei-Stände-Lehre im reformatorischen Aufbruch, in: B. Moeller (Hg.): Die frühe Reformation in Deutschland als Umbruch, 1997, 435–461 • W. Conze/O. G. Oexle/R. Walther: Stand, Klasse, in: GGB, Bd. 6, 1990, 155–284.

ROBERT VON FRIEDEBURG

## Ständestaat

Parallel und als Alternative zum Aufstieg des bürgerlich-liberalen Nationalstaates und seiner kapitalistischen Wirtschaftsordnung (↑Kapitalismus) entwickelten politische Vordenker des ausgehenden 19. Jh. Theorien für Gesellschafts- und Wirtschaftsordnungen auf „ständischer“ Basis. Die vorwiegend katholischen Autoren beschworen dabei das Ideal einer korporativ verfassten Vormoderne, die im Gefolge der ↑Reformation, v. a. aber der ↑Französischen Revolution in Individuen, Klassen und Parteien zerfallen sei. „↑Stände“ bezeichneten in diesem Kontext große Bereiche der Gesellschaft wie Landwirtschaft, Gewerbe, Industrie, Handel oder öffentlicher Dienst. Zum friedlichen Ausgleich divergierender ↑Interessen (z. B. zwischen Arbeitgebern und -nehmern) sollten die Angehörigen der Stände ihre Belange wie vordem eigenständig und intern regeln können. Die vielgestaltigen Vorstöße fanden v. a. in Kreisen Widerhall, die zu den Verlierern der ↑Modernisierung zählten oder in ihrer Existenz bedroht waren. Dazu zählten Kleinbauern und Gewerbetreibende ebenso wie Vertreter alter ↑Eliten (z. B. ↑Adel, ↑Klerus), die durch die neue Zeit an Einfluss und Ansehen einbüßten. Paternalistisch-human gesinnte katholische Fabrikanten wie Alessandro Rossi in Italien, Léon Harmel in Frankreich oder Franz Brandts in Deutschland entwickelten gemäß diesen Idealen erste Modelle der *Arbeiterwohlfahrt* und Arbeitermitbestimmung in ihren Betrieben.

Frühe Wortführer und Anhänger korporativer Konzepte stammten aus Belgien und Frankreich. Der französische Adelsspross René de La Tour du Pin gab ihnen mit der Artikelsammlung „Vers un ordre social chretien" (1907) eine systematisierte Form. Im deutschen Sprachraum sorgten u. a. Adam Heinrich Mueller und Karl Freiherr von Vogelsang für eine erste Konjunktur von Stände-Konzepten. Der gebürtige Schlesier bzw. in Mecklenburg begüterte Staatsrechtler K. von Vogelsang war vom späteren Mainzer Bischof Wilhelm Emmanuel Freiherr von Ketteler für den Katholizismus gewonnen worden und inspirierte mit seinen Ideen u. a. die Hocharistokraten Karl Loewenstein, Cheforganisator der regelmäßigen ↑Deutschen Katholikentage, und Alois Liechtenstein. Mit diesem entfaltete er nach seiner Übersiedlung nach Wien 1864 rege publizistische und politische Aktivitäten i. S. einer Sozialreform auf konservativ-katholischer Grundlage. Beide werden daher zu den geistigen Gründervätern der christlichsozialen Bewegung in Österreich gerechnet, wiewohl ihnen diese gerade in den vormodernen Stände-Idealen aufs Erste nicht folgte. Ihre Erfolge verdankten sich vielmehr moderner Organisationsarbeit und Interessenspolitik, u. a. zugunsten der Etablierung des allg.en (Männer-)Wahlrechts. Arbeitgeber und Arbeitnehmer in einer Korporation zu organisieren, wurde allein von christlichsozialen Bauernbünden für den Bereich der Landwirtschaft gefordert, aber kaum umgesetzt.

Auch die lehramtlich erstmals von Papst Leo XIII. formulierte ↑katholische Soziallehre stützte sich vorerst nicht auf korporative Konzepte. Die Enzykliken „Rerum novarum" von 1891 sowie „Graves de communi re" von 1901 enthielten zwar Stehsätze über eine bessere ständische Vergangenheit. Als Lösung der ↑Sozialen Frage erblickten sie aber den „Gerechten Lohn", den wohlmeinende Unternehmer freiwillig bezahlten oder Arbeitervereine und Gewerkschaften erstritten. Ihm wurde zugetraut, sowohl den umstürzlerischen ↑Sozialismus als auch die wirtschaftsliberale Ausbeutung zu überwinden.

Der Umbruch von 1918 bzw. die Krisen der Parteiendemokratie in vielen Ländern verliehen korporativen Gesellschaftsmodellen in der Zwischenkriegszeit neue Brisanz. Im Italien des Benito Mussolini kaschierten korporativ beschickte faschistische (↑Faschismus) Gremien ab 1924, dass der Bevölkerung die politische Mitbestimmung per Wahlrecht nun verwehrt wurde. Im deutschsprachigen Raum befeuerte der in Österreich geborene und in Tübingen promovierte Philosoph, Staats- und Sozialwissenschaftler Othmar Spann mit seinen Ausführungen zum ständisch-gegliederten „organischen" oder „wahre[n] Staat" (1921) die Stände-Diskussion, die zunehmend in die Diskurse katholisch-autoritärer Kreise ebenso wie der faschistischen Heimwehr-Bewegung Österreichs und von nationalen Gruppierungen einschließlich des ↑Nationalsozialismus einfloss. Ebenfalls auf fruchtbaren Boden fiel die Idee einer korporativen Ordnung im seit der Revolution von 1910 politisch aufgewühlten Portugal, wo sie in António de Oliveira Salazar und seinem *Centro Católico* schon vor 1931 engagierte Verfechter fand.

Weltweit wirksamen Aufschwung bescherte dem Stände-Konzept Papst Pius XI. mit der Enzyklika „Quadragesimo anno" von 1931. Sie sah Gesellschaften vor, die sich aus freien Stücken in korporativen Einheiten organisierten, die subsidiär einen Großteil ihrer Belange unabhängig vom Staat regelten. Damit referierte sie primär den offenen deutschen Ständediskurs, v. a. des sog.en Königswerder Kreises und damit der Mönchengladbacher Schule des Sozialkatholizismus (↑Sozialer Katholizismus), der Wahlen innerhalb der Stände nicht ausschloss. Vom Papst selbst wurden jedoch auch Elemente eingefügt, die dem Staatskorporatismus des faschistischen Italien entlehnt waren. Die drei Hauptimpulse der Enzyklika
*(a)* ↑Subsidiarität;
*b)* korporative Struktur;
*c)* Ablehnung jeder Form von Sozialismus)
konnten daher verschieden ausgelegt werden. Auf sie beriefen sich in der Folge autoritäre Staatenlenker (in Polen, im Baltikum) ebenso wie Politiker katholischer Parteien in demokratischen Staaten (u. a. Schweiz, Frankreich, Spanien vor 1936); in einigen Ländern wurden Elemente korporativer Konzepte in die bestehende Ordnung integriert (z. B. in Ungarn, Irland).

Explizit nahmen v. a. Engelbert Dollfuß und Kurt Schuschnigg für Österreich sowie A. Salazar für Portugal für sich in Anspruch, die päpstliche Enzyklika in die politische Realität umzusetzen, was nur partiell zutraf. Die neuen Verfassungen, noch mehr die politische Realität dieser Länder widersprachen krass dem Prinzip der Subsidiarität. Bisher föderale Strukturen wurden zurückgedrängt, praktisch alle legislativen und administrativen Kompetenzen bei den Regierungen bzw. ihren Chefs gebündelt. Insofern die „Stände" der Enzyklika die Omnipotenz des Staates begrenzen sollten, waren „S.en" eine *contradictio in se*. So blieben die im Bundesstaat Österreich (1934–38) von der Staatsspitze her oktroyierten Gremien (Staatsrat, Bundeskulturrat, Bundeswirtschaftsrat, Länderrat, Bundestag) weitgehend bedeutungslos. Die ständische Gliederung in sieben Aufgabenbereiche (vom Agrarsektor bis zum öffentlichen Dienst) wurde nur ansatzweise umgesetzt. Portugal wie Österreich gerieten de facto zu ständisch verbrämten Kanzlerdiktaturen. Umgesetzt wurde durch Parteienverbote allein der dritte Impuls des Lehrschreibens, die Ausschaltung des Sozialismus.

Ihre konkrete Umsetzung in etlichen Ländern ramponierte schon in den 1930er Jahren das Vertrauen in christlich-korporative Staatsmodelle. In den folgenden päpstlichen Lehrschreiben zur Sozialen Frage wurden sie nicht mehr propagiert. Auf der iberischen Halbinsel bestimmten sie dennoch bis in die 1970er Jahre die politische Realität. Eine Renaissance und neue Anerkennung fanden korporative Politikmodelle jedoch in etlichen Demokratien nach 1945 in Form sozialpartnerschaftlicher Regelungen (↑Sozialpartnerschaft) wirtschaftlicher Belange durch organisierte Arbeitgeber und -nehmer.

### Literatur

J. Pollard: Corporatism and Political Catholicism. The Impact of Catholic Corporatism in Inter-war Europe, in: A. C. Pinto (Hg.): Corporatism and Fascism, 2017, 42–59 • R. Klieber: Quadragesimo anno e lo „Ständestaat" d'Austria Nuova (1934–1938), in: C. Semeraro (Hg.): La Sollecitudine Ecclesiale di Pio XI, 2010, 347–362 • H. Wohnout: Regierungsdiktatur oder Ständeparlament? Gesetzgebung im autoritären Österreich, 1993 • W. J. Mückl (Hg.): Die Enzyklika Quadragesimo anno und der Wandel der sozialstaatlichen Ordnung, 1991 • B. Lelieveld: Die Wandlung der Ständeidee in der deutschsprachigen katholisch-sozialen Literatur des neunzehnten und zwanzigsten Jahrhunderts bis zum Erscheinen der Enzyklika „Quadragesimo Anno" (1931), 1965 • O. Spann: Der wahre Staat, 1921 • R. de La Tour du Pin: Vers un ordre social chretien. Jalons de route 1882–1907, 1907.

RUPERT KLIEBER

## Standortwettbewerb

### 1. Definition

Als S. wird die Konkurrenz von ↑Staaten oder Regionen (Standorten) um die Ansiedlung von ↑Unternehmen und mobilen Produktionsfaktoren (etwa hochqualifizierter Arbeit und Kapital) bezeichnet. Da die Ansiedlung von Unternehmen zusätzliche Beschäftigung, Kaufkraft und Steuereinnahmen generiert, haben sowohl wohlfahrtsoptimierende Staaten als auch Staaten, die das Steueraufkommen maximieren wollen, einen Anreiz sich am S. zu beteiligen und zu versuchen, weitere Unternehmen ins Land zu holen. Dies gilt auch für die Ansiedlung mobiler Produktionsfaktoren, die die Produktivität immobiler Produktionsfaktoren, etwa geringqualifizierter Arbeit, steigern und sich dadurch ebenfalls positiv auf die ↑Wohlfahrt und/oder die Steuereinnahmen des entspr.en Standorts auswirken können. Mögliche Mittel, um die Attraktivität des eigenen Standortes zu erhöhen, umfassen dabei die ↑Geldpolitik *(Währungskrieg)*, die Handelspolitik *(Handelskrieg)* und die Steuergesetzgebung *(Steuerwettbewerb)* sowie die Infrastruktur-, Bildungs- und Arbeitsmarktpolitik. Die Staaten stehen dabei in einer strategischen Interaktion zueinander und müssen ihre Politik aneinander ausrichten: Die optimale Politik im S. ist von den Politiken der übrigen Staaten abhängig. Die resultierende Attraktivität eines Standortes wird auch als Wettbewerbsfähigkeit bezeichnet und definiert sich aus einer Reihe von Standortfaktoren, die (wirtschafts-)politischer, gesellschaftlicher, ökonomischer oder geografischer Natur sein können.

### 2. Wettbewerbsfähigkeit

Wettbewerbsfähigkeit im makroökonomischen Sinne bezeichnet die aggregierte Fähigkeit einer Volkswirtschaft, profitabel zu produzieren und wird über eine Reihe von Standortfaktoren wesentlich beeinflusst. Sie kann durch zwei grundlegende Aspekte politisch beeinflusst werden: Zum einen kann der Wert der eigenen ↑Währung durch einen Abwertungswettlauf (*kompetitive Abwertung*) gemindert werden, indem staatlicherseits systematisch Fremdwährungen aufgekauft werden oder die Geldmenge der eigenen Währung erhöht wird. Dadurch sinkt der Wechselkurs der eigenen Währung, die Importe verteuern sich und die eigenen Exporte werden auf dem Weltmarkt preiswerter. Durch das entstandene Handelsbilanzdefizit steigt der Anreiz zur ↑Produktion im Inland und der Standort wird attraktiver. Die kompetitive Abwertung lohnt sich zunächst für ein Land, sofern nicht andere Länder entspr. reagieren und ihrerseits abwerten. In diesem Fall kommt es zu einem schädlichen Währungskrieg, in dem am Ende alle schlechter gestellt sind. Ein Beispiel für eine kompetitive Abwertung stellt aktuell die VR China dar, die enorme Devisenreserven hortet (Juni 2020: 3,4 Billionen US-Dollar).

Zum anderen können die *Lohnstückkosten* beeinflusst werden. Diese ergeben sich aus der um die Produktivitätsentwicklung bereinigten Lohnentwicklung. Steigen die ↑Löhne langsamer als die Produktivität, so verbilligt sich der Faktor ↑Arbeit für die Unternehmen, eine Produktion wird lohnenswerter und das Land gewinnt an Wettbewerbsfähigkeit. Dieser Vorwurf wird insb. der BRD seit der Einführung des Euro von Seiten anderer Euro-Mitgliedsstaaten gemacht, die weniger wettbewerbsfähig sind. Normalerweise würde das Ausland auf eine solche Lohnzurückhaltung („Lohndumping") mit einer Abwertung der eigenen Währung reagieren, um die eigene Wettbewerbsfähigkeit zu stärken. Diese Möglichkeit besitzen Staaten innerhalb einer ↑Währungsunion jedoch nicht.

Größere Aufmerksamkeit erhielt Ende der 2010er

Jahre im Rahmen der Handelspolitik des US-Präsidenten Donald John Trump auch die Möglichkeit protektionistischer Maßnahmen. Diese gehen auf die *Optimalzolltheorie* zurück, die seit den 1950er Jahren verstärkt diskutiert wird und derzufolge hinreichend große Staaten ↑Zölle erheben können, um die eigene Wettbewerbsfähigkeit zu stärken und die Wohlfahrt im Inland zu verbessern. Aufgrund ihrer Größe können diese Länder den Weltmarktpreis durch ihren Zoll senken und die ToT (das Verhältnis des Export- und Importgüterpreisniveaus) zu ihren Gunsten verbessern. Das Preisniveau und die Unternehmensgewinne im Inland steigen, während die Konsumenten geschädigt werden. Es entsteht ein Wohlfahrtsverlust, der bei hinreichend starker Reaktion des Weltmarktpreises jedoch durch die Zolleinnahmen (über-)kompensiert wird und zu einer Wohlfahrtsverbesserung im Inland (ggf. zu Lasten des Auslandes) führt. Dieser Effekt schwächt sich jedoch deutlich ab oder kehrt sich sogar um, wenn andere Staaten ihrerseits Zölle erheben und es zu einem Handelskrieg kommt.

### 3. Standortfaktoren

Die Wettbewerbsfähigkeit eines Standortes wird wesentlich durch sog.e Standortfaktoren beeinflusst. Diese sind Kriterien, die bei der Ansiedlung eines Unternehmens oder von Niederlassungen eine entscheidende Rolle spielen (können). Dabei können grundsätzlich politisch beeinflussbare und nicht beeinflussbare Standortfaktoren unterschieden werden. Nicht beeinflussbar sind dabei etwa die Vegetation und das Klima sowie die geographische Erreichbarkeit eines Standortes. Diese Faktoren sind zwar für die Ansiedlung von Unternehmen relevant, können im S. aber nicht staatlicherseits genutzt werden, um die eigene Attraktivität zu erhöhen.

Auf institutioneller Ebene ist eine *verlässliche ↑Wirtschaftsordnung* essenziell, die v.a. politische Stabilität und ↑Rechtssicherheit ermöglicht, um im Unternehmenskontext eine verlässliche Planbarkeit auch in der mittleren und langen Frist zu ermöglichen. *Geldpolitisch* kommen einem Standort eine hohe Preisniveaustabilität und ein stabiler Wechselkurs zugute, um etwaige Risiken (v.a. in Bezug auf Inflation und Wechselkurs) zu minimieren.

Über die *steuer- und wirtschaftspolitische Gesetzgebung* kann ein Staat wesentlichen Einfluss auf die Produktionskosten nehmen. Nicht zuletzt ist auch entscheidend, ob der Markteintritt bspw. durch bürokratische Hürden, die Definition von Standards oder Konzessionen (Markteintrittsbarrieren) erschwert oder sogar durch ↑Subventionen und staatliche Zuschüsse erleichtert wird.

Eine Schlüsselposition kommt der *Infrastrukturpolitik* zu. Seit jeher und insb. seit der Industrialisierung (↑Industrialisierung, Industrielle Revolution) erhöht eine Anbindung an das Straßen- und Schienennetz die Attraktivität eines Standortes. Im Zeitalter fortschreitender ↑Digitalisierung sind zusätzlich eine Anbindung an das Stromnetz und eine verlässliche Stromversorgung genauso wichtig wie der flächendeckende und leistungsfähige Internetzugang.

### 4. Steuerwettbewerb

Ein bes.s Augenmerk liegt in der Diskussion um den S. auf dem Steuerwettbewerb. Die modelltheoretische Untersuchung des Steuerwettbewerbs analysiert die Besteuerung mobiler Produktionsfaktoren (v.a. ↑Kapital) und damit verbundene Veränderungen der Steuersätze, des Steueraufkommens und der Wohlfahrt in einer offenen Volkswirtschaft. Bezugspunkt ist dabei immer der Fall einer geschlossenen Volkswirtschaft, also einer Welt, in der Produktionsfaktoren nicht über Grenzen hinweg bewegt werden können. Die wissenschaftliche Diskussion vertiefte sich trotz vereinzelter Vorläufer erst in den späten 1980er und frühen 1990er Jahren und begann mit der Analyse des symmetrischen Steuerwettbewerbs. Die identisch angenommenen Staaten wollen sich gemäß diesen Theorien gegenüber anderen Standorten besser stellen, indem sie ihre Steuersätze auf Kapital niedriger setzen, als sie es in einer geschlossenen Volkswirtschaft täten. Es entsteht ein Unterbietungswettbewerb *(race to the bottom)*, in dem am Ende alle Staaten in der Gesamtbetrachtung suboptimal niedrige Steuersätze definieren, die mit einem zu geringen Steueraufkommen und folglich einer Unterversorgung mit öffentlichen Gütern verbunden sind. Eine Harmonisierung der Besteuerung, also eine supranationale Definition der Steuersätze, würde die effiziente Lösung erreichen.

Die Erkenntnisse aus der Theorie des symmetrischen Steuerwettbewerbs wurden in der Folge für asymmetrische Kontexte modifiziert, indem der Steuerwettbewerb in einem Szenario mit unterschiedlich großen Staaten theoretisch betrachtet wurde. Ein wesentliches Ergebnis hieraus ist, dass Staaten mit geringer Einwohnerzahl ihre Steuersätze noch unter das Niveau größerer Staaten absenken. Es kommt zu einer internationalen Verschiebung des Kapitals in kleine Länder, wodurch dort die Bemessungsgrundlage steigt und es sogar bei ineffizient niedrigen Steuersätzen zu einer Überversorgung mit öffentlichen Gütern kommen kann. Diese ineffizient hohe Bereitstellung öffentlicher Güter geschieht auf Kosten des Auslands, weshalb im transnationalen politischen Diskurs auch der Vorwurf des Steuerdumpings formuliert wird. Diese Erkenntnisse sind eng verknüpft mit der Forschung zu sog.en Steueroasen, also i.d.R. tatsächlich kleineren Staaten, die durch eine niedrige Besteuerung Kapital aus dem Ausland anziehen und sich häufig einer Harmonisierung der Unternehmensbesteuerung widersetzen.

In den 1990er Jahren wurde die theoretische Steuerwettbewerbsliteratur zunehmend um Aspekte aus der ↑Neuen Politischen Ökonomie ergänzt. Einerseits gibt es eine lebhafte Diskussion um die Konsequenzen des

Steuerwettbewerbs, wenn Staaten nicht mehr als Wohlfahrtsmaximierer, sondern als Steueraufkommensmaximierer (Leviathan) betrachtet werden. Der Steuerwettbewerb mit seinen Tendenzen die Steuersätze zu senken, kann nun die Ausbeutungsneigung des Staates disziplinieren und so ausgehend von einer zu hohen Besteuerung im Fall ohne Steuerwettbewerb zu einer Annäherung an das effiziente Besteuerungsniveau führen. Andererseits beziehen neuere Ansätze seit den 2000er Jahren die Bildung von ↑Interessengruppen und ihre Einflussnahme auf die Steuergesetzgebung ein und gelangen zu ambivalenten Resultaten.

Es ist fraglich, inwieweit sich die theoretischen Ergebnisse in der Realität beobachten lassen. Die empirische Literatur beschränkt sich häufig auf die Untersuchung industrialisierter Staaten, in denen die Mobilität der Produktionsfaktoren und insb. von Kapital in den vergangenen Jahrzehnten deutlich gestiegen ist. Im OECD-Durchschnitt ist das Unternehmensteueraufkommen langfristig sogar leicht angestiegen: Während es im Jahr 1965 bei etwa 2,1 % des BIP lag, hatte es im Jahr 2015 einen Wert von 2,8 % erreicht. Dennoch sanken die Regelsteuersätze seit den 1980er Jahren. Diese Entwicklungen lassen sich zum einen durch eine Ausweitung der Bemessungsgrundlage und zum anderen durch eine im Zeitverlauf gestiegene gesamtwirtschaftliche Gewinnquote erklären. Der internationale Steuerwettbewerb, um Unternehmen ins Land zu holen, scheint sich jedoch seit den 1980er Jahren intensiviert zu haben.

## 5. Globalisierungskritik

Angesichts einer zunehmenden grenzüberschreitenden Mobilität von Produktionsfaktoren und der damit einhergehenden Verflechtung nationaler Volkswirtschaften im Zuge der ↑Globalisierung wurde Kritik an Staaten laut, die sich am S. beteiligten. Globalisierungskritiker bemängeln, dass es durch die Öffnung von Volkswirtschaften und die dadurch gestiegene Mobilität gewisser Produktionsfaktoren und insb. des Kapitals zu einer asymmetrischen Belastung relativ immobiler Produktionsfaktoren und insb. der Arbeit kommen kann. Zudem wird kritisiert, dass dadurch die Steuereinnahmen zurückgehen und soziale und ökologische Standards abgesenkt werden, um Unternehmen die Ansiedlung möglichst zu erleichtern. Aus Sicht des einzelnen Staates kann ein solches Handeln Sinn ergeben, da er sich damit gegenüber seinen Konkurrenten besser stellen kann. Jedoch gilt das dann für alle Staaten, die auf die niedrigeren Steuersätze und Standards der übrigen Staaten ihrerseits mit einer Absenkung der Steuersätze und Standards reagieren würden. Im ↑Wettbewerb um die mobilen Produktionsfaktoren würden Anbieter von immobilen Produktionsfaktoren (v.a. geringqualifizierte Arbeitnehmer) belastet, auf die nun ein größerer Anteil des Steueraufkommens entfallen würde. Kritiker verweisen im Zuge dessen darauf, dass diese Gruppen häufig seit der Jahrtausendwende keine nennenswerten Zuwächse bei ihren Realeinkommen verbuchen konnten und es zu erheblichen ungleichheitsverstärkenden Verteilungswirkungen kommt.

Auf einer grundsätzlicheren Ebene formuliert Dani Rodrik ein Globalisierungstrilemma, das in einer Dreiecksbeziehung zwischen ↑Souveränität, ↑Demokratie und Globalisierung besteht. Demnach sind in letzter Konsequenz immer nur jeweils zwei Komponenten davon miteinander vereinbar. Die Globalisierung stellt die Staaten vor Sachzwänge, denen sie sich letztlich nicht entziehen können. Dadurch schrumpfen die demokratischen Gestaltungsspielräume und Reaktionsmöglichkeiten von Nationalstaaten im globalisierten S.: Damit sich überhaupt noch Unternehmen ansiedeln, haben Staaten oft keine andere Wahl als bspw. den Arbeits- und Kündigungsschutz zu lockern und Unternehmen- und Kapitalsteuersätze zu senken.

Dieser Kritik kann zweierlei entgegnet werden: Erstens wird implizit unterstellt, dass die Staaten die Wohlfahrt maximieren und daher in geschlossenen Volkswirtschaften effiziente Steuersätze definieren. Findet in der Ausgangssituation jedoch eine ineffiziente Überbesteuerung durch einen Staat statt, der die Steuereinnahmen über das wohlfahrtsoptimale Maß hinaus maximieren möchte, können sinkende Steuersätze infolge des Steuerwettbewerbs auch als willkommene Disziplinierung eines „raffgierigen" Leviathans interpretiert werden. Zweitens profitieren Unternehmen nicht nur von niedrigen ↑Steuern und ↑Abgaben, sondern auch von hohen Staatsausgaben, etwa in Bereichen der ↑Infrastruktur, der ↑Bildung und bei Subventionen bspw. für Forschung und Entwicklung. Wird eine dauerhafte Neuverschuldung des Staates bspw. durch eine Schuldenbremse (↑Staatsverschuldung) ausgeschlossen, haben auch die Unternehmen selbst ein indirektes Interesse an einer zumindest moderaten Besteuerung. Sie werden ihren Standort entspr. nicht unbedingt an den minimalen ↑Kosten ausrichten, sondern ggf. Standorte präferieren, die sich durch eine höhere Staatsquote auszeichnen und in einem höheren Maß öffentliche Güter produzieren. Sie suchen also ein optimales Bündel an Einnahmen und Ausgaben i.S. Charles Mills Tiebouts, wodurch die Wohlfahrt unter gewissen Annahmen sogar gesteigert werden kann. Diese Überlegung widerspricht allerdings der möglicherweise verkürzten Logik der Globalisierungskritiker, die den S. als Unterbietungswettbewerb auffassen, in dem Standards und Steuern in jedem Fall zurückgefahren werden und Staaten an Handlungsfähigkeit einbüßen.

## Literatur

OECD: Revenue Statistics 1965–2016, 2017 • D. Rodrik: The Globalization Paradox, 2011 • M. P. Devereux/B. Lockwood/M. Redoano: Do Countries Compete Over Corporate Tax Rates?, in: J. Publ. Econ. 92/5–6 (2008), 1210–1235 • H. Winner: Has Tax Competition Emerged in OECD Countries?, in:

ITPF 12/5 (2005), 667–687 • A. Haufler: Taxation in a Global Economy, 2001 • J. D. Wilson: Theories of Tax Competition, in: NTJ 52/2 (1999), 269–304 • O. Lorz: Capital Mobility, Tax Competition, and Lobbying for Redistributive Capital Taxation, in: Eur. J. Political Econ. 14/2 (1998), 265–279 • J. Edwards/M. Keen: Tax Competition and Leviathan, in: EER 40/1 (1996), 113–134 • J. R. Hines/E. M. Rice: Fiscal Paradise. Foreign Tax Havens and American Business, in: QJE 109/1 (1994), 149–182 • S. Sinn: The Taming of Leviathan. Competition Among Governments, in: Const. Political Econ. 3/2 (1992), 177–196 • S. Bucovetsky: Asymmetric Tax Competition, in: J. Urban Econ. 30/2 (1991), 167–181 • J. D. Wilson: Tax Competition With Interregional Differences in Factor Endowments, in: Reg. Sci. Urban Econ. 21/3 (1991), 423–451 • J. Fagerberg: International Competitiveness, in: EconJ 98/391 (1988), 355–374 • J. D. Wilson: A Theory of Interregional tax Competition, in: J. Urban Econ. 19/3 (1986), 296–315 • G. R. Zodrow/P. Mieszkowski: Pigou, Tiebout, Property Taxation, and the Underprovision of Local Public Goods, in: J. Urban Econ. 19/3 (1986), 356–370 • P. B. Kenen: Macroeconomic Theory and Policy. How the Closed Economy was Opened, in: R. W. Jones/P. B. Kenen (Hg.): Handbook of International Economics, Bd. 2, 1985, 625–677 • W. M. Corden: The Normative Theory of International Trade, in: R. W. Jones/P. B. Kenen (Hg.): Handbook of International Economics, Bd. 1, 1984, 63–130 • C. M. Tiebout: A Pure Theory of Local Expenditures, in: JPE 64/5 (1956), 416–424.

SIMON WINTER

## Statistik

### 1. Grundlagen

#### 1.1 Definition und Geschichte

Das Wort S. kommt von lateinisch *statisticum*, „den Staat betreffend“, bzw. italienisch *statista*, „der Staatsmann“, und bezeichnet die Wissenschaft von den Methoden und Verfahren zur Erfassung, Auswertung und Präsentation zahlenmäßiger Massendaten. Anfänge der S. reichen bis in die Antike zurück, als zu administrativen Zwecken Bevölkerungszahlen und Besitzverhältnisse erhoben wurden. Ein wichtiger neuzeitlicher Vorläufer der heutigen S. ist die im 17. Jh. aufkommende politische Arithmetik. Mit ihr begann das Zeitalter wissenschaftlich fundierter Bevölkerungsstudien und die Suche nach gesellschaftlich relevanten Regelmäßigkeiten. Eine andere Wurzel moderner S. ist die sog.e Universitäts-S., die ihre Aufgabe darin sah, „Staatsmerkwürdigkeiten“ sowie „Land und Leute“ (Wirtschaft, Lebensgewohnheiten, Sitten) zu beschreiben. Einen Schritt weiter ging der Sozialstatistiker Adolphe Quetelet, der in der von ihm begründeten „sozialen Physik“ im frühen 19. Jh. erstmals die Normalverteilung (Gauß'sche Glockenkurve) auf menschliche Eigenschaften und Verhaltensweisen bezog und daraus den Typus des „mittleren Menschen“ *(homme moyen)* entwickelte. Ohne die Wahrscheinlichkeitstheorie, die sich im 17. Jh. aus der Analyse von Glücksspielen zu entwickeln begann, ist die heutige wissenschaftliche S. nicht vorstellbar.

#### 1.2 Wissenschaftliche Verortung der Statistik

S. ist ein für moderne Gesellschaften unverzichtbares Instrument der Informationsgewinnung. In allen wichtigen Lebensbereichen (Wirtschaft, Politik, Bevölkerung, Gesundheit, Bildung, Siedlung und Wohnen, Umwelt u. a.) dient sie der gesellschaftlichen Orientierung, Problemanalyse, Ursachenforschung und der Unterstützung von Entscheidungsprozessen. S. ist zu einer der Schlüsseldisziplinen der Wissens- und Informationsgesellschaft geworden (Stichwort *Big Data*). Neben ihrer praktisch-politischen Relevanz hat S. eine kaum zu überschätzende Bedeutung für den wissenschaftlichen Erkenntnisgewinn. Alle empirischen ↑Wissenschaften (Natur- und Sozialwissenschaften, Medizin, Psychologie und Teile der Geisteswissenschaften) benötigen statistische Verfahren und Modelle, um Informationen über die Wirklichkeit zur Überprüfung und Erweiterung theoretischen Wissens zu gewinnen. In diesem Sinne ist S. eine universell einsetzbare Hilfswissenschaft für eine Vielzahl von Substanzwissenschaften, die an der Klärung empirischer Fragen interessiert sind.

S. liegt eine bes. Art der Wirklichkeitsbetrachtung zugrunde; sie bietet Informationen zum Gegenstand, die nicht durch intuitive Inaugenscheinnahme einiger weniger Fälle, sondern nur durch rechnerische Analyse einer Vielzahl von Untersuchungsobjekten (Individuen, Organisationen, Zeitungsartikel usw.) verfügbar gemacht werden können. Statistische Erkenntnisse sind daher nicht auf die Besonderheiten von Einzelfällen ausgerichtet, sondern auf die Auffindung und zusammenfassende Beschreibung von Mustern in Massendaten. Derartige Muster können sich – möglichst allg. gesagt – auf Eigenschaften einzelner Merkmale (z. B. Einkommen), auf Zusammenhänge von Merkmalen (z. B. von Einkommen und Bildung), auf Gruppen von Merkmalsträgern (z. B. soziale Milieus) sowie auf die zeitliche Entwicklung von Sachverhalten beziehen. Die relevanten Informationen werden durch verschiedene Kennzahlen (z. B. Mittelwert) erfasst und dargestellt. Der Teilbereich der S., der sich mit der zusammenfassenden Charakterisierung von Massendaten beschäftigt, wird als deskriptive S. bezeichnet. Der zweite große Teilbereich, die Inferenz-S. bzw. schließende (oder induktive) S., befasst sich mit der Verallgemeinerbarkeit statistischer Ergebnisse von einer Teilgesamtheit (Stichprobe) auf die jeweilige Grundgesamtheit.

S. ist zwar eine transdisziplinäre Hilfswissenschaft, dennoch gibt es verschiedene Verfahren und Kennwerte, die auf spezielle Erkenntnisinteressen einzelner substanzwissenschaftlicher Disziplinen zugeschnitten sind (z. B. bei der genetischen Erblichkeitsschätzung). Zudem werden in den einzelnen Disziplinen, je nach ihren bes.n Fragestellungen, unterschiedliche Verfahren bevorzugt. Die nachfolgend angesprochenen Auswertungsmethoden sind von grundlegender Bedeutung sowie auf die typischen Erkenntnisinteressen der ↑Sozialwissenschaften (Ökonomie, Politikwissenschaft und Soziologie) zugeschnitten.

### 1.3 Datengewinnung

Der statistischen Datenanalyse ist i. d. R. eine Phase der Datengewinnung vorgelagert, wobei zwischen Primär- und Sekundär-S. zu unterscheiden ist. Bei der Sekundär-S. wird bereits vorhandenes (z. B. amtliches oder betriebswirtschaftliches) Datenmaterial unabhängig vom urspr.en Verwendungszweck für eine erneute Analyse herangezogen. Demgegenüber wird bei der Primär-S. eine eigens geplante Datenerhebung durchgeführt (z. B. mit Hilfe eines Fragebogens), deren Inhalte sich an der jeweiligen Erkenntnisabsicht ausrichten.

Datenerhebung im statistischen Sinne ist als Messung relevanter Variablen (Merkmale, Eigenschaften) bei ausgewählten Merkmalsträgern zu verstehen. Eine Messung lässt sich dadurch charakterisieren, dass die zu beobachtende Variable (z. B. Einkommen oder politische Einstellung) angemessen durch Zahlen abgebildet wird, wobei sich die Angemessenheit nach dem Skalenniveau der jeweiligen Variablen richtet. Skalenniveaus unterscheiden sich nach ihrem Informationsgehalt. Den niedrigsten hat die Nominalskala, die lediglich die Unterscheidung zwischen „gleich" und „ungleich" kennt (z. B. einzelne Konfessionen bei der Variablen Religionszugehörigkeit). Lassen sich die Ausprägungen einer Variablen zudem in eine Rangfolge (z. B. größer/kleiner, besser/schlechter, mehr/weniger) bringen, spricht man von einer Ordinalskala (z. B. Schulnoten). Eine Intervallskala ist dadurch bestimmt, dass sich über die Rangfolge hinaus gleich große Werteintervalle angeben lassen (z. B. der Abstand zwischen IQ 90 und 100 ist genauso groß wie der Abstand zwischen IQ 100 und 110). Eine Ratioskala erfordert zusätzlich einen absoluten Nullpunkt, der eine Verhältnisbestimmung einzelner Messwerte erlaubt. So ist die Aussage sinnvoll, eine Person verdiene doppelt so viel wie eine andere, aber nicht, sie sei doppelt so intelligent (die Intelligenzmessung sieht keinen absoluten Nullpunkt vor). Bei der Verwendung statistischer Auswertungsverfahren ist grundsätzlich das Skalenniveau zu beachten. Viele bedeutsame, weit verbreitete Verfahren (z. B. Korrelation und Regression) setzen ein metrisches Skalenniveau (zumindest Intervallskala) voraus.

Datenerhebungen werden zumeist nicht als Vollerhebungen einer Grundgesamtheit (z. B. die gesamte Wohnbevölkerung eines Landes), sondern als Teilerhebungen durchgeführt. Wird die dazu nötige Auswahl von Merkmalsträgern (Stichprobe) mit Hilfe des Zufallsprinzips durchgeführt, liegt eine Zufallsstichprobe vor (jedes Element der Grundgesamtheit hat eine bestimmte Chance, in die Stichprobe zu gelangen). In diesem Zusammenhang wird etwas missverständlich auch von einer repräsentativen Stichprobe gesprochen. Damit ist ein verzerrungsfreies Abbild der Grundgesamtheit gemeint. In diesem Sinne können Zufallsstichproben allerdings keine Repräsentativität garantieren; ab einer gewissen Größe der Stichprobe ist es aber sehr unwahrscheinlich, dass grobe Verzerrungen auftreten. Verallgemeinerungen von einer Stichprobe auf die Grundgesamtheit sind statistisch nur dann begründet, wenn eine Zufallsstichprobe vorliegt. Aus mindestens zwei Gründen hat man es aber meist, zumindest in der sozialwissenschaftlichen Umfrageforschung (↑Demoskopie), nicht mit Zufallsstichproben zu tun. Erstens basiert schon das Auswahlverfahren häufig nicht auf dem Zufallsprinzip, etwa wenn Quotenstichproben gezogen werden (die Auswahl der Teilnehmer erfolgt nach Gutdünken, es müssen lediglich bestimmte Quoten, z. B. hinsichtlich des Alters oder Geschlechts, eingehalten werden). Ein Aufruf im Internet, an einer Befragung teilzunehmen, erfüllt ebenfalls nicht die Kriterien einer Zufallsstichprobe. Zweitens sind viele Personen nicht bereit, an einer Umfrage teilzunehmen, d. h. eine Zufallsstichprobe kann aufgrund von Ausfällen *(Nonresponse)* selbst dann nicht realisiert werden, wenn die vorausgegangene Auswahl der zu befragenden Personen zufällig erfolgte. Liegt keine Zufallsstichprobe vor, ist die Anwendung aller Methoden der schließenden S. fragwürdig und eigentlich unzulässig.

## 2. Univariate Datenanalyse

Die grundlegendste Form statistischen Auswertung ist die univariate (eindimensionale) Datenanalyse, bei der lediglich eine einzige Variable betrachtet wird. Eine Häufigkeitsverteilung wird erstellt, indem man auszählt, wie häufig die Ausprägungen einer Variablen (z. B. der jeweilige Familienstand) vorkommen. Das Resultat dieser Auszählung kann in absoluten Häufigkeiten angegeben werden, meist werden jedoch relative Häufigkeiten (bzw. Prozentsätze) ausgewiesen. So kann man z. B. angeben, wie groß die Bevölkerungsanteile sind, die ledig, verheiratet, geschieden oder verwitwet sind. Manche metrische Variablen (z. B. Körpergröße) sind stetig, d. h. sie können innerhalb eines bestimmten Bereiches jeden beliebigen Wert annehmen; für derartige Variablen lassen sich Häufigkeiten nur dann berechnen, wenn ihre Werte zuvor klassiert (in Intervalle eingeteilt) wurden. Häufigkeitsverteilungen werden entweder als Tabelle oder grafisch dargestellt, wobei je nach Skalenniveau verschiedene Diagrammformen zur Verfügung stehen (u. a. Balken- oder Kreisdiagramm, Histogramm).

Zur möglichst prägnanten Charakterisierung einer Häufigkeitsverteilung werden statistische Maßzahlen eingesetzt. Maße der zentralen Tendenz (Lagemaße) bilden „typische" Verteilungswerte ab. Die am häufigsten auftretende Ausprägung einer Variablen wird als Modus bezeichnet. Der Median ist der mittlere Wert einer Verteilung; er teilt eine nach Größe geordnete Reihe von Messwerten genau in der Mitte auf. Der bekanntere Mittelwert ist das arithmetische Mittel, das sich aus der Summe aller Beobachtungswerte geteilt durch die

Fallzahl ergibt. Die Berechnung des arithmetischen Mittels setzt ein metrisches Skalenniveau voraus, für den Median genügen bereits ordinale Daten. Median und arithmetisches Mittel müssen nicht übereinstimmen. So betrug in Deutschland 2014 das durchschnittliche Einkommen von Vollzeitarbeitnehmern 3.440 Euro, wohingegen sich das Medianeinkommen auf knapp 3.000 Euro belief. Beide Angaben sind korrekt, geben aber unterschiedliche Sichtweisen des „mittleren" Einkommens wieder, welche mit verschiedenen Kommunikationsabsichten verbunden sein können (Hervorhebung eines „hohen" v „niedrigen" mittleren Einkommens).

Soll das durchschnittliche Wachstum einer Größe innerhalb eines Zeitraumes (z. B. Wirtschaftswachstum) berechnet werden, ist das arithmetische Mittel ungeeignet; stattdessen ist das geometrische Mittel einzusetzen. Es berechnet sich als n-te Wurzel aus dem Produkt von n Beobachtungswerten. Ist das durchschnittliche Wachstum einer Variablen bekannt, lässt sich die Verdoppelungszeit leicht mit Hilfe einer Daumenregel ermitteln (70 geteilt durch Wachstum in %): So verdoppelt sich die Weltbevölkerung etwa alle 35 Jahre, wenn sie um 2 % jährlich wächst.

Um die Schwankung bzw. Heterogenität von Messwerten zu erfassen, wird die Beschreibung von Verteilungen i. d. R. durch Streuungsmaße bzw. Dispersionsmaße ergänzt. Das wichtigste und am häufigsten verwendete Streuungsmaß ist die Varianz, die mittlere quadratische Abweichung der Einzelwerte von ihrem arithmetischen Mittel. Zur leichteren Interpretation zieht man aus der Kennzahl die Quadratwurzel und erhält so die Standardabweichung. Das einfachste, aber auch (bis auf Sonderfälle) am wenigsten aussagekräftige Streuungsmaß ist die Spannweite, die den Abstand zwischen dem größten und kleinsten Wert beschreibt. Der (grafisch darstellbare) Quartilsabstand misst den Abstand, den die mittleren 50 % einer Verteilung aufspannen. Alle genannten Streuungsmaße setzen Intervallskalenniveau voraus. Für nominal- und ordinalskalierte Merkmale stehen andere, teils komplexe Streuungsmaße zur Verfügung (Simpsons D, Herfindal-Index, Entropie). Unabhängig von speziellen Maßen ist bei nominalen Merkmalen die maximale Streuung erreicht, wenn alle Ausprägungen gleich verteilt sind; bei ordinalen Merkmalen ist das der Fall, wenn nur der niedrigste und der höchste Wert (mit gleicher Häufigkeit) besetzt sind. Minimal hingegen ist die Streuung, wenn alle Beobachtungen nur einen einzigen Wert annehmen. Dies gilt für Merkmale aller Skalenniveaus.

Ähnlich wie Streuungsmaße messen Konzentrationsmaße, wie gleich bzw. ungleich Merkmale verteilt sind. Zu den bekanntesten Konzentrationsmaßen zählt der Gini-Koeffizient. Er nimmt Werte zwischen 0 und 1 an und wird v. a. zur Messung der Einkommens- und Vermögensungleichheit eingesetzt. Ein Wert von 0 besagt, dass keinerlei Ungleichheit herrscht bzw. das Einkommen (Vermögen) aller Personen gleich ist. Im umgekehrten Fall, wenn nur eine einzige Person (oder eine einzige Klasse von Personen) das gesamte Einkommen (Vermögen) auf sich vereint, herrscht maximale Ungleichheit. Der Gini-Koeffizient nimmt dann den Wert 1 an. So lagen die Gini-Koeffizienten des Einkommens 2014 für die USA bei 0,39 und für Deutschland bei 0,29 (d. h. in Deutschland ist die Einkommensungleichheit etwas geringer).

### 3. Bivariate Datenanalyse

Das wichtigste Informationspotenzial der S. liegt nicht in der Beschreibung einzelner Merkmale, sondern in der Analyse von Merkmalszusammenhängen. Im einfachsten Fall wird der Zusammenhang zwischen zwei Variablen untersucht (bivariate Datenanalyse), etwa der zwischen Bildungsabschluss und Parteipräferenz. Ausgangspunkt der bivariaten Datenanalyse ist häufig (insb. bei nominalen und ordinalen Variablen) eine Kreuztabelle, in der die gemeinsame (bivariate) Häufigkeitsverteilung eingetragen wird. Diese ergibt sich aus den Häufigkeiten aller Merkmalskombinationen der beiden beteiligten Variablen. Wie bei der univariaten stehen auch bei der bivariaten Datenanalyse verschiedene Maßzahlen (hier zur Messung von Zusammenhängen) zur Verfügung, deren Anwendbarkeit und Interpretationsmöglichkeiten wiederum vom Skalenniveau der betreffenden Variablen abhängt (s. Tab. 1).

| Skalenniveau | Statistische Zusammenhangsmaße | Informationsgehalt über den Zusammenhang |
|---|---|---|
| Nominal | Prozentsatzdifferenz, Phi, Cramers V | Stärke |
| Ordinal | $Tau_b$, Gamma, Rangkorrelation | Stärke, Richtung |
| Metrisch | Pearsons r | Stärke, Richtung, Form |

Tab. 1: Ausgewählte Zusammenhangsmaße

Unabhängig vom Skalenniveau lässt sich die Stärke eines Zusammenhangs ermitteln. Die S. ist bestrebt, Maße so zu normieren, dass sie den Wert 0 bei Zusammenhangslosigkeit und den Wert 1 (dem Betrag nach) annehmen, wenn zwei Variablen perfekt zusammenhängen. Eines der einfachsten Zusammenhangsmaße für zwei nominale Variablen (mit nur je zwei Ausprägungen) ist die Prozentsatzdifferenz. Ist z. B. der prozentuale Anteil von Frauen und Männern, die einen Migrationshintergrund haben, gleich groß, besteht kein

Zusammenhang zwischen den Variablen Geschlecht und Migrationshintergrund. Je mehr die geschlechtsspezifischen Prozentsätze (bedingte relative Verteilungen) allerdings voneinander abweichen, desto stärker ist der Zusammenhang. Ein anderes, voraussetzungsvolleres Zusammenhangsmaß für nominale Variablen mit zwei Ausprägungen ist Phi. Liegen mehr als zwei Ausprägungen vor, steht u. a. Cramers V zur Verfügung. Bei ordinalskalierten Variablen kann nicht nur die Stärke, sondern auch die Richtung eines Zusammenhangs interpretiert werden. Die gebräuchlichsten Maße sind die Konkordanzmaße Tau$_b$ und Gamma. Ihr Wertebereich liegt zwischen –1 und 1, wobei positive Werte auf einen positiven Zusammenhang (größere Werte der Variablen X gehen mit größeren Werte der Variablen Y einher) und negative Werte auf einen negativen Zusammenhang hinweisen (größere Werte der Variablen X gehen mit kleineren Werten der Variablen Y einher und umgekehrt). Ein weiteres gebräuchliches ordinales Zusammenhangsmaß ist die Rangkorrelation nach Charles Edward Spearman (sie misst die Ähnlichkeit zweier Rangordnungen).

Zusammenhänge zwischen zwei metrischen Variablen (z. B. Anzahl der Schuljahre und Einkommen) lassen sich in Streudiagrammen darstellen (idealisierte Auswahl: Abb. 1).

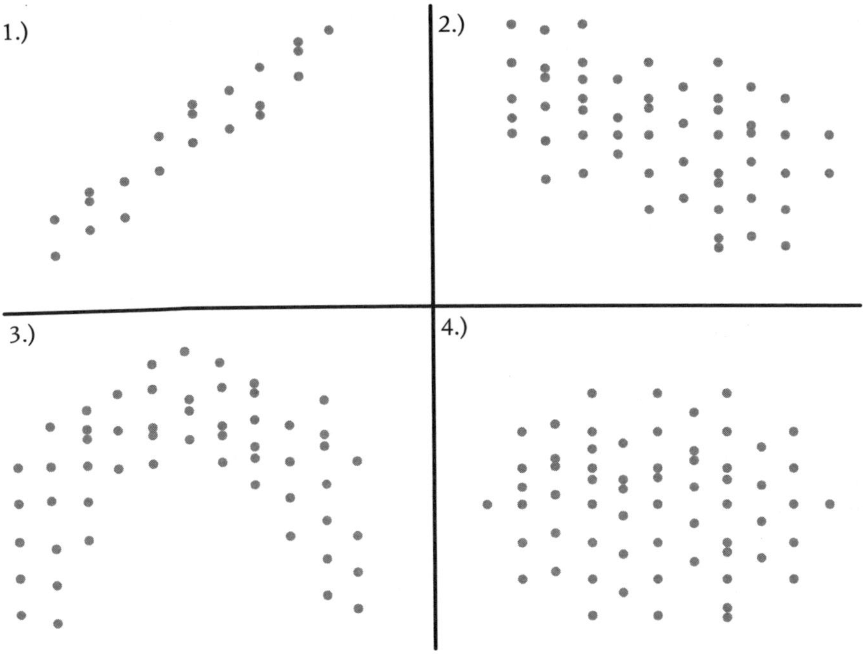


Abb. 1: Ausgewählte (idealisierte) Zusammenhänge metrischer Merkmale im Streudiagramm

Diese Zusammenhänge können nach Stärke, Richtung und (funktionaler) Form unterschieden werden. Im ersten Diagramm ist ein stark positiver und im zweiten ein schwach negativer – jeweils linearer – Zusammenhang zu sehen; das dritte Diagramm bildet einen nichtlinearen (umgekehrt u-förmigen) Zusammenhang ab und im vierten Diagramm herrscht statistische Unabhängigkeit (kein Zusammenhang). Zur numerischen Beschreibung linearer Zusammenhänge wird der Korrelationskoeffizient r (Pearsons r) eingesetzt. Er wird 1 (vollständig positiver Zusammenhang), wenn alle Wertepaare zweier Variablen (Punkte im Streudiagramm) exakt auf einer von links nach rechts ansteigenden Geraden liegen; sind umgekehrt alle Wertepaare auf einer fallenden Linie angeordnet, nimmt er den Wert –1 an (vollständig negativer Zusammenhang). Je näher der Wert von r bei 0 liegt, desto geringer ist der lineare Zusammenhang. Dieser kann auch als Funktion einer unabhängigen (erklärenden) Variablen X und abhängigen Variablen Y in Gestalt einer Regressionsgeraden ausgedrückt werden: $Y = b_0 + b_1 * x_i$. Die beiden Parameter $b_0$ und $b_1$ werden so gewählt, dass die Regressionsgerade optimal in der Punktewolke eines Streudiagramms liegt (Methode der kleinsten Quadrate: die Summe der quadrierten Abstände von Punkten und Gerade ist minimal).

### 4. Multivariate Datenanalyse

#### 4.1 Regressionsanalytische Verfahren

Obwohl bereits bivariate Analysen häufig bedeutsame Einblicke in Sachzusammenhänge eröffnen, bietet die in den letzten Jahrzehnten erheblich weiterentwickelte multivariate (viele Variablen berücksichtigende) S. völlig neue Erkenntnismöglichkeiten. Dies trifft insb. auf die Ursachenforschung zu, bei der es in den Sozialwissenschaften darum geht, soziale bzw. ökonomische Phänomene zu erklären. In der statistischen Analyse wird von „unabhängiger Variable" statt von „Ursache" und von „abhängiger Variable" statt von „Wirkung" gesprochen. Ein Grundproblem statistischer Ursachenforschung liegt darin, dass von einem Zusammenhang nicht zwangsläufig auf Kausalität (Ursache-Wirkungs-Beziehung) geschlossen werden kann. So gibt es einen statistischen Zusammenhang zwischen Einkommen und der Häufigkeit hochkultureller Aktivitäten (Besuch von Oper, Theater, Museen etc.); ob die Höhe des Einkommens aber auch Ursache solcher Aktivitäten ist, bleibt offen. Möglicherweise ist die Bildung eine relevante unabhängige Variable (Drittvariable), die sowohl das Einkommen als auch das hochkulturelle Interesse beeinflusst.

Ein grundlegendes statistisches Verfahren zur kausalanalytischen Überprüfung möglicher Einflussfaktoren ist die multiple Regressionsanalyse. In Erweiterung der bivariaten Regression kann sie wie folgt formuliert werden: $Y = b_0 + b_1{*}x_1 + \ldots + b_n{*}x_n$. Alle Variablen müssen metrisches Skalenniveau aufweisen. Maßgeblich für die Interpretation sind die Regressionsgewichte von $b_1$ bis $b_n$. Sie geben Ausmaß und Richtung der durchschnittlichen Veränderung von Y (z. B. erhöhte hochkulturelle Aktivität) an, wenn die jeweilige erklärende Variable um eine Einheit (z. B. 1 Euro höheres Einkommen) verändert wird. Dabei ist zu berücksichtigen, dass alle anderen Variablen statistisch konstant gehalten und somit kontrolliert werden. In diesem Sinne ist jeder an den Regressionsgewichten zu bemessende Einfluss einer unabhängigen Variablen auf Y als bereinigter (partieller) Effekt zu werten. In diesem Kontext wird auch von Drittvariablenkontrolle gesprochen. Geht der bereinigte Effekt nach Kontrolle relevanter Drittvariablen gegen null (z. B. beim Einkommen), muss man davon ausgehen, dass die betreffende Variable keinen kausalen Effekt auf die abhängige Variable Y hat. Bleibt jedoch ein substanzieller bereinigter Effekt erhalten, ist möglicherweise ein kausaler Effekt vorhanden. Allerdings könnten weitere, unbeobachtete Drittvariablen von Bedeutung sein. Kausalität lässt sich daher selbst mit komplexen statistischen Verfahren nicht beweisen; man kann lediglich mögliche Alternativen ausschließen.

Regressionsanalyse ist heute ein Obergriff für eine Vielfalt von Verfahren, Varianten und Auswertungsstrategien. So gibt es Verfahren, die statistische Einflüsse auf dichotome (zweiwertige) und nominale abhängige Variablen mit mehreren Ausprägungen analysieren können (logistische und multinomiale Regression). Unter Mehrebenenanalysen sind Regressionsmodelle zu verstehen, die hierarchische Datenstrukturen berücksichtigen. Solche Strukturen entstehen, wenn nicht nur Individualdaten (z. B. persönliche Leistungsbereitschaft), sondern auch Gruppendaten einer höheren Ebene (z. B. Arbeitsklima) in die Analyse eingehen. Pfadanalysen verketten Variablen zu kausalen Pfaden, auf denen sich über mehrere „Stationen" hinweg die Einflüsse unabhängiger Variablen auf die abhängige Variable nachverfolgen lassen. Auch bei der Analyse zeitbezogener Daten spielen Regressionsverfahren eine zentrale Rolle.

### 4.2 Dimensionsanalytische Verfahren

Die Faktorenanalyse ist ein gängiges multivariates Verfahren mit einer anderen typischen Zielsetzung. Mit ihrer Hilfe lässt sich eine Vielzahl von Variablen zu möglichst wenigen, jeweils voneinander unabhängigen Hintergrunddimensionen bündeln. Werden z. B. in einer Umfrage bei jeder Person dutzende von Variablen zu Musik-, Literatur-, Fernseh- und Freizeitpräferenzen erhoben, kann man diesen vieldimensionalen Variablenraum nach grundlegenden kulturellen Orientierungsdimensionen durchforsten. Die explorative Identifikation einzelner Dimensionen kann man sich so vorstellen, dass die Faktorenanalyse nach abgrenzbaren Teilmengen von Variablen sucht. Innerhalb jeder Teilmenge sind die betreffenden Variablen hoch miteinander korreliert, was auf eine gemeinsame Dimension hinweist (z. B. deuten hohe Korrelationen von Variablen wie Häufigkeit des Theaterbesuches, Interesse an Kultursendungen und klassischer Musik auf eine hochkulturelle Dimension hin). Abgrenzbar werden die Teilmengen dadurch, dass die ihnen zugehörigen Variablen zwar miteinander (intern) hoch korrelieren, aber mit den Variablen aller anderen Teilmengen nicht oder kaum zusammenhängen (so gibt es weitere kulturelle Dimensionen von Freizeittätigkeiten, etwa die Dimension der Trivialität). Der dimensionalen Beschreibung einer Reihe von Variablen dient eine weitere multivariate Verfahrensklasse, die als Skalierungsverfahren bezeichnet wird. Im Unterschied zur Faktorenanalyse sind sie i. d. R. nur auf eine einzige Dimension ausgerichtet. Ein wichtiges Verfahren ist die Reliabilitätsanalyse, die die interne Konsistenz eines Variablensatzes (entspricht einer Teilmenge in der Faktorenanalyse) beschreibt. Je höher die Variablen miteinander korrelieren, desto höher ist auch ihre interne Konsistenz und desto eher lassen sie sich als Indikatoren einer gemeinsamen Dimension interpretieren. Skalierungsverfahren und Faktorenanalyse dienen einer gemeinsamen Erkenntnisabsicht mit überaus großer Bedeutung für die Psychologie und Sozialwissenschaften: der Identifikation von Dispositionsvariablen (Intelligenz, Persönlichkeitstendenzen, Einstellungen, Verhaltensneigungen u. a.). Diese bes. Art von Variablen kann sowohl als abhängige als auch als ursächliche Größe in die statistische Kausalanalyse (s. Regressionsanalyse) eingehen.

### 4.3 Gruppenbildende Verfahren

Von gänzlich anderer Art sind Klassifikationsverfahren (clusteranalytische Verfahren), deren primäres Ziel darin besteht, Untersuchungsobjekte (Individuen, Städte,

Texte, geografische Räume etc.) in Klassen bzw. Gruppen einzuteilen. Bei aller Unterschiedlichkeit einer Vielzahl von Verfahren und Vorgehensweisen (für verschiedene Skalierungsniveaus) lässt sich ein gemeinsamer Grundgedanke von Klassifikationsverfahren ausmachen: Objekte, die einer Klasse zugeordnet werden, sollen möglichst gleichartig (homogen), die Klassen untereinander aber möglichst unterschiedlich (heterogen) sein. Die Ähnlichkeit bzw. Unähnlichkeit von Objekten wird mit einer großen Auswahl entspr.er Maßzahlen ermittelt. In der praktischen Anwendung können bspw. soziale Milieus (etwa die SINUS-Milieus) identifiziert werden, indem Personen anhand einer Vielzahl sozialstrukturell relevanter Variablen (Einkommen, Bildung, Alter, Lebensziele, kulturelle Stile) einer Clusteranalyse unterzogen werden. Jedes statistisch auffindbare Milieu zeichnet sich durch eine spezifische Merkmalskombination aus (so ist das Milieu der „Hedonisten" eine Gruppe mit niedriger Bildung, jungem Alter und hoher Erlebnisorientierung).

### 5. Analyse zeitbezogener Daten

Für die Analyse von Veränderungen im Zeitablauf bietet die S. verschiedene Ansätze und Instrumentarien. Zeitreihen entstehen, wenn ein Merkmal, z. B. der Preis eines Gutes, in bestimmten – meist gleichen – Zeitabständen (z. B. Tage, Monate, Jahre) gemessen wird. Ist man nicht nur an einem einzelnen Objekt, sondern an der zeitlichen Entwicklung einer Gesamtheit von Objekten interessiert, bildet man zusammenfassende Indizes. Der Verbraucherpreisindex z. B. misst die durchschnittliche Preisentwicklung von Waren und Dienstleistungen in Haushalten und dient der Ermittlung der Inflationsrate. Ein anderer Index ist der DAX, ein gewichteter Börsenindex, der sich aus den 30 wichtigsten Aktientiteln zusammensetzt. Die Zeitreihenanalyse ist bestrebt, die gemessenen Größen mit Hilfe regressionsanalytischer Verfahren in spezifische, zeitbezogene Komponenten zu zerlegen. Zu unterscheiden sind der generelle, langfristige Trend einer Entwicklung (schließt auch Stabilität ein), zyklische Verläufe sowie saisonal wiederkehrende Schwankungen.

Bei der Verfahrensgruppe, die unter dem Begriff Lebensdauer- und Ereignisanalyse zusammengefasst wird, geht es – anders als bei der Zeitreihenanalyse – um die Analyse von Zeitintervallen zwischen zwei definierten Ereignissen bzw. Zuständen. Beispiele hierfür sind die Überlebenszeiten von Patienten in medizinischen Studien, die Dauer der Arbeitslosigkeit, die Ehedauer bis zur Scheidung, die Dauer von UN-Einsätzen oder die Dauer bis zum Wechsel der Parteipräferenz. Ziel der Analyse ist es, die betreffenden Zeit- bzw. Überlebensdauern zu beschreiben und Ereignisse bzw. Zustandsänderungen zu erklären. So kann man z. B. versuchen, die Dauer von UN-Einsätzen in Abhängigkeit vom Konflikttyp zu erklären.

In letzter Zeit gewinnt in den Sozialwissenschaften die statistische Analyse von Paneldaten an Bedeutung. Bei diesem Datentypus liegen für einzelne Merkmalsträger Informationen (z. B. über das Einkommen) vor, die über mehrere Messzeitpunkte hinweg erhoben wurden. Durch den Vorher-Nachher-Vergleich dieser Informationen gelingt eine Annäherung an die experimentelle Analyselogik, was die kausale Analyse von Massendaten erheblich verbessert. In diesem Zusammenhang wurden mit *Fixed Effects*-Modellen spezielle Varianten der Regressionsanalyse entwickelt, die eine ansonsten nicht durchführbare Kontrolle unbeobachteter Drittvariablen erlaubt.

### 6. Inferenzstatistik

Allg. gesprochen will die Inferenz-S. (induktive S.) darüber informieren, inwieweit man sich auf eine Stichprobe verlassen und aus ihr Rückschlüsse auf die eigentlich interessierende Grundgesamtheit ziehen kann. Man spricht von Repräsentations- bzw. Induktionsschluss. Wird z. B. bei 2 000 Personen das durchschnittliche Nettoeinkommen ermittelt, so kann man dieses für die gesamte (Mio. Personen zählende) Erwerbsbevölkerung mit geringem Irrtumsrisiko auf etwa 100 Euro genau abschätzen. Neben dieser Schätzproblematik geht es in der induktiven S. v. a. um Signifikanztests. Für die Präzision und Gültigkeit eines Induktionsschlusses ist nicht die Größe der Grundgesamtheit ausschlaggebend, sondern lediglich die Größe der Stichprobe sowie deren Qualität (es muss sich um eine Zufallsstichprobe handeln). Das theoretische Instrumentarium der induktiven S. kommt aus der Wahrscheinlichkeits- sowie aus der Schätz- und Testtheorie.

Ein grundlegendes Theorem der Inferenz-S. ist der zentrale Grenzwertsatz, der in seiner allg.sten Form besagt, dass die Ergebnisse von Zufallsprozessen annähernd so verteilt sind wie eine Normalverteilung (Gauß'sche Glockenkurve), wenn viele Zufallseffekte zusammenwirken. In der praktischen Anwendung geht man z. B. davon aus, dass Stichprobenmittelwerte ab einem Stichprobenumfang von 30 Fällen normalverteilt sind. Gedankenexperimentell kann man sich dies so vorstellen, dass unendlich viele Stichproben eines bestimmten Umfangs (jeweils 30 oder mehr Fälle) gezogen und alle sich ergebenden Mittelwerte in einer Häufigkeitsverteilung – die dann in etwa der Normalverteilung entspricht – dargestellt werden. Ähnliche Überlegungen lassen sich für die Verteilung von Stichprobenanteilen (Prozentsätze) und anderen Kennwerten anstellen. Auf der Grundlage der (standardisierten) Normalverteilung kann man im Umkehrschluss angeben, wie wahrscheinlich das Ergebnis einer konkreten Stichprobe ist, wenn man bestimmte Annahmen über die Grundgesamtheit trifft. Dieses wahrscheinlichkeitstheoretische Fundament macht man sich beim Schätzen und Testen in unterschiedlicher Weise zunutze.

Beim Schätzen wird eine untere und eine obere Grenze (Vertrauens- oder Konfidenzintervall) berechnet, innerhalb derer mit einer gewissen Sicherheit (Konfidenzniveau) der zu schätzende Wert (z. B. besagtes durchschnittliches Nettoeinkommen) in der Grundgesamtheit liegt. So bedeutet ein Konfidenzniveau von 95 %, dass die berechneten Grenzen in 95 % aller denkbaren Stichproben den wahren Wert der Grundgesamtheit enthalten. Daneben werden Punktschätzungen vorgenommen, die exakte Schätzwerte angeben, ohne allerdings deren Unsicherheitsbereiche zu quantifizieren. Im einfachsten Fall wird der betreffende Kennwert der Stichprobe entnommen (z. B. das durchschnittliche Nettoeinkommen). Dies setzt jedoch voraus, dass der betreffende Schätzer erwartungstreu ist. Damit ist gemeint, dass ein zu schätzender Wert im Durchschnitt aller denkbaren Stichproben mit dem tatsächlichen Wert der Grundgesamtheit übereinstimmt. Auf den Mittelwert und Prozentsätze trifft dies z. B. zu, nicht jedoch auf die Stichprobenvarianz, die zur Schätzung der Varianz in der Grundgesamtheit entspr. korrigiert werden muss.

Beim statistischen Hypothesentest, der in der Forschungspraxis einen überaus hohen (z. T. sogar übersteigerten) Stellenwert einnimmt, wird die Signifikanz eines Stichprobenergebnisses überprüft. Im Grunde geht es darum, Stichprobenergebnisse gegen unvermeidliche Zufallsschwankungen abzusichern. Hypothesentests basieren auf zwei konkurrierenden Hypothesen, der Null- und der Alternativhypothese. Die zu überprüfende Nullhypothese beschreibt die Annahme, dass ein Stichprobenergebnis (z. B. ein gefundener Einkommensunterschied zwischen zwei Bevölkerungsgruppen) lediglich zufallsbedingt ist. Die Alternativhypothese (relevante Forschungshypothese) hingegen besagt, dass ein bestimmtes Ergebnis eben nicht mehr durch den Zufall zu erklären ist, sondern tatsächlich etwas über die Verhältnisse in der Grundgesamtheit aussagt (z. B. über die Existenz eines Einkommensunterschiedes). Die S. bietet eine Vielzahl von Tests für unterschiedliche Kennwerte bzw. Fragestellungen. So können neben Mittelwert- und Anteilsunterschieden z. B. auch statistische Zusammenhänge (Korrelationen) oder bestimmte Parameter (Regressionskoeffizienten u. a.) auf Signifikanz geprüft werden. Um über die Annahme oder Ablehnung der Nullhypothese zu entscheiden, wird eine Prüfgröße berechnet, die einer bestimmten Wahrscheinlichkeitsverteilung (häufig der Normalverteilung) folgt. Überschreitet diese Größe einen festgelegten Wert, den kritischen Wert, so wird die Nullhypothese verworfen und die Alternativhypothese als bestätigt betrachtet. Der kritische Wert ergibt sich aus dem gewünschten Signifikanzniveau $\alpha$; es beschreibt die Wahrscheinlichkeit – auch als $\alpha$-Fehler bezeichnet – eine korrekte Nullhypothese fälschlicherweise zu verwerfen. Üblicherweise wird der $\alpha$-Fehler auf 0,05 (5 %) festgelegt. Unter der Bedingung, dass die Nullhypothese in der Grundgesamtheit richtig ist, würde man in diesem Fall dennoch bei 5 % aller möglichen Stichproben rein zufallsbedingt ein Ergebnis erhalten, das irrtümlich dazu führt, die Nullhypothese zu verwerfen. Die zweite Art von Entscheidungsfehler ist der ß-Fehler, den man dann begeht, wenn man eine Nullhypothese akzeptiert, obwohl die Alternativhypothese zutrifft.

Vermehrt werden in der Inferenz-S. innovative bzw. weniger voraussetzungsreiche Verfahren eingesetzt. Eines ist das Bootstrapping, eine Computersimulationstechnik, mit der die theoretisch unbekannte Verteilung eines Stichprobenkennwertes auf der Grundlage wiederholter Zufallsauswahlen aus einer gegebenen Stichprobe (die für die Grundgesamtheit steht) ermittelt wird. Das Verfahren ist mittlerweile Bestandteil vieler Softwarelösungen. Als eine Alternative zur klassischen Vorgehensweise der Inferenz-S. gewinnt die Bayes-S. an Bedeutung. Für induktive Rückschlüsse verwendet sie einen anderen, wissensbasierten Wahrscheinlichkeitsbegriff und nutzt zusätzlich Informationen, die über das betreffende Problem bekannt sind.

## 7. Grenzen, Probleme und Herausforderungen

Abschließend ist auf ausgewählte Grenzen, Probleme und Herausforderungen der S. hinzuweisen. Zudem sind Entwicklungen zu beobachten, die einer kritischen Reflexion bedürfen.

### 7.1 Objektivität und Subjektivität

Trotz aller immer wieder an der statistischen Denkweise geübten Kritik (z. B. „Lügen mit S.“) ist sie eines der wichtigsten Instrumentarien wissenschaftlicher Objektivität. Die Beschreibung und Analyse der Wirklichkeit mit zahlenmäßigen Massendaten bietet Erkenntnispotenziale, deren Reichweite und Objektivitätsgrad alternativen Formen der Wirklichkeitsbetrachtung (z. B. qualitative Sozialforschung) weitaus überlegen sind, sofern es um große Kollektive geht. Dennoch ist S. immer auch mit Subjektivität verbunden. Bereits im Verlauf der Datenanalyse sind zwingend Entscheidungen zu treffen, die subjektive Einflüsse unvermeidlich werden lassen (z. B. Auswahl von bestimmten Kennwerten bzw. Modellvarianten). Selbst die Ermittlung statistischer Ergebnisse kann subjektiven Einflüssen unterliegen, ohne dass von Manipulation oder gar Fälschung zu sprechen wäre (so ist die in einer Faktorenanalyse zu ermittelnde Faktorenzahl nicht rein objektiv festgelegt, sondern muss auch durch Entscheidung bestimmt werden). Schließlich sind statistische Ergebnisse für sich genommen i. d. R. noch nicht substanzwissenschaftlich bedeutsam, das werden sie erst durch inhaltliche Interpretation (die ebenfalls nicht frei von Subjektivität ist). Entscheidend aber ist, dass subjektive Einflüsse begründbar und damit in der wissenschaftlichen Gemeinschaft kritisiert oder auch anerkannt werden können.

### 7.2 Signifikanz und Relevanz

Äußerst kritisch ist zu bewerten, wenn statistische Signifikanz als Höhe- und Schlusspunkt der Datenanalyse betrachtet wird. Erstens basieren viele Datenerhebungen, insb. in den Sozialwissenschaften, nicht auf Zufallsstichproben, wodurch die gesamte induktive S. streng genommen nicht mehr anwendbar ist (dennoch sind auch dann Aussagen zur Signifikanz sinnvoll, wenn man sie unter den Vorbehalt stellt, dass sie gültig wären, wenn man eine Zufallsstichprobe hätte). Zweitens findet man schon aus reinem Zufall irgendwann ein signifikantes Ergebnis, wenn eine bestimmte Hypothese nur häufig genug getestet wird. Beim sog.en multiplen Testen wächst der $\alpha$-Fehler systematisch an. Drittens – und dies ist am wichtigsten – muss streng zwischen der Signifikanz und der Relevanz von Ergebnissen unterschieden werden. Die Aussage, ein Stichprobenbefund (etwa der Einkommensunterschied zweier sozialer Gruppen) sei signifikant, besagt lediglich, dass er aller Wahrscheinlichkeit nach kein Zufallsergebnis ist. Wie problematisch es ist, sich bei statistischen Ergebnissen wesentlich auf deren Signifikanz zu stützen, zeigt sich schon darin, dass mit wachsendem Stichprobenumfang jeder noch so unbedeutende Befund (z. B. ein verschwindend geringer Einkommensunterschied oder Zusammenhang) irgendwann signifikant wird. Signifikanz sagt nichts über die substanzwissenschaftlich viel bedeutsamere statistische Relevanz eines Ergebnisses aus. Diese lässt sich mit geeigneten Maßen der Effektstärke (z. B. erklärte Varianz, Cohens d etc.) erfassen. Es ist also immer danach zu fragen, ob ein signifikantes Ergebnis auch wirklich relevant ist.

#### 7.3 Verfahrensfetischismus

Die Entwicklung und Anwendung statistischer Verfahren hat in den letzten Jahrzehnten, auch dank immer größerer elektronischer Rechenkapazitäten, rasant zugenommen. Insb. in der multivariaten Datenanalyse ist eine zunehmende Komplexitätssteigerung und Diversifizierung statistischer Analysemethoden zu beobachten. Diese Entwicklung ist einerseits zu begrüßen, da so neue und verbesserte (wenn auch häufig sehr spezielle) Analysemöglichkeiten zur Verfügung gestellt werden. Andererseits besteht die Gefahr eines Verfahrensfetischismus, wenn die Gültigkeit statistischer Ergebnisse ausschließlich vom verwendeten Verfahren abhängig gemacht wird. Oft unterscheiden sich scheinbar unterschiedliche Verfahren im forschungspraktischen Gebrauch jedoch nur geringfügig hinsichtlich ihrer inhaltlichen Ergebnisse. Zudem können empirische Forschungsfragen vielfach auch durch weniger komplexe und fehleranfällige sowie leichter nachvollziehbare statistische Modelle beantwortet werden.

#### 7.4 Statistische Grundbildung

Eine der wichtigsten bildungspolitischen Herausforderungen besteht darin, möglichst weiten Teilen der Bevölkerung eine statistische Grundbildung zukommen zu lassen. Nur wer ein Grundverständnis wichtiger statistischer Konzepte hat, kann heute noch gesellschaftlich bedeutsame Entwicklungen und Probleme (z. B. Klimaerwärmung), die mehr und mehr der statistischen Analyse bedürfen, angemessen nachvollziehen. Gesellschaftliche Aufklärung ist in einer ungewissen Welt ohne S. nicht mehr möglich. Auch kompetente persönliche und professionelle Entscheidungen (z. B. hinsichtlich der Vermeidung gesundheitlicher Risiken) sind zunehmend auf die Nutzung statistischen Wissens angewiesen.

#### Literatur

S. E. Ahmed: Big and Complex Data Analysis, 2017 • T. Schröder: Treasure Hunt in the Data Jungle, 2017 • K. Backhaus u. a.: Multivariate Analysemethoden, 2016 • L. Fahrmeier u. a.: Statistik, 2016 • J. Behnke: Logistische Regressionsanalyse, 2015 • H. Best u. a.: Regression Analysis and Causal Inference, 2015 • K. Schüller: Statistik und Intuition, 2015 • P. P. Eckstein: Repetitorium Statistik, 2014 • S. L. Morgan: Handbook of Causal Analysis for Social Research, 2014 • M. Giesselmann u. a.: Regressionsmodelle zur Analyse von Paneldaten, 2012 • D. Urban u. a.: Regressionsanalyse, 2011 • J. Bortz u. a.: Statistik für Human- und Sozialwissenschaftler, 2010 • D. Boyd: Privacy and Publicity in the Context of Big Data, 2010 • M. Eid u. a.: Statistik und Forschungsmethoden, 2010 • H. Kromrey: Empirische Sozialforschung, 2009 • R. Schnell u. a.: Methoden der empirischen Sozialforschung, 2008 • H. Benninghaus: Deskriptive Statistik, 2007 • A. Diekmann: Empirische Sozialforschung, 2007 • S.-M. Kühnel u. a.: Statistik für die Sozialwissenschaften, 2006 • A. Quantemberg: Das Signifikanz-Relevanz-Problem beim statistischen Testen von Hypothesen, 2005.

THOMAS MÜLLER-SCHNEIDER
UND MATTHIAS VOIGT

## Sterbehilfe

I. Rechtlich – II. Sozialethisch

### I. Rechtlich

S. ist kein *terminus technicus* des Rechts und nicht als solche gesetzlich geregelt, aber thematisch Gegenstand des Rechts, namentlich des ↑Strafrechts. Verfassungsrechtliche Determinanten sind das ↑Selbstbestimmungsrecht des Patienten (Art. 2 Abs. 1 GG), die staatliche Schutzpflicht für das Leben (Art. 2 Abs. 2 S. 1 GG) und die Garantie der ↑Menschenwürde (Art. 1 Abs. 1 GG).

#### 1. Aktive indirekte Sterbehilfe

Kein Arzt darf auf Verlangen töten (§ 216 StGB). Dagegen wird der Einsatz leidvermindernder Mittel bei sterbenden oder todkranken Patienten, die das Risiko in sich bergen, den Eintritt des Todes zu beschleunigen, für zulässig erachtet. Diese sog.e aktive indirekte S. nimmt einen möglichen vorzeitigen Todeseintritt als Nebenfolge einer medizinisch indizierten palliativen Maßnahme in Kauf. Voraussetzung für die Zulässigkeit der aktiven indirekten S. ist, dass gleich wirksame Mittel fehlen, die eine geringere oder überhaupt keine Verkürzung der Lebensspanne verursachen, und dass eine ausdrückliche oder mutmaßliche Einwilligung des Patienten vorliegt.

Der entscheidende wertungsmäßige Unterschied zwischen der strafbewehrt verbotenen aktiven S. und der aktiven indirekten S. liegt darin, dass die Wertung vermieden wird, der sofortige Tod sei für den Patienten besser als sein weiteres Leben. Bei der aktiven indirekten S. geht es vielmehr um einen Vergleich zwischen einem etwas kürzeren Leben ohne schwere Schmerzen und einem nicht sehr viel längeren, das von quälenden Leiden beherrscht wird. Indirekte S. wird nicht deshalb geleistet, weil der (frühere) Tod gewollt ist, sondern weil der Patient das, was erhalten wird, nämlich das etwas kürzere, aber von Qualen befreite Leben gegenüber einem möglichen längeren bevorzugt. Wenn es dem tatsächlichen oder mutmaßlichen Willen des Patienten entspricht, darf ihm – und zwar auch schon vor Eintritt der unmittelbaren Sterbephase – diejenige Dosis an Schmerzmitteln gegeben werden, die einen möglichst niedrigen Leidpegel für die Dauer des restlichen Lebens erreicht und dieses so gering wie möglich verkürzt. Die Grenze zur unzulässigen aktiven direkten S. ist überschritten, wenn Medikamente in einer Menge verabreicht werden, die zur Gewährleistung eines erträglichen Leidpegels nicht mehr erforderlich sind und damit die Lebenszeit mehr als notwendig verkürzt wird.

### 2. Passive Sterbehilfe (Behandlungsabbruch)

Die moderne ↑Medizin macht es möglich, den Prozess des Sterbens aufzuhalten, ausgefallene Körperfunktionen zu substituieren und so Leben zu verlängern. Unter passiver S. versteht man den Verzicht auf lebensverlängernde Maßnahmen bei einem Sterbenden oder Todkranken, das „Sterbenlassen" eines Patienten.

Verfassungsrechtlich besteht keine Pflicht zur Lebensverlängerung um jeden Preis. Vielmehr genießt der Patient Autonomie und hat ein Recht auf körperliche Unversehrtheit. Dies schließt die Befugnis zur selbstbestimmten Lebens- und Sterbensgestaltung ein. Auch Einwirkungen auf die körperliche Integrität im Rahmen ärztlicher Behandlungen bedürfen, um rechtmäßig zu sein, der Einwilligung des Patienten, andernfalls haben sie zu unterbleiben. Wenn aber ein Patient das Unterlassen einer Behandlung verlangen kann, muss dies gleichermaßen für die Beendigung einer nicht (mehr) gewollten Behandlung gelten, gleich, ob dies durch Unterlassen weiterer Behandlungsmaßnahmen oder durch aktives Tun umzusetzen ist, wie es etwa das Abschalten eines Respirators oder die Entfernung einer Ernährungssonde darstellen. Der Arzt muss daher eine Behandlung abbrechen, die ein einwilligungsfähiger Patient nach hinreichender Aufklärung ausdrücklich nicht mehr wünscht. Auch bei einem „tätigen" Behandlungsabbruch geht es wertungsmäßig um ein „Sterbenlassen", nicht um Fremdtötung.

Die eigene Einschätzung des Grundrechtsträgers, dass eine kürzere, von medizinischen Eingriffen freie Endphase des Lebens besser sein kann als eine längere, aber von der Anwendung technischer Mittel und dem Zufügen weiterer Qualen gekennzeichnete, kann die Rechtsordnung auch als rechtmäßig übernehmen, ohne mit der in Art. 1 Abs. 1 S. 1 GG jedem Menschen voraussetzungs- und bedingungslos zugeschriebenen Menschenwürde in Konflikt zu geraten. Anders als die „Erlösungstötung" beruht die Entscheidung für den Abbruch einer lebensverlängernden Intervention gerade nicht auf einem unmittelbaren Tausch ↑Leben gegen ↑Tod. Das Beenden der ärztlichen Behandlung dient dazu, ein störungsfreies Sterben zu sichern und damit dem Patienten ein Gut zu erhalten. Der Therapieverzicht erhält dem Sterbenden einen Freiraum am Lebensende, der es ihm ermöglicht, seinen eigenen Tod in ↑Würde zu sterben.

Problematisch sind die Fälle, in denen der Patient im Zeitpunkt der anstehenden Entscheidung über die Durchführung lebensverlängernder Maßnahmen oder einer etwaigen Behandlungseinstellung nicht mehr in der Lage ist, eine freiverantwortliche Entscheidung zu treffen.

#### 2.1 Bei Vorliegen einer Patientenverfügung

Rechtlich maßgeblich ist im Fall aktueller Einwilligungsunfähigkeit in erster Linie der in einer schriftlichen ↑Patientenverfügung (§ 1901a Abs. 1 BGB) geäußerte antizipierte diesbezügliche Wille des Patienten; ihm hat ein Betreuer des Patienten Geltung zu verschaffen. Jeder einwilligungsfähige, d. h. über eine natürliche Einsichts- und Steuerungsfähigkeit verfügende Volljährige kann somit schriftlich seinen Willen gegen eine medizinische Heilbehandlung für den Fall des Eintritts eines Zustands der Einwilligungsunfähigkeit (etwa nach einem Unfall oder infolge einer schweren Krankheit) vorab verbindlich festlegen und damit Vorsorge treffen. Eine Begrenzung der Verfügungsfreiheit auf Fallkonstellationen, in denen das Grundleiden irreversibel ist und trotz medizinischer Behandlung nach ärztlicher Erkenntnis zum Tode führen wird, besteht nicht (vgl. § 1901a Abs. 3 BGB). Maßnahmen der Basisversorgung können allerdings durch Patientenverfügungen nicht ausgeschlossen werden. Auch eine Tötung auf Verlangen kann nicht wirksam in einer Patientenverfügung gefordert werden (§ 134 BGB i. V. m. § 216 StGB).

Die Verbindlichkeit einer Patientenverfügung, mit der auf eine lebensverlängernde ärztliche Maßnahme in einer bestimmten Lebens- und Behandlungssituation verzichtet wird, steht weder unter dem Vorbehalt einer Pflicht zu ihrer Aktualisierung in bestimmten Zeitabständen noch einer vorherigen ärztlichen Beratung und Aufklärung. Die Patientenverfügung kann jedoch jederzeit formlos widerrufen werden (§ 1901a Abs. 1 S. 3 BGB). Der Widerruf kann folglich auch mündlich, ja sogar durch nonverbales Verhalten mit entspr.em Erklärungswert erfolgen. Entscheidend ist, ob sich der Betroffene von seiner früheren Verfügung mit erkennbarem Widerrufswillen distanziert. Die Patientenverfügung entfaltet ferner dann keine Wirkung mehr, wenn sich die Sachlage nachträglich erheblich geändert hat und ihr damit die Geschäftsgrundlage entzogen ist.

Das gesetzgeberische Ziel, der Patientenautonomie auch im Zustand der Einwilligungsunfähigkeit zur Geltung zu verhelfen, ist anerkennenswert. Bedenken gegen die Verbindlichkeit der Patientenverfügung resultieren aber aus dem Umstand, dass die in ihr liegende Vorausverfügung eine Frage betrifft, von der man redlicherweise sagen muss, dass man sie nicht vorausschauend verlässlich beantworten kann. Niemand weiß als Gesunder, ob und gegebenenfalls welche medizinische Behandlung er in einem schweren, seine Einwilligungsfähigkeit beseitigenden Krankheitszustand wünschen oder ablehnen wird. Mit der Patientenverfügung wird folglich eine Entscheidung getroffen, die nicht wirklich verantwortet werden kann. Es erscheint mir problematisch, daran nach Eintritt der Einwilligungsunfähigkeit, durch die die Vorausverfügung tatsächlich unwiderruflich wird, mit aller (unter Umständen tödlichen) Konsequenz festhalten zu wollen. Die Nichteinwilligung oder der Widerruf der Einwilligung des Betreuers in eine Heilbehandlung oder einen ärztlichen Eingriff bedarf der Genehmigung des Betreuungsgerichts (↑Betreuung), wenn die Maßnahme medizinisch angezeigt ist und die begründete Gefahr besteht, dass der Betreute auf Grund des Unterbleibens oder des Abbruchs der Maßnahme stirbt oder einen schweren und länger dauernden gesundheitlichen Schaden erleidet (§ 1904 Abs. 2 BGB). Die Genehmigung ist entbehrlich, wenn zwischen Betreuer und behandelndem Arzt Einvernehmen darüber besteht, dass die Erteilung, die Nichterteilung oder der Widerruf der Einwilligung dem nach § 1901a BGB festgestellten Willen des Betreuten entspricht (§ 1904 Abs. 4 BGB).

#### 2.2 Bei Fehlen einer Patientenverfügung

Fehlt eine Patientenverfügung oder deckt sie nicht die aktuelle Situation des Patienten, so gilt nach § 1901a Abs. 2 BGB der mutmaßliche Willen des Patienten, der unter Berücksichtigung seiner früheren mündlichen oder schriftlichen Äußerungen, ethischen oder religiösen Überzeugungen und sonstigen persönlichen Wertvorstellungen konkret zu ermitteln ist. Dabei sind Dritte, nahe Angehörige und Vertrauenspersonen, die über dessen Lebenseinstellung und Behandlungswünsche Auskunft geben können, heranzuziehen (§ 1901b Abs. 2 BGB). Lässt sich der tatsächliche Wille des Patienten auf diese Weise mit hinreichender Wahrscheinlichkeit feststellen, ist er maßgeblich. Lassen sich keine Indizien für den tatsächlichen Willen pro oder contra Behandlungsabbruch finden (Fall des *non liquet*), muss nach Maßgabe der verfassungsrechtlichen Grundwertungen objektiv normativ entschieden werden. Danach ist dem Schutz des Lebens Vorrang zu geben (*in dubio pro vita*; str.). Das folgt aus der Garantie der Unantastbarkeit der Würde jedes Menschen (Art. 1 Abs. 1 GG); sie zu achten und zu schützen, bedeutet in einer Situation, in der es von der Entscheidung anderer Menschen abhängt, ob er am Leben bleiben oder sterben wird, jedem Menschen den *favor vitae* zu unterstellen.

### Literatur

T. Verrel: Patientenautonomie und Strafrecht bei der Sterbebegleitung. Gutachten C zum 66. Deutschen Juristentag Stuttgart 2006, 2006 • R. Ingelfinger: Grundlagen und Grenzbereiche des Tötungsverbots, 2004 • W. Höfling: Forum: „Sterbehilfe" zwischen Selbstbestimmung und Integritätsschutz, in: JuS 40/2 (2000), 111–118.

CHRISTIAN HILLGRUBER

## II. Sozialethisch

Unter theologisch-ethischer Sicht sind für das Verständnis der S. begriffliche Klärungen notwendig. Ihre Differenzierung geht parallel zu den medizinischen Entwicklungen, den gesetzlichen Regelungen und den gesellschaftlichen Herausforderungen.

### 1. Klassische Unterscheidungen

„Passive S." als Sterbenlassen bezeichnet den Verzicht auf künstliche, lebensverlängernde Maßnahmen oder den Abbruch einer bereits eingeleiteten Behandlung, wenn der urspr. beabsichtigte Heilerfolg nicht mehr erreicht werden kann. Sie setzt das Einverständnis des Patienten voraus. „Indirekte S." liegt vor, wenn dem Sterbenden starke, zur wirksamen Schmerzlinderung unbedingt erforderliche Medikamente verabreicht werden, die möglicherweise den Eintritt des Todes beschleunigen. Die primäre Absicht ist dabei das Patientenwohl, die lebensverkürzende Wirkung wird als ungewollter Nebeneffekt toleriert. Allerdings kommt dieser Fall mittlerweile selten vor, da Schmerzmittel durch ihre stabilisierende Wirkung das Leben meist nicht verkürzen. „Aktive (oder direkte) S." meint die aktive Herbeiführung des ↑Todes oder die gewollte Beschleunigung des Sterbevorgangs (z. B. durch die Injektion eines todbringenden Mittels) oder den „schuldhafte[n] Verzicht auf eine geforderte Lebenserhaltung" (DBK 1995: 308). Die „Tötung auf Verlangen" gehört ebenfalls dazu, und meist wird dies heute mit aktiver S. gemeint. Unter dem (ärztlich) „assistierten Suizid" versteht man die Unterstützung eines Menschen, sein Leben selbst zu beenden. Er kann durch die Bereitstellung eines tödlich wirkenden Mittels oder durch die Anleitung zu seiner Handhabung erfolgen. Da er nicht auf die unmittelbare Sterbephase beschränkt ist, findet er verschiedentlich bereits bei einer belastenden Diagnose bzw. einer ungünstigen Prognose des Krankheitsverlaufs statt. Ethisch ist hier kritisch festzustellen, dass eine Unterstützung des ↑Suizids nicht von der Einwilligung dazu getrennt werden kann. Auch wenn nicht alle Landesärztekammern dieser Auffassung gefolgt sind, so hält die BÄK fest: „Die Mitwirkung des Arztes bei der Selbsttötung ist keine ärztliche Aufgabe" (BÄK 2011: 346).Während die passive und die indirekte S. ethisch als weitgehend unproblematisch angesehen werden, gilt dies nicht für die beiden anderen Formen.

#### 2. Tun und Unterlassen

Befürworter der aktiven S. weisen darauf hin, dass das Ergebnis bei aktiver wie passiver S. dasselbe sei. Dabei wird ein wichtiger Unterschied übersehen, der in der kausalen Rolle des Arztes und der intentionalen Struktur seines Handelns zum Ausdruck kommt. Wenn der Arzt einen Patienten sterben lässt, da er seinen Tod nicht mit verhältnismäßigen Mitteln verhindern kann, dann beabsichtigt er nicht, den Tod herbeizuführen. Das ärztliche Handeln setzt beim Sterbenlassen voraus, dass der Tod aufgrund des Krankheitsverlaufs bevorsteht, und der Patient wird vom Arzt durch palliative Maßnahmen bei diesem „natürlichen Tod" begleitet.

Bei der „Tötung auf Verlangen" wird der Tod willentlich angestrebt, meist mit dem Ziel, dem Patienten weiteres Leiden zu ersparen. Ohne das Handeln des Arztes würde der Tod zum jetzigen Zeitpunkt nicht eintreten. Dieselbe Absicht im Handeln des Arztes gilt ebenfalls für den medizinisch „assistierten Suizid" durch die Bereitstellung des entspr.en Mittels.

Ein weiterer Unterschied zwischen der „Tötung auf Verlangen" (aktiver S.) und Sterbenlassen (passiver S.) besteht darin, wie die ↑Menschenwürde des Sterbenden und die Unverfügbarkeit seines Lebens geachtet wird. Zwei Aspekte der ↑Autonomie (Selbstbestimmung) des Menschen sind zu beachten: der essenzielle liegt in der Selbstzweckhaftigkeit des Menschen. Sie ist dem Menschen intrinsisch und kommt ihm in jeder Lebenssituation zu. Die funktionale Seite der Autonomie, die aktuelle Selbstbestimmung, kann durch schweres Leiden eingeschränkt sein. Wichtig ist, dass die essenzielle Autonomie der funktionalen logisch vorangeht. Die Unterscheidung der fundamentalen Verfasstheit der Person und ihrer je aktuellen Manifestation in konkreter Selbstbestimmung verdeutlicht den moralisch bedeutsamen Unterschied. Direktes Handlungsziel des Sterbenlassens ist die Bewahrung der Menschenwürde und die Achtung vor der unverlierbaren essenziellen Autonomie des Sterbenden, die bis zuletzt aufrecht erhalten wird. Auch wenn die ärztliche Tötungshandlung auf Wunsch des Sterbenden erfolgt, so widerspricht sie dem Tötungsverbot, das nicht nur das physische Leben des Sterbenden, sondern auch die essenzielle Seite seiner Autonomie schützt, die in allen Phasen des Sterbeprozesses zu achten ist.

#### 3. Selbstbestimmung, Fürsorge und Patientenvorsorg

Hinter den notwendigen begrifflichen Klärungen st hen verschiedene ethisch relevante Beziehungsebene Sie kommen schon im Wort S. zum Ausdruck, die ab besser als Hilfe beim Sterben zu charakterisieren ist. D Selbstbestimmung darf nicht als Autarkie verstande werden. Sie ist eingebunden in mitmenschliche und sc ziale Zusammenhänge und zeigt sich u. a. in der Fürso ge der Gesellschaft für ihre Mitglieder. Von daher ist e besser, von einer relationalen Autonomie zu sprechen Dieses relationale Verständnis lässt das ↑BVerfG in sei nem Urteil vom 20.2.2020 vermissen, indem es di Autonomie als weitgehend unbeschränkte Selbstbestim mung am Lebensende versteht. Eine wichtige Form, wi diese Hilfe aussehen kann, ist die Patientenvorsorge Neben vielen anderen Trägern haben die christlicher Kirchen in Deutschland ein Formular erarbeitet, da eine ↑Vorsorgevollmacht, Betreuungsverfügung, Be handlungswünsche und ↑Patientenverfügung enthält Anliegen dabei ist es, für den Fall der eigenen Entscheidungsunfähigkeit am Lebensende Vorsorge zu treffen, welche Therapiemaßnahmen dann (noch) durchgeführt werden sollen und welche Person(en) als Ansprechpartner bereitstehen. Auf dem Boden der gesetzlichen Regelung (§ 1901a BGB und Urteile des BGH vom 6.7.2016 und 8.2.2017) findet so zugl. eine Auseinandersetzung mit der eigenen Einstellung zum Tod auf dem Hintergrund christlicher Grundüberzeugungen statt. Ausdrücklich hält die christliche Patientenvorsorge i. S. d. Gesetzes am Verbot der Tötung auf Verlangen und des assistierten Suizids fest. Strittig unter den christlichen Kirchen ist, ob die vom Gesetz mögliche Ausweitung auf Krankheitsphasen, die nicht unmittelbar mit dem Sterbeprozess zusammenhängen, in Anspruch genommen werden soll (z. B. die unfallbedingte Querschnittslähmung, anhaltende schwere Schmerzzustände, Wachkoma und Demenz). Die DBK rät zu einer restriktiven Handhabung. Die Patientenverfügung lässt Raum für intensivmedizinische Maßnahmen, die bei einer Bereitschaft zur Organspende notwendig sind. Um aktuelle Äußerungen der Selbstbestimmung bei Patienten zu erhalten, sind Ansätze vorhanden, unter dem Gesichtspunkt *Advance Care Planning* regelmäßig v. a. in Senioreneinrichtungen den Willen des Patienten zu ermitteln. Bei manchen gesellschaftlichen Differenzen, v. a. im Blick auf den assistierten Suizid, herrscht breiter Konsens, dass die palliativen Angebote und Hospize weiter auszubauen sind. So bedeutsam diese Maßnahmen sind, so darf das Engagement von Familienangehörigen und der häuslichen Pflege nicht gering geschätzt werden. Nach wie vor werden die meisten Pflegebedürftigen zu Hause betreut. Die Art und Weise, wie die Selbstbestimmung bei Pflegebedürftigkeit und dann beim Sterbeprozess wahrgenommen wird, hängt eng mit dem sozialen Eingebundensein und der Unterstützung durch andere zusammen. Der Wunsch nach der „Tötung auf Verlangen" bzw. nach dem „assistierten Suizid" taucht in einem den Einzelnen umsorgenden Umfeld weniger auf, als wenn die Betroffenen sich allein gelassen fühlen.

Bei den finanziellen Belastungen in der letzten Lebensphase sind neben einer detaillierten Faktenanalyse v. a. Fragen der ↑Gerechtigkeit wichtig, die nicht getrennt von Sinnfragen gelöst werden können. Die Verhältnismäßigkeit der einzusetzenden Ressourcen ist immer neu zu prüfen. So kann vermieden werden, dass vom Gesundheitszustand her nicht angezeigte Therapien durchgeführt werden. Aufgrund des zunehmenden Lebensalters setzt die rapide Zunahme der Gesundheits- und Pflegekosten erst später ein. In dem hier notwendigen Unterscheidungsprozess zeigen sich die vielfältigen Beziehungen, in die der Mensch bis zum Ende seines ↑Lebens eingebunden ist.

### Literatur

E. Schockenhoff: Selbstbestimmtes Sterben als unmittelbarer Ausdruck der Menschenwürde? Zum Suizidassistenz-Urteil des BVerfG vom 20. Februar 2020, in: IKaZ 49/4 (2020), 408–417 • EKD/DBK (Hg.): Christliche Patientenvorsorge durch Vorsorgevollmacht, Betreuungsverfügung, Behandlungswünsche und Patientenverfügung, 2018 • F.-J. Bormann (Hg.): Lebensbeendende Handlungen, 2017 • S. Ernst: Töten und Sterbenlassen. Handlungstheoretische Grundlagen der Aussagen des Lehramts der katholischen Kirche zur Euthanasie, in: ebd., 231–248 • E. Schockenhoff: Lebensbeendende Handlungen. Grauzone mit verfließenden Grenzen oder kategorial unterschiedene Handlungstypen?, in: ebd., 297–312 • A. Merkl/K. Schlögl-Flierl: Moraltheologie Kompakt, 2017, 99–116 • M. Zimmermann: Teurer Abschied. Gesundheits- und Pflegekosten am Lebensende, in: HerKorr Spezial 2 (2017), 28–31 • K. Hilpert/J. Sautermeister (Hg.): Selbstbestimmung – auch im Sterben?, 2015 • J. Reiter: Designtes Sterben. Theologisch-ethische Aspekte zur Patientenverfügung, in: ZME 59/4 (2013), 255–267 • F.-J. Bormann: Ist die Vorstellung eines „natürlichen Todes" noch zeitgemäß?, in: ders./G. D. Borasio (Hg.): Sterben, 2012, 325–350 • BÄK: Grundsätze der Bundesärztekammer zur ärztlichen Sterbebegleitung, in: Deutsches Ärzteblatt 108/7 (2011), 346–348 • EKD/DBK (Hg.): Sterbebegleitung statt aktiver Sterbehilfe. Eine Sammlung kirchlicher Texte, [2]2011 • DBK (Hg.): Katholischer Erwachsenenkatechismus, Bd. 2, 1995.

HERBERT SCHLÖGEL

## Sterilisation

### 1. Hinführung

Unter S. versteht man eine meist auf Irreversibilität angelegte Aufhebung der Zeugungs-/Empfängnisfähigkeit des Menschen. Sie ist oft ein operativer Eingriff und bedarf der informierten Zustimmung des Behandlungswilligen *(informed consent)*. Der „Patient" muss über Art, Umfang, Tragweite, der Operation aufgeklärt werden und einwilligen. Zu einer solchen Intervention kommt es auf Wunsch des Patienten oder auf ärztlichen Rat. Erst dann kommt ein Behandlungsvertrag zustande, in dem ein Behandlungsziel bestimmt wird. Behandlungsziel und Behandlungsvertrag sind Grundlage des Eingriffs. Meist geschehen die Eingriffe auf Wunsch des Patienten. Aus „salus aegroti suprema lex" wird „voluntas aegroti suprema lex" (aus: „das Wohl des Patienten ist oberstes Gebot" wird: „der Wille des Patienten ist oberstes Gebot"). Manchmal gilt beides.

### 2. Empfängnisverhütung

Sollte das primäre Behandlungsziel z. B. eine Bestrahlungstherapie von Eierstock-Tumoren sein, die eine Sterilität zur Folge hat, ist die Intention des Eingriffs eine onkologische Therapie, die als „Nebenwirkung" eine Sterilität mit sich bringt. Hierbei handelt es sich um eine Handlung mit Doppelwirkung, bei der die Therapie und nicht die S. im Vordergrund steht (indirekte S.). S.en werden aber auch direkt als empfängnisverhütende Maßnahmen eingesetzt. Hier ist die Herbeiführung der dauerhaften Unfruchtbarkeit das Behandlungsziel (direkte S.). Da dies ein erheblicher Eingriff in die Integrität eines Menschen und seine Fähigkeit zur Fortpflanzung ist, kann sich z. B. in Österreich ein Mensch erst ab dem 25. Lebensjahr zu einem solchen Eingriff entscheiden. Während bei der S. die sexuelle Empfindsamkeit erhalten bleibt (sie kann jedoch psychische Auswirkungen haben), ist dies bei der Kastration (z. B. Entfernung der Hoden) nicht der Fall. Zu einer Kastration kann keine Zustimmung erteilt werden. Das impliziert, dass der Staat die sexuelle Empfindungsfähigkeit als integralen Bestandteil menschlicher Existenz und Identität sieht.

Bei der S. stellt sich aus katholisch theologisch-ethischer Perspektive die Frage, ob die Herbeiführung einer dauerhaften Unfruchtbarkeit ethisch zu rechtfertigen ist. Zur Beantwortung dieser Frage muss geklärt werden, ob Sexualität – wie in der Ehezwecklehre des Augustinus – allein der Zeugung von Kindern dient oder auch unabhängig davon einen Sinn als Ausdruck der personalen Liebe (GS 50) oder der Beziehungsstabilisierung hat. In der Enzyklika „Humanae Vitae" (Paul VI.) wird gesagt, dass jeder eheliche Akt offen sein müsse auf Kinder. Das ↑Zweite Vatikanische Konzil formuliert offener, dass die ↑Ehe an sich auf Kinder hin offen sein soll (GS 48/50). Allein die Methode der Geburtenkontrolle ist umstritten: natürlich (natürliche Familienplanung, Zeitwahlmethode) oder künstlich (z. B. Kondom, Pille, S.). In der Vorbereitung von „Humanae Vitae" sprachen sich eine Laienkommission und eine bischöfliche Kommission mehrheitlich dafür aus, die Methode den Paaren nach Gewissensprüfung selbst zu überlassen (so wie auch später die Königsteiner Erklärung, Mariatroster Erklärung und viele andere). Papst Paul VI. entschied sich für das Minderheitengutachten und erklärte jede künstliche ↑Empfängnisverhütung – also auch S. – für unerlaubt. Eine S. ist nach der Lehre der katholischen Kirche auch dann unsittlich, wenn sie nach der Geburt von Kindern und dem Abschluss der Familienplanung vorgenommen wird: dies zum einen wegen der nötigen Offenheit auf ein Kind und zum anderen, weil der Mensch als leib-seelische Ganzheit gesehen wird (Totalitätsprinzip), er kein vollständiges Verfügungsrecht über seinen Körper habe und dieser Eingriff (ähnlich wie eine Amputation) als Verstümmelung betrachtet wird. Ein solcher Eingriff wäre demnach nur gerechtfertigt, wenn aus medizinischer Indikation heraus das Wohl der ganzen Person nur so aufrechterhalten werden könnte.

### 3. Zwangssterilisation

Gesellschaftlich relevant war und ist die Frage der S. im Zusammenhang mit Zwangs-S.en (↑Nationalsozialismus oder andere diktatorische Regime). Dabei geht es um staatlich verordnete S., damit entweder „krankes" Erbgut oder Erbgut einer „falschen Rasse" i. S. d. „Rassenhygiene" nicht weitergegeben wird oder im Zuge einer Ein-Kind-Politik keine weiteren Kinder mehr geboren werden. Dies ist einer der tiefsten Eingriffe in die menschliche Intimität und Integrität und daher ethisch nicht zu rechtfertigen. Damit dies niemals mehr geschieht, hat das deutsche ↑GG von 1949 im Art. 1 formuliert: „Die Würde des Menschen ist unantastbar". Dies ist ein Artikel zur Begrenzung staatlicher Macht, niemals mehr so tief in die Intimsphäre und Integrität eines Menschen einzugreifen wie im Nationalsozialismus, und ein Artikel, der den Staat in die Pflicht nimmt, die ↑Würde des Menschen zu achten und zu schützen. Der Würdebegriff wurde bereits von Cicero i. S. d. „Würdigkeit eines Menschen" (z. B. als Inhaber eines hohen Amtes) gebraucht. Im ↑Judentum entstand die Auffassung vom Menschen als Ebenbild Gottes, gefolgt von der christlichen Überzeugung, dass vor Gott alle Menschen gleich sind (Paulus). Über Giovanni Pico della Mirandola bis zu Immanuel Kant wurde der Begriff philosophisch weiterreflektiert. Er besagt, dass jeder Mensch um seiner selbst willen zu achten ist (unabhängig von Herkunft, Alter, Geschlecht, genetischer Abstammung, Hautfarbe) und niemals total verzweckt werden darf. Ferner bedeutet er, dass jeder ein Recht auf Leben und körperliche (und geistige) Unversehrtheit. D. h., niemand darf gegen seinen Willen bzw. ohne ausdrückliche Zustimmung körperlich „versehrt" werden. Eine S. darf daher nur mit dem Einverständnis der betroffenen Person und nicht gegen ihren Willen vorgenommen werden. Dies gilt auch für Sexualstraftäter, die z. B. zur weiteren Schadensvermeidung sterilisiert werden sollen (punitive S.). Diskutiert werden Grenzfälle bei Menschen mit schwerster geistiger Behinderung, die keine Kontrolle über ihr Verhalten haben sowie die Folgen ihres Tuns nicht abschätzen können und daher einer ↑Betreuung (Deutschland) oder Sachwalterschaft (Österreich) unterliegen. Hier stellt sich die Frage, ob der Betreuer/Sachwalter zum Schutz der betroffenen Person oder Anderer unter Hinzuziehung von Gutachtern und eines Gerichtes eine solche S. vornehmen lassen kann. Das Recht auf Unversehrtheit, körperliche Integrität sowie das Selbstbestimmungsrecht *über* die eigene Fortpflanzung (nicht *auf* Fortpflanzung) sind fundamentale Güter, die geschützt werden müssen (Persönlichkeitsrecht aus Art. 2 Abs. 1 i. V. m. Art. 1 Abs. 1 GG; Recht auf freie Entfaltung der Persönlichkeit).

### 4. Transsexualität

Ein ganz anderes Problem stellt sich heute mit dem Phänomen der Inter- und Transsexualität. Intersexualität bedeutet, dass biologische Merkmale von beiden Geschlechtern vorliegen. Transsexualität meint, dass z. B. ein Mädchen, das vom biologischen Geschlecht her eindeutig ein Mädchen ist, schon sehr früh „weiß", dass es eigentlich ein Junge ist. Während Intersexuelle meist steril sind, sind Transsexuelle dies nicht. Hier besteht das Problem, dass z. B. ein junges Mädchen bereits als Junge lebt (mit Namens- und Personenstandsänderung) und vor die Entscheidung gestellt wird (zusammen mit Eltern, Psychologen, Gutachtern), ob durch eine medikamentöse Gabe von gegengeschlechtlichen Hormonen eine irreversible Unfruchtbarkeit herbeigeführt wird. Diese kommt einer S. – wenngleich medikamentös – fast gleich. Während bei operativen S.en der Mensch mindestens 25 Jahre alt sein muss (Österreich), wird hier jungen Menschen zugemutet, über ihre spätere Fortpflanzungsfähigkeit mitzuentscheiden. Manche empfinden es als einzige Ermöglichung, ihre gefühlte Identität leben zu können.

### Literatur

K. Hilpert/S. Müller (Hg.): Humanae vitae. Die anstößige Enzyklika, 2018 • P. Dunne: Transgender Sterilisation Requirements in Europe, in: Medical Law Review 25/4 (2017), 554–581 • Österreichische Bioethikkommission: Intersexualität und Transident, 2017 • C. Götz: Sterilisation, in: ders. (Hg.): Medizinische Ethik und katholische Kirche. Die Aussagen des päpstlichen Lehramtes zu Fragen der medizinischen Ethik seit dem Zweiten Vatikanum, 2000, 220–231 • G. Hunold: Sterilisation, 3. Ethisch, in: W. Korff/L. Beck/P. Mikat (Hg.): Lexikon der Bioethik, Bd. 3, 1998, 463 f. • J. Gründel: Zur Problematik der operativen Sterilisation in katholischen Krankenhäusern, in: StZ 199 (1981), 671–677 • Papst Paul VI.: Humanae Vitae, 1968.

MATTHIAS BECK

## Steuer

I. Rechtliche Perspektiven – II. Ökonomische Sicht

### I. Rechtliche Perspektiven

#### 1. Die Bedeutung der Steuer für die Staatsverfassung

Die S. ist das Hauptfinanzierungsinstrument des modernen ↑Staates. Sie wird erhoben, wenn der Bürger eine finanzielle Leistungsfähigkeit erworben hat oder diese im Wirtschaftsverkehr einsetzt. Der Staat beansprucht steuerliche Teilhabe an dieser Leistungsfähigkeit, um seine ↑Staatsaufgaben zu finanzieren. Der S.-

Pflichtige erhält keine individuelle Gegenleistung. Die S. ist keine Geldleistung, mit der ein S.-Pflichtiger eine Staatsleistung entgilt, sondern allg.e Bürgerpflicht, um den Staat mit Finanzkraft auszustatten. Die wichtigsten Bemessungsgrundlagen für eine S. sind das ↑Einkommen, die eingesetzte Kaufkraft (Umsatz) und die Erbschaft.

Die Art der Finanzierung bestimmt wesentlich die Struktur des Staates. Solange der römische Staat sich aus einer Kriegsanleihe *(tributum)* finanzierte, war das Staatswesen auf Eroberungskriege und Kriegsbeute angelegt. Im Mittelalter musste der Kaiser den Finanzbedarf des Gemeinwesens aus dem Ertrag seiner Domänen bestreiten; zum Kaiser wählbar waren deshalb nur Großgrundbesitzer. Besaß ein Herrscher in Lehensverhältnissen unmittelbar Bestimmungsgewalt über seine Untertanen, deckte er seinen Bedarf durch *annua dona*, jährliche „freiwillige" Abgaben, oder durch Arbeitszwang. Der ↑Kameralismus sorgte dafür, dass mehr Geld in die Schatzkammer des Staates *(camera)* floss, als ihr entnommen wurde, erwartete Wachstum nur auf Kosten anderer und förderte deshalb auch eine Bereitschaft zu Eroberung und ↑Krieg. Garantiert der Staat hingegen die Freiheit des Eigentums und des Berufs (↑Berufsfreiheit), belässt er die Produktionsfaktoren ↑Kapital und ↑Arbeit also in privater Hand, muss er seinen Finanzbedarf durch Teilhabe am Erfolg privaten Wirtschaftens decken. Die S. wird zum Preis der ↑Freiheit.

## 2. Rechtfertigung der Steuer

Der Staat rechtfertigt die S. aus den Leistungen, die er der Allgemeinheit seiner Bürger gewährt. Bietet er ihnen v.a. Sicherheit, belastet er Personen und Güter, die er geschützt hat. Die Folge ist eine Kopf-S. und eine Besteuerung des Vermögens (↑Vermögensteuer), des Gewerbebetriebes (↑Gewerbesteuer) und des Grundstücks (↑Grundsteuer). Bietet die Rechtsgemeinschaft dem Einzelnen v.a. Wohlfahrt und Konsum, wird S. auf Umsatz und Verbrauch (↑Verbrauchsteuern) erhoben. Heute widmet sich der Staat den Existenzvoraussetzungen des Menschen, seiner Bildung und Gesundheit, organisiert die Infrastruktur für Wirtschaften, Wohnen und Verkehr, übernimmt die Verantwortung für inneren und äußeren Frieden, für den Umweltschutz, für ein System sozialer Sicherheit und die Digitalisierung. Dieser daseinsbegleitende und entwicklungsfördernde Staat bemisst die S. individualisierend nach der jeweiligen finanziellen Leistungsfähigkeit seiner Einwohner und verallgemeinernd nach der Marktteilhabe der Nachfrager.

Die ↑Einkommensteuer (ESt) belastet den jährlichen Zuwachs an finanzieller Leistungsfähigkeit, die der S.-Pflichtige aus seiner Erwerbsgrundlage unter den Wirtschaftsbedingungen in Deutschland erzielt. Wer die Infrastruktur in Deutschland erfolgreich nutzt, soll auch zur Finanzierung dieses Systems beitragen. Der S.-Pflichtige hat einen Vorteil, wenn er sein Wohnhaus und seinen Betrieb in ein Friedensgebiet stellen kann und nicht im Kriegsgebiet wirtschaften muss. Er kann sein Erwerbshandeln auf die hier geltende Vertragsfreiheit stützen und eine unbefangene ↑Gerichtsbarkeit in Anspruch nehmen. Er setzt in seinem Betrieb Arbeitskräfte ein, die in staatlichen Schulen und Universitäten gut ausgebildet worden sind. Er trifft auf Kunden, die mit Kredit und Internet umgehen können. Der S.-Pflichtige erwirbt seine Einnahmen durch individuelle Leistung, stützt sich dabei aber auf Leistungen von Staat und ↑Recht. Die ESt fordert für diese Rahmenbedingungen des Erwerbs eine S. (Allgemeinäquivalenz). Der S.-Pflichtige lässt sich beim Erwerb auf diesen Preis seiner Erwerbsfreiheit ein.

Die ↑Umsatzsteuer (USt) erfasst Leistungen, die ein ↑Unternehmer im Inland an Verbraucher gegen Entgelt erbringt. Belastet wird die Kaufkraft des nachfragenden Konsumenten. Der Unternehmer ist zur Vereinfachung des Verwaltungsverfahrens Besteuerungshelfer des Staates, fordert mit dem Kaufpreis auch die USt und führt diese an den Staat ab. Auch diese indirekte S. rechtfertigt sich aus dem Gedanken der Allgemeinäquivalenz. Der Konsument empfängt von der Rechtsgemeinschaft den Vorteil, dass er in vollen Kaufhäusern oder auch im Internet Waren und Dienstleistungen seiner Wahl erwerben kann. In einer Marktwirtschaft ist diese Konsumfreiheit alltägliche Realität. Deshalb muss der Nachfrager für jeden Umsatz eine S. – i.d.R. in Höhe von 19 % des vereinbarten Kaufpreises – zahlen.

Die dritte, für die Struktur des ↑Steuerrechts, weniger für den Ertrag bedeutsame Besteuerungsgrundlage ist die Erbschaft. Wer in Frieden eine Erbschaft entgegennehmen, den Vorzug des Erbens in der Gelassenheit des Rechts genießen darf, soll für diesen Vorteil einer allg.en Erbrechtsgewährleistung eine S. zahlen. Die Gemeinschaft der Nichterben erlebt im Erbschaft-S.-Recht (↑Erbschaftsteuer [ErbSt]), dass der Erbfall auch ihnen ein wenig zugutekommt.

Welche Gegenstände besteuert werden, bestimmt der Gesetzgeber. Dabei gibt ihm die vorgefundene wirtschaftliche Realität kaum Hinweise, ob er Köpfe oder Wirtschaftsgüter, die Erwerbsfähigkeit oder das Erworbene, die Staatsangehörigen oder die Inländer, das Einkommen, den Umsatz, die Erbschaft oder das Vermögen besteuern soll. Die ↑Finanzverfassung des ↑GG verweist den Gesetzgeber deshalb auf die herkömmlichen, vertrauten S.-Typen, insb. auf die Besteuerung des Einkommens, des Umsatzes und der Erbschaft. Will der Gesetzgeber eine neue S. erfinden, bedarf es einer verfassungsändernden Mehrheit.

## 3. Die Wirkung der Steuer

Die S. mindert das Geldeigentum des S.-Pflichtigen, verringert sein Einkommen, verteuert seinen Konsum, schmälert das Erbe. Somit dient die S., insb. die progressive S., auch der sozialpolitischen Umverteilung

(↑Sozialpolitik). Indirekte S.n werden i. d. R. auf den Konsumenten überwälzt. Auf staatlicher Seite bestimmt der S.-Ertrag die Fähigkeit der öffentlichen Hand, eine ↑Staatsorganisation zu finanzieren, Einrichtungen für Bürger zu schaffen und Staatsleistungen an Bürger zu erbringen.

Wenn die ESt das Einkommen beim Erwerb mindert, die USt den Preis bei der Nachfrage verringert, wählt der Staat eine schonende Form der Belastung. Der Bürger erlebt die S. als Bedingung des Erwerbs. Er zahlt die ESt als Minderung seines Einkommenszuwachses, hat aber trotz der S. den individuellen Erfolg des Einkommens. Er zahlt beim Kauf eines Wirtschaftsgutes einen um die USt erhöhten Preis, vereinbart den Preis aber trotz des S.-Bestandteils als ein angemessenes Entgelt. Würde eine S. das ↑Vermögen oder das Gewerbekapital belasten, würde der S.-Pflichtige aus einem rechtlich gesicherten Vermögensbestand teilweise verdrängt. Bei fehlender sonstiger Liquidität müsste er ein Stück seines Vermögens verkaufen, um die S.n zahlen zu können. Das moderne S.-Recht belastet deswegen weniger den Vermögensbestand und erfasst den Vermögenserwerb und die Vermögensverwendung.

Die Finanzkraft des modernen Staates beruht nicht auf der Wirtschaftskraft staatlicher Unternehmen, kaum auf Entgelten für staatliche Leistungen und langfristig auch nicht auf einem rückzahlbaren Kredit. Der im Wesentlichen aus dem S.-Aufkommen erwachsende Anteil des Staates am BIP gibt dem Staat Finanzmacht, die er zur Schaffung der Staatsstruktur, zur Sicherung der Lebens- und Entfaltungsbedingungen der Bürger und zur haushaltswirtschaftlichen ↑Steuerung der Gesamtwirtschaft nutzt.

Die S. dient nicht nur der Finanzierung des Staates, sondern ist auch Instrument zur Lenkung der S.-Pflichtigen. Der Staat bietet dem S.-Pflichtigen in nahezu allen Lebensbereichen – Kapitalmarkt und Güterproduktion, Umweltschutz und Kultur, Wohnungsbau und Freizeitgestaltung – S.-Vorteile an, wenn er dem staatlichen Lenkungsplan folgt. Umgekehrt kann das S.-Recht auch unerwünschtes Verhalten steuerlich bes. belasten und für umweltschädlichen Energieverbrauch, selbstgefährdendes Konsumverhalten oder veraltete Produktionsweisen höhere S.n androhen. Die preußische Nachtigallen-S. hat alle Nachtigallen bald verdrängt, die russische Bart-S. die Träger von Vollbärten zum Stutzen ihres Bartes veranlasst. Zudem haben S.n in ihren Regeltatbeständen ungewollte Lenkungswirkungen. Die in Frankreich und England übliche Tür- und Fenster-S. hatte einen unhygienischen und unpraktischen Hausbau mit wenigen Fenstern und Türen zur Folge. Als die KraftSt nach der Zahl der Reifen bemessen wurde, erfand man das Auto-Dreirad. Heute veranlasst die Gewerbe-S. eine Flucht aus der Gewerblichkeit. Die Unterschiede zwischen ESt und ↑Körperschaftsteuer (KSt) führen zur Kombination beider Organisationsformen in der GmbH & Co. KG. Die Absetzbarkeit von Fremdfinanzierungskosten drängt in eine Kreditfinanzierung auch dort, wo Eigenkapital vorhanden ist.

Eine Lenkung durch S.n bietet dem Pflichtigen eine Wahlschuld an: Wenn er steuerlich zu einem bestimmten Produkt gedrängt wird, hat er die Wahl, entweder die höhere S. zu zahlen und damit seine Freiheit der Kaufentscheidung zu wahren, oder aber dem S.-Anreiz zu folgen. Wer sich die erhöhte S.-Last nicht leisten kann, erlebt die Lenkung als Befehl. Wenn der Lenkungsadressat sich von der gesetzlichen Verhaltenspflicht „freikaufen" darf, mag das Lenkungsprogramm auch scheitern. Das steuerliche Lenkungsmittel ist deshalb nur für verzichtbare Lenkungsfolgen geeignet. Eine weitere Gleichheitsfrage stellt sich, wenn die Lenkung-S. in der Bemessungsgrundlage einer progressiven S. – der ESt – angeboten wird. Nimmt der S.-Pflichtige das Lenkungsangebot der ESt an und darf er dementsprechend die dortige steuerliche Bemessungsgrundlage mindern, erzielt der Gutverdienende bei den derzeitigen Progressionssätzen einen Vorteil von 45 Cent pro eingesetztem Euro, der Mittelverdienende von 20 Cent pro Euro, der Geringverdienende von 0 Cent pro Euro. Die ↑Subvention steigt mit wachsendem Einkommen, mit verringertem Subventionsbedarf. Im ↑Bundesstaat gewährt der Bundesgesetzgeber S.-Subventionen i. d. R. zu Lasten fremder Kassen, weil die Länder an den Erträgen der wichtigsten S.n beteiligt sind (ESt, KSt, USt) oder ihnen der Ertrag vollständig zusteht (ErbSt). Der Bundesgesetzgeber verfügt also über S.-Erträge, die vom Bundesparlament nicht verantwortet werden. Schließlich entfällt bei den S.-Subventionen die jährliche parlamentarische Bewilligung. Staatliche Ausgaben werden im jährlichen Haushalt bereitgestellt. Eine S.-Verschonung hingegen wird einmal im Parlament beschlossen, gilt dann auf unbestimmte Zeit, ohne dass ein Parlament sich der Notwendigkeit und Höhe dieser Subventionen jährlich vergewissern würde.

### 4. Die Steuergestaltung

Das Kernproblem des modernen S.-Rechts liegt in den vielfältigen Möglichkeiten, die gesetzlich als unausweichlich gedachte S.-Last durch geschickte Darstellung des Sachverhalts zu mindern oder zu vermeiden. Seit Jahrhunderten empfinden die S.-Pflichtigen die S.-Last als bedrückend. Viele ↑Revolutionen haben ihren Ursprung im S.-Widerstand. Doch in den letzten 150 Jahren resigniert das Volk gegenüber der S.-Gesetzgebungspolitik und bemüht sich eher um individuelle S.-Mäßigung. Dabei bietet das Gesetz oft weite Räume zur S.-Gestaltung. Bei der Unternehmensbesteuerung stellt sich die Frage, ob sich der Gewinn nach den Forderungen oder den eingegangenen Zahlungen bemisst, ob der betriebliche Aufwand heute geltend gemacht werden kann oder erst in der Abschreibung des erworbenen Wirtschaftsgutes, inwieweit Fahrzeuge betrieblich oder privat genutzt werden, ob eine ↑Investition eigen- oder fremdfinanziert werden soll, wie steuererhebliche Vorgänge bilanziell in Zahlen ausgedrückt, ob sie der Gesellschaft oder dem Gesellschafter zugerechnet werden, wie Wirtschaftsgüter zu bewerten sind oder inwieweit eine S.-Quelle in ein steuergünstigeres Ausland verlegt werden kann. Die Wirtschaftssubjekte können im Rahmen ihrer Vertragsfreiheit ihr Wirtschaftsleben eigenverantwortlich gestalten, soweit ihre Verfügungsgewalt reicht. Die gesetzliche S.-Last hingegen ist für jeden gleich und unausweichlich. Deswegen ist ein steuererheblicher Sachverhalt in einer eigenständigen steuerjuristischen Betrachtungsweise nicht nach der rechtlich gewählten Form, sondern nach dem tatsächlich verwirklichten Belastungsgrund – der steuerlichen Leistungsfähigkeit – zu beurteilen. Es geht weniger – wie es §42 AO formuliert – um einen „Missbrauch" rechtlicher Gestaltungsmöglichkeiten, sondern um die Frage, inwieweit der S.-Pflichtige durch zivilrechtliche Gestaltung über steuerrechtliche Rechtsfolgen verfügen kann. Die klassische Frage nach der *iustitia commutativa* und der *iustitia distributiva* gewinnt im gegenwärtigen S.-Recht bes. Aktualität. Die Rechtsprechung des BGH betont, dass die S. nicht abbedungen werden kann. Der ↑EuGH verweigert einer Betriebsstätte im Ausland die rechtliche Anerkennung, wenn diese „bar jeder Realität" gestaltet wird. Das ↑BVerfG betont, dass gesetzliche S.-Schulden unvermeidlich sind, der Gesetzgeber deswegen Ausweichoptionen nicht vorsehen darf. Eine europäische Richtlinie verpflichtet nunmehr ↑Unternehmen, grenzüberschreitende S.-Gestaltungen den Behörden anzuzeigen.

### 5. Das Steuerverfassungsrecht

Der Inhalt des S.-Rechts ist kaum in der geregelten Materie angelegt. Während das Gesetz oft in seinem Thema – der Gefahrenabwehr, dem Umweltschutz, der Eignung für den Beruf, der Lebensmittel- oder Verkehrssicherheit – seine Leitgedanken gewinnt, entwickelt das S.-Gesetz Belastungsmaßstäbe, die das Recht der Wirklichkeit vorgibt. Das Verfassungsrecht bindet den Gesetzgeber deshalb in der traditionellen Kultur des vertrauten und erprobten S.-Rechts. Das GG schreibt die herkömmlichen S.-Typen –ESt, USt, ErbSt – als verfassungsrechtlich zulässige Ertragsquellen fest und macht die Erhebung der S.n von einer gesetzlichen Ermächtigung abhängig (Vorbehalt des Gesetzes).

Doch den wesentlichen Schutz des S.-Pflichtigen gegen die Besteuerungsgewalt bieten die ↑Grundrechte. Die Eigentumsgarantie schützt herkömmlich gegen die Eingriffe staatlicher Polizei- und S.-Gewalt. Dieser historische Gesetzesvorbehalt für Eingriffe in Freiheit und ↑Eigentum bewahrt den S.-Pflichtigen vor einem erdrosselnden Eingriff, vor einer grundlegenden Veränderung seiner Einkommens- und Vermögensverhältnisse durch S.n. Die S. ist strukturell nicht ↑Enteignung, sondern Bedingung der Eigentumsgarantie. Die Eigentumsgarantie fordert eine S.-Finanzierung des Staates, der auf Staatsunternehmen verzichtet und am Erfolg privaten Wirtschaftens teilhat, rechtfertigt die S.-Last als Preis der Freiheit, schützt den Betroffenen aber vor einer übermäßigen Belastung seiner Erwerbserfolge. Das Verhältnismäßigkeitsprinzip beschränkt den staatlichen Eingriff in Grundrechte auf Maßnahmen, die nach dem jeweiligen Zweck geeignet, erforderlich und angemessen sind. Diese ↑Verhältnismäßigkeit läuft im S.-Recht nicht leer. Zwar erreicht jede S. den Zweck der Besteuerung, den Staat mit Haushaltsmitteln auszustatten. Doch der Verhältnismäßigkeitsgrundsatz fordert, dass der S.-Eingriff in die konkrete Vermögensrechtsposition maßvoll bleibt. Verfassungsgemäß ist nur die steuerliche Teilhabe am individuellen Einkommen, am individuellen Umsatz, an der individuellen Bereicherung durch eine Erbmasse. Wird der S.-Eingriff in die konkrete Rechtsposition des S.-Schuldners am Verhältnismäßigkeitsprinzip gemessen, erscheint eine Besteuerung des ↑Existenzminimums ungeeignet, weil der Staat diese Besteuerung durch Sozialhilfeleistungen (↑Sozialhilfe) ausgleichen müsste. Eine steuerliche Zerstörung der individuellen Erwerbsquelle wäre ebenfalls nicht geeignet, da die Erwerbsquelle in dem steuerlichen Dauerschuldverhältnis auch als Ertragsquelle erhalten werden muss. Wenn das EStG sieben Einkunftsarten unterscheidet und dadurch erhebliche Belastungsunterschiede herstellt, dürfte diese Differenzierung nicht erforderlich sein, weil eine Beschränkung auf zwei Einkunftsarten – den Gewinn mit Veranlagung und den Überschuss mit Quellenabzug – den Besteuerungszweck besser erreicht. Eine Nichtberücksichtigung der Familie im Einkommen-S.-Recht wäre unangemessen, weil die S.-Belastung die von einem Einkommen lebende Familie intensiver trifft als die gleiche Belastung eines Alleinstehenden.

Die Freiheitsrechte mäßigen die Intensität des S.-Eingriffs. Der Gleichheitssatz sichert die gleichmäßige Verteilung der S.-Last auf alle Schultern je nach finanzieller Leistungsfähigkeit. Art. 14 GG schützt vor dem Übermaß, Art. 3 Abs. 1 GG gewährleistet das Gleichmaß. Die Gleichheit „vor dem Gesetz" fordert eine „bereichsspezifische" Unterscheidung je nach den Maßstäben des betroffenen Lebensbereichs. Für das S.-Recht ist das wesentliche Kriterium die Unterscheidung von Arm und Reich. Menschen mit niedrigem Einkommen zahlen weniger ESt als Menschen mit hohem Einkommen. Der Gleichheitssatz fordert den sachlich gerechtfertigten oder sonstwie einleuchtenden Grund für die Besteuerung der Menschen je nach ihrer finanziellen Leistungsfähigkeit. Diese Leistungsfähigkeit des S.-Pflichtigen wird bei den direkten S.n individuell und konkret ermittelt. Bei den indirekten S.n, insb. der USt, bleibt der S.-Träger in der Anonymität des ↑Marktes; deswegen wird die Leistungsfähigkeit in der Zahlungskraft des Nachfragers vermutet, mag diese durch Erwerbsanstrengung, durch Kredit oder durch Bettelei erreicht worden sein.

Der Gleichheitssatz fordert außerdem, dass die S.n realitäts- und sachgerecht bemessen sind. Die steuerliche Verschonung des existenznotwendigen Bedarfs muss den tatsächlichen Lebensverhältnissen entsprechen. Wirtschaftsgüter müssen wirklichkeitsnah bewertet werden. Bes. Bedeutung gewinnt im S.-Recht das Folgerichtigkeitsgebot, das vom Gesetzgeber Leitentscheidungen für einen Rechtsbereich erwartet, ihn dann aber beim Wort nimmt. Regelt der Gesetzgeber Leitprinzipien, bindet er sich – für die Dauer ihrer Geltung – dadurch auch selbst. Wenn § 2 EStG die gesetzesdirigierenden Prinzipien des EStG bestimmt, muss auch der Gesetzgeber diesen Navigator solange für sich gelten lassen, als er ihn nicht durch Gesetzesänderung aufhebt. Das Gesetz bindet alle ↑Staatsgewalt – auch den Gesetzgeber.

Der moderne Staat ist ↑Steuerstaat mit wachsendem Teilhabeanspruch. Er wird strukturell nur durch S.-Erträge finanziert, um den Staat von Leistung und Gegenleistung unabhängig zu machen, seinen Zugriff auf individuelle Finanzkraft rechtlich zu mäßigen, die tatsächlichen Verschiedenheiten zwischen Arm und Reich zu verringern, die demokratische Entscheidungsmacht des Parlaments über die S.-Last und Staatsleistungen zur Wirkung zu bringen. Die S. prägt das Gesicht des modernen Verfassungsstaates.

#### Literatur

P. Kirchhof (Hg.): Einkommensteuergesetz. Komm., [19]2020 • Ders./H. Söhn/R. Mellinghoff (Hg.): Einkommensteuergesetz. Komm., 302. Erg.-Lfg., Stand März 2020 • D. Birk/M. Desens/H. Tappe: Steuerrecht, [22]2019 • K. Tipke/J. Lang (Hg.): Steuerrecht, [23]2018 • J. Hey: Steuerplanungssicherheit als Rechtsproblem, 2002 • P. Kirchhof: Bundessteuergesetzbuch. Ein Reformentwurf zur Erneuerung des Steuerrechts, 2011 • K. Tipke: Die Steuerrechtsordnung, 3 Bde., [2]2000–12.

PAUL KIRCHHOF

## II. Ökonomische Sicht

### 1. Ökonomischer Steuerbegriff

Ganz allg. können S.n als Abgaben an öffentliche Gemeinwesen definiert werden. Die Formen von S.n, ihre Erhebung, ihre Bedeutung für die Staatsfinanzierung sowie die ↑Staatsaufgaben und dem folgend auch der S.-Begriff sind historisch einem vielfältigen Wandel unterworfen. Der ökonomische S.-Begriff ist weiter als der juristische, der in der AO (§ 3 Abs. 1 AO) definiert ist. Danach sind S.n immer Geldleistungen. Andere Leistungen der Bürger, z. B. ein Wehrdienst, ein Sozialdienst oder ein Schöffendienst sind juristisch gesehen keine S.n. Weiterhin fallen Gebühren und Beiträge nicht unter den S.-Begriff der AO. Als Gebühren werden ↑Abgaben bezeichnet, bei denen der Zahlungsverpflichtete eine individuelle Gegenleistung z. B. in Form eines Reisepasses oder eines Führerscheins erhält. Beiträge sind nicht mit individuellen, wohl aber gruppenbezogenen Gegenleistungen verbunden, z. B. Studien-, Erschließungs-, Kammer- oder Sozialversicherungsbeiträge. Ökonomisch werden sie als Clubgüter bezeichnet, weil auf der Ebene der Gruppe das Ausschlussprinzip gilt. Nach der Definition der AO werden S.n hoheitlich auferlegt, d. h. sind nicht freiwillig, und fließen einem öffentlich-rechtlichen Gemeinwesen z. B. einer Gebietskörperschaft oder einer Kirche (↑Kirchensteuer) zu. Schließlich nimmt die AO Bezug auf das Rechtsstaatsprinzip (↑Rechtsstaat), wenn sie festlegt, dass die S. jeden belastet, der den Tatbestand erfüllt, an den die Leistungspflicht anknüpft.

Der Zweck des juristischen S.-Begriffs ist zunächst einen Eingriffstatbestand, der einer Rechtfertigung bedarf, genau zu definieren. Zudem dient der S.-Begriff der AO der Regelung von Verwaltungszuständigkeiten zwischen Finanz- und anderen Behörden.

Aus ökonomischer Sicht sind S.n Zwangsabgaben ohne Anspruch auf Gegenleistung. Auf die Ausgestaltung, Bezeichnung oder Form der Abgabe kommt es nicht an. Ob die Abgabe in Form einer Geldleistung, eines zu leistenden Dienstes oder einer abzugebenden Sache erbracht wird, ist aus ökonomischer Sicht ebenso irrelevant wie die Frage, ob die Erhebung im Rahmen eines rechtsstaatlichen Verfahrens erfolgt oder ob die S. mit Gewalt durch einen S.-Pächter durchgesetzt wird, wie dies in der Antike üblich war. Ebenso kommt es nicht darauf an, ob der ↑Staat durch die S. Einnahmen erzielt oder ob er mit der S. andere Zwecke verfolgt. Gebühren und Beiträge können auch einen verdeckten S.-Anteil haben, z. B. wenn der Versicherungsschutz, den die gesetzliche Krankenversicherung bietet, am ↑Markt für einen geringeren Betrag erworben werden kann.

Die wirtschaftswissenschaftliche Begriffsbildung ist dadurch geprägt, dass S.n zu Verhaltensänderungen und Wohlfahrtsverlusten der Zensiten, also der finalen Träger der S., führen, die auf Märkten nicht auftreten. So haben die S.-Pflichtigen einen Anreiz die S.-Zahlung durch legale oder illegale Maßnahmen zu vermeiden. Eine S. reduziert die Konsumenten- und Produzentenrente (↑Rente) über die reine Zahllast hinaus, führt also zu einem Wohlfahrtsverlust. Man bezeichnet diese Zusatzlast der Besteuerung als *Harbergerdreieck*.

Die Notwendigkeit von S.n wird ökonomisch mit der Bereitstellung von öffentlichen Gütern begründet, die dadurch gekennzeichnet sind, dass die Marktteilnehmer nicht um ihren Konsum rivalisieren und ein Konsumausschluss nicht möglich ist (z. B. Landesverteidigung). Daneben stellt der Staat private Güter zur Verfügung, da aus übergeordneten Gründen ein höheres Konsumniveau dieser Güter aus politischer Sicht gewollt ist, als der Markt bereitstellen würde (meritorische Güter). So soll die Nachfrage nach Bildung in vielen Ländern nicht vom Einkommen der Eltern abhängen, weshalb ein Schul- und Universitätssystem staatsfinanziert wird. Schließlich werden auch verteilungspolitisch motivierte Güter bereitgestellt wie z. B. verbilligte Museumseintritte für Rentner oder Mietzuschüsse. Die staatliche Bereitstellung von öffentlichen, meritorischen oder verteilungspolitisch motivierten Gütern ändert aber nichts an dem Charakter von S.n als Zwangsabgabe ohne individuelle oder gruppenbezogene Gegenleistung.

## 2. Steuerzwecke und Steuerrechtfertigung

Mit der Erhebung von S.n können unterschiedliche Zwecke verfolgt werden. Bedeutsamer Zweck der S.-Erhebung ist die Finanzierung staatlicher Aufgaben (Fiskalzweck); hierauf weist die AO hin, wenn sie festlegt, dass die Erzielung von Einnahmen zumindest Nebenzweck der Besteuerung ist. Der Fiskalzweck von S.n kommt auch zum Ausdruck, wenn der ↑S.-Staat als stiller Teilhaber an den wirtschaftlichen Aktivitäten der S.-Pflichtigen bezeichnet wird.

Daneben sollen S.n häufig ein bestimmtes Verhalten der S.-Pflichtigen verhindern oder fördern. Beispiele für den Lenkungszweck von S.n sind Umwelt-, Tabak- oder Alkohol-S.n (Allokationspolitik). Zwischen dem Lenkungszweck und dem Fiskalzweck einer S. besteht ein Zielkonflikt. Je mehr die S. den Lenkungszweck erreicht, umso geringer fallen die S.-Einnahmen aus. Schließlich werden mit S.n häufig Zwecke der Umverteilung (Distributionspolitik) verfolgt (↑Finanzpolitik). Bürger sollen nach liberaler Auffassung gemäß ihrer Leistungsfähigkeit zur Finanzierung gemeinschaftlicher Aufgaben herangezogen werden. Die egalitaristische Forderung an die durch S.n bewirkte Umverteilung geht weiter: Sie will die Ungleichverteilung von ↑Einkommen und ↑Vermögen an sich beseitigen.

Das S.-System kann ebenfalls der konjunkturpolitischen Stabilisierung dienen (Stabilitätspolitik). Häufig werden in Rezessionen Abschreibungsregeln angepasst, um ↑Investitionen anzuregen. Ein S.-System, welches stark auf progressiven Einkommen-S.n aufbaut, führt zudem zu einer automatischen Stabilisierung der privaten Nachfrage *(built-in-flexibility)*, weil in der Rezession der S.-Entzug überproportional abnimmt. Demgegenüber steigt die S.-Last in Zeiten eines konjunkturellen Booms stärker als das Einkommen und entfaltet damit eine dämpfende Wirkung.

Auch wenn der moderne Staat ein S.-Staat ist, hat die Frage der Rechtfertigung von S.n als Staatseingriff in das grundrechtlich geschützte Recht auf ↑Eigentum nicht nur dogmengeschichtliche Bedeutung. Sie ist vielmehr Ausgangspunkt der Frage nach der gerechten Verteilung der S.-Last auf die Bürger. Die Theorien zur Rechtfertigung von S.n, Äquivalenz- und Leistungsfähigkeitsprinzip, basieren auf unterschiedlichen Staatsauffassungen.

Folgt man einer rationalistisch-individualistisch-utilitaristischen Staatsauffassung und sieht den Staat als einen Zweckverband zur Verfolgung gemeinsamer Ziele, so sind S.n der Preis für die Staatsleistungen. Der Nutzen sowie die Kosten der Staatsleistung können dem einzelnen S.-Pflichtigen (Individualäquivalenz) oder einer Gruppe von S.-Pflichtigen (Gruppenäquivalenz) zugeordnet werden. So kann die ↑Gewerbe-S. (GewSt) als Preis für die von der ↑Gemeinde bereitgestellte Infrastruktur aufgefasst werden. Das Äquivalenzprinzip kann umverteilende S.n rechtfertigen, wenn Wähler hinter einem „Schleier des Nichtwissens" (Rawls 2019: 159) über ein S.-System entscheiden. Wer bei Abschluss des Verfassungsvertrags nicht weiß, ob er zu den Armen oder Reichen gehört, kann aus Risikoscheu ein Umverteilungssystem bevorzugen.

Nach der aristotelischen Sicht verkörpert der Staat das ↑Gute und der Bürger muss den Staat nach Kräften unterstützen und finanzieren, d. h. er hat nach Maßgabe seiner Leistungsfähigkeit zur Verwirklichung der Staatsziele beizutragen. Das Leistungsfähigkeitsprinzip wird dadurch verwirklicht, dass die Kriterien der horizontalen und vertikalen Gerechtigkeit erfüllt sind. Die horizontale Gerechtigkeit verbietet eine willkürlich diskriminierende Besteuerung.

Vertikale S.-Gerechtigkeit verlangt darüber hinaus, dass Personen mit höherem Einkommen stärker besteuert werden, sodass alle S.-Pflichtigen dasselbe relative Opfer erbringen. Der Ansatz ist ökonomisch problematisch, weil nicht unterstellt werden kann, dass alle S.-Pflichtigen identische Nutzenfunktionen (↑Nutzen) haben, die kardinal messbar und interpersonell vergleichbar sind. Verlangt man dagegen ein gleiches marginales Opfer, so impliziert dies gleiche Nettoeinkommen und nimmt jeden Arbeitsanreiz. Trotz dieser ökonomischen Einwände ist das Leistungsfähigkeitsprinzip zum beherrschenden Prinzip der S.-Politik geworden, welches vom ↑BVerfG als grundsätzliches Gebot der S.-Gerechtigkeit angesehen wird.

## 3. Steuersystem und Steuertechnik

### 3.1 Geschichte der Besteuerung

Schon älteste schriftliche Zeugnisse berichten von der Existenz von S.n. Kennzeichen früher S.-Systeme waren die S.-Pacht, bei der ein halbstaatlicher Unternehmer das Recht der S.-Erhebung zuerkannt bekommt, und Repartitions-S.n, bei denen bestimmte Gebiete zur Ablieferung einer bestimmten S.-Summe verpflichtet wurden, die Aufbringung der Summe aber eine innere Angelegenheit blieb. Häufig waren Grund-S.n, Kopf-S.n sowie ↑Zölle zu entrichten. S.n wurden lange Zeit aber nicht als reguläre Finanzierungsform von Gemeinwesen betrachtet, sondern zur Deckung von Sonderbedarfen eingesetzt. Die Finanzierung aus der Domänenwirtschaft, also der Bewirtschaftung land- und forstwirtschaftlichen Grundbesitzes der öffentlichen Hand, spielte bis in das 19. Jh. eine bedeutende Rolle.

Das Mittelalter war durch S.-Privilegien für Kirche und Adel geprägt. Die Einführung von Verbrauch-S.n, auch Akzise genannt, z. B. S.n auf Salz, ermöglichte diese Privilegien zu umgehen. Verbreitet waren zudem Zölle in Form von Wege- oder Brückenzöllen, die Gebührencharakter hatten. Daneben wurden Umsatz-S.n in Form einer Torakzise oder Markt-S. sowie Vermögen-S.n erhoben. Neben weltlichen gab es auch kirchliche Abgaben. Eine wichtige Einnahmequelle waren *Regalien* (königliche Vorrechte). Hierzu gehörte das Münzregal, das Zollregal und das Judenschutzregal, d. h. der Verkauf von Schutzbriefen an Juden, welche diese von anderen S.n befreite.

Im 18. Jh. nahmen zwei ↑Revolutionen ihren Anfang in der S.-Politik. Die amerikanischen Siedler wandten sich gegen die britische Tee-S. und verlangten „No taxation without representation" (Camden 1768: 89). Der S.-Protest kumulierte in der Boston Tea Party und endete in der amerikanischen Unabhängigkeitserklärung (1776). Wenige Jahre später (1789) rief der französische König die Generalstände ein, um die Zustimmung zu S.-Erhöhungen zu erlangen. Der Streit um die S.-Privilegien von Kirche und Adel führte zum Generalstreik des Dritten Standes und zum Ende des *Ancien Régime* (↑Französische Revolution). Erste Grundsätze der Besteuerung wurden von Adam Smith formuliert, der eine Gleichmäßigkeit, Bestimmtheit, Bequemlichkeit und Billigkeit der Besteuerung forderte.

Ausgehend von Großbritannien wurden im 19. Jh. moderne Einkommen-S.n eingeführt. Die Idee der Äquivalenz der Besteuerung wurde allmählich durch das Leistungsfähigkeitsprinzip verdrängt. Nach dem Zweiten Weltkrieg führte die europäische Einigung zu einem Wegfall von Zöllen im ↑Europäischen Binnenmarkt, zu einer Reduzierung von ↑Verbrauch-S.n und einer Einführung einer harmonisierten Netto-Allphasen-Umsatz-S. Bei dieser wird die ↑Umsatz-S. (USt) von jedem Glied der Wertschöpfungskette abgerechnet, bis zum finalen Verkauf an den Konsumenten jedoch kann sich das jeweilige Unternehmen die geleistete S.-Zahlung als Vor-S. vom Finanzamt zurückerstatten lassen, sodass im Endeffekt nach den Vorstellungen des Gesetzgebers nur der Konsument die S. zahlt. ↑Einkommen-S. (ESt) und USt sind heute die wichtigsten Finanzquellen des Staates. Von geringer Bedeutung sind dagegen Finanzmonopole.

Insb. die ↑Körperschaft-S. (KSt) ist in den letzten beiden Jahrzehnten durch einen scharfen, internationalen S.-Wettbewerb gekennzeichnet, der zu einem Absenken der gesetzlichen S.-Sätze geführt hat. Manche Staaten versuchen das S.-Aufkommen durch Ausweitungen der Bemessungsgrundlage zu sichern.

### 3.2 Heutiges Steuersystem

Wie alle modernen Staaten erhebt Deutschland eine Vielzahl von S.n. Im deutschen föderalen System (↑Föderalismus) gibt es S.n auf Bundesebene (z. B. Zölle, Energie-S.), Landesebene (z. B. ↑Erbschaft-S.) und Gemeindeebene (z. B. GewSt); wichtige S.n (ESt, KSt, USt) sind als Gemeinschafts-S.n ausgestaltet, deren Aufkommen sich Bund und Länder teilen. Bei einigen S.n besteht eine Identität zwischen S.-Schuldner und S.-Destinatar. Beispiele für solche direkten S.n sind die S.n auf Einkommen. Als indirekte S.n werden Abgaben bezeichnet, bei denen der S.-Schuldner und S.-Destinatar nicht identisch sind, d. h. bei denen der Gesetzgeber von einer Überwälzung der S. auf einen Dritten ausgeht. Direkte S.n können in Subjekt- und Objekt-S. eingeteilt werden. Bei den Subjekt-S.n spielt die persönliche Leistungsfähigkeit des S.-Schuldners eine Rolle (z. B. ESt), bei den Objekt- oder Real-S.n hingegen nicht (z. B. ↑Grund-S.). Man kann S.n des Weiteren danach klassifizieren, ob sie im Zusammenhang mit einer Wertschöpfung (Verbrauch-S.n), Besitzwerten (Besitz-S.n) oder mit Rechts- bzw. Realakten (↑Verkehr-S.n) stehen.

Im Rahmen der OECD wird diskutiert, wie S.n in einer digitalen Wirtschaft erhoben werden können. Dies erscheint notwendig, da die Wertschöpfung dieser wachsenden Branche größtenteils nicht an physische Orte gebunden ist und damit S.-Vermeidung seitens dieser Firmen begünstigt wird, bspw. durch das Verschieben von immateriellen Vermögensgegenständen in S.-Oasen. Digital-S.n, welche digitale Unternehmen stärker zu einer S. heranziehen sollen, können ihrem Charakter nach USt oder Ertrag-S.n sein. Letzteres erfordert die Anknüpfungspunkte der beschränkten S.-Pflicht auszuweiten und digitale Betriebsstätten einzuführen.

Die ↑Finanzverfassung des ↑GG regelt die Gesetzgebungshoheit (Art. 105), Ertragshoheit (Art. 106) und die Verwaltungshoheit (Art. 108). Art. 109 bis 115 GG enthalten die Bestimmungen für die Haushaltswirtschaft von Bund und Ländern. Hierzu gehört die Schuldenbremse, welche 2009 verabschiedet wurde und die strukturelle, nicht konjunkturabhängige Nettokreditaufnahme von Bund und Ländern begrenzt.

Als Alternative zu den historisch gewachsenen S.-Rechtsordnungen werden rationale S.-Systeme diskutiert, insb. solche, die auf einer einzigen S. beruhen. Die Idee der Allein-S. sieht sich allerdings mit dem Problem eines resultierenden hohen S.-Widerstandes konfrontiert, welches die Ergiebigkeit der S. einschränkt, und erlaubt nicht eine der Leistungsfähigkeit entspr.e Verteilung der S.-Last. Ein effizientes S.-System will die Optimal-S.-Theorie entwickeln. Eine allg.e Besteuerung der Wertschöpfung, welche Güter gleich belastet und nach der persönlichen Leistungsfähigkeit differenziert, wäre effizient, weil sie Substitutionseffekte vermeidet, wenn der Staat die Fähigkeit Arbeitseinkommen zu erzielen beobachten könnte. Kann sich der Zensit der S. durch mehr Freizeit entziehen, bleiben nur second-best Lösungen, um im Rahmen der gegebenen Verzerrung eine bestmögliche ↑Allokation zu erreichen. Optimal ist dann eine S., die freizeitkomplementäre Güter stärker belastet. Wichtigstes Ergebnis der Überlegungen zu einem effizienten S.-System ist, dass S.n auf Zwischenerzeugnisse (Produktions-S.n) in keinem Fall optimal sind, da sie in jedem Fall verzerren. Dies ist die ökonomische Begründung für die Notwendigkeit des einkommensteuerlichen Nettoprinzips, nach dem nur Nettoeinnahmen versteuert werden dürfen und des Vorsteuerabzugs bei der USt.

#### 3.3 Steuertechnik

Unter S.-Technik wird die Gesamtheit der juristischen, administrativen und organisatorischen Maßnahmen verstanden, die zur Umsetzung einer S.-Idee oder eines steuerpolitischen Ziels erforderlich sind. Die praktizierte S.-Technik hängt vom Stand der Wirtschaftsentwicklung ab. Sie umfasst die S.-Gesetzgebung, die S.-Verwaltung und die S.-Kontrolle.

Die S.-Gesetzgebung muss zunächst den Tatbestand der S. genau festlegen. Der Tatbestand kann an die Einkommensentstehung, das Vermögen oder die Einkommensverwendung anknüpfen. S.-Gesetze müssen den S.-Pflichtigen, die Bemessungsgrundlage und den S.-Tarif bestimmen. Mit der S.-Pflicht wird auch der Umfang der Besteuerung gegenüber dem Ausland festgelegt. Bei der Bemessungsgrundlage lässt sich historisch eine Entwicklung von einfachen Anknüpfungspunkten und Soll-Ertrag-S.n hin zu komplexeren Konzeptionen und Ist-Ertrag-S.n beobachten. Ähnliches gilt bei den Verbrauch-S.n, die früher häufig an einfache Sachverhalte wie Anbauflächen anknüpften und heute als Mengen- oder Wert-S.n ausgestaltet sind. Wichtige Anknüpfungspunkte sind heutzutage das Einkommen (z. B. ESt, KSt und GewSt), der Umsatz oder unentgeltliche Vermögenstransfers (Erbschaft- und Schenkung-S.). Das S.-Recht kennt proportionale (KSt) und progressive Tarife (ESt) sowie Stufentarife (Erbschaft-S.). Zur Charakterisierung des Tarifverlaufs ist zwischen Grenz- und Durchschnittssteuersatz zu unterscheiden, wobei bei ersterem die Besteuerung der letzten Einheit und bei letzterem die mittlere Besteuerung des gesamten Betrags erfasst wird.

Die deutsche S.-Verwaltung ist in eine Bundes- und Landesverwaltung aufgeteilt. Die S.-Erhebung erfolgt z. T. durch Veranlagung und z. T. durch Abzug an der Quelle (Lohn-S., Kapitalertrag-S.). Die S.-Verwaltung ist für die Erhebung der S.n zuständig; ihr Handeln unterliegt der gerichtlichen Kontrolle, die in Deutschland zweistufig ausgestaltet ist (Finanzgerichte, BFH). Wichtige Instrumente der S.-Kontrolle sind die Außenprüfung, Mitteilungen anderer Behörden und der Informationsaustausch mit ausländischen Finanzbehörden. Die S.-Fahndung dient der Aufdeckung von ↑Ordnungswidrigkeiten und S.-Straftaten.

## 4. Steuergestaltung

#### 4.1 Betriebliche Steuerplanung

Lenkungs-S.n und die mit einem komplexen ↑S.-Recht unweigerlich verbundene fehlende Entscheidungsneutralität des S.-Rechts führen dazu, dass die Zensiten, insb. ↑Unternehmen, S.n bei ihren wirtschaftlichen Entscheidungen und Dispositionen berücksichtigen, also S.-Planung betreiben. Im Unternehmensbereich beeinflussen S.n insb. die Rechtsform- und Standortwahl sowie Investitions- und Finanzierungsentscheidungen. Empirische Untersuchungen zeigen, dass es einigen Unternehmen gelingt, auch langfristig niedrige S.-Quoten zu erreichen. Umstritten ist, ob alle Formen der legalen S.-Planung zugl. legitim sind; ↑Politik und ↑Medien bestreiten dies zunehmend. ↑Internationale Organisationen wie die ↑OECD, die ↑EU und der Gesetzgeber versuchen unerwünschte S.-Planung durch vielfältige Missbrauchsvorschriften einzudämmen.

Die betriebswirtschaftliche Forschung beschäftigt sich mit der Messung von S.-Planungsaktivitäten von Unternehmen, den Determinanten von S.-Aggressivität, also dem Ausmaß an S.-Vermeidung, und ihren Konsequenzen. Der Einfluss von einzelnen Managern, von Vergütungsverträgen, von Eigentümerstrukturen, von Abschlussprüfern, der Unternehmensverfassung, der Betriebsprüfung und anderer Agency-Beziehungen sind vielfältig untersucht worden. Kosten der Implementierung von S.-Gestaltungen werden durch die Unternehmensgröße, die Internationalität der Unternehmensaktivitäten, die Branche, die Unternehmensstrategie oder auch Finanzierungsrestriktionen beeinflusst. Daneben dämmen Risiken wie Reputationsverluste oder Rechtsstreitigkeiten mit der Finanzverwaltung S.-Planungsaktivitäten ein. Ganz allg. hängt der Umfang der S.-Planungsaktivitäten von steuerlichen und nichtsteuerlichen ↑Kosten ab. Zu den nichtsteuerlichen Kosten gehören z. B. Folgen von S.-Gestaltungen für den Gewinnausweis in der der Handelsbilanz oder für die Marktkapitalisierung an der Börse. Führen S.-Gestaltungen zu komplexen Unternehmensstrukturen, die Prinzipal-Agenten-Beziehungen negativ beeinflussen, ist es denkbar, dass Eigenkapitalgeber dies am Kapitalmarkt berücksichtigen.

S.-Planungsentscheidungen müssen Preiswirkungen von S.n berücksichtigen. Werden bestimmte Investitionen steuerlich gefördert, z. B. die Sanierung denkmalgeschützter Häuser, kann der Preis solcher Objekte steigen mit der Folge, dass ein Teil des S.-Vorteils von einem Veräußerer eines sanierungsbedürftigen Objekts realisiert wird. Die Wirkungen von S.n auf Vermögenspreise werden auch als implizite S.n bezeichnet.

#### 4.2 Steuerwirkungen und Steuerüberwälzung

Wird eine S. als deutlich belastend wahrgenommen, kann der Zensit durch sachliche, räumliche oder zeitliche Substitution reagieren. Beispiele für solche Substitutionen sind der Erwerb weniger belasteter Konsumgüter, die Umschichtung auf weniger belastete Einkunftsquellen, die steueroptimale Rechtsformwahl, die Verlagerung von betrieblichen Standorten oder Einkünften in eine niedriger besteuernde Jurisdiktion und das temporäre Verschieben von Konsum- und Investitionsentscheidungen.

Weiterhin haben S.n Einkommenswirkungen, welche bei Unternehmen die Investitionstätigkeit ändern und die bei privaten Haushalten zu einer Reduzierung des Arbeitsangebots führen können.

S.-Zahler können auf eine S. auch mit dem Versuch reagieren, die S. auf andere Marktteilnehmer zu überwälzen. Ob eine solche Überwälzung gelingen kann, hängt von der Art der S., der Marktform, der Marktmacht des S.-Zahlers sowie der Angebots- und Nachfrageelastizität ab. Die vom Gesetzgeber unterstellte Überwälzungsmöglichkeit im Hinblick auf die USt muss also nicht immer gegeben sein. Ebenso kann eine Gewinn-S. wie die KSt, welche die Eigenkapitalgeber belasten soll, evtl. teilweise auf Arbeitnehmer überwälzt werden.

### Literatur

J. Rawls: Eine Theorie der Gerechtigkeit, [21]2019 • M. Jachmann-Michel: Der Schutz des Steuerpflichtigen durch Freiheitsrechte und Gleichheitssatz – zu P. Kirchhof, StuW 2018, 1, in: StuW 95/1 (2018), 6–8 • P. Kirchhof: Der Schutz des Steuerpflichtigen durch Freiheitsrechte und Gleichheitssatz – zu M. Jachmann-Michel, StuW 2017, 209 ff., in: StuW 95/1 (2018), 1–5 • J. Wilde/R. Wilson: Perspectives on Corporate Tax Planning: Observations From the Past Decade, in: JATA 40/2 (2018), 63–81 • C. Blankart: Öffentliche Finanzen in der Demokratie, 2017 • S. Dyreng/M. Hanlon/E. Maydew: Changes in Corporate Effective Tax Rates Over the Last 25 Years, in: JFE 124/3 (2017), 441–463 • M. Jachmann-Michel: Die Freiheit vor dem Steuergesetz im Rechtsstaat – Anknüpfend an P. Kirchhof, StuW 2017, 3 ff., in: StuW 94/3 (2017), 209–216 • P. Kirchhof: Die Gleichheit vor dem Steuergesetz – Maßstab und Missverständnisse, in: StuW 94/1 (2017), 3–16 • C. Watrin/M. Thomsen: Steuerstrategien deutscher Konzerne – die OECD als Retter?, in: StuW 93/1 (2016), 3–14 • M. Scholes/u. a.: Taxes and Business Strategy, 2015 • J. Gallemore/E. Maydew/J. Thornock: The Reputational Costs of Tax Avoidance, in: CAR 31/4 (2014), 1103–1133 • C. Watrin/N. Ebert/M. Thomsen: Book-Tax Conformity and Earnings Management: Insights From European One- and Two-Book Systems, in: JATA 36/2 (2014), 55–89 • C. Armstrong/J. Blouin/D. Larcker: The Incentives for Tax Planning, in: JoAE 53/1–2 (2012), 391–411 • G. Rose/C. Watrin: AO, 2012 • S. Chen u. a.: Are Family Firms More Tax Aggressive Than Non-Family Firms?, in: JFE 95/1 (2010), 41–61 • S. Dyreng/M. Hanlon/E. Maydew: The Effects of Executives on Corporate Tax Avoidance, in: ACCR 85/4 (2010), 1163–1189 • M. Hanlon/S. Heitzmann: A Review of Tax Research, in: JoAE 50/2–3 (2010), 127–178 • S. Homburg: Allgemeine Steuerlehre, 2010 • M. Hanlon/J. Slemrod: What Does Tax Aggressiveness Signal? Evidence From Stock Price Reactions to News About Tax Shelter Involvement, in: J. Publ. Econ. 93/1–2 (2009), 136–141 • S. Dyreng/M. Hanlon/E. Maydew: Long-Run Corporate Tax Avoidance, in: ACCR 83/1 (2008), 61–82 • D. Schneider: Steuerlast und Steuerwirkung. Einführung in die Betriebswirtschaftliche Steuerlehre, 2002 • D. Shackelford/T. Shevlin: Empirical Tax Research in Accounting, in: JoAE 31/1–3 (2001), 321–387 • G. Adams: For Good and Evil. The Impact of Taxes on the Course of Civilization, 1993 • G. Schmölders/K.-H. Hansmeyer: Allgemeine Steuerlehre, 1980 • A. Smith, The Wealth of Nations, 1776 • C. P. Camden: Speech of Lord Camden, in: London Magazine Or, Gentleman's Monthly Intelligencer, Bd. 37, 1768, 88 f.

CHRISTOPH WATRIN

# Steuermoral

I. Wirtschaftswissenschaftlich – II. Sozialethisch

## I. Wirtschaftswissenschaftlich

### 1. Definition und Vorgehensweise

In Anlehnung an häufig vertretene Moralverständnisse wird hier S. als Regelungssystem für Steuerpflichtige definiert, das festlegt, welche ihrer Handlungen als richtig und welche als falsch gelten. So verstanden wirft S. nicht zuletzt die im Folgenden diskutierten Fragen auf: *a)* Welches S.-Verständnis wird in einer Gesellschaft (hier bezogen auf Deutschland) vertreten? *b)* Lassen sich für eine Handlungsregel „S." Gründe anführen? *c)* Wie kann eine solche Handlungsregel in einer Gesellschaft umgesetzt werden?

### 2. Steuermoralverständnis in Deutschland

Empirische Studien stellen heraus, dass in Deutschland mit großer Mehrheit Steuerhinterziehung (↑Steuerstrafrecht) als unmoralisch abgelehnt und nicht nur als Kavaliersdelikt wahrgenommen wird. Karsten Witt vertritt die These, der Common Sense verstehe auch aggressive Steuergestaltung, also das gezielte Ausnutzen gesetzlicher Regelungslücken insb. im grenzüberschreitenden Kontext, als unmoralisch. In den Wirtschaftswissenschaften wird jedoch teilweise die These vertreten, aggressive Steuergestaltung sei nicht nur legal, sondern legitim. Vereinzelt wird sogar vorgetragen, Steuerhinterziehung sei zwar nicht legal, aber auch nicht unmoralisch.

### 3. Begründung einer Handlungsregel „Steuermoral"

Für eine Pflicht zur Steuerzahlung spricht, dass diese als Teil eines (fiktiven) ↑Gesellschaftsvertrages verstanden werden kann, in dem die Gesellschaftsmitglieder vereinbart haben, öffentliche Güter zur Verfügung zu stellen und diese durch ↑Steuern zu finanzieren. So interpretiert ist die Verpflichtung zur Steuerzahlung eine Verpflichtung der Gesellschaftsmitglieder untereinander und eine Konkretisierung der Handlungsregel *pacta sunt servanda*. Gleichzeitig besteht eine Anfälligkeit zur Steuerhinterziehung oder aggressiven Steuergestaltung, weil Steuerpflichtige öffentliche Güter unabhängig von ihrer eigenen Steuerzahlung als Trittbrettfahrer nutzen können. Wenn in größerem Umfang Gesellschaftsmitglieder ihrer Verpflichtung nicht nachkommen, hat dies Auswirkungen auf das Steueraufkommen und damit auf das Angebot öffentlicher Güter. Dem soll § 370 AO entgegenwirken, der Steuerhinterziehung als Straftat sanktioniert. Allerdings sind gesetzliche Regelungen immer unvollständig. Außerdem wird unter Unsicherheit und ungleich verteiltem Wissen nicht jede Steuerhinterziehung aufgedeckt. Für eine Handlungsregel „Steuerhinterziehung ist unmoralisch" spricht, dass sie Steuerhinterziehung verringert, wenn moralisch handelnde

Personen vor dem damit verbundenen Unrechtsurteil und nicht moralisch handelnde Personen vor möglichen Reputationsverlusten zurückschrecken. S. auch auf die moralische Ablehnung aggressiver Steuergestaltung zu beziehen, lässt sich damit stützen, dass nach dem u. a. im deutschen ↑Steuerrecht enthaltenen Grundsatz der Gleichmäßigkeit der Besteuerung Gleiches gleich und Ungleiches ungleich besteuert werden soll. Steuerrechtsordnungen, die dem Grundsatz der Gleichmäßigkeit der Besteuerung folgen, also den Grundsatz der Gleichheit vor dem Gesetz auf das Steuerrecht anwenden, müssten aggressive Steuergestaltung verhindern. Weil jedoch aggressive Steuergestaltung durch gesetzliche Handlungsregeln allein nicht vermieden werden kann, spricht dies für eine außergesetzliche Handlungsregel „aggressive Steuergestaltung ist unmoralisch".

#### 4. Realisierbarkeit einer Handlungsregel „Steuermoral"

Hält man eine Handlungsregel „S." für begründet, stellt sich die Frage, wie erreicht werden kann, dass Individuen und ↑Unternehmen steuermoralisch handeln. Nach hier zugrunde gelegter Handlungshypothese haben Individuen beschränktes Wissen. Sie handeln subjektiv rational, d. h. sie versuchen, aus ihrer Sicht sinnvolle Ziele mit aus ihrer Sicht sinnvollen Mitteln zu erreichen. Welche Ziele und Mittel Individuen als begründet ansehen, wird durch gesellschaftlich vermittelte Erfahrungen beeinflusst. Anders als die Hypothese, dass Individuen die unmoralische Steuernichtzahlung allein von dem zu erzielenden Vorteil hieraus und der zu erwartenden ↑Sanktion abhängig machen, kann diese Handlungshypothese die Resultate empirischer Studien erklären, denen zufolge soziale ↑Normen, ↑Moral oder Fairness das Handeln von Individuen im Hinblick auf Steuern beeinflussen. Die S.-Forschung stellt heraus, dass dieses Handeln auch dadurch beeinflusst wird, ob Steuerpflichtige das Steuersystem als gerecht wahrnehmen oder ob sie den Eindruck einer sinnvollen Verwendung von Steuergeldern haben. Steuermoralisches Handeln könnte demzufolge durch entspr.es gesetzgeberisches und exekutives Handeln (z. B. durch ein als fair wahrgenommenes Steuerrecht) realisiert werden. Allerdings reichen diese Maßnahmen nicht aus, wenn man bedenkt, dass teilweise auch Angehörige von Berufsgruppen mit hoher gesellschaftlicher Akzeptanz (z. B. Steuerberater, Wirtschaftsprüfer) zu Steuervermeidung beitragen. Gesichert wird diese gesellschaftliche Akzeptanz durch finanzielle Macht, Kooperationen mit mächtigen Personen und Legitimation durch Berufsethik.

Im Hinblick auf das Handeln von Unternehmen legt dieser Beitrag die Hypothese zugrunde, dass Manager die Interessen ressourcenmächtiger Stakeholder berücksichtigen, die Ressourcen (Reputation, physische Ressourcen etc.) besitzen, die das betrachtete Unternehmen benötigt und gegenüber dem sich das betrachtete Unternehmen als ressourcenabhängig wahrnimmt. Ob Unternehmen steuermoralisch oder steuerunmoralisch handeln, hängt davon ab, was ressourcenmächtige Stakeholder fordern.

S. lässt sich also nur etablieren oder aufrechterhalten, wenn sie durch ↑Institutionen abgesichert wird, die (auch) solche Mechanismen der ↑Macht berücksichtigen und versuchen, asymmetrischer Machtverteilung entgegenzuwirken.

#### Literatur

W. Nienhüser/U. Schmiel (Hg.): Steuern und Gesellschaft, 2017 • K. Mause: Der Steuerstaat aus Bürgersicht, in: ebd., 127–156 • S. Ötsch: Zwischen gesellschaftlichem Ansehen und organisierter Kriminalität. Berufstätigkeit im Bereich der Steuerflucht und -vermeidung, in: ebd., 265–314 • K. Witt: Aggressive Steuergestaltung: legal, nicht legitim, in: ebd., 239–264 • H. Kahle/M. Wildermuth: BEPS und aggressive Steuerplanung, in: Ubg 7 (2013), 405–468 • U. Schmiel: Warum Steuermoral? Zur Explikation, Relevanz und Vorteilhaftigkeit von Steuermoral, in: ZfB 82/6 (2012), 59–79 • J. Alm/B. Torgler: Do Ethics Matter? Tax Compliance and Morality, in: Journal of Business Ethics 101/4 (2011), 635–651 • M. Aßländer: Grundlagen der Wirtschafts- und Unternehmensethik, 2011 • E. Schöbel: Steuerehrlichkeit, 2008 • J. Pfeffer/G. R. Salancik: The External Control of Organizations. A Resource Dependence Perspective, 2003 • D. Schneider: Steuervermeidung – ein Kavaliersdelikt?, in: DB 50/10 (1997), 485–490 • P. Bourdieu/L. J. D. Wacquant: An Invitation to Reflexive Sociology, 1992 • M. G. Allingham/A. Sandmo: Income Tax Evasion, in: J. Publ. Econ. 1/3–4 (1972), 323–338.

UTE SCHMIEL

### II. Sozialethisch

S. verlangt ein verantwortliches Setzen und Durchsetzen von ↑Steuerrecht und eine Rechtstreue des Steuerpflichtigen gegenüber dem Steuergesetz, enthält aber auch einen bes.n Appell persönlicher Verantwortlichkeit gegenüber dem ↑Steuerstaat. Dieser außerrechtliche Impuls ist notwendig, weil das Steuerrecht nicht – wie üblicherweise eine ↑Norm – auf die Normalität der Lebensgestaltung trifft, sondern den bewusst organisierten, um Steuervermeidung bemühten Grenzfall zu bewältigen hat. Die Steuerbürger wehren sich nicht mehr gegen eine übermäßige oder ungleichmäßige Steuerlast durch den Gesetzgeber, sondern suchen sich durch geschickte Präsentation des steuererheblichen Sachverhalts im Reichtum als arm darzustellen, dadurch ↑Steuern zu vermeiden und so eine individuell akzeptable Steuerlast zu erreichen.

Die S. fordert vom Steuergesetzgeber eine disziplinierte Bemessung des Besteuerungsbedarfs, die Entwicklung einsichtiger, vernünftiger Belastungsgründe für die einzelnen Steuern (auf das Einkommen [↑Einkommensteuer], die umgesetzte Kaufkraft [↑Umsatzsteuer], die empfangene Erbschaft [↑Erbschaftsteuer]), eine maßvolle und gleichmäßige Steuerlast, die folgerichtige Verwirklichung des so begründeten Leitgedankens einer Steuer in Steuergegenstand und Bemessungsgrundlage, Steuerschuldner und Steuerträger. Die S. streitet für einen Steuerstaat, der seine Aufgaben freiheitsbewusst definiert, die ihm anvertrauten Steuergelder ordnungsgemäß und sparsam verwaltet. Einfachheit, Verständlichkeit und Planbarkeit der Steuergesetze schaffen ein allg.es Rechtsbewusstsein und stärken die S.

Genügt der Steuerstaat diesen Anforderungen der Verfassungsgemäßheit und Mindestmoral, wird die S. für den Steuerpflichtigen zu einem kategorischen Imperativ. Selbstverständlich darf jeder Steuerpflichtige seinen Sachverhalt mit Blick auf das Steuergesetz so darstellen, dass er möglichst wenig Steuern schuldet. Doch wenn er in der rechtlichen Gestaltung eines steuerbegründenden Sachverhalts sein Einkommen, seinen Umsatz, seine Erbschaft so unkenntlich macht, dass seine Leistungsfähigkeit geringer erscheint als tatsächlich erreicht, wendet sich die S. gegen die formale Gestaltung und Bemäntelung des Sachverhalts, auch wenn der Text des Gesetzes an Schwächen, das System an Widersprüchen leidet.

Die Gestaltungsmöglichkeiten sind vielfältig. Für die Steuerlast ist erheblich, ob ein Wirtschaftsgut für den Beruf oder für das Privatleben eingesetzt wird, ob eine betriebliche Anschaffung eigen- oder fremdfinanziert ist, ob Steuersubjekt der Mensch, eine Personengesellschaft oder eine Kapitalgesellschaft ist. Die Bewertung von Wirtschaftsgütern muss in ihrer Höhe und in ihrem Abnutzungswert dargestellt und geschätzt werden. Steuererhebliche Entscheidungen kann der Steuerpflichtige auch treffen, wenn er den Leistungsaustausch zwischen ↑Unternehmen und seinen Gesellschaftern, Art und Umfang des dem Unternehmen gewidmeten Vermögens, Ausschüttung und Thesaurierung von Gewinnen regelt. Oft wird der Steuerpflichtige die Steuerlast in die Zukunft verschieben wollen. Lenkungssteuern bieten bewusst Steuervorteile bei staatlich erwünschtem Wohlverhalten. Geläufig sind Formalakte, die wirtschaftliche Erfolge in ein Niedrigsteuerland verlagern. Auch demokratische ↑Rechtsstaaten – innerhalb und außerhalb der EU – laden durch Steueranreize zu derartigen Gestaltungen ein.

Der Steuergesetzgeber versucht, gleichheitswidrigen Gestaltungen durch detaillierte Gegenregeln zu begegnen, lädt damit aber zu neuen Gestaltungen ein. Das auf Transparenz und Debatte angelegte Gesetzgebungsverfahren ist langsamer als die kurzfristig mögliche Vertragsgestaltung. Zudem haben die Vertragsgestalter Einfluss auf den Gesetzgeber.

Die „Steueroptimierung“ verfremdet Recht, sucht Steuerungleichheit als „Einzelfallgerechtigkeit“ darzustellen, macht so Erforderlichkeit und Inhalt einer dem Steuerwesen gewidmeten ↑Moral ersichtlich. Vernunft wird in der Gemeinschaft der Menschen ausgeübt. Einsicht weckt Verständnis für den Finanzbedarf des ↑Staates. Selbstreflexion stärkt die Verantwortlichkeit für das eigene Verhalten und seine Wirkungen auf ↑Gerechtigkeit und Reputation. Früher bekundete der Steuerpflichtige, seine Erklärung „nach bestem Wissen und Gewissen“ abgegeben zu haben.

S. trägt Sachlichkeit und eine Kultur des Maßes in die Steuerpolitik, gibt Finanzbeamten und Steuerberatern den Gleichheitsmaßstab einer unausweichlichen Steuer, prägt das allg.e Rechtsbewusstsein und den Bürgerstolz, die Ehrbarkeit im Steuerwesen.

### Literatur

M. Droege/C. Seiler (Hg.): Eigenständigkeit des Steuerrechts, 2019 • O. Höffe: Steuer-Moral?, in: ebd., 1–18 • P. Kirchhof: Das Verfassungsrecht – Auftrag und Grenze staatlicher Besteuerungsgewalt, in: ebd., 79–94 • S. Mühlbacher/M. Zieser: Die Psychologie des Steuerzahlens, 2018 • D. Birk: Steuermoral, Steuerkultur und Rückwirkung von Steuergesetzen, in: R. Mellinghoff/W. Schön/H.-U. Viskorf (Hg.): Steuerrecht im Rechtsstaat, 2011, 13–28 • K. Tipke: Besteuerungsmoral und Steuermoral, 2000, 7–107 • D. Schmidtchen: Vom nichtmarginalen Charakter der Steuermoral, in: C. Smekal/E. Theurl (Hg.): Stand und Entwicklung der Finanzpsychologie, 1994, 185–211 • G. Schmölders: Das Irrationale in der öffentlichen Finanzwirtschaft, 1960.

PAUL KIRCHHOF

## Steuerrecht

### 1. Das Steuerstaatsprinzip

#### 1.1 Die Steuer als Gemeinlast

Der Staat des GG ist ↑Steuerstaat, wählt mithin die ↑Steuer als Regelinstrument der Staatsfinanzierung (Steuerstaatsprinzip). Das ↑GG setzt den Begriff der Steuer in Art. 105 ff. GG voraus und legt dabei das gleiche Verständnis zugrunde, das auch in der einfachrechtlichen Legaldefinition des § 3 Abs. 1 AO zum Ausdruck kommt. Als ausschlaggebendes Begriffs- und zugl. Abgrenzungsmerkmal zu anderen hoheitlich auferlegten Zahlungspflichten, namentlich zur entgeltenden ↑Abgabe (Gebühr oder Beitrag), dient jeweils ihre Unabhängigkeit von einer konkreten Gegenleistung. An die Stelle einer konkret-individuellen Äquivalenz von Lasten und Nutzen tritt auf diese Weise eine Globaläquivalenz, bei der die Steuer als voraussetzungslose Gemeinlast von allen Bürgern zur Finanzierung grundsätzlich aller ↑Staatsaufgaben entrichtet wird. Herkunft und Verwendung staatlicher Mittel sind rechtlich streng getrennt.

#### 1.2 Teilhabe am Erfolg privaten Wirtschaftens

Die Steuer ist mithin von konkreten Sachzwecken entbunden. Diese Weichenstellung trägt einer verfassungsrechtlich vorausgesetzten Unterscheidung von freiheitsverpflichtetem ↑Staat und freiheitsberechtigter ↑Gesellschaft Rechnung, die jede Besteuerung als staatliches Abschöpfen nichtstaatlich erwirtschafteten Wohlstandes zu erkennen gibt. Steuer und wirtschaftliche ↑Freiheit stehen dabei in einem dialektischen Zusammenhang: Der Verfassungsstaat finanziert sich regelmäßig nicht durch eigenes Wirtschaften, sondern belässt den Erwerb und seine ökonomischen Grundlagen prinzipiell in der Hand seiner Bürger (Art. 2 Abs. 1, 12 und 14 GG). Als Repräsentant der Allgemeinheit beansprucht er aber im Gegenzug eine Teilhabe am Erfolg ihres privaten Wirtschaftens, weil dieser Markterfolg als Produkt eigener, aber zugl. sozial eingebundener Leistung Privatnützigkeit und Sozialpflichtigkeit in sich vereint. Die Steuer erweist sich so als „Preis der Freiheit" (Kirchhof 2007: § 118).

### 1.3 Bedeutung im Verfassungsgefüge

Das finanzverfassungsrechtliche Steuerstaatsprinzip übernimmt eine Ermöglichungs- und Schutzfunktion für andere Grundprinzipien der ↑Verfassung, die im gedachten Gegenüber zur staatlichen Kollektivwirtschaft wie zum „Gebührenstaat" deutlich hervortritt. So achtet das Steuerstaatsprinzip in der Distanz von Finanzier und Finanziertem die ökonomische Freiheit seiner Bürger, erlaubt einen gleichheitsgerechten, an der individuellen Leistungsfähigkeit ausgerichteten Maßstab ihrer Inanspruchnahme zur Staatsfinanzierung, eröffnet mit der parlamentarischen Dispositionsbefugnis über haushaltsrechtlich nicht vorgebundene Finanzmittel demokratische Gestaltungsmacht und ermöglicht nach Sachkriterien zugeschnittene, auch sozialstaatlich umverteilende Staatsleistungen (↑Sozialstaat).

Der moderne Gesetzgeber setzt die Besteuerung allerdings neben ihrer Finanzierungsfunktion häufig zugl. zu gesellschaftspolitischen (Lenkungs-)Zwecken (↑Gesellschaftspolitik) ein, etwa indem er die Bürger durch steuerliche Anreize zu einem umweltpolitisch erwünschten Verhalten anregt. Er zahlt hierfür jedoch den Preis einer intransparenten Vermengung widerstreitender fiskalischer und sachgesetzlicher Rationalitäten und Interessen sowie – im Fall des Abzugs der Fördersumme von der Bemessungsgrundlage einer progressiv ausgestalteten Steuer – einer leistungsfähigkeitsabhängig ungleichen Förderung an sich gleichwertiger Zweckbefolgungen.

## 2. Arten der Besteuerung

### 2.1 Besteuerung vor allem der Einkommensentstehung und -verwendung

Die Besteuerungspraxis greift mit verschiedenen Steuerarten auf den Erfolg privaten Wirtschaftens zu. Z. T. belasten diese als Ertragsteuern bereits seine Entstehung, also die Erzielung von ↑Einkommen am allg.en ↑Markt (so etwa die ↑Einkommen- und die ↑Körperschaftsteuer). Hierunter fallen letztlich auch die Bestandsteuern, die nicht eine eigentumsrechtlich geschützte Substanz entziehen, sondern einen vermuteten Soll-Ertrag aus dem (potentiellen) wirtschaftlichen Einsatz der Vermögenswerte belasten sollen (so vormals die ↑Vermögen- und aktuell die ↑Grundsteuer). Andere Steuerarten setzen als ↑Verbrauch-, ↑Verkehr- oder Aufwandsteuern an der späteren Verwendung des Einkommens an (so bspw. die ↑Umsatz- als allg.e und die Energie- und Alkoholsteuern als bes. Verbrauchsteuern, die ↑Grunderwerb- als Verkehrsteuer und die Kraftfahrzeug- als Aufwandsteuer). Steuern auf die Einkommensverwendung sind häufig auf eine indirekte Belastung im Wege einer Steuerabwälzung vom Steuerschuldner auf einen wirtschaftlichen Steuerträger angelegt. So wird etwa die Umsatzsteuer vom ↑Unternehmer geschuldet, aber ökonomisch vom Verbraucher getragen.

### 2.2 Vielgestalt der Besteuerung als Erbe der Geschichte

Indes lassen sich nicht alle Steuerarten eindeutig nach der Art ihres Zugriffs auf das Steuersubstrat kategorisieren. Ihre nähere Gestalt ist oft nur historisch erklärbar (so etwa der partiell verbliebene Objektcharakter der im Kern vorkonstitutionellen ↑Gewerbesteuer) und zu nicht geringen Teilen auch schlicht einer vereinfachenden Erhebungstechnik geschuldet. Das GG nimmt dieses geschichtliche Erbe auf, akzeptiert aber grundsätzlich auch die neue Steuer, solange sie sich noch einem der tradierten Typusbegriffe des Art. 106 GG zuordnen lässt. Jenseits dieses abschließenden Katalogs zulässiger Steuerarten gewährt das GG dem Gesetzgeber jedoch kein Steuererfindungsrecht. Dort nicht dem Grunde nach anerkannte Steuern sind also verfassungswidrig (so zuletzt die Kernbrennstoffsteuer).

## 3. Rechtsquellen des Steuerrechts

### 3.1 Nationales Steuerrecht

Das S. bedarf, weil die belasteten Lebenssachverhalte aus sich heraus kaum zu erkennen geben, welche Besteuerung „gerecht" oder „zweckmäßig" wäre, stärker noch als andere Rechtsgebiete einer normativen Setzung. Das ↑Recht muss folglich Grund, Art und Maß des konkreten Steuerzugriffs definieren. Das GG hält hierzu nur wenige abstrakte Leitlinien bereit. So stellt namentlich der bereits erwähnte Art. 106 GG einen abschließenden Kanon legislativ einsetzbarer Steuertypen zur Verfügung. Ferner setzen die Freiheitsrechte einen äußeren Rahmen zulässiger Belastung, innerhalb dessen der Gleichheitssatz einen belastungsausgestaltenden Maßstab liefert. Die Hauptlast der S.s-Konkretisierung trägt jedoch das Parlamentsgesetz, das gemäß Art. 105 GG überwiegend als Bundes-, nur selten als Landesgesetz ergeht, zudem Einzelheiten der Gemeindesteuern (Erhebung von örtlichen Verbrauch- und Aufwandsteuern, Hebesätze der Grund- und Gewerbesteuer) der kommunalen Satzungsautonomie überlässt. Rechtsverordnungen ergänzen das Parlamentsgesetz im Detail untergesetzlich, Steuerrichtlinien erläutern es verwaltungsintern, die Finanzgerichte bilden es im Einzelfall, aber mit darüber hinausgehender Präjudizwirkung fort.

3.2 Internationales und Europäisches Steuerrecht

Das S. ist nach wie vor ganz überwiegend nationales Recht. Das Völkerrecht bestätigt das Besteuerungsrecht der Staaten im ↑Territorialitätsprinzip, nach dem jeder Staat grundsätzlich alle Sachverhalte mit Bezug zu seinem ↑Staatsgebiet besteuern darf. Ergänzend sollen völkerrechtliche, innerstaatlich im Gesetzesrang stehende Doppelbesteuerungsabkommen eine in der Kumulation übermäßige und volkswirtschaftlich schädliche Mehrfachbelastung grenzüberschreitender Sachverhalte vermeiden oder jedenfalls abmildern.

Eine bes., je nach Steuerart verschiedene Bedeutung hat auch das ↑Europarecht. Zwar verfügt die ↑EU über keine Kompetenzen zur Erhebung eigener Steuern. Jedoch hat sie beachtliche Teile des mitgliedstaatlichen S.s zum Zwecke der Herstellung des ↑Europäischen Binnenmarktes harmonisiert. Insb. zeichnen detaillierte EU-Richtlinien die Besteuerung der Einkommensverwendung durch Umsatzsteuer und bes. Verbrauchsteuern in weitem Umfang vor. Zudem setzen die ↑Grundfreiheiten und das Beihilferecht dem mitgliedstaatlichen Recht der Besteuerung der Einkommensentstehung punktuelle Grenzen.

## 4. Leitlinien des Steuerrechts

### 4.1 Maßstäbe der Besteuerung

Eine freiheits- und gleichheitsgerechte Besteuerung belastet die individuelle wirtschaftliche Leistungsfähigkeit. Diese ist nicht identisch mit einer bloßen Zahlungsfähigkeit, weil allein die Fähigkeit, eine Steuerforderung zu begleichen, noch nicht deren Berechtigung begründet. Vielmehr trägt gerade der Erfolg privaten Wirtschaftens eine die Teilhabe des Steuerstaates rechtfertigende Sozialpflichtigkeit in sich, an der sich Art und Maß des Steuerzugriffs messen lassen müssen. Der Gesetzgeber hat diesen für verschiedene Ausformungen offenen Maßstab im Belastungsgrund der konkret gewählten Steuerart (i. S. v. Art. 106 GG) zu entfalten und ihn sodann – in Abwägung mit anderen Gesetzeszwecken – einfachgesetzlich umzusetzen. Er hat hierbei sicherzustellen, dass das ↑Existenzminimum des Steuerpflichtigen (Art. 1 Abs. 1 GG i. V. m. dem Sozialstaatsprinzip) und seiner Familie (Art. 6 Abs. 1 GG) von jeder Besteuerung verschont bleibt (zumindest durch Grund- und Kinderfreibeträge bei der Einkommensteuer, die als Bruttobeträge die Umsatzsteuer auf existenznotwendige Güter einpreisen). Auch muss er ein Belastungsübermaß durch die einzelne Steuer oder ihre Kumulation mit anderen Steuerarten vermeiden. Ein solches Übermaß wäre jedenfalls bei einer erdrosselnden oder konfiskatorischen Wirkung anzunehmen, lässt sich aber im Übrigen nicht durch eine engere Zweck-Mittel-Relation, sondern nur im Wege einer wertenden, Art und Maß des Steuerzugriffs gewichtenden Angemessenheitsprüfung bestimmen. Sodann ist die legislativ getroffene Belastungsentscheidung gleichheitskonform zu entfalten (Art. 3 Abs. 1 GG). Der Gesetzgeber hat seine eigene Grundentscheidung deshalb folgerichtig umzusetzen, was realitätsgerechte Typisierungen und Pauschalierungen sowie sonstige Vereinfachungsregeln nicht ausschließt. Zugl. hat er die Gleichheit im Belastungserfolg durch vollzugsfähige Gesetze und sachgerechte Kontrollmöglichkeiten abzusichern. Finanzbehörden und -gerichte müssen das Gesetz schließlich im Einzelfall im Lichte der ↑Gleichheit anwenden und hierzu Normauslegung und Sachverhaltsermittlung am gesetzlich konkretisierten Maßstab wirtschaftlicher Leistungsfähigkeit ausrichten („wirtschaftliche Betrachtungsweise").

### 4.2 Demokratisch legitimierte Ausgestaltung in rechtsstaatlicher Bindung

Diese abstrakten Maßgaben belassen dem parlamentarischen Gesetzgeber weite Gestaltungsspielräume. Die Auswahl und der konkrete Zuschnitt des Besteuerungsobjekts, die nähere rechtstechnische Ausgestaltung des Steuerzugriffs und die Höhe der Steuersätze sind verfassungsrechtlich allenfalls grob vorgezeichnet.

Diese inhaltliche Offenheit lässt die allg.en rechtsstaatlichen Bindungen (↑Rechtsstaat) der S.-Setzung unberührt. Im Mittelpunkt steht an dieser Stelle der Vorbehalt des Gesetzes. Dieser hat verfassungsgeschichtlich auch eine steuerrechtliche Wurzel, wurde doch die Steuerbewilligung erst im 19. Jh. aus der periodischen Haushaltsbewilligung gelöst und in die beständigere Steuergesetzgebung überführt. Die einstmals landständische Zustimmung zum steuerlichen Eingriff in Freiheit und ↑Eigentum entwickelte sich im Laufe der Zeit zum Gesetzesvorbehalt, der heute eine legislative Beantwortung aller wesentlichen, insb. aller grundrechtsrelevanten Fragen der Steuerauflage gebietet. Die somit zu fordernde hinreichende Gesetzesdichte meint jedoch keine Überregulierung. Im Gegenteil, die aktuelle Gesetzeslage verdeutlicht in der Unübersichtlichkeit ihrer vielfältigen Detailregelungen, dass zusätzliche Gesetze allein noch keinen wirksamen Schutz des Bürgers vor über- oder ungleichmäßigen Steuerlasten versprechen.

Bes. Bedeutung erlangt im S. sodann auch das vom ↑BVerfG in jüngerer Zeit streng gehandhabte Rückwirkungsverbot, das dem Gesetzgeber grundsätzlich keine Rückgriffe auf vergangene und nur verhältnismäßige Eingriffe in noch laufende Veranlagungszeiträume gestattet.

### 4.3 Rechtstechnische Umsetzung in den Steuergesetzen

Das einfache Gesetzesrecht entfaltet die steuerrechtlichen Belastungsentscheidungen in den bewährten Strukturen allg.er und bes.r Regelungen. Generelle, für grundsätzlich alle Steuerarten geltende Vorschriften finden sich namentlich in der Abgabenordnung (AO). In ihr werden nicht zuletzt das allg.e Steuerschuldrecht (unter anderem mit übergreifenden Vorschriften zur Entstehung, zum Erlöschen und zu bestimmten Inhalten des Steuerschuldverhältnisses) und das allg.e

Steuerverfahrensrecht (u. a. mit Bestimmungen zum Steuerverwaltungsakt, zu den Mitwirkungspflichten der Steuerpflichtigen und zu den verschiedenen Verfahrensstufen) geregelt. Steuerartübergreifenden Charakter haben auch weitere Gesetze wie etwa das Bewertungsgesetz oder die Finanzgerichtsordnung.

Hinzu tritt für grundsätzlich jede Steuerart ein Einzelsteuergesetz mit bes.n Maßgaben materieller wie verfahrensrechtlicher Art (z. B. EStG, KStG, UStG etc.). In ihm werden steuerartspezifisch insb. das Steuersubjekt (Schuldner der Steuer), das Steuerobjekt (Gegenstand der Besteuerung), die Bemessungsgrundlage (Konkretisierung des Steuerobjekts zu einer bezifferbaren Rechengröße) sowie der Steuersatz (i. d. R. ein Prozentsatz der Bemessungsgrundlage) definiert und konkretisiert.

### 4.4 Verfahren als gelebte Rechtsstaatlichkeit

Die Anwendung der Steuergesetze obliegt in erster Linie der von Amts wegen tätigen Finanzverwaltung, nachvollziehend auch den Gerichten. Das Verfassungsgebot eines gesetz- und gleichmäßigen Normvollzugs spiegelt sich einfachrechtlich im Legalitätsprinzip (§ 85 AO) und im Untersuchungsgrundsatz (§ 88 AO), verbunden mit weitreichenden Mitwirkungs- (§ 90 Abs. 1 AO) und insb. Erklärungspflichten der Steuerpflichtigen. In ihrer Gesamtheit sind sie auf ein fallbezogen auszubalancierendes Verhältnis von Deklaration und Verifikation bei normativer Letztverantwortung der Finanzbehörden für den Gesetzesvollzug ausgelegt.

Dieses Verhältnis von behördlichem Normvollzug und privater Mitwirkung verschiebt sich in verschiedenen Konstellationen der Indienstnahme Privater, namentlich in Gestalt der Lohnsteuererhebung durch die Arbeitgeber. Jüngere Gesetzesreformen lassen zudem eine Tendenz zur faktischen Selbstveranlagung der Steuerbürger durch erweiterte Erklärungs- und Belegvorhaltepflichten bei gegenläufiger Beschränkung der Behördentätigkeit auf ein bloßes Risikomanagement erkennen. Diese Entwicklung soll die angesichts überkomplexer Gesetze überforderte Finanzverwaltung entlasten, erscheint aber rechtsstaatlich bedenklich, nicht zuletzt weil sie ebendiese Überforderung und damit auch das Irrtumsrisiko strafrechtlich sanktionsbewehrt auf den Bürger verlagert (↑Steuerstrafrecht).

## 5. Die Suche nach einem besseren Steuerrecht

Das geltende S. leidet an einem Übermaß an Vorschriften, deren Überkomplexität es unverständlich macht und deren Überdifferenziertheit Ungleichbehandlungen provoziert. Eine grundlegende Reform des S.s mag zwar aktuell nicht auf der politischen Tagesordnung stehen, bleibt aber gleichwohl dringend erforderlich. Sie sollte zur Vereinfachung einzelner Steuern beitragen, aber auch das noch nicht hinreichend bedachte Konkurrenzverhältnis verschiedener Steuerarten klären, die derzeit unabgestimmt mehrfach auf dieselbe Leistungsfähigkeit zugreifen.

### Literatur

C. Seiler: Verfassung in ausgewählten Teilrechtsordnungen: Konstitutionalisierung und Gegenbewegungen im Steuerrecht, VVDStRL Bd. 75 (2016), 333–372 • Ders.: Art. 106 GG, in: T. Maunz/G. Dürig: Grundgesetz-Komm., 81. Erg.-Lfg., Stand September 2017 • Ders.: Art. 105 GG, in: T. Maunz/G. Dürig: Grundgesetz-Komm., 74. Erg.-Lfg., Stand Mai 2015 • P. Kirchhof: Die Steuern, in: J. Isensee/ P. Kirchhof (Hg.): HStR, Bd. 5 [3]2007, § 118 • K. Tipke: Die Steuerrechtsordnung, Bde. 1–3, [2]2000–2012 • K. Vogel/ C. Waldhoff: vor Art. 104a, in: W. Kahl u. a. (Hg.): Bonner Komm. zum Grundgesetz, 81. ff. Aktualisierungen, 1997 f. • P. Kirchhof: Besteuerung und Eigentum, VVDStRL Bd. 39 (1981), 213–285 • J. Isensee: Steuerstaat als Staatsform, in: R. Stödter/W. Thieme (Hg.): Festschrift für H. P. Ipsen, 1977, 409–436.

CHRISTIAN SEILER

## Steuerstaat

S. ist ein ↑Staat, der seinen Finanzbedarf im Wesentlichen durch ↑Steuern deckt. Der moderne Staat ist notwendig Finanzstaat. Die Entwicklung zur Finanzstaatlichkeit war mit der Herausbildung moderner Staatlichkeit eng verbunden. Der moderne Staat ist jedoch nicht notwendig auch S., denn sein Finanzbedarf kann (theoretisch) auch anders gedeckt werden, etwa durch Teilnahme am Wirtschaftsleben. Wissenschaftlich beschrieben und in seiner Eigenart dargestellt ist der S. zuerst von Lorenz von Stein, ohne dass der Begriff selbst schon verwendet wurde. Der Begriff selbst kam um den Ersten Weltkrieg im soziologischen und nationalökonomischen Kontext auf (Rudolf Goldscheid; Max Weber; Joseph Alois Schumpeter). Bei S. und Steuerstaatlichkeit sollten drei Dimensionen auseinandergehalten werden:

*a)* Die Umschreibung der historischen Entwicklung hin zum modernen Finanz- und S.; dies wird von der Geschichtswissenschaft behandelt.

*b)* Die beschreibende Analyse der tatsächlichen Finanzierungsstruktur eines Staates hinsichtlich von Steuern, sonstigen ↑Abgaben und weiteren Einnahmeformen; es handelt sich um eine statistische, ggf. finanzwissenschaftliche Fragestellung (↑Finanzwissenschaft).

*c)* S. als normativer Begriff, d. h. als verfassungsrechtliche Kategorie.

Juristisch ist nur die letzte Bedeutungsebene von Interesse. Das ↑BVerfG geht in ständiger Rechtsprechung davon aus, dass das GG einen S. errichtet hat, obwohl Begriff und Kategorie – anders als beim ↑Rechtsstaat, ↑Bundesstaat oder ↑Sozialstaat – nicht ausdrücklich im Verfassungstext aufscheinen. Dies ergebe sich zum einen daraus, dass die ↑Finanzverfassung als einzige Abgabenart die Steuer behandele; zudem sei allein eine Staatsfinanzierung aus Steuern gleichheitsgerecht, da sie den Einzelnen in seiner individuellen wirtschaftlichen Leistungsfähigkeit erfasse; schließlich drohe bei nichtsteuerlichen Abgaben verfassungsrechtlich problematische Haushaltsflüchtigkeit (BVerfGE 55,274 [298 ff.]; 78,249 [266 f.]; 93,319 [342 f.]). Das Gericht zieht daraus die verfassungsrechtliche Schlussfolgerung, dass nichtsteuerliche Abgaben zwar prinzipiell möglich, stets jedoch in bes.r Weise rechtfertigungsbedürftig seien.

### Literatur

S. Huhnholz (Hg.): Fiskus – Verfassung – Freiheit. Politisches Denken der öffentlichen Finanzen von Hobbes bis heute, 2018 • K. Vogel: Der Finanz- und Steuerstaat, in: HStR, Bd. 2, ³2004, § 30 • U. Sacksofsky/J. Wieland (Hg.): Vom Steuerstaat zum Gebührenstaat, 2000 • J. Isensee: Steuerstaat als Staatsform, in: R. Stödter/W. Thieme (Hg.): Hamburg, Deutschland, Europa, 1977, 409–436. CHRISTIAN WALDHOFF

## Steuerstrafrecht

### 1. Begriff und Wesen des Steuerstrafrechts

S. ist der Sammelbegriff für alle Gesetze, die ↑Sanktionen wegen Zuwiderhandlungen gegen Steuergesetze androhen, einschließlich der zugehörigen Verfahrensvorschriften. Im engeren Sinne umfasst das S. in Deutschland die Strafvorschriften der §§ 369 – 376 AO, § 26c UStG, § 23 RennwLottG und die Straftatbestände der Abgabengesetze der Länder. Weniger gewichtigte Verstöße gegen die Steuergesetze stellen lediglich Steuerordnungswidrigkeiten dar (§ 377 ff. AO), die nur mit Geldbußen geahndet werden können.

Zum S. gehört auch das Zollstrafrecht, da der ↑Zoll sowie andere Einfuhr- und Ausfuhrabgaben (Art. 5 Nr. 20 und 21 UZK) ↑Steuern i. S. d. AO sind. Erfasst sind auch die von anderen EU-Mitgliedstaaten verwalteten Einfuhr- und Ausfuhrabgaben, ↑Umsatzsteuern und harmonisierten ↑Verbrauchsteuern (§ 370 Abs. 6, § 374 Abs. 4 AO).

Bei den Strafvorschriften des S.s handelt es sich um echtes Kriminalstrafrecht, weil mit der Einstufung einer Zuwiderhandlung als Straftat ein ehtisches Unwerturteil gefällt wird. Keinesfalls sind Steuerstraftaten bloße verzeihliche „Kavaliersdelikte“. Mittelbar geschädigt sind auch der Steuerzahler sowie im Bereich der Wirtschaft ehrliche Konkurrenten, die aufgrund von Steuerhinterziehungen Wettbewerbsnachteile erleiden können. Steuerstraftaten sind zunehmend auch Betätigungsfeld der Organisierten ↑Kriminalität, die etwa durch Umsatzsteuerkarussellgeschäfte hohe Steuerschäden verursacht.

### 2. Rechtsgrundlagen und Struktur des Steuerstrafrechts

Das materielle S. ist insb. in den §§ 369 – 376 AO geregelt, das Steuerstrafverfahrensrecht in den §§ 385 bis 408 AO. Die Vorschriften über die Steuerordnungswidrigkeiten finden sich in den §§ 377 – 384a sowie 409 ff. AO. Ergänzend sind die allg.en Gesetze des ↑Straf- und Ordnungwidrigkeitenrechts (↑Ordnungswidrigkeit) anzuwenden.

Wie jede Straftat setzt eine Steuerstraftat eine tatbestandsmäßige, rechtswidrige und schuldhafte Handlung voraus. Auch der Versuch ist bei den meisten Steuerstrafbeständen strafbewehrt (z. B. § 370 Abs. 2, § 372 Abs. 2, § 373 Abs. 3, § 374 Abs. 3 AO). Im S. bedarf es stets eines Rückgriffs auf die Vorschriften des ↑Steuerrechts (sog.es Blankettstrafrecht). Erst aus diesen ergeben sich die steuerlichen Erklärungspflichten und der Umfang der Steuerverkürzung. Soweit diese Normen ihre Grundlage im EU-Recht (↑Europarecht) haben, sind sie unionsrechtskonform auszulegen. Wegen des Gesetzlichkeitsprinzips müssen auch die Vorschriften des Steuerrechts dem Bestimmtheitsgebot genügen, um im Strafrecht Anwendung finden zu können; sie dürfen nicht über den möglichen Wortsinn hinaus ausgelegt werden (strafrechtliches Analogieverbot, Art. 103 Abs. 2 GG).

Die Straftatbestände des S.s erfordern auf der subjektiven Tatseite jeweils mindestens bedingten Vorsatz. Daran fehlt es, wenn sich der Täter in einem den Vorsatz ausschließenden Irrtum über Tatumstände (§ 16 StGB) befunden hat, etwa weil er sich über das Bestehen eines Steueranspruchs geirrt hat. Wurde die Steuerverkürzung lediglich leichtfertig begangen, kann nur eine Geldbuße verhängt werden (§ 378 AO).

### 3. Die Straftatbestände des Steuerstrafrechts

*a) Steuerhinterziehung (§ 370 AO)* ist der zentrale Straftatbestand des S.s. Die anderen Tatbestände ergänzen und vervollständigen den Rechtsgüterschutz dieser Norm. Das durch § 370 AO geschützte Rechtsgut ist nach der Rechtsprechung des BGH das öffentliche Interesse am rechtzeitigen und vollständigen Aufkommen der einzelnen Steuern. Eine Steuerhinterziehung liegt vor, wenn jemand vorsätzlich den Finanzbehörden über steuerlich erhebliche Tatsachen unrichtige oder unvollständige Angaben macht oder Angaben pflichtwidrig unterlässt und dadurch Steuern verkürzt oder nicht gerechtfertigte Steuervorteile (etwa eine Stundung) erlangt.

*b) Bannbruch (§ 372 AO)* begeht, wer Gegenstände entgegen einem Verbot einführt, ausführt oder durchführt. Der Bannbruch wird wie eine Steuerhinterziehung bestraft, wenn die Tat nicht in anderen Vorschriften als Zuwiderhandlung gegen ein Einfuhr-, Ausfuhr- oder Durchfuhrverbot bestraft wird.

*c) Schmuggel (§ 373 AO)* ist ein Qualifikationstatbestand mit erhöhter Strafdrohung, der eingreift wenn die Hinterziehung von Einfuhr- oder Ausfuhrabgaben oder Bannbruch gewerbsmäßig, gewaltsam oder bandenmäßig begangen wird.

*d) Steuerhehlerei (§ 374 AO)* begeht, wer vorsätzlich Erzeugnisse oder Waren, hinsichtlich deren Verbrauchsteuern oder Einfuhr- oder Ausfuhrabgaben hinterzogen oder Bannbruch begangen worden ist, ankauft oder sonst sich oder einem Dritten verschafft, sie absetzt oder abzusetzen hilft, um sich oder einen Dritten zu bereichern.

*e) Gewerbs- oder bandenmäßige Schädigung des Umsatzsteueraufkommens (§ 26c UStG)* ist ein Sondertatbestand für den Fall, dass gewerbs- oder bandenmäßig die in Rechnungen ausgewiesene USt nicht rechtzeitig oder nicht vollständig entrichtet wird. Hier genügt die bloße Nichtabführung von Steuern zur Tatbestandserfüllung.

*f) Leichtfertige Steuerverkürzung (§ 378 AO)* ist lediglich Steuerordnungswidrigkeit (§ 377 AO). Dasselbe gilt für die Gefährdungstatbestände der §§ 379 ff. AO. Steuergefährdung (§ 379 AO) begeht etwa, wer unrichtige Belege ausstellt, Belege gegen Entgelt in den Verkehr bringt, Geschäftsvorfälle nicht oder unrichtig aufzeichnet oder verbucht und dadurch eine Steuerverkürzung ermöglicht.

### 4. Strafzumessung

Die Strafrahmen der Tatbestände des S.s reichen überwiegend von Geldstrafe bis zu Freiheitsstrafe von fünf Jahren, bei den Qualifikationstatbeständen des Schmuggels und der gewerbsmäßigen Steuerhehlerei (§ 373, 374 Abs. 2 AO) von sechs Monaten bis zu zehn Jahren Freiheitsstrafe, sofern kein minder schwerer Fall vorliegt (§ 373 Abs. 1 Satz 2, § 374 Abs. 2 Satz 2 AO). In bes. schweren Fällen der Steuerhinterziehung sieht das Gesetz ebenfalls einen Strafrahmen von sechs Monaten bis zu zehn Jahren Freiheitsstrafe vor (§ 370 Abs. 3 AO). Ein bes. schwerer Fall liegt i. d. R. u. a. dann vor, wenn Steuern in großem Ausmaß – d. h. von mehr als 50.000 Euro – verkürzt, fortgesetzt falsche Belege verwendet, Umsatz- oder Verbrauchsteuern bandenmäßig verkürzt oder zur Verschleierung vom Täter beherrschte Drittstaat-Gesellschaften genutzt worden sind. Für die Strafzumessung gelten die allg.en Zumessungsgrundsätze (§ 46 StGB); der Hinterziehungsumfang ist stets ein bestimmender Strafzumessungsgrund.

### 5. Die Selbstanzeige bei Steuerhinterziehung

Im Gegensatz zum Rücktritt (§ 24 StGB) verschafft der persönliche Strafaufhebungsgrund der Selbstanzeige (§ 371 AO) einem an einer Steuerhinterziehung Beteiligten selbst dann noch Straffreiheit, wenn die Tat bereits vollendet ist. Der darin liegende Verzicht des Staates auf den Strafanspruch rechtfertigt sich durch die Rückkehr des Täters zur Steuerehrlichkeit bei gleichzeitiger Schaffung neuer Steuerquellen für den Fiskus. Allerdings liegen die Hürden für eine wirksame Selbstanzeige, die vollständig sein muss, hoch. Außer in den Fällen der Korrektur bestimmter Steueranmeldungen gemäß § 371 Abs. 2a AO ist erforderlich, dass zu allen unverjährten Steuerstraftaten einer Steuerart – mindestens aber für zehn Jahre – eine Berichtigung erfolgt (§ 371 Abs. 1 AO) und die verkürzten Steuern einschließlich Hinterziehungszinsen nachgezahlt werden (§ 371 Abs. 3 AO). Zudem dürfen keine Sperrgründe i. S. d. § 371 Abs. 2 AO vorliegen, etwa die Ankündigung einer Außenprüfung oder eine Tatentdeckung, mit der der Täter rechnen musste. Scheitert die Wirksamkeit einer Selbstanzeige allein daran, dass der Hinterziehungsbetrag 25.000 Euro je Tat übersteigt oder dass ein Regelbeispiel eines bes. schweren Falles vorliegt, ist zwingend von der Verfolgung abzusehen, wenn noch ein weiterer Betrag an die Staatskasse gezahlt wird, dessen Höhe in Abhängigkeit vom Hinterziehungsbetrag mindestens 10 % und höchstens 20 % der hinterzogenen Steuer beträgt (§ 398a AO).

### 6. Besonderheiten des Ermittlungsverfahrens

Bei Steuerstraftaten hat die Bußgeld- und Strafsachenstelle des Finanzamts die Möglichkeit, die Ermittlungen selbständig zu führen (§ 386 Abs. 2 AO). Sie tritt an die Stelle der ↑Staatsanwaltschaft, die das Verfahren aber jederzeit an sich ziehen kann. Die Erhebung einer Anklage und die Sitzungsvertretung in einer Hauptverhandlung bleibt in jedem Fall der Staatsanwaltschaft vorbehalten. Bei bestimmten banden- oder gewerbsmäßig begangenen Steuerstraftaten ist als Ermittlungsmaßname auch die Telekommunikationsüberwachung zulässig (§ 100a Abs. 1 Nr. 2 StPO).

### Literatur

F. Klein u. a.: Erster Abschnitt. Strafvorschriften, in: dies. (Hg.): Abgabenordnung, [15]2020, 1995–2182 • S. Hüls/T. Reichling: Steuerstrafrecht, [2]2020 • W. Hübschmann/E. Hepp/A. Spitaler: Abgabenordnung – Finanzgerichtsordnung Kommentar, 258. Erg.-Lief., Juli 2020 • G. Kohlmann u. a.: Steuerstrafrecht Kommentar, 3 Bde., 66. Erg.-Lief., Juni 2020 • S. Rolletschke/M. Kemper, Steuerstrafrecht Kommentar, 115. Erg.-Lief. Mai 2020 • R. Schmitz u. a.: Steuerstrafrecht, in: W. Joecks/ders. (Hg.): Münchener Kommentar zum Strafgesetzbuch, Bd. 7, [3]2019, 231–716 • J. Graf/M. Jäger/P. Wittig: Wirtschafts- und Steuerstrafrecht, [2]2017 • I. Flore/M. Tsambikakis: Steuerstrafrecht, [2]2016 • W. Joecks/M. Jäger/K. Randt: Steuerstrafrecht, [8]2015 • H. Schaumburg/S. Peters: Internationales Steuerstrafrecht, 2015.

MARKUS JÄGER

## Steuerung

I. Politikwissenschaftlich – II. Rechtswissenschaftlich

### I. Politikwissenschaftlich

Der Begriff S. kommt urspr. aus der Technik und bezeichnet dort die gezielte Beeinflussung eines mechanischen Prozesses. In den 1960er Jahren wurde er in den ↑Sozialwissenschaften aufgegriffen. Während soziologische Studien sich mit der S. und Selbst-S. von gesellschaftlichen ↑Gruppen, ↑Organisationen oder sozialen Systemen befassen, konzentriert sich die Politikwissenschaft auf „politische" S. Gemeint ist damit eine beabsichtigte, an konkreten Zielen orientierte Beeinflussung gesellschaftlicher Akteure, Strukturen oder

Prozesse durch Parlamente (↑Parlament, Parlamentarismus), Regierungen und ↑Verwaltungen. Analysen und Theorien der S. zielen darauf ab, Wirkungen von Staatstätigkeit zu erklären. Während die genannten älteren Begriffe der Staats- und Regierungslehre zwischen Regierenden und Regierten, Amtsinhabern und Bürgern oder Repräsentanten und Repräsentierten unterscheiden, verweist der S.s-Begriff auf die Unterscheidung zwischen einer steuernden Instanz und den Adressaten der S. Ziele der S., die die ↑Politik anstrebt, können von den Adressaten konterkariert werden, was nicht intendierte Folgen nach sich ziehen kann. Bei Selbst-S. sind S.s-Subjekt und S.s-Objekt identisch. S.s-Wirkungen resultieren aus der ↑Interaktion von Akteuren, deren Handeln durch Strukturen oder soziale Mechanismen auf bestimmte Ziele hin gelenkt werden soll. S. ist zielgerichtet; ihre Wirkungen können aber die gesetzten Ziele verfehlen.

Die Definition des S.s-Begriffs überschneidet sich mit anderen Begriffen. Indem er den Prozess der Entwicklung und Verwirklichung von Zielen durch bestimmte Instrumente erfasst, ist er enger als der Begriff ↑*Governance*, der Struktur-Prozess-Zusammenhänge betont, jedoch weiter als der Begriff *Regulierung*, mit dem S. durch Regeln gemeint ist. Er erfasst sowohl die Formulierung eines S.s-Programms, das Ziele, Instrumente und Verfahren beinhaltet, als auch die ↑Implementation des Programms.

## 1. Theorien der Steuerung

S. wurde zu einem Konzept der Sozialwissenschaft, als man angesichts des ökonomischen, sozialen und technologischen Wandels und den damit verbundenen Problemen nach der Steuerbarkeit moderner ↑Gesellschaften bzw. der S.s-Fähigkeit der Politik fragte. Dabei wurden unterschiedliche Theorien entwickelt, die Kausalmodelle und generelle Annahmen über die Möglichkeiten und Grenzen politischer S. und gesellschaftlicher Selbst-S. begründeten. Die Kybernetik übernahm das Regelkreismodell der Technikwissenschaft. Demnach sind Akteure, Organisationen oder Teilsysteme durch Rückkoppelungsprozesse verbunden, und S. soll diese *feed-backs* so beeinflussen, dass gewünschte Dynamiken gefördert bzw. unerwünschte verhindert werden. Hieraus entstand die soziologische ↑Systemtheorie, die zu einer Theorie der gesellschaftlichen Selbst-S. weiterentwickelt wurde.

Davon setzte sich die von Niklas Luhmann ausgearbeitete Variante ab. Ihr zufolge kann Politik, oder genauer das politische Teilsystem, die Gesellschaft nicht steuern, weil Systeme operativ geschlossen, also durch eigene Funktionsweisen bestimmt sind. Teilsysteme könnten sich nur wechselseitig irritieren und so unintendiert beeinflussen oder stören. Helmut Willke wiederum ging davon aus, dass S. als „intersystemische(r)" Diskurs (Willke 1983: 135) möglich sei, also durch wechselseitige ↑Kommunikation zwischen Teilsystemen. Politische S. sei gleichwohl wegen der Komplexität der Gesellschaft begrenzt, sie könne nur indirekt, durch Veränderung des Kontexts gesellschaftlicher Prozesse und „Supervision" (Willke 1997) des ↑Staates wirken.

Gegen den S.s-Pessimismus der Systemtheorie wandten sich Renate Mayntz und Fritz Wilhelm Scharpf. Sie betrachteten S. als Interaktion zwischen Akteuren, deren Handeln durch ↑Institutionen ermöglicht und zugl. begrenzt wird. Ihr als „akteurszentrierter Institutionalismus" (Mayntz/Scharpf 1995) bezeichneter Analyseansatz liefert allerdings keine generalisierbaren Aussagen über die Möglichkeiten und Grenzen politischer S. oder gesellschaftlicher Selbst-S., sondern verweist auf jene Bedingungen und Mechanismen des sozialen Handelns (↑Handeln, Handlung), die für den Erfolg oder Misserfolg von S. maßgeblich sind. Im Forschungsprogramm zur Implementation politischer Programme zeigte sich, dass S.s-Instrumente je nach Politikbereich und gesellschaftlichem Kontext unterschiedlich wirken, weshalb S.s-Programme den Bedingungen ihrer Implementation angepasst sein müssen. Ausgehend von der Annahme, dass S. nur als Interaktion zwischen Subjekt und Objekt der S. verstanden werden kann, argumentieren R. Mayntz und F. W. Scharpf, dass S.s-Wirkungen davon abhängen, wie in Regelungsstrukturen Ziele und Programme bestimmt werden, und wie dadurch Prozesse in Leistungsstrukturen, auf die die S. zielt, beeinflusst werden, was wiederum die S. selbst beeinflusst.

## 2. Formen und Instrumente der Steuerung

Von diesen Ansätzen ausgehend liegt es nahe, den Blick auf die Bedingungen politischer S. oder Selbst-S. zu richten, also auf bestimmte Strukturen sowie die eingesetzten Instrumente. Hinsichtlich der Strukturen implizierte das urspr.e Konzept der politischen S. ein hierarchisches Verhältnis von Staat und Gesellschaft, in der das S.s-Subjekt dem S.s-Objekt übergeordnet ist. Dieses Herrschaftsverhältnis (↑Herrschaft) sollte bewirken, dass Regeln beachtet werden. Allerdings verfolgen die steuernden und die der S. unterworfenen Akteure jeweils bes. und oft divergierende ↑Interessen. Ferner beeinträchtigen Informationsasymmetrien und die Tatsache, dass Regeln immer nur bestimmte Aspekte des zu steuernden Bereichs betreffen, die S. in der ↑Hierarchie. Solche Schwierigkeiten werden durch Kontext-S. vermieden, in der sich die übergeordnete steuernde Instanz darauf beschränkt, Mechanismen der Selbst-S. einzurichten, also etwa Verhandlungssysteme oder Wettbewerbsverfahren. Netzwerke wiederum stellen eine Form der Selbst-S. dar. Sie bilden dauerhafte, auf Vertrauen oder Tausch beruhende Interaktionsbeziehungen, die das Handeln der Akteure leiten. Netzwerke können die Verwirklichung eines S.s-Programms der Politik unterstützen, sie aber auch unterlaufen, wenn sie konträren Interessen dienen.

Als Instrumente der politischen S. gelten ↑Recht, das verbindliche Ziele oder Verhaltensvorschriften festlegt (finale oder konditionale S.), die durch ↑Zwang durchgesetzt werden können, darüber hinaus negative oder positive Anreize sowie Information und Beratung. Sie können das Verhalten der zu steuernden Akteure so verändern, dass gesellschaftliche Probleme vermieden oder ihre Ursachen beseitigt werden. Recht erzwingt Verhaltensänderungen der Adressaten, ohne dass diese ihre Präferenzen ändern; Anreize beeinflussen deren Kosten-Nutzen-Abwägungen bei gegebenen Präferenzen; Informationen und Beratung sollen die Präferenzen selbst beeinflussen und die Adressaten überzeugen, ihr Verhalten zu ändern. Akteursverhalten wird allerdings noch durch weitere Faktoren beeinflusst: Recht trifft auf soziale Kontexte, in denen andere ↑Normen vorhanden sind; ob Anreize wirken, hängt von konkreten Handlungsmöglichkeiten oder -restriktionen ab; S. durch Information oder Überzeugungsarbeit setzt lernfähige Akteure voraus. S. verspricht also nur dann erfolgreich zu sein, wenn für spezifische Bedingungen geeignete Instrumente eingesetzt oder passend kombiniert werden.

### 3. Erfolgreiche Steuerung und Fehlsteuerung

Ob und inwieweit politische S. ihre Ziele erreicht, hängt also nicht allein von einem starken Staat oder einer starken politischen Führung ab. S. scheitert auch nicht nur an Widerständen mächtiger Adressaten oder an der Eigenlogik von Teilsystemen. Manche Probleme, wie etwa der ↑Klimawandel, die ↑Finanzmärkte oder die ↑Migration, scheinen sich generell politischer S. zu entziehen, weil sie zu komplex und globaler Natur sind. Ganz ohnmächtig sind staatliche Instanzen auf diesen Politikfeldern aber trotzdem nicht.

Sogar erfolgreiche politische S. erreicht wohl nie alle ihre Ziele in der vorgesehenen Zeit. Sie wird durch institutionelle Restriktionen, die das S.s-Programm, die Instrumentenwahl oder die Implementation beeinflussen, durch Ressourcenknappheit, Machtverhältnisse oder unzureichendes Wissen begrenzt. Politische S. ist außerdem kein technischer Vorgang, sondern ein politischer und gesellschaftlicher Prozess. In einer freiheitlichen und demokratischen ↑Ordnung reagiert politische S. überdies auf gesellschaftliche Forderungen und kann und darf nicht die Selbst-S. im ↑Markt, in Organisationen und in sozialen Gemeinschaften ersetzen. S. erweist sich insgesamt als dann erfolgreich, wenn es ihr unter diesen Bedingungen gelingt, die Entwicklung eines Politikfelds in die beabsichtigte Richtung zu lenken. Werden hingegen Ziele deutlich verfehlt oder ihnen konträre Entwicklungen ausgelöst, liegt Fehl-S. vor.

### Literatur

H. Willke: Systemtheorie III. Steuerungstheorie, [4]2014 • S. Lange/D. Braun: Politische Steuerung zwischen System und Akteur, 2000 • R. Mayntz: Soziale Dynamik und politische Steuerung, 1997 • H. Willke: Supervision des Staates, 1997 • R. Mayntz/F. W. Scharpf: Der Ansatz des akteurszentrierten Institutionalismus, in: dies./ders. (Hg.): Gesellschaftliche Selbstregelung und politische Steuerung, 1995, 39–72 • Ders.: Politische Steuerung und politische Institutionen, in: PVS 30/1 (1989), 10–21 • N. Luhmann: Ökologische Kommunikation, 1986 • H. Willke: Entzauberung des Staates, 1983 • R. Mayntz (Hg.): Implementation politischer Programme, 1980 • T. Parsons: Zur Theorie sozialer Systeme, 1976.

ARTHUR BENZ

## II. Rechtswissenschaftlich

Von ca. 1990 bis ca. 2010 führte die Auseinandersetzung um den S.s-Begriff in der deutschen Rechtswissenschaft zu einer Grundsatzkontroverse mit bleibendem Wert. Das Denken über ↑Verwaltungsrecht wurde dadurch beträchtlich erweitert. Dass sozialtheoretische S.s-Ansätze in den 1990er Jahren gerade im Verwaltungsrecht aufgegriffen wurden, hat drei Gründe.

### 1. Gesellschaftspolitischer Hintergrund

Erstens hatte die Planungseuphorie der 1960er und 1970er Jahre zu gesellschaftlichen Erwartungen geführt, die einer Perspektive der Unregierbarkeit wichen. Sie ging über in eine Krisenrhetorik, der ↑Staat sei durch wachsende ↑Staatsaufgaben überfordert. Auch löste die Wahrnehmung von Gefahren der Kernenergie und die Sorge um die Umwelt das Vertrauen auf die Planbarkeit technischen und sozialen ↑Fortschritts ab. Man begann zu fragen, ob juristische Kategorien den gewandelten Herausforderungen noch gerecht würden. Zumal das als neues Rechtsgebiet entstandene ↑Umweltrecht forderte die Dogmatik der Gefahrenabwehr heraus, weil Umweltschäden einzelnen Verursachern kaum noch kausal zugerechnet werden konnten. Eine primär handlungsorientierte Störerauswahl schien nicht erfolgversprechend. Auf diese Wahrnehmung, die klassischen juristischen Instrumentarien böten für zunehmend komplexere Probleme keine hinreichenden Lösungen mehr, bot das S.s-Paradigma eine Antwort, weil es eine Metaperspektive der Politikgestaltung (Implementationsforschung [↑Implementation]) in den Blick nahm, die zu erklären versprach, warum „der Staat“ überfordert schien, und wie die neue Komplexität bewältigt werden könnte.

### 2. Disziplinärer Hintergrund

Zweitens hatte sich die Rechtswissenschaft in den 1970er Jahren gegenüber den Sozialwissenschaften geöffnet. Die ↑Soziologie ersetzte die (Staats- und Geschichts-)Philosophie als relevanteste Nachbardisziplin. Es war Ausdruck offenen rechtswissenschaftlichen Arbeitens, auf die neuen Beschreibungsangebote aus der Sozialtheorie zurückzugreifen. Dabei fand bes. die systemtheoretische S.s-Perspektive (↑Systemtheorie) bei Juristen Anklang, denn sie war anschlussfähig für eine autonome Beschreibung des Rechtssystems. Umwelt- und Planungsrecht als die Ausgangsfelder des Komplexitätsproblems erhielten rechtstheoretische Relevanz.

Denker, die eine im weiteren Sinne hegelianische Haltung teilten oder eine Nähe zur marxistischen Rechtstheorie überwanden, griffen bes. auf die systemtheoretischen S.s-Parameter zurück. Der akteurszentrierte Institutionalismus fand hingegen in der Rechtswissenschaft nur geringe Beachtung.

### 3. Dogmatischer Hintergrund

Drittens bot die S.s-Theorie eine Antwort auf ein altes Problem der Verwaltungsrechtsdogmatik, nämlich die einseitige Orientierung an einer Kontrolle rechtsförmigen Verwaltungshandelns aus der nachgeschalteten Perspektive der Gerichte. Das Verwaltungsrechtsdenken hatte sich im 19. Jh. mit dem Herausarbeiten bestimmter Rechtsformen des Verwaltungshandelns beschäftigt (Verwaltungsakte) und deren Gerichtskontrolle ins Zentrum gestellt. Diese Kontrollperspektive wurde zwar der Eingriffsverwaltung gerecht, passte jedoch weniger auf die Leistungsverwaltung des 20. Jh. und noch weniger auf moderne ↑Planung, Informationsverwaltung, das Risikoverwaltungs- und schließlich das Regulierungsrecht. Mit der S.s-Perspektive gelang es, die herkömmliche Fixierung auf Gerichtskontrolle und Verwaltungsrechtsakte zugunsten einer Einbeziehung des gestaltenden, bewirkenden, willensbildenden, abwägenden, auswählenden und implementierenden Verwaltungshandelns auszuweiten. Zuvor war das Leitbild des Verwaltungshandelns eines des eingreifenden Verwaltungsakts einer unteren Verwaltungsbehörde. In den 1990er Jahren spielten im ↑öffentlichen Recht die wissenschaftlich interessanteren Fragen dann im Verwaltungsrecht, und zwar trotz der auch rechtswissenschaftlichen Herausforderungen durch die deutsche Wiedervereinigung. Das Verwaltungsrecht trat als akademische Disziplin aus dem Schatten des Verfassungsrechts heraus. Das Paradigma, Verwaltungsrecht sei konkretisiertes Verfassungsrecht, war überwunden.

### 4. Kritik und Bewertung

Für die Verwaltungsrechtswissenschaft war die S.s-Diskussion außerordentlich befruchtend. Ziele und Mittel ließen sich mit den Methoden anderer Disziplinen behandeln und mit rechtswissenschaftlichen Kategorien verbinden (sog.e Schlüssel- oder Brückenbegriffe). Die Kontrollperspektive wurde durch eine Herstellungs- und Bewirkungsperspektive ergänzt. Fragen der Rechtsformenwahl i. S. einer modernen Regelungswissenschaft kamen auf. Probleme entstanden aber insb., und hier setzte dann auch die Kritik an, wenn steuerungswissenschaftliche Aussagen normativ gewendet wurden, also aus einer sozialwissenschaftlichen Analyse auf ein rechtliches Sollen geschlossen wurde. Kritik fand auch die durch die bevorzugte Rezeption der systemtheoretischen Variante entstandene Vernachlässigung der individuellen Akteursperspektive und der politischen Eigenrationalitäten. Hier rieben sich dann steuerungswissenschaftliche Ansätze an der demokratisch verfassten ↑Politik und der anthropozentrischen Grundrechtsauffassung (↑Grundrechte) des ↑GG, die auch nicht zugunsten eines Systemschutzes grundrechtlicher Freiheitsbereiche uminterpretiert werden konnten, wie es einige Autoren versuchten. „S." transportiert schließlich ein mechanistisches und deterministisches Vorverständnis (der Mensch als „S.s-Objekt"). Freie Menschen sollen aber nicht gesteuert werden. Auf diese Kritik reagierten die S.s-Theoretiker durch eine Rücknahme der systemtheoretischen Anleihen und die Hinwendung zu einer stärker akteurszentrierten Perspektive. Die Verwendung des Begriffs „S." hat denn auch nachgelassen; man spricht inzwischen eher von einer rechtsetzungsorientierten Handlungs- und Entscheidungswissenschaft. Schließlich beharrten viele Kritiker auf der Leistungsfähigkeit der überkommenen Verwaltungsrechtsdogmatik, letztlich auch, weil die S.s-Theoretiker sich einseitig die Fortschrittsperspektive attestierten („neue Verwaltungsrechtswissenschaft" [Voßkuhle 2006]). Das musste natürlich Gegenreaktionen der klassischen Dogmatiker auslösen. Nach 2010 entstand dann eine weitere Diskussion, wie dogmatisch eigentlich rechtswissenschaftliches Arbeiten sein dürfe, und ob eine übertriebene Dogmatisierung die Rechtswissenschaft nicht in ↑Pfadabhängigkeiten führe.

Die S.s-Diskussion ist letztlich eine sehr deutsche geblieben und betraf mit der Fixierung auf die Rechtsförmlichkeit der Eingriffsverwaltung und durch die interdisziplinäre Öffnung der ↑Dogmatik Spezifika des deutschen Verwaltungsrechtsdenkens. Mit der Dichotomie von ↑Individuum und ↑Gesellschaft (System) und auch der Rivalität kantischer oder hegelianischer Wahrnehmungsmuster betraf sie gleichfalls Themen, die in der Matrix der deutschen Rechtswissenschaft angelegt sind. Eine internationale Paralleldebatte hat es nicht gegeben, zumal insb. die US-amerikanische Verwaltungsrechtswissenschaft seit jeher an der Bewirkungsperspektive und an Interdisziplinarität orientiert ist.

### Literatur

M. Burgi (Hg.): Zur Lage der Verwaltungsrechtswissenschaft, 2017 • Debatte: Die Neue Verwaltungsrechtswissenschaft – eine vorläufige Bilanz, in: JöR 65 (2017), 423–540 • G. F. Schuppert: Governance und Rechtsetzung, 2011 • I. Appel: Das Verwaltungsrecht zwischen klassischem dogmatischen Verständnis und steuerungswissenschaftlichen Anspruch, in: VVDStRL, Bd. 67 (2008), 226–285 • M. Eifert: Das Verwaltungsrecht zwischen klassischem dogmatischen Verständnis und steuerungswissenschaftlichen Anspruch, in: VVDStRL, Bd. 67 (2008), 286–333 • W. Hofmann-Riem/E. Schmidt-Aßmann/A. Voßkuhle (Hg.): Grundlagen des Verwaltungsrechts, Bd. 1, 2006 • C. Möllers: Methoden, in: ebd., 121–175 • A. Voßkuhle: Neue Verwaltungsrechtswissenschaft, in: ebd., 1–61 • O. Lepsius: Steuerungsdiskussion, Systemtheorie und Parlamentarismuskritik, 1999 • W. Hoffmann-Riem/E. Schmidt-Aßmann (Hg.): Reform des Allgemeinen Verwaltungsrechts, 1993 • D. Grimm (Hg.): Wachsende Staatsaufgaben – sinkende Steuerungsfähigkeit des Rechts, 1990.

OLIVER LEPSIUS

## Stiftung

### 1. Begriff der Stiftung

Unter einer S. versteht man in einem weiten funktionalen Sinne die Widmung eines im Grundsatz zu erhaltenden Vermögens, mit dessen Hilfe der Träger dieses ↑Vermögens bestimmte Zwecke dauerhaft verfolgen soll. Zentrale Elemente einer S. sind der Zweck, das Vermögen und die Organisation. Die fehlende zeitliche Beschränkung unterscheidet S.en von einmaligen Schenkungen (↑Spende). Während der *funktionale S.s-Begriff* allein auf eine dauerhafte Vermögenswidmung abstellt, haben sich im bürgerlichen Recht verschiedene Rechtsformen für S.en entwickelt. Das BGB regelt S.en als nicht auf einem Personenverband beruhende Rechtsträger (↑*juristische Person*), die durch S.s-Geschäft festgelegte Zwecke mit Hilfe eines diesen Zwecken gewidmeten Vermögens dauerhaft verfolgen (§§ 80 ff. BGB).

### 2. Geschichte

Die Idee der S. setzt die Erzeugung eines Überschusses voraus. Sie konnte daher erst nach der Erfindung der Landwirtschaft entstehen. Frühe S.s-Formen sind aus der Zeit um 3 000 v. Chr. bezeugt, und zwar an verschiedenen Orten der Erde (Mesopotamien, Ägypten und Südamerika). Diese ersten S.en dienten dem Götter- und Totenkult. Durch regelmäßige Zuwendungen von Speisen und Getränken sollten Gottheiten und Vorfahren versorgt und milde gestimmt werden. Das Leitbild der Götter- und Ahnen-S. prägte nicht nur das S.s-Wesen der griechischen und römischen Antike, sondern lässt sich auch für den chinesischen Kulturkreis nachweisen. Mit dem Wandel der religiösen und kulturellen Anschauungen seit Mitte des ersten vorchristlichen Jh. und v. a. durch die Christianisierung kam es zu einem Paradigmenwechsel. S.en bezweckten nicht länger die Versorgung der Verstorbenen, sondern v. a. die Rettung des „Seelenheils" der Stifter. Nach dem Verständnis der monotheistischen Religionen sollten die durch S.en bewirkten guten Werke im Diesseits den Stiftern den Zugang zum postmortalen Leben im Jenseits eröffnen. Dies galt bes. für das ↑Christentum, das mit der Vorstellung eines göttlichen Weltgerichts am Ende aller Zeiten nicht nur eine Begründung für die Dauerhaftigkeit von S.en gab: „Die gute Tat hat Gott zu ihrem Schuldner ebenso wie die böse, weil der Richter auch Vergelter in jeder Sache ist" (Tertullian). Nutznießer dieser „Seelenheil-S.en" waren v. a. Kirchengemeinden (↑Gemeinde) und ↑Klöster, die dem Stifter im Gegenzug zu Messen zugunsten seines Heils verpflichtet waren. Zugl. traten neben die religiösen Motive verstärkt auch karitative Zwecke wie z. B. die Fürsorge für Kranke und Arme. Das mittelalterliche Monopol des kirchlichen S.s-Wesens wurde in der frühen Neuzeit durch bürgerliche S.s-Gründungen (z. B. die *Fuggerei* in Augsburg) in Frage gestellt und im Laufe der ↑Reformation in den meisten protestantischen Landesteilen zerschlagen. Auch die ↑Aufklärung stand der S.s-Idee und der dauerhaften Bindung von Vermögen an die „tote Hand" des Stifters ablehnend gegenüber. Ebenso wie der Aufbau einer staatlichen Gemeinwohlpflege beschleunigte das die Auflösung des S.s-Wesens weiter. Erst im Laufe des 19. Jh. kam es in Deutschland und anderswo zu einer Renaissance des S.s-Gedankens und einer wachsenden Zahl „philanthropischer" S.en (z. B. das „Städel'sche Kunstinstitut" in Frankfurt am Main). Die deutsche Rechtswissenschaft reagierte auf diese Entwicklung mit der Rechtsfigur der staatlich genehmigten rechtsfähigen S., während im anglo-amerikanischen Rechtskreis das tradierte Rechtsinstitut des *charitable trust* bestimmend blieb. Kriege und Hyperinflation haben das deutsche S.s-Wesen in der ersten Hälfte des 20. Jh. – im Unterschied zum US-amerikanischen S.s-Sektor – nahezu vollständig vernichtet. Nach ersten Anfängen in den 50er und 60er Jahren (z. B. Thyssen-S., Volkswagen-S.) hat die Zahl der S.en in den letzten drei Jahrzehnten – nicht zuletzt auf Grund des gewachsenen Wohlstandes und verschiedener Reformgesetze – wieder stärker zugenommen (ca. 22 000 rechtsfähige S.en im Jahr 2018). Das Aufkommen großer unternehmensverbundener S.en (z. B. Bertelsmann-S., Fresenius-S.) hat allerdings auch eine Diskussion über die gesellschaftlichen Funktionen von S.en ausgelöst. Diese betrifft die Instrumentalisierung von S.en zur Vermögenserhaltung, Defizite bei der Legitimation und Transparenz des S.s-Handelns sowie Fragen der ↑Governance innerhalb von S.en.

### 3. Stiftungsrecht

#### 3.1 Rechtsfähige Stiftung

Leitbild des S.s-Rechts ist heute die rechtsfähige S. des bürgerlichen Rechts (vgl. §§ 80 ff. BGB). Sie entsteht durch ein privates S.s-Geschäft und einen staatlichen Mitwirkungsakt. Bei Errichtung unter Lebenden bedarf das S.s-Geschäft der schriftlichen Form, während rechtsfähige S.en von Todes wegen durch letztwillige Verfügung errichtet werden. Das schriftliche S.s-Geschäft des Stifters muss neben einer Vermögenswidmung, die die dauerhafte Lebensfähigkeit der S. gesichert erscheinen lässt, eine S.s-Satzung mit bestimmten Mindestangaben (Sitz, Name, Zweck, Vermögen, Bestimmungen über die Besetzung des Vorstands) enthalten. Entspricht das S.s-Geschäft den gesetzlichen Vorgaben, hat die zuständige Behörde der S. die Rechtsfähigkeit durch „Anerkennung" zu verleihen (§ 80 Abs. 2 BGB). Das geltende Recht geht vom Modell der gemeinwohlkonformen Allzweck-S. aus, erlaubt also nicht nur „gemeinwohlbezogene" S.s-Zwecke, sondern auch private Versorgungs-S.en (Familien-S.en). Den rechtstatsächlichen Regelfall bildet aber nach wie vor die „gemeinnützige" bzw. „öffentliche" S. (ca. 95 % aller S.en). Bei der Ausgestaltung der Organstruktur (Vorstand, ggf. beratender Beirat oder Kuratorium) verfügt der Stifter über eine große Gestaltungsfreiheit. Nach Anerkennung ist die Verfassung der rechtsfähigen S. aber nicht nur der

Disposition der S.s-Organe, sondern auch dem Zugriff des Stifters dauerhaft entzogen. Diese „Unverfügbarkeit" unterscheidet die rechtsfähige S. von anderen – schuldrechtlich oder körperschaftsrechtlich organisierten – S.s-Rechtsformen. Das Fehlen von Mitgliedern, die autonom über die Rechtsgrundlagen der S. verfügen und den Vorstand kontrollieren können, bildet zugl. den wesentlichen Grund für die staatliche S.s-Aufsicht. Sie dient dem Schutz des Stifterwillens und überwacht die Rechtmäßigkeit des Handelns der S.s-Organe. Für die S.s-Aufsicht sind – ebenso wie für die Anerkennung von S.en – die Bundesländer nach Maßgabe ihrer Landesstiftungsgesetze zuständig. Rechtsfähige S.en werden regelmäßig auf Dauer – also theoretisch auf ewig – errichtet. Das geltende Recht erlaubt aber auch S.en auf Zeit sowie Verbrauchs-S.en, bei denen auch das S.s-Vermögen für die Erfüllung der satzungsmäßigen Zwecke eingesetzt werden darf. Anders als im Vereinsrecht gibt es in Deutschland bis heute kein S.s-Register mit öffentlichem Glauben, sondern nur behördliche S.s-Verzeichnisse.

### 3.2 Nichtrechtsfähige Stiftung

Während die rechtsfähige S. des BGB eine Erfindung des 19. Jh. ist, waren nichtrechtsfähige S.en bereits in der Antike bekannt. Sie bilden auch heute noch zahlenmäßig den größten Teil des S.s-Sektors und bedürfen keiner staatlichen Anerkennung. Bei der Errichtung einer nichtrechtsfähigen S. unter Lebenden handelt es sich – je nach dem Willen der Beteiligten – entweder um eine Schenkung unter Auflage (§ 525 BGB) oder um einen Geschäftsbesorgungsvertrag (§ 675 BGB). Der S.s-Träger verpflichtet sich gegenüber dem Stifter, das ihm übertragene Vermögen auf Dauer zu erhalten und die Erträge zur Erfüllung eines bestimmten Zwecks einzusetzen. Auch wenn die Parteien hier eine rechtsfähige S. mit den Mitteln des Vertragsrechts „simulieren", finden die §§ 80 ff. BGB nach allg.er Ansicht auf nichtrechtsfähige S.en keine analoge Anwendung. Unabhängig von der einzelfallabhängigen Qualifikation als Schenkung oder Geschäftsbesorgungsvertrag folgt aus der schuldvertraglichen Einordnung, dass die nichtrechtsfähige S. und ihre Verfassung der Disposition der Vertragsparteien unterliegt und daher im Einvernehmen der Beteiligten jederzeit aufgehoben oder geändert werden kann. Allerdings ist beiden Vertragsteilen – auch dem Stifter selbst – eine einseitige Beendigung der S. regelmäßig nur bei Vorliegen eines „wichtigen Grundes" möglich. Die nichtrechtsfähige S. von Todes wegen ist erbrechtlicher Natur und beruht auf einer letztwillig verfügten Auflage des Erblassers (§ 2192 BGB). Nicht rechtsfähige S.en sind keine Rechtspersonen und unterliegen daher nicht der staatlichen S.s-Aufsicht. Liegt der Vollzug der S. im öffentlichen Interesse, haben neben dem Stifter bzw. seinen Erben auch die nach Landesrecht zuständigen Behörden einen Vollzugsanspruch gegen den S.s-Träger. Nach Übergang auf den S.s-Träger ist das S.s-Vermögen zwar gegen Zugriffe der Gläubiger des Stifters weitgehend immun, steht aber u. U. den Gläubigern des S.s-Trägers als Haftungsmasse zur Verfügung. In der Praxis empfiehlt sich die Errichtung von nichtrechtsfähigen S.en v.a. bei „kleineren" Vermögen, u. U. auch als Vorstufe einer rechtsfähigen S. Viele S.s-Träger – insb. Kreditinstitute – erheben für die Verwaltung nichtrechtsfähiger S.en ein Entgelt (darin liegt zugl. ein wesentliches Indiz für eine Geschäftsbesorgung).

### 3.3 Stiftung des öffentlichen Rechts

Im Unterschied zur rechtsfähigen S. des BGB beruht die Existenz von rechtsfähigen S.en des öffentlichen Rechts allein auf ↑öffentlichem Recht, d. h. einem Errichtungsgesetz oder einem staatlichen S.s-Akt. S.en des öffentlichen Rechts sind Einrichtungen der mittelbaren Staatsverwaltung und weisen eine Ähnlichkeit zu Anstalten auf. Die Abgrenzung zwischen privat- und öffentlich-rechtlichen S.en kann im Einzelfall – insb. bei älteren S.en – schwierig sein, weil sich auch der Staat der Rechtsform der privatrechtlichen S. bedienen und umgekehrt auch Privatpersonen im Zusammenwirken mit dem Staat öffentlich-rechtliche S.en errichten können.

### 3.4 Zustiftung

Von einer Zustiftung spricht man, wenn jemand eine zu erhaltende Zuwendung in das Vermögen einer rechtsfähigen oder nichtrechtsfähigen S. leistet. Rechtlich handelt es sich um eine Schenkung unter Auflage (§ 525 BGB), die zu ihrer Wirksamkeit einer Annahme durch die Empfänger-S. bedarf. Stifter sollten die Zulässigkeit von Zustiftungen in der Satzung ihrer S. regeln. Soweit die Zustiftung den Namen des Zustifters trägt, spricht man auch von „S.s-Fonds".

### 3.5 Stiftungskörperschaften

S.s-Körperschaften (z. B. Stiftungs-GmbH) sind Kapitalgesellschaften und ↑Vereine, die im Rahmen der gesellschafts- und vereinsrechtlichen Vertragsfreiheit bestimmte S.s-Elemente aufweisen (z. B. eine fremdnützige Zielsetzung und ein S.s-Vermögen). Sie unterliegen weder der staatlichen S.s-Aufsicht, noch weisen sie die für eine rechtsfähige S. typische „Unverfügbarkeit" auf, weil ihre Mitglieder durch (jedenfalls einstimmigen) Beschluss über den Bestand der Körperschaft disponieren können. Funktional betrachtet kann man sie gleichwohl als S. qualifizieren.

## 4. Besteuerung von Stiftungen

Die Rechtswirklichkeit von S.en wird entscheidend durch das ↑Steuerrecht beeinflusst. Dies gilt v.a. für die Unterscheidung zwischen (weitgehend) steuerbefreiten „gemeinnützigen" S.en einerseits und steuerpflichtigen „privaten" Familien-S.en andererseits. S.en sind steuerbegünstigt, wenn sie nach ihrer Satzung und tatsächlichen Geschäftsführung ausschließlich, unmittelbar und selbstlos „gemeinnützige, mildtätige oder kirchliche Zwecke" i. S. d. §§ 52 ff. AO verfolgen. Die Vorgaben des steuerlichen Gemeinnützigkeitsrechts prägen nicht nur den Inhalt der S.s-Verfassung, sondern bestimmen auch die laufende Geschäftsführung, die – zusätzlich zur S.s-Aufsicht – der laufenden Kontrolle durch die Finanzämter unterliegt. Steuerbegünstigte S.en sind weitgehend von steuerlichen Belastungen befreit (z. B. keine Erbschaft- und Schenkungsteuer bei Errichtung und keine Steuerpflicht der passiven laufenden Einkünfte aus Vermögenserträgen). Auch beim steuerlichen Spendenabzug werden Zustiftungen zu rechtsfähigen und nichtrechtsfähigen S.en bes. privilegiert. Umgekehrt versucht das Steuerrecht der Errichtung von S.en zu privaten Zwecken („Familien-S.en") entgegenzuwirken. So unterliegt das Vermögen einer Familien-S. in Deutschland im Abstand von 30 Jahren einer Erbersatzsteuer (§ 1 Abs. 1 Nr. 4 ErbStG), um steuerliche Vorteile gegenüber einer natürlichen Person zu verhindern.

### Literatur

A. Richter (Hg.): Stiftungsrecht, 2019 • M. Borgolte: Weltgeschichte als Stiftungsgeschichte, 2018 • R. Hüttemann: Gemeinnützigkeits- und Spendenrecht, [4]2018 • Ders./P. Rawert: §§ 80–89 BGB, in: J. von Staudinger (Hg.): Komm. zum BGB, 2017 • R. Hüttemann/A. Richter/B. Weitemeyer: Landesstiftungsrecht, 2011 • A. Schlüter: Stiftungsrecht zwischen Privatautonomie und Gemeinwohlbindung, 2004 • K. J. Hopt/D. Reuter (Hg.): Stiftungsrecht in Europa, 2001 • H. Liermann: Geschichte des Stiftungsrechts, 1963.

RAINER HÜTTEMANN

## Stipendien

### 1. Wort- und Begriffsgeschichte

Unter S. sind finanzielle und/oder materielle Unterstützungsleistungen zu verstehen, die von staatlicher Seite, Privatpersonen, ↑Stiftungen oder ↑Religionsgemeinschaften ermöglicht (und nicht als Darlehen vergeben) werden, um Studenten, Künstler oder Musiker bei ihrer wissenschaftlichen und beruflichen Qualifikation zu fördern. Das lateinische *stipendium*, zusammengesetzt aus *stips* für einen Geldbeitrag oder eine Gabe, und dem Verb *pendere*, „zahlen", ist ein Fachausdruck der römischen Militärsprache. Er bezeichnet eine fiskalische Rechnungsgröße, mit der sich der Sold der Militärangehörigen berechnen ließ: So bekam ein einfacher Soldat kurz nach der Zeitenwende etwa drei *stipendia* als Jahresgehalt. Als Lehnwort wurde „S." im 15. Jh. im Deutschen gebräuchlich und ersetzte schrittweise die ältere Vokabel *Beneficium*, die seit dem Frühmittelalter die Einkünfte von Vasallen oder kirchlichen Würdenträgern bezeichnete, die ihnen aus einer Pfründe zustanden, ohne dass das Land in das Eigentum der Nutznießer übergegangen wäre. Eine etymologische Verwandtschaft zwischen *stipendium* und „Stift" bzw. „Stiftung" besteht nicht (Kluge 1975: 749 und 751).

Im Verlauf der Frühen Neuzeit wurde „S." zur Bezeichnung unterschiedlicher Formen finanzieller Zuwendungen gebraucht, die z. T. bis heute vergeben werden: Neben den aus Studiengeldern, Stiftungen oder Pfründen finanzierten Gehältern akademischer Lehrer gab es seit dem 16. Jh. S. als Unterstützung sozial Benachteiligter, die sich andernfalls kein Studium leisten konnten. Daneben wurden Zuwendungen an bes. begabte Personen als S. bezeichnet und bspw. für Bildungsreisen ausgezahlt; im „Reise-S." des *Deutschen Archäologischen Instituts* und anderen entspr.en Programmen existiert diese Form bis heute. Auch der bereits im Studium ausgehändigte Teil eines späteren Gehalts wurde „S." genannt: ein in Deutschland seit der ↑Reformation v. a. in der Pfarrerausbildung gebräuchliches Verfahren. Die in der ↑katholischen Kirche bestehende Möglichkeit, dass Gläubige eine „Messe bestellen", um ein persönliches Anliegen auszudrücken, wird traditionell als „Mess-S." bezeichnet.

### 2. Das Messstipendium im katholischen Kirchenrecht

Im katholischen ↑Kirchenrecht (can. 945–958 CIC/1983) wird das Mess-S. als althergebrachte Einkunft der Kirchenkasse verstanden: Der Gläubige entrichtet einen geringfügigen Betrag, und verbindet damit den Wunsch, sein Gebetsanliegen in den Gottesdienst zu integrieren. Das Mess-S. entwickelte sich im Verlauf des ersten Jahrtausends aus dem frühkirchlichen Brauch, die Gläubigen an dem in der Eucharistie dargebrachten Opfer zu beteiligen. Im Frühmittelalter wurde daraus eine pekuniäre Gabe, die theologisch gegen den Vorwurf der Simonie abgesichert werden musste. So betont Thomas von Aquin, dass solche S. keine Bezahlung für die Messfeier, sondern ein Beitrag zum Lebensunterhalt des Priesters seien (STh II-II, q. 100, a. 2, ad c. II). Die kirchliche S.-Variante hat insofern mit der umfassenderen Bedeutung des Begriffs zu tun, als es hier bereits im frühmittelalterlichen Unterhaltswesen neben der Versorgung von Bedürftigen auch um die Versorgung des ↑Klerus durch die Kirche ging.

In der Gegenwart werden im deutschsprachigen Raum Mess-S. nicht für das Auskommen der ↑Priester benötigt. Dennoch hält die DBK in einer „Handreichung zu Messstipendien" vom 24.2.1994 an ihnen fest. Allerdings werden nach dem Recht der meisten deutschen Diözesen diese Einkünfte ausschließlich für caritative und missionarische Aufgaben verwendet. Dieser Brauch entspricht dem lateinischen Wortlaut des ↑CIC, in dem seit 1983 von *stips* die Rede ist, also von einer ‚Gabe', während die ältere Fassung des CIC/1917 noch von einem *stipendium* sprach und damit die Betonung stärker auf das Einkommen des Zelebranten legte.

### 3. Rechtliche Aspekte

In juristischer Hinsicht ist für die Gegenwart bei S. zwischen der Hochbegabtenförderung und der Ausbildungsförderung zu unterscheiden. Während jene die Zuwendung an eine Person von deren Studienleistungen abhängig macht und zu diesem Zweck auf ein z. T. mehrstufiges Aufnahmeverfahren zurückgreift, wird die Ausbildungsförderung bedarfs- und nicht leistungsabhängig gewährt, sowie eine Person als i. S. d. entspr.en Gesetzes als bedürftig eingestuft wird. Grundlage ist das in Art. 20 Abs. 1 GG festgelegte Sozialstaatsprinzip (↑Sozialstaat). Dem Staat obliegt es demnach nicht nur, eine Aus- und Weiterbildung grundsätzlich zu ermöglichen, bspw. durch entspr.e Ausbildungseinrichtungen. Er hat auch die Pflicht, diejenigen ↑sozialen Ungleichheiten auszugleichen, die den Zugang zu ↑Bildung und ↑Wissenschaft erschweren. Im Bundesausbildungsförderungsgesetz (BAföG) von 1971 – seitdem mehrfach novelliert – sind staatliche Leistungen geregelt, um diesem gesetzlichen Auftrag nachzukommen. Mit den vom Bund und den Ländern gemeinsam finanzierten Leistungen des BAföG werden vorwiegend bedürftige Studenten gefördert. Allerdings handelt es sich nur z. T. um tatsächliche S., da derzeit die Hälfte des Zuschusses als Darlehen später zurückzuzahlen ist. Da das BAföG vorwiegend Studenten an Universitäten und anderen ↑Hochschulen erfasst, wurde durch Gesetze wie das AFBG (sog.es „Meister-BAföG") der Kreis der möglichen Empfänger staatlicher Förderung ausgeweitet. Es umfasst inzwischen auch Personen, die einen beruflichen Meistertitel anstreben.

### 4. Historische Entwicklungen

Der Blick in die Geschichte des S.-Wesens zeigt, dass keineswegs, wie zuweilen behauptet wird, demokratische Systeme (insb. die USA) bes. stipendienaffin sind: Das deutsche Kaiserreich ist eine Blütezeit der sog.en S.-Stiftungen. Das S.-Wesen ist in allen historischen Kontexten ein wesentlicher Faktor sozialer Dynamik und ↑Mobilität. Im Bildungssystem der Frühen Neuzeit mit einer großen Vielfalt an Landesuniversitäten erfüllten die Familien-S. bzw. S.-Stiftungen bedeutende Funktionen bei der Elitenbildung und bei der Festigung der Bindung zwischen der jeweiligen Universität und den gesellschaftlichen ↑Eliten. Die Familien-S. wurden i. d. R. als bürgerliche Stiftungen eingerichtet, von der Universität verwaltet und i. S. d. Stiftungszwecks vergeben. In den Jahrzehnten vor und nach 1800 wurden die S. offensiv auch als Qualitätsmerkmal von Universitäten bekanntgemacht und durch Preis-S. ergänzt. Um die Wende zum 19. Jh. wurde das Auswahlkriterium der Religions- bzw. Konfessionszugehörigkeit, das vorher – neben der regionalen Identität der Kandidaten – dominiert hatte, durch vielfältigere identitätsbezogene Kriterien bzw. Zweckbestimmungen abgelöst. Um 1900 wurden S.-Stiftungen auch als Hebel zur Förderung des Frauenstudiums eingesetzt (ca. 20 % der Stiftungen stammten von Frauen). Die Jahre der Inflation im frühen 20. Jh. brachten die S.-Stiftungen (wie alle Stiftungen) in Bedrängnis. Versuche der Zusammenfassung in größere Einheiten und Liquidierung der S.-Stiftungen im Nationalsozialismus waren gleichwohl nicht gänzlich erfolgreich. Das Ende der pluralen und ausdifferenzierten S.-Landschaft wurde in Deutschland erst durch politische Grundsatzentscheidungen der 1950er Jahre herbeigeführt.

In einigen Phasen der Entwicklung (z. B. im 17. Jh.) wurde die sozial- bzw. begabungsbezogene Zwecksetzung deutlich von der Privilegierung der Studenten aus höheren Schichten überlagert, was eine Entfernung von der Grundidee des Begabten- bzw. Bedürftigen-S.s bedeutete. Dieser Befund wird auch in der Gegenwart als Vorwurf an die Begabtenförderungswerke im System der staatlichen ↑Begabtenförderung gerichtet, wobei meist statistische Korrelationen mit Kausalitäten verwechselt werden. Die Forderung, bei einer Quote von bspw. 50 % Studenten als Erstakademikern müsste auch die Hälfte der Stipendiaten in der Begabtenförderung Erstakademiker sein, geht insofern in die Irre, als unter den leistungsfähigsten Studenten keineswegs 50 % Erstakademiker zu finden sind.

Eine Sonderform sind Unterstützungsformen, bei denen – ähnlich wie in der ganzen Frühen Neuzeit die sog.e „Freitische" von Professoren für bedürftige Studenten – Kost und Logis, u. U. auch eine bes. Ausbildungskomponente als Vorleistung im Hinblick auf eine spätere Tätigkeit im Bereich des S.-Gebers gewährt wurde. So mussten sich die Stipendiaten im Tübinger evangelischen Stift verpflichten, später in den Dienst des Landesherrn zu treten (insb. als Pfarrer und Juristen). Das führte notorisch zu Konflikten, weil die Nutznießer der S. im Laufe des Studiums ihre Intentionen änderten (Friedrich Hölderlin, Eduard Mörike). Die Existenz als Hofmeister war dabei oft eine Ausweichstation bzw. ein Moratorium.

### 5. Aktuelle Situation

Die urspr. und offiziell karitative bzw. leistungsbezogene Zielsetzung der S. kann nicht darüber hinwegtäuschen, dass mit S. von Anfang an auch bildungsorganisatorische und bildungspolitische Zwecke verbunden wurden. Die Förderung bedürftiger Studenten konnte sozialdisziplinierende Funktionen erfüllen. Sie diente und dient immer auch der Erschließung von Begabungs-Ressourcen für die jeweilige politisch-staatliche Führung, die Wirtschaft oder Kultur. Das Tübinger Stift sollte für das Herzogshaus bzw. Landesverwaltung und Landeskirche Nachwuchs heranziehen. Die Vergabe von S. wurde und wird auch an programmatische Kriterien („Affinität" zum jeweiligen S.-Geber) gebunden, wobei im Normalfall eine Balance zwischen der persönlichen Autonomie des Empfängers und der Zweckbindung des S.-Gebers angestrebt wird. In Deutschland wird ein Großteil der Begabten-S. durch die derzeit 13 Begabtenförderungswerke abgedeckt, die aus Mitteln des Bundes nach den Kriterien des BAföG 1 % der begabtesten Studenten im deutschen Hochschulwesen fördern sollen, wobei die materiellen Zuwendungen je nach Ausrichtung des jeweiligen Werkes durch ein mehr oder weniger umfassendes Bildungsprogramm ergänzt werden. Dabei soll die weltanschaulich-politische Pluralität nicht primär *innerhalb* der einzelnen Werke, sondern auf der Ebene des Gesamtsystems gewährleistet werden, denn ↑Parteien, ↑Kirchen bzw. Religionsgemeinschaften und Sozialpartner gestalten sowohl ihre Auswahlkriterien (neben der wissenschaftlichen Höchstbegabung auch Kriterien der Lebensleistung und des gesellschaftlichen Engagements) als auch ihre Förderarbeit (neben der Weitergabe der staatlichen S.-Mittel) nach eigenen Grundsätzen und Leitbildern. Eine Ausnahme bildet die weltanschaulich-politisch neutrale *Studienstiftung des deutschen Volkes*, die alleine in etwa die Größe aller anderen Werke zusammengenommen aufweist.

Bildende ↑Künste, ↑Literatur und ↑Musik sind Bereiche des Kultursystems, die – nicht zuletzt wegen unsicherer Möglichkeiten materiellen Auskommens – durch ein sehr vielfältiges, ja unübersichtliches S.-Wesen geprägt sind: Stadtschreiber-Posten, Poetik-Vorlesungen und v.a. Preise aller Art dienen der für die Geldgeber nicht sehr verbindlichen, zugl. aber für Repräsentationszwecke hervorragend geeigneten befristeten Unterstützung von jüngeren Künstlern. Getragen wird dieser S.-Betrieb von privaten Mäzenen, Stiftungen bürgerlichen Rechts, aber auch öffentlichen Geldgebern. So werden etwa die renommierten S. der Villa Massimo/Rom von dem *Beauftragten für Kultur und Medien bei der Bundesregierung* vergeben. S. sind auch ein bewährtes, aber umstrittenes Mittel der Projektförderung, weil sie nicht mit institutioneller sozialer Absicherung verbunden sind.

### Literatur

G. Emberger: Ain ewig Stipendium. Das Collegium Sanctorum Georgii et Martini, 2013 • A.-S. Göing: Stipendium, in: ENz, Bd. 12, 2010, 1047–1050 • T. Adam: Stipendienstiftungen und der Zugang zu höherer Bildung in Deutschland von 1800 bis 1960, 2008 • E.-W. Luthe: Bildungsrecht, 2003 • C. Böde/U. Janetzki (Hg.): Preise und Stipendien. Hb. für Autoren, 2000 • DBK (Hg.): Handreichung zu Messstipendien, 1994 • H. Bachmann: Stipendien, Ausbildungsförderung, in: C. Flämig u.a. (Hg.): Hb. des Wissenschaftsrechts, Bd. 1, 1982, 698–718 • W. Heinemeyer (Hg.): Studium und Stipendium. Untersuchungen zur Geschichte des hessischen Stipendienwesens, 1977 • V. Schäfer: „Zur Beförderung der Ehre Gottes und Fortpflanzung der Studien." Bürgerliche Studienstiftungen an der Universität Tübingen zwischen 1477 und 1750, in: E. Maschke/J. Sydow (Hg.): Stadt und Universität im Mittelalter und in der frühen Neuzeit, 1977, 99–111 • A. Mayer: Triebkräfte und Grundlinien der Entstehung des Mess-Stipendiums, 1976 • F. Kluge: Etymologisches Wörterbuch der deutschen Sprache, [21]1975 • Arbeitsgemeinschaft Deutscher Stiftungen und des Verbandes Deutscher Wohltätigkeitsstiftungen (Hg.): Lebensbilder deutscher Stiftungen, 6 Bde., 1971–93 • F. G. Gast: Stipendium und Unterhaltsvertrag im fränkisch-kirchlichen Recht, in: ZRG Kanonistische Abteilung 51/1 (1965), 24–138. GEORG BRAUNGART UND MORITZ STROHSCHNEIDER

## Strafe

Das Rechtsinstitut der S., das hier – in vorläufiger Arbeitsdefinition – als *ein Übel, das als Reaktion auf ein Übel zugefügt wird* zu definieren ist, kann Gegenstand verschiedener Betrachtungsweisen sein. Eine rechtshistorische Betrachtung zeichnet den *Werdegang* der S. nach, d.h. Vorformen, Entstehung und Abwandlungen bis hin zu ihrer heutigen Gestalt. Eine rechtspositivistische Perspektive beschreibt die *Regelung der S. im positiven Recht*. Eine rechtsethische Betrachtungsweise fragt nach ihrer *Rechtfertigung* (eine Diskussion, die unter dem Stichwort der Straftheorien geführt wird). Mit dieser Betrachtungsweise eng verflochten ist die rechtsontologische Frage nach dem *Begriff* der S. – die Verfeinerung der eingangs vorgeschlagenen Arbeitsdefinition.

### 1. Zur Rechtsgeschichte der Strafe

Rechtshistorisch ist das, was wir als S. bezeichnen, nur eine Momentaufnahme einer längeren Entwicklung, die verschiedene Phasen durchlief. Die traditionellen Darstellungen zur Strafrechtsgeschichte pflegen bei der *Privatrache* zu beginnen, also bei der vom Verletzten selbst oder durch dessen Verwandte („Sippe") durchzusetzenden reaktiven Übelzufügung, die sich in Form der Blutrache bzw. Fehde manifestierte. Allmählich wurde dieses System abgelöst durch das sog.e Kompositionensystem, das sich in einer Geldzahlung an das Opfer oder dessen Verwandte äußerte und sich deshalb vom Schadensersatz kaum unterschied. Allmählich kam es zu einer „Neutralisierung des Opfers" (Hassemer 1990: 71) im Wege einer Verstaatlichung der Übelzufügung. Voraussetzung dieser Entwicklung war die Entstehung von Staaten bzw. staatsähnlichen Gebilden, d.h. Organisationsformen gesellschaftlichen Zusammenlebens, die das ↑Gewaltmonopol über ein Territorium ausüben und einen Legitimitätsanspruch erheben. Mit dieser Verstaatlichung erhielt die S. einen vom Schadensersatz deutlich zu unterscheidenden Aspekt; im Vordergrund stand nicht mehr eine Leistung an den Geschädigten, sondern eine Leistung an den Staat oder der Verlust eines Rechts seitens des Täters, etwa des Rechts auf Leben, Leib oder Ehre, des Status als Rechtssubjekt (sog.e Friedlosigkeit).

### 2. Die Strafe im positiven Recht

*a)* Aus der Perspektive des heutigen positiven Rechts (↑Rechtspositivismus) bedeutet die S. die vorrangige Rechtsfolge, die für die Begehung von sog.en Straftaten (§ 12 StGB) vorgesehen ist. Die konkreten Erscheinungsformen der S. werden aufgelistet im Ersten Titel des Dritten Abschnitts des Allgemeinen Teils des deutschen StGB. Die erste von ihnen ist die Freiheits-S., die als zeitige oder lebenslängliche verhängt werden kann (§ 38 I StGB). Daneben tritt die Geld-S. (§ 40 ff. StGB), die im Fall der Uneinbringlichkeit in eine Freiheits-S. umgewandelt werden kann (sog.e Ersatzfreiheits-S., § 43 StGB). Als sog.e Neben-S. gilt das Fahrverbot (§ 44 StGB). Die S. ist nicht die einzige Rechtsfolge, die die Begehung von Straftaten auslöst; das Gesetz sieht noch sog.e Maßregeln der Besserung und Sicherung vor, wozu die Sicherungsverwahrung, die Führungsaufsicht oder die Entziehung der Fahrerlaubnis gehören (§§ 66 ff., 68 ff., 69 ff.). Ihr distinktives Zeichen ist, dass sie keine Schuld, sondern eine Gefährlichkeit des Täters voraussetzen (das ist bei der S. anders) und damit keine vergangenheitsbezogene Reaktion auf ein Übel sind, also genauer betrachtet keine Sanktion verkörpern. Man spricht von einem zweispurigen System (↑Strafgesetzbuch).

*b)* Für alle als S. bezeichnete Sanktionen ist die ↑Schuld des Täters unübersteigbare Schranke. Das folgt aus dem Schuldprinzip, dem nach ständiger Rechtsprechung des ↑BVerfG als Ausfluss der ↑Menschenwürde Verfassungsrang zukommt (zuletzt BVerfGE 126,267 [413]; 140, 317 [341, 343]). Nur natürliche Personen können sich strafbar machen. S. zu verhängen ist Teil der „rechtsprechenden Gewalt" i. S. v. Art. 92 GG und deshalb den Richtern anvertraut. S.n unterstehen zudem dem strengen Unbestimmtheits-, Rückwirkungs- und Analogieverbot des Art. 103 II GG; „streng" ist diese Regelung, insofern sie, anders als etwa das allg.e rechtsstaatliche Rückwirkungsverbot aus Art. 20 III GG, keiner Abwägung mit gegenläufigen Belangen (insb. einer funktionstüchtigen Strafrechtspflege) zugänglich ist.

*c)* Zuwiderhandlungen geringeren Unrechtsgehalts weist die Rechtsordnung nicht dem Strafrecht, sondern dem *Ordnungswidrigkeitenrecht* (↑Ordnungswidrigkeiten) zu, dessen Grundstruktur vom Ordnungswidrigkeitengesetz v. 1968 (BGBl. I, 481) normiert ist. Die zentrale Sanktion des Ordnungswidrigkeitenrechts ist die Geldbuße, die sich von der Geld-S. vor allem dadurch unterscheidet, dass sie nicht durch das Maß der Schuld begrenzt ist, sondern gewinnabschöpfenden Charakter hat (§ 17 IV OWiG), dass sie gegen ↑juristische Personen verhängt werden kann (§ 30 OWiG), dass eine exekutivistische Verhängung durch Verwaltungsakt, nämlich den Bußgeldbescheid möglich ist (§ 65 I OWiG) und insb. dass sie sich nicht in eine Ersatzfreiheits-S. umwandeln lässt (anders als die Geld-S., § 43 StGB).

### 3. Rechtfertigung der Strafe

Die *rechtsphilosophische bzw. rechtsethische Reflexion* über die S. ist in erster Linie die Reflexion über ihre Existenzberechtigung. Denn die S. ist als Übel rechtfertigungsbedürftig. Ein Übel aber, für das man keinen guten Grund angeben kann, ist abzuschaffen (dafür in der Tat die sog.en *Abolitionisten*). Man unterscheidet traditionell die vergangenheitsorientierten sog.en absoluten Theorien, die die S. als Selbstzweck betrachten, von den zukunftsorientierten sog.en relativen Theorien, die die S. als Mittel zur Erreichung anderer Zwecke ansehen.

*a)* Die wichtigste absolute Theorie ist die *Vergeltungstheorie*, die bei präziser Definition S. als Gebot der ↑Gerechtigkeit versteht. Ungestrafte Schuld ist eine zu beseitigende Ungerechtigkeit. Man verbindet die Vergeltungstheorie insb. mit den großen Philosophen des deutschen ↑Idealismus Immanuel Kant und Georg Wilhelm Friedrich Hegel. Heute sind es in Deutschland in erster Linie neoidealistisch orientierte Autoren, wie v. a. Michael Köhler, die als Vertreter einer Vergeltungstheorie hervorstechen.

*b)* Der vorrangige von den relativen Straftheorien verfolgte Zweck, zu dessen Erreichung die S. nur ein Mittel ist, ist die *Prävention* weiterer Straftaten. Entweder soll die Allgemeinheit von der Begehung weiterer Straftaten abgehalten werden (Generalprävention) oder der zu Bestrafende selbst (Spezialprävention). Generalprävention erfolgt (negativ) durch Abschreckung oder (positiv) durch Normbekräftigung, Spezialprävention (negativ) durch Unschädlichmachung oder (positiv) durch Resozialisierung. In der modernen Diskussion scheint die Idee der positiven Generalprävention als Normbekräftigung zur herrschenden Ansicht zu avancieren; prominente Vertreter sind Winfried Hassemer und Günther Jakobs.

*c)* Nicht selten versucht man die starre Kluft zwischen absoluter und relativer Betrachtungsweise zu überwinden. In der Rechtsprechung überwiegt eine *additive bzw. eklektizistische Vereinigungstheorie*, die bei allen der genannten Gesichtspunkte Anleihen nimmt. Claus Roxin, Bernd Schünemann und Luís Greco vertreten *dualistische Straftheorien*, nach denen die S. durch die relative Zwecksetzung der Prävention begründet wird, durch die absolute Schranke der Schuld aber begrenzt wird. Tatjana Hörnle bemüht sich ergänzend um eine opferbezogene expressivistische Betrachtungsweise, die in der S. die formelle Bestätigung, dass dem Opfer Unrecht geschehen ist, erkennt. Michael Pawlik erblickt in der S. die Erfüllung einer Bürgerpflicht des Rechtsbrechers, zum Fortbestehen eines Zustands von Rechtlichkeit und Freiheit beizutragen.

### 4. Begriff der Strafe

Auch rechtsphilosophisch, aber eher *rechtsontologisch* als rechtsethisch ist die relativ wenig erforschte (obgleich logisch vorrangige) Frage nach dem *Begriff der S.* Gibt es qualitative Unterschiede zwischen dem, was wir als S. bezeichnen, und anderen Rechtsfolgen? Wenn ja, worin liegen sie?

*a)* Sowohl Vertreter relativer Straftheorien als auch rechtspositivistisch orientierte Autoren neigen dazu, die bes. Qualität der S. zu leugnen. Erstere, weil sie die S. als bloßes Mittel ansehen, letztere, weil sie im Willen des Gesetzgebers das einzig unbestreitbare Unterscheidungskriterium zwischen S. und Nicht-S. erblicken. Konkret heißt das, dass der Gesetzgeber nach einer Tötung jemanden lebenslänglich einsperren dürfte, ohne dies als S. bezeichnen zu müssen – ohne also sich vor dem Schuldprinzip rechtfertigen zu müssen, ohne dass es des Urteils eines Richters bedürfte (Art. 92 GG), sondern nur einer nachträglichen richterlichen Bestätigung (Art. 104 II 2 GG: „unverzüglich"). Mit anderen Worten: diese Autoren geraten in Schwierigkeiten, die ganze Summe der o. 2. b) für S.n vorgesehenen bes.n Sicherungen zu erklären (und treten nicht selten für ihre Relativierung ein).

*b)* Für Vertreter absoluter Straftheorien liegt die gegenteilige Antwort nahe. Auch derjenige, der die Frage nach dem Begriff der S. als logisch vorrangig betrachtet, und sich erst im Anschluss der Rechtfertigungsfrage zuwendet, wird nur schwer etwas anderes behaupten können. Damit entsteht zugl. die Frage, worin das der Strafe Eigentümliche zu erkennen ist. Die traditionelle Antwort, die sich zumindest bis auf Hugo Grotius zurückverfolgen lässt, erkennt in der S. ein *körperlich bzw. sinnlich spürbares Übel*. Insb. B. Schünemann spitzt diese Sichtweise zur These zu, die S. sei eine einen „Overkill" (Schünemann 2016: 656) verkörpernde Sanktion, die in aller Regel das Maß der Vergeltung übersteigert. Die heute zunehmend vertretene Auffassung, die auch in der Rechtsprechung des BVerfG im Vordergrund steht (BVerfGE 123,267 [408]; 128,326 [376]), lenkt den Blick auf die kommunikative Dimension des Strafens: S. ist in erster Linie ein Unwerturteil, Ausdruck von *sozialethischer Missbilligung*. Einige Autoren schlagen auch hier Kombinationen vor; *L. Greco* möchte präzisierend das Übel der S. als Beschränkung von Rechten bestimmen, die den Betroffenen schlicht als Menschen zustehen (insb.: Leib, Leben, Freiheit, also „angeborene" Rechte; nicht: Vermögen oder Ämter, also „erworbene" Rechte), und die kommunikative Dimension schlicht als (vergangenheitsbezogene) Reaktion auf ein Fehlverhalten ansehen. Nach diesem Ansatz darf der Gesetzgeber, der eine Freiheitsentziehung als Reaktion anordnet, niemals auf die Verwendung des Etiketts S. verzichten.

### Literatur

C. Roxin/L. Greco: Strafrecht Allgemeiner Teil, Bd. 1, [5]2020 • T. Hörnle: Straftheorie, in: E. Hilgendorf/H. Kudlich/B. Valerius (Hg.): Hdb. des Strafrechts, 2019, 507–537 • W. Mitsch: Einleitung, in: ders. (Hg.): Karlsruher Kommentar zum OWiG, [5]2018 • T. Hörnle: Straftheorien, [2]2017 • B. Schünemann: Versuch über die Begriffe vom Verbrechen und Strafe, Rechtsgut und Deliktsstruktur, in: Saliger, F. u. a. (Hg.): FS für Ulfried Neumann 2017, 701–714 • B. Schünemann: Über Strafrecht im demokratischen Rechtsstaat, das unverzichtbare Rationalitätsniveau seiner Dogmatik und die vorgeblich progressive Rückschrittspropaganda, in: ZIS 11/10 (2016), 654–671 • L. Greco: Strafprozesstheorie und materielle Rechtskraft, 2015 • M. Pawlik: Das Unrecht des Bürgers, 2012 • L. Greco: Lebendiges und Totes in Feuerbachs Straftheorie, 2008 • G. Jakobs: Staatliche Strafe, 2004 • M. Pawlik: Person, Subjekt, Bürger. Zur Legitimation von Strafe, 2004 • M. Köhler: Strafrecht, Allgemeiner Teil, 1997 • G. Jakobs: Strafrecht, Allgemeiner Teil, [2]1993 • W. Hassemer: Einführung in die Grundlagen des Strafrechts, [2]1990 • C. Roxin: Sinn und Grenzen staatlicher Strafe, in: ders. (Hg.): Strafrechtliche Grundlagenprobleme, 1973, 1–31 • E. Schmidt: Einführung in die Geschichte der deutschen Strafrechtspflege, [3]1965.

LUÍS GRECO

## Strafgesetzbuch

Das *geltende deutsche StGB* besteht aus einem „vor die Klammer gezogenen" Allgemeinen Teil (A. T.), in dem die Regeln über den zeitlichen und räumlichen Geltungsbereich des StGB (§§ 1–10), über die für alle Straftaten geltenden Strafbarkeitsvoraussetzungen (etwa Irrtum, Versuch, Täterschaft und Teilnahme, §§ 13–37) und über die Rechtsfolgen der Straftat (insb. Freiheitsstrafe, Geldstrafe, Sicherungsverwahrung, Einziehung, Strafzumessung, §§ 38–79b) normiert sind, sowie aus einem Besonderen Teil (B. T.) (§§ 80a–358), in dem die einzelnen Straftaten, etwa der Mord (§ 211), der Raub (§ 249) und die Vorteilsannahme (§ 331) definiert und mit Strafdrohungen versehen werden.

### 1. Allgemeiner Teil

Der heutige *A. T.* geht maßgeblich zurück auf das 2. Strafrechtsreformgesetz vom 4.7.1969 (BGBl. I, 717), das den auf dem Reichsstrafgesetzbuch vom 15.5.1871, dem ersten einheitlichen StGB Deutschlands, beruhenden A. T. nach einer langen Reformdiskussion abgelöst hat. Die wichtigsten Neuerungen waren: die Rückkehr zum Territorialitätsprinzip (§ 3: Geltung des StGB für Inlandstaten) als Grundprinzip für den räumlichen Geltungsbereich (der NS-Gesetzgeber hatte dieses im Jahre 1940 durch das sog.e aktive Personalitätsprinzip ersetzt, nach dem das StGB für deutsche Straftäter gelte); die Regeln über die Straflosigkeit desjenigen, dem unvermeidbar die Einsicht fehlt, Unrecht zu tun (§ 17: Verbotsirrtum), über denjenigen, der die Tat in eigener Hand begeht oder einen Menschen als „Werkzeug" einsetzt (§ 25 I: unmittelbare und mittelbare Täterschaft) sowie über denjenigen, der in der Not handelt, eine nicht anders abwendbare gegenwärtige Gefahr für ein wesentlich überwiegendes Interesse abzuwenden (§ 34: rechtfertigender Notstand); die Vereinheitlichung der Freiheitsstrafe, deren Mindestdauer auf einen Monat angehoben wurde (§ 38 II), unter Abkehr vom früheren System, das ein entehrendes Zuchthaus und kurzzeitige Freiheitsstrafen kannte; die Bemessung der Geldstrafe nach dem sog.en Tagessatzsystem (§ 40); und eine Revision des Maßregelsystems. Seitdem ist eine Vielzahl von Änderungen vorgenommen worden, v. a. im Bereich der Einziehung (§§ 73 ff.) sowie im Recht der Sicherungsverwahrung, die insb. seit 2002 ständig ausgeweitet wird (§§ 66 ff.).

Die tragende Dichotomie für das dem StGB zugrundeliegende Straftatkonzept ist die *Unterscheidung von Unrecht und ↑Schuld*, die an keiner anderen Stelle besser erkennbar wird als an der Gegenüberstellung von rechtfertigendem (§ 34) und entschuldigendem (§ 35) ↑Notstand. Derjenige, der gegen eine Vorschrift des B.n T.s verstößt, verwirklicht Unrecht, es sei denn, sein Handeln entspricht einem wesentlich überwiegenden Interesse bzw. kann gegenüber der Gesellschaft oder dem Opfer als rechtskonform begründet werden. Auch dann, wenn diese Ausnahme nicht gegeben ist, wenn also Unrecht vorliegt, bedarf es für eine Bestrafung noch eines persönlichen Vorwurfs, der insb. dann nicht mehr angemessen ist, wenn der Täter in bes.n Situationen gehandelt hat, die sein Verhalten zwar nicht als rechtskonform, jedoch als nachvollziehbar erscheinen lassen.

Das Rechtsfolgensystem wird getragen von einer anderen Dichotomie, nämlich der Unterscheidung von *↑Strafen* und *Maßregeln der Sicherung und Besserung*. Strafen sind vergangenheitsbezogene Reaktionen, die von der Schuld begrenzt werden (§ 46 I 1). Maßregeln sind zukunftsorientierte Vorbeugemittel, die eine Grenze in der Gefährlichkeit bzw. im Verhältnismäßigkeitsprinzip finden (§ 62). Das StGB kennt zwei Hauptstrafen, die Freiheits- und die Geldstrafe (§ 38 ff.), die Nebenstrafe des Fahrverbots (§ 44) und zahlreiche sog.e Nebenfolgen (§§ 45 ff.). Die wichtigsten Maßregeln sind die verschiedenen Formen der Unterbringung (§§ 63 ff.), die Führungsaufsicht (§§ 68 ff.) und das Berufsverbot (§§ 70 ff.). Man spricht von einem zweispurigen System.

### 2. Besonderer Teil

Der *B. T.* erfuhr, anders als der A. T., keine komplette Neuformulierung, sondern ist seit 1871 Gegenstand mehrerer unterschiedlich weitreichender *Reformgesetze* gewesen, einige umfassend, andere sektoral. Hervorzuheben ist die 1975 erfolgte Abschaffung der Straftatkategorie der sog.en Übertretungen (§§ 360 ff. a.F.) zugunsten einer Zweiteilung zwischen Verbrechen und Vergehen (§ 12). Die Übertretungen, etwa der ruhestörende Lärm (§ 360 Nr. 11 Var. 1 a.F.) wurden überwiegend in ↑Ordnungswidrigkeiten verwandelt (§ 117 Ordnungswidrigkeitengesetz), teilweise aber auch zu Vergehen hochgestuft. Die letzte umfassende Reform des B.n T.s erfolgte durch das 6. Strafrechtsreformgesetz von 1998 (BGBl. I, 164). Sektorale Änderungen finden in kleineren Zeitabständen statt; aus letzter Zeit sei an die Reform der ↑Sexualdelikte von 2016 durch das 50. Gesetz zur Änderung des StGB erinnert (BGBl. I, 2460), die unter dem werbewirksamen Motto „Nein heißt Nein“ erfolgte.

Der B. T. ist nach den durch die jeweilige Straftatgruppe beeinträchtigten Rechtsgütern gegliedert. Die für den B.n T. zentrale Dichotomie ist die Unterscheidung zwischen *Delikten gegen Individualrechtsgüter und Delikten gegen Kollektivrechtsgüter*. Zur ersten Gruppe gehören etwa die Straftaten gegen das Leben (§§ 211 ff.), die körperliche Unversehrtheit (§§ 223 ff.), die persönliche Freiheit (§§ 223 ff.), die sexuelle Selbstbestimmung (§§ 174 ff.), die Ehre (§§ 185 ff.), das Hausrecht (§ 123) und das Vermögen (§§ 242 ff.). Zur zweiten Gruppe gehören insb. die Staatsschutzdelikte (§§ 80a ff.) – womit der B. T., obrigkeitsstaatlichem Denken entspr., beginnt –, Straftaten gegen die öffentliche Ordnung (§§ 124 ff.), Geld- und Urkundenfälschung (§§ 146 ff., 267 ff.), Straftaten gegen die Umwelt (§§ 324 ff.) und Amtsdelikte (§§ 331 ff.).

### 3. Nebenstrafrecht

Das StGB enthält bei weitem nicht die Gesamtheit aller in Deutschland geltenden Strafvorschriften. Man verwendet den unscharfen Sammelbegriff des Nebenstrafrechts, um das außerhalb des StGB befindliche ↑Strafrecht zu erfassen. Dazu rechnet man etwa die Strafvorschriften des BtMG, des WaffenG, des Aufenthalts- und Asylgesetzes, des AMG, des UWG, sowie das OWiG und das VStGB. Erinnert sei noch an das ↑Jugendstrafrecht, das bes. Sanktionen und ein bes.s Verfahren für Täter vorsieht, die das 14., nicht aber das 18. (Jugendliche) oder das 21. Lebensjahr (Heranwachsende) vollendet haben, das man aber herkömmlich nicht unter den Begriff des Nebenstrafrechts fasst.

### Literatur

T. Fischer: Strafgesetzbuch, [67]2020 • C. Roxin/L. Greco: Strafrecht Allgemeiner Teil, Bd. 1, [5]2020 • A. Eser, u. a.: Schönke/Schröder Strafgesetzbuch Kommentar, [30]2019 • J. Wolter (Hg.): Systematischer Kommentar zum Strafgesetzbuch, Bd. 1, [9]2017.

LUÍS GRECO

## Strafprozessrecht

### 1. Einleitung

Das S. beinhaltet alle rechtlichen Regeln und Prinzipien des Strafprozesses. Das hiervon erfasste staatlicherseits betriebene Erkenntnisverfahren dient dazu, über die strafrechtliche Verantwortlichkeit eines Menschen und ggf. über die Verhängung einer strafrechtlichen Rechtsfolge zu befinden. Nach teilweise vertretener Ansicht, die hier geteilt wird, sind die Begriffe S. und Strafverfahrensrecht gleichlautend. Mitunter wird in der Literatur aber auch eine Bedeutungsdivergenz angenommen: Danach umfassen beide Termini das Recht des Erkenntnisverfahrens, jedoch soll nur das Strafverfahrensrecht auch für das Vollstreckungsverfahren gelten, das sich im Fall einer Verurteilung an das Erkenntnisverfahren anschließt.

### 2. Aufgaben

Der Strafprozess dient mindestens *drei Aufgaben*, die sich gegenseitig ergänzen, mitunter aber auch begrenzen: Erstens dient er dazu, die tatsächliche Grundlage einer strafrichterlichen Entscheidung zu *ermitteln*. Allerdings darf es hierbei keine Wahrheitsfindung um jeden Preis geben, da der Strafprozess – zweitens – der *Rechtsstaatlichkeit* (↑Rechtsstaat) verpflichtet ist, also der „Sicherung der gebotenen Schutzrechte des Beschuldigten" (Hellmann 2006: 2). Als dritte Aufgabe ist die *Schaffung von Rechtsfrieden* zu nennen. Diese Aufgabe kommt u. a. darin zum Ausdruck, dass ein Strafprozess nur unter erschwerten Bedingungen bzw. gar nicht betrieben werden kann, nachdem bereits eine rechtskräftige Entscheidung in derselben Sache ergangen ist.

## 3. Ablauf

### 3.1 Ordentliches Verfahren

Das erstinstanzliche Erkenntnisverfahren unterteilt sich in das staatsanwaltschaftliche Ermittlungsverfahren (Vorverfahren), das gerichtliche Zwischenverfahren und das gerichtliche Hauptverfahren. Ein Strafverfahren gelangt nur dann in den nächsten Verfahrensabschnitt, wenn es in dem jeweils vorangegangenen Verfahrensabschnitt nicht (durch Einstellung oder in sonstiger Weise) beendet wurde. Die Person, gegen die sich der betreffende Tatvorwurf richtet, wird *Beschuldigter* gen. Unter diesen Begriff fallen drei weitere Termini: Je nach Verfahrensabschnitt unterscheidet das Gesetz begrifflich zwischen dem *Beschuldigten im engeren Sinne* (vor Erhebung der öffentlichen Klage), dem *Angeschuldigten* (ab Erhebung der öffentlichen Klage) und dem *Angeklagten* (ab Eröffnung des Hauptverfahrens).

Ein Ermittlungsverfahren wird eingeleitet, soweit ein Anfangsverdacht besteht – also die konkrete Möglichkeit, dass eine Straftat begangen wurde. Das Ermittlungsverfahren führt zur Anklageerhebung, wenn ein hinreichender Tatverdacht gegen einen Beschuldigten – also eine überwiegende Verurteilungswahrscheinlichkeit – besteht und soweit keine Verfahrenseinstellung wegen Geringfügigkeit etc. (§§ 153 ff. StPO) in Betracht kommt. Kommt es zur Anklageerhebung, so geht der Strafprozess in das gerichtliche Zwischenverfahren über. Dieses dient dazu, das Vorliegen des hinreichenden Tatverdachts von gerichtlicher Seite überprüfen zu lassen, bevor (bei Annahme eines solchen Tatverdachts) das eingriffsintensive Hauptverfahren eröffnet wird. Dessen Kern besteht in der öffentlichen Hauptverhandlung, die mit einer Verurteilung endet, soweit sämtliche Verfahrensvoraussetzungen bejaht werden und das Gericht von der Täterschaft und der Schuld des Angeklagten überzeugt ist.

Nach einem erstinstanzlichen Urteil kommt die Durchführung eines Rechtsmittelverfahrens in Betracht. Je nach Konstellation können eine Berufung (weitere Tatsacheninstanz) oder eine Revision (Rechtskontrolle) statthaft sein. Soweit ein Urteil in Rechtskraft erwächst, ist es vollstreckbar.

### 3.2 Besondere Verfahrensarten

Bes. Verfahrensarten sind etwa das Privatklageverfahren (§§ 374 ff. StPO), das Verfahren bei Strafbefehlen (§§ 407 ff. StPO) und das beschleunigte Verfahren (§§ 417 ff. StPO).

## 4. Grundsätze und Prinzipien

Die folgenden Grundsätze und Prinzipien gelten zwar keineswegs ohne Einschränkungen, prägen jedoch das Wesen des S.s maßgeblich:

*a)* Nach dem *Rechtsstaatsprinzip* und dem *Fair-Trial-Prinzip* muss der Strafprozess rechtsstaatlichen Grundsätzen entsprechen und unter Wahrung der „*Verfahrensbalance* als regulativem Generalprinzip" (Roxin/Schünemann 2017: Rdnr. 4) ablaufen.

*b)* Das *Offizialprinzip* bestimmt, dass die Strafverfolgung von Amts wegen *(ex officio)* erfolgt.

*c)* Gemäß dem *Anklagegrundsatz (Akkusationsprinzip)* setzt die Eröffnung einer gerichtlichen Untersuchung voraus, dass eine Klage erhoben wurde. I. d. R. handelt es sich hierbei um eine öffentliche Klage der Staatsanwaltschaft, in Betracht kommt aber auch eine Privatklage des Verletzten.

*d)* Das *Legalitätsprinzip* besagt u. a., dass die StA bei Vorliegen der Voraussetzungen zur Aufnahme von Ermittlungen bzw. zur Anklageerhebung verpflichtet ist.

*e)* Nach dem *Untersuchungsgrundsatz (Instruktionsprinzip, Ermittlungsgrundsatz, Inquisitionsgrundsatz, Prinzip der materiellen Wahrheit)* wird die Erforschung des Sachverhalts von Amts wegen betrieben.

*f)* Gemäß dem *Mündlichkeitsgrundsatz* darf das Urteil i. d. R. nur auf solchen Tatsachen basieren, die in der Hauptverhandlung mündlich erörtert wurden.

*g)* Aus dem *Unmittelbarkeitsgrundsatz* folgt u. a., dass das Urteil grundsätzlich nur auf eigenen Wahrnehmungen des Gerichts aus der Hauptverhandlung beruhen darf. Diese Wahrnehmungen können sich etwa auf Zeugenaussagen und Einlassungen des Angeklagten beziehen oder auf richterlichem Augenschein beruhen.

*h)* Der *Öffentlichkeitsgrundsatz* bestimmt, dass die Hauptverhandlung i. d. R. öffentlich ist.

## 5. Rechtsquellen

Das S. ist u. a. in folgenden Rechtsquellen normiert: *StPO* (Regelungen zu Ermittlungsmaßnahmen und zum Ablauf des Strafprozesses); ↑GG (allg.e ↑Grundrechte, Bestimmungen über die Rechtsprechung und bes. strafprozessuale Rechte wie Schweigerecht des Beschuldigten); ↑EMRK (Folterverbot, Unschuldsvermutung und Recht auf ein faires Verfahren); GVG (Regelungen zur sachlichen Gerichtszuständigkeit und zum Aufbau der ↑Staatsanwaltschaft); ↑StGB (materieller Verfahrensgegenstand, Regelung einzelner Prozessvoraussetzungen und -hindernisse [z. B. Strafverfolgungsverjährung, Strafantrag, Anwendbarkeit deutschen Strafrechts]); JGG (Regelungen über Jugendstrafverfahren und Verfahren gegen Heranwachsende).

Literatur

C. Roxin/B. Schünemann: Strafverfahrensrecht, [29]2017 • H.-H. Kühne: Strafprozessrecht, [9]2015 • M. Heghmanns: Strafverfahren, 2014 • C. Knauer/H. Kudlich/H. Schneider (Hg.): Münchener Kommentar zur Strafprozessordnung, Bd. 1 f., 2014 ff. • U. Hellmann: Strafprozessrecht, [2]2006.

MILAN KUHLI

## Strafrecht

### 1. Strafrecht als Rechtsbegriff

Der Begriff S. umfasst einen universal anerkannten Kernbereich dessen, was in rechtshistorisch-vergleichendem Kontext auch als „Kriminalrecht" *(ius criminale, criminal law)* gilt, weist aber darüber hinaus. So werden mit diesem Terminus auch Sanktionsformen jenseits des Kriminalrechts belegt, sei es als staatlich verhängte Sanktionen (z.B. Bußgelder), sei es auf privatrechtlicher Basis verhängte Sanktionen (z.B. Vertragsstrafen, Vereins- und Verbandsstrafen). Schließlich erfasst S. in einem weiteren Sinne neben dem materiellen S. auch das Strafverfahrensrecht. Die folgenden Ausführungen beziehen sich auf das Kriminal-S. mit Bezügen zum Verfahrens- und Ordnungswidrigkeitenrecht.

### 2. Strafrecht als Teilgebiet des öffentlichen Rechts

Das S. ist ebenso wie das (Straf-)Verfahrensrecht Teil des ↑öffentlichen Rechts, weil es jeweils um den rechtlichen Rahmen von hoheitlichem Handeln des Staates geht. Während das ↑Prozessrecht für alle Gerichtszweige staatlich verfasste und hoheitlich tätige Entscheidungskörper zur Verfügung stellt, enthält das materielle S. staatliche Anweisungen an die Strafjustiz zur Sanktionierung des darin umschriebenen (Fehl-)Verhaltens.

Von anderen Bereichen des öffentlichen Rechts wie dem Polizei-, Verfassungsschutz- und Sicherheitsrecht unterscheidet sich das S. einerseits durch seinen retrospektiven Ansatz, geht es doch nicht um die vorbeugende Sanktionierung zukünftigen Fehlverhaltens, sondern um eine Bestrafung begangener Rechtsverstöße (selbst wenn die Spezial- und Generalprävention und damit die Verhütung zukünftiger ↑Kriminalität als Strafzweck anerkannt ist), andererseits durch seinen Fokus auf die Strafe als Sanktion; so formulieren zwar auch die polizeilichen ↑Generalklauseln als Aufgabe der ↑Polizei, zum Schutz der öffentlichen Sicherheit Straftaten zu bekämpfen, doch steht hier nicht die Verhängung einer Strafe im Vordergrund, sondern die Abwehr der drohenden Gefahr für Individual- oder Kollektivrechtsgüter. Da die meisten Polizisten auch als Ermittlungspersonen der ↑Staatsanwaltschaft im Ermittlungsverfahren eingesetzt werden können (§ 152 GVG), bedarf es einer Entscheidung der handelnden Polizeibeamten, ob sie bei der Bekämpfung von Kriminalität im Rahmen ihrer polizei- oder strafverfahrensrechtlichen Befugnisse tätig sind.

Als eigenständiges Rechtsgebiet innerhalb des öffentlichen Rechts ist das S. dadurch gekennzeichnet, dass es um die Verhängung einer Strafe in einem Strafverfahren für ein vorausgegangenes, durch staatliches Recht bestimmtes Fehlverhalten geht. Bloße Verwaltungssanktionen (z.B. Zwangsgeld) genügen dafür ebenso wenig wie grundsätzlich Maßnahmen der Gefahrenabwehr. Das heutige „zweispurige" S. enthält freilich neben den Strafen auch Maßregeln der Besserung und Sicherung (§§ 61 ff. StGB), die trotz ihrer formalen Zugehörigkeit zum S. primär der Gefahrenabwehr dienen; dazu kommen die Regeln zur Einziehung in §§ 73 ff. StGB, die nach der Rechtsprechung keinen Strafcharakter haben, sondern der Abschöpfung illegal erlangter Vermögenswerte dienen.

Nicht zum S. zählen dagegen aus der Straftat resultierende Schadensersatzansprüche gemäß § 823 Abs. 2 BGB, auch wenn diese mittels eines Adhäsionsverfahrens im Strafprozess geltend gemacht werden können. Das gleiche gilt für verwaltungsrechtliche Folgen eines Schuldspruchs, etwa wenn aus der Bejahung des Tatbestands einer Straftat oder ↑Ordnungswidrigkeit seitens der zuständigen Behörden eine gewerberechtliche Unzuverlässigkeit des Verurteilten abgeleitet wird.

### 3. Die Strafe als Ausgangspunkt jedes Strafrechts

Ein erster terminologischer Zugang zum S. resultiert daher aus der ↑Strafe als der maßgeblichen Rechtsfolge in diesem Gebiet. Der enge Bezug von Strafe und S. kommt auch in anderen Rechtsordnungen zum Ausdruck (z.B. *penal law*; *droit pénal*; *diritto penale*; *derecho penal*; *ius poenale*). Deutlich wird dies auch, wenn dem ↑Staat das Recht zu strafen, ein *ius puniendi*, zugesprochen wird. Kann es am Ende einer Untersuchung keine Strafe geben, kann von S. keine Rede sein; das gilt etwa für die Untersuchung von Straftaten durch einen parlamentarischen Untersuchungsausschuss (z.B. NSU-Komplex), aber auch in der politisch-affirmativen Bejahung eines typischerweise strafbaren Verhaltens durch einen Parlamentsbeschluss (z.B. Bejahung eines ↑„Völkermordes"). Einen Sonderfall bildet die nachträgliche Aufhebung von Strafurteilen durch Parlamentsbeschlüsse; allerdings zielen diese nicht auf die Verhängung einer Strafe, sondern auf deren rückwirkende Aufhebung.

Die Strafverfolgung muss ein Ende haben, wenn für die Verfolgungsorgane klar ist, dass es am Ende des Verfahrens zu keinem Schuldspruch kommen wird. Daher ist – anders als in der frühen Neuzeit – ausgeschlossen, dass gegen einen Verstorbenen weiter prozessiert wird. Und daher kommt es für die Frage der Strafzwecke auch nicht vorrangig darauf an, welche Wirkungen ein bloßer Schuldspruch wegen der Verletzung eines Strafgesetzes hat. Auch wenn bereits daraus (und nicht erst aus der Verhängung einer Strafe) eine sozialethische Missbilligung des abgeurteilten Verhaltens resultiert und daran zivil- oder verwaltungsrechtliche Folgen (z.B. Schadensersatz, Unzuverlässigkeit eines Gewerbetreibenden) geknüpft werden können, wäre ein S. ohne Verhängung einer Strafe unvollkommen. Nicht wesensnotwendig ist ein Vollzug der (gesamten) Strafe, wäre doch sonst eine (teilweise) Strafaussetzung zur Bewährung nicht denkbar. Das S. muss also stets darauf ausgerichtet sein, dass am Ende eines Strafverfahrens der Beschuldigte durch ein Gericht wegen seines Fehlverhaltens zu einer dafür vorgesehenen Strafe verurteilt wird.

Dass gemäß § 60 StGB im Einzelfall trotz Feststellung einer Strafbarkeit von der Verhängung einer Strafe abgesehen werden kann, ist nicht bloß die Ausnahme, die die Regel bestätigt. Vielmehr setzt das Absehen von Strafe voraus, dass der Täter bereits durch die Folgen seiner Tat derart betroffen ist, dass es einer zusätzlichen Strafe nicht mehr bedarf. Erst recht kein Widerspruch zum Primärziel der Strafe als dem Kernelement jedes S.s liegt darin, dass beim Vorwurf eines Vergehens (nicht eines Verbrechens i. S. d. § 12 StGB) die Möglichkeit einer Einstellung trotz fortbestehenden Tatverdachts mit oder ohne Auflagen besteht.

Schließlich kann es kein „Problem" für ein S. sein, wenn am Ende eines Strafverfahrens ein Freispruch steht. Es ist Ausdruck eines klassisch-liberalen S.s-Modells, dass zwar aufgrund des Verdachts einer Straftat ein Strafverfahren durchgeführt werden kann (und in Deutschland aufgrund des Legalitätsprinzips im – heute durch die Einstellungsmöglichkeiten der §§ 153 ff. StPO eingeschränkten – Regelfall auch durchgeführt werden muss), dabei aber eine Untersuchung der Strafbarkeit des Angeklagten stattfindet, die trotz des urspr.en Tatverdachts bis zum rechtskräftigen Abschluss des Verfahrens stets die Möglichkeit einer freisprechenden Entscheidung in sich birgt. Bis zum rechtskräftigen Schuldspruch gilt die aus dem anglo-amerikanischen Rechtsdenken und Art. 6 Abs. 2 EMRK in das deutsche Recht eingedrungene Unschuldsvermutung.

Als Strafen kennt das heutige deutsche Recht nur die Geld- und Freiheitsstrafe sowie das Fahrverbot als Nebenstrafe. Bis Ende der 1960er Jahre gab es bei den Freiheitsstrafen noch Differenzierungen; v. a. das Zuchthaus sollte über den Freiheitsentzug hinaus auch ehrmindernd wirken. Dazuhin gab es in (West-)Deutschland bis zur Abschaffung durch Art. 102 GG 1949 die Todesstrafe, in der DDR bis 1987; heute verbietet Art. 2 Abs. 2 EuGRC EU-weit diese Strafe. Das ↑Jugendstrafrecht (JGG) sieht neben der Jugendstrafe – angesichts des Erziehungsgedankens sogar vorrangig – Erziehungsmaßregeln und Zuchtmittel (z. B. Jugendarrest) vor.

Damit beschränkt sich das Arsenal des strafenden Staates gegenüber Erwachsenen heute auf den Entzug von Geld oder Freiheit. Da aber der Entzug von Geld auch außerhalb des S.s angeordnet werden kann – etwa als Geldbuße im Ordnungswidrigkeitenrecht – stellt sich die Frage, worin das Besondere einer (Kriminal-)Strafe zu sehen ist. Mit Verhängung einer Strafe – und nicht bloß mit dem zugrundeliegenden Schuldspruch – ist über den Verlust von Vermögen oder Freiheit hinaus ein bes.s sozial-ethisches Unwerturteil verbunden; indem ein Fehlverhalten durch ein Gericht – in einem regelmäßig öffentlichen Verfahren – mit einer solchen Strafe belegt wird, kommt „im Namen des Volkes" zum Ausdruck, dass es sich bei dem dem Verurteilten vorgeworfenen Verhalten um ein kriminell-strafwürdiges Unrecht handelt. Während der Schuldspruch „nur" deutlich macht, dass der Angeklagte rechtswidrig und schuldhaft einen Straftatbestand verwirklicht hat, verdeutlicht die ausgeworfene konkrete Strafe darüber hinaus, wie schwer dieses Verhalten wiegt, denn innerhalb der aus dem jeweiligen Straftatbestand ablesbaren – in Deutschland regelmäßig sehr weiten – Strafrahmen bestimmt sich die konkrete Strafe nach dem in § 46 Abs. 1 StGB formulierten Grundsatz nach der Schuld; dabei geht es um die Tatschuld, nicht um eine von der Begehung der konkreten Tat losgelöste Lebensführungsschuld des Täters.

Zeitige Freiheitsstrafe beträgt mindestens einen Monat und maximal 15 Jahre; bei bes. schweren Straftaten ist auch eine lebenslange Strafe möglich, bei Mord und Völkermord sogar zwingend; allerdings kann nach 15 Jahren Haft der Strafrest zur Bewährung ausgesetzt werden (ist die bes. Schwere der Schuld festgestellt worden, muss eine längere Haftzeit verbüßt sein). Gegenüber Jugendlichen, die bei der Tat zwischen 14 und 17 Jahren alt sind, und Heranwachsenden (18–20 Jahre), sofern auf diese nach ihrem Entwicklungsstand noch Jugend-S. zur Anwendung kommt, ist die Höchstdauer der Jugendstrafe zehn Jahre (bei Heranwachsenden wegen Mordes bis zu 15 Jahren). Die Geldstrafe bemisst sich nach Tagessätzen, d. h. den rechnerisch pro Tag erzielten Gesamteinkünften des Verurteilten; damit soll eine Strafe für einen Armen ähnlich schwer wiegen wie für einen Reichen. Die Zahl beträgt mindestens fünf und maximal 360 Tagessätze; die Höhe eines Tagessatzes liegt zwischen einem und 30 000 Euro, so dass maximal eine Geldstrafe von 10,8 Mio. Euro möglich ist. Gewinne aus der Straftat werden darüber hinaus abgeschöpft. Wird die Strafe nicht bezahlt, muss der Täter eine der Tagessatzzahl entspr.e Ersatzfreiheitsstrafe verbüßen.

### 4. Das Strafgesetz als Kodifikation des Strafrechts

Der Verhängung einer Strafe wegen der Begehung einer Straftat liegt in Deutschland seit der frühen Neuzeit stets ein geschriebenes Gesetz zugrunde, denn bereits die Peinliche Halsgerichtsordnung von Kaiser Karl V., die sog.e Carolina, von 1532 (die weitgehend das italienische S. des ausgehenden Mittelalters rezipiert hat) enthielt neben prozessrechtlichen Vorschriften auch Vorgaben zu einigen Straftatbeständen und den dafür anwendbaren Strafen. Neben dem Ziel einer Ermittlung der Wahrheit und der Begrenzung der ↑Folter als Beweismittel führte die Konzentration auf bestimmte Tatbestände zu einer gewissen Fixierung strafbaren Handelns; allerdings blieben (mildere) Verdachtsstrafen möglich.

Zwar galt die Carolina reichsweit nur subsidiär, wenn es kein Partikular-S. gab, doch war damit der Weg zur Etablierung eines dem englischen *common law* entspr.en, auf Präjudizien beruhenden Fall-S.s verbaut. Wie im Zivilrecht auf Grundlage des römischen Rechts bildete sich gestützt auf die Carolina eine Wissenschaft vom gemeinen S. Die Entwicklung der S.s-Ordnungen in Kontinentaleuropa verlief darauf aufbauend weitgehend parallel. Selbst politische Umbrüche wie die Reformation änderten daher nichts z. B. an der Hexenverfolgung. Auch die Liberalisierung des 18. Jh., die die Abschaffung der Folter, eine Humanisierung der Strafen sowie in Folge des bahnbrechenden Werks von Cesare Beccaria „Dei delitti e delle penne" (1764) weitere kriminologisch-utilitaristisch begründete S.s-Reformen brachte, erfolgte in vielen Ländern parallel.

Dass das geschriebene Gesetz Grundlage eines zweckorientierten S.s sein muss, wie es im Grundsatz „nulla poena, nullum crimen sine lege" seinen Ausdruck gefunden hat, ist dagegen erst eine Erkenntnis des frühen 19. Jh.; Paul Johann Anselm von Feuerbach, der Schöpfer des Bayerischen Strafgesetzbuchs (1813), des ersten modernen deutschen Strafgesetzes, wollte durch die Ablesbarkeit möglicher Strafen potenzielle Täter psychisch derart unter Druck setzen, dass sie keine Straftat begehen. Im späten 19. Jh. sprach Franz von Liszt, der den Zweckgedanken im S. erneut etabliert hatte, vom StGB als „magna charta des Verbrechers" (Liszt 1905: 80) und meinte, dass potenzielle Täter sehen können sollten, was ihnen (bei Strafe) verboten war.

Heute ist Art. 103 Abs. 2 GG die verfassungsrechtliche Grundlage; danach kann eine Tat nur bestraft werden, wenn die Strafbarkeit gesetzlich bestimmt war, bevor die Tat begangen wurde. Daraus folgen ein Rückwirkungs- und Analogieverbot sowie ein Bestimmtheitsgebot; danach muss vor der Tatbegehung aus der Strafnorm ablesbar sein, unter welchen Voraussetzungen welche Strafe verhängt werden kann. Das erfordert im Regelfall eine gesetzliche Regelung. Ist in der Rechtsprechung ein Tatbestand in seinen Merkmalen klar fixiert, kann ausnahmsweise genügen, wenn der Gesetzgeber – wie in § 185 StGB – gänzlich auf eine Umschreibung der Tatbestandsmerkmale (einer Beleidigung) verzichtet und nur die Strafe vorgibt. Da das im S. strikte Analogieverbot nur zum Nachteil des Täters gilt, sind Figuren wie ein übergesetzlicher ↑Notstand für nicht normierte Konfliktlagen – in der Rechtsgeschichte ging es um Abtreibungen zum Schutz des Lebens der Mutter und um punktuelle Mitwirkung am NS-Unrecht, um noch Schlimmeres zu verhüten, heute um die Zulässigkeit des Abschusses eines Flugzeugs, um dessen Missbrauch als Terrorinstrument auszuschließen, – und eine rechtfertigende oder entschuldigende Pflichtenkollision bei Unterlassungsdelikten sowie die Einstufung einer (auch mutmaßlichen) Einwilligung als Rechtfertigungsgrund problemlos möglich; fragwürdig ist dagegen die Figur der *actio libera in causa* für vorwerfbare Berauschung und nachfolgende Tatbegehung im schuldlosen Zustand, insb. wenn man diese als ungeschriebene Ausnahme von der in § 20 StGB angeordneten rauschbedingten Schuldunfähigkeit ansieht, sowie die Möglichkeit einer Wahlfeststellung als Grundlage eines Schuldspruchs anstelle eines Freispruchs von konkurrierenden Delikten jeweils in *dubio pro reo*.

Anders als z. T. im Ausland gibt es in Deutschland keinen Grundsatz, dass alle Straftaten in einem Strafgesetz kodifiziert sein müssen. Vielmehr gibt es neben dem ↑StGB andere Strafgesetze (VStGB, WiStG, WStG) sowie zahlreiche Gesetze im Zivil- und ↑Verwaltungsrecht, die in Schlussbestimmungen Strafnormen enthalten; oft handelt es sich um Blankettstrafnormen, weil darin nur Verstöße gegen in anderen Normen enthaltene Ge- oder Verbote unter Strafe gestellt werden. Die allg.en Regeln des StGB gelten für alle Strafnormen; und auch sonst handelt es sich bei den Tatbeständen des sog.en Neben-S.s um vollwertiges S. Deshalb gelten auch für diese (Blankett-)Tatbestände die Voraussetzungen des Art. 103 Abs. 2 GG, weshalb auch die in Bezug genommene Verbotsnorm hinreichend bestimmt sein muss.

### 5. Der Straftatbestand als kriminalpolitische Weichenstellung

Betrachtet man die die kriminalpolitische Diskussion in Deutschland, geht es nur selten noch um die Strafe; ein Reformversuch zu den Sanktionen im Jahr 2000 verlief im Sande. Im Vordergrund der strafrechtlichen Diskussion stehen spätestens seit den S.s-Reformen der 1960/70er Jahre, die mit der Einführung des Tagessatzsystems bei der Geldstrafe, der Abschaffung entehrender und sehr kurzer Freiheitsstrafen sowie der Fokussierung auf die Resozialisierung als den wesentlichen Strafzweck (§ 2 S. 1 StVollzG) einen Schwerpunkt auf die Strafen gelegt haben, wieder die Straftatbestände im Kern- wie Neben-S. sowie die Maßregeln der Besserung und Sicherung und die Vermögensabschöpfung. Während das Sexual-S. von einem Sittlichkeits-S. hin zum Schutz der sexuellen Selbstbestimmung (↑Sexualdelikte) weiterentwickelt wurde, sind das Wirtschafts- und Umwelt-S., aber auch das Anti-Terror-S. seit 1976 neu etabliert worden.

Mittels der (Ab-)Schaffung und Änderung, aber auch der Beibehaltung von Straftatbeständen bestimmt der Gesetzgeber, welche Verhaltensweisen unter Strafe gestellt sind. Das S. dient dem Schutz von Rechtsgütern, d. h. „Gegebenheiten oder Zwecksetzungen, die dem einzelnen und seiner freien Entfaltung im Rahmen eines auf dieser Zielvorstellung aufbauenden Gesamtsystems oder dem Funktionieren dieses Systems selbst nützlich sind" (Roxin 2006: 16). Die Strafbewehrung ist damit nicht Selbstzweck und dient v. a. nicht mehr der Abwehr bloßer Moralwidrigkeiten. Die Straftat ist nicht primär Pflichtverletzung, sondern Verletzung von Rechten anderer. Deshalb ist die Selbstverletzung oder

-tötung nicht strafbar. Das Unterlassen der Hilfe für andere ohne Rechtspflicht ist nur in bes.n Notlagen aus Gründen mitmenschlicher Mindestsolidarität strafbar. Tier- und Naturschutzstrafnormen sind schwerer legitimierbar, weil Tieren etc. keine Rechte zukommen, doch ist das Rechtsgutsprinzip bloß Grundlage der Legitimation der Strafgesetze, so dass es ausnahmsweise auch rechtsgutslose Tatbestände geben kann, sofern der Gesetzgeber gute Gründe hat.

Das S. ist „ultima ratio" des Rechtsgüterschutzes, wenn weniger einschneidende Maßnahmen hierfür nicht ausreichen. Dabei kann in objektiver wie subjektiver Hinsicht differenziert werden, wie der Blick auf die Sachbeschädigung lehrt: Bis 2005 war das Besprühen einer Wand mit Graffiti ohne Einwilligung des Eigentümers illegal, aber straflos, wenn das Graffito rückstandslos entfernt werden konnte; das hat der Gesetzgeber durch § 303 Abs. 2 nF StGB geändert. Strafbar ist aber generell nur eine vorsätzliche Sachbeschädigung (§ 15 StGB); gleichwohl wird das fahrlässige Beschädigen einer fremden Sache von der Rechtsordnung nicht gebilligt, weshalb der Schädiger dem Eigentümer Schadensersatz schuldet. Rechtspolitisch brisant war v. a. der Umgang mit Abtreibungen, denn das ↑BVerfG hat 1993 daran festgehalten, dass eine Fristenlösung, die die Vornahme eines ↑Schwangerschaftsabbruchs in den ersten zwölf Wochen generell erlaubt, verfassungswidrig ist (BVerfGE 88,203); daraufhin hat der Gesetzgeber § 218a StGB so formuliert, dass eine Abtreibung während dieser Frist (und nach Beratung) nicht tatbestandsmäßig ist, was zwar eine Strafbarkeit ausschließt, nicht aber etwas über die – verfassungsrechtlich gebotene – Rechtswidrigkeit von nicht durch eine medizinische oder kriminologische Indikation gerechtfertigten Schwangerschaftsabbrüchen aussagt.

Die in den Straftatbeständen zumeist nur objektiv umschriebenen Merkmale einer Straftat werden durch geschriebene und ungeschriebene allg.e Regelungen ergänzt. So besagt § 15 StGB, dass normalerweise nur vorsätzliches Handeln strafbar ist; daraus folgt, dass für jedes objektive Tatbestandsmerkmal, für das nichts anderes bestimmt ist, Vorsatz erforderlich ist, aber eben auch jede Vorsatzform ausreicht; Fahrlässigkeitsdelikte müssen als solche ausgewiesen sein (z. B. fahrlässige Tötung). Ungeschriebene Regeln bestimmen über das Verhältnis der Tathandlung als sozialerheblichem Verhalten (z. B. Schuss) zum im Gesetz genannten Erfolg (z. B. Tod eines Menschen); das Handeln des Täters muss als *conditio sine qua non* kausal für den Erfolg sein, d. h. ohne den Schuss müsste der Mensch noch leben. Überdies muss sich die dem Handeln innewohnende Gefahr im Erfolg niedergeschlagen haben, da es sonst an der objektiven Zurechnung fehlt. Der Versuch einer Straftat ist nur bei Verbrechen oder bei ausdrücklicher Anordnung im Gesetz strafbar; bloße Vorbereitungshandlungen sind nur ausnahmsweise strafbar.

### 6. Die Rechtswidrigkeit als Grundlage strafbaren Unrechts

Mit jedem Straftatbestand formuliert der Gesetzgeber ein grobes Raster, welche Verhaltensweisen bei Strafe verboten sein sollen. Aus der Existenz einer Strafnorm folgt, dass das darin unter Strafe gestellte Verhalten im Normalfall rechtswidrig ist, es sei denn, dieses Indiz wird durch das Vorliegen eines Rechtfertigungsgrundes im konkreten Einzelfall widerlegt. Rechtfertigungsgründe beruhen entweder auf dem Gedanken eines überwiegenden Interesses (z. B. Notwehr, Notstand) an dem tatbestandsmäßigen Verhalten oder auf mangelndem Interesse des Betroffenen am Erhalt seiner Rechtsgüter (z. B. Einwilligung). Wenngleich die Straftatbestände im Regelfall vertyptes Unrecht darstellen (z. B. Körperverletzung), folgt erst nach Inblicknahme möglicher Rechtfertigungsgründe, ob das tatbestandsmäßige Verhalten tatsächlich verboten ist; so ist ein ärztlicher Heileingriff tatbestandsmäßig eine Körperverletzung, die aber durch die Einwilligung des Patienten gerechtfertigt wird. Es gilt der Grundsatz der Einheit der Rechtsordnung, so dass strafbares Unrecht immer auch Unrecht im Lichte der Gesamtrechtsordnung darstellt.

Stets ergibt sich erst aus der Zusammenschau von Tatbestandsmäßigkeit und Rechtswidrigkeit eines Verhaltens, ob Unrecht im strafrechtlichen Sinne vorliegt. Daher ist es möglich, dass das Einverständnis des Opfers mit einem Verhalten diesem die Tatbestandsmäßigkeit nimmt; so ist die Ansichnahme einer fremden Sache keine Wegnahme und damit kein Diebstahl i. S. v. § 242 StGB. Nicht selten wird in Tatbeständen darauf rekurriert, dass ein Verhalten „rechtswidrig" (z. B. §§ 240, 303 Abs. 1 StGB) oder „unbefugt" (§§ 303 Abs. 2, 324 StGB) erfolgt sein muss; wie bei den anderen Merkmalen des gesetzlichen Tatbestandes ist – soweit nicht eine Legaldefinition existiert (wie in §§ 240 Abs. 2, 253 Abs. 2 StGB) – durch Auslegung zu ermitteln, ob das Fehlen einer Befugnis ein Tatbestandsmerkmal darstellt oder nur einen Hinweis gibt, dass das tatbestandsmäßige Verhalten häufig befugt vorgenommen wird.

### 7. Schuld als Grundlage jeder Strafe

Nicht nur das deutsche S. beruht auf dem Grundsatz, dass eine Strafe stets ↑Schuld i. S. v. persönlicher Vorwerfbarkeit des Fehlverhaltens gegenüber dem Verurteilten voraussetzt. Undenkbar ist eine Strafe für fremdes Verschulden oder ohne Verschulden (dagegen kennt das englische S. auch eine Strafhaftung aufgrund *strict liability*). Das folgt schon daraus, dass die mit der Strafe verbundene sozialethische Missbilligung nur gegenüber einem für das Unrecht auch Verantwortlichen gerechtfertigt ist. Selbst die schweren Folgen einer Straftat müssen für den Täter vorhersehbar gewesen sein. Ausnahmsweise kann daher auch ein Verbotsirrtum zur Straflosigkeit führen, wenn er für den Täter unvermeidbar ist.

Fremdes Verhalten und fremde Schuld sind nur demjenigen zurechenbar, der sich daran als Mittäter oder mittelbarer Täter, Anstifter oder Gehilfe beteiligt hat; dies erfordert stets Vorsatz der Beteiligten (Täter und Teilnehmer). Der Schuldgrundsatz gilt vielen auch als Hindernis für die Bestrafung ↑juristischer Personen (z. B. Unternehmen), doch zeichnet sich hier – im Einklang mit Reformen in vielen EU-Staaten – ein Umdenken ab.

### 8. Strafrecht als Ausdruck staatlicher Souveränität

Die S.s-Setzung und -durchsetzung ist traditionell Kernbestandteil der staatlichen ↑Souveränität. Seit Beginn der Neuzeit galt das S. als *domaine reservé* der Territorialstaaten. Zunächst hieß dies nur, dass den Territorialherren das *ius puniendi* gegenüber ihren Untertanen bei schwerer Kriminalität zukam (bei leichter Kriminalität bestand bis ins 19. Jh. die Patrimonialgerichtsbarkeit der Grundherren fort). Eingriffe in dieses Recht durch exterritoriale Institutionen wurden verhindert, indem bei Strafverfahren eine Appellation zum Reichskammergericht ausgeschlossen war. Auch die von Hugo Grotius im 17. Jh. naturrechtlich begründete wechselseitige Hilfspflicht souveräner Staaten bei der Strafverfolgung nötigte nicht jeden Staat zur Verfolgung anderenorts begangener Kriminalität, sofern er den Täter auslieferte *(aut dedere aut iudicare)*.

Im demokratischen Verfassungsstaat bedeutet die Verknüpfung des S.s – und damit des strafbewehrten Verbots bestimmter Handlungen – mit der ↑Volkssouveränität, dass das Parlament (↑Parlament, Parlamentarismus) als Repräsentant des Souveräns alle wesentlichen Entscheidungen über die Voraussetzungen einer Strafbarkeit und über die Strafe vor Begehung der Tat getroffen haben muss. Dieser Parlamentsvorbehalt umfasst nicht nur die Tatbestandsmerkmale, sondern grundsätzlich auch die darauf anwendbaren allg.en Regeln; das Gesetz muss den Voraussetzungen von Art. 103 Abs. 2 GG (s. o.) genügen. In Deutschland besteht eine konkurrierende Kompetenz, von der der Bund weitestgehend Gebrauch gemacht hat (Ausnahme: Presse-S.); in den USA dagegen ist das S. weitgehend Sache der Bundesstaaten.

Freilich muss der Gesetzgeber nicht für jeden Einzelfall eine unmittelbar aus dem Gesetz ablesbare Strafe vorgeben, die der Richter nur mechanisch anwenden muss, wie es den Verfassern des preußischen ALR (1794) vorgeschwebt hat; vielmehr kann er zulassen, dass sich der Inhalt eines Tatbestandsmerkmals erst aus der Interpretation durch Gerichte ergibt.

Bei der Reform des Allgemeinen Teils des StGB 1975 hat der Gesetzgeber von Legaldefinitionen für Vorsatz, Fahrlässigkeit etc. abgesehen und diese wie auch den Umgang mit nicht normierten Figuren wie dem Erlaubnistatbestandsirrtum Rechtswissenschaft und Rechtsprechung überantwortet. Da der Parlamentsvorbehalt sichern soll, dass das Parlament die wesentlichen Entscheidungen selbst trifft (und nicht den Gerichten die Feststellung der Voraussetzungen der Strafbarkeit überlässt), kann das Parlament – indem es mehr oder weniger allg. gefasste S.s-Sätze erlässt – auch darüber befinden, wie detailliert die gesetzlichen Vorgaben sind. Daher ist es nicht zu beanstanden, wenn sich der Gesetzgeber auf Grundsatzentscheidungen wie „Strafbarkeit in der Regel nur bei Vorsatz" beschränkt, ohne festzulegen, welche Merkmale für Vorsatz erforderlich sind; umgekehrt ist es dann das Recht der Gerichte, gestützt auf Erkenntnisse der S.s-Wissenschaft zu bestimmen, ob Vorsatz neben *dolus directus* (Absicht, sicheres Wissen) auch *dolus eventualis* umfasst und wie dieser von bewusster Fahrlässigkeit abgegrenzt wird, aber auch aktuell, inwieweit das S. durch neurowissenschaftliche (Hirn-)Forschung determiniert ist.

Möglich ist auch, dass der Gesetzgeber die Strafbarkeit an im Zivil- oder Verwaltungsrecht statuierte Verbote anknüpft; so ist das Umwelt-S. der §§ 324 ff. StGB verwaltungsakzessorisch zum ↑Umweltrecht in dem Sinne, dass behördlich erlaubte Eingriffe in die Umwelt auch dann nicht strafbar sind, wenn die behördliche Entscheidung fehlerhaft ist (arg. § 330d Abs. 1 Nr. 5 StGB). Allerdings muss der Gesetzgeber selbst bei seinem legislativen Wirken, d. h. bei der Entscheidung über die Strafbarkeit eines Verhaltens, wissen, was er unter Strafe stellt. Deshalb kann er zwar mittels statischer Verweisungen bestimmte in anderen Gesetzen (oder im EU-Recht) verbotene Maßnahmen unter Strafe stellen; dynamische Verweisungen auf Verbotsnormen in ihrer jeweiligen Gestalt sind dagegen problematisch, weil hier Änderungen der in Bezug genommenen Verbotsnormen automatisch und ohne Zutun des (Straf-) Gesetzgebers den Anwendungsbereich einer darauf aufbauenden Blankettstrafnorm ausweiten können.

In jedem Fall muss angesichts der Folge, dass jede Strafbewehrung zu einer Einschränkung des grundrechtlich garantierten Freiheitsraums der Rechtsunterworfenen führt, der parlamentarische Gesetzgeber die wesentliche Entscheidung darüber, was strafbar sein soll, selbst treffen. Lassen sich die Leitlinien der Strafbarkeit aus einem Gesetz ablesen, kann eine technische Präzisierung einzelner Strafbarkeitsvoraussetzungen (etwa durch Grenzwerte etc.) dem Verordnungsgeber – und damit der Exekutive – überlassen werden.

### 9. Nationalisierung und Entnationalisierung des Strafrechts

Die bes. enge Verbindung des S.s zur staatlichen Souveränität zeigte sich traditionell nicht nur in einer (weitgehenden) Absage an ein Privat-S., wie es bis Ende des Mittelalters in der Idee eines Wergeldes als Strafschadensersatz für die Familie eines Getöteten Ausdruck gefunden hat, aber auch im Recht zur Fehde angeklungen ist (das 1495 mit der Etablierung eines staatlichen ↑Gewaltmonopols verbunden mit einer Verpflichtung zur Etablierung einer staatlichen Strafjustiz zum Schutz der nicht mehr zur Selbsthilfe berechtigten Bürger sein

Ende gefunden hat); zugl. führte die Territorialisierung des S.s zu einer Absage an überstaatliche Strafjustizsysteme; daher war in Strafsachen eine Appellation an die Reichsgerichtsbarkeit ausgeschlossen. Auch die Carolina als Reichsstrafgesetz galt nur subsidiär, wenn nicht in einem Territorium ein Partikularstrafgesetz in Geltung war.

Im 19. Jh. kam es zur Verbindung der Territorialstrafgesetzgebung mit dem Nationalstaatsgedanken. Damit lösten sich die Strafgesetze weitgehend aus der gemeinrechtlichen Tradition. In den Vordergrund traten die napoleonischen Reformgesetze, die großen Einfluss auf die S.s-Setzung in ganz Europa nehmen sollten. Während 1814/15 um die Vereinheitlichung des bürgerlichen Rechts in Deutschland gerungen wurde, trat die Idee einer Vereinheitlichung des Kriminalrechts in der zweiten Hälfte des 19. Jh. in den Vordergrund, so dass nicht bloß der Norddeutsche Bund – aufbauend auf das Preußische Strafgesetzbuch von 1851 – ein StGB erließ, sondern dieses mit geringfügigen Änderungen unmittelbar nach der Reichsgründung zum 15.5.1871 als RStGB in Kraft treten sollte; formal ist dieses Gesetz – durch mehr als 250 Änderungsgesetze freilich erheblich modifiziert – bis heute in Geltung (in der DDR galt von 1968 bis 1990 ein eigenes Strafgesetzbuch).

Während des ersten Weltkriegs gab es in Deutschland und Österreich-Ungarn eine erste Debatte über eine Vereinheitlichung ihrer S.s-Ordnungen, die viel von der heutigen Diskussion über eine Harmonisierung des S.s innerhalb der EU vorweggenommen hat. Internationale Strafgerichte gab es erstmals mit dem Internationalen Militärtribunal von Nürnberg nach dem zweiten Weltkrieg. Nach dem Ende des Ost-West-Konflikts konnten zunächst ad hoc für die Bürgerkriegsgräuel im ehemaligen Jugoslawien und Ruanda (1993/94) wieder internationale Straftribunale eingeführt werden; mit dem *Statut von Rom* (1998) wurde ab 2002 der IStGH etabliert (↑Internationale Strafgerichtsbarkeit). Für bes. schwere Völkerverbrechen besteht damit eine ständige internationale Strafjustiz, der freilich viele mächtige Staaten (USA, Russland, China etc.) nicht beigetreten sind. Die ↑AU hat 2015 mit dem *Malabo-Protokoll* Vorschläge für ein regionales Völker-S. in Afrika unterbreitet, die noch nicht in Kraft getreten sind. Auf EU-Ebene gibt es zwar die Möglichkeit einer Mindestharmonisierung bestimmter Gebiete des S.s (z. B. Terrorismus, Wirtschafts- und Umwelt-S.), doch wäre eine EU-weite S.s-Setzung allenfalls zum Schutz der Finanzinteressen der ↑EU möglich (Art. 325 AEUV). Daran wird sich auch mit der Einrichtung einer Europäischen Staatsanwaltschaft zur Verfolgung solcher Straftaten ab 2020 nichts ändern.

### Literatur

K. Kühl: Strafrecht, in: ders./H. Reichold/M. Ronellenfitsch: Einführung in die Rechtswissenschaft, [3]2019, 349–484 • K. Ambos: Internationales Strafrecht, [5]2018 • B. Heinrich: Vom heutigen Zustand der Kriminalpolitik in Deutschland, in: KriPoZ 2/1 (2017), 4–20 • G. Werle/F. Jeßberger: Völkerstrafrecht, [4]2016 • M. Vormbaum: Das Strafrecht der DDR, 2015 • T. Vormbaum: Einführung in die moderne Strafrechtsgeschichte, [2]2011 • C. Roxin: Strafrecht. Allgemeiner Teil, Bd. 1, [4]2006 • M. Mansdörfer: Die allgemeine Straftatlehre des common law, 2005 • C. Roxin: Strafrecht. Allgemeiner Teil, Bd. 2, 2003 • H. Satzger: Die Europäisierung des Strafrechts, 2001 • F.-C. Schroeder: Die Peinliche Gerichtsordnung Kaiser Karls V. von 1532 (Carolina), 2000 • H.-H. Jescheck/T. Weigend: Lehrbuch des Strafrechts Allgemeiner Teil, [5]1996 • F. Schaffstein: Die allgemeinen Lehren vom Verbrechen in ihrer Entwicklung durch die Wissenschaft des Gemeinen Strafrechts, 1930 • F. von Liszt: Ueber den Einfluss der soziologischen und anthropologischen Forschungen auf die Grundbegriffe des Strafrechts (1893), in: ders.: Strafrechtliche Aufsätze und Vorträge, Bd. 2, 1905, 75–93. MARTIN HEGER

## Strafvollzug

### 1. Begriff, Geschichte, empirische Dimension

S. bezeichnet die Art und Weise der Durchführung freiheitsentziehender Kriminalsanktionen, also die rechtliche und faktische Ausgestaltung des zwangsweisen stationären Aufenthalts in einer Einrichtung des Straf- oder Maßregelvollzugs (JVA, Jugendstrafanstalt, psychiatrisches Krankenhaus oder Entziehungsanstalt). Der S. ist von der Vollziehung ambulanter Kriminalsanktionen (z. B. einer Bewährungsstrafe) ebenso zu unterscheiden wie von Freiheitsentziehungen ohne Strafcharakter (z. B. Untersuchungshaft). Da das S.s-Recht ein klassisches Über-Unterordnungsverhältnis regelt, ist es weniger eine straf-, denn eine verwaltungsrechtliche Materie mit vielen Ermessensvorschriften und unbestimmten Rechtsbegriffen. Die Spruchpraxis der für den gerichtlichen Rechtsschutz im S. zuständigen Strafvollstreckungskammern ist von Entscheidungen über Vollzugslockerungen, Haftraumausstattungen, Verlegungen sowie Disziplinar- und Zwangsmaßnahmen geprägt. Vom S. ist die alle Kriminalsanktionen betreffende und überwiegend in die Zuständigkeit der ↑Staatsanwaltschaft fallende Strafvollstreckung zu unterscheiden, welche die Umsetzung strafgerichtlicher Entscheidungen betrifft und Einfluss auf den Beginn und die Dauer des S.s hat.

Den Anfang des S.s markieren im 16. Jh. Besserungseinrichtungen in London und Amsterdam. Ihrer Verbreitung in deutschen Hansestädten folgte der Niedergang als Sammeleinrichtung für alle Formen sozialer Auffälligkeit und durch Ausbeutung der Arbeitskraft der Gefangenen. Das im 19. Jh. übernommene pennsylvanische System strenger Einzelhaft sorgte nicht nur für die bis heute mit dem Begriff des Gefängnisses assoziierten und vorhandenen Strahlenbauten. Vielmehr führte es in Kombination mit einem militärisch geführten S. und der Dominanz der Strafzwecke der Vergeltung und Abschreckung dazu, dass sich in Deutschland ein an Rechtsstaatlichkeit und Behandlung ausgerichteter S. nicht entwickeln konnte. Dazu kam es nach dem Tiefpunkt des NS-Vernichtungsvollzugs erst in den 1970er Jahren. Ein das gesamte ↑Strafrecht erfassendes Reformklima, Gefängnisskandale, v.a. aber die Beendigung der Lehre vom bes.n Gewaltverhältnis (d.i. die Einschränkung der ↑Grundrechte dem Staat Unterworfener auch ohne gesetzliche Grundlage) durch BVerfGE 33,1 mündeten in das am 1.1.1977 in Kraft getretene StVollzG. Damit war erstmals eine bundeseinheitliche Gesetzesgrundlage geschaffen, die trotz unverkennbarer, bis heute bestehender Lücken (insb. keine Einbeziehung Gefangener in die Kranken- und Rentenversicherung) und dauerhafter Übergangsvorschriften (u.a. zur baulichen Situation) ein Meilenstein auf dem Weg zu einem modernen S. war. Obwohl das StVollzG und die seine Auslegung maßgeblich prägende Rechtsprechung des ↑BVerfG eine gute Grundlage für Weiterentwicklungen bildeten, wurde die Gesetzgebungskompetenz im Zuge der Föderalismusreform 2006 ohne Not auf die Länder übertragen. Nunmehr haben alle 16 Bundesländer eigene S.s-Gesetze erlassen, die zwar nicht zum befürchteten „Wettbewerb der Schäbigkeit" geführt haben, sondern auf dem bewährten StVollzG aufbauen. Es ist jedoch neben Regelungsunterschieden im Einzelnen eine unübersichtliche Vielzahl und Vielgestaltigkeit von Ländergesetzen entstanden, die von der weitgehenden Übernahme des StVollzG bis zu komplexen Gesamtkodifikationen reichen, die den Vollzug der Freiheits- und Jugendstrafe (↑Strafe) sowie der Sicherungsverwahrung und Untersuchungshaft umfassen.

Am 30.11.2019 befanden sich in Deutschland 63 103 Personen im Vollzug einer Freiheits- oder Jugendstrafe, von Untersuchungshaft, Sicherungsverwahrung oder einer sonstigen Freiheitsentziehung. Die Länder- und Zeitvergleiche ermöglichende Gefangenenrate (Inhaftierte je 100 000 der Bevölkerung) beträgt 77 und ist seit Jahren rückläufig. Damit weist Deutschland im internationalen Vergleich eine niedrige Gefangenenrate auf, während Länder mit einer wesentlich extensiveren Sanktionierungspraxis wie etwa den USA auf Gefangenenraten von über 650 kommen.

### 2. Grundlagen und Probleme

Mit unterschiedlicher Nuancierung sind die Länderstrafvollzugsgesetze dem vom BVerfG aus der ↑Menschenwürde und dem Sozialstaatsprinzip hergeleiteten alleinigen Vollzugsziel verpflichtet, den Gefangenen durch Behandlung zu einem Leben ohne Straftaten in Freiheit zu befähigen (sog.e Resozialisierung). Daneben hat der S. die Aufgabe, die Allgemeinheit während seiner Dauer vor weiteren Straftaten Gefangener zu schützen (Sicherungszweck). Der Ausschluss der übrigen Strafzwecke des Schuldausgleichs und der Abschreckung führt u.a. dazu, dass der S. über die mit der Freiheitsentziehung verbundenen Einschränkungen hinaus keinen Strafcharakter haben darf. In bemerkenswerter Offenheit thematisieren alle Strafvollzugsgesetze die dem Vollzugsziel abträglichen schädlichen Folgen des Freiheitsentzugs und verpflichten zur Gegensteuerung, Angleichung an die allg.en Lebensverhältnisse und zur Resozialisierung von Anfang an. Dazu tragen Vollzugslockerungen wie Ausführung und Freigang bei, deren verantwortungsvolle Gewährung und Nutzung im Kontrast zur medialen Wahrnehmung von seltenen Lockerungsfehlschlägen stehen. Daneben spielen seit jeher Arbeit, Ausbildung, Weiterbildung und in neuerer Zeit das Übergangsmanagement zur Verzahnung von S. und Entlassenenhilfe eine zentrale Rolle. Diese Maßnahmen können das Grundproblem des S.s nur abmildern, nämlich die Schwierigkeit, Menschen mit massiven Sozialisationsdefiziten unter den Bedingungen einer Zwangsgemeinschaft, die für Subkulturen anfällig ist und zur Überregulierung neigt, zu einer dauerhaften Verhaltensänderung in Freiheit zu bewegen. Indes ist keine ernsthafte Alternative zum Behandlungsvollzug mit Sicherungsaufgabe ersichtlich und kann dem S. bescheinigt werden, trotz deutlich suboptimaler personeller und materieller Ausstattung Beachtliches zu leisten, zumal bes.e Herausforderungen durch die Drogenabhängigkeit, verschiedenen Ethnien und psychischen Störungen vieler Gefangener und deren zunehmendes Alter bestehen. Da die Leistungsfähigkeit des Behandlungsvollzugs nicht über- und die schädlichen Wirkungen langer Freiheitsstrafen nicht unterschätzt werden dürfen, muss der S. Ultima Ratio im Verhältnis zu ambulanten Sanktionen und zu Strafrestaussetzungen mit Bewährung bleiben.

### Literatur

G. Kett-Straub/F. Streng: Strafvollzugsrecht, 2016 • K. Laubenthal u.a.: Strafvollzugsgesetze, [12]2015 • F. Dünkel/B. Geng: Die Entwicklung von Gefangenenraten im nationalen und internationalen Vergleich – Indikator für Punitivität?, in: Soziale Probleme 24/1 (2013), 42–66.

TORSTEN VERREL

## Straßen- und Wegerecht

Als Straßen- (S.) und Wegerecht (W.) werden in einem weiteren Sinne sämtliche auf Straßen und Wege bezogenen Vorschriften, in einem engeren Sinne hingegen das ↑öffentliche Sachenrecht für öffentliche Straßen, Wege und Plätze verstanden, die der Allgemeinheit zugänglich sind.

### 1. Die Rechtsgrundlagen und ihre Entwicklung

Die entspr.en Gesetzgebungs- und Vollzugszuständigkeiten sind verfassungsrechtlich auf Bund und Länder aufgeteilt und unterlagen im Laufe der Geschichte immer wieder Gewichtsverschiebungen: Die urspr.e königliche Wegeherrschaft über die großen Land- und Heerstraßen fiel ab dem 13. Jh. in die Hände der Landesherren. Bis weit in das 20. Jh. hinein waren daher allein die Länder Inhaber der Verfügungsgewalt über die verkehrswichtigen Straßen. Die noch in der Weimarer Republik ausgearbeiteten Reformpläne zur Zentralisierung der Straßenverwaltung wurden im Dritten Reich umgesetzt. Art. 74 Abs. 1 Nr. 22 GG gab dem Bund das Recht der konkurrierenden ↑Gesetzgebung zwar umfassend für das Straßenverkehrsrecht, das Kraftfahrwesen sowie die Erhebung und Verteilung von Straßenbenutzungsgebühren, beschränkte den Bund im Hinblick auf den Bau und die Unterhaltung von Straßen jedoch von vornherein auf die „Landstraßen für den Fernverkehr" – das sind im deutschen Straßennetz einerseits die Bundesautobahnen, andererseits die Bundesfernstraßen. Für die daneben in allen Bundesländern bestehenden öffentlichen Straßenkategorien – nämlich Landes- bzw. Staatsstraßen, Kreisstraßen, Gemeindestraßen und sonstige öffentliche Straßen – genießen hingegen nach Art. 70 GG allein die Länder das Recht der Gesetzgebung. Aus diesem Grund werden Bau, Unterhaltung und Nutzung von Straßen in Deutschland einerseits bundesrechtlich durch das FStrG, andererseits landesrechtlich durch die 16 Straßen- und Wegegesetze der Länder reglementiert, die in ihren Grundstrukturen freilich weitreichende Parallelen aufweisen und in ihrer Gesamtheit das S. und W. bilden.

Verwaltungstechnisch unterlagen die Reichsautobahnen ab 1933 der Verwaltungshoheit des Reichs, die übrigen überörtlichen Straßen hingegen einer Auftragsverwaltung, die sich nach 1949 für alle Bundesstraßen durchsetzte und über nahezu sieben Jahrzehnte praktiziert wurde. Mit der 2017 vollzogenen Umgestaltung des maßgeblichen Art. 90 GG knüpft das geltende Recht nunmehr wieder ein Stück weit an das 1933 errichtete frühere Unternehmen „Reichsautobahnen" an. Nach dem heutigen Art. 90 Abs. 2 GG werden die Bundesautobahnen durch den Bund selbst verwaltet, der sich hierbei einer Gesellschaft privaten Rechts bedienen kann, die jedoch strengen Privatisierungsschranken unterliegt. Die sonstigen Bundesstraßen des Fernverkehrs verwalten nach Art. 90 Abs. 3 GG grundsätzlich die Länder oder die nach Landesrecht zuständigen Selbstverwaltungskörperschaften im Auftrag des Bundes. Staatsstraßen, Kreisstraßen und Gemeindestraßen schließlich unterliegen von vornherein der eigenverantwortlichen landeseigenen ↑Verwaltung.

## 2. Widmung, Gemeingebrauch, Sondernutzung

Als Widmung wird jene hoheitliche Verfügung bezeichnet, die eine Straße einer bes.n öffentlich-rechtlichen Nutzungsordnung unterstellt und damit zu einer öffentlichen Sache erklärt. So erhält nach § 2 Abs. 1 FStrG eine Straße die Eigenschaft einer Bundesfernstraße durch Widmung, die instrumentell als Verwaltungsakt anzusehen ist. Damit wird ein öffentlich-rechtlicher Sonderstatus, eine öffentlich-rechtliche Dienstbarkeit an der Straße begründet.

Der ↑Verkehr auf den gewidmeten Straßen, Wegen und Plätzen steht jedermann offen. Diese jedermann gewährte öffentlich-rechtliche Berechtigung, die öffentliche Straße ohne bes. Zulassung zu benutzen, wird in den Straßengesetzen als Gemeingebrauch bezeichnet und durch die Widmungsverfügung konkretisiert. So ist nach § 14 Abs. 1 S. 1 des Straßen- und Wegegesetzes NRW (StrWG NRW) der Gebrauch der öffentlichen Straßen jedermann im Rahmen der Widmung und der verkehrsrechtlichen Vorschriften gestattet. Dabei ist es auch möglich, die Widmung der Straße von vornherein auf bestimmte Benutzungsarten oder -zwecke zu beschränken, wie dies etwa bei einem Radweg oder einer Fußgängerstraße der Fall ist. Auch Änderungen der Widmung und damit des zugelassenen Gemeingebrauchs durch (Teil-)Entwidmung, Aufstufung oder Abstufung der Straße sind unter bestimmten Voraussetzungen zulässig.

Kein Gemeingebrauch liegt dagegen vor, wenn die Straße nicht vorwiegend zu dem Verkehr benutzt wird, dem sie zu dienen bestimmt ist. Solche Sondernutzungen sind erlaubnispflichtig und können der Erhebung von Sondernutzungsgebühren unterworfen werden. Ein Gemeingebrauch liegt nicht mehr vor, wenn es an einem objektiven Verkehrsverhalten fehlt und nicht mehr die Fortbewegung im Vordergrund steht. So sind Werbeaktionen oder auch der Betrieb von sog.en Bier-Bikes auf öffentlichen Straßen nicht als Gemeingebrauch, sondern vielmehr als eine erlaubnispflichtige Sondernutzung anzusehen. Ein Indiz für ein derartiges Überschreiten des Gemeingebrauchs ist es meist, wenn auf dem Straßenraum Tische, Stände, Plakate oder sonstige Verkaufs- oder Werbegegenstände aufgestellt werden. Ausnahmen hat die Rechtsprechung indes für politische Werbung und Straßenkunst anerkannt. Auch diese zielen zwar allenfalls mittelbar auf Fortbewegung ab, sollen indes wegen ihrer grundrechtlichen Bedeutung erlaubnisfrei sein, sei es als „erlaubnisfreie Sondernutzung", sei es als „kommunikativer Verkehr" i. S. d. Gemeingebrauchs. Zudem steht den Eigentümern und Besitzern von Nachbargrundstücken einer öffentlichen Straße – den sog.en Straßenanliegern – ein in einigen Punkten intensiverer sog.er gesteigerter Gemeingebrauch zu.

Gemeingebrauch wie auch Sondernutzung sind Ausfluss der durch die Widmung begründeten auf dem Privateigentum am Straßenkörper lastenden Dienstbarkeit. Ein privater Sacheigentümer des Straßengrundstücks muss daher jede dem Gemeingebrauch entspr.e oder auch als Sondernutzung anzusehende Sachnutzung hinnehmen. Das Privateigentum am Straßenkörper bleibt jedoch regelmäßig für solche Nutzungen relevant, die den Gemeingebrauch nicht beeinträchtigen. Diese können durch die bürgerlich-rechtlichen Unterlassungsansprüche unterbunden oder entgeltlich zugelassen werden (vgl. etwa § 23 StrWG NRW).

### 3. Straßenrecht und Straßenverkehrsrecht

Der regelungstechnische Ausgangspunkt für das Zusammenspiel der Rechtsgrundlagen des Bundes und der Länder sind die beiden weichenstellenden Figuren des Vorbehalts des S.s und des Vorrangs des Straßenverkehrsrechts (grundlegend dazu BVerwGE 34,321 [323]): Es ist nach der grundgesetzlichen Kompetenzordnung eine dem S. vorbehaltene Aufgabe, dem Verkehrsteilnehmer durch Widmung einer Straße für den öffentlichen Verkehr einen unmittelbaren grundrechtlichen Freiraum zu eröffnen, der dann jedoch unter dem Vorbehalt ordnungsrechtlicher Anordnungen steht. Die straßenrechtliche Widmung bildet also einen Rahmen für die als Bundesrecht normenhierarchisch gegenüber dem Landes-S. vorrangigen straßen*verkehrs*rechtlichen Anordnungen.

Obwohl die entspr.en Bestimmungen des StVG und der StVO hierarchisch gegenüber dem S. vorgehen, sind straßenverkehrsrechtliche Anordnungen demnach kompetenzrechtlich nur zulässig, soweit sie mit dem widmungsgemäßen Status der öffentlichen Straße vereinbar sind. Durch straßenverkehrsrechtliche Anordnungen kann die Straße also nicht „umfunktioniert" werden, so dass etwa die Errichtung einer Fußgängerzone einer Änderung der Widmung bedarf. Umgekehrt geht die StVO als Ordnungsrecht des Bundes den Landesstraßengesetzen vor und bestimmt verbindlich den gemeinverträglichen Inhalt des Verkehrsbegriffs. Soweit also nach der StVO ein Fahrzeug oder ein bestimmter Verkehr zugelassen ist, kann dies straßenrechtlich nicht als erlaubnispflichtige Sondernutzung angesehen werden.

#### Literatur

J. Kodal (Hg.): Straßenrecht. Hdb., [8]2018 • M. Sauthoff: Öffentliche Straßen, [3]2018 • R. Bartlsperger: Das Fernstraßenwesen in seiner verfassungsrechtlichen Konstituierung, 2006 • Ders./W. Blümel/H.-J. Schroeter (Hg.): Ein Vierteljahrhundert Straßenrechtsgesetzgebung, 1980.

WOLFGANG DURNER

## Straßenverkehr ↑Verkehr

## Strategie

### 1. Grundlagen

S. kalkuliert den Zusammenhang zwischen selbstgesteckten Zielen, eigenen Handlungskapazitäten und relevanten Kontextfaktoren der Umwelt in erfolgsorientierter Perspektive. Strategische Akteure durchdenken die eigenen Wahlmöglichkeiten und wählen erfolgversprechende Handlungsoptionen aus. S. lässt sich damit als eine spezifische Form der Rationalisierung ziel- und erfolgsorientierten Denkens und Handelns (↑Handeln, Handlung) verstehen. Die zentrale Differenz zum zweckrationalen Handeln (Max Weber), das gedanklich Ziele, Mittel, Folgen miteinander in Beziehung setzt, markiert dabei die systematische Analyse und Kalkulation von Umwelt- und Lagefaktoren für die Entwicklung von S.n. Strategisch ist das Denken in Kontext- und Wirkungsketten sowie die Fähigkeit, aus den sich daraus ergebenden Wechselbeziehungen Schlussfolgerungen für das eigenen Handeln zu ziehen. Vom sequenzorientierten Plan, der ein fertiges Handlungsprogramm vorsieht, unterscheidet S. die dynamische Interaktionsorientierung, die Flexibilität und Anpassung des eigenen Vorgehens als Reaktion auf das Handeln von interagierenden Akteuren erlaubt.

Der S.-Begriff wird missverstanden, sofern er nur für langfristige und große Ziele reserviert bleibt. Alles, was über eine Einzelsituation hinausgeht bzw. die Nichtigkeitsschwelle überschreitet, ist S. prinzipiell zugänglich. Es gibt kurz-, mittel- und langfristig angelegte, auf kleine, mittlere und große Ziele gerichtete S.n. Starr objektivierbare Handlungshorizonte und Zielgrößen existieren nicht. Der strategische Akteur wählt die strategische Einheit selbst. Er bewegt sich beim Vordenken seiner Handlungen in dem von ihm festgelegten zeitlichen und sachlichen Bezugsrahmen.

### 2. Kontexte

S. verändert ihre Gestalt, je nachdem in welchem Kontext sie zur Anwendung gelangt. Spezifischer Kontext ist die Differenz, die strategisch den Unterschied macht. S. im funktional differenzierten Teilsystem Politik hat andere Sinnbezüge als in der ↑Wirtschaft oder beim ↑Militär. Die strategische Kontextdifferenz von Demokratie, Markt und Krieg spiegelt sich in jeweils unterschiedlichen Institutionen, Akteurkonstellationen und Handlungsrationalitäten.

So stehen einfache Freund-Feind-Dichotomien im Kontext des Krieges komplexeren Akteurkonfigurationen der Politik gegenüber, die niemals vollständig in Gegnerschaft aufgehen, sondern immer auch Kooperationsfähigkeit und -bereitschaft erfordern. In der Logik des ↑Krieges liegt es, dem Feind seinen eigenen Willen mit physischer ↑Gewalt aufzuzwingen, ihn in letzter Konsequenz zu vernichten. Anders die Logik der ↑Politik, in der es nicht um Zerstörung, sondern v. a. um Gestaltung geht. Neben dem Streben nach ↑Macht – als Voraussetzung für Gestaltungsmöglichkeiten – ist die Lösung gesellschaftlicher Probleme zentrales S.-Ziel politischer Akteure.

Strategische Politik verbindet die Dualität von Macht- und Gestaltungszielen, anders als S. von Wirtschaftsakteuren, die sich nicht um die Verbindung von gesellschaftlichen Gesamt- und Teilinteressen bemühen muss, sondern allein auf die Optimierung eines Partikularnutzens (Gewinnerzielung) gerichtet bleiben kann.

Neben der Differenz von Politik, Wirtschaft und Militär in den institutionellen Rahmenbedingungen, Akteurkonfigurationen und Handlungslogiken ergeben sich für S.-Akteure in ihren Teilsystemen jeweils kontextspezifische Spannungsverhältnisse. So kämpft strategische Politik teilweise mit den demokratischen Ansprüchen von ↑Partizipation, ↑Öffentlichkeit und Transparenz, die strategieimmanenten Elementen wie Führungszentrierung und – zumindest partiell – Geheimhaltung widersprechen. Solche Schwierigkeiten hat militärische S. nicht. Dort wiederum ergeben sich Konflikte bei der Wahl zwischen möglichst effektiven, aber auch verhältnismäßigen Mitteln der Kriegsführung – zumal unter demokratischen Rahmenbedingungen. Wiederum anderen Spannungsfeldern sieht sich ökonomische S. ausgesetzt, wenn sie etwa zwischen den Möglichkeiten der Internalisierung oder Externalisierung von ↑Kosten entscheiden muss.

### 3. Akteure

Strategische Handlungsträger sind Individuen oder Kollektive. Feldherren, Unternehmer, Präsidenten mögen berühmter sein, aber meist ist der moderne S.-Akteur ein kollektiver Akteur: eine Regierung, ein ↑Unternehmen, eine Armee. Für das Kollektiv sind Individuen insoweit bedeutsam, als sie durch ihre Eigen- und Interaktionen das Handeln des Kollektivs festlegen können. Der zentrale Mechanismus für die Herstellung kollektiver Realität ist Zurechnung. Die strategische Wirksamkeit von Individuen bestimmt sich dann über den Kollektivakteur, den sie repräsentieren und dem sie zugerechnet werden.

Kollektive Akteure müssen S.-Fähigkeit erwerben und fortlaufend reproduzieren, um strategisch handlungsfähig zu werden. Der Grad an S.-Fähigkeit entscheidet darüber, inwieweit die Herstellung einer kollektiven Realität durch individuelles Handeln gelingt. S.-Fähigkeit bezeichnet dann die strategischen Handlungskapazitäten des organisierten Gesamtakteurs, wichtige strategische Vorarbeiten und Handlungen führen aber nur Einzelne bzw. kleine Gruppen (strategisches Zentrum) im Namen des Kollektivs aus. Kollektive strategische Handlungsfähigkeit ist für den Erfolg oft wichtiger als die gewählte S.

Für die Strukturierung kollektiven Handelns existieren je spezifische Voraussetzungen in Politik, Wirtschaft und Militär. Am schwersten hat es demokratische Politik. Sie wird bestimmt von Freiwilligenorganisationen: Bewegungen und Initiativen, ↑Vereinen und ↑Verbänden, schließlich ↑Parteien. Sie transportieren ↑Werte und ↑Interessen, Ideen und ↑Ideologien, mit denen Bürger die Gesellschaft gestalten wollen. Überall muss in Freiwilligenorganisationen um Zustimmung und Mitwirkung der Bürger geworben werden. In der Wirtschaft und im Militär existieren solche Ansprüche auf Partizipation sowie die werte- und interessengeleitete Positionierung der Organisation nach den Präferenzen der Mitglieder nicht. Dort wird kollektives Handeln weniger über Freiwilligkeit als über ausgeprägt hierarchisierte Organisationsformen (Wirtschaft) oder strikte ↑Hierarchien (Militär) hergestellt.

### 4. Rationalität

S. ist nicht mehr, aber auch nicht weniger als der Versuch der Handlungsrationalisierung auf einem mittleren Niveau. Vorteile von S.n liegen in der systematischen Kalkulation relevanter Akteurinteraktionen und Umweltfaktoren sowie im zielgerichteten Durchdenken eigener Handlungsalternativen. Das befreit den Akteur nicht von den Unwägbarkeiten der Welt, bereitet ihn aber besser darauf vor. Kalkulationen als situationsübergreifende, ziel- und erfolgsorientierte Vorteilsüberlegungen sind die basalen Denkoperationen im S.-Prozess. Sie können die Form von Ad-hoc-Kalkulationen, Maximen, Vorteilsheuristiken oder elaborierten strategischen Kalkülen (z. B. Angriff/Verteidigung, Imitation/Innovation, Konzentration/Diversifikation) annehmen. Strategisches Kalkulieren bedeutet nicht „ausrechnen", sondern „abschätzen" von Erfolgsfaktoren. Unsicheres Wissen und externe Komplexität erschweren das strategische Geschäft. Die Grenzen menschlicher ↑Rationalität *(bounded rationality)* kann auch S. nicht überwinden. Dennoch muss S. gegen grundsätzliche Rationalitätszweifel verteidigt werden. Situatives, reaktives, zielloses, inkrementelles, voluntaristisches, emotionales oder traditionales Handeln sind schlechtere Alternativen. Ebenso sollten sich S.-Ansätze vor Überrationalisierungen hüten. Ein strategischer Realismus steht der rationalistischen Unter- und Überforderung von S. entgegen. Er baut auf die praktischen Potentiale der strategischen Strukturierung des eigenen Denkens und Handelns, ohne einem überoptimistischen Steuerungswahn zu verfallen oder an garantierte Erfolge zu glauben. Ein produktives S.-Verständnis kennt die Limitierungen menschlicher Rationalität.

### Literatur

J. Baylis/J. J. Wirtz/C. S. Gray (Hg.): Strategy in the Contemporary World, [6]2018 • L. Freedman: Strategy. A History, 2013 • J. Raschke/R. Tils: Politische Strategie. Eine Grundlegung, [2]2013 • D. O. Faulkner/A. Campbell (Hg.): The Oxford Handbook of Strategy, 2006 • C. von Clausewitz: Vom Kriege, [19]1980.

RALF TILS

**Streik** ↑Arbeitskampf

## Strukturalismus

Der S. zählt zu den bedeutenden Geistes- und Kulturströmungen des 20. Jh. Von der Sprachwissenschaft ausgehend, griff er auf andere Disziplinen über. Sein methodischer Ansatz geht auf den Genfer Sprachwissenschaftler Ferdinand de Saussure zurück. Dessen linguistisches Modell wird zur Analyse verschiedener Phänomenbereiche verwendet, wobei Sinn als Effekt differentieller Bestimmungen aufgefasst wird. Die Fruchtbarkeit des Ansatzes ist von seiner Offenheit und der Geschichte seiner Verwandlungen nicht zu trennen. Er hat als Genfer, russischer, tschechischer, Kopenhagener, amerikanischer und französischer S. Gestalt angenommen.

In F. de Saussures Genfer Vorlesungen 1906–11 (postum 1916 als „Cours de linguistique générale" publiziert) wurde gegenüber der historischen Sprachforschung die Frage nach der ↑Sprache als Ganzem aufgeworfen. F. de Saussure gab der synchronen Betrachtung gegenüber der diachronen den Vorzug. Er unterschied zwischen *langue* (Sprache als System), *parole* (Sprechen) und *langage* (Sprachfähigkeit). Die Sprache ist ein System von Zeichen. Ein Zeichen ist nicht die sinnliche Inkarnierung einer davon unabhängigen Bedeutung, sondern die untrennbare Verbindung von *signifiant* (Signifikant, Ausdruck) und *signifié* (Signifikat, Inhalt). Die sprachphilosophisch starke These besagt, dass Signifikant und Signifikat in ein und demselben Vorgang entstehen. Für sich genommen sind Gedanken sowie Laute nebulös. Erst durch ihre Verkoppelung – die im Zeichen geschieht und die Sprache ausmacht – entstehen Bestimmtheit und Artikulation. Bedeutung ist differentiell konstituiert: Zeichen haben ihren Sinn nicht aus sich, sondern als „Werte" innerhalb eines Systems von Unterschieden.

F. de Saussures Ideen fanden erste Aufnahme außerhalb Genfs im 1915 gegründeten *Moskauer Linguistenkreis*, dessen Hauptfigur Roman Ossipowitsch Jakobson war. Enge Beziehungen bestanden zum 1916/17 gegründeten *Petersburger Kreis*. Die beiden Gruppen *(russischer Formalismus)* waren urspr. literarische und ästhetische Bewegungen. Sie wandten sich gegen die biographische und literaturgeschichtliche Interpretation sowie gegen das symbolistische Pathos vom begnadeten Künstler. Dichtung war für sie ein Handwerk, dessen Regeln es zu erfassen galt.

1926 wurde der *Prager Linguistenkreis* gegründet. Von den russischen Gruppen gehörten ihm R. O. Jakobson und Nikolai Sergejewitsch Trubetzkoy an. Der Kreis war interdisziplinär und international ausgerichtet. „Struktur" und „S." wurden zu tragenden Begriffen. Bes. wichtig war die Entwicklung der *Phonologie*. Die kleinsten Lautelemente (Phoneme) wurden als Kombinationen phonologischer Merkmale verstanden, die in einem System von Oppositionen (stimmhaft/stimmlos, labial/dental, Verschlusslaut/Nasallaut usw.) organisiert sind. Damit war ein klares und folgenreiches Paradigma für den Rückgang von Phänomen zu Struktur gegeben.

Der *Kopenhagener Linguistenkreis*, 1934 gegründet, fasste Sprache als algebraische Struktur auf, deren Elemente und Relationen mathematisch darstellbar sind. Louis Hjelmslev baute dies zu einer Kombinatorik phonologischer und semantischer Merkmale aus (Glossematik).

Im *amerikanischen* S. der 30er und 40er Jahre, hervorgegangen aus der Erforschung der nordamerikanischen Indianersprachen, vertrat Leonard Bloomfield einen dezidiert antimentalistischen S., während laut Edward Sapir die Sprachstrukturen die psychischen Muster spiegeln, die beim Bilden und Verstehen von Sätzen befolgt werden. Noam Chomsky thematisierte ab 1955 die Fähigkeit zur Erzeugung von Sätzen und entwickelte eine generative Grammatik.

Die nachhaltigste Entfaltung erfuhr der S. in *Frankreich*. Als Hauptvertreter kann Claude Lévi-Strauss gelten. Er verband die Fäden der bisherigen Entwicklung und gelangte, insb. an das Phonologie-Modell des Prager S. anknüpfend, seit 1949 zu einem ethnologisch akzentuierten S. von großer Anwendungsbreite und kultureller Resonanz. Der Bogen seiner Untersuchungen spannte sich von den elementaren Strukturen der Verwandtschaft zum Ursprung der Tischsitten, von der Kritik des Totemismus zur Analyse des wilden Denkens und von der ↑Kunst zur Mythologie (↑Mythos). C. Lévi-Strauss entwarf eine *strukturale Anthropologie*, deren Pointe darin liegt, dass es sich um eine „Anthropologie ohne Menschen" (Kampits 1984) handelt. Er repräsentiert einen S., der unsere Welt und unser Erleben wie von einem fernen Planeten aus betrachtet. Der Rückgang von der *parole* auf die *langue*, vom erlebten Sinn auf die zugrundeliegende Strukturmechanik, führt von den Einbildungen der Subjekte zur Wahrheit der Strukturen. Nicht unser Denken, sondern das unbewusste Denken des Geistes, das in diesen Strukturen wirksam ist und einer universellen Logik folgt, ist das wahre Denken. Daher erreicht man die Wahrheit über den Menschen erst, wenn man sich vom Menschen distanziert. „Das letzte Ziel der Wissenschaften vom Menschen ist nicht, ihn zu konstituieren, sondern ihn aufzulösen" (Lévi-Strauss 1973: 284). Dieser S. gerät zu einem Super-Rationalismus auf informationstheoretischer Basis mit universalistischen Ansprüchen und massiven Invarianzbehauptungen. Auf allen Niveaus und in allen Gesellschaften geschehe dasselbe – alles andere sei Einbildung von Individuen und Geschichtsideologien (↑Geschichte, Geschichtsphilosophie).

Von Anfang an besaß der S. große Affinität zu Fragen der Literatur. Die Gruppe *Tel Quel* (1960 gegründet: Philippe Sollers, Jean Ricardou, Julia Kristeva, Marcelin Pleynet, Jaques Derrida, Jean Thibaudeau) wandte sich gegen die akademisch üblichen biographischen, soziologischen, psychologischen und literaturhistorischen Erklärungsmuster und untersuchte Texte in ihrer Autonomie. Das Schreiben (im emphatischen Sinn der *écriture*) teilt nicht vorhandenes Wissen mit, sondern erprobt Möglichkeiten der Sprache und bringt Strukturen hervor, die sich dem Leser zur Deutung anbieten. Jeder Text entsteht aus anderen Texten (Intertextualität: J. Kristeva) und wird durch die Aktivität des Lesers fortgeführt; darauf hat insb. Roland Barthes, Hauptfigur der *nouvelle critique*, hingewiesen. Der *nouvelle critique* entsprach der *nouveau roman* (Nathalie Sarraute, Alain Robbe-Grillet, Michael Butor u. a.) sowie im Film die *nouvelle vague* (François Truffaut, Éric Rohmer, Jean-Luc Godard, Claude Henri Jean Chabrol, Jaques Rivette, Louis Malle). Die strukturalistische Tätigkeit, die R. Barthes zufolge darin besteht, mittels Zerlegung und Arrangement das Simulakrum eines Gegebenen hervorzubringen, um dessen Funktionsregeln klar zutage treten zu lassen, erfolgt ebenso wie in den ↑Wissenschaften in ↑Literatur und ↑Film, in ↑Musik (Pierre Boulez, Henri Pousseur) und Malerei (Piet Mondrian). In den Niederlanden formierte sich ein architektonischer S. (Aldo van Eyck, Herman Hertzberger).

Eine strukturalistische Version von Psychoanalyse entwickelte Jaques Marie Émile Lacan. Das Unbewusste ist wie eine Sprache strukturiert und daher mit strukturalistischen Methoden zu analysieren. Sigmund Freud gilt als Vorläufer F. de Saussures. Man kann sowohl strukturalistische Erkenntnisse für eine vertiefte Psychoanalyse nutzbar machen als auch eine Neuformulierung des S. vom Boden der Psychoanalyse aus in Angriff nehmen. Signifikant und Signifikat sind J. M. É. Lacan zufolge – anders als F. de Saussure meinte – stets getrennt. Subjektivität und Bedeutung entspringen dieser Spaltung. Damit dringt die Differenz in das Herz des Zeichens ein. Dezentrierung löst das Zentrum auf, statt Präsenz herrscht Unabschließbarkeit, der Post-S. steht vor der Tür.

Einen strukturalistischen ↑Marxismus entwickelte Louis Pierre Althusser. Der S. sei geeignet, Karl Marx' Einsicht, dass nicht die Menschen, sondern die Produktionsverhältnisse die Subjekte der Geschichte sind, zu vertiefen. Erneut hat die strukturalistische Entmachtung des ↑Subjekts eine Bevollmächtigung der Strukturen zur Kehrseite. Dieser heikle Punkt führte zu Auseinandersetzungen mit ↑Phänomenologie und ↑Hermeneutik (Jean-Paul Sartre, Paul Ricœur).

Den Übergang zum *Post-S.* vollzog J. Derrida. Er kritisierte den S. an seiner Herzstelle, am Zeichenbegriff. Er tat es durch Radikalisierung. Zeichen sind, was sie sind, nicht durch Selbstbezug, sondern mittels des Geflechts anderer Zeichen. Nimmt man diese Grundthese ernst, so muss man einsehen, dass Sinn nie präsent, sondern immer aufgeschoben ist. Zudem ist die Struktur letztlich nicht stabil und geschlossen, sondern veränderlich und offen.

Während der S. dem Ideal des Kristalls huldigte, Totaltransparenz anzielte und darin die Erkenntnistradition der Neuzeit fortsetzte, richtet sich das Interesse des Post-S. auf das Verhältnis von Disziplin und Undisziplinierbarem, Erkanntem und Ungedachtem. Die Grundkategorie Struktur wird durch die neue Perspektive des ↑Spiels abgelöst. Konsequent ging daraus schließlich – bei Jean-François Lyotard – das Denken der ↑*Postmoderne* hervor, das sich gänzlich der Differenz und Pluralität der Sprachspiele und Lebensformen zuwandte.

### Literatur

A. Jörn: Europäischer Strukturalismus; ³2000 • G. Deleuze: Woran erkennt man den Strukturalismus?, 1992 • P. Kampits: Anthropologie ohne Menschen? Zur gegenwärtigen Situation der philosophischen Anthropologie, in: Mitteilungen der Anthropologischen Gesellschaft in Wien 114 (1984) • M. Frank: Was ist Neo-Strukturalismus?, 1983 • K. Chvatík: Tschechoslowakischer Strukturalismus, 1981 • D. Hymes/J. Fought: American Structuralism, 1981 • J. M. Miller (Hg.): French Structuralism. A Multidisciplinary Bibliography, 1981 • J. Sturrock (Hg.): Structuralism and Since. From Lévi-Strauss to Derrida, 1979 • H. Naumann (Hg.): Der moderne Strukturbegriff, 1973 • C. Lévi-Strauss: Das wilde Denken, 1973 • A. Reif: Antworten der Strukturalisten. Roland Barthes, Michel Foucault, François Jacob, Roman Jakobson, Claude Lévi-Strauss, 1973 • F. Wahl (Hg.): Einführung in den Strukturalismus, 1973 • H. Gallas (Hg.): Strukturalismus als interpretatives Verfahren, 1972 • J. M. Broekmann: Strukturalismus. Moskau, Prag, Paris, 1971 • G. Schiwy: Der französische Strukturalismus. Mode, Methode, Ideologie, 1969 • F. de Saussure: Grundfragen der allgemeinen Sprachwissenschaft, ²1967 • M. Bierwisch: Strukturalismus. Geschichte, Probleme und Methoden, in: Kursbuch 5 (1966), 77–152.

WOLFGANG WELSCH

## Strukturpolitik

### 1. Strukturbegriff

Unter Struktur kann sowohl die Beziehung zwischen den einzelnen Elementen einer Grundgesamtheit zueinander als auch die Relation der einzelnen Elemente zur Gesamtheit verstanden werden. Strukturuntersuchungen disaggregieren eine Grundgesamtheit und führen sie auf ihre einzelnen Elemente zurück. Zudem werden die Einzelelemente zu Subaggregaten zusammengefasst, wenn dadurch vom Durchschnitt der Grundgesamtheit abweichende Eigenschaften oder Gesetzmäßigkeiten der Subaggregate erkennbar werden.

### 2. Ökonomische Strukturen

In der ↑Wirtschaftspolitik stellen die Unternehmen oder ganz generell die ökonomischen Aktivitäten einer Volkswirtschaft mögliche Grundgesamtheiten dar. Diese einzelnen Elemente der Gesamtwirtschaft werden mit Blick auf Gemeinsamkeiten hinsichtlich
*a)* der Produktionsrichtung,
*b)* der Betriebsgröße,
*c)* des regionalen Aufbaus
zusammengefasst und strukturiert. Vor diesem Hintergrund wird in der S. zwischen sektoraler Wirtschaftspolitik sowie Betriebsgrößen- oder Mittelstands- und Regionalpolitik unterschieden.

### 3. Strukturpolitik

#### 3.1 Ziele und Begründung der Strukturpolitik

In wettbewerbsbasierten Marktwirtschaften zielt S. darauf ab, potentielle ↑Marktversagen zu korrigieren. In der Praxis bedeutender sind allerdings Wachstums- und Beschäftigungs- sowie Stabilisierungsziele. Allen Varianten von S. ist dabei gemeinsam, dass die explizite Berücksichtigung der Sektoral-, Betriebsgrößen- und

Regionalstrukturen das Mittel ist, um wirtschaftspolitische Anliegen gegenüber einem ausschließlich gesamtwirtschaftlichen Ansatz besser zu verwirklichen.

### 3.2 Sektorale Strukturpolitik

Sektorale S. differenziert die Grundgesamtheit aller ↑Unternehmen einer Volkswirtschaft nach Wirtschaftszweigen, d.h. Unternehmen, die ähnliche ↑Güter und ↑Dienstleistungen produzieren, werden in einer Systematik der Wirtschaftszweige zusammengefasst.

Die sektorale S. in Deutschland und der ↑EU konzentriert sich auf die ↑Agrar-, Industrie- und ↑Energiepolitik. Marktversagenstatbestände aufgrund von Unteilbarkeiten oder ↑externe Effekte etc. spielen in der praktischen sektoralen S. so gut wie keine Rolle. Es geht vielmehr um die Gestaltung des Strukturwandels:

*a)* Sektorale S. orientiert sich am gesamtwirtschaftlichen Wachstum (↑Wirtschaftswachstum) und unterstützt dazu selektiv die Branchen, die sich durch hohe Wachstumsbeiträge und innovative Technologien auszeichnen. Dazu werden u.a. Investitions- und Forschungsbeihilfen gewährt, um sicherzustellen, dass diese Sektoren politisch erwünschte Anteile am Sozialprodukt und an der Gesamtbeschäftigung halten.

*b)* Konservierende sektorale S. verfolgt kein Wachstumsanliegen, sondern stemmt sich gegen Strukturwandel, um sektorale Einkommen und Beschäftigung (↑Arbeitslosigkeit) zu sichern oder andere politische Ziele (z.B. Versorgungssicherheit) zu realisieren. So brauchte es beim nicht wettbewerbsfähigen deutschen Steinkohlenbergbau rund 70 Jahre, bis 2018 die staatliche Protektion und Konservierung ein Ende fand.

*c)* Anpassungs- und flexibilitätsorientierte sektorale S. will hingegen weder konservieren noch selektiv Wachstumsbranchen fördern. Vielmehr akzeptiert sie einen angebots- und nachfrageseitig getriebenen Strukturwandel, bemüht sich aber darum, die Kosten des Wandels und der Anpassungsprozesse zu reduzieren. Dies kann durch ↑Sozialpolitik und flankierende Qualifikation des ↑Humankapitals geschehen, um Arbeitskräften eine Perspektive in anderen Branchen zu bieten.

In den beiden ersten Varianten versucht die S. politisch gewünschte Sektoralstrukturen entweder zu schaffen oder zu konservieren. Diesem dem etatistischen Konzept der „Investitionslenkung" der 1970er Jahre folgenden Ansatz ist letztlich wenig Erfolg beschieden, weil die angebotsseitig von Produkt- und Verfahrensinnovationen und nachfrageseitig von Verbraucherpräferenzen getriebenen Prozesse stärkere Durchschlagskraft besitzen. Die flexibilitätsorientierte S. akzeptiert letzteres, will allerdings Transaktionskosten der Anpassung reduzieren und einen sehr volatilen Wandel vermeiden.

### 3.3 Regionale Strukturpolitik

Bei einer regionalen Strukturierung rekrutiert sich die Grundgesamtheit aus den einzelnen Raumpunkten eines Gesamtraums. Soweit diese sich in einem geographischen Nachbarschaftsverhältnis befinden und zudem Gemeinsamkeiten etwa hinsichtlich der Bevölkerungsdichte (Ballungsräume und ländliche Räume) oder Flächennutzung (Wohnen, Verkehr, Natur etc.) aufweisen, können Subaggregate differenziert werden. In der regionalen Wirtschaftspolitik wird der gesamtwirtschaftliche ↑Arbeitsmarkt Deutschlands in 258 regionale Arbeitsmärkte zerlegt, indem benachbarte Wohn- und Arbeitsorte zusammengefasst werden, die über die Berufspendlerverflechtung miteinander verflochten sind.

Bei der Begründung regionaler S. kann auf Schwächen der marktgetriebenen ↑Allokation abgestellt werden. Regionale Monopole oder externe Effekte von bestimmten Flächennutzungen und Agglomeration sind aber allesamt nicht Gegenstand praktischer regionaler S., sondern eher Objekt der Wettbewerbspolitik sowie der Raum-, Flächen- und ↑Umweltpolitik. In der Praxis der regionalen S. steht vielmehr das Ausgleichs- und Wachstumsanliegen im Vordergrund, das in der EU und Deutschland flankierend und nachgeschaltet auf die marktgetriebene räumliche Verteilung ökonomischer Aktivität reagiert:

*a)* Im Ausgleichsinteresse sollen entwicklungsschwache Regionen durch Hilfe zur Selbsthilfe ein höheres Wachstum generieren und aufholen.

*b)* Im Entwicklungsinteresse soll flächendeckend intelligentes, nachhaltiges und integratives Wachstum (etwa im Rahmen der EU-2020-Strategie) in allen Regionen forciert werden.

Insofern ist praktische regionale S. mit Ausnahme in Hinblick auf entwicklungsschwache Regionen weniger selektiv orientiert als die wachstumsorientierte S. Darüber hinaus versteht sie sich eher als Hilfe zur Selbsthilfe und zum Strukturwandel, auch wenn in der Praxis stets starke strukturkonservierende Einflüsse wirksam werden.

### 3.4 Betriebsgrößenorientiere Strukturpolitik

Bei der Unternehmensgröße wird zwischen Klein-, Mittel- und Großbetrieben unterschieden. Die praktische Politik fördert sowohl KMU (bis 250 Beschäftigte) als auch große Unternehmen. Bei den KMU geht es darum, Marktversagenstatbestände aufgrund von unvollkommenen Kapitalmärkten (↑Geld- und Kapitalmarkt) und Größennachteilen zu überbrücken. Finanzierungs- und Eigenkapital- sowie Gründungshilfen sind dabei ebenso wie Hilfen zum Marktzutritt relevant und im Interesse eines funktionierenden ↑Wettbewerbs nachvollziehbar. Bei den strukturpolitischen Hilfen für Großunternehmen ist dies weniger der Fall. Hier zielt insb. Industriepolitik auf die Bildung „europäischer Champions", die durch ein fusions- und subventionsfreundliches ↑Wettbewerbsrecht zu global wettbewerbsfähigen Unternehmen aufgebaut werden sollen. Inwiefern Schutz vor Wettbewerb diesem Ziel dienen kann, wird allerdings in der Ökonomik kritisch erörtert. Zweifel nähren die zahlreichen industriepolitischen Fehlinvestitionen wie jüngst in der deutschen Solarindustrie. Selbst das Vorzeigeprojekt *Airbus* ist nur dann als Erfolg zu werten, wenn die gigantischen Subventionsvolumina (↑Subvention) ausgeblendet werden. Insofern ist die Förderung funktionierenden Wettbewerbs die attraktivere Alternative zu industriepolitischen Planspielen (Freiburger Schule, ↑Soziale Marktwirtschaft).

### 4. Koordination von Strukturpolitik

Die erörterten Varianten der S. beeinflussen sich wechselseitig, weil Ziel- und Mittelinterdependenzen existieren und sich die Aktionsräume überschneiden. So betrifft etwa sektorale S. Unternehmen unterschiedlicher Betriebsgrößen, die zudem im Raum nicht gleich verteilt sind. Sektorale S. hat somit Rückwirkungen auf die Betriebsgröße und die regionale Entwicklung. Um sich konterkarierende Effekte zu vermeiden und Synergien zu nutzen, sollten die erörterten Varianten der S. im Effizienzinteresse aufeinander abgestimmt werden.

### Literatur

V. Nienhaus: Strukturpolitik, in: D. Bender (Hg.): Vahlens Kompendium der Wirtschaftstheorie und Wirtschaftspolitik, 2007, 443–446 • Monopolkommission: Wettbewerbspolitik im Schatten „Nationaler Champions". 15. Hauptgutachten 2002/2003, 2004.

HELMUT KARL

## Studentenbewegungen

S. sind Protestbewegungen, die sich aufgrund von v. a. Studierenden als ihrer Trägergruppe von anderen ↑sozialen Bewegungen unterscheiden. Sie nehmen ihren Ausgangspunkt i. d. R. an Universitäten. Dennoch sind ihre Ziele meist nicht auf Probleme der universitären Lehre, der ↑Hochschulpolitik oder soziale und kulturelle Belange Studierender beschränkt (die Forschung spricht dann von S. im eigentlichen Sinne oder *universitären* S.). S. thematisieren i. d. R. übergreifend gesellschaftliche und politische Sachverhalte.

Das Zugehörigkeitskriterium „Studierende" ist auch deshalb nicht wörtlich zu nehmen, denn erfahrungsgemäß können sich auch Personen ohne Studierendenausweis einer S. zugehörig fühlen. Die Übergänge zu anderen Phänomenen sozialen Protests wie auch zu Jugendorganisationen und Hochschulgruppen der ↑Parteien sind fließend. Überdies lassen sich S. oft nur schwer von Jugendprotest allg. abgrenzen. Wird jedenfalls in Deutschland von *der* S. im Singular gesprochen, ist damit die weit in die Gesellschaft hineinreichende studentische Protestbewegung der späten 1960er Jahre gemeint. Sie kulminierte 1968 und richtete sich insb. gegen die Kriegsführung der USA in Vietnam und die Notstandsgesetze. Dabei formulierte sie eine neomarxistische Kritik an der liberalen ↑Demokratie und am ↑Kapitalismus bzw. der ↑sozialen Marktwirtschaft sowie eine postkoloniale Kritik (↑Postkolonialismus) am „Neoimperialismus" des ↑Westens.

Mit Protestbewegungen teilen S. das Merkmal, dass es sich um temporäre Netzwerke mit identifikatorischem Kern handelt, die kollektiv Unzufriedenheit an bestehenden gesellschaftlichen und politischen Zuständen artikulieren und ihr Anliegen durch öffentlichen Druck auf andere Akteure sichtbar machen. Dieser Protest findet überwiegend außerhalb institutionalisierter Einflusskanäle statt. Er manifestiert sich auf einer breiten Skala von Formen (Umzüge, Versammlungen, Petitionen), von spontan bis organisiert, friedlich bis gewalttätig, von zielgerichtet bis offen. Er kann sowohl „instrumentell" (zielorientiert) als auch „expressiv" (identitätsstiftend) sein; er kann auf Veränderung oder Erhalt bestehender Ordnungen zielen. Im Vergleich zu anderen sozialen Bewegungen wie z. B. der Friedens- oder Anti-AKW-Bewegung verfügen S. (ähnlich wie Schülerbewegungen) über geringe organisatorische, institutionelle und personelle Kontinuität. Einzelne S. unterscheiden sich in ihren Zielen, Strategien und Aktionsformen stark voneinander. Aufgrund des temporären Status „Student" ist die Dauer der Protestmobilisierung oft nur kurz. Demgegenüber verfügen primär an Zielen orientierte Bewegungen wie die ↑Frauenbewegung über eine teils jahrzehntelange organisatorische und personelle Kontinuität.

### 1. Ältere Studentenbewegungen in Deutschland

Obwohl es seit der Gründung der ersten Universitäten im Mittelalter studentischen Protest gibt, tauchen S. im modernen Sinne erstmals im frühen 19. Jh. als Teil der Nationalbewegung in Deutschland und ↑Europa auf. 1817 demonstrierten aus Anlass des Reformationsjubiläums 500 Studenten – konkret: Burschenschaftler – auf der Wartburg bei Eisenach (Wartburgfest) unter der Parole „Ehre, Freiheit, Vaterland". Sie waren enttäuscht von den Beschlüssen des Wiener Kongresses, der nur die lose Konföderation des Deutschen Bundes geschaffen hatte, sowie empört über die schleppende Einführung von ↑Verfassungen in den deutschen Staaten. Nach der Ermordung August Friedrich Ferdinand von Kotzebues durch den Studenten Karl Ludwig Sand wurden die Burschenschaften (↑Studentenverbindungen) durch die Karlsbader Beschlüsse von 1819 aufgelöst. Die S. wurden in den Untergrund gedrängt, blieben jedoch ein dynamisierender oppositioneller Faktor bis zur Revolution 1848/49. 1827 erfolgte die Neugründung der *Allgemeinen Deutschen Burschenschaft*. Die Revolutionen und Aufstände in Frankreich und Polen 1830/31 lösten Begeisterung unter Studenten aus. Am Hambacher Fest 1832 waren sie prominent beteiligt. Der „Frankfurter Wachensturm" 1833 wurde von Studenten organisiert und hatte neuerliche staatliche Repressionsmaßnahmen zur Folge. Bei der Märzrevolution 1848 standen Studenten an vorderster Front (z. B. Überbringung der „Mannheimer Forderungen" an den badischen Großherzog; Beginn der Revolution in Wien an der dortigen Universität). Auch führende Paulskirchenpolitiker waren Burschenschaftler. Beim Wartburgfest zu Pfingsten 1848 forderten die Burschenschaften eine akademische Selbstverwaltung im künftigen Nationalstaat.

Nach der preußisch-deutschen Nationalstaatsgründung 1871 wandten sich Studenten mehrheitlich von den freiheitlichen Forderungen des ↑Liberalismus ab und wurden zu Trägern chauvinistischen ↑Nationalismus. Gerade die prominentesten S. des Kaiserreichs machten sich den wachsenden deutschen ↑Antisemitismus zu eigen. Angesichts der Wirtschaftskrise sowie der Krise der akademischen Bildung der 1870/80er Jahre gründeten sich während des durch den Historiker Heinrich von Treitschke 1879 ausgelösten „Berliner Antisemitismusstreit" sogar studentische Komitees, die die soziale Ausgrenzung jüdischer Studenten forderten und erreichten. Die antisemitischen S. institutionalisierten sich 1881 mit der Gründung des *Vereins Deutscher Studenten* (VDSt, auch *Kyffhäuserverband*, heute VVDSt). Dieser erreichte in den Folgejahren seine Anerkennung durch die Universitäten. Der VDSt grenzte sich gegenüber den ihm zu gemäßigt erscheinenden Burschenschaften ab, öffnete sich der völkischen ↑Ideologie und unterstützte vorbehaltlos den wilhelminischen ↑Imperialismus.

Nach 1919 standen Studenten mehrheitlich in radikaler Opposition zur Weimarer Republik. Sie waren wichtige Trägergruppe der rassisch-völkischen, teils aber auch der linksradikalen Opposition gegen die liberale Demokratie. Studenten und junge Veteranen stellten den personellen Kern der Freikorps, die partiell den Charakter einer S. hatten. Am „Kapp-Putsch" (1920) sowie am „Hitler-Putsch" (1923) waren Studenten stark beteiligt. Die Übergänge zum rechten ↑Terrorismus waren fließend, kamen doch auch die Attentäter an Matthias Erzberger und Walther Rathenau aus den Freikorps und waren überwiegend Studenten. Zur Radikalisierung trugen die Überfüllung der Universitäten aufgrund der zahlreichen Kriegsheimkehrer, die extreme Wohnungsnot in Universitätsstädten, die fehlenden Berufsaussichten für Akademiker sowie die schwierige soziale Lage bis 1924 bei. Der 1920 gegründete *Deutsche Hochschulring* war eine studentische Sammlungsbewegung mit radikal völkischen Zielen. Die NSDAP instrumentalisierte die Notlage der Studenten: Ihre Studentenorganisation, der *Nationalsozialistische Deutsche Studentenbund* (NSDStB), war zwar Parteigliederung, besaß indes gegen Ende der Weimarer Republik Züge einer S. Er machte sich u. a. zum Fürsprecher der Abschaffung von Studiengebühren.

Die rechtsradikalen S. der Spätphase der Weimarer Republik organisierten zahlreiche krawallartige Proteste, die sich auch gegen Einzelpersönlichkeiten richteten – etwa den Theologen Günther Carl Dehn in Halle, der sich für Kriegsdienstverweigerung aussprach, oder den Statistiker Emil Julius Gumbel in Heidelberg, der rechtsextreme „Fememorde" anprangerte. Beide wurden von ihren Universitäten beurlaubt bzw. entlassen. Die späten Weimarer S. richteten sich generell gegen demokratische und jüdische Professoren wie auch, bspw. bei Protesten in Berlin im November 1930, gegen sozialdemokratische, republikanische und jüdische Studierende. Wie sehr die NSDAP die mehrheitlich nationalistisch-völkische Stimmung unter Studenten zu nutzen verstand, zeigen die Bücherverbrennungen im Mai 1933, als Studierende und Professoren gemeinsam gegen „undeutschen Geist" demonstrierten. Während viele studentische Verbände und Verbindungen sich 1933 „gleichschalten" ließen, leisteten nur wenige Studierende ↑Widerstand gegen das NS-Regime, etwa die *Weiße Rose* in München. Als Einzeltäter konnten Letztere unter den Bedingungen einer Diktatur nicht Nukleus einer S. werden, obwohl sie das erhofft hatten.

Auch in der unmittelbaren Nachkriegszeit fand sich eine breite S. im besetzten Deutschland, obwohl diese – anders als die nachfolgende „68er-Bewegung" – im kollektiven Gedächtnis kaum präsent ist. Studentischer Aktivismus richtete sich häufig gegen alliierte Politik, so in Berlin, wo im sowjetischen Sektor Proteste gegen die Beschränkung der ↑Meinungsfreiheit und die wachsende Stalinisierung der Humboldt-Universität zur Gründung der Freien Universität (FU) im US-Sektor führten. In den westlichen Zonen formierte sich im Hungerwinter 1947/48 eine S., die mit fantasievollen Plakaten gegen Hunger, Wohnungsnot, Überfüllung der Universitäten sowie Demontagen und „alliierte Willkür" demonstrierte. In den antinationalsozialistischen Protesten der 1950/60er Jahre waren ebenfalls Studierende führend (z. B. Ausstellung „Ungesühnte Nazijustiz", 1960). Sie trugen auch Protestbewegungen gegen die Wiederbewaffnung der BRD sowie die „Kampf dem Atomtod"-Kampagne mit. In der daraus hervorgegangenen „Ostermarschbewegung" standen studentische Aktivisten ebenfalls an der Spitze, vernetzten sich international (etwa zur britischen CND) und sammelten organisatorische Erfahrung, so dass diese zum Vorläufer der transnationalen S. der späten 1960er Jahre wurde.

### 2. „1968" und die transnationale Studentenbewegung der 1960er Jahre

In der zweiten Hälfte der 1960er Jahre kam es erstmals seit dem 19. Jh. wieder zu paneuropäischen und transatlantischen S., die sich grenzüberschreitend als Teil einer *gemeinsamen* Bewegung gegen den Status quo verstanden: im Westen gegen den des ↑Kalten Krieges und der Rekonstruktion einer liberal-kapitalistischen Ordnung im amerikanischen Einflussbereich, im sowjetisch dominierten Osteuropa als reformkommunistische Bewegung gegen den „real existierenden Sozialismus". Auch in weiten Teilen der „Dritten Welt" revoltierten neomarxistische linke Intellektuelle und Studenten gegen eine von den Supermächten und ihren Machtblöcken dominierte Weltordnung. Wie in Deutschland hatte auch im übrigen Europa und in den USA studentischer Protest eine lange Tradition. Auch in Italien, auf dem Balkan und in Osteuropa waren im 19. Jh. S. für die Gründung von Nationalstaaten eingetreten. In der Zwischenkriegszeit fand sich linker und rechter Studentenprotest in Frankreich, den USA und Großbritannien. Der in der Zwischenkriegszeit beginnende Kampf um die Dekolonisierung wurde häufig von im Westen ausgebildeten jungen Akademikern und Studenten getragen, wie z. B. dem vietnamesischen Revolutionsführer Ho Chi Minh. Seit den späten 1950er Jahren bildeten diese Netzwerke dank erleichterter Kommunikation und universitärer Austauschprogramme eine gemeinsame Protestidentität aus. Auch wenn in einzelnen Ländern national spezifische Fragen diskutiert wurden (wie z. B. die NS-Vergangenheit in der BRD; Bürgerrechte in den USA) lässt sich aufgrund einer gemeinsamen kognitiven Orientierung an einer – meist marxistisch (↑Marxismus) geprägten – Kritik der liberalen Demokratie, sowie am Kalten Krieg und am Supermächte-Imperialismus durchaus von einer globalen S. sprechen.

Zu den Voraussetzungen der sich später auch als ↑Außerparlamentarische Opposition (APO) konkretisierenden neuen deutschen S. gehören auch von Experten angestoßene Debatten und Reformen der ↑Bildungspolitik der 1960er Jahre. Unter dem „Sputnik-Schock“ von 1957 wurde westlicherseits angesichts der Konkurrenz mit dem kommunistischen Block die Ausweitung gerade anwendungsorientierter, v. a. technischer Fächer gefordert. Allg. sah man den Westen hinter die UdSSR zurückfallen. Auch das wurde zum Anstoß, eine bessere Nutzung des gesellschaftlichen Potentials durch Ausweitung des Zugangs zu höherer Bildung zu fordern. Zum Katalysator entspr.er Reformen wurde ein vom Theologen Georg Picht verfasstes Buch mit dem einprägsamen Titel „Die Deutsche Bildungskatastrophe“ (1964). Die dann einsetzende, gerade auch an der Systemkonkurrenz ausgerichtete Bildungspolitik zog – in Verbindung mit dem Strukturkonservatismus der „Ordinarienuniversitäten“, welcher die studentische Mitverwaltung stark limitierte – umfangreiche Kritik studentischer Protestnetzwerke auf sich, so in der SDS-Denkschrift von 1961 mit dem Titel „Hochschule in der Demokratie“. Zur Kurzformel wurde 1967 die Parole „Unter den Talaren – Muff von 1000 Jahren“. In den USA war schon 1962 ein utilitaristischer, auf Bildung als gesellschaftliche „Investition“ zielender Ansatz im „Port Huron Statement“, dem Gründungsmanifest der amerikanischen *Students for a Democratic Society*, harsch kritisiert worden; ähnliche Entwicklungen finden sich in Frankreich, wo sich die Mai-Revolte 1968 an Defiziten der Hochschulreform wie auch der universitären Infrastrukturen entzündete.

Anfangs richtete sich die stark durch nicht-orthodoxe marxistische Theorien wie die der Frankfurter Schule informierte Kritik der „herrschenden Verhältnisse“ auf die Bildungspolitik sowie auf den Ausschluss der Studentenschaft von universitären Entscheidungsprozessen. Als eine „Neue Linke“ vertraten die Mitglieder der S. jedoch weitergehende Ansprüche. Organisatorisch lässt sich das am Ausschluss des SDS aus der ↑SPD festmachen (1961), die sich im Godesberger Programm (1959) endgültig von der Leitidee einer proletarischen ↑Revolution verabschiedet hatte. „Neu“ war diese Linke insofern, als sie sich in West und Ost einerseits vom „orthodoxen“ Leninismus-Stalinismus abgrenzte, andererseits aber die sozialdemokratische Akzeptanz der liberal-kapitalistischen (Welt-)Wirtschaftsordnung ablehnte. Hierbei ging es – anknüpfend an Antonio Gramsci sowie Theodor Wiesengrund Adorno und Max Horkheimer („Dialektik der Aufklärung“, 1944) – auch um eine Kritik der Konsumgesellschaft. Zentral waren Herbert Marcuses Überlegungen, dass im Westen Herrschaft nicht mehr über direkte Ausbeutung der ↑Massen erfolge, sondern über permanent neu geschaffene künstliche „Bedürfnisse“, so dass „Glück“ (Marcuse 1967: 25) inklusive sexueller Befriedigung zur Ware werde („Der eindimensionale Mensch“, 1967). ↑Emanzipation, ↑Partizipation, eine antiinstitutionelle Orientierung, die Betonung neuer oder postmaterieller ↑Werte wurden auf diese Weise zentrale Ideen der Neuen Linken. Als ideologische Versatzstücke prägten sie dann, oft auch in sehr vergröberter Weise, weite Teile der S.

Angeregt durch die ↑Bürgerrechtsbewegung in den USA kam es Mitte der 1960er Jahre zunächst an der University of California in Berkeley (*Free Speech Movement*, 1964), später u. a. auch an der FU Berlin zu Konflikten um die „freie Rede“ an den Universitäten. Deren Leitungen untersagten Studierenden immer wieder Veranstaltungen zu allgemeinpolitischen Themen. Das Verbot eines Vortrags des Journalisten Erich Kuby an der FU Berlin im Mai 1965 wurde zum Katalysator der Westberliner S. Diese strahlte dann nach Westdeutschland aus. Die Verschärfung der US-Kriegsführung in Vietnam ab 1965 mobilisierte studentischen Protest erst recht, desgleichen die Zusammenarbeit des Westens mit Diktatoren. Skandalisiert wurde etwa der 1967 stattfindende Staatsbesuch des Schahs von Persien. Dabei knüpfte die S. an eine etablierte postkoloniale Kritik an Verhältnissen in der Dritten Welt an (u. a. Frantz Fanon), zumal die Präsenz afrikanischer, lateinamerikanischer und asiatischer Austauschstudenten an westlichen Universitäten diese Debatten dynamisierte. Gleichzeitig führte die geplante Einfügung der Notstandsartikel in das ↑GG zu einer breiten Bündnisbildung zwischen SDS, einzelnen ↑Gewerkschaften wie der IG Metall und linkem SPD-Flügel. Ab 1966/67 lässt sich in der BRD von einer APO sprechen, die weit über die S. hinaus ging, in der Studierende jedoch die dynamischste Trägergruppe blieben.

Sowohl in Europa als auch in den USA erreichte diese Ausprägung von S. ihren Zenit 1967/68, mit den dramatischen Ereignissen des Jahres 1968 als Höhepunkt. Die Chiffre „1968" steht daher als Kurzformel für radikale S. der späten 1960er Jahre. Mobilisierende Ereignisse waren in Deutschland die Ermordung des Studenten Benno Ohnesorg durch einen – wie sich später zeigt: als IM des MfS arbeitenden – Polizisten in Westberlin am 2.6.1967, bzw. in den USA der „March on the Pentagon" im Oktober 1967, nachdem es zuvor zu Aufständen in afroamerikanischen Vierteln großer Städte gekommen war sowie auch die Hippie-Bewegung im „Summer of Love" ihren Höhepunkt erreicht hatte. In Italien begann die Hochphase dieser linken Form von S. mit der Besetzung der Katholischen Universität Mailand im November 1967, auf die zahlreiche weitere Universitätsbesetzungen folgten. Im lange relativ ruhigen Frankreich setzte der Studentenprotest recht plötzlich im Mai 1968 ein, eskalierte rasch und massiv, suchte auch das Bündnis mit Arbeitern und Gewerkschaften. Der „Pariser Mai" inspirierte S. in zahlreichen weiteren Ländern, u.a. in Belgien, in der Türkei und in Lateinamerika. Dynamik erhielt die S. auch aufgrund der medial breit vermittelten Tet-Offensive des Vietcong Ende Januar 1968. Mit dem Vietnam-Kongress an der TU Berlin im Februar 1968, der Aktivisten aus aller Welt anzog, erreichte die Anti-Vietnamkriegsbewegung ihren Höhepunkt. In der BRD eskalierten gewalttätige Konflikte während der „Osterunruhen" 1968 nach einem Attentat auf den Studentenführer Rudi Dutschke sowie der Frankfurter Kaufhausbrandstiftung, die ihrerseits zur Geburtsstunde der RAF wurde. In Polen setzten Systemproteste von S. im Frühjahr 1968 ein, desgleichen in der ČSSR („Prager Frühling"). Die Prager Ereignisse wurden von der westlichen S. intensiv beobachtet und als Teil der Rebellion gegen den Status quo des Kalten Kriegs interpretiert.

Der rasche Zerfall der S. setzte in fast allen Ländern mit dem Ende des akademischen Jahrs 1968 ein und war 1969/70 abgeschlossen. Der deutsche SDS spaltete sich 1969 in immer kleinere *K-Gruppen* und löste sich 1970 auf. Gewalt bei Demonstrationen („Schlacht am Tegeler Weg", November 1968) und Tumulte an Universitäten, gefolgt von Polizeieinsätzen, die ein geordnetes Studium zeitweilig unmöglich machten sowie zur Gegenwehr der Kultusbehörden führten, ließen immer mehr Studierende Abstand von den 1968 aufgeblühten S. nehmen. Die gleiche Wirkung zeitigte ein aus den S. hervorgegangener terroristischer Untergrund (v.a. in der BRD, in Italien und den USA, aber auch in Belgien und Frankreich), der trotz seines personell überschaubaren Umfangs die Öffentlichkeit jahrelang in Atem hielt. Als unproduktiv erwies sich auch der grobschlächtige Umgang mit Fehlern bei der Aufarbeitung der NS-Vergangenheit (Klarsfeld-„Ohrfeige" November 1968), darunter das ritualartige Vorbringen von pauschalen Faschismus-Vorwürfen seitens der S. in allen westlichen Ländern, mit dem Teile der dortigen Gesellschaften als Steigbügelhalter eines neuen Nazismus diskreditiert werden sollten. Umgekehrt warfen Kritiker der S. diesen einen „linken Faschismus" (Habermas 1969: 148) vor, bezichtigen sie „faschistischer Methoden" (CDU-Bundesgeschäftsstelle 1969: 56), oder zogen sogar direkte Parallelen zwischen SDS und NSDStB. Politisch scheiterten die linken S. der 1960er Jahre. In Westdeutschland konnten sie die Verabschiedung der Notstandsgesetze (↑Staatsnotstand) nicht verhindern, in den USA und in Frankreich provozierten sie sogar einen konservativen Backlash. In Osteuropa und der DDR gingen die Hoffnungen auf einen „Sozialismus mit menschlichem Antlitz" (Kusák/Künzel 1969) in harscher spätstalinistischer Repression unter.

Die Wirkungen der S. sind umstritten. Anhänger und Verteidiger verweisen auf langfristig liberalisierende, emanzipatorische und demokratisierende Folgen von „1968", auf den Wandel der Geschlechterverhältnisse (so ging die „neue Frauenbewegung" direkt aus dem SDS hervor), auf die Zunahme bis dahin „unkonventioneller Beteiligungsformen" aufgrund der sozialen Bewegungen der 1970er Jahre und auf die wachsende öffentliche Thematisierung der NS-Vergangenheit. Sie heben also v.a. „kulturrevolutionäre" Wirkungen hervor. Gegner und Kritiker sehen hingegen die linken S. in einer „Endstation Terror" (Lübbe 1978) münden, machen sie für den Abbruch der Hochschulreform verantwortlich, für den Zerfall von Werten, die Auflösung der Institution der ↑Familie, für überschießende Individualisierung und schwindenden gesellschaftlichen Zusammenhalt. Die historische und sozialwissenschaftliche Forschung ordnet „1968" inzwischen in die Nachkriegszeit ein und erkennt in den damaligen Ereignissen mitsamt ihren Wirkungen einen Teil der Gewöhnung an Deutschlands neue Konsumgesellschaft, mitsamt den dafür erforderlichen Anpassungsleistungen u.a. bei Ehe, Sexualität und Geschlechterverhältnissen. Auch trug diese Ausprägung der S. dazu bei, ehedem „unkonventionelle Beteiligung" üblich zu machen. In diesem Sinn war sie ein wichtiger Schritt auf dem Weg zur „Bewegungsgesellschaft" (Neidhart/Rucht 1993). Die starke öffentliche Erregung über „1968" erklärt sich im Übrigen aus einer medialen Umbruchssituation: Das ↑Fernsehen ließ als damals neues Medium die Bilder des Protests erstmals „im Wohnzimmer" erleben. Insgesamt dürfte „1968" den stattfindenden Wandel eher kommuniziert als bewirkt haben, dürfte mehr Indikator als Motor gesellschaftlicher Transformation am Ende der langen Boomphase der Nachkriegszeit gewesen sein, hat diese insoweit aber auch abzuschließen geholfen.

### 3. Studentenbewegungen seit dem Ende des Kalten Krieges

Studentischer Protest ist nach 1990 nicht verschwunden, zumal die Zahl der Studierenden seit den 1970er Jahren weltweit stark angestiegen ist. Dennoch hat es seither keine der S. der 1960er Jahre vergleichbare globale Bewegung gegeben. Die Mehrheit der jüngsten S.

wie die Vorlesungsboykotte 1997 und 2003/04 spielten sich im nationalen Rahmen ab und fokussierten bildungspolitische Ziele, wie Überfüllung von Universitäten oder Abschaffung von Studiengebühren. Mobilisierend wirkten seit der ↑Finanzmarktkrise 2008/09 fehlende Berufsaussichten („Generation Praktikum"). Angeregt von den Aufständen des Arabischen Frühlings (2011), zu dessen Protagonisten junge Erwachsene und Studierende gehörten, kam es auch in westlichen Ländern zu politischen Protesten mit studentischer Beteiligung, wenn auch z. B. die Occupy-Proteste 2011 nicht aus Universitäten hervorgegangen sind. Eine ausgesprochene S. entwickelte sich in Chile 2011, mit Demonstrationen gegen die Privatisierung von Bildung und für kostenloses Studium. Die Klimaproteste 2019 („Fridays for Future") sind hingegen überwiegend Jugendproteste mit starker studentischer Beteiligung, bei denen Schüler dominieren und mit denen Erwachsene sympathisieren. Studierende sind aufgrund ihres ephemeren sozialen Status weiter eine leicht mobilisierbare Gruppe. Die S. der Gegenwart zielen i. d. R. auf konkrete Verbesserungen, in Europa selten auf abstrakte Fundamentalkritik wie dies in den ersten Jahrzehnten des 19. und 20. Jh. sowie im Umfeld von „1968" der Fall gewesen war.

### Literatur

P. Gassert: Bewegte Gesellschaft. Deutsche Protestgeschichte seit 1945, 2018 • D. Siegfried: 1968, 2018 • H. Lönnecker (Hg.): „Deutschland immer gedient zu haben ist unser höchstes Lob". Zweihundert Jahre Deutsche Burschenschaften, 2015 • I. Gilcher-Holtey (Hg.): „1968" – Eine Wahrnehmungsrevolution, 2013 • W. Kraushaar: Der Aufruhr der Ausgebildeten. Vom Arabischen Frühling zur Occupy-Bewegung, 2012 • Q. Slobodian: Foreign Front. Third World Politics in Sixties West Germany, 2012 • N. Frei: 1968. Jugendrevolte und globaler Protest, 2008 • M. Klimke/J. Scharloth (Hg.): 1968 in Europe. A History of Protest and Activism, 1956–1977, 2008 • K. Schulz: Studentische Bewegungen und Protestkampagnen, in: R. Roth/D. Rucht (Hg.): Die sozialen Bewegungen in Deutschland seit 1945, 2008, 417–446 • M. Zirlewagen: Kaisertreue, Führergedanke, Demokratie. Beiträge zur Geschichte des Verbandes der Vereine Deutscher Studenten (Kyffhäuser-Verband), 2000 • F. Neidhardt/D. Rucht: Auf dem Weg in die „Bewegungsgesellschaft"?, in: Soziale Welt, 44/3 (1993), 305–326 • N. Kampe: Studenten und „Judenfrage" im Deutschen Kaiserreich. Die Entstehung einer akademischen Trägerschicht des Antisemitismus, 1988 • U. Schlicht: Vom Burschenschaftler bis zum Sponti. Studentische Opposition gestern und heute, 1980 • H. Lübbe: Endstation Terror, 1978 • CDU-Bundesgeschäftsstelle (Hg.): Zwischen Anarchie und Marxismus. Leitfaden für den Umgang mit der APO, 1969 • A. Kusák/F. P. Künzel: Der Sozialismus mit menschlichem Gesicht: Experiment und Beispiel der sozialistischen Reformation in der Tschechoslowakei, 1969 • H. Marcuse: Der eindimensionale Mensch, 1967 • G. Picht: Die deutsche Bildungskatastrophe, 1964 • M. Horkheimer/T. W. Adorno: Dialektik der Aufklärung, 1944.

PHILIPP GASSERT

# Studentenverbindungen

## 1. Geschichte der Studentenverbindungen im Überblick

S. oder -korporationen sind eine sehr wandlungsfähige, an den Universitäten des Alten Reichs seit der frühen Neuzeit nachweisbare Sozialisationsform. Prägend waren v. a. die „alten Landsmannschaften", welche Schutzverbände auf Zeit für Studenten waren, die aus der gleichen Gegend kamen sowie die freimaurerisch inspirierten Studentenorden (↑Freimaurer), die über einen ethisch begründeten, verbindlichen Wertekanon verfügten und sich ideell als lebenslange Gemeinschaft begriffen. Deren Erbe wirkte in veränderter Form weiter in Landsmannschaften neuen Typs, die sich später Corps nannten, und seit 1814 in den Burschenschaften. Deren Versuch, eine nationale Organisation der Studentenschaft zu begründen, scheiterte ebenso wie der föderative Alleinvertretungsanspruch der örtlichen Seniorenconvente der Corps. Seit der Mitte des 19. Jh. pluralisierte sich das Verbindungswesen weiter im Hinblick auf Weltanschauung und Brauchtumsformen und verfestigte sich gleichzeitig durch die Entstehung von Dachverbänden. Es entstanden neue Landsmannschaften, akademische Gesang- und Turnvereine, wissenschaftliche, katholische, jüdische sowie Damenverbindungen, die in jeweils unterschiedlich starker Ausprägung die tradierten äußeren Formen der S. übernahmen und das Lebensbundprinzip einführten. D. h., dass alle S., auch wenn sie sich teilweise weiterhin Vereine nennen, Gemeinschaften von studierenden „Aktiven" (darunter die als „Füxe" bzw. „Füchse" bezeichneten Neumitglieder auf Probe) und „Alten Herren" oder „Philistern", also berufstätigen Altmitgliedern, sind. Man unterscheidet farbentragende (zumeist dreifarbiges Band und Mütze) und nicht farbentragende oder „schwarze" S. Letztere führen aber mehrheitlich dennoch Farben im „Bierzipfel", einem Schmuckanhänger, und tragen bei feierlichen Anlässen den „Wichs", die traditionelle studentische Festtracht, die ihre Ursprünge in den polnischen Freiheitskämpfen des frühen 19. Jh. hat. Neben den Bestimmungsmensuren schlagenden S. gibt es solche, die dies ablehnen. Der studentische Zweikampf hat eine jahrhundertealte Tradition; bei der Bestimmungsmensur handelt es sich nicht um ein Duell, sondern um eine vereinbarte Form des Zweikampfs.

In der klassischen deutschen Universität waren die S. normgebend für das studentische Leben, einer solchen anzugehören war der Regelfall. Sie repräsentierten trotz aller vorhandener Konflikte in ihrer pluralistischen Gesamtheit die Studentenschaft an sich. Ab 1919 dominierten sie die auf demokratischen Wahlen fußenden studentischen Selbstverwaltungsorgane. Die Symbiose zwischen Universitäten und S. resultierte auch aus den Eigengesetzlichkeiten des klassischen preußischen Universitätssystems, insb. der „Humboldtschen Lücke", also dem Verzicht auf die erzieherische Aufsicht über die

Studierenden, die die Selbststeuerung und Selbstorganisation studentischer Sozialisation erst ermöglichte. Folglich entstanden S. überall dort, wo dieses Modell übernommen wurde, auch außerhalb des deutschen Sprachraums.

Als Folge der Niederlage Deutschlands im Ersten Weltkrieg kam es in einem beträchtlichen Teil der S. zu einem Rechtsruck, der es der NS-Bewegung leicht machte, diese für ihr Ziel einer „Machtergreifung" an den Universitäten zu instrumentalisieren. Daraus resultierte, trotz der Tatsache, dass die Nationalsozialisten das Verbindungswesen zunächst gleichschalteten und schließlich beseitigten, ein Traditionsbruch, der ausschloss, dass nach dem Zweiten Weltkrieg die beschriebene Symbiose eine Fortsetzung finden konnte. Seither grenzten sich die meisten Universitäten von den S. mehr oder weniger ab, obgleich sich nun nahezu alle Korporationsverbände uneingeschränkt auf den Boden der freiheitlichen ↑Demokratie westeuropäischen Typs stellten. Es gründeten sich mit Ausnahme der jüdischen und der Damenverbindungen nahezu alle Dachverbände wieder. Vor dem Hintergrund des Übergangs von der nachklassischen zur Massenuniversität und der Veränderungen, die mit der sog.en Achtundsechzigerbewegung (↑Studentenbewegungen) verbunden waren, wurden die S. allerdings immer mehr an den Rand gedrängt. Seit den späten 1960er Jahren waren viele Verbände konfrontiert mit dramatisch zurückgehenden Mitgliederzahlen und internen Auseinandersetzungen um die Zukunftsfähigkeit der eigenen Traditionen. Erst seit den 1980er Jahren verbesserte sich die Nachwuchssituation, das Korporationswesen konnte sich konsolidieren und die Mitgliederzahlen wieder steigern. Auch Damenverbindungen entstanden wieder neu.

## 2. Geschichte der katholischen Studentenverbindungen

Die katholischen S. entstanden als Selbsthilfe- und Abwehrorganisationen. Aus Einzelgründungen in Bonn, München, Berlin, Münster, Würzburg, Tübingen und Breslau erwuchsen zunächst drei Verbände:

1855 wurde der nicht farbentragende *Unitas-Verband* (UV) gegründet (heute *Verband der Wissenschaftlichen Katholischen Studentenvereine Unitas*), der bis 1887 ein Zusammenschluss von Theologenverbindungen war. Deshalb war für den UV neben seinem zentralistischen Aufbau eine spezifisch kirchlich-klerikale Ausrichtung charakteristisch. Seit den späten 1960er Jahren ist die Mitarbeit nicht katholischer Christen mit Status eines „Freundes der Verbindung" möglich. Seit 1996 werden in eigenen Damen-Vereinen auch Frauen aufgenommen. 2015 verfügte der UV über ca. 5100 Mitglieder, davon 650 Aktive. 1856 entstand der farbentragende *Cartellverband der katholischen deutschen S.* (CV). Dieser entwickelte sich bis zum Ersten Weltkrieg zum größten katholischen Korporationsverband, ja zu einem der größten Dachverbände überhaupt. Von Anfang an verfügte der CV auch über österreichische Mitgliedsverbindungen, zur Trennung kam es 1933, als die österreichischen CV-Verbindungen vor dem Hintergrund der „Machtergreifung" einen eigenen Verband, den *Cartellverband der katholischen österreichischen S.* (ÖCV), gründeten. Heute betrachten sich CV und ÖCV als Schwesterverbände. Hinsichtlich der Frage der Aufnahme nicht katholischer Christen halten sie am Katholizitätsprinzip in seiner überlieferten Form fest; d. h. weder Vollmitgliedschaft noch bes.r Status von Nichtkatholiken sind gestattet. Von der Mitgliederzahl her rangiert der deutsche CV mit ca. 28300 Mitgliedern, davon 4100 Aktive (2015), an der Spitze aller Korporationsverbände, der ÖCV hatte 2015 ca. 11600 Mitglieder, davon 2000 Aktive. Der KV *(Kartellverband katholischer deutscher Studentenvereine)* wurde 1865 gegründet, nachdem die Gründung eines gemeinsamen Dachverbandes mit dem CV gescheitert war. Das schwarze Prinzip wurde urspr. sehr streng beachtet, seit dem frühen 20. Jh. fanden dann aber Angleichungen an die farbentragenden S. statt, inzwischen werden in vielen KV-Bünden Bänder getragen. Die Aufnahme nicht katholischer Christen ist seit 1971 möglich. 2015 verfügte der KV über ca. 12100 Mitglieder, davon ca. 1600 Aktive.

Ferner gibt es den farbentragenden *Ring Katholischer Deutscher Burschenschaften* (RKDB), der 1924 von vormaligen Unitas-Vereinen gegründet wurde. Er hatte 2015 ca. 680 Mitglieder, darunter ca. 80 Aktive. Die Aufnahme evangelischer Mitglieder ist seit 1970 zulässig.

Der 1841 gegründete farbentragende *Schweizerische Studentenverein* (StV), der traditionell auch über nicht deutschsprachige S. verfügt, öffnete sich 1968 bzw. 1977 sowohl für weibliche als auch für evangelische Mitglieder. Der StV ist mit CV und ÖCV freundschaftlich verbunden und zählte 2015 ca. 7600 Mitglieder, davon 1400 Aktive. In Österreich existiert noch der 1922/1933 gegründete legitimistische *Akademische Bund Katholisch-Österreichischer Landsmannschaften* (KÖL); dieser verfügte 2015 über ca. 1000 Mitglieder.

Die katholischen S. haben seit Mitte des 19. Jh. ganz entscheidend zur Reproduktion katholischer Eliten und damit zur Formierung des politischen ↑Katholizismus beigetragen. Deshalb wurden CV, KV und UV während des ↑Kulturkampfs diskriminiert. Vom ↑Nationalsozialismus wurden die katholischen S. bekämpft, nach 1933 zunächst gleichgeschaltet, zur Selbstauflösung gedrängt und 1938 schließlich ganz verboten. Die Wiedergründung war nach 1945 v. a. deshalb so schnell möglich (ÖCV 1945, KÖL, CV, KV, UV und RKDB ab 1947/48), weil deren Mitglieder im Dritten Reich vielfach Verfolgungen ausgesetzt gewesen waren. Die Wahlverwandtschaft mit dem politischen Katholizismus und der ↑katholischen Kirche blieb auch nach 1945 unter völlig gewandelten Bedingungen lebendig und prägt das Selbstverständnis der katholischen S. bis heute.

Literatur

B. Grün/C. Vogel: Die Fuxenstunde. Handbuch des Korporationsstudententums, 2016 • M. Stickler: Jüdische Studentenverbindungen, in: Einst und Jetzt. Jahrbuch des Vereins für corpsstudentische Geschichtsforschung e. V. Bd. 61, 2016: 11–56 • M. Asche: „Handlungen, welche Geheimnisse vermuthen lassen." Studentische Arkangesellschaften an deutschen Universitäten im 17. und 18. Jahrhundert, in: V. Huth (Hg.): Geheime Eliten?, 2014, 163–182 • M. Stickler: Die Zeitschriften der katholischen Korporationsverbände nach 1945 im Spannungsfeld von Milieubindung und pluralistischer Öffnung. In: W. Hömberg/T. Pittrof (Hg.): Katholische Publizistik im 20. Jahrhundert, 2014, 499–526 • Ders.: „Wir sind doch nicht die SA der Professoren!" – Das studentische Verbindungswesen und die Achtundsechzigerbewegung. In: G. Dworok/C. Weißmann (Hg.): 1968 und die „68er", 2013, 69–99 • H. Lönnecker: „Demut und Stolz, ... Glaube und Kampfessinn". Die konfessionell gebundenen Studentenverbindungen – protestantische, katholische, jüdische, in: R. Schwinges (Hg.): Universität, Religion und Kirchen, 2011, 479–540 • M. Stickler: Universität als Lebensform? Überlegungen zur Selbststeuerung studentischer Sozialisation im langen 19. Jahrhundert, in: R. v. Bruch (Hg.): Die Berliner Universität im Kontext der deutschen Universitätslandschaft nach 1800, um 1860 und um 1910, 2010, 149–186 • C. Dowe: Auch Bildungsbürger. Katholische Studierende und Akademiker im Kaiserreich, 2006 • G. Hartmann: Für Gott und Vaterland. Geschichte und Wirken des CV in Österreich, 2006 • H.-H. Brandt/M. Stickler (Hg.): „Der Burschen Herrlichkeit". Geschichte und Gegenwart des studentischen Korporationswesens, 1998 • U. Altermatt (Hg.): „Den Riesenkampf mit dieser Zeit zu wagen [...]": Schweizerischer Studentenverein 1841–1991, 1993.

MATTHIAS STICKLER

## Subjekt

### 1. Wortbedeutung

S. leitet sich von lateinisch *subiectum* (griechisch *hypokeimenon*) ab und bedeutet das „Daruntergeworfene" bzw. „Zugrundeliegende". In logischer Hinsicht bezieht sich S. auf das, worüber etwas ausgesagt wird, was die Unterscheidung von S. und den ihm zugesprochenen Prädikaten impliziert. In ontologischer Hinsicht bezieht sich S. sowohl auf das einzelne Seiende als Träger der Eigenschaften als auch auf das, was dem einzelnen Seienden als dessen Prinzip zugrunde liegt; hier besteht ein Bezug zu den Begriffen „Substanz", „Wesen" und ↑„Natur". In der Philosophie der Neuzeit wurde S. mit dem „ich denke" als Prinzip aller Erkenntnis gleichgesetzt bzw. mit dem transzendentalen Ich (↑Transzendenz) als Möglichkeitsbedingung von Erkennen, Wollen und Handeln (↑Handlungstheorie). Dieser Bedeutung von S. entspricht die Unterscheidung von (erkennendem) S. und (erkanntem) Objekt, wenn S. mit einem reflexiv tätigen Ich identifiziert wird. Im Blick auf die urspr. lateinische Bedeutung von *subiectum* als „Daruntergeworfenes" hat sich insb. in subjektkritischer Perspektive eine weitere Bedeutung von S. als „Unterworfenes" entwickelt. Wird in der Alltagssprache S. oft mit ↑„Individuum" und ↑„Person" gleichgesetzt, so sind diese Begriffe philosophisch zu unterscheiden: „Individuum" bedeutet ein jegliches einzelne Seiende, „Person" ein von Ding und Ereignis unterschiedenes bewusstes Dasein, und S. die Singularität der „Erste-Person-Perspektive" des Bewusstseinsvollzuges von Personen.

### 2. Begriffsgeschichte

Sowohl in seiner logischen wie ontologischen Bedeutung wird S. detailliert von Aristoteles reflektiert. In logischer Hinsicht ist für Aristoteles S. dasjenige, dem etwas prädiziert wird, selbst aber nicht prädiziert werden kann, was dessen Eigenständigkeit bedeutet. Ontologisch wird zunächst das einzelne Seiende als S. bezeichnet, insofern es Träger von Eigenschaften ist, zugl. aber den vier Seinsgründen unterworfen, die es aktualisieren; des Weiteren die passive Materie bzw. der Stoff als Zugrundeliegendes der aktiven Form und deren Bestimmungen, und schließlich das Wesen bzw. die Substanz eines einzelnen Seienden, das es in seiner spezifischen Differenz zu anderem auszeichnet und es in seinem Selbststand gründet. Diese dreifache Bedeutung von S. prägte die scholastische Philosophie und Theologie (↑Scholastik). Allerdings gibt es in der antiken und mittelalterlichen Philosophie bereits Konzeptionen, deren S.-Verständnis als Vorform des neuzeitlichen S.-Begriffs interpretiert werden kann. So finden sich z. B. in Platons Dialog „Charmides" Wurzeln eines reflexionstheoretischen Bewusstseinsverständnisses, ebenso in Plotins Bestimmung des *nous* als sich selbst denkendes Denken. Auch die neuplatonische Referenz auf das *unum in nobis* (Proklos) lässt sich analog zur prinzipiellen Funktion des Ichs in neuzeitlichen Philosophien verstehen, ebenso der stoische Begriff des *hegemonikon* (Seelenfunke). Augustinus nimmt den cartesischen Gedanken der aus der Gewissheit des Zweifels stammenden Selbstgewissheit vorweg, ebenso wird man in seinen Überlegungen zur *memoria* und zum *magister intereor* Wurzeln eines neuzeitlichen S.-Gedankens entdecken können, gleichfalls in Boethius' Definition des Personbegriffs. In der aristotelischen Tradition mittelalterlicher Philosophie können die im Kontext der Seelenmetaphysik vertretenen Intellekttheorien des Averroes, Albertus Magnus, Dietrichs von Freiberg und auch von Thomas von Aquin als Momente eines S.-Verständnisses begriffen werden, das die neuzeitliche Philosophie detailliert entfaltet. Diese Theorien diskutierten den ontologischen Status und die epistemologische Funktion von *intellectus agens* und *possibilis* und deren Verhältnis zueinander, und insb. Dietrichs Begriffsprägung des *ens conceptionale* für die erkenntniskonstituierende Funktion des aktiven Intellekts und dessen Herauslösung aus einer Ding- bzw. Substanzontologie weist auf spätere neuzeitliche Gedanken hin, des Gleichen die Differenzierung zwischen Seelengrund und einzelnen Seelenvermögen bei Dietrich und dann bei Meister Eckhart in dessen Lehre von der Geburt Gottes im Grund der Seele.

Die häufig als Initialmoment neuzeitlicher S.-Philosophie gedeutete Reflexion von René Descartes über das *ego cogito* als unerschütterliches Fundament aller Gewissheit ersetzt zwar das *subiectum* des Einzeldings bzw. des Stoffs durch die prinzipielle Funktion des *ego cogito* als *fundamentum inconcussum absolutum veritatis*, verbleibt aber in ihrem Substanzdualismus zwischen *res cogitans* und *res extensa* grundsätzlich noch in der Tradition der Substanzmetaphysik. Die cartesische Identifikation von S. mit dem „ich denke" ebnet den Weg für reflexionstheoretische Bestimmungen des Bewusstseins und dessen mit dem S.-Begriff bezeichneten „Träger" (das denkende Ich), verbunden mit einer Entgegensetzung von erkennendem S. und erkanntem Objekt, die dem reflexiven Akt des Intellekts stets zu eigen ist. S. ist das vom Objekt unterschiedene intelligible, d. h. auf die Vermögen Intellekt und Wille bezogene Ich, und als solches ist es „Zugrundeliegendes" der Objekte. Gegen diese Form einer S.-Philosophie wenden sich sog.e Strom- bzw. Bündeltheorien des Bewusstseins, die die Annahme eines S. von Bewusstsein i. S. eines persistierenden Ichs als Träger des Bewusstseins verneinen, so z. B. bei David Hume. In reflexionstheoretischer Tradition steht auch Immanuel Kants Bestimmung des transzendentalen Ichs als Möglichkeitsbedingung sowohl der Erkenntnis und deren synthetisierender Funktion als auch aller Handlungen und der auf sie bezogenen Urteile. Jenes transzendentale S. wird von I. Kant jedoch nicht mehr als ontologische Größe und damit auch nicht mehr als Substanz verstanden, sondern als rein formales Prinzip der Erkenntnis. In diesem Zusammenhang kritisiert I. Kant die Seelenmetaphysik, insb. den cartesischen Substanzdualismus, da diese sich in die Verwechslung von Phänomenon und Noumenon verstricke und über etwas Urteile zu fällen suche, was kein Gegenstand möglicher Erkenntnis sein könne, und so die lediglich regulative Idee des transzendentalen Ichs zu einer Seelensubstanz hypostasiere.

Anders als reflexionstheoretische Perspektiven auf den S.-Begriff identifizieren präreflexive Theorien S. mit einem dem Einzelvermögen des Intellekts noch vorausliegenden Prinzip aller einzelnen Vermögen der Vernunft (↑Vernunft – Verstand); dieses wird mit einem unmittelbaren, nichtreflexiven Wissen um sich (Selbstgewissheit) als Grund reflexiver Selbsterkenntnis und letztlich des Bewusstseins überhaupt gleichgesetzt. Dieter Henrich markiert dies als „Fichtes ursprüngliche Einsicht" (1967), da Johann Gottlieb Fichte das absolute Ich in seiner Einheit mit dem absoluten Wissen und der absoluten Freiheit als noch der Reflexion vorausgehend bestimmt und zum Vermögen der intellektuellen Anschauung in Bezug gesetzt habe. Damit ist auch die Überwindung der schon von Friedrich Hölderlin kritisierten S.-Objekt-Spaltung intendiert, die im reflexiven Akt aufkommt, S. impliziert absolute Einheit, so etwa Friedrich Wilhelm Joseph Schelling in seiner Spätphilosophie. D. Henrich nennt zudem zwei sog.e Schwierigkeiten der Reflexionstheorie, den mit ihr verknüpften infiniten Regress und den Zirkelschluss. Gleichwohl ist das vorreflexive S. des Bewusstseins D. Henrich (und vor ihm bereits Jean-Paul Sartre) zufolge nicht Prinzip des Bewusstseins, dieses ist vielmehr nichtegologisch zu verstehen; das Ich also gerade kein „Träger" der Akte des Bewusstseins. Der Grund im Bewusstsein ist laut D. Henrich ichlos und das S. somit Moment des Bewusstseins, nicht aber dessen Grund. Die absolute Einheit des S.s (inkl. der Aufhebung der S.-Objekt-Differenz) wird auch von Georg Wilhelm Friedrich Hegel vertreten, wiewohl wiederum reflexionstheoretisch als eine begrifflich gewonnene Identität von S. und Objekt, Ich und Anderem formuliert, die sich im Akt der Selbstsetzung des absoluten Geistes als Anderes seiner selbst vollzieht. Wenn G. W. F. Hegel auch in Bezug auf seinen Gedanken der Geschichtlichkeit des Zu-sich-selbst-kommens des Geistes S. von Substanz unterscheidet, so erfolgt bei ihm doch eine Re-ontologisierung des S.-Begriffs als Prinzip nicht nur (wahrer) Erkenntnis, sondern von Wirklichkeit überhaupt.

Im 20. Jh. begegnen sowohl subjektkritische Entwürfe als auch Transformationen des S.-Begriffs. Für Friedrich Nietzsche z. B. ist der S.-Gedanke nichts anderes als eine Illusion der prinzipiell sich täuschenden Vernunft. Martin Heidegger kritisiert den S.-Begriff als zentrales Motiv neuzeitlicher Metaphysik, in deren Fokus ihm zufolge das vorstellende Denken und dessen Bedürfnis nach Sicherheit und Gewissheit steht. ↑Postmoderne und poststrukturalistische Philosophien (Strukturalismus) führen den S.-Begriff auf ein Identitäts- und Ursprungsdenken sowie auf eine Metaphysik der (Selbst-) Präsenz zurück. Michel Foucault (und mit ihm radikalkonstruktivistische Philosophien [↑Konstruktivismus] wie diejenigen von Humberto Maturana, Francisco Varela und Judith Butler) definieren S. als Unterworfenes des ihm immer schon als vorgängig zu denkenden Diskurses bzw. als Resultat autopoeitischer Vollzüge des Bewusstseins und geben das Verständnis von S. im Sinne eines Prinzips bzw. eines Trägers von Erkennen, Wollen und Handeln auf, des Gleichen reduktionistische, insb. physikalistische Theorien des Bewusstseins. Dagegen halten etwa Entwürfe ↑Kritischer Theorie unbeschadet ihrer Kritik an der als Herrschaftsdenken und als identitätslogische Struktur interpretierten S.-Objekt-Dichotomie am Begriff eines „entmächtigten", „qualitativen Subjekts" (Adorno 1970: 182, 52) bzw. an einem in intersubjektive Verhältnisse und in kommunikatives Handeln eingebetteten S. (Jürgen Habermas) fest, des Gleichen Emmanuel Levinas in seiner Philosophie der Alterität, wiewohl dieser S. als Unterworfenes des Anderen versteht und dessen Unersetzbarkeit und Unvertretbarkeit in der Stellvertretung und ↑Verantwortung für den Anderen gegeben sieht. Eine Transformation erfährt S. auch in den leibphänomenologischen Reflexionen von Maurice Merleau-Ponty, Bernhard Waldenfels und Hermann Schmitz. S. ist hier weder mit einem mentalen, intelligiblen Ich noch mit einem rein formalen Prinzip identisch, sondern ist leiblich verankert: Der vom objektivierbaren Körper zu unterscheidende und in der Perspektive Erster Person erlebte und gespürte Leib ist Möglichkeitsbedingung der Relation des einzelnen Daseins zur Welt und zu den konkreten Anderen, von denen das leibliche verfasste Selbst sämtliche Gehalte empfängt und zu denen es in einem responsorischen Verhältnis steht. Ein „Revival" erfährt der S.-Begriff auch in der ↑Analytischen Philosophie als Bezeichnung für die Unhintergehbarkeit der Erste-Person-Perspektive des Sprach- und Bewusstseinsvollzuges (Thomas Nagel, Roderick Chisholm, Sydney Shoemaker) bzw. für die Akteursperspektive des Handelns aus ↑Freiheit (Robert Kane, Randolph Clarke, Timothy O'Connor).

### 3. Systematischer Ausblick

Die Probleme reflexionstheoretischer Bestimmungen des Bewusstseins und des S.-Begriffs sind durch die Differenzierung zwischen vorreflexiver Selbstgewissheit und reflexiver Selbsterkenntnis überwunden: S. bezeichnet die Singularität der Erste-Person-Perspektive sämtlicher Vollzüge des Bewusstseins, und dies entgegen eines nichtegologischen Verständnisses von Bewusstsein nicht als Moment, sondern als formales (nicht ontologisches bzw. substanzielles) Prinzip aller Vermögen. In diesem Zusammenhang ist auch die praktische Funktion des S.s als mit Freiheit gleichursprünglich verknüpftes Handlungsprinzip agierender Personen hervorzuheben. Zugl. sind zwei zentrale Transformationen der S.-Philosophie des 20. Jh. mit aufzunehmen: die Bestimmung des S.s sowohl als „inkarniert" als auch „qualitativ" auf kommunikatives Handeln hin eröffnet. Für Ersteres sind jedoch nicht primär subjektphilosophische, sondern bewusstseinstheoretische Reflexionen über die Verhältnisbestimmung von Mentalem und Physischem und deren Einheit im Grund des Bewusstseins in Form einer *coincidentia oppositorum* sowie kognitionstheoretische Überlegungen über die Verknüpfung von Erkennen und Körperpraxen entscheidend, und für Letzteres die Differenzierung zwischen formaler S.-Perspektive (Zur-Welt-sein) und dem konkreten interpersonalen Verhältnis des Daseins i. S. der unauflöslichen Relation zu Anderen und Anderem (In-der-Welt-sein).

### Literatur

J. Fingerhut u. a. (Hg.): Philosophie der Verkörperung, 2013 • T. Nagel: Der Blick von Nirgendwo, 2012 • D. Henrich: Denken und Selbstsein. Vorlesungen über Subjektivität, 2007 • S. Wendel: Inkarniertes Subjekt. Die Reformulierung des Subjektgedankens am ‚Leitfaden des Leibes', in: DZP 51/4 (2003), 559–569 • Dies.: Affektiv und inkarniert. Ansätze Deutscher Mystik als subjekttheoretische Herausforderung, 2002 • B. Waldenfels: Das leibliche Selbst. Vorlesungen zur Phänomenologie des Leibes, 2000 • T. Kobusch: Die Entdeckung der Person. Metaphysik der Freiheit und modernes Menschenbild, [2]1997 • K. Oehler: Subjektivität und Selbstbewußtsein in der Antike, 1997 • M. Frank (Hg.): Selbstbewußtseinstheorien von Fichte bis Sartre, [2]1993 • Ders.: Selbstbewußtsein und Selbsterkenntnis. Essays zur analytischen Philosophie der Subjektivität, 1991 • T. W. Adorno: Negative Dialektik, 1970 • D. Henrich: Fichtes ursprüngliche Einsicht, 1967.

SASKIA WENDEL

## Subsahara-Afrika

### 1. Begriff

Der Begriff „S." bezeichnet einen Teil des afrikanischen Kontinents. Er umfasst die Summe der 46 Staaten, die geographisch südlich an die Wüste Sahara angrenzen. Daher wird S. auch als „Subkontinent" bezeichnet. Der Begriff dient v. a. zur Abgrenzung von ↑Nordafrika nördlich der Sahara. Internationale Statistiken fassen S. in der Regel als eigenständige Einheit während sie Nordafrika der MENA-Region zuordnen. Die Einteilung des afrikanischen Kontinents in einen nördlichen und südlichen Teil folgt jedoch einer Logik, die den gesellschaftlichen, kulturellen und wirtschaftlichen Verbindungen zwischen beiden Teilen nicht gerecht wird. Die Unterscheidung hat sich dennoch begrifflich etabliert und spiegelt die starken Verflechtungen des mehrheitlich muslimischen Nordens des Kontinents mit arabischen Gesellschaften. Es handelt sich um eine kulturelle Zuordnung. Im politischen Diskurs in und außerhalb Afrikas ist die begrifflich-kulturelle Zweiteilung des Kontinents umstritten und wird teilweise zugunsten eines gesamtkontinentalen Verständnisses abgelehnt. Panafrikanische Bestrebungen in den 1960er Jahren und den frühen 2000er Jahren („Afrikanische Renaissance") sowie die Einrichtung einer gesamtafrikanischen Freihandelszone im Jahr 2019 bauen auf der Idee „Einheit in der Vielfalt" des Gesamtkontinents.

Ein synonymer Begriff, der im deutschen Sprachraum zur Bezeichnung des afrikanischen Teils südlich der Sahara Verwendung findet, ist „Schwarzafrika". Der Begriff stammt aus der europäischen Kolonialzeit. Er wird aufgrund seiner rassistischen Konnotation zumindest in der Wissenschaftssprache heute nicht mehr gebraucht.

### 2. Naturräumliche Einheiten, Klima und Nutzflächen

S. umfasst 23,7 Mio. Quadratkilometer, d. h. über drei Viertel (78 %) der gesamtafrikanischen Landfläche. Es ist über fünf Mal so groß wie die EU. 591145 Quadratkilometer (2,5 %) fallen auf die sechs Inselstaaten Kapverden, Komoren, Madagaskar, Mauritius, São Tomé und Príncipe sowie die Seychellen. Teilweise wird die Landfläche S.s niedriger bewertet, weil manche internationalen Organisationen den großen Flächenstaat Sudan (1,9 Mio. Quadratkilometer) zu Nordafrika zählen. An seiner breitesten Stelle beträgt die Ost-West-Entfernung S.s etwa 7600 Kilometer. Der Subkontinent wird im Westen vom Atlantischen, im Osten vom Indischen

Ozean und im Norden durch die Wüste Sahara begrenzt. S. wird durch Nordafrika von Europa getrennt.

2.1 Naturräumliche Einheiten

Geologisch ist S. sehr alt. Es ist fester Bestandteil der starren afrikanischen Platte. Es überwiegen präkambrische Gesteine; nur in Ostafrika herrschen in größerem Umfang mesozoische und tertiäre Gesteinsbildungen vor. Das heutige Relief wird großräumig durch Verbindungen, Solenhebungen und -senkungen während des Tertiärs bestimmt. Der Subkontinent besteht geologisch/geomorphologisch aus drei Großeinheiten:

*a)* präkambrisch-paläozoisch gefaltetes und später stark eingeebnetes Grundgebirge vorwiegend in Teilen Westafrikas (Guinealänder), Zentralafrikas (Südsudan, Kongobecken), Südwest- (Angola) und Ostafrikas;

*b)* ungefaltete Tafelländer präkambrischen Ursprungs, die weitgehend von jüngeren Sedimenten überdeckt sind (große Teile der Sahara und des Kongobeckens, Somalia, Kalahari);

*c)* die ost- und zentralafrikanischen Grabensysteme mit Vulkanen und der höchsten Erhebung, dem Berg Kibo (5 895 Meter) im Kilimandscharogebirge sowie weitläufigen Ablagerungen von Ergussgesteinen (Äthiopien) und tektonisch angelegten Seebecken.

Nach der Höhengliederung unterscheidet man zwischen Niederafrika, das überwiegend nur 200–500 Meter über dem Meeresspiegel liegt, vom zentralen und südlichen Hochafrika mit einem Niveau von 500–1 500 Metern. Es bricht im Südlichen Afrika steil zum Meer ab.

Die Gewässer S.s sind von den flachen Becken und Schwellen sowie den Klimazonen abhängig. Durch kleinere abflusslose Becken der Sahara entstanden südlich das Niger-, Tschad- und Weißnilbecken. In Zentralafrika liegt das riesige Kongobecken, das im Norden durch die Nordäquatorialschwelle und im Süden durch die Lundaschwelle begrenzt ist. Im Südlichen Afrika breitet sich das Kalaharibecken aus, das im Südosten von den Drakensbergen (bis zu 3 500 Meter hoch), einem alten Gebirgssystem, abgeschlossen wird. Große Grabenseen mit erheblicher Tiefe, z. B. der Tanganjikasee (bis zu 1 500 Meter tief), Malawisee oder Albertsee entstanden durch die Grabenbrüche in Ostafrika. Der flächengrößte, aber flache See ist der Victoriasee (maximal 80 Meter tief). In den Trockengebieten liegen abflusslose Seen wie der Tschadsee. Die gewaltigen Ströme Nil, Kongo, Niger und Sambesi mit ihren Nebenflüssen haben ihren Ursprung in den tropischen Feuchtregionen. Der längste Fluss Afrikas, der Nil, entspringt in S. und stellt eine wichtige Verbindung mit Nordafrika her, wo der Großteil des Flusses liegt. Der wasserreichste Fluss ist der Kongo mit 4 374 Kilometern. Mächtige Wasserfälle und Stromschnellen entstehen an den Schwellen an ihren den Becken abgewandten Seiten. Perenierende Gewässer, ausgenommen Nil und Niger, fehlen. Typisch sind in den subtropischen Winterregengebieten des Südlichen Afrikas Flussbetten, die nur periodisch Wasser führen. Episodisch durchflossene Wadis dominieren die wüstenhaften Trockengebiete. Großflächige aride Gebiete sorgen für einen hohen Anteil an Flächen ohne Meeresabfluss (31 % in Gesamtafrika).

2.2 Klima und Nutzflächen

Die Klimazonen S.s sind tropisch und subtropisch. Sie erstrecken sich von Norden nach Süden, weil der Äquator quer über den Kontinent verläuft; vom Inselstaat São Tomé und Príncipe im Osten über die DR Kongo bis nach Kenia und Somalia im Osten. Die tropischen Klimazonen lassen sich in die vom Norden in den Süden verlaufende immerfeuchte Tropen mit tropischem Regenwald (Niederschlag über 2 000 Millimeter pro Jahr) und wechselfeuchte Tropen mit Feucht- (zehn Monate humid), Trocken- (fünf bis sieben Monate humid) und Dornsavannen (zwei bis drei Monate humid) einteilen. Während sich der tropische Regenwald durch ganzjährigen Niederschlag und hohe Humidität auszeichnet, gibt es in den anderen Klimazonen zeitlich begrenzte Regenzeiten bis zu hoher Niederschlagsvariabilität im Jahresverlauf. Die subtropischen Klimazonen umfassen Wüsten und Halbwüsten mit wenig Vegetation (zehn bis zwölf aride Monate), winterfeuchte Subtropen mit Hartlaubgehölze und Blütenpflanzen (aride Sommer und humide Winter) und sommerfeuchte Subtropen mit Laubmischwäldern, Lorbeer-, Bambus-, Eukalyptuswäldern und Grasland (humide Sommer und Monsune). Im ariden Wüstenklima gibt es hingegen unregelmäßige und nur gelegentliche Niederschläge. Als Faustregel gilt, dass die Regenzeiten kürzer werden je weiter man sich in Richtung Norden oder Süden vom Äquator entfernt.

Afrika gilt als der heißeste aller Kontinente, wobei die höchsten Temperaturen in Zentralafrika und die niedrigsten Temperaturen in den Gebirgen Ostafrikas und im Südlichen Afrika verzeichnet werden. Dies ist dadurch bedingt, dass sich die Landmasse südlich des Äquators durch eine größere Höhenlage auszeichnet. Insgesamt liegt die Durchschnittstemperatur bei ungefähr 20 Grad Celsius. Während das Tageszeitenklima stark variiert, d. h. die Temperaturschwankungen im Tagesverlauf hoch sind, gibt es in den meisten Gegenden keine Jahreszeiten.

Der von Menschen verursachte wie natürliche Klimawandel bedingt starke Temperaturveränderungen in S. Die Temperatur steigt seit 50 bis 100 Jahren kontinuierlich an und soll bis 2100 über dem globalen Mittel liegen. Dies hat substanzielle Folgen für Ökosysteme sowie physische und menschliche Systeme, z. B. nehmen Dürren und Überflutungen in Ostafrika durch höhere Temperaturen und Landerosion zu; die großen Seen und Küstengewässer erwärmen sich und bedrohen Fischbestände und Korallenriffe; die Artenvielfalt (↑Biodiversität) nimmt ab. Die Auswirkungen auf menschliches Leben sind tiefgreifend, insb. die Ernährungssicherung ist in betroffenen Regionen sehr gefährdet. Die Verteilung der teilweise knappen Ressource ↑Wasser führt lokal und zwischen Staaten zu Konflikten.

### 3. Kulturräume

Die kulturräumlichen Einheiten S.s sind durch eine Vielfalt überlappender ↑Identitäten gekennzeichnet. Während der Kolonialzeit (↑Kolonialismus) hatte sich fälschlicherweise die Idee etabliert, dass sich afrikanische Kulturen entlang tribaler Identitätslinien organisierten (Stammesherrschaft). Dieses statische Konzept wird den dynamischen und durch Wanderungsbewegungen entstehenden Gemeinwesen subsaharischer Gesellschaften jedoch nicht gerecht. Die Kernfamilie und erweiterte Familie zählen als handlungsleitende Organisationseinheit im gesellschaftlichen Zusammenleben. Zentrale Kategorien zur kulturräumlichen Einordnung sind ↑Religion, ↑Sprache, Ethnie, verwandtschaftliche Verhältnisse sowie Stadt-Landbezug. Wenngleich sich diese Kategorisierung nicht von der Beschreibung anderer Weltregionen unterscheidet, überwiegen im wissenschaftlichen und alltäglichen Gebrauch ethnische Zuschreibungen.

Ethnische Gemeinschaften werden als durchlässige Gebilde erfasst, deren Identitäten sich kontextabhängig erneuern; z. B. entstand und entsteht Wandel durch Heirat zwischen Ethnien oder Stadt-Landbewegungen. Zu starke Zuschreibungen und Gruppenidentitäten haben in der Vergangenheit zu Konflikten (↑Ethnische Konflikte) zwischen unterschiedlichen Gruppen geführt und die Herausbildung von ↑Nationen erschwert. Ethnische Gruppen unterscheiden sich durch kulturelle ↑Traditionen und ihre soziolinguistischen Merkmale. Die Grenzen der Sprach- und Volksgruppen sind nicht identisch mit den von einstigen Kolonialmächten gezogenen Staatsgrenzen. Die Afrikanistik unterscheidet drei subsaharische Sprachgruppen (Phyla), die sich jeweils in mehrere Untergruppen aufteilen und insgesamt ca. 1500 Sprachen umfassen (Niger-Kongo in West-, Zentral- und Südafrika; Nilosaharanisch im Sahelgürtel von Mali bis Sudan; Khoisan im westlichen Südafrika). Im Laufe der Zeit haben sich neben den einheimischen Sprachen einzelner Volksgruppen (Vernakularsprache) auch Verkehrssprachen entwickelt, die eine breitere Verständigung ermöglichen, im Bildungswesen vermittelt und in Medien und Literatur genutzt werden (z. B. Bambara, Dioula und Malinka, Hausa, Igbo und Yoruba in Westafrika; Swahili in Ostafrika; Lingála, Kikongo, Sango in Zentralafrika). Da die meisten subsaharisch-afrikanischen Sprachen keine eigene Schrift haben, wurden sie von Händlern und religiösen Missionen in arabische und lateinische Schriftformen übertragen. Die Kolonialsprachen Englisch, Französisch und Portugiesisch gelten in den meisten Ländern als Amts-, Gerichts- und Lehrsprachen.

Religion spielt in subsaharischen Gesellschaften eine wichtige Rolle. Durchschnittlich bezeichnen sich ca. 89 % der 2019 in S. lebenden Menschen als religiös (weltweit 54 %). Neben traditionellen afrikanischen Religionen herrschen die Weltreligionen ↑Christentum und ↑Islam vor. Christliche ↑Missionen der europäischen katholischen und evangelischen Kirche waren während der Kolonialzeit und seit dem 19. Jh. verstärkt aktiv. Im 20. Jh. kamen evangelische Pfingstkirchen, v. a. aus den USA, hinzu. Die muslimische Missionsarbeit ist älter und begann mit der Expansion des Arabischen Reichs nach Nordafrika und an die afrikanische Ostküste im 6. Jh. n. Chr. In Westafrika verbreitete sich der Islam durch den Transsaharahandel seit dem 11. Jh. Hochstätten des Islam wie Timbuktu entwickelten sich folglich in der Westsahara. Vielfältige lokale Religionen bestehen weiter und werden von vielen Gläubigen mit den importierten Religionen vereint und symbiotisch gelebt. Die Datenlage zu Religion in S. deckt nur einen Teil der Länder ab; Schätzungen gehen von ca. 62 % Christentum, 30 % Islam und einer unbestimmbaren hohen Zahl an afrikanischen Religionszugehörigkeiten aus. Bei gleichbleibender Entwicklung wird die größte Zahl an Christen weltweit zukünftig in S. leben.

### 4. Historische Grundlagen und Kolonialismus

Die geschichtliche Entwicklung S.s beginnt mit sehr frühen Zivilisationen und wird i. d. R. in fünf Perioden eingeteilt, die sich von der Geschichte Nordafrikas unterscheiden und zu unterschiedlichen Herrschaftsräumen geführt haben.

*1)* Die prähistorische Zeit,
*2)* afrikanische Antike und Mittelalter (ca. ab 3500 v. Chr. bis 800 n. Chr.),
*3)* das mittelalterliche Afrika (ca. 800 bis 1500 n. Chr.),
*4)* Kolonialzeit (ca. 1455 bis 1960er Jahre) und
*5)* postkoloniale Ära (1960er bis heute).

S. wird als „Wiege der Menschheit" bezeichnet, weil sich die Vorfahren des Menschen dort vor ca. 6 Mio. Jahren entwickelt haben. In einem kontinuierlichen Anpassungsprozess an klimatische Bedingungen und durch Wanderungsbewegungen hat sich vor ca. einer halben Mio. Jahre der *Homo Sapiens* mit seinem aufrechten Gang und ersten Werkzeugen entwickelt. Vor 120 000 Jahren wanderte der Homo Sapiens nach Südasien und trug so zur Ausbreitung des Menschengeschlechts bei. Im Vergleich zur prähistorischen Phase und Kolonialgeschichte sind afrikanische Antike und Mittelalter aufgrund lückenhafter archäologischer Information nur bruchstückhaft erforscht. Zwischen dem 8. und 15. Jh. haben sich v. a. monarchische Machtzentren entwickelt, die oft im Umfeld von Salzminen und Goldausgrabungen entstanden sind. Grob können die westafrikanischen Imperien (z. B. Ghana, Songhay, Mali), ostafrikanische Reiche (z. B. Königreich von Aksum, Äthiopisches Reich) und die Bantustaaten im Südlichen Afrika (Königreich Kongo; Großes Imperium Zimbabwes) unterschieden werden.

Die weitreichende Kolonialisierung S.s begann mit den Entdeckungs- und Handelsreisen Portugals Mitte des 15. Jh. Sie hatte nachhaltige und bis in die Gegenwart anhaltende Auswirkungen auf die wirtschaftlichen und gesellschaftspolitischen Strukturen des modernen S.s. Ziel der europäischen Unternehmungen war es, sich am Transsaharahandel zu beteiligen und Rohstoffmärkte in Afrika zu erschließen. Unter der Ägide von Heinrich dem Seefahrer gründeten die Portugiesen Handelsstützpunkte an den Küsten West-, Süd- und Ostafrikas. Englische und französische Kolonisatoren folgten. Andere europäische Mächte wie das Deutsche Reich, Schweden und Holland waren präsent, übten aber geringeren Einfluss aus. Die Erschließung des Subkontinents konzentrierte sich erst auf Küstengegenden und sporadische Expeditionen und Beutezüge ins Landesinnere. Auf der sog.en Berlinkonferenz (November 1885 bis Februar 1886) beendeten die europäischen Kolonialmächte ihre effektive Besetzungspolitik und schlossen bilaterale Verträge, um ihren Herrschaftsanspruch auf afrikanischem Territorium zu sichern. Grenzziehungen erfolgten unabhängig von soziokulturellen Kontextbedingungen, wobei 80 % des Territoriums noch unter lokaler Herrschaft stand. Zwei Kolonialisierungsansätze mit unterschiedlichen Interventionsgraden in das lokale Leben hatten sich entwickelt. Zum einen Siedlerkolonien, in denen Europäer vor Ort ansässig wurden (z. B. Namibia, Südafrika) und Handelskolonien, die einen zeitlich begrenzten Aufenthalt von Händlern vorsahen, die in einer kolonialen Verwaltungsstruktur agierten (z. B. DR Kongo, Senegal). Zum anderen die Assimilationspolitik Frankreichs, d. h. die Reproduktion von französischen Bildungs- und Verwaltungsstrukturen und das indirekte Regieren Englands, das lokale Herrscher für die Verwaltung seiner Kolonien einband.

↑Menschenhandel war eine zentrale Größe des Kolonialsystems. Die ↑Sklaverei begann bereits 1000 n. Chr. mit der Urbanisierung im Mittleren Osten. Es ist wahrscheinlich, dass der innerafrikanische Sklavenhandel den Außenhandel überstieg. Der transatlantische Sklavenhandel erreichte seinen Höhepunkt zwischen 1500 und 1850, wobei mehrheitlich männliche (64 %) Sklaven für Arbeitseinsätze in die neuen Kolonien Amerikas verkauft wurden. Dieser Handel bildete die Basis für die globale ↑Moderne. Geschätzt wurden zwischen 1400 und 1900 mindestens 30 Mio. Menschen innerhalb und außerhalb S.s verkauft. Mit den Verboten von Sklavenhandel ab der zweiten Hälfte des 19. Jh. in den Amerikas und in Europa hat sich der Handel mit Menschen um 1920 gelegt, besteht in Teilregionen Afrikas und im Austausch mit dem Mittleren Osten aber heute noch weiter.

Die postkoloniale Ära und afrikanische Moderne begann 1956 mit der Unabhängigkeit von Sudan, Ghana und Guinea. In den 1960er Jahren folgten 17 Kolonien Frankreichs, Englands und Belgiens; in den 1970er Jahren die portugiesischen Kolonien und letztlich in den 1980er und 1990er Jahren Simbabwe, Namibia und Eritrea. Dekolonialisierungsprozesse verliefen weitgehend friedlich und wurden zwischen ↑Eliten ausgehandelt. Unabhängigkeitskriege wurden v. a. in den Siedlerkolonien und portugiesischen Kolonien in den 1970er und 1980er Jahren geführt. Widerstand gegen die Kolonialherrschaft hatte sich jedoch weit vorher geregt und wurde ab 1905 sichtbarer; entweder stellten sich lokale Eliten und Bevölkerung gegen die Besetzung durch externe Herrschaft oder sie lehnten sich gegen die repressive Regierungsweise und wirtschaftliche ↑Ausbeutung auf. Teilweise nutzten lokale Herrscher innereuropäische Streitigkeiten für den Ausbau ihrer eigenen Macht. Nationalistische Bewegungen entstanden seit 1945 und als Gegengewicht zu Bestrebungen der Kolonialmächte, ihre Kolonien zu modernisieren. Der Mau-Mau-Aufstand (1952–57) von kenianischen Bauern gegen die Landenteignungen zugunsten britischer Siedler ist eines der bekanntesten Beispiele hierfür. Koloniale Wirtschafts- und Herrschaftsstrukturen haben bis in die Gegenwart reichende Konsequenzen, z. B. eine erschwerte Nationenbildung, kulturräumliche Untergliederungen S.s oder strukturelle Marginalisierung S.s im Welthandel. Gegenwärtig werden diese Strukturen langsam durch Megatrends verändert oder vertieft.

## 5. Megatrends: Bevölkerungswachstum, Urbanisierung, Digitalisierung

Die Megatrends Bevölkerungswachstum, Urbanisierung und Digitalisierung treiben seit Jahren langfristige Veränderungsprozesse in subsaharischen Gesellschaften und Ökonomien. So gilt S. als eine der dynamischsten Regionen weltweit. 2019 hat die Gesamtbevölkerung eine Mrd. Menschen überschritten (2020: 1,1 Mrd.). Die Bevölkerungsdichte ist mit 51 Einwohnern pro Quadratkilometer relativ niedrig im globalen Vergleich, wobei sie in einzelnen Teilräumen extrem unterschiedlich ist; neben fast unbewohnten (Sahara oder Namibia) und sehr dünn besiedelten Gebieten (insb. Halbwüsten im Südwesten, Regenwälder und Zentralafrika) existieren Siedlungsräume mit einer sehr hohen Bevölkerungsdichte (z. B. Küstenräume). Die Bevölkerung nimmt in S. seit 1980 zwar kontinuierlich ab, jedoch bleibt der Durchschnittswert von 4,5 % Bevölkerungswachstum und knapp 5 Kindern pro Frau (2018) noch hoch. Von einer weitergehenden Abnahme ist jedoch auszugehen. Die Geburtenraten variieren je nach Land, z. B. ist die Geburtenrate zwischen 2005 und 2020 in Mauritius und Südafrika auf 2,1 Kinder pro Frau gesunken; in zwölf Ländern sind es nur noch drei (z. B. Ghana, Kamerun, Namibia), während Länder wie Äthiopien, Niger oder Senegal trotz Fortschritten im Gesundheitssystem durchschnittlich nach wie vor mit vier bis fünf Kindern pro Frau eine hohe Rate aufweisen. Vier von neun Ländern, die das globale Bevölkerungswachstum antreiben, liegen in S. (Nigeria, DR Kongo, Äthiopien und Tansania). Entwickelt sich der durchschnittliche Trend fort, wird sich die Bevölkerung S.s bis 2050 verdoppelt haben und bis 2100 auf 3,8 Mrd. Menschen angestiegen sein. Fast ein Drittel aller Jugendlichen weltweit würde dann dort leben. 2018 sind bereits 40 % unter 15 Jahre alt und 20 % zwischen 15 und 24 Jahren. Bevölkerungswachstum gilt dann als problematisch, wenn es die Entwicklungskapazitäten einer Volkswirtschaft übersteigt, z. B. wenn mehr Menschen im erwerbstätigen Alter in einem Staat leben als dessen Volkswirtschaft Erwerb schaffen kann.

Urbanisierung, d. h. die Verstädterung, nimmt in S. mit 4,1 % pro Jahr (2018) im Vergleich zum globalen Trend (2 %) überdurchschnittlich zu. Getrieben von Wanderungsbewegungen der Landbewohner wachsen v. a. Hauptstädte und Mittelstädte. Megastädte wie in Asien sind die Ausnahme (z. B. Lagos oder Kinshasa). Während 2019 noch knapp 60 % der Bevölkerung auf dem Land lebten, wird sich dieses Verhältnis in naher Zukunft umkehren. Bis 2045 werden erwartungsgemäß 24 Mio. mehr Menschen in Städte gezogen sein. Bislang werden über 50 % des subsaharisch-afrikanischen Einkommens in 163 Städten des Subkontinents erwirtschaftet. Die Urbanisierung wird i. d. R. mit einer steigenden Wirtschaftskraft assoziiert, wenngleich zwei Drittel der neu Zugezogenen in einem Slum ohne angemessenen Wohnraum und sanitäre Versorgung leben müssen.

Globale Digitalisierungs- und Automatisierungstrends (↑Digitalisierung) bedingen die weitere wirtschaftliche und gesellschaftspolitische Entwicklung in S. Infrastrukturdefizite können mittlerweile durch IT-Formate kompensiert werden. Das Überspringen technologischer Fortschritte durch digitale Innovation (*leapfrogging*) hat sich zu einer gängigen Praxis entwickelt, z. B. haben viele afrikanische Staaten kein ausgebautes Festnetz für Telefone, sondern sind direkt in den Mobilfunkmarkt eingestiegen. Allerdings variiert das Digitalisierungsniveau in S. stark und ist im globalen Vergleich sehr niedrig, z. B. haben in technologisch fortgeschritteneren Ländern wie Kenia 30 % der Bevölkerung Zugang zu Breitbandanschlüssen, während dieser Anteil in Zentral- und Westafrika bei unter 5 % liegt. Internetzugang ist bei jungen Menschen höher (40 % der Bevölkerung in 2017), wobei Frauen einen maßgeblich geringeren Zugang haben als Männer. Eine Verbesserung der gesamtgesellschaftlichen Situation kann sich durch den rasant wachsenden Mobilfunkmarkt ergeben. Wirtschaftlich besteht aufgrund des niedrigen Bildungs-, Digitalisierungs- und Innovationsgrades die Gefahr, dass subsaharische Volkswirtschaften von globalen Entwicklungen im IT-Bereich abgehängt werden und die ↑sozialen Ungleichheiten in und zwischen afrikanischen Staaten weiter wachsen. Ausnahmen bilden IT-Vorreiterländer wie Kenia.

## 6. Soziale und wirtschaftliche Strukturen

S. hatte bis 2019 hohe ökonomische Wachstumsraten von durchschnittlich 4,1 %. Ostafrika wächst wirtschaftlich am stärksten (5 %), gefolgt von Westafrika (3,7 %) und Zentralafrika (3,2 %) sowie den Volkswirtschaften des Südlichen Afrikas, die, ausgehend von einem höheren Entwicklungsstand, weniger wachsen (0,7 %). Die seit 2020 grassierende COVID-19-Pandemie wird das Wachstum bremsen und zu Rezessionen führen. Das stetige Wachstum ist auf verbesserte makroökonomische Rahmenbedingungen und vermehrte Finanzinvestitionen und Exporte im vergangenen Jahrzehnt zurückzuführen. Jedoch bleibt das wirtschaftliche Einkommen vieler ressourcenreicher Volkswirtschaften volatil, weil ihre Exportprodukte (z. B. Gold, Kaffee, Diamanten, Platinmetalle) von den schwankenden Preisentwicklungen auf dem Weltmarkt abhängen. Der Anteil am Welthandel subsaharisch-afrikanischer Staaten beträgt 1,1 % (2019) und basiert überwiegend auf Rohstoffen. Das Produktionsniveau von verarbeiteten Produkten ist mangels funktionierender Lieferketten niedrig und auf dem Weltmarkt nur bedingt wettbewerbsfähig. Seit ca. 2015 hat sich ein neues Entwicklungsparadigma durchgesetzt, das dieser Problematik begegnet. Durch die Förderung intraregionalen Handels und die verstärkte Schaffung von regionalen Absatzmärkten in Afrika sollen die Wirtschaftskraft und die Lebensbedingungen in subsaharisch-afrikanischen Gesellschaften verbessert werden. Die Schaffung einer regionalen Freihandelszone (AfCFTA) ist ein wichtiger Schritt in diese Richtung.

Trotz global überdurchschnittlicher wirtschaftlicher Wachstumsraten ist S. eine der ärmsten und zugl. sozioökonomisch diversesten Weltregionen. In 18 von 46 Staaten war das ↑Wirtschaftswachstum 2019 inklusiv. In der Dekade zwischen 2005 und 2015 stieg die Lebenserwartung durchschnittlich um sechs Jahre, sowie der Anteil der Menschen mit Grundschulbildung um 9 % (2007–17). Zwar wurde der Anteil der in absoluter Einkommensarmut lebenden Menschen (1,90 US-Dollar/Tag) von 56 % in 1990 auf 41 % in 2015 gesenkt. Das Bevölkerungswachstum bewirkt jedoch eine Steigerung der absoluten Armutszahlen von 278 Mio. auf 413 Mio. Menschen (↑Armut), wobei die Hälfte der absolut Armen bis 2030 in nur fünf Ländern leben wird (DR Kongo, Äthiopien, Kenia, Nigeria und Südafrika). Ähnliche Trends gelten für armutsrelevante Bereiche wie Bildung und Zugang zu Trinkwasser. Diese Zahlen werden angesichts der weiter wachsenden Bevölkerung und den Auswirkungen der COVID-19-Pandemie ansteigen. Die meisten Armen leben in ländlichen Regionen oder in Ländern, in denen ↑Krieg herrscht. Ihr Zugang zu Bildung, frischem Wasser, Sanitäranlagen und Gesundheitsversorgung ist sehr schlecht.

Drei Ländergruppen sind zu unterscheiden:

*a)* Länder mit geringem wirtschaftlichem Einkommen und niedrigem sozioökonomischem Entwicklungsstand (*LDC and LIC* nach Klassifizierung der Weltbank). Fast zwei Drittel aller Länder mit sehr niedriger sozioökonomischer Entwicklung (25 von 39 in 2018) liegen in S., d. h. über die Hälfte (54 %) der Staaten gelten als sehr arm. Sie zeichnen sich durch Einkommensarmut (unter 1 025 US-Dollar pro Kopf/Jahr), einen sehr niedrigen Bildungsstand, mangelnde Gesundheits- und Trinkwasserversorgung sowie eine relativ niedrige Lebenserwartung aus. Damit haben subsaharische Volkswirtschaften nicht am globalen Rückgang der Niedrigeinkommensländer von 66 im Jahr 2003 auf 31 im Jahr 2019 teilgehabt.

*b)* Länder mit mittlerem Einkommen *(MIC)* mit mittlerem sozioökonomischem Entwicklungsstand und

*c)* niedrigem sozioökonomischen Entwicklungsstand trotz mittleren wirtschaftlichen Einkommens. Bspw. leben 87 % der absolut Armen S.s in Mitteleinkommensländern.

Strukturelle Ursachen für die Schwäche der meisten Volkswirtschaften und den relativ geringen humanen Entwicklungsstand im globalen Vergleich sind v. a. die klimatischen und geographischen Bedingungen, der Mangel an Meereszugang, Rohstoffabhängigkeit der Wirtschaft, fehlende Infrastruktur für intraregionalen Handel innerhalb Afrikas und fragile Staatlichkeit, d. h.

*a)* teilweise geringe staatliche Leistungsfähigkeit bei der Bereitstellung öffentlicher Güter wie ↑Gesundheit oder ↑Bildung,

*b)* verminderte Staatsgewalt, die ein Sicherheitsrisiko darstellt und

*c)* eingeschränkte ↑Legitimität des ↑Staats seitens der Bevölkerung.

Interne Kriege herrschen i. d. R. in den Staaten, die in allen drei Dimensionen schwach sind.

## 7. Politische Systeme

Die politische Organisation S.s hat ihren Ursprung in den mittelalterlichen Reichen der Region. Sie waren monarchisch und nach einer hierarchischen Sozialstruktur organisiert, hatten aber auch republikanische und demokratische Elemente; z. B. wurde Machtausübung zeitlich begrenzt wie im *lawaba*-System im südlichen Zentralafrika, wo der Herrscher von seinen Gefolgsleuten für eine Amtszeit von zwei bis maximal drei Jahren gewählt werden musste. Kolonialverwaltungen haben diese lokalen Praktiken oft ignoriert und autoritärere Herrschaftsweisen etabliert. Die Kooptation von lokalen Herrschern und deren Integration in repressive Kolonialstrukturen hat zu einer klientelistischen politischen Organisation beigetragen, die bis in die Gegenwart reicht. Zwar haben sich freie und faire ↑Wahlen für einen Regierungswechsel und ↑Herrschaft legitimierendes Mittel für die Besetzung öffentlicher ↑Ämter in sehr vielen afrikanischen Regimen durchgesetzt, doch konzentriert sich die politische ↑Macht oft stark auf die Exekutive.

Politische Regime können eingeteilt werden in dominante Einparteienregime wie Südafrika, Tansania oder Mosambik, wo große Unabhängigkeitsbewegungen nach der Dekolonialisation die Macht übernahmen; ↑Demokratien mit freien Wahlen und unterschiedlichen Liberalisierungsgraden wie Ghana, Kenia oder Senegal; geschlossene autoritäre Regime mit Diktatoren auf Lebenszeit (↑Diktatur) an ihrer Spitze wie Guinea, Tschad, oder Zimbabwe bis 2019. 2020 gibt es noch eine ↑Monarchie (Lesotho) und ein Militärregime (Eritrea). Die ↑Regierungssysteme sind mehrheitlich präsidentiell (27 Staaten) und weniger semi-präsidentiell (14 Staaten) oder parlamentarisch (5 Staaten) organisiert.

## 8. Internationale Beziehungen

Die internationalen Beziehungen subsaharisch-afrikanischer Staaten sind auch im 21. Jh. noch von der Kolonialgeschichte und der marginalisierten Rolle ihrer Volkswirtschaften in der ↑Weltwirtschaft geprägt. Seit Beginn des zweiten Jahrtausends haben jedoch eine Diversifizierung und ein struktureller Wandel der Außenbeziehungen stattgefunden. Die wichtigste Ursache hierfür ist die Multipolarisierung und geostrategische Neuordnung der globalen Weltordnung. Neben den tiefgehenden Beziehungen mit den ehemaligen Kolonialstaaten und OECD-Ländern (↑OECD) haben die Verbindungen mit den Globalmächten China, Indien, Russland sowie den Regionalmächten der arabischen Halbinsel stark an Relevanz gewonnen, z. B. entfielen im Jahr 2000 noch drei Viertel des Handels auf OECD-Länder, insb. ehemalige Kolonialstaaten; im Jahr 2018 machte das Handelsvolumen nur noch ein Drittel aus, während China, Indien und nahöstliche Länder (↑Naher Osten) zu den wichtigsten Handelspartnern geworden sind. Gründe für das gestiegene internationale Interesse an intensivierten Beziehungen mit subsaharisch-afrikanischen Staaten sind

*a)* globale Wirtschaftstrends, für die strategische Rohstofflieferanten und Absatzmärkte für Produkte und Dienstleistungen benötigt werden;

*b)* Bündnisse in globalen politischen Abstimmungsprozessen, insb. in den ↑Vereinten Nationen;

*c)* Unsicherheit der Region, um Destabilisierung, Flucht (↑Flucht und Vertreibung) und ↑Migration zu vermeiden.

Sicherheitsinteressen internationaler Akteure sind dort bes. hoch, wo sie wirtschaftlich aktiv sind.

Transnationale Beziehungen haben seit den 1990er Jahren durch eine stärkere gesellschaftliche Vernetzung in der Region und global zugenommen. Soziale Medien (↑Social Media) erleichtern den Austausch zwischen Gesellschaften und haben zu Nachahmungseffekten geführt, z. B. inspirieren sich Protestbewegungen gegenseitig und tauschen Proteststrategien im Umgang mit autoritärer Herrschaft aus. Im Bereich Bildung und Kultur hat eine Diversifizierung von Kulturinstituten stattgefunden. Während deutsche (24) und französische (26)

Kulturinstitute in den vergangenen Jahrzehnten etabliert wurden, ist zwischen 2005 und 2018 auch die Anzahl chinesischer Konfuziusinstitute (41) stark angestiegen. Religionspolitik wird v. a. von den nahöstlichen Staaten betrieben, z. B. durch Unterstützung des Baus von Koranschulen und Moscheen, Vergabe von Stipendien und die Förderung von lokalen Sozialeinrichtungen und Medien. Christliche Missionen, neuerdings insb. evangelikale Organisationen, werden von nichtstaatlichen Gruppen getragen. Neben dem Austausch von Studierenden tragen Medienkooperationen zu Pressearbeit und Meinungsbildung in S. bei. Auch im Bereich der KI bestehen Partnerschaften zwischen S. und insb. China sowie den USA, z. B. Optimierung von und Schulung in Gesichtserkennungsverfahren oder Verkauf von Überwachungs-, Aufklärungs- und Informationstechnologien.

Intraafrikanische Beziehungen finden v. a. in den fünf Regionalorganisationen der vier Regionalblöcke (West-, Ost-, Zentral- und Südliches Afrika) und in der gesamtkontinentalen ↑AU statt. Die Regionalorganisationen mit unterschiedlichem Integrationsgrad fokussieren alle auf wirtschaftliche Integration (↑ECOWAS, EAC, CEMAC, ↑SADC) und in geringerem Maße auch politische Integration (insb. ECOWAS und SADC). ↑Währungsunionen, freie Mobilität von Waren und Personen sowie Handelserleichterungen sind die Regel. Problematisch ist die mangelhafte ↑Infrastruktur, die intraregionalen Handel auch innerhalb der Wirtschaftsgemeinschaften erschwert. Die AU wurde im Jahr 2000 als Folgeorganisation der OAU gegründet. Novum der AU war die Aufgabe eines strikten Souveränitätsprinzips (↑Souveränität). Das erlaubt den Mitgliedstaaten der AU, sich unter bestimmten Voraussetzungen auch in die inneren Angelegenheiten anderer Mitglieder einzumischen (Art. 4 der AU Charta). Die AU hat von diesem Grundsatz seit 2000 regelmäßig Gebrauch gemacht und sich mit politischen Missionen und militärischen Einsätzen in Konfliktsituationen von Mitgliedsstaaten eingesetzt, z. B. im Falle von Menschenrechtsverletzungen oder Militärputschen. I. d. R. gilt das Subsidiaritätsprinzip (↑Subsidiarität) gemäß Kap. 8 der UN-Charta, d. h. die gesamtkontinental organisierte AU wird nur dann tätig, wenn keine Regionalorganisation aktiv geworden ist. Die panafrikanische Idee, die bereits in den 1960er und 90er Jahren ein wichtiges Thema war, hat 2016 neue Zugkraft erhalten. Die Etablierung einer afrikanischen Freihandelszone ist bereits beschlossen und wird seit 2019 verstärkt in die Tat umgesetzt. Es ist die Antwort auf die dürftige Einbindung afrikanischer Volkswirtschaften in das globale Handelssystem. Mehr Mobilität soll durch einen einheitlichen afrikanischen Pass erreicht werden.

### Literatur

C. Lopes: Africa in Transformation. Economic Development in the Age of Doubt, 2019 • D. Eltis: A Brief Overview of the Trans-Atlantic Slave Trade. Slave Voyages: The Trans-Atlantic Slave Trade Database (2018), URL: www.slavevoyages.org (abger.: 19.8.2020) • F.-X. Fauvelle: Das Goldene Rhinozeros. Afrika im Mittelalter, 2017 • N. Cheeseman/D. Anderson/ A. Scheibler: Routledge Handbook of African Politics, 2015 • T. Murithi (Hg.): Handbook of Africa's International Relations, 2013 • J. Parker/R. Reid (Hg.): The Oxford Handbook of Modern African History, 2013 • R. Paesler: Afrika, in: StL, Bd. 7, [7]1995, 503–505 • F. Barth (Hg.): Ethnic Groups and Boundaries. The Social Organization of Cultural Difference, 1969.

Periodikum:
African Development Bank (Hg.): African Economic Outlook, seit 2002.

JULIA LEININGER

## Subsidiarität

I. Sozialethik – II. Wirtschaftswissenschaften – III. Politikwissenschaft – IV. Rechtswissenschaft

### I. Sozialethik

#### 1. Anliegen und Leitidee

Das Konzept der S. (von lat. *subsidium*, militärische Hilfs- oder Reservetruppe) speist sich aus verschiedenen Traditionslinien und entfaltet vielfältige Bezüge. Klassischer Bezugspunkt in der ↑katholischen Soziallehre ist die Enzyklika „Quadragesimo anno": 79 von Pius XI. (1931) (↑Sozialenzykliken). Dieser zufolge dürfen übergeordnete oder größere soziale Einheiten die Handlungsfähigkeit kleinerer Einheiten und von Individuen nicht beeinträchtigen und müssen diese bei Bedarf unterstützen.

Als ethisches Strukturprinzip formuliert das S.s-Prinzip eine normative Leitidee für den Aufbau der gesellschaftlichen Ordnung. In der katholischen Gesellschaftslehre bzw. Sozialethik (↑Christliche Sozialethik) ist der Grundsatz der S. in der Lehre von den ↑Sozialprinzipien angesiedelt und bildet zusammen mit den Prinzipien der Personalität (↑Personprinzip) und der ↑Solidarität die klassische ordnungsethische Trias. Während die ersten beiden inhaltlich ausgerichtet sind, klassisch gesprochen die Individual- und die Sozialnatur des Menschen in den Blick nehmen, richtet das S.s-Prinzip sein Augenmerk auf das Wie, auf die Ausgestaltung des institutionellen Gefüges der Gesellschaft. Diesbezüglich sind die Gesellschaftsvorstellung sowie der normative Anspruch näher zu beleuchten:

*a)* Die Enzyklika geht vom Bild eines stufenförmigen Aufbaus der Gesellschaft aus. Aus Einzelpersonen setzen sich die kleineren und aus diesen die größeren Gemeinschaften zusammen. An der Spitze des pyramidenförmig gedachten gesellschaftlichen Gefüges steht der ↑Staat als umfassende soziale Größe und mächtigste Hilfsinstanz. In einem ähnlichen Bild liegen um die ↑Person als Mittelpunkt in konzentrischen Kreisen die immer größer werdenden Gemeinschaften, d. h. die Lebensbereiche oder „Lebenskreise", in denen sich das Individuum bewegt. Der Staat bildet den äußeren Rahmen des Sozialen; aus der „Rahmennatur" ergeben sich seine Aufgaben und Grenzen.

Das sozialtheoretische Konzept des hierarchisch gestuften gesellschaftlichen Aufbaus, das kontrovers diskutiert wird, hat Implikationen für den Anwendungsbereich des S.s-Prinzips. Subsidiäre Verpflichtungen bestehen nach diesem Modell nur zwischen einander über- bzw. untergeordneten sozialen Einheiten mit einem gemeinsamen Aufgabenkreis (konkurrierende Kompetenz), etwa zwischen Kreis- und Orts- oder zwischen Gesamt- und Fachverband.

*b)* Das S.s-Prinzip formuliert Forderungen mit verschiedener Modalität. In negativer Hinsicht stellt es ein doppeltes Verbot auf. Die Handlungsfelder des ↑Individuums sind vor dem Eingriff von Gruppen und Organisationen zu schützen. Übergeordnete Instanzen dürfen nicht in den Aufgabenbereich der untergeordneten eingreifen und deren Angelegenheiten an sich ziehen. Kleinere soziale Einheiten agieren aus eigenem Recht und nicht aufgrund einer Delegation von Aufgaben und Befugnissen.

Dieses *Kompetenzanmaßungsverbot* wird von einem *Unterstützungsgebot* begleitet. Im Sinn der allg.en Idee der Befähigung sollen übergeordnete soziale Gebilde bei kleineren Instanzen wie auch bei den einzelnen Menschen Kräfte wecken und Entwicklung ermöglichen, weshalb das S.s-Prinzip z. T. auch als ein allg.es pädagogisches Prinzip angesehen wird. Erforderliche Unterstützung soll über die Bewältigung des akuten Problems hinaus als Hilfe zur Selbsthilfe den jeweiligen Akteur in die Lage versetzen, seinen Aufgaben nachzukommen. Dazu sollen die intermediären Instanzen, deren weitgehendes Wegbrechen im Zuge der ↑Modernisierung „Quadragesimo anno" beklagt, geschützt bzw. wieder eingerichtet und die Staatstätigkeit begrenzt werden. Das S.s-Prinzip ist in diesem Sinn ein „Strukturgesetz der gesellschaftlichen Vielfalt" (Utz 1956: 79). Allerdings ist stets im Einzelfall zu bestimmen, welche Instanz über die adäquate Handlungsfähigkeit und Problemlösungskompetenz verfügt. Getragen werden diese Forderungen von einer impliziten Metanorm, der zufolge alle gesellschaftliche Tätigkeit dem Einzelnen dienen muss.

In dieser doppelten Ausrichtung von Schutz und Unterstützung, Kompetenzverteilung und -begrenzung zielt das S.s-Prinzip auf die Bewahrung von Eigenständigkeit und Kompetenz der Einzelnen wie der partikulären sozialen Gebilde. Zur Begründung werden zwei Argumente vorgebracht, die sich auf das Verhältnis zwischen verschiedenen sozialen Einheiten beziehen, während das Eigenrecht des Individuums axiomatisch vorausgesetzt wird. Dem ersten, genuin ethischen Zugang zufolge stellt es einen Verstoß gegen die ↑Gerechtigkeit dar, den untergeordneten Instanzen ihre Zuständigkeiten zu nehmen. Ideengeschichtlich bildet der scholastisch-metaphysische Grundsatz „omne agens agendo perficitur" den anthropologischen Hintergrund: Jedes auf Betätigung hin angelegte Wesen entfaltet und vervollkommnet sich, indem es sich betätigt. Es bietet sich aber auch eine sozialanthropologische Auslegung an: Kleinere soziale Einheiten sind dem Einzelnen näher, er kann sie leichter mitgestalten, sich in ihnen besser entfalten und gelingende Sozialbeziehungen pflegen. Damit weist dieser Begründungsansatz, der sozialen ↑Gruppen oder ↑Institutionen ein genuines, auch gegenüber dem Individuum durchzusetzendes Eigenrecht zuerkennt, jeglichen ↑Kollektivismus zurück und entspricht den methodischen Erfordernissen des legitimatorischen ↑Individualismus.

Der zweite, im weiteren Sinne sozialwissenschaftliche Begründungszugang legt dar, dass ein solch übergriffiges Vorgehen nachteilig ist, und appelliert an das kollektive Eigeninteresse. Lokale Akteure können aufgrund gewachsener Sozialbeziehungen und eines passgenauen Wissens viele Probleme besser bewältigen oder bereits in ihrer Entstehung verhindern. Die Stärken einer im Instanzenzug niedrigeren Einheit sind Problemnähe, Lösungskompetenz, Effizienz, Flexibilität, Lernfähigkeit, Bürgernähe, Weckung bürgerschaftlicher Verantwortung sowie Entlastung des Staates.

Beide Begründungen sind nicht von einer spezifisch religiösen Weltanschauung abhängig; auch die Enzyklika nennt das S.s-Prinzip ausdrücklich einen „sozialphilosophischen" Grundsatz.

### 2. Das Doppelgebot der Subsidiarität

Die Rede von S. ist zu einem Gemeingut geworden. Doch dieser Erfolg zieht auch Kritik nach sich. Neben inhaltlich begründeter Zurückweisung sowie Skepsis gegenüber der Erforderlichkeit des S.s-Prinzips angesichts allg. anerkannter alternativer Grundsätze wird die begriffliche Unklarheit des Prinzips bzw. vieler Bezugnahmen auf S. bemängelt, die häufig jeweils nur einen Aspekt herausgreifen.

Das S.s-Prinzip ist interpretatorisch offen, weil es mit mehreren Zielen in Verbindung gebracht werden kann, die jeweils eine ähnliche Ausrichtung aufweisen: ↑Freiheit, Personalität und Entfaltungsmöglichkeit des Einzelnen bzw. partikulärer sozialer Gruppen und ↑Organisationen, ferner ↑Gemeinwohl mit den Aspekten des Schutzes des soziokulturellen Nahbereichs und der kulturellen Vielfalt, der Funktionsfähigkeit, Effektivität und Effizienz der Staatsverwaltung (↑Verwaltung) und von ↑Innovation und ↑Fortschritt durch ↑Wettbewerb sowie schließlich gesellschaftlicher Zusammenhalt insb. der Regionen in einem ↑Bundesstaat.

Die Interpretationsvielfalt resultiert auch aus einer semantischen Zweideutigkeit. „Subsidiär" kann zum einen mit „hilfebringend" übersetzt werden, zum anderen mit „aushilfsweise", „ergänzend", „nachrangig". In der Tradition der katholischen Soziallehre und Sozialethik werden beide Aspekte zusammen gesehen. Das S.s-Prinzip ist weder ein Gegen- noch ein Begrenzungskonzept zum Solidaritätsprinzip, sondern thematisiert die Gestaltung gesellschaftlicher Solidarbeziehungen. Es fordert nicht nur die ↑Achtung, sondern ebenso die Förderung der Eigenständigkeit der Einzelnen wie auch der mannigfaltigen Gemeinschaften.

Im Unterschied dazu steht in liberalen und v.a. libertären wie auch in konservativen S.s-Konzepten oft der Aspekt der Eigenverantwortung (↑Veranwortung) isoliert und ohne ausreichende Beachtung ihrer gesellschaftlichen Voraussetzungen im Mittelpunkt. Damit verbunden wird zuweilen eine pauschale Kompetenzvermutung zugunsten deregulierter Marktprozesse, sodass das S.s-Prinzip als „Riegelprinzip" und „Funktionssperre" für staatliches Handeln ausgelegt wird. Sozialpolitisch kann eine solche „neosoziale Wende" dazu führen, dass Eigenverantwortung entgegen dem Anspruch individueller Freiheit und gesellschaftlicher Solidarität vollständig in den Dienst der Sozialverantwortung gestellt wird.

### 3. Entwicklungsgeschichtliche Bezüge

In unterschiedlichen Traditionen finden sich vielfältige Vorläufer zum S.s-Prinzip wie auch ähnliche Konzepte. Gleichwohl dürfen die Unterschiede in Geltungsanspruch, Reichweite, Begründung und Denkrahmen nicht übergangen werden. Bezüge bestehen zum ↑Liberalismus, mit dem die katholische Soziallehre das Anliegen teilt, die Staatstätigkeit zugunsten der individuellen Entfaltungsmöglichkeiten ordnungspolitisch zu begrenzen und berechenbar zu machen, sowie zum Föderalismus (z.B. Johannes Althusius, Samuel Freiher von Pufendorf, Alexis de Tocqueville, Abraham Lincoln). Ferner gibt es Verbindungen zur politischen ↑Anthropologie von Platon, Aristoteles und Thomas von Aquin, der zufolge der Mensch aufgrund seiner Vernunftnatur auf freie Selbsttätigkeit angelegt ist, aufgrund seiner Sozialnatur aber erst in der Gesellschaft seine Wesensbestimmung zu erreichen vermag. Nicht zuletzt weist der deutsche staats- und verfassungsrechtliche Diskurs zahlreiche Berührpunkte zum S.s-Konzept auf.

Im historischen Überblick über die vergangenen 200 Jahre erscheint das Konzept der S. v.a. in zwei Zusammenhängen: im begrenzten Diskurs über die Ausgestaltung der ↑Wohlfahrtspflege sowie im allg.en Diskurs über die Gestaltung der gesellschaftlichen Verhältnisse. Einen entscheidenden ideen- und sozialgeschichtlichen Hintergrund von „Quadragesimo anno" bildet die ↑soziale Frage des 19. Jh. Die um die Jahrhundertmitte entstehende sozialreformerische Richtung des ↑sozialen Katholizismus (Wilhelm Emmanuel von Ketteler, Franz Hitze) verband ähnlich wie die Sozialenzyklika „Rerum novarum" (Leo XIII., 1891) die Forderung nach Selbsthilfe der Arbeiter mit der Forderung nach staatlichen Schutzgesetzen. Ein weiterer entstehungsgeschichtlicher Kontext ist die Ausbreitung des eher staatsfernen katholischen Vereinswesens im Kaiserreich, das durch das S.s-Prinzips geschützt werden sollte. Das konkrete Anliegen von „Quadragesimo anno" war die doppelte Zurückweisung des ↑Totalitarismus der damaligen Zeit, der zunehmenden Verbreitung der modernen Massenorganisationen mit ihren Merkmalen der Bürokratisierung, der Verrechtlichung, der Funktionärselite und der Anonymisierung sowie des oft als Individualismus bezeichneten Liberalismus. Das S.s-Prinzip wurde seit seiner expliziten Formulierung in „Quadragesimo anno" in zahlreichen lehramtlichen Texten aufgegriffen, so etwa in „Mater et magistra" (Johannes XXIII., 1961, Nr. 53), „Pacem in terris" (Johannes XXIII., 1963, Nr. 74), „Octogesima adveniens" (Paul VI., 1971, Nr. 46), „Centesimus annus" (Johannes Paul II., 1981, Nr. 48), „Für eine Zukunft in Solidarität und Gerechtigkeit" (EKD/DBK, 1997, Nr. 221) oder „Deus caritas est" (Benedikt XVI., 2005, Nr. 28).

Die sog.en neuen Debatten um das S.s-Prinzip in den 1950er/60er sowie in den 1980er/90er Jahren hatten zum einen politisch-praktische Auslöser wie Reformen der Sozialpolitik oder die Gründung der EU, zum anderen wurden Veränderungen in der Gesellschaftstheorie berücksichtigt. In einer funktional differenzierten ↑Gesellschaft sind anders als in einer noch ständisch konzipierten Gesellschaft „Lebenskreise" nicht mehr konzentrisch zu denken, sondern als Vielfalt sich überlappender, interdependenter Handlungsfelder mit je eigenen soziokulturellen Gesetzmäßigkeiten. S. wird in dieser Hinsicht auf die Sicherung des Gemeinwohls bezogen als Prinzip der „Koordination der Funktionserfüllung und funktionalen Zuständigkeit *zwischen* Kultursachbereichen" (Koslowski 1997: 46). Dadurch wird der Anspruch des S.s-Prinzips beträchtlich ausgeweitet. Dies entspricht dem strukturellen Gefüge der entwickelten ↑Industriegesellschaft deutlich besser, erhöht allerdings die Begründungslast und verlangt eine genauere Analyse des Modus der Hilfeleistung bei der Funktionserfüllung.

Diese steuerungstheoretische Rekonstruktion (↑Steuerung) von S. problematisiert das Verhältnis der sozialpolitischen bzw. der gesellschaftlichen Steuerungsinstanzen Staat, Markt und Zivilgesellschaft sowie der Steuerungsformen und -medien. S. wird unter dem Blickwinkel von Kontextsteuerung oder aktivierter Selbststeuerung der sozialen Akteure gesehen. Dabei kann wiederum die Bedeutung des Individuums als sozialethische Metanorm in die Diskussion eingebracht werden. Der Einzelne muss nämlich seine Mitverantwortung und seinen Mitgestaltungsanspruch nicht allein gegen den Staat, sondern ebenso gegenüber den systemischen gesellschaftlichen Mächten wie ↑Markt, ↑Medien oder ↑Wissenschaft behaupten. Das S.s-Prinzip erhebt angesichts dieser Konstellation die Forderung, die gesellschaftlichen Strukturen so zu gestalten, dass das Individuum gesellschaftliche Verantwortung übernehmen kann.

Weitergeführt wird dieser Gedanke oft mit Bezug auf das Konzept der ↑Zivilgesellschaft. Zwischen Staat und ↑Wirtschaft eröffnet sich mit der Zivilgesellschaft ein Zwischenraum für individuelle und kollektive Betätigungen, der genutzt wie auch geschützt, gestärkt und bei Bedarf ausgeweitet werden soll, wie bereits „Quadragesimo anno" anmahnte. Das S.s-Prinzip nimmt in dieser Hinsicht den Staat, Unternehmen und die gesellschaftlichen Gruppierungen und Initiativen in die Pflicht, ein lebendiges und plurales gesellschaftliches Miteinander zu entfalten, um so dem Einzelnen in seiner Individualität möglichst viele Betätigungs- und Entwicklungsmöglichkeiten zu eröffnen.

Von evangelischer Seite wird das S.s-Prinzip teils skeptisch gesehen, insb. wegen seiner entstehungsgeschichtlich gegebenen naturrechtlichen (↑Naturrecht) Einbindung sowie der möglichen Nutzung als Rechtfertigungsgrundlage für Gruppenegoismen, etwa die Bevorzugung der kirchlichen ↑Wohlfahrtsverbände bei der Neufassung des BSHG 1961. Verschiedene EKD-Denkschriften erachten es zwar als sinnvolles Prinzip, ohne ihm jedoch einen systematisch zentralen Stellenwert zuzuschreiben. Nicht zuletzt lässt sich auch die synodale Verfassung in der Tradition der reformierten Kirchen konzeptuell mit dem S.s-Prinzip in Verbindung bringen.

### 4. Gesellschaftliche Relevanz

Die gesellschaftspolitische Relevanz des S.s-Prinzips lässt sich insb. in Deutschland aufzeigen. Neben einem direkten Einfluss auf das ↑Sozialrecht zeigt sich eine ideelle Beeinflussung des ↑GG, wobei nach mehrheitlicher Auffassung dem S.s-Prinzip kein Verfassungsrang zukommt. Das S.s-Prinzip ist an verschiedenen Stellen unmittelbar in einfaches Gesetzesrecht umgesetzt oder entfaltet seine Bedeutung als Strukturprinzip eines gesetzlichen Regelungsbereichs, u. a. in der Kommunalverfassung, im Gesundheitswesen, im Erziehungs- und Bildungsbereich, in der Selbstverwaltung im Berufswesen oder in der Universitätsverwaltung. In Österreich findet sich das S.s-Prinzip in der Landesverfassung von Vorarlberg (Art. 7 Abs. I). Die direkte Demokratie und die große Eigenständigkeit der Kantone in der Schweiz entsprechen ebenfalls dem S.s-Prinzip, ohne dass sie aber auf dieses zurückgeführt werden.

*a)* ↑Sozialpolitik: Der Einfluss des S.s-Prinzips auf die Sozialpolitik und die Struktur des ↑Sozialstaats während der Weimarer Republik und daran anknüpfend in der BRD ist unverkennbar, insb. im JWG von 1953 und im BSHG von 1961, das den freien Trägern der ↑Sozialhilfe bzw. der ↑Jugendhilfe einen 1967 auch vom ↑BVerfG bestätigten Vorrang vor staatlichen Trägern einräumt. Ebenso favorisiert das 1990 verabschiedete KJHG eine plurale Trägerlandschaft. Im Tarifvertragsrecht zeigt sich das S.s-Prinzip insb. in der ↑Tarifautonomie der Sozialpartner (↑Sozialpartnerschaft).

Das S.s-Prinzip wird als „Zuständigkeitsgesetz der konkurrierenden Leistungsträger in Staat und Gesellschaft" (Isensee 1968: 122) gefasst. Eine verbändeorientierte Interpretation räumt im Rahmen einer neo-korporatistischen Organisation von Wohlfahrtspflege (↑Korporatismus) frei-gemeinnützigen oder inzwischen auch privat-gewinnorientierten Organisationen einen Vorrang vor staatlichen Instanzen ein. Dementsprechend dient im sozialpolitischen Diskurs die Rede von S. auch der Durchsetzung spezifischer Gruppeninteressen (↑Interesse), seit den 1950er Jahren v. a. der großen Wohlfahrtsverbände gegenüber den Kommunen (↑Gemeinde), in den 1970ern neu entstandener kleiner Selbsthilfegruppen und Initiativen gegenüber den etablierten Verbänden, schließlich seit den 2000er Jahren marktförmiger und gewinnorientierter Akteure gegenüber dem herkömmlichen Solidargedanken und dem Umlageverfahren der ↑Sozialversicherungen.

*b)* ↑Föderalismus und Europa: Oftmals wird S. als Föderalismus gedeutet, was insofern seine Berechtigung hat, als das Verhältnis von über- und untergeordneten sozialen Einheiten mit Blick auf Bestands- und Kompetenzbewahrung sowie Zuständigkeiten und Unterstützungsleistungen geregelt wird. Dezentralisierung (↑Dezentralisation) und föderale Gliederung mit der Leitidee der Einheit in Vielfalt sind gleichsam eine räumliche Konkretisierung von S., erfassen aber nicht deren gesamte Bedeutungsbreite.

Die europarechtliche Bedeutung des S.s-Prinzips wird kontrovers diskutiert. In den Auslegungen schwankt sein Status zwischen Strukturprinzip und Formelkompromiss. Es dient in den Dokumenten und Diskussionen gleichermaßen zur ↑Legitimation, zur Ausgestaltung und zur Begrenzung des europäischen Erweiterungs- und Vertiefungsprozesses (↑Europäischer Integrationsprozess), wobei sich diese Zielsetzungen durchaus ergänzen können.

Die Bildung einer supranationalen Einheit (↑Supranationalität) wie der ↑EU ist grundsätzlich vom sozialethischen S.s-Prinzip gedeckt. Die Forderung nach einer gestuften Zuständigkeit im Instanzenzug enthält unausgesprochen auch die Möglichkeit, eine neue oberste Instanz zu schaffen, wenn die bestehende Höchstinstanz für eine neue Herausforderung nicht ausreichend gerüstet ist. Ähnlich spricht die Friedensenzyklika „Pacem in terris" (Johannes XXIII., 1963, Nr. 74) von der Anwendung des S.s-Prinzips auf ↑internationale Beziehungen. Ein Vorläufer dieser Idee ist die Forderung nach Etablierung eines ↑Völkerbunds in Immanuel Kants Friedensschrift von 1795. Nach den Erfahrungen der beiden ↑Weltkriege erweist sich die EU als ein Projekt, das den ↑Frieden zumindest in Europa besser zu sichern vermag als nationalstaatliche Akteure. Auch die zunehmende ökonomische ↑Globalisierung sowie die globalen Umweltprobleme überfordern den einzelnen Staat.

Ausgehend vom S.s-Prinzip lassen sich Kriterien für die inhaltliche Zuständigkeit der EU formulieren. Sie sollte grundsätzlich nur in den Bereichen tätig werden, die einer einheitlichen Regelung bedürfen. Dies trifft in unterschiedlichem Maß auf Bereiche der Außen-, Friedens- und Sicherheits-, der Wirtschafts-, Sozial- und Verbraucherschutz- oder der Umweltpolitik zu. Im Bildungs- oder Kultursektor könnte eine EU-Zuständigkeit hingegen zu einer Verarmung der kulturellen Vielfalt führen.

### Literatur

J. Ostheimer: Das Verhältnis von Sozialethik und Gesellschaftstheorie am Beispiel des Subsidiaritätsprinzips, in: W. Schaupp (Hg.): Ethik und Empirie, 2015, 279–294 • P. Bickle/T. Hüglin/D. Wyduckel (Hg): Subsidiarität als rechtliches und politisches Ordnungsprinzip in Kirche, Staat und Gesellschaft, 2002 • A. Baumgartner/W. Korff: Sozialprinzipien als ethische Baugesetzlichkeiten moderner Gesellschaft, in: W. Korff u.a. (Hg.): Hdb. der Wirtschaftsethik, Bd. 1, 1999, 225–237 • P. Koslowski: Subsidiarität als Prinzip der Koordination der Gesellschaft, in: K. Nörr/T. Oppermann (Hg.): Subsidiarität, 1997, 39–48 • K. Nörr/T. Oppermann (Hg.): Subsidiarität, 1997 • A. Waschkuhn: Was ist Subsidiarität?, 1995 • A. Riklin/G. Batliner (Hg.): Subsidiarität, 1994 • C. Sachße: Subsidiarität, in: ZSR 40/11 (1994), 717–738 • H. Lecheler: Das Subsidiaritätsprinzip. Strukturprinzip einer Europäischen Union, 1993 • C. Sachße: Zur aktuellen Bedeutung des Subsidiaritätsstreits der 60er Jahre, in: J. Münder/D. Kreft (Hg.): Subsidiarität heute, 1990, 32–43 • O. von Nell-Breuning: Baugesetze der Gesellschaft, 1990 • R. Heinze (Hg.): Neue Subsidiarität, 1985 • J. Isensee: Subsidiaritätsprinzip und Verfassungsrecht, 1968 • A. Utz: Formen und Grenzen des Subsidiaritätsprinzips, 1956.

JOCHEN OSTHEIMER

## II. Wirtschaftswissenschaften

### 1. Ökonomisches Begriffsverständnis

Im ökonomischen Kontext dient S. als normatives Kriterium zur ↑Legitimation staatlicher Eingriffe ins Marktgeschehen, zur Bestimmung der dafür zuständigen staatlichen Instanz und zur Wahl des eingesetzten politischen Instruments. Nach ökonomischem Verständnis ist S. dabei in erster Linie als normatives Prinzip zur Vermeidung von Zwang zu interpretieren. Es soll demnach nur so viel kollektiver Zwang, wie zur Problemlösung im Interesse aller Akteure nötig ist, aber so wenig kollektiver Zwang wie möglich ausgeübt werden.

Als idealtypischer Bezugspunkt der ökonomischen Sicht auf S. dient die freiwillige, informierte und wechselseitig vorteilhafte Markttransaktion, die es jedem Transaktionspartner selbst überlässt, mit wem er zu welchen Bedingungen kooperiert. Der ↑Staat soll dementsprechend ins frei ablaufende Marktgeschehen „nur da eingreifen, wo seine Mithilfe in keiner Weise zu entbehren ist" (Eucken 2004: 348). Dies ist aus ökonomischer Sicht insb. dann der Fall, wenn ↑Marktversagen, etwa in Form von Kartellabsprachen, Betrug oder unkompensierten Umweltschäden, vorliegt. Ist ein Staat wie Deutschland föderal organisiert oder Teil eines organisierten ↑Staatenverbundes wie der ↑EU, sollen nach dem S.s-Prinzip möglichst viele Kompetenzen auf der untersten, d. h. z. B. auf der kommunalen Ebene, angesiedelt sein. Höhere Ebenen, wie die supranationale Ebene (↑Supranationalität), sollen nur eingeschaltet werden, insoweit sich ein gemeinsames Problem auf der nächstniedrigeren Ebene, also in den EU-Mitgliedstaaten, nicht lösen lässt. Stehen dem zuständigen politischen Akteur mehrere erfolgversprechende Lösungsansätze zur Verfügung, erfordert S. außerdem die Wahl desjenigen Ansatzes, der mit dem geringstmöglichen Maß an Zwang auskommt.

Da selbstgetroffene Entscheidungen die eigenen ↑Interessen i. d. R. zuverlässiger abbilden dürften als durch eine dritte Instanz getroffene Entscheidungen, kann das S.s-Prinzip auch als Effizienzkriterium verstanden werden. Je mehr Entscheidungen in den Händen der unmittelbar von den Folgen betroffenen Personen verbleiben, desto weniger Reibungsverluste, z. B. in Form von Fehlentscheidungen oder Machtmissbrauch durch politische Repräsentanten oder das Management eines Unternehmens, dürften zu verzeichnen sein.

### 2. Anwendungsbereiche des Subsidiaritätsprinzips aus ökonomischer Sicht

Im ökonomischen Kontext wird S. als Prinzip zur Bestimmung legitimer staatlicher Eingriffe ins Marktgeschehen herangezogen. Darüber hinaus dient es zur Verortung wirtschaftspolitischer Zuständigkeiten in föderalen Systemen sowie zur Wahl des minimalinvasivsten Ansatzes aus einer Vielzahl verfügbarer Konzeptionen zur Verfolgung politischer Ziele.

#### 2.1 Grenzziehung zwischen Markt und Staat

Nach dem S.s-Prinzip ist die marktliche Zuteilung (↑Allokation) knapper, sog.er privater ↑Güter, wie bspw. Lebensmittel, die sich durch die Möglichkeit auszeichnen, exklusive Eigentumsrechte (↑Eigentum) zu definieren (Ausschließbarkeit von der Nutzung) und die im Extremfall nur von einer Person gleichzeitig konsumiert werden können (Rivalität in der Nutzung), allen anderen bekannten Zuteilungsverfahren vorzuziehen. Dies ist der Fall, weil der idealtypische ↑Markt jedem einzelnen Marktteilnehmer das größtmögliche Maß an Entscheidungsfreiheit überlässt und er keinem von ihnen erlaubt, anderen ein Tauschgeschäft oder dessen Bedingungen aufzunötigen. Staatliche Eingriffe ins frei ablaufende Marktgeschehen sind, nach der ökonomischen Interpretation des S.s-Prinzips, demzufolge nur zur Verhinderung oder Beseitigung von Marktversagen zulässig, also in Fällen, in denen die Funktionsbedingungen theoretisch vollkommener Märkte nicht erfüllt sind. Dies gilt insb. für die Bereitstellung von öffentlichen Gütern, wie öffentlicher Sicherheit, und Allmendegütern, wie gemeinschaftlich genutzten natürlichen Ressourcen, die sich u. a. dadurch auszeichnen, dass niemand von ihrer Nutzung ausgeschlossen wird. Unter dieser Bedingung ist es für jeden Nutzer rational, das Gut zwar in Anspruch zu nehmen, die ↑Kosten seiner Bereitstellung bzw. Erhaltung aber anderen zu überlassen. Im Falle einer marktlichen Organisation kann dies zu einer systematischen Unterversorgung mit dem entspr.en Gut führen. Da die Nutzer eigentlich ein höheres Bereitstellungsniveau bevorzugen, dazu aber aufgrund einer Trittbrettfahrerproblematik auf Basis dezentraler Koordination nicht in der Lage sind, gestattet das S.s-Prinzip eine Bereitstellung durch die nächsthöhere Instanz wie z. B. den Staat. Durch die Erhebung von Steuern zur Finanzierung des öffentlichen Gutes kann dieser für ein ausreichendes Bereitstellungsniveau sorgen. Diese Form von Zwang ist mit dem S.s-Prinzip vereinbar, weil sie im Interesse aller betroffenen Individuen erfolgt und den Einzelnen lediglich vor der Ausbeutung durch die jeweils anderen schützt. Allerdings darf der entspr.e staatliche Eingriff höchstens in dem Umfang geschehen, der zur Versorgung mit der gewünschten Menge nötig ist, da andernfalls die Freiheit der Betroffenen über das durch sie gebilligte Maß hinaus beschnitten würde.

### 2.2 Kompetenzverteilung in föderalen Systemen

In der ökonomischen Theorie wird das S.s-Prinzip auch zur Bestimmung der Kompetenzverteilung zwischen den verschiedenen Verwaltungsebenen föderaler Staaten (↑Föderalismus) genutzt. Auch hier sollen i. S. d. Vermeidung von Zwang möglichst viele Kompetenzen auf der niedrigsten Ebene verbleiben. Bei Bewegungs- und Niederlassungsfreiheit innerhalb der Föderation führt dies zu einem Standortwettbewerb zwischen den einzelnen territorial definierten Verwaltungseinheiten (Gebietskörperschaften) wie bspw. den Kommunen (↑Gemeinde). Dieser Wettbewerb erlaubt es Arbeitnehmern, Haushalten oder Unternehmen, den Arbeits-, Wohn- und Standort zu wählen, der für sie im Gegenzug für die zu entrichtenden Steuern die beste Kombination aus öffentlichen Dienstleistungen anbietet. Nach einem zentralen Theorem der Föderalismustheorie gewährleistet dieser Standortwettbewerb innerhalb der Föderation, dass sich die lokalen Institutionen strikt(er) an den Interessen der Bürger orientieren, da diese im Falle eines für sie unattraktiven Bündels öffentlicher Dienstleistungen, einer übermäßigen Besteuerung oder von Steuerverschwendung in eine andere Gebietskörperschaft abwandern würden.

Bewegungsfreiheit ermöglicht es den Bürgern jedoch auch, die öffentlichen Dienstleistungen anderer Gebietskörperschaften mitzunutzen, ohne sie mitzufinanzieren. Den Bewohnern der Nachbargemeinde kann z. B. die kostenfreie Durchfahrt durch die eigene Gemeinde oder der Wochenendausflug in die aufwändig restaurierte historische Altstadt nicht ohne Weiteres verwehrt werden. In solchen Fällen kann die Konkurrenz zwischen den Gebietskörperschaften innerhalb einer Föderation zu einem ruinösen Abwärtswettbewerb führen, der sich dadurch auszeichnet, dass diese jeweils versuchen, durch wechselseitige Senkungen des Pro-Kopf-Steuerpreises zusätzliche Bewohner anzulocken, bis dieser unterhalb der Bereitstellungskosten für die angebotenen öffentlichen Güter liegt. Aufgrund des damit verbundenen Finanzierungsdefizits kann es überall zu einer Unterversorgung mit dem entspr.en Gut kommen. Da die Nutzer eigentlich ein höheres Bereitstellungsniveau präferieren würden, als es im beschriebenen Abwärtswettbewerb angeboten wird, verlangt das S.s-Prinzip die Bereitstellung durch die nächsthöhere föderale Instanz, also z. B. das Bundesland. Als konkurrenzloser Anbieter im entspr.en Gebiet kann diese das überkommunale öffentliche Gut durch die zwangsweise Erhebung der erforderlichen ↑Steuern und ↑Abgaben kostendeckend bereitstellen. Gemäß S.s-Prinzip ist auch hier der entspr.e Zwang gerechtfertigt, insoweit er in Übereinstimmung mit den Interessen aller betroffenen Individuen ausgeübt wird und lediglich der Vermeidung des ruinösen Abwärtswettbewerbs dient. Allerdings darf die Besteuerung nur soweit gehen wie zur Bereitstellung des präferierten Niveaus nötig, da die Betroffenen andernfalls über das von ihnen gewünschte Maß hinaus besteuert würden.

### 2.3 Abwägung zwischen Konzeptionen zur Verfolgung politischer Ziele

Das S.s-Prinzip hilft auch bei der Abwägung zwischen konkurrierenden Konzeptionen zur Realisierung politischer Ziele. Es soll erneut der Ansatz gewählt werden, der mit dem geringstmöglichen Maß an Zwang auskommt und möglichst viele ↑Entscheidungen in den Händen der betroffenen Individuen belässt. Gilt es bspw. zu verhindern, dass Raucher die Gesundheitskosten infolge ihres Zigarettenkonsums auf Nichtraucher abwälzen, wären nach dem S.s-Prinzip anstelle eines gesetzlichen Zigarettenverbots eher höhere Sozialversicherungsbeiträge für Raucher zu erheben, da diese das Finanzierungsproblem lösen, ohne gleichzeitig allen Rauchern den Tabakkonsum vorzuenthalten.

Das S.s-Prinzip liefert auch Gründe für den Politikansatz des liberalen ↑Paternalismus, der davon ausgeht, dass Menschen aufgrund beschränkter Rationalität, z. B. in Form unvollständiger Informationen, Willensschwäche oder kognitiver Leistungsgrenzen, nicht immer die aus ihrer Sicht besten Entscheidungen treffen. Durch sog.e „Schubser" *(nudges)* sollen sie subtil zu den richtigen Entscheidungen motiviert werden, ohne dass ihnen, wie bei einem gesetzlichen Verbot, Optionen verwehrt oder, wie bei einer Steuer, die mit den Optionen verbundenen wirtschaftlichen Anreize stark verändert werden. Durch abschreckende Bilder und Warnhinweise auf Zigarettenschachteln sowie durch ihre Platzierung in abgelegeneren Ladenbereichen kann so u. U. mit einem geringeren Maß an Freiheitseinschränkung im Interesse der Betroffenen und der negativ beeinträchtigten Dritten ein Rückgang des gesundheitsschädlichen Tabakkonsums erreicht werden als etwa durch einen steuerlichen Eingriff.

### 3. Grenzen des ökonomischen Subsidiaritätsprinzips

Die Umsetzung des S.s-Prinzips kann in der Realität dadurch erschwert werden, dass sich die Bewohner eines Gebiets nicht oder nur im Rahmen eines kostspieligen Entscheidungsfindungsprozesses auf die Art und den Umfang der dort notwendigerweise einheitlich bereitgestellten öffentlichen Güter einigen können. Im Falle einer Bereitstellung der entspr.en Güter hat dies zur Folge, dass einige Bewohner sie trotz ihrer Ablehnung mitfinanzieren oder zumindest dulden müssen. Werden die Güter nicht bereitgestellt, müssen wiederum einige auf etwas verzichten, das sie sich eigentlich wünschen. In beiden Fällen muss sich ein Teil der Bevölkerung dem Willen des anderen Teils fügen.

Auch die Risiken bei der Beauftragung Dritter können die Realisierung des S.s-Prinzips erschweren, z. B. wenn die Repräsentanten der beauftragten (staatlichen) Institutionen ihre Aufgaben nicht sorgfältig erfüllen oder ihre Machtposition auftragswidrig und zum Schaden der Auftraggeber zur Verfolgung persönlicher Ziele nutzen.

Darüber hinaus ist auch eine Überdehnung des ökonomischen S.s-Prinzips möglich. So verlieren bestimmte Güter, wie Wählerstimmen, akademische Titel oder Orden, ihre moralische Qualität, wenn sie im Einklang mit dem S.s-Prinzip auf Basis wechselseitiger Zustimmung verkauft werden. Einige Geschäfte wie Wetten auf den Tod anderer oder der Verkauf eigener Organe können sogar als moralisch verwerflich betrachtet werden, obwohl sie mit dem S.s-Prinzip vereinbar sind.

Schließlich muss auch beachtet werden, dass S. bei Weitem nicht das einzig denkbare Kriterium zur Legitimation, Zuständigkeitsbestimmung und Konkretisierung der Form kollektiven Zwangs ist. Dieser kann z. B. auch als Bedingung zur Ermöglichung eines Mindestmaßes an gleicher individueller ↑Freiheit für alle begründet werden, auf Grundlage von Gerechtigkeitsprinzipien (↑Gerechtigkeit) verteilungspolitisch motiviert sein oder auf Basis meritorischer Güterklassifikationen bestimmt werden.

#### Literatur

K. Mause/C. Müller: Allokation: Marktversagen und Staatstätigkeit, in: K. Mause/C. Müller/K. Schubert (Hg.): Politik und Wirtschaft, 2018, 147–190 • T. Besley: What's the Good of the Market: An Essay on Michael Sandel's ‚What Money Can't Buy', 2013 • M. Fritsch: Marktversagen und Wirtschaftspolitik, 2011 • J. Schnellenbach: Wohlwollendes Anschubsen – Was ist mit liberalem Paternalismus zu erreichen und was sind seine Nebenwirkungen?, 2011 • R. H. Thaler/C. R. Sunstein: Nudge – Wie man kluge Entscheidungen anstößt, 2009 • W. Eucken: Grundsätze der Wirtschaftspolitik, 2004 • M. C. Nussbaum: Women and Human Development: The Capabilities Approach, 2000 • A. Sen: Capability and Well-Being, 1993 • E. Ostrom: Die Verfassung der Allmende – Jenseits von Staat und Markt, 1990 • M. C. Jensen/W. H. Meckling: Theory of the Firm: Managerial Behavior, Agency Costs, and Ownership Structure, 1976 • J. Buchanan: The Limits of Liberty – Between Anarchy and Leviathan, 1975 • J. Rawls: A Theory of Justice, 1971 • R. A. Musgrave: A Multiple Theory of Budget Determination, in: FinanzArchiv/Public Finance Analysis 17/3 (1956 f.), 333–343 • C. Tiebout: A Pure Theory of Local Expenditures, 1956 • K. J. Arrow: A Difficulty in the Concept of Social Welfare, 1950 • K. P. Hensel: Ordnungspolitische Betrachtungen zur katholischen Soziallehre, 1949.

DAMIAN BÄUMLISBERGER
UND CHRISTIAN MÜLLER

## III. Politikwissenschaft

In der Politikwissenschaft fand das S.s-Prinzip lange Zeit wenig Beachtung. Es galt als „katholisch", mit ständestaatlichen Vorstellungen (↑Ständestaat) verbunden, für pluralistische Gesellschaft und freiheitliche ↑Demokratie ungeeignet. Politisch wurde es in den 1950/60er Jahren von den ↑christlichen Parteien vertreten, z. B. zur Begründung eines Vorrangs freier Träger vor der öffentlichen Hand in der Jugendwohlfahrt und der ↑Sozialhilfe. Der Streit darüber gelangte bis zum ↑BVerfG. Er trug nicht zur allg.en Akzeptanz des Prinzips bei. Das änderte sich in den 1980er Jahren. Bürgergesellschaft, Bürgerinitiativen und Selbsthilfegruppen rückten ins Blickfeld. In der politischen Ethik fanden die amerikanischen Kommunitaristen Aufmerksamkeit mit ihrer Fundierung von Gemeinsinn und Sozialmoral in tradierten Gemeinschaften (↑Kommunitarismus). Die ↑SPD übernahm das Prinzip 1989 in ihr Berliner Grundsatzprogramm.

Die breitere Akzeptanz wurde durch Klärungen im politisch-ethischen Diskurs gestützt. Die ↑katholische Soziallehre nahm im Kontext des ↑Zweiten Vatikanischen Konzils die Idee des ↑Naturrechts zurück auf die Begründung einer personalen Menschenrechtsethik (↑Menschenrechte), verbunden mit der Einsicht, dass man profane Ordnungen nicht aus metaphysischen Prinzipien deduzieren kann. Das S.s-Prinzip konnte so begriffen werden als Leitregel, die den geschichtlichen Bedingtheiten und dem politischen Ermessen Raum lässt. In der Verfassungsrechtsdiskussion entsprach dem das Verständnis von S. nicht als *lex*, sondern als *ratio legis*, die im politischen Ermessen als Klugheitsregel und als freiheitssicherndes Kompetenzregulativ fungiert. Der Nachweis der Idee von S. auch im älteren evangelisch geprägten Staatsrecht (Johannes Althusius, Samuel Freiherr von Pufendorf) und in der liberalen politischen Philosophie Amerikas („Federalist Papers", Abraham Lincoln) widerlegte ihre angeblich katholische Herkunft. So kann Politiktheorie heute nach Bedeutung, Reichweite und Grenzen des S.s-Prinzips für einzelne Handlungsfelder fragen.

### 1. Subsidiärer Staat

Kritiker befürchten, das S.s-Prinzip mache den ↑Staat zum Lückenbüßer für das Versagen gesellschaftlicher Kräfte. Das ist ein Missverständnis. Die Sozialität der ↑Person impliziert Gemeinwohlaufgaben, die vom Staat immer wahrgenommen werden müssen. Das S.s-Prinzip legitimiert und limitiert die politische Ordnung gleichermaßen. Darin besteht Übereinstimmung mit dem liberalen Menschenrechtsdenken: Der Staat ist um des Menschen willen da, nicht umgekehrt.

Die staatliche ↑Souveränität wird damit nicht verneint, aber modifiziert. Der Souverän, im demokratischen Sinn das Volk (↑Staatsvolk), ist als *pouvoir constituant* frei, aber das S.s-Prinzip fordert eine freiheitliche ↑Verfassung. Innerhalb dieser gelten für alle Gewalten, auch für den Souverän, begrenzte Zuständigkeiten. Es besteht auch kein Gegensatz zwischen S. und ↑Demokratie, sofern diese nicht als unumschränkte Befugnis des Volkes verstanden wird, sondern als dessen Selbstbindung an eine freiheitliche Ordnung. Nach außen ist der freiheitliche Verfassungsstaat souverän. Im Inneren heißt Souveränität Allzuständigkeit für die Regelung der Erfordernisse des ↑Gemeinwohls. Sie kommt in der Kompetenz-Kompetenz des Gesetzgebers zum Ausdruck. Das S.s-Prinzip verlangt nur, diese so wahrzunehmen, dass alle Regelungen subsidiären Charakter haben. In der Findung und Normierung des Gemeinwohls gibt es ein weites politisches Ermessen.

In diesem Sinn kann man vom subsidiären Charakter des ↑GG sprechen, auch wenn es das Prinzip, abgesehen von dem 1992 eingefügten Art. 23 GG, nicht nennt. Es bindet alle staatlichen Gewalten an unmittelbar geltende Freiheitsrechte der Person, die auch korporativ gelten. Es garantiert die kommunale ↑Selbstverwaltung; es schreibt horizontale und vertikale ↑Gewaltenteilung mit geteilten und koordinierten Zuständigkeiten vor.

### 2. Pluralistische Gesellschaft im subsidiären Staat

Das S.s-Prinzip ist kompatibel mit einer pluralistischen Gesellschaft, weil es auf der Freiheit und dem Recht intermediärer Gruppen und Institutionen besteht und so die Bedeutung der Bürgergesellschaft unterstreicht. Wie der Neopluralismus (↑Pluralismus) fordert es die Verbindung der freien gesellschaftlichen Kräfte mit einer normativen Rahmenordnung.

In den Feldern der Erziehung, des Sozialen, der Bildung, der Wissenschaft und Kultur sind gesellschaftliche Kräfte vielfältig tätig. Dazu bedarf es normativer Regelungen. Politische Praxis und die Rechtsprechung des BVerfG haben darin zu einem gewissen Konsens geführt. Der Staat setzt verbindliche Standards und wacht über ihre Einhaltung. Er muss aber die personalen und korporativen ↑Grundrechte achten, z. B. die Erstzuständigkeit der Eltern in der Kindererziehung, und die Tätigkeit freier Einrichtungen ermöglichen und fördern. Die finanzielle Unterstützung „freigemeinnütziger Träger“ durch die öffentliche Hand ist als *subsidium* begründet, da sie öffentliche Aufgaben wahrnehmen, für die sonst die öffentliche Hand im Maß des Bedarfs selbst tätig werden muss.

Freie Träger genießen keinen Vorrang, sondern nehmen ihre Rechte im Rahmen gesetzlicher Vorgaben wahr. Innerhalb dieses Rahmens muss die Politik unterschiedliche Kräfte koordinieren. Sie muss dabei neben dem S.s-Prinzip auch geschichtlich-kulturelle Gegebenheiten, Effizienz- und Kostenaspekte, in weltanschaulichen Fragen auch staatliche ↑Neutralität, ↑Toleranz und Minderheitenschutz (↑Minderheiten) beachten. Das S.s-Prinzip ist also eine Leitregel, schreibt aber die konkreten Regelungen nicht vor.

### 3. Subsidiäre Wirtschafts- und Sozialordnung

Das GG schreibt keine wirtschaftlich-soziale Ordnung vor, favorisiert aber in der Verbindung von Grundrechtsgarantien mit Sozialstaatlichkeit eine sozial temperierte Marktwirtschaft. Das entspricht subsidiärem Denken.

So haben Ordoliberale das Konzept der ↑Sozialen Marktwirtschaft auch mit dem S.s-Prinzip begründet. Es spricht für die ↑Freiheit der wirtschaftenden Akteure, für ↑Markt und ↑Wettbewerb als Institutionen einer freien Gesellschaft und als Mittel zur Mobilisierung ihrer Kräfte. Es fordert aber zugl. das *subsidium* des Staates in Form der Ordnung und Sicherung von Markt, Wettbewerb und sozialen Mindeststandards. Als Grundregel dafür kann gelten: Die Gesellschaft wirtschaftet, der Staat ordnet; darin ist einbegriffen, dass auch die öffentliche Hand wirtschaften muss, um die nicht marktfähigen öffentlichen Güter bereitzustellen. Die sozioökonomische Realität ist komplex und entspricht nicht durchweg dieser Regel. Politik sollte sie aber als Leitregel immer im Blick haben.

Das muss auch für das Verständnis von Sozialstaatlichkeit gelten. Der Markt bedarf der Korrektur seiner Ergebnisse für alle, die selbst keine oder zu geringe Marktleistungen erbringen können. Das ist im Prinzip gesamtgesellschaftlicher ↑Solidarität begründet. Aber Solidarität soll subsidiär realisiert werden. Die tradierten Sicherungssysteme des deutschen ↑Sozialstaates waren als genossenschaftliche Selbsthilfeeinrichtungen mit Selbstverwaltung angelegt, vom Staat gesetzlich gesichert und wo nötig auch materiell zusätzlich gestützt. Heute ist ihre genossenschaftliche Struktur (↑Genossenschaften) kaum noch erkennbar. Kriege, Wirtschaftskrisen und gesellschaftliche Umwälzungen haben vielfältige politische Eingriffe, Korrekturen, Erweiterungen veranlasst. Die Systeme erscheinen so fast als Staatsorgane, ihre Beiträge und Leistungen werden politisch bestimmt, ihre „↑Reform“ ist ständiges politisches Streitfeld.

Der Sozialstaat gilt mit Recht als große Leistung von Politik und Gesellschaft. Dennoch ist das Nachdenken über seine subsidiäre Ordnung nötig; denn die Bürger einer freien Gesellschaft sollen nicht Objekte staatlicher Fürsorge sein, sondern Mitglieder, Leistungsträger und Leistungsempfänger einer Solidargemeinschaft auf Gegenseitigkeit. Transparenz der Systeme und subsidiäre Strukturen sind dazu Voraussetzungen.

### 4. Subsidiarität und Föderalismus

Der Föderalismus gilt als spezifischer Ausdruck subsidiären Denkens. Aber eine ↑bundesstaatliche Ordnung hat in aller Regel geschichtliche Gründe, und auch Zentralstaaten können ihre ↑Verwaltung subsidiär ordnen. Der deutsche Föderalismus hat seine Wurzeln im vormodernen Reich, die in der Nationbildung im 19. Jh. wirksam blieben. Nach 1945 war er sowohl von den Siegermächten als auch von den maßgeblichen deutschen politischen Kräften gewollt. Das S.s-Prinzip diente manchen zu einer zusätzlichen Begründung, wirkte aber keineswegs durchgehend strukturbildend. Das GG normiert für Gesetzgebung und Verwaltung einen kooperativen ↑Föderalismus mit unitarischem Grundzug. Dieser wurde in der weiteren Entwicklung erheblich verstärkt.

Wachsende Kritik in Wissenschaft und Politik an der daraus resultierenden „Politikverflechtung" führte in den letzten Jahrzehnten zu mehreren Föderalismusreformen. Sie stärkten die Mitwirkungsrechte der Länderregierungen auf Bundesebene (Exekutivföderalismus), aber nicht die Eigenstaatlichkeit der Länder. Diese wäre nur durch mehr Steuerhoheit der Länder und durch eine länderfreundlichere ↑Finanzverfassung erreichbar. Die jüngste Reform (2016/17) hat aber eher den Bund und seine Umverteilungsmöglichkeiten gestärkt.

Der deutsche Föderalismus ist auf Kooperation, Kompromiss- und Konsenssuche ausgelegt, was im Ganzen stabilisierend wirkt. Seine vorherrschend unitarische Tendenz wird getragen von Gleichheits-, Modernisierungs- und Effizienzvorstellungen in Politik und Wählerschaft. Ein länderspezifisches Selbstbewusstsein ist nur schwach ausgeprägt, ebenso die Einsicht in den Wert von Unterschieden und in das Partizipationspotential des Föderalismus. ↑Wahlen in den Ländern werden stark durch bundespolitische Aspekte beherrscht, eine Folge auch der zentralen Rolle politischer ↑Parteien im Parteienstaat. Von einer aus subsidiärem Denken gespeisten ↑politischen Kultur des Föderalismus kann man in Deutschland kaum sprechen.

### 5. Subsidiarität in der EU

Die Weiterentwicklung der EWG zur ↑EU seit den 1980er Jahren führte zu einer intensiven Diskussion über die Regelung der Zuständigkeiten zwischen dem dichter werdenden ↑Staatenverbund und den souverän bleibenden Mitgliedstaaten. Über eine zunehmende Kritik an der „Regelungswut" der Brüsseler Behörden hinaus stellte sich in manchen Staaten die Frage nach ihrer nationalen Identität bei zunehmender Integration in eine übergeordnete Rechtsgemeinschaft. In dieser Diskussion schien das S.s-Prinzip eine hilfreiche Orientierung zu bieten.

Die Verträge von Maastricht (1992), Amsterdam (1997) und Lissabon (2007) setzen übereinstimmend fest, dass die Gemeinschaft bei konkurrierenden Zuständigkeiten nach dem S.s-Prinzip tätig wird, sofern die angestrebten Ziele von den Mitgliedstaaten nicht ausreichend erreicht werden können. Ein dem Amsterdamer Vertrag beigegebenes Protokoll schärft ein, es handele sich um eine verbindliche Norm, die auch im Blick auf die Gebietskörperschaften der Mitgliedstaaten gelte, in Deutschland also für die Länder. Entspr. gibt der neugefasste Art. 23 GG den Ländern ein Mitwirkungsrecht in Fragen der Übertragung von Rechten auf die EU. Der Lissabon-Vertrag normiert zudem eine S.s-Kontrolle durch die nationalen Parlamente und eine nachträgliche gerichtliche Kontrolle durch den ↑EuGH. Erstmals scheint damit das S.s-Prinzip rechtlich verbindlich und politisch wirksam gemacht zu sein.

Die Realität rät jedoch zu Skepsis. Die Bereiche der ausschließlichen Zuständigkeiten der EU werden von der Regelung nicht erfasst, v. a. ihre Kompetenzen im ↑Europäischen Binnenmarkt. Sie eröffnen der EU ein weites Handlungsfeld, und die Rechtsprechung des EuGH spricht den Organen der EU einen weiten Ermessensspielraum zu. Ferner ist die Interpretation des S.s-Prinzips auf europäischer Ebene politisch umstritten. Es kann als Argument sowohl für als auch gegen die Verstärkung der EU-Kompetenzen dienen. Es wird bei manchen EU-Kritikern sogar zu einem regional oder national aufgeladenen Kampfbegriff. Die vorgesehene S.s-Kontrolle ist ein schwerfälliges Instrument.

Hier zeigt sich ein grundsätzlicher Mangel im politischen Umgang mit dem S.s-Prinzip. Ein Prinzip ist eine Leitregel, keine Rechtsnorm, juristisch ein unbestimmter Rechtsbegriff. Es gibt eine Richtung vor, normiert aber nicht die Wege zu den Zielen. Um es für die Gestaltung politischer Ordnungen wirksam zu machen, muss es in konkrete Rechtsnormen „übersetzt" werden, in denen Kompetenzen und deren Grenzen festgelegt werden. Dabei sind ↑Kompromisse und Auslegungsfragen unvermeidlich. Entscheidend für die Wirksamkeit des Prinzips ist ein politischer Gestaltungswille, der sein politisch-ethisches Freiheitspotential wirksam zur Geltung bringt.

### Literatur

O. E. Kempen/G. Ulshöfer (Hg.): Subsidiarität in Europa, 2016 • A. Rauscher (Hg.): Besinnung auf das Subsidiaritätsprinzip, 2015 • R. Sturm: Föderalismus in Deutschland heute; in: M. Kneuer (Hg.): Standortbestimmung Deutschlands, 2015, 195–224 • F. Scharpf: Föderalismusreform: Kein Ausweg aus der Politikverflechtungsfalle, 2009 • J. Isensee: Subsidiarität, in: HStR Bd. IV, ³2006, § 73 • W. Mückl (Hg.): Subsidiarität, 1999 • O. Höffe: Subsidiarität als Gesellschafts- und Staatsprinzip; in: SPR 3/3 (1997), 1–31 • A. Waschkuhn: Was ist Subsidiarität? 1995.

BERNHARD SUTOR

## IV. Rechtswissenschaft

### 1. Begriff und Herkunft

Das S.s-Prinzip als Verdichtung von S. gehört zu den Errungenschaften der ↑katholischen Soziallehre, die national wie weltweit den größten Erfolg aufweisen. Die Verwendung der Vokabeln „subsidiär", „S." und des S.s-Prinzips ist heute derart ubiquitär, dass die Gefahr besteht, das urspr.e Prinzip zu verwässern und sich einen unkontrollierbaren Begriffsrahmen mit unkontrollierten Assoziationen zu schaffen. Sozialpolitische Begriffe und Floskeln der Gegenwart wie „Fördern und Fordern", „Hilfe zur Selbsthilfe" oder die Rede vom „aktivierenden Staat" sind sich der Herkunft ihrer Leitbilder entweder gar nicht mehr bewusst oder suchen sie zu verschweigen.

S. als gesellschaftsphilosophisches oder gesellschaftspolitisches Prinzip meint, dass eine Aufgabe vom Einzelnen oder von der niedrigst möglichen Gemeinschaft verwirklicht werden soll, bevor eine höhere Ebene helfend („subsidiär") eingreift. Die höhere Ebene soll erst dann helfend eingreifen, wenn der Einzelne oder die niedrigere Ebene überfordert sind. Seine kirchenamtliche Formulierung für die ↑Katholische Kirche hat das Prinzip in der Enzyklika „Quadragesimo anno" Papst Pius XI. 1931 gefunden. Der die begriffliche Gestalt prägende Text ist damit Hauptbezugspunkt der gesamten Diskussion. Wichtigster Inspirator dieser ↑Sozialenzyklika war Oswald von Nell-Breuning. Das Prinzip wird als „ordnungsethische[s] Kernstück der Enzyklika" (Gabriel 2014: 17) angesehen. Unterschieden wird eine positive und eine negative Seite des Prinzips: Die negative Seite setzt der übergeordneten Ebene Schranken, die positive Seite fordert die übergeordnete Ebene zur Hilfeleistung auf. Freiheitssicherung wird so dem Solidaritätsgedanken (↑Solidarität) zugeordnet. Das Prinzip erweist sich als Grenze, als Austarierung zwischen diesen gegenläufigen Postulaten. Ganz ähnlich ist die Auffächerung in eine subsidiäre Kompetenz, eine subsidiäre Assistenz und eine subsidiäre Revision: Zuständigkeitsbeschränkung i. S. v. Freiheitssicherung der unteren Ebenen (subsidiäre Kompetenz) und anspruchsorientierte Hilfeleistungspflicht (subsidiäre Assistenz) stehen unter der dynamischen Beobachtungspflicht, ob die der Aufteilung zugrunde liegende Situation sich verändert. Schon durch Papst Johannes XXIII. wurde das Prinzip auch auf die internationale Ebene transponiert. Heikel ist seine Diskussion im Zusammenhang mit dem (katholischen) innerkirchlichen Bereich.

Diese Formulierungen des S.s-Prinzips durch die katholische Soziallehre können auf Äußerungen des 19. Jh. zurückgeführt werden, auf die Zeit, in der die Kirche sich der ↑sozialen Frage bewusst wird. Bischof Wilhelm Emmanuel von Ketteler verwendete den Terminus bereits 1848. Trotz der Versuche auch biblische Ursprünge aufzudecken, sollte der Vernunftcharakter gegenüber demjenigen einer offenbarten Wahrheit betont werden.

Gerade die Protagonisten der katholischen Soziallehre haben stets auch außerkatholische Ideenströme in diesem Zusammenhang betont: Der Calvinist Johannes Althusius beschreibt 1603 den ↑Staat als eine aus Gemeinschaften wie ↑Familie, ↑Stand, Gemeinde oder Provinz sich aufbauende *consociatio*; durchaus in Anlehnung an alttestamentliche Bundesvorstellungen folgen daraus Beistandspflichten: Schwächere Bundesglieder sind auf das solidarische *subsidium* der höheren Gemeinschaften angewiesen. Hingewiesen werden kann auch auf Formulierungen Abraham Lincolns von 1854: „Die Regierung hat für die Bevölkerung das zu besorgen, wonach die Menschen ein Bedürfnis haben, was sie selbst aber überhaupt nicht tun oder doch, auf sich selbst gestellt, nicht ebenso gut selber tun können. In all das, was die Leute ebenso gut selber tun können, hat die Regierung sich nicht einzumischen" (zit. n. Nell-Breuning 1962: 828).

### 2. Juristische Bedeutung und Funktion

Zum juristischen Thema wurden S. und das S.s-Prinzip nach dem Zweiten Weltkrieg, als angesichts der totalitären Katastrophe (↑Totalitarismus) eine Rückbesinnung auf die Grenzen staatlicher Wirksamkeit und den anthropozentrischen Bezug von ↑Herrschaft und Staat einsetzte. Zwar wurde eine explizite Bezugnahme, wie sie während des Verfassungskonvents von Herrenchiemsee erwogen worden war, nicht eingeführt. V. a. in der Frühphase des GG gingen viele Autoren jedoch davon aus, dass das S.s-Prinzip der Verfassungsentscheidung implizit zugrunde liege.

Im ↑Sozialrecht können zahlreiche Einrichtungen und Prinzipien als durch die Idee der S. angeleitet verstanden werden, so insb. das Grundprinzip, dass der Einzelne zunächst für sich selbst verantwortlich ist, die Familie über Unterhaltsverpflichtungen einzuspringen hat usw. Auch die in Deutschland traditionell starke Einbeziehung freier Träger der ↑Wohlfahrtspflege und das dadurch verwirklichte „außenpluralistische Modell" wären hier zu verorten. Gerade die Kirchen sind mit zahlreichen Einrichtungen der Krankenversorgung, der Altenpflege, der Jugend- und Bildungsarbeit gut vertreten.

Die bisher geschilderte Verknüpfung mit der Rechtsordnung beachtet den Ausgangspunkt des Prinzips als Verteilungsregel zwischen Staat/Öffentlichkeit und Gesellschaft. Im juristischen Kontext wird von S. jedoch auch im Zusammenhang von über- und untergeordneten staatlichen oder öffentlichen Ebenen gesprochen. Unter dieser Prämisse können auch ↑Föderalismus und Bundesstaatlichkeit (↑Bundesstaat) ebenfalls als durch das S.s-Prinzip imprägniert verstanden werden. In dieser Sichtweise setzt S. stets eine Stufung voraus – modern wird von ↑Mehrebenensystemen oder -architekturen gesprochen. Die bundesstaatliche Zuständigkeitsverteilung des ↑GG geht von einer Zuständigkeitsvermutung zugunsten der Gliedstaaten, der Länder aus, Art. 30, 70, 83 GG. Das kann als Präferenz für die kleinere Einheit, die Länder, gelesen werden; die tatsächliche Entwicklung des deutschen Föderalismus hat jedoch zu einer weitreichenden Konzentration der Gesetzgebungszuständigkeiten auf zentraler Ebene, beim Bund geführt. Die 2006 beschlossene Föderalismusreform I steuert hier durch Rückverlagerung von Kompetenzen auf die Länder und ein Bemühen um Entflechtung begrenzt gegen, neuere Entwicklungen wie die Reform der ↑Finanzverfassung 2017 laufen wieder in die entgegengesetzte Richtung. Im ↑Kommunalrecht ist S. durch die Garantie der kommunalen ↑Selbstverwaltung in Art. 28 Abs. 2 GG als Zusicherung eines umfassenden örtlichen Aufgabenbereichs und die Befugnis zu eigenverantwortlicher Führung der Geschäfte in diesem Bereich ausgeprägt. Auch zwischen den kommunalen Ebenen – ↑Gemeinden und ↑Kreisen – ist eine Stufung im Sinne von S. anerkannt (BVerfGE 79,127).

Eine atemberaubende Renaissance hat der Begriff im Kontext des ↑Europarechts gefunden, Art. 5 Abs. 3 EUV. Das S.s-Prinzip wurde damit erstmals nicht nur zu einem Rechts-, sondern zu einem Gesetzesbegriff. Europarechtlich soll es der Begrenzung von Kompetenzen der EU dienen (Kompetenzausübungsschranke). Konkretisiert wird die recht offene Formulierung im Primärrecht durch das Protokoll Nr. 2 über die Anwendung der Grundsätze der S. und der ↑Verhältnismäßigkeit (ABl.EU 2007 Nr. C 306/150 – sog.es S.s-Protokoll). Dieses unionsrechtliche S.s-Prinzip findet nur Anwendung, wenn keine ausschließliche Zuständigkeit der ↑EU gegeben ist, es gilt mithin für die zwischen Union und Mitgliedstaaten geteilten Kompetenzen sowie für Unterstützungs-, Koordinierungs- und Ergänzungsmaßnahmen. Anwendung soll es nicht gegenüber ganzen Politikbereichen, sondern im Hinblick auf konkrete Maßnahmen finden, vorrangig solche der ↑Gesetzgebung. In der Sache wird ein Negativ- mit einem Positivkriterium verbunden: Ein Tätigwerden der EU soll nur möglich sein, „sofern und soweit die Ziele der in Betracht gezogenen Maßnahmen von den Mitgliedstaaten weder auf zentraler noch auf lokaler Ebene ausreichend erreicht werden können", sondern „wegen ihres Umfangs oder ihrer Wirkungen auf Unionsebene besser zu verwirklichen" sind (Art. 5 Abs. 3 EUV). Nach Art. 12 lit. b EUV sollen die mitgliedstaatlichen Parlamente über die Einhaltung der unionalen S. wachen. Dazu wurde im S.s-Protokoll das Institut der S.s-Rüge verankert. So soll schon zu Beginn europäischer Rechtsetzungsprozesse dieser Aspekt berücksichtigt werden; nachträglich bestehen als ex-post-Kontrolle Klagemöglichkeiten zum ↑EuGH gemäß Art. 8 S.s-Protokoll i. V. m. Art. 263 AEUV (Nichtigkeitsklage) nicht nur durch jeden Mitgliedstaat, sondern auch hier durch mitgliedstaatliche Parlamente. In Deutschland wurden diese Möglichkeiten durch einen neueingefügten Art. 23 Abs. 1a GG i. V. m. dem IntVG umgesetzt. Die offene Flanke dieser Verheißung besteht jedoch in ihrer Umsetzung, in ihrer konkreten Anwendung in europäischen Rechtsetzungsprozessen.

Insgesamt erscheint bei der ↑Implementation des Gedankens der S. in Recht und Rechtsordnung zu wenig beachtet und unterschieden, ob es sich um ein Zuteilungskriterium zwischen „Staat" und „Gesellschaft" handelt oder zwischen „oberer" und „unterer" Ebene.

### Literatur

C. Calliess: Das Subsidiaritätsprinzip im engeren Sinne, in: C. Calliess/M. Ruffert (Hg.): EUV/AEUV. Komm., [5]2016, Art. 5 EUV, Rdnr. 19–25 • Ders.: Subsidiaritätskontrolle, in: ebd., Art. 12 EUV, Rdnr. 10–44 • K. Gabriel: Die Wurzeln des Subsidiaritätsprinzips in der katholischen Soziallehre, in: A. Haratsch (Hg.): Das Subsidiaritätsprinzip – Ein Element des europäischen Verfassungsrechts, 2014, 11–21 • C. Waldhoff: Das Subsidiaritätsprinzip zwischen Ordnungsprinzip der katholischen Soziallehre und rechtlicher Verwertbarkeit, in: A. Rauscher (Hg.): Verantwortung in einer komplexen Gesellschaft, 2010, 85–101 • H. M. Heinig: Der Sozialstaat im Dienst der Freiheit, 2008 • C. Calliess: Subsidiaritäts- und Solidaritätsprinzip in der Europäischen Union, [2]1999 • J. Isensee: Subsidiaritätsprinzip und Verfassungsrecht, 1968 • O. von Nell-Breuning: Subsidiaritätsprinzip, in: StL, Bd. 7, [6]1962, 826–833.

CHRISTIAN WALDHOFF

## Subvention

I. Rechtliche Aspekte – II. Wirtschaftliche Aspekte

### I. Rechtliche Aspekte

#### 1. Begriff, Formen

Mit S.en mischt sich die öffentliche Hand fördernd und fordernd in die Privatwirtschaft ein. Die Praxis kennt unterschiedliche Formen und gebraucht zahlreiche Bezeichnungen: Beihilfe, Finanzhilfe, Förderung, Prämie, Vergünstigung, Zuschuss, Zulage, Zuwendung u. a. mehr. Entspr. vage ist der S.s-Begriff; verstehen lässt sich darunter

*a)* jede Leistung (bewusste und zweckgerichtete Vermögensmehrung) in Form
- *direkter* (unmittelbarer) S.en durch Geldzahlungen (Zahlungs-S.en), Sach- oder Dienstleistungen (Real-S.en), Gewährung von ↑Krediten (Darlehens-S.en), Übernahme von Bürgschaften und dgl. (Gewährleistungs-S.en) oder
- *indirekter* (mittelbarer) S.en durch Minderung der Steuerlast (Verschonungs- oder Steuer-S.en);

*b)* durch den ↑Staat (Bund, Länder) oder einen anderen Träger öffentlicher Gewalt (↑EU, ↑Gemeinden u. a.) (S.s-Geber) aus seinen Mitteln

*c)* an eine natürliche Person oder eine ↑juristische Person des ↑Privatrechts, die ein (Wirtschafts-)↑Unternehmen im weiteren Sinne betreibt (S.s-Nehmer)

*d)* ohne marktmäßige Gegenleistung
*e)* zur Förderung eines bestimmten Gemeinwohlziels (S.s-Ziel; ↑Gemeinwohl).

Engere Begriffe nehmen indirekte S.en aus oder beschränken sich gar auf Zahlungs-S.en. Ein sehr weites Begriffsverständnis fasst darunter hingegen sogar soziale Transferleistungen (↑Sozialhilfe, Arbeitslosengeld, Ausbildungsbeihilfen u. a. mehr), Zahlungen innerhalb des öffentlichen Bereichs oder die Förderung von Unternehmen dadurch, dass der Staat private Dritte zur Abnahme von Produkten oder zur Zahlung bestimmter Preise verpflichtet. Einigkeit dürfte wenigstens darüber bestehen, dass die rechtmäßige Vergabe öffentlicher Aufträge keine Subventionierung darstellt.

### 2. Ziel und Zweck

Über das S.s-Ziel entscheidet der S.s-Geber; dabei hat er unions- und verfassungsrechtliche Vorgaben zu beachten. Ein abschließender Katalog von S.s-Zielen besteht nicht; in Betracht kommen etwa die Schaffung oder Sicherung von Arbeitsplätzen, der Schutz der Umwelt, die Entwicklung oder Einführung neuer Produkte, die Förderung der Wettbewerbsfähigkeit (↑Wettbewerb) bestimmter Unternehmenszweige, die Bereitstellung preisgünstigen Wohnraums oder die Förderung strukturschwacher Regionen.

Durch die Gewährung der S. wird das S.s-*Ziel* noch nicht unmittelbar erreicht; erforderlich ist ein Verhalten des S.s-Nehmers (Einstellung von Arbeitnehmern, Anschaffung umweltschonender Maschinen, Errichtung preisgünstiger Wohnungen usw.). Dieses Verhalten ist Mittel zur Erreichung des S.s-Ziels und wird als S.s-*Zweck* bezeichnet. Erfüllt der S.s-Nehmer den S.s-Zweck nicht, kann die S. zurückgefordert werden.

### 3. Direkte und indirekte Subventionen

Die Unterscheidung zwischen direkten und indirekten S.en bildet die zentrale Weichenstellung für Konzeption und Kompetenz:

*Direkte* S.en müssen jährlich im Haushaltsplan als Ausgaben veranschlagt und durch das Parlament im Haushaltsgesetz bewilligt werden. Je nach Ausgestaltung hat der Einzelne einen Rechtsanspruch auf sie oder sie stehen im pflichtgemäßen Ermessen des S.s-Gebers. Ist ein spezifisches S.s-Gesetz erforderlich, entscheiden die Art. 70–74 GG über die Gesetzgebungskompetenz zwischen Bund und Ländern (↑Gesetzgebung). Die Verwaltungs- und Finanzierungskompetenzen richten sich nach den Art. 30, 83–91e und 104a–104c GG. Nach wie vor nicht abschließend geklärt ist, inwieweit der Bund über diese „geschriebenen Kompetenzen" hinaus direkt subventionieren darf; überwiegend für zulässig gehalten werden insoweit Wirtschaftsförderungsmaßnahmen, die sich auf das Bundesgebiet als Ganzes beziehen, sowie die Förderung bundeswichtiger Auslandsbeziehungen und zentraler Einrichtungen und Veranstaltungen.

Die – vom Gesamtvolumen her bedeutsameren – *indirekten* S.en sind in Steuergesetzen (↑Steuer) integriert; sie gelten überjährig fort, bis das betreffende Gesetz geändert wird. Auf indirekte S.en besteht ein Rechtsanspruch; sie wirken beim S.s-Nehmer als Steuererleichterungen und führen beim Steuergläubiger (Bund und/oder Länder) zu Einnahmeminderungen. Da für sie im Haushaltsplan keine Ausgaben veranschlagt werden, sind sie „unmerklich". Zuständig für die Normierung ist fast ausschließlich der Bund (Art. 105 Abs. 2 GG), federführend das Bundesministerium der Finanzen; den Ländern verbleibt insoweit nur die Mitwirkung über den ↑Bundesrat (Art. 76, 105 Abs. 3 GG).

### 4. Vorbehalt des Gesetzes

*Indirekte* S.en beruhen stets auf einer steuergesetzlichen Grundlage. Inwieweit hingegen *direkte* S.en im demokratischen ↑Rechtsstaat (Art. 20, 28 Abs. 1 GG) einer Regelung durch Gesetz, d. h. durch das Parlament bedürfen, ist umstritten. Da sie den S.s-Nehmer begünstigen, greifen sie nicht in dessen Grundrechte ein, weshalb der „klassische" Vorbehalt des Gesetzes keine Anwendung findet. Die h. M. lässt deshalb eine Veranschlagung der entspr.en S.s-Ausgaben im Haushaltsplan genügen, der seinerseits durch Haushaltsgesetz festgestellt wird (BVerwGE 104,220 [222 f.]). Die Ausgestaltung der S. darf der Exekutive (dem Fachministerium) überlassen bleiben, die dafür i. d. R. „S.s-Richtlinien" erlässt. Diese binden als Verwaltungsvorschriften weder den S.s-Nehmer noch die Gerichte. Ein bereichsspezifisches Parlamentsgesetz ist jedoch dann erforderlich, wenn die S. Dritte – insb. Wettbewerber des S.s-Nehmers – in deren ↑Grundrechten (Wettbewerbsfreiheit gemäß Art. 12 Abs. 1 und Art. 2 Abs. 1 GG, Wettbewerbsgleichheit gemäß Art. 3 Abs. 1 GG) beeinträchtigt, d. h. empfindlich benachteiligen oder unzumutbar schädigen kann.

### 5. Subventionsvergabe, Rückabwicklung

Zuständig für die Gewährung *indirekter* S.en ist die Finanzverwaltung (i. d. R. die Finanzämter im Besteuerungsverfahren). *Direkte* S.en werden hingegen von der jeweiligen Fachverwaltung vergeben. Abhängig von der Art der S. kann das S.s-Verhältnis zum S.s-Nehmer öffentlich-rechtlich, privatrechtlich oder kombiniert ausgestaltet sein, d. h. einstufig durch Verwaltungsakt (Zuwendungsbescheid) oder durch öffentlich- oder privatrechtlichen ↑Vertrag (Letzteres insb. bei Darlehens-S.en im sog.en Bankenverfahren) oder zweistufig durch Verwaltungsakt mit anschließendem öffentlich- oder privatrechtlichen Vertrag. Dabei wird die Erfüllung des S.s-Zwecks durch einen Verwendungsnachweis und behördliche Nachprüfungen kontrolliert (§ 44 BHO/LHO).

Setzt der S.s-Nehmer die S. nicht gemäß dem S.s-Zweck ein (Zweckverfehlung), kann das S.s-Verhältnis rückabgewickelt werden. Dazu wird zunächst die

Rechtsgrundlage der S. beseitigt (Rücknahme oder Widerruf des Zuwendungsbescheids bzw. Vertragskündigung oder -rücktritt). Anschließend wird die S. zurückgefordert, entweder durch Verwaltungsakt (§ 49a VwVfG) oder durch Leistungsklage auf Erstattung. Schuldhafte Täuschungen des S.s-Nehmers sind nach Maßgabe von § 264 StGB i. V. m. dem SubvG strafbar.

### 6. Beihilferegime der EU

Grenzen für die Gewährung von S.en setzt v. a. das ↑Wettbewerbsrecht der ↑EU: Nach Art. 107 Abs. 1 AEUV sind ↑Beihilfen grundsätzlich verboten. Darunter fallen staatliche oder vom Staat veranlasste und finanzierte Maßnahmen in Form von direkten oder indirekten S.en, wenn dadurch *bestimmte* Unternehmen oder Produktionszweige begünstigt werden *(Selektivität)*. Die zudem geforderte grenzüberschreitende Wettbewerbsverfälschung liegt bereits vor, wenn die Beihilfe die wirtschaftliche Stellung des S.s-Nehmers gegenüber Unternehmen aus anderen Mitgliedstaaten stärken kann. Zu alledem hat der ↑EuGH eine umfangreiche Rechtsprechung entfaltet (vgl. Urteil vom 24.7.2003, C-280/00 – Altmark Trans). Ausnahmen vom Beihilfenverbot enthält Art. 107 AEUV in Abs. 2 (Legalbeihilfen) und Abs. 3 (Ermessensbeihilfen).

Voraussetzung für die Zulässigkeit einer Beihilfe ist in jedem Fall, dass der Mitgliedstaat die ↑Europäische Kommission über seine S.s-Absicht unterrichtet (Notifizierungspflicht, Art. 108 Abs. 3 S. 1 AEUV). Daran schließen sich ein Vorprüfungs- und ggf. ein Genehmigungsverfahren an (Art. 108 Abs. 1, 2 AEUV; VO [EU] Nr. 2015/1589 vom 13.7.2015). Ohne Notifizierung sind Beihilfen unionsrechtswidrig und müssen rückabgewickelt werden. Keine Anwendung finden dabei die Vertrauensschutzbestimmungen des deutschen Rechts (insb. § 48 Abs. 2–4 VwVfG).

### Literatur

J. Kühling: Subventionsrecht, in: D. Ehlers u. a. (Hg.): Besonderes Verwaltungsrecht, Bd. 1, [4]2019, § 30 • H.-M. Müller/ B. Richter/J. Ziekow: Hdb. Zuwendungsrecht, 2017 • A. Reus/P. Mühlhausen/A. Stöhr: Haushalts- und Beihilferecht der EU, 2017 • D. Ehlers: Rechtsfragen des Subventionsrechts, in: DVBl 129/1 (2014), 1–14 • M. Bungenberg/ M. Motzkus: Die Praxis des Subventions- und Beihilfenrechts in Deutschland, in: WiVerw 59/2 (2013), 76–148 • C. Gröpl: Subventionen, in: H. Kube u. a. (Hg.): Leitgedanken des Rechts, Bd. 2, 2013, § 141 • B. Spilker: Verfassungsrechtliche Überlegungen zum Thema Subventionsvergabe und Subventionsabbau, in: DVBl 126/8 (2011), 458–466.

CHRISTOPH GRÖPL

## II. Wirtschaftliche Aspekte

### 1. Begriff und Abgrenzung

Je nach Interessenlage und Dokumentationspflicht werden im nationalen und internationalen Kontext verschiedene Deutungen und Abgrenzungen des Sachverhaltes der S. vorgenommen. Aus wirtschafts- und finanzwissenschaftlicher Perspektive ist das grundlegende Merkmal von S.en, dass die entspr.en Zahlungen aus öffentlichen Mitteln von staatlichen Institutionen gewährt werden und finanzielle Vorteile für den Empfänger darstellen, die dieser ohne marktmäßige Gegenleistung erhält. Hierbei kann es sich entweder um Finanzhilfen als direkte monetäre Zuwendungen (z. B. Investitionszuschüsse, Ausfuhrerstattungen) oder um Vergünstigungen durch zinsgünstige Darlehen, Bürgschaften, Steuerstundungen sowie -vergünstigungen, Devisenbelassung zu günstigeren Wechselkursen oder andere geldwerte Leistungen handeln, deren Wirkung der einer Kostenersparnis entspricht. Bes. häufig sind Bevorteilungen für ↑Unternehmen im steuerlichen Gebiet anzutreffen, wie etwa der Erlass von ↑Steuern und Sozialabgaben, Freistellungen, Freibeträge bei der Berechnung der Bemessungsgrundlage von Steuern oder der Erlass sowie die Rückerstattung von ↑Zöllen. Von solchen unmittelbaren Begünstigungen lassen sich mittelbare S.en abgrenzen, bei denen der Staat Abnehmern von Gütern des zu begünstigenden Produktes Zuwendungen zur Deckung der dadurch entstandenen höheren Kosten leistet (z. B. im Fall der Hilfen für den Wohnungsbau). Werden S.en an Privathaushalte geleistet, so spricht man i. d. R. von Sozial-S.en (Kindergeld, Wohnungs- und ↑Sozialhilfe etc.), die nicht im engeren Sinne zu S.en gezählt werden.

### 2. Begründung und Intention

S.en als wirtschaftspolitische Eingriffe (↑Wirtschaftspolitik) in das Marktgeschehen sind in Marktwirtschaften grundsätzlich begründungspflichtig. Dem Einsatz liegt die Prämisse einer positiven Wirkung von S.en zugrunde. Generelles Ziel ist die Förderung der wirtschaftlichen Aktivität. Hierbei ist zu unterscheiden, ob S.en die Faktorallokation oder die Einkommensverteilung beeinflussen sollen. Bei der allokativen Zielrichtung werden S.en gewährt, um angebliches oder tatsächliches ↑Marktversagen zu korrigieren. Ein wesentlicher Marktversagensgrund sind ↑externe Effekte. Z. B. können damit Begünstigungen gerechtfertigt werden, die im Rahmen des Auftretens positiver Externalitäten im ÖPNV oder im Bereich von Forschung und Entwicklung geleistet werden. Mit Anschubfinanzierungen sollen neue Technologien und Geschäftsfelder erschlossen und somit nachhaltig Arbeitsplätze geschaffen werden (Förderungs-S.en). Die distributive Zielsetzung stellt auf die personelle, intersektorale, interregionale Verteilung von ↑Einkommen ab. Darüber hinaus werden weitere Begründungen für S.en angeführt, wie etwa die der Anpassungsunterstützung, um Härten des Strukturwandels abzufedern und so den sozialen Frieden zu wahren oder die der Erhaltungsförderung für aus kulturellen oder sozialen Gründen schützenswerte Strukturen (z. B. im Fall des Bergbaus). Auch die Förderung wirtschaftsschwacher Gebietskörperschaften durch den Abbau der regionalen sozioökonomischen Disparitäten stellt einen Rechtfertigungsversuch von S.en dar. Im Zusammenhang mit der Standortpolitik werden häufig ebenfalls internationale politisch-induzierte Wettbewerbsnachteile als Argumentation herangezogen: S.en sollen dabei helfen, diese Benachteiligung auszugleichen und die Wettbewerbsfähigkeit (↗Wettbewerb) heimischer Unternehmen zu verbessern. Durch solche kompensatorischen Maßnahmen können sich allerdings S.s-Wettläufe entwickeln.

### 3. Umfang und Entwicklung

Eine trennscharfe Abgrenzung von S.en und anderen Staatsausgaben ist mitunter schwierig zu treffen. Strittig bei der Zuordnung sind insb. die Bereiche der Forschungsförderung, des Schienenverkehrs und der Sozialleistungen. Während die ↗Volkswirtschaftliche Gesamtrechnung und das *Europäische System Volkswirtschaftlicher Gesamtrechnungen* im Zuge der Ermittlung des NNE am engsten abgrenzen und lediglich die vom ↗Staat an Unternehmen geleisteten Geldtransfers zu den S.en zählen, bezieht der Bund für seine Berichterstattung auch gewisse Steuervergünstigungen mit ein. Gemäß dem StabG ist die Bundesregierung verpflichtet regelmäßig einen S.s-Bericht zu erstellen, der die Finanzhilfen und Steuervergünstigungen der Bundesebene dokumentiert. Nach dem 26. S.s-Bericht aus dem Jahr 2017 erhöhte sich das jährliche S.s-Volumen von 20,9 Mrd. Euro im Jahr 2015 auf 25,2 Mrd. Euro im Jahr 2018. Die S.s-Quote, die die S.en in das Verhältnis zum BIP setzt, erreichte in Deutschland im Jahr 2017 mit 0,7 % den niedrigsten Wert seit Mitte der 1990er Jahre. Ursächlich hierfür ist jedoch das überproportional angestiegene BIP, die absoluten S.s-Zahlungen sind tendenziell gestiegen. Knapp drei Viertel der Zuwendungen erfolgten in Form von Steuervergünstigungen, während der Rest als Finanzhilfen gewährt wurde. Dieses Verhältnis könnte sich jedoch zukünftig verändern, da neue S.en hauptsächlich als direkte Finanztransfers gewährt werden sollen. Hauptsubventionsempfänger ist die gewerbliche Wirtschaft, auf die ca. 50 % aller S.en entfallen. Die andere Hälfte wird überwiegend in den Bereichen des Wohnungswesens, der Sparförderung, der Vermögensbildung, des Verkehrs, der Ernährung, der Landwirtschaft und des Verbraucherschutzes geleistet. Werden zu den S.s-Zahlungen ferner die Vergünstigungen aller staatlichen Organe, also auch zusätzlich die der Landesebene, der ↗Gemeinden und der EU mit einbezogen, dann weist der S.s-Bericht Beihilfen in Höhe von rund 53 Mrd. Euro im Jahr 2016 aus. Ein vollständiges Bild der S.s-Zahlungen ergibt sich jedoch erst, wenn ein breiter S.s-Begriff zu Grunde gelegt wird und insb. auch Vergünstigungen von Empfängern berücksichtigt werden, die nicht Unternehmen sind, jedoch private Waren und Dienstleistungen erzeugen. Nach Untersuchungen unabhängiger Forschungsinstitute ergibt sich auf diese Weise für das Jahr 2017 eine S.s-Summe von 118,3 Mrd. Euro (63 Mrd. Euro in Form von Steuervergünstigungen und 55,3 Mrd. Euro als Finanzhilfen). S.en werden nicht nur von einzelnen Nationalstaaten gewährt, sondern insb. auch von der ↗EU, die diese an gebietsansässige Produzenten und Institutionen leistet und laut AEUV S.en umfassend als staatliche oder aus staatlichen Mitteln gewährte ↗Beihilfen gleich welcher Art versteht. Während von Mitgliedsstaaten geleistete Beihilfen als mit dem ↗Europäischen Binnenmarkt unvereinbar angesehen werden (von großzügigen Ausnahmebereichen und -gründen abgesehen), ist die EU selbst nicht an die entspr.en Artikel gebunden und darf S.en gewähren. Diese europäischen Beihilfen umfassen neben Fördermaßnahmen im Bereich der Forschung und Bildung, v. a. auch Zahlungen im Rahmen der GAP sowie der Regional- und Strukturpolitik. Ausgaben der Agrar- und der Kohäsionspolitik machen ca. 70 % des EU-Haushaltes aus. Auch deshalb werden S.en im Kontext supra- und internationaler Rechtsregime (EU-Beihilferecht und WTO-Handelsrecht) diskutiert.

### 4. Wirkung

Im Gegensatz zur öffentlichen Wahrnehmung, in der S.en oftmals als ein einfaches und schnell wirkendes wirtschaftspolitisches Instrumentarium betrachtet werden, fällt die ökonomische Analyse wesentlich differenzierter aus. Dabei ist die präzise Beurteilung der S.s-Wirkung und ihres Nutzens durch die hohe Zahl an interdependenten Einflussgrößen schwer. Die Wirkungen von S.en können sowohl im Bereich ihrer direkten Anwendung in den jeweiligen Wirtschaftssektoren als auch im gesamtgesellschaftlichen Umfeld analysiert werden. Auf einzelwirtschaftlicher Ebene können zahlreiche negative Effekte auftreten. S.en bewirken insb. Wettbewerbsverfälschungen, da sie Empfängern Wettbewerbsvorteile gewähren und die komparative Kostensituation eines Gutes verschieben. Durch die Selektivität bei der Gewährung werden Akteure, die keine Beihilfen erhalten, hingegen systematisch benachteiligt. Im äußersten Fall findet eine Verdrängung nicht-subventionierter Unternehmen statt. Dabei werden Vergünstigungen tatsächlich lediglich zugunsten ausgewählter Produktionszweige und einzelnen Unternehmungen gewährt (Ökonomische Theorie der Politik, Public Choice, Verfassungsökonomik). Studien des *Instituts für Weltwirtschaft* an der Universität Kiel zeigen, dass nur ein enger Kreis an Begünstigten staatliche Hilfen erhält (rund 80 % der sektorspezifischen Beihilfen entfallen auf die Bereiche Landwirtschaft, Bergbau, Verkehr und Wohnungsvermietung). Darüber hinaus können Beihilfen die Informations-, Lenkungs- und Anreizfunktion der relativen Preise beeinträchtigen, da sie nicht die tatsächliche Knappheit von Gütern abbilden. Dadurch kann es zu Fehllenkungen von Ressourcen und somit zu gesamtwirtlichen Wohlfahrtsverlusten kommen. Zudem sieht sich die Vergabe von Beihilfen einem Informations- und Kontrollproblem gegenüber. Denn damit im Fall des Marktversagens Mittel im richtigen Umfang und in der sinnvollen Dauer eingesetzt werden, bedarf es eines umfassenden und konkreten Wissens, über das die Vergabeinstitution nur begrenzt verfügen kann (↑Information, ↑Österreichische Schule der Nationalökonomie). Ebenso schwierig dürfte eine adäquate Kontrolle der Mittelverwendung sein, sodass neben dem ineffizienten Einsatz auch ein Entstehen von Mitnahmeeffekten zu erwarten ist. Auch hinsichtlich der gesellschaftlichen Wirkungen sind nachteilige Effekte festzustellen. Da S.en durch den öffentlichen Haushalt aufgebracht werden, sind sie mittelfristig mit erhöhter Steuerbelastung verbunden. Dass dennoch S.en geleistet werden lässt sich politökonomisch (↑Neue Politische Ökonomie) erklären, da dem durch Beihilfen begünstigten Personenkreis oder Sektor durch die Zuwendungen ein messbarer ↑Nutzen entsteht, auf die große Anzahl an Steuerzahlern allerdings lediglich ein jeweils individuell kleiner Beitrag entfällt. Diese Asymmetrie führt dazu, dass es für die kleinere Gruppe – die sich zudem besser organisieren kann – rational ist, zu ihren Gunsten Einfluss auf den Staat zu nehmen, während für die größere Gruppe der Nutzen einer Intervention geringer als die erwartbaren Kosten ist. Dieses Streben nach politischen ↑Renten *(rent seeking)*, also des Erhaltens von Einkommen ohne Gegenleistung, führt zur Fehlallokation von Ressourcen, die nun nicht mehr für produktive Zwecke eingesetzt werden können und lähmt so die gesamte Volkswirtschaft. Damit einher geht ferner auch die Gefahr der Bildung einer „S.s-Mentalität", die die Leistungsbereitschaft der Begünstigten reduziert. In diesem Fall werden notwendige strukturelle Veränderungen unterlassen, da Akteure auf Unterstützung durch den Staat hoffen. In Kombination mit einem abnehmenden Wettbewerbsdruck durch die nicht geförderten Mitkonkurrenten kann die Dynamik von Forschungs- sowie Entwicklungsprozessen und Produktverbesserungen leiden. Somit können insgesamt gerade S.en dazu führen, dass die (internationale) Wettbewerbsfähigkeit abnimmt, das ↑Wirtschaftswachstum sinkt und die ↑Arbeitslosigkeit steigt. Neben dem Gewöhnungseffekt – und eng mit ihm im Zusammenhang stehend – ist auch die Beharrungstendenz von S.en problematisch. Wenn S.en bedingt durch entspr.e regulatorische Festschreibungen über einen längeren Zeitraum gewährt werden, dann fallen nicht nur Anpassungen an die Dynamik der ↑Märkte schwer, sondern es verfestigt sich auch die Macht der Befürworter einer solchen Förderung. Diese nicht erschöpfende ökonomische und finanzpolitische Diskussion der Wirkung von S.en zeigt die Ambivalenz dieser Markteingriffe. Zwar können S.en durchaus durch tatsächliches Marktversagen oder außerökonomische Gründe gerechtfertigt werden, jedoch ist angesichts der zahlreichen negativen Effekte zu fragen, inwiefern sie das wirksamste und effizienteste Instrument im Hinblick auf angestrebte Ziele sind. Die tendenziell negative Bewertung von S.en sind zunehmend Gegenstand politischer Kontroversen und Auslöser für Reformbestrebungen. So hat 2015 der Bund subventionspolitische Leitlinien verabschiedet, um bei neuen S.en mehr Transparenz und Steuerungsmöglichkeiten (↑Steuerung) zu erreichen. Trotz aller Versuche ist es bislang jedoch nicht gelungen, das S.s-Volumen merklich zu reduzieren.

### Literatur

The World Bank: Subsidies and Other Transfers (2020), URL: https://data.worldbank.org/indicator/GC.XPN.TRFT.ZS (abger.: 17.9.2020) • C.-F. Laaser/A. Rosenschon: Kieler Subventionsbericht und die Kieler Subventionsampel. Finanzhilfen des Bundes und Steuervergünstigungen bis 2017 – eine Aktualisierung, 2018 • Bundesministerium der Finanzen: 26. Subventionsbericht, 2017 • J. Dörr: Die europäische Kohäsionspolitik. Eine ordnungsökonomische Perspektive, 2017 • P. Bultmann: Beihilferecht und Vergaberecht, 2004 • W. Kortmann: Subventionen. Die verkannten Nebenwirkungen, in: WD 84/7 (2004), 462–472 • M. Grüne: Subventionen in der Demokratie. Analytische Grundlagen einer Subventionsordnung, 1997. JULIAN DÖRR UND MATTHIAS SEHR

## Sucht

I. Medizinisch-psychologische Aspekte – II. Entwicklung, Verläufe, Risiken

### I. Medizinisch-psychologische Aspekte

#### 1. Geschichte des Suchtbegriffs

S. (abgeleitet vom althochdeutschen *Siech* = Krankheit) ist seit der Reformationszeit als Begriff für den übermäßigen, unkontrollierten Konsum von Alkohol verbreitet. Erst um das Jahr 1800 wandelte sich der zuvor religiös geprägte Begriff zu einem *medizinischen Krankheitsbegriff*. Im angelsächsischen Bereich wird S. mit *addiction* („Versklavtsein") bezeichnet. 1964 ersetzte die ↑WHO den Begriff *addiction* durch *dependence* (Abhängigkeit). Im DSM-5, dem führenden Manual zur Klassifikation psychischer Störungen, ist seit 2013 die Rede von *use disorders* (deutsche Version 2014 „Gebrauchsstörungen"), um den süchtigen Gebrauch von Substanzen, aber auch den Verlust der Kontrolle über Verhaltensweisen wie Glücksspiel-S. und Medien-S. zu bezeichnen.

#### 2. Wirtschaftsmarkt Alkohol und Drogen

Produktion und Vertrieb psychoaktiver Substanzen stellen einen nicht unwesentlichen Wirtschaftsfaktor moderner Gesellschaften dar. Der Inlandsumsatz der Alkoholindustrie belief sich im Jahr 2018 auf 11,2 Mrd. Euro. Die Einnahmen des Staates (Bund, Länder) durch Alkoholsteuern erreichten im gleichen Jahr 3,18 Mrd. Euro. Nach vorsichtigen Schätzungen errechnet sich nach Abzug der Importwerte und Vorleistungen eine Bruttowertschöpfung der Drogenwirtschaft (Heroin, Kokain, Amphetamin [außer Methamphetamin] und Ecstasy) von etwa 1,2 Mrd. Euro für Deutschland im Jahr 2010. Dies entspricht etwa 0,05 % des BIP. Cannabis ist in den Schätzmodellen nicht enthalten, so dass die Wertschöpfung des illegalen Drogenhandels in Wahrheit deutlich höher liegen dürfte. In Europa steigt in den letzten Jahren der Konsum von *Psychostimulantien* (Amphetamine, Kokain) kontinuierlich an, so dass im 21. Jh. diese Substanzen eine bes. wichtige Rolle auf dem Drogenmarkt spielen dürften.

Alkohol und Tabak als legale Substanzen haben die mit Abstand höchsten Gebrauchsprävalenzen in der Bevölkerung. Private Haushalte gaben 2019 durchschnittlich 24,53 Euro monatlich für alkoholische Getränke aus.

### 3. Akute und chronische Substanzwirkungen

Bei der Einschätzung der Folgen exzessiven Substanzkonsums wird zwischen *akuten und chronischen Folgen* unterschieden. Akute Folgen sind solche, die sich aufgrund einer Intoxikation unmittelbar ergeben. Je nach Substanz und Menge sind Schnelligkeit und Stärke dieser Effekte sehr unterschiedlich. Beim Alkohol ergeben sich schon ab 0,3 Promille Reaktions- und Wahrnehmungseinschränkungen. Ab ca. 0,8 Promille kommen deutliche Verhaltensänderungen hinzu. Übermäßiger Alkoholkonsum (Rauschtrinken) ist definiert als Konsum von fünf oder mehr alkoholischen Standardgetränken (ein Standardgetränk = 10 Gramm reiner Alkohol) bei Männern und vier oder mehr bei Frauen bei einer Trinkgelegenheit. 10 Gramm Alkohol entsprechen etwa 0,3 Liter Bier oder 0,15 Liter Wein.

Während die Alkoholwirkung erst nach etwa 20 Minuten spürbar einsetzt, geschieht dies bei anderen Substanzen deutlich schneller. Bei injiziertem Heroin (intravenös) oder gesnieftem Kokain (nasal) tritt eine Wirkung schon nach ca. 5 Sekunden ein und das Gehirn wird abrupt überflutet.

Die wichtigsten *akuten* Folgen übermäßigen Alkoholkonsums sind *Gewalthandlungen, Unfälle und unerwünschte Sexualität*. Gewalterfahrungen können sich sowohl auf Täter- als auch auf Opferschaft beziehen. Die benannten akuten Alkoholintoxikationsfolgen geschehen bes. im Bereich des öffentlichen Raumes. Gerade dort vollzieht sich Alkoholkonsum bes. im Jugend- und jungen Erwachsenenalter. Aber auch im häuslichen Bereich kommt es unter Alkoholintoxikation – bes. Alkoholabhängigkeit – zu Gewalthandlungen, bes. gegen Frauen und Kinder.

Zu den *chronischen* Folgen übermäßigen Alkoholkonsums zählen mehr als 140 internistisch-somatische und eine Reihe psychischer Diagnosen. Bes. Karzinom-, Herz-Kreislauf- und Lebererkrankungen zählen zu den Folgen chronischen Alkoholmissbrauchs. Im psychischen Bereich erzeugen Gewöhnung und Abhängigkeit von Substanzen (Verlangen, Unfähigkeit zu widerstehen, zwanghaftes Denken an den Konsum) ein erhöhtes Risiko für spätere S.-Erkrankungen. Außerdem können bes. Depressionen, Angststörungen, Sexual- und Schlafstörungen in der Folge chronischen Konsums auftreten. Die WHO-Empfehlung für risikoarmen Alkoholkonsum lautet dementsprechend, dass Männer an 2–3 Tagen in der Wochen maximal 30 Gramm Alkohol und Frauen maximal 20 Gramm Alkohol konsumieren sollten. Die einflussreiche *British Medical Society* empfiehlt für Männer maximal 24 Gramm täglich und für Frauen maximal 16 Gramm täglich. Darüber liegende Konsumhäufigkeiten und -mengen werden als *riskanter Konsum* bezeichnet. Es werden dann längerfristig erhöhte Quoten für somatische und psychische Krankheiten beobachtet.

### 4. Neurobiologie der Substanzwirkungen

Die neurobiologische Gehirnforschung (↑Hirnforschung) hat herausgefunden, dass psychotrope Substanzen auf direktem oder indirektem Weg ähnliche Wirkungen im Gehirn entfalten. Dies sind v. a. *euphorisierende, stressreduzierende* und *glücksinduzierende Wirkungen*, wobei dabei hauptsächlich komplexe *kognitive* und *emotionsmodulierende Konsequenzen* auftreten. Gemeinsame Wirkstrecke aller suchterzeugenden Substanzen ist das *dopaminerge System*, v. a. in den Gehirnregionen des *ventralen Striatum* und des *Nucleus accumbens*. Diese strukturell älteren Teile im Gehirn haben u. a. die Funktionen der Belohnung und der Emotionsgenese sowie Aufgaben im Zusammenhang mit Antrieb und Motivation. Substanzkonsum steht insofern in engem Zusammenhang mit *Luststeigerung, Unlustvermeidung* und *Emotionsmodulation*. Es entstehen Verhaltensgewohnheiten, die neurobiologisch durch Anpassungs- und Veränderungsprozesse im Gehirn begleitet werden. Hierzu zählt v. a. die Toleranzentwicklung, bei der eine Unempfindlichkeit gegenüber der missbrauchten Substanz entsteht. Dies wird dann oft vom Konsumenten durch höhere Konsummengen ausgeglichen, so dass sich eine Dosissteigerung ergibt.

### 5. Psychische Abhängigkeit

Die Entwicklung einer S. stellt ein *komplexes psychologisches, biologisches* und *soziales Geschehen* dar. Am Anfang steht meist der psychologische Lernprozess in Bezug auf die Substanzwirkung. Die ersten Substanzkonsumerfahrungen schaffen durch ihre i. d. R. angenehmen Wirkungen *eine positive Bindung an die Substanz* und *deren Konsum*, so dass der Wunsch nach Wiederholung entsteht. Diese initialen Lernerfahrungen machen die Einübung von *Selbstkontrollverhalten* nötig, damit der Konsum unter der bewussten Kontrolle des Individuums steht. Dieses Kontrollverhalten kann sich späterhin automatisieren, so dass die Verhaltensabläufe implizit geschehen. Lerntheoretisch erhöht eine angenehme Konsequenz auf ein Verhalten die Wahrscheinlichkeit der neuerlichen Ausführung dieses Verhaltens *(positive*

*Verstärkung)*, wie andererseits das Verschwinden einer unangenehmen Ausgangbedingung durch das ausgeführte Verhalten (Konsum) ebenfalls zu einer erhöhten Konsumfrequenz führt *(negative Verstärkung)*. Beide Verstärkungsprinzipien sind an der Entstehung von S.-Erkrankungen beteiligt. Zunächst stellt sich im Zusammenspiel mit den biologischen Wirkungen und den Veränderungen im sozialen Geschehen (z. B. Erhöhung der Geselligkeit) häufigerer Konsum ein. Dieser kann sich – insb. bei Konsumenten mit problematischen psychischen Ausgangbedingungen wie Angst oder Depression – zu regelmäßigem, gewohnheitsmäßigem Konsum weiterentwickeln. Meist schleichend und zunächst unbemerkt entsteht dann ein zunehmender Kontrollverlust über die Konsumhäufigkeit und die Konsummenge. Neben psychischen Problemen ist die Beeinflussung von Hyperstress ein wichtiges Konsummotiv, das zur S. führen kann.

### 6. Symptomatik

Die wichtigste Symptomatik einer S.-Erkrankung ist der *zunehmende Verlust der Selbstkontrolle über Menge, Zeitpunkt* und *Dauer des Konsums einer Substanz* oder *die exzessive Ausführung von konsumbezogenen Verhaltensweisen*. Insofern lässt sich eine S.-Erkrankung, ob bei Substanzsüchten oder im Bereich der Verhaltenssüchte, als eine Selbstkontroll- und Selbstregulationsstörung verstehen. Der Prozess des Verlustes der Verhaltenskontrolle, verkürzt Kontrollverlust genannt, geschieht meist schleichend, so dass der Betroffene es lange gar nicht realisiert, unbewusst verdrängt oder gar aktiv abwehrt. Späterhin kommen – vordergründig und kurzfristig selbstwertdienliche – kognitive und emotionale Prozesse hinzu, wie Verzerrungen, selektives Erinnern, Umdeutungen, Scham und externale Schuldzuweisung, die insgesamt eine schnelle Problemeinsicht verhindern. Insofern gehören zu den meisten S.-Erkrankungen als Symptome gegenüber der Umwelt – gerade in der Frühphase der Erkrankung – *Verleugnung, Bagatellisierung* und *Mangel an Krankheitseinsicht*. Im weiteren Krankheitsverlauf verschärfen und intensivieren sich die Symptome und betreffen *neben mentalen* und *emotionalen* auch *psychophysiologische Bereiche*, z. B. in Form von Entzugserscheinungen, Toleranzerhöhung, Dosissteigerung und unwiderstehlichem Verlangen.

Das von der WHO herausgegebene und in Deutschland zur Versorgung S.-Kranker maßgebliche Diagnosesystem ICD-11 (das ICD-11 der WHO wird voraussichtlich 2023 in Deutschland als Nachfolgesystem des seit 1991 gebräuchlichen ICD-10 eingeführt) beschreibt als Hauptsymptome der S.-Erkrankung u. a.: *Verlangen, Toleranzerhöhung, Verlust der Verhaltenskontrolle, Entzugserscheinungen* sowie *negative Veränderung und Einengung des Lebensstils auf exzessiven* oder *dauerhaften Konsum*. Die Störung kann in leichter, mittelgradiger oder starker Ausprägung vorliegen.

### 7. Schluss

Mit 1,6 Mio. Alkoholabhängigen und ca. 0,4 Mio. Drogenabhängigen stellen die S.-Krankheiten eine ernste Gefahr der Gesundheit der Bevölkerung dar. Hinzu kommen weitere ca. 6 Mio. Nikotinabhängige. Negative biographische Erfahrungen, frühe Traumatisierungen, psychische Funktionsstörungen und alltäglicher Hyperstress stellen meist die Entstehungsursachen für S. dar. Sie frühzeitig heilsam zu beeinflussen, ist die bes. wichtige Aufgabe des öffentlichen Gesundheitswesens und des Sozialleistungssystems.

### Literatur

Statistisches Bundesamt: 81000–0120: VGR des Bundes – Konsumausgaben der privaten Haushalte, 2020 • European Monitoring Centre for Drugs and Drug Addiction: European Drug Report 2020. Trends and Developments, 2020 • C. Rummel/B. Lehner/J. Kepp: Daten, Zahlen, Fakten, in: Deutsche Hauptstelle für Suchtfragen e. V. (Hg.): Jb. Sucht 2020, 2020, 9–32 • H. K. Seitz/F. Mueller (Hg.): Alkoholische Leber- und Krebserkrankungen, 2019 • F. Tretter: Suchtmedizin kompakt. Suchtkrankheiten in Klinik und Praxis, [3]2018 • K. Schaller/S. Kahnert/U. Mons: Alkoholatlas Deutschland 2017, 2017 • F. Tretter: Sucht. Gehirn. Gesellschaft, 2016 • P. Taschowsky: Illegale Aktivitäten in den volkswirtschaftlichen Gesamtrechnungen. Möglichkeiten und Grenzen der Erfassung von Zigarettenschmuggel und Drogen, in: WISTA 02/2015 (2015), 28–41.

MICHAEL KLEIN

## II. Entwicklung, Verläufe, Risiken

### 1. Entwicklungs- und Verlaufsperspektiven

S.-Erkrankungen zählen zu den bes. prävalenten psychischen Störungen in der Bevölkerung. Bei Männern stellen sie die häufigste einzelne psychische Störung überhaupt dar. So waren nach der „Deutschen Erwachsenengesundheitsstudie" (2014) 19,4 % der erwachsenen Männer im letzten Jahr von einer substanzbezogenen Störung nach DSM-IV betroffen. Alkohol- und tabakbezogene Störungen sind dabei mit großem Abstand am häufigsten vorhanden, andere seltener: Drogenabhängigkeit (0,3 % der Erwachsenen), Glücksspiel-S. (0,8 %) und Internet-S. (0,7 %). Je nach Lebensalter, Geschlecht, Sozialschicht, Lebenslage, Sozialräumen und Migrationshintergrund können diese Prävalenzen z. T. erheblich schwanken. Im neuen Diagnosesystem DSM-5 wird innerhalb der S.-Störungen zwischen Substanz- und Verhaltenssüchten und nach den Ausprägungsgraden leicht, mittelgradig und schwer unterschieden.

Die ersten Substanzkonsumerfahrungen finden üblicherweise in der ↑Jugend statt. Hier werden durch Erfahrungslernen und Gewohnheitsbildung die Weichen für einen dauerhaft gelingenden oder misslingenden Umgang mit Substanzen gestellt. Deshalb sind kontrollierte, erzieherisch begleitete Erfahrungen, v. a. im Umgang mit Alkohol als legaler und weit verbreiteter Substanz, bes. wichtig. Entwicklungspsychologisch gilt als kritische Phase in den Einstieg des Konsums von Alkohol und Tabak die Lebensphase zwischen dem 14. und 16. Lebensjahr. Erfahrungen mit Cannabis und anderen illegalisierten Substanzen (v. a. Opioiden und Stimulantien) finden meistens erst nach dem 16. bzw. 18. Lebensjahr statt. Ob sich späterhin eine S.-Entwicklung ereignet, hängt neben bestimmten biopsychosozialen Risikofaktoren auch mit dem Gelingen des Erwerbs einer ausreichenden Verhaltenskontrolle und Selbstwirksamkeit in der frühen Phase der ersten Konsumerfahrungen zusammen. Bei allen genannten Substanzen zeigen Jungen höhere Prävalenzen für Konsum und auch höhere individuelle Konsumwerte, aber keinen früheren Einstieg als Mädchen.

## 2. Epidemiologie

Die epidemiologischen Daten der letzten Drogenaffinitätsstudie aus dem Jahr 2015 zeigen, dass mit 77,6 % eine deutliche Mehrheit der 12- bis 17-Jährigen noch nie geraucht hat. 68 % der Jugendlichen in dieser Altersspanne haben schon einmal Alkohol getrunken. Bei jedem siebten Jugendlichen (14,1 %) gab es in den letzten 30 Tagen wenigstens einmal Rauschtrinken (fünf und mehr Gläser Alkohol zu einer Gelegenheit). Jungen zeigen beim Konsum von Alkohol höhere Werte als Mädchen. Dies betrifft die Zahl der Konsumerfahrenen ebenso wie die Zahl der Rauschtrinkenden. Knapp jeder zehnte Jugendliche (9,7 %) hat schon einmal Cannabis probiert, auch hier wieder mehr Jungen als Mädchen. Der Konsum anderer illegalisierter Drogen ist vor dem 18. Lebensjahr selten.

## 3. Ätiologie

Die Genese einer S.-Störung verläuft über mehrere Jahre. Je jünger der Einstieg in einen problematischen Substanzkonsum erfolgt, desto schneller kommt es im Regelfall zu einer Abhängigkeitserkrankung. Je mehr Risikofaktoren bei einem Jugendlichen vorliegen und je weniger Schutzfaktoren vorhanden sind, desto höher ist die Wahrscheinlichkeit einer S.-Erkrankung. Das Vulnerabilitäts-Stressmodell der Entstehung psychischer Störungen, das auch auf S.-Erkrankungen anwendbar ist, beschreibt diesen Zusammenhang genauer. Zu den wichtigsten Risikofaktoren gehören:

*a)* Umweltfaktoren (sozialer Bereich): konsumierende Peers, suchtkranke Eltern, hohe Verfügbarkeit von Substanzen, niedriger Preis, Wirkstärke und S.-Potenzial einzelner Substanzen, strukturell benachteiligter Sozialraum;

*b)* Personenfaktoren (psychologischer Bereich): hohes Stresserleben bei geringer Bewältigungskompetenz, niedriges Selbstwertgefühl, Angst, Depressivität oder andere psychische Probleme, niedrige Emotionsregulation;

*c)* Körper- und Organismusfaktoren (biologischer Bereich): genetische Risiken im Bereich Alkohol- und Drogenverträglichkeit, hoher Stressdämpfungseffekt durch Substanzen, angeborene oder erworbene Toleranz gegenüber Substanzwirkung.

Als bes. Risikofaktoren des Jugendalters gelten ein sehr früher Einstieg in den Konsum psychotroper Substanzen, ein früher Konsum mit problematischen Formen wie exzessiver oder häufiger Konsum, das gleichzeitige Vorliegen psychischer Probleme und Verhaltensauffälligkeiten sowie ein ebenfalls stark konsumierendes Umfeld in den Bereichen ↑Familie und/oder Peer-Gruppe.

## 4. Funktionen des Substanzkonsums im Jugendalter

Im Jugend- und frühen Erwachsenenalter liegen Einstieg und Höhepunkt des Substanzkonsums zugl. Insofern kann die Lebensspanne zwischen dem 12. und etwa 24. Lebensjahr als sensible Periode zum Erwerb problematischen wie auch gelingenden Substanzkonsums betrachtet werden. Die Jugendlichen sammeln Konsumerfahrungen, die lernpsychologisch zu Stimmungs-, Gefühls- und Verhaltensänderungen führen, welche unmittelbar und sehr positiv (positive Verstärkung) erlebt werden oder negative Ausgangszustände wie Angst, Depressivität oder Selbstwertprobleme entscheidend reduzieren (negative Verstärkung). Gleichzeitig werden aufgrund von erziehungs- und medienbedingten Einstellungen Verhaltensentscheidungen getroffen, bestimmte Substanzen entweder zu konsumieren oder auf den Konsum einzelner Substanzen zu verzichten.

Im Einzelnen sind folgende Funktionen zu benennen, die sich durchaus auch ergänzen und verstärken können:

*a)* Zugehörigkeit zu konsumierenden attraktiven Peer-Gruppen;
*b)* Erwachsenenverhalten symbolisch vorwegnehmen und ausdrücken;
*c)* Stress- und Bewältigungshilfen durch Substanzkonsum;
*d)* Selbstmedikation und Kompensation psychischer Probleme im Verhalten und Erleben;
*e)* Neugierde, Reizhunger und Sensationslust.

Jungen zeigen in allen epidemiologischen Studien höhere Konsumwerte für Alkohol, Cannabis, Opiate und Stimulantien und gelten daher als bes. stark gefährdete Risikogruppe.

Die Substanzkonsummotive im Jugendalter lassen sich zusammenfassend in folgende fünf Hauptgruppen einordnen: Euphorisierung, soziale ↑Integration, Stressreduktion, Selbstmedikation, Eskapismus. Als bes. suchtgefährdend gelten die letzten drei Faktoren.

## 5. Ausblick

Für Jugendliche ist die Zeit der Pubertät und die der folgenden mittleren Jugend (16.–18. Lebensjahr) ein Abschnitt voller Herausforderungen und Umstellungen. Neben den bekannten Entwicklungsaufgaben dieser Lebensjahre in den Bereichen Peer-Gruppe, Berufsfindung, gegengeschlechtliche Kontakte, bislang weitgehend unberücksichtigt gehören der Erwerb erster Substanzkonsumerfahrungen, das Einüben von Selbstkontrollstrategien sowie die Ablehnung und der Verzicht des Konsums einzelner Substanzen zu den Entwicklungsaufgaben dieser Lebensspanne.

Kinder und Jugendliche zeigen in Deutschland einen hohen Konsum von psychoaktiven Substanzen und in Bezug auf Tabak und Alkohol einen vergleichsweise frühen Einstieg. Der Konsum dieser und weiterer Drogen kann als jugendliches Risikoverhalten verstanden werden, welches mit einer Reihe unerwünschter Konsequenzen (z. B. Gewaltverhalten, ungeschützte Sexualität, frühe Schwangerschaft, schulisches Leistungsversagen) assoziiert ist. Präventions- und Hilfemaßnahmen müssen frühzeitig und umfassend einsetzen, um entscheidende und dauerhafte Veränderungen zu erreichen. Kinder und Jugendliche aus suchtbelasteten Familien und mit selbst stark konsumierenden Peers müssen als bes. gefährdet für erhöhten Substanzkonsum und die assoziierten Verhaltensweisen angesehen werden. Eine der wichtigsten präventiven Aufgaben ist der Erwerb affektiver Selbstkontrolle und -steuerungsfähigkeit.

### Literatur

M. Klein: Kinder im Kontext elterlicher Alkoholsucht, in: Suchtmedizin 20/1 (2018), 52–62 • B. Orth: Die Drogenaffinität Jugendlicher in der Bundesrepublik Deutschland 2015, 2016 • F. Jacobi u. a.: Psychische Störungen in der Allgemeinbevölkerung. DEGS1-MH, in: Nervenarzt 85/1 (2014), 77–87 • M. Klein: Psychosoziale Aspekte des Risikoverhaltens Jugendlicher im Umgang mit Suchtmitteln, in: Gesundheitswesen 66/1 (2004), 56–60 • A. Leppin/K. Hurrelmann/H. Petermann (Hg.): Jugendliche und Alltagsdrogen. Konsum und Perspektiven der Prävention, 2000. MICHAEL KLEIN

## Südasien

### 1. Geographie, Sprachen und Religionen

Zur Region S. gehören Afghanistan, Bangladesch, Bhutan, die Indische Union, die Malediven, Nepal, Pakistan und Sri Lanka. Historisch und religiös ist das zu ↑Südostasien gehörende Myanmar mit S. verbunden. Im Zentrum S.s liegt Indien, welches Land- oder Seegrenzen mit allen anderen Staaten der Region besitzt – mit Ausnahme Afghanistans – und eine zentrale politische, wirtschaftliche und geostrategische Rolle in der Region einnimmt. Binnenstaaten S.s sind Afghanistan, Bhutan und Nepal. Die Geographie S.s ist vielfältig und reicht u. a. von den Höhen des Himalaya, den verschiedenen Flussebenen wie denen des Brahmaputra, Ganges oder Indus, der Steppe in Pakistan und Nordindien, dem semiariden Hochland von Dekkan bis zu tropischen und subtropischen Küstenräumen im südlichen Indien, auf Sri Lanka und den Malediven.

Dieser geographischen Vielfalt entspricht die Vielfalt der Sprachen, Ethnien, Bevölkerungen, Religionen und Kulturen in S. Die Sprachen im Norden S.s gehören überwiegend zu den indoeuropäischen Sprachen, wohingegen die dravidischen Sprachen eine im Süden Indiens und Norden Sri Lankas verbreitete Sprachfamilie sind. 2016 lebten in S. auf einer Fläche, die 3,5 % der Landmasse der Welt bedeckt, 1,766 Mrd. Menschen, wobei die Bevölkerungsdichte der Region höher ist als in jeder anderen Region der Länder des Globalen Südens. Leben in Bhutan 20 Einwohner pro Quadratkilometer, so sind es 455 in Indien und 1719 auf den Malediven. Die Bevölkerung S.s verteilt sich 2018 laut Weltbank wie folgt: Indien 1,352 Mrd.; Pakistan 212,2 Mio.; Bangladesch 161 Mio.; Afghanistan 37,17 Mio.; Nepal 28,08 Mio.; Sri Lanka 21,67 Mio.; Bhutan 754 390; Malediven 515 700.

In S. sind alle Weltreligionen mit Mio. von Gläubigen vertreten: ↑Hinduismus, ↑Islam, Sikhismus, ↑Christentum, ↑Buddhismus, Judaismus, Jainismus und Zoroastrismus (Mazdaismus/ Parsismus). Der Hinduismus findet sich v. a. in Indien, Nepal und mit einer Minderheit in Bangladesch wieder, der Islam in Afghanistan, Bangladesch, Pakistan, Indien und den Malediven und der Buddhismus in Bhutan, Myanmar und Nepal. In Afghanistan, Bangladesch, Pakistan und auf den Malediven ist der Islam Staatsreligion, in Sri Lanka und Bhutan ist es der Buddhismus. Die im Vergleich zu anderen Weltregionen geringe Verbreitung des Christentums in S. ist nicht zuletzt auf die fehlende Unterstützung christlicher Missionare durch die Britische Ostindien-Kompanie (*East India Company*, 1757–1858) bzw. in der Zeit Indiens als britischer Kronkolonie (1858–1947) zurückzuführen, in deren Fokus eindeutig Handelsinteressen standen. Vereinzelte Gebiete in Südindien und Sri Lanka sowie einige wenige Stammesgebiete wurden erfolgreich missioniert und sind heute die Orte, an denen das Christentum schwerpunktmäßig existiert.

In S. gibt es eine Myriade an höchst unterschiedlichen kulturellen Bräuchen, Riten, Trachten, Speisen oder kunsthandwerklichen Traditionen. Entscheidende Faktoren für Existenz und Aufrechterhaltung der südasiatischen ↑Kulturen und ↑Traditionen waren nicht zuletzt die Allgegenwart der ↑Religionen S.s und die bes. Rolle der autonomen Fürstenstaaten und Stammesgebiete, die auch während der Zeit des ↑Kolonialismus weiterexistierten, und nicht zuletzt die Bedeutung der ↑Sprachen bzw. Schriften und literarischen Traditionen, die trotz der Verbreitung und Relevanz der englischen Sprache in S. nicht verdrängt wurden.

Eine große Heterogenität in kultureller, ethnischer, sprachlicher und religiöser Beziehung innerhalb der Staaten S.s ist ein zentrales verbindendes Kennzeichen der gesamten Region. So weisen Afghanistan, Pakistan und Myanmar zwar religiöse Homogenität auf, jedoch steht dieser eine große sprachliche und ethnische Heterogenität gegenüber. Demgegenüber gibt es im buddhistischen Sri Lanka trotzdem eine große Minderheit hinduistischer Tamilen. Bangladesch ist v. a. Heimat der muslimischen Bengalen, die aber ebenfalls im indischen

Bundesstaat West-Bengalen leben, der jedoch mehrheitlich von Hindus bewohnt wird. Neben dieser Heterogenität tritt als zweites verbindendes Kennzeichen die Dominanz Indiens in S. Neben seiner zentralen geographischen Lage und schieren Bevölkerungsgröße dominiert Indien die Region v. a. wirtschaftlich, politisch, geostrategisch und militärisch.

## 2. Geschichte, Staaten und politische Systeme

S. als Ganzes weist keine gemeinsame Geschichte auf, wobei aufgrund seiner territorialen Ausdehnung häufig die Geschichte Indiens mit der S.s gleichgesetzt wurde. Eigene gesamtindische Reiche bildeten historisch die Ausnahme, Einwanderung bzw. Eroberungen fremder Herrscher und Volksgruppen die Regel. Nomadische Völker und Stammesverbände aus Zentral- und Südwestasien (Arier, Hephtaliten [auch bekannt als Weiße Hunnen], Ghoriden) fielen im Laufe der Geschichte in die Stromtäler südlich des Himalaya ein und eroberten und besiedelten verschiedene Regionen des Subkontinents. Zwar gab es auch in der Frühzeit Großreiche wie das der Mauryas (322–185 v. Chr.) oder Guptas (320–550 n. Chr.), welche sich bis nach Afghanistan erstreckten. Allerdings blieben diese auf bestimmte Regionen beschränkt und erreichten nie eine pan-südasiatische Ausdehnung, v. a. erstreckten sich die Herrschaftsgebiete nicht auf Südindien, Sri Lanka oder den nordöstlichen Teil Indiens. Das Sultanat von Delhi (in Nordindien von 1206–1526) oder die Herrscher des Mogulreichs (1526–1858) eroberten diese Teile während ihrer Herrschaftszeit ebenfalls nicht, sodass S. gekennzeichnet war durch die Existenz unterschiedlicher Regionalreiche.

Erst die Briten unterwarfen nach und nach den größten Teil S.s. Bhutan und Nepal blieben allerdings weitgehend autonom, nicht zuletzt aufgrund ihrer Position als Pufferstaaten zu China. Afghanistan stand nur wenige Jahrzehnte unter britischer Herrschaft. Insb. die zahlreichen indischen Fürstenstaaten (mehr als 550, mit einer Fläche, die ca. 40 % des gesamten Gebietes entsprach) und Stammesgebiete blieben weitgehend in ihrem inneren Herrschaftsbereich autonom. Die britische Herrschaft (auch *British raj* genannt) in ihrer maximalen Ausdehnung – inkl. des Hochlands von Dekkan – dauerte ca. 100 Jahre, wobei v. a. Metropolen wie Kolkata (ehemals Kalkutta), Mumbai (ehemals Bombay) und Delhi (ab 1911) starkem britischen Einfluss ausgesetzt waren. Französische und portugiesische Enklaven im Süden S.s (Pondicherry/ Puducherry oder Goa) bestanden zur gleichen Zeit, blieben aber in Umfang und Einfluss sehr beschränkt. Anders als in anderen Regionen der Welt gab es auch keine großflächige Besiedlung durch europäische Siedler.

Die neuere Geschichte S.s beginnt mit der Unabhängigkeit der Staaten der Region Ende der 1940er (einzig die Malediven blieben bis 1965 Kolonie). Der Kampf der Staaten um ihre Unabhängigkeit und die vollständige (Wieder-)Erlangung staatlicher ↑Souveränität dauerte Jahrzehnte. Dieser Kampf ist für das heutige Selbstverständnis der Staaten, ihre nationalen ↑Identitäten und normative Ausrichtung der jeweiligen ↑Außenpolitiken prägend. Für *Indien* sind hier v. a. zu nennen Mahatma Gandhi und dessen Eintreten für gewaltlosen Widerstand, der lange Freiheitskampf, das Wirken von Jawaharlal Nehru, Indiens erstem Premierminister und die Kongresspartei *(Indian National Congress)*, die Indien in die Unabhängigkeit führte. Stellvertretend für *Pakistan* sind zu nennen Staatsgründer Mohammad Ali Jinnah und die Pakistan-Resolution aus dem Jahr 1940, die auf der Grundlage der Zwei-Nationen-Theorie forderte, dass ein separater Staat für alle Muslime Britisch-Indiens entstehen solle. Zentrales Dilemma der an den Verhandlungen Beteiligten war, dass das von der Kongresspartei anvisierte unabhängige Indien den Muslimen keine weitreichende ↑Autonomie zugestehen wollte, da sie die Einheit des unabhängigen Indiens sonst in Gefahr sah. Die Anführer der *Muslim League* verlangten v. a., dass muslimische Mehrheitsprovinzen nicht geteilt werden sollten – territoriale Forderungen, die den Vorstellungen der Kongresspartei über die zukünftige Gliederung Indiens diametral gegenüberstanden. Ergebnis der erfolglosen Verhandlungen waren die Teilung *(partition)* Britisch-Indiens in die zwei Staaten Indien und Pakistan, und der Streit um die Zugehörigkeit des überwiegend muslimisch bevölkerten Kaschmirs, das einem Hindu-Fürsten unterstand. Pakistan wurde gleichzeitig mit Indien im August 1947 unabhängig, bestand aber zum Zeitpunkt der Unabhängigkeit aus zwei geographisch getrennten Landesteilen. Ost-Pakistan, welches die gleiche Geschichte, Sprache und Kultur mit dem indischen Unionsstaat West-Bengalen teilte, war während der britischen Herrschaft ein Gebiet, in dem es bereits damals starke Bestrebungen um die Unabhängigkeit von Britisch-Indien gegeben hatte. Dennoch hat der Islam als verbindendes Element und Staatsräson Pakistans nicht ausgereicht, die staatliche Einheit Pakistans aufrechtzuerhalten. So löste sich der östliche Landesteil im Jahr 1971, mit militärischer Unterstützung Indiens, von (West-)Pakistan ab, nicht zuletzt auch aufgrund wirtschaftlicher Benachteiligung. Bangladesch entstand als unabhängiger Staat, für den der Unabhängigkeitskrieg gegen (West-)Pakistan in den 1970er Jahren und die danach erlangte Souveränität ein bestimmendes Moment darstellte. Die Vertreibung der UdSSR aus *Afghanistan* im Jahr 1989 nach deren Einmarsch im Jahr 1979 war zwar ein prägendes Ereignis für das Land, führte aber aufgrund der großen ethnischen Heterogenität der Bevölkerung trotzdem nicht zur nationalen Einheit.

Indien, Pakistan, Bangladesch und Sri Lanka haben nach ihrer Unabhängigkeit große Teile des britischen Rechts- und Verwaltungssystems übernommen. Formal gilt: Afghanistan ist ein Präsidialsystem mit einem Zweikammersystem. Bhutan ist eine konstitutionelle ↑Monarchie. Indien und Nepal sind parlamentarische

↑Demokratien (↑Parlament, Parlamentarismus) mit föderalem Aufbau (↑Föderalismus) und Zweikammersystem. Die Malediven sind eine Präsidialrepublik mit Einkammersystem. Die Islamische Republik Pakistan ist eine föderale, semipräsidentielle Demokratie mit Zweikammersystem. Sri Lanka ist eine unitaristische Präsidialrepublik. Bangladesch, Indien, Pakistan, Sri Lanka und die Malediven sind zudem alle Mitglieder des ↑Commonwealth.

Die heute existierenden Staatsgrenzen in S. weisen als bes.s Charakteristikum auf, dass sie häufig homogene Gebiete – basierend auf gemeinsamer Geschichte und Kultur, ethnischer Herkunft, Sprachfamilie oder Religionszugehörigkeit – ignorieren, bisweilen regelrecht zerteilen. An Staatsgrenzen führte und führt dies zur Infragestellung dieser staatlich vorgegebenen Teilungen und zu (kriegerischen) Aufständen von ↑Minderheiten. In praktisch allen Staaten S.s gibt es daher kleine oder große regionale Autonomiebewegungen, Unabhängigkeitsbewegungen oder Grenzkonflikte, die eine permanente Bedrohung der politischen Stabilität der Region darstellen, so etwa zwischen Indien und Pakistan um Kaschmir, Pakistan und Afghanistan oder Myanmar und Bangladesch.

### 3. Innere und äußere Sicherheit

S. ist eine Region im permanenten politischen Ausnahmezustand. Summarisch lässt sich konstatieren, dass die bestehenden Konflikte v. a. durch innerstaatliche Aufstände (Naxaliten und Maoisten in Indien und Nepal), umstrittene Binnengrenzen (Indien-Pakistan; bis 2016 Indien-Bangladesch), umstrittene Außengrenzen (Indien-China) oder Minoritätenunterstützung von Staaten in ihren Nachbarländern gekennzeichnet sind (↑Grenze). Zahlreiche dieser letztgenannten Konflikte drehen sich um transnationale Minderheiten und religiöse Verfolgungen und Vertreibungen, bspw. von Muslimen aus Myanmar nach Bangladesch (Rohingya), von Tamilen in Sri Lanka oder von muslimischen Bengalen aus Assam in Nordostindien. Zudem gibt es v. a. im östlichen Teil Indiens zahlreiche Regionen mit Autonomiebestrebungen (Manipur, Nagaland), ebenso in Bangladesch *(Chittagong Hill Tracts)*.

Bestimmender außenpolitischer Faktor in S. ist allerdings das durch den seit 1947 ungelösten Konflikt um die Zugehörigkeit von Kaschmir höchst angespannte indisch-pakistanische Verhältnis, welches zu vier Kriegen zwischen den Ländern führte (1947/48, 1965, 1971 und 1999) und im Jahr 1998 darin gipfelte, dass beide Staaten in kurzem zeitlichen Abstand Atommächte wurden. Pakistan kontrolliert ein Drittel der überwiegend muslimischen Region Kaschmir und hat dieser einen außerhalb der Islamischen Republik liegenden verfassungsmäßigen Sonderstatus eingeräumt. Auch als Teil der Indischen Union hat Kaschmir laut Art. 370 der indischen Verfassung einen Sonderstatus, wobei der indische Anspruch auf die gesamte Region Kaschmirs mit dem Beitritt des ehemaligen Maharaja Hari Sing begründet wird. Folge dieser Rivalität war seit der Unabhängigkeit, dass beide Länder Verbündete außerhalb S.s gesucht haben. Durch den Beitritt zu multilateralen Organisationen wie die v. a. vom Westen initiierten Verteidigungssysteme der CENTO (auch bekannt als Bagdad-Pakt) oder der *Southeast Asia Treaty Organisation* (SEATO) und Bündnissen mit Ländern wie China, dem Iran oder arabischen Staaten suchte Pakistan Verbündete außerhalb der Region. Indien hingegen suchte die Nähe zur UdSSR und schloss im August 1971 den „Indo-Sowjetischen Vertrag über Frieden, Freundschaft und Kooperation". Dieser stand im offenen Widerspruch zu der von Indien maßgeblich angeführten Blockfreien-Bewegung *(Non-Aligned Movement)*, die sich einer Äquidistanz zu den beiden Supermächten USA und UdSSR während des ↑Ost-West-Konfliktes verschrieben hatte.

Ein Wendepunkt in der Geschichte S.s war der Krieg zwischen Indien und China aufgrund ungelöster Grenzfragen. Dieser kurze Krieg im Jahr 1962, auf den Indien militärisch nicht vorbereit war und den es verlor, ist bis heute bestimmend für die außenpolitische Haltung Indiens. Bereits damals zeigte sich, dass die Großmächte USA und UdSSR sich an Streitigkeiten innerhalb S.s nicht offen beteiligen wollten. Diese Nichtbeteiligung bzw. Neutralität der USA erlaubte Indien im indisch-pakistanischen Krieg 1971 dann allerdings, den Rivalen Pakistan militärisch entscheidend zu schlagen und so zur Gründung Bangladeschs beizutragen. Aus indischer Perspektive lag einer der Gründe für seine Niederlage im Grenzkrieg mit China darin, dass große Teile der Streitkräfte für einen etwaigen gleichzeitigen Angriff Pakistans mobilisiert blieben. Aus pakistanischer Perspektive trug das indische Eingreifen in den Unabhängigkeitskrieg Ost-Pakistans (Bangladesch) die Hauptverantwortung für die militärische Niederlage.

Beim Grenzkonflikt zwischen Indien und China ging es auch um Teile von Kaschmir, die bis heute von Pakistan kontrolliert werden und um das heute im Nordwesten liegende und von China kontrollierte Gebiet Aksai Chin, welches China im Jahr 1963 von Pakistan erhalten hatte. In den Jahrzehnten seit dem Grenzkrieg zwischen Indien und China kam es immer wieder zu Spannungen. In den Jahren 1993 und 1996 wurden zwar bilaterale Abkommen zwischen den beiden Ländern geschlossen, welche diesen Konflikt und auch den Konflikt, den die Besetzung Tibets durch China (1950; 1959) hervorgerufen hatte, einfroren. Dies hat aber nicht dazu geführt, dass eine der Parteien auf ihre Ansprüche verzichtete. Im Jahr 2018 kam es im Bereich Doklam, an der Grenze zum indischen Bundesstaat Sikkim, zu massiven Truppenaufmärschen beider Seiten, nachdem China dort mit Infrastrukturmaßnahmen begonnen hat. Der immer wieder aufflammende Konflikt zeigt, dass auch Jahrzehnte nach der Unabhängigkeit Territorialfragen ungelöst sind.

Weltpolitisch zentrale Ereignisse wie die globale Ölkrise im Jahr 1973, die iranische Revolution 1978/79 und die Invasion der Sowjetunion in Afghanistan 1979 führten dazu, dass die geostrategische Bedeutung Pakistans für viele Länder in der folgenden Dekade zunächst stark zunahm und das Land so international in den Fokus geriet. Nach einem zunächst ebenso starken Rückgang dieser Bedeutung nach dem Ende des Ost-West-Konfliktes wurde Pakistan schlagartig nach den Terroranschlägen vom 11. 9. 2001 für die USA der bedeutendste Akteur in S. und unverzichtbar für Militäroperationen nach Afghanistan.

Ein schwelender Konflikt besteht zwischen Afghanistan und Pakistan um die nicht klar abgrenzbare Region Pashtunistan, dessen verbindendes Kennzeichen die Sprache Pashtu ist und die geographisch den Bereich westlich des Indus miteinschließt, also das Gebiet Baluchistan. Die im Jahr 2010 umbenannte pakistanische Provinz Khyber Pakhtunkhwa (seit 1901 Nordwestliche Grenzprovinz) ist eine von vier Provinzen Pakistans, in der Pashtunen leben. Afghanistan als ethnisch und linguistisch höchst heterogener Staat nimmt diesen Teil Pakistans für sich in Anspruch.

Die Wasserzuteilung von großen Flüssen, die mehrere Länder durchqueren, ist ein weiteres bedeutendes innersüdasiatisches Problem. Ein positives Beispiel für Lösungen territorialer Konflikte aufgrund umstrittener Wasserzugänge stellt hier der Indus-Wasservertrag von 1960 dar, ausgehandelt zwischen Indien und Pakistan mit Unterstützung der ↑Weltbank. Relevant für die Wasserversorgung großer Bevölkerungsteile, wurde in dem Vertrag festgelegt, dass Indien die östlichen drei Flüsse Beas, Satluj und Ravi vollständig nutzen darf. Das dort entspringende Wasser, das vor der indischen Grenze liegt, wird auf indisches Staatsgebiet geleitet. Auf der anderen Seite hat u. a. die Weltbank Pakistan finanziell darin unterstützt, ein urspr. bereits von den Briten angelegtes Wasserverbundsystem massiv auszubauen. Konsequenz ist, dass spezielle Kanäle die Unterläufe der drei Flüsse aus anderen Flüssen mit Wasserzuflüssen verstärken. Derartige Probleme bestehen auch zwischen anderen Ländern S.s und zeigen eindrucksvoll, wie die Geografie die Versorgungssicherheit der betroffenen Länder beeinflusst und Kooperation zwischen ihnen erzwingen kann.

Als externer Faktor hat v. a. die wirtschaftliche und geostrategische Rolle Chinas in S. im letzten Jahrzehnt stark zugenommen. Als Teil der *Belt and Road Initiative* hat China zahlreiche milliardenschwere Infrastrukturprojekte in Pakistan (Hafen von Gwadar als Teil des chinesisch-pakistanischen Transportkorridors [*China-Pakistan Economic Corridor*]) oder Sri Lanka (Hafen von Hambantota) finanziert und mit allen Staaten S.s den bilateralen Handel verstärkt und seine Entwicklungshilfe drastisch erhöht. Die indische Außenpolitik, die das Verhalten Chinas in der Region als geopolitische und wirtschaftliche Bedrohung bewertet, hat noch keine klare außen- oder wirtschaftspolitische Strategie entwickelt, um auf die neue Rolle Chinas in S. adäquat zu reagieren.

### 4. Wirtschaft und regionale Kooperation

Das Pro-Kopf-Einkommen der Länder S.s variiert stark: Es beträgt laut Weltbank (Stand: 2018) in Afghanistan 520 US-Dollar, in Bangladesch 1 698 US-Dollar, in Bhutan 3 243 US-Dollar, in Indien 2 010 US-Dollar, auf den Malediven 10 330 US-Dollar, in Nepal 1 033 US-Dollar, in Pakistan 1 482 US-Dollar und in Sri Lanka 4 102 US-Dollar. Afghanistan, Bangladesch, Bhutan und Nepal gehören nach Berechnung der UN zur Gruppe der Least Developed Countries (LDC).

Die volkswirtschaftliche Wertschöpfung wird v. a. durch die Landwirtschaft – hier mit Ausnahme von Sri Lanka v. a. im Bereich der Getreideproduktion – geprägt. Der BIP-Anteil der Landwirtschaft beträgt 2018 bspw. in Sri Lanka 7,9 %, in Indien 14,6 % und in Nepal 25,3 %. Die Bedeutung der Landwirtschaft schlägt sich v. a. in der Beschäftigungsquote der arbeitenden Bevölkerung nieder (Indien: 47 %; Pakistan: 50 %; Nepal: 83 %; Bhutan 65 %). Indien, Bangladesch und Nepal sind im Reisanbau führend, Pakistan im Weizenanbau. Daneben sind Tee (Bangladesch, Indien, Sri Lanka) und Jute (Bangladesch, Indien) zentral. Über die Höhe der Ernteerträge entscheidet in großen Maßen die Intensität des Monsuns. Künstliche Bewässerung in Pakistan, Indien, Bangladesch und Sri Lanka hat die in der Vergangenheit existierende Abhängigkeit allerdings stark reduziert. Gleichzeitig leidet das Ackerland unter Desertifikation, Erosion und Versalzung.

In der Industrie verfügt v. a. Indien sowohl über eine entwickelte Schwerindustrie als auch große Vorkommen an Kohle, Eisen und diversen Erzen. Dennoch arbeiten nur 24 % der Erwerbspersonen in Indien in diesem Bereich, davon mehr als die Hälfte in Kleinstbetrieben. V. a. der zersplitterte Energiesektor, trotz starker Diversifizierungen in den letzten Jahrzehnten (bspw. Wasserkraft, Solarenergie, Windenergie), und die teils katastrophale pansüdasiatische Infrastruktur bilden die größten Hürden in der wirtschaftlichen Entwicklung S.s. Zwar wurden in den letzten Jahrzehnten überall neue Straßen gebaut (bspw. verbindet das gigantische Straßenprojekt *Golden Quadrilateral* in Indien die Städte Neu-Delhi, Kolkata, Mumbai und Chennai miteinander) und neue Flughäfen in Betrieb genommen, doch steht derartigen infrastrukturellen Meilensteinen ein drastisch erhöhtes Verkehrsaufkommen gegenüber. Dieses wird verursacht durch ein stärkeres ↑Wirtschaftswachstum sowie eine stetig wachsende urbane Mittelschicht. Deren erhöhte ↑Mobilität und der Erwerb von immer mehr Autos machen die erzielten infrastrukturellen Fortschritte zunichte. V. a. ist das für den Personen- und Güterverkehr zentrale Schienennetz, trotz seiner gigantischen Ausdehnung, marode und veraltet. Initiativen Indiens, z. B. mit Hilfe japanischer Schnellzug-Technologie die indische Eisenbahn im Westen des Landes zu modernisieren, sind geplant, aber werden u. a. durch den schleppenden Aufkauf von zusätzlichem Land, welches von tausenden Kleinbauern erworben werden muss, stark verzögert.

Der Außenhandel S.s ist gekennzeichnet von Importen im Bereich Erdöl, Raffinerieprodukte und Nahrungsmittel und Exporten im Bereich Plantagenprodukte und Textilien. Haupthandelspartner sind die EU, USA, Japan und China. Die Handelsbilanzen sind allerdings chronisch defizitär. So lag das Außenhandelsdefizit Nepals bei 2,35 Mrd. US-Dollar und die Auslandsschulden bei 5,4 Mrd. US-Dollar; für Pakistan lag das Außenhandelsdefizit im Jahr 2018 bei 19 Mrd. US-Dollar und die Auslandsschulden bei 90 Mrd. US-Dollar. Auch als Folge der zahlreichen zwischenstaatlichen Konflikte versuchen die Staaten sich mit ihrer ↑Wirtschaftspolitik jenseits von S. zu orientieren. So kooperiert Pakistan mit den islamischen Staaten Südwestasiens und in der ↑ECO mit dem Iran und der Türkei, mit den ölreichen Staaten ↑Zentralasiens und seit einigen Jahren verstärkt mit China. Sri Lanka bemühte sich im Jahr 1967 vergeblich, Mitglied in der ↑ASEAN zu werden und hat sich in jüngster Zeit wirtschaftlich ebenfalls in Richtung China orientiert.

Alles in allem steht der intraregionale Handel der Länder S.s nur für 5 % des Außenhandels, wobei die Abwesenheit von Komplementarität das Problem zusätzlich verschärft. Es überrascht nicht, dass mit bislang drei unterschiedlichen regionalen Initiativen bzw. Organisationen versucht wurde, diese unbefriedigende Situation innerhalb S.s, aber auch in Bezug zu Staaten jenseits der Region zu verbessern:

*a)* Im Jahr 1978 begannen – auf Initiative Bangladeschs – Bemühungen zwischen Indien, Pakistan, Bangladesch, Sri Lanka, Nepal, Bhutan und den Malediven, eine Organisation zu gründen, die institutionalisierte regionale Zusammenarbeit in S. zum Ziel hat. Die Verhandlungen in Bezug auf Themengebiete und Umfang der Kooperation erwiesen sich als äußerst schwierig. Es dauerte bis zum Jahr 1985 bis es zur offiziellen Gründung der *South Asian Association for Regional Cooperation* (SAARC) durch die Verabschiedung der SAARC-Charta kam. Afghanistan wurde im Jahr 2007 achtes Mitglied. Die Zusammenarbeit soll u. a. auf folgenden Gebieten intensiviert werden: Landwirtschaft und ländliche Entwicklung; Umwelt, Naturkatastrophen und Biotechnologie; Wirtschaft, Handel und Finanzen; soziale Angelegenheiten; Armutslinderung; Telekommunikation; Energie, Transport, Wissenschaft und Technologie; Erziehung, Sicherheit und Kultur; Tourismus. Bis 2018 gab es insgesamt 18 Gipfeltreffen; sieben offizielle Konventionen wurden verabschiedet und 13 Übereinkommen geschlossen. Das Sekretariat wurde in Kathmandu (Nepal) angesiedelt, mit nur etwa 50 Mitarbeitern, die für ein Gebiet verantwortlich sind, in dem 1,7 Mrd. Menschen leben, was 21 % der Weltbevölkerung entspricht. Neben diesen personellen Beschränkungen wurden der Organisation durch die SAARC-Charta starke administrative Beschränkungen, v. a. auf Druck Indiens, auferlegt. Die Fähigkeit der Assoziation, ihre Ziele zu erreichen, ist dadurch sehr eingeschränkt. In der Gründungscharta wurde u. a. festgeschrieben, dass in der Organisation „bilaterale und strittige Probleme“ (Art. X Nr. 2 SAARC-Charta) nicht diskutiert werden dürfen. In einer Region, in der es zahllose derartiger Probleme gibt, führt dies unweigerlich zu einer institutionellen Stasis. In ihrem Aufbau gleicht die SAARC einer Pyramide: An der Spitze stehen Gipfeltreffen, in der Mitte Treffen der Fachminister, und als Basis fungieren ständige Ausschüsse mit Staatssekretären, flankiert von der Arbeit des Sekretariats. Aus wissenschaftlicher und auch aus SAARC-Innenperspektive besteht Einigkeit, dass sich die SAARC seit ihrer Gründung als Forum für informelle Gespräche zwischen Mitgliedstaaten, allen voran Indien und Pakistan, bewährt hat und trotz des expliziten Verbots in der SAARC-Charta aktuelle Probleme zwischen den Ländern so hinter den Kulissen diskutiert werden konnten. Demgegenüber steht das Versagen der Organisation, eine *South Asian Free Trade Area* (SAFTA) einzuführen. Offiziell wurde diese zwar bereits im Jahr 2004 etabliert, aber neben administrativen und technischen Problemen ist v. a. das angespannte Verhältnis zwischen Indien und Pakistan Grund für den Stillstand. Eine regelmäßige Verschiebung der urspr. jährlich angesetzten und alphabetisch nach Mitgliedsland rotierenden Gipfeltreffen hat die SAARC zu einer der schwächsten Regionalorganisationen der Welt werden lassen, deren Budget mit ca. 5 Mio. US-Dollar zu gering ist, um effektive Wirkung zu entfalten. Daher kann auch nach 30 Jahren regionaler Kooperation nicht von einer SAARC-Identität oder einem pan-südasiatischen SAARC-Zugehörigkeitsgefühl gesprochen werden.

*b)* Neben der SAARC wurde die *Bay of Bengal Initiative for Multi-Sectoral Technical and Economic Cooperation* (BIMSTEC) im Jahr 1997 gegründet. Die BIMSTEC-Mitgliedschaft ähnelt frappierend der von SAARC: Bangladesch, Bhutan, Indien, Sri Lanka und Nepal sind Mitglieder aus S., daneben gehören Thailand und Myanmar als Anrainerstaaten der Bucht von Bengalen der Organisation an. BIMSTEC geht zurück auf eine thailändische Initiative, wobei auch hier, ähnlich wie in der SAARC, zunächst Jahre intensiver diplomatischer Interaktionen zwischen den ersten offiziellen Gesprächen und der eigentlichen Gründung vergingen. 2004 fand dann das erste von bislang vier Gipfeltreffen statt (Stand: 2018). Erst im Jahre 2012 wurde ein Sekretariat in Dhaka (Bangladesch) eingerichtet, bis dahin lag die Koordination ausschließlich dezentral in den jeweiligen Außenministerien. Es gibt 14 sog.e prioritäre Kooperationssektoren: Transport und Kommunikation; Tourismus; Terrorismus- und grenzüberschreitende Verbrechensbekämpfung; Umwelt und Katastrophenmanagement; Energie; Öffentliche Gesundheit; Landwirtschaft; Handel und Investitionen; Technologie; Fischerei; Kontaktpflege; Armutslinderung; Klimawandel; kulturelle Kooperation. Eine seit 2004 geplante *BIMSTEC Free Trade Area* (↑Freihandel) wurde bislang nicht umgesetzt. Zwar wurde immer wieder der Konflikt zwischen Indien und Pakistan als größtes Hemmnis für genuin regionale Kooperation in der SAARC genannt, trotzdem hat die Abwesenheit Pakistans in BIMSTEC sich nicht als Kooperationskatalysator erwiesen. Auch BIMSTEC hat die in sie gesteckten Erwartungen, wirtschaftliche Kooperation deutlich zu stärken, bislang nicht erfüllen können.

*c)* Schließlich findet regionale Kooperation zahlreicher Staaten S.s auch im Indischen Ozean mit der ↑IORA statt.

Allen drei Organisationen ist gemein, dass zwischen den gewählten institutionellen Strukturen und den wirtschaftlichen Zielen eine große Asymmetrie herrscht. Die geringe personelle und finanzielle Ausstattung, neben dem Fehlen supranationaler Handlungsmöglichkeiten bspw. i. S. d. EU lassen echte Fortschritte im Bereich regionaler Wirtschaftskooperation daher nicht als realistische Möglichkeit erscheinen.

### 5. Herausforderungen und Perspektiven

Einer durchschnittlichen wirtschaftlichen Wachstumsrate von 6,7 % (Weltbank, Stand: 2018) für ganz S. stehen vielfältige und komplexe Probleme gegenüber. Im sozioökonomischen Bereich sind zu nennen: starke Benachteiligung und Unterdrückung von Frauen; jährliches Bevölkerungswachstum von 1,2 %; Unterernährung von großen Teilen der Bevölkerung, v. a. Kindern; steigende HIV/ AIDS-Rate (↑AIDS); alljährliche v. a., aber nicht nur durch den Monsun verursachte Umweltkatastrophen; mangelnder oder nicht existenter ↑Umweltschutz; unzureichende Trinkwasserqualität etc. Prognosen der Weltbank sehen S. insb. von den Folgen des ↑Klimawandels überproportional betroffen. Wirtschaftlich leiden die Staaten an schwachen ↑Währungen, Devisenknappheit, Leistungsbilanzdefiziten, einem hohem Verschuldungsgrad und dem Phänomen des *jobless growth*, also einem Wirtschaftswachstum ohne gleichzeitige Schaffung neuer Arbeitsplätze. Politisch sind Staaten wie Pakistan und Afghanistan fragil und werden vom Militär dominiert. ↑Religionskonflikte in den meisten Staaten brechen immer wieder hervor. In Grenzregionen, aber auch im Landesinneren, werden regelmäßig terroristische Anschläge (↑Terrorismus) verübt. Staatsgrenzen stehen durch ↑Migration und Minoritätenprobleme unter Druck.

Positiv zu bewerten ist hingegen, dass eine Bewusstseinsänderung in etlichen Bereichen zu konstatieren ist, die auf lange Sicht positive Veränderungen zeitigen kann. Dies gilt für die Rolle der Frauen ebenso wie für den Umweltschutz. Daneben spielt auch die ↑Zivilgesellschaft in S. eine immer bedeutsamere Rolle. Auch wurden in der Vergangenheit Mio. Menschen Teil der südasiatischen Mittelschicht, wobei jedoch allein in Indien weiterhin 270 Mio. Menschen unterhalb der von den UN definierten Armutsgrenze (↑Armut) leben.

Für Deutschland ist S. im Bereich der ↑Entwicklungspolitik eine wichtige Zielregion mit einem langfristigen Engagement in der ganzen Region, v. a. in Indien. Daneben ragt die große wirtschaftliche Bedeutung S.s heraus, mit einem gigantischen indischen Binnenmarkt und einer gut ausgebildeten und wohlhabenden Mittelschicht von mehr als 300 Mio. Menschen. Diese wirtschaftliche Bedeutung ist auch für den Handel zwischen S. und der EU relevant, wobei zwischen Indien und der ↑EU im Jahr 2004 eine strategische Partnerschaft abgeschlossen wurde. Die Aussichten für regionale Kooperation in S. selbst sind negativ, nicht zuletzt durch die Vernachlässigung der multilateralen Institution der SAARC, der bilaterale Lösungen vorgezogen werden.

Für die deutsche und europäische Außenpolitik ist aber v. a. die neue Rolle Chinas in S. ein politischer und wirtschaftlicher Faktor, den es zu berücksichtigen gilt. Chinesische Investitionen in Mrd.-Höhe in Pakistan, Sri Lanka und den Malediven, die Teil der chinesischen Seidenstraßen-Initiative sind, erleichtern den Zugang zum südasiatischen Markt und zum indischen Ozean unter Umgehung Indiens, führen dabei aber zu großen Abhängigkeiten zahlreicher Länder S.s und gleichzeitig zu einer neuen Erwartungshaltung traditionellen Geberländern wie Deutschland gegenüber. Hier ein adäquates wirtschafts- und entwicklungspolitisches Instrumentarium zu entwickeln und zu implementieren, wird über die zukünftige Rolle Deutschlands und der EU in S. entscheiden.

### Literatur

C. Wagner: Das politische System Indiens, [2]2016 • J. Drèze/ A. Sen: Indien, 2014 • A. Michael: India's Foreign Policy and Regional Multilateralism, 2013 • D. Arnold: Südasien, 2012 • C. K. Ebinger: Energy and Security in South Asia, 2011 • M. Mann u. a.: Geschichte Südasiens. 1500 bis heute, 2010 • J. R. Hinnells/R. King (Hg.): Religion and Violence in South Asia, 2006 • S. Kakar/K. Kakar: Die Inder. Porträt einer Gesellschaft. 2006 • H. Kulke/D. Rothermund: Geschichte Indiens. Von der Induskultur bis heute, 2006 • F. Robinson (Hg.): The Cambridge Encyclopedia of India, Pakistan, Bangladesh, Sri Lanka, Nepal, Bhutan and the Maldives, 1989 • World Bank: South Asia, URL: https://data.worldbank.org/region/south-asia (abger.: 15.02.2021). ARNDT MICHAEL

## Südostasien

### 1. Geographie, Klima und Bevölkerungen

Der Begriff S. wurde im Rahmen des Zweiten Weltkrieges für die Region östlich von Indien und südlich von China geprägt. Geographisch können zwei Gebiete unterschieden werden. Zum einen der Festlandbereich mit den Ausläufern des Himalaya, den großen Flüssen (Irawadi, Salween, Mekong) und Ebenen. Zum zweiten der

Inselbereich (Indonesien, Philippinen) entlang dem durch Vulkane gebildeten südwestlichen Feuerring. Das Klima ist durchgehend tropisch und vom Monsun geprägt. Bes. die Flussebenen und Deltagebiete gelten als Reisschüsseln Asiens und der Welt.

S. wird oft als Randbereich der indischen und chinesischen Hochkulturen angesehen, was sich in älteren Begriffen wie Hinterindien, Indochina oder Niederländisch Indien ausdrückt. Daraus ergibt sich die Frage, ob man überhaupt von einer Region im kulturellen Sinne sprechen kann. S. ist durch eine extreme kulturelle Vielfalt gekennzeichnet. Alle Weltreligionen sind vertreten, alle Kolonialmächte hatten Kolonien in der Region und die Vielfalt der ethnischen Gruppen spiegelt sich in der Vielfalt der zu ganz unterschiedlichen Familien gehörenden Sprachen. Einwanderungen aus Indien und China fanden parallel zum Seehandel entlang der maritimen Seidenstraße und zu den Gewürzinseln ab 900 statt. Ein Problem S.s war immer der Mangel an Arbeitskraft durch die niedrige Bevölkerungsdichte. Die Kriege der vorkolonialen Staaten dienten auch der Beschaffung von Arbeitskraft durch Kriegsgefangene und Flüchtlinge. Im Rahmen des kolonialen „Coolie"-Handels ab der zweiten Hälfte des 19. Jh. wurde dieses Defizit über Migration aus Indien und China reduziert. Beides erhöhte die kulturelle Vielfalt innerhalb der Territorien.

Heute leben auf etwa 4,5 Mio. Quadratkilometern etwa 660 Mio. Bewohner. Die Bevölkerungsdichte liegt bei 136 Personen pro Quadratkilometer. Allerdings gibt es Gebiete wie bes. Java (1121 pro Quadratkilometer), in denen die Dichte bei weitem höher ist. In der gesamten Region findet eine ↑Migration vom Land in die Städte statt. Durch die Eingemeindung anderer Städte und den Bau von Subzentren sind die Hauptstädte städtische Agglomerationen. In Kuala Lumpur (Klang Valley Metropolis) leben acht, in Bangkok (Greater Bangkok Metropolis) und Manila (Greater Manila Metropolis) zehn bis 13 und Jakarta (Jabodetabek) mehr als 30 Mio. Einwohner. Diese Zentralisierung hat weitreichende politische Folgen.

## 2. Vorkoloniale Staaten, Kolonialismus und Unabhängigkeit

Die ersten Staaten entstanden ab dem 7. Jh. Basierend auf dem transasiatischen See- und Gewürzhandel (maritime Seidenstraße) bildete sich an der Straße von Melaka das Handelsreich Srivijaya mit Städten als Handelsstützpunkte. Etwa zur gleichen Zeit entstand aus kleineren politischen Einheiten das v. a. auf der Landwirtschaft (bewässerter Reisanbau) basierende hinduistische Khmer-Reich. Einige Jahrhunderte später bildete sich am Irawadi das buddhistisch geprägte, ebenfalls auf der Landwirtschaft basierende Reich von Pagan. In diesen frühen Reichen galten indische Staatskonzepte. ↑Hinduismus (Angkor) und ↑Buddhismus (Pagan) bildeten die Herrschaftsreligionen gegenüber dem Animismus der bäuerlichen Bevölkerung. Aus diesem Grunde wurden die Staaten auch als indianisiert oder sanskritisiert bezeichnet. Im 11. Jh. wurde Srivijaya durch die Chola, ein südindisches Reich, zerstört. Im 13. Jh. verfiel das Pagan-Reich und etwa ein Jahrhundert später fand das Khmer-Reich ein Ende. Der Verfall dieser antiken Großreiche führte zur Fragmentierung und Bildung mehr oder weniger feudaler Stadtstaaten. In gewisser Hinsicht bilden die Staaten in Java Mataram und Majaphahit eine Ausnahme. Sie dominierten Java und Teile des späteren Indonesien. Im Vergleich zu den antiken Großreichen haben sie allerdings eine eher kleinere auf Indonesien begrenzte Bedeutung, auch wenn der Borobodur Tempel als eine der größten Anlagen weltweit noch heute beeindruckt.

Im Festland S.s dauerte es bis ins 15. Jh. bis wieder neue Reiche entstanden wie Siam und Burma. Vietnam war bis ins 10. Jh. eine Provinz Chinas. Invasionen fanden regelmäßig statt. Staatskonzepte basierten auf chinesischen Vorbildern, ebenso wie die Schrift. Dem entspricht auch, dass der Staat nach den regierenden Dynastien benannt wurde. Der Name Vietnam etablierte sich erst im frühen 19. Jh. In den Philippinen blieb die Staatsbildung begrenzt.

Während sich von den Handelsstädten nur wenige Reste finden, beeindrucken die umfangreichen Tempelanlagen als exemplarische, kosmologische Zentren der Reiche noch heute. Tempelanlagen dienten nicht nur religiösen Zwecken, sondern waren Verwaltungs- und Handelsorte. Die exemplarischen Zentren als kosmologische Weltzentren waren wichtig, denn Grenzen der Reiche waren nicht definiert. So konnte sich jedes größere politische System in einem Tal als „Weltreich" definieren.

Im frühen 16. Jh. eroberten die Portugiesen die wichtige Handelsstadt Malakka. Dies diente dazu, den Ost-West- und den Gewürzhandel zu dominieren. Dominanz des Gewürzhandels war auch das Motiv der Holländer, die kurze Zeit später in der Region aktiv wurden. Als die Spanier vom Pazifik kommend die Region erreichten, konnten sie zwar die Philippinen besetzen und den Silberhandel mit Mexiko (Acapulco-Manila Silberroute) etablieren, doch blieb ihr Einfluss sehr begrenzt. Franzosen und Engländer waren kaum präsent. Tatsächlich kann diese Phase nicht als Kolonialismus im eigentlichen Sinne bezeichnet werden. Das Interesse der Europäer war der Handel, den die Kompagnien aber gegenüber den einheimischen, indischen, persischen, arabischen und chinesischen Händlern nie dominieren konnten.

Der eigentliche ↑Kolonialismus setzte in der zweiten Hälfte des 19. Jh. ein. Es ging nicht mehr um den Handel von Weltmarktgütern durch die Handelskompagnien, sondern um deren Produktion auf Plantagen. Das wiederum erforderte den Aufbau einer Infrastruktur und eine territoriale Verwaltung, ebenso wie die Etablierung eines Gewaltmonopols durch Militär und

Polizei. Diese Aufgaben überstiegen die Möglichkeiten der Handelskompagnien. Die Kolonialstaaten wurden relevant. Um den Bedarf an Arbeitskräften für Plantagen, Minen und den Bau der Infrastruktur zu befriedigen, wurde die Migration aus Indien und China gefördert. Neben der Kolonialwirtschaft weitete sich der Kleinhandel v. a. in den Städten massiv aus und bot vielen Migranten neue Möglichkeiten, da die einheimische Bevölkerung v. a. auf dem Lande als Bauern lebte. Neben den europäischen ↑Banken, die bes. im Ex- und Import involviert waren, bildeten sich informelle Institutionen wie Geldverleiher, Pfandhäuser, Unternehmer, die den Geldtransfer in die Heimatländer organisierten, usw. Nach der Unabhängigkeit gingen daraus einige der einheimischen Banken hervor wie z. B. die Bangkok Bank. In Burma, das bis 1936 als Teil Indiens verwaltet wurde, wurde v. a. die südindische Kaste der Cheddiars als Geldverleiher bekannt. Die Dominanz der Wirtschaft durch Einwanderer (Inder und Chinesen) führte zu Ressentiments und ↑Diskriminierungen.

Siam, das heutige Thailand, ist eine Ausnahme, da es nicht direkt kolonisiert wurde. König Rama V. (Chulalongkorn), der von 1868 bis 1910 regierte, verfolgte mit Verwaltungsreform und dem Bau von Eisenbahnen und Wirtschaftsreformen eine Entwicklungspolitik, im Rahmen derer das Land ähnlich den Kolonien transformiert wurde. Damit konnten die wirtschaftlichen Interessen der Kolonialunternehmen befriedigt, und die kostspielige Etablierung einer kolonialen Verwaltung vermieden werden.

Benedict Richard O'Gorman Anderson weist auf Parallelen zwischen Siam und den indirekt kolonialisierten Staaten hin. Indirekt kolonialisierte Staaten waren im britischen System Staaten an der Peripherie der Kolonien, die weitgehend autonom unter einheimischer Führung blieben. Dem Herrscher stand ein britischer „Berater" zur Seite, der dafür sorgte, dass die wirtschaftlichen Interessen durchgesetzt wurden und der zudem die Verbindungen zu anderen Staaten insb. der Kolonialverwaltung regelte. Der Vorteil war, dass damit eine kostspielige Kolonialverwaltung eingespart werden konnte, die wirtschaftlichen Interessen aber gewährleistet wurden.

Die japanische Besatzung der Region im Zweiten Weltkrieg ist ein wichtiger Einschnitt. Die Europäer spielten in der Verwaltung und Wirtschaft keine Rolle mehr. Sie wurden durch Japaner und Einheimische ersetzt. Das Militär war aufgelöst und die Polizei von Einheimischen organisiert. Indonesien und Burma wurden als unabhängig bezeichnet, aber im Rahmen der Großostasiatischen Wohlstandssphäre vom japanischen Militär beherrscht.

Nach dem Weltkrieg bildeten sich Unabhängigkeitsbewegungen, deren Grundlage oftmals von den Alliierten unterstützte Guerillaverbände (↑Guerilla) waren. Als erster Staat wurden die Philippinen 1946 selbstständig, gefolgt von Burma 1948. Mit der Unabhängigkeit und dem Attentat auf Aung San und andere führende Politiker löste sich in Burma die gemeinsame Front der Unabhängigkeitskämpfer (30 Genossen) auf. Hinzu kamen Konflikte mit den ↑Minderheiten. Im Ergebnis entstand ein ↑Bürgerkrieg, in dem ethnische und politische Milizen gegeneinander kämpften. Indonesien folgte 1949 nach einer Phase sehr gewalttätiger Auseinandersetzungen mit bis zu 200 000 Toten. In Indochina endete der Unabhängigkeitskrieg mit der Niederlage der Franzosen in Dien Bien Phu 1954. Im Rahmen der Verhandlungen in Paris wurden Vietnam (geteilt in Nord- und Süd-Vietnam), Kambodscha und Laos 1955 unabhängig. Auch dieser Krieg war durch Gewalt und Massaker gekennzeichnet. Insgesamt waren die Auseinandersetzungen um Unabhängigkeit der Staaten S.s die gewalttätigsten dieser Art.

Die Etablierung der Unabhängigkeit Malayas war kompliziert. Zum einen waren die als Staatsvolk definierten Malaien selbst eine Minderheit. V. a. in Singapur waren fast dreiviertel der Bewohner Chinesen. Ostmalaysia (Sabah und Sarawak) gehörte erst seit 1946 zur Kolonie. Nur wenn diese Gebiete einbezogen wurden, ergab sich ein ausgewogeneres Verhältnis zwischen Malaien, Chinesen und Indern. So wurde in einem ersten Schritt die Föderation Malaya 1957 als Verbindung vierer gleichwertiger Mitglieder geschaffen: Malaya (West-Malaysia), Singapur, Sarawak und Sabah (Ost-Malaysia). 1965 verließ Singapur die Föderation. Noch heute haben Sabah und Sarawak Sonderrechte.

In fast allen neuen Staaten entstanden mit der Unabhängigkeit separatistische Bewegungen (↑Separatismus). In Indonesien konnten die Auseinandersetzungen in Sumatra und auf den Molukken bis auf Aceh schnell befriedet werden In Aceh kam es erst nach dem Tsunami 2004 zu einem Abkommen. Im Sulu-Archipel der Philippinen sind die *Islamische Befreiungsfront der Moros* und deren Ableger wie *Abu Sajaf* (↑Islamismus) noch heute aktiv. In Südthailand besteht seit langem ein Konflikt mit malaiisch islamischen Gruppen. In Myanmar (seit 1989 offizieller Name von Burma) flammen immer wieder gewalttätige Konflikte mit den Minderheiten (Karen, Shan, Chin und Kachin) auf.

Der Kolonialismus hat die Multikulturalität der „pluralen Gesellschaften" (Furnivall 1948: 304) verstärkt und durch die Etablierung der indirekten Herrschaft sowie von Sonderrechten für bestimmte ethnische Gruppen (Divide et impera-Politik der Briten) formalisiert. Dadurch, dass alle Kolonialmächte in der Region aktiv waren, haben sich unterschiedliche Muster der Verwaltung des post-kolonialen Staates gebildet. Trotz der kulturellen und politischen Heterogenität sowie der unterschiedlichen ↑politischen Systeme lassen sich Prozesse der Herrschaft und Staatsbildung ausmachen, die mehr oder weniger gleichzeitig die Staatsentwicklung in der Region prägten.

### 3. Staatsbildung nach der Unabhängigkeit

Nach der Unabhängigkeit lassen sich drei Phasen der Staatsbildung unterscheiden. Wie in vielen anderen ehemaligen Kolonien war die *erste Phase* durch charismatische Führer gekennzeichnet. Am bekanntesten sind Sukarno, erster Präsident Indonesiens von 1947 bis 1965 und Ho Chi Minh, Präsident Nord-Vietnams von 1945 bis 1969. Obwohl Thailand nicht kolonialisiert wurde, ist die Phase nach der Abschaffung der absolutistischen Monarchie 1932 durchaus vergleichbar. Lee Kuan Yew gilt als charismatischer Gründer des modernen Singapur. Allerdings weist er selbst in seiner Autobiographie darauf hin, dass Lim Chin Siong und Lee Siew Choh die Massen sehr viel mehr beeindruckten. Erst nachdem diese beiden 1963 vor den Wahlen verhaftet wurden, setzte sich Lee Kuan Yew als Führer der *Peoples Action Party* (PAP) durch, die bis heute die Politik des Landes bestimmt. Myanmar ist eine Ausnahme, da der charismatische Führer der Unabhängigkeitsbewegung Aung San 1947 ermordet wurde. Sein Nachfolger U Nu (Premierminister Burmas von 1947 bis 1962) versuchte sein begrenztes Charisma durch Religiosität zu kompensieren und etablierte den Buddhismus als Staatsreligion. Das wiederum verstanden die christlichen Minderheiten (Kachin, Chin, Karen) als Diskriminierung.

↑Charisma wurde deswegen so bedeutend, weil Wirtschaft und Verwaltung als integrative Rahmen der multikulturellen, pluralen Gesellschaften mit der Unabhängigkeit wegfielen bzw. eingeschränkt wurden. Die wichtigsten Unternehmen waren entweder ausländische oder von Ausländern dominiert Betriebe, bzw. mit dem Kolonialismus verwobene Kompradoren. Weiterhin wurde die Wirtschaft von Indern (Myanmar) und Chinesen dominiert, die als Einwanderungsethnien eng mit dem Kolonialismus verbunden waren. Zwar kam es nach der Unabhängigkeit zu einem Bürokratisierungsschub, doch blieb mit Ausnahme Malaysias und Singapurs, die erst in den 60er Jahren volle Unabhängigkeit erreichten, der Grad der Professionalisierung begrenzt. Die vormals von Ausländern bekleideten höheren Positionen wurden von Personen besetzt, deren Hauptqualifikation darin bestand, Leiter von Milizen und Gruppen im Unabhängigkeitskrieg gewesen zu sein. Durch die kulturelle Vielfalt (indigene Minderheiten und Migrations-Minderheiten) fehlte eine nationale Kultur, bzw. implizierte die Kreation einer nationalen Kultur basierend auf der Mehrheitsethnie die Diskriminierung anderer. Separatistische Bewegungen, die teilweise bis heute bestehen, wurden dadurch forciert. Im Ergebnis wurde lange verhandelt, wer überhaupt als Bürger des Landes gilt. Diese Problematik besteht in Myanmar noch heute in Bezug auf die Rohingya. In Indonesien wurde die Panchasila als Staatsideologie mit dem Konzept der „Einheit in der Vielfalt" als Grundlage entwickelt. Statt einer systemischen politischen Integration basierte die Politik auf personalisierter ↑Herrschaft. In Burma zeigte sich dies deutlich in der Panglong-Konferenz (1947), wo die Minderheiten bereit waren, für mindestens zehn Jahre Teil der Union of Burma zu werden. Das basierte auf ihrem Vertrauen in Aung San als kommenden Premierminister. Als Aung San aber 1947 ermordet wurde, entfiel dieser persönliche Bezug. Die Vereinbarungen wurden obsolet, was wiederum zu separatistischen Auseinandersetzungen führte.

Mitte der 60er Jahre standen die auf Charisma basierenden politischen Systeme vor einer Krise. Die nationalistisch ausgerichtete wirtschaftliche Entwicklung stagnierte. Sowohl ethnisch begründete Konflikte als auch politische Konflikte zwischen Parteien bzw. politischen Gruppen nahmen zu. Oftmals überlagerte sich beides: in Indonesien z. B. im Konflikt zwischen der *Kommunistischen Partei* (PKI), Islamisten und dem Militär; in Burma in Konflikten mit den Minderheiten, aber auch den „Weiße Fahne"- oder „Rote Fahne"-Kommunisten. In Singapur und Malaysia gab es den „Ausnahmezustand" angesichts des Guerillakrieges der kommunistischen Partei. Spannungen zwischen Malaien und Chinesen führten zu gegenseitigen Übergriffen, die in den *Race Riots* 1969 endeten. In dieser Situation kam es zur Ablösung der alten Führer durch Bürokraten und Generäle, bzw. wurden ↑Bürokratie und ↑Militär zu wichtigen politischen Faktoren.

Die *zweite Phase* seit den 70er Jahren ist die Transformation der politischen in bürokratisierte Systeme. Sie lässt sich mit Max Webers Argument der „Veralltäglichung des Charisma" (Weber 1972: Bd. 1, 142) durch Bürokratisierung erklären. Basierend auf einer zunehmend effizienteren ↑Verwaltung konnten Probleme der wirtschaftlichen Entwicklung und Pazifizierung durch Auflösung oder Einschränkung von Widerstandsgruppen wie den Kommunisten in Malaysia oder Separatisten in Indonesien, Thailand und Burma, oder durch die Kriegserfolge Nordvietnams gelöst werden. Damit wurden die Leiter der Verwaltung und des Militärs zunehmend politisch relevant und konnten die vorherigen Führer ablösen. Sukarno wurde 1965 durch General Haji Mohamed Soeharto ersetzt, U Nu 1962 durch General Ne Win, Ho Chin Minh 1965 durch die Parteisekretäre Le Duc Tho und Le Duan, Prinz Norodom Sihanouk 1970 durch General Lon Nol usw. Verwaltung ist jedoch anonym und bietet wenig Ansatzpunkte für Identifikation. Die personalisierte Politik setzte sich dadurch in modifizierter Form fort. Die Erfolge wurden weniger der Verwaltung als den politischen Führern zugesprochen bzw. stilisierten diese sich selbst als Retter der Länder. Personalisierung blieb also i. S. einer „Charismatisierung" der politischen Führer durch die Verwaltung bestehen.

Diese Phase von den 70er Jahren bis zur Asienkrise 1997 war durch relative politische Stabilität gekennzeichnet. In Indonesien ebenso wie Malaysia und Singapur hatten sich mehr oder weniger Ein-Parteien-Systeme ausgebildet. Regelmäßig fanden Wahlen statt, in denen die Regierung bestätigt wurde. Die insgesamt sechs Militärputsche in Thailand führten zu keiner großen Veränderung und waren mit Ausnahme von 1976 (Massaker an der Thammasat Universität) und 1992 weitgehend gewaltlos. In den Philippinen bestand von 1972 bis 1986 das Kriegsrecht unter Ferdinand Edralin Marcos. Nach dem Attentat auf Benigno Simeon Aquino jun. 1983 kam es zu Demonstrationen; F. E. Marcos verließ das Land. Indochina war noch durch den Krieg und seine Folgen (Rote Khmer) geprägt.

Durch die wirtschaftliche Entwicklung in den 80er, v.a. aber 90er Jahren bildete sich eine Mittelschicht. Neue erfolgreiche Unternehmer kamen hinzu. Mit den Mittelschichten nahmen Forderungen nach Rechtstaatlichkeit und Demokratisierung zu.

Die Asienkrise 1997 löste die *dritte Phase* aus. Als internationale Kredite nicht mehr zurückgezahlt werden konnten und die Wechselkurse verfielen, nahm die Verschuldung noch zu. Um die Kurse zu stabilisieren, mussten die Zinsen stark erhöht werden, so dass Kredite noch weniger bedient werden konnten. Die Regierungen versuchten, die mit ihnen verbundenen Cronies auf Kosten der Mittelschichten zu erhalten, was zu Legitimationsverlusten führte. Die Wirtschaftskrise wurde zur politischen Krise. H. M. Soeharto trat zurück, ebenso wie Chavalit Yongchaiyudh, der Premierminister Thailands, wo eine neue relativ liberale ↑Verfassung verabschiedet wurde. Anwar Ibrahim übernahm temporär die Regierungsgeschäfte von Tun Mahathir bin Mohamad in Malaysia und nutzte die Krise, um seine Cronies gegen die alten ↑Eliten aufzubauen. Anfangs spielten die Parteien der Mittelschichten eine große politische Rolle in den betroffenen Ländern. Allerdings kam es bald zu einer Konsolidierung der alten Eliten. Tun Mahathir bin Mohamad wurde wieder aktiv als Premierminister und Anwar Ibrahim verhaftet. In Thailand vertrat Thaksin Shinawatra die Interessen der Mittelschichten. Als sein Einfluss zu stark wurde, kam es 2006 zu einem Militärputsch, und die relativ liberale Verfassung von 1997 wurde abgelöst. Aber erst mit dem Putsch 2014 und der Verfassung von 2017, die einen durch das Militär ausgewählten Senat vorsieht, konnte sich die alte Elite weitgehend konsolidieren. In Indonesien besetzten nach einer Übergangsphase dem Militär nahestehende Premierminister (Susilo Bambang Yudhoyodo 2004–14; Joko Widodo seit 2014) die Regierungsposten. Die Legitimationskrise besteht weiterhin und führte entweder zur Entwicklung autoritärer Regimes wie in Thailand seit dem Putsch von 2014 oder der Dominanz durch konservative Parteien wie in Indonesien. Malaysia ist eine gewisse Ausnahme. Die seit der Unabhängigkeit regierende *Nationale Koalition* (Barisan Nasional) verlor die letzten Wahlen. Damit wurde Tun Mahathir bin Mohamad, der von 1981 bis 2003 der Regierung der Nationalen Koalition vorgestanden hatte, wieder Premierminister, diesmal allerdings aus der Rolle des Oppositionsführers.

Die Prozesse in Myanmar sind nur schwer nachvollziehbar. Zur Verblüffung vieler Beobachter setzte 2010, zwei Jahre nach der gewalttätigen Niederschlagung der Proteste der Mönche, eine Öffnung des Landes ein. Das Militär war bereit, die totale Herrschaft aufzugeben. Ein Grund könnte die Unterentwicklung im Vergleich zu den anderen Staaten sein. 2015 fanden Wahlen statt, die von der *Nationalen Liga für Demokratie* (NLD) gewonnen wurden. Dort gibt es mit Aung San Suu Kyi, der Tochter Aung Sans, wieder eine eher charismatische Führerin. Der Grund ist, dass Myanmar wieder vor ähnlichen Problematiken steht wie nach der Unabhängigkeit. Die zivile Verwaltung unterstand seit 1962 (Putsch von General Ne Win) direkt dem Militär. Für den Aufbau einer von diesem unabhängigen Verwaltung fehlt professionelles Personal. Die wirtschaftliche Entwicklung wird u.a. dadurch beschränkt, dass es nur wenige Unternehmen gibt, die nicht mehr oder weniger eng mit dem Militär verbunden waren und sind. Daher werden viele ↑Reformen nicht oder nur sehr schleppend umgesetzt.

Vergleichende Betrachtung der gegenwärtigen politischen Systeme zeigt, dass nur in den Philippinen, Malaysia und Singapur mehr oder weniger dauerhafte demokratische Systeme bestehen. Dort gibt es mehrere ↑Parteien und regelmäßige ↑Wahlen. In Singapur hat sich jedoch ein eher dynastisches System herausgebildet mit Lee Hsein Loong, dem Sohn Lee Kuan Yews, als Premierminister seit 2004. Kennzeichen aller Staaten ist eine starke und politisch relevante Verwaltung, die relative Stabilität, v.a. aber Kontinuität gewährleistet. Die Wirtschaft wird (inzwischen auch in Myanmar) von Tycoons dominiert, die in einer speziellen Verbindung zu Verwaltung, Militär und Politik stehen. Auf dieser wirtschaftlichen und politischen Grundlage basieren ganz unterschiedliche politische Systeme. Die Philippinen entsprechen am meisten einer ↑Demokratie. Singapur und weniger ausgeprägt Malaysia können als patrimoniale Demokratie mit regelmäßigen Wahlen und etabliertem ↑Rechtsstaat bezeichnet werden. Die ↑Legitimation beruht auf wirtschaftlichem Erfolg und vergleichsweise hohem Lebensstandard. Patrimonialismus gilt auch für das deutlich autoritärere System in Kambodscha unter Hun Sen. Trotz demokratischer Tendenzen durch Parteienpluralität und regelmäßige Wahlen ist das Militär in Indonesien und Myanmar politisch sehr einflussreich, was weitergehende ↑Demokratisierung und Rechtstaatlichkeit behindert. In Thailand hat sich seit dem Putsch 2014 eine autoritäre Militärdiktatur durchgesetzt. Die Politisierung der Gerichte und Rechtsorgane führt zur Aufweichung von Rechtstaatlichkeit und zu sog.en „doppelten Standards“. Auch die Wahlen 2019 haben die Dominanz des Militärs und die Politisierung des Rechts kaum eingeschränkt. In Vietnam und Laos bestimmt die Politik weiterhin die *Kommunistische Partei*. ↑Liberalisierung und weitergehende Demokratisierung sind für die nächste Zukunft in keinem dieser Länder zu erwarten.

## 4. Überlagerungen zwischen Staat und Wirtschaft: Tycoons und Cronies

Eine der Maßnahmen zur Überwindung der Wirtschaftskrise in den 60er Jahren war die Förderung einheimischer Unternehmen durch Lizenzen, Monopole usw. So entstand das sog.e Tycoon oder Crony Business, d. h. die Verbindung von Bürokraten und Politikern mit Unternehmern, die für beide profitabel war. Wegen des politischen Stellenwerts von Bürokratie und Militär spielten interne Auseinandersetzungen zwischen Cliquen und Fraktionen eine beträchtliche Rolle. In Malaysia und Singapur, ähnlich auch in Vietnam, bestehen Cliquen in der führenden Partei oder Koalition. Um Machtpositionen zu erreichen, müssten Patronage-Netzwerke geschaffen werden. Da die Mittel dafür nicht innerhalb der Bürokratie oder Politik erworben werden können, ist mehr oder weniger indirektes wirtschaftliches Engagement notwendig; entweder durch Staatsunternehmen und Staatsmonopole wie früher in Thailand und Indonesien oder als Verbindung zwischen Unternehmen und Politik. Tycoons erhielten Lizenzen, Monopole usw., die Reichtum garantierten, während Bürokraten, Militärs oder Politiker Finanzressourcen zufielen, durch die Patronage-Netzwerke finanziert werden konnten. D. h., bürokratische und politische Positionen waren ein Instrument, sich wirtschaftliche Ressourcen anzueignen bzw. zu kontrollieren; umgekehrt konnten wirtschaftliche Ressourcen als politische Mittel genutzt werden. Basierend auf der gegenseitigen Abhängigkeit etablierte sich in den 70er Jahren eine aus Bürokraten, Militärs, Politikern und Unternehmern bestehende, diversifizierte post-koloniale Elite. Gleichzeitig kam es zu *trickle down*-Effekten, so dass diese Form der Herrschaft als legitim anerkannt wurde. Um trotz divergierender Interessen einen Zusammenhalt der Elite zu schaffen war ein personalisiertes Zentrum notwendig, wie in Indonesien die Familie von H. M. Soeharto, in Burma General Ne Win, in Thailand der König und in Singapur und Malaysia der Premierminister. Nur in diesen beiden letzten Staaten bildete ein Politiker das Zentrum, d. h., dass dort politische Entscheidungen von Politikern im Parlament (↑Parlament, Parlamentarismus) getroffen wurden und werden. In den anderen Ländern trifft die Elite außerhalb der Parlamente und teilweise gegen die Regierungen Entscheidungen, für die aber die Politiker verantwortlich gemacht werden. Thailand ist ein extremes Beispiel. Ist die Elite negativ von Entscheidungen der Regierung betroffen, was unter Thaksin Shinawatra (2001–06) häufiger der Fall war, macht das Verfassungsgericht darauf aufmerksam, dass diese Entscheidung nicht mit der Verfassung vereinbar ist. Die Verwaltung weist darauf hin, dass solche Entscheidungen nicht implementiert werden können. ↑Intellektuelle sehen die Kultur gefährdet, und Generäle denken öffentlich über einen Putsch nach. In Kambodscha entwickelte sich unter Hun Sen (seit 1997 Premierminister) ein ähnliches System mit ihm als Zentrum. Offensichtlich waren diese Politiken erfolgreich. Die Länder der Region galten in den 90er Jahren als Tigerstaaten.

Die sozialistischen Staaten weichen von diesem Muster ab. In Myanmar setzte sich das Militär als unumschränkte Macht durch. Die Wirtschaft wurde sehr eng geregelt. Die Versorgung basierte zunehmend auf Schmuggel. So konnte zwar Reichtum erworben, aber nicht im Land investiert werden, so dass keine Unternehmerschicht oder -gruppe entstand. Große Teile dieses durch Schmuggel erworbenen Reichtums wurden entweder für die Finanzierung von Milizen verwendet oder den Tempeln gespendet, die damit ihre Wohlfahrtsaktivitäten finanzierten. In Vietnam setzte erst mit der Doi-Moi-Politik (ab 1986), mit der Einführung der Marktwirtschaft, eine wirtschaftliche Erholung ein.

## 5. Aktuelle politische Fragen

### 5.1 Neue Seidenstraße

China versucht eine engere ökonomische Bindung mit der Region zu erreichen. Dafür soll die ↑Infrastruktur (Eisenbahnen, Straßen) massiv ausgebaut werden. Zu den Plänen gehört der Bau eines Hafens und Ölterminals in Kyaukpyu, Rakhine verbunden mit einer Pipeline und Straße nach Yunnan; eine Expressbahnverbindung von Kunming, Yunnan nach Singapur. In Thailand und Malaysia sind Industriegebiete geplant, ebenso neue Städte in Malaysia.

Diese Großvorhaben führen zu massiven Spannungen. Die Infrastruktur wird v. a. von chinesischen Unternehmen und Arbeitern geschaffen und über chinesische Kredite an die Länder finanziert. Kritisiert werden die einseitige Kreditvergabe, teilweise zu höheren als den internationalen Zinsraten, dass so gut wie keine einheimischen Firmen in Planung und Bau involviert sind, sowie fehlende Sensibilität gegenüber einheimischen Befindlichkeiten. Die in Myanmar geplante Pipeline führt durch den Kachinstaat und löste erneut bewaffnete Unruhen aus. Eine in Malaysia geplante Stadt war z. B. primär für Chinesen vorgesehen usw. Nach der Wahl von Tun Mahathir bin Mohamad 2019 war einer der ersten Schritte die Kündigung aller Verträge. China ist ebenso ein Investor v. a. in Apartments und touristische Infrastruktur in Thailand und Kambodscha, wo Touristen aus China den bei weitem größten Anteil an Reisenden ausmachen. Weiterhin werden die Märkte von chinesischen Waren geflutet, mit denen die einheimischen Unternehmen kaum konkurrieren können. Langfristig gilt das als Gefahr des Verlustes von ↑Souveränität.

### 5.2 Konflikt um die Spratly Inseln

Die Atolle im südchinesischen Meer werden teilweise von Malaysia, den Philippinen, Vietnam, Taiwan und China beansprucht. Mit wenigen Ausnahmen handelt es sich um meist überflutete Riffe und Sandbänke, also eigentlich keine Inseln. Da weder Möglichkeiten für Landwirtschaft bestehen, noch Süßwasser vorhanden ist, gibt es auch keine dauerhafte Bewohnung. Allerdings ist dieses Seegebiet an einem der wichtigsten Seefahrtswege, beherbergt Fischereigründe sowie u. a. Ölvorkommen. 2002 wurde in Phnom Phen ein Vertrag zwischen den ASEAN-Außenministern (↑Vereinigung Südostasiatischer Nationen [ASEAN]) getroffen, die Konflikte mit diplomatischen Mitteln auszuhandeln. 2012 hatte China einen Code of Conduct vorgeschlagen, der ebenfalls diplomatische Formen der Auseinandersetzung vorsah.

Schon 1988 kam es zu Auseinandersetzungen zwischen China und Vietnam. China begann auf dem Johnson Riff Sand aufzuschütten, um Anlagen zu bauen, die offiziell zum Schutz der Fischer sowie für die Forschung vorgesehen waren. Allerdings wurden auch militärische Einrichtungen errichtet. 1994 besetzte China das von den Philippinen beanspruchte Mischief Reef. Seit 2013 wurden weitere Riffe ausgebaut, wodurch China seine Ansprüche über fast das gesamte Chinesische Meer ausweitet. Mit diesem Ausbau wird die ausschließliche Wirtschaftszone Chinas über fast das gesamte Südchinesische Meer ausgeweitet. 2016 entschied das internationale Schiedsgericht in Den Haag, dass die Atolle, rechtlich keine Inseln sind und als Riffe oder Sandbänke keinen seerechtlichen Anspruch begründen können. Allerdings akzeptiert China diese Entscheidung nicht und setzt seine Baumaßnahmen fort. In S. gilt dies als Machtdemonstration Chinas.

### Literatur

Y. T. Wong: Penang Chinese Commerce in the 19th Century, 2015 • M. Adas: The Burma Delta, 2011 • R. Korff: Kolonialismus als widersprüchliche Modernisierung, in: W. L. Bernecker/H. W. Tobler (Hg.): Die Welt im 20. Jahrhundert bis 1945, 2010, 252–279 • P. R. Krugman: Die neue Weltwirtschaftskrise, 2009 • J. Studwell: Asian Godfathers, 2008 • H.-D. Evers/R. Korff: Southeast Asian Urbanism, ²2003 • Cheah Boon Kheng: Malaysia, 2002 • K. Y. Lee: The Singapore Story, 1998 • G. Rodan/K. Hewison/R. Robison (Hg.): The Political Economy of South-East Asia, 1998 • H.-D. Evers: Bürokratisierung in Südostasien, in: R. Hanisch/H. Dürr (Hg.): Südostasien, 1986, 54–62 • B. R. O'G. Anderson: Studies of the Thai State: The State of Thai Studies, in: E. B. Ayal (Hg.): The Study of Thailand, 1978, 193–247 • M. Weber: Wirtschaft und Gesellschaft, 2 Bde., ⁵1972 • G. Coedès: The Indianized States of Southeast Asia, 1964 • J. S. Furnivall: Colonial Policy and Practice, 1948. RÜDIGER KORFF

## Suizid

I. Ethisch – II. Rechtlich

### I. Ethisch

In der Geschichte der Ethik lassen sich hinsichtlich der moralischen Bewertung des S.s drei Positionen unterscheiden. Die Hauptströmung der europäischen Philosophie folgt Platon, der das Leben mit einem Wachposten vergleicht, den man nicht eigenmächtig verlassen darf. Der plantonische Sokrates gibt dieser Metapher eine religiöse Färbung, indem er aus ihr die Konsequenz ableitet, dass „man nicht eher sich selbst töten dürfe, als bis der Gott irgendeine Notwendigkeit dazu verfügt hat" (Platon: Phaidon 62c). Thomas von Aquin fasst die Argumente der Tradition gegen den S. zu einer dreifachen Begründung dafür zusammen, warum die Selbsttötung ganz und gar unerlaubt *(omnino illicitum)* sei: Er führt ein individualethisches, ein sozialethisches und ein religiöses Argument gegen den S. an, das diesen von den Grundrelationen her beurteilt, in denen der Mensch zu sich selbst, zu den anderen und zu Gott lebt. Der S. widerspricht daher der moralisch gebotenen Selbstliebe und der aus ihr abgeleiteten Verpflichtung zur Selbsterhaltung. Zudem stellt er ein Unrecht gegen die ↑Gemeinschaft in ihren unterschiedlichen Formen (Familie, Staat) dar, die durch den S. verletzt wird. Der dritte Einwand verweist auf die einflussreiche religiöse Metapher, die das Leben als ein dem Menschen von Gott gewährtes Geschenk deutet, über das er nicht selbst verfügen darf. Im Anschluss an Dtn 32,39 („Ich bin es, der tötet und lebendig macht.") wird der S. als Eingriff in das Hoheitsrecht Gottes und als Revolte gegen den Schöpfer betrachtet (STh II, 64,5). Immanuel Kant reformuliert die These von der moralisch gebotenen Selbsterhaltung in einem freiheitstheoretischen und transzendentallogischen Sinn: Wer sich selbst tötet, vernichtet das „Subjekt der Sittlichkeit in seiner eigenen Person", was gleichbedeutend damit ist, „die Sittlichkeit selbst ihrer Existenz nach aus der Welt [zu] vertilgen, welche doch Zweck an sich selber ist" (Kant 1914: 423).

Im 20. Jh. begründet Albert Camus seine Ablehnung des S.s von dem Grundgedanken seiner existenzialistischen Philosophie (↑Existenzphilosophie) her: In einer sinnlosen Welt ist das Leben der einzige verbleibende Wert, dessen Negation den endgültigen Sieg des Absurden über die Menschlichkeit bedeuten würde. Der Mensch in der Revolte muss leben, um sich gegen das Dasein auflehnen zu können. Der S. vernichtet die Freiheit, aus der sich die Revolte gegen die Absurdität des Daseins speist. Reinhold Schneider erneuert die klassischen Argumente gegen den S. „Der Selbstmord – scheinbar das persönlichste, nur gegen das Ich gerichtete Vergehen – ist in Wahrheit nicht auf das Subjekt beschränkt. Alles Leben ist eins; der sein eigenes Leben nicht achtet, verletzt das Leben überhaupt und empört sich gegen Den, der alles Leben gegeben hat" (Schneider 2003: 185).

Die Seitenlinie der europäischen Philosophie, die den S. als höchste Tat der ↑Freiheit betrachtet, geht bis auf die Stoa zurück. In der Neuzeit formuliert David Hume die wichtigsten Argumente zugunsten einer moralischen Erlaubtheit des S.s, indem er diese der dreifachen Begründung des Thomas entgegensetzt. Bei manchen Menschen ist der natürliche Selbsterhaltungstrieb zu schwach, um sie vom S. abzuhalten. Ebenso rechtfertigen Menschen in elenden Verhältnissen den S. gegenüber der Gesellschaft, weil sie dieser nicht länger zur Last fallen wollen. Schließlich muss der S. auch in religiöser Hinsicht als erlaubt gelten, weil Gott dem Menschen die Fähigkeit dazu verliehen hat. Alle drei Gegeneinwände verkennen die normative Struktur der thomanischen Argumentation und verfallen ihrerseits einem naturalistischen Fehlschluss. Beim Schluss von der physischen Möglichkeit auf die moralische Erlaubtheit des S.s ist dies klar erkennbar. Wenn die bloße Fähigkeit, eine Handlung zu vollziehen, bereits die moralische Befugnis zu ihr gewährt, lassen sich erlaubte und verbotene Handlungen in moralischer Hinsicht nicht mehr unterscheiden, da ja auch die Fähigkeit zum Diebstahl, zum Mord oder zur Lüge den Menschen von Gott verliehen wurde.

Im 20. Jh. begründen die Befürworter der Freiheit zum S. ihren Standpunkt durch den Rekurs auf die Freiheit, die im S. ihre höchste und letzte Artikulation finde. Folgerichtig sehen sie nicht im Leben, sondern in der Freiheit den einzigen unbedingten Wert. Den transzendental-philosophischen Einwand, im S. vernichte die Freiheit sich selbst, da das ↑Leben als das schlechthin fundamentale Gut zu den indispensablen Vorbedingungen der Freiheit gehöre, weisen sie mit dem Argument zurück, der Entschluss zum S. sei eine Freiheitsentscheidung wie jede andere, die sich nur dadurch auszeichne, dass sie das eigene Leben beenden möchte. In diesem Sinn postuliert Jean Améry die „Freiheit zum Freitod", die er als ein „unveräußerliches Menschenrecht" (Améry 1976: 68) und als ein Privileg des Menschen ansieht.

Eine Mittelposition zwischen einem ausnahmslosen Verbot des S.s und seiner grundsätzlichen Erlaubtheit vertreten im 20. Jh. Philosophen wie Karl Jaspers und Wilhelm Kamlah oder auch der Theologe Karl Barth. Sie behaupten kein positives Recht (↑Rechtspositivismus) zum S., den K. Barth als gegen Gottes Gebot gerichtet grundsätzlich ablehnt, betrachten den S. jedoch als einen Grenzfall eigenverantwortlichen Handelns (↑Verantwortung), das in Ausnahmesituationen zulässig sein kann. Die These von der Freiheit des Menschen zum S. wird heute auch in der protestantischen (Friedrich Wilhelm Graf) und katholischen Theologie (Hans Küng/Magnus Striet) gelegentlich vertreten. In der gegenwärtigen ↑Moraltheologie wird der S. im Allgemeinen missbilligt, jedoch in Ausnahmefällen, in denen er zum Schutz gleichrangiger personaler ↑Werte erfolgt (z. B. um der Gefahr zu entgehen, andere durch Geheimnisverrat zu verraten), als zulässig erachtet.

Auch die Position, die den S. als gegen das eigene Leben gerichtete Handlung missbilligt, verbindet mit diesem normativen Verbot keine Bewertung des konkreten Handelns eines einzelnen Menschen. V. a. enthält das normative Urteil über die Missbilligung des S.s keine Aussage über die Zurechenbarkeit eines S.s oder die eventuelle moralische ↑Schuld eines Menschen, der S. begeht. Die Erkenntnis der empirischen S.-Forschung, nach der jedem S. eine suizidale Entwicklung vorangeht (präsuizidales Syndrom), die von einer psychischen Einengung des Wahrnehmungsfeldes, von Einsamkeit und einer depressiven Eintrübung der Stimmungslage sowie am Ende auch von Todesphantasien und einer Aggressionsumkehr gegen das eigene Ich begleitet ist, richtet hier für jede normative Bewertung des einzelnen S.s eine Grenze auf. Weil moralische Schuld ein Mindestmaß an Freiheit und Zurechenbarkeit voraussetzt, das im Verlauf einer präsuizidalen Erkrankung in der weitaus überwiegenden Zahl der Fälle verloren geht, muss das Urteil über die moralische Schuld, die ein Suizidant auf sich lädt, Gott überlassen bleiben. Die posthume Ächtung eines durch S. Verstorbenen ist daher mit dem christlichen Gebot der Barmherzigkeit und der Rücksichtnahme auf menschliche Schwäche unvereinbar. Als Folge der Rezeption dieser Einsichten hat die frühere Praxis einer Verweigerung des kirchlichen Begräbnisses (↑Bestattung) keine Grundlage mehr.

### Literatur

E. Schockenhoff: Grundlegung der Ethik. Ein theologischer Entwurf, ²2014 • W. Wolbert: Du sollst nicht töten. Systematische Überlegungen zum Tötungsverbot, 2009 • D. Birnbacher: Suizid und Suizidprävention aus ethischer Sicht, in: ders. (Hg.): Bioethik zwischen Natur und Interesse, 2006, 195–221 • H. Busche: Darf man sich selbst töten? Die klassischen Argumente bei Thomas von Aquin und David Hume, in: PhJ 111 (2004), 62–89 • R. Schneider: Über den Selbstmord, in: ders. (Hg.): Der Wahrheit Stimme will ich sein, 2003, 169–190 • A. Holderegger: Suizid und Suizidgefährdung. Humanwissenschaftliche Ergebnisse – Anthropologische Grundlagen, 1979 • J. Améry: Hand an sich legen, 1976 • I. Kant: Metaphysik der Sitten, in: AA, Bd. 6, 1914, 203–493.

EBERHARD SCHOCKENHOFF (†)

## II. Rechtlich

Nach deutschem Verfassungsrecht stellt sich der freiverantwortlich gefasste Entschluss, durch eigenhändige Tötung aus dem Leben zu scheiden, und der Vollzug dieses Entschlusses als eine – wegen ihrer Irreversibilität definitiv letzte, äußerste – Ausübung der grundrechtlich geschützten Handlungsfreiheit (Art. 2 Abs. 1 GG) dar. Dem steht auch nicht das Grundrecht auf Leben nach Art. 2 Abs. 2 S. 1 GG entgegen, weil sich diesem kein Verbot des S.s entnehmen lässt. Der Einzelne kann sich für seine Person auf den Standpunkt stellen, dass sein ↑Leben für ihn nicht das höchste Gut ist, sondern etwas, das ihm nichts mehr wert erscheint und dass er deshalb aufgeben will.

Die Inanspruchnahme einer grundrechtlichen Selbstbestimmungsfreiheit setzt Selbstbestimmungsfähigkeit voraus. Bilanz-S.e nach rationaler Abwägung der Lebensumstände sind selten. Nicht jeder krankhafte Zustand schließt bereits die Bildung eines freien Willens zum S. im rechtlichen Sinn aus. Zu unterscheiden ist zwischen an sich krankhaften Willensentschlüssen einerseits und auf Grund von Krankheit gebildeten Willensentschlüssen, die sich gegenüber den ersteren durch bilanzierende Momente auszeichnen, andererseits.

An die Freiwilligkeit sind mit Blick auf die Irreversibilität eines S.s hohe Anforderungen zu stellen. Die ↗Grundrechte schützen grundsätzlich immer auch die Möglichkeit einer Selbstkorrektur; sie halten prospektiv den Raum für eine spätere, anders gerichtete Ausübung der Freiheitsrechte offen. Daran fehlt es bei der finalen Entscheidung des Grundrechtsträgers, seine vitale Freiheitsbasis zu zerstören.

Tatsächliche äußere wie empfundene innere Zwänge schränken die dem Einzelnen zur Wahl stehenden Handlungsoptionen stets mehr oder weniger ein. Auch die in vermeintlich aussichtsloser Lage vorgenommene Verzweiflungstat ist aber grundsätzlich eine im rechtlichen Sinne „freie" Entscheidung, es sei denn die handlungsbestimmende Motivation geht von Dritten aus. An grundrechtlich prima facie geschützter Freiheitsausübung fehlt es nur bei ganz erheblicher Beeinträchtigung der Einsichts- oder Steuerungsfähigkeit, also dann, wenn der Kranke entweder die Tragweite seiner Entscheidungen nicht mehr zu erkennen oder aber infolge der Krankheit sein Verhalten nicht mehr gemäß seiner Erkenntnis zu steuern vermag und deshalb für sein Tun, wenn es sich gegen andere richtete, nicht verantwortlich gemacht werden könnte (§§ 20, 21 StGB).

Der S. beeinträchtigt weder Rechte Dritter noch berechtigte Gemeinschaftsbelange. Er ließe sich nur dann als Unrecht (und nicht bloß als Unglück) begreifen, wenn der Einzelne eine Rechtspflicht zum Weiterleben hätte. Dies ist jedoch nicht der Fall. Die Rechtsordnung nimmt den Menschen in die Pflicht, solange er lebt. Sie verpflichtet ihn aber nicht (weiter) zu leben, weder im Hinblick auf die staatliche Gemeinschaft, der er angehört, noch im Hinblick auf Dritte, denen er familiär verbunden ist.

Gegenüber kranken Menschen sind aber auch fürsorgerische Eingriffe zu ihrem Schutz vor selbstschädigenden Handlungen gerechtfertigt. Auch wenn ihre Krankheit sie noch nicht ihrer Freiheitsfähigkeit verlustig gehen lässt, so ist ihre innere ↗Freiheit doch aufgrund ihrer Erkrankung nicht unerheblich eingeschränkt.

Lässt sich nicht ausschließen, dass der Entschluss zum S. auf einer die innere Freiheit des Sterbewilligen erheblich einschränkenden Depression beruht, darf, ja muss der ↗Staat durch polizeirechtliches Einschreiten verhindern, dass sich jemand selbst zu töten versucht. Da die Entscheidung zum S. krankheitsbedingt als Verzweiflungstat in einer Situation vermeintlicher Ausweg- und Alternativlosigkeit getroffen worden ist, muss der Staat in Erfüllung der ihn für jedes einzelne menschliche Leben treffenden Schutzpflicht Schutzmaßnahmen mit dem Ziel ergreifen, der psychischen Notlage, in der sich der zur Selbsttötung Entschlossene befindet, abzuhelfen. Aus dem gleichen Grund trifft jeden eine strafbewehrte Pflicht zur Hilfeleistung bei einem als Unglücksfall zu qualifizierenden S.-Versuch gemäß § 323c StGB (str.).

Der S.(-Versuch) ist in Deutschland (seit dem RStGB von 1871) nicht (mehr) strafbar. In England und Wales war er lange Zeit strafbewehrtes Unrecht; dies änderte erst der „Suicide Act" von 1961.

Die ↗EMRK garantiert das Recht des Einzelnen, selbst zu entscheiden, auf welche Weise und zu welchem Zeitpunkt das eigene Leben enden soll. Dies ist integraler Bestandteil des Rechts auf Achtung des privaten Lebens i. S. d. Art. 8 Abs. 1 EMRK, vorausgesetzt, er ist in der Lage, seinen eigenen Willen frei zu bilden und entspr. zu handeln.

Im Laufe der Kirchenrechtsgeschichte setzte sich im ↗Christentum das Selbsttötungsverbot durch und führte bis ins 20. Jh. zur Versagung des kirchlichen Begräbnisses (↗Bestattung), noch nach dem ↗CIC von 1917 (can. 1241) für Suizidenten, wenn vor dem Tod keine Reue sichtbar war und sie sich in zurechenbarer Weise selbst getötet hatten.

Mit dem Wunsch nach Hilfeleistung bei einem geplanten S. verlässt der S.-Willige die Sphäre reiner Privatheit und macht seinen Sterbenswunsch auch zu einem Anliegen Dritter. Soll der S. mit Hilfe Dritter verwirklicht werden, steht nicht nur der Schutz individuellen menschlichen Lebens vor zerstörerischen Einwirkungen des Rechtsgutträgers selbst, sondern auch dessen Schutz vor Handlungen Dritter in Rede. Auch der S.-Helfer wirkt an der Zerstörung des Lebens eines – aus seiner Sicht – anderen mit, auch wenn sein Tatbeitrag geringeres Gewicht hat als die auf Wunsch des Getöteten erfolgte täterschaftliche Fremdtötung (§ 216 StGB).

Wer S.-Hilfe leisten will, kann sich dafür zwar, je nachdem in welchem Kontext er agiert und in welchem Verhältnis er zum Suizidenten steht, prima facie auf verschiedene grundrechtliche Freiheiten berufen; aber die „Freiheit zur S.-Hilfe" kann eingeschränkt oder durch ein Verbot ganz aufgehoben werden. Legitimierender Grund dafür ist insb. der Schutz der freien Willensbestimmung (Autonomieschutz), akzessorisch dazu auch der Schutz des Lebensrechts des potentiellen Suizidenten (Integritätsschutz). Die Entscheidung für den S. ist nur dann staatlicherseits als Akt individueller Selbstbestimmung unbedingt zu respektieren, wenn sie nicht auf einer krankhaften Störung wie einer Depression beruht und wenn sie nicht durch fremde äußere Einflüsse maßgeblich bestimmt worden ist, was kaum verlässlich verifizierbar ist.

Eine Einschränkung oder ein Verbot der S.-Hilfe lässt sich auch mit der staatlicherseits zu gewährleistenden allg.en Achtung vor dem Leben begründen, die durch die S.-Hilfe einer abstrakten Gefährdung ausgesetzt wird. Zudem liegt in der S.-Hilfe eine Missachtung des in der ↗Menschenwürde gründenden Eigenwerts jedes menschlichen Lebens ungeachtet der Selbsteinschätzung dieses Lebens durch den Rechtsgutsträger selbst.

Nach Auffassung des ↑BVerfG schützt das allg.e ↑Persönlichkeitsrecht (Art. 2 Abs. 1 i.V.m. Art. 1 Abs. 1 GG) die Freiheit, sich das Leben zu nehmen und hierfür auch die angebotene Hilfe Dritter in Anspruch zu nehmen (BVerfG, Urteil des Zweiten Senats vom 26.2.2020 – 2 BvR 2347/15 –, LS. 1). Zwar ist diese Freiheit grundsätzlich beschränkbar. Der Gesetzgeber darf konkret drohenden Gefahren für die persönliche Autonomie von Seiten Dritter entgegenwirken und auch das Ziel verfolgen zu verhindern, dass sich der assistierte S. in der Gesellschaft als normale Form der Lebensbeendigung durchsetzt, weil und soweit davon ein Druck in Richtung Selbsttötung ausgehen kann. Jenseits dessen aber soll die Entscheidung des Einzelnen, entspr. seinem Verständnis von der Sinnhaftigkeit der eigenen Existenz, dem Leben ein Ende zu setzen, als Akt autonomer Selbstbestimmung und Ausdruck seiner ↑Würde unbedingt anzuerkennen sein. Die Freiheit zur Lebensbeendigung darf deshalb nicht schlechthin unmöglich gemacht werden.

Weil angesichts der die S.-Assistenz mehrheitlich ablehnenden Haltung der Ärzteschaft und entspr.er berufsrechtlicher Regelungen dem Einzelnen faktisch kein Raum zur Wahrnehmung der Selbsttötungsfreiheit verbleibe, hat das BVerfG das mit Gesetz vom 3.12.2015 (BGBl I: 2177) eingeführte strafrechtliche Verbot der geschäftsmäßigen Förderung der Selbsttötung (§ 217 StGB) für verfassungswidrig und nichtig erklärt. Aus der Verfassungswidrigkeit des § 217 StGB folgt nicht, dass der Gesetzgeber sich einer Regulierung der S.-Hilfe vollständig zu enthalten hat. Sein Schutzkonzept muss sich aber im Wesentlichen auf die Gewährleistung der Bedingungen tatsächlich freier Selbstbestimmung beschränken.

Das BVerfG hat die Selbsttötung zum Inbegriff einer absolut gesetzten ↑Autonomie erhoben, die auch die Einbeziehung zur Assistenz bereiter Dritter einschließen soll. Letzteres überzeugt nicht. Die Möglichkeit der Inanspruchnahme professioneller S.-Assistenz erweitert die Handlungsoptionen des S.-Willigen; sie gehört aber nicht zu dem unbeschränkbaren Kernbereich einer aus dem Persönlichkeitsrecht abgeleiteten Freiheit zum S., die unter allen Umständen erhalten bleiben muss. Kern jeder grundrechtlich geschützten Individualfreiheit ist es allein, dass der Freiheitsberechtigte selbst sie für sich in Anspruch nehmen und ohne unüberwindliches rechtliches Hindernis mit Eigenmitteln ausüben kann; andere Realisierungsmöglichkeiten sind in dieser Mindestgarantie nicht eingeschlossen, schon gar nicht Rahmenbedingungen, die die Freiheitsausübung erleichtern. Der Staat hat zwar die eigenverantwortlich getroffene Entscheidung des Einzelnen, seinem Leben ein Ende zu setzen, als Akt der Selbstbestimmung zu respektieren, aber er ist nicht verpflichtet, verlässliche Möglichkeiten zu ihrer Umsetzung in Gestalt von professionellen S.-Hilfsangeboten zuzulassen.

### Literatur

C. Hillgruber: Die assistierte Selbsttötung – ein absolutes Freiheitsrecht? Anmerkung zu BVerfG, Urteil des Zweiten Senats vom 26. Februar 2020 – 2 BvR 2347/15 –, in: ZfL 28/3–4 (2019), 385–392 • Ders.: Die Bedeutung der staatlichen Schutzpflicht für das menschliche Leben bezüglich einer gesetzlichen Regelung zur Suizidbeilhilfe, in: ZfL 22/3 (2013), 70–80 • K. Weiler: Die Beurteilung der Selbsttötung unter besonderer Berücksichtigung kirchenrechtlicher Regelungen, 2013 • U. Fink: Selbstbestimmung und Selbsttötung, 1992.

CHRISTIAN HILLGRUBER

## Sünde ↑Schuld

## Supranationalität

### 1. Begriff

Aus dem Lateinischen „supra“ (über) und „natio“ (Volksstamm, Staat) zusammengesetzt, soll S. in der Rechtswissenschaft (v.a. im ↑Völkerrecht und ↑Europarecht) und in der Politikwissenschaft (Lehre von den ↑internationalen Beziehungen) eine von den jeweiligen Nationalstaaten geschaffene, ihnen übergeordnete Ebene bezeichnen. Eine Legaldefinition existiert nicht, sieht man von der urspr.en Fassung des Art. 9 Abs. 5 S. 2 EGKSV ab, der den Befugnissen der Hohen Behörde (jetzt: ↑Europäische Kommission) einen *caractère supranational* attestierte. Obwohl dies später gestrichen wurde, zeichnete sich gerade die EGKS und zeichnet sich heute auch die ↑EU durch ihre S. aus. Dies unterscheidet sie von anderen internationalen Organisationen. Kennzeichnend für die S. ist die Übertragung staatlicher Befugnisse und damit von Hoheitsrechten (↑Gesetzgebung, ↑Rechtsprechung, ↑Verwaltung) durch die Vertragsstaaten auf eine Organisation, die diese ihnen gegenüber und ggf. sogar in diesen ausübt. Der Grad an S. richtet sich nach Intensität und Ausgestaltung dieser Befugnisse. Gegenbegriff zur S. ist Intergouvernementalität, d.h. das Zusammenwirken von Staaten ohne Kompetenzübertragung auf die supranationale Einrichtung. Von einem ↑Staat unterscheidet sich eine supranationale Organisation dadurch, dass ihre Kompetenzen von der Übertragung durch die Staaten abgeleitet sind, sie somit über keine Kompetenz-Kompetenz verfügt, sondern Zuteilung und Bestand von Kompetenzen von der erfolgten und fortbestehenden Übertragung abhängig sind.

### 2. Elemente der Supranationalität – Anwendungsbereich

Elemente der S. sind:

*a)* Übertragung von Hoheitsrechten auf eine Organisation, die diese selbst ausübt (Eigenständigkeit);
*b)* verbindliche Mehrheitsbeschlüsse, so dass der Vertreter eines Mitgliedstaats überstimmt werden kann;
*c)* unabhängige Beschlussorgane, in denen die Mitgliedstaaten nicht vertreten sind;

*d)* unmittelbare Geltung der Beschlüsse in den Mitgliedstaaten (Durchgriffswirkung);

*e)* Vorrang des von der supranationalen Organisation erlassenen Rechts vor dem Recht ihrer Mitgliedstaaten.

Einzelne dieser Elemente fanden sich zwar bereits bei früheren, zwischen Staaten begründeten ↑internationalen Organisationen wie dem *Deutschen Zollverein* von 1834, der *Europäischen Donaukommission* von 1856 und finden sich bei bestehenden internationalen Organisationen wie der *Internationalen Zivilluftfahrtorganisation* (ICAO). Die ↑Vereinten Nationen haben mit dem UN-Sicherheitsrat ein Organ, in dem nicht alle Mitglieder vertreten sind, das aber gleichwohl verbindliche Beschlüsse fassen kann (Art. 25 UN-Charta). Gemeinschaften wie die ↑AU, ↑CAN, CARICOM, ↑ASEAN und auch ↑MERCOSUR sind trotz ihrer Organisationsstruktur und rechtlichen Bindungen letztlich intergouvernemental strukturiert. Sieht man die Kombination der die S. kennzeichnenden Elemente als begriffsprägend an, ist bislang die EU die einzige Organisation, auf die dies zutrifft. Daher wird auch in ihrer S. der Unterschied zu herkömmlichen völkerrechtlichen Organisationen gesehen.

### 3. Supranationalität als Besonderheit der EU

Die EU hat eigene Organe, die z. T. aus Vertretern der Mitgliedstaaten bestehen (↑Europäischer Rat und ↑Rat der Europäischen Union), z. T. aber (ungeachtet deren Mitwirkung an der Besetzung) davon unabhängig sind (EU-Kommission, ↑EuGH, ↑EZB). Auf die EU wurden Hoheitsrechte übertragen (vgl. Art. 23 Abs. 1 S. 2 GG). Das ↑Europäische Parlament und der Rat der Europäischen Union fungieren gemeinsam als Gesetzgeber (Art. 14 Abs. 1, Art. 16 Abs. 1 EUV) und erlassen Verordnungen, Richtlinien und Beschlüsse. Der EuGH sichert die Wahrung des Rechts bei der Auslegung und Anwendung der Verträge (Art. 19 Abs. 1 S. 2 EUV) und ist daher für die verbindliche Auslegung des primären (einschließlich der EuGRC) wie des sekundären Unionsrechts zuständig. Die EU-Kommission hat das Initiativrecht für Gesetze und Exekutivbefugnisse, v. a. im Wettbewerbsrecht (Kartell- und Beihilfenrecht). Die EZB ist für die Mitgliedstaaten der ↑Europäischen Wirtschafts- und Währungsunion für die Währungspolitik und damit für einen wesentlichen Faktor der ↑Souveränität zuständig. EU-Verordnungen, aber auch wichtige Teile des Primärrechts, insb. die ↑Grundfreiheiten des ↑Europäischen Binnenmarktes, haben unmittelbare Geltung in den Mitgliedstaaten und begründen Rechte für den Einzelnen. Die bes.n Rechte werden auch in der durch den Vertrag von Maastricht eingeführten ↑Unionsbürgerschaft deutlich. Beschlüsse des Rates der Europäischen Union und damit auch der Gesetzgebung werden grundsätzlich mit qualifizierter Mehrheit (↑Mehrheitsprinzip) gefasst (Art. 16 Abs. 3 EUV). Der EuGH betont die „Eigenständigkeit" des Unionsrechts, das von den Mitgliedstaaten anerkannten Vorrang vor dem nationalen Recht hat (allerdings auch aufgrund und letztlich im Rahmen jeweiliger verfassungsrechtlicher Ermächtigung). Die EU ist finanziell selbständig durch Eigenmittel, deren System allerdings durch einstimmigen Beschluss des Rates der Europäischen Union festgelegt wird (Art. 311 AEUV). Die EU übt, ohne selbst Staat zu sein, auf weiten Gebieten (Binnenmarkt, Gemeinsame Handelspolitik, ↑Währungsunion, ↑Raum der Freiheit, der Sicherheit und des Rechts) Staatsfunktionen aus, die ihr übertragen wurden. Sie bedarf daher einer hinreichenden demokratischen ↑Legitimation und eines effektiven Grundrechtsschutzes gegen die Maßnahmen ihrer Organe. Sie muss ferner darauf achten, gemäß dem Prinzip der begrenzten Einzelermächtigung (Art. 5 EUV) nur im Rahmen der übertragenen Kompetenzen zu handeln.

### 4. Rechtspolitische Bewertung

S. in der Ausformung der genannten Elemente ist Voraussetzung für eine enge Integrationsgemeinschaft (↑Europäischer Integrationsprozess), als die die EU gemäß der in der Präambel des EUV genannten Entschlossenheit der Vertragsparteien, „den Prozess der Schaffung einer immer engeren Union der Völker Europas" weiterzuführen, angelegt ist. Dies erfordert wegen der Durchgriffswirkung in den Mitgliedstaaten deren Einsicht, dass damit notwendig die Bereitschaft zu ↑Kompromissen und die Einschränkung eigener politischer Gestaltungsfreiheit verbunden ist. Wurden Beschlüsse aufgrund hinreichender Ermächtigung mit Mehrheit gefasst, sind sie auch dann zu befolgen, wenn sie den eigenen politischen Vorstellungen widersprechen. Dies erklärt, warum politisch heikle Materien wie Finanzen, Steuern und weite Teile der Außenpolitik nach wie vor der Einstimmigkeit vorbehalten sind. Durch die vorgegebenen Werte (Art. 2 EUV) stellt die EU Anforderungen an das ↑politische System ihrer Mitgliedstaaten, die sie ggf. durchsetzen muss. Wichtig ist, das Ausmaß des „immer enger" zu hinterfragen und die Balance zwischen Kompetenzen der EU und verbliebenen Kompetenzen der Mitgliedstaaten und somit das rechte Maß an „Europäisierung" zu wahren, damit die S. und die mit ihr verbundenen Besonderheiten einer zweigleisigen demokratischen Legitimation (vgl. Art. 10 Abs. 2 EUV; Frage des behaupteten „Demokratiedefizits") akzeptiert werden. Ist dies in einem Mitgliedstaat nicht mehr der Fall, besteht die Möglichkeit, die supranationale Union durch Austritt zu verlassen (Art. 50 EUV), was durch das Vereinigte Königreich erfolgt ist (sog.er „Brexit"). Denn die EU ist keine Zwangsgemeinschaft.

### Literatur

A. Abbas/A. Förster/E. Richter (Hg.): Supranationalität und Demokratie. Die Europäische Union in Zeiten der Krise, 2015 • T. Schmitz: Integration in der Supranationalen Union, 2001 • A. von Bogdandy: Die Europäische Union als supranationale Föderation, in: Integration 22/2 (1999), 95–112 •

G. Thiemeyer: Supranationalität als Novum in der Geschichte der internationalen Politik der fünfziger Jahre, in: JEIH 4/2 (1998), 5–21 • M. Zuleeg: Wandlungen des Begriffs der Supranationalität, in: Integration 11/3 (1988), 103–111 • M. Schweitzer: Supranationalität, in: A. Klose (Hg.): Katholisches Soziallexikon, ²1980, 3006–3010 • H. Lecheler: „Supranationalität" der Europäischen Gemeinschaften – Rechtliche Beschreibung oder unverbindliche Leerformel?, in: JuS 14/1 (1974), 7–11.

RUDOLF STREINZ

# Symbol

I. Soziologisch – II. Philosophisch

## I. Soziologisch

Menschliches Verhalten und Handeln (↑Handeln, Handlung) – sei es nicht-sprachlicher oder sprachlicher Art – ist von und für Menschen interpretierbar, weil es neben vielen anderen Eigenschaften immer auch die der Zeichenhaftigkeit aufweist. Von der Geste bis zum „signifikanten" S. (Mead 1973: 86), von Anzeichen und Symptomen bis zum konstruierten und eindeutig definierten, mathematischen Zeichen, vom Körper- und Gesichtsausdruck bis zur Kleidung, vom Natureindruck bis zu menschlichen Erzeugnissen, ordnen wir uns und unserer Umwelt Zeichenqualitäten zu und entwerfen damit den menschlichen Deutungshorizont.

Anders als die in der Mathematik gebräuchliche S.-Definition (Vertretungssymbolik) zeichnet sich die in der menschlichen ↑Interaktion, in ↑Religion und in den ↑Künsten vorherrschende S.-Verwendung dadurch aus, dass es sich hier beim S. nicht um ein „arbiträres", durch konventionelle Setzung fundiertes Zeichen (Ferdinand de Saussure), sondern um den Ausdruck einer Relation zwischen
*a)* symbolischem Ausdruck,
*b)* symbolisch repräsentierten Phänomenen und
*c)* S.-Benutzern handelt.
Dabei sind zwei Formen der S.-Verwendung zu unterscheiden: die „Realsymbolik" und die „Transparenzsymbolik". Bei Ersterer wird das S. nicht mehr als „Zeichen für" gesehen, sondern es wird selbst zur Realität: Der Wein „ist" das Blut, und das Brot „ist" das Fleisch Christi; bei der zweiten „scheint" das Wesen des Symbolischen durch das S. hindurch: Die Farbharmonie des Regenbogens der Sintflut verweist auf die Versöhnung; die Taube mit dem Ölzweig des Olivenbaumes zeigt das Ende der Sintflut an.

Das *symbolon* als das – im griechischen Wortsinn – Zusammengesetzte setzt sich nicht willkürlich zusammen. Es bildete urspr. eine Einheit (Muschel, Ring, Münze), die zerbrach, neu zusammengesetzt und so zum Erkennungszeichen werden konnte für die soziale Zusammengehörigkeit und Verbundenheit der Besitzer der jeweiligen Hälften. Die Betonung des S.s im Bereich des Sakralen verweist sowohl auf die Zusammengehörigkeit der Mitglieder einer Gemeinschaft als auch auf das diese Gemeinschaft zugl. Einende und Übergreifende: auf die ↑Transzendenz und deren Gegenwart in der sakralen Handlung. S.e wirken präsentisch. Sie weisen weder die reflexive Distanz des „künstlich" ausgestalteten Allegorischen noch die des analytischen Diskurses und des Vernunftargumentes auf. Wo das S. seine Wirklichkeit postuliert, zielt es darauf ab, dem Argument das Recht und der alltäglichen Wirklichkeit deren Pragmatik abzusprechen. Es postuliert seine eigene Realität und setzt seinen Wirklichkeitsakzent im Außeralltäglichen: Im S. soll dem „nicht wirklich" Präsenten die eigentliche Präsenz in der Erfahrung zukommen. Es beansprucht „eine momentane Totalität, die in der Intuition, im mystischen Augenblick, als der dem Symbol gemäßen Zeitdimension erfasst wird" (Scholem 1980: 30).

Das S. führt aber nicht nur Getrenntes wieder zusammen und verbindet Alltägliches mit Außeralltäglichem, sondern es steht zugl. auch für die Arbeit am Widerspruch. In seiner Traumanalyse hat Sigmund Freud gezeigt, dass S.e nicht lediglich mehrdeutig, sondern widersprüchlich sind. Dies gilt sowohl für die individuell geprägte Symbolik als auch für die Kollektivsymbolik: Das Kreuz als S. sowohl des Todes als auch der Auferstehung, der Erniedrigung und der höchsten Verehrung, des Galgens und des heiligen Zeichens ist ein gutes Beispiel für die unmittelbare, präargumentative Artikulation und zugl. Vereinigung von Widersprüchen. Durch diese vermittelnde Funktion schaffen Kollektiv-S.e das Gefühl von ↑Gemeinschaft ebenso, wie sie deren (Kollektiv-)Bewusstsein und Fortbestehen zu sichern helfen.

Die entscheidende Bedeutung eines Kollektiv-S.s besteht im gemeinschaftlichen Erleben einer außeralltäglichen Situation und der darauffolgenden sozialen Reaktion: in seinem Einfluss auf die gemeinschaftliche Wahrnehmung und Orientierung sowie auf kollektives Handeln. Es stiftet für die symbolisch zusammengeschlossene Gemeinschaft eine „gefühlte Einheit", die – vorreflexiv – als Totalität einer Gemeinschaftsempfindung erlebt wird. Kurz: Ein Kollektiv-S. bündelt, vereint, konfrontiert und organisiert urspr. divergierende, individuelle Stimmungen, Gefühle und Haltungen zu einer gemeinschaftlichen Reaktion, Erlebnis- und Gefühlseintönung. Die figurative Gestalt der Kollektiv-S.e belebt die sozialen Welten nach dem Bild (den Bildern) ihrer jeweiligen Gesellschaften. Émile Durkheim hat die Kraft, aus der diese Belebung der Welt gespeist wird, den „anthropomorphen Instinkt" (Durkheim 1981: 316) genannt.

Analytisch können die Entstehung und Tradierung von Kollektiv-S.en als Antworten auf Krisensituationen (↑Krise) interpretiert werden, deren Widersprüche und Bedrohungen sie zu überwinden versuchen durch die Harmonisierung und Überhöhung der sie stützenden Gemeinschaften. Individuelles wie auch kollektives symbolisches Handeln ist die Antwort auf Paradoxie, Widersprüchlichkeit und Grenzerfahrungen: ein – oft zweifelhaftes – Rezept gegen die Kapitulation vor erlebter Sinnlosigkeit, Sinninflation und Orientierungsverlust. Ihre unmittelbare und kaum zu kontrollierende Wirkung erzielen Kollektiv-S.e dadurch, dass sie „Gemeinschaft ohne Kommunikation" (Jaspers 1980: 231) stiften. Sie verleihen dem argumentativ oder diskursiv nicht Mitteilbaren eine eigene Sprache. Dennoch sind sie nicht extrakommunikativ, sondern sie stellen einen spezifisch präsentischen Kommunikationstypus für außergewöhnliche Problem- und Grenzsituationen dar. Auf den Verlust gewohnter Ordnungen antworten sie mit der Formung und Herstellung der präkausalen Ordnung „symbolischer Formen" (Cassirer 1953), einer Ordnung eigener Rationalität: der symbolischen Form des „Mythos", der „selbst [...] ein Stück hochkarätiger Arbeit des Logos ist" (Blumenberg 1979: 18).

Die aus seiner unmittelbaren Wirkung entspringende Überzeugungskraft macht die Stärke, zugl. aber auch die Gefahr symbolischen Handelns aus: S.e vermögen zu überzeugen wider alle Vernunft. Sie sind imstande, eigene Welten zu konstituieren, die sich der Kontrolle und Überprüfung der reflektierenden Vernunft (↑Vernunft – Verstand) entziehen, die also auch Wahnwelten erzeugen und stabilisieren können. Eine ↑Hermeneutik der S.e, ihrer Entstehung, Wirkung und Funktion ist gerade deshalb unverzichtbar.

### Literatur

F. de Saussure: Cours de linguistique générale, 2014 • H.-G. Soeffner: Symbolische Formung. Eine Soziologie des Symbols und des Rituals, 2010 • F. Kambartel/B. Gräfrath: Symbol, in: J. Mittelstraß (Hg.): Enzyklopädie der Philosophie und Wissenschaftstheorie, Bd. 4, 1996, 158–160 • É. Durkheim: Die elementaren Formen des religiösen Lebens, 1981 • K. Jaspers: Philosophie, Bd. 2, 1980 • G. Scholem: Die jüdische Mystik in ihren Hauptströmungen, 1980 • H. Blumenberg: Arbeit am Mythos, 1979 • G. H. Mead: Geist, Identität und Gesellschaft, [18]1973 • S. Freud: Die Traumdeutung, 1972 • E. A. Cassirer: Philosophie der symbolischen Formen, 3 Bde., [2]1953 f. • I. Kant: Kritik der Urteilskraft, in: AA, Bd. 5, 1913, 165–485.

HANS-GEORG SOEFFNER

## II. Philosophisch

Das Wort „S." ist heute ein Reflexionswort, mit dem wir in allg.ster Weise auf *nichtnatürliche Zeichen* in einem kanonisch eingerichteten S.-System verweisen. Gemäß dem Ursprungssinn des griechischen Wortes *symballein* „zusammenwerfen" und „zusammenfügen" ist ein *symbolon* erstens eine *Übereinkunft*, zweitens ein *Erkennungszeichen*, am Anfang wortwörtlich so, dass die Passung verschiedener Teile wie der beiden Hälften eines irgendwie geteilten Ringes (bzw. von Schlüssel und Schloss) eine Zusammengehörigkeit ihrer Besitzer beweist, was dann auch durch ein *Emblem* wie dem des Fisches im frühen Christentum oder durch ein *Losungswort* demonstriert werden kann: Die Menschen zeigen einander an, dass sie zusammengehören. Im Verstehen von symbolischen Handlungen muss sich entspr. das Verständnis (also das Handeln [↑Handeln, Handlung]) der Sprecher und Hörer (kooperativ) so *zusammenfügen*, wie es die vage Rede über ihre Bedeutung verlangt. In metaphorischer Ausweitung wird das S. heute auch zum *Sinnbild*, zur verdichteten Expression von komplexen Inhalten oder zur Manifestation von nicht unmittelbar in der Anschauung Zeigbarem. In neueren psychologischen Kontexten ist das Symbolische auch *Ausdruck von Unbewusstem*.

Englischsprachige Wörterbücher erläutern den Begriff des S.s in der Regel über seine *Repräsentationsfunktion*. Immanuel Kant spricht von „indirecten Darstellungen [...] nach einer Analogie, wodurch der Ausdruck [...] bloß ein Symbol für die Reflexion enthält" (Kant 1913: 352), also nur figurativ oder tropisch gebraucht wird und es ist für ihn „alle unsere Erkenntniß von Gott bloß symbolisch" (Kant 1913: 353), also metaphorisch oder allegorisch.

Manche neueren Erläuterungen kennen S.e aber nur noch als „künstliche Zeichen mit genau festgelegten Gebrauchskonventionen" (Kambartel/Gräfrath 1996: 158). Allerdings sind diese Schriftzeichen Bestandteile mathematischer Notationen und gehören gar nicht zu einem weltbezogenen Sprechen, zumal die schematischen Schlussregeln jeder „symbolischen Logik" nur für ideale Gegenstandsbereiche gelten, in denen für eine Klasse von repräsentierenden Ausdrücken oder „Benennungen" exakte Gleichungen und Ungleichungen wie in der Arithmetik schematisch definiert oder wie in der reinen Mengentheorie fiktiv unterstellt sind. Für den Gebrauch des Wortes „S." in anderen Kontexten lassen sich nur die wichtigsten Kernfälle allg. explizit machen, etwa in *Identifikation mit* oder in *Differenzierung zu* den Wörtern „Zeichen", „Signal", „Bild", auch „Ausdruck" und „Emblem".

Wie später auch Herbert Paul Grice unterscheidet schon Ernst Cassirer mit explizitem Bezug auf Edmund Husserl ein „echt symbolisches Zeichen" (Cassirer 1994: 377) von einem bloßen Anzeichen und dann auch von einem primitiven Signal. S.e sind reproduzierbare und wiedererkennbare Laut- oder Schriftgestalten, die als Aktualisierungen äußerer Formen in *Trägerhandlungen* eines *verstehbaren* kommunikativen Handelns auf eine Weise vorkommen, dass ihre Kontraste für das rechte Verstehen wesentlich sind.

Wie Thomas Hobbes in seiner (partiell selbstwidersprüchlichen) Ablehnung metaphorischer Rede wertet auch noch I. Kant eine „bloße [symbolische] Vorstellungsart" (Kant 1913: 353) gegenüber einer vermeintlich wörtlichen „[d]iscursiven" (Kant 1913: 352) Erkenntnis ab und nennt als Beispiel bezeichnenderweise die Analogie von monarchischem Staat und beseeltem Körper, während schon Johann Wolfgang von Goethe eine Lanze für Analogien und Allegorien bricht, soweit wir umsichtig, vorsichtig und reflektiert genug mit ihnen umgehen.

Das *Symbolisieren* ist demnach ein allg.es Verfahren, Handlungen zu Trägerhandlungen und ihre Spuren zu S.en für kommunikative Handlungen zu machen, die in einer entspr. vorgebildeten Gruppe von Personen als typische Kommunikationsversuche eines konkret eingrenzbaren Inhalts verstehbar sind. Beispielhaft dafür sind zunächst explizit abgesprochene, dann aber auch sich praktisch selbsterklärende Gesten. So stellt z. B. ein Wegweiser eine Art eingefrorenes Zeigen dar. Eine Verdinglichung droht dort, wo man das Symbolische (und damit das Verstehen) nicht an die Handlungen und deren wiedererkennbare Formen, sondern unmittelbar an Dinge (auch Wörter oder Sätze) knüpft. Irreführende Naturalisierungen entstehen sogar schon dann, wenn subjektive Befriedigungen eines Begehrens (als „Intention" in einem extrem weiten Sinn) und nicht die gemeinsam beurteilten Erfüllungen kooperativer Handlungsformen als Kriterien des Verstehens angesehen werden.

Reaktionsformen etwa von Lebewesen auf natürliche Zeichen, für welche Rauch Feuer „bedeuten" oder dunkle Wolken ein Anzeichen für Regen sein können, sind von ganz anderer Form als die kooperativen Formen symbolischen Handelns. Noch die „Signalsprache" bei Tieren und Menschen unterscheidet sich als bloßes Mittel zur *Koordination des präsentischen Verhaltens* in einer „Gruppe" (von Lebewesen) prinzipiell von einer wahren S.-Sprache bzw. von einer echten kommunikativen Praxis des (Sprech-)Handelns. Intentionale Handlungen setzen immer schon eine Symbolisierung der Ziele als Endzwecke oder Mittel voraus.

Als fundamentale Sinndifferenz zwischen Signal und S., die beide unter dem Oberbegriff „Zeichen" gefasst werden, ergibt sich: Signale *koordinieren* Verhaltensreaktionen, S.e *repräsentieren* generische Unterscheidungs- und Schlussformen und ermöglichen über ihre gemeinsam kontrollierbaren Erfüllungsbedingungen eine nicht bloß präsentische Differenzierung zwischen *möglichen* Situationen bzw. Ereignissen und dann auch die Hervorhebung eines *wirklichen* Geschehens aus einem symbolisch repräsentierbaren Reich von bloß möglichen Geschehensabläufen.

### Literatur

E. Husserl: Logische Untersuchungen, 2013 • R. B. Brandom: Making it Explicit. Reasoning, Representing, and Discursive Commitment, 1998 • T. Hobbes: Leviathan, 1996 • F. Kambartel/B. Gräfrath: Symbol, in: J. Mittelstraß (Hg.): Enzyklopädie Philosophie und Wissenschaftstheorie, Bd. 4, 1996, 158–160 • E. Cassirer: Philosophie der symbolischen Formen, Bd. 3, [10]1994 • H. P. Grice: Studies in the Way of Words, 1989 • J. W. von Goethe: Maximen und Reflexionen, in: ders.: Werke, Bd. 12, 1981, 365–547 • F. Kambartel: Symbolische Handlungen. Überlegungen zu den Grundlagen einer pragmatischen Theorie der Sprache, in: J. Mittelstraß/M. Riedel (Hg.): Vernünftiges Denken. Studien zur praktischen Philosophie und Wissenschaftstheorie, 1978, 3–22 • R. Eisler: Symbol, in: ders. (Hg): Handwörterbuch der Philosophie, 1913, 661–662 • I. Kant: Kritik der Urteilskraft, in: AA, Bd. 5, 1913, 165–485 • C. G. Jung: Wandlungen und Symbole der Libido, 1912 • W. Stekel: Die Sprache des Traumes. Eine Darstellung der Symbolik und Deutung des Traumes in ihren Beziehungen zur kranken und gesunden Seele, 1911.

PIRMIN STEKELER-WEITHOFER

## Symbolische Politik

Das Symbolische war zu allen Zeiten Bestandteil menschlicher Kommunikation. Insofern ist s. P. als Politik der Zeichen (insb. in Form von Begriffen und Slogans, Abzeichen, Fahnen und Bildern, Gesten, Ritualen und Inszenierungen) keine Erfindung der modernen Mediengesellschaft. Globale Reichweite und universale Nutzung v. a. elektronischer Plattformen haben allerdings den Wirkungsgrad beim Einsatz symbolischer Mittel in einer historisch nie da gewesenen Weise erhöht.

S. P. umschreibt ein politisches Phänomen, das im allg.en Sprachgebrauch anders besetzt ist als in der Fachsprache, nämlich als polemische Formel. Sie steht für politische Täuschungshandlungen, die von der politischen Realität ablenken; eine Art Politiksurrogat, das sich von materieller Politik unterscheidet. Materielle Politik realisiere sich demgegenüber in überprüfbaren ↑Entscheidungen (z. B. Gesetze, Verträge, Steuern etc.). S. P. und materielle Politik können Verbindungen eingehen. Das inzwischen verfestigte, vorwiegend negative Verständnis s.r P. entspricht nicht ihrer insgesamt differenzierteren Sicht in den ↑Kultur- und ↑Sozialwissenschaften. Danach bedeutet s. P. den strategischen Einsatz von Zeichen, um den politischen Orientierungsbedarf in der ↑Gesellschaft zu bedienen. Durch s. P. können Aufmerksamkeit geweckt, der Eindruck politischer Handlungsbereitschaft vermittelt und Loyalität oder Protest zum Ausdruck gebracht werden. Dabei wird das symbolische Kapital der Zeichen in politische ↑Macht konvertiert.

Aus kulturtheoretischer Perspektive ist das Symbolische für soziale Realität konstitutiv. Symbolisches bildet Wirklichkeit nicht ab und steht auch nicht lediglich in Stellvertretung ihrer Gegenstände, sondern wird zum Vehikel für die Vorstellung von Wirklichkeit. Es trägt zum sinnhaften Aufbau der Welt (Ernst Cassirer) bei. Als Bestandteil politischer ↑Kommunikation zielt s. P. nicht allein auf Benennung und Deutung. Vielmehr findet mit den Mitteln s.r P. der Wettbewerb um Benennungsmacht und politische Deutungshoheit seinen Ausdruck. S. P. stellt nicht lediglich eine Spielart und auch nicht notwendigerweise eine Verfallsform politischer Kommunikation dar. Ebenso wenig sollte sie als schmückendes ästhetisches Beiwerk oder als ideologischer Ballast im Gegensatz zu vermeintlich realer Politik missverstanden werden. S. P. war schon immer und bleibt integraler Bestandteil von politischer Kommunikation und damit von ↑Politik überhaupt. S. P. beschränkt sich auch nicht auf demonstrative Staatsakte, auf nationale Gedenkveranstaltungen (↑Erinnerungskultur) oder große Manifestationen. Als kommunikatives Universalphänomen entfaltet sie ihre Bedeutung auf allen Ebenen der Politik. Denn „Politik pur" gibt es nicht. Vielmehr kommt gerade in s.r P. zum Ausdruck, dass Politik stets in der Doppelrealität von Ereignis und Deutung, von Nennwert und Symbolwert vermittelt und wahrgenommen wird.

Zur internationalen und deutschen Debatte über s. P. hat Murray Edelman mit seinen Schriften „The Symbolic Uses of Politics" und „Politics as Symbolic Actions" sowie „Constructing the Political Spectacle" einen entscheidenden Anstoß gegeben. Er knüpft an Grundannahmen der interaktionistischen (George Herbert Mead) und interpretativen ↑Soziologie an und fordert die Erweiterung normativer und institutioneller Politikkonzepte durch die affektive und evaluative Seite des Politischen. M. Edelman begreift politische Handlungen als Handhabung bestimmter Rollen, die in dramatisierter, inszenierter oder symbolisierter Form ihren Ausdruck finden. Mit Verweis auf Walter Lippmanns (zuerst 1922) klassische Studie zur ↑öffentlichen Meinung beurteilt er Politik als zu komplex, um unmittelbar erfasst zu werden. Die Betrachtung einer dramatischen symbolischen Szenerie von Abstraktionen trete an die Stelle des Bedürfnisses, die Verhältnisse zu ändern. Mit Bildern, Inszenierungen, ↑Symbolen entstehe ein „Panoptikum". Diese Ersatzwelt könne auf eine objektive Wirklichkeit verweisen („Verweisungssymbole"). Demgegenüber täuschten „Verdichtungssymbole" (Edelmann 1976: 5) über die erfahrbare Wirklichkeit hinweg. Öffentlich vermittelte Politik werde zum ↑Ritual, zu einem politischen Zuschauersport. S. P. sei ein Instrument der Manipulation durch politische ↑Eliten.

Im Zuge einer inzwischen intensiven Beschäftigung mit politischer Kommunikation, Merkmalen der Inszenierung, politischen Ritualen, dem Spannungsverhältnis von „Entscheidungs- und Darstellungspolitik" und vielem anderem mehr ersuchen die Sozialwissenschaften die Bedeutung und auch die Probleme s.r P. für die Legitimationsbeschaffung (↑Legitimation) im demokratischen System, wie überhaupt in ↑politischen Systemen, zu untersuchen. Wahlkämpfe sind dabei ein bevorzugt beforschtes Kommunikationsereignis. Als bes. schwierig erweist sich, die spezifische Bedeutung des Symbolischen im politischen Kommunikationsprozess herauszuarbeiten, empirisch zu quantifizieren und zu qualifizieren. Maßgeblich dafür ist, dass der Unterscheidung zwischen Politik und Kommunikation primär ein analytischer Charakter zukommt, weil Politik weithin als Kommunikation begriffen werden muss. Zudem hat es Politik vielfach mit Kollektivakteuren und Institutionen zu tun, die selbst als symbolische Ordnungen ein zentrales Element bei der Herstellung, Stabilisierung und Wandlung sozialer Beziehungen darstellen.

S. P. ist dann erfolgreich, wenn sie ein spezifisches Repertoire aktualisiert, das an die jeweilige politische „Deutungskultur" (Rohe 1987: 42) bzw. an den „symbolischen Raum" (Bourdieu 2006) anschlussfähig ist. S. P. als Pseudopolitik erweist sich als Spezialfall eines basalen Aspekts politischen Handelns, das stets instrumentelle und expressive Anteile hat. Dabei können vier Grundfunktionen s.r P. unterschieden werden:

*a)* S. P. hat *Signalfunktion*, schafft Aufmerksamkeit, durchbricht Informationsroutinen, stiftet Ordnung in der Wahrnehmung von Politik und trägt damit zur Verhaltenssicherheit bei.

*b)* Durch *Komplexitätsreduktion* bietet sie ein Regulativ für die Bewältigung von unübersehbaren Informationsmengen.

*c)* S. P. zielt nicht nur auf die Benennung politischer Sachverhalte, sondern ist Teil des politischen Kampfes um *Benennungsmacht*.

*d)* Schließlich spricht s. P. durch die Wahrnehmung des Symbolischen im Modus suggestiver Unmittelbarkeit nicht nur die Ratio an, sondern mobilisiert auch *Emotionen*.

S. P. ist selbst Politik und nicht nur Darstellung von Politik. Als solche bleibt sie ein ambivalentes Phänomen. Publizistische Periodizität, mediale Dauerpräsenz und v. a. die Eindrücklichkeit visueller Darstellungsmöglichkeiten über das ↑Internet bieten einen unbegrenzten Resonanzboden für die Vermittlung und Wirkung „symbolischer Macht" (Bourdieu 1991: 99). Verstärkt wird die Wirkungsmacht dadurch, dass mit den sog.en Sozialen Medien (↑Social Media) eine Medienwelt entstanden ist, die sich der kritischen ↑Öffentlichkeit weitgehend entzieht.

Nicht die Existenz s.r P. ist in Frage zu stellen, sondern deren Qualität. S. P. bleibt ein Kommunikationsmodus, der – v. a., aber nicht nur – auf der „Vorderbühne" der Politik eingesetzt wird. Mitentscheidend für politischen Erfolg wird sein, wer unterschiedliche „Bühnen" bespielen kann und sich dabei auch s.r P. in angemessener Weise zu bedienen weiß.

### Literatur

U. Sarcinelli: Politische Kommunikation in Deutschland, [3]2011 • B. Stollberg-Rillinger u. a. (Hg.): Spektakel der Macht, 2008 • P. Bourdieu: Sozialer Raum, symbolischer Raum, in: J. Dünne/S. Stephan (Hg.): Raumtheorie. Grundlagentexte aus Philosophie und Kulturwissenschaften, 2006, 354–370 • Ders.: Zur Soziologie der symbolischen Formen, 2000 • W. Lippmann: Public Opinion, 1997 • P. Bourdieu: Die Intellektuellen und die Macht, 1991 • M. Edelman: Constructing the Political Spectacle, 1988 • K. Rohe: Politische Kultur und kulturelle Aspekte von politischer Wirklichkeit, in: PVS Sonderheft 18 (1987), 39–48 • U. Sarcinelli: Symbolische Politik, 1987 • E. Cassirer: Der Mythos des Staates, 1985 • M. Edelman: Politik als Ritual, 1976 • Ders.: Politics as Symbolic Action, 1971 • Ders.: The Symbolic Uses of Politics, 1964.

ULRICH SARCINELLI

## Syndikalismus

### 1. Ideen

S., auch Anarcho-S., ist eine sozialistische Gewerkschaftsbewegung. Sein Ziel ist eine klassenlose Gesellschaft auf der Basis freier Individuen in einer föderalistischen Gesellschaftsstruktur ohne ↑Staat. Als Kulturideal hebt der S. anstelle des Konkurrenzprinzips die gegenseitige Hilfe hervor. Aus dieser Zielsetzung leitet der S. seine Methoden ab. Dazu zählen klassenkämpferische Elemente und die direkte Demokratie. Diese äußert sich auf Funktionärsebene durch freie Wahlen, imperatives Mandat, Rechenschaftspflicht, Rotation und die Möglichkeit, die Funktionsträger jederzeit abwählen zu können. Bei der Entscheidungsfindung wird das Konsensprinzip (↑Konsens) angestrebt. Dem syndikalistischen Ideal zufolge regiert sich die Bevölkerung in Eigenverantwortung ohne Bevormundung durch nichtautorisierte Instanzen, einschließlich staatlicher Regierungen und Kirchenorgane.

Historisch betrachtet verfolgt der S. die Kerngedanken der ↑Französischen Revolution nach ↑Freiheit, ↑Gleichheit und Brüderlichkeit. Im Gegensatz zu autoritären marxistischen Strömungen (↑Marxismus) innerhalb der Arbeiterbewegung gewichtet der S. diese Maximen gleichwertig. Daraus folgte die Weltanschauung des Kommunistischen Anarchismus (↑Anarchie, Anarchismus), die Ende des 19. Jh. vom russischen Philosophen und Anarchisten Pjotr A. Kropotkin formuliert wurde. Ein Höchstmaß an ↑Partizipation wird den Individuen auf ökonomischer, politischer und kultureller Ebene zugestanden. Zusammenschlüsse bedürfen keiner autoritären Zentrale, sondern gründen sich auf das Prinzip der Freien Vereinbarung und im Vertrauen auf die schöpferischen Kräfte ihrer Mitglieder. Das Prinzip des Föderalismus geht auf den französischen Ökonomen und Philosophen Pierre-Joseph Proudhon zurück. Antiautoritäre Aspekte entnahm der S. den Schriften des russischen Sozialrevolutionärs und Anarchisten Michail Bakunin. In Erziehungsfragen kamen die Ideen des spanischen Pädagogen Francisco Ferrer zur Geltung, dem Gründer der von Staat und Kirchen unabhängigen Freien Schulen. Der bedeutendste Ideengeber des S. im 20. Jh. war Rudolf Rocker, Verfasser der „Prinzipienerklärung des Syndikalismus" (1920).

### 2. Geschichte

Das Selbstverständnis des S. als Gewerkschaftsbewegung wurde im Wesentlichen aus Frankreich beeinflusst, und zwar vom Konzept der Arbeiterbörsen *(Bourses du Travail)*, als deren Theoretiker Fernand Pelloutier gilt. Urspr. bildeten sie in den Arbeitermilieus die Treffpunkte zur Vermittlung von Stellen. Nach dem Anwachsen des S. zu einer Massenbewegung vereinigten sich in ihnen die lokalen syndikalistischen Berufsgewerkschaften und traten in Austausch mit den Konsumvereinigungen am Ort. Die Arbeiterbörsen erlangten zunehmende Bedeutung über wirtschaftliche Fragen hinaus, gemäß dem Anspruch als Beratungs- und Entscheidungsorgan sämtlicher örtlicher syndikalistischer Organisationen in allen öffentlichen Angelegenheiten. Die Arbeiterbörse als kommunales politisches Verwaltungsorgan wurde als Schule der ↑Selbstverwaltung für die postrevolutionäre Gesellschaft durch die ↑Gewerkschaften und ↑Genossenschaften begriffen. Das Netzwerk lokaler, regionaler und überregionaler Arbeiterbörsen sollte schließlich den Staat ersetzen. Ein Höhepunkt syndikalistischer Aktivität war der Generalstreik, der die soziale ↑Revolution und die Übernahme der Betriebe durch die Arbeiterschaft einleiten sollte. Weitreichende Gedanken dazu finden sich in den Schriften von Siegfried Nacht. Er prägte diesbezüglich den Begriff der „Direkten Aktion" (1906). Darunter fallen Maßnahmen wie Streiks, ↑Boykotts und Sabotage als Gegenstück zu sozialpartnerschaftlichen Methoden der Gewerkschaftspolitik (↑Sozialpartnerschaft). Arbeiter- und Konsumräte treten an die Stelle politischer Parlamente.

Wenngleich der S. den Staat als politische Organisationsform nicht anerkennt, zwingen ihn die realen Machtverhältnisse in einigen Ländern dazu, Konzessionen einzugehen mit Zugeständnissen an sozialpartnerschaftliche Modelle. So schließen syndikalistische Gewerkschaften Tarifverträge ab, beteiligen sich an gesetzlichen Betriebsräten oder partizipieren am staatlichen Rentensystem. In Spanien stellte die zwei Mio. Mitglieder starke syndikalistische Gewerkschaft *Confederación Nacional del Trabajo* 1936/37 Minister für die staatliche Regierung, darunter mit Federica Montseny eine erste Frau auf einem Ministerposten.

Keine Kompromisse macht der S. in seiner Frontstellung zu Militarismus und ↑Religion. Beide beurteilt er als Faktoren für gravierende geistige Einschränkungen, die dem rationalen Denk- und Urteilsvermögen des ↑Individuums und seiner Schöpferkraft entgegenstünden. Das persönliche Verantwortungsbewusstsein werde durch das Prinzip des Befehlens und Gehorchens untergraben und dadurch die Methode des ↑Klassenkampfes und das Ziel einer solidarischen und selbstverwalteten Gesellschaft erschwert. Der S. tritt für die Gleichberechtigung der Geschlechter ein und schuf neben der Gewerkschaftsbewegung eigene Frauenorganisationen. Weitere Organisationen entstanden bspw. in den Bereichen des Freidenkertums, der Sexualaufklärung, der Jugendbewegung, des Arbeitersports, der Büchergilden, der Genossenschaften, der Sängerbewegung und der Sozialfürsorge.

Verbreitung fand der S. vor allem in den romanischsprachigen Ländern Europas und Südamerikas von etwa 1900 bis 1930. Er war Hauptakteur in der Spanischen Revolution von 1936 und stellte die stärkste Strömung innerhalb der sozialistischen ↑Arbeiterbewegungen nicht nur dort, sondern auch in Portugal und in Argentinien. Die im Jahre 1922 in Berlin gegründete syndikalistische *Internationale Arbeiter-Assoziation* umfasste in den 1920er Jahren mehrere Mio. Mitglieder in über 20 Staaten. In Deutschland hatte die Sektion mit dem Namen *Freie Arbeiter-Union Deutschlands* nach dem Ersten Weltkrieg über 100 000 Anhänger. Der S. wurde in den 1920er/30er Jahren durch die aufkommenden Diktaturen weitgehend zerschlagen. Seit den 1950er Jahren ist er lediglich in Spanien und Schweden ein politisch relevanter Faktor.

### Literatur

H. Döhring: Anarcho-Syndikalismus, 2017 • É. Pouget: Die Revolution ist Alltagssache. Schriften zur Theorie und Praxis des revolutionären Syndikalismus, 2014 • E. Gerlach/A. Souchy: Die soziale Revolution in Spanien, 2012 • E. Arvidsson: Der freiheitliche Syndikalismus im Wohlfahrtsstaat, 1960 • R. Rocker: Die Entscheidung des Abendlandes, 1949 • Ders.: Prinzipienerklärung des Syndikalismus, 1920 • S. Nacht (= Arnold Roller): Die direkte Aktion 1907 • Ders: Soldaten Brevier, 1907.

HELGE DÖHRING

## Synode

Der Begriff S. ist ein lateinisches Lehnwort für das griechische *syn-odos*, das wörtlich mit Zusammen-Weg, gemeinsamer Weg übersetzt werden könnte. Schon im profanen Bereich Griechenlands wurde der Begriff für die Zusammenkunft der Mitglieder eines Verfassungsorgans oder die (Fest-)Versammlung eines Vereins verwendet. Seit dem 3. Jh. bezeichnet er Versammlungen von Vertretern der Kirche, um gemeinsam Entscheidungen in Fragen des Glaubens und der Disziplin zu treffen.

### 1. Katholisch

In der ↑katholischen Kirche wird der Begriff S. für (Bischofs-)Versammlungen auf universaler (↑Konzil), regionaler (National-, Partikular- oder Regional-S.) und lokaler Ebene (Diözesan-S.) verwendet. Während dem Konzil als feierlicher Form der Ausübung der Leitungsgewalt des Bischofskollegiums im Hinblick auf die Universalkirche ein entscheidendes Stimmrecht und damit Entscheidungsgewalt zukommt, haben andere Formen der S. entweder nur beratende Funktion oder das entscheidende Stimmrecht kommt nur den Mitgliedern im Bischofsrang zu. Dies gilt auf der *Ebene der Universalkirche* für die Bischofs-S., eine Versammlung von Bischöfen, „die, aus den verschiedenen Gegenden der Erde ausgewählt, zu bestimmten Zeiten zusammenkommen, um die enge Verbundenheit zwischen Papst und Bischöfen zu fördern und um dem Papst bei Bewahrung und Wachstum von Glaube und Sitte, bei Wahrung und Festigung der kirchlichen Disziplin mit ihrem Rat hilfreich beizustehen und um Fragen bezüglich des Wirkens der Kirche in der Welt zu beraten" (can. 342 CIC). Auf *regionaler Ebene* gilt Gleiches für das sog.e Plenarkonzil, das für alle Teilkirchen (Diözesen) ein und ders.n ↑Bischofskonferenz zusammentritt und für das Provinzialkonzil, d. h. für die Versammlung der Bischöfe einer Kirchenprovinz. An den Versammlungen nehmen zwar auch Nicht-Bischöfe teil; entscheidendes Stimmrecht haben aber nur die ↑Bischöfe, während den anderen Teilnehmern eine beratende Rolle zukommt. Auf *lokaler Ebene* ist die Diözesan-S. „eine Versammlung von ausgewählten Priestern und anderen Gläubigen der Teilkirche, die zum Wohl der ganzen Diözesangemeinschaft dem Diözesanbischof [...] hilfreiche Unterstützung gewähren" (can. 460 CIC); einziger Gesetzgeber der Diözesan-S. bleibt aber der Bischof (can. 466 CIC). Die Entscheidungen einer S. sind Ausdruck der Leitungsfunktion der Bischöfe oder ihnen untergeordnet. Es wird daher zwischen dem Prozess der Erarbeitung einer Entscheidung durch gemeinsame Überlegung, Beratung und Zusammenarbeit *(decision-making)* und der tatsächlichen Entscheidung *(decision-taking)* unterschieden. Die eigentliche ↑Entscheidung einer S. wird von der bischöflichen ↑Autorität getroffen, die in dieser Weise als Garant der Apostolizität und der Katholizität der Kirche sowie der Einheit mit der Universalkirche fungiert: Die Erarbeitung ist Aufgabe der S., die Entscheidung Verantwortung des ↑Amtes. S.n sind im katholischen Verständnis keine parlamentarischen Strukturen, sondern Ausdruck der gemeinsamen Verantwortung des Volkes Gottes für die Sendung der Kirche und der bes.n Aufgaben des apostolischen Amtes in ihr. Zugl. ermöglichen es die S.n, die Ausübung des bischöflichen Amtes besser zu strukturieren und an die Gemeinschaft aller Gläubigen rückzubinden, ohne die dem Bischof eigene persönliche Verantwortung zu schmälern. Durch Konsultationsprozesse im Vorfeld der S.n kann zudem der Glaubenssinn der Gläubigen *(sensus fidei fidelium)* erhoben werden. Doch auch diese Konsultationen stellen keine Meinungsumfragen und keine Vorbereitung von Mehrheitsentscheidungen dar. Sie stellen sicher, dass innerhalb der S. die Gemeinschaft der Gläubigen *(universitas fidelium)* und die kollegiale Dimension des Bischofsamtes mit seiner bes.n Verantwortung in der hierarchischen Gemeinschaft der Kirche miteinander vermittelt werden. Neben den eigentlichen S.n bzw. synodalen Versammlungen gibt es in den Diözesen auch synodale Strukturen wie den Priesterrat, den (diözesanen oder pfarrlichen) Pastoralrat und den (diözesanen oder pfarrlichen) Vermögensverwaltungsrat. Ihnen kommen Anhörungs- und in bestimmten Fällen auch Beispruchsrechte zu.

### 2. Katholische Ostkirchen

In den orthodoxen Kirchen ist die S. auf den verschiedenen Ebenen Prinzip der Kirchenorganisation, was u. a. in der Einrichtung der ständigen S. *(synodus endemousa)* deutlich wird. Dieses Prinzip wurde von den katholischen ↑Ostkirchen übernommen, deren S.n kollegiale, bischöfliche Leitungsorgane mit hoheitlicher Leitungsvollmacht sind. So hat der Patriarch oder der Großerzbischof einer katholischen Ostkirche die S. seiner Kirche einzuberufen und ihr vorzustehen. Zu ihr gehören alle Bischöfe der betreffenden Kirche. Dieser S. kommt gesetzgeberische und richterliche Kompetenz sowie das Recht der Wahl des Patriarchen bzw. Großerzbischofs und der Bischöfe zu. In bestimmten Fällen, die vom Recht genau festgelegt sind, hat die S. auch ausführende Gewalt sowie Beispruchsrechte im Hinblick auf bestimmte Rechtsakte des Patriarchen bzw. Großerzbischofs. Auch in den katholischen Ostkirchen gibt es S.n im Bereich der Metropolie, deren Vollmachten je nach Eigenrecht der Kirche sehr unterschiedlich sein können, sowie im Bereich der Eparchie (entspricht der Diözese), wo dem Eparchialkonvent aber nur beratender Charakter zukommt.

### 3. Kirchliche Gemeinschaften der Reformation

Im Bereich der aus der ↑Reformation hervorgegangenen kirchlichen Gemeinschaften entwickelt sich das Synodalwesen erst im Laufe der Zeit und mit unterschiedlicher Geschwindigkeit, wobei sich seit dem 19. Jh. die repräsentative S. als verfassungsgebendes Organ auf der Ebene der jeweiligen Landeskirche durchsetzt. Diese Entwicklung ist einerseits Ausdruck der ekklesiologischen Grundentscheidungen der reformatorischen Gemeinschaften und dient andererseits zugl. der Gewinnung von Selbständigkeit gegenüber den staatlichen Regelungen für die Landeskirchen.

Die S. stellt i. d. R. ein Organ der Kirchenleitung dar und ist parlamentarisch organisiert, um eine gemeinschaftliche Willensbildung zu ermöglichen. Damit die Repräsentation der ganzen Gemeinschaft der Getauften sichergestellt werden kann, nehmen an der S. ca. ein Drittel Amtsträger und zwei Drittel Nicht-Amtsträger teil. Meistens werden die Synodalen durch die Wahl von Seiten der Kirchenvorstände bestimmt, andere Mitglieder gehören von Amts wegen zur S. oder werden als Vertreter von Institutionen (z. B. der theologischen Fakultäten) ernannt oder von der S. zur Teilnahme berufen. In ihrer kirchenleitenden Funktion erlassen die S.n kirchliche Gesetze, entscheiden über liturgische Agenden und kirchliche Lebensordnungen, wählen die Inhaber der Leitungsämter, beschließen den Haushalt und nehmen durch Verlautbarungen am Öffentlichkeitsauftrag der kirchlichen Gemeinschaften teil. In diesem Sinn obliegt den S.n nicht nur die rechtliche Leitung der kirchlichen Gemeinschaften auf den unterschiedlichen Ebenen ihrer Organisation, sondern sie haben auch Mitverantwortung im Bereich der Verkündigung und der ↑Sakramente. S.n sind aber anderen Leitungsorganen der kirchlichen Gemeinschaften nicht grundsätzlich übergeordnet, denen z. T. Einspruchsrechte und in jedem Fall eine gewisse Eigenständigkeit zukommen. Auf diese Weise werden S.n zum Ausdruck der arbeitsteiligen Gemeinschaft und der gemeinsamen Verantwortung. I. d. R. sind S.n keine ständigen Einrichtungen, sondern tagen ein- bis zweimal im Jahr. Zwischen den Sitzungen kann die synodale Verantwortung vom Synodalausschuss wahrgenommen werden. Auf der Ebene der lokalen Gemeinden wird die synodale Praxis von den Gemeindeältesten (Presbyterium) wahrgenommen und es findet eine Beteiligung der ↑Gemeinde bei der Wahl der Amtsträger statt. Auch in der anglikanischen Gemeinschaft (↑Anglikanische Kirche), die ihrem Selbstverständnis nach synodal regiert und bischöflich geleitet wird *(synodically governed, episcopally led)*, gibt es auf lokaler, nationaler und internationaler Ebene synodale Strukturen. Die S.n, an denen Vertreter der Gemeinschaften teilnehmen, haben gesetzgebende Vollmachten.

#### Literatur

Internationale Theologische Kommission: Die Synodalität in Leben und Sendung der Kirche, 2018 • H.-J. Sieben: Kleines Lexikon zur Geschichte der Konzilsidee, 2018 • N. Witsch: Synodalität auf der Ebene der Diözese. Die Bestimmungen des universalkirchlichen Rechts der Lateinischen Kirche; 2004 • F. R. Gahbauer u. a.: Synode, in: TRE, Bd. 32, 2001, 559–584 (Lit.) • H. J. Sieben u. a.: Synode, Synoden, Synodalität, in: LThK, Bd. 9, [3]2000, 1186–1194 • A. P. Kustermann (Hg.): Synodalrecht und Synodalstrukturen, 1996.

MARKUS GRAULICH

## Systemtheorie

### 1. Systeme und Komplexität

S. ist gerade im Bereich der ↑Sozialwissenschaften kein einheitliches und integriertes Forschungsgebiet. Prägend ist jedoch die soziologische S. Niklas Luhmanns, auf die hier eingegangen wird. Luhmann hat zum einen seine Bezüge zur allg.en S. deutlich herausgearbeitet, so dass sich die Besonderheiten seiner Theoriearchitektur so klar wie bei keiner anderen Variante beurteilen lassen. Zum anderen wird Luhmanns S. bes. breit und disziplinübergreifend rezipiert.

Mit Blick auf die allg.e S. sind drei Theorieentscheidungen bes. folgenreich. Erstens ist die Theorie sozialer Systeme nicht im Verfahren der Analogiebildung entstanden. Es wurden also nicht etwa Beschreibungen biologischer Systeme unmittelbar auf soziale Systeme übertragen. Zweitens wurde die Input-Output-Unterscheidung als Basis des Systembegriffs verworfen, womit auch technologische Systembeschreibungen ausgeschlossen sind. Drittens wurde die Rezeption der allg.en S. auf solche Theorieelemente fokussiert, die die Operationen der Systembildung und der Systemdynamik in den Vordergrund rücken.

Verschränkt man die drei Entscheidungen, so lassen sich die Bedingungen für die Anwendung von S. in einer Art Anweisung zusammenfassen: Nenne den *spezifischen Operationstyp*, der das System hervorbringt, das Du beobachten willst. Diese Aufforderung wirkt als scharfe Beschneidung. Ausgegrenzt werden alle „Systeme", die ein Beobachter aus selbstgewählten Elementen ganz nach eigenen Analysebedürfnissen zusammenstellt. Stattdessen gilt: Jedes Operieren – sei es ein physikalisches, biochemisches, physiologisches, psychisches oder ein soziales – spaltet die Welt und teilt sie ein in das, was durch die Operation geschieht, und das, was ohne sie geschieht. Wenn sich Operationen gleichen Typs verketten, erzeugen sie eine Grenze. Es erscheint eine Differenz zwischen System und Umwelt. Das wichtigste Produkt der Grenzziehung wird mit einer der wohl bekanntesten Formeln von Luhmann als „Reduktion von Komplexität" (Luhmann 1984: 12) bezeichnet; eine Leistung, die immer nur systemrelativ verstanden werden kann. Die Innenseite der Grenze ist nicht etwa das System. Sie ist geregelte Komplexität, während die Außenseite die unfassbare Komplexität der ↑Welt bezeichnet. Das System selbst ist die Einrichtung und Aufrechterhaltung der Grenze, die beide Komplexitäten voneinander trennt und, als Grenze, aufeinander bezieht. S. ist nicht die Theorie eines bes.n Objekts genannt „System". Sie ist die Theorie einer spezifischen Differenzierung und müsste korrekt eigentlich System/Umwelt-Theorie heißen.

## 2. Kommunikation und soziale Systeme

Für den Bereich *sozialer* Systeme heißt der grenzbildende Operationstyp ↑*Kommunikation*: „Eine Kommunikation teilt die Welt nicht mit, sie teilt sie ein. Wie jede Operation, wie auch eine solche des Lebensvollzugs oder des Denkens, bewirkt die Kommunikation eine Zäsur. Sie sagt, was sie sagt; sie sagt nicht, was sie nicht sagt. Sie differenziert. Wenn weitere Kommunikationen anschließen, bilden sich auf diese Weise Systemgrenzen, die den Schnitt stabilisieren" (Luhmann/Fuchs 1989: 7).

Hier sind die beiden anderen Formen von Systembildung genannt, die für soziale Systeme relevant sind: Leben und Bewusstsein. Ihre Operationen vollziehen sich *außerhalb* von Kommunikation, was aber nicht besagt, sie seien für Kommunikation unwichtig. Keine Kommunikation könnte sich ohne die Inanspruchnahme von Bewusstsein realisieren. Die Systeme des Lebens (Organe, Muskeln, Nerven, Gehirne) operieren in der Form der Zellreproduktion. Psychische Systeme operieren als Verkettung von Wahrnehmungen (Binnen- und Außenwahrnehmungen). Unter der Zusatzbedingung, dass die Wahrnehmungen fortlaufend mit *Zeichen* durchsetzt und durch sie strukturiert werden, kann man von Bewusstsein sprechen und dessen Operieren „Denken" nennen. Die Funktion von Kommunikation ergibt sich daraus, dass lebende Systeme und psychische Systeme gerade nicht vorab durch ein höheres System koordiniert sind. Wir kommunizieren, *weil* wir einander nicht durchschauen.

Der Kommunikationsbegriff lässt sich entlang dreier Stufen definieren, die sich wechselseitig erläutern. Auf der ersten Stufe kann man sagen: Kommunikation ist die „kleinste noch negierbare Einheit" (Luhmann 1984: 212). Diese Bestimmung ist die einfachste, weil sie unabhängig davon funktioniert, ob die Operationen der Kommunikation dezidiert beobachtet werden oder nicht. Die Kommunikation lässt sich durch ihr Resultat vertreten. Sie produziert eine Art Signal oder Symbol, das dazu auffordert, ein „Nein" zu artikulieren oder solch ein „Nein" durch ein „Ja" zu verneinen. Wann immer sich ein Bewusstsein von der Zumutung befallen sieht, Ablehnung oder Zustimmung auszudrücken, kann ein Beobachter davon ausgehen, dass Kommunikation stattgefunden hat.

Auf einer zweiten Stufe kann Kommunikation als *Prozessieren von Formen* begriffen werden. Damit ist festgehalten, dass ihr Einzugsbereich weit über sprachliche Kommunikation hinausreicht. Jede Form nonverbaler Kommunikation ist eingeschlossen: Gestik und Mimik, Bilder, Toncollagen, Kunstwerke, computergenerierte Formen usw. Auch Handlungsketten bilden Formen. Außer durch Interaktionsepisoden werden Handlungsketten v.a. durch Kommunikationsmedien wie Geld, Macht, ↑Wahrheit, Recht, ↑Kunst und ↑Liebe gestiftet.

Auf einer dritten Stufe kann Kommunikation als „Synthese dreier Selektionen, als Einheit aus Information, Mitteilung und Verstehen" (Luhmann 1984: 203) definiert werden. Mit dem Verweis auf ↑Information ist gesagt, dass ein Sozialsystem *alles* thematisieren könnte, was in der Welt der Fall ist, gewesen sein und noch werden könnte. Die Welt ist für ein Sozialsystem also nicht weniger wichtig als das System selbst. Im Hinblick auf die Informationsfunktion heißt die Welt: Umwelt des Systems. Die Selektionskomponente der Mitteilung steht für den immer *mitlaufenden* Selbstbezug von Kommunikation. Während man sich Informationen auch jenseits sozialer Systeme vorstellen kann, gilt dies für Mitteilungen nicht. Was immer sie mitteilen: Sie setzen Kommunikation und damit das soziale System fort. Die Selektion des Verstehens schließlich bezieht das Eine auf das Andere, die Information auf die Mitteilung und umgekehrt. Verstehen vollbringt das Wunder, die Einheit *einer* Mitteilung aufzuspalten in die Zweiheit von Information *und* Mitteilung. Dabei sind die Ansprüche an Verstehen asketisch gehalten. Sie fordern keine hermeneutische und psychologische Korrektheit und erst recht kein Einverständnis mit dem Verstandenen. Es genügt, Information von ihrer Mitteilung zu unterscheiden und beides aufeinander zu beziehen. Jedes Verstehen öffnet die Möglichkeit, zustimmend oder ablehnend zu reagieren. Hiermit schließt sich der Kreis zur ersten Definition, nach der die Verneinung als Kleinsteinheit von Kommunikation gelten kann.

## 3. Funktionale Differenzierung am Beispiel der Politik

S. wird normalerweise eher mit Gesellschaftstheorie als mit Kommunikationsanalysen verknüpft. Bekannt ist v.a. Luhmanns These, die moderne Gesellschaft sei funktional differenziert in autonome Systeme für Politik, Wirtschaft, Recht, Wissenschaft, Kunst, Erziehung, Gesundheit, Familie, Religion und Massenkommunikation. Doch der Schritt von Kommunikation zu ↑Gesellschaft ist kürzer, als auf den ersten Blick zu vermuten wäre. Beide Begriffe umfassen denselben Phänomenbereich. Jede Kommunikation vollzieht Gesellschaft. Mit jedem neuen Thema und mit jedem neuen Kommunikationspartner erweitern sich die Grenzen der Gesellschaft. Mit jedem Fallenlassen von Themen und Partnern schrumpfen sie. Umgekehrt gilt: Gesellschaft wird *ausschließlich* durch Kommunikation gebildet. Gesellschaft ist kein Additionssystem, das sich aus Kommunikationen plus Handlungen plus Rollen plus Personen plus Institutionen zusammensetzt. Denn dann müsste man den Zusammensetzer finden sowie die mysteriöse Operation, die die Additionen vollzieht. Handlungen, Rollen, Personen und Institutionen kommen durchaus vor. Aber ihre jeweilige Identität und Funktion werden durch Kommunikation für Kommunikation bestimmt. Was Kommunikation von Gesellschaft unterscheidet (und deswegen einen eigenen Begriff erfordert), ist ihr Potential, innerhalb der Gesellschaft Grenzen einzuziehen. Am Beispiel des Funktionssystems der ↑Politik ist das darstellbar.

Die Grenzziehung der Politik erfolgt im Kommunikationsmedium der ↑Macht. Macht entsteht, wenn die Differenz von Information und Mitteilung eine spezifische Prägung erhält. Die Information nimmt die Form der *Drohung* an. Als Macht kann eine Drohung nur fungieren, wenn sie an eine *Anweisung* gekoppelt wird, deren Befolgung die Ausführung der Drohung vermeidet. Die Anweisung besetzt die Funktionsstelle der Mitteilung. Der Machtunterworfene muss den Zusammenhang von Drohung und Anweisung *verstehen*, um sich überhaupt als Ziel einer Machtaktion begreifen zu können. Jede Machtausübung ist durch diese Art von Verstehen und nicht allein durch ihr Drohpotential limitiert. Wenn der Schwächere nicht erkennt, welchen Gefahren er ausgesetzt ist und wie er sie vermeiden kann, hat der Stärkere zwar Gewalt, nicht aber Macht über ihn. Ist die Drohung deutlich genug erkennbar, dann kann sich die Anweisung gut auch als Wunsch oder Bitte tarnen. Moderne Macht und alle komplexen Machtstrukturen entfalten ihre spezifischen Wirkungen dadurch, dass ihre Drohungen nicht primär aus potentiellen Bestrafungen bestehen, sondern aus dem Entzug von Vorteilen. Beispiele wären der Entzug von Erwerbsquellen, von Aufenthaltsberechtigungen oder sonstigen Anspruchstiteln. Macht wird zum *Medium* der Kommunikation, wenn die Beziehungen zwischen Drohungen und Anweisungen variiert werden können; wenn also dieselbe Drohung für sehr verschiedene Anweisungen investiert oder dieselbe Anweisung mit wechselnden Drohpotentialen gedeckt werden kann. Nur auf diese Weise kann Macht über verschiedene Kommunikationspartner und Situationen hinweg stabil gehalten werden und lässt sich die *Funktion* der Politik erfüllen: die Herstellung und Stabilisierung kollektiv bindender ↑Entscheidungen.

Macht bildet sich in allen Sozialsystemen, soweit sie sich zeitlich stabilisieren und für die Beteiligten Vorzüge bieten, deren Ausfall bedrohlich wirken könnte. Zur Entstehung eines Mediums Macht, das für unterschiedliche Kombinationen aus Drohungen und Anweisungen trotz ständigem Kombinationswechsel dauerhaft zur Verfügung steht, kommt es jedoch nur, wenn eine genau auf Macht zugeschnittene *binäre Codierung* entsteht. Binäre Codierungen übernehmen jeweils für ihre Spezialbereiche die Funktion, sowohl Annahme als auch Ablehnung verständlich kommunizieren zu können. Der einfachste, weil technisch klarste Fall ist der binäre Code der ↑Wirtschaft: zahlen oder nichtzahlen. *Wenn* ein Preis für eine quantitativ-qualitativ bestimmte Leistung genannt wird, kann *jeder* (Käufer, Verkäufer wie jeder Dritte) verfolgen, ob gezahlt wird oder nicht. Dann kann er seine eigenen Folgehandlungen auf das Geschehen einstellen. Im Vergleich zum Geldcode (↑Geld) hat kein anderer Code solch eine Deutlichkeit hervorbringen können.

In allen anderen Medienbereichen braucht es aufwändigere Stützeinrichtungen. Für das Medium der Macht ist die wichtigste davon die Form des ↑*Amtes*: als einzelnes Amt, als zusammengefasste Ämterstruktur einer ↑Bürokratie und als inter-bürokratische Regulierung von amtlichen Zuständigkeiten. Seit Max Weber wird nach der ↑Rationalität und der ↑Legitimität dieses modernen Phänomens gefragt. Systemtheoretisch ist jedoch die Einrichtung eines speziellen System-Umwelt-Verhältnisses ausschlaggebend. In Form ihrer diversifizierten Zuständigkeiten greift die Amtsmacht in alle Belange des Lebens ein. Sie besorgt damit den Umweltkontakt der Politik und erzeugt mit dem, was an Folgen amtlichen Handelns registriert wird, Informationen für das politische System. Aber die politische Kommunikation selbst ist ausschließlich an der *Variation* der Ämterstrukturen orientiert. Ihr Code lautet „Amtsmacht haben/keine Amtsmacht haben". Das betrifft sowohl die Besetzung von Ämtern als auch die Programmierung des Amtshandelns in Form von Rechtsetzung, Budgetzuteilungen und direkten Anweisungen entlang der Ämterhierarchien. Während die Machtbetroffenen (und ihre Reaktionen) auf die Umwelt des politischen Systems verweisen, identifiziert sich eine Mitteilung dadurch als politisch, dass sie sich an der *Differenz* von Amtsmacht/ohne Amtsmacht orientiert und eine Option innerhalb dieser Unterscheidung zu erkennen gibt; eine Option, auf die sich die Anschlusskommunikation annehmend oder ablehnend berufen kann. Auf diese Weise schließt sich ein System, hier das System der Politik. Eine Kommunikation, die nicht als am Machtcode orientiert erkannt werden kann, findet keinen Anschluss. Umgekehrt wird jede Kommunikation eingeschlossen, der Code-Relevanz beigemessen wird.

In jenen Territorien der Weltgesellschaft, die die Variation der Machtstrukturen dem in sich selbst machtlosen ↑*Recht* unterworfen haben (mittels ↑Verfassung,

Rechtsstaatlichkeit [↑Rechtsstaat] und ↑Gewaltenteilung), konnte der Machtcode mit der Distinktion von Regierung und ↑Opposition nochmals verallgemeinert, abstrahiert, schematisiert und symbolisiert werden: als rechtlich kodifizierter Wechsel in der Besetzung der (Spitzen-)Ämter. Allein dank dieser Hochabstraktion wird Politik öffentlichkeits-, diskurs- und demokratiefähig. Aber die weltgesellschaftliche Durchsetzung dieser Verallgemeinerung scheint mehr als fraglich, tauchen doch selbst in ihren Ursprungsregionen immer wieder Anzeichen der Zerbrechlichkeit auf. Für systemtheoretische Analysen der weltpolitischen Lage ist es also ratsam, die grundlegende Codierung von Amtsmacht/ohne Amtsmacht im Blick zu behalten. Die systemtheoretische These von der Ausdifferenzierung eines politischen Systems geht auf diese Codierung zurück. Sie wird nicht dadurch widerlegt, dass die Massenmedien über Gespräche und Machenschaften zwischen sog.en „Vertretern" von Politik, Wirtschaft, Wissenschaft, Künsten, Erziehung usw. berichten. Sie müsste erst dann aufgegeben werden, wenn der Nachweis gelänge, dass der Code Amtsmacht/ohne Amtsmacht kollabiert und nicht mehr in der Lage sei, verständlich zu machen, welche Änderung von Machtverhältnissen politisch anzunehmen oder abzulehnen sei.

## 4. Systemtheorie jenseits Luhmanns

Für die Theorieentwicklungen, die mit Luhmanns Wirken verbunden sind, ist die Bezeichnung „S." zugl. hilfreich und hinderlich: hilfreich, weil sie im disziplinären Umfeld jahrzehntelang für eine klare Erkennbarkeit gesorgt hat; hinderlich, weil der Name „S." die Theoriedarstellung einseitig verzerrt und zudem radikale Brüche mit den Frühformen der S. verdeckt. Luhmanns Hauptwerk „Die Gesellschaft der Gesellschaft" (1997) macht klar, dass S. nur *eine* von drei Theoriesäulen bereitstellt. Es müssen sowohl Kommunikationstheorie als auch Evolutionstheorie (↑Evolution) als eigenständige Theorien hinzutreten, um den Gesamtbereich des Sozialen und seine Geschichtlichkeit abzudecken.

Anders als etwa bei Talcott Parsons oder in den S.n von David Easton und Karl Wolfgang Deutsch, dient Luhmanns Systembegriff nicht zur Ordnung von vorgegebenen Phänomenen. Er ist nicht „rein analytisch" gemeint, sondern bezeichnet ein reales Phänomen, das ohne den Begriff nicht beobachtet werden könnte. Noch größer ist die Distanz zu allen S.-Varianten, die nach den Mustern der klassischen Kybernetik mit ihren Input-Output- und Feedback-Modellen gebaut sind.

Man kann die Bruchstellen zu anderen S.n an drei Begriffen studieren, die nach dem Erscheinen von „Soziale Systeme" (1984) bes. diskutiert wurden.

*a)* Die Adaption von *Autopoiesis* aus einer biologischen Diskussion hat für die größte Aufregung gesorgt. Dabei betonte Luhmann stets, der Begriff diene nicht zur Erklärung, sondern zur Markierung eines *Problems*: Wie gelangen Systeme, die aus Elementen bestehen, die in ihrem Auftauchen bereits wieder verschwinden (Gedanken respektive Kommunikationen), zu ihrem jeweils nächsten Element? Mit Autopoiesis, was nichts anderes heißt als Selbstproduktion, wird lediglich der Gedanke an eine externe Schöpfung (durch Gott, ein Subjekt oder *natural selection*) abgelehnt, und wird der Theoretiker darauf festgelegt, sich auf die Operationen des Systems einzulassen, das ihn interessiert.

*b)* Der Begriff der *strukturellen Kopplung* antwortet auf die Frage, wie ein System mit den Kausalitäten umgehen kann, denen es auf der Ebene seiner infrastrukturellen Bedingungen unterworfen ist. Ohne Luft zum Atmen und zum Sprechen gäbe es keine Kommunikation, ohne dass Kommunikation die Luft selber herstellen könnte. Aber sie muss und kann sich so einrichten, dass den Sprechern genügend Luft zum Atmen bleibt. Das Kommunikationsmedium ↑Sprache ist auf dieses Erfordernis abgestimmt. Es lässt dabei auch noch Assoziationen des Bewusstseins zu und ist deshalb das bevorzugte Kopplungsmedium zwischen Kommunikation und Bewusstsein.

*c)* Der Begriff der *doppelten ↑Kontingenz* kann als Formalisierung des Begriffs der sozialen Situation gelesen werden. Wenn A sich auf B einstellen will und dabei erkennt, dass B sein Verhalten auf A einstellt, dann ändert As Verhalten nicht nur sein Verhältnis zur Welt (einfache Kontingenz), sondern zugl. seine *eigenen* künftigen Verhaltensmöglichkeiten (doppelte Kontingenz) – und dasselbe gilt für B, so dass wir es eigentlich mit einer vierfachen Kontingenz zu tun haben. In der Rezeption wird Kommunikation oft als Lösung dieses Problems ausgegeben. Doch Kommunikation löst nicht doppelte Kontingenz. Sie *setzt sich an die Stelle* der doppelten Kontingenz und verdeckt sie, sofern diese Besetzung funktioniert. Die Theorie hält solch ein Gelingen für eher unwahrscheinlich und den Kommunikationsabbruch für normal. Was gegen den Zerfallstrend eine Fortführung erreicht, nennt die Theorie ein soziales System. Zur politikwissenschaftlichen Konkretisierung der S.: ↑politisches System.

## Literatur

P. Fuchs: Der Eigen-Sinn des Bewußtseins. Die Person – die Psyche – die Signatur, 2003 • N. Luhmann: Die Politik der Gesellschaft, 2000 • Ders.: Die Gesellschaft der Gesellschaft, 2 Teilbde., 1997 • Ders.: Politische Planung. Aufsätze zur Soziologie von Politik und Verwaltung, ⁴1994 • Ders.: Die Unwahrscheinlichkeit der Kommunikation, in: ders.: Soziologische Aufklärung 3, ²1991, 25–34 • Ders./P. Fuchs: Reden und Schweigen, 1989 • N. Luhmann: Macht, ²1988 • Ders.: Soziale Systeme. Grundriß einer allgemeinen Theorie, 1984 • H. R. Maturana/F. J. Varela: Autopoiesis and Cognition. The Realization of the Living, 1980 • T. Parsons: Zur Theorie sozialer Systeme, 1976 • K. W. Deutsch: Politische Kybernetik. Modelle und Perspektiven, 1969 • D. Easton: A Systems Analysis of Political Life, 1965.

**Einführungstexte:**
N. Luhmann: Einführung in die Theorie der Gesellschaft, 2005 • P. Fuchs: Niklas Luhmann – beobachtet. Eine Einführung in die Systemtheorie, 2004 • N. Luhmann: Einführung in die Systemtheorie, 2002 • G. Kneer/A. Nassehi: Niklas Luhmanns Theorie sozialer Systeme. Eine Einführung, 1993.

ACHIM BROSZIEWSKI

# Systemtransformation

I. Politikwissenschaftlich – II. Wirtschaftswissenschaftlich

## I. Politikwissenschaftlich

### 1. Transformationswellen

Das 20. Jh. war geprägt von fundamentalen wirtschaftlichen, sozialen und politischen Umwälzungen. Der US-amerikanische Politikwissenschaftler Samuel P. Huntington hat diese politischen Tansformationsprozesse zeitlich in fünf fundamentale „Wellen" (Huntington 1991) unterteilt: Eine lange erste Demokratisierungswelle, die sich von der Amerikanischen und der ↑Französischen Revolution im ausgehenden 18. Jh. bis nach dem Ersten Weltkrieg hinzog und dort ihren Höhepunkt fand. Ihr folgte von 1922 bis 1942 eine kürzere autokratische Gegenwelle. Den statistisch berechneten „Wellen" schloss sich 1943–62 eine erneute Demokratisierungswelle an, die von der alliierten Nachkriegsbesatzung gefördert, zu erfolgreichen ↑Demokratisierungen u. a. in Deutschland, Italien, Japan und Österreich führte. Weitere, jedoch meist weniger nachhaltige Demokratisierungsversuche gab es in Griechenland, der Türkei, Lateinamerika und Asien. Die zweite autokratische Gegenwelle kam schon, bevor die Nachkriegsdemokratisierungswelle auslief. S. P. Huntington berechnet sie für die Periode 1958–75. Diese dritte Demokratisierungswelle im letzten Viertel des 20. Jh. erwies sich als die ergiebigste. Sie begann paradoxerweise mit einem Militärputsch in Portugal (1974), erfasste Griechenland (1974) und kurz darauf Spanien (1975). Sie pflanzte sich Anfang der 1980er Jahre in Lateinamerika (↑Lateinamerika und Karibik) fort, als manche Militärregime zusammenbrachen oder liberalisierungswillige Militärs einen langsamen Übergang zur ↑Demokratie einleiteten. Die dritte Demokratisierungswelle griff dann auf Asien über (u. a. Südkorea, Taiwan, Thailand, Philippinen, Indonesien) und erfasste Teile ↑Subsahara-Afrikas.

Der Kulminationspunkt dieser Welle war zweifellos der Epochenbruch des *Annus mirabilis* 1989, als die kommunistischen Regime Osteuropas und etwas später der Sowjetunion zusammenbrachen. Die postkommunistischen Regime machten sich auf den beschwerlichen Weg, nicht nur ihre totalitären (↑Totalitarismus) und autoritären politischen Regime zu demokratisieren, sondern auch ihre gesellschaftlichen und wirtschaftlichen Systeme zu transformieren. Dies veranlasste u. a. Klaus von Beyme von einer vierten Demokratisierungswelle zu sprechen, da sich die fundamentalen systemischen Transformationsprozesse substanziell von den Demokratisierungen der politischen Regime Südeuropas oder Lateinamerikas unterschieden. Trotz dieses überzeugenden Arguments hat sich die statistische Zählweise von S. P. Huntington durchgesetzt, der eine Demokratisierungswelle so beschreibt: „Eine Demokratisierungswelle ist eine Gruppe von Transitionen von nichtdemokratischen zu demokratischen Regimen, die sich in einem spezifizierten Zeitraum vollzieht und signifikant die Transitionen in die umgekehrte Richtung übersteigen muss" (Huntington 1991: 15).

Seither ist noch keine klare autokratische Gegenwelle zu beobachten. Allerdings verschwand der fehlgeleitete triumphale Optimismus, wie ihn Francis Fukuyama mit weltweitem Echo verkündet hatte, nach der Jahrtausendwende. Zunehmend kündigten Bücher und Schriften vom Ende des „Endes der Geschichte" (Fukuyama 1992). Der Historiker Azar Gat (2007) sieht „Die Rückkehr der autoritären Großmächte"; Larry Diamond (2008) konstatiert den „Democratic Rollback"; Colin Crouch (2004) behauptet, dass sich die Demokratie längst in einer postdemokratischen Phase befände. Etwas vorsichtiger argumentieren Wolfgang Merkel (2010) sowie derselbe und Sascha Kneip (2018), die zum einen auf statistische Artefakte verweisen oder die Widerstandskraft der etablierten Demokratien betonen. Was kann die Politikwissenschaft zur Erklärung der Systemwechsel beitragen? Warum kommt es zu Systemwechseln (Ursachen)? Wer sind die relevanten Akteure, die einen Systemwechsel treiben oder verhindern (Akteure)? Worin begründen sich Erfolg oder Misserfolg eines Systemwechsels (Systemfrage)? Zur Beantwortung dieser Fragen stellt die politikwissenschaftliche Forschung Theorien und empirische Forschungsmethoden zur Verfügung.

### 2. Theorieansätze

#### 2.1 System- und Modernisierungstheorien

Als einflussreichster Strang der systemorientierten Ansätze hat sich in der Transformationsforschung die Modernisierungstheorie erwiesen. Ihr Kernsatz lautet: Je entwickelter Wirtschaft und ↑Gesellschaft eines Landes sind, umso größer sind die Chancen, dass sich eine dauerhafte Demokratie herausbildet. Dieser enge Zusammenhang zwischen der sozioökonomischen Entwicklungsstufe und der Demokratiefähigkeit einer Gesellschaft lässt sich anhand eindrucksvoller statistischer Bestätigungen nicht mehr von der Hand weisen.

Das sind zunächst Korrelationen. Aber hinter diesen verbirgt sich auch ein kausaler Zusammenhang, der sich verkürzt so darstellen lässt: Wirtschaftliche Entwicklung führt zu einem ansteigenden Bildungsniveau und zu einer demokratischeren ↑politischen Kultur. Gestiegener gesellschaftlicher Wohlstand vermindert extreme ökonomische Ungleichheit, mildert Standes-, Klassen- und Statusunterschiede, mäßigt den politischen ↑Extremismus der unteren wie der oberen Schichten und stärkt die Mittelschicht, die nach demokratischer Mitsprache (↑Partizipation) verlangt.

Diesen wichtigen Einsichten stehen allerdings auch unübersehbare Mängel der klassischen Modernisierungstheorie gegenüber: Erstens vermag sie den Modernisierungsstand, bei dem der Übergang zur Demokratie beginnt, nur sehr unzureichend anzugeben. Zweitens vermag sie nicht, die Einleitung und die Ursachen von Demokratisierungsprozessen in unterentwickelten Gesellschaften zu erklären. Drittens liefert sie keine Erklärung für den Zusammenbruch demokratischer Systeme in sozioökonomisch relativ hoch entwickelten Gesellschaften. Für diese Leerstelle bieten sich Struktur-, Akteurs-, und Institutionentheorien an.

### 2.2 Strukturtheorien

Die strukturalistische Transformationsforschung betont die sozialen und machtstrukturellen Zwänge, denen politische Transformationsprozesse unterliegen. Der Erfolg oder Misserfolg von Demokratisierungsprozessen wird als Resultat langfristiger Verschiebungen in den Klassen- und Machtstrukturen einer Gesellschaft angesehen. Entgegen den Annahmen der klassischen Modernisierungstheorie wird betont, dass mehrere Pfade zur ↑Modernisierung einer Gesellschaft führen können.

In der Weiterentwicklung von Barrington Moore sehen Dietrich Rueschemeyer, Evelyne Huber Stephens und John D. Stephens v. a. zwei Variablen, die die Demokratisierung autokratischer Regime ermöglichen:

*a) Klassenstrukturen und -koalitionen:* Kapitalistische Entwicklung fördere die Demokratie, da sie zum Entstehen und Anwachsen von Arbeiterschaft und Mittelschichten führe. Strukturalisten sehen aber v. a. die Arbeiter und nicht die Mittelschichten als demokratietreibende Klasse.

*b) Machtverhältnis zwischen Staat und Zivilgesellschaft*: Je mehr Ressourcen die Staatseliten kontrollieren und je effektiver sie einen ideologisch geeinten und hierarchisch integrierten Staatsapparat formieren, umso wahrscheinlicher ist die Herausbildung eines autoritären Regimes. Sind in der ↑Zivilgesellschaft dagegen autonome Organisationen wie ↑Parteien und ↑Verbände entstanden und bilden ein Gegengewicht zum Staat, erhöhen sich die Chancen einer erfolgreichen Demokratisierung. Es kommt auf eine gewisse Machtbalance zwischen ↑Staat und Zivilgesellschaft an.

Obwohl der ↑Strukturalismus mit dem ökonomischen Determinismus der Modernisierungstheorie bricht und Klassen, Staat und ↑Institutionen in die Erklärung einbezieht, vernachlässigt er das strategische Handeln von ↑Eliten und Gegeneliten im Transformationsprozess. Sie bestimmen aber jenseits von ökonomischer Entwicklung, System- und Staatsformen in erheblichem Maße das Ergebnis einer S. mit.

### 2.3 Akteurstheorien

Im Unterschied zu sozioökonomischen, machtstrukturellen und kulturalistischen Ansätzen setzen Akteurstheorien auf der Mikroebene der handelnden Akteure (methodischer ↑Individualismus) an. Subjektive Einschätzungen, ↑Strategien und Handlungen der relevanten Akteure prägen die Entscheidungen. Akteurshandeln wird dabei primär als Elitenhandeln verstanden. Massenbeteiligung (↑Masse) ist nur ein kurzfristiges, vorübergehendes Phänomen zu Beginn der Transition, wenn etwa Massenproteste wie 1986 auf den Philippinen, 1989 in Ostdeutschland und Osteuropa autoritäre Regime kollabieren lassen. Der Regimekollaps der UdSSR oder die Ereignisse des „Arabischen Frühlings" zeigen im Übrigen, dass der Sturz autokratischer Regime keineswegs zu Demokratien führen muss, sondern nicht selten in andere Formen diktatorischer Herrschaft (↑Diktatur) oder hybride Regime führt.

Der akteurstheoretische *Rational-Choice*-Ansatz (↑Rational Choice Theory) lehnt die Beschreibung der Akteure allein nach ihren ↑Interessen und Strategien als nicht ausreichend ab. Mit spieltheoretischen Modellen (↑Spieltheorie) können so nicht nur die rationalen Kalküle, Kooperationen, Koalitionen, sondern auch Wahrnehmungen und Fehlwahrnehmungen herausgearbeitet werden. Insofern besitzen die dem *Rational-Choice*-Paradigma verpflichteten Akteurstheorien nicht nur ein Erklärungs-, sondern auch ein Prognosepotenzial.

### 2.4 Bilanz

Die drei großen Transformationstheorien (System, Struktur, Akteur) haben jeweils Stärken und Schwächen. Die Stärken lassen sich ausbauen, wenn die Theorien synthetisch verknüpft werden. Indem ↑Wirtschaft, ↑Macht und ↑Kultur als wichtige Opportunitätsstrukturen transformatorischen Handelns begriffen werden, werden nicht nur Teilaspekte einer S., sondern diese als Ganzes erklärbar.

## 3. Methoden

### 3.1 Quantitative Verfahren

In der Transformationsforschung gibt es nicht nur einen Theorien-, sondern auch einen Methodenpluralismus. Und wie in der Sphäre der Theorien konkurrieren zwar die unterschiedlichen ↑Methoden, verschließen sich aber nicht kombinatorischen Verfahren. Quantitative Verfahren arbeiten i. d. R. mit hohen Fallzahlen und konzentrieren ihre Analysen meist auf die Makroebene des gesamten ↑politischen Systems. Ihre Untersuchungsdesigns orientieren sich an Querschnittsanalysen zu einem Zeitpunkt über viele Länder hinweg oder aber am Längsschnitt, um Veränderungen über die Zeit hinweg beobachten zu können. Es dominieren Regressionsmodelle, die die Einflussfaktoren in ihrer Stärke auf die Entwicklung der Systeme messen sollen.

### 3.2 Makroqualitative Verfahren

Stehen im Untersuchungssample nur eine begrenzte Anzahl von Fällen zur Verfügung und sollen bestimmte Konstellationen von verschieden Einflussfaktoren herausgefiltert werden, bieten sich sog.e QCA-Verfahren *(Qualitative Comparative Analysis)* an. Die mengentheoretisch orientierte QCA und ihre Weiterentwicklung in der *Fuzzy Set Analysis* haben ihre bes. Stärke darin, die Bedingungsmuster von gelingenden oder misslingenden Regimetransformationen herauszuarbeiten.

### 3.3 Mikroqualitative Verfahren

In der akteursgeleiteten Transformationsforschung spielen mikro-qualitative Verfahren eine wichtige Rolle. Bruno Hildenbrand hebt hier bes. drei Verfahren hervor: die *Grounded Theory, ethnomethodologische Verfahren* und die *objektive Hermeneutik*.

### 3.4 Vergleichende Methode

Der Vergleich dominiert die empirischen Analysen. Er ermöglicht Aussagen über gemeinsame Muster oder Trends beim Wechsel der Systeme. Beide Verfahren, die statistische *large-n*-Analyse oder die *small-n*-Studien haben unsere empirischen Einsichten in Ursachen, Verläufe und Ergebnisse von Systemwechseln gestärkt und die Theoriebildung weiter verfeinert.

### 3.5 Process tracing und Fallstudien

Trotz aller hoch entwickelten Vergleichsverfahren ist die Fallstudie nicht überflüssig geworden. Sie ermöglicht nicht nur detailreichere Erkenntnisse, sondern erlaubt mit der Methode des *Process Tracing* auch die kausale Verknüpfung von sequenziellen Ereignissen, die den Verlauf eines Systemwechsels prägten.

## 4. Ausblick

F. Fukuyamas fehlgeleitete Prophetie des endgültigen Sieges der Demokratie und des ↑Kapitalismus hat sich zumindest für ihren ersten Teil als grandiose Fehlprognose erwiesen. Kein Typus eines politischen Regimes ist gegen Herausforderungen, Instabilitäten oder gar Systemwechsel immun. Die Forschung zu Transformationen politischer Systeme in jedwede Richtung wird deshalb ein wichtiger Bereich der Politikwissenschaft bleiben.

## Literatur

W. Merkel/S. Kneip (Hg.): Democracy and Crisis. Challenges in Turbulent Times, 2018 • W. Merkel: Systemwandel und -wechsel in der Vergleichenden Politikwissenschaft, in: H.-J. Lauth/M. Kneuer (Hg.): Hdb. Vergleichende Politikwissenschaft, 2016, 103–121 • R. Kollmorgen/ders./H.-J. Wagener (Hg.): Hdb. Transformationsforschung, 2015 • J. Brückner: Strukturalismus, in: ebd.: 2015, 99–110 • W. Merkel: Are Dictatorships Returning? Revisiting the ‚Democratic Rollback' Hypothesis, in: Contemporary Politics 16/1 (2010), 17–31 • Ders.: Systemtransformation. Eine Einführung in die Theorie und Empirie der Transformationsforschung, [2]2010 • L. Diamond: The Democratic Rollback. The Resurgence of the Predatory State, in: ForAff 87/2 (2008), 36–48 • A. Gat: Die Rückkehr der autoritären Großmächte, 2007 • C. Crouch: Post-Democracy, 2004 • K. von Beyme: Systemwechsel in Osteuropa, 1994 • S. M. Lipset: The Social Requisites of Democracy Revisited. 1993 Presidential Address, in: ASR 59/1 (1994), 1–22 • F. Fukuyama: The end of History and the Last Man, 1992 • D. Rueschemeyer/E. Huber Stephens/J. D. Stephens: Capitalist Development and Democracy, 1992 • S. P. Huntington: The Third Wave. Democratization in the Late Twentieth Century, 1991 • A. Przeworski: Democracy and the Market. Political and Economic Reforms in Eastern Europe and Latin America, 1991 • Ders.: Some Problems in the Study of the Transition to Democracy, in: G. O'Donnell/P. C. Schmitter/L. Whitehead (Hg.): Transitions From Authoritarian Rule. Comparative Perspectives, Bd. 3, 1986, 47–63 • S. M. Lipset: Political Man. The Social Bases of Politics, 1981 • B. Moore: Soziale Ursprünge von Diktatur und Demokratie. Die Rolle der Grundbesitzer und Bauern bei der Entstehung der modernen Welt, [2]1969.

WOLFGANG MERKEL

## II. Wirtschaftswissenschaftlich

Gesellschaften sind ↑sozialem Wandel unterworfen, der idealtypisch auf zwei verschiedenen Wegen stattfindet: ↑Evolution und Transformation. Das Ergebnis dieser Prozesse sind spontane ↑Ordnungen oder gesetzte Ordnungen, wie z. B. ein Marktpreissystem (↑Markt) oder ein Planpreissystem (↑Zentralverwaltungswirtschaft). Beide kommen durch individuelle Entscheidungen zustande, wobei die spontane Ordnung als solche nicht intendiert ist, sondern aus dem Zusammenspiel und den Wechselwirkungen der individuellen Handlungen entsteht. Die gesetzte Ordnung ist dagegen bewusst konstruiert, was allerdings nicht bedeutet, dass das Ergebnis immer den Erwartungen der Planer entspricht. Unbeabsichtigte Nebenwirkungen, spontane Prozesse und unrealistische Ausgangsannahmen führen dazu, dass die gesellschaftliche Entwicklung nicht nur auf den vorgezeichneten Pfaden abläuft.

S. als bewusste und diskrete Umgestaltung bezieht sich auf die Gesellschaft bzw. einen ihrer Teilbereiche, z. B. Politik, Wirtschaft, Bildung, Gesundheit. Der Gegenstand, das System, ist eine funktionsbezogene Beschreibung sozialer Phänomene, deren Komplexität es verbietet, sie in ihrer Gesamtheit zu erfassen. Je nachdem unter welchem Aspekt man die gesellschaftlichen Interaktionen betrachtet, können sie unterschiedlichen Systemen zugeordnet werden. Im Lauf der Entwicklung haben sich einzelne gesellschaftliche Teilbereiche ausdifferenziert mit eigenen ↑Institutionen, ↑Normen und Verhaltensweisen.

Das Wirtschaftssystem „ist die als geistige Einheit gedachte Wirtschaftsweise, die (1) von einer bestimmten Wirtschaftsgesinnung beherrscht, (2) eine bestimmte Ordnung und Organisation hat und (3) eine bestimmte Technik anwendet" (Sombart 1925: 14). Diese drei konstitutiven Elemente lassen sich zurückführen auf die Marxsche Unterscheidung in Produktivkräfte (Technik), Produktionsverhältnisse (Ordnung und Organisation) und Überbau (Wirtschaftsgesinnung). Das sind wiederum hoch komplexe und dynamische Teilsysteme. Ihrer bewussten Gestaltung sind Grenzen gesetzt. Am ehesten lassen sich ↑Wirtschaftsordnung und -organisation durch einen Wandel v.a. der formellen Institutionen (↑Neue Politische Ökonomie) beeinflussen. Doch haben die totalitären Systeme (↑Totalitarismus) des 20. Jh., ↑Kommunismus und ↑Faschismus, nicht immer erfolgreich versucht, auch Technikentwicklung und Wirtschaftsgesinnung z.B. durch eine Transformation des Bildungssystems an ihren Vorstellungen auszurichten. Das führte nicht nur zur Neudefinition der Curricula, sondern auch zur Auswechselung eines erheblichen Teils der Träger des Bildungssystems.

## 1. Historische Beispiele

S.en in ↑Politik und ↑Wirtschaft sind ein Phänomen der ↑Neuzeit. Sie setzen eine tiefgreifende staatliche Autorität (↑Staat) voraus. Da sie jedoch die alte Ordnung umzustoßen und durch eine neue zu ersetzen versuchen, können sie i.d.R. nur in internen (↑Revolution) oder externen (Niederlage in ↑Kriegen) gesellschaftlichen ↑Krisen erfolgreich sein, wenn der Widerstand der alten Eliten erheblich geschwächt ist.

Eine solche Situation war in Frankreich nach der ↑Französischen Revolution gegeben. Im 19. Jh. sahen v.a. die 1860er Jahre umwälzende Transformationen: in Russland nach dem verlorenen Krimkrieg 1861 die Abschaffung der Leibeigenschaft, in den USA nach dem Sezessionskrieg 1865 die Abschaffung der ↑Sklaverei und in Japan nach der „Öffnung" durch amerikanische Kanonenboote ab 1867 die sog.e Meiji-Restauration. Das 20. Jh. erlebte nach dem Ersten Weltkrieg die radikale S. in Russland, die dann nach dem Zweiten Weltkrieg auf Osteuropa und China übertragen wurde. Für den damit verbundenen grundlegenden Wandel des Wirtschaftssystems hatte Nikolai Bucharin 1920 den Transformationsbegriff geprägt. Das kommunistische Gesellschaftssystem brach in Osteuropa 1989/90 schlagartig zusammen und löste wiederum eine gewaltige Transformationswelle aus. In China beschränkte sich diese auf das ↑Wirtschaftssystem.

## 2. Die postsozialistische Transformation

Der Sowjetsozialismus hatte ein Wirtschaftssystem hervorgebracht, das sich in mehrfacher Hinsicht grundlegend von einer liberalen, kapitalistischen Marktwirtschaftsordnung unterschied. Kennzeichnend waren u.a.: staatliches Eigentum, das nur in der Landwirtschaft durch Kollektiveigentum ergänzt wurde; direktive zentrale Planung mit der Unterbindung des ↑Wettbewerbs als Folge; Abschaffung des Segments der KMU und damit des selbständigen Unternehmertums; ein staatliches Außenhandelsmonopol mit strenger Devisenbewirtschaftung; Unterdrückung der Lenkungsfunktion des ↑Geldes; weiche Budgetbeschränkungen, was dauerhafte Vollbeschäftigung erlaubte. Der erklärte Primat der Politik verbot die Entfaltung eines weitgehend nach eigenen Gesetzen (Rentabilität, Effektivität, ↑Innovation, ↑Globalisierung) operierenden Teilsystems Wirtschaft.

Die Re-Transformation des sozialistischen Wirtschaftssystems in eine offene wettbewerbliche Marktwirtschaft, wie sie v.a. in Ost-Mitteleuropa nach dem Zusammenbruch des kommunistischen Gesellschaftssystems angestrebt wurde, erforderte einen umfassenden Wandel. Das betraf nicht nur die Wirtschaftsverfassung und den daraus abgeleiteten institutionellen Rahmen für die Wirtschaftstätigkeit, sondern auch die Rolle des Staates und der lokalen Verwaltungen. Neue, nämlich unternehmerisch handelnde ↑Eliten waren erforderlich. Die Wirtschaftsgesinnung der beiden Systeme ist unterschiedlich, und schließlich sind auch die Produktions-, Transport- und Organisationstechniken keineswegs identisch. Ganz offensichtlich ist nur ein beschränkter Teil dieser Aufgabe durch diskrete Akte legislativ zu lösen.

Ordnungspolitisch stand der Prozess unter der Losung „Liberalisierung – Privatisierung – Stabilisierung". ↑Liberalisierung impliziert binnenwirtschaftlich Gewerbe- und Handelsfreiheit, aber auch unternehmerische Handlungs- und Vertragsfreiheit, was zur raschen Wiedereinrichtung v.a. kleiner Betriebe führte. Außenwirtschaftlich bedeutet es ↑Freihandel und freie Konvertierbarkeit der ↑Währung, was nicht notwendigerweise zu den ersten Schritten der Transformation zählt. ↑Privatisierung findet auf zwei Wegen statt, der Privatisierung von unten, d.h. der Neueinrichtung von Gewerbebetrieben, und der Privatisierung von oben, d.h. der Überführung von staatlichen oder kooperativen Betrieben in Privateigentum (↑Eigentum). Für kleine Betriebe ist das unproblematisch; bei den für den ↑Sozialismus typischen Großbetrieben sind je nach Land unterschiedliche Verfahren gewählt worden. Die Transformationsperiode war in vielen Ländern durch eine Transformationskrise und durch ↑Inflation gekennzeichnet. Deshalb umfasst Stabilisierung sowohl die monetäre wie auch eine realwirtschaftliche Stabilisierung.

Dieses Programm hatte Walter Eucken bereits Anfang der 1950er Jahre in seinen sieben konstituierenden Prinzipien einer Wettbewerbsordnung umrissen, damals um die S. aus der nationalsozialistischen Kriegsplanwirtschaft zu begleiten. Ganz ähnlich lautete das Zehn-Punkte-Programm, das John Williamson 1990 unter dem Namen *Washington Consensus* bekannt machte. Urspr. für die stagnierten Länder in Lateinamerika bestimmt und deshalb stärker wirtschaftspolitisch orientiert, entsprach es in jenem Jahr genau dem ordnungs- und wirtschaftspolitischen Bedarf der Transformationsländer in Osteuropa. Beide Ansätze sind grundsätzlich liberal. Allerdings berücksichtigte W. Eucken mögliches ↑Marktversagen, was er in vier ergänzenden regulierenden Prinzipien aufzufangen versuchte und was der *Washington Consensus* versäumte.

Der härteste Transformationsschock traf die DDR, als am 1.7.1990 die deutsch-deutsche Wirtschafts-, Währungs- und Sozialunion in Kraft trat, die von einem Tag auf den anderen das neue System und die Mitgliedschaft in die EG einführte. Dieser Schock wurde allerdings durch umfangreiche Transfers von West nach Ost abgefedert. Ähnliche Transfers gab es in den übrigen Ländern Osteuropas nicht. Hier sind die Länder, die mit dem raschen Beitritt zur ↑EU zügig in eine funktionsstarke internationale Gemeinschaft integriert wurden, zu unterscheiden von jenen, die außen vor bleiben mussten und damit eines starken Transformationsankers und auch der personellen wie finanziellen Unterstützung entbehrten. Dieser Unterschied spiegelt sich in der Länge der Transformationskrise und der weiteren Wirtschaftsentwicklung wider.

### Literatur

R. Kollmorgen/W. Merkel/H.-J. Wagener (Hg.): Hdb. Transformationsforschung, 2015 • H.-J. Wagener: Wirtschaftsordnung im Wandel. Zur Transformation 1985–2010, 2011 • W. Eucken: Grundsätze der Wirtschaftspolitik, [6]1990 • J. Williamson: What Washington Means by Policy Reform, in: ders. (Hg.): Latin American Adjustment. How Much has Happened?, 1990, 7–20 • K. Polanyi: The Great Transformation. Politische und ökonomische Ursprünge von Gesellschaften und Wirtschaftssystemen, 1978 • N. Bucharin: Ökonomik der Transformationsperiode, 1970 • W. Sombart: Die Ordnung des Wirtschaftslebens, 1925.

HANS-JÜRGEN WAGENER

# T

## Tabu

### 1. Das Wissensfeld vom Tabu

Der T.-Begriff führt auf einen nur multidisziplinär entwirrbaren Problemzusammenhang mit global-historischer Verwicklung. Entstanden ist er in vielfachen Rezeptions- und Popularisierungsschleifen, die sich über Fächergrenzen, Kontinente und Zeiten hinwegbewegen und dabei eine Eigenkomplexität des T.-Problems aufgebaut haben, die nicht mehr durch einfachen Realitätsabgleich aufgelöst werden kann. Heute stellt sich T. als ein Wissensfeld mit zwei Polen dar, die beide stark von den Entstehungsumständen dieses Wissensfeldes geprägt sind: einerseits eine Vielzahl wissenschaftlicher Konzipierungsversuche von T. und andererseits T. als Element des gesellschaftlichen Wissensvorrats, das individuell im Alltag als Rezeptwissen und als politische Semantik verfügbar ist.

### 2. Tabu-Theorie

Aufgegriffen beim kulturellen Fremdkontakt während der englischen Südsee-Erkundungen des 18. Jh., wurde T. in Europa zunächst nur bekannt als Fremdwort für eine Reihe von als kurios empfundenen Meidungssitten in Polynesien. Hierbei verschob sich die Bedeutung vom polynesischen *ta pu* als „bes. hervorgehoben" zum europäischen tabu als „verboten". Die wissenschaftliche Karriere von T. dämmerte erst Ende des 19. Jh. unter evolutionistischen Vorzeichen, als die ↑Religionswissenschaft den T.-Begriff mit dem Ursprung von ↑Religion überhaupt verknüpfte und die ↑Ethnologie an ihm den Typus vom „Denken der Wilden" entwarf. Die Doppelgleisigkeit der Thematisierung von T. anhand seiner bes.n Ausprägungen bei einer Volksgruppe mit gleichzeitig allg.en Schlussfolgerungen bzgl. des T.-Begriffes ist seither kennzeichnend für den wissenschaftlichen Diskurs. Dessen Schwerpunkt lag bisher in der Ethnologie, während die Religionswissenschaft von T. als Gattungsbegriff wegen seiner eurozentristischen Verstrickungen inzwischen abgerückt ist. In soziologischer Sicht stellt T. eine weitere Variante zur Herstellung von sozialer ↑Ordnung dar. Hierbei fungieren T.s als Interpretationsrelevanzen, die festgelegte Sinnzusammenhänge so typisieren, dass sie zumeist für die eigene Person große Gefahren bergen. Gestützt wird diese Assoziation stets von starken Emotionen, i.d.R. Angst. Bekannte Sinnzusammenhänge umfassen Dinge, Orte, Personen und Handlungen, aber auch Worte, Namen und Themen. Weil die Gefahr als unvermittelt eintretendes Resultat des Kontakts gedacht wird, erfordern T.s für ihre Wirksamkeit das hinzutretende Sanktionieren durch Andere nicht, auch wenn diese sie verstärkend flankieren können und zur Sozialisierung von T.s allemal unabdingbar sind. Dass die Übertretung von T.s zudem als rituelle Verschmutzung verstanden wird, die selbst weiter verschmutzen kann, aber in vielen Fällen durch Teilnahme an reinigenden ↑Ritualen auch wieder aufhebbar ist, weist auf eine weitere Eigenart der ↑sozialen Kontrolle durch T.s gegenüber jener durch moralische Normierung.

Gerade die Gründung des Zusammenlebens auf Angst vor beschädigenden Gefahren hat über die Barriere kultureller Differenz hinweg eine rationalistische Skepsis provoziert. Sie sucht die Unbegründetheit von T.s dadurch zu erweisen, dass sie den Glauben an die befürchteten Konsequenzen der Übertretung als Kausalitätsbehauptung nimmt und diese mit naturwissenschaftlichem Blick prüft. Die am Einzel-T. ansetzende Betrachtung lässt indes die Gemeinsamkeit und Grundlage aller derartiger Vorstellungen außer Acht. Sie liegt im Stellenwert des Heiligen als Prinzip menschlicher Welterfassung. Dieses trennt nicht nur scharf zwischen Heiligem und Profanem mitsamt entspr.en Verschmutzungsfolgen bei vorkehrungslosem Kontakt. Das Heilige verfügt – nach den theologischen Umbauten des Christentums schwer nachvollziehbar – neben einer reinen, mit Ehrfurcht begegneten Seite auch über eine unreine, Abscheu hervorrufende Seite. An diese schließen T.s an, die so das Göttliche mit der physischen und sozialen Welt kurzschließen.

Die Unverständlichkeit des Rätsels um das Bestehen von T. hat auch seine wissenschaftliche Behandlung lange mitgeprägt. Immer wieder hat sich die Sichtweise aufgedrängt, dass sich T.s in ihrer Existenz erhalten, weil sie einen Beitrag zu etwas anderem, einer Angelegenheit von größerer Bedeutung leisten, bes. zur Stabilität der Gesellschaft. Da die von ihren Anhängern erhältlichen praktischen Erklärungen zu T.s kaum Erhellung brachten, stand wenig dagegen, den Anknüpfungspunkt für T. oft gleich in das dem Denken unverfügbare Klassifikationssystem zu verlegen. Die produktive Seite von T., bes. bei der Ausgestaltung von Subjektivität und Herausbildung von ↑Identität, verschafft sich gegenüber seiner zensierenden Wirkung erst in jüngerer Zeit Aufmerksamkeit. Eine vermittelnde Stellung nimmt das Interesse an der lange unterschätzen Figur der Überschreitung ein.

Obwohl die ambitionierteren Abhandlungen zu T. immer auch eine Verbindung von den T.s der Anderen zum Leben in der eigenen Gesellschaft geschlagen haben, sind genealogische Entwürfe nach dem Niedergang des Evolutionismus stark zurückgegangen. Die gegenwärtigen Fachmeinungen stimmen zumindest darin überein, dass die mit dem Heiligen in Verbindung stehenden T.s auch funktional differenzierten ↑Gesellschaften nicht abhandengekommen sind, wenngleich sie nicht unverändert in Erscheinung und Reichweite weiterbestehen. Sie äußerten sich nun in tiefer Selbstverständlichkeit eines Nicht-Tuns sowie im Erschrecken und Ekel bei seinem Gegenteil. Als bes. betroffen werden Sexualität, Nahrung und der Körper angeführt. Hinzugekommen sei zudem über komplizierte Abspaltungs- und Transformationsprozesse auch ein neuer Typus von T., genannt profanes T. Dieses bestimme sich erstmalig in einem instrumentellen Verhältnis gegenüber den von ihm erfassten Gegenständen und diene vorrangig der Vermeidung des Aufbrechens von ↑sozialen Konflikten. Erfasst werden sollen mit diesem Typus bes. solche Fälle, in denen bestimmte Begriffe und Themen in der Öffentlichkeit, aber auch im Familien- und Freundeskreis als Gefahrenobjekte – hier jedoch mit rein moralischen Folgen – etabliert worden sind, wie z. B. bis in die 1990er Jahre hinein die Thematisierung der Verstrickung der deutschen Wehrmacht in Kriegsverbrechen.

### 3. Tabu als politische Semantik

Hatte bereits das erweiterte Begriffsfeld von T., bes. Verschmutzung und Grenzziehung, verschiedene europäische Reformbewegungen im 19. Jh. inspiriert, entwickelte sich der T.-Begriff selbst ab den 1960er Jahren zu einer Vokabel des politischen Kampfs. Er erschien zunächst auf links-liberaler Seite als Anklage gegenüber Zuständen, die damit zugl. als irrational und außerhalb der Debatte stehend vorgeführt wurden. Die dabei für die eigene Person erlangbare symbolische Dividende als Aufklärer wurde schnell auch im Gegenlager angestrebt. Eine darauf aufbauende, aber erweiterte Form der T.-Verwendung im politischen Diskurs zeichnete sich erstmals Anfang der 2000er Jahre ab, heute bes. von rechtskonservativer Seite genutzt. Hierbei wird für einen Begriff oder ein Thema zunächst eine T.-Behauptung aufgestellt, die dann öffentlichkeitswirksam übertreten wird, womit nicht nur die sich äußernde Partei hofft, symbolisch aufgewertet zu werden, sondern auch die Grenzen des Sagbaren zu verschieben.

### Literatur

A. Przyrembel: Verbote und Geheimnisse. Das Tabu und die Genese der europäischen Moderne, 2011 • J. Habermas: Tabuschranken, in: SZ, 7.6.2002: 13 • V. Valeri: The Forest of Taboos. Morality, Hunting, and Identity Among the Huaulu of the Moluccas, 2000 • K. Seibel: Zum Begriff des Tabu. Eine soziologische Perspektive, 1990 • K. Sontheimer: Tabus in der deutschen Nachkriegspolitik, in: H. Steffen (Hg.): Die Gesellschaft der Bundesrepublik Deutschland, Bd. 1, 1970, 201–212 • M. Douglas: Purity and Danger. An Analysis of Concepts of Pollution and Taboo, 1966 • G. Bataille: L'Érotisme, 1957 • F. Steiner: Taboo, 1956 • A. R. Radcliffe-Brown: Taboo, 1939 • S. Freud: Totem und Tabu, 1913 • É. Durkheim: Les formes élémentaires de la vie religieuse, 1912 • J. Frazer: The Golden Bough, 2 Bde., 1890 • W. Robertson Smith: Lectures on the Religion of the Semites, 1889.

ARNE DREẞLER

## Targeted Killing

Unter „T. K.s" werden heute zumeist gezielte Tötungen von Personen verstanden, die von den Autoritäten eines Staates als für diesen ↑Staat und dessen Bürger gefährlich angesehen werden. Dabei sind es Mitarbeiter staatlicher Einrichtungen, die die Tötungshandlungen ausführen. Im ersten Jahrzehnt des 21. Jh. sind gezielte Tötungen zu einem bevorzugten Mittel internationaler Terrorismusbekämpfung geworden, obwohl die Diskussion über ihre rechtliche und moralische Zulässigkeit nach wie vor kontrovers geführt wird. Zu T. K. wird in verschiedenen Wissenschaftsdisziplinen gearbeitet, u. a. in den Sozial- und Geschichtswissenschaften, der Völkerrechtswissenschaft und der Ethik.

### 1. Definition

Die in der völkerrechtlichen Diskussion übliche Begriffsbestimmung hält an fünf Definitionsmerkmalen fest:

*a)* Der Gebrauch von tödlicher ↑Gewalt,
*b)* das Ziel des Tötens,
*c)* das Anvisieren individuell ausgewählter Personen,
*d)* der Umstand, dass die angezielten Personen nicht in Gewahrsam des Angreifers sind, und
*e)* der Umstand, dass die Handlung des gezielten Tötens einem Völkerrechtssubjekt zugeschrieben werden kann.

Dass von den angezielten Personen eine *unmittelbare* Bedrohung ausgeht, ist nicht Bestandteil der Definition des T. K.s. Häufig wird synonym von *extra-judicial killing*, *assassination* oder *named killing* gesprochen. Diese Begriffsbestimmung kann auch in den anderen mit T. K.s beschäftigten Disziplinen zugrunde gelegt werden.

### 2. Historisch

Das gezielte Töten individueller Personen aus anderen politischen Gemeinschaften zum Zweck der Sicherung der eigenen hat eine lange Geschichte. Als biblische Beispiele nennt Werner Wolbert Judith (Jdt 13,8) und Ehud (Ri 3,20 f.), aber die Initiative ging in beiden Fällen gewissermaßen von Privatpersonen, nicht von öffentlichen Autoritäten, aus. Die gezielte Verfolgung der palästinensischen Attentäter von München 1972 durch den israelischen Geheimdienst Mossad erfüllt die Definitionsmerkmale des T. K.s, ist jedoch vermutlich eher als vergeltende Bestrafungsaktion zu bewerten denn als Schutzmaßnahme. Als weitere Beispiele gelten die Tötung des tschetschenischen Präsidenten Dschochar Dudajew durch russische Laserlenkraketen am 21.4.1996 oder die von Scheich Ahmad Yasin, eines führenden Begründers der Hamas, am 22.3.2004 in Gaza. Die größte Aufmerksamkeit der Weltöffentlichkeit erlangte die Tötung von Osama bin Laden am 2.5.2011 durch ein Spezialkommando der amerikanischen Navy Seals.

Bestimmte technologische Fortentwicklungen wie Lenkflugkörper und bewaffnungsfähige Drohnen begünstigten die Praxis des gezielten Tötens von namentlich gesuchten Personen, da mit diesen Mitteln verhältnismäßig einfach in das Staatsgebiet eines anderen Landes eingedrungen werden kann und der Anwender der tödlichen Gewalt etwaiger Gegengewalt entzogen ist.

### 3. Sozial- und politikwissenschaftlich

Es ist umstritten, ob gezielte Tötungen wirksame Handlungen zur Abwehr von terroristischen Bedrohungen (↑Terrorismus) darstellen oder darstellen können. Die sozialwissenschaftliche Erforschung der Wirksamkeit *(effectiveness)* von T. K.s ist mit zahlreichen methodischen Problemen konfrontiert, u. a. dem Umstand, dass die Zahl der untersuchbaren Vorfälle gering ist und daher Verallgemeinerungen problematisch sind, sowie auch, dass das Ziel, an dem sich die Wirksamkeit messen lassen müsste, nämlich verbesserte „↑Sicherheit" oder gar ein „Sieg über den Terrorismus" operational schwer bestimmbar ist. Zudem kann die Wirksamkeit von einzelnen Handlungen in der Geschichte immer nur beurteilt werden, indem dieser Geschichte kontrafaktische Verläufe entgegengestellt werden. Des Weiteren wird zu bedenken gegeben, dass T. K.s genau die Personen töten könnten, die zu einem künftigen Friedensschluss notwendig wären. Es findet sich auch die Position, dass es gerade Akte von (versuchten) T. K.s sind, die den terroristischen Gruppen neuen Zuwachs verleihen *(backlash)*. Selbst wenn ein einzelnes T. K. erfolgreich wäre, könnte sich eine T. K.-Politik in der Summe nachteilig auswirken. In Bezug auf diesen *backlash* wäre noch feiner zu unterscheiden, ob es die Akte als solche sind, die zur Neurekrutierung in terroristischen Gruppen führen, oder ob es die angenommene Illegalität oder Illegitimität von T. K.s ist, die Personen zur Teilnahme an terroristischen Handlungen motiviert. Nicht zuletzt deshalb kommt der rechtlichen und ethischen Beurteilung eine große Rolle zu.

### 4. Völkerrechtlich

Trotz der Debatte im ↑Völkerrecht und seiner innerhalb dieser erarbeiteten Definition ist „T. K." als solches kein Rechtsbegriff und sagt nicht aus, ob die durch ihn beschriebene Praxis legal oder rechtlich verboten ist. Im Völkerrecht muss nach wie vor zwischen dem Töten in Friedenszeiten und dem Töten im bewaffneten Konflikt unterschieden werden. In Friedenszeiten muss sich staatliches Tötungshandeln an den menschenrechtlichen (↑Menschenrechte) Vorgaben messen lassen, lediglich in bewaffneten Konflikten tritt das humanitäre Völkerrecht als *lex specialis* hinzu.

#### 4.1 Menschenrechtlicher Schutz vor willkürlicher Tötung

Art. 6 IPbpR konstatiert, dass jedem Menschen ein „angeborenes Recht auf Leben" zukommt und niemand „willkürlich" seines Lebens beraubt werden darf (vgl. auch Art. 3 AEMR; Art. 2 EMRK). Das vorsätzliche Töten einer Person durch staatliche Kräfte zur Verteidigung einer anderen Person vor unrechtmäßiger Gewalt unterliegt daher strengsten Bedingungen; so muss insb. die Bedrohung unmittelbar sein, d. h. der unrechtmäßige Angreifer benötigt keine weiteren Schritte mehr zu unternehmen, um die angedrohte schädigende, insb. tötende, Handlung, vorzunehmen. T. K. unterliegt hier im Grunde den gleichen Standards wie der sog.e finale Rettungsschuss, der in den Polizeigesetzen der meisten Bundesländer rechtlich ermöglicht ist. Bei gewaltsamen Auseinandersetzungen unterhalb der Schwelle des bewaffneten Konflikts ist T. K. also nur in extremen Ausnahmefällen rechtlich zulässig.

#### 4.2 Töten im bewaffneten Konflikt

Kombattanten dürfen gemäß dem humanitären Völkerrecht während eines bewaffneten Konflikts an den Feindseligkeiten teilnehmen, was zum einen bedeutet, dass sie ihrerseits legitime Ziele des Gegners (straffrei) angreifen können („Kombattantenprivileg"), was zum anderen aber auch heißt, dass sie jederzeit während des bewaffneten Konflikts durch Kombattanten des Gegners rechtmäßig angegriffen werden dürfen. In internationalen bewaffneten Konflikten können also auf gegnerische Kombattanten gerichtete T. K.s rechtmäßig sein. Dabei kann sogar ein nicht-exzessiver Kollateralschaden nach Art. 51 Nr. 5 b ZP I (Zusatzprotokoll zu den Genfer Abkommen vom 12. August 1949 über den Schutz der Opfer internationaler bewaffneter Konflikte) in Kauf genommen werden. – In den asymmetrischen militärischen Konflikten der Gegenwart sind aber häufig keine Kombattanten i. S. der Mitglieder der Streitkräfte einer staatlichen Konfliktpartei das Ziel von T. K.s, sondern Personen, die je nach politischer Zielsetzung als „Aufständische", „Terroristen" oder auch „Freiheits-" oder „Gelegenheitskämpfer" bezeichnet werden. Diese Konflikte sind rechtlich zumeist als nicht-internationale bewaffnete Konflikte zu qualifizieren. Die Mehrheitsmeinung im Völkerrecht sieht Mitglieder von (irregulären) bewaffneten Gruppen, die sich in nicht-internationalen Konflikten gegen die staatliche Regierung erheben, als Zivilisten an, die allerdings keinen Schutz als Zivilisten genießen, „unless and for such time as they take a direct part in hostilities" (Art. 51 Nr. 3 ZP I). Die nach den Ereignissen vom 11.9.2001 eingebrachte alternative Auffassung, solche Personen als „illegale Kombattanten" zu deklarieren, denen zwar das Kombattantenprivileg fehlt, die aber dennoch jederzeit während des bewaffneten Konflikts angegriffen werden dürfen, hat sich nicht durchgesetzt. Die Auslegung dieser Konditionalklausel hat daher in der Diskussion um die rechtliche Zulässigkeit von T. K.s bes. Bedeutung erlangt. Wenn die Formulierung wörtlich genommen würde, könnten solche sich direkt beteiligenden Zivilisten nur angegriffen werden, während sie selbst einen Angriff führen („funktionaler Ansatz"). Um die Anwendbarkeit des humanitären Völkerrechts zu sichern, hat aber selbst das

IKRK zugestanden, dass eine „ständige Kampffunktion" in einem bewaffneten Arm einer militanten Gruppe ausreichen kann, um Angriffe auf diese Personen zu rechtfertigen („Mitgliedschaftsansatz"). Der Oberste Gerichtshof Israels hat für selbst im bewaffneten Konflikt vorgenommene T. K.s eine unabhängige Untersuchung nach jedem Tötungsakt vorgeschrieben – eine Anforderung, die aus dem Menschenrechtsschutzregime stammt.

#### 4.3 Verletzung von staatlicher Souveränität

T. K.s, die durch Kräfte eines Staates auf dem Hoheitsgebiet eines anderen Staates durchgeführt werden, verletzen die staatliche ↑Souveränität dieses Staates, wenn sie nicht mit dessen Zustimmung erfolgt sind. Unter Umständen liegt in solchen Fällen ein Verstoß gegen das ↑Gewaltverbot nach der ↑UN-Charta (Art. 2 Abs. 4) vor. Umstritten ist, inwieweit „schweigende Zustimmung" angenommen werden kann – insb. dann, wenn die Regierung eines betroffenen Staates von dem Staat, der die T. K.s durchführt, wirtschaftlich oder politisch abhängig ist. Problematisch ist zudem, dass viele T. K.s nicht vom ↑Militär, sondern von den Geheimdiensten (↑Nachrichtendienste) durchgeführt werden.

### 5. Philosophisch-ethisch

Die angewandt-ethische Debatte um die Erlaubtheit von gezielten Tötungen kann aus der rechtlichen Diskussion zahlreiche hilfreiche Unterscheidungen und Kriterien übernehmen. Allerdings wird in philosophisch-ethischen Überlegungen eine normative Trennung nach Friedens- und Kriegszeiten zunehmend in Frage gestellt (↑Krieg).

*a)* Aus der Sicht des Individualismus ist Gewalt im bewaffneten Konflikt zwar aufgrund seiner konkreten Ausmaße anders zu behandeln als Gewalt zwischen Privatpersonen, nicht aber hinsichtlich der grundsätzlichen Prinzipien, die Gewalt in bestimmten Fällen rechtfertigen können. Unter der Voraussetzung, dass strafende Gewalt nie so weit gehen darf, der verurteilten Person das Leben zu nehmen (↑Todesstrafe), kann lediglich *verteidigende* Gewalt einen Rechtfertigungsgrund für gezieltes Töten liefern, wobei diese sowohl als Selbstverteidigung (↑Notwehr) als auch als Fremdverteidigung (Nothilfe) vorkommen kann. Das bedrohte Gut muss dabei das Leben oder die körperliche Integrität von moralisch unschuldigen Personen sein. Unter der Bedingung der „weiten" ↑Verhältnismäßigkeit kann auch ein gewisser Schaden an unbeteiligten Personen hinnehmbar sein („Kollateralschaden"). Die Rechtfertigungsfähigkeit von Verteidigungshandlungen mit tödlichem Ausgang hängt insb. davon ab, ob die tödlich wirkende Gewalt nötig ist zur effektiven Abwehr der Bedrohung; jedoch bezeichnet das Notwendigkeitskriterium genau genommen selbst ein Verhältnismäßigkeitsprinzip, denn man kann größere oder geringere Risiken in der Abwehr von Bedrohungen auf sich nehmen. Verteidigung mit tödlicher Gewalt kann auch nur gegenüber *unmittelbaren* Bedrohungen gerechtfertigt sein, da andernfalls mildere Mittel (Versuch der Gefangennahme) in Frage kommen könnten. Insofern als T. K.s häufig Personen betreffen, die allenfalls eine mittel- oder langfristige Bedrohung für andere darstellen, sind sie ethisch nicht haltbar. Ein bes.s moralphilosophisches Problem stellt die Frage dar, ob es selbst in einer unmittelbaren Verteidigungshandlung legitim sein kann, intentional auf den Tod des Angreifers abzuzielen, da der Tod als solcher für die Abwehr der Bedrohung niemals notwendig ist, aber u. U. in Kauf genommen werden muss.

*b)* Autoren, die nach wie vor die normativ wirksame Trennung von Kriegs- und Friedenszeiten akzeptieren, sind bereit, T. K.s im Rahmen einer Logik des Krieges als legitimes Mittel hinzunehmen oder fordern ein *ius ad vim* ein, das Gewalt politischer Akteure unterhalb der Schwelle zum Krieg rechtfertigen soll.

### Literatur

M. Crenshaw/G. LaFree: Countering Terrorism, 2017 • B. Koch: Targeted Killing, in: V. Bock u. a. (Hg.): Christliche Friedensethik vor den Herausforderungen des 21. Jh., 2015, 191–206 • A. Goppel: Killing Terrorists, 2013 • C. Finkelstein/J. D. Ohlin/A. Altman (Hg.): Targeted Killings, 2012 • A. Krishnan: Gezielte Tötung, 2012 • W. Wolbert: Gezieltes und ungezieltes Töten, in: A. Holderegger/ders. (Hg.): Deontologie – Teleologie, 2012, 305–318 • G. Nolte: Targeted Killing, in: R. Wolfrum (Hg.): MPEPIL, Bd. 9, 2011, 763–769 • J. McMahan: Kann Töten gerecht sein?, 2009 • N. Melzer: Targeted Killing in International Law, 2009 • Ders./IKRK: Interpretive Guidance on the Notion of Direct Participation in Hostilities, 2009 • M. L. Gross: Assassination and Targeted Killing, in: JAP 23/3 (2006), 323–335 • M. Walzer: Regime Change and Just War, in: Dissent 53/3 (2006), 103–108.

BERNHARD KOCH

# Tarifautonomie

I. Wirtschaftlich – II. Rechtlich

## I. Wirtschaftlich

Die T. als das in Art. 9 Abs. 3 GG verfassungsmäßig garantierte Recht von ↑Gewerkschaften und ↑Arbeitgeberverbänden, in Kollektivverträgen die Lohn- und Arbeitsbedingungen selbständig und insb. unabhängig von staatlicher Einflussnahme zu regeln, ist ein integraler Bestandteil der Sozialen Marktwirtschaft.

### 1. Historische Entwicklung

Als sich im 18. Jh. im europäischen Zivilrecht zunehmend das Prinzip der ↑Privatautonomie durchsetzte, war es das Ziel, das von der Aufklärungsphilosophie begründete Selbstverfügungsrecht des Menschen (↑Autonomie) auch im Wirtschafts- und Arbeitsleben zu verwirklichen. Im Zuge dessen wurde nicht nur die

Gewerbefreiheit, sondern auch der freie Arbeitsvertrag eingeführt. Wegen der überlegenen Marktmacht der Arbeitgeber konnte aus Sicht der Arbeiter von der Freiheit des Arbeitsvertrages aber gar keine Rede sein. Vielmehr konnten die Prinzipale und Fabrikherren die Lohn- und Arbeitsbedingungen weitgehend diktieren.

Koalitions- und Streikverbote hinderten die Gesellen und Arbeiter zunächst daran, dieser strukturellen Überlegenheit ihrer Lohnherren durch einen gewerkschaftlichen Zusammenschluss etwas entgegenzusetzen. Das änderte sich erst, seit ab den 1860er Jahren die Koalitionsverbote in den deutschen Ländern nach und nach aufgehoben wurden. Vorreiter der Gewerkschaftsbewegung und insb. der Tarifvertragsidee waren dabei nicht die Industriearbeiter, sondern die Handwerksgesellen, die aus traditionellen Gewerben stammten, gut ausgebildet waren, über ein ausgeprägtes Standesbewusstsein und auch über gewisse Erfahrungen mit berufsverbandlichen Zusammenschlüssen verfügten. Namentlich das Buchdruckgewerbe entwickelte sich zur Pionierbranche des Tarifvertragswesens; bereits 1873 wurde hier der erste reichseinheitliche Tarifvertrag geschlossen. In anderen Branchen gab es zunächst nur wenige Nachahmer. Zwar erhöhte sich die Zahl der gültigen Tarifverträge im Deutschen Reich von 300 im Jahr 1900 auf rund 11000 im Jahr 1913, aber auch diese Entwicklung beschränkte sich auf wenige Branchen des ↑Handwerks und der Leicht- und Fertigwarenindustrie. Das hatte mehrere Gründe:

*a)* Erstens waren v. a. die Arbeitgeber in den industriellen Branchen (↑Industrie) meist nicht bereit, die Gewerkschaften als Verhandlungspartner zu akzeptieren.

*b)* Zweitens war die Tarifvertragsidee auch innerhalb der Gewerkschaftsbewegung nicht unumstritten, denn sie unterlief den marxistischen Klassenkampfgedanken (↑Klassenkampf).

*c)* Drittens fehlte den Tarifverträgen lange Zeit die rechtliche Anerkennung; noch 1905 wertete das Reichsgericht sie als unverbindliche Abreden.

Erst in der Weimarer Republik erfuhr die T. mit der am 23.12.1918 erlassenen TVVO die rechtliche Anerkennung. Eine wirkliche Tarifpartnerschaft entwickelte sich in der Weimarer Zeit allerdings nicht. Das hatte nicht nur mit der schwierigen wirtschaftlichen Gesamtsituation zu tun, sondern auch damit, dass bereits die Demobilmachungsverordnungen von 1919 und dann die Schlichtungsverordnung von 1923 das in der TVVO verankerte paritätische Schlichtungswesen unterliefen und die staatliche Zwangsschlichtung einführten. Die staatlichen Zwangsschlichtungen entfalteten im wirtschaftlich-sozialen Bereich ähnlich verheerende Wirkungen wie die präsidialen Notverordnungen im politischen Raum.

Erst in der Bundesrepublik entwickelten sich auf der Grundlage des TVG vom 9.4.1949 eine nachhaltige Tarifvertragspraxis und eine wirkliche Tarifpartnerschaft.

## 2. Volkswirtschaftliche und soziale Bedeutung

Die T. erfüllt, wie das ↑Arbeitsrecht insgesamt, v. a. eine Schutzfunktion für die abhängig Beschäftigten. Dieser Schutz ist erforderlich wegen des strukturellen Ungleichgewichts, das typischerweise zwischen den Parteien des Arbeitsvertrages besteht. Der Arbeitgeber ist i. d. R. die wirtschaftlich stärkere und die mit überlegenen Informationen ausgestattete Partei. Das Koalitionsrecht der ↑Arbeitnehmer und das Recht der Gewerkschaften, für ihre Mitglieder kollektivvertragliche Regelungen von Lohn- und Arbeitsbedingungen zu vereinbaren und auch mit Arbeitskampfmitteln (↑Arbeitskampf) zu erstreiten, soll diese überlegene Macht der Arbeitgeberseite ausgleichen.

Dieses Prinzip der T. entspricht der ↑Sozialen Marktwirtschaft. Ein wesentliches Grundelement der nach dem Zweiten Weltkrieg in der BRD etablierten Sozialen Marktwirtschaft ist das Konzept, mittels staatlicher ↑Ordnungspolitik dafür zu sorgen, dass der marktliche ↑Wettbewerb fair abläuft; Walter Eucken, der Kopf der insoweit maßgeblichen Freiburger Schule spricht von „Leistungswettbewerb" (Eucken 2004: 247). Damit meint er v. a. ordnungspolitische Vorkehrungen gegen den Missbrauch von wirtschaftlicher ↑Macht. Genau das ist der Ansatz der T., und W. Eucken erkennt das auch grundsätzlich an, indem er feststellt: „Im Rahmen einer Wettbewerbswirtschaft können die Gewerkschaften Institutionen eines wirklichen Ausgleiches sein" (Eucken 2004: 322).

Ungeachtet dessen wird von manchen Ökonomen argumentiert, die T. bewirke eine Kartellierung des ↑Arbeitsmarktes und sei schon allein deshalb mit einer Wettbewerbsordnung nicht vereinbar. Eine solche Argumentation aber übersieht die fundamentalen Unterschiede zwischen Gütermärkten und dem Arbeitsmarkt und blendet insb. das Machtproblem aus. Zwar ist es zutreffend, Tarifverträgen eine Kartellfunktion zuzusprechen, aber anders als ↑Kartelle auf Gütermärkten führen sie nicht zur Vermachtung eines ansonsten freien Wettbewerbsmarktes. Vielmehr dient die T. dazu, gegen die strukturell bestehende Übermacht der Arbeitgeber eine adäquate Gegenmacht auf Arbeitnehmerseite zu ermöglichen. Franz Böhm hat bereits 1933 auf diesen entscheidenden Unterschied hingewiesen und betont, das Koalitionsrecht der abhängig Beschäftigten sei die „Grundlage der machtgleichen Aussprache über den Preis und die Bedingungen der Arbeit" (Böhm 1933: 32).

Eine spezielle Form des Kartellvorwurfs liegt in der Behauptung, die T. erzeuge ein Insider-Outsider-Problem. Die Insider des Arbeitsmarktes, also diejenigen, die einen Arbeitsplatz haben, profitierten davon, dass die Gewerkschaften durch ihre Koalitionsmacht Tariflöhne durchsetzen könnten, die über den markträumenden Gleichgewichtslöhnen lägen. Das Nachsehen hätten die Outsider, die Arbeitslosen. Allerdings ist es auf vielen ↑Märkten schwierig, den Gleichgewichtspreis zu bestimmen. Unabhängig davon ist mit Blick auf den Arbeitsmarkt auch das anomale Angebotsverhalten zu berücksichtigen, also der Umstand, dass bei sinkenden ↑Löhnen das Arbeitsangebot steigt. Es stellt sich deshalb die Frage, mit welchen ordnungspolitischen Mitteln ein Lohnverfall zu verhindern ist. In diese Richtung wirken das Arbeitsrecht insgesamt und insb. auch die T., weil Tariflöhne ebenso wie gesetzliche ↑Mindestlöhne einen Unterbietungswettbewerb zwischen Arbeitnehmern verhindern. Außerdem unterstellt die Insider-Outsider-Behauptung, dass die Gewerkschaften einseitig die ↑Interessen ihrer arbeitsplatzbesitzenden Mitglieder verträten und die Belange der Arbeitslosen außer Acht ließen. Angesichts der Tatsache, dass die meisten Gewerkschaftsmitglieder selbst der potenziellen Gefahr des Arbeitsplatzverlustes ausgesetzt sind, erscheint diese Unterstellung allerdings wirklichkeitsfremd. Auch die Tarifpraxis belegt, dass Beschäftigungssicherung ein wesentliches Ziel gewerkschaftlicher Tarifpolitik ist.

Neben der Schutzfunktion für Arbeitnehmer erfüllt die T. noch weitere Funktionen, die zumindest teilweise auch im Interesse der Arbeitgeberseite liegen. So gibt es eine Ordnungsfunktion, indem Flächentarifverträge eine Typisierung der Arbeitsverträge und eine Standardisierung von Löhnen und Arbeitszeiten bewirken. Das senkt nicht nur die Transaktionskosten beim Abschluss der individuellen Arbeitsverträge, sondern sorgt auch für eine weitgehende Vereinheitlichung der Arbeitskosten in ganzen Branchen. Das schützt einerseits die ↑Arbeitnehmer vor einem Unterbietungswettbewerb bei den Löhnen, aber auch die Unternehmen vor unfairem Verhalten von Wettbewerbern. Dieser Schutz vor „Schmutzkonkurrenz“ war historisch ein wesentlicher Beweggrund für ↑Unternehmer, sich auf Tarifverträge einzulassen. Zudem bieten Tarifverträge während ihrer Laufzeit Planungssicherheit für die Unternehmen hinsichtlich der Arbeitskosten.

Das Tarifvertragssystem erfüllt des Weiteren eine Verteilungsfunktion. Tarifverträge legen verschiedene Lohn- und Gehaltsgruppen fest und bestimmen so die Einkommensverteilung innerhalb der Belegschaft. Gesamtgesellschaftlich bewirkt die T. eine Beteiligung der Arbeitnehmer am Sozialprodukt. Diese Leistungen stehen im engen Zusammenhang mit der Friedensfunktion, die sich nicht nur auf die Friedenspflicht während der Laufzeit der Tarifverträge bezieht, sondern auch darauf, dass ein intaktes Tarifsystem die beste Gewähr dafür bietet, dass Konflikte zwischen den Tarifparteien in geordneten, moderaten Bahnen entschieden werden. Historisch betrachtet ist „die rechtliche Institutionalisierung des Tarifkonflikts [...] zur Grundlage einer reformistischen Politik geworden, die eine sozialstaatliche Pazifizierung des Klassenkonflikts herbeigeführt hat“ (Habermas 1981, Bd. 2: 510).

### 3. Wandlungsprozesse

Die stetigen Veränderungsprozesse in der Wirtschafts- und Arbeitsgesellschaft bedingen es, dass die T. einem fortwährenden institutionellen Anpassungsdruck und Gestaltwandel unterliegt. So führt eine durch die ↑Globalisierung und den wirtschaftlichen Aufstieg von Ländern wie China gesteigerte Wettbewerbsdynamik dazu, dass für Unternehmen in Hochlohnländern der Kostendruck steigt. Weil in diesem Umfeld auch betriebliche Standortverlagerungen in Länder mit geringeren Lohn- und Arbeitskosten zum Tableau unternehmerischer Optionen gehören, verkleinern sich die Handlungsspielräume der Gewerkschaften signifikant. Gegenüber den traditionellen Zielen gewerkschaftlicher Tarifpolitik – neben Lohnerhöhungen v. a. Arbeitszeitverkürzungen – hat durch diese Entwicklung das Ziel der Beschäftigungssicherung noch an Bedeutung gewonnen. Hier liegt auch der wesentliche Grund für eine zunehmende Dezentralisierung bzw. Verbetrieblichung der Tarifpolitik. Die seit den 2000er Jahren üblich gewordene Vereinbarung von Tarifkorridoren (z. B. variable Wochenarbeitszeiten) und Öffnungsklauseln soll die Möglichkeit eröffnen, der spezifischen Marktsituation von Betrieben besser Rechnung zu tragen. Dadurch bekommen die Betriebsparteien zunehmende Verantwortung in dem urspr. allein den Tarifparteien vorbehaltenen Bereich der Regelung von Löhnen, Arbeitszeiten und sonstigen tariflichen Arbeitsbedingungen.

Auch der wirtschaftliche Strukturwandel mit dem Rückgang industrieller Strukturen und dem Anwachsen des Dienstleistungsbereichs betrifft die T. Die Industriearbeiter sind traditionell gewerkschaftsnah. Im Dienstleistungssektor mit seinen meist kleinbetrieblichen Strukturen ist der gewerkschaftliche Organisationsgrad hingegen deutlich geringer, und viele ↑Unternehmen in diesem Bereich gehören keinem Arbeitgeberverband an. Das führt dazu, dass die T. in manchen Branchen ihre Funktionen, insb. die Schutzfunktion für die Arbeitnehmer, nicht mehr ausreichend erfüllen kann. Um in solchen Fällen gegen die strukturelle Überlegenheit der Arbeitgeberseite angemessene Lohn- und Arbeitsbedingungen für die Arbeitnehmer sicherzustellen, werden andere arbeitspolitische Instrumente eingesetzt.

Ein solches Instrument ist die Allgemeinverbindlicherklärung von Tarifverträgen, für die allerdings in Deutschland – anders als etwa in Frankreich – vergleichsweise hohe Hürden bestehen. Auch die Einführung eines gesetzlichen Mindestlohns in Deutschland 2015 stellte eine arbeitspolitische Reaktion auf die zunehmenden Lücken in der Tariflandschaft dar. Sowohl an dem Verfahren der Allgemeinverbindlicherklärung als auch an jenem zur turnusmäßigen Festlegung der Mindestlohnhöhe sind die Tarifpartner beteiligt. Das ist aus ordnungspolitischer Sicht deshalb unerlässlich, weil ein Ziel solcher arbeitspolitischen Maßnahmen immer auch die Restabilisierung der T. sein sollte und ein schleichender Übergang zu einem System staatlicher Lohnsetzung unbedingt zu vermeiden ist.

Es steht zu erwarten, dass die zunehmende ↑Digitalisierung der Wirtschafts- und Arbeitswelt das System der T. vor weitere Herausforderungen stellen wird. Sollten neue Arbeitsformen wie etwa das Crowdworking sich ausbreiten, so wird sich die Frage stellen, inwieweit auch die in diesem Bereich Beschäftigten in den Genuss tarifvertraglicher und sonstiger arbeitsrechtlicher Schutzstandards gelangen können.

### Literatur

W. Müller-Jentsch: Tarifautonomie. Über die Ordnung des Arbeitsmarktes durch Tarifverträge, 2018 • W. Franz: Arbeitsmarktökonomik, [8]2013 • A. Küppers: Gerechtigkeit in der modernen Arbeitsgesellschaft und Tarifautonomie, 2008 • N. Goldschmidt: Die Tarifautonomie in der Sozialen Marktwirtschaft, 2005 • W. Eucken: Grundsätze der Wirtschaftspolitik, [7]2004 • G. Kleinhenz: Tarifautonomie, Lohnpolitik und Beschäftigung, in: A. Rauscher (Hg.): Arbeitsgesellschaft im Umbruch, 2002, 45–59 • J. Habermas: Theorie des kommunikativen Handelns, 2 Bde., 1981 • F. Böhm: Kartelle und Koalitionsfreiheit, 1933.

ARND KÜPPERS

## II. Rechtlich

### 1. Historische Entwicklung und heutige Gewährleistung

*a)* Die T., verstanden als das Recht der Koalitionen, eigenverantwortlich die Wirtschafts- und Arbeitsbedingungen – insb. durch Tarifverträge – zu gestalten, nahm ihren Ausgang in der prekären Situation der Arbeitnehmerschaft im 19. Jh. Gleichsam im Wege der Selbsthilfe kam es zum Abschluss erster Tarifverträge (Buchdruckertarif von 1873). Die normative Anerkennung dieser Entwicklungen vollzog sich erst später, nämlich kurz nach dem Ersten Weltkrieg in Gestalt der TVVO (1918). Die verfassungsrechtliche Verankerung der T. erfolgte bald darauf durch Art. 165 WRV. Nach der Zerschlagung der T. im Nationalsozialismus bedurfte es einer Rückbesinnung auf das zuvor Erreichte. Schon 1949 trat das TVG als bis heute geltende rechtliche Grundlage des Tarifvertragssystems in Kraft.

*b)* Die verfassungsrechtliche Verbürgung der ↑Koalitionsfreiheit und mit ihr der T. findet sich seit Inkrafttreten des ↑GG in Art. 9 Abs. 3 GG. Man entnimmt dieser Bestimmung nicht nur ein Individualgrundrecht, sondern zugl. das kollektive Recht der Koalitionen, die Arbeits- und Wirtschaftsbedingungen weitgehend autonom zu regeln. Der Tarifgedanke ist darauf angelegt, die strukturelle Unterlegenheit der Arbeitnehmerschaft beim Abschluss von individuellen Arbeitsverträgen durch kollektives Handeln auszugleichen und damit ein annähernd gleichgewichtiges Aushandeln der ↑Löhne und Arbeitsbedingungen zu ermöglichen. (BVerfG 11.7.2017–1 BvR 1571/15 – u.a. NJW 2017, 2523 Rn. 146). Art. 9 Abs. 3 GG gewährleistet damit eine „Ordnung des Arbeits- und Wirtschaftslebens, bei der der Staat seine Zuständigkeit zur Rechtsetzung weit zurückgenommen und die Bestimmung über die regelungsbedürftigen Einzelheiten des Arbeitsvertrags grundsätzlich den Koalitionen überlassen hat" (BVerfG 24.5.1977–2 BvL 11/74 – NJW 1977, 2255, 2256). Dahinter steht die Verfassungserwartung, auf diese Weise die Gemeinschaft sozial zu befrieden und einen Interessenausgleich durch die unmittelbar Betroffenen zu befördern. Die T. gewährleistet mithin eine *Regelungsprärogative der Koalitionen*, nicht jedoch ein Regelungsmonopol. Auch der ↑Staat trägt weiterhin eine Verantwortung für das ↑Gemeinwohl, die er unter Beachtung des Verhältnismäßigkeitsprinzips (↑Verhältnismäßigkeit) unter möglichster Schonung der Regelungskompetenz der Koalitionen wahrzunehmen hat.

*c)* Die T. ist indes nicht nur durch das GG gewährleistet. Entspr.e Verbürgungen finden sich auch in Art. 11 EMRK und Art. 28 EuGRC.

### 2. Inhalt und Reichweite

*a)* Die *sachliche Reichweite* der T. ergibt sich aus Art. 9 Abs. 3 GG. Im Vordergrund steht das den Koalitionen eingeräumte Recht, in einem ihnen vom Staat freigelassenen Raum das Arbeitsleben durch den Abschluss von Tarifverträgen mit dem sozialen Gegenspieler zu ordnen. Insofern handelt es sich zuvorderst um ein Freiheitsrecht. Um es ausüben zu können, bedarf es der Bereitstellung eines funktionsfähigen Tarifvertragssystems, das die Vereinbarungen der Tarifvertragsparteien schützt und ihnen die rechtliche Anerkennung vermittelt. Dieser Aufgabe ist der Gesetzgeber mit dem Erlass des TVG nachgekommen. Dieses überantwortet den Tarifvertragsparteien ein weites Feld regelungsfähiger Arbeitsbedingungen (vgl. § 1 TVG). Den Rechtsnormen des Tarifvertrages kommt nach § 4 Abs. 1 TVG eine unmittelbare und zwingende Wirkung zu. § 77 Abs. 3 BetrVG sichert zudem die Normsetzungsbefugnis der Tarifvertragsparteien gegenüber konkurrierenden Betriebsvereinbarungen ab.

*b)* In *personeller Hinsicht* knüpft Art. 9 Abs. 3 GG an die *Koalitionseigenschaft* an. Davon zu unterscheiden ist die sog.e *Tariffähigkeit*. Diese kommt nach § 1 Abs. 1 TVG nicht nur ↑Gewerkschaften und Vereinigungen von Arbeitgebern, sondern auch dem einzelnen Arbeitgeber zu. Neben diese Erweiterung des Kreises der tariffähigen Parteien treten nach ständiger Rechtsprechung des BAG weitere einschränkende Voraussetzungen für die Tariffähigkeit von Gewerkschaften. Insb. wird hier eine hinreichende soziale Mächtigkeit und eine gewisse Leistungsfähigkeit der Organisation verlangt (BAG 28.3.2006–1 ABR 58/04 – NZA 2006, 1112). Das ↑BVerfG sieht hierin eine verfassungsrechtlich gebotene Begrenzung der T. (BVerfG 20.10.1981–1 BvR 404/78 – NJW 1982, 815). Eine andere Frage geht dahin, wie weit die den Tarifvertragsparteien überantwortete Rechtssetzungskompetenz in personeller Hinsicht reicht. Als Ausprägung der kollektiven Betätigungsfreiheit der Koalitionen ist die *Normsetzungskompetenz* grundsätzlich auf die jeweils eigenen Mitglieder beschränkt. Nur ihnen gegenüber sind die Koalitionen legitimiert (Grundsatz der mitgliedschaftlichen Legitimation). Die Erstreckung der Normwirkung auf nicht oder anders Organisierte kraft staatlich-demokratischer Anordnung (z. B. Allgemeinverbindlicherklärung) ist stets ein bes. rechtfertigungsbedürftiger Akt.

Die Verfassungsgarantie des Art. 9 Abs. 3 GG gilt auch im *kirchlichen Bereich*. Auch kirchliche Einrichtungen oder entspr.e Arbeitgeberverbände können daher mit einer Gewerkschaft Tarifverträge abschließen, in denen Arbeitsentgelte und sonstige Arbeitsbedingungen mit normativer Wirkung geregelt werden. Im Bereich der Diakonie wird davon bisweilen auch Gebrauch gemacht. Im Übrigen haben sich die beiden christlichen Kirchen für den sog.en Dritten Weg entschieden. Im Rahmen dieses alternativen Wegs werden – orientiert an dem Leitgedanken der Dienstgemeinschaft – die Arbeitsbedingungen durch Kommissionen vereinbart, die paritätisch von Vertretern der kirchlichen Einrichtungen und der Mitarbeiter besetzt sind. Im Streitfall kommt es – unter Ausschluss des ↑Arbeitskampfes – zu einem Schlichtungsverfahren. Dieses kirchliche Regelungsmodell darf nach Ansicht des BAG (20.11.2012–1 AZR 179/11 – NZA 2013, 448) die Koalitionsfreiheit und das Konzept der T. nur insoweit verdrängen, als es für die Wahrung ihres Leitbildes von der Dienstgemeinschaft erforderlich ist und das angestrebte Ziel eines fairen, sachgerechten und verbindlichen Interessenausgleichs tatsächlich und in kohärenter Weise erreicht (↑Kirchliches Arbeitsrecht).

## 3. Grenzen

Eine Begrenzung der T. gibt bereits Art. 9 Abs. 3 GG vor. In gegenständlicher Hinsicht erstreckt sich die T. auf die Regelung der Arbeits- und Wirtschaftsbedingungen, nicht hingegen auf über diesen Wirkungskreis hinausgreifende Regelungen. Insb. muss die Individualsphäre der ↑Arbeitnehmer kollektivfrei bleiben. Die Grenzen der T. werden im Übrigen nicht durch einen einheitlichen oder homogenen rechtlichen Gesichtspunkt erschöpft, sondern durch mehrere Aspekte vorgezeichnet und geprägt. Allg. lässt sich sagen, dass tarifvertragliche Regelungen stets im *Einklang mit höherrangigem Recht* stehen müssen. Dazu gehören Normen des vorrangigen EU-Rechts (↑Europarecht), etwa das Gebot der Entgeltgleichheit zwischen Männern und Frauen (Art. 157 AEUV), aber auch das Verfassungsrecht. Die Bindung der Tarifvertragsparteien an die ↑Grundrechte ist heute nahezu unbestritten, wenngleich über Herleitung und Reichweite der Grundrechtsbindung noch kein Konsens erzielt werden konnte. Sieht man im Abschluss von Tarifverträgen einen Akt kollektiv ausgeübter ↑Privatautonomie, spricht viel für eine lediglich mittelbare, im Schutzgebotsgedanken verankerte Drittwirkung. Auch das einfache Gesetzesrecht setzt den Tarifvertragsparteien inhaltliche Grenzen. So darf das gesetzliche Arbeitnehmerschutzrecht (Kündigungsrecht, Arbeitszeitrecht, ↑Mindestlohn, Antidiskriminierungsrecht etc.) in Tarifverträgen grundsätzlich nicht zum Nachteil der Arbeitnehmer unterschritten werden. Begrenzte Ausnahmen statuiert der Gesetzgeber mitunter selbst, indem er eine gesetzliche Regelung für tarifdispositiv erklärt. Sehr umstritten ist, ob die Tarifvertragsparteien bei der Normsetzung an das Gemeinwohl gebunden sind. Eine rechtlich verpflichtende Vorgabe wäre letztlich eine fragwürdige Einschränkung der T., so dass wohl eher von einer politischen als einer rechtlichen Natur dieses Gebots auszugehen ist.

Die verfassungsrechtliche Garantie der T. gebietet eine Beschränkung der inhaltlichen Kontrolle von Tarifverträgen auf die Übereinstimmung mit den oben genannten höherrangigen Rechtsquellen. Eine Zweckmäßigkeitskontrolle verbietet sich ebenso wie eine engmaschige AGB-rechtliche Angemessenheitskontrolle (vgl. § 310 Abs. 1 S. 1 BGB). Sowohl für die Entscheidungsfindung als auch für das Verhandlungsergebnis als solches gilt das *Verbot der Tarifzensur*.

## 4. Ausgestaltung, Einschränkungen und Eingriffe

Art. 9 Abs. 3 GG statuiert eine staatliche Verpflichtung zur Bereitstellung eines funktionsfähigen Tarifvertragssystems. Dieses bedarf der gesetzlichen Ausgestaltung. Das BVerfG räumt dem Gesetzgeber bei Ausgestaltung und Fortentwicklung des Tarifvertragssystems einen erheblichen Gestaltungsspielraum ein. Insb. umfasst die Gewährleistung der T. nicht die bes. Ausprägung, die das Tarifvertragssystem in dem zur Zeit des Inkrafttretens des GG geltenden TVG erhalten hat. Den Kern der Ausgestaltungsgesetzgebung stellt das TVG dar. Dieses enthält durchaus auch einschränkende Regelungen, etwa im Hinblick auf die materiellen Anforderungen an die Tariffähigkeit.

Während es bei der Ausgestaltung um Organisation und Zuständigkeit für eine Eigenregelung durch die Tarifvertragsparteien geht und dabei einem Verfassungsauftrag entsprochen wird, können Legislativakte auch Eingriffsqualität erlangen. Die Abgrenzung zur (einschränkenden) Ausgestaltung ist schwierig. Ein Eingriff liegt nahe, wenn der Gesetzgeber den Geltungsanspruch einer tarifautonomen Regelung relativiert oder außer Kraft setzt. So hat das BVerfG eine gesetzliche Regelung zur Befristung von Arbeitsverhältnissen im Hochschulbereich als Eingriff in die T. qualifiziert (BVerfG 24.04.1996–1 BvR 712/86 – NZA 1996, 1157). Eine Beeinträchtigung mit der Wirkung eines Eingriffs sah das BVerfG zuletzt auch in der Anordnung einer Verdrängung eines Tarifvertrags im Kollisionsfall nach § 4a Abs. 2 S. 2 TVG (BVerfG 11.7.2017–1 BvR 1571/15 – u. a. NZA 2017, 915). Ein Eingriff in die T. unterliegt höheren Rechtfertigungsanforderungen als eine bloße

Einschränkung im Rahmen des Ausgestaltungsauftrags. Bei einem Eingriff bedarf es einer Rechtfertigung durch ein Rechtsgut von Verfassungsrang und einer strengen Verhältnismäßigkeitsprüfung, wobei es v.a. auf die Sachnähe der Koalitionen zum Regelungsgegenstand ankommt.

### Literatur

H. Wiedemann: Tarifvertragsgesetz, [8]2019 • M. Löwisch/V. Rieble: Tarifvertragsgesetz, [2]2017 • W. Däubler: Tarifvertragsgesetz, [4]2016 • A. Junker: Die Gewährleistung der Tarifautonomie im europäischen Recht, in: ZfA 46/2 (2015), 267–286 • K. Bepler: Stärkung der Tarifautonomie – Welche Maßnahmen empfehlen sich?, in: NZA 31/16 (2014), 891–894 • T. Lobinger: Stärkung oder Verstaatlichung der Tarifautonomie?, in: JZ 69/17 (2014), 810–821 • R. Waltermann, Entwicklungslinie der Tarifautonomie, in: RdA 67/2 (2014), 86–93 • M. Jacobs u.a.: Tarifvertragsrecht, [2]2013 • R. Rebhahn: Die Zukunft der Kollektivautonomie in Europa – Tarifautonomie im Rechtsvergleich, in: EuZA 3/1 (2010), 62–87 • F. Maschmann: Tarifautonomie im Zugriff des Gesetzgebers, 2007 • F. Bayreuther: Tarifautonomie als kollektiv ausgeübte Privatautonomie, 2005 • E. Picker: Die Tarifautonomie in der deutschen Arbeitsverfassung, 2000 • R. Waltermann: Zu den Grundlagen der Tarifautonomie, in: ZfA 31/1 (2000), 53–86 • F. Gamillscheg: Kollektives Arbeitsrecht, Bd. 1, 1997 • H. Konzen: Die Tarifautonomie zwischen Akzeptanz und Kritik, in: NZA 12/19 (1995), 913–920 • F. J. Säcker/H. Oetker: Grundlagen und Grenzen der Tarifautonomie, 1992 • K. Biedenkopf: Grenzen der Tarifautonomie, 1964.

MARKUS STOFFELS

**Tauschgerechtigkeit** ↑Gerechtigkeit, ↑Vertrag

## Technik

### 1. Begriff

Die zumeist übliche Verwendung des Kollektivsingulars „die T." verdeckt deren Historizität und Pluralität. Denn der Begriff hat verschiedene Facetten und wandelte sich historisch. In der Antike bezeichnete *technē* eine Fertigkeit, ein Können. Bis in das Mittelalter finden sich nur Begriffe wie *machina* und Werkzeug. Der Begriff T. als Bezeichnung für Maschinen, das Mechanische und Instrumentelle entstand erst im Kontext der Industrialisierung (↑Industrialisierung, Industrielle Revolution) seit der zweiten Hälfte des 18. Jh. Im Englischen ist das Wort *technology* zuerst im 17. Jh. zu beobachten. Es wurde zu dieser Zeit noch für Kunstfertigkeiten verwendet, z. B. das Glasmachen. In den USA wurde der Begriff vor dem frühen 19. Jh. kaum genutzt. Erst im 20. Jh. wurde er selbstverständlicher Teil der Alltagssprache. In Deutschland führte der Philosoph und Ökonom Johann Beckmann im 18. Jh. den Begriff der Technologie ein, indem er eine Übersicht über ↑Handwerke vorlegte. T. gehörte in die Sphäre des Mechanischen, des Maschinellen und Nützlichen.

Der moderne T.-Begriff, wie er im 18. Jh. entstand, bezeichnet Maschinen, Apparate, Geräte, Instrumente, Werkzeuge und Artefakte. T. meint allerdings i. S. d. Technischen oder einer Technizität gleichermaßen regelhafte, formalisierbare Verfahren. Der Begriff wurde mit ↑Rationalität und Effizienz verbunden bis hin zu Technokratievorstellungen, die Mitte des 20. Jh. von der ↑Herrschaft der T. im Sinne einer Sachzwanglogik ausgingen (z. B. Helmut Schelsky). Eng verbunden war damit ein bis in die 1970er/80er Jahre dominierender T.-Determinismus, d. h. die Annahme, dass sich T. nach eigenen Gesetzen, unabhängig von Gesellschaft und Kultur, entwickle und die Ursache für gesellschaftlichen Wandel (↑Sozialer Wandel) sei. Der Mensch habe sich an den technologisch induzierten Wandel anzupassen. Seit den 1980er Jahren dominiert stattdessen die Vorstellung einer gesellschaftlichen Gestaltbarkeit von T.

Der T.-Begriff wandelte sich im Laufe des 20. Jh. im Kontext der ↑Gentechnik, der Computer-, und Nanotechnologie. So sprach der Kybernetiker Gotthard Günther von der „transklassischen Maschine" (Günther 1976: 224 f.), die eine völlig neue Kategorie darstelle: eine Maschine, die nicht mehr, wie die klassisch-archimedische, Arbeit verrichtete, sondern ↑Informationen verarbeitete. Phänomene wie Software und Algorithmen warfen die Frage nach der Materialität von T. auf. Das Klonschaf Dolly provozierte tradierte Vorstellungen einer Dichotomie von ↑Natur und T., von Künstlichem und Lebendigem. Des Weiteren stellten neue Technologien Konzepte, die scheinbar den Menschen vorbehalten waren, in Frage, so etwa Denken, Emotion oder Autonomie. Dies trifft derzeit insb. auf die KI-Forschung und deren Zweig des *machine learning* zu.

### 2. Technik als Lebensform

Es gibt keine ↑Kultur ohne T., jede Kultur ist eine technische Kultur oder, wie der Philosoph Alfred Nordmann formulierte: „Technik ist Lebensform, […] historische Entwicklungen [vollziehen] sich unter technischen Bedingungen" (Nordmann 2008: 15). Seit der Industrialisierung wurde die technische Kultur allerdings „dichter". Im 19. Jh. wurde T. eine „Zentralkategorie der Selbstdeutung des Menschen" (Fischer 1996: 309). Die immense Bedeutung, die T. für die *conditio humana* insb. seit dem 20. Jh. einnimmt, ist unbestritten. Ernst Cassirer konstatierte, neben vielen anderen, T. behaupte „im Aufbau unserer gegenwärtigen Kultur den ersten Rang" (Cassirer 1930: 39). T. bedingt die *conditio humana*, indem sie Wahrnehmungen, Selbstbilder, Denken, Handeln und Praktiken der Menschen prägt. Mit der Nähmaschine wurde „zugleich eine neue Nähweise, mit dem Walzwerk eine neue Schmiedeweise erfunden" (Cassirer 1930: 73 f.). Jede Zeit ist dabei von der Verfügbarkeit und dem Modus der jeweiligen Technologie in je eigener Weise geprägt.

### 3. Historische Zäsuren

War die *conditio humana* bis in das 18. Jh. von Werkzeugen, Mühlen, Gerätschaften und mechanischen Hilfsmitteln geprägt, erfolgte mit der Industrialisierung und der Entwicklung energieumwandelnder und arbeitender Maschinen ein gravierender Einschnitt. Die Emanzipation der Menschen von Muskelkraft und natürlichen Energien wie Wind, Wasser und tierischen Kräften gilt als Schritt zur modernen T. und als eine zentrale Zäsur in der Geschichte.

Tätigkeiten der Menschen wurden nun, zuerst in der Fabrik, systematisch auf Maschinen übertragen. Dieser Schritt wurde einerseits als Steigerung der Produktivität, der Präzision und der Qualität der Produkte gefeiert (so etwa im 19. Jh. Andrew Ure und Charles Babbage). Andererseits formulierte bspw. Karl Marx eine polemische Kritik an der ↑Entfremdung der Menschen durch die Arbeit an Maschinen in einer kapitalistischen Ökonomie (↑Kapitalismus), die bis weit in das 20. Jh. hinein wirkmächtig war. Die Arbeitswelt wandelte sich im Kontext von Kraft- und Arbeitsmaschinen.

Im Bereich der ↑Kommunikation und ↑Mobilität veränderten im 19. Jh. Telegraf und Telefon die Kommunikationsweisen, indem sie Kommunikation über weite Entfernungen ermöglichten und Prozesse der ↑Arbeit, des ↑Handels, das Börsengeschäft (↑Börsen) sowie private Korrespondenz beschleunigten. Insb. wurde die Bedeutung der Telegrafie für die ↑Globalisierung vielfach betont. Gleichermaßen waren Eisenbahn, Dampfschiff und Automobil Teile einer immensen Beschleunigung und ↑Vernetzung, die im 19. Jh. einsetzte und ↑Zeit und ↑Raum schrumpfen ließen, wie bereits die Zeitgenossen formulierten.

Die Automatisierung veränderte seit den 1950er und v. a. seit den 1970er Jahren die *conditio humana* erneut. Zwar verwendeten auch A. Ure und K. Marx den Begriff des „automatischen Systems" (MEW 23: 402), doch erst mit der Computerisierung wurde eine effiziente und *automatische Steuerung* von Produktionsabläufen möglich. Dabei veränderte Automatisierung nicht nur die Arbeitswelt. Sie ging auch mit einem Strukturwandel und globalen Verschiebungen von ↑Produktion und ↑Konsum einher. In der westlichen Welt verschwanden ganze Branchen oder wurden nachhaltig verändert, etwa die Stahl- oder Druckindustrie. Anders als Jean Fourastié Mitte der 1950er Jahre erwartet hatte, blieb der Dienstleistungsbereich (↑Dienstleistungen) davon nicht unberührt. Viele Tätigkeiten und ↑Berufe verschwanden und wurden von Automaten ausgeführt: von Geldautomaten, Fahrkartenautomaten bis hin zu Gepäckautomaten am Flughafen. Dies verändert nicht nur die Arbeitswelt, sondern auch zwischenmenschliche Beziehungen und den Alltag der Menschen, die die Automaten inzwischen selbstverständlich bedienen. Die Idee der Automatisierung bezog sich zugl. auch auf das menschliche Denken. So formierte sich in den 1950er und 1960er Jahren die KI-Forschung mit dem Ziel, das Denken zu automatisieren.

Die sich seit der massenhaften Nutzung des ↑Internets in den 1990er Jahren beschleunigende ↑Digitalisierung gilt derzeit als erneute, nachhaltige Transformation. Digitalisierung ist eine neue Lebensform. Sie ermöglicht mittels immenser Rechnerkapazitäten die Verfügbarmachung und Manipulation von Daten in völlig neuer Dimension, insofern das digitale Format vom Träger und der Art der Daten abstrahiert. Digitalisierung bedeutet zudem die Möglichkeit der Vernetzung in Echtzeit. Unter dem Schlagwort Industrie 4.0 oder Arbeit 4.0 wird die Digitalisierung der Arbeitswelt betrieben. Dies meint die horizontale und vertikale Vernetzung in Echtzeit, was, bspw. in der Fabrik, die gesamte Liefer-, Produktions-, Vertriebs- und Entsorgungskette einschließt. Wie bereits in der Industrialisierung vollzieht sich der Wandel jedoch nicht disruptiv. Er verläuft in verschiedenen Geschwindigkeiten. Auch in der Fabrik des 19. Jh. fanden sich lange Zeit große Anteile an klassischer Handarbeit. Unbestritten ist jedoch, dass sich mit der Digitalisierung Produktzyklen und Innovationszeiten wiederum beschleunigen. Erneut, wie schon seit der Industrialisierung, werden intensive Debatten über die technologische Ersetzung der Menschen geführt.

Internet und Digitalisierung, deren Wurzeln auch in der US-amerikanischen Gegenkultur der 1970er Jahre liegen, waren zudem mit immensen Hoffnungen auf politische ↑Partizipation und egalitären Zugang zu Wissen und auf ↑Demokratisierung verbunden. Neue soziale Medien (↑Social Media) ermöglichen prinzipiell jedem die digitale ↑Repräsentation des Ichs im Internet sowie weltweite Kontakte, Echtzeitkommunikation und Teilhabe an Debatten. Inzwischen existiert jedoch eine deutliche Internetkritik, die die Ambivalenzen stärker betont, etwa das Problem des ↑Datenschutzes, die Gefahr der Überwachung, den (teils gewollten) Verlust des Privatlebens in sozialen Medien sowie die Gefährdung der ↑Demokratie durch Manipulation und sog.e *Fake News*.

Wie die Industrialisierung bedeutet auch die Digitalisierung und, allg. gesprochen, T. als Lebensform, eine Herausforderung für den Erhalt der natürlichen Umwelt. Rauchende Schornsteine, Autoabgase, Luftverschmutzung, sterbende Fische waren die Insignien des Industriezeitalters, die mittels politischer Maßnahmen bekämpft wurden und werden, aber bis heute in allen Weltregionen die Menschheit vor gravierende Probleme stellen. Der enorme Energieverbrauch digitaler Geräte und des Internets wird derzeit nur ansatzweise thematisiert. Die Spuren, die Menschen mit ihrer technischen Lebensform auf der Erde hinterlassen, führten inzwischen zum Begriff des ↑Anthropozän und der These, es sei notwendig, ein neues Erdzeitalter auszurufen, das den Einfluss des Menschen bezeichne.

### 4. Mensch und Technik

Aus einer anthropologischen Perspektive wird das Verhältnis von Mensch und T. diskutiert. Einerseits wandelten sich die Vorstellungen dessen, was Menschsein bedeute, jeweils im Kontext neuer Technologien. Dies reicht vom mechanistischen Menschenbild René Descartes, über das kybernetische Menschenbild der 1950er und 1960er Jahre sowie die Debatte im Kontext der Gentechnologie, bis zur Digitalisierung, die Konzepte des Selbst verändert, indem Menschen ein digitales Ich konstruieren sowie sich selbst und freiwillig vermessen und quantifizieren.

Anderseits fragt eine anthropologische Perspektive jeweils nach der Stellung der Menschen im Verhältnis zur T. Dabei verblieb die philosophische ↑Anthropologie zumeist in einer anthropozentrischen Perspektive. Arnold Gehlen bestimmte den Menschen als Mängelwesen, der sich mittels T. steigere und entlaste. Die Idee der technischen Steigerung menschlicher Fähigkeiten interpretiert T. als Werkzeug im Dienste der Menschen. Es handelt sich hierbei um das klassisch westliche, aufklärerische Narrativ des Menschen als Gestalter und Macher. Diese Vorstellung setzt sich heute in Konzepten des ↑Transhumanismus fort, indem T. genutzt werden soll, um den menschlichen Körper zu optimieren. Seit der zweiten Hälfte des 20. Jh. wurden solch anthropozentrischen Ansätze in einer Anthropologiekritik hinterfragt und zu überwinden versucht. Diese Positionen zielen auf die Überwindung von Dualismen wie Mensch und T. oder künstlich und natürlich. Des Weiteren dezentrierten sie die Position der Menschen, indem sie ihnen eine Sonderstellung absprechen. Menschen sind in diesen Konzepten Knotenpunkte in einem Netz von Relationen inmitten verschiedener Akteure, Dinge, Natur und technischer Geräte. Diese Ansätze entwickelten sich mit der Kybernetik seit den 1950er Jahren über die Actor-Network-Theory, postmoderne Ansätze (↑Postmoderne) bis zu neo-kybernetischen Theorien wie der Medienökologie.

### Literatur

M. Heßler: Kulturgeschichte der Technik, 2012 • A. Nordmann: Technikphilosophie, 2008 • F. Turner: From Counterculture to Cyberculture, 2006 • P. J. Crutzen: Geology of Mankind, in: Nature 23/415 (2002), 23 • P. Fischer (Hg.): Technikphilosophie, 1996 • E. Cassirer: Form und Technik (1930), in: ders.: Symbol, Technik, Sprache, 1985, 39–90 • G. Günther: Beiträge zur Grundlegung einer operationsfähigen Dialektik, 1976 • K. Marx: Das Kapital, Bd. 1, in: MEW, Bd. 23, 1962 • J. Fourastié: Die große Hoffnung des 20. Jahrhunderts, 1954.

MARTINA HEẞLER

## Technikphilosophie

T. ist die philosophische Auseinandersetzung mit der Technik und dem Technischen i.S. einer Philosophie der Technik. Sie dient der Begriffsklärung, in ihren traditionellen Varianten der Bestimmung des Wesens der Technik, der Analyse von Handlungsbedingungen in einer wissenschaftlich-technischen Gesellschaft und der Begründung von Normen für den Umgang mit der Technik. Sie umfasst metaphysische, anthropologische, erkenntnis- und wissenschaftstheoretische sowie ethische Aspekte. Ihre Ergebnisse gehen in die ↑Politikberatung ein.

### 1. Technikbegriff

Der Technikbegriff ist komplex und in zahlreichen Varianten bestimmt worden. Im Wesentlichen geht es in der ↑Technik um Entstehung und Verwendung von Sachsystemen sowohl materialer als auch prozessualer Art. In diesem Sinne kommt Günter Ropohl zu der Definition, dass Technik die Menge „der nutzenorientierten, künstlichen, gegenständlichen Gebilde (Artefakte oder Sachsysteme)", die Menge „menschlicher Handlungen und Einrichtungen, in denen Sachsysteme entstehen" und „die Menge menschlicher Handlungen, in denen Sachsysteme verwendet werden" umfasse (Ropohl 1991: 18). Die Versuche, den Technikbegriff essentialistisch i.S. einer Globaldeutung zu klären, werden dem mit zahlreichen Bereichen des sozialen Lebens verzahnten Phänomen der Technik nicht gerecht. Dies gilt auch noch für Auffassungen wie die Arnold Gehlens, der ältere Bestimmungen vom Menschen als Mängelwesen aufnimmt, aber positiv deutet, denn der Mensch ist wegen seiner Organmängel nicht an eine spezialisierte Umwelt gebunden, damit aber auch nicht von deren Stabilität abhängig. Er kann sich vielmehr als vernünftiges Wesen durch Einsatz von Technik eine künstliche Umwelt schaffen. Technik kann als Organersatz („Ergänzungstechniken", z.B. Waffen) dienen, als Organverstärkung („Verstärkertechniken", z.B. Hämmer, Mikroskope) und als Organentlastung bzw. Organausschaltung („Entlastungstechniken", z.B. Fahrzeuge); ein Flugzeug erfüllt alle drei Aufgaben (Gehlen 1957: 8). A. Gehlen stellt in seinen sozialpsychologischen Untersuchungen eine Entwicklung zu Automatismen fest, die mittels kybernetischer Regelkreismodelle rekonstruiert werden können.

Die neuere T. geht nicht mehr davon aus, dass Technik eine universal-anthropologische Konstante ist. Ihre Ausformungen sind historisch bedingt, sie ist von ökonomischen, politischen, ökologischen und sozialpsychologischen Faktoren abhängig. Technische Prozesse lassen sich i.S. systemtheoretischer (↑Systemtheorie) und kybernetischer Kreislaufprozesse deuten. Technik unterliegt den Kriterien für Wissenschaftlichkeit (Technologie, Technikwissenschaft) und ist durch die Normen guten Handelns geregelt (Technikethik). Die Probleme bei der Bestimmung eines generalisierenden Technikbegriffs („die Technik") führen Armin Grunwald und Yannick Julliard dazu, die übliche Frage „Was ist Technik?" als falsch gestellt zu bezeichnen. Die Frage müsse vielmehr heißen „Was meinen wir, wenn wir generalisierend über Technik reden?": „An den Techniken, über die lebensweltlich eine Verständigung unproblematisch möglich ist, wird ‚das Technische' durch eine reflexive Abstraktion bestimmt. Das Ergebnis dieser Reflexion wird sodann durch den Begriff ‚Technik' abkürzend begrifflich gefasst" (Grunwald/Julliard 2005: 140). Der Technikbegriff sollte also als „Reflexionsbegriff" aufgefasst werden.

Als eigenständige philosophische Subdisziplin hat sich die T. seit dem letzten Drittel des 19. Jh. etabliert, wenngleich ihre Gegenstände seit der Antike in unterschiedlichen philosophischen Diskurszusammenhängen behandelt wurden. Den Beginn der „thematischen" T., die „Technik ausdrücklich ins Zentrum philosophischer Betrachtungen" stellt (Ropohl 1991: 11), markieren die „Grundlinien einer Philosophie der Technik" (1877) von Ernst Kapp. Für E. Kapp ist Technik „Organprojektion", wobei er unter „Projektion" das „Vor- oder Hervorwerfen, Hervorstellen, Hinausversetzen und Verlegen eines Innerlichen in das Aeussere" (Kapp 1877: 30) versteht. Mit Technik werden Organfunktionen bewusst oder unbewusst auf Artefakte (Werkzeuge, Apparate, Maschinen, Systeme, auch den Staat) übertragen, damit nach außen verlagert und in ihrer Effizienz gesteigert.

Wesentliche Grundlagen der T. wurden in der antiken Philosophie gelegt, v. a. in der Aristotelischen ↑Handlungstheorie (metaph. 1070a; NE 1139b1–1140b30). Für Aristoteles dient das Herstellungshandeln *(poiesis)* der Erstellung eines Werkes, das den Herstellungsprozess überdauert. Ermöglicht wird dies durch die *téchne*, im engeren Sinne ein erlernbares Können, hier, etwas herzustellen. Das Herstellungshandeln wird von einem Handeln unterschieden, das sein Handlungsziel im Vollzug der Handlung selbst erreicht *(praxis)*. Letzteres beruht auf moralisch-praktischem Wissen *(phronesis)*. Es ist paradigmatisch im politischen oder juristischen Handeln gegeben. Aristoteles unterschied *poiesis* und *praxis* von der Naturforschung, deren Gegenstand unveränderlich, also „notwendig" ist. Sie zielt auf theoretisches Wissen *(episteme)*.

## 2. Mittel, Zwecke und Ziele

Zentral für die Aufgabenbestimmung von Technik ist das Zusammenspiel von Mitteln, Zwecken und Zielen. Technische Artefakte und Prozesse sind Mittel, ↑Bedürfnisse zu befriedigen und Probleme zu lösen. Sie sind zweckhafte Gegenstände, bezwecken also die Erreichung von gesetzten Zielen. Die Zweck-Mittel-Relation ist offen. Gleiche Zwecke können durch unterschiedliche Mittel erfüllt werden. Ein technisches Mittel kann aber auch unterschiedlichen Zwecken dienen. In der Zweck-Mittel-Relation ist ein kausales Verhältnis zwischen verursachendem Mittel und bewirktem Zweck gegeben. Die Zweck-Mittel-Relation unterliegt damit dem Induktionsproblem, womit eine Unsicherheit von ↑Prognosen etwa über die Funktionstüchtigkeit technischer Hilfsmittel einhergeht, die u. U. nicht die angestrebte Wirkung erzielen. Die Unsicherheit äußert sich aber auch in nicht-intendierten und nicht-antizipierten Nebenfolgen, die den Einsatz eines Gerätes in Frage stellen oder eine Perspektive auf neue Zielsetzungen eröffnen können. Das erreichte oder zu erreichende Ziel kann selbst Ausgangspunkt für die Setzung neuer Ziele sein, damit zum Zweck werden.

Die Zweckhaftigkeit der Technik hat dazu verleitet, gerade in ihr den Unterschied zur vorgeblich zweckfreien Naturforschung zu sehen. Für Friedrich Dessauer z. B. sind technische Artefakte und Prozesse gerade durch ihre Finalität gekennzeichnet. Dies wird wissenschaftstheoretisch bestritten unter Verweis auf Wechselwirkungen zwischen Technik und ↑Naturwissenschaften, die bis zur Konstitution naturwissenschaftlicher Gegenstände durch apparategestützte ↑Methoden geht. Die neuzeitlichen Naturwissenschaften sind abhängig von heute hochtechnisierten Beobachtungs- und Experimentierapparaturen. In aktuellen Forschungsfeldern wie der Nanotechnologie werden grundlagentheoretische Ergebnisse durch die Schaffung von neuen Artefakten erreicht.

## 3. Technikethik

Im Vordergrund des öffentlichen Interesses an der Technik stehen ethische Probleme, die sich aus der Wirkmächtigkeit moderner Technik, den neuen Dimensionen des Eingriffs in die menschliche und nichtmenschliche ↑Natur und der Unsicherheit, die ein Ergebnis unseres Nichtwissens über die Folgen technischen Handelns ist, ergeben. Es stellt sich auch die Frage, ob die neuen Gegebenheiten eine Revision herkömmlicher ethischer Konzeptionen erzwingen.

### 3.1 Diagnose

Martin Heidegger nimmt in seinem Vortrag „Die Frage nach der Technik" (1956) diese Herausforderung auf, auch wenn er mit dem Versuch, das Wesen der modernen Technik zu bestimmen, der traditionellen T. verhaftet bleibt. Für ihn ist es ein Kennzeichen der modernen Technik, die Natur zu stellen, also herauszufordern. Das Wesen der modernen Technik liegt für M. Heidegger im Gestell, dem „herausfordernden Anspruch, der den Menschen dahin versammelt, das Sichentbergende als Bestand zu bestellen" (Heidegger 1956: 59). Daraus ergibt sich die Gefahr, dass sich der Mensch der Technik ausliefert, nur noch zum Besteller (Bediener, Nutzer) der von ihm in die Welt gesetzten technischen Gegenstände wird, damit aber selbst zum „Bestand" wird, also zum Bestandteil eines technischen Systems. M. Heidegger geht es um die Bewusstmachung dieser Gefahr, konkrete Handlungsregeln begründet er nicht.

Technisches Handeln, also der Umgang mit Artefakten folgt Handlungsmaximen, die der moralischen Rechtfertigung bedürfen. Im Rahmen technikethischer Überlegungen wurde zunächst dem Ingenieur eine Sonderrolle zugesprochen, die durch sein Fachwissen und seine Handlungskompetenz begründet wurde. Daran kann kritisiert werden, dass durch die Arbeitsteilung im Ingenieurswesen und wegen der prinzipiellen Ersetzbarkeit jedes Einzelnen der individuelle Ingenieur als moralischer Akteur faktisch wirkungslos wird. Christoph Hubig spricht sogar vom „Verlust des Subjekts" (Hubig 1995: 61) in diesen Prozessen. Die Gründe liegen in den Bedingungen, unter denen Entstehungs- und Anwendungskontexte von Technik stehen. Dazu gehören die fehlende Überschaubarkeit technischer Prozesse, die meist den individuellen Arbeitsbereich übersteigen, Teamarbeit, abhängige Beschäftigung und Weisungsgebundenheit. Zudem werden in komplexen großtechnischen Zusammenhängen einige Wirkungen technischer Prozesse erst langfristig wirksam, wobei sie sich oft mit Wirkungen unabhängiger Ursachen überlagern, wodurch eine Abschätzung von Technikfolgen unsicher wird.

### 3.2 Technikbewertung und Technikfolgenabschätzung

Eingedenk dieser Probleme hat es Versuche gegeben, ingenieurmäßiges Handeln durch Ethikkodizes zu regeln. Die VDI-RL 3780 über Begriffe und Grundlagen der Technikbewertung geht in diese Richtung. Sie will Beurteilungs- und Bewertungskriterien für zukünftige Entwicklungen der Technik bereitstellen und Problembewusstsein für neue technische Entwicklungen schaffen. Nach dieser Richtlinie ist Technikbewertung das planmäßige, systematische und organisierte Vorgehen, das den Stand einer Technik und ihre Entwicklungsmöglichkeiten analysiert, unmittelbare und mittelbare technische, wirtschaftliche, gesundheitliche, ökologische, humane, soziale u. a. Folgen dieser Technik und möglicher Alternativen abschätzt, aufgrund definierter Ziele und Werte diese Folgen beurteilt und auch weitere wünschenswerte Entwicklungen fordert, daraus Handlungs- und Gestaltungsmöglichkeiten herleitet und ausarbeitet. Begründete Entscheidungen sollen so ermöglicht und durch geeignete Institutionen getroffen und verwirklicht werden können. Technisches Handeln wird dabei als ein Kreislaufprozess verstanden, der in ein Wertesystem eingebaut ist, das von allg.en Rahmenbedingungen und individuellen Dispositionen abhängig ist. Ziel technischen Handelns ist die Verbesserung menschlicher Lebensmöglichkeiten durch sinnvolle Anwendung technischer Mittel. Die Aufgabe des Ingenieurs liegt in der Entwicklung geeigneter Systeme zur Erreichung dieses Ziels bei möglichst sinnvollem Einsatz der in begrenztem Umfang zur Verfügung stehenden Ressourcen. Er stellt zudem die Funktionsfähigkeit dieser Systeme sicher. Die handlungsleitenden ↑Werte stehen in häufigen Instrumental-, aber auch Konkurrenzbeziehungen, die zu Konflikten führen können.

Die in der VDI-Norm konzipierte Technikbewertung *(technology assessment)* ist als deskriptivistisch kritisiert worden. Die Bewertung von Technisierungsfolgen auf Basis lebensweltlich (↑Lebenswelt) erschlossener, empirisch ermittelter und als gesellschaftlich anerkannt unterstellter Werte kann einem naturalistischen Fehlschluss (↑Naturalismus) unterliegen. Die faktische Akzeptanz von Werten sagt noch nichts über deren moralische Legitimationen aus, die in der ↑Ethik überprüft werden müssen (Grünwald 1999: 26 f.). Dies kann mit Verfahren für die rational-diskursive Bewältigung von Konflikten, die sich aus unterschiedlichen Moralvorstellungen ergeben, erfolgen.

Die Technikbewertung ist Kernbereich der Technikfolgenabschätzung, in der Bedingungen und gesellschaftliche Folgen technischen Handelns kritisch reflektiert werden. Den verschiedenen Ansätzen ist ein multidisziplinärer Zugang gemeinsam, der philosophische (technikethische), sozialwissenschaftliche und fachwissenschaftlich-technische Kompetenzen verbindet. Modelle partizipativer Technikfolgenabschätzung werden in institutionalisierter Form für Prozesse der Konfliktbewältigung (etwa in runden Tischen) und des Veränderungsmanagements *(change management)* eingesetzt.

### 3.3 Verantwortung

Ein Zentralbegriff der Technikethik ist der Verantwortungsbegriff. Verantwortung betrifft das, was wir durch unser Handeln faktisch bewirken. ↑Verantwortung kann für Personen und Sachen übernommen werden, hat moralische und rechtliche Aspekte. Der Verantwortungsbegriff ist in ein komplexes Beziehungsgefüge eingebaut. Jemand trägt Verantwortung für Aufgaben, Sachen, Handlungsfolgen in Bezug auf gegebene ↑Normen, Beurteilungsmaßstäbe oder Bewertungskriterien. Der technisch Handelnde tut dies gegenüber bestimmten Personen in einem sozialen Kontext vor einer sozialen Instanz. Im Rahmen dieser Bestimmung sind unterschiedliche Verantwortungsarten gegeben. Hans Lenk unterscheidet die „(universal-)moralische Verantwortung", die sich an allg.en Werten wie ↑Humanität, ↑Menschenwürde, Fortbestand und Qualität menschlichen Lebens orientiert, und die spezifischere „Rollenverantwortung", die an speziell ausgeübte Rollen (↑Soziale Rolle) und formell auferlegte Aufgaben gebunden ist (Lenk 1993: 118). Von zentraler Bedeutung ist die positive Kausalhandlungsverantwortung, mit der die Verantwortlichkeit für durch eigenes Handeln verursachte Folgen gegeben ist. Die negative Kausalhandlungsverantwortung betrifft Unterlassungen, wenn sie auf einen Schaden führen, der durch eine Handlung hätte vermieden werden können.

Die Möglichkeit, für Schäden zur Verantwortung gezogen zu werden, setzt die Zuschreibbarkeit von ↑Schuld voraus. Die Ermittlung von Schuldigen ist aber in arbeitsteiligen komplexen technischen Prozessen nur mit Schwierigkeiten durchführbar. Nicht immer lässt sich wegen sich überlagernder Wirkungsqualitäten ein Schaden eindeutig auf eine Ursache zurückführen. In kooperativen technischen Prozessen ist Schuld zudem nicht immer individuierbar. Soll ein Team zur Rechenschaft gezogen werden, setzt dies Verfahren zur Bemessung von Schuldanteilen voraus. Diese Problematik hat zu Theorien distributiver Verantwortungsübernahme geführt und zu Ansätzen, die individuelle Verantwortungszuschreibung durch eine Institutionenverantwortung ergänzen.

In seinem wirkmächtigen Buch „Das Prinzip Verantwortung“ (1979) vergleicht Hans Jonas die moderne Technik mit einem „endgültig entfesselte[n] Prometheus, dem die Wissenschaft nie gekannte Kräfte und die Wirtschaft den rastlosen Antrieb gibt“, deren Verheißungen aber in Drohung umgeschlagen sei (Jonas 1979: 7). Deshalb bedürfe es einer neuen Ethik, die die Technik davor zurückhalte, „dem Menschen zum Unheil zu werden“ (Jonas 1979: 7). Die traditionelle Ethik, etwa die Pflichtenethik (↑Pflicht) Immanuel Kants, hält er nicht mehr für hinreichend, weil sie davon ausgehe, dass der menschliche Zustand ein für allemal feststehe, dass sich das menschlich ↑Gute eindeutig bestimmen lasse und dass die Reichweite menschlichen Handelns (↑Handeln, Handlung) und damit auch die Reichweite menschlicher Verantwortung räumlich und zeitlich eng begrenzt sei. Die neue Technik habe aber neue Dimensionen menschlicher Handlungsmacht eröffnet. Das dieser ↑Macht zugrundeliegende technische Wissen stehe in einem eklatanten Missverhältnis zu unserem sehr viel geringerem prognostischen Wissen über die Folgen unseres Handelns: „Die Kluft zwischen Kraft des Vorherwissens und Macht des Tuns erzeugt ein neues ethisches Problem“ (Jonas 1979: 28). Verantwortliches technisches Handeln, muss mit diesen Unsicherheiten umgehen können, es muss u. U. zeitlich und räumlich weit entfernte Handlungsfolgen antizipieren und berücksichtigen, auch wenn von diesen Folgen Wesen betroffen sind, die ihre Ansprüche und Rechte heute (noch) nicht geltend machen können. Dementsprechend lautet der Jonassche kategorische Imperativ: „Handle so, daß die Wirkungen deiner Handlung verträglich sind mit der Permanenz echten menschlichen Lebens auf Erden“ (Jonas 1979: 36). H. Jonas fordert den Aufbau einer „vergleichende[n] Futurologie“ als Tatsachenwissenschaft von den Fernwirkungen technischen Handelns (Jonas 1979: 62 f.). Da Zukunftsprojektionen stets unsicher sind, müsse das Wissen vom Möglichen ausreichen, um Handlungsprinzipien aufzustellen. Bei unsicheren Prognosen solle der „Unheilsprophezeiung“ mehr Gehör gegeben werden als der „Heilsprophezeiung“, denn wir sind eher bereit, uns für das Gute einzusetzen, wenn wir wissen, was auf dem Spiel steht (Jonas 1979: 70 f.). Nach H. Jonas folgt dieses Vorgehen einer „Heuristik der Furcht“ (Jonas 1979: 64).

### 4. Perspektiverweiterungen

Dem Selbstverständnis der Philosophie entspr. werden neueste technische Entwicklungen, aber auch Deutungsansätze verschiedenster Wissenschaften kritisch reflektiert und auf überkommene philosophische und moralische Einsichten bezogen, die sich dann durchaus als fallibel oder revisionsbedürftig erweisen können. Zu den aktuellen Themen gehört die Auseinandersetzung mit ↑Utopien und Dystopien, mit den Entwicklungen der IT, etwa im Bereich der KI, der ↑virtuellen Realität oder des Umgangs mit großen Datenmengen. Reflektiert werden medizinische und biotechnologische Entwicklungen mit ihren anthropologischen Implikationen. Untersucht werden z. B. philosophische Implikationen von Cyborgs, technisch veränderten biologischen Lebensformen, aber auch von Gegenständen wie der Neuroprothetik oder des Bioenhancement samt der damit zusammenhängenden moralischen Probleme, etwa der Frage, ob die Möglichkeit der technischen Erweiterung menschlicher Fähigkeiten mit einer Pflicht zur Erweiterung einhergeht. Solche Überlegungen führten zum ↑Transhumanismus, der sich die technische Ausweitung menschlicher Fähigkeiten zum Ziel setzt. Seit den 1970er Jahren ergeben sich im Rahmen der *Science and Technology Studies* weitere Aspekterweiterungen der T., z. B. um Genderfragen („Technofeminism“ [Wajcman 2004]; ↑Gender). In der *Technoscience* wird eine unlösbare Verbindung zwischen Technik und ↑Wissenschaft betont. Diese Verbindung wird durch neue Sozialtheorien wie der Akteur-Netzwerk-Theorie begleitet, die davon ausgeht, dass Sozialsysteme Netzwerke sind, die nicht nur menschliche Akteure verbinden, sondern auch aus nicht-menschlichen Aktanten bestehen können. Angewendet auf die Geschichte molekularbiologischer Experimentalsysteme spricht Hans-Jörg Rheinberger diesen Aktanten den Status von epistemischen Dingen zu. Epistemische Dinge oder Wissensobjekte sind „Dinge, denen die Anstrengung des Wissens gilt – nicht unbedingt Objekte im engeren Sinn, es können auch Strukturen, Reaktionen, Funktionen sein“ (Rheinberger 2002: 24). Methodisch dienen sie dazu, die begriffliche Unbestimmtheit der im Werden befindlichen wissenschaftlichen Erfahrung als handlungsbestimmend und nicht als defizitär gegenüber den begrifflich kodifizierten Resultaten der Forschung aufzufassen. Dies soll zu einer Rehabilitation des Entdeckungszusammenhangs führen. Damit richtet sich dieser Ansatz gegen das Paradigma der Wissenschaftstheorie der ersten Hälfte des 20. Jh., wonach philosophische Bemühungen auf die Analyse des Begründungszusammenhangs beschränkt sein sollen. Er führt darüber hinaus auf eine Neubewertung wissenschaftlich-technischer Praxis.

### Literatur

O. Müller/J. Clausen/G. Maio (Hg.): Das technisierte Gehirn. Neurotechnologien als Herausforderung für Ethik und Anthropologie, 2009 • A. Nordmann/J. Schummer/A. Schwarz (Hg.): Nanotechnologien im Kontext, 2006 • A. Grunwald/Y. Julliard: Technik als Reflexionsbegriff. Überlegungen zur semantischen Struktur des Redens über Technik, in: PN 42/1 (2005), 127–157 • B. Latour: Reassembling the Social. An Introduction to Actor-Network-Theory, 2005 • A. Nordmann: Was ist TechnoWissenschaft – Zum Wandel der Wissenschaftskultur am Beispiel von Nanoforschung und Bionik, in: T. Rossmann/C. Tropea (Hg.): Bionik, 2005, 209–218 • J. Wajcman: Technofeminism, 2004 • H.-J. Rheinberger: Experimentalsysteme und epistemische Dinge. Eine Geschichte der Proteinsynthese im Reagenzglas, ²2002 • C. Hubig/A. Huning/G. Ropohl (Hg.): Nachdenken über Technik. Die Klassiker der Technikphilosophie, 2000 • A. Grunwald: Technikfolgenabschätzung. Konzeptionen und Kritik, in: ders. (Hg.): Rationale Technikfolgenbeurteilung, 1999, 11–27 • G. Ropohl: Allgemeine Technologie, ²1999 • C. Hubig: Technik- und Wissenschaftsethik, ²1995 • H. Lenk/M. Maring: Wer soll Verantwortung tragen? Probleme der Verantwortungsverteilung in komplexen (soziotechnischen-sozioökonomischen) Systemen, in: K. Bayertz (Hg.): Verantwortung. Prinzip oder Problem?, 1995, 241–286 • C. F. Gethmann: Die Ethik technischen Handelns im Rahmen der Technikfolgenbeurteilung. Am Beispiel der bemannten Raumfahrt, in: A. Grunwald/H. Sax (Hg.): Technikbeurteilung in der Raumfahrt, 1994, 146–159 • H. Lenk/G. Ropohl (Hg.): Technik und Ethik, ²1993 • H. Lenk: Ethikkodizes für Ingenieure. Beispiele der US-Ingenieurvereinigungen, in: ebd., 194–221 • Ders.: Über Verantwortungsbegriffe und das Verantwortungsproblem in der Technik, in: ebd., 112–148 • VDI-Ausschuss Grundlagen der Technikbewertung: Richtlinie VDI 3780. Technikbewertung: Begriffe und Grundlagen (1991), in: ebd., 334–363 • K. Kornwachs (Hg.): Reichweite und Potential der Technikfolgenabschätzung, 1991 • H. Lenk/M. Maring (Hg.): Technikverantwortung, 1991 • G. Ropohl: Technologische Aufklärung, 1991 • C. Hubig (Hg.): Ethik institutionellen Handelns, 1982 • H. Jonas: Das Prinzip Verantwortung, 1979 • H. Lenk: Zu neueren Ansätzen der Technikphilosophie, in: ders./S. Moser (Hg.): Techne, Technik, Technologie, 1973, 198–231 • A. Gehlen: Die Seele im technischen Zeitalter, 1957 • F. Dessauer: Streit um die Technik, 1956 • M. Heidegger: Die Frage nach der Technik, in: Bayerische Akademie der Schönen Künste (Hg.): Die Künste im technischen Zeitalter, 1956, 48–72 • H. Reichenbach: Experience and Prediction. An Analysis of the Foundation and Structure of Knowledge, 1938 • F. Dessauer: Philosophie der Technik, 1927 • E. Kapp: Grundlinien einer Philosophie der Technik, 1877.

VOLKER PECKHAUS

## Teilhabegerechtigkeit ↑Gerechtigkeit

## Territorialitätsprinzip

In Verknüpfung der Kategorien von ↑Raum und ↑Herrschaft bezeichnet der Sammelbegriff T. (z. T. auch „Territorialprinzip“) die Raumbezogenheit von Hoheitsakten. Verwendung findet er insb. im Kontext von ↑Staats- und ↑Völkerrecht, Allgemeiner ↑Staatslehre und Verfassungstheorie, reicht aber weit in das innerstaatliche und europarechtliche Fachrecht hinein und prägt v. a. das ↑Internationale Privatrecht einschließlich seiner ökonomischen Analyse und das Internationale Verwaltungsrecht. In unterschiedlichen Spielarten bringt das T. die Verknüpfung der Staatsgewalt mit dem Staatsgebiet zum Ausdruck und liefert die Rechtsfolgenseite des Staatsgebiets als Rechtsbegriff.

### 1. Bezüge

T. ist Gegenbegriff zum Universalitäts-, aber auch zum Personalitätsprinzip. Wo ↑Normen gebietsübergreifende ↑Geltung und Beachtung beanspruchen, führt das Nebeneinander konkurrierender Hoheitsträger zu einer Multiplikation von Rechten und Pflichten, d. h. zu unerwünschten Doppelbelastungen (z. B. Doppelbesteuerung) und unerfüllbaren Pflichtenkollisionen. Hier bieten T. und Personalitätsprinzip alternative Lösungswege an: Das T. führt die notwendige Eindeutigkeit durch einen strengen Orts-/Gebietsbezug der Staatsgewalt herbei, während das Personalitätsprinzip die Staatsgewalt insb. mit dem ↑Staatsvolk verknüpft. Zugl. bestehen wechselseitige Abhängigkeiten zwischen Territorialität und Personalität: Die Zugehörigkeit zum Staatsvolk kann dem T. folgen (↑Staatsangehörigkeit nach dem *ius soli*), und umgekehrt korreliert der Zuschnitt des Staatsgebiets i. d. R. mit traditionellen Siedlungsräumen des Staatsvolks.

### 2. Formelles und materielles Territorialitätsprinzip

Im formellen Sinne bezieht sich „Territorialität“ auf den Ort, an dem das Recht angewandt wird. Dieses Konzept formeller („intransitiver“ [Vogel 1965: 2]) Territorialität bestimmt und begrenzt die Ausübung von Hoheitsgewalt in Abhängigkeit von dem Aufenthaltsort des jeweiligen Hoheitsträgers (↑Beamten, ↑Richter, ↑Soldaten). Die formelle Territorialität ist eng mit der Gebietshoheit verknüpft: Die sog.e *jurisdiction to enforce* endet grundsätzlich an der Staatsgrenze (↑Grenze); Hoheitsträger eines ↑Staates dürfen auf dem Territorium eines anderen Staates ohne dessen Zustimmung nicht einmal informationell tätig werden (↑Spionage, Ankauf von Daten-CDs). Gestattungen einer exterritorialen *jurisdiction to enforce* finden sich aber in zahlreichen völkerrechtlichen Übereinkommen (z. B. NATO-Truppenstatut) und im Unionsrecht (polizeiliche Nacheile, gemeinsame steuerliche Betriebsprüfungen, multinationale Bankenaufsicht).

Dagegen betrifft die materielle Territorialität den Inhalt der angewandten Regel: Diese folgt dem materiellen T., wenn ihr („transitiver“) räumlicher Anwendungsbereich tatbestandlich auf ein bestimmtes Gebiet begrenzt ist. I. d. R. greifen die materiellrechtliche *jurisdiction to prescribe* und die auf sie bezogene *jurisdiction to adjudicate* geographisch weiter aus als die formelle *jurisdiction to enforce*. Wo Regelungen im Recht eines Staates an Vorgänge auf dem Territorium eines anderen Staates anknüpfen, ohne dass Beamte des erstgenannten Staates diese Regelungen im anderen Staat durchsetzen dürften (Inkongruenz materieller und formeller Territorialität), bleibt nur die zwischenstaatliche (unionale, internationale) Zusammenarbeit.

### 3. Ausprägungen des materiellen Territorialitätsprinzips

Im *allg.en Völkerrecht* bezeichnet das T. den Inbegriff räumlicher Begrenzung der Staatsgewalt, ist also „die gebietsrechtliche Grundnorm" (Ridder 1960: 624 f.). Aus Staatengleichheit (Art. 2 Abs. 1 UN-Charta) und *par in parem* folgen territoriale Integrität (Art. 2 Abs. 4 UN-Charta) und das Verbot zwischenstaatlicher oder internationaler (Art. 2 Abs. 7 UN-Charta) Eingriffe in die *domain reservé* (↑Interventionsverbot), daraus wiederum das Erfordernis eines tatbestandlichen Nexus *(genuine link)* jedes Hoheitsakts zum Staat (Ständiger Internationaler Gerichtshof, Entscheidung vom 7.9.1927 [Series A No. 10: 4, 18]). Im Anwendungsbereich des T.s ergibt sich dieser Nexus aus dem Gebietsbezug einer Handlung/eines Ereignisses, alternativ (mittelbar) aus Wohnort oder Sitz eines Beteiligten.

In *Verfassungstheorie* und geltendem *Verfassungsrecht* ist das T. zunächst Folge der Einsicht, dass die Herrschaft des souveränen Staates ihre territoriale Grenze dort findet, wo die Herrschaft des Nachbarstaates beginnt. Daraus folgen Recht und Pflicht zur Abgrenzung der verfassten Hoheitsgewalt eines Staates. Vordergründig kollidiert das mit jeder Überzeugung von der Universalität zentraler ↑Werte und Normen (z. B. der ↑Menschenrechte); deshalb legt gerade die Territorialität der Staatlichkeit eher eine „Grundrechtskonstitution durch Gebietskontakt" (Isensee 2018: 137 f.) nahe. Soweit Höchstwerte und unaufgebbare Regeln aber nicht anders als universal gedacht werden können (↑Menschenwürde, ↑Souveränität, Rechtssubjektivität), bleibt es bei der materiellen Universalität; als Gegenlager fungiert dann die strikte formelle (s. 2.) Territorialität der *jurisdiction to enforce*.

Ähnlich weit ist das Verständnis von „Territorialität" im ↑*Steuerrecht*: Hier kennzeichnet der Begriff des T.s einerseits jede nichtpersonale Anknüpfung, wenn z. B. die Besteuerungszuständigkeit im Bereich direkter ↑Steuern (↑Einkommen-, ↑Körperschaft-, ↑Erbschaftsteuer) dem sog.en Quellenprinzip, d. h. der räumlichen Zugehörigkeit des ertragsbringenden Vermögensgegenstands zu einem der konkurrierenden Fiski (Belegenheit eines vermieteten Grundstücks oder einer Betriebsstätte) oder dem Arbeitsort, folgt oder wenn indirekte Steuern an den Leistungs- und/oder Verbrauchsort anknüpfen. Andererseits prägt das T. auch hier bestimmte personale Anknüpfungen (Verdrängung des Merkmals Staatsangehörigkeit durch Wohnsitz oder gewöhnlicher Aufenthalt).

### 4. Auflösungstendenzen

Wegen seiner Verwurzelung in den Kategorien von Staatsgebiet und Staatsgewalt stellen die Abwesenheit von Staatlichkeit, aber auch der Verlust einer Materialität von Ereignissen (↑Digitalisierung) das T. in Frage. Im ↑*failed state* läuft es ebenso leer wie auf Hoher See oder im ↑Weltraum. Im ↑*Cyberspace* treten an die Stelle geographisch-territorialer Anknüpfungen an konkrete Handlungen zumeist rein personale (Staatsangehörigkeit, Gründungsstatut) oder territorial-personale Anknüpfungen (Sitz, Wohnsitz etc.). Faktisch entzieht sich die Anonymität des Netzes indes z. T. effektiver Rechtsanwendung und -durchsetzung. Darin liegt aber keine spezifische Schwäche des T.s; die Entgrenzung wirtschaftlicher Macht verweist vielmehr auf die dem Rechtsbegriff insgesamt inhärente Funktions- und Geltungsbedingung einer raumzeitlichen Fassbarkeit der Rechtssubjekte und -objekte, mithin einer Durchsetzbarkeit der Norm selbst.

### Literatur

R. Ismer u. a. (Hg.): Territorialität und Personalität, 2019 • T. Schwander: Extraterritoriale Wirkungen von Grundrechten im Mehrebenensystem, 2019 • S. Tamari: Grounded Identities. Territory and Belonging in the Medieval and Early Modern Middle East and Mediterranean, 2019 • J. Isensee: Grenzen. Zur Territorialität des Staates, 2018 • A. Komlosy: Grenzen. Räumliche und soziale Trennlinien im Zeitenlauf, 2018 • U. Jureit u. a. (Hg.): Postsouveräne Territorialität. Die Europäische Union und ihr Raum, 2015 • W. Schön: Neutralität und Territorialität, in: ders./C. Heber (Hg.): Grundfragen des Europäischen Steuerrechts, 2015, 109–164 • B. Kempen: Staat und Raum, 2014 • S. Elden: The Birth of Territory, 2013 • E. Reimer: Verfassungspluralität als Verfassungsvoraussetzung, in: M. Anderheiden u. a. (Hg.): Verfassungsvoraussetzungen, 2013, 483–498 • K. Vogel: Der räumliche Anwendungsbereich der Verwaltungsrechtsnorm, 1965 • H. Ridder: Gebietshoheit, in: K. Strupp/H. Schlochauer (Hg.): Wörterbuch des Völkerrechts, Bd. 1, 21960, 624–629.

EKKEHART REIMER

## Terror

### 1. Die Entstehung des Terrors

Mit T. wird ein Zustand bezeichnet, bei dem Menschen in Angst und Schrecken versetzt werden – und zwar aus taktischen bzw. strategischen Gründen (↑Strategie). Der Begriff (von lateinisch *terror* = Schrecken bzw. *terrere* = in Schrecken versetzen) hat von Beginn seiner Verwendung an nicht nur eine soziologisch-psychologische, sondern v. a. auch eine militärische Funktion. Denn es ist die physische ↑Gewalt, welche die psychologische Dimension auslöst und in den Ängsten der Beteiligten, nicht nur der Opfer von T.-Maßnahmen, sondern hier bes. auch der Unbeteiligten mehrdimensional gesteigert wird. Deshalb ist T. ein taktisches Mittel im ↑Krieg, um die jeweilige Gegenseite, den Feind, nicht nur in seiner militärischen Substanz zu schwächen, sondern auch seine Energie und geistigen Ressourcen zu destabilisieren. Der jeweilige Gegner wird mit bestimmten Maßnahmen, meist Attacken aus dem Hinterhalt oder der systematischen Tötung von Zivilisten, terrorisiert, um damit seine normative Motivation für den Krieg zu destruieren. T. ist in dieser Hinsicht Mittel zum Zweck, egal, worin das jeweilige politische Ziel inhaltlich bestehen mag. Alle Kriege der Geschichte zeichnen sich diesbezüglich durch vom T. flankierte Gewaltexzesse aus, die bis hin zu systematischen Massakern oder sogar Genoziden (↑Völkermord) reichen können. Diese Gewaltexzesse sind keineswegs zufällig oder entspringen einer mangelnden Ordnung in der kämpfenden Truppe, sondern sie werden systematisch erzeugt, d. h. der T. ist nicht willkürlich, sondern perspektivisch einkalkuliert. Am stärksten tritt der T. in Szenarien des ↑Bürgerkriegs auf, wovon insb. die Geschichte der Römischen Republik nachhaltig geprägt worden ist. Die *Proskriptionslisten* Sullas haben im Jahr 81 v. Chr. die Namen sämtlicher adeliger Familien verzeichnet, die der Gegenseite des römischen Feldherrn zugerechnet wurden und deshalb umgebracht werden sollten. Mit T. hat der römische Staat auch die Christen in der Frühphase des Christentums verfolgt, indem die Anhänger der neuen Religion zu Tausenden in den öffentlichen Arenen bestialisch hingerichtet worden sind (↑Christenverfolgung). Die ↑Folter ist in dieser Hinsicht von der Antike bis zur frühen Neuzeit nicht nur ein juristisches Mittel gewesen, sondern zugl. das Medium, mit dem die jeweilige Obrigkeit Angst und Schrecken in die Gesellschaft trug. T. ist damit zugl. auch ein Herrschaftsinstrument (↑Herrschaft) der politischen Ordnung generell.

## 2. Die Feinddoktrin

Der T. als Grundstruktur des Krieges wird erstmals kritisch reflektiert in den Illustrationen des französischen Künstlers Jacques Callot, der in seinen Radierungen zum Dreißigjährigen Krieg 1632/36 die Kleinen und Großen Schrecken des Krieges *(Les misères de la guerre)* paradigmatisch festgehalten hat. Im Prinzip ist der T. im Kontext der Diskurse zur ↑Aufklärung mit der Etablierung der stehenden Heere kriegstechnisch gesehen eher eingehegt worden. Umso paradoxer ist jedoch dann die Verwendung des T.s als systematische Strategie zur Bekämpfung Andersdenkender in der ↑*Französischen Revolution*. Hier wird *terreur* erneut Mittel zum Zweck – dieses Mal jedoch in einer Totalität, die über das traditionelle Kriterium taktischer Ziele weit hinaus geht. Der T. der Revolutionäre geschah nicht nur aus fanatischer Intoleranz heraus oder aus ideologischem Übereifer, er geschah auch schlicht aus der Angst heraus, dass der *Feind* obsiegen würde, wenn man ihm nicht mit allen Mitteln Einhalt gebiete. In der Einschätzung der Gefahr einer adeligen *Gegenrevolution* waren die Revolutionäre (allen voran hier Maximilien Robespierre) schonungslos: Der Andere als der Feind war nicht mehr ein Bürger, geschweige denn ein Mitmensch. Der politische Gegner wurde geradezu zum Unmenschen degradiert. Also wurden die öffentlich proklamierten *Feinde* der Revolution zu Tausenden mit der Guillotine hingerichtet. Die Bekämpfung der aufständischen Bauern in der Vendée durch die Revolutionsarmee bekam mit Massenerschießungen fast schon genozitäre Züge. In einer programmatischen Rede verteidigte M. Robespierre diese *terreur* als strategische Zielsetzung, indem er den T. mit der Tugend (zur ↑Revolution) auf eine Stufe hob. Die Selbstgerechtigkeit der Revolutionäre war schonungslos, weil ihr jegliche Selbstkritik fehlte. Man kann diesen T. den Strukturbedingungen des Bürgerkriegs zuordnen. Doch sollte man damit nicht das Ausmaß des T.s und den systematischen Anspruch, der von den Revolutionären in Frankreich ausgeht, relativieren.

## 3. Der Rote Terror

Die Kennzeichnung des politischen Gegners als Feind, der um der Richtigkeit der Sache willen rücksichtlos liquidiert werden muss, setzte sich seit dem Paradigma der Französischen Revolution bei allen revolutionären Bewegungen der Moderne fort. Insb. die *Russische Revolution* zeichnete sich durch eine Feinddoktrin aus, in welcher der *Rote T.* zur wirkungsvollen Agenda der kommunistischen Ideologie (↑Kommunismus) wurde. Die Feinde der Revolution mussten nach Wladimir Iljitsch Lenins Auffassung sofort und unbarmherzig liquidiert werden. „Glauben Sie denn wirklich," so W. I. Lenin in einem Gespräch während des Russischen Bürgerkriegs, „daß wir ohne grausamen Terror als Sieger aus der Revolution hervorgehen werden?" (hier zit. n. Wolkogonow 1994: 250). W. I. Lenin und Leo Trotzki vertraten ein Programm zur revolutionären Tat, die bis zum Äußersten an Gewalt führen sollte. Nur die Tat ist Revolution – und sonst nichts. Und zur Tat gehört terroristische Gewalt. Die Genese der Sowjetunion bedingt sich durch den uneingeschränkten Einsatz von T., dem im Bürgerkrieg Mio. Menschen zum Opfer fielen, der aber auch darüber hinaus fortgesetzt wurde in Form eines Staats-T.s, der dann insb. unter Josef W. Stalin in immer wieder neuen Verhör-, Folter- und Liquidierungswellen die Sowjetgesellschaft in einem Zustand permanenter Angst und Schrecken gefangen hielt. Wie schon in der Französischen Revolution zeigte sich auch im ↑Stalinismus, dass man durch systematischen T. gegen die eigene Gesellschaft eine totale Mobilisierung der ↑Massen erreichen kann. Mit Angst und Schrecken wird nicht nur der Gegner überwunden, sondern damit wird auch die eigene Anhängerschaft stimuliert und stabilisiert.

## 4. Der Braune Terror

Der gleiche Effekt zeigte sich auch beim T., den das NS-Regime (↑Nationalsozialismus) im Rahmen seiner Rassenideologie (↑Rassismus) bei der Verfolgung der Juden, aber auch gegen politisch Andersdenkende, systematisch als Staats-T. eingesetzt hat. Dieser *Braune T.* steht dem Roten T. in nichts nach und setzte mit der „Endlösung der Judenfrage" auf einen monströs-maschinellen, im Fabrikstil betriebenen Genozid (↑Shoa). Ihm fielen ca. 6 Mio. Juden in Europa zwischen 1940 und 1945 in den KZ-Anlagen (↑Konzentrationslager) des Dritten Reiches zum Opfer. Im Kontext dieses eliminatorischen ↑Antisemitismus wurden auch zu Hunderttausenden politische Gegner sowie Angehörige von nationalen ↑Eliten der durch die Wehrmacht eroberten Staaten (etwa in Polen) systematisch verfolgt, gefoltert und eliminiert. Neben dem KZ-System, für das die Vernichtungsanlage in Auschwitz paradigmatisch steht, war es v. a. die Rolle der *Gestapo*, die ihrerseits als politische Polizei für systematische Verunsicherung, Bespitzelung, Folter und Liquidierung zuständig war und damit das T.-Regime des deutschen NS nachhaltig in der nationalen Gesellschaft wie auch in den während der Kampfhandlungen des Zweiten Weltkrieges eroberten Ländern vorangetrieben und etabliert hat.

### 5. Der Terror der Moderne

T. durch den Staat ist ein Kennzeichen der ↑Moderne geworden, das im Grunde für jede Diktatur des 20. Jh. (so z. B. für die Militärdiktaturen in Chile, 1973–90, und Argentinien, 1976–83) sowie in der Gegenwart gilt. Je totalitärer (↑Totalitarismus) ein politisches Regime mit seinem ideologischen Herrschaftsanspruch auftritt, desto terroristischer sind die Methoden und Institutionen, die sich mit der Durchsetzung und Aufrechterhaltung von Angstzuständen beschäftigen. Schon bei L. Trotzki war der T. durch die Bolschewiki das maßgebliche Instrument, um die *permanente Revolution* aufrechtzuerhalten. Mao Zedong hat dieses Muster in China bei seinem *Großen Sprung nach Vorn* (1958–62) und der *Kulturrevolution* (1966–76) befolgt, ebenso Pol Pot, der mit der Herrschaft der Roten Khmer in Kambodscha (1975–78) ca. 2,2 Mio. Menschen als Feinde des Staates auf den Reisfeldern, den *Killing Fields*, durch systematisches Verhungern und Erschießen, liquidieren ließ. Permanent muss die revolutionäre Dynamik erneuert werden. Dies geschah mithilfe des T.s durch den Staat und seinen hierfür eigens geschaffenen Institutionen. Damit konnte man sich, wie im Übrigen auch bei der Stasi in der ↑DDR, sukzessive immer wieder gegen neue Formationen des Klassenfeindes oder der Konterrevolutionäre präventiv ausrichten. De facto war es dann oft die *Intelligenz* (symbolisch in Kambodscha alle Brillenträger), die hierbei systematisch in ihrer sozialen Existenz degradiert, wenn nicht sogar grundsätzlich vernichtet wurden.

### 6. Der Terror von unten und von extremen Gegenentwürfen

So beherrschend der T. durch den Staat bei Diktaturen im 20. Jh. war und teilweise in der Gegenwart (etwa in China oder im Iran) auch wieder zum Vorschein kommt, so haben sich doch seit der zweiten Hälfte des 20. Jh. die Erscheinungsformen verändert. Denn nunmehr tritt in Form eines asymmetrischen Krieges auch der T. von unten bzw. von den extremen Rändern der Gesellschaft hervor. Seit den 1960er Jahren waren es meist marxistisch ausgerichtete T.-Formationen, die zunächst in einzelnen Nationalstaaten gegen die jeweilige Regierung operierten, aber schon sehr bald internationale Netzwerke (auch über den Komplex der organisierten ↑Kriminalität) untereinander herstellen. Erneut erweist sich der T. als Mittel zum Zweck, die jeweils attackierte Gesellschaft und ihr ↑politisches System zu destabilisieren, um letztlich zu obsiegen. Die im Rahmen einer Guerillastrategie (↑Guerilla) platzierten Überfälle, Attentate, ↑Geiselnahmen und Bombenanschläge verfolgen alle das Endziel einer massiven Erschütterung der hierdurch angegriffenen sozial-politischen Ordnung. Der islamistische T. (↑Islamismus) ist hier nur ein weiterer Erscheinungstypus dieser allg.en Entwicklung, die zunehmend international und (seit dem Anschlag von 9/11) betont auch transnational ausgerichtet ist. Im *Krieg gegen den Westen* verstehen sich die diversen islamistischen T.-Organisationen nach ihrem Selbstverständnis als Freiheitskämpfer für die wahre politische Ordnung, die in logischer Konsequenz der Theologie vom *IS* als ein *Kalifat* ausgelegt wird.

Schon immer war es für T.-Gruppen (↑Terrorismus) wichtig, ihre Taten auch als symbolische Akte zu kommunizieren. Doch das Besondere und Neue am IS-T. ist seine mit hochmodernen Mitteln aufbereitete Medienarbeit im ↑Internet. Wie keine andere dschihadistische T.-Formation zuvor hat sich der IS darum bemüht, Angst und Schrecken (und damit zugl. die heimliche Attraktion für seine Bewunderer) weltweit mittels digitaler ↑Medien zu verbreiten. Nicht nur die spektakulären, blutrünstigen Enthauptungen westlicher Geiseln im Irak haben dies illustriert, sondern auch Massenerschießungen und Enthauptungen von sunnitischen wie schiitischen Soldaten des irakischen Regimes, die schonungslos vor laufender Kamera vollzogen wurden. Tatsächlich verändert sich durch fortlaufende Berichterstattung über den T. die Qualität der nationalen Identität: Sie wird geradezu in ihren Basiswerten herausgefordert. Dies gilt für die Effekte von 9/11 wie auch (noch in stärkerem Maße) durch permanent wiederholte T.-Anschläge. Die Surrealität des T.s dringt damit angesichts der Groteske seiner medialen Wirkung in das Diskursbewusstsein der hierdurch attackierten Gesellschaften ein und verändert sie nachhaltig in ihren Wertepräferenzen. Medien und ihre Art und Weise der öffentlichen Perzeption von T. spielen insofern eine ganz zentrale Rolle. Dies um so mehr, weil T. als taktisches Mittel sowohl von Seiten diktatorischer Regime als auch von extremistischen Gruppierungen (↑Extremismus) ebenso das 21. Jh. bestimmen wird. Die Gegenstrategie, wie etwa der von Bush-Administration ausgerufene *War on T.* (2001), ist dann allerdings militärisch betrachtet (z. B. der Einsatz von Drohnen zur Bekämpfung von Terroristen) auch so etwas wie ein Gegen-T. zum T.

### Literatur

L. Cutler: President Obama's Counterrorism Strategy in the War on Terror, 2017 • C. Dams/M. Stolle: Die Gestapo. Herrschaft und Terror im Dritten Reich, [4]2017 • R. DeFoster: Terrorizing the Masses. Identity, Mass Shootings, and the Media Construction of „Terror", 2017 • P. R. Neumann: Der Terror ist unter uns. Dschihadismus und Radikalisierung in Europa, 2017 • G. Steinberg: Kalifat des Schreckens. IS und die Bedrohung durch den islamistischen Terror, 2015 • J. Baberowski/ R. Kindler (Hg.): Macht ohne Grenzen. Herrschaft und Terror im Stalinismus, 2014 • F. Dikötter: Maos großer Hunger. Massenmord und Menschenexperimente in China (1958–1962), 2014 • D. Andress: The Course of the Terror, 1793–94, in: P. McPhee (Hg.): A Companion to the French Revolution, 2013, 293–309 • L. Trotzki: Terrorismus und Kommunismus. Anti-Kautsky, in: U. Kohlmann u. a. (Hg.): Politik und Moral. Die Zweck-Mittel-Debatte in der neueren Philosophie und Politik, 2001, 85–112 • P. Gueniffey: La Politique de la Terreur. Essai sur la Violence Révolutionnaire 1789–1794, 2000 • D. A. Wolkogonow: Lenin. Utopie und Terror, 1994.

PETER NITSCHKE

## Terrorismus

I. Politikwissenschaftliche Perspektiven – II. Rechtlicher Rahmen

### I. Politikwissenschaftliche Perspektiven

#### 1. Begriff

T. ist der Versuch, eine gesellschaftliche Ordnung durch politisch motivierte ↑Gewalt zu verunsichern und zu überwinden. Im Gegensatz zu staatlichem ↑Terror („von oben") entspringt diese Form der Aufstandsgewalt der Gesellschaft („von unten"). Der T. hat dabei auch eine kommunikative Funktion: Aufstandsbewegungen wollen Sympathisanten in der Bevölkerung zur Partizipation anregen, den ↑Eliten wird ↑Widerstand angekündigt. Der Begriff selbst ist sozialwissenschaftlich umstritten und wenig zur wissenschaftlichen Auseinandersetzung geeignet. Ein Grund besteht in der Heterogenität seiner Ausprägungen. Eine Vielfalt an terroristischen Gruppen mit unterschiedlichen Motiven und Zielsetzungen macht deren Subsumierung unter der Rubrik T. problematisch. Zweitens ist T. ein offener Begriff, der nur unter Bezugnahme auf das ↑politische System, in dem es zu T. kommt, geklärt werden kann. Organisationen, die in ↑Diktaturen gegründet wurden und nach der ↑Demokratisierung mit ihren Aktionen fortfuhren, waren zunächst „Freiheitskämpfer", wurden dann aber als „Terroristen" etikettiert. Drittens hat T. eine normative Dimension. Mit der Stigmatisierung als „terroristisch" wird eine Wertung vorgenommen, die eine Aufstandsbewegung als illegitim kennzeichnet, während der parallel auch von terroristischen Organisationen genutzte Guerillabegriff im Gegensatz dazu positiv konnotiert ist. Dadurch wird in der Auseinandersetzung mit umstrittenen Aufstandsbewegungen (Palästinenser, kurdische Separatisten) die Grenze zwischen ↑Guerilla und T. fließend – und das Ringen um die terminologische Deutungshoheit zum politischen Streit.

Im Gegensatz zu Guerillagruppen haben terroristische Organisationen keine Chance zur Machterlangung, da sie über kein Territorium verfügen und sie keine Verankerung in der Bevölkerung besitzen. T. ist dadurch eine Strategie der politisch Schwachen. Sie ziehen die Zivilbevölkerung in Mitleidenschaft und verfolgen eine Strategie der Grausamkeit, um maximale mediale ↑Öffentlichkeit zu erreichen. Damit aber ist T. auf Dauer nicht nachhaltig zielführend.

Über Jahrzehnte des 20. Jh. hinweg dominierte die Unterscheidung zwischen Links- und Rechts-T. Ersterer strebt im ideologischen Gefolge des ↑Kommunismus und seiner theoretischen Spielarten und im Glauben an die Realisierbarkeit einer herrschaftslosen politischen Ordnung (↑Anarchie, Anarchismus) eine Umstürzung der Verhältnisse an, während sein Widerpart die Unterschiede zwischen Menschen betont und dabei kollektive, auf ↑Mythen, ↑Traditionen und ↑Nationen fußende Argumente anführt. Bereits im Vorlauf der terroristischen Zeitenwende zum 11. 9. 2001 wurde in der Forschung deshalb mehr nach den Motiven als nach den Mitteln von T. differenziert. Als typische terroristische Gruppen galten dann, erstens, *ethnisch-separatistische* Organisationen, die für weitgehende ↑Autonomie oder staatliche Selbstorganisation einer tatsächlich oder imaginiert unterdrückten Ethnie kämpfen, der sie selbst angehören (ETA in Spanien, IRA in Nordirland). Eine zweite Erscheinungsform von T., prägend für die wissenschaftliche Diskussion ab Mitte der 1960er Jahre, war der *sozialrevolutionäre* T. Auf der Basis einer meist eklektizistischen Theorierezeption beriefen sich deren Vertreter auf antiimperialistische ↑Ideologien, um mit militärischen Mitteln eine Befreiung der Arbeiterschaft vom Diktat des Kapitals und eine generelle Umwälzung der gesellschaftlichen (Besitz- und Verteilungs-)Verhältnisse zu erreichen (RAF, *Revolutionäre Zellen* [RZ] oder *Bewegung 2. Juni* in Deutschland, *Brigate Rosse* in Italien, *Japanische Rote Armee*). Die dritte, heute in der Forschung dominante Spielart ist der *religiös motivierte* T. Er ist durch chiliastische Endzeitvorstellungen geprägt und kämpft im Namen einer absolut gesetzten transzendenten Wahrheit gegen unreine Religionen und für die Errichtung eines globalen Glaubenssystems. Bei den – meist monotheistisch inspirierten – Fällen von religiös motiviertem T. wird deutlich, dass die Motivationen für T. oft verschwimmen und ethnisch-separatistische sowie sozialrevolutionäre Komponenten oft das religiöse Grundgerüst der terroristischen Selbstrechtfertigungen untermauern.

Nicht erfasst werden in dieser Trias rechtsterroristische Organisationen ebenso wie Gruppierungen, die politisch motiviert sind und durch Gewalt nicht die Beseitigung, sondern den Erhalt einer politischen Ordnung anstreben (Vigilantismus) ebenso wie die Unterscheidung zwischen national operierenden und international tätigen Organisationen. Die Folge waren alternative Ordnungsversuche, die nach Motiven und Motivbündeln *(single-issue* versus *multiple-issue)* unterschieden, entweder das Gefährdungspotential *(Super-T.)* oder die Verbindung zur organisierten ↑Kriminalität *(Narco-T.)* herauszuarbeiten versuchten. Auch wenn die terroristische Logik stets gleichgeblieben ist, so haben sich durch neue Informationstechnologien für terroristische Gruppierungen extrem asymmetrische Aktionsmöglichkeiten ergeben. So sind wenige oder auch einzelne Individuen in der Lage, durch gezielte Nutzung ↑sozialer Netzwerke eine Vielzahl an Menschen zu erreichen oder aber durch Instrumentalisierung von Computerviren oder anderer Schadprogramme ganze Informationssysteme zu beeinträchtigen *(Cyber-T.)*.

## 2. Terrorismus in der BRD

Im Gegensatz zu anderen europäischen Staaten blieb die BRD lange von terroristischer Gewalt verschont. Erst nach 1968 entstanden sozialrevolutionäre Organisationen (RAF, RZ, *Bewegung 2. Juni*). Die Ursachen lagen auf nationaler Ebene in einer mangelhaften Aufarbeitung der NS-Vergangenheit, der Großen Koalition und ihren Notstandsgesetzen (↑Staatsnotstand) sowie auf internationaler Ebene im Widerstand gegen den Vietnamkrieg der USA und der fortdauernden Abhängigkeit der dekolonisierten Staaten der Peripherie von der „Ersten Welt".

Eine wichtige Wegmarke in der Genese des Links-T. in der BRD war die Frankfurter Kaufhausbrandstiftung 1968 durch Gudrun Ensslin und Andreas Baader. Die Journalistin Ulrike Marie Meinhof begleitete die Aktion publizistisch und stellte sie in Zusammenhang mit dem Krieg in Indochina, der Rechtsanwalt Horst Werner Dieter Mahler verteidigte G. Ensslin und A. Baader vor Gericht. Gemeinsam gingen die vier Gründungsmitglieder der RAF in den Untergrund. Nach 1970 machten sie sich an den Aufbau einer Logistik: Banküberfälle, Waffenkäufe und der Aufenthalt in einem palästinensischen Ausbildungslager versetzten die Gruppe in die Lage, erste Aktionen durchzuführen. Während das ideologische Grundgerüst eine Interpretation des Marxismus-Leninismus beinhaltete, wurden auch zeitgenössische Schriften (Régis Debray, Frantz Fanon) zur ↑Legitimation herangezogen.

Nach der raschen Verhaftung aller Führungsmitglieder 1972 – im selben Jahr wurde die BRD durch den Anschlag auf die israelischen Sportler bei den Olympischen Spielen in München zum Schauplatz auch des internationalen T. – entstand im breiten Milieu der Unterstützer eine professioneller und brutaler agierende zweite Generation (Christian Georg Alfred Klar, Brigitte Margret Ida Mohnhaupt, Sieglinde Hofmann), deren Ziel die Befreiung der ersten Generation war. Nach der Besetzung der Deutschen Botschaft in Stockholm 1975 markierte der „Deutsche Herbst" 1977 den Höhepunkt der RAF-Gewalt mit der Ermordung des Dresdner Bank-Vorsitzenden Jürgen Ponto, des Generalbundesanwalts Siegfried Buback und der Entführung samt Erschießung des Arbeitgeberpräsidenten Hanns Martin Schleyer. Zusätzliches Gewicht erhielt die Entführung H. M. Schleyers durch die zeitgleich stattfindende Kaperung der Lufthansa-Maschine „Landshut" durch ein palästinensisches Kommando. Nach der Erstürmung der Maschine durch eine Eliteeinheit des BGS (GSG 9) im somalischen Mogadischu begingen die in Stuttgart-Stammheim inhaftierten Mitglieder der ersten RAF-Generation Selbstmord. Auch weitere Fahndungserfolge vermochten die anschließende Gründung einer dritten Generation von RAF-Terroristen nicht zu verhindern. Weitgehend losgelöst von ideologischen Prämissen ermordeten sie in ihrer „Offensive '85/'86" führende Vertreter aus Politik und Wirtschaft (Karl Heinz Beckurts, Ernst Zimmermann), 1989 auch den Vorstandsvorsitzenden der Deutschen Bank, Alfred Herrhausen. Das Gros der Anschläge aus diesem Zeitraum ist bis heute unaufgeklärt. Vom Zusammenbruch des real existierenden ↑Sozialismus und öffentlich gemachten Differenzen innerhalb der Organisation konnte sich die Gruppe jedoch nicht mehr erholen und löste sich 1998 auf.

Rechtsterroristische Strukturen blieben gegenüber der sozialrevolutionären Spielart stets quantitativ und qualitativ im Hintertreffen, Organisationen wie die *Wehrsportgruppe Hoffmann* oder die *Hepp-Kexel-Gruppe* waren in ihrer Reichweite begrenzt. Trotzdem blieb das Thema Rechts-T. in Form von antisemitischen oder generell rassistischen Aktionen virulent, Einzelpersonen wie Michael Aloysius Alfons Kühnen *(Aktionsfront Nationaler Sozialisten)* oder Gundolf Wilfried Köhler (Attentat auf das Oktoberfest in München 1980) blieben im kollektiven Gedächtnis haften. Erst mit der – zunächst fälschlicherweise als organisierte Ausländerkriminalität eingestuften – Mordserie des NSU im Zeitraum zwischen 2000 und 2006 zeigte sich ein exzessiv militanter Rechtsextremismus (↑Extremismus) in Form einer terroristischen Organisation und warf Fragen über strukturellen ↑Rassismus in den Strafverfolgungsbehörden ebenso auf wie darüber, warum umfangreiche Gewaltkriminalität gegenüber Ausländern von der Öffentlichkeit damals weiterhin zu wenig wahrgenommen wurde. Jedenfalls rekrutierten sich die Mitglieder des NSU aus der ostdeutschen Neonaziszene, bes. dem *Thüringer Heimatschutz*, und begannen ab Ende der 1990er Jahre auch mit der Planung von Bombenanschlägen. Daran schloss sich eine Mordserie mit insgesamt zehn Todesopfern an, die – mit Ausnahme einer Polizistin – allesamt Kleinunternehmer mit Migrationshintergrund waren. Der religiös motivierte T. spielte erst nach 2001 eine Rolle, die 9/11 Attentäter hatten die BRD als logistische Basis benutzt. Im Zuge des Aufstiegs des „IS" nach 2014 wurde Deutschland auch Zielscheibe entspr. motivierter Kleingruppen und Einzeltäter („Gefährder"), oftmals durch Rückkehrer aus dem irakischen und syrischen ↑Bürgerkrieg, bisweilen direkt durch den IS instruiert oder motiviert. Bis auf den Anschlag auf den Berliner Weihnachtsmarkt 2016 konnten aber alle weiteren Attentate verhindert werden oder verblieben auf einem niedrigen Gewaltniveau.

Literatur

B. Hoffman: Terrorismus. Der unerklärte Krieg, [3]2019 • S. Goertz: Der neue Terrorismus. Neue Akteure, neue Strategien, neue Taktiken und neue Mittel, 2018 • A. Straßner: Links- und Rechtsterrorismus in der Bundesrepublik Deutschland, in: E. Jesse/T. Mannewitz (Hg.): Extremismusforschung. Hdb. für Wissenschaft und Praxis, 2018, 427–471 • P. Waldmann: Terrorismus. Provokation der Macht, [3]2011 • A. Straßner (Hg.): Sozialrevolutionärer Terrorismus. Theorie, Ideologie, Fallbeispiele, Zukunftsszenarien, 2008.

ALEXANDER STRAẞNER

## II. Rechtlicher Rahmen

### 1. Begriff

Im deutschen Recht fehlt es an einer Legaldefinition des T.-Begriffs. T. und davon umfasste Taten werden in der höchstrichterlichen Rechtsprechung durch eine Zusammenschau nationaler und internationaler Normierungsansätze präzisiert. Das ↑BVerfG versteht unter Straftaten mit dem Gepräge des T. solche, die auf eine Destabilisierung des Gemeinwesens zielen, hierbei in rücksichtsloser Instrumentalisierung anderer Menschen Angriffe auf Leib und Leben beliebiger Dritter umfassen und sich gegen die Grundpfeiler der verfassungsrechtlichen Ordnung und das Gemeinwesen als Ganzes richten (BVerfGE 141,220 [266]).

### 2. Maßnahmenspektrum und gesetzlicher Rahmen

Politische Maßnahmen im Umgang mit T. sind in umfassender Weise darauf gerichtet, die Ursachen von T. zu bekämpfen, den Schutz der Bevölkerung zu optimieren, die Verwundbarkeit kritischer ↑Infrastrukturen zu reduzieren, durch eine intensive Zusammenarbeit von ↑Polizei und Sicherheitsbehörden Gefährder im Vorfeld eines Anschlags zu überwachen und terroristische Straftaten zu verfolgen sowie die privatwirtschaftliche und zivilgesellschaftliche Resilienz im Umgang mit T.-Anschlägen zu verbessern. Auf Grundrechtseingriffe zielende repressive Maßnahmen, die einer Gesetzesgrundlage bedürfen, stellen nur eine Teilfacette dieses komplexen Maßnahmenspektrums dar. Der deutsche Gesetzgeber hat in zwei Phasen auf die Gefahr terroristischer Bedrohungen reagiert: Die erste Phase der Anti-T.-Gesetzgebung vollzog sich in den 1970er Jahren, ausgelöst durch die Taten linksextremer T.-Gruppen. In diese Zeit fällt nicht nur das Kontaktsperregesetz (BGBl 1977 I: 1877), das es ermöglichte, den schriftlichen und mündlichen Verkehr eines wegen einer T.-Straftat Inhaftierten mit seinem Verteidiger vollständig zu unterbrechen, sondern auch die Einführung eines Straftatbestands, mit dem die Gründung, Beteiligung, Werbung und Unterstützung terroristischer Vereinigungen pönalisiert wird (§ 129a StGB, BGBl 1976 I: 2181).

Die zweite Phase der Anti-T.-Gesetzgebung wurde durch die T.-Anschläge des 11. 9. 2001 ausgelöst und dauert seitdem an. Sie ist *zum einen* geprägt durch die politische Einsicht, dass grenzüberschreitend handelnden internationalen T.-Netzwerken nur durch ein koordiniertes Vorgehen der Staatengemeinschaft entgegengewirkt werden kann. Teilelemente der deutschen Anti-T.-Gesetzgebung gehen deshalb auf die Einbindung Deutschlands in ↑internationale Organisationen, multilaterale Foren und in die ↑EU zurück. Hierzu zählt bspw. die Verschärfung von § 129a StGB im Jahr 2003, die in Umsetzung des Rahmenbeschlusses des ↑Rates der Europäischen Union vom 13. 6. 2002 (BGBl 2003 I: 2836) erfolgte, oder die Einführung des Straftatbestands zur T.-Finanzierung im Jahr 2015 (§ 89c StGB, BGBl 2015 I: 926), mit dem eine Resolution des UN-Sicherheitsrats (S/RES/2178 [2014]) umgesetzt wurde.

Der gesetzliche Rahmen zur T.-Bekämpfung, wie er seit 2001 fortentwickelt wird, ist *zum anderen* nicht auf das T.-Strafrecht und T.-Strafprozessrecht beschränkt. Dem Ansatz einer umfassenden Verhinderung und Verfolgung terroristischer Taten entspr. wurden vielmehr auch die Aufklärungs- und Ermittlungsbefugnisse, die dem BND (↑Nachrichtendienste) und dem BfV (↑Verfassungsschutz) (BGBl 2002 I: 361) sowie dem BKA (BGBl 2008 I: 3083; teilweise verfassungswidrig) zur Gefahrenabwehr und Straftatenverhütung zukommen, ausgeweitet sowie vereins- und aufenthaltsrechtliche Normen verschärft. Durch eine Änderung des VereinsG (BGBl 2001 I: 3319) wurde das sog.e Religionsprivileg aufgehoben, das Religionsgemeinschaften von – für Vereine geltende Kontrollen und Einschränkungen – ausgeklammert hatte. Mit dem Zuwanderungsgesetz (BGBl 2004 I: 1950) wurde die Regelausweisung von Ausländern eingeführt, die einer Vereinigung angehören oder angehört haben, die den T. unterstützt (§ 54 I Nr. 2 AufenthG). Ferner wurde die Abschiebungsanordnung als Instrument für eine beschleunigte Aufenthaltsbeendigung von terroristischen „Top-Gefährdern" in das AufenthG aufgenommen (§ 58a AufenthG).

### 3. Verhinderung terroristischer Taten als Ziel: Zur Vorverlagerung von Strafbarkeit, Abschiebung und Überwachungsbefugnissen

Übergreifendes Kennzeichen des deutschen Rechtsrahmens zur T.-Bekämpfung, wie er sich seit dem Jahr 2001 fortentwickelt hat, ist die Bereitschaft des Gesetzgebers, nicht nur die Strafbarkeit terroristischer Täter, sondern auch sicherheitsbehördliche Überwachungs- und Eingriffsbefugnisse sowie die Abschiebung ausländischer T.-Gefährder „vorzuverlagern". Diese Entwicklung wird im rechtswissenschaftlichen Diskurs im Lichte des verfassungsrechtlichen Rechtsstaatsgebots kritisch bewertet. Für den strafrechtlichen Kontext exemplarisch ist die Regelung des § 89a StGB, der bereits die Vorbereitung schwerer staatsgefährdender Straftaten durch einen Einzeltäter unter Strafe stellt und als mögliche Tathandlung bspw. erfasst, dass sich der Täter Einzelteile für die Herstellung einer Sprengvorrichtung verschafft. Bei der beschleunigten Abschiebung terroristischer Gefährder geht mit einer Vorverlagerung tatsächlicher Anknüpfungspunkte einher, dass die vom Ausländer ausgehende Bedrohung „nicht bereits die Schwelle einer konkreten Gefahr im Sinne des polizeilichen Gefahrenabwehrrechts" überschritten haben muss, bei der „bei ungehindertem Ablauf des objektiv zu erwartenden Geschehens mit hinreichender Wahrscheinlichkeit eine Verletzung des geschützten Rechtsguts zu erwarten ist" (BVerwG, Beschl. vom 21.3.2017 – 1 VR 2.17, Rdnr. 21). Anknüpfungspunkt ist stattdessen die Persönlichkeit des terroristischen Gefährders und dessen nach außen getretene Bereitschaft, seine radikal-extremistische ↑Ideologie mit Gewaltmitteln durchzusetzen. In diesem Sinne ist auch die Zulässigkeit heimlicher Überwachungsmaßnahmen – Wohnraumüberwachungen, Online-Durchsuchungen, Telekommunikationsüberwachungen – nicht davon abhängig, dass ein geplanter T.-Anschlag mit Blick auf Zeitpunkt, Ort und Opferkreis bereits feststeht, sofern „das individuelle Verhalten einer Person die konkrete Wahrscheinlichkeit begründet, dass sie solche Straftaten in überschaubarer Zukunft begehen wird" (BVerfGE 141,220 [272 f.]). Die Fokussierung auf das individuelle Verhalten des T.-Verdächtigen begründet sich dabei aus der (durch T.-Anschläge der jüngeren Vergangenheit beförderte) Einsicht, dass ein T.-Anschlag mit hohem Personenschaden „ohne großen Vorbereitungsaufwand und mit Hilfe allgemein verfügbarer Mittel jederzeit und überall verwirklicht werden kann" (BVerwG, Beschl. vom 21.3. 2017 – 1 VR 2.17, Rdnr. 21) – ohne dass die beteiligten Personen die Ausführung in einer Art begonnen haben müssen, die eine Einleitung strafrechtlicher Ermittlungen rechtfertigen könnte.

Die skizzierten Vorverlagerungen sind im Grundsatz verfassungskonform (BVerfG, Beschl. vom 24.7.2017 – 2 BvR 1487/17; BVerfGE 141,220). So gesteht das BVerfG dem Gesetzgeber in seiner Entscheidung zum BKA-Gesetz aus dem Jahr 2016 zu, sich nicht auf die Schaffung von Eingriffstatbeständen beschränken zu müssen, die dem tradierten sicherheitsrechtlichen Modell der Abwehr konkreter, unmittelbar bevorstehender oder gegenwärtiger Gefahren entsprechen. Vielmehr könnten die Anforderungen an die Vorhersehbarkeit des Kausalverlaufes terroristischer Anschläge abgesenkt werden, solange tatsächliche Anhaltspunkte für die Entstehung einer konkreten Gefahr für bes. gewichtige Schutzgüter (Leib, Leben und Freiheit der Person sowie der Bestand oder die Sicherheit des Bundes oder eines Landes) bestehen und die Befugnisse grundrechtlichen Anforderungen, speziell dem Verhältnismäßigkeitsgrundsatz, genügen (BVerfGE 141,220 [270; 272 ff.]).

### Literatur

U. Berlit: Umgang mit Gefährdern im Aufenthaltsrecht – Rechtsprechung des Bundesverwaltungsgerichts zu Abschiebungsanordnungen, in: ZAR 38/3 (2018), 89–98 • J. Puschke/T. Singelnstein (Hg.): Der Staat und die Sicherheitsgesellschaft, 2018 • K. Odendahl (Hg.): Die Bekämpfung des Terrorismus mit Mitteln des Völker- und Europarechts, 2017 • T. Heermann: BVerfG: BKA-Gesetz teilweise verfassungswidrig, in: ZD-Aktuell 6/9 (2016), 5143 • F. Becker: Grundrechtliche Grenzen staatlicher Überwachung zur Gefahrenabwehr, in: NVwZ 34/19 (2015), 1335–1340 • P. Wiater: Sicherheitspolitik zwischen Staat und Markt. Der Schutz kritischer Infrastrukturen, 2013 • A. Kießling: Die Abwehr terroristischer und extremistischer Gefahren durch Ausweisung, 2012 • M. A. Zöller: Terrorismusstrafrecht. Ein Hdb., 2009 • P.-A. Albrecht: „Krieg gegen den Terror" – Konsequenzen für ein rechtsstaatliches Strafrecht, in: ZStW 117/4 (2005), 852–864.

PATRICIA WIATER

## Theater

### 1. Begriff – Definition und Geschichte

Der Begriff T. bezeichnet Ereignisse, die durch das Zusammenwirken zweier Gruppen von Personen zustande kommen – Handelnden und Zuschauenden. Der Begründer der deutschen T.-Wissenschaft, Max Herrmann, definiert T. als „ein soziales Spiel [...] – ein Spiel Aller für Alle. Ein Spiel, in dem alle Teilnehmer sind, Teilnehmer und Zuschauer. [...] Das Publikum ist als mitspielender Faktor beteiligt. [...] Es ist beim Theater immer eine soziale Gemeinde vorhanden" (Herrmann 1920: 19). Weitergehende Bestimmungen sind kultur-, zeit-, orts- und milieuabhängig. Darüber hinaus wird der Begriff für spezifische Bauwerke und Räume verwendet, in denen sich „etwas des Zeigens Würdiges ereignet" (Rusterholz 1970: 15). Nicht zuletzt bezieht er sich auch auf ein bestimmtes Verhalten, mit dem eine Person auf unangemessene Weise die Aufmerksamkeit anderer auf sich zieht („Mach nicht so ein T.!").

Der Begriff geht auf den griechischen Terminus *theatron* zurück. Er bezeichnet ein spezifisches Sitzarrangement für die Versammlung der Athener Bürger bei Festen, kultischen, sportlichen und anderen Veranstaltungen – den Ort, von dem man schaut. Das Gleiche gilt für den lateinischen Terminus *theatrum*. In den deutschsprachigen Ländern wurde er bis ins 17. Jh. hinein für jeglichen erhöhten Schauplatz verwendet, auf dem etwas des Schauens Würdiges gezeigt wurde.

Im 17. Jh. fand der alte Topos vom *theatrum mundi* bzw. *theatrum vitae humanae* erneut weite Verbreitung. In ihm ist Gott nicht lediglich als derjenige vorausgesetzt, der die gesellschaftlichen Rollen verteilt, sondern v. a. als der Zuschauer, der das Spiel der Agierenden auf der Bühne der Welt anschaut, bewertet und entspr. belohnt oder bestraft.

Gegen Ende des 18. Jh. trat eine allmähliche Verengung des Begriffs ein. Er verwies von nun an bis gegen Ende des 19. Jh. v.a. – wenn auch nie ausschließlich – auf das institutionelle T., in dem professionelle Schauspieler Texte – welcher Art auch immer – zur Aufführung brachten.

Eine wesentliche Veränderung des Begriffs wurde zu Beginn des 20. Jh. durch die historischen Avantgarde-Bewegungen bewirkt. Zum einen verengten sie ihn ausdrücklich auf einen rein ästhetischen Begriff, der nur auf T. als eine spezifische autonome Kunst anwendbar ist – eine Kunst, die, wie Edward Gordon Craig erläutert, durch ihr Material bestimmt wird, das vom Material jeder anderen Kunst grundsätzlich verschieden ist. Zum anderen erhoben sie die Forderung, die Kluft zwischen Kunst und Leben zu schließen und T. in Wirklichkeit zu überführen. Daraus resultierte eine enorme Erweiterung des T.-Begriffs. Er wurde allmählich auf die verschiedensten kulturellen Bereiche ausgedehnt und entspr. ständig erweitert. Er fand auf jede Art Ausstellungs-, Demonstrations- und Spektakelereignis Anwendung. Seit den 1970er Jahren untersucht die T.-Wissenschaft diese Entwicklung. Für weitere Neuorientierungen lieferte die Auseinandersetzung mit der Performance-Kultur der 1960er und 1970er Jahre, die Hinwendung zum T. außereuropäischer ↑Kulturen, das bis dahin als Domäne der ↑Ethnologie galt, begriffsgeschichtliche Untersuchungen zu „T." sowie die Einsicht in die zunehmende Theatralisierung unserer Gegenwartskultur wichtige Impulse. Von nun an galt: Wo jemand sich, einen anderen oder etwas zur Schau stellt oder darstellt oder die Darstellung selbst zur Schau stellt, sich oder andere bewusst den Blicken anderer aussetzt, wird von „T." gesprochen.

## 2. Theater und Gesellschaft

Wie aus der Definition des Begriffs abzuleiten, stellt T. *per se* ein soziales Phänomen dar. Dies gilt sowohl, wenn seine Aufführungen einen festen und häufig hervorgehobenen Bestandteil von religiösen, politischen, sportlichen u.a. Festen bilden – wie z.B. im antiken Griechenland, im europäischen Mittelalter oder bei Partei- und Gewerkschaftsfesten im 20. Jh. – als auch, wenn sie jenseits eines außer ihnen liegenden Anlasses als autonome Kunst stattfinden.

Wegen seines implizit sozialen Charakters haben unterschiedliche soziale ↑Gruppen es sich angeeignet, um es für ihre jeweiligen Zwecke zu nutzen. Bezogen auf Europa gilt das für das religiöse T. des Mittelalters – die geistlichen Spiele, die zu hohen christlichen Feiertagen (↑Sonn- und Feiertage) aufgeführt wurden und sich z.T. über mehrere Tage hinzogen, wie häufig die Passionsspiele – ebenso wie für das höfische T. In Opernaufführungen wurden – meist in mythologischer Form – bestimmte politische Botschaften formuliert oder in Tragödien- und Komödienaufführungen spezifische höfische Werte vermittelt sowie „unhöfisches" Verhalten dem Gelächter preisgegeben. Das bürgerliche T., das sich in deutschen Staaten im 18. Jh. herausbildete, diente „als moralische Anstalt" (Schiller 1784) der Übermittlung bürgerlicher ↑Werte, die auf die ↑Familie oder die Empathiefähigkeit des Einzelnen oder anderes zielte. Das sog.e Volks-T. – zunächst als Jahrmarkts-T., später dann in speziellen T.-Gebäuden – diente bis zum Ende des 19. Jh. überwiegend der Unterhaltung – dem Erstaunen und der Belustigung –, ehe es im 20. Jh. politische Funktionen (↑Politik) übernahm. Erwin Piscators politisches T. in den 1920er Jahren, das Massen-T. in den ersten Jahren nach der russischen Revolution sowie die unterschiedlichen Formen von politischem T., wie sie v.a. seit den 1960er Jahren in den verschiedensten Weltregionen mit je anderen Zielsetzungen entstanden – darunter ganz prominent postkoloniales T. (↑Postkolonialismus) – stellen bis heute den bes.n Bezug des T.s zur ↑Gesellschaft eindrucksvoll unter Beweis.

Dieser Bezug ist im deutschsprachigen Raum seit dem 18. Jh. immer wieder von Philosophen und Soziologen aufgegriffen und im Hinblick auf ihr Verständnis von Gesellschaft produktiv gemacht worden. So heißt es bereits in Immanuel Kants Schrift „Anthropologie in pragmatischer Hinsicht": „[...] die Menschen sind insgesamt, je civilisirter, desto mehr schauspieler" (Kant 1975: 42). Im Zuge der Veränderungen des T.-Begriffs durch die historischen Avantgarde-Bewegungen wird das Rollenspiel des Schauspielers pointiert zum sozialen Rollenspiel in Beziehung gesetzt. So begreift Georg Simmel das soziale Rollenhandeln (↑Soziale Rolle) als eine Vorform des Rollenspiels auf dem T.: „Nun ist das nicht gleich eine für sich stehende Kunstleistung [...] Das ‚Spielen einer Rolle' [...] gehört zu den Funktionen, die unser tägliches Leben konstituieren" (Simmel 1968: 79). Hellmuth Plessner entwickelte in den 1920er Jahren die Idee von der „exzentrischen Position des Menschen" (Plessner 2016: 417), die er später zu einer „Anthropologie des Schauspielers" (Plessner 2016) weiter ausarbeitete: Der Mensch tritt sich/einem anderen gegenüber, um ein Bild von sich als einem anderen zu entwerfen, das er durch die Augen eines anderen oder in den Augen eines anderen reflektiert sieht. In beiden Theorien erscheint der Schauspieler als Inbegriff des Menschen als eines sozialen Wesens und entspr. T. als der Ort, an dem er sich als ein solches soziales Wesen zur Schau stellt und den Zuschauer herausfordert, sich in ihm als ein soziales Wesen zu spiegeln und dabei zugl. die Beziehung zwischen Schauspieler und Zuschauer als eine soziale Grundbeziehung zu erfahren und zu begreifen.

## 3. Theater als Kunst

In der zweiten Hälfte des 18. Jh. wurde in deutschsprachigen Ländern zunehmend der Kunstcharakter (↑Kunst) von T. herausgestellt, der keineswegs nur in den zur Aufführung gebrachten Texten, sondern auch in der Schauspielkunst als einer Kunst eigener Art lokalisiert wird. Bereits in Gotthold Ephraim Lessings

„Hamburgischer Dramaturgie" (1767/68) wird wiederholt auf die Kunst des Schauspielers verwiesen. 1785/86 erschien die zweibändige Ausgabe der „Ideen zu einer Mimik" des Philosophen Johann Jakob Engel. In ihr wird minutiös der Nachweis geführt, dass und inwiefern die auf wissenschaftlichen Erkenntnissen aufbauende neue Schauspielkunst – v.a. im Hinblick auf die Darstellung von Emotionen – als eine Kunst *sui generis* zu begreifen sei.

Nach der ↑Französischen Revolution nahm die Diskussion um Funktion und Fähigkeit der Kunst im Allgemeinen und T. im Besonderen eine neue Wendung. In seinen „Briefen über die ästhetische Erziehung des Menschen" (1795) entwickelte Friedrich Schiller die Idee, „daß man, um jenes politische Problem [der Freiheit] zu lösen, durch das ästhetische den Weg nehmen muß, weil es die Schönheit ist, durch welche man zu der Freiheit wandert" (Schiller 1795: 12). Wie der Terreur gezeigt habe, sei es der ↑Revolution nicht gelungen, die im Prozess der ↑Zivilisation verlorene Ganzheit des Menschen wiederherzustellen. Dies vermöge nur die Kunst, denn sie sei imstande, Formtrieb und Stofftrieb, die gewöhnlich miteinander in Streit lägen, im Spieltrieb (↑Spiel) zu versöhnen: „Der Mensch soll mit der Schönheit *nur spielen*, und soll *nur mit der Schönheit* spielen. Denn [...] der Mensch spielt nur, wo er in voller Bedeutung des Wortes Mensch ist und *er ist nur da ganz Mensch, wo er spielt*" (Schiller 1795: 87 f.).

Während F. Schiller T. als Kunst als den Weg zu politischer ↑Freiheit, zu einem freien Staat betrachtete, entwickelte Johann Wolfgang von Goethe das Weimarer Hof-T. zu einer Institution, die es dem Einzelnen – Schauspieler wie Zuschauer – ermöglichen sollte, sein je eigenes Potential voll zu entfalten – also sich zu bilden. T. als Kunst wurde entspr. als eine Institution der ↑Bildung verstanden. Obwohl T. in den meisten deutschen Städten und Höfen immer auch – teilweise sogar überwiegend – als Unterhaltungs-T. fungierte, setzte sich die Vorstellung von T. als einer Institution der Bildung im Laufe des 19. Jh. durch. Entspr. galt es v.a. als eine Institution des Bildungsbürgertums.

Um diese Möglichkeit der Bildung auch den Angehörigen der Arbeiterklasse zu eröffnen, wurde 1890 der Verein *Freie Volksbühne Berlin* gegründet. § 1 seiner Satzung lautet: „Der Verein Freie Volksbühne stellt sich die Aufgabe, die Poesie in ihrer modernen Richtung dem Volk vorzuführen und insbesondere zeitgemäße, von Wahrhaftigkeit erfüllte Dichtungen darzustellen, vorzulesen und durch Vorträge zu erläutern". Die Vorstellungen fanden an Sonntagnachmittagen statt. Man eröffnete mit Henrik Ibsens „Stützen der Gesellschaft" (1877) und fuhr mit Gerhart Hauptmanns „Vor Sonnenaufgang" (1889) fort. Die *Freie Volksbühne* verstand sich weniger als ein direkter Beitrag zum ↑Klassenkampf denn als Institution, die es den Arbeitern ermöglichen sollte, Bildung zu erwerben – und über diesen Weg zur ↑Emanzipation zu gelangen.

Auch wenn T. als autonome Kunst häufig als Gegensatz zu politischem oder auch didaktischem T. begriffen wird, stellte bereits F. Schiller klar, dass die ↑Autonomie der Kunst die Voraussetzung dafür darstellt, dass sie letzten Endes einem Ziel außerhalb ihrer selbst dienen kann – der Ermöglichung politischer Freiheit und/oder der Bildung des Einzelnen. T. als Kunst ist insofern *per se* politisch. Seit den historischen Avantgarde-Bewegungen hat sich die Einsicht durchgesetzt, dass im T. als einer Kunstform, die sich nur in einer sozialen Situation entfalten kann – in der leiblichen Ko-Präsenz von Akteuren und Zuschauern –, die jeweilige Ästhetik bzw. das Ästhetische immer schon politisch ist. Sei es die seit den 1920er Jahren von Erwin Piscator oder Bertolt Brecht entwickelte Ästhetik, sei es die seit den ausgehenden 1940er Jahren von Julian Beck und Judith Malina *(The Living Theatre)* oder die seit den 1980er Jahren entstandene und auf Einar Schleef zurückgehende neue Form eines chorischen T.s, in allen diesen wie in vielen anderen Beispielen ist es gerade das Ästhetische, welches imstande ist, politische Wirkung zu entfalten. T. als Kunst stellt in diesem Sinn immer zumindest ein Politikum dar.

### Literatur

M. Warstat: Soziale Theatralität. Die Inszenierung der Gesellschaft, 2018 • H. Plessner: Zur Anthropologie des Schauspielers, in: ders.: Ges. S., Bd. 7, $^2$2016, 399–418 • Ders.: Die Stufen des Organischen und der Mensch. Einleitung in die philosophische Anthropologie, in: ders.: Ges. S., Bd. 4, $^2$2016 • E. Fischer-Lichte: Ästhetik des Performativen, 2004 • G. Simmel: Zur Philosophie des Schauspielers, in: ders.: Das individuelle Gesetz. Philosophische Exkurse, 1987, 75–95 • M. Herrmann: Über die Aufgaben eines theaterwissenschaftlichen Instituts. Vortrag vom 27. Juni 1920, in: H. Klier (Hg.): Theaterwissenschaft im deutschsprachigen Raum, 1981, 15–24 • I. Kant: Anthropologie in pragmatischer Hinsicht, in: ders: Werke in zehn Bänden, Bd. 10, 1975, 403–690 • P. Rusterholz: Theatrum Vitae Humanae. Funktion und Bedeutungswandel eines politischen Bildes, 1970 • E. G. Craig: Über die Kunst des Theaters, 1969 • F. Schiller: Ueber die ästhetische Erziehung des Menschen in einer Reyhe von Briefen. 1. T., in: ders. (Hg.): Die Horen, Bd. 1, 1. Stück, 1795, 7–48 • Ders.: Ueber die ästhetische Erziehung des Menschen. 2. T., in: ders. (Hg.): Die Horen, Bd. 1, 2. Stück, 1795, 51–94 • J. J. Engel: Ideen zu einer Mimik, 2 Bde.,1785/86 • F. Schiller: Die Schaubühne als eine moralische Anstalt betrachtet [Was kann eine gute stehende Schaubühne eigentlich wirken?], 1784 • G. E. Lessing: Hamburgische Dramaturgie, 1767/68.

ERIKA FISCHER-LICHTE

## Theokratie

### 1. Begriff und Bedeutung bei Josephus Flavius

Der Begriff „T." ist antiken Ursprungs. Er wurde von dem judäisch-hellenistischen Historiker Josephus Flavius geprägt, der im jüdischen Aufstand gegen Rom 66/67 n. Chr. zur militärischen Führung Jerusalems gehörte, die Fronten wechselte und für die kaiserliche Seite Partei ergriff. Nach dem Krieg in Rom sesshaft geworden, meldete er sich mit einer umfangreichen biographisch und apologetisch unterfütterten Darstellung des römisch-jüdischen Krieges ca. 75–79 n. Chr. zu Wort. In zwei Abhandlungen („Ioudaike Archaiologia" – „Antiquitates Judaika", 93/94 n. Chr., und „Peri Archaothetos Ioudaion" – „Contra Apionem", 96 n. Chr.) nimmt Josephus die für die antike Ordnungsdebatte zentrale Frage nach dem Paradigma der besten bürgerschaftlichen Ordnung *(politeia)* auf.

Diese ordnungspolitische Kernidee des Josephus bestimmt den polis-politischen Denkansatz, der die unter der seleukidischen Herrschaft vollzogenen Konstituierung des judaischen Ethnos als Polis zur Voraussetzung hatte. Mit der Konstituierung als Polis trat Jerusalem „schließlich voll in die Tradition griechischer Freiheits- und Autonomievorstellungen ein, deren ostentativer Anerkennung übliche hellenistische Herrschaftspraxis war" (Bernhardt 2017: 139) und die „Selbsthellenisierung durch die Übernahme der politisch-gesellschaftlichen Institutionen der griechischen Welt" (Bringmann 2005: 104) mit sich brachte. Unter dieser Voraussetzung konnte Josephus die mosaische Ordnungsstiftung, die auf der Gesetzgebung Gottes auf dem Sinai beruht (Antiquitates 1,18–22), im römisch-hellenistischen Ordnungsdiskurs zur Geltung bringen. Josephus preist die judaische *politeia* „as the finest in the world – in the kind of explicit comparison with other nations that Polybios and Cicero also undertake" (Mason 2000: XXIV). Dieses beste Paradigma einer politisch-sakralen Vergemeinschaftung könnte man, wie Josephus später folgern wird „als Theokratie bezeichnen [...], wenn dieser starke Ausdruck erlaubt ist" (Apionem 2,165). Diese Formulierung verweist auf den semantischen Sachverhalt, dass es sich um einen Neologismus handelt, denn urspr. hatte Josephus die Vorzüge des mosaischen Regimes ganz traditionell dessen aristokratischer Verfassung zugeschrieben.

Der geschichtsrevisionistische Ansatz des Josephus zielt zuerst auf das autochthone Geschichtsverständnis der Römer, die – dem griechischen Historiker Polybius folgend – die von den römischen Vätern geschaffene Mischverfassung und Sakralordnung als geschichtlich einzigartige Schöpfung eines in sich vollendeten Ordnungsparadigmas begriffen, das in der republikanischen Vision eines Cicero und Varro seinen symbolischen Ausdruck gefunden hat.

Insb. zielte er auf Cicero, der ↑Kult und Riten der Judäer als „unvereinbar mit der Herrlichkeit des Imperiums, der Würde unseres Namens und den Institutionen unserer Väter" bezeichnet (Cicero, Pro Lucio Flacco, 69). Die Widerlegung dieser normativen Logik der Unvereinbarkeit ist das zentrale Anliegen in der Rekonstruktion der übergeschichtlichen Normativität der T., die Josephus folgerichtig auf die herrschaftslegitimierende Funktion (↑Legitimation) des sakral-politischen Paradigmas der römischen *res publica* (↑Republik) hin interpretiert. So bezieht er in Exkursen zu den römischen Verfassungsfragen eindeutig Position zugunsten der republikanisch gesinnten aristokratischen Senatsopposition und gegen den Machtanspruch des kaiserlichen Prinzipats (Antiquitates 19,167–184).

Die Vielfalt der ↑Gesetze und Sitten unter den Völkern der Menschheit, so führt er aus, zeigt, dass die einen die Regierungsmacht *(politeuma)* einem Monarchen, die anderen den Oligarchen und andere wiederum dem Pöbel (Ochlokratie) überantworten. So steht es bei Polybios: Der Kreislauf der Regimetypen endet stets mit einer Verfallsform der *politeia*. Das musste Josephus auch für das aristokratische Regime der judäischen *politeia* eingestehen. Deswegen die Rekonzeptualisierung der mosaische Nomothesie: Diese gewinnt ihre Stabilität jenseits des zyklischen Wechsels der Regimetypen durch das theokratische Regime. „Es weist Gott die Herrschaft und Macht zu. Gott ist der eine, nicht geschaffen und ewig. Er zeigt uns seine Macht, obwohl sein Wesen unerkennbar ist" (Apionem 2,167). Die weisesten der Griechen folgten Moses und bezeugen übereinstimmend die Lehre vom Wesen und der Majestät Gottes. Die T. beruht nicht wie Josephus urspr. ganz judäisch postulierte auf der unmittelbaren Offenbarung Gottes, sondern auf einer philosophischen ↑Theologie, die sich nicht wie Platon an einige wenige wendet, sondern die mosaische Theologie wie Philo auf einen *summus deus* hin auslegt. In diesem Sinn entfaltet Josephus seinen nomothetischen Ordnungsentwurf, der dem für die antike Welt eigentümlichen Prinzip der Einheit von politischer und kultischer Gemeinschaft im Allgemeinen und den ciceronischen Ideen der *civitas* im Besonderen folgt.

Wenn Josephus auf den politischen und sakralen Führungsanspruch der Priesterschaft verweist, dann rechtfertigt dies nicht Hubert Canciks negatives Urteil von der „priesterlichen Utopie", ein – wie er postuliert – zutiefst unhellenisches und unrömisches Produkt (Cancik 1987: 66). Ganz im Gegenteil kann sich Josephus auf die ciceronische *civitas* berufen, wo es heißt: „Unsere Vorfahren haben manch treffliche Einrichtung geschaffen, die großartigste aber ist, dass den selben Personen die höchste Gewalt in den Kulten der unsterblichen Götter wie auch in der res publica zukommt, auf das die angesehensten und erlauchtesten Bürger durch gute Verwaltung der res publica und der Kulte die res publica bewahren" (Cicero, De Domo Sua 1,1).

Das mosaische Projekt des Josephus ist nur durch sein philosophisches Werk bezeugt – seine Hoffnung auf eine judäisch-römische Synthese war vergeblich. Dem rabbinischen ↑Judentum war die politische Intention des Josephus fremd, ebenso wie den zeitgenössischen Judeo-Christen, die er nicht zur Kenntnis nahm. Begriff und Theorie der T. haben keine Spuren in der emergenten sakral-politischen Ordnung des postkonstantinischen Reiches hinterlassen.

### 2. Begriffsgeschichte ab der Neuzeit

Die Rückkehr des Josephus und seiner Idee der T. in den europäischen Diskurs des 17. Jh. verdankt sich der postreformatorischen Krise der europäischen Gesellschaft, in der sich die Frage der Grundprinzipien der politischen und religiösen Prinzipien gesellschaftlicher Vergemeinschaftung neu stellte. Die politische Formenwelt im 17. Jh. bezog sich natürlich im Wesentlichen auf die Bibel, stets aber auch auf Josephus und seine semantische Formel von der hebräischen T.

Bernhard Lang und insb. Wolfgang Hübener rekonstruieren die wechselvolle Geschichte dieses Symbolkomplexes über drei Jahrhunderte hinweg, mit dem Ergebnis, dass die Deutungskonventionen sich wandeln und folgerichtig kein epochenübergreifender Begriff der T. fixiert werden kann. So empfiehlt sich eine kritisch differenzierende exemplarische Betrachtung, die auf wesentliche gesellschaftliche Konfigurationen abhebt und die jeweilige Deutungsgeschichte des theokratischen Ideenkomplexes typologisch definiert.

*a)* Josephus beschreibt eine Politik, welche die beste bürgerschaftlich verfasste Gemeinschaft zum Gegenstand hat, und der unter den Bedingungen der vielschichtigen Bürgerkriegssituation (↑Bürgerkrieg) des ausgehenden 16. und des 17. Jh. in der antimonarchischen und weitgehend heterodox christlichen Ideenwelt eines kommunitarischen ↑Republikanismus der Revolutionsparteien eine sinnstiftende Funktion zukam.

In der Auseinandersetzung um die postrevolutionäre Ordnung des ständischen Republikanismus in den Generalstaaten der Niederlande führt z. B. der Jurist Petrus Conaeus den Provinzialständen von Holland das von Moses eingerichtete vollkommene Gemeinwesen der Hebräer vor Augen und definiert das Regime mit Josephus als T. Im vorrevolutionären und insb. im revolutionären England bestimmten die heterodoxen christlichen Parteiungen die Debatte, deren weitgehend millenarisch-apokalyptische Ausrichtung sich eher kritisch, aber nicht unbedingt ablehnend auf die hebräische Politik bezogen. Doch bes. 1 Sam 1,8 ff. befeuerte den Antimonarchismus und legitimierte letzthin biblisch-theologisch die Hinrichtung des Königs Charles I. John Milton, der Sprecher der ↑Revolution berief sich ausdrücklich auf Josephus T., die Gott allein die Oberherrschsaft zusprach. Nur in wenigen Fällen wurde der Begriff der T. auf die neue Gemeinschaft der Heiligen unter Gott übertragen. So bezeichnete John Cotton, der führende Theologe von Massachusetts Bay, 1633 das biblische Gemeinwesen der *city upon the hill* als eine T. unter der Souveränität Gottes. In England war es die radikal-apokalyptische postmillenarische Formation der *Fifth-Monarchy-Men*, die (der Daniel-Apokalypse folgend) in den Worten John Rogers mit Waffengewalt die sündhafte Ordnung des Antichristen zerstören und ein *theocratic government* der Heiligen in Vorbereitung der tausendjährigen Herrschaft Christi errichten wollten. Noch 1660 kam es zu einem letzten bewaffneten Aufstand. Gleichsam als Kommentar zu den Geltungsansprüchen (↑Geltung) des millenarisch gestimmten Radikalismus postuliert Richard Baxter 1659 in der Endphase des Cromwellschen Protektorats in irenischer Absicht ein theokratisches Regime, in dem die von Gott verliehene ↑Macht vom Herrscher unter der Zustimmung des Volkes ausgeübt wird. Somit erteilt er allen chiliastischen Vorstellungen zugunsten eines anglikanischen Monarchismus eine Absage.

Der bedeutendste politische Theoretiker der Revolutionszeit jedoch war James Harrington. Er präsentierte ein geschichtswirksames Paradigma republikanischer Ordnung, das gleichsam parteiübergreifend die herrschenden Feudalregime (↑Feudalismus) durch ein konstitutionell verfasstes Regime bürgerschaftlicher Selbstregierung ersetzen sollte. Das *Commenwealth of Oceana* gründete auf den Prinzipien der antiken ↑Klugheit, deren Ursprung auf die politisch gedeutete Offenbarung Gottes im alten Israel zurückgeführt wird und in der Folge die klassische Politik der Griechen und Römer bestimmte. J. Harrington ist der einzige Autor seiner Zeit, der das mosaische Modell ausführlich als *popular regime* unter der Oberhoheit Gottes beschreibt und sich weitgehend auf Josephus stützt. Allerdings vermeidet er den Begriff der T., war er doch puritanisch besetzt. John Locke unterstellt den Hebräern eine absolute T., die mit seiner Idee eines sozinianisch-theistisch fundierten Gemeinwesens und der Privatisierung der Kirchen unvereinbar war.

*b)* Mit der ↑Restauration der englischen ↑Monarchie und des Gentry-Parlamentarismus unter dem Schirm der anglikanischen Nationalkirche (↑Anglikanische Kirche, Church of England [verbunden mit der konsequenten Ausgrenzung der heterodoxen Dissenter]) folgt auch England den konfessionsstaatlichen nationalen Monarchien des Kontinents, die bestimmt werden durch den Dualismus von Machtstaat und institutionalisierter kirchlicher Orthodoxie. Im postwestfälischen Nationalstaat bilden sich die zentralen Leitbegriffe der politisch-sozialen Sprache der politischen Modernität: Die Dualität von ↑Staat/↑Politik und ↑Religion (↑Kirche und Staat). Unter der Prämisse dieser normativen Begrifflichkeit ist die für die T. des Josephus und die Antike insgesamt geltende Identität von kultischer und politischer Vergemeinschaftung problematisch geworden. Die T. hat ihre historische Einzigartigkeit verloren.

*c)* Einerseits dominiert die Entpolitisierung bzw. Neutralisierung des Josephschen T.-Konzepts. Zum anderen aber wird der Begriff der T. in Gestalt eines deutungsoffenen Kollektivsingulars semantisch frei verfügbar. So fungiert der moderne Begriff der T. erstens seit dem 18. Jh. als Kampfbegriff der Kirchen- und Religionskritiker (↑Religionskritik). Er argumentiert antijüdisch im Deismus und radikal im kontinentalen Kontext der antikirchlichen und antireligiösen Agitation: Voltaire, Paul-Henri Thiry d'Holbach, Jean-Jacques Rousseau und Enzyklopädisten sind hier zu nennen. In dieser Tradition stehen auch die nachrevolutionären geschichtsphilosophischen Ideen Auguste Comtes (↑Geschichte, Geschichtsphilosophie) und die revolutionär-messianischen Visionen einer jakobinisch gestimmten innerweltlichen theokratischen ↑Utopie (Claude-Henri de Rouvroy, Comte de Saint-Simon, Barthélemy Prosper Enfantin).

Zweitens fungiert der T.-Begriff als universalhistorische Kategorie zum einen als historische Frühform politischer Vergesellschaftung (Giambattista Vico), zum anderen und wirkmächtiger als Annahme eines theokratischen Stadiums in der Menschheitsgeschichte nach Voltaire, worunter dieser das alte Japan, das Indien der Brahmanen, Tibet, das Reich der Inka, das Rom des Numa Pompilius und *last but not least* das römische Papsttum verstehen wollte. Diese historische Generalisierung der T. mit unterschiedlicher Akzentuierung von Inhalt und Gestalt theokratischer Herrschaftsformen (↑Herrschaft) wurde schon im 19. Jh. von der deutschen ↑Staatslehre (Hermann Haller, Johann Caspar Bluntschli, Carl Theodor Welcker, Georg Waitz, Robert von Mohl, Eduard Meyer) rezipiert und von Max Weber in seine historisch-soziologische Komparatistik aufgenommen und internationalisiert. Diese moderne Gesellschaftswissenschaft, ↑Religionssoziologie und ↑Ethnologie reflektieren das theokratische Moment im „Zusammenspiel von Religion und staatlicher Herrschaft im Bereich der der großen westlichen und östlichen Weltreligionen und Weltreiche“ (Lang 1987: 23).

### Literatur

J. P. Asiedu: Paul and the Fate of Early Christianity, 2019 • J. C. Bernhardt: Die Jüdische Revolution, 2018 • J. Gebhardt: Götter, Ritual und die sakrale Ordnung der Res Puplica. Cicero und Varro, in: O. Hidalgo/C. Polke (Hg.): Staat und Religion, 2017, 49–64 • W. den Hollander: Josephus, the Emperors, and the City of Rome, 2014 • P. Schäfer: Theokratie. Die Herrschaft Gottes als Staatsverfassung in der jüdischen Antike, in: F. W. Graf/H. Meier (Hg.): Politik und Religion, 2013, 199–240 • C. Pelling: The Jewish Appropriation of Hellenistic Historiography, in: J. Marincola (Hg.): A Companion to Greek and Roman History, 2011, 244–258 • J. Locke: A Letter Concerning Toleration, 2010 • K. Bringmann: Geschichte der Juden im Altertum, 2005 • S. Mason: Introduction to the Judean Antiquities, in: ders. (Hg.): Flavius Josephus. Translation and Commentary, Bd. 3, 2000, XIV- XXXVI • R. Hülsewiesche: Theokratie, in: HWPh, Bd. 10, 1998, 1075–1079 • C. Kerber: Ein Bild des Judentums für Nichtjuden von Flavius Josephus, 1997 • J. Taubes (Hg.): Theokratie, 1987 • H. Cancik: Theokratie und Priesterherrschaft. Die mosaische Verfassung bei Flavius Josephus, c. Apionem 2, 157–198, in: ebd., 65–77 • J. Gebhardt: „Alle Macht den Heiligen“ – zur frühneuzeitlichen Idee der Theokratie, in: ebd., 206–232 • W. Hübener: Die verlorene Unschuld der Theokratie, in: ebd., 29–64 • Ders.: Texte zur Theokratie, in: ebd., 78–126 • H. G. Kippenberg: Das Gentilcharisma der Davididen in der jüdischen, frühchristlichen und gnostischen Religionsgeschichte Palästinas, in: ebd., 127–147 • B. Lang: Theokratie. Geschichte und Bedeutung eines Begriffs in Soziologie und Ethnologie, in: ebd., 11–28 • J. Harrington: Commonwealth of Oceana, in: ders.: The Political Works of James Harrington, 1977, 155–359 • G. Vico: La science nova, 1928.

JÜRGEN GEBHARDT

## Theologie

### 1. Terminologie und die Sache der Theologie

Die Sache der T. scheint alltags- wie fachsprachlich hinreichend klar, sodass der Terminus gegenwärtig auch in bildungs- und religionspolitischen Zusammenhängen Verwendung findet, in denen er nicht heimisch ist. Man spricht nicht nur von christlicher, sondern auch von jüdischer oder von islamischer T. und meint – analog zum christlichen Verständnis – eine Reflexionsform religiöser Überlieferungen, die im kritischen Rückbezug auf jeweils als normativ angesehene Überlieferungen Identität und Relevanz einer ↑Religion evaluieren soll. Sie hat zu einer vernünftigen Verständigung über den Sinn und die Lebensbedeutung religiöser Überzeugungen beizutragen und so der Selbstvergewisserung religiöser Überlieferungsgemeinschaften wie der Nachfrage nach rational überzeugenden Deutungspotentialen und Normierungen in elementaren menschlichen und gesellschaftlichen Herausforderungen zu dienen.

Diese Aufgabenzuweisung, die den T.n in Deutschland wie in einigen anderen Ländern auch einen Ort in öffentlichen Bildungseinrichtungen gibt und zu unterschiedlichen staatskirchenrechtlichen Vereinbarungen (↑Staatskirchenrecht) über die Zuständigkeiten religiöser und staatlicher Instanzen geführt hat, ist historisch wie in der Sache voraussetzungsreich. Auf diese Voraussetzungen ist einzugehen, weil sie zum Verständnis gegenwärtiger Diskussionen um die konkrete Ausgestaltung des Auftrags, den religiöse wie staatliche Instanzen und gesellschaftliche Meinungsbildung mit den Reflexionsbemühungen der T. verbinden, unabdingbar sind.

Im urspr.en griechisch-hellenistischen Kontext ist das Wort *Theo-Logie* von einer in der Sache liegenden Doppeldeutigkeit. Es bezieht sich hier auf narrative bzw. kultisch-repräsentative wie auf öffentlich-politische Weisen des *Gott-zur-Sprache-Bringens* – der Gottes-Kündung –, mit denen Gott in der Kultgemeinschaft bzw. in der Polis vergegenwärtigt oder in Anspruch genommen wird. Und es verweist auf die kritisch-vernünftige Prüfung der durch Wildwuchs oder politischen Missbrauch in Verdacht geratenen ↑Mythen und ↑Kulte. Platon (Plat. pol. 379a) wie Aristoteles (Metaphysik 1026a 19) wollen in philosophischer Verantwortung einem Gott-würdigen Sprechen von Gott den Weg bereiten: damit von Gott so gesprochen werde, wie es sich mit ihm in Wirklichkeit – seiner „Natur“ nach – verhält, nicht nur so, wie es die Geschichten von einem Sich-Einmischen der Götter in den Weltlauf überliefern. Diese Kritik-Perspektive bestimmt noch die Rede der Stoiker von einer *theologia tripertita*, mit der die *theologia naturalis* von der *mythisch-fabulierenden* T. der Dichter wie von der *theologia civilis* – der Praxis öffentlich gepflegter und in Anspruch genommener Religion – unterschieden wird; in ihr soll das Göttliche metaphysisch-prinzipientheoretisch zur Sprache kommen (Augustin. civ. VI,5–10).

Diese Sprachherkunft brachte es mit sich, dass die christliche Glaubensreflexion insgesamt für lange Zeit eher selten als T. bezeichnet wurde. Die innere Spannung, die im hellenistischen Sprachgebrauch zum Ausdruck kommt, findet sich aber auch schon in den frühesten Entwürfen einer christlichen Rechenschaft über den ↗Glauben wieder – freilich in der Weise, dass man die in der Bibel bezeugte Gottes-Geschichte nicht am Maßstab einer „rein philosophisch" durchgeführten Gotteslehre als Mythos kritisiert, sondern sie als Gottes vernünftige *oikonomia* (Ordnung) des Heiles verstehen will (bespielhaft Irenäus). Diese *oikonomia* gründet – so ab dem 4. Jh. deutlicher ausgeführt – im innersten Sein Gottes selbst, das die *theologia* im engeren Wortsinn nachzeichnet (Athanasius: Oratio I contra Arianos, MPG 26, 49A). Christlich kann es nicht um Überwindung der Mythologie durch Metaphysik und eine in deren Rahmen ausgeführte „natürliche T." gehen, sondern nur um die vernünftige Erhellung des Sinnes einer Gottes-Geschichte, in der sich Gott gleichwohl als die philosophisch ausgewiesene Ur-Wirklichkeit des Unendlich-Absoluten und Vollkommenen zu erkennen gibt.

### 2. Ursprungsbedingungen christlicher Theologie

Soll von T. der Sache nach gesprochen werden – als argumentierende, um vernünftige Zustimmung werbende Selbstreflexion des (christlichen) Glaubens –, wird man schon die Zeugnisse der Bibel als das Ineinander und Miteinander von Gottes-Kündung und vermittelnder, zum Verstehen bringen wollender Reflexion des Verkündeten bzw. Bezeugten ansehen dürfen. Die *First-order-language* der Zeugnisse, Gebete, Erzählungen, prophetischen Kündungen und Bekenntnisse ist oft in die *Second-order-language* der Argumente und Rechtfertigungen übergegangen, und dies v. a. deshalb, weil die alten Überlieferungen in neuen kulturellen Kontexten reformuliert und in ihrer Glaubens-Bedeutung neu gesagt werden sollten. Solche „Re-Lektüren" bestimmten die Überlieferungsgeschichte der biblischen Texte selbst. Auch dort, wo sie auf der Textoberfläche nicht argumentativ sprechen, sind sie häufig *implizit theologisch*: da sie sich auf andere Texte kritisch oder weiterführend beziehen und sich in einem Überlieferungszusammenhang positionieren, in dem sich die Identität des Bundesvolkes Israel und neutestamentlich das Selbstverständnis christlichen Glaubens in der Nachfolge Christi herausbildete. Argumentierende T. bestimmt biblische Texte erkennbar, wo sie Überlieferungen diskursiv reformulieren *wollen* (etwa Ijob) oder wo sie angesichts des Kreuzes Jesu Christi die Legitimität des „neuen Weges" der Christen im jüdischen Kontext nachzuweisen und das Ausbleiben der Wiederkunft Christi theologisch zu verarbeiten versuchen bzw. wo es darum geht, die Möglichkeit der Heidenmission (↗Mission) theologisch zu begründen (so bei Paulus und den Deuteropaulinen). Die Areopagrede des Paulus ist nach Apg 17,22–31 Musterbeispiel für eine Verkündigungs-T., die das Christliche im hellenistischen Bildungskontext „disktutabel" machen will. Johanneische T. greift auf philosophische Modelle wie die Logoslehre des Philo von Alexandrien zurück und kann so das ↗Christentum nicht nur als konkurrenzfähiges Bildungsangebot präsentieren, sondern erschließt ihm auch Artikulationsressourcen, welche Christologie und christlich-trinitarisches Gottesverständnis in der Sprache der Gebildeten sagbar machten.

### 3. Glaubens-Erkenntnis?

Die schärfste Herausforderung christlicher Glaubensreflexion im Altertum war mit einer antiken Gebildeten-Religion verbunden, die sich – gegenüber dem glaubenden Nachvollzug der *oikonomia* Gottes (der *pistis)* – als höhere Glaubens-Einsicht *(gnosis)* wusste: Unterschiedliche Modelle der Gnosis begriffen das Geschehen des Kosmos als Abstiegs- und Aufstiegsgeschehen, aus dem uranfänglich Einen über die Zerstreuung des Weltgeschehens zurück ins Göttlich-Eine. Christlicher Glaube sollte in diesem Geschehen das offenbare Geheimnis seiner Erzählungen erkennen. Gegen die Gnosis und doch auch im Anschluss an ihre Vorstellungen bildete sich seit Irenäus und Origenes eine T. aus, die gegen die Häretiker den organischen Gesamtzusammenhang der einzelnen Glaubensartikel – den „Leib der Wahrheit" (Iren. haer. I,4,9) – zur Geltung bringen und in philosophisch geklärter Terminologie aussagen konnte; so in den christologischen und trinitätstheologischen Definition der ersten ↗Konzilien. Vorbehalte gegen diese „Theologisierung" des Glaubens blieben freilich virulent. Tertullian will die Partei Jerusalems gegen Athen ergreifen; nach Jesus Christus und der von ihm gebrachten ↗Wahrheit habe man „keine Neugier nötig, und nach dem Evangelium keine Forschung" (Tert. praescr. 7,9–12). Hieronymus bekennt: „Ich glaube, was ich nicht verstehe" (Über den Psalm 91). Als wirkungsgeschichtlich nachhaltiger erwiesen sich die Versuche, das Wissen des Glaubens *soweit als möglich* in seinem inneren, vernunftgemäßen Zusammenhang aufzuweisen; exemplarisch Augustinus' „De trinitate". Hier wird nicht weniger versucht, als sich vom Gottesbild, das der Mensch als Geist sein darf, in das Urbild Gottes, des absoluten Geistes, hineinzufragen und Gottes Dreieinheit anhand des doppelten Selbst-Bezogensein des absoluten Geistes im Sich-Erkennen und Sich-Bejahen prinzipientheoretisch nachzuvollziehen. Solche Versuche bleiben zwar in der Geschichte der christlichen Glaubensreflexion vom Vorbehalt der im Umfeld neuplatonischer Philosophie ausgebildeten *Negativen T.* begleitet, welche das begriffliche Sprechen von Gott in der Gefahr sieht, den unendlichen Gott zu verendlichen, und es deshalb für angemessener hält, „Gottes Schönheit [zu] preisen", als sich „aus[zu]lassen über seine Wesenheit" (Hieronymus: Über den Psalm 91). Aber sie haben in der Kirche des Westens die Praxis der Glaubens-Lehre – der *Sacra doctrina* – v. a. an den Universitäten des Mittelalters inspiriert.

### 4. Glaubens-Wissenschaft?

Anselm von Canterbury steht für ein Konzept christlicher Glaubensreflexion, die den Glauben selbst als Herausforderung zum vernünftigen Verstehen des Geglaubten wahrnimmt und darauf setzt, *sola ratione* „notwendige Gründe" für Gottes Heilshandeln in der Welt nachvollziehen zu können. Thomas von Aquin ordnet die *Sacra doctrina* dem aristotelischen Wissenschaftsverständnis ein und versteht sie als eine *Scientia subalternata.* Sie entwickelt ihre Grundsätze *(principia)* nicht aus sich selbst – in vernünftiger Selbstreflexion –, sondern lässt sie sich durch eine höhere Wissenschaft geben: durch die ihr geoffenbarte *Scientia* Gottes (STh I, 1,2). Gottes Offenbarung ermöglicht es ihr, auf menschliche Weise wissenschaftliche T. zu treiben: alle ihr gegebenen Gegenstände in ihrem Zusammenhang aus ihrer Hinordnung auf Gott vernünftig zu begreifen (STh I, 1,7). Die *Sacra doctrina* ist eher theoretisch-spekulative als praktische Wissenschaft, „weil sie vornehmlicher von den göttlichen Dingen als von den menschlichen Handlungen handelt; von diesen handelt sie, insofern der Mensch durch sie zur vollkommenen Erkenntnis Gottes hingeordnet wird, in der die ewige Seligkeit besteht" (STh I, 1,4). Mit dieser Zentrierung auf den Nachvollzug der *Scientia Dei* gewinnt die *Sacra doctrina* gegenüber der philosophischen Überlieferung ihr eigenes Profil, wird sie auch terminologisch zur *Theo*logie. Die Zielvorstellung einer „perichoretischen Einheit von biblischem Logos und Vernunftlogos" (Seckler 2000: 143) wird freilich zunehmend als prekär empfunden und von den Reformatoren (↑Reformation) des 16. Jh. grundlegend problematisiert. Martin Luther wendet sich gegen die *theologia gloriae* der Spekulation und lässt allein die *theologia crucis* gelten. Sie sagt „id quod res est" (WA 1: 362), ist *theologia practica* (WA TR Bd. 1: 72), denn „vivendo, immo moriendo et damnando fit theologus" – durch die Erfahrung, als Sünder gerechtfertigt zu sein –, „non intelligendo, legendo aut speculando" (WA 5: 163). In diese Erfahrung aber führt die Heilige Schrift ein, auf die eine *theologia crucis* sich gründet. Diese Bindung an die *Selbst*-Erfahrung des gerechtfertigten Sünders führt mit der „Wiederentdeckung" von M. Luthers Rechtfertigungs-T. im 19. Jh. zur Ausbildung eines T.-Konzepts, das sich auf die stringente Auslegung gläubiger Selbsterfahrung konzentriert (Friedrich Schleiermacher, Sören Kierkegaard, Wilhelm Herrmann) und sich gegen die Tradition einer metaphysiknahen spekulativen T. wendet, die sich seit der „Hellenisierung des Christentums" im 2. Jh. christlich durchgesetzt und den Sinn des biblischen Glaubens durchgreifend alteriert habe (Adolf von Harnack). Die katholische T. blieb weithin einem Selbstverständnis verpflichtet, das die „metaphysischen Verpflichtungen" des T.-Treibens soweit als möglich einlösen wollte und so etwa heute gegen einen strikten ↑*Naturalismus* die Möglichkeit theologischer Rede zu verteidigen sucht. Andere, durchaus auch „metaphysische" Herausforderungen brachte der *Historismus* des 19. Jh. mit sich, der die biblischen Überlieferungen nicht von der historischen Kritik ausnahm und sie als historische Phänomene in einen umfassenden Wechselwirkungszusammenhang geschichtlicher Entwicklungen einordnete, sie historisierte (Ernst Troeltsch). Hier galt es zu klären, wie der unbedingte Geltungsanspruch des christlichen Dogmas angesichts der Erklärungen, die man für das Aufkommen bestimmter religiöser Selbstverständnisse anführen konnte, aufrechtzuerhalten war. Wie sollte man noch rechtfertigen können, dass man in historisch relativen, mehr oder weniger gut erklärbaren Phänomenen ein göttliches Wirken in der Geschichte gegeben sah? Hatte man es nicht mit einer Kirchen-Ideologie zu tun, die das Dogma historisch sicherstellen und so gegen alle Rückfragen immunisieren wollte? Diese Form der *Ideologiekritik* zwang die T. zu einer hermeneutischen Selbstreflexion, welche die historische Genese des Glaubensbewusstseins nicht mehr als vorrangigen Geltungsgrund in Anspruch nahm, es aber als durchaus möglich erscheinen ließ, religiöse Geltungsansprüche mit geschichtlichen Gegebenheiten zu verbinden. Im 20. Jh. wurde immer deutlicher sichtbar, dass nur mit einem überzeugenden Eingehen auf die genannten kritischen Anfragen die Möglichkeit gegeben blieb, T. als eine Wissenschaft im Kontext der *universitas litterarum* anzusehen und weiterhin mit öffentlicher Anerkennung wie im Gespräch mit den anderen Wissenschaften an den Universitäten zu betreiben. Die Kehrseite der Medaille war freilich unübersehbar: Wo die T. ihren kirchlichen und gesellschaftlichen Auftrag als Wissenschaft zu erfüllen suchte, ergaben sich – insb. im römisch-katholischen Bereich – Spannungen zu lehramtlichen Instanzen, denen die kritische Relecture kirchlicher Lehrbestände zu weit ging, zu der die T. sich von den Herausforderungen der anderen Wissenschaften und einer rasant sich verändernden Lebenspraxis genötigt und inspiriert sah.

### 5. Zum Selbstverständnis der Theologie als Wissenschaft

Die Vorbehalte gegen den Anspruch der T., eine in der Universität vertretene ↑Wissenschaft zu sein, unterstellen, T. sei einer kirchlichen Teilnehmerperspektive verhaftet, die ergebnisoffene ↑Forschung in der Beobachterperspektive der Wissenschaften nicht zulasse. Vorausgesetzt wird hier eine klare Bereichstrennung zwischen Teilnehmer- und Beobachterperspektive und ein Wissenschaftsverständnis, das sich dem allein in der Beobachterperspektive durchgehaltenen Deskriptions-Ideal verpflichtet und alle weiteren Interessen an den Ergebnissen der Forschung strikt neutralisiert, sodass allenfalls eine wertfrei vergleichende ↑Religionswissenschaft wissenschaftlichen Standards genügt. Gegenüber dieser *Deskriptions-Idealisierung* von Wissenschaft, die neben der T. auch andere Universitätsdisziplinen von vornherein ausschließen würde, wird in der wissenschaftstheoretischen Diskussion gegenwärtig eher eine *Intersubjektivitäts-Idealisierung* vertreten, die an der möglichst weitgehenden Nachvollziehbarkeit möglichst starker Argumente für oder gegen den jeweils erhobenen Geltungsanspruch orientiert ist. Wissenschaften haben danach die Aufgabe, problematisch gewordene Handlungsgewissheiten als Hypothesen zur Diskussion zu stellen und mit möglichst validen Argumenten zu klären, ob ihnen weiterhin Wahrheitsgeltung (↑Wahrheit) zugesprochen werden darf oder ob sie zurückzuweisen sind bzw. welche Modifikationen oder Transformationen erforderlich sind, damit ihnen weiterhin Geltung zuerkannt werden kann. Die Perspektive derer, die einen Geltungsanspruch vollziehen, wird nicht prinzipiell ausgeschlossen. Sie soll im wissenschaftlichen Diskurs vielmehr so weit als möglich durchlässig gemacht werden für alle sachlich relevanten Argumente, die für oder gegen einen Geltungsanspruch oder aber dafür sprechen, ihn in bestimmter Weise zu modifizieren. Christliche T.n können sich diesem Wissenschaftsideal verpflichtet wissen, haben freilich zu erläutern, wie ihre Rückbindung an die Identität des christlichen Glaubens, die sie konkret an eine kirchliche Lehrautorität (↑Autorität) bindet, mit der Ergebnisoffenheit ihres Forschungsprozesses vereinbar sein kann.

## 6. Die Kirchlichkeit der Theologie

T. reflektiert Sinn und Bedeutung des christlichen Glaubens, wie er in den ↑Kirchen geglaubt und gelebt wird. Den Kirchen obliegt es, nach den in ihnen jeweils anders geordneten institutionellen Zuständigkeiten die Gewähr für die Christlichkeit des in ihnen Geglaubten zu übernehmen. Das geschieht durch Bekenntnisse und lehramtliche Entscheidungen, denen in der römisch-katholischen Kirche (↑Katholische Kirche) je nach Verbindlichkeitsstufe Glaubens-Normativität oder sogar „Unverirrlichkeit" *(Infallibilitas)* zugesprochen wird (vgl. DH 3065–3075). Kirchliche Lehrinstanzen haben generell die Aufgabe, die Identität des Christlichen im Prozess der Überlieferung und in den je neu zu wagenden ↑Inkulturationen biblisch-christlichen Glaubens zu wahren, ohne Glaubens- und Lehrentwicklungen zu verhindern, die es überhaupt erst möglich machen, dass christlicher Glaube sich immer wieder neu inkulturiert. Der T. kommt es zu, die geschichtlich-kulturellen Herausforderungen des Glaubens so aufzunehmen, dass seine christliche Identität wie seine Lebens-Relevanz gleichermaßen gewahrt bleiben. Die Ergebnisoffenheit ihres Forschens liegt darin, dass sie diese Identität-Relevanz-Spannung immer wieder neu austragen und es darauf ankommen lassen müssen, wie sich das Glaubensverständnis – auch durch ihre eigene Arbeit an der Erschließung der Glaubenszeugnisse – in den nicht antizipierbaren gesellschaftlich-kulturellen Herausforderungen erneuert. Die kirchliche Lehrverkündigung ist für die T. *norma proxima* – Norm für die Identität des Christlichen in katholischer Überlieferung –, die sie als nächstliegende aufzunehmen und zu beachten hat. Sie bezieht diese auf die *norma remota*, das zwar weiter „entfernte", aber letztverbindlich in der Heiligen Schrift niedergelegte Zeugnis für Gottes Selbstoffenbarung, wie auf die Herausforderungen, in denen christlicher Glaube sich heute vorfindet, die „Zeichen der Zeit" (GS 4, 11). Dem kirchlichen Lehramt steht nach römisch-katholischer Überzeugung das Recht zu, theologische Lehren zu zensurieren, die diese komplexe Aufgabe *offensichtlich* verfehlen und so die Identität des Christlichen in katholischer Überlieferung nicht wahren. Sein Urteil kann zum Entzug der kirchlichen Lehrerlaubnis *(Nihil obstat)* führen, ohne die eine Lehrtätigkeit in T. an wissenschaftlichen Hochschulen nicht möglich ist.

## 7. Die Binnengliederung der Theologie

T. will zu einem *besseren Verstehen* der biblischen Texte als *Glaubenszeugnisse* beitragen und die kirchliche Überlieferung dafür als Lese- und Auslegungshilfe in Anspruch nehmen, damit christliches Zeugnis heute möglich wird und vernünftig gerechtfertigt werden kann:

*a)* indem sie diese historisch-kritisch als Texte ihrer jeweiligen Zeit zu lesen und den Sinn ihrer Interventionen und Stellungnahmen im biblischen wie im christlichen Zeugniszusammenhang mit einer Vielfalt von Methoden (literaturwissenschaftlich, rhetorisch, sozialgeschichtlich, psychologisch) zu erhellen sucht (Exegese und biblische T.);

*b)* indem sie die Übersetzungsgeschichte der biblischen Zeugnisse daraufhin analysiert, ob, wo und inwiefern das Christliche darin erkennbar bleibt, welche typischen Ausformungen die Bezeugungen des Christlichen dabei jeweils gefunden haben oder welche Interessen und Entwicklungen dazu führten, dass es bis zur Unkenntlichkeit verzeichnet wurde (historische T.);

*c)* indem sie die Texte der Bibel als Bezeugungen eines Handelns Gottes an und durch Menschen liest, in dem Gott sich der Gemeinschaft der Glaubenden zu erkennen gibt und selbst mitteilt; indem sie die normativen Texte der Glaubensüberlieferung so als „Lesehilfen" für diesen Glaubens-Sinn der biblischen Zeugnisse aufschließt (systematische T./↑Dogmatik);

*d)* indem sie die Zeugnisse der Bibel und der Glaubensüberlieferungen in Auseinandersetzung mit den religionskritischen ↑Hermeneutiken des Verdachts als verheißungsvolle Herausforderung zu einem Leben in Fülle lesbar macht und die darin liegenden Weisungen für ein wahrhaft menschliches Leben hier und heute formuliert (systematische T./Fundamental-T. und theologische ↑Ethik);

*e)* indem sie im Zusammenwirken mit humanwissenschaftlicher Forschung lebensweltliche (↑Lebenswelt), auch kirchliche Bedingungen analysiert, die das Verstehenkönnen der Zeugnisse fördern oder ihm im Weg stehen, und daraufhin Handlungsanweisungen formuliert, die es zu einem besseren Verstehenkönnen der Zeugnisse kommen lassen (praktische T.).

Die Aufgabe der T. ist nur interdisziplinär zu bewältigen. Dabei ist mehr denn je dafür Sorge zu tragen, dass die Einheit der T. in der Vielfalt ihrer Methoden gewahrt bleibt und im konkreten Zusammenwirken zur Geltung kommt.

### 8. Wege der Theologie heute

Diese hermeneutische Orientierung der T. in der zweiten Hälfte des 20. Jh. wird zunehmend kritisch kommentiert bzw. modifiziert von *kontextsensiblen T.n*, die sich der Herausforderung stellen wollen, die weithin unbegriffene Dominanz entfremdender Kontexte über das theologische Sprechen aufzubrechen und so zu einer befreienden Gottesrede zu kommen (u. a. neue ↑politische Theologie, ↑Theologie der Befreiung, ↑feministische Theologie). Als Pendant zur hermeneutischen Wende ist in der katholischen T. seit Karl Rahner vielfach eine *transzendentale Wende* der T. vollzogen worden, um erstphilosophisch die Bedingungen zu ermitteln, die gegeben sein müssen, wenn überhaupt theologisch von Gott, von Erlösung usw. gesprochen und dafür Wahrheitsgeltung in Anspruch genommen werden soll. *Analytisch orientierte T.* vollzieht diese Reflexion eher im Anschluss an angelsächsische analytische bzw. sprachphilosophische Ansätze (↑Analytische Philosophie; ↑Sprachphilosophie). *Komparative T.* verfolgt theologische Fragestellungen in interreligiöser Kooperation (↑Interreligiöser Dialog), um herauszuarbeiten, welche unterschiedlichen oder auch vergleichbaren Lösungswege in den unterschiedlichen Religionen und T.n verfolgt wurden bzw. gesucht werden. Die skizzierte „Diversifizierung" der T. erfordert mit bes.r Dringlichkeit eine theologische Kultur des Gesprächs zwischen den verschiedenen „Schulen".

### Literatur

M. Seewald: Dogma im Wandel, 2018 • J. Werbick: Theologische Methodenlehre, 2015 • M. Khorchide/M. Schöller (Hg.): Das Verhältnis zwischen Islamwissenschaft und Islamischer Theologie, 2012 • E. W. Steinhauer: Die Lehrfreiheit katholischer Theologen an den staatlichen Hochschulen in Deutschland, 2006 • J. Habermas: Wahrheit und Rechtfertigung, 2004 • M. Seckler: Theologie als Glaubenswissenschaft, in: HFTh, Bd. 4, ²2000, 132–184 • A. Franz (Hg.): Bindung an die Kirche oder Autonomie. Theologie im gesellschaftlichen Diskurs, 1999 • Sekretariat der DBK (Hg.): Katholische Theologie und kirchliches Hochschulrecht, 1992 • Sekretariat der DBK (Hg.): Theologie und Kirche. Dokumentation, 1991 • M. Heckel: Die theologischen Fakultäten im weltlichen Verfassungsstaat, 1986 • G. Wainwright: Doxology. The Praise of God in Worship, Doctrine and Life, 1980 • G. Picht (Hg.): Theologie – Was ist das?, 1977 • E. Troeltsch: Über historische und dogmatische Methode in der Theologie, in: G. Sauter (Hg.): Theologie als Wissenschaft, 1971, 105–127.

JÜRGEN WERBICK

## Theologie der Befreiung

### 1. Aufbrüche: Begriff und Geschichte

Das Jahr 1968 steht in *Lateinamerika* (↑Lateinamerika und Karibik) für einen Neuaufbruch in Kirche und Theologie: für die Entstehung eines neuen ortskirchlichen Bewusstseins, das in dem Abschlussdokument der 2. Generalversammlung des lateinamerikanischen Episkopats in Medellín seinen Ausdruck findet, und für die Ausbildung einer Gestalt kontextueller Theologie in Lateinamerika, die in einem Vortrag des peruanischen katholischen Theologen Gustavo Gutiérrez in Chimbote als „Theologie der Befreiung" (Silva 2009: 38 f.) bezeichnet wird. Das *Documento Medellín* war die erste ortskirchliche Übersetzung des Kirche-Welt-Verhältnisses der Pastoralkonstitution GS des ↑*Zweiten Vatikanischen Konzils* und Gründungsdokument für eine Kirche an der Seite der Armen; es steht im Dienst ihrer Subjektwerdung und einer Theologie, deren Ausgangspunkt „die Realität (Gesellschaftsanalyse)" ist, „um diese dann im Licht des Glaubens zu betrachten (hermeneutische Analyse) und daraus Schlüsse für die Praxis zu ziehen (Vermittlung in die Praxis hinein; Clodovis Boff)" (Codina 2017: 18). Vom Primat der Praxis und der geschichtlichen Realisierung des ↑Reiches Gottes „von der Rückseite der Geschichte" (Gutiérrez 1977) ausgehend, im Dienst der „Befreiung" der Armen, erarbeiteten die Befreiungstheologen der ersten und zweiten Generation (G. Gutiérrez, Hugo Assmann, Enrique Domingo Dussel, Juan Luis Segundo, Frei Betto, Pablo Richard, João Batista Libânio, José Comblin, Ignacio Ellacuría, Jon Sobrino) einen neuen Zugang zum Heilsereignis in Jesus Christus, das diesen – in der Folge des Exodusgeschehens im AT und der Gerechtigkeit einfordernden Prophetentexte – als „Befreier" sieht und in dessen Nachfolge Menschen als „Auferstandene" in der Geschichte leben können (Sobrino 2008: 39). Die T. d. B. wurde in den 1960er und 1970er Jahren zunächst von Priestern entwickelt, die an progressiven europäischen theologischen Fakultäten oder Universitäten eine neue theologische Methodik auf dem Hintergrund des in der katholischen Arbeiterjugend praktizierten Dreischritts von Sehen – Urteilen – Handeln erarbeiteten. Sie war verbunden mit dem Aufbruch einer Philosophie der Befreiung (Raúl Fornet-Betancourt und E. D. Dussel) und einer Pädagogik der Befreiung (Paulo Freire). Den verschiedenen kirchlichen, sozialen, politischen und kulturellen Kontexten entsprechend, entwickelte sich die T. d. B. in einer pluralen Weise; neben einer Theologie, die auf sozialwissenschaftliche Vermittlungen zurückgreift (Clodovis Boff, H. Assmann, Fernando Castillo), entstand im argentinischen Kontext (Lucio Gera, Rafael Adolfo Tello, Juan Carlos Scannone, Jorge Seibold) eine auf kulturphilosophische Vermittlungen zurückgreifende und in Praktiken der Volksreligiosität eingebettete T. d. B. und in Brasilien, Chile und Peru eine der Praxis der Basisgemeinden verbundene T. d. B. (Leonardo Boff, Rolando Muñoz, G. Gutiérrez). Die T. d. B. steht auch für eine Befreiung der Theologie als eines prioritär universitären und akademischen wissenschaftlichen Vollzugs. Sie wertet „Volkstheologien" („teología popular") (Scannone 1986: 416–420) auf, die an pastoralen Bildungszentren entwickelt werden, und trägt zur theologischen Qualifizierung von ↑Laien bei. T. d. B. (spanisch: „teología de la liberación") ist darum ein Sammelbegriff für eine zunächst in Lateinamerika entstehende kontextuelle Theologie, die von Anfang an ökumenisch ausgerichtet ist und deren Fokus die „Option für die Armen" ist, als „hermeneutischer Ort, das ‚Wovonher', das die Profilierung eines neuen, befreienden Christusbildes ermöglicht" (Lois 1995: 216), sowie die Verankerung in der „Kirche der Armen", einer Kirche, die sich als „Sakrament der Befreiung in der Geschichte" (Sobrino 1998: 51–54) versteht, in steter Umkehr zu den Armen begriffen. 1976 wurde die *Ecumenical Association of Third World Theologians* (EATWOT) gegründet; die Methodik der in Lateinamerika entstandenen T. d. B. ist weltweit aufgegriffen worden und hat – wie in Südafrika, Korea, auf den Philippinen – zu einer spezifisch afrikanischen oder asiatischen T. d. B. geführt.

### 2. Abbrüche: Lehramtliche Kritik und innerkirchliche Debatten

Bereits in den 1970er Jahren kam es zu innerkirchlichen Debatten um die T. d. B., die sich in Lateinamerika um den Erzbischof von Medellín, Alfonso López Trujillo, formierten (von 1979 bis 1983 Vorsitzender des CELAM). Sie führten durch dessen enge Kooperation mit der deutschen Ortskirche zur Gründung des Studienkreises „Kirche und Befreiung". 1984 richtete Joseph Kardinal Ratzinger eine kritische Anfrage an L. Boffs Studie „Kirche: Charisma und Macht" und veröffentlichte die Instruktion „*Libertatis nuntius.* Über einige Aspekte der Theologie der Befreiung". Der T. d. B. wird darin eine „radikale Politisierung der Glaubensaussagen und der theologischen Urteile" vorgeworfen, was dazu führe, durch Orientierung an der marxistischen Gesellschaftsanalyse christliches Heil zu immanentisieren und das „Reich Gottes und sein Werden mit der menschlichen Befreiungsbewegung zu identifizieren" (Ratzinger 1984: 23). Die *Internationale Theologische Kommission* veröffentlichte das Dokument „Menschliches Wohl und christliches Heil", und angesichts einer auf hohem Niveau geführten theologischen Auseinandersetzung würdigte die 1986 veröffentlichte Instruktion „*Libertatis conscientia.* Über die christliche Freiheit und die Befreiung" die theologischen Anliegen der T. d. B. und baute eine Brücke zwischen ↑katholischer Soziallehre und T. d. B. Die lateinamerikanische Kirche blieb gespalten, befreiungstheologisch orientierte Zentren wurden geschlossen, die T. d. B. hatte keinen Ort an theologischen Fakultäten und so keinen Einfluss in der Priesterausbildung. Der Konflikt erreichte 2007 mit der *Notifikation der Glaubenskongregation zur Christologie von J. Sobrino* einen weiteren Höhepunkt. Übersehen wurde aus westlicher und lehramtlicher Perspektive die Einbettung der Befreiungstheologie in spirituelle und soziale Vollzüge einer Christusnachfolge in Situationen extremer ↑Gewalt und einer Kirche der Märtyrer, die mit dem Zeugnis von Erzbischof Oscar Arnulfo Romero (San Salvador), Bischof Juan José Gerardi Conedera (Verapaz/Guatemala) oder des Jesuiten Ignacio Ellacuría (und vieler anderer Märtyrerinnen und Märtyrer) im Dienst eines gewaltfreien Widerstands stand und die T. d. B. zu einer kontextuellen Friedenstheologie weiter ausgestaltet hat.

### 3. Umbrüche: Weiterentwicklungen in Lateinamerika und in globaler Perspektive

Die nach 1989 diskutierte Frage, ob die T. d. B. nicht von der politischen Entwicklung eingeholt sei, hat sich rasch als „westliche" Frage herausgestellt. Zwar wurde mit dem Konflikt um die T. d. B. eine Verortung dieser Theologie im akademischen universitären Kontext ausgebremst, aber die T. d. B. verband sich seit den 1990er Jahren mit neuen ↑*sozialen Bewegungen*, der *indigenen und postkolonialen Bewegung* (↑Postkolonialismus) auf der einen und der *feministischen Bewegung* (↑Feminismus) auf der anderen Seite. Das führte zu einer Weiterentwicklung der Methodik durch Rezeption von Kulturtheorien, ↑Ethnologie, ↑Geschichtswissenschaften und Gendertheorien (↑Gender). Der Praxis-Primat und die Option für die Armen bleiben verbindende Momente dieser sich plural ausfächernden und auch die geographischen Grenzen Lateinamerikas weit überschreitenden Theologie. Bereits im Vorfeld der *3. Generalversammlung des lateinamerikanischen Episkopats* in Santo Domingo (1992) wurde seitens der indigenen Kulturen und der Afro-Lateinamerikaner die Rezeption der (nordatlantischen) ↑Sozialwissenschaften in der T. d. B. kritisch angefragt und in postkolonialer Perspektive die Erinnerung an die 500-jährige Präsenz des ↑Christentums in Lateinamerika mit einem kritischen Blick auf die Geschichte und die soziale, politische, kulturelle und religiöse Exklusion der indigenen und afroamerikanischen Völker verbunden. Über die Rezeption der Kosmovisionen und Spiritualitäten der eingeborenen Völker und der Nachfahren der Sklaven bilden sich *indigene und afroamerikanische Theologien* aus, die an das Grundanliegen der T. d. B., den Primat der Praxis und der Option für die Armen, anknüpfen und der T. d. B. neue Themenfelder erschließen: Schöpfungsspiritualität, ↑Nachhaltigkeit, ↑Ökologie und interreligiöse Perspektiven.

Seit den 1980er Jahren melden sich Stimmen von Frauen, die – orientiert an nordatlantischen feministischen Diskursen – den Patriarchalismus der Befreiungstheologie anfragen und den Protagonismus von Frauen in Kirche und Gesellschaft einfordern (Elsa Támez, Costa Rica; María Pilar Aquino, Mexiko/USA). Die brasilianische feministische Befreiungstheologin Ivone Gebara versteht die „Option für die Armen als Option für die arme Frau" (Gebara 2002: 31) als Bewusstseinsbildungs- und Befreiungsprozess der Frauen. In den Blick kommt die Gewalt gegen den Körper der Frau und damit verbunden gegenüber der Erde; feministische Befreiungstheologie verbindet sich mit ökofeministischen und indigenen Ansätzen.

### 4. Herausforderungen und Perspektiven

In einer globalisierten Welt (↑Globalisierung) vertreten Befreiungstheologien heute weltweit in ökumenischer, interkultureller und interreligiöser Ausrichtung die Perspektive der Armen und eingeborenen Völker im Dienst von ↑Gerechtigkeit, ↑Frieden, der ↑Würde des Menschen und der Rechte der ganzen Schöpfung (↑Schöpfungsverantwortung). Sie sind sozialen Bewegungen wie der Landlosenbewegung und Kampagnen zur Redemokratisierung verbunden und setzen sich für partizipative kirchliche Strukturen (↑Partizipation) ein. Mit dem Pontifikat von Papst Franziskus werden die Grundlagen für eine neue – die Stimmen des Südens und der T. d. B. – einbeziehende Rezeption des Zweiten Vatikanischen Konzils gelegt. Eine jüngere Generation befreiungstheologisch ausgerichteter Theologinnen und Theologen wird der T. d. B. im akademischen universitären Kontext neue Orte erschließen können und über die Anbindung an soziale Bewegungen in einem säkularisierten, religiös pluralen und von fundamentalistischen (↑Fundamentalismus) Stimmen geprägten Weltkontext im Dienst von Frieden, Gerechtigkeit und Nachhaltigkeit stehen.

### Literatur

V. Codina: Theologie der Befreiung. Überblick und Herausforderungen, in: F. Gmainer-Pranzl/S. Lassak/B. Weiler (Hg.): Theologie der Befreiung heute, 2017, 13–25 • B. Weiler: Gut leben – Tajimat Pujút. Prophetische Kritik aus Amazonien im Zeitalter der Globalisierung, 2017 • M. Eckholt: An die Peripherie gehen. In den Spuren des armen Jesus – Vom Zweiten Vatikanum zu Papst Franziskus, 2015 • D. Irarrázabal: Itinerarios en la fe andina. Rasgos originarios y mestizos, 2013 • I. Ellacuría: Eine Kirche der Armen, 2011 • S. Silva: Theologiegeschichte Lateinamerikas seit 1945, in: J. Meier/V. Straßner (Hg.): Kirche und Katholizismus seit 1945, Bd. 6: Lateinamerika und Karibik, 2009, 29–58 • J. Sobrino: Der Glaube an Jesus Christus. Eine Christologie aus der Perspektive der Opfer, 2008 • S. R. de Lima Silva: Dialogue of Memories. Ways towards a Black Feminist Christology from Latin America, in: M. P. Aquino/M. J. Rosado-Nunes (Hg.): Feminist Intercultural Theology. Latina Explorations for a Just World, 2007, 166–178 • I. Gebara: Itinerario teológico, in: J. Bosch/J.-J. Tamayo (Hg.): Panorama de la teología latinoamericana, [2]2000, 229–239 • E. López Hernández: Teología india. Antología, 2000 • J. Sobrino: Christologie der Befreiung, 1998 • I. Ellacuría/J. Sobrino (Hg.): Mysterium liberationis. Grundbegriffe der Theologie der Befreiung, Bde. 1–2, 1995 f. • J. Lois: Christologie in der Theologie der Befreiung, in: ebd. Bd. 1, 213–241 • J. Sobrino: Systematische Christologie, in: ebd. Bd. 1, 567–591 • G. Gutiérrez: Theologie der Befreiung, [10]1992 • J. C. Scannone: Theologie der Befreiung – Charakterisierung, Strömungen, Etappen, in: K. H. Neufeld (Hg.): Probleme und Perspektiven dogmatischer Theologie 1986, 401–439 • L. Boff: Charisma und Macht. Studien zu einer streitbaren Ekklesiologie, [2]1985 • J. Kardinal Ratzinger: Instruktion Libertatis Nuntius. Instruktion über einige Aspekte der „Theologie der Befreiung", 1984 • C. Boff: Theologie und Praxis. Die erkenntnistheoretischen Grundlagen der Theologie der Befreiung, 1983 • G. Gutiérrez: Teología desde el reverso de la historia, 1977 • Internationale Theologische Kommission (Hg.): Menschliches Wohl und christliches Heil, 1976.

MARGIT ECKHOLT

## Theologie der Religionen

Die T. d. R. bemüht sich um Einordnung, Verstehen und Bewertung der Vielfalt der ↑Religionen aus Sicht der eigenen Religion. Ihre grundlegende Herausforderung besteht für einen katholisch-theologischen Zugang darin, zwei miteinander im Widerstreit liegende Intuitionen miteinander zu versöhnen. Auf der einen Seite geht es darum, andere Religionen bzw. zumindest ihre Anhängerinnen und Anhänger in ihrer Andersheit wertschätzen zu können, weil schon das christliche Gebot der Nächstenliebe eine würdigende Zuwendung zu allen Menschen erfordert und das ↑Zweite Vatikanische Konzil zu einer Haltung der Hochachtung anderen Religionen gegenüber einlädt. Auf der anderen Seite darf diese Würdigung nicht dazu führen, den eigenen Geltungsanspruch (↑Geltung) aufzugeben. Denn schon der Wunsch nach universaler Anerkennung aller Menschen in ihrer jeweiligen Besonderheit verliert aus christlicher Sicht seine entscheidende Grundlage, wenn er nicht mehr durch die in Jesus Christus geoffenbarte unbedingte Menschenfreundlichkeit Gottes begründet wird. Im Zentrum der T. d. R. steht also das dogmatische Problem, wie christlicherseits ein Weg zu ↑Wahrheit und Heil für Menschen anderer Religionen gedacht werden kann, ohne eigene Wahrheits- und Geltungsansprüche unzulässig zu relativieren.

Neben diesem Hauptproblem will die T. d. R. in praktischer Hinsicht zeigen, mit welcher Haltung man anderen Religionen begegnen sollte. Sie stellt die kriteriologische Frage, nach welchen Maßstäben wir andere Religionen beurteilen können, und will in hermeneutischer Hinsicht (↑Hermeneutik) klären, ob und wie sich andere Religionen überhaupt vom Standpunkt der je eigenen Religion aus richtig verstehen lassen. Schließlich geht es der T. d. R. in apologetischer Hinsicht um den Nachweis, dass sich die Religionen durch ihre Vielfalt nicht selbst widerlegen, sondern in kohärenter Weise gemeinsam würdigen lassen. Die Bearbeitung aller genannten Aspekte hat zentral damit zu tun, wie man das Verhältnis der eigenen Religionen zu den anderen im Blick auf die Wahrheitsfrage bestimmt. Hier haben sich drei verschiedene Modelle in der zeitgenössischen Diskussion etabliert.

Der *Exklusivismus* beharrt darauf, dass es Heil und Wahrheit nur im ↑Christentum bzw. in der ↑katholischen Kirche gibt. Er wird in der innerkatholischen Debatte seit dem Zweiten Vatikanum nicht mehr in dem umfassenden Sinne verstanden, dass es Wahrheit und Heil allein für Christinnen und Christen gibt. Gegen diesen v. a. im evangelikalen Christentum verbreiteten *restrictive-access exclusivism* wird im katholischen Kontext, aber auch evangelischerseits im Gefolge etwa George Arthur Lindbecks eine Form des Exklusivismus vertreten, der die Möglichkeit offenlässt, dass Nichtchristinnen und Nichtchristen das Heil erlangen *(universal-access exclusivism)*. Dieser *unentschiedene* bzw. *offene Exklusivismus* würde lediglich vermeiden, nichtchristlichen Religionen eine positive Rolle bei der Rettung von Nichtchristen einzuräumen.

Im deutschsprachigen theologischen Kontext weiter verbreitet sind verschiedene Spielarten des *Inklusivismus*. Es ist in der Fachdiskussion umstritten, ob diese Position die Intention des Zweiten Vatikanischen Konzils besser trifft als der eben vorgestellte offene Exklusivismus. Inklusivistische Modelle wollen die anderen Religionen und Orientierungssysteme vom eigenen Denken aus würdigen und auch ihnen eine positive Rolle bei der Vermittlung von Heil und Wahrheit zuschreiben. Statt das Eigene als exklusiv nur mir gegeben zu betrachten, wird gesucht, ob es – ggf. in anderer Form – auch beim Anderen gegeben ist. Es geht also darum, den Anderen in die eigenen Wahrheits- und Heilsansprüche und in das eigene Denken hineinzunehmen. Zugleich ist mit dem Inklusivismus in seinen klassischen Versionen ein Superioritätsanspruch für die eigene Religion verbunden, der allerdings in neueren mutualen und hermeneutischen Versionen zurückgenommen wird. Ob solche hermeneutische Selbstrelativierungen noch innerhalb des katholischen Weltbildes möglich sind, ist umstritten.

Noch weiter bei der eigenen Selbstrelativierung geht die *pluralistische T. d. R.* Ihre Anhänger verteidigen die Position, dass alle großen Weltreligionen in etwa gleichem Maße Heil und Wahrheit vermitteln. Bisher ist es ihnen aber nicht gelungen zu zeigen, wie eine solche Auffassung ohne Relativismus in der Wahrheitsfrage möglich ist und wie sie mit der klassischen Gestalt der Christologie vermittelt werden kann. Auch ist immer wieder gefragt worden, ob nicht auch der Pluralismus auf kriterialer Ebene den Aporien des Inklusivismus verhaftet bleibt.

Daher haben sich in den letzten Jahren immer wieder neue Ansätze auf dem Themenfeld der T. d. R. entwickelt. Für eine katholische Rezeption bes. interessant ist hier der Zugang der *Komparativen Theologie*, der auf der religionstheologischen Metaebene für eine Urteilsenthaltung wirbt, zugl. aber Methoden entwickelt, um bei vielen Einzelproblemen zu interreligiösen Verständigungen zu kommen (↑Interreligiöser Dialog). Methodisch führt dieser Zugang zu vermehrten theologischen Kooperationen über Religionsgrenzen hinweg, die es erlauben, die T. d. R. so zu verstehen, dass bei dieser Disziplin nicht nur der *genitivus subiectivus*, sondern auch der *genitivus obiectivus* in den Blick genommen wird, d. h. es werden Theologien erkennbar, die die anderen Religionen nutzen, um eigene theologische Erkenntnisse zu gewinnen.

### Literatur

F. G. Clooney/K. v. Stosch (Hg.): How to Do Comparative Theology, 2018 • M. Khorchide/K. von Stosch: Der andere Prophet. Jesus im Koran, 2018 • K. von Stosch: Komparative Theologie als Wegweiser in der Welt der Religionen, 2012 • F. G. Clooney: Comparative Theology, 2010 • G. D'Costa: Christianity and World Religions, 2009 • R. Bernhardt: Ende des Dialogs? Die Begegnung der Religionen und ihre theologische Reflexion, 2005 • P. Schmidt-Leukel: Gott ohne Grenzen, 2005 • P. F. Knitter: Introducing Theologies of Religions, [4]2004 • J. Dupuis: Toward a Christian Theology of Religious Pluralism, [2]2001 • J. Fredericks: Faith Among Faiths. Christian Theory and Non-Christian Religions, 1999 • S. M. Heim: Salvations. Truth and Difference in Religion, [2]1997 • J. H. Hick: Religion, 1996 • J. A. DiNoia: The Diversity of Religions. A Christian Perspective, 1992.

KLAUS VON STOSCH

## Theologische Fakultäten

### 1. Lange Tradition und neue Herausforderungen

Spätestens seit dem 14. Jh. gibt es t. F. Derzeit gibt es 19 evangelisch-t. und 11 katholisch-t. F. an staatlichen Universitäten. Dazu kommen acht t. F. an katholischen Hochschulen und zwei an evangelischen Hochschulen (↑Kirchliche Hochschulen). Auch für andere christliche ↑Konfessionen (alt-katholisch, orthodox) gibt es an einzelnen Universitäten theologische Angebote, allerdings ohne Verselbstständigung zu einer Fakultät. Die Kooperation von Staat und Kirche im Bereich der evangelischen und katholischen Theologie funktioniert nahezu geräuschlos. Probleme gibt es dennoch, etwa infolge der sinkenden Zahl von Studierenden. Gänzlich neue Herausforderungen stellen sich mit Blick auf die universitäre Etablierung der Theologie anderer Religionen.

### 2. Rechtsrahmen und verfassungsrechtliche Zulässigkeit

↑Theologie ist bekenntnisgebundene ↑Wissenschaft und unterfällt der ↑Wissenschaftsfreiheit gemäß Art. 5

Abs. 3 GG. Geschützt werden neben den Wissenschaftlern die Fakultät und die Universität. Die ↑Religionsfreiheit gemäß Art. 4 Abs. 1 und 2 GG schützt die Professoren, Studierenden etc., die ↑Kirchen und ↑Religionsgemeinschaften, nicht aber die t.n F. Theologie als Teil der kirchlichen Lehre fällt in den Schutzbereich des kirchlichen Selbstbestimmungsrechts (↑Kirche und Staat) gemäß Art. 140 GG i. V. m. Art. 137 Abs. 3 WRV. Vom Schutzbereich erfasst werden die Kirchen und die t.n F. Die ↑Landesverfassungen enthalten meist zusätzliche Verbürgungen der Wissenschaftsfreiheit, Religionsfreiheit und des kirchlichen Selbstbestimmungsrechts und bisweilen spezifische Aussagen zu t.n F. an staatlichen Universitäten. Vielfach finden sich in Kirchenverträgen (↑Staatskirchenverträge) Regelungen zu t.n F. (unten 3., 4.). Die vorstehend genannten Vorgaben werden durch die Hochschulgesetze des Bundes und der Länder flankiert, z. B. durch Verfahrensregelungen zur Sicherung der kirchlichen Mitwirkung.

Vereinzelt wird die verfassungsrechtliche Zulässigkeit t.r F. an staatlichen ↑Hochschulen bezweifelt, indem entweder die Wissenschaftlichkeit in Abrede gestellt oder ein Verstoß gegen das Gebot der Trennung von Staat und Kirche sowie den Neutralitätsgrundsatz (↑Neutralität) angenommen werden. Art. 7 Abs. 3 GG sieht jedoch ↑Religionsunterricht als ordentliches Lehrfach an öffentlichen Schulen vor, was eine wissenschaftliche Ausbildungsmöglichkeit an staatlichen Universitäten erfordert (BVerfGE 122,89 [109]). Die Religionsfreiheit weist neben dem Abwehrgehalt eine Schutzpflichtendimension auf. Der ↑Staat ist deshalb berechtigt, Maßnahmen zur Förderung der Religionsfreiheit zu treffen. T. F. und Studiengänge sind ein Ausdruck staatlicher Kulturverantwortung (OVG Niedersachsen, NVwZ 2000, 954 [956]).

### 3. Bestandsgarantien zugunsten theologischer Fakultäten

Aus den grundgesetzlichen Verbürgungen der Religionsfreiheit und des Religionsunterrichts wird man eine mittelbare Garantie wissenschaftlicher Theologie an staatlichen Hochschulen ableiten können. Das betrifft aber nicht den Bestand einzelner t.r F. Manche Landesverfassung kennt Bestandsgarantien zugunsten der vorhandenen t.n F. (z. B. Art. 150 Abs. 2 BayVerf). Auch einige Kirchenverträge enthalten Bestandsgarantien (etwa Art. 2 Abs. 1 des Evangelischen Kirchenverfassungsgesetzes NRW von 1984). Daraus folgt nur eine Mindestgarantie (sog.e *einfache Bestandsgarantie*). Land und Hochschule können die Zahl der Lehrstühle einer Fakultät verkleinern, solange eine fakultäre Mindestausstattung erhalten bleibt.

Andere Kirchenverträge kennen *qualifizierte Bestandsgarantien*, z. B. Art. 3 Abs. 1 Evangelischer Kirchenvertrag Berlin von 2006, der „mindestens elf Professuren" gewährleistet. Selbst wenn kirchenvertraglich nur eine einfache Bestandsgarantie vereinbart ist, kann das Gesetzesrecht zusätzliche Absicherungen zugunsten der t.n F. vorsehen. So können in Sachsen theologische Lehrstühle nur im Einvernehmen mit der Kirche umgewidmet werden (§ 105 Abs. 5 S. 2 i. V. m. § 59 Abs. 1 S. 1 i. V. m. § 105 Abs. 7 Sächsisches Hochschulfreiheitsgesetz).

Kirchenvertragliche Bestandsgarantien können durch Land und Kirche einvernehmlich gelockert werden (z. B. ZP vom 19.1.2007 zum Bayerischen Konkordat vom 29.3.1924; GVBl 2007: 449: zwei Fakultäten ruhen für 15 Jahre und werden solange durch Institute zur Religionslehrerausbildung ersetzt).

### 4. Mitwirkungsrechte der Kirchen bei der Personalauswahl

Die Einrichtung einer t.n F. ist eine staatliche Aufgabe. Die Theologieprofessoren sind i. d. R. staatliche ↑Beamte. Die Inhalte der Theologie werden jedoch durch die Professoren und die Kirchen verantwortet. Die t.n F. und die theologischen Studiengänge sind dabei von großer Bedeutung für die Ausbildung des für die Kirche tätigen Personals. Deshalb haben die Kirchen ein Interesse daran, Einfluss auf die Personalauswahl nehmen zu können. Verfassungsrechtlich geschützt ist dieses Interesse insb. durch das kirchliche Selbstbestimmungsrecht gemäß Art. 140 GG i. V. m. Art. 137 Abs. 3 WRV.

Teils gibt es hierzu spezifische Vorgaben in der Landesverfassung, z. B. Art. 111 Abs. 2 SächsVerf, wonach die Lehrstühle an t.n F. *im Benehmen* mit der Kirche besetzt werden. Die katholischen Kirchenverträge enthalten seit langem die eindeutige Aussage, dass Theologieprofessoren nicht ernannt werden, wenn die Kirche Bedenken im Hinblick auf Lehre oder Lebenswandel erhebt (sog.es *nihil obstat;* Einvernehmen). Klargestellt sei, dass die wissenschaftliche Qualität der ↑Forschung und Lehre des Bewerbers durch die zuständigen universitären Gremien beurteilt werden.

Die Regelungen in ↑evangelischen Kirchenverträgen sind traditionell weniger eindeutig gefasst und sehen meist lediglich die Möglichkeit gutachterlicher Äußerung der Kirche vor, allerdings nur hinsichtlich der Vereinbarkeit mit dem kirchlichen Bekenntnis. Mit Blick auf das kirchliche Selbstbestimmungsrecht aus Art. 140 GG i. V. m. Art. 137 Abs. 3 WRV wird man die Möglichkeit gutachterlicher Äußerung im Ergebnis als Einvernehmen verstehen müssen. Deutlicher formuliert ist dies in Art. 3 Abs. 2 Evangelischer Kirchenvertrag Baden-Württemberg von 2007: „Das zuständige Ministerium stellt sicher, dass gegen ein kirchliches Votum eine Berufung nicht eingeleitet und eine Einstellung nicht vorgenommen wird".

Bes. heikel wird es, wenn erst nach der Berufung kirchliche Bedenken gegenüber einem Theologieprofessor erhoben werden. Die katholischen Kirchenverträge verschaffen der Kirche ein Recht zu verlangen, dass die betroffene Person aus der t.n F. entfernt wird und auch keine theologischen Vorlesungen und Prüfungen mehr anbietet. Die betroffene Person scheidet also aus der katholisch-t.n F. aus, behält jedoch die beamtenrechtliche Position. Die Professur wird dann umgewidmet und einer anderen Fakultät zugeordnet. Im Fachgebiet der katholischen Theologie entsteht dann eine Lücke. Manche Kirchenverträge verpflichten den Staat ausdrücklich zur Schaffung von Ersatz. Ohne Regelung ist eine staatliche Ersatzpflicht nur zu bejahen, wenn anderenfalls die Mindestausstattung einer Fakultät unterschritten würde.

In den evangelischen Kirchenverträgen fehlen meist Regelungen zur nachträglichen Beanstandung eines Theologieprofessors. Spätestens dann, wenn ein Theologieprofessor sich völlig vom christlichen Glauben löst, verliert er die Eignung und Befähigung für dieses konfessionsgebundene ↑Amt. Aus dem kirchlichen Selbstbestimmungsrecht folgt dann, dass die evangelische Kirche das Recht hat, die Entfernung dieses Hochschullehrers zu verlangen. Allerdings ist aus dem Selbstbestimmungsrecht nicht abzuleiten, dass der Staat verpflichtet ist für Ersatz zu sorgen. Günstiger für die evangelische Theologie ist Art. 3 Abs. 3 Evangelischer Kirchenvertrag Baden-Württemberg von 2007, der der evangelischen Kirche ausdrücklich ein nachträgliches Beanstandungsrecht mit Ersatzanspruch verschafft.

Die vorstehend skizzierten kirchlichen Mitwirkungsrechte sind grundgesetzkonform (BVerfGE 122,89 [107 ff.]): Die Wissenschaftsfreiheit des Hochschullehrers, der seine beamtenrechtliche Position behält, findet eine Grenze im kirchlichen Selbstbestimmungsrecht.

#### 5. Ansätze zur Errichtung theologischer Fakultäten anderer Religionen

Im November 2013 wurde die *Potsdam School for Jewish Theology* (↑ Judentum) als Institut innerhalb der Philosophischen Fakultät der Universität Potsdam gegründet, welches eng mit zwei als An-Instituten organisierten Rabbinerseminaren kooperiert. Diesem Institut sind sieben Lehrstühle zugeordnet; es hat das Promotions- und Habilitationsrecht. Im Ergebnis kommt dies einer jüdischen-t.n F. sehr nahe. Kooperationspartner auf jüdischer Seite sind jüdische Gemeinschaften des liberalen und konservativen Bekenntnisses (↑ Jüdische Organisationen).

Eine islamische-t. F. gibt es bislang nicht, immerhin Lehrstühle und Institute für islamische Theologie, die anderen Fakultäten zugeordnet sind und insb. der Ausbildung von Geistlichen und Religionslehrern dienen. Da es aufgrund der Organisationsstruktur des ↑Islams für den Staat schwierig ist, einen hinreichend legitimierten Kooperationspartner zu finden, werden häufig Beiräte zur beratenden Mitwirkung an Berufungen und Prüfungsordnungen geschaffen, in denen verschiedene islamische Vereine (↑Islamische Organisationen) sowie Einzelpersönlichkeiten Mitglieder sind. In Hamburg gibt es seit 2012 einen Vertrag mit den islamischen Verbänden. Gemäß Art. 5 haben die Verbände bei der Berufung eines Hochschullehrers die Möglichkeit der Stellungnahme, ferner Gelegenheit zur Äußerung, wenn ein Professor für islamische Theologie in seiner Lehre erheblich von islamischen Glaubensgrundsätzen abweicht, und werden in die Erarbeitung der Studien- und Prüfungsordnungen und in die Akkreditierung der Studiengänge einbezogen. Förmliche Vetorechte erhalten die islamischen Verbände nicht.

#### Literatur

L. Hentzschel: Das Verhältnis des Selbstbestimmungsrechts der Religionen und die Freiheit der Wissenschaft, in: DÖV 8/72 (2019), 305–312 • C. Waldhoff: Theologische Fakultäten in einer säkularen Gesellschaft, in: A. Schavan/G. Thüsing (Hg.): Kirchlicher Dienst in säkularer Gesellschaft, 2019, 607–624 • J. Ennuschat: Hochschule und Religion, in: NWVBl 2/31 (2017), 89–98 • C. D. Classen: Organisationsrechtliche Fragen der Theologie, in: JZ 3/69 (2014), 111–120 • C. Bäcker: Theologie als Wissenschaft, in: Der Staat 49/3 (2010), 477–489. JÖRG ENNUSCHAT

## Thomismus

I. Philosophisch – II. Theologisch

### I. Philosophisch

#### 1. Begriffsgeschichtliche Vorbemerkungen

Mit T. ist eine bis heute wirksame philosophisch-theologische Lehrrichtung bzw. Denkströmung benannt, die sich am Werk und am Denken des Thomas von Aquin orientiert und versucht, dessen Theorien und Ideen zu tradieren und gleichzeitig für die eigene Epoche fruchtbar zu machen. Gemeint ist weniger eine Schule, als vielmehr eine komplexe Denkrichtung, in der sich religiöse, kirchen- und ordenspolitische Interessen an der Person des 1323 heiliggesprochenen und 1567 zum Kirchenlehrer erhobenen Dominikaners Thomas mit philosophisch-theologischen Ansprüchen verbinden.

Der Begriff findet sich bereits im 14. Jh. als Bezeichnung für die unmittelbaren Schüler und Anhänger des Thomas als *thomistae*. Im heutigen Sprachgebrauch hat sich eingebürgert, den Begriff „T."/„thomistisch" für jenes normative und enthistorisierte Lehrsystem zu benutzen, das sich über die Jahrhunderte hinweg als die rechte Auslegung und Weiterentwicklung des Thomas verstanden hat. In Anlehnung an die seit Ende des 19. Jh. entstehende Neuscholastik wird auch von „Neu-T." gesprochen. Im Zuge der als Reaktion darauf eintretenden historisch-kritischen Erforschung der Philosophie des Mittelalters wird hingegen der Bezug auf Leben und Werk des historischen Thomas als „thomanisch" oder „thomasisch" bezeichnet und bewusst von „thomistisch" abgegrenzt. (Mit einer Einschränkung im Englischen, in der dieser Unterschied nur zwischen *thomistic* und *neothomistic* gesetzt werden kann.)

### 2. Historische Stationen

Gemeinhin lassen sich drei historische Phasen des T. unterscheiden: Zunächst ein mittelalterlicher T. (13.–15. Jh.), der geprägt ist durch die Pariser Lehrverurteilung von 1277, von der auch (obgleich er namentlich nicht erwähnt wird) mehrere aristotelisch geprägte Thesen des Thomas betroffen sind. Dies führt zu ersten Auseinandersetzungen – auch innerhalb des Dominikanerordens – um die rechte Auslegung der keineswegs unumstrittenen thomanischen Lehren; u.a. in Gestalt von Korrektorien und Gegenkorrektorien. Hier bewahrheitet sich die These, dass der T. eher aus einem Anti-T. entstanden ist und weniger dadurch, dass Thomas eine Schulgründung beabsichtigt hätte. Die Verteidigung des Thomas findet ihren Höhepunkt in der durch den Dominikanerorden betriebenen Institutionalisierung seiner Lehren als *opinio communis*. Auf die Heiligsprechung 1323 erfolgt die volle Rehabilitation durch die Kirche. Unter den mittelalterlichen Thomisten ragt namentlich der auch als *princeps Thomistarum* benannte Johannes Capreolus hervor.

Ein weiterer Abschnitt in der Geschichte des T. umfasst das 16.–18. Jh. Hier beginnt sich – v.a. in Spanien, Portugal und Italien – ein T. zu konsolidieren, der den Rückgriff auf Thomas bewusst vollzieht, um auf die Herausforderungen durch die ↑Reformation zu reagieren. Bes. einflussreich ist Thomas Cajetan, dessen Thomasinterpretation bis in die Neuzeit hinein maßgeblich bleibt. 1567 wird Thomas zum Kirchenlehrer erhoben und infolgedessen ersetzt seine „Summa theologiae" zunehmend als klassisches Lehrbuch die „Sentenzen" des Petrus Lombardus. Auch die Schule von Salamanca (Francisco de Vitoria, Domingo Báñez) bringt bedeutende Kommentierungen des Thomas hervor, die nicht nur die Grundlage des philosophisch-theologischen Curriculums bilden, sondern auch die Auseinandersetzung mit der frühneuzeitlichen ökonomischen, rechtlichen und politischen Lage widerspiegeln. An der Universität von Coimbra verfasst João Poinsot einen wirkmächtigen „Cursus philosophicus thomisticus".

Die dritte Phase, der sog.e Neu-T. (19./20. Jh.), ist erneut durch einen bewusst vollzogenen, aber weitgehend enthistorisierten Rückgriff auf Thomas gekennzeichnet; Ziel ist es – so formuliert es die Enzyklika „Aeterni patris" Leo XIII. von 1879 –, den die Einheit von ↑Glaube und Vernunft bedrohenden modernen Philosophien eine wahre christliche Philosophie entgegenzusetzen. Der T. als geschlossenes normatives Denksystem, das in deduktiver Form auf nahezu alle Bereiche der Philosophie anwendbar ist, droht hier zum „Kampfbegriff" in der Konfrontation mit einer als relativistisch und antichristlich interpretierten ↑Moderne zu werden. Zu seinen bedeutendsten Vertretern zählen Joseph Kleutgen, Désiré-Joseph Mercier, Gallus Maria Manser, Réginald Garrigou-Lagrange, Jacques Maritain und Étienne Gilson. Freilich gibt es auch vermittelnde Versuche, etwa den transzendentalen T., der die Konfrontation mit Immanuel Kant sucht (Joseph Maréchal), oder schließlich auch die ausdrücklich als notwendig geforderte Hinwendung zur historisch-kritischen Erforschung der Kontexte des thomanischen Denkens und Wirkens (Franz Ehrle, Heinrich Denifle, Martin Grabmann).

Der Begriff T. wird heute i.d.R. nur noch im historischen Sinne benutzt; überlebt hat er im angelsächsischen Raum, wo als *analytical thomism* der Versuch bezeichnet wird, Thomas mit der analytischen Philosophie ins Gespräch zu bringen (Peter Thomas Geach, Anthony Kenny, Alasdair MacIntyre, Eleonore Stump).

### 3. Inhaltliche Merkmale

Typische Merkmale des T. lassen sich überblickshaft für jede philosophische Disziplin nennen: Die Unterscheidung einer natürlichen und einer übernatürlichen Ordnung, die Orientierung an Aristoteles und seinem Rationalitätsmodell (↑Rationalität), der Hylemorphismus, die Realdistinktion von *esse* und *essentia*, die Analogielehre, die Annahme der Materie als Prinzip der Individuation, die Ausrichtung des Menschen auf ein Letztziel, die Ablehnung angeborener Ideen, die Erkennbarkeit Gottes als letzter Ursache, die Priorität des Intellektes vor dem Willen, die Etablierung eines vom göttlichen Gesetz abgeleiteten ↑Naturrechtes. Insb. Letzteres betrifft einen Punkt, in dem die Ansichten des T. sich am weitesten von Thomas entfernt und sich in Gestalt einer eigenen Naturrechtstheorie verselbständigt haben.

Grundsätzlich ist der T. ein reaktives Phänomen im mehrfachen Sinne des Wortes: In den ersten Jahrhunderten nach Thomas' Tod formiert er sich zum einen als Reaktion auf Angriffe, die die Lehre des Thomas in Frage stellen; zum anderen positioniert er sich in den intellektuellen Debatten seiner Zeit stets in Abgrenzung von einer nominalistischen *via moderna*, wie sie das 14./15. Jh. ausruft. Dieses konservative Selbstverständnis teilt der mittelalterliche T. mit den späteren Jahrhunderten, in denen die Rückkehr zu Thomas gefordert wird, weil sich dort die normative Idealgestalt einer unabhängig von allen historischen Kontexten geltenden *philosophia perennis* verwirklicht sehe.

### 4. Ausblick: Thomasforschung heute

Seit Mitte des 20. Jh. wird der T. zunehmend infrage gestellt und als eine Systembildung kritisiert, die der Person und dem Werk des Thomas nicht nur nicht entspricht, sondern beide sogar ideologisch verfremdet. Die Thomasforschung wendet sich deshalb dem historischen Thomas zu und entdeckt in einer solchen unvoreingenommenen, hermeneutisch reflektierten Relektüre neue Einsichten, die zu einer Neukontextualisierung seiner Schriften und zu einer Neuinterpretation seiner Lehren führen. Darüber hinaus eröffnet die historisch-kritischen Standards verpflichtete Erforschung der thomanischen Philosophie die Möglichkeit, Thomas als anschlussfähig an aktuelle philosophische Fragestellungen zu deuten. Dies zeigt sich etwa in der Interpretation der thomanischen Metaphysik als Transzendentalwissenschaft (Jan Adrianus Aertsen) oder in der oben bereits genannten analytischen Thomasforschung. Die größten Umwälzungen haben allerdings auf dem Gebiet der ↑praktischen Philosophie stattgefunden, wo mit der Rekonstruktion des aristotelischen Hintergrundes der thomanischen Ethik (Wolfgang Kluxen) ein Modell der autonomen praktischen Vernunft zutage tritt, das das thomistische Naturrechtsdenken in seiner deduktivistischen Struktur erheblich korrigiert.

### Literatur

I. Mandrella: „Ungeschichtlich und ungesund". Franz Ehrle und Martin Grabmann über das Studium des Thomas von Aquin, in: K. Krips/S. Mokry/K. Unterburger (Hg.): Aufbruch in der Zeit, 2020, 195–206 • M. Szatkowski (Hg.): Analytically Oriented Thomism, 2015 • I. Iribarren: Thomism, in: H. Lagerlund (Hg.): Encyclopedia of Medieval Philosophy, Bd. 2, 2011, 1302–1308 • C. Paterson (Hg.): Analytical Thomism, 2006 • J. A. Weisheipl: Thomism, in: T. Carson/J. Cerrito (Hg.): New Catholic Encyclopedia, Bd. 14, ²2003, 40–52 • O. H. Pesch: Thomas von Aquino (1224–1274)/Thomismus/Neuthomismus, in: TRE, Bd. 33, 2002, 433–474 • J. Haldane u. a.: Analytical Thomism, in: The Monist 80/4 (1997) • A. de Libéra: Thomisme, in: S. Auroux (Hg.): Les notions philosophiques. Dictionnaire, Bd. 2, 1990, 2599–2602 • E. Coreth/W. M. Neidl/G. Pfligersdorffer (Hg.): Christliche Philosophie im katholischen Denken des 19. und 20. Jahrhunderts, Bd. 2, 1988 • J. Donceel: Transcendental Thomism, in: The Monist 58/1 (1974), 67–85 • R. Garrigou-Lagrange: Thomisme, in: A. Vacant/E. Mangenot/É. Amann (Hg.): Dictionnaire de théologie catholique, Bd. XV/1, 1946, 823–1023.

ISABELLE MANDRELLA

## II. Theologisch

Im Kontext des sog.en Korrektorienstreits formierte sich bald nach dem Tod des Thomas von Aquin 1274 ein früher T. als offiziell unterstützte Lehre innerhalb des Dominikanerordens, wobei die Rezeption fremder Lehrelemente nicht ausgeschlossen war. Spezifisch theologische Kontroversthemen betrafen die thomanische Lehre über die Möglichkeit einer Ewigkeit der Welt, die Einheit der substantiellen Wesensform (mit ihren anthropologischen und christologischen Konsequenzen), die Individualität der Engel, die dogmatischen Folgen der Verhältnisbestimmung von Sein und Wesen bei Thomas und die theologische Wissenschaftslehre. Die Heiligsprechung des Thomas 1323 bestätigte seine gesamtkirchliche Autorität. Ab dem 15. Jh. nahm der T. eine zentrale Stellung in der sich verfestigenden theologischen Schullandschaft ein. Antoninus von Florenz OP verfasste mit seiner „Summa theologica" (1477) das wichtigste moraltheologische Werk (↑Moraltheologie) der Epoche. In der Auseinandersetzung mit dem Konziliarismus traten thomistische Theologen als Unterstützer des päpstlichen Primats auf (Juan de Torquemada OP, „Summa de Ecclesia" [1453]). Die bis dahin qualitätvollste Gesamtdarstellung der Theologie vom Standpunkt eines strikten T. stellten die apologetisch ausgerichteten „Defensiones theologiae divi Thomae" (1483) des Johannes Capreolus OP *(princeps Thomistarum)* dar. Der wichtigste Thomist im frühen 16. Jh. war Thomas Cajetan OP, dessen großer Summenkommentar (erschienen ab 1508) bis ins frühe 20. Jh. zu einem Referenzwerk avancierte. In dieser Zeit setzte sich die thomanische STh in den meisten Schulen endgültig als Grundlage des theologischen Unterrichts und der systematischen Behandlung der dogmatischen Traktate durch. Bes.n Einfluss entfalteten Cajetans Thesen zu Papst und Ablass, während bestimmte Eigenlehren schon bei Zeitgenossen Kritik hervorriefen. Papst Pius V. erhob Thomas 1567 zum Kirchenlehrer. Bedeutsam für die fortgesetzte Präsenz des T. in der nachreformatorischen Theologie wurde die dominikanische Schule von Salamanca. Die Thomaskommentare des Francisco de Vitoria OP blieben wie diejenigen des Melchor Cano OP ungedruckt. M. Canos berühmtes Werk „De locis theologicis" (1563) zeigt die Offenheit des frühen Salmanticenser T. für die Aufnahme von Impulsen des ↑Humanismus und einer verfeinerten theologischen Wissenschaftstheorie. Domingo de Soto OP gehörte zu den einflussreichen Theologen auf dem Konzil von Trient, das u. a. in seiner Lehre über ↑Glaube und ↑Sakramente eine deutlich thomistische Prägung zeigt. Während die publizierten Schriften der ersten Generation salmanticensischer Thomisten v. a. durch ihre Erörterung neuer moralischer, juridischer, ökonomischer und politischer Fragestellungen Maßstäbe setzten, kamen in der Folgezeit auch umfangreiche Summenkommentare in den Druck (Bartholomé de Medina OP, Domingo Báñez OP). D. Báñez wurde durch seine Kritik an der Lehre des Jesuiten Luis de Molina über das Verhältnis zwischen Gottes Gnade und menschlicher ↑Freiheit zum Protagonisten der thomistischen Fraktion im sog.en Gnadenstreit (neben Thomas de Lemos OP und Diego Álvarez OP). Bezeichnend für sie war die Betonung des souveränen Primats des göttlichen Willens gegenüber dem menschlichen *(praemotio/praedeterminatio physica, gratia efficax)*. Gegner der thomistischen Schule stellten deren Thesen nicht selten in die Nähe zu calvinistischen und jansenistischen Irrtümern. In eine zunehmende Distanz zur Jesuitentheologie traten die Thomisten seit Mitte des 17. Jh. auch durch ihre Bevorzugung des Probabilismus gegenüber dem Probabiliorismus in der Morallehre. Weitere bedeutende thomistisch orientierte Summenkommentare verfassten u. a. die Dominikaner Johannes a S. Thoma, Pedro de Godoy und Jean-Baptiste Gonet. Die starke thomistische Prägung der Karmelitenschule dokumentiert sich in dem von mehreren Verfassern des Konvents zu Salamanca erarbeiteten großen „Cursus theologicus" (1631–1704). Im 18. Jh. flaute mit dem allg.en Rückzug der scholastischen Theologie und dem institutionellen Niedergang des Dominikanerordens in vielen Teilen Europas die thomistische Literaturproduktion stark ab. Impulse zu einer Rückbesinnung auf Thomas gingen in der ersten Hälfte des 19. Jh. v. a. von Italien aus und wurden bald in ganz Europa wirksam. Das Anliegen dieser „Neuscholastik" war zunächst eine Erneuerung der katholischen Philosophie gegen die als glaubensgefährdend bewerteten neuzeitlichen Denkströmungen durch Rückkehr zu den Prinzipien der ↑Scholastik, v. a. im Werk des Thomas. Bald griff die Bewegung auch auf die Theologie aus. Nachdem sie bereits im Pontifikat Pius IX. lehramtliche Unterstützung erfahren hatte, setzte sie sich mit der Enzyklika „Aeterni Patris" Leos XIII. (1879) universalkirchlich durch. Fast alle Lehrbücher der katholischen ↑Dogmatik waren in den nachfolgenden Jahrzehnten neuscholastisch geprägt, wobei die Ausrichtung an Thomas auch bei nicht-dominikanischen Autoren durchgängig stark war (vgl. etwa Mathias Joseph Scheeben oder Louis Billot SJ). Allerdings trugen die bleibende Rückbindung an die nachtridentinische Kommentartradition und veränderte Darstellungsformen dazu bei, dass Abweichungen von der urspr.en Lehre des Thomas oft unreflektiert blieben. Wichtige theologische Debatten der Zeit betrafen u. a. das Verhältnis zur Philosophie, die Gnadenlehre sowie die Themen der Dogmatisierungen von 1854 und 1870 (Mariologie bzw. Papsttum [↑Papst]/Ekklesiologie). Faktisch förderte der Neu-T. aber auch die Herausbildung einer kritischen Scholastikforschung, deren genuine Erschließung und historische Kontextualisierung des thomanischen Denkens wichtige Voraussetzungen für theologische Erneuerungsbewegungen im 20. Jh. schufen. In diesen waren thomistische Impulse noch zur Zeit des ↑Zweiten Vatikanischen Konzils allgegenwärtig (etwa bei Vertretern der sog.en *Nouvelle Théologie* und vielen einflussreichen Konzilstheologen), während v. a. im romanischen Raum auch ein strenger Schul-T. präsent blieb (vgl. Réginald Garrigou-Lagrange OP). Obwohl das Konzil weiterhin eine Ausrichtung des Dogmatikstudiums an der Theologie des Thomas empfiehlt (vgl. OT 16; can. 252 §3 CIC/1983), ist die thomistische Prägung der katholischen Systematik seitdem stark zurückgegangen und die historische Scholastikforschung hat innerhalb der Theologie an Bedeutung verloren. Systematische Theologie mit explizit thomistischer Ausrichtung wird aber vereinzelt auch heute noch gelehrt, etwa an Dominikanerhochschulen des französischen und englischen Sprachraums.

### Literatur

D. Berger/J. Vijgen (Hg.): Thomistenlexikon, 2006 • R. Cessario: A Short History of Thomism, 2005 • G. Prouvost: Thomas d'Aquin et les thomismes, 1996.

THOMAS MARSCHLER

## Tierethik

### 1. Begriff

T. ist ↑Ethik, die nach einem angemessenen Umgang des Menschen mit dem Tier fragt. Sie kann eine eigene Bereichsethik sein, wie es sie seit den 1970er Jahren gibt. Sie kann aber auch Querschnittsmaterie von Bereichsethiken oder ethischen Ansätzen sein, insofern diese Auswirkungen auf Tiere reflektieren. Als solche kommt sie seit der Antike vor. Im engeren Sinne kann man von T. erst sprechen, wenn dem Tier direkt ein moralischer Status a priori zugestanden wird, wenn es also um seiner selbst willen Beachtung findet. Ist dies nicht der Fall und kommt das Tier nur indirekt um des Menschen willen in den Blick, lässt sich bestenfalls in einem weiten Sinn von T. sprechen.

Wie die meisten Bereichsethiken ist auch die T. im 21. Jh. nicht ohne den Kontext der globalisierten Ökonomie zu denken. Das gilt unmittelbar einleuchtend für die kommerzielle Tiernutzung, betrifft aber ebenso die Heimtierhaltung und den Umgang des Menschen mit Wildtieren.

### 2. Tierethik in der Bibel

Die Bibel gibt den Tieren breiten Raum und weist zudem eine Fülle tierethischer Normen auf. In den Schöpfungserzählungen (Gen 1–9) wird die große Nähe und Ähnlichkeit zwischen Mensch und Tier dargestellt. Beide sind unmittelbar von Gott geschaffen und teilen Lebensräume und Nahrung der Erde (Gen 1). Beide sind von der Erde genommen, mit dem Lebensatem beschenkt und kehren zum Staub der Erde zurück (Gen 2–3). Beide sitzen im selben Boot und können nur miteinander überleben (Gen 6–8). Beide sind Bundesgenossen Gottes und haben damit moralischen Status (Gen 9). Sie müssen gerecht behandelt werden. Der Mensch übernimmt dabei als Stellvertreter (Hirte, Haushalter, „Ebenbild") Gottes die ↑Verantwortung dafür, dass allen Geschöpfen der ihnen zustehende Lebensraum auch wirklich zukommt. Die Tiere sind ihm zur Fürsorge anvertraut, er darf ihnen Namen geben (Gen 2).

In den Rechtsnormen der Tora, insb. im Gebot der Sabbatruhe, genießt das Tier einen ähnlichen Rechtsschutz wie sozial schlecht gestellte Menschen. So kommt darin ein starkes Mitgefühl mit den Tieren zum Ausdruck, wie es auch die narrativen Texte der Bibel prägt. Von Bedeutung ist, dass sowohl das AT als auch das NT die Tiere in die Erlösungsvorstellungen einbezieht. Nach Jes 11 u. a. nehmen sie teil am messianischen Friedensreich, in dem Wolf und Lamm, Kuh und Bärin, Säugling und Natter beieinanderwohnen. Nach Röm 8 sollen sie wie der Mensch „zur Freiheit und Herrlichkeit der Kinder Gottes" gelangen. Während Mensch und Tier auf Erden in Konkurrenz zueinander stehen und diese nur durch ↑Gerechtigkeit auffangen können, verheißt die Bibel in der Vision vom Schöpfungsfrieden, dass diese Konkurrenz einem friedlichen Miteinander in der Fülle des Lebens Platz machen wird.

### 3. Tierethik in der antiken Philosophie

Im Gegensatz zur Bibel ist die Position des Tieres in der griechischen Philosophie weitaus prekärer. „Seit ca. 400 und besonders gern im Hellenismus und in der römischen Kaiserzeit werden die Tierethiken [...] als ἄλογα [aloga] bezeichnet: Sie sind die Lebewesen ohne Logos, also sprachlose und dann auch vernunftlose Wesen." (Dierauer 1998: 1196) Mit Diogenes von Apollonia und Sokrates taucht der Gedanke auf, Tiere seien nur um des Menschen willen geschaffen. Auf diese Weise setzt sich eine materiale Anthropozentrik durch, die dem Tier keinen moralischen Status um seiner selbst willen zuerkennt. Zwar gehen manche von einer Seelenwanderung zwischen Mensch und Tier aus (Pythagoras, Platon u. a.) oder betonen die Fähigkeit der Tiere, Lust und Schmerz zu empfinden (Aristoteles), doch eine größere Ähnlichkeit zwischen Mensch und Tier und eine Denkfähigkeit der Tiere nehmen nur wenige an (Theophrast, Porphyrios, Straton, Karneades, Plutarch). Mit der Stoa, die den Graben zwischen dem vernunftfähigen Menschen und dem vernunftlosen Tier am breitesten zieht, neigt sich die Waagschale endgültig zugunsten einer strikten Anthropozentrik.

### 4. Tierethik vom frühen Christentum bis zur Gegenwart

Gestützt durch die Bibel lebt die griechische Minderheitenposition, die den Tieren moralischen Status um ihrer selbst willen zugesteht, auch in der Kirche weiter. Bes. im Mönchtum gewinnt sie – teilweise noch bis heute – starken Rückhalt. Die Gesamtkirche hingegen folgt der Position Augustinus', der die griechische Mehrheitsmeinung von den vernunftlosen Tieren vertritt und ihnen anders als Paulus keinen Platz im Himmel einräumt. Mehr und mehr sickert in kirchliches Lehren und theologisches Denken diese material anthropozentrische Position ein, die die biblischen Impulse übersieht bzw. in ihrem Sinne umdeutet. Bis weit in die Neuzeit hinein bleibt sie dominant.

Die Wende beginnt mit Jeremy Bentham und dem ↑Utilitarismus. Für ihn ist nicht entscheidend, ob Tiere denken oder sprechen können, sondern ob sie fühlen, Lust und Schmerz empfinden können (Pathozentrik). Gemäß dem utilitaristischen Ziel, „das größte Glück der größten Zahl" zu befördern, sei der Mensch verpflichtet, alle schmerzempfindenden Wesen in seiner Urteilsbildung zu berücksichtigen. Die schmerzfreie Tötung von Tieren ist im Utilitarismus aber nicht prinzipiell verboten. Das gilt auch für den gegenwärtig einflussreichsten utilitaristischen Tierethiker, Peter Singer. Zwar lehnt er die Tiertötung auf Grund der Massentierhaltung ab, ein prinzipielles Argument gegen sie hat er aber nicht in der Hand.

Gegenspieler P. Singers und des Utilitarismus ist die Tierrechtsethik von Tom Regan. Sie erkennt intelligenten Tieren den Status von „Subjekten eines Lebens" (Regan 1983: 243) zu, die umfassende Rechte besitzen, u. a. das Recht auf Leben und körperliche Integrität, das nur in Notwehr suspendiert werden darf. T. Regan verbindet den Subjektstatus der intelligenteren Tiere mit einem Verbot ihrer Nutzung und fordert deswegen eine völlige Abschaffung der Tierwirtschaft.

Ausgehend von der Debatte zwischen P. Singer und T. Regan werden gegenwärtig eine Reihe weiterer Ansätze der T. entwickelt. Sie reichen von feministischen (Lori Gruen) und pragmatistischen (Cora Diamond, Alice Crary) zu kontraktualistischen (Mark Rowlands) und relationistischen (Elisabeth Anderson, Clare Palmer) Modellen. Ihr Pluralismus ist innerhalb weniger Jahrzehnte enorm gewachsen.

### 5. Systematische Überlegungen

Eine moderne, biblisch inspirierte T. wird sich auch um der Kompatibilität mit den gängigen Tierschutzgesetzen willen im Rahmen klassischer Gerechtigkeitstheorien bewegen. In ihr haben Tiere einen „Eigenwert" (Paul Taylor, Friedo Ricken, Papst Franziskus in der Enzyklika „Laudato si'") bzw. eine ↑„Würde" (Andrew Linzey, Hans Münk, Michael Rosenberger), weil sie Träger eigener Güter sind und ein praktisches Selbstverhältnis aufweisen (philosophisch) bzw. als Mitgeschöpfe Gottunmittelbarkeit besitzen und in die Erlösung einbezogen sind (theologisch). Sie dürfen daher niemals bloß als Mittel für menschliche Zwecke behandelt werden, sondern sind um ihrer selbst willen anzuerkennen. Das verbietet weder ihre Nutzung noch ihre Tötung, verpflichtet aber zu einer unparteilichen Abwägung ihrer Güter. Erfordernisse von Ökosystemen und Wirtschaftssystemen spielen darin eine Rolle und können im Grenzfall Vorrang beanspruchen, sofern das Einzelwohl von Mensch und Tier durch sie erst ermöglicht wird (Gemeinwohlprinzip, ↑Gemeinwohl). Sie sind aber keine Legitimation für die gegenwärtige, eindeutig ungerechte ↑Ausbeutung zahlloser Tiere. Das Gerechtigkeitspostulat für Tiere in die Praxis umzusetzen erfordert fundamentale Reformen.

### Literatur

H. Grimm/M. Wild: Tierethik zur Einführung, 2016 • J. S. Ach: Tierethik, in: A. Ferrari/K. Petrus (Hg.): Lexikon der Mensch-Tier-Beziehung, 2015, 340–343 • M. Rosenberger: Der Traum vom Frieden zwischen Mensch und Tier. Eine christliche Tierethik, 2015 • T. Regan u. a.: Animal Welfare and Rights, in: B. Jennings (Hg.): Bioethics, Bd. 1, 2014, 240–284 • U. Dierauer/W. U. Eckart/A. von der Luhe: Tier, Tierseele, in: HWPh, Bd. 10, 1998, 1196–1217 • G. M. Teutsch: Mensch und Tier. Lexikon der Tierschutzethik, 1987 • T. Regan: The Case for Animal Rights, 1983.

MICHAEL ROSENBERGER

# Tierschutz

I. Rechtliche Aspekte – II. Bereichsethik im Umbruch

## I. Rechtliche Aspekte

### 1. Einleitung

T. ist die Gesamtheit der rechtlichen und praktischen Bestrebungen und Maßnahmen, um nachteilige Einwirkungen auf Tiere, die v.a. von Menschen ausgehen, zu verhindern und abzumildern. Anhand der drei sich überlappenden Hauptmotive wird der anthropozentrische, ethisch fundierte und religiöse T. unterschieden.

In Zeiten der ↑Globalisierung, Postindustrialisierung und ↑Digitalisierung sind die meisten lebenden Tiere nur ein Glied in transnationalen Wertschöpfungsketten. Der Wettbewerb in den tierverarbeitenden Branchen und der Standortwettbewerb der Staaten provozieren eine immer intensivere Tierausbeutung und bergen die Gefahr einer Abwärtsspirale der Schutzstandards. Zeitgemäße T.-Bestrebungen sollten deshalb auf globale Mindestnormen gerichtet werden, die allerdings *bottom-up* aus lokalen ethischen Vorstellungen heraus entwickelt werden müssen.

### 2. Tierschutzrecht

Zum T.-Recht im weiteren Sinne gehören alle Rechtsnormen, die ein verbindliches Minimum des Schutzes bei der Tiernutzung anordnen, einschließlich der Vorschriften in Rechtsgebieten wie Jagdrecht, Agrarrecht oder Lebensmittelrecht. Beginnend mit einem englischen Gesetz aus dem Jahr 1822 haben mittlerweile 84 Staaten (der insgesamt 193 Staaten der Welt) T.-Gesetze erlassen und/oder verbieten zumindest Tierquälerei.

Vertreter der kritischen Tierrechtswissenschaften *(legal animal studies)* sehen im herkömmlichen Recht primär ein Tiernutzrecht oder bestenfalls ein Tierleidminimierungsrecht, das die institutionalisierte ↑Gewalt gegen Tiere verstetigt. In neuster Zeit ist das „Tierwohl" zum Leitbegriff der Rechtssetzung avanciert (z.B. die Querschnittsklausel des Art. 13 AEUV). Die Begriffsverschiebung zeigt einen Perspektivenwechsel an: Während T. das ist, was Menschen mit Tieren machen, ist Tierwohl das, was Tiere brauchen. Tierwohl wird heute auf drei sich überlappende Dimensionen bezogen: auf die grundlegende Gesundheit und körperliche Funktionsfähigkeit des Tieres, seine affektiven Zustände und sein artgerechtes Leben (vgl. die Legaldefinition in Art. 3 lit. b) Schweizer Tierschutzgesetz vom 16.12. 2005).

Das tierliche Wohlbefinden ist also das zentrale Schutzgut des Rechts. Eine Besonderheit des deutschen und österreichischen Rechts ist der grundsätzliche Lebensschutz (§§1 und 17 TierSchG; §1 österreichisches Tierschutzgesetz). Im deutschen ↑GG findet sich außerdem seit 2002 das Staatsziel (↑Staatszielbestimmungen) „Tierschutz" (Art. 20a GG). Im schweizerischen Recht wird weitergehend die „Würde der Kreatur" geschützt (Art. 120 BV, Art. 1 und 3 lit. a) Schweizer Tierschutzgesetz). Die Tierwürde ist nicht absolut, sie schützt (nur) vor „übermäßiger Instrumentalisierung" (Art. 3 lit. a).

Die Zielsetzung des T.es und der ihm dienenden Rechtsnormen hat sich im Lauf der Geschichte gewandelt. In neueren Gesetzen wird die Mitgeschöpflichkeit des Tieres (§1 TierSchG; §1 österreichisches Tierschutzgesetz) oder der „intrinsische Wert" der Tiere genannt (EU RL 2010/63, Erwägungsgrund 12). Diese Formulierungen kennzeichnen den „ethisch begründeten Tierschutz", so die deutsche ständige Rechtsprechung (z.B. BVerfGE 101,1, Rdnr. 136; BVerfGE 104,337, Rdnr. 36; BVerwG 3 C 30.05, Urteil vom 23.11.2006, Rdnr. 12).

Das T.-Recht ist durch unbestimmte Rechtsbegriffe gekennzeichnet. So verbietet §1 des deutschen TierSchG die Zufügung von Leiden, Schmerzen oder Schäden „ohne vernünftigen Grund". Andere Rechtsakte verbieten die Verursachung von „unnötigem Leiden" (Art. 3 EU-Tiertransport-VO Nr. 1/2005 vom 22.12.2004, ABl.EU 2005 L 3/1; Art. 3 der EU-Nutztier-RL 98/58/EG vom 20.7.1998, ABl.EG 1998 L 221/23; Art. 445.1. §1 a) des kanadischen Strafgesetzbuchs [1985]) oder „vermeidbarem" Leiden (Art. 4 Abs. 2 des belgischen Tierschutzgesetzes vom 14.8.1986). Diese Begriffe sind Einfallstore für die Abwägung zwischen Tierleid und menschlichen Nutzungszwecken. Sie könnten theoretisch dynamisch durch Auslegung in Richtung von strengerem T. entwickelt werden. In der Praxis führen sie jedoch meist zu einer Rechtfertigung des Tierleids.

Im Rahmen des ↑Europarates wurden seit 1968 bisher fünf Abkommen (teilweise mit Änderungsprotokollen) erarbeitet. Themen sind Tiertransporte, landwirtschaftliche Tierhaltung, Schlachttiere, Tierversuche und Heimtiere. Die ↑EU hat mehrere Richtlinien und Verordnungen zu landwirtschaftlichen Nutztieren, einzelnen Tierarten und Nutzungsaspekten (Transporte, Schlachtung, Tierversuche) erlassen und vereinzelte Importverbote (Hunde- und Katzenfelle, Robbenprodukte). 2017 wurde eine EU-Tierwohlplattform gegründet, die v.a. die Anwendung des EU-Rechts (↑Europarecht) verbessern soll. Obwohl das WTO-Streitbeilegungsgremium das Tierwohl als „weltweit anerkannte Angelegenheit" qualifizierte (Panelberichte WT/DS400/R u. WT/DS401/R vom 25.11.2013, Rdnr. 7.420), fehlt auf der globalen Ebene bisher ein verbindliches internationales T.-Recht. Die *Organisation Internationale des Epizooties* (OIE) verfolgt seit 2017 das Ziel, internationale Tierwohlstandards zu entwickeln.

In den letzten Jahrzehnten haben die Zivilrechtsgesetzbücher einiger Staaten festgestellt, dass Tiere keine Sachen sind (Österreich [1988], Deutschland [1990], Aserbaidschan [1999], Moldawien [2002], die Schweiz [2002], Liechtenstein [2003], die Niederlande [2015]).

Die progressivere Variante ist die Beschreibung von Tieren als „fühlende Wesen" (EU seit 1997, Frankreich [2015], Portugal [2016], Kolumbien [2016]). Alle diese Vorschriften führen dazu, dass die Rechtsvorschriften des ↑Sachenrechts nur noch nachrangig – vorbehaltlich von Sonderregeln – angewendet werden können.

Tiere könnten weitergehend in die Kategorie der ↑„Personen" im Rechtssinne aufgenommen werden und würden damit rechtsfähig (s. z. B. zur Schimpansin Cecilia: Tercer Juzgado de Garantías Mendoza, P-72.254/15 vom 3.11.2016).

Solange Tieren keine subjektiven Rechte zuerkannt werden, ist das Durchsetzungsdefizit des T.-Rechts vorprogrammiert. Denn Tiere können nicht (mit Hilfe von Rechtsvertretern) ein Mehr an T. einklagen (VG Hamburg, Beschl. vom 22.9.1988 – 7 VG 2499/88, „Robbenklage"). Die Rechts- und damit „Waffenungleichheit" gegenüber Tierhaltern und -nutzern, die *gegen* mehr T. klagen können, ist durch die Einrichtung von Tieranwälten, Tierombudspersonen (↑Ombudswesen) oder Verbandsklagerechten ansatzweise ausgleichbar.

### Literatur

A. Peters: Animals in International Law, 2021 • A. Hirt/C. Maisack/J. Moritz: Tierschutzgesetz. Komm., [4]2021 • S. Brels/A. Goetschel: Database Legislation (2020), in: Global Animal Law, URL: https://www.globalanimallaw.org/database/national/index.html (abger.: 8.5.2020) • T. Guretzki: Der Schutz von Tieren im Zusammenhang des EU-Binnen- und Außenhandels, 2018 • A. Deutsch/P. König (Hg.): Das Tier in der Rechtsgeschichte, 2017 • S. Stucki: Grundrechte für Tiere, 2016 • S. Donaldson/W. Kymlicka: Zoopolis. Eine politische Theorie der Tierrechte, 2013 • J. Caspar: Tierschutz im Recht der modernen Industriegesellschaft, 1999.

ANNE PETERS

## II. Bereichsethik im Umbruch

T.-Praktiken sind epochen- und kulturabhängig. Im 19. Jh. wurden verschiedene T.-Gesetze erlassen. Verstärkt wurden theoretische Begründungen des T.es durch Charles Darwins Evolutionstheorie (↑Evolution), die eine Abstammung heute lebender Affenarten und des Menschen von gemeinsamen Vorfahren begründete, weil insb. zwischen höheren Säugetieren und dem Menschen nur graduelle Unterschiede bestünden. Der Eigenwert von Tieren bis hin zum Postulat einer Tierperson in der Tierethik als Grundlage für Tierrechte sollten den T.-Gedanken aufwerten und philosophisch-ethisch begründen, um den traditionell pragmatisch begründeten T. zu hinterfragen. Dieser orientiert den Schutz von Tieren nach Nutzungsinteressen von Menschen und teilt Tiere ein in Wild-, Nutz- und Heimtiere.

### 1. Philosophische Tierethik – Ansatz und Grenzen

↑Tierethik ist eine philosophische Disziplin, welche im Rahmen einer Systematik Begründungsansprüche stellt und überwiegend theoretischer Natur ist. Insgesamt lässt sich von einem Überangebot an tierethischen Arbeiten unterschiedlichster Ansätze sprechen, die immer weniger Orientierung bieten. In der philosophischen Tierethik herrscht häufig immer noch eine Dominanz moralisch-ethischer Prinzipien vor, ohne die evolutionäre Entwicklung tierischer Kompetenzen sozialer Verhaltensweisen sowie mögliche Interessen von Organismen zu berücksichtigen. Anthropozentrik, Pathozentrik und Biozentrik beurteilen den Umfang der Schutzfunktion unterschiedlich. Die Reichweite moralischer Relevanz wird heute in Studien zur Mensch-Tier-Beziehung diskutiert. Hier gewinnt die Einsicht für eine Ethik des T.es an Relevanz, dass einerseits die biologische Evolution einen übergreifenden Zusammenhang im Stammbaum des Lebens hervorgebracht hat, andererseits die superschnelle Evolution beim Menschen zu einer Art biologischer Sonderstellung geführt hat, die heute unter dem Begriff ↑Anthropozän diskutiert wird.

### 2. Neue evolutionär orientierte Wege der Begründung von Tierschutz

Traditionelle Bereichsethiken waren häufig internalistisch-rationalistisch begründet. Heute scheint der Einbezug externalistisch-realistischer Rechtfertigungsverfahren im Rahmen aller Bereichsethiken nicht mehr vermeidbar zu sein. Wir befinden uns in einer Umbruchsituation. Neben den klassischen philosophischen Begründungen gibt es neue Typen natural-evolutionär begründeter Tierethiken, welche auf neueren Ansätzen zum Tier-Mensch-Vergleich und neueren Konzeptionen von Evolution beruhen, in der nicht nur die Gleichheit der biologischen Bausteine als Argument herangezogen wird, sondern vor allen Dingen Dispositionen, Fähigkeiten und Fertigkeiten von Tieren und Menschen unter Einbezug von Verhaltensforschung, ↑Soziobiologie, Neurodarwinismus, der These sozialer Intelligenz und dem anwachsenden Komplexitätsgrad in der Evolution wie auch evolutionär begründeten ↑Biodiversität berücksichtigt werden.

Moralisch relevant könnten nun Sozial- und Kommunikations- wie kognitives Verhalten (klassisch genannt Intelligenz bei Tieren) werden, anzutreffen bei Oktopussen, Vögeln, Meeressäugern und verschiedenen Formen von Menschenaffen. Im Zusammenhang mit neuen Formen künstlichen Lebens und synthetischer Biologie stellt sich die Frage nach ethischen Implikationen dieser neuen Mitspieler im Evolutionsgeschehen. Selbstbewusstsein oder Bewusstsein als moralisch relevantes Kriterium ist bei Tieren nicht einfach zu beurteilen und stark vom Anthropomorphismus betroffen.

### Literatur

A. Lange: Evolutionstheorie im Wandel. Ist Darwin überholt?, 2020 • P. Bode: Einführung in die Tierethik, 2018 • G. Kompatscher/R. Spannring/K. Schachinger: Human-Animal Studies, 2017 • B. Irrgang: Evolutionär orientierte Bioethik im

Zeitalter der Life-Sciences. Einführung in die nichtmedizinische Bioethik aus hermeneutisch-phänomenologischer Perspektive, 2016 • Ders.: Biozentrik, in: W. Korff/L. Beck/P. Mikat (Hg.): Lexikon der Bioethik, 1998, Bd. 1, 402–404 • Ders.: Pathozentrik, in: ebd., Bd. 2, 834–835 • Ders.: Physiozentrik, in: ebd., Bd. 3, 28–30 • Ders.: Tierschutz, in: ebd., Bd. 3, 561–567 • W. T. Reich (Hg.): Encyclopedia of Bioethics, 1995 • D.-R. Griffin: Wie Tiere denken. Ein Vorstoß ins Bewusstsein der Tiere, 1990.

BERNHARD IRRGANG

# Tod

I. Philosophiegeschichtlich – II. Kulturphilosophisch – III. Medizinethisch – IV. Theologisch

## I. Philosophiegeschichtlich

### 1. Leitfragen und Begriff

Der Begriff „T." bezeichnet das Ende des ↑Lebens durch ein dauerhaftes Aufhören aller biologischen Funktionen, die notwendig sind, um einen Organismus lebendig zu erhalten. Der Übergang vom Leben zum T. wird als Sterben bezeichnet. Gegenüber Sterben und T. aller übrigen Lebewesen wird der T. des Menschen dadurch herausgehoben, dass der Mensch um die unabwendbare Endlichkeit seines biologischen Lebens weiß. Diese Gewissheit des T.es zusammen mit der Ungewissheit des Zeitpunktes seines Eintretens bestimmt die Sinngebung des menschlichen Lebens wesentlich mit und hat in der Folge Rückwirkungen auf das, was unter einem guten Leben in ethischer Hinsicht verstanden werden darf. Da der Begriff des T.es sprachlich ein negativ bestimmter Ausdruck ist, nämlich die Privation des Lebens, wird zudem die spekulative Frage aufgeworfen, wie sich der T. als Zustand positiv bestimmen lässt, was wir also vom T. wissen können oder vernünftigerweise glauben dürfen. Es stellen sich somit zwei Fragen, die jedoch kaum getrennt beantwortbar sind, nämlich erstens, was der T. ist und was wir über ihn wissen können, und zweitens, welche Wirkungen das Wissen um den T. auf unsere Lebensführung ausübt.

### 2. Todesbetrachtung im Altertum

Geht man davon aus, dass der T. das vollständige Ende der menschlichen Existenz bedeutet und damit die Negation des Lebens schlechthin bezeichnet, dann ist der Versuch einer weitergehenden positiven Bestimmung des T.es in deskriptiver Hinsicht sinnlos. Es genügt dann, wie dies manche physikalistischen oder materialistischen Denkrichtungen tun, den T. als absoluten Endpunkt der menschlichen Existenz zu bestimmen. Bereits im Gilgamesch-Epos wie auch im altägyptischen Totenbuch wird dieses mögliche totale Ende des menschlichen Daseins im T. angedeutet, zugl. aber darauf verwiesen, dass der lebende Mensch durch eigene Handlungen, durch Handlungen Anderer oder mit der Hilfe der Götter prinzipiell im Stande sein könne, ein irgendwie geartetes Fortbestehen nach dem T. des Körpers zu erwirken. Da das Vergehen des Körpers stets mit dem Eintreten des T.es beobachtet werden kann und der Leichnam zudem nicht mehr aktiv handelt, sondern Teil der unbelebten Natur wird, stellt sich notwendig die Frage, auf welche Weise der Verstorbene weiter existieren soll. Im Regelfalle wird eine solche vom Körper gelöste Entität über die verschiedenen philosophischen, religiösen und mythologischen Ansichten hinweg als „Seele" bezeichnet, wenngleich dieser Begriff je nach Kontext sehr unterschiedlich ausgedeutet wird. Dabei spielt auch die angenommene Beziehung der Seele zu dem toten Körper eine Rolle, wobei die Bandbreite von der angenommenen Notwendigkeit einer Konservierung des Leichnams, bspw. durch absichtliche Mumifikation, über den Glauben an eine körperliche Auferstehung, etwa im ↑Judentum, bis hin zum rituellen Verbrennen des Leichnams und Verstreuen der Asche in heiligen Gewässern im ↑Hinduismus reicht.

Jenseits des vorderasiatischen und mittelmeerischen Raumes findet sich eine der frühesten systematisch-philosophischen Betrachtungen der Problematik des T.es und des Sterbens in den seit 700 v. Chr. schriftlich fixierten, aber auf wesentlich älteren mündlichen Traditionen beruhenden upanischadischen Texten. So behandeln die Upanischaden, die kein homogenes Textgefüge bilden, den T., das Sterben, den Status des menschlichen Bewusstseins sowie die ontologischen Voraussetzungen für einen Fortbestand der Seele. Dabei entwickeln sie zahlreiche Konzepte, die ebenfalls in der abendländischen Philosophie zum Thema werden. Das Lebendige, was nach dem T. des Menschen bestehen bleibe, sei das göttliche Selbst, der Seinsgrund für das Bestehen der gesamten Schöpfung. Sofern dieses Selbst individuiert erscheint, bezeichnen es die Upanischaden als Atman, als Gott im immanenten Zustand, der nur unserer Wahrnehmung nach von Brahman, von Gott im transzendenten Zustand, verschieden sei. Nach dem T. verschwinde somit nicht nur der Körper, sondern auch die Sinnlichkeit, der Geist und eventuell sogar das Ego, denn das Selbst wird als „jenseits der Dualität von Erkenner und Erkanntem" (Kena-Upanischad II, 3) bestimmt, als dasjenige, „was den Geist denken lässt, aber vom Geist nicht gedacht werden kann" (Kena-Upanischad I, 6). Mit ähnlichen Motiven wie Pythagoras oder Platon beschreiben die Upanischaden eine Wiedergeburtslehre, deren Zyklus nur dadurch entkommen werden könne, dass der Sterbende seine Identität mit dem göttlichen Selbst realisiere und sein individuelles Ego ablege, was voraussetze, dass „alle Begehren, die im Herzen wallen, aufgegeben sind" (Katha-Upanischad II, 3, 14).

## 3. Vorsokratische und epikureische Todesvorstellungen

Die angedeuteten verschiedenen Sichtweisen auf Leib, Seele und T. finden in der westlichen antiken Philosophie ihre Entsprechungen in unterschiedlichen Denkansätzen. Das in der Ilias erstmals belegbare griechische Wort für T. *(thánatos)* wird in seiner Bedeutung bereits bei den Vorsokratikern erörtert. Dabei wird der T. unter dem allg.eren Gegensatz von Entstehen und Vergehen behandelt, etwa bei Anaximander, Parmenides oder Heraklit. Letzterer betont bes. die Kreislaufbewegung, indem er darauf verweist, dass der T. eines Wesens zugl. immer das Werden eines anderen bedeute. Empedokles ergänzt diese Vorstellung durch die Erklärung der Geburt als Mischung der Elemente und den T. als deren Trennung voneinander. Demokrit übernimmt diesen Gedanken, spricht statt von Elementen aber von sich zusammenfügenden und trennenden Atomen, wobei er selbstbewegende Atome annimmt, die den Körper in Kombination mit passiven, nicht selbstbewegenden Atomen, lebendig machen. Die Kreislaufbewegung von Entstehen und Vergehen durch Zusammensetzung und Auflösung wird von Epikur ethisch interpretiert. Furcht vor dem T. sei vernünftigerweise unbegründet, denn da sich der T. als Lösen der Verbindungen der Elemente im Körper darstelle, die sich danach wieder zu Anderem zusammenfügten, ende mit dem T. auch das Gewahrsein unseres eigenen Zustandes und damit auch jegliche bewusste Empfindung, die uns Unannehmlichkeiten oder Furcht bereiten könnte. Diese Einsicht kulminiert in der epikureischen Identifikation des guten Lebens mit einem freudevollen Leben frei von Angst oder Furcht. Da der T. als notwendiges Ende eines evtl. qualvollen Lebens Erlösung verheißt, lässt er sich bei Epikur letztendlich als hoffnungsvolles Konzept deuten.

Einen anderen Weg geht Pythagoras, der die in der Tradition der Orphik stehende Lehre von dem Fortdauern der menschlichen Seele nach dem T. des Körpers in den Vordergrund rückt. Zwar teilt auch Pythagoras die Vorstellung von Leben und T. als Kreislaufbewegung, wendet sie aber gezielt auf das Unkörperliche, d. h. das Geistige oder Seelische, an. So kehre die jeweilige Seele *(psyché)* aller belebten Geschöpfe nach dem T. eines Körpers in einem anderen wieder, was Pythagoras zu einem frühen Vertreter einer Seelenwanderungslehre in der westlichen Philosophie macht. Auch das sog.e Leib-Seele-Problem, das nach dem Verhältnis mentaler Zustände zu körperlichen Zuständen fragt, gewinnt durch die strikte pythagoräische Unterscheidung zwischen Seele und Körper an Kontur.

## 4. Platon

Platon referiert in der „Apologie" die pythagoräische T.es-Vorstellung und nimmt die Epikurs vorweg, wenn er den zum T.e verurteilten Sokrates ausführen lässt: „Denn eins von beiden ist das Totsein, entweder soviel als nichts sein noch irgendeine Empfindung von irgend etwas haben [...] oder [...] es ist eine Versetzung und ein Umzug der Seele von hinnen an einen anderen Ort" (Plat. Apol. 40 c). Ist der T. ersteres, dann sei er eher ein Gewinn denn ein Verlust und sei mit einem tiefen, traumlosen Schlaf vergleichbar. Dauere die Seele aber in der Unterwelt fort, wo sie die „wahren Richter" (Plat. Apol. 40 e) antreffe, dann könne sie dort auf ewig leben und wäre im Stande, mit den großen Männern und Frauen „dort zu sprechen und umzugehen und sie auszuforschen", was eine „auf alle Weise [...] unbeschreibliche Glückseligkeit" sein müsse (Plat. Apol. 41 c).

In späteren Texten beschränkt sich Platon auf die orphisch-pythagoräische Sichtweise, nach der der T. eine Trennung von sterblichem Körper und unsterblicher Seele bedeute. Bes. im Dialog „Phaidon" adressiert Platon das Problem des T.es als Erkenntnisproblem. So führt er aus, dass mithilfe der körperlichen Sinne nur das kontingente Einzelne erfasst werden könne, nicht aber eine universelle höhere ↑Wahrheit i. S. d. platonischen Ideen. Der Leib stelle sich in Folge dieser Darstellung sogar als Erkenntnishindernis dar. Selbst wenn ein echtes Wissens dem Menschen in der körperlichen Gebundenheit der Seele meist (oder vielleicht immer) verborgen bliebe, so zeichne sich der Mensch doch zumindest durch das prinzipielle Vermögen aus, echtes Wissen haben und den Unterschied zwischen Scheinwissen oder Meinungen einerseits und echtem Wissen andererseits intuitiv erkennen zu können. Da dieses Vermögen aber wegen der Einschränkungen des Körpers nur der Seele zukommen kann, sieht Platon darin ein erstes Anzeichen für deren Existenz. Deutlicher wird er in der Erörterung der Wiedererinnerungslehre, denn nur dadurch, dass die Seele vor der Geburt die Ideen unvermittelt erfahren habe, könne der Mensch im körperlichen Zustand Wissen erwerben. In der Folge bezeichnet auch Platon die Furcht vor dem T. als unvernünftig und geht sogar noch darüber hinaus, indem er anführt, dass, wenn durch das Vermeiden des bevorstehenden T.es Schaden entstehen könne, der T. dann bereitwillig angenommen werden müsse. Es komme nicht darauf an, dem T. zu entkommen, sondern darauf, in guter Weise zu sterben. So führt der nach einem scheinbar ungerechten Urteil im Gefängnis auf seine Hinrichtung wartende Sokrates, dem seine Schüler und Freunde zur sicheren Flucht verhelfen wollen, verschiedene Argumente an, warum er sich dem Urteil aus moralischen Beweggründen nicht entziehen kann. Eine Flucht käme einer Gesetzesverletzung und einer Schädigung der Gemeinschaft gleich, da jedes Gerichtsurteil ein Ausdruck des Gemeinwillens ist, der sich letztlich auf das Wohl des Gemeinwesens (↑Gemeinwohl) richtet. Neben diesem Hauptargument für die Anerkennung des Urteils nennt Sokrates noch eine Reihe Nebenargumente, so etwa, dass er die Möglichkeit des Exils zuvor ausgeschlagen habe, dass er in der Fremde als gesetzesverachtend gelten müsse oder dass er seiner ganzen bisherigen Lebensführung zuwiderhandeln und seine Lehre damit lächerlich machen würde.

Während Platon versucht, der Frage nach der Unsterblichkeit der Seele und der Frage nach dem Annehmen des T.es mit rationalen Argumenten zu begegnen, behandelt er den Zustand des T.es, bzw. den Weg der losgelösten Seele, durch Rekurs auf mythologische Annahmen (↑Mythos). So gelangten die reinen Seelen nach dem T. zum unsichtbaren Göttlichen, die unreinen aber würden, je nach ihrer Sinnesart, gerichtet und letztlich in der ihnen angemessenen Weise wiedergeboren werden.

### 5. Aristoteles, Stoa, Patristik

Aristoteles betrachtet das Problem des T.es im Gegensatz zu Platon weniger unter der pythagoräisch-orphischen Sichtweise. Für ihn ist der aus Leib und Seele zusammengesetzte Mensch Folge der hylemorphistischen Zusammensetzung alles Materiellen. Die Seele bildet das Formprinzip des Menschen, die dem Körper, der dem Materialprinzip entspricht, seine wesensgerechte Funktion ermöglicht – sowohl auf der Ebene des organischen Funktionierens als auch auf der Ebene mentaler Vorgänge wie der Vernunft (↑Vernunft – Verstand) und des vernünftigen Wollens. Der T. erscheint dadurch weniger als ein Trennen von Leib und Seele, sondern mehr als das Ende eines Entelechieprozesses, durch das der Mensch, insofern er Mensch ist, aufhört zu sein.

In der Stoa werden die verschiedenen Motive der antiken Philosophie weitergeführt und in einen kosmologischen Gesamtkontext eingebettet. Sowohl die Vorstellungen Demokrits über die stofflichen Grundlagen von Leben und T. werden übernommen wie auch die ethische Einsicht, dass dem T. als schöpfungsgesetzlich unabwendbares Ereignis ohne Furcht entgegengeblickt werden müsse. Jedoch heben sich die Tendenzen verschiedener stoischer Autoren von antiken Vorstellungen durch die Verortung des T.es innerhalb der vernünftigen Schöpfungsordnung genauso ab wie durch den teils metaphorischen Gebrauch des Begriffs des T.es, bspw. bei Seneca, der vom T. der Seele bei lebendigem Leibe spricht, sofern das moralisch ↑Gute weder erkannt noch befolgt werde. Beide Ausweitungen bieten der christlichen Philosophie der Patristik Anschluss- sowie Ausgangspunkte; so wird die vernünftige Weltordnung als ewiges Gesetz Gottes und der T. der Seele i. S. Senecas als Strafwirkung der Sünde und damit als Voraussetzung des christlichen Erlösungsversprechens ausgedeutet. Exemplarisch kann hier Augustinus genannt werden, der zwei T.e unterscheidet, zum einen den T. des Leibes, zum anderen den der Seele. Letzterer trete ein, wenn ein Mensch sich in einer bewussten Entscheidung von Gott oder dem Guten abwende.

### 6. Der Tod in der Philosophie des Mittelalters und der frühen Neuzeit

Wie auch in der Patristik speist sich die Betrachtung des T.es in der frühen mittelalterlichen Philosophie einerseits aus den tradierten philosophischen Grundlagen der antiken Philosophie, bes. der lateinischen Stoa und dem Neuplatonismus, und andererseits aus den jüdisch-christlichen Vorstellungen des T.es. Die Grundunterscheidung des Augustinus zwischen dem T. des Körpers *(mors corporis)* und dem T. der Seele durch die Sünde *(mors animae)* bleibt in der mittelalterlichen Philosophie bestimmendes Grundmotiv.

Mit der Rezeption der dem lateinischen Sprachraum seit dem 13. Jh. wieder zugänglichen Schriften des Aristoteles taucht das Problem der Definition einer unsterblichen menschlichen Seele erneut auf. Während nämlich die neuplatonisch geprägten Denker auf eine Seele verweisen, die auch losgelöst vom Körper weiterexistieren könne, folgt hingegen aus dem Aristotelismus, bes. in seiner averroistischen Interpretation, dass im T. der gesamte Mensch sterben müsse, da die Seele nur das Formprinzip des zusammengesetzten Körpers sei. Thomas von Aquin bietet eine Möglichkeit der Harmonisierung beider Sichtweisen an, wenn er einerseits die Unsterblichkeit der individuierten Seele postuliert, er andererseits aber unter Rekurs auf die aristotelische Philosophie ausführt, dass weder die losgelöste Seele noch der Leichnam mit dem Menschen an sich gleichzusetzen ist. Durch die für Thomas grundlegende Bedeutung der aristotelischen Metaphysik stellt sich jedoch das Problem, wie die Seele als Form des Körpers i. S. eines ↑Individuums den T. überdauern kann – denn versteht man die aristotelische Form als Wesen der Dinge, das die Merkmale umfasst, die den Menschen per Definition zum Menschen machen, dann zeichnet sich die Form gerade durch ihre überindividuelle Universalität aus. Die individuierte Menschenseele müsste also – ein Problem, das bereits Avicenna thematisiert hatte – durch die Trennung vom Leib ihre Individualität einbüßen und zu einer Allseele zurückkehren. Thomas begegnet diesem Problem in kritischer Auseinandersetzung mit Aristoteles und Avicenna, indem er neben dem Dualismus von Form und Materie den bereits bei Aristoteles angelegten Dualismus von Akt und Potenz herausarbeitet. Individuierte Formen i. S. v. individuellen und materiefreien, weil körperlosen, Menschenseelen werden dann dadurch denkbar, dass sie nicht wie Gott reiner Akt sind, sondern Akt und Potenz gleichermaßen beinhalten. Daher betont Thomas unter Verweis auf Avicenna, dass der Körper „die Individuation und Multiplikation der Seelen" bedeute (De ente et essentia V) und dass diese Individuation nach dem T. bestehen bleiben müsse.

Die Behandlung des T.es im späten Mittelalter und der frühen Neuzeit steht einerseits noch in der mittelalterlich-scholastischen Tradition, andererseits findet seit der Renaissance eine verstärkte Auseinandersetzung mit Platon statt. So beschreibt etwa Giovanni Pico della Mirandola in platonischer Perspektive den T. als die Rückkehr der Seele aus dem Dunkel ins Licht; Paracelsus sieht im T. die Verwandlung des Menschen in eine höhere Seinsweise. Infolge der Umwälzungen der Reformationszeit (↑Reformation) rücken in der philosophisch-theologischen Diskussion des T.es bestimmte Problemkomplexe stärker in das Blickfeld, was v.a. das Spannungsfeld von Gnaden- oder Prädestinationslehre betrifft. So richtet sich das Augenmerk bes. auf die eschatologische Bedeutung des T.es als Endpunkt der Möglichkeit von verdienstlichem oder missverdienstlichem, d.h. heilsrelevantem Handeln.

### 7. Verschiebung der philosophischen Todesdeutung in der modernen Philosophie

Ab dem 17. Jh. tritt der T. als ethisches Konzept unter Loslösung von der Theologie verstärkt in Erscheinung, wobei die Trennung von der Theologie den Blick auf den T. grundlegend verändert. Neben der Beschreibung des T.es als der Zerstörung einer komplizierten mechanischen Apparatur in der Tradition René Descartes' bilden bes. zwei ethische Gesichtspunkte wiederkehrende Motive: einerseits die Verzweiflung des Menschen angesichts seines unausweichlichen Endes, andererseits die Bedeutung des T.es als Motiv für moralisches Handeln und für das Aufrechterhalten der gesellschaftlichen Ordnung. Ein Beispiel, das beide Aspekte zusammenbringt, liefert Adam Smith, wenn er den T. als ein Prinzip der menschlichen ↑Natur beschreibt: „And from thence arises one of the most important principles in human nature, the dread of death, the great poison to the happiness, but the great restraint upon the injustice of mankind, which, while it afflicts and mortifies the individual, guards and protects the society" (Smith 1984: 1, 1,13).

Im Gefolge der aufkommenden ↑Naturwissenschaften gerät die Frage nach der Beschaffenheit der Seele wieder stärker in den Vordergrund. Während R. Descartes noch von einer substanziellen Seele spricht, ist gerade eine solche Substanz Gegenstand der ersten Kritik Immanuel Kants. Dabei verneint I. Kant zwar nicht das mögliche Fortbestehen des Menschen nach dem T., alle Aussagen über diesen Sachverhalt werden aber aus dem Feld der cartesischen mechanistisch-theoretischen Philosophie herausgenommen und finden sich nun in Form eines Postulats der praktischen Vernunft.

Johann Gottlieb Fichte lehnt den T. auf fundamentale Weise ab, wenn er ausführt, dass alles Leben und Sterben in der Natur nur ein Schein sei. Das nach Seligkeit strebende Ich sei nur unsterblich denkbar. Es ist aber bes. Georg Wilhelm Friedrich Hegel, der den T. als philosophisches Problem wieder in den Vordergrund rückt, indem er ihn als Übergang des Menschen in die Welt des überindividuellen „Geistes" begreift und ihm damit eine systematische Stellung in seiner Philosophie einräumt. Bei G. W. F. Hegels Schüler und Kritiker Sören Kierkegaard wird der T. letztendlich zu einer bestimmenden Kategorie der ↑Existenzphilosophie erhoben. Erst mit Blick auf den T. lasse sich das menschliche Leben deuten und verstehen – ein Ansatz der in der Philosophie Martin Heideggers oder Karl Jaspers weiter vertieft wird.

Die philosophische Deutung des T.es bewegt sich in der Gegenwart v.a. zwischen Ansätzen der Existenzphilosophie und ↑Phänomenologie, des Poststrukturalismus, der Kulturphilosophie und der ↑Anthropologie, wobei für die Philosophie auch die Auseinandersetzung mit der Theologie und der ↑Literatur bedeutsam ist, die beide zentrale Erfahrungen der Menschen mit Sterben und T. verarbeiten. Von aktueller philosophischer Relevanz ist das Thema des T.es in den zeitgenössischen Diskussionen der angewandten ↑Ethik. Bes. zu nennen wären hier Fragen nach der Erlaubnis von ↑Sterbehilfe oder Freitod (↑Suizid), nach künstlicher Verlängerung des Lebens sowie nach Abtreibung (↑Schwangerschaftsabbruch), ↑Eugenik und den ethischen Rahmenbedingungen von gentechnischer Manipulation des Menschen (↑Gentechnik).

### Literatur

E. Angehrn: Vom Anfang und Ende. Leben zwischen Geburt und Tod, 2020 • D. Birnbacher: Tod, 2017 • S. Gosepath/ M. Remenyi (Hg.): „… dass es ein Ende mit mir haben muss". Vom guten Leben angesichts des Todes, 2016 • H. Wittwer (Hg.): Der Tod. Philosophische Texte von der Antike bis zur Gegenwart, 2014 • R. Marten: Der menschliche Tod. Eine philosophische Revision, 1987 • A. Smith: Theory of Moral Sentiments, Bd. 1, 1984.

STEFAN SCHWEIGHÖFER

## II. Kulturphilosophisch

### 1. Antike Todestrauer und christliche Hoffnung

Entgegen dem Bild olympischer Heiterkeit, das seit dem Zeitalter der Klassik von der antiken Götterwelt vorherrscht, zeichnet der Altertumsforscher Johann Jakob Bachofen in seiner „Unsterblichkeitslehre der orphischen Theologie" (1958) ein ganz anderes Bild: „Ein Zug der tiefsten Melancholie geht durch die ganze alte Naturbetrachtung, und an alle ihre Erscheinungen, der Vögel Flug und Gesang, des Wassers Geräusch, der Blumen Farben, der Bäume Seufzen knüpft sich der Gedanke der Trauer und des Kummers. Darum sind auch die Harzbäume, wie Tannen und Fichten, Dionysos besonders geweiht, die Harze überhaupt von hoher religiöser Bedeutung und kultischer Anwendung" (Bachofen 1958: 76 f.). Über die mythischen ↑Kulte hinaus erscheint die außermenschliche ↑Natur wie ein Spiegel der menschlichen Trauer: „Überall zeigt sich dieselbe Grundidee: das Leben ist zugleich der Tod; Venus auch Libitina; Aphrodite auch die Menschenmörderin; der Mond zugleich die Quelle des Werdens und Vergehens, lieblich und weiß in jener, häßlich, erschreckend und schwarz in dieser Funktion“ (Bachofen 1958: 144).

Ganz anders das Bild der Natur etwa in den Psalmen: Obwohl die Bibel den Sündenfall kennt, weiß sie nicht allein gleichsam um ihre Nachtseite, um Blitz und Donner, Gewölk und Finsternis, sondern um Sonnenglanz und Erntesegen – als Schöpfung Gottes. Und so deutet auch der Apostel Paulus ihre Vergänglichkeit im Licht der Erlösung und Vollendung: „Denn die ganze Schöpfung wartet sehnsüchtig auf das Offenbarwerden der Söhne Gottes. Die Schöpfung ist der Vergänglichkeit unterworfen, nicht aus eigenem Willen, sondern durch den, der sie unterworfen hat; aber zugleich gab er ihr Hoffnung: Auch die Schöpfung soll von der Sklaverei und Verlorenheit befreit werden zur Freiheit und Herrlichkeit der Kinder Gottes. Denn wir wissen, dass die gesamte Schöpfung bis zum gegenwärtigen Tag seufzt und in Geburtswehen liegt. Aber auch wir, obwohl wir als Erstlingsgabe den Geist haben, seufzen in unserem Herzen und warten darauf, dass wir mit der Erlösung unseres Leibes als Söhne offenbar werden. Denn wir sind gerettet, doch in der Hoffnung. Hoffnung aber, die man schon erfüllt sieht, ist keine Hoffnung. Wie kann man auf etwas hoffen, das man sieht“ (Röm 8,19–24)?

## 2. Gottesferne und barocke Traurigkeit

Aufgrund der Hoffnung auf Auferstehung hat das ↑Christentum seinen Siegeszug in der Antike angetreten. Doch schon im frühen Mittelalter erscheint jene Hoffnung eigentümlich verdüstert, wie der Liturgiewissenschaftler Josef Andreas Jungmann SJ in einer Abhandlung über „Karolingische Frömmigkeit“ vermerkt: „Man ist überrascht von der Stimmung einer ausgesprochenen Gottesferne, die durch das Denken und das Beten dieser Männer geht, die so Großes für die Kirche Gottes geleistet haben, ja die ein neues Zeitalter der Kirche heraufgeführt haben. Der Kontrast ist offenkundig gegenüber dem, was wir als Erbe der Vorzeit kennen und was gerade in der gewissenhaft gepflegten und gehüteten römischen Liturgie weitergegeben, aber offenbar nicht mehr realisiert wird. In der Liturgie ist eindeutig ein österlicher Grundzug, das Hauptgebet freudiges Danken für Gottes erbarmende Güte, alles Beten ein vertrauensvolles Hintreten vor Gott im Aufblick zu Christus dem Mittler, der in der Herrlichkeit des Vaters lebt und herrscht. Hier dagegen eine Stimmung, als ob Christus noch nicht gekommen wäre – obwohl sein Name so oft genannt wird“ (Jungmann 1991: 72).

Nicht allein sein Name wird im ausgehenden Mittelalter und in der Neuzeit oft genannt. Ebenso finden sich zahlreiche Bilder, die die Kindheit Jesu, sein Wirken auf Erden, bes. eindrucksvoll seinen T. am Kreuz darstellen. Weniger ein Symbol der Erlösung, des österlichen Triumphes über den T., erscheint es im Barockzeitalter als ein Sinnbild der Vergänglichkeit, ja als Allegorie der eigenen ↑Schuld, die dem Betrachter vor Augen steht. „Dem allegorisch Bedeutenden ist es durch Schuld versagt, seine Sinnerfüllung in sich selbst zu finden“ (Benjamin 1974: 398), konstatiert der Philosoph Walter Benjamin in seiner Abhandlung „Ursprung des deutschen Trauerspiels“ (1974). Diese Anschauung sieht W. Benjamin „in der Lehre von dem Fall der Kreatur, die die Natur mit sich herabzog“ (Benjamin 1974: 398), begründet. „Weil sie stumm ist, trauert die gefallene Natur. Doch noch tiefer führt in das Wesen der Natur die Umkehrung dieses Satzes ein: ihre Traurigkeit macht sie verstummen. Es ist in aller Trauer der Hang zur Sprachlosigkeit und das ist unendlich viel mehr als Unfähigkeit oder Unlust zur Mitteilung. Der Traurige fühlt sich durch und durch erkannt vom Unerkennbaren“ (Benjamin 1974: 398). Anders als der Beter von Ps 139, der im Unerkennbaren die Allgegenwart Gottes gewahrt, zeugt „der Hang zur Sprachlosigkeit“ von einem Mangel an Selbstvertrauen, ja Gottvertrauen, der seinen Niederschlag im Gebet gefunden hat. Darauf hat der Jesuitenprediger und Philosoph Sigismund von Storchenau in einer Auslegung des Gebets zum Vater mit Blick auf Lk 7,50 verwiesen, insofern Jesus „nicht sprach: ‚Meine Macht und Güte‘, sondern euer Glaube hat euch geholfen. [...] Hingegen kann man auch mit Wahrheit sagen, der Mangel des Vertrauens sei meistenteils die Ursache, wenn heute die Gebete der Christen so fruchtlos sind. Man betet viel, aber hofft wenig“ (Storchenau 1784: 261).

Entgegen dem Sprichwort, dass die ↑Hoffnung zuletzt stirbt, geht ihr Schwinden in einer Zeit tiefer Volksfrömmigkeit der Erosion des ↑Glaubens voraus, des Glaubens an Gottes Vorsehung und Walten in der Geschichte. Kaum zufällig folgte nur wenige Jahre später die ↑Französische Revolution; und „der Ausfall aller Eschatologie“ (Benjamin 1974: 259), wie ihn W. Benjamin im Hinblick auf das Barockzeitalter registrierte, sollte in Georg Wilhelm Friedrich Hegels Philosophie zum Programm erhoben werden.

## 3. Die große Stille

So ergreifend die Bilder der Verklärung von Nacht und T. in der Romantik erscheinen, es sollte nicht beim Zauber der Empfindung bleiben; am Ende steht die bewusste Bejahung des T.es. So in einem nachgelassenen Fragment Friedrich Nietzsches aus dem Jahre 1881: „Grundfalsche Werthschätzung der empfindenden Welt gegen die todte. Weil wir sie sind! Dazu gehören! Und doch geht mit der Empfindung die Oberflächlichkeit, der Betrug los: was hat Schmerz und Lust mit dem *wirklichen* Vorgange zu schaffen! – es ist ein Nebenher, welches nicht in die Tiefe dringt! Aber wir nennen’s das *Innere* und die todte Welt sehen wir als *äußerlich* an – grundfalsch! [...] Es ist ein Fest, aus dieser Welt in die ‚todte Welt‘ überzugehen [...]. Ist dies *Selbstverneinung* der Empfindung, im Intellekte? Der Sinn der Wahrheit ist: die Empfindung als die äußerliche Seite des Daseins zu verstehen, als ein Versehen des Seins, ein Abenteuer.

Es dauert dafür kurz genug! Laßt uns diese Komödie durchschauen und so *genießen!* Laßt uns die Rückkehr in's Empfindungslose nicht als einen Rückgang denken! Wir werden ganz *wahr*, wir vollenden uns. Der Tod ist *umzudeuten!* Wir versöhnen [uns] so mit dem Wirklichen das heißt mit der todten Welt" (Nietzsche 1973: 366, Herv. i. O.).

Die Versöhnung mit der T.es-*Wirklichkeit* erübrigt die Versöhnung mit Gott „durch den Tod seines Sohnes" (Röm 5,10; 2 Kor 5,18). Nicht dessen Zeugnis (Joh 18,37; Offb 1,5; 22,9; 1 Tim 6,13) gilt; vielmehr bedeutet „der Tod das höchste und äußerste Zeugnis des Seyns" (Heidegger 1989: 284). Wenn uns noch eine Geschichte geschenkt sein solle, erkennt Martin Heidegger im „Vorblick", „dann *kann* dies nur die verborgene Geschichte der großen Stille sein [...]. Also muß erst die große Stille über die Welt für die Erde kommen. Diese Stille entspringt nur dem Schweigen" (Heidegger 1989: 34). Sie ist über die Welt hereingebrochen, vor den Krematorien in Auschwitz offenbar geworden, gemäß den Aufzeichnungen der jüdischen Ärztin Sima Vaisman: „[...] wir hören noch ein paar Schreie und ein paar Hilferufe, ein paar Namen, die im Angesicht des Todes gebrüllt werden, und dann legt sich auf alles eine tiefe Stille, eine Totenstille [...]" (Vaisman 2008: 32). Mehr als 100 Jahre zuvor hat sie nach Georg Büchners Erzählung „Lenz" (1958) der verwirrte Dichter Lenz auf dem gemeinsamen Weg mit dem Pfarrer Oberlin vernommen: „‚Sehn Sie, Herr Pfarrer, wenn ich das nur nicht mehr hören müßte, mir wäre geholfen.' – ‚Was denn, mein Lieber?' – ‚Hören Sie denn nichts? Hören Sie denn nicht die entsetzliche Stimme, die um den ganzen Horizont schreit und die man gewöhnlich die Stille heißt? Seit ich in dem stillen Tal bin, hör ich's immer wieder, es läßt mich nicht schlafen; ja, Herr Pfarrer, wenn ich wieder einmal schlafen könnte!'" (Büchner 1958: 110). Nicht erst den Toten wird durch die Totenstille die Ruhe genommen.

### 4. Die Detonation des Schweigens: Christliche Todesüberwindung

Neu ist das Bündnis mit dem T. nicht; nach Jes 28,15 haben es die Spötter in Jerusalem geschlossen, worauf der Prophet Jesaja mit der gewaltigen Vision vom Grundstein in Zion antwortet (Jes 28,16–22), die das NT nach Röm 9,33, 1 Petr 2,6 und Apg 4,11 auf Christus bezieht, „der von den Toten auferweckt worden [ist] als der Erste der Entschlafenen" (1 Kor 15,20) – „Denn er muss herrschen, bis Gott ihm alle Feinde unter die Füße gelegt hat. Der letzte Feind, der entmachtet wird, ist der Tod" (1 Kor 15,25 f.). Ebenso erfolgt seine Entmachtung nach Offb 20,13 f. im Zeichen des Gerichts: „Und das Meer gab die Toten heraus, die in ihm waren; und der Tod und die Unterwelt gaben ihre Toten heraus, die in ihnen waren. Sie wurden gerichtet, jeder nach seinen Werken. Der Tod und die Unterwelt aber wurden in den Feuersee geworfen. Das ist der zweite Tod: der Feuersee". So kann auch der Apostel Paulus mit prophetischen Worten jubeln: „Verschlungen ist der Tod vom Sieg. Tod, wo ist dein Sieg? Tod, wo ist dein Stachel?" (1 Kor 15,54 f.).

„Der Stachel des Todes aber ist die Sünde" (1 Kor 15,56); daher die Melancholie, eine abgründige Trauer, die von der T.es-Verfallenheit des menschlichen Daseins zeugt. Ganz anders die urchristliche Auffassung des T.es, die den eigenen T. als Teilhabe an der erlösenden Kraft des T.es Christi begreift: „Christus will ich erkennen und die Macht seiner Auferstehung und die Gemeinschaft mit seinen Leiden; sein Tod soll mich prägen. So hoffe ich, auch zur Auferstehung von den Toten zu gelangen" (Phil 3,10 f.). Ganz in diesem Geiste vermerkt der heilige Cyprian von Karthago in einem Brief über das christliche Martyrium zu Christus: „Er war beim Kampf zugegen und richtete die Vorkämpfer und Verteidiger seines Namens auf, stärkte und ermutigte sie. Er hat einmal für uns den Tod besiegt und besiegt ihn immer wieder in uns" (Cypr. epist. 10,2 f.). Aus dem Geiste Christi durchbricht „die große Stille" Olivier Messiaens „Et exspecto resurrectionem mortuorum" (1964). Und einer „Detonation des Schweigens" (Anglet 2008) gleichen die Kompositionen und Sinfonien Galina Ustwolskajas (ab 1969); so ertönt über die Abgründe der Geschichte und dem Kult der Geschichtlichkeit (↑Geschichte, Geschichtsphilosophie) hinweg etwa in „sinfonie nr. 2 ‚wahre, ewige seligkeit' (für orchester und solostimme)" die Anrufung Gottes nach Versen Hermanns des Lahmen: „O! Herr!/Wahre und selige Ewigkeit!/Ewige und selige Wahrheit!/Wahre, ewige Seligkeit!/O! Herr!" (zit. n. Holzer/Marković 2013: 92).

### Literatur

A. Holzer/T. Marković: Galina Ivanovna Ustvol'skaja. Komponieren als Obsession, 2013 • K. Anglet: Detonation des Schweigens. Galina Ustwolskaja zum Gedächtnis, 2008 • S. Vaisman: In Auschwitz. Das Protokoll einer jüdischen Ärztin nach der Befreiung, 2008 • J. A. Jungmann: Christliches Beten in Wandel und Bestand, 1991 • M. Heidegger: GA, Bd. 65, 1989 • Ders.: 13. Die Verhaltenheit, in: ebd., 33–36 • Ders.: 162. Das Seyn zum Tode, in: ebd., 284 • W. Benjamin: Ursprung des deutschen Trauerspiels, in: ders.: Ges. S., Bd. I 1, 1974, 203–409 • F. Nietzsche: Nachgelassenen Fragmente. Frühjahr 1881 bis Sommer 1882, in: ders.: Kritische GA, Bd. V 2, 1973, 339–585 • J. J. Bachofen: Unsterblichkeitslehre der orphischen Theologie, 1958 • G. Büchner: Lenz, in: ders.: Werke und Briefe. GA, 1958, 85–111 • S. von Storchenau: Geistliche Reden auf alle Sonntage des Jahres, Bd. 2, 1784.

KURT ANGLET

## III. Medizinethisch

### 1. Ausgangspunkt

Der T. wurde bis in unsere Zeit als Ende aller beobachtbarer biologischer Eigenschaften verstanden, die Leben kennzeichnen, also als das Aufhören von Atmung,

Herzschlag und Gehirntätigkeit. Sobald der T. eingetreten ist, endet die Existenz eines Lebewesens. Philosophisch dagegen ist umstritten, ob der biologische T. zugl. das Ende der Existenz der menschlichen ↑Person bedeutet. Das Ringen mit der Endlichkeit des Lebens zeigt sich auch in der Sehnsucht nach einem Heilmittel, unsterblich zu werden (griechisch: *pharmakon athanasias*). Angesichts neuer technischer Entwicklungen behaupten manche Transhumanisten (↑Transhumanismus) sogar, dass der biologische T. überwunden werden könne. Die medizinische Möglichkeit der Organtransplantation hat darüber hinaus das klassische Herz-T.-Kriterium hinfällig werden lassen. Darum gibt es derzeit weltweit Diskussionen, wann genau der Sterbeprozess abgeschlossen ist.

### 2. Klassische philosophische Debatten

Seit Pythagoras sind T. und Leib-Seele-Problem eng miteinander verknüpft. Dualistische Positionen (z. B. Platon, Augustinus, René Descartes) verstehen den menschlichen T. entweder als Durchgangstadium i. S. einer Seelenwanderung, so Platon, oder als Trennung von Leib und Seele, wobei die Seele unsterblich ist (R. Descartes). Hylemorphistische Positionen (Aristoteles, Thomas von Aquin) verstehen die Seele als gestaltgebende Form *(morphe)* des Körpers *(hyle)*, also als das Prinzip, das dem Körper sein ↑Leben verleiht. Darum ist der T. das Ende der irdischen Existenz des Menschen. Die Geistseele ist nach Aristoteles zwar unsterblich, ohne freilich ihre individuelle Signatur zu behalten. Für Thomas ist sie als *anima separata* nicht das individuelle Ich, weshalb er von einer *leiblichen* Auferweckung durch Gott ausgeht. Immanuel Kant postuliert die Unsterblichkeit der Seele nur praktisch, theoretisch sei sie unbeweisbar. Für Georg Wilhelm Friedrich Hegel wendet sich der Blickwinkel, da der Einzelne nur Moment in der Geschichte Gottes ist. Der T. ist damit das absolute Ende des ↑Individuums. Für die einen, so bereits in der Antike Epikur, ist dies jedoch unproblematisch, weil wir den T. nicht erleben, weshalb er uns auch nicht schaden kann. Die moderne ↑Existenzphilosophie in Martin Heideggers Fassung versteht den T. als das Ereignis, das unsere gesamte Existenz bestimmt, weshalb unsere Grundstruktur ein „Sein zum Tode" (Heidegger 2006: 255) ist. Indem wir uns durch die Grenze „T." unserer Endlichkeit bewusst werden, sind wir herausgefordert, unsere je eigene Lebensgeschichte zu schreiben. Bereits Gottfried Wilhelm Leibniz hatte herausgearbeitet, dass der T. unser Sein abschließt, das aus der Gesamtheit der Lebensereignisse konstituiert ist. Der T. ist also gewissermaßen die Vollendung nicht nur der eigenen Lebensgeschichte, sondern unseres Seins selbst. Wäre Aristoteles nicht der Lehrer Alexanders gewesen, so wäre er nicht der Aristoteles, der er gewesen ist.

Wenn mit dem T. das Sein des Menschen bestimmt ist, hat dann der Einzelne ein Recht, selbst seinen T. herbeizuführen (Freitod [↑Suizid]), oder ist die Selbsttötung ein Verbrechen gegen sich selbst und andere (Selbstmord)? Abhängig von weltanschaulichen Grundüberzeugungen wird entweder die grundsätzliche ↑Freiheit, über den T. zu verfügen, betont oder aber die Heiligkeit des Lebens in der Weise angenommen, dass niemand das Recht hat, das eigene Leben zu beenden, da er dieses nicht sich selbst verdankt.

### 3. Neue Herausforderungen

Neue Möglichkeiten, z. B. Organtransplantationen oder die Lebensverlängerung mittels neuer gentechnischer Verfahren (CRISPR/Cas), schärfen das Bewusstsein für die soziale Dimension des T.es (↑Gentechnik). So ist gesellschaftlich umstritten, wann ein Mensch tot ist. Ist er bereits tot, wenn der Teil des Gehirns abgestorben ist, der für Bewusstseinsvollzüge nötig ist (Teilhirn-T.-Hypothese), oder wenn sein ganzes Gehirn tot ist (Ganzhirnhypothese) oder erst, wenn der Kreislauf des Körpers trotz maschineller Unterstützung zusammenbricht. Wer freilich letztgenannte Position vertritt, müsste konsequenterweise auch einen enthaupteten Menschen als lebendig verstehen, falls es technisch möglich wäre, Stoffwechselvorgänge in dessen Restkörper aufrecht zu halten.

Ganz neu zeichnet sich zudem die Frage ab, ob wir neue gentechnische Möglichkeiten nutzen sollten, um unsere Lebensspanne wesentlich zu verlängern. Was beim Wurm *Caenorhabditis elegans* bereits heute möglich ist, nämlich die Lebenszeit mit Hilfe gentechnischer Eingriffe zu vervierfachen, ist zumindest theoretisch auch beim Menschen denkbar. Dies hätte gewaltige soziale Auswirkungen.

### Literatur

N. Knoepffler: Den Hippokratischen Eid neu denken, 2021 • Y. Harari: Homo Deus, 2018 • S. Luper: Death, in: Stanford Encyclopedia of Philosophy (2014), URL: https://plato.stanford.edu/entries/death/ (abger.: 19.10.2020) • The President's Council on Bioethics: Controversies in the Determination of Death, 2008 • M. Heidegger: Sein und Zeit, 2006 • Thomas von Aquin: Super I Cor, 1953 • G. W. Leibniz: Discourse de Metaphysique, 1880.

NIKOLAUS JOHANNES KNOEPFFLER

## IV. Theologisch

### 1. Das natürlichste aller Dinge?

Bei allen individuellen Unterschieden – die Tragik des plötzlichen T.es in jungen Jahren, der T. als Ruhe nach einem erfüllten Leben, der T. als durch Krankheit und Seuchen stets drohende Gefahr – gilt: Der T. gehört zum Leben. *Memento mori* – „Gedenke, dass du sterben wirst!" –, daher pflegt man im Mittelalter und der frühen Neuzeit die *Ars moriendi*, um wohl vorbereitet dem T. entgegenzugehen, der als „Ende" und „Vollendung" der „irdischen Pilgerschaft“ und so als „Heimgang“ interpretiert wird. So sehr der T. zum Leben gehört, so wenig wird er zur „natürlichsten Sache der Welt“ bagatellisiert. Denn der T., der große Gleichmacher, kommt immer „zu früh“ (vgl. den „Danse macabre“ [1874] von Camille Saint-Saëns). Mit der Zeit der ↑Aufklärung und der damit verbundenen „Professionalisierung des Alltagslebens“ verschiebt sich nicht nur die Sterbe- und Bestattungskultur (Leichensektionen, Feuerbestattung, gewerbliche Bestattungsunternehmen), der Umgang mit dem T. „säkularisiert“ sich. Darauf gibt in der Gegenwart eine individualisierte und pluralisierte Trauer- und Bestattungskultur (↑Bestattung, ↑Friedhof) ebenso Hinweise wie die aktuelle Kinder- und Jugendliteratur. Der T. als Entmächtigung erhält gerade angesichts der modernen technisch-medizinischen Möglichkeiten wie der aktuellen Erfahrung der COVID-19-Pandemie neue Relevanz; er bleibt der Stachel im Fleisch auch jener menschlichen Allmachtsphantasien, die vom „ewigen Leben“ dank Cyperspace und KI träumen.

## 2. Christliche Rede über den Tod

Alles christliche Sprechen über den T. hat seinen Ausgangspunkt in den Texten der Bibel. Himmel, Hölle, Fegefeuer, Gericht und das Ende der Welt – in einprägsamen Bildern wird inszeniert, was unsere Assoziationen bis heute inspiriert. Sie sind das Ergebnis einer Lerngeschichte. Die individuelle Auferstehungshoffnung (Jes 26,19; Dan 12,2; Weish 2,24–3; 12; 2 Makk 7,1–42), die die traditionelle Idee des „lebenssatten“ Sterbens (Gen 25,8; 35,19; Ijob 42,17) und damit des – im Gegensatz zum vorzeitigen T. – „guten“ T.es ergänzt, ist ein spätes Erbe dieses Lernprozesses. Nur langsam setzt sich der Gedanke durch, dass für Gott auch die Scheol, der Ort der Gottesferne, und daher das nichtige Schattendasein (Ijob 7,7–10; Ps 89,49 f.) als T.es-Schicksal des Menschen kein „Bereich“ jenseits seiner Herrschaft sein kann (Jes 38,18–20; Ps 6,5 f.; 30,10 f.; 88,10–14 bzw. Am 9,2; Ps 139,7), denn erst angesichts des besiegten T.es (Jes 25,8) bricht sich Gottes wahre Schöpfermacht endgültig Bahn. Die Auferstehungshoffnung steht in der Konsequenz der Gottesvorstellung (Gott, den man als befreienden Gott-für-die-Menschen erkannt hat, den man als Schöpfer des Himmels und der Erde lobt, auf dessen Treue man vertraut), bestimmt daher auch die christologische Konzentration des NT. Diese dimensioniert auch das christliche T.es-Verständnis neu: Der T. als letzter Feind des Menschen ist durch den T. Jesu Christi besiegt (Rom 5,14.17; 6,9; 1 Kor 15,26), die Beziehungslosigkeit des T.es durch die in Christus sichtbar gewordene Gottesnähe überwunden (Auferstehungsbekenntnis; Apg 2,32; 1 Kor 15) und jeder Gläubige hat (sakramental, durch Taufe und Eucharistie [↑Sakrament]), Anteil daran (Joh 11,25 f.; Röm 6,8–11; Kol 2,11–13.20). Durch den unaufgebbaren Christusbezug wird zugl. eine spezifische Deutung des T.es relevant: Die allg.e Sterblichkeit des Menschen wird in engster Verbindung zur allg.en Sündigkeit gestellt. Der T. ist „der Sünde Sold“ (Röm 6,23). Diese traditionelle, im ↑Judentum bereits vorgebildete, auf Paulus (Röm 5,12–21) rekurrierende Formel hält fest, dass der T. nicht einfach nur als kreatürliches Phänomen, sondern als theologische Größe interpretiert werden muss.

## 3. Ansätze einer christlichen Theologie des Todes

Bei Karl Rahner erhält der T. eine eigenartige Doppeldeutigkeit, indem er eine „Einheit von Tat und Schicksal, Ende und Vollendung, gewolltem und erlittenem Tod, [...] in einem gewissen Sinne Entpersönlichung, Sichverlieren, Untergang und gleichzeitig die Fülle totalen Sich-in-Besitz-Nehmens der Person“ (Rahner 2004: 368) darstellt. Der Mensch kann den T. Adams oder den T. Christi sterben. Der T. Christi als Gehorsamstat des Sohnes aber ist die Tat der Gnade Gottes, und ist so zu einer real-ontologischen Neubestimmung der ganzen Welt geworden. Denn durch den T. Christi wird der T. selbst verwandelt: „Das schreckliche Fallen in die Hände Gottes, das der Tod als In-Erscheinung-Treten der Sünde zu bleiben scheint, ist in Wirklichkeit das ‚in Deine Hände empfehle ich meinen Geist‘“ (Rahner 2004: 387). Auf dieser christologischen Basis kann der T. daher auch als Tat des Menschen, als Vollendung seiner Freiheitsgeschichte verstanden werden: Der „Tod ist so Vollendung als die Totalität der einmaligen Freiheitstat im Leben in der Erfahrung der totalen Verfügtheit“ (Rahner 2002: 427).

Die Theologie des T.es von Eberhard Jüngel ist als Konzept des „Ganztodes“ bekannt geworden: Der T. ist als absolute Verhältnislosigkeit mit der vollkommenen Vernichtung des Menschen identisch, denn der „tote Mensch ist seinem Gott immer entfremdet. Und ohne Gott wird alles verhältnislos“ (Jüngel 1993: 100). „Auferstehung“ kann in dieser Perspektive nur als absolute „Neuschöpfung“ des Menschen durch Gott verstanden werden, weil er allein aus der Verhältnislosigkeit ein neues Verhältnis schafft. Die Thesen E. Jüngels haben Nachfragen ausgelöst. Die absolute „Vernichtung“ des Menschen im T. scheint sowohl dem Theologumenon der Treue Gottes zu widersprechen als auch die Frage nach der bleibenden ↑Identität der menschlichen ↑Person zu stellen. Gründet sie allein in der „Verewigung in Gottes Gedächtnis“ (Jüngel 1993: 153), wird die Verhältnisbestimmung von aktiver Beziehungsmöglichkeit und passiver Bezogenheit des Menschen in ihrer Identität stiftenden Funktion aporetisch.

Für Joseph Kardinal Ratzinger stellt sich das Phänomen T. „in drei sehr verschiedenen Dimensionen“ dar: „1. Tod ist anwesend als die Nichtigkeit einer leeren Existenz, die auf ein Scheinleben hinausläuft. 2. Tod ist anwesend als der physische Prozeß der Auflösung, der das Leben durchzieht, in Krankheit spürbar wird und im physischen Sterben zum Abschluß kommt. 3. Tod begegnet im Wagnis der Liebe, die sich selbst zurücklässt und an den anderen weggibt; er begegnet in der Preisgabe des eigenen Vorteils zugunsten von Wahrheit und Gerechtigkeit“ (Ratzinger 2007: 85). Auch hier impliziert Christi T. die entscheidende Wende: denn „Christus stirbt nicht in der noblen Gelassenheit des Philosophen; er stirbt schreiend, nachdem er die ganze Angst des Alleingelassenen verkostet hat. Der Hybris des Gott-gleichen-Wollens steht die Annahme des Menschseins bis ins Letzte hinab gegenüber (Phil 2,6–11)“ (Ratzinger 2007: 91). Wo daher der Mensch nicht einfach sich seine „kleine Unsterblichkeit“ baut, „sich selbst so viel vom Leben nehmen [will], dass es genügt“, sondern sich Anteil geben lässt, an jenem „Sterben, das Glaube und Liebe als Annehmen und Annehmenlassen meines Lebens durch Gott ist“ (Ratzinger 2007: 88 f.), erlangt er „Unsterblichkeit“: „Das christliche Unsterblichkeitsverständnis geht entscheidend vom Gottesbegriff aus und hat deshalb dialogischen Charakter“ (Ratzinger 2007: 132).

Das christliche T.es-Verständnis ist so geprägt vom personalen Aspekt menschlichen ↑Lebens als geistlich-leibhaftiges, geschichtlich-freiheitliches Mit- und In-der-Welt-Sein, in einmalig-konkreter Weise vollzogener menschlicher Gottesbeziehung (im Gegensatz zum ostasiatischen Reinkarnationsgedanken). Solchermaßen relational konzentriert provoziert es mit der Zusage, dass sich die Lücke zwischen dem, was ist, und dem, was kommen wird, nicht durch unser Zutun, sondern nur durch das liebende Tun (↑Liebe) eines ganz Anderen schließen wird. Gerade in diesem Modus der ↑Hoffnung aber wahrt es das entscheidende „Humanum“ (u. a. Tötungsverbot, Anspruch auf ein menschenwürdiges Sterben).

### Literatur

J. Rahner: Einführung in die christliche Eschatologie, ²2016 • J. Ratzinger: Eschatologie. Tod und ewiges Leben, 2007 • A. A. Fischer: Tod und Jenseits im Alten Orient und im Alten Testament, 2005 • K. Rahner: Zur Theologie des Todes, in: ders. (Hg.): Sämtliche Werke, Bd. XXII 2, 2004, 348–392 • Ders.: Tod, in: ders. (Hg.): Sämtliche Werke, Bd. XVII 1, 2002, 424–427 • G. Kittel: Befreit aus dem Rachen des Todes. Tod und Todesüberwindung im Alten und im Neuen Testament, 1999 • E. Jüngel: Tod, ⁵1993 • G. Greshake: Tod – und dann? Ende – Reinkarnation – Auferstehung. Der Streit der Hoffnungen, 1988 • H. Vorgrimler: Der Tod im Denken und Leben des Christen, ²1982 • G. Greshake: Tod und Auferstehung, in: CGG, Bd. 5, 1980, 63–130.

JOHANNA RAHNER

## Todesstrafe

„Die Todesstrafe ist abgeschafft“. Art. 102 des ↑GG formuliert unmissverständlich: Die Androhung, die Verhängung und die Vollstreckung der T. sind unzulässig. Damit wurde 1949 – auch unter dem Eindruck des Missbrauchs der T. als Terrorinstrument (↑Terror) während der nationalsozialistischen Herrschaft (↑Nationalsozialismus) – schließlich Verfassungsrecht, was bereits 100 Jahre zuvor in der Paulskirchenverfassung angelegt war; schon diese hatte „ausgenommen, wo das Kriegsrecht sie vorschreibt“ (§ 139), die Abschaffung der T. verfügt. Auch in der Schweiz (seit 1937) und in Österreich (seit 1950, seit 1968 auch im Kriegsrecht) ist die T. abgeschafft; in der DDR wurde sie es erst 1987.

Die Rechtslage im deutschsprachigen Raum fügt sich in den globalen Trend der Zurückdrängung der T., der sich etwa seit dem letzten Drittel des 20. Jh. mit wachsender Dynamik entfaltet. Inzwischen hat die große Mehrheit der Staaten, darunter alle Mitgliedstaaten der ↑EU, die T. abgeschafft oder wendet sie nicht mehr an. Demgegenüber hält eine beachtliche Minderheit der Staaten – 2018 über 50 – weiterhin an der T. fest. Im Jahr 2017 verzeichnete ↑Amnesty International weltweit knapp 700 Hinrichtungen (ohne China), wobei die Dunkelziffer erheblich höher sein dürfte und lediglich drei Staaten (Iran, Saudi-Arabien, Irak) für über 80 % aller bekannt gewordener Hinrichtungen verantwortlich waren.

Während die T. historisch durchaus gewichtige Fürsprecher hatte – Georg Wilhelm Friedrich Hegel, Immanuel Kant, Martin Luther –, aber auch Widerspruch fand – Cesare Beccaria, Albrecht Friedrich Berner, Friedrich Daniel Ernst Schleiermacher, Voltaire –, dominieren heute nicht nur in der Rechtswissenschaft eindeutig ihre Gegner. Völlig verstummt ist der Ruf nach der T. freilich nicht. V. a. nach terroristischen Attentaten (↑Terrorismus) und Sexualverbrechen an Kindern wächst in der Bevölkerung die Bereitschaft, das kategorische Verbot der T. aufzuweichen. Dabei wird die Wiedereinführung der T. in Deutschland wohl selbst durch verfassungsänderndes Gesetz nicht möglich sein (Art. 1 Abs. 1, 79 Abs. 3 GG); der Primat der Unantastbarkeit der ↑Menschenwürde erfordert es, auf die T. zu verzichten und damit den absoluten Lebensschutz als einen der höchsten Verfassungswerte zu bekräftigen.

Die Bewertung der T. hat zwischen der Frage ihrer verfassungs- und völkerrechtlichen Rechtmäßigkeit auf der einen und ihrer ethisch-theologischen Legitimität sowie der kriminalpolitischen Gebotenheit auf der anderen Seite zu unterscheiden.

Anders als nach deutschem Verfassungsrecht ist die T. nach universellem ↑Völkerrecht nicht prinzipiell verboten, vielmehr grundsätzlich als rechtmäßige strafrechtliche Sanktion anerkannt, unterliegt aber Einschränkungen. So darf sie nur wegen schwerster Straftaten und nur gegen erwachsene Täter verhängt und nicht gegen Schwangere vollstreckt werden (Art. 6 Abs. 2–6 IPbpR von 1966; vgl. aber auch ZP II zu IPbpR von 1989 und A/Res/62/149 von 2008).

Auch die ↑EMRK aus dem Jahre 1950 erlaubt die Verhängung und Vollstreckung der T. unter bestimmten Bedingungen (Art. 2 Abs. 1). Freilich sieht der ↑EGMR in der nachfolgenden Staatenpraxis, u. a. angesichts des sechsten und dreizehnten Zusatzprotokolls, „starke Hinweise“ darauf, dass die T., insofern *contra legem conventionis*, unter allen Umständen verboten sei (Al-Saadoon und Mufdhi v Vereinigtes Königreich). Neben der Bestimmung über die T. selbst ergibt sich eine zweite, selbstständige menschenrechtliche Schranke aus dem Verbot unmenschlicher Behandlung (Art. 3 EMRK). Bereits 1989 hatte der EGMR festgestellt, dass die Auslieferung einer Person an einen Staat, in dem der betroffenen Person die T. droht, unter bestimmten Bedingungen gegen Art. 3 (nicht Art. 2!) verstoßen könne (Soering v Vereinigtes Königreich; s. a. § 8 IRG). Für die Mitgliedstaaten der EU ist die Regelung der EMRK durch Art. 2 Abs. 2 EuGRC zusätzlich abgesichert und klargestellt: Niemand darf zur T. verurteilt oder hingerichtet werden.

Ob die T. ethisch legitimierbar ist, ist zweifelhaft. So wird versucht, den Gedanken der Verwirkung fruchtbar zu machen: Wer einem anderen Menschen vorsätzlich das Leben nehme, verwirke hierdurch sein Recht auf das eigene Leben. Im ↑Strafrecht freilich hat der Verwirkungsgedanke, auch jenseits der Frage der T., keinen Niederschlag gefunden (so verwirkt der Betrüger nicht sein Vermögen). Nicht begründen lässt sich die T. jedenfalls unter einem theologischem Gesichtspunkt. Die einschlägigen Stellen des AT (Gen 9,6; Ex 21,12) können nicht für die T. geltend gemacht werden. Denn zum einen wird die T. dort, wo von ihr die Rede ist, keinesfalls ausdrücklich legitimiert, sondern vielmehr als zeitgenössisches Institut vorausgesetzt; zum anderen geht es historisch gerade darum, die im eigentlichen Sinne maßlose Rache einzudämmen, nicht auszudehnen.

Dem entspricht inzwischen auch die offizielle Haltung der christlichen Kirchen. Obwohl die ↑katholische Kirche bereits in den 1960er Jahren von der T. abrückte, wurde der Katechismus, der bis dahin die T. für schwerste Taten als zulässig ansah, erst im Jahre 2018 revidiert. Nach Art. 2267 ist die T. unzulässig, weil sie gegen die Unantastbarkeit und ↑Würde der ↑Person verstoße. Auch der Rat der ↑EKD, der ↑ÖRK sowie die große Mehrheit der protestantischen Kirchen haben vielfach erklärt, dass die T. unvereinbar sei mit einer christlichen ↑Ethik des Verzeihens und Vergebens.

Aus strafjuristischer Perspektive wirft die T. eine Reihe grundsätzlicher Fragen auf. Zweifelhaft ist schon, ob es sich überhaupt um ↑Strafe (i. S. d. Zufügung eines Übels) handelt. Ob der Zustand des Totseins selbst sich in diesem Sinne begreifen lässt, ist notwendig ungewiss. Jedenfalls nicht den Charakter einer Strafe kann die Aussicht auf das Sterbenmüssen als solche haben; diese bildet vielmehr ein unausweichliches Grunddatum menschlichen Seins. Der staatlich verfügten Vernichtung menschlichen Lebens lässt sich allenfalls unter zwei Gesichtspunkten überhaupt Strafcharakter zusprechen, nämlich durch das objektive Moment der Verkürzung der Lebenszeit (wobei offen bleibt, in welchem Umfang das Leben *in concreto* verkürzt wird) sowie das subjektive Moment der dem Akt der Vollstreckung vorausgehenden Aktivierung der (ebenfalls schwer quantifizierbaren und im Übrigen, wenn auch i. d. R. unbewusst, stets vorhandenen) Angst vor dem Tod.

Auch soweit man der T. Strafcharakter zusprechen möchte, ist sie aus kriminalpolitischer Perspektive nicht geboten. Rache und Sühne sind dem säkularen, rechtsstaatlichen Strafrecht fremde Gesichtspunkte. Ein auf Schuldausgleich zielendes Vergeltungsstrafrecht sieht sich im Blick auf die T. schon mit der Schwierigkeit konfrontiert, dass sich ein der ↑Schuld proportionales Strafquantum aus den oben genannten Gründen nicht bestimmen lässt. Im Übrigen wäre es ein Missverständnis, dem Gesichtspunkt der ↑Gerechtigkeit zu entnehmen, die Strafart müsse die Tat ihrem Typus nach reflektieren (z. B. T. bei Tötungsdelikt); es ist vielmehr das Strafmaß, das die Tat wiederspiegeln soll.

Auch vom utilitaristischen Standpunkt (↑Utilitarismus), der die Zweckorientierung der Kriminalsanktion akzeptiert und auf die Verhinderung der Begehung zukünftiger Taten gerichtet ist, ergibt sich nicht, dass die T. geboten wäre. Fehl geht das Argument, die T. sei als Mittel zur Abschreckung notwendig. Empirisch lässt sich eine Zunahme von Straftaten nach der Abschaffung der T. nicht nachweisen. Ferner ist heute unbestritten, dass nicht die Heftigkeit einer ↑Sanktion – ihre „Härte“, Höhe oder Dauer – abschreckend wirkt, sondern die Wahrscheinlichkeit der Sanktionierung der Tat. Auch eine zweckrationale Fundierung der Strafe aus dem Aspekt der Normstabilisierung vermag nichts Durchgreifendes für die T. beizutragen. Die Sicherung der Gemeinschaft vor dem Täter – i. S. einer negativen Spezialprävention – kann auch durch seine (lebenslange) Einsperrung erreicht werden, zumal die Wiederholungsgefahr bei den Tätergruppen, bei denen typischerweise die Vollstreckung der T. in Betracht kommen wird, etwa den Tätern von Tötungsdelikten, ohnehin unterdurchschnittlich ist. Der Umstand, dass nur die T., einmal vollstreckt, absoluten Schutz vor weiteren Taten des Täters bieten kann, ihre Irreversibilität also, bildet zugl. eines der stärksten Argumente gegen sie. Fehlurteile sind nie auszuschließen. So mussten seit 1973 in den USA über 150 Menschen, davon 80 allein in den vergangenen 20 Jahren, wegen Zweifeln an ihrer Schuld aus den Todeszellen entlassen werden. Schließlich spricht auch das weitgehend ungelöste Problem der Vollstreckung der T. gegen sie. Der Nachweis ihrer menschenwürdigen Vollstreckbarkeit steht in der Praxis noch aus, nicht nur im Blick auf das sog.e *death row*-Syndrom.

Nach allem ist die T. kriminalpolitisch nicht zu rechtfertigen. Auch unter einem theologischen Gesichtspunkt lässt sie sich nicht begründen. Obwohl das Völkerrecht die Verhängung und Vollstreckung der T. unter bestimmten Bedingungen (noch) erlaubt, steht ihrer Wiedereinführung in Deutschland zwingendes Verfassungsrecht entgegen.

Literatur

A. Kreuzer: Die Abschaffung der Todesstrafe in Deutschland. Mit Vergleichen zur Entwicklung in den USA, in: ZIS 1/8 (2006), 320–326 • C. Beccaria: Von den Verbrechen und von den Strafen (1764), 2005 • A. Koch: Die Abschaffung der Todesstrafe in der Bundesrepublik, in: RuP 41/4 (2005), 230–236 • C. Boulanger/V. Heyes/P. Hanfling (Hg.): Zur Aktualität der Todesstrafe, 1997 • W. A. Schabas: The Abolition of the Death Penalty in International Law, 1993.

FLORIAN JEßBERGER

# Toleranz

I. Philosophische Grundlinien – II. Sozialethische Aspekte

## I. Philosophische Grundlinien

### 1. Begriffsbestimmung

Der Begriff „T." – lateinisch *tolerare*: „dulden", „zulassen", „ertragen" – bezeichnet die Duldung von Überzeugungen, Handlungen oder Praktiken, die einerseits negativ bewertet, andererseits aber nicht eingeschränkt werden. Eine allg.e Definition des Begriffs enthält drei Komponenten. Erstens setzt T. eine „Ablehnungs-Komponente" voraus: Die zu tolerierenden Praktiken oder Überzeugungen müssen als falsch oder schlecht verurteilt werden. Ohne diese Komponente lägen entweder Indifferenz oder Bejahung, nicht aber T. vor. Zweitens steht dem eine „Akzeptanz-Komponente" gegenüber, die die negative Bewertung zwar nicht aufhebt, aber andere, positive Gründe nennt, die für T. sprechen. Drittens gehört zu dem Begriff der T. die Angabe ihrer Grenze, welche dadurch markiert ist, dass negative Gründe stärker als die der Akzeptanz sind (die „Zurückweisungs-Komponente"). Die Aufgabe der T. besteht darin, diese drei Komponenten recht zu begründen. Schließlich ist es für eine nähere Bestimmung der T. wichtig, in welchem Kontext sie angesiedelt ist: Sie kann eine persönliche ↑Tugend bezeichnen, aber auch Formen kirchlicher oder staatlicher ↑Politik. In einer ↑Demokratie sind beide Dimensionen insofern verbunden, als Bürger aus der Perspektive von Gesetzgebern beurteilen müssen, wo und aus welchen Gründen die Grenzen der T. mit Mitteln des ↑Rechts zu ziehen sind.

### 2. Konzeptionen und Begründungen von Toleranz

Der Begriff der T. ist im Zuge der ab dem 16. Jh. innerhalb des ↑Christentums aufbrechenden religiösen Konflikte (↑Religionskonflikte) zu einem Zentralbegriff der europäischen, politisch-philosophischen Diskussion geworden, seine Geschichte reicht jedoch bis in die Antike zurück. Bleibt T. bis in die Neuzeit hinein auf das Problem bezogen, auf welcher Basis ein friedliches Zusammenleben zwischen Angehörigen verschiedener (nicht nur christlicher) Glaubensrichtungen möglich ist, so erweitert sich im Zeitalter der ↑Aufklärung und nachfolgender Entwicklungen die Bedeutung von T. und bezieht sich allg. auf das Dulden bzw. Respektieren von Überzeugungen und Lebensweisen, die sowohl religiöser als auch politischer und allg. kultureller Natur sind. Mit der verfassungsrechtlichen Sicherung bestimmter Grundfreiheiten werden T.-Räume festgeschrieben, wobei aber bei der Festlegung von deren Grenzen T.-Fragen wieder auftauchen.

Vor dem geschichtlichen Hintergrund wie auch angesichts gegenwärtiger philosophischer Diskussionen lassen sich vier Konzeptionen der T. unterscheiden.

Nach der *Erlaubnis-Konzeption* bezeichnet T. die Beziehung zwischen einer ↑Autorität oder Mehrheit und einer von deren Wertvorstellungen abweichenden ↑Minderheit. T. besteht darin, dass die Autorität der Minderheit erlaubt, ihren Überzeugungen gemäß zu leben, solange sie die bestehenden Verhältnisse nicht in Frage stellt. Diese Auffassung findet sich bes. in den klassischen T.-Gesetzgebungen (etwa im Edikt von Nantes 1598). T. ist hier vorrangig pragmatisch begründet, d. h. sie entspringt einer Kalkulation der Kosten des Eingreifens bzw. Gewährenlassens. Ändert sich die soziale Konstellation zugunsten der Minderheit, kann von einer *Koexistenz-Konzeption* gesprochen werden, die sich ergibt, wenn gesellschaftliche Gruppen T. und ↑Frieden in Form eines *Modus vivendi* dem Konflikt vorziehen.

Eine *Respekt-Konzeption* der T. hingegen geht von der wechselseitigen ↑Achtung der T.-Parteien aus, die sich trotz starker Unterschiede in ihren Auffassungen des guten Lebens als politisch und moralisch gleichberechtigte Personen anerkennen. Dazu ist es notwendig, dass die tolerierten Überzeugungen und Praktiken nicht so negativ beurteilt werden, dass gegenseitige T. ausgeschlossen ist. Eine vierte Vorstellung, die *Wertschätzungs-Konzeption*, sieht die Haltung der T. nicht primär in gegenseitigem Respekt, sondern in der (begrenzten) ethischen Wertschätzung der anderen Überzeugungen oder Lebensweisen begründet. Innerhalb eines geteilten, wenn auch pluralistischen Wertehorizontes werden diese Überzeugungen und Praktiken als (partiell kritisierbare) Verkörperungen des ↑Guten bzw. der ↑Wahrheit angesehen.

In diesen Konzeptionen kehren die wichtigsten Argumente für T. wieder, seien sie pragmatisch-strategischer oder moralischer Natur oder der Ausdruck spezifischer, z. B. religiöser Werthaltungen. Die Palette möglicher T.-Auffassungen erklärt zudem die unterschiedlichen Bewertungen, die der Begriff der T. immer wieder erfährt: T. kann als repressive und herablassende Form der Machtbehauptung oder als bloße Notlösung kritisiert, aber auch als Ausdruck von Respekt oder wechselseitigem Verständnis angesehen werden. Ob T. überhaupt etwas Gutes ist und welche Konzeption in welcher sozialen Situation angemessen ist, hängt sowohl von der Einschätzung der gesellschaftlichen Möglichkeiten als auch des gesellschaftlich Gebotenen oder Gewünschten ab –

d. h. von normativen Prämissen, die nicht dem Begriff der T. selbst entstammen. So spricht für die ersten beiden Modelle, dass sie minimale motivationale Voraussetzungen haben und daher in sozialen Konfliktsituationen ein realistisches Ziel darstellen. Sofern darüber hinaus die Anforderung gestellt wird, dass die Ausübung von T. einer prinzipiellen Grundlage bedarf, um nicht in einer veränderten sozialen Situation in Intoleranz umzuschlagen, sind die dritte und vierte den ersten beiden Konzeptionen gegenüber vorzuziehen. Die Grenzen, die die vierte Konzeption zieht, könnten sich jedoch als zu eng erweisen, denn der Bereich des Tolerierbaren wird auf das Schätzenswerte eingeschränkt.

So empfiehlt sich die Respekt-Konzeption als die für eine pluralistische demokratische Gesellschaft (↑Pluralismus) am besten geeignete. Der Begriff „Respekt" lässt sich allerdings auf zweierlei Weise verstehen. Erstens kann damit die Achtung für den Anderen als ethisch autonomes Wesen (↑Autonomie) gemeint sein, dessen Entscheidung für eine bestimmte Konzeption des guten Lebens zu respektieren ist. Dann erscheinen lediglich die Überzeugungen und Praktiken als tolerierbar, die – nach einem schwer festzulegenden Maßstab – autonom gewählt sind, woraus enge Grenzziehungen folgen, während andererseits weite Grenzbestimmungen resultieren, wenn der Respekt für ethische Autonomie es gebietet, individuelle Entscheidungen an sich zu achten. Zweitens kann mit Respekt die gegenseitige Achtung als politisch-moralisch gleichberechtigte Bürger gemeint sein, welche ein Recht darauf haben, dass die grundlegenden ↑Normen, denen sie unterworfen sind, ihnen gegenüber gleichermaßen als Freie (↑Freiheit) und Gleiche (↑Gleichheit) gerechtfertigt werden können. Gemäß dieses Prinzips scheiden zur Begründung solcher Normen umstrittene ethische (z. B. religiöse) Argumente aus, die nur den Überzeugungen eines Teils der Bürger entsprechen – und seien es auch die Überzeugungen einer Mehrheit. T. bedeutet damit die Bereitschaft zu akzeptieren, dass in grundlegenden Fragen des politischen Zusammenlebens nur wechsel- und allseitig teilbare Gründe ↑Legitimität schaffen können.

In Bezug auf umstrittene T.-Fragen wie dem Verbot religiöser Kleidung oder Praktiken, dem Anbringen religiöser Symbole per Gesetz, der Gleichstellung gleichgeschlechtlicher Partnerschaften oder auch des Verbots radikaler Parteien ist somit die Frage der T. die, ob die Gründe, die für Einschränkungen von Grundfreiheiten genannt werden, unter gleichberechtigten Bürgern nicht zurückweisbar sind. Demokratische T. erfordert die Akzeptanz dieser Rechtfertigungsschwelle.

### Literatur

M. Williams/J. Waldron (Hg.): Toleration and its Limits, 2008 • R. Forst: Toleranz im Konflikt, 2003 • Ders. (Hg.): Toleranz, 2000 • D. Heyd (Hg.): Toleration, 1996 • G. Besier/K. Schreiner: Toleranz, in: GGB, Bd. 6, 1990, 445–605.

RAINER FORST

## II. Sozialethische Aspekte

In ethischer Hinsicht hat T. eine subjektive und eine rechtlich-institutionelle Seite. Bezogen auf den einzelnen Menschen meint T. eine „Tugend des freiwilligen Ertragens von Widrigkeiten jeglicher Art" (Rosenau 2002: 664) in der Tradition von stoischer Philosophie und ↑Christentum, die in solcher Duldsamkeit einen Ausdruck ethisch-religiöser Überlegenheit und Stärke erkannten. Heute wird diskutiert, inwieweit T. eine Haltung des Respekts, der ↑Achtung und der freien ↑Anerkennung von Neuem, Anderem und Fremdem zum Ausdruck bringt. Mit Blick auf die gesellschaftlich-politische Ordnung steht T. dem Begriff der Duldung nahe und impliziert eine Haltung des Gelten- und Gewährenlassens. Innerhalb der kulturell diversifizierten, pluralistischen Gesellschaft wird T. zu einem Erfordernis für alle Gesellschaftsglieder, um ein gedeihliches und friedliches Zusammenleben zu erhalten. Rechtlich-politisch spiegelt sich dies im Schutz von ↑Minderheiten, aber auch in den unterschiedlichen Ansätzen einer Politik der T.-Vorsorge.

### 1. Recht oder Toleranz?

Eine entscheidende politisch-ethische Grundfrage lautet: Kennt das Recht T.? Kann der freiheitliche ↑Rechtsstaat mit seinen Garantien der ↑Grund- und ↑Menschenrechte überhaupt tolerant sein, oder steht der Modus des Tolerierens quer zu dem Rechtsanspruch auf Schutz und Anerkennung? Nicht T. wäre demnach der Titel für ein „regelmäßiges Ausnahmeverhalten" (Pfleiderer 2006: 29), sondern eine dem Recht entspr.e Duldung: Regelverstöße können hingenommen werden, auch weil die entspr.en Regeln nicht Glaubensbekenntnis, sondern funktionale Erfordernisse des Gemeinwesens sind.

Alternativ zur toleranzskeptischen Position lässt sich aber auch argumentieren: Mit seiner Verbürgung der ↑Religions- und ↑Weltanschauungsfreiheit ermöglicht der Staat einen breiten ↑Pluralismus an Wahrheits- und Geltungsansprüchen (↑Wahrheit, ↑Geltung), die er nach Maßgabe seiner menschenrechtlichen Selbstverpflichtungen möglichst umfassend und unter Vermeidung gesellschaftlicher Verwerfungen zu schützen hat. Wenn er diese Garantenfunktion nicht autoritär und über Gebühr freiheitseinschränkend ausüben soll, ist er auf eine wechselseitige T.-Praxis der gesellschaftlichen Akteure zwingend angewiesen. Andernfalls muss der Staat schlichtend eingreifen und damit zwangsläufig Freiheitsansprüche beschneiden. T. kann man deshalb als ein „mittelbares Verfassungsprinzip" des freiheitlichen Rechtsstaats bezeichnen – es ist nicht unmittelbar „justiziabel" und bildet auch keine Alternative zur Freiheitsverbürgung im Recht, ist aber als gesellschaftliche Praxis eine wichtige Voraussetzung dafür, dass die ↑Verfassung überhaupt lebendige Rechtswirklichkeit werden kann (Hartung 2010: 22).

### 2. Nicht erzwingbare Voraussetzung von Freiheit

Ein gesellschaftlich lebendiges Ethos der T. ist somit eine der wesentlichen Voraussetzungen des freiheitlichen, säkularisierten (↑Säkularisierung) Staates, von denen Ernst-Wolfgang Böckenförde gesprochen hat und steht ethisch auf einer Stufe mit dem ↑Kompromiss: Weder das eine noch das andere kann erzwungen werden, zugl. sind die in solcher Praxis eröffneten Ressourcen für gesellschaftlichen Ausgleich und Verständigung notwendig, um jene Freiheitlichkeit erlebbar werden zu lassen, die der Staat als Versprechen und Selbstverpflichtung im Namen trägt.

Die Verschränkung von Recht und Ethos des Zusammenlebens hat ihren Grund in der Natur von positivierten Grund- und Menschenrechten, die Freiheitsräume möglich machen, indem sie diese voneinander abgrenzen. Die Grenzverläufe variieren – je nach historisch-gesellschaftlichem Kontext, Schutzbereich und Rechteträger – und müssen im Zuge von Rechtsauslegung und Rechtsprechung immer wieder neu gezogen werden. Das ↑Recht allein bleibt also notwendigerweise unscharf und ist auf eine Praxis der sinnhaften Inanspruchnahme und Auslegung der beanspruchten Rechtsgehalte angewiesen. Ein Ethos der T. hält die Zumutungen für die Rechteträger aus den rechtlichen Grenzverläufen zwischen Freiheitssphären möglichst gering.

Diesen Zusammenhang kann man auch fundamentalanthropologisch reformulieren: Indem der Staat den Menschen zum rechtsfähigen Verantwortungssubjekt erklärt (↑Verantwortung), setzt er zwangsläufig eine Distanz zwischen die rechtlichen Verbürgungen, die er als Staat garantiert, und die Rechtssubjekte, welche dieses Recht leben und in höchst diversifizierter und z. T. konfligierender Form wirklich werden lassen. Aktive T.-Vorsorge als Teil der ↑Rechtspolitik wird deshalb zu einer Konsequenz menschenrechtlich garantierter ↑Freiheit.

### Literatur

G. Hartung: Das Toleranzgebot. Voraussetzung, Inbegriff oder subsidiäres Hilfsprinzip rechtlicher Ordnung des Gemeinwesens?, in: C. Enders/M. Kahlo (Hg.): Diversität und Toleranz, 2010, 9–23 • G. Pfleiderer: Achtung, Respekt, Toleranz – und Religion. Zum Paradox neuzeitlicher Moralkultur, in: ders./E. W. Stegemann (Hg.): Religion und Respekt, 2006, 19–37 • H. Rosenau: Toleranz. II. Ethisch, in: TRE, Bd. 33, 2002, 664–668 • J. Werbick: Toleranz und Pluralismus. Reflexionen zu einem problematischen Wechselverhältnis, in: I. Broer/R. Schlüter (Hg.): Christentum und Toleranz, 1996, 107–121 • E.-W. Böckenförde: Staat, Gesellschaft, Freiheit, 1976.

DANIEL BOGNER

# Topik

I. Philosophische Grundlegung – II. Politikwissenschaftliche Perspektive

## I. Philosophische Grundlegung

Die „Topik" ist ein frühes Werk des Aristoteles, das er selbst in späteren Schriften mit diesem Titel (selten als „Dialektik") zitiert. Es geht darum, ein Verfahren zu finden, das es erlaubt, jede Aussage anhand einleuchtender Annahmen zu prüfen und zu jedem Problem aus einleuchtenden Annahmen Schlüsse zu ziehen. Ein Schluss ist ein Argument, in dem aus bestimmten Voraussetzungen etwas von diesen Verschiedenes mit Notwendigkeit folgt. Ein wissenschaftlicher Beweis ist ein Schluss aus wahren und unmittelbaren Prämissen; „ein dialektischer Schluss dagegen ist der, welcher aus anerkannten Meinungen (endoxa) gefolgert wird. Es sind aber wahre und unmittelbare (Prämissen) solche, die nicht durch andere, sondern durch sich selbst geglaubt werden […], anerkannte Meinungen aber, was alle oder die meisten oder die Weisen und von diesen entweder alle oder die meisten oder die am meisten bekannten und berühmten meinen" (Aristot. top. 100 a29–b23). Die Bedeutung der ↑Methode liegt darin, dass die ↑Wissenschaft ihre eigenen Prinzipien nicht reflektieren kann, denn sie kennt keine höheren; eine ↑Kritik ist nur mit Hilfe der *endoxa* möglich.

„T." kommt von *topos*: der Ort. Der Terminus sei zunächst anhand eines Beispiels erläutert. Buch III fragt: Was verdient den Vorzug, wenn man zwischen zwei oder mehr Möglichkeiten wählen muss? Es geht nicht um ↑Werte, zwischen denen ein großer Unterschied besteht, sondern um solche, bei denen eine Überlegenheit des einen über den anderen nicht sichtbar ist, sodass wir im Zweifel sind, wie wir uns entscheiden sollen. Aristoteles bringt 52 Topoi, welche die Überlegenheit eines dieser Werte zeigen sollen. Einer von ihnen gibt folgende Anweisung: Wir sollen schauen, was jeder dieser Möglichkeiten nachfolgt. Es ist die Möglichkeit zu wählen, der das größere bzw. größte Gut folgt; sind die Folgen schlecht, dann ist die zu wählen, der das kleinere bzw. kleinste Übel folgt. Diese Anweisung ist die Maior eines Syllogismus; die Minor ergibt sich aus der Bewertung der Folgen. Topoi sind „gemeinsame" Prämissen, die in Syllogismen über verschiedene Gegenstandsbereiche (↑Moral, ↑Politik, ↑Natur) verwendet werden, „wie etwa der Topos des Mehr und Weniger" (rhet. I.2,1358 a12–14). Sie werden von den spezifischen Prämissen unterschieden. „Spezifisch nenne ich die jeder Gattung eigentümlichen, Topoi aber die allen in gleicher Weise gemeinsamen Prämissen" (rhet. I.2,1358 a31 f.). Der „Ort", so lässt die Verwendung des Terminus sich erklären, von dem aus etwas gesehen wird, legt die Perspektive des Betrachters fest; er ist der Gesichtspunkt, unter dem eine Sache betrachtet wird, oder die

Stelle, „von der aus der Angriff zu führen ist“ (Aristot. top. 155 b5).

Am Beginn der Untersuchung stehen „Aussagen“ *(protasis)* und „Probleme“ *(problêma)*. Jede Aussage und jedes Problem bezeichnen entweder eine Begriffsbestimmung *(horos)* oder eine Eigentümlichkeit *(idion)* oder eine Gattung *(genos)* oder ein nebenbei Zutreffendes *(symbebêkos)*. Aussage und Problem unterscheiden sich nur durch die Wortstellung. „‚Lebewesen, zu Lande lebend, zweifüßig‘ ist die Begriffsbestimmung von ‚Mensch‘“ ist eine Aussage. „Ist ‚Lebewesen, zu Lande lebend, zweifüßig‘ die Begriffsbestimmung von ‚Mensch‘ oder nicht?“ ist ein Problem (Aristot. top. I.4). Die T. entwickelt u. a. für diese vier sog.en Prädikabilien jeweils eine Liste von Topoi; sie dienen dazu, die entspr.en Aussagen zu verteidigen oder zu widerlegen bzw. die Probleme zu lösen.

„Die Rhetorik ist ein Gegenstück zur Dialektik; beide haben nämlich mit dem zu tun, was zu kennen gewissermaßen allen gemeinsam und nicht Sache einer begrenzten Wissenschaft ist; deswegen haben auch alle gewissermaßen an ihnen teil; denn in gewissem Ausmaß versuchen alle, ein Argument zu prüfen und zu halten, sich zu verteidigen und anzuklagen“ (rhet. I.1,1354 a1–6). ↑Rhetorik ist die Kunst, durch Argumente zu überzeugen, und diese gebrauchen wie die Argumente der ↑Dialektik die Topoi. „Ich behaupte nämlich, dass die dialektischen und rhetorischen Schlüsse von dem handeln, worüber es in den Topoi geht“ (rhet. I.1,1358 a10–12). Es gibt verschiedene Gattungen der Rede; ihnen allen sind zwei Topoi gemeinsam. Erstens müssen alle den Topos „über das Mögliche und Unmögliche in den Reden gebrauchen, und zwar müssen die einen versuchen zu zeigen, dass etwas sein wird, die anderen, dass etwas gewesen ist“ (rhet. I.1,1391 b27–29); über das Zukünftige urteilt das Mitglied der Volksversammlung, über das Geschehene der Richter. Zweitens ist der Topos „über die Größe allen Reden gemeinsam; denn alle gebrauchen das Verkleinern und Vergrößern, ob sie beraten, loben oder tadeln, anklagen oder verteidigen“ (rhet. I.1,1391 b30–1392 a1).

Adressat von Ciceros „Topik“ ist ein Jurist. Die Methode, eine Rede auszuarbeiten, umfasst zwei Teile, „zum einen den des Auffindens (inveniendi), zum andern den des Urteilens (iudicandi)“ (Cic. top. II.6). In beiden war Aristoteles führend; die Stoiker haben in ihrer Dialektik lediglich den zweiten Teil ausgearbeitet; „die Kunst der Auffindung, die ‚Topik‘ heißt, haben sie ganz aufgegeben, obwohl sie für die Praxis wichtiger und der Ordnung der Natur nach zweifellos früher war“ (Cic. top. II.6). Wer etwas sucht, findet es leicht, wenn ihm der Ort *(locus)* gezeigt wird, wo es sich befindet; ebenso müssen wir, wenn wir ein Argument finden wollen, die entspr.en Orte kennen, „denn so wurden von Aristoteles diese, wenn man so will, ‚Wohnsitze‘ genannt, aus denen die Argumente geholt werden. Man kann also definieren: Ort ist der Sitz eines Arguments. Ein Argument ist aber eine Begründung, die einem bezweifelten Sachverhalt Glauben verschaffen soll“ (Cic. top. II.7 f.). Es ist zu unterscheiden zwischen

*a)* den Orten, die bereits mit dem, worum es geht, gegeben sind, und denen,

*b)* die von außen herangezogen werden.

Für *a)* bringen Cicero u. a. folgendes Beispiel: Einer Frau ist das gesamte Silber vermacht worden; der Streit geht darum, ob dazu auch das Geld gehört, das „gezählt im Haus geblieben ist“. Der Streit wird entschieden mit dem Topos „von der Gattung [...]. Da das gesamte Silber dieser Frau vermacht worden ist, so kann das Geld, das gezählt im Haus geblieben ist, nicht nicht vermacht sein. Die Art ist nämlich von der Gattung, so lange sie ihren Namen behält, nicht zu trennen; abgezähltes Geld behält aber den Namen Silber“ (Cic. top. II.13). Cicero schließt seine Ausführungen zu *a)*: „Damit ist die gesamte Lehre von der Auffindung der Argumente fertig“; er zählt die gefundenen Topoi auf und schließt: „außerdem ist kein Sitz eines Arguments zu suchen“ (Cic. top. II.71).

Welche Topoi passen zu welchen Fragen? Alle passen zu den meisten; „dennoch sind [...] einige für einige besonders geeignet“ (Cic. top. II.87), z. B. die Topoi der Gleichheit *(aequitas)* für die Fragen nach Recht und Unrecht; sie sind zu unterscheiden nach Natur und Setzung. Welche Topoi zu gebrauchen sind, hängt ab vom Ziel der Rede: Ob es um das ↑Recht, den ↑Nutzen oder darum geht, einen Menschen zu ehren (↑Ehre). Es gibt spezielle Topoi für die Teile der Rede. So kommt es in der Einleitung darauf an, das Interesse, die Aufmerksamkeit und das Wohlwollen der Hörer zu gewinnen; der Schluss muss das Gewicht der Sache vergrößern.

### Literatur

T. Wagner: Topik, in: HWRh, Bd. 9, 2009, 605–626 • M. Schramm: Die Prinzipien der Aristotelischen Topik, 2004 • T. Schirren/G. Ueding (Hg.): Topik und Rhetorik. Ein interdisziplinäres Symposium, 2000 • Boethius: De topicis differentiis, 1978 • G. E. L. Owen (Hg.): Aristotle on Dialectic. The Topics, 1968.

FRIEDO RICKEN

## II. Politikwissenschaftliche Perspektive

Die T. erfährt im 20. Jh. eine Wiederentdeckung als wissenschaftliche ↑Methode. So veröffentlichte bspw. Theodor Viehweg 1953 seine Schrift „Topik und Jurisprudenz“. In der Politikwissenschaft ist die Renaissance der T. vor allem mit Wilhelm Hennis verbunden, für den sie eine wesentliche Methode bei der „Rekonstruktion der politischen Wissenschaft“ (Hennis 1963) darstellt.

### 1. Topik als Methode praktischer Wissenschaft

Eine Rekonstruktion hat die Politikwissenschaft deshalb nötig, weil sie in ihrem Verständnis als moderne ↑Sozialwissenschaft die normative Dimension der ↑Politik nicht ausreichend in den Blick zu nehmen vermag. Damit gibt sie jedoch implizit ihre Öffentlichkeitswirkung preis, weil sie zu den drängenden Problemen der Gesellschaft aus dieser spezifischen Perspektive wenig bzw. nichts beizutragen hat. Politikwissenschaft soll daher in erneuertem aristotelischen Verständnis eine *Praxis* sein, die ↑Werturteile formuliert, die als Maß an das Politische angelegt werden können. In der Konsequenz ist sie als *praktische* ↑*Wissenschaft* zu verstehen; denn nur auf diese Weise kann es gelingen, die eigentliche Beschaffenheit des Politischen adäquat abzubilden. Der T. kommt die Aufgabe zu, hierfür eine angemessene Methodik zu liefern. „Hat nun […] die Topik als die spezifische Methode im Bereich des Dialektischen nicht eine besondere Bedeutung für die Disziplinen der praktischen Philosophie? Das scheint in der Tat so zu sein. Wir müssen dazu an die […] Eigentümlichkeiten der praktischen Wissenschaften erinnern: sie bewegen sich im Bereich des Kontingenten, sie erlauben ein geringeres Maß an Akribie, sie sind in geringerem Maße ‚wissenschaftlich' als die theoretischen Wissenschaften. Die Schlüsse, die man in diesem Bereich ziehen kann, folgen nicht aus notwendigen, sondern in aller Regel nur aus plausiblen, wahrscheinlichen, annehmbaren Prämissen" (Hennis 1963: 94). *Weniger wissenschaftlich* heißt aber nicht *unwissenschaftlich*. Jedoch kann nur auf diese Weise der ↑Kontingenz und der Komplexität allen politischen Handelns angemessen Rechnung getragen werden. Politik als Gegenstand wissenschaftlicher Betrachtung lässt sich aufgrund dieser Eigenschaften – selbst bei der Annahme von ↑Pfadabhängigkeiten – nicht exakt vorausberechnen. Mit den „Topoi der praktischen Wissenschaft […] ‚Lage', ‚Problem', ‚Umstände'" (Schlak 2008: 99) lassen sich wissenschaftliche Analysen durchführen, die sich an politischen Realitäten orientieren. Insb. gilt das für „Umstände" wie „Raum", „Klima" oder „Emotionen" (Schlak 2008: 100).

So bildet denn auch „die praktische Klugheit (phronesis)" die „spezifisch politische Tugend der Erkenntnis" (Weber-Schäfer 1999: 15). Politikwissenschaft zu betreiben bedeutet zudem auch, sich als Wissenschaftler in der Gesellschaft Gehör zu verschaffen, v.a. dann, wenn es um grundlegende Fragen wie z.B. die Ausgestaltung des ↑Gemeinwohls geht.

### 2. Kritik und mögliches Aktualisierungspotential

Doch wie lässt sich eine auf die *phronesis* (↑Klugheit) berufende Beschäftigung mit der Politik in den wissenschaftlichen Diskurs einspeisen? Dies dürfte umso schwerer fallen, wie die Ausrichtung der Politikwissenschaft am sozialwissenschaftlich-szientistischen Ideal voranschreitet. So besteht die Gefahr, dass eine derartige Wissenschaft sich ins Essayistische zurückzieht – eine Form, die auch der Journalist oder der interessierte Bürger ohne (politik-)wissenschaftlichen Hintergrund zu leisten vermag. Peter Graf Kielmansegg weist darauf hin, dass W. Hennis es verabsäumt hat, eine systematische topische Methodenlehre für die politische Wissenschaft vorzulegen. So „blieb die ‚Topik' ein reizvolles, anregendes Stichwort" (Graf Kielmansegg 2020: 296). Dadurch geriet allerdings auch eine Methode ins Abseits, die einer politisch aufgeschlossenen ↑Öffentlichkeit verständliche und nachvollziehbare, aber nicht verkürzende und vereinfachende Erörterungen der politischen Gegebenheiten anbieten kann.

Denn die T. verweist auf zwei grundlegende Aspekte: Zum einen darauf, dass eine nur auf ↑empirische Sozialforschung abzielende Politikwissenschaft das Eigentliche des Politischen verfehlt, zum anderen auf den Auftrag all jener, die sich wissenschaftlich mit Politik beschäftigen, sich auch öffentlich zu betätigen. Gerade in einem Zeitalter der Polarisierung könnte die Rückbesinnung auf die dialogischen Qualitäten der T. einen nicht geringen Geländegewinn für den rationalen Diskurs markieren.

### Literatur

P. Graf Kielmansegg: Wilhelm Hennis. Politikwissenschaft gegen den Strom, in: A. Cavuldak (Hg.): Peter Graf Kielmansegg im Gespräch, 2020, 277–301 • A. Anter (Hg.): Wilhelm Hennis' Politische Wissenschaft, 2013 • S. Schlak: Wilhelm Hennis. Szenen einer Ideengeschichte der Bundesrepublik, 2008 • P. Weber-Schäfer: Rhetorik und Topik in der Politik, in: Politisches Denken. Jb. 1999, 11–23 • N. Lobkowicz: Theorie und Praxis, in: L. Reinisch (Hg.): Politische Wissenschaft heute, 1971, 15–25 • W. Hennis: Topik und Politik, in: ders. (Hg.): Politik und Praktische Philosophie. Eine Studie zur Rekonstruktion der politischen Wissenschaft, 1963, 89–115 • T. Viehweg: Topik und Jurisprudenz. Ein Beitrag zur rechtswissenschaftlichen Grundlagenforschung, 1953.

BERNHARD SCHREYER

## Totalitarismus

### 1. Totalitarismus – ein umstrittener Begriff

Der Begriff „T." wurde 1923 von dem liberalen Mussolini-Gegner Giovanni Amendola zur Kennzeichnung des faschistischen Staates in Italien („sistema totalitario") geprägt. Gemeint war damit eine Herrschaftsform, die mit ihrem uneingeschränkten Machtanspruch jeden Bereich des Lebens umfasst und keinen Raum jenseits des Politischen mehr lässt. Diese Totalität des staatlichen Zugriffs, von Theoretikern wie Carl Schmitt und Ernst Forsthoff positiv bewertet, wurde in der Folge zum Negativmerkmal einer modernen Form von ↑Herrschaft, in der ↑Staat und ↑Gesellschaft verschmelzen. Da man dieses Phänomen nicht nur im ↑Faschismus, sondern auch im ↑Kommunismus wahrnahm, wurde der T.-Begriff ab Ende der 1930er Jahre auf beide Systemarten angewandt. Dadurch rückte der Begriff aus der publizistischen und wissenschaftlichen Betrachtung in die politische Debatte, in der v.a. von linker Seite heftig kritisiert wurde, ein Vergleich von Faschismus und Kommunismus verharmlose Ersteren und delegitimiere Letzteren.

Doch nicht nur der im T.-Begriff angelegte Vergleich zweier inhaltlich entgegengesetzter Systemtypen war umstritten, sondern auch, inwiefern die als totalitär bezeichnete Herrschaft tatsächlich eine neue Herrschaftsform darstellt oder nur eine moderne Variante der Diktatur. Sofern die Anwendung des T.-Begriffs akzeptiert wurde, war strittig, für welche politischen Konstellationen er Geltung beanspruchen kann – nur für den ↑Nationalsozialismus oder auch für weniger rigide faschistische Systeme? Bei der UdSSR: nur für die Zeit des ↑Stalinismus oder auch für die Zeit nach der Entstalinisierung durch Nikita Sergejewitsch Chruschtschow? Bei anderen kommunistischen Regimen: auch für China, Nordkorea und die sowjetischen Satellitenstaaten? Da der Begriff nur noch negativ gebraucht wird, bedeutet seine Verwendung i. d. R. auch eine politische Positionierung; von daher lässt sich die wissenschaftliche Debatte um den Begriff von der politischen kaum trennen.

## 2. Kennzeichen des totalitären Systems

Die ↑Diktatur bezeichnet im Allg.en eine unbeschränkte Machtkonzentration in den Händen eines Einzelnen oder einer Gruppe, die Tyrannis die Willkürherrschaft eines Einzelnen, das autoritäre Regime eine der Machtkontrolle durch das Volk entrückte Herrschaft, die Autokratie die unkontrollierte Herrschaft aus eigener Machtvollkommenheit. So unscharf die Trennlinien zwischen den genannten Herrschaftsformen auch sein mögen, ist diesen doch gemeinsam, dass sie ↑Macht per Zwang ausüben, der sich in Sanktionsmechanismen aller Art ausdrückt. Darüber geht das totalitäre System noch hinaus: Es will den Menschen nicht nur von außen zwingen, sondern ihn auch von innen vereinnahmen. Das Besondere des totalitären Systems ist die Totalität des Zugriffs auf den Menschen. Er soll nicht nur so handeln, wie vom Regime gewünscht, sondern auch so denken.

Deshalb sind totalitäre Systeme Ideologie-geleitete Systeme. Eine staatlich verordnete ↑Ideologie wie z. B. der Marxismus-Leninismus oder die nationalsozialistische ↑Weltanschauung richtet das staatliche Handeln aus. Zugl. soll die Ideologie per Schulung, Indoktrination oder Gehirnwäsche die vom System erfassten Menschen in ihrer gesamten Existenz ergreifen. Das Ideal ist, dass zur Umsetzung der staatlichen Ziele irgendwann keine Gewaltanwendung mehr nötig ist, weil die Menschen diese Ziele verinnerlicht haben. Letztlich wollen totalitäre Regime den „neuen Menschen" hervorbringen – den Menschen, der alle überkommenen ↑Werte und ↑Normen hinter sich gelassen hat und nur noch im Sinne des Systems funktioniert.

Weil mit den Ideologien heilsgeschichtliche Erwartungen verbunden werden (die „klassenlose Gesellschaft", die „arische Kampfgemeinschaft"), wurden sie als „politische Religionen" (Voegelin 1938) gekennzeichnet. Was bei traditionellen ↑Religionen in der ↑Transzendenz verortet ist, nämlich Heil, Erfüllung, Vollkommenheit, soll bei politischen Religionen bereits irdisch realisierbar sein. Der damit einhergehende Absolutheitsanspruch an den Bereich des Politischen erfordert in der Umsetzung jene Totalität des Staatlichen, die zur Auslöschung von Individualität, Privatheit und Freiheit führt. Totalitäre Regime müssen alle autonomen Bestrebungen in der Gesellschaft vernichten, Staat und Gesellschaft werden eins.

Inhaltlich sind sich ↑Marxismus und NS-Weltanschauung entgegengesetzt. Der Marxismus verspricht universelle menschliche ↑Gleichheit, die Abschaffung von Herrschaft, den ewigen Frieden; die NS-Weltanschauung setzt auf Ungleichheit, die bedingungslose Durchsetzung von Herrschaft, den ewigen Kampf. Strukturell aber sind sie sich ähnlich: Ihr Ziel ist die Erlösung der Menschheit aus einer Geschichte des Verfalls, ihr Weg dazu ist der Kampf gegen den als Inbegriff des Bösen definierten Feind, ihre ↑Legitimation ist ihr privilegiertes Bewusstsein, das alle Verblendungszusammenhänge durchschaut und den Gesamtzusammenhang der bisherigen Geschichte (↑Geschichte, Geschichtsphilosophie) erkannt hat. Jenseits des je spezifischen Feindes („die Kapitalisten", „die Juden") ist der gemeinsame Feind der ↑Liberalismus. Mit seinem Individualismus, seinem Freiheitsversprechen (↑Freiheit) und seiner Forderung nach individueller ↑Verantwortung widerstreitet er dem ↑Kollektivismus, der behaupteten historischen Notwendigkeit und der kollektiven Verantwortungslosigkeit in beiden Ideologien.

Strukturelle Gemeinsamkeiten wiesen aufgrund dessen auch die ↑politischen Systeme des Kommunismus und des Nationalsozialismus auf. Carl Joachim Friedrich und Zbigniew Brzezinski nennen neben der Ideologie fünf weitere Faktoren: eine monopolistische Massenpartei, das Terrorsystem, das Monopol der Kommunikationsmittel und Kampfwaffen sowie die zentral gelenkte Wirtschaft (↑Zentralverwaltungswirtschaft). Der modernen ↑Technik kommt dabei als Herrschaftsmittel eine zentrale Rolle zu. Dieses später wegen fehlender Einbeziehung der Entwicklungsdynamik totalitärer Systeme kritisierte Schema vermittelt aber einen wesentlichen Zug dieser Systemart: die totale Zentralisierung der Macht, die Ausschaltung aller autonomen Zwischeninstanzen. Natürlich ist dies keinem der real existierenden totalitären Systeme restlos gelungen, es liegt aber in der Logik ihres Ansatzes. Weil die Ideologie die gesamte Wirklichkeit aus einem Punkt heraus erklärt (der ↑Klassenkampf; der Rassenkampf [↑Rassismus]) und sich das Wissen darum in der herrschenden Partei konzentriert, muss auch alles von ihr her organisiert werden bzw. auf sie zulaufen. Und auch der ↑Terror ist ideologisch begründet: Er mündet in den Massenmord, die Auslöschung der als Feind bestimmten Kollektive.

Das Zusammenspiel von Ideologie und Terror im totalitären System betonte v. a. Hannah Arendt. Die geistige Gleichschaltung und die allgegenwärtige Drohung der ↑Gewalt vereinzelt die Menschen und zerstört den öffentlichen Raum, der der Raum des Politischen ist. In der Tat kennen totalitäre Systeme keine ↑Öffentlichkeit jenseits der von der Partei inszenierten. Dort kommt der einzelne Mensch nur als Teil des Kollektivs vor. So versuchen die Menschen im totalitären System, sich letzte Reste von Privatheit zu sichern und sich dorthin zurückzuziehen, sofern sie nicht der Indoktrination erliegen oder den Weg des ↑Widerstands gehen.

### 3. Totalitarismus – ein Phänomen der Vergangenheit?

Der liberale Verfassungsstaat hat auf die totalitäre Erfahrung reagiert und die anti-totalitären Elemente in der ↑Demokratie gestärkt. Schutz der ↑Menschenrechte als Individualrechte, Rechtsstaatlichkeit (↑Rechtsstaat), ↑Gewaltenteilung, ↑Pluralismus, Kontrolle der Regierung (↑Politische Kontrolle) durch Opposition, Wähler und freie ↑Medien sowie wehrhafte Demokratie, d. h. Abwehrbereitschaft gegen extremistische Gegner (↑Extremismus) der Demokratie, sind Mittel, einen Rückfall in totalitäre Strukturen zu verhindern. Doch die Herausforderungen bleiben: Mit dem ↑Islamismus ist eine neue Ideologie ins Blickfeld gerückt, die gegen die westliche Trennung von Politik und ↑Religion antritt, das totalitäre Freund-Feind-Schema durch die Entgegensetzung Gläubige – Ungläubige religiös wendet und mit dem weltumspannenden Anspruch auftritt, an die Stelle staatlicher ↑Souveränität die Souveränität Gottes zu setzen. Die Herbeiführung des Gottesstaates (↑Theokratie) durch terroristische Mittel sowie die subkutan erfolgende Einführung der ↑Scharia in demokratische Verfassungsstaaten stellen Letztere vor eine Bewährungsprobe.

Doch auch ein Wiederaufleben der bekannten Ideologien in neuem Gewand stellt eine reale Gefahr dar. Links- und Rechtspopulismus (↑Populismus) berufen sich wie ihre Vorgänger-Ideologien darauf, den wahren Volkswillen zu vertreten, der in der parlamentarischen Demokratie (↑Parlament, Parlamentarismus) angeblich nicht hinreichend berücksichtigt wird. Direkt-demokratische Ansätze werden gegen das Prinzip der Repräsentation ausgespielt, rechtsstaatliche Verfahren verunglimpft oder für eigene Zwecke ausgebeutet. Systemverdrossenheit und gesellschaftliche Spaltung bieten einen gefährlichen Nährboden für antidemokratische Tendenzen. Insofern darf die Gefahr des T. nicht als gebannt gelten.

### Literatur

J. Baberowski/K. K. Patel (Hg.): Jenseits der Totalitarismustheorie? Nationalsozialismus und Stalinismus im Vergleich, in: ZfG 57/12 (2009), 965–1028 • D. Schmiechen-Ackermann: Diktaturen im Vergleich, 2002 • E. Jesse (Hg.): Totalitarismus im 20. Jahrhundert, 1996 • H. Maier (Hg.): Totalitarismus und Politische Religionen, 3 Bde., 1996–2003 • F. Pohlmann: Marxismus, Leninismus, Kommunismus, Faschismus. Aufsätze zur Ideologie und Herrschaftsstruktur der totalitären Diktaturen, 1995 • K. D. Bracher: Die totalitäre Erfahrung, 1987 • E. Nolte: Der europäische Bürgerkrieg 1917–1945, 1987 • B. Seidel/S. Jenkner (Hg.): Wege der Totalitarismusforschung, 1968 • C. J. Friedrich/Z. Brzezinski: Totalitarian Dictatorship and Autocracy, 1956 • H. Arendt: Elemente und Ursprünge totaler Herrschaft, 1955 • F. Borkenau: The Totalitarian Enemy, 1940 • E. Voegelin: Die politischen Religionen, 1938 • E. Forsthoff: Der totale Staat, 1933 • C. Schmitt: Die Diktatur, 1921.

BARBARA ZEHNPFENNIG

# Tourismus

I. Soziologisch – II. Wirtschaftswissenschaftlich

## I. Soziologisch

Der T. als einer der wichtigsten Wirtschaftszweige der Welt ist eines der auffallendsten sozialen und kulturellen Phänomene postmoderner Gesellschaften (↑Postmoderne). Dennoch sind eine sozialwissenschaftliche Betrachtung des Phänomens und eine theoriegeleitete interdisziplinäre Analyse des Reisens eher marginal ausgeprägt, weil in vielen Fragestellungen die ökonomische Wertschöpfung touristischer Destinationen im Vordergrund steht. Ziel und Aufgabe einer T.-Soziologie ist es, die gesellschaftlichen Rahmenbedingungen der touristischen Entwicklung zu analysieren, den Reisenden selbst in seinen Motiven, ↑Bedürfnissen, Erlebnissen und Verhaltensweisen und interkulturellen Begegnungen zu verstehen (Mikroperspektive), die Struktur und Funktionsweise des touristischen Systems in den Blick zu nehmen (Makroperspektive), und insb. die soziokulturellen Folgen des Reisens zu behandeln.

### 1. Gesellschaftliche Rahmenbedingungen

Für die Entstehung des Massen-T. können drei Bereiche genannt werden, die wesentlich zum heutigen massenhaften Reisen beitrugen. Es sind dies

*a)* strukturell-materielle Rahmenbedingungen (wie Mobilitätsveränderungen [↑Mobilität] oder Einkommenssteigerungen in breiten Bevölkerungsschichten),
*b)* immaterielle gesellschaftsbezogene Bedingungen und Faktoren (wie Aspekte des ↑Wertewandels und der Milieuzugehörigkeit [↑Milieu], die unterschiedliche Reisestile prägen) sowie
*c)* politisch institutionelle Bedingungen welche Reisefreiheit garantieren (Visaregelungen) oder die Reisefrequenz erhöhen (vertraglich geregelte Urlaubszeiten etc.).

Die aus diesen gesellschaftlichen Rahmenbedingungen entstehenden Reiseaktivitäten können als Spiegelbilder des gesellschaftlichen Bedürfnis- und Wertewandels gesehen werden. In den Prozess der Reiseentscheidung und des Urlaubsverhaltens greifen heute v. a. soziale Medien (↑Social Media) und neue Informations- und

Kommunikationstechnologien ein, welche durch Reiseblogs, Hotelbewertungsportale, Visualisierungen von Destinationen sowie auch neue Technologien entscheidende Impulse in der Reisezielwahl setzen sowie zunehmend auch destinationsspezifische Verhaltensweisen prägen.

### 2. Zum Reiseerleben und -verhalten (Mikroperspektive)

In der Nachkriegszeit, in der die Epoche des Massen-T. eingeleitet wurde, galt für den Großteil der Gesellschaft eine außenorientierte Lebensauffassung, die in einer klar sozial strukturierten und geschichteten Gesellschaft die externe Vorgabe von Zielen und ↑Normen für das Individuum bedeutete. Dies ist nun im Zuge der Individualisierung von einer stärker nach innen gerichteten Lebensauffassung abgelöst worden, bei der die Gestaltungsidee eines „schönen, interessanten, subjektiv als lohnend empfundenen Lebens" (Schulze 2002: 37) in den Vordergrund tritt. Das Leben in der individualisierten Leistungsgesellschaft erklärt damit den Drang zu tiefgreifenden Erlebnissen und zu authentischen Erfahrungen, die insb. in der ↑Freizeit und im T. entfaltet werden können. Nicht zuletzt deshalb gelten *memorable experiences* als wesentliche Ressource der T.-Industrie.

### 3. Ausdifferenzierungen (Makroperspektive)

Reisen ist in der westlichen Gesellschaft weitgehend zur Selbstverständlichkeit geworden und bedingt im Zuge der pluralisierten ↑Interessen eine enorme Ausdifferenzierung des touristischen Systems. Die UNWTO gibt mittlerweile weltweit ein jährliches Reiseaufkommen von über 1,2 Mrd. internationaler T.-Ankünfte an (UNWTO 2017), wodurch sich das touristische System quasi auf natürlichem Wege längst funktional differenziert und in Teilsysteme aufgespalten hat. Diese Diversifikation zeigt sich sowohl in den Angebotsstrukturen (Konkurrenzdruck) als auch in den Nachfragestrukturen des T. (heterogene Bedürfnisse der Reisenden). Dies bewirkt eine Fülle von Reiseformen, die dichotome Kategorien (wie Sommer- und Winter-T.) obsolet werden lassen.

### 4. Folgen des Tourismus

Der T. wird – zumindest in der Sichtweise der T.-Ökonomie – überwiegend positiv bewertet. Die Vorzüge werden in der Bereitstellung von Arbeitsplätzen, in der Verbesserung der ↑Infrastruktur und im kulturellen und sozialen ↑Fortschritt der Region gesehen. Der Einfluss des T. im Kontext der allg.en Entwicklungsdynamik der ↑Globalisierung ist jedoch strittig und ambivalent. Wenn entspr.e Infrastrukturen geschaffen wurden (Airports, Hotels, Gastronomie etc.), können transnational aktive Manager tätig werden und die globale Urlaubskultur in neue Destinationen tragen. Die Touristen wollen ihre Erwartungshaltungen und Wünsche an Komfort global ähnlich befriedigt wissen; internationaler Standard verdrängt die Authentizität der Region. Obwohl der Anteil der T.-Einnahmen steigt, hat der Großteil der Einheimischen die Konsequenzen des Massen-T. wie Übervölkerung, Veränderungen traditioneller Strukturen und erhöhte Preise zu tragen.

### 5. Künftige Herausforderungen

Die dynamische Entwicklung der Gesellschaft stellt die T.-Soziologie vor große Herausforderungen und rückt auch neue Themen ins Blickfeld. So ist im Zuge der terroristischen Bedrohung (↑Terrorismus) und der COVID-19-Pandemie das Thema ↑Sicherheit und T. weltweit in den Vordergrund gerückt. Neue Reiseformen wie Dark- und Slum-T. erfordern eine tiefgehende Analyse touristischer und voyeuristische Motive. Die gesellschaftlichen Auswirkungen des ↑Klimawandels und der ↑Digitalisierung sollten in zukunftsweisenden Arbeiten zum T. dringend thematisiert werden. Und geopolitische globale Machtstrukturen (↑Geopolitik) und Verschiebungen bewirken, dass neue ↑Märkte im T. den westlich dominanten Blick auf das touristische System zunehmend herausfordern und neue Verflechtungszusammenhänge zwischen verschiedenen Mobilitätsformen gegeben sind.

Im Zuge dieser Herausforderungen erscheint es umso wichtiger, ethische Richtlinien für den globalen T. zu propagieren. So hat die UNWTO einen Ethikkodex für Reisen entwickelt (UNWTO 1999), dessen zehn zentrale Richtlinien jedoch rein empfehlenden Charakter besitzen. Die T.-Soziologie sollte ihre Rolle primär darin sehen, eine differenziertere und ganzheitliche Analyse des T. (abseits ökonomischer Verwertungslogiken) zu propagieren und mit Fallstudien zu kulturverträglichem und ethisch verantwortungsbewusstem Reisen beitragen.

### Literatur

UNWTO: Tourism Highlights 2017, 2017 • R. Bachleitner/W. Aschauer: Unterwegs in der Freizeit. Zur Soziologie des Reisens, in: R. Freericks/D. Brinkmann (Hg.): Hdb. Freizeitsoziologie, 2015, 325–352 • R. Bachleitner: Zum Forschungsprogramm der Tourismussoziologie, in: ders./W. Kiefl (Hg.): Lexikon zur Tourismussoziologie, 2009, 7–24 • R. Hachtmann: Tourismus-Geschichte, 2007 • UNWTO: Global Code of Ethics for Tourism (1999), URL: https://www.unwto.org/global-code-of-ethics-for-tourism (abger.: 14.1.2021) • G. Schulze: Die Erlebnisgesellschaft. Kultursoziologie der Gegenwart, [3]1992.

WOLFGANG ASCHAUER UND REINHARD BACHLEITNER

## II. Wirtschaftswissenschaftlich

T. ist ein kulturelles und gesellschaftliches Phänomen genauso wie ein Wirtschaftsbereich. Er „umfasst die Aktivitäten von Personen, die an Orte außerhalb ihrer gewohnten Umgebung reisen und sich dort zu Freizeit-, Geschäfts- oder bestimmten anderen Zwecken nicht länger als ein Jahr ohne Unterbrechung aufhalten" (UNWTO 1993). Die Reise ist das zentrale Element des T., wobei die Begriffe Reisen und T. häufig synonym verwendet werden, auch wenn die Reise jede Form der Entfernung von einem bestimmten Ort meint. Das Reisen beinhaltet demnach den Ortswechsel und hängt mit der Art und Weise des Ortswechsels, also dem Transport und Fragen der ↑Mobilität, eng zusammen. Der Aufenthalt ist das zweite zentrale Element. Er umfasst i. d. R. am Ort oder Raum eine Reihe von ↑Dienstleistungen und Erlebnissen aus der Sicht des Reisenden oder Besuchers, welche der Auslöser für die Reise bzw. den Ortswechsel sind. Raum und Zeit spiegeln sich dabei in Fragen der Reisedauer (von der Tagesreise ohne Übernachtung bis zu Reisen bis zu einem Jahr) sowie der Entfernung (z. B. Inland v Ausland, Reisen außerhalb des eigenen Lebensraumes des Reisenden) wider. Die Motive des Ortswechsels sind vielfältig und unterscheiden sich grob in erholungsspezifische und geschäftsspezifische Motive bzw. Freizeit- und Geschäftsreisen. Ortswechsel bedeutet die Bewegung jenseits des angestammten Arbeits- und Wohnumfeldes. Dies ist Voraussetzung für die Definition des touristischen Phänomens in Abgrenzung zu Freizeitaktivitäten (↑Freizeit) im gewohnten Umfeld. Neben dem Beruf als Reisemotiv ergeben sich im Kontext von Erholung bzw. Urlaub folgende zusätzliche zentrale Motive: ↑Gesundheit, ↑Natur, ↑Kultur oder ↑Religion – in unterschiedlicher Priorität der ↑Bedürfnisse. Die Reisemotivation ist insb. in post-industriellen Gesellschaften weniger auf starke Anreize oder spezifische Motivationen ausgelegt, weil beim modernen Reisen die „Zweckfreiheit" eine nicht zu unterschätzende Rolle spielt: z. B. Aufwertung des eigenen Selbst, veränderte Zeiterfahrungen, Berührungen mittels Resonanz, oder Reflexion des eigenen Lebensraumes durch Erfahrung im Destinationsraum. Pluralistische Konzepte der Reisemotivationsforschung betonen unterschiedliche Gründe des Reisens, wobei die Motive doch am Ende wenige zentrale sind, oder psychologische Ansätze, welche auf Grundqualitäten der Befriedigung von Grundbedürfnissen fokussieren, wie bspw. das Entdecken einer „Gegenwelt" als zentrales Motiv.

T. kann aus wirtschaftlicher Sicht mittels eines angebots- und nachfrageorientierten Zugangs definiert werden. All jene ↑Unternehmen und Organisationen, welche Dienstleistungen und Erlebnisse in Raum und Ort zur Verfügung stellen, bilden das Spektrum des Angebots i. S. einer ↑Industrie ab, auch wenn insb. der Begriff der Industrie aufgrund der Dienstleistungsspezifität des T. irreführend sein kann.

Die Angebotsseite des T. umfasst aus dem wirtschaftlichen Blickwinkel demnach alle ↑Betriebe, die zur Erstellung von touristischen Dienstleistungen zur Abdeckung der Bedürfnisse der Besucher beitragen, und damit Leistungen darstellen, die in direktem Zusammenhang mit der Reise stehen. Betriebe und Organisationen des T.-Angebotes sind Beherbergungsunternehmen, wie z. B. Hotels oder Pensionen, Reiseveranstalter und Reisebüros, Verkehrsträger sowie T.-Orte und -Verbände (Destinationen). Dabei gilt es zu differenzieren zwischen jenen Unternehmen, welche ausschließlich dem T.-Bereich zuzurechnen sind (T.-Wirtschaft im engeren Sinne), und jenen, bei denen dies nicht der Fall ist, weil sie bspw. auch Leistungen für Einheimische erbringen (T.-Wirtschaft im ergänzenden Sinne). Diese Abgrenzung ist allerdings schwierig, weil spezifische Produktionsbedingungen dafür nicht gegeben sind. Ökonomisch betrachtet sind die Einnahmen bzw. die wirtschaftlichen Effekte bei der Abgrenzung hilfreich.

Der nachfrageorientierte Zugang stellt den Touristen in den Mittelpunkt. Vielfach ist von Besuchern und Gästen die Rede. Ausflugsgäste hingegen sind eher den Tagestouristen zuzuordnen. Zentraler Aspekt bleibt die Reise eines Individuums an einen Ort, der nicht „hauptsächlicher und dauernder Wohn- oder Arbeitsort" ist (Kaspar 1996: 17). Veränderte gesellschaftliche, politische und wirtschaftliche Rahmenbedingungen führen dazu, dass zunehmend der Tourist selbst definiert, was er als Reise versteht. „The tourist remains mystified as to his true motives, his role in the construction of modernity" (MacCannell 2013: 178). In einer erweiterten Perspektive definiert sich T. durch die Beziehungen und Wechselwirkungen zwischen den Touristen, dem touristischen Angebot sowie den ↑Lebenswelten der Menschen vor Ort – Einheimische, Bereiste oder Gastgeber. Die Beziehung von Gast und Gastgeber – Ursprung aller Gastfreundschaft – hat im modernen T.-Geschäft ihren Ausgangspunkt in der professionellen Erfüllung der vom Touristen nachgefragten Dienstleitungen, steigert sich durch die Vernetzung, Beziehungen und Wechselwirkungen zwischen Anbietern und nachfragenden Touristen, mündet in eine spezifische Begegnungsqualität durch das Schaffen von Erlebnissen und Begeisterung, und gipfelt schlussendlich in einer Beziehungsqualität als anhaltender und nachhaltiger Ausdruck von Gastfreundschaft. ↑Konsum oder Beziehung – wirtschaftswissenschaftliche oder sozialwissenschaftliche Perspektive: Der gemeinsame Nenner des T. ist der Gast, Besucher und Tourist, dessen Reise ein Ergebnis gesellschaftlicher Ausdrucksfreude ist.

Der Raum als Kulmination dieser Motivation, dargestellt in jenen Erlebnissen und Dienstleistungen, welche die Begegnungen ermöglichen, die dann zu Begeisterung führen können, kann als Destinationsraum bezeichnet werden. Dieser besteht aus all jenen Dienstleistungs- und Erlebnisketten, welche für den Touristen den Anreiz für die Reise darstellen. Anders gesagt: Destinationen sind jene Bewegungsräume, in denen die Gäste jene Erlebnisse finden, die sie für ihren Aufenthalt als relevant erachten. Die Destination ist die Wettbewerbseinheit des T., insofern sie Netzwerk von Anbietern abbildet und imstande ist, jene Dienstleistungen und Erlebnisse anzubieten, die der Nachfrage entsprechen. Die Destination vereinigt in sich die Teilsysteme von Angebot und Nachfrage. Der T.-Ort (Destination) sowie der T.-Verband (Destinations-Management- und Marketing-Organisation) stellen zumeist ein kooperatives Arrangement dar, welches entspr. den ↑Kosten und ↑Nutzen von Kooperation zwischen den Leistungsträgern die effiziente Bereitstellung von Erlebnissen unter Wettbewerbsbedingungen (↑Wettbewerb) sicherstellen kann, letzthin durch die ↑Digitalisierung ein datengetriebenes Netzwerk-Management.

T. erfordert den Einsatz der Produktionsfaktoren ↑Arbeit, ↑Kapital und Umwelt. Umwelt ist dabei das bes. Wesensmerkmal des T.: die natürliche Umwelt i.S.v. Natur und unberührter Landschaft, die *Man-Made*-Umwelt i.S.d. gestalteten Natur- und Kulturlandschaft, sowie die kulturelle Umwelt i.S.d. T.-Bewusstseins bei der einheimischen Bevölkerung, welches im Wechselspiel mit den Touristen als Gastfreundschaft zum konsumierbaren Erlebnis wird.

### Literatur

H. Rosa: Resonanz. Eine Soziologie der Weltbeziehung, 2018 • H. Pechlaner/M. Volgger/C. Nordhorn: Hospitality Management ist mehr als Service Management. Skizzen eines umfassenden Qualitätsansatzes, in: H. Pechlaner/M. Volgger (Hg.): Die Gesellschaft auf Reisen. Eine Reise in die Gesellschaft, 2017, 139–162 • D. MacCannell: The Tourist, 2013 • T. Bieger: Tourismuslehre, [3]2010 • W. Freyer: Tourismus. Einführung in die Fremdenverkehrsökonomie, [9]2009 • A. Günther: Reisemotivation, in: W. Fuchs/J. W. Mundt/H. D. Zollondz (Hg.): Lexikon Tourismus, 2008, 566–569 • H. Pechlaner: Tourismus-Destinationen im Wettbewerb, 2003 • P. Tschurtschenthaler: Tourismus und Umwelt, in: S. Gewald (Hg.): Hdb. des Touristik- und Hotelmanagement, 2000, 380–386 • C. Kaspar: Die Tourismuslehre im Grundriss, [5]1996 • UNWTO: Empfehlungen zur Tourismusstatistik, 1993.

HARALD PECHLANER

## Tradition

I. Historisch – II. Soziologisch – III. Theologisch

### I. Historisch

Unter T. versteht man sprachlich einen vielfältig konnotierten Vorgang, der einerseits konservierend als Festhalten an etwas Gegebenem oder aktivisch als Überliefern oder Weitergeben verstanden werden kann, wobei diesem aktiven Überlieferungsgeschehen immer ein passives bzw. rezeptives Verhalten des mehr oder minder kritischen Übernehmens oder Aneignens gegenübersteht. Tradieren und die Rezeption von T. sind mithin anthropologische Konstanten, da es keine ↑Gesellschaft, ↑Religion oder ↑Kultur geben kann, in der Menschen in völliger Selbstständigkeit aus sich heraus agieren. Bereits in der ↑Familie, dann aber auch im Rahmen staatlicher, religiöser oder anderer Institutionen und Vergemeinschaftungsformen wachsen Menschen durch Aneignungsprozesse in bestehende kulturelle T.en hinein. Hierbei gilt es zwischen vormodernen traditionalen Gesellschaften einerseits und modernen Gesellschaften andererseits zu unterscheiden. In ersteren bleibt die T. in der Regel normativ. Es gilt ein weithin unbeschränktes Recht des Bestehenden, des Kontinuierlichen, des Alten und Überkommenen gegenüber dem Neuen. T. ist dabei nicht notwendig unreflektiert, aber in einem Maße normativ, das für moderne Gesellschaften mit ihrer spezifischen Wertschätzung des Neuen, einer sich als kritisch verstehenden Vernunft und einem auf die Zukunft und nicht auf den „Mythos des Anfangs“ ausgerichteten, linearen, Diskontinuitäten betonenden Fortschrittsnarrativ in dieser Intensität nicht nachvollziehbar ist. Zwar kann es innerhalb moderner Gesellschaften traditional-vormoderne und traditionelle Momente, d. h. innerhalb der ↑Moderne neu formierte T.en geben, auch bleibt die sozialisierende Funktion von T.en erhalten, aber das geistige Gesamtgefüge der Moderne ist traditionskritisch und legt verstärkt Wert auf das rezeptiv-aktiv aneignende Moment von T. Demgegenüber sind auch in traditionalen Gesellschaften intentionale Neuerungen keineswegs ausgeschlossen, obwohl sie oft narrativ als Rückkehr zu den T.en des Ursprungs vermittelt werden. Man denke an die Reformation, frühneuzeitliche Bauernrevolten oder die bekannten „Fälschungen“ von Rechtsquellen im Mittelalter, die ja im Kern bestehende Rechtsverhältnisse auf einen imaginierten Anfang zurückführen wollten. Daher wird die Unterscheidung traditional-vormodern und modern-linear-fortschrittlich dahingehend zu differenzieren sein, im Rahmen einer nicht hintergehbaren Dialektik von T. und Neuerungen für den Bereich der Vormoderne ein Übergewicht der T., für die Moderne hingegen eine Dominanz des Neuen anzunehmen.

Für die Analyse von T. in vormodernen und v.a. schriftlosen Gesellschaften hat sich die Erforschung von *oral traditions*, wie sie insb. von dem Kulturanthropologen Jan Vansina in tribalen Kulturen Afrikas durchgeführt worden sind, bewährt. J. Vansina hat herausgearbeitet, wie relativ zuverlässig T.en in den ersten rund 80 Jahren – also über etwa drei Generationen, die direkt kommunizieren und interagieren können – oral weitergegeben werden, ehe sie dann wahlweise vergessen, in den ↑Mythos überführt oder ritualisiert werden. Die Erforschung von T. in schriftlosen Kulturen agiert demnach beständig an der Grenze von Logos und Mythos, da sich in der oralen T. beide Narrationsstränge permanent überschneiden und durchmischen. Dies gilt gleichfalls für Schriftkulturen der traditionalen Vormoderne, wo allerdings das Moment des Logos wachsendes Gewicht erhält. Für die historiographische Analyse vormoderner Schriftkulturen und ihres Verhältnisses zur T. haben sich die Ansätze von Maurice Halbwachs zum kollektiven Gedächtnis bzw. von Jan Assmann zum kulturellen Gedächtnis bewährt, denen es um orale und nichtorale Formen der Erinnerung und damit der Weitergabe von sinn- und identitätsstiftenden T.en geht. Dies gilt insb. für religiöse und rechtliche T.en. Überdies kann man beide Ansätze für die Interpretation von T.s-Narrativen in der Moderne einsetzen. Tatsächlich nämlich haben T.en ihre soziale Bedeutung mit dem allmählichen Übergang in die Moderne nicht eingebüßt. Zwar hatte schon die Christianisierung des ↑Abendlandes im westlichen Kulturkreis für eine Aufwertung der Ideen des Neuen und des linearen, auf einen finalen Zustand hinauslaufenden ↑Fortschritts gesorgt, aber dieser Effekt war durch die theologisch positive Bewertung der T. in der Ekklesiologie und ↑Dogmatik von ↑Katholizismus und Orthodoxie eingehegt worden. In der ↑Scholastik des Mittelalters zeigte der philosophische Umgang mit den theologischen und philosophischen Autoritäten der Antike die Funktionsweise der traditionalen Dialektik von T. und Neuerung, wie sie etwa auch im Konflikt zwischen *via antiqua* und *via moderna* in der Spätscholastik zum Austrag kam: Der Hinweis auf die ↑Autorität entband keinesfalls von der reflektierten, vernunftbetonten Argumentation, sondern gerade der Konflikt der Autoritäten entfesselte die Tätigkeit der Vernunft (↑Vernunft – Verstand) in von der T. vorgezeichneten Bahnen. Auf ein weiteres, distinktives Kernelement vormoderner T.en in traditionalen Gesellschaften hat der Islamwissenschaftler Thomas Bauer anhand der Untersuchung des Umgangs mit überkommenen religiösen Texten in der Vormoderne aufmerksam gemacht. Für ihn liegt der zentrale Unterschied zwischen Vormoderne und Moderne in der Tendenz, T.en und traditionale, autoritative Texte immer mehr zu vereindeutigen, während er der Vormoderne eine gewisse Ambiguitätstoleranz, ja sogar die regelrechte Lust an vieldeutigen Interpretationen zuschreibt. Erst mit dem neuen Primat von Diskontinuitätsnarrativen im Renaissancehumanismus (↑Humanismus), in der ↑Reformation und der ↑Aufklärung wurde der soziokulturelle und ideengeschichtliche Stellenwert der T. nachhaltig relativiert. In den literarischen und philosophischen *Querelles des anciens et des modernes* an der Wende vom 17. und 18. Jh. kam es dann zu einer regelrechten, oft ironisch-satirischen Abwertung der T. Die konfessionalistische, katholische Reaktion auf die Reformation, das Aufkommen der lutherischen Orthodoxie sowie – als soziopolitische und philosophische Antwort auf den vernunftbetonten Kritizismus der Aufklärung und den Terror der 1790er Jahre – die Kritik an der ↑Französischen Revolution führten freilich zu einer neuerlichen, kritischen und reflexiven Aneignung von T. Politisch reagierten Denker wie Edmund Burke, Joseph de Maistre, Louis-Gabriel-Ambroise de Bonald, Juan Donoso Cortés und Félicité de Lamennais mit einer aktiven Hinwendung zur T. im Sinne eines Rechts des Bestehenden und praktisch Bewährten gegenüber reinen Abstraktionen der Vernunft. Aus dieser praxeologischen Grundhaltung heraus entwickelten sich im Laufe des 19. Jh. wahlweise der moderate ↑Konservatismus oder der radikalere Traditionalismus, der v.a. im spanischen Carlismus oder bei den mexikanischen Cristéros ausgeprägt reaktionäre, auf einen idealisierten mittelalterlichen Ordogedanken verweisende und militante Züge annahm. Aber auch in der Philosophie und den anderen Geisteswissenschaften kam es, unter dem wegweisenden Einfluss der Romantik, zu einer partiellen Abkehr vom bloßen Vernunftkonstruktivismus der Aufklärung, z.B. bei Johann Gottfried Herder, Johann Georg Hamann und in der prozessualen ↑Dialektik Georg Wilhelm Friedrich Hegels, der Vernunft, ↑Freiheit und T. zu versöhnen trachtete. Noch deutlicher wurde der Aspekt historischer T.en im Historismus. Dort wurde der Rekurs auf lebendige T.en methodisch und inhaltlich maßgebend. T.en dienten zum einen – mehr noch als die archäologisch fassbaren materiellen Überreste – als schriftliche Quellen für eine Vergangenheit, die nicht allein einen Zugriff auf eine in sich wertvolle Vergangenheit erlaubten, sondern v.a. die gewordenen T.en als für die Gegenwart relevante Vollzüge menschlicher Daseinsbewältigung artikulierten. Das historische Gewordene, die lebendige T. galt demnach als normativ solange verbindlich, bis möglicherweise bessere Alternativen aus der Erfahrung erwuchsen. Demgegenüber behauptete sich eine moderne Kritik, die gleichwohl selbst zu T. wurde, was wiederum die Bedeutsamkeit von T.s-Bildungsprozessen auch in der Moderne unterstreicht, die Vernunft oder Erfahrung, Fortschritt oder, wie Friedrich Nietzsche, „das Leben“ gegen die vorgeblich tote Reproduktion der T. im historistischen Rückblick ins Feld führten. Freilich nahmen Konservative und Historisten, von denen einige sich selbst als aufgeklärte Liberale verstanden, für sich gerade in Anspruch, ausgerechnet die historische T. sei erfahrungsgesättigt, auf der Reflexionsebene vernünftig und nicht per se fortschritts- oder gar lebensfeindlich. Einzig der radikale, fideistisch-irrationalistische Traditionalismus leugnete dies. Dieser Konflikt zweier soziopolitischer, kultureller und ideeller T.en hält weiterhin an und differenziert sich permanent aus. So ist der Konservativismus der Gegenwart mitunter eher traditionsskeptisch und stark von wirtschaftsliberalen Wachstums- und Fortschrittsgedanken durchsetzt, während die „progressive“ Ökologiebewegung stellenweise einem eher traditionalistischen Lebensstil huldigt. Im politischen Spektrum der ↑Arbeiterbewegung ringen spätestens seit den 1990er Jahren ein traditionsorientierter Flügel und ein Flügel, der auf eine Abkehr von den T.en der Arbeiterbewegung setzt, um die Hegemonie. Sogar die als radikal traditionskritisch angetretene sog.e 68er-Studentenbewegung (↑Studentenbewegungen) ist, nicht zuletzt durch mediale Inszenierungen, inzwischen selbst zur T. geronnen. Dies belegt die Sinnhaftigkeit der von Karl Mannheim eingeführten Unterscheidung von Traditionalismus und Konservativismus. Nach K. Mannheim ist Traditionalismus eine Gesinnung, die sich je und je spezifisch innerhalb jeder ↑Ideologie oder ↑Weltanschauung ausprägen kann und die nicht mit dem weltanschaulichen Konservativismus verwechselt werden darf. So war die Führung des untergehenden Sowjetreichs der 1980er Jahre gerade nicht konservativ, wie oft behauptet wird, sondern traditionalistisch. Letztlich erweisen sich T.en als unverzichtbare und bis zu einem gewissen Grad nicht hintergehbare formative Elemente jeglichen gesellschaftlichen Lebens.

### Literatur

T. Bauer: Die Vereindeutigung der Welt. Über den Verlust an Mehrdeutigkeit und Vielfalt, 2018 • T. A. Winter: Traditionstheorie. Eine philosophische Grundlegung, 2017 • B. Faymon/J. Vokoun: Interdisziplinäre Traditionstheorie, 2016 • J. Rüsen: Historik. Einführung in die Geschichtswissenschaft, 2013 • M. Philipps: The Questions of Tradition, 2004 • J. Assmann: Das kulturelle Gedächtnis. Schrift, Erinnerung und politische Identität in frühen Hochkulturen, 1997 • M. Halbwachs: Das kollektive Gedächtnis, 1985 • J. Vansina: Oral Tradition as History, 1985 • E. Shils: Tradition, 1981 • J. Pieper: Überlieferung. Begriff und Anspruch, 1970 • W. Real: Tradition. Bemerkungen zu einem konstitutiven Element der Geschichte, 1962. MICHAEL HOCHGESCHWENDER

## II. Soziologisch

### 1. Soziologische Grundrelationen

Der Ausdruck „T." bezeichnet ein breites Spektrum von Phänomenen der Kontinuität. Um sie unter soziologischen Gesichtspunkten begrifflich zu ordnen, empfiehlt sich eine Reihung vom Elementaren zum Komplexen. Es kann sich dabei um bewährte Problemlösungen in wiederkehrenden Situationen des privaten wie beruflichen Alltags handeln oder um das regelhaft geformte, kommunikativ-expressive Verhalten bei periodisch wiederkehrenden Unterbrechungen des Alltags in Fest und Feier, gleich ob im privaten oder öffentlichen Raum; es kann sich um identitätsstiftende Kommunikations- und Verhaltensformen lokal oder regional „eingewurzelter" Gruppen (insb. „Ethnien"), aber auch überlokal agierender Organisationen, Verbände und Institutionen handeln und schließlich, bei höher entwickelter gesellschaftlicher Differenzierung, um die normativen, orientierend-sinnvermittelnden, institutionellen Kerne zentraler Systeme wie ↑Bildung, ↑Wissenschaft, ↑Recht, politische Organisation (↑Staat), ↑Religion.

Sind, auf der mikrosoziologischen Ebene, T.en unmittelbar relevant für eine Handlungssituation, gibt es grundsätzlich folgende Möglichkeiten:

*a)* Die Handelnden folgen der T., ohne sich dieser Tatsache bewusst zu sein;
*b)* sie folgen ihr bewusst und in allen Teilen übereinstimmend mit den Vorgaben;
*c)* sie folgen ihr selektiv, ohne Einführung neuer Elemente;
*d)* sie ersetzen die T. vollständig oder in Teilen durch ein neues Handlungsmuster;
*e)* sie beenden die T. ersatzlos.

Auf dieser Ebene der Analyse zeigt sich der grundsätzlich prekäre Erkenntnisstatus des Begriffs „T." insofern, als T.en (im Fall *a*) als bloß „gelebte" eine Herausforderung für methodisch-exakte Beschreibung durch Beobachtung über lange Zeitperioden hinweg darstellen; in den Fällen *b*) bis *d*) hingegen ist T. eine Herausforderung für die sekundäre Interpretation des reflexiven, stets interpretierenden Umgangs mit dem, was jeweils als „vorgegeben", als „geltend" erachtet wird. Das Reflexivwerden von T. bringt – bes. unter den gesellschaftlichen Verhältnissen der Gegenwart – als eine mögliche Variante des Umgangs mit T. immer wieder auch von materiellen oder ideellen Interessen geleitete Instrumentalisierungen mit sich, u. a. Tatsachen (z. B. der „Folklore") manipulierende Neuschöpfungen, die im Nachhinein dazu berechtigen, sie als „erfundene" T.en zu identifizieren. „Erfindung von T." kann sich auch nur auf den Entstehungszeitpunkt einer T. beschränken, wie bereits das historisch wirkmächtige Beispiel der „Konstantinischen Schenkung" zeigt: Die Entstehung dieses kirchenpolitischen Konstrukts aus dem 9. Jh. wurde in der T. der darauffolgenden Jahrhunderte zurückdatiert in das 4. Jh. n. Chr.

Sind hingegen T.en, auf der makrosoziologischen Ebene betrachtet, nicht unmittelbar handlungsrelevant, sondern situationsübergreifend von – z. B. politischer, rechtlicher, ethischer, weltanschaulicher – Bedeutung, entscheiden über die Kontinuität des Tradierten bzw. seinen Wandel Diskurslagen und deren langfristige Entwicklung. Sie werden in Geschichte und Gegenwart maßgeblich von ↑Intellektuellen gestaltet und beeinflusst, in der Geschichte der vormodernen Hochkulturen regelmäßig von ↑Eliten (in Europa insb. Philosophen, Theologen, Literaten, Humanisten, Künstler), die sich in ↑Akademien organisieren. Eine von heftigen Konflikten begleitete Dauerintervention der Intellektuellen charakterisiert den spezifischen Weg der westlichen Gesellschaften zu einer vermeintlich alles Traditionelle hinter sich lassenden ↑Moderne ebenso wie die Revision bzw. die Umkehrung dieser Tendenz in den typischen Reaktionen außereuropäischer Länder auf den modernisierenden Einfluss des ↑Westens. Die breitgefächerte sozial- und kulturwissenschaftliche Literatur zum Thema „Moderne" kontrastierte lange Zeit den Modernitätsbegriff mit einem überaus heterogenen Begriff von T. Wenn in und außerhalb der Soziologie der Klassiker Max Weber wiederholt diesem Diskurs über den konstitutiven Gegensatz Traditionalität/Moderne zugeordnet wird, so setzt dies eine Kongruenz der geläufigen Konzepte „moderner ↑Gesellschaft" mit M. Webers Konzeption von „Rationalität" voraus. Diese Interpretation ist jedoch in dreierlei Hinsicht fragwürdig:

*a)* M. Weber hat keine allg.e Theorie der „modernen Gesellschaft“ verfasst – sein Hauptinteresse zielt ab auf das Spezifische der okzidentalen Entwicklung;

*b)* seine analytische Begrifflichkeit zur ↑Rationalität und ihren Alternativen (wie Traditionalität) ist im Vergleich zu den konzeptuellen Prämissen jener Kongruenzauffassung differenzierter;

*c)* die historischen Kontexte, zu deren Erkundung er diese Begrifflichkeit einsetzt und bei der er sie gleichzeitig verfeinert, reichen weit über die okzidentale Moderne zurück bis in die Antike und schließen eine Auswahl außereuropäischer Kulturen ein.

Ein genauerer Blick auf M. Weber ist daher unumgänglich.

## 2. „Tradition“ in Max Webers Soziologie und Universalgeschichte

Für M. Webers Konzeptualisierung von „T.“ gibt es vier bedeutsame Orte in seinem Werk:

*a)* erstens seine Typologie der (sozialen) Handlung (↑Handeln, Handlung), anhand derer die Motive und sinnhaften Orientierungen jedes möglichen Handelns von Menschen analysiert, gedeutet und in seinen Zusammenhängen erklärt werden kann;

*b)* zweitens die auf den Handlungstypen aufbauende allg.e, d. h. universalhistorisch einsetzbare Typologie der Legitimierungs- und Organisationsformen von ↑Herrschaft;

*c)* drittens seine Analysen der bes.n Entwicklungsstrukturen säkularer und sakraler Herrschaftsphänomene, deren Schwerpunkt auf den europäischen Entwicklungen liegt, die sich vom Mittelalter bis ins 20. Jh. erstrecken; und schließlich,

*d)* viertens, seine religionssoziologisch-kulturvergleichenden Studien zur „Wirtschaftsethik der Weltreligionen“ (Weber 1989).

Zu *a)*: In der Typologie des sozialen Handelns steht Traditionalität als „eingelebte Gewohnheit“ neben den Typen „affektuell/emotional“ und „rational“ (entweder „wertrational“ oder „zweckrational“ [Weber 2013: 175], d. h. in reiner Ausprägung: an ↑Werten orientiert ohne Rücksicht auf Folgen oder am Erreichen von Zwecken unter Abwägung von Folgen). Das traditional bestimmte Handeln steht wie das affektuelle an der Grenze und oft jenseits einer bewussten, sinnhaften Orientierung. Die Mehrzahl der empirischen Fälle kann als Mischungsverhältnis zwischen den Typen oder Ergebnis eines Übergangsprozesses beschrieben werden. In dieser Hinsicht ist das traditionale Handeln von außerordentlicher Relevanz für die Herausbildung dauerhafter Strukturen, weil bestimmte Arten des traditionalen wie emotionalen Typus in Mischungen beider wertrational überbaut und so auf Dauer gestellt werden oder weil emotional (v. a. „charismatisch“ [Weber 2013: 170]) entstandene Gebilde durch Traditionalisierung sich in dauerhafte Strukturen umformen.

Zu *b)*: Auf die Herrschaftsstrukturen angewandt, ergeben die drei Grundvarianten der Handlungsorientierung auch das Grundmuster für die Typologie der Herrschaftslegitimation und zugleich -organisation:

*1)* dem traditionalen Typus der ↑Legitimation, der begründet wird im „Alltagsglauben an die Heiligkeit von jeher geltender Traditionen und [an] die Legitimität der durch sie zur Autorität Berufenen“ (Weber 2013: 453), entsprechen auf der organisatorischen Ebene patriarchale, patrimoniale und feudale Strukturen;

*2)* dem charismatischen, der auf dem emotionalen Glauben an die als „außeralltäglich [...] geltende Qualität einer Persönlichkeit“ (Weber 2013: 490) beruht, entsprechen die relativ strukturlosen Gemeinden und Bewegungen religiöser oder politischer Führer;

*3)* dem legalen („rationalen“) Typus, der auf „dem Glauben an die Legalität gesatzter Ordnungen“ (Weber 2013: 453) beruht, entspricht die mit nachvollziehbaren Regeln, auf der Grundlage von Fachschulung arbeitende ↑Bürokratie.

Da, so M. Weber, jede Herrschaft „im Alltag primär [...] Verwaltung“ (Weber 2013: 459) bedeutet, ist das routinenreiche Kontinuum jeder ↑Verwaltung eine „natürliche“ Matrix für die Entstehung von T.

Zu *c)*: Für den Stellenwert von T. in M. Webers historisch-soziologischen Strukturanalysen der Herrschaftsphänomene sind die Mischungsverhältnisse und Übergänge zwischen den Typen von bes.m Interesse. Traditionale Gebilde können in Richtung auf Legalität „modernisiert“ werden, aber auch durch ↑Charisma revolutionär aufgebrochen und daraufhin aufs Neue, im Prozess der „Veralltäglichung“ (Weber 2013: 497), in T. übergehen. M. Weber hat verschiedene Wege der Veralltäglichung des Charisma beschrieben: als historisch wie kulturell bes. folgenreich den traditionsbegründenden Modus der Institutionalisierung, u. a. in Form von ↑Ämtern („Amtscharisma“, Weber 2013: 502) – sei es an der Spitze einer ↑Hierarchie (wie im Fall des alten China, wo das magische Charisma eines Regenmachers in die traditionale Kaiserrolle integriert war) oder gleichmäßig verteilt über die Hierarchie wie im Fall des traditionell-katholischen ↑Priesters, dessen Amt zur sakramentalen Heilsspendung befähigt, weil das Charisma des Heils in der Weihe-T. von der Person des Religionsstifters abgelöst und auf das Amt als solches – eine an sich unpersönliche Struktur – übertragen wurde (Weber 2005: 529).

Zu *d)*: M. Webers im Anschluss an seine Protestantismusstudie unternommenen Forschungen zur „Wirtschaftsethik der Weltreligionen“ (Weber 1989) (in China, Indien, im antiken Israel) enthalten – unter der kulturvergleichenden Fragestellung nach den bes.n Bedingungen für die Entstehung des Rationalismus im Okzident – eine vielfältige Kasuistik der religiösen T.en und ihrer unterschiedlichen Folgen für das Handeln in der „Welt“. Im Hinblick auf das Thema „T.“ ist von bes.m Interesse, dass er in der „Einleitung“ zu diesen Studien (Weber 1989) seinen – in der Rezeption oft auf die instrumentell-technische Dimension reduzierten – Begriff des Rationalismus erweitert auf Systematisierungen der Weltbilder sowie der religiös-ethisch, aber auch ästhetisch (in den ↑Künsten wie z. B. der Renaissance über die Normen eines Kanons) bestimmten „Lebensführung" (Weber 1989: 85).

### 3. Tradition als kulturelles Gedächtnis

Jede T. hängt ab von kulturellen Kontexten und Prozessen, die Handlungsorientierung ermöglichen und Sinnstrukturen hervorbringen; umgekehrt ist ↑Kultur ihrerseits, als ein sich ständig verändernder Komplex, angewiesen auf die Kerne ihrer T. – auf die Verlässlichkeit all dessen, was ihr an Geltendem entnommen werden kann. Als das relativ statische Element jeder Kultur ist T. unentbehrlich in ihrer Funktion des kulturellen Gedächtnisses, also ein „Gedächtnis der Gesellschaft" (Erll 2017: 49) zu sein, welches Erinnernswertes aufrechterhält und weiterentwickelt. Als „konservative" Dimension der Kultur steht sie in notwendiger Spannung zu deren kreativ-innovierenden, dynamischen Seiten; problematisch ist dabei ein Zuviel an „Memorialismus" (Weinrich 1997: 264) oder ein Zuviel an „Oblivionismus" (Weinrich 1997: 263). Von soziologischer Bedeutung ist in diesem Zusammenhang Aleida Assmanns Differenzierung des kulturellen Gedächtnisses in ein „Funktions-" und ein „Speichergedächtnis" (Assmann 1999). Das erste ist das lebende, „bewohnte" Gedächtnis, das zweite das „unbewohnte" (Assmann 1999: 133) Archiv der Kultur, dessen Bestände ihren Bezug zum gesellschaftlichen Leben verloren haben. Kulturträger interpretieren diesen Bezug und entscheiden darüber, was jeweils aktuell auf der einen Seite als wertvolle oder zweckmäßige T. im Funktionsgedächtnis der Kultur aufgehoben werden soll und was, auf der anderen, „abgespeichert", temporär vergessen werden kann. Der gegenwärtige Stand der wissenschaftlich-technischen ↑Zivilisation stellt für das Problem, wie eine verantwortbare Balance zwischen Memorialismus und Oblivionismus erreicht werden könne, eine erhebliche Herausforderung dar. Die global wirksame ökonomische Triebkraft dieser Zivilisation bedeutet, i. V. m. der digitalisierten Kommunikation (↑Digitalisierung), die Dominanz beschleunigter Neuerung und Veränderung – und dadurch ein Übergewicht des Imperativs, alles „Nutzlose" zu vergessen. Die relativ dauerhaften Gebilde der T. können zwar durch den Hypertext bis ins letzte Detail reproduziert werden, doch kann virtuell erzeugtes räumliches Erleben reales nicht ersetzen (z. B. die sinnlichen und ästhetischen Qualitäten symbolisch-ritueller Handlungen in religiösen T.en). Zudem sind die virtuellen Surrogate für die kulturellen Fixpunkte im Strom der Zeit, die T.en darstellen – zunehmend desintegriert aus ganzheitlichen Zusammenhängen des Lebens – potentiell gleichwertigen Speicher- und Löschoptionen ausgesetzt, wodurch die Fortsetzung gelebter T. grundsätzlich gefährdet ist.

### Literatur

A. Erll: Kollektives Gedächtnis und Erinnerungskulturen, [3]2017 • M. Weber: Wirtschaft und Gesellschaft. Soziologie, in: MWG, Bd. I/23, 2013 • Ders.: Wirtschaft und Gesellschaft. Herrschaft, in: MWG, Bd. I/22–4, 2005 • A. Zingerle: Der Hypertext – Kultursoziologisch betrachtet, in: T. Drepper/A. Göbel/H. Nokielski (Hg.): Sozialer Wandel und kulturelle Innovation, 2005, 113–136 • A. Assmann: Funktionsgedächtnis und Speichergedächtnis. Zwei Modi der Erinnerung, in: dies. (Hg.): Erinnerungsräume. Formen und Wandlungen des kulturellen Gedächtnisses, 1999, 130–148 • H. Weinrich: Lethe. Kunst und Kritik des Vergessens, 1997 • S. Wiedenhofer: Tradition, Traditionalismus, in: GGB, Bd. 6, 1990, 607–650 • M. Weber: Die Wirtschaftsethik der Weltreligionen. Einleitung, in: MWG, Bd. I/19, 1989, 83–127 • E. Hobsbawm/T. Ranger (Hg.): The Invention of Tradition, 1983 • E. Shils: Tradition, 1981 • P. L. Berger/B. Berger/H. Kellner: Das Unbehagen in der Modernität, 1975 • W. E. Mühlmann: Chiliasmus und Nativismus, 1964.

ARNOLD ZINGERLE

## III. Theologisch

T. bezeichnet zum einen einen grundlegenden Lebensvollzug der ↑Kirche, zum andern ein theologisches Erkenntnisprinzip.

### 1. Tradition als Lebensvollzug

Gruppen, die sich auf ein Gründungsgeschehen (wie das ↑Judentum auf die Befreiung aus der ägyptischen Knechtschaft) oder eine Gründergestalt (wie das ↑Christentum auf Jesus von Nazaret) beziehen, halten dieses Geschehen oder diese Gestalt mit wachsendem zeitlichem Abstand vielfältig gegenwärtig. Dies geschieht in Texten, aus denen die jüdische und die christliche Bibel entstanden sind, in rituellen Handlungen (wie etwa Beschneidung und Pessachmahl im Judentum oder Taufe, Eucharistie und ↑Sakramente im Christentum), in Sakralräumen und deren Ausstattung sowie „amtlichen" Strukturen, in denen durch ausgewiesene Personen die jeweilige Gruppenidentität (↑Identität) gepflegt wird. Hierbei geht es nicht einfach um die Tradierung eines festen Bestandes, sondern auch um dessen Umdeutung und Anreicherung. So wird die Weitergabe des ↑Glaubens selbstverständlich zu dessen Weiterentwicklung, und es stellt sich die Frage nach deren ↑Legitimität.

### 2. Tradition als Erkenntnisprinzip

Eine Reflexion des T.s-Vorgangs findet sich bereits bei Paulus, der jüdische T.s-Terminologie verwendet: „ich habe euch *überliefert*, was auch ich *empfangen* habe" (1 Kor 15,3; vgl. 1 Kor 10,23). Die Glaubenden werden nach Paulus gerettet, wenn sie an dem von ihm verkündeten Wort festhalten (1 Kor 15,1 f.), das er selber empfangen hat und das er in Gestalt eines frühchristlichen Osterbekenntnisses (1 Kor 15,3 ff.) oder der Abendmahlsüberlieferung zitiert (1 Kor 10,23–26). Im Hinblick auf christliche Lebensformen unterscheidet Paulus zwischen Geboten, die er auf „den Herrn" zurückführt, und Räten, die er selber gibt (etwa 1 Kor 7,10.12.25), die er seinerseits von dem aktuellen und individuellen Ruf Gottes in die Nachfolge unterscheidet (1 Kor 7,17). In den deuteropaulinischen Pastoralbriefen wird die Lehre des Apostels selber zum „anvertrauten Gut gesunder Worte" (2 Tim 1,12 ff.), das es gegen häretische Abweichungen zu bewahren gilt. Im Johannesevangelium wird der Heilige Geist als „Beistand" verheißen, der das Jesus-Ereignis gegenwärtig hält und in ein tieferes Verständnis der „Wahrheit", d.h. der göttlichen Offenbarung, einführt (Joh 14,16f. 26; 15,26; 16,13). Die hier deutlich werdende Spannung zwischen überkommenen verbindlichen Vorgaben für christliches Glauben und Leben und zeitgemäßer Umsetzung gilt bis heute. Aus dem Bedürfnis heraus, das Ursprungszeugnis verlässlich weiterzugeben (Lk 1,1–4) und die Identität der Botschaft zu sichern, ist eine Reihe von Schriften entstanden, die in einem langen Prozess im Kanon des NT zusammengefasst wurden und denen für die weitere Entwicklung der Kirche und ihrer Lehre normative Funktion zukommt. Da diese Schriften selber der Auslegung offenstehen bzw. dieser bedürfen und zudem nicht alle entstehenden Fragen beantworten, hat sich ein kirchliches Lehramt herausgebildet, das seinerseits verbindliche Lehren formuliert. Dieses Lehramt wurde und wird von den Vertretern der Ortskirchen (↑Bischof) synodal wahrgenommen (↑Konzil, ↑Synode). Im Verlauf der Geschichte gelang es dem Bischof von Rom (↑Papst) immer mehr, dieses Lehramt an sich zu ziehen.

Strittig wurde die T. in der Auseinandersetzung mit Strömungen, die sich ausschließlich auf die Heiligen Schrift beriefen, zuletzt in der ↑Reformation (*sola scriptura* – „allein die Schrift"). Das Konzil von Trient (1545–63) hat demgegenüber festgestellt, dass das „Evangelium" als „Quelle aller heilsamen Wahrheit und Sittenlehre" von Jesus Christus den Aposteln anvertraut und „in geschriebenen Büchern und ungeschriebenen Überlieferungen [...] gleichsam von Hand zu Hand" bis in die Gegenwart weitergegeben wurde. Beide sind „mit dem gleichen Gefühl der Dankbarkeit und der gleichen Ehrfurcht" zu behandeln (DH 1501). Während die biblischen Bücher einzeln aufgeführt werden (DH 1502–1503), wird nicht konkretisiert, um welche Überlieferungen es sich handelt. Das Konzil ist eher zurückhaltend, einzelne Gebräuche wie etwa Kindertaufe, Messkanon oder Ohrenbeichte auf die apostolische Zeit zurückzuführen. Lange hat man die Aussage des Tridentinums i.S. gleichberechtigter Offenbarungsquellen interpretiert, von denen die eine, die T., das bietet, was die andere, die Heilige Schrift, vermissen lässt. Beide bilden das eine Glaubensdepositum, das allein dem Lehramt zur Auslegung anvertraut ist (↑Erstes Vatikanisches Konzil [1869/70], DH 3070). Nach heftigen Auseinandersetzungen hat das ↑Zweite Vatikanische Konzil (1962–65) in der Offenbarungskonstitution DV eine ganzheitliche Sicht formuliert, in der nicht mehr von einzelnen T.en, sondern von der T. die Rede ist (DV 7–10, DH 4207–4214). Das Verhältnis von Heiliger Schrift und T. wird so bestimmt, dass die erstere das schriftlich festgehaltene Wort Gottes *ist*, während die Aufgabe der T. darin besteht, dieses *weiterzugeben* (DV 9, DH 4212). Ihre Funktion wird, auch wenn DV 8 von einer Weiter*entwicklung* der T. spricht (DH 4210), eher als eine konservierende verstanden, die unter der Leitung des kirchlichen Lehramts steht. Die nachkonziliare Lehrverkündigung der Päpste hat diesen Aspekt in den Vordergrund gerückt und gegen Forderungen nach einer Neubewertung der überkommenen Lehre, etwa in der Frage der Frauenordination, ins Feld geführt. Von Seiten der neueren römisch-katholischen Theologie wird die Entscheidungskompetenz des Lehramts keineswegs bestritten, aber die Vielfalt der Bezeugungsinstanzen kirchlicher Lehre, wie etwa der Theologie und des Glaubenssinns der Gläubigen, und deren aktive Beteiligung an der Rezeption und Weiterentwicklung des überkommenen Glaubens herausgestellt.

### Literatur

M. Quisinsky: In der Inkarnation gründende Tradition. Christlicher Umgang mit der Geschichte im Horizont der Katholizität, in: ders.: Katholizität der Inkarnation. Christliches Leben und Denken zwischen Universalität und Konkretion „nach" dem II. Vaticanum, 2016, 291–344 • P. Walter: Schriftverständnis und Schriftauslegung auf dem Konzil von Trient, in: W. Damberg u.a. (Hg.): Gottes Wort in der Geschichte. Reformation und Reform in der Kirche, 2015, 83–95 • C. Dickinson (Hg.): The Shaping of Tradition. Context and Normativity, 2013 • L. Boeve: Revelation, Scripture and Tradition: Lessons from Vatican II's Constitution Dei verbum for Contemporary Theology, in: International Journal of Systematic Theology 13/4 (2011), 416–433 • T. Borsche u.a.: Tradition, in: LThK, Bd. 10, 32001, 148–159 • W. Beinert u.a.: Rezeption, in: LThK, Bd. 8, 31999, 1147–1152 • W. Pannenberg/ T. Schneider (Hg.): Verbindliches Zeugnis, 3 Bde., 1992–98.

PETER WALTER (†)

## Traditionalismus

### 1. Begriff

Unter T. versteht man über die Orientierung an ↑Tradition bzw. Traditionen hinaus die Behauptung der überzeitlichen Geltung bestimmter Traditionen, die jeglicher Veränderung und Neuinterpretation entzogen erscheinen und als „stillgestellte Tradition" (Pottmeyer 1991: 95) gekennzeichnet werden können. Der T. ist insofern ein modernes Phänomen, als er die für die ↑Moderne charakteristische prinzipielle Infragestellung von Traditionen zur Voraussetzung hat. Phänomene des T. lassen sich entspr. unter den gegenwärtigen gesellschaftlichen Bedingungen in allen kulturellen und religiösen Traditionen beobachten. Hinsichtlich des katholischen T. lässt sich eine ältere, unmittelbar gegen die Französische Revolution gerichtete Ausprägung von einem neueren T. als Reaktion auf das Zweite Vatikanische Konzil unterscheiden.

## 2. Die Ursprünge des Traditionalismus in der Restaurationsphilosophie

Der ältere T. antwortet auf den gesellschaftlichen, kulturellen und religiösen Umbruch, der mit der ↑Französischen Revolution einhergeht. Dem Vernunftglauben der ↑Aufklärung und der Deklarierung von ↑Menschenrechten für den Einzelnen durch die Akteure der Revolution setzt er die Behauptung einer geheiligten Tradition als Grundlage von Wahrheit und Legitimität entgegen. Joseph de Maistre und Louis Gabriel Ambroise de Bonald sehen die Tradition letztlich in einer Uroffenbarung Gottes begründet, die von Generation zu Generation weitergegeben werden muss. Wie die Sprache geht sie dem Einzelnen voraus und kann nur gelernt und übernommen werden. Als Träger des Tradierungsprozesses kommt nicht der Einzelne, sondern nur die Gesellschaft als Ganze in Frage. Die Uroffenbarung erfährt bei L. G. A. de Bonald ihre Verifizierung in der universalen Vernunft der Menschheit und keineswegs durch die individuelle Vernunft des Einzelnen. Die höchste Autorität besitzen ↑Religion und ↑Kirche. Zusammen mit dem absoluten Staat sind sie in der Lage, durch die Unterdrückung „des ungerechten partikularen Willens" (Spaemann 1959: 123) die Freiheit zu garantieren. Dem ↑Papst und seiner Unfehlbarkeit kommen dabei für J. de Maistre eine entscheidende Rolle als Quelle der ↑Autorität zu. Die Verurteilung des T. durch das päpstliche Lehramt und das ↑Erste Vatikanische Konzil betreffen dessen radikale Absage an die Vernunft (↑Vernunft – Verstand) als Quelle von ↑Wahrheit und Gottesglaube und die Annahme einer auch der Kirche entzogenen Kollektivvernunft.

## 3. Der Traditionalismus als Reaktion auf das Zweite Vatikanische Konzil

Die traditionalistische Gedankenwelt des 19. Jh., die ↑Protestantismus, Aufklärung und die Französische Revolution in einer Linie sieht und als Bruch mit der katholischen Tradition brandmarkt, bleibt auch im 20. Jh. virulent. Sie speist die von Erzbischof Marcel Lefebvre angeführte traditionalistische Bewegung, die zentrale Aussagen und Reformen des ↑Zweiten Vatikanischen Konzils nicht anerkennt und zu einem bis heute ungelösten Konflikt in der nachkonziliaren ↑katholischen Kirche geführt hat. Primäre Bezugsgröße des T. ist die katholische Kirche des 19. und der ersten Hälfte des 20. Jh. Seit Papst Pius IX. hatte sie im Abwehrkampf gegen den Umbruch zur Moderne eine spezifische dogmatische und organisatorische Gestalt angenommen. Scharfe Verurteilungen der Päpste betrafen nicht nur die ↑Religionsfreiheit und die Deklaration der Menschenrechte, sondern auch alle Versuche katholischer Philosophen und Theologen, auf eine Versöhnung mit der liberalen Ideenwelt (↑Liberalismus) hinzuarbeiten. Mit einem Höhepunkt unter dem Pontifikat Pius X. (1903–14) wurden alle Bemühungen um eine Öffnung des strikten Kirchenkurses der Abwehr als ↑Modernismus deklariert und in aller Schärfe bekämpft. Die von Erzbischof M. Lefebvre gegründete Priesterbruderschaft trägt nicht zufällig den Namen Pius X. Hier geht man davon aus, dass mit zentralen Beschlüssen des Zweiten Vatikanischen Konzils die Ideen der Französischen Revolution einen siegreichen Einzug in die Kirche selbst gehalten hätten. So entspreche die Religionsfreiheit der *liberté*, die Kollegialität der *egalité* und der Ökumenismus der *fraternité*. Gleichzeitig richtet sich die Kritik des T. auf die Liturgiereform des Zweiten Vatikanischen Konzils, durch die die einzig wahre vorkonziliare Liturgie der katholischen Kirche verdrängt würde. M. Lefebvres extremer T. und seiner Priesterbruderschaft führte zum Bruch mit der katholischen Kirche, als ohne Erlaubnis Roms nicht nur ↑Priester, sondern auch drei ↑Bischöfe geweiht wurden. Wie schwer sich die Päpste mit der Verurteilung M. Lefebvres und seiner Priesterbruderschaft tun, zeigt sich nicht nur an den vielen Versöhnungsversuchen, sondern auch daran, dass Papst Benedikt XVI. im Jahr 2009 die Exkommunikation der drei illegitim geweihten Bischöfe ohne kirchenrechtlich vorgeschriebene Zeichen der Reue wieder aufhob. Die Auseinandersetzungen stehen in einem engen Zusammenhang mit dem innerkirchlichen Kampf um eine angemessene ↑Hermeneutik der Konzilsbeschlüsse des Zweiten Vatikanischen Konzils. Von einem „gemäßigten T." lässt sich sprechen, wo diese strikt im Licht der Beschlüsse des Ersten Vatikanischen Konzils interpretiert werden. Über die Minderheit der Konzilsväter, der auch Erzbischof M. Lefebvre angehörte, hat der gemäßigte T. Eingang in die Texte des Zweiten Vatikanischen Konzils gefunden. Auch wo man sich bei der Umsetzung des Konzils strikt am Kompromisscharakter vieler Konzilsbeschlüsse orientiert und nachkonziliare Weiterentwicklungen zurückweist, nähert man sich dem T. an. Deshalb kann es nicht überraschen, dass Benedikt XVI. als Befürworter einer „Hermeneutik der Reform" (Benedikt XVI. 2005: 11) bis heute die katholischen Traditionalisten der Piusbruderschaft um fast jeden Preis in die Kirche zurückholen möchte.

## Literatur

P. Neuner: Modernismus und Antimodernismus. Eine misslungene Antwort der Kirche auf die Herausforderungen der Moderne, in: K. Gabriel/C. Horn (Hg.): Säkularität und Moderne, 2016, 225–252 • P. Hünermann (Hg.): Exkommunikation oder Kommunikation?, 2009 • W. Damberg: Die Priesterbruderschaft St. Pius X. (FSSPX) und ihr politisch-geisteswissenschaftlicher Hintergrund, in: ebd., 69–122 • P. Hünermann: Exkommunikation – Kommunikation. Schichtenanalyse der Fakten – Theologische Beurteilung – Wege aus der Krise, in: ebd., 13–68 • Benedikt XVI.: Ansprache von Papst Benedikt XVI. an das Kardinalskollegium und die Mitglieder der römischen Kurie beim Weihnachtsempfang, in: Verlautbarungen des Apostolischen Stuhls Nr. 172 (2005) • R. Kampling: Tradition, in: NHthG, 2005, 329–341 • D. Wiederkehr (Hg.): Wie geschieht Tradition?, 1991 • K. Gabriel: Tradition im Kontext enttraditionalisierter Gesellschaft, in: ebd., 69–88 • H. J. Pottmeyer: Die Suche nach der verbindlichen Tradition und die traditionalistische Versuchung der Kirche, in: ebd., 89–110 • R. Spaemann: Der Ursprung der Soziologie aus dem Geist der Restauration. Studien über L. G. A. de Bonald, 1959 • J. de Maistre: Du Pape, 1819.

KARL GABRIEL

## Transatlantic Economic Partnership (TEP)

### 1. Begriffsdefinition

Die auf dem G8-Gipfel in Birmingham im Mai 1998 verkündete transatlantische Wirtschaftspartnerschaft (TEP) stellt eine Initiative zur Intensivierung und Erweiterung der Kooperation zwischen der ↑EU und den USA im Bereich des ↑internationalen Handels und der Investitionsförderung dar. Im Rahmen der TEP wurden mehrere Abkommen zum Abbau von ↑Zöllen und anderen Handelshemmnissen geschlossen. Dazu zählte insb. die Schaffung des offenen Luftraums *Open Aviation Area* im Jahre 2003 sowie die im Folgejahr geschlossene Vereinbarung, das EU-Satellitensystem Galileo und das US-amerikanische GPS-System aufeinander abzustimmen. Das bei weitem ambitionierteste Vorhaben der Partner bestand jedoch in dem im Jahre 2013 gefassten Plan, das Freihandelsabkommen der Transatlantischen Handels- und Investitionspartnerschaft (TTIP) zu realisieren.

### 2. Institutionen der transatlantischen Wirtschaftsintegration

Vorläufer der TEP waren die Transatlantische Deklaration aus dem Jahre 1990 mit der Vereinbarung jährlicher Gipfeltreffen zwischen den EG und den USA zur Förderung des ↑Freihandels sowie die 1995 institutionalisierte *Neue Transatlantische Agenda*, die eine umfassende Liberalisierung der wirtschaftlichen Beziehungen durch die Gründung einer Transatlantischen Freihandelszone (TAFTA) anstrebte. Im selben Jahr wurde zudem der Transatlantische Wirtschaftsdialog *(Transatlantic Business Dialogue)* als Forum US-amerikanischer und europäischer multinationaler Unternehmen eingerichtet, welches Empfehlungen und Vorschläge für die Ausgestaltung regulativer Politik zur Förderung der Handelsliberalisierung zwischen der EU und den USA formuliert.

Die Idee transatlantischer regulatorischer Kooperation wurde im Zuge der TEP weiter vorangetrieben. Daraus entwickelte sich eine zunächst informelle Zusammenarbeit zu Regulierungsfragen zwischen der EU und den USA, die sich bis zur Aufnahme der TTIP-Verhandlungen im Jahre 2013 zunehmend intensivierte. Unterstützend wirkte dabei die 2007 geschlossene Rahmenvereinbarung zur Vertiefung der transatlantischen Wirtschaftsintegration und der im selben Jahr gegründete Transatlantische Wirtschaftsrat *(Transatlantic Economic Council)* mit dem Auftrag, die Gesetzgebung in den EU-Staaten und den USA im Hinblick auf einen weiteren Abbau von Handelshemmnissen, gegenseitige Marktöffnung sowie eine Harmonisierung von Industriestandards aufeinander abzustimmen. Im Jahre 2011 beschlossen beide Seiten, eine *High Level Working Group for Jobs and Growth* zu etablieren, die Wege hin zu einem Freihandelsabkommen untersuchen sollte. Die im Jahre 2009 gestarteten Verhandlungen zwischen der EU und Kanada über das 2017 in Kraft getretene Umfassende Wirtschafts- und Handelsabkommen (CETA) bildeten dabei die Blaupause für das avisierte TAFTA-Handelsabkommen zwischen der EU und den USA, welches im Zuge seiner Konkretisierung in TTIP umbenannt wurde.

### 3. Chancen und Risiken eines transatlantischen Binnenmarkts

Die seitens der TEP angestrebte Realisierung eines transatlantischen Binnenmarkts kann nicht ausschließlich durch eine weitere Senkung der ohnehin niedrigen Zollsätze erreicht werden, sondern erfordert ein umfassendes Freihandelsabkommen, welches durch den zusätzlichen Abbau nichttarifärer Handelshemmnisse i. S. einer Harmonisierung von Standards und Industrienormen charakterisiert ist. Hierzu zählen z. B. die Vereinheitlichung von technischen Auflagen in der Automobilindustrie und im Maschinenbau, die gegenseitige Anerkennung von Sicherheitstests bei der Zulassung von Produkten in der Chemie-, Kosmetik- und Pharmaindustrie, oder die Vereinbarung gemeinsamer Standards in der Landwirtschaft, der Energiepolitik oder dem Klimaschutz. Mit der Konkretisierung der TTIP-Verhandlungen sollten auch Einschränkungen für kommerzielle Dienstleistungen verringert, Investitionssicherheit und Wettbewerbsgleichheit verbessert und der Zugang zu öffentlichen Aufträgen auf allen staatlichen Ebenen vereinfacht werden.

Gewinner der Etablierung eines transatlantischen Binnenmarkts wären Produzenten und Konsumenten auf beiden Seiten des Atlantiks. Ein umfassendes Freihandelsabkommen ginge mit einer höheren Produktvielfalt zugunsten der Konsumenten einher, da einmal zugelassene Produkte dann auch auf der anderen Seite des Atlantiks einfacher verkauft werden dürften. Zugl. sparten die Unternehmen Kosten der doppelten Zulassung und Konformitätsprüfung ein, die bei intensiviertem Wettbewerb in Form geringerer Güterpreise an die Konsumenten weitergegeben würden. Ein auf gemeinsamen Standards basierender Binnenmarkt hat zudem das Potenzial, globale Maßstäbe für fortschrittliche Handelsregeln zu etablieren, welche die Chance einer weltweiten Annäherung von technischen Vorschriften und Normen verbunden mit einer weltweiten Absenkung von Handelskosten versprächen.

Die insb. seit Beginn der TTIP-Verhandlungen v. a. in Deutschland formulierte Kritik an einer transatlantischen Wirtschaftsintegration richtete sich speziell gegen einzelne Aspekte des geplanten umfassenden Freihandelsabkommens. Neben dem als intransparent wahrgenommenen Verhandlungsprozess wurde die konkrete Befürchtung geäußert, dass TTIP zu einer Schwächung von Gesundheits-, Lebensmittel-, Umwelt- und Industriestandards führen könne. Außerdem wurde die geplante Zulassung von nicht-staatlichen Schiedsgerichten (↑Schiedsgerichtsbarkeit) kritisiert, die Rechtsstreitigkeiten klären und mögliche Ansprüche von Unternehmen auf Schadenersatz auch gegen die Vertragsstaaten entscheiden könnten. Abseits dieser Detailkritik zum TTIP besteht ein allg.es Problem regionaler Freihandelsabkommen nicht nur darin, dass Drittstaaten außerhalb des Integrationsraums benachteiligt werden, sondern dass die Bemühungen einer weiteren multilateralen Handelsliberalisierung unter dem Dach der ↑WTO erschwert oder gar verhindert werden können.

### Literatur

P. Goff: Transatlantic Economic Agreements, 2014 • G. Felbermayr u. a.: Dimensionen und Auswirkungen eines Freihandelsabkommens zwischen der EU und den USA, 2013 • D. Gregosz/B. Walter: Die transatlantische Wirtschaftspartnerschaft, 2013.

BERND KEMPA

**Transformation** ↑Systemtransformation

## Transhumanismus

Beim T. handelt es sich um eine internationale intellektuelle Bewegung, deren Zielsetzung es ist, mittels moderner ↑Techniken die gegenwärtigen Grenzen des Menschseins zu sprengen, um die Wahrscheinlichkeit der Entstehung des Posthumanen zu fördern. T. geht davon aus, dass auf diese Weise die Wahrscheinlichkeit erhöht wird, ein gutes Leben zu führen. Dieser Annahme liegt folgende Überlegung zugrunde, dass technisch modifizierte Eigenschaften sowohl in unserem extrinsischen als auch in unserem intrinsischen Interesse sein können. Derjenige, der mehr Kenntnisse besitzt, erhöht dadurch seine Chancen auf dem Arbeitsmarkt. Gleichzeitig fördern erweiterte Fähigkeiten auch unsere Selbstzufriedenheit. Sie machen uns selbstsicherer, was wiederum ein intrinsisches Gut darstellt. Nach diesem Selbstverständnis geht es im T. auch darum, Medizintechniken nicht mehr nur zur Bekämpfung von Krankheiten zu nutzen, sondern auch zur Modifikation menschlicher Fähigkeiten. Die Unterscheidung von Therapie und Verbesserung (Enhancement) sei aus dieser Perspektive willkürlich und könne in essentialistischem Sinne nicht mehr aufrechtgehalten werden. Die Techniken, die zur Förderung menschlicher Selbstüberwindungsprozesse genannt werden, sind i. d. R.:

a) *Genetisches Enhancement* (mittels Selektion oder Modifikation);
b) *Cyborg-Enhancement* (wobei die Entwicklung auf zwei unterschiedlichen Wegen geschehen kann: 1. die Integration von Smartphones in den Menschen, d. h. das menschliche Upgrading, 2. das Auslagern menschlicher Fähigkeiten und auch der menschlichen Persönlichkeit auf eine Festplatte via *Mind uploading*);
c) *Pharmakologisches Enhancement* (z. B. mittels der Einnahme von Ritalin);
d) *Morphologisches Enhancement* (was etwa durch schönheitschirurgische Eingriffe geschehen kann).

### 1. Geschichte

Bei zahlreichen historischen philosophischen Konzepten, ↑Mythen und Theorien sind strukturelle Analogien zum T. anzutreffen. Bes. intensiv wird unter Transhumanisten diskutiert, inwiefern Friedrich Nietzsche als einer der Ahnherren des T. angesehen werden sollte. Geprägt wurde der Begriff „T." jedoch erst durch Julian Huxley 1951: „Such a broad philosophy might perhaps best be called, not Humanism, because that has certain unsatisfactorily connotations, but Transhumanism. It is the idea of humanity attempting to overcome its limitations and to arrive at fuller fruition; it is the realization that both individual and social developments are processes of self-transformation" (Huxley 1951: 139). J. Huxley war der erste Direktor der UNESCO, Biologieprofessor und Mitglied einer britischen Familie, die in enger Verbindung mit Charles Darwin und dessen Evolutionslehre (↑Evolution) steht. Sein Großvater väterlicherseits ist *Darwins Bulldog*, Thomas Henry Huxley.

Die wichtigsten Begriffe des T. kommen bereits im Artikel „Transhumans-2000" des transhumanistischen Schriftstellers Fereidoun M. Esfandiary vor: „On our way beyond animal beyond transhuman – to a posthuman dimension" (Esfandiary 1974: 298). Hier wird bewusst betont, dass es sich um die transhumanistische Perspektive auf das Trans- und Posthumane handelt. Es gibt daneben auch eine posthumanistische Perspektive auf das Posthumane. T. und Posthumanismus dürfen nicht miteinander verwechselt werden, da es sich um zwei unterschiedliche intellektuelle Traditionen handelt, deren Methoden, Anliegen und Begriffe sich signifikant voneinander unterscheiden. Auch im wissenschaftlichen Kontext wird der Fehler, die beiden Begriffe zu verwechseln und zu vermischen, noch immer viel zu häufig begangen. Auf den Posthumanismus kann hier nicht näher eingegangen werden. Der Begriff des „Posthumanen" spielt jedoch eine zentrale Rolle. Der Posthumane hat jedoch nicht notwendigerweise etwas mit dem Posthumanismus zu tun, da es im T. und im Posthumanismus einen Begriff des Posthumanen gibt, der jedoch je nach Tradition eine idiosynkratrische Bedeutung hat. Im T. wird der Posthumane zumeist in den folgenden drei Bedeutungen verwendet, wobei jedoch umstritten ist, welche der beschriebenen Zielsetzungen eine realistische und wünschenswerte ist:

*a)* eine siliziumbasierte Entität, die mittels des Prozesses des *Mind uploadings* entsteht,

*b)* eine kohlenstoffbasierte Entität, die eine evolutionäre Weiterentwicklung des heutigen Menschen repräsentiert, so dass es sich bei diesen Posthumanen um Repräsentanten einer neuen Spezies handelt,

*c)* ein Mitglied der Spezies „Mensch“, das jedoch bereits eine Eigenschaft besitzt, die radikal über die Fähigkeiten von gegenwärtig lebenden Menschen hinausgeht.

F. M. Esfandiary ist auch unter dem Namen FM-2030 bekannt, auf den explizit im 2013 erschienenen Roman „Inferno“ des Schriftstellers Dan Brown verwiesen wurde. Um der vorherrschenden Praxis der Namensgebung zu entfliehen, haben F. M. Esfandiary und auch andere bedeutende Transhumanisten der 1970er, 80er und 90er Jahre ihre ehemaligen Namen geändert und sich eigenständig einen neuen Namen gegeben. Auch auf die Transhumanisten Max More und Natasha Vita-More trifft dies zu, die den T. in dieser Zeit entscheidend geprägt haben. 1998 haben Nick Bostrom und David Pearce die *World Transhumanist Association* gegründet, wodurch die vielfältige Bewegung eine institutionelle Verankerung erhielt. Anfang der 2000er Jahre hat die ernsthafte intellektuelle Auseinandersetzung mit dem T. eingesetzt, da zahlreiche bekannte Transhumanisten an führenden Universitäten unterrichteten und diese Perspektive in aktuelle wissenschaftliche Debatten einbrachten. Insb. die angloamerikanische analytische angewandte Ethik, die stark utilitaristisch (↑Utilitarismus) geprägt ist, ist diesbezüglich herauszustellen. Zahlreiche erfolgreiche Silicon Valley-Unternehmer verstehen sich selbst als Transhumanisten, z. B. Elon Musk, Peter Andreas Thiel, Martine Aliana Rothblatt, was die immer stärker werdende mediale Auseinandersetzung mit dem T. weiter unterstützt hat. In Serien wie „Black Mirror“, „Altered Carbon“, „Electric Dreams“, „Westworld“ oder „Big Bang Theory“ werden transhumanistische Themen und Theorien sowohl implizit als auch explizit thematisiert. Die erste wissenschaftliche Zeitschrift, die schon namentlich dem Posthumanen gewidmet ist, das „Journal of Posthuman Studies“, erscheint seit dem Jahr 2017 bei der Penn State University Press. Gründer waren Stefan Lorenz Sorgner, James Hughes und Sangkyu Shin.

## 2. Politik

Wofür T. steht, wird noch klarer, wenn beachtet wird, dass auch der Begriff des evolutionären Humanismus durch J. Huxley geprägt wurde: Evolutionärer Humanismus und T. stehen für eine bestimmte intellektuelle Tradition. Die entscheidende Stoßrichtung dieser Konzeptionen besteht darin, mit der westlichen Geistesgeschichte zu brechen, welche durch die Idee einer unveränderlichen, an eine unsterbliche, immaterielle, gottebenbildliche Vernunftseele gekoppelte Natur der Menschen geprägt ist. Aufgrund dieses Subjektverständnisses wurde eine kategoriale ontologische Sonderstellung des Menschen in der Welt gerechtfertigt, an die etwa die Würde des Menschen (↑Menschenwürde) gebunden ist. Tiere, Pflanzen und Steine haben vor diesem Hintergrund keine Vernunftseele, weshalb sie auch heute noch gemäß den meisten Verfassungen rechtlich wie Sachen behandelt werden. Menschen hingegen sind autonome ↑Subjekte, denen ↑Würde zukommt. Die meisten Philosophen der westlichen Geistesgeschichte von Platon bis Immanuel Kant haben den Menschen auf diese grundsätzliche Weise analysiert. Auch das ↑GG beruht auf diesen Kategorien. Transhumanisten hingegen plädieren i. d. R. dafür, den Personenstatus (↑Person) auch nicht-menschlichen Lebewesen zu verleihen.

Aufgrund dieses radikalen Bruches des T. mit dem anthropologischen Grundverständnis der westlichen Geistesgeschichte reagieren Geistes- und Sozialwissenschaftler noch immer weithin feindselig auf diese Denkrichtung. 2004 wurde der T. von dem bekannten US-amerikanischen Politikwissenschaftler Yoshihiro Francis Fukuyama sogar als die gefährlichste Idee der Welt bezeichnet. Für die deutsche Geistestradition steht die Aussage von Jürgen Habermas: „Eine Hand voll ausgeflippter Intellektueller versucht, aus dem Kaffeesatz eines naturalistisch gewendeten Posthumanismus die Zukunft zu lesen, um an der vermeintlichen Zeitmauer doch nur – ‚Hypermoderne‘ gegen ‚Hypermoral‘ – die sattsam bekannten Motive einer sehr deutschen Ideologie weiterzuspinnen. Glücklicherweise fehlt der elitären Verabschiedung von ‚Gleichheitsillusion‘ und Gerechtigkeitsdiskurs noch die breitenwirksame Ansteckungskraft. Die nietzscheanischen Phantasien der Selbstdarsteller, die im ‚Kampf zwischen den Kleinzüchtern und den Großzüchtern des Menschen‘ den ‚Grundkonflikt aller Zukunft‘ sehen und den ‚kulturellen Hauptfraktionen‘ Mut machen, ‚die Selektionsmacht auszuüben, die sie faktisch errungen haben‘, reichen einstweilen nur zum Medienspektakel“ (Habermas 2001: 43). J. Habermas zitiert aus Peter Sloterdijks „Regeln für den Menschenpark“-Rede (1999), ohne ihn namentlich zu nennen, und rückt ihn in den transhumanistischen Kontext, wobei er weiterhin fälschlicherweise noch vom Posthumanismus spricht. In späteren Publikationen ist J. Habermas präziser. Gleichzeit identifiziert er P. Sloterdijks Überlegungen wie auch die der Transhumanisten mit gefährlichen „nietzscheanischen Phantasien“ (Habermas 2001: 43). Dabei handelt es sich bei P. Sloterdijk sicherlich nicht um einen Transhumanisten, da er etwa den Gebrauch von ↑Gentechniken zur menschlichen Verbesserung explizit ablehnt. J. Habermas spricht noch andere zentrale transhumanistische politische Fragestellungen an, die jedoch unter Transhumanisten wesentlich vielfältiger diskutiert werden als er es andeutet. Darunter fällt bspw. die Frage, welche Auswirkungen Techniken auf Fragen der nationalen wie auch der globalen ↑Gerechtigkeit haben. Unter der Überschrift des „Gattaca"-Argumentes wird dieses Anliegen gerade unter transhumanistischen Forschern intensiv diskutiert. Herauszustellen ist, dass alle ernstzunehmenden Transhumanisten auf der Grundlage einer liberalen politischen Theorie (↑Liberalismus) argumentieren, wobei jedoch die Bandbreite der Positionen enorm groß ist. M. More repräsentiert das libertäre Ende des Spektrums, wohingegen der Soziologe J. Hughes eine sozialdemokratische liberale Position einnimmt. Bes. spannend werden transhumanistische Debatten, sobald die Frage nach dem zugrundeliegenden Verständnis des ↑Guten thematisiert wird. Auch diesbezüglich ist eine große Vielfalt von Konzepten zu konstatieren, auch wenn die zentrale Bedeutung einer Steigerung der Gesundheitsspanne von den meisten Transhumanisten herausgestellt wird. Je stärker genetische ↑Innovationen und Digitalisierungsprozesse (↑Digitalisierung) unsere ↑Lebenswelt und auch unser menschliches Selbstverständnis verändern werden, desto relevanter werden transhumanistische Überlegungen. Insb. hinsichtlich politischer Fragestellungen zu den neuesten Techniken stellt T. eine Position dar, der in zukünftigen Diskussionen eine immer stärker werdende Bedeutung beizumessen ist.

### Literatur

Y. Tuncel (Hg.): Nietzsche and Transhumanism, 2017 • S. L. Sorgner: The Transhumanist Types of (Post)Human Perfection, in: J. B. Hurlbut/H. Tirosh-Samuelson (Hg.): Perfecting Human Futures. Transhuman Visions and Technological Imaginations, 2016, 141–157 • Ders.: Transhumanismus. Die „gefährlichste Idee der Welt"?, 2016 • C. Coenen: Der frühe Transhumanismus zwischen Wissenschaft und Religion, in: Aufklärung und Kritik 22/3 (2015), 49–61 • R. Heil: Huxley, Esfandiary, Ettinger, in: Aufklärung und Kritik 22/3 (2015), 62–75 • S. L. Sorgner: Vorwort der Redaktion, in: Aufklärung und Kritik 22/3 (2015), 4–5 • R. Ranisch/S. L. Sorgner (Hg.): Post- and Transhumanism. An Introduction, 2014 • Dies.: Introducing Post- and Transhumanism, in: ebd., 7–29 • J. Hughes: Politics, in: ebd., 133–148 • D. Brown: Inferno, 2013 • Y. F. Fukuyama: Transhumanism, in: Foreign Policy 144 (2004), 42–43 • J. Habermas: Die Zukunft der menschlichen Natur. Auf dem Weg zu einer liberalen Eugenik? 2001 • P. Sloterdijk: Regeln für den Menschenpark. Ein Antwortschreiben zu Heideggers Brief über den Humanismus, 1999 • F. M. Esfandiary: Transhumans-2000, in: M. Tripp (Hg.): Woman in the Year 2000, 1974, 291–98 • J. Huxley: New Bottles for New Wine, 1957 • Ders.: Knowledge, Morality, and Destiny. The William Alanson White Memorial Lectures, in: Psychiatry 14/2 (1951), 127–151.

STEFAN LORENZ SORGNER

## Transparency International

T. I. wurde 1993 als globales zivilgesellschaftliches Bündnis zur Bekämpfung von ↑Korruption gegründet. Es ist im Wesentlichen das Verdienst von T. I., dass Antikorruption zu einem echten *common good* und weltweit als zentrales Thema auf die politische Agenda gesetzt wurde. Damit hat T. I. einen wesentlichen Beitrag zur Entstehung einer globalen ↑Zivilgesellschaft leisten können. Korrupte Praktiken hintertreiben das Projekt der ↑Moderne, indem sie eine rationale politische Interessenvertretung vereiteln, die ↑Demokratie hemmen und die Regeln einer freien Marktwirtschaft außer Kraft setzen. T. I. ist bestrebt, den Bürgern bewusst zu machen, dass sie selbst Opfer korrupter Machenschaften geworden sind und dass ihre Lethargie und ihre Toleranz gegenüber Korruption Bedingungen sind, die diese illegitimen Praktiken ermöglichen. Im kantischen Sinne des Ausgangs aus der selbstverschuldeten Unmündigkeit betreibt T. I. Aufklärung, technisch umgesetzt in Kampagnen zur Sensibilisierung der Zivilgesellschaft, der ↑Politik und ↑Wirtschaft für das Problem *(awareness campaigns)* sowie für eine gemeinschaftliche Suche nach Problemlösungen *(advocacy)*. T. I. verfolgt dabei die Strategie, die Kontrahenten an einen Tisch zu bringen und vermeidet es, eine Gruppe an den Pranger zu stellen. Am Ende steht nicht unbedingt die eine rationale Lösung *(best practice)* und ein tragfähiger Interessenausgleich – das wird weiterhin als das angestammte Feld der Politik angesehen und den Politikern überlassen –, sondern die Übereinstimmung im Hinblick auf bestimmte Wertvorstellungen (Umwelt und Überleben, Menschenrechte, Antikorruption) und deren Durchsetzung in der Gesellschaft.

Auffällig ist die einzigartige Netzwerkstruktur von T. I. als ↑Verein deutschen Rechts mit einem Sekretariat in Berlin und über 100 sog.en *national chapter* weltweit, die autonom und selbstfinanziert operieren. Das Sekretariat besitzt keine Weisungsbefugnis oder andere hierarchische Steuerungsfunktionen. Nicht einmal der Name ist bindend, und Organisation und Arbeitsweise der *national chapter* variieren von Land zu Land. Die Koordination der Beziehungen zwischen den Einheiten des heterarischen Netzwerks erfolgt durch komplizierte Verhandlungsprozesse. Die daraus resultierenden Reibungsverluste, die mit dem Wachsen der Organisation eher zunehmen, sind somit auch ein wesentlicher Antrieb für einen organisatorischen Wandel, der letztlich auf ein NSM abzielt. Unter Beibehaltung seines Netzwerkcharakters hat sich die zivilgesellschaftliche Moralinstitution gegenwärtig in eine professionelle politische Beratungsagentur gewandelt. In diesem Zusammenhang erwies sich die Implementierung von *Advocacy and Legal Advice Centres*, kurz ALACs, als wichtigstes Projekt. ALACs sind Bürgerbüros, die telefonische Beratung, insb. Rechtsberatung *(legal advice)* durch angestellte oder ehrenamtliche bzw. assoziierte Juristen anbieten, ggf. gestaffelt, sodass Erstgespräche *(legal advice)* i. d. R. durch Jurastudenten durchgeführt werden, Fallkampagnen *(case advocacy)* dagegen von Volljuristen. Beratung heißt hier Aufklärung über das Problem und Aufzeigen von Lösungsmöglichkeiten i. S. d. Hilfe zur Selbsthilfe bzw. Verweis an staatliche, anwaltliche oder andere zivilgesellschaftliche Stellen, die Hilfe gewähren. Letztlich geht es darum, Kampagnen zu ausgewählten Einzelfällen zu initiieren, die das öffentliche Interesse erwecken und den Druck auf politische und wirtschaftliche Akteure erhöhen, um so das eigentliche Ziel, einen gesellschaftlichen Strukturwandel *(systemic advocacy)*, zu erreichen. Das ALAC-Projekt stellt *tools* wie das ALAC-Handbuch und ein computergestütztes Dokumentationssystem bereit, mit dem eine standardmäßige Datenerzeugung und deren Vergleichbarkeit ermöglicht wird. Dieser Datenkorpus liefert die Wissensbasis für das Kerngeschäft des T. I.-Sekretariats, die ↑Politikberatung. Auf der Grundlage des in den ALACs generierten evidenzbasierten Wissens erstellt die T. I.-Forschungsabteilung in Kooperation mit akademischen Einrichtungen empirisch fundierte Korruptionsanalysen und insb. Indikatoren wie etwa den *Corruption Perception Index*, die als Ausweis wissenschaftlicher Expertise und zur Legitimation als professionelle Beratungsagentur dienen. Die Verwissenschaftlichung der Organisation forciert jedoch den Konflikt zwischen idealistischer Graswurzelbewegung und sachlich-realistischer Orientierung einer von professionellen ↑Eliten geführten Beratungsagentur.

ALACs ist auch ein Projekt, um die Bürgerbeteiligung zu stärken und somit den internen Konflikt einzuhegen. ALACs sind aber nicht nur ein technisches Instrument zur Optimierung der ↑Kommunikation. In einer wissensbasierten Netzwerkorganisation *(epistemic community)* wird Kommunikation zum zentralen Steuerungsmedium. Praktiziert wird ein Wissens- und ↑Qualitätsmanagement auf der Grundlage von Zielvereinbarungen *(management by objectives)* und einer darauf gestützten (Selbst-) ↑Evaluation der Aktivisten. In einer Organisation, die durch Kommunikation von Wissen demokratisch-mitbestimmend gesteuert wird, herrscht eine anonyme ↑Macht: das Wissen. Die ↑Wissensgesellschaft ist auch eine Auditgesellschaft, in der ein Managerialismus betriebswirtschaftlicher Provenienz dominiert. Dieser Managerialismus etabliert eine Evaluationskultur, die wiederum i. S. d. Gouvernementalität als mikropolitischer Herrschaftsform eine neue Phase im Prozess der Umwandlung von Fremd- in Selbstzwang darstellt. Damit schleicht sich auch in zivilgesellschaftliche Organisationen eine anonyme Macht ein, als deren Gegengewicht sie eigentlich ins Leben gerufen wurden.

### Literatur

R. Rogowski/D. Tänzler: Korruptionsbekämpfung durch zivilgesellschaftliches Engagement. Advocacy and Legal Advice Centres (ALACs) von Transparency International, in: S. Wolf/P. Graeff (Hg.): Korruptionsbekämpfung vermitteln. Didaktische, ethische und inhaltliche Aspekte in Lehre, Unterricht und Weiterbildung, 2018, 215–233 • D. Tänzler: Transparency International. Von der Moralinstitution zur professionellen Politberatungsagentur. Professionalisierungsstrategien in einer globalen Non-Profit-Organisation, in: S. Jansen/E. Schröter/N. Stehr (Hg.): Transparenz, 2010, 330–347 • L. de Sousa: Transparency International in Search of a Constituency. The Institutionalisation and Franchising of the Global Anti-Corruption Doctrine, in: ders./B. Hindess/P. Larmour (Hg.): Governments, NGOs and Anti-Corruption. The New Integrity Warriors, 2008 • J. Lambsdorff: The Methodology of the Corruption Perception Index, 2008 • M. Foucault: Geschichte der Gouvernementalität. 2 Bde., 2006 • M. Power: The Audit Society. Rituals of Verification, 1997.

RALF ROGOWSKI UND DIRK TÄNZLER

## Transportrecht

### 1. Gegenstand des Transportrechts

Die Definition des Begriffs T. ist schwierig. Hintergrund ist der Umstand, dass das T. massiv zersplittert ist, wobei diese Zersplitterung sich an mehreren Grundlinien vollzieht. Eine erste Grundlinie betrifft die Rechtsquellen des T.s. Staaten haben regelmäßig nationale Regelungen zum Transport. Es findet sich aber auch eine ganze Reihe internationaler ↑völkerrechtlicher Verträge, die den Transport oder einzelne Aspekte davon betreffen. Schließlich ist das T. auch durchwirkt von Regelungen privater Akteure, die teilweise die Qualität von ↑AGB aufweisen, teilweise aber zumindest rechtsquellentheoretisch auch weit darüber hinausgehen und z. B. die Voraussetzungen von Handelsbräuchen, ↑Gewohnheitsrecht oder sogar transnationalem Recht erfüllen. Eine zweite Grundlinie der Zersplitterung betrifft die Auffächerung transportrechtlicher Vorschriften nach Transportmitteln. Hierzu gehören Eisenbahn, LKW, Flugzeug, Binnenschiff und Seeschiff. Schließlich wird darüber diskutiert, ob das T. lediglich den Transport von Gütern umfasse, oder ob darunter auch das Personenbeförderungsrecht zu fassen sei. Im weitesten Sinne betreffen letztlich den Transport auch öffentlich-rechtliche Vorschriften, z. B. Zoll- oder Gefahrgutvorschriften.

Auch wenn entlang dieser Linien durchaus Abgrenzungsschwierigkeiten bestehen, wird als T. im engeren Sinne regelmäßig dasjenige Recht bezeichnet, das den privatrechtlichen Teil des Gütertransports betrifft. Hierzu gehören z. B. die Regelungen des Fracht-, Speditions- und Lagervertrags, aber auch Verträge über die Verwendung von Eisenbahnwagen oder die Charter von Schiffen und Flugzeugen. Schließlich zählen zum T. im engeren Sinne außervertragliche Ansprüche im Zusammenhang mit dem Gütertransport.

### 2. Historische Hintergründe

Historische Wurzeln des T.s lassen sich bis ins 9. Jh. v. Chr. zurückverfolgen. Dies gilt insb. für das rhodische Seerecht, das im Mittelmeerraum einheitliche Regeln etablierte, die im Kern auch heute noch in weiten Teilen der Welt gelten. Diese Regeln betrafen den sog.en Seewurf, wobei Schiffseigentümer, Ladungseigentümer und andere Beteiligte am Seetransport gemeinschaftlich für Schäden haften sollten, die Einzelnen dadurch entstehen, dass zur Rettung des Schiffs oder Teilen seiner Ladung das Schiff beschädigt oder Teile der Ladung über Bord geworfen wurden.

Im Mittelalter entwickelten sich insb. an wichtigen Handelspunkten Bräuche und kodifizierte Regeln, die heute unter dem Stichwort ↑*lex mercatoria* diskutiert werden. Hierzu gehören z. B. die „Rôles d'Oléron" im 12. Jh., der „Consolato del Mare" im 14. Jh. oder die Visby-Regeln im 16. Jh. In der Neuzeit ist die Entwicklung des T.s gekennzeichnet durch die im Zuge der Entstehung moderner Nationalstaaten erfolgten nationalstaatlichen ↑Kodifikationen, die für internationale Transporte zu einer massiven Fragmentierung der rechtlichen Regeln geführt haben. Vor diesem Hintergrund ist die wissenschaftliche Diskussion im T. heute wesentlich gekennzeichnet durch die Frage nach Bedingungen und Möglichkeit eines transportrechtlichen Einheitsrechts.

### 3. Rechtsquellen des Transportrechts

Das T. ist zwar v. a. nationalstaatlich geregelt, bisweilen wird aber auch von der doppelten Internationalität des T.s gesprochen. Einerseits ist sein Gegenstand regelmäßig international, weil die meisten Transporte international sind. Andererseits gehen genau aus diesem Grund auch viele Normen des T.s auf internationale Übereinkommen zurück.

In Deutschland ist das Frachtrecht, das den Kern des T.s bildet, im HGB geregelt. Zudem regelt eine ganze Reihe von Spezialgesetzen einzelne Verkehrsträger. International regeln völkerrechtliche Verträge den Gütertransport. Solche internationalen Übereinkommen betreffen jeweils einzelne Verkehrsträger und haben je nach Eigenart des Verkehrsträgers regionale oder weltweite Bedeutung. So sind der Luftverkehr und die Seeschifffahrt z. B. durch Abkommen geregelt, die eine weltweite Geltung für sich beanspruchen können, während der Transport auf Straße, Schiene oder auf Binnenwasserstraßen regelmäßig durch regionale Übereinkommen geregelt wird. Gerade international ist aber die Regelungsdichte transportrechtlicher Übereinkommen sehr gering. Daher greift die Transportbranche auch sehr umfangreich auf Musterklauseln und Musterverträge zurück, die zwischen den Branchenbeteiligten ausgehandelt werden und daher eine große Akzeptanz haben.

Diese große Bandbreite an Rechtsquellen und Vertragsmustern führt zu einer erheblichen Zersplitterung des T.s, die der eigentlich mit internationalem Recht verfolgten Rechtsvereinheitlichung diametral entgegensteht und durch einen Zerfall von Kodifikationen, eine erhebliche Unübersichtlichkeit und Wertungswidersprüche gekennzeichnet ist.

### 4. Einzelne Regelungen

Die zentralen transportrechtlichen Regeln finden sich in Deutschland im Frachtrecht in den §§ 407 ff. HGB. Es folgt der Grundkonzeption vieler transportrechtlicher Kodifikationen, in denen eine verschuldensunabhängige ↑Haftung des Frachtführers vom Zeitpunkt der Übernahme des Gutes bis zu seiner Ablieferung statuiert wird, die aber mit einer summenmäßigen Begrenzung der Haftung korrespondiert. Nur im Falle von Vorsatz oder Leichtfertigkeit des Frachtführers oder im Zuge vertraglicher Vereinbarung fällt die Haftungsdeckelung weg. Spezielle Regelungen finden sich im HGB zudem für die Spedition, das Lagergeschäft und den Seetransport.

Auf grenzüberschreitende Transporte findet internationales T. Anwendung. Zu den wichtigsten Regelungen gehören hierbei die CMR für den Gütertransport auf der Straße, das COTIF für den Eisenbahnverkehr, das CMNI für die Binnenschifffahrt sowie das WA und das MÜ zur Vereinheitlichung bestimmter Vorschriften über die Beförderung im internationalen Luftverkehr für den Luftverkehr. Das T. für die Seeschifffahrt ist wiederum durch erhebliche Fragmentierung gekennzeichnet. Hier regeln mittlerweile vier unterschiedliche Übereinkommen ähnliche Regelungsbereiche. Es handelt sich dabei um die Haager Regeln (1924), die Haag-Visby-Regeln (1968), die Hamburg Regeln (1978) und die Rotterdam Regeln (nicht in Kraft). Im Wesentlichen geht es in den Übereinkommen im Kern um die Frage des zulässigen Umfangs einer Haftungsbeschränkung durch den Frachtführer.

#### Literatur

A. Maurer: Einheitsrecht im internationalen Warentransport, in: RabelsZ 81/1 (2017), 117–157 • I. Koller: Transportrecht, [9]2016 • A. Maurer: Lex Maritima, 2011 • J. Basedow: Der Transportvertrag, 1987. ANDREAS MAURER

## Transzendenz

I. Philosophisch – II. Theologisch – III. Pädagogisch – IV. Soziologisch

### I. Philosophisch

#### 1. Allgemeine Begriffsbestimmung

Der Begriff T. leitet sich vom lateinischen Verb *transcendere* (über- bzw. hinübersteigen) ab und besitzt daher die doppelte Grundbedeutung eines Grenzüberschritts (↑Grenze) von einem ontologisch geringeren zu einem höheren Bereich als auch die des Zielpunkts bzw. des Woraufhin dieses Überstiegs.

### 2. Philosophische Anwendungsbereiche des allgemeinen Transzendenzbegriffs

Diese allg.e Begriffsbestimmung von T. findet in verschiedenen philosophischen Disziplinen Anwendung auf unterschiedliche Bereiche. Die *Metaphysik als Prinzipientheorie* macht sich die Doppeldeutigkeit des allg.en T.-Begriffs insofern zu eigen, als sie die T. ihres jeweiligen metaphysischen Prinzips als dessen ihm eigene Überweltlichkeit und das Transzendieren als ein metaphysisches und existenzielles Überschreiten der welthaften Wirklichkeit (↑Realität) versteht. Dabei wird von den verschiedenen Traditionen in der abendländischen Metaphysik die Überweltlichkeit des metaphysischen Prinzips aller Wirklichkeit unterschiedlich radikal bestimmt, am radikalsten von der platonisch-neuplatonischen Einheitsmetaphysik. Denn diese unterscheidet zwischen einer graduellen T. und einer absoluten T. Unter einer graduellen T. versteht die altakademische (Platon, Speusipp) und neuplatonische (Plotin, Proklos) Metaphysik sowohl das methodisch gesicherte, denkerische Überschreiten einer ontologisch untergeordneten Seinsstufe zu einer sie transzendierenden, d. h. ontologisch übergeordneten Seinsstufe innerhalb einer kontinuierlichen Stufenfolge des Seins als auch das jeweilige Woraufhin dieses Überstiegs. Unter einer absoluten T. versteht sie die Seins- und Geistjenseitigkeit eines immanent relations- und differenzlosen, absolut einfachen metaphysischen Prinzips als auch das menschliche Transzendieren zu diesem Prinzip hin, das sich in Gestalt einer zumindest erfahrungshaften Einswerdung mit ihm vollendet. Dieser erste, *metaphysisch-prinzipientheoretische* Begriff von T., der in christlicher Transformation auch im frühen (Augustinus, Pseudo-Dionysius Areopagita) und im späten (z. B. Nikolaus von Kues) lateinischen Mittelalter sowie in modifizierter Gestalt auch in der ↑Neuzeit (Immanuel Kant, Friedrich Wilhelm Joseph Schelling, Søren Kierkegaard, Maurice Blondel, Paul Natorp, Karl Jaspers, Emmanuel Levinas) vertreten ist, bestimmt Art und Umfang der von ihm bezeichneten T. qua Überstieg des Menschen in Abhängigkeit von dem Maß der T. qua Überweltlichkeit seines jeweiligen metaphysischen Prinzips.

Von dieser metaphysisch-prinzipientheoretischen Bedeutung des T.-Begriffs ist zweitens die *ontologische* Bedeutung von T. im Sinne der kategorienübergreifenden und insofern überkategorialen Transzendentalität des Seins bzw. des Seienden zu unterscheiden. Dieser zufolge sind das Seiendsein und dessen mit ihm untrennbar verbundenen transzendentalen Modi des Einen, des Etwas bzw. des Dings, des Wahren, des ↑Guten und des Schönen zwar die allg.sten Bestimmungen aller Entitäten, aber keine Gattungsbegriffe, weil sie im Unterschied zu diesen in ihre artspezifischen Unterschiede eingehen, sodass alles, was überhaupt ist, ein Seiendes ist. Daher ist das Sein bzw. das Seiende nicht wirklich transzendent gegenüber allen Entitäten, sodass hier genau genommen keine eigenständige Bedeutung von echter T. vorliegt.

Drittens gibt es einen *erkenntnistheoretischen* Anwendungsbereich des allg.en T.-Begriffs. Die erkenntnistheoretische Bedeutung von T. besagt „Unabhängigkeit vom Bewußtsein" (Lotz 1985: 412). Diese T. genannte Eigenschaft einer seinsmäßigen Unabhängigkeit kommt den Gegenständen des menschlichen Erkennens zu, welche diesem „als etwas Selbständiges, nicht erst vom [Erkenntnis-]Akt Gesetztes, gegenüber [stehen]" (Lotz 1985: 412). Daher ist diesem Anwendungsbereich des T.-Begriffs zufolge T. keine Bestimmung des menschlichen Erkennens selbst, sondern ausschließlich seiner weltimmanenten Gegenstände. Diese erkenntnistheoretische Bedeutung des philosophischen T.-Begriffs findet sich nur in der neuzeitlichen Philosophie, und zwar im Ausgang von I. Kant v. a. bei Edmund Husserl, Eduard Hartmann, Heinrich Rickert und Max Scheler.

Als ein ebenfalls nur neuzeitlich vorkommender vierter Anwendungsbereich des allg.en T.-Begriffs lässt sich die allg.e menschliche Subjektivität identifizieren, sodass diese Bedeutung von T. auch als *anthropologisch* (↑Anthropologie) bezeichnet werden kann. Deren T. bedeutet eine sich selbst überschreitende, aber weltimmanent bleibende Bewegung. Sie tritt überwiegend in den beiden folgenden Ausprägungen in Erscheinung:

*a)* In einer erkenntnistheoretischen Form des anthropologischen T.-Begriffs wird die sich selbst überschreitende Bewegung des menschlichen ↑Subjekts begriffen als eine solche primär des menschlichen Erkennens. Unter diesen Typ ist die kritische Verwendung des T.-Begriffs beim frühen Johann Gottlieb Fichte zu subsumieren, ferner E. Hartmanns Annahme einer T. als Selbstüberschreitung des Subjekts im Erkenntnisakt in die heterogene Objekt-Sphäre und v. a. E. Husserls primäre Verwendung des T.-Begriffs als eine bewusstseinsimmanente Konstitution einer ichfremden Welt, die er eine immanente oder auch eine primordiale T. nennt.

*b)* T. in diesem anthropologischen Sinne des Begriffs wird in der neuzeitlichen Philosophie auch, obgleich seltener, verstanden als der sich selbst auf anderes Innerweltliche hin überschreitende fundamentale Selbstvollzug des menschlichen Daseins; so v. a. in der phänomenologischen Daseinshermeneutik Martin Heideggers und in der phänomenologischen Ontologie Jean-Paul Sartres, ferner auch in der ↑Phänomenologie Maurice Merleau-Pontys und nicht zuletzt in Ernst Blochs Konzept einer immanenten T. des menschlichen Subjekts.

### 3. Zur systematischen Relevanz der Anwendungsbereiche des philosophischen Transzendenzbegriffs

Hinsichtlich ihrer systematischen Relevanz für eine angemessene philosophische Begriffsbestimmung von T. lassen sich die erläuterten Anwendungsbereiche des philosophischen T.-Begriffs wie folgt beurteilen: Der etymologischen Grundbedeutung von T. (die Präposition *trans* bedeutet „über (etwas) hinaus" und das lateinische Verb *scandere* bedeutet „steigen") als eines aufsteigenden Überstiegs von unten nach oben, d. h. über eine Grenze zwischen einem qualitativ geringeren und einem wertvolleren, höheren Bereich, wird alleine der metaphysische T.-Begriff gerecht. Denn das Woraufhin des metaphysisch verstandenen Überstiegs ist bei der graduellen T. stets eine höhere und bessere, bei der absoluten T. die höchstmögliche Stufe der Wirklichkeit. Im Unterschied hierzu kennen die anderen Anwendungsbereiche des philosophischen T.-Begriffs keinen qualitativen Unterschied zwischen den jeweils beiden in einem T.-Verhältnis zueinander stehenden Bereichen. Ein systematisch stärkeres Argument dafür, dass dem metaphysischen T.-Begriff der Vorzug vor den anderen Anwendungsbereichen des philosophischen T.-Begriffs gebührt, ist das Folgende: Der metaphysische T.-Begriff bezeichnet das denkbar größte bzw. umfassendste Übersteigen – nämlich über alles Endliche hinaus –, und zwar sogar in zweifacher Hinsicht: als (erkenntnismäßige und/oder existenzielle) Bewegung des Menschen wie auch als Bestimmung eines metaphysischen Prinzips. Dabei schließt in diesem Fall die denkbar größte Intension des metaphysischen T.-Begriffs notwendigerweise den intensionalen Gehalt der anderen T.-Begriffe als im dreifachen hegelschen Sinne aufgehobene Momente ihres eigenen begrifflichen Gehalts in sich ein. Denn die welt- oder auch nur (wie bei E. Husserl) bewusstseinsimmanent bleibende Selbstüberschreitung des menschlichen Subjekts, als welche der anthropologische Typ T. bestimmt, ist qua Selbstüberschreitung in dem metaphysisch gedachten Paradox des Selbstüberstiegs enthalten und zugl. – im Hinblick auf ihre Weltimmanenz – überwunden, indem sie auf eine höhere Stufe, die der Welt-T., gehoben ist. Entspr.es gilt für den begrifflichen Gehalt des erkenntnistheoretischen T.-Begriffs: Denn die T. im Sinne der seinsmäßigen Andersheit und Unabhängigkeit der Gegenstände des menschlichen Erkennens von diesem kann als ein aufgehobenes Moment der radikalen Andersheit und völligen Unabhängigkeit eines absoluten metaphysischen Prinzips gegenüber dem menschlichen Erkennen verstanden werden, ist also – wenn auch in einem defizitären Modus – auf diesen Aspekt des metaphysischen T.-Begriffs bezogen. Ist daher die rein anthropologisch gedachte Selbstüberschreitung des menschlichen Subjekts ein in dem metaphysisch begriffenen menschlichen Transzendieren aufgehobenes begriffliches Moment, so stellt die T. der Erkenntnisgegenstände ein begriffliches Moment dar, das in dem intensionalen Gehalt des metaphysischen Prinzips aufgehoben ist.

### Literatur

M. Enders: Immanenz und Transzendenz einer absoluten Einheit im Raum der abendländischen Metaphysik, in: ders. (Hg.): Immanenz & Einheit. FS zum 70. Geburtstag von Rolf Kühn, 2015, 3–19 • Ders.: Religion und Transzendenz. Ist ein Transzendenz-Bezug konstitutiv für Religion?, in: IJPT 13/1 (2013), 3–14 • K. Müller: Transzendenz, in: NHphG, Bd. 3, 2011, 2232–2244 • J. Halfwassen: Der Aufstieg zum Einen. Untersuchungen zu Platon und Plotin, [2]2006 • W. Schüssler: Transzendenz, in: TRE, Bd. 33, 2002, 768–771 • M. Enders: Transzendenz und Welt, 1999 • Ders.: Transzendenz, Transzendieren. II. Von Kant bis zur Gegenwart, in: HWPh, Bd. 10, 1998, 1447–1455 • J. Halfwassen: Transzendenz; Transzendieren. I. Antike; Mittelalter, in: ebd., 1443–1447 • M. Enders: Das Transzendenz-Verständnis Martin Heideggers im philosophiegeschichtlichen Kontext, in: ThPh 73/3 (1998), 383–404 • L. Honnefelder/W. Schüssler (Hg.): Transzendenz. Zu einem Grundwort der klassischen Metaphysik, 1992 • J. Lotz: Transzendenz, in: W. Brugger (Hg.): Philosophisches Wörterbuch, 1985, 412–413.

MARKUS ENDERS

## II. Theologisch

In den ↑Religionen kommt eine weltschaffende und -richtende, alles übersteigende Macht zum Ausdruck, die als Geheimnis (unpersönliche Kraft/persönlicher Gott) verehrt wird. Die Verschiedenheit endlich-vergänglicher Welt des Menschen von jenseitiger numinoser Macht wird als T. festgehalten und die Beziehung zwischen Mensch und Gott als Überstieg einer absoluten ↑Grenze verstanden, wobei dieser Weg nicht ohne Hilfe der T. gelingen kann. Selbst agnostische Weltanschauungssysteme spiegeln diese Struktur, wenn sie Absolut-Setzungen vornehmen.

Im AT zeigt sich T., wenn Gott als dreimal Heiliger (Jes 6) in seiner Erhabenheit gepriesen wird, während der Mensch ihm gegenüber seine Gebrochenheit und Sünde bekennt. In der Zusage orts- und zeitunabhängig bleibender Gegenwart Gottes an sein Volk Israel (Ex 3,14) erweist sich die Heiligkeit Gottes in zunehmender Universalisierung als richtend-vergebende und schöpferische Allmacht. In der babylonischen Exilserfahrung wird sich Israel der Absolutheit und Einzigkeit Gottes bis hin zum ausdrücklichen Monotheismus bewusst: „JHWH ist der Gott, kein anderer ist außer ihm" (Dtn 4,35). Im NT erreicht das Bekenntnis der T. neue Qualität; Heiligkeit und Herrlichkeit Gottes sind unlösbar mit der Person Jesu Christi verbunden (2 Kor 4,6). In der Menschwerdung wird Gottes Weltüberlegenheit noch einmal transzendiert in die endgültige Nähe des Immanuel-Christus zu Mensch und Welt (Mt 1,23), in dem Gott für immer „mit uns ist" (DV 4). Weil Welt-T. und Weltimmanenz in Jesu Tod und Auferstehung untrennbar miteinander verbunden sind, ohne einander aufzuheben, ist Gott der eine Gott, dessen absolute Einzigkeit in Jesus Christus als Ursprung und Ziel alles Geschaffenen offenbar wird (1 Kor 8,6), so dass er in der Vollendung „alles und in allem" (1 Kor 15,28) sein wird.

Religiöses Bekenntnis der T. bedarf der theologischen Reflexion. Die Kirchenväter wiederholten nicht einfach biblische Aussagen, sondern vermittelten sie mit hellenistischer Philosophie. Dabei galt es, den ↗Glauben zu bewahren und die philosophischen Inhalte neu zu interpretieren. Die von Platon vertretene T.-Vorstellung des Gegenüberstehens von Welt der Sinne und Reich der ewigen Ideen und von der Verortung der Idee des ↗Guten als Ursprung aller Ideen in gesteigerter T. noch „jenseits des Seins“ (Plat. pol. 509 b) wird differenziert auf Gott und den göttlichen Logos angewendet. Plotins Weg zur absoluten T. des Einen, die Selbst-T. menschlichen Geistes in die Innerlichkeit ekstatisch erschlossener intellektueller Anschauung durch Negation von Begriffen und Vergleichen, wird bei Augustinus gedeutet als graduelle T.-Bewegung des „foris, intus, intimum“, wobei die letzte Stufe nur durch Offenbarung erreicht werden kann (conf. VII; X). Der Weg der Negation wurde in der Theologiegeschichte beschritten, um den Begriff Gottes von allen Begrenzungen frei zu halten. Methodisch wurde so über Zustimmung, Verneinung und Steigerung die Analogie in Glaubensfragen gewonnen (Viertes Laterankonzil, ↗Erstes Vatikanisches Konzil). Die aus der Entsprechung zwischen Schöpfer und Geschöpf (Weish 13,1–5; Röm 1,19 f.) abgeleiteten Gottesbeweise (Anselm von Canterbury; Thomas von Aquin) halten die T. zum Glauben hin argumentativ offen. Auf dieser Basis bestimmt Nikolaus von Kues die absolute T. als „coincidentia oppositorum,“ als Ineinsfall der Gegensätze, der auch das Kontradiktorische umfasst (Docta ignor. I, 4). Dafür steht der Gottesbegriff „Nicht-anderer“ *(De non aliud)*, der durch Negation jede Begrenzung abwehrt.

In der ↗Neuzeit wird die T. Gottes in Ferne von Welt (Deismus) und zur bloßen Idee im Bewusstsein umgedeutet. Immanuel Kant trägt dem Wechsel Rechnung, ohne den Gottesgedanken gänzlich preiszugeben. Der Mensch wird in der Folgezeit sich selbst zu Weg und Ziel der T., wobei strittig bleibt, ob Gott nur Projektion oder ermöglichende Bedingung ist. Angesichts dessen kommt es für die Theologie darauf an, die Entwürfe menschlichen Selbstvollzugs als anthropologische T. (↗Anthropologie) zu erweisen und darauf zu bestehen, dass der Mensch sich nicht selbst vollenden kann, sondern auf Gottes Selbstmitteilung verwiesen ist. Ob diese in der Immanenz menschlichen Wollens und der Fähigkeit zur liebenden Hingabe an Gottes Wirken (Maurice Blondel), als transzendentale Ausrichtung menschlichen Daseins auf die Selbstmitteilung Gottes (Karl Rahner) oder im unbedingten Ruf in die ↗Verantwortung für Andere (Emmanuel Levinas) gesucht wird – es kommt entscheidend darauf an, die Unerschöpflichkeit und Unabschließbarkeit der T. zu bewahren.

Die künftig maßgebliche Frage nach der Haltung christlichen Glaubens zu anderen Religionen wird entscheidend vom T.-Bewusstsein geprägt sein. Nichts ablehnen zu wollen, was in den Religionen wahr und heilig ist (NA 2), bleibt – wie schon Nikolaus von Kues gesehen hat („De pace fidei“) – nur denkbar, wenn Gott in absoluter T. als je größeres Geheimnis verstanden wird, an dem teilzuhaben eine umfassende ↗Solidarität und Kooperation menschlicher Selbst-T. einschließt.

### Literatur

W. A. Euler u. a. (Hg.): Hdb. Nikolaus von Kues, 2014 • R. A. Siebenrock: Theologischer Kommentar zu NA, in: P. Hünermann u. a. (Hg): Herders Theologischer Kommentar zum Zweiten Vatikanischen Konzil, Bd. 3, 2005, 591–693 • W. Schüssler/B. Harbeck-Pingel: Transzendenz. I–II, in: TRE, Bd. 33, 2002, 768–775 • A. J. Bucher: Transzendenz, in: LThK, Bd. 10, [3]2001, 190–192 • T. Pröpper u. a.: Transzendentalphilosophie, in: ebd., 188–190 • J. Halfwassen/M. Enders: Transzendenz. I-II, in: HWPh, Bd. 10, 1998, 1442–1455 • J. Werbick: Gott. IV. Theologie- und dogmengeschichtlich, in: LThK, Bd. 4, [3]1995, 863–866 • L. Honnefelder (Hg.): Transzendenz, 1992 • M. Löhrer u. a. (Hg.): Mysterium salutis, Bd. 2, 1967 • K. Lehmann: Transzendenz, in: LThK, Bd. 10, [2]1965, 316–319 • H. Blumenberg: Transzendenz und Immanenz, in: K. Galling (Hg.): Religion in Geschichte und Gegenwart, Bd. 6, [3]1962, 989–997. MICHAEL GABEL

## III. Pädagogisch

Als Grundbestimmung der menschlichen Verfassung kommt der T. auch in pädagogischer Hinsicht bes. Bedeutung zu, und zwar sowohl was die als T. bezeichnete ↗Grenze, den als T. verstandenen *Akt* ihrer Überschreitung als auch dessen *Woraufhin* betrifft. Deutlich wird dies an der Gestalt, die der in Philosophie und Theologie thematisierte Gedanke der T. in der neuzeitlich-modernen ↗Anthropologie angenommen hat, wie sie auch von der Pädagogik vorausgesetzt wird. Dieser Gedanke geht davon aus, dass die als T. bezeichnete Grenze wie auch deren Überschreitung in der Struktur der *conditio humana* grundgelegt ist und sich als die dem Menschen zukommende *perfectibilité*, d. h. seine Bildsamkeit und Bildungsbedürftigkeit äußert. Anders als die ihm nah verwandten Lebewesen kann der Mensch nicht einfach leben, sondern muss *sein Leben führen*.

### 1. Transzendenz als Struktur der *conditio humana*

Helmuth Plessner hat diese Verfasstheit aus der „exzentrischen Positionalität“ (1981: 360) erklärt, die dem Menschen eigen ist. Während das Leben der anderen höher organisierten Lebewesen sich im Spannungsverhältnis von Selbst und Organismus, von organisch repräsentierter Mitte und organisch strukturiertem Körper vollzieht und durch einen artspezifischen Zusammenhang von Bauplan, Umwelt und Verhalten bestimmt ist, gehört es zum Menschen, sich zu diesem ihn als Lebewesen bestimmenden Verhältnis noch einmal verhalten zu können und zu müssen.

Dieses den Menschen kennzeichnende „Verhältnis zu einem Verhältnis“ hat den Charakter einer vom ihm selbst zum Ausgleich zu bringenden Spannung, was nur in Form einer – so H. Plessner – „vermittelten Unmittelbarkeit" (1981: 396), einer „natürlichen Künstlichkeit" (1981: 383) und eines „Theomorphismus" (1981: 345), kurz: im Überstieg auf ein anderes, das nicht er selbst ist, gelingen kann. Nur im Umweg über anderes und andere findet der Mensch sich selbst.

Wenn aber zur *conditio humana* gehört, dass „der Mensch den Menschen unendlich überschreitet" (Pascal 1963: 202) und das Seinkönnen des Menschen größer ist, als er es aus sich selbst verwirklichen kann, kommt der Frage, wie die den Menschen kennzeichnende T. zu verstehen ist und auf welches Woraufhin sie sich bezieht, für das Gelingen des Menschen zentrale Bedeutung zu. Deren Beantwortung versteht sich aber keineswegs von selbst. Denn in ihrer Offenheit setzt sich die T. und ihr Woraufhin durchaus dem Streit der Deutungen und der Gefahr der ideologischen Vereinnahmung (↑Ideologie) aus: Wird etwa die Frage nach ihrem Woraufhin für unbeantwortbar gehalten, bleibt die T. entweder eine rein formale Struktur, die ins Leere geht, oder aber sie wird in die Immanenz zurückgenommen wie im Fall einer rein naturalistischen Erklärung (↑Naturalismus) der *conditio humana*. Oder aber beide Aspekte verbinden sich wie in den neuerlichen Programmen eines ↑„Transhumanismus", der an der Selbst-T. des Menschen festhält, deren Realisierung aber allein von einer durch Biomedizin und Biotechnologie ermöglichten (Selbst-)Perfektionierung erwartet bzw. mit der Idee der Substitution von Bildung durch biotechnologische Perfektionierung spielt (Peter Sloterdijk). Auch kann die Totalität, auf die der Akt der T. ausgreift, totalitär usurpiert werden (↑Totalitarismus), wie dies durch Absolutsetzung der „Rasse", der ↑Nation, der klassenlosen Gesellschaft, der „Gottesherrschaft" (↑Theokratie) o. ä. geschieht. Nicht zuletzt kann sich der Akt der T. auf Surrogate aller Art beziehen, die den Selbstüberstieg zur Sucht werden lassen.

## 2. Transzendenz als Thema der Bildung

Ist das Ziel der ↑Bildung die ihr Leben führen könnende, selbständig urteilende und handelnde ↑Person und der Vollzug der T. der ebenso unüberspringbare wie deutungsbedürftige Kern der zu diesem Ziel führenden „Menschwerdung", wird Pädagogik sowohl den verschiedenen Dimensionen der T. als auch deren Woraufhin bes. Aufmerksamkeit schenken müssen. Dazu gehört das in Erkennen und Handeln (↑Handeln, Handlung) geschehende, auf „Welt im Ganzen" vorgreifende *Weltverhältnis* verbunden mit dem die Vorstellung von ↑„Welt" bildenden und Weltbild vermittelnden Medium der ↑*Sprache*, aber auch der die Erfahrung von *Sozialität* ermöglichende Vorgriff auf die Sphäre des „Wir" und die im Horizont der als ↑*Kultur* vermittelten Sinnvorgaben, in deren Medium sich *Wertüberzeugungen und Haltungen* (↑Wert) entwickeln. Nicht zuletzt sind die durch *Vorbilder* vermittelte Ausbildung eigener personaler ↑Identität und deren Verantwortung vor dem Gewissen (↑Gewissen, Gewissensfreiheit) auf den Ausgriff auf ein *umgreifendes Absolutes* verwiesen, als dessen Gegenüber sich das Ich erfährt.

Ist aber T. als intentionaler Akt nicht nur auf ein Woraufhin bezogen, sondern in dessen Gelingen von der Gültigkeit und Überzeugungskraft dieses Woraufhin abhängig, wird pädagogisches Handeln mit der Förderung des mehrdimensional sich vollziehenden Akts der T. die Reflexion auf Sinn, Gültigkeit und Tragweite des Woraufhin dieses Aktes verbinden müssen. Diese Reflexion wird *kritisch* erfolgen müssen, soll das intentionale Korrelat des Akts der T. vor ideologischer Vereinnahmung oder der Substitution durch abhängig machende Surrogate bewahrt bleiben. Dabei spielt die Weise eine bes. Rolle, in der die „Grenze" wahrgenommen wird, die der *conditio humana* durch ihre Endlichkeit gezogen ist. Denn von ihr hängt es ab, *in welchem Maß* wir die mit der Selbst-T. des Menschen verbundene Vorstellung von gelingendem Leben („Selbstperfektionierung", „Selbstverwirklichung", ↑„Glück") für sinnvoll, geboten oder zumindest vertretbar halten.

## 3. Transzendenz im Horizont des Glaubens: religiöse Erziehung

Die Tatsache, dass der Menschen als ein „Wesen der Transzendenz" (Rahner 1976: 42) verstanden werden muss, lässt auch erkennen, warum der T. in Form von ↑*Glaube und* ↑*Religion* im Prozess der Bildung bes. Bedeutung zukommt und warum die ↑religiöse Erziehung als ein integraler Teil der Pädagogik zu betrachten ist. Denn wenn der Mensch unentrinnbar der Frage nach dem letzten Wohin und Woher seiner Existenz ausgesetzt ist, kann die Frage, in welcher Weise dieser T. ein absolutes Woraufhin entspricht, im Prozess der Bildung nicht ausgeblendet werden. Die Antwort, die der christliche Glaube gibt, macht dabei in bes.r Weise deutlich, was den Prozess der T. als solchen kennzeichnet. So lässt die Glaubensüberzeugung, dass „Gott" das „absolute Geheimnis" (Rahner 1976: 54) ist, das alles umgreift und übersteigt und dennoch erkennbar ist, insofern es sich als solches mitteilt, die dem Akt der T. eigene ↑Dialektik erkennen: nämlich zum einen die Grenze anzuerkennen, die das Woraufhin der T. radikal transzendent erscheinen und damit alle Surrogate der Kritik verfallen lässt, und zum anderen an der Möglichkeit des Menschen festzuhalten, sich selbst auf dieses transzendente Woraufhin „übersteigen" zu können, und darin die bes. Auszeichnung des Menschen zu erblicken. Auch lässt die Deutung der Gotteserfahrung als Rückstieg in das Innere des Menschen (Augustinus) erkennen, dass der Akt der T. ein dialogischer Selbstvollzug im Modus der ↑Verantwortung ist. Nicht zuletzt verweist der Glaube daran, dass das absolute Woraufhin der T. in Geschichte (↑Geschichte, Geschichtsphilosophie) und Offenbarung erfahrbar wird, auf die die T. kennzeichnende Verschränkung von T. und Immanenz. Ist es doch für das Verständnis der T. entscheidend, ob und wenn ja in welcher Weise sich die „Andersheit" des

Woraufhin mit seiner Intendierbarkeit durch den Menschen verbindet oder – auf unsere Erfahrung der ↑*Zeit* bezogen – ob und in welcher Weise die vom Menschen als endlich erfahrene *Zeit* den Gedanken einer nach vorn offenen ↑*Zukunft* erlaubt und damit die T. des Menschen als einen spezifischen Akt seiner ↑*Freiheit* sichtbar macht.

### Literatur

L. Honnefelder: Perfektionierung des Menschen? Paradigmen und Grenzen, in: G. Fürst/D. Mieth (Hg.): Entgrenzung des Menschseins?, 2012, 13–26 • Ders.: Personalität – Freiheit – Menschenwürde, in: G. Mertens u. a. (Hg.): Hdb. der Erziehungswissenschaften, Bd. 1, 2008, 627–638 • H. Plessner: Die Frage nach der Conditio humana, in: ders. (Hg.): Ges. S., Bd. 7, 1983, 159–217 • Ders.: Die Stufen des Organischen und der Mensch, in: ders. (Hg.): Ges. S., Bd. 4, 1981 • H. Krings: System und Freiheit, 1980 • K. Rahner: Grundkurs des Glaubens, 1976 • B. Pascal: Über die Religion und über einige andere Gegenstände, 1963. LUDGER HONNEFELDER

## IV. Soziologisch

Jenseits seiner quasiontologischen Opposition zur Immanenz erfährt der Begriff der T. in der Soziologie eine starke Erweiterung. In der ↑Systemtheorie Niklas Luhmanns ist dieser Gegensatz Ausdruck eines *spezifischen* Codes, der die ↑Grenzen des Subsystems ↑Religion bildet. Die phänomenologisch begründete Sozialtheorie entwickelt ein umfassenderes T.-Konzept: Als Bewusstseinvorgang ist Transzendieren in die subjektive Erfahrung eingelagert; sie bildet zugl. eine elementare Grundtatsache der Strukturen der Intersubjektivität; schließlich verweist sie – auch über die Religion hinaus – auf alle Formen geschichtlicher, gesellschaftlich objektivierter Symboluniversen. Von den egologischen Grundstrukturen subjektiver Erfahrung aus entfaltet sich damit eine soziologische Kommunikations- und Gesellschaftstheorie, die sich über alle Ordnungsebenen des Sozialen – von *ego* und *alter* bis hin zu den kosmologisch umfassendsten symbolischen Sinnwelten – erstreckt.

Als Erfahrungstatsache und kulturelle Sinnkonstruktion markiert T. die Grenzen der ↑Lebenswelt und ihre Überschreitung. T. basiert auf den universalen Strukturen menschlicher Bewusstseinvorgänge. Die allg. menschliche Fähigkeit zum Transzendieren gründet in den egologischen Tiefenstrukturen subjektiver Erfahrung und ist wesentlich präprädikativ. Diese Theorie fußt auf dem von Edmund Husserl aufgedeckten elementaren Bewusstseinsprozess der *Appräsentation*, bei dem im Bewusstsein das aktuell Erfahrene mit etwas die aktuelle Erfahrung Übersteigendem verbunden wird.

### 1. Transzendenz der Erfahrung und Erfahrungen der Transzendenz

Die Theorie der T.-Erfahrungen knüpft an die anthropologisch (↑Anthropologie) und phänomenologisch (↑Phänomenologie) begründete Sozialtheorie an. Rekurrierend auf die protosoziologischen Arbeiten von Alfred Schütz fasst Thomas Luckmann das Überschreiten der aktuellen Erfahrung und die Einfügung des Einzelnen in die ihm vorgängige soziale Ordnung als Transzendieren: Transzendent in diesem Sinne ist alles, was meiner aktuellen Erfahrung entzogen ist.

Weil die Fähigkeit zum Transzendieren in die Struktur menschlicher Bewusstseinstätigkeit eingelagert ist, stellt sie ein universales Charakteristikum der menschlichen Spezies dar. Die Überschreitung der reinen Gegenwart des Erlebens ist dabei immer bezogen auf eine dem Individuum vorgängige soziale ↑Ordnung. „Religiös" ist diesem Verständnis nach der Vergesellschaftungsprozess als solcher, was der auf Émile Durkheim zurückgehenden funktionalistischen Idee einer weitgehenden Identität von „Religion" und „Gesellschaft" gleicht.

T.-Erfahrungen sind vierfach „determiniert": Ihre Universalität gründet

*a)* in den biologischen Grenzen der Leiblichkeit als Ergebnis eines Evolutionsprozesses (↑Evolution) sowie
*b)* in allg.en menschlichen Bewusstseinsstrukturen; ihre konkrete historische Form erhalten sie
*c)* durch aus dem jeweiligen gesellschaftlichen Wissensvorrat abgeleitete transzendenzspezifische Deutungsmuster, die das Ergebnis langer historischer Ketten von Handlungen und Deutungen darstellen und die
*d)* in situativen Prozessen der konkreten „Aktualisierung" dieses gesellschaftlichen Wissens im kommunikativen Handeln mit subjektiven Wissensvorräten verknüpft werden.

### 2. Universalität von Transzendenzerfahrungen

Transzendieren ist folglich ein Element der *conditio humana*. Als Körper-habendes und Leib-seiendes Wesen existiert der Mensch in doppelter Weise; in „exzentrischer Positionalität" (Plessner 1981: 360) zu sich selbst gesetzt ist er „der geborene Grenzüberschreiter", denn „das Transzendieren ist dem Leben selbst immanent" (Simmel 2000: 297). Entspr. entwickelt A. Schütz in Anlehnung an das Konzept der Subuniversa bei William James eine Theorie *mannigfacher Wirklichkeiten*: Die Welt des Alltags ist von anderen finiten Sinnprovinzen umgeben, die sich als Erfahrungswirklichkeiten durch je eigene Bewusstseinsspannung, kognitiven Stil, Form der Sozialität, Spontaneität und Selbsterfahrung und eine je spezifische *Epoché* auszeichnen. Die hieran anknüpfende Typologie von T.en ist mit einer Kommunikationstheorie (↑Kommunikation) verbunden: *kleine* T.en treten in der Wirklichkeit des Alltags auf, sobald die gegenwärtige Erfahrung in zeitlicher oder räumlicher Hinsicht überschritten wird. Anzeichen (z. B.

Rauch → Feuer) und Merkzeichen helfen bei ihrer Überwindung; *mittlere* T.en sind ebenfalls Teil der Alltagswirklichkeit und bezeichnen die intersubjektive Grenze zum fremden Bewusstsein; sie werden durch konventionalisierte Zeichen bewältigt (z.B. Sprache, Mimik, Gestik); *große* T.en reichen über den Alltag hinaus und verknüpfen ihn mit anderen, nichtalltäglichen Wirklichkeiten; sie werden in ↑Symbolen und ↑Ritualen artikuliert und beanspruchen – gleich ob in religiöser oder in profaner Gestalt – das Potenzial kollektiver Sinnintegration.

### 3. Kulturelle Relativität von Transzendenzerfahrungen

T.-Erfahrungen bleiben nicht rein subjektiv, weil die individuellen Vorgänge der Grenzüberschreitung intersubjektiver Absicherung bedürfen. Erst im Rahmen einer gesellschaftlich ratifizierten und kollektiv geteilten Wirklichkeitstheorie (↑Realität) gewinnen sie Relevanz. Subjektive Erfahrung ist auf Vermittlung angewiesen, d.h. ihre kommunikative Konstruktion und Rekonstruktion erfolgt vermittels Zeichen, Symbolen und Ritualen. In der Institutionalisierung von Deutungen, ihrer Verfestigung durch Kanon und ↑Zensur, werden schließlich spezifische historische Formen der T. zu gesellschaftlich festgeschriebenen Modellen.

### Literatur

S. Gülker: Transcendence and (Un-)Availability in Stem Cell Research. A Research Perspective Beyond Dichotomies, in: Jb. des italienisch-deutschen historischen Instituts in Trient 1 (2017), 137–160 • H.-G. Soeffner: Auslegung des Alltags – Der Alltag der Auslegung, ²2004 • A. Schütz: Symbol, Wirklichkeit und Gesellschaft, in: H. Knoblauch/R. Kurt/H.-G. Soeffner (Hg.): Werkausgabe, Bd. 2, 2003, 177–247 • G. Simmel: Vorformen der Idee. Aus den Studien zu einer Metaphysik, in: ders. (Hg.): Aufsätze und Abhandlungen 1908–1918, 2000, 252–298 • H. Knoblauch: Transzendenzerfahrung und symbolische Kommunikation, in: H. Tyrell/V. Krech/ders. (Hg.): Religion als Kommunikation, 1998, 147–186 • T. Luckmann: Nachtrag, in: ders. (Hg.): Unsichtbare Religion, 1991, 164–183 • H. Plessner: Die Frage nach der Conditio humana, in: ders. (Hg.): Ges. S. Bd. 7, 1983, 159–217 • É. Durkheim: Die elementaren Formen des religiösen Lebens, 1912.

BERNT SCHNETTLER

## Treu und Glauben

Der Grundsatz von T. und G. (siehe auch ↑Generalklausel) lässt sich wegen seiner Unbestimmtheit und Weite abstrakt kaum fassen, in diese Richtung zielende Definitionsversuche blieben willkürlich. Anderseits greift es zu kurz, T. und G. als Leerformel ohne inhaltlich-informative Vorgaben zu verstehen, weil das Prinzip bei der Anwendung im Einzelfall konkrete Formen annimmt, die über Zeit und Raum hinweg in ihrer rechtsystematischen Stellung und Funktion erstaunlich beständig sind. Eine inhaltliche Annäherung scheint aus *a)* semantischer, *b)* historischer, *c)* systematischer und *d)* teleologischer Perspektive möglich:

*a)* Die in der ersten Hälfte des 14. Jh. entstandene Paarformel T. und G. fasst zwei Ausdrücke mit weitgehend synonymer Bedeutung aus unterschiedlichen Blickwinkeln zusammen: „T.e" meint subjektiv die Bereitschaft zur Einhaltung eines Versprechens und objektiv Zuverlässigkeit, „G." das Vertrauen auf die T.e des anderen Teils. Der Wortlaut kann jedoch nur ein erster Anhaltspunkt sein, der Sinngehalt der Formel geht weit über den ihrer Einzelelemente hinaus.

*b)* Anknüpfungspunkt der römischen Juristen war die im religiösen Kontext und wohl unter Einflüssen der stoischen Philosophie entstandene *fides* als das beständige und aufrichtige Worthalten (Cicero, off. 1, 23, 1). Diese wurde bald um das Adjektiv *bonus* erweitert und damit vor einen breiteren, weil nicht mehr religiös rückgebundenen und auch außerrechtliche Vorstellungen und die Verkehrssitte beachtenden Wertungshorizont gestellt. Mit den im 3. Jh. v.Chr. aufkommenden *bonae fidei iudicia* (Klagen nach guter T.e) wurde die *bona fides* gleichermaßen Geltungsgrundlage und Beurteilungsmaßstab von Schuldverhältnissen. Durch die klassische Vertragslehre (↑Vertrag), welche sie auf die psychologische Überzeugung von der Rechtmäßigkeit einer Position („guter G.") reduzierte und den Niedergang des eng mit ihr verbundenen Formularprozesses, verlor sie an Bedeutung und wurde im Frühmittelalter von der breiter konzipierten, wenn auch kaum unterscheidbaren, *aequitas* (↑Billigkeit) verdrängt. Die lange Blüte der *aequitas*, welche sich, neben der im Hochmittelalter einsetzenden Aristoteles-Rezeption, v.a. mit ihrer Komplementarität zur christlichen Glaubenstreue und zu den Naturrechtskonzeptionen (↑Naturrecht) der Frühen Neuzeit erklären lässt, endete im 18. Jh., an der Schwelle zum Kodifikationszeitalter, als die Kritik an der freien Rechtsschöpfung zunahm. Die Pandektenwissenschaft wie auch die ↑Kodifikationen des 19. Jh. stützten sich begrifflich wieder auf die *bona fides* bzw. die inhaltlich mittlerweile vollkommen mit ihr verschmolzene Formel von T. und G. Interpretiert als grundlegendes Vertrauensprinzip konnte und wurde T. und G. vom ↑Richter weit im gesamten Obligationenrecht und auch entgegen abweichender Parteiinteressen angewendet. In § 242 BGB hat sie einen gesetzlichen Anker gefunden. Ihr rechtlicher Gehalt und damit der Grund, Umfang und Maßstab des richterlichen Eingriffes wurde schnell Gegenstand einer intensiven Debatte, in welcher sich eine weite, weniger auf die Lückenhaftigkeit der Leistungspflicht und den (mutmaßlichen) Parteiwillen als auf die Ungerechtigkeit des Schuldverhältnisses allg. abstellende gesellschaftliche Auffassung endgültig durchsetzte. Diese bot der Rechtsprechung umfassende Spielräume, welche sie in der angespannten wirtschaftlichen Situation der Jahre 1914–1923 immer weiter, und bei zunehmender Kritik, ausreizte (sog.er Aufwertungskampf). Während des ↑Nationalsozialismus wurde die gesellschaftliche Interpretation weiter zugespitzt: T. und G. wurde nicht mehr als rein privatrechtlicher Ausgleichsmaßstab verstanden, sondern als Ableitung des obersten Rechtsprinzips „Gemeinnutz geht vor Eigennutz" auf die Interessen des „Volksganzen" bezogen. Damit ging der Grundsatz wie automatisch jeder anderen Regelung vor, und konnte vom nur in diesem Sinne freien Richter zur Umgestaltung der Rechtsordnung nach nationalsozialistischen Vorstellungen genutzt werden. Nach 1945 wurde die Norm zwar nicht mehr offen politisch instrumentalisiert, die gesellschaftliche Deutung aber wurde fortgeführt: An die Stelle der nationalsozialistischen Anschauung traten in der DDR die „Grundsätze der sozialistischen Moral"; in der BRD wurde die Formel zu einer „Einbruchstelle" von Verfassungsprinzipien in das ↑Privatrecht. Nach dem Mauerfall wurde T. und G. genutzt, um Unbilligkeiten des DDR-Rechts und infolge des unerwarteten Umbruches zu bewältigen.

*c)* T. und G. steht als allg.er Rechtsbegriff in einem bes.n Verhältnis zum ↑Recht: Als Fundament jeder Rechtsordnung, Maßstab der Einzelbestimmung und sozialethisches Prinzip hat er vor-, über- und außerrechtlichen Charakter (Justus Wilhelm Hedemann bezeichnet T. und G. deshalb als „königliche Regel" [Hedemann 1913: 10]). Zugleich ist er insb. in Gestalt des § 242 BGB Teil des geltenden Rechts, also Rechtsnorm, nicht nur Rechtsgedanke.

*d)* Daran anknüpfend bietet sich eine zweigeteilte Betrachtung der Funktionen von T. und G. an. Aus einer pflichtenbezogenen, das einzelne Schuldverhältnis in den Blick nehmenden Perspektive kann § 242 BGB bestehende Rechte und ↑Pflichten konkretisieren (Konkretisierungsfunktion), wenn auch durch die zunehmende Kodifikation von Fallgruppen deutlich eingeschränkt, erweitern, also zusätzliche Nebenpflichten begründen (Ergänzungsfunktion) sowie korrigieren und damit urspr.e Rechte beschränken (Korrekturfunktion). Gewissermaßen quer dazu liegt eine wortlautfernere, systembezogene Perspektive: T. und G. kommt hier auf inhaltlicher Ebene eine Gerechtigkeitsfunktion zu, deren Kern zwischen den Polen der Abmilderung unbilliger Härten (Billigkeitsfunktion), der Realisierung eines sozialen Ideals (Sozialfunktion) und der Durchsetzung des „objektiven Geistes der Werteordnung" bzw. der Interessen der Gemeinschaft (Gesellschaftsfunktion) gesucht wird. Auf einer Wirkungsebene ist T. und G. Bekenntnis des Gesetzgebers und Appell an Richter und Rechtssubjekte, v.a. aber Auslegungsmaßstab des Richters für den Einzelfall. Mit Verweis auf § 242 BGB kann dieser den Sachverhalt in seiner Gesamtheit würdigen und hat damit gewisse „Lösungsfreiheiten", wenn konkrete Realitäten und notwendig starre, allg.e Regelungen aufeinanderprallen. Als Mittel richterlicher Rechtsfortbildung sorgt T. und G. so für die Anpassungsfähigkeit des Rechts an sich wandelnde soziale Verhältnisse und Wertevorstellungen und damit für dessen Aktualität und Anwendbarkeit schlechthin. Zugleich birgt die Berufung auf T. und G. die Gefahr, dass gesetzgeberische Wertungen durch politische Programme überspielt oder individuelle Beliebigkeiten verwässert werden. In den vergangenen Jahrzehnten hat sich gezeigt, dass dieses Spannungsfeld zwischen richterlicher Entscheidungsflexibilität (Freiheit) und einer beständigen und damit verlässlichen Rechtsordnung insgesamt (Sicherheit [↑Rechtssicherheit]), einem Spannungsfeld, bei dem beide Pole gleichermaßen zu ↑Gerechtigkeit wie Ungerechtigkeit führen können, durch eine gewisse Selbstbeschränkung des Richters und insb. die Bildung von Fallgruppen aufgelöst werden kann.

### Literatur

D. Looschelders/D. Olzen: § 242, in: J. von Staudinger: Komm. zum BGB, §§ 241–243, [13]2015, 339–735 • T. Duve/H. P. Haferkamp: § 242, in: J. Rückert/M. Schmoeckel/R. Zimmermann (Hg.): Historisch-kritischer Komm. zum BGB, Bd. 2, Teilbd. 1, 2007, 274–364 • O. Behrends: Die *bona fides* im *mandatum*, in: M. Avenarius/R. Meyer-Pritzl/C. Möller (Hg.): Institut und Prinzip, Bd. 2, 2004, 806–838 • S. Whittaker/R. Zimmermann (Hg.): Good Faith in the European Contract Law, 2000 • D. Nörr: Die Fides im römischen Völkerrecht, 1991 • J. W. Hedemann: Die Flucht in die Generalklauseln, 1933 • Ders.: Werden und Wachsen im Bürgerlichen Recht, 1913.

THOMAS DUVE
UND CARL SCHÜPPEL

**Treuhandanstalt** ↑Deutsche Einheit

## Triage

### 1. Begriff und Geschichte

Das Verfahren der T. (französisch: *le triage*, deutsch: Auswahl, Sortierung, Sichtung) wurde für Entscheidungssituationen in der Kriegs- und Katastrophenmedizin entwickelt, in denen bei einem Massenanfall von Patienten die verfügbaren personellen und/oder materiellen medizinischen Behandlungskapazitäten quantitativ und/oder qualitativ nicht für alle Behandlungsbedürftigen ausreichen. In solch einer Situation ist zu entscheiden, bei welchen Patienten eine medizinische Behandlung begonnen bzw. unterlassen oder nur eingeschränkt durchgeführt wird. Die konsequente Einführung des Konzepts der T. verbindet sich insb. mit dem Generalchirurgen von Napoleon I., Dominique Jean Larrey. Ansätze zur Einstufung verschiedener Schweregrade von Verwundungen auf dem Schlachtfeld finden sich bereits ab dem 16. Jh. Mit der T. wurden zwei hauptsächliche Zielsetzungen verfolgt: Erstens die Einführung eines Ordnungsprinzips in der unübersichtlichen Situation des Massenanfalls von Verletzten und damit eine zielgerichtete Strukturierung der medizinischen Bemühungen; zweitens die größtmögliche Reduzierung der unmittelbaren Verluste an Menschenleben und des Ausmaßes von Verletzungsfolgen, womit sich nicht zuletzt das Ziel verband, die militärische Einsatzfähigkeit verletzter Soldaten zu erhalten bzw. baldmöglichst wiederherzustellen. Regeln für die T. wurden in der Folge insb. auch für zivile Katastrophenszenarien entwickelt.

## 2. Ziele und Struktur

Zielparameter bei heutigen T.-Entscheidungen ist das Überleben möglichst vieler Betroffener aufgrund einer medizinischen Behandlung in einer Situation nicht ausreichender Ressourcen. Unter Überleben wird dabei i. d. R. ein mittel- bis langfristiges Überleben des Patienten ohne eine fortgesetzte Anwendung solcher medizinischer Maßnahmen, die aktuell zur Lebenserhaltung notwendig sind, verstanden. Die meisten der heutigen Konzepte der T. sehen eine Einteilung der Betroffenen in vier Gruppen (Kategorien I–IV) mit abnehmender Priorität für eine medizinische Behandlung vor:

I Vorrang erfahren schwer betroffene Patienten, die ohne Behandlung sicher oder sehr wahrscheinlich nicht überleben, bei Behandlung jedoch eine gute Prognose haben und daher von der Behandlung bes. profitieren.

II In zweiter Linie werden Patienten behandelt, deren Chance, die Erkrankung bzw. Verletzung zu überleben, auch ohne Behandlung nicht gering ist, durch eine Behandlung aber deutlich gesteigert wird.

III Nicht behandelt werden leicht betroffene Patienten mit guter Prognose auch ohne Behandlung.

IV Nicht bzw. ausschließlich palliativ behandelt werden – jedenfalls bis zur Entspannung der Lage – diejenigen Schwerbetroffenen, für deren Überleben auch bei Behandlung eine schlechte Prognose besteht.

Eine eigene fünfte Kategorie (Ex) erfasst bereits vor Ort verstorbene Patienten. Im realen Katastrophenfall werden Patienten einer der genannten Kategorien (I–IV, Ex) zugeordnet und mit einer Farbcodierung (im deutschsprachigen Raum: rot, gelb, grün, blau, schwarz) oder mit Ziffern oder Abkürzungen gekennzeichnet. T.-Entscheidungen können dabei in verschiedenen Stadien einer Katastrophensituation zur Anwendung kommen, so z. B. bei der initialen *Bergungssichtung* (Pre-T., Vorsichtung), die einer schnellen Übersicht über die Reihenfolge der aus dem unmittelbaren Katastrophenbereich zu bergenden Patienten dient, bei der darauf folgenden *Behandlungssichtung*, die eine differenziertere Untersuchung und Versorgung z. B. auf einem Verbandplatz ermöglicht, und bei der *Transportsichtung*, die der Festlegung einer medizinisch begründeten Reihenfolge des Transports von Verletzten in weiterversorgende Institutionen, z. B. Krankenhäuser oder Lazarette, dient. Neben einer Vielzahl von Schemata und Kriterien zur Durchführung einer T. bei erwachsenen Patienten wurden auch T.-Modelle eigens für Kinder entwickelt.

## 3. Entscheidungssituation und Anwendungsumfang

T.-Entscheidungen verfolgen einen maximal effizienten Einsatz nicht ausreichender Ressourcen mit dem Ziel, die Überlebenswahrscheinlichkeit möglichst vieler Behandlungsbedürftiger zu bewirken. In Bezug auf beide Parameter sind bei solchen Entscheidungen mehrere Aspekte zu berücksichtigen. So stellt die Entscheidung nicht auf die absolute Überlebenswahrscheinlichkeit ab, sondern auf den durch die medizinische Behandlung zu erzielenden Wahrscheinlichkeitszuwachs; andernfalls müssten leichter Erkrankte begünstigt werden, die bereits ohne Behandlung eine hinreichende Überlebensprognose haben, mit einer medizinischen Behandlung jedoch sicher überleben (Kategorie II). Ferner stellt die T.-Einteilung eines Patienten in eine Behandlungsgruppe eine bloß relative Festlegung dar, die immer im Vergleich mit der Entwicklung des Gesundheitszustands der anderen vorhandenen Hilfsbedürftigen und zudem unter Berücksichtigung neu eintreffender und ggf. vorrangig zu behandelnder Patienten getroffen wird und daher ständiger Anpassung bedarf. Zudem unterliegt der Behandlungsbedarf der bereits kategorisierten Patienten einer Dynamik, indem sich ihr klinischer Zustand zum Besseren oder Schlechteren ändern kann, was ihre kontinuierliche Beobachtung und ggf. ihre Zuordnung zu einer anderen Dringlichkeitsgruppe erfordert. Aber auch die Ressourcenlage kann sich ändern, etwa indem weitere Hilfspersonen und Materialien eintreffen oder eingeplante Ressourcen ausfallen. Die Rangordnungsbildung bei der T. ist daher ein in hohem Maße dynamischer und kontinuierlicher Prozess. Die Situation eines akuten Behandlungsbedarfs konkurrierender Patienten bei nicht ausreichenden Ressourcen erfordert überdies, die vorhandenen Mittel zeitgleich auf die Patienten vor Ort zu verteilen (aufbrauchende Allokation); antizipierte und aktuell nicht anwesende Patienten mit besserer Überlebenschance sind bei einer T.-Entscheidung nicht zu berücksichtigen, und die ohnehin nicht ausreichenden Behandlungskapazitäten können für solche Patienten, auch wenn sie zu erwarten sind, nicht freigehalten werden.

Entscheidungssituationen unter den Bedingungen eingeschränkter Ressourcen werden auch unter den Begriffen der Priorisierung bzw. Posteriorisierung von Patienten(gruppen), der Allokation verfügbarer Ressourcen oder der Rationierung behandelt. Entscheidungsregeln nach dem Modus der T. sind insb. einer zeitlich und örtlich begrenzten Katastrophen- oder Notfallsituation vorbehalten. Mit der Überleitung der Patienten aus dem Katastrophenbereich in die geregelten Strukturen und ausreichenden Ressourcen des Gesundheitssystems ist die Notwendigkeit einer T.-Entscheidung i. d. R. nicht mehr gegeben. Gleichwohl wird unter dem Begriff der Rationierung (nicht zu verwechseln mit dem Begriff der Rationalisierung, der das Ausschöpfen von Wirtschaftlichkeitsreserven zur Effizienz- und Produktivitätssteigerung im Rahmen der Leistungserbringung des Gesundheitssystems bezeichnet) diskutiert, inwieweit den Patienten in bestimmten Bereichen des Gesundheitssystems, z. B. der Organtransplantation oder der Intensivmedizin, medizinisch notwendige Leistungen aus Mangel an Ressourcen (zunehmend) vorenthalten und nach Regeln zugeteilt werden müssen, die denen der T. ähneln oder entsprechen. Jenseits von Katastrophenszenarien kann die Situation eines relativen oder absoluten Mangels auch im Bereich der regulären Gesundheitsversorgung auf der Makroebene durch politische oder ökonomische Entscheidungen über die vorzuhaltenden Ressourcen hervorgerufen werden und auf der Mikroebene der konkreten Arzt-Patient-Beziehung zu T.-Entscheidungen zwingen. Auch in den Notaufnahmen meist in urbanen Ballungsräumen gelegener Krankenhäuser kann ein hohes Aufkommen von Patienten mit unterschiedlich schweren Erkrankungen dazu nötigen, die Behandlungsfolge nach Regeln zu entschieden, die denen der T. ähneln. Überdies kann ein Gesundheitssystem mit im Normalfall ausreichenden Ressourcen durch plötzliche und stark erhöhte Anforderungen über seine Leistungsgrenzen gelangen, wie die Pandemie mit dem Coronavirus Sars-CoV-2 im Jahr 2020 in vielen Ländern mit hochentwickelten Gesundheitssystemen gezeigt hat; auch in solchen Situationen können Entscheidungen nach den Regeln der T. erforderlich werden.

## 4. Ethische Aspekte

Nicht eindeutig geklärt ist die ethische Begründung der T. und ihrer Entscheidungsregeln (↑Entscheidung). Letztere zielen auf die Rettung einer maximalen Anzahl von Leben bzw. auf die Minimierung von Verlusten durch einen möglichst effizienten Einsatz von Ressourcen. Nach Ansicht zahlreicher Autoren stellen sie in erster Linie auf übergeordnete Kollektiv- und Gemeinwohlinteressen ab und folgen damit einer utilitaristischen Logik (↑Utilitarismus). Vor diesem Hintergrund wird kritisiert, dass die T. im Widerspruch zur Verpflichtung auf das Wohl des individuellen Patienten und zur Verpflichtung zum Nicht-Schaden steht, die in der hippokratischen ↑Medizin den Orientierungsmaßstab für ärztliches Handeln darstellen; ebenfalls wird kritisch beurteilt, dass die T. die ↑Autonomie des Patienten als ein weiteres zentrales Prinzip der modernen Medizinethik nicht hinreichend berücksichtigt. Die Kritik nimmt aber auch das utilitaristische Begründungsmodell selbst in den Blick, insofern bei der T. nicht klar ist, welche Kriterien für die Entscheidung i. S. d. Gemeinwohlinteresses herangezogen werden sollen: etwa die Anzahl der geretteten Leben unabhängig von ihrer weiteren Lebensaussicht, die Gesamtzahl möglicher geretteter Lebensjahre, die Anzahl von qualitätsadjustierten Lebensjahren (*quality-adjusted life years*, QALYs), die Bedeutung des behandelten Individuums für das ↑Gemeinwohl etc.

Eine andere Auffassung macht geltend, dass die T. in erster Linie kein utilitaristisch begründetes Entscheidungsmodell, sondern vielmehr ein Gerechtigkeitsmodell (↑Gerechtigkeit) darstellt, das weniger auf den effizienten Einsatz von beschränkten Ressourcen als primär auf ihren gerechten Einsatz abstellt, auch wenn beide Kriterien unter den gegebenen Voraussetzungen zu gleichen Entscheidungen führen. So nimmt die T. im Unterschied zu anderen Auswahlverfahren, wie z. B. dem Losverfahren oder einer Priorisierung von Patienten nach willkürverdächtigen Kriterien, auch die Kriterien des individuellen Patientenwohls und des Nicht-Schadens für alle in Frage stehende Patienten in den Blick. Überdies versucht die T., im Unterschied etwa zur Behandlung nach der zeitlichen Reihenfolge des Eintreffens (Prinzip des *first come – first served*, auch als „Windhund-Prinzip" bezeichnet), unter Berücksichtigung der Kriterien des Patientenwohls und des Nicht-Schadens einen möglichst schonenden Ausgleich zu schaffen. I. V. m. einer statusindifferenten Gleichbehandlung aller Patienten sowie einem fairen und jeweils dem individuellen Patienten angepassten Einsatz von Ressourcen orientiert sich die T. damit an Gerechtigkeitsgrundsätzen, deren Berücksichtigung einer stringenten Anwendung utilitaristischer Regeln nicht entspricht.

Die Frage nach der ethischen Begründung hat auch Bedeutung für die Reichweite der Anwendung der T.-Regeln: Die überindividuelle Perspektive der T.-Entscheidung am Katastrophenort erfordert eine ständige Reevaluierung jedes Patienten im Hinblick auf seine Rangfolge im Kollektiv aller Behandlungsbedürftigen. Übertragen auf eine nachfolgende Behandlungssituation unter nicht ausreichenden Ressourcen im Krankenhaus könnte eine ständige Reevaluierung dort Behandelter unter dem Kriterium des Gemeinwohlinteresses eine wiederholte Änderung ihrer Kategorisierung und damit ihrer Therapie erfordern, was bereits aus praktischen Gründen kaum durchführbar und im Hinblick auf einen effizienten Einsatz von Ressourcen wenig sinnvoll erscheint. Insb. unter dem Eindruck der hohen Anzahl von intensivmedizinisch behandlungsbedürftigen Patienten mit schweren Formen der Sars-CoV-2-Infektionserkrankung Covid-19 im Jahr 2020 wird gleichwohl die Frage kontrovers diskutiert, ob sich bei Patienten, bei denen nach einer initialen T.-Entscheidung eine intensivmedizinische Behandlung begonnen wurde (ex ante-Entscheidung), eine klinische Entscheidung nach dem Modus der T. auch auf die Frage nach der Fortführung einer bereits begonnenen intensivmedizinischen Behandlung beziehen kann und die Behandlung abgebrochen werden darf, wenn konkurrierende andere Patienten mit besserer Prognose vorhanden sind (ex post-Entscheidung). Eine solche Entscheidung ist mit der Garantenstellung des behandelnden Arztes, der ausschließlich an die Kriterien des Patientenwillens bzw. des Patientenwohls sowie der medizinischen Indikation zur Fortführung der Behandlung bei dem betroffenen Patienten gebunden ist, offensichtlich nicht vereinbar. Weitere Kontroversen beziehen sich darauf, inwieweit personenbezogene Eigenschaften wie z. B. das Lebensalter oder bestehende körperliche oder mentale ↑Behinderungen über die Feststellung der individuellen medizinischen Indikation hinaus als eigenständige Beurteilungskriterien in den Entscheidungsprozess über den Beginn oder die Fortführung einer Behandlung eingehen dürfen bzw. müssen.

## Literatur

T. Heinemann u. a.: Covid-19. Ethische Empfehlungen über Beginn und Fortführung einer intensivmedizinischen Behandlung bei nicht ausreichenden Behandlungskapazitäten, 2020 • D. P. O'Mathúna/B. Gordijn/M. Clarke (Hg.): Disaster Bioethics. Normative Issues When Nothing is Normal, 2014 • Y. M. Barilan/M. Brusa/P. Halperin: Triage in Disaster Medicine. Ethical Strategies in Various Scenarios, in: ebd., 49–63 • H. ten Have: Macro-Triage in Disaster Planning, in: ebd., 13–32 • C. Fuchs/E. Nagel/H. Raspe: Rationalisierung, Rationierung und Priorisierung – was ist gemeint?, in: Deutsches Ärzteblatt 106/12 (2009), A554–A557 • J. Zimmermann: Modellierung von Priorisierungsregeln am Spezialfall der Triage, in: W. A. Wohlgemuth/M. H. Freitag (Hg.): Priorisierung in der Medizin, 2009, 218–231 • V. H. Schmidt: Veralltäglichung der Triage, in: W. Lübbe (Hg.): Tödliche Entscheidung. Allokation von Leben und Tod in Zwangslagen, 2004, 77–103 • R. D. Truog: Triage in the ICU, in: J. H. Howell/W. F. Sale (Hg.): Life Choices. A Hastings Center Introduction to Bioethics, [2]2000, 251–260 • H. Lesser: Justice and the Principle of Triage, in: ders. (Hg.): Ageing, Autonomy and Resources, 1999, 201–211.

THOMAS HEINEMANN

# Tugend

I. Philosophisch – II. Theologisch

## I. Philosophisch

Das Wort T. ist die Übersetzung des griechischen *aretê*, dessen Bedeutung Platon folgendermaßen erklärt. Ein Organ hat eine Funktion; so ist das Auge zum Sehen da. Es kann seine Funktion gut oder schlecht erfüllen. Die *aretê* des Auges ist die Eigenschaft, die es befähigt, gut zu sehen. Im Unterschied zu T. ist der Gebrauch von *aretê* nicht auf sittliche Qualitäten eingeschränkt; es bezeichnet das Gutsein oder die Gutheit (↑das Gute) von etwas, das und insofern es eine Funktion hat und eine Leistung vollbringt. Die Leistung der Seele ist das Leben; sie wird ihre Leistung gut vollbringen, wenn sie die ihr eigentümliche *aretê* hat, und das ist die ↑Gerechtigkeit. T. ist die Verfassung der Seele, die den Menschen zum guten Leben befähigt; sie ist „eine Gesundheit und Schönheit und ein Wohlbefinden der Seele" (Plat. pol. 444d–e).

Aristoteles hat diese Intuition Platons ausgeführt; sein Begriff der T. dominiert in der Tradition und ist Ausgangspunkt der gegenwärtigen Kontroversen. T. ist eine Verfassung der Seele; ihr Begriff kann deshalb nicht ohne eine Kenntnis der Seele bestimmt werden. Aristoteles unterscheidet einen vernunftlosen Teil und einen Teil, der Vernunft (↑Vernunft – Verstand) hat. Der vernunftlose Teil umfasst das vegetative Vermögen und das Strebevermögen, das in gewisser Weise an der Vernunft Anteil hat; es kann, wie ein Kind auf den Vater, auf die Vernunft hören. Entspr. werden die T.en unterschieden in T. des Teils, der selbst Vernunft hat (dianoetische T.: T. des Denkens), und des Strebevermögens (ethische T.en: T. des Charakters). Zwischen Strebevermögen und Vernunft ist ein zweifaches Verhältnis möglich:

*a)* Das Streben ist gegen die Vernunft gerichtet. Dann kann sich entweder die befehlende Vernunft durchsetzen (Beherrschtheit) oder das Streben (Unbeherrschtheit).

*b)* Das Strebevermögen ist in der Verfassung, dass es mit der Vernunft übereinstimmt; diese Verfassung ist ethische T. Sie wird unterschieden nach den Bereichen, für die sie zuständig ist.

Die Tapferkeit bestimmt das in der jeweiligen Situation richtige Maß von Furcht und Mut, die Besonnenheit das von Lust und Schmerz, die Freigebigkeit regelt den Umgang mit Geld. Die ethische T. sichert die richtige affektive Reaktion. Sie „hat mit Affekten und Handlungen zu tun, und in diesen gibt es Übermaß, Mangel und das Mittlere. Zum Beispiel kann man Furcht, Mut, Begierde, Zorn, Mitleid und allgemein Lust und Unlust ebenso zu viel wie zu wenig empfinden, und beides ist nicht die richtige Weise. Dagegen sie zu empfinden, wann man soll, bei welchen Anlässen und welchen Menschen gegenüber, zu welchem Zweck und wie man soll, ist das Mittlere und das Beste, und dies macht die Tugend aus" (NE 1106b 16–23).

Der Teil der Seele, der selbst Vernunft hat, umfasst wiederum zwei Teile: den wissenschaftlichen Teil, mit dem wir das Seiende betrachten, das sich notwendig aus unveränderlichen Prinzipien ergibt, und den überlegenden Teil, mit dem wir betrachten, was so oder anders sein kann. Die Leistung dieser beiden Teile ist die Erkenntnis der ↑Wahrheit; sie wird durch die fünf dianoetischen T.en garantiert: ↑Kunst *(technê)*, ↑Wissenschaft *(epistêmê)*, ↑Klugheit *(phronêsis)*, Weisheit *(sophia)*, Vernunft *(nous)*. Die ethische T. ist die Verfassung des Strebevermögens, die zu einer Entscheidung befähigt, welche die Mitte trifft, „die bestimmt wird durch die Vernunft, das heißt so, wie der Kluge sie bestimmen würde" (NE 1106b 36–1107a 2). Sokrates hatte behauptet, alle T.en seien Formen der Klugheit; richtig ist, dass es ohne die Klugheit keine ethische T. gibt.

Aber ebenso gilt, dass es ohne ethische T. keine Klugheit gibt. Kennzeichen eines klugen Menschen ist die

Fähigkeit zu überlegen, was für ihn im Hinblick auf sein ganzes Leben und die anderen Menschen gut ist. Ausgangspunkt der praktischen Überlegung ist das Ziel des Handelns, das gute Leben. Wer durch Lust und Unlust verdorben ist, sieht dieses Ziel nicht. Deshalb setzt die Klugheit die ethische T. der Besonnenheit (*sôphrosynê*) voraus: „Man kann weder im eigentlichen Sinn gut sein ohne die Klugheit, noch klug ohne die ethische Tugend. [...] Denn diese lässt uns das Ziel setzen, jene das tun, was zum Ziel führt" (NE 1144b 31–1145a 6). Die Entscheidung ist ein „überlegtes Streben". Deshalb muss, soll sie gut sein, die Überlegung wahr und das Streben richtig sein, „und was der denkende Teil bejaht und der strebende Teil verfolgt, muss dasselbe sein" (NE 1139a 25 f.).

T. ist eine Verfassung des Einzelnen, die notwendig eine soziale Dimension hat. Aristoteles unterscheidet zwei Formen der Gerechtigkeit. Als ungerecht gilt, wer das ↗Gesetz verletzt und wer mehr haben will, als ihm zusteht; gerecht ist folglich, wer die Gesetze und wer die ↗Gleichheit beachtet. Das Gesetz ordnet an, was das ↗Glück der Polis hervorbringt und sichert; folglich gebietet es die Taten der T.en und verbietet die der Laster. Jede ethische T. lässt sich unter einer zweifachen Rücksicht betrachten. Sie ordnet die Emotionen des Einzelnen und bewirkt so dessen innere Einheit, und sie bestimmt sein Verhältnis zu den anderen Menschen. Der Tapfere verlässt nicht aus Furcht die Schlachtreihe und gefährdet so nicht die Sicherheit des Staates; wer seine Begierde geordnet hat, begeht keinen Ehebruch; wer sich nicht vom Zorn bestimmen lässt, schlägt und beleidigt den anderen nicht. Alles das gebietet bzw. verbietet das Gesetz; der Gesetzesgehorsam umfasst deshalb alle T.en, insofern sie das Verhältnis zu den anderen Menschen bestimmen. Weil diese T. nicht nur eine Verfassung des Charakters ist, sondern auch das Verhalten gegenüber den anderen bestimmt, ist sie die „vollkommene" T. (NE 1129b 30) und „ein Gut für einen anderen" (1130a 3).

T., so lehrt Thomas von Aquin mit Aristoteles, ist eine Verfassung der menschlichen Vermögen, die sie zur vollkommenen Tätigkeit, d. h. zum Glück, befähigt. Nun gibt es aber ein zweifaches Glück des Menschen: „das eine, das seiner menschlichen Natur entspricht und zu dem der Mensch durch die Prinzipien seiner Natur gelangen kann. Das andere aber ist ein Glück, das die Natur des Menschen übersteigt, zu dem der Mensch nur durch göttliche Kraft gelangen kann, auf Grund einer Teilhabe an der göttlichen Natur" (STh I-II, 62,1). Die natürlichen T.en genügen nicht, um den Menschen auf dieses Glück, das seine ↗Natur übersteigt, hinzuordnen; dazu müssen ihm von Gott zusätzliche Prinzipien gegeben werden. Sie heißen theologische T.en, weil sie

*a)* Gott zum Gegenstand haben, insofern wir durch sie in der richtigen Weise auf Gott hingeordnet werden;
*b)* weil sie uns allein von Gott eingegossen werden;
*c)* weil sie allein durch göttliche Offenbarung in der Heiligen Schrift überliefert sind.

Diese göttlichen T.en sind (nach 1 Kor 13,13) ↗Glaube, ↗Hoffnung und ↗Liebe. Sie ordnen Intellekt und Willen auf das übernatürliche Ziel hin. Durch den Glauben werden dem Intellekt zusätzlich übernatürliche Prinzipien gegeben, die von Gott eingesehen werden, vom Menschen aber nur geglaubt werden können. Die Hoffnung lenkt den Willen auf das übernatürliche Ziel, indem sie zeigt, dass es möglich ist, es zu erreichen. Durch die Liebe strebt der Wille zu einer geistigen Einigung mit dem übernatürlichen Ziel; durch sie erfasst er es als das seiner Natur entspr.e Gut (STh I–II, 62,3).

Nach Immanuel Kant ist T. *(virtus, fortitudo moralis)* „das Vermögen und der überlegte Vorsatz", dem Gegner der sittlichen Gesinnung in uns „Widerstand zu tun" (Kant 1968: 380) oder „die moralische Stärke des Willens eines Menschen in Befolgung seiner Pflicht" (Kant 1968: 405). T.-Lehre ist „die Lehre von den Pflichten, die nicht unter äußeren Gesetzen stehen" (Kant 1968: 379); sie gibt „einen Zweck der reinen Vernunft, der zugleich als objektiv notwendiger Zweck, d. i. für den Menschen als Pflicht, vorgestellt wird, an die Hand" (Kant 1968: 380). Zur T. wird „moralische Apathie" notwendig vorausgesetzt: Die Gefühle aus sinnlichen Eindrücken verlieren ihren Einfluss auf das Moralische dadurch, „dass die Achtung fürs Gesetz über sie insgesamt mächtiger wird" (Kant 1968: 408). T. ist ein unerreichbares Ideal, dem sich beständig zu nähern dennoch ↗Pflicht ist. Sie hebt immer von vorne an, denn sittliche Maximen können nicht auf Gewohnheit gegründet werden, weil „das Subjekt damit die Freiheit in Nehmung seiner Maximen einbüßen würde, welche doch der Charakter einer Handlung aus Pflicht ist" (Kant 1968: 409).

Die seit Ende der 1950er Jahre diskutierte „T.-Ethik" *(Virtue Ethics)* beansprucht, gegenüber den beiden dominierenden Ethiken, dem ↗Utilitarismus und der Kantischen Ethik (↗Ethik), ein dritter, neuer Typ zu sein. Die grundlegende These lautet: Die aretaischen Begriffe, d. h. die Begriffe, die einer Person T.en zuschreiben, sind gegenüber den deontischen Prädikaten (sittlich richtig, sittlich gesollt) primär; um zu wissen, ob eine Handlung sittlich richtig ist, muss ich wissen, wie eine tugendhafte Person in dieser Situation handeln würde, und das setzt voraus, dass ich weiß, welche Person tugendhaft ist. Dagegen ist einzuwenden: Der Begriff der T. ist

*a) logisch* sekundär, weil er den Begriff der richtigen ↗Entscheidung voraussetzt.
*b)* Er ist *epistemisch* sekundär, weil die T. nur anhand der richtigen Entscheidung erkannt werden kann.

## Literatur

D. Kiesel/C. Ferrari (Hg.): Tugend, 2016 • W. Korff/M. Vogt (Hg.): Gliederungssysteme angewandter Ethik, 2016 • M. Kühnlein/M. Lutz-Bachmann (Hg.): Vermisste Tugend?, 2015 • C. Halbig: Tugend und die Grenzen der Tugendethik,

2013 • A. Trampota (Hg.): Kants Tugendlehre, 2013 • B. Niederbacher: Glaube als Tugend bei Thomas von Aquin, 2004 • F. Ricken: Gemeinschaft Tugend Glück. Platon und Aristoteles über das gute Leben, 2004 • R. Hursthouse: On Virtue Ethics, 1999 • K. P. Rippe/P. Schaber (Hg.): Tugendethik, 1998 • J. Schuster: Moralisches Können. Studien zur Tugendethik, 1997 • I. Kant: Metaphysik der Sitten, in: AA, Bd. 6, 1968, 203–494.

FRIEDO RICKEN

## II. Theologisch

Der Begriff T. war lange das ethische Leitwort philosophischer und theologischer Reflexion. In ihm sammelte sich die Vorstellung von einem im Blick auf Fertigkeit und Erfolg umfassend gelingenden Leben im nicht moralisch-praktischen und im explizit moralischen Sinne. Dazu gehört die Geschicklichkeit, die glückende und ↑Glück schenkende Lebensführung, die moralisch gerechte und sittliche Vollkommenheit. Sowohl die praktischen als auch die umfassenden emotionalen und rationalen, motivationalen und willentlich gestaltenden Aspekte menschlichen Handelns (↑Handlungstheorie) wurden mit diesem Begriff identifiziert und reflektiert. Sei es die antike Lehre von den Seelenkräften, sei es die hochscholastische Frage nach dem Zueinander zwischen Vernunft (↑Vernunft – Verstand) und Willen, seien es die spätscholastischen Auffassungen von ↑Freiheit und universaler ↑Rationalität – immer sammelte sich im T.-Begriff die ganze Komplexität menschlicher Handlungsmotivation, Handlungsstruktur und ethischer Dignität. So geht es z. B. der aristotelischen Lehre um T. als dianoetische Fähigkeit (Erkenntnis und Verinnerlichung von ↑Werten) und als fast triebhafte Energie. Während die dianoetischen T.en durch Belehrung weitergegeben und verwirklicht werden, „leben" die (ethischen) T.en von der ständigen Übung, der Gewöhnung. Sie finden bes. in einer Balance, der „rechten Mitte" (NE 1106b–1107a), ihre eigentliche Vollkommenheit. Dieses lebensdienliche und gereifte Wissen sammelt sich v. a. in der T. der ↑Klugheit und findet in der ↑Gerechtigkeit seinen praktischen Ausdruck. In ähnlicher Weise integriert Thomas von Aquin die Schichten menschlichen Handelns mit seinen reflektierten und mehr als bewussten Ebenen in einer Vorstellung, die die letztlich auf das Geschenk Gottes zurückzuführende Vollendung (Augustinus) mit der vom Menschen selbst erarbeiteten (modern gesprochen) „moralischen Kompetenz" vermittelt. In der Aufnahme der christlichen Ergänzung der antiken Kardinal-T.en durch die theologischen T.en von ↑Glaube, ↑Hoffnung und ↑Liebe entsteht ein Kaleidoskop menschlicher Ethik, in dem sowohl die moralischen Bemühungen durch den Menschen selbst als auch die rationalen und menschlich nicht mehr fassbaren transzendenten, Vernunft, Gefühl, Wille und das Getragensein umfassenden ganzheitlichen Synergien thematisiert werden.

Aufgrund der neuzeitlichen Pluralisierung der Gesellschaft (zuerst konfessionelle Spaltung, schließlich Differenzierung aller religiösen, weltanschaulichen, moralischen und ästhetischen Vorstellungsweisen und Überzeugungen) geht das im vormodernen Verständnis vorausgesetzte Bild von dem in praktischer und ethischer Strahlkraft vollendeten T.-Ideal verloren. In der modernen ↑Kultur wird bewusst, dass die widerstreitenden moralischen Zielvorstellungen durch Regeln vernünftiger Auseinandersetzung, Prinzipien, Verfahrensweisen miteinander vermittelt werden müssen. So tritt der T.-Begriff zurück und wird durch Leitbegriffe wie ↑Pflicht, ↑Recht, ↑Interesse und schließlich ↑Verantwortung ersetzt. Die ethische Reflexion setzt nicht mehr bei der vielschichtigen Aneignung des ↑Guten in der Beschreibung der „sittlichen" Persönlichkeit mit ihrer an der T. orientierten Lebensführung an, sondern bei der Frage nach den rationalen Strukturen, kommunikativen Voraussetzungen und politisch-rechtlichen Rahmenbedingungen der Vermittlung der vielfältigen moralischen Intuitionen, basalen ↑Bedürfnisse und Interessen, ethischen Argumentationen und Deutungsweisen. Dabei erweist sich aber zunehmend die Engführung darin als ein Problem. Die Absehung von inhaltlichen Auffassungen über das Gute macht eine Lebensferne und formal-logische Leere gegenwärtiger Ethiktheorie bewusst. Die Überlegenheit des alten T.-Begriffs durch seine konkreten Überlegungen zum Menschen als leibhaftiges, rational und überrational geprägtes Handlungssubjekt lässt ihn gerade aufgrund seiner pragmatischen Dynamik neu attraktiv erscheinen. Sei es das in der Gerechtigkeitstheorie als notwendig verspürte Zueinander zwischen Vorstellungen vom guten Leben und formalen Regeln des gesellschaftlichen Austausches, sei es in der Debatte um Gehirn und Leib, um soziale ↑Milieus und menschliche ↑Identität, um individuelle Freiheit und soziale Bindung – immer geht es darum, eine ganzheitliche Auffassung wiederzugewinnen, welche – wie im T.-Begriff – Leib, Seele, Verstand , soziale Vermittlung und urspr.e Intuition, Erfahrungsbezogenheit und Praktikabilität verbindet. Und die christliche ↑Ethik mit ihrer Auffassung von menschlicher Vollkommenheit und Vollendung aufgrund der Initiative Gottes wird für die ethische Absicherung moderner Kultur wichtig, weil sie konkrete Zielvorstellung, vernunftorientierte Kompetenz zur Auseinandersetzung in moralischer und politischer Geduld und Gestaltungskraft integriert. In den drei theologischen T.en, in denen die weltanschaulich getragene, traditionsbegründete Haltung des Glaubens zur radikalen Gerechtigkeit aufgrund der Liebe herausfordert und befähigt, ist es in der Mitte der Trias die feste Haltung der Hoffnung, welche sowohl die konkrete Vision als auch den unparteilichen Ernst, die Unbestechlichkeit, Stringenz und Offenheit in nimmermüder Dynamik wachzuhalten versucht: Hoffnung auf ökologischen Ausgleich zwischen Mensch und ↑Natur, Hoffnung auf friedliche Bewältigung von menschlicher Aggression, Hass und ↑Gewalt, Hoffnung auf wirtschaftlichen und technischen, ja ganzmenschlichen Schutz aller in materieller Bedürftigkeit, geistiger Tiefe und moralischer ↑Würde.

### Literatur

T. Bahne: Person und Kommunikation, 2014 • A. Comte-Sponville: Ermutigung zum unzeitgemäßen Leben, [3]2014 • C. Halbig: Der Begriff der Tugend und die Grenzen der Tugendethik, 2013 • S. Radić: Die Rehabilitierung der Tugendethik in der zeitgenössischen Philosophie, 2011 • A. MacIntyre: Der Verlust der Tugend, 2006 • K. P. Rippe: Tugendethik, 1998.

JOSEF RÖMELT

# U

## Umsatzsteuer

I. Umsatzsteuerrecht –
II. Wirtschaftswissenschaftliche Perspektive

### I. Umsatzsteuerrecht

#### 1. Geschichtliche Entwicklung

Vor der Entstehung der modernen U. am Ende des Ersten Weltkriegs waren seit Mittelalter und früher Neuzeit zahlreiche ↗Verbrauchsteuern auf Waren (Akzisen) bekannt. Im Juli 1918 wurde nach Vorarbeiten von Johannes Popitz das Reichsumsatzsteuergesetz erlassen. Dieses erstreckte die Steuerpflicht über Warenlieferungen hinaus auf sonstige Leistungen, also ↗Dienstleistungen, mit Ausnahme der ↗freien Berufe und sah einen Regelsteuersatz von 5 Tausendstel des vereinnahmten Entgelts vor. Die Reichs-U., die als unmittelbarer Vorläufer der heutigen U. bezeichnet werden kann, war – wie schon die Akzise – technisch eine an Akte des Rechtsverkehrs anknüpfende ↗Verkehrsteuer, materiell aber eine auf die Belastung des Endverbrauchers ausgerichtete, indirekt erhobene Verbrauchsteuer. Anders als heute war sie eine Allphasen-Brutto-U., die auf jeder Produktions- und Handelsstufe auf den Bruttowert des Umsatzes bezogen war und damit kumulativ wirkte. Je höher der Steuersatz im Laufe der Zeit anstieg (1920: 1,5 %, 1932: 2 %, 1946: 3 %, 1951: 4 %), desto lauter wurden die Stimmen, die die wettbewerbsverfälschenden, Wirtschaftskonzentrationen befördernden Effekte der Allphasen-Brutto-U. bemängelten. Der Gesetzgeber reagierte zunächst mit der Einführung der umsatzsteuerrechtlichen Organschaft im Jahr 1934. Anfang der 1960er Jahre brachte der Gesetzgeber sodann den Entwurf eines neuen UStG nach dem Modell des Mehrwertsteuersystems mit Vorsteuerabzug in den Bundestag ein (Allphasen-Netto-U.). 1966 stellte das ↗BVerfG die Wettbewerbswidrigkeit des hergebrachten U.-Rechts fest (BVerfGE 21,12). Zeitgleich mit der Verabschiedung zweier Richtlinien des Rates der EWG zur Einführung eines gemeinsamen Mehrwertsteuersystems mit Vorsteuerabzug im April 1967 beschloss der Bundestag darauf das neue Recht, das zum 1.1.1968 in Kraft trat. Der Regelsteuersatz betrug zunächst 10 %. Anders als im Bereich der direkten ↗Steuern kam es in der Folge zu weiteren substanzhaltigen Harmonisierungsschritten durch die EG. Große inhaltliche Bedeutung hatte insb. die 6. Mehrwertsteuerrichtlinie vom Mai 1977 (77/388/EWG), die vereinheitlichende Regelungen zu den steuerbaren Umsätzen, zur Bemessungsgrundlage und zu zulässigen Steuerbefreiungen vorsah und die in Deutschland – verspätet – mit Wirkung ab 1.1.1980 umgesetzt wurde. 2006 wurde diese Richtlinie durch die heute zentrale Mehrwertsteuersystemrichtlinie (2006/112/EG) ersetzt.

#### 2. Regelungssystematik, Maßstäbe und Steuerrechtfertigung

2.1 Steuertatbestand

§ 1 UStG benennt die steuerbaren Umsätze (Lieferungen und sonstige Leistungen, ausgeführt in § 3 UStG), § 2 UStG den steuerpflichtigen Unternehmer. § 4 UStG sieht eine Reihe sachlicher Steuerbefreiungen vor. Die auf dem Entgelt beruhende Bemessungsgrundlage ergibt sich aus § 10 UStG. Nach § 12 UStG liegt der Regelsteuersatz derzeit bei 19 %, der ermäßigte Steuersatz bei 7 % (seit 1993 verlangt das europäische Recht einen Regelsteuersatz von mindestens 15 % und erlaubt maximal zwei ermäßigte Sätze von mindestens 5 %). Der Vorsteuervergütungsanspruch für die U. auf Eingangsleistungen des Unternehmers ist in § 15 UStG geregelt. In allen Fällen setzt die Besteuerung einen inländischen Leistungsort voraus (s. im Wesentlichen § 3 Abs. 5a ff., § 3a UStG). Steuerbar ist auch die privat veranlasste Entnahme einer Leistung aus der unternehmerischen Sphäre (§ 3 Abs. 1b und Abs. 9a UStG). Nach § 18 UStG hat der Unternehmer regelmäßig U.-Voranmeldungen und eine jährliche U.-Erklärung abzugeben. Ausnahmen gelten für Kleinunternehmer (§ 19 UStG).

2.2 Grenzüberschreitende Umsätze

Der grenzüberschreitende Warenverkehr ist vom Bestimmungslandprinzip geprägt (Steuerbefreiung der Ausfuhrlieferung, Erhebung von Einfuhr-U. bei Grenzübertritt). Im ↗Europäischen Binnenmarkt wurden die Kontrollen an den Binnengrenzen und entspr. die Einfuhr-U. mit Wirkung ab 1993 abgeschafft. Stattdessen wurde der Steuertatbestand des innergemeinschaftlichen Erwerbs geschaffen. Im Ergebnis gilt in der ↗EU damit das Bestimmungslandprinzip in modifizierter Form weiter. Der innereuropäische Handel setzt die Erteilung einer U.-Identifikationsnummer voraus.

2.3 Leistungsfähigkeitsprinzip und Globaläquivalenz

Die U. unterliegt dem verfassungsrechtlichen Maßstab der leistungsfähigkeitsgerechten Besteuerung, erfasst die individuelle Leistungsfähigkeit des Endverbrauchers im anonymen Marktgeschehen aber nur sehr stark typisiert. Das BVerfG bleibt bei der Bejahung umsatzsteuerrechtlicher Grundrechtseingriffe zulasten des ↗Unternehmers und auch des Verbrauchers allerdings sehr zurückhaltend, dies unter Verweis auf die volatilen Marktkräfte (Frage der Überwälzbarkeit). Nach dem Modell der Globaläquivalenz kann die U. dadurch gerechtfertigt werden, dass der Staat ↗Infrastrukturen bereitstellt, die dem Endverbraucher den ↗Konsum ermöglichen. Alternativ kann daran angeknüpft werden, dass der Staat am Ertrag zu partizipieren berechtigt ist, den er ermöglicht hat (Markteinkommenstheorie), und dass die Umsatzbesteuerung eine verlängerte Ertragsbesteuerung ist.

#### 2.4 Bundesstaatliche Kompetenzen

Der Bund verfügt über die konkurrierende Gesetzgebungskompetenz zur Regelung der U. (Art. 105 Abs. 2 S. 2 GG); diese Kompetenz ist nach Maßgabe europarechtlicher, im Wesentlichen auf Art. 113 AEUV beruhender Vorgaben auszuüben. Verwaltet wird die U. von den Ländern im Auftrag des Bundes (Art. 108 Abs. 2 und 3 GG). Das U.-Aufkommen fließt, nach Abzug eines Vorweganteils für die ↑Gemeinden (Art. 106 Abs. 5a GG), Bund und Ländern nach einem variablen, den Deckungsbedürfnissen Rechnung tragenden Schlüssel zu (Art. 106 Abs. 3 S. 3 und 4 GG; vgl. zur horizontalen Verteilung unter den Ländern Art. 107 Abs. 1 S. 4 und Abs. 2 GG).

### 3. Herausforderungen und Perspektiven

#### 3.1 Verhältnis zur Einkommensteuer

Aufgrund ihrer Ergiebigkeit, Unmerklichkeit und Praktikabilität ist die U. für den Staat unvermindert attraktiv. Zugl. ist aber zu bedenken, dass die U. den Endverbraucher nur anonym erfasst und deshalb, vorbehaltlich ihrerseits stark typisierender Befreiungen und Ermäßigungen (etwa für Lebensmittel), zulasten der einkommensschwächeren Steuerpflichtigen regressiv wirken kann. Die gerechtere Steuer bleibt deshalb die den Einzelnen in seiner beruflichen und auch persönlichen Situation individuell erfassende ↑Einkommensteuer; dies gilt unabhängig davon, ob ihr Tarif progressiv oder proportional ausgestaltet ist. Jede weitere Verlagerung der Gesamtsteuerlast hin zur U. ist daher kritisch zu begleiten.

#### 3.2 Missbrauch und seine Bekämpfung

Die U. leidet in erheblichem Umfang unter Missbrauchsmöglichkeiten, gerade auch im internationalen Geschäftsverkehr, in dem den beteiligten Staaten U. nach wie vor durch sog.e U.-Karusselle verloren geht. Gesetzgeber und ↑Verwaltung steuern dagegen, so durch die Ausdehnung des *Reverse Charge-Verfahrens* (Besteuerung des Erwerbers; § 13b UStG), durch das Erfordernis einer sog.en Gelangensbestätigung (§ 17a UStDV) und durch die Sanktionierung der Beteiligung an einer Steuerhinterziehung (§ 25f UStG).

Auch auf Europäischer Ebene werden Schritte zur Reform des EU-Mehrwertsteuersystems unternommen, um die Steuerausfälle zu verringern, das Recht zu vereinfachen und den administrativen Aufwand zu begrenzen. Bis 2022 soll zudem ein endgültiges System der Besteuerung des ↑Handels zwischen den Mitgliedstaaten eingeführt sein, das die bestimmungslandbezogene Besteuerung mit der Steuerabführung im Ansässigkeitsstaat des Unternehmers (über ein Online-Portal als „einzige Anlaufstelle") verbindet.

#### 3.3 Hybride Steuern?

Die aktuelle Herausforderung, grenzüberschreitend erbrachte digitale Dienstleistungen zu besteuern, führt – neben der Weiterentwicklung des Betriebsstättenbegriffs (digitale Betriebsstätte) – zu Regelungsvorschlägen, die eine auf dem Umsatz im Absatzmarkt basierende Bemessungsgrundlage mit der Vorstellung einer steuerlichen Teilhabe an den Unternehmenserträgen verbinden (etwa Europäische Kommission, COM [2018] 148 final). Es stellt sich die Frage, ob die (fiskalischen) Vorteile einer solchen Besteuerungsform die Probleme, die ihre Einordnung in den Gesamtzusammenhang des internationalen ↑Steuerrechts mit sich bringt, aufwiegen. Für jede Steuer sollten die Fragen, wer und was aus welchem Grund besteuert wird, beantwortet werden können. Eine nach diesen Prüfkriterien angemessen zugeschnittene und auf die Ertragsbesteuerung abgestimmte U. wird auch in Zukunft elementarer Bestandteil des Steuersystems sein.

### Literatur

J. Bunjes (Hg.): Umsatzsteuergesetz, Komm., [20]2021 • K.-D. Drüen/J. Hey/R. Mellinghoff (Hg.): 100 Jahre Steuerrechtsprechung in Deutschland 1918–2018, Bd. 2, 2018 • T. Ehrke-Rabel: Umsatzsteuer als Verbrauchsteuer in der Rechtsprechung, in: ebd., 1529–1549 • J. Englisch: Entwicklungslinien und Zukunftsfragen des Rechts der indirekten Steuern, in: ebd., 1491–1528 • Ders.: Umsatzsteuer, in: K. Tipke/J. Lang (Hg.): Steuerrecht, [23]2018, 971–1176 • UmsatzsteuerForum e. V. (Hg.): 100 Jahre Umsatzsteuer in Deutschland, 2018 • W. Widmann: Festschrift 100 Jahre Umsatzsteuer in Deutschland, in: UR 67/16 (2018), 617–624 • O.-G. Lippross: Umsatzsteuer, [24]2017 • P. Kirchhof: Bundessteuergesetzbuch, 2011 • W. Birkenfeld: Umsatzsteuer in der Zeit, in: UR 42/10 (1993), 321–329 • W. Reiß: Der Belastungsgrund der Umsatzsteuer und seine Bedeutung für die Auslegung des Umsatzsteuergesetzes, in: DStJG, Bd. 13 (1990), 3–37 • J. Popitz: Komm. zum Umsatzsteuergesetz vom 26. Juli 1918, 1918.

HANNO KUBE

## II. Wirtschaftswissenschaftliche Perspektive

### 1. Definition und Bedeutung

Die U. stellt eine indirekte ↑Steuer auf den gesamten Endverbrauch dar und ist somit auf die Besteuerung der privaten Einkommensverwendung gerichtet. Infolge ihrer ökonomischen Wirkung ist sie als allg.e ↑Verbrauchsteuer zu klassifizieren, da der theoretische Grundgedanke des Gesetzgebers die Überwälzung der Steuerlast der U. von Unternehmern auf den Letztabnehmer vorsieht, so dass dieser der Steuerdestinatar wird. Aus rechtstechnischer Perspektive ist die U. aufgrund ihrer Anknüpfung an Akte des Rechtsverkehrs als ↑Verkehrsteuer einzuordnen.

Die U. ist mit einem Aufkommen von ca. 243 Mrd. Euro (einschließlich EUSt) in 2019 und einem Anteil von 30,5 % am gesamten Aufkommen aller steuererhebenden Ebenen eine der maßgeblichen Einnahmequellen der Bundesrepublik.

## 2. Wirkungsweise und Erhebung

Die Allphasen-Netto-U. mit Vorsteuerabzug ist nach geltendem Recht darauf ausgelegt, dass jeder steuerbare und steuerpflichtige Umsatz eines Unternehmers auf jeder Wirtschaftsstufe besteuert wird. Im Rahmen von mehrstufigen Leistungserstellungsprozessen soll der Vorsteuerabzug eine Steuerkumulierung sowie eine Belastung der ↑Unternehmer durch die U. verhindern. Die Besteuerungsbasis ist der jeweilige Nettoumsatz. Die Erhebung der U. erfolgt bei den Unternehmern als Steuerschuldnern, wobei sich deren Zahllast aus dem Unterschiedsbetrag zwischen ausgangsseitig zu entrichtender U. und den Vorsteuerbeträgen aus Vorleistungen ergibt. Wirtschaftlicher Träger der U. ist der Endverbraucher, der die Steuer mit dem Kaufpreis für die erworbenen ↑Güter und ↑Dienstleistungen an die Unternehmer zahlt, jedoch nicht durch den Vorsteuerabzug entlastet wird. Aus der Fraktionierung der Steuererhebung pro Wirtschaftsstufe ergibt sich für den ↑Fiskus ein früherer Zufluss der Steuereinnahmen und ein geringeres Ausfallrisiko als bei Einzelhandelssteuern.

## 3. Ökonomische Beurteilung

### 3.1 Umsatzsteuer als Kostenfaktor

Der Unternehmer ist als Steuereinsammler für die Einhaltung und Überprüfung von zahlreichen formalen Anforderungen zuständig, die einen erheblichen administrativen Aufwand verursachen. Mit dem Wegfall der Binnengrenzen im europäischen Markt im Jahr 1993 hat der Staat die Grenzkontrollen faktisch in die Unternehmen verlagert. Der grenzüberschreitende ↑Handel bewirkt im Vergleich zum reinen Inlandshandel um 11 % höhere Compliancekosten (↑Compliance). Die U. wird vielfach als quasi durchlaufender Posten für die Unternehmer angesehen. Die vom Gesetzgeber intendierte Neutralität der U. wird jedoch schon beim Verstoß gegen formale Anforderungen nicht erreicht. Im Falle einer Versagung des Vorsteuerabzugs bei fehlerhaften Eingangsrechnungen oder einer Verweigerung der Steuerbefreiung bei Exportgeschäften bei Verstoß gegen die Nachweispflichten wird die U. für die Unternehmer zu einem echten Kostenfaktor, was im Hinblick auf das eigentliche Besteuerungsziel der U. systemwidrig erscheint. In diesem Sinne ist der ↑EuGH in seiner jüngeren Rechtsprechung einem Übermaß an formalen Anforderungspflichten bereits mehrfach entgegengetreten.

### 3.2 Regressive Wirkung

Die relative Belastung des Periodeneinkommens durch die U. fällt bei steigendem ↑Einkommen geringer aus, da die Konsumquote mit wachsendem Einkommen sinkt. Diese regressive Belastungswirkung soll aus sozial- und kulturpolitischen Gründen durch verschiedene Steuervergünstigungen abgemildert werden. So unterliegen Teile des täglichen Grundbedarfs wie z. B. Lebensmittel und kulturelle Ereignisse dem ermäßigten Steuersatz von derzeit 7 % oder sind – wie die Wohnungsvermietung an Privatpersonen – steuerbefreit. Bei den sog.en unechten Steuerbefreiungen wird dem leistenden Unternehmer jedoch der Vorsteuerabzug verwehrt, so dass die U. aus dem Vorumsatz als Kostenfaktor an den Endverbraucher weitergereicht wird. Dementsprechend kann ein ermäßigter Steuersatz zu niedrigeren Endverbraucherpreisen führen als eine U.-Befreiung. Der durch eine Steuersatzdifferenzierung bewirkte Eingriff in die relative Struktur der Güterpreise ist jedoch mit allokativen Nachteilen (↑Allokation) verbunden und erhöht nach der sog.en Optimalsteuertheorie die Zusatzlast der Besteuerung.

### 3.3 Steuerinzidenz

Die vom Gesetzgeber beabsichtigte Überwälzung der U. von den Unternehmern auf den Endverbraucher ist in der Praxis von den Bedingungen der ↑Märkte abhängig. Grundsätzlich gilt der Lastenverteilungsregel zufolge: Je unelastischer die Reaktion einer Marktseite im Vergleich zu einer anderen, desto größer ist ihr zu tragender Steueranteil. Demgemäß würde eine vollständige Überwälzung nur dann eintreten, wenn entweder die Preiselastizität der Nachfrage Null, oder die Preiselastizität des Angebots unendlich ist. In der Finanzwissenschaft besteht ein breiter Konsens darüber, dass die Überwälzung der U. im Regelfall nicht vollständig gelingt. Das um die U. erhöhte Preisniveau begegnet einer verringerten Nachfrage, so dass die abgesetzte Gütermenge abnimmt, wodurch es aufseiten der Unternehmer zu einer Gewinnminderung kommt. Aus finanzwissenschaftlicher Sicht entspricht die Belastungswirkung der Allphasen-Netto-U. mit Vorsteuerabzug einer proportionalen ↑Einkommensteuer auf Arbeitseinkommen, Bodeneinkommen und Reingewinne, während Kapitaleinkommen nicht belastet werden.

## Literatur

A. Zimmermann: Modelle zur Eindämmung des grenzüberschreitenden MwSt-Betrugs. Besteuerung auch grenzüberschreitender Leistungen, in: UR 66/15 (2017), 580–591 • N. Langhein: Umsatzsteuer und Steuerplanung, in: C.-C. Freidank (Hg.): Schriften zu Wirtschaftsprüfung, Steuerlehre und Controlling, 2016, 15–51 • S. Homburg: Allgemeine Steuerlehre, 72015 • H. Kußmaul: Betriebswirtschaftliche Steuerlehre, 72014 • OECD Tax Policy Studies: The Distributional Effects of Consumption Taxes in OECD Countries, 2014 • W. Scherf: Öffentliche Finanzen, 22011 • D. Dziadkowski/P. Walden: Umsatzsteuer, 41996 • C. Theile: Wettbewerbsneutralität der harmonisierten Umsatzsteuer, in: Vereinigung zur wissenschaftlichen Pflege des Umsatzsteuerrechts e. V. (Hg.): Schriften zum Umsatzsteuerrecht, 1995, 96–135.

JOACHIM EGGERS

## Umweltbewegung ↑Umweltpolitik

## Umwelterziehung, Umweltbildung

### Bildung für nachhaltige Entwicklung

Seit gut 50 Jahren werden national wie international über den Zusammenhang zwischen ökologischen Krisen und der Rolle von ↑Erziehung und ↑Bildung ausführliche theoretische Debatten geführt, mit konkreten Projekten in der Bildungspraxis experimentiert und immer wieder programmatische bildungspolitische Initiativen gestartet wie auch Forschungsaktivitäten entfaltet.

### 1. Entwicklung international

Spätestens seit 1970 steht Umwelterziehung (U.-Erziehung) auf der internationalen Tagesordnung. Ein wichtiger Meilenstein zu dieser Zeit ist die erste von der ↑UNESCO 1977 veranstaltete weltweite Konferenz über U.-Erziehung in Tiflis gewesen. Diese Konferenz mit Vertretern aus allen Bildungsbereichen hatte entscheidenden Einfluss auf das Verständnis von U.-Erziehung. Sie wird dort als integraler Bestandteil von kontinuierlich stattfindenden Bildungsprozessen verstanden, die über die schulische Bildung hinaus lebenslang andauern. Als Ziele werden genannt: Bewusstsein wecken, Kenntnisse erwerben, Einstellungen und umweltgerechtes Verhalten vermitteln, Fähigkeiten aneignen und Mitwirkung ermöglichen.

In diesem Zeitraum hat zugl. eine weltweite Diskussion über die Bedrohungen und Gefährdungen der Lebensgrundlagen auf der Erde durch den Menschen selbst begonnen, nicht zuletzt ausgelöst durch den Bericht des ↑Club of Rome „Grenzen des Wachstums" (Meadows u. a. 1972). Es setzte sich die Erkenntnis durch, dass sich die Menschheit in einer Phase des weltweiten gesellschaftlichen Umbruchs befindet, die eine neue Qualität im Umgang mit Mensch-Umwelt-Verhältnissen, aber genauso mit der Gestaltung des globalen menschlichen Zusammenlebens verlangt. Nicht ohne Grund wird der Bildung wie auch der ↑Politik eine bes. Bedeutung zuerkannt. Der Herausforderung umzudenken und umzusteuern wird Erziehung i. S. v. Anpassung oder Änderung von Verhaltensweisen nicht mehr gerecht. Angestrebt werden Bildungsprozesse, die die ↑Verantwortung des Individuums und eigene Handlungsmöglichkeiten zum Umgang mit Umweltproblemen stärker in den Vordergrund rücken. Es werden Konzepte von Umweltbildung (U.-Bildung) für alle Bildungsbereiche entwickelt.

Ein Paradigmenwechsel wurde durch die internationale Diskussion um die Notwendigkeit einer nachhaltigen Entwicklung ausgelöst, die als eine Herausforderung an alle gesellschaftlichen Handlungsebenen und Gruppen gesehen wird. Um sie konkretisieren und konsensfähig machen zu können, wird Bildung als Voraussetzung und integraler Bestandteil von Prozessen nachhaltiger Entwicklung gesehen, wie auf der Konferenz der ↑UNO zu Umwelt und Entwicklung in Rio de Janeiro (1992) in fast allen Kapiteln der dort verabschiedeten „Agenda 21" als auch gesondert im Kapitel 36 festgehalten wurde. Dieses Dokument wurde in den nächsten Jahren zu einem wichtigen Bezugspunkt für bildungspolitische Initiativen, wissenschaftliche Forschung sowie Praxisprojekte zur konzeptionellen Entwicklung einer „Bildung für nachhaltige Entwicklung". Zehn Jahre später wurde auf dem Weltgipfel für nachhaltige Entwicklung in Johannesburg die notwendige Verknüpfung von Bildung und nachhaltiger Entwicklung erneut bekräftigt und die Empfehlung an die UNO verabschiedet, eine Weltdekade „Bildung für nachhaltige Entwicklung" auszurufen.

Die UNO hat diese Empfehlung aufgegriffen und für den Zeitraum 2005–14 eine Weltdekade „Bildung für nachhaltige Entwicklung" beschlossen – als eine Plattform für internationale Verständigung über dieses Konzept und als Unterstützung für die Entwicklung nationaler Strukturen für die Implementierung von Bildung für nachhaltige Entwicklung. Die UNESCO wurde mit der Durchführung der Dekade beauftragt. Das Ziel der Dekade bestand darin, durch Bildungsmaßnahmen zur Umsetzung der in Rio de Janeiro beschlossenen und in Johannesburg bekräftigten „Agenda 21" beizutragen und die Prinzipien nachhaltiger Entwicklung weltweit in den nationalen Bildungssystemen zu verankern. Mit dem Beschluss zur Weltdekade wird anerkannt, dass nachhaltige Entwicklung ein langfristig angelegtes Lernprogramm ist.

Die Weltdekade hat dazu geführt, dass viele Regierungen, ↑NGOs, Organisationen der UNO und auch ↑Unternehmen zunehmend die Bedeutung von ↑Lernen und den notwendigen Aufbau entspr.er Kapazitäten betonen, wenn sie nach Lösungen für Nachhaltigkeitsherausforderungen suchen. Die Weltdekade hat neben anderen die Erkenntnis mit sich gebracht, dass politischer Wille unerlässlich ist, um von politischen Verpflichtungen und Projekten zur konsequenten Umsetzung in den Lehrplänen und im ↑Unterricht in formalen oder nicht-formalen Systemen oder in der öffentlichen Wahrnehmung zu gelangen. Gleichwohl war nach Abschluss der Weltdekade eine Verankerung von Bildung für nachhaltige Entwicklung im weltweiten Bildungssystem bei weitem nicht erreicht.

Auf dem Weltgipfel Rio+20 (2012) wurden die SDG (↑Nachhaltigkeitsziele) lanciert und ein Weltaktionsprogramm „Bildung für nachhaltige Entwicklung" (2015–19) angeregt, die in den folgenden Jahren von der UNO auf den Weg gebracht wurden. Das Weltaktionsprogramm benennt fünf Handlungsfelder als zentrale

Strategien zur Implementierung von Bildung für nachhaltige Entwicklung: politische Unterstützung, Transformation der Lernumwelt, Kapazitätsbildung von Lehrpersonen und Multiplikatoren, Mobilisierung der Jugend und Förderung nachhaltiger Lösungen auf lokaler Ebene. Das Programm trägt zudem strategisch zur Einlösung des SDG 4 bei, das (hochwertige) Bildung als integralen Bestandteil der im Herbst 2015 von der UNO verabschiedeten „Agenda 2030" mit ihren 17 SDG sieht. Ab 2020 wird es durch das Folgeprogramm „ESD for 2030" abgelöst, das wiederum durch die UNESCO koordiniert wird.

## 2. Entwicklung national

Auf nationaler Ebene wurde die Rolle von Bildung im Kontext nachhaltiger Entwicklung von den wissenschaftlichen Beratungsgremien der ↑Bundesregierung, dem *Rat von Sachverständigen für Umweltfragen* und dem *Wissenschaftlichen Beirat der Bundesregierung: Globale Umweltveränderungen* infolge der Rio-Konferenz aufgegriffen. Gemeinsames Merkmal dieser beiden Sachverständigengremien ist die Erkenntnis, dass Umweltprobleme auf der politischen Ebene nicht allein administrativ, technisch oder ökonomisch gelöst werden können. Vielmehr ist zugl. auf der Bildungsebene ein radikales Umdenken erforderlich, das die Beziehung des Menschen zu seiner Umwelt auf ein neues Fundament stellt. Der konzeptionelle Rahmen einer Bildung für nachhaltige Entwicklung wurde durch ein wissenschaftliches Gutachten entfaltet, das zu einem ersten Modellversuch im Rahmen eines Bund-Länder-Vorhabens für Schulen führte.

Die Weltdekade „Bildung für nachhaltige Entwicklung" 2005–14 wurde auf nationaler Ebene durch ein *Nationalkomitee* von Experten aus Wissenschaft, Kultur und Medien, Politik und Verwaltung gesteuert. Zusätzlich konnte mit Hilfe des BMBF eine Unterstützungsstruktur geschaffen werden, die für die Auszeichnung von beispielhaften Bildungsprojekten, die Organisation eines Runden Tisches, die Begleitung von Arbeitsgruppen wie auch die Entwicklung und Fortschreibung eines Aktionsplans „Bildung für nachhaltige Entwicklung" zuständig war. In den folgenden Jahren wurde Bildung für nachhaltige Entwicklung für verschiedene Bildungsbereiche durch eine Zusammenarbeit von Wissenschaft und Praxis konkretisiert und in weiteren Modellversuchen erprobt. Das Weltaktionsprogramm (2015–19) war auf nationaler Ebene Anlass, um einen nationalen Aktionsplan „Bildung für nachhaltige Entwicklung" (2017) zu erstellen. Eine *Nationale Plattform Bildung für nachhaltige Entwicklung* soll die Verbreitung und Verankerung von Bildung für nachhaltige Entwicklung in den verschiedenen Bildungsbereichen voranbringen. Fachforen für alle Bildungsbereiche mit Vertretern aus Bund, Ländern, Wissenschaft, Wirtschaft und ↑Zivilgesellschaft haben prioritäre Handlungsfelder, konkrete Ziele sowie Empfehlungen für Maßnahmen, die zur Zielerreichung beitragen sollen, für die Bildungsbereiche frühkindliche Bildung (↑Früherziehung), ↑Schule, ↑berufliche Bildung, ↑Hochschule, non-formales und informelles Lernen/Jugend und Kommunen ausgearbeitet.

## 3. Konzeptionelles Verständnis

Bildung für nachhaltige Entwicklung orientiert sich an dem Ziel, Menschen zu ermöglichen, in ihren persönlichen wie auch in gesellschaftlichen Handlungsfeldern an der Gestaltung einer nachhaltigen Entwicklung mitzuwirken. Dazu sollen komplexes Wissen hinsichtlich zukunftsrelevanter Fragen, nachhaltigkeitsrelevante Sichtweisen auf diese Fragen sowie Kompetenzen erworben werden, die den Menschen ermöglichen, die ↑Zukunft schon heute verantwortlich mitzugestalten (Gestaltungskompetenz). Deshalb werden in Bildungsprozesse Erfahrungs- und Handlungsmöglichkeiten einbezogen, die selbst bereits ein Beitrag zu einer nachhaltigen Entwicklung sind. Hiermit wird der konstruktivistischen Erkenntnis (↑Konstruktivismus) Rechnung getragen, dass Kompetenzen von Individuen nur durch Selbsttätigkeit in der eigenen ↑Lebenswelt erworben werden können.

Bildung für nachhaltige Entwicklung hat sich zu einem eigenständigen und innovativen Bildungskonzept entwickelt. Es erhebt den Anspruch, nicht nur zur Verwirklichung der Vision einer nachhaltigen Entwicklung beitragen zu können, sondern auch individuelle Bildungsprozesse anzustoßen und zu fördern. Diese beiden Bildungsziele stehen in einem klassischen Spannungsfeld zueinander, die sich für Bildung für nachhaltige Entwicklung folgendermaßen charakterisieren lassen: Bildung als Instrument zur Lösung von Nachhaltigkeitsproblemen (und damit der Versuch, gesellschaftlichen Herausforderungen zu begegnen) v Befähigung von Individuen (und damit individuellen und persönlichen Zielen). Eine Position zielt darauf ab, Lernende davor zu schützen, politisch vereinnahmt zu werden, um bestimmte Ziele zu erreichen. Diese Position lehnt auch die Verwendung messbarer Indikatoren (z. B. nachhaltiger Konsum [↑Konsumethik] oder Energieverbrauch bei Schülern) als Kriterien zur Bestimmung der Wirksamkeit von Bildung ab. Die Gegenposition argumentiert, dass Bildung für nachhaltige Entwicklung eben nicht auf eine Vermittlung von Nachhaltigkeitsstrategien zielt, sondern auf eine individuelle und gesellschaftliche Beteiligung an der Gestaltung des Nachhaltigkeitsprozesses und dafür Wissen und Kompetenzen ermöglicht. Zugl. wird dabei die normative Orientierung des Bildungskonzepts an den Werten einer nachhaltigen Entwicklung betont. Diese Positionen werden in internationalen Foren intensiv und kontrovers diskutiert. Fruchtbar bleibt in dieser Diskussion die Unterscheidung von ESD-1 und ESD-2. Danach soll Bildung für nachhaltige Entwicklung zweierlei erreichen: zum einen soll sie die Menschen in die Lage versetzen, spezifische und allg. einvernehmliche Veränderungen in Richtung nachhaltige Entwicklung (ESD-1) voranzutreiben. Zum anderen soll sie dazu ermutigen, allg. als gültig angesehene Positionen kritisch zu hinterfragen und dabei zu helfen, offene Fragen zu klären (ESD-2). Zu einer solchen Position gehören auch neuere Bemühungen, Schlüsselkompetenzen zu identifizieren, die über normative Positionen hinweg von allg.er Bedeutung sind, sowohl für den Einzelnen, der ein gutes Leben anstrebt, als auch für eine nachhaltige Entwicklung der Gesellschaft.

Hinsichtlich der Lernziele und Lehrmethoden erfolgt Bildung für nachhaltige Entwicklung unter veränderten Perspektiven. So wird nicht mehr von einem Bedrohungs-, sondern von einem Modernisierungsszenario ausgegangen: Es werden nicht lediglich verschiedene Nachhaltigkeitsfragen oder Politikfelder problematisiert, sondern aktiv nach Möglichkeiten gesucht, diese durch Veränderung und Gestaltung anzugehen. Nachhaltige Entwicklung ist explizit ein normatives Konzept, das nicht beschreibt, wie die Welt ist, sondern wie sie sein sollte. In einer Bildung für nachhaltige Entwicklung geht es nicht darum, ↑Werte i. S. v. Moralisierung zu vermitteln, als vielmehr darum, dass Lernende ihre eigenen Einstellungen und Werte hinterfragen können, indem sie diese vor dem Hintergrund der Idee der ↑Nachhaltigkeit reflektieren. Bildung für nachhaltige Entwicklung zielt nicht auf die Vermittlung spezifischer Einstellungen und Verhaltensweisen ab. Vielmehr geht es um die Fähigkeit, Wissen über zentrale Handlungsfelder nachhaltiger Entwicklung anzuwenden und Probleme nicht nachhaltiger Entwicklung zu erkennen, um daraus Schlussfolgerungen und Entscheidungen ableiten zu können. Bildung für nachhaltige Entwicklung zielt nicht darauf ab, die Lernenden dazu zu bewegen, vorher festgelegte Standpunkte oder Einstellungen einzunehmen. Eher geht es darum, die unterschiedlichen Positionen zu entdecken, die in der Diskussion um Nachhaltigkeit eine Rolle spielen, Voraussetzungen und Konsistenz zu untersuchen und demokratische Wege zur Lösung von Konflikten und Problemen zu erkunden. In dieser kritischen und kommunikativen Ausrichtung ist Bildung für nachhaltige Entwicklung auch als Ansatz für politische und staatsbürgerliche Bildung (↑Politische Bildung) zu verstehen. Schließlich besteht eine weitere Perspektive von Bildung für nachhaltige Entwicklung darin, dass Handeln nicht die natürliche Konsequenz des Erwerbs von Wissen, Einstellungen und Werten ist. Bildung für nachhaltige Entwicklung zielt darauf ab, Lernprozesse durch die eigenen Handlungserfahrungen der Lernenden anzuregen und damit die Losung „Vom Wissen zum Handeln" umzukehren zur Maxime „Vom Handeln zum Wissen".

### Literatur

UNESCO: Education for Sustainable Development. A Roadmap. #ESD for 2030, 2020 • BMBF: Nationaler Aktionsplan Bildung für nachhaltige Entwicklung. Der deutsche Beitrag zum UNESCO-Weltaktionsprogramm, 2017 • G. Michelsen/D. Fischer: Bildung für nachhaltige Entwicklung, [2]2015 • UN: Transforming our World. The 2030 Agenda or Sustainable Development (A/RES/70/1), 2015 • UNESCO: Roadmap for Implementing the Global Action Programme on Education for Sustainable Development, 2014 • Dies.: Shaping the Future We Want. UN Decade of Education for Sustainable Development (2005–2014). Final Report, 2014 • L. Kruse: Vom Handeln zum Wissen – ein Perspektivwechsel für eine Bildung für nachhaltige Entwicklung, in: N. Pütz/M. K. Schweer/N. Logemann (Hg.): Bildung für nachhaltige Entwicklung, 2013 • Wissenschaftlicher Beirat der Bundesregierung Globale Umweltveränderungen: Gesellschaftsvertrag für eine Große Transformation. Hauptgutachten 2011, 2011 • U. Stoltenberg: Mensch und Wald. Theorie und Praxis einer Bildung für nachhaltige Entwicklung am Beispiel des Themenfeldes Wald, 2009 • G. de Haan u. a.: Nachhaltigkeit und Gerechtigkeit. Grundlagen und schulpraktische Konsequenzen, 2008 • P. Vare/W. R. Scott: Learning for a Change. Exploring the Relationship Between Education and Sustainable Development, in: Journal of Education for Sustainable Development 1/2 (2007), 191–198 • Bundesministerium für Umwelt, Naturschutz und Reaktorsicherheit (Hg.): Weltgipfel für nachhaltige Entwicklung 26. August bis 4. September 2002 in Johannesburg. Dokumente. VN-Kommission für nachhaltige Entwicklung. Arbeitsprogramm 2004 bis 2017, 2003 • G. de Haan/D. Harenberg: Bildung für eine nachhaltige Entwicklung. Gutachten zum Programm, in: BLK 72 (1999) • Wissenschaftlicher Beirat der Bundesregierung Globale Umweltveränderungen: Welt im Wandel. Wege zur Lösung globaler Umweltprobleme. Jahresgutachten 1995, 1995 • Rat von Sachverständigen für Umweltfragen: Umweltgutachten 1994, 1994 • Bundesministerium für Umwelt, Naturschutz und Reaktorsicherheit (Hg.): Konferenz der Vereinten Nationen für Umwelt und Entwicklung im Juni 1992 in Rio de Janeiro. Dokumente. Agenda 21, 1992 • UNESCO: Intergovernmental Conference on Environmental Education. Final Report of the Tbilisi Conference, 1978 • D. L. Meadows u. a.: Die Grenzen des Wachstums, 1972.

GERD MICHELSEN

## Umweltethik

Die Natur- oder U. bzw. ökologische Ethik als ein mittlerweile etabliertes Feld der ↑praktischen Philosophie, mithin eine Bereichsethik, rekonstruiert in kritisch-reflexiver Einstellung die wesentlichen Argumentationsmuster, die auf einer diskursiven Ebene zum Schutz von natürlichen Entitäten und zur nachhaltigen Nutzung der Naturgüter geltend gemacht werden können. Schutz ist ein Wertbegriff; geschützt werden soll, was aufgrund seiner Werthaftigkeit des Schutzes würdig und aufgrund bestimmter Umstände schutzbedürftig ist. Schutz kann normativ institutionalisiert werden (etwa durch Ausweisung von Schutzgebieten). Schutzbestimmungen sind Regeln, die von Personen zu befolgen sind (↑Normen). Sie gliedern sich in rechtliche und moralische Normen.

Die U. setzt bei ihren argumentativen Bemühungen ontologisch voraus, dass es Naturwesen realiter gibt und dass die Rede von Natürlichkeit sinnvoll bleibt, obschon in der heutigen Welt viele Naturwesen mit menschlichen Praxisformen vermittelt, d. h. graduell überformt sind. ↑Natur ist nicht mit Wildnis gleichzusetzen. Auch überformte Naturgebilde können schutzwürdig sein (etwa die Lüneburger Heide). Die U. lässt sich nicht aus Biologie, ↑Ökologie oder „der" Natur ableiten (sog.er naturalistischer Fehlschluss).

Man kann die Werthinsichten von Naturwesen sechs Kategorien zuordnen:
*a)* Angewiesenheitswerte und instrumentelle Werte,
*b)* kulturell-eudaimonistische Werte,
*c)* Zukunftsverantwortung,
*d)* (existentielle) Tugenden,
*e)* moralische Selbstwerte für bestimmte Naturwesen und
*f)* neue „ökosophische" Weltbilder.

Diese Kategorien schließen einander nicht aus, können also in unterschiedlichen Variationen vertreten werden. Daraus ergibt sich, dass es mehr als nur eine, aber nicht unendlich viele diskursrational vertretbare Varianten und Konzepte von U. geben kann.

Angewiesenheitsargumente machen geltend, dass Menschen als leiblich verfasste und prekäre Wesen auf einen kontinuierlichen Metabolismus mit einer äußeren Natur angewiesen sind, zu dessen Aufrechterhaltung auch ein pfleglicher Umgang mit natürlichen Ressourcen und Umweltmedien zählt. Dieser Metabolismus sollte möglichst schadstoffarm vonstattengehen, weshalb der Eintrag von Gift- und Schadstoffen minimiert werden sollte. Hieraus ergeben sich Konzepte naturverträglichen Wirtschaftens, in die auch Vorsorge- und Sparsamkeitsgrundsätze eingehen können. Kulturelle oder eudaimonistische (*eudaimonia* = gutes Leben) Werte machen geltend, dass Naturerfahrungen wesentlich zu einem reichen, gelingenden und sinnerfüllten Leben hinzugehören. Diese Werte gliedern sich auf in unterschiedliche Weisen von Naturgenuss wie etwa naturästhetische Erfahrungen, Heimatgefühle angesichts vertrauter Landschaften sowie Erholung und Genesung in der Natur. Diese Werte vermitteln sich mit naturverbundenen Praktiken wie Gärtnern, Wandern, Segeln, Tauchen usw. Die Naturphänomenologie bietet eine philosophische Methode, Arten und Weisen des Naturgenusses sprachlich zu artikulieren. Die Werte der ersten beiden Kategorien (Angewiesenheit, Naturgenuss) können in eine intergenerationelle Perspektive übertragen werden. Es geht dann um die „Kunst langfristig zu denken" (Klauer u. a. 2013) und um die Frage, auf welche Naturausstattung zukünftige Generationen legitime Ansprüche haben könnten. Diese Frage führt in Theorien und Konzepte von ↑Nachhaltigkeit und in die Problemfelder des ↑Klimawandels, der ↑Land- und Forstwirtschaft, der Renaturierungsökologie, des Gewässer- und des Meeresschutzes einschließlich der Fischerei. In der Auseinandersetzung mit den ↑Wirtschaftswissenschaften wird erörtert, ob sich zukünftige Weltzustände abdiskontieren lassen, ob Naturkapitalien substituiert und ob Verluste an Naturgütern anderweitig kompensiert werden können.

Die Werte und Verpflichtungen der ersten drei Kategorien wiederum führen fast zwangsläufig zu der „klassischen" tugendethischen Frage, welche Art von Mensch man selbst im Zeitalter des ↑Anthropozän sein möchte. Diese Frage fächert sich auf hinsichtlich unterschiedlicher Einstellungen und Haltungen in Ansehung von Natur und wird damit zur „Umwelttugendethik" (Sandler/Cafaro 2005). Diese setzt voraus, dass ein Charakter nicht einfach schicksalhaft gegeben ist, sondern sich bilden lässt. Hege und Pflege, Schonung, Rücksicht, Mäßigung, aber auch Neugier, freudige Zuwendung, Lebensbejahung und Dankbarkeit sind einige solcher umwelttugendethischen Haltungen. Die Umwelttugendethik vermittelt sich mit den pädagogischen Praktiken der Umwelt- und Naturbildung. Die Umwelttugendethik kennt freilich nicht nur ↑Tugenden, sondern auch Laster. Da Laster etwas Tadelnswertes sind, birgt das Vokabular der Tugendethik auch die Gefahr eines Moralisierens von Lebensstilen und gerät mit liberalistischen Grundsätzen in Konflikt.

Die bisherigen Kategorien sind anthropozentrisch, d. h. sie beruhen zwar auf einem umfassenden praktischen Vernunftinteresse an gelingenden Naturbeziehungen, erkennen aber nur Menschen ↑Würde und Rechte zu. Naturwesen sind in der anthropozentrischen Perspektive Bestände von Naturkapitalien, die nachhaltig zu bewirtschaften sind, oder Naturgüter, die aufgrund ihrer Schönheit, ihrer Seltenheit, ihrer Erholungswirkung usw. unter Schutz zu stellen sind. Das Verständnis dieser Kategorien erhellt, dass Menschen dabei keineswegs als Wesen vorgestellt werden müssen, die gierig und kurzsichtig die Natur plündern. Menschen dürften als Erbschaft der ↑Evolution auch eine biophile Neigungsstruktur besitzen, die allerdings in der ↑Moderne unterdrückt oder (als „Romantik") belächelt wurde. In der Praxis der Renaturierung zeigt sich, dass Menschen altruistisch zugunsten von Natur handeln können.

Die Kategorie der moralischen Selbstwerte führt über die Anthropozentrik hinaus, sofern und indem sie für den Schutz von bestimmten Naturwesen um ihrer selbst willen plädiert, da ihnen ein moralischer Selbstwert zukommt (sog.e Physiozentrik). In der Physiozentrik werden unterschiedliche Kriterien direkter moralischer Berücksichtigungswürdigkeit vorgeschlagen (sog.es Inklusionsproblem). So werden Empfindungsfähigkeit (Sentientismus), spürendes Gewahren (Zoozentrik), Lebendig-Sein (Biozentrik), ökologische Selbstorganisation (Ökozentrik) oder Existenz (Holismus) als Kriterien geltend gemacht. Auch der Begriff des Interesses wird herangezogen, um den Begriff des moralischen Selbstwertes näher zu bestimmen. Innerhalb der U.

konnte bislang kein Konsens hinsichtlich des Inklusionsproblems erzielt werden. Eine „richtige" Lösung des Selbstwertproblems dürfte darin liegen, die Kriterien der Empfindungs- und der Kommunikationsfähigkeit sowie des Interesses zu einem gradierbaren Konzept von Weltoffenheit zu verknüpfen, an das sich eine komplexe Kasuistik anschließt, die von Schimpansen und Walen über Libellen und Spinnen bis hin zu Pflanzen reicht. Vertretbar sind auch Konzepte, die (starke) Biophilie mit (schwacher) Biozentrik zu einer existentiellen Grundhaltung verknüpfen. In der Strömung der Tiefenökologie schließlich wird die U. nicht axiologisch oder moralisch, sondern ontologisch fundiert. Es wird davon ausgegangen, dass die Natur *(physis)* sich uns Menschen an unterschiedlichen Orten auf unterschiedliche Weise zeigen (Heidegger: „lichten" [Heidegger 2000: 630]) kann und dass die modernen Deutungen von Natur als Objektivität (Physikalismus) und nutzbares Ressourcenlager (Ökonomik) nur zwei von vielen möglichen Deutungen sind. Die Tiefenökologie bestreitet insofern das Deutungsmonopol des modernen Weltbildes auf eine Weise, die diesem Weltbild nicht direkt widerspricht. Religiöse, poetische, spirituelle und „ökosophische" Naturdeutungen und -zugänge gelten in der Tiefenökologie als Bedingungen der Möglichkeit, Auswege aus der Naturkrise der Moderne zu finden. In diesem Sinne ist es möglich, neue Interpretationen religiöser ↑Traditionen vorzulegen, ohne solche Traditionen als direkte Konkurrenz zur naturwissenschaftlichen Weltsicht zu verstehen. In diesem sich erweiternden Kontext ist es auch möglich, in einen Dialog mit nicht-westlichen Naturauffassungen zu treten (Schamanismus, ↑Hinduismus, ↑Buddhismus, Ubuntu u. a.).

Insgesamt korrigiert die U. aufgrund ihrer unterschiedlichen Argumentationsstränge ein primär an Beherrschung und Ausnutzung interessiertes Naturverständnis. Das vertiefte Begreifen der skizzierten Argumentationslinien ermöglicht es jeder verständigen Person, sich eine eigene Konzeption von U. anzueignen, indem sie sich mit Gründen an Gründen orientiert. Diese Konzeptionen lassen sich dann in übergreifende philosophische Strömungen einordnen. Die Tiefenökologie führt in Weltdeutungsphilosophien mitsamt deren Begründungsproblemen. Ein stark an Argumentation orientiertes Konzept ordnet sich einer Diskurstheorie praktischer Vernunft (↑„Diskursethik") zu. Der Umweltpragmatismus steht in der Tradition des ↑Pragmatismus, insofern er seinen Ausgang bei menschlichen Praxisformen im Umgang mit Natur nimmt und diese Praxisformen auf reformerische Weise naturverträglicher gestalten möchte. Eine Koalition aus Diskursethik und Pragmatismus könnte sich als robuste und tragfähige Grundlage der U. erweisen. ↑Umweltschutz, ↑Tierschutz, und ↑Naturschutz sind demnach gesellschaftliche Praxisfelder, die diskursrational gerechtfertigt, hinsichtlich ihrer Traditionen kritisch angeeignet und pragmatisch fortentwickelt werden können. Das Pluriversum umweltethischer Positionen schließt nicht aus, dass die Geinsamkeiten so weit überwiegen, dass es zur Bildung politischer Koalitionen kommen kann.

### Literatur

S. A. N. Lie: Philosophy of Nature, 2016 • K. Ott: On the Meaning of Eudemonic Arguments for a Deep Anthropocentric Environmental Ethics, in: New German Critique 34/2, 128 (2016), 105–126 • Ders./J. Dierks/L. Voget-Kleschin (Hg.): Hdb. Umweltethik, 2016 • Y. H. Hendlin: Tiefenökologie, in: ebd., 195–202 • C. Hardmeier/K. Ott: Naturethik und biblische Schöpfungserzählung, 2015 • K. Ott: Kommunikation, Sprache und das Inklusionsproblem der Umweltethik, in: ZS 37/3–4 (2015), 151–169 • B. Klauer u. a.: Die Kunst langfristig zu denken, 2013 • M. Vogt/J. Ostheimer/F. Uekötter (Hg.): Wo steht die Umweltethik?, 2013 • K. Ott/R. Döring: Theorie und Praxis starker Nachhaltigkeit, 2011 • K. Ott: Umweltethik zur Einführung, 2010 • B. Norton: Sustainability, 2005 • R. Sandler/P. Cafaro (Hg.): Environmental Virtue Ethics, 2005 • A. Kallhoff: Prinzipien der Pflanzenethik, 2002 • M. Heidegger: Zur Frage nach der Bestimmung der Sache des Denkens, in: ders. (Hg.): GA, Bd. 16, 2000, 620–633 • A. Krebs: Ethics of Nature, 1999 • J. Wetlesen: The Moral Status of Beings Who Are not Persons: A Casuistic Argument, in: Environmental Values 8/3 (1999), 287–323 • G. Böhme/G. Schiemann (Hg.): Phänomenologie der Natur, 1997 • L. Schäfer: Das Bacon Projekt, 1993 • M. Seel: Eine Ästhetik der Natur, 1993 • A. Naess: Ecology, Community and Lifestyle, 1989 • E. O. Wilson: Biophilia, 1984.

KONRAD OTT

## Umweltökonomik

### 1. Umweltökonomik als Teil der VWL

U. ist ein Teil der modernen VWL (↑Wirtschaftswissenschaft). In ihr geht es um die Anwendung von ökonomischen Instrumenten zur Analyse von Umweltfragen. In Abgrenzung zum ↑Umwelt- oder Ordnungsrecht, in dem es um sämtliche Rechtsnormen zum Schutz der Umwelt, aber auch um die strafrechtliche Bewertung von Verstößen gegen den ↑Umweltschutz und die unmittelbare Gefahrenabwehr geht, versucht die U., durch Anreize die Marktteilnehmer (↑Markt) und Menschen zu umweltgerechtem Verhalten zu bewegen. Zur Erreichung der verfassungsrechtlich und international festgelegten Schutzziele bedarf es eines Zusammenspiels von U. und Umweltrecht.

Zunehmend entwickelt sich die internationale Verflechtung zu einem entscheidenden Teil bei der wissenschaftlichen Analyse der U. und der politischen Umsetzung der Lösungsvorschläge, da grenzüberschreitenden Umweltverschmutzungen nur durch internationale Vereinbarungen – wie etwa das Pariser Klimaschutzabkommen – Einhalt geboten werden kann. Die Erreichung von Umweltzielen erfordert internationale Kooperation, da Umweltschädigungen in einem Land sich fast immer auf Nachbarstaaten oder auf das Klima und die Weltmeere auswirken.

Eng verbunden mit der U. ist die Ressourcenökonomik, in der es um eine sparsame und nachhaltige Verwendung knapper natürlicher Ressourcen geht. Die Grenzen zwischen beiden Teilgebieten sind fließend.

## 2. Historische Einordnung der Umweltökonomik

Der nachhaltige und verantwortungsbewusste Umgang mit natürlichen Ressourcen ist keine Erfindung der Gegenwart, obwohl dies durch die starke mediale Wahrnehmung des Themas so erscheint. Schon in der Nürnberger Waldordnung von 1294 findet sich ein Hinweis, dass die Holzressourcen des Waldes vor Übernutzung zu schützen sind. Bei Hans Carl von Carlowitz, der gemeinhin als Erfinder der ↑Nachhaltigkeit gilt, findet sich 1713 in seiner Schrift „Sylvicultura oeconomica" die Anweisung, dass dem Wald nur so viel Holz zu entnehmen ist, wie natürlich nachwachsen kann. Der Erhalt der natürlichen Ressourcen und der Schutz der Umwelt hat also eine lange historische Tradition. Im Zeitalter der industriellen Revolution (↑Industrialisierung, Industrielle Revolution) traten Umweltziele jedoch stark hinter wirtschaftliche Entwicklungsziele zurück. Wasser und Luft etwa wurden damals mehr oder minder wie freie Güter behandelt, so dass ein starker Anstieg der Umweltverschmutzung in den industrialisierten Ländern zu verzeichnen war. In Deutschland standen hierfür symbolisch die rauchenden Schornsteine des Ruhrgebietes und des Saarlandes. Für die stärkere Wiederbeachtung der Umweltziele sind auch die politischen Umweltbewegungen mit verantwortlich. Das erste Naturschutzgebiet weltweit wurde 1864 auf Betreiben des Umweltpioniers John Muir mit dem Yosemite-Nationalpark in Kalifornien eingerichtet. Aber erst nach dem Zweiten Weltkrieg gewann diese Bewegung in Deutschland an Bedeutung: Das Europäische Naturschutzjahr 1970 gilt als Geburtsjahr der Umweltbewegung, die in allen europäischen Ländern zu einer starken politischen Kraft geworden ist.

## 3. Ziele der Umweltökonomik

In Anlehnung an Horst Zimmermann, Klaus-Dirk Henke und Michael Broer können verschiedene Ziele und Gestaltungsprinzipien der U. unterschieden werden. Schutzziele sind letztlich die ↑Gesundheit der Menschen, der Schutz der Natur sowie der Erhalt der Artenvielfalt (↑Biodiversität). So haben die ↑Vereinten Nationen im Mai 2019 einen viel beachteten Bericht vorgelegt, nach dem ca. eine Mio. Arten in den nächsten Jahrzehnten unmittelbar vom Aussterben bedroht sind. Die eigentliche Festlegung der Schutzziele ist vergleichsweise einfach. Allerdings ist die tatsächliche Anwendung des Verursacherprinzips schwierig und politisch umstritten.

Für bestimmte Sektoren und Bereiche können Qualitätsziele vorgegeben werden, etwa für die Reinheit des ↑Wassers und die Schadstoffbelastung in der Luft. Die ökonomische Verfolgung dieser Ziele kann dann mit ↑Steuern, Gebühren, Abgaben oder anderen finanzpolitischen Instrumenten vorgenommen werden. Für einige Marktteilnehmer und Emittenten können quantitative Emissionsziele vorgegeben werden, aber auch der Handel mit Verschmutzungszertifikaten (↑Emissionshandel) als ein marktwirtschaftlicher Ansatz zur effizienten Schadstoffreduktion wäre ein Instrument.

Bei der Festlegung von umweltpolitischen Zielen können Wechselwirkungen mit anderen volkswirtschaftlichen Zielen, etwa einem hohen Beschäftigungsstand, bestehen. Die Effekte sind nicht immer eindeutig: So können durch Fördermittel und unternehmerische Innovationen im Umweltschutz auch neue Wachstumsimpulse entstehen. Es existieren zahlreiche Felder, in denen zwischen Ökonomie und ↑Ökologie Synergien bestehen.

## 4. Theoretische Instrumente zur Analyse von Umweltfragen

### 4.1 Umwelt als ein ökonomisches Gut

Die entscheidende theoretische Fragestellung der U. dreht sich um die Klassifizierung von Umweltgütern, um die Analyse von Nutzungskonflikten und Ressourcenverbrauch und den daraus abgeleiteten Handlungsempfehlungen zur Problemlösung. Mit Sicherheit ist Umwelt kein freies Gut mehr, das von jedem unbegrenzt genutzt werden kann. Dies ist aus theoretischer Perspektive wie auch vor dem Hintergrund praktischer und historischer Erfahrungen nicht mehr zielführend. Ein erster zweckmäßiger Ansatz definiert Umweltqualität als öffentliches Gut, für das die zwei Kriterien der Nicht-Rivalität im ↑Konsum und der Nicht-Ausschließbarkeit gelten. Da kein Individuum von der Nutzung sauberer Luft ausgeschlossen werden kann, selbst wenn es als Verschmutzer ungestraft zu seiner Qualitätsverschlechterung beigetragen hat, entsteht ein aus der ↑Spieltheorie bekanntes Gefangenendilemma, das zu individueller und kollektiver Selbstschädigung der Teilnehmer führen kann. Das öffentliche Gut hohe Umweltqualität wird nur dann ausreichend bereitgestellt und gesichert, wenn die Schädiger zur Finanzierung herangezogen werden und der Rechnungszusammenhang i. S. d. Verursacherprinzips geschlossen wird. Dies berührt den Bereich staatlicher ↑Ordnungspolitik, die für die Einhaltung der Spielregeln in der Wirtschaftsordnung zuständig ist.

In einer weiteren Perspektive kann eine hohe Umweltqualität als meritorisches, also als bes. „verdienstvolles" Gut betrachtet werden. Die unversehrte ↑Natur ist per se ein wertvolles Gut, so dass die öffentliche Hand zum Schutz der Natur beitragen soll – ähnlich wie bei der Kulturförderung oder der Bildung. Der Begriff der Meritorik ist jedoch unter Ökonomen umstritten, da in der staatlichen Auswahl, welche Güter als verdienstvoll eingestuft werden, ein gewisser Paternalismus mitschwingt.

### 4.2 Externe Effekte und Pigou-Steuer

Einen starken Erklärungsbeitrag zur U. leistet die Theorie der ↑externen Effekte. Es wird zwischen positiven und negativen externen Effekten unterschieden, wobei von den positiven Effekten (etwa ↑Innovationen) i. d. R. zu wenig und von den negativen i. d. R. zu viel produziert werden. Die Bereitstellung von positiven externen Effekten wird durch die Ordnungspolitik gefördert – etwa durch den Schutz von Innovationen und geistigem Eigentum durch Patente, während der Produktion von negativen externen Effekten entgegengewirkt werden soll.

Ein Stahlwerk, das direkt an einem Fluss liegt und sowohl die Wasserqualität wie auch die Luftqualität beeinträchtigt, übt einen negativen externen Effekt auf das weiter abwärts gelegene Freibad aus. Die eigentlichen Kosten der Stahlproduktion werden von den Besuchern des Freibades getragen. Bleiben dort die Kunden aus, kann dies zum Konkurs des Betreibers führen, was in der Konsequenz als ein ↑Marktversagen anzusehen wäre.

Ein erster theoretischer Lösungsansatz wäre nun, dass das Stahlwerk und das Freibad eine gemeinsame Gewinnmaximierung durchführen müssten: Wie kann Stahl kostendeckend produziert und gleichzeitig der Badebetrieb aufrechterhalten werden? Theoretisch wäre eine gemeinsame wirtschaftliche Kalkulation unter einem Dach eine elegante Lösung, die jedoch in der praktischen Anwendung nur wenig Relevanz hat.

Ein zweiter theoretischer Lösungsansatz schlägt vor, den Schädiger zu zwingen, die tatsächlichen Umweltkosten in seine Kalkulation einzuplanen: Die Stahlproduktion würde teurer werden. Zu diesem Zweck hat der Ökonom Arthur Cecil Pigou eine Steuer vorgeschlagen, die aber eigentlich keinen fiskalischen Effekt der Einnahmenerzielung hat, sondern die v. a. eine Lenkungswirkung i. S. einer Vermeidung von Umweltbelastungen erzielen soll. Diese sog.e *Pigou-Steuer*, die in verschiedenen Varianten existiert, lässt sich in einfachen Zusammenhängen – wie dem obigen Beispiel – zumindest in der Theorie leicht anwenden, obwohl die objektive Feststellung der Höhe der Steuer zur Erzielung des gewünschten Lenkungseffektes nicht trivial ist. Die aktuelle Debatte um die Einführung einer $CO_2$-Steuer ist nichts anderes als der Vorschlag einer Pigou-Steuer. In komplexen Zusammenhängen, etwa bei der Diskussion über die Maßnahmen gegen die Erderwärmung und den ↑Klimawandel, sind sowohl die theoretische Lösung wie auch die praktische Umsetzung schwierig.

### 4.3 Coase-Theorem und Verhandlungslösung

Ein zentraler Ansatz der U. wurde durch Ronald Harry Coase vorgelegt, der für diese Arbeiten mit dem Nobelpreis der Wirtschaftswissenschaften ausgezeichnet wurde. Das Coase-Theorem besagt, dass negative externe Effekte durch Verhandlungen zwischen den Beteiligten effizient beseitigt werden können. Ein solches neues Marktgleichgewicht kann ohne staatliche Eingriffe erzielt werden und Pareto-effizient (↑Pareto-Kriterium) sein. Allerdings funktioniert das Coase-Theorem nur unter rigiden Annahmen: Erstens dürfen keine Transaktionskosten vorliegen, zweitens verfügen die Teilnehmer über vollkommene Informationen und drittens sind alle Eigentumsrechte *(Property Rights)* eindeutig definiert.

Der große Verdienst des Coase-Theorems liegt im Nachweis, dass effiziente Verhandlungslösungen möglich sind. Anders als beim klassischen Ordnungsrecht, das primär mit Verboten agiert, geht es im ökonomischen Ansatz i. S. d. Coase-Theorems um die Optimierung der Umweltschädigungen, auch in Relation zu anderen Zielen. Allerdings sind die kritischen Hinweise gegen das Coase-Theorem nicht von der Hand zu weisen: Die Annahmen fehlender Transaktionskosten und vollständiger Information haben keinerlei Realitätsbezug. Zudem ist die Annahme vollständig definierter Eigentumsrechte höchstens für einfache Zwei-Länder-Modelle denkbar, aber nicht für die reale ↑Politikberatung in komplexen Zusammenhängen geeignet. Die Verhandlungsmacht von großen Ländern und potentiellen Schädigern ist um ein Vielfaches größer als die von kleinen und schwach entwickelten Volkswirtschaften. In der Realität lassen sich Verhandlungslösungen, wie R. H. Coase sie präferiert, nur durch die Vermittlung ↑internationaler Organisationen realisieren.

## 5. Weiterentwicklungen und gesellschaftliche Akzeptanz

Eine neue Entwicklung der U. ist die ↑Umweltethik. Das Fachgebiet der „ökologischen Ökonomik" ist ebenfalls neu entstanden und erfährt eine starke Bedeutungszunahme. Nachhaltigkeit in ihrer stärkeren und ihrer schwächeren Ausprägung wird als normatives Kriterium der ↑Umweltpolitik akzeptiert: Unnötiger Ressourcenverzehr ist unbedingt zu vermeiden.

Die offensichtlichen Folgen der Erderwärmung und des Klimawandels haben verdeutlicht, dass die Sicherung einer hohen Umweltqualität als ein menschliches Grundrecht angesehen werden kann. Aus ethischer Perspektive bes. schwierig ist der Umstand, dass die Folgen von Klimawandel und Umweltzerstörung sehr ungleich verteilt sind. Die von Hitze, Dürre, Tornados oder Überschwemmungen bedrohten Regionen sind häufig nicht die Verursacher und zudem mit den wirtschaftlichen Konsequenzen allein gelassen. Überdurchschnittlich häufig sind gerade ärmere und unterentwickelte Staaten betroffen.

U. und Umweltrecht sind in ihren Wirkungen begrenzt, wenn deren Instrumente nicht durch gesellschaftliche Akzeptanz unterstützt werden. So ist die deutsche Energiewende, obwohl deren langfristiger Erfolg noch keineswegs feststeht, ein Beispiel für einen Politik- und Paradigmenwechsel in der ↑Energiepolitik mit gravierenden umweltökonomischen Folgen, der ohne ein breites gesellschaftliches Fundament nicht möglich wäre. Ein anderes Beispiel ist die Vermeidung von Plastikmüll, die sowohl bei Verbrauchern und Produzenten zu einem umweltpolitischen Ziel geworden ist. Wenn ein solches gesellschaftliches ↑Bedürfnis neu entsteht, dann ist damit i. d. R. auch eine Zahlungsbereitschaft verbunden – und dann greifen die ökonomischen Lenkungsinstrumente relativ gut.

### Literatur

B. Sturm/C. Vogt: Umweltökonomik, 2018 • R. Schomaker (Hg.): Die europäische Energiewende, 2017 • D. Wentzel (Hg.): Internationale Organisationen. Ordnungspolitische Grundlagen, Perspektiven und Anwendungsbereiche, 2013 • H. Zimmermann/K.-D. Henke/M. Broer: Finanzwissenschaft, [10]2009 • H. C. von Carlowitz: Sylvicultura oeconomica, 1713.

DIRK WENTZEL

## Umweltpolitik

### 1. Historische und ethische Einordnung

In allen Entwicklungsphasen ist die Geschichte der Menschheit gekennzeichnet durch die Nutzung der ↑Natur in allen ihren Bereichen. Diese Eingriffe in den Naturhaushalt und die geologischen Strukturen der Erde haben die Lebenswelten der Menschen geprägt und wurden durch sie beeinflusst. Bleibende Veränderungen wurden dadurch in der Natur ausgelöst und in der Fristigkeit, in Tiefe und Breite des Eingriffs profiliert. Diese Dynamik ist durch die Zunahme der globalen Bevölkerung einerseits, der regionalen Konzentrationen und der damit verbundenen wirtschaftlichen Intensitäten der Menschen andererseits getrieben worden. Neben den anthropogen bedingten Änderungen ist die Dynamik des Planeten Erde selbst zu einem stets umgestaltenden und den Lebensraum der Menschen beeinflussenden Faktor geworden. In das kollektive Bewusstsein der Menschheit ist dies vornehmlich eingedrungen durch seismische Prozesse, gewaltige Vulkantätigkeiten und Tsunamikatastrophen in vorigen Jahrhunderten.

Bereits in der Antike und in der Entwicklung des Römischen Reiches haben diese bewusst oder unbewusst von menschlichem Verhalten verursachten Veränderungen der Natur das Leben der Menschen und ihre gesellschaftlichen Realitäten stark beeinflusst. Sie finden in der gesellschaftlichen Diskussion der damaligen Zeit markanten Niederschlag.

Ein prägendes Beispiel findet sich in der großflächigen Entwaldung des gesamten Mittelmeerraumes in römischer Zeit. Diese *Roman Soil Errosion* ist von der Wissenschaft umfassend analysiert worden. Die Ursachenkette: Der Holzbedarf stieg im römischen Imperium bedingt durch den Schiffsbau und durch den Bau von Häusern und Städten massiv. Gleiches galt für den Raubbau an Metallen im Bergbau, von Eisen über Blei bis zum Gold.

Diese tiefgreifenden und mit irreversiblen Folgen verbundenen Ausbeutungen der Natur hat Plinius der Jüngere in seinem Hauptwerk „Naturalis Historia" in 37 (!) Bänden detailliert und höchst kritisch beschrieben. Unter dem Schock des Vesuvausbruchs schrieb Plinius im Jahre 79 n. Chr.: „Ständig wird die Erde gequält, ihrer Erze, ihres Holzes und der Gesteine, des Feuers und der Gebäude wegen" (Plinius, zit. n. Schlott 2016). Ebenso drastisch werden Verschmutzungen und Vergiftungen der Flüsse dokumentiert, gesundheitsschädigende Luftbelastung beklagt und der Umgang mit Giftstoffen gegeißelt.

Übernutzung und Zerstörung der Natur durch den Menschen kennzeichnen auch das Mittelalter. Tiefe Eingriffe verbinden sich bes. mit der Verstädterung und den damit verbundenen Luftbelastungen, mit Wasser- und Abwasserproblemen, sowie mit der Behandlung von Abfällen aller Art. Eine leicht weiter steigende Bevölkerung verbunden mit tiefer greifenden technisch-wissenschaftlichen Eingriffsmöglichkeiten verstärkte diese Veränderungskraft menschlichen Handelns, erhöhte die Wahrscheinlichkeit, dass deren negative Konsequenzen im Zeitablauf nicht oder nicht hinreichend beachtet werden. Energiequellen wurden verstärkt erschlossen, vornehmlich in der Wasserkraft und damit mehr und mehr in der Veränderung natürlicher Flussläufe.

Markantes Beispiel dafür ist die nach 1817 durchgeführte Begradigung des Rheins durch den badischen Ingenieur Johann Gottfried Tulla. Vertiefung und Einengung im Oberlauf des zuvor stark mäandrierenden Flusses haben das natürliche Gleichgewicht dieses Naturraumes bleibend verändert, was dort bis in die heutige Zeit als Segnung empfunden wird. Siedlungs- und Ackerland wurden zusätzlich geschaffen, Überflutungsgefahren deutlich vermindert. Noch heute bezeugen die Altrheinarme diese in der regionalen Betrachtung heilsamen Wirkungen der Ingenieurskunst Tullas. An der Gebirgsstrecke des Rheins und am Unterlauf wird allerdings ein sehr hoher Preis für diese „Erfolge" bezahlt: Die gesteigerte Fließgeschwindigkeit erhöht dort die Hochwassergefahr, zumal auch die Hochwasserspitzen von Rhein und Neckar kumulieren. Erforderlich wird daher der Bau von Poldern und die Ausweisung von Auen – Kosten, die nicht von den Nutznießern dieser Investition getragen werden.

Aus kurzfristigen Überlegungen verursachte Eingriffe in den Naturhaushalt lassen wesentliche negative Konsequenzen unbeachtet. Die mittel- und langfristigen Folgekosten übersteigen Verbesserungen oft deutlich. Eine „Vollkostenrechnung" der Eingriffe wird somit bewusst oder unbewusst nicht vorgenommen, mit dem Ergebnis, dass sie von kommenden Generationen zu bezahlen sind. Dies erschien nicht verwunderlich, da über lange Zeit die Assimilationskräfte der Natur diese unbeachteten negativen Folgewirkungen aufnehmen und abpuffern konnten. Der technisch-wissenschaftliche Erkenntnisgewinn hat diese Wahrscheinlichkeit im Bewusstsein der Menschen bestätigt.

Dies änderte sich bedeutsam mit der Dynamik der Industrialisierung (↑Industrialisierung, Industrielle Revolution). Zunehmend wurden Erschöpfungserscheinungen der Natur mit ihren negativen Konsequenzen für das Leben einer exponentiell zunehmenden Weltbevölkerung deutlich, die Folgen vorangegangenen Handelns auf die ↑Wohlfahrt kommender Generationen unübersehbar. Ihre Beseitigung wurde zwingend und verursachte kostenintensive ↑Investitionen.

Die Abwälzung von ↑Kosten wirtschaftlichen Handelns auf die Assimilationskraft der Natur und auf kommende Generationen sowie auf Menschen, die von den Vorteilen dieser Entscheidung nicht erreicht wurden, wurde lange kommentarlos und sogar bewusst hingenommen, weil sie den ökonomischen Verteilungsspielraum zur Befriedigung der sozialen ↑Bedürfnisse und zur wettbewerblichen Sicherung (↑Wettbewerb) des wirtschaftlichen Handelns erhöhte. Diese Subventionierung des Wohlstands der Menschen wurde z. B. in Einklang gesehen mit dem biblischen Auftrag „Macht euch die Erde untertan“ (Gen 1,28). Die Verbindung mit der biblischen Feststellung „Der Herr setzte den Menschen in den Garten Eden, auf dass er ihn bebaue und bewahre“ (Gen 2,15), wurde nur am Rande des gesellschaftlichen Verantwortungsrahmens punktuell gesehen.

Mit der Enzyklika „Laudato si’ über die Sorge für das gemeinsame Haus“ hat Papst Franziskus 2015 dieser Betrachtung eine überzeugende Strategie entgegengesetzt. In zwingender Argumentationskraft ein überzeugendes, machtvolles und stringentes Plädoyer gegen die Externalisierung von ↑Kosten auf Natur und ↑Leben. ↑Armut und Umwelt sind zwei Seiten einer Münze.

Die Verbindung zwischen ökonomischem Erfolg und den Leistungsgrenzen der Natur ist vergleichsweise früh erkannt, in ihren Auswirkungen analysiert und in einer für die damalige Zeit bemerkenswerten strategischen Klarheit beantwortet worden. Bereits 1713 veröffentlichte Carl von Carlowitz seine Schrift „Sylvicultura Oeconomica“. C. von Carlowitz war Oberberghauptmann im kursächsischen Dienst mit Sitz in Freiberg, der Stadt der ältesten Bergakademie der Welt (↑Akademien). Seine bergbauliche Tätigkeit zur Silbergewinnung erforderte den Einsatz von Holz zur Stabilisierung der Flöße und der Verhüttung des Erzes. Er sah sich selbst im waldreichen Erzgebirge einem „allenthalben und insgemein einreissenden Grossen Holz-Mangel“ gegenüber (Carlowitz 1713). Dagegen entwarf er die Strategie einer auf Effizienz, Substitution und technologischen Kenntnissen des Wachstumsprozesses von Bäumen aufbauenden „nachhaltigen“ Waldbewirtschaftung. Seine Strategie umfasste dreidimensional das Soziale, die ökologische Tragfähigkeit und die ökonomische Stabilität wirtschaftlichen Handelns.

## 2. Integrierte Umweltpolitik als Bestandteil nachhaltiger Entwicklung

Exponentielles Wachstum der Weltbevölkerung in der Industrialisierung und die durch Wissenschaft und Forschung erarbeiteten Möglichkeiten zur Nutzung der Natur für den Menschen bis hin zur Dekodierung der Genomstrukturen waren die Treiber dieser Erkenntnisse. Die strategischen Möglichkeiten zur Eindämmung oder Vermeidung von Folgekosten eroberten sich einen markanten Platz in der Beurteilungsskala wirtschaftlichen und gesellschaftlichen Handelns.

Die erste Epoche auf dem Weg zu einer systematischen U. war dadurch gekennzeichnet. Sie bezog sich vornehmlich auf die Strategie zur nachhaltigen, gesundheits- und naturverträglichen Nutzung des ↑Wassers und zur Behandlung der Abwässer, ebenso auf die mit der Industrialisierung massiv ansteigenden Luftbelastungen.

Markantes Bespiel ist erneut der Rhein. Bereits 1948 beschlossen die sechs Anliegerstaaten die *Internationale Kommission zum Schutz des Rheins*. Die Konzentration der chemischen ↑Industrie hatte die Belastung mit kontaminierten Abwässern deutlich ansteigen lassen. Der Ausbau von Kläranlagen war höchst unzureichend in Quantität und Qualität. Bereits 1969 ereignete sich ein bis dahin im Ausmaß unbekanntes Fischsterben. Am 1.11.1986 verursachte ein Brand bei der Firma Sandoz in Basel die Einleitung von mindestens 20 Tonnen hochtoxischer Pestizide und Insektizide, die ein massenhaftes Fischsterben auslöste. Großräumige Proteste der ↑Zivilgesellschaft und ↑NGOs (Umweltbewegung) erzwangen ein tiefgreifendes Gesetzespaket als Handlungsrahmen für umfassende Investitionen in Abwasservermeidung und Abwasserreinigung. Die Belastungen wurden dadurch entscheidend verringert.

Die gesundheitsbelastenden Konsequenzen ungeordneter Abfallberge und Deponien sowie die Verwendung von Chemikalien konnte generell nicht mehr vernachlässigt werden. Der steigende Verlust an Artenvielfalt destabilisierte erkennbar die Leistungsfähigkeit des Naturhaushalts. Das Bienen- und Insektensterben führte 2019 über ein Volksbegehren in Bayern zu Handlungsverpflichtungen des Staates zur Erhaltung oder Renaturierung von Biotopen und Artenschutzprogrammen, bildete die Grundlage für dringend erforderliche Biodiversitätspolitik (↑Biodiversität). Der Einsatz von Pflanzenschutz- und Düngemitteln ist zu einer zentralen Herausforderung für eine Reform der ↑Agrarpolitik in der EU (↑Europäische Agrarpolitik) wie in Deutschland geworden. Gleichwohl konnte von einer kohärenten und integrierten umweltpolitischen Strategie noch keine Rede sein.

Die sektorale Betrachtung spiegelte sich in der institutionellen Verankerung der Aufgaben. So ressortierten in Deutschland Wasser- und Abwasserwirtschaft, Luftreinhaltung und Abfallproblematik im Bundesinnenministerium, Sicherung der Artenvielfalt im Landwirtschaftsministerium, Schutz vor Chemikalien im Gesundheitsministerium.

Mit zunehmender Nachdrücklichkeit wuchs Kritik aus regionaler und oft lokaler Betroffenheit, die in ein die gesellschaftlichen Schichten übergreifendes Protestpotential mündete. Zivilgesellschaftliche Organisationen, NGOs gewannen Einfluss auf politische Entscheidungsfindungen. NGOs wirkten im ökologischen Bereich wie Gewerkschaften im sozialen. Die Ökologische *und* Soziale Marktwirtschaft wird dadurch zum Ordnungsrahmen einer nachhaltigen Politik fortentwickelt (↑Nachhaltigkeit).

Forderungen für die ökologische Komponente in der Marktwirtschaft beziehen sich insb. auf die Einbindung der Zivilgesellschaft in Planungs- und Entscheidungsprozesse. Sie verbinden sich mit Kritik an unvollständigen und oft falschen Informationen: von Geheimhaltung etwa über die Einleitungen kontaminierter Flüsse oder Ablagerungen toxischer Abfälle in ungeordneten Deponien bis hin zu Energietechnologien. Die Kernenergie wurde v. a. in Deutschland zu einem Menetekel. Die ungelösten Probleme einer für eine Mio. Jahre sicheren Lagerung hochradioaktiver Abfallstoffe sind auch für Deutschland, das bis zum Jahre 2022 aus der Kernenergie aussteigt, eine gesellschaftliche Herausforderung. Die damit verbundenen materiellen und immateriellen Kosten sind die externalisierten Kosten der „niedrigen" Strompreise der Vergangenheit. Gleiches gilt für die ungleich höheren, die Menschheit existentiell bedrohenden Kosten der $CO_2$-Emissionen aus der Kohleverstromung (↑Energiepolitik). Diese Emissionen sind wissenschaftlich als ursächlich erkannt für den die Menschheit insgesamt gefährdenden ↑Klimawandel. Eine $CO_2$-freie Energieversorgung wird damit zur zentralen Herausforderung einer zukunftsfähigen U. in der Marktwirtschaft.

Die Unsichtbarkeit radioaktiver Strahlung und der mit dem Betrieb derartiger Kraftwerke verbundenen dramatischen Szenarien bei Fehlverhalten oder Systemversagen gehen weit über die üblichen Abwägungsprozesse hinaus. Diese Szenarien fanden in der Katastrophe des Kernkraftwerkes Tschernobyl (26.4.1986) in der Sowjetunion sowie in Fukushima (11.3.2011), im technologisch führenden Japan, fürchterliche Bestätigung.

### 3. Soziale und Ökologische Marktwirtschaft als Strategie systematischer Umweltpolitik

1962 veröffentlichte die US-amerikanische Zoologin und Wissenschaftsjournalistin Rachel Carson das Buch „Silent Spring". Der „Stumme Frühling" wird zurückgeführt auf den massiven Einsatz von Pestiziden in der Landwirtschaft (↑Land- und Forstwirtschaft). Diese Argumentation löste eine breite Welle der Betroffenheit aus. Die negativen Folgen kurzfristiger Vorteile wurden in der Breite der Gesellschaft erfahrbar, wurden diskutiert und begründeten politische Forderungen. Das Verbot von DDT (Dichlordiphenyltrichlorethan) war ein Ergebnis.

Ein Jahrzehnt später veröffentlichte der ↑*Club of Rome* die von Dennis und Donella Meadows federführend erstellte Studie „The Limits to Growth" (1972). Im gleichen Jahr fand in Stockholm mit 114 Nationen die *UN-Conference on the Human Environment* statt, mitten im ↑Kalten Krieg mit sich boykottierenden Lagerbildungen zwischen Ost und West! Da erstmals an einer UN-Konferenz NGOs stark beteiligt waren, wurde eine neue Rolle für die Zivilgesellschaft in den UN erkennbar. Bemerkenswertes Ergebnis dieser Konferenz war die Gründung der Umweltorganisation der ↑Vereinten Nationen (*United Nations Environment Programme* [UNEP]). Sie konnte zeitnah realisiert werden – mit Hauptsitz in Nairobi (Kenia), eine programmatische Entscheidung.

Ebenfalls 1972 errichtete der Freistaat Bayern das erste Umweltministerium in Deutschland und verabschiedete 1974 ein erstes Umweltprogramm. Auf Bundesebene wurde 1974 in Berlin das UBA begründet, das *Bundesministerium für Umwelt, Naturschutz und Reaktorsicherheit* erst 1986 nach der Katastrophe in Tschernobyl. Bereits 1971 entstand in der DDR ein eigenes Ministerium für Umwelt und Wasserwirtschaft. Die massiven Umweltbelastungen dort, vornehmlich durch den Braunkohletagebau, den Uranbergbau der sowjetisch-deutschen AG Wismut in Freital im Erzgebirge, die Kohle-Chemie im Raum Bitterfeld und die massiven Luft-Wasserbelastungen konnten durch dieses Ministerium allerdings nicht im Ansatz bewältigt werden.

20 Jahre nach Stockholm fand 1992 in Rio de Janeiro die *United Nations Conference on Environment and Development* (UNCED) mit 17 000 Teilnehmern statt. Dieser „Erd-Gipfel" griff die Ergebnisse von 1972 auf und erarbeitete die Strategie für die massive Dynamik einer integrierten U. Die Zivilgesellschaft wurde zu einem einflussreichen, wichtigen Akteur. Sie war mit 2 400 engagierten Menschen aus der ganzen Welt vertreten. Die Konferenz verhandelte und verabschiedete die Agenda 21, die Klimarahmenkonvention, „Forest Principles", Biodiversitätskonvention, Grundlagen einer Konvention gegen die Wüstenbildung sowie die „Rio Principles" als Grundsatzerklärung für integrierte U. und nachhaltige Entwicklung.

Damit wurde kurz nach der Überwindung der Bipolarität zwischen Ost und West eine globale Verankerung für nachhaltige Entwicklung, für soziale ↑Gerechtigkeit, verbunden mit ökologischer ↑Verantwortung und ökonomischer Stabilität geschaffen. Die Ökologische und Soziale Marktwirtschaft ließ sich als klarer Rahmen erkennen. Folgekonferenzen in Johannesburg 2002 und Rio de Janeiro 2012 haben ihn derart weiter gefestigt, dass aus der Klimakonvention 2015 in Paris ein konkretes, international verpflichtendes Abkommen gegen den Klimawandel entwickelt und verabschiedet werden konnte. Die Konvention zur Artenvielfalt wurde durch untergesetzliche Regelungen für den Schutz von geistigem Eigentum entscheidend gestärkt, der neben agroindustriellen Patenten bes. auch traditionelles Wissen umfasst (↑Immaterialgüterrecht). Auch die Wüstenkonvention wurde ratifiziert.

### 4. Aktiver Umweltschutz

Aktiver Umweltschutz hat sich parallel dazu entwickelt. Am Anfang sollten durch bessere Verteilung der Schadstoffe in der Umwelt die negativen Auswirkungen auf den Menschen und die natürliche Stabilität vermieden werden. Diese *High Chimney Policy* bewirkt eine „bessere" Verteilung und damit eine Unterschreitung von Immissionswerten. Diese Zielsetzungen finden sich ebenso in der Standortwahl von wasser- und abwasserintensiven Unternehmen an großen Flüssen mit den entspr.en Verdünnungseffekten für die Abwässer sowie in langen Einleitungskanälen für Abwasser in das Meer.

Die zweite Phase verbindet sich mit dem Begriff der *End of the Pipe Policy*. Klare gesetzliche Emmissionsgrenzwerte werden mit der Entwicklung und Anwendung von Filtersystemen für Abluft erreicht, bevor sie den Kamin verlässt. Auch dafür gibt es vielfältige Beispiele im Bereich der Wasserwirtschaft mit den jeweiligen Kläranlagentechnologien. Durch diese Maßnahmen wurden allerdings mit Filterstäuben oder Klärschlämmmen z. T. stark belastende Sonderabfälle produziert, die neue schwierige Entsorgungsaufgaben begründeten.

Diese Strategien gründen auf dem *Verursacherprinzip*, das die Verursacher einer Belastung für entspr.e Maßnahmen prinzipiell verantwortlich macht. Das *Allgemeinlastprinzip*, der Einsatz staatlicher Mittel, wurde dadurch nicht gänzlich ersetzt, aber doch deutlich problematisiert. Für eine integrierte, nachhaltige U. wurde es erforderlich, vom Verursacherprinzip in das *Vorsorgeprinzip* voran zu gehen. Diese zwingende Notwendigkeit wird insb. im Rahmen der energiepolitischen Transformation von einer auf fossilen Energieträgern aufgebauten Energieerzeugung mit erheblichen $CO_2$-Emissionen hin zu einem $CO_2$-freien, für die Klimapolitik zentralen Ausbau erneuerbarer Energien deutlich. Energieeffizienz, die Senkung des spezifischen Energieverbrauchs, ist der zweite Ansatzpunkt für eine klimaneutrale Energieversorgung.

Diese Energietransformation, die klimapolitisch erforderliche „Energiewende", erfordert eine Beendigung der Nutzung fossiler Energieträger und deren Substitution durch $CO_2$-freie Alternativen. Dies kann durch entspr.e Preisstellung für $CO_2$ angestrebt werden. Die dramatischen Konsequenzen einer nicht oder nicht rechtzeitigen $CO_2$-freien Energieversorgung legen allerdings nahe, klare ordnungspolitische Zielsetzungen (↑Ordnungspolitik) gesetzlich zu verankern. Die technischen Möglichkeiten für die Realisierung dieser rechtlichen Vorgaben bleiben den energiepolitischen Akteuren vorbehalten. Die Konzentration auf Wasserstoff als Energiespeicher stellt eine zukunftsfähige Analyse für den bisherigen Einsatz fossiler Brennstoffe dar. Wasserstoff-Strategien der ↑EU, der ↑Bundesregierung und der Bundesländer können zum Königsweg einer $CO_2$-freien Energieerzeugung werden.

Beim Abfall zwingt diese Herausforderung in einer Welt mit bald 9 Mrd. Menschen zu einer umfassenden Kreislaufwirtschaft. Lineares Denken kann einer vorsorgenden U.- und Ressourcenpolitik nicht gerecht werden. Bereits bei der Entwicklung von Produkten und der Konzipierung von Nutzungsabläufen ist „vom Abfall her" zu denken, ihre Recyclingfähigkeit ist zu gewährleisten. Rohstoffe und Energie können dadurch dauerhaft eingespart werden. Weltweit erstmals trat in der BRD am 27.9.1994 ein KrWG in Kraft, welches zum Ziel hat, das Denken „vom Abfall her" zur Pflicht zu machen. Der *Green-Deal* der ↑Europäischen Kommission 2020 hat diese Überlegungen als einen von drei Schwerpunkten für gemeinschaftliches Handeln aufgegriffen.

### 5. Ausblick: Nachhaltiges Umweltmanagement

Auf der Konferenz „Sustainable Development. A Nobel Cause" (2007), stellten in Potsdam Nobelpreisträger und wissenschaftliche Experten fest, dass die Menschheit eine „quasi geologische Kraft" (2007: 1) geworden ist. Sie griffen damit indirekt Überlegungen auf, die Paul Crutzen bereits 2002 veröffentlicht hat. Er stellt eingangs fest: „The effects of humans on the global environment have escalated". Er folgert daraus: „It seems appropriate to assign the term ‚Anthropocene' to the present, in many ways human-dominated, geological epoch" (Crutzen 2002: 23).

Diese Entwicklung stellt einer vorsorgenden integrierten U.- und Nachhaltigkeitspolitik eine gänzlich neue Herausforderung. P. Crutzen stellt Wissenschaftlern und Ingenieuren im ↑Anthropozän die herausfordernde Aufgabe, die Gesellschaft in einem nachhaltigen Umweltmanagement durch diese Zeit zu führen. Die Konsequenzen vorangehender Eingriffe des Menschen in die Natur und die dabei nicht berücksichtigten Folgeprobleme schaffen eine ↑Pfadabhängigkeit, die nach seiner Überzeugung Handlungszwänge begründet, die nur durch Wissenschaftler und Techniker bewältigt werden können. Die Auswirkungen dieser Feststellung auf die Funktionsbedingungen einer offenen parlamentarischen ↑Demokratie sind massiv. Sie bestimmen zunehmend die sozialwissenschaftliche Diskussion.

Mit Blick auf die Handlungsoptionen verweist P. Crutzen darauf, dass diese Pfadabhängigkeiten auch großskalige Projekte des Geoengineerings etwa zur Optimierung des Klimas erforderlich machen könnten.

Die wissenschaftliche Forschung verbindet zwei Handlungsfelder mit Geoengineering:

*a)* Die Entfernung von $CO_2$ aus der Atmosphäre; damit verbunden negative $CO_2$-Emissionen etwa durch Landnutzung und Aufforstung.

*b)* *Solar Radiation Management*, z. B. durch sonnenstrahlungsabweisenden Spiegeltechnologien im All oder durch die Injektion von Partikeln in die Stratosphäre und Atmosphäre: Ein künstlicher menschengemachter Tambora-„Vulkan-Mechanismus". Der Tambora-Vulkan (größter Vulkanausbruch in geschichtlicher Zeit) hat im Jahr 1815 bis zu 160 Kubikkilometer pyroklastischen Materials mit einer Masse von 140 Mrd. Tonnen bewirkt, dass das Jahr 1816 zu einem „Jahr ohne Sommer" wurde, mit globalen und regionalen Klimaveränderungen.

Diese Perspektive problematisiert P. Crutzen mit dem Hinweis: „At this stage, we are still largely trading on terra incognita" (2002: 23).

Damit steht die Menschheit erneut vor der Versuchung, Maßnahmen zu ergreifen, deren mittel- und langfristige Wirkungen nicht abschätzbar sind oder nicht hinreichend erforscht werden. Der Begriff „Umwelt" entlarvt sich damit als zutiefst anthropozentrisch. Allerdings werden vor dem Hintergrund der Decodierung von Natur und Leben die möglichen externalisierten Wirkungen gravierender und freiheitsbegrenzender. Eine Ökologische *und* Soziale Marktwirtschaft ist und bleibt daher zwingend.

### Literatur

M. Kranert (Hg.): Einführung in die Kreislaufwirtschaft, [5]2017 • J. Radkau: Geschichte der Zukunft. Prognosen, Visionen in Deutschland von 1945 bis heute, 2017 • R. Marx: Enzyklika Rerum Novarum. Gerechtigkeit und Teilhabe für alle. 125 Jahre Rerum Novarum und die katholische Soziallehre, 2016 • K. Schlott: Dicke Luft im alten Rom (2.2.2016), in: SZ, URL: https://www.sueddeutsche.de/wissen/umweltzerstoerung-dicke-luft-im-alten-rom-1.2836814, abger.: 23.11.2020 • T. Huff: Natur und Industrie im Sozialismus, 2015 • U. Niemeier u. a.: Solar Irradiance Reduction via Climate Engineering. Impact of Different Techniques on the Energy Balance and the Hydrological Cycle, in: Journal of Geophysical Research-Atmospheres 118/21 (2013), 905–917 • H. Aden: Umweltpolitik, 2012 • Geoengineering – Plan B zur Rettung des irdischen Klimas?, in: GEOMAX 18 (2011) • J. R. Fleming: Fixing the Sky. Checkered History of Weather and Climate Control, 2010 • M. Jännicke: Geschichte der Umweltpolitik, 2009 • L. Thommen: Umweltgeschichte der Antike, 2009 • K. Dingwerth: Globale Umweltpolitik (2008), URL: https://www.berlin-institut.org/fileadmin/user_upload/handbuch_texte/pdf_Dingwerth_Globale_Umweltpolitik.pdf (abger.: 16.11.2020) • Potsdam Institute for Climate Impact Research (Hg.): Potsdam Memorandum. A Global Contract for the Great Transformation. Executive Summary of the Main Conclusions From the Symposium „Global Sustainability: A Nobel Cause", 2007 • M. Williams: Deforesting the Earth. From Prehistory to Global Crisis, 2006 • P. Crutzen: Geology of Mankind, in: Nature 415/23 (2002), 23 • Wissenschaftlicher Beirat der Bundesregierung Globale Umweltveränderungen (Hg.): Welt im Wandel – Neue Strukturen globaler Umweltpolitik, 2001 • R. Carson: Silent Spring, 2000 • J. Radkau: Natur und Macht. Eine Weltgeschichte der Umwelt, 2000 • Enquete-Kommission „Schutz des Menschen und der Umwelt" des Deutschen Bundestages (Hg.): Die Industriegesellschaft gestalten. Perspektiven für einen nachhaltigen Umgang mit Stoff- und Materialströmen, 1994 • UN Conference on the Human Environment and Development (Hg.): Agenda 21, 1992 • G. Hartkopf/E. Bohne: Umweltpolitik, Bd. 1, 1983 • D. Meadows u. a.: The Limits to Growth. A Report for the Club of Rome's Project on the Predicament of Mankind, 1972 • C. von Carlowitz: Sylvicultura Oeconomica, Oder Haußwirthliche Nachricht und Naturmäßige Anweisung Zur Wilden Baum-Zucht, 1713.

KLAUS TÖPFER

## Umweltrecht

### 1. Gegenstand und Ausgangslage

Die Anfänge des modernen U.s liegen sowohl auf europäischer Ebene als auch in Deutschland in den 70er Jahren des letzten Jahrhunderts. Angestoßen nicht zuletzt durch die UN-Umweltkonferenz von Stockholm 1972 war das U. von Beginn an in eine starke internationale Entwicklung eingebunden. Seither ist das U. sukzessive zu einem eigenständigen, stark vom Europa- und auch vom ↑Völkerrecht geprägten Rechtsgebiet herangewachsen. Auch wenn die Notwendigkeit eines effektiven ↑Umweltschutzes anerkannt ist, steht dieser in einem Spannungsverhältnis zu anderen Staatszielen und gesetzgeberischen Zwecken, v. a. der Wirtschafts- und Forschungsförderung sowie sozialen Nutzungsansprüchen. Das U. dient nicht zuletzt dem geforderten Ausgleich.

Gegenstand des U.s sind alle rechtlichen Regelungen, die auf den Schutz der Umwelt gerichtet sind. Nicht immer handelt es sich um Umweltgesetze im engeren Sinn. Viele Regelungen haben, ohne die Umwelt spezifisch zu regulieren, hohe umweltrechtliche Relevanz (z. B. Vorschriften des BauGB, EnWG). Diese umweltrelevanten Vorschriften zählen zum U. im weiteren Sinn. Das U. im engeren Sinn ist dessen ungeachtet v. a. mit Blick auf einzelne Umweltmedien in vielerlei Hinsicht spezifisch geregelt (z. B. BImSchG, WHG, BBodSchG).

Zu den Schutzgütern des U.s zählen Menschen, insb. die menschliche ↑Gesundheit, Tiere, Pflanzen und die biologische Vielfalt (↑Biodiversität), Flächen, ↑Boden, ↑Wasser, Luft, Klima und Landschaft, das kulturelle Erbe und sonstige Sachgüter sowie die Wechselwirkungen zwischen diesen Schutzgütern. Der damit bezeichnete Umweltbegriff mittlerer Reichweite, der exemplarisch in § 2 Abs. 1 UVPG geregelt ist, liegt der Sache nach den meisten modernen Umweltgesetzen zugrunde. Der europarechtlich vorgegebene Ansatz eines integrierten Umweltschutzes verfolgt das Ziel, die Gesamtheit der umweltrelevanten Tätigkeiten und Auswirkungen zu berücksichtigen, um Belastungsverlagerungen zu verhindern und die Umwelt insgesamt bestmöglich zu schützen.

## 2. Rechtsgrundlagen

Umweltgefahren und Umweltrisiken können lokal begrenzt sein, regional auftreten sowie nationale oder auch globale Herausforderungen darstellen. Zahlreiche ↑völkerrechtliche Verträge, aber auch Völkergewohnheitsrecht (↑Gewohnheitsrecht) und *soft law* prägen das internationale U. Erhebliche Bedeutung hat das europäische U. sowohl auf der Ebene des Primär- als auch des Sekundärrechts (↑Europarecht). Im nationalen Recht wirkt das Umweltverfassungsrecht v. a. über die Schutzpflichtdimension der ↑Grundrechte, die mittelbare Drittwirkung der Grundrechte und über die ↑Staatszielbestimmung in Art. 20a GG auf das U. ein. Umweltgesetze formulieren unterschiedliche Anforderungen an (potenziell) umweltverschmutzende Tätigkeiten und stellen sie teilweise unter Genehmigungsvorbehalt. Die materiellen Anforderungen, die häufig in Form von unbestimmten Rechtsbegriffen geregelt sind, werden vielfach durch untergesetzliche Regelwerke (↑Rechtsverordnungen, Verwaltungsvorschriften etc.) präzisiert. Neben dem öffentlichen U. gibt es auch ein Umweltprivatrecht und ein Umweltstrafrecht. Das Umweltprivatrecht bietet zivilrechtlichen Schutz vor Umweltbelastungen (v. a. Immissionen) und gewährt Restitution im Schadensfall. Das Umweltstrafrecht stellt bestimmte umweltverschmutzende Tätigkeiten unter Strafe. Beiden Rechtsgebieten kommt neben dem öffentlichen U. Bedeutung v. a. als Ergänzungs- und Auffangordnungen zu.

Das Vorhaben eines Umweltgesetzbuchs war der Versuch, das zersplitterte und doch an vielen Stellen verknüpfte U. durch eine einheitliche Kodifikation zu harmonisieren. Zwei Umweltgesetzbuch-Entwürfe (Professorenentwurf 1999 und Referentenentwurf 2005) scheiterten jedoch im Gesetzgebungsverfahren. In der 16. Legislaturperiode (2005–2009) wurden verschiedene Teile des Referentenentwurfs als Einzelgesetze verabschiedet.

## 3. Europäisierung und Internationalisierung

Weite Teile des U.s haben sich im Verbund von internationalem, europäischem und nationalem Recht entwickelt. Das rasche und weite Ausgreifen insb. des europäischen U.s hat zur Folge, dass das deutsche U. immer stärker zu einem Umsetzungsrecht für europäische Vorgaben geworden ist. Dabei haben sich die europäischen Vorgaben insofern verändert, als sie sukzessive eigene gesetzgeberische Konzepte und Systemansätze verfolgt haben.

Von grundlegender Bedeutung für die Effektivierung des U.s ist die Aarhus-Konvention, die als völkerrechtlicher Vertrag sowohl die ↑EU als auch Deutschland bindet. Mit ihren drei umweltrelevanten Regelungsaspekten

*a)* Zugang und Anspruch auf Umweltinformationen,
*b)* Öffentlichkeitsbeteiligung bei umweltrelevanten Entscheidungsverfahren sowie
*c)* Zugang zu gerichtlichen und anderen Verfahren zur Überprüfung staatlicher Entscheidungen

verfolgt die Aarhus-Konvention das Ziel, durch eine in Umweltangelegenheiten informierte, in Umweltverwaltungsverfahren einbezogene und mit Rechtsschutzmöglichkeiten versehene Öffentlichkeit das U. zu effektivieren.

## 4. Umwelt und Verfassung

Mit Blick auf die Bedeutung der ↑Verfassung für das U. gilt es zwei Aspekte in Rechnung zu stellen: Zum einen muss das Ziel des Umweltschutzes stets mit anderen Verfassungsaussagen zum Ausgleich gebracht werden. Zum anderen ist das U. fast immer mehrpolig angelegt. Verfassungsrechtliche Anknüpfungspunkte können einerseits für den Schutz vor Umweltbelastungen, andererseits für die rechtlichen Grenzen staatlicher Umweltschutzmaßnahmen geltend gemacht werden. In Ermangelung eines Grundrechts auf Schutz vor Umweltbelastungen sind mit Blick auf den verfassungsrechtlichen Schutz vor Umweltbelastungen grundrechtliche Schutzpflichten und die verfahrensrechtliche Dimension der ↑Grundrechte in den Vordergrund getreten, wobei eine Verletzung von Schutzpflichten nur bejaht wird, wenn der ↑Staat angesichts bestehender Gefährdungslagen nichts oder nur evident Ungeeignetes tut. Auf der anderen Seite setzen die Grundrechte staatlichen Umweltschutzmaßnahmen auch Schranken, so dass prinzipiell alle rechtsstaatlichen Vorkehrungen zur verhältnismäßigen Begrenzung staatlicher Eingriffe zur Anwendung kommen.

Das seit 1994 im ↑GG verankerte Staatsziel Umweltschutz ist über lange Jahre gefordert und politisch erkämpft worden. Die verfassungsrechtliche Verankerung steht für ein spezifisches Legitimationsniveau (↑Legitimation), das die umweltstaatliche Dimension ausdrücklich einbezieht. Als objektiv-rechtlich wirkender, unmittelbar verbindlicher Verfassungsrechtssatz gibt Art. 20a GG das Ziel des Schutzes der natürlichen Lebensgrundlagen auch im Interesse künftiger Generationen vor. Die Umsetzung im Einzelnen obliegt den drei staatlichen Gewalten, wobei die Konkretisierungsleistung in erster Linie dem Gesetzgeber aufgegeben ist.

## 5. Prinzipien

Das U. stützt sich auf eine Reihe von Grundprinzipien, zu denen als klassische Trias das Vorsorgeprinzip, das Verursacherprinzip und das Kooperationsprinzip gezählt werden. Kennzeichnend für das deutsche U. ist eine starke Ausrichtung am Vorsorgegrundsatz. Danach dürfen (freiheitseinschränkende) vorsorgende Maßnahmen auch getroffen werden, wenn nur begründete Verdachtsmomente bestehen. In der Ausprägung der Ressourcenvorsorge fordert das Vorsorgeprinzip eine schonende Inanspruchnahme der Naturgüter und Lebensräume und weist damit starke Bezüge zum Prinzip der ↑Nachhaltigkeit auf, das eine langfristig vorausschauende Sicherung der Lebensgrundlagen für die Nutzung auch durch künftige Generationen fordert. Das Verursacherprinzip wendet sich v. a. an den Gesetzgeber mit der Maßgabe, Umweltgesetze so zu fassen, dass Verursacher vorrangig die sachliche und finanzielle Verantwortung für die von ihrem Verhalten ausgehenden Umweltbelastungen und Umweltschäden tragen. Der Kooperationsgedanke, dessen Prinzipiencharakter nicht einhellig anerkannt ist, trägt der Erkenntnis Rechnung, dass die Umweltverwaltung im modernen Staat auf eine Kooperation mit den gesellschaftlichen Kräften angewiesen ist.

Die umweltrechtlichen Leitprinzipien geben dem Gesetzgeber Anleitung und Rechtfertigung bei der Gestaltung des U.s. Dem Rechtsanwender dienen sie zur Ausfüllung von Auslegungs-, Beurteilungs- und Ermessensspielräumen (↑Ermessen).

### 6. Instrumente

Die verfassungsrechtliche Einfassung, die bes. Langfristigkeit, die ausgeprägte Vorsorgedimension sowie die starke Abhängigkeit von Expertenwissen haben bewirkt, dass sich im U. eine Reihe neuartiger Regelungsstrukturen und Regulierungsbausteine ausgeformt und etabliert haben. Zu den konsentierten Erkenntnissen zählt, dass effektiver Umwelt- und Gesundheitsschutz nicht mehr allein durch traditionelle staatliche Kontrollinstrumente erreicht werden kann, sondern einer Ausweitung und Dynamisierung der Anforderungen und Instrumente bedarf. Das U. ist damit zum Referenzgebiet für ein Nachdenken über neue Formen der staatlichen ↑Verwaltung und neue Steuerungsinstrumente (↑Steuerung) geworden. Einen Schwerpunkt der umweltrechtlichen Entwicklung bildet die Ausweitung und Ausdifferenzierung von Instrumenten indirekter Verhaltenssteuerung von Umweltabgaben, über Umweltaudit bis hin zu privaten und halbstaatlichen Gremien der Standardsetzung.

In dem Maße, in dem das U. (bspw. beim Umgang mit Risiken) Schwierigkeiten ausgesetzt ist, eindeutige und klar kontrollierbare inhaltliche Regelungen zu treffen, haben verfahrensrechtliche Instrumente an Bedeutung gewonnen. Neben einem erheblichen Ausbau von Informationsrechten sowie der Öffentlichkeitsbeteiligung in nahezu allen Bereichen des U.s zählt die Umweltverträglichkeitsprüfung zu den wichtigsten verfahrensbezogenen Instrumenten. In der Sache geht es darum, dass im Vorfeld von Entscheidungen, die für die Umwelt relevant sein können, die absehbaren Folgen für die Umwelt ermittelt und bewertet werden, so dass sie im Zeitpunkt der Entscheidung bekannt sind und berücksichtigt werden können.

### 7. Rechtsschutz

Den traditionellen Einengungen des deutschen Verwaltungsrechts entspr. ist der Rechtsschutz im U. begrenzt. Umweltrechtliche Normen können als „drittschützend" nur angegriffen werden, wenn sie zumindest auch dazu bestimmt sind, einen abgrenzbaren Personenkreis zu schützen und subjektive Rechte vermitteln. Während ↑Normen, die der Abwehr von Gefahren dienen, grundsätzlich drittschützend sein sollen, ist die Reichweite des Drittschutzes bei anderen Normen (Vorsorgeregelungen, verfahrensrechtlichen Vorschriften etc.) durch Auslegung zu ermitteln und wird nur ausnahmsweise bejaht. Die Rechtsschutzkonzeption des deutschen Rechts gerät jedoch zunehmend unter den Einfluss des europäischen Rechts, das vergleichbare Einschränkungen des Rechtsschutzes nicht kennt und im Falle von Kollisionen zwischen europäischem und nationalem Recht auch nicht ohne weiteres akzeptiert.

Einen Meilenstein im U. stellt der Erlass des UmwRG im Jahr 2006 dar. Es geht auf die Aarhus-Konvention und daran anknüpfende EU-Richtlinienbestimmungen zurück. Es enthält verwaltungsprozessuale Sondervorschriften bei U.s-Behelfen. V.a. gewährt es Umweltverbänden weitgehend unabhängig von der Rüge der Verletzung eigener Rechte ein Klagerecht in Umweltangelegenheiten. Entgegen der urspr.en Ausrichtung auf Verbandsklagen entwickelt sich das UmwRG – seinem weit gefassten Namen entspr. – mehr und mehr zu einem Gesetz, das U.s-Behelfe auch von Individualklägern erfasst.

### 8. Bes. Regelungsbereiche

Die maßgebenden spezielleren Referenzgebiete des Umweltschutzes sind nach und nach zu einem bes.n Teil des U.s ausgeformt worden. Dazu zählt das Immissionsschutzrecht, das seit dem Inkrafttreten des BImSchG im Jahr 1974 eine dynamische Entwicklung genommen hat. Wichtige Neuerungen betrafen und betreffen den integrativen und medienübergreifenden Regelungsansatz der Industrieemissionsrichtlinie, die neuen Instrumente des Lärmschutzes und nicht zuletzt das europäische Luftqualitätsrecht. Hinzu kommen die Regelungen des Klimaschutz-, Klimafolgen- und ↑Energierechts, die zu einer der größten Herausforderungen des internationalen, europäischen und nationalen Rechts geworden sind. Im Bereich des Gewässer- und Meeresumweltschutzes steht die Sicherung von Wasserressourcen in ausreichender Menge und in guter Qualität weit oben auf der umweltrechtlichen Agenda. Der starke Nutzungsdruck auf die Weltmeere durch Fischerei, Schifffahrt, Nährstoff- und Schadstoffeinträge, Meeresbergbau, Marinekulturen und ↑Tourismus haben auch den Meeresumweltschutz immer stärker in den Vordergrund gerückt. Im Bereich von ↑Naturschutz und Landschaftspflege, Bodenschutz, ↑Tierschutz und Artenschutz haben europäische und völkerrechtliche Regelwerke entscheidende Weichenstellungen herbeigeführt und zu einer Verbesserung der Lage beigetragen. Auch das Gentechnikrecht (↑Gentechnik) mit der europäischen System- und der Freisetzungsrichtlinie hat das nationale Recht maßgebend geprägt und ist in gewisser

Weise zum Modellbereich für den Umgang mit Umwelt- und Gesundheitsrisiken geworden. Im Kreislaufwirtschafts- und Abfallrecht ist es der internationalen und der europäischen Ebene zu verdanken, dass durchgreifende rechtliche Veränderungen eingeführt wurden und der Weg von einer Abfallwirtschaft zu einer Kreislaufwirtschaft beschritten wurde. Ohne Zweifel sind mit Blick auf die Ressourceneffizienz aber weitere Anstrengungen und Fortentwicklungen des Rechts nötig. Große Bedeutung gewonnen hat das U. auch als Querschnittsmaterie und Scharnier zu anderen Aufgaben und Regulierungsbereichen. Dies gilt in bes.m Maße für die Verknüpfung von Umwelt und ↑Verkehr als maßgebendem Faktor für Schadstoffausstoße, Lärm, Flächenverbrauch und Landschaftszersiedelung. Hinzu kommt als weitere Querschnittsmaterie der Umweltschutz im öffentlichen ↑Baurecht, im Raumordnungs- und im Fachplanungsrecht (↑Raumordnung und Landesplanung), die in gewisser Weise zu Teilbereichen des U.s avanciert sind. Das Ziel, konkrete Nutzungsansprüche an den Boden nicht nur möglichst konfliktarm zuzuordnen, sondern mit Grund und Boden insgesamt sparsam umzugehen, den Schutz von ↑Natur und Landschaft zu gewährleisten, eine Zersiedelung der Landschaft zu vermeiden, Verkehrswege zu bündeln und zugl. einen Beitrag zum Klimaschutz zu leisten, steht im U. nach wie vor weit oben auf der Agenda.

### Literatur

W. Kahl/K. F. Gärditz: Umweltrecht, [11]2019 • A. Epiney: Umweltrecht in der Europäischen Union, [4]2019 • H.-J. Koch/E. Hofmann/M. Reese (Hg.): Hdb. Umweltrecht, [5]2018 • E. Rehbinder/A. Schink (Hg.): Grundzüge des Umweltrechts, [5]2018 • A. Proelß (Hg.): Internationales Umweltrecht, 2017 • M. Kloepfer: Umweltrecht, [4]2016 • K. Meßerschmidt: Europäisches Umweltrecht, 2011.

IVO APPEL

## Umweltschutz

Unter U. sind die Anstrengungen zum Erhalt (bzw. zur Wiederherstellung) der natürlichen Lebensgrundlagen des Menschen (↑Boden, ↑Wasser, Luft, ↑Natur) zu verstehen. Überlegungen zum Schutz und Erhalt der natürlichen Ressourcen i.S. nachhaltiger Entwicklung und Sicherung der Lebensgrundlagen des Menschen sind schon aus dem Werk Plinius des Jüngeren bekannt und seitdem mit unterschiedlichen Schwerpunkten immer wieder formuliert worden. In Art. 150 WRV wurde ↑Naturschutz z.B. schon explizit als Aufgabe des Staats genannt. Vermehrte Aufmerksamkeit fand das Thema ab der zweiten Hälfte des 20. Jh. Das Problemfeld der Umweltzerstörung und mögliche Gegenmaßnahmen rückten seit den 1960er Jahren v.a. in den industrialisierten Nationen in den Fokus. Organisationen der ↑Zivilgesellschaft machten nachdrücklich auf die Notwendigkeit verstärkter Bemühungen zum U. in Form einer umsichtigen ↑Ressourcenpolitik unter dem Gesichtspunkt der ↑Nachhaltigkeit aufmerksam. Die daraus entstandenen ↑NGOs, wie z.B. ↑Greenpeace, sind weiterhin zentrale Akteure in der ↑Umweltpolitik. Die ↑Vereinten Nationen spielten eine wichtige Rolle in der Institutionalisierung des Politikfelds. Waren Ideen des U.- und Naturschutzes zunächst Themen einzelner, neuer (in Deutschland zentral ↑Bündnis 90/Die Grünen), so sind sie mittlerweile Teil der Programme aller etablierten Parteien. Seit 1994 ist U. in Art. 20a GG als Staatsziel festgeschrieben: „Der Staat schützt auch in Verantwortung für die künftigen Generationen die natürlichen Lebensgrundlagen und die Tiere im Rahmen der verfassungsmäßigen Ordnung durch die Gesetzgebung und nach Maßgabe von Gesetz und Recht durch die vollziehende Gewalt und die Rechtsprechung".

Philosophische Grundlagen des U.es diskutiert die ↑Umweltethik. Die Bemühungen um die Etablierung der Umwelterziehung (↑Umwelterziehung, Umweltbildung) i.S. einer Bildung für nachhaltige Entwicklung ziehen die Konsequenzen aus der Bedeutung des Themas für zukünftige Generationen und der Notwendigkeit, es früh in allg.es Bewusstsein und alltägliches Handeln zu integrieren.

Eine Kombination von durch das ↑Umweltrecht gestalteten Rahmengebungen (inkl. der Definition betreffender Straftaten und deren Ahndung) und mit Mitteln der ↑Umweltökonomik gestalteten Anreizen (in Form von bspw. ↑Subventionen) soll U. im umfassenden Maß ermöglichen.

Einzelne Teilbereiche des U.es sind u.a. ↑Immissionsschutz, Meeresschutz (↑Internationales Meeresumweltrecht), Artenschutz, und, mit zunehmender Dringlichkeit in der öffentlichen Debatte, der ↑Klimawandel und seine Konsequenzen.

Eine bes. Herausforderung des U.es ist dessen Qualität als genuiner Querschnittsbereich gesellschaftlichen und staatlichen Handelns: So betreffen einschlägige Maßnahmen neben ↑Land- und Forstwirtschaft und der damit verbundenen ↑Agrarpolitik (↑Europäische Agrarpolitik) auch Aspekte der Verkehrsplanung (↑Verkehr), der ↑Wirtschaftspolitik und der sicheren ↑Ernährung der Bevölkerung. Auch sind zunehmende Umweltgefährdungen wie deren Beseitigung und Vermeidung ein internationales Problem, was sich in entspr.en Abkommen und Verträgen niederschlägt, zugl. aber die effiziente und effektive Umsetzung des höchst komplexen Anliegens U. zusätzlich erschwert.

### Literatur

H. Aden: Umweltpolitik, 2012 • M. Böcher/E. A. Töller: Umweltpolitik in Deutschland, 2012.

SOPHIE HARING

## Unabhängigkeitsbewegungen

Unter U. versteht man Gruppierungen, die es sich zum Ziel gesetzt haben, eine nationale oder ethnokulturelle, religiöse, soziale oder tribale Einheit aus einem gegebenen Staatsverband zu lösen, um realen oder imaginierten Unterdrückungssituationen oder Ungerechtigkeiten zu entgehen und um nationale, kulturell religiöse oder soziale Selbstbestimmung (↑Selbstbestimmungsrecht) zu erlangen. Dabei unterscheiden sich U. von Bewegungen, denen es um bloße Autonomie innerhalb eines Staatsverbandes geht, durch das höhere Maß an Radikalität, aber nicht notwendig durch ein gesteigertes Maß an Militanz. U. sind nicht notwendig gewalttätig, wie etwa die schottische, frankokanadische und katalanische U. der Gegenwart belegen. Zudem können Autonomiebewegungen in U. ebenso umschlagen, wie sich, nach Erfüllung gewisser Mindestforderungen, U. zu Autonomiebewegungen zurückentwickeln können wie etwa in Québec.

In einem gewissen Sinn hat es U. in der Geschichte immer gegeben, insb. im Kontext größerer Reichsverbände und Imperien. Man kann etwa mit guten Gründen die These vertreten, die jüdischen Aufstände gegen das Seleukidenreich unter den Makkabäern (ab 166 v. Chr.) oder gegen das Imperium Romanum (66–73 und 132–35) seien nationalreligiöse U. gewesen. Ähnliches kann vom Aufstand der Eidgenossen gegen die Herrschaft des Hauses Habsburg (ab 1386) oder vom Unabhängigkeitskrieg der Niederländer gegen die Spanier (1568–1648) gesagt werden. Allerdings läuft man dann Gefahr, die Komplexität imperialer und reichischer Verfassungskonstellationen, die durchaus höchst unterschiedliche Formen der Zugehörigkeit und Autonomie kannten, ahistorisch zugunsten moderner Ideen von homogener Nationalstaatlichkeit zu übersehen. Mehr Sinn macht es, im Interesse epochenübergreifender Vergleichbarkeit einerseits von einem weiteren Sinn von U. zu sprechen, der die oben genannten Phänomene einzubeziehen vermag, anderseits sich im Interesse größerer analytischer und begrifflicher Präzision auf U. in der Neuzeit, also vor dem Hintergrund nationalstaatlicher Verdichtungs-, Territorialisierungs-, Vereinheitlichungs- und Sozialdisziplinierungsmaßnahmen mit dem Ziel größtmöglicher ethnischer, kultureller, sozialer und religiöser Homogenität, zu konzentrieren. Ausgehend von der zweiten Begriffsverwendung kann man den Beginn moderner U. auf das ausgehende 18. Jh. ansetzen, wo in einem relativ kurzen Zeitraum die ↑Revolutionen in Nordamerika, auf Kuba und in Frankreich sowie Lateinamerika (alle zwischen 1765 und 1820) zu einer ersten Massierung von U. geführt haben. Sie alle entstanden aus der Dialektik von reichisch-imperialen und nationalstaatlichen Dynamiken und den daraus resultierenden strukturellen Friktionen von Zentrum und Peripherie, wobei sich sowohl das Ringen um die imperiale Hegemonie zwischen Großbritannien und Frankreich im 18. Jh. wie die französischen Revolutionskriege mitsamt den Napoleonischen Kriegen als Jahrhundert-Katalysatoren der Entwicklung erwiesen. U. und die krisenbedingte systemische Destabilisierung der Mächtebeziehungen im spätkolonialistischen (↑Kolonialismus) Zeitalter bedingten sich gegenseitig. Mit dem Ende dieser ersten Destabilisierungsphase des internationalen Systems nach dem Wiener Kongress (1815) und dem Aufkommen des Hochimperialismus (↑Imperialismus) im späten 19. Jh. ließ die Dynamik von U. partiell nach. Aber v. a. in Europa, wo etwa die Polen die Loslösung vom zarischen Reichsverband anstrebten (1831), fanden sich U., die gleichfalls von der Spannung zwischen ↑Nationalismus und Reichsloyalität profitierten. Mit dem Ersten Weltkrieg (1914–18) und dem Ende der supranationalen Imperien der Habsburger, Romanows und Osmanen (weniger des bereits primär national ausgerichteten Hohenzollernreiches) gewannen die U. nationaler Minoritäten, die teilweise schon in der Zeit unmittelbar vor dem Ersten Weltkrieg unter den nationalen Homogenisierungsbestrebungen der jeweiligen Staatsvölker gelitten hatten, neues Gewicht. Dabei konnten sich nicht alle ethnischen ↑Minderheiten nationalstaatlich konstituieren (Kurden, Kroaten, Slowaken). Oft lag dies an den inhomogenen Siedlungsstrukturen, etwa im Vorderen Orient und auf dem Balkan. Mit dem offenkundigen Sieg des nationalen Gedankens aber wurden neue supranationale Staatsgebilde, z. B. Jugoslawien, der Irak, Italien, Ungarn, Russland, aber auch das 1831 geschaffene Belgien (die ehemals spanischen Niederlande), von nationalistischen U. im Inneren destabilisiert. Einige dieser Spannungen sind bis heute nicht beigelegt worden. In Großbritannien führte der Konflikt zwischen den dominanten angelsächsischen Protestanten und den irischen Katholiken zu deren U., die erst in die Gründung des irischen Freistaates (1921) und dann in den gewaltsamen, inzwischen aber deeskalierten Nordirlandkonflikt mündete (ab 1969).

Der Zweite Weltkrieg, insb. die raschen Niederlagen der europäischen Kolonialmächte (Frankreich, Niederlande, Großbritannien, aber auch der USA auf den Philippinen) gegen Deutschland und primär Japan führte zu einem neuerlichen systemischen Kollaps, der dann durch den binären Mächtekonflikt zwischen den USA und ihren oft imperialistischen Alliierten und der kommunistischen, offen antiimperialistischen UdSSR (die paradoxerweise selbst ein supranationales Staatsgebilde darstellte) intensiviert wurde, zumal die USA sich in den 1940er und 1950er Jahren als antiimperialistische Macht profilierten. Im Gefolge dieses Kollapses radikalisierten sich bereits vorhandene U., z. B. in Indien, oder wandelten sich afrikanische Autonomiebewegungen zu U. In den 1950er bis 1970er Jahren kam es zu einer neuerlichen Welle von Unabhängigkeitskriegen, in denen sich nationale und tribale, aber auch religiöse Motivlagen überschnitten. Man denke etwa an die drei tribal wie weltanschaulich konfligierenden U. in Angola ab 1961 *(Movimento Popular de Libertação, Frente Nacional de Libertação de Angola, União Nacional para a Independência Total de Angola)* oder die Gründung des islamisch-indischen Staates Pakistan. Aus dem antikolonialen Kampf entstanden prekäre Staatsgebilde, in denen die ehemaligen U. oft den Charakter zwangshomogenisierender Staatsparteien annahmen, was zu weiteren, nachfolgenden Unabhängigkeitsbestrebungen führte (Biafra, Cabinda, Amboina, Osttimor, Südsudan, Eritrea). Fast gleichzeitig traten im Bereich des politischen Islam (↑Islamismus) religiös motivierte U. auf, so der IS, der ab 2014 gegen den postkolonialen ↑Laizismus der Ba'ath-Regime im Irak und Syrien antrat.

Eine dritte große Welle von U. ergab sich aus dem Kollaps des sowjetischen Hegemonialsystems nach 1980. In Osteuropa und dem Bereich der ehemaligen Sowjetunion beschleunigte sich der Trend zu nationalistischen U., die mitunter (so in Weißrussland, der Ukraine, Kirgisien, Tadschikistan) von spätstalinistischen Kadern instrumentalisiert wurden. In den baltischen Staaten setzten sich demgegenüber, wie in Georgien und Armenien, prowestliche Regime durch. Auch der neue russische Staat musste sich, etwa in Tschetschenien, mit nationalislamistischen U. auseinandersetzen. In der ehemaligen ČSSR kam es zur friedlichen Abspaltung der Slowakei, während das ehemalige Jugoslawien ab 1992 infolge des militanten serbischen und kroatischen Hegemonialstrebens sowie wegen der Islamisierungstendenzen in Bosnien und dem Kosovo in einer Abfolge von Kriegen zerfiel. Die anschließenden U. der Zeit seit 2005 sind v.a. in Europa eher friedlicher Natur (Flamen, Schotten, Katalanen, Basken) und versuchen, den verfassungsrechtlichen Spielraum der jeweiligen Nationalstaaten für ihre Interessen auszunutzen.

### Literatur

M. Hochgeschwender: Die Amerikanische Revolution. Geburt einer Nation 1765–1815, 2019 • L. Zidella: Das Ende von Ordnung im 20. Jahrhundert. Dekolonisierung und Zerfall des Ostblocks als Desintegrationsprozesse internationaler Ordnungen, 2019 • S. Rinke: Revolutionen in Lateinamerika, 2015 • J. C. Jansen: Dekolonisierung. Das Ende der Imperien, 2013 • F. Ansprenger: Das Ende der Kolonialreiche, 1977.

MICHAEL HOCHGESCHWENDER

**UN-Charta** ↑Vereinte Nationen (UNO, United Nations Organization)

## Unfallversicherung

### 1. Gesetzliche Unfallversicherung in Deutschland

Die gesetzliche U. ist der zweitälteste der fünf Sozialversicherungszweige (↑Sozialversicherung) in Deutschland. Mit dem U.s-Gesetz vom 6.7.1884 trat eine durch Beiträge der ↑Unternehmen finanzierte öffentlich-rechtliche Absicherung gegen Arbeitsunfälle in bestimmten „gefährlichen Betrieben" in Kraft, die die zivilrechtliche Haftpflicht von Unternehmen gegenüber ihren Beschäftigten ablöste. Neben Heilbehandlung und Entschädigung zählte auch die Unfallverhütung zu den Aufgaben der U. Im Kern haben diese Wesenselemente bis heute Bestand, der Umfang wurde allerdings stetig erweitert: Beispielhaft erwähnt sei, dass 1925 auch Wegeunfälle und Berufskrankheiten unter Versicherungsschutz gestellt wurden. Seit 1996 sind die Regelungen zur gesetzlichen U. als Siebtes Buch in das ↑SGB eingegliedert.

Der Kreis der Pflichtversicherten ist heute sehr weit gefasst: Versichert sind alle abhängig Beschäftigten, Schüler und Auszubildende sowie ausgewählte Gruppen von Selbstständigen, aber z.B. auch ehrenamtlich Tätige und Patienten in Krankenhäusern. Die Satzung der Träger der U. kann für weitere Personen, insb. ↑Unternehmer, Versicherungspflicht vorsehen. Prinzipiell versicherungsfrei sind nur sehr wenige Gruppen, wie z.B. Personen, für die beamtenrechtliche Unfallfürsorgevorschriften gelten.

Träger der U. sind die gewerblichen Berufsgenossenschaften, die landwirtschaftliche U. und verschiedene U.en bzw. Unfallkassen öffentlicher Träger; sie sind K.d.ö.R. mit ↑Selbstverwaltung. Die Zuständigkeit der U.s-Träger ist in gewissem Umfang gesetzlich geregelt, insb. bei den gewerblichen Berufsgenossenschaften aber nicht definitiv festgelegt, sondern vom Prinzip an Branchen orientiert. Wahlfreiheit für Unternehmen existiert nicht.

Die an erster Stelle stehende Aufgabe der U. ist die Verhütung von Arbeitsunfällen, Berufskrankheiten und arbeitsbedingten Gesundheitsgefahren. Hierzu gehören nicht nur die Kontrolle und Beratung der Unternehmen oder die Aus- und Fortbildung der Personen, die in den Unternehmen mit der Durchführung von Präventionsmaßnahmen betraut sind. Die U. hat auch das Recht, Unfallverhütungsvorschriften zu erlassen und sie wirkt bei der Entwicklung, Umsetzung und Fortschreibung nationaler Arbeitsschutz- bzw. Präventionsstrategien mit.

Nach Eintritt eines Versicherungsfalls bestehen die Aufgaben der U. darin, die Gesundheit der Versicherten mit allen geeigneten Mitteln wiederherzustellen sowie ggf. sie oder ihre Hinterbliebenen durch Geldleistungen zu entschädigen.

Die Leistungen zur Heilbehandlung und Rehabilitation umfassen neben dem gesamten Spektrum ambulanter und stationärer gesundheitsbezogener Maßnahmen auch Leistungen zur Teilhabe am Arbeitsleben und am Leben in der Gemeinschaft sowie bei Pflegebedürftigkeit. Die U. ist somit im Versicherungsfall für die gesamte Versorgungskette zuständig und verwirklicht so ein integriertes Versorgungskonzept, das zudem viele Elemente des sog.en *Managed Care* umsetzt, also einem Konzept folgt, das durch seine Steuerungsinstrumente, wie z. B. *Gate Keeping* und *Case Management*, zur Steigerung von Effektivität und Effizienz der Versorgung beitragen kann.

Zu den monetären Entschädigungsleistungen gehören insb. das sog.e Verletztengeld als Entgeltfortzahlung im Versicherungsfall sowie Renten- und Hinterbliebenenleistungen. Die Versichertenrente orientiert sich am Grad der Minderung der Erwerbsfähigkeit und folgt dem Konzept der abstrakten Schadensbemessung, setzt also nicht voraus, dass Verletzte einen konkret nachweisbaren wirtschaftlichen Schaden erlitten haben. Bei dauerhaft bestehender Minderung der Erwerbsfähigkeit endet die Versichertenrente nicht mit dem gesetzlichen Renteneintrittsalter, sondern sie wird lebenslang geleistet. Dagegen ruht die Rente aus der gesetzlichen ↑Rentenversicherung insoweit, als die Summe aus beiden Leistungen einen bestimmten Grenzbetrag übersteigt.

Finanziert werden die Träger der U. überwiegend aus Beiträgen der Unternehmen (die U.s-Träger der öffentlichen Hand aus Steuern). Die Beitragserhebung folgt dem Finanzierungsprinzip der nachträglichen Bedarfsdeckung, wonach die Ausgaben eines Kalenderjahres im Folgejahr auf die Unternehmen umgelegt werden. Die Beitragszahlungen der Unternehmen orientieren sich nicht nur an der Lohnsumme ihrer Beschäftigten, sondern auch an Gefahrklassen, die das Risikoausmaß eines Unternehmens widerspiegeln sollen. Generell setzt das Finanzierungsprinzip, das um Zuschläge bzw. Nachlässe und Prämien ergänzt wird, Anreize zu risikoreduzierendem Verhalten der Unternehmen. Ein Lastenausgleich zwischen den gewerblichen Berufsgenossenschaften trägt außerdem zu einer angepassten Verteilung der durch den Wirtschaftsstrukturwandel verursachten Belastungen durch Rentenaltlasten bei.

Insgesamt liegt der Anteil der U. am gesamten Sozialbudget in Deutschland regelmäßig bei etwa 1,4 %.

### 2. Unfallversicherung im internationalen Kontext

Weltweit hat fast jedes Land Leistungen bei Arbeitsunfällen und Berufskrankheiten in nationalen Rechtsvorschriften verankert. Allerdings ist dies nicht gleichzusetzen mit dem Deckungsgrad in der Bevölkerung: In vielen sog.en *Developing Countries* liegt dieser (deutlich) unter 25 %.

In den Ländern der EU sind eigenständige Systeme zur Absicherung gegen Arbeitsunfälle und Berufskrankheiten die Regel; Ausnahmen bilden z. B. Griechenland, Kroatien, die Niederlande und Ungarn. Dort werden die oben genannten Risiken überwiegend durch Kranken-, Renten- und Hinterbliebenenversicherungen gedeckt. Im Hinblick auf die eigenständigen Systeme zeigen sich neben Unterschieden im Leistungsspektrum auch Unterschiede im versicherten Personenkreis (z. B. obligatorischer Einbezug von Selbstständigen) sowie bzgl. des Deckungsbereichs (z. B. keine Berücksichtigung von Wegeunfällen bzw. Absicherung gegen Nichtberufsunfälle) und der Finanzierung (z. B. auch durch Beiträge der Arbeitnehmer). Das Recht zur Harmonisierung der Systeme besitzt die ↑EU nicht. Über EG-Recht (insb. VO Nr. 883/2004 und Nr. 987/2009) sowie zwischenstaatliche Abkommen wird die Absicherung bei grenzüberschreitenden Sachverhalten jedoch koordiniert.

### Literatur

G. Bäcker u. a.: Sozialpolitik und soziale Lage in Deutschland – Ein Hdb., [6]2020 • J. W. Althammer/H. Lampert: Lehrbuch der Sozialpolitik, [9]2014 • MISSOC: Mutual Information System on Social Protection, URL: https://www.missoc.org (abger.: 12.10.2020).

KARIN HUMMEL

## UN-Friedensmission

### 1. Begriff

#### 1.1 Allgemein

Eine UN-F. ist eine durch die ↑Vereinten Nationen zum Zweck der Wahrung oder Wiederherstellung des Friedens autorisierte und geführte Präsenz in einem oder mehreren Staaten, die aus zivilem Personal und/oder Streitkräften besteht. Während an friedenserhaltenden Missionen *(peacekeeping missions)* zumindest auch militärische Kräfte beteiligt sind, beschränken sich bes. politische Missionen *(special political missions)* auf zivile Formen des Konfliktmanagements und bestehen daher ausschließlich aus zivilem Personal.

Obwohl UN-F.en heute zu den wichtigsten Instrumenten der Friedenssicherung durch die Vereinten Nationen gehören, sind sie in der UN-Charta nicht ausdrücklich geregelt. Sie haben sich vielmehr in der Praxis als Reaktion auf den Umstand entwickelt, dass das in der UN-Charta vorgesehene System der kollektiven Sicherheit angesichts der politischen Realität des ↑Kalten Krieges nicht funktionierte.

#### 1.2 Klassische Friedenserhaltung

Friedenserhaltende Missionen beschränken sich nach ihrer urspr.en Konzeption auf die Überwachung der Einhaltung von Waffenstillstands- und Truppenabzugsvereinbarungen. In dieser klassischen Ausprägung ruhen sie auf drei Grundprinzipien, die sie grundlegend von der Friedenserzwingung *(peace enforcement)* nach dem VII. Kap. der UN-Charta unterscheiden:

*a)* Ihre Stationierung erfolgt nach Ende der bewaffneten Feindseligkeiten mit Zustimmung der Konfliktparteien,

*b)* sie sind auf strikte Unparteilichkeit verpflichtet und
*c)* sie dürfen militärische Gewalt nur zur persönlichen Selbstverteidigung anwenden.

### 1.3 Multidimensionale Friedenserhaltung

Mit dem Konzept der multidimensionalen Friedenserhaltung haben die Vereinten Nationen auf die strategische Herausforderung reagiert, dass die Bedrohung des Weltfriedens heute zunehmend von ↑Bürgerkriegen ausgeht. Innerstaatliche Konflikte sind regelmäßig durch volatile Situationen geprägt, in denen es noch keine zu überwachenden Friedensvereinbarungen gibt, Friedenserhaltung nach klassischem Verständnis also noch nicht greifen kann. In ihrer multidimensionalen Variante wird Friedenserhaltung daher als Oberbegriff für das gesamte Spektrum der Konfliktbewältigung von der Friedensschaffung *(peacemaking)* bis zur Friedenskonsolidierung *(peacebuilding)* verstanden. Multidimensionale Friedenserhaltung verbindet folglich militärische und zivile Aufgaben, zu deren Erfüllung neben Streitkräften auch Polizeikomponenten und andere zivile Fachkräfte in die Mission integriert werden.

Die konkreten Aufgaben multidimensionaler UN-F.en reichen von der Vermittlung zwischen den Konfliktparteien über die Gewährleistung von ↑Sicherheit und ↑Ordnung im Stationierungsstaat bis zur Errichtung einer Übergangsverwaltung. Das Mandat wird jeweils auf die Besonderheiten des Konfliktes zugeschnitten; sowohl die übertragenen Aufgaben als auch die personelle Zusammensetzung der Mission variieren demnach von Fall zu Fall.

Multidimensionale UN-F.en sind heute regelmäßig mit einem „robusten“ Mandat ausgestattet, das sie ermächtigt, zum Schutz von Zivilisten und zur Absicherung der Versorgung mit humanitärer Hilfe „alle erforderlichen Mittel“, also notfalls auch militärische ↑Gewalt anzuwenden. Jüngere Missionen sind darüber hinaus mit „proaktiven“ Mandaten betraut, die den Einsatz militärischer Mittel auch zur Unterstützung der Regierung im Kampf gegen aufständische Gruppen vorsehen.

## 2. Rechtlicher Rahmen

### 2.1 Kompetenz der Vereinten Nationen

Obwohl UN-F.en nicht ausdrücklich in der UN-Charta vorgesehen sind, besteht heute Einigkeit darüber, dass ihre Einrichtung von den Befugnissen der Vereinten Nationen erfasst ist. Angesichts der zentralen Rolle, die dem Ziel der Friedenssicherung in der UN-Charta zukommt (vgl. Art. 1 Abs. 1 UN-Charta), lässt sich die Organisationskompetenz auf den Auslegungsgrundsatz der *implied powers* stützen, nach dem vermutet wird, dass eine ↑Internationale Organisation mit denjenigen Befugnissen ausgestattet ist, die für die effektive Erfüllung der ihr übertragenen Aufgaben erforderlich sind. Ein alternativer Begründungsansatz hebt auf entspr.es Organisationsgewohnheitsrecht ab.

### 2.2 Verteilung der Organkompetenz innerhalb der Vereinten Nationen

Kraft seiner Hauptverantwortung für die Wahrung des Weltfriedens (Art. 24 Abs. 1 UN-Charta) fällt die Einsetzung und Mandatierung einer UN-F. primär in die Zuständigkeit des UN-Sicherheitsrates. Er kann dabei auf die Befugnisse zurückgreifen, die ihm die UN-Charta zur Wahrung oder Wiederherstellung des Weltfriedens mit friedlichen Mitteln (Kap. VI) und mit Zwangsmaßnahmen (Kap. VII) übertragen hat. Solange es sich um klassische Friedenserhaltung oder eine bes. politische Mission handelt, kommt der Generalversammlung eine subsidiäre Einsetzungskompetenz zu (vgl. Art. 11 Abs. 2; 14 UN-Charta).

Die Implementierung des Mandats obliegt dem Generalsekretär. Im Auftrag des Sicherheitsrates oder der Generalversammlung (vgl. Art. 98 S. 1 UN-Charta) trägt er die Verantwortung für die Aufstellung, das Management sowie die operationelle Führung der Mission.

Die Kosten von UN-F.en gehören zu den „Ausgaben der Organisation“ (Art. 17 Abs. 2 UN-Charta) und werden daher aus Pflichtbeiträgen der Mitgliedstaaten bestritten. Die Budgetierung sowie die Festsetzung des Schlüssels für die Kostenverteilung fallen in die ausschließliche Haushaltskompetenz der Generalversammlung.

### 2.3 Verhältnis zum Stationierungsstaat

Vor der Stationierung einer UN-F. wird regelmäßig die Zustimmung des Gaststaates eingeholt. Obwohl bei UN-F.en, die auf einer Ermächtigung nach dem VII. Kap. der UN-Charta beruhen, eine solche Zustimmung rechtlich entbehrlich ist, halten die Vereinten Nationen auch in diesem Falle an dieser Praxis fest. Nähere Regelungen über die wechselseitigen Rechte und Pflichten werden jeweils in Statusabkommen *(Status of Forces/ Mission Agreements)* zwischen den Vereinten Nationen und dem Stationierungsstaat getroffen. Die Vertragsstaaten des „Übereinkommens über die Sicherheit von Personal der Vereinten Nationen und beigeordnetem Personal“ (1994) und seines Fakultativprotokolls (2005) müssen darüber hinaus die dort normierten Pflichten zum Schutz des Missionspersonals beachten.

### 2.4 Verhältnis zu den Entsendestaaten der Militär- und Polizeikomponenten

Die Militär- und Polizeikomponenten der UN-F.en setzen sich aus freiwillig bereitgestellten Kontingenten der Mitgliedstaaten zusammen. Rechtlich handelt es sich um eine Organleihe, deren genaue Modalitäten in bes.n Abkommen zwischen den Vereinten Nationen und dem jeweiligen Entsendestaat festgeschrieben werden. Kraft dieser Übereinkommen wird den Vereinten Nationen die operative Befehlsgewalt und Kontrolle über die Militär- und Polizeieinheiten übertragen, während die Straf- und Disziplinargewalt jeweils beim Mitgliedstaat verbleibt. Die Vereinten Nationen üben damit regelmäßig die effektive Kontrolle über die nationalen Truppen- und Polizeikontingente der UN-F.en aus und sind deshalb für deren Handeln völkerrechtlich verantwortlich.

2.5 Menschenrechte und Humanitäres Völkerrecht
UN-F.en müssen als Organe der Vereinten Nationen die menschenrechtlichen Bindungen (↑Menschenrechte) beachten, denen die Organisation gemäß Art. 1 Nr. 3; 55 lit. c) UN-Charta und nach ↑Gewohnheitsrecht unterliegt. Zudem sind UN-F.en, wenn sie mit ihren Streitkräften als Kombattanten aktiv an einem bewaffneten Konflikt beteiligt sind, an die gewohnheitsrechtlich anerkannten ↑Normen des humanitären ↑Völkerrechts gebunden. Sofern sie als Nichtkombattanten zu qualifizieren sind, genießen UN-F.en in bewaffneten Konflikten den Schutz, der Zivilpersonen nach humanitärem Völkerrecht gewährt wird.

### Literatur

R. Higgins u. a.: Peacekeeping and Other Peace Operations, in: dies.: Oppenheim's International Law: United Nations, Bd. 2, 2017, 1025–1093 • N. G. White: Peacekeeping and International Law, in: J. A. Koops u. a. (Hg.): The Oxford Handbook of United Nations Peacekeeping Operations, 2015, 43–59 • M. Bothe: Peacekeeping, in: B. Simma u. a. (Hg.): The Charter of the United Nations. A Commentary, [3]2012, 1171–1199 • M. Berdal: The Security Council and Peacekeeping, in: V. Lowe u. a. (Hg.): The Security Council and War, 2008, 175–204 • F. Seyersted: United Nations Forces in the Law of Peace and War, 1966 • D. W. Bowett: United Nations Forces, 1964.

THILO RENSMANN

## Unión de Naciones Suramericanas (UNASUR)

UNASUR wurde 2008 als Bündnis der zwölf unabhängigen Staaten Südamerikas (Argentinien, Bolivien, Brasilien, Chile, Ecuador, Guyana, Kolumbien, Suriname, Paraguay, Peru, Uruguay, Venezuela [↑Lateinamerika und Karibik]) gegründet und ersetzte die als Zusammenführung des ↑MERCOSUR und der ↑CAN konzipierte Gemeinschaft Südamerikanischer Nationen (*Comunidad Sudamericana de Naciones*, CSN). Die Initiative für diese Integration geht v. a. auf außenpolitische Bemühungen Brasiliens zurück, das damit den eigenen Führungsanspruch in der Region, bes. gegenüber Venezuela (↑ALBA) wie auch den USA stärken wollte. UNASUR wurde insb. als Gegenentwurf zur ↑OAS, der von den südamerikanischen Ländern immer wieder ein zu großer Einfluss der USA vorgeworfen wird, konzipiert. Die Organisation versinnbildlicht ein „wachsende[s] Selbstbewusstsein der südamerikanischen Staaten gegenüber anderen Staaten und Regionen" (Dinkel 2016: 273).

Mit der Ratifizierung des Vertrags durch zunächst neun Mitglieder trat UNASUR 2011 offiziell in Kraft. Unter den vielen Integrationsprojekten (↑Regionalisierung, Regionalismus) in Lateinamerika und der Karibik zählt sie zu den postliberalen Bündnissen, die weniger wirtschaftliche als politische Themen in den Mittelpunkt ihrer Zusammenarbeit stellen und zugl. den ↑Staat als zentralen Akteur regionaler Integration verstehen.

### 1. Ziele und Aufbau

Als Hauptanliegen definiert der Gründungsvertrag, die regionale Integration in Südamerika in den Bereichen Politik, Wirtschaft, Sicherheit, Soziales, Bildung, Kultur, Umwelt, Energie und Infrastruktur zu stärken.

UNASUR ist eine „klassische intergouvernementale Institution" (Dinkel 2016: 271); entschieden wird nach dem Konsensprinzip. Der Rat der Staats- und Regierungschefs, dem ein für ein Jahr ernannter Präsident aus einem der Mitgliedsländer vorsteht, formuliert Leitlinien und Ziele. Der Rat der Außenminister setzt diese Entscheidungen mittels Resolutionen um und bestimmt die Agenda des Rats der Staats- und Regierungschefs. Der Rat der Delegierten erarbeitet Entscheidungen und Resolutionen zur direkten Umsetzung. Das tägliche Geschäft versieht das Generalsekretariat unter Leitung eines Generalsekretärs.

Bes. wichtig sind die sektoralen Räte, die Fachminister aus den Politikbereichen versammeln und in denen regionale Initiativen diskutiert und beschlossen werden sollen. Sie bieten die Foren für „intense cooperation on a ministerial level without presidential interference" (Hoffmann 2019: 49) und waren lange Zeit Garanten für die Umsetzung der inhaltlichen Ziele der Union. Große Aufmerksamkeit galt dem 2008 eingerichteten und sehr aktiven südamerikanischen Verteidigungsrat *(Consejo de Defensa Suramericano)* sowie den Initiativen des Rats für Infrastruktur und Planung *(Consejo Suramericano de Infraestructura y Planeamiento)*.

### 2. Erfolge

Die ersten Jahre der Aktivitäten waren durch Dynamik und Erfolge, v. a. in den Bereichen der ↑Sicherheit und der Planung infrastruktureller Maßnahmen (↑Infrastruktur), geprägt. „Bemerkenswert an der UNASUR ist der Einbezug einer sicherheitspolitischen Agenda und eine bis dato sehr rege Aktivität im Bereich von Konfliktmediation" (Muno 2015: 419). Erfolgreich vermitteln konnte die Organisation in den Konflikten zwischen Zentralregierung und sezessionistischen Regionen in Bolivien (2008), zwischen Kolumbien und anderen Mitgliedsländern aufgrund der Stationierung US-amerikanischer Truppen (2009), zwischen Kolumbien und Venezuela (2010), in Ecuador (2010) und zunächst zwischen Regierung und Opposition in Venezuela (2014). Im Fall der durch die UNASUR als Putsch geächteten Absetzung des Präsidenten Paraguays, Fernando Lugo, durch den Senat war die Organisation jedoch weniger erfolgreich, wenngleich ihre Bemühungen als demokratiestützend verstanden werden können. In den ersten Jahren konnte sich UNASUR in Konfliktmediation (↑Mediation) und Demokratiehilfe (↑Demokratisierung) als wichtiger regionaler Akteur etablieren und zugl. die OAS in den Schatten stellen.

### 3. Krise der UNASUR

Mit dem 2015 einsetzenden Wechsel der politischen Lage in der Region von überwiegend mitte-links Regierungen zu stärker neoliberal orientierten konservativen, teils extrem rechten, Regierungen glitt UNASUR in eine tiefe Krise. Von vielen dieser neuen Regierungen wurde ihr angelastet, von jeher ein ideologisches Projekt linker Regierungen gewesen zu sein. Der innenpolitische Konflikt um die Führung Venezuelas beförderte auch die Spaltung der UNASUR.

2018 setzten sieben der zwölf Staaten ihre Mitgliedschaft für zunächst ein Jahr aus. Im März 2019 unterzeichneten Regierungsvertreter aus Argentinien, Brasilien, Kolumbien, Chile, Ecuador, Guyana, Paraguay und Peru die Deklaration von Santiago, mit der sie das Forum für den Fortschritt Südamerikas (PROSUR) gründeten. Dieses soll das neue Integrationsprojekt der Region werden. Seitdem ist UNASUR weitgehend stillgelegt. Zugl. haben die neuen Präsidenten Argentiniens, Alberto Fernandez, und Mexikos, Andrés Manuel Lopez Obrador schon eine Wiederbelebung in Aussicht gestellt.

UNASUR hat zunächst beachtliche erste Erfolge vorweisen können. Die Konzentration auf politische Inhalte und die „rein institutionelle Logik und das minimalistische Design" (Dinkel 2016: 272) waren dabei zwar wichtige Grundlagen – in der Krise aber wurden diese Vorteile zu Nachteilen in Form institutioneller Schwäche und allzu starker Konzentration auf den Staat, die in der Form der UNASUR angelegt waren. Entgegen gängiger Vorwürfe, der Block sei ideologisch links, gelang es innerhalb der Organisation lange, verschiedene Interessen und politisch stark divergierende Vorstellungen der Mitglieder erfolgreich in Einklang zu bringen. Experten bescheinigen dem Bündnis „Pragmatismus und Flexibilität" (Muno 2015: 421) und sehen darum eine Wiederbelebung durch notwendige Reformen als ein mögliches Zukunftsszenario für die regionale Integration in Lateinamerika.

### Literatur

L. Brumat: Personenfreizügigkeit in Lateinamerika (2020), URL: https://www.bpb.de/gesellschaft/migration/laender profile/suedamerika/306418/personenfreizuegigkeit (abger.: 8.12.2020) • B. Alvarez Gruber: PROSUR: Noch ein Staatenbündnis für Lateinamerika? (22.3.2019), in: Deutsche Welle, URL: https://p.dw.com/p/3FTR5 (abger.: 8.12.2020) • A. M. Hoffmann: Regional Governance and Policy-Making in South America, 2019 • J. Dinkel: Die Proliferation regionaler Integrationsabkommen in Südamerika, 2016 • W. Muno: ALBA, UNASUR und CELAC, in: A. Grimmel/C. Jakobeit (Hg.): Regionale Integration, 2015, 412–427 • R. Bernal-Meza: Modelos o esquemas de integración y cooperación en curso en América Latina (UNASUR, Alianza del Pacífico, ALBA, CELAC). Una mirada panorámica, 2013.

SOPHIE HARING

## Union Evangelischer Kirchen in der Evangelischen Kirche in Deutschland (UEK)

Am 1.7.2003 ist die Grundordnung der UEK in Kraft getreten. Damit endete die fast 200-jährige Geschichte der *Evangelischen Kirche der Union* (EKU). 12 Landeskirchen, die bisher – wie die EKU selbst – in der *Arnoldshainer Konferenz* vertreten waren, arbeiten nun zusammen mit dem Ziel, „die Einheit der Evangelischen Kirche in Deutschland zu stärken" (Art. 1 Abs. 2 GO. UEK). Die UEK versteht sich daher selbst nur als eine weitere Station auf dem Weg in Richtung einer erneuerten ↑EKD. Der UEK gehören 12 Mitgliedskirchen an: Anhalt, Baden, Berlin-Brandenburg-schlesische Oberlausitz, Bremen, Hessen-Nassau, Kurhessen-Waldeck, Lippe, Mitteldeutschland, schlesische Oberlausitz, Pfalz, evangelisch-reformierte Kirche, Rheinland, Westfalen. Gastkirchen sind: Nordkirche, Oldenburg, Württemberg, Reformierter Bund. Die Mitgliedskirchen verbindet das reformatorische Bekenntnis ebenso wie liturgische und kirchenrechtliche Übereinstimmungen. In der UEK fördern sie die Gemeinsamkeit kirchlichen Lebens und Handelns und damit die Einheit der EKD. Ziel der UEK ist es, das Selbstverständnis der EKD als Kirche zu stärken, ohne die konfessionelle Vielfalt der Landeskirchen einzuebnen. In diesem Sinne versteht sich die UEK als Modell und Förderer einer weitergehenden Einheit der EKD. Mit Beginn des Jahres 2007 ist die Zusammenarbeit der UEK mit der EKD auf eine neue Basis gestellt worden. Zwei Verträge sind parallel in Kraft getreten, einerseits zwischen der EKD und der UEK und andererseits zwischen EKD und ↑VELKD. Diesen Verträgen zufolge nehmen die UEK und die VELKD ihren Auftrag seither eigenverantwortlich in der EKD wahr. Durch das Vertragswerk entsteht eine vertiefte strukturelle Verbindung der drei großen gliedkirchlichen Zusammenschlüsse. Das Zusammenwirken folgt dem Grundsatz, soviel Gemeinsamkeit unter den Gliedkirchen der EKD zu erreichen wie möglich und zugl. so viel Differenzierung zuzulassen, wie es vom Selbstverständnis der VELKD und der UEK nötig ist.

Die UEK versteht sich als Gemeinschaft von Kirchen als Kirche. Die Aufgaben sind vielfältig: grundlegende theologische Gespräche und Arbeiten zu dem gemeinsamen Bekenntnis; Fragen des Gottesdienstes, der Liturgik, der Ordination, des Verständnisses von Gemeindedienst und -amt etc.; Förderung der Gemeinschaft innerhalb der EKD, der *Leuenberger Kirchengemeinschaft* und der weltweiten ↑Ökumene; gemeinsame rechtliche Regelungen in den Mitgliedskirchen; Aus- und Fortbildung für theologische und nichttheologische Mitarbeitende; Veranstaltung von Begegnungstagungen; Förderung des Besuchsdienstes in der Gemeinschaft.

Die UEK setzt sich ein für das Gespräch unterschiedlicher ↑Konfessionen und ihre theologische und kirchliche Zusammenarbeit. Sie fördert die Gemeinschaft in der EKD, in der GEKE und in der weltweiten Ökumene. Schwerpunkte ihrer Arbeit liegen daher in theologischen, liturgischen und kirchenrechtlichen Fragestellungen.

Organe der UEK sind nach der GO.UEK die Vollkonferenz und das Präsidium. Die Vollkonferenz ist das höchste Gremium der UEK. Sie trifft alle grundlegenden Entscheidungen und gibt dem Präsidium und dem Amtsbereich der UEK Richtlinien vor. Sie ist berufen, mit ihrer Arbeit die in der UEK gegründete Gemeinschaft zu verwirklichen und lebendig zu erhalten und trägt die Verantwortung dafür, dass die Union die ihr übertragenen Aufgaben erfüllt.

Mitglieder der Vollkonferenz sind diejenigen Vertreterinnen und Vertreter ihrer Mitgliedskirchen, die auch als Synodale in die ↑Synode der EKD gewählt sind, die dem Rat der EKD angehören, die Mitglied sind in der Kirchenkonferenz der EKD sowie die Vorsitzenden der ständigen Ausschüsse. Derzeit hat die Vollkonferenz 103 Mitglieder. Die Amtsdauer beträgt sechs Jahre. Sie konstituiert sich parallel zur Amtszeit der Synode der EKD und tagt jährlich i. V. m. deren Tagungen. Die Vollkonferenz beschließt neben Entscheidungen von grundlegender Bedeutung Kirchengesetze, die Höhe der Umlagen und den Haushalt, ferner wählt sie den Vorsitz und das Präsidium. Die Vollkonferenz kann Kirchengesetze mit Wirkung für eine Landeskirche nur mit deren Zustimmung erlassen. Soweit Aufgaben von der EKD für alle Gliedkirchen wahrgenommen werden, entfällt eine eigenständige Aufgabenerfüllung der UEK. In einer Finanzvereinbarung ist vorgesehen, dass die Finanzierung der UEK durch Umlagen ihrer Mitgliedskirchen und anderer Einnahmen finanziert wird. Die finanzielle Beteiligung richtet sich nach dem jeweiligen Umlageverteilschlüssel der EKD.

Das Präsidium ist zuständig für die Umsetzung der von der Vollkonferenz gefassten Beschlüsse und Vorgaben. Insb. bereitet das Präsidium die Sitzungen der Vollkonferenz vor und leitet diese. Es führt die Dienst- und Fachaufsicht über den Amtsbereich der UEK und ist für alle Prozesse und Aufgaben zuständig, die nicht der Vollkonferenz vorbehalten sind. Zum Präsidium gehören die oder der gewählte Vorsitzende der Vollkonferenz sowie die beiden Stellvertreterinnen oder Stellvertreter, je eine von denjenigen Mitgliedskirchen entsandte Person, die nicht bereits im Vorstand vertreten sind, und die Leiterin oder der Leiter der Amtsstelle. Das Präsidium bereitet die Sitzungen der Vollkonferenz vor und führt deren Beschlüsse aus. Ferner gibt es einen Theologischen Ausschuss und einen Rechtsausschuss sowie weitere Ausschüsse nach Bedarf.

Die im *Kirchenamt der EKD* eingerichtete Amtsstelle führt die Bezeichnung *Amt der UEK*. Im Rahmen der Umsetzung des sog.en Verbindungsmodells im *Kirchenamt der EKD* wurde das *Amt der UEK* mit dem *Amt der VELKD* und dem *Kirchenamt der EKD* auf der Grundlage einer neuen Geschäftsordnung für das *Kirchenamt der EKD* zusammengeführt. Das Kirchenamt ist nach § 1 Geschäftsordnung des Kirchenamtes Ort gemeinsamen evangelischen Handelns der EKD, der UEK und der VELKD. Das gemeinsame Handeln schließt Differenzierung nach dem Selbstverständnis der gliedkirchlichen Zusammenschlüsse und eine gemeinsame Themensteuerung ein. Das Kirchenamt dient u. a. der UEK zur Erfüllung ihrer Aufgaben. Zur Erledigung der Aufgaben der UEK wurde neben der Gliederung des Amtes nach fachlichen Gesichtspunkten ein Amtsbereich mit eigenständiger Aufgaben- und Diskursstruktur gebildet.

Die UEK ist in vielfältiger Weise mit ganz unterschiedlichen Einrichtungen verbunden. So sind die *Europäischen Bibeldialoge* Begegnungstagungen, die *Evangelische Forschungsakademie* und die *Schwesternschaft der Evangelischen Frauenhilfe Potsdam-Stralsund in der UEK* genuine Einrichtungen der UEK (vormals EKU). Der Berliner Dom, das *Predigerseminar Wittenberg* und das *Kloster Stift zum Heiligengrabe* sind aufgrund ihrer Geschichte in rechtlicher Hinsicht mit der UEK verknüpft. Auch die Geschäftsführung der *Historischen Kommission zur Erforschung des Pietismus* wird von der UEK wahrgenommen.

### Literatur

I. Gundermann/D. Meyer/H. Sander: Evangelische Kirche der preußischen Union 1817–2003, 2013 • J. Winter: Die Union Evangelischer Kirchen als Beitrag zur Strukturreform der Evangelischen Kirche in Deutschland, in: ZevKR 49/2 (2004), 239–252.

ARNO SCHILBERG

## Unionsbürgerschaft (EU)

Seit Inkrafttreten des Vertrags von Maastricht zum 1.11.1993 verleiht das Unionsrecht allen Angehörigen der Mitgliedstaaten die U. (Art. 9 S. 2 und 3 EUV; Art. 20 ff. AEUV; dazu und zum Folgenden: Wollenschläger 2007/2017; 2014). Ihre Einführung fußt zum einen auf seit den Anfängen der 1970er Jahre erhobenen, wenn auch konzeptionell divergierenden Forderungen nach der Schaffung einer Europäischen Bürgerschaft; zum anderen ließ sich das schon in den Gründungsverträgen der 1950er Jahre verankerte und vom ↑EuGH wirkmächtig entfaltete Freizügigkeitsrecht der Erwerbstätigen als Ausdruck des „Gedanken[s] einer gemeinsamen europäischen […] ‚Staats'angehörigkeit in einer besonderen Ausprägung" (Hallstein 1951: 18) deuten, relativierte es doch Staatsgrenzen (↑Grenze) und führte es zu einer weit reichenden Gleichstellung von In- und Ausländern. Die Inhaberschaft der U. folgt derjenigen der nationalen ↑Staatsangehörigkeit. Art. 20

Abs. 2 AEUV formuliert einen Katalog von im Primär- und Sekundärrecht näher ausgestalteten Unionsbürgerrechten (s. auch Art. 43 ff., 52 Abs. 2 EuGRC). Angesichts des föderalen Charakters der ↗EU ist die U. für die Rechtsstellung der Unionsbürger sowohl gegenüber den Mitgliedstaaten als auch gegenüber der EU relevant. Nach einer anfänglich überwiegend zurückhaltenden Bewertung firmiert die U. zwischenzeitlich in der Rechtsprechung des EuGH als „der grundlegende Status der Angehörigen der Mitgliedstaaten" (statt vieler: Rs. C-184/99, Rdnr. 31 – Grzelczyk). Staats- und U. stellen, entspr. dem Charakter der EU als Staaten- und Verfassungsverbund, komplementäre Angehörigkeitsverhältnisse dar.

### 1. Erwerb und Verlust der Unionsbürgerschaft

Art. 9 S. 2 EUV und Art. 20 Abs. 1 S. 2 AEUV knüpfen die Inhaberschaft der U. an diejenige der nationalen Staatsangehörigkeit: „Unionsbürger ist, wer die Staatsangehörigkeit eines Mitgliedstaats besitzt". Diese Akzessorietät hat zwei Konsequenzen: Zum einen schließt sie in der EU lebende Drittstaatsangehörige aus, zum anderen weist sie die Definitionshoheit den Mitgliedstaaten und nicht (analog etwa zur Rechtslage im deutschen ↗Bundesstaat, vgl. Art. 73 Abs. 1 Nr. 2 GG) der EU zu. Gleichwohl hat die Akzessorietät entgegen ihrer urspr. nationale ↗Souveränität schonenden Stoßrichtung zu einer Beschränkung der mitgliedstaatlichen Definitionshoheit über die Staatsangehörigkeit geführt, entscheiden die Mitgliedstaaten mit der Verleihung bzw. dem Entzug der nationalen Staatsangehörigkeit doch zugl. über die Rechtsstellung als Unionsbürger. Daher unterliegt der Entzug der Staatsangehörigkeit dem (unionsrechtlichen) Grundsatz der ↗Verhältnismäßigkeit (EuGH, Rs. C-135/08, Rdnr. 39 ff. – Rottmann; Rs. C-221/17, Rdnr. 29 ff. – Tjebbes); noch nicht in der Rechtsprechung geklärte und umstrittene Grenzen bestehen auch hinsichtlich der (Anerkennung der) Verleihung der nationalen Staatsangehörigkeit (zur Debatte um die *investment citizenship*: Bericht der ↗Europäischen Kommission vom 23.1.2019 zu Staatsbürgerschaftsregelungen und Aufenthaltsregelungen für Investoren in der EU, COM (2019) 12 final).

### 2. Rechtsstellung der Unionsbürger gegenüber den Mitgliedstaaten, namentlich das Freizügigkeitsrecht

Die urspr.e vertragliche Ausgestaltung der U. adressierte in erste Linie die Rechtsstellung der Unionsbürger gegenüber den Mitgliedstaaten. Die U. verbürgt zunächst Unionsbürgern mit Wohnsitz im EU-Ausland eine Gleichbehandlung mit Inländern hinsichtlich des aktiven und passiven Wahlrechts bei den Kommunalwahlen (Art. 22 Abs. 1 AEUV) und bei den Wahlen zum Europäischen Parlament (Art. 22 Abs. 2 AEUV). Ebenso genießen sie gleichen Zugang zu diplomatischem und konsularischem Schutz in Drittstaaten, in denen der Heimatstaat nicht vertreten ist (Art. 23 AEUV).

Von zentraler Bedeutung unter den Unionsbürgerrechten ist das *allg.e Freizügigkeitsrecht* (Art. 21 AEUV), das jedem „Unionsbürger [...] das Recht [gewährleistet], sich im Hoheitsgebiet der Mitgliedstaaten vorbehaltlich der in den Verträgen und in den Durchführungsvorschriften vorgesehenen Beschränkungen und Bedingungen frei zu bewegen und aufzuhalten" (↗Freizügigkeit). Diese durch den Vertrag von Maastricht eingeführte Garantie hat erstmals auch Nichterwerbstätigen ein primärrechtliches Freizügigkeitsrecht zuerkannt, wohingegen für ökonomisch aktive Personen eine derartige Verbürgung in Gestalt der Marktfreiheiten schon seit den Anfängen der europäischen Integration (↗Europäischer Integrationsprozess) existierte. Der EuGH hat es zu einer „Grundfreiheit ohne Markt" (Wollenschläger 2007/2017) entfaltet, die auch im nicht ökonomischen Kontext ein Aufenthaltsrecht, ein Diskriminierungsverbot und ein Beschränkungsverbot verbürgt, und so einen Paradigmenwechsel im grundfreiheitlichen Integrationsprogramm bewirkt.

Um der mit einer Einbeziehung Nichterwerbstätiger in das EU-Freizügigkeitsregime einhergehenden Gefahr einer primär wohlfahrtstaatlich motivierten ↗Migration zum Nachteil der Sozialleistungssysteme insb. der wohlhabenderen Mitgliedstaaten entgegenzuwirken, sieht das EU-Sekundärrecht (nur) für diese Personengruppe ökonomische Aufenthaltsbedingungen (ausreichende Existenzmittel und umfassender Krankenversicherungsschutz) vor – Bedingungen, die der EuGH in seiner kontroversen Rechtsprechung zur U. Ende der 1990er Jahre relativierte (Rs. C-85/96 – Martínez Sala; Rs. C-184/99 – Grzelczyk; Rs. C-413/99 – Baumbast und R) und die der Unionsgesetzgeber in ihrer Relativierung sodann mit der Freizügigkeits-RL 2004/38/EG kodifiziert hat. Diese hat ein Stufensystem eingeführt: Aufenthalte von einer Dauer von bis zu drei Monaten sind ökonomisch voraussetzungslos möglich (Art. 6 RL 2004/38/EG). Nimmt der Unionsbürger aber Sozialhilfeleistungen des Aufnahmemitgliedstaats während dieses Zeitraumes unangemessen in Anspruch, kann er ausgewiesen werden (Art. 14 Abs. 1 RL 2004/38/EG). Über drei Monate hinausgehende Aufenthalte Nichterwerbstätiger unterliegen den erwähnten Voraussetzungen (Art. 7 Abs. 1 lit. b und c RL 2004/38/EG); allerdings darf die Inanspruchnahme von Sozialhilfeleistungen gemäß Art. 14 Abs. 3 RL 2004/38/EG nicht automatisch zu einer Ausweisung führen; vielmehr ist die Zulässigkeit der letzteren von einer Verhältnismäßigkeitsprüfung abhängig (dies gilt auch nach der scheinbar restriktiveren Rs. C-333/13 – Dano). Nach regelmäßig fünfjährigem ununterbrochenem und rechtmäßigem Aufenthalt erwirbt der Unionsbürger schließlich ein Daueraufenthaltsrecht, eine wesentliche Neuerung der Freizügigkeits-RL; dieses ist – auch für Nichterwerbstätige – von keinerlei ökonomischen Voraussetzungen mehr abhängig (Art. 16 f. RL 2004/38/EG). Für alle Unionsbürger steht das Aufenthaltsrecht unter einer Beschränkungsmöglichkeit aus Gründen der öffentlichen Sicherheit, Ordnung und Gesundheit, die Art. 27 ff. RL 2004/38/EG näher ausgestaltet.

Nach der auch insoweit kontrovers beurteilten Rechtsprechung des EuGH zur U. eröffnet das Bestehen des Freizügigkeitsrechts die Möglichkeit, sich im EU-Ausland auf das allg.e *Diskriminierungsverbot* (Art. 18 AEUV) zu berufen und eine Gleichbehandlung mit Inländern zu verlangen; dies hat u. a. zu einer begrenzten Einbeziehung auch Nichterwerbstätiger in die Sozialleistungssysteme des Aufenthaltsstaats geführt (Rs. C-85/96 – Martínez Sala; Rs. C-184/99 – Grzelczyk; für eine sekundärrechtliche Konkretisierung Art. 24 RL 2004/38/EG). Ihr auf eine gestufte Integration zielender Solidaritätsanspruch bleibt indes hinter demjenigen Erwerbstätiger zurück.

Schließlich beinhaltet das allg.e Freizügigkeitsrecht genauso wie die Marktfreiheiten ein *Beschränkungsverbot* (s. nur EuGH, verb. Rs. C-197/11 und C-203/11 – Libert u. a.).

### 3. Der Unionsbürger als Bürger der Union

In der urspr.en vertraglichen Ausgestaltung der U. betrafen die europäische Ebene nur das ↑Petitionsrecht zum Europäischen Parlament, das Beschwerderecht zum Europäischen Bürgerbeauftragten und das Recht zur Kommunikation mit Unionsorganen und -einrichtungen in allen Amtssprachen (Art. 20 Abs. 2 Lit. d, Art. 24 AEUV) – alles zudem Rechte, die auch Drittstaatsangehörigen mit Wohnsitz in der EU zustanden (vgl. Art. 227 f. AEUV; Art. 2 VO Nr. 1/1958). Demgegenüber akzentuiert der am 1.12.2009 in Kraft getretene Vertrag von Lissabon in seinen Bestimmungen über die „demokratischen Grundsätze" (Titel II) auch die Rolle des Unionsbürgers als Bürger der Union. So setzt sich das ↑Europäische Parlament seitdem aus „Vertretern der Unionsbürgerinnen und Unionsbürger zusammen" (Art. 14 Abs. 2 UAbs. 1 S. 1 EUV), womit diese als (Mit-)Legitimationssubjekt des europäischen Gemeinwesens aufscheinen. Aufgrund der doppelten Legitimationsstruktur der EU (vgl. Art. 10 Abs. 2 EUV) steht dieser Legitimationsstrang freilich neben der Legitimationsvermittlung über die Mitgliedstaaten (↑Rat der Europäischen Union als Mitgesetzgeber). Überdies gewährleistet Art. 10 Abs. 3 S. 1 EUV den Unionsbürgern „das Recht, am demokratischen Leben der Union teilzunehmen". Ausdruck hiervon ist die ebenfalls mit dem Vertrag von Lissabon neu eingeführte Bürgerinitiative (Art. 11 Abs. 4 EUV, Art. 24 UAbs. 1 AEUV).

### Literatur

F. Wollenschläger (Hg.): Europäischer Freizügigkeitsraum – Unionsbürgerschaft und Migrationsrecht. Enzyklopädie Europarecht, Bd. 10, 2021 i. E. • Ders.: Grundrechtsschutz und Unionsbürgerschaft, in: A. Hatje/P.-C. Müller-Graff (Hg.): Enzyklopädie Europarecht, Bd. 1, [2]2021, § 13 • D. Kochenov (Hg.): EU Citizenship and Federalism, 2017 • F. Wollenschläger: Consolidating Union Citizenship. Residence and Solidarity Rights for Jobseekers and the Economically Inactive in the Post-Dano era, in: D. Thym (Hg.): Questioning EU Citizenship, 2017, 171–190 • Ders.: Grundfreiheit ohne Markt. Die Herausbildung der Unionsbürgerschaft im unionsrechtlichen Freizügigkeitsregime, 2007/2017 • C. Schönberger: Unionsbürger, 2005 • W. Hallstein: Der Schuman-Plan, 1951.

FERDINAND WOLLENSCHLÄGER

**Unionsrecht** ↑Europarecht

**United Nations Conference on Trade and Development (UNCTAD)** ↑Welthandelskonferenz (United Nations Conference on Trade and Development, UNCTAD)

## United Nations Educational, Scientific and Cultural Organization (UNESCO)

### 1. Entstehung und Mandat

Aufbauend auf den Erfahrungen des Zweiten Weltkrieges trägt die am 16.11.1945 in London angenommene Verfassung der UNESCO dem Umstand Rechnung, dass jeder dauerhafte Friede in der „geistigen und moralischen Solidarität der Menschheit verankert werden" muss (Präambel Abs. 5). Ziel der seit dem 1.1.2019 noch 193 Staaten umfassenden UN-Sonderorganisation (↑UNO) mit Sitz in Paris und ihren über 50 Field Offices weltweit ist es, die internationale Kooperation im Bereich der ↑Bildung, ↑Wissenschaft, ↑Kultur und ↑Kommunikation zu stärken und so weltweit zum Friedenserhalt (↑Frieden) beizutragen.

### 2. Organstruktur

An der Spitze der UNESCO mit ca. 1400 aus dem regulären Programm und 760 aus extrabudgetären Mitteln finanzierten Mitarbeitern steht die Generaldirektorin (seit November 2017 die Französin Audrey Azoulay). Das wichtigste Entscheidungsgremium ist die alle zwei Jahre tagende Generalkonferenz aller Mitgliedstaaten, welche die Zielsetzung und allg.en Richtlinien der Organisation bestimmt sowie die vom Exekutivrat vorgelegten Programme beschließt. Der 58-köpfige Exekutivrat verantwortet seinerseits die Finanzplanung und die Umsetzung der Programme. Daneben existieren mehrere zwischenstaatliche Ausschüsse, die vom UNESCO-Sekretariat unterstützt die Umsetzung des Vertragsrechts fördern (z. B. im Falle der Welterbe-Konvention (1972) das *Komitee für das Erbe der Welt* in Verbindung mit dem *Welterbe-Zentrum*).

### 3. Kernkompetenzen

Die UNESCO hat insb. im *Bildungssektor* (32 % des Haushalts) eine hohe Reputation erworben und sich mit der „Bildungsagenda 2030", insb. Ziel 4, erneut zukunftsweisenden Zielen verpflichtet. Auch der Wissenschaftssektor (*Naturwissenschaften*: 9 % des Haushalts, *Sozial- und Geisteswissenschaften* 5 %) mit Schwerpunkten u. a. im Bereich ↑Bioethik, Ozeanographie, Geologie, Hydrologie sowie der *Kommunikationssektor* mit Fokus auf Internet Governance und Wissensgesellschaften (5 % des Haushalts) tragen zur Lösung globaler Probleme bei. Am bekanntesten dürfte die Tätigkeit im *Kultursektor* sein, wo nicht nur Kultur- und Naturstätten, sondern auch immaterielles Erbe als Erbe der Menschheit erhalten und weltweit Kreativwirtschaften gestärkt werden.

### 4. Handlungsformen

Unter der Ägide der UNESCO wurden rund 30 völkerrechtlich bindende Verträge verabschiedet. Daneben handelt die Generalkonferenz im Wege nicht verpflichtender, aber richtungsweisender Erklärungen (z. B. „Universal Declaration on Bioethics and Human Rights", 2005). Das Sekretariat organisiert überdies zahlreiche Treffen, Ausstellungen sowie internationale Konferenzen, bei denen Staatenvertreter, staatliche sowie nichtstaatliche Organisationen, internationale Experten und andere Interessierte intensiven wissenschaftlichen Austausch pflegen.

### 5. Partnerschaften

Traditionell arbeitet die UNESCO eng mit sie beratenden sog.en *Advisory Bodies* zusammen, etwa im Kulturbereich mit ICCROM, ICOMOS und ICOM. In den letzten Jahren hat die Organisation verstärkt neue Partnerschaften etabliert (vgl. *Comprehensive Partnership Strategy*) und kooperiert mit ↑internationalen Organisationen, ↑NGOs, ↑Medien, ↑Unternehmen, ↑Stiftungen, Parlamentariern sowie UNESCO-Sonderbotschaftern. Vereinzelt hat die Organisation sich auch für Regionalorganisationen geöffnet, so etwa auf der Grundlage der „Konvention zum Schutz und zur Förderung der Vielfalt kultureller Ausdrucksformen" (2005) für die ↑EU.

### 6. Rolle Deutschlands

Die BRD wurde im Jahre 1951, die DDR im Jahre 1972 Mitglied. Seitdem gelang es Deutschland, zweimal das Amt des Vorsitzenden des Exekutivrates (Hans-Heinrich Wrede 2003–2005; Michael Worbs 2015–2017) zu bekleiden. Deutschland verfügt überdies mit der *Deutschen UNESCO-Kommission* über eine starke Nationalkommission, die zahlreiche Programmaktivitäten entfaltet, international vernetzt ist und insb. junge Menschen anspricht (z. B. Kultur-Freiwilligendienst). Zu nennen sind des Weiteren die UNESCO-Lehrstühle, welche die Organisation mit wissenschaftlicher Expertise unterstützen, sowie über 250 UNESCO-Projektschulen, das *UNESCO-Institut für lebenslanges Lernen* in Hamburg, sowie das *UNESCO-Berufsbildungszentrum* in Bonn.

### 7. Finanzierung

Der integrierte Haushalt 2018–2019 mit *1,2 Mrd. US-Dollar* setzte sich zusammen aus einem regulären Haushalt in Höhe von 581 Mio. US-Dollar, finanziert durch Pflichtbeiträge der Mitgliedstaaten, und erwarteten freiwilligen Beitragsleistungen von über 600 Mio. US-Dollar. Infolge der 2011 beschlossenen Aufnahme Palästinas als Vollmitglied und damit verbunden des Rückzugs der USA (Austritt zum 31.12.2018) geriet die UNESCO in eine massive, anhaltend spürbare Finanz- und Strukturkrise: Programm- und Personaleinsparung über 25 % waren die Folge, ohne dass die größeren Beitragszahler zu einer dauerhaften Kompensation der Fehlbeträge bereit wären. Deutschland leistete 2018 einen 6,4 %-igen Anteil am regulären Budget in Höhe von rund 21 Mio. US-Dollar und wurde ab 2019 nach China und Japan drittgrößter Beitragszahler.

### 8. Perspektiven

Zu beobachten ist eine wachsende Politisierung der UNESCO-Tätigkeit. Diese hat sich u. a. an mehreren israelkritischen Resolutionen im Kontext Weltkulturerbe oder auch dem Programm „Memory of the World" entzündet, droht inzwischen aber auch andere Handlungsfelder zu erfassen. Dies schadet dem Ansehen der Organisation und widerspricht zugl. dem Versprechen der Mitgliedstaaten, die sich explizit zur „objektive(n) Wahrheit" und dem „freien Meinungs- und Wissensaustausch" bekannt haben, um diese als „Mittel zur Verständigung" zu nutzen (Verfassung Präambel Abs. 6). Es bleibt zu hoffen, dass dieses feierliche Versprechen einer Erneuerung der Organisation in Zukunft dienlich sein wird.

### Literatur

UNESCO (Hg.): Bildung überdenken. Ein globales Gemeingut?, 2016 • UNESCO (Hg.): From Ideas to Actions. 70 Years of UNESCO, 2015 • K. Hüfner: Wer rettet die UNESCO?, 2013 • A. A. Yusuf: UNESCO Practices and Procedures for the Elaboration of Standard-Setting Instruments, in: ders. (Hg.): Standard-Setting in UNESCO, Bd. 1, 2007, 31–49.

SABINE VON SCHORLEMER

## United Nations High Commissioner for Refugees (UNHCR)

Das Flüchtlingshochkommissariat der Vereinten Nationen (UNHCR) wurde nach beinahe dreijähriger Beratung durch ECOSOC und UN-Generalversammlung aufgrund der GA-Res. 428 V der UN-Generalversammlung vom 14.12.1950 als Nachfolgeorganisation der *International Refugee Organisation* gegründet. Das der Resolution als Anhang beigefügte Statut formuliert als dessen Aufgabe in Kap. I „the function of providing international protection […] and of seeking permanent solutions for the problem of refugees by assisting

Governments and, subject to the approval of the Governments concerned, private organizations to facilitate the voluntary repatriation of such refugees, or their assimilation within new national communities". Das Kommissariat setzt sich für den Schutz der ↑Menschenrechte von Flüchtlingen ein, für die Ausübung des Rechts, ↑Asyl zu beantragen sowie dafür, dass die betroffenen Personen nicht unter Gefahr in ihre Herkunftsländer zurückkehren müssen. Seit der Gründung hat sich die internationale Lage im Hinblick auf ↑Flucht und Vertreibung deutlich verändert, und so auch das Mandat des UNHCR, das nun einen weiteren Adressatenkreis umfasst: „These [other groups, Anm. der Autorin] include former refugees who have returned to their homeland, internally displaced people, and persons who are stateless or whose nationality is disputed" (UNHCR 2019: 4).

## 1. Rechtlicher Status und Aufbau

UNHCR gehört zu den Spezialorganen der UN. Es verfügt somit über keinen eigenen völkerrechtlichen Status (↑Völkerrecht), wird aber trotzdem als „quasi-autonome Institution" verstanden, die „gegenüber ihren Partnern außerhalb der Vereinten Nationen durchaus autonom [auftritt] und zur Wahrnehmung ihrer Aufgaben über eine differenzierte Binnenstruktur und eigene politische Steuerungsorgane [verfügt]" (Gareis/Varwick 2013: 58). Die Wahl des Hochkommissars durch die Generalversammlung, die Möglichkeit, direkte Verhandlungen mit Regierungen zu führen und Verträge abzuschließen und ein eigenes Budget sind Beispiele für diese bes. Eigenständigkeit einer Institution mit eigener Agenda, Struktur und Kultur.

Wichtigstes Dokument des internationalen Rechts für das UNHCR ist die 1951 verabschiedete ↑GFK. Hinzu kommen internationale Vereinbarungen zum Thema Flucht und Migration, darunter die „New Yorker Erklärung für Flüchtlinge und Migranten" (2016) und der „Globale Pakt für Flüchtlinge" (2018), sowie regionale rechtliche Regime.

UNHCR untersteht der UN-Generalversammlung und dem ECOSOC, denen das Kommissariat jährlich einen Bericht über die eigenen Aktivitäten vorlegt. Das Exekutivkomitee aus 102 Regierungsdelegierten der Mitgliedsländer ist das Leitungsgremium. Es überprüft und genehmigt Budget- und Aktionspläne und steht dem UNHCR beratend zur Seite.

An der Spitze der Institution steht der Hochkommissar für Flüchtlinge, der von einem *Deputy Commissioner* und zwei *Assistant Commissioners for Protection and Operations* unterstützt wird. Der *High Commissioner* kann seine Mitarbeiter eigenständig ernennen. 2019 beschäftigte UNHCR über 17 000 Personen in 135 Ländern, wovon die meisten in Hilfsoperationen vor Ort eingesetzt waren. Im Hauptquartier in Genf koordinieren und unterstützen funktional differenzierte Abteilungen deren Arbeit. UNHCR unterhält zudem lokale und regionale Büros. Das *Inspector General's Office* soll ↑Korruption vermeiden bzw. ahnden sowie Transparenz und unabhängige Aufsicht gewähren. Der Finanzbedarf ist von 300 000 US-Dollar im Gründungsjahr auf 8,6 Mrd. 2019 angewachsen. Das Kommissariat ist dabei in ein Netz von spezialisierten UN-Organisationen (↑UNO) sowie staatlicher und privater Akteure eingebunden, mit denen es seine Aufgaben koordiniert.

## 2. Historische Entwicklung

UNHCR wurde als kleine Spezialorganisation der UN mit begrenztem Budget und Personalausstattung und geringer Selbständigkeit gegründet. Schon in den 1950er Jahren gelang es, zunehmende Freiheiten zu erkämpfen (v. a. in Bezug auf das Einwerben eigener Mittel und die Verwaltung eines eigenen Budgets). Durch die wichtige (diplomatische) Rolle des Kommissariats bei der Versorgung und Betreuung der etwa 200 000 Ungarn, die in der Folge des Volksaufstands v. a. nach Österreich geflohen waren, konnten diese Ansprüche gestärkt werden. Im Zuge der Dekolonialisierung (↑Kolonialismus) waren Einsätze in Asien, Afrika und Lateinamerika notwendig. 1954 und 1981 wurde UNHCR mit dem Friedensnobelpreis geehrt.

Nach Ende des ↑Kalten Krieges agierte UNHCR in einer Vielzahl von Konfliktregionen, u. a. Nordirak (1991), Bosnien (1991–95), bei der Versorgung von Flüchtlingen aus Ruanda in Zaire (1994–96) und im Kosovo (1998/99). Anfang der 2000er übernahm es eine führende Rolle in der Rückführung afghanischer Flüchtlinge. Nicht alle Einsätze waren erfolgreich (wie die in Zaire und im Kosovo) oder problemfrei (wie die Rückführung nach Afghanistan).

Die Entwicklung des UNHCR von einer „small and timid refugee agency preoccupied with the advancement of refugee law" zu „the world's leading humanitarian agency in the 1990s" (Hammerstad 2014: 290) ist Ergebnis eines komplexen Zusammenspiels verschiedener Faktoren: Zum einen spielten die Persönlichkeiten der *High Commissioners*, die die „considerable moral authority and legitimacy" des Amtes (Loescher 2001: 1) im Interesse des Kommissariats, seiner Aufgaben, Befugnisse und Ausstattungen einzusetzen wussten, eine zentrale Rolle. Zum anderen nutzte die Institution ihren Diskurs, um sich als wichtiger Akteur in zentralen Politikfeldern zu positionieren: Anne Hammerstad (2014) spricht vom „Rise and Decline of a Global Security Actor", da UNHCR sich zunächst als Schutzorganisation für die Interessen Geflüchteter präsentierte, um bis Ende der 1990er Jahre als zentraler Akteur der ↑Sicherheitspolitik wahrgenommen zu werden. Nachdem die wachsende Konzentration auf Sicherheit *(securitization)* in der Internationalen Politik (↑Internationale Beziehungen) aber letztendlich zunehmend zu Rollenkonflikten des UNHCR und zu Auseinandersetzungen mit den beteiligten Staaten führte, hat man sich wieder stärker auf die Rolle als schützender Akteur konzentriert.

Eine Ausweitung des eigenen Anspruchs findet aber weiterhin statt, so u. a. durch Referenz auf die Fluchtbewegungen, die aufgrund des ↑Klimawandels zu erwarten sind, oder allg. durch zunehmende Flucht und ↑Migration. UNHCR wird auch in Zukunft eine wichtige Rolle in der internationalen Politik spielen.

### 3. Kritik und Ausblick

Die Entwicklung des UNHCR und seine Leistungen sind zweifelsohne bemerkenswert und wichtig, umso mehr unter dem Eindruck der kontinuierlich steigenden Zahl an Flüchtlingen, Binnenvertriebenen und Staatenlosen und an Konfliktherden als Ursache (↑Internationale Konflikte, ↑Bürgerkrieg). Dem stehen jedoch grundlegende Probleme und Kritiken gegenüber.

Der *High Commissioner* wurde von den Vereinten Nationen als apolitisches Amt konzipiert, dem zugl. die politisch höchst strittige Materie von Flucht, Vertreibung und Schutz der betroffenen Personen zugeschrieben wurde. Politische ↑Macht haben Kommissar und ↑Institution nicht, wohl aber moralische ↑Legitimation. Konzeption der Position und Aufgabenbereich müssen so zwangsläufig zu Konflikten und schwierigen Balanceakten führen. Einsätze in Gefahrenkontexten bringen hohe Ansprüche an Personal und Organisation mit sich, während die Ausweitung des Mandats und der Aktivitäten nicht immer positiv bewertet werden: „In fact, states have criticized UNHCR for acting upon its extended mandate" (Zieck 2010: 14). Zugl. bleiben die Ressourcen des UNHCR hinter dessen Bedürfnissen zurück. Im Lichte der ungewissen wirtschaftlichen Entwicklung nach der durch COVID-19 ausgelösten Pandemie ist zweifelhaft, ob und wie sich dieses Ungleichgewicht beseitigen lassen kann. Auch in Bezug auf ihre internen Abläufe wird Kritik laut: „The UNHCR is confronted with persistent problems of lack of learning and policy effectiveness" (Loescher 2001: 2). Weiter umstritten ist die Deutungshoheit über den Status als Flüchtling, da UNHCR diesen zwar einer Person zusprechen kann, Staaten aber dadurch nicht gebunden sind, so dass ein „Parallel Universe" (Zieck 2010) im internationalen Recht entstehe.

„The UNHCR functions with an imperfect mandate, under circumstances necessitating competition with other agencies for limited resources, and in political environments that are inhospitable to crisis management and refugee protection" (Loescher 2001: 18). Diese Problembeschreibung steht einem immer größeren Handlungsdruck in der nationalen und internationalen Politik gegenüber, der sich spätestens in der sog.en Flüchtlingskrise des Jahres 2015 in Europa spürbar ausgewirkt hat. UNHCR hat in dieser Situation Handlungs- und Problemlösungsfähigkeit aufgrund von Expertise und Erfahrung gezeigt. Die bisherige Geschichte der Organisation lässt deren dynamische Fortentwicklung wahrscheinlich (und angesichts der Herausforderungen auch wünschenswert) erscheinen.

### Literatur

S. Hantscher: The UNHCR and Environmentally Displaced Persons, in: dies.: The UNHCR and Disaster Displacement in the 21st Century, 2019, 119–192 • S. B. Gareis/J. Varwick: Die Vereinten Nationen, [5]2014 • A. Hammerstad: The Rise and Decline of a Global Security Actor. UNHCR, Refugee Protection, and Security, 2014 • M. Zieck: UNHCR's Parallel Universe, 2010 • G. Loescher: The UNHCR and World Politics, 2001 • V. Türk: Das Flüchtlingshochkommissariat der Vereinten Nationen (UNHCR), 1992. SOPHIE HARING

## Universalismus

Der Begriff „U." hat weitverzweigte theologische Hintergründe, ist aber, nicht zuletzt bei Carl Schmitt, in unserer Zeit zu einer genuin politischen Kategorie geworden. Seine Substanz ist jedoch eindeutig philosophisch und muss sowohl auf der ethischen als auch der anthropologischen Ebene expliziert werden.

### 1. Ethische Bedeutung

Die universalistische Auffassung ist die grundsätzliche Antithese zum Relativismus. Während letzterer die Quelle normativer Wahrheits- und Verpflichtungsansprüche (↑Wahrheit) in geschichtlichen (↑Nation, ↑Fortschritt, ↑Zivilisation, ↑Globalisierung), kulturellen (Stamm, ↑Volk, ↑Gemeinschaft, ↑Religion, ↑Weltanschauung) oder sozialen (Klasse, ↑Elite, ↑Kosmopolitismus) Faktoren erblickt, geht der U. von einer alle Menschen ausnahmslos miteinander verbindenden und einander gegenseitig rechenschaftspflichtig machenden normativen Gegebenheit aus, die man traditionell als die Natur des Menschen, heute aber überwiegend als seine ↑Würde bezeichnet und rechtlich kodifiziert hat. Wenn man an dem Begriff der ↑Natur in seiner traditionellen, in der Neuzeit jedoch (mit diskutablen Gründen) fundamental konterkarierten Bedeutung festhält, dann kann man in der Lehre vom ↑„Naturrecht" immer noch die rechtlich und politisch gültige Form des ethischen U. erblicken und als solche verteidigen. Man darf dann aber Natur nicht als biologische Kategorie, sondern muss sie als die Kennzeichnung dessen begreifen, was sich (so der Grundsinn des griechischen *physis*- oder auch des chinesischen *ziran*-Begriffs) von sich selbst her zeigt, also als den Gegen- und Komplementärbegriff zum Künstlichen. Im 20. Jh. hat die Funktion der Geltendmachung einer für alle Menschen gültigen Sollensgrundlage jedoch der Verweis auf die Unantastbarkeit der ↑Menschenwürde übernommen. Die philosophische Rekonstruktion dieses Terminus hat eine entscheidende Bezugsgröße im Ringen um ein universalistisches Verständnis der menschlichen Personalität.

### 2. Anthropologische Grundlage

Wie produktiv es ist, am Begriff der Natur als dessen, was jede natürliche Art von jeder anderen unterscheidet und gerade als solches alle Arten einschließlich der menschlichen zum Gesamtgeflecht „der" Natur fügt, festzuhalten, hat sich in der strukturalistischen Kulturanthropologie (↑Strukturalismus) gezeigt. Deren entscheidende Einsicht lautet: Die menschliche Natur ist kulturell codiert. So wie sich, dass der Mensch von Natur aus ein sprechendes Wesen ist, nicht in der Existenz einer „natürlichen Sprache", sondern darin zeigt, dass alle menschlichen ↑Sprachen zwar eindeutig kulturell konstituiert, jedoch ineinander übersetzbar und im Prinzip für jeden Angehörigen der Menschheitsfamilie verstehbar sind, kann man generell sagen, dass das Universale exakt dasjenige ist, was kulturelle ↑Diversität zu natürlicher Zusammengehörigkeit fügt. „Überall dort", so Claude Lévi-Strauss, „wo eine Regel auftaucht, wissen wir mit Bestimmtheit, daß wir uns auf der Ebene der Kultur befinden. Symmetrisch dazu bereitet es keine Schwierigkeit, in der Universalität das Kriterium der Natur zu erkennen. Denn das, was bei allen Menschen konstant ist, entzieht sich zwangsläufig dem Bereich der Bräuche, Techniken und Institutionen, durch die ihre Gruppen sich unterscheiden und einander entgegentreten [...]. Halten wir also fest, daß alles, was beim Menschen universal ist, zur Ordnung der Natur gehört und sich durch Spontaneität auszeichnet, und daß alles, was einer Norm unterliegt, zur Kultur gehört und die Eigenschaft des Relativen und des Besonderen aufweist" (Lévi-Strauss 1994: 52). So gesehen ist der U. das Gegenprinzip zu jeder Relativierung der kulturellen Differenzen innerhalb der Menschheitsfamilie. Was allen Menschen von Natur aus gemeinsam ist, kann sich nur in der Pflege, nicht etwa der Einebnung der sie voneinander unterscheidenden kulturellen Eigenheiten (↑Kultur) zeigen.

### 3. Politische Problematik

Das universalistische Prinzip der unantastbaren Würde der menschlichen ↑Person konkretisiert sich heute weltweit in der Anerkennung der ↑Menschenrechte als Legitimationsgrundlage (↑Legitimation) des staatlichen Zusammenlebens. Es mag über unterschiedliche religiöse und kulturelle Ausgangsbedingungen der Menschenrechtsidee und über die Gewichtung der sie konkretisierenden Inhalte gestritten werden, aber das Prinzip, dass der ↑Staat sich durch die Gewährleistung der seiner Ordnung normativ voraufliegenden Rechte seiner Bürger legitimiert, ist im Kern universal anerkannt. Gerade der U. konstituiert damit jedoch eine für die gesamte weitere Entwicklung der Menschheitsfamilie kruziale Paradoxie. Die legitimatorische Verselbständigung des Staates als eine durch sein Gebiet (↑Staatsgebiet), seine Gewalt und das ihn tragende Volk (↑Staatsvolk) konstituierte Entität, die an die Stelle aller vorherigen Vorstellungen von imperialer, dynastischer oder religiöser Fundierung der politischen ↑Ordnung getreten ist, ist die faktische Grundbedingung der Herrschaft des ↑Rechts, ohne welche die Menschenrechte nicht gewährleistet werden können. Das bedeutet: Der Staat hat die Rechte seiner Bürger zu gewährleisten, weil sie Menschenrechte sind. Es bedeutet nicht: Der Staat hat die Rechte aller Menschen auf dem Erdball zu gewährleisten. Das könnte er faktisch nicht, es sei denn, er verschwände zugunsten eines monströsen „Weltstaates", den niemand wünschen kann. Und doch gibt es im Zeichen des U. eine Verantwortung des von einem geschichtlich konstituierten Volk getragenen Staates gegenüber der Menschheitsfamilie. Alexis de Tocqueville sprach von der Nation als einer „Jury" (de Tocqueville 1976: 289), die gegenüber Staat und Volk die Menschheit zur Geltung zu bringen habe. Im katholischen Verständnis (↑Katholische Kirche) bildete bis zum ↑Zweiten Vatikanischen Konzil die Denkfigur der *societas perfecta* eine Lösung: Die Kirche repräsentiert im partikulären Staat die universale Gemeinschaft aller Menschen. Dieser Anspruch ist im Zeichen der Anerkennung von ↑Religionsfreiheit und Menschenrechten als Legitimationsbasis des Staates aufgegeben worden. In das so geschaffene Vakuum drängen weder demokratisch noch republikanisch legitimierte Potenzen (↑„NGO", ↑„Zivilgesellschaft", weltumspannende Unternehmen und Kommunikationssysteme) als selbsternannte Repräsentanten einer „Weltgemeinschaft". Damit steht der U. vor der weltgeschichtlich dimensionierten Aufgabe, sich und die ihn tragende republikanische und demokratische Ordnung vor der Ideologisierung seiner selbst zu schützen.

### Literatur

W. Schweidler: Über Menschenwürde, 2012 • Q. Wang: „Itself-so-ing" and „Other-ing" in Laozi's Concept of Zi Ran, in: B. Mou (Hg.): Comparative Approaches to Chinese Philosophy, 2003, 225–244 • T. Borsche u.a.: Universalismus, in: HWPh, Bd. 11, 2001, 204–207 • W. Schweidler: Die Frage nach dem Weltstaat, in: ders.: Das Unantastbare, 2001, 247–259 • R. Spaemann: Personen, 1996 • C. Lévi-Strauss: Die elementaren Strukturen der Verwandtschaft, 1994 • E. Kantorowicz: Die zwei Körper des Königs, 1990 • Aristoteles: Physik, 1987 • A. de Tocqueville: Über die Demokratie in Amerika, 1976 • M. Heidegger: Wegmarken, in: ders.: GA, Bd. 9, 1975 • C. Schmitt: Der Nomos der Erde, ²1974.

WALTER SCHWEIDLER

## Universitätsidee

„U." ist kein Quellenbegriff. Daher wird auch von einer Idee der Universität, einem Universitätsideal oder -modell oder analog von Universitätsreform gesprochen. Zumeist auf die Reformvorgaben Wilhelm von Humboldts zur Gründung der Berliner Friedrich-Wilhelm-Universität 1809 (Lehrbetrieb ab 1810) und auf eine neuhumanistische U. bezogen, die auch als Bildungsideal rezipiert wird, ist der Begriff als „humboldtsche U." ein fester Topos geworden. Universitätsreformen seit der Mitte des 20. Jh. verweisen auf die als traditionelle oder klassische deutsche U. verstandenen Vorstellungen W. von Humboldts, um Traditionen und Neuansätze oder den Transfer des von ihm geprägten Universitätsmodells in andere Länder zu differenzieren.

Der Begriff der U. wird neuerdings auch auf frühere Ereignisse der Universitätsgeschichte angewandt. Insb. die Anfänge der Universität in der mittelalterlichen Frühscholastik (↑Scholastik) seit dem Übergang vom 11. zum 12. Jh. werden als Ursprung einer U. gedeutet.

### 1. Die vormoderne(n) Universitätsidee(n)

Anders als der Neubeginn um 1800, sind die Anfänge der abendländischen Universität nicht eindeutig auf politisch gestaltende Akteure oder nachweisbare einheitliche Ideen zurückzuführen. Bis heute sind die Entstehungsanlässe der ersten Universitäten in Bologna und Paris umstritten. Beide sind seit dem späten 11. Jh. aus einer Selbstorganisation der Gelehrten und ihrer Emanzipation aus kirchlichen Institutionen hervorgegangen und im Laufe des 12. (Bologna) bzw. frühen 13. Jh. (Paris, ebenfalls Oxford) anerkannt und privilegiert worden. Seither war die Bezeichnung als *universitas* gebräuchlich (↑Hochschulen). In der Konzeption der *universitas* kann eine U. gesehen werden. Neuerdings wird in der Rezeption des Aristotelismus und über diesen des gelehrten arabischen Wissens im 12. und 13. Jh. sowie der dadurch angestoßenen Institutionalisierung der universitären Wissenschaft der entscheidende Impuls einer U. erkannt. Ebenso wird auch der vorausgehende Aufbruch von Scholaren zu einer Wissensmigration in die Zentren der neuen, logischen Wissenschaft in der Ile-de-France und in Oberitalien seit dem 12. Jh. als ideeller Neubeginn der abendländischen Wissenschaft noch vor der Institutionalisierung der Universität verstanden. In einem Privileg Kaiser Friedrichs I. für die fremden Scholaren in Bologna (1155/58) wurden diese als „amore scientiae […] exules" (MGH DD F I, 243) bezeichnet. Das Studienmotiv der Liebe zur Wissenschaft ist danach in der Forschung seit Mitte des 20. Jh. als leitende Idee am Ursprung der Universitätsgeschichte gedeutet worden.

Mit der Institutionalisierung der mittelalterlichen Universitäten gerieten diese zunehmend unter den Einfluss der weltlichen Gewalt. Absolventen wurden für den fürstlichen Dienst gesucht und neue Gründungen (schon Neapel 1224, wieder Prag 1348 u. a.) damit erklärt. Die Idee eines *amor scientiae* wird daher eher der seit dem 14. und bis zum 16. Jh. entwickelten humanistischen Gelehrsamkeit (↑Humanismus) zugeschrieben. Auch die mit der Aufklärungszeit (↑Aufklärung) im 18. Jh. verbundenen Reformansätze an einigen Universitäten (v. a. Göttingen und Halle) oder die Diskussionen um das Verhältnis von Wahrheitsstreben und Nützlichkeitspostulat (Immanuel Kant, Friedrich Schleiermacher) zu Ende des 18./Anfang des 19. Jh. könnten als eine modellhafte Idee für Universität und Wissenschaft verstanden werden.

### 2. Die moderne, neuhumanistische Universitätsidee

Beeinflusst v. a. von F. Schleiermacher, auch Johann Gottlieb Fichte und W. von Humboldt entwarf Alexander von Humboldt erstmals 1809/10 eine Denkschrift zur Programmatik einer Universität im Kontext eines auch schulische Allgemeinbildung umfassenden Erziehungskonzepts. Erst knapp 100 Jahre später wiederentdeckt, wurde die Schrift zum Manifest für die „humboldtsche U.". Der Begriff wurde seit dem frühen 20. Jh. zum Programm, verkürzend zum Inbegriff der deutschen Universität („deutsche U.") und wirkte als solches vorbildhaft auf Neugründungen auch im Ausland ein. Als zentrale Anliegen A. von Humboldts gelten bis heute die Verbindung von ↑Bildung und ↑Wissenschaft, also auch von Lehre und ↑Forschung sowie die Freiheit der Forschung (↑Wissenschaftsfreiheit) von äußeren Zweckvorgaben und die Überzeugung, durch das wissenschaftliche Studium Menschen prägend zu bilden.

Nachdem im Laufe des 19. Jh. durch das Aufkommen naturwissenschaftlicher und technischer Disziplinen die Diskussion über das Verhältnis von Nutzen und Wahrheitserkenntnis als Studienzwecken erneut ausgelöst worden war und sich die noch von A. von Humboldt vertretene zentrale Bedeutung der philosophischen Fakultät bzw. der ↑Geisteswissenschaften und der Grundlagenforschung allmählich verloren hatte, konnte rückblickend seine Reformpolitik zum Ideal stilisiert und konstruiert werden. In der NS-Diktatur unterdrückt, prägte die Berufung auf die U. A. von Humboldts und den Anspruch des Neuhumanismus den Aufbau der deutschen Universitäten nach 1945, spielte in die Konflikte seit den späten 1960er Jahren hinein und beeinflusst die Diskussionen um neue Reformtendenzen bis zur Gegenwart. Die Vorstellung einer U. bleibt mit A. von Humboldts Reformwerk verbunden und ist als Konstruktion und Zuschreibung weiterhin aktuell. Zumeist mit Bezug auf A. von Humboldt ist seit dem ausgehenden 20. Jh. vereinzelt von einer U. gesprochen worden. Der von Karl Jaspers gewählte Ansatz, Zeitkritik an universitätspolitischen Entwicklungen unter dem Begriff der U. vorzutragen, hat aber keine Fortsetzung gefunden.

### Literatur

M. Kintzinger/W.-E. Wagner/J. Crispin (Hg.): Universität – Reform. Ein Spannungsverhältnis langer Dauer (12.–21. Jahrhundert), 2018 • P. Pasternak/D. Hechler/J. Henke (Hg.): Die Ideen der Universität, 2018 • F. Rexroth: Fröhliche Scholastik. Die Wissenschaftsrevolution des Mittelalters, 2018 • L. Honnefelder (Hg.): Albertus Magnus und der Ursprung der Universitätsidee, 2017 • M. Kintzinger: Historiography of the University. A New Field for an Old Topic in German Historical Scholarschip, in: CIAN 20/1 (2017), 97–139 • H. Schelsky: Einsamkeit und Freiheit. Idee und Gestalt der deutschen Universität und ihrer Reformen, 2017 • K. Jaspers: Die Idee der Universität, in: ders.: GA, Bd. I/21, 2016, 1–68 • N. Ricken/H.-C. Koller/E. Keiner (Hg.): Die Idee der Universität –

revisited, 2014 • J.-C. Horst u. a. (Hg.): Was ist Universität?, 2010 • J. Nida-Rümelin: Zur Aktualität der humanistischen Universitätsidee, in: J.-C. Horst u. a. (Hg.): Was passiert?, 2010, 121–138 • U. Sieg/D. Korsch (Hg.): Die Idee der Universität heute, 2005 • S. Paletschek: Die Erfindung der Humboldtschen Universität. Die Konstruktion der deutschen Universitätsidee in der ersten Hälfte des 20. Jahrhunderts, in: HA 10/2 (2002), 183–205 • R. C. Schwinges (Hg.): Humboldt International. Der Export des deutschen Universitätsmodells im 19. und 20. Jahrhundert, 2001 • E. Stölting/U. Schimank (Hg.): Die Krise der Universitäten, 2001 • M. G. Ash (Hg.): Mythos Humboldt. Vergangenheit und Zukunft der deutschen Universitäten, 1999 • H. Bachmeier (Hg.): Der Streit der Fakultäten oder die Idee der Universität, 1997 • M. Eigen u. a.: Die Idee der Universität. Versuch einer Standortbestimmung, 1988 • H.-G. Gadamer: Die Idee der Universität – gestern, heute, morgen, in: ebd., 1–22 • J. Habermas: Die Idee der Universität – Lernprozesse, in: ders. (Hg.): Eine Art Schadensabwicklung, 1986, 71–101 • H. Schelsky: Abschied von der Hochschulpolitik. Die Universität im Fadenkreuz des Versagens, 1970.

MARTIN KINTZINGER

## UN-Kaufrecht

Das UN-K. ist ein ↑völkerrechtlicher Vertrag, der bezweckt, das Recht für internationale Handelskäufe zu vereinheitlichen. Das CISG ist in Deutschland seit dem 1.1.1991 in Kraft. Es stellt die bedeutendste Konvention zur Privatrechtsvereinheitlichung dar und gilt derzeit in 93 Staaten. Darunter befinden sich fast alle wichtigen Handelsnationen (u. a. USA, China, Russland, Brasilien, fast alle EU-Staaten). Nach Schätzungen unterliegen 80 % des weltweiten Güterhandels dem CISG, das automatisch anzuwenden ist, sofern die Parteien es nicht – was zulässig ist – ausgeschlossen haben. In der internationalen Gerichts- und Schiedspraxis spielt es eine bedeutende und in Zeiten wachsender internationaler Handelsströme zunehmende Rolle.

Seinen Ursprung hat das UN-K. in den 20er Jahren des vorigen Jahrhunderts. Die Anregung zur Vereinheitlichung und erste Vorschläge stammen von Ernst Rabel, dem damaligen Direktor des Berliner *Kaiser-Wilhelm-Instituts für ausländisches und internationales Privatrecht*. Ausarbeitungen im Rahmen von UNIDROIT, dem *Römischen Internationalen Institut für die Vereinheitlichung des Privatrechts*, und der *Haager Konferenz für Internationales Privatrecht* führten zu einem Vorläufer, dem Haager Einheitskaufrecht von 1964, das die Basis für das CISG wurde, das eine Diplomatische Konferenz unter der Ägide von UNCITRAL, dem Handelsrechtsausschuss der ↑Vereinten Nationen, 1980 in Wien beschloss. Insgesamt beruht das UN-K. auf fundierter ↑Rechtsvergleichung. Es hat eine Kaufrechtsordnung geschaffen, die die Interessen von Käufer und Verkäufer zu einem wohl ausbalancierten Ausgleich bringt.

Das CISG ist anzuwenden, wenn die Parteien eines Kaufvertrags ihre Niederlassung in verschiedenen CISG-Vertragsstaaten haben oder wenn das ↑Internationale Privatrecht (IPR) des angerufenen Gerichts zum Recht eines CISG-Staates führt. Ferner muss der ↑Vertrag Waren und damit weder Rechte noch Immobilien betreffen. Einige Waren, insb. Schiffe und Flugzeuge, sind allerdings ausgeschlossen. Ausgeschlossen sind auch Verbraucherkäufe, es sei denn, der Verkäufer musste nach den Umständen von einem Geschäft unter Kaufleuten ausgehen. Selbst wenn eine der Anwendungsvoraussetzungen fehlt, können die Parteien das CISG frei wählen, damit aber nicht den nationalen ↑Verbraucherschutz ausschalten.

Für das gesamte UN-K. gilt der Vorrang der Parteiautonomie: Die Kaufvertragsparteien können nicht nur das CISG im Ganzen ausschließen, sondern auch jede seiner Bestimmungen abändern. Abweichende Vertragsbestimmungen gehen dem CISG stets vor. Kaufgeschäfte sind formfrei; nur wenige Staaten, darunter Russland, haben einen Vorbehalt eingelegt, wonach Verträge schriftlich sein müssen. Internationale Handelsbräuche sind zu beachten, werden aber von einem abweichenden Parteiwillen überlagert.

Das CISG enthält vier Teile: allg.e Regeln, insb. zum Anwendungsbereich und zur Auslegung (Art. 1–13); den Vertragsschluss (Art. 14–24); die Rechte und Pflichten der Parteien (Art. 25–88) und schließlich Diplomatische Schlussklauseln, die sich nicht an die Vertragsparteien, sondern an die Vertragsstaaten richten (Art. 89–101). Die Regeln zum Vertragsschluss sind so allgemeingültig gefasst, dass sie für alle Vertragsarten gelten können – und so auch etwa in den UNIDROIT *Principles of International Commercial Contracts* oder im reformierten russischen Zivilgesetzbuch verwendet werden. Das Herzstück des CISG sind die Bestimmungen über die Rechte und Pflichten der Parteien. Der Verkäufer ist zur Lieferung sach- und rechtsmangelfreier Ware binnen angemessener Frist und zur Eigentumsübertragung verpflichtet, der Käufer zur Zahlung und Abnahme. Die Rechte der Parteien folgen in der Grundstruktur dem Modell des *common law*: jede Abweichung vom vereinbarten oder gesetzlichen Leistungsprogramm ist eine Pflichtverletzung, die – unabhängig von einem Verschulden – mindestens zum Ersatz des Schadens verpflichtet, der aus der Pflichtverletzung entstand und bei Vertragsschluss als mögliche Folge voraussehbar war. Nur wenn der Grund für die Pflichtverletzung außerhalb der Kontroll- und Risikosphäre des Pflichtigen lag, insb. auf höherer Gewalt beruhte, entfällt die Schadensersatzpflicht. Die Möglichkeit, sich vom Vertrag zu lösen, gewährt das CISG nur bei einer wesentlichen Vertragsverletzung, die etwa in der Lieferung völlig unbrauchbarer und irreparabler Ware liegt. Im Übrigen sieht die Konvention vor, dass der Käufer bei Liefermängeln Nacherfüllung oder Minderung verlangen kann. Aus dem deutschen Recht hat das CISG das Institut der Mängelrüge übernommen: Der Käufer muss die Ware auf Mängel untersuchen und sie in angemessener Frist rügen, wenn er nicht alle Rechte wegen dieser Mängel verlieren will. Als angemessen gilt normalerweise eine Monatsfrist.

Das CISG bringt weit mehr Vorteile als Nachteile für international tätige Kaufleute: So muss bei internationalen Käufen meist nicht mehr geklärt werden, welches nationale Recht für sie gilt und was der Inhalt dieses Rechts ist. Die sonst notwendige Einschaltung des IPR erübrigt sich; ausländisches Recht muss nicht mit hohem Aufwand festgestellt werden. Im Verkehr mit ausländischen Unternehmen lässt sich das CISG erheblich leichter als anwendbares Recht durchsetzen als das eigene Recht. Ferner können Unternehmen Kaufgeschäfte in zahlreiche Länder nach einem einzigen Recht abwickeln. Die Disposivität des CISG erlaubt seine Anpassung an abweichende Unternehmensbedürfnisse. Für das CISG gibt es inzwischen umfangreiche internationale Rechtsprechung, die in Datenbanken (CLOUT, CISG-online, cisg.pace etc.) kostenlos über das Internet zugänglich ist und oft in englischer Übersetzung oder Zusammenfassung vorliegt. Der CISG-Digest von UNCITRAL (www.uncitral.org) bereitet diese Rechtsprechung für jeden CISG-Artikel übersichtlich auf. Die Nachteile eines fehlenden zentralen Obergerichts und der gelegentlich doch notwendigen IPR-Prüfung wiegen demgegenüber nicht schwer. Ein Ausschluss des CISG muss daher wohl erwogen werden.

### Literatur

P. Schlechtriem/I. Schwenzer (Hg.): Kommentar zum Einheitlichen UN-Kaufrecht – CISG, [7]2019 • J. von Staudinger: Kommentar zum BGB mit Einführungsgesetz und Nebengesetzen, Wiener UN-Kaufrecht (CISG), 2018 • C. P. Gillette/S. D. Walt: The UN Convention on Contracts for the International Sale of Goods, [2]2016 • P. Schlechtriem/U. G. Schroeter: Internationales UN-Kaufrecht, [6]2016 • P. Huber/A. Mullis: The CISG, 2007.

ULRICH MAGNUS

## Unlauterer Wettbewerb

### 1. Begriff, Rechtsnatur und historische Entwicklung

Das UWG regelt das Marktverhalten im Interesse der Mitbewerber, der Marktgegenseite (Verbraucher und gewerbliche Abnehmer) und der Allgemeinheit („Schutzzwecktrias", § 1 UWG). Gemeinsam mit dem Kartellrecht verfolgt es den Zweck, den ↑Wettbewerb vor Verfälschungen zu schützen (Protokoll Nr. 27 zum AEUV) und damit die Funktionsbedingungen einer auf Wettbewerb gegründeten Marktwirtschaft zu sichern. Während das Kartellrecht eine Marktstrukturkontrolle bewirkt und auf einer Makroebene den freien Wettbewerb gegen Beschränkungen schützt, dient das Recht gegen den u.n W. auf einer Mikroebene der Marktverhaltenskontrolle. Solange der Mitbewerberschutz stark im Vordergrund stand, wurde das Recht gegen u.n W. oft als ↑Wettbewerbsrecht bezeichnet. Seit der ↑Verbraucherschutz aber als gleichwertiger Schutzzweck anerkannt wurde und zudem auch das Kartellrecht verbreitet als „Wettbewerbsrecht" bezeichnet wird, erscheint es präziser, vom „Lauterkeitsrecht" zu sprechen und es mit dem Kartellrecht zum „Wettbewerbsrecht im weiteren Sinne" zusammenzufassen.

Das Lauterkeitsrecht verbietet unerlaubtes Marktverhalten und ist insofern Sonderdeliktsrecht. Es unterscheidet sich vom Bürgerlichen Recht durch seinen kollektivrechtlichen Charakter. Verbraucher und Mitbewerber werden nicht nur individuell, sondern auch in ihrer Gesamtheit durch Unterlassungs- und Beseitigungsansprüche geschützt, die gewerblichen ↑Verbänden, Verbraucherschutzorganisationen und den ↑Industrie- und Handelskammern (IHKs) zustehen (§ 8 Abs. 3 UWG). Methodisch ist das Lauterkeitsrecht in bes.m Maße von unbestimmten Rechtsbegriffen, von ↑Richterrecht und von Flexibilität geprägt.

Das Bedürfnis nach einer Regelung des Marktverhaltens zeigte sich erst, als sich in der zweiten Hälfte des 19. Jh. moderne Marktbedingungen entwickelten. Anders als die französischen Gerichte sah sich das RG an einer Rechtsfortbildung auf deliktsrechtlicher Grundlage durch das Bestehen eines sondergesetzlichen Markenschutzes gehindert. Der Gesetzgeber reagierte 1896 durch Erlass des ersten deutschen UWG, das seit 1909 in § 1 UWG a.F. jeden Verstoß gegen die guten Sitten zum Zweck des Wettbewerbs verbot. Auf der Grundlage dieser „großen Generalklausel" entwickelte sich, weitgehend ohne gesetzgeberische Intervention, ein umfangreiches Richterrecht, aus dem sich im Laufe der Jahrzehnte Fallgruppen herausbildeten. Zugl. wurde der Wettbewerb stark reglementiert, etwa durch Verbote von Rabatten, Zugaben, Sonderverkäufen außerhalb enger Ausnahmen und von vergleichender ↑Werbung. In den 1990er Jahren kam es unter dem Einfluss des Unionsrechts und des Verfassungsrechts zu einer allmählichen Liberalisierung, die in der UWG-Novelle von 2004 ihren Abschluss fand. Bei dieser auf wissenschaftlichen Vorarbeiten (Entwurf von Helmut Köhler, Joachim Bornkamm und Frauke Henning-Bodewig) beruhenden Neufassung des UWG wurden die bisherigen richterrechtlichen Fallgruppen kodifiziert. Zeitgleich kam es aber auf EU-Ebene zu einer teilweisen Harmonisierung, die 2008 und 2015 weitgehende Änderungen des UWG erzwang.

### 2. Völker- und unionsrechtlicher Rahmen

International bestehen im Lauterkeitsrecht erhebliche Unterschiede zwischen den Rechtsordnungen. Während das deutsche Recht in einem integralen Ansatz (Monismus) alle Marktbeteiligten durch ein Spezialgesetz schützt, unterscheidet das französische Recht dualistisch zwischen dem zivilrechtlichen Schutz der Mitbewerber vor u.m W. und dem in einem eigenen Kodex geregelten Verbraucherschutz. In den *common law*-Ländern stellt das Recht gegen *unfair competition* kein einheitliches Rechtsgebiet dar. Seine Funktionen erfüllen Tatbestände des Wirtschaftsdeliktsrechts, des Verbraucherschutzrechts und in den USA auch des Markenrechts, die durch die Selbstkontrolle der Werbewirtschaft ergänzt werden. Anders als im Bereich des geistigen Eigentums (↑Immaterialgüterrecht) gibt es wegen dieser Divergenzen kaum konventionsrechtliche Vorgaben. Lediglich Art. 10$^{bis}$ PVÜ verpflichtet die Vertragsstaaten dazu, Schutz gegen u.n W., umschrieben als Verstoß gegen die „anständigen Gepflogenheiten" *(usages honnêtes)*, zu gewähren, und nennt die Irreführung, das Hervorrufen von Verwechslungsgefahr und die Behauptung falscher Tatsachen über Mitbewerber als Beispiele.

Im Unionsrecht wurde der Schutz von Verbrauchern gegen unlautere Geschäftspraktiken durch die RL 2005/29/EG über unlautere Geschäftspraktiken (UGP-RL, zuletzt geändert 2019) vollständig harmonisiert, während die Ausgestaltung des Schutzes von ↑Unternehmern bisher weitgehend dem nationalen Recht der Mitgliedstaaten überlassen bleibt, sieht man von der RL 2006/114/EG über irreführende und vergleichende Werbung ab. Beide Richtlinien werden durch weitere, oft medien- oder produktspezifische Rechtsakte ergänzt.

### 3. Tatbestand: unlautere Handlungen

Der Anwendungsbereich des UWG ist nur bei einer geschäftlichen Handlung eröffnet, also einem Verhalten zugunsten eines Unternehmens, das der Förderung von Absatz oder Bezug von Produkten dient oder mit dem Abschluss oder der Durchführung eines ↑Vertrags objektiv zusammenhängt (§ 2 Abs. 1 UWG).

Ob eine geschäftliche Handlung unzulässig ist, wird in drei Stufen bestimmt. Erstens verbietet § 3 Abs. 3 UWG i. V. m. einem Anhang („schwarze Liste") in Umsetzung der UGP-RL 30 präzise definierte unerlaubte Verhaltensweisen gegenüber Verbrauchern.

Zweitens bestimmen die Tatbestände der §§ 3a–6 UWG, dass die dort umschriebenen Handlungen als unlauter i. S. d. § 3 Abs. 1 UWG gelten. Einige dieser Verbote schützen im Wesentlichen Verbraucher und gewerbliche Abnehmer vor Irreführungen durch Tun oder Unterlassen (§§ 5, 5a UWG) und aggressiven Praktiken (§ 4a UWG). Andere dienen dem Schutz der Mitbewerber vor einer Schädigung ihres guten Rufs (§ 4 Nr. 1, 2 UWG), dem unlauteren Angebot nachgeahmter Produkte (§ 4 Nr. 3 UWG), der unlauteren Behinderung (§ 4 Nr. 4 UWG) und der unlauteren vergleichenden Werbung (§ 6 UWG). Verboten, wenn auch ohne Verweis auf § 3 UWG, ist auch die Belästigung von Marktteilnehmern, etwa durch Telefon- oder E-Mail-Werbung ohne Einwilligung des Adressaten (§ 7 UWG). Der Verstoß gegen eine marktverhaltensregelnde Norm außerhalb des UWG stellt unter den Voraussetzungen des § 3a UWG eine unlautere Handlung dar. Diese Vorschrift bewirkt, dass das UWG praktisch in erheblichem Umfang der zivilrechtlichen Durchsetzung wirtschaftsverwaltungsrechtlicher (↑Wirtschaftsverwaltungsrecht) und berufsrechtlicher Normen dient.

Drittens kann sich auch eine nicht speziell verbotene Handlung nach der ↑Generalklausel des § 3 UWG als unlauter erweisen, die für Handlungen gegenüber Verbrauchern durch die unionsrechtlichen Kriterien der unternehmerischen Sorgfalt und der Verbraucherrelevanz konkretisiert wird (§ 3 Abs. 2 UWG), während es für den Schutz von Unternehmern bei einer einzelfallbezogenen, durch Richterrecht geleiteten Bestimmung der Unlauterkeit bleibt (§ 3 Abs. 1 UWG).

### 4. Ansprüche und Rechtsfolgen

Verstöße gegen die §§ 3 und 7 UWG lösen die in §§ 8 ff. UWG geregelten Ansprüche aus. Unterlassungs- und Beseitigungsansprüche stehen Mitbewerbern, gewerblichen Verbänden, Verbraucherschutzeinrichtungen und den IHKs (§ 8 Abs. 3 UWG), Schadensersatzansprüche hingegen nur Mitbewerbern zu (§ 9 UWG). Verbände können den Gewinn aus vorsätzlich begangenen Verstößen abschöpfen (§ 10 UWG). Verbraucher haben bisher keine individuellen Ansprüche, weil ihre Interessen nach bisher überwiegender Ansicht hinreichend durch das ↑BGB geschützt sind.

Anders als im Ausland spielt das Strafrecht bei der Durchsetzung des deutschen Lauterkeitsrechts keine wesentliche Rolle. Vorsätzliche Irreführungen und die Durchführung von Schneeballsystemen sind strafbar (§ 16 UWG), doch kommt es in der Praxis selten zur Verfolgung. Die unerlaubte Telefonwerbung stellt eine ↑Ordnungswidrigkeit dar (§ 20 UWG).

### Literatur

H. Köhler/J. Bornkamm/J. Feddersen: UWG, [38]2020 • C. Alexander: Wettbewerbsrecht, [2]2019 • H. Köhler: Der Schutz von Kollektivinteressen und Individualinteressen im UWG, in: H.-J. Ahrens u. a. (Hg.): FS für Wolfgang Büscher, 2018, 333–346 • T. Dornis: Trademark and Unfair Competition Conflicts, 2017 • F. Henning-Bodewig: Unfair Competition Law, 2016 • A. Ohly: Das neue UWG im Überblick, in: GRUR 118/1 (2016), 3–6 • Ders./O. Sosnitza: UWG, [7]2016 • A. Beater: Unlauterer Wettbewerb, 2011 • M. Leistner: Richtiger Vertrag und lauterer Wettbewerb, 2007 • H. Köhler/J. Bornkamm/F. Henning-Bodewig: Vorschlag für eine Richtlinie zum Lauterkeitsrecht und eine UWG-Reform, in: WRP 48/12 (2002), 1317–1328 • J. Drexl: Die wirtschaftliche Selbstbestimmung des Verbrauchers, 1998.

ANSGAR OHLY

**UNO (United Nations Organization)** ↑Vereinte Nationen (UNO, United Nations Organization)

# Unternehmen

I. Wirtschaftswissenschaftlich – II. Rechtswissenschaftlich

## I. Wirtschaftswissenschaftlich

### 1. Begriff

Es gibt kein einheitliches Verständnis von U. Teilweise werden die Begriffe U. und ↑Betrieb synonym verwandt. Hier erfolgt eine doppelte Differenzierung. Einerseits ist ein U. eine rechtlich selbständige Organisation, die einen oder auch mehrere Betriebe umfasst, die ihrerseits sachlich und örtlich abgegrenzte Produktionsstätten sind einschließlich Dienstleistungsproduktion und Handel. Mehrere U. können ihrerseits in einem ↑Konzern zusammengefasst sein, der die rechtlich selbständigen U. wirtschaftlich und faktisch beherrscht. Andererseits ist der Begriff des U.s enger als der Betriebsbegriff, da er von einer Gewinnorientierung oder zumindest erwerbswirtschaftlichen Motiven ausgeht. So kann es ↑öffentliche Betriebe geben, die nicht zugl. öffentliche U. oder deren Untergliederung sind, sondern z. B. Teil der öffentlichen ↑Verwaltung. Das rechtfertigt auch den Begriff der BWL im Gegensatz zu einer eingeschränkteren Privatwirtschaftslehre oder U.s-Lehre. Schließlich werden teilweise U. und Unternehmung synonym verwendet, wenngleich Letztere auch ein Projekt statt einer Organisation bezeichnen kann, während eine Firma v. a. der U.s-Name bzw. die Geschäftsbezeichnung von Kaufleuten ist.

### 2. Ziele

Das grundsätzliche und zugl. formale U.s-Ziel ist nach dem hier verwendeten U.s-Begriff die Gewinnerzielung oder zumindest das Erwirtschaften eines Erwerbseinkommens. Es kann Gewinnmaximierung angestrebt werden, doch häufig reicht ein gewisser Gewinn oder eine bestimmte Rendite den Eigentümern des U.s aus, während zu hohe oder ständig wiederkehrende Verluste die Existenz des U.s bedrohen. Das Erwerbseinkommen von Kleinunternehmern verdankt sich häufig mehr ihrer Arbeitsleistung als dem Kapitaleinsatz. Entscheidend ist jedoch der ökonomische Gewinn, nicht der Bilanzgewinn, der insb. um Opportunitätskosten z. B. des Eigenkapitals und der Arbeitskraft des Unternehmers zu bereinigen ist, aber auch nicht bilanzierbare ↑Investitionen enthalten kann. Insb. neue U. erfordern oft hohe Anfangsinvestitionen, die zu bilanziellen Verlusten führen, doch idealerweise das zukünftige Gewinnpotential stärker erhöhen.

Neben dem Formalziel der Gewinn- oder Einkommenserzielung gibt es typischerweise einen inhaltlichen U.s-Zweck, der sich jedoch im Laufe der Zeit ändern kann. Gewinne sollen also nicht auf jede erdenkliche Weise erzielt werden, sondern durch Spezialisierung auf typischerweise eine Branche oder sogar einzelne Produkte bzw. ↑Dienstleistungen. Ein Bäckerladen backt z. B. Brote, Brötchen, Kuchen und Torten, um diese auch selbst zu verkaufen. Der Bäcker schneidet hingegen keine Haare, jedenfalls nicht gegen Geld von Kunden seines U.s, was er in Deutschland auch gar nicht dürfte. Wenn er durch die Vermietung oder den Verkauf seines Ladenlokals etwas verdient, so ist das ein unternehmenszweckunabhängiger bzw. neutraler Ertrag. Vorteile der Arbeitsteilung und Spezialisierung sprechen im ↑Wettbewerb dafür, dass sich U. auf ihre Kernkompetenz(en) konzentrieren sollten, also was sie besser können als alle anderen, während sie alles andere günstiger von außen beziehen.

Diese Argumentation lässt sich auch auf die Frage erweitern, warum es überhaupt U. gibt. Bei perfekten und vollständigen ↑Märkten bräuchte es keine U., weil sich alles marktlich organisieren ließe. Ebenso ließe sich mit einem perfekten Plan alles planwirtschaftlich (↑Zentralverwaltungswirtschaft) organisieren. Tatsächlich sind weder Märkte noch staatliche Pläne oder auch U. perfekt, sondern sie haben unterschiedliche Stärken und Schwächen. Insb. haben sie verschiedene Transaktionskosten, womit sich die Existenz von U., aber auch ihre Begrenzung erklären lässt. Rein technisch und auch hinsichtlich der Marktmacht gibt es meist Größenvorteile, doch irgendwann wird die unternehmensinterne Steuerung zu kompliziert und teuer.

Schließlich gibt es neben dem *Shareholder*-Ansatz, wonach die Interessen der Eigentümer als primär angesehen werden und alle anderen Interessen wie auch die inhaltliche Betätigung des U.s nur Mittel zum Zweck der Gewinnerzielung bzw. zur Steigerung des *Shareholder Values* darstellen, auch den *Stakeholder*-Ansatz, wonach grundsätzlich die Interessen aller am U. Beteiligten oder sogar von ihm Betroffenen direkt zu berücksichtigen sind. Häufig ist die Differenz zwischen beiden Ansätzen gar nicht so groß, weil die Eigentümer ein Eigeninteresse an zufriedenen Kunden, Mitarbeitern, Lieferanten etc. haben. Trotzdem sind die Interessen nicht identisch und kann es zu Konflikten kommen. Es ist jedoch unklar, wie z. B. angestellte Manager diese Konflikte lösen bzw. allen Stakeholdern zugl. gerecht werden sollen. Dabei ist auch zu bedenken, dass die Manager eigene Interessen haben, die sie bei größerem diskretionären Spielraum stärker verfolgen können (↑Moralisches Risiko), während insb. bei Personengesellschaften typischerweise die Eigentümer ihr U. selbst leiten und v. a. durch Verträge und Gesetze dazu angehalten werden, die berechtigten Interessen anderer nicht zu vernachlässigen. Ein zu großer Bruch zwischen Personen- und Kapitalgesellschaften kann dazu führen, dass die Rechtsform v. a. nach dem divergierenden Gesichtspunkt gewählt wird, sei es die Form der U.s-Leitung und Interessenvertretung oder auch die steuerliche Belastung und staatliche Regulierung.

### 3. Rechtsformen

Kapitalgesellschaften (↑Gesellschaftsrecht) zählen alle zu den U. Am häufigsten ist die Gesellschaft mit beschränkter Haftung (GmbH). Die Gesellschafter sind typischerweise an Gewinnen interessiert, die entweder ausgeschüttet werden oder den Wert ihrer Gesellschaftsanteile erhöhen, während ihre ↑Haftung für Verluste auf diese Anteile beschränkt ist. Insb. für einen Alleingesellschafter kann auch das Motiv der Einkommenserzielung verbunden mit der Haftungsbeschränkung im Vordergrund stehen. Das gilt auch für die Unternehmergesellschaft (haftungsbeschränkt) als 2008 eingeführte kleine Alternative zur GmbH, die mit einem Stammkapital von nur einem statt 25 000 Euro gegründet werden darf. Die gemeinnützige GmbH (gGmbH) ist keine eigene Rechtsform, doch durch den Zusatz werden der gemeinnützige Zweck, der Verzicht auf das private Aneignen von Gewinnen und damit verbundene steuerliche Vorteile angezeigt. Die ↑Aktiengesellschaft (AG) ist seltener als die GmbH, dafür meist größer und wirtschaftlich bedeutender. Die meisten Großunternehmen sind als AG organisiert, was auch Voraussetzung für einen Börsengang ist. Spätestens dann steht die Gewinnerzielung im Vordergrund, wobei die Aktionäre neben der Dividende v.a. auf Aktienkurssteigerungen hoffen, die allerdings auch stark vom allg.en Marktumfeld und nicht nur den Leistungen des Vorstands abhängen.

Absolut am häufigsten gibt es in Deutschland Einzelunternehmen. Jede selbständige Betätigung einzelner natürlicher Personen zählt dazu, insb. jedoch das U. eines eingetragenen Kaufmanns bzw. einer eingetragenen Kauffrau (e.K., e.Kfm. bzw. Kfr.) gemäß HGB. Ein solches U. wird von einem Unternehmer geführt. ↑Eigentum und Kontrolle liegen in einer Hand, während bei den Gesellschaften auch ein angestellter Manager die Geschäfte führen kann.

Zu den Gesellschaften zählen auch die Personengesellschaften mit zwei oder mehr Gesellschaftern, insb. die Gesellschaft bürgerlichen Rechts (GbR), die Offene Handelsgesellschaft (OHG), die Kommanditgesellschaft (KG) und die stille Gesellschaft. Die Gesellschafter, bei der KG die Komplementäre und bei der stillen Gesellschaft die offen ausgewiesenen Gesellschafter, leiten die Gesellschaft gemeinsam, wenn nichts anderes vereinbart wurde wie die Übertragung der Leitung auf einen der Gesellschafter oder einen angestellten Geschäftsführer. Das ist jedoch riskanter als bei den Kapitalgesellschaften, weil die entspr.en Gesellschafter voll haften. Die Kommanditisten der KG und die stillen Gesellschafter haften dagegen nur mit ihrer Einlage.

Weitere Rechtsformen von U. können Mischformen von Kapital- und Personengesellschaften sein wie AG & Co. KG, GmbH & Co. KG oder KG auf Aktien. Andere privatrechtliche Rechtsformen sind ↑Genossenschaften, ↑Stiftungen nach BGB oder ↑Vereine, wobei sie nicht unbedingt als U. bezeichnet werden und nicht auf Gewinnerzielung ausgerichtet sind. Außerdem können inzwischen auch alle privatrechtlichen Rechtsformen aus anderen EU-Ländern in Deutschland gewählt werden. Öffentlich-rechtliche Rechtsformen mit eigener Rechtspersönlichkeit sind ↑Anstalten, ↑Körperschaften und Stiftungen des öffentlichen Rechts. Eindeutig U. sind öffentliche Betriebe in Form von privatrechtlichen Kapitalgesellschaften, insb. als GmbH.

Umstritten ist, welches Eigenleben ↑juristische Personen und dabei insb. Kapitalgesellschaften führen. Sie werden eigenständig besteuert, was zu einer Doppelbesteuerung führen kann, wenn z.B. Dividenden aus dem bereits versteuerten Gewinn noch einmal bei den Aktionären besteuert werden, allerdings meist mit niedrigeren Sätzen als dem persönlichen Einkommensteuertarif, der bei Personengesellschaften anzuwenden ist. Juristische Personen können eigenständig klagen und verklagt werden, während zumindest in Deutschland nur natürliche Personen strafrechtlich belangt werden können. Die Haftungsbegrenzung ist ein Privileg für die Eigentümer, welches auch zu Lasten von Gläubigern gehen kann, die gar nicht freiwillig eine vertragliche Beziehung mit dem U. eingegangen sind, etwa im Falle von Schadensersatzforderungen.

### 4. Unternehmer

U. können von einem ↑Unternehmer geleitet werden. Die wichtigste Alternative sind angestellte Geschäftsführer bzw. Manager, während Selbständige einschließlich Handwerkern und den Angehörigen ↑freier Berufe gemäß § 14 BGB Unternehmer sind, selbst wenn sie sich nicht als solche verstehen, was wiederum vom Geschäftsmodell und der Größe ihres U.s abhängen kann. Ob es (geborene) Unternehmerpersönlichkeiten gibt oder (fast) jeder lernen kann, unternehmerisch zu denken und zu handeln (ggf. auch als angestellter Manager oder sogar einfacher Mitarbeiter), ist umstritten. Unternehmer zeichnet jedenfalls aus, dass sie etwas unternehmen und dafür auch (zumindest zu einem substanziellen Teil) das ↑Risiko tragen. Das Eigentum und die Kontrolle darüber sind nicht getrennt.

Insb. Gründer von U. sind überwiegend unternehmerisch tätig, während die meisten Großunternehmen inzwischen von angestellten Managern geleitet werden, die nur wenige Anteile am U. besitzen und deren größtes Risiko wie bei normalen ↑Arbeitnehmern der Beschäftigungsverlust ist, wobei sie jedoch selbst bei schlechter Leistung eher auf hohe Abfindungen hoffen dürfen. Zugl. nutzen sie meist weniger Chancen als Unternehmer, weil sie auch weniger an daraus resultierenden Gewinnen beteiligt sind. Dagegen ist bei Unternehmern die Nachfolge oft ein größeres Problem, da nicht jeder Erbe dazu gleichermaßen geeignet oder willens ist. Steuerlich wird allerdings das Vererben von ganzen U. gegenüber anderen Vermögensformen privilegiert.

### Literatur

N. G. Mankiw/M. Taylor/A. Ashwin: Business Economics, [3]2019 • S. Winheller/L. Jansen: Die gemeinnützige GmbH (gGmbH), [2]2019 • W. Neus: Einführung in die Betriebswirtschaftslehre aus institutionenökonomischer Sicht, [10]2018 • U. Schottmüller-Einwag: Abfindungsobergrenzen für Vorstandsmitglieder, 2018 • F. Stracke/M. Schmäh: Unternehmerpersönlichkeiten verstehen, 2018 • F. Klein-Blenkers: Rechtsformen der Unternehmen, 2016 • G. Wöhe/U. Döring/G. Brösel: Einführung in die Allgemeine Betriebswirtschaftslehre, [26]2016 • S. Kessen: Die Firma als selbständiges Verkehrsobjekt, 2011 • R. Richter/E. G. Furubotn: Neue Institutionenökonomik, [4]2010 • D. F. Spulber: The Theory of the Firm, 2009 • J. Roberts: The Modern Firm, 2007 • L. A. Bebchuk: The Case for Increasing Shareholder Power, in: HLR 118/3 (2005), 833–914 • Ders./J. M. Fried: Pay Without Performance, 2004 • M. C. Jensen: A Theory of the Firm, 2003 • A. Picot/R. Reichenwald/R. T. Wigand: Die grenzenlose Unternehmung, [5]2003 • K. Brockhoff: Geschichte der Betriebswirtschaftslehre, [2]2002 • H. Albach: Allgemeine Betriebswirtschaftslehre, [3]2001 • H. Mühlenkamp: Öffentliche Unternehmen, 1994 • P. Milgrom/J. Roberts: Economics, Organization and Management, 1992 • C. K. Prahalad/G. Hamel: The Core Competence of the Corporation, in: HBR 68/3 (1990), 79–91 • A. Rappaport: Creating Shareholder Value, 1986 • O. E. Williamson: The Economic Institutions of Capitalism, 1985 • R. E. Freeman: Strategic Management. A Stakeholder Approach, 1984 • Ders./D. L. Reed: Stockholders and Stakeholders, in: California Management Review 25/3 (1983), 88–106 • O. E. Williamson: Markets and Hierarchies, 1975 • I. M. Kirzner: Competition and Entrepreneurship, 1973 • E. O. Edwards/P. W. Bell: The Theory and Measurement of Business Income, 1961 • G. J. Stigler: The Economies of Scale, in: J. Law Econ. 1 (1958), 54–71 • E. Gutenberg: Grundlagen der Betriebswirtschaftslehre, Bd. 1, 1951 • J. Schumpeter: Capitalism, Socialism and Democracy, 1942 • R. H. Coase: The Nature of the Firm, in: Economica 4/16 (1937), 386–405 • H. Töndury: Von der Handelswissenschaft zur Privatwirtschaftslehre, 1916 • R. Dietrich: Betrieb-Wissenschaft, 1914 • J. Schumpeter: Theorie der wirtschaftlichen Entwicklung, 1912 • J.-B. Say: Traité d'Économie Politique ou Simple Exposition de la Manière Dont Se Forment, Se Distribuent, et Se Consomment les Richesses, 1803 • A. Smith: An Inquiry Into the Nature and Causes of the Wealth of Nations, 1776 • R. Cantillon: Essai sur la Nature du Commerce en Général, 1755.


ALEXANDER DILGER

## II. Rechtswissenschaftlich

### 1. Das Unternehmen im Recht

Das Recht kennt keinen einheitlichen Begriff des U.s. Der Begriffsinhalt variiert abhängig von der Funktion, die dem Begriff jeweils zukommt.

Im Zivil- und Handelsrecht meint man mit „U." eine wirtschaftliche Einheit aus Gegenständen im weitesten Sinne (z. B. auch Know-how), mittels derer ein ↑Unternehmer an einem Markt auftritt; das HGB spricht insoweit von „Handelsgeschäft". Ein solches U. kann etwa insgesamt veräußert, verschenkt oder verpachtet werden; seine Integrität wird durch das Deliktsrecht geschützt.

Der U.s-Begriff erschöpft sich allerdings nicht in dieser gegenständlichen Betrachtung, weil sie die Dynamik, die dem U. als wirtschaftlicher Wirkungseinheit eigen ist, nicht zu erfassen vermag. Bes. deutlich tritt dieser Umstand bei der U.s-Bewertung zutage, die typischerweise den Ertragswert in den Blick nimmt und nur in Fällen, in denen ihr die hypothetische Zerschlagung des U.s zugrunde gelegt wird, beim Wert der Einzelgegenstände ansetzt. Ebenso deutlich wird er, wenn Nutzungsersatz für U. oder Gesellschaftsanteile zu leisten ist und sich zeigt, wie unangemessen es ist, das U. wie eine fruchttragende Sache zu behandeln, der ihr Eigentümer bei der Produktion von Mehrwert letztlich nur zusehen muss.

Die Besonderheiten des U.s als Rechtsgegenstand eigener Art geraten schließlich auch in den Blick, wenn man sich klarmacht, dass die sachenrechtliche Zuordnung von Gegenständen (↑Sachenrecht) und ihre wirtschaftliche Zuordnung zur Funktionseinheit U. durchaus nicht übereinanderliegen müssen. Hier setzt etwa das Gewerbesteuerrecht (↑Gewerbesteuer) an, wenn es – in Ansätzen – versucht, bei der Berechnung des Gewerbeertrags Unterschiede zu nivellieren, die sich daraus ergeben, ob ein Unternehmer mit Eigen- oder Fremdkapital arbeitet oder für seine unternehmerische Tätigkeit eigene oder fremde Grundstücke nutzt.

Hinter dem U. als wirtschaftlicher Wirkungseinheit steht der U.s-Träger als diejenige Person, der die im U. zusammengefassten Sachen und Rechte zustehen und die mit dem U. am ↑Markt auftritt. Dem U. selbst kommt keine Rechtspersönlichkeit zu. Zwar verselbständigen sich U. in der Wahrnehmung im Rechtsverkehr vielfach weitgehend von ihren Eignern, und es wurde durchaus über die Frage diskutiert, ob diese faktische Verselbständigung nicht durch eine eigene Rechtssubjektivität abgebildet werden sollte. Durchsetzen konnten sich derartige Überlegungen allerdings nicht. Denn es hat sich gezeigt, dass das Recht auf die spezifischen Regelungsprobleme, die sich aus dieser Verselbständigung ergeben, ohnehin angemessen zu reagieren vermag. Wird bspw. ein Rechtsgeschäft geschlossen, das eindeutig U.s-Bezug aufweist, so wird daraus der jeweilige U.s-Träger verpflichtet, ohne dass seine Person im Rechtsverkehr offengelegt werden müsste.

U.s-Träger treten in unterschiedlichen Rechtsformen auf. Es kann sich um natürliche Personen handeln, um rechtsfähige Personengesellschaften oder um ↑juristische Personen des privaten oder öffentlichen Rechts. Ob der U.s-Träger eine natürliche Person oder ein juristisches Kunstgebilde ist, wirkt sich wesentlich bei den Vermögenssphären aus. Der Einzelunternehmer haftet seinen Gläubigern mit seinem gesamten ↑Vermögen, unabhängig davon, ob die betreffenden Verbindlichkeiten zu privaten oder zu betrieblichen Zwecken begründet wurden. Daher war eine Zeitlang streitig, ob er in der Handelsbilanz nur sein Betriebs- oder auch sein Privatvermögen zu verzeichnen hat. Demgegenüber existiert bei U., deren Träger Gesellschaften sind, mit dem Gesellschaftsvermögen eine eigenständige, dem U. zugeordnete Haftungsmasse, die rechtlich vom Vermögen der Gesellschafter getrennt ist.

Hier zeigt sich, dass neben der Unterscheidung zwischen U. und U.s-Träger noch eine zweite Differenzierung erforderlich ist: die zwischen dem U. und den U.s-Eignern als denjenigen Personen, die letztlich die Chancen und ↑Risiken der unternehmerischen Tätigkeit tragen. Wie stark sich das U. von seinen Eignern verselbständigt, ist eine Frage der Rechtsform und der damit verbundenen Entscheidungsstrukturen, aber auch eine rein tatsächliche Frage; die Bandbreite reicht vom personalistischen U., bei dem der oder die Eigner die unternehmerische Tätigkeit persönlich prägen, bis hin zum Groß-U. mit anonymen Kapitalgebern.

Nicht alle Rechtsgebiete differenzieren begrifflich zwischen dem U. und seinem Träger. Das Kartellrecht und das Konzernrecht bspw. bezeichnen als U. die Aktionseinheit, die eine wirtschaftliche Tätigkeit ausübt, also letztlich das Rechtssubjekt. In diesen Rechtsgebieten impliziert die Verwendung des Begriffs „U." in bes.r Weise die Rechtsformneutralität: Rechtsfolgen werden daran geknüpft, dass sich eine Person in einer bestimmten Weise im Rechts- und Wirtschaftsverkehr verhält, ohne Rücksicht darauf, um welche Art von Rechtssubjekt es sich dabei handelt.

Die Trennung zwischen wirtschaftlicher Funktionseinheit und dahinterstehender Person, die durch das Erfordernis der Rechtsfähigkeit für die Zurechnung von Rechten und Pflichten geschaffen wird, impliziert einen Formalismus, der den wirtschaftlichen Realitäten nicht immer gerecht wird. Bes. deutlich zeigt sich dies im ↑Konzern, wo der Vielheit der Rechtsträger eine mehr oder weniger intensive wirtschaftliche Integration gegenübersteht. Hier steht das Recht vor der Frage, ob, inwieweit und in welchen Rechtsbereichen hoch integrierte Konzerne rechtlich als Einheit behandelt werden sollten, wo also die Trennung der Rechtsträger im Dienste einer Abbildung wirtschaftlicher Realitäten partiell überwunden werden sollte.

Gemeinsam ist den verschiedenen U.s-Begriffen, dass sie wirtschaftliche Wirkungseinheiten erfassen, die sich in einer bestimmten Weise betätigen: Unternehmerisches Handeln ist selbständig und zielt auf Leistungs- oder Warenaustausch am Markt ab. Um von einem U. im Rechtssinne zu sprechen, ist deshalb neben einem Mindestmaß an sachlichen und persönlichen Mitteln sowie Organisation ein Auftreten am Markt als Anbieter erforderlich.

## 2. Das Unternehmensrecht als Rechtsmaterie

Das U.s-Recht als Rechtsgebiet gehört in Deutschland nicht zu den klassischen zivilrechtlichen Nebengebieten, anders als etwa in Österreich, wo diejenigen Materien, die sich in Deutschland im HGB finden, im „Unternehmensgesetzbuch" geregelt sind. In Deutschland wird das Recht der U.s-Organisation und der Rechte und Pflichten von U.s-Trägern traditionell in verschiedenen Unterdisziplinen verortet (insb. ↑Handelsrecht, ↑Gesellschaftsrecht, Bilanzrecht); die Sammelbezeichnung „U.s-Recht" erfreut sich jedoch zunehmender Beliebtheit. Teilweise wird mit diesem Begriff auch eine inhaltliche Verschiebung von der Konzentration auf individuelle Rechtsbeziehungen zwischen Privaten hin zu einem stärkeren Fokus auf gesamtwirtschaftliche Zusammenhänge verbunden; damit wird der ordnungsrechtliche Aspekt des U.s-Rechts betont.

In vielen rechtlichen Zusammenhängen ist der U.s-Begriff nicht auf gewerbliche Tätigkeiten beschränkt (also nicht auf Handelsgeschäfte i. S. d. HGB), sondern bezieht auch andere Formen selbständigen Auftretens am Markt ein, etwa freiberufliche oder land- und forstwirtschaftliche Tätigkeiten. Damit hängt es zusammen, dass hinter dem Begriff „U.s-Recht" mitunter auch ein rechtspolitisches Petitum steht: die Forderung, das klassische Handelsrecht, das nur für Kaufleute als Inhaber von Handelsgeschäften gilt, sei zu einem Recht für alle U.s-Träger fortzuentwickeln. Gleichzeitig müsse sich der Fokus vom handelnden Subjekt, dem Kaufmann, verschieben auf die Funktionseinheit U.

## 3. Unternehmerische Freiheit und unternehmerische Verantwortung

Für eine freiheitliche Rechts- und ↑Wirtschaftsordnung ist unternehmerische Freiheit zentral. Art. 2 Abs. 1 GG umfasst die wirtschaftliche Entfaltungsfreiheit, ein U. in einer beliebigen Rechtsform zu gründen (Rechtsformwahlfreiheit) sowie es eigenverantwortlich zu führen. Die Unternehmerfreiheit jedoch ist nicht schrankenlos gewährleistet, weil von unternehmerischer Aktivität nicht nur der Unternehmer, sondern viele andere Personengruppen betroffen sind, deren ↑Interessen das Recht berücksichtigen muss. In aller Regel geschieht dies durch Vorschriften, welche die Spielräume unternehmerischen Handelns zum Schutz bestimmter Personen einengen, bspw. der Gläubiger, der ↑Arbeitnehmer oder der Minderheitsgesellschafter. Einen Ausnahmestatus besitzt die unternehmerische ↑Mitbestimmung, die den Arbeitnehmern sogar Einfluss auf die Entscheidungsfindung in U. einer bestimmten Größe einräumt.

Ein Ewigkeitsthema, das in jüngerer Zeit wieder intensiv diskutiert wird, ist die Frage der gesellschaftlichen Verantwortlichkeit von U. (↑Unternehmensethik) und ihrer Abbildung im Recht. Aktuelle Stichworte der Debatte sind *CSR* oder *Environmental Social Governance*. Hier gilt es v. a., eine wohlfeile undifferenzierte Moralisierung durch klare konzeptionelle Unterscheidungen zu vermeiden. Moralisches Handeln (↑Moral) mag man von moralischen Subjekten und damit von Menschen, nicht aber von juristischen Kunstgebilden erwarten; und dass die Führung großer U. mit fremdem Geld (der Anteilseigner) unbeschränkt gemeinnützige Ziele verfolgen können sollte, ist keineswegs ausgemacht. Aufgabe des Rechts ist es, der Ausübung unternehmerischer Freiheit diejenigen Grenzen zu setzen, die zum Schutz einzelner, mit dem U. interagierender Personen und der Allgemeinheit erforderlich und angemessen sind. Aufgabe des Rechts ist es außerdem, den U.s-Leitern bei der Verfolgung des U.s-Zwecks Spielräume für moralisches Handeln freizuhalten, bspw. zu verhindern, dass die Anteilseigner sie rechtlich zur Verantwortung ziehen können, wenn sie aus moralischen Gründen auf die Umsetzung eines bes. aggressiven Steuersparmodells verzichten. Jenseits dessen endet aber die Herrschaft des Rechts, und die Verantwortlichkeit des Individuums (↑Verantwortung) beginnt. So bleibt es dem Einzelnen unbenommen, bei der Auswahl unter verschiedenen Investitionsmöglichkeiten nicht nur auf die Höhe der Dividende, sondern auch auf verantwortungsbewusste U.s-Führung Wert zu legen. Auf diese Weise lässt sich einer einseitigen Profitorientierung des Wirtschaftslebens entgegenwirken, ohne in die autonome Zwecksetzung privater U. einzugreifen.

### Literatur

K. Schmidt: Handelsrecht. Unternehmensrecht, Bd. 1, [6]2014 • F. Rittner/M. Dreher: Das Unternehmensrecht, in: dies.: Europäisches und deutsches Wirtschaftsrecht, [3]2008, 213–336 • F. Rittner: Unternehmerfreiheit und Unternehmensrecht, 1998 • B. Großfeld: Internationales und Europäisches Unternehmensrecht, [2]1995 • M. Jürgenmeyer: Das Unternehmensinteresse, 1984 • W. Flume: Um ein neues Unternehmensrecht, 1980 • P. Raisch: Unternehmensrecht, 2 Bde., 1973 f. • T. Raiser: Das Unternehmen als Organisation, 1969.

CHRISTINE OSTERLOH-KONRAD

## Unternehmensberatung

### 1. Definitorische Abgrenzung

U.en unterstützen Organisationen bei der Analyse und Lösung oft komplexer Probleme. Dies erfolgt durch temporäre, projektbezogene Zurverfügungstellung von Ressourcen und spezifischem Wissen durch hochqualifizierte Mitarbeiter der U. unter kontextspezifischer Integration der Kunden.

U.en sind ihrem Charakter nach den *Professional Service Firms* (PSF) zuzuordnen, die durch wissensintensive ↑Dienstleistungen gekennzeichnet und teilweise über Berufsverbände organisiert sind. Obwohl für Berater keine Berufsträgerschaft i. S. einer geschützten Berufsbezeichnung bzw. einer zwingenden Examinierung existiert, sind Ausbildung und Berufsethos vergleichbar. So können die Berater aufgrund ihrer (akademischen) Vorbildung, ihrer erworbenen analytisch-empirischen Fähigkeiten, ihres Wissens, ihrer Orientierung an etablierten Verhaltensnormen sowie ihrer Handlungsfreiheit in Projekten als professionalisiert bezeichnet werden. Das führt zu einer zunehmenden Reputation der U. und dient als Substitut für die Berufsträgerschaft. Die notwendige Integration der Kunden erfordert eine hohe Beziehungskompetenz der Berater, während der Kapitalbedarf der U. gering ist. In Abgrenzung zu den geschützten Berufen werden U.en als Neo-PSF klassifiziert. Ihr Erfolg resultiert aus den kritischen Ressourcen Wissensintensität, Beziehungskompetenz und ↑Vertrauen, dabei ist das Ertragsmodell mit dem anderer PSF prinzipiell identisch (Abb. 1).

### 2. Erscheinungsformen

Eine einheitliche Systematik der Erscheinungsformen ist nicht etabliert. U.en können aber u. a. nach inhaltlicher Ausrichtung ihrer Leistungen i. S. einer Marktsegmentierung differenziert werden. Hier ist zwischen IT-Beratung und Management-Beratung (oftmals synonym zur U. verwendet) zu unterscheiden. Letztere können auf nächster Ebene in Organisations- und Strategieberatung kategorisiert werden. Häufig wird hier auch die Personalberatung als selbstständige Form abgegrenzt. Eine weitere Differenzierung kann anhand der Spezialisierung auf bspw. Funktionen oder Branchen erfolgen. Somit erstreckt sich das Spektrum der Erscheinungsformen von Full-Service-Providern mit einer Vielzahl an unterschiedlichen Beratern über spezialisierte Boutique-Beratungen mit nur wenigen Beratern hin zu selbstständigen Einzelpersonen mit mehr oder weniger klarem Fokus. Im Jahr 2018 waren dabei insgesamt rund 20000 Beratungsfirmen mit ca. 124000 Beratern in Deutschland tätig.

### 3. Aufbau- und Projektorganisation

U.en verfügen meist über einen hierarchischen Aufbau (↑Hierarchie). Die Ebenen unterscheiden sich in der Bezahlung sowie hinsichtlich der Fähigkeiten und des Wissens der Berater, deren Aufgabenspektrum und Verantwortungsbereiche. Während sowohl Anzahl als auch Ausgestaltung der Hierarchiestufen zwischen U.en divergieren, können generisch drei Ebenen identifiziert werden. Diese spiegeln die PSF-typische Pyramidenform wider: Die Einstiegsebene mit Fokus auf operativen Tätigkeiten, die Projektleiterebene mit Verantwortung für die Koordination von Projekten im Tagesgeschäft sowie die Interaktion mit den Kunden und die Partnerebene mit der Verantwortung für Aufbau und Pflege von Kundenbeziehungen sowie der Führung der U. Das anzahlmäßige Verhältnis der Ebenen der Pyramide zueinander wird als Leverage-Struktur bezeichnet. Sie spiegelt sich häufig auch in den angebotenen Projekttypen wider. Das Kerngeschäft der U. besteht aus Projektarbeiten, für die jeweils einem aus unterschiedlichen Hierarchieebenen mit relevantem Wissen und Fähigkeiten zusammengesetztem Team ein Projekt zugeordnet wird. Nach Beendigung des Projekts werden die Teams aufgelöst und anderen Projekten zugeordnet. Partner betreuen meist mehrere Projekte gleichzeitig.

### 4. Projekttypen und Interaktion mit Kunden

Die Kundenprobleme definieren die Form des Projekts. Handelt es sich um innovative Projekte, spricht man von *Brain Projekten*, welche sowohl hohe Kreativität als auch Strukturierungsfähigkeit von den Beratern erfordern. Handelt es sich um Probleme, die Erfahrungswissen erfordern, spricht man von *Grey-Hair Projekten*. Standardisierte Projekte, welche Umsetzung von Plänen erfordern, werden als *Procedure Projekte* bezeichnet. Die Projektform spiegelt sich u. a. in unterschiedlichen Leverage-Strukturen der Projektteams sowie Stundenhonoraren wider. Ob eine Projektform angeboten werden kann, hängt mit der Leverage-Struktur sowie den unterstützenden Prozessen der U. zusammen. Beide beeinflussen sich gegenseitig und werden zugl. von der Wissensbasis der U. getrieben. Projekte mit geringer Interaktion zwischen Kunden und Berater, bei welchen der Kunde die Aufgaben koordiniert, während der Berater inhaltliche, umsetzungsorientierte Aufgaben bearbeitet, werden als *Jobbing*, im Extremfall als *Body-Lease*, eine Art temporärer Arbeitnehmerüberlassung, bezeichnet. Projekte mit einer stark reziproken Interaktion zwischen Kunden und Unternehmensberatern werden als *Sparring* charakterisiert.

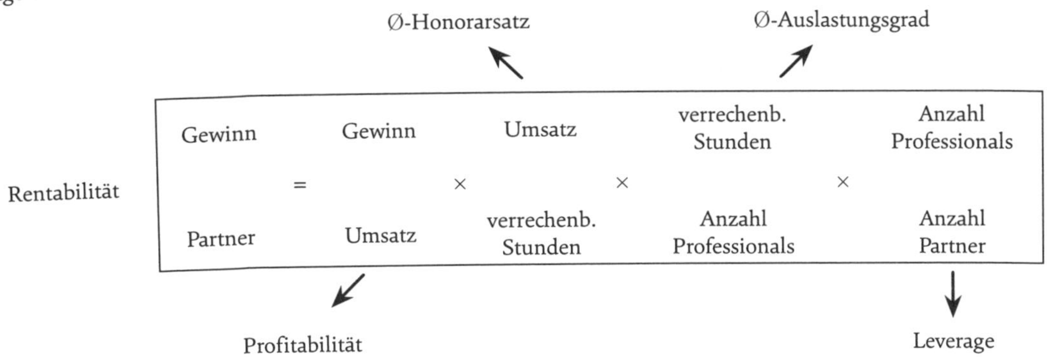


Abb. 1: Ertragsmodell

### 5. Karrieremodell und Wachstumsdruck

Traditionell erfolgt der Wechsel der Karrierestufen der Berater in einem für die jeweilige U. spezifischen Rhythmus, wobei die Leverage-Struktur der U. beibehalten werden soll. Entspr. muss ein Berater nicht nur die notwendige Qualifikation für die nächste Hierarchieebene aufweisen, sondern sich auch dem direkten Vergleich mit seinen Peers stellen. Fällt die Entscheidung hinsichtlich einer Beförderung negativ aus, scheidet der Berater i. d. R. aus der Organisation aus *(up-or-out-Prinzip)*. Ein Wechsel in eine andere Branche wird dabei von der U. allg. unterstützt, um der U. gegenüber loyale Alumni in Entscheidungspositionen bei aktuellen und potentiellen Kunden zu positionieren. Dieses Karrieremodell erzeugt einen Wachstumsdruck auf die U., da Berater nicht bereit sind, auf das Ausscheiden eines Partners zu warten. Bei Wahrung der Leverage-Struktur ist ein Wachstum der Gesamtorganisation zwingend erforderlich. Einige U.en bieten jedoch zudem Experten-Karrieren an, in denen das *up-or-out-Prinzip* keine Anwendung findet.

### 6. Herausforderungen und Veränderungen

Die Kenntnis der Kunden über die Fähigkeiten, Leistung und Vergütungshöhe der U. hat zusammen mit deren Preissensibilität seit der Jahrtausendwende zugenommen. In vielen Organisationen sind verschiedene U.en parallel beschäftigt, sodass sich die Frage nach Wachstumspotentialen stellt. Während die ↑Digitalisierung Potential bietet, erfordert sie zugl. eine entspr.e Adaption des Geschäftsmodells. So führt der Einsatz digitaler Lösungen zu einem geringeren Bedarf an Juniorberatern auf der Einstiegsebene, da sich der Zeitaufwand für operative, standardisierte Tätigkeiten reduziert. Die Berechnung der digitalen Lösungen ist Kunden gegenüber jedoch schwer zu vermitteln. Die Substitution von Beratern durch digitale Lösungen wirkt aber auch einer zunehmend problematischen Personalsituation entgegen. Jedenfalls wandelt sich die Organisationsstruktur so von einer Pyramide hin zu einer Diamantform. Wie zukünftig die mittlere Schicht des Diamanten besetzt wird, ist ungewiss, jedoch greift eine Vielzahl von U.en zunehmend auf Freiberufler (↑Freie Berufe) zurück.

### 7. Kritik

An U.en, ihren Leistungen und ihrem Einsatz in Organisationen wird durchaus Kritik geübt. So wird gemutmaßt, dass Projekte häufig stärker organisationspolitische denn Effizienz- oder Effektivitätsziele verfolgen, also bspw. Führungspersonen U.en beauftragen, um für sie vorteilhafte Entscheidungen besser durchsetzen zu können. Ähnliches gilt für die Notwendigkeit angebotener Erst- und Anschlussprojekte, sowie die Verwendung von Beratern zur Umgehung der betrieblichen ↑Mitbestimmung. Der übermäßige Einsatz von Beratungsverträgen in öffentlichen Institutionen (in diesem Jahrtausend bspw. BA und Bundesministerium der Verteidigung) wurde in der Vergangenheit ebenfalls bereits kritisiert.

### Literatur

Bundesverband Deutscher Unternehmensberater e.V.: Facts & Figures zum Beratermarkt, in Newsletter 1/2019 (2019), URL: http://www.bdu.de/media/278795/beratermarkt-2016_2017_gross.pdf (abger.: 24.09.2020) • M. Neuhaus: Wandel in Managementberatungen, 2019 • C. Haas: Managementberatung in einer integrativen Betrachtung, 2017 • S. Kaiser/M. Ringlstetter: Strategic Management of Professional Service Firms, 2011 • M. Ringlstetter/A. Kniehl: Professionalisierung als Leitidee eines Humanressourcen-Managements, in: H. Wächter/T. Metz (Hg): Professionalisierte Personalarbeit, 1995, 139–161 • D. Maister: Managing the Professional Service Firm, 1993.

MAX RINGLSTETTER UND BJÖRN SCHÄFER

## Unternehmensethik

I. Wirtschaftsethisch – II. Sozialethisch

### I. Wirtschaftsethisch

Die U. ist als angewandte ↑Ethik ein Teilbereich der ↑Wirtschaftsethik. Sie steht auf der Mesoebene zwischen der ↑Institutionenethik (Makroebene), die sich mit der ↑Wirtschaftsordnung befasst, und der Individualethik (Mikroebene), bei der das Verhalten einzelner Menschen im Fokus steht. U. ist Individualethik, insofern sie an das Gewissen (↑Gewissen, Gewissensfreiheit) einzelner Entscheidungsträger appelliert; sie gehört zur Institutionenethik, wenn sie darauf abzielt, die institutionellen Rahmenbedingungen des unternehmerischen Handelns durch formelle oder informelle Regeln zu beeinflussen.

#### 1. Unternehmensverantwortung

Im Mittelpunkt der U. steht die Frage nach der Unternehmensverantwortung, d. h. die Verpflichtung, negative Handlungsfolgen zu vermeiden oder erwünschte Konsequenzen herbeizuführen und bei Zuwiderhandeln dafür gerade zu stehen. ↑Verantwortung ist ein vierstelliges Prädikat, daher ist zu regeln, wer weswegen wofür wem gegenüber verantwortlich ist.

*a)* Schon die Frage nach dem Subjekt („Wer verantwortlich?") der Unternehmensverantwortung ist umstritten, da traditionell nur Menschen als Träger moralischer Verantwortung gesehen werden. Nach einem Einwand Milton Friedmans sind ↑Unternehmen bloße juristische Fiktionen, die „als solche" keine moralische Verantwortung tragen könnten. Tatsächlich tragen Unternehmen in modernen Gesellschaften (z. B. Kapitalgesellschaften) durchaus selbst juristische – und damit indirekt – moralische Verantwortung. Darüber hinaus wird Unternehmen auch unmittelbar moralische Verantwortung zugeschrieben, da Manager ihre Entscheidungen für ihr Unternehmen und nicht primär für sich selbst treffen.

*b)* Folgt man M. Friedman, so wäre die Gewinnmaximierung der oberste *Maßstab* („Weswegen verantwortlich?") der Unternehmensverantwortung. Unternehmen verfolgen demgegenüber i. d. R. ein ganzes Bündel von Zielen, die in der modernen U. zumeist in einer Nachhaltigkeitsorientierung (↑Nachhaltigkeit) zusammengefasst werden. Nach Joachim Wieland ist das Ziel von Unternehmen „die nachhaltige Sicherung des Unternehmens in jedem Sinne des Wortes (juristisch, ökonomisch, ökologisch, gesellschaftlich). [...] Moralische Werte, Kooperationswerte, Leistungswerte und Kommunikationswerte einer Organisation sind so aufeinander zu beziehen, dass sie dieser eine spezifische Identität und Orientierung für Entscheidungen liefern" (Wieland 2004: 30). Zu den *Leistungswerten* eines Unternehmens gehören demnach außer dem Gewinn unternehmerische Tugenden wie Kompetenz, Leistungsbereitschaft, Flexibilität, Innovationsorientierung oder die Gewährleistung hoher Qualitätsstandards. *Moralische Werte* (↑Moral) umfassen Integrität, Ehrlichkeit oder Vertragstreue. Daneben treten *Kooperationswerte* wie Loyalität, Teamgeist und Konfliktfähigkeit sowie *Kommunikationswerte* wie Transparenz oder Kommunikationsorientierung.

*c) Gegenstand* der Unternehmensverantwortung („Wofür verantwortlich?") sind v. a. soziale Dilemmasituationen, in denen das Eigeninteresse des Unternehmens oder ihrer Entscheidungsträger von moralischen ↑Normen und ↑Werten abweicht und u. U. Transaktionspartner oder unbeteiligte Dritte schädigt. Relevant wird dies v. a., wenn der Rechtsrahmen, unter dem die Unternehmen handeln, defizitär ist, weil bspw. Ordnungsstrukturen nicht (z. B. Entwicklungsländer) oder noch nicht (z. B. bei neuen Technologien) existieren oder Kontrollen umgangen werden können (z. B. durch Produktionsverlagerung ins Ausland).

*d)* Als *Adressaten* der Unternehmensverantwortung („Wem gegenüber verantwortlich?") nimmt die U. heute nicht mehr allein die Kapitaleigner an, sondern eine Vielzahl von Anspruchsträgern, sog.er Stakeholder. Stakeholder ist jeder, der ein berechtigtes Interesse am Unternehmen und dessen Wirtschaften hat, also Personen(-gruppen), welche die Zielerreichung des Unternehmens positiv oder negativ beeinflussen können (ökonomische Stakeholder) oder die, wie z. B. Anlieger, vom Unternehmenshandeln betroffen sind (ethische Stakeholder). Zu den Stakeholdern zählen – neben den Shareholdern, die an einer Erhaltung und Verzinsung ihres eingesetzten Eigenkapitals interessiert sind – v. a. die Mitarbeiter mit ihrem Interesse an Arbeitsplatzsicherheit und Entlohnung, die Kunden, die hochwertige und preiswerte Güter nachfragen und ehrlich informiert zu werden wünschen, sowie die Lieferanten (langfristige Lieferbeziehungen, pünktliche Bezahlung) oder Fremdkapitalgeber (↑Zins und Tilgung). Im weiteren Sinne umfasst Stakeholder die Konkurrenten (in Erwartung fairen Marktverhaltens des Unternehmens), den ↑Staat (Steuerzahlung oder Arbeitsplatzschaffung) und die ↑Zivilgesellschaft (↑Umweltschutz).

### 2. Corporate Social Responsibility

Unternehmensverantwortung wird oft unter der Überschrift der CSR abgehandelt. Nach dem Grünbuch der Europäischen Kommission 2001 handelt es sich um ein „Konzept, das den Unternehmen als Grundlage dient, auf freiwilliger Basis soziale Belange und Umweltbelange in ihre Unternehmenstätigkeit und in die Wechselbeziehungen mit den Stakeholdern zu integrieren“ (KOM [2001] 366 endgültig Nr. 20). Der konkrete Inhalt von CSR wird z. T. mit erheblichen Unterschieden verwendet. Bes. Bedeutung hat die vierstufige „CSR-Pyramide“ von Archie B. Carroll: Unternehmen müssen danach als gesellschaftliche Mindestbedingung zum Erhalt ihrer *licence to operate* ökonomische (Kostendeckung; erste Stufe) und rechtliche Verantwortung (Befolgung des ↑Rechts; zweite Stufe) tragen. Darüber hinaus erwartet die Gesellschaft eine moralische Verantwortlichkeit i. S. eines fairen Unternehmenshandeln über die Gesetze hinaus (dritte Stufe). Dazu gehören bspw. die Ökologisierung des Produkts, eine ausgeprägte Unternehmenskultur, die Förderung von Beziehungen (z. B. ↑Sozialpartnerschaft oder Kooperationen mit ↑NGOs) oder Standortbedingungen (z. B. Mitfinanzierung von Jugendzentren oder Werkswohnungen) oder die Beteiligung an freiwilligen Selbstverpflichtungen.

Die vierte und oberste Stufe der CSR-Pyramide umfasst mit der philanthropischen Verantwortung *(Corporate Citizenship)* karitative Aktivitäten, die zwar das ↑Gemeinwohl fördern, von dieser aber nicht legitim eingefordert werden können. In diese Kategorie fallen klassische Geld- oder Sachspenden (↑Spende) für soziale Zwecke *(Corporate Giving)*, die Gründung von ↑Stiftungen *(Corporate Foundations)*, das Freistellen von Mitarbeitern für soziale Projekte *(Corporate Volunteering)*, das ↑Sponsoring oder die Vergabe von Aufträgen oder Risikokapital an soziale Einrichtungen *(Social Commissioning* und *Venture Philanthropy)*.

### 3. Ethik-Management und Unternehmenskultur

Bes. Bedeutung im Rahmen von CSR-Strategien haben ↑Investitionen in die Unternehmenskultur durch ein unternehmensindividuell zu gestaltendes Ethik- oder Wertemanagement. Es dient dazu, Werte, an die sich das Unternehmen selbst binden will, zu definieren und über eine moralische Verfassung (formelles System) zu implementieren, um die Arbeitsbedingungen und Handlungen der Mitarbeiter (informelles System) zu verbessern. Dazu sind in einem ersten Schritt die „Mission“ (die selbstgesetzten Aufgaben), die „Vision“ (die zu erreichenden Ziele) und die grundlegenden „Werte“ in einem *Code of Ethics* festzulegen und ethisch sensible Unternehmensbereiche zu identifizieren. Ein *Code of Conduct* regelt darauf aufbauend Vorgaben für konkrete Handlungsweisen, Kontrollmaßnahmen und etwaige ↑Sanktionen. In der Praxis finden sich der Ethik- und der Verhaltenskodex häufig in einem einzigen Dokument. Im Anschluss sind diese Unternehmenswerte über eine institutionalisierte Kommunikation ins operative Geschäft (z. B. mittels Qualitätsmanagement-Handbüchern (↑Qualitätsmanagement), Ethik-Cafés oder die Einbindung von Betriebsräten) zu integrieren, wodurch die Mitarbeiter mit den Unternehmenswerten vertraut und für ethische Konflikte sensibilisiert werden sollen. Über ein Compliance-Programm (↑Compliance) sollen Risiken frühzeitig erkannt, die Einhaltung von Regeln kontrolliert und eventuelle Sanktionen ausgeführt werden. Ein Assurance-Prozess dient der ↑Evaluation und Kontrolle mithilfe von Interviews und anderen, auch anonymisierten Feedback-Instrumenten (z. B. Ethik-Hotlines). Aufbauorganisatorisch abgesichert werden können diese Prozesse durch Einsetzung von Ethik- und Compliance-Officers oder von Ethik-Komitees.

### 4. Das Gewinnparadox

Zu den zentralen Aussagen der U. gehört, dass sich verantwortliches Unternehmenshandeln langfristig auszahlen kann. Nach Norman E. Bowies Gewinnparadox können Unternehmen, die nicht primär ihren Shareholder-Value maximieren, sondern v. a. danach streben, das moralisch ↑Gute zu tun, ebenso erfolgreich sein wie gewinnmaximierende Unternehmen. Eine gewisse empirische Bestätigung erfuhr das Gewinnparadox bei James C. Collins und Jerry I. Porras, die anhand zahlreicher Unternehmenspaare die Besonderheiten und Gemeinsamkeiten von wertegetriebenen „visionären“ Unternehmen im Vergleich zu ihren direkten, traditionell gewinnorientierten Hauptkonkurrenten von ihrer Gründung bis zur Gegenwart untersuchten.

### Literatur

A. Suchanek: Ökonomische Ethik, 2007 • J. C. Collins/J. I. Porras: Built to Last. Successful Habits of Visionary Companies, 2004 • R. E. Freeman: The Stakeholder Approach Revisited, in: zfwu 5/3 (2004), 228–241 • J. Wieland: Wozu Wertemanagement? Ein Leitfaden für die Praxis, in: ders. (Hg.): Hdb. Wertemanagement, 2004, 13–52 • O. Höffe: Verantwortung, in: ders. (Hg.): Lexikon der Ethik, [5]1997, 314–316 • A. B. Carrol: The Pyramid of Corporate Social Responsibility, in: Business Horizons 34/4 (1991), 39–48 • N. E. Bowie: The Paradox of Profit, in: N. D. Wright (Hg.): Papers on the Ethics of Administration, 1988, 97–120 • M. Friedman: The Social Responsibility of Business is to Increase its Profits, in: New York Times, 13.9.1970, 17.

CHRISTIAN MÜLLER UND JOHANNES PENNINGER

## II. Sozialethisch

Die U. ist nebst der ↑Ethik der ↑Wirtschaftsordnung (Ordnungsethik) und der ↑Konsumethik ein Teilbereich der ↑Wirtschaftsethik. Innerhalb der U. gibt es entspr. der Aufbau- und Ablauforganisation eines ↑Unternehmens wiederum spezielle Bereichsethiken wie Führungs-, Governance-, Forschungs-, Produkte- oder Informationsethik.

### 1. Ordnungsethische Grundlagen

Privatwirtschaftliche Unternehmen erhalten ihre *licence to operate* durch die marktwirtschaftliche Ordnung eines Staates, v. a. durch das Recht auf Privateigentum an Produktionsmitteln, durch Gewährleistung der Berufs-, Gewerbe- und Investitionsfreiheit und eines (relativ) freien Arbeitsmarktes. Diese Freiheitsrechte sind andererseits begrenzt u. a. durch Arbeits-, Verbraucher-, Sozial- und Umweltrechte. Die Entscheidung für eine marktwirtschaftliche Wirtschaftsordnung ergibt sich aus Freiheits-, Effizienz-, Innovations- und Wohlstandsüberlegungen. Für sie spricht auch der anthropologische Realismus: Sie fordert von den Unternehmen die Einhaltung des Rechts, setzt aber keinen Altruismus voraus.

### 2. Unternehmerische Verantwortung

Worin besteht die ↑Verantwortung der Unternehmen und ihrer Führungspersonen? Darauf gibt die U., je nach akademischer Schule, unterschiedliche Antworten.

#### 2.1 Einhaltung der Rahmenordnung und Profitabilität des Unternehmens

Für Karl Homann ist die Rahmenordnung der „systematische Ort der Moral" (Homann 1992: 20). Dort müssen jene sozialen oder ökologischen Standards definiert sein, die die Unternehmen erfüllen sollen. Der ↑Staat hat die Regeleinhaltung zu überwachen und Unternehmen bei einem Verstoß dagegen zu sanktionieren. Solange sich Unternehmen innerhalb der Rahmenordnung bewegen, können sie ausschließlich erfolgsorientiert handeln. Bes. moralische bzw. altruistische Vorleistungen einzelner Unternehmen wären in einer Wettbewerbswirtschaft (↑Wettbewerb) sogar kontraproduktiv: Sie würden zu Konkurrenznachteilen führen, sofern sie nicht in Reputationsgewinne und damit in eine verbesserte Marktposition umgewandelt werden können. Zugespitzter, aber durchaus vergleichbar ist die Argumentation Milton Friedmans: „In einem freien Wirtschaftssystem gibt es nur eine einzige Verantwortung für die Beteiligten: Sie besagt, dass die verfügbaren Mittel möglichst gewinnbringend eingesetzt und Unternehmungen unter dem Gesichtspunkt der größtmöglichen Profitabilität geführt werden müssen, solange dies unter Berücksichtigung der festgelegten Regeln des Spiels geschieht [...]" (Friedman 2002: 164).

#### 2.2 Berücksichtigung der Anspruchsgruppen (Stakeholder) und des gesellschaftlichen Wohls

Der im deutschsprachigen Raum hauptsächlich von Peter Ulrich, Horst Steinmann und Albert Löhr vertretenen deliberativen oder diskursiven Ethik geht es nicht nur um ↑*Legalität*, sondern auch um ↑*Legitimität* unternehmerischen Handelns. Verantwortlich agieren Unternehmen dann, wenn sie im Vornhinein alle von ihren Entscheidungen und Handlungen potenziell Betroffenen (Stakeholder) in den ↑Dialog einbinden. Zu diesen zählen insb. Mitarbeiter, Investoren, Lieferanten, Kunden und Anwohner im Umkreis der Produktionsstätten. Für H. Steinmann und A. Löhr werden damit wichtige Grundlagen für die Erhaltung des sozialen Friedens in der Gesellschaft geschaffen. P. Ulrichs Ansatz ist noch fundamentaler, weil er nicht nur einzelne Entscheidungen, sondern die „Geschäftsintegrität" als solche diesem Dialogverfahren unterstellt: Die Unternehmensleitung könne zwar eine „sinnvolle Wertschöpfungskonzeption" vorlegen, doch diese müsse „in einem unternehmenspolitischen Deliberationsprozess mit allen ‚Stakeholdern' vorbehaltlos zur Disposition" gestellt werden. Erst im Konsens aller Betroffenen wird daraus eine „legitime Wertschöpfungs- und Wertverzehrsverteilung" (Ulrich 2008: 475).

#### 2.3 Corporate Citizen und Mitwirkung an globalen Regelungen

Mit der Intensivierung des globalen Wirtschaftsverkehrs zeigen sich Defizite in der internationalen Rechtsordnung. Anders als im Nationalstaat gibt es keine weltweit anerkannten Autoritäten verbindlicher Gesetzgebung und Rechtsprechung. Diese Lücke wird einerseits durch internationales *soft law*, andererseits durch ein regelsetzendes Netzwerk zivilgesellschaftlicher Akteure (u. a. multinationale Unternehmen, ↑NGOs) ausgefüllt (↑Zivilgesellschaft). Für die Unternehmen bedeutet das einerseits, die eigene Organisation und die Management-Prozesse so auszurichten, dass die vom *soft law* gesetzten Erwartungen in die moralische Verantwortungsfähigkeit der Unternehmen erfüllt werden können (z. B. der „UN-Leitprinzipien für Wirtschaft und Menschenrechte": Selbstverpflichtung, Sorgfaltsprüfungen, Re-Design von Prozessen zur Behebung aufgetretener Probleme), und andererseits die eigene Regelsetzungskompetenz zu stärken, um bei der Formulierung globaler Regelungen mitwirken zu können. In diesen Kontext ist die Governance-Ethik von Josef Wieland einzuordnen, u. a. mit seinen anwendungsorientierten Überlegungen zum *Code of Conduct* oder Wertemanagementsystem. Unternehmen müssen sich eine Identität als (Welt-)Bürger *(Corporate Citizen)* zu eigen machen, die nicht nur Verantwortung tragen für den unternehmerischen Erfolg, sondern auch für eine sozial- und ökologieverträgliche Geschäftstätigkeit (CSR) und für ein entspr.es globales Regelwerk.

### 3. Kirchliche Soziallehre und Unternehmen

Die moderne ↑katholische Soziallehre setzt mit „Rerum Novarum“ (1891) ein und ist aus dem historischen Konflikt von ↑Kapital und ↑Arbeit heraus entstanden. Daher war bzw. ist sie weitgehend auf die Rolle des ↑Unternehmers als Arbeitgeber fokussiert. Sie hat keine eigene „Theologie unternehmerischen Handelns“ entwickelt, die schöpferische Tätigkeit und das unternehmerische Handeln des Menschen werden meistens unter dem Begriff der „Arbeit“ subsumiert. Erst „Centesimus annus“ (1991) setzt diesbezüglich stärkere Akzente: „Einen solchen Produktionsprozess zu organisieren, seinen Bestand zu planen, dafür zu sorgen, dass er, unter Übernahme der notwendigen Risiken, der Befriedigung der Bedürfnisse positiv entspricht: auch das ist eine Quelle des Reichtums in der heutigen Gesellschaft. So wird die Rolle der geordneten und schöpferischen menschlichen Arbeit immer offensichtlicher und entscheidender. Aber ebenso sichtbar wird – als wesentlich zu dieser Arbeit gehörend – die Bedeutung der *wirtschaftlichen Initiative und des Unternehmertums*“ („Centesimus annus“: 32; Herv. i. O.). In „Zum Unternehmer berufen“ (Päpstlicher Rat für Gerechtigkeit und Frieden 2012) wird Unternehmern zugesprochen, am Schöpfungshandeln Gottes teilzunehmen, woraus aber auch eine bes. Verantwortung erwächst bei der Organisation nachhaltiger Wertschöpfungsprozesse (↑Nachhaltigkeit), der Herstellung von Waren und Dienstleistungen zur Befriedigung menschlicher ↑Bedürfnisse, der Bildung des Unternehmens als „Gemeinschaft von Personen“ (Päpstlicher Rat für Gerechtigkeit und Frieden 2012: 21) und der eigenen Lebensführung. „Laudato si’“ (2015) würdigt die Unternehmertätigkeit als „edle Berufung“ („Laudato si’“: 129) und fordert sie auf, zu einer „ganzheitlichen Ökologie“ („Laudato si’“: 137) beizutragen. Auf protestantischer Seite erwähnenswert ist die EKD-Denkschrift „Unternehmerisches Handeln in evangelischer Perspektive“ (2008), die u. a. auf die Relativität des persönlichen Wohlstands und Erfolgs und auf die Abhängigkeit von „Gottes Gnade und Gerechtigkeit“ hinweist (EKD 2008: 34).

### 4. Bewertung: Multidimensionales Unternehmensverständnis

Unternehmen sind Organisationen, die einen bestimmten Zweck erfüllen: Güter und Leistungen zu einer Qualität und zu einem Preis anzubieten, die die Nachfrage der Kunden finden. Unternehmen sind keine Wohltätigkeitsveranstaltungen, sondern müssen Gewinne erzielen, wollen sie sich langfristig auf dem ↑Markt behaupten. Eine sachgerechte und am *Humanum* und der *Sustainability* ausgerichtete U. darf diese funktionale Dimension nicht überspielen, sie muss sich aber gleichzeitig gegen reduktionistische Tendenzen eines ausschließlich funktionalen Unternehmensverständnisses wehren und nebst der funktionalen auch die anthropologische, soziale und ökologische Dimension der Unternehmensführung in den gesellschaftlichen Dialog einbringen. Die Implementierung eines solchen multidimensionalen Ansatzes geht nicht ohne Konflikte vor sich: Zwar stehen sich diese Unternehmensdimensionen nicht grundsätzlich konträr gegenüber, doch gibt es zwischen ihnen nicht nur komplementäre, sondern auch konkurrierende Relationen. Deshalb braucht es bei der Einlösung der Multidimensionalität immer auch Flexibilität, um der jeweiligen Unternehmens- und Marktsituation gerecht zu werden. Statt eines „digital-ethischen“ Ansatzes, der Gut und Böse wie einen Binärcode eindeutig und scharf abgrenzt, empfiehlt sich ein Ansatz des „ethisch Verträglichen“, der sich zum Ziel setzt, über die Einhaltung der Rahmenbedingungen hinaus die unternehmerischen Handlungsmöglichkeiten zu nutzen, um das Unternehmen (möglichst gut) in einen „Korridor des ethisch Verträglichen“ (Wirz 2007: 264) zu platzieren.

### Literatur

Päpstlicher Rat für Gerechtigkeit und Frieden (Hg.): Zum Unternehmer berufen! Eine Ermutigung für Führungskräfte in der Wirtschaft, ²2012 • M. Assländer: Hdb. Wirtschaftsethik, 2011 • EKD (Hg.): Unternehmerisches Handeln in evangelischer Perspektive. Eine Denkschrift, ²2008 • P. Ulrich: Integrative Wirtschaftsethik. Grundlagen einer lebensdienlichen Ökonomie, ⁴2008 • J. Wieland: Die Ethik der Governance, ⁵2007 • S. Wirz: Erfolg und Moral in der Unternehmensführung. Eine ethische Orientierungshilfe im Umgang mit Managementtrends, 2007 • M. Friedman: Kapitalismus und Freiheit, ²2002 • H. Steinmann/A. Löhr: Grundlagen der Unternehmensethik, ²1994 • K. Homann: Wirtschafts- und Unternehmensethik, 1992.

STEPHAN WIRZ

## Unternehmenskultur

### 1. Begriff und Hintergrund

Begriff und Konzept der U. haben seit den 1980er Jahren in ↑Psychologie und ↑Soziologie, insb. aber in ↑Wirtschaftswissenschaften, ↑Wirtschaftsethik und Managementpraxis Einzug gehalten und seit Beginn des 21. Jh. weiter an Popularität gewonnen. In Anlehnung an den in verschiedenen wissenschaftlichen und lebensweltlichen Kontexten vertrauten Begriff gesellschaftlicher ↑Kultur wird darunter, bei Abweichungen im Detail, die Gesamtheit aller innerhalb einer ↑Organisation vorhandenen kollektiven Verhaltensmuster verstanden, die sich im Laufe der Zeit herausgebildet haben und nur z. T. quantitativ erfassbar – in der Sprache der Ökonomik: operationalisierbar – sind.

Diese Entwicklung kann auf den ersten Blick überraschen: Lange Zeit ließ sich die vorherrschende Auffassung von Grundprinzipien erfolgreicher Managementforschung und -praxis im Diktum eines „If you can’t measure it, you can’t manage it“ zusammenfassen, das nicht zuletzt Peter Ferdinand Drucker, dem Nestor der modernen Managementlehre, zugeschrieben wird. In allen Abhandlungen zur U. kommt dagegen die Vorstellung zum Ausdruck, dass erfolgreiches ↑Management nicht oder nicht mehr nur als analytisch-formal angeleiteter Prozess zu verstehen ist – zudem oft differenziert nach einzelnen Managementfunktionen –, sondern immer auch weiche Einflussfaktoren *(soft factors)* zu kontextualisieren und die Unternehmung als Ganzes zu sehen hat.

### 2. Ebenen einer Unternehmenskultur

Angesichts der Komplexität des Phänomens hat sich ein auf den Sozial- und Organisationspsychologen Edgar Henry Schein zurückgehendes gedankliches Konstrukt für ein tieferes Verständnis der Zusammenhänge als hilfreich erwiesen. Dazu wird zwischen drei Ebenen von U. unterschieden, „wobei mit dem Begriff ‚Ebene' der Grad der Sichtbarkeit eines kulturellen Phänomens für Teilnehmer oder Beobachter bezeichnet wird" (Schein/Schein 2018: 14).

Im Einzelnen werden die drei Ebenen bezeichnet als
*a)* Artefakte bzw. sicht- und spürbare Phänomene,
*b)* gewählte Überzeugungen und Werte sowie
*c)* grundlegende Annahmen.

Unter *a)* finden sich neben allg. beobachtbarem Verhalten auch „[s]trukturelle Elemente [...] wie Satzungen, formale Beschreibungen der Funktionsweise der Organisation und die Gründungssatzung der Organisation" (Schein 2018: 14), also vergleichsweise gut operationalisierbare Aspekte, die in Teilen bereits von der vorrangig an Messbarkeit und Funktionen orientierten Managementlehre adressiert werden. Unter *b)* werden Ideale, Ziele und ↑Werte sowie ↑Ideologien subsumiert – wohlgemerkt: Jene der jeweiligen Führungspersonen, die sich im ↑Unternehmen durchsetzen –, während unter *c)* unbewusste, als selbstverständlich geltende Überzeugungen und Werte erfasst werden, etwa Annahmen über die Natur zwischenmenschlicher Beziehungen. Regelmäßig wird in diesem Zusammenhang auch das Bild eines Eisbergs herangezogen, da nur die oberste Ebene als „gut sichtbar" wahrgenommen wird.

### 3. Kulturwandel

Ein bes.r Fokus von Forschung und Praxis richtet sich auf den *Wandel* von U. und damit nicht zuletzt auf den Wunsch, diesen zu gestalten oder überhaupt erst herbeizuführen. Für diesen Wunsch lassen sich eine Reihe von Gründen anführen, die einander z. T. bedingen. Einerseits kann die Beobachtung Rätsel aufgeben, dass Unternehmungen ders.n Branche mit vergleichbaren Produkten und mit sehr ähnlichen Managementmethoden sehr unterschiedliche Erfolge aufweisen können. Hinzu kommt eine säkulare technologisch-organisatorische Entwicklung der Arbeitswelt, die in weiten Teilen die Substitution einer tief gestaffelten tayloristischen Arbeitsteilung mit ihren exakt definierten und kontrollierbaren Arbeitsschritten durch flexiblere, nicht selten auf Teamarbeit setzende Formen der Leistungserstellung mit sich gebracht hat und in zunehmendem Maße indirekte oder informelle Leistungsanreize sowie eher partizipative Führungsstile impliziert.

Zahlreiche etablierte Unternehmen unterschiedlicher Größe sind angesichts zunehmender globaler Verflechtung (↑Globalisierung) der ↑Märkte und teilweise disruptiver Veränderungen durch neue, branchenübergreifend relevante Technologien (v. a. das ↑Internet und darauf aufbauende Entwicklungen [↑Digitalisierung]) und erfindungsreiche, neu eintretende Wettbewerber unter erheblichen Anpassungsdruck geraten. Global aufgestellte Unternehmen mit verschiedenen Standorten mussten zudem feststellen, dass bewährte Managementmethoden aus einem nationalen bzw. kulturellen Umfeld sich nicht ohne Weiteres auf ein anderes Umfeld übertragen lassen, so dass Fragen interkultureller Vergleiche (↑Interkulturalität) aufkamen.

Nicht zuletzt werden aufsehenerregende Skandale im In- und Ausland inzwischen regelmäßig einer fehlerhaften U. zugeschrieben. Auf diese mitunter überaus komplexen Herausforderungen konnten die lange Zeit bewährten, auf rational-funktionale Differenzierung setzenden Managementmethoden nur z. T. eine überzeugende Antwort geben.

### 4. Besondere konzeptionelle Herausforderungen

Allerdings entwickelt sich auch eine U., insofern vermutlich ähnlich einer gesellschaftlichen Kultur, erfahrungsgemäß über längere Zeiträume hinweg durch das schwer durchschaubare Zusammenspiel zahlreicher externer und interner Einflussfaktoren, nicht aber als kurzfristig einsetzendes Ergebnis konkreter Managemententscheidungen. Immerhin kann aber die Unternehmensleitung zumindest dem Grundsatz nach „alle" Entscheidungen und Handlungen, die von Angehörigen der Unternehmung getroffen und ausgeführt werden, durch Anweisungen unterschiedlicher Art regeln, über verschiedene Möglichkeiten der ↑Kommunikation eine Vorbildfunktion ausüben und in diesem Zusammenhang sowohl formelle als auch informelle Anreize setzen.

Hier setzt die Idee vom Veränderungsmanagement *(Change Management)* an. In Wissenschaft und ↑Unternehmensberatung wurden und werden verschiedene Typologien von U.en entwickelt, die nicht zuletzt wegen eines hohen Maßes an Anschaulichkeit für ein vertieftes Verständnis der Zusammenhänge als hilfreich eingeschätzt werden. Allerdings zeigen sich hier auch die Grenzen des Konzepts der U. insofern, als Optionen der intentionalen Gestaltbarkeit bzw. des Managements von U. gerade wegen eher geringer Grade an intersubjektiver empirischer Überprüfbarkeit an Grenzen stoßen. E. H. Schein und Peter Schein illustrieren dies am Beispiel einer „informellen, lockeren" U., die je nach Perspektive oder Vorverständnis als „innovativ", aber auch als „ineffektiv" eingeschätzt werden kann, während eine „formelle" U. je nach Betrachtungsweise als „solide" oder als „an Innovationskraft mangelnd" (Schein/Schein 2018: 15) wahrgenommen werden kann.

Wenngleich also große Teile der bisher vorliegenden Beiträge zur U. eher illustrierend-induktiven als analytisch-deduktiven Charakter haben, sind von ihnen bereits eine Reihe von Anregungen sowohl für weitere Forschung als auch für die unternehmerische Praxis ausgegangen.

### Literatur

G. Schreyögg/J. Koch: Management, [8]2020 • E. H. Schein/ P. Schein: Organisationskultur und Leadership, [5]2018 • G. Hofstede: Culture's Consequences, [2]2001 • T. E. Deal/ A. A. Kennedy: Corporate Cultures, 1982.

DETLEF AUFDERHEIDE

# Unternehmer

I. Wirtschaftswissenschaftlich – II. Geschichtlich

## I. Wirtschaftswissenschaftlich

### 1. Entwicklung des Unternehmertums

Seitdem Menschen den Austausch von ↑Gütern pflegen, gibt es unternehmerisches Handeln. Keilinschriften aus dem heutigen Irak belegen, dass bereits im dritten Jahrtausend v. Chr. Händler durch den Austausch von Waren zu Reichtum und gesellschaftlicher ↑Anerkennung gelangten. Im antiken Griechenland und im Römischen Reich galten U. dagegen als gesellschaftliche Außenseiter. Im Zuge der Industriellen Revolution (↑Industrialisierung, Industrielle Revolution) wurden U. heroisiert. Soziale Aufsteiger aus dem Handwerk wie August Borsig, Nachkommen alteingesessener Kaufmannsfamilien wie Friedrich Harkort, Friedrich Krupp und August Thyssen sowie der Erfinder Werner von Siemens standen stellvertretend für den technischen Pionier und zugl. für den Patriarch, der auch außerhalb der Fabrik für die Arbeiter sorgte.

Im 20. Jh. wandelte sich das Unternehmertum: In Folge des weltweiten Strukturwandels zur Dienstleistungsökonomie und aufgrund der rasanten technologischen Entwicklung sank die mindestoptimale Betriebsgröße. Insb. im Dienstleistungssektor wächst seit den 1950er Jahren die Zahl der U., ebenso wie die Zahl der Ein-Personen-U. bzw. der Solo-Selbstständigen. Jüngere U. bezeichnen sich mit dem Aufkommen der *New Economy* seit Ende des 20. Jh. gerne selbst als Entrepreneure, als unangepasste Querdenker, die frischen Wind in die Wirtschaft bringen. Seit der weltweiten Wirtschaftskrise in den Jahren 2008/09 (↑Finanzmarktkrise) hat sich zudem der Begriff Startup-U. etabliert für die Inhaber von innovativen und schnell wachsenden Gründungen. Viele dieser Startup-U. entwickeln nicht nur eine Idee, mit der sie auf dem Markt aktiv werden, sondern verkaufen ihr ↑Unternehmen nach einer gewissen Zeit wieder. Ein Teil von ihnen gründet anschließend ein neues Unternehmen (serielle U.), einige nehmen eine abhängige Beschäftigung auf. Hybrides Unternehmertum nimmt zu: U. sind gleichzeitig unternehmerisch tätig und abhängig beschäftigt oder sie wechseln häufiger zwischen abhängiger und unternehmerischer Betätigung. Insgesamt differenziert sich das Unternehmertum im 21. Jh. stark aus.

### 2. Begriffsabgrenzung und Forschungsansätze

Zu einem eigenständigen Begriff wurde der U. erst im 18. Jh. Der irische Banker Richard Cantillon definierte den U. als jemanden, der in seinen Geschäften ein ↑Risiko, bedingt durch die Unsicherheit über zukünftige Preisentwicklungen, auf sich nimmt. Der Chicagoer Ökonom Frank Knight vertiefte die Unterscheidung zwischen Risiko und Unsicherheit: Während das erstere berechenbar sei, führe Unsicherheit dazu, dass mögliche Ergebnisse nicht vorhergesagt werden könnten. U. seien diejenigen wirtschaftlichen Akteure, die aus der Unsicherheit ihren Profit ziehen. Andere Ökonomen definierten den U. anhand seiner *Funktionen*. Diese Betrachtungsweise dominierte v. a. die ↑Betriebswirtschaftslehre bis weit in das 20. Jh. Bereits Jean-Baptiste Say verwies auf die Managementfunktion (↑Management) und benannte die Koordination von Produktionsfaktoren als prägendes Merkmal der U. Als *homo oeconomicus* handelt der U. zweckrational: Er wägt die Mittel, den Zweck, den Wert und die Folge seiner unternehmerischen Tätigkeit gegeneinander ab. So verstand bspw. der Soziologe Max Weber U. als rechnerisch kalkulierend, bescheiden und leistungsbewusst. Joseph Alois Schumpeter betonte die dynamische Rolle des U.s, der neue Kombinationen (↑Innovationen) durchsetzt. Während der Schumpetersche U. das wirtschaftliche Gleichgewicht zerstört, stellt der Kirznersche U. dieses wieder her. Israel Kirzner sieht die individuell unterschiedliche Aufgeschlossenheit *(alertness)* gegenüber neuen Geschäftsmöglichkeiten als entscheidendes Merkmal des U.s.

Trotz dieser frühen Versuche, den U. zu definieren, spielte er in den ökonomischen Theorien der Neoklassik keine Rolle. Erst in jüngerer Zeit erweiterten Ökonomen wie z. B. Mark Casson oder Nicolai Foss und Peter Klein die ökonomische Sichtweise auf U. um psychologische und verhaltenswissenschaftliche Aspekte. P. Klein und N. Foss führten bspw. unternehmerisches Urteilsvermögen *(entrepreneurial judgement)* als Merkmal des U.s in die Theorien der Unternehmung ein. Auch I. Kirzners Überlegungen wurden mit dem Konzept der Chancenerkennung *(opportunity recognition)* wieder aufgegriffen.

Der Versuch, die *Persönlichkeit* des U.s zu fassen, ist bereits bei J. A. Schumpeter zu sehen. Er beschrieb den U. als jemanden, der den Traum und Willen hat, ein privates Königreich zu errichten, zu erobern und Erfolg um des Erfolgs willen zu suchen, sowie Freude an der schöpferischen Tätigkeit mitbringt. Die amerikanische Ökonomin Edith Penrose definierte in ihrer Theorie des Unternehmenswachstums sogar das gesamte Unternehmen als psychologische Prädisposition von Individuen, die Profit von ihren Aktivitäten erwarten und dafür spekulativ ihre Ressourcen einsetzen. In den 1960er Jahren untersuchte David McClelland die Leistungsorientierung als bestimmendes Persönlichkeitsmerkmal von U.n. Jedoch zeigten spätere Studien, dass diese ebenso bei Managern zu finden war. Ein Strang der jüngeren internationalen U.-Forschung knüpft hier an und untersucht mögliche genetische Marker, die U. von der restlichen Bevölkerung unterscheiden.

William Gartner kritisierte 1988 das dominierende personenorientierte Verständnis von Unternehmertum in der Forschung. Er forderte, den Prozess der Entstehung neuer ↑Organisationen und nicht die Personen und deren Persönlichkeitsmerkmale in den Vordergrund zu stellen. Zwar bündele ein U. Ressourcen, bilde Organisationsstrukturen und besitze unverwechselbare Kompetenzen; dies müsse aber nicht notwendigerweise zu einem gewinnbringenden Unternehmen führen. Auch das Umfeld, in dem der U. wirtschaftet, ist zu berücksichtigen. Wegbereiter dieser Forschungsrichtung waren Gustav Schmoller, ein Vertreter der Historischen Schule der deutschen Nationalökonomie (↑Historismus in der Wirtschaftswissenschaft), und M. Weber. G. Schmoller gilt als Vorreiter der ↑Institutionenökonomik und hat frühzeitig die Bedeutung rechtlicher, normativer und kultureller ↑Institutionen für U. erkannt. M. Weber untersuchte mit seiner Studie zur Rolle der protestantischen Ethik den Einfluss religiöser ↑Normen auf U. und deren Stellung in einer Gesellschaft. Die heutige ökonomische U.-Forschung ist interdisziplinär orientiert und verknüpft ökonomische mit psychologischen, soziologischen und historischen Sichtweisen. Sie richtet den Blick auf Personen und deren Verhalten, auf kognitive Prozesse, auf die Dynamik der Unternehmensentwicklung sowie auf die Kontexte und historischen Hintergründe von Unternehmertum.

### 3. Der Unternehmer in Wirtschaft und Gesellschaft

Der U. und sein wirtschaftliches Handeln können nicht unabhängig von seiner gesellschaftlichen Rolle und Stellung sowie den Ansprüchen der Gesellschaft an sein Verhalten betrachtet werden. Unternehmertum stand lange Zeit in direktem Bezug zu den Werten, die den sog.en ehrbaren Kaufmann auszeichnen: Vorsicht, Solidität, ↑Vertrauen, ↑Verantwortung. Hierzu trugen nicht zuletzt die mittelalterlichen Zunftordnungen bei, die über Jahrhunderte hinweg konkrete Verhaltensweisen für das jeweilige ↑Handwerk vorgaben. Die gesellschaftliche Verantwortung des U.s zeigt sich in seiner Verantwortung für die Menschen in seinem Unternehmen oder in der regionalen Verankerung. Die Forschung vermerkt hier deutliche Unterschiede je nach Unternehmensgröße. Im Konjunkturabschwung entlassen kleinere Unternehmen erst mit größerer Verzögerung ihre Belegschaft (und geraten darüber möglicherweise an den Rand der ↑Insolvenz). Sie weisen auch eine höhere Ausbildungsbereitschaft als große Konzerne auf.

In Bezug auf den volkswirtschaftlichen Beitrag ging man zunächst davon aus, dass nur U., die unternehmerische Gelegenheiten ausnutzen und aus eigenem Antrieb gründen würden (*pull-* oder *opportunity*-U.), zu Innovation und Beschäftigung beitragen. U. hingegen, die in die unternehmerische Tätigkeit gezwungen würden, bspw. aufgrund von ↑Arbeitslosigkeit (*push-* oder *necessity*-U.), wären dagegen nicht wachstumorientiert und nicht innovativ. Diese Zusammenhänge sind jedoch empirisch nicht eindeutig nachzuweisen. Verschiedene Studien zeigen vielmehr, dass die Gründungsmotivation und die individuellen Erwartungen für das spätere Unternehmenswachstum zusammenhängen, aber auch, dass die individuellen Gründungsmotivationen kein verlässlicher Indikator für das spätere Überleben oder die Unternehmensentwicklung sind.

Eine differenzierte Betrachtung führte William Baumol ein, der zwischen produktivem, unproduktivem und destruktivem Unternehmertum unterschied. Produktiv sind demnach unternehmerische Aktivitäten, die die volkswirtschaftliche Kapazität erhöhen. Darunter fallen bspw. Innovationen. Unproduktiv sind Tätigkeiten wie die Erzielung politischer ↑Renten, da dadurch Mittel gebunden werden, die anderweitig investiert werden könnten. Destruktiv sind u. a. illegale und kriminelle unternehmerische Machenschaften und ↑Korruption, welche das Wirtschaftssystem unterminieren. Per Davidsson und Johan Wiklund haben diese Klassifikation ergänzt und unterscheiden anhand der Auswirkungen des Unternehmertums auf der Mikro- und der Makroebene vier U.-Typen. Der Räuber-U. profitiert individuell und leistet keinen weiteren Beitrag. Der gescheiterte U. leistet weder individuell noch gesamtwirtschaftlich einen Beitrag. Der Held stiftet ↑Nutzen sowohl auf der Mikro- wie auf der Makroebene. Der Katalysator erwirtschaftet zwar individuell kein ↑Einkommen, trägt aber zur gesamtgesellschaftlichen und -wirtschaftlichen Entwicklung bei: Er bringt Ideen ein, die später von anderen aufgegriffen und verwirklicht werden.

Empirisch bestätigen Studien, die U. in den ehemals sozialistischen Staaten Osteuropas untersucht haben, dass produktives und unproduktives Unternehmertum Hand in Hand gehen. Gerade in Umfeldern, in denen der rechtliche Rahmen fehlt und die Einstellung zu Unternehmertum nicht durchweg positiv ist, sind neue und junge U. oftmals gezwungen, sich regelwidrig zu verhalten, um am ↑Markt bestehen zu können.

### 4. Herausforderungen für das Unternehmertum

Die Grenzen zwischen unternehmerischer und abhängiger Beschäftigung sind fließend geworden. Gerade Solo-

U. können mit relativ geringem Aufwand zwischen beruflicher Selbstständigkeit und abhängiger Beschäftigung wechseln. Konsumenten werden immer öfter selbst zu Produzenten und Anbietern auf Internetplattformen. Eine Ursache hierfür ist die ↑Digitalisierung. Diese schafft zudem die technologischen Voraussetzungen dafür, dass die *Sharing Economy* an Bedeutung gewinnt. Mit der Möglichkeit, Güter zu teilen statt zu erwerben, werden jedoch diejenigen Geschäftsmodelle auf den Prüfstand gestellt, die auf den Besitz von Produkten setzen. Die Grenzen zwischen dem U. als Eigentümer eines ↑Betriebs und Anbieter von Produkten und ↑Dienstleistungen, und dem Individuum, das in seiner Freizeit – vorübergehend oder ständig – unternehmerisch tätig wird, verwischen zusehends. Diese Entwicklungen werfen die Frage danach auf, wer heutzutage noch als U. zu verstehen ist. Diesbezüglich werden in der Forschung als pragmatische Kriterien für die Identifizierung von U.n bspw. die Einheit von ↑Eigentum und Unternehmensleitung (als Indikatoren für die Übernahme von Verantwortung und Risiko) genutzt.

In einer Gesellschaft, in der viele unternehmerisch tätig werden können ohne ein Unternehmen zu besitzen oder zu leiten, ist jedoch das Eigentum nicht mehr ausreichend, um U. von anderen Beschäftigten abzugrenzen. Es hat schon immer U. gegeben, die ohne Produktionsmittel auskommen, bspw. in den kreativen Berufen (Journalisten, Künstler) oder in vielen sozialen Berufen. Diese U. beziehen ihre Einkommen aus den Entgelten für persönliche Dienstleistungen und/oder geistiger bzw. kreativer Arbeit. Als Ein-Personen-U. stellen sie dem Markt i. d. R. lediglich ihre Arbeitskraft zur Verfügung. Auch wenn solche U. nur für einen Auftraggeber arbeiten, tragen sie das unternehmerische Risiko, u. U. (im Fall der Scheinselbstständigkeit) jedoch nicht die alleinige Verantwortung für ihr unternehmerisches Handeln. Unternehmertum hat seine Exklusivität verloren und ist alltäglicher geworden. So werden auch die Grenzen zwischen beruflichem und privatem Leben durchlässiger. Diese Entgrenzung von Arbeit und Privatem birgt Nachteile in sich, wie die angesprochene ↑Ökonomisierung der eigenen Arbeitsfähigkeit sowie die Gefahr der Existenznot. Im Positiven verheißt dies die Entwicklung des von dem Schweizer Publizist Robert Nef sog.en Lebensunternehmertums, weil in einer Gesellschaft, in der Unternehmertum jedem offensteht, auch jeder lernt, Verantwortung für sein eigenes Handeln und dessen Folgen zu übernehmen.

### Literatur

N. Foss/P. Klein: Organizing Entrepreneurial Judgement, 2012 • D. Landes/J. Mokyr/W. Baumol (Hg.): The Invention of Enterprise. Entrepreneurship From Ancient Mesopotamia to Modern Times, 2010 • R. Hébert/A. Link: A History of Entrepreneurship, 2009 • P. Davidsson/J. Wiklund: Levels of Analysis in Entrepreneurship Research. Current Research Practice and Suggestions for the Future, in: ETP 25/4 (2001), 81–100 • R. Swedberg (Hg.): Entrepreneurship. The Social Science View, 2000 • E. Penrose: The Theory of the Growth of the Firm, [3]1995 • W. Baumol: Entrepreneurship – Productive, Unproductive and Destructive, in: JPE 98/5 (1990), 893–921 • W. B. Gartner: „Who is an Entrepreneur" is the Wrong Question, in: ETP 12/4 (1988), 11–32 • M. Casson: The Entrepreneur. An Economic Theory, 1982 • I. Kirzner: Competition and Entrepreneurship, 1973 • J. A. Schumpeter: The Theory of Economic Development, [2]1934.

FRIEDERIKE WELTER

## II. Geschichtlich

### 1. Begriffsentstehung und Definition

Der U.-Begriff kristallisierte sich in einem längerfristigen Prozess im Zuge der „Doppelrevolution" – der ↑Französischen Revolution und der Industrialisierung (↑Industrialisierung, Industrielle Revolution) – sowie im Zuge der Entstehung des modernen ↑Unternehmens heraus, wobei rechtliche Aspekte eine wichtige Rolle spielten. Der Begriff „U." geht zurück auf den französischen Begriff des *Entrepreneur*, der im frühen 16. Jh. einen Anführer militärischer Expeditionen bezeichnete und sich ab den 1730er Jahren in der französischen Wirtschaftsliteratur zunächst auf das Phänomen des agrarischen Pächters bezog, bevor er auch auf Kaufleute oder Produzenten des weiterverarbeitenden Gewerbes angewandt wurde. Zwar war schon im PrALR aus dem Jahr 1794 von „Fabrik-Unternehmern" die Rede, und in Anlehnung an den Begriff „Entreprise" im französischen *Code de Commerce* des Jahres 1808 wurde fortan auch in der deutschen Sprache von „Unternehmen" gesprochen, doch waren diese Bezeichnungen noch recht uneindeutig. Als „Fabrikanten" bezeichnete das PrALR die in den Fabriken beschäftigten Arbeiter, die wiederum vom „Fabrik-U." als Führungskraft unterschieden wurden. Daneben existierten in der frühindustriellen bzw. „protoindustriellen" Welt auch Verleger, Reidemeister und Kaufleute als Führungskräfte, wobei Letztere alle Personen umfassten, die ↑Handel mit Waren oder Wechseln betrieben – im Unterschied zu „Vollkaufleuten", die darüber hinaus auch als Produzenten von Fabrik- und Manufakturwaren in einem umfassenderen Sinne sowie in entspr.en Wirtschaftsorganisationen mit „kaufmännischen Rechten" (u. a. Wechselfähigkeit, Recht auf kaufmännische Zinsen und Provision, Glaubwürdigkeit bei der Führung von Handlungsbüchern) fungierten. Im ADHGB des Jahres 1861, welches noch nicht vom „U." sprach, wurde der Vollkaufmann juristisch definiert als Träger aller Rechte und Pflichten einer „Firma" bzw. „Gesellschaft", etwa zur ordnungsgemäßen Buchführung und Bilanzierung. Dies umfasste auch Frauen, die gewerbsmäßig Handel betrieben (wobei die Ehefrau der Einwilligung des Ehemanns bedurfte). Gleichzeitig erloschen die kaufmännischen Sonderrechte, und es kam zu einer Institutionalisierung eines Handelsregisters, welches nicht mehr die Person, sondern die Unternehmung (Firma) erfasste. Damit verbunden war eine Trennung der Institution Unternehmung von der Person des U.s sowie die Kodifizierung unterschiedlicher Unternehmensrechtsformen (Einzelunternehmen, OHG, KG, AG, GmbH etc.). In der Folgezeit setzte sich der Begriff des „Unternehmens" und des „U.s" auf breiter Ebene durch, nicht zuletzt bedingt durch die ökonomische, soziologische und historische Forschung und Diskussion seit dem letzten Drittel des 19. Jh.

### 2. Funktion, Person, Individuum

Mit dem Wachstum und der Ausdifferenzierung von Unternehmen in der Phase der Hochindustrialisierung stellte sich die Frage nach den spezifischen U.-Funktionen im Rahmen der Institution Unternehmung. Diese betrafen die Finanzierung und Kapitalbeschaffung, die Geschäftsführung, die Übernahme von ↑Risiken, die Organisation, ↑Produktion und Technik, Vertrieb und Absatz etc. Während für die erste Hälfte des 19. Jh. U. aufgrund ihrer Herkunft und Ausbildung mit monokausalen Zuschreibungen als „Gründer-U.", „Techniker-U.", „Erfinder-U." oder „Besitzer-U." charakterisiert worden waren, führten das Wachstum der Unternehmen sowie deren zunehmende Komplexität auch zu einer stärkeren Ausdifferenzierung der Leitungsaufgaben. Im Zuge der Entwicklung von Großunternehmen zog dies in zahlreichen Fällen eine Trennung von Kapitalbesitz und U.-Funktionen nach sich. Dies war begleitet von der Herausbildung eines spezifischen Angestellten-U.s, des „Managers" (↑Management), sowie von einer entspr.en manageriellen Dezentralisation und Arbeitsteilung innerhalb der Unternehmen, die wiederum verbunden war mit einer Bürokratisierung und Professionalisierung derselben. Darüber hinaus kam es in ↑Aktiengesellschaften zu einer Trennung zwischen Geschäftsführung und Geschäftskontrolle durch Vorstand und Aufsichtsrat. U. mit ihren entspr.en Leitungs- und Führungsaufgaben waren damit zunehmend eingebunden in ausdifferenzierte Unternehmensstrukturen, wobei sie bestimmte Stellenrollen ausfüllten. Allein mit der personellen Ausfüllung dieser Rollen ist das Phänomen des U.s jedoch nicht ausreichend zu charakterisieren. Die soziologische Erklärung bedarf mithin einer historischen Erweiterung, die die Individualität des U.s in den jeweiligen spezifischen historischen Kontexten berücksichtigt.

Während die ↑klassische Nationalökonomie (u. a. Adam Smith, David Ricardo, Karl Marx) die Funktion und Bedeutung des U.s für den Wirtschaftsprozess noch weitgehend unterbewertet hatte, waren es dann v. a. einzelne Vertreter der Historischen Schule der deutschen Nationalökonomie (u. a. Gustav Schmoller, Werner Sombart, Max Weber [↑Historismus in der Wirtschaftswissenschaft]), die dem U. eine wichtige Rolle für die gesamtwirtschaftliche Entwicklung und die Entwicklung des ↑Kapitalismus zugestanden. Dies bezog sich etwa auf die Übernahme von Risiken bei der Unternehmensführung, bestimmte Charaktermerkmale und Kompetenzen, entspr.e psychische Dispositionen und mentale Stärken, die Durchsetzung neuer und kreativer technischer und betriebswirtschaftlicher Verfahren, die den U. zunehmend als Träger strategischer Entscheidungen definierten. Es war schließlich Joseph Alois Schumpeter, der die herausragende Leistung des „dynamischen Unternehmers" als zentrale Voraussetzung für den makroökonomischen Wandel in den Mittelpunkt stellte und damit dessen schöpferische Arbeit und „Gestaltungswillen" bzgl. technischer und organisatorischer ↑Innovationen, die i. S. einer „schöpferischen Zerstörung" (Schumpeter 2020: 103) grundlegend Neues schaffen. In diesem Zusammenhang gewinnt die Frage unternehmerischen Handelns und unternehmerischer Entscheidung und Entscheidungsfindung eine zentrale Bedeutung, die wiederum auf Wissen und ↑Informationen, aber auch auf Erfahrung und Erwartungshaltungen beruht und nur als Teil eines komplexen, jeweils historisch-spezifischen Gesamtzusammenhangs zu erklären ist. Das schließt eine Reduktion auf den U. als ausschließlich rational handelnden *homo oeconomicus* weitgehend aus.

Neben eine juristische (Unternehmensrecht), eine soziologisch-funktionale (U.-Funktionen und -Rollen) sowie eine ökonomische Definition („schöpferischer Zerstörer" als Durchbrechung von Gleichgewichtsbedingungen, Anpassung an Marktstrukturen) des U.s trat seit der zweiten Hälfte des 20. Jh. eine historische Begriffsbestimmung (Fritz Leonhard Redlich, Hans Jaeger, Jürgen Kocka, Hartmut Berghoff, Werner Plumpe). Sie verweist darauf, dass eine Historisierung und damit auch eine Individualisierung des U.s verallgemeinernd-theoretischen Konzeptionen und Modellen Grenzen setzt. Die historische Perspektive erhebt damit den Anspruch, „Unternehmensentwicklungen […] nur über das Handeln von Individuen unter konkreten Bedingungen" (Plumpe 2014: 23) und damit v. a. unternehmenshistorisch begreifen zu können.

### Literatur

J. A. Schumpeter: Kapitalismus, Sozialismus und Demokratie, [10]2020 • W. Plumpe: Unternehmensgeschichte im 19. und 20. Jahrhundert, 2018 • H. Berghoff: Moderne Unternehmensgeschichte, [2]2016 • W. Plumpe (Hg.): Unternehmer. Fakten und Fiktionen, 2014 • R. Banken: Handlung, Firma, Unternehmen. Zur Institutionalisierung der modernen Unternehmung im 19. Jahrhundert, in: JbWG 53/2 (2012), 113–136 • S. Gorißen: Vorindustrielle Unternehmer? Ökonomische Akteure und Betriebsformen im 18. und frühen 19. Jahrhundert, in: JbWG 53/2 (2012), 39–61 • C. Eifert: Deutsche Unternehmerinnen im 20. Jahrhundert, 2011 • C. Wischermann/A. Nieberding: Die institutionelle Revolution. Eine Einführung in die deutsche Wirtschaftsgeschichte des 19. und 20. Jahrhunderts, 2004 • M. Casson: Der Unternehmer. Versuch einer historisch-theoretischen Deutung, in: GuG 27/4 (2001), 524–544 • T. Pierenkemper: Unternehmensgeschichte. Eine Einführung in ihre Methoden und Ergebnisse, 2000 • H. Jäger: Unternehmer, in: GGB, Bd. 6, 1990, 707–

732 • J. Kocka: Unternehmer in der deutschen Industrialisierung, 1975 • F. Redlich: Der Unternehmer. Wirtschafts- und sozialhistorische Studien, 1964 • A. D. Chandler: Strategy and Structure. Chapters in the History of the Industrial Enterprise, 1962 • Ders.: Unternehmer, in: HDSW, Bd. 10, 1959, 486–498 • J. A. Schumpeter: Unternehmer, in: J. Conrad (Hg.): Handwörterbuch der Staatswissenschaften, Bd. 8, 1928, 476–487.

CHRISTIAN KLEINSCHMIDT

## Unterricht

### 1. Sachverhalt

U. ist in doppelter Weise ein historisches Phänomen. Gegenstandsbezogen hat sich schulisch organisierter U. im Kontext von Nationalstaatsbildung, Industrialisierung (↑Industrialisierung, Industrielle Revolution) und kulturellen ↑Modernisierungen als soziale und pädagogische Formbildung weltweit institutionalisiert und ist so zu einer Massenerfahrung für Heranwachsende geworden, wobei der ungleichzeitige und diskontinuierliche Verlauf dieser Universalisierung betont werden muss. Als dominante Form des U.s hat sich das spezifischen Regeln und Mustern folgende öffentliche Gespräch in Schulklassen historisch ausdifferenziert, das von Phasen der Einzel-, Paar- und Gruppenarbeit ergänzt wird. Die Form des U.s lässt sich durch sechs Merkmale kennzeichnen: U. ist erstens die geplante und methodisierte ↑Kommunikation von Wissen in der Form des (klassen-)öffentlichen Gesprächs unter Anwesenden, der die pädagogische Erwartung unterlegt ist, Lernen und Bildung von Heranwachsenden strukturiert zu beeinflussen. Für diese spezifische Form der Kommunikation sind zweitens unterschiedliche Konstellationen der körperlich vermittelten Nutzung von ↑Sprache, ↑Medien und Dingen ebenso konstitutiv wie eine bestimmte sachliche, soziale, zeitliche und räumliche Organisation der Interaktion. An U. sind drittens ↑Lehrer sowie Schüler in schulorganisatorisch vermittelten Positionen, Rollen und Funktionen beteiligt, die wiederum auf Macht- (↑Macht) und Generationenverhältnisse sowie Erwartungen des Schulsystems, der ↑Familie, aber auch der Gleichaltrigen verweisen. U. findet viertens in Schulklassen bzw. Lerngruppen statt, deren Organisierungsprinzipien sich jedoch temporär und dauerhaft unterscheiden können. U. konstituiert sich fünftens im Rahmen einer äußerlich verhandelten Form der fachlichen Organisation von (Schul-) Wissen, die u. a. am Kanon der Fächer, der Fixierung von Lehrplänen und der Produktion von Schulmedien ablesbar wird. Schließlich und sechstens ist U. mit der Feststellung und Graduierung von Leistungen verbunden.

U. ist jedoch nicht nur als soziokulturelles Phänomen historisch und damit Objekt von Wandel, sondern auch die *Semantik*, mit der U. beobachtet, reflektiert und theoretisiert wird, unterlag und unterliegt historischen Veränderungen. Trotz der Binnendifferenzierung in eine Vielzahl widersprüchlicher Ansätze und Schulen galt die Allgemeine Didaktik sowohl im Hinblick auf die Begründung wie auch die Planung, d. h. die methodisierte und damit zeitlich sequenzierte Darbietung der U.s-Stoffe – auf Johann Friedrich Herbart geht hierfür die einschlägige Bezeichnung der „Artikulation" (Herbart 1965: 66) zurück – lange Zeit als unstrittige Denkform für die Reflexion von U. In dieser Funktion kam ihr in der Lehrerbildung eine quasi kanonische Rolle in der Anleitung der beruflichen Praxis von Lehrern für die Planung und Gestaltung von U. zu. Mit dem Aufstieg der disziplinär heterogenen U.s-Forschung hat sich der Diskurs über U. in den letzten Jahrzehnten signifikant verändert: Einerseits hat das empirisch gewonnene Wissen über Strukturen, Kennzeichen, Prozesse und Ergebnisse von U. sowie deren Zusammenhänge deutlich zugenommen; andererseits reflektiert sich in der evidenzorientierten U.s-Forschung wiederkehrend die Agenda einer sozialtechnologisch verstanden Optimierung von U., die auf die messbare Steigerung von Schülerleistungen ebenso zielt wie auf die Verbesserung der Effizienz des U.s- bzw. Schulsystems. Zudem hat auch die Diskussion um eine angemessene Theoretisierung von U. deutlich an Fahrt aufgenommen.

### 2. Unterricht als Institutionalisierung einer Kommunikationsform

Systematisch ist die Institutionalisierung von U. als Antwort auf eine spezifische Problemstellung zu verstehen: Wenn ↑Schulen die Erwartungen Wissensvermittlung, Menschenformung und soziale Platzierung nach Leistung zuverlässig bedienen sollen, die in modernen Gesellschaften an die öffentlich organisierte ↑Erziehung adressiert werden, muss diese über entspr.e Technologien verfügen. Im Fall von Erziehung sind Technologien jedoch nur begrenzt vorhanden, zumindest dann, wenn man unter diesen – wie im Bereich von Organisationen oder Professionen üblich – Mittel und Methoden versteht, die es erlauben, festgelegte Ziele in einem begrenzten Handlungs- und Anwendungsfeld regelmäßig und dauerhaft zu erreichen. Im strengen Sinn setzen Technologien Kausalverhältnisse voraus: Man verfügt über Technologie, wenn man weiß, was zu tun ist, um etwas Bestimmtes zuverlässig und voraussagbar zu bewirken.

Die Ursachen für das so verstandene Technologiedefizit – ein Begriff, der auf Niklas Luhmanns frühe soziologischen Studien zu Erziehung, U. und Pädagogik zurückgeht, aber als Problem der Ungewissheit des U.s-Erfolgs auch bereits die pädagogischen Klassiker wie J. F. Herbart oder Ernst Christian Trapp beschäftigte – haben mit zwei Konstitutionsbedingungen von U. zu tun: seiner Sozialität und seiner Pädagogizität. U. konstituiert sich als kommunikationsbasiertes Sozialsystem (↑Systemtheorie), d. h. die ↑Interaktion von Lehrpersonen und Schülern ist der operative Modus des U.s.

Kennzeichen von Interaktionssystemen ist eine grundlegende Unbestimmtheit, die die amerikanischen Sozialtheoretiker Talcott Parsons und Edward Shils mit dem Begriff „doppelte Kontingenz“ (Parsons/Shils 1951: 16) bezeichnet haben. Gemeint ist, dass alle Beteiligten in Interaktionssituationen immer aus einer Mehrzahl von auch anders möglichen Anschlussreaktionen auswählen können und sie zudem alle um dieses Nichtfestgelegtsein der Anschlussreaktionen wissen. Ausgangspunkt interaktionsbasierter Sozialsysteme ist deshalb immer eine Ungewissheit darüber, was in den Köpfen der anderen Anwesenden vorgeht, wie sie an eine Interaktionsofferte anschließen und wie es insofern weitergeht. Auf den U. bezogen heißt dies, dass es für keinen der Beteiligten eine vollständige Durchschaubarkeit und damit Kontrolle der Situation gibt. Mit dem Begriff Pädagogizität lässt sich der Anspruch und Zweck von U. bezeichnen, *bestimmtes* Lernen der Schüler durch geeignete methodische Arrangements und durch nachfolgende Reaktionen auf gezeigtes Lernverhalten zu ermöglichen. Dass hier ausdrücklich in der Modalform der Ermöglichung bestimmten Lernens gesprochen wird, ist kein Zufall. Grund dafür ist das, was Klaus Prange als „pädagogische Differenz“ (Prange 2005: 92) zwischen Lernen und Erziehen bezeichnet hat. Als anthropologisch-kulturelle Konstante gehört das ↑Lernen zum Menschen, es muss nicht durch Erziehung und U. hergestellt werden. Erst in dem Moment, wo das Lernen mit Bezug auf fachliche und überfachliche Ziele des schulischen Curriculums in einer bestimmten Weise beeinflusst werden soll, wird es zur pädagogischen Aufgabe. Trotz der sozial-kommunikativen Einbettung jeden Lernens bleibt das Lernen selbst eine an das Individuum gebundene Operation, die nicht delegierbar ist. Schließlich, und d. i. für die Frage der technologischen Steuerung im U. zentral, ruht Lernen auf kognitiven Operationen (wesentlich solchen der Informationsverarbeitung und -speicherung), die sozial unsichtbar bleiben und auf die im U. deshalb nur indirekt und fehleranfällig rückgeschlossen werden kann. Die Intransparenz der im Schüler stattfindenden Lernvorgänge und die unhintergehbare Abhängigkeit des Lernens vom Lerner, von seiner – nicht selten eigensinnigen – Rezeption und Aneignung des zu Lernenden, sind wesentliche Ursachen dafür, dass im U. nicht von einer technologischen Steuerung i. S. einer kausalen Bewirkung des Lernens ausgegangen werden kann.

Angesichts von Ungewissheit und ↑Kontingenz als Kennzeichen interaktionsvermittelter Versuche der pädagogischen Einwirkung auf Kinder und Jugendliche kann die Art und Weise, wie sich U. als „Kommunikationsform“ (Caruso 2011) im Systembildungsprozess der modernen Schule ab dem 18. Jh. historisch ausdifferenzierte, als Lösung für das beschriebene Technologieproblem verstanden werden. Die Kommunikationsform U. generiert erstens spezifische Praktiken der interaktionsbasierten Wissensvermittlung und Menschenformung (wie z. B. das klassenöffentliche „Chorsprechen“), die sich zweitens mit der Organisationsförmigkeit von Schule verbinden und die drittens ein sich allmählich ausdifferenzierendes „professionelles“ Wissen über Lehren und Lernen, Kinder und Jugendliche sowie Bildungsinhalte integrieren. An der Schnittstelle von vermittelnder und formender *Interaktion*, schulischer *Organisation* und pädagogischer *Semantik*, bildet die Kommunikationsform U. eine „Tiefenstruktur der pädagogischen Praxis“ (Tenorth 2003: 16), die – losgelöst von den Intentionen pädagogischer oder bildungspolitischer Akteure – ihre Wirksamkeit im Klassenzimmer mit Blick auf die pädagogische Beeinflussung der Verhaltensbereitschaften und Wissensdispositionen der Schüler entfaltet.

Als pädagogischen Kern von U. bestimmt K. Prange das Zeigen, das erstens mit dem Sachverhalt, auf den gezeigt wird, und zweitens mit dem Rückverweis auf den Zeigenden, der diesem Sachverhalt einen spezifischen Sinn zuschreibt, zwei Referenzen aufweist. Im Detail ruht die Kommunikationsform U. lehrerseitig auf einem Gefüge unterschiedlicher, aber eng aufeinander bezogener Interaktionspraktiken: *Disziplinierungskommunikation*, die die Bedingungen der Vermittlung fachlichen und sozialen Wissens in Bezug auf Anfänge, Übergänge oder Regeleinhaltung und Mitmachbereitschaft herstellen und regulieren soll; *Aufforderungskommunikation*, die die Schüler zu einem bestimmten Beteiligungs- und Arbeitsverhalten motivieren soll; *Kommunikation zur Fokussierung der Aufmerksamkeit*, die die Wahrnehmung der Schüler wiederkehrend auf die Objekte und Praktiken des Lernens lenken und damit von anderen immer auch präsenten Dingen und Praktiken ablenken soll; *Darstellungskommunikation*, die sich materiell auf analoge wie digitale U.s-Medien stützt (von der Tafel über das Arbeitsblatt, den Experimentierkasten bis zu Smartboard oder Tabletcomputer), mit der die epistemischen Merkmale von fachlich bestimmten Inhalten (auf-)gezeigt, erläutert, problematisiert, diskutiert und erklärt werden; *Rückmeldungs- und Beurteilungskommunikation*, in der zu den Schülerbeiträgen Stellung genommen wird, um die Wissenskommunikation in angezielte Bahnen zu lenken. Rückmeldung und Beurteilung haben dabei eine sachlich-thematische Dimension, in der es um die Validierung des „richtigen“ U.s-Wissens geht. Sie haben aber auch eine sozial-erzieherische Dimension, indem das U.s-Verhalten der Schüler mitkommentiert wird (z. B. als Ausdruck der Bereitschaft, am U. und an der Erreichung seiner Ziele mitzuwirken, aber auch als Ausdruck von Wissen oder Nicht-Wissen, über das ein bestimmter Schüler verfügt).

Schülerbezogen eröffnet die Kommunikationsform U. wiederum unterschiedliche Optionen der Teilhabe. Entlang der Differenzierung zwischen der „academic task structure“ und der „social participation structure“ (Erickson 1982) lässt sich der Aneignungsmodus „Lernen“ als Bezug auf fachlich bestimmte Inhalte von einem Modus unterscheiden, in dem es um die Ausfüllung des

„Schülerjobs" (Breidenstein 2006) im Kontext der Sozialisationsinstanz Schulklasse (↑Sozialisation) geht. Kennzeichen des Schülerjobs ist es, routiniert sowohl peerkulturelle Erwartungen von Mitschülern wie die schulischen Anforderungen der U.s-Situation zu integrieren.

## 3. Ordnungsbildung im Unterricht

I. S. einer sich kontinuierlichen entwickelnden Ordnung bildet die Kommunikationsform U. ihre Strukturen in miteinander verschränkten Dimensionen aus.

### 3.1 Die soziale Ordnung der Kommunikationsform Unterricht

Eine zentrale Rolle spielt die Schulklasse und die damit schulorganisatorisch hergestellte Klassenförmigkeit des U.s. U. adressiert nicht den Einzelnen, sondern der Einzelne wird über die kollektive Adressierung der Klasse angesprochen. In diesem Sinne gilt für U.: Mit einem vor anderen sprechen bedeutet mit allen sprechen. Die Simultanität von individueller und kollektiver Adressierung macht deutlich, dass die Nutzung von Öffentlichkeit ein zentraler Mechanismus der Kommunikationsform U. ist, um Wissensvermittlung, Menschenformung und soziale Platzierung zu ermöglichen. U. ist keine dyadische Kommunikationsform zwischen Lehrer und Schüler, sondern eine polyadische. Sie ist zwar i. d. R. um die Lehrperson zentriert, kennt aber auch dezentrierte Konstellationen in Phasen der Einzel- oder Gruppenarbeit. Über die Differenzierung aktiver Partizipation (z. B. durch mündliche Beiträge oder Aufgabenbearbeitung an der Tafel) und passiver Partizipation (z. B. bei der Beobachtung des Geschehens und beim Zuhören) werden alle Schüler als Mitglieder ihrer Schulklasse in die sprach- und verhaltensbasierte Inszenierung klassenöffentlichen Denkens inkludiert. Als Anwesende können sie hören und sehen, welche Beiträge und welches Verhaltens öffentlich als für den Fortgang des U.s nützlich behandelt werden, wie dabei Wissen vor aller Ohren und Augen hör- und sehbar zur Sprache gebracht, wie mit Abweichungen umgegangen wird und wie durch klassenöffentliche Beurteilungen von Beiträgen richtiges oder falsches Wissen ausgewiesen wird und damit als U.s-Wissen soziale Geltung erlangt. Der Schule gelingt es mit der Einrichtung der klassenöffentlichen Kommunikationsform U. und der aus ihr resultierenden Interaktionsstruktur eine spezifische Ökonomie des Lehrens und Lernens zu organisieren. Nicht die Summe einzelner Lehr-Lern-Interaktionen, die mit der Lehrperson als Scharnierstelle immer nur nacheinander stattfinden können und deshalb eine große Menge zeitlicher Ressourcen benötigen, ist das Produktionsmodell des U.s, sondern die simultane, aber differenzierte und differenzierende Einbeziehung und Beteiligung aller Schüler in die öffentlich sichtbare und hörbare Thematisierung von Wissen und Prämierung von Verhalten.

### 3.2 Die Ordnung des Wissens im Unterricht

Dass die geplante und methodisierte Kommunikation von fachlichem Wissen und die Vermittlung damit einhergehender Verhaltensbereitschaften und Einstellungen den Programmkern von U. beschreibt, ist in modernen Gesellschaften, für die ↑Bildung einen Zentralwert darstellt, weitgehend unstrittig. Inhalte ebenso wie die organisatorische, mediale und materiale Form des Schulwissens sind dabei zunächst das Ergebnis von Verhandlungsprozessen *außerhalb* des U.s. *Fächer* sind die schulorganistorische Materialisierung einer bestimmten Ordnung des Schulwissens, die sich historisch in einem Prozess der „Verfächerung" (Schneuwly 2018: 285) herausgebildet hat. Sie weisen zwar i. d. R. einen Bezug auf universitäres Fachwissen auf, ihre Herausbildung ist jedoch eigenständiger Teil der Systembildung der modernen Schule, nicht abgeleitetes Derivat wissenschaftlicher Disziplinen. *Lehrpläne* wiederum sind die bildungspolitische und schulrechtliche Fixierung (↑Schulrecht) dessen, was im U. in welcher Abfolge gelehrt werden soll, wobei bekannt ist, dass ihre Steuerungsleistung – trotz ihrer Bedeutung für den Herstellungs- und Zulassungsprozess von Schulbüchern – für die unterrichtliche Wissenskommunikation begrenzt ist. Dies gilt für *Schulbücher* und andere *U.s-Medien* deutlich weniger, wobei zwischen der zulassungsbedürftigen Herstellung und dem lehrerabhängigen Gebrauch dieser ↑Medien unterschieden werden muss. Im Zuge der Umstellung auf eine Output-Steuerung der Schule sind seit der Jahrtausendwende *Bildungsstandards* bildungspolitisch (↑Bildungspolitik) in den Vordergrund gerückt, um auf der Grundlage von wissenspsychologisch bestimmten Kompetenzen in unterschiedlichen Domänen die Normierung der unterrichtlichen Ordnung des Wissens neu zu organisieren.

Wählt man dagegen den U. selbst als Bezugspunkt, dann rücken die spezifischen *unterrichtlichen Wissenspraktiken* und die für die Inszenierung von U. eingesetzten didaktischen Materialien und Medien in den Fokus. Im Deutsch-U. eine Gedichtinterpretation in das Heft schreiben, im Chemie-U. ein Experiment mit Stoffen durchführen, im Geschichts-U. eine abgedruckte Quelle aus dem Schulbuch analysieren, bilden in dieser operativ-praxeologischen Perspektive Beispiele dafür, wie sich unterrichtliche Wissensordnung in ihren fachlichen Besonderheiten im Schulalltag konstituiert. Der französische Mathematikdidaktier Yves Chevallard (1985) hat in diesem Zusammenhang den Begriff der „transposition didactique" (Chevallard 1985) geprägt, um deutlich zu machen, dass Wissen als Resultat von Adaptionen an ihr jeweiliges „institutionelles Habitat" (Chevallard 2007: 132) verstanden werden muss. Wissen wird als Gegenstand der jeweiligen fachlich differenten Praktiken des Lehrens und Lernens auf die Bedingungen des U.s transponiert, es wird im und durch U. „zugerüstet, um gelernt zu werden" (Schneuwly 2013: 21).

Indem die Kommunikationsform U. die Schulklasse

in die Hervorbringung und Validierung von Schulwissen einbindet, wird das eigentlich unsichtbare Lernen in den Köpfen der Schüler auf die hör- und sichtbare Seite gezogen und so im U. beobachtbar und bearbeitbar gemacht. Gleichwohl ist zu betonen, dass dieses operative Verständnis der unterrichtlichen Ordnung des Wissens das Problem der nur begrenzten Steuerung des individuellen Lernens nicht aufhebt. Effekte der unterrichtlichen Kommunikation von Wissen bei den Schülern sind zwar erwartbar und wahrscheinlich. Wie diese Effekte im Einzelfall ausfallen, kann nicht vollständig vorhergesagt und kontrolliert werden. Die Kommunikationsform U. bearbeitet die Emergenz unterrichtlichen Wissens mit weiterer Kommunikation, d. h. mit dem Versuch, bestimmte Erwartungen der Wissensaneignung und Verhaltensänderung auf ihre soziale Akzeptanz zu testen und das unterrichtliche Verhalten auf dieser Grundlage aufeinander abzustimmen, damit Kooperation i. S. pädagogisch gewünschter Wissensvermittlung und Menschenformung möglich wird.

### 3.3 Unterricht als eine Ordnung der Prüfung, Feststellung und Zuschreibung von Leistung

Das Prüfen, Feststellen und Selbst- wie Fremdzuschreiben von Leistung bildet für die Ordnung des U.s ein drittes zentrales Strukturmerkmal, insofern diese Praktiken nicht nur funktional die Erwartung bedienen, in sich als meritokratisch behauptenden Gesellschaften die Voraussetzungen für die soziale Platzierung qua zertifizierter Leistung zu organisieren, sondern gleichzeitig die operative Ebene des U.s nahezu durchgängig bestimmen. Kerstin Rabenstein u. a. weisen darauf hin, dass „Leistung [...] die zentrale schulische Währung zu sein [scheint], in die nahezu alles andere innerhalb der Schule ‚konvertiert' werden kann" (2013: 675). Kommunikativ wird dies insb. an der sequentiellen Verkettung unterrichtlicher Sprechakte sichtbar, in der auf lehrerseitige Vermittlungs- und schülerseitige Aneignungsakte notwendigerweise Bewertungs- und Rückmeldeprozeduren folgen – zwar nicht immer unmittelbar nach einem Äußerungswechsel, aber für das unterrichtliche Sprachspiel insgesamt zwingend. Die US-amerikanische U.s-Forschung hat hierfür die Bezeichnung *Initiation-Response-Evaluation/Feedback*-Sequenz geprägt.

Lehrerseitige Bewertungen und Rückmeldungen haben zum einen die Funktion, die Richtigkeit fachlichen Wissens oder unterrichtlicher Verhaltensweisen klassenöffentlich zu markieren – d. i. ihr Nexus zur Wissensordnung des U.s: Ihnen kommt die Aufgabe zu, bestimmtes Wissen und bestimmtes Verhalten als Leistung zurechenbar zu machen. Zum anderen besondern Prüfungen, Bewertungen und Rückmeldungen die jeweiligen Urheber von Antworten, indem diesen der jeweilige Beitrag als persönliche Leistung oder Nicht-Leistung zugerechnet wird. Mit Leistungsbewertungen werden Schüler individualisiert und gleichzeitig im sozialen Vergleichsgefüge der Schulklasse differenziert.

Gerade weil die Kontingenzproblematik auch die unterrichtliche Leistungsfeststellung betrifft – über die „Fragwürdigkeit der Zensurengebung" (Ingenkamp 1971) und die „Umstrittenheit von Leistung" (Schäfer 2015: 27) besteht Konsens – muss das unablässige unterrichtliche Prozessieren von Beurteilungen in Form von regelmäßigen Kontrollen, von mündlichen Teilnoten oder von schriftlichen Klausuren sowie die bemühte Offenlegung der angewandten Beurteilungskriterien, die unbedingte Einhaltung der Verfahrensförmigkeit der Prüfungen und die Mathematisierung der Notenfestlegung als Versuch der „Objektivierung" (Zabrowski u. a. 2011: 352) verstanden werden, mit der die ↑Legitimität des U.s als einer Ordnung von Leistung immer wieder hergestellt werden muss.

### Literatur

M. Proske/K. Rabenstein (Hg.): Kompendium Qualitative Unterrichtsforschung, 2018 • M. Proske: Wie Unterricht bestimmen? Zum Unterrichtsbegriff in der qualitativen Unterrichtsforschung, in: ebd., 27–62 • Ders./K. Rabenstein: Stand und Perspektiven qualitativ sinnverstehender Unterrichtsforschung. Eine Einführung in das Kompendium, in: ebd., 7–24 • S. Reh/I. Pieper: Die Fachlichkeit des Schulfaches. Überlegungen zum Deutschunterricht und seiner Geschichte zwischen Disziplinen und allgemeinen Bildungsansprüchen, in: M. Martens u. a. (Hg.): Konstruktion von Fachlichkeit, 2018, 21–41 • B. Schneuwly: Schulfächer. Vermittlungsinstanzen von Bildung, in: ZfEw 21/2 (2018), 279–298 • B. Hackl: Lernen, 2017 • T. Geier/M. Pollmanns: Was ist Unterricht?, 2016 • A. Schäfer: Schulische Leistungsdiskurse, 2015 • H. Kalthoff: Unterrichtspraxis. Überlegungen zu einer empirischen Theorie des Unterrichts, in: ZfPäd 60/6 (2014), 867–882 • M. Lüders: Erziehungswissenschaftliche Unterrichtstheorien, in: ZfPäd 60/6 (2014), 832–849 • T. Seidel: Angebots-Nutzungs-Modelle in der Unterrichtspsychologie. Integration von Struktur- und Prozessparadigma, in: ZfPäd 60/6 (2014), 850–866 • A. Gruschka: Unterrichten, 2013 • W. Herzog: Bildungsstandards, 2013 • K. Rabenstein u. a.: Ethnographie pädagogischer Differenzordnungen, in: ZfPäd 59/5 (2013), 668–689 • B. Schneuwly: Didaktik. Aufbau eines disziplinären Felds, in: BzL 31/1 (2013), 18–30 • W. Meseth/M. Proske/F.-O. Radtke: Kontrolliertes Laissez-faire. Auf dem Weg zu einer kontingenzgegenwärtigen Unterrichtstheorie, in: ZfPäd 58/2 (2012), 223–241 • S. Hellekamps u. a. (Hg.): Hdb. der Erziehungswissenschaft, Bd. 3, 2011 • Dies.: Die Vielfalt der Unterrichtstheorien und ihre Perspektiven, in: ebd., 271–280 • W. Wittenbruch: Theorien des Unterrichts, in: ebd., 2011, 231–249 • W. Meseth/M. Proske/F-O. Radtke (Hg.): Unterrichtstheorien in Forschung und Lehre, 2011 • Dies.: Was leistet eine kommunikationstheoretische Modellierung des Gegenstandes „Unterricht"?, in: ebd., 223–241 • M. Caruso: Lernbezogene Menschenhaltung. (Schul-)Unterricht als Kommunikationsform, in: ebd., 24–36 • K. U. Zabrowski/M. Meier/G. Breidenstein: Leistungsbewertung und Unterricht, 2011 • G. Breidenstein: Überlegungen zu einer Theorie des Unterrichts, in: ZfPäd 56/6 (2010), 869–887 • W. Herzog: Schule und Schulklassen als soziale Systeme, in: R. Becker (Hg.): Lehrbuch der Bildungssoziologie, 2009, 155–194 • E. Terhart: Didaktik, 2009 • J. Hattie: Visible Learning, 2008 • Y. Chevallard: Readjusting Didactics to a Changing Epistemology, in:

EERJ 6/2 (2007), 131–134 • J. W. Meyer/F. O. Ramirez: The World Institutionalization of Education, in: J. Schriewer (Hg.): Weltkultur und kulturelle Bedeutungswelten, 2007, 279–297 • T. Seidel/R. J. Shavelson: Teaching Effectiveness Research in the Past Decade: The Role of Theory and Research Design in Disentangling Meta-Analysis Results, in: Review of Educational Research 77/4 (2007), 454–499 • G. Breidenstein: Teilnahme am Unterricht. Ethnographische Studien zum Schülerjob, 2006 • E. Klieme: Empirische Unterrichtsforschung. Aktuelle Entwicklungen, theoretische Grundlagen und fallspezifische Befunde, in: ZfPäd 52/6 (2006), 765–774 • M. Jäger/M. Prenzel: Erfolgreiche Bildungssysteme nutzen wissenschaftliche Erkenntnisse, in: H. Heid/C. Harteis (Hg.): Verwertbarkeit, 2005, 163–182 • K. Prange: Die Zeigestruktur der Erziehung, 2005 • R. E. Slavin: Educational Research can and Must Address ‚What Works' Questions, in: Educational Researcher 33/1 (2004), 27–28 • L. Wigger: Didaktik, in: D. Benner/J. Oelkers (Hg.): Historisches Wörterbuch der Pädagogik, 2004, 244–278 • M. Lüders: Unterricht als Sprachspiel, 2003 • H.-E. Tenorth: Form der Bildung – Bildung der Form, in: ders. (Hg.): Form der Bildung – Bildung der Form 2003, 7–21 • W. Vollstädt: Steuerung von Schulentwicklung und Unterrichtsqualität durch staatliche Lehrpläne?, in: ZfPäd Beih. 47 (2003), 194–214 • M. Depaepe u.a.: Order in Progress. Everyday Education Practice in Primary Schools – Belgium, 1880–1970, 2000 • J. Oelkers: Anmerkungen zur Reflexion von „Unterricht" in der deutschsprachigen Pädagogik des 20. Jahrhunderts, in: ZfPäd Beih. 24 (2000), 166–185 • I. Goodson/S. Hopman/K. Riquarts (Hg.): Das Schulfach als Handlungsrahmen. Vergleichende Untersuchung zur Geschichte und Funktion der Schulfächer, 1999 • A. Helmke/F. E. Weinert: Bedingungsfaktoren schulischer Leistungen, in: F. E. Weinert (Hg.): Enzyklopädie der Psychologie, Bd. 3, 1997, 71–176 • D. Hargreaves: Teaching as a Research-Based Profession, 1996 • J. F. Herbart: Kurze Enzyklopädie der Philosophie, in: ders.: Sämtliche Werke, Bd. 9, 1989 • Y. Chevallard: La transposition didactique, 1985 • F. Erickson: Classroom Discourse as Improvisation. Relationships Between Academic Task Structure and Social Participation Structure in Lessons, in: L. Wilkinson (Hg.): Communicating in the Classroom, 1982, 153–181 • N. Luhmann/K. E. Schorr: Reflexionsprobleme im Erziehungssystem, 1979 • H. Mehan: Learning Lessons. Social Organization in the Classroom, 1979 • G. Petrat: Schulunterricht. Seine Sozialgeschichte in Deutschland 1750–1850, 1979 • E. C. Trapp: Versuch einer Pädagogik, 1977 • K. Ingenkamp: Die Fragwürdigkeit der Zensurengebung, 1971 • J. F. Herbart: Allgemeine Pädagogik aus dem Zweck der Erziehung abgeleitet, in: ders.: Pädagogische Schriften, Bd. 2, 1965, 9–155 • T. Parsons/E. A. Shils: Values, Motives, and Systems of Action, in: dies. (Hg.): Toward a General Theory of Action, 1951, 47–275 • J. M. Sinclair/R. M. Coulthard: Towards and Analysis of Discourse. The English Used by Teachers and Pupils, 1875. MATTHIAS PROSKE

# Untersuchungsausschuss

## 1. Untersuchungsausschuss als „scharfes Schwert" parlamentarischer Kontrolle

Untersuchungsausschüsse (U.e) sind Instrumente parlamentarischer Kontrolle (↑Politische Kontrolle). Kontrolle ist ein zentraler Bestandteil parlamentarischer Repräsentation und damit der Legitimierung demokratisch getroffener Entscheidungen. Dem U. steht keine Sanktion im rechtlich-technischen Sinne zu, er kann und soll seine Ergebnisse vielmehr in die politische Auseinandersetzung einbringen; intendiert sind insoweit politische, nicht rechtliche Folgen. Informations-, Frage-, Zitier- und Interpellationsrechte, bes. Befugnisse des Petitionsausschusses, der ↑Wehrbeauftragte und das Gremium zur Kontrolle der Nachrichtendienste können als gestuftes Instrumentarium verstanden werden.

U.e erweisen sich als die stärksten und schärfsten Kontrollmöglichkeiten eines Parlaments (↑Parlament, Parlamentarismus), da ihm nur durch sie zwangsbewehrte Beweiserhebungsrechte zugesprochen sind. D.i. deshalb bemerkenswert, weil ein U. nicht die Rechtmäßigkeit des untersuchten Handelns bewerten soll, sondern allein Tatsachen für eine politische Bewertung sammelt. So kann sich das Parlament unabhängig von anderen Staatsorganen Informationen verschaffen. Das Recht zur eigenen Beweiserhebung ist das Machtmittel schlechthin, das den U. von sämtlichen anderen parlamentarischen Kompetenzen und Möglichkeiten unterscheidet und ihn zum „schärfsten Schwert" in der Hand des ↑Bundestages macht.

Aufgabe der U.e ist es, Sachverhalte zu untersuchen, deren Aufklärung im öffentlichen Interesse liegt, und hierüber dem Plenum zu berichten. Es geht um Selbstinformation mittels Sachverhaltsaufklärung durch das Parlament zur „Vorbereitung seiner Entscheidungen" (BVerfGE 49,70 [85]). Die genaue Funktion eines U.es hängt von der staatsorganisationsrechtlichen Architektur der jeweiligen Verfassungsordnung, konkret von der Ausgestaltung der gewaltenteiligen Situation ab: In einem präsidentiellen System, in dem sich Legislative und Exekutive idealtypisch gegenüberstehen, sind Stellung und Funktion anders als im parlamentarischen ↑Regierungssystem, in dem die Regierung von der Parlamentsmehrheit in ihrer Einsetzung, ihrem Bestand und ihrem politischen Handeln abhängig ist; hier verwandelt sich das parlamentarische Untersuchungsrecht in ein parlamentarisches Minderheitenrecht, zumal der Bundestag auf Antrag eines Viertels seiner Mitglieder zur Einsetzung eines U.es verpflichtet ist. Die durch die Rechtsprechung des ↑BVerfG und der LVerfG eingeforderten und durchgesetzten, inzwischen im PUAG von 2001 aufgenommenen und ausgebauten Minderheitsrechte auch *im* Ausschuss ermöglichen die Funktion von U.en auch im parlamentarischen Regierungssystem. Dies hat das BVerfG in einer Reihe von Judikaten durchgesetzt (BVerfGE 49,70 [80f., 85ff.];

105,197 [130]; 113,113 [121]). Deren Grundlinien sind in das PUAG eingeflossen, wobei stets zwischen ↑Mehrheitsprinzip und berechtigten Minderheitsrechten (↑Minderheiten) auszutarieren ist. Minderheitsrechte im Ausschuss bedeuten dabei nicht, die Verfahrensherrschaft von der Mehrheit auf die Minderheit (BVerfGE 105,197 [222 f.]) übergehen zu lassen.

### 2. Typen/Arten

Terminologisch gleichbedeutend wird auch von einer „Enquête" oder vom „Enquête-Recht" gesprochen. Bei einer „Mehrheitsenquête" wird der Antrag auf Einsetzung des Ausschusses von der bzw. von einer Mehrheit der Mitglieder des Bundestages gestellt; dementsprechend ist die „Minderheitsenquête" ein U., der nicht auf der Mehrheit beruht; unschädlich ist insoweit, dass zumeist der Bundestag – etwa wegen der Einrichtungspflicht – einstimmig oder doch mit überwältigender Mehrheit die Einsetzung beschließt; die Minderheitsenquête wird nicht allein dadurch zur Mehrheitsenquête, denn maßgeblich ist die Zahl der Antragsteller, nicht die der den Ausschuss Beschließenden. Auf eine andere Ebene gehören Charakterisierungen, die nicht nur den Untersuchungsgegenstand, sondern auch das politische Umfeld einbeziehen wie z. B. Skandalenquêten, Missbrauchsenquêten, Beschluss-(vorbereitungs-) enquêten, Gesellschaftsenquêten, Justizenquêten usw. Diese politisch-thematischen, zudem nicht stets trennscharfen Begriffe spiegeln über die Vielfalt möglicher Untersuchungsgegenstände die Funktionsausweitung des Parlaments wider. Der tatsächliche Schwerpunkt von U.en unter dem ↑GG liegt bei der Kontrolle administrativer Vorgänge; Gesetzgebungsenquêten sind selten, da das Parlament das Gesetzgebungsverfahren ohnehin weitgehend beherrscht und die Informationsbeschaffung hier anders erfolgt.

Durch ausdrückliche Anordnung in Art. 45a Abs. 2 und 3 GG besitzt der Verteidigungsausschuss die Rechte eines U.es und wird Art. 44 Abs. 1 GG folglich als *lex generalis* verdrängt.

Die seit 1969 möglichen und in der parlamentarischen Praxis nicht unbeliebten Enquête-Kommissionen sind demgegenüber – trotz gemeinsamer Ursprünge – etwas anderes als U.e, auch wenn sie die Untersuchungs- und Informationsmöglichkeiten des Bundestags erweitern. Nach § 56 GOBT kann der Bundestag zur Vorbereitung von Entscheidungen „über umfangreiche und bedeutsame Sachkomplexe" eine solche Kommission einsetzen, auf Antrag eines Viertels seiner Mitglieder ist er dazu verpflichtet. Entgegen einem Vorschlag der seinerzeitigen Enquête-Kommission *Verfassungsreform* ist eine verfassungsrechtliche Verankerung weder angestrebt noch sinnvoll. Der Einsetzungsantrag muss den Auftrag der Kommission bezeichnen. Auch die Enquête-Kommission ist „nichtständig", und hinsichtlich ihres Gegenstandes bestehen keine grundsätzlichen Unterschiede zu einem U. Freilich sind die Fragestellungen von U.en in der parlamentarischen Praxis regelmäßig enger gefasst und ergeben sich politisch eher ad hoc, statt als Ergebnis vorausschauender Planung, streben eher nach Sachverhaltsaufklärung denn nach Sachverständigenwissen. Die Enquête-Kommission ist ebenfalls als (mögliches, in der parlamentarischen Praxis weniger bedeutsames) Minderheitsrecht ausgestaltet; ihr fehlen jedoch die Befugnisse eines U.es.

### 3. Zusammensetzung, Rechtsbindung und Untersuchungsgrenzen

Wie jeder Ausschuss ist auch der U. „verkleinertes Abbild des Plenums", spiegelt also die dortigen Mehrheitsverhältnisse wider („Spiegelbildtheorie") (BVerfGE 140,115). Der Bundestag (als Ganzer) erweist sich so als „Träger" des Untersuchungsrechts, der U. nimmt in seiner Hilfs-, Teil- oder Unterorganstellung Rechte des Parlaments als solchem wahr (BVerfGE 77,1 [40 f.]; 113,113 [120]; 124,78 [114]). Die Untersuchung wird damit exklusiv durch den Ausschuss durchgeführt, dem Plenum bleibt, politische Schlüsse daraus zu ziehen. Der U. ist damit stets Teil des obersten Staatsorgans Bundestag. Sein Wirkungskreis ist an denjenigen des Bundestages selbst gekoppelt. Als Unter-, Teil- oder Hilfsorgane des Parlaments unterliegen auch U.e dem parlamentsrechtlichen Grundsatz der Diskontinuität (BVerfGE 49,70 [86]).

Im Gefüge der grundgesetzlichen Funktionentrennung stoßen der Untersuchungsauftrag und damit die Befugnisse des U.es dort an Grenzen, wo Funktionen anderen Staatsorganen zur selbständigen und eigenverantwortlichen Wahrnehmung übertragen sind. Trotz der Einräumung strafprozessualer Befugnisse hat ein U. keine rechtsprechende Funktion. Es handelt sich nicht um eine gerichtsähnliche Veranstaltung, da es schon an der Figur des unabhängigen Richters fehlt. Es geht auch nicht wie bei Rechtsprechung im materiellen Sinn um Rechtsanwendung am Maßstab des Rechts, sondern um die Aufklärung von Sachverhalten unter politischen Vorzeichen.

U.e sind zwar an Rechtsnormen gebunden, bewerten Sachverhalte jedoch politisch; sie sind keine Gerichte, sondern parlamentarische Institution. Die Charakterisierung als „politische Kampfinstrumente" ist daher nicht von vornherein verfehlt. Insb. bei der entspr.en Anwendung strafprozessualer Mittel sind diese Unterschiede zum Strafprozess zu berücksichtigen. Durch diese Funktionsunterschiede sind auch Paralleluntersuchungen durch Bundestag und Justiz zulässig: In einem Fall geht es um die rechtliche, im anderen um eine politische Bewertung des gleichen Sachverhalts. Im Verhältnis zur Exekutive ist der vom BVerfG entwickelte „Kernbereich exekutiver Eigenverantwortung" zu wahren (BVerfGE 67,100 [139]; 77,1 [59]; 110,199 [214 ff.]). Laufende Regierungstätigkeit kann nicht durch einen U. „begleitet" werden, vorbeugende Kontrolle ist erst recht unzulässig. Es geht darum, der Regierung einen „grundsätzlich nicht ausforschbaren Initiativ-, Beratungs- und Handlungsbereich" zu sichern (BVerfGE 67,100 [139]; 124,78 [120]). Das betrifft zunächst die interne Willensbildung der Regierung selbst, wie Kabinettsberatungen, Ressortabstimmungen, Vorbereitung von Kabinetts- und Ressortentscheidungen sowie sonstige ressortübergreifende oder ressortinterne Abstimmungsprozesse (BVerfGE 124,78 [130]). U.e sind vergangenheitszentriert. Für Angelegenheiten der Gegenwart, erst recht der Zukunft, sind sie weder geeignet noch zulässig.

U.e sind rechtlich geordnet und begrenzt und handeln hoheitlich, üben öffentliche Gewalt i. S. v. Art. 1 Abs. 3, 19 Abs. 4, 93 Abs. 1 Nr. 4a GG aus, sind folglich grundrechtgebunden (BVerfGE 67,100 [142]; 76,363 [383, 387]; 77,1 [40]). Das spielt v. a. bei der Untersuchung privater Sachverhalte eine Rolle.

### Literatur

P. J. Glauben/L. Brocker: Das Recht der parlamentarischen Untersuchungsausschüsse in Bund und Ländern, [3]2016 • C. Waldhoff/K. F. Gärditz (Hg.): PUAG. Kommentar, 2015 • B. Peters: Untersuchungsausschussrecht, 2012 • M.-E. Geis: Untersuchungsausschuß, in: HStR, Bd. III, [3]2005, § 55 • D. Wiefelspütz: Das Untersuchungsausschussgesetz, 2003 • J. Masing: Parlamentarische Untersuchung privater Sachverhalte, 1998 • M. Schröder: Untersuchungsausschüsse, in: H.-P. Schneider/W. Zeh (Hg.): Parlamentsrecht und Parlamentspraxis, 1989, § 46.

CHRISTIAN WALDHOFF

## Unverletzlichkeit der Wohnung

### 1. Schutz der räumlichen Privat- und Freiheitssphäre

Das ↑GG gewährleistet in den ↑Grundrechten Voraussetzungen moderner Staatlichkeit, die in der U. d. W. (Art. 13 GG) in einer räumlichen Privat- und Freiheitssphäre konkretisiert werden. Der umfassende Würde-, Persönlichkeits- und Freiheitsschutz wäre unvollständig, wenn sich der Mensch nicht fremden Blicken entziehen und an einen privaten Ort persönlicher Entfaltung zurückziehen könnte. Den elementaren Zusammenhang zwischen dem Schutz der Persönlichkeit und einem privaten Rückzugsraum betonen Art. 7 der EuGRC, Art. 8 Abs. 1 der ↑EMRK, Art. 17 des IPbpR sowie Art. 12 der AEMR, wenn sie das Familien- und Privatleben, die Korrespondenz, auch die Ehre und den Ruf in einem Atemzug mit der Wohnung schützen.

Die U. d. W. verbindet vier grundlegende Garantien. Jedem steht – *erstens* – ein Ort zu, an dem er ungestört ist. Hier ist er – *zweitens* – den Augen und Ohren anderer entzogen und hat die Herrschaft über das gesprochene Wort sowie weitere Informationen. *Drittens* kann jeder die „eigenen vier Wände" nach seinen Vorstellungen gestalten, darin nach seinem Willen handeln und frei sprechen. Art. 13 Abs. 1 GG gewährleistet insgesamt eine räumliche Privat- und Freiheitssphäre (BVerfGE 27,1 [6]; 139,245 [265]). In den liberalen Worten des Art. 115 der ↑WRV wird insgesamt eine „Freistätte" garantiert. Dabei schützt Art. 13 GG nicht das Besitzrecht an einer Wohnung und auch nicht das Anliegen, einen Ort zum Lebensmittelpunkt zu machen und eine Heimat zu finden (vgl. BVerfGE 89,1 [12]). Die letztgenannten Interessen liegen in Teilen außerhalb des Rechts und werden grundrechtlich durch das ↑Persönlichkeitsrecht und die Eigentumsfreiheit (↑Eigentum) aufgenommen. Art. 13 GG ergänzt aber – *viertens* – das grundlegende Bedürfnis, sich niederzulassen. Ein örtlicher Mittelpunkt des Lebens, auch eine Heimat kann kaum ohne den Schutz der räumlichen Individualsphäre gelingen.

### 2. Wortlaut und System des Art. 13 GG

Art. 13 Abs. 1 GG ist im typischen feststellenden Duktus des GG verfasst. Im grundrechtlichen Vergleich fallen aber ein gewisser Pathos und ein Absolutheitsanspruch auf: „Die Wohnung ist unverletzlich." Diese Formulierung darf nicht dahingehend missverstanden werden, dass Eingriffe nicht möglich sind. Bereits die Paulskirchenverfassung von 1849 (§ 140) und die Preußische Verfassung von 1850 (Art. 6) erklärten die Wohnung – wie heute Art. 13 GG – für unverletzlich, um sodann „Haussuchungen", „Verhaftungen" (§ 140) sowie ein „Eindringen" und die „Beschlagnahme von Briefen und Papieren" bei Haussuchungen (Art. 6) zu regeln. Die Grundrechte des GG sind primär als Abwehrrechte gestaltet, die Beschränkungen allg. abwehren. Bestimmte Beeinträchtigungen regeln sie nur in wenigen Ausnahmefällen wie der Eigentumsfreiheit, dem Brief, Post- und Fernmeldegeheimnis (↑Post- und Telekommunikationsgeheimnis), der ↑Freizügigkeit und eben in Art. 13 GG. Diese ausdrücklichen Eingriffstatbestände intensivieren den Freiheitsschutz. Durchsuchungen (Art. 13 Abs. 2 GG), Abhör- und Späheingriffe (Art. 13 Abs. 3 und Abs. 4 GG), der damit einhergehende Schutz verdeckter Ermittler (Art. 13 Abs. 5 GG) und sonstige Beeinträchtigungen (Art. 13 Abs. 7 GG) müssen strenge Vorgaben erfüllen und werden durch parlamentarische Berichtspflichten flankiert (Art. 13 Abs. 6 GG).

### 3. Schutzbereich, Grundrechtsträger, Grundrechtsadressaten

Art. 13 GG gewährleistet die räumliche Privat- und Freiheitssphäre der Wohnung umfassend. Die geschützte Wohnung muss nicht für ein Privatleben oder als regelmäßiger Aufenthaltsort genutzt werden. Ein Anspruch auf Wohnraum kann aber aus dessen Unverletzlichkeit nicht abgeleitet werden. Geschützt werden alle eindeutig abgrenzbaren Räume, die der Einzelne nach außen erkennbar (objektives Element) Wohnzwecken widmet (subjektives Element). Art. 13 GG erfasst Häuser und Wohnungen, unabhängig davon, ob sie im Eigentum des Nutzers stehen oder von diesem nur gemietet werden. Geschützt sind auch Untermieträume, Keller, Garagen, Hotelzimmer, Hausboote, Yachten, Wohnmobile, Zelte etc. Auch sog.e Zubehörflächen wie Höfe oder Gärten, Terrassen oder Balkone, die in einem erkennbaren Zusammenhang mit dem Wohnraum stehen, fallen in den Schutzbereich, nicht aber angrenzende Felder oder Weiden, weil diese keinen privaten Lebensraum bilden. Hinsichtlich des kontrovers diskutierten Schutzes von Betriebs- und Geschäftsräumen orientiert sich das ↑BVerfG am Grad der Privatsphäre und Abgeschlossenheit (BVerfGE 97,228 [266]). Ein juristischer Disput besteht auch darüber, ob sich Art. 13 GG auf Telefonzellen, Parkbänke, Strandkörbe sowie Liegeplätze in einem U-Bahnhof erstreckt. Auch wenn Menschen an diesen Orten (vorübergehend) wohnen, sind die Plätze für eine unverletzliche Wohnung nicht hinreichend abgeschlossen.

Art. 13 GG schützt den Inhaber der Wohnung und damit i. d. R. den, dem das Besitzrecht zusteht. Auch gekündigte Mieter und – dies wird allerdings ebenfalls kontrovers diskutiert – Hausbesetzer können sich auf das ↑Grundrecht berufen, wenn sie eine räumliche Privatsphäre geschaffen und die Eigentümer gegen sie keine zivil- oder strafrechtlichen Verfahren angestrengt haben. Art. 13 GG greift auch für Kinder, Übernachtungsgäste oder Personal, wenn die Wohnung ihnen im Einklang mit dem Willen des Inhabers einen privaten Rückzugsraum bietet (str.). Ein insoweit nur flüchtiger Aufenthalt etwa eines Besuchers am Tag, einer Haushaltshilfe oder eines Handwerkers begründet hingegen keine örtliche Privatsphäre i. S. d. Art. 13 GG. Das Grundrecht ist ein Jedermannsrecht, das auch für ↑juristische Personen greift.

Art. 13 GG richtet sich gegen jegliche Art der Beeinträchtigung durch die öffentliche Hand, gegen das Betreten, technische Zugriffe auch von außerhalb durch Kameras, Mikrophone oder Online-Durchsuchungen, gegen Zweitwohnungsverbote, Raumzahlvorgaben oder einengende Regelungen der Wohnungsbeteiligung. Eine Einwilligung schließt den Eingriff aus. Bei mehreren Grundrechtsinhabern ist grundsätzlich die Zustimmung aller erforderlich.

### 4. Intensiver Schutz, verfassungsrechtlich geregelte Beeinträchtigungen

Alle Eingriffe in Grundrechte müssen verhältnismäßig sein (↑Verhältnismäßigkeit). Bei der Prüfung ist im Rahmen des Art. 13 GG dessen enger Bezug zur Menschenwürdegarantie (↑Menschenwürde) zu beachten (BVerfGE 109,279 [313]; unter 1.). Der so bereits gesteigerte Schutz wird durch die Absätze 2 bis 7 des Art. 13 GG weiter intensiviert. Gem. Art. 13 Abs. 7 sind Beeinträchtigungen nur zur Abwehr einer gemeinen Gefahr oder einer Lebensgefahr für einzelne Personen, auf Grundlage einer gesetzlichen Ermächtigung auch zur Verhütung einer dringenden Gefahr für die öffentliche Sicherheit und Ordnung (Raumnot, Seuchengefahr, ↑Jugendschutz) zulässig. Über den Einsatz technischer Mittel sind der Bundestag und die Landesparlamente zu unterrichten (Art. 13 Abs. 6 GG). Art. 13 Abs. 5 GG regelt den Fall, dass eine in der Wohnung für die öffentliche Hand tätige Person – insb. ein verdeckter Ermittler – zu schützen ist.

Hinzu treten materielle und institutionelle Vorgaben für Durchsuchungen (Art. 13 Abs. 2 GG), Abhörmaßnahmen (Art. 13 Abs. 3 GG) und optische Überwachungen (Späheingriffe, Art. 13 Abs. 4 GG). Institutionell ist für diese Maßnahmen eine richterliche Anordnung notwendig, die bei Abhörmaßnahmen durch einen mit drei Richtern besetzten Spruchkörper zu treffen ist. Dieser präventive Richtervorbehalt erinnert an die entspr.e Voraussetzung für ↑Freiheitsentziehungen (Art. 104 Abs. 2 GG). Bei Gefahr im Verzug dürfen Durchsuchungen sowie Späheingriffe auch durch andere Organe wie die ↑Staatsanwaltschaft oder ↑Polizei und Abhörmaßnahmen durch einen Einzelrichter angeordnet werden. Bei den optischen Eingriffen ist die richterliche Entscheidung unverzüglich nachzuholen. In der Praxis wird oft die nichtrichterliche Anordnung gewählt. Das BVerfG hat dieser Praxis entgegengewirkt und die Voraussetzungen der eiligen Anordnung einer umfassenden gerichtlichen Kontrolle unterzogen. Die Gefahr im Verzug ist mit einzelfallbezogenen Tatsachen zu begründen; reine Spekulationen, hypothetische Erwägungen oder kriminalistische Alltagserfahrungen genügen nicht (BVerfGE 103,142 [151 ff.]).

Materiell dürfen Abhörmaßnahmen nur befristet, im Falle des Verdachts einer gesetzlich bestimmten bes. schweren Straftat und zudem ausschließlich dann eingesetzt werden, wenn die Erforschung des Sachverhalts auf andere Weise unverhältnismäßig erschwert oder aussichtslos wäre. Spähangriffe sind nur zur Abwehr einer dringenden Gefahr für die öffentliche Sicherheit, insb. einer gemeinen Gefahr oder einer Lebensgefahr, zulässig. Insgesamt sind akustische und optische Überwachungen nur als *ultima ratio* gestattet. Die Verhältnismäßigkeitsanforderungen steigern sich mit der Wahrscheinlichkeit, höchstpersönliche Informationen zu erlangen. Der Kernbereich privater Lebensgestaltung ist durch die Menschenwürdegarantie (Art. 1 Abs. 1 GG) geschützt. Dies gilt auch für Berufsgeheimnisträger wie Seelsorger, Ärzte oder ↑Rechtsanwälte. Die entspr.en einfachgesetzlichen Regeln müssen dem Rechnung tragen (BVerfGE 109,279 [313 ff.]).

### Literatur

H.-J. Papier: Schutz der Wohnung, in: HGR, Bd. IV, 2011, §91 • H.-D. Horn: Schutz der Privatsphäre, in: HStR, Bd. VII, [3]2009, §149, Rdnr. 85–97 • M. Krumme: Die Wohnung im Recht, 2004 • E. Rhein: Die Unverletzlichkeit der Wohnung, 2001 • J.-D. Kühne: Grundrechtlicher Wohnungsschutz und Vollstreckungsdurchsuchungen, 1980 • M. Gentz: Die Unverletzlichkeit der Wohnung, 1968. GREGOR KIRCHHOF

## Urbanisierung ↑Stadt

**Urheberrecht** ↑Immaterialgüterrecht, ↑Gewerblicher Rechtsschutz, ↑Patentrecht

## Utilitarismus

### 1. Begriff und Bedeutung

Der U. ist eine normative ↑Ethik i. S. einer empirisch-rationalen Sozialpragmatik bzw. eines wissenschaftlichen Sozialeudämonismus. In den kontinentaleuropäischen Diskussionen oft als Nützlichkeitsmoral (Opportunismus), gelegentlich sogar als Wertnihilismus diskreditiert, ist der U. im anglo-amerikanischen Sprachraum seit dem Rechtstheoretiker und Sozialreformer Jeremy Bentham und dem Philosophen John Stuart Mill die bis weit ins 20. Jh. einflussreichste Position. Bei J. Bentham und der an ihm sich anschließenden Gruppe der „Philosophischen Radikalen" entfaltet der U. ein beeindruckendes Potential an Ideologie- und Gesellschaftskritik und wurde für eine Reihe von sozialen und politischen ↑Reformen mitverantwortlich. Heute stellt sich der U. weniger als eine homogene ethische Theorie denn als eine weit verzweigte Theoriefamilie dar. Gemeinsam ist den verschiedenen utilitaristischen Ansätzen, dass sie auf eine Verpflichtung für das Wohlergehen aller von einer normativen Regel Betroffenen Bezug nehmen.

Dieses Prinzip des größten Kollektivwohls setzt sich aus vier Teilprinzipien zusammen:

Der U. ist *erstens* eine teleologische Ethik, die die moralische Richtigkeit einer von persönlichen und politischen Handlungen (sog.er *Handlungs-U.*) oder Handlungsregeln (sog.er *Regel-U.*) nicht an ihnen selbst, sondern an ihren Folgen misst (Konsequenzen- oder Folgenprinzip). Gemessen werden die Folgen *zweitens* an ihrem ↑Nutzen für das in sich ↑Gute (Nutzen- oder Utilitätsprinzip). *Drittens* erfolgt die Bestimmung des in sich Guten zwar in gesonderten Überlegungen. Mit J. Bentham und J. S. Mill wird aber meistens ein Hedonismus vertreten, der den höchsten Wert in der Erfüllung der menschlichen ↑Bedürfnisse und ↑Interessen, dem ↑Glück *(positiver U.)*, oder in der Vermeidung von Schmerz und Leid *(negativer U.)* sieht. Dabei hat insb. J. Bentham angenommen, das Maximum an Lust bzw. Minimum an Unlust lasse sich mit Hilfe eines *hedonistischen Kalküls* berechnen. Mit ihm soll man laut J. Bentham die personale und v. a. die ↑politische Ethik bzw. die Rechtsethik und Staatsethik als eine Wissenschaft begründen können, in der auf der Grundlage von empirischen Kenntnissen über die Folgen einer Handlung und deren Bedeutung für das Wohlergehen der Betroffenen die moralisch richtige Praxis berechnet werde. Dieser Gedanke hat wesentlich zur Attraktivität des U. beigetragen, ging später in die Wohlfahrtsökonomie (↑Wohlfahrt) und Sozialwahltheorie ein. Die Schwierigkeiten des im Kalkül vorausgesetzten intrapersonalen und interpersonalen Lust- bzw. Nutzenvergleichs sind aber kaum überwindbar. – Gegen den bald erhobenen Vorwurf, der U. sei eine Ethik des Genussmenschen, vertrat J. S. Mill einen qualitativen Hedonismus, nach dem die „geistigen" (etwa aus wissenschaftlichen, künstlerischen und humanitären Tätigkeiten resultierenden) Freuden den „körperlichen Freuden" grundsätzlich überlegen seien.

Obwohl der U. vom natürlichen Interesse jedes Menschen am Glück ausgeht, besteht er nicht in einem ethischen Egoismus. Denn nach seinem *vierten* Definitionselement bemisst sich die moralische Richtigkeit nicht am eigenen Wohl, sondern an dem *aller* Betroffenen (Sozialprinzip). Zu den Betroffenen zählen z. B. in der internationalen Perspektive die armen Länder, weshalb der U. eine Weltwirtschaftsordnung für moralisch verwerflich hält, die das Wohlergehen der wirtschaftlich weniger entwickelten Länder nicht hinreichend befördert. Zu den Betroffenen gehören aber auch die künftigen Generationen, weshalb sich der U. sowohl gegen eine zu hohe ↑Staatsverschuldung wendet als auch gegen jene „nichtfinanziellen Schulden", die bei einer rücksichtslosen Ausnutzung der natürlichen Ressourcen die gegenwärtige Generation ihren Kindern und Kindeskindern aufbürdet. Nicht zuletzt berücksichtigt der U. bei den Betroffenen alle Lebewesen, die Freude und Schmerz empfinden können, verteidigt daher einen nicht nur anthropozentrischen Tierschutz (↑Tierethik).

### 2. Zur Beurteilung

Der U. ist ein „Kind" der europäischen ↑Aufklärung. Er wurde in einer Zeit politisch und philosophisch wirksam, in der einerseits die Auskünfte der Religion, der Metaphysik und der Tradition über moralische Verbindlichkeiten ihre allg.e Anerkennung verloren und man andererseits so optimistisch war, zu glauben, das Glück der Menschheit berechnen und herstellen zu können. In dieser Situation schlug der U. ein Moralprinzip vor, das ohne Rückgriff auf die fragwürdig gewordenen Autoritäten auskommt und das zugl. mit dem „natürlichen Interesse" des Menschen am Glück übereinstimmt. Darüber hinaus ist der U. einem humanitären Element verpflichtet, dem sittlichen Gehalt des Christentums, dem Gebot der Nächstenliebe.

Außer den technisch-praktischen Schwierigkeiten des hedonistischen Kalküls wirft der U. aber die Frage auf, wie sich die hedonistische Psychologie des U., die Orientierung am eigenen Glück, mit der Verpflichtung auf das allg.e Wohlergehen vereinbaren lasse. Vom moralischen Subjekt her gesehen, steht das Sozialprinzip mit dem hedonistischen Prinzip im Konflikt: Wird dem Sozialprinzip der Vorrang eingeräumt, so setzt der U. jene Überwindung des Selbstinteresses voraus, die nach Immanuel Kant nur als ↑Autonomie des Willens gedacht werden kann.

Während J. Benthams und J. S. Mills Rechtfertigung des U. unbefriedigend bleiben, versuchte Henry Sidgwick zu zeigen, dass der U. unseren aufgeklärten

Alltagsurteilen über ↑Moral zugrunde liegt. Allerdings gab gerade dieses methodische Kriterium, der moralischen *Common Sense*, zu mancherlei Kritik Anlass. Die traditionelle Ethik wirft dem U. vor, dass er moralische Probleme nur im Verhältnis des Menschen zu seinen Mitmenschen, aber nicht im Verhältnis zu sich selbst erkenne. Gegen diesen Vorwurf könnte sich der U. auf ein Moralbewusstsein der ↑Moderne berufen, dem ↑Pflichten gegen sich fremd sind. Gewichtiger ist der Einwand, dass im U. die moralischen Pflichten, deren Anerkennung die Menschen einander schulden, die sog.en Rechtspflichten, nicht von den darüber hinaus gehenden Tugendpflichten, z. B. dem Gebot, Notleidenden zu helfen, der ↑Solidarität, unterschieden werden. Weiterhin hat die vom U. inspirierte politische Bewegung der „Philosophischen Radikalen" im Großbritannien des 19. Jh. zwar eine Fülle gesellschaftlicher Reformen in Gang gesetzt. Aber diese Reformen lassen sich, theoretisch betrachtet, teilweise nur dadurch erklären, dass man zur Ergänzung und Korrektur des U. ein normatives Prinzip der ↑Gerechtigkeit annimmt, das der U. nicht begründet. Danach sind die positiven bzw. (unvermeidbaren) negativen Handlungsfolgen in fairer Weise auf alle Betroffenen zu verteilen; ferner kommen – gemäß der Idee der ↑Menschenrechte – jedem Einzelnen gewisse Grundansprüche zu, die auch nicht im Namen eines überwiegenden Kollektivwohls verletzt werden dürfen. Weil der U. am Problem der Gerechtigkeit scheitert, wird er mittlerweile von Moralphilosophen kaum noch vertreten.

### Literatur

O. Höffe (Hg.): Einführung in die utilitaristische Ethik. Klassische und zeitgenössische Texte, [5]2013 • O. Höffe: Ethik und Politik. Grundmodelle und -probleme der praktischen Philosophie, [7]2012 • G. Scarre: Utilitarianism, 1996 • D. Birnbacher: Verantwortung für zukünftige Generationen, 1988 • B. Gesang (Hg.): Gerechtigkeitsutilitarismus, 1988 • R. Trapp: „Nicht-klassischer" Utilitarismus. Eine Theorie der Gerechtigkeit, 1988 • R. G. Frey (Hg.): Utility and Rights, 1985 • R. M. Hare: Moralisches Denken. Seine Ebenen, seine Methoden, sein Witz, 1982 • A. Sen/B. Williams (Hg.): Utilitarianism and Beyond, 1982 • W. R. Köhler: Zur Geschichte und Struktur der utilitaristischen Ethik, 1979 • J. S. Mill: Der Utilitarismus, 1976 • O. Höffe: Strategien der Humanität. Zur Ethik öffentlicher Entscheidungsprozesse, 1975 • J. Rawls: Eine Theorie der Gerechtigkeit, 1975 • J. J. Smart/B. Williams: Utilitarianism for and Against, 1973 • H. Sidgwick: The Methods of Ethics, 1874.

OTFRIED HÖFFE

# Utopie

I. Philosophische Aspekte – II. Politikwissenschaftliche Perspektiven

## I. Philosophische Aspekte

U.n im Sinne idealer Gesellschafts- oder Staatsentwürfe hat es von Anfang an in der philosophischen Literatur gegeben, wenn auch das Wort U. erst seit Thomas Morus' Werk „Utopia" (1516) ein Terminus ethisch-praktisch-politischen Denkens geworden ist. Auch in der schönen Literatur finden sich zahllose utopische Romane, Reisebeschreibungen von fernen Inseln und entlegenen Orten, an denen gemeinschaftliche Lebensformen praktiziert werden, denen exemplarische Gültigkeit zugeschrieben wird. Die klassischen U.n sind i. d. R. Gesamtentwürfe für eine vollkommene, auf dem Prinzip der ↑Gerechtigkeit basierende Gesellschaftsordnung, die ein in kritischer Absicht entwickeltes Kontrastprogramm als Korrektiv zu bestehenden Verhältnissen abgeben soll.

Das Wort U., obwohl erst im 16. Jh. entstanden, setzt sich aus griechisch *oú* (nicht) und *tópos* (Ort) zusammen und bedeutet: kein Ort, nirgends. Die in den klassischen U.n geschilderte Sozietät hat somit keine empirisch angebbare Raum-Zeit-Stelle; sie existiert weder hier und jetzt noch in einer fernen Zukunft. Vielmehr ist U. ein normativer Begriff in ethisch-praktischer Absicht, durch den eine Lebensform gedacht wird, der Maßstabfunktion zukommt. Solche statischen U.n mit normativem Gewicht könnte man als vertikale U.n bezeichnen. Das Grundmodell aller vertikalen U.n, auf das sich die meisten klassischen Utopisten beziehen, findet sich in Platons „Staat" (6. und 7. Buch). Die im Höhlengleichnis beschriebene Aufstiegsbewegung hebt an bei der Praxis des Höhlenstaats und führt über verschiedene Zwischenstufen zur Idee des ↑Guten als Inbegriff von Normativität und Letztgrund alles unbedingt Gesollten. Diese Idee des Guten soll bei der Abstiegsbewegung mit Hilfe der Einbildungskraft utopisch „verleiblicht" werden, was bei Platon in einem Prozess zunehmender Verbildlichung bzw. Versinnlichung geschieht: Die Idee des Guten konkretisiert sich im Prinzip der Gerechtigkeit, dieses in der Grundfähigkeit der Seele, ihre drei Teile (Vernunft [↑Vernunft – Verstand], Besonnenheit, Mut) zu koordinieren. Das Seele-Modell wiederum objektiviert sich im Dreiständestaat (Archonten, Bauern/Handwerker, Krieger), in dem jeder das Seine tut. Damit die Philosophenkönige vernünftig regieren, wird Bestechlichkeit und Korruption dadurch vorgebeugt, dass sie kein Privateigentum besitzen dürfen. Damit die Bauern und Handwerker besonnen arbeiten, vertraut man ihnen Grund und Boden sowie Materialien und Geräte als ↑Eigentum an. Damit die Krieger tapfer kämpfen/verteidigen, lässt man sie in einer Frauen- und Kindergemeinschaft leben.

T. Morus entwickelte im Zuge seiner sozialkritischen Analyse der feudalen Verhältnisse im England des 16. Jh. das Konzept eines Idealstaats, in dem er die platonische Verwerfung des Privatbesitzes mit dem epikuräischen Lustprinzip als Garanten für soziale Gerechtigkeit und kollektives Glück verband.

Tommaso Campanella wiederholte in seiner U. „La citta del sol" (1602) die Struktur der platonischen Abstiegsbewegung unter christlichem Aspekt, indem er an die Stelle der Idee des Guten Gott setzt, der sich als dreieiniger in den Sinndimensionen ↑Macht, Weisheit und ↑Liebe realisiert. Analog steht an der Spitze des Sonnenstaats der „Sol" oder „Metaphysikus" genannte höchste Regent, der gemeinsam mit dem Triumvirat „Pon", „Sin" und „Mor" *(potentia, sapientia, amor)*, deren Amtsbereiche Kriegswesen, Bildungswesen und Gesundheitswesen sind, die Staatsgeschäfte leitet. Untergeordnete Behörden tragen die Namen von ↑Tugenden und repräsentieren eine Art personalisierten Moralkodex. Wie schon T. Morus sieht auch T. Campanella das Prinzip der Gerechtigkeit in einer kommunistischen Lebensform verwirklicht.

Im Unterschied zur vertikalen U., die als statische Orts-U. konzipiert ist, kann man die Zeit-U. als horizontale U. charakterisieren. Das platonische Modell einer auf- und absteigenden ↑Dialektik wird gewissermaßen im Uhrzeigersinn aus der Vertikalen in die Horizontale gedreht und das utopische Konstrukt aus dem „Nirgendwo" ins „Irgendwann" verlegt. Die horizontale U. ist als Zukunftsentwurf in erster Linie nicht mehr Maßstab, regulative Norm zur Beurteilung bestehender Verhältnisse, sondern Resultat eines gesellschaftlichen Entwicklungsprozesses, an dessen Ende die verwirklichte U. als Ziel steht. Entspr. bekommen die Überlegungen, die den Weg zur als Ziel vorgestellten U. betreffen, stärkeres Gewicht als in den klassischen vertikalen U.n, die von der Fiktion einer durch keine ↑Tradition und Konvention vorbelasteten Neugründung ausgehen. Die horizontalen U.n hingegen knüpfen an eine bestehende Gesellschaftsordnung an und suchen von dorther angemessene Mittel und Wege zur utopisch vorentworfenen besseren oder besten Staats- bzw. Lebensform. Vertikale U.n sind ungeschichtlich, horizontale U.n dagegen eminent geschichtlich (↑Geschichte, Geschichtsphilosophie). Zu den Geschichts-U.n s. a. ↑Reich Gottes.

Obwohl Karl Marx und Friedrich Engels ihr Modell einer klassenlosen Gesellschaft nicht als U. verstanden wissen wollten, gibt es doch das beste Beispiel für eine horizontale Zeit-U. ab. Ausgehend vom ↑Kapitalismus entwickeln sie über die Stufen des ↑Sozialismus und ↑Kommunismus die U. eines Reichs der Freiheit, indem sie in einer Fortschrittsdialektik (↑Fortschritt) den Weg als einen notwendigen Gang wissenschaftlich zu konstruieren versuchen. Jede Stufe treibt aufgrund der ihr immanenten Widersprüche die nächste aus sich heraus. Getragen durch die ↑Revolution des Proletariats wird die Entwicklung dahin führen, dass mit der Aufhebung des Privateigentums an den Produktionsmitteln und damit verbunden der Klassengegensätze schließlich der ↑Staat überflüssig und absterben wird. An seine Stelle tritt eine sich einvernehmlich organisierende Gemeinschaft freier Individuen.

Die marxistische U. hat von verschiedenen Seiten Kritik erfahren. Während Ernst Bloch im Reich der Freiheit eine metaphysische oder religiöse Dimension vermisst, die den von der ↑Arbeit entlasteten, neuen kreativen Menschen mit dem Sinn einer verwandelten Kirche erfüllen soll, konstatiert Leszek Kolakowski für die „utopische Anti-Utopie" (Kolakowski 1974: 9) von K. Marx einen Widerspruch: sie hebe den Unterschied zwischen normativem Anspruch und empirischer ↑Prognose auf. Außerdem ermangele sie einer ↑Ethik, die statt für eine auf Kosten der Menschlichkeit praktizierte perfekte Gesellschaftsordnung für eine vielleicht nicht vollkommene, aber doch erträgliche Lebensform plädiere. Hans Jonas wendet sich gegen das Projekt „Umbau des Sterns Erde" (Bloch 1918: 148) schlechthin und deklariert den Glauben, man könne das Reich der Freiheit von dem der Notwendigkeit abtrennen, als einen Irrtum. Es gelte, dem erbarmungslosen Optimismus der Utopisten eine barmherzige Skepsis, dem Prinzip ↑Hoffnung das Prinzip ↑Verantwortung entgegenzusetzen und anstatt von einem schlechthin Guten zu träumen die Ausbreitung des Bösen zu verhindern.

Eine bes. Form von kritischen Zeit-U.n stellen die negativen Anti-U.n oder Dystopien dar, die im Gegensatz zu allen Eutopien Schreckensvisionen einer schönen Hölle zeichnen, in denen die Vorstellung einer Gemeinschaft guter, autonom handelnder Menschen in die Endzeit-U. einer hochtechnisierten Gesellschaft verkehrt wird, deren Mitglieder ab ovo manipuliert sind und in ihren Interaktionen wie mechanisch gesteuerte Automaten reibungslos funktionieren. Bereits Francis Bacon entwarf in seiner unvollendet gebliebenen U. „Nova Atlantis" (1638) einen Staat, der von Ordensbrüdern regiert wird, die zugl. Wissenschaftler sind. Diese betrachten die ↑Natur als göttliches Machwerk, das sie zu entschlüsseln und durch menschliche Erfindergabe nachzuahmen streben. Die experimentelle Erforschung der Natur und die von einer erstaunlichen technischen Phantasie zeugenden Apparaturen dienen dem Lobe Gottes und verstehen sich als Wiederholung der göttlichen Schöpfung mit menschlichen Mitteln. F. Bacon erweist sich damit als Vorläufer der Science-Fiction-Literatur eines Cyrano de Bergerac („Histoire comique des états et empires de la lune" [1657]; „Histoire des états et empires du soleil" [1662]) und Jules Verne („De la terre à la lune" [1877]).

In den modernen Anti-U.n von Herbert George Wells („The Time Machine" [1895]), Jewgeni Iwanowitsch Samjatin („Nous autres" [1924]), Aldous Huxley („Brave new World" [1932]), George Orwell („Nineteen-Eighty-Four" [1949]) u. a. werden negative Tendenzen des 20. Jh. in die Zukunft extrapoliert, um das Zerrbild einer sittlich entgleisten Menschheit vorzuführen. Wenn die theoretische qua technisch-instrumentelle Vernunft den Vorrang über die praktische qua sittliche Vernunft erringt, besteht die Gefahr, dass die Maschine zum Vorbild einer konfliktfrei miteinander verkehrenden, gleichförmigen Einheitsgesellschaft wird. Das durch ↑Gentechniken, lebenslange Normierungsprozesse und Kontrollverfahren stabilisierte soziale Gleichgewicht und das mit Hilfe von Drogen und Lustmaschinen künstlich herbeigeführte größte ↑Glück der größten Zahl sind erkauft durch den Verlust jedweden Privatbereichs, der den Nährboden von Kreativität und Individualität bildet. Die Menschen werden zu Nummern, die beliebig austauschbar sind. Der Preis des Glücks ist die ↑Freiheit. Die Botschaft der Anti-U.n besteht darin, dass man all das Leid, das aus unkontrollierter Willkürfreiheit und menschlicher ↑Gewalt entsteht, zwar durch Züchtung gehorsamer menschlicher Herdentiere, die wie Marionetten funktionieren, vermeiden kann, dass jedoch ein durch die Aufhebung von Freiheit hergestelltes systemkonformes Handeln Ergebnis einer viel schlimmeren Gewalttätigkeit ist, durch die die sittliche Natur des Vernunftwesens Mensch und damit seine ↑Humanität vernichtet werden.

Die mit dem Übergang ins 21. Jh. erfolgte digitale Wende, verbunden mit der Fokussierung auf KI, hat zwei neue Typen utopischen Denkens hervorgebracht, die mit positiven und negativen Zukunftsszenarien operieren. Während im ↑Transhumanismus das Ideal eines durch Selbstoptimierung *(enhancement)* physisch, neuronal und hinsichtlich seiner Wertvorstellungen verbesserten Menschen propagiert wird, warnen die Spezialisten in Folgenabschätzungskommissionen vor der Gefahr eines Super-GAU, der die Menschheit ausrotten könnte.

### Literatur

D. Fenner: Selbstoptimierung und Enhancement, 2019 • S. L. Sorgner: Transhumanismus. „Die gefährlichste Idee der Welt!?", 2016 • J. Broome: Climate Matters. Ethics in a Warming World, 2012 • U. Beck: Weltrisikogesellschaft. Auf der Suche nach der verlorenen Sicherheit, 2007 • R. Martinsen (Hg.): Politik und Biotechnologie. Die Zumutung der Zukunft, 1997 • M. Buber: Pfade in Utopia, [3]1985 • H. Gnüg: Der utopische Roman, 1983 • L. H. Silbermann/H. Fries: Utopie und Hoffnung, in: CGG, Bd. 23, 1982, 55–86 (Lit.) • W. Voßkamp (Hg.): Utopieforschung, 3 Bde., 1982–85 • W. Erzgräber: Utopie und Anti-Utopie, 1980 • H. Jonas: Kritik der Utopie und die Ethik der Verantwortung, 1979 • F. E. Manuel/F. P. Manuel: Utopian Thought in the Western World, 1979 • R. Spaemann: Zur Kritik der politischen Utopie, 1977 • R. Grimm/J. Hermand (Hg.): Deutsches utopisches Denken im 20. Jahrhundert, 1974 • L. Kolakowski: Marxismus – Utopie und Anti-Utopie, 1974 • O. Rühle: Baupläne für eine neue Gesellschaft, 1971 • J. Servier: Der Traum von der großen Harmonie. Eine Geschichte der Utopie, 1971 • F. E. Manuel (Hg.): Wunschtraum und Experiment. Vom Nutzen und Nachteil utopischen Denkens, 1970 • W. Kamlah: Utopie, Eschatologie, Geschichtsteleologie, 1969 • E. Jäckel: Utopia und Utopie. Zum Ursprung eines Begriffs, in: GWU 7 (1956), 655–667 • E. Bloch: Geist der Utopie, 1918 • K. Marx/F. Engels: Die Entwicklung des Sozialismus von der Utopie zur Wissenschaft, 1880.

ANNEMARIE PIEPER

## II. Politikwissenschaftliche Perspektiven

### 1. Definition und Prototyp

U. ist der Entwurf einer alternativen Gesellschaftsfiktion, die die bestehende Ordnung in kritischer Absicht kontrastiert. Der Begriff geht zurück auf Thomas Morus, der durch einen fingierten Reiseberichterstatter in „De optimo reipublicae statu deque nova insula Utopia" (1516) das Leben eines imaginären Volkes auf der Insel „Utopia" beschreibt. Das Kunstwort ist zusammengesetzt aus den beiden griechischen Vokabeln *oú* (nicht) und *tópos* (Ort) und verweist damit auf Nichtexistenz, auf ein literarisches „Nirgendwo". Im Anschluss an T. Morus wäre die Gleichsetzung von U. mit einer schlichten Idealstaatskonstruktion jedoch ein Missverständnis. Die Vielschichtigkeit des Textes und sein spielerisch-intellektueller Charakter lassen das Gesellschaftsporträt vielmehr als Reflexionsfläche und Diskursfolie erscheinen, eine Qualität, die auch vielen späteren Entwürfen zu eigen ist. Unerreicht aber blieb die raffinierte, interpretationsbedürftige Ambivalenz von T. Morus' „Utopia": Das Lob vermeintlich vorbildlicher Einrichtungen und Sitten erweist sich immer wieder als vergiftet, als heiter-absurde Überzeichnung oder sogar warnend-dystopische Intention. Kennzeichnend ist neben einer harten sozialkritischen Analyse insb. ein soziales Gedankenexperiment, das die Vernunft (↑Vernunft – Verstand) – schwankend zwischen Ernst und Ironie – als Staatsprinzip erprobt. In seiner Grundstruktur, bestehend aus Sozialkritik und alternativer Gesellschaftsfiktion, ist das Werk aber zweifellos prototypisch für die gesamte Denktradition.

### 2. Utopiegeschichte

In historischer Perspektive durchlebte das Genre zahlreiche Veränderungen und Wandlungen. Während sich in Antike und Mittelalter bereits Vorläuferformen und verwandte Ansätze finden lassen (z. B. Platons „Politeia", Iambulos „Sonneninseln", Joachim von Fiores „Drittes Zeitalter des Heiligen Geistes"), die T. Morus teilweise aufgreift, die sich aber zumeist nur eingeschränkt als U.n werten lassen, dominierten in Renaissance und früher ↑Neuzeit schließlich Insel- und Reise-U.n und prägten damit maßgeblich das klassische Profil der Gattung (Tommaso Campanella [1996], Johann Valentin Andreae [1975], Francis Bacon [1996], François Fénelon [1984], Denis Veiras [1990]). Dieses Muster wurde spätestens im ausgehenden 18. Jh., mit Louis-Sébastien Merciers „L'an 2440" (1771) von Zeit-U.n abgelöst, die die alternative Gesellschaft fast ausschließlich in die Zukunft projizierten (z.B. Edward Bellamy [1983], William Morris [1974]). Im 19. Jh. überlagerten Fortschrittsdenken (↑Fortschritt), Geschichtsphilosophie (↑Geschichte, Geschichtsphilosophie), die Auswirkungen der industriellen Revolution (↑Industrialisierung, Industrielle Revolution) und das Aufkommen der sozialistischen Bewegungen (↑Sozialismus) das U.-Profil. Neben programmatisch-utopischen beherrschten verstärkt auf Realisierung und Vorbildfunktion gerichtete Intentionen die Traditionsgeschichte. Mit Beginn des 20. Jh. emanzipierte sich die U. von diesen Konvergenzen. Eine einschneidende Neuerung ging mit den sog.en Dystopien einher. Autoren wie Jewgeni Iwanowitsch Samjatin (1982), Aldous Huxley (1988) oder George Orwell (1976) skizzierten keine positiv konnotierten Gesellschaftsmodelle mehr, sondern Szenarien der Unterdrückung und Überwachung. Die Entwürfe dienten einerseits der Warnung vor totalitären Entwicklungen in Politik und Gesellschaft (↑Totalitarismus), waren andererseits aber auch gleichbedeutend mit einer Art Selbstkorrektur und -kritik des Genres. In der zweiten Hälfte des 20. Jh. pluralisierte sich die Tradition weiter, eine Entwicklung, die bis heute anhält. Neben der Reaktion auf neuartige Herausforderungen (↑Ökologie, globale Ungerechtigkeit, Frauendiskriminierung, ↑Transhumanismus, Selbstoptimierung [*enhancement*]) dominiert eine verstärkte Integration positiver und negativer Szenarien, Raum- und Zeitprojektionen sowie liberaler und autoritärer Modelle, oftmals in kritisch-reflexiver Distanz zu den jeweiligen Entwürfen selbst.

### 3. Begriffsfelder

In Umgangssprache und öffentlichem Diskurs war das Wort in Gestalt feuilletonistischer oder schlagwortartiger Form neben positiver und wertneutraler Konnotation bereits seit dem 19. Jh. auch als politischer Kampfbegriff zur Diffamierung gegnerischer Positionen („irreale Zielvorstellung", „Wolkenkuckucksheim") in Gebrauch. In der jüngeren U.-Forschung existieren insb. drei paradigmatische Begriffe: Ausgehend vom inzwischen als unglücklich empfundenen Begriff „Staatsroman" (Mohl 1960) begründeten um 1900 zunächst Vertreter eines eng umgrenzten Begriffs der literarischen Gattung die Tradition der frühen U.-Forschung und rekurrierten dabei primär auf die kanonisch-literarischen Texte (Friedrich Kleinwächter [1891], Arthur von Kirchenheim [1892]). Zum Zweiten etablierte sich der Begriff in einem sozialtransformatorischen und deutlich umfassenderen Verständnis sowohl als ideologieverwandte Denkhaltung (Karl Mannheim [1998]) als auch als anthropologisch-ontologisches Prinzip (Ernst Bloch [1959]). Drittens tauchte er im Kontext totalitarismustheoretischer Verkürzungen (Karl Raimund Popper [1992], Joachim Fest [1991]) auch als polemische Kategorie auf. Insb. die Implosion der realsozialsozialistischen Diktaturen um 1989/90 wurde dabei häufig mit der These vom „Ende des utopischen Zeitalters" (Fest 1991) gleichgesetzt. Doch die als Nachrufe angelegten Analysen ruhten weitgehend auf einem Missverständnis fast aller Kennmerkmale der U. und haben sich in Diagnose wie Prognostik als ebenso unhistorisch wie überholt erwiesen.

Als praktikabelster Begriff der U.-Forschung kristallisierte sich indes der sog.e „klassische Utopiebegriff" (Saage 2014: 305) heraus, der primär an die frühe Forschungstradition anknüpft. Er hält einerseits an klaren Charakteristika (kritische Intention, Diesseitsorientierung, soziales Gegenbild) fest und erlaubt so Abgrenzungen gegenüber anderen Formen wie Science-Fiction, Sozialprognostik, Futurismus, Chiliasmus, Eschatologie, politischer Programmatik, Fürstenspiegel, ↑Mythen, Schlaraffenlandidyllen oder Robinsonaden. Andererseits ermöglicht er eine offene Analyse und Diagnose von Kontinuität und Wandel sowie von Konvergenzphänomen und historischen Profilveränderungen der Denktradition.

### 4. Ausblick

Ihre größte Existenzberechtigung dürfte die U. auch in Zukunft in Gestalt eines sozialen Möglichkeitsdenkens besitzen, das auf kritische Entwicklungen in Politik, Gesellschaft und Ökonomie reagiert und i.S. eines geistig-experimentellen Mediums das Denken für alternative Antworten offenhalten und für mögliche Problemlösungen sensibilisieren kann.

### Literatur

Werke:

F. Bacon: Neu-Atlantis, in: K. J. Heinisch (Hg): Der utopische Staat, 1996, 171–215 • T. Campanella: Sonnenstaat, in: ebd., 111–169 • T. Morus: Utopia, in: ebd., 9–110 • M. Piercy: Frau am Abgrund der Zeit, 1996 • D. Veiras: Eine Historie der Neu-gefundenen Völcker Sevarambes genannt, 1990 • L.-S. Mercier: Das Jahr 2440, 1989 • A. Huxley: Schöne neue Welt, 1988 • F. Fénelon: Die Abenteuer des Telemach, 1984 • E. Bellamy: Ein Rückblick aus dem Jahre 2000 auf 1887, 1983 • J. Samjatin: Wir, 1982 • E. Callenbach: Ökotopia, 1978 • G. Orwell: 1984, 1976 • J. V. Andreae: Christianopolis, 1975 • W. Morris: Kunde von Nirgendwo, 1974.

Literatur:

T. Schölderle: Geschichte der Utopie, $^{2}$2017 • R. Saage: Nachwort – Zum analytischen Potenzial des klassischen Utopiebegriffs, in: ders. (Hg.): Idealstaat oder Gedankenexperiment?, 2014, 305–315 • Ders.: Utopia und Utopie, 2011 • R. Saage: Utopische Profile, 4 Bde., 2001–03 • K. Mannheim: Ideologie und Utopie, $^{8}$1995 • K. R. Popper: Die offene Gesellschaft, 2 Bde., $^{7}$1992 • J. Fest: Der zerstörte Traum. Vom Ende des utopischen Zeitalters, $^{5}$1991 • R. von Mohl: Die Staatsromane, in: ders. (Hg.): Die Geschichte und Literatur der Staatswissenschaft, Bd. 1, 1960, 167–214 • E. Bloch: Das Prinzip Hoffnung, 2 Bde., 1959 • A. von Kirchenheim: Schlaraffia politica, 1892 • F. Kleinwächter: Die Staatsromane, 1891.

THOMAS SCHÖLDERLE

# V

## Vatikanstadt

Mit der Besetzung Roms durch italienische Truppen am 20.9.1870 war der Kirchenstaat untergegangen. Davon blieben zwar sowohl der völkerrechtliche Status des ↑Heiligen Stuhl wie auch faktisch die Hoheit des Papstes über den Vatikan (welche Italien einseitig durch das Garantiegesetz von 1871 zu respektieren versprach) unberührt, gleichwohl verfügte der Hl. Stuhl nicht mehr über eine souveräne territoriale Basis für seine Sendung. Diese sog.e „römische Frage" wurde erst durch den Lateranvertrag vom 11.2.1929 gelöst.

### 1. Entstehung durch Lateranvertrag

Mit dem Lateranvertrag im engeren Sinne (wird hingegen im weiteren Sinne die Pluralform verwendet, sollen auch das gleichzeitig abgeschlossene ↑Konkordat sowie ein Finanzabkommen einbezogen werden) bezweckten die Vertragspartner – der Hl. Stuhl und Italien – eine „endgültige Regelung ihrer gegenseitigen Beziehungen vorzunehmen" und „dem Heiligen Stuhl eine dauernde tatsächliche und rechtliche Lage" zu verbürgen, die „ihm Gewähr für die völlige Unabhängigkeit bei der Erfüllung seiner hohen Aufgabe in der Welt bietet". Zu diesem Zweck – „Sicherstellung völliger und sichtbarer Unabhängigkeit" – wurde dem Hl. Stuhl „eine unstreitige Souveränität auch auf internationalem Gebiet" (Präambel) verbürgt und zu diesem Zweck die V. (bzw. „Vatikanstaat"/„Stato della Città del Vaticano") „geschaffen" (Art. 3 Abs. 1). Aus dieser Formulierung wird deutlich, dass die V. nicht etwa den Kirchenstaat von 1870 fortsetzt (dieser ist vielmehr durch Debellation untergegangen), sondern konstitutiv neu errichtet wurde (die entspr.en italienischen Verben lauten *costituire* und *creare*). Beide Parteien erklärten die sog.e „römische Frage" für „endgültig und unwiderruflich (...) beigelegt" (Art. 26 Abs. 1).

Italien erkennt das „volle Eigentum sowie die ausschließliche, uneingeschränkte souveräne Gewalt und Jurisdiktion des Heiligen Stuhles über den Vatikan" an (Präambel), spezifiziert durch die Wendung „wie er gegenwärtig besteht" (Art. 3 Abs. 1). Daneben wird dem Hl. Stuhl das volle Eigentum an namentlich aufgeführten Immobilien (Patriarchalbasiliken San Giovanni in Laterano, Santa Maria Maggiore, San Paolo fuori le Mura, die Ville Pontificie in Castel Gandolfo sowie verschiedene Paläste in Rom) zugesichert. Zwar bleiben diese italienisches Staatsgebiet, erhalten aber die vom Völkerrecht für die diplomatischen Vertretungen auswärtiger Staaten anerkannten Privilegien (Art. 13–15). Der Hl. Stuhl hält im Regelfall den Petersplatz (der freilich der Polizeigewalt Italiens untersteht) sowie die „in der Vatikanstadt und im Lateranpalast befindlichen Schätze der Kunst und Wissenschaft" für die Öffentlichkeit zugänglich (Art. 3 Abs. 2, Art. 18). Italien gewährleistet den Anschluss der V. an die notwendige Infrastruktur (Art. 6) und verbürgt den störungsfreien Ablauf von Konklave und ↑Konzil (Art. 21).

### 2. Die Vatikanstadt als Staat und sein Verhältnis zum Hl. Stuhl

Der Charakter der V. als ↑Staat (dementsprechend auch als Subjekt des ↑Völkerrechts) ist in der Staatspraxis einhellig, im wissenschaftlichen Schrifttum ganz überwiegend anerkannt. Sie erfüllt die Anforderungen der staats- wie völkerrechtlich bedeutsamen Drei-Elemente-Lehre:

*a)* das ↑*Staatsgebiet* wird durch das 44 ha große Gebiet des von Mauern umfassten Vatikanischen Hügels sowie der Petersbasilika und des Petersplatzes umschrieben,

*b)* das ↑*Staatsvolk* besteht (Stand: 1.2.2019) aus den gut 600 Inhabern der vatikanischen Staatsbürgerschaft (nach dem Gesetz Nr. CXXXI über Bürgerrecht, Aufenthalt und Zugang vom 22.2.2011 steht sie von Rechts wegen den in der V. oder in Rom residierenden ↑Kardinälen, den Diplomaten des Hl. Stuhls sowie denjenigen zu, die aufgrund ihres ↑Amtes oder ihrer Aufgaben zum Aufenthalt in der V. verpflichtet sind; es handelt sich demnach um eine „funktionelle" Staatsbürgerschaft, welche an die aktuelle Wahrnehmung einer Aufgabe zugunsten des Hl. Stuhls gebunden ist),

*c)* die *Staatsgewalt* wird vom Papst als Oberhaupt der V. ausgeübt und findet ihre nähere Regelung im „Grundgesetz des Vatikanstaates" vom 26.11.2000.

Staatstheoretisch gesehen ist die V. ein „atypischer" Staat: Ihre *raison d'être* besteht nicht um ihrer selbst (oder ihrer Bürger) willen, sondern sie steht im Dienst eines anderen (Völker-)Rechtssubjekts, des Hl. Stuhls. Sie ergänzt für diesen jene Elemente der „völligen und sichtbaren Unabhängigkeit" (Präambel Lateranvertrag), an denen es ihm selbst mangelt, derer er aber doch zur Erfüllung seiner Sendung bedarf. Diese strikt institutionelle Zweckbestimmung der V. ist Grundlage wie Bedingung ihrer Existenz; diese steht und fällt mit der Ausübung der ↑Souveränität und Jurisdiktion des Hl. Stuhls über sie.

Kraft ihrer Völkerrechtssubjektivität nehmen sowohl Hl. Stuhl wie V. am völkerrechtlichen Verkehr teil. Wer konkret in Erscheinung tritt, bemisst sich nach der in Rede stehenden Materie: Besteht ein überwiegender Bezug zum geistlichen Heilsauftrag der Kirche, handelt der Hl. Stuhl, sind staatlich-gebietsbezogene Vorgänge betroffen, hingegen die V. So ist diese Mitglied im *Weltpostverein* oder im *Internationalen Fernmeldeverein*. Die V. ist Signatarstaat des Fernmeldevertrags von 1973 und hat 2010 eine Währungsvereinbarung mit der ↑EU zur Einführung des Euro abgeschlossen.

### 3. Innere Ordnung der Vatikanstadt

Seit Anbeginn verfügt die V. über ein „Grundgesetz" (lex fundamentalis). Die aktuell geltende Version datiert aus dem Jahr 2000. Die Rolle des ↑Papstes entspricht derjenigen, die er kraft seines Jurisdiktionsprimats in der Kirche ausübt: Ihm steht die Fülle der gesetzgebenden, ausführenden und richterlichen Gewalt zu (Art. 1 Abs. 1), er vertritt die V. nach außen (Art. 2). Auch wenn er jederzeit seine Gewalt selbst ausüben oder sie anderen Instanzen übertragen kann (Art. 3 Abs. 1, Art. 16), werden die Staatsfunktionen im Regelfall von bes.n Organen wahrgenommen:

*a)* die *gesetzgebende Gewalt* (Art. 3 und 4) durch die *Päpstliche Kommission für den Staat der V.* unter Leitung eines Kardinalpräsidenten;

*b)* die *ausführende Gewalt* (Art. 5–14) durch den Kardinalpräsidenten als „Präsident des Governatorats", der vom Generalsekretär und Vizegeneralsekretär unterstützt wird, wobei nach Art. 6 „in wichtigeren Fällen" das Einvernehmen mit dem Staatssekretariat herzustellen ist (Einzelheiten zu Behördenaufbau, Zuständigkeiten und Verfahrensabläufen s. Gesetz Nr. CCLXXIV über die Regierung des Vatikanstaates vom 25.11.2018);

*c)* die *richterliche Gewalt* (Art. 15–20) wird in Zivil- und Strafsachen von den spezialgesetzlich (Gesetz Nr. CXIX vom 21.11.1987 sowie Gesetz Nr. LCVII vom 24.6.2008) bestellten Organen (Einzelrichter/Kollegium in erster, Appellationsgerichtshof in zweiter, Kassationsgerichtshof in dritter Instanz) ausgeübt, während für Verwaltungsstreitigkeiten nur die Möglichkeit einer Verwaltungsbeschwerde besteht (Art. 17), und Arbeitsrechtsstreitigkeiten in die Kompetenz des Zentralen Arbeitsbüros des Apostolischen Stuhls fallen (Art. 18).

Das geltende materielle Recht in der V. ergibt sich aus dem Gesetz Nr. LXXI über die Rechtsquellen vom 1.10.2008. Nach dessen Art. 1 ist das kanonische Recht (↑Kirchenrecht) die „erste Rechtsquelle" (Abs. 1), wohingegen das vatikanische Grundgesetz sowie die sonstigen vatikanischen Gesetze „Hauptquellen des Rechts" darstellen (Abs. 2–3). Außerdem sind die Bestimmungen des allg.en internationalen Rechts sowie das vom Hl. Stuhl gezeichnete Vertragsrecht zu berücksichtigen (Abs. 4). Ergänzend dazu findet die jeweils geltende italienische Gesetzgebung Anwendung (Art. 3, zum spezifischen ordre public-Vorbehalt der kirchlichen und vatikanischen Rechtsordnung: Abs. 2), namentlich im Zivil-, Straf-, Verfahrens- und Verwaltungsrecht.

#### Literatur

G. Dalla Torre: Lezioni di diritto vaticano, 2018 • N. Witsch: Der Vatikanstaat, in: HdbKathKR [3]2015, 538–542 • F. Germelmann: Heiliger Stuhl und Vatikanstaat in der internationalen Gemeinschaft, in: AVR 47/2 (2009), 147–186 • R. Haule: Der Heilige Stuhl/Vatikanstaat im Völkerrecht, 2006 • W.-D. Barz: Habemus legem fundamentalem!, Das neue vatikanische Grundgesetz, in: JöR 52 (2004), 505–512 • H. F. Köck: Die völkerrechtliche Stellung des Heiligen Stuhls, 1975, 148–165.

STEFAN MÜCKL

## Verantwortung

I. Philosophisch – II. Sozialethisch

### I. Philosophisch

Versteht man die V. als ein mehrstufiges Phänomen, so verliert der Ausdruck, der erst in neuerer Zeit philosophisch bedeutsam geworden ist, an Unschärfe und Vieldeutigkeit. Zu unterscheiden ist:

*a)* Es gibt die (Primär-)V., „die jemand trägt", dabei erstens als spezifische *Aufgaben-V.* die Zuständigkeit für bestimmte ↑soziale Rollen, Funktionen und ↑Ämter und zweitens als generelle *Handlungs-V.* die Zuständigkeit für die Folgen und Nebenfolgen des eigenen Tun und Lassens.

*b)* Die (Sekundär-)V., „zu der man gezogen wird". Diese *Rechenschafts-V.* führt ein Moment der Anschuldigung, zumindest der Verdächtigung mit sich, Zuständigkeiten seien vernachlässigt.

*c)* Bewahrheitet sich die Anschuldigung, so wird man erneut zur V. „gezogen": Diese Tertiär-V., die *Haftung* für Verfehlungen oder Vernachlässigungen, auch für das Verursachen von Gefahrenquellen, besteht in Schadenersatz und Wiedergutmachung, evtl. auch ↑Strafe.

Die der Rechenschafts-V. und der Haftung vorgeordnete Aufgaben-V. und Handlungs-V. bestehen in einer vielstelligen Beziehung: der Zuständigkeit

*a) von* ↑Personen

*b) für* übernommene Aufgaben bzw. für das eigene Tun und Lassen, auch für Charaktereigenschaften

*c) vor* einer Instanz, die Rechenschaft fordert: z.B. vor einem Gericht, vor den Mitmenschen, auch vor dem Gewissen (↑Gewissen, Gewissensfreiheit) oder vor Gott,

*d) nach Maßgabe* gewisser Kriterien.

Nur einfache Aufgaben lassen sich vorweg und in einem simplen Pflichtenheft festlegen, so dass Gewissenhaftigkeit ausreicht. Die Aufgaben der sog.en V.s-Träger (z.B. Eltern, Politiker, ↑Unternehmer, ↑Intellektuelle) sind strukturell komplexer: weder wohldefiniert noch von Spannungen, vielleicht sogar Widersprüchen frei, zudem mit schwer einschätzbaren Wagnissen behaftet. Deshalb braucht es zusätzlich eine Sensibilität für neu entstehende Aufgaben und eine höherstufige Urteilsfähigkeit.

Aufgrund seiner Fähigkeit zur V. wird der Mensch zum Rechtssubjekt bzw. moralischen (auch religiösen) ↑Subjekt, das für sein Handeln (↑Handeln, Handlung) und dessen Folgen einzustehen hat und im Bereich des

Rechts Strafen oder Belohnungen, des Sozialen Lob oder Tadel, moralisch gesehen aber ↑Achtung oder Verachtung verdient. – Die *rechtliche* V. betrifft Verpflichtungen aus Aufgaben und Ämtern, die man übernommen hat, oder das Einhalten der allg.en Gebote und Verbote des ↑Rechts. Ihre subjektive Bedingung der Möglichkeit ist, dass man über *Zurechnungsfähigkeit* verfügt, insofern man aus eigenem Antrieb und in einem Überschauen der Situation und der Handlungsfolgen, also freiwillig und bewusst handeln kann, was durch (psychische, auch genetische) Vorgaben, frühkindliche Erziehungsprozesse (↑Erziehung) beeinflusst, aber nicht determiniert wird. Zurechnungsfähigkeit impliziert nicht, dass man frei von äußeren oder inneren Einflüssen ist. Im Einzelfall können bes. Gründe, die schon Aristoteles erörtert hat, von V. teilweise oder vollständig entlasten, z. B. Zwang, Nötigung, Irrtum, Geisteskrankheit. Für den Psychologen und Juristen ist die Grenze zwischen Verantwortlichkeit und Nichtverantwortlichkeit oft schwierig zu ziehen.

Einen genuin moralischen Rang hat das Übernehmen von V., sofern es nicht erst aufgrund zu erwartender Belohnungen und Strafen, sondern schon deshalb geschieht, weil man sich als für Mitmenschen, die natürliche, soziale, kulturelle und politische Welt und sich selbst verantwortlich erkennt und sich gemäß dieser V. als Person einsetzt. Die moralische V. betrifft auch die Welt (der ↑Familie, des Arbeitsplatzes, der ↑Politik), in der man lebt, ohne hier formelle Zuständigkeiten übernommen zu haben. Denn die Lebensverhältnisse des Menschen sind mindestens z. T. erst durch gemeinsame Arbeit und wechselseitiges Verhalten so geworden, wie sie sind, und sind durch deren Veränderung beeinflussbar. – Die *V.s-Ethik*, die Max Weber zum Beruf der Politik rechnet und, nicht ganz sachgerecht, in kontradiktorischen Gegensatz zur Gesinnungsethik stellt, fordert, nicht einfach hohen Geboten zu folgen, vielmehr in erster Linie auf die voraussehbaren Folgen der Handlungen zu achten und für sie aufzukommen.

### Literatur

M. Mahlmann: Rechtsphilosophie und Rechtstheorie, [5]2019 • J. Bischoff: Willensfreiheit und strafrechtliche Schuld, 2017 • L. Heidbrink/C. Langbehn/J. Loh (Hg.): Hdb. Verantwortung, 2017 • J. M. Fischer: Freiheit, Verantwortlichkeit und das Ende des Lebens, 2015 • G. Roth/S. Hubig/H. G. Bamberger: Schuld und Strafe, 2012 • O. Höffe: Lebenskunst und Moral, 2007 • Aristoteles: Nikomachische Ethik, 2003 • O. Höffe: Moral als Preis der Moderne, [4]2000 • A. E. Auhagen: Die Realität der Verantwortung, 1999 • W. Vögele (Hg.): Verantwortung, Schuld, Vergebung, 1999 • W. Wieland: Verantwortung – Prinzip der Ethik?, 1999 • K. Bayertz (Hg.): Verantwortung. Prinzip oder Problem?, 1995 • M. Weber: Politik als Beruf, in: ders. (Hg.): Gesammelte Politische Schriften, [5]1988, 505–560 • H. Jonas: Das Prinzip Verantwortung, 1979 • R. Ginters (Hg.): Freiheit und Verantwortlichkeit, 1977 • E. H. Erikson: Einsicht und Verantwortung, 1971 • R. Ingarden: Über die Verantwortung, 1970 • H. L. A. Hart: Punishment and Responsibility, 1968 • K. Engisch: Die Lehre von der Willensfreiheit in der strafrechtsphilosophischen Doktrin der Gegenwart, [2]1965.

OTFRIED HÖFFE

## II. Sozialethisch

V. ist „eine Schlüsselkategorie unseres gegenwärtigen Selbstverständnisses" (Kaufmann 1992: 11), das nach dem Verlust geteilter Sinn- und Wertvorstellungen im Ruf nach V. Halt sucht. Vor diesem Hintergrund hat der Begriff V. eine dynamische Konjunktur entfaltet. Dabei ist eine dreifache Entgrenzung des V.s-Diskurses zu beobachent: räumlich durch die Intensivierung globaler Interaktionszusammenhänge; intergenerationell durch die Eingriffstiefe in ökologische Wirkungszusammenhänge; risikoethisch durch technisches Können, das zuvor Schicksalhaftes in Entscheidbares verwandelt. Diese dreifache Erweiterung mündet unter den gegenwärtigen Bedingungen von ↑Politik, ↑Wirtschaft, ↑Wissenschaft und ↑Gesellschaft in eine „deklamatorische Verantwortungsüberlastung" (Lübbe 1994: 299).

Ein zweiter Grund für die Konjunktur der V. in spätmoderner Gesellschaft ist ihre methodische Anwendbarkeit auf komplexe Handlungssitutionen. In diesem Sinne wurde der Begriff *V.s-Ethik* bereits 1919 von Max Weber geprägt zur Charakterisierung der bes.n ethischen Herausforderungen des Politikers, die er pointiert gegen eine sich den Sachzwängen der Realität verweigernde Gesinnungsethik abgrenzt.Von daher lässt sich V. definieren als „ethische Grundhaltung, die in Kauf zu nehmenden Übeln, Zumutungen und Widerständen bei der Durchsetzung sittlich geforderter Ziele […] nüchtern, realitätsnah, umsichtig, zupackend und kalkuliert Rechnung trägt" (Korff 2001: 600). Die bes. Relevanz dieses Ansatzes für die ethischen Problemstellungen der Gegenwart besteht darin, dass er auch solche Nebenwirkungen menschlichen Handelns (↑Handeln, Handlung) einbezieht, die nur begrenzt intentional zurechenbar sind.

Anwendungsorientierte ↑Ethik konzentriert sich auf Entscheidungskriterien als „Handwerkszeug" der verantwortlichen Konfliktbewältigung. Dies bedarf jedoch einer differenzierenden Analyse, in welchen Kontexten konsequenzialistische, also auf die Handlungsfolgen bezogene Bewertungsmethoden der Güterabwägung (↑Abwägung) ethisch vertretbar sind und wo andere, eher prinzipien- oder geboteorientierte Evaluationsverfahren (↑Evaluation) angemessen scheinen. So darf z. B. der für die Erhaltung von Sachwerten angemessene Grundsatz des kleineren Übels nicht auf Entscheidungen, die das ↑Leben und die Würde von Menschen (↑Menschenwürde) betreffen, angewendet werden. Handlungsmittel, die mit Übeln verbunden sind (z. B. eine unangenehme Medizin), dürfen nur dann verwendet werden, wenn das Übel zur Erreichung des Zieles unvermeidlich und verhältnismäßig (↑Verhältnismäßigkeit) ist und das Übel, das durch das Handeln vermieden oder verhindert werden soll, größer ist als das in Kauf genommene. Eine Ethik, die sich den unaufhebbaren Konflikten der Realität stellt, braucht Verfahren einer auf die Handlungskonsequenzen bezogenen Güterabwägung und des ↑Kompromisses. Güterabwägungen brauchen aber immer einen Wert, der den ↑Nutzen allererst definiert, auf den hin Güter bewertet und gegeneinander abgewogen werden können.

Der Begriff „V." erschließt Zugänge zu einem existentiellen Verständnis dessen, was Ethik ist: Sie meint nicht einfach die deduktive Anwendung von ↑Normen und Prinzipien in geschlossenen Theoriemodellen. Eine Ethik der V. äußert sich responsorisch als Antwort-Geben auf die Herausforderungen des Zusammenlebens in der jeweiligen Situation. Sie ist aufmerksame Sorgfalt im Umgang mit komplexen technischen und gesellschaftlichen Herausforderungen. V. ist ein Akt der ↑Freiheit und äußert sich in der Bereitschaft, sich und anderen für das eigene Handeln Rechenschaft zu geben.

Dabei gibt es unterschiedliche Arten der primären Verantwortung, die wechselseitig respektiert, toleriert, abgegrenzt und einander zugeordnet werden müssen. Politische ↑Entscheidungen, die mit großen prognostischen Unsicherheiten (↑Prognose) sowie ungleichmäßigen Risikoverteilungen (↑Risiko) verbunden sind, bedürfen demokratischer Rechtfertigung durch Transparenz der Verfahren, Ermöglichung von ↑Partizipation und Zustimmung der primär Betroffenen. Welches Maß an Transparenz, Partizipation und Zustimmung jeweils nötig ist, muss gesellschaftlich ausgehandelt werden.

### Literatur

A. Seibert-Flohr (Hg.): Entgrenzte Verantwortung. Zur Reichweite und Regulierung von Verantwortung in Wirtschaft, Medien, Technik und Umwelt, 2020 • M. Vogt: Die Freiheit der Verantwortung, in: U. Breidenstein (Hg.): Verantwortung – Freiheit und Grenzen, 2016, 7–38 • J. Sautermeister (Hg.): Verantwortung und Integrität heute, 2013 • M.-S. Lotter: Scham, Schuld, Verantwortung. Über die kulturellen Grundlagen der Moral, 2012 • M. Vogt: Was wird aus meiner Entscheidung? Folgenabschätzung unter komplexen Bedingungen, in: R. Scheule (Hg.): Ethik der Entscheidung, 2009, 65–74 • U. Di Fabio: Verantwortung als Verfassungsinstitut, in: W. Knies (Hg.): Staat, Amt, Verantwortung, 2002, 15–40 • W. Korff: Verantwortungsethik, in: LThK, Bd. 10, ³2001, 600–603 • H. Lübbe: Moralismus oder fingierte Handlungssubjektivität in komplexen historischen Prozessen, in: W. Lübbe (Hg.): Kausalität und Zurechnung. Über Verantwortung in komplexen kulturellen Prozessen, 1994, 289–301 • F.-X. Kaufmann: Der Ruf nach Verantwortung. Risiko und Ethik in einer unüberschaubaren Welt, 1992 • M. Weber: Politik als Beruf, in: ders. (Hg.): Gesammelte politische Schriften, ⁵1988, 505–561.

MARKUS VOGT

# Verbände

I. Rechtswissenschaftlich – II. Politikwissenschaftlich

## I. Rechtswissenschaftlich

### 1. Rechtlicher Begriff

Für den Begriff der V. fehlt es an einer allg.en Legaldefinition. Gleichwohl können V. als nicht-staatliche, auf einem freiwilligen Zusammenschluss natürlicher oder ↑juristischer Personen beruhende, mitgliedschaftliche Vereinigungen beschrieben werden, die auf der Grundlage eines konsolidierten Statuts eine interne Organisationsstruktur aufweisen und mit einer gewissen Dauerhaftigkeit auf lokaler, regionaler, nationaler oder internationaler Ebene gemeinsame, egoistische oder altruistische Ziele oder ↑Interessen im wirtschaftlichen, sozialen, kulturellen oder politischen Bereich verfolgen. Der Rechtsform nach handelt es sich um privat-rechtliche Gebilde, zumeist in Form rechtsfähiger oder nicht rechtsfähiger ↑Vereine. Die Abgrenzung zu Gruppen, die sich mehr oder weniger spontan aus bestimmten Gründen bilden, wie Bürgerinitiativen, Hilfsaktionen, ↑soziale Bewegungen und ähnliche, ist fließend. Öffentlich-rechtliche ↑Körperschaften, einschließlich der berufsständischen Kammern (↑Berufskammern) oder der Kommunal-V., ebenso wie von diesen getragene (privatrechtliche) Dachorganisationen, wie z. B. der *Deutsche Industrie- und Handelskammertag* oder der *Deutsche Städtetag*, gehören nicht hierher. Derartige Körperschaften beruhen stets auf der gesetzlichen Zuweisung eines in ↑Selbstverwaltung wahrzunehmenden Kreises öffentlicher Aufgaben, auch wenn dies die Interessenvertretung ihrer Mitglieder mit umfasst. Wegen ihrer eigengearteten Rechtsstellung können auch die ↑Kirchen und Religionsgesellschaften nicht der Kategorie der V. zugerechnet werden.

### 2. Stellung im Recht

Das ↑GG gewährt den V.n keinen hervorgehobenen Status. Insb. wird ihnen anders als den politischen ↑Parteien ein Anteil an der politischen Willensbildung des Volkes nicht ausdrücklich zugewiesen. Das entspricht ihrem Begriff und Wesen, keine allgemeinpolitischen, sondern stets partikulare Interessen zu bündeln, zu fördern und zu vertreten. Indessen genießt die Gründung und – nach der (umstrittenen) Lehre vom Doppelgrundrecht – auch das Wirken der V. den grundrechtlichen Schutz der ↑Vereinigungsfreiheit. Dies gilt zwar gleichermaßen für jedes andere Gebilde gesellschaftlicher Selbstorganisation. Doch liegt darin zugl. eine Anerkennung der V. als prinzipiell legitime Akteure einer gruppenpluralistischen Ordnung, kehrseitig eine Absage an das Misstrauen gegen die „intermediären" Mächte im politischen Raum zwischen ↑Individuum und ↑Staat. Die spezielle Gewährleistung der ↑Koalitionsfreiheit untermauert dies noch. Unter ihrem Schutz wird die

Ordnung des Arbeitslebens der Aushandlung durch organisierte Arbeitnehmerschaft und Arbeitgeberschaft (↑Gewerkschaften, ↑Arbeitgeber-Verbände) überlassen. Im Übrigen aber kommt der verbandlichen „Repräsentation organisierter Interessen" (Kaiser 1978) weder eine bes. schutzwürdige Stellung im öffentlichen Wettbewerb der Interessen und Meinungen zu noch sind ihr irgendwelche Vorrechte auf Teilhabe an staatlicher Begünstigung, Amtsgewalt, Zuständigkeit oder Entscheidung eingeräumt.

Doch das Bild wandelt sich, blickt man auf die Rechtslage unterhalb der Verfassung. Die politisch-soziale Relevanz der V. sieht sich heute in vielfacher Weise durch Regelungen des Gesetzgebers gesichert und gefördert. Die gesetzliche Umhegung zielt dabei im Wesentlichen darauf, erstens die für die Verwirklichung der grundrechtlichen V.-Freiheit notwendigen und angemessenen Regeln bereitzustellen, zweitens die spezifischen Beiträge und Leistungspotentiale der V. im Dienste des Governance-Konzepts (↑Governance) für das Allgemeinwohl (↑Gemeinwohl) zu aktivieren, und drittens die tatsächliche Einflussmacht der V. in kontrollierte und transparente Bahnen zu lenken. Von Bedeutung sind hier v. a. die Varianten der steuerlichen Begünstigung des verbandlichen Wirkens, insb. bei der Erfüllung gemeinnütziger Zwecke (↑Gemeinnützigkeit), sowie die den V.n vielerorts speziell zugestandenen Informations-, Beteiligungs-, Hinwirkungs- und Klagerechte.

Solche Rechte steigern beträchtlich das Gehör und das Gewicht der V.-Interessen in den Vorgängen der staatlichen Rechtssetzung und -durchsetzung. Im Bereich der (Bundes-) ↑Gesetzgebung sind hier allemal die Anhörungs- und Mitwirkungsformate in den ↑Geschäftsordnungen der beteiligten Organe (Bundestag, -regierung, -rat, -ministerien) zu nennen. Große Bedeutung haben sodann die Ansprüche auf Zugang zu amtlichen Dokumenten, die vielfach privilegierte ↑Partizipation an exekutivischer Rechtssetzung (↑Rechtsverordnungen, Verwaltungsvorschriften) und behördlichen Einzelentscheidungen, weiterhin die Mitgliedschaft in pluralistisch besetzten Verwaltungsgremien (Räte, Ausschüsse, Beiräte etc., etwa im Rundfunk-, Medien- und Jugendschutzrecht) sowie nicht zuletzt die Ermächtigungen, auf die Einhaltung gesetzlicher Verhaltensregeln hinzuwirken, wie namentlich durch sog.e Abmahn-V. Auch die Judikative kennt eine Anzahl institutionalisierter V.-Beteiligungen. Ein markantes Beispiel liefert die Arbeits- und ↑Sozialgerichtsbarkeit, in der die einschlägigen V. berechtigt sind, Beisitzer zu entsenden und an der Auswahl von ↑Richtern mitzuwirken. Ein zunehmender V.-Einfluss auf die ↑Rechtsprechung rührt aus der Ausdehnung der (altruistischen) V.-Klagerechte, d. h. der Befugnisse von V.n, ohne Betroffenheit in eigenen subjektiven Rechten zur Durchsetzung von allein objektiv geschützten Belangen Klage zu erheben. Solche Klagemöglichkeiten sind den V.n zumal im Sozialrecht, im Wettbewerbs-, Verbraucher- und Datenschutzrecht sowie im Umwelt-, Natur- und Tierschutzrecht eingeräumt und verstärken die ihnen hier ohnehin gewährten Rechte zur Interessenverfolgung.

Die Mobilisierung der V. im nationalen Recht ist dabei vielfach Folge maßgebender Rechtsakte der ↑EU (Richtlinien, Verordnungen, EuGH-Rechtsprechung [↑EuGH]). Diese verstehen sich auch als Konkretisierung der vertraglichen Grundentscheidung (in Art. 11 EUV), den „repräsentativen V.n" in der Unionspolitik effektive Partizipation zu ermöglichen. Institutionell sind die V. zudem im *Europäischen Wirtschafts- und Sozialausschuss* vertreten und über dessen Anhörungsrechte an der Willensbildung der EU-Organe beteiligt. Auch beim *Wirtschafts- und Sozialrat der UNO* kann den V.n (NGOs) ein Konsultativstatus zuerkannt werden (Art. 71 UN-Charta). Im ↑Europarat genießen die in der Konferenz der internationalen ↑NGOs zusammengeführten V. einen noch darüber hinausgehenden Teilnehmerstatus an den zwischenstaatlichen Entscheidungsprozessen.

Neben solche rechtsförmlichen Beteiligungsformate treten die vielfältigen informellen Einwirkungen der V. auf die Willensbildung öffentlicher Stellen. Im Mittelpunkt steht das V.-Lobbying (↑Lobby) zur Beeinflussung der Gesetzgebungsorgane. Dessen Regulierung erschöpft sich allerdings im Wesentlichen in der Anlegung eines Registers, in das sich diese Lobby-V. eintragen lassen können, so in die beim Bundestag geführte „Öffentliche Liste" oder – auf EU-Ebene – in das „Transparenzregister" von ↑Europäischer Kommission und ↑Europäischem Parlament. Solche Registrierung ist Voraussetzung für eine Anhörung und die Ausstellung von Hausausweisen; in der EU geht sie zudem mit der Anerkennung eines Verhaltenskodex einher. Weitergehende Regularien über den Nachweis eines konkreten V.-Einflusses auf bestimmte Gesetzesinhalte (sog.er legislativer Fußabdruck) gibt es indessen bislang kaum.

### 3. Verfassungsstaatliche Funktionen und Ambivalenzen

Das pluralistische V.-Wesen (↑Pluralismus) trägt zur Bewirkung der verfassungsstaatlichen Ordnung ganz wesentlich bei. In grundrechtlicher Hinsicht erweitert es den Freiheitsraum des Einzelnen hin zu einer auch kooperativen und korporativen Entfaltungsfreiheit. Zugl. wirken die ↑Solidaritäten und Loyalitäten, die die V. erzeugen, einer gesellschaftlichen ↑Entfremdung und Marginalisierung des Individuums entgegen. Der ↑Rechtsstaat wird gestärkt dadurch, dass die V. mit ihren Kommunikationsleistungen die Akzeptanz und aufgrund ihrer förmlichen Beteiligungsrechte die Rationalität und Durchsetzung staatlicher ↑Entscheidungen befördern. Im Hinblick auf das sozialstaatliche Ansinnen sind es neben den Arbeitskoalitionen zumal die Sozial- und Wohlfahrts-V., deren Beiträge und Impulse für die Gestaltung und Verbesserung der sozialen Verhältnisse unverzichtbar sind. Schließlich leistet die Teilhabe der V. an der öffentlichen Meinungsbildung unentbehrliche demokratiestabilisierende Dienste. Indem sie gleichartige Interessen aggregieren und artikulieren, strukturieren und effektuieren sie die Vorformung des politischen Willens und steigern die Responsivität zwischen staatlichem Politikbetrieb und ↑Zivilgesellschaft.

Doch die mit dem Wirken der V. einhergehende ↑Macht der V. birgt auch Gefahren für das verfassungsstaatliche Ordnungsprogramm. Der Freiheitsgewinn sieht sich vielfach durch neue individuelle und soziale Abhängigkeiten geschmälert. Eine asymmetrische Mächtigkeit der verbandlichen Interessenverfolgung verzerrt den freien pluralistischen Willensbildungsprozess und erschwert die Durchsetzung des allg.en Interesses. Intransparenter Einfluss ebenso wie eine privilegierte Stellung der V. in staatlichen Entscheidungsverfahren erschüttert den Glauben an die Unabhängigkeit und Allgemeinwohlbindung der Staatsgewalt und unterläuft das demokratische Legitimationsgebot, dass alle Staatsgewalt im Willen des Gesamtvolks zu gründen habe. Die Macht der V. ist daher ein ebenso stabilisierender wie prekärer Faktor des freiheitlichen demokratischen Verfassungsstaats.

### Literatur

W. Spieth/N. Hellermann: Umweltverbände. Mit Macht kommt Verantwortung, in: NVwZ 38/11 (2019), 745–751 • H.-D. Horn: Verbände, in: HStR, Bd. III, [3]2005, § 11 • H. G. Dederer: Korporative Staatsgewalt, 2004 • D. Grimm: Verbände, in: HdBVerfR, Bd. 2, [2]1995, § 15 • J. Becker: Gewaltenteilung im Gruppenstaat, 1986 • R. Steinberg (Hg.): Staat und Verbände, 1985 • J. H. Kaiser: Die Repräsentation organisierter Interessen, [2]1978 • H.-H. von Arnim: Gemeinwohl und Gruppeninteressen, 1977 • E.-W. Böckenförde: Die politische Funktion wirtschaftlich-sozialer Verbände und Interessenträger in der sozialstaatlichen Demokratie, in: Der Staat 15/4 (1976), 457–483.

HANS-DETLEF HORN

## II. Politikwissenschaftlich

### 1. Begriff und Bezüge

V. sind formal und dauerhaft organisierte ↑Interessengruppen, deren entscheidende Aufgabe die Vertretung ihrer Klientel im politischen Entscheidungsprozess ist. Sie unterscheiden sich damit einerseits von ↑sozialen Bewegungen und kurzlebigen Bürgerinitiativen, die zwar auch politisch motiviert sind, aber über keine feste Organisation verfügen. Ihr politischer Handlungszweck grenzt sie andererseits von nichtpolitisch motivierten ↑Vereinen ab, die primär der Selbstorganisation sozialer, kultureller oder freizeitlicher Aktivitäten ihrer Mitglieder dienen. Diese begriffliche Abgrenzung ist keineswegs trennscharf, denn aus sozialen Bewegungen können auch fest organisierte V. erwachsen, wie etwa die Umweltbewegung zeigt. Und genuin unpolitische Vereine können punktuell auch politisch agieren, wenn ihr eigenes Wirkungsfeld tangiert ist, wie etwa Trachtenvereine in der Brauchtumspolitik.

Umfang und Entwicklung moderner V.-Systeme sind maßgeblich von drei Faktoren beeinflusst: Erstens spiegeln sie wesentliche Modernisierungstrends (↑Modernisierung) der jeweiligen Gesellschaft, zweitens die organisatorischen Herausforderungen effektiver Interessenvertretung und nicht zuletzt das Verhältnis zum jeweiligen Staat. An diesem komplexen Bezügefeld wird auch die Brückenfunktion ablesbar, die V. bei der Verschränkung von Gesellschaft und Staat erfüllen.

### 2. Verbände und Gesellschaft

Moderne ↑Gesellschaften differenzieren und pluralisieren sich stetig. Diesen Trend spiegeln V. in organisatorischer Hinsicht: Generell ist ihre Zahl und Vielfalt in den letzten Jahrzehnten stark angewachsen: Waren z. B. in der ersten Lobbyliste des Deutschen Bundestages von 1974 nur 635 V. registriert, so sind es 2018 bereits 2 347. In den USA wuchs deren Zahl auf nationaler Ebene zwischen 1955 und 1995 von knapp 9 000 auf rund 24 000 Organisationen. Das sind exemplarische, aber durchaus typische Befunde.

Getragen wird diese Expansion von verschiedenen Modernisierungstrends: Gesellschaftliche Wandlungsprozesse sind am Boom sozialer V. ablesbar, die insb. der Bewältigung sozialer Herausforderungen bzw. ↑Risiken dienen: Ethnische ↑Minderheiten organisieren sich inzwischen ebenso effektiv wie Frauen, Senioren oder die Jugend. Auch Bürgerrechtsgruppierungen, Menschen mit Behinderung, Patienten und Pflegebedürftige sind mittlerweile gut organisiert. In kultureller Hinsicht wird dieser Entwicklungsschub an einer Fülle neuer Kultur-, Schul-, Medien- und Wissenschaftsorganisationen ablesbar, die den Trend zur modernen ↑Wissensgesellschaft ebenso spiegeln wie moderne Sport-V. denjenigen hin zur organisierten Freizeitgesellschaft.

Politische Modernisierungsprozesse, verstanden als Trend zur partizipativen Bürgergesellschaft (↑Zivilgesellschaft), werden im simultan laufenden Entwicklungsschub staatsbürgerlicher V. und ökologischer Organisationen greifbar: Die Gefährdung des Weltfriedens, Unterentwicklung und Menschenrechtsverletzungen haben global zu einem Boom von Friedens-, Entwicklungshilfe- und Menschenrechtsorganisationen geführt, der sich auch in nationalen V.-Systemen niederschlägt. Zusätzlich mobilisierend wirkt die gewachsene Sensibilität der Bürgerschaft gegenüber politischen Missständen, insb. ablesbar an Antikorruptions- und Watch-Organisationen. Sinngemäß gilt das für den ökologischen Bereich, wo in den letzten Jahrzehnten eine Fülle von Umwelt-, Natur- und Tierschutz-V.n neu entstanden ist.

In ökonomischer Hinsicht schließlich hat die Entwicklung zur Dienstleistungsgesellschaft Folgen, denn die Mehrzahl neu gegründeter Wirtschafts-V. vertritt Interessen des tertiären Sektors, wogegen die Zahl klassischer Agrar- und Industrie-V. zumeist stagniert oder sogar schwindet, wie etwa in der krisengeschüttelten Textilindustrie. Das Anwachsen der verbandlichen Gesamtzahlen geht also hier, wie anderswo auch, mit einer Gewichtsverschiebung zwischen den einzelnen V.s-Sektoren einher.

### 3. Verbände und Organisation

Diese Vielzahl moderner V. weist markante organisatorische Unterschiede auf. ↑Juristische Personen (Unternehmen, Gebietskörperschaften, andere V. etc.) können ebenso V.s-Mitglied sein wie natürliche. Die variable territoriale Ausdehnung (Bundes-, Landes-, Kommunal-V. etc.) ist ebenfalls in Rechnung zu stellen. Und schließlich variiert auch die Art der Interessenrepräsentanz: V.s-Mitglieder vertreten oft nicht nur ihre eigenen ↑Interessen, sondern tun dies z. B. beim ↑Tierschutz auch stellvertretend (advokatorisch) für andere.

Hinsichtlich der Mitgliedschaft dominiert dabei der aus natürlichen Personen zusammengesetzte V.: Die Masse beruflicher Standesorganisationen, ↑Gewerkschaften, aber auch von Selbsthilfeorganisationen folgt diesem Muster. Demgegenüber spielen in Arbeitgebervereinigungen (↑Arbeitgeber-V.) die juristischen Personen in Form der Mitgliedsunternehmen eine maßgebliche Rolle, was je nach Unternehmensgröße auch zu großen Einflussunterschieden führt. Sinngemäß gilt dies auch für V. kommunaler Gebietskörperschaften (↑Gemeinden, Städte, Landkreise [↑Kreis] etc.). Jenseits dieser klassischen Mitgliedschaften kommen V. heute, US-amerikanischem Vorbild folgend, häufig auch ohne formelle Mitgliedschaft aus: Als sog.e politische Unternehmen bestehen sie dann lediglich aus einer kleinen Stabsorganisation hauptamtlicher Funktionäre, die von einer Masse an Fördermitgliedern getragen wird, welche über keine vereinsrechtlich verankerten Mitgliedsrechte verfügen, sondern nach dem Beispiel von *Greenpeace* durch ↑Spenden bzw. punktuelle Aktionen die Arbeit der Organisation unterstützen.

In struktureller Hinsicht ist von Belang, ob es sich dabei um einen klassischen Mitglieds-V. handelt, der die Interessen seiner Klientel unmittelbar vertritt, oder um einen Dach-V., der nach dem Muster des *Bundesverbandes der Deutschen Industrie* verschiedene Branchen-V. in sich vereint und sie damit gemeinschaftlich repräsentiert. Diese gerade unter deutschen Wirtschafts-V.n weit verbreitete Mehrebenenarchitektur hat durch die Herausbildung europäischer und auch globaler Dach-V. noch an Vielschichtigkeit gewonnen und spiegelt damit die Herausforderung innerverbandlicher Willensbildungsprozesse: Landes-V. müssen ihre Position im eigenen Bundes-V. durchsetzen, Branchen-V. in ihrem Dach-V., nationale Spitzenorganisationen in der europäischen bzw. globalen Dachorganisation. Regelmäßig führt das zu einem reduzierten Wirkungsgrad der Dach-V., denn sie können nur das vertreten, was unter ihren Mitgliedern konsensfähig ist. Klassische Mitglieds-V., die etwa in Form einer bestimmten Berufsgruppe wesentlich homogener zusammengesetzt sind, haben demgegenüber innerverbandliche Strukturvorteile.

### 4. Verbände und Staat

Diese verbandliche Organisationsvielfalt hat auch maßgebliche Auswirkungen auf die Beziehungen zwischen V.n und dem ↑Staat, die ebenfalls nicht pauschal qualifiziert werden können. Idealtypisch ist dabei zwischen pluralistischen (↑Pluralismus) und korporatistischen Beziehungsmustern zu unterscheiden. Die pluralistische Variante ist von einer ausgeprägten Konkurrenz der einzelnen V. untereinander geprägt, die um die Aufmerksamkeit des Staates und um die Berücksichtigung ihrer spezifischen Interessen ringen. Der öffentlichen Hand kommt hier gleichsam die Rolle eines über den Einzelinteressen stehenden Schiedsrichters zu, der nach eigenem Ermessen entscheidet, was zu berücksichtigen ist. Im ↑Korporatismus dagegen steht der Staat in einem engen Austauschverhältnis zu einem überschaubaren Set an Dachorganisationen, welche die Interessenvielfalt bereits vorher gebündelt haben und somit die verbandliche Konkurrenz kanalisieren. Daraus erwächst ihnen dann ein wesentlich größeres Machtpotential gegenüber dem Staat, und deshalb entwickelt sich in diesem Fall auch ein verhandlungsorientiertes Verhältnis zwischen öffentlicher Hand und diesen Dach-V.n.

Beispielhaft für solch korporatistische Arrangements sind die Beziehungen zwischen Gewerkschaften, Arbeitgeber-V.n und dem Staat in Deutschland: Die wichtigsten Branchengewerkschaften sind hier unter dem Dach des ↑DGB ebenso vereint wie die Masse der Arbeitgeber-V. in ihrer Spitzenorganisation BDA. Seit Jahrzehnten werden deshalb arbeitspolitische Grundsatzentscheidungen zwischen dem Staat und diesen Dach-V.n eng abgestimmt. Phasenweise resultierte das sogar in der Einrichtung formalisierter Verhandlungsgremien wie der sog.en *Konzertierten Aktion* der ersten Großen Koalition (1966–69) oder dem *Bündnis für Arbeit* unter der Kanzlerschaft Gerhard Schröders (1998–2005). Demgegenüber weist z. B. das deutlich jüngere Spektrum der Umwelt-V. nicht nur in Deutschland, sondern auch im internationalen Vergleich regelmäßig ausgeprägt pluralistische Konturen auf. Hier ist es nicht gelungen, sie in starken Dach-V.n zu formieren. Folglich ist umweltpolitische Interessenvertretung von einer starken zwischenverbandlichen Konkurrenz geprägt.

Diese markanten Unterschiede der Beziehungsmuster haben auch Folgen für das politische Funktionsspektrum der V. Denn in korporatistischen Szenarien bindet der Staat die repräsentativen Dach-V. auch deshalb in Verhandlungsarrangements ein, um ihnen zur eigenen Entlastung öffentliche Regulierungsaufgaben zu übertragen. Die deutsche ↑Tarifautonomie ist hier ebenfalls beispielhaft, denn schon im ↑GG ist das Recht von Arbeitgeber-V.n und Gewerkschaften zur eigenverantwortlichen Regulierung der Arbeitsbeziehungen festgeschrieben, was etwa in Frankreich noch unter maßgeblicher Direktive des Staates erfolgt. Daran wird auch erkennbar, warum korporatistische Arrangements beiden Seiten entgegenkommen: Nicht nur der Staat kann hier seine Aufgabenlast per Delegation verringern, sondern die involvierten V. erfahren dadurch einen signifikanten Machtzuwachs, denn zu den klassischen Funktionen der Interessenvertretung tritt dann eben noch die Aufgabe eigenverantwortlicher politischer Regulierung im Auftrag des Staates. In pluralistischen Szenarien ist letzteres naturgemäß kaum möglich, denn hier fehlen eben repräsentative Dachorganisationen, die sich für eine derartige Aufgabenübernahme eignen würden.

### 5. Herausforderungen

Diese komplexen Architekturen stehen vor mehreren Herausforderungen. Die erste liegt in der Motivation potentieller und aktueller V.s-Mitglieder selbst begründet: Soziale Individualisierung und gesteigerte Vielfalt der V. haben die Bereitschaft zur langfristigen Bindung an einen V. merklich reduziert, einmal mehr exemplarisch ablesbar am schwindenden Organisationsgrad von Gewerkschaften und Arbeitgeber-V.n: Unternehmen werden oft nicht Mitglied, um der Bindung an einen verbandlich ausgehandelten Flächentarifvertrag zu entgehen. Arbeitnehmer treten Gewerkschaften oft nicht bei bzw. aus ihnen aus, da sie als Trittbrettfahrer von den Tarifverhandlungen ohnehin profitieren, ohne selbst dazu einen Beitrag zu leisten. Zusätzlich verstärkt wird dieser Trend, wenn mehrere Konkurrenzorganisationen bestehen, zwischen denen die Klientel lavieren kann, wie etwa bei deutschen Umwelt-V.n. Nicht zuletzt deshalb konstituieren sich V. in ausgeprägt pluralistischen Szenarien verstärkt als politische Unternehmen ohne formelle Mitgliedschaft bzw. bieten weniger verpflichtende Formen und zusätzliche Serviceleistungen an, wie etwa die Mitgliedschaft in deutschen Arbeitsgeber-V.n ohne obligatorische Bindung an den jeweiligen Flächentarifvertrag bei gleichzeitiger Hilfestellung beim Aushandeln eines unternehmensspezifischen Hausvertrags.

Unter Druck geraten die klassischen V. aber auch durch kommerzielle Formen der Interessenvertretung: ↑Unternehmensberatungen, Public Affairs-Agenturen und spezialisierte Rechtsanwaltskanzleien bieten inzwischen ein breites Portfolio lobbyistischer Leistungen (↑Lobby) an, die von ihren Klienten auftragsspezifisch gebucht werden können. Oftmals wird dann eine Mitgliedschaft in V.n für unnötig erachtet. Es ist dabei kein Zufall, dass diese Interessenvertretungsoption im Zuge der europäischen Integration (↑Europäischer Integrationsprozess) stark an Bedeutung gewonnen hat: Denn das politische ↑Mehrebenensystem der ↑EU hat auch Rückwirkungen auf die V., die ihre Strukturen daran anpassen müssen. Die so entstehende Mehrebenenarchitektur aus europäischem Dach-V., nationalen V.n, regionalen und kommunalen Untergliederungen ist kostspielig und zugl. bei der internen Meinungsfindung schwierig zu steuern. Für global agierende Interessenverbünde gilt dies naturgemäß noch mehr. Unter diesen Bedingungen wächst die Neigung zum Austritt bzw. die Aversion gegen eine Mitgliedschaft. Um zukunftsfähig zu bleiben, müssen V. gerade diese Herausforderungen meistern.

### Literatur

J. M. Berry/C. Wilcox: The Interest Group Society, [6]2018 • D. Halpin: The Organization of Political Interest Groups, 2015 • W. Reutter (Hg.): Verbände und Interessengruppen in den Ländern der Europäischen Union, 2012 • T. von Winter/U. Willems (Hg.): Interessenverbände in Deutschland, 2007 • M. Sebaldt/A. Straßner: Verbände in der Bundesrepublik Deutschland, 2004 • A. Zimmer/E. Priller (Hg.): Future of Civil Society. Making Central European Nonprofit-Organizations Work, 2004 • H.-P. Ullmann: Interessenverbände in Deutschland, 1988 • M. Sebaldt: Organisierter Pluralismus, 1997.

MARTIN SEBALDT

# Verbraucherschutz

I. Juristisch – II. Wirtschaftswissenschaftlich

## I. Juristisch

### 1. Begriffsbestimmung

#### 1.1 Definition Verbraucherschutz

V. erfasst alle Rechtsnormen, die den Schutz des Endverbrauchers bezwecken. Solche Regelungen finden sich im Bürgerlichen Recht, im öffentlichen Recht, im ↑Strafrecht sowie im Lauterkeits- und Kartellrecht. Dazu kommen verbraucherschützende Regelungen im Bereich des IPR sowie des internationalen Zuständigkeitenrechts.

#### 1.2 Zweck des Verbraucherschutzes

Das Verbraucherrecht geht von einem Verhältnis der Über- und Unterordnung zwischen Verbraucher und Unternehmer aus. Dieses Machtgefälle ergibt sich einerseits aus der im Regelfall schlechteren finanziellen Ausstattung des Verbrauchers, andererseits aus der Tatsache, dass Unternehmer anders als Verbraucher *repeat players* und dadurch letzteren an Fachkenntnis überlegen sind. Das Verbraucherrecht soll zu einer Materialisierung der Vertragsfreiheit des Verbrauchers führen. Gleichzeitig stehen Maßnahmen im Bereich des V.es zwangsläufig mit dem Prinzip der ↑Privatautonomie in Konflikt. Ein weiteres Problem des V.es ist dessen starke Generalisierung: Die Regeln des V.es kommen auch dann zur Anwendung, wenn das Kräfteverhältnis zwischen Verbraucher und Unternehmer im Einzelfall verkehrt ist.

### 2. Verbraucherpolitische Ansätze

Im Wesentlichen werden drei verbraucherpolitische Leitbilder vertreten.

*a)* Der liberale Ansatz, der im 19. Jh. verbreitet war, geht davon aus, dass Verbraucher unter den Voraussetzungen von Vertragsfreiheit und marktwirtschaftlichem ↑Wettbewerb keine staatlichen Eingriffe zu ihrem Schutze benötigen.

*b)* Nach dem *Informationsmodell* muss gesetzlich sichergestellt werden, dass der Verbraucher alle für seine rationale Entscheidung notwendigen Informationen erhält. Das geht häufig mit der Gewährung eines Widerrufsrechts einher, das es dem Verbraucher ermöglicht, sich nach einer *cooling off period* von meist 14 Tagen wieder von einem unerwünschten ↑Vertrag zu lösen.

*c)* Das *Schutzmodell* sieht reine Aufklärung des Verbrauchers als nicht ausreichend an, um dessen strukturelle Unterlegenheit gegenüber dem Unternehmer auszugleichen, sondern hält weiterreichende Eingriffe in die Vertragsfreiheit in Form von zwingendem Gesetzesrecht für erforderlich.

Das deutsche Recht basiert entspr. den Vorgaben des EU-Rechts (↑Europarecht) heute auf einer Kombination aus dem Informations- und dem Schutzmodell. Während das Schutzmodell aufgrund der damit verbundenen Eingriffe in die Privatautonomie in der Kritik steht, wird am Informationsmodell bemängelt, dass es zu einem *information overload* führt. Schließlich zeigen Erkenntnisse der *behavioural law and economics*, dass gewisse Fehlentscheidungen des Verbrauchers nicht durch die Gewährung von Informationen gelöst werden können.

### 3. Europäische Grundlagen des Verbraucherschutzes

Die EWG, deren erstes verbraucherpolitisches Programm von 1975 stammt, erließ Mitte der 1980er Jahre ihre ersten verbraucherrechtlichen Richtlinien, namentlich die Haustürwiderrufs-RL (1985/577/EWG), die Produkthaftungs-RL (1985/374/EWG) und die Verbraucherkredit-RL (2008/48/EG) sowie im Bereich des Lauterkeitsrechts die RL über irreführende Werbung (1984/450/EWG, nunmehr 2006/114/EG). In den 1980er/1990er Jahren wurde die Rechtsetzung im V. zunehmend europarechtlich geprägt. Nach Schaffung einer Binnenmarkt-Kompetenz der EWG mit Mehrheitsentscheidungen durch die EEA von 1986 entstanden weitere verbraucherschützende Richtlinien, so z. B. die RL über missbräuchliche Klauseln in Verbraucherverträgen (1993/13/EWG) und die Pauschalreise-RL (1990/314/EWG, nunmehr 2015/2302/EU). Durch den Vertrag von Maastricht wurde 1993 unabhängig vom ↑Europäischen Binnenmarkt eine Gemeinschaftskompetenz für den V. geschaffen. Für die 1990er Jahre sind u. a. folgende Richtlinien im Bereich des V.es hervorzuheben: die Fernabsatz-RL (1997/7/EG), die RL über vergleichende Werbung (2006/114/EG), die Preisangaben-RL (1998/6/EG), die Unterlassungsklagen-RL (2009/22/EG) sowie die Verbrauchsgüterkauf-RL (1999/44/EG). Letztere wurde zuletzt durch die Warenkauf-RL (2019/771/EU) und die Digitale-Inhalte-RL (2019/770/EU) abgelöst.

Während das europäische Gemeinschaftsrecht zunächst eine Mindestharmonisierung des Verbraucherrechts verfolgt hatte, strebt es seit der ersten Dekade des 21. Jh. eine Vollharmonisierung an, d. h. den Mitgliedstaaten ist bei der Umsetzung der Richtlinie auch nicht ein Abweichen vom Schutzstandard nach oben erlaubt. Ausdruck dessen ist u. a. die Verbraucherrechte-RL (2011/83/EU), in der die Haustürgeschäfte-RL und die Fernabsatz-RL aufgegangen sind, sowie die RL über unlautere Geschäftspraktiken (UGP-RL, 2005/29/EG). Die Form der Verordnung wird im V. hingegen nur selten gewählt. Beispiele für eine Verordnung sind die Fluggastrechte-VO (2004/261) und die anderen Passagierrechte-Verordnungen sowie zuletzt die DSGVO (2016/679), der auch verbraucherschützende Wirkung zukommt.

2016/17 führte die ↑Europäische Kommission einen „Fitness Check" durch, bei dem die bestehenden Richtlinien auf ihre Praxistauglichkeit hin untersucht wurden. Dabei wurden v. a. ein Übermaß an Informationspflichten, das Fehlen eines individuellen Anspruchs des Verbrauchers beim Verstoß gegen die UGP-RL sowie generell ein Mangel an Effizienz bei der Rechtsdurchsetzung beklagt. In der Tat bestehen mit Ausnahmen der Verbandsklagen-RL sowie der ADR-RL (2013/11/EU) und der ODR-VO (524/2013/EU) kaum europäische Vorgaben zur Förderung der Rechtsdurchsetzung.

2018 legte die EU-Kommission mit dem sog.en *New Deal for Consumers* ein Maßnahmenpaket zum weiteren Ausbau des V.es vor. Dieses beinhaltet einerseits die sog.e Modernisierungs-RL (2019/2161/EU), mit der vier bereits bestehende Richtlinien (Klausel-RL, UGP-RL, Verbraucherrechte-RL und Preisauszeichnungs-RL) modernisiert werden. Am wichtigsten für die Weiterentwicklung des V.es ist dabei die Einführung eines individuellen Rechts des Verbrauchers bei Verletzung der UGP-RL sowie die Einführung von Bußgeldern bei der Verletzung der genannten Richtlinien.

Zudem führte der New Deal zur Verabschiedung der RL 202/1828/EU über Verbandsklagen zum Schutz der Kollektivinteressen der Verbraucher und zur Aufhebung der RL 2009/22/EG. Diese Richtlinie soll helfen, das rationale Desinteresse des Verbrauchers zu überwinden, da ein ↑Verband und nicht der einzelne Verbraucher mit der Prozessführung beauftragt ist und sie im Erfolgsfall zu einer unmittelbaren Entschädigung des Verbrauchers führt, anders als die 2018 in Deutschland verabschiedete Musterfeststellungsklage.

### 4. Materiell-rechtliche Normen des Verbraucherschutzes

#### 4.1 Definition Verbraucher

Für weite Teile des deutschen Zivilrechts definiert § 13 BGB den Verbraucher, § 14 BGB den ↑Unternehmer. Nur wenn Unternehmer und Verbraucher aufeinandertreffen, ist der persönliche Anwendungsbereich der V.-Vorschriften erfüllt. Verbraucher ist nach § 13 BGB jede natürliche Person, die ein Rechtsgeschäft zu Zwecken abschließt, die überwiegend weder ihrer gewerblichen noch ihrer selbständigen beruflichen Tätigkeit zugerechnet werden können.

Nicht erfasst von der Definition des § 13 BGB sind Gründungsgeschäfte des Verbrauchers, es sei denn, es handelt sich um einen Verbraucherkreditvertrag bis zu einer Höhe von 75 000 Euro (§ 513 BGB). Dies entspricht den europäischen Vorgaben, ist jedoch in manchen Mitgliedstaaten anders geregelt (vgl. § 1 Abs. 3 österreichisches Konsumentenschutzgesetz). Diskutiert wird immer wieder die Ausdehnung des Schutzes auf KMU, die sich im Verhältnis zu ↑Konzernen oft in einem ähnlichen Macht- und Abhängigkeitsgefälle befinden wie Verbraucher im Verhältnis zu ↑Unternehmen. Ausfluss dieser Überlegungen ist etwa die VO 2019/1150/EU über Förderung von Fairness und Transparenz für gewerbliche Nutzer von Online-Vermittlungsdiensten.

#### 4.2 Weitere zentrale Normen

Wichtige materiell-rechtliche Normen des V.es im Zivilrecht finden sich im ↑BGB, u. a. in den Vorschriften zu ↑AGB in Verbraucherverträgen (§ 310 Abs. 3), zu Pflichten im elektronischen Rechtsverkehr gegenüber Verbrauchern (§ 312j), zum Widerrufsrecht bei Verbraucherverträgen (§§ 355 ff.), zum Verbrauchsgüterkauf (§§ 474 ff.), zum Verbraucherdarlehensvertrag (§§ 491 ff.) sowie zum Pauschalreisevertragsrecht (§§ 651a ff.). Der deutsche Gesetzgeber hat sich also für eine dezentrale Regelung der verbraucherrechtlich intendierten Vorschriften entschieden und gegen die Schaffung eines eigenen Verbrauchergesetzbuches. Letzteren Weg hat der Gesetzgeber etwa in Italien und Österreich gewählt.

Strafnormen zum Schutz des Verbrauchers finden sich bspw. in § 16 UWG (strafbare Werbung) sowie Ordnungswidrigkeitentatbestände (↑Ordnungswidrigkeit) in § 20 Abs. 1 Nr. 1 UWG (unzumutbare Belästigung durch unerwünschte Telefonwerbung).

Im ↑öffentlichen Recht dienen dem V. u. a. das VIG, das LFGB sowie das AMG.

### 5. Ausblick

Unbeschadet der Bedeutung des V.es an sich darf auch dessen Auswirkung auf das europäische sowie das deutsche Privatrecht (↑Europäisches Privatrecht; ↑Privatrecht) nicht unterschätzt werden: So machen die V.-Richtlinien einen Großteil der Rechtsakte der EU im Bereich des Zivilrechts aus und bilden den Nukleus des europäischen Vertragsrechts. Zugl. wurden verbraucherschützende Richtlinien von manchen Mitgliedstaaten, wie auch Deutschland (z. B. Verbrauchsgüterkauf-RL), überschießend umgesetzt, was sich harmonisierend auf das Vertragsrecht der Mitgliedstaaten auswirkt.

### Literatur

M. Tamm/K. Tonner/T. Brönnke (Hg.): Verbraucherrecht, [3]2020 • S. Augenhofer: Das Gewährleistungsrecht in Österreich und Deutschland als Beispiele für eine holprige Harmonisierung des europäischen Kaufrechts, in: Juristische Blätter 141/1 (2019), 2–10 • H. Koch: Verbraucherprozessrecht, [2]2019 • S. Augenhofer: Deutsche und europäische Initiativen zur Durchsetzung des Verbraucherrechts, 2018 • P. Bülow/M. Artz: Verbraucherprivatrecht, [6]2018 • J. Fritzsche: § 13 BGB, in: J. von Staudinger (Hg.): Komm. zum BGB. Buch 1 – Allgemeiner Teil, 2018, 487–542 • B. Kannowski/M. Schmidt-Kessel (Hg.): Geschichte des Verbraucherrechts, 2017 • M. Fries: Verbraucherrechtsdurchsetzung, 2016 • B. Heiderhoff/R. Schulze (Hg.): Verbraucherrecht und Verbraucherverhalten, 2016 • F. Klinck/K. Riesenhuber (Hg.): Verbraucherleitbilder. Interdisziplinäre und europäische Perspektiven, 2015 • F. Bydlinski: System und Prinzipien des Privatrechts, 2013 • S. Weatherill: EU Consumer Law and Policy, [2]2013 • O. Bar-Gill: Seduction by Contract. Law, Economics, and Psychology in Consumer Markets, 2012 • M. Tamm: Verbraucherschutzrecht, 2011 • H. Rösler: Verbraucher und Verbraucherschutz, in: J. Basedow/K. J. Hopt/R. Zimmermann (Hg.): Handwörterbuch des Europäischen Privatrechts, Bd. 2, 2009, 1599–1604 • M. Schmoeckel: Vor §§ 312 ff., in: ders./J. Rückert/R. Zimmermann (Hg.): Historisch-kritischer Komm. zum BGB, Bd. II/2, 2007, 1581–1667 • R. Zimmermann: The New German Law of Obligations. Historical and Comparative Perspective, 2005 • T. Duve: §§ 1–14 BGB, in: M. Schmoeckel/J. Rückert/R. Zimmermann (Hg.): Historisch-kritischer Komm. zum BGB, Bd. 1, 2003, 166–231.

SUSANNE AUGENHOFER

## II. Wirtschaftswissenschaftlich

Unter V. werden alle Maßnahmen und Entscheidungen verstanden, die das Ziel haben, den ↑Interessen der Verbraucher gegenüber Anbietern zur Durchsetzung zu verhelfen. Deshalb stehen den Verbrauchern im Rahmen des V.es verschiedene Rechtsnormen zur Durchsetzung ihrer Interessen zur Verfügung. Die Konsumfreiheit stellt einen der konstituierenden Pfeiler unserer ↑Wirtschaftsordnung dar. Der Bewahrung dieses Gutes liegt die Überzeugung zugrunde, dass der ↑Konsum eine Angelegenheit eines jeden Einzelnen oder der Familie sei. In dieser Überzeugung verträgt die Freiheitssphäre des ↑Individuums kaum Beschränkungen. Gleichzeitig wird aber mit dieser Annahme die Fähigkeit und die Bereitschaft jedes Verbrauchers unterstellt, seinen eigenen Lebensbereich autonom zu gestalten und ihn gegen alle Anfechtungen von außen zu verteidigen.

Vielfältige, als Dysfunktionen des marktwirtschaftlichen Systems apostrophierte Erscheinungen deuten darauf hin, dass die Verbraucher häufig nicht willens oder in der Lage sind, ihre Konsumfreiheit auch auszuüben (formale v materiale ↑Freiheit). Den Betroffenen erwachsen daraus i. d. R. ideelle oder materielle Schäden, die es, sofern dieses Unvermögen nicht aus Desinteresse oder Indifferenz, sondern aus einer institutionellen Überforderung resultiert, zu verhindern oder zu lindern gilt.

Folglich ist mit Blick auf den V. zu prüfen, ob bzw. inwieweit es zu einer solchen systembedingten Benachteiligung der Verbraucher in einer freiheitlichen Wirtschaftsordnung kommen kann, und welche Gründe ggf. hierfür maßgebend sind.

V. wird zudem durch die Stärkung von Interessenvertretungen (V.-Zentrale, Verbrauchergruppen usw.) und die Bereitstellung von Verbraucherinformationen (produktbegleitende Informationen wie Gebrauchsanleitungen oder der Einsatz von Massenmedien wie die Zeitschrift „test" der Stiftung Warentest) verfolgt, mit dem Ziel, die schwächere Position der Verbraucher gegenüber Anbietern zu stärken und Abweichungen vom vollkommenen ↑Wettbewerb auszugleichen. So wurde die Stellung der Verbraucherorganisationen in den letzten Jahren gestärkt, nicht zuletzt im Bereich der ↑Sozialversicherung, wo im Zuge der Reformen der sozialen Sicherungssysteme Leistungen aus dem Solidarsystem ausgenommen und in die Verantwortung der Versicherten gelegt wurden, die somit zu Verbrauchern wurden. Konkret wurden die *Arbeitsgemeinschaft der Verbraucherverbände*, der *Deutsche Verbraucher Verein* sowie die *Stiftung Verbraucherinstitut* 2001 mit dem Gedanken zusammengeführt, die Beratungsangebote für diese neu entstandenen, komplexen ↑Märkte durch eine Stärkung der zivilgesellschaftlichen Verbrauchervertretung (↑Zivilgesellschaft) zu intensivieren. Um die schwächere Position einzelner Verbraucher in Zivilprozessen bei der Durchsetzung von Schadensersatzforderungen gegenüber ↑Unternehmen auszugleichen, wurde 2018 das Instrument der Musterfeststellungsklage eingeführt.

V. ist aber nicht nur als Korrektiv für ↑Marktversagen, sondern auch als lenkende und regulierende Intervention in das Marktgeschehen zu verstehen. So ist es nicht immer möglich, einzel- und gesamtwirtschaftliche Ziele in Übereinstimmung zu bringen. Man denke bspw. an die Versorgungslage in bevölkerungsschwachen Gebieten in Deutschland. Auch ist die Vorstellung nicht haltbar, dass eine Harmonisierung der Schutzbedürfnisse verschiedener Gruppen möglich sei. Rivalisierende Ansprüche, die entstehen, wenn ↑Bedürfnisse sich als konfliktbehaftet erweisen, können nicht in irgendeiner Form nacheinander abgearbeitet werden. So stehen wir z. B. bei der Anschaffung eines Autos bzgl. der Schadstoffemissionen vor einer Abwägung zwischen erhöhten Kosten eines E-Autos und Nachteilen für den Umweltschutz.

Es reicht somit nicht aus, das Schutzbedürfnis der Verbraucher auf eine simple Anbieter-Nachfrager-Beziehung zu reduzieren oder als Frage der Wettbewerbssicherung zu begreifen. Wenn Probleme insb. im Bereich der ↑Umweltpolitik angegangen werden sollen, so kommt man nicht umhin, diese Anliegen von Staat und Gesellschaft in einen größeren gesamtwirtschaftlichen Zusammenhang einzuordnen. Dies erfordert die Abwägung der Schutzwürdigkeit verschiedener Güter mit den Ansprüchen verschiedener Gruppen. Genau die Auseinandersetzung mit diesen Bewertungsproblemen zeichnet eine zukunftsfähige marktwirtschaftliche Ordnung aus.

#### Literatur

C. Grugel: Verbraucherpolitik statt Verbraucherschutz, in: P. Kenning u. a. (Hg.): Verbraucherwissenschaften, 2017, 51–66 • H. W. Micklitz u. a.: Der vertrauende, der verletzliche oder der verantwortungsvolle Verbraucher? Plädoyer für eine differenzierte Strategie in der Verbraucherpolitik. Stellungnahme des Wissenschaftlichen Beirats Verbraucher- und Ernährungspolitik beim BMELV (2010), URL: https://www.vzbv.de/sites/default/files/downloads/Strategie_verbraucherpolitik_Wiss_BeiratBMELV_2010.pdf (abger.: 20.1.2021) • E. Dichtl: Zur Schutzwürdigkeit des Verbrauchers, in: ders. (Hg.): Verbraucherschutz in der Marktwirtschaft, 1975, 23–41.

MICHAEL SCHUHEN

## Verbrauchsteuern

### 1. Begriffsbestimmung und -abgrenzung

Als V. bezeichnet man traditionell indirekte ↑Steuern, welche auf den Verbrauch von vertretbaren Gütern des ständigen Bedarfs, die regelmäßig zum baldigen Verzehr oder kurzfristigen Verbrauch bestimmt sind, erhoben werden und die darin zum Ausdruck kommende Leistungsfähigkeit von Konsumenten abschöpfen (statt einer fehlenden Legaldefinition BT-Drs. II/480, 107). Steuerschuldner ist der ↑Unternehmer, der eine Ware herstellt und für die allg.e Nachfrage anbietet (ausnahmsweise auch der Händler). Steuerträger ist typischerweise der Konsument, auf den die Steuer über den Preis abgewälzt wird. Die Abwälzung muss nicht notwendigerweise gelingen, und Steuerträger kann auch ein anderer Unternehmer sein (wie bei der Stromsteuer, BVerfGE 110,274 [296]). Eine Steuer, die allein den Produktionsprozess belastet, ist dagegen keine V. (so BVerfGE 145,171 zur von 2011 bis 2016 erhobenen Kernbrennstoffsteuer). Innerhalb dieses weit und als Typusbegriff gefassten V.-Begriffs haben Bund, Länder und Städte/Gemeinden ein Steuerfindungsrecht. Der V.-Begriff selbst dient juristisch primär der Abgrenzung ihrer Gesetzgebungs-, Verwaltungs- und Ertragshoheit.

Zwischen V. und ↑Verkehrsteuern gibt es Überschneidungen. Beide belasten die Verwendung von ↑Einkommen und ↑Vermögen. Von der USt sagt das ↑BVerfG, sie sei ihrer wirtschaftlichen Wirkung nach eine allg.e Verbrauchsabgabe, gesetzestechnisch jedoch als Verkehrsteuer ausgestaltet (BVerfGE 7,244 [260]). Mit Aufwandsteuern haben V. gemeinsam, dass sie privaten ↑Konsum belasten; bei Aufwandsteuern geht es allerdings nicht um Verbrauchsgüter, sondern um Sachen, die nicht verbraucht werden, und um Dienstleistungen. ↑Zölle können den Konsum von Verbrauchsgütern zusätzlich belasten, haben aber einen weiteren Anwendungsbereich und ein bes.s Regelungsziel; sie sind zu unterscheiden von Einfuhrumsatzsteuern und der Umsatzbesteuerung innergemeinschaftlicher Erwerbe.

### 2. Arten von Verbrauchsteuern

Zwischen der USt als allg.er V. und einer unbestimmten Vielzahl möglicher bes.r V. ist zu unterscheiden. Die bundesgesetzlich geregelten bes.n V. mit dem im Jahr 2019 höchsten Aufkommen waren die Energiesteuer (41 Mrd. Euro), die Tabaksteuer (14 Mrd. Euro), die Stromsteuer (7 Mrd. Euro), die Branntweinsteuer (2 Mrd. Euro) sowie die Kaffeesteuer (1 Mrd. Euro). Eine föderale Besonderheit ist die Biersteuer, die bundesgesetzlich geregelt ist und von Bundesfinanzbehörden vereinnahmt wird, deren Ertrag aber den Ländern zufließt. Einiges wie Salz-, Zucker- oder Teesteuer ist inzwischen Vergangenheit. Neben den bundesgesetzlichen V. haben die Städte/Gemeinden, auf der Grundlage von Art. 105 Abs. 2a GG und von Kommunalabgabengesetzen der Länder, die Befugnis, sog.e örtliche V. zu erheben, deren Aufkommen allein ihnen zusteht. Kommunale Finanznot führt hier zu einer Fülle von Bagatellsteuern.

### 3. Einordnung im Steuersystem

V. sind Steuern auf die Einkommensverwendung und gehören zu den ältesten Steuern; sie gehen zurück auf im Mittelalter erhobene Akzisen. Ein System, warum welche Güter mit einer V. belastet werden (Bier ja, Wein nein), ist nicht erkennbar. Ihre Legitimation erhalten V. in der Hauptsache durch Fiskalzwecke. Z.T. handelt es sich um Luxussteuern, die zur USt hinzukommen. V. können weiterhin Lenkungszwecken dienen, wie dem Umweltschutz oder der Gesundheitsvorsorge. Wegen der Gefahr von Überschneidungen begrenzt Art. 105 Abs. 2a GG die Befugnis von Ländern und Gemeinden zur Erhebung örtlicher Verbrauch- und Aufwandsteuern auf Steuern, die bundesgesetzlich geregelten Steuern nicht gleichartig sind.

### 4. Gesetzgebungskompetenz und Europarecht

Eine konkurrierende Gesetzgebungskompetenz für die V. steht dem Bund zu, wenn ihm das Aufkommen der Steuer ganz oder teilweise zusteht (was gemäß Art. 106 Abs. 1 Nr. 2 GG grundsätzlich der Fall ist) oder wenn die Voraussetzungen des Art. 72 Abs. 2 GG vorliegen (so Art. 105 Abs. 2 GG). Erhoben und verwaltet werden diese V. durch die Bundeszollverwaltung (Art. 108 Abs. 1 GG). Landesgesetzliche V. gibt es derzeit, von den örtlichen V. abgesehen, nicht.

Überörtlich erhobene V. sind dazu geeignet, den Waren- und Dienstleistungsverkehr im ↑Europäischen Binnenmarkt zu beeinträchtigen. Aus diesem Grund ermächtigt Art. 113 AEUV die EU, die V. zu harmonisieren. Dies geschah durch die „V.-Systemrichtlinie" (RL 2008/118/EG, umgesetzt durch das V.-Binnenmarktgesetz vom 21.12.1992, BGBl. I, 2150), die Energiesteuerrichtlinie (RL 2003/96/EG), die Tabaksteuerrichtlinie (RL 2011/64/EU) sowie die Richtlinie für V. auf Alkohol und alkoholische Getränke (RL 92/83/EWG), mit Ausnahme von Alkopops. Für die hier genannten Steuergegenstände gelten verbindliche Regelungen und Mindeststeuersätze. Andere als von den Richtlinien erfasste V. dürfen nur noch erhoben werden, wenn sie eine bes. Zielsetzung aufweisen und nicht lediglich fiskalisch motiviert sind.

### 5. Umsatzsteuer

Die ↑USt lässt sich weder eindeutig den V., noch den Verkehrsteuern zuordnen. Ihre wirtschaftliche Wirkung ist die einer allg.en V., während sie ihrer rechtlichen Ausgestaltung nach eher den Verkehrsteuern zuzuordnen ist. Hauptsteuerobjekt sind Lieferungen und sonstige Leistungen, die ein Unternehmer im Inland im Rahmen seines ↑Unternehmens ausführt. Belastet wird von der USt der private und öffentliche Verbrauch, also sowohl vom Endverbraucher erworbene ↑Güter als auch in Anspruch genommene ↑Dienstleistungen. Daher wird die USt materiell-rechtlich von der Mehrheit als allg.e V. eingeordnet. Erhoben wird sie kumulativ neben den bes.n V., die in ihre Bemessungsgrundlage einfließen. Mit einem Aufkommen von rund 183 Mrd. Euro in 2019 zählt die USt zu den wichtigsten Steuern in Deutschland. Zusammen mit der EUSt trägt sie rund ein Drittel der Gesamtsteuereinnahmen bei. Die USt ist eine Gemeinschaftsteuer, d.h. ihr Aufkommen steht dem Bund, den Ländern und den ↑Gemeinden gemeinsam zu. Zudem fließt ein Teil ihres Aufkommens in den Haushalt der ↑EU.

Erhoben wird die USt in Form einer Allphasennettoumsatzsteuer. Das bedeutet, dass nur der auf der jeweiligen Produktions- oder Handelsstufe geschaffene Mehrwert erfasst und besteuert werden soll. Technisch wird dies erreicht, indem die Unternehmer sich die von ihnen an einen anderen Unternehmer gezahlte USt vom Finanzamt im Rahmen eines sog.en Vorsteuerabzugs wiederholen. Letztendlich wird die USt somit vollständig vom Endverbraucher getragen. Da die USt von den Unternehmern erhoben und an das Finanzamt abgeführt wird, zählt sie ebenfalls zu den indirekten Steuern. Die USt ist durch die Mehrwertsteuer-Systemrichtlinie (RL 2006/112/EG), ein mehr als 400 Artikel umfassendes Regelungswerk, europarechtlich harmonisiert. In ihr wird die USt explizit zu den V. gezählt. In allen EU-Mitgliedstaaten gilt somit ein einheitliches System der USt. Nicht vereinheitlicht ist allerdings der Steuersatz. Die Mehrwertsteuer-Systemrichtlinie sieht lediglich einen Mindeststeuersatz von 15 % bzw. 5 % vor, wobei davon wiederum eine Reihe von Ausnahmen zugelassen wird.

### Literatur

K. Tipke/J. Lang u. a.: Steuerrecht, [23]2018 • J. Englisch: Umsatzsteuer, in: ebd., 976–1176 • Ders.: Spezielle Verkehr- und Verbrauchsteuern, in: ebd., 1219–1233 • R. Seer: Finanzverfassungsrechtliche Grundlagen der Steuerrechtsordnung, in: ebd., 52 • F. Kirchhof: Verbrauchsteuern im Lichte des Verfassungsrechts, in: BB 70/6 (2015), 278–282 • J. Englisch: Verbrauch- und Aufwandsteuern, in: H. Kube u. a. (Hg.): Leitgedanken des Rechts. Paul Kirchhof zum 70. Geburtstag, Bd. 2, 2013, 2081–2091 • H. Jatzke: Das System des deutschen Verbrauchsteuerrechts unter Berücksichtigung der Ergebnisse der Verbrauchsteuerharmonisierung in der Europäischen Union, 1997 • J. Förster: Die Verbrauchsteuern, 1989.

MARKUS HEINTZEN

**Verbrechen gegen die Menschlichkeit** ↑Völkermord, ↑Völkerstrafrecht

## Verdinglichung

V. ist ein Begriff der ↑Kritik. Er wird auf dreifache Weise verwendet, in jedem Fall aber dient er nicht nur der Beschreibung eines sozialen Sachverhalts bzw. eines menschlichen Erkennens und Handelns, sondern verbindet damit eine negative Beurteilung. Eine Ausnahme davon stellt eine Überlegung dar, die mit Bezug auf Theodor W. Adornos Vorstellung eines „Vorrangs des Objekts" (Adorno 2006: 64) zu zeigen versucht, dass soziale ↑Integration und Vermittlung notwendigerweise einen Prozess der V. voraussetze. Gemeinsam ist allen Verwendungsweisen, dass Tätigkeiten und Lebensweisen, soziale Beziehungen und Personen, die nur als humane oder soziale Verhältnisse angemessen erfasst werden können oder behandelt werden sollten, durch den Versuch verfehlt, verletzt oder missachtet werden, sie in objektivierenden Begriffen zu erfassen oder wie einen Gegenstand zu behandeln.

### 1. Soziale Pathologie: (Neo)marxistische Perspektive

Im umfassendsten Sinne und damit verbunden auch als fundamentale Kritik wird in (neo)marxistischer (↑Marxismus) Theoriebildung von V. gesprochen. Karl Marx' Kritik an der kapitalistischen Produktionsweise und dem Warenfetischismus folgend, hat insb. der Philosoph Georg Lukács im zentralen Essay „Die Verdinglichung und das Bewußtsein des Proletariats" seines zuerst 1923 erschienen Buches „Geschichte und Klassenbewußtsein" die neomarxistische Kategorie der V. herausgearbeitet, indem er die Marxsche Kritik des Warenfetischismus mit Max Webers Theorie der ↑Rationalisierung in der ↑Moderne verknüpft hat. Die Warenstruktur und das Prinzip der Rationalisierung durchdringen alle individuellen und sozialen Tätigkeiten des Menschen und verfälschen demnach das ganze Leben der ↑Gesellschaft, indem sie alle als „organisch" (Weber 1985: 173) oder qualitativ erachteten menschlichen Betätigungen, Beziehungen und Lebensformen deformieren.

Von G. Lukács her wird der Begriff der V. „in den 20er und 30er Jahren des vergangenen Jahrhunderts ein Leitmotiv der Sozial- und Kulturkritik im deutschsprachigen Raum" (Honneth 2015: 13), der sich in den folgenden Jahrzehnten „wie ein roter Faden durch die gesellschaftstheoretischen Entwürfe der Frankfurter Schule zieht" (Quadflieg 2019: 16). Bezeichnet wird damit die allumfassende (bewusstseins-)entstellende Wirkung, die der ↑Kapitalismus und ein verkürztes Vernunftverständnis des Rationalismus auf alle Aspekte des menschlichen Lebens ausübt: auf das Verhältnis der Menschen zur ↑Natur, zu den menschlich erzeugten Produkten und zum Prozess des Arbeitens (↑Arbeit) selbst, auf die sozialen Beziehungen und die kulturellen Formen wie auf das Verhältnis, das der Mensch zu sich selbst (und zu seiner Arbeitskraft) einnimmt.

G. Lukács' Theorie der V. ist auch insoweit eine umfassende, als sie sowohl die ethisch-normative Komponente als auch die philosophisch-erkenntnistheoretische Dimension des Begriffs mit umfasst und zu erklären beansprucht. In dieser allg.en gesellschaftskritischen Weise wurde auch in der ↑Kritischen Theorie der Frankfurter Schule mit dieser Kategorie argumentiert.

In der kritischen Sozialwissenschaft und Sozialphilosophie der Gegenwart schreiben insb. Axel Honneth sowie Dirk Quadflieg mit der Studie „Vom Geist der Sache" (2019) die Geschichte der V.s-Kritik fort. V. wird dabei differenzierter verstanden, dient nicht mehr als kritisches Passepartout und Inbegriff aller kapitalistischen Verfehlungen. A. Honneth reformuliert das Konzept der V. anerkennungstheoretisch (↑Anerkennung). „Verdinglichung im Sinne der ‚Anerkennungsvergessenheit' bedeutet […], im Vollzug des Erkennens die Aufmerksamkeit dafür zu verlieren, daß sich dieses Erkennen einer vorgängigen Anerkennung verdankt" (Honneth 2015: 70). Damit treten auch andere als nur ökonomische Formen der V. hervor, etwa im ↑Rassismus, und es werden auch andere soziale Strukturen und Praktiken als Ursachen verdinglichender Einstellungen diskutiert, die ein Anerkennungsvergessen befördern.

### 2. Ethische Perspektive

Während V. als Begriff der Sozial- und ↑Kulturkritik die deformierenden Wirkungen auf der *systemischen Ebene* des Kapitalismus oder in Strukturen und Praktiken der modernen Gesellschaft entlarven soll, stehen bei der Kritik der V. im moralischen Sinne v.a. das zu verantwortende Handeln und die Einstellungen des *einzelnen* im Blick sowie *von diesem her* die daraus sich ergebenden (fehlerhaften) sozialen Prozesse und Strukturen. Ein bes. sinnfälliges Beispiel stellt die sexuelle V. dar: zumeist durch die Darstellung von und das Verhalten zu Frauen, die als Sexualobjekte oder als Waren entmenschlicht werden. Martha Craven Nussbaum unterscheidet sieben Verhaltensweisen der V., von denen bes. die Instrumentalisierung und die Leugnung der ↑Autonomie als moralisch verwerflich gelten. Sie hebt aber hervor, dass für eine moralische Verurteilung eines Handelns als V. immer der Gesamtkontext einer sozialen Beziehung zu berücksichtigen ist, innerhalb dessen die verdinglichende Handlung erfolgt. Wer andere Menschen oder auch sich selbst verdinglicht, einen Jemand als ein Etwas behandelt, verletzt die Würde des Menschen (↑Menschenwürde) als ↑Person bzw. verweigert die menschliche Anerkennung, welche diese ↑Würde erheischt.

### 3. Erkenntnistheoretisches Konzept

Als Bezeichnung für einen erkenntnistheoretischen Kategorienfehler hat V. (als „Hypostasierung") vermutlich die am weitesten zurückreichende Geschichte. In der „Kritik der reinen Vernunft" kritisiert Immanuel Kant das Blendwerk, zu dem es kommt, wenn etwas, „was bloß in Gedanken existiert" (Kant: 1983: 384), zu einem wirklichen Gegenstand außerhalb des denkenden Subjekts gemacht werde. Zu einem Erkenntnishindernis wird V., wenn *Ordnungs- oder Funktionsbegriffe* (etwa die Begriffe der ↑Zeit oder des Raumes) wie Ding- oder Substanzbegriffe verwendet werden (vgl. Cassirer 2000). Ebenfalls als Erkenntnishindernis wirkt V., sofern *soziale Beziehungen* sprachlich so gefasst und so verstanden werden sollen, als wären es Gegenstände. Laut Norbert Elias leisten die alltägliche wie die sozialwissenschaftliche Wort- und Begriffsbildung zuweilen einer „Verdinglichung und Entmenschlichung der gesellschaftlichen Gebilde in der Reflexion" Vorschub (Elias 2006: 16). Der zunächst begrenzte sprachliche und erkenntnistheoretische Kategorienfehler kann indes weiterreichende Folgen haben, bleiben doch die menschlichen Formen des Wissens von sich und der wissende Umgang von Menschen mit der Natur und der Gesellschaft nicht ohne Folgen. Hierin könnte man eine idealistische Entsprechung zur materialistischen marxistischen Kategorie der V. erkennen. Am Ende zahlt der Mensch für ein verdinglichendes Verstehen und verdinglichendes Verhältnis zur Natur mit einer V. seiner selbst.

### Literatur

D. Quadflieg: Vom Geist der Sache. Zur Kritik der Verdinglichung, 2019 • A. Honneth: Verdinglichung. Eine anerkennungstheoretische Studie, 2015 • V. Chanson u. a. (Hg.): La Réification. Histoire et actualité d'un concept critique, 2014 • T. W. Adorno: Negative Dialektik, 2006 • N. Elias: Was ist Soziologie?, 2006 • M. C. Nussbaum: Verdinglichung, in: dies.: Konstruktionen der Liebe, des Begehrens und der Fürsorge. Drei philosophische Aufsätze, 2002, 90–162 • E. Cassirer: Substanzbegriff und Funktionsbegriff, 2000 • M. Weber: Die „Objektivität" sozialwissenschaftlicher und sozialpolitischer Erkenntnis, in: J. Winckelmann (Hg.): Gesammelte Aufsätze zur Wissenschaftslehre, [6]1985, 146–214 • I. Kant: Kritik der reinen Vernunft, in: W. Weischedel (Hg.): Werke, Bd. 2, 1983 • G. Lukács: Die Verdinglichung und das Bewußtsein des Proletariats, in: ders.: Geschichte und Klassenbewußtsein, Bd. 2, 1968, 94–228.

DIRK LÜDDECKE

# Verein

I. Historisch – II. Soziologisch – III. Rechtlich

## I. Historisch

### 1. Terminologie

Der im Althochdeutschen wurzelnde Begriff V. unterlag seit der frühen Neuzeit einem erheblichen Bedeutungswandel. Konnte er im 16. Jh. sowohl ein Abkommen zwischen zwei Partnern, als auch überkonfessionelle Zusammenschlüsse oder die Verbindung evangelischer Reichsstände bezeichnen, so im 18. Jh. ein befristetes politisches Bündnis selbständiger Herrschaftsträger. Der moderne V., dessen Wurzeln im 18. Jh. liegen, wurde zunächst meist als Gesellschaft bezeichnet. In der ersten Hälfte des 19. Jh. überwogenen für private gesellschaftliche V.s-Bildungen die Bezeichnungen Assoziation und Bund, während der Terminus V. nur partiell genutzt wurde und überwiegend politische Bedeutung hatte: In der Debatte um Bundesstaat oder Staatenbund bezeichnete er eine lockere föderale Ordnung (Art. 1 Wiener Schlussakte vom 15.5.1820: „Der deutsche Bund ist ein völkerrechtlicher Verein der deutschen souverainen Fürsten und freien Städte"). Die Liberalen blieben auch dann beim V.s-Begriff, als sie im Vormärz einen engeren Zusammenschluss anstrebten und den Deutschen Bund als „wahrhaft staatsrechtlichen Nationalverein" bezeichneten (Welcker 1843: 361); auch eine handelspolitische Bedeutung konnte V. haben (z. B. *Deutscher Zollverein*). Im Vormärz wurde V. (wie Club) überdies in pejorativer Form als Bezeichnung politischer Organisationsformen verwendet, d. h. für ↑Parteien im heutigen Sinn. Nach 1848/49 wandelte sich die Begriffssemantik zum Positiven, ab den 1870er Jahren wurde V. für politische Organisationen auf lexikalischer Ebene von Partei abgelöst und rückte in die heute gängige Bedeutung einer freiwilligen Vereinigung ein.

### 2. Kennzeichen und rechtlicher Rahmen

Die Frage, was das moderne V.s-Wesen von früheren Zusammenschlüssen unterscheide, wird im Anschluss an Otto von Gierke mit Verweis auf Freiwilligkeit und Gleichheit beantwortet: Anders als in Korporationen können Mitglieder eines V.s jederzeit ein- oder austreten und verfügen über dies.n Rechte; zudem gestaltet der V. nur ausgewählte Lebensbereiche aus. Freiwilligkeit verweist auf die V.s-Bildung als Ausdruck der Selbstorganisation einer Gesellschaft, Gleichheit auf die Konkurrenz zu korporativ-ständischen Ordnungsmodellen. Die V.e leisteten somit einen wichtigen Beitrag zu Individualisierung, Dekorporierung und Emanzipation des Bürgertums, was in Thomas Nipperdeys These vom V. als Element der bürgerlichen Welt mündet.

V.e wurden ab Ende des 18. Jh. zugelassen, ausgenommen waren politische V.e (z. B. PrALR 1794), deren Verbot mit den Karlsbader Beschlüssen und dem Bundesbeschluss vom 5.7.1832 bekräftigt wurde. Der Wendepunkt kam mit der Revolution von 1848 (Bundesbeschluss vom 2.3.1848) und dem Postulat der V.s-Freiheit in der Paulskirchenverfassung von 1849. Obwohl nie in Kraft, entfaltete der einschlägige § 162 Vorbildwirkung: In den Folgejahren übernahmen die deutschen Staaten das Prinzip der V.s-Freiheit (z. B. Art. 30 der Preußischen Verfassung von 1850). In Weimar festgeschrieben (Art. 124 WRV) wurde die V.s-Freiheit im ↑Nationalsozialismus, dessen Volkstumsideologie sie zuwiderlief, aufgehoben, in der Bundesrepublik wiederhergestellt (Art. 9 GG).

### 3. Entwicklung, Träger, Funktion

Die Entstehung der V.e wird als Emanzipationsprozess des Bürgertums (↑Emanzipation; ↑Bürger, Bürgertum) gegenüber der Ständeordnung und damit als Teil der gesellschaftlichen ↑Modernisierung begriffen. Der Vorgang wurde vom politischen Wandel in Staat und Gesellschaft begünstigt, trieb denselben aber zugl. voran. Zeitlich ab dem letzten Drittel des 18. Jh. zu verorten, kam ihm für die Herausbildung der modernen bürgerlichen ↑Gesellschaft somit eine wichtige Rolle zu. Theoretisch reflektiert wurde die V.s-Freiheit nur von Liberalen (↑Liberalismus), ex negativo als Freiheit von Korporationszwang, positiv gewendet als Recht zur Assoziation, wobei sowohl natur- (Karl von Rotteck [↑Naturrecht]) wie verfassungsrechtlich (Robert von Mohl) argumentiert wurde. Radikaldemokraten wie Konservative (↑Konservatismus) lehnten V.e lange ab; die einen, weil sie keine vermittelnde Instanz zwischen ↑Individuum und Gemeinwesen wollten, die anderen, weil sie für korporative Gesellschaftsmodelle votierten.

Es war ein Postulat der ↑Aufklärung, den Bürger von seiner Teilhabe an ↑Bildung, nicht von äußeren Faktoren wie ↑Stand oder ↑Religion her zu definieren. Die sich in diesem Sinn zusammenfindenden Zirkel, zunächst v. a. Lesegesellschaften, überwanden mit ihrem individualistischen Ansatz, ihrem Bedürfnis nach kulturellem Austausch und ihrer Geselligkeit die ständisch-korporativen Schranken, grenzten sich mit ihrer elitären Grundhaltung freilich zugl. von der Masse ab. Formal schlossen frühe V.e Politik von ihrer Agenda aus, doch widersprachen die von ihnen gepflegten Diskussionen über sowie das Engagement für öffentliche Wohlfahrtsfragen (↑Wohlfahrt) den bestehenden Interpretationsmonopolen von ↑Staat und ↑Kirche und postulierten aktiven Anspruch auf Mitwirkung am *bonum commune*. Doch wäre es falsch, hieraus einen Widerspruch zwischen Staat und V. zu konstruieren: Indem die frühen V.e das ↑Gemeinwohl im Blick hatten, förderte der Staat ihre Aktivität – zumindest solange er sich hiervon eigene Entlastung versprach, was v. a. für Kultur- und Wirtschaftsangelegenheiten galt, nicht für politische Mitwirkung. Umgekehrt glaubten die V.e, nur im bestehenden Verfassungsrahmen ihre inhaltlichen Ziele durchsetzen und die feudale Gesellschaftsordnung (↑Feudalismus) überwinden zu können. Erst der demokratische Radikalismus von 1848 und die Kommunisten (↑Kommunismus) brachen mit der Vorstellung von Harmonie zwischen Herrscher und Beherrschten. Zu diesem Zeitpunkt hatte sich das ambivalente Verhältnis von Staat und V. jedoch bereits mehrfach gezeigt und v. a. in Krisensituationen regelmäßig zu V.s-Verboten geführt.

Für das V.s-Wesen hatte das zweierlei Folgen: Einerseits kam es infolge der rigiden Polizeipraxis zu einer Kryptopolitisierung scheinbar unpolitischer V.e (Männergesangs-, Turn-V.e etc.), die dem nationalen Gedanken (↑Nationalismus) neuen Aufschwung gab. Andererseits verselbständigte sich die für frühe V.e typische Aneignung von ↑Kultur zum Selbstzweck und förderte den Rückzug ins Unpolitische. Es scheint, als sei dem Bürgertum seine sozioökonomische Emanzipation wichtiger gewesen als seine politische; allerdings fehlen Untersuchungen zu Mehrfach-Mitgliedschaften, die das Urteil einer entpolitisierten V.s-Landschaft im Vormärz u. U. korrigieren könnten.

Für die frühen V.e legte Otto Dann eine Typologie vor, die zwischen Lese- und Patriotischen Gesellschaften, Geheimbünden, antiaufklärerischen informellen Aktionsgruppen, politischen Diskussionszirkeln, studentischen Reformgruppen und national-politischen Unterstützungs-V.en unterscheidet und damit eine erste inhaltliche Differenzierung vornimmt, die umso wichtiger ist, als sich das V.s-Wesen in der ersten Hälfte des 19. Jh. enorm diversifizierte – u. a. entstanden während der napoleonischen Kriege die ersten Frauen-V.e –, obwohl die Restaurationspolitik (↑Restauration) die Entwicklung einer bürgerlichen Emanzipations- und Selbstorganisationsbewegung insgesamt bremste. Eine quantitative Explosion ist ab den 1840er Jahren zu verzeichnen: Neben Geselligkeit, kulturelle, politische und religiös-philanthropische Aspekte treten im V.s-Wesen nun verstärkt ökonomische Fragen (Entstehung von Wirtschafts-V.en wie dem *Börsenverein* 1825 oder dem *Zollverein* 1833) sowie die Lösung der ↑sozialen Frage. Im ↑Sozialismus wurde das klassische V.s-Wesen im Wesentlichen vor Karl Marx rezipiert (Theodor Schuster; Wilhelm Weitling), dessen Theorie klassenübergreifende Vereinigungen ausschloss, wenngleich sich in der Praxis zahlreiche linke V.e bildeten. Zudem wurden Pauperismus und Arbeiterfrage Gegenstand bürgerlicher wie kirchlicher V.e., teils mit patriarchalischem Verständnis *(Centralverein für das Wohl der arbeitenden*

*Klassen)*, teils als V.e, die auf Hilfe zur Selbsthilfe setzten, die Arbeiter also als selbständige Handlungssubjekte begriffen *(Allgemeiner Hülfs- und Bildungsverein)*.

Auch die soziale Zusammensetzung der V.e änderte sich: Während der Adel nie eine nennenswerte Rolle gespielt hatte, drängte zunächst die Mittelschicht, ab den 1840ern das Kleinbürgertum in zuvor durch Bildung und Besitz dominierte V.e. Obwohl das Scheitern der 48er-Revolution das Vertrauen in die Konfliktlösungsfähigkeit des V.s-Wesens erschütterte, setzte dieses seinen Aufschwung fort. Neu war die Entstehung zahlreicher wirtschaftlicher und Arbeiter-V.e (die später zu ↑Gewerkschaften wurden), die belegt, dass das V.s-Wesen vom bürgerlichen Privileg zum Massenphänomen geworden und damit auf dem „politischen Massenmarkt" (Hans Rosenberg) angekommen war. Die politischen V.e entwickelten sich zu Parteien, auf ökonomischem und gesellschaftlichem Feld gründeten sich, z.T. schon vor der Reichseinigung, nationale Dachverbände (1876 *Zentralverband Deutscher Industrieller*; 1895 *Bund der Industriellen*; 1893 *Bund der Landwirte* u.a.), und Konservative öffneten sich dem V.s-Wesen auf breiterer Front (z.B. 1863 *Verein deutscher Standesherren*). Die Ausdifferenzierung der V.s-Landschaft spiegelt somit diejenige der bürgerlichen Gesellschaft insgesamt wider, der V. setzte sich im dritten Jahrhundertviertel als übliche Organisationseinheit politisch-gesellschaftlicher Aktivitäten durch.

Am Jahrhundertende zeigten V.e als Spiegel der Gesellschaft deren Polarisierung: Die der Entstehung von V.en zugrundeliegenden emanzipatorischen Impulse bestanden in zahlreichen V.en (Frauen-, konfessionelle, Arbeiter-, Bildungs-V.e etc.) fort, wurden jedoch von V.en mit nationalistischen oder chauvinistischen Zielen konterkariert (*Deutscher Flotten-*, *Kolonial-*, *Ostmarkenverein*, *Alldeutscher Verband* und viele andere). Als Max Weber auf dem Tübinger Soziologentag 1911 auf die vollständige Durchdringung des Alltags mit V.en hinwies, tat er das bereits mit der deutlichen Kritik, wonach V.e ein Mittel zur Durchsetzung von Minderheitenherrschaften (↑Minderheiten) sein könnten. Von konservativ-reaktionärer Seite wurde der V. in den 1920er Jahren dann einer antiindividualistischen Modernitätskritik (↑Kulturkritik) unterzogen.

Aus soziologischer Sicht steht die sozialintegrative Funktion des V.s heute nicht in Frage; aus historischer Perspektive wird v.a. die Einübung neuer, von Gleichheit geprägter kommunikativer Formen des Sozialverhaltens und demokratisch-parlamentarischer Verhaltensweisen und damit die Bedeutung für die Ausbildung der modernen Gesellschaft betont (Ernst Manheim; Jürgen Habermas), wenngleich noch wenig untersucht ist, ob die in der Theorie postulierte Egalität sowie die offene Diskussionskultur im V.s-Leben tatsächlich gegeben war.

### Literatur

K. Tenfelde: Die Entfaltung des Vereinswesens während der Industriellen Revolution in Deutschland (1850–1873), in: ders.: Arbeiter, Bürger, Städte, 2012, 174–229 • A. Zimmer: Vereine. Zivilgesellschaft konkret, [2]2007 • H. Reinalter: Politische Vereine, Gesellschaften und Parteien in Zentraleuropa 1815–1848/49, 2005 • S.-L. Hoffmann: Geselligkeit und Demokratie. Vereine und zivile Gesellschaft im transnationalen Vergleich 1750–1914, 2003 • H. Best (Hg.): Vereine in Deutschland. Vom Geheimbund zur freien gesellschaftlichen Organisation, 1993 • W. Hardtwig: Verein. Gesellschaft, Geheimgesellschaft, Assoziation, Genossenschaft, Gewerkschaft, in: GGB, Bd. 6, 1990, 789–829 • Ders.: Vereinswesen in Deutschland 1620–1870, 1987 • O. Dann (Hg.): Vereinswesen und bürgerliche Gesellschaft in Deutschland, 1984 • T. Nipperdey: Verein als soziale Struktur in Deutschland im späten 18. und frühen 19. Jahrhundert. Eine Fallstudie zur Modernisierung I, in: ders. (Hg.): Gesellschaft, Kultur, Theorie, 1976, 174–205 • K. T. Welcker: Teutscher Bund und Teutsches Bundesrecht, in: C. von Rotteck/ders. (Hg.): Staats-Lexikon, Bd. 15, 1843, 353–388.

JÖRG ZEDLER

## II. Soziologisch

Die Geschichte der bürgerlichen ↑Gesellschaft ist nicht zuletzt eine Geschichte des V.s-Wesens. Aber leider analysieren die Sozialwissenschaften ↑Institutionen und Strukturen, die zwischen den natürlichen Gemeinschaften wie der ↑Familie auf der einen und dem ↑Staat auf der anderen Seite bestehen, nur selten. Jenseits von ↑Markt und Staat fehlen Theorien und Vorstellungen über jene intermediären Strukturen, deren institutionelle Gestalt und gesellschaftliche Funktion die Frage nach der Qualität der bürgerlichen Gesellschaft erst beantwortbar machen.

In der Kunst der Vereinigung sahen früher Alexis de Tocqueville wie Max Weber nicht nur einen Schlüssel zum Verständnis der politischen Sonderstellung der USA gegenüber Europa, sondern generell eine wesentliche Voraussetzung für die Entfaltung des demokratischen Prinzips (↑Demokratie). Beiden Klassikern ging es nicht nur um die formalen Mitgliedschaftsregeln der Staatsbürgerschaft, sondern um die Bestimmung jener Qualitäten und Fähigkeiten, über die ein Bürger (↑Bürger, Bürgertum) verfügen muss, um als solcher zu gelten, also „um die unbewußte Beeinflussung des Gesamthabitus durch den Inhalt der Vereinstätigkeit" (Weber 1924: 446). Mit A. de Tocqueville war sich M. Weber darüber klar, dass Individualismus und *community* in Amerika keine Gegensätze bezeichnen, weil das Gemeinwesen nicht als Organismus und der Staat nicht als eine Art größeres Individuum vorgestellt werden, sondern als „Dimension und praktisches Resultat des gesellschaftlichen Handelns von Individuen" (Walzer 1990: 130).

M. Weber zufolge ist der Urtypus alles V.s-Wesens die ↑Sekte, die auf dem Prinzip der freiwilligen Mitgliedschaft von „spezifisch qualifizierten Menschen" (Weber 1924: 442) beruht. Ähnlich wie religiöse Sekten übernehmen V.e die Funktion, die persönliche Rechtschaffenheit ihrer Mitglieder Dritten gegenüber zu verbürgen. In qualitativer Hinsicht sei daher (Nord-)Amerika „das Vereinsland par excellence" (Weber 1924: 442), weil dort die Zugehörigkeit zu einem V. für den Mittelstand zur Legitimation als Gentleman gehört. An die Stelle der staatlichen Autorität und der Außenleitung des Menschen tritt die asketische Selbstdisziplinierung, also eine auf die Kontrolle des äußeren Verhaltens bedachte methodische Lebensführung. V.e stellen sozusagen das ethische Qualifikationsattest für den Bürger als Geschäftsmann aus, indem sie ihn befähigen, sich selbst ein Netz sozialer Verbindlichkeiten zu schaffen. Sie erzeugen ↑Sozialkapital, indem sie soziales ↑Vertrauen ermöglichen und stabilisieren.

Anders in Deutschland: Quantitativ steht das V.s-Wesen dem amerikanischen nicht nach. Aber zu einem Organisationsprinzip individueller ↑Interessen konnte es schon deshalb nicht werden, weil es von Anfang an einem starken Staat gegenüberstand. In Deutschland wurde die bürgerliche Gesellschaft mindestens ebenso stark vom Staat her geschaffen wie von den Bürgern her. Aus diesen bes.n Traditionen und Abhängigkeiten resultierte ein V.s-Wesen, das eine „undifferenzierte, bäurisch-vegetative Gemütlichkeit, ohne die der Deutsche keine Gemeinschaft pflegen zu können glaubt" (Weber 1973: 394), erzeugte und damit einen Persönlichkeitstypus prämiierte, der jeden Zugewinn an individuellen Freiheitsspielräumen als Gemeinschaftsverlust betrauerte. Auf dieses deutsche Unvermögen gesellschaftlicher Selbstorganisation spielt M. Webers Anmerkung an, der heutige Mensch sei ein V.s-Mensch „in einem fürchterlichen, nie geahnten Maße" (Weber 1910: 442).

Weil zudem das Bindungs- und Bildungsprinzip bürgerlicher Gesellschaften wesentlich aus Ideen besteht, ist die Frage entscheidend, in welchem Verhältnis V.e, Verbindungen und ↑Verbände zu den ihnen zugrundeliegenden ↑Weltanschauungen stehen. Jeder V., gleich welcher Art, zieht wie ein Magnet weltanschauungsähnliche Inhalte an. Abgesehen von der Organisationsform eines gemeinschaftlichen Zieles ist es daher nicht unerheblich, welchen Ideen, Aufgaben und Interessen man sich in einem V. widmet. Daraus ergibt sich, dass „mit der quantitativen Verbreitung […] die qualitative Bedeutsamkeit des Vereinswesens nicht immer Hand in Hand" (Weber 1910: 442) geht. Nicht alle V.e erzeugen also Sozialkapital. Entscheidend ist vielmehr, in welchen gesellschaftlichen Bereichen das individuelle Interesse überhaupt zum Ausdruck gebracht werden kann.

Im 21. Jh. ist neben das Geflecht eher standesorientierter Geselligkeits-V.e ein hoch differenziertes Mit- und Gegeneinander unterschiedlichster Freizeit- und Unterstützungs-V.e getreten, die Produktion und Konsum von ↑Dienstleistungen organisieren. Der Freizeit-V. mit nur noch partieller Bindung nimmt immer stärker den Charakter des Clubs an. Dieser neue Typus kann als eine dem Individualisierungsprozess entspr.e Form der Vergesellschaftung begriffen werden. Auswirkungen dieses Wandels auf eine Stärkung bürgerschaftlichen Engagements sind aber eher gering.

Als Schnittpunkt unterschiedlicher sozialer Kreise sind V.e immer auch ein Ausdruck ihrer Zeit. Gerade in der Soziologie werden sie immer noch eher als Repräsentanten der alten Ordnung denn als Motor des ↑sozialen Wandels angesehen. Erst jüngst wird erkannt, dass der Wandel des V.s-Lebens nicht den früheren soziologischen Voraussagen entspricht. Das heutige Bild ist wesentlich komplizierter und widersprüchlicher.

Etwa jeder zweite Bundesbürger ist Mitglied in mindestens einem V. Seit den 60er Jahren gibt es einen regelrechten V.s-Boom: Die Zahl der eingetragenen V.e auf dem früheren Bundesgebiet verdreifacht sich von 88 572 V.en in 1950 auf 285 000 V.e in 1990, im jetzigen Bundesgebiet durchbrach sie 2016 die Grenze von 600 000 mit bemerkenswerter Organisationsdichte in den ostdeutschen Ländern. Die neuen V.e haben einen deutlichen Schwerpunkt in den Bereichen ↑Bildung und ↑Kultur, ↑Gesundheit und Soziales. Sie nehmen die Hürde zur staatlichen Alimentierung schneller als frühere V.s-Organisationen. Das Engagement in Großorganisationen wie ↑Kirchen, ↑Gewerkschaften, ↑Parteien und ↑Wohlfahrtsverbänden nimmt zugunsten eines Engagements in kleinen Initiativen zwar ab, aber gleichzeitig hat sich seit 1970 die Zahl der hauptamtlichen Mitarbeiter der freien ↑Wohlfahrtspflege mehr als verdreifacht (1,4 Mio.). Dieser Professionalisierungsschub ist auch in vielen V.en und Verbänden zu beobachten, die inzwischen eine stattliche Zahl hauptamtlich Beschäftigter aufweisen. In der Demographie der V.s-Mitglieder sind dagegen auf den ersten Blick kaum Verschiebungen festzustellen. Trotz des nicht unerheblichen Anstiegs der Mitgliedschaft von Frauen, ist das typische V.s-Mitglied immer noch männlich, mittleren Alters, berufstätig mit mittlerem Einkommen und lebt in einer Klein- oder Mittelstadt. Mit zunehmender Schulbildung nimmt die Attraktivität von Sport-V.en zu, die von Geselligkeits-V.en ab.

Der Individualisierungsprozess hinterlässt seine Spuren. Geselligkeitsbedürfnis und Geselligkeitsformen haben sich nicht zuletzt durch die wachsende Bedeutung der Vergnügungs-, Freizeit- und Kommunikationsindustrie drastisch gewandelt. Hinter der steigenden Zahl der Eintragungen in das V.s-Register steht eine allg.e V.s-Müdigkeit. Der Rückzug auf die Kleinfamilie und die Partikularisierung individueller Interessen haben zu dem paradoxen Sachverhalt geführt, dass der klassische Typus des V.s-Deutschen sich im Aussterben befindet, obwohl – oder gerade weil – es immer mehr V.e gibt.

Weil es kein homogenes, meinungstragendes Publikum mehr gibt, nimmt die Bedeutung von Teilöffentlichkeiten zu, die durch die Massenmedien überlagert und geprägt werden. Themenspezifisch organisierte Gruppen werden zu Trägern von Meinungen, die sich im Prozess der ↑Kommunikation einig werden, in einer bestimmten Weise zu denken. Gleichzeitig aber wird eine Tendenz zur Refeudalisierung über Ämterhäufung sichtbar. Die sozial aktiven V.s-Mitglieder nehmen sich gegenseitig in jeweils andere V.e auf und stärken dadurch das Netz an sozialen Verbindlichkeiten, das in mancherlei Hinsicht undurchdringliche Züge annimmt.

Der V.s-Boom der letzten Jahre macht deutlich, dass großes Interesse wie auch großes Potential vorhanden sind, eigene Interessen zu organisieren. M. Webers „fürchterlicher" V.s-Deutsche, befindet sich auf dem Rückzug. Damit hat sich der erste Teil seiner Hoffnung auf eine Veränderung des V.s-Wesens erfüllt. Ob es auch gelingt, das vorfindbare Engagement in Bereiche zu lenken, die vom Staat, den Kirchen und den Wohlfahrtsverbänden besetzt gehalten werden, ist eine offene Frage.

### Literatur

H. Krimmer (Hg.): Datenreport Zivilgesellschaft, 2019 • BAGFW: Die Freie Wohlfahrtspflege – innovativ und nachhaltig für sozialen Zusammenhalt, 2018 • J. Priemer/H. Krimmer/A. Labigne: ZiviZ-Survey 2017, 2017 • J. Simonson/C. Vogel/C. Tesch-Römer (Hg.): Freiwilliges Engagement in Deutschland. Der Deutsche Freiwilligensurvey 2014, 2016 • W. Müller-Jentsch: Der Verein. Ein blinder Fleck der Organisationssoziologie, in: BerJSoz 18/3 (2008), 476–502 • G. Kamphausen: Die Erfindung Amerikas in der Kulturkritik der Generation von 1890, 2002 • M. Walzer: Kritik und Gemeinsinn, 1990 • M. R. Lepsius: Zur Soziologie des Bürgertums und der Bürgerlichkeit, in: J. Kocka (Hg.): Bürger und Bürgerlichkeit im 19. Jahrhundert, 1987, 79–100 • M. S. Granovetter: The Strength of Weak Ties, in: AJS 78/6 (1973), 1360–1380 • M. Weber: Kirchen und Sekten in Nordamerika, in: ders.: Soziologie. Universalgeschichtliche Analysen. Politik, [5]1973, 382–397 • T. Nipperdey: Verein als soziale Struktur in Deutschland im späten 18. und frühen 19. Jahrhundert, in: H. Boockmann u. a. (Hg.): Geschichtswissenschaft und Vereinswesen im 19. Jahrhundert, 1972, 1–44 • A. de Tocqueville: Über die Demokratie in Amerika, Bd. 2, 1962 • F. Hunter: Community Power Structure. A Study of Decision Makers, 1953 • M. Weber: Geschäftsbericht und Diskussionsreden auf den deutschen soziologischen Tagungen (1910, 1912), in: ders.: Gesammelte Aufsätze zur Soziologie und Sozialpolitik, [2]1924, 431–491.

GEORG KAMPHAUSEN

## III. Rechtlich

### 1. Überblick

Der V. des bürgerlichen Rechts ist für das System des deutschen ↑Gesellschaftsrechts von großer Bedeutung, weil er das Grundmodell der ↑Körperschaft bildet. Vom V.s-Begriff des BGB (§ 21 ff.) gehen auch das Recht der ↑Genossenschaft und das der Kapitalgesellschaften (AG [↑Aktiengesellschaft], KGaA, GmbH) aus: Es handelt sich um einen freiwilligen, auf Dauer angelegten und körperschaftlich organisierten Zusammenschluss natürlicher oder ↑juristischer Personen zu einem gemeinsamen Zweck. Anders als bei den Personengesellschaften (GbR, OHG, KG), die zumindest nach urspr.er Sichtweise grundsätzlich personenabhängig sind und durch ihre Gesellschafter vertreten werden, zeichnen sich Körperschaften durch das Führen eines eigenen Namens, Bestellung eines Vorstandes und Unabhängigkeit der Vereinigung vom Wechsel ihrer Mitglieder aus. Historisch gesehen war der V. aufgrund seiner vielfältigen Einsatz- und Gestaltungsmöglichkeiten in der Praxis ein beliebtes Instrument zur Verfolgung verschiedenartiger Zwecke, vom Taubenzüchter-V. über Weltanschauungs-V.e, Traditions-V.e und Selbsthilfe-V.e bis hin zu karitativen und humanitären V.en. Urspr. waren auch wirtschaftliche V.e sowie technische Organisationen (der TÜV) in der Rechtsform des V.s organisiert. Heute haben diese V.e im weiteren Sinne weit überwiegend andere Rechtsformen.

### 2. Gründung

Zur Gründung eines V.s müssen sich die Gründungsmitglieder über die Formulierung einer Satzung einigen und den ersten Vorstand bestellen. Die ↑Satzung hat zwingende und fakultative Bestandteile. Die Satzung muss den Namen, den Zweck und den Sitz des V.s bestimmen sowie die Festlegung, ob der V. eingetragen werden soll (vgl. § 57 BGB). Daneben soll die Satzung Bestimmungen enthalten über den Ein- und Austritt der Mitglieder, ob und welche Beträge von den Mitgliedern zu leisten sind, über die Bildung eines Vorstands sowie über die Voraussetzungen, unter denen die Mitgliederversammlung einzuberufen ist, über die Form der Einberufung und über die Protokollierung der Beschlüsse (vgl. § 58 BGB). Im Übrigen besteht weitreichende Satzungsautonomie. So können z. B. die Entscheidungsfindung der Mitgliederversammlung, weitere V.s-Organe, Mehrheitserfordernisse, Mehrstimmrechte oder Stimmrechtsausschlüsse sowie die Bestellung, deren Widerruf oder die Entlastung des Vorstandes sowie V.s-Strafen und der Ausschluss des einzelnen Mitglieds abweichend von den gesetzlichen Regeln (vgl. § 40 BGB) bzw. zusätzlich zu diesen festgeschrieben werden. Fehlen solche Regelungen, gelten die gesetzlichen Vorschriften der §§ 21 ff. BGB. Zwar gibt es keine Formerfordernisse für die Erstellung einer Satzung, diese muss jedoch bei einem eingetragenen V. so erstellt werden, dass die Anmeldevoraussetzungen erfüllt werden können (vgl. § 59 BGB).

### 3. Rechtsfähigkeit

Das ↑BGB differenziert zwischen dem im V.s-Register eingetragenen V. (e. V.) und dem nicht eingetragenen V. (n. e. V.).

*a)* Der e. V. ist eine juristische Person und somit selbst Träger von Rechten und Pflichten. Durch Verträge mit Dritten wird allein er verpflichtet, für Verbindlichkeiten haftet nur sein Vermögen.

*b)* Gemäß § 54 BGB finden auf den n. e. V. die Regeln für die GbR (vgl. §§ 705 ff. BGB) Anwendung. Die Rechtsprechung hat allerdings früh auf den n. e. V. die Regeln über den e. V. angewendet, soweit sie die Rechtsfähigkeit nicht voraussetzen. Seitdem die sog.e Teilrechtsfähigkeit der GbR höchstrichterlich anerkannt ist, bestehen aber selbst bei Anwendung des Rechts der GbR auf den n. e. V. im Hinblick auf die Rechtsfähigkeit des n. e. V. kaum noch Unterschiede zum e. V. Umstritten ist jedoch, ob der n. e. V. auch in das Grundbuch eingetragen werden kann.

*c)* Kraft ausdrücklicher gesetzlicher Bestimmungen kann der n. e. V. aber ebenso wie der e. V. (vgl. § 50 Abs. 1 ZPO) unter seinem Namen verklagt werden und – anders als früher – auch klagen: In dem Rechtsstreit hat der n. e. V. dann die rechtliche Stellung eines e. V. (§ 50 Abs. 2 ZPO).

*d)* Unterschiede zwischen dem e. V. und dem n. e. V. bestehen daher heute v. a. noch im Haftungsrecht (↑Haftung). Zwar haften die Mitglieder weder beim e. V. noch beim n. e. V. mit ihrem privaten Vermögen für Schulden. Anders als beim e. V. haften beim n. e. V. die für den V. handelnden Personen aber neben dem V. auch persönlich für Rechtsgeschäfte, die im Namen des V.s abgeschlossen werden (§ 54 S. 2 BGB). Hingegen haften die Mitglieder eines Wirtschafts-V.s (§ 22 BGB) neben dem V.s-Vermögen auch jeweils in voller Höhe mit ihrem Privatvermögen.

*e)* Die Eintragung des V.s in das V.s-Register des örtlich zuständigen Amtsgerichts steht im Belieben seiner Mitglieder (vgl. für den nicht-wirtschaftlichen Ideal-V. §§ 21, 55 BGB). Die Eintragung erfordert für den Ideal-V. mindestens sieben Mitglieder, die die Satzung unterschreiben. Nach § 59 Abs. 2 BGB muss der Vorstand der Anmeldung zur Eintragung eine Abschrift der Satzung sowie Urkunden über die Bestellung des Vorstandes vorlegen (vgl. § 55 ff. BGB). Im Konzessionsverfahren für den Wirtschafts-V. (vgl. § 22 BGB) hat die Behörde ↑Ermessen, dem V. die Rechtsfähigkeit zu verleihen. Sie wird diese versagen, wenn es den Mitgliedern zuzumuten ist, im Hinblick auf ihre wirtschaftlichen Zwecke eine Handelsgesellschaft zu gründen.

Zur Abgrenzung zwischen Ideal- und Wirtschafts-V. ist darauf abzustellen, ob der Hauptzweck des V.s auf einen wirtschaftlichen Geschäftsbetrieb gerichtet ist. Dies ist der Fall, wenn die wirtschaftlichen Vorteile der Mitglieder im Vordergrund stehen, so etwa bei einer Funktaxizentrale mehrerer Taxiunternehmer. Andererseits liegt ein Ideal-V. vor, auch wenn zur Erreichung des idealen Hauptzwecks ein wirtschaftlicher (Neben-)Betrieb eröffnet wird, z. B. die Kantine im Klubhaus.

### 4. Steuern

Sowohl eingetragene als auch nicht eingetragene V.e, die ihren Sitz im Inland haben, sind gemäß § 1 KStG unbeschränkt körperschaftsteuerpflichtig (↑Körperschaftsteuer), wobei dies nach § 3 KStG für nicht rechtsfähige V.e nur gilt, wenn ihr Einkommen weder nach Einkommen- noch nach Körperschaftsteuerrecht unmittelbar bei einem anderen Steuerpflichtigen zu versteuern ist. Allerdings gibt es für Ideal-V.e zahlreiche Steuervergünstigungen. Diese werden insb. V.en gewährt, die gemeinnützige (§ 52 AO), mildtätige (§ 53 AO) oder kirchliche (§ 54 AO) Zwecke fördern wollen. Das zuständige Finanzamt prüft in regelmäßigen Abständen, ob diese Voraussetzungen vorliegen. Ist das der Fall, sind ↑Spenden an solche V.e steuerabzugsfähig.

### 5. Organe

*a)* Die Mitgliederversammlung ist das oberste Organ des V.s. In ihr kommen die Mitglieder des V.s zusammen, um über alle seine Angelegenheiten durch Beschlussfassung (vgl. §§ 32, 36 BGB) zu entscheiden. Nach der gesetzlichen Regelung ist die Mitgliederversammlung für grundlegende Entscheidungen und der Vorstand ist für die laufenden Geschäfte des V.s zuständig. Sie kann aber auch Entscheidungsbefugnisse auf den Vorstand oder bes. Ausschüsse verlagern oder sich die Entscheidung über Fragen der laufenden Verwaltung vorbehalten. Nach den gesetzlichen Regelungen entscheidet die Mitgliederversammlung jedenfalls über die Bestellung des Vorstands (§ 27 Abs. 1 BGB), die Änderung der Satzung (§ 33 BGB) sowie die Auflösung des V.s (§ 41 BGB). Mangels abweichender Satzungsbestimmungen entscheidet sie mit einfacher Mehrheit der erschienenen Mitglieder. Satzungsänderungen bedürfen einer Drei-Viertel-Mehrheit der erschienenen Mitglieder, die Änderung des V.s-Zwecks die Zustimmung aller, auch der nicht erschienenen, die diese schriftlich nachreichen können. Die Einberufung der Mitgliederversammlung erfolgt durch den Vorstand. Außer in den oben genannten Fällen der Entscheidungszuständigkeit der Mitgliederversammlung ist diese auf Verlangen des zehnten Teils der Mitglieder einzuberufen (§ 37 BGB). Wenn in der Satzung dazu nichts geregelt ist, können die Mitglieder auch außerhalb der Mitgliederversammlung einstimmige Beschlüsse fassen (§ 32 Abs. 2 BGB), wobei jedes Mitglied seine Zustimmung zu dem Beschluss schriftlich oder in elektronischer Form erklären muss. Die Satzung kann aber auch insoweit andere Mehrheits- oder Formerfordernisse vorsehen. Sie kann sogar die Beschlussfassung in einer Online-Mitgliederversammlung vorsehen.

*b)* Der Vorstand ist das Vertretungsorgans eines jeden V.s, er führt dessen Geschäfte und vertritt ihn nach außen (§ 26 Abs. 2 BGB). Vom korporationsrechtlichen Bestellungsakt durch die Mitgliederversammlung ist das zugrundeliegende Rechtsverhältnis (Auftrag oder Dienstvertrag) zu unterscheiden. Ist eine ehrenamtliche Tätigkeit (↑Freiwilligenarbeit) vereinbart (Auftrag), so erhält der Vorstand kein Gehalt, jedoch sind ihm die für die Amtsführung erforderlichen Aufwendungen zu ersetzen. Der Vorstand kann aus einer oder mehreren natürlichen und auch juristischen Personen bestehen, die nicht Mitglieder sein müssen (Prinzip der Fremdorganschaft). Besteht der Vorstand nur aus einer Person, so kann der V. nicht mehr wirksam vertreten werden, wenn diese Person – etwa im Falle von Tod oder Krankheit – an der Ausübung des Vorstandsamts gehindert ist. In dringenden Fällen ermöglicht § 29 BGB die Notbestellung von Vorstandsmitgliedern.

In Fragen, die nicht der Entscheidungszuständigkeit der Mitgliederversammlung unterliegen, entscheidet der Vorstand selbst. Für Schäden, die er verursacht, haftet der Vorstand (Organhaftung, § 31 BGB). Beschränkungen der Vertretungsmacht gelten gegenüber Dritten nur, wenn sie diesen kenntlich gemacht worden sind oder – beim e. V. – in das V.s-Register eingetragen worden sind (vgl. §§ 70, 68 BGB). Der Vorstand kann in bestimmten Intervallen, i. d. R. jährlich, entlastet werden. Diese Entlastung wirkt wie ein Verzicht der Mitglieder auf alle Ersatzansprüche wegen solcher Pflichtverletzungen, die der Mehrheit bekannt waren oder es hätten sein können. Der V. kann in der Satzung konkrete Regelungen zur Entlastung von Vorstandsmitgliedern treffen. Der Widerruf der Bestellung von Vorstandsmitgliedern ist jederzeit möglich, soweit die Satzung nichts anderes bestimmt.

### 6. Mitgliedschaft

Der Beitritt des Mitglieds in den V. erfolgt entspr. der Satzung oder durch Beschluss der Mitgliederversammlung. Aus der damit erworbenen Mitgliedschaft ergeben sich bes. Rechte und Pflichten: Zu den Rechten gehören etwa die Teilnahme an V.s-Veranstaltungen oder die Benutzung von Einrichtungen des V.s, das Recht auf Teilnahme an der Mitgliederversammlung und das Stimmrecht sowie das Recht, aus dem V. auszutreten (§ 39 BGB) – ggf. nach Ablauf der satzungsmäßigen Kündigungsfrist. Die beiden wichtigsten Pflichten des Mitglieds stellen die Treuepflicht sowie die Beitragspflicht dar. Das V.s-Mitglied ist verpflichtet, den Verbandszweck zu fördern, soweit nicht überwiegende Interessen entgegenstehen. Die Veräußerung, Verpfändung oder Vererbung der Mitgliedschaft ist mangels spezieller Satzungsregelungen nicht zulässig (vgl. §§ 38, 40 BGB). Soweit V.s-Mitglieder Aufgaben des V.s wahrnehmen, werden diese haftungsrechtlich den Organmitgliedern gleichgestellt, wenn sie im Wesentlichen unentgeltlich tätig sind: Danach haften sie dem V. und dessen Mitgliedern gegenüber ebenso wie jene nur bei Vorliegen von Vorsatz und grober Fahrlässigkeit (§§ 31a, 31b BGB).

Die V.s-Mitgliedschaft endet durch Austritt des Mitglieds oder Ausschluss durch den V. Ist der Verbleib des Mitglieds im V. für den V. unzumutbar, ist dieser zum Ausschluss des Mitglieds berechtigt. Hierüber entscheidet mangels abweichender Regelungen die Mitgliederversammlung mit einfacher Mehrheit; dabei hat der Betroffene kein Stimmrecht, aber Anspruch auf rechtliches Gehör und ein faires Verfahren. Der Ausschluss wird regelmäßig ein Verschulden des Betroffenen voraussetzen, in Ausnahmefällen kann aber auch lediglich ein objektiver, den V.s-Zweck gefährdender Grund ausreichen, z. B. das schlechte Medienimage des Mitglieds eines Spenden-V.s. Zur Überprüfung der Rechtmäßigkeit des Ausschlusses kann der Betroffene die ordentlichen Gerichte anrufen.

### 7. Auflösung

Der V. wird vorbehaltlich einer anderweitigen Satzungsregelung durch einen Mitgliederbeschluss mit Drei-Viertel-Mehrheit aufgelöst (§ 41 BGB). Der V. wird daneben aufgelöst durch die Eröffnung des Insolvenzantrags (↑Insolvenz) oder dessen Abweisung mangels Masse, Zeitablauf, die Verlegung des Sitzes in das Ausland oder den Wegfall aller Mitglieder. Bei einem e. V. ist dies darüber hinaus der Fall, wenn ihm die Rechtsfähigkeit entzogen wird, wenn der V. weniger als drei Mitglieder hat (§ 73 BGB). Dies führt jedoch nur dann zur Beendigung des V.s, wenn das V.s-Vermögen an den ↑Fiskus fällt. Das ist nach § 45 Abs. 3 BGB jedenfalls der Fall, wenn es an einer entspr.en Regelung in der Satzung oder einem Beschluss der Mitgliederversammlung fehlt.

### Literatur

L. Leuschner: Vereine, in: Münchener Komm. zum BGB, Bd. 1, [8]2018, §§ 21–79 • B. Reichert/M. Schimke/J. Dauernheim: Hdb. Vereins- und Verbandsrecht, [14]2018 • T. Baumann/M. Sikora: Hand- und Formularbuch des Vereinsrechts, [2]2017 • K. Stöber/D.-U. Otto: Hdb. zum Vereinsrecht, [11]2016 • K. Schmidt: Verbandszweck und Rechtsfähigkeit im Vereinsrecht, 1984.

LEIF BÖTTCHER

## Verein für Socialpolitik

### 1. Zielsetzung und Aktivitäten

Der *Verein für Socialpolitik (VfS) e. V.* ist die deutschsprachige *Gesellschaft für Wirtschafts- und Sozialwissenschaften* mit ständigem Sitz in Berlin seit 2016. Gemäß der neuesten Satzung vom 1.1.2019 wird der Vereinszweck „insbesondere durch die wissenschaftliche Erörterung wirtschafts- und sozialwissenschaftlicher sowie wirtschafts- und sozialpolitischer Probleme in Wort und Schrift wie auch die Pflege internationaler Beziehungen innerhalb der Fachwissenschaft verwirklicht. Die Pflege der Zusammenarbeit von Wissenschaftlerinnen und Wissenschaftlern aus der Bundesrepublik Deutschland, aus Österreich und der Schweiz gehört zu den besonderen Anliegen des Vereins. Zu seinen Aufgaben gehört auch die Klärung von Fach- und Studienfragen der Wirtschafts- und Sozialwissenschaften, die Durchführung wissenschaftlicher Veranstaltungen und Forschungsvorhaben sowie die Vergabe von Preisen und Auszeichnungen." Der VfS hat gegenwärtig mehr als 30 korporative und über 4 000 persönliche Mitglieder, die überwiegend aus dem deutschsprachigen Raum kommen. Die Tagungen des VfS sind jeweils einem Generalthema (Kerntagungsteil) gewidmet und werden durch einen offenen Tagungsteil ergänzt, innerhalb dessen referierte Papiere aus Teilgebieten der Wirtschaftswissenschaften präsentiert werden. „Für die dauernde Pflege besonderer wissenschaftlicher Gebiete“ sorgen – derzeit 24 – Fachausschüsse, in denen sich fast die Hälfte der Mitglieder engagiert. Seit 2000 gibt der VfS zwei vierteljährlich erscheinende Zeitschriften heraus: German Economic Review (GER) und Perspektiven der Wirtschaftspolitik (PdW).

## 2. Zur Geschichte

Seit Mitte des 19. Jh. wuchsen die europäischen Volkswirtschaften stark infolge technischer ↑Fortschritte und damit einhergehender Industrialisierung (↑Industrialisierung, Industrielle Revolution). Die Kehrseite manifestierte sich in ungleicher Verteilung von ↑Einkommen und ↑Vermögen sowie ↑sozialen Konflikten bei zunehmender Bevölkerung. In dieser Zeit verstärkten sich die Stimmen, die eine extrem liberale Agenda (↑Liberalismus) ebenso wie marxistische Vorstellungen (↑Marxismus) ablehnten und insb. den Staat in der Pflicht sahen, die ↑„Soziale Frage“ durch sozialpolitische Reformen zu lösen. Mit dem Ziel, dieses Vorhaben zu konkretisieren, versammelte sich auf Anregung des Journalisten und Diplomaten Julius Albert Wilhelm von Eckardt und auf Einladung Gustav Schmollers ein Kreis namhafter Personen im Juli 1872 in Halle an der Saale – darunter weitere Repräsentanten der Älteren wie Jüngeren Historischen Schule (↑Historismus in der Wirtschaftswissenschaft). Auf einer Tagung im Oktober 1872 in Eisenach mit 159 Teilnehmern „zur Besprechung der socialen Frage“ (Roller 1873) wurde ein Ausschuss, dem Persönlichkeiten aus Wissenschaft, Politik, Wirtschaft und Verwaltung angehörten, beauftragt, einen „Aufruf zur Gründung eines Vereins für Socialpolitik“ (o.V. 1873) zu verfassen. Er fand genügend Resonanz, so dass sich wiederum in Eisenach der VfS am 13.10.1873 konstituieren konnte.

Fortan behandelte der VfS auf seinen Tagungen bis 1932 und in damit verbundenen „Schriften“ (187 oft mehrteilige Bände) jeweils aktuelle wirtschaftliche und soziale Themen. Ein gravierender Dissens um das Selbstverständnis des Vereins trat auf der Wiener Tagung 1909 offen zu Tage, als jüngere Mitglieder – namentlich Werner Sombart und Max Weber – dem Diktum widersprachen, die Nationalökonomie als „große moralisch-politische Wissenschaft“ (Schmoller, zit. n. Rieter 2002: 152) zu begreifen, und stattdessen forderten, ↑Wissenschaft und ↑Werturteil strikt auseinander zu halten. Erst nach G. Schmollers Tod 1917, der seit 1890 dem VfS vorsaß, und mit nachlassendem Einfluss der Historischen Schule setzte sich das Postulat der Werturteilsfreiheit wirtschafts- und sozialwissenschaftlicher Aussagen durch. Der bislang erklärt politisch aktive VfS verwandelte sich mehr und mehr in eine fachwissenschaftliche Gesellschaft. Die Vorarbeiten vorwiegend jüngerer, theoretisch interessierter Mitglieder fanden sich nun zunehmend wieder in den Tagungsprogrammen; markant auf der Züricher Tagung 1928, wo betont theoretisch ein aktuelles Thema erörtert wurde – das Konjunkturproblem (↑Konjunktur). Als die Nationalsozialisten 1933 in Deutschland an die Macht kamen, fiel es dem VfS immer schwerer, wie bisher tätig zu sein. Um der unvermeidbaren ideologischen „Gleichschaltung“ zu entgehen, entschloss sich die Mitgliederversammlung im April 1936, den Verein aufzulösen.

Nach entspr.en Vorgesprächen unter wirtschaftswissenschaftlichen Hochschullehrern 1946/47 wurde auf einer *Tagung der Volks- und Betriebswirte* im September 1948 in Marburg (Lahn) beschlossen, den Verein neu zu gründen – und zwar als *Gesellschaft für Wirtschafts- und Sozialwissenschaften* mit dem Zusatz *Verein für Sozialpolitik* (seit 1956 wieder *Socialpolitik*), in den 1990er Jahren umbenannt in *Verein für Socialpolitik. Gesellschaft für Wirtschafts- und Sozialwissenschaften*. Der neue VfS sollte – anders als der alte – eine Vereinigung sein, die rein wissenschaftlichen Belangen dient, sich um die Gestaltung einschlägiger Studiengänge und deren Abschlüsse sowie die beruflichen Interessen ihrer Mitglieder kümmert. Um die Referate und Diskussionen der seit 1949 bald wieder jährlich abgehaltenen Tagungen und die Beiträge der Fachausschüsse dokumentieren zu können, wurde und wird die bewährte, von Duncker & Humblot seit Anbeginn verlegte Reihe „Schriften des Vereins für Socialpolitik“ als „Neue Folge“ fortgesetzt.

## Literatur

J. Glaeser: Der Werturteilsstreit in der deutschen Nationalökonomie. Max Weber, Werner Sombart und die Ideale der Sozialpolitik, 2014 • S. Oschina: Die Entwicklung des Vereins für Socialpolitik von seiner Gründung bis 1980, 2010 • E. Grimmer-Solem: The Rise of Historical Economics and Social Reform in Germany 1864–1894, 2003 • H. Rieter: Historische Schulen, in: O. Issing (Hg.): Geschichte der Nationalökonomie, 42002, 131–168 • H. Hagemann/H.-M. Trautwein: Verein für Socialpolitik. The Association of German-Speaking Economists, in: Royal Economic Society Newsletter 107 (1999), 7–9 • K. Horn: Vom Agitationsbund zum offenen Diskussionsforum der Ökonomen. 125 Jahre Verein für Socialpolitik, in: FAZ, 28.9.1998, 19 • I. Gorges: Sozialforschung in Deutschland 1872–1914. Gesellschaftliche Einflüsse auf Themen- und Methodenwahl des Vereins für Socialpolitik, 1980 • G. Albrecht: Verein für Sozialpolitik, in: HDSW, Bd. 11, 1961, 10–16 • Ders.: Verein für Sozialpolitik. Gesellschaft für Wirtschafts- und Sozialwissenschaften, in: Schmollers Jahrbuch für Gesetzgebung, Verwaltung und Volkswirtschaft 69/1 (1949), 117–124 • F. Boese: Geschichte des Vereins für Socialpolitik 1872–1932, 1939 • E. Kesten-Conrad: Verein für Socialpolitik, in: J. Conrad u.a. (Hg.): Handwörterbuch der Staatswissenschaften, Bd. 8, 31911, 144–152 • H. Roller: Verhandlungen der Eisenacher Versammlung zur Besprechung der Socialen Frage, 1873 • o.V.: Aufruf zur Gründung eines Vereins für Socialpolitik, in: JBNSt 26/1 (1873), 123–127.

HEINZ RIETER

# Vereinigte Evangelisch-Lutherische Kirche in Deutschland (VELKD)

## 1. Geschichtliche Skizze

Die VELKD wurde am 8.7.1948 als Zusammenschluss von neun lutherischen Landeskirchen in Eisenach durch die Verfassungsgebende Generalsynode gegründet. Die Anfänge kirchlicher Vereinigungsbestrebungen im ↑Luthertum reichen ins 19. Jh. zurück. Nach Bildung einer lutherischen Bischofskonferenz 1927 und des Zusammenschlusses lutherischer Kirchen innerhalb der DEK wurde 1934 ein *Lutherischer Rat* zur Profilierung des Luthertums innerhalb der ↑Bekennenden Kirche gegründet. Dieser wurde zwei Jahre später abgelöst vom *Rat der Evangelisch-Lutherischen Kirchen Deutschlands*, dem sog.en „Lutherrat", der die Vorläuferorganisation der VELKD bildete. Die erste Generalsynode wählte 1949 den bayerischen Landesbischof Hans Meiser zu ihrem Leitenden Bischof. Für die Verwaltung wurde ein Lutherisches Kirchenamt mit Sitz in Hannover eingerichtet. Durch die Teilung Deutschlands erheblich beeinträchtigt, bildete sich seit 1960 im Zusammenschluss der Landeskirchen in Sachsen, Thüringen und Mecklenburg ein östlicher Zweig, die VELK in der DDR, der bis 1988 existierte. Nach der Wiederherstellung der deutschen Einheit wurden die östlichen Landeskirchen erneut Mitglieder der VELKD. Im Zuge der gegen Ende des 20. Jh. einsetzenden Debatten um die Bedeutung konfessioneller Identitäten für das Selbstverständnis des deutschen ↑Protestantismus und die Zukunft der evangelischen Kirchen wurden im Rahmen des sog.en Verbindungsmodells die konfessionellen Bünde der VELKD und der ↑UEK enger mit der ↑EKD verbunden. Seit 2007 unterhält die VELKD eine Amtsstelle im Kirchenamt der EKD; Anfang 2018 wurde diese in einen Amtsbereich überführt, um die Zusammenarbeit mit der EKD weiter zu verzahnen.

## 2. Zentrale Lehraussagen

Die Formierung der Deutschen Christen im ↑Nationalsozialismus machte deutlich, wie groß die Gefahr ist, das Zeugnis des Evangeliums in den Dienst einer totalitären Ideologie zu stellen. Vor diesem Hintergrund war und ist das theologische Selbstverständnis der VELKD von ihrer Gründung bis in die Gegenwart durch die Orientierung am Corpus der lutherischen Bekenntnisschriften des 16. Jh. geprägt. Bes. Bedeutung kommt dabei dem Augsburgischen Bekenntnis von 1530 zu. Für die VELKD bilden die Bekenntnisse den zeitübergreifend aktuellen Schlüssel zur Erschließung und zum lutherischen Verständnis des Evangeliums in der Heiligen Schrift. Den Angelpunkt der theologischen Reflexion bildet die fortlaufende Auseinandersetzung mit Martin Luthers Lehre von der Rechtfertigung des Sünders allein aus Gnade. Vor dem Hintergrund der konfessionspolitisch wie theologisch spannungsvollen Rezeptionsgeschichte der „Barmer Theologischen Erklärung" von 1934 innerhalb der VELKD erfolgte anlässlich des 75-jährigen Jubiläums des Dokumentes eine eingehende Neubesinnung. Der Theologische Ausschuss der VELKD arbeitete die Bedeutung des in reformierten und unierten Landeskirchen bedeutenden Textes auch für lutherische Kirchen heraus. Einige Landeskirchen haben die Erklärung seitdem in ihre ↑Kirchenverfassungen aufgenommen. Die VELKD betreibt ihre theologische Arbeit im Schnittfeld von wissenschaftlicher Theologie, kirchenleitendem Handeln und Herausforderungen gemeindlicher Praxis. Sie konzentriert sich v. a. auf die Bereiche der theologischen und juristischen Grundsatzarbeit, der Pflege und Weiterentwicklung des Agendenwerkes einschließlich liturgischer Fragen sowie auf gemeindepraktische Themen. In ökumenischer Hinsicht ist die VELKD der theologischen Einsicht verpflichtet, dass die gemeinsame Verantwortung für das Zeugnis des Evangeliums das gemeinsame Ringen um das Verständnis der christlichen ↑Wahrheit mit sich führt. Die ökumenische Arbeit bildet einen eigenen Arbeitsbereich, der vom Amtsbereich der VELKD in Kooperation mit dem *Deutschen Nationalkomitee des Lutherischen Weltbundes* (LWB) verantwortet wird.

## 3. Charakteristische Strukturen

Aktuell setzt sich die VELKD aus den sieben Landeskirchen in Bayern, Hannover, Sachsen, Mitteldeutschland, Norddeutschland, Braunschweig und Schaumburg-Lippe zusammen. Die gemeinsame Orientierung am lutherischen Bekenntnis bildet die Grundlage dafür, dass die VELKD sich nicht als Kirchenbund, sondern als *eine Kirche* versteht. Die Vereinigte Kirche versteht sich als eine Institution, die das vielfältige Spektrum lutherischer Kirchen und Theologien in Gemeinschaft und Einheit verbindet und öffentlich darstellt. Das höchste beschlussfassende Organ der Vereinigten Kirche bildet die Generalsynode, die mit der ↑Synode der EKD und der Vollversammlung der UEK zeitlich und sachlich verbunden ist. Charakteristisch für die Generalsynode ist die regelmäßige Teilnahme von Gästen aus dem Kontext der weltweiten Ökumene, insb. des LWB. An den gesetzgebenden Beschlussfassungen und Verordnungen ist die Bischofskonferenz beteiligt, die sich daneben aber auch im Rahmen ihrer jährlichen Klausurtagung mit theologischen Themen befasst. Aus diesem Organ wählt die Generalsynode eine Person zum Leitenden Bischof bzw. zur Leitenden Bischöfin der VELKD, der bzw. die diese als geistliches Oberhaupt in der Öffentlichkeit repräsentiert. Die Verantwortung für die geschäftsführenden Aufgaben zwischen den jährlichen Tagungen der Generalsynode obliegt der Kirchenleitung, in der alle Gliedkirchen mit Sitz vertreten sind. Die Arbeit der Organe wird von den Fachreferaten im Amtsbereich der VELKD flankiert. Daneben stellt die VELKD mit dem *Gemeindekolleg der VELKD* in Neudietendorf, dem *Theologischen Studienseminar Pullach* und dem *Liturgiewissenschaftlichen Institut der VELKD* in Leipzig Bildungseinrichtungen für die kirchliche Öffentlichkeit bereit.

### 4. Aktuelle Bedeutung in Staat und Gesellschaft

Die Vereinigte Kirche beteiligt sich auf verschiedenen Ebenen an der Reflexion und Bewältigung gesellschaftlicher Herausforderungen. Mit dem *Martin-Luther-Bund* unterhält sie ein Diaspora-Werk, das weltweit lutherische Minderheitenkirchen unterstützt. In Zusammenarbeit mit dem LWB fördert sie im Rahmen des sog.en Weltdienstes langfristige Hilfs- und Entwicklungsprogramme in internationalen Krisengebieten. Des Weiteren arbeitet der LWB eng zusammen mit der *Diakonie Katastrophenhilfe* und BfdW/EED. Im nationalen Kontext ist die VELKD mittelbar an der eingehenden Auseinandersetzung mit gesellschaftspolitischen und sozialethischen Fragen befasst. Der Leiter des Amtsbereiches der VELKD hat im Rahmen des sog.en Verbindungsmodells auch die Leitung der Abteilung „Öffentliche Verantwortung" im Kirchenamt der EKD inne.

### 5. Ökumenisches Verhältnis zur römisch-katholischen Kirche

Der Catholica-Arbeit kommt eine herausragende Bedeutung zu. Ein Bischof oder eine Bischöfin der Gliedkirchen wird mit dem Amt des oder der Catholica-Beauftragten betraut und repräsentiert die VELKD gegenüber der römisch-katholischen Kirche (↑Katholische Kirche). Seit 1976 finden theologische Gespräche im Rahmen von bilateralen Arbeitsgruppen zwischen der Kirchenleitung der VELKD und der Deutschen Bischofskonferenz statt. Bisher erfolgten drei Dialogrunden zu den Themen „Kirchengemeinschaft in Wort und Sakrament", „Communio Sanctorum" und „Die Würde des Menschen". Die Arbeitsergebnisse wurden 1984, 2009 und 2017 publiziert. Über ihre Verbindung zum LWB partizipiert die VELKD auch an der weltweiten Entwicklung und Gestaltung der ökumenischen Beziehungen und Dialoge (↑Ökumene; ↑Interreligiöser Dialog). Auf internationaler Ebene führt der LWB Dialoge mit dem *Päpstlichen Rat für die Förderung der Einheit der Christen* zu kontroverstheologischen Themen. Eine herausragende Station auf dem Weg zum von beiden Seiten angestrebten Ziel der vollen und sichtbaren Einheit der Kirche bildet die 1999 von LWB und Einheitsrat verabschiedete „Gemeinsame Erklärung zur Rechtfertigungslehre".

### Literatur

B. Oberdorfer: Gelebte Gemeinschaft. Ökumene in lutherischer Perspektive, 2018 • B. Oberdorfer/O. Schuegraf (Hg.): Sichtbare Einheit der Kirche in lutherischer Perspektive, 2017 • M. Pöhlmann/C. Jahn (Hg.): Hdb. Weltanschauungen, Religiöse Gemeinschaften, Freikirchen, 2015 • Amt der VELKD (Hg.): Unser Glaube. Die Bekenntnisschriften der evangelisch-lutherischen Kirche, 2013 • A. Brummer/M. Kießig/M. Rothgangel (Hg.): Evangelischer Erwachsenenkatechismus, 2010 • F. Hauschildt/U. Hahn/A. Siemens (Hg.): Die Gemeinsame Erklärung zur Rechtfertigungslehre. Dokumentation des Entstehungs- und Rezeptionsprozesses, 2009 • F. Hauschildt/U. Hahn (Hg.): Rechtfertigung heute. Warum die zentrale Einsicht Martin Luthers zeitlos aktuell ist, 2008 • F.-O. Scharbau: Geschichte und Wirken der Vereinigten Evangelisch-Lutherischen Kirche Deutschlands (VELKD). Die 1. Tagung der 1. Generalsynode der VELKD in Leipzig, in: 60 Jahre VELKD, 2008 • T. M. Schneider: Gegen den Zeitgeist. Der Weg zur VELKD als lutherischer Bekenntniskirche, 2006 • F.-O. Scharbau: Die Vereinigte Evangelisch-Lutherische Kirche Deutschlands, in: TRE, Bd. 34, 2002, 581–592.

MAREILE LASOGGA

## Vereinigung Südostasiatischer Nationen (ASEAN)

### 1. Organisation

Die ASEAN wurde 1967 von fünf Staaten in ↑Südostasien gegründet – Indonesien, Malaysia, den Philippinen, Singapur und Thailand – um die politische und wirtschaftliche Zusammenarbeit zu fördern und die regionale Stabilität zu stärken, damals insb. auch vor dem Hintergrund des Vietnamkonflikts. Inzwischen gehören der Vereinigung zehn Länder an, nämlich zusätzlich Brunei (seit 1984), Vietnam (1995), Laos und Myanmar (1997) sowie Kambodscha (1999). Die ASEAN hat 649 Mio. Einwohner, bei einem Pro-Kopf-BIP von 4601 US-Dollar (2018). Sie ist damit einer der größten Zusammenschlüsse unter Entwicklungs- und Schwellenländern. Die Region konnte maßgeblich am wirtschaftlichen Erfolg Pazifisch-Asiens partizipieren.

Die ASEAN- oder Bangkok-Erklärung von 1967 ist das Gründungsdokument der Vereinigung. Ein erstes Gipfeltreffen fand aber erst 1976 statt. Die ASEAN-Charter von 2008 vollzog den Übergang zum rechtlichen Status einer ↑internationalen Organisation. Mit der Charter wurden die institutionellen Mechanismen gestärkt, Prinzipien weiter ausformuliert und drei Pfeiler kodifiziert, die schon beim Gipfeltreffen von Bali (2003) vereinbart worden waren: die politisch/sicherheitspolitische, die wirtschaftliche sowie die sozio-kulturelle Gemeinschaft.

Organisatorisch sind das höchste Entscheidungsgremium die Gipfeltreffen (zweimal jährlich). Den Vorsitz haben die Mitglieder im jährlichen Turnus inne. Im Umfeld finden weitere hochrangige Veranstaltungen statt, etwa mit den Ländern China, Japan und Südkorea (ASEAN+3). Daneben gibt es zahlreiche weitere Gremien. Die Amtsgeschäfte werden vom Generalsekretär und seinem Stab in Jakarta geführt. Seit er auf fünf Jahre (ohne Verlängerungsmöglichkeit) gewählt wird, hat sich das Gewicht des Sekretariats erhöht. Die Mitgliedsländer sind mit permanenten Repräsentanten vertreten. Noch immer ist die staatszentrierte (*top-down* operierende) ASEAN etwa gegenüber der ↑EU im Kern ein *soft institutionalism* mit intergouvernementalem Charakter.

Die ASEAN hat Regeln für das Miteinander formuliert. Dazu gehören die Nichteinmischung, das Konsultations- und Konsensprinzip sowie das Gebot zur Vermeidung von offener Konfrontation. Insgesamt bilden sie den oft beschworenen *ASEAN Way*, welcher von den formalen Prinzipien nach Art. 2 der Charter, allerdings unvollkommen, abgedeckt wird.

### 2. Entwicklung

Hinsichtlich des auch historisch ersten Pfeilers von ASEAN, der sicherheitspolitisch/politischen Zusammenarbeit, konnte in einer Region latenter, dabei niederschwelliger Konflikte weitgehend Stabilität bewahrt werden. Umstritten ist, wie groß der Beitrag von ASEAN selbst dabei war. Nach innen gerichtete Ziele wie die Stärkung von ↑Demokratie und ↑Menschenrechten (Art. 1 der Charter) blieben von einzelstaatlichen Zusammenhängen abhängig. Erfolgreich war ASEAN bei der Initiierung weiterer regionaler Mechanismen wie dem ARF. ASEAN hat sich damit als wichtige Stimme in internationalen Dialogen etabliert.

In Bezug auf die wirtschaftliche Zusammenarbeit war die Vereinbarung einer Freihandelszone im Jahre 1992 (AFTA) mit gegenseitig eingeräumten Präferenzzöllen ein wichtiger Schritt. Angesichts unterschiedlicher Entwicklungsniveaus und zahlreicher Hürden konnte sich der intraregionale Handel (Anteil 2014 ca. 24%) aber bisher nicht zum Treiber der wirtschaftlichen Expansion entwickeln. Die zum Ende 2015 in Kraft getretene Wirtschaftsgemeinschaft AEC dient einem gemeinsamen ↑Markt mit entsprechender Produktionsbasis und vollständiger Zollfreiheit, wobei viele faktische Hürden weiterbestehen. Nach dem AEC Blueprint von 2015 soll bis 2025 ein hochintegrierter Wirtschaftsraum entstehen, wobei vielerorts noch Skepsis vorherrscht.

Auf dem Weg zu einer Finanzmarktintegration sind die Fortschritte noch bescheidener. Das im Rahmen von ASEAN+3 entstandene Währungsswap-Abkommen CMIM ist immer weiter ausgebaut worden, gilt aber noch nicht als krisenfest.

Die Fortschritte bezüglich der Umsetzung einer sozio-kulturellen Gemeinschaft sind am geringsten. Dies liegt an den schwierigen Aufgaben, z. B. dem Ziel, den massiven Entwicklungsunterschieden innerhalb der Region entgegenzuwirken, aber auch an den mangelnden Ressourcen und an den Eigeninteressen der beteiligten Staaten.

### 3. Bewertung und Perspektiven

Im Vergleich mit anderen Süd-Süd-Kooperationen hat die ASEAN eine eindrucksvolle Kontinuität und Verdichtung ihrer Bande in einer keineswegs konfliktfreien Weltregion erfahren. Dies ist aber zumindest auch positiven Rahmenbedingungen geschuldet, etwa dem Interesse der USA an regionaler Stabilität. Die wirtschaftlichen Erfolge beruhen stärker auf der weltwirtschaftlichen Öffnung der Mitglieder und dem Engagement von Investoren wie Japan als auf der institutionellen Integration.

Politische wie wirtschaftliche, geschweige denn soziokulturelle Integrationsbemühungen sind bisher relativ flach geblieben. Für die nachhaltige Produktion kollektiver ↑Güter fehlt es an einem Hegemon, der weniger bevorteilte Mitglieder kompensieren könnte, und an wirksamen Durchsetzungsmechanismen bezüglich eingegangener Absprachen. Der konsensorientierte *ASEAN Way* steht hierbei im Weg. Seine Überhöhung lag zwar im Interesse nationaler Machteliten und konnte viele Beobachter blenden. Er wird aber schon seit der asiatischen Finanzkrise 1997/98 skeptischer gesehen.

Die ASEAN-Region könnte auch zukünftig von exogenen Faktoren profitieren, etwa vom Interesse externer Investoren, Alternativen zu China zu finden – insb. wenn es gelingt, destabilisierende Entwicklungen wie die um das Südchinesische Meer einzudämmen. Der *ASEAN Way* bleibt nützlich bei schwierigen Rahmenbedingungen, für eine vertiefte Integration wird es aber stärker bindender Mechanismen bedürfen.

### Literatur

W. Pascha: Die ASEAN-Wirtschaftsgemeinschaft. Unvollkommenes Integrationsprogramm oder Vorreiter „asiatischer“ Kooperationsmechanismen?, in: M. Leschke/N. Otter (Hg.): Wachstum und Entwicklung. Globale Instabilitäten und neue wirtschaftspolitische Konzepte, 2020 • C. M. Dent: East Asian Regionalism, [2]2016 • J. Dosch: Die ASEAN Wirtschaftsgemeinschaft, 2016 • R. Rohde: Bis 2025 soll in der ASEAN ein gemeinsamer Markt entstehen, 2016 • M. Russell: ASEAN. Building a Socio-Cultural Community, European Parliament Members' Research Service, 2014 • D. Jones/M. Smith: ASEAN and East Asian International Relations. Regional Delusion, 2006 • R. Langhammer: East Asian Cooperation, 2006 • J. Rüland: ASEAN and the Asian Crisis. Theoretical Implications and Practical Consequences for Southeast Asian Regionalism, in: The Pacific Review 13/3 (2000), 421–451.

WERNER PASCHA

## Vereinigungsfreiheit

### 1. Begriff

V. ist das Recht, sich frei mit anderen zusammenzuschließen. Sie ist ↑Grund- und ↑Menschenrecht und dient gemeinsam mit der ↑Meinungsfreiheit, der ↑Informations- und Kommunikationsfreiheit und der Versammlungsfreiheit v. a. der gesellschaftlichen Willensbildung. Sie schützt politische, religiöse, ideelle, soziale, wirtschaftliche u. a. Vereinigungen. Der Zusammenschluss mehrerer Personen erfolgt freiwillig, zu einem gemeinsamen Zweck durch fortgesetzte gemeinschaftliche Tätigkeit und mit einem Mindestmaß an zeitlicher und organisatorischer Stabilität. Die V. ist eng mit der ↑Versammlungsfreiheit verbunden. Diese beiden Grundfreiheiten werden oft in einer Bestimmung garantiert (z. B. Art. 11 EMRK, Art. 12 EuGRC, Art. 20 AEMR, Art. 12 StGG) und unter dem Oberbegriff des „Rechts auf Zusammenschluss" zusammengefasst oder gemeinsam behandelt. Die V. unterscheidet sich von der Versammlungsfreiheit. Bei der Vereinigung handelt es sich um eine *auf Dauer bestimmte*, von der Rechtsordnung anerkannte *Organisationsform*. Die Versammlung ist an Ort und Zeit gebunden.

Schutzobjekt der V. sind alle rechtlich zulässigen Vereinigungen. Die Rechtsform ist ohne Bedeutung. Notwendig ist ein Minimum organisatorischer Willensbildung. Klassische Formen geschützter Vereinigungen sind ↑Gewerkschaften, ↑Arbeitgeberverbände, ideelle ↑Vereine (wie Sportvereine, Vereine im künstlerischen und wissenschaftlichen Bereich). Auch losere Vereinigungen, wie z. B. Bürgerbewegungen oder Interessensgemeinschaften genießen den Grundrechtsschutz.

Die ↑Koalitionsfreiheit ist eine spezielle Form der V. Sie schützt Koalitionen. Das sind freiwillige Zusammenschlüsse von Arbeitgebern oder Arbeitnehmern zur Verfolgung ihrer wirtschaftlichen Interessen mit Bezug auf das Arbeitsverhältnis. Im ↑GG wird die allg.e V. als Recht der Staatsbürger in Art. 9 Abs. 1 garantiert, während in Abs. 3 die Koalitionsfreiheit (als spezielle Ausprägung der V.) als Menschenrecht für jedermann gewährleistet wird. Art. 9 Abs. 3 GG beschränkt sich auf die Wahrung und Förderung der Arbeits- und Wirtschaftsbedingungen. In Art. 9 Abs. 1 GG ist die V. inhaltlich nicht begrenzt. Die Freiheit der Gründung und Betätigung politischer ↑Parteien ist eine spezielle Form der V. Ebenso wie die Koalitionsfreiheit basiert sie auf bes.n Rechtsgrundlagen (z. B. § 1 österreichisches PartG). Die V. gilt auch für kirchliche Vereinigungen. Die Freiheit der Vereinigung zu Religionsgesellschaften ist vielfach (zusätzlich) eigenständig geregelt (z. B. Art. 15 StGG; Art. 137 Abs. 2 S. 1 WRV i. V. m. Art. 140 GG).

### 2. Geschichtliche Entwicklung

Die V. hat sich in Europa unter den Bedingungen des 19. Jh. mit der Entstehung der ↑Industriegesellschaft in der aktuellen Form etabliert. In dieser Zeit entwickeln sich ↑Verbände, um die ↑Interessen der abhängigen ↑Arbeit gegenüber dem ↑Kapital zu vertreten. Daraus entstehen Gewerkschaften und politische Parteien. Die Vereinstätigkeit wurde vielfach als Bedrohung staatlicher ↑Macht empfunden. Beschränkungen durch Verbote oder Konzessionspflichten sind Ausdruck dessen. Auch wenn die V. rechtshistorisch mit der Entwicklung der Koalitionsfreiheit sowie mit der Gründungs- und Betätigungsfreiheit politischer Parteien eng verbunden ist, sind auch in dieser Zeit Assoziationen nicht ausschließlich politisch geprägt. Schon in der ständisch-korporativen Gesellschaft (↑Stand) des ausgehenden Mittelalters und der beginnenden Neuzeit bilden sich außerständische Vereinigungen (Sodalitäten, Sprachgesellschaften, gelehrte Gesellschaften) zur Pflege moderner ↑Wissenschaften, moralisch-ethische Menschenbildung oder der deutschen Sprache. Ende des 18. Jh. entstehen Kunst- und Gesangsvereine und kultische Geheimgesellschaften wie die ↑Freimaurer und auch im 19. Jh. bilden sich Wohltätigkeitsvereine oder Vereine zur Förderung des technisch-wirtschaftlichen ↑Fortschritts.

Im deutschsprachigen Raum nimmt der politische ↑Liberalismus des Vormärz die V. in den Forderungskatalog der unverzichtbaren Rechte des Einzelnen auf. Die Paulskirchenverfassung gewährleistet das Recht der Deutschen, Vereine zu bilden, das durch „keine vorbeugende Maßregel beschränkt werden" (§ 162) soll. Die Preußische Verfassung legt hingegen gesetzliche Beschränkungen und vorübergehende Verbote der politischen Vereine fest. Die ↑WRV (1919) nimmt die V. und die Koalitionsfreiheit in den Katalog der „Grundrechte und Grundpflichten der Deutschen" auf. Mit dem ↑Nationalsozialismus wird die V. neben anderen Grundrechten 1933 außer Kraft gesetzt. Nach dem Zweiten Weltkrieg stellen die westlichen Alliierten die Weichen für die Wiederherstellung der V. Sie wird in Art. 9 GG garantiert.

In Österreich wird mit dem Vereinsgesetz des Jahres 1867 die Konzessionspflicht für „ideelle Vereine" beseitigt und durch eine bloße Anmeldepflicht ersetzt. Art. 12 StGG (1867) gewährleistet diese Vereinsfreiheit für ideelle Vereine bis heute darauf aufsetzend auf verfassungsrechtlicher Ebene. Lediglich während des Ersten Weltkrieges kommt es zu Einschränkungen. Ziff. 3 des Beschlusses der Provisorischen Nationalversammlung vom 30.10.1918 stellt die „volle Vereins- und Versammlungsfreiheit ohne Unterschied des Geschlechts" wieder her. Deren Ausübung wurde „besonderen Gesetzen" vorbehalten. Das Vereinsgesetz ist ein solches. Zusätzlich steht in Österreich die ↑EMRK innerstaatlich im Verfassungsrang. Damit ist die V. nicht nur als völkerrechtliche Verpflichtung, sondern mit Art. 11 auch innerstaatlich verfassungsrechtlich umfassend und nicht nur auf ideelle Vereine beschränkt gewährleistet.

Die Verfassung der USA (1787) enthält keine ausdrückliche Gewährleistung der V. Die Verfassungspraxis nimmt eine solche Garantie über die im ersten Amendment (1791) garantierte Meinungs- und Versammlungsfreiheit auch zum Schutz von Vereinigungen an. Auch in der französischen Erklärung der Menschen- und Bürgerrechte (1789) ist die V. nicht explizit aufgeführt.

### 3. Gegenwärtige Rechtsquellen

Die V. (sowie die Koalitionsfreiheit) ist ausdrücklicher Bestandteil der Verfassungstexte westlicher Verfassungsstaaten. Im europäischen Raum ist sie in den ↑Verfassungen der EU-Mitgliedstaaten und von Nichtmitgliedstaaten garantiert. Deutschland gewährleistet die allg.e V. in Art. 9 Abs. 1 GG, Österreich in Art. 12 StGG und Ziff. 3 des Beschlusses der Provisorischen

Nationalversammlung vom 30.10.1918 sowie in Art. 11 EMRK. In der Schweiz ist die V. in Art. 23 BV verankert. Einfachgesetzliche Ausführungsgesetze (z. B. das Vereinsgesetz 2002 in Österreich oder das VereinsG in Deutschland) konkretisieren diese Garantien.

Völkerrechtlich garantieren verschiedene Menschenrechtsdokumente die V. In Art. 20 AEMR ist sie gemeinsam mit der Versammlungsfreiheit zu finden. Die Koalitionsfreiheit wird in Art. 23 Nr. 4 AEMR gewährleistet. Art. 22 I IPbpR garantiert die allg.e V. sowie das Recht, Gewerkschaften zu bilden und diesen beizutreten. Die Koalitionsfreiheit als spezielle Ausgestaltung der allg.en V. ist auch in Übereinkommen der ↑ILO aufzufinden, die Rechte der Arbeitnehmer sichern.

Auf europäischer Ebene ist die V. (und Koalitionsfreiheit) in Art. 11 EMRK gemeinsam mit der Versammlungsfreiheit zu nennen. Art. 11 EMRK gewährleistet ausdrücklich das Recht, „Gewerkschaften zu bilden und diesen beizutreten". Nach der Rechtsprechung des ↑EGMR garantiert Art. 11 Abs. 1 EMRK auch das typische Recht der Koalitionen, die beruflichen Interessen ihrer Mitglieder durch kollektive Maßnahmen zu verteidigen und für sie zu kämpfen. Auf der Grundlage von Art. 11 EMRK muss daher im nationalen Recht das Streikrecht zumindest prinzipiell eingeräumt werden, weil umfassende Streikverbote einen Eingriff in die Vereinstätigkeit darstellen.

Die ↑EU garantiert die (Versammlungs-) und V. in Art. 12 EuGRC und in Art. 28 EuGRC ein Recht auf Kollektivverhandlungen und Kollektivmaßnahmen. Diese Garantien beschränken sich auf Angelegenheiten, in denen Unionsorgane und Mitgliedstaaten Unionsrecht (↑Europarecht) durchführen. Das Recht auf Kollektivverhandlungen und Kollektivmaßnahmen steht nur nach dem Unionsrecht und den einzelstaatlichen Rechtsvorschriften zu.

## 4. Struktur und Schutzumfang

Die V. schützt einerseits die Freiheit potentieller und aktueller Mitglieder einer Vereinigung (individuelle V.), andererseits schützt sie die Vereinigung selbst (kollektive V.) vor Eingriffen des ↑Staates. Die kollektive V. umfasst das Recht der Vereinigung selbst. Geschützt sind gegenüber dem Staat das Entstehen und Bestehen, die Selbstbestimmung über die eigene Organisation, das Verfahren der Willensbildung und die Führung der Geschäfte einschließlich der Freiheit der Selbstdarstellung und Mitgliederwerbung.

Die individuelle V. garantiert Personen gegenüber dem Staat das Recht auf Bildung (Gründungsfreiheit) von Vereinigungen, die Freiheit des Beitritts zu einer bereits bestehenden Vereinigung, das Verbleiben in der Vereinigung, das Recht auf Fortbestand (Bestandsfreiheit), fortwährende Organisationsautonomie einschließlich der verbandsinternen Betätigungsfreiheit (positive V.). Geschützt sind auch die individuellen Rechte, sich *nicht* zu Vereinigungen zusammen zu schließen, Vereinigungen *nicht* beitreten zu müssen, aus ihnen auszutreten und sie aufzulösen (negative V.).

Die V. garantiert z. B. nach Art. 12 StGG oder Art. 11 EMRK Zusammenschlüsse auf privatrechtlicher Basis, nicht aber öffentlich-rechtliche Organisationen (z. B. Ärztekammer, Rechtsanwaltskammer). Aber auch nach Art. 11 EMRK verletzt die Pflichtmitgliedschaft in solchen gesetzlich eingerichteten K.d.ö.R das Grundrecht nur dann nicht, wenn die (Pflicht-)Mitglieder solcher Körperschaften nicht gehindert sind, private berufsständische Vereinigungen zu bilden. Grundsätzlich schützt die V. vor sämtlichen belastenden Regelungen und Maßnahmen durch öffentliche Rechtsträger in den Funktionen der ↑Gesetzgebung, der ↑Verwaltung und der ↑Rechtsprechung. Von diesem Schutz ist bspw. ein Verbot des Beitritts, eine präventive Kontrolle durch ein Konzessionssystem oder die Auflösung von Vereinen umfasst. Teil der V. ist ein Anspruch auf eine institutionelle Gewährleistung in Form der Schaffung einer „Mindestausstattung" an Organisations- und Verfahrensregelungen gegenüber dem Staat (dem Gesetzgeber). Die V. wirkt auch horizontal (mittelbare Drittwirkung). Der Staat hat zudem vor Einschränkungen der V. durch Private zu schützen (Gewährleistungspflichten). Die Koalitionsfreiheit als Ausprägung der allg.en V. umfasst auch das Recht auf kollektive Maßnahmen, insb. das Recht auf Streik.

Die V. gilt nicht uneingeschränkt. Nach Art. 9 Abs. 2 GG sind Vereine verboten, deren Zwecke oder Tätigkeiten den Strafgesetzen zuwiderlaufen oder gegen die verfassungsmäßige Ordnung oder gegen die Völkerverständigung gerichtet sind. Auch europäische und internationale Rechtsinstrumente sehen Möglichkeiten der Einschränkung des Grundrechts vor. Einschränkungen des Grundrechts sind nur zulässig, wenn sie verhältnismäßig (↑Verhältnismäßigkeit) sind (vgl. z. B. Art. 11 Abs. 2 EMRK, Art. 22 Abs. 1 IPbpR).

In Österreich sind außerdem die Bildung nationalsozialistischer Organisationen und auf ihre Gründung gerichtete Aktivitäten verfassungsrechtlich explizit verboten (§ 1 Verbotsgesetz 1947).

## Literatur

W. Linsenmaier: Art. 9 GG, in: R. Müller-Glöge/U. Preis/I. Schmidt (Hg.): Erfurter Komm. zum Arbeitsrecht, [20]2020, 90–145 • C. Schubert: EMRK Art. 11 Versammlungs- und Vereinsfreiheit, in: M. Franzen/I. Gallner/H. Oetker (Hg.): Komm. zum europäischen Arbeitsrecht, [3]2020, 475–497 • M. Potacs: Recht auf Zusammenschluss, in: HGR, Bd. 7/1, 2014, § 17 • H. Bauer: Art. 9 GG, in: H. Dreier (Hg.): Grundgesetz Komm., Bd. 1, [3]2013, 1078–1149 • T. von Danwitz: Koalitionsfreiheit, in: HGR, Bd. 5, 2013, § 116 • R. Scholz: Koalitionsfreiheit, in: HStR, Bd. 8, [3]2010, § 175 • D. Merten: Vereinsfreiheit, in: HStR, Bd. 7, [3]2009, § 165 • C. Vedder: Die UN-Menschenrechtspakte und ihre Verfahren, in: HGR, Bd. 6/2, 2009, § 174 • H. Tichy: Die Vereinigungsfreiheit, in: R. Machacek/W. P. Pahr/G. Stadler (Hg.): Grund- und Menschenrechte in Österreich, Bd. 3, 1997, 103–208 • G. Robbers:

Vereins-, Vereinigungsfreiheit, in: StL, Bd. 5., 71995, 619–622 • F. Müller: Kooperation und Assoziation, 1965.

GEORG LIENBACHER

## Vereinsrecht ↑Verein

# Vereinte Nationen (UNO, United Nations Organization)

I. Im internationalen Rechtsgefüge – II. In der Praxis der internationalen Politik

## I. Im internationalen Rechtsgefüge

### 1. Einführung

Die UNO ist ein Zusammenschluss von ↑Staaten mit dem Ziel der Wahrung des Weltfriedens und der internationalen Sicherheit. Mit heute 193 Mitgliedstaaten ist sie die größte und wichtigste ↑internationale Organisation auf universeller Ebene. Sie wurde am 26.6.1945 durch Unterzeichnung der UN-Charta von 50 der 51 Gründungsstaaten gegründet (Polen holte die Unterzeichnung am 15.10.1945 nach) und trat gemäß Art. 110 Abs. 3 am 24.10.1945 in Kraft. Neben dem Hauptsitz in New York gibt es weitere Büros in Genf, Nairobi und Wien. Das UN-Büro in Genf gilt als zweitwichtigster Standort und nutzt die Räumlichkeiten im Palais des Nations, der zwischen 1929 und 1938 für den Völkerbund als Vorgängerinstitution errichtet wurde. Schwerpunkte der Tätigkeit in Genf bilden die Menschenrechte und die Rüstungskontrolle. Weitere Büros wurden 1979 in Wien und 1996 in Nairobi errichtet.

Neben der im Mittelpunkt stehenden Sicherung des Weltfriedens und der internationalen Sicherheit dient die UNO als allg.e Plattform für die politische, wirtschaftliche und soziale Zusammenarbeit zwischen den Staaten. In diesem Kontext besitzt sie auch eine Zuständigkeit für die Arbeit an der Kodifizierung (↑Kodifikation) und fortschreitenden Entwicklung des ↑Völkerrechts (Art. 13 UN-Charta) einschließlich des Menschenrechtsschutzes (vgl. Art. 55 UN-Charta).

Die UNO besitzt Völkerrechtssubjektivität, kann also Träger von Rechten und Pflichten aus dem Völkerrecht sein. Mit der UNO sind eine Reihe weiterer universeller Organisationen vertraglich verbunden, die rechtlich selbstständig sind und über eine enger umgrenzte sachliche Zuständigkeit verfügen (wichtige Beispiele sind die ↑Internationale Arbeitsorganisation [ILO], die ↑Welternährungsorganisation [FAO] oder die ↑Weltgesundheitsorganisation [WHO]). Diese Organisationen werden als „Sonderorganisationen" *(specialized agencies)* bezeichnet und bilden zusammen mit der UNO die sog.e „UN-Familie".

### 2. Historische Aspekte

Die UNO ist die Nachfolgeorganisation des ↑Völkerbunds, der 1919 in der Folge des Ersten Weltkriegs gegründet worden war. Wie dieser lässt sich ihre Gründung ideengeschichtlich auf Immanuel Kants Schrift „Zum ewigen Frieden" (1795) zurückverfolgen. Zugl. reagiert die institutionelle Ausgestaltung auf Erfahrungen aus der Zeit des Völkerbunds und versucht, der neu gegründeten Organisation insb. im Bereich der Friedenssicherung klare Handlungsbefugnisse gegenüber den Mitgliedstaaten zu verleihen. Außerdem enthält sie in Art. 2 Ziff. 4 UN-Charta erstmals ein allg.es und umfassendes ↑Gewaltverbot, das sie mit einer – von der Ausnahme der Selbstverteidigung abgesehen – Monopolisierung des Einsatzes militärischer Gewalt beim Sicherheitsrat zu kombinieren versucht.

Die Grundidee für eine neue Weltorganisation entstand bereits während des Zweiten Weltkriegs, so dass bald nach Kriegsende förmlich Verhandlungen aufgenommen wurden. Auf der Konferenz von Dumbarton Oaks wurde im Sommer 1944 ein erster Entwurf verabschiedet, der allerdings in Bezug auf die Abstimmung im Sicherheitsrat offen blieb. Diese wichtige Frage wurde unmittelbar auf der Konferenz von Jalta zwischen den vier Siegermächten i. S. eines Vetorechts der ständigen Mitglieder des Sicherheitsrats entschieden. Die eigentliche Gründungskonferenz fand dann in San Francisco vom 25.4.–26.6.1945 statt. Nachdem die Charta der UNO am 24.10.1945 in Kraft getreten war, löste sich der Völkerbund am 19.4.1946 förmlich auf. Seine Vermögenswerte wurden auf die UNO überführt.

Zwischen 1945 und 2020 liegt eine 75-jährige wechselvolle Entwicklungsgeschichte, für welche der ↑Ost-West-Konflikt bis 1989, die Phase der Dekolonialisierung in den 1960er und 1970er Jahren und das heute wichtige Nord-Süd-Gefälle prägend waren. Außerdem hat das wechselvolle Verhältnis der ständigen Mitglieder des Sicherheitsrats untereinander Themen und Handlungsmöglichkeiten der Organisation nachhaltig beeinflusst.

Eine deutsche Mitgliedschaft in der UNO war unmittelbar nach dem Zweiten Weltkrieg undenkbar, zumal die sog.e „Feindstaatenklausel" nach Art. 53 und Art. 107 UN-Charta militärische Zwangsmaßnahmen gegen jeden Staat erlaubt, der „während des Zweiten Weltkriegs Feind eines Unterzeichners dieser Charta war" (Art. 53 Abs. 2 UN-Charta). Später war der Ost-West-Konflikt ein zentrales Hindernis. Die Aufnahme in die UNO wurde erst am 18.9.1973 möglich, nachdem zuvor mit dem Grundlagenvertrag die Möglichkeit des gleichzeitigen Beitritts der BRD und der DDR geschaffen worden war. Dessen ungeachtet findet sich die „Feindstaatenklausel" immer noch im Text der Charta. Sie wird allerdings allg. als obsolet angesehen und der Weltgipfel der Staats- und Regierungschefs des Jahres 2005 hat seine Entschlossenheit zum Ausdruck gebracht, die Regelung abzuschaffen.

Deutschland ist mehrfach als nicht-ständiges Mitglied in den Sicherheitsrat der UNO gewählt worden und dort wie auch in der Organisation insgesamt ein bes. aktiver Mitgliedstaat. Bemühungen um einen ständigen Sitz im Rahmen einer größeren UN-Reform waren aber nicht von Erfolg gekrönt, was nicht zuletzt an den hohen Hürden für eine Charta-Änderung liegt, die neben einer Zweidrittelmehrheit in der Generalversammlung auch die Zustimmung aller ständigen Mitglieder des Sicherheitsrats umfasst (vgl. Art. 108 und 109 Abs. 2 UN-Charta).

## 3. Aufgaben

### 3.1 Wahrung des Weltfriedens durch Errichtung eines Systems gegenseitiger kollektiver Sicherheit

Hauptaufgabe der UNO ist die Wahrung des Weltfriedens und der internationalen Sicherheit. Zu diesem Zweck errichtet die UN-Charta ein System gegenseitiger kollektiver Sicherheit, bei dem die einzelstaatliche militärische Gewaltausübung umfassend verboten wird und dem Sicherheitsrat weitreichende Kollektivbefugnisse zuerkannt werden, die bis zu militärischen Zwangsmaßnahmen reichen können (Kap. VII UN-Charta). An die Stelle der von der Charta urspr. vorgesehenen Durchführung solcher Zwangsmaßnahmen unmittelbar durch den Sicherheitsrat selbst (vgl. Art. 43–51 UN-Charta) ist in der Praxis eine Ermächtigung des Sicherheitsrats an einzelne Staaten oder Regionalorganisationen getreten. Maßgeblich für diese Entwicklung ist, dass die Staaten nicht bereit waren, die militärische Kommandogewalt über ihre Truppen an die UNO abzugeben. Bekannte Beispiele sind Resolution 687 (1990), in der der Sicherheitsrat militärische Zwangsmaßnahmen im Irak als Konsequenz der Invasion Kuwaits autorisierte, sowie Resolution 1973 (2011) betreffend Libyen, die gleichzeitig als erster Anwendungsfall der Schutzverantwortung *(responsibility to protect)* verstanden werden kann.

In der Praxis der Friedenssicherung hat der klassische zwischenstaatliche militärische Konflikt in den vergangenen Jahren weiter an Bedeutung verloren. Im Vordergrund stehen Bürgerkriegssituationen (↑Bürgerkrieg) und – im Zuge der Bekämpfung des internationalen ↑Terrorismus – der Umgang mit Bedrohungen des Weltfriedens und der internationalen Sicherheit durch nichtstaatliche Akteure.

Das Instrument der Friedenstruppen (sog.e „Blauhelm-Missionen") ist in der UN-Charta nicht ausdrücklich vorgesehen, aus der Friedenssicherungspraxis aber nicht mehr wegzudenken. Friedenstruppen werden üblicherweise im Einverständnis mit den Konfliktparteien zur Sicherung eines – möglicherweise fragilen – Waffenstillstands eingesetzt. Ihre allg.e völkerrechtliche Rechtfertigung beziehen sie aus der Zustimmung der Konfliktparteien. Die Kompetenz der UNO zur Entsendung solcher militärischen Missionen lässt sich mit einer *implied powers-Argumentation* als dem System gegenseitiger kollektiver Sicherheit immanent begründen. Sie wird auch angesichts der viel weitreichenderen militärischen Zwangsbefugnisse nirgends ernsthaft bestritten. 2020 sind 13 Blauhelm-Missionen mandatiert, darunter bspw. MINUSMA in Mali oder UNMISS im Südsudan.

Zum System gegenseitiger kollektiver Sicherheit gehört auch die Verpflichtung zur friedlichen Streitbeilegung (Art. 2 Ziff. 3 UN-Charta), der mit unterschiedlichen Instrumenten nachgekommen werden kann, die von Verhandlungen über Vermittlung bis hin zu schiedsgerichtlichen (↑Schiedsgerichtsbarkeit) und gerichtlichen Verfahren reichen (Art. 33 UN-Charta). Eine Verpflichtung auf ein konkretes Verfahren enthält die UN-Charta nicht.

### 3.2 Allgemeine Plattform der politischen Zusammenarbeit; Schutz der Menschenrechte

Neben der gerade beschriebenen Hauptaufgabe der Friedenssicherung – aber über das Ziel der Beseitigung von Ursachen militärischer ↑Gewalt eng mit dieser Hauptaufgabe verknüpft – kommt der UNO die Rolle einer Plattform für die Organisation zwischenstaatlicher Zusammenarbeit auf universeller Ebene zu. Hierfür hat sie breit gefächerte Zuständigkeiten im wirtschaftlichen und sozialen Bereich (Kap. IX UN-Charta). Mit dem Wirtschafts- und Sozialrat (Kap. X UN-Charta) verfügt sie darüber hinaus über ein Spezialorgan für diesen Bereich. Allerdings darf nicht übersehen werden, dass die UNO hier – anders als im Bereich der Wahrung des Weltfriedens und der internationalen Sicherheit im Rahmen von Kap. VII UN-Charta – über keine Befugnis zu verbindlichen Maßnahmen verfügt.

Schon unmittelbar nach der Gründung im Oktober 1945 und seit der Verabschiedung der beiden Menschenrechtspakte aus dem Jahr 1966 mit wachsender Bedeutung hat sich die UNO auch dem Schutz und der Durchsetzung der ↑Menschenrechte verschrieben. Für die Organisationsstruktur ist von entscheidender Bedeutung, dass im Jahr 2006 an die Stelle der in der Charta angesprochenen Menschenrechtskommission (vgl. Art. 68 UN-Charta) der Menschenrechtsrat getreten ist. Dieser ist als Unterorgan unmittelbar der Generalversammlung zugeordnet und führt regelmäßige menschenrechtliche Überprüfungsverfahren für alle Mitgliedstaaten der UNO durch (sog.e *Universal Periodic Review*). Für den Schutz der Menschenrechte ist zudem von Bedeutung, dass der Sicherheitsrat im Rahmen des Konzepts der Schutzverantwortung *(responsibility to protect)* schwerste Menschenrechtsverletzungen als Friedensbedrohung ansieht und dementsprechend mit kollektiven Sanktionsmaßnahmen reagieren kann.

### 4. Organe

Die UNO verfügt über sechs in Art. 7 Abs. 1 UN-Charta bezeichnete Hauptorgane.

#### 4.1 Generalversammlung

In der Generalversammlung als dem Plenarorgan der UNO sind alle Mitgliedstaaten nach dem Prinzip des *one state, one vote* gleichberechtigt vertreten. Ihr kommen grundlegende organisationsinterne Aufgaben, wie die Beschlussfassung über das Budget, zu. Außerdem kann sie nach Art. 10 UN-Charta alle Fragen und Angelegenheiten erörtern, die im Zuständigkeitsbereich der Organisation liegen. Eine wichtige Einschränkung betrifft den Bereich der Friedenssicherung, in dem die Generalversammlung nur eine gegenüber dem Sicherheitsrat subsidiäre Zuständigkeit besitzt (vgl. Art. 12 UN-Charta). Außerdem haben Beschlüsse der Generalversammlung in aller Regel nur empfehlenden Charakter (Ausnahmen bestehen für den organisationsinternen Bereich, wie das Budget oder die Entscheidung über Stimmrechts- und Mitgliedschaftsfragen), während der Sicherheitsrat im Rahmen seiner friedenssichernden Befugnisse nach Kap. VII UN-Charta Entscheidungen trifft, die für alle Mitgliedstaaten verbindlich sind (Art. 25 UN-Charta).

#### 4.2 Sicherheitsrat

Hauptorgan im Bereich der Friedenssicherung ist der Sicherheitsrat (vgl. Art. 24 UN-Charta), der allein befugt ist, verbindliche Zwangsmaßnahmen zu beschließen. Zentral hierfür sind die Regelungen in Kap. VII UN-Charta, die eine Friedensbedrohung, einen Bruch des ↑Friedens oder eine Angriffshandlung voraussetzen. Zwischen den drei Begriffen besteht eine Stufung, der aber nur politische Bedeutung zukommt. In rechtlicher Hinsicht reicht bereits die Feststellung einer Friedensbedrohung aus. Der Sicherheitsrat hat diesen Begriff in seiner Praxis von seiner urspr. rein zwischenstaatlichen Ausrichtung auf interne Konflikte und schließlich auch auf massive Menschenrechtsverletzungen ausgedehnt. Auch abstrakte Gefahren, wie der internationale Terrorismus oder die Bedrohung durch Massenvernichtungswaffen (↑ABC-Waffen), sollen den – nicht unumstrittenen – Begriff der Friedensbedrohung erfüllen können. Das Instrumentarium des Sicherheitsrats reicht von Empfehlungen über Sanktionsanordnungen bis zu militärischen Zwangsmaßnahmen. Bei den ↑Sanktionen hat sich in den vergangenen Jahren neben den klassischen zwischenstaatlichen wirtschaftlichen oder politischen Zwangsmaßnahmen eine Praxis sog.er *targeted sanctions* herausgebildet, mit denen gezielt Individuen und Organisationen belegt werden, denen Beiträge zur Friedensbedrohung vorgeworfen werden. Entspr.e Maßnahmen umfassen etwa Reisebeschränkungen oder das Einfrieren von Vermögen.

Der Sicherheitsrat besteht aus 15 Mitgliedern, darunter die sog.en ständigen Mitglieder (China [seit 1971 die VR China statt der bis heute noch im Text der UN-Charta genannten Republik China, d. h. Taiwan], Frankreich, Russland [im Wege der Nachfolge für die bis heute im Text der UN-Charta genannte Sowjetunion], das Vereinigte Königreich und die USA). Für das Abstimmungsverfahren gilt das sog.e Vetorecht der fünf ständigen Mitglieder. Nach Art. 27 Abs. 3 UN-Charta bedarf es für einen Sicherheitsratsbeschluss der Zustimmung von neun Mitgliedern, einschließlich der fünf ständigen Mitglieder. Nach der (vom IGH gebilligten) Praxis ist eine Enthaltung aber ungeachtet des Wortlauts „Zustimmung" unschädlich.

#### 4.3 Wirtschafts- und Sozialrat

Der Wirtschafts- und Sozialrat besitzt weitgehende Zuständigkeiten im Bereich der Wirtschaft, des Sozialwesens sowie von Kultur, Erziehung, Gesundheit und verwandten Gebieten (Art. 62 Abs. 1 UN-Charta). Er hat ausschließlich beratende Funktion und teilt sich seine Zuständigkeit mit der Generalversammlung und zahlreichen Sonderorganisationen und UN-Programmen, die Spezialbefugnisse in diesem Bereich besitzen. Er hat über lange Zeit zudem die menschenrechtlichen Aktivitäten der UNO koordiniert, diese Aufgabe aber 2006 mit der Ersetzung der Menschenrechtskommission durch den Menschenrechtsrat weitgehend verloren.

#### 4.4 Treuhandrat

Der Treuhandrat war der Fortführung des bereits unter dem Völkerbund bestehenden Mandatssystem geschuldet. Er hat im Zuge der Dekolonialisierung seine Bedeutung verloren und 2005 seine Arbeit eingestellt, auch wenn die UN-Charta förmlich nicht geändert worden ist.

#### 4.5 Internationaler Gerichtshof

Mit der Integration des ↑IGH als Hauptorgan der UNO (vgl. Art. 7 UN-Charta) und der automatischen Bindung aller Mitgliedstaaten an das IGH-Statut (Art. 93 Abs. 1 UN-Charta) stärkt die Charta die internationale Gerichtsbarkeit. Der Gerichtshof besitzt allerdings keine allg.e Zuständigkeit, sondern es bedarf einer gesonderten Zustimmung der Staaten für den konkreten Streitfall (vgl. Art. 36 IGH-Statut). Diese kann vorab als Auslegungszuständigkeit beim Abschluss ↑völkerrechtlicher Verträge oder in Form einer Unterwerfungserklärung nach Art. 36 Abs. 2 IGH-Statut abgegeben werden. Alternativ können die Streitparteien die Zuständigkeit des IGH ad hoc für die Beilegung einer konkreten Streitigkeit anerkennen.

Dem IGH kommt über seine Gutachtenzuständigkeit (Art. 96 UN-Charta) eine wichtige Aufgabe zu. Auf diese Weise wurden wichtige organisationsinterne Rechtsfragen wie Organzuständigkeiten, Streitigkeiten über Mitgliedschaftsrechte oder auch die Völkerrechtssubjektivität der UNO geklärt.

### 4.6 Sekretariat

Die UN-Charta bezeichnet das Sekretariat als Hauptorgan mit zentralen Verwaltungsaufgaben. Praktisch steht aber der Generalsekretär ganz im Vordergrund. Neben seiner Funktion als Leiter der Verwaltung (Art. 101 Abs. 1 UN-Charta) kommt ihm auch eine herausgehobene politische Rolle zu, die von den verschiedenen Generalsekretären unterschiedlich intensiv ausgefüllt worden ist. Neben politisch bes. sichtbaren Amtsträgern wie Dag Hammerskjöld, Boutros Boutros-Ghali oder Kofi Atta Annan, die wichtige Impulse für die Entwicklung der UNO gesetzt haben, hat es auch immer wieder Generalsekretäre gegeben, bei denen eher die Verwaltungstätigkeit im Mittelpunkt ihrer Tätigkeit stand. Der Generalsekretär hat wichtige Kompetenzen im Bereich der Friedenssicherung. So kann er den Sicherheitsrat auf Situationen aufmerksam machen, die seiner Auffassung nach geeignet sind, die Wahrung des Weltfriedens und der internationalen Sicherheit zu gefährden (Art. 99 UN-Charta).

## 5. Bewertung

Der UNO wird immer wieder Ineffektivität vorgeworfen, gerade auch in Bezug auf massive militärische Auseinandersetzungen mit schwerwiegenden Menschenrechtsverletzungen. In der Tat kann der Blick auf die weltweiten Konfliktherde zu jedem beliebigen Zeitpunkt ihres Bestehens nur Zweifel an der Effektivität der Friedenssicherung durch die UNO hervorrufen. Es ist aber nicht zu übersehen, dass die Schaffung einer solchen weltweiten Organisation nur ein Instrument darstellt, mit dem die Staatengemeinschaft diese Konflikte bewältigen will. Die Möglichkeiten der Organisation reichen deshalb immer nur so weit, wie der politische Wille ihrer Mitgliedstaaten. Dass dabei die Interessen bes. mächtiger Akteure ein entscheidender Faktor sind, gehört zu den Realitäten der internationalen Politik. Diese Realitäten haben in einem Zeitfenster unmittelbar nach dem Ende des ↑Kalten Krieges zunächst eine ganze Reihe von Veränderungen ermöglicht, die der Organisation neue Handlungsspielräume eröffnet haben. Es lässt sich aber nicht übersehen, dass die Bereitschaft zur multilateralen Zusammenarbeit bei den zentralen staatlichen Akteuren (China, Russland, USA) dann stark abgenommen hat und einem neuen Unilateralismus Platz machen musste. Die politischen Rahmenbedingungen für die Tätigkeit der UNO wurden wieder schwieriger. Auch schreibt die Zusammensetzung des Sicherheitsrats mit dem Vetorecht der fünf ständigen Mitglieder die Kräfteverhältnisse einer 75 Jahre alten Nachkriegskonstellation fest, die inzwischen in vielen Teilen überholt ist. Hier täte eine grundsätzliche Reform Not, die freilich bislang ebenfalls an den politischen Realitäten scheitert.

An der grundsätzlichen Notwendigkeit einer universellen Organisation mit Eingriffsbefugnissen zum Zweck der Friedenssicherung ändern diese politisch schwierigen Rahmenbedingungen aber nichts. Ohne die UNO wären die Handlungs- und Einflussmöglichkeiten gerade schwächerer Staaten noch geringer als sie es derzeit sind. Die genannten institutionellen Unzulänglichkeiten und politischen Abhängigkeiten der UNO geben daher keinen Anlass für grundsätzliche Zweifel an einem multilateralen Ansatz der Friedenssicherung. Sie sollten vielmehr zur Arbeit an der Verbesserung und Fortentwicklung der vorhandenen Strukturen animieren.

### Literatur

T. G. Weiss/S. Daws (Hg.): The Oxford Handbook on the United Nations, [2]2018 • R. Higgins u. a.: Oppenheim's International Law. United Nations, 2 Bde., 2017 • S. Chesterman/I. Johnstone/D. M. Malone (Hg.): Law and Practice of the United Nations, [2]2016 • B. Conforti/C. Focarelli (Hg.): The Law and Practice of the United Nations, 2016 • T. G. Weiss: What's Wrong With the United Nations and How to Fix It, [3]2016 • T. Fraser: Maintaining Peace and Security? The United Nations in a Changing World, 2015 • S. B. Gareis/J. Varwick: Die Vereinten Nationen. Aufgaben, Instrumente und Reformen, [5]2014 • N. Tsagourias/N. D. White: Collective Security. Theory, Law and Practice, 2013 • B. Simma u. a. (Hg.): The Charter of the United Nations. A Commentary, 2 Bde., [3]2012 • G. Verdirame: The UN and Human Rights, 2011 • G. Andreopoulos: Collective Security and the Responsibility to Protect, in: P. Danchin/H. Fischer (Hg.): United Nations Reform and the New Collective Security, 2010, 155–172 • H. Nasu: International Law on Peacekeeping, A Study of Article 40 of the UN Charter, 2009 • T. M. Franck: Collective Security and UN Reform. Between the Necessary and the Possible, in: Chic. J. Int. Law 6/2 (2006), 597–611 • J. Alvarez: International Organizations as Law-Makers, 2005 • D. Bouratonis: The History and Politics of UN Security Council Reform, 2005 • A. Orakhelashvili: The Legal Basis of the United Nations Peace-Keeping Operations, in: Va. J. Int'l L. 43 (2003), 485–524 • F. Cede/L. Sucharipa-Behrmann (Hg.): The United Nations Law and Practice, 2001 • D. Sarooshi: The United Nations and the Development of Collective Security. The Delegation by the UN Security Council of Its Chapter VII Powers, 1999 • Y. Blum: Eroding the United Nations Charter, 1993 • N. Singh: The UN and the Development of International Law, in: A. Roberts/B. Kingsbury (Hg.): United Nations, Divided World, [2]1993, 384–419 • I. Kant: Zum ewigen Frieden, 1795.

CHRISTIAN WALTER

## II. In der Praxis der internationalen Politik

Seit ihrer Gründung 1945 ist die UNO, die in erster Linie den ↑Krieg als Mittel der Politik ächten sollte, zu einem globalen Forum geworden, in dem alle grundlegenden Weltprobleme wie Klimaschutz, nachhaltige Entwicklung (↑Nachhaltigkeit), humanitäre ↑Krisen, Menschenrechtsverletzungen, Staatszerfall (↑Failed State) etc. thematisiert und mit dem Ziel einer Lösung teilweise auch aktiv angegangen werden. In der internationalen Politik besteht gleichwohl weitgehender Konsens über den Bedarf einer Reform, weil überkommene

Strukturen und Verfahren nicht mehr durchgängig den weltpolitischen Realitäten des 21. Jh. entsprechen. Gleichzeitig wird von den UN zunehmend verlangt, eine ordnungspolitische Lücke in der globalisierten Welt zu füllen. Dieser Widerspruch zwischen den realen Möglichkeiten und den hochgesteckten Erwartungen erzeugt ein Klima gefühlter und auch tatsächlicher Überforderung und bewirkt oft unangemessene Bewertungen ihrer Arbeit.

### 1. Strukturen und Entscheidungsprozesse

Die multidimensionale Arbeit der UN lässt sich – abgesehen von Zuständigkeiten in weiteren Materien samt angrenzender Politikfelder – in insgesamt drei Hauptfelder einteilen:

*a)* Aufgaben im Bereich der Sicherung des Weltfriedens und der internationalen Sicherheit,

*b)* Aufgaben im Bereich des Menschenrechtsschutzes und der Fortentwicklung des ↑Völkerrechts und

*c)* Aufgaben in den Bereichen Wirtschaft, Entwicklung und Umwelt.

Nach den Erfahrungen mit dem ↑Völkerbund, vor dem Hintergrund zweier Weltkriege, massiver Verletzungen der ↑Menschenrechte sowie der fatalen Folgen der ↑Weltwirtschaftskrise wurde mit den UN ein neuer Versuch zur Regulierung des internationalen Systems und zur Schaffung dauerhafter ↑Sicherheit unternommen. „Fest entschlossen, künftige Geschlechter von der Geißel des Krieges zu befreien", sollten Bedingungen geschaffen werden, unter denen „Gerechtigkeit und die Achtung vor den Verpflichtungen aus Verträgen […] gewahrt werden können, den sozialen Fortschritt und einen besseren Lebensstandard in größerer Freiheit zu fördern" (Präambel der UN-Charta). In Art. 1 UN-Charta, die insgesamt 111 Artikel in 19 Kapiteln umfasst, setzt sich die Weltorganisation vier programmatische Hauptziele:

*a)* den Weltfrieden und die internationale Sicherheit zu wahren und zu diesem Zweck wirksame Kollektivmaßnahmen zu treffen, um Bedrohungen des ↑Friedens zu verhüten und zu beseitigen, Angriffshandlungen und andere Friedensbrüche zu unterdrücken und internationale Streitigkeiten oder Situationen, die zu einem Friedensbruch führen könnten, durch friedliche Mittel nach den Grundsätzen der ↑Gerechtigkeit und des Völkerrechts zu bereinigen oder beizulegen;

*b)* freundschaftliche, auf der Achtung vor dem Grundsatz der Gleichberechtigung und Selbstbestimmung der Völker (↑Selbstbestimmungsrecht) beruhende Beziehungen zwischen den Nationen zu entwickeln und andere geeignete Maßnahmen zur Festigung des Weltfriedens zu treffen;

*c)* eine internationale Zusammenarbeit herbeizuführen, um internationale Probleme wirtschaftlicher, sozialer, kultureller und humanitärer Art zu lösen und die Achtung vor den Menschenrechten und Grundfreiheiten für alle ohne Unterschiede der Rasse, des Geschlechts, der Sprache oder der Religion zu fördern und zu festigen;

*d)* ein Mittelpunkt zu sein, in dem Bemühungen der Nationen zur Verwirklichung dieser gemeinsamen Ziele aufeinander abgestimmt werden.

Neben diesen allg.en Zielen schreibt die Charta eine Reihe von Grundsätzen vor, die eng mit den Zielen verschränkt sind. So beruhen die UN auf dem Grundsatz der souveränen Gleichheit aller ihrer Mitglieder, dem Prinzip der friedlichen Beilegung von Streitigkeiten und dem ↑Gewaltverbot (von dem lediglich die vom Sicherheitsrat autorisierten Zwangsmaßnahmen und die individuelle bzw. kollektive Selbstverteidigung ausgenommen sind), der grundsätzlichen Beistandspflicht gegenüber der Weltorganisation und dem – inzwischen umstrittenen – Verbot der Einmischung in „die Angelegenheiten, die ihrem Wesen nach zur inneren Zuständigkeit eines Staates gehören" (Art. 2 Abs. 7 UN-Charta). Die Einordnung der Ziele und Grundsätze ist allerdings in mehrfacher Hinsicht unklar. Erstens ist der Grad an Verbindlichkeit bzw. sind die Folgen bei Verstößen nicht präzise beschrieben, zweitens ist eine Prioritätensetzung hinsichtlich der Ziele aus der Charta nicht direkt ableitbar und drittens ist die Kompetenzzuweisung an einzelne Organe und damit die Zuständigkeitsregelung interpretationsfähig.

Das System der UN besteht aus verschiedenen z. T. selbstständigen, dezentralen Organisationen und Programmen mit jeweils eigenen Satzungen, Mitgliedschaften, Strukturen und Haushalten (17 Sonderorganisationen sowie dutzenden Programmen und Fonds). Die meisten Darstellungen über die UN enthalten ein Organigramm mit einer Art zentraler Blüte in der Mitte, deren Ausgangspunkt die Generalversammlung ist und deren Blütenblätter die fünf weiteren Hauptorgane darstellen. Von der Blüte gehen strahlenförmige Linien ab, die die Abhängigkeit einer Vielzahl kleiner Einheiten von diesem Ausgangspunkt anzeigen sollen. Eine solche Darstellung erweckt den falschen Eindruck, die UN lenkten eine Vielzahl kleinerer, untergeordneter Organisationen. Wenn in der Fachliteratur vom „UN-System" oder gar von der „UN-Familie" gesprochen wird, so ist dies richtig hinsichtlich der Beschreibung des umfangreichen Netzes von Institutionen, das die UN im Laufe ihrer Geschichte ausgebildet haben, es verschleiert jedoch die mangelnde Abstimmung innerhalb und zwischen diesen Einheiten sowie die realen Machtstrukturen, bei denen die Mitgliedstaaten die entscheidende Rolle spielen.

Gemäß der Charta hat sich die Kernorganisation im System der UN, die eigentliche internationale Organisation „UN", fünf Hauptorgane gegeben (ein weiteres Hauptorgan, der Treuhandrat, hat seine Arbeit inzwischen eingestellt), die für die Entscheidungsprozesse maßgeblich sind:

*a)* Die Generalversammlung ist das einzige Hauptorgan, das aus Regierungsvertretern der inzwischen

193 Mitgliedstaaten der Organisation besteht, die je eine Stimme haben (Prinzip des *one state, one vote*). Sie nimmt eine organisatorisch-institutionelle Zentralstellung im System der UN ein und entscheidet über die Zusammensetzung der anderen Hauptorgane, übt Kontrolle über Haushalt (2020 rund 3,0 Mrd. US-Dollar ohne Ausgaben für Sonderorganisationen und Friedenstruppen) und Administration der UN aus und kann nach Art. 10 der Charta alle Fragen und Angelegenheiten erörtern, die – sofern sie nicht im Sicherheitsrat anhängig sind – in den Rahmen der Charta fallen oder die Befugnisse und Aufgaben der Sonderorganisationen betreffen. Sie kann entspr.e Empfehlungen an die Mitglieder der UN oder an den Sicherheitsrat oder an beide richten. Von bes.r Bedeutung sind die zahlreichen Nebenorgane der Generalversammlung, die von ihr zur Wahrnehmung spezieller Tätigkeiten eingesetzt werden. Größtenteils handelt es sich um Spezialorgane zur Finanzierung (die über freiwillige Beitragsleistungen erfolgt) und Durchführung von entwicklungspolitischen Hilfsprogrammen, von humanitären und umweltpolitischen Programmen sowie von Ausbildungs- und Forschungsaktivitäten.

*b)* Der Sicherheitsrat – bestehend aus 15 Mitgliedern, davon fünf ständige (China, Frankreich, Großbritannien, Russland, USA) und zehn nichtständige, von denen jeweils fünf alljährlich nach einem regionalen Schlüssel für zwei Jahre von der Generalversammlung mit Zweidrittelmehrheit gewählt werden – hat die Hauptverantwortung für die Wahrung des Weltfriedens und der internationalen Sicherheit (Art. 24 Abs. 1 Charta). Die politische Bedeutung der fünf ständigen Mitglieder ist verstärkt durch das Vetorecht. Mit Ausnahme von Verfahrensfragen bedürfen Beschlüsse des Sicherheitsrats der Zustimmung von neun Mitgliedern einschließlich sämtlicher ständiger Mitglieder. Der Sicherheitsrat ist das einzige Organ, das Entscheidungen treffen kann, die formal für alle UN-Mitglieder bindend sind. Der Sicherheitsrat kann zudem Nebenorgane einsetzen.

*c)* Der Wirtschafts- und Sozialrat (ECOSOC) besteht aus 54 Mitgliedern, von denen alljährlich 18 von der Generalversammlung für eine dreijährige Amtszeit gewählt werden, wobei ausscheidende Mitglieder unmittelbar wiedergewählt werden können. Die Aufgaben des Rats (Art. 62–66 Charta) sind äußerst vielfältig und umfangreich: Er kann international vergleichende Untersuchungen u. a. zu wirtschaftlichen, sozialen, kulturellen, humanitären Fragen durchführen oder anregen sowie Empfehlungen an die Generalversammlung, die UN-Mitglieder oder an zuständige Sonderorganisationen der UN richten. Er stellt das Bindeglied zu diesen Sonderorganisationen mit eigener Mitgliedschaft und eigenem Haushalt (u. a. ↑FAO, ↑UNESCO, IBRD, ↑ILO, ↑WHO, ↑IWF) dar. Diese Sonderorganisationen sind durch Abkommen mit der UN verbunden und bilden zusammen mit den fünf Hauptorganen und den Spezialorganen das UN-System.

*d)* Der ↑IGH mit Sitz in Den Haag ist zwar den anderen Hauptorganen gleichgestellt (Art. 7 Charta), besitzt aber innerhalb des UN-Systems eine unabhängige Stellung.

*e)* Das Sekretariat ist das fünfte Hauptorgan der UN und steht damit auf der gleichen Stufe wie die anderen Hauptorgane. Der Generalsekretär ist der höchste Verwaltungsbeamte der Organisation (Art. 97 Charta). Darüber hinaus erstattet er der Generalversammlung alljährlich einen Bericht über die Tätigkeit der UN, der ihm die Möglichkeit bietet, die aktuellen Weltprobleme im Rahmen der Organisation zu thematisieren. Ferner kann er nach Art. 99 Charta die Aufmerksamkeit des Sicherheitsrats auf jede Angelegenheit lenken, die seiner Meinung nach die Wahrung des Weltfriedens und der internationalen Sicherheit gefährdet. Er hat damit eine enorm wichtige Rolle in der Weltpolitik. Das in der Phase des ↑Ost-West-Konflikts entwickelte Instrumentarium der friedenserhaltenden Aktionen („Blauhelme"), das in der Charta nicht enthalten ist, macht ihn schließlich verantwortlich für die UN-Friedensoperationen.

## 2. Reformen

Die Etablierung der UN kann gewiss als großer Fortschritt in der Geschichte der internationalen Politik bezeichnet werden. Allerdings ist der Ruf nach Reformen am System der UN fast so alt wie die Organisation selbst. Die Frage, ob und wie eine adäquate Weiterentwicklung gelingen kann, richtet sich dabei an erster Stelle an die Mitgliedstaaten, weil nur sie die Macht zu Veränderungen besitzen. Die UN sind insofern eine klassische intergouvernementale Organisation, d. h. sie können nur so weit agieren, wie es die sie tragenden Staaten nach Abwägung der eigenen Interessen gestatten. Zu unterscheiden ist zwischen internen Organisationsrechtsreformen und „Verfassungsänderungen", die eine Änderung der Charta erfordern. Die Hürden für Letzteres sind extrem hoch – neben einer Zweidrittelmehrheit in der Generalversammlung und der Ratifizierung durch eine entspr.e Mehrheit von Mitgliedstaaten hat jedes der ständigen Mitglieder im Sicherheitsrat ein Vetorecht dagegen. Viele der seit Jahren diskutierten Themen sind deshalb vertagt und damit auf die lange Bank geschoben. In verlässlicher Regelmäßigkeit steht deshalb immer wieder ein Teil der Reformvorschläge auf der Tagesordnung diverser Arbeitsgruppen der Generalversammlung und des Sicherheitsrates – ohne realistische Aussicht auf einen Konsens.

Bereits in verschiedenen Reformberichten in der Hochphase der UN-Reformdiskussion unter dem damaligen Generalsekretär Kofi Atta Annan (1997–2006) wurde gefordert, die Mitgliedstaaten müssten die UN besser auf die Herausforderungen der ↑Globalisierung einstellen und dabei insb. drei strategische Prioritätsbereiche in den Blick nehmen: Freiheit vor Not („Entwicklungsagenda"), Freiheit vor Furcht („Sicherheitsagenda") und Schaffung einer ökologisch bestandsfähigen Zukunft („Umweltagenda"). Doch von den Berichten blieb nach den Diskussionen in den Mitgliedstaaten sowie den wenig ambitionierten Entscheidungen anlässlich des 60-jährigen Jubiläums der UN im Herbst 2005 in der Generalversammlung nicht viel übrig. Politische Bedeutung i. S. einer breiten und nachhaltigen Implementierung der zahlreichen Ideen ist auch zum 75-jährigen Jubiläum im Sommer 2020 nicht erkennbar. Alle aktuellen Reformdiskussionen leiden unter diesem Mangel.

Die Reformdebatte konzentriert sich im Bereich der Sicherheitspolitik seit Jahren mit unterschiedlichen Realisierungschancen auf zwei Bereiche:

*a)* Erstens die Reform des Sicherheitsrates: Unabhängig von der Zielvorstellung formulieren sämtliche Reformvorschläge deutliche Kritik an der Zusammensetzung dieses zentralen Gremiums, das nach Art. 24 der Charta zuständig für die Wahrung des Weltfriedens und der internationalen Sicherheit ist. Die Mehrheit der UN-Staaten hält die Zusammensetzung und die Privilegien der fünf ständigen Mitglieder für nicht mehr legitim und angesichts der weltpolitischen Realitäten des neuen Jahrtausends auch für anachronistisch. Eine Erweiterung ist aber aus mindestens zwei Gründen schwierig: Zum einen gibt es zwischen „Nord" und „Süd" keinen Konsens über die Kriterien für einen ständigen Sitz (obgleich die Charta in Art. 23 Abs. 1 solche für die nichtständigen Mitglieder nennt). Insb. Deutschland und Japan argumentieren mit ihrer Wirtschaftskraft, während andere auf die Größe ihrer Bevölkerung hinweisen (so hat allein Indien dreimal mehr Einwohner als die gesamte EU). Zum anderen bedingt eine veränderte Zusammensetzung nach Art. 108 und 109 einer Änderung der Charta, was nur mit zwei Dritteln der Stimmen der Generalversammlung und der Zustimmung aller ständigen Mitglieder des Sicherheitsrates erreichbar ist. Trotz einer erheblichen Intensivierung der Debatte seit Beginn der 1990er Jahre ist bislang keine Formel gefunden worden, die eine konsensfähige Grundlage für eine Reform des Sicherheitsrats beinhaltet. Die Suche danach wird neben hohen institutionellen Erfordernissen durch eine dreifache inhaltliche Anforderung erschwert. So soll die Repräsentativität verbessert (Erhöhung der Mitgliederzahl, um einen repräsentativen Querschnitt aller Weltregionen zu erreichen), gleichzeitig die ↑Legitimität gestärkt (Schaffung eines möglichst „legitimen" Entscheidungsfindungsmechanismus) und schließlich die Effektivität erhöht werden (Verbesserung der Entscheidungsfindung und der Chancen für eine Umsetzung der Beschlüsse in die Praxis).

*b)* Zweitens die Reform der Friedenssicherung und Friedenserzwingung: Die urspr.e und durchaus erfolgreiche Ausrichtung der UN auf die Verhinderung zwischenstaatlicher Kriege mit dem Wandel des Kriegsbildes in Richtung innerstaatlicher Auseinandersetzungen hat sich radikal verändert. Spektakuläre Fehlschläge wie Ruanda, Somalia, Srebrenica oder Sierra Leone haben den Reformdruck in diesem Bereich erhöht. Gemäß Kap. VII der Charta stünde den UN zwar ein hinreichendes Instrumentarium an Maßnahmen bei Bedrohung oder Bruch des Friedens zur Verfügung; in der Praxis wurde aber von diesen Bestimmungen bisher kaum Gebrauch gemacht. Nach den Vorschlägen einer wegweisenden Expertengruppe unter dem Vorsitz des ehemaligen algerischen Außenministers Lakhdar Brahimi vom August 2000 sollten die UN-Truppen in Zukunft grundsätzlich ein robustes Mandat erhalten und nur in Einsätze geschickt werden, wenn die Regeln dafür eindeutig sowie hinreichende Führung und gute Ausrüstung gesichert sind. Zudem sollte gemäß dem Konzept eines *Standby-Arrangement-Systems* eine schlagkräftige multinationale Streitkraft bereitgestellt werden, auf die bei Bedarf schnell zugegriffen werden kann. Insgesamt sollte damit das System der Friedenssicherung effektiver werden und auch der vorbeugenden Diplomatie sowie der Friedenskonsolidierung mehr Aufmerksamkeit geschenkt werden. In diesem Zusammenhang wird auch über die Frage nach einer internationalen Schutzverantwortung *(responsibility to protect)* im Falle gravierender innerstaatlicher Missstände diskutiert.

Die Gesamtzahl der UN-Friedensmissionen beläuft sich seit Gründung der UN auf über 70. 2020 sind in 13 UN-geführten Friedensoperationen rund 110 000 militärische und zivile Friedensschützer im Einsatz. Dabei ist zwischen „UN-geführten Missionen" – also den von den UN selbst verantworteten sog.en „Blauhelmmissionen" – und „UN-mandatierten Missionen" – also solchen, die die UN nicht selber durchführen, aber der Sicherheitsrat das Mandat dazu erteilt – zu unterscheiden. V. a. aber veränderte sich die Qualität der Einsätze. Die frühen Missionen waren überwiegend auf eine Rolle als Puffer zwischen den regulären Armeen der Kriegsparteien ausgerichtet. Doch seit drei Jahrzehnten sind die „Blauhelme" v. a. auch mit den Folgen innerstaatlicher Auseinandersetzungen wie ↑Bürgerkriegen, Vertreibungen (↑Flucht und Vertreibung) und großflächigen Menschenrechtsverletzungen bis hin zum ↑Völkermord konfrontiert. Ob sie zu diesem Zweck deutlich robuster als bisher aufzustellen sind und auch ein entspr.es Mandat benötigen, wird seit langer Zeit intensiv diskutiert und ist Gegenstand zahlreicher Reformberichte (so etwa der im Jahr des 70. UN-Jubiläums tagenden Expertenkommission zur Überprüfung der UN-Friedenssicherung oder verschiedenen Reforminitiativen des seit 2017 amtierenden Generalsekretärs António Guterres). Eine Wunderheilung der UN-Krisenpolitik ist von all dem kaum zu erwarten. Eine weitere offene Frage bleibt, ob der Sicherheitsrat auf diesem Feld tatsächlich das Monopol hat oder inwieweit es akzeptabel ist, wenn in Sonderfällen – wie etwa beim Einsatz der ↑NATO in Jugoslawien im Jahr 1999 – auch ohne eindeutiges Mandat des Sicherheitsrates eingegriffen wird.

### 3. Zukunft

Insgesamt ist heute offen, in welche Richtung sich die UN entwickeln. Auch wenn dem gesamten UN-System jährlich etwa 10 Mrd. US-Dollar zur Verfügung stehen, besteht ein Missverhältnis zwischen den der UN übertragenen Aufgaben und der Bereitschaft, dafür finanzielle und politische Ressourcen zu mobilisieren. Gleichwohl lässt sich argumentieren, dass in der internationalen Politik ein Milieu entstanden ist, in dem zentrale Bestimmungen und Normen der Charta Referenzpunkte geworden sind. Sie werden zwar nicht immer eingehalten. Aber der Rechtfertigungsdruck im Falle der Regelverletzung hat zugenommen. Selbst große Mächte können sich diesem durch Teile der internationalen ↑Öffentlichkeit verstärkten Druck kaum entziehen. Der aktuelle Trend geht jedoch in eine andere Richtung: Multilateralismus ist zunehmend unter Druck geraten. So gilt es, sich von unrealistischen Erwartungen an die UN zu verabschieden. In vielen Kernfragen der internationalen Politik sind die UN gelähmt und spielen keine zentrale Rolle. Das Spannungsverhältnis zwischen den Zielen und Grundsätzen der UN-Charta auf der einen und der politischen Realität auf der anderen Seite ist offenkundig. Wesentliche Grundsätze der Charta basieren mithin auf Regeln, die in der Praxis internationaler Politik immer aufs Neue relativiert, verändert oder schlichtweg systematisch missachtet werden. Der souveränen Gleichheit aller Staaten steht ein ausgeprägtes Machtgefälle, der Pflicht zur friedlichen Streitbeilegung allgegenwärtige Gewalt im internationalen System gegenüber. Und trotz des Allg.en ↑Gewaltverbots nehmen sich Staaten immer wieder das Recht auf unilaterale Gewaltanwendung. Zudem erzwingt die Globalisierung grundlegender Problembereiche eine Neudefinition staatlicher ↑Souveränität, was aber letztlich der Charta und dem festgeschriebenen Verbot der Einmischung in die inneren Angelegenheiten der Staaten zuwiderläuft.

Der anhaltende Reformbedarf der Weltorganisation sollte aber nicht den Blick dafür verstellen, dass die UN für die Stabilität des internationalen Systems unverzichtbar sind. Tragfähige Antworten auf die zentralen Menschheitsprobleme sind besser multilateral zu geben, und in dem Geflecht multilateraler Regime und Organisationen spielen die UN eine herausragende Rolle. Einer erneuerten Weltorganisation käme daher die Aufgabe zu, die in der Charta formulierten Ziele und Grundsätze einzulösen. Wenn die Mitgliedstaaten die UN darin nicht stärker unterstützen, wird der Erfolg allerdings ausbleiben. Ohne eine von allen Mitgliedstaaten getragene, durchgreifende und nachhaltige Reformanstrengung werden die drei großen Dilemmata der UN – Legitimität, Durchsetzung der hehren Ziele und Mittelknappheit – weiterhin ungelöst bleiben.

### Literatur

J. Karlrud: The UN at War, 2018 • T. G. Weiss/S. Daws (Hg.): The Oxford Handbook on the United Nations, ²2018 • J. Koops u. a. (Hg.): The Oxford Handbook of United Nations Peacekeeping Operations, 2015 • S. B. Gareis/J. Varwick: Die Vereinten Nationen. Aufgaben, Instrumente und Reformen, ⁵2014 • H. Volger: Geschichte der Vereinten Nationen, ²2008 • J. Varwick/A. Zimmermann: Die Reform der Vereinten Nationen, 2006.

JOHANNES VARWICK

# Verfahren

I. Rechtswissenschaftlich – II. Sozialethisch

## I. Rechtswissenschaftlich

Eine Rechtsordnung besteht aus drei Grundtypen von Regeln: Organisationsrecht (wer entscheidet), materielles Recht (was wird entschieden) und V.s-Recht (wie wird entschieden). V. ist der Verwirklichungsmodus von Recht. Erst durch V. erhält Recht eine tatsächliche Wirkung (VA, Urteil). Ohne die Konkretisierung durch V. bleiben Gesetze generell-abstrakte Texte, deren Bindungskraft auf der individuellen Selbstverpflichtung beruht, ähnlich wie bei Verträgen, die kein V.s-Recht voraussetzen.

### 1. Ausgestaltung in der Gewaltenperspektive

Die V. und das V.s-Recht unterscheiden sich, je nachdem welche Gewalt mit der Rechtserzeugung betraut ist. Das Gesetzgebungs-V. (↑Gesetzgebung) wird vom ↑GG nur geregelt, soweit es um Interorganbeziehungen geht (Gesetzgebungsinitiative, Mitwirkung des Bundesrates); das Willensbildungs-V. unterliegt nur dem Innenrecht der Organe (↑Geschäftsordnungen). Gleichwohl hat das BVerfG auf dem Umweg über die materielle Kontrolle des Gesetzgebers am Maßstab der ↑Verhältnismäßigkeit den Gesetzgeber einer bisweilen strengen V.s-Kontrolle unterzogen.

Das V. zum Verordnungserlass auf der Ebene der Regierung kann in den zu ↑Rechtsverordnungen ermächtigenden Gesetzen (Art. 80 GG) ausgestaltet werden, ist meist aber kaum geregelt. Mehr noch als Gesetze sind Verordnungen das Produkt eines politischen V.s.

Das V. vor den Verwaltungsbehörden ist im VwVfG nur gering normiert: der Kreis der V.s-Beteiligten ist eng, die Anforderungen an das V. sind nicht hoch, V.s-Fehler können weitgehend geheilt werden (§ 45 VwVfG) und sind nicht isoliert, sondern nur zusammen mit einer materiell unrichtigen Entscheidung gerichtlich anfechtbar (§§ 46 VwVfG, 44a VwGO). In Planfeststellungs-V., spezialgesetzlichen V. (z. B. AO, UVP) und gesetzlich bes. anzuordnenden förmlichen Verwaltungs-V. gelten bereichsspezifisch gesteigerte Anforderungen. Die allg.e Regelung des Verwaltungs-V.s nimmt auf die Behördenstruktur und die Expertise der ↑Verwaltung keine Rücksicht und behandelt die Kreisverwaltung genauso wie eine Bundesoberbehörde.

Am intensivsten ist das Gerichts-V. in den Prozessordnungen (z. B. FGO, StPO, VwGO, ZPO) normiert; hier hat V.s-Recht die stärkste Bindungskraft und Kontrolle (Eröffnung des Rechtswegs, Instanzenzug, Vollstreckung). Die StPO regelt auch das V. der ↑Staatsanwaltschaft. Im ↑Strafrecht ist die V.s-Kontrolle am intensivsten und wird auch grundrechtlich bes. geschützt (Art. 101, 103, 104 GG).

Ein Recht auf faires V. enthält die deutsche Rechtsordnung nicht, was immer wieder der Grund für Beanstandungen durch den ↑EGMR ist. Die unter angelsächsischem Einfluss entstandene ↑EMRK schützt mit Art. 6 ein vom materiellen Recht unabhängiges Recht auf faires V. Der im internationalen Vergleich geringere Schutz von V. macht das deutsche Recht angreifbar und offenbart Schutzlücken.

### 2. Die dienende Funktion des Verfahrens

Das Rechtsverständnis in Deutschland kreist um das materielle Recht. Das ist auch dem Erbe einer kodifikationsorientierten Epoche (↑Kodifikation) geschuldet, in der dem materiellen Gesetz zugetraut wurde, Konflikte auf einer generell-abstrakten Ebene auf eine sachgerechte, zeit- und kontextlose Weise mit subsumtionsfähigen Begriffen zu bewältigen. V.s- und Organisationsrecht haben dann nur eine dienende Funktion, um dem materiellen Gesetz zur Einzelfallrelevanz zu verhelfen. In Deutschland hat man dem V.s-Recht daher keinen eigenen Funktionswert beigemessen, sondern spricht von der dienenden Funktion des V.s. Das V.s-Recht weicht vor richtig erkannten materiellen Lösungen zurück (Heilung von Fehlern im Verwaltungs-V.). Im Strafprozess (↑Strafprozessrecht) bilden nur wenige V.s-Fehler absolute Revisionsgründe (§ 338 StPO). Rechtswidrig erlangte Beweise werden in Deutschland typischerweise verwertet (wenn sie nicht mit grundrechtsverletzenden Vernehmungsmethoden gewonnen wurden, § 136a StPO). Manche Rechtsordnungen sind hier wesentlich strenger (*fruit of the poisonous tree*-Doktrin in den USA). Dieses Grundverständnis setzt voraus, dass der Rechtskonkretisierung im einzelnen Fall keine bes. Relevanz für die Struktur der Rechtsordnung im Ganzen zugebilligt wird, man Einzelfallgerechtigkeit und Systemgerechtigkeit trennt und Rechtsanwendung als deduktiven, nicht induktiven Erkenntnisprozess versteht.

### 3. Rechtskulturelle Kontraste

Andere Rechtsordnungen, etwa die USA aber auch die EMRK, akzentuieren hier anders. Im Fallrecht des *Common Law* (↑Anglo-amerikanischer Rechtskreis) erhält das V. eine herausgehobene Bedeutung, weil jede abstrahierbare materielle Lösung vom Kontext abhängt: Die Erfassung des einzelnen Sachverhalts durch den jeweiligen Spruchkörper geht der generell-abstrakten Behandlung von Recht kognitiv wie temporär voraus, während sie ihr in Deutschland kognitiv wie zeitlich nachfolgt. Materiellrechtliche Lösungen lassen sich im *Case Law* sinnvoll nur begreifen, diskutieren und transferieren, wenn der zu regelnde Sachverhalt „richtig" erfasst wurde, während in Deutschland zunächst das materielle Richtig „richtig" erkannt und erst dann verfahrensrechtlich umgesetzt werden soll. Vom V. erwarten Juristen je nach der Rechtsordnung daher andere strukturelle Leistungen bei der Rechtserzeugung. Entspr. ist in den USA die Juridifizierung des V.s ausgeprägter. Schon die Verfassungsbindung wird als eine weitgehend prozeduralisierte Rechtsbindung verstanden. Die Leitfragen sind etwa, ob die *checks and balances* im Staatsorganisationsrecht funktionieren oder nicht; ob der Grundrechtseingriff auf einem ordnungsgemäßen V. basiert *(due process)* oder nicht. In dieser Perspektive kann das Bestimmen klarer materiellrechtlicher Grenzen zugunsten einer situativen und doch zugl. verfahrensrechtlich strukturierten Rechtserzeugung ersetzt werden. Das fördert Rechtspluralismus und dynamischen Wandel, behindert aber die ↑Rechtssicherheit und Erwartungsstabilität.

Die Aufwertung des V.s-Rechts wird auch durch das ↑Europarecht gefördert, das wegen der Umsetzung in 27 Rechtsordnungen bes. oft auf prozedurale Regelungsprogramme und Finalnormen abstellt und dabei auch die Regulierungserfahrungen anderer Rechtskulturen *(case law, regulatory agencies*, Partizipationskulturen mit Obleuten, körperschaftlich statt monokratisch verfasste Behördenstruktur mit *boards* oder *conseils)* verarbeitet. Je wichtiger überdies ↑Richterrecht wird, desto größer wird die Relevanz von V. auch auf Seiten der rechtserzeugenden Dritten Gewalt.

### 4. Erweiterte Funktionen des Verfahrens

Dies erklärt, warum die rein dienende Funktion des V.s in Deutschland unter Druck gekommen ist. Die Regelungskomplexität einer pluralistischen Gesellschaft kann nicht mehr alleine mit generell-abstrakten, deduzierbaren Regelungsprogrammen bewältigt werden. An die Stelle von klassischen Konditionalnormen treten zunehmend Finalnormen, die Zweck und Ziel regeln, den Weg dorthin aber der Konkretisierung durch bestimmte Organe und V. überlassen. Finalnormen enthalten unvollständige Normprogramme, die durch V. arbeitsteilig ergänzt werden müssen. Das V. dient hier nicht der Subsumtion auf den Fall, sondern der Erzeugung der zu subsumierenden ↑Norm. Man spricht insofern auch von einer Prozeduralisierung des Rechts. Sie ermöglicht zugl., die Konkretisierungsleistung unterschiedlicher Organe für die Normerzeugung zu nutzen. Eine Oberbehörde (z. B. BNetzA) kann dann einen größeren V.s-Beitrag für die Normkonkretisierung erbringen als eine untere Verwaltungsbehörde (Landratsamt) mit der Folge, dass die Bindung an das Gesetz unterschiedlichen Bestimmtheitsmaßstäben und Anforderungen aus der

Wesentlichkeitslehre und dem Parlamentsvorbehalt des ↑BVerfG genügen muss.

Organisations- und V.s-Recht kompensieren insofern eine nachlassende Bindungskraft des ↑Gesetzes. Mit Organisations- und V.s-Recht können auch die daraus folgenden Legitimationsprobleme (↑Legitimation) behoben werden. Ist das Organ bes. legitimiert und berücksichtigt das V. die grundrechtlichen Partizipationsansprüche (↑Partizipation) der Betroffenen, lässt sich ein hinreichendes Legitimationsniveau bei schwindender Bindung an das materielle Gesetz erzielen. V.s-Recht kann auch die gerichtliche Vollkontrolle entlasten und teilweise substituieren, wenn eine V.s-Kontrolle an die Stelle einer Ergebniskontrolle tritt. V. lassen sich überdies auch politisch sanktionieren und sind nicht auf judikative Sanktionierbarkeit angewiesen wie das materielle Recht. Organisations- und V.s-Recht erhalten in solchen Konstellationen einen verfassungsrechtlich begründeten Eigenwert gegenüber dem materiellen Recht. V.s-Recht ist kein Selbstzweck, kann aber deutlich mehr Zwecken dienen als bloß der Sachverhaltskonkretisierung von generell-abstrakten Normen.

Das deutsche Rechtsdenken tut sich mit dieser Aufwertung des V.s-Gedankens in allen Gewalten tendenziell schwer und thematisiert dies als eine nachlassende Bindung an das Gesetz (Art. 20 Abs. 3 GG) oder als Legitimationsdefizit bei der Rechtserzeugung (Art. 20 Abs. 2 GG). Beides vertraut freilich auf eine Leistungsfähigkeit des materiellen Gesetzes, die verfassungsrechtlich nicht vorgezeichnet ist. Warum soll der Gesetzesvorbehalt nicht auch mit Organisations- und V.s-Recht erfüllt werden? Die materielle Auffangfunktion von Organisations- und V.s-Recht muss auch nicht in allen Regelungsbereichen gleich ausfallen. In klassischen Rechtsgebieten (Strafrecht, Bürgerliches Recht, Steuerrecht) mag sie geringer sein als in „modernen" Regelungsbereichen (Umweltrecht, Wirtschaftsregulierungsrecht). Die Aufwertung des V.s ermöglicht die sinnvolle Differenzierung von Regelungsprogrammen. Das sollte nicht als Abweichung von verfassungsrechtlichen Grundstrukturen beanstandet, sondern als deren sachbereichs- und gewaltenspezifische Umsetzung akzeptiert werden. Deutsche Rechtswissenschaftler tun sich damit eher schwer, weil es der Juristenstand gewohnt ist, über die Auslegung des materiellen Rechts einen Konkretisierungsbeitrag zu leisten, der naturgemäß entfällt, wenn stärker auf prozeduralisierte Normprogramme und die Rechtserzeugung durch organisatorische Differenzierung abgestellt wird. Der Systemanspruch der deutschen Rechtswissenschaft und ihr Ziel der Dogmatisierung des Rechts in Gestalt von Kommentierungen bremst die V.s-Orientierung. Aber auch die Verteilung der Gesetzgebungskompetenzen im ↑Bundesstaat engt ein, weil V.s-Recht typischerweise Landesrecht ist, was den Bundesgesetzgeber aus Kompetenzgründen zu materiellrechtlichen Lösungen drängt. Die sich nur langsam ändernde Haltung gegenüber dem V. wirkt sich als Nachteil der deutschen Rechtswissenschaft im Wettbewerb der Rechtskulturen und für ihre Relevanz im Europarecht aus.

### Literatur

P. Reimer: Verfahrenstheorie, 2015 • Siebter Teil. Verwaltungsverfahren, in: W. Hofmann-Riem/E. Schmidt-Aßmann/A. Voßkuhle (Hg.): Grundlagen des Verwaltungsrechts, Bd. 2, [2]2012 • E. Schmidt-Aßmann: § 27, in: ebd., 495–556 • J.-P. Schneider: § 28, in: ebd., 557–662 • H. Rossen-Stadtfeld: § 29, in: ebd., 663–730 • H. C. Röhl: § 30, in: ebd., 731–798 • M. Sachs: § 31, in: ebd., 799–850 • I. Appel: § 32, in: ebd., 851–942 • E. Gurlit/M. Fehling: Eigenwert des Verfahrens im Verwaltungsrecht, in: VVDStRL, Bd. 70, 2011, 227–337 • A.-B. Kaiser: Die Kommunikation der Verwaltung, 2009 • R. Wahl: Verfahren, Verfahrensrecht, in: StL, Bd. 5, [7]1995, 628–633 • H. M. Hart, jun./A. Sacks: The Legal Process, 1994 • P. Lerche/W. Schmitt Glaeser/E. Schmidt-Aßmann: Verfahren als staats- und verwaltungsrechtliche Kategorie, 1984.

OLIVER LEPSIUS

## II. Sozialethisch

Aus sozialethischer Perspektive – zumal aus der Perspektive einer theologischen Sozialethik (↑Christliche Sozialethik) – stellt sich v. a. die Frage nach dem Verhältnis von Normenbegründung und Implementierbarkeit von ↑Normen im Rahmen von V. Die „Legitimation durch Verfahren" (Luhmann 1969) kann dort an ihre Grenzen stoßen, wo normative Grundsätze etwa aus Heiligen Schriften, aus religiösen ↑Traditionen oder aus einem ↑„Naturrecht" als verbindlich vorgegeben erachtet werden. Auch aus der Perspektive säkularer Sozialethiken gibt es diese Spannung zwischen normativem Begründungsdiskurs auf der einen Seite und systemtheoretischer Betrachtungsweise (↑Systemtheorie) des *zweckmäßigen* V.s auf der anderen Seite.

### 1. Von der Naturrechtsdoktrin zur Verfahrensethik

Auf die funktionale Differenzierung von ↑Recht und ↑Politik und die damit verbundene (sukzessive) Emanzipation politischer V. aus dem Anspruchsbereich kirchlich-religiöser Sittlichkeit reagierten v. a. die ↑katholische Kirche und Theologie mit einem umfangreichen System der Normenbegründung aus der Natur. Das Naturrechtssystem, bei dem es um die Begründung von universellen, gleichwohl inhaltlich sehr detaillierten Normen geht, wurde einer vom religiösen Wahrheitsanspruch abgelösten ↑Legitimation durch V., bei der es um Verbindlichkeit und ↑Rechtssicherheit, ↑Gewaltmonopol und ↑Souveränität geht, gegenübergestellt. Diese Naturrechtsdoktrin war im 19. und 20. Jh. kaum mehr anschlussfähig an den V.s-Begriff der politisch-philosophischen, sozialwissenschaftlichen und rechtswissenschaftlichen Diskurse und wendete sich abwertend-kritisch („antimodernistisch" [↑Antimodernismus]) gegen viele Entwicklungen der westlichen

↑Modernisierung. V. a. mit und nach dem ↑Zweiten Vatikanischen Konzil hat sich in der kirchlichen und wissenschaftlichen theologischen ↑Ethik eine Abkehr vom Naturrechtsdenken und eine Hinwendung zu unterschiedlichen V.s-Ethiken vollzogen. Dabei wurden methodisch wie inhaltlich die überaus starken Prämissen der Naturrechtsdoktrin fallen gelassen; die grundsätzliche Orientierung an ethischen Prinzipien und Rechtfertigungspostulaten wurde jedoch meist beibehalten. Eine normative und handlungstheoretische (gegenüber einer rein systemtheoretischen) Betrachtungsweise von V. wird nun aber auf die Begriffe etwa einer modernen vernunftrechtlichen oder diskurstheoretischen V.s-Ethik gebracht.

### 2. Verfahrensgerechtigkeit

Mit diesem (ethischen, nicht soziologischen) Verständnis des V.s gewinnt der Begriff der V.s-*Gerechtigkeit* Bedeutung für die Sozialethik. Zum einen geht es dabei um den Gesichtspunkt der gerechten Gestaltung von V. der Rechtsfindung und des Rechtsvollzugs bzw. der Rechtsprechung *(iustitia legalis)*. Dazu zählen die ↑Allgemeinen Rechtsgrundsätze des *audiatur et altera pars*, des Anspruchs jeder Person auf rechtliches Gehör, des *nemo iudex in causa sua*, der Unparteilichkeit des Gerichts, des *nulla poena sine lege*, die Unschuldsvermutung sowie darüber hinaus die Grundsätze fairer verfassungs- und verwaltungsrechtlicher V. Zum anderen wurde mit der Aufwertung der Beteiligungsgerechtigkeit *(iustitia contributiva)* der Blick auf die zentrale Bedeutung der ↑Partizipation aller Personen an gesellschaftlichen und politischen V. für die gerechte Gestaltung von Gesellschaften insgesamt gelenkt. Gerechte V. der Rechtsetzung bzw. gerechte V. demokratischer Willens- und Meinungsbildung setzen dann die Möglichkeit der gleichberechtigten Beteiligung prinzipiell aller von den Ergebnissen möglicherweise Betroffenen an diesen V. voraus. Beteiligungsgerechtigkeit wird zum Inbegriff der „sozialen Gerechtigkeit" (wie im Hirtenbrief der US-amerikanischen Bischöfe „Wirtschaftliche Gerechtigkeit für alle" 1986: Nr. 71) oder zum „roten Faden" oder „heuristischen Leitfaden" der Sozialethik insgesamt (Heimbach-Steins 2005: 11 f.). Bemerkenswert an diesen Ansätzen ist eine Art Verschränkung des Partizipationsrechts mit einer Partizipationspflicht: Wie es einerseits eine Forderung der ↑Gerechtigkeit ist, dass alle die Möglichkeit der Partizipation (d. h. etwa des Vortrags ihrer Geltungsansprüche) haben, müssen sich andererseits grundsätzlich alle an den V. beteiligen, weil nur dann die Möglichkeit gerechter V. und V.s-Ergebnisse besteht.

### 3. Verfahrensethik und kirchliches Lehramt

Anders als die wissenschaftliche Sozialethik tut sich das katholische kirchliche Lehramt, trotz der oben beschriebenen Neupositionierung im Rahmen des Zweiten Vatikanischen Konzils, schwer mit V.s-Ethik und V.s-Gerechtigkeit. So wird für partikularmoralische Normen der kirchlichen Tradition nach wie vor universelle Gültigkeit beansprucht, indem diese Normen mit der Schöpfungs- und Naturordnung begründet und als alleine mit der „rechten Vernunft" übereinstimmend qualifiziert werden. „Katholische Parlamentarier" werden – etwa im Kontext der Frage der rechtlichen Anerkennung gleichgeschlechtlicher Partnerschaften – zum „persönlichen absoluten Widerstand" ermahnt und darauf hingewiesen, dass es eine „schwerwiegend unsittliche Handlung" darstelle, in demokratischen V. für der kirchlichen Sittenlehre widersprechende Gesetze zu stimmen (Kongregation für die Glaubenslehre 2003: Nr. 10). Oder es wird sogar darauf hingewiesen, dass das „staatliche Gesetz […] seinen das Gewissen bindenden Charakter" verliere, wenn es in einen Widerspruch zur von der kirchlichen Sittenlehre definierten „rechten Vernunft" trete (Kongregation für die Glaubenslehre 2003: Nr. 6).

### Literatur

C. Spieß: Zwischen Gewalt und Menschenrechten, 2016 • M. Heimbach-Steins (Hg.): Christliche Sozialethik, Bd. 2, 2005 • G. Drösser: Demokratische Verantwortung und politische Partizipation, in: ebd., 17–49 • Kongregation für die Glaubenslehre: Erwägungen zu den Entwürfen einer rechtlichen Anerkennung der Lebensgemeinschaften zwischen homosexuellen Personen, 2003 • G. Kruip: Sozialethik als Verfahrensethik, in: H. J. Höhn (Hg.): Christliche Sozialethik interdisziplinär, 1997, 41–58 • W. Huber: Gerechtigkeit und Recht, 1996 • W. Lesch/A. Bondolfi (Hg.): Theologische Ethik im Diskurs, 1995 • B. Emunds: Das naturrechtliche Schneckenhaus, in: F. Hengsbach/ders./M. Möhring-Hesse (Hg.): Jenseits Katholischer Soziallehre, 1993, 33–56 • Nationale Konferenz der Bischöfe der Vereinigten Staaten von Amerika: Wirtschaftliche Gerechtigkeit für alle, 1986 • N. Luhmann: Legitimation durch Verfahren, 1969.

CHRISTIAN SPIEß

## Verfassung

### 1. Begriff

V. war anfangs ebenso wie ihr fremdsprachliches Äquivalent „Konstitution" ein empirischer Begriff, der aus der Naturbeschreibung in die rechtlich-politische Sprache überging und dort den Zustand eines Landes bezeichnete, wie er durch die Beschaffenheit des Territoriums und seiner Einwohner, die historische Entwicklung und die bestehenden Machtverhältnisse, die rechtlichen ↑Normen und politischen ↑Institutionen geprägt wurde. Mit dem Bemühen, die Staatsgewalt zugunsten der Untertanenfreiheit zu beschränken, das seit der Mitte des 18. Jh. in der Naturrechtslehre (↑Naturrecht) vordrang, setzte jedoch eine Verengung des V.s.-Begriffs ein, in deren Verlauf die nichtnormativen Elemente allmählich abgestoßen wurden, bis V. schließlich nur noch als der vom ↑Staatsrecht determinierte Zustand erschien. Erst mit den ↑Revolutionen des ausgehenden 18. Jh. in

Nordamerika und Frankreich, die die angestammte Herrschaft gewaltsam beseitigten und eine neue auf Grundlage rationaler ↑Planung und rechtlicher Fixierung errichteten, vollzog sich der Übergang vom Seins- zum Sollensbegriff. V. wird seitdem gewöhnlich mit dem Normenkomplex identifiziert, der die Einrichtung und Ausübung der Staatsgewalt sowie die Beziehungen zwischen ↑Staat und Gesellschaft grundlegend regelt. Sie ist das dem Souverän zugeschriebene, die Staatsorgane bindende und insofern vorrangige, meist in einer Urkunde zusammengefasste und erschwert änderbare Recht. Von den naturrechtlichen Entwürfen legitimer ↑Herrschaft unterschieden sich die neuen V.en durch ihre positiv-rechtliche Geltung (↑Rechtspositivismus), von den älteren rechtlichen Bindungen staatlichen Handelns in Gestalt von Herrschaftsverträgen (↑Vertragstheorie), *leges fundamentales* etc. durch ihren herrschaftskonstituierenden (nicht nur -modifizierenden), universalen (nicht nur partikularen) und umfassenden (nicht nur punktuellen) Charakter. In diesem normativen Sinn überwiegt der V.s-Begriff bis heute, wenngleich er den älteren empirischen keineswegs obsolet gemacht hat. Dieser pflegt vielmehr immer dann als Erklärungsfaktor wiederzukehren, wenn die rechtliche V. sich in der sozialen Wirklichkeit nicht durchsetzt oder andere als die erwarteten Wirkungen hervorbringt.

## 2. Entstehung und Verbreitung

Eine V. im empirischen Sinn besitzt jedes Gemeinwesen. Die V. im normativen Sinn ist ein Produkt der bürgerlichen Revolutionen des späten 18. Jh. Diese hatten die überkommene und aus sich selbst legitimierte monarchische Staatsgewalt (↑Monarchie) gestürzt und standen nun vor der Aufgabe, eine neue, legitime zu errichten. Dabei wiesen mehrere Faktoren in Richtung der V. In der ↑Sozialphilosophie der Zeit galt nach dem Verblassen religiöser Legitimitätsmuster infolge der Glaubensspaltung nur noch diejenige Herrschaft als legitim, die auf der Zustimmung der Herrschaftsunterworfenen beruhte. Dieses als regulative Idee gedachte Kriterium gewann im Kampf gegen die traditionelle Staatsgewalt realen Forderungsgehalt. Seine Bedeutung für die V. lag darin, dass eine Herrschaft kraft Auftrags, die damit an die Stelle der Herrschaft aus originärem oder göttlichem Recht treten musste, ohne eine sie begründende und tradierende Regel nicht vorstellbar ist. Sie erfordert also einen Konstitutionsakt, ohne dass dieser mit der Konstitution schon identisch wäre. Es lässt sich auch absolute Herrschaft aus übertragenem Recht denken, die dann näherer verfassungsrechtlicher Bindung weder bedürftig noch fähig ist. Die förmliche V. drängte sich aber deswegen auf, weil nach den Überzeugungen des sozialen Trägers der Revolution ↑Wohlfahrt und ↑Gerechtigkeit von einer Beschränkung des Staates auf den Schutz individueller ↑Freiheit abhing. Die konzentrierte und mit dem ↑Gewaltmonopol ausgestattete Staatsgewalt, die in der ↑Neuzeit die polyzentrische, auf verschiedene autonome Träger räumlich, gegenständlich und funktional aufgeteilte Herrschaftsgewalt des Mittelalters verdrängt hatte und den regelnden Zugriff einer V. erst ermöglichte, wurde also beibehalten. Es kam aber darauf an, sie so umzugestalten, dass sie zwar ihre Garantenfunktion wirksam erfüllen, aber keine eigenen Steuerungsambitionen entfalten konnte. Die Aufgabe war so beschaffen, dass sie gerade im Recht ihre adäquate Lösung fand: ↑Grundrechte begrenzten die Staatsgewalt auf Schutz und Ausgleich individueller Freiheit, und ↑Gewaltenteilung beugte der Missbrauchsgefahr vor.

Die V. als neue Art der Herrschaftsbegründung und Herrschaftsbegrenzung übte sogleich beträchtliche Anziehungskraft außerhalb ihrer Ursprungsländer aus. Der V.s-Staat (↑Staat) wurde für längere Zeit zum wichtigsten innenpolitischen Thema der meisten europäischen Staaten. Dabei verbanden sich für seine Anhänger die normativ-urkundliche Form, die herrschaftsbegründende und -begrenzende Funktion und der grundrechtlich-gewaltenteilende Inhalt zu einer untrennbaren Einheit. Der Verbreitung der V. kam es jedoch gerade zugute, dass sie als Form der Herrschaftsregulierung weder auf den Inhalt noch die Funktion der Prototypen festgelegt war. Das erlaubte ihre Rezeption auch unter Bedingungen, die der Entstehung feindlich gewesen wären. Je ferner ein Land den Entstehungsbedingungen des V.s-Staats stand, desto mehr schrumpfte freilich der herrschaftslegitimierende und -limitierende Gehalt der V. Mit der Erfindung der Konstitution (↑Konstitutionalismus) war auch die Möglichkeit von Semikonstitutionalismus oder Scheinkonstitutionalismus gegeben. Ohne eine vorausgegangene Revolution fehlte ihr v.a. die herrschaftsbegründende Wirkung. Viele V.en des 19. Jh. beschränkten sich auf Herrschaftsmodifikation, unterschieden sich von den älteren rechtlichen Bindungen politischer ↑Herrschaft aber immer noch durch ihre universale ↑Geltung und ihren umfassenden Regelungsanspruch. Zur weltweiten Durchsetzung der V. im 20. Jh. trug v.a. die gründliche Veränderung des Staatensystems infolge von Revolution, ↑Krieg und Dekolonialisierung bei. Wo immer es in solchen Situationen an einem vorfindlichen und für legitim gehaltenen Herrschaftssubjekt fehlte, drängte die Notwendigkeit der Errichtung und Organisierung der Staatsgewalt auf einen Konstitutionsakt, der fast durchweg in V.s-Gesetzen Ausdruck fand. D.h. aber nicht notwendig, dass ihnen dieselbe normative Bedeutung wie den urspr.en V.en beigemessen wird. Die weltweite Verbreitung der V., von der sich nur noch wenige Staaten distanzieren, darf also nicht mit universaler Effektivität gleichgesetzt werden.

## 3. Funktion und Eigenart

Die prekäre Situation der V. ergibt sich daraus, dass sie die oberste Gewalt selber zum Gegenstand hat. Erklärter Zweck ist die Verrechtlichung der politischen Machtausübung. Damit greift die V. auf ältere Ordnungsvorstellungen zurück, die die Neuzeit überholt hatte, und passt sie veränderten Bedingungen an. Politische Herrschaft war urspr. nur als Sachwalter einer ihr vorgegebenen und von ihrem Willen unabhängigen Ordnung göttlichen Ursprungs begriffen worden. Bedingt durch die Glaubensspaltung, die dieser Ordnung die Grundlage entzog, sowie die dadurch entfesselten konfessionellen ↑Bürgerkriege, die im traditionellen Ordnungsrahmen nicht überwunden werden konnten, und den beschleunigten sozialen Wandel, der die Problemadäquanz des überlieferten Rechts minderte, hatte sich die politische ↑Gewalt von der göttlichen Ordnung emanzipiert und selbst zur Quelle einer neuen weltlichen ↑Ordnung erhoben. Die Herrschaftsbefugnis ging infolgedessen nicht mehr in der Rechtsdurchsetzung auf, sondern erfasste auch die Rechtsetzung. Das Recht verwandelte sich damit vom ewig gültigen Richtmaß zum kontingenten Willensprodukt der ↑Politik. Mittels der V. gelang es, die rechtliche Bindung von Herrschaft mit der unumkehrbaren Positivierung des Rechts zu vereinbaren, indem Rechtsetzung und Rechtsdurchsetzung ihrerseits wieder an positives Recht gebunden wurden. Das bedingte freilich eine Aufspaltung der öffentlichen Gewalt in *pouvoir constituant* und *pouvoirs constitués* und folglich auch eine Aufspaltung des positiven Rechts in eine Gruppe von Basisnormen für die Herstellung politischer ↑Entscheidungen, die sich an die Machthaber richteten, und eine Gruppe politikerzeugter Normen, die sich an die Herrschaftsunterworfenen richteten. Die erstere musste dann notwendig über der letzteren stehen. Der Vorrang gehört begrifflich zur V., auch wenn das nicht sogleich überall erkannt worden ist. Auf diese Weise sollte die Ausübung von Herrschaft dem subjektiven Belieben ihrer Träger entzogen und wieder objektiven, von ihrem Willen unabhängigen, freilich nicht mehr unveränderlichen Regeln unterworfen werden: *a government of laws and not of men*.

Ihrer Funktion gemäß ist die V. zuallererst ein Inbegriff von Rechtsnormen. In dieser Eigenschaft bildet sie nicht die soziale Wirklichkeit ab, sondern richtet Erwartungen an sie, deren Erfüllung nicht selbstverständlich ist und eben deswegen rechtlicher Stützung bedarf. Die V. bezieht also Distanz zur Wirklichkeit und gewinnt daraus erst das Vermögen, als Verhaltens- und Beurteilungsmaßstab für Politik zu dienen. Sie kann daher ohne Funktionseinbußen weder in eine einmalige Dezision noch in einen kontinuierlichen Prozess aufgelöst werden, sondern verselbständigt sich als Norm von der Dezision, der sie ihre Geltung verdankt, und fungiert als Struktur für den Prozess, den sie voraussetzt. Von anderen Rechtsnormen unterscheidet sich das V.s-Recht nächst dem Rang v. a. durch den Gegenstand. Es bezieht sich konstituierend und regulierend auf die oberste Gewalt. Deswegen erschöpft es sich aber nicht etwa im Staatsrecht oder gar in der ↑Staatsorganisation. Seine Normen sind gewöhnlich nicht nur formeller, sondern auch inhaltlicher Natur. Gerade darin übersteigt die V. das Staatsrecht. Indem der Staat nämlich seine Aufgaben in Bezug auf die Gesellschaft erfüllt, bilden die an ihn adressierten Strukturbestimmungen, Zielvorgaben und Tätigkeitsschranken zugl. Grundprinzipien der Sozialordnung. Als solche sind sie freilich lapidarer und konkretisierungsbedürftiger als normales Gesetzesrecht. Überdies fällt V.s-Recht aufgrund seiner Entstehung auch fragmentarischer und kompromisshafter aus als einfaches Recht. V. a. aber hat es als Verhaltensmaßstab für die oberste Gewalt keine organisierte Durchsetzungsinstanz mehr hinter sich. Regelungsadressat und Regelungsgarant sind vielmehr identisch. Dieses spezifische Durchsetzungsproblem des V.s-Rechts ist prinzipiell unlösbar und kann auch durch V.s-Gerichte nur entschärft, nicht aufgehoben werden. V.s-Recht muss daher in wesentlich höherem Grad als das an den Einzelnen oder die nachgeordneten Agenturen des Staatsapparats gerichtete Recht die Bedingungen seiner Verwirklichung in sich selber tragen.

### 4. Voraussetzungen und Grenzen

Wichtigste Voraussetzung der tatsächlichen Geltung einer V. ist ihre Konsensbasis. Ohne die generelle Bereitschaft der politischen Akteure, die V. auch dann einzuhalten, wenn sie den eigenen Absichten im Wege steht, und ohne den Rückhalt in der Bevölkerung, der ihre Verletzung politisch riskant macht, entfaltet eine V. entweder keine Wirkungskraft oder verliert sie in Krisensituationen (↑Krise) wieder. Andererseits kann die V. den für jede ↑Gesellschaft bestandsnotwendigen ↑Konsens über Art und Form ihrer Einheit stabilisieren. Alle Gesellschaften stehen ja vor dem Grundproblem, die gegebene Pluralität der gesellschaftlichen Überzeugungen und ↑Interessen mit der aufgegebenen staatlichen Einheit zu vermitteln. Daher muss über Verfahren und Ziel der Einheitsbildung Einverständnis hergestellt werden, wenn nicht Dauerkampf und Desintegration herrschen sollen. Dieser Konsens darf nicht mit der V. gleichgesetzt werden. Er geht ihr zeitlich voraus und ist nicht auf die Form der V. angewiesen. Sie gibt ihm aber Ausdruck. Ihre Bedeutung liegt darin, dass sie den Konsens von der Entstehungssituation und den beteiligten Personen ablöst und ihm Verbindlichkeit, Dauer und Bestimmtheit verleiht. Auf diese Weise lässt sich der mögliche Dissens über den Konsens vermindern und der politische Prozess von einer permanenten Diskussion über Verfahren und Ziele der Einheitsbildung entlasten. Was in der V. steht, ist nicht mehr Thema, sondern Prämisse politischer Entscheidungen. Darin liegt die anderweitig nicht adäquat ersetzbare Leistung der normativen V. Der Erfolg hängt freilich davon ab, in welchem Maß die unterschiedlichen Positionen in den Konsens einbezogen werden. Das scheint ↑politischen Systemen, die die Pluralität der Meinungen und Interessen als legitim anerkennen und sich daher auf die Formulierung eines Basiskonsenses beschränken können, besser zu gelingen als solchen, die sich über ↑Wahrheit legitimieren und daher zum Totalkonsens tendieren. Sie müssen das schmälere Einverständnis durch erhöhten Zwang kompensieren und setzen insoweit die legitimierende, pazifizierende und stabilisierende Wirkung der V. aufs Spiel.

Auf der Konsensverankerung beruhen alle expliziten Funktionen der V., die Legitimations- und die Limitationsfunktion, die Ordnungs- und die Streitentscheidungsfunktion. Aus der Konsensabhängigkeit folgen aber auch die wichtigsten Grenzen der Verrechtlichung politischer Herrschaft. Politik lässt sich aus mehreren Gründen nicht total verrechtlichen. Zuerst setzt die Konsensbeschaffung bei der V.-Gebung der Verrechtlichung Grenzen. Als Vorrat an Gemeinsamkeiten der politischen Konkurrenten stellt die V. höhere Anforderungen an den Konsens als einfaches Gesetzesrecht. Lücken und Formelkompromisse sind daher oft Bedingung ihres Zustandekommens. Ferner kann die V. zwar Gegenstände und Ziele, Kompetenzen und Verfahren für kollektiv verbindliche Entscheidungen festsetzen. Es liegt aber außerhalb ihres Vermögens, auch den Input in den Entscheidungsprozess im Voraus zu normieren. Grenzen der Verrechtlichung ergeben sich überdies aus der Zeitdimension, in welche die V. den Konsens erstreckt. Der gesellschaftliche Konsens, dem die V. Verbindlichkeit verleiht, ist ja stets ein historischer Konsens, dessen Gegenwartsrelevanz davon abhängt, dass er für spätere Generationen anerkennungsfähig bleibt. Das setzt relative Offenheit voraus. Je geschlossener der Konsens ist, desto stärker haftet er an den Bedingungen seiner Entstehungszeit und erschwert die Fortgeltung unter gewandelten Verhältnissen. Schließlich und prinzipiell wird positives Recht als politisches Produkt von der Politik notwendig überschritten. Als gesetztes Recht ist es änderbar und änderungsbedürftig, und Politik hat die Aufgabe, es auf wechselnde Lagen und Anforderungen einzustellen. Dazu sind Gestaltungsspielräume nötig, die eine V. eröffnen muss. Demgegenüber würde eine lückenlos gedachte V. die Politik auf V.s-Vollzug festlegen und damit letztlich in ↑Verwaltung auflösen. Aus diesem Grund kann die V. von vornherein nur eine Rahmenordnung bilden, die politische Entscheidungen ermöglichen, nicht erübrigen soll. V.en, die die Verrechtlichung der Politik zu weit treiben, legen selbst den Grund ihrer Umgehung oder Missachtung. V.s-Perfektionismus schlägt in V.s-Irrelevanz um.

### 5. Verfassungsrecht und Verfassungswirklichkeit

Ist einmal anerkannt, dass die V. nicht mehr als eine Rahmenordnung des politischen Prozesses bilden kann, entschärft sich auch das Problem von V.s-Recht und V.s-Wirklichkeit. Zum Ärgernis kann die Existenz einer V.s-Wirklichkeit nur vor dem Hintergrund eines V.s-Verständnisses werden, dass von der V. eine restlose Verrechtlichung der Politik erwartet. Betrachtet man die V. dagegen nur als Rahmen und Richtmaß für die Politik, dann ist sie auf politische Ausfüllung nachgerade angewiesen. Eine solche rahmenausfüllende V.s-Wirklichkeit zehrt weder an der normativen Kraft der V. noch liefert sie ein Indiz ihrer Geltungsschwäche. Von der verfassungsausfüllenden V.s-Wirklichkeit ist freilich die verfassungsaushöhlende und erst recht die verfassungsdurchbrechende V.s-Wirklichkeit zu unterscheiden. Von verfassungsaushöhlender V.s-Wirklichkeit kann man sprechen, wenn sich politische Einrichtungen oder Praktiken entwickeln, die von der V. weder zugelassen noch verboten sind, aber die Verwirklichung verfassungsrechtlich gesetzter Ziele oder das Funktionieren von verfassungsrechtlich vorgesehenen Institutionen und Prozeduren beeinträchtigen. Soweit sich solche Einrichtungen oder Praktiken als absichtliche V.s-Umgehung darstellen, muss die V. sich ihnen gegenüber behaupten. Da sie in der Mehrzahl der Fälle jedoch eine Folge veränderter Politikbedingungen sind und daher nicht ohne weiteres rückgängig gemacht werden können, lässt sich die normative Kraft der V. nur erhalten, wenn sie ihren regelnden Zugriff auf solche Neuerungen erstreckt. Im Unterschied zur verfassungsaushöhlenden V.s-Wirklichkeit, die das geltende V.s-Recht nur mittelbar beeinträchtigt, setzt die verfassungsdurchbrechende V.s-Wirklichkeit Vorschriften der V. direkt außer Anwendung. Davon kann allerdings nicht schon bei jedem einzelnen V.s-Verstoß die Rede sein. Zur V.s-Wirklichkeit verdichtet sich ein solcher Verstoß nur, wenn er zur Regel, die V.s-Befolgung dagegen zur Ausnahme wird. Hier kann je nach Bedeutung der Vorschrift und Ursachen des Verstoßes Behauptung oder Änderung der Norm gefordert sein. Die normative Kraft der V. leidet aber, wenn der verfassungswidrigen V.s-Wirklichkeit unter dem Mantel der „Staatspraxis" selbst V.s-Rang zugeschrieben wird.

Die Existenz scheinwirksamer, dysfunktional wirkender oder wirkungsloser V.s-Normen verweist freilich auf ein tieferliegendes Problem, das für die Möglichkeit rechtlicher ↑Steuerung von Politik kardinale Bedeutung besitzt: das Verhältnis von normativer und empirischer V. Mit der Verengung des V.s-Begriffs auf das V.s-Gesetz hat ja die reale V. nicht aufgehört zu bestehen. Sie bleibt vielmehr in denjenigen sozialen Gegebenheiten präsent, die sich in politische Macht ummünzen lassen. Dazu gehören bspw. ökonomisch begründete Vetopositionen, Druckpotenziale von Massenorganisationen, Definitionsmonopole über die ↑öffentliche Meinung, Verfügung über Waffen. Die normative V. findet eine solche empirische V. stets vor und muss sich in ihr behaupten. Dabei ist das Verhältnis der beiden kein einbahniges von rechtlicher Forderung und tatsächlicher Anpassung, sondern ein wechselbezügliches. Die Regelungsgegenstände des V.s-Rechts sind ebenso eigendynamisch wie widerständig und wirken ihrerseits auf das Verständnis und die Anwendung der V.s-Normen zurück. Umgekehrt wird deren Wirkungskraft dadurch bestimmt, dass sie auf der symbolischen Ebene des Rechts operieren. V.en können daher die Wirklichkeit nicht unmittelbar verändern, sondern nur mittelbar beeinflussen. Der Einfluss besteht in der Möglichkeit, die bestehenden Machtverhältnisse zu legalisieren oder zu illegalisieren und auf diese Weise zu stärken oder zu schwächen. Legalität (↑Legalität, ↑Legitimität) ist selbst ein Machtfaktor, und je tiefer sie sozial verwurzelt ist, desto mehr hängt die Akzeptanz politischer Entscheidungen von ihrer Übereinstimmung mit der V. ab. Die Wirkung der V. beruht deswegen v. a. darauf, dass sie die Gültigkeitsbedingungen kollektiv verbindlicher Entscheidungen festlegt und soziale Macht auf diese Weise zwingt, sich der verfassungsrechtlichen Formen und Verfahren zu bedienen und vor den verfassungsrechtlichen Zielen zu legitimieren, wenn sie Anspruch auf Befolgung erheben will. Darin liegt ein kanalisierender und rationalisierender Effekt, der die umstandslose Transformation von ↑Macht in ↑Recht ausschließt. Die Balance bleibt freilich heikel, und die Effektivität einer ohne Rücksicht auf die empirische V. entworfenen rechtlichen V. ist von vornherein gering zu veranschlagen.

### 6. Geltungsanspruch und Durchsetzungsvermögen

In der Geltung, die das V.s-Recht gegenüber den realen Machtverhältnissen beansprucht, oder der Effektivität, die es ihnen gegenüber erlangt, liegen, unbeschadet anderer Einteilungsmöglichkeiten, auch die auffälligsten Unterschiede zwischen den V.en. Oft werden V.en von vornherein nicht in Bindungsabsicht erlassen, sondern erschöpfen sich in einer vorteilhaften Außendarstellung des politischen Systems. Es gibt ferner V.en, die lediglich die bestehenden Machtstrukturen abbilden und rechtlich sanktionieren, so dass sich ihr normativer Gehalt auf eine Status quo-Garantie beschränkt. Andere V.en treten zwar in Regelungsabsicht auf und pflegen auch befolgt zu werden, erfassen aber nicht die eigentlichen Machtzentren des politischen Systems, etwa eine Einheitspartei, sondern begnügen sich mit peripheren Regelungen ohne erhebliche Rückwirkungen auf den Entscheidungsprozess. Schließlich kommen V.en vor, die effektive Politikbindung anstreben und damit im Regelfall auch Erfolg haben. Fließende Übergänge sind freilich denkbar, und selbst in ein und ders.n V. können sich Bestandteile verschiedener Typen mischen. Bestimmend für den V.s-Typ scheinen v. a. der Entwicklungsgrad einer Gesellschaft und das vorherrschende Legitimationsmuster zu wirken. Ein geringer Entwicklungsstand erlaubt der politischen ↑Elite verhältnismäßig risikofreie Missachtung verfassungsrechtlicher Bindungen. Konkurrierende Eliten tendieren hier weniger zur Einhaltung von Konfliktaustragungsregeln als zu wechselseitiger Ausschaltung. Fortgeschrittene Gesellschaften bedürfen dagegen eines höheren Grades von Regelhaftigkeit und Verlässlichkeit der politischen Leistungen. Systeme, die eine Wahrheit absolut setzen, sind weniger zur Einhaltung verfassungsrechtlicher Bindungen bereit als Systeme, die die Wahrheitsfrage unentschieden lassen und den verschiedenen Richtungen erlauben, um die befristete Betrauung mit der Staatsgewalt zu konkurrieren. Wenn dort die V. vor dem alles überragenden Geschichtsziel (↑Geschichte, Geschichtphilosophie) überwiegend instrumentellen Charakter annimmt und ihm im Konfliktfall weichen muss, verleiht hier die Indifferenz des Systems gegenüber Wahrheiten den pluralitätsverbürgenden Regeln größeres Eigengewicht und höhere Befolgungschancen.

Zur Durchsetzung der V. findet die ↑Verfassungsgerichtsbarkeit neuerdings immer weitere Verbreitung. In der Tat können V.s-Gerichte zur Verwirklichung der normativen Anforderungen und zur Erhaltung des verfassungsrechtlichen Konsenses einen wesentlichen Beitrag leisten. Ohne V.s-Gerichtsbarkeit ist die V. allein auf ihren sozialen Rückhalt verwiesen. Selbst wenn dieser hinreichen sollte, absichtliche V.s-Verstöße zu verhindern, kann er doch nicht divergierende Auffassungen über konkrete verfassungsrechtliche Anforderungen ausschließen. Konflikte im Rahmen der V. weiten sich dann schnell zu Konflikten über die V. selbst aus. Da die stärkeren Kräfte im Endeffekt ihre Auffassung zur Geltung bringen können, droht langfristig eine Aufzehrung des verfassungsrechtlichen Konsenses. Dagegen haben V.s-Gerichte die Möglichkeit, einen von Handlungszwängen und Machterhaltungsinteressen verhältnismäßig unabhängigen Blick auf die V. zu richten. Wirksamer noch als die konkrete Gerichtsentscheidung scheint dabei die generelle Vorfeldwirkung zu sein, die eintritt, weil die Existenz der gerichtlichen Kontrolle die politischen Instanzen zwingt, die V.s-Frage relativ früh und relativ unparteiisch zu stellen. Versagt diese Vorwirkung, so ermöglicht es der autoritative Gerichtsspruch, die V. dem politischen Streit zu entziehen und ihrer Funktion als Konsensbasis der Konkurrenten wieder zuzuführen. Die Bereitschaft, Machtfragen durch Gerichte schlichten zu lassen, hat freilich soziale und kulturelle Voraussetzungen, die keineswegs überall, wo eine V. besteht, gegeben sind. Fehlen sie, werden V.s-Gerichte mit den Machthabern kurzgeschlossen oder zur Bedeutungslosigkeit verurteilt. Beide Male ist der Schaden für die V. größer als beim völligen Verzicht auf V.s-Gerichtsbarkeit. Dagegen liegt das Risiko einer effektiven V.s-Gerichtsbarkeit darin, dass die Gerichte bei dem geringen Präzisionsgrad v. a. der materiellen V.s-Normen im Gewande von V.s-Anwendung zu politischer Gestaltung übergehen und dadurch die demokratischen Verantwortungszusammenhänge und Funktionsbegrenzungen stören.

### 7. Verfassungswandel und Verfassungsidentität

V.s-Gerichte sind gerade wegen der hochgradigen Konkretisierungsbedürftigkeit des V.s-Rechts auch zum wichtigsten Faktor des V.s-Wandels geworden. V.s-Wandel ist eine Folge des Umstands, dass V.s-Normen von ihren Urhebern stets auf einen bestimmten Zustand der Wirklichkeit oder genauer: eine bestimmte Vorstellung vom Zustand der Wirklichkeit, bezogen werden, in der sie ihre Wirkung entfalten sollen. Infolgedessen konstituiert der in den Blick genommene Wirklichkeitssausschnitt den Sinn der Norm mit. Daher lässt er sich auch von den Realisierungsbedingungen der Norm nicht ablösen und unveränderlich halten. Fehleinschätzungen oder Veränderungen der Wirklichkeit schlagen vielmehr auf die V. durch und können sie in ihrer Wirkung verändern oder um ihre Wirkung bringen. Während symbolische oder ineffektive V.en gegen ↑sozialen Wandel relativ unempfindlich sind, weil er keine normativen Erwartungen enttäuscht, setzt sozialer Wandel normative und effektive V.en starken Spannungen aus. Die Zielabweichungen, die dadurch möglich werden, verlangen nach Mechanismen, mit deren Hilfe V.s-Normen veränderten Bedingungen angepasst oder unter veränderten Bedingungen funktionstüchtig erhalten werden können. Dabei lassen sich Anpassungen, die den Text der V. ändern, von solchen unterscheiden, die bei gleichbleibendem Text die Bedeutung der Norm verändern. Im ersten Fall spricht man gewöhnlich von *V.s-Änderung*, im zweiten Fall von V.s-Wandel. V.en treffen i. d. R. Vorkehrungen für ihre Änderung, binden diese aber meist an breites Einverständnis. Das ist eine Konsequenz der Konsensfunktion der V., die als Grundlage für die Austragung politischer Gegensätze dient und deswegen möglichst weiter Zustimmung der Konkurrenten bedarf. *V.s-Wandel* ist dagegen das Ergebnis von V.s-Interpretation, die freilich nicht allein in der Tätigkeit der V.s-Gerichte vor sich geht. Ebenso haben die Wissenschaft und die Staatspraxis Anteil an der interpretatorischen Fortentwicklung der V., wenngleich V.s-Gerichte durch die letztverbindliche Kraft ihrer Interpretation eine herausgehobene Stellung einnehmen (↑Richterrecht).

Nicht abschließend geklärt sind die Grenzverläufe. Wenn auch heute nicht mehr bezweifelt wird, dass sozialer Wandel interpretatorische Folgen hat, so herrscht doch Ungewissheit darüber, welche Intensitätsgrenze überschritten sein muss, damit Umdeutungen erforderlich sind, und v. a., wo der Bereich zulässiger V.s-Interpretation endet und Anpassungen nur noch im Wege förmlicher V.s-Änderung erfolgen können. Bei V.s-Änderungen wiederum stellt sich die Frage nach der Identität der V. bei veränderlichem Inhalt. Die Antwort setzt die Unterscheidung verschiedener Regelungsschichten einer V. voraus. Differenzierungen erscheinen möglich zwischen den Grundentscheidungen über Art und Ziel der politischen Herrschaft, ihren materiellen und formellen Konkretisierungen und Ausgestaltungen sowie bloß akzidentiell hinzutretenden oder situativ bedingten V.s-Bestandteilen. Formell genießen alle denselben Rang. Die Identität einer V. hängt aber offenbar von den Ersteren ab. Dazu zählen jedenfalls das Legitimationsprinzip (↑Legitimation) der Herrschaft und das Grundmuster seiner Realisierung, über die alle V.en Aussagen enthalten, ferner die fundamentalen Zwecksetzungen und Grenzen der Staatsgewalt, falls die V. dazu Bestimmungen trifft. Werden diese ausgetauscht oder durch dauernde Missachtung oder sozialen Wandel obsolet, liegt verfassungspolitisch eine Revolution vor. Gleichwohl nehmen die wenigsten V.en die identitätsprägenden Normen von der Änderbarkeit aus. Das ↑GG hat diesen Versuch in Reaktion auf die innere Auflösung der ↑WRV, die schon vor der Machtergreifung des Nationalsozialismus begonnen hatte, gemacht. Auch dadurch lässt sich freilich die Dynamik des politischen Prozesses, in den die V. hineingestellt ist, nicht aufhalten. Als Teil einer konkreten V. ist die Identitätsklausel vielmehr an deren Bestand gebunden. Solange sie weiter gelten soll, gilt die Unabänderlichkeit ihrer Grundbestimmungen. Wird sie beseitigt und durch eine neue ersetzt, verliert auch die Identitätsklausel ihre normative Kraft. Das mindert nicht ihre Bedeutung, die immerhin legale Revolutionen verhindert. Aber keine V. kann ihre eigene Existenz gewährleisten.

### 8. Veränderung und Krise

Der Wandel, dem V.s-Recht stets ausgesetzt ist, wird jedoch neuerdings durch eine Entwicklung überboten, die nicht einzelne V.s-Normen oder die Identität bestimmter V.en, sondern die Funktionsfähigkeit der V. überhaupt berührt. Es handelt sich um tiefgreifende Veränderungen des Regelungsgegenstands der V.: Staat und Staatstätigkeit, die ihrerseits wieder auf die wachsende Komplizierung und Differenzierung der gesellschaftlichen Verhältnisse zurückgehen. Den Anfang setzte das Scheitern der Hoffnung des ↑Liberalismus auf die Selbststeuerungsfähigkeit der Gesellschaft. Statt der verheißenen sozialen ↑Gerechtigkeit entstand die ↑Soziale Frage und zwang den Staat, seine bloße Garantenstellung für die vorausgesetzte Ordnung aufzugeben und den gerechten Interessenausgleich, der sich marktvermittelt nicht einstellte, selbst wieder herbeizuführen. Seitdem lässt sich eine kontinuierliche Ausweitung der ↑Staatsaufgaben beobachten, die inzwischen zu einer Gesamtverantwortung des Staates für die gesellschaftliche Entwicklung vorangeschritten ist. Dieser Verantwortungs- und Aufgabenzuwachs war allerdings nicht von einer entspr.en Ausweitung seiner Verfügungsbefugnis begleitet. In den westlichen V.s-Staaten genießen die verschiedenen gesellschaftlichen Funktionsbereiche vielmehr weiterhin eine grundrechtlich gesicherte ↑Autonomie und folgen ihren eigenen Rationalitätskriterien. Daher kann sich der Staat bei der Erfüllung seiner Steuerungsaufgabe großenteils nicht der spezifisch staatlichen Mittel von Befehl und ↑Zwang bedienen, sondern muss mit indirekt wirkenden Motivationsmitteln die Folgebereitschaft der gesellschaftlichen Akteure zu erringen suchen. Diesen wächst dadurch eine Vetomacht zu, die den Erfolg der Politik und längerfristig die Legitimität des politischen Systems gefährdet. Der Staat antwortet darauf mit intensiviertem Kontakt zu den mächtigen gesellschaftlichen Kräften, der sich zunehmend institutionell verfestigt und keineswegs nur in Konsultationen erschöpft. Der Staat begegnet den gesellschaftlichen Akteuren dann freilich auf gleicher Ebene und findet sich dort als semi-souveränes Gebilde wieder, während diese im selben Maß an der staatlichen Entscheidungsgewalt partizipieren und dem System neokorporatistische Züge verleihen.

Durch die Veränderungen drohen zwei wichtige Entstehungsvoraussetzungen der V. wieder zu schwinden. Zum einen lässt sich das Gerechtigkeitsproblem nicht mehr, wie seinerzeit angenommen, formal durch Staatsbegrenzung lösen, sondern materialisiert sich von neuem. Die Folge ist eine Gewichtsverlagerung von retrospektiv-ordnungsbewahrenden auf prospektiv-ordnungsgestaltende Staatstätigkeiten. Aus demselben Grund verwandeln sich die materiellen V.s-Normen, namentlich die Grundrechte, stärker in Zielvorgaben und Gerechtigkeitsentwürfe, ohne deswegen ihre staatsbegrenzende Funktion völlig einzubüßen. Sie bezahlen die Funktionsausweitung aber mit einem Verlust an Geltungskraft, denn einerseits müssen sie zur Erfüllung des Programms weit mehr Eingriffe dulden, und andererseits können sie die Ausführung des Programms von vornherein nur begrenzt determinieren. Von der Veränderung sind aber ebenso die organisatorischen und prozeduralen V.s-Normen betroffen, denn sowohl das Demokratieprinzip (↑Demokratie) als auch der ↑Rechtsstaat und die Gewaltenteilung mitsamt ihren konkretisierenden Ausformungen hängen zu einem Gutteil an der Steuerungsfähigkeit des parlamentarischen Gesetzes. Da die moderne Staatstätigkeit inzwischen jedoch einen solchen Komplexitätsgrad erreicht hat, dass sie gedanklich nicht mehr vollständig vorwegnehmbar ist, lässt sie sich gesetzlich auch nur noch begrenzt steuern. Soweit die gesetzliche Steuerung ausfällt oder nur noch scheinbar besteht, laufen die verfassungsrechtlichen Kautelen leer. Zum zweiten verflüchtigt sich die für den regelnden Zugriff der V. notwendige Konzentration der öffentlichen Gewalt beim Staat. Zwar monopolisiert er nach wie vor die Befugnis zu kollektiv verbindlichen Entscheidungen. Materiell betrachtet, erweisen sich diese in einem System mit korporativen Neigungen (↑Korporatismus) aber vielfach als Gemeinschaftsprodukt öffentlicher und privater Akteure, die als solche noch unterscheidbar sein mögen, aber keine eindeutige Zurechnung des Ergebnisses mehr erlauben. Dieses Problem ist auch durch die Konstitutionalisierung sozialer Macht nicht prinzipiell zu lösen. Vielmehr fällt im selben Maß, wie der Staat seine Befugnisse mit privaten Akteuren teilt, auch die V., die öffentliche Entscheidungen umfassend zu binden beansprucht, auf eine Teilordnung zurück.

### 9. Verfassungspluralismus und überstaatliche Konstitutionalisierung

Zu diesen inneren Erosionserscheinungen gesellen sich mittlerweile auch äußere. Sie rühren daher, dass die Staaten nach dem Zweiten Weltkrieg dazu übergegangen sind, supranationale Einrichtungen (↑Supranationalität) zu gründen, die sich von den traditionellen Allianzen und ↑internationalen Organisationen dadurch unterscheiden, dass sie nicht nur das Handeln souveräner Staaten koordinieren, sondern selber über Souveränitätsrechte (↑Souveränität) verfügen, die sie von den Staaten erhalten haben und nun mehr oder weniger unabhängig von diesen, aber mit Wirkung ihnen gegenüber ausüben. Den nationalen V.en bleibt es zwar vorbehalten, die Übertragung dieser Rechte zu regeln. Einmal übertragen, lösen sie sich aber aus der Bindung an die nationale V. und werden von den supranationalen Organisationen ohne Rücksicht auf diese wahrgenommen. Materiell betrachtet, kommen die Übertragungsakte also V.s-Änderungen gleich. Die V. enthält fortan Vorschriften, die infolge der Kompetenzübertragung nicht mehr oder nicht mehr in vollem Umfang zutreffen. Manche V.en binden sie daher an die Voraussetzungen für V.s-Änderungen. Das ändert aber nichts daran, dass die Einheit von öffentlicher Gewalt und Staatsgewalt, die der modernen V. zugrunde lag, nicht mehr besteht. Es gibt fortan Akte öffentlicher Gewalt, die zwar auf dem Territorium der Staaten und damit im Geltungsbereich der nationalen V.en wirksam werden, aber nicht den verfassungsrechtlichen Anforderungen an die Ausübung öffentlicher Gewalt genügen müssen. Noch deutlicher, als das bei der inneren Erosion der V. der Fall ist, führen diese Veränderungen also dazu, dass die V. ihren Anspruch, die in ihrem Geltungsbereich ausgeübte öffentliche Gewalt durchgängig und umfassend zu regeln, nicht mehr erfüllen kann. Ebenso wenig kann sie ihren unbedingten Vorrang behaupten und schließlich auch nicht mehr sichern, dass jeder Akt öffentlicher Gewalt in ihrem Geltungsbereich auf das ↑Staatsvolk rückführbar ist. Sie wird daher auch in dieser Hinsicht zu einer Teilordnung. Der verfassungsrechtliche Zustand eines Staates erschließt sich nicht mehr aus seiner V. allein, sondern erst aus der Zusammenschau von nationaler V. und supranationalem Recht. Da die verschiedenen Teile aber nicht notwendig harmonieren, sondern vielfach miteinander konkurrieren, kommt es zu einem V.s-Pluralismus, der bislang noch nicht völlig bewältigt ist.

Seitdem dieser lange unbemerkt gebliebene Bedeutungsverlust der nationalen V.en offenkundig geworden ist, stellt sich die Frage nach Kompensationen. Die am häufigsten gegebene Antwort heißt ↑Konstitutionalisierung. Die Statuten internationaler Organisationen werden als deren Konstitutionen gedeutet. Die Binnenhierarchisierung des ↑Völkerrechts durch die Herausbildung eines *ius cogens* wird als Vorgang der Konstitutionalisierung beschrieben. Sogar die Selbstregulierungsprozesse mächtiger global agierender privater Akteure sind für manche Beobachter Ausdruck von Konstitutionalisierung. Dahinter steht die Erkenntnis, dass das Verrechtlichungsbedürfnis nicht auf den Staat beschränkt bleiben kann, wenn dieser sich die öffentliche Gewalt mit supranationalen Einrichtungen teilt. Das Verrechtlichungsbedürfnis bezieht sich auf die öffentliche Gewalt, gleich von wem sie ausgeübt wird. An Verrechtlichung fehlt es auf der internationalen Ebene freilich nicht. Alle supranationalen Einrichtungen, die öffentliche Gewalt ausüben, sind durch Rechtsakte geschaffen, und rechtliche Statute regeln die Ausübung der ihnen übertragenen Kompetenzen. Diesen Regeln fehlt es auch nicht an Vorrang vor den von den Organisationen selbst gesetzten Rechtsakten, während es um die Durchsetzung des Vorrangs meist noch schlecht bestellt ist. Vergleicht man diese Verrechtlichung mit der von Staats-V.en bewirkten, so kommen jedoch einige Unterschiede in den Blick. Die V. im modernen Sinn setzte einen konstitutionsfähigen Gegenstand in Form der die öffentliche Gewalt konzentrierenden Staaten voraus. Ein solcher konstitutionsfähiger Gegenstand fehlt auf der supranationalen Ebene. Die internationale öffentliche Gewalt ist fragmentiert, nicht konzentriert. Voneinander unabhängige Träger besitzen zur Erfüllung ihrer jeweiligen Aufgabe bestimmte Hoheitsrechte. Eine systematische und umfassende Regelung der international ausgeübten öffentlichen Gewalt nach Art der Staats-V. gibt es nicht. Überdies ist das konstitutionelle Postulat einer demokratisch legitimierten und kontrollierten öffentlichen Gewalt umso schwieriger zu verwirklichen, je weiter man sich von der staatlichen Ebene entfernt. Es bleibt also eine Differenz, die durch die Begriffsidentität nicht überbrückt wird.

## 10. Zukunftsaussichten

Fragt man im Lichte dieser Erkenntnisse nach der Zukunft der V., so ist vorab festzuhalten, dass ein Phänomen, welches unter bestimmten historischen Bedingungen entstanden ist, den Wegfall dieser Bedingungen nicht oder doch nur um den Preis der Sinnentleerung überdauern kann. Ob dieser Fall für die normative V. bereits bevorsteht, ist allerdings zweifelhaft. In einer Hinsicht nämlich hat sich die Sondersituation, aus der die ersten V.en entstanden, heute zur Regel entwickelt. Überwiegend wird kein vorfindliches, aus göttlichem oder eigenem Recht zur Herrschaft berufenes Subjekt mehr anerkannt. Die Vakuumsituation nach dem erfolgreichen Sturz einer konsensunabhängigen Herrschaft, die die Notwendigkeit der Konstituierung einst begründet hatte, ist dadurch latent auf Dauer gestellt. Die Befugnis zu politischer Herrschaft hängt heute nach weithin geteilter Überzeugung von Beauftragung und Konsens ab und wird treuhänderisch wahrgenommen. Unter diesen Umständen bedarf es auch weiterhin rechtlicher Regeln, die bestimmen, wie öffentliche Gewalt zu Stande kommen und ausgeübt werden soll. In der Ableitungs- und Organisationsbedürftigkeit von Herrschaft besitzt die V. nach wie vor ihre sicherste Stütze. Auch ihre Durchsetzungskraft ist mit der Verbreitung der V.s-Gerichtsbarkeit gewachsen. Im Übrigen wird die V. die Veränderung ihres urspr.en Regelungsgegenstandes, des souveränen Staates, aber nicht unverändert überstehen können. Zwar bleiben Staaten auch unter Globalisierungsbedingungen (↑Globalisierung) bis auf weiteres die wichtigsten politischen Akteure. Das garantiert auch der Staats-V. ihre Fortexistenz. Da der Staat sich die öffentliche Gewalt jedoch mit supranationalen Organisationen teilt, kann die V. die öffentliche Gewalt nur noch insoweit legitimieren und regulieren, als sie Staatsgewalt ist, und selbst das nicht mehr völlig autonom. Umgekehrt ist die auf die internationale Ebene abgewanderte öffentliche Gewalt noch lange nicht so beschaffen, dass sie einer Legitimierung und Regulierung nach Art der Staats-V. zugänglich wäre. Wenn die Verrechtlichung der supranationalen öffentlichen Gewalt trotzdem als Konstitutionalisierung beschrieben wird, muss man sich darüber im Klaren sein, dass es sich um einen stark reduzierten V.s-Begriff handelt, der einstweilen den Platz für neue, der supranationalen öffentlichen Gewalt gemäßere Formen hält.

## Literatur

D. Grimm: Constitutionalism. Past–Present–Future, 2016 • A. Somek: The Cosmopolitan Constitution, 2014 • L. Viellechner: Transnationalisierung des Rechts, 2013 • U. Volkmann: Grundzüge einer Verfassungslehre der Bundesrepublik Deutschland, 2013 • D. Grimm: Die Zukunft der Verfassung II, 2012 • M. Rosenfeld/A. Sajó (Hg.): The Oxford Handbook of Comparative Constitutional Law, 2012 • G. Teubner: Verfassungsfragmente, 2012 • C. Thornhill: A Sociology of Constitutions, 2011 • T. Vesting/S. Korioth (Hg.): Der Eigenwert des Verfassungsrechts, 2011 • O. Depenheuer/C. Grabenwarter (Hg.): Verfassungstheorie, 2010 • P. Dobner/M. Loughlin (Hg.): The Twilight of Constitutionalism, 2010 • V. C. Jackson: Constitutional Engagement in a Transnational Era, 2010 • N. Krisch: Beyond Constitutionalism, 2010 • M. Jestaedt: Die Verfassung hinter der Verfassung, 2009 • J. Klabbers/A. Peters/G. Ulfstein: The Constitutionalization of International Law, 2009 • M. Loughlin/N. Walker (Hg.): The Paradox of Constitutionalism, 2007 • C. Winterhoff: Verfassung – Verfassunggebung – Verfassungsänderung, 2007 • J. Isensee: Staat und Verfassung, in: HStR, Bd. 2, ³2004, §15 • R. Wahl: Verfassungsstaat, Europäisierung, Internationalisierung, 2003 • P. Dobner: Konstitutionalismus als Politikform, 2002 • D. Grimm: Die Zukunft der Verfassung, ³2002 • H. Mohnhaupt/D. Grimm: Verfassung. Zur Geschichte des Begriffs von der Antike bis zur Gegenwart, ²2002 • C. R. Sunstein: Designing Democracy, 2001 • P. Häberle: Verfassung als öffentlicher Prozess, ³1998 • D. Grimm: Braucht Europa eine Verfassung?, 1995 • U. K. Preuß (Hg.): Zum Begriff der Verfassung, 1994 • G. Haverkate: Verfassungslehre, 1992 • E.-W. Böckenförde: Staat, Verfassung, Demokratie, 1991 • N. Luhmann: Die Verfassung als evolutionäre Errungenschaft, in: Max-Planck-Institut (Hg.): Rechtshistorisches Journal, Bd. 9, 1990, 176–220 • G. Stourzh: Wege zur Grundrechtsdemokratie, 1989 • G. Dilcher: Vom ständischen Herrschaftsvertrag zum Verfassungsgesetz, in: Der Staat 27/2 (1988), 161–193 • J. Elster/R. Slagstad (Hg.): Constitutionalism and Democracy, 1988 • D. S. Lutz: The Origins of American Constitutionalism, 1988 • M. Morlok: Was heißt und zu welchem Ende studiert man Verfassungstheorie?, 1988 • W. Schmale: Entchristianisierung, Revolution und Verfassung, 1988 • H. Hofmann: Zur Idee des Staatsgrundgesetzes, in: ders.: Recht –

Politik – Verfassung, 1986, 261–295 • K. von Beyme: Verfassung und politisches System, in: Politische Bildung 17/1 (1984), 3–18 • C. Schmitt: Verfassungslehre, [6]1983 • B.-O. Bryde: Verfassungsentwicklung, 1982 • H. Vorländer: Verfassung und Konsens, 1981 • M. Friedrich (Hg.): Verfassung, 1978 • R. Vierhaus (Hg.): Herrschaftsverträge, Wahlkapitulationen, Fundamentalgesetze, 1977 • K. Loewenstein: Verfassungslehre, [3]1975 • P. Badura: Verfassung und Verfassungsgesetz, in: H. Ehmke u. a. (Hg.): FS für Ulrich Scheuner zum 70. Geburtstag, 1973, 19–40 • N. Luhmann: Politische Verfassungen im Kontext des Gesellschaftssystems, in: Der Staat 12/1,2 (1973), 1–22/165–182 • E. Forsthoff: Zur heutigen Situation einer Verfassungslehre, in: H. Barion u. a. (Hg.): Epirrhosis. Festgabe für Carl Schmitt, Teilbd. 1, 1968, 185–212 • W. Hennis: Verfassung und Verfassungswirklichkeit, 1968 • E. Schmidt-Aßmann: Der Verfassungsbegriff in der deutschen Staatslehre der Aufklärung und des Historismus, 1967 • K. Hesse: Die normative Kraft der Verfassung, 1959 • J. W. Gough: Fundamental Law in English Constitutional History, 1955 • W. Näf: Der Durchbruch des Verfassungsgedankens im 18. Jahrhundert, in: ders. (Hg.): Schweizer Beiträge zur Allgemeinen Geschichte, Bd. 11, 1953, 108–120 • F. Lassalle: Über Verfassungswesen, 1949 • W. Kägi: Die Verfassung als rechtliche Grundordnung des Staates, 1945 • C. H. McIlwain: Constitutionalism Ancient and Modern, 1940 • D. Schindler: Verfassungsrecht und soziale Struktur, 1932 • R. Smend: Verfassung und Verfassungsrecht, 1928 • G. Jellinek: Allgemeine Staatslehre, [3]1914.

DIETER GRIMM

**Verfassungserwartungen** ↑Verfassungsvoraussetzungen

## Verfassungsgerichtsbarkeit

Verfassungsgerichte sind die „aristokratischen“ Hüter der ↑Demokratie. Sie schützen die ↑Freiheiten der Bevölkerung, indem sie den demokratischen Prozess beschränken. Sie agieren in einem hochpolitischen Umfeld, gelten aber als ausschließlich dem ↑Recht verpflichtete unpolitische Institutionen. Die Bandbreite öffentlicher Reaktionen auf die Institution der V. und deren Entscheidungstätigkeit reicht von jubelnder Akklamation bis hin zu mehr oder weniger offen artikulierten Destruktionsfantasien. Damit ist das Phänomen V. zwar noch nicht einmal angerissen, jedoch in seinem Wert und seiner Problematik auf das Äußerste verknappt und überspitzt offengelegt.

### 1. Grundlagen

Die primäre Aufgabe der V. ist die Durchsetzung der ↑Verfassung als verbindliches und vorrangiges Rechtsdokument im gesamten staatlichen Bereich durch eines oder mehrere gerichtliche Organe, die auf diese Aufgabe spezialisiert sind oder diese zumindest auch wahrnehmen. Diese Abgrenzung ist deshalb bedeutsam, weil in einem Verfassungsstaat alle staatlichen Organe an die Verfassung gebunden sind, es jedoch im Wesentlichen der V. zukommt zu kontrollieren, ob diese Bindung auch beachtet wird.

Zwar gibt es verschiedene Möglichkeiten, den Vorrang der Verfassung zu effektuieren, jedoch hat es in der einen oder anderen Form bei folgendem Grundkonzept zu bleiben, um von einem Verfassungsstaat sprechen zu können: Alle Rechtsakte unterhalb der Verfassungsstufe müssen auf ihre Übereinstimmung mit der Verfassung überprüft und im Falle eines Widerspruches aus dem Rechtsbestand ausgeschieden werden können oder doch zumindest unbeachtlich bleiben. Dies setzt eine hierarchische Stufung innerhalb der Rechtsordnung voraus, die eine Kontrolle von Rechtsakten am Maßstab höherrangigeren Rechts als nachvollziehbaren juristischen Vorgang möglich macht. Für Verfassungsgerichte ist regelmäßig die Verfassung als oberste Rechtsschicht jener Maßstab, an dem insb. ↑Gesetze gemessen werden können.

Offen bleibt nach diesem Konzept die Frage, wie das mit dieser Aufgabe betraute staatliche Organ ausgestaltet ist und ob dieses als zentralisierte Instanz tätig wird. Zwar ist es möglich und in einigen Staaten auch vorgesehen, dass die Verfassungskontrolle nicht von Gerichten, sondern von anderen, z. T. explizit politischen Organen ausgeübt wird (z. B. der Grundgesetzausschuss des finnischen Parlaments). Um jedoch von V. sprechen zu können, muss das zuständige Organ als Gericht (↑Gerichtsbarkeit) organisiert sein, sodass dessen Mitglieder jedenfalls gegenüber allen anderen Staatsorganen in ihrer rechtsprechenden Tätigkeit unabhängig sein müssen. Ob die Verfassungskontrolle von einem zentralisierten Gericht oder von mehreren bzw. allen Gerichten eines Staates ausgeübt wird, ist je nach Rechtsordnung unterschiedlich. Zwei Grundkonzepte sind zu unterscheiden: Ist jedes Gericht dazu befugt, die anzuwendenden Rechtsvorschriften am Maßstab der Verfassung zu messen (dezentrale V.), geht damit nahezu zwangsläufig die Entscheidung einher, dass als verfassungswidrig erachtete Gesetze nicht förmlich aufgehoben, sondern im konkret zu entscheidenden Fall lediglich unangewendet bleiben (z. B. in den USA). Das im kontinentaleuropäischen Raum vorherrschende Modell einer zentralisierten V. (z. B. in Österreich und Deutschland) vermeidet unterschiedliche verfassungsrechtliche Beurteilungen durch verschiedene Gerichte und trägt damit zur ↑Rechtssicherheit bei. Dies wird dadurch verstärkt, wenn das Verfassungsgericht ein als verfassungswidrig erkanntes Gesetz für alle verbindlich aus dem Rechtsbestand ausscheidet und dies auch in förmlicher Weise kundgemacht wird.

Verfassungsgerichte sind neben der vorgenannten regelmäßig mit weiteren Kompetenzen ausgestattet, die sich nicht in das Modell der Rechtmäßigkeitskontrolle genereller Normen (Normenkontrolle) bringen lassen. Zu diesen Aufgaben zählen z. B. die Entscheidung über Streitigkeiten zwischen obersten Staatsorganen (Organstreitverfahren), die Anklage derselben („Ministerverantwortlichkeit") sowie die Entscheidung über die Rechtmäßigkeit bedeutender ↑Wahlen. In aller Regel handelt es sich um Angelegenheiten, die für das Funktionieren des demokratischen Prozesses bes. wichtig sind, jedoch nicht (mehr ausschließlich) in der politischen Arena ausgetragen werden sollen, sondern in gewisser Weise verrechtlicht werden. Teilweise wird hier von Verfahren der Staatsgerichtsbarkeit gesprochen.

## 2. Entwicklung

Verfassungsgerichte nach dem vorgenannten Modell treten ideengeschichtlich im 19. Jh. auf; als etablierte Staatsorgane sind sie ein Phänomen des 20. Jh. nach dem Ersten bzw. verstärkt nach dem Zweiten Weltkrieg. Als Geburtsstunde der V. gilt eine Entscheidung des *Supreme Court* der USA aus dem Jahr 1803 (Marbury v Madison). In dieser wurde ein richterliches Prüfungsrecht von Gesetzen am Maßstab der Verfassung *(judicial review)* postuliert, sodass damit der Sache nach das Konzept einer V. etabliert war. In weiterer Folge wurden in Europa spezialisierte Gerichte geschaffen (z. B. das im Jahr 1867 errichtete österreichische RG), welche einerseits staatsrechtliche Streitigkeiten einer gerichtlichen Lösung zuführen und andererseits den Schutz der Grundrechte effektuieren sollten. Insgesamt war das 19. Jh. jedoch die Zeit der Entwürfe und Überlegungen (z. B. in der Frankfurter Nationalversammlung 1848/49).

Die ersten beiden zentralisierten europäischen Verfassungsgerichte nach heutiger Vorstellung waren Produkte der zerfallenden Habsburgermonarchie: 1919 wurden das tschechoslowakische und das – wesentlich durch Hans Kelsen konzipierte – österreichische Verfassungsgericht geschaffen, die zwar beide insb. mit der Kompetenz zur Gesetzesprüfung ausgestattet wurden, diese jedoch nur in Österreich zur Blüte gelangte („österreichisches Modell der V."). In dieser ersten Phase stand die gerichtliche Schlichtung föderaler Auseinandersetzungen im Vordergrund. Darin lag etwa auch der Schwerpunkt des durch die ↑WRV errichteten StGH für das Deutsche Reich (Art. 108 WRV). Die weitere Entwicklung erfolgte wellenförmig: Nach dem Zweiten Weltkrieg sind insb. die Schaffung des ↑BVerfG sowie der italienischen *Corte Costituzionale* hervorzuheben. Diese Entwicklung wurde durch die zurückliegenden Unrechtserfahrungen deutlich angetrieben, wobei insb. die Grundrechte und deren gerichtliche Durchsetzung impulsgebend werden sollten. In dieser Zeit und der nachfolgenden Rechtsprechung der neuen Verfassungsgerichte liegt der Ursprung von deren rhetorischer Gleichsetzung mit „Grundrechts- bzw. Bürgergerichten". Die zweite Welle war die flächendeckende Errichtung von Verfassungsgerichten in den ehemals kommunistischen Staaten Mittel- und Osteuropas. Mit deren Etablierung gilt das Modell einer zentralisierten V. mit der Kompetenz zur Gesetzesprüfung nahezu als europäischer Standard und nach herrschender zentraleuropäischer Auffassung gegenüber den verbliebenen Systemen mit dezentralisierter oder ohne V. (z. B. Großbritannien bzw. einige nordische Staaten) als überlegen.

Diese Entwicklungen auf innerstaatlicher Ebene sind um ein – jüngeres und rechtlich kaum ausgebildetes – Phänomen zu ergänzen, das mit dem Begriff „Verfassungsgerichtsverbund" beschrieben wird. Gemeint ist die Zusammenarbeit von nationalen Verfassungsgerichten untereinander, verstärkt um eine Kooperation mit dem ↑EuGH sowie dem ↑EGMR. Insb. bei Grundrechtsfragen, deren Beantwortung in zunehmendem Ausmaß durch ein Ineinandergreifen von innerstaatlichen, unions- bzw. völkerrechtlichen Rechtsquellen komplexer wird, kommt es zu gegenseitigen Bezugnahmen und Rücksichtnahmen in der Rechtsprechung, die durch einen informellen Austausch der beteiligten Gerichte stark vorgeprägt sind. Wenngleich die Mechanismen dieses „Verbundes" noch nicht detailliert ausgeleuchtet sind, kann man von einem Trend zur Vereinheitlichung des grundrechtlichen Schutzniveaus im europäischen Rechtsraum sprechen, wobei sich Konflikte zwar nicht vermeiden lassen, diese jedoch – jedenfalls ab einer allg. anerkannten Machtposition der beteiligten Gerichte – tendenziell konsensual gelöst werden.

## 3. Verdienste

Die Institution V. leistet in funktionierenden demokratischen ↑Rechtsstaaten, dass politische Konflikte zwar ergebnisoffen ausgetragen werden, sich jedoch die handelnden Akteure an jene rechtlichen Spielregeln halten müssen, die für den Fortgang des demokratischen Prozesses notwendig sind. V. begrenzt staatliche, auch demokratische ↑Macht, damit diese sich nicht permanent setzt und der ↑Minderheit die Chance abschneidet, in Zukunft die Mehrheit zu erringen. Neben diesem gewissermaßen staatsorganisatorischen Minderheitenschutz sind Verfassungsgerichte auch die Hüter der verfassungsrechtlich verbürgten Rechte und Freiheiten der Bevölkerung. In klassischer Lesart der ↑Grundrechte wird hier ein staatsfreier Raum geschaffen, dessen Wahrung gerichtlich überprüft werden kann. Grundrechte verpflichten den ↑Staat mitunter aber auch zu einem positiven Tun, das zwar regelmäßig weniger streng, aber dennoch in einem gewissen Umfang gerichtlich überprüfbar ist.

Die Rechtsprechung vieler Verfassungsgerichte hat die staatsorganisatorische Seite der Verfassung auch in politischen Konflikten effektuiert und die tendenziell allg. formulierten Grundrechte mit Leben erfüllt. In manchen Fällen können Verfassungsgerichte als treibende Kraft beim Ausbau des Grundrechtsschutzes gelten und zwar insb. auch in Fällen, in denen der Gesetzgeber entweder das Schutzniveau nicht an neue Gefährdungslagen anpasst bzw. bei historisch tradierten oder neuen ↑Diskriminierungen untätig bleibt. Die damit verbundenen Grenzziehungen gegenüber dem bzw. die Vorgaben für den politischen Prozess sind in etablierten Demokratien grundsätzlich anerkannt und akzeptiert, mitunter in der öffentlichen Diskussion begrüßt oder gar bejubelt, sodass den jeweiligen verfassungsgerichtlichen Entscheidungen ein hohes Maß an Autorität zukommt. Es kann daher mit guten Gründen auch von einer den politischen Frieden sichernden Funktion der V. gesprochen werden. Als Beispiel mögen die Entscheidungen mehrerer europäischer Verfassungsgerichte zum Konflikt zwischen negativer ↑Religionsfreiheit und der Verpflichtung zur Anbringung von Kruzifixen bzw. Kreuzen in Erziehungseinrichtungen gelten: Die zu diesem Thema oft emotional geführten Diskussionen wurden durch die Verfassungsgerichte zwar nicht beendet, jedoch sind nach deren Befassung die rechtlichen Rahmenbedingungen nunmehr weitgehend – und von den widerstreitenden Akteuren grundsätzlich akzeptiert – geklärt.

Verfassungsgerichten kommt daher eine gegenüber demokratischer Allmacht grundsätzlich retardierende, zuweilen aber auch eine gegenüber dem Gesetzgeber antreibende Funktion zu. Daher ist der Vergleich mit einer zweiten, mitunter aristokratisch besetzten Parlamentskammer als Gegengewicht zur unmittelbar demokratisch besetzten Volkskammer zwar naheliegend, dennoch verfehlt man damit zumindest zwei entscheidende Punkte: Zunächst kontrolliert ein Verfassungsgericht den Gesetzgeber weder nach genuin politischen, noch nach sonstigen Gesichtspunkten der Zweckmäßigkeit. Verfassungsgerichtliches Handeln ist stets und strikt an die Verfassung als Maßstab gebunden, sodass der gerichtliche Entscheidungs- und Gestaltungsspielraum heteronom determiniert bleibt und letztlich durch den Verfassungsgesetzgeber unabhängig vom Willen des jeweiligen Verfassungsgerichts geändert werden kann. Darüber hinaus kontrollieren Verfassungsgerichte nicht gleichsam automatisch alle beschlossenen Gesetze und in aller Regel kommt auch eine selbstständig eingeleitete verfassungsgerichtliche Kontrolle nicht in Frage. Deren Antragsbedürftigkeit stellt die lediglich passive Rolle der Verfassungsgerichte im politischen Prozess ebenso sicher wie die Unzulässigkeit selbstständiger Gestaltung der Rechtslage über die Vernichtung von Rechtsvorschriften hinaus. Im Unterschied zu aristokratisch besetzten zweiten Parlamentskammern ist zudem auf die – unterschiedlich ausgestaltete – demokratische Bestellung der Verfassungsrichter sowie eine nicht durch unveränderliche persönliche Merkmale begrenzte Auswahl derselben hinzuweisen. Die richterliche Unabhängigkeit (↑Richter) insb. in Verbindung mit einer langen Amtsdauer, die geforderte hohe fachliche Qualifikation sowie die faktische Absenz vom politischen Tagesgeschäft verleihen den Verfassungsrichtern jedoch durchaus einen aristokratischen Nimbus im urspr.en Sinne.

### 4. Entgrenzungen

Die Geschichte der V. ist auch eine Geschichte der selbstbewussten Wahrnehmung der den Verfassungsgerichten zugewiesenen Kompetenzen. Bereits die berühmte und gemeinhin als Ausgangspunkt richterlicher Verfassungskontrolle geltende Entscheidung Marbury v Madison muss letztlich als rechtlich nur dünn begründete Selbstermächtigung gewertet werden. In der Folge muss man unterscheiden: Seltener ist der vorgenannte Fall, dass sich ein Verfassungsgericht formal eine Kompetenz zueignet, die dem Gericht nach dem Text der Verfassung (möglicherweise) nicht (explizit) zugewiesen ist. Als notorischer Konflikt in Staaten mit selbstbewussten Verfassungsgerichten gilt indes die gerichtliche Entwicklung dichter verfassungsrechtlicher Standards, die den Gestaltungsspielraum des demokratischen Gesetzgebers mitunter deutlich einschränken. Zunächst leiten Verfassungsgerichte insb. aus den Grundrechten z. T. detaillierte Aufträge an den Gesetzgeber ab, die tief in (gesellschafts-)politische Fragen (↑Gesellschaftspolitik) hineinreichen, deren Beantwortung grundsätzlich den Parlamenten (↑Parlament, Parlamentarismus) zugewiesen ist. Als Beispiele mögen hier die Ableitung des Rechts auf Eheschließung von gleichgeschlechtlichen Paaren (↑Ehe) aus dem allg.en Gleichheitssatz durch den VerfGH im Jahr 2017 sowie die aus dem Menschenwürdegrundsatz (↑Menschenwürde) abgeleiteten konkreten Vorgaben für die Zumessung des Arbeitslosengeldes („Hartz IV“) durch das BVerfG ab dem Jahr 2010 dienen.

Das Kernproblem verfassungsgerichtlicher Verdichtung der Vorgaben für den Gesetzgeber liegt vordergründig in der gegenüber den Parlamenten geringeren demokratischen ↑Legitimation der Verfassungsgerichte, die gerade keine aktive politische Gestaltung der Rechtslage erlaubt. Weitaus diffiziler ist jedoch die Beantwortung der Frage, inwieweit es sich bei der hier in Rede stehenden Rechtsprechung schlicht um vertretbare Ableitungen aus dem Verfassungstext oder um eigenmächtige Veränderungen des heteronom vorgegebenen Prüfungsmaßstabes handelt. An dieser Stelle sind zwei Gesichtspunkte entscheidend: Zunächst sind gerade Verfassungsgerichte dazu angehalten, ihre Entscheidungen in rechtlich nachvollziehbarer Weise zu begründen, weil (auch) davon deren Akzeptanz abhängt. Letztlich ist jedoch der Grad rechtsstaatlicher Kultur in einem konkreten Staat maßgeblich: Wenn die Verfassung z. T. nur sehr allg.e Maßstäbe vorgibt und diese vom jeweiligen Verfassungsgericht letztverbindlich ausgelegt werden müssen, sind auch Deutungen zu akzeptieren, die möglicherweise anfechtbar oder auch schlicht falsch sind. Bei vermuteten Fehlentscheidungen eines Verfassungsgerichtes ist die Nichtbeachtung der konkreten Entscheidung aus rechtsstaatlichen Gründen keinesfalls das Mittel der Wahl, sondern die parlamentarische Änderung des das Verfassungsgericht bindenden Maßstabes. Darin liegt in letzter Konsequenz die sicherste demokratische Rückbindung der V., die jedoch dann prekär wird, wenn entweder das verfassungsändernde Verfahren praktisch undurchführbar ist (z. B. in den USA) oder auch das verfassungsändernde Gesetz selbst inhaltlich geprüft werden darf und der dafür maßgebliche Maßstab (de jure oder praktisch) unabänderlich ist (z. B. in Deutschland die „Ewigkeitsklausel" des Art. 79 Abs. 3 GG).

### 5. Gefährdungen

In westlichen Demokratien sind Verfassungsgerichte in aller Regel im politischen Prozess geachtete und in der ↑Öffentlichkeit mitunter sogar beliebte Staatsorgane. Daran ändert (auch scharf artikulierte) Kritik an einzelnen Entscheidungen ebenso wenig wie gelegentlich geäußerter Unmut über die Bestellung umstrittener Persönlichkeiten zu Verfassungsrichtern. Derartige Auseinandersetzungen sind nicht Krisensymptom, sondern Lebenszeichen funktionierender Interorgankontrolle bzw. demokratischer Meinungsbildungsprozesse. Auch die rechtspolitische Diskussion über institutionelle Fragen der V. darf nicht tabuisiert werden (z. B. über die konkrete Kompetenzausstattung der jeweiligen Verfassungsgerichte). Gleiches gilt für Verfassungsänderungen, die einer als unzweckmäßig wahrgenommenen Rechtsprechung entgegenwirken sollen. Stets notwendig ist dabei einerseits die strikte Beachtung rechtlicher Vorgaben sowie eine gewisse Mäßigung bei direkter Kritik durch politische Akteure an den Verfassungsgerichten, weil sich diese ihrem Selbstverständnis entspr. am öffentlich ausgetragenen Kampf um das bessere Argument nicht beteiligen können.

In jüngerer Zeit sind in einigen europäischen Staaten diese Regeln gebrochen worden. Als paradigmatischer Fall muss die Sabotage des polnischen Verfassungsgerichts durch die politische Mehrheit seit dem Jahr 2015 angesehen werden. In diesem Fall wurde das Verfassungsgericht durch mehr oder weniger subtile, größtenteils rechtswidrige Gesetzesänderungen bzw. sonstige Handlungen seiner wesentlichen Funktion als Hüter der Verfassung weitgehend entkleidet. Hier zeigt sich die größte Schwäche von Verfassungsgerichten: Verlieren diese ihre ausschließlich durch die Macht des Wortes in ihrer Entscheidungstätigkeit gewonnene ↑Autorität, stellen sie sich als in höchstem Maße verletzliche Akteure im politischen Prozess dar. Verfassungsgerichte können aber nur in äußerst beschränktem Umfang auf das rechtsstaatliche Bewusstsein der politischen Akteure einwirken, sodass hier das Diktum Ernst-Wolfgang Böckenfördes abgewandelt in bes.m Maße gilt: Die V. lebt von Voraussetzungen, die sie selbst nicht garantieren kann.

### Literatur

C. Grabenwarter: Der Verfassungsgerichtsverbund. Resonanz, Harmonie und Dissonanz, in: S. Storr/S. Unger/F. Wollenschläger (Hg.): Der Europäische Rechtsraum. Grundlagen, Herausforderungen, Perspektiven, 2021, 13–42 • W. Sadurski: Poland's Constitutional Breakdown, 2019 • A. von Bogdandy/C. Grabenwarter/P. M. Huber (Hg.): Hdb. Ius Publicum Europaeum, Bd. 6, 2016 • T. Simon/J. Kalwoda (Hg.): Schutz der Verfassung. Normen, Institutionen, Höchst- und Verfassungsgerichte, 2014 • M. Jestaedt u. a.: Das entgrenzte Gericht. Eine kritische Bilanz nach sechzig Jahren Bundesverfassungsgericht, 2011 • K. Korinek/J. P. Müller/K. Schlaich: Die Verfassungsgerichtsbarkeit im Gefüge der Staatsfunktionen, in: VVDStRL, Bd. 39, 1981, 7–212 • C. Schmitt: Der Hüter der Verfassung, 1931 • H. Kelsen/H. Triepel: Wesen und Entwicklung der Staatsgerichtsbarkeit, in: VVDStRL, Bd. 5, 1929, 2–123.

MARKUS VAŠEK

## Verfassungsgeschichte

### 1. Begriff und Gegenstand

V. beschäftigt sich mit der Legitimation und der Organisation von ↑Herrschaft in historischer Perspektive. Der dabei verwendete Verfassungsbegriff ist nicht auf die modernen geschriebenen ↑Verfassungen westlichen Typs, wie sie sich in der zweiten Hälfte des 18. Jh. auszubilden beginnen, beschränkt. V. ist eine Disziplin, deren Verortung zwischen ↑Geschichts- und ↑Rechtswissenschaft nicht klar ist. Sie kann als eine beiden Wissenschaften gemeinsame Unterdisziplin angesehen werden. V. wird an juristischen wie an philosophischen Fakultäten gelehrt, sowohl Juristen als auch Historiker forschen auf diesem Feld. Disziplinensystematisch könnte man hier argumentieren, (auch) die V. gehöre zum ↑öffentlichen Recht wie die Verfassungsrechtslehre, die allg.e ↑Staatslehre, die Verfassungstheorie oder die Staatsphilosophie. Die Gemeinsamkeit läge im Erkenntnisgegenstand. Nach dieser Vorgehensweise gehörte die V. allerdings genauso gut auch zur Geschichtswissenschaft; denn diese nimmt prinzipiell keinen Gegenstand aus ihrem historischen Erkenntnisinteresse aus. Geht man demgegenüber von der Erkenntnismethode aus, ist zu berücksichtigen, dass die dogmatisch arbeitende Rechtswissenschaft als Normwissenschaft (↑Dogmatik) Sollenssätze mit dem Erkenntnisziel der Systematisierung und auch Anleitung der auf Anwendung ausgerichteten geltenden Rechtsordnung interpretiert. Der V. geht es demgegenüber nicht um die Lösung historischer Rechtsfälle, sondern um die Analyse von Herrschaftsformen und Herrschaftslegitimationen (↑Legitimation).

### 2. Funktion der Verfassungsgeschichte für die Rechtsdogmatik des Verfassungsrechts

Aus der Sicht einer dogmatisch arbeitenden Rechtswissenschaft unterscheidet sich die V. von ihr durch ihre Methode. Ihre Herangehensweise ist nicht normativ-juristisch-dogmatisch, sondern entspricht den Methoden der Geschichtswissenschaft. Allerdings bezieht sich ihr richtig verstandener Erkenntnisgegenstand auf etwas Normatives, nämlich die als verbindlich anerkannten

Regeln für Personen und Institutionen zur Konstitution, Organisation und Begrenzung des Gemeinwesens. In der Arbeitsdefinition von Dietmar Willoweit handelt es sich bei dem Erkenntnisgegenstand der V. um „diejenigen rechtlichen Regeln und Strukturen, die das Gemeinwesen und damit die politische Ordnung prägen" (Willoweit/Schlinker 2019: 2). Reinhart Koselleck hat vorgeschlagen, V. solle die Bereiche erforschen, „die sich durch Wiederholbarkeit kraft Rechtsregeln auszeichnen" (Koselleck 1983: 11). Er begründet dies damit, „den Bruch zwischen den vormodernen Rechtsgeschichten und den neuzeitlichen Verfassungsgeschichten zu überbrücken" (Koselleck 1983: 11). Etwa müsse – im Anschluss an Otto Brunner – für die vorneuzeitliche Betrachtung die Strafrechtsgeschichte mit einbezogen werden, während dies für eine V. des 19. Jh. nur bedingt der Fall sei.

### 3. Historisierung des geltenden Verfassungsrechts – das Problem des Endzeitpunkts von Verfassungsgeschichte

Die zeitliche Abfolge verfassungsrechtlicher Neukonstituierungen führt zu dem Problem des Endes der V.: Ist insofern „geschichtlich" alles *vor* der geltenden Verfassungsordnung? Was bedeutet „geltende Verfassungsordnung"? Kann dies auf das Inkrafttreten der Verfassungsurkunde reduziert werden? Die Beantwortung dieser Fragen hängt von der zeitlichen Abfolge verfassungsrechtlicher Neukonstituierungen und von der Quantität wie der Qualität von Verfassungsänderungen ab. Deutschland ist dabei von einer zunächst relativ raschen Abfolge grundstürzender staatsrechtlicher Veränderungen gekennzeichnet gewesen:

- Ende des Alten Reiches 1806;
- Gründung eines Staatenbundes 1815;
- Bundesstaatsgründung 1867/1871;
- Austausch der grundlegenden Legitimationsgrundlage 1918/19;
- Übergang zum totalitären Staat 1933–1945;
- demokratische Neukonstituierung 1948/49.

Staaten wie die Schweiz und v. a. die USA zeichnen sich demgegenüber durch eine große Kontinuität der Verfassungszustände aus. Sie unterscheiden sich dabei allerdings wiederum in der Frequenz der Verfassungstextänderungen: Der praktisch statische Text-Zustand der Verfassungsurkunde in den USA steht den fast jährlichen Änderungen von Bundes- und Kantonsverfassungen in der Schweiz angesichts von Volksinitiativen gegenüber. Gleichwohl finden in den USA im Laufe der Entwicklung gravierende Änderungen durch ein sich wandelndes gesellschaftliches Umfeld statt, auf welche die Rechtsprechung zwangsläufig reagieren muss. Wie zumindest für die USA angedeutet, ist daher das Verhältnis von Verfassungsrecht und V. – allerdings auch aufgrund der grundsätzlich anderen Rechtstradition – notwendig ein anderes als etwa in Deutschland.

Angesichts der inzwischen beachtlichen Geltungsdauer des ↑GG und der durch dieses konstituierten Verfassungsordnung stellt sich auch in Deutschland die Frage nach einer Historisierung der staatsrechtlichen Ereignisse, letztlich auch der verfassungsgerichtlichen Judikatur der frühen Bundesrepublik. Aus dem amerikanischen Rechtskreis (↑Anglo-amerikanischer Rechtskreis) ist die Formulierung von Charles Evans Hughes überliefert: „[T]he Constitution is what the judges say it is" (Hughes 1908: 139). Es stellt ein ungelöstes verfassungsrechtsdogmatisches Problem dar, dass die Judikatur des ↑BVerfG von 1951 an, d. h. seit inzwischen fast 70 Jahren – einem für die Epochenabfolge in der jüngeren deutschen V. relevanten Zeitraum – in der Anwendung des GG gleichrangig behandelt wird. War die Historisierung von ↑Recht Ausgangspunkt der Ausbildung von Rechts- und V., stellt sich somit als Folgeproblem die Koordination dieses Konzepts mit grundlegenden Verfassungsumbrüchen. Solche stellen stets Zäsuren für eine Historisierung dar. Angesichts der Dauer und der Wirkungsintensität des GG besteht in der Gegenwart das Bedürfnis einer „Zwischenhistorisierung" als Anreicherung des verfassungsrechtlichen Methodenarsenals. Das hätte Rückwirkung auf Stellung und Funktion der V. für die Rechtswissenschaft.

### 4. Historische Bedingtheit des Verhältnisses zwischen Verfassungsgeschichte und Verfassungsrecht

Methoden und Erkenntnisziele der beiden beteiligten Disziplinen Rechts- und Geschichtswissenschaft variierten im Laufe der geschichtlichen Entwicklung erheblich. Vier Phasen können für dieses Verhältnis für den deutschen Bereich unterschieden werden:

#### 4.1 Reichshistorie als Instrument der Reichspublizistik

Die Reichshistorie der Frühen ↑Neuzeit kann als ein Vorläufer moderner Verfassungsgeschichtsschreibung gesehen werden. Die Reichsgesetzgebung war im Alten Reich gering entwickelt. Weil sie „auch in den letzten der großen Reichsgrundgesetze, in dem als solches in das Reichsrecht übernommenen Westfälischen Frieden und in dem darauf aufgebauten Jüngsten Reichsabschied von 1654, alle wesentlichen Fragen unbeantwortet gelassen hatte, war das geltende Staatsrecht des Deutschen Reichs nicht anders zu erfassen, als dass man von Präzedenzfällen ausging" (Hartung 1961: 432 f.). Die staatsrechtliche Methode war damit weitgehend eine geschichtliche. Der *status imperii* des Alten Reiches sollte so historisch ermittelt werden. Diese Reichshistorie, die sich im 18. Jh. ausbildete und als Einleitung in die Darstellung des geltenden ↑Staatsrechts diente, war von der Disziplin der zur philosophischen Fakultät gehörenden allg.en Geschichte getrennt. Fritz Hartung spricht von einem „unnatürlichen Graben, den der Universitätsbetrieb in Deutschland zwischen der allgemeinen und der Reichshistorie gezogen hatte" (Hartung 1961: 433). Die Reichshistorie sammelte, ja instrumentalisierte den historischen Stoff unter einer primär juristischen, seinerzeit gegenwartsbezogenen Fragestellung. Die Grenze zwischen der Interpretation geltenden Rechts und historischer Arbeit erscheint aufgehoben, das Recht historisiert, insofern die Reichsgeschichte das theoretische Fundament des Reichsrechts bildete. V. a. das juristisch relevante Problem, ob die kaiserliche oder die fürstliche Gewalt originär gewesen sei, d. h. letztlich der das Alte Reich prägende Dualismus zwischen Kaiser und Reichsständen, die Frage nach dem Träger der ↑Souveränität, konnte – wenn überhaupt – nur historisch entschieden werden. Diese Funktionalität führte zu einer Abwendung barocker Historiographie und zu einer Hinwendung zu institutionellen Aspekten – das Erkenntnisinteresse brachte die wissenschaftliche Behandlung voran. Hier wird v. a. Johann Stephan Pütter mit seiner explizit als Hilfswissenschaft für das deutsche Staatsrecht verstandenen Reichshistorie unter dem Titel „Teutsche Reichsgeschichte in ihrem Hauptfaden entwickelt" (1778) genannt.

### 4.2 Die antiquarische, auf das Mittelalter konzentrierte Verfassungsgeschichte

Die juristische Methode im Staatsrecht entwickelt sich in der zweiten Hälfte des 19. Jh. Der sog.e Gerber-Labandsche Positivismus, der im Kaiserreich zu voller Blüte erwuchs, um in der Spätphase des Kaiserreichs erste Relativierungen zu erfahren, wurde im Bereich des ↑Verwaltungsrechts durch Otto Mayer und seine Zeitgenossen vorangetrieben. Dieser Prozess erfolgte gleichzeitig mit der Loslösung der ↑Rechtsgeschichte von der V., der Trennung von „innerer" und „äußerer" Rechtsgeschichte. Das in dieser Weise betriebene Staatsrecht löste sich von seinen historischen Wurzeln, wurde immanent zu interpretieren gesucht. Dies war zugl. Hauptangriffspunkt der zeitgenössischen wie der Kritik der Weimarer Zeit. Die Verfassungshistoriker beschäftigten sich in dieser Zeit vorrangig mit dem Mittelalter. Die praktische Notwendigkeit der historischen Betrachtungsweise war durch ein romantisch-nationalhistorisches Interesse am Gegenstand abgelöst worden. Erst der Schweizer Andreas Heusler führte 1905 die V. bis in die Neuzeit, genauer bis zum Ende des Alten Reichs fort. Der eigentliche Anstoß ging in dieser Zeit – bemerkenswerter Weise gleich unter Einschluss der Verwaltungsgeschichte – von der historisch arbeitenden ↑Staatswissenschaft aus. Über Gustav von Schmoller führte dieser Weg zu Otto Hintze.

### 4.3 Verfassungsgeschichte als Teil einer „ganzheitlich" verstandenen Rechtswissenschaft unter ideologischen Vorzeichen

Das jahrzehntelang vergleichsweise unangefochtene juristische Teilfach – oder genauer: die Vorlesung – „Deutsche V. der Neuzeit" ist Ergebnis der nationalsozialistischen Studienreform von 1935. Nach Erlass der Reichsjustizausbildungsordnung vom 22.7.1934 wurde in den „Richtlinien für das Studium der Rechtswissenschaft (Studienordnung)" vom 18.1.1935 ein neuer, verbindlicher Studienplan festgelegt. Die Studienreform war zugl. ein entscheidender Schritt zur Institutionalisierung des Fachs V. in der Rechtswissenschaft. Es hat den Anschein, dass mit und seit dieser Zeit die Beschäftigung mit dem Fach in der Forschung stärker als zuvor von öffentlich-rechtlich ausgerichteten Juristen betrieben wurde. In Anknüpfung an die „Evaluation" der vorausgegangenen preußischen Reform von 1931 mit ihrem Ansatz einer breiten Ausbildung konnten neue weltanschauliche Postulate verbunden werden. Vorlesungen zur „V. der Neuzeit" wurden seit 1931 zumindest an den preußischen Universitäten angeboten. Unter Reichswissenschaftsminister Bernhard Rust und dem Rechtshistoriker Karl August Eckardt wurde im ↑Nationalsozialismus das rechtswissenschaftliche Studium erneut stärker historisch ausgerichtet und zugl. ideologisiert. Die neue Funktionalität des Fachs ist eng v. a. mit einer Person verknüpft: Ernst Rudolf Huber. Das gilt nicht nur institutionell, sondern auch programmatisch.

### 4.4 Verfassungsgeschichte und Verfassungsrecht zwischen der „Einheit der Staatswissenschaften" und methodologischer Differenz

Befreit man die Motivation der Institutionalisierung der V. unter dem Nationalsozialismus von ihrem ideologischen Ballast und ersetzt einige Begrifflichkeiten durch modernere Ausdrücke – etwa „lebendige Gestalt des Volkes" durch „Struktur", „Gefüge", „Gruppe" usw. – scheinen viele der verfolgten Anliegen bis in die Gegenwart virulent zu sein: Vergleichende Perspektiven, Herausstellen des Modellhaften, Einbeziehung des Realbereichs, Überwindung eines zu engen juristischen Verfassungsbegriffs und einer verengenden disziplinären Betrachtungsweise (heute modern als „Interdisziplinarität" propagiert), Betonung von dynamischen Entwicklungslinien jenseits statischer Dogmengeschichte – auch das generelle Anliegen, die juristische Ausbildung auf eine breitere, der Gegenwart adäquatere Grundlage zu stellen. Der heutige Versuch einer „Renaissance der Staatswissenschaft" verfolgt insofern durchaus wichtige Anliegen; ihre Instrumentalisierbarkeit und ihre methodischen Schwachstellen sollten jedoch stets präsent bleiben. Das Problem stellt nicht die Bespiegelung eines Phänomens durch verschiedene Wissenschaften mit verschiedenen ↑Methoden dar, sondern ein unkontrollierter und vielleicht auch unbewusster Methodensynkretismus. Die wissenschaftliche Spezialisierung ist selbst das Ergebnis eines Differenzierungsprozesses, der nicht einfach vorher Zusammengefügtes willkürlich getrennt hat, sondern in dem neue Fragestellungen und Interessen zu neuen Wissenschaften führten, die nie wirklich jemals integriert gewesen sind. Aus diesem Grunde erscheint auch die mit dieser Klage gelegentlich verbundene Aufforderung zu einer Rückkehr zu den alten Zuständen problematisch. Ein arbeitsteiliges Zusammenwirken ist vermutlich einem integrativen Verständnis überlegen.

Literatur

D. Willoweit/S. Schlinker: Deutsche Verfassungsgeschichte, 82019 • M. Stolleis: Verfassungs- und Verwaltungsgeschichte, 2017 • H. Neuhaus (Hg.): Verfassungsgeschichte in Europa, 2010 • C. Waldhoff: Verfassungsgeschichte und Theorie der Verfassung, in: O. Depenheuer/C. Grabenwarter (Hg.): Verfassungstheorie, 2010, §4 • E. Grothe: Zwischen Geschichte und Recht. Deutsche Verfassungsgeschichtsschreibung 1900–1970, 2005 • W. Reinhard: Geschichte der Staatsgewalt, 1999 • D. Grimm: Deutsche Verfassungsgeschichte 1776–1866, 1988 • H. Boldt: Einführung in die Verfassungsgeschichte, 1984 • R. Koselleck: Begriffsgeschichtliche Probleme der Verfassungsgeschichtsschreibung, in: H. Quaritsch (Hg.): Gegenstand und Begriffe der Verfassungsgeschichtsschreibung, 1983, 7–21 • F. Hartung: Zur Entwicklung der Verfassungsgeschichtsschreibung in Deutschland, in: ders.: Staatsbildende Kräfte der Neuzeit. Gesammelte Aufsätze, 1961, 431–469 • C. E. Hughes: Speech before the Elmira Chamber of Commerce, May 3, 1907, in: ders./J. G. Schurman: Addresses and Papers of Charles Evans Hughes, 1908, 133–146.

CHRISTIAN WALDHOFF

Verfassungsrecht ↑Staatsrecht

## Verfassungsschutz

### 1. Begriff

Zentraler Schutzgegenstand des V.es ist die ↑freiheitliche demokratische Grundordnung. V. beschreibt den Kern der Schutzmechanismen des Verfassungsstaates gegen Bestrebungen, die auf die Beseitigung dieses zentralen Schutzgutes abzielen und gegen Gefahren für dieses Schutzgut, die aus dem staatlichen Apparat selbst herrühren. Der Begriff V. kann sich sowohl auf gesetzliche Schutzmechanismen in der ↑Verfassung selbst, wie auf die administrativ mit der Umsetzung dieser Mechanismen befassten Behörden beziehen.

V. ist zu unterscheiden vom Staatsschutz. Auch wenn die Begriffe „Staatsschutz" und „V." häufig synonym gebraucht werden und eng zusammenhängen, handelt es sich doch um abweichende Schutzgegenstände und -formen. „Staatsschutz" ist zu einem Großteil polizeilich organisiert. Während er auf die Sicherung des Staatsbestandes, also der Existenz des ↑Staates und seiner Institutionen abzielt, ist V. auf die Sicherung der bes.n Staatsform des ↑GG mit der Gewährung ihrer politischen Grundlagen gerichtet.

Im Spannungsfeld zwischen ↑Freiheit und ↑Sicherheit trägt der Schutzgegenstand zugl. die Begrenzung des Tätigkeitsfeldes des V.es in sich: Demokratisch legitimierter V. baut auf nicht disponiblen ↑Grundwerten der Verfassung selbst auf. Allerdings ist V. eben auf diese Grundwerte beschränkt: Soweit Anliegen des politischen Diskurses diese pluralistischen Grundwerte nicht in Frage stellen, darf ihnen nicht mit Instrumenten des V.es begegnet werden. Art und Umfang des V.es dürfen also die zu schützenden Grundwerte ihrem Wesensgehalt nach selbst nicht antasten. Daher besteht zwangsläufig eine Wechselwirkung zwischen der zu schützenden Freiheit und dem Schutz dieser Freiheit gegen deren Missbrauch mit dem Ziel ihrer Beseitigung.

### 2. Entwicklung

Der Begriff V. wurde erst im Laufe des 19. Jh. gebräuchlich. Logisch ist er eng mit der Entstehung geschriebener Verfassungen europäischer Staaten im europäischen ↑Konstitutionalismus verbunden. Entgegen der verbreiteten Annahme, der V. der BRD sei ohne Vorläufer, bestand in der Weimarer Republik von 1920 bis 1929 als zentraler Inlandsnachrichtendienst auf Reichsebene das Amt des *Reichskommissars für Überwachung der öffentlichen Ordnung*. Mit nur geringem Personalbestand und aufgrund von Kompetenzstreitigkeiten zwischen Reichs- und Landesbehörden konnte diese Institution jedoch keine wirksame V.-Funktion entfalten. An die Stelle eines V.es traten von 1933 bis 1945 die zugl. mit Exekutivbefugnissen ausgestatteten Institutionen der Gestapo und des SD, denen ein auf Unterdrückung ausgerichtetes, extensives Staatsschutzkonzept mit dem Ziel der Bekämpfung aller gegen die amtierende Staatsführung gerichteten politischen ↑Opposition zugrunde lag. In der DDR verband von 1949 bis 1990 das MfS (Stasi) ebenso polizeiliche und nachrichtendienstliche Funktionen in einer extensiven Staatsschutzkonzeption. Keine dieser Institutionen kann daher Traditionslinien begründen; vielmehr ist V. als Gegenentwurf zu diesen politischen Polizeibehörden zu verstehen.

### 3. Verfassungsschutz unter dem Grundgesetz

Das GG hat sich für eine abwehrbereite und wehrhafte Demokratie entschieden, zu deren zentralen Instrumenten der V. zählt. Zu den „konstruktiven" Sicherungen des gesetzlichen V.es gehören präventive Normen, wie die sog.e Ewigkeitsklausel des Art. 79 Abs. 3 GG und die Wesensgehaltsgarantie des Art. 19 Abs. 2 GG, die Verfassungsdurchbrechungen bereits auf Ebene der Verfassung selbst ausschließen sollen. Neben diesen Gefahren „von oben" durch Staatsorgane hat der Gesetzgeber aber auch die Gefahr „von unten" durch verfassungsfeindliche Bestrebungen gesehen. Das GG räumt daher dem Bund in Art. 87 Abs. 1 S. 2 die Kompetenz ein, Zentralstellen zur Sammlung von Unterlagen für Zwecke des V.es einzurichten. Seit 1972 enthält Art. 73 Abs. 10 GG zudem in der Zuweisung der Gesetzgebungskompetenz an den Bund eine Definition von V. als „Schutz der freiheitlichen demokratischen Grundordnung, des Bestandes und der Sicherheit des Bundes oder eines Landes". Das Volkszählungsurteil des ↑BVerfG von 1983 und das darin formulierte Recht auf ↑informationelle Selbstbestimmung machte in der Folgezeit Reformen der gesetzlichen Grundlagen erforderlich und prägt die Arbeit des V.es bis heute.

### 4. Verfassungsschutzbehörden in der BRD

Im sog.en *„Alliierten Polizeibrief"* von 1949 wurde ein Trennungsgebot zwischen ↑Polizei und ↑Nachrichtendiensten festgeschrieben: Die Gouverneure der westlichen Besatzungszonen versagten dem V. polizeiliche Kompetenzen und schrieben getrennte Einrichtungen von Polizei- und V.-Behörden vor. Auf Bundesebene nimmt das 1950 auf Grundlage des BVerfSchG gegründete *Bundesamt für Verfassungsschutz* (BfV) die Aufgaben eines zentralen Inlandsnachrichtendienstes wahr. Das Amt ist eine dem BMI nachgeordnete Bundesoberbehörde. Daneben verfügen alle 16 Bundesländer über eigene Landesämter für V., die entweder als selbständige Landesbehörden oder als Abteilungen in den Landesinnenministerien organisiert sind. Das BAMAD nimmt die Funktion des V.es innerhalb der ↑Bundeswehr wahr. Diese Behörden bilden gemeinsam den V.-Verbund mit dem BfV als Zentralstelle. Daneben bestehen themenbezogene Kooperations- und Kommunikationsplattformen, die keine eigenständigen Behörden sind, wie seit 2007 das *Gemeinsame Internetzentrum* zur Beobachtung und Bewertung islamistischer Internetinhalte, seit 2004 das GTAZ und seit 2012 das *Gemeinsame Extremismus- und Terrorismusabwehrzentrum*. An ihnen sind nicht nur V.-Behörden, sondern auch andere Sicherheitsbehörden beteiligt. Seit dem Auftreten neuer Formen des ↑Terrorismus ist die Infrastruktur des V.es zunehmend dichter geworden.

### 5. Tätigkeits- und Beobachtungsfelder

Anders als auf Gefahrenabwehr ausgerichtete Polizeibehörden, setzt der V. bereits im Gefahrvorfeld an. § 3 Abs. 1 BVerfSchG beschreibt die Aufgabe, Informationen über politisch motivierte Bestrebungen zu sammeln, die gegen die fdGO gerichtet sind. Kriminelles oder strafbares Verhalten ist für diese Beobachtung nicht erforderlich. Der V. vollzieht dabei notwendig politische Entwicklungen in der Schwerpunktsetzung seiner Tätigkeit nach. Während von den 1950er bis zu den 1980er Jahren Bestrebungen des Linksextremismus (z. B. die RAF) im Fokus standen, verschob sich ab den 1990er Jahren der Schwerpunkt zum Rechtsextremismus (z. B. ↑NPD). Mit zunehmenden Zuwanderungszahlen ab den 1960er Jahren kam Ausländerextremismus (z. B. die PKK) als Beobachtungsfeld hinzu (↑Extremismus) und ab den 2000er Jahren der militante ↑Islamismus. Spionageabwehr (↑Spionage) als Aufklärung gegnerischer nachrichtendienstlicher Aktivitäten in Deutschland zählt ebenso zu den Aufgaben. Dem BfV ist zudem die Information der Öffentlichkeit über solche Bestrebungen zugewiesen (§ 16 BVerfSchG), als Grundlage für den jährlich erscheinenden V.-Bericht.

Zur Erfüllung ihres gesetzlichen Auftrages dürfen V.-Behörden Methoden der heimlichen Informationsbeschaffung, sog.e nachrichtendienstliche Mittel einsetzen. Hierzu zählen etwa die verdeckte Beobachtung von Personen (Observation), technische Mittel wie verdeckte Bild- und Tonaufzeichnungen, der Einsatz von Tarn- und Legendenpapieren und die Anwerbung und der Einsatz von menschlichen Quellen mit Kenntnissen oder Zugang zu den Beobachtungsobjekten. Mittel der Fernmeldeüberwachung finden hierbei enge Grenzen im „Gesetz zur Beschränkung des Brief-, Post- und Fernmeldegeheimnisses" (Artikel 10-Gesetz). In diesem Bereich besteht zudem mit der *G-10-Kommission* des Bundestages ein bes.s Kontrollgremium.

### 6. Kontrollmechanismen

Deutsche V.-Behörden sind einem umfassenden Kontrollregime unterworfen, welches alle drei Staatsgewalten umfasst. Die exekutive Kontrolle in Form von Rechts- und Fachaufsicht wird durch die Bundes- und Landesinnenministerien wahrgenommen. Bes. ausgeprägt ist die parlamentarische Kontrolle, da das hierfür zuständige *Parlamentarische Kontrollgremium* des Deutschen ↑Bundestages gemäß Art. 45 d GG mit Verfassungsrang ausgestattet ist. Schließlich unterliegt der V. judikativer Kontrolle durch die Verwaltungsgerichte, die jedoch nur ex-post-facto wirken kann.

### Literatur

J. Dietrich/S. Eiffler (Hg.): Hdb. des Rechts der Nachrichtendienste, 2017 • C. Goschler/M. Wala: „Keine Neue Gestapo", 2015 • B. Droste: Hdb. des Verfassungsschutzrechts, 2007 • BfV (Hg.): Verfassungsschutz in der Demokratie, 1990 • H. Schwagerl: Verfassungsschutz in der Bundesrepublik Deutschland, 1985 • BMI (Hg.): Verfassungsschutz und Rechtsstaat, 1981 • H.-U. Evers: Privatsphäre und Ämter für Verfassungsschutz, 1960.

HEIKO MEIERTÖNS

**Verfassungsvertrag** ↑Europäische Union (EU)

## Verfassungsvoraussetzungen

### 1. Begriff und Typologie

V. sind Umstände rechtlicher oder tatsächlicher Art, von denen die Möglichkeit der effektiven Geltung des Verfassungsgesetzes abhängt. Obgleich sie auf die Bestimmungen der ↑Verfassung bezogen sind, sind sie nicht Bestandteil der Verfassungsgarantien, sondern außerverfassungsrechtliche Voraussetzungen dafür, dass der Geltungsanspruch der Verfassung realisiert werden kann. Sie reflektieren, dass die ↑Normen der Verfassung nicht autark sind, sondern in ihrer Wirksamkeit von Bedingungen abhängen, die außerhalb ihres Gewährleistungsbereiches liegen. Insofern lenken sie den Blick auf das rechtliche wie tatsächliche Umfeld, die „Umwelt" der Verfassung (Krüger 1973: 286).

Der Begriff kann in einem weiteren und in einem engeren Sinne verwendet werden. In einem weiteren Sinne umschreibt er die Bedingungen für ein mögliches Wirksamwerden der Verfassung in ihrer Gesamtheit. In einem engeren Sinne bezieht er sich auf die Voraussetzungen für eine effektive Geltung einzelner Verfassungsbestimmungen, die mit Blick auf die jeweils in Frage stehenden Einzelverbürgungen differenzierend zu fassen sind. Angesichts dessen sind V. normspezifisch, von ihrem Bezugsobjekt, her zu bestimmen.

Auch wenn V. vielgestaltig sein können, können sie nach dem Typus ihrer Bezugsnorm ihrerseits in Subkategorien – etwa in die der Grundrechtsvoraussetzungen – eingeteilt werden. Im Übrigen kann typologisch vielfältig – etwa zwischen vorgefundenen, gestaltbaren und rechtlich geschaffenen V. – unterschieden werden, nicht zuletzt zwischen rechtlichen und realen, zwischen strukturellen und situativen, zwischen staatlich verbindlich justierbaren (also regel-, erzwing- und gewährleistbaren) und nicht justierbaren Voraussetzungen.

### 2. Insb.: Die Grundrechtsvoraussetzungen

Eine bedeutsame Subkategorie der V. sind die Grundrechtsvoraussetzungen. Auch sie können typologisch geordnet werden, u. a. danach, ob sie staatlich geschaffen werden können oder nicht. Besondere Aufmerksamkeit finden in der Rechtswissenschaft die staatlich nicht regel- und gewährleistbaren Grundrechtsvoraussetzungen. Zu ihnen zählen die Freiheitsbereitschaft und die Freiheitsfähigkeit der Grundrechtsberechtigten, also die Bereitschaft, die grundrechtlichen ↑Freiheiten tatsächlich mit Leben zu erfüllen und die Fähigkeit, diese Grundrechtswahrnehmung gemeinwohladäquat auszugestalten. Beide Voraussetzungen sind weder rechtsverbindlich dekretierbar noch hoheitlich organisierbar. Vielmehr werden sie vorrangig in der Sphäre der Gesellschaft geprägt: durch das vorherrschende Ethos, den Bildungsstand sowie durch kulturelle und religiöse Einflüsse (↑Politische Kultur). Der staatlichen Gestaltungs- und Gewährleistungsmacht sind sie im Wesentlichen entzogen.

Gleichwohl ist der ↑Staat auf die Freiheitsbereitschaft und -fähigkeit seiner Bürger angewiesen, wenn seine freiheitliche Verfassungsordnung Wirksamkeit gewinnen soll. Denn diese Ordnung unterbreitet in ihren grundrechtlichen und grundrechtsgleichen Verbürgungen Freiheitsangebote, deren tatsächliche Annahme und gemeinwohladäquate Inanspruchnahme sie zwar um der Freiheitlichkeit willen in die freie Entscheidung der Freiheitsberechtigten stellt, für das Wirksamwerden der grundrechtlichen Garantien aber doch voraussetzt. Beispielhaft belegt dies das demokratische Wahlrecht, dessen Ausübung grundgesetzlich in der freien Entscheidungsmacht aller Wahlberechtigten steht, dessen allg.e Ausübungsverweigerung indes dazu führen würde, dass die ↑Demokratie an ihrer eigenen Freiheitlichkeit zugrunde ginge. Das veranschaulicht, dass ↑Grundrechte und grundrechtsgleiche Rechte für ihre effektive Geltung auf die Freiheitsbereitschaft und -fähigkeit der Bürger sowie auch auf sonstige Voraussetzungen angewiesen sind. Dort, wo diese fehlen, drohen der freiheitlichen Verfassung Wirksamkeitseinbußen, die für ihren Bestand u. U. gefährlicher sein können als die Verletzung einzelner Verfassungsbestimmungen.

### 3. Abgrenzung von der Kategorie der Verfassungserwartungen

Die V. im Allgemeinen wie auch die Grundrechtsvoraussetzungen im Besonderen sind zu unterscheiden von den sog.en Verfassungserwartungen. Diese spiegeln wider, dass die Freiheitsrechte neben einer Individual- auch eine Gemeinwohlperspektive aufweisen. Ihr Gegenstand sind die Anforderungen, unter denen beide Perspektiven konvergieren, mithin jene Bedingungen, unter denen Freiheits- zugleich Gemeinwohlrealisierung ist. Ebenso wie die Verfassungs- und Grundrechtsvoraussetzungen sind auch die Verfassungserwartungen nicht Bestandteil der Verfassungsgarantien. Indes unterscheidet beide Kategorien ihre Perspektive: Die Verfassungserwartungen betrachten ausgehend vom ↑Gemeinwohl den Freiheitsgebrauch der Grundrechtsträger, während die Verfassungs- und Grundrechtvoraussetzungen ausgehend von den Grundrechtsverbürgungen auf die Bedingungen der Freiheitsrealisierung blicken (Isensee 2011: 358 f.). Das unterstreicht, dass Thema der V. jene rechtlichen und tatsächlichen Voraussetzungen sind, die gegeben sein müssen, damit entweder eine einzelne Verfassungsbestimmung – namentlich eine grundrechtliche Freiheitsverbürgung – oder die Verfassung insgesamt wirksam werden kann.

Auch wenn angesichts dessen die V. von den Verfassungserwartungen kategorial abzugrenzen sind, können beide Kategorien praktisch zusammenfallen. Das ↑BVerfG nimmt dies exemplarisch für die Inanspruchnahme des Wahlrechts an. Diese qualifiziert es einerseits als tatsächliche Voraussetzung des Demokratieprinzips, andererseits als Erwartung des ↑GG an seine Bürger.

### 4. Gegenstand der Verfassungstheorie

Aufgrund des Umstands, dass V. nicht Inhalt der Verfassungsgarantien sind, sind sie kein originärer Gegenstand der Verfassungsdogmatik, deren Erkenntnisinteresse dem geltenden Verfassungsgesetz gilt. Wohl indes sind sie ein zentrales Thema der Verfassungstheorie, die den rechtlichen und tatsächlichen Kontext einer Verfassung auszuleuchten sucht, innerhalb dessen diese zu verstehen ist.

Als Gegenstand der Verfassungstheorie kommt V. keine unmittelbare normative Relevanz zu, weil sich verfassungstheoretische Erkenntnisse nicht ohne Weiteres in verfassungsrechtliche Ge- und Verbote ummünzen lassen und die kategoriale Unterscheidung zwischen verfassungstheoretischer Einsicht und verfassungsdogmatischer Konsequenz zu wahren ist. Gleichwohl können V. eine mittelbare normative Bedeutung entfalten, sofern eine Verfassung auf ihre eigene Wirksamkeit abzielt. Denn dort, wo das Verfassungsgesetz eine diesbezügliche Anordnung enthält, folgt aus dieser die staatliche Pflicht, die V. als Bedingungen einer wirksamen Verfassungsgeltung im Rahmen des Möglichen zu pflegen und vor Erosion wie Entfall zu schützen.

### 5. Verfassungsdogmatische Folgerungen

Unter der Geltung des GG bildet das stillschweigend mitgeschriebene Staatsziel der Vitalität und Dauerhaftigkeit der freiheitlichen Verfassungsordnung den Transmissionsriemen, über den V. eine derartige mittelbare normative Relevanz gewinnen. Dessen Erreichung setzt die Erhaltung und Erneuerung der V. voraus, weil deren Auszehrung und Ausfall eine „Fundamentlosigkeit" nach sich ziehen, die in letzter Konsequenz sogar „den Einsturz der Verfassung möglich macht" (Krüger 1973: 293). Daher kommt es für die Vitalität und Dauerhaftigkeit der Verfassung wesentlich auf eine freiheitsgerechte Pflege der V. an, die sich für den verfassungsgebundenen Staat als eine staatszielgebotene Pflicht darstellt und sich für ihn gleichermaßen als Gebot wie als Verbot auswirkt: als Gebot, die V. im Rahmen des ihm Möglichen zu pflegen und generationenübergreifend zu erneuern, und als Verbot, voraussetzungsschwächend oder gar voraussetzungszersetzend zu wirken.

Dies gilt prinzipiell auch dort, wo V. in Frage stehen, die nicht staatlich regel- und erzwingbar sind, sondern – wie im Falle von Freiheitsbereitschaft und Freiheitsfähigkeit – Teil der spezifischen Bürgerkompetenz der Grundrechtsberechtigten sind. Denn der prinzipielle Vorrang der Bürger bei der Aktivierung, Pflege und beständigen Erneuerung von Grundrechtsvoraussetzungen schließt nicht aus, dass diesen V. ergänzend auch die staatliche Sorge gilt. So kann der Staat die individuelle Freiheitsbereitschaft und -fähigkeit zwar nicht herbeiführen, wohl indes freiheitsgerecht stärken – unmittelbar dadurch, dass er durch Aufklärung und ideelle Einflussnahme für sie eintritt, mittelbar durch eine Förderung gesellschaftlicher Potenzen, die sie wirksam zu pflegen bereit und in der Lage sind. Auch wenn für die Pflege und Perpetuierung derartiger V. das vielzitierte Diktum Ernst-Wolfgang Böckenfördes gilt, dass der freiheitliche Staat von Voraussetzungen lebt, die er selbst nicht garantieren kann, ist daher der Staat doch in der Lage, die V. freiheitsgerecht zu pflegen. Unter der Geltung des GG ist er hierzu verpflichtet.

### Literatur

A. Uhle: Verfassungsvoraussetzungen, in: H. Kube u. a. (Hg.): Leitgedanken des Rechts, Bd. 1, 2013, 149–158 • J. Isensee: Grundrechtsvoraussetzungen und Verfassungserwartungen an die Grundrechtsausübung, in: HStR, Bd. 9, [3]2011, 265–412 • U. J. Schröder: Wovon der Staat lebt. Verfassungsvoraussetzungen vom Vormärz bis zum Grundgesetz, in: JZ 65/18 (2010), 869–875 • P. Kirchhof: Grundrechtsinhalte und Grundrechtsvoraussetzungen, in: HGR, Bd. 1, 2004, 807–852 • Ders.: Die kulturellen Voraussetzungen der Freiheit, 1995 • J. Isensee: Menschenrechte – Staatsordnung – Sittliche Autonomie. Gestalt der menschenrechtlichen Freiheit im Verfassungsstaat, in: J. Schwartländer (Hg.): Modernes Freiheitsethos und christlicher Glaube, 1981, 70–103 • Ders.: Verfassungsgarantie ethischer Grundwerte und gesellschaftlicher Konsens. Verfassungsrechtliche Überlegungen zu einer sozialethischen Kontroverse, in: NJW 30/18 (1977), 545–551 • H. Krüger: Verfassungsvoraussetzungen und Verfassungserwartungen, in: H. Ehmke u. a. (Hg.): FS für Ulrich Scheuner, 1973, 285–306.

ARND UHLE

## Vergaberecht

Das V. regelt die *Beschaffung von Waren, Bau- und Dienstleistungen* sowie die *Vergabe von Konzessionen* durch staatliche oder vom ↑Staat beeinflusste Auftraggeber. Traditionell wird von fiskalischen Hilfsgeschäften gesprochen. Diese bagatellisierende Bezeichnung verschleiert die wirtschaftliche Bedeutung des Vergabewesens – es geht um bis zu *20 % des BIP* – und täuscht darüber hinweg, dass die Vergabe öffentlicher Aufträge oder von Konzessionen auch zur ↑Steuerung wirtschafts-, gesellschafts-, regional- und sozialpolitischer Entwicklungen genutzt wird.

### 1. Rechtsgrundlagen

Die Grundlagen des V.s finden sich – der Tradition entspr. – im *Haushaltsrecht*, das eine öffentliche Ausschreibung bzw. (neuerdings) eine beschränkte Ausschreibung mit einem vorangehenden Teilnahmewettbewerb verlangt, „sofern nicht die Natur des Geschäfts oder besondere Umstände eine Ausnahme rechtfertigen" (§ 30 HGrG). Die Einzelheiten ergeben sich aus der *Unterschwellenvergabeordnung* bzw. – immer noch zwischen öffentlichen Auftraggebern und Vertretern der Wirtschaft ausgehandelt – aus der *Vergabe- und Vertragsordnung für Bauleistungen (VOB/A)*. Verbindlichkeit erhalten die Regelwerke durch Verwaltungsvorschriften. Da das Haushaltsrecht als bloßes Binnenrecht des Staates den an einem Auftrag Interessierten keine Rechte vermittelt, kann auf dieser Grundlage gegen eine Missachtung der Vorgaben nicht gerichtlich vorgegangen werden. Eine andere Sicht gebietet die verfassungsrechtliche Perspektive. Bei Verteilungsentscheidungen ist das *Gleichbehandlungsgebot* zu beachten. Aufträge und Konzessionen dürfen nicht willkürlich vergeben werden. Die Anwendung des V.s führt zu einer Selbstbindung und damit zu einer (mittelbaren) Außenwirkung auch der an sich bloß verwaltungsinternen Regeln des Haushalts-V.s.

Unruhe kam auf, als die EG, um Hemmnisse für den Dienstleistungs- und Warenverkehr zu beseitigen, seit 1971 *Vergaberichtlinien* erließ, wonach oberhalb gewisser Schwellenwerte Gleichbehandlung gewährleistet sein und gerichtlicher Rechtsschutz zur Verfügung stehen muss. Maßgeblich sind heute die allg.e Richtlinie über die Auftragsvergabe, die Richtlinie für bestimmte Sektoren (Wasser-, Energie- und Verkehr) sowie die Richtlinien über die Konzessionsvergabe und zur Vergabe in den Bereichen Verteidigung und Sicherheit. Darüber hinaus gibt es eine allg.e Rechtsmittelrichtlinie und eine spezielle für die Sektoren. Ein Sondervergaberegime normiert die *EU-Personenverkehrsdiensteverordnung*.

Deutschland wollte zunächst einen Systemwechsel durch eine haushaltsrechtliche Lösung vermeiden, scheiterte damit aber kläglich vor dem ↑EuGH, insb. weil es Ziel des Gesetzgebers war, einklagbare Rechtsansprüche nicht entstehen zu lassen. Nachdem die ↑Europäische Kommission erneut ein Vertragsverletzungsverfahren eingeleitet hatte, entschied man sich – anders als etwa in Österreich – für eine *Zweiteilung* des V.s: Während es unterhalb der Schwellenwerte bei der überkommenen Rechtslage geblieben ist, wurden oberhalb der Schwellenwerte in den §§97ff. GWB Regelungen normiert, die auch die Interessenlage der Bieter berücksichtigt. Konkretisierungen finden sich v.a. in der *Vergabeverordnung*. Nur im Baubereich ist es bei der *VOB/A* geblieben. Spezielle Vergaberegeln enthalten die *Sektorenverordnung*, die *Vergabeverordnung Verteidigung und Sicherheit* und die *Konzessionsvergabeverordnung*. Darüber hinaus finden sich zahlreiche *Landesgesetze*, die ober- und unterhalb der Schwellenwerte Verpflichtungen zur Tariftreue, Förderung des ↑Mittelstandes, Korruptionsbekämpfung (↑Korruption), umweltfreundlichen Beschaffung und ↑Mindestlöhne enthalten.

Unionsrechtliche Ausschreibungspflichten gibt es auch für Aufträge, die zwar *nicht* von den *Vergaberichtlinien* erfasst sind, aber einen *„grenzüberschreitenden Bezug"* haben. In der Rs. C-410/04 ANAV hob der EuGH hervor, dass das „völlige Fehlen einer Ausschreibung" den ↑*Grundfreiheiten* und dem Grundsatz der *Nichtdiskriminierung* nicht entspricht. Auf völkerrechtlicher Ebene gibt es das *„Agreement on Government Procurement"*, das allerdings als bloß plurilaterales Abkommen nicht für alle WTO-Mitglieder verbindlich ist. Im Übrigen hat die ↑EU mit wichtigen Handelspartnern *Sonderabkommen* über eine erweiterte Öffnung der Beschaffungsmärkte abgeschlossen.

### 2. Anwendungsbereich

Die Anwendung des GWB-V.s setzt voraus, dass ein *öffentlicher Auftraggeber*, *Sektorenauftraggeber* oder *Konzessionsgeber* handelt (§§99–101 GWB). Zudem können Empfänger einer ↑*Subvention*, um die Einhaltung des haushaltsrechtlichen Wirtschaftlichkeitgebots sicherzustellen, zur Beachtung des V.s verpflichtet werden. Wird dagegen verstoßen, kann der Subventionsbescheid widerrufen werden (§49 II 1 Nr. 2 VwVfG). Zu den öffentlichen Auftraggebern gehören nicht nur *Bund*, *Länder* und *Kommunen* (§99 Nr. 1 GG), sondern – um eine Flucht aus dem V. zu vermeiden – insb. auch diejenigen Rechtsträger, die im Allgemeininteresse liegende Aufgaben mit einer den Wettbewerbsdruck reduzierenden Sonderstellung („nichtgewerblich") erfüllen und von den klassischen Auftraggebern überwiegend finanziert oder sonst kontrolliert werden (§98 Nr. 2 GWB). Dies gilt freilich nur oberhalb der Schwellenwerte.

Gegenstand des V.s sind v.a. *öffentliche Aufträge* von öffentlichen und Sektorenauftraggebern (§103 GWB). Dabei ist zwischen *Liefer-, Bau- und Dienstleistungsaufträgen* zu unterscheiden, weil die Schwellenwerte variieren und es für Bauaufträge spezielle Normen gibt. Sog.e *Inhouse-Geschäfte* werden nicht erfasst. Wenn ein rechtlich verselbständigtes *öffentliches Unternehmen* beauftragt wird, ist das V. – der Rspr. des EuGH in der Rs. C-107/98 Teckal folgend – nicht anwendbar, wenn der Auftraggeber über den Auftragnehmer eine „ähnliche Kontrolle wie über eigene Dienststellen" ausübt, das Unternehmen im Wesentlichen bloß für den Auftraggeber tätig wird und an der beauftragten juristischen Person kein Privater beteiligt ist (§108 GWB). Dass die Vergabe von *Konzessionen*, bei denen sich die Gegenleistung – wie beim privaten Bau und Betrieb von Autobahnen oder Breitbandnetzen – aus dem Recht zur Nutzung des Bauwerks bzw. zur Verwertung der Dienstleistung ergibt (§105 GWB), dem V. unterliegt, ist eine neuere Entwicklung. Die Vorgaben sind weniger streng. Wenn es eine „Draufzahlung" des Konzessionsgebers gibt, gilt dies aber nur, wenn das Betriebsrisiko beim Konzessionsnehmer bleibt (§105 II GWB).

### 3. Auswahlkriterien und „beschaffungsfremde Zwecke"

Öffentliche Aufträge dürfen nur an „fachkundige und leistungsfähige" ↑Unternehmen vergeben werden (§122 GWB). Diese Grundvoraussetzung für eine ordnungsgemäße Auftragsausführung gilt auch außerhalb des GWB-V.s. Bei der Auswahl der *Eignungskriterien* hat die Vergabestelle ein Ermessen. Die §§123 und 124 GWB enthalten *Ausschlussgründe* für Unternehmen, die „schwere Verfehlungen" begangen haben. Früher war vom Erfordernis der Zuverlässigkeit die Rede. Neu ist auch, dass die betroffenen Unternehmen eine Möglichkeit zur „Selbstreinigung" haben (§125 GWB). Der Zuschlag wird auf das „wirtschaftlichste Angebot" erteilt (§127 GWB). Was die *Zuschlagskriterien* sind und wie sie gewichtet werden, liegt wieder im Ermessen der Auftraggeber. Angebote mit *ungewöhnlich niedrigem Preis* dürfen abgelehnt werden, wenn sich der Grund nicht aufklären lässt (§60 I-III VgV). Zu verhindern ist, dass Unternehmen den Auftrag aufgrund wirtschaftlicher Schwierigkeiten nicht ordnungsgemäß ausführen können.

Ob die Auftragsvergabe für „beschaffungsfremde Zwecke" (Umweltschutz, fairer Handel, Gleichstellung von Frauen etc.) politisch instrumentalisiert werden darf, ist seit jeher umstritten. Im neueren Recht finden sich einige Regelungen. „Aspekte der Qualität und der Innovation sowie soziale und umweltbezogene Aspekte" können berücksichtigt werden (§97 III GWB). „Mittelständischen Interessen" muss regelmäßig durch eine Aufteilung der Leistungen in Teil- oder Fachlose Rechnung getragen werden (§97 IV GWB).

### 4. Verfahren

Das V. kennt verschiedene Vergabeverfahren. Dabei ist das *offene Verfahren* (§ 119 III GWB, unterhalb der Schwellenwerte „öffentliche Ausschreibung") das *Grundmodell.* Charakteristisch sind die umfassende Verbreitung der Vergabeabsicht, die Möglichkeit zur Angebotsabgabe für alle interessierten Unternehmen, die verbindliche Festlegung des Auftragsgegenstands und die Unabänderbarkeit der Angebote. Diese Eigenschaften werden in den anderen Verfahrensarten modifiziert: Im *nicht offenen Verfahren* (§ 119 IV GWB) wird der Bieterkreis durch einen Teilnahmewettbewerb beschränkt (unterhalb der Schwellenwerte kann darauf bei einer „beschränkten Ausschreibung" verzichtet werden). Verhandlungen über Angebote erlaubt das *Verhandlungsverfahren* (§ 119 V GWB, sonst „Verhandlungsvergabe" bzw. „freihändige Vergabe"). Beim *wettbewerblichen Dialog* geht es darum, durch Verhandlungen die Mittel festzulegen, mit denen die „Bedürfnisse des Auftraggebers am besten erfüllt werden können"; die *Innovationspartnerschaft* dient der „Entwicklung innovativer, noch nicht auf dem Markt verfügbarer Leistungen" (§ 109 VI, VII GWB, ohne Entsprechung unterhalb der Schwellenwerte).

### 5. Rechtsschutz

Der auf die Verhinderung unzulässigen Handelns gerichtete Primärrechtsschutz ist oberhalb der Schwellenwerte zweigeteilt. Zunächst entscheiden *Vergabekammern* (§§ 155, 156 GWB). Das sind behördliche Einrichtungen, die – mit gerichtsähnlicher Unabhängigkeit (§ 157 GWB) – durch Verwaltungsakt entscheiden (§ 168 III GWB). Gegen ihre Entscheidungen können spezielle *Vergabesenate* in den *OLG* angerufen werden (§ 171 GWB). Eine weitere Gerichtsinstanz gibt es nicht. Der *BGH* ist nur für „Divergenzvorlagen" zuständig (§ 179 GWB). Dass Unternehmen *Anspruch* darauf haben, dass die Bestimmungen über das Vergabeverfahren eingehalten werden, legt § 97 VI GWB fest. Allerdings kann ein *Zuschlag* – selbst, wenn er vergaberechtswidrig zustande gekommen ist – im Nachprüfungsverfahren *nicht* mehr *aufgehoben* werden (§ 168 II 1 GWB). Damit der Primärrechtschutz nicht vereitelt wird, muss der Auftraggeber die *unterlegenen Bieter informieren*; der ↑Vertrag darf grundsätzlich erst 15 Tage später geschlossen werden (§ 134 GWB). Sonst ist der Vertrag *von Anfang an unwirksam* (§ 135 I Nr. 1 GWB). Dasselbe gilt, wenn ein Auftrag zu Unrecht ohne ein Vergabeverfahren (*De-facto*-Vergabe) erteilt worden ist (§ 135 I Nr. 2 GWB).

*Unterhalb der Schwellenwerte* gibt es keine spezifischen Regelungen. Zu Recht hat das ↑BVerfG aber betont, dass auf Grundlage des Gleichbehandlungsgebots effektiver Rechtsschutz zu gewährleisten ist (E 116, 135). Allerdings hält das Gericht Primärrechtsschutz nicht für erforderlich; die Möglichkeit, Schadensersatz zu erlangen, genüge. Dem ist nicht zu folgen. Der auf das PrALR zurückgehende Grundsatz *dulde und liquidiere* ist schon seit langem *überholt*. Den Primärrechtsschutz erschwert der Umstand, dass der Grundsatz *pacta sunt servanda* (vgl. § 168 I 1 GWB) gewohnheitsrechtlich (↑Gewohnheitsrecht) auch unterhalb der Schwellenwerte gelten soll. Zwingend ist das nicht. Wenn man dem folgt, ist – wie bei beamtenrechtlichen Konkurrentenklagen, bei der Auswahl der Teilnehmer an gewerberechtlich festgesetzten Märkten (§ 69 i. V. m. § 70 GewO) und wie bei Auftragsvergaben oberhalb der Schwellenwerte – eine *Vorabinformation* der nicht berücksichtigten Bieter erforderlich. Dass dies nicht allg. anerkannt ist, erstaunt. Lange stritt man um den Rechtsweg. Dogmatisch angemessen ist der verwaltungsgerichtliche Rechtsschutz; denn die Vergabeentscheidung wird i. S. v. § 40 VwGO von einem „Sonderrecht" des Staates gesteuert. Das BVerwG meint allerdings, dass die *ordentlichen Gerichte* zuständig sind, weil sich der Staat als Nachfrager nicht grundlegend von anderen Marktteilnehmern unterscheide (E 129, 9 ff.).

Dass *Sekundärrechtsschutz* (Schadenersatz) von den *ordentlichen Gerichten* gewährt wird (§ 156 III GWB), entspricht den allg.en Vorgaben (Art. 34 S. 3 GG). Dass die Gerichte an die *Entscheidungen* der Vergabekammern, OLGe und ggf. des BGH *gebunden* sind, wird in § 179 I GWB hervorgehoben. Dies soll eine nochmalige Prüfung ders.n Sach- und Rechtsfragen vermeiden.

### 6. Vergaberecht auf dem Weg zu einem allg.en Verteilungsverwaltungsrecht

Um vergaberechtliche Fragen im weitesten Sinne geht es auch außerhalb der vom V. erfassten Verträge. Wenn man *andere Formen der Verteilung knapper Ressourcen in Konkurrenzsituationen* (etwa die Vergabe von Zuwendungen oder die Veräußerung, Vermietung und Verpachtung von staatlichem Vermögen) einbezieht, weitet sich der Blick. Stets stellt sich – wie im V. – die Frage, nach welchen Maßstäben und in welchen Verfahren die Verteilung vorzunehmen ist, wie Rechtsschutz gewährleistet wird und inwieweit der Staat politische „Sekundärzwecke" verfolgen darf. Da das V. bes. differenziert und durchdacht ist, spricht vieles dafür, auf seiner Grundlage einen *allg.en Teil* eines *Verteilungsverwaltungsrechts* zu entwickeln. Der Weg wurde beschritten, ist aber noch lang.

### Literatur

H. Pünder: Vergaberecht, in: D. Ehlers/M. Fehling/H. Pünder (Hg.), Besonderes Verwaltungsrecht, Bd. 1, [4]2019, § 17 • H. Pünder/M. Schellenberg (Hg.): Vergaberecht Kommentar, [3]2019 • M. Burgi: Vergaberecht,[2]2018.

HERMANN PÜNDER

**Vergangenheitspolitik** ↑Geschichtspolitik

## Verhaltensökonomik

Als V. (auch *Behavioral Economics*) wird ein Zweig der Forschung bezeichnet, der das neoklassische Verhaltensmodell empirisch überprüft und auf der Grundlage der empirischen Resultate theoretisch weiterentwickelt. Dabei dominierte zunächst der Einfluss psychologischer Forschungsansätze, während später auch andere, etwa neuro- und kognitionswissenschaftliche Einflüsse hinzukamen. Die empirischen Untersuchungen nutzten in der Anfangszeit v.a. Laborexperimente, inzwischen spielen auch Feldexperimente eine große Rolle.

### 1. Frühe Ansätze

Die V. kann in die erste Hälfte des 20. Jh. zurückverfolgt werden, als erstmals Psychologen begannen, zentrale Elemente des ökonomischen Verhaltensmodells empirisch zu überprüfen. Hierbei stand zunächst der Versuch im Vordergrund, Parameter ökonomischer Modelle, wie etwa die Grenzrate der Substitution zwischen zwei Gütern oder die Risikopräferenz empirisch zu quantifizieren, ohne dabei die theoretischen Konzepte selbst infrage zu stellen. Auch die ab den 1940er Jahren geführte Debatte, ob die Erwartungsnutzentheorie eine zutreffende positive Theorie menschlicher ↑Entscheidungen unter Risiko ist, kann zu den Vorläufern der modernen V. zählen. Der eigentliche Aufschwung der modernen V. begann jedoch erst in den 1970er Jahren mit dem Forschungsprogramm von Daniel Kahneman und Amos Tversky.

### 2. Heuristics and Biases

Der Fokus des „heuristics and biases" genannten Forschungsprogramms (Kahneman/Slovic/Tversky 1982) besteht darin, Abweichungen tatsächlichen Verhaltens von den ↑Prognosen des neoklassischen Modells zu identifizieren. Dies führte zu einem umfangreichen Katalog von Beobachtungen, die aus Sicht des Standardmodells als Anomalien erscheinen. Hierzu gehören etwa die Neigung, Opportunitätskosten von Entscheidungen falsch einzuschätzen, oder auch die Bereitschaft, Vorhaben mit hohen versunkenen Kosten weiter zu verfolgen, obwohl die erwarteten zukünftigen Zahlungsströme dagegen sprechen. Ein anderes wichtiges Beispiel ist Verlustaversion, die dann vorliegt, wenn Individuen ausgehend vom Status quo, der als Referenzpunkt dient, einen Verlust stärker negativ empfinden als sie einen Gewinn in gleicher Höhe positiv empfinden würden. Daraus folgt auch der von Richard Thaler identifizierte *endowment effect*, der Individuen ein und dasselbe Gut höher bewerten lässt, wenn es bereits in ihrem Besitz ist.

Ebenfalls wurden eine Reihe von Heuristiken identifiziert, also einfache Entscheidungsregeln, die Individuen oft unbewusst nutzen, die sie aber in die Irre führen können. So führt etwa die Verfügbarkeitsheuristik dazu, dass kleine Risiken, die aber z.B. aufgrund von Nachrichten über aktuelle Ereignisse sehr präsent sind, stark überschätzt werden. Die Ankerheuristik kann dazu führen, dass man sich unter Unsicherheit beim Abschätzen von Quantitäten an inhaltlich völlig irrelevanten Werten orientiert, die zufällig gerade präsent sind. So orientierten sich etwa studentische Probanden im Experiment beim Gebot für eine Flasche Wein an den letzten Zahlen ihrer Matrikelnummern, die ihnen kurz vorher in Erinnerung gerufen wurden. Und die Repräsentativitätsheuristik lässt Menschen auch gegen statistische Gesetzmäßigkeiten Fälle für wahrscheinlicher halten, die sie bei vorhanden Informationen intuitiv und gegeben für typisch halten.

Bemerkenswert an diesem Forschungsprogramm ist, dass das neoklassische Modell immer noch als normativer Maßstab im Hintergrund verbleibt. In diesem Sinne wird vollständige Rationalität als wünschenswert erachtet. Die empirisch tatsächlich beobachteten Entscheidungsmuster erscheinen dann defizitär und korrekturbedürftig.

### 3. Prospect Theory

Die *Prospect Theory* stellt den Versuch dar, eine mit der empirischen Evidenz konsistente verhaltensökonomische Entscheidungstheorie aus einem Guss zu formulieren. Im Gegensatz zur Theoriebildung der Neoklassik, die deduktiv Aussagen aus wenigen Axiomen herleitet, gingen D. Kahneman und A. Tversky induktiv vor. Sie formulierten die Theorie so, dass sie möglichst viele der zuvor empirisch aufgedeckten Entscheidungsanomalien gleichzeitig erklärt. Dies wird erreicht, indem die Nutzenfunktion durch eine vom jeweiligen Referenzpunkt ausgehende Bewertungsfunktion ersetzt wird, die bei möglichen Zugewinnen Risikoaversion und bei möglichen Verlusten Risikofreude modelliert. Hinzu kommt eine Gewichtungsfunktion für die subjektive Wahrnehmung von Wahrscheinlichkeiten. Diese Gewichtungsfunktion lässt auch den Fall zu, dass bei Fehleinschätzungen von Wahrscheinlichkeiten risikofreudiges Verhalten bei Gewinnen und risikoscheues Verhalten bei Verlusten möglich ist.

Trotz ihrer guten Fähigkeit, beobachtetes Verhalten ex post zu erklären, konnte sich die *Prospect Theory* nicht als Alternative zum neoklassischen Standardmodell durchsetzen. Dies wird auf zahlreiche Freiheitsgrade der Theorie zurückgeführt, die es zwar erlauben, das Modell gut an Beobachtungsdaten zu kalibrieren, aber gleichzeitig die Prognosefähigkeit stark einschränken.

### 4. Rationalität als normativer Maßstab

In jüngeren Beiträgen zur V. wird die vollständige ↑Rationalität des neoklassischen Modells i.d.R. als normativer Maßstab beibehalten. Mögliche empirisch beobachtete Abweichungen werden als defizitär diagnostiziert und es wird nach Interventionen gesucht, welche die Individuen doch noch zu einem als rational verstandenen Entscheidungsverhalten veranlassen. Dazu können sog.e *nudges* gehören. Dabei handelt es sich um gezielt gestaltete Entscheidungsarchitekturen, die unter Ausnutzung bekannter Entscheidungsschwächen Individuen tendenziell zum gewünschten Verhalten bewegen, aber nicht zu diesem zwingen. Einen ähnlichen Effekt können sog.e Sündensteuern haben, die scheinbar irrationales Verhalten verteuern. Dabei geht es jedoch nicht um die Internalisierung externer Effekte. Vielmehr ist es das Ziel solcher Interventionen, die ↑Wohlfahrt der Individuen nach ihren eigenen Maßstäben zu steigern. Typische Ziele von verhaltensökonomischen Interventionen sind etwa der verbesserte Umgang mit Problemen der Selbstkontrolle, mit falsch eingeschätzten Risiken bestimmter Verhaltensmuster, oder mit systematisch fehlerhafter Informationsverarbeitung. Seltener geht es darum, gesamtgesellschaftliche Ziele zu erreichen, wie etwa eine erhöhte Bereitschaft zur Organspende.

Solche verhaltensökonomischen Interventionen werden in der Literatur aus verschiedenen Gründen kritisiert. Hierzu gehören die Verletzung von individueller ↑Autonomie, die Gefahr manipulativer Interventionen, sowie auch Zweifel an der Behauptung, dass politische Entscheidungsträger hinreichend informiert sind, um effizient zu intervenieren. Ein anderer Zweig der Kritik betrifft die Entscheidung, überhaupt vollständige Rationalität als normativen Maßstab zu verwenden. Hier wird argumentiert, dass einerseits zahlreiche Verzerrungen, die unter Laborbedingungen beobachtet werden, weniger relevant sind, wenn die Individuen unter realistischen Bedingungen entscheiden und auch die Möglichkeit zum ↑Lernen haben. Außerdem ist unter Berücksichtigung kognitiver Kosten der Entscheidungsfindung die Nutzung von Heuristiken als Entscheidungsregeln oft effizient und sinnvoll, während vollständige Rationalität schlicht mit zu hohen kognitiven Kosten verbunden wäre.

### 5. Behavioral Political Economy

Ein neueres Anwendungsfeld der V. ist die ökonomische Theorie der Politik (↑Neue Politische Ökonomie). Hier wird die Asymmetrie in den Verhaltensannahmen zwischen Individuen und politischen Entscheidungsträgern aufgehoben, so dass für Letztere keine überlegene Rationalität mehr unterstellt wird. Dies führt zur Diagnose zahlreicher Phänomene, die zu ineffizienten politischen Entscheidungen führen können. Bspw. können Risikoeinschätzungen noch stärker verzerrt werden als bei privaten Entscheidungen, wenn sie im Rahmen von sog.en Verfügbarkeitskaskaden durch öffentliche Debatten beeinflusst werden. Hinzu kommen Phänomene wie expressives Wählen. Da die einzelne Stimme eines Wählers praktisch nie unmittelbare materielle Auswirkungen hat, kann dieser sich bei seiner Wahlentscheidung bspw. am emotionalen Wert einer Politik orientieren, ihre effektiven Auswirkungen aber außer Acht lassen.

### 6. Ausblick

Die V. tritt derzeit in eine Konsolidierungsphase ein, in der v.a. die Neigung, überall Anomalien und irrationales Verhalten zu sehen, kritisch hinterfragt wird. Gleichzeitig nimmt die Bedeutung von Laborexperimenten deutlich ab, während Feldexperimente wichtiger werden. Hier wird Entscheidungsverhalten unter realen Bedingungen experimentell untersucht, idealerweise durch Vergleich mit einer zufällig ausgewählten Kontrollgruppe. Selbst hier ist aber umstritten, inwieweit wirtschaftspolitische Schlussfolgerungen direkt ableitbar sind. Die methodischen und forschungsstrategischen Innovationen der V. wiegen insofern bisher schwerer als die unmittelbaren wirtschaftspolitischen Implikationen.

### Literatur

G. Gigerenzer: Axiomatic Rationality and Ecological Rationality, in: Synthese (2019), URL: https://link.springer.com/article/10.1007%2Fs11229-019-02296-5 (abger.: 17.8.2020) • A. Deaton/N. Cartwright: Reflections on RCTs, in: Social Science & Medicine 210 (2018), 86–90 • J. Schnellenbach/C. Schubert: Behavioral Political Economy, in: Eur. J. Political Econ. 40/Part B (2015), 395–417 • F. Heukelom: Behavioral Economics, 2014 • R. Rebonato: Taking Liberties, 2012 • K. Binmore: Rational Decisions, 2009 • R. Thaler/C. Sunstein: Nudge, 2008 • D. Kahneman/P. Slovic/A. Tversky (Hg.): Judgment Under Uncertainty. Heuristics and Biases, 1982 • R. Thaler: Toward a Positive Theory of Consumer Choice, in: JEBO 1/1 (1980), 39–60 • D. Kahneman/A. Tversky: Prospect Theory. An Analysis of Decision Under Risk, in: EC 47/2 (1979), 263–291. JAN SCHNELLENBACH

## Verhältnismäßigkeit

V. (englisch *proportionality*) bezeichnet in der Rechtssprache einen Maßstab der Kontrolle zweckgerichteter, meist mit Herrschaftsbefugnissen verknüpfter Handlungen anhand eines wertenden Vergleichs ihrer Ziele und ihrer tatsächlichen oder erwünschten Wirkungen mit ihren Folgen oder Nebenfolgen. Das „Verhältnis“, um dessen „Maß“ es geht, ist daher jenes von Zweck und Mittel. Somit unterscheidet sich diese Proportionalität vom aristotelischen Topos der „proportionalen“ Gerechtigkeit nach dem Maß der Würdigkeit.

V. in diesem allg.en Sinne ist nicht notwendig eine Rechtsfrage. Dass die Entsprechung von Handlungszwecken und Handlungsmitteln eine Klugheitsregel (↑Klugheit) ist, weiß schon das Sprichwort: Man soll nicht mit Kanonen auf Spatzen schießen und ebensowenig *crack a nut with a sledgehammer*. Die logische Form des Grundsatzes der V. ergibt sich also aus der zweckhaften Struktur sozialen Handelns (↑Handeln, Handlung) selbst, weil dann ohne weiteres die zu seiner Verwirklichung eingesetzten Mittel befragt werden können. Nur von einem Handeln, das keinen Zweck hat oder dessen Zweck unbekannt ist, lässt sich, was nur scheinbar trivial ist, von vornherein nicht sagen, ob es verhältnismäßig ist.

### 1. Ursprünge, Veränderung und Verbreitung

Der Rechtsgedanke der V. hat mehrere Ursprünge. Das Privatrecht kennt die V. als immanente Grenze privater Notrechte. Im öffentlichen Recht erlaubte § 10 Abs. 2 S. 17 PrALR der Polizei nur die „nöthigen Anstalten" zur Gefahrenabwehr, woraus das Preußische OVG im Kreuzberg-Erkenntnis vom Juni 1882 eine richterliche Kontrolle der von der Verwaltung verfolgten Zwecke machte und damit die Grundlage für die moderne ↑Dogmatik der V. schuf. Große Bedeutung hat das Prinzip aber erst nach dem Zweiten Weltkrieg als Maßstab der verfassungsgerichtlichen Kontrolle von Gesetzen erlangt. Zentrale Bedeutung hatte hierbei das sog.e Apotheken-Urteil des ↑BVerfG aus dem Jahr 1958, in dem das Gericht zum ersten Mal eine gesetzliche Regelung einer detaillierten Kontrolle anhand der verfolgten Regelungszwecke und der die Freiheitsbeschränkung tragenden Gründe entwarf. Dabei wird nicht immer klar gesehen, wie grundsätzlich damit sowohl die Vorstellung von V. als auch die von ↑Gesetzgebung sich veränderte. Während es bei der Kontrolle von Verwaltungshandeln am Maßstab der V. typischerweise der Gesetzgeber ist, der der ↑Verwaltung ihre möglichen Zwecksetzungen vorgibt, lässt sich diese Vorstellung nur schwer auf das Verhältnis von ↑Verfassung und demokratischem Gesetzgeber übertragen, weil Gesetzgebung sich ihre Zwecke selbst setzt und auch deren Gewicht maßgeblich selbst bestimmt. Überragenden Einfluss auf die Durchsetzung der V. als universellem Maßstab des Verfassungsrechts hatte das Grundrechte-Lehrbuch von Bodo Pieroth und Bernhard Schlink (1985), das nach einer Phase starker ideologischer Auseinandersetzungen im Verfassungsrecht mit dem Grundsatz der V. ein vermeintlich neutrales und sachliches rhetorisches Formular der Abschichtung von Problemen in der verfassungsrechtlichen Argumentation schuf. Heute erfreut sich das Argument der V. in allen Bereichen des ↑öffentlichen Rechts, auch im institutionellen Verfassungsrecht, zunehmend aber auch im ↑Privatrecht großer Beliebtheit. Während V. zunächst v. a. ein Topos des deutschen Verfassungsrechts war, ist sie inzwischen sowohl in der Rechtsprechung der europäischen Gerichte als auch der Verfassungsgerichte der USA, Südamerikas, Ostasiens und Israels aufgegriffen und verwendet, was treffend als „Globalisierung des Verhältnismäßigkeitsgrundsatzes" (Saurer 2012) bezeichnet wurde. Im ↑Völkerrecht spielt der Gedanke v. a. im sog.en *ius in bello* eine große Rolle, das kriegerische Gewaltanwendung auf diese Weise zu begrenzen versucht.

### 2. Elemente der Verhältnismäßigkeit

Dogmatisch wird im Rahmen der V. gemeinhin unterschieden zwischen

*a)* dem Vorhandensein eines legitimen Zwecks,
*b)* der abstrakten Eignung des Mittels für diesen Zweck,
*c)* der Erforderlichkeit und
*d)* schließlich dem angemessenen Verhältnis zwischen Mittel und Zweck.

Aus der politischen Offenheit demokratischer Gesetzgebung folgt allerdings, dass Zwecke nur in äußersten Fällen als schlechthin illegitim angesehen werden können. Dementsprechend spielt das Kriterium auch in der Verfassungsrechtsprechung so gut wie keine Rolle. Das gilt auch für den Gesichtspunkt der Geeignetheit, denn er setzt empirische Erkenntnisse darüber hinaus, ob und wie die zu prüfende Regelung tatsächlich wirkt, was i. d. R. streitig und von der Verfassungsrechtsprechung auch schwer zu beurteilen ist. Nicht anders ist es auch beim Gesichtspunkt der Erforderlichkeit: Unverhältnismäßig soll eine Regelung demnach auch dann sein, wenn eine andere denkbar ist, deren Konsequenzen für das betroffene Rechtsgut bei gleicher Effektivität weniger einschneidend sind. Solche Alternativen liegen in vielen Fällen auf der Hand, bleiben aber mit prognostischen Unsicherheiten behaftet und sind deswegen kaum je eindeutig vorzugswürdig. Damit liegt der Schwerpunkt der Herstellung von V. bei der ↑*Abwägung* zwischen dem Gewicht der verfolgten Zielsetzung einerseits und dem durch die Regelung betroffenen Rechtsgut andererseits. In der Rechtssprache wird die Prüfung der V. deswegen häufig überhaupt mit dem Verfahren der Abwägung oder Güterabwägung identifiziert. Abgewogen wird dabei bspw. der Zweck des Infektionsschutzes mit den durch die Mittel (Gottesdienst- und Versammlungsverbote) verursachten Grundrechtseinschränkungen. Dieses Verfahren führt paradoxerweise dazu, dass die Prüfung der V. gerade bei den intensivsten Grundrechtseingriffen weitgehend ausfällt: Dies gilt insb. für die verfassungsrechtliche Kontrolle der Strafzumessung, was auch daran liegen dürfte, dass der Kriminalstrafe kein punktueller, quasi-administrativer „Zweck" eigen ist.

### 3. Kritik, Methode und Grenzen

Da Zwecken ebenso wenig wie Rechten ein abstrakter Rang zukommt, der ihnen vielmehr stets nur im Einzelfall argumentativ zuerkannt wird, wird die Güterabwägung seit langem als willkürlich bzw. als methodisch unzureichende Grundlage extensiver Verfassungsrechtsprechung kritisiert. Die vielfältigen Versuche, den Abwägungsprozess nachvollziehbarer zu gestalten, setzen entweder bei der argumentationslogischen Aufbereitung von Argumenten (Robert Alexy), bei einer stärkeren Empirie der tatsächlichen Folgen von Regelungen (David M. Beatty), bei einer der eigentlichen Abwägung vorangehenden, wertenden Bestimmung des konkreten Eingriffsgewichts (BVerfG) oder, vollends pragmatisch, bei flexiblen „Einschätzungsprärogativen" des Gesetzgebers an. Diese Kritik ist nahezu identisch mit der generellen Kritik an der (zu) weitgehenden verfassungsgerichtlichen Kontrolle von Gesetzen überhaupt. Die V. ist jedenfalls in den Grundstrukturen eine fast zwangsläufige Folge der justiziablen Grundrechtsbindung von Gesetzgebung. Sie ist ein Prinzip, das Argumentationsvorgänge eher strukturiert als normative Vorgaben zu machen, ein gleichsam sich selbst mit der Setzung von Zwecken erzeugender Maßstab. Das ist bes. dann funktional unverzichtbar, wenn es – wie bei der Grundrechtsinterpretation – keine belastbaren textlichen Maßstäbe gibt. V. ist insofern das rhetorische Formular einer Verfassungsbindung des Gesetzgebers, die immer erst ad hoc durch eine Begründungspflicht hergestellt wird. Das zeigt sich nicht zuletzt an der hohen Variabilität der V.s-Argumentation. Sie ist in der Lage, jeden nur denkbaren rechtlichen oder tatsächlichen Gesichtspunkt und seine Veränderung zu integrieren. So wurden etwa im notstandsähnlichen Rechtszustand (↑Staatsnotstand) während der COVID-19-Pandemie 2020/21 vorher lange undenkbare Beschränkungen der Freiheitsrechte, namentlich der ↑Religions- und ↑Versammlungsfreiheit als noch verhältnismäßig angesehen. Daran zeigt sich u. a., dass der Grundsatz der V. das früher zentrale Verfassungsproblem der Suspendierung von ↑Grundrechten weitgehend obsolet macht: Das aus hinreichend gewichtigem Grund eingeschränkte Grundrecht muss nicht mehr gesondert außer Kraft gesetzt werden. Hat die V. somit in der Dogmatik der Grundrechte einen weitgehend gesicherten Anwendungsbereich, so erstreckt die neuere Rechtsprechung namentlich des BVerfG sie auch auf Felder wie das Parlaments- und Wahlrecht oder das Recht der ↑EZB. Eine tragfähige Begründung für die Übertragung auf die rechtlichen Beziehungen innerhalb des politischen Prozesses steht bisher noch aus.

### Literatur

C. Kreuder-Sonnen: Emergency Powers of International Organizations. Between Normalization and Containment, 2019 • A. Stone Sweet/J. Mathews: Proportionality Balancing and Constitutional Governance, 2019 • A. Tischbirek: Die Verhältnismäßigkeitsprüfung, 2017 • O. Lepsius/M. Jestaedt (Hg.): Verhältnismäßigkeit, 2015 • N. Petersen: Verhältnismäßigkeit als Rationalitätskontrolle, 2015 • T. Wischmeyer: Zwecke im Recht des Verfassungsstaates, 2015 • M. Newton/L. May: Proportionality in International Law, 2014 • A. Barak: Proportionality, 2012 • J. Saurer: Die Globalisierung des Verhältnismäßigkeitsgrundsatzes, in: Der Staat 51/1 (2012), 3–33 • B. Schlink: Proportionality, in: M. Rosenfeld/A. Sajó (Hg.): The Oxford Handbook of Comparative Constitutional Law, 2012, 718–737 • D. Grimm: Proportionality in Canadian and German Constitutional Jurisprudence, in: UTLJ 57/2 (2007), 383–397 • D. M. Beatty: The Ultimate Rule of Law, 2004 • B. Schlink: Der Grundsatz der Verhältnismäßigkeit, in: P. Badura/H. Dreier (Hg.): FS 50 Jahre Bundesverfassungsgericht, 2001, 445–465 • T. A. Aleinikoff: Constitutional Law in the Age of Balancing, in: YLJ 96/5 (1987), 943–1005 • R. Alexy: Theorie der Grundrechte, 1986 • B. Schlink: Abwägung im Verfassungsrecht, 1976.

FLORIAN MEINEL

## Verjährung

### 1. Begriff

Die V. einer Rechtsposition tritt durch Zeitablauf ein. Sie führt dazu, dass diese nicht mehr durchgesetzt werden kann. In erster Linie können Ansprüche betroffen sein, also das Recht, von einem anderen ein Tun oder Unterlassen zu verlangen, § 194 Abs. 1 BGB. Ihre Erscheinungsformen sind allerdings in den unterschiedlichen Rechtsgebieten vielgestaltig. Die Dauer des Zeitablaufs, an den die V. anknüpft, unterscheidet sich in den jeweiligen Regelungszusammenhängen ebenfalls erheblich.

Auch die mit dem Institut der V. verfolgten *Zwecke* unterscheiden sich und werden keineswegs einheitlich bestimmt. Jedenfalls schützt die V. den (vermeintlichen) Schuldner eines verjährten Anspruchs, aber auch den (vermeintlichen) Täter einer Straftat, der aufgrund der V. nicht mehr verfolgt werden kann. Die V. trägt damit in abstrakter und generalisierender Weise dem Umstand Rechnung, dass sich infolge des Zeitablaufs die Entlastungsmöglichkeiten des von der V. Begünstigten verschlechtert haben können („verdunkelnde Macht der Zeit" [o. V. 1888: 291]). So schützt die V. den Schuldner einer Forderung, dass er nach Ablauf der V. eine ihm bei Zahlung erteilte Quittung vernichten kann, ohne bei abermaliger Inanspruchnahme Gefahr zu laufen, seine schuldbefreiende Zahlung nicht nachweisen zu können. Gleichzeitig legitimiert der Zeitablauf, dass die verjährte Rechtsposition nicht durchgesetzt wird.

Die V. weist eine *einheitliche Struktur* auf. Der Eintritt der V. setzt den Ablauf einer V.s-Frist voraus. Die teils erheblichen Unterschiede bei der Länge der jeweiligen Frist tragen der Bedeutung der verjährenden Rechtsposition Rechnung. Für den Lauf der Frist muss ein bestimmter Beginn festgelegt sein. Dieser liegt üblicherweise nicht vor Entstehung der Rechtsposition (objektive Anknüpfung), kann aber zusätzlich noch von subjektiven Umständen wie Kenntnis abhängig gemacht werden. Der Lauf der Frist kann durch gesetzlich geregelte Umstände aufgehalten werden, was als Hemmung oder Ruhen der V. bezeichnet wird, oder aufgrund anderer Umstände von Neuem beginnen, was auch als Unterbrechung bezeichnet wird.

### 2. Privatrecht

Der V. unterliegen im ↑Privatrecht allein Ansprüche. Nach Eintritt der V. steht dem Schuldner ein dauerndes Leistungsverweigerungsrecht zu, § 214 Abs. 1 BGB. Diesem obliegt die Wahl, ob er durch Erhebung der V.s-Einrede davon Gebrauch macht.

Die allg.en Regelungen finden sich in §§ 194–218 BGB. Sie haben zum 1.1.2002 eine grundlegende Reform erfahren. Die mangels spezieller Vorschriften einschlägige sog.e *regelmäßige V.s-Frist* beträgt drei Jahre, § 195 BGB. Die Frist beginnt nach § 199 Abs. 1 BGB erst, wenn der Anspruch entstanden ist und der Gläubiger von den tatsächlichen Umständen Kenntnis erlangt hat, die den Anspruch begründen. Dem steht allerdings gleich, dass er grob fahrlässig diese Kenntnis nicht erlangt hat, von ihm also zu erwarten war, Kenntnis zu nehmen. Es kommt bei alledem nicht auf die Rechtskenntnis vom Anspruch selbst, sondern auf die Kenntnis von den tatsächlichen Grundlagen des Anspruchs an. Schließlich knüpft das Gesetz aus Vereinfachungsgründen an den Schluss des Jahres an, in dem diese Voraussetzungen eintreten, sog.e Ultimo-V.

Dieses *subjektive V.s-System* mit einer recht kurzen V.s-Frist, die aber erst kenntnisabhängig zu laufen beginnt, steht in einem deutlichen Gegensatz zu dem hergebrachten V.s-System des BGB. Danach betrug die V.s-Frist 30 Jahre, sie begann dafür aber schon mit Anspruchsentstehung zu laufen. Das objektive System lebt aber noch in V.s-Höchstfristen fort, die eine Anspruchs-V. abhängig vom verletzten Rechtsgut nach zehn oder 30 Jahren vorsehen. Die regelmäßige V. wird ferner durch zahlreiche Spezialregelungen verdrängt. Hervorzuheben ist, dass *Ansprüche wegen Mängeln* bei Kauf- oder Werkvertrag unabhängig von der Kenntnis vom Mangel strikt in zwei oder bei Bauwerken in fünf Jahren verjähren. In diesem Bereich erfüllt so die V. auch die Funktion, das Risiko der Mangelhaftigkeit zu verlagern.

Das ↑BGB enthält darüber hinaus ein differenzierendes und abgestimmtes System, welche Umstände zur Hemmung oder zum Neubeginn der V. führen. Dabei ist der *Neubeginn* beschränkt auf die Fälle, dass der Schuldner die Forderung anerkennt oder der Gläubiger einen Vollstreckungsversuch zur Durchsetzung der Forderung unternimmt. Sonstige Maßnahmen, die der Durchsetzung der Forderung unter Zuhilfenahme dafür eingerichteter Stellen dienen, in allererster Linie also die Erhebung der Klage, führen lediglich zur *Hemmung* der V. Gleiches gilt, wenn die Parteien über den Anspruch verhandeln.

Die V. ist abzugrenzen vom Institut der *Verwirkung*, das nicht eigens geregelt ist, sondern aus dem Grundsatz von ↑Treu und Glauben des § 242 BGB hergeleitet wird. Diese setzt zusätzlich zum Zeitablauf voraus, dass der Schuldner berechtigterweise infolge des Gläubigerverhaltens darauf vertraut hat, dass der Gläubiger sein Recht nicht geltend macht.

### 3. Öffentliches Recht

Das ↑Öffentliche Recht kennt zahlreiche spezielle Regelungen zur V., es fehlt aber eine allg.e. Bspw. beschränkt sich § 53 des VwVfG des Bundes und der Länder darauf, Einwirkungen eines Verwaltungsakts auf die V. zu regeln. Das Recht ist daher lückenhaft. Zur Lückenschließung wird weithin auf die regelmäßige V. des BGB zurückgegriffen. Das ist in dogmatischer Hinsicht nicht unproblematisch, weil die Gesetzgebungskompetenz für viele öffentlich-rechtliche Ansprüche nicht beim Bund, sondern bei den Ländern liegt. Auch stellt sich die Frage, ob im Wege der Analogie die Lücke durch die seit 2002 geltenden neuen Regelungen oder durch das alte von 1900–2001 geltende Recht zu füllen ist. Die Rechtspraxis kommt mit diesen Ungewissheiten zurecht. Vorbehaltlich anders lautender Spezialregelungen ist angesichts des Rückgriffs auf das Privatrecht allein die V. von Ansprüchen möglich. Andere Rechtspositionen können allerdings der Verwirkung unterliegen.

Spezielle Regelungen zur V. enthalten Steuer- und Sozialrecht, allerdings auf ganz unterschiedliche Weise. § 45 SGB I knüpft für das ↑Sozialrecht an die Regelungen des Bürgerlichen Rechts an. Es wird für *Ansprüche auf Sozialleistungen* eine spezifische V.s-Frist von vier Jahren angeordnet sowie ein spezifischer objektiver V.s-Beginn nach Ablauf des Kalenderjahrs, in dem der Anspruch entstanden ist. Das *↑Steuerrecht* sieht indessen mit der Festsetzungs-V. in §§ 169–171 AO und der Zahlungs-V. in §§ 228–232 AO eigenständige Ausprägungen der V. vor. Die Festsetzungs-V. knüpft an den Umstand an, dass Steuerforderungen zwar kraft Gesetzes entstehen, aber noch der Festsetzung bedürfen. Ein solches Festsetzungsverfahren wird durch die Festsetzungs-V. gesperrt. Die Abgabenordnung enthält für diese V. stark differenzierende Regelungen zu Frist, Beginn und Ablaufhemmung. Die Zahlungs-V. hat die V. des festgesetzten und daher fälligen Steueranspruchs zum Gegenstand. Die Eigenständigkeit auch dieser V.s-Regelung zeigt sich daran, dass sie nicht wie die bürgerlichrechtliche V. nur ein Leistungsverweigerungsrecht begründet, sondern zum Erlöschen der verjährten Forderung führt. Auch Frist (fünf oder zehn Jahre), Beginn (Ablauf des Jahres, in dem der Anspruch fällig wird), Unterbrechung und Hemmung der V. haben in der Abgabenordnung eine eigenständige Regelung erfahren.

### 4. Strafrecht

Die V. im ↑Straf- und im Ordnungswidrigkeitenrecht (↑Ordnungswidrigkeit) ist in §§ 78–79b StGB bzw. §§ 31–34 OWiG geregelt. Es sind die Verfolgungs- und Vollstreckungs-V. zu unterscheiden.

Die *Verfolgungs-V.* steht als Verfahrenshindernis der Durchführung eines Strafverfahrens gegen den Täter entgegen. Die Länge der jeweiligen V.s-Fristen ist abhängig vom angedrohten Höchstmaß der zu verhängenden ↑Strafe. Die Fristen liegen zwischen drei und 30 Jahren. Mord ist unverjährbar. Die V. beginnt objektiv mit Beendigung der Tat, spätestens mit Eintritt des Taterfolgs. Die V. ruht, wenn der Strafverfolgung ein Verfahrenshindernis entgegensteht, ferner bei Straftaten insb. gegen die sexuelle Selbstbestimmung bis zur Vollendung des 30. Lebensjahrs des Opfers, schließlich im Falle eines Auslieferungsersuchens. Zu einer Unterbrechung der V. führen Maßnahmen der Strafverfolgung.

Die *Vollstreckungs-V.* steht der Vollstreckung einer rechtskräftig verhängten Strafe oder Maßnahme entgegen. Die V.s-Fristen sind in ähnlicher Weise wie die der Verfolgungs-V. gestaffelt. Ausgenommen von der V. sind die lebenslange Freiheitsstrafe, die Sicherungsverwahrung sowie die unbefristete Führungsaufsicht. Die V. beginnt mit der Rechtskraft der Entscheidung, in der die Strafe oder Maßnahme verhängt wird. Sie kann ähnlich der Verfolgungs-V. ruhen. Eine Unterbrechung gibt es hingegen nicht. Allerdings kann auf Antrag der Vollstreckungsbehörde die V.s-Frist verlängert werden, sofern sich der Verurteilte in einem Gebiet aufhält, aus welchem eine Auslieferung oder Überstellung nicht möglich ist.

### Literatur

M. Asholt: Verjährung im Strafrecht, 2016 • O. Remien (Hg.): Verjährungsrecht in Europa – zwischen Bewährung und Reform, 2011 • A. Piekenbrock: Befristung, Verjährung, Verschweigung und Verwirkung, 2006 • A. Guckelberger: Die Verjährung im Öffentlichen Recht, 2004 • K. Spiro: Die Begrenzung privater Rechte durch Verjährungs-, Verwirkungs- und Fatalfristen, 2 Bde., 1975 • o. V.: Motive zu dem Entwurfe eines Bürgerlichen Gesetzbuches für das Deutsche Reich, Bd. I (Allgemeiner Theil), 1888. FLORIAN JACOBY

## Verkehr

I. Wirtschaftswissenschaftlich – II. Politikwissenschaftlich

### I. Wirtschaftswissenschaftlich

#### 1. Grundlagen

In Zeiten globaler Arbeitswelten und Wertschöpfungsketten sind Maßnahmen zur Bedürfnisbefriedigung (↑Bedürfnis) immer häufiger mit Ortsveränderungen von Personen und ↑Gütern verbunden. Die Aktivitäten im Rahmen dieser ortsverändernden Prozesse werden als V. bezeichnet. In den Wirtschaftswissenschaften widmet sich insb. die *V.s-Wirtschaft* allen Einrichtungen und Maßnahmen, die an der Deckung des Bedarfs nach V.s-Leistungen beteiligt sind. Während sich die *Transportökonomie* auf die volkswirtschaftlichen Aspekte des V.s konzentriert, befasst sich die *V.s-Betriebslehre* mit entspr.en betriebswirtschaftlichen Fragestellungen. Der V. wird dem tertiären Sektor der Wirtschaft zugeordnet. Er zeichnet sich durch die typischen Dienstleistungsmerkmale der Immaterialität, der mangelnden Transport- und Lagerfähigkeit (↑Dienstleistungen) sowie des zeitlichen Zusammenfallens von ↑Produktion und ↑Konsum aus. Dem V. kommt in Volkswirtschaften eine elementare Rolle zu, wenngleich viele seiner Leistungen nicht unmittelbar in der ↑Volkswirtschaftlichen Gesamtrechnung abgebildet werden. Ein hoher Anteil des V.s wird zudem in Eigenproduktion erbracht. Wirtschaftliche Leistungen im Personen- oder Güter-V. unter Einsatz von Menschen und Sachgütern bezeichnet man als *V.s-Leistungen*. Erbringen mehrere Wirtschaftssubjekte allein oder gemeinsam V.s-Leistungen für Dritte, spricht man von *V.s-Unternehmen* oder *V.s-Betrieben*. Die wichtigste Voraussetzung für die Erbringung von V.s-Leistungen stellt die *V.s-Infrastruktur* dar, zu der alle ortsgebundenen Bestandteile des V.s wie V.s-Wege und V.s-Knotenpunkte zählen. Diese bedienen sich der durch die Natur determinierten *V.s-Medien* Land, Wasser und Luft. Wichtige Messgrößen der ↑Infrastruktur stellen die Netzlänge (in Kilometern), die V.s-Stärke (in Fahrzeugdurchsatz pro Zeiteinheit) sowie die V.s-Dichte (in Fahrzeugdurchsatz pro Kilometer) dar. Mit Ausnahme von Fußgängern sind zur Erbringung von V.s-Leistungen sog.e *V.s-Mittel* erforderlich. Diese zumeist technischen Einrichtungen ermöglichen den Transport von *V.s-Objekten*. Der Transport von Personen wird dabei als *Personen-V.* bezeichnet. Der *Güter-V.* umfasst Aktivitäten der Ortsveränderung von Gütern. Verkehrsmittel-bezogene Messgrößen sind die Fahrleistung (in Fahrzeugkilometern), die V.s-Leistung (in Personenkilometern und Tonnenkilometern) sowie die Transportelastizität. Letztere gibt die relative Änderung der V.s-Leistung im Verhältnis zu einer gegebenen relativen Änderung z. B. des BIP an. V.s-Mittel, die auf die gleiche Art der Infrastruktur zurückgreifen, werden in *V.s-Trägern* zusammengefasst. Im Folgenden werden die wirtschaftlich bedeutendsten V.s-Träger *Straßen-V.*, *Schienen-V.*, *Wasser-V.* und *Luft-V.* erläutert. Auf weitere V.s-Träger, wie den Rohrleitungs-V., wird nicht genauer eingegangen. Zudem werden Umfang und Relevanz der *V.s-Politik* genauer dargestellt. Der Nachrichten-V. wird explizit ausgeklammert.

#### 2. Straßenverkehr

Als *Straßen-V.* bezeichnet man V. mit motorisierten und nicht motorisierten Fahrzeugen, der auf der Straße durchgeführt wird, inkl. des Rad- und Fußgänger-V.s. Grundsätzlich können die drei Segmente privater Individual-V., gewerblicher V. und Werks-V. unterschieden werden.

Im Vergleich zu anderen V.s-Trägern weist der Straßen-V. in Deutschland den größten Anteil an der V.s-Leistung sowie die mit Abstand höchste Netzdichte auf. Die Infrastruktur besteht aus *V.s-Kanten* und *V.s-Knoten*. Wichtigste Kanteninfrastruktur sind die öffentlichen *Kraft-V.s-Straßen*. Sie können in die drei Kategorien primäres, sekundäres und tertiäres Straßennetz eingeteilt werden. Zum primären Straßennetz zählen alle Autobahnen und Schnellstraßen, die vorwiegend vom überregionalen und internationalen Fern-V. genutzt werden. Alle sonstigen Straßen mit überregionaler Bedeutung, wie Bundesstraßen und Landesstraßen, werden als sekundäres Straßennetz bezeichnet und dienen dem Anschluss einer Region an das primäre Straßennetz. Kreisstraßen und Gemeindestraßen ermöglichen die Erschließung des regionalen V.s in der Fläche und bilden das tertiäre Straßennetz. Im nicht motorisierten V. stellen Radwege und Gehsteige für Fußgänger wichtige V.s-Kanten dar. V.s-Knoten sind Orte, von denen V.s-Flüsse ausgehen, an denen diese gebündelt werden oder abbrechen. Unterschieden werden unimodale und multimodale V.s-Knoten. Unimodale V.s-Knoten des Straßennetzes, wie Straßenkreuzungen und Kreisverkehre sowie Autobahnkreuze und -dreiecke, ermöglichen keinen Wechsel des V.s-Trägers. An multimodalen V.s-Knoten sind V.s-Trägerwechsel möglich. Im Straßen-V. finden sich diese jedoch nur im Güter-V. in Form von Güter-V.s-Zentren.

Grundsätzlich werden im Straßen-V. einspurige und mehrspurige motorisierte und nicht motorisierte Fahrzeuge genutzt. Zudem findet vielfach eine Differenzierung hinsichtlich des vorwiegenden Einsatzzweckes des Fahrzeugs nach Personen- und Güter-Kfz statt. Im Bereich der Personenbeförderung haben mehrspurige motorisierte Personen-Kfz den größten Anteil an der V.s-Leistung. Beim PKW wird die V.s-Leistung zumeist selbst erstellt. Personen-Kfz mit mehr als neun Sitzplätzen werden als Busse bezeichnet. Zu den einspurigen motorisierten Fahrzeugen zählen zum einen Motorräder und Motorroller, zum anderen Elektro-Fahrräder und neuerdings auch Elektro-Scooter. Nicht motorisierte Fahrräder und Tretroller gehören zu den einspurigen Fahrzeugen ohne Antrieb. Den motorisierten Güter-V. bilden v. a. LKW unterschiedlicher Größenklassen. Dabei werden leichte, mittelschwere und schwere *Güter-Kfz* unterschieden. Traktoren und Sattelzugmaschinen werden als Zugmaschinen gesondert behandelt. Zu den mehrspurigen Güterfahrzeugen ohne Antrieb zählen leichte und schwere Anhänger sowie Rikschas. Der nicht motorisierte einspurige Güter-V. spielte lange Zeit keine Rolle, im innerstädtischen V. erleben Lastenräder aktuell jedoch eine Renaissance.

### 3. Schienenverkehr

Als *Schienen-V.* bezeichnet man in der V.s-Wirtschaft den V. auf Schienenwegen durch motorisierte Schienenfahrzeuge. Der Schienen-V. steht als V.s-Träger traditionell in starker Konkurrenz zum Straßen-V. Er zeichnet sich v. a. durch seine große Massenleistungsfähigkeit (Eignung zur Durchführung von Transporten in großer Menge pro Transportvorgang bzw. Zeiteinheit), hohe Sicherheit sowie einen fortschrittlichen Automatisierungsgrad aus. Dem stehen hohe Fixkosten und eine geringe Flexibilität auf Grund des Terminal-zu-Terminal-V.s entgegen, weshalb die Nutzung anderer V.s-Träger im Vor- und Nachlauf zwingend erforderlich ist.

Die Infrastruktur im Schienen-V. bilden zum einen V.s-Kanten in Form von Schienenwegen, zum anderen Bahnhöfe und Haltestellen als V.s-Knoten. Die Schienenwege unterscheiden sich hinsichtlich der Spurweite, der Belastbarkeit nach Streckenklassen, der zulässigen Höchstgeschwindigkeit sowie der Ausstattung mit Elektrifizierung und Zugsicherungssystemen. Zudem können sie hinsichtlich der Steigung, der Kurvenradien sowie der Anzahl an Strecken- und Ausweichgleisen differenziert werden. Die Schienenwege werden größtenteils sowohl vom *Schienenpersonen-V.* als auch vom *Schienengüter-V.* gemeinsam genutzt. Im Schienenpersonen-V. bilden Personenbahnhöfe und Haltepunkte die multimodalen Knotenpunkte. Personenbahnhöfe bestehen neben den Bahnsteigen und den entspr.en Zugängen zumeist aus einem Empfangsgebäude, an dem der Übergang auf andere V.s-Träger stattfindet. Güterbahnhöfe sind multimodale Knotenpunkte im *Schienengüter-V.*, die einen Wechsel des V.s-Trägers ermöglichen. Ebenso wie in Industrie-, Werks- und Hafenbahnhöfen erfolgt hier der Umschlag von Transportgütern zwischen Güterzügen und anderen V.s-Trägern. Daneben nutzt der Schienengüter-V. unimodale Knotenpunkte wie Verschiebe- und Rangierbahnhöfe, die jedoch keinen Wechsel des V.s-Trägers ermöglichen.

Im Schienenpersonen-V. werden Fahrten mit einer Länge von maximal 50 Kilometern und einer Dauer von bis zu 60 Minuten als *Nah-V.* bezeichnet. Fahrten mit größerer Distanz oder Dauer bilden den *Fern-V.* Innerstädtischen Personen-V. durch öffentliche V.s-Mittel bezeichnet man als ÖPNV. Der Schienengüter-V. wird entspr. der Art der Güterzüge in den Einzelwagen-V., den Ganzzug-V. sowie den gemischten Ganzzug-V. mit Wagengruppen unterschieden. Relevante Schienenfahrzeuge sind neben den im Fern- und Nahverkehr eingesetzten Vollbahnen auch Kleinbahnen, Straßenbahnen sowie Stadt- und U-Bahnen. Als alternative spurgebundene Fahrzeuge werden Schwebebahnen, Magnetschwebebahnen und Seilschwebebahnen bezeichnet. Neben dem Fahrtzweck erfolgt eine Unterscheidung zumeist hinsichtlich der Antriebsform in elektrische, Dampf- und Dieselantriebe.

### 4. Schiffsverkehr

Als *Schiffs-V.* bezeichnet man in der V.s-Wirtschaft den V. von Personen und Gütern mit *Wasserfahrzeugen* auf offener See sowie auf Binnengewässern. Entspr. dieser geografischen Differenzierung der durchgeführten V.s-Leistung werden die Seeschifffahrt und die Binnenschifffahrt unterschieden. Beide zeichnen sich durch eine hohe Massenleistungsfähigkeit im Terminal-zu-Terminal-V. aus. Kostendegressionseffekte durch immer größere Wasserfahrzeuge haben in den vergangenen Jahren eine Halbierung der Transportkosten je Gewichtstonne und Tonnenkilometer ermöglicht. Zudem weist die Schifffahrt eine hohe V.s-Wertigkeit hinsichtlich der Sicherheit und Zuverlässigkeit des Transports auf. Als Folge immer stärker vernetzter globaler Wertschöpfungsketten hat sie sich zum dominanten internationalen V.s-Träger entwickelt. Andererseits ist die Schifffahrt durch lange Transportzeiten, teilweise intensiven Umgehungs-V. sowie im Güter-V. durch hohe Anforderungen an die Ladungssicherheit zur Vermeidung von Nässe-Schäden gekennzeichnet. Wie kein anderer V.s-Träger ist sie zudem abhängig von weltwirtschaftlichen Entwicklungen. Insb. im Güter-V. steht die Schifffahrt traditionell in Konkurrenz zum Schienengüter-V. Niedrige Transportgeschwindigkeiten, lange Lade- und Löschzeiten und eine geringe Netzdichte erschweren die Wettbewerbsposition zusätzlich. Der Transport von Personen auf langen Strecken mit Wasserfahrzeugen wurde weitestgehend durch den Luft-V. substituiert.

*Wasserwege* sind die V.s-Kanten der Schifffahrt, die vielfach das natürliche V.s-Medium Wasser nutzen. Dabei werden Seeschifffahrtswege auf dem offenen Meer von Binnenwasserstraßen, v. a. Flüssen, Kanälen und Seen, unterschieden. Eine wichtige natürliche Grundlage des europäischen Binnenwasserstraßennetzes bilden die Ströme Rhein und Donau. *Häfen* sind die verkehrsträgerspezifischen Knotenpunkte im Schiffs-V. Sie werden primär nach ihrer geografischen Lage in *Seehäfen* und *Binnenhäfen* unterschieden. Eine weitergehende Differenzierung findet hinsichtlich des Verwendungszwecks und der Güterarten statt. So werden im Güterschiffs-V. neben Containerhäfen und Fährhäfen auch Massenguthäfen, Ölhäfen und Universalhäfen unterschieden. Im Personenschiffs-V. bezeichnet man Häfen als Passagierhäfen und unterscheidet Fährhäfen von Kreuzfahrthäfen und Marinas für Sport- und Freizeitboote. Sowohl im Güter- als auch im Personenschiffs-V. sind diese als multimodale Knotenpunkte konzipiert und ermöglichen die Anbindung an weitere V.s-Träger.

*Wasserfahrzeuge* werden in motorisierte Fahrzeuge, sog.e *Schiffe*, und nicht motorisierte Fahrzeuge ohne Antrieb differenziert. Insb. Schiffe mit Laderaum spielen im Personen- und Güter-V. eine wichtige Rolle. Solche Transportschiffe werden in *Passagierschiffe*, kombinierte Passagier- und Frachtschiffe sowie reine *Frachtschiffe* untergliedert. Zu den Passagierschiffen zählen Kreuzfahrtschiffe, Ausflugsschiffe und Passagierfähren. Als kombinierte Schiffe werden unter anderem Auto- und Eisenbahnfähren sowie Postschiffe bezeichnet. In der Frachtschifffahrt findet eine Unterscheidung hinsichtlich der transportierten Güterarten in Containerschiffe, Massengutschiffe und Mehrzweckschiffe statt. Zudem zählen Spezialschiffe wie Schwergutfrachter, Kühlschiffe und Car Carrier zu dieser Schiffsart. Die Größe bzw. Ladekapazität, insb. der Containerschiffe, orientiert sich an den bedeutsamen internationalen Seeschifffahrtswegen Panamakanal, Suezkanal und der Straße von Malakka.

### 5. Luftverkehr

Als *Luft-V.* wird in der V.s-Wirtschaft der V. mit *Luftfahrzeugen* bezeichnet, der sich des V.s-Mediums Luft bedient. Zu den Stärken des Luft-V.s zählt neben der Transportsicherheit in erster Linie die hohe Transportgeschwindigkeit, die kurze Transportzeiten im Terminal-zu-Terminal-V. ermöglicht. Als limitierende Faktoren für den Luft-V. gelten insb. die begrenzten Transportkapazitäten in der Luft sowie aufwendige und kostenintensive Infrastruktur am Boden, die zu hohen Transportkosten je Personen- und Tonnenkilometer führen. Im Gegensatz zu anderen V.s-Trägern findet die Erstellung der V.s-Leistung im Luft-V. oftmals als Verbund aus Personen- und Güter-V. statt, insb. im Personenluft-V.

*Luft-V.s-Wege* bilden die V.s-Kanten der Luftfahrt und werden durch verschiedene regionale und internationale Organisationen der Flugsicherung gelenkt und überwacht. Grundsätzlich wird dabei der kontrollierte, der nicht kontrollierte, der obere sowie der untere Luftraum unterschieden. Auf viel beflogenen Strecken wird der Luft-V. ausschließlich in festgelegten Flugkorridoren, sog.en Luftstraßen, durchgeführt, die in ihrer Höhe und Breite begrenzt sind. *Flugplätze* bilden im Luft-V. die multimodalen, verkehrsträgerspezifischen Knotenpunkte und ermöglichen das Starten und Landen von Luftfahrzeugen sowie die Abfertigung der Transportobjekte. Entspr. ihrer Bedeutung werden Flugplätze in Sonderlandeplätze, V.s-Landeplätze, Sonderflughäfen sowie regionale und internationale V.s-Flughäfen differenziert. Als Knotenpunkte des Luft-V.s ermöglichen Flughäfen die Bewegung von Flugzeugen auf dem Boden nach bzw. vor deren An- und Abflug sowie den Übergang der V.s-Objekte auf andere V.s-Träger. Die Dienstleistungen eines Flughafens werden in luftfahrtbezogene und nicht-luftfahrtbezogene Leistungen segmentiert. Neben der Flugsicherung umfassen diese v. a. sicherheitsrelevante und logistische Dienstleistungen. Daneben gewinnen Servicedienstleistungen in Gastronomie und Handel beständig an Bedeutung. Die luftseitigen Kapazitäten eines Flughafens sind primär durch Anzahl, Anordnung, Abstand und Lage der Start- und Landebahnen festgelegt. Sie determinieren die maximal mögliche Anzahl der Starts und Landungen pro Stunde. Neben Einbahn-, Kreuz- und konvergierenden-Bahnsystemen werden die Landebahnen auf Grund der höheren Kapazität inzwischen vorwiegend als Parallelsysteme konzipiert. Daneben entscheidet die terminalseitige Infrastruktur über die Kapazität eines Flughafens. An Flughäfen mit Vorfeldposition findet die Abfertigung von Personen und Gütern auf dem Vorfeld statt. Flughäfen mit Gebäudeposition ermöglichen den Zugang der Transportobjekte direkt vom Flughafengebäude. Beim Bau der Terminals werden Linear-, Pier- und Satellitenstrukturen in verschiedenen Kombinationen unterschieden.

Die *Luft-V.s-Mittel* werden primär in *Luftfahrzeuge* und *Flugzeuge* differenziert. Als Luftfahrzeuge werden v. a. Hubschrauber, Luftschiffe, bemannte und unbemannte Weltraumfahrzeuge sowie Ballons und Gleitschirme bezeichnet. Für die kommerzielle Luftfahrt sind in erster Linie Propellerflugzeuge und Strahltriebwerksflugzeuge, sog.e Düsenflugzeuge, relevant. Beide Flugzeugtypen können hinsichtlich der transportierten V.s-Objekte in Passagier-, Fracht- und Kombi-Flugzeuge unterschieden werden. Düsenflugzeuge werden zudem nach ihrer Breite in Narrowbody- und Widebody-Flugzeuge sowie anhand der Streckenlänge in Kurz-, Mittel- und Langstreckenflugzeuge unterschieden.

### 6. Verkehrspolitik

Die *V.s-Politik* beschäftigt sich mit den Voraussetzungen, Wirkungszusammenhängen und der politischen Gestaltung des V.s-Wesens in einer Volkswirtschaft. Sie spielt sich heute weitgehend im Rahmen der europäischen V.s-Politik ab.

Als Teilbereich der ↑Wirtschaftspolitik bildet sie in marktwirtschaftlich-ordnungspolitischer Tradition ein Ziel- bzw. Ziel-Mittelsystem zur Förderung des gesellschaftlichen Wohlstands und darüber hinaus des ↑Gemeinwohls. Das Objekt der V.s-Politik, d. h. das *V.s-Wesen*, lässt sich aber nicht allein auf Basis wirtschaftswissenschaftlicher Erkenntnisse gestalten. Die Entwicklung verkehrspolitischer Konzepte wird ebenso von Paradigmen aus den Ingenieurswissenschaften, Rechtswissenschaften, der Geographie und Raumwirtschaftslehre sowie den allg.en Sozialwissenschaften beeinflusst.

Als wesentliche Ziele der V.s-Politik werden heute Mobilitätssicherung (↑Mobilität), ↑Nachhaltigkeit und V.s-Sicherheit genannt. Diese lassen sich in den Rahmen des allg.en Zielkatalogs der Wirtschaftspolitik einordnen. Dazu zählen neben Allokations-, Stabilisierungs- und Wachstumszielen auch Verteilungsziele sowie strukturpolitische Ziele. Allokative verkehrspolitische Ziele betreffen die generelle Effizienz des V.s-Sektors und damit die volkswirtschaftlich sinnvolle Aufgabenteilung der V.s-Träger sowie den Umgang mit sog.en Marktversagenstatbeständen. ↑Marktversagen tritt im V.s-Sektor insb. in Form von ↑externen Effekten sowie von natürlichen Monopolen auf. Die V.s-Politik hat sich in den letzten Jahren sehr umfassend und intensiv der Externalitätenproblematik gewidmet und z. B. die Emissionen von Kfz umfassend reguliert.

Eng verknüpft mit dem Allokationsziel sind die Ordnungsziele, die auf den ordnungspolitischen Rahmen und die Regulierung der V.s-Märkte abstellen. Der V.s-Sektor wird immer wieder auch als Wachstumsfaktor (↑Wirtschaftswachstum) adressiert, z. B. in der Diskussion über die Wachstums- und Produktivitätswirkungen von V.s-Infrastruktur. Zu guter Letzt spielen auch verteilungs-, raumordnungs- und strukturpolitische Ziele eine wichtige Rolle. So wird die raumerschließende Funktion des V.s sowohl für die Wirtschaft als auch für die persönliche Mobilität der Bürgerinnen und Bürger thematisiert. Sie bildet i. S. einer ↑Daseinsvorsorge einen Beitrag zu Chancengleichheit (↑Chancengerechtigkeit, Chancengleichheit) und Lebensqualität und damit auch zu übergeordneten gesellschaftspolitischen Zielen (↑Gesellschaftspolitik).

Die V.s-Politik wird heute stark geprägt von Diskussionen über Mobilitätsinnovationen (↑Innovation). Diese betreffen sowohl infrastruktur- und fahrzeugseitige Neuerungen (z. B. batteriebetriebene elektrische Fahrzeuge) als auch neue Nutzungs- und Geschäftsmodelle (z. B. Carsharing oder neue Angebote im Taximarkt). Sowohl die Fahrzeug- wie auch die Nutzungsebene adressiert die Idee des autonomen Fahrens.

Im Feld der Mobilitätsinnovationen hat die V.s-Politik einen Spagat zwischen wohlfahrtssteigernden Innovationen und der Frage der Technologieneutralität bzw. der Subventionierung spezifischer Angebote zu bewältigen. Ein bes.s Problem für die handelnden Akteure besteht in der kontinuierlichen Anpassung des rechtlichen Rahmens.

Die Bewältigung der Herausforderungen des V.s der Zukunft erfordert eine sach- und effizienzorientierte V.s-Politik, welche die Bedeutung des V.s für Wohlstand und Wachstum einer Volkswirtschaft erkennt und geeignete Rahmenbedingungen für die Funktionsfähigkeit der V.s-Systeme schafft.

#### Literatur

J.-P. Rodrigue/C. Comtois/B. Slack: The Geography of Transport Systems, [4]2017 • P. Klaus/W. Krieger/M. Krupp (Hg.): Gabler Lexikon Logistik, [5]2012 • S. Kummer: Einführung in die Verkehrswirtschaft, [2]2010 • G. Aberle: Transportwirtschaft, [5]2009.

ALEXANDER EISENKOPF

## II. Politikwissenschaftlich

### 1. Das Politikfeld Verkehr

Die Einsicht in die politische Bedeutung des V.s für die ökonomische ↑Wohlfahrt stand bereits am Anfang der kapitalistischen Wirtschaftsentwicklung und wurde schon früh vom Wirtschaftstheoretiker Friedrich List formuliert: „Der wohlfeile, schnelle, sichere und regelmäßige Transport von Personen und Gütern ist einer der mächtigsten Hebel des Nationalwohlstandes und der Zivilisation" (List 1838: 1).

Aufgrund der großen ökonomischen Bedeutung des V.s ist die V.s-Politik traditionell durch die Wirtschaftswissenschaft geprägt. Dementsprechend sind die Lehrstühle für V.s-Politik bis heute meist bei den Wirtschaftsfakultäten angesiedelt und mit Ökonomen besetzt. Ihre Aufgabe besteht darin, jene verkehrspolitischen Rahmenbedingungen zu ermitteln, die zu wirtschaftlicher Prosperität beitragen. Das eherne verkehrsökonomische Gesetz lautet: Jedes Wirtschaftswachstum ist auf V.s-Wachstum angewiesen. Daraus ergab sich als Aufgabe der V.s-Politik, das stetig wachsende V.s-Aufkommen möglichst effizient zu organisieren.

Im Ergebnis zeichnet sich der V. heute durch ein Alleinstellungsmerkmal aus: Er ist der einzige gesellschaftliche Sektor, in dem die $CO_2$-Emissionen weiter steigen. Trotz jahrzehntelanger umfangreicher Effizienzgewinne durch technische ↑Innovationen, etwa bei der Entwicklung sparsamer Motoren, hat das V.s-Wachstum die Einsparungseffekte immer wieder aufgezehrt bzw. überkompensiert. Daraus resultiert als weitere grundlegende verkehrswissenschaftliche Einsicht, dass technische Innovationen allein nicht zu einer nachhaltigen V.s-Entwicklung (↑Nachhaltigkeit) führen. Vielmehr muss sich im V.s-Sektor, wie zuvor schon in den anderen gesellschaftlichen Sektoren, das Verhalten von Menschen ändern. Die neue Aufgabe der V.s-Politik besteht deshalb im sog.en *Mobilitätsmanagement* darin, die Bevölkerung in einem nachhaltigen Mobilitätsverhalten zu unterstützen. Die Maßnahmen des Mobilitätsmanagements sind dadurch gekennzeichnet, dass sie das individuelle Mobilitätsverhalten ohne direkte Einwirkung auf den V.s-Fluss (Lichtsignalanlage) oder auf die ↑Infrastruktur (Straßenbau) beeinflussen. Dazu gehören sowohl Maßnahmen der Koordination, Information und Organisation als auch ordnungs- (↑Ordnungspolitik) und steuerpolitische Maßnahmen.

## 2. Verkehrspolitik als Gesellschaftspolitik

Moderne kapitalistische Gesellschaften (↑Kapitalismus) sind hochgradig mobile Gesellschaften (↑Mobilität). Dementsprechend sind neben der ↑Wirtschaft auch alle anderen gesellschaftlichen Teilbereiche von der V.s-Entwicklung beeinflusst. Dies bedeutet für die V.s-Politik, dass sie zum einen für andere Politikfelder bes. relevant ist, und zum anderen, dass sich die ↑Politik der anderen gesellschaftlichen Teilbereiche ihrerseits – als sog.e „heimliche" V.s-Politik – auf die V.s-Entwicklung auswirkt. Bspw. kann die V.s-Politik auf den Schienen-V. setzen und ihn gegenüber dem Straßen-V. bevorzugen. Wenn aber die Stadt- und Siedlungspolitik (↑Stadtplanung) darauf gerichtet ist, die Räume abseits von Schienenwegen zu besiedeln, kann die V.s-Politik aus Kostengründen nur mit der Erschließung durch Straßeninfrastruktur antworten. Die verkehrspolitische Entscheidung wurde also hinter dem Rücken der V.s-Politik ‚heimlich' durch die Stadt- und Siedlungspolitik vorgegeben. Auch wenn aus sozialpolitischen Gründen der Eigenheimbau gefördert wird, hat dies verkehrspolitische Konsequenzen insofern, als dass das Leben im Eigenheim i. d. R. auf den privaten PKW angewiesen ist. Durch die ebenfalls sozialpolitisch motivierte Subventionierung jener Kosten, die beim Pendeln zwischen Wohnort und Arbeitsplatz entstehen, wird diese Lebensweise – unter Einschränkung alternativer verkehrspolitischer Gestaltungsmöglichkeiten – sogar noch verstärkt. Außerdem haben auch wirtschaftspolitische Entscheidungen wie die steuerliche Vergünstigung von Dienstwagen, um die deutsche Automobilindustrie zu unterstützen, solche verkehrspolitische Konsequenzen, die oft nicht zu den programmatischen verkehrspolitischen Zielen einer nachhaltigen V.s-Entwicklung passen.

Aufgrund der Wirkgefüge zwischen dem V.s-Sektor und den anderen gesellschaftlichen Bereichen ist also die V.s-Politik auf eine enge Abstimmung mit den anderen Politikfeldern angewiesen, wenn sie Gestaltungskraft entfalten soll. V.s-Politik muss daher als ↑Gesellschaftspolitik praktiziert werden, um wirkmächtig zu sein.

## 3. Paradigmenbrüche in der Verkehrspolitik

Der V.s-Sektor steht vor dem tiefgreifenden Transformationswandel von einer fossilen zu einer postfossilen Mobilitätskultur. Das bedeutet für die V.s-Politik, dass jahrzehntelang bewährte Gewissheiten in Frage gestellt werden.

### 3.1 Anpassung versus strategische Verkehrspolitik

Bisher hat in der V.s-Politik die sog.e Anpassungsplanung dominiert. Dabei haben die V.s-Ökonomen prognostiziert, mit welchem V.s-Wachstum zu rechnen sei, woraufhin die V.s-Planer die Aufgabe hatten, die V.s-Infrastruktur entspr. auszubauen, um den V.s-Fluss aufrechtzuhalten. Dieser verkehrspolitische Ansatz wird zunehmend abgelöst durch eine zielorientierte bzw. strategische V.s-Planung. Demnach werden zunächst verkehrspolitische Ziele definiert, die mit der zukünftigen V.s-Entwicklung erreicht werden sollen. Wenn bspw. die Luft- und Lärmemissionen sowie der Flächenverbrauch reduziert werden sollen, muss der private Auto-V. insb. in den Städten eingeschränkt werden.

### 3.2 Segmentierte versus integrierte Verkehrspolitik

Die zielorientierte V.s-Politik verfolgt einen integrierten Ansatz. Angestrebt wird nicht mehr nur die Optimierung der einzelnen V.s-Träger (Luft-V., Schiffs-V., Straßen-V., Schienen-V.), um das wachsende V.s-Aufkommen zu bewältigen. Vielmehr ist integrierte V.s-Politik auf eine Reorganisation des V.s-Systems insgesamt gerichtet, die zu weniger V.s-Aufkommen beiträgt. Während bisher eine segmentierte V.s-Politik praktiziert wurde, die einzelne V.s-Mittel separat betrachtete, nimmt die integrierte V.s-Politik das V.s-System insgesamt in den Blick, um die vorher definierten Ziele einer nachhaltigen V.s-Entwicklung zu erreichen. Durch eine kluge Kombination und flexible Nutzung der unterschiedlichen V.s-Mittel sollen also deren Vorteile situationsspezifisch genutzt und deren Nachteile systematisch ausgeschlossen werden. Angestrebt wird bspw., dass nicht mehr 50 % der in deutschen Städten mit dem Auto zurückgelegten Wege unter fünf Kilometer lang sind, sondern für diese kurzen Distanzen künftig das Fahrrad genutzt wird.

### 3.3 Konkurrenz versus Kooperation

Die integrierte V.s-Politik unterscheidet zwischen zwei einander widersprechenden Integrationsmodi: negative und positive Integration. Als negative Integration wird die über den Wettbewerb vermittelte Marktintegration bezeichnet. Demnach behauptet sich von den konkurrierenden V.s-Mitteln am Markt das wirtschaftlichste. Demgegenüber meint positive Integration die politische Gestaltung von V. Hier geht es um die strategische Zusammenführung verschiedener Akteure zumal der V.s- und der ↑Umweltpolitik, um gemeinsam V.s-Entwicklung entspr. der politisch vereinbarten Ziele zu organisieren. Dabei steht die politische Kooperation in einem andauernden Spannungsverhältnis zur ökonomischen Konkurrenz, wobei in der Vergangenheit bisweilen die eine, bisweilen die andere Seite dominierte. Nachdem in den letzten Jahrzehnten im V.s-Sektor die Marktintegration vorherrschte, zeichnet sich derzeit auch hier ein Paradigmenwechsel hin zu mehr Kooperation und zu politischer ↑Steuerung ab. Dass Kooperationen im V.s-Sektor an Bedeutung gewinnen, zeigt ebenso eindrücklich und exemplarisch die strategische Kooperation der beiden großen Automobilkonzerne BMW und Daimler, die sich bisher ausschließlich als Konkurrenten wahrgenommen haben, im Bereich neuer Mobilitätsdienstleistungen.

### 3.4 Steuerungsmechanismen

In der V.s-Politik werden grundsätzlich zwei Steuerungsmechanismen unterschieden, die das Mobilitätsverhalten der Menschen auf unterschiedliche Weise beeinflussen. Einerseits sind das Push-Maßnahmen. Sie zeichnen sich dadurch aus, dass sie die Menschen zu einem bestimmten Mobilitätsverhalten *drängen*. Sie reichen von Geschwindigkeitsbegrenzungen über die Parkraumbewirtschaftung bis hin zu Fahrverboten. Die konsequente Anwendung restriktiver Maßnahmen hat bspw. maßgeblich dazu beigetragen, dass die Zahl der V.s-Toten von 20 000 Menschen im Jahr 1970 auf heute 3 000 Tote gesenkt werden konnte. Um das verkehrspolitische Ziel der „Vision Zero“ zu erreichen, werden weitergehende Maßnahmen wie die folgenden als notwendig erachtet: Tempo 30 innerorts, Tempo 80 auf Landstraßen, Tempo 120 auf Autobahnen.

Neben den Push-Maßnahmen gibt es die Pull-Maßnahmen. Sie sollen Menschen zu dem politisch gewünschten Mobilitätsverhalten gleichsam *ziehen*. Dabei handelt es sich um attraktive Angebote, die ein nachhaltiges Mobilitätsverhalten unterstützen. Dazu zählen etwa Alternativen zum privaten PKW, der das am wenigsten nachhaltige V.s-Mittel ist, sowie die größten volkswirtschaftlichen ↑Kosten verursacht. Also müssen attraktive Alternativangebote so gestaltet sein, dass sie von der Abhängigkeit vom eigenen Auto zu befreien vermögen.

Während die Maßnahmen dieser beiden Steuerungsmechanismen bisher meist getrennt behandelt wurden (wobei die restriktiven Push-Maßnahmen, aufgrund ihres negativen Images in der Bevölkerung, auch bei der V.s-Politik nur wenig Zuspruch fanden), wächst zunehmend die Einsicht, dass nur eine kluge Kombination von Push- und Pull-Maßnahmen zu den gewünschten Steuerungseffekten beiträgt. Bspw. ist ein attraktiver ÖPNV zwar eine notwendige, doch keine hinreichende Voraussetzung, um die Autofahrer zum Umstieg zu bewegen. Darüber hinaus muss vielmehr auch die Nutzung des privaten PKW weniger attraktiv gestaltet werden.

## 4. Verkehrswende

Die angestrebte Energiewende wird nur dann erfolgreich sein, wenn auch eine entspr.e V.s-Wende gelingt. Dazu muss der nach wie vor sehr wirkmächtige Entwicklungstrend, immer mehr V. über immer größere Distanzen in immer kürzerer Zeit zu organisieren, gebrochen werden. Erstmals in der Nachkriegszeit sind derzeit 60 % der Arbeitnehmer und Arbeitnehmerinnen in Deutschland gezwungen, zu ihrem Arbeitsplatz zu pendeln, wobei die zurückgelegten Distanzen kontinuierlich zugenommen haben.

Ein Trendbruch ist aber nicht allein durch technische Lösungen zu erreichen. Vielmehr muss das gesellschaftliche Zusammenleben in allen Bereichen neu so organisiert werden, dass Menschen einerseits mobil bleiben und gesellschaftliche Teilhabe gewährleistet ist, andererseits aber kein wachsendes V.s-Aufkommen entsteht. Konkret heißt das: Eine integrierte V.s-Politik muss bspw. darauf hinwirken, dass Wohnen und Arbeiten künftig räumlich nicht noch weiter auseinanderfallen, was unweigerlich zu einem weiteren V.s-Wachstum führte.

Die V.s-Wende erfordert daher, jahrzehntelang erfolgreich etablierte Formen des Wirtschaftens und Zusammenlebens zu verändern bzw. neu zu erfinden. Dabei sieht sich die aktuelle V.s-Politik mit starken Beharrungskräften (↑Pfadabhängigkeit) konfrontiert, wobei die etablierten verkehrspolitischen Akteure ihre jeweiligen Partikularinteressen verteidigen. Wie im Fall der Energiewende, wo den vier großen Energiekonzernen – gegen ihren heftigen Widerstand – mit dem Ausstieg aus der Atomenergie das wichtigste Geschäftsfeld genommen wurde, wird sich auch die V.s-Wende als politische Machtfrage (↑Macht) entscheiden. Beim Wandel vom fossilen zum postfossilen V.s-Regime werden deshalb v. a. die deutschen Automobilkonzerne ihr traditionelles Geschäftsfeld und damit ihre 150 Jahre international vorherrschende Kernkompetenz verlieren.

### Literatur

O. Schwedes: Innovationsfeld Verkehr, in: B. Blättel-Mink/I. Schulz-Schaeffer/A. Windeler (Hg.): Hdb. Innovationsforschung, 2019, 1–18 • UN Environment (Hg.): Global Environment Outlook. Healthy Planet, Healthy People, 2019 • O. Schwedes: Verkehrspolitik als Gesellschaftspolitik, in: ders. (Hg.): Verkehrspolitik, ²2018, 3–24 • Ders./B. Sternkopf/A. Rammert: Mobilitätsmanagement. Vom Planungsideal zum verkehrspolitischen Instrument, in: ebd., 181–207 • International Transport Forum (Hg.): ITF Transport Outlook, 2017 • O. Schwedes: Verkehr im Kapitalismus, 2017 • O. Schöller-Schwedes: The Failure of Integrated Transport Policy in Germany. A Historical Perspective, in: JTG 18/1 (2010), 85–96 • B. Schmucki: Der Traum vom Verkehrsfluss. Städtische Verkehrsplanung seit 1945 im deutsch-deutschen Vergleich, 2001 • F. List: Das deutsche National-Transport-System in volks- und staatswirthschaftlicher Beziehung beleuchtet, in: C. von Rotteck/C. Welcker (Hg.): Staatslexikon – Encyklopaedie der Staatswissenschaften, Bd. 4, 1838, 1–120.

OLIVER SCHWEDES

# Verkehrsteuern

## 1. Begriffsbestimmung; Historisches

Der Typusbegriff der V. knüpft nach einer Formulierung des ↑BVerfG an Akte oder Vorgänge des Rechtsverkehrs, an einen rechtlichen oder wirtschaftlichen Akt, an die Vornahme eines Rechtsgeschäfts oder an einen wirtschaftlichen Vorgang oder einen Verkehrsvorgang an. Wie Verbrauch- und Aufwandsteuern erfassen V. die Einkommens- und Vermögensverwendung. Im Unterschied zu Verbrauchsteuern belasten sie nicht notwendig privaten ↑Konsum und sind nicht durchgängig auf Abwälzung angelegt, sondern können als direkte oder indirekte ↑Steuern ausgestaltet sein. V. zielen auf die wirtschaftliche Belastung des Aufwands, den ein Verkehrsakt auslöst, Steuerschuldner ist aber nicht notwendigerweise derjenige, der diesen Aufwand auslöst. Belastungsgrund ist die Leistungsfähigkeit, die in diesem Aufwand und damit der Teilnahme etwa am Finanz-, Immobilien- oder Versicherungsmarkt zu Tage tritt.

Der Begriff der V. stammt von Lorenz von Stein. Historische Vorläufer sind Urkunden- und Stempelsteuern. Die älteste V., die heute noch erhoben wird, ist die Rennwett- und Lotteriesteuer. Die lange Tradition erklärt sich aus der finanziellen Ergiebigkeit und dem verhältnismäßig geringen Erhebungsaufwand.

## 2. Arten und finanzielle Bedeutung von Verkehrsteuern

V. werden im ↑GG in Art. 106 Abs. 1 Nr. 3 f. sowie Abs. 2 Nr. 3 ausdrücklich erwähnt. Speziell genannt werden die Straßengüter-V. (seit 1972 nicht mehr erhoben), die KraftSt (diese wird teils nicht als V., sondern als Aufwandsteuer qualifiziert) und sonstige auf motorisierte Verkehrsmittel bezogene V. Nr. 4 nennt Kapital-V., VerSt und, heute obsolet, die Wechselsteuer. Dass es weitere V. geben kann, ergibt sich aus Art. 106 Abs. 2 Nr. 3 GG, wonach das Aufkommen der übrigen V. den Ländern zusteht. Art. 105 Abs. 2a S. 2 GG gibt den Ländern bei der im Übrigen bundeseinheitlich geregelten ↑Grunderwerbsteuer ein Hebesatzrecht. Kommunale V. gibt es nicht.

Dogmatisch werden Rechts- und Real-V. unterschieden. Rechts-V. knüpfen an Akte des Rechtsverkehrs an. Hierunter fallen die Grunderwerbsteuer, die VerSt, die Feuerschutzsteuer und die Rennwett- und Lotteriesteuer. Hinzuweisen ist weiter auf die sog.e Finanztransaktionsteuer, zu der es einen Richtlinienvorschlag der Europäischen Kommission gab. Real-V. beziehen sich auf Akte des technischen Verkehrs. Diese Kategorie erschwert die Abgrenzung zu den Verbrauch- und Aufwandsteuern. Ob sie nötig ist, darf man bezweifeln, weil die KraftSt auch als Aufwandsteuer qualifiziert werden kann und die Luft-V. vom BVerfG als Rechts-V. (BVerfGE 137,350 [361 ff.]) eingeordnet worden ist.

Die V. sind für die Steuereinnahmen von hoher Bedeutung. Selbst wenn man die ↑USt unbeachtet lässt, fallen die VerSt im Jahr 2019 mit ca. 14,1 Mrd. Euro, die Grunderwerbssteuer mit ca. 15,3 Mrd. Euro und die KraftSt. mit ca. 9,4 Mrd. Euro bes. ins Gewicht. Die Luft-V. hatte ein Aufkommen von ca. 1,2 Mrd. Euro, die Feuerschutzsteuer von 482 Mio. Euro. Der BFH hat ausgeführt, die meisten V. hätten keinen tieferen Sinn als den, dem Staat Geld zu bringen (BFHE 107,315 [319]).

## 3. Föderale Gesetzgebungskompetenz und Europarecht

Der Bund hat eine konkurrierende Gesetzgebungskompetenz, wenn ihm das Aufkommen der Steuer ganz oder teilweise zusteht. Dies betrifft die KraftSt und sonstige auf motorisierte Verkehrsmittel bezogene V. nach Art. 106 Abs. 1 Nr. 3 GG sowie Kapital-V. und die VerSt. Das Aufkommen der übrigen V. steht nach Art. 106 Abs. 2 Nr. 3 GG den Ländern zu, so dass der Bund bei ihnen gesetzgeberisch nur unter den Voraussetzungen von Art. 72 Abs. 2 GG tätig werden darf.

Der Harmonisierungsdruck des Europarechts ist bei den bes.n V., anders als bei den Verbrauchsteuern, schwach. Für eine Ausnahme können neue Kapital-V. sorgen, die nur auf EU-Ebene Sinn ergeben. Eine Doppelbelastung durch USt und V. hält der EuGH für unionsrechtskonform.

## 4. Einordnung im Steuersystem

V. sind schwer von Verbrauch- und Aufwandsteuern abzugrenzen. Überschneidungen mit der USt wirken Befreiungstatbestände des UStG entgegen (z. B. § 4 Nr. 9 f.). Rechtspolitisch wird die Integration der V. in die USt vorgeschlagen (so Paul Kirchhof 2011 § 2 Rn. 14 ff.). Weiterhin kennzeichnet die V. eine hohe Zivilrechtsakzessorietät.

### Literatur

J. Lang/K. Tipke: § 18 Spezielle Verkehr- und Verbrauchsteuern, in: dies. (Hg.): Steuerrecht, [23]2018, 1177–1234 • G. Bruschke: Grunderwerbsteuer, Kraftfahrzeugsteuer und andere Verkehrsteuern, [7]2016 • J. Englisch: Spezielle Verkehr- und Verbrauchsteuern. Terra incognita der Steuerrechtswissenschaft, in: StuW 92/1 (2015), 52–64 • M. Desens: Verkehrsteuern, in: H. Kube u. a. (Hg.): Leitgedanken des Rechts. Paul Kirchhof zum 70. Geburtstag, Bd. 2, 2013, 2069–2079 • P. Kirchhof, Bundessteuergesetzbuch, 2011 • K. Tipke, Steuerrechtsordnung, Bd. 2; 1993, 1011–1036 • H.-D. Henssler: Finanzwissenschaftliches System der Besteuerung, 1976.

MARKUS HEINTZEN

## Vermögen

### 1. Begriff

In der VWL wird unter dem V. einer natürlichen oder ↑juristischen Person grundsätzlich der in ↑Geld ausgedrückte Wert aller materiellen und immateriellen ↑Güter verstanden, die den Wohlstand dieser Person erhöhen. In diesem Sinne ist unter dem V. die Gesamtheit aller Voraussetzungen zu verstehen, die zur Erbringung von Leistungen erforderlich sind. Dieser umfassende V.s-Begriff ist jedoch schwer zu operationalisieren. Deshalb verwendet die amtliche Statistik einen eingeschränkten V.s-Begriff. Danach ist ein V.s-Wert dadurch definiert, dass dem wirtschaftlichen Eigentümer eines Gegenstands durch seine Nutzung Erträge zufließen. Ökonomisch betrachtet entspricht der Wert des V.s somit dem Gegenwartswert dieser Einkommensströme, also dem Barwert zukünftiger ↑Einkommen.

### 2. Vermögensarten

Unter V.s-Arten versteht man die Aufteilung des Gesamt-V.s in einzelne Unterpositionen. Grundsätzlich lassen sich dabei *a)* das Real- oder Sach-V., *b)* finanzielle V.s-Werte und *c)* das immaterielle V. unterscheiden.

*a)* Das Sach-V. besteht aus den nichtproduzierten V.s-Gütern (landwirtschaftliche Flächen [↑Land- und Forstwirtschaft], Bodenschätze) und aus den produzierten V.s-Gütern, die durch reale Nettoinvestitionen (↑Investition) entstehen. Die produzierten V.s-Güter setzen sich zusammen aus dem Anlage- und Vorrats-V. sowie dem geistigen Eigentum (Urheberrechte [↑Immaterialgüterrecht]).

*b)* Finanzielle V.s-Werte werden über Schuldverhältnisse zwischen den Wirtschaftssubjekten gebildet. Da jeder Forderung eine Verbindlichkeit in gleicher Höhe gegenüber steht, ist in einer geschlossenen Volkswirtschaft das Netto-Finanz-V. immer gleich Null. In einer offenen Volkswirtschaft verändert sich dies um die Nettoforderungen bzw. -verbindlichkeiten des Inlands gegenüber dem Ausland.

*c)* Unter immateriellem V. *(intagible assets)* werden V.s-Werte verstanden, die nicht direkt einem physischen Gegenstand zurechenbar sind. Immaterielles unternehmerisches V. sind der Firmenwert *(goodwill)*, Patente u. a. Schutzrechte oder bspw. Kundenlisten. Gesamtwirtschaftlich bedeutsame immaterielle V.s-Kategorien sind das Human-V. (die Summe aller wirtschaftlich verwertbaren menschlichen Fähigkeiten einer Gesellschaft [↑Humankapital]), die Ansprüche gegen das System sozialer Sicherung und das ↑Sozialkapital, also das Netzwerk informeller Beziehungen und die gesellschaftliche Bereitschaft zur gegenseitigen Unterstützung. Diese Kategorien lassen sich jedoch nur schwer bewerten und werden deshalb weder in der amtlichen V.s-Statistik noch in den Statistiken zur ↑Vermögensverteilung ausgewiesen. Es wird jedoch versucht, Wertänderungen ausgewählter immaterieller V.s-Positionen im Rahmen der sog.en Satellitensysteme zu erfassen (z. B. Satellitensystem Umwelt).

### Literatur

Eurostat: Europäisches System Volkswirtschaftlicher Gesamtrechnungen. ESVG 2010, 2014 • M. Frenkel/K. D. John: Volkswirtschaftliche Gesamtrechnung, [7]2011.

JÖRG ALTHAMMER

## Vermögenspolitik

### 1. Definition

Unter V. ist die Gesamtheit aller politischen Maßnahmen zu verstehen, die das Ziel verfolgen, die Bildung des ↑Vermögens und seine ↑Verteilung nach bestimmten gesellschaftspolitischen Zielen zu beeinflussen. Entspr. der Zielsetzung unterscheidet man die Vermögens*bildungs*- und die Vermögens*verteilungs*politik. Träger dieser Politik können der ↑Staat, aber auch Tarifvertragsparteien oder einzelne ↑Unternehmen sein.

### 2. Notwendigkeit und Ziele

Die V. nimmt im theoretischen Konzept der ↑Sozialen Marktwirtschaft eine herausragende Stellung ein. Dieser bes. Stellenwert ergibt sich aus den Funktionen, die dem Vermögen in einer privatwirtschaftlichen ↑Wirtschaftsordnung zukommen. Erwerbswirtschaftlich genutztes Vermögen erbringt Erträge in Form von ↑Zinsen, Dividenden, Kursgewinnen, Mieten oder Pachten *(Einkommensfunktion)*. Bei diesem ↑Einkommen handelt es sich um „fundiertes" Einkommen, also um Einkommen, das ohne Arbeitsleistung entsteht. Eine breite Streuung des Vermögens ist damit auch gleichbedeutend mit einer breiten Streuung dieser fundierten Einkünfte. Weiterhin erhöht der Vermögensbesitz die ↑soziale Sicherheit des Eigentümers *(Sekuritäts- oder Sicherungsfunktion)*. Vermögenstitel können als Sicherheiten eingesetzt oder im Fall ungeplanter Ausgaben veräußert werden. Eine breite Streuung des Vermögens ist damit gleichbedeutend mit einer gleichmäßigen Verteilung sozialer Sicherheit und persönlicher ↑Freiheit in der Gesellschaft. Demgegenüber begünstigt eine ungleiche Vermögensverteilung die Bildung wirtschaftlicher ↑Macht, die sich auch in politischer Macht niederschlagen kann *(Machtfunktion)*. Damit ist eine ↑Politik der breiten Vermögensstreuung gleichzeitig eine Politik zur Beschränkung ökonomischer und politischer Macht. Schließlich erhöht der Vermögensbesitz die Sparfähigkeit eines Haushalts und damit die Möglichkeit, Vermögenseinkünfte wieder in Vermögenstiteln anzulegen. Eine ungleiche Vermögensverteilung besitzt somit eine inhärente Tendenz zur Selbstverstärkung *(Selbstalimentierung des Vermögens)*. Ein weiteres Ziel der V. ist es, die Arbeitnehmer am Kapital, insb. am Produktivkapital einer Volkswirtschaft, zu beteiligen. Damit soll der Antagonismus zwischen ↑Arbeit und ↑Kapital abgebaut und ein Beitrag zum sozialen Frieden in der Gesellschaft geleistet werden.

### 3. Instrumente

Die vermögenspolitische Diskussion beschränkt sich weitgehend auf die Bildung und Verteilung des Geld- und Sachvermögens. Eine umfassende Betrachtung der Vermögenssituation privater Haushalte (↑Haushalt, privater) müsste jedoch auch das Humanvermögen (↑Humankapital) und das Sozialversicherungsvermögen mit einbeziehen. Insofern sind auch die ↑Bildungspolitik und die Sozialversicherungspolitik Bestandteile einer umfassend verstandenen V.

Beschränkt man hingegen die V. auf die politischen Maßnahmen zur Bildung und Verteilung des Geld-, Immobilien- und Produktivvermögens, so lassen sich die Vermögens*bestands*- und die Vermögens*bildungs*politik als Ansatzpunkte der V. unterscheiden. Schnelle verteilungspolitische Effekte lassen sich durch Eingriffe in das bestehende Vermögen erzielen *(Vermögensbestandspolitik)*. Neben der Schenkung- und der ↑Erbschaftsteuer ist hier v.a. an den Lastenausgleich und an die ↑Vermögensteuer zu denken. Diese Maßnahmen unterliegen jedoch dem Vorbehalt des grundgesetzlichen Schutzes des Privateigentums (↑Eigentum) und des allg.en Gleichheitsgebots. Dem Gesetzgeber ist es damit verwehrt, konfiskatorisch in den Vermögensbestand einzugreifen oder Vermögensgegenstände steuerlich unterschiedlich zu behandeln. Aus dem letztgenannten Grund ist die Erhebung der Vermögensteuer in Deutschland seit dem Jahr 1997 ausgesetzt. Ein spezifisches Instrument der Vermögensbestandspolitik ist die Beeinflussung der Verteilung des Vermögensbestandes zwischen dem staatlichen und dem privaten Sektor durch Verstaatlichung bzw. ↑Privatisierung. Die Privatisierung öffentlicher Unternehmen wurde v.a. in den 1960er und den 1980er Jahren durch eine breite Streuung der Unternehmensanteile (Vergabe von „Volksaktien") als vermögenspolitisches Instrument eingesetzt.

Als Instrumente der Vermögens*bildungs*politik werden v.a. die Sparförderung und der Investivlohn eingesetzt. Als weitere Form wird die investive Gewinnbeteiligung diskutiert. Investivlohn und investive Gewinnbeteiligung lassen sich sowohl auf betrieblicher wie auf überbetrieblicher Ebene organisieren.

*a)* Bei der *Sparförderung* versucht der Staat, die Ersparnisbildung von Haushalten mit kleinen oder mittleren Einkommen durch Steuervergünstigungen oder die Vergabe von Prämien zu fördern. Dabei ist die Förderung i.d.R. mit Einkommenshöchstgrenzen verbunden und die geförderten Anlagen müssen bestimmte Kriterien erfüllen. Dieser Idee der Sparförderung folgte das Wohnungsbauprämiengesetz (1952), das Sparprämiengesetz (1959) und das Erste Vermögensbildungsgesetz (1961). Sie liegt jedoch auch dem Konzept der Riesterrente (2001) zugrunde. Als vermögenspolitisches Instrument ist die Sparförderung mit mehreren Problemen verbunden. Zum einen setzt sie eine gewisse Sparfähigkeit des Haushalts voraus. Da die Sparneigung der Haushalte mit steigendem Einkommen zunimmt, profitieren von diesen Maßnahmen v.a. die Bezieher mittlerer Einkommen. Die Sparförderung ist somit nicht geeignet, um bspw. Altersarmut zu bekämpfen. Da Haushalte mit mittleren Einkommen ohnehin in bestimmtem Umfang Ersparnisse bilden, ist zum anderen nicht klar, inwiefern durch die Sparförderung zusätzliche Ersparnisse angeregt oder lediglich Mitnahme- oder Substitutionseffekte generiert werden. Mitnahmeeffekte entstehen, wenn Ersparnisse subventioniert werden, die auch ohne diese Förderung getätigt worden wären. Substitutionseffekte treten auf, wenn ohnehin geplante Ersparnisse von nicht geförderten Anlageformen in geförderte Anlagen umgeschichtet werden. Substitutionseffekte verändern nur die Struktur, nicht jedoch das Volumen der Ersparnisse. Sofern Mitnahme- oder Substitutionseffekte entstehen, führt die Sparförderung nicht zu einer Erhöhung der Sparquote privater Haushalte.

*b)* Beim *Investivlohn* werden Teile des Arbeitseinkommens nicht in bar ausgezahlt, sondern für eine bestimmte Zeit investiven Zwecken zugeführt. Sofern der investive Lohnbestandteil zum bisherigen Barlohn hinzutritt, spricht man vom *additiven Investivlohn;* werden hingegen Teile des bisherigen Barlohns zu Investitionszwecken verwendet, handelt es sich um einen *alternativen Investivlohn*. Der alternative Investivlohn stellt eine Form des Zwangssparens dar, da den Haushalten die freie Verfügung über einen Teil ihres Einkommens entzogen wird. Inwieweit hierdurch die Sparquote der privaten Haushalte erhöht wird, hängt davon ab, in welchem Umfang die Haushalte als Reaktion auf das Zwangssparen ihre sonstige Ersparnisbildung einschränken. Der additive Investivlohn erhöht zwar das Einkommen und damit die Sparfähigkeit der Haushalte; es besteht jedoch das Problem, dass dadurch auch die Kosten des Faktors Arbeit steigen. Dies kann sich negativ auf die Arbeitsnachfrage und damit auf die Beschäftigungssituation auswirken.

*c)* Diese Probleme des Investivlohns versucht die *investive Gewinnbeteiligung* zu umgehen. In diesem Modell erhalten die Beschäftigten zusätzlich zum Barlohn einen Anteil am Unternehmensgewinn, der ebenfalls nicht ausbezahlt, sondern für einen gewissen Zeitraum investiert wird. Da die investive Gewinnbeteiligung nicht an den Faktorkosten, sondern am wirtschaftlichen Ertrag ansetzt, ist sie zumindest kurzfristig allokationsneutral. Darüber hinaus kann eine Beteiligung der ↑Arbeitnehmer am Gewinn der Unternehmen beschäftigungsstabilisierend wirken, da sich die Gesamtkompensation des Faktors Arbeit über den Gewinnanteil an die wirtschaftliche Entwicklung anpasst, also im Aufschwung steigt und in der Abschwungphase sinkt. Dadurch können u.U. Entlassungen in der Abschwungphase vermieden werden. Allerdings gestaltet sich die Ermittlung des ökonomischen Gewinns, auf den sich der Anspruch bezieht, in der Praxis äußerst schwierig, da der Bilanzgewinn erst um bestimmte Kostenbestandteile bereinigt werden muss, um den ökonomischen Gewinn (den Residualgewinn) zu ermitteln. Zudem ist sowohl theoretisch wie empirisch ungeklärt, wie sich eine Beteiligung der Arbeitnehmer am Unternehmensgewinn auf die Investitionsbereitschaft der Unternehmen auswirkt.

Investivlohn und investive Gewinnbeteiligung lassen sich auf betrieblicher und auf überbetrieblicher Ebene realisieren. Bei einer betrieblichen investiven Einkommenspolitik investieren die Beschäftigten die investiven Lohn- oder Gewinnanteile in das arbeitgebende Unternehmen. Diese betriebliche Anlage ist aus Unternehmensperspektive mit mehreren Vorteilen verbunden. So verbessert sich die Eigenkapitalausstattung der Unternehmen und die Identifikation der Mitarbeiter mit ihrem Unternehmen wird erhöht. Empirische Untersuchungen zeigen, dass Unternehmen mit Kapitalbeteiligung eine geringere Beschäftigungsfluktuation, eine höhere Arbeitszufriedenheit, eine stärkere Identifikation der Beschäftigten mit dem arbeitgebenden Unternehmen und eine höhere Arbeitsproduktivität aufweisen; allerdings ist die Kausalität nicht hinreichend geklärt. Für die Arbeitnehmer ist eine ↑Investition der Mittel in das arbeitgebende Unternehmen hingegen auch mit Problemen verbunden. Denn durch diese Form der Anlage kumulieren für den Beschäftigten das Einkommens-, das Beschäftigungs- und das Vermögensrisiko bei einem Unternehmen. Eine Diversifikation dieser Risiken ist nur im Rahmen einer überbetrieblichen Investition bei Fonds oder Finanzintermediären möglich. Dadurch entfallen jedoch die betrieblichen Vorteile der investiven Einkommenspolitik.

## 4. Entwicklung und Bilanz

### 4.1 Entwicklung

Die V. in der BRD lässt sich in vier Phasen unterteilen:

*a)* die unmittelbar nach Kriegsende einsetzende und auf eine schnelle Wiederherstellung des Kapitalstocks gerichtete allg.e Vermögensbildungspolitik durch eine Förderung der Unternehmensinvestitionen,

*b)* die von 1960 bis Mitte der 1980er Jahre reichende Phase der allg.en Vermögensverteilungspolitik durch eine Förderung der Ersparnisbildung und des Versicherungssparens,

*c)* die Phase der auf die Beteiligung von Arbeitnehmern am Produktivkapital gerichtete spezielle Vermögensverteilungspolitik und schließlich

*d)* die seit Anfang der 2000er Jahre auf die Förderung der privaten Altersvorsorge gerichtete spezielle Vermögensbildungspolitik.

### 4.2 Bilanz

Eine Bilanz der in Deutschland praktizierten V. zu ziehen fällt schwer, da über die Vermögenssituation keine amtlichen Daten auf Haushalts- oder Personenebene existieren. Die Angaben zur Vermögensverteilung, die aus freiwilligen Befragungen gewonnen werden, sind zudem unvollständig und hochgradig fehleranfällig. Außerdem wird der Vermögensbegriff in den verschiedenen Untersuchungen unterschiedlich abgegrenzt. Aus diesen Gründen sind insb. Aussagen über die langfristigen Wirkungen staatlicher V. auf die Vermögensverteilung nur sehr eingeschränkt möglich. Auswertungen des Betriebspanels durch das IAB zeigen, dass im Jahr 2011 lediglich 10 % der Betriebe eine Gewinnbeteiligung und nur 2 % eine Kapitalbeteiligung angeboten haben. Die Verfügbarkeit von Beteiligungsmodellen steigt mit zunehmender Betriebsgröße und kumuliert im Bereich Finanz- und Versicherungsdienstleistungen sowie bei Unternehmen des Informations- und Kommunikationssektors. Schließlich hängt eine Beteiligung der Arbeitnehmer am Gewinn oder Kapital des Unternehmens maßgeblich von der Rechtsform des arbeitgebenden Unternehmens ab. So dominieren bei der Mitarbeiterkapitalbeteiligung die börsennotierten Kapitalgesellschaften, welche ihre Mitarbeiter über Belegschaftsaktien am Kapital des Unternehmens beteiligen können. Andere Formen der Mitarbeiterbeteiligung sind rechtlich deutlich komplexer und weit weniger verbreitet.

Detailliertere Analysen existieren zum Verbreitungsgrad der Riesterrente. Es zeigt sich, dass trotz umfangreicher Informationen über die Notwendigkeit einer privaten kapitalgedeckten Altersvorsorge und einer erheblichen staatlichen Förderung mehr als die Hälfte der Anspruchsberechtigten keinen entspr.en Vertrag abgeschlossen haben. Als weiteres Ergebnis ist festzuhalten, dass die Riesterrente in den höheren Einkommensgruppen stärkere Verbreitung findet als in den unteren Einkommensgruppen.

Schließlich ist zu konstatieren, dass die staatlichen Aufwendungen zur Förderung der Vermögensbildung im Vergleich zum sonstigen Sozialaufwand quantitativ äußerst gering ausfallen und zudem in den vergangenen Jahrzehnten deutlich gesunken sind. Aufgrund des insgesamt geringen Stellenwerts der V. in der deutschen ↑Sozialpolitik ist nicht davon auszugehen, dass die Vermögensverteilung durch diese Politik signifikant beeinflusst werden kann.

## Literatur

J. Althammer/H. Lampert/M. Sommer: Lehrbuch der Sozialpolitik, [10]2021 • A. Briese/H.-G. Horlemann (Hg.): Staatliche Förderung der Altersvorsorge und Vermögensbildung, Erg.-Lfg. 3/20, Stand März 2020 • H. Beyer: Mitarbeiterkapitalbeteiligung in Deutschland – Ein Überblick, in: ders./H.-J. Naumer (Hg.): CSR und Mitarbeiterbeteiligung, 2018 • T. Piketty: Das Kapital im 21. Jahrhundert, 2016 • B. Bookmann u. a.: Künftige Ausrichtung der staatlich geförderten Vermögensbildung, 2013 • L. Bellmann/I. Möller: Finanzielle Mitarbeiterbeteiligung, IAB-Kurzbericht 17 (2011) • M. Coppola/A. Reil-Held: Dynamik der Riester-Rente, MEA Working Paper 195, 2009 • J. Althammer: Gewinnbeteiligung bei begrenzter Haftung der Arbeitnehmer, 1994 • M. Weizman: The Share Economy, 1984. JÖRG ALTHAMMER

## Vermögensteuer

### 1. Begriff

Die V. (so die Schreibweise in Art. 106 Abs. 2 Nr. 1 GG; Duden schreibt abweichend „Vermögenssteuer") ist eine ↑Steuer, die sich nach dem Gesamtvermögen einer natürlichen oder ↑juristischen Person bemisst. Als Gesamtvermögen ist hierbei das Nettovermögen, also sämtliche geldwerten Vermögenswerte abzüglich der Schulden, zu verstehen. Steuern knüpfen an die finanzielle Leistungsfähigkeit des Einzelnen an, die sich im Erwerb, im Haben und im Verwenden von ↑Vermögen zeigen kann. Die V. knüpft an das „Haben" von Vermögen an. Anders als die ↑Grundsteuer, die als bes. V. bezeichnet werden kann, knüpft die allg.e V. nicht an einzelne Vermögensgegenstände, sondern an das gesamte Weltvermögen des Steuerpflichtigen an. Dabei ordnet das ↑BVerfG (BVerfGE 93,121) die V. nicht als Substanzsteuer, sondern als sog.e Sollertragsteuer ein. Die Steuer soll danach auf den gedachten Ertragswert und das einem Vermögen innewohnende Potenzial zur Mehrung zugreifen. Der Stamm des Vermögens, also seine Substanz, wird dabei idealerweise nicht belastet, da die Sollerträge (die erzielbaren Miet- und Zinseinkünfte etc.) typischerweise ausreichen, um daraus die Steuerschuld begleichen zu können. Nach dieser Sichtweise tritt die V. neben die ↑Einkommensteuer (ESt), beide belasten das (tatsächlich erzielte bzw. erzielbare) ↑Einkommen (Ist-Ertrag bzw. Sollertrag). Es kommt zu einer *Doppelbelastung*. Das ↑GG nennt die V. bei der Aufkommensverteilung, indem es das Steueraufkommen allein den Ländern zuweist (Art. 106 Abs. 2 Nr. 1 GG), und setzt durch diese Erwähnung voraus, dass eine V. verfassungskonform geregelt werden kann.

### 2. Die aktuelle Situation

In Deutschland nennt das GG die V. in Art. 106 Abs. 2 Nr. 1 GG ausdrücklich und weist ihr Aufkommen den Ländern zu. Sie wurde bis einschließlich 1996 auf Grundlage des VStG erhoben und brachte den Ländern im Jahr 1996 zuletzt umgerechnet 4,62 Mrd. Euro an Steuereinnahmen ein. Für jede natürliche Person sah das VStG einen Freibetrag von 120 000 DM vor, ebensoviel für jedes Kind. Das VStG ist bis heute in Kraft, wegen der vom BVerfG im Jahr 1995 (BVerfGE 93,121) für verfassungswidrig erklärten einheitlichen Tarifnorm für alle Vermögensarten aber mangels einer Reaktion des Gesetzgebers (Reparatur) nicht mehr anwendbar. Das BVerfG erklärte nicht die V. als solche für verfassungswidrig, sondern ihre gegen den Gleichheitssatz (Art. 3 Abs. 1 GG) verstoßende Ausgestaltung. Das VStG besteuerte Grundvermögen und andere Vermögenswerte mit dem gleichen Tarif in Höhe von 1 % pro Jahr. Da die Immobilienvermögen aber anhand veralteter Einheitswerte unrealistisch niedrig bewertet wurden, verstieß das VStG gegen den allg.en Gleichheitssatz (Art. 3 Abs. 1 GG), weil das Grundvermögen gleichheitswidrig ohne rechtfertigenden Grund weniger stark besteuert wurde als andere, realitätsgerecht bewertete Vermögenswerte. Das BVerfG ging zudem davon aus, dass die V. im Hinblick auf die Eigentumsgarantie (Art. 14 GG) nicht so ausgestaltet sein dürfe, dass sie den Vermögensstamm angreift, sondern sie sei als eine Sollertragsteuer zu konzipieren, deren Bemessungsgrundlage letztlich die Ertragsfähigkeit des Vermögens als Ausdruck der Leistungsfähigkeit des Steuerpflichtigen sei. Urspr. hatte das BVerfG aus der Eigentumsgarantie zudem gefolgert, dass die ESt und die V. durch Zugriff auf den tatsächlichen Ertrag und den Sollertrag nicht bedeutend mehr als die Hälfte des Einkommens des Steuerpflichtigen abschöpfen dürften, da Art. 14 Abs. 2 GG davon spreche, dass der Gebrauch des ↑Eigentums „zugleich" dem Wohl der Allgemeinheit dienen solle. Diesen sog.en *Halbteilungsgrundsatz* hat das BVerfG in einer Entscheidung aus dem Jahr 2006 mittlerweile aufgegeben (BVerfGE 115,97). Davon unberührt bleibt die immer schon vertretene verfassungsrechtliche Grenze einer sog.en erdrosselnden Steuer und vor dieser einer übermäßigen Steuer, die die grundsätzliche Privatnützigkeit des Eigentums nicht mehr respektieren würde.

International haben die breite Kritik an ihrer Rechtfertigung und die praktischen Vollzugsschwierigkeiten (insb. der Aufwand der Bewertung des Vermögens) zu einem weltweiten Rückzug dieser Steuerart in den vergangenen Jahrzehnten geführt. Derzeit wird in Europa nur noch im Schweizer Kanton Zürich eine klassische V. erhoben. In der EU belastet allein Luxemburg noch juristische Personen mit einem Vermögen über 500 Mio. Euro. Seit 2018 findet auch in Frankreich keine periodische Vermögensbesteuerung mehr statt.

### 3. Forderungen nach Wiedereinführung und Kritik

Die V. gehört zu den politisch sehr umstrittenen Steuern und ihre (Wieder-)Einführung ist regelmäßig Gegenstand der öffentlichen Debatte. So haben im Bundestagswahlkampf 2017 neben der Partei ↑Die Linke auch ↑Bündnis 90/Die Grünen für eine V. in ihren Wahlprogrammen plädiert. Diese Forderungen knüpfen v.a. an den (weltweiten) Trend zu immer größeren Vermögensakkumulationen an und sollen somit der ↑sozialen Ungleichheit Einhalt gebieten.

Gegen die V. wird vorgebracht, dass sie das Sparen bereits versteuerten Einkommens gegenüber dem sofortigen ↑Konsum diskriminiere. Zudem sei die Wertermittlung der Bemessungsgrundlage mit einem großen Verwaltungsaufwand verbunden und ihre Effizienz wegen der relativ hohen Erhebungskosten daher verhältnismäßig gering. Anders als bei der ESt oder ↑Umsatzsteuer ergibt sich die Bemessungsgrundlage nicht von selbst aus marktoffenen Vorgängen, sondern bedürfe einer Bewertung. V. a. die Bewertung der einzelnen Vermögensteile bringe große praktische und rechtliche Schwierigkeiten mit sich. In der Kritik steht auch das Konzept des Sollertrages, weil (ungenutztes) Vermögen nicht automatisch ertragreich ist. Anders als ungenutzte Arbeitskraft, die nicht fiktiv mit einer Steuer belastet wird, wird ungenutztem ↑Kapital pauschal ein Vermögenszuwachs unterstellt, obwohl es inflationsbedingt womöglich sogar schrumpft und ein Ertrag (etwa bei Kapitalvermögen in Zeiten der Nullzinspolitik) gar nicht mehr erzielt werden kann. Bei illiquiden Vermögenswerten kann eine V. für den Schuldner sogar noch weitere Belastungen erzeugen, wenn etwa Steuerschulden aus ↑Krediten bedient werden müssen, um den Verkauf von teuren Einzelwerten (z. B. Kunstgegenstände, Immobilien) zu verhindern. Schließlich wird vielfach auch eine Abwanderung sehr vermögender Steuerzahler befürchtet, womit dem Staat nicht nur die Erträge aus der V., sondern zusätzlich auch aus der ESt verloren gingen.

### Literatur

R. Wernsmann: § 3 AO Steuerliche Begriffsbestimmungen, in: W. Hübschmann/E. Hepp/A. Spitaler (Hg.): Abgabenordnung – Finanzgerichtsordnung. Komm., 258. Erg.-Lfg., Stand August 2020, Rdnr. 378–384 • H. Tappe/ders.: § 4 Staatliche Einnahmen, in: dies.: Öffentliches Finanzrecht, ²2019, Rdnr. 211–245 • K. Tipke/J. Lang (Hg.): Steuerrecht, ²³2018 • J. Hey: Steuersystem und Steuerverfassungsrecht, in: ebd., § 3 • R. Seer: Grund-/Vermögensteuer, in: ebd., § 16 • R. Bräutigam u. a.: Die Entwicklung der Vermögensteuer im internationalen Vergleich, 2017 • M. Möstl: Verfassungsrechtliche Grenzen der Besteuerung – dargestellt am Beispiel der Vermögensteuer, Veräußerungsgewinnbesteuerung, Abgeltungssteuer, in: DStR 41/18 (2003), 720–726 • K. Tipke: Zur Rechtfertigung der Vermögensteuer, in: ders.: Die Steuerrechtsordnung, Bd. 2, ²2003, § 14 • D. Birk: Rechtfertigung der Besteuerung des Vermögens aus verfassungsrechtlicher Sicht, in: ders. (Hg.): Steuern auf Erbschaft und Vermögen, 1999, 7–24.

RAINER WERNSMANN

## Vermögensverteilung

### 1. Begriffe

Als ↑Vermögen versteht man im volkswirtschaftlichen Sinne die Summe aller geldwerten Güter und immateriellen Vermögenswerte wie Urheberrechte, Patentrechte (↑Immaterialgüterrecht) und ähnliches die einer Entität gehören. Auf der Makroebene sind diese Entitäten die vier Letzteigentümersektoren: „private Haushalte" (↑Haushalt, privater), „Organisationen ohne Erwerbszweck", ↑„Staat" oder das „Ausland". Nach Zuordnung des volkswirtschaftlichen Vermögens auf die Sektoren ergibt sich ein Bild der sektoralen V. auf der Makroebene. Auf der Mikroebene steht das Vermögen im ↑Eigentum von Haushalten oder Personen im Fokus.

Die zentrale Größe auf makroökonomischer Ebene ist das Volksvermögen. Als Volksvermögen im engeren Sinn wird üblicherweise die Summe aus dem nicht-reproduzierbaren Sachvermögen (Wert des Grund und ↑Bodens einschließlich der Bodenschätze), dem reproduzierbaren Sachvermögen (↑Wert der Gebäude, der Maschinen und Ausrüstungen, der Vorräte und Halbfertigprodukte, der immateriellen Rechte und des Gebrauchsvermögens der Haushalte) sowie dem Auslandsnettogeldvermögen (in inländischen Währungseinheiten bezifferte Forderungen abzüglich Verbindlichkeiten gegenüber dem Ausland) bezeichnet. Man unterscheidet zwischen dem Volksvermögen im engeren Sinn nach dem Inländerkonzept (alles, was Inländern im In- und Ausland gehört und was sie gegenüber dem Ausland schulden) und dem Volksvermögen nach dem Inlandskonzept (alles, was sich im Inland befindet). Das Volksvermögen im weiteren Sinn beinhaltet zudem die Größe ↑Humankapital.

Die einzelnen Bestandteile des Volksvermögens werden in einer Vermögensrechnung oder Vermögensbilanz einer Gesellschaft zusammengestellt. Bei einer sektoralen Vermögensrechnung teilt man die Volkswirtschaft in Sektoren auf (Staatssektor, Sektor der nicht-finanziellen Unternehmen, Sektor der finanziellen Unternehmen, Sektor der Organisationen ohne Erwerbszweck wie ↑Kirchen, ↑Gewerkschaften oder ↑Stiftungen, Haushaltssektor), so kommen auch die Vermögensbeziehungen, insb. die Forderungen und Verbindlichkeiten zwischen diesen Sektoren ins Blickfeld. Aus der Sicht jedes Sektors wird das Bruttovermögen abzüglich der Verbindlichkeiten gegenüber anderen Sektoren als Reinvermögen (Nettovermögen) des Sektors bezeichnet. Da das im Eigentum des nicht-finanziellen Unternehmenssektors befindliche Sachvermögen der volkswirtschaftlichen ↑Produktion dient, wird es auch als Produktivvermögen bezeichnet. Wenn man allerdings bedenkt, dass die Unternehmen den vier Sektoren „private Haushalte", „Organisationen ohne Erwerbszweck", „Staat" oder dem „Ausland" gehören, so wird einsichtig, dass das Produktivvermögen ebenso wie das übrige Nettovermögen der finanziellen und nicht-finanziellen Unternehmenssektoren im Prinzip den vier Letzteigentümersektoren zugerechnet werden muss.

Mit der Ermittlung des gesamten Volksvermögens, seiner Komponenten und seiner Aufteilung nach Sektoren sind methodische Herausforderungen verbunden. Hierzu zählt v. a. die Bewertung der Vermögenskomponenten. In der ↑EU gibt es hierzu Konventionen, die im Europäischen System Volkswirtschaftlicher Gesamtrechnungen (VGR) von 2010 (Europäische Kommission 2014) geregelt sind (↑Volkswirtschaftliche Gesamtrechnung). Auf dieser methodischen Grundlage beruht die vom StBA und der ↑Deutschen Bundesbank gemeinsam erstellte Volksvermögensrechnung für Deutschland (Tab. 1). Das Eigentum von Inländern an Unternehmen und Grundstücken im Ausland dürfte nur teilweise erfasst sein.

| Aktiva in Mrd. € | | Passiva in Mrd. € | |
|---|---|---|---|
| Grund und Boden | 4985 | Verbindlichkeiten gegenüber dem Ausland | 6711 |
| Anlagevermögen | 11977 | | |
| Wohnbauten | 5458 | | |
| Nichtwohnbauten | 3442 | | |
| Ausrüstungen | 1396 | | |
| Nutztiere und Nutzpflanzen | 10 | | |
| Geistiges Eigentum | 607 | | |
| Gebrauchsvermögen d. priv. Haushalte | 1064 | | |
| Forderungen gegenüber dem Ausland | 8606 | | |
| Bruttovolksvermögen (einschl. Gebrauchsvermögen der privaten Haushalte) | 25568 | Summe der Verbindlichkeiten | 6711 |
| | | Nettovolksvermögen/Reinvermögen (einschl. Gebrauchsvermögen der privaten Haushalte) | 18857 |

Tab. 1: Das Volksvermögen der Bundesrepublik Deutschland, Jahresende 2018.
Quelle: Statistisches Bundesamt, Deutsche Bundesbank (2019), eigene Darstellung, Positionen zusammengefasst und gerundet.
Das Anlagevermögen und das Gebrauchsvermögen privater Haushalte werden netto zu Wiederbeschaffungspreisen nachgewiesen.

Das Nettovolksvermögen Deutschlands im engeren Sinn (einschließlich des Gebrauchsvermögens der privaten Haushalte) auf Grundlage der sektoralen und gesamtwirtschaftlichen Vermögensbilanzen stieg von 1999 mit 9838 Mrd. Euro bis 2018 mit Ausnahme der ↑Finanzmarktkrise 2009 stetig auf 18857 Mrd. Euro an (Tab. 1). Das entspricht einer nominellen jährlichen Wachstumsrate von 3,48 %. Im Vergleich zum BIP mit 3344 Mrd. Euro fällt das Volksvermögen damit mehr als fünfmal so hoch aus.

Zum Anstieg des Volksvermögens trugen sowohl Nettoinvestitionen (↑Investition) als auch Wertsteigerungen bei Bauland, Bauten und Sachanlagen bei. Der größte Teil des Volksvermögens bildet das Anlagevermögen mit 11977 Mrd. Euro im Jahr 2018, während der gesamte Grund und Boden mit 4985 Mrd. Euro bewertet wird. Innerhalb des Anlagevermögens haben die Wohnbauten mit einem Wert von 5458 Mrd. Euro den wertmäßig größten Anteil gefolgt von Nichtwohnbauten mit 3442 Mrd. Euro. Ausrüstungen (u. a. Maschinen, Fahrzeuge) haben einen Wert von 1396 Mrd. Euro. Von eher geringer Bedeutung für das Volksvermögen sind die Nutztiere und Nutzpflanzen mit 10 Mrd. Euro als auch geistiges Eigentum (z. B. Patente) mit 607 Mrd. Euro. Das Anlagevermögen setzt sich darüber hinaus auch aus dem Gebrauchsvermögen der Privathaushalte zusammen mit einem Wert von 1064 Mrd. Euro. Das Bruttovolksvermögen setzt sich neben dem bereits genannten Anlagevermögen und dem Grund und Boden auch aus den Forderungen gegenüber dem Ausland zusammen. Diese summieren sich im Jahr 2018 auf 8606 Mrd. Euro. Dem stehen Verbindlichkeiten gegenüber dem Ausland in Höhe von 6711 Mrd. Euro gegenüber, was einem Saldo der Verbindlichkeiten von 1895 Mrd. Euro entspricht. Dieser Saldo hat sich über die Zeit deutlich verändert. So waren die Forderungen und Verbindlichkeiten gegenüber dem Ausland im Jahr 1999 noch nahezu ausgeglichen. Seitdem hat sich dieser Saldo – insb. nach der Finanzmarktkrise 2009 – bis zum Jahr 2018 auf + 1895 Mrd. Euro stark erhöht. Dies bedeutet, dass die Forderungen gegenüber dem Ausland die zu leistenden Verbindlichkeiten deutlich überstiegen.

### 2. Verteilung auf der Makroebene

Die Beschreibung der V. auf Makroebene erfolgt über Zuweisung des Volksvermögens auf die vier Sektoren (Staat, nicht-finanzielle Kapitalgesellschaften, finanzielle Kapitalgesellschaften, private Haushalte inkl. Organisationen ohne Erwerbszweck; Abb. 1). Hierbei ist zu beachten, dass sich Forderungen und Verbindlichkeiten der Sektoren insoweit gegenseitig kompensieren, als dass jedem inländischen Gläubiger ein inländischer Schuldner gegenübersteht. Nur das jeweilige sektorale Nettovermögen geht in die Berechnung des Nettovolksvermögens ein.

Der größte Teil des Volksvermögens entfällt mit rund drei Viertel auf die privaten Haushalte inkl. den privaten Organisationen ohne Erwerbszweck. Legt man das Reinvermögen der Privathaushalte inkl. den privaten Organisationen ohne Erwerbszweck (einschließlich des Gebrauchsvermögens) auf die gesamte Bevölkerung um, so erhält man im Jahr 2018 einen Betrag von ca. 169 900 Euro pro Kopf. Auf den Sektor nichtfinanzielle Kapitalgesellschaften entfallen etwa 19 %, während der Sektor finanzielle Kapitalgesellschaften einen Anteil von rund 2 % hat. Auf den Staat entfällt ein Anteil am Volksvermögen von knapp 5 %. Im Vergleich zum Jahr 1999 haben sich die jeweiligen Anteile der vier Sektoren kaum verändert, wenngleich der Anteil des Staates um etwa zwei Prozentpunkte leicht gesunken ist. Dies ist u. a. durch einen gesunkenen Wert des Anlagevermögens des Staates zurückzuführen und ein Indiz für sinkende Investitionstätigkeit.

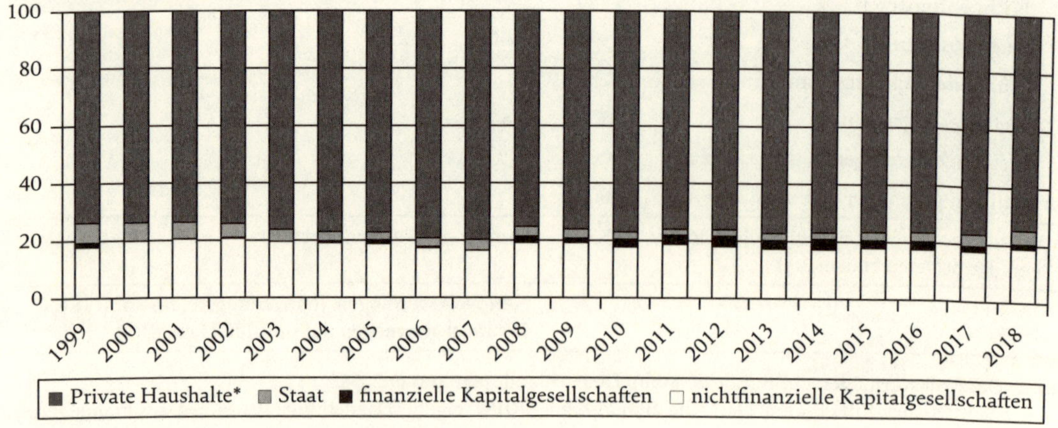


Abb. 1: Verteilung des Volksvermögens auf Sektoren – Deutschland 1999–2018

Quelle: Statistisches Bundesamt, Deutsche Bundesbank (2019), eigene Darstellung, Positionen zusammengefasst und gerundet.
Anmerkung: Das Anlagevermögen und das Gebrauchsvermögen privater Haushalte werden netto zu Wiederbeschaffungspreisen nachgewiesen.
* einschließlich Private Organisationen ohne Erwerbszweck, inkl. Gebrauchsvermögen.

### 3. Verteilung auf der Mikroebene

Aus der Sicht der privaten Haushalte gibt es verschiedene Funktionen, die Vermögen erfüllen kann: So kann Vermögen der Erzielung von ↗Einkommen dienen, etwa in Form von ↗Zinsen, Dividenden, Mieten, Pachten oder ausgeschütteter Gewinne (Einkommenserzielungsfunktion); Sachvermögen kann selbst genutzt werden (Nutzungsfunktion); Vermögen kann verbraucht, verschenkt und vererbt werden; es dient daher einerseits der individuellen Unabhängigkeit und der Absicherung gegen ↗Risiken und andererseits der Sicherung der Nachkommen (Sicherungsfunktion). Vermögen ist aber auch eine relevante Größe für die Position in der Gesellschaft (Prestigefunktion) und erlaubt wirtschaftliche und/oder politische Einflussnahme (Machtfunktion [↗Macht]). Entspr. groß ist das Interesse in Wirtschafts-, Politik- und Sozialwissenschaften an der Verteilung von Vermögen auf der Mikroebene.

Angaben zur Höhe und Verteilung des Nettovermögens pro Erwachsenen lassen sich auf Basis des Sozio-ökonomischen Panel (SOEP) des DIW ermitteln, einer repräsentativen Haushaltsbefragung für Deutschland. Im SOEP werden – in Abweichung zur VGR – alle Vermögenskomponenten, über die die Haushalte verfügen, mit dem Marktwert bewertet. Das Bruttovermögen laut SOEP umfasst den Wert des Immobilienbesitzes, Geldvermögen, Vermögen aus privaten Versicherungen, Bausparguthaben, Betriebsvermögen, Sachvermögen in Form wertvoller Sammlungen wie Gold, Schmuck, Münzen oder Kunstgegenstände sowie den Wert von Fahrzeugen. Folgende Vermögenskomponenten bleiben beim hier betrachteten Nettovermögen ausgeblendet: das Bargeld, der Wert des Hausrats, der Wert von Nutztieren und Nutzpflanzen, Ausrüstungen, immaterielle Anlagegüter, Ansprüche gegenüber privaten Krankenversicherungen, sowie die quantitativ bedeutsamen Anwartschaften an Alterssicherungssysteme wie die an die gesetzliche ↗Rentenversicherung.

Als Verbindlichkeiten werden Hypothekenkredite, Konsumentenkredite und Studienkredite erfasst.

Im Gegensatz zu anderen Vermögensbefragungen, bei denen die Vermögensbestände auf Haushaltsebene erfragt werden, geschieht dies im SOEP auf individueller Ebene bei allen Erwachsenen. Vermögensbestände von Kindern bleiben damit unberücksichtigt.

Die Differenz aus Bruttovermögen und Verbindlichkeiten ergibt das für Verteilungsanalysen bes. relevante Aggregat des Nettovermögens. Das Nettovermögen pro Erwachsenen im Jahr 2017 in Deutschland betrug laut SOEP durchschnittlich rund 139 000 Euro. Dieser Wert ist geringer als derjenige laut VGR. Hierfür gibt es verschiedene Gründe: unterschiedliche Bewertung des Immobilienbesitzes mit Wiederbeschaffungspreisen in der VGR gegenüber Marktpreisen im SOEP; Nichterfassung ausgewählter Vermögenskomponenten im SOEP (z. B. Bargeld); Unterschiede in der Population (SOEP: erwachsene Personen in Privathaushalten; VGR: Privathaushalte plus private Organisationen ohne Erwerbszweck).

Die Verteilung des Vermögens auf Mikroebene ist sehr ungleich. Dies zeigt sich u. a. daran, dass der Median, also der Wert, der die reichere von der ärmeren Hälfte der Bevölkerung trennt und damit die Mitte der V. beschreibt, mit 22 800 Euro deutlich niedriger als der Mittelwert liegt. Das Ausmaß der Vermögenskonzentration kann durch den Anteil am Gesamtvermögen, den ein bestimmter Teil der Bevölkerung am Gesamtvermögen hält, beschrieben werden (Abb. 2). So kann die Bevölkerung nach der Höhe des Vermögens sortiert und dann in Gruppen mit gleichen Bevölkerungsanteilen eingeteilt werden (Dezile, Quantile, etc.). Das unterste (erste) bzw. oberste (zehnte) Dezil beschreibt dann z. B. den Vermögensanteil der ärmsten bzw. reichsten 10 % der erwachsenen Bevölkerung.

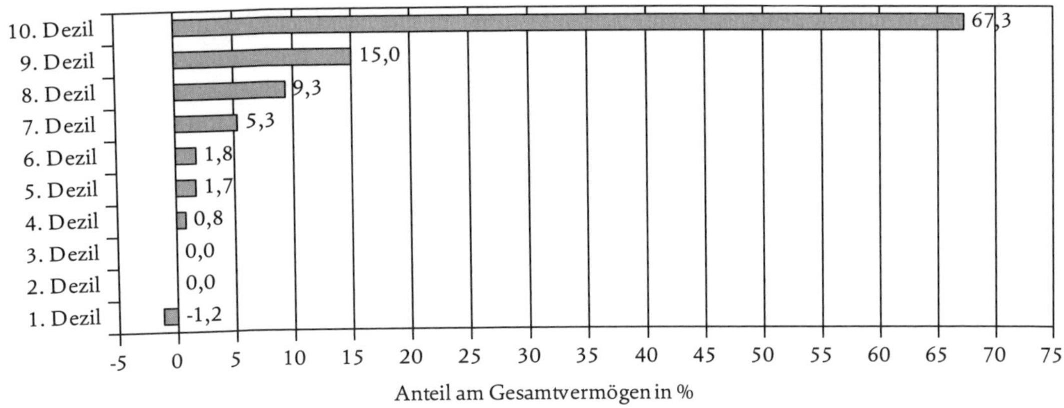


Abb. 2: Verteilung des Nettovermögens nach Dezilen – Deutschland 2017

Quellen: Sozio-oekonomisches Panel (soep.v35), SOEP-P (vorläufige Gewichte und vorläufige Vermögensangaben für das Jahr 2019), Manager Magazin (Reichenliste 2017); eigene Berechnungen.
Anmerkung: Individuelle Nettovermögen der Personen ab 17 Jahren in Privathaushalten, ohne Personen der Flüchtlingssamples M3 bis M5.

Das unterste (erste) Dezil hält einen negativen Anteil am Gesamtvermögen – ihre Verbindlichkeiten übersteigen also ihr Bruttovermögen. Im zweiten und dritten Dezil ist das Nettovermögen Null. Kumuliert man den Anteil der unteren Hälfte der Bevölkerung ab 18 Jahren, so belief sich deren Anteil am Nettogesamtvermögen auf 1,3 %. Demgegenüber hielten die reichsten 10 % einen Anteil von 67 % des Gesamtvermögens. Zieht man nur das reichste 1 % heran, so beläuft sich deren Vermögensanteil auf rund 35 %. Dies ist ungefähr so viel, wie die ärmsten 90 % der Bevölkerung zusammen an Vermögen halten. Betrachtet man die obersten 0,1 % der erwachsenen Bevölkerung, so betrug deren Anteil am Gesamtvermögen 20 %.

Neben Quantilswerten wird die V. vor allem mit aggregierten Indikatoren wie dem Gini-Koeffizienten beschrieben. Dabei gilt, dass je höher sein Wert ist, desto ungleicher sind die Vermögen verteilt. Der Wertebereich ist nach unten auf den Wert Null begrenzt, d. h. alle Personen halten das gleiche Vermögen. Nach oben ist üblicherweise der Gini-Koeffizient auf einen Wert von Eins beschränkt. Dies gilt aber nur bei Vorliegen strikt positiver Werte einschließlich der Null. Nettovermögen können aber auch negative Werte annehmen, was bedeutet, dass der Maximalwert des Gini-Koeffizienten auch größer Eins sein kann. Der Gini-Koeffizient nimmt im Jahr 2017 einen Wert von 0,83 an. Damit liegt die Vermögensungleichheit in Deutschland im internationalen Vergleich auf einem hohen Niveau. Denn nach Angaben des „Household Finance and Consumption Survey“ der ↑EZB (2020) hatten die Niederlande mit einem Gini-Koeffizienten von 0,78 im Jahr 2017 die ansonsten höchste Vermögensungleichheit im Euroraum. Nur wenige Länder weisen eine höhere Vermögensungleichheit als Deutschland auf. Dies trifft bspw. auf die USA zu, für die für das Jahr 2016 ein Gini-Koeffizient von 0,877 berichtet wird.

Für Vergleiche der Vermögensungleichheit im Euroraum werden häufig die Anteile der reichsten 10 % der Bevölkerung am Nettogesamtvermögen herangezogen (Abb. 3). Die geringste Vermögensungleichheit zeigen dabei süd- und osteuropäische Länder wie z. B. die Slowakei oder Griechenland mit einem Anteil von rund 41 %. Eine mittlere Vermögensungleichheit weisen Länder wie Frankreich oder Irland mit Werten von rund 50 % auf. Am oberen Rand finden sich Länder wie die

Niederlande, Estland und Zypern mit Werten von mehr als 56 %. Deutschland hat nach diesem Vorgehen die höchste Vermögensungleichheit mit einem Wert von 67 %.

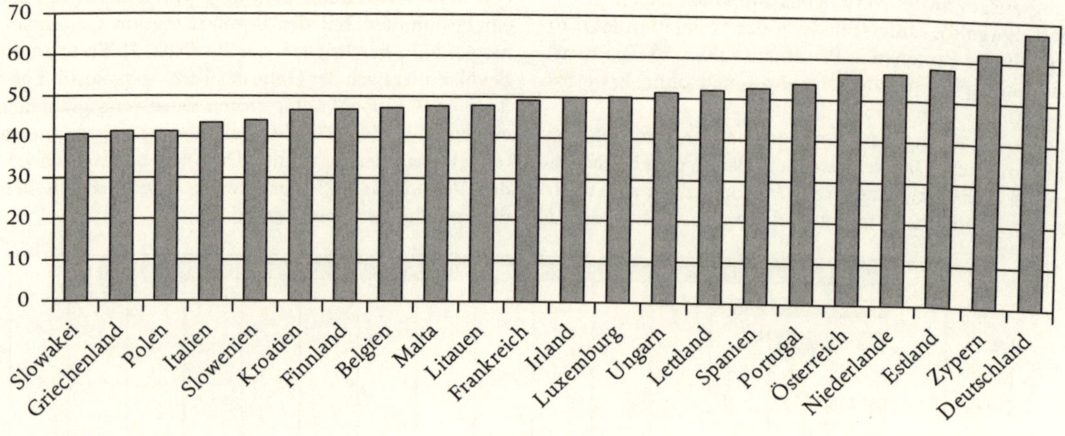


Abb. 3: Anteil der reichsten 10 Prozent am Nettogesamtvermögen in der Eurozone – Angaben für 2017

Quelle: EZB (2020), Haushaltsnettovermögen.
Angaben für Deutschland: Sozio-oekonomisches Panel (soep.v35), SOEP-P (vorläufige Gewichte und vorläufige Vermögensangaben für das Jahr 2019), Manager Magazin (Reichenliste 2017); eigene Berechnungen.
Individuelle Nettovermögen der Personen ab 17 Jahren in Privathaushalten, ohne Personen der Flüchtlingssamples M3 bis M5.

### 4. Ökonomische Erklärungsansätze für die Unterschiede im Ausmaß der Vermögensungleichheit auf Mikroebene im Euroraum

Das Ausmaß der Vermögensungleichheit in den Ländern des Euroraums weist große Unterschiede auf. Neben methodischen Unterschieden bei der Erhebung der Daten (z. B. Repräsentation von Hochvermögenden) gibt es hierzu verschiedene Erklärungsansätze. So ist zu beobachten, dass in Ländern mit vergleichsweise geringer Vermögensungleichheit – etwa in Ost- und Südeuropa – selbstgenutzter Immobilienbesitz häufiger ist. Demgegenüber ist in Ländern mit hoher Vermögensungleichheit – etwa in Deutschland und der Schweiz – die Eigentümerquote bes. niedrig (beide kleiner 50 %).

Unterschiede in den institutionellen Rahmenbedingungen sind ein weiterer Erklärungsansatz. So ließe sich die hohe Rechtssicherheit für Mieter bei gleichzeitig relativ hohen Immobilienpreisen in Deutschland als Erklärungsansatz für die geringe Eigentümerquote heranziehen. Aber auch die sozialen Sicherungssysteme sind in den europäischen Ländern sehr unterschiedlich ausgestaltet. Sozialdemokratische als auch konservative Wohlfahrtsstaaten sind durch eine relativ umfassende soziale Absicherung im Fall von Krankheit oder ↑Arbeitslosigkeit und im Alter gekennzeichnet. Je umfassender der ↑Wohlfahrtsstaat ist, desto geringer ist die Notwendigkeit, auf individueller Ebene für Lebensrisiken Vermögen anzusparen. Gleichzeitig schränken hohe ↑Steuern und Sozialabgaben die Sparmöglichkeit ein. Auch die unterschiedliche Ausgestaltung der Besteuerung von Einkommen, Vermögen, Erbschaften und Schenkungen liefert wichtige Erklärungsansätze.

Vermögensungleichheiten haben aber auch historische Ursachen, denn der Aufbau von Vermögen (inkl. Übertragung desselben) ist ein Prozess, der über das ganze Leben (und intergenerational) erfolgt. So hat Deutschland im 20. Jh. zwei Hyperinflationen (↑Inflation) erlebt: 1923 und zum anderen unmittelbar nach dem Zweiten Weltkrieg zwischen 1945 bis 1948. Darüber hinaus sind die Folgen des Zweiten Weltkriegs zu beachten: Viele Sachwerte wie Bauten und Ausrüstungen wurden etwa durch Bombardierungen zerstört. Daneben flohen etwa rund 20 Mio. Deutsche aus den ehemaligen Reichsgebieten in Pommern, Schlesien und Ostpreußen, die häufig ihren Besitz aufgeben mussten (↑Flucht und Vertreibung). Andererseits gab es im verbliebenen Reichsgebiet Personen, deren Besitz vom Krieg weitgehend verschont blieb. Zwar wurden diese Unterschiede durch den sog.en Lastenausgleich (einer Vermögensabgabe, die über einen Zeitraum von 30 Jahren verteilt wurde) z. T. ausgeglichen. Die zuvor bestehenden Vermögensunterschiede wurden aber nur z. T. dadurch gedämpft.

Vermögensungleichheiten sind aber auch durch mikroökonomische Argumente erklärbar: Menschen bauen Vermögen über ihren Lebenszyklus i. d. R. zwecks Konsumglättung zunächst auf und später wieder ab. Wird die V. zu einem Zeitpunkt betrachtet, werden Personen verschiedenen Alters und damit in verschiedenen Phasen der Vermögensbildung verglichen. Selbst wenn also alle Menschen über ihr Leben hinweg komplett identisch wären, würden bei einer querschnittlichen Verteilungsanalyse Ungleichheiten nicht verschwinden. Die Menschen unterscheiden sich aber z. B. auch im Humankapital, ihrer Risikobereitschaft, Gegenwartspräferenz oder familiärem Hintergrund. Auch exogene Ereignisse (Schocks) etwa aufgrund einer schweren Erkrankung, unfreiwilliger Arbeitslosigkeit oder unerwarteter Erbschaften erklären Vermögensungleichheiten.

### 5. Zusammenfassung

Gerade die Verteilung des Vermögens auf Mikroebene erfährt in Gesellschaft und Politik eine hohe Beachtung. In den letzten Jahren hat es in der Wissenschaft große Anstrengungen gegeben, die Verteilung des Vermögens präziser zu beschreiben und besser zu erklären.

Ein wichtiger Baustein zu einem besseren Verständnis von Höhe und Ursachen von Vermögensungleichheiten ist eine verbesserte Datenlage. Hier gab es enorme Fortschritte, was die internationale Vergleichbarkeit, aber auch die Repräsentation hoher Vermögen in bevölkerungsrepräsentativen Stichproben betrifft. Ein weiterer wichtiger Baustein sind neue mikroökonomische Modelle, mit denen Spartätigkeit und Vermögensbildung über den Lebensverlauf erklärt werden können.

### Literatur

EZB: The Household Finance and Consumption Survey. Wave 2017. Statistical Tables. March, 2020 • C. Schröder u. a.: MillionärInnen unter dem Mikroskop. Datenlücke bei sehr hohen Vermögen geschlossen – Konzentration höher als bisher ausgewiesen, in: DIW Wochenbericht 87/29 (2020), 512–520 • E. N. Wolff: Taxes and the Revaluation of Household Wealth, in: NBER Working Paper 27328, 2020 • T. Bönke u. a.: The Joint Distribution of Net Worth and Pension Wealth in Germany, in: Review of Income and Wealth 65/4 (2019), 834–871 • J. Goebel u. a.: The German Socio-Economic Panel (SOEP), in: Journal of Economics and Statistics 239/2 (2019), 345–360 • StBA/Deutsche Bundesbank: Vermögensbilanzen. Sektorale und gesamtwirtschaftliche Vermögensbilanzen, 1999–2018, 2019 • Europäische Kommission: Europäisches System Volkswirtschaftlicher Gesamtrechnungen. ESVG 2010, 2014.

MARKUS M. GRABKA UND CARSTEN SCHRÖDER

## Vernetzung

### 1. Begriff

V. ist ein umfassender Begriff. Er bezeichnet auf der technischen Ebene sowohl für Hardware wie für Software die Interaktion zwischen Komponenten, die einem bestimmten Zweck dienen. Auf der Ebene der Hardware wird V. durch eine Reihe von technischen Einrichtungen zur Datenübertragung bewerkstelligt. Hierbei werden drahtlose ebenso wie drahtgebundene V.en verwendet. V. erfolgt technisch i. d. R. über sog.e Protokolle, die den Datenaustausch zwischen den vernetzten Geräten regeln.

Auf der Ebene der Software versteht man unter V. in der Regel das inhaltliche Zusammenspiel zwischen unterschiedlichen Applikationen und Funktionen. Ein klassisches Beispiel ist eine V. zwischen der Applikation der Verwaltung eines Terminkalenders und einer Applikation zur Navigation. So könnten die im Terminkalender gespeicherten Adressdaten zum entspr.en Zeitpunkt automatisch in das Navigationssystem geladen werden. Softwaretechnisch erfordert das die mögliche Herstellung einer Verbindung zwischen den beiden Applikationen, insb., wenn diese auf unterschiedlichen Rechnern laufen, bspw. eine Applikation auf dem Smartphone und die andere im Automobil. Zum anderen muss natürlich auf der Applikationsebene selbst sichergestellt werden, dass die richtigen Daten zum richtigen Zeitpunkt in definierten Formaten ausgetauscht werden und beide Komponenten auf diesen Austausch vorbereitet sind. Die V. auf der Ebene der Software wird i. d. R. durch geeignete Netzwerkkonzepte hergestellt. Man spricht bspw. auch von Middleware oder von Internet-Protokollen, auf die sich dann die unterschiedlichen Software-Applikationen im Hinblick auf ihre V. abstützen können.

Weiterhin steht im Mittelpunkt aber ein allg.erer Begriff der V., der sich auf die Nutzer und Applikationen bezieht. Ein heute wichtiges Beispiel dafür sind die sog.en ↑sozialen Netzwerke, die es den Nutzern von digitalen Geräten erlauben, sich mit Hilfe des ↑Internets und entspr.er Geräte wie z. B. dem Smartphone untereinander zu vernetzen. Dies heißt im Detail, dass auf diesen Geräten Applikationen laufen, wiederum realisiert durch Software, die unterschiedliche Formen der V. unterstützen. So schafft bspw. der Austausch von Bildern und Nachrichten die Möglichkeit, an bestimmten Tätigkeiten im Rahmen eines Netzwerkes teilzunehmen und in einer wohl organisierten Weise zu kommunizieren.

### 2. Historie

Der technische Hintergrund der V. ist die Möglichkeit heutiger digitaler Geräte, über vorhandene Netzwerkstrukturen untereinander ↑Informationen auszutauschen. Die technische Basis ist die Möglichkeit zwischen Rechnern, die u. U. geographisch weit entfernt voneinander stehen, Informationen auszutauschen. Dies erfordert natürlich eine wie auch immer geartete Form der technischen Verbindung der Rechner durch Leitungen oder Funkeinrichtungen.

Die V. der Rechner geht zurück bis in die 1960er Jahre. Zunächst war der Datenaustausch zwischen Rechnern stark manuell organisiert. Über bestimmte Speichermedien wie Magnetbänder wurden die Daten aus einem Rechner aufgezeichnet und dann manuell zum anderen Rechner transportiert und in diesen eingelesen: Ein sehr umständliches und auch zeitaufwendiges Verfahren. Schnell kam deshalb die Idee auf, die Rechner direkt zu vernetzen. Bes. interessant war dies bspw. für Applikationen im Bereich der Finanzdienstleistungen der Banken und Sparkassen, bei denen die V. die Abwicklung der Geschäftsvorgänge durch elektronische Nachrichten über die vernetzten Rechner ermöglichte. Zugl. wurde das Telefonsystem, das bis dahin mehr oder weniger elektromechanisch bspw. über Relais realisiert war, Schritt für Schritt auf elektronische Übermittlungssysteme umgestellt. Dabei zeigte sich schnell, dass der Einsatz sog.er Vermittlungsrechner günstig war, auf denen dann umfangreiche Software-Anteile liefen, die diese Vermittlungsaufgaben übernahmen.

Ende der 1960er, Anfang der 1970er Jahre erstrebte das US-Verteidigungsministerium ein Rechnernetz, das die unterschiedlichen Militärstandorte in den USA auf eine Art und Weise verband, die auch einen im ↑Kalten Krieg befürchteten Nuklearschlag überstehen würde. Die amerikanische Verteidigungsforschungsbehörde DARPA begann mit entspr.en Forschungen. Es entstanden die Konzepte, die heute unter dem Stichwort „Internet" bekannt sind. Zunächst war die Hauptaufgabe die Schaffung eines Netzwerks, durch das sich Rechner über ein Protokoll verständigen. Zugl. sollte die Verbindung zwischen Rechnern über das sog.e Routing, das den Weg einer Übertragung über eine Kette von Rechnern dynamisch festlegt, sichergestellt werden. Das Ergebnis war ein System, in dem sich Rechner unter bestimmten Adressen, sog.en Internetadressen, verbinden und so Informationen austauschen konnten. Dies war die Basis für einen umfassenden Datenaustausch, insb. für ein E-Mail-System, bei dem über entspr.e Software auf den Rechner Nachrichten gezielt zwischen sog.en Mailboxen ausgetauscht werden konnten, die über E-Mail-Adressen angesteuert wurden. Es entstand eine Fülle von spezifischen Applikationen, die sich allesamt auf diese Art der Verbindung von Rechnern stützten.

Seinen Durchbruch erlebte das Internet Ende der 1980er, Anfang der 1990er Jahre als Ergebnis physikalischer Experimente Tim Berners-Lees beim CERN, der ein Konzept entwickelte, um die gemessenen Daten auf seinem Rechner auf eine Art und Weise bereitzustellen, dass andere Rechner diese Daten unkompliziert abgreifen konnten. Es entstand das ↑„World Wide Web" mit der Grundidee, dass Rechner („Web Server") Daten in einer Form bereitstellen, so dass andere Rechner über spezifische Software, sog.e „Browser", in der Lage sind, auf diese Informationen zuzugreifen. Dies erlaubt einen auf Basis des bereits vorhandenen Internets abgestützten Datenaustausch, der bequemer und applikationsorientierter ist. Das „World Wide Web" bildete die Grundlage für erste Ansätze in Richtung sozialer Netzwerke, die dann später durch Unternehmen wie Facebook und WhatsApp die Möglichkeiten einer umfassenden V. geschaffen haben.

### 3. Gesellschaftliche Bedeutung

Inzwischen gibt es eine Vielzahl von Einrichtungen, welche V. unterstützen. Konzepte wie Twitter erlauben es einzelnen Personen, Nachrichten zu versenden, und Gruppen von Personen, diese Nachrichten zu abonnieren. Eine wichtige Rolle spielen dabei heutige Endgeräte, Laptops, Tablets und insb. Smartphones, also kleine Geräte für die Tasche, die Menschen mobil mit sich führen können, die aber alle Funktionen haben, um auf das Internet und soziale Netze (↑Social Media) zuzugreifen. Dies bietet die Möglichkeit, dass Nachrichten auch drahtlos über mobile Funknetze in Sekundenschnelle übertragen werden, dass die Empfänger durch entspr.e Hinweise auf neue Nachrichten aufmerksam gemacht werden und diese Geräte sowohl den unmittelbaren Austausch über Telefon wie auch den mittelbaren Austausch über elektronische Nachrichten nutzen können. Inzwischen ist eine auf Basis des Internets und des World Wide Webs umfassende V. auf den unterschiedlichsten Ebenen zwischen Privatpersonen und Firmen entstanden, die die gesamte Welt umspannt.

### Literatur

B. Wessels: Understanding the Internet. A Socio-Cultural Perspective, 2010 • A. Schelske: Soziologie vernetzter Medien. Grundlagen computervermittelter Vergesellschaftung, 2006 • S. H. Strogatz: Exploring Complex Networks, in: Nature 410/6825 (2001), 268–276 • S. Wassermann/K. Faust: Social Network Analysis. Methods and Applications, 1994.

MANFRED BROY

## Vernunft – Verstand

Anaxagoras' Satz, dass der *nous*, die Vernunft, die Welt regiert (oder vielleicht auch regieren sollte) ist das bis heute schwierigste Orakel auf dem noch lange nicht beendeten Weg vom ↑Mythos zum Logos. Die von Heraklit übernommene Vorstellung von einem „vernünftigen" architektonischen Plan der Welt als Entwicklung absoluter, daher nur für einen Gott zugänglicher, Weltgesetze, ist jedenfalls seit Platon und Aristoteles und erst recht für die ↑Moderne nach der ↑Aufklärung und ↑Säkularisierung umzuwandeln in einen modellhaften Entwurf von situationsallgemeinen Gesetzen, durch welche sich die realen Phänomene der empirischen Erscheinungen allg. erklären lassen, und von ↑Normen, die ein gutes gemeinsames Handeln leiten können. Das Schließen gemäß nomologischen bzw. normativen Formen ist das Tun des Verstandes; die Vernunft ist deren Entwicklung in gemeinsamer Arbeit an einer globalen Gemeinschaft der Menschen.

In der Unterscheidung zwischen Verstand und Vernunft zeigt sich – wie in den meisten *Vorschlägen zur Normierung* philosophischer Reflexionsbegriffe – eine langdauernde philosophische Arbeit *am* Begriff, also an einem kanonischen *Gebrauch* verbaler Ausdrucksformen im Kontext des weiteren Handelns. Gerade im *funktionstüchtigen allg.en Gebrauch* der Wörter zeigt sich das Ergebnis einer vernünftigen „Arbeit *des* Begriffs" (Hegel 1979: 64; ohne Hervorhebung) bzw. seiner „Selbstbewegung" (Hegel 1979: 23) – als metonymischer Ausdruck für den *Gesamtvollzug* unserer Begriffsentwicklung in der gemeinsamen Geistes- oder Kulturgeschichte der Menschheit. Allerdings geht in deren faktischen *Verwendungen* immer auch einiges durcheinander.

Immanuel Kant bestimmt in der *Kritik der reinen Vernunft* den *Verstand* als *Vermögen,* zu *urteilen*, der *Erkenntnisse*, der *Regeln* bzw. der *Begriffe*. Die „Zergliederung der Begriffe" (Kant 1977: 60) nennt er das Hauptgeschäft der *Vernunft*, diese aber zugl. das „Vermögen der Einheit der Verstandesregeln unter Prinzipien" (Kant 1977: 313), das „Vermögen der Prinzipien" (Kant 1977: 311) und das „Vermögen zu schließen, d. i. mittelbar (durch die Subsumtion der Bedingung eines möglichen Urteils unter die Bedingung eines gegebenen) zu urteilen" (Kant 1977: 332), bzw. das Besondere aus dem Allgemeinen abzuleiten. Das Vermögen der Regeln, des Begriffs bzw. des Urteilens ist die Fähigkeit zur Befolgung impliziter Normen, welche z. B. den richtigen Gebrauch schematischer Unterscheidungen, zugehöriger verbaler Artikulationen und der für diese definierten und gelernten Inferenzen bestimmen. Heute versteht man unter einer *Regel* zumeist eine verbal partiell *explizit gemachte* Norm.

Nach Georg Wilhelm Friedrich Hegels Kritik daran, dass sowohl in den Kommentaren I. Kants als auch *in praxi* kein wirklicher Unterschied auszumachen ist zwischen Verstand und Vernunft, zumal I. Kant Prinzipien und Kategorien als allg.ste Regeln auffasst, besteht in Bezug auf die deutsche philosophische Reflexionssprache über Folgendes weitgehend Einigkeit: „Verstand" steht für die Kompetenzen der Normenbefolgung durch Einzelpersonen im Rahmen eines im Idealfall schematisch *erlernbaren know-how*, „Vernunft" für das *freie Urteilen* sowohl in der *Anwendung* von Wissen als auch in einer *Entwicklung* von Sprachnormen und Handlungsformen. Während der Verstand also an *gegebene* Systeme von Kriterien und Normen appellieren kann, kann das die Vernunft nicht – so wie die ↑*Wissenschaft* als Institution der *Entwicklung* von Kriterien des Unterscheidens und der Regeln des bedingten Schließens über das je heute *lernbare Wissen* hinausreicht: Schon die Anwendung und Kontrolle erlernter Formen verlangt aufgrund ihrer Kontext- und Situationsbedingtheiten individuelle und gemeinsame *Vernunft* in einer dreifachen, wenn man will dialektischen, Form: ein *ideengeschichtliches Bewusstsein* um Leistungen und Grenzen jedes Kanons von Normen und Regeln, die *negative Dialektik* sinnkritischer Prüfung von ↑Traditionen und *urteilskräftige Einbildungskraft* in der positiven Verbesserung gegebener Formen.

Im Unterschied zu einer bloßen Historiographie faktischer *Verwendungen* gegebener Formen und Normen des *rationalen* Urteilens und *verständigen* Handelns geht es einer *vernünftigen* Begriffs- und Ideengeschichte um die Rekonstruktion der *Entwicklung* der (im Interesse gemeinsamer Praxis möglichst leicht und sicher lernbaren) Formen des kommunikativen und kooperativen Handelns – sozusagen im *Ausgang* von *Prinzipien.* Diese „beherrschen" einen gemeinsamen Gebrauch von „Anfang" an, wie es das doppeldeutige griechische Wort *archē* ausdrückt. Die im Rahmen einer *mathēsis* – qua verbaler Lehre und praktischer Reproduktion von Verhaltens- und Handlungsformen – erwerbaren geistigen bzw. begrifflichen Vermögen von Einzelpersonen werden dabei seit der Antike durch Wörter kommentiert, die wie *dianoia* und *logos* zur Wortfamilie des *Verstandes* gehören, lateinisch: *cogitatio* und *ratio*, englisch: *rationality* und *understanding*, französisch: *rationalité* und *entendement.* Wörter wie *nous*, *intellectus*, *reason* und *raison* gehören dagegen zur Wortfamilie der *Vernunft.*

Als *freie* Urteilskraft oder *neue* Einsicht unterscheidet sich Vernunft von der *Rationalität* des *bloßen Nachvollzugs* von Handlungsschemata. Dabei wird ein *Anwendungsurteil* zu einer *Entwicklung* von Formen gerade dadurch, dass es nicht bloß auf schon etablierte Regeln rekurriert und doch, wie im Fallrecht, beansprucht, *lehrbarer Prototyp* für weitere Urteile zu sein. Das Wort „vernünftig" evaluiert einen solchen zunächst bloß subjektiven Anspruch, der seine Erfüllung findet in einer transsubjektiven Anerkennung, die aber als solche nur selten ein intersubjektiver ↑Konsens ist; Anerkennungswürdigkeiten sind im Allgemeinen auf *generische* Weise zu beurteilen, wie Jean-Jacques Rousseaus *volonté générale*, nämlich im Unterschied zu einem bloßen Urteilen oder Wollen einer Mehrheit (↑Mehrheitsprinzip) von Einzelmenschen. Eine rein intuitive, also bloß gefühlsvermittelt-konventionelle, Sprachverwendung nivelliert diese Differenzierung von Verstand und Vernunft, *rationality*, *understanding* und *reason* immer wieder. Das zeigen schon die Übersetzungen, in denen die Wörter *logos* und *ratio* teils für eine bloße Berechnung stehen, teils die gesamte Vernunft mitbezeichnen sollen. *Logik* wird entsprechend zu einem bloßen *calculus ratiocinator*, einem schematischen Kalkül eines Rechenautomaten verkürzt, obwohl nur in einem spartenspezifischen Sinn die Wörter *logos* und *analogia* für die *Äquivalenz mathematischer* Benennungen von Gegenständen wie Zahlen und Proportionen und dann auch von Strukturen als gegenständlich aufgefassten Formen stehen, in denen alles rein schematische Rechnen in seinem Sinn immerhin formal begründet ist.

Verstand hat ein Mensch also – andere Wesen kommen außerhalb romanförmiger und kontrafaktischer Mythen nicht in Betracht, wie G. W. F. Hegel gegen I. Kants Rede von einem *göttlichen Verstand* erkennt –, soweit er etablierte Normen und Regeln, Kriterien und Schemata eines kanonisch schon etablierten gemeinsamen Unterscheidens (Urteilens) und Schließens (Default-Folgerns) gut genug beherrscht. Eine bloß rechnende Sprachverarbeitung kann dabei nur in einem metaphorischen Sinn als (künstliche) „Intelligenz" angesprochen werden: Computer und Roboter haben *weder* ausreichend Verstand *noch* auch nur den Ansatz von Vernunft, soweit wir nicht vergessen, dass *wir* es sind, die das Vernünftige in allen Rechenverfahren und Verhaltenschemata frei zu beurteilen haben.

Im Verstehen von Texten – ob fiktionalen Romanen oder historischen Konstatierungen – „erwarten" nun verständige Hörer und Leser die Erfüllung gewisser Präsuppositionen und Folgerungen „implizit", ohne das so „Erschlossene" in aktualer stiller Rede auch schon immer explizit zu repräsentieren. Vor diesem Hintergrund hat ein Sprecher oder Schreiber die kommunikationspraktische Verpflichtung, erwartbar falsche „Folgerungen" nach Möglichkeit explizit auszuschließen, etwa wenn er um das Vorliegen eines relevanten Mangels *(privatio* oder *sterēsis)* weiß. In solchen „widerspruchsvollen" Fällen ist das schließende Verstehen nicht monoton, wie man sagt: Aus p *und* q „folgt" hier *weniger* als aus p allein. Ein Wesen bleibt zwar eine Katze, wenn sie einen Unfall hatte, aber sie hat dann möglicherweise ein Bein oder gewisse andere Normaleigenschaften einer Katze verloren. Das prototypische oder idealtypische begriffliche Schließen hat am Ende sogar immer die Form einer freien, vernünftigen, Übertragung und nicht die eines rein schematischen, bloß erst verständigen, Regelfolgens, weil außerhalb reiner Mathematik „alle Menschen figürlich sprechen" (Goethe 1981: 502), wie Johann Wolfgang von Goethe auf kluge Weise die dialektische Ironie Till Eulenspiegels gegen die ↑Scholastik eines bloß wörtlichen „logischen Schließens" kommentiert.

Das „allgemeine *Sprechen* und zerreißende *Urteilen*" (Hegel 1979: 385), das *Urteilen* als *Diremtion* des Kontinuums rein sinnlich vermittelter Erfahrung, wie sich G. W. F. Hegel in Übernahme eines Gedankens Friedrich Hölderlins ausdrückt, also die Negation als unterscheidende Bestimmung, macht die Kraft des Verstandes aus. D. h., wir bilden allg. *wiedererkennbare*, spontan durch Wörter *artikulierbare Kontraste*.

Vor der Benennung N eines Gegenstandes und vor einer *prädikativen* Klassifikation P stehen satzförmig-holistische Unterscheidungen wie „es regnet", die in der Deixis und im Spracherwerb auch titelartig artikuliert werden, etwa in kindlichen „Einwortsätzen" wie „Mama!" (Quine 1994: 9) oder „lieb!" (Quine 1994: 13). Das so Auseinandergerissene wird im schließenden Urteilen der „Synthesis" einer Aussage der Form „N ist P" wieder neu zusammengefügt.

I. Kants Einsicht, dass die Bedingung der Möglichkeit der Bezugnahme auf Gegenstände *überhaupt* durch *Denken*, d. h. durch eine Benennung N, und auf ein Ding der Erfahrungswelt *im Besonderen* durch *Anschauung* vermittelt ist, erweitert G. W. F. Hegel hier so, dass im ersten Fall für symbolische *Repräsentationen*, im zweiten zusätzlich auch noch für deiktische *Präsentationen* M eine Identität N = M im Voraus, also intersubjektiv *a priori*, gesetzt sein muss. Verständiges Reden über Gegenstände setzt insb. die Beherrschung der Schemata des „Rechnens" mit Gleichungen gemäß dem substitutionellen Leibnizprinzip voraus: Die zulässigen Prädikate dürfen nicht feiner differenzieren als die zugehörige Ungleichheit des Anders-Seins $N \neq M$. Alle „endlichen" Gegenstände und „endlichen" Prädikate sind nach dem Prinzip einer Negation der Negation i. S. d. *Verzichts auf* „unendliche", d. h. kategorial nicht zum Gegenstandsbereich passende, *Unterscheidungen* verfasst. Gleichheiten sind definiert durch Gleichgültigkeiten, die als Äquivalenzbeziehungen zwischen symbolischen Repräsentanten und dann auch wahrnehmbaren Präsentationen zur Kategorie des Für-sich-Seins gehören.

Die Sinnbreite des Wortes *logos*, die von dem bloßen Wort als Konfiguration eines linearen Ausdrucks bis zum Wort Gottes als heiligem (Buch-)Text im Johannes-Evangelium und der neuplatonischen Logos-Philosophie (Plotin, Origenes), damit auch bis zum allg.en Geist *(pneuma*, *spiritus)* als Obertitel für Verstand und Vernunft reicht, hebt insb. jeden Kontrast zum (durchaus schon die Subjektivität betonenden) Wortes *nous* auf und führt zu Mehrdeutigkeiten in der aristotelischen Formel *zōon logon echōn* bzw. *animal rationale* für den (personalen) Menschen. Eine Person besitzt *logos* im unendlich breiten Sinn von Geist, Vernunft, Verstand, ↑Sprache, Kompetenz der Rede, Diskursivität – und geht gerade in diesen allg.en Vermögen wesentlich über die Unterscheidungsfähigkeiten von Tieren in deren bloß sensualistischen Perzeptionen im enaktiven Verhalten hinaus.

Seit der Romantik betont man mit vollem Recht gegen die Enge des Verstandes i. S. bloß berechnender ↑Rationalität die Bedeutsamkeit der subjektiven Empfindungen und Stimmungen. Vernunft hat aber gerade jetzt die Leistungen und Grenzen der Sinnlichkeit und eines bloß erst gefühlsförmigen Urteilens bewusst zu machen und über den Ur-Sinn des *noein* als subjektives Vernehmen *hinauszugehen*, wie er sich bspw. in der Erläuterung der Intelligenz als „Auge der Seele" bei Augustinus und in ähnlichen Metaphern findet. Vernunft ist die *konkrete* Fähigkeit des *freien* kooperativen Verstehens in *konkreten* Anwendungen allg.en Wissens und *freier* Mitarbeit an der immer nötigen Verbesserung allg.er Praxis, unter Berücksichtigung der Bedingungen unserer Endlichkeiten gerade als „Sinnenwesen".

Gerade weil er Prinzipien als allg.ste Verfahren deutet, wird bei I. Kant *Praktische Vernunft* zu einer ↑Moral bloß subjektiver Kohärenzkontrollen: Wer anders handelt, als er (ver)spricht, ist zwar schon für den *Verstand*, der hier immerhin nicht auf die Berechnungen eines *homo oeconomicus* reduziert wird, als *Trittbrettfahrer* erkennbar und daher moralisch zu kritisieren. Dennoch sind Handlungsformen nicht schon dann moralisch erlaubt, wenn der Handelnde sich selbst an sie hält und sie den anderen als Muster empfiehlt, indem er dem formalen „Kategorischen Imperativ" gemäß will oder „wollen kann", dass sie, wie im prototypischen Fallrecht, zu einem allg.en ↑Gesetz werden. Ethische *Vernunft* (↑Ethik) verlangt vielmehr, wie G. W. F. Hegel sieht, dass die Handlungsformen im Rahmen sittlich tradierter Kooperationsformen entweder schon als gut bewertet sind und weiter anerkennbar bleiben – oder aber als gute Entwicklung Anerkennung verdienen. Zwar gilt: „Die Vernunft ohne Verstand ist nichts, der Verstand doch etwas ohne Vernunft" (Hegel 1979: 551), weil die Vernunft ja die gegebenen Normen des Verstandes sinnkritisch (insofern negativ) und urteilskräftig bzw. innovativ (insofern positiv) entwickelt. Aber schon die vernünftigen *Reflexionen* auf die *Grenzen* der Schemata des Regelfolgens gehen weit über I. Kants bloß intuitive und formalistische, damit nur erst „verstandesmäßige" Begründungsverfahren hinaus.

### Literatur

F. Hölderlin: Theoretische Schriften, 1998 • Heraklit: Fragmente, 1995 • W. V. O. Quine: Word and Object, 1994 • J. W. v. Goethe: Maximen und Reflexionen, in: ders. (Hg.): Schriften zur Kunst und Literatur, 12. Bd., [9]1981 • G. W. F. Hegel: Jenaer Schriften 1801–1807, in: E. Molderhauer/K. M. Michel (Hg.): Gesamte Werkausgabe, Bd. 2, 1979 • Ders.: Phänomenologie des Geistes, in: ebd., Bd. 3, 1979 • I. Kant: Kritik der reinen Vernunft, 1977 • W. Nestle: Vom Mythos zum Logos. Die Selbstentfaltung des griechischen Denkens von Homer bis auf die Sophistik und Sokrates, 1975.

PIRMIN STEKELER-WEITHOFER

Verordnung ↑Europarecht

Versailler Vertrag ↑Deutsche Geschichte

## Versammlungsfreiheit

### 1. Bedeutung

Die V. gewährleistet Art. 8 Abs. 1 GG: „Alle Deutschen haben das Recht, sich ohne Anmeldung oder Erlaubnis friedlich und ohne Waffen zu versammeln." Dieser Wortlaut gilt seit seinem Inkrafttreten 1949 unverändert. Die V. schützt die Zusammenkunft der Menschen zur gemeinsamen ↑Kommunikation „als Ausdruck gemeinschaftlicher, auf Kommunikation angelegter Entfaltung" (BVerfGE 69,315,343 – Brokdorf). Wie die Grundrechte der Meinungs-, Presse-, ↑Informations-, Rundfunk- sowie der Vereinigungsfreiheit (Art. 5 Abs. 1, Art. 9 Abs. 1 GG) zählt die V. daher zu den sog.en Kommunikationsgrundrechten.

Ihr kommt im demokratischen Prozess der Meinungsbildung eine elementare Rolle zu und ihre aktive Inanspruchnahme war – nicht nur in historischen Umbruchsituationen – oft von entscheidender Bedeutung. Gerade in repräsentativen ↑Demokratien sind die Einflussmöglichkeiten der Bürger zwischen den Wahlen und außerhalb von formalisierten Mitwirkungsprozessen (z.B. in ↑Parteien) begrenzt. Über die ↑Medien konnte zudem vor dem Aufkommen der sog.en „Sozialen Medien" Anfang des 21. Jh. nur eine kleine Gruppe unmittelbar Einfluss auf die ↑öffentliche Meinung nehmen. So war v.a. die Durchführung von und die Teilnahme an öffentlichen Demonstrationen lange Zeit für die Menschen die einzige Möglichkeit, ihren Unmut über die öffentlichen Verhältnisse im Allgemeinen oder die Politik der Regierenden im Besonderen zu äußern.

Die V. verpflichtet unmittelbar nicht nur den Staat, sondern auch Unternehmen, die von der öffentlichen Hand beherrscht werden. Die V. ist – wie alle anderen ↑Grundrechte auch – in erster Linie ein Abwehrrecht des Bürgers gegen den Staat, das darauf zielt, den Staat zu einem Unterlassen zu verpflichten. Das schließt nicht aus, dass das Grundrecht auch auf das Zivilrecht ausstrahlt.

Historisch ist die V. auf den demokratischen Prozess bezogen, der vom ↑Staatsvolk ausgeht und in dem das Wahlrecht den deutschen Staatsangehörigen vorbehalten ist (Art. 20 Abs. 2, 28 Abs. 1, 38 Abs. 1 Satz 1 GG). Diese Verbindung zur ↑Volkssouveränität und zum Demokratieprinzip erklärt die verfassungsrechtliche Begrenzung des Schutzes der V. auf Deutsche (Art. 8 Abs. 1 GG), die auch Art. 9 Abs. 1 GG für die ↑Vereinigungsfreiheit vorsieht. Nunmehr nicht mehr Deutschen vorbehalten ist dagegen – anders als noch unter der ↑WRV – die ↑Meinungsfreiheit (Art. 5 Abs. 1 GG). Verfassungspolitisch zwingend ist die Begrenzung des Grundrechts auf Deutsche nicht, da es auch Minderjährigen zukommt, die ebenfalls nicht wahlberechtigt sind (Art. 38 Abs. 2 GG) (dazu 3.).

Historisch spielten Massenkundgebungen und Demonstrationen regelmäßig auch eine zentrale Rolle für revolutionäre Umstürze, so etwa bei der ↑Französischen Revolution 1789, in den konstitutionellen Umbrüchen europäischer Staaten nach dem Ersten Weltkrieg oder auch im Rahmen der friedlichen Revolution in der DDR 1989/90. Was zunächst als „Montagsdemonstration" begann, mündete schließlich in der deutschen Wiedervereinigung. Wegen dieses großen machtpolitischen Potenzials waren Herrschende stets versucht, dem „Druck der Straße" mit gesetzlichen oder faktischen Erschwernissen und Verboten zu begegnen. Der Umgang mit der V. ist daher ein Seismograph für die Tendenz der demokratischen Gesinnung innerhalb eines Staates.

Durch die technischen Möglichkeiten des ↑Internets und der „Sozialen Medien" (↑Social Media) haben in jüngster Zeit die Einzelnen neue effektive Formen der (auch kollektiven) Meinungsbekundung gefunden. Seither übernehmen in der öffentlichen und veröffentlichten Wahrnehmung oftmals z.B. sog.e „Shitstorms" teilweise eine Funktion, die bislang hauptsächlich von Großdemonstrationen ausging. Noch umstritten ist die

Frage, ob die V. auch virtuelle Versammlungen in Chatrooms oder Videokonferenzen umfasst.

Als eines der zentralen Grundrechte wird die V. neben dem ↑GG auch in den meisten ↑Landesverfassungen (Art. 113 BayVerf; Art. 26 BlnVerf; Art. 23 BbgVerf; Art. 16 BremVerf; Art. 14 HessVerf; Art. 12 RPVerf; Art. 6 SVerf; Art. 23 SächsVerf; Art. 12 LSAVerf; Art. 10 ThürVerf; Art. 2 BadWüVerf und Art. 4 NRWVerf verweisen auf die Grundrechte des GG) und in internationalen Rechtsnormen (Art. 11 Abs. 1 EMRK; Art. 12 Abs. 1 EuGRC; Art. 6 Abs. 1 EUV) gewährt. Seit der Föderalismusreform I von 2006 liegt die konkurrierende Gesetzgebung für das Versammlungsrecht nicht mehr beim Bund, sondern die Materie ist nunmehr Sache der Bundesländer. Das VersG des Bundes gilt jedoch in den Ländern fort, die sich (noch) kein eigenes VersG gegeben haben (Art. 125a Abs. 1 GG).

### 2. Begriff der Versammlung (sachlicher Schutzbereich)

Das ↑BVerfG versteht die V. weit. Geschützt sind in sachlicher Hinsicht „örtliche Zusammenkünfte mehrerer Personen zur gemeinschaftlichen, auf die Teilhabe an der öffentlichen Meinungsbildung gerichteten Erörterung oder Kundgebung" (BVerfGE 104,92 – Sitzblockade III). Dabei ist umstritten, ob bereits zwei Personen für eine Versammlung i. S. d. Art. 8 Abs. 1 GG genügen, jedenfalls genügen drei Teilnehmer. Einfachrechtlich schützt etwa Art. 2 Abs. 1 BayVersG explizit bereits ein Zusammenwirken von zwei Personen für die Annahme einer Versammlung. Die Versammlung kann öffentlich oder im privaten Raum erfolgen.

Die Form der Kommunikation ist nicht auf verbale Äußerungen beschränkt. Sie kann auch durch Schweigen (z. B. Mahnwache), Schrift, Symbole, Musik o. ä. artikuliert werden. Konstitutiv ist in jedem Fall die gemeinschaftliche Verfolgung des Zwecks, was die Versammlung von einer bloßen Ansammlung unterscheidet, in welcher jeder einzeln und unabhängig von anderen zufällig Anwesenden seine Motive verfolgt (z. B. Warteschlangen, Konzertbesucher, Gaffer bei einem Unfall). Der gemeinsame Zweck muss in der gemeinschaftlichen Kommunikation liegen, die sich aber nicht auf rein politische Angelegenheiten beschränken muss.

Art. 8 Abs. 1 GG schützt ausdrücklich nur solche Versammlungen, die „friedlich und ohne Waffen" stattfinden. Eine gewalttätige und/oder bewaffnete Versammlung zu verbieten stellt also keinen Eingriff in das Grundrecht der V. dar. Bei der Frage der Gewalttätigkeit einer Versammlung insgesamt ist auf die Versammlungsleitung bzw. auf das Verhalten der Mehrzahl der Teilnehmer abzustellen. So kann eine Versammlung nicht schon deswegen aufgelöst werden, weil einzelne Teilnehmer gewaltbereit sind oder gewalttätig werden.

Alle Verhaltensweisen im Zusammenhang mit einer Versammlung sind geschützt, also neben der eigentlichen Durchführung und Teilnahme auch z. B. die Organisation oder die An- und Abreise der Teilnehmer. Die Veranstalter bestimmen dabei Ort, Zeit und Dauer der Zusammenkunft. Die genaue Form der Versammlung ist rechtlich ohne Belang. So sind klassische ortsgebundene Kundgebungen, bewegliche Demonstrationszüge und alle erdenklichen Mischformen von der V. umfasst.

### 3. Persönlicher Schutzbereich

In persönlicher Hinsicht steht das Grundrecht aus historischen Gründen (nur) „allen Deutschen" i. S. d. Art. 116 Abs. 1 GG zu. Über das Diskriminierungsverbot von Art. 18 Abs. 1 AEUV sind aber auch EU-Ausländer in den Schutzbereich der V. integriert, soweit der Anwendungsbereich des Unionsrechts eröffnet ist, also insb. ein grenzüberschreitender Sachverhalt vorliegt. Geschützt sind die Organisatoren, die Leiter und Teilnehmer einer Versammlung. Diese können auch minderjährig sein, da das Grundrecht keine Altersgrenze kennt. ↑Juristische Personen sind jedenfalls durch die für sie handelnden Personen vom Schutzbereich umfasst. Nicht-EU-Ausländer sind grundgesetzlich nur durch das (schwächere) Grundrecht der allg.en Handlungsfreiheit (Art. 2 Abs. 1 GG) geschützt. Jedoch gewährt im einfachen Recht § 1 Abs. 1 VersG (Bund) und vielfach das diesen gem. Art. 125a Abs. 1 GG ersetzende Landesrecht (z. B. Art. 1 Abs. 1 BayVersG) auch Ausländern die V. („Jedermann hat das Recht [...]"), so dass die völkerrechtliche Verpflichtung aus Art. 11 Abs. 1 EMRK umgesetzt ist.

### 4. Beeinträchtigungen

Beeinträchtigt staatliches Handeln die geschützte V., muss dieses von den Schranken der V. gedeckt sein und diese Schranken müssen ihrerseits den Anforderungen des GG genügen – insb. verhältnismäßig sein – sowie in verfassungsmäßiger Weise angewendet werden. Rechtfertigungsbedürftige Beeinträchtigungen der Versammlungen können sowohl in sog.en „klassischen" als auch in faktischen (mittelbaren) Eingriffen liegen. Klassische Eingriffe sind regelnd, final, unmittelbar und imperativ, z. B. rechtliche Verbote sowie räumliche und zeitliche Einschränkungen. Faktische Eingriffe sind z. B. behördliche Warnungen, Überwachungsmaßnahmen sowie auch Gebühren, die angesichts ihrer Höhe einen Verzicht auf die Versammlung nahelegen könnten. Auch der Zwang zur Teilnahme an einer Versammlung stellt einen Eingriff dar, da die V. auch die Freiheit umfasst, eine Versammlung nicht durchzuführen oder ihr fernzubleiben. Die Bedeutung dieser negativen V. zeigt sich bes. im Hinblick auf staatlich organisierte Massenaufmärsche zur demonstrativen Unterstützung autoritärer Regime.

Nach heutigem Verständnis ist die V. nicht nur ein klassisches Abwehrrecht der Grundrechtsträger gegen staatliche Einflussnahme, sondern es kann sich auch ein Anspruch auf staatlichen Schutz vor Beeinträchtigungen durch Dritte (Störungen) ergeben. Die V. schützt nicht die Schädigung oder Verhinderung anderer Versammlungen. Daher ist der Staat verpflichtet, rechtskonforme Versammlungen vor gewalttätigen Gegendemonstrationen zu schützen.

### 5. Grundrechtsschranken

Wie jedes Grundrecht wird auch die V. nicht grenzenlos gewährt. Für Versammlungen „unter freiem Himmel", welche mit ungleich größeren Risiken insb. für Unbeteiligte verbunden sind, sieht Art. 8 Abs. 2 GG ausdrücklich die Möglichkeit einer Beschränkung durch einfaches Gesetz vor. Insb. das VersG des Bundes und die seit 2006 an dessen Stelle tretenden VersG der Länder enthalten solche Schranken der V., ferner z. B. das Bannmeilengesetz. Eine der bedeutsamsten einschränkenden Bestimmungen ist die Anmeldepflicht für Versammlungen im Freien bis spätestens 48 Stunden vor Veranstaltungsbeginn (§ 14 Abs. 1 VersG). Um den Schutz von Art. 8 Abs. 1 GG nicht auszuhöhlen, wird diese Bestimmung dahingehend verfassungskonform ausgelegt, dass die Pflicht zur Anmeldung entfällt, wenn der Anlass zu einer geplanten Versammlung kurzfristig entsteht (sog.e Eilversammlung) oder wenn sich eine Versammlung ungeplant bildet, etwa aus einer bloßen Ansammlung heraus (sog.e Spontanversammlung).

Für Versammlungen in geschlossenen Räumen sieht das GG nicht explizit die Möglichkeit der Einschränkung durch Gesetz vor. Nach allg.en Regeln können diese jedoch durch den Gesetzgeber zum Schutze anderer, kollidierender Verfassungsgüter beschränkt werden. Insoweit reicht nicht jeder legitime Zweck als Eingriffszweck aus, eine Einschränkung der V. muss daher dem Schutz eines Verfassungsguts dienen (z. B. Abwehr von Gefahren für Leib und Leben, Art. 2 Abs. 2 GG).

Ob die Versammlung „unter freiem Himmel" (mit der Möglichkeit weitergehender Beschränkungen auf Grundlage des Art. 8 Abs. 2 GG) stattfindet, richtet sich entgegen dem Wortlaut, aber im Einklang mit dem Sinn und Zweck der Einschränkungsmöglichkeit nicht danach, ob eine Überdachung vorliegt, sondern ob die ↑Öffentlichkeit freien Zugang zum Versammlungsort hat, was zu unmittelbaren Auseinandersetzungen mit Unbeteiligten führen kann (BVerfGE 128,226, 256 – Fraport). Daher liegt auch bei einer Versammlung in den dem Publikum frei zugänglichen Teilen eines Flughafengebäudes eine Versammlung unter freiem Himmel vor.

### 6. Schranken für Einschränkungen

Einschränkungen der V. finden wiederum ihre Grenzen (sog.e Schranken-Schranken) insb. im rechtsstaatlichen Übermaßverbot. Demnach sind Einschränkungen der V. verfassungswidrig, wenn sie unverhältnismäßig sind. Sie sind verhältnismäßig (↑Verhältnismäßigkeit), wenn sie zur Erreichung eines legitimen Zwecks geeignet, erforderlich und angemessen sind. Von grundlegender Bedeutung ist hierbei der *Brokdorf-Beschluss* des BVerfG aus dem Jahre 1985, wonach Verbot und Auflösung einer Versammlung nur „zum Schutz gleichwertiger Rechtsgüter unter strikter Wahrung des Grundsatzes der Verhältnismäßigkeit und nur bei einer unmittelbaren, aus erkennbaren Umständen herleitbaren Gefährdung dieser Rechtsgüter" (BVerfGE 69,315) möglich sind. Dieser Beschluss verpflichtet ferner die Veranstalter einer Versammlung und die Behörden zu einem kooperativen, vertrauensbildenden Verhalten und die staatlichen Organe generell zur Versammlungsfreundlichkeit.

### Literatur

B. J. Hartmann: Art. 8 GG, in: W. Kahl/C. Waldhoff/C. Walter (Hg.): Bonner Kommentar zum Grundgesetz, 191. Erg.-Lfg., Stand Juni 2018, 1–254 • S. Müller-Franken: Art. 8 GG, in: B. Schmidt-Bleibtreu/H. Hofmann/G. Henneke (Hg.): Kommentar zum Grundgesetz, 14 2017, 447–473 • S. Schulenberg: Der „Bierdosen-Flashmob für die Freiheit". Zu Versammlungen auf Grundstücken im Eigentum Privater, in: DÖV 69/2 (2016), 55–65 • H. Beyerbach: Rechtsextreme Versammlungen. (Auch) eine dogmatische Herausforderung, in: JA 47/12 (2015), 881–887 • H. Schulze-Fielitz: Art. 8 GG, in: H. Dreier (Hg.): Grundgesetz-Kommentar, Bd. 1, 3 2013, 1022–1077 • W. Hoffmann-Riem: Versammlungsfreiheit, in: HGR, Bd. 4, 2011, § 106 • O. Depenheuer: Art. 8 GG, in: T. Maunz/G. Dürig (Hg.): Grundgesetz-Kommentar, 57. Erg.-Lfg., Stand Januar 2010, Rn. 182 • M. Kloepfer: Versammlungsfreiheit, in: HStR, Bd. 7, 3 2009, § 164.

RAINER WERNSMANN

## Verschuldung

Unter V. wird die Summe von Verbindlichkeiten einer Wirtschaftseinheit (Haushalt, ↑Unternehmen, ↑Staat, Ausland, etc.) zu einem Zeitpunkt (z. B. Bilanzstichtag), das Aufnehmen eines Kredits, der Zustand, jemanden gegenüber zur Zahlung verpflichtet zu sein, oder der längerfristigere Prozess der Akkumulation von Schulden verstanden. Dem gegenüber steht das Sparen. Von Überschuldung wird gesprochen, wenn das ↑Vermögen *(assets)* einer Wirtschaftseinheit geringer ist als die Verbindlichkeiten *(liabilities)*. Im Vergleich zum angelsächsischen *(debt)* oder französischen *(dette)* Sprachraum, wo die Begriffe für Schulden auf das lateinische Verb *debere* (sollen) zurückzuführen sind, ist die deutsche Begriffsherkunft für Verbindlichkeiten, die Schuld, negativ konnotiert. Zur privaten V. (*private debt* [↑Verschuldung, private]) zählen Kredite, bei denen private Haushalte (↑Haushalt, privater), private Organisationen (↑Vereine, ↑Stiftungen, ↑Gewerkschaften, etc.) oder Unternehmen außerhalb des Finanzsektors (nichtfinanzielle Unternehmen) Schuldner (Debitor) sind. Öffentliche Schulden (*public debt* [↑Staatsverschuldung]) sind hingegen die Verbindlichkeiten von staatliche Entitäten, wie Bund, Länder oder ↑Gemeinden („öffentliche Hand"). Unter einem sog.en *Bailout* (Rettungsaktion) wird die Entschuldung überschuldeter Wirtschaftseinheiten durch Dritte verstanden. Ein ↑Kredit (lat. *credere*: vertrauen, glauben) ist die zumeist gegen Entgelt (↑Zinsen und Gebühren), zeitlich befristete Überlassung von Kaufkraft (Liquidität in Form von Bargeld oder Buchgeld [↑Geld]) oder ↑Kapital zur freien oder vertragsgebundenen Nutzung. Kann eine Wirtschaftseinheit ihre Zahlungsverpflichtungen nicht bedienen, wird dies als ↑Insolvenz bezeichnet.

### Literatur

StBA: Statistik zur Überschuldung privater Personen 2019, Fachserie 15, Reihe 5, 2020 • B. Genser (Hg.): Haushaltspolitik und öffentliche Verschuldung, 2015.

MARTIN BUCHNER UND PATRICK HUFSCHMIDT

## Verschuldung, private

### 1. Definitionen und Formen

P. V. *(private debt)* im engeren Sinne, gemäß der Definition der BIZ und der ↑Europäischen Kommission, umfasst die Summe aus ↑Krediten und Schuldverschreibungen *(debt obligation)*, die (nichtfinanzielle) ↑Unternehmen und private Haushalte (↑Haushalt, privater) anderen Wirtschaftssubjekten (Banken, Ausland, Staat etc.) schulden. Eine erweiterte Definition nach der ↑EZB enthält zudem Verbindlichkeiten von Unternehmen bei Pensionskassen und Versicherungen. Die unkonsolidierte Betrachtung der ↑OECD beinhaltet neben den zuvor genannten Positionen auch intrasektorale Verschuldung, d. h. Kredite innerhalb eines Wirtschaftssektors (z. B. Verbindlichkeiten von Unternehmen bei anderen Unternehmen). Daneben existieren zahlreiche weitere Definitionen der p.n V. Zum Teil wird nur der institutionelle Bereich als p. V.en bezeichnet. Private Schuldbeziehungen können zwischen allen Wirtschaftseinheiten mit Ausnahme des Staates bestehen, wobei Kredite von Unternehmen an ↑Banken (z. B. Konzernmutter an Konzerntochter [↑Konzern]) oder von Privatpersonen an Unternehmen (z. B. Finanzierung von Startkapital) seltenere Formen der p.n V. sind.

Drei wesentliche Formen nimmt die p. V. an, welche nachfolgend genauer beschrieben werden: erstens Bankdarlehen, zweitens Schuldverschreibungen, drittens handelbare ↑Wertpapiere *(securities)* aus vertraglichen Schuldverhältnissen, wie z. B. Hypothekenkredite, Autokredite, Bildungskredite oder Kreditkartenschulden.

Die größten Kreditgeber (Kreditoren) von privaten Darlehen sind Kreditinstitute. Unternehmen werden als Kreditinstitute bezeichnet, wenn sie Bankgeschäfte gewerbsmäßig oder in einem Umfang betreiben, der einen in kaufmännischer Weise eingerichteten Geschäftsbetrieb erfordert (§ 1 Abs. 1 KWG). In Deutschland sind hauptsächlich Banken im privaten Kreditgeschäft tätig, dazu gehört der private Bankensektor (Großbanken, Privatbankiers, Regionalbanken), der Genossenschaftsbankensektor (Volks- und Raiffeisenbanken [↑Genossenschaften]) sowie der Sparkassensektor (↑Sparkassen) und Spezialbanken (z. B. private Hypothekenbanken, öffentlich-rechtliche Grundkreditanstalten, Bausparkassen, Entwicklungsbanken, wie z. B. die KfW). Die Aufnahme von Schulden bzw. die Gewährung von Kredit erfolgt nach einer Prüfung der Kreditwürdigkeit (Bonität) des potentiellen Schuldners seitens des Gläubigers und dem Abschluss eines Kreditvertrags, welcher das Rechtsverhältnis zwischen Kreditnehmer und Kreditgeber regelt sowie die Kreditkonditionen festhält. Die vom Schuldner zu erbringenden Zahlungsverpflichtungen (↑Zins und Tilgung) werden als Schuldendienst bezeichnet. Es kann zwischen zahlreichen Kreditarten unterschieden werden, je nach Laufzeit, Höhe, Ausfallrisiko, Wechselkursrisiko (bei ausländischen Krediten), Bereitstellung, Verwendung, Art und Umfang der Sicherheiten *(collateral)* etc. Ein Hypothekendarlehen *(mortgage loan)* ist bspw. durch ein ↑Grundpfandrecht (Hypothek) seitens des Kreditgebers an mindestens einer Immobilie besichert und dient i. d. R. der Immobilienfinanzierung. Als Blankodarlehen *(unsecured loan)* wird ein Kredit bezeichnet, welcher ohne Sicherheiten bereitgestellt wird.

Neben Bankkrediten können Unternehmen liquide Mittel (↑Geld) durch die Emission von Schuldverschreibungen (Unternehmensanleihen, *corporate bonds*) am Kapitalmarkt (↑Geld- und Kapitalmarkt) erhalten. Bei Standardanleihen erhält der Käufer *(lender)* der Anleihe fixe Zinszahlung (Kupon) sowie den Nennwert (Rückkaufkurs und Bezugsgröße für die Zinszahlungen) am Ende der Laufzeit vom Emittenten *(bond seller)*.

Finanzinstitute können verschiedenste Arten von Krediten (Konsumentenkredite, Kreditkartenschulden, Hypothekendarlehen etc.) und Anleihen bündeln und als forderungsbesicherte Wertpapiere (*asset-backed security* [ABS]) herausgeben. Somit können vertraglich festgelegte Kreditforderungen am Wertpapiermarkt (Börsen) gehandelt werden. Die Rendite der Anleihe wird von der Qualität der zugrundeliegenden Kredite determiniert. Z. B. sind hypothekenbesicherte Wertpapiere (*mortgage-backed security* [MBS]) Anleihen, welche auf der Verbriefung *(securitization)* von Hypothekendarlehensforderungen basieren. Die Entstehung der spekulativen Blase auf dem US-Immobilienmarkt in den Jahren vor der Weltfinanzkrise (2007 und 2008 [↑Finanzmarktkrise]) ist u. a. auf hypothekenbesicherte Wertpapiere, welche Darlehen mit niedrigem Rating *(subprime)* bündelten, zurückzuführen.

### 2. Die Rolle privater Verschuldung in der Wirtschaftstheorie

Innerhalb der VWL ist p. V. in verschiedener Hinsicht bedeutsam.

Die Aufnahme von Krediten ermöglicht es etwa privaten Haushalten, ihren ↑Konsum zu strecken. In der permanenten Einkommenshypothese *(permanent income hypothesis)* von Milton Friedman findet sich eine Erklärung dafür, warum sich private Haushalte unter einem Konsummotiv verschulden. Dieser makroökonomischen Theorie zufolge orientieren sich Menschen bei der Festlegung ihrer Konsum- und Sparentscheidungen nicht an ihrem momentanen ↑Einkommen, sondern an ihrem durchschnittlich erwarteten Lebenszeiteinkommen. Dies kann im Modell zeitweise zu einer Situation führen, in der ↑Güter und ↑Dienstleistungen zumindest teilweise kreditfinanziert gekauft werden, da die Konsumenten beim Kauf in der Annahme agieren, dass zukünftige Einkommenssteigerungen das durchschnittliche Einkommen auf ein entspr. hohes Niveau anheben. Ähnliche Konzepte der Konsumtheorie wurden mit der relativen Einkommenshypothese von James Duesenberry und der Lebenszyklushypothese von Franco Modigliani entwickelt. Kreditfinanzierte Konsumausgaben sind auch mikroökonomisch erklärbar: Gemäß dem Konzept der Zeitpräferenz (auch Gegenwartspräferenz), ziehen private Haushalte gegenwärtigen Konsum einem möglichen zukünftigen Konsum vor. Da private Haushalte in der mikroökonomischen Theorie überdies nach dem Prinzip der intertemporalen Nutzenmaximierung planen und agieren, können diese durch Sparen oder ↑Verschuldung eine zeitliche Verschiebung des Konsums herbeiführen.

Weiter sind Unternehmen häufig auf Fremdkapital, bspw. durch die Aufnahme von Krediten, angewiesen, um ↑Investitionen zu tätigen. P. V. kann über diesen Kanal positive Effekte auf Innovationskraft, Produktivität und gesamtwirtschaftliches Wachstum (↑Wirtschaftswachstum) haben. Insb. für Neugründungen und junge Unternehmen (z. B. Entrepreneure, Start-up-Unternehmen) ohne eigenes ↑Kapital ist der Zugang zu Fremdmitteln zur Anschubfinanzierung von grundlegender Bedeutung.

Des Weiteren kann p. V. durch Kreditaufnahme als Quelle monetärer Expansion verstanden werden. Dieser Zusammenhang wird in den verschiedenen Denkschulen der VWL jedoch kontrovers diskutiert. Die Neoklassik geht im Wesentlichen von der Neutralität des Geldes aus. Banken funktionieren hier als reine Finanzintermediäre und können nur dann Kredite vergeben, wenn zuvor Kunden (Spar-)Einlagen in entspr.er Höhe hinterlegt haben. Diese Vorstellung ist mittlerweile überholt: In modernen kapitalistischen Volkswirtschaften greifen Banken nicht auf bestehende Einlagen zurück, um diese an Kreditnehmer weiterzuverleihen – vielmehr entsteht im Rahmen der Giralgeldschöpfung im Zuge der Kreditvergabe neues Buchgeld mit positiven gesamtwirtschaftlichen Effekten. Neben ↑Staatsverschuldung und Leistungsbilanzüberschüssen gegenüber dem Ausland ist die Geldschöpfung durch Kreditvergabe damit eine der drei Quellen monetärer Ausweitung (die Schaffung neuen Geldes ist immer an die Aufnahme von Krediten durch ↑Staat, Ausland, Unternehmen und Haushalte gebunden). Dieser Zusammenhang wurde bereits früh, etwa von Joseph Alois Schumpeter und Chartalisten wie Georg Friedrich Knapp, beschrieben und ist von zentraler Bedeutung in verschiedenen Denkschulen der Wirtschaftstheorie wie bspw. dem (Post-)Keynesianismus (↑Keynesianismus).

P.r V. werden in der ökonomischen Theorie auch negative Auswirkungen für die gesamte ↑Wirtschaft zugesprochen, etwa als eine erklärende Größe für die Entstehung von Wirtschaftskrisen (↑Krise). Zurückgehend auf Irving Fisher wird die Schuldendeflation *(debt deflation)* als potenzielle Ursache für den Ausbruch von Finanz- und Wirtschaftskrisen diskutiert. Hierbei kommt es zu Kreditausfällen aufgrund sinkender Preise und der dadurch bedingten Erhöhung der realen Schuldenlast. In der Folge kann es zu Kreditklemmen und ↑Insolvenzen und damit letztlich zur Wirtschaftsrezession kommen.

Dem wird mit der Hypothese der finanziellen Instabilität des Ökonomen Hyman Philip Minsky ein weiterer wirtschaftstheoretischer Aspekt beigestellt. Dieser zufolge kann die p. V. von Unternehmen oder Personen, in Abhängigkeit von der Finanzierungsstruktur, ursächlich für die Entstehung von Finanz- und Wirtschaftskrisen sein. Kann die Mehrzahl der Kreditnehmer die Zinslast und Rückzahlung aus ihrem Arbeitseinkommen oder Cashflow bedienen, befindet sich die Volkswirtschaft in einem abgesicherten Zustand *(hedge)*. In der zweiten, der spekulativen Phase, reicht Einkommen oder Cashflow nur noch zur Bedienung der Zinslast – die Rückzahlung des Kredits kann durch die Schuldner lediglich durch die Aufnahme weiterer Kredite realisiert werden. Im letzten Stadium, der Ponzi-Phase, können Schuldner weder Zinslast noch die Rückzahlung ihrer Kredite durch ihr laufendes Einkommen bedienen. In H. P. Minskys Modell zeigt sich, wie Stabilität zu Instabilität führen kann. Unter der wahrgenommenen Stabilität eines Systems überwiegend abgesicherter Schuldner, werden diese zunehmend risikoaffin und nehmen Kredite für immer riskantere Investionsvorhaben auf. Banken, die ebenfalls unter der Annahme einer stabilen Finanzierungsstruktur der Schuldner stehen, weiten ihre Kreditvergabe entspr. aus. Letztendlich kann diese Dynamik in eine Situation führen, in der die Wirtschaft zu größeren Teilen aus Schuldnern im spekulativen oder Ponzi-Stadium besteht. Dann kann überbordende p. V. zu einer Kaskade von Kreditausfällen und letztendlich zum Ausbruch volkswirtschaftlicher Krisen ganz ohne das Auftreten exogener Schocks führen.

### 3. Empirische Evaluation der privaten Verschuldung

Empirisch finden sich in der Wirtschaftsgeschichte zahlreiche Hinweise dafür, dass mit steigender p.r V. die Wahrscheinlichkeit für das Eintreten einer Wirtschaftskrise steigt.

Eine zentrale volkswirtschaftliche Kennziffer zur ↑Evaluation der Verschuldung des nichtfinanziellen Privatsektors ist die Verschuldungsquote, welche die gesamte p. V. in das Verhältnis zum gesamtwirtschaftlichen Einkommen (BIP) setzt. Daneben sind Verschuldungsquoten für einzelne Wirtschaftssektoren (private Haushalte, nichtfinanzielle Kapitalgesellschaften etc.) oder Verschuldungskategorien (Hypothekendarlehen, Konsumentenkredite etc.) in der Empirie gängig. Typischerweise wird das gesamtwirtschaftliche oder das verfügbare Einkommen des spezifischen Sektors als Bezugsgröße verwendet. Die Tilgung von Schulden erfolgt zumeist aus dem laufenden Einkommen. Daher messen Verschuldungsquoten primär die langfristige Tragfähigkeit der Verschuldung. Eine hohe Verschuldungsquote bedeutet, dass einer Verschuldungskategorie ein relativ niedriges Einkommen zur Tilgung gegenübersteht. Bei Überschreitung eines bestimmten Niveaus, welches kontextual variiert, sind negative Folgen für die Gesamtwirtschaft häufiger zu beobachten.

Von der Jahrtausendwende bis zum Jahr 2008 ist die Verschuldung in Form von Hypothekendarlehen im Verhältnis zum US-amerikanischen BIP von 45 auf über 70 % gestiegen. Dadurch hatte die Anzahl von Hausbesitzern in den USA in diesem Zeitraum stark zugenommen. Eine solche substanzielle Ausweitung des Hypothekenkreditgeschäfts für Haushalte wird, je nach Narrativ, als Finanzialisierung oder ↑Liberalisierung des Kreditmarktes verstanden. In diesem Zeitraum wurden die Vergabekriterien für Kredite gelockert. D. h. Immobilienkredite wurden auch privaten Haushalten mit höherem Kreditrisiko (höherer Ausfallwahrscheinlichkeit) gewährt *(subprime borrowers)*, welche einer Bonitätsprüfung zuvor nicht standgehalten hätten. Aufgrund des niedrigen Zinsniveaus und der positiven konjunkturellen Aussichten wurde angenommen, dass hohe Verschuldungsquoten unproblematisch seien. Es stellte sich jedoch nach einem Anstieg des Zinsniveaus und einer Verschlechterung der konjunkturellen Lage heraus, dass die Risiken unterschätzt wurden und viele dieser Kreditnehmer ihren Schuldendienst nicht leisten konnten bzw. zahlungsunfähig (insolvent) waren. Dies führte zu Ausfällen von Darlehen und Zwangsversteigerungen von Grundstücken und Häusern. Der damit einhergehende Fall der Immobilienpreise resultierte darin, dass die Werte eines großen Teils der hypothekenbesicherten Wertpapiere nach unten korrigiert werden mussten. Die Solvenz *(solvency)* vieler Finanzinstitute, die solche Papiere in den Bilanzen hatten, war damit gefährdet, was wiederum zu einer Restriktion der Kreditvergabe zwischen Kreditinstituten führte.

Diese Entwicklung der spekulativen Blasenbildung gilt als entscheidender Auslöser der Weltfinanzkrise. Als die Immobilienblasen in den USA und Europa platzten, absorbierte der öffentliche Sektor die Kosten im Rahmen der Bankenrettung *(bailout)*. P. V. wurde auf diese Weise zur öffentlichen Verschuldung. In Folge der Finanzkrise wurden die Eigenkapitalvorschriften für Banken in einem internationalen Rahmenwerk (Basel III) durch den *Baseler Ausschuss für Bankenaufsicht* (*Basel Committee on Banking Supervision* [BCBS]) erweitert. In der ↑EU erfolgt die Umsetzung durch die Eigenkapitalverordnung (*Capital Requirements Regulation* [CCR]) und die Eigenkapitalrichtlinie (*Capital Requirements Directive* [CRD]).

Während zwischen den Jahren 2000 und 2008 auch die Verschuldungsquote des privaten Sektors in fast allen europäischen Ländern kontinuierlich anstieg – insb. in Portugal und Spanien – war für Deutschland ein solcher Trend nicht zu erkennen. Auch in den Folgejahren blieb die Verschuldung privater Haushalte und nichtfinanzieller Unternehmen in Deutschland stabil: Die unkonsolidierte Verschuldungsquote des privaten Sektors bewegte sich, Daten von Eurostat zufolge, in den Jahren zwischen 2010 bis 2019 relativ konstant um die 100-Prozent-Marke. Die Zahl der Verbraucherinsolvenzen nahm laut StBA in diesem Zeitraum dabei deutlich ab, mit 2019 etwas mehr als 60 000 Meldungen. Im selben Jahr zählten zu den Hauptgründen für die Überschuldung privater Haushalte ↑Arbeitslosigkeit, unwirtschaftliche Haushaltsführung, Erkrankung, Sucht und Unfall sowie gescheiterte Selbstständigkeit.

## Literatur

D. F. Perkis: Making Sense of Private Debt, in: Federal Reserve Bank of St. Louis (Hg.): Page One Economics, 2020, 1–7 • M. Rupprecht/M. Wohlmann: Wie krisenfest ist die Verschuldung des Privatsektors im Euroraum? Entwicklung und Struktur der privaten Verschuldung seit Krisenausbruch und ihre wirtschaftspolitischen Implikationen, in: VJH 88/4 (2019), 115–131 • Europäische Kommission: Statistical Annex of Alert Mechanism Report 2018, 2018 • Deutsche Bundesbank: Zur jüngeren Entwicklung der Verschuldung des nichtfinanziellen Privatsektors in ausgewählten Ländern des Euro-Raums, in: Monatsbericht Januar 2017 69/1 (2017), 41–59 • OECD: Resilience in a Time of High Debt, in: OECD Economic Outlook 50/11 (2017), 55–96 • O. E. Kuhn: Kredit und Krise zum Zusammenhang von Geld, Kredit und Krise, in: Leviathan 43/3 (2015), 410–441 • C. Dembiermont/M. Drehmann/S. Muksakunratana: How Much Does the Private Sector Really Borrow? A New Database for Total Credit to the Private Non-Financial Sector, in: BIS Quarterly Review 3 (2013), 65–81 • Ò. Jordà/M. Schularick/A. M. Taylor: When Credit Bites Back, in: JMBC 45/2 (2013), 3–28 • OECD: Verschuldung der privaten Haushalte, in: dies. (Hg.): OECD Factbook 2013. Economic, Environmental and Social Statistics, 2013, 72–73 • G. F. Knapp: Staatliche Theorie des Geldes, 2012 • M. Schularick/A. M. Taylor Credit Booms Gone Bust. Monetary Policy, Leverage Cycles, and Financial Crises, 1870–2008, in: AER 102/2 (2012), 1029–1061 • H. R. Varian: Grundzüge der Mikroökonomik, [8]2011 • H. P. Minsky: Stabilizing an Unstable Economy, 1986 • F. Modigliani: The Life Cycle Hypothesis of Saving, the Demand for Wealth and the Supply of Capital, in: SR 33/2 (1966), 160–217 • M. Friedman: A Theory of the Consumption Function, 1957 • J. A. Schumpeter: History of Economic Analysis, 1954 • J. S. Duesenberry: Income, Saving and the Theory of Consumer Behaviour, 1949 • I. Fisher: The Debt-Deflation Theory of Great Depressions, in: EC 1/4 (1933), 337–357.

MARTIN BUCHNER
UND PATRICK HUFSCHMIDT

## Verschwörungstheorien

V. stellen einen wiederkehrenden Topos bei der Bewältigung einer unübersichtlich gewordenen Welt dar. Spätestens seit den Anschlägen vom 11.9.2001 sind V. ins Bewusstsein einer breiten ↑Öffentlichkeit getreten. Auch in der politischen und medialen Auseinandersetzung über Ursachen und Folgen der COVID-19-Pandemie spielen V. eine wichtige Rolle. V. nehmen für ihre Vertreter bestimmte soziale Funktionen wahr, die in ihrer Summe die gesellschaftliche Kommunikation und den rationalen Diskurs über diese Themen erschweren bzw. verhindern.

### 1. Begriff, Elemente und Funktionen

V. sind keine Theorien im wissenschaftlichen Sinne. Folglich werden in der wissenschaftlichen Debatte darüber vermehrt Begriffe wie „Verschwörungsmythos" oder „Verschwörungsideologie" (Mischer 2020: 11) gebraucht. Das zentrale Motiv von V. beschreibt Karl Raimund Popper: V. „behaupte[n], daß die Erklärung eines sozialen Phänomens in der Entdeckung besteht, daß Menschen oder Gruppen an dem Eintreten dieses Ereignisses interessiert waren und daß sie konspiriert haben, um es herbeizuführen. (Ihre Interessen sind manchmal verborgen und müssen erst enthüllt werden)" (Popper 2003: 112). Damit sind wesentliche Elemente von V. genannt. V. *behaupten* etwas, wobei diese Behauptungen nicht auf realen Tatsachen beruhen müssen. Zudem werden Menschen bzw. Gruppen ↑*Interessen* zugeschrieben, die sich zumeist durch „niedere Beweggründe" (Butter 2018: 21) auszeichnen. Verschwörer handeln naturgemäß im *Verborgenen*. Das Dunkle und Schattenhafte ist ein gewichtiger Hinweis auf böse Absichten. Zudem ist ein dadurch entstehender *Schaden* für andere Individuen oder Gruppen zumindest miteingeschlossen, wenn nicht sogar intendiert. Bei K. R. Poppers Beschreibung schwingt außerdem die von Verschwörungstheoretikern sich selbst zugeschriebene Attitüde des Aufklärers mit, der die Verschwörung „enthüllt" und dadurch den entstandenen Schaden verhindert, minimiert oder wenigstens den Übeltätern zuschreiben kann. Für die Verschwörungstheoretiker übernehmen V. wesentliche Funktionen für die Interpretation der sozialen Umwelt und die Verortung der eigenen Person darin:

*a)* Erklärungsfunktion: V. bieten Erklärungen für Ereignisse an, die diese in einen größeren Rahmen stellen und so für umfassende Einordnung in das Weltgeschehen sorgen. Je nach Reichweite der V. kann damit auch das gesamte Weltgeschehen selbst erklärt werden.

*b)* Exkulpationsfunktion: Ist man selbst – sei es bewusst oder unbewusst – nicht Teil der Konspiration, wird man im sozialen Leben oftmals benachteiligt und diskriminiert. An der eigenen, nicht zufriedenstellenden Situation sind die Verschwörer und nicht man selbst schuld. Die eigene ↑Verantwortung für die persönliche Situation wird abgestritten.

*c)* Anklagefunktion: Die Verschwörer, die trotz noch so perfekter Tarnung ihres Tuns stets benannt werden können, finden sich auf einer fiktiven Anklagebank wieder. Ihnen werden ihre Verbrechen detailliert vorgeworfen. Eine Verteidigung ist unmöglich, weil jeder Einspruch gegen die Anklage als weiterer Beweis für die moralische Verkommenheit und/oder als Manipulationsversuch der Verschwörer gewertet wird.

*d)* Selbststilisierungsfunktion: Als Verschwörungstheoretiker stilisiert man sich selbst als „Guter", der grundsätzlich auf der moralisch richtigen Seite steht. Die Verschwörer dagegen bevölkern die Seite des moralisch Minderwertigen. „Dieses Prinzip generiert Feindbilder" (Mischer 2020: 13), und je mächtiger der Feind ist, desto gewichtiger wird die eigene Rolle.

*e)* Vereinfachungsfunktion: V. annullieren zwei Bereiche, die den (modernen) Menschen strukturell überfordern, nämlich ↑Kontingenz und Komplexität. Es geht V. nicht um eine Reduktion dieser Phänomene, sondern um deren vollständige Leugnung. Sie konstruieren eine Weltsicht, die Ambivalenzen nicht zulässt. In ihnen ist daher ein „Dualismus von Gut und Böse" (Butter 2018: 23) grundgelegt. So gelingt es, die soziale Wirklichkeit radikal zu vereinfachen, obwohl V. selbst durchaus nichttriviale Strukturen aufweisen können.

Die aufgeführten Funktionen lassen sich in konkreten V. in unterschiedlichem Maß nachweisen.

### 2. Typen und Topoi

V. lassen sich in einem breiten inhaltlichen und systematischen Spektrum verorten. Michael Butter zeigt anhand verschiedener Variablen auf, wie V. grundsätzlich konstruiert werden können. So lassen sich V. „von unten" (die Verschwörer sind noch nicht an den angestrebten Machtpositionen angelangt) von V. „von oben" (die Verschwörer haben die ↑Macht im Staat oder – im extremsten Fall – der Welt schon übernommen) unterscheiden (Butter 2018: 30). Daneben ist auch die Angriffsrichtung von Bedeutung. Wird die Verschwörung von innerhalb einer Institution oder eines Landes ausgeführt, bzw. ist es sogar die eigene Regierung, die gegen das Volk konspiriert, kann man von V. „von innen" sprechen, im Gegensatz zu V. „von außen" (Butter 2018: 31), bei der fremde Regierungen, deren Geheimdienste oder ausländische/multinationale ↑NGOs versuchen, Kontrolle zu erlangen. Ein zentrales Unterscheidungsmerkmal stellt die Reichweite von V. dar. Bei „Ereignis-V." wollen die Verschwörer eine einzelne Begebenheit auslösen, wohingegen bei „System-V." die Verwirklichung einer „ganze[n] Reihe von Ereignissen" seitens der Verschwörer intendiert wird, „um ihre dunklen Ziele zu erreichen oder sich an der Macht zu halten" (Butter 2018: 34). Schließlich werden in „Super-V." Verschwörungen als „Weltverschwörungen" (Butter 2018: 34) imaginiert, in der „Ereignis-V." und „System-V." miteinander kombiniert werden. In der Welt der V. können die einzelnen Typen ineinander übergehen (eine Regierung mag sich zur

Manipulation der eigenen Bevölkerung mit NGOs verbünden) und auch so innerhalb von V. komplizierte narrative Strukturen schaffen, die sich jedoch auf das klassische Verschwörungsmotiv zurückführen lassen.

Inhaltlich lassen sich V. mehrheitlich als Erzählungen gegen die vermeintlichen wie vermutlichen Herausforderungen und Bedrängungen der ↑Moderne deuten, die z. B. in Technikfeindlichkeit und Antikapitalismus ihren Ausdruck finden. Diese beiden Motive können sich nicht selten in einem schroffen Antiamerikanismus Bahn brechen. Zudem werden in V. bestimmte soziale oder politische Gruppierungen benannt, die mit den Verschwörern gleichgesetzt werden, wie Juden (↑Antisemitismus), ↑Freimaurer (die als Geheimbund a priori zum Kreis der Verdächtigen zählen), Kommunisten, Bilderberger bis hin zu Aliens, als extremste Form einer Super-V. „von außen" und „von oben". Verschwörungstheoretiker sind nicht einer einheitlichen ideologischen Denkrichtung zuzuordnen. Sie finden sich im linken wie im rechten Spektrum. Unter ihnen finden sich Anhänger der ↑Esoterik, Reichsbürger, Impfgegner, linke Althippies oder Anarcholibertäre.

### 3. Zur Gefährlichkeit von Verschwörungstheorien

V. sind in sich geschlossene Gedankengebäude, die die Nichtprognostizierbarkeit von Ereignissen aufgrund der Komplexität sozialer Vorgänge nicht verarbeiten können. Jedes noch so banale Geschehen wird als Beweis für die Verschwörung interpretiert. Dabei sind es insb. zwei Aspekte, die V. zur Gefahr für rationale politische Auseinandersetzungen werden lassen.

*a)* Selbstimmunisierung bei V.: Verschwörungstheoretiker entziehen sich systematisch der rationalen Debatte. Jedes Gegenargument wird entweder als falsch oder als durch die Verschwörer manipulierte Behauptung diffamiert. Als Nichtanhänger von V. ist man deshalb Teil der Verschwörung oder einfach zu dumm, um diese zu durchschauen. Selbst das (vollständige) Fehlen von Belegen für die Verschwörung kann noch als Beweis für V. benutzt werden: Denn es „belegt [...], wie lang der Arm der Verschwörer ist. Denn wie sonst könnte es IHNEN gelingen, IHRE Spuren derart erfolgreich zu verwischen?" (Hepfer 2016: 31). Karl Hepfer spricht von der „Asymmetrie bei der Berücksichtigung von ‚Beweisen' für und wider" (Hepfer 2016: 31). Aus der Sicht von Verschwörungstheoretikern können daher – im Gegensatz zu wissenschaftlichen Theorien – per se keine Beweise, *gegen* die jeweilige V. sprechen.

*b)* Delegitimation demokratischer Strukturen: Verschwörungen werden von Gruppen gesteuert, die entweder schon an der Macht sind oder sie anstreben. Diese Perspektive hat zur Folge, dass die Regierung entweder selbst als Teil bzw. Kopf der Konspiration gesehen wird, oder als zu schwach angesehen wird, um gegen die Verschwörer vorzugehen. Beides untergräbt und zerstört das ↑Vertrauen in die Regierung und in die sie tragenden Strukturen und Prozesse. Dies gilt insb. dann, wenn einer Regierung unterstellt wird, jemandem absichtlich schaden zu wollen. Verschwörungstheoretiker neigen demgemäß zu einer Haltung, die das „ganze System" ablehnt.

Sie igeln sich in mentalen Wagenburgen ein und entziehen sich der politischen Diskussion. Sie frönen einem Irrationalismus, der auch dann vorhanden ist, wenn die zugrundeliegende V. *in sich* logisch stringent aufgebaut ist. Aufgrund von Selbstimmunisierungsstrategien lassen sie sich nicht (mehr) überzeugen, in das normale Gespräch einzutreten. Für die demokratische Debatte sind sie verloren.

### Literatur

Stiftung Kloster Dalheim (Hg.): Verschwörungstheorien – früher und heute, 2020 • S. Bartoschek: Der Mensch ist ein Verschwörungswesen. Psychologische Determinanten des Glaubens an Verschwörungstheorien, in: ebd., 108–111 • C. Mischer: Verschwörungstheorien. Die Theorie hinter der Theorie, in: ebd., 10–18 • M. Butter/P. Knight (Hg.): Routledge Handbook of Conspiracy Theories, 2020 • D. C. Hellinger: Conspiracies and Conspiracy Theories in the Age of Trump, 2019 • J. E. Uscinski (Hg.): Conspiracy Theories and the People who Believe Them, 2019 • M. Butter: „Nichts ist so, wie es scheint". Über Verschwörungstheorien, [2]2018 • E. Einarsson: Conspiracy & Populism. The Politics of Misinformation, 2018 • R. Kampling: Antijüdische Verschwörungsmythen. Zur langen Dauer der Vergangenheit, in: Politikum 3/3 (2017), 19–24 • H. Hepfer: Verschwörungstheorien. Eine philosophische Kritik der Unvernunft, 2016 • J. Byford: Conspiracy Theories. A Critical Introduction, 2011 • K. Popper: Die offene Gesellschaft und ihre Feinde, Bd. 2, [8]2003 • M. Brökers: Verschwörungen, Verschwörungstheorien und die Geheimnisse des 11.9., [3]2002.

BERNHARD SCHREYER

## Versicherung

### 1. Definition und Wesen der Versicherung

V. gilt als populärstes Instrument zur Risikoabsicherung, sowohl im privaten, als auch im betrieblichen Kontext. Gegenüber dem Sparen als ebenfalls populäre Maßnahme bietet V. den Vorteil, auch Ereignisse absichern zu können, die betraglich über die zum Ereigniszeitpunkt individuell angesparten Beträge hinausgehen. Im Rahmen des Risikomanagements lässt sich V. als Maßnahme zur Schadenkostenüberwälzung einordnen, wobei V. für gemeinhin als Bezeichnung für das am Markt angebotene Produkt V.s-Schutz (V.s-Produkt) verwendet wird. Daneben dient der Begriff aber auch zur Bezeichnung der ↑Unternehmen, die den V.s-Schutz produzieren. In Deutschland sind diese auf die Rechtsformen V.s-AG bzw. SE (↑AG), V.s-Verein auf Gegenseitigkeit (VVaG) oder öffentlich-rechtliche ↑Körperschaft oder ↑Anstalt limitiert.

Der Überbegriff V. umfasst die Sozial- und die Individual-V. (bzw. Privat-V.), im Folgenden soll jedoch auf die Individual-V. fokussiert werden, die als Wirtschaftszweig durch bes. versicherungstechnische Äquivalenzprinzipien gekennzeichnet ist. Diese beschreiben wechselseitige Abhängigkeiten zwischen den Leistungen der Kunden (Prämien, Beiträge) und den erwarteten V.s-Leistungen dahingehend, dass diese – entweder auf Ebene eines einzelnen V.s-Vertrags oder auf Ebene eines Versichertenkollektivs – gleich sein sollen.

V. lässt sich so definieren, dass sie einen im Einzelnen ungewissen, insgesamt aber geschätzten Mittelbedarf auf der Grundlage eines Risikoausgleichs im Kollektiv und in der Zeit deckt. Diese, auf Alfred Manes zurückgehende Definition wurde im Laufe der Zeit immer weiter verfeinert und präzisiert. Grundlegend bleibt jedoch der Rückgriff auf statistische Massengesetzmäßigkeiten, insb. den Gesetzen der großen Zahlen, als Wesenskern. Die Zusammenfassung von möglichst gleichartigen (homogenen) ↑Risiken in Kollektive macht es möglich, den zukünftigen Finanzbedarf zum Ausgleich der eintretenden Schäden bei immer größeren Kollektiven zunehmend genauer kalkulieren zu können.

## 2. Historische Entwicklung der Versicherung

Versuche, Risiken so zu beeinflussen, dass sie leichter getragen werden können, folgen einer langen Tradition. Bezogen auf wirtschaftliche Sachverhalte gab es bereits vor langer Zeit Regelungen, wie Risiken in bestimmten Situationen aufgeteilt werden sollten und wer welche Anteile zu tragen hatte. Ca. 3000 v. Chr. schlossen sich wohl phönizische Händler zusammen, um wechselseitig Verluste aus verlorenen Schiffsladungen zu ersetzen. Im 17. Jh. v. Chr. gab es in Babylonien in den Gesetzen des Hammurabi, dem *Codex Hammurabi*, Regelungen, dass Teilnehmer einer Karawane Verluste aus Überfällen gemeinsam zu tragen hatten. Auch im antiken Griechenland und Rom gab es Mechanismen zur Umverteilung von Risiken, hauptsächlich im Transport- und Gesundheitswesen und im Bereich der Hinterbliebenenversorgung.

Die in die Moderne hineinreichende Entwicklung des V.s-Wesens spiegelt sich in heute noch vorzufindenden Strukturen wider. Je nach urspr.er Motivation der Risikoträger lassen sich drei Stränge in den Entwicklungslinien nachvollziehen.

### 2.1 Versicherung auf Basis genossenschaftlicher Zusammenschlüsse

Insb. in nordeuropäischen Regionen, so auch in Norddeutschland, entwickelte sich das V.s-Wesen aus genossenschaftlichen Zusammenschlüssen (↑Genossenschaften), die zur gegenseitigen Unterstützung für die Wechselfälle des Lebens begründet wurden. Die Risikoträger waren die Mitglieder des Zusammenschlusses, die dadurch eine Gefahrengemeinschaft bildeten. Ihre Motivation zur Risikotragung resultierte aus der Voraussicht, bei eigener Betroffenheit durch einen Schicksalsschlag bzw. Schaden Anspruch auf Kompensation durch die anderen Mitglieder zu erhalten, so wie sie selbst die Verpflichtung zu tragen hatten, einen Beitrag zur Finanzierung eintretender Schäden bei anderen zu leisten.

Vorläufer der genossenschaftlichen Versicherer waren die mittelalterlichen Gilden, die zunächst als bruderschaftliche Vereinigungen, später als Zusammenschluss von Kaufleuten und fahrenden Händlern deren Interessen vertraten und Schutz und Hilfe in allen Lebensbereichen boten. Den Mitgliedern oder deren Hinterbliebenen wurden in Notlagen, wie Krankheit, Invalidität oder Tod, Geld- oder Sachleistungen, so z. B. Spitalaufenthalte, gewährt, wobei die Leistung an vorherige Entgeltzahlungen und weitere rechtliche Voraussetzungen gekoppelt war. Ebenso beinhaltete die Mitgliedschaft in einer der Handwerkszünfte eine ähnliche Absicherung. Dort hatten die Mitglieder ebenfalls Beiträge zu zahlen, aus denen andere Mitglieder, die aufgrund von Krankheit oder Invalidität in Not geraten waren, unterstützt wurden oder eine finanzielle Leistung im Alter erhielten.

Ab Mitte des 16. Jh. wurden in Schleswig-Holstein, später auch in anderen Regionen, zur finanziellen Absicherung von Feuerschäden Brandgilden gegründet, die als Ursprung des Gegenseitigkeitsprinzips gelten.

Die genossenschaftlichen Zusammenschlüsse zwecks gemeinsamer Risikotragung mündeten in die heute noch auf dem V.s-Markt tätigen VVaG. Zwar entspricht deren heute beobachtbare wirtschaftliche Tätigkeit nicht mehr unmittelbar dem urspr.en genossenschaftlichen Zusammenschluss, deren Wurzeln reichen aber auf dessen Grundideale zurück. So sind die VVaG häufig nur für bestimmte Personenkreise bzw. Berufsgruppen zugänglich oder haben einen eng umrissenen regionalen Wirkungskreis.

### 2.2 Versicherung auf Basis staatlicher Initiative

Hier wird die Risikotragung nicht (nur) durch einen Zusammenschluss gefährdeter Gleichgesinnter praktiziert, sondern durch (zusätzliches) Engagement der öffentlichen Hand, die einen aus dem öffentlichen Haushalt gespeisten Risikoträger betreibt. Als erste öffentlich-rechtliche V.s-Institution wird regelmäßig die 1676 vom Rat und der Bürgerschaft der Stadt Hamburg gegründete *Hamburger Feuerkasse* aufgeführt, die aus der Zusammenfassung urspr. von Grundstückseigentümern wechselseitig geschlossenen Verträgen hervorging, in denen Entschädigungszahlungen im Brandfall vereinbart wurden.

Motiviert durch die Philosophie des aufgeklärten ↑Absolutismus, gemäß der ein Landesherr für das Allgemeinwohl (↑Gemeinwohl) und die ↑Wohlfahrt seiner Untertanen verantwortlich war, kam es im 18. Jh. nach und nach in etlichen deutschen Teilstaaten zu weiteren Gründungen öffentlich-rechtlicher V.s-Anstalten, die überwiegend die Gebäude-Feuer-V. betrieben. So „wanderte" die Idee der staatlichen V.s-Anstalten, ausgehend 1718 von Preußen, von Nord- nach Süddeutschland, wo 1754 entspr.e Versicherer gegründet wurden.

Mitte des 19. Jh. wurde das Spektrum an angebotenem V.s-Schutz zunächst um Mobiliar-, Hagel- und Tier-V.en erweitert, bis letztendlich alle Sparten von öffentlich-rechtlichen Risikoträgern betrieben wurden.

Eine deutliche Ausweitung des staatlichen Engagements wurde 1881 durch die von Otto von Bismarck initiierte Kaiserliche Botschaft bewirkt, die schließlich 1883 zur Einführung der ↑Sozial-V., zunächst in Form der GKV (↑KV), dann alsbald ergänzt durch eine gesetzliche ↑Unfall-V. und eine Invaliditäts- und Alters-V. (↑Renten-V.), führte.

### 2.3 Versicherung auf Basis kaufmännischen Erwerbsstrebens

Die dritte Entwicklungslinie des V.s-Wesens ist mit der Absicht verbunden, durch das bewusste Übernehmen und Tragen von Risiken Gewinne zu erzielen. Als Risikoträger fungieren mit Eigenkapital ausgestattete Unternehmungen, deren Eigentümer die Risikotragung zum Zwecke der Vermögensmehrung betreiben. V.s-Geschäfte auf kaufmännischer Grundlage sind auf die in der zweiten Hälfte des 14. Jh. in den oberitalienischen Seestädten erfolgte Absicherung von Warentransporten zurückzuführen. Die Ausbreitung des Seehandels führte zu Finanz- und Absicherungsbedarfen, die zunächst durch spezielle Vereinbarungen in Seedarlehen erreicht wurden. Diese Seedarlehen mussten nicht zurückgezahlt werden, wenn das damit finanzierte Schiff bzw. die Ware auf dem Transportweg unterging. Mit dem Voranschreiten des Seehandels im Mittelmeerraum erfuhr die auf kaufmännischer Basis betriebene See- bzw. Transport-V. ihre Ausdehnung. Dem regionalen Verlauf des wirtschaftlichen Aufschwungs folgend, breitetet sie sich über Spanien, Portugal, England und die Niederlande nach Norddeutschland aus. Dort wurde in Hamburg im Jahr 1588 der erste See-V.s-Vertrag geschlossen.

Die aus erwerbswirtschaftlichen Motiven betriebene ↑Lebens-V. folgte der Entwicklung der mathematisch-statistischen Praktiken zur Kalkulation von Lebenserwartungen, wobei den von Edmond Halley aus Breslauer Kirchenbüchern erstmalig entwickelten Sterbetafeln eine maßgebliche Rolle zukam. Entspr. nahmen Mitte des 18. Jh. in England die ersten kommerziellen Lebens-V.s-Gesellschaften ihren Geschäftsbetrieb auf, bald danach erfolgten analoge Gründungen in Deutschland.

In Folge des Großbrandes in London 1666 wurden in England die ersten erwerbswirtschaftlichen Feuer-V.s-Gesellschaften gegründet. Daraus entwickelten sich im Laufe der Zeit Unternehmungen, die auf weitere Risikoarten ausgerichtet waren. Bis zum Anfang des 19. Jh. waren diese Gesellschaften zusammen mit französischen V.en die dominierenden Gesellschaften auf dem deutschen Sach-V.s-Markt. Erst dann – im Gleichschritt mit dem Bedeutungszuwachs der deutschen Wirtschaft – wurden in verschiedenen Regionen Sach-V.s-Gesellschaften gegründet. Als Mitte des 19. Jh. die Versicherbarkeit großer, kapitalintensiver Einzelrisiken zunehmend eine Herausforderung wurde, begann die Gründungsphase professioneller Rück-V.s-Gesellschaften, also Unternehmungen, deren ausschließlicher Zweck die V. anderer V.s-Gesellschaften ist und die es ermöglichen, Risiken weiter zu verteilen. 1846 wurde mit der *Kölnischen Rück-V.s-Gesellschaft* der erste professionell agierende Rückversicherer gegründet, dem bald die Gründung weiterer Gesellschaften folgte.

Im Zuge der weiteren wirtschaftlichen und gesellschaftlichen Entwicklungen folgte die Ausrichtung der Versicherer auf die damit einhergehenden Risiken, wie z. B. die im Zuge des Baus der ersten Eisenbahnlinien entstehende Unfall-V. oder die Haftpflicht-V., die den schärferen gesetzlichen Vorschriften aufgrund der zunehmenden Technisierung folgte. Die Verbreitung der ersten Motorfahrzeuge wurde schließlich durch die Kraftfahrt-V. begleitet.

## 3. Versicherungsprodukte

V.s-Produkte sind das Ergebnis des Leistungserstellungsprozesses in V.s-Unternehmen. Mit ihnen erwirbt ein Kunde (V.s-Nehmer) durch Zahlung der Prämie die Verpflichtung eines V.s-Unternehmens, vertraglich festgelegte Entschädigungszahlungen an den V.s-Nehmer, an einen Bezugsberechtigten oder – bei der Haftpflicht-V. – an geschädigte Dritte zu leisten, wenn innerhalb eines definierten Zeitraums ein versichertes Ereignis (V.s-Fall) eintritt oder verursacht wird. Aufgrund dieser Zeitraumbezogenheit wird V.s-Schutz als Dauerschutzversprechen charakterisiert. Prägend für ein V.s-Produkt ist die kollektiv organisierte Ansammlung von Geldmitteln, die der Zahlung zukünftiger, zum Zeitpunkt ihrer Kalkulation zahlen- und/oder betragsmäßig unsicherer V.s-Leistungen dienen. Die Vorabkalkulation der V.s-Prämie und deren Fälligkeit bei Abschluss eines V.s-Vertrags verursachen für V.s-Unternehmen ein bes.s arteigenes Risiko, das sog.e versicherungstechnische Risiko. Dieses kennzeichnet die Gefahr, dass die Prämien und die vorhandenen finanziellen Reserven eines Versicherers nicht ausreichen, um die Schadenfälle einer Periode vollumfänglich zu entgelten. Ein solches Unvermögen kann aus der reinen Zufälligkeit des V.s-Geschäfts resultieren, auf Irrtümer bei der Kalkulation der Prämien zurückzuführen sein oder auf sich ändernden, aber nicht rechtzeitig erkennbaren Schadengesetzmäßigkeiten basieren. Wenn keine Nachschusspflicht der V.s-Nehmer zur Deckung nicht kalkulierter Überschäden vereinbart wird, was per dato bei manchen V.s-Vereinen noch üblich ist, trägt das V.s-Unternehmen auch nach erfolgtem Ausgleich im Kollektiv ein finanzielles Restrisiko.

V.s-Produkte werden von Unternehmen erstellt, die Erst-V.en oder Rück-V.en betreiben. Erst-V.s-Unternehmen gewähren V.s-Schutz gegenüber Endverbrauchern, Rück-V.s-Unternehmen bieten anderen (Erst- oder Rück-)V.s-Unternehmen V.s-Schutz an. Die Einteilung von V.s-Produkten erfolgt in erster Linie nach der Zuordnung zu den unterschiedlichen V.s-Sparten. Diese umfassen die Lebens-V., die Kranken-V. und die Schaden-/Unfall-V. Tiefer gehende Untergliederungen differenzieren weiter nach V.s-Zweigen. Diese kennzeichnen Gruppierungen, welche in Bezug auf bestimmte Merkmale – häufig die versicherte Gefahr – relativ gleichartige V.s-Verträge darstellen. Beispiele sind die Kraftfahrt-V., die Unfall-V., die verbundene Wohngebäude-V. oder die allg.e Haftpflicht-V. Häufig werden V.s-Produkte auch nach dem Bezugspunkt des V.s-Schutzes in Personen-V. sowie Sach- und Vermögens-V. bzw. Nichtpersonen-V. unterschieden. Die Personen-V. versichert Risiken, die unmittelbar in der körperlichen Sphäre der versicherten Person liegen, wie z. B. Tod, Erleben eines vereinbarten Zeitpunkts, Unfall oder Krankheit. Nichtpersonen-V.en versichern hingegen Risiken, die auf eine konkrete Sache (Sach-V.), wie z. B. Hausrat-V., auf ein Vermögen (Vermögens-V.), wie z. B. Haftpflicht-V. oder auf ein versichertes Interesse, wie z. B. Rechtsschutz-V. gerichtet sind.

Unter mehr versicherungstechnischen Gesichtspunkten ist die Unterscheidung nach der V.s-Form üblich. Summen-V.en gewähren eine bei Vertragsabschluss fest vereinbarte V.s-Leistung (V.s-Summe), wenn während der Vertragslaufzeit ein definiertes Ereignis eintritt (abstrakte Bedarfsdeckung). Dies ist bspw. in der Lebens-V. oder der Unfall-V. der Fall. Die Schaden-V. umfasst alle V.s-Zweige mit zufallsabhängigen Schadenhöhen, d. h. die Entschädigungszahlung ist bei Schadeneintritt vom Ausmaß des eingetretenen Schadens abhängig (konkrete Bedarfsdeckung). Mit Ausnahme von Krankheits- und Pflegekosten in der privaten Kranken-V. sind Personen-V.en i. d. R. Summen-V.en, Sach- und Vermögens-V.en hingegen grundsätzlich Schaden-V.en. Diese werden nach der maximalen Entschädigung weiter unterteilt in Interessen-V., Erstrisiko-V. und Vollwert-V. Bei der unbegrenzten (reinen) Interessen-V. gilt prinzipiell, dass die Entschädigungshöhe der Schadenhöhe entspricht, unabhängig davon, wie hoch diese ausfällt. Bei der Erstrisiko-V. trägt der Versicherer den versicherten Schaden bis zu einer vereinbarten V.s-Summe. Diese stellt die Obergrenze für die Entschädigung dar. Ist der Schaden höher als die V.s-Summe, muss der V.s-Nehmer den übersteigenden Betrag selbst tragen. In der Vollwert-V. wird die V.s-Summe durch den V.s-Wert der versicherten Sache zum Zeitpunkt des Vertragsabschlusses bestimmt. Steigt der V.s-Wert ohne Anpassung der V.s-Summe (Unter-V.), wird im Schadenfall die Entschädigung gemäß der Relation zwischen V.s-Summe und V.s-Wert vermindert. Sinkt der V.s-Wert gegenüber der V.s-Summe oder bleibt gleich, so wird im Schadenfall die Schadenhöhe entschädigt.

## 4. Prämienkalkulation

Der zu entrichtende Preis für das Produkt V.s-Schutz wird als Bruttoprämie bezeichnet. Basis für deren Kalkulation sind die Schätzungen der zukünftigen Risikokosten und der Betriebskosten. Zur Ermittlung der Risikokosten wird zunächst die von bestimmten Risikomerkmalen der versicherten Personen, Sachen oder Interessen abhängige Risikoprämie (häufig auch als Nettoprämie oder Bruttorisikoprämie bezeichnet) berechnet. Die Risikoprämie unterteilt sich in der Schaden-V. in eine Nettorisikoprämie, die dem Erwartungswert der individuellen Gesamtschadenverteilung entsprechen soll und die durch den empirisch ermittelten Schadenbedarf repräsentiert wird, und einen Sicherheitszuschlag, der als Äquivalent für die Unsicherheit fungiert, dass sich ein höherer Schaden („Überschaden") als dieser Erwartungswert ereignet. Der Sicherheitszuschlag kann versicherungsbetrieblich als ein Mittel zur Finanzierung der kollektiven Reserve, risikotheoretisch als der Prämienbestandteil interpretiert werden, der notwendig ist, um der unternehmensindividuellen Risikoeinstellung eines V.s-Unternehmens bei der Übernahme eines Risikos Rechnung zu tragen. Ergänzend erfolgt die Kalkulation des notwendigen Deckungsbeitrags zur Finanzierung der betrieblichen Abläufe und des kalkulatorischen Gewinns. Hinzu kommen die V.s-Steuer als durchlaufender Posten, ein Sparbeitrag im Rahmen der Lebens-V. sowie evtl. Ratenzahlungszuschläge.

Da die *ex ante* vorgenommene Prämienkalkulation nur auf Schätz- und Erwartungsgrößen basieren kann, ist es zweckdienlich, dass zu versichernde Risiken bestimmte Merkmale aufweisen, um hinreichend sichere Schätzergebnisse zu erreichen. Regelmäßig werden verschiedene Eigenschaften genannt. Hierzu zählt die Zufälligkeit des versicherten Risikos, d. h. die einen Schadenfall auslösenden Ereignisse sollen unsicher sein und durch V.s-Nehmer nicht beeinflusst werden können. Ein weiteres Merkmal ist die Eindeutigkeit, worunter eine eindeutige Beschreibung der möglichen V.s-Fälle und deren Konsequenzen zu verstehen ist. Dies wird durch klare vertragliche Festlegungen bewirkt. Das Kriterium der Schätzbarkeit fordert Kenntnisse über die Wahrscheinlichkeitsverteilung der V.s-Fälle. Dies impliziert in erster Linie eine ausreichende historische Erfahrung bzgl. eingetretener Schäden, um auf deren Basis zukünftige zu erwartende Schäden schätzen zu können. Schließlich sollten die in einem Kollektiv zusammengefassten Risiken insofern unabhängig voneinander sein, als dass nicht bei allen gleichzeitig Schäden eintreten. Dies ist z. B. bei Naturgefahren kaum sicherzustellen, da nicht nur einzelne Objekte davon betroffen sind, sondern üblicherweise eine Vielzahl in der betroffenen Region. Diese Kriterien werden häufig als Grundlage verwendet, um Einschätzungen hinsichtlich der Versicherbarkeit von Risiken zu treffen.

## 5. Versicherungsaufsicht

Die V.s-Wirtschaft gehört weltweit zu den am stärksten regulierten und beaufsichtigten Branchen. Entspr. unterliegen V.s-Unternehmen einer staatlichen V.s-Aufsicht. Deren Ziele sind der Schutz der V.s-Nehmer, v. a. durch die Gewährleistung der dauernden Erfüllbarkeit der Verpflichtungen aus den V.s-Verträgen, sowie die Erhaltung der Funktionsfähigkeit der V.s-Wirtschaft. In Deutschland ist die V.s-Aufsicht im VAG geregelt. Ausgeübt wird sie gegenüber den meisten V.s-Unternehmen durch die BaFin. Die übrigen Versicherer sind entweder von der Aufsicht befreit oder werden von obersten Wirtschaftsbehörden bzw. bestimmten Ministerien der jeweiligen Bundesländer beaufsichtigt.

Die Aufsichtsbehörde ist u. a. zuständig für die Zulassung zum Geschäftsbetrieb, die Überwachung einer als risikoangemessen erachteten Eigenmittelausstattung (Solvabilität), die Überwachung einer ordnungsgemäßen Geschäftsorganisation und für Eingriffe, wenn Missstände drohen.

Die Regulierung des V.s-Marktes wird in Europa im Wesentlichen durch europaweite Regelungen praktiziert. Wesentliches Merkmal ist die Niederlassungs- und Dienstleistungsfreiheit im Rahmen des ↑Europäischen Binnenmarktes. So gilt bspw. für die Zulassung zum Geschäftsbetrieb die Zuständigkeit der Aufsichtsbehörde des Sitzlands des Unternehmens. Bei Ausweitung der Tätigkeit durch Niederlassungen oder im Dienstleistungsverkehr auf andere Staaten des Europäischen Binnenmarkts ist keine weitere separate Erlaubnis notwendig. Zudem werden wesentliche Aufsichtselemente, wie bspw. die Eigenmittelanforderungen, bereits seit längerem auf europäischer Ebene geregelt. Seit 1.1.2016 ist zur Bemessung der Eigenmittelanforderungen für V.s-Gesellschaften im EWR das neue Aufsichts- und Solvabilitätssystem *Solvency II* in Kraft.

### 6. Individualversicherung und Sozialversicherung

Neben der Individual-V. spielt auch die Sozial-V. eine bedeutende Rolle bei der Absicherung der „Wechselfälle des Lebens". So übertrifft das Beitragsaufkommen der Sozial-V. das der Individual-V. erheblich. Anders als die Individual-V. stellt die Sozial-V. jedoch einen wesentlichen Baustein der staatlichen ↑Sozialpolitik dar und bewirkt neben dem eigentlichen Absicherungseffekt auch einen sozialen Ausgleichseffekt. Leistungen und Gegenleistungen beruhen nicht auf Äquivalenzprinzipien, sondern auf dem Solidaritätsprinzip (↑Solidarität), das eine Subventionierung von wirtschaftlich Schwächeren durch wirtschaftlich Stärkere vorsieht. Demgemäß kommen V.s-Verhältnisse in der Sozial-V. kraft Gesetz bei Vorliegen der dort definierten Merkmale zustande. In der Individual-V. herrscht hingegen grundsätzlich Vertragsfreiheit, auch wenn für die Durchführung bestimmter Aktivitäten, wie z. B. das Zulassen eines Fahrzeugs, von Gesetzes wegen V.s-Schutz nachgewiesen werden muss, nämlich der Abschluss einer Kfz-Haftpflicht-V. Der Kreis der versicherten Gefahren beschränkt sich in der Sozial-V. im Wesentlichen auf die mit der persönlichen Arbeitskraft in Verbindung stehenden Risiken, wie Krankheit, Pflegebedürftigkeit, Berufsunfall, Alters- und Hinterbliebenenversorgung und Arbeitslosigkeit. Die Individual-V. erstreckt sich hingegen auf alle versicherbaren Gefahren. Die Kalkulation der Prämien erfolgt in der Individual-V. nach der Risikoäquivalenz, in der Sozial-V. werden Beiträge nach der wirtschaftlichen Leistungskraft, repräsentiert durch das Arbeitseinkommen, erhoben. Die Rechtsgrundlagen der Sozial-V. sind in den SGB verankert, die entspr.e Gerichtsbarkeit wird durch die Sozialgerichte gewährt. Die Individual-V.s-Verträge unterliegen hingegen v. a. dem VVG, die V.s-Unternehmen dem VAG.

### 7. Gesamtwirtschaftliche Funktionen der Versicherung

Neben der individuellen Absicherung der finanziellen Folgen eintretender Risiken fördert V. auch die gesamtwirtschaftliche Effizienz. So trägt V. zur Verbesserung der Risikoallokation bei und ermöglicht Wirtschaftssubjekten eine erhöhte Wagnisbereitschaft und die Durchführung von Aktivitäten, deren Risiken ihre wirtschaftliche Leistungskraft übersteigen würden, die aber gesellschaftlich als erwünscht gelten. Die Anreize zum Aufbau von ↑Vermögen steigen, wenn dieses Vermögen abgesichert werden kann. Dadurch steht Wirtschaftssubjekten eine verbesserte Grundlage für ihre Planung zur Verfügung. Eintretende Schäden können durch prompte Schadenregulierung schnell ersetzt und durch *ex ante* stattfindende fachkundige Kontrollen seitens der Versicherer möglicherweise sogar vermieden werden. Die durch die Prämienvorauszahlung und Reservebildung erfolgende Kapitalansammlung bei V.s-Gesellschaften lässt diese als bedeutende institutionelle Investoren agieren. Bei rationalem Investitionsverhalten fördert dies den Markt für Unternehmenskontrolle, lenkt Kapitalströme effizient zu werthaltigen Investitionsgelegenheiten und fördert die Kapitalversorgung zukunftsträchtiger Wirtschaftsbereiche. Aufgrund der risikogerechten Kalkulation der V.s-Prämien wird das Unternehmensverhalten beeinflusst, indem Anreize zur Risikoreduzierung ausgelöst werden, solange die hierfür anfallenden ↑Kosten geringer sind als die V.s-Prämie. Letztlich dient V. auch zur Entlastung des ↑Staates, der ansonsten als Gemeinwesen in irgendeiner Form zumindest partiell für Schäden einzustehen hätte, die einzelnen Mitgliedern zustoßen und die deren Leistungsfähigkeit übersteigen. Diese Möglichkeit führt dazu, dass als bes. gefährlich geltende Aktivitäten nur nach Nachweis einer entspr.en V.s-Deckung durchgeführt werden dürfen. Gesetzliche V.s-Pflicht besteht v. a. dann, wenn Dritte zu Schaden kommen können und das individuelle Vermögen des Schädigers voraussichtlich nicht ausreicht, um diese Schäden zu kompensieren. Neben der Sozial-V., die die V.s-Pflicht für einen eingeschränkten Personenkreis begründet, ist v. a. die Kfz-Haftpflicht-V. zu nennen, aber auch die Jagdhaftpflicht-V. oder die Haftpflicht-V. für Arzneimittelhersteller. In wenigen Fällen besteht allg.e V.s-Pflicht auch für Risiken, die den V.s-Nehmer selbst bedrohen, wie

z. B. bei der Kranken-V. In diesen Kontext ist die regelmäßig aufkommende Diskussion zu verorten, ob eine allg.e V.s-Pflicht von Gebäuden gegen Elementargefahren, v. a. Überschwemmung, sinnvoll ist.

Da angebotener V.s-Schutz die Wagnisbereitschaft erhöht, kann V. auch negative Effekte auslösen. Dies ist dann zu vermuten, wenn die erhöhte Wagnisbereitschaft zu Konsequenzen führen kann, die nicht nur von denjenigen getragen werden müssen, die aus der höheren Wagnisbereitschaft profitieren. Auch durch V.s-Pflicht für bes. gefährlich erachtete Aktivitäten kann das daraus resultierende Risiko nicht vollständig reduziert werden. Bspw. mildert V. nur finanzielle Folgen, anderweitige Schädigungen – z. B. dauerhafte körperliche Beeinträchtigungen, irreversible Umweltschäden oder die Vernichtung einzigartiger Güter – bleiben trotz V. bestehen.

### Literatur

W. Karten u. a.: Risiko und Versicherungstechnik, 2018 • P. Liebwein: Klassische und moderne Formen der Rückversicherung, [3]2018 • J.-M. Graf von der Schulenburg/U. Lohse: Versicherungsökonomik, [2]2014 • G. Dionne (Hg.): Handbook of Insurance, [2]2013 • P. Koch: Versicherungswirtschaft, [7]2013 • Ders.: Geschichte der Versicherungswirtschaft in Deutschland, 2012 • D. Farny: Versicherungsbetriebslehre, [5]2011 • P. Zweifel/R. Eisen: Versicherungsökonomie, [2]2003.

THOMAS HARTUNG

## Versicherungsrecht

### 1. Überblick

Die private Versicherungswirtschaft gehört, nicht zuletzt seit der Finanz- und Wirtschaftskrise ab 2008 (↑Finanzmarktkrise), zu den stark regulierten Branchen. Das ist angesichts der Bedeutung, die ↑Versicherung für Gesellschaft und Wirtschaft hat, und der Gefahren, denen Versicherer ausgesetzt sind (z. B. die in der Niedrigzinsphase erschwerte Kapitalbildung und -erhaltung), gerechtfertigt. Die ↑Sozialversicherung folgt als gesetzliche Absicherung existentieller Risiken eigenen Regeln (Sozialversicherungsrecht).

Der Begriff des V.s umfasst die Gesamtheit versicherungsspezifischer Vorschriften des ↑öffentlichen Rechts und des ↑Privatrechts. Hierzu gehören das Versicherungsaufsichtsrecht, -vertragsrecht und -vertriebsrecht. Weitere Sonderregeln finden sich etwa im ↑Steuerrecht (VersStG). Einige dieser Bereiche sind weitgehend durch das Recht der EU (↑Europarecht) geprägt.

### 2. Versicherungsaufsichtsrecht

Die staatliche Versicherungsaufsicht soll Versicherungsnehmer und sonstige Anspruchsberechtigte schützen, aber auch für Finanzstabilität und faire Märkte sorgen. Das Aufsichtsrecht hat seine deutschen Ursprünge im *Gesetz über die privaten Versicherungsunternehmen* vom 12.5.1901 (RGBl. I: 139), ist inzwischen aber in ↑EU und EWR in Konkretisierung der Dienstleistungs- und Niederlassungsfreiheit der Art. 56 und 49 AEUV weitgehend harmonisiert, um durch einheitliche Sicherheitsstandards grenzüberschreitenden Versicherungsbetrieb zu erleichtern. Ausgangspunkt ist die Solvabilität II-RL 2009/138/EG. Ihr Kern ist das *Single License*-Prinzip, wonach die Zulassung eines Versicherers in einem EU-/EWR-Staat es ihm erlaubt, im gesamten EU-/EWR-Gebiet tätig zu werden.

Der Tätigkeitsbereich von Versicherungsunternehmen ist nach § 15 VAG auf den Betrieb von Versicherungsgeschäften begrenzt. Risiken aus anderen Geschäften sollen die Ansprüche der Versicherungsnehmer und sonstigen Berechtigten nicht beeinträchtigen. Für Lebensversicherer (↑Lebensversicherung) und Krankenversicherer (↑Krankenversicherung) gilt weitergehend, dass sie neben einem dieser beiden existentiellen Risiken keine anderen versichern dürfen (Spartentrennungsgebot).

Versicherungen können nur in Rechtsformen betrieben werden, die den Erhalt des Eigenkapitals gewährleisten. Dazu zählen ↑Aktiengesellschaften, SE, öffentlich-rechtliche ↑Körperschaften oder ↑Anstalten sowie der Versicherungsverein auf Gegenseitigkeit (VVaG). Letzterer ist eine Sonderform des wirtschaftlichen Vereins für Versicherungen (§§ 171–210 VAG). Ihr liegt der Gedanke der Selbsthilfe durch vereinsrechtliche Verbundenheit zugrunde, ist bei großen VVaG aber nicht mehr prägend. Mitgliedschaft im und Versicherungsvertrag mit dem VVaG sind grundsätzlich miteinander verbunden, Verträge mit Nichtmitgliedern nur in begrenztem Umfang zulässig. VVaG haben eine der AG vergleichbare dreigliedrige Organstruktur aus oberster Vertretung (Mitglieder- oder Mitgliedervertreterversammlung), Vorstand und Aufsichtsrat (§ 184 VAG). Die Pläne, auf EU-Ebene ein Statut einer Europäischen Gegenseitigkeitsgesellschaft zu verabschieden, wurden 2005 aufgegeben.

Das Aufsichtsrecht besteht im Übrigen aus drei Säulen.

*a)* Die Vorgaben für die Finanzverfassung, insb. die Eigenmittelausstattung (Solvabilität) und die Kapitalanlage von Versicherern, stellen sicher, dass Versicherer gegen sie bestehende Ansprüche aus Versicherungsverträgen erfüllen können.

*b)* In den Anforderungen an die Geschäftsorganisation gehen das VAG und die Delegierte Verordnung (EU) 2015/35 über das ↑Gesellschaftsrecht hinaus. So sind etwa vier Schlüsselfunktionen zwingend vorzusehen (Risikomanagement, ↑Compliance, interne Revision und Versicherungsmathematik) und die Zuverlässigkeit und fachliche Eignung der Organe sicherzustellen.

*c)* Berichts- und Offenlegungspflichten sowie spezielle Normen des HGB zur Rechnungslegung schaffen Transparenz für Öffentlichkeit und Aufsicht. Aktuelle Fragen ergeben sich aus der ↑Digitalisierung, etwa für digitale Geschäftsmodelle von InsurTechs oder technologische Anforderungen an die Aufsicht *(Supervisory Technology)*.

Rechtstechnisch ist die EU-Regulierung durch das Lamfalussy-Verfahren geprägt, wonach die Solvabilität II-RL (Stufe 1) ergänzt wird durch Regelungen der ↑Europäischen Kommission (Stufe 2, v.a. Delegierte Verordnung [EU] 2015/35), Leitlinien der EU-Aufsichtsbehörde EIOPA (Stufe 3) und die Kontrolle der Rechtsanwendung in den Mitgliedstaaten durch EIOPA (Stufe 4). Hinzu tritt das nationale Recht: das VAG, ergänzende Verordnungen und die Leitlinien der deutschen Versicherungsaufsichtsbehörde BaFin (z.B. Mindestanforderungen an die Geschäftsorganisation von Versicherungsunternehmen). Deren Tätigkeit wird durch die meist bei den Finanzministerien liegende Aufsicht der Länder ergänzt. Die sehr detailreichen Leitlinien der Aufsichtsbehörden (Stufe 3) zu einer Fülle aufsichtsrechtlicher Fragen ergänzen das prinzipienbasierte Recht und spielen als *soft law* für die Praxis eine maßgebliche Rolle.

### 3. Versicherungsvertragsrecht

Der Versicherungsvertrag ist ein gegenseitiger schuldrechtlicher Vertrag (↑Schuldrecht). Der Versicherer verpflichtet sich, ein bestimmtes ↑Risiko durch eine Leistung abzusichern, die er bei Eintritt des vereinbarten Versicherungsfalles zu erbringen hat (§1 VVG). Der Versicherungsnehmer muss die vereinbarte Prämie zahlen. Da gegenüber dem ↑BGB zahlreiche Sonderregeln gelten, hat man den Versicherungsvertrag im VVG von 1908, in Kraft ab 1.1.1910, verankert; das BGB gilt ergänzend. Das PflVG und die Kraftfahrzeug-Pflichtversicherungs-VO betreffen die wichtige Kfz-Haftpflichtversicherung. 2008 wurde das VVG modernisiert und in Einzelpunkten europäischen Vorgaben angeglichen. Versicherungsverträge sind durch AVB geprägt, die ↑AGB i.S.d. §§305ff. BGB sind.

Von den allg.en Regeln des BGB Abweichendes gilt u.a. für die Information und Beratung des Versicherungsnehmers, für den Vertragsabschluss einschließlich des Widerrufs und für Pflichtverletzungen des Versicherungsnehmers. Ihm werden wegen seiner Nähe zum versicherten Risiko zahlreiche Obliegenheiten auferlegt, die sicherstellen, dass Gleichwertigkeit von Leistung und Gegenleistung besteht und nicht durch nachteilige Veränderungen des Risikos beeinträchtigt wird. Auch treffen ihn Obliegenheiten bei der Erfüllung und Durchführung des ↑Vertrages, etwa die Pflicht, den Versicherungsfall unverzüglich anzuzeigen. An die Verletzung von Obliegenheiten knüpft das VVG Folgen, die vom allg.en Leistungsstörungsrecht abweichen. Namentlich droht unter bestimmten Voraussetzungen der Verlust des Versicherungsschutzes.

Zur außergerichtlichen Beilegung von Streitigkeiten zwischen bestimmten Versicherungsnehmern, v.a. Verbrauchern, und Versicherern oder Versicherungsvermittlern oder -beratern sind mit dem *Versicherungsombudsmann e. V.* (s. *Verfahrensordnung des Versicherungsombudsmanns, Verfahrensordnung für Beschwerden im Zusammenhang mit der Vermittlung von Versicherungsverträgen*) und dem *Ombudsmann Private Kranken- und Pflegeversicherung* (s. Statut) Schlichtungsstellen geschaffen worden.

### 4. Versicherungsvertriebsrecht

Versicherungen sind komplizierte Rechtsprodukte. Dem Einzelnen ist nicht ohne Weiteres ersichtlich, ob und welchen Versicherungsschutz er braucht. Deshalb werden beim Vertrieb und bei der Betreuung von Versicherungsverträgen vielfach Versicherungsvermittler oder -berater tätig. Der Vertrieb ist aufgrund der EU-Versicherungsvertriebs-RL (EU) 2016/97, die die Versicherungsvermittlungs-RL (2002/92/EG) ablöste, und weiterer EU-Verordnungen (Delegierte Verordnungen [EU] 2017/2358, 2017/2359, 1286/2014) in weiten Teilen reguliert, im deutschen Recht im VVG, im VAG, in der GewO und der *Verordnung über die Versicherungsvermittlung und -beratung*.

Versicherungsvermittler und -berater brauchen grundsätzlich eine gewerberechtliche Erlaubnis und werden in das Vermittlerregister der ↑Industrie- und Handelskammern eingetragen. Das Gesetz unterscheidet gemäß §59 Abs. 1–3 VVG Versicherungsvertreter, die vom Versicherer betraut sind und von ihm eine Provision erhalten, und Versicherungsmakler, die vom Versicherungsnehmer beauftragt werden, ihre Vergütung (Courtage) aber vom Versicherer erhalten. Versicherungsberater (§59 Abs. 4 VVG) beraten Kunden gegen Honorar und sind vom Versicherer unabhängig. Politisch wird diskutiert, den Vertrieb ganz auf Honorarberatung umzustellen, um die Nachteile provisions- oder courtageabhängigen Vertriebs zu vermeiden.

### Literatur

C. Armbrüster: Privatversicherungsrecht, [2]2019 • K.-U. Erdmann/D. Kaulbach (Hg.): Grundzüge des Versicherungsaufsichtsrechts, [2]2019 • M. Wandt: Versicherungsrecht, [6]2016 • A. Bruns: Privatversicherungsrecht, 2015 • A. Matusche-Beckmann/P. Reiff: Versicherungsvertrieb, in: R. M. Beckmann/A. Matusche-Beckmann (Hg.): Versicherungsrechtshandbuch, [3]2015, §5 • J. Petersen: Versicherungsunternehmensrecht, 2003 • G. A. Benkel: Der Versicherungsverein auf Gegenseitigkeit, 2002.

Zeitschriften:
Recht und Schaden, ab 1974 • Zeitschrift für Versicherungsrecht, ab 1950 • Versicherungswirtschaft, ab 1946 • Zeitschrift für die gesamte Versicherungswissenschaft, ab 1901.

PETRA POHLMANN

**Verteidigungspolitik** ↑Bündnispolitik, ↑Sicherheitspolitik

## Verteilung

### 1. Einkommensverteilung: Begriff und Erscheinungsbild

Die Frage der V. bezieht sich zumeist auf die Zeitraumgröße ↑Einkommen. Man spricht dann von Einkommens-V. Bzgl. des Erscheinungsbildes wurden stilisierte Fakten formuliert.

*a)* Die Sekundär-V. als V. nach staatlichen Eingriffen durch ↑Steuern und sozialpolitische Maßnahmen hat sich in den westlichen Ländern bei langfristiger Betrachtung in der Zeit nach dem Zweiten Weltkrieg kaum geändert. Dies legt nahe, dass die die V. bestimmenden Verhaltensweisen sich v.a. am Nettoeinkommen ausrichten und sich die Brutto-V. entspr. einstellt.

*b)* Die Lohnquote, als Anteil der Unselbständigen am Volkseinkommen, weist im Konjunkturablauf (↑Konjunktur) ein typisches antizyklisches Muster auf, indem sie im Aufschwung ab- und im Abschwung zunimmt. Entspr. kommt es zu prozyklischen Bewegungen des Anteils der Selbständigen mit den Gewinneinkommen.

*c)* Die Häufigkeits-V. der auf Personen oder Haushalte bezogenen Einkommen weist eine ausgeprägte Rechtsschiefe auf, so dass das Maximum als häufigstes Einkommen (Modus) bei einem deutlich niedrigeren Einkommen liegt als der Median, der die V. in zwei Hälften mit je 50 % der Bezieher teilt und schließlich als das noch höhere arithmetische Mittel der Einkommen, welches somit kaum als repräsentativ anzusehen ist. Da diese Art der V. auch für die nach verschiedensten Kriterien gebildeten Untergruppen zutrifft, könnte hier ein Grund für die Annahme Vilfredo Paretos eines V.s-Gleichgewichts vorliegen. Wenn nämlich die Vorstellungen von einem normalen Einkommen anhand des häufigsten Einkommens, dem Modus, der unterhalb des Medians liegt, gebildet werden, fühlen sich mehr als 50 % der Einkommensempfänger besser als normal gestellt und halten verteilungspolitische Maßnahmen nicht für erforderlich.

### 2. Maße der Einkommensverteilung

Die Maße der Einkommens-V. beziehen sich meist auf die personelle Einkommens-V. und haben im Allgemeinen die Eigenschaft invariant gegenüber proportionalen Transformationen zu sein. Auf diese Weise bleiben sie unabhängig von Preisniveauentwicklungen (Konsumentenpreisindex) und Währungskursen (↑Wechselkurs) und machen so intertemporale und internationale Vergleiche möglich. Ein entspr.es Maß ist der Variationskoeffizient, das Verhältnis von Standardabweichung und arithmetischem Mittel. Ein anderes Maß, welches der üblichen Schiefe der V. eher gerecht wird, ist die Standardabweichung der logarithmierten Einkommen. Der Gini-Koeffizient ist ein Maß, welches sich von der Lorenzkurve ableitet und die Fläche zwischen der tatsächlichen Lorenzkurve und der Geraden der Gleich-V. (der Diagonalen) ins Verhältnis zum Dreieck unter der Diagonalen setzt. Der Gini-Koeffizient stellt das gebräuchlichste V.s-Maß dar. Mit einem langfristigen Wert um 0,30 bildet Deutschland mit Österreich und den skandinavischen Staaten eine Gruppe unter den europäischen Ländern mit einem unterdurchschnittlichen Wert, was einer relativ gleichmäßigen Einkommens-V. entspricht.

### 3. Die Lohnquote

Die kurzfristige Entwicklung der Lohnquote (↑Lohn) wurde zeitweise auch als Indiz für Änderungen der V. herangezogen. Die Frage, ob die Lohnquote langfristig eine erklärungsbedürftige Konstanz aufweist, ist umstritten. Schließlich stehen die Einkommen der Unselbständigen (Bruttoarbeitseinkommen + Arbeitgeberanteil der Sozialversicherungsbeiträge) im Zähler und als größerer Teil auch im Nenner des Ausdrucks, womit es zu großen Schwankungen schon aus rein mathematischen Gründen nicht kommt. Ferner bleibt die Interpretation der unbereinigten Lohnquote problematisch. So war diese Lohnquote unmittelbar nach dem Zweiten Weltkrieg relativ niedrig, weil die Verdienste vieler Beschäftigter in der Landwirtschaft und im Handel als Einkommen Selbständiger erfasst werden. Dies führte zur Entwicklung der bereinigten Lohnquote, der die Beschäftigungsstruktur eines gewählten Basisjahres zugrunde liegt und somit der Einkommensanteil der Unselbständigen, als ob sich die Beschäftigungsstruktur als Verhältnis der Zahlen von unselbständig und selbständig Beschäftigten nicht geändert hätte. So betrug die Lohnquote der Bundesrepublik für das Jahr 1950 58,4 %, während die zur Beschäftigtenstruktur von 1970 bereinigte Lohnquote mit 71,2 % angegeben wird. Da sich inzwischen die Beschäftigtenstruktur im Zeitablauf kaum mehr ändert, kommt der bereinigten Lohnquote nicht mehr bes. Bedeutung zu. Die Tatsache indessen, dass den Selbständigen (z. B. Landwirten, Ärzten und Rechtsanwälten) auch ein Arbeitseinkommen zuzuordnen ist, hat zur Entwicklung einer sog.en ergänzten Lohnquote (Arbeitseinkommensquote) geführt, bei welcher den Selbständigen und deren mithelfenden Familienmitgliedern das durchschnittliche Arbeitseinkommen der Unselbständigen zugeordnet und als Arbeitseinkommen in der Lohnquote berücksichtigt wird.

### 4. Theorien der personellen Einkommensverteilung

Die typische Schiefe der V.s-Kurve führte zur Idee, die personelle Einkommens-V. als Ergebnis eines Zufallsprozesses aufzufassen. Robert Gibrat nahm an, dass der Zufallsprozess, der bei kleinen absoluten Abweichungen zu einer Normal-V. führt, bei der Einkommens-V. auf relative Abweichungen zu beziehen sei. So kam er dazu, dass der stochastische Prozess bei der Einkommens-V. zur Normal-V. der logarithmierten Einkommen zur Lognormal-V. (Gibrat-V.) führen müsse. Sowohl theoretisch als auch wirtschaftspolitisch bleibt die Auffassung einer sich ausschließlich durch einen Zufallsprozess ergebenden V. unbefriedigend.

Ein anderer Ansatz, der sich an der empirisch beobachteten Einkommens-V. orientiert, führte V. Pareto zur Pareto-V. mit der Formel: $N = c \cdot y^{-\alpha}$. Dabei ist N die Zahl der Einkommensempfänger, die ein Einkommen von y und darüber erhalten. Das mit diesem Ansatz verbundene $\alpha$ erwies sich als V.s-Maß ungeeignet, die Formel selbst lässt sich jedoch theoretisch begründen. Sie ergibt sich immer, wenn eine geometrisch abnehmende Besetzung von Einkommensklassen sich mit einem geometrisch zunehmenden Einkommen der Klassen verbinden lässt. Eine solche Begründung haben Modelle verwendet, die einmal die Hierarchie oder zum anderen die Vermögensbildung als Ursache der Einkommens-V. zugrunde legten.

Eine andere Gruppe von Ansätzen stellt die Bildungsausgaben in den Mittelpunkt der Analyse. Im sog.en Human Capital-Ansatz (↑Humankapital) werden diese Ausgaben einem Investitionskalkül entspr. in den Blickpunkt gerückt. Wird dabei das Einkommen einer individuellen Produktionsfunktion entspr. aus dem Zusammenwirken von Bildungsausgaben und Begabung erklärt, ergibt sich ein bildungspolitisch wichtiges Ergebnis. Eine allg.e Steigerung der Bildungsausgaben erhöht im Vergleich die relative Knappheit der angeborenen Begabung und vergrößert die begabungsbedingten Einkommensdifferenzen entgegen der allg.en Erwartung einer gleichmäßigeren V. bei größerer Chancengleichheit (↑Chancengerechtigkeit, Chancengleichheit).

Die Argumentation mit der *Scale of Operations* betont, dass bes. Befähigte, z. B. Künstler, bei höheren Eintritten in größeren Räumen auftreten und über eine Vielzahl von Präsentationen in den Medien und auch über die ↑Werbung bei geringen Qualitätsunterschieden vervielfachte Einkommen erzielen können. Dies gilt auch für Sportler und andere Prominente. Wichtig bleibt dabei, dass die Empfindlichkeit auf Qualifikationsunterschiede wesentlich wirkt. Hierbei spielt auch die gesellschaftliche ↑Kommunikation eine Rolle, die zu einer Vereinheitlichung von Präferenzen führen kann. Kassierer in Banken tragen finanziell sehr hohe Verantwortung, aber im Vergleich zu Ärzten, Rechtsanwälten und Künstlern bleibt die Streuung ihrer Einkommen gering. Dabei spielen bei Letzteren, wenn ja oft Qualitätsunterschiede vom Laien nicht zu beurteilen sind, Prozesse der sozialen Kommunikation eine erhebliche Rolle.

Eine Entwicklung, die zu zunehmender Beschäftigung qualifizierter Frauen führt, bedingt eine Erhöhung der Nachfrage nach häuslichen Dienstleistungen, somit ein Anwachsen des Niedriglohnsektors und führt auf diese Weise zu einer zunehmenden Spreizung der Einkommen.

### 5. Theorien der funktionellen Einkommensverteilung

Bei diesen Theorien rückt die Bedeutung der Entlohnung verschiedener Produktionsfaktoren in den Blickpunkt. In der englischen Klassik (↑Klassische Nationalökonomie) hat sich speziell David Ricardo V.s-Fragen zugewandt. Er unterschied Profit, ↑Rente (Pacht) und Arbeitseinkommen. Bei einem Anstieg der Löhne wurde angenommen, dass es dadurch zu einer Bevölkerungszunahme kommt und auf diese Weise durch ↑Wettbewerb auf dem ↑Arbeitsmarkt der Lohn wieder gedrückt wird. Da diese Bevölkerungsentwicklung nur zum Stillstand kommt, wenn sich wieder das ↑Existenzminimum einstellt, bleibt der Lohn langfristig existenzminimal. Weil mit wachsender Bevölkerung immer schlechtere Böden bebaut werden müssen, erfolgt ein andauernder Anstieg der Pachten bei besseren Böden. Demzufolge verringert sich der Anteil der Gewinneinkommen, was langfristig zu einem Fall der Profitrate führen muss.

Auch Karl Marx (↑Marxismus) leitete einem tendenziellen Fall der Profitrate her, begründete diesen, da er nur zwei Einkommenskategorien unterschied, nämlich das variable ↑Kapital v als Arbeitseinkommen und den Mehrwert m als Kapitaleinkommen, auf andere Weise. Bei konstanter Mehrwertrate m/v und wegen fortwährend kapitalintensiverer Produktion, die sich in einen Anstieg der „organischen Zusammensetzung des Gesamtkapitals" (MEW 25: 222) c/v (c = konstantes Kapital = Ausgaben für Produktionsmittel) ausdrückt, sinkt langfristig der Anteil von m am eingesetzten Kapital c + v: $\frac{m}{c+v} = \frac{m}{v} / \frac{c}{v} + 1$. Bzgl. der Arbeitseinkommen folgerte K. Marx auch einen existenzminimalen Lohn, begründete diesen jedoch durch die Konkurrenz von Arbeitern, die durch technischen Fortschritt freigesetzt wurden (Reservearmee).

Als Gegenentwurf zur Marxschen Theorie ist die mikroökonomische Grenzproduktivitätstheorie anzusehen. Danach betrachtet bei vollständiger Konkurrenz der einzelne Unternehmer Güter- und Faktorpreise als gegeben. Er fragt bei Produktionsfunktionen mit abnehmenden Grenzerträgen die Produktionsfaktoren in dem Umfang nach, bis der mit dem Güterpreis gewichtete Grenzertrag mit dem Faktorpreis übereinstimmt. Demzufolge bestimmen allein die durch die Produktionsfunktion technisch vorgegebenen Bedingungen die Faktorpreise. Diese Theorie führte zu einer ideologisch belasteten Kontroverse unter dem Titel „Macht oder ökonomisches Gesetz" (Böhm-Bawerk: 1914). Schließlich stellen die Annahme der vollkommenen Konkurrenz und der individuellen Zurechenbarkeit des Ertrages sowie die Gestalt der Produktionsfunktion umstrittene Voraussetzungen dar.

Die makroökonomische Version der Grenzproduktivitätstheorie versuchte die Einkommensanteile der verschiedenen Faktoren entspr. über eine makroökonomische Produktionsfunktion als technisch bestimmt herzuleiten. Da sich allerdings ein produktionsfunktionsähnlicher, empirisch ermittelter gesamtwirtschaftlicher Zusammenhang nicht als technisch bestimmte Produktionsfunktion deuten lässt (Blümle 1998), entbehrt dieser Ansatz einer tragfähigen theoretischen Begründung. Dieser Versuch, die vermeintliche Konstanz einer Lohnquote rein technisch zu erklären, führte zur Entwicklung von Monopolgradtheorien, die die Annahme vollkommener Konkurrenz kritisierten, und zu Ansätzen, die die Nachfrageseite in den Mittelpunkt rückten.

### 6. Vermögensverteilung

Die Vermögens-V. ist im Allgemeinen wesentlich ungleicher als die Einkommens-V. So verfügten die 10 % Reichsten in Deutschland im Jahr 2012 über 57,5 % des gesamten Vermögens. Mit einem Gini-Koeffizienten von 0,78 des gesamten Nettovermögens für das Jahr 2012 weist Deutschland mit Österreich im Euroraum die größte Ungleichheit aus. Es ist dabei aber zu beachten, dass eine hohe Vermögenskonzentration ihre Ursache ganz wesentlich in der ↑Sozialpolitik (↑Wohlfahrtsstaat) der Altersversorgung hat. So weisen auch die skandinavischen Länder niedrige Gini-Koeffizienten bei der Einkommens-V., aber hohe Gini-Werte der Vermögens-V. auf, weil die Vermögensbildung bei den unteren Einkommensklassen ganz wesentlich von der Gestaltung der Alterssicherungspolitik abhängt. Dies bleibt bei der Beurteilung der in vergleichbarer Höhe liegenden Werte für die Vermögens-V. der USA und des Vereinigten Königreichs zu berücksichtigen.

Die Vermögens-V. wird ungleicher bei hohem ↑Zins und hoher Sparneigung, wobei beide Größen wegen bes.r Anlegemöglichkeiten mit der Einkommenshöhe wohl positiv korreliert sind. Eine allg. steigende Lebenserwartung verlängert den Akkumulationszeitraum und würde die Vermögens-V. gleichmäßiger werden lassen, die zu erwartende positive Korrelation der Lebenserwartung mit dem Einkommen wirkt diesem Einfluss jedoch entgegen. Abnehmende Kinderzahlen in den Familien führen zu höheren Erbanteilen und begünstigen dadurch die Vermögenskonzentration. Ferner ist davon auszugehen, dass Praktiken der Steuervermeidung mit dem Einkommen positiv korreliert sind, was einer Vermögenskonzentration ebenfalls förderlich wirkt. In den Blickpunkt der Diskussion rückte die These von Thomas Piketty, dass langfristig die Kapitalrendite über der Wachstumsrate der Volkswirtschaft liege und damit die Vermögens- und Einkommenskonzentration zunehme. Diese These wird sowohl bzgl. der empirischen Basis als auch der theoretischen Grundlagen kontrovers diskutiert.

### Literatur

F. L. Sell: The New Economics of Income Distribution, 2015 • T. Piketti: Das Kapital im 21. Jahrhundert, 2014 • G. Blümle: Und es gibt sie doch? Warum eine makroökonomische Grenzproduktivitätstheorie trotz Existenz einer makroökonomischen „Produktionsfunktion" nicht möglich ist, in: E. Knappe/N. Berthold (Hg.): Ökonomische Theorie der Sozialpolitik, 1998, 225–244 • H. J. Ramser: Verteilungstheorie, 1987 • G. Blümle: Theorie der Einkommensverteilung, 1975 • Ders.: Vermögensbildung, personelle Einkommensverteilung und Wirtschaftswachstum, in: Kyklos 25/3 (1972), 457–480 • G. Bombach: Die verschiedenen Ansätze der Verteilungstheorie, in: SVS, NF, Bd. 17, 1959, 134–136 • D. Ricardo: On the Principles of Political Economy and Taxation, in: P. Sraffa (Hg.): The Works and Correspondence of David Ricardo, Bd. 1, 1953 • R. Gibrat: Les inégalités économiques, 1931 • E. v. Böhm-Bawerk: Macht oder Ökonomisches Gesetz?, in: ders. u. a. (Hg.): Zeitschrift für Volkswirtschaft, Sozialpolitik und Verwaltung, Bd. 23, 1914, 205–271 • V. Pareto: La Courbe de la Répartition de la Richesse, in: Université de Lausanne. Faculté de Droit (Hg.): Recueil publié par la Faculté de Droit, 1896, 373–387.

GEROLD BLÜMLE

## Verteilungsgerechtigkeit ↑Gerechtigkeit

# Vertrag

I. Rechtlich – II. Wirtschaftlich

## I. Rechtlich

Der V. ist *die* zentrale ↑Institution des ↑Privatrechts:

*a)* Entwicklungsgeschichtlich hat der V. unter dem Eindruck der ↑Aufklärung die Überwindung der Ständegesellschaft hin zur Bürgergesellschaft mit ermöglicht: An die Stelle von Abstammung, Stand und Familie tritt zwischen die nunmehr freien ↑Individuen der V. als das neue gesellschaftliche Bindeglied; sein soziologischer Triumphzug gipfelt in der berühmten Formulierung von Sir Henry Sumner Maine: „the movement of the progressive societies has been [...] a movement from Status to Contract" (Maine 1861: 170).

*b)* Die Zukunftsdimension des V.s gilt als geniale Schöpfungsleistung: Der V. ermöglicht es, sich vom sofortigen Leistungsaustausch durch Bar- und Handgeschäfte und somit vom aktuellen (endlichen) Güterbestand zu lösen und Güterverteilungen stattdessen aufzuschieben. Die Parteien können qua V. Vermögensdispositionen für die Zukunft treffen.

*c)* Der V. bildet neben dem Delikt schon bei den Römern einen der beiden Kerntypen der Klagerechtsquellen. Heute hat der V. in Rechtsordnungen, die als Ausdruck der Selbstbestimmung des Menschen die Privatautonomie verbürgen, eine „königliche" Stellung inne. Denn die V.s-Freiheit gilt als Essential der Privatautonomie (↑Autonomie).

### 1. Definition und Kategorien

Ein V. besteht aus einer rechtsgeschäftlichen Einigung seiner Parteien (Konsensprinzip). Diese Einigung ist die Summe mindestens zweier, inhaltlich in Bezug aufeinander abgegebener Willenserklärungen, Antrag und Annahme.

Schon das hohe Abstraktionsniveau dieser formalen Definition indiziert, dass der V. vielfältige Erscheinungsformen hat. Zu unterscheiden sind etwa verpflichtende und verfügende Verträge (V.e) (z. B. verpflichtender Kauf-V. und verfügende Übereignung der Kaufsache). Bei den verpflichtenden V.en lassen sich wiederum einseitig und beiderseitig verpflichtende V.e unterscheiden. Schließlich lassen sich V.e auch nach der Interessenlage der Parteien kategorisieren: Ein V. kann geprägt sein von einem Interessengegensatz, einer Interessengleichrichtung oder einer (Fremd-)Interessenwahrung, man denke etwa an den Interessengegensatz von Käufer und Verkäufer (§ 433 BGB), die Interessengleichrichtung von Gesellschaftern (z. B. § 705 BGB) und die Interessenwahrung für den Auftraggeber durch den Auftragnehmer (§ 662 BGB).

V.e haben in nahezu jedem Lebensbereich und Rechtsgebiet eine wichtige Ordnungsfunktion. V.s-Schlüsse gibt es auch im ↑Familienrecht (z. B. die Eheschließung [↑Ehe]), im ↑Erbrecht (z. B. den Erb-V.) und sogar außerhalb des Privatrechts, etwa in Gestalt des völkerrechtlichen Übereinkommens (Staats-V.).

Den Archetypus bildet jedoch der V. zwischen Privaten, der durch seinen Entstehungsgrund, seine Wirkungen und die ihn leitenden Gerechtigkeitsprinzipien näher bestimmt wird.

### 2. Entstehungsgrund: Vertragsfreiheit

Die Privatrechtsordnung findet als ihre Regelungssubjekte Menschen vor, deren ↑Freiheit zu privatautonomer Ordnung ihrer Rechtsverhältnisse sie anerkennt (vgl. Art. 2 Abs. 1 GG).

Dabei lassen sich fünf Typen der V.s-Freiheit unterscheiden:

*Erstens* besteht im Zivilrecht V.s-*Abschluss*freiheit, d. h. es liegt in der Hand der Parteien, „ob" überhaupt ein V. geschlossen wird: Eine Person ist grundsätzlich nicht verpflichtet, einen V.s-Antrag anzunehmen. Es besteht kein Kontrahierungszwang. Ausnahmen davon gibt es höchst selten, etwa bei Monopolisten der ↑Daseinsvorsorge (§ 826 BGB).

*Zweitens* erstreckt sich die Freiheit auch darauf, eine bestimmte Person als V.s-Partner zu wählen („mit wem?"), was etwa im Hinblick auf bestimmte Eigenschaften des Sachleistungsschuldners oder die Solvenz des Geldleistungsschuldners von praktischer Bedeutung sein kann. Diese Partnerwahlfreiheit erfährt durch die Diskriminierungsverbote des AGG (§§ 19 ff. AGG) allerdings bei bestimmten Unterscheidungsmerkmalen (z. B. Geschlecht) Einschränkungen (↑Diskriminierung).

*Drittens* besteht für die Parteien V.s-*Inhalts*freiheit, d. h. sie können ihren V. inhaltlich so ausgestalten, dass er ihren Vorstellungen von Tauschgerechtigkeit entspricht. Ihre Grenze findet diese Facette der V.s-Freiheit, wo Dritte oder die Allgemeinheit betroffen sind (§§ 134, 138 BGB). Privatautonomie ist *Selbst-*, nicht Fremdbestimmung. Eine Schranke erfährt die V.s-Freiheit deshalb bspw., wenn bei einem Werk-V. eine „Ohne-Rechnung-Abrede" darauf abzielt, die USt zu hinterziehen.

*Viertens* profitieren V.s-Abschlüsse grundsätzlich von der *Form*freiheit. Die Parteien sind frei, ob und inwieweit sie den V.s-Schluss formalisieren wollen (§ 125 S. 2 BGB). Ein V. kann deshalb ohne Weiteres auch mündlich und sogar durch schlüssiges Verhalten abgeschlossen werden. Nur bei bes.n Interessenlagen (z. B. der typischerweise riskanten Bürgschaftserklärung, § 766 BGB) ordnet das Gesetz einen Formzwang an, dessen Missachtung zur Unwirksamkeit des V.s führt (§ 125 S. 1 BGB).

*Fünftens* setzt sich mehr und mehr auch die V.s-*Rechtswahl*freiheit durch. In Abgrenzung zur V.s-Inhaltsfreiheit, wonach die Parteien innerhalb des nationalen Rechtsrahmens den Inhalt eines V.s bestimmen können, eröffnet die Rechtswahlfreiheit (auch Parteiautonomie genannt) sogar die gleichsam vorgeschaltete Möglichkeit, die Rechtsordnung zu wählen, die den V. regieren soll (vgl. Art. 3 Rom I-VO, § 1051 ZPO). Diese Rechtswahlfreiheit betrifft nicht nur das anwendbare Sachrecht (V.s-Statut), sondern auch das Gericht, vor dem eine etwaige V.s-Streitigkeit gelöst werden soll – die Parteien können sogar private Schiedsgerichte (↑Schiedsgerichtsbarkeit) mit ihrem Rechtsstreit betrauen (vgl. § 1029 ZPO).

### 3. Wirkung: Vertragstreue

Die Folge und Kehrseite der V.s-Freiheit ist V.s-Verantwortlichkeit. Konkret bedeutet dies eine Bindung an den geschlossenen V. und seinen Inhalt *(pacta sunt servanda)*. Die damit umschriebene V.s-Treue hat drei Elemente: Die V.s-Bindung, die Naturalerfüllung und die Leistungstreue.

*Erstens* erzeugt der V. eine *formale Bindung* der Parteien. Damit ist gemeint, dass sie nicht mehr einseitig von einem geschlossenen V. Abstand nehmen können, sie haben kein diskretionäres Reuerecht. Eine Loslösung von einem V. ist vielmehr nur in Ausnahmefällen möglich, etwa wenn eine Leistungsstörung vorliegt (vgl. § 323 BGB) oder die Geschäftsgrundlage des V.s wegfällt, § 313 Abs. 3 BGB.

*Zweitens* sind die Parteien nicht nur an den V. als solchen, sondern auch an den konkreten Inhalt ihres Leistungsversprechens gebunden. Im deutschen Privatrecht kann jede Partei das ihr Versprochene *in natura* verlangen und durchsetzen (sog.er Grundsatz der *Naturalerfüllung* oder *specific performance*), d. h. nicht lediglich einen an die Stelle der versprochenen Leistung tretenden Geldbetrag (sog.e *Pecuniarerfüllung*).

*Drittens* schließlich sind alle Parteien aus dem V. zur *Leistungstreue* verpflichtet, § 242 BGB. Sie sind nicht nur in ihrer Funktion als Schuldner isoliert an ihr Leistungsversprechen gebunden (§ 241 Abs. 1 BGB), sondern müssen sich darüber hinaus – sowohl in ihrer Schuldner- als auch in ihrer Gläubigerrolle (§ 241 Abs. 2 BGB: „jeden Teil") – in gewissem Maße dem V.s-Zweck entspr. verhalten, etwa indem sie – positiv – eine zu versendende Ware ordnungsgemäß verpacken und erforderliche Mitwirkungshandlungen vornehmen oder – negativ –

es unterlassen, die Realisierung des V.s-Ziels zu konterkarieren.

### 4. Leitprinzip: Vertragsgerechtigkeit

Das Kernelement, das den (autonomen) V. von anderen (heteronomen/gesetzlichen) Rechtsinstituten unterscheidet, ist die ihm immanente Gerechtigkeitsverbürgung („Richtigkeitsgewähr des Vertragsmechanismus" [Schmidt-Rimpler 1941: 156 f.]). Wenn das Gesetz heteronom Ansprüche gewähren soll, so muss die Existenz dieser Ansprüche vor der objektiven Gesamtrechtsordnung legitimiert werden.

Ein solches Rechtfertigungsbedürfnis ist vertraglich begründeten Ansprüchen fremd: Ein V. gilt allein, weil und wie die Parteien ihn durch das in ihren Erklärungen Ausgedrückte wollen („stat pro ratione voluntas" [Flume 1992: 6 f.]). Wenn die Parteien ein bestimmtes Austauschverhältnis oder bestimmte V.s-Bedingungen für gerecht halten, ist es grundsätzlich nicht Sache des Rechts, ihnen etwas anderes aufzudrängen: Das Äquivalenzverhältnis zwischen Leistung und Gegenleistung und mithin die Tauschgerechtigkeit ist der Kontrolle des Gesetzes prinzipiell entzogen.

Auf dieser Linie liegt es entgegen dem ersten Anschein auch, dass das Gesetz bei gestörter Parität der V.s-Parteien bisweilen in das V.s-Verhältnis eingreift: Die Gerechtigkeitsverbürgung des V.s stößt an Grenzen, wo die Parteien beim Abschluss des V.s unterschiedliche Macht über den V.s-Inhalt haben. Wenn das Gesetz sich hier gegen den V. durchsetzt, dann nicht entgegen, sondern neben und zum Schutz der V.s-Gerechtigkeit.

Nur ganz ausnahmsweise setzt das Recht schließlich selbst dem frei und paritätisch geäußerten Parteiwillen Grenzen, etwa in Gestalt von Verbotsgesetzen (§ 134 BGB).

### 5. Erweiterte Definition

Aus dem Gesagten ergibt sich als Erweiterung der obigen Definition des V.s: Mittels ihrer korrespondierenden Willenserklärungen entscheiden sich die Parteien frei, *a)* ob, *b)* mit wem, *c)* mit welchem Inhalt, *d)* in welcher Form und *e)* nach welchem Recht sie einen V. schließen wollen. Der V. erzeugt ein Pflichtenbündel, *a)* von dem sich keine Partei grundlos lösen kann und *b)* innerhalb dessen beide Parteien zur Erbringung der versprochenen Leistung in natura sowie *c)* zur Leistungstreue verpflichtet sind. Der V. trägt die Gewähr für seine ↑Gerechtigkeit in sich selbst und muss sich grundsätzlich nicht vor externen Rechtsprinzipien rechtfertigen: Er legitimiert sich nicht aus dem objektiv Gerechten, sondern aus dem subjektiv von den Parteien Gewollten.

### Literatur

A. S. Zimmermann: Der gesetzliche Rückforderungsanspruch, 2021 • M. Casas: Der lukrative Schuldvertrag – eine historisch-institutionelle Dekonstruktion seiner Physiognomie, 2020 • M. Martinek/S. Omlor: §§ 662–674, in: J. von Staudinger (Hg.): Komm. zum BGB. Buch 2. Recht der Schuldverhältnisse, 2017, 1–234 • T. Riehm: Der Grundsatz der Naturalerfüllung, 2015 • M.-P. Weller: Das Vertrags- und Konsensprinzip, in: H.-P. Mansel/R. M. Beckmann/A. Matusche-Beckmann (Hg.): GedS für Ulrich Hübner, 2012, 435–459 • J. Basedow: Theorie der Rechtswahl, in: RabelsZ 75/1 (2011), 32–59 • F. Möslein: Dispositives Recht, 2011 • M.-P. Weller: Die Vertragstreue, 2009 • A. Thier: § 311 I, in: M. Schmoeckel/J. Rückert/R. Zimmermann (Hg.): Historisch-kritischer Komm. zum BGB, Bd. II 2, 2007, 1508–1535 • C.-W. Canaris: Wandlungen des Schuldvertragsrechts, in: AcP 200/3 u. 4 (2000), 273–364 • J. Busche: Privatautonomie und Kontrahierungszwang, 1999 • T. Lobinger: Rechtsgeschäftliche Verpflichtung und autonome Bindung, 1999 • W. Flume: Das Rechtsgeschäft, [4]1992 • E.-J. Mestmäcker: Über die normative Kraft privatrechtlicher Verträge, in: JZ 19/14 (1964), 441–445 • W. Schmidt-Rimpler: Grundfragen einer Erneuerung des Vertragsrechts, in: AcP 147/2 (1941), 130–197 • H. S. Maine: Ancient Law, 1861.

MARC-PHILIPPE WELLER
UND ANTON STEFAN ZIMMERMANN

## II. Wirtschaftlich

### 1. Grundlagen

Sozialwissenschaftlich betrachtet zählen Verträge (V.e) zu den sog.en ↑Institutionen. Diese regeln die Interaktion unterschiedlicher Personen(-Gruppen). Institutionen im Allgemeinen und V.e im Speziellen reduzieren die Erwartungsunsicherheit von Menschen in Bezug auf das Verhalten anderer Menschen, mit denen sie z. B. zusammenarbeiten oder -leben.

Ökonomische V.e basieren auf der Idee des freiwilligen Austauschs. Die freiwillige Zustimmung zu einem V.s-Inhalt erfolgt annahmegemäß nur, wenn keine der beteiligten V.s-Parteien sich im Verhältnis zum Status quo schlechter gestellt sieht. Wohlfahrtsökonomisch (↑Wohlfahrt) stellt der V.s-Abschluss die Realisierung von Kooperationsvorteilen in Aussicht, die zu einer Pareto-Verbesserung führen: Werden die vertraglichen Vereinbarungen eingehalten, sind die V.s-Partner gegenüber dem Status quo bessergestellt. Gegenstand von ökonomischen V.en sind Austauschbeziehungen, wie etwa Käufe von Gütern und Dienstleistungen oder Arbeitsverhältnisse.

Auch das Verhältnis von staatlichen und privaten Akteuren wird durch V.e geregelt. Bei diesen sog.en Gesellschafts-V.en ist die Verfassung eines Staates von bes.r Bedeutung (Verfassungsökonomik). Internationale V.e regeln die Beziehungen zwischen Staaten.

Die rechtliche Grundlage für nationale V.e liefern das ↑Privatrecht und das öffentliche Recht. Internationale V.e sind im Völkerrecht geregelt.

V.e komme zustande, wenn alle V.s-Partner den vertraglich fixierten Vereinbarungen zustimmen (übereinstimmende Willenserklärungen). Die V.s-Inhalte regeln die Rechte und Pflichten der jeweils Beteiligten. Mit

Blick auf die V.s-Form sind explizite V.e, die i.d.R. schriftlich formuliert sind, und implizite V.e zu unterscheiden. V.e lassen sich auch nach ihrer Laufzeit (kurz-/langfristig, befristet/unbefristet) unterscheiden.

### 2. Ökonomische Verträge

Grundsätzlich lassen sich sog.e vollständige (bzw. perfekte) V.e von unvollständigen (bzw. relationalen) V.en unterscheiden. Der Begriff des perfekten V.s bezieht sich auf eine theoretische Konstruktion, bei der zum Zeitpunkt des V.s-Abschlusses alle Beteiligten über vollständige Informationen verfügen. Die vollständigen Informationen beziehen sich dabei nicht nur auf den V.s-Gegenstand, sondern auf alle während der V.s-Laufzeit möglichen Eventualitäten, die das Verhältnis der V.s-Parteien betreffen können. Perfekte V.e beinhalten daher eindeutige vertragliche Regelungen, welche die Rechte und Pflichten der Beteiligten den jeweiligen Umständen anpassen. Solche V.e bieten somit keinen Spielraum für Nachverhandlungen sowie abweichende Interpretationen des V.s-Inhaltes.

In der Realität ist die Voraussetzung vollständiger Informationen über die Zukunft oft nicht gegeben. Aber selbst wenn vollständige Informationen vorlägen, wäre der Abschluss eines perfekten V.s ökonomisch nicht sinnvoll. Die Begründung dafür liefert die sog.e Transaktionskostenökonomik (↑Institutionenökonomik). Sie analysiert die Kosten, die im Rahmen einer Transaktion entstehen, also auch die Kosten der V.s-Aushandlung sowie des V.s-Abschlusses. Sollten, unter der Annahme vollständiger Informationen, für alle Eventualitäten entspr.e vertragliche Vorkehrungen getroffen werden, so wären diese mit sehr hohen Transaktionskosten verbunden: In diesem Fall würden nicht nur die V.e immer umfangreicher, sondern auch der juristische Rat, der zur Formulierung notwendig wäre. Für (sehr) unwahrscheinliche Eventualitäten übersteigt daher der Aufwand für ihre Einbeziehung in das V.s-Werk den Nutzen, den die V.s-Parteien aus einer Erhöhung der Erwartungssicherheit ziehen. Ökonomisch macht daher die Einbeziehung aller Eventualitäten insb. in einen langfristigen V. keinen Sinn; die Transaktionskosten wären prohibitiv hoch.

Daher werden in der Realität i.d.R. relationale, d.h. unvollständige V.e geschlossen. Diese beinhalten lediglich die aus Sicht der V.s-Parteien regelungsbedürftigen Tatbestände. Folglich entsteht ein Interpretations- und Nachverhandlungsspielraum, den die V.s-Partner zu ihrem individuellen Vorteil (aus-)nutzen können. Um solche Nachverhandlungen zu vermeiden, sollten andere Absicherungsmechanismen der einfachen V.s-Beziehung vorgezogen werden.

### 3. Gesellschaftsverträge

V.e werden nicht nur zwischen privaten Akteuren geschlossen; sie bilden auch die Grundlage für das Zusammenleben von Menschen in einer Gesellschaft. Die ↑Verfassung stellt als ↑Gesellschafts-V. das höchste Regelwerk eines Staates dar (Verfassungsökonomik).

Die ↑V.s-Theorie beschäftigt sich mit der Frage, wie Gesellschaften aus einer sog.en Urvertragssituation heraus entstehen können. Der Urvertrag wird zwischen privaten Akteuren geschlossen. Sie vereinbaren darin freiwillig die Rahmenregeln ihres Zusammenlebens. Dazu gehört z.B. die Etablierung von Eigentumsrechten und deren Schutz. Ohne diese kollektiven Vereinbarungen müsste jedes Individuum selbst Vorkehrungen treffen, um sein ↑Eigentum zu schützen. Diese individuellen Schutzaktivitäten sind im Vergleich zur Produktion von Gütern und Dienstleistungen wenig produktiv. Daher ist es im Interesse aller Beteiligten, Eigentumsrechte zu vereinbaren und den Schutz dieser Rechte im Kollektiv auf Spezialisten (↑Polizei und Justiz) zu übertragen. Aus dieser Idee heraus entsteht ein sog.er Rechtschutzstaat. Umfasst der Urvertrag auch Vereinbarungen über die gemeinsame Bereitstellung von Kollektivgütern, z.B. Regeln des ↑Privatrechts oder soziale Sicherungsmechanismen, konstituiert dies den sog.en Leistungsstaat.

Die im Urvertrag vereinbarten Spielregeln werden üblicherweise in einer Verfassung festgeschrieben, die das Verhältnis zwischen Staat und Bürgern regelt. Die Verfassung reduziert die Erwartungsunsicherheit der Bürger in Bezug auf das Verhalten staatlicher Instanzen. Die ökonomische Verfassungstheorie weist darauf hin, dass im Rahmen einer Verfassung insb. ↑Grundrechte definiert werden, die z.B. ↑Minderheiten vor einer ↑Ausbeutung durch demokratisch legitimierte Mehrheiten schützen sollen.

Anders als bei ökonomischen V.en, die freiwillig und auf Basis des Privatrechts zustande kommen, kann der vertragstheoretisch legitimierte Staat in Ausübung seiner in der Verfassung geregelten Kompetenzen auch das ↑öffentliche Recht gegenüber seinen Bürgern anwenden. Dieses ermöglicht ihm auch die Anwendung von Zwangsmaßnahmen, etwa bei der Einführung bzw. Erhebung von ↑Steuern.

### 4. Internationale Verträge

Kooperationen zwischen Staaten werden durch internationale V.e geregelt. Zu diesen zählen etwa ↑Handels-V.e und Klimaschutzabkommen, aber auch Gründungs-V.e für internationale Organisationen wie die ↑EU oder die ↑UNO. Grundlage für internationale V.e ist das Völkerrecht, insb. das WVKIO.

Je nach Anzahl der beteiligten V.s-Partner können internationale V.e bilateral sowie multilateral sein. Internationale V.e können die Idee des Rechtschutzstaates auf die internationale Ebene transferieren, wenn sie etwa im Rahmen der ↑WTO den Schutz geistigen Eigentums (↑Immaterialgüterrecht) adressieren. Sie können auch leistungsstaatliche Elemente beinhalten, etwa die gemeinsame Bereitstellung einer einheitlichen ↑Geldpolitik innerhalb der EU durch die ↑EZB. Internationale V.e können so auch Kompetenzen von der Ebene der Nationalstaaten auf ↑internationale Organisationen (wie die EU) übertragen.

### 5. Vertragsverletzungen und Sanktionen

Ob V.e ihre produktive Wirkung in vollem Umfang entfalten – und damit Kooperationsvorteile für alle beteiligten Parteien generieren – ist davon abhängig, ob die vereinbarten V.s-Inhalte vollumfänglich erfüllt werden. Werden diese Vereinbarungen verletzt, benötigen die davon negativ betroffenen V.s-Partner Möglichkeiten, die V.s-Verletzungen zu sanktionieren. Bei nationalen V.en geschieht dies i. d. R. unter Anwendung des Privat- bzw. öffentlichen Rechts. Die Durchsetzung des Rechts und der damit verbundenen Sanktionsmöglichkeiten (↑Sanktion) erfolgt national durch die Justiz als Teil des Rechtsschutzstaates. Der ↑Staat ergreift dabei Zwangsmaßnahmen gegenüber seinen Bürgern, um die Einhaltung von vertraglichen Verpflichtungen durchzusetzen.

Deutlich schwieriger ist die Durchsetzung vertraglich vereinbarter Rechte und Pflichten in internationalen V.en. Hier fehlen oft Sanktionsmöglichkeiten, da es keine übergeordnete Durchsetzungsinstanz (wie eine Weltjustiz/Weltpolizei) gibt, die im Zweifel die Einhaltung der vertraglichen Vereinbarungen auch unter Anwendung von Zwang gegenüber Staaten durchsetzen könnte. Die Einhaltung internationaler V.e hängt damit vom guten Willen der beteiligten Staaten ab bzw. von den Vorteilen, die sie sich von den V.en versprechen.

### Literatur

M. Erlei/M. Leschke/D. Sauerland: Institutionenökonomik, [3]2016 • EZB: Die Geldpolitik der EZB, [3]2011 • D. C. North: Institutions, in: JEP 5/1 (1991), 97–112 • S. J. Grossmann/ O. D. Hart: The Costs and Benefits of Ownership. A Theory of Vertical and Lateral Integration, in: JPE 94/4 (1986), 691–719 • O. E. Williamson: The Economic Institutions of Capitalism, 1985 • J. M. Buchanan: The Limits of Liberty. Between Anarchy and Leviathan, 1975 • J. Rawls: Eine Theorie der Gerechtigkeit, 1975 • H. Demsetz: Toward a Theory of Property Rights, in: AER 57/2 (1967), 347–359.

DIRK SAUERLAND

## Vertragsstaatskirchenrecht ↑Staatskirchenrecht, ↑Staatskirchenverträge

## Vertragstheorien

### 1. Geschichte

V. begegnen schon in der *Antike*. Sie werden propagiert von Sophisten, die den Nomos als bloße Konvention oder Vereinbarung betrachten (Hippias, in: Plat. Prot. 337; Antiphon, in: Diels/Kranz 1952: 335 A 12; Kallikles, in: Gorg. 482 a ff.). Auch dienen sie Epikur und seinen Schülern zur Herabstufung der Polis als bloßer Nutzengemeinschaft, als Vereinbarung „einander nicht zu schädigen und sich nicht schädigen zu lassen" (Epic. rat. sent. 33).

Im *Mittelalter* wurde der Einfluss des römischen Rechts bestimmend, bes. die Formel Ulpians von der einerseits unbegrenzten, andererseits aber vom Volk übertragenen Herrschaftsgewalt (Ulpian D. I, 4,1). Diese *lex regia* genannte Tradition harmonierte mit der germanischen Rechtsauffassung, welche ebenfalls eine Übertragung der Herrschaftsgewalt durch das ↑Volk vorsah.

Die Verträge des Mittelalters zwischen König und Volk waren Herrschaftsverträge, die keine neue Ordnung schaffen, sondern der schon bestehenden eine Rechtsform geben sollten. Sie drückten nur aus, was als wechselseitige Treueverpflichtung schon bestand. In diesem Sinne führt Engelbert von Admont zu Beginn des 14. Jh. den Begriff des Unterwerfungsvertrages *(pactum subjectionis)* ein. Die erste Vertragstheorie des Mittelalters begegnete allerdings schon früher bei Manegold von Lautenbach. Sein „Liber ad Gebehardum" (1085) ist eine der vielen Streitschriften, welche die Ansprüche von Kaiser und ↑Papst gegeneinander ausspielen. Nach Manegold wird dem Kaiser die Herrschaftsgewalt durch das Volk übertragen. Herrscher, welche die Übereinkunft nicht einhalten, können abgesetzt werden.

Am Beginn der *Neuzeit* tritt bei den „Monarchomachen" die Verbindung von V. und ↑Widerstandsrecht hervor. „Monarchomachen" waren vornehmlich calvinistische Autoren wie François Hotman, Theodore Beza oder der Anonymus Brutus (wohl Philippe Duplessis-Mornay). Angesichts der Massaker der Bartholomäusnacht entwickelten sie Widerstandslehren. Deren Grundlage war die Föderaltheologie, d. h. die im AT und im NT bezeugten Bünde Gottes mit den Menschen. Sie kehrten nun als Bund Gottes mit dem König und des Königs mit dem Volk wieder. Die Föderaltheologie war für alle ↑Konfessionen attraktiv. Die konsequenteste Ausformung findet sich bei Johannes Althusius. In seiner „Politica methodice digesta" (1603) lässt er den gesamten Staat aus koordinierten, auf Vertrag gegründeten *consociationes* hervorgehen.

Zum eigentlichen Ursprung der neuzeitlichen Vertragstheorie wurden der von der aufstrebenden ↑Naturwissenschaft und ↑Technik befeuerte Rationalismus, die ↑Aufklärung und *last but not least* die bürgerliche Gesellschaft, die allen Status in ↑Vertrag verwandelt. Eine Gesellschaft von Freien und Gleichen schien nur noch durch Zustimmung und Abmachung begründbar zu sein. Einflussreiche Wortführer waren Thomas Hobbes, John Locke und Jean-Jacques Rousseau. Hobbes entwarf eine kühl-rationalistische Theorie eines Friedens- und Überlebensvertrages. Locke berief sich auf einen historischen Urvertrag *(original contract)*. Rousseau forderte im „Contrat social" (1762) einen ↑Gesellschaftsvertrag, der die einzelnen so frei lasse, wie sie es schon zuvor gewesen seien. Die Paradoxie

(Sich-Binden und doch frei bleiben wie zuvor) versuchte Rousseau durch die Einführung vertragsfremder Elemente zu beheben, sei es durch einen von außen kommenden Verfassungsgeber *(législateur)*, sei es durch eine ↑Zivilreligion *(religion civile)*.

V. haben weder eine eindeutige politische Tendenz noch verfügen sie über ein eindeutiges Vertragsmodell. Sie werden kombiniert mit ↑Absolutismus (Hobbes), Frühliberalismus (Locke, Immanuel Kant [↑Liberalismus]) oder ↑Republikanismus (Rousseau, der junge Johann Gottlieb Fichte).

## 2. Kritik der traditionellen Vertragstheorie

Gegner der Vertragstheorie waren David Hume, Jeremy Bentham, John Austin und Georg Wilhelm Friedrich Hegel. Hume schrieb eine einflussreiche Kritik von Lockes *original contract*. Zustimmung sei zwar eine wichtige Ressource der ↑Legitimation, sie liege jedoch selten vor. Selbst die von den Whigs gefeierte *Glorious Revolution* sei von individueller Zustimmung denkbar weit entfernt gewesen: „eine Minderheit von nur siebenhundert beschloss die Änderungen für fast zehn Millionen" (Hume 1988: 308). Gehorcht werde eher aus Gewohnheit und eigenem Interesse oder weil man den Schrecken einer aufgelösten Regierung fürchte. Viele Staaten seien nicht aus freier Zustimmung, sondern aus Eroberung oder Erbfolge hervorgegangen. Lockes Berufung auf *tacit consent* und dass man doch auswandern könne, wenn man nicht zustimme, wird als unrealistisch verworfen. Man könne dann ebenso behaupten, „dass ein Mann durch seinen Aufenthalt auf einem Schiff die Herrschaft des Kapitäns freiwillig anerkennt, obwohl er im Schlaf an Bord getragen wurde und ins Meer springen und untergehen müsste, wenn er das Schiff verlassen wollte" (Hume 1988: 311). In „A Fragment of Government" (1776) stimmt Bentham der Kritik Humes vorbehaltlos zu. V. seien bloße Fiktionen. Das ↑Recht solle sich nicht auf Fiktionen oder Fakten gründen, sondern auf Nützlichkeit. Hegel wiederum hielt Verträge nur als ↑privatrechtliches Instrument für sinnvoll, geeignet nur für willkürliche Abmachungen. Der Notwendigkeit des Staates werde ein Vertrag per se nicht gerecht. Die mit V. oft kombinierten Naturzustandslehren seien zirkulär. „Es wird vorausgesetzt, wohin man gelangen will" (Hegel 1968: 425 f.).

## 3. Die aktuelle Diskussion

Hegelianismus, ↑Marxismus, Machtstaatslehren und ↑Positivismus haben den V. im 19. und 20. Jh. zunächst den Garaus gemacht. Seit den 70er Jahren des 20. Jh. erleben sie jedoch eine erstaunliche Renaissance. *New contractarians* wie John Rawls, Robert Nozick und James M. Buchanan entwickeln neo-kantianische, neolockeanische oder neo-hobbessianische V., die sich zudem moderner Theorien wie der Entscheidungs- [↑Entscheidung], Sozialwahl- und ↑Spieltheorie bedienen. Die einflussreichste dieser Theorien ist Rawls „A Theory of Justice" („Eine Theorie der Gerechtigkeit" [1975]). Rawls ging aus von einem Urzustand *(original position)*, in dem jedem ein „Schleier der Unwissenheit" (Rawls 1975: 160; *veil of ignorance*) vor Augen hängt. Niemand weiß, was seine natürlichen Talente sein werden, zu welcher Schicht er gehören und welchen Platz er in der Gesellschaft einnehmen wird. Jeder würde deshalb eine „faire" Ordnung befürworten, die ein größtmögliches System gleicher Grundfreiheiten gewährt und Grundgüter (↑Freiheit, Chancen, ↑Einkommen, ↑Vermögen, soziale Grundlagen der Selbstachtung) gleich verteilt, es sei denn, Ungleichheiten seien zum Vorteil von jedermann oder zum Vorteil der schlechter (oder schlechtest) Gestellten *(difference principle)*.

Etwa ab 1985 revidierte Rawls seine urspr. universalistisch und zeitlos gemeinte Position. Er schwenkte um zu einem politischen Liberalismus, der in einem „überlappenden Konsens" (Rawls 2005: 133; *overlapping consensus*) verschiedene Gerechtigkeitsauffassungen (↑Gerechtigkeit) vereinen soll. Dieser Konsens werde möglich durch die Ausklammerung „umfassender Doktrinen" (Rawls 2005: 243; *comprehensive doctrines*) metaphysischer oder religiöser Art. An die Stelle des Vertragsmodelles tritt eine öffentliche Rechtfertigung unterschiedlicher „vernunftgemäßer" (Rawls 2005: 4; *reasonable*) Gerechtigkeitskonzeptionen.

Rawls „liberale" (im europäischen Sprachgebrauch eher als „sozialdemokratisch" zu bezeichnende) Theorie erhielt Konkurrenz von Libertären, Kommunitaristen sowie jenen, die man Globalisten nennen könnte. Libertäre oder Anarchokapitalisten sind radikale Liberale, die den Einfluss des Staates auf die ↑Wirtschaft so weit wie möglich beschränken wollen. Einer ihrer Wortführer war der Philosoph Nozick. In „Anarchie, Staat, Utopia" (1976) behauptete er, dass der ↑Wohlfahrtsstaat nicht nur ineffektiv, sondern sogar amoralisch sei. ↑Steuern zum Zwecke der Umverteilung zu erheben, komme der Sklavenarbeit gleich. Rechtfertigen lasse sich nur ein Minimalstaat, der sich auf den Schutz individueller Rechte beschränkt. Rawls' Differenzprinzip wird verworfen. Was Menschen einander geben, sei Sache ihrer freien Wahl. „Jeder, wie er will, und jedem, wie die anderen wollen" (Nozick 1976: 152).

Zu noch radikaleren Schlussfolgerungen gelangte Buchanan, berühmt geworden durch seine ↑*Public Choice Theory* (1962, zusammen mit Gordon Tullock), für die er 1986 den Nobelpreis für Ökonomie erhielt. In „The Limits of Liberty" (1975) preist er den Charme einer anarchischen Gesellschaft (↑Anarchie, Anarchismus), die wie der Straßenverkehr nur minimal geordnet sein müsse. Angesichts des Hobbesschen *bellum omnium contra omnes* sei dies jedoch illusorisch. Eine Fülle von Verträgen wird nötig: ein einstimmig zu vereinbarender Verfassungsvertrag *(constitutional contract)*, der eine Instanz schafft, welche die Einhaltung der Verträge sichert, sowie ein post-konstitutioneller Vertrag *(post-constitutional contract)*, der die Schaffung öffentlicher Güter regelt. Vorauszugehen hat ein Abrüstungs- und Entwaffnungsvertrag, in dem die einzelnen darauf verzichten, ein Gut gewaltsam an sich zu reißen. Buchanan will die Hobbessche Fehlkonstruktion vermeiden, welche die Freiheit der Individuen einer unbeschränkten ↑Macht ausliefert. Er hält sich jedoch schadlos mit der Anerkennung von Sklavereiverträgen, die moralisch fragwürdig und vertragstheoretisch unsinnig sind.

Schüler von Rawls wie Charles R. Beitz, Thomas Pogge u.a. wollen Rawls' Gerechtigkeitslehre zu einer Theorie globaler Gerechtigkeit weiter entwickeln. Man steht an der Schwelle zu Weltgesellschaftsverträgen, die jedoch sehr unterschiedlich verstanden werden. Eine globale Ursituation soll helfen, die Grundzüge globaler Gerechtigkeit zu bestimmen. Sie wird angesetzt mal mit Individuen (Beitz, Pogge), mal mit Repräsentanten der „Völker" (Rawls), mal mit beiden zugl. Rawls selbst hatte schon früh mit der Überlegung gespielt. Er orientierte sich dabei weitgehend am Status quo des ↑Völkerrechts (Gleichheit der Nationen, das ↑Selbstbestimmungsrecht, ↑Interventionsverbot, das Recht auf Selbstverteidigung, *pacta sunt servanda*). Herausgefordert durch seine „globalistischen" Schüler ging Rawls in „Law of peoples" (1999) noch einmal auf die Frage ein. Er blieb dabei auf der Linie, die seine Andeutungen von 1971 vorgezeichnet hatten. Allerdings fügte er Hilfspflichten und eine Theorie der ↑Menschenrechte hinzu. Seine Orientierung an der Selbständigkeit der Völker trug Rawls den Vorwurf ein, die ↑Globalisierung nicht ernst genommen zu haben. Er habe Regeln für eine westfälische Welt aufgestellt, die nicht mehr existiere.

Die „Globalisten" behaupten dagegen, ↑Grenzen seien moralisch irrelevant. Das führt bei Joseph H. Carens zu der fantastischen Forderung nach offenen Grenzen. Jeder kann demnach wohnen und arbeiten, wo er will. Oder es ruft Forderungen hervor, jedem Menschen ein gleiches Recht auf die Ressourcen dieser Erde zuzusprechen (Beitz) oder eine globale *ressource tax* zu erheben, die an die ärmeren Länder verteilt werden soll (Pogge). Hier werden rechtliche Fragen (gehören die Ressourcen nicht schon jemand?), moralische Unterscheidungen (wie die zwischen Nah- und Fernethik) und praktische Probleme (Wer erhebt die Ressource-Steuer? Wer erhält sie?) umstandslos eingeebnet. Ein Weltstaat wird nicht gefordert. Stattdessen paaren sich ↑Individualismus und ↑Kosmopolitismus, ohne dass letzterer institutionell konkretisiert würde.

Der ↑Kommunitarismus ist eine um 1980 herum in den USA entstandene Strömung der politischen Philosophie, die sich auch politisch organisierte. Einflussreiche Repräsentanten waren Robert Bellah, Amitai Etzioni, Michael Sandel, Alasdair MacIntyre, Benjamin Barber, Charles Taylor und Michael Walzer. Sie grenzen sich ab vom Liberalismus im Allgemeinen und von der Rawlsschen Variante im Besonderen. Bellah kritisierte den utilitaristischen und den expressiven (nach Selbstverwirklichung strebenden) Individualismus. Er belebte das Konzept der Zivilreligion neu, das auch in Deutschland neue Anhänger gewann (Hermann Lübbe, Niklas Luhmann). Bellah erinnerte an Alexis de Tocquevilles „Gewohnheiten des Herzens" (1987). In „Liberalism and the Limits of Justice" (1982) wirft Sandel Rawls vor, von einem *unencumbered self* auszugehen. Die Ursituation klammere aus, dass Menschen in ↑Traditionen lebten und dass ihre Auffassungen von ↑Moral sich auf gemeinsame Vorstellungen von einem guten Leben gründeten. Barber kritisiert die liberale ↑Demokratie, die er für die Vereinzelung und Apathie der Bürger verantwortlich macht. Sie kenne nur ein Vertragsdenken und die Mechanik der Verfahren. Ihr setzt er ein von Rousseau inspiriertes Modell einer „starken Demokratie" (Barber 1994) gegenüber. Walzer lässt in „Spheres of Justice" (1983) an die Stelle von Rawls' Grundsätzen der Gerechtigkeit einen Pluralismus von Sphären und Gütern treten, die jeweils bereichsspezifischen Gerechtigkeitskriterien unterliegen. Was gerecht ist, entscheiden die Bürger partikularer ↑Gemeinschaften aufgrund ihrer gemeinsam gemachten Erfahrungen. Diese können in anderen Gemeinschaften wiederkehren, was ein „re-iterativer Universalismus" (Walzer 1996: 140) berücksichtigen kann. Entscheiden können aber nur reale Menschen in realen Situationen.

## 4. Systematik

Die V. der Neuzeit setzen auf freiwillige Zustimmung, wechselseitige Bindung und ein Sich-Vertragen-Wollen, das sich aus Nutzenüberlegungen oder höherrangigen moralischen Motiven speist. Sie begründen ein Versprechen, das als ein Versprechen zum Gehorsam wie zur Einhaltung der rechtlichen Bedingungen der ↑Herrschaft zu deuten ist. Karl Graf Ballestrem gab 1983 eine erste systematische Klassifikation der Vertragstypen. Demnach ist zu unterscheiden zwischen urspr.en, faktisch einmal vollzogenen Verträgen, wie sie etwa Locke ansetzt, impliziten Verträgen, d.h. Abmachungen, die sich durch Schweigen oder Kooperieren dokumentieren, sowie hypothetischen Verträgen, die methodische Konstruktionen oder Fiktionen sind (Hobbes, Kant, Rawls). Die Klassifikation erlaubt es, sämtliche bekannten V. zu verorten. Die einzelnen Typen setzen sich jedoch, je für sich, erheblichen Einwänden aus.

Der urspr.e Vertrag setzt sich dem Einwand aus, dass viele, wenn nicht die meisten Staaten nicht aus Vertrag oder ↑Konsens, sondern aus Unterwerfung, Eroberung, Usurpation etc. hervorgegangen sind. Die Annahme eines Gründungsvertrages wird umso fragwürdiger, je weiter sie in geschichtliche Anfänge zurückverlagert wird. Ein Urvertrag bindet nur jene, die ihn selbst schließen. Unter der Voraussetzung individueller Zustimmung müsste er von jeder Generation wieder neu bestätigt, in veränderter Form affirmiert oder gänzlich revidiert werden. Die Vertragsidee als solche garantiert keine Tradition und keine Stabilität. Verträge kann man schließen, aber ebenso kündigen. Wenn die Forderung nach individueller Zustimmung meint, dass alle zustimmen müssen, entsteht ein Problem mit denen, die nicht zustimmen wollen (Dürfen sie bleiben? Wenn ja, unter welchen Bedingungen? Oder müssen sie gehen?). Wenn Einstimmigkeit gefordert wird, kann eine moderne pluralistische Gesellschaft wohl kaum der Hintergrund einer V. sein.

Der implizite Vertrag hat den Vorzug, dass er das Schon-Bestehen von Staaten berücksichtigen kann. Man wird gewöhnlich in Staaten geboren, und es fragt sich, in welcher Form man diesem schon existierenden ↑Staat und seiner Staatsform nachträglich zustimmen kann (oder nicht). Gemäß diesem Vertragstypus genügt es, dass jemand schweigt oder kooperiert, um daran seine Zustimmung festmachen zu können. Hier wird an die Rechtsfigur des konkludenten Handelns und an das *qui tacet consentire videtur* angeknüpft. Schon Sokrates berief sich auf einen impliziten Vertrag mit Athen (Plat. Krit. 50 e). In der Neuzeit rekurrieren auf diesen Vertragstypus Hugo Grotius oder Walzer. Schweigen und Mitmachen können allerdings nur als Zeichen von Zustimmung gelten, wenn die Äußerung von Kritik nicht mit schweren ↑Sanktionen belastet wird. In autoritären oder totalitären Systemen (↑Totalitarismus) ist die Figur des impliziten Vertrages nicht anwendbar. Außerdem fragt sich, was als konkludenter Akt zählt und wie viele zu geben sind. Bei Locke genügen schon das Bleiben im Land, das Benutzen der Straßen und das Erbenwollen als Zeichen der Zustimmung. Aber partikulare Kooperation führt nicht zu genereller Legitimation eines Systems.

Der dritte Typus, der hypothetische Vertrag, ist argumentativ der schwächste, auch wenn er von so bekannten Autoren wie Hobbes, Kant oder Rawls propagiert wird. Herrschaft ist demnach legitim, wenn sie aus einem Vertrag freier und gleicher Personen „hätte" hervorgehen können. Ein fiktiver Vertrag bindet jedoch keine konkreten Personen. Es lässt sich sogar bezweifeln, ob einer solchen Fiktion überhaupt der Status eines Vertrages zukommt. Fiktionen mögen aufschlussreiche Gedankenexperimente sein. Anders als urspr.en oder impliziten Verträgen fehlt ihnen jedoch ein wesentliches Element: die willentliche Zustimmung. Argumente ergeben noch keinen Vertrag, und Schlussfolgerungen sind noch keine Gebote.

Es ist eine fatale Neigung mancher Schulen der Philosophie, aus einem Nullpunkt heraus begründen zu wollen, quasi *out of nowhere*. Henry Sidgwicks „Standpunkt des Universums" (Sidgwick 1907: 382; *the point of view [...] of the universe*), die hypothetischen Verträge und die beliebten Lehren vom Ur- oder Naturzustand geben Beispiele dafür. Man denkt sich den Staat weg und nicht nur ihn, sondern auch die historische und gesellschaftliche Lage, ja sogar den Menschen, wie er leibt und lebt. Die Entleerung der Wirklichkeit durch die Flucht in fiktive Zustände und hypothetische Verträge will die V. durch ↑Anthropologien kompensieren, die jedoch widersprüchlich sind. Der Mensch ist mal ein rationaler Egoist, mal ein Altruist, mal ein „Wolf", mal ein „Lamm". Die einen wären unfähig, Verträge glaubwürdig zu schließen und einzuhalten, die anderen hätten keine Verträge nötig, da sie sowieso schon leisten, was ihnen der Vertrag abverlangt. V. müssen von einer gemäßigten Anthropologie ausgehen, nach der der Mensch zwar eigennützig ist, aber auch kooperationsfähig und willens, einmal gegebene Versprechen zu halten. Rationaler Egoismus und ↑Utilitarismus können dagegen nicht erklären, warum jemand Verträge nicht nur zum Schein abschließt und sich als *free rider* verhält.

V. sind nützliche Instrumente für die Analyse von Kooperationen und ↑Organisationen, die durch Individualismus, Nutzenaggregation und Kooperationsgewinn gekennzeichnet sind. Sie sind deshalb bes. geeignet für ökonomische und soziologische Theorien von ↑Märkten, ↑Verbänden und ↑Interessengruppen. In der politischen Theorie stoßen sie an Grenzen, wenn sie ein Mehr oder Weniger an Kooperation erfassen sollen. Bürgerfreundschaft überbietet Verträge, Feindschaft erschwert sie oder macht sie unmöglich. Es gibt aktuell Versuche, die ökonomische ↑Rationalität auf bisher nicht dem Markt unterworfene Lebensbereiche wie Bildung, Gesundheit, Ehe, Familie, Gefängnisse, Schulen etc. auszudehnen. Jedoch kommt diese Transgression der Zerstörung moralischer und sittlicher Verhältnisse gleich. Schon eine ↑Ehe ist mehr als ein Vertrag. Wenn die Eheleute sich nur auf diesen berufen, geht ihre Ehe vermutlich ihrem Ende entgegen. Analog ist ein Staat mehr als ein Vertrag oder eine Gesellschaft zum wechselseitigen Nutzen. Er ist auch eine Gemeinschaft auf Leben und Tod, eine Gemeinschaft der ↑Generationen sowie eine Gemeinschaft des guten Lebens, der Sitten und der ↑Kultur. Der mit vielen V. verbundene Individualismus startet schon auf dem falschen Fuß, seine tendenzielle Geschichts- und Traditionsferne ebenso. Mit V. allein ist jedenfalls kein Staat zu machen.

## Literatur

### Primärliteratur:

Engelbert von Admont: De ortu, progressu et fine Romani Imperii (1312/13), in: H. Schneider (Hg.): MGH, Bd. 1, T. 3, 2016 • J. Rawls: Political Liberalism, 2005 • Ders.: Justice as Fairness. A Restatement, 2001 • A. Buchanan: Rawls's law of Peoples. Rules for a Vanished Westphalian World, in: Ethics 110/4 (2000), 697–721 • C. R. Beitz: Political Theory and International Relations, [2]1999 • J. Rawls: The Law of Peoples, 1999 • M. Walzer: Lokale Kritik – globale Standards, 1996 • C. Taylor: Quellen des Selbst, 1995 • B. Barber: Starke Demokratie, 1994 • T. Pogge: An Egalitarian Law of Peoples, in: PPA 23/3 (1994), 195–224 • C. Taylor: Multikulturalismus und die Politik der Anerkennung, 1993 • M. Walzer: Kritik und Gemeinsinn, 1990 • D. Hume: Über den ursprünglichen Vertrag, in: U. Bermbach (Hg.): Politische und ökonomische Essays, Bd. 2, 1988, 301–324 • R. Bellah u. a.: Gewohnheiten des Herzens, 1987 • J. H. Carens: Aliens and Citizens. The Case for Open Borders, in: RP 49/2 (1987), 251–273 • A. MacIntyre: Der Verlust der Tugend. Zur moralischen Krise der

Gegenwart, 1987 • M. Walzer: Spheres of Justice, 1983 • G. S. Becker: Der ökonomische Ansatz zur Erklärung menschlichen Verhaltens, 1982 • R. Nozick: Anarchie, Staat, Utopia, 1976 • J. M. Buchanan: The Limits of Liberty, 1975 • J. Rawls: Eine Theorie der Gerechtigkeit, 1975 • M. Walzer: Obligations. Essays on Disobedience, War, and Citizenship, 1970 • G. W. F. Hegel: Über die wissenschaftlichen Behandlungsarten des Naturrechts, seine Stelle in der praktischen Philosophie, und sein Verhältniß zu den positiven Rechtswissenschaften, in: ders. (Hg.): GW, Bd. 4, 1968, 415–464 • J. M. Buchanan/ G. Tullock: The Calculus of Consent, 1962 • H. Diels/ W. Kranz (Hg.): Die Fragmente der Vorsokratiker, Bd. 2, [8]1952 • H. Sidgwick: The Methods of Ethics, 1907 • Manegold von Lautenbach: Liber ad Gebehardum (1085), in: K. Franke (Hg.): MGH, Libelli de lite 1, 1891, 300–430 • J. Bentham: A Fragment on Government, in: J. Bowring (Hg.): The Works, Bd. 1, 1838, 220–296 • J.-J. Rousseau: Du Contrat Social ou Principes du Droit Politique, 1762 • J. Locke: Second Treatise of Government, 1690 • T. Hobbes: Leviathan, 1651 • H. Grotius: De iure belli ac pacis, 1625 • J. Althusius: Politica methodice digesta, 1603.

Sekundärliteratur:
W. Kersting: Vertragstheorien. Konstrukturalistische Theorien in der Politikwissenschaft, 2015 • H. Ottmann: Vertragstheorien in der politischen Philosophie der Neuzeit, 2011 • O. Höffe: Demokratie im Zeitalter der Globalisierung, 2002 • W. Reese-Schäfer: Was ist Kommunitarismus?, [3]2001 • R. Schottky: Untersuchungen zur Geschichte der staatsphilosophischen Vertragstheorie im 17. und 18. Jahrhundert. Hobbes – Locke – Rousseau – Fichte, 1995 • A. Honneth (Hg.): Kommunitarismus, 1993 • K. Graf Ballestrem: Die Idee des impliziten Gesellschaftsvertrags, in: L. Kern/H. P. Müller (Hg.): Gerechtigkeit, Diskurs oder Markt?, 1986, 35–44 • H. Ottmann: Politik und Vertrag, in: ZfP 33/1 (1986), 22–32 • K. Graf Ballestrem: Vertragstheoretische Ansätze in der politischen Philosophie, in: ZfP 30/1 (1983), 1–17 • T. Cornides: Die Denkmöglichkeit einer „realistischen" Theorie vom Gesellschaftsvertrag (contrat social), in: B. Sutter (Hg.): Reformen des Rechts, 1979, 625–641 • H. Fuhrmann: „Volkssouveränität" und „Herrschaftsvertrag" bei Mangold von Lautenbach, in: S. Gágner u. a. (Hg.): FS für Hermann Krause, 1975, 21–42 • W. Röhrich: Sozialvertrag und bürgerliche Emanzipation von Hobbes bis Hegel, 1972 • J. Dennert (Hg.): Beza, Brutus, Hotman. Calvinistische Monarchomachen, 1968.

HENNING OTTMANN

## Vertrauen

### 1. Begriffliche Annäherung

V. fungiert als *soziale Einstellung* zur Orientierung des Individuums. Spezifische Verhaltensweisen (bspw. Wahl eines konkreten Politikers oder Verleihen von Geld an einen Freund), sog.e *V.s-Handlungen*, sind das Resultat erlebten V.s auf kognitiver (Wissen oder Quasi-Wissen), emotionaler (Gefühl der Sicherheit) und konativer Ebene (Verhaltensbereitschaft).

Grundlegend für die V.s-Forschung ist die systemtheoretische Konzeption (↑Systemtheorie) des Soziologen Niklas Luhmann, der insb. die Funktionalität von V. als *Mechanismus der Komplexitätsreduktion* in den Mittelpunkt stellt; insofern geht V. mit der subjektiven (Wieder-)Gewinnung von Sicherheit und Kontrolle einher: Bestimmte Handlungsausgänge sind zwar prinzipiell möglich, werden jedoch gedanklich ausgeschlossen; Risiken, die sich objektiv nicht beseitigen lassen, werden auf diese Weise neutralisiert und üben keinen weiteren Einfluss auf die eigene Verhaltenssteuerung aus, weshalb auch das Interaktionsgeschehen bis zu einem gewissen Grad subjektiv vorhersehbar wird. Anschlussfähig an diese Perspektive ist die sozialpsychologisch orientierte Konzeption von V. als einem zentralen Filter sozialer Wahrnehmung. Aus einem konstruktivistischen Verständnis (↑Konstruktivismus) heraus nehmen Menschen ihre Umwelt stets subjektiv und selektiv wahr, ihr Handeln ist Folge individueller Situationsinterpretationen. Bezogen auf das V.s-Phänomen bedeutet dies, dass das *subjektive Erleben* von Sicherheit und Kontrolle verstärkt wird, wenngleich bestehende Risiken und mangelnde Kontrolle *objektiv* nicht beseitigt werden können. Die Spezifik der über V. geleiteten Wahrnehmung erhöht jedoch bedeutsam das Vermögen, der Komplexität der Welt zu begegnen, weshalb V. eine offene, kritische Auseinandersetzung mit komplexen Anforderungen begünstigt und als wichtiger Schutzfaktor gegenüber einer unsicherheits- respektive angstinduzierten, stark eingeschränkten Wahrnehmung der Handlungschancen fungiert, die mit einer starken Simplifizierung der Umwelt einhergeht.

V. stellt ein universales Phänomen dar: Es ist für beinahe alle Formen des sozialen Miteinanders bedeutsam, wobei ein bes.r Stellenwert im Zuge von Handlungsentscheidungen gegeben ist. Insofern hat sich V. als Forschungsgegenstand inzwischen innerhalb einer Vielzahl wissenschaftlicher Disziplinen etabliert. Nichtsdestoweniger mangelt es an einheitlichen definitorischen und messmethodischen Zugängen zum V.s-Konstrukt. Dies erschwert den Vergleich bzw. die Generalisierung von Forschungsergebnissen erheblich. Allerdings lassen sich wichtige Kernelemente von V. ausmachen: V. ist

*a)* ein Regulator im sozialen Beziehungsgefüge und beruht dabei auf dem Prinzip der Wechselseitigkeit, V. ist
*b)* mit Handlungsfreiheit verknüpft und folglich mit der Bereitschaft, einen stets risikohaften V.s-Vorschuss einzugehen, und V. impliziert
*c)* eine positiv orientierte Zukunftserwartung.

#### 1.1 Regulation sozialer Beziehungen und Wechselseitigkeit

V. bedarf der ↑Interaktion zwischen mindestens zwei Agierenden: Einem *V.s-Gebenden*, der V. investiert, und einem *V.s-Nehmenden*, dem V. entgegengebracht wird. Vertrauensnehmende Entitäten können dabei auf der Mikro-, Meso- oder Makroebene angesiedelt sein. Demnach können nicht nur einzelne Personen *V.s-Instanzen* sein, sondern auch ↑Gruppen, ↑Organisationen, ↑Institutionen oder Systeme. Entscheidend ist jedoch, das V. ausschließlich ein Phänomen innerhalb der sozialen Welt darstellt: Wenn also von V. in Objekte (bspw. Datensicherheit von Internetdiensten) gesprochen wird, so impliziert dies, dass solche Objekte von Menschen erschaffen werden, V. wird also nicht den Objekten, sondern denjenigen Menschen, die diese kreiert haben, entgegengebracht.

Für die Entwicklung einer stabilen V.s-Beziehung ist das Prinzip der *Reziprozität* von zentraler Bedeutung: Zum einen ist das Geben von V. mit der Erwartung verbunden, dass dieses V. vom Gegenüber erwidert wird; zum anderen fühlt sich der V.s-Nehmende selbst verpflichtet, auf einen V.s-Vorschuss mit einer persönlichen V.s-Investition zu reagieren. Die Rollenbesetzung von V.s-Gebenden und V.s-Nehmenden wechseln somit stetig. Da V. sich also nach dem *Prinzip der kleinen Schritte*, also durch den Austausch einer Reihe sich intensivierender V.s-Handlungen, etabliert, ist eine stabile V.s-Beziehung stets das Ergebnis einer auf Zeit angelegten Interaktionsgeschichte. Die V.s-Genese in Settings, in denen ein Austausch wechselseitiger V.s-Handlungen erschwert oder schlicht nicht zu realisieren ist, stellt folglich eine bes. Herausforderung dar.

### 1.2 Handlungsfreiheit und Risikobereitschaft

V. ist in jeglichen Situationen sozialer Interaktion von Relevanz, in denen das Gegenüber über ein Mindestmaß an Handlungsfreiheit verfügt; im Umkehrschluss bedeutet dies, dass V. obsolet wird, wenn ein Akteur vollständig einseitig über den Ausgang einer Handlung (↑Handeln, Handlung) bestimmen kann, so etwa über ausgeübten Druck auf das Gegenüber. Verbunden mit der Handlungsfreiheit des Interaktionspartners setzt V. demnach die Bereitschaft voraus, ein ↑*Risiko* einzugehen, da sich der Andere stets entgegen der eigenen Erwartungen verhalten und das entgegengebrachte V. enttäuschen kann. Der Vertrauende gibt also die Kontrolle über das weitere Geschehen an sein Gegenüber ab: V. zu schenken, bedeutet somit, sich verletzbar zu machen.

### 1.3 Positive Zukunftserwartung

V. ist immer auf das weitere Geschehen ausgerichtet, denn es wird darauf vertraut, dass das Gegenüber *in Zukunft* auf eine bestimmte Art und Weise handeln wird. Die Bewertung von Personen oder (Teil-)Systemen als vertrauenswürdig basiert dabei jedoch auf vergangenen direkten oder indirekten Erfahrungen. Es handelt sich nicht um „blindes" V. Grundsätzlich basiert V. auf einer *positiven* Zukunftserwartung: Der V.s-Gebende geht davon aus, dass der V.s-Nehmende das investierte V. nicht missbraucht, sondern sich konform zu den an ihn gestellten Erwartungen verhalten wird. Nur dieses unterstellte Wohlwollen beim Gegenüber macht die Bereitschaft möglich, das bei V.s-Handlungen immanente Risiko des Verletzt-Werdens einzugehen und sich in die Hand seines Gegenübers zu begeben.

## 2. Ebenen von Vertrauen

In der V.s-Forschung wird zwischen *personalem* und *systemischem V.* unterschieden: Ersteres bezieht sich auf all jene Handlungskontexte, in denen ein konkreter Interaktionspartner involviert ist. Dyadische Beziehungen sind hierfür das Paradebeispiel. Allerdings kann personales V. ebenso auf Personen außerhalb des sozialen Nahraums bezogen sein, so etwa auf eine Politikerin auf Bundesebene. Systemisches V. bezieht sich auf das V. gegenüber Institutionen und Organisationen. Zwischen beiden Formen des V.s sind Transfereffekte denkbar und wahrscheinlich. So kann etwa das V. in den Hausarzt das V. in das Gesundheitssystem tangieren oder das V. in eine politische Partei das V. in einen konkreten Politiker begünstigen. Über Richtung und Stärke des Zusammenhangs entscheidet dabei v. a. die psychologische Nähe zu einer konkreten Organisation. Mit Blick auf V. als einer zentralen gesellschaftlichen Herausforderung ist die systemische Ebene bes. relevant. „Vertrauenswürdige" Handlungsprinzipien wie Echtheit, Wertschätzung und Transparenz müssen bspw. im Zuge von Unternehmensphilosophien nicht nur formuliert, sondern auch nachvollziehbar gelebt werden.

## 3. Zum Verhältnis von Vertrauen und Misstrauen

In Anlehnung an die Überlegungen N. Luhmanns lässt sich *Misstrauen* als funktionales Äquivalent zu V. verstehen und fungiert ebenfalls im Zuge der Komplexitätsreduktion und Vereinfachung in der Auseinandersetzung mit der sozialen Wirklichkeit. Während jedoch durch das Erleben von V. bestimmte negative Handlungsausgänge ausgeschlossen werden, werden ebendiese durch das Erleben von Misstrauen als bes. wahrscheinlich erlebt. Folgerichtig ist Misstrauen stets mit einer negativen Erwartungshaltung verbunden; dem Gegenüber wird eine Täuschungsabsicht respektive ein aktives Handeln gegen die eigenen ↑Interessen unterstellt. Die mit erlebtem Misstrauen verbundene Wahrnehmungssimplifizierung tendiert zur Starrheit und Rigidität, sie ist (gleichermaßen auf interpersonaler wie auf systemischer Ebene) für die Entwicklung eines positiven sozialen Miteinanders insofern eher destruktiv und nicht förderlich.

Im Einklang zum Alltagsverständnis wurden V. und Misstrauen lange Zeit als die gegenüberliegenden Enden eines Kontinuums konzeptualisiert. Demnach seien V. und Misstrauen zwei sich ausschließende Bedingungen: Geringes V. gelte automatisch als Indikator für hohes Misstrauen, hohes V. hingegen als Indikator für geringes Misstrauen. In der jüngeren Forschung manifestiert sich jedoch zunehmend das Verständnis beider Phänomene als zwei miteinander zusammenhängende, jedoch distinkte Konstrukte. Damit verknüpft ist die Annahme über die Möglichkeit des gleichzeitigen Erlebens von V. und Misstrauen. Folgerichtig bildet Nicht-V. den Gegenpol zu V., Nicht-Misstrauen jenen zu Misstrauen: Ein Kontinuum zwischen V. und Misstrauen existiert in dieser Konzeption nicht. Die Annahme von V. und Misstrauen als zwei eigenständige Dimensionen wird durch neurowissenschaftliche (↑Hirnforschung) Befunde empirisch gestützt: Mittels bildgebender Verfahren lässt sich nachweisen, dass beim Erleben von V. und Misstrauen jeweils andere Gehirnareale aktiviert werden, die ihrerseits mit differenten neurologischen Prozessen verbunden sind.

### 4. Theoretische Ansätze der Vertrauens- und Misstrauensforschung

Die klassischen Ansätze der V.s- und Misstrauensforschung zeichnen sich dadurch aus, dass sie einseitig V. und Misstrauen als personale Variablen konzipieren (wie prominent im Ansatz von Julian Rotter) oder (wie von Morton Deutsch) als situative Variablen. Im ersteren Fall werden V. und Misstrauen als Ergebnisse individueller Sozialisationserfahrungen (↑Sozialisation) i. S. zeitlich stabiler und dadurch situationsübergreifender Persönlichkeitsmerkmale erfasst, im zweiten Fall werden hingegen situationsspezifische Rahmenbedingungen betont, die ein V.s-Erleben entweder begünstigen oder aber erschweren. Aus heutiger Forschungssicht greifen solche einseitigen Betrachtungen jedoch viel zu kurz und können der Komplexität beider Phänomene nicht gerecht werden. Vielmehr ist das Erleben von V. und Misstrauen stets das Ergebnis eines komplexen Wechselspiels beider Gruppen von Einflussgrößen.

Basierend auf einem dynamisch-transaktionalen Paradigma betont die von Martin K. W. Schweer entwickelte *differentielle V.s- und Misstrauenstheorie* ebendiese Zusammenwirkung personaler Antezedenzien und situativ-struktureller Rahmenbedingungen auf die individuelle respektive kollektive Situationswahrnehmung und -bewertung; dadurch schlussendlich auf die subjektive Interpretation des Interaktionsgeschehens und das resultierende Verhalten. Das Erleben von V. und Misstrauen und damit verbundene Handlungen sind also Resultat eines vielschichtigen Prozesses mit einer sich entfaltenden, inhärenten Eigendynamik. Die sukzessive Folge der Interaktionssequenzen mit sich stabilisierenden Verstärkungsmechanismen begünstigt den Verlauf progressiver respektive retrogressiver V.s- und Misstrauensverläufe. Als bes. bedeutsame personale Antezedenzien haben sich in diesem Prozess neben den individuellen *V.s- und Misstrauenstendenzen* (persönliche Überzeugungen über die Möglichkeit und Sinnhaftigkeit von V. als Benefit bzw. über die Notwendigkeit von Misstrauen zur Schadensabwehr in konkreten Lebensbereichen) die *impliziten V.s- und Misstrauenstheorien* (Merkmale vertrauenswürdiger Interaktionspartner in konkreten Lebensbereichen) herauskristallisiert. Zudem spielen Stereotype und ↑Vorurteile, ↑Werte und ↑Normen, persönliche Eigenschaften und Erwartungen sowie schließlich auch ausgewählte sozio-demographische Merkmale eine Rolle. Als wichtige situativ-strukturelle Rahmenbedingungen lassen sich neben der Möglichkeit zur offenen Kommunikation das Ausmaß der Freiwilligkeit der Beziehung benennen, zudem der Grad an (formaler) Machtsymmetrie bzw. -asymmetrie (↑Macht) und schließlich der Umstand, ob eine Beziehung auf Kurz- oder auf Längerfristigkeit angelegt ist. Differentialität und Bereichsspezifik der komplexen Wechselwirkungen im Rahmen der V.s- und Misstrauensentwicklung erschweren den Zugang der empirischen Forschung: Für eine solide wissenschaftliche Analyse der beiden Phänomene ist es jedoch unerlässlich, die Unterschiedlichkeit der Menschen und Situationen hinreichend zu berücksichtigen. Dabei ist V. gerade in einer Zeit immer komplexer werdender gesellschaftlicher Herausforderungen ein bes. sensibles Gut, das den Blick für innovativen Wandel und soziale ↑Verantwortung schärfen kann.

### Literatur

M. Schweer/K. Siebertz-Reckzeh/R. Hake: Facetten und Konsequenzen von Vertrauen und Misstrauen in der pädagogischen Beziehung, in: G. Hagenauer/D. Raufelder (Hg.): Soziale Eingebundenheit, 2020, 71–84 • E. Link: Vertrauen und die Suche nach Gesundheitsinformationen, 2019 • M. Schweer/P. Ziro: Vertrauen und Misstrauen im Kontext gesellschaftlicher Herausforderungen. Eine differentiell-psychologische Perspektive, in: M. Kirschner/T. Pittrof (Hg.): Vertrauen, 2018, 167–198 • S. Erchov: Reconceptualizing Trust, 2017 • J. F. Rauthmann: Persönlichkeitspsychologie, 2017 • M. Schweer: Vertrauen im Klassenzimmer, in: ders. (Hg.): Lehrer-Schüler-Interaktion, [3]2017, 523–545 • C. Campos-Castillo u. a.: Examining the Relationship Between Interpersonal and Institutional Trust in Political and Health Care Contexts, in: E. Shockley u. a. (Hg.): Interdisciplinary Perspectives on Trust, 2016, 99–115 • N. Luhmann: Vertrauen. Ein Mechanismus der Reduktion sozialer Komplexität, [5]2014 • M. Schweer: Vertrauen und Misstrauen in differentiell-psychologischer Perspektive – eine paradigmatische Erweiterung der differentiellen Vertrauenstheorie. Posterbeitrag zum 49. Kongress der DGPs an der Ruhr-Universität Bochum (21.–25.09.2014), 2014 • A. Dimoka: What Does the Brain Tell us About Trust and Distrust? Evidence from a Functional Neuroimaging Study, in: MIS Quarterly 34/2 (2010), 373–396 • M. Schweer: Vertrauen und soziales Handeln: Eine differentialpsychologische Perspektive, in: E. Jammal (Hg.): Vertrauen im interkulturellen Kontext, 2008, 13–26 • S. Marsh/M. R. Dibben: Trust, Untrust and Mistrust. An Exploration of the Dark(er) Side, in: P. Herrmann/V. Issarny/S. Shiu (Hg.): Trust Management, 2005, 17–33 • P. Sztompka: Trust: A Sociological Theory, 1999 • R. J. Lewicki/D. J. McAllister/R. J. Bies: Trust and Distrust: New Relationships and Realities, in: AMR, 23/3 (1998), 438–458 • J. M. Barbalet: Social Emotions: Confidence, Trust and Loyalty, in: IJSSP, 16/1–2 (1996), 75–96 • J. B. Rotter: Generalized Expectancies for Interpersonal Trust, in: American Psychologist, 26/5 (1971), 443–452 • M. Deutsch: Trust and Suspicion, in: JCR 2/4 (1958), 265–279.

MARTIN K. W. SCHWEER

## Vertreibung ↑Flucht und Vertreibung

## Verwaltung

### 1. Die Komplexität der Verwaltung

Politische, soziale und normative Strukturen nehmen mittel- und unmittelbar Einfluss auf die V. Je komplexer diese Strukturen sind, desto unübersichtlicher sind die gesellschaftlichen Abläufe und desto bürokratischer ist die V. Gesellschaftliche Komplexität hat zur Ausdifferenzierung der V. ebenso beigetragen wie die politische Organisation des ↑Staates und die von ihm zu bewältigenden Aufgaben. Ihre zentralen Funktionen, ↑Steuerung und Verarbeitung gesellschaftlicher Komplexität zum Zweck der Bereit- und Sicherstellung kollektiver ↑Güter, hat die V. dazu veranlasst, ihrerseits Komplexität aufzubauen. Das wiederum hat Auswirkungen auf ihre Stellung zwischen Staat und Gesellschaft sowie ihre Gestaltungsmacht. Die administrative Komplexität ist eine der Ursachen, warum sich die V. weder angemessen definieren noch auf ein allg. verbindliches Verständnis zurückführen lässt. Schon der Begriff „V." suggeriert eine Einheit, die sich in der Realität nicht wiederfindet. Sozial-, Finanz-, ↑Selbst-, Ministerial-, Präsidial-V.en etc. haben es jeweils mit unterschiedlichen Aufgaben, Adressaten und Rechtsbindungen zu tun. Gemäß dem deutschen V.s-Föderalismus (↑Föderalismus) existieren neben der Bundes-V. die Länder-V.en (die auch im Rahmen der Bundesauftrags-V. tätig werden) und die kommunalen V.en. Auch deswegen gibt es nicht „die" V. Über diese lassen sich deshalb nur Tendenzaussagen machen, die zwar im Allgemeinen zutreffen, aber bei detaillierter Betrachtung davon abweichen können.

Als Bestandteil der Exekutive gliedert sich die V. in die im engeren Sinne regierungsunterstützende (Ministerial-V.) und die im weiteren Sinne vollziehende Exekutive. Daneben verfügen aber auch die Legislativen und die Judikativen über eigene V.en, die wegen des Gewaltenteilungsprinzips mit den Exekutiv-V.en nicht identisch sind, obwohl sie sich im Organisationsaufbau und in der Personalstruktur und -bezahlung kaum voneinander unterscheiden. Daneben gibt es noch die V.en des ↑Bundesrats, des BRH und der ↑Deutschen Bundesbank, die V.en der Anstalten, ↑Körperschaften und ↑Stiftungen des öffentlichen Rechts sowie eine unüberschaubare Vielzahl von verselbständigten V.s-Einheiten. Insofern sind administrative Handlungskriterien, Rechtsgrundlagen, Verfahren und Strukturen recht unterschiedlich. Zwar sind die V.en normativ dem Allgemeinwohl (↑Gemeinwohl) verpflichtet, gleichzeitig sind sie jedoch mit politischen und gesellschaftlichen ↑Interessen konfrontiert, die ihm nicht immer dienen. Den Bürgern gegenüber üben V.en ↑Macht aus, indem sie in deren Lebensbedürfnisse eingreifen („Eingriffs-V."). Gleichzeitig stehen die V.en im Dienst der Bürger, für die sie vielfältige Leistungen („Leistungs-V.") erbringen. Weitere Mehrdeutigkeiten zeigen sich in den Umweltbeziehungen der V.en. Einerseits setzen sie ihre Entscheidungen, insb. Routineentscheidungen, einseitig hoheitlich durch, andererseits kooperieren und verhandeln sie mit den Adressaten ihrer Entscheidungen, wenn es um komplexe Sachverhalte geht. Dabei changieren sie häufig nach innen und nach außen zwischen formalem und informalem Verhalten.

Die Entwicklung der V. in ihrer Vielfalt und Unübersichtlichkeit hat Konsequenzen nicht nur hinsichtlich ihrer öffentlichen Wahrnehmung, sondern auch für ihren internen Betrieb. Die V.s-Zusammenarbeit ist meist schwierig und zeitaufwendig. Interne Kooperationsdefizite, negative Koordination, selektive Problemwahrnehmung, Kompetenzüberschneidungen sowie Konflikte in und zwischen V.en sind keine Seltenheit. Das V.s-Personal verfügt auch nicht mehr über sein früher viel gelobtes, Einheit verbürgendes Amtsethos (↑Amt). Dazu sind rechtlicher Status, Aufgaben und Ausbildung sowie die soziale Zusammensetzung der Bediensteten zu heterogen. Angesichts dieser Ausgangslage ist es nicht überraschend, dass die V. unterschiedlich wahrgenommen wird. Sie gilt als Verkörperung und Repräsentant des Staates, als Instrument der Politik, als eigenständige Staatsgewalt, als Wahrer des Allgemeinwohls, als Machtfaktor, als Stabilisierungsfaktor „gegenüber den das Staatsleben gestaltenden politischen Kräften" (BVerfGE 7,162; 8,16; 11,216 f.), als Moderator zwischen gesellschaftlichen Interessen, als Dienstleister, als Ordnungsfaktor, als ↑Bürokratie u. a.

### 2. Verwaltung zwischen Staat, Politik und Gesellschaft

Die V. steht faktisch zwischen Staat, Politik und Gesellschaft, obwohl sie ein verfassungsrechtlicher Bestandteil des Staates ist. Für ihn nimmt sie eine Vielzahl unterschiedlicher Funktionen wahr, wie z. B. Entscheidungs-, Ordnungs-, Eingriffs-, Vollzugs-, Integrations-, Repräsentations-, Gewährleistungs-, Kontroll-, Leistungs- und Gestaltungsfunktionen. Bei deren Wahrnehmung bringt sie neben der Politik den Staat in die Gesellschaft und die Gesellschaft in den Staat ein. Wichtiges normatives Einfallstor für ihre Vermittlungsleistungen ist die Bindung aller Staatsgewalt an das Volk, das in freien ↑Wahlen die ↑Gesetzgebung unmittelbar und die ↑Rechtsprechung und vollziehende Gewalt mittelbar demokratisch legitimiert (Art. 20 Abs. 2 GG). Die V. repräsentiert somit ebenfalls das Volk. Ihr fällt deshalb normativ die Aufgabe zu, für eine ständige Rückkopplung zwischen staatlichen Maßnahmen und gesellschaftlichen Bedürfnissen zu sorgen.

Obwohl die V. verfassungsrechtlicher Bestandteil des Staates ist, sind beide nicht identisch. Der Staat weist über die V. und die V. über den Staat hinaus. Allerdings wird der Staat im Aufgabenvollzug der V. sichtbar. Sie ist Sinnbild des „arbeitenden Staat[s]" (Hesse 1987: 77), dessen gesellschaftliche Akzeptanz wesentlich von der administrativen Leistungsfähigkeit abhängt. Gesellschaftliche Veränderungen lassen Staat und V. nicht unberührt. Je nachdem, ob die V. mit einer pluralistischen Gesellschaft, einer Wohlstandsgesellschaft, kapitalistischen Wirtschaftsgesellschaft, Informationsgesellschaft oder ↑Risikogesellschaft konfrontiert ist, beeinflusst dies auch ihr Selbstverständnis. Daneben hat die Entwicklung zu einer mehr kooperativen und weniger hoheitlich vollziehenden V. auch das Staatsverständnis verändert. Neben den hoheitlich-hierarchischen Staat ist der kooperative Staat getreten, der die „Hierarchie als Bauprinzip der Exekutive" (Dreier 1991: 145) relativiert hat.

Die Wahrnehmung ihrer Aufgaben verbindet die V. sowohl eng mit dem Staat als auch mit der Gesellschaft. Vielfältige gesellschaftliche und politische Veränderungen haben ihr zwar immer mehr Aufgaben aufgebürdet, doch haben sich dadurch zugl. ihre gesellschaftlichen Kontakte, nicht zuletzt aufgrund eines engen Austausches mit Wirtschaftsunternehmen (↑Unternehmen) und ↑Verbänden, intensiviert. Sie steht der Gesellschaft nicht als fremde Ordnungsmacht gegenüber, sondern ist ihr integraler Bestandteil. Beide sind aufeinander angewiesen: die V. auf die Unterstützung durch die Gesellschaft und die Gesellschaft auf die Leistungen der V. Um sich nicht mit gesellschaftlichen Aufgaben zu überfordern, lässt sich die V. allerdings nur selektiv auf die Übernahme gesellschaftlicher Probleme ein oder lagert ihre Lösung auf Beratungsorganisationen, international operierende Anwaltskanzleien oder Normungsverbände (DIN, VDI) aus. Dadurch und durch ↑Privatisierungen staatlicher Aufgaben sowie die Überwälzung staatlicher Aufsichtspflichten auf Private werden Staat und V. von gesellschaftlichen Akteuren abhängig. Das Problemlösungswissen des V.s-Personals nimmt damit ab und die Gefahr gesellschaftlicher Außensteuerung zu.

### 3. Eigenständigkeit und administrative Bindungen

Die Komplexität der V. ist eine Ursache für ihr relativ hohes Maß an Eigenständigkeit gegenüber ↑Recht und ↑Gesetz, Politik und Gesellschaft. Ohne ihre multistrukturelle, prozessuale und normative Komplexität wäre sie nicht in der Lage, ihre Aufgaben zu erfüllen. Ihre Eigenständigkeit darf nicht mit völliger Unabhängigkeit oder ↑Autonomie verwechselt oder als feststehende Größe missverstanden werden. Diese zeigt sich vielmehr in einem selektiven, administrativer Logik folgenden Zugriff auf und Umgang mit Umweltereignissen. Erst sie ermöglicht es, Umwelteinflüsse entweder zu bearbeiten, zu neutralisieren, zu blockieren oder gegeneinander auszuspielen, wie z. B. gesetzliche Beschränkungen gegen politische Forderungen. Ihrer relativen Eigenständigkeit stehen administrative Bindungen gegenüber. Eigenständigkeit und Bindungen bilden ein Spannungsverhältnis, das von Aufgabe zu Aufgabe, Situation zu Situation und von Akteur zu Akteur immer wieder neu abgewogen wird.

### 4. Bindung an die Legislative

Neben ihrer Verankerung im exekutiven Staat ist die V. an ↑Verfassung und Gesetze und damit an die Entscheidungen des Gesetzgebers gebunden. Da dies eine Grundvoraussetzung aller demokratischen Systeme darstellt, wird davon ausgegangen, dass die V. den in freien Wahlen gewählten Parlamenten (↑Parlament, Parlamentarismus) nachgeordnet sein und die von ihnen verabschiedeten Gesetze ausführen muss. Allerdings wird diese normative Bindung an den Gesetzgeber in der V.s-Realität häufig durchbrochen. Außerdem ist die Ministerialbürokratie intensiv an der Ausarbeitung der Gesetze beteiligt, und die Parlamente sind nur bedingt fähig, die V.en zu kontrollieren, ob sie die Gesetze vollziehen. Daneben sind ihnen für einige Sachverhalte per Gesetz Ermessensspielräume (↑Ermessen) zugewiesen, die ihre relative Eigenständigkeit gegenüber dem Gesetzgeber unverzichtbar machen. Bedeutsam dafür ist auch ihre Kompetenz, auf der Grundlage eines Gesetzes als Verordnungsgeber aufzutreten, wodurch u. U. weitreichende staatliche und gesellschaftliche Konsequenzen ausgelöst werden können. Weiterhin gilt für sie ein sog.er „Kernbereich der exekutiven Eigenverantwortung" (BVerfGE 67,139), der wegen der ↑Gewaltenteilung einen totalen Parlamentsvorbehalt ausschließt (BVerfGE 68,87; 49,89,124 f.). Da die V. also über ein erhebliches Maß an Eigenständigkeit verfügt, kann von einer legislatorisch programmierten V. keine Rede sein, aber ebenso wenig von einer Verselbständigung oder Selbstführung der V. gesprochen werden. Legislatorische Programmierung und administrative Verselbständigung oder Selbstführung bilden ein Spannungsverhältnis, das je nach Situation neu auszutarieren ist.

### 5. Judikative Bindungen

↑Demokratie und Rechtstaatlichkeit (↑Rechtsstaat) beruhen auf einer unabhängigen Justiz. Die V. als Bestandteil der Exekutive ist in einem demokratischen Staat vielfältig an die Judikative zurückgebunden. Neben der Rechtsprechung des BVerfG, den Gesetzen und Verordnungen („Selbstbindung") ist sie auch an das Allgemeine bzw. Besondere ↑V.s-Recht, das V.s-Verfahrensrecht und auf die jeweils darauf beruhende Rechtsprechung der VG gebunden. Doch können diese das V.s-Handeln ebenso wenig detailliert steuern wie die Ordentliche ↑Gerichtsbarkeit, die angerufen werden kann, wenn sich die V. auf das Gebiet des ↑Privatrechts begibt. Recht und Gerichte können ihr Grenzen setzen, doch ihre relative Eigenständigkeit nicht aufheben. So schließt die Rechtsbindung administrativen Handelns einen selektiven Rückgriff auf Gesetze oder deren Ignoranz keineswegs aus, wie die Implementationsforschung (↑Implementation) nachgewiesen hat. Dahinter müssen sich keine Vollzugsdefizite verbergen, sondern dadurch kann ein Vollzug überhaupt erst ermöglicht werden. Gegen eine vollständige Bindung an die Judikative spricht weiterhin die Gewaltenteilung und die Tatsache, dass die Rechtsprechung gelegentlich zu unklar oder zu lückenhaft ist, als dass sie einer komplexen V.s-Praxis als eindeutige Handlungsanleitung dienen könnte. Für die V. eröffnen sich dadurch Interpretations- und Handlungsspielräume und damit rechtsauslegende Möglichkeiten. Auch das BVerfG hat ihr gewisses Maß an Eigenständigkeit gegenüber der Judikative betont. Demnach sind Gerichte an V.s-Entscheidungen, die unter Plausibilitätsgesichtspunkten getroffen werden, gebunden, wenn keine klaren fachwissenschaftlichen Erkenntnisse bei der Sachverhaltsermittlung vorliegen (BVerfG 23.10.2018–1 BvR 2523/13, Rn. 1–36). Hinzu kommt, dass einige Gesetze Gemeinwohl- oder ↑Generalklauseln enthalten, welche die V. konkretisieren muss. Bezeichnungen wie „Stand von Wissenschaft und Technik" oder „öffentliches Interesse" zwingen sie zur eigenständigen Sachverhaltsermittlung und damit zur Wahrnehmung von Handlungsspielräumen, auch wenn sie dabei auf wissenschaftliche Expertise oder die Mitwirkung von Verbänden angewiesen sein sollte. Sie kann dabei eigene Interessen geltend machen, die nicht immer vom Recht gedeckt sind („Brauchbare Illegalität" [Luhmann 1976: 304]). Auf derartige Entwicklungen haben der Gesetzgeber und die VG mit einer stärkeren Prozeduralisierung des Rechts reagiert, womit die relative Eigenständigkeit der V. indirekt anerkannt wurde.

### 6. Verwaltung und Politik

Die Bindung der V. an „die" ↑Politik ist, sofern sie als Parteipolitik verstanden wird, zwangsläufig locker, da von ihr Unparteilichkeit und Objektivität verlangt wird. Das soll nicht heißen, dass sie in einem politikfreien Raum handelt, schließlich soll sich das V.s-Personal aktiv zur ↑freiheitlichen demokratischen Grundordnung bekennen, zu der auch die ↑Parteien gehören. Insofern ist V. immer politisch. Doch mischt sich die Politik eher selten in den administrativen Routinebetrieb ein. Geht es jedoch um weitreichende politische ↑Reformen oder um Ereignisse, die für die Politik ein Gefährdungspotenzial darstellen, macht sie der V. Vorgaben, die diese nicht ignorieren, höchstens relativieren kann. Von daher sind Klagen, die Politik sei nicht in der Lage, die V. zu steuern, zu ungenau. Zweifellos besitzt die V. aber gegenüber der Politik systembedingte Vorteile, die ihr administrative Spielräume eröffnen. Während sie personell und fachlich auf Kontinuität beruht, ist die politische Führung mit Personalwechseln und sich schnell ändernden Themen konfrontiert, die sie zur ständigen Neuorientierung zwingen. Außerdem muss sie bei ihren Problemlösungsvorschlägen administrative Restriktionen beachten. Sachlich verfügt die V. gegenüber der Politik über einen Informationsvorsprung, der sie darüber befinden lässt, „was politisch geht und was nicht geht". Zudem muss die Politik auf das Wählerpotenzial Rücksicht nehmen, denn die knapp 6 Mio. Bediensteten der Öffentlichen Arbeitgeber (2017) stellen mit ihren Angehörigen eine nicht zu vernachlässigende Wählergruppe dar. All dies verschafft der V. ein erhebliches Maß an relativer Eigenständigkeit. Darüber hinaus ist in parlamentarisch-politischen Entscheidungsprozessen die (Ministerial-)V. sowohl Partner als auch Gegenspieler der Politik. Die politischen Akteure sind einerseits von der sachlichen Zuarbeit und Mitarbeit der Ministerial-V. im Gesetzgebungsprozess abhängig, die Gesetzesinitiativen der Politik verzögern oder so umgestalten kann, dass sie mit den urspr.en politischen Absichten nur noch wenig gemein haben. Andererseits können administrativ ausgearbeitete Gesetzesvorschläge von der Politik ignoriert oder verworfen werden.

### 7. Verwaltungs- und Dienstrechtsreformen

V.s-Reformen sind zugl. Staatsreformen, und Staatsreformen sind ohne begleitende V.s-Reformen undenkbar. Selbst wenig ambitiöse staatliche Reformen sind untrennbar mit Veränderungen in der V. verbunden, während sich V.s-Reformen in Änderungen der Staatlichkeit niederschlagen. V.s-Reformen sind eine Daueraufgabe, die durch ↑sozialen Wandel, politische und richterliche Entscheidungen ausgelöst werden.

Ging es in Westdeutschland bis in die 60er Jahre zunächst darum, eine rechtsstaatliche V. aufzubauen, wurde die ostdeutsche V. nach der Wiedervereinigung in eine demokratisch-rechtstaatliche V. umgestaltet. Die in den 60er und 70er Jahren durchgeführten Territorial- (↑Gebietsreform) und Funktionalreformen sowie die Bemühungen, die V. einer vorausschauenden Politik anzupassen, ihre Planungs- und Gestaltungskapazitäten auszubauen und eine Dienstrechtsreform einzuleiten, waren zwar, an ihren urspr.en Absichten gemessen, nur z. T. erfolgreich, haben aber gleichwohl Staat und V. verändert. In den 80er und 90er Jahren wurde die V. bürgernäher, während finanzielle Engpässe der öffentlichen Haushalte einen staatlichen Sparkurs einleiteten, der mit Personalabbau, Kürzungen bei Sachmitteln und Investitionen einherging und mit Qualitätsverlusten verbunden war. Einem schlanken Staat sollte eine schlanke V. zur Seite gestellt werden. Maßnahmen, wie (Teil-)Privatisierungen, Ausgliederungen, Deregulierungen, Verfahrensbeschleunigungen oder Gesetzesvereinfachungen und -bereinigungen standen im Zentrum dieser Entwicklung. Ziel war eine mit Hilfe neoliberaler Ideologie (↑Neoliberalismus) begründete ↑Ökonomisierung der V., die sie den vermeintlich leistungsmäßig überlegenen privatwirtschaftlichen V.en angleichen sollte. Dass diese Reformbestrebungen sich nur punktuell durchsetzen konnten, lag v. a. an der die V.s-Realität weitgehend ausblendenden Ideologie des NPM (↑Public Management), das ein Import aus angelsächsischen Ländern war. Daneben legte der Bund das Programm „Moderner Staat – Moderne Verwaltung" (1998–2006) auf, wodurch die enge Verbindung zwischen Staats- und V.s-Reform bereits im Programmtitel zum Ausdruck gelangte. Es zielte u. a. auf intensivere Verantwortungsteilung zwischen Staat und Gesellschaft, Abbau der Bürokratie und Ausbau des ↑E-Governments ab. Der enge Zusammenhang zwischen Staats- und V.s-Reformen zeigte sich auch in der sog.en „Föderalismusreform I", die Veränderungen in der Kompetenzverteilung zwischen Bund und Ländern und eine Reföderalisierung des öffentlichen Dienstrechts einleitete. Die vom Bund seither aufgelegten Regierungsprogramme zur V.s-Modernisierung zielen auf eine weiterführende Integration der IKT in die V.s-Abläufe. Stichworte dazu sind E-Government, Open Government, Digitale Agenda 2020 oder Open Data. Durch den flächendeckenden administrativen Einsatz der IKT soll der gesellschaftliche Zugang zu amtlichen Leistungen erleichtert sowie Transparenz, Kooperation, Partizipation und Rechenschaftslegung (↑Doppik) der V. verbessert werden. Die Zukunft wird zeigen, ob die V. die informations- und kommunikationstechnischen Möglichkeiten allein zur Optimierung ihres Aufgabenvollzugs und zur gesellschaftlichen Kontrolle nutzen, oder ob sie die Vielzahl anfallender Daten auch zur Verbesserung ihrer gesellschaftlichen Responsivität verwenden wird. Eine verbesserte Datenlage würde es ihr erlauben, gesellschaftliche Bedürfnisse direkter zu befriedigen oder schneller in den politischen Entscheidungsprozess zu transferieren. Beides würde ihre gesellschaftliche Akzeptanz verbessern, ihre politische Rolle ausweiten und ihre Vermittlungsfunktion zwischen Staat und Gesellschaft stärken. Allerdings besteht auch die Gefahr, dass die Verantwortung für V.s-Entscheidungen auf Algorithmen übertragen wird, welche die komplexe gesellschaftliche Realität nur noch „technisch" reflektieren.

## 8. Europäisierung

Die V. ist zwar ein integraler Bestandteil von Staat und Gesellschaft eines Landes, doch wächst sie im Zuge der europäischen Integration (↑Europäischer Integrationsprozess) über ihren nationalen Rahmen hinaus. Sie setzt sich zunehmend mit europäischen Problemen und Regelungen auseinander und muss das Gemeinschaftsrecht (↑Europarecht), das ↑Europäische V.s-Recht sowie die Rechtsprechung des ↑EuGH berücksichtigen, was vielfältige neue Regelungen erfordert. Das hat wiederum Einfluss auf die Prägekraft ihrer nationalen normativen Bindungen und Verantwortlichkeiten, denn über die V.en greift die ↑EU immer stärker in die ↑Souveränität der Mitgliedsstaaten ein, sofern dies in die Kompetenz der EU fallende Tatbestände betrifft. Den deutschen V.en fällt die Aufgabe zu, europäische Rechtsakte, also Verordnungen, Richtlinien, Entscheidungen und Empfehlungen, umzusetzen, da die ↑Europäische Kommission keinen eigenen V.s-Unterbau besitzt. Zwar sind die EU-Richtlinien an den Gesetzgeber gerichtet, doch ist ihre Durchsetzung Aufgabe der V.

Obwohl die deutschen V.en die EU-Rechtsakte implementieren müssen, ist dies kein einseitiger Prozess, denn sie sind am Zustandekommen der Kommissions- und Ratsentscheidungen und deren Durchführungsbestimmungen ebenso wie die V.en der anderen Mitgliedsländer in allen Stadien des europäischen Entscheidungsprozesses beteiligt. Insofern ist die Europäisierung ein interaktiver Prozess zwischen den EU-Gremien sowie den V.en und Regierungen der Mitgliedsländer. Durch die Europäisierung haben sich die Kontakte der deutschen V. mit den V.en der anderen Mitgliedsländer intensiviert, wodurch sie eine wichtige Bedeutung für die europäische Integration gewonnen haben. Zugl. hat sich aber auch die inneradministrative Zusammenarbeit vervielfältigt, weil die Wahrnehmung deutscher Interessen in der EU Abstimmungen innerhalb und zwischen den verschiedenen administrativen Fachressorts von Bund und Ländern erfordert.

Mit der Europäisierung geht zwangsläufig eine „Politisierung" der V. einher, da alle auf der EU-Ebene getroffenen Entscheidungen immer Fragen der nationalen Handlungs- und Entscheidungsspielräume der Mitgliedstaaten aufwerfen. Daneben verstärkt sie die Position der V. gegenüber der Legislative. Der Deutsche ↑Bundestag kann die administrativen Vorbereitungen, die auf die Ausarbeitung einer deutschen Position gegenüber den EU-Gremien zielen, kaum beeinflussen. Noch geringer sind seine Möglichkeiten, über die V. auf die Ergebnisse der Kommissions- und Ratsentscheidungen Einfluss zu nehmen. Insofern können auf EU-Ebene Regierung und V. von den Legislativen vielfach unkontrolliert agieren. Dadurch wird das ohnehin schon ausgedünnte Konzept der legislatorisch programmierten V. weiter eingeschränkt. Welche Veränderungen sich durch die fortschreitende Europäisierung noch ergeben werden, muss indessen offenbleiben. Doch könnte die EU die transnationale Orientierung der V. im europäischen V.s-Verbund verstärken und damit ihre nationalstaatlichen Bindungen schwächen.

## 9. Verwaltung im demokratischen Staat

Lange Zeit war es umstritten, ob die V. integraler Bestandteil des demokratischen Systems, oder ob sie ihm wesensfremd ist. Mittlerweile gilt, dass der demokratische Staat eine V. benötigt, die mit seinen Strukturen und Normen vereinbar ist und diesen in ihren alltäglichen Operationen ↑Geltung verschafft (§ 60 Abs. 1 DNeuG). Da komplexe moderne ↑Gesellschaften und ihre demokratischen Systeme im hohen Maße bürokratisiert sind, fällt es den V.en auch nicht allzu schwer, sich mit ihnen zu identifizieren. V. und bürokratisierte Demokratie stellen insofern keine Gegensätze dar. Offen muss aber die Frage bleiben, wie sehr die V. sowohl nach innen als auch nach außen demokratisiert sein muss, um mit dem demokratischen System zu harmonieren. Einerseits soll sie möglichst eng auf das Prinzip der ↑Volkssouveränität ausgerichtet, ohne andererseits daran unmittelbar gebunden zu sein. Dieses Spannungsverhältnis soll durch die Bindung an das Gesetz aufgelöst werden, wodurch sie zu einer „Komplementärerscheinung demokratischer Staatlichkeit" (Dreier 1991: 13) wird. Dieses primär normativ ausgerichtete Konzept der legislatorisch programmierten V. geht von einer strikten Trennung zwischen Gesetzgebung und V. aus, obwohl die meisten Gesetze von der (Ministerial-)V. in Kooperation mit davon betroffenen Verbänden oder innerhalb der EU ausgearbeitet werden. Außerdem gilt jedes V.s-Handeln als demokratisch legitimiert, wenn es auf einer gesetzlichen Grundlage beruht („Input"). Sein materieller Gehalt und die daraus resultierenden Konsequenzen („Output") haben dagegen nachrangige Bedeutung. Der dieser Konzeption zu Grunde liegende formale Demokratiebegriff stellt jedoch nur eine notwendige Bedingung für eine demokratiekonforme V. dar. Für die erforderliche Bindung an demokratischen Staat und demokratische Gesellschaft bedarf es ergänzender Elemente, wie Mitwirkungsmöglichkeiten an V.s-Entscheidungen, administrative Transparenz sowie Responsivität gegenüber den Bürgern, die auf verbesserte Möglichkeiten der Selbstbestimmung hinweisen. Die ↑Legitimation des V.s-Handelns benötigt jenseits der Bindung an den Gesetzgeber zusätzliche demokratische Impulse, selbst wenn sie nicht Ergebnis bewusster administrativer oder politischer Maßnahmen sind. Allerdings sind solche Impulse nicht in allen V.en gleichermaßen ausgebildet. Unterschiede bestehen z. B. zwischen Sicherheits- und Sozial-V.en oder Vollzugs- und Leistungs-V.en.

Die Demokratiekonformität der V. speist sich aus verschiedenen Quellen mit jeweils unterschiedlicher Intensität. Bes. Bedeutung hat dabei die sich seit 1949 allmählich durchsetzende ↑Demokratisierung des Personals. Eine der Voraussetzungen dafür war die „Demokratisierung" des Zugangs zum ↑öffentlichen Dienst, der keiner privilegierten sozialen Schicht mehr vorbehalten ist, sondern prinzipiell allen Bürgern offensteht, welche die Kriterien Eignung, Befähigung und Leistung erfüllen (Art. 33 Abs. 2 GG). Eine andere Voraussetzung waren die „innere Demokratisierung" einleitenden Personalvertretungsgesetze (↑Personalvertretung), durch die die Beschäftigtenrechte erweitert wurden. Endgültig durchgesetzt hat sich das Bekenntnis zum demokratischen Staat mit dem Generationenwechsel und dem gesellschaftlichen ↑Wertewandel Ende der 60er, Anfang der 70er Jahre des vorigen Jahrhunderts. Seitdem steht die Identifizierung des V.s-Personals mit dem demokratischen Staat außer Frage. Sie hat Konsequenzen im Verhältnis zum Bürger. Ihm gegenüber sind die V.en immer responsiver geworden. Schon Mitte der 1980er verschob sich das funktionale Selbstverständnis „vom Staatsdiener zum ‚Bürgeranwalt'" (Mayntz 1985: 174). Selbst wenn zu bedenken ist, dass eine responsive V. durch rechtliche, politische, organisatorische und finanzielle Grenzen eingeschränkt ist, und Bürgernähe gelegentlich als „schmückendes Beiwerk" behandelt wird, so haben sich doch die hoheitlichen Momente des V.s-Handelns abgeschwächt, während die Rolle der Bürger gegenüber der V. aufgewertet worden ist. Dies zeigt sich nicht zuletzt an den Mitwirkungsmöglichkeiten von Betroffenen an V.s-Entscheidungen. Sie gelten nicht nur für die ↑Partizipation von Verbänden bei der Vorbereitung von Gesetzentwürfen oder die Mitwirkung von Vertretern gesellschaftlicher Gruppen in Beiräten, Ausschüssen und Kommissionen in der Ministerial-V., sondern auch für die von V.s-Maßnahmen betroffenen Bürgern auf lokaler und regionaler Ebene. Nicht von ungefähr ist heute die Rede von einer „kooperativen V.". Dieser V.s-Typ vollzieht nicht mehr einseitig hoheitlich Entscheidungen, sondern trifft sie in Absprache und Aushandlung mit den davon Betroffenen. Selbst wenn empirische Untersuchungen zeigen, dass V.en auch Partizipationswünsche unterlaufen und Kooperation im Schatten von Hierarchie und Recht stattfindet, können diese dennoch, zumal bei komplexen Entscheidungen, nicht abgewiesen werden. Daraus ziehen nicht nur die V.en, sondern auch das demokratische System Nutzen. Rechtlich vorgegebenen Mitwirkungsmöglichkeiten erleichtern außerdem die Herstellung und Mobilisierung von ↑Öffentlichkeit, erhöhen das Informationsniveau der Beteiligten, schaffen Kommunikation über konfligierende Interessen, erlauben Kontrolle des V.s-Handelns und zwingen die Behörden, ihre Maßnahmen zu rechtfertigen. Dass die Partizipation an V.s-Maßnahmen v. a. solche Interessen begünstigt, die gut organisierbar, finanzstark und mit Vetomacht ausgestattet sind, widerspricht zwar dem Gleichheits-, nicht aber dem Partizipationsgebot.

Im demokratischen Staat ist die V. verpflichtet, ihre Entscheidungen sowohl gegenüber den Parlamenten, der Politik, den Verbänden, den ↑Medien und den Bürgern zu rechtfertigen (BVerfGE 84,34,45). Sich gegenüber der Öffentlichkeit kommunikativ abzuschotten wäre dem demokratischen System unangemessen, da sich Öffentlichkeit und Volkssouveränität wechselseitig voraussetzen. ↑Kommunikation ist deshalb zu einer zentralen V.s-Aufgabe geworden, obwohl die Geheimhaltung administrativer Prozesse immer noch große Bedeutung besitzt. Aber selbst diese bedarf heute kommunikativer Rechtfertigung. Die V. stellt sich somit auf mehr Offenheit und Öffentlichkeit um, wobei die IFG von Bund und Ländern, das UIG und das VIG nicht zu unterschätzende Wirkung entfalten. Es geht also nicht allein um die kommunikative Vorbereitung, Steuerung und Durchsetzung administrativer Prozesse, sondern auch um die Herstellung von Öffentlichkeit. Das schließt zwar eine einseitige kommunikative Beeinflussung der Bürger nicht aus, gleichwohl ist die administrative Herstellung von Öffentlichkeit ein Beitrag zur Demokratie bzw. Demokratisierung (BVerfGE 44,147), sofern die V. wahrheitsgemäß, umfassend und allgemeinverständlich informiert.

### 10. Verwaltung und gesellschaftlicher Pluralismus

Die V. ist trotz ihrer vielfältigen Bindungen an politische, gesellschaftliche und transnationale Akteure in vielerlei Hinsicht eigenständig. Die Durchführung staatlicher Aufgaben und die Erfüllung gesellschaftlicher Bedürfnisse verschafft V.en ein erhebliches Maß an Eigenmacht, die sie aber immer nur sehr selektiv und situationsbedingt, nicht aber für sich als Institution insgesamt einsetzen kann. Ihre fragmentarisierten bzw. pluralisierten Strukturen, das Fehlen eines verbindenden Ethos sowie die Vielzahl von externen und internen Kontrollen begrenzen eine übergreifende Machtausübung im eigenen Interesse. Das schließt aber nicht aus, dass sie Macht im Namen der Politik, des Rechts oder gesellschaftlicher Akteure ausüben und zum eigenen Vorteil nutzen kann. Allerdings bedarf es auch hierzu wiederum der Unterstützung eben dieser Akteure. Insofern überkreuzen sich in ihr staatliche, politische, gesellschaftliche und inneradministrative Machtbeziehungen. Zwar ist die V. im Staat verankert, doch hat sie sich im demokratischen Staat gegenüber der Gesellschaft geöffnet, zumal die staatlichen und gesellschaftlichen Aufgaben eine derart hohe Komplexität erreicht haben, dass sie ohne Mitwirkung von privaten Sachverständigen, Verbänden oder Bürgerinitiativen nicht gelöst werden können. Die V. besitzt insofern kein Monopol über die Definition des Allgemeinwohls, obwohl sie es durchsetzen soll. Ihre Aufgabe liegt vielmehr darin, dem Allgemeinwohl durch Vermittlung zwischen gesellschaftlichen und staatlich-administrativen Interessen möglichst nahe zu kommen. Da sie hierbei jedoch auf die Zusammenarbeit mit gesellschaftlichen Akteuren angewiesen ist, können sich gesellschaftliche Interessenkonflikte auf die V.en übertragen bzw. sich mit ihren Eigeninteressen verbinden. Sie werden damit, zumindest partiell, zu „Verbündeten" von ↑Interessengruppen, deren Unterstützung sie in der Auseinandersetzung mit anderen V.en und Interessengruppen benötigen, während jene wiederum die V.en brauchen, um ihre Interessen mit deren Hilfe durchzusetzen. Zugl. sind V. und Interessengruppen auf die Unterstützung der mit ihnen sympathisierenden politischen Akteure angewiesen. Gesellschaftlicher Pluralismus, V.s-Pluralismus und politischer ↑Pluralismus verbinden sich damit zu einem pluralistischen ↑Korporatismus und verstärken sich wechselseitig. Gleichzeitig wird dabei staatliche Macht durch gesellschaftliche Macht begrenzt und vice versa. Denn die V.en kontrollieren sich hierbei auch wechselseitig und verhindern, dass sich die mit ihnen jeweils gekoppelten Sonderinteressen ungebrochen durchsetzen. Insofern sind sie Interessengruppen keineswegs ausgeliefert. Vielmehr ergibt sich aus einer solchen Konstellation für V.en die Möglichkeit, konfligierende gesellschaftliche Interessen auszubalancieren und sich ihnen gegenüber als Schiedsrichter zu profilieren. Insofern sind sie wichtiger Mitspieler und integraler Bestandteil der pluralistischen Demokratie. Ihre legitimatorische Bindung lässt sich nicht mehr wie im hoheitlichen Staat allein auf den Gesetzgeber zurückführen. In einer komplexen demokratischen Gesellschaft sind administrative Legitimationsgrundlagen wie demokratische Einstellungen des Personals, Responsivität gegenüber den Bürgern und Ermöglichung von Mitwirkungsmöglichkeiten an V.s-Entscheidungen von großer Bedeutung für ihre gesellschaftliche Akzeptanz. Diese Entwicklungen haben zwar die Orientierung der V. an der Legislative abgeschwächt, sie gleichzeitig aber enger mit dem demokratischen System im Ganzen verbunden, wobei ihre bürokratischen Strukturen ebenfalls zugenommen haben. Demokratisierung und Bürokratisierung der V. gehen insofern Hand in Hand. Eine solchermaßen „postbürokratische V." ist komplementärer Bestandteil einer „bürokratisierten Demokratie" (Weber 1988: 497) bzw. „Demobürokratie" (Luhmann 1987: 156) in der pluralistischen Gesellschaft. Die für die Zukunft wichtigste Aufgabe wird es deshalb sein, eine empirisch tragfähige und normativ überzeugende Theorie für eine „postbürokratische V." in einer bürokratisierten Demokratie zu entwickeln.

### Literatur

T. Kalenborn: Staatliche Kooperation zwischen Partnerschaft, Konkurrenz und Interdependenz, 2018 • M. Kühn: Bürgerbeeinflussung durch Berichterstattung staatlicher Stellen, 2018 • J. Müller Gómez/W. Wessels: Die deutsche Verwaltung und die Europäische Union, 2016 • E. Peuker: Bürokratie und Demokratie in Europa, 2011 • E. Czerwick/W. Lorig/E. Treutner (Hg.): Die öffentliche Verwaltung in der Demokratie der Bundesrepublik Deutschland, 2009 • K. Kippels: Demokratie und Exekutive, in: ebd.: 17–42 • M. Ruck: Die „Demokratisierung" des Verwaltungspersonals in Deutschland, in: ebd.: 89–112 • E. Czerwick: Die Ökonomisierung des öffentlichen Dienstes, 2007 • Ders.: Bürokratie und Demokratie, 2001 • M. Fehling: Verwaltung zwischen Gestaltungsaufgabe und Unparteilichkeit, 2001 • E. Schmidt-Aßmann/W. Hoffmann-Riem (Hg.): Verwaltungskontrolle, 2001 • W. Lorig: Modernisierung des öffentlichen Dienstes, 2000 • A. Scherzberg: Die Öffentlichkeit der Verwaltung, 2000 • G. F. Schuppert: Verwaltungswissenschaft, 2000 • W. Wessels: Die Öffnung des Staates, 2000 • H. Rossen: Vollzug und Verhandlung, 1999 • K. Hesse: Grundzüge des Verfassungsrechts der Bundesrepublik Deutschland, [20]1995 • U. Di Fabio: Risikoentscheidungen im Rechtsstaat, 1994 • E.-W. Böckenförde: Staat, Verfassung, Demokratie, 1992 • H. Dreier: Hierarchische Verwaltung im demokratischen Staat, 1991 • B. Becker: Öffentliche Verwaltung, 1989 • B. Benzner: Ministerialbürokratie und Interessengruppen, 1989 • W. Herbert: Bürgernahe Verwaltung als Leitbild öffentlichen Handelns, 1989 • F. Ossenbühl: Autonome Rechtsetzung der Verwaltung, in: HStR, Bd. 3, 1988, § 65 • G. Pippig: Die Verwaltung und ihr Publikum, 1988 • H. Schulze-Fielitz: Theorie und Praxis parlamentarischer Gesetzgebung, 1988 • M. Weber: Der Sozialismus (1918), in: M. Weber (Hg.): Gesammelte Aufsätze zur Soziologie und Sozialpolitik, [2]1988, 492–518 • J. J. Hesse: Aufgaben einer Staatslehre heute, in: Jb. zur Staats- und Verwaltungswissenschaft, Bd. 1, 1987, 55–87 • N. Luhmann: Soziologische Aufklärung 4, 1987 • R. Mayntz: Soziologie der öffentlichen Verwaltung, [3]1985 • N. Luhmann: Funktionen und Folgen formaler Organisation, [3]1976 • C. Lindblom: The Intelligence of Democracy, 1965.

EDWIN CZERWICK

## Verwaltungsgerichtsbarkeit

### 1. Begriff

V. in einem materiellen Sinne ist eine bes. Gerichtsbarkeit für staatliches Hoheitshandeln; sie hebt sich ab von der allg.en – deshalb: „ordentlichen" – Gerichtsbarkeit, der die Entscheidung privatrechtlicher Streitigkeiten anvertraut ist. Diese Zweiteilung der ↑Gerichtsbarkeit korrespondiert mit der in Kontinentaleuropa üblichen Teilung der Rechtsordnung in die Hemisphären des öffentlichen und des privaten Rechts. Während das ↑Privatrecht für „jedermann" ohne Rücksicht auf dessen Status gilt und den Grund für rechtliche Verpflichtungen in der allseitigen freien Willensübereinstimmung sieht, begründet das ↑öffentliche Recht als „Sonderrecht" des ↑Staates dessen Befugnis zu einseitiger – insofern hoheitlicher – Willensbestimmung. Das ↑Strafrecht – obwohl begrifflich kein Privatrecht – obliegt herkömmlich ebenfalls der ordentlichen Gerichtsbarkeit.

V. in einem formellen Sinne meint in Deutschland die Gerichtsbarkeit, die durch die Verwaltungsgerichtsordnung eingerichtet und verfasst ist. Sie ist im Grundsatz für alle öffentlich-rechtlichen Streitigkeiten nichtverfassungsrechtlicher Art zuständig, doch gibt es zahlreiche Ausnahmen. Zum einen bestehen mit der ↑Sozialgerichtsbarkeit und der Finanzgerichtsbarkeit zwei bes. V.en. Zum anderen sind zahlreiche öffentlich-rechtliche Sachen den Zivilgerichten zugewiesen, so herkömmlich Staatshaftungssachen sowie das Berufsrecht der Rechtsanwälte und Notare und in jüngerer Zeit zunehmend Materien des ↑Wirtschaftsverwaltungsrechts (Kartellsachen, Vergabesachen, einige Regulierungssachen). Diese Entwicklung ist bedenklich; sie befördert eine Despezialisierung der V. entgegen der Intention des ↑GG.

### 2. Aufgabe, Funktion

Art. 19 Abs. 4 GG definiert die Aufgabe der V., dem Bürger Rechtsschutz gegen Maßnahmen der ↑Verwaltung zu bieten. Die Vorschrift fokussiert die V. auf den Schutz subjektiver Rechte, die durch die ↑Grundrechte der Verfassung oder auf deren Grundlage durch Gesetz eingeräumt sind. Das bewirkt einerseits eine Beschränkung der Tätigkeit der V. auf den Umkreis individueller Rechtspositionen. Eine Verwaltungskontrolle am Maßstab rein objektiven Rechts obliegt ihr hiernach nicht. Andererseits schärft die Fokussierung den Blick; im Verein mit einer Verfeinerung grundrechtlicher Maßstäbe – etwa durch den Grundsatz der ↑Verhältnismäßigkeit – wachsen die Anforderungen an rechtmäßiges Verwaltungshandeln. Bei alldem muss der Rechtsschutz effektiv sein. Den Verwaltungsprozess kennzeichnet deshalb die Untersuchungsmaxime. Außerdem müssen Eilverfahren vorgesehen werden, die sofort Rechtsschutz bieten, wenngleich auf noch unsicherer Grundlage und deshalb mit nur vorläufiger Wirkung.

Die V. darf nicht in den Bereich der Verwaltung hineinregieren; das verbietet der Grundsatz der ↑Gewaltenteilung. Während ↑Gesetzgebung und Verwaltung aktiv-gestaltende Staatsfunktionen sind, ist die ↑Rechtsprechung prinzipiell passiv-kontrollierend. Ihr obliegt keine zweite und schon gar keine erste Gemeinwohlformulierung. Dem dienen institutionelle Sicherungen: Beschränkung auf nachgängigen Rechtsschutz; Beschränkung auf reine Rechtsprüfung, kein Übergriff in diskretionäre Ermessens-, Planungs- oder Prognoseentscheidungen; Beschränkung der Urteilswirkungen auf Kassation. Allerdings gehen diese Sicherungen zu Lasten der Rechtsschutzeffektivität, weshalb in Ausnahmefällen auch vorbeugende Klagen zulässig sind, die Einräumung administrativer Spielräume begründungsbedürftig ist und insb. Leistungs- und Verpflichtungsklagen statthaft sind.

Dank ihrer Unabhängigkeit werden der V. zunehmend Aufgaben einer aufsichtlichen Verwaltungskontrolle übertragen. So liegt es bei altruistischen Verbandsklagen, so läge es bei Popularklagen. Die Fokussierung auf subjektive Klägerrechte entfällt. Das Verwaltungshandeln wird in jedweder Hinsicht am objektiven Recht überprüft, allenfalls beschränkt auf ein bestimmtes Sachgebiet (z. B. Umweltrecht). Zwar wird am Verbot amtswegigen Tätigwerdens festgehalten, doch übernimmt der Kläger die Funktion des Repräsentanten einer Gruppe oder eines Interesses. Auch die Gewaltenteilung zur Verwaltung verliert an Strenge – aus nachgängigem wird begleitender Rechtsschutz, damit werden dem Gericht zugl. gestaltende Funktionen angesonnen. Die objektive Kontrollfunktion tritt neben die subjektive Rechtsschutzfunktion. Das beiderseitige Verhältnis ist noch wenig geklärt.

### 3. Aufbau, Gerichtsverfassung

Die V. ist dreistufig aufgebaut. In den Ländern bestehen derzeit 51 VG und je ein OVG, das in Baden-Württemberg, Bayern und Hessen VGH heißt. Berlin und Brandenburg haben ein gemeinsames OVG. Als ↑Bundesgericht besteht das BVerwG mit Sitz in Leipzig (bis 2002 Berlin). Zur V. gehören auch Wehrdienstgerichte, die zweizügig als Bundesgerichte eingerichtet sind, mit Truppendienstgerichten und den Wehrdienstsenaten des BVerwG.

Eingangsgericht ist im Regelfall das VG; dann ist das OVG Berufungs- bzw. Beschwerdegericht und das BVerwG Revisionsgericht. In bestimmten Sachen sowie in Verfahren der verwaltungsgerichtlichen Normenkontrolle (Bebauungspläne sowie ggf. Administrativnormen der Länder) ist das OVG Eingangsgericht; dann ist lediglich die Revision zum BVerwG gegeben. Bei bes. wichtigen und/oder komplexen Verfahren (Bund-Länder-Streitigkeiten, Vereinsverbote des Bundesinnenministers, bestimmte Infrastrukturvorhaben u. a.) ist das BVerwG erste und letzte Instanz. Als Revisionsgericht ist das BVerwG auf Rechtsfragen des Bundes- und ↑Europarechts beschränkt.

Das VG entscheidet in Kammern mit drei Berufsrichtern (↑Richter) und zwei ehrenamtlichen Richtern, die von den Kommunalvertretungen auf vier Jahre bestellt werden. Das OVG entscheidet in Senaten je nach Landesrecht mit drei oder fünf Berufsrichtern und mit oder ohne zwei ehrenamtliche Richter, das BVerwG in Senaten mit fünf Berufsrichtern, mit Besonderheiten in Wehrdienstsachen. Auf allen Stufen wirken an Entscheidungen ohne mündliche Verhandlung nur drei Berufsrichter mit. Beim VG und mit Zustimmung der Beteiligten auch beim OVG kommen Einzelrichter zum Einsatz. Insgesamt amtieren derzeit etwa 2 000 Verwaltungsrichter.

### 4. Geschichte

Die V. in Deutschland ist Ergebnis eines gegen Ende des 19. Jh. erzielten Kompromisses. Im Vormärz hatte sich eine verwaltungsinterne Verwaltungskontrolle entwickelt (sog.e Administrativjustiz). Der Verfassungsentwurf der Paulskirche 1849 forderte stattdessen eine Zuständigkeit der Zivilgerichte. Das eine hatte den Nachteil mangelnder Unabhängigkeit, das andere denjenigen mangelnder Sachkunde. Otto Bähr und Rudolf von Gneist traten deshalb für eine bes. V. ein. So entstanden in den süddeutschen Staaten Verwaltungsgerichtshöfe (1863 Baden, 1875 Hessen, 1876 Württemberg, 1879 Bayern, 1875 auch in Österreich) sowie das Preußische Oberverwaltungsgericht (1872/75) als unabhängige Rekursinstanz zur Überprüfung von Entscheidungen verwaltungsinterner Beschwerdeausschüsse. Dabei folgten die süddeutschen Staaten eher einem subjektiven Rechtsschutzmodell, während Preußen eher dem objektiven Kontrollmodell anhing. Der Rechtsweg stand durchweg nur nach dem Enumerationsprinzip offen, bei freilich bald recht extensiver Handhabung.

Art. 107 WRV brachte eine institutionelle Garantie der V. Etliche Länder errichteten eine ein- oder zweistufige V. Auf Reichsebene bestanden nur spezielle Gerichte. Ein Reichsverwaltungsgericht wurde erst 1941 eingerichtet und blieb bedeutungslos. Nach dem Zweiten Weltkrieg richteten alle Länder eine zweistufige V. mit umfassender Zuständigkeit (↑Generalklausel) ein, in der britischen Zone aufgrund der Verordnung Nr. 165 der Militärregierung vom 15.9.1948, in den Ländern der französischen und der amerikanischen Zone aufgrund weitgehend übereinstimmender Verwaltungsgerichtsgesetze. Das BVerwG wurde durch Gesetz vom 23.9. 1952 errichtet. In der SBZ entstand als erstes am 22.6. 1946 das Thüringer OVG in Jena. Der SMAD-Befehl Nr. 173/47 und Art. 138 DDR-Verfassung sahen eine V. mit eingeschränkter richterlicher Unabhängigkeit vor, das blieb jedoch bedeutungslos. Erst nach der Wiedervereinigung entstanden auch in den östlichen Ländern Verwaltungsgerichte.

### 5. Rechtsvergleichung

Eine von der ordentlichen gesonderte V. besteht in den meisten europäischen Staaten; Einheitsgerichte kennen nur die Staaten des angelsächsischen Rechtskreises (↑Anglo-amerikanischer Rechtskreis) sowie Spanien, Ungarn und die Schweiz, dann freilich mit gerichtsinterner Spezialisierung. Dabei folgen die meisten Länder dem Gerichtsmodell (wie Deutschland), andere – aus dem ↑romanischen Rechtskreis – hingegen dem Staatsratsmodell (Frankreich, die Benelux-Staaten, Italien, Griechenland, Rumänien). Hier ging die Verwaltungskontrolle aus einer unabhängigen Regierungsberatung hervor. Die Staatsräte erfüllen unverändert beide Funktionen und sind – zur Wahrung der richterlichen Unabhängigkeit – intern organisatorisch und personell (Luxemburg und Rumänien auch institutionell) geteilt. Wegen ihrer zugl. beratenden Aufgabe liegt den Staatsratssystemen die Auffassung der V. als einer objektiv-aufsichtlichen Verwaltungskontrolle näher als den Staaten mit dem Gerichtsmodell.

### Literatur

K. Rennert: Verwaltungsrechtsschutz auf dem Prüfstand, in: DVBl 132/2 (2017), 69–79 • W. Kahl: Droht die Entmachtung der Verwaltungsgerichtsbarkeit durch die Zivilgerichte?, 2016 • R. P. Schenke/J. Suerbaum (Hg.): Verwaltungsgerichtsbarkeit in der Europäischen Union, 2016 • C. Steinbeiß-Winkelmann: Verwaltungsgerichtsbarkeit zwischen Überlasten, Zuständigkeitsverlusten und Funktionswandel, in: NVwZ 35/11 (2016), 713–720 • J. Lubini: Die Verwaltungsgerichtsbarkeit in den Ländern der SBZ/DDR 1945–1952, 2015 • M. Stolleis: Hundertundfünfzig Jahre Verwaltungsgerichtsbarkeit, in: DVBl 128/20 (2013), 1274–1280 • E. Schmidt-Aßmann: Das allgemeine Verwaltungsrecht als Ordnungsidee, ²2004 • G. Sydow: Die Revolution von 1848/49: Ursprung der modernen Verwaltungsgerichtsbarkeit, in: VerwArch 92/3 (2001), 389–404.

KLAUS RENNERT

## Verwaltungsprozessrecht

### 1. Die Verwaltungsgerichtsordnung

#### 1.1 Regelungsgegenstände

Die VwGO enthält das Gerichtsverfassungs- sowie das gerichtliche Verfahrensrecht der ↑Verwaltungsgerichtsbarkeit. Zur Gerichtsverfassung trifft sie Bestimmungen über die Einrichtung einer dreistufigen ↑Gerichtsbarkeit, den inneren Aufbau der Gerichte, zur Zuständigkeit der Gerichtsbarkeit, der Gerichte, der Spruchkörper (Kammern bzw. Senate) in den Gerichten und des Einzelrichters sowie zum Status der Berufsrichter (↑Richter) und der ehrenamtlichen Richter und sieht einen Vertreter des öffentlichen Interesses als *amicus curiae* vor. Zum gerichtlichen Verfahren enthält sie allg.e Vorschriften, bes. Vorschriften für den Prozess um den Verwaltungsakt, Bestimmungen über den Ablauf des Verfahrens, über Entscheidungen und Entscheidungswirkungen, über Rechtsmittel, Kosten und Vollstreckung sowie über den einstweiligen Rechtsschutz.

### 1.2 Die VwGO im System des Prozessrechts

Die VwGO ist ein Gesetz des Bundes. Sie versteht sich als eigenständiges Gesetz. Gleichwohl verweist sie wegen solcher Regelungen, die für alle fünf in Deutschland bestehenden Gerichtsbarkeiten im Wesentlichen gleich gelten (z.B. über die Geschäftsverteilung, die Öffentlichkeit der Verhandlungen oder über Ladungen, Zustellungen, Fristen, Protokollierungen und dgl.), auf das GVG und die ZPO. Zur Errichtung und Organisation der VG und OVG belässt sie den Ländern als deren Trägern Regelungsspielräume; in allen Ländern bestehen deshalb Ausführungsgesetze zur VwGO. Das Statusrecht der Berufsrichter regelt das DRiG, das in Ansehung der Richter in Landesdiensten durch die Richtergesetze der Länder ergänzt wird.

Fachgesetze enthalten nicht selten prozessrechtliche Sonderregelungen, wie insb. das AsylG, das UmwRG oder die Fachplanungsgesetze (Eisenbahnen, Fernstraßen, Wasserstraßen, Energieleitungen).

### 1.3 Geschichte und Perspektiven

Die VwGO wurde 1960 erlassen; sie führte die Konzeptionen des BVerwGG des Bundes von 1952 und der Verwaltungsgerichtsgesetze der Länder fort, an deren Stelle sie trat. Das Gesetz wurde seither vielfach geändert; bes. Bedeutung erlangte die Beschränkung der Berufung durch die sechste VwGO-Novelle von 1996. Grundstruktur und Systematik des Gesetzes blieben aber unverändert. Bestrebungen insb. der 1980er Jahre, die Prozessordnungen der drei öffentlich-rechtlichen Gerichtsbarkeiten (VwGO, SGG, FGO) in einer Verwaltungsprozessordnung (VwPO) zusammenzuführen, wurden aufgegeben; allerdings ist der Gesetzgeber um weitgehende Parallelität bemüht.

Rechtspolitisch sieht sich die VwGO auch in jüngster Zeit Reformbestrebungen ausgesetzt. Hervorhebung verdient zum einen die Forderung, die Schranken für die Zulassung der Berufung wieder zu lockern, weil diese zu einer Übersteuerung geführt hätten. Zum anderen ist die Integration der Verbandsklage in das vom subjektiven Recht her konzipierte Rechtsschutzsystem noch nicht überzeugend gelungen. Schließlich hat der aktuell betriebene Umstieg von der Papierakte auf den elektronischen Rechtsverkehr bislang nur punktuelle Spuren im Regelungswerk hinterlassen.

## 2. Grundlagen

### 2.1 Verwaltungsrechtsschutz als Schutz subjektiver Rechte

Aufbauend auf der Rechtsschutzgarantie des Art. 19 Abs. 4 GG liegt der VwGO die subjektive Rechtsschutzkonzeption zugrunde. Gerichtlicher Rechtsschutz wird hiernach nur gewährt, wenn der Kläger durch die angegriffene Verwaltungsmaßnahme in eigenen subjektiven Rechten verletzt wird. Fehlt es daran, wird die Klage als unbegründet abgewiesen; kommt dies nach dem einseitigen Klagevortrag nicht einmal als möglich in Betracht, ist die Klage schon unzulässig. Diese Rechtsschutzkonzeption zielt nicht auf eine umfassende, von subjektiven Bürgerrechten losgelöste und in diesem Sinne objektive gerichtliche Verwaltungskontrolle. Eine solche fällt lediglich – aber immerhin – als Effekt des Verwaltungsprozesses ab; im Übrigen bestehen andere Kontrollmechanismen (verwaltungsinterne Aufsicht; parlamentarische Kontrolle; Presse und Öffentlichkeit).

Bei einer objektiven Rechtsschutzkonzeption übernimmt der Kläger die Funktion des Anstoßgebers. Selten gilt das voraussetzungslos (sog.e Popularklage); zumeist – wie in Frankreich – muss auch ein solcher Kläger irgendein Interesse an der Sache dartun (Interessentenklage). Das Unionsrecht sieht im Gefolge der Aarhus-Konvention vor, dass anerkannte Umweltverbände die gerichtliche Kontrolle umweltrelevanter Verwaltungsmaßnahmen am gesamten ↑Umweltrecht beantragen können (sog.e altruistische Verbandsklage). Dies wird in Deutschland außerhalb der VwGO im UmwRG umgesetzt.

### 2.2 Prozessbeteiligte

Der Verwaltungsprozess ist kontradiktorisch: Es stehen sich ein Kläger (oder Antragsteller) und ein Beklagter (oder Antragsgegner) gegenüber. Regelmäßig ist Kläger ein Bürger, Beklagter eine Behörde oder deren Trägerkörperschaft (Bund, Land, ↑Gemeinde und dgl.). Umgekehrte Parteirollen oder ein Prozess zwischen zwei öffentlichen Rechtsträgern sind ebenso möglich. Häufig wird ein Dritter zum Rechtsstreit beigeladen, wenn dieser von dem umstrittenen Hoheitsakt ebenfalls betroffen oder sonst am Rechtsstreit rechtlich interessiert ist. Der Beigeladene kann sich am Rechtsstreit – auch mit Rechtsmitteln – beteiligen, muss es aber nicht; in jedem Falle wirkt das Urteil auch für und gegen ihn.

Außer der im Prozess beteiligten Behörde kann sich als *amicus curiae* auch der Vertreter des öffentlichen Interesses (bzw. des Bundesinteresses) beteiligen. Dies erlaubt, mittelbar die Auffassung des federführenden Ministeriums zur Auslegung des einschlägigen Gesetzes einzubringen.

### 2.3 Verfahrens- und Entscheidungsarten, Verfahrens- und Entscheidungswirkungen

Es sind Hauptsacheverfahren von Nebenverfahren zu unterscheiden. Hauptsacheverfahren werden i.d.R. durch Klage eingeleitet, unterliegen der Erörterung in mündlicher Verhandlung und werden durch Urteil entschieden. Nebenverfahren (insb. Eilverfahren) finden auf Antrag hin statt, sind allein schriftlich und münden in einen Beschluss. Die Erhebung der Klage macht die Sache rechtshängig, so dass diese nicht nochmals woanders anhängig gemacht werden darf. Kann das Urteil mit Rechtsmitteln nicht (mehr) angefochten werden, so wird es formell rechtskräftig; die Entscheidung bindet die Beteiligten auch in nachfolgenden Sachen (materielle Rechtskraft), solange sich die Sach- oder Rechtslage nicht ändert.

### 2.4 Verfahrensgrundsätze

In sämtlichen deutschen Prozessordnungen gilt die Dispositionsmaxime: „Wo kein Kläger, da kein Richter." Auch im Verwaltungsprozess ist dem Gericht untersagt, ein Verfahren von Amts wegen einzuleiten oder trotz Klagerücknahme fortzuführen; lediglich bestimmte Eilbeschlüsse kann das Gericht von Amts wegen ändern.

Die Vortragspflicht der Beteiligten hat im Verwaltungsprozess geringere Bedeutung als im Zivilprozess. Zu Tatfragen dürfen und sollen die Beteiligten vortragen, doch ist das Gericht daran nicht gebunden. Im Unterschied zum Beibringungsgrundsatz des Zivilprozesses gilt im Verwaltungsprozess der Untersuchungsgrundsatz (sog.e Inquisitionsmaxime), demzufolge das Gericht den maßgeblichen Sachverhalt von Amts wegen ermittelt. Das dient der Herstellung der „Waffengleichheit" des Klägers mit der i. d. R. überlegenen Behörde und zugl. dem öffentlichen Interesse an objektiv richtigen, über den Einzelfall hinaus tragfähigen Entscheidungen. Zu Rechtsfragen braucht im deutschen ↑Prozessrecht grundsätzlich nicht vorgetragen zu werden („Iura novit curia"). Ausnahmen bestehen bei der Rechtsmittelzulassung und bei der Beschwerde in Eilsachen.

In Klageverfahren gilt der Grundsatz der Mündlichkeit, jedoch mit etlichen Durchbrechungen.

## 3. Hauptsacheverfahren

### 3.1 Der Prozess um den Verwaltungsakt (VA)

Im Zentrum der VwGO stehen die Anfechtungs- und die Verpflichtungsklage gegen einen VA, der in Rechte des Klägers eingreift oder ihm eine begehrte Vergünstigung versagt. Vor Erhebung dieser Klagen muss der Kläger grundsätzlich durch Widerspruch eine verwaltungsinterne Überprüfung veranlassen. Das dient seinem verbesserten Rechtsschutz, der Selbstkontrolle der ↑Verwaltung und der Entlastung der Gerichte. Dem trägt freilich die verbreitete Neigung der Länder keine Rechnung, auf dieses Vorverfahren zu verzichten. Widerspruch wie Klage sind fristgebunden; wird eine Frist versäumt, wird der VA unanfechtbar. Erledigt sich der VA vor oder während des Prozesses, so kann das Verfahren bei gegebenem Interesse dennoch eingeleitet oder fortgesetzt werden, um gerichtlich feststellen zu lassen, ob der VA rechtmäßig war.

### 3.2 Andere Klagearten

Leistungsklagen (auch als Unterlassungsklagen) zu „schlicht-hoheitlichem" Verwaltungshandeln oder aus einem öffentlich-rechtlichen Vertrag bedenkt die VwGO nur am Rande. Sie sind aber ebenso wie Feststellungsklagen statthaft, setzen freilich ebenfalls ein subjektives Klägerrecht voraus.

### 3.3 Normenkontrollen

Beim OVG können auch administrative Rechtsnormen (Satzungen, Rechtsverordnungen, u. U. auch Innenrechtsnormen) zur Überprüfung gestellt werden, sofern Landesrecht dies vorsieht, Bebauungspläne generell. Das Verfahren wird durch Antrag eingeleitet. Der Antragsteller muss auch hier ein subjektives Recht anführen; allerdings löst er damit ein objektives Prüfungsverfahren aus. Erweist sich die ↑Norm als unvereinbar mit höherrangigem Recht, wird sie mit Wirkung inter omnes für unwirksam erklärt. Die Abweisung des Normenkontrollantrags als unbegründet wirkt hingegen nur gegen den Antragsteller.

### 3.4 Rechtsmittel

Die Gerichte in Deutschland sind nur an das Gesetz gebunden, aber nicht an obergerichtliche Rechtsprechung. Vereinheitlichung und Fortentwicklung finden im Diskurswege – auf Rechtsmittel hin – statt. Gegen Urteile des VG steht i. d. R. die Berufung zum OVG offen, gegen Urteile des OVG die Revision zum BVerwG. In bestimmten Fällen ist gegen das Urteil des VG sogleich die Revision statthaft. Die Berufung erstreckt sich auf Tat- und Rechtsfragen, die Revision beschränkt sich auf Rechtsfragen, zudem auf solche des Bundes- und ↑Europarechts. Verfahren wie Verfahrensgrundsätze sind wie in der ersten Instanz. Allerdings sind sowohl die Berufung als auch die Revision von einer vorherigen Zulassung abhängig, die das Instanzgericht oder auf Antrag bzw. Beschwerde hin das Rechtsmittelgericht ausspricht, sofern bestimmte Zulassungsgründe vorliegen. Zweck dieser Filtersysteme ist, die Rechtsmittelgerichte zu entlasten und auf ihre spezifische Aufgabe zu konzentrieren, einerseits die Instanzgerichte zu kontrollieren, andererseits die ↑Rechtsprechung zu vereinheitlichen und fortzuentwickeln. Divergenzen zwischen Senaten des obersten Gerichts klärt ein Großer Senat dieses Gerichts, Divergenzen zwischen den obersten ↑Bundesgerichten ein Gemeinsamer Senat aller Bundesgerichte.

## 4. Neben- und Zwischenverfahren

### 4.1 Einstweiliger Rechtsschutz

Rechtsschutz ist nur effektiv, wenn er in angemessener Zeit gewährt wird. Klageverfahren werden in Deutschland durchaus zügig betrieben und abgeschlossen. Gleichwohl besteht oft einstweiliger Regelungsbedarf schon während der Prozessdauer. Die VwGO sieht deshalb zwei Verfahren des einstweiligen Rechtsschutzes vor. Für belastende VAe ordnet sie als Regelfall an, dass Widerspruch und Klage aufschiebende Wirkung entfalten; es bestehen Gegenausnahmen der sofortigen Vollziehbarkeit; das VG kann auf Antrag jeweils das Gegenteil anordnen. In anderen Fällen kann das VG auf Antrag eine einstweilige Anordnung zur vorläufigen Regelung der Sachlage erlassen. In beiden Konstellationen kann der Beschluss des VG mit der Beschwerde zum

OVG angefochten werden. Eine weitere Beschwerde zum BVerwG ist ausgeschlossen.

4.2 Andere Neben- sowie Zwischenverfahren
Die VwGO sieht weitere Nebenverfahren vor, die entweder die Verfahrenskosten (z. B. Prozesskostenhilfe) oder die Urteilsvollstreckung betreffen. Zwischenverfahren betreffen etwa die Zeugnispflicht Dritter oder die Pflicht der Behörde zur Offenlegung als geheim eingestufter Akten. Von bes.r Bedeutung sind Zwischenverfahren, um die Gültigkeit einschlägiger Gesetze durch das ↑BVerfG (Art. 100 Abs. 1 GG) oder die Gültigkeit oder die Auslegung von Unionsrecht durch den ↑EuGH (Art. 267 AEUV) klären zu lassen.

### Literatur

E. Eyermann u. a.: Verwaltungsgerichtsordnung. Komm., [15]2019 • F. Hufen: Verwaltungsprozessrecht, [11]2019 • W.-R. Schenke: Artikel 19 Abs. 4, in: W. Kahl/C. Waldhoff/C. Walter (Hg.): Bonner Komm. zum Grundgesetz, 201. Erg.-Lfg., Stand November 2019 • K. Rennert: Zur Reform des Rechtsmittelrechts in der Verwaltungsgerichtsbarkeit, in: DVBl 132/14 (2017), 857–862 • E. Schmidt-Aßmann: Kohärenz und Konsistenz des Verwaltungsrechtsschutzes, 2015.

KLAUS RENNERT

## Verwaltungsrecht

### 1. Begriff

Unter V. versteht man die geschriebenen und ungeschriebenen Rechtssätze, die in spezifischer Weise für die ↑Verwaltung gelten. V. ist damit das der Verwaltung eigene Recht. Das V. schafft die rechtlichen Voraussetzungen für eine effektive Verwaltung und sichert zugl. die Rechte der Bürger. Insofern kann vom Bewirkungs- und vom Schutzauftrag des V. gesprochen werden. Im Kern ist V. Außenrecht, d. h. die Regelung der Rechtsbeziehungen zwischen dem verwaltenden ↑Staat einerseits, den Bürgern und sonstigen Rechtspersonen andererseits. Gesetze, Rechtsverordnungen und Satzungen sind die typischen Rechtsformen, in denen V. auftritt. Das wird ergänzt durch V. als Innenrecht, das die Rechtspflichten zwischen verschiedenen Verwaltungsträgern und im Innenverhältnis den Amtsträgern gegenüber regelt. Die übliche Handlungsform sind hier Verwaltungsvorschriften.

V. ist Teil des ↑öffentlichen Rechts, da zumindest eines seiner Zuordnungssubjekte der Staat ist und für diesen bes. Rechte und Pflichten begründet werden. V. gehört somit zum Sonderrecht des Staates in Abgrenzung zum ↑Privatrecht als „Jedermannsrecht“. Die Verwaltung bedient sich gleichwohl auch der Rechtsformen des Privatrechts, etwa im Beschaffungswesen, wenn privatrechtliche Kaufverträge abgeschlossen oder wenn Arbeitsverträge mit Angestellten geschlossen werden. Von Verwaltungsprivatrecht wird gesprochen, wenn sich die Verwaltung zur Erfüllung von Verwaltungsaufgaben der Rechtsformen des Privatrechts bedient.

### 2. Entwicklung

Das moderne V. als dogmatisch durchdrungenes Rechtsgebiet (↑Dogmatik) wurde erst in der zweiten Hälfte des 19. Jh. entwickelt. Zuvor wurde die Verwaltung akademisch als Teil der Kameral- oder Policeywissenschaft (↑Kameralismus) mitbehandelt. Diese staatswissenschaftliche wurde durch eine juristische Methode erst dann abgelöst, als der staatsrechtliche Positivismus (↑Rechtspositivismus) eine spezifisch juristisch-dogmatische Durchdringung v. a. der Handlungsform(en) des VA und des subjektiven öffentlichen Rechts ermöglichte. Hervorzuheben ist hier Otto Mayer, der z. T. in Anlehnung an französische Vorbilder mit seinem 1895/96 erstmals erschienenen Lehrbuch Maßstäbe bis in die Gegenwart setzte. Eine Dogmatisierung fand auch durch die seit den 1860er Jahren sich entwickelnde ↑Verwaltungsgerichtsbarkeit statt, hier v. a. durch das Preußische Oberverwaltungsgericht, etwa im Bereich des Polizei- und des Abgabenrechts. Die älteren Ansätze einer Verwaltungslehre, namentlich Lorenz von Stein, konnten sich dagegen nicht durchsetzen. Während man unter der ↑WRV in der Tendenz noch davon ausging, das V. bestehe vergleichsweise unabhängig vom verfassungsrechtlichen Wandel („Verfassungsrecht vergeht, Verwaltungsrecht besteht“ [Mayer 1924: Vorwort]), setzte unter dem GG eine kontinuierliche ↑Konstitutionalisierung des V. ein („Verwaltungsrecht als konkretisiertes Verfassungsrecht“ [Werner 1959]). Nun wurden auch die vielfältigen Formen der Leistungs-, Lenkungs-, Planungs- und Regulierungsverwaltung sowie der ↑Daseinsvorsorge (Ernst Forsthoff) einbezogen. Seit den 1990er Jahren gibt die „Neue Verwaltungsrechtswissenschaft“, v. a. auf Initiativen von Wolfgang Hoffmann-Riem und Eberhard Schmidt-Aßmann, durch den Wechsel von einer rechtsschutzzentrierten zu einer bewirkungszentrierten Sicht des Verwaltungshandelns zahlreiche Anregungen (↑Steuerung). Neue Referenzgebiete wie das Umwelt- oder Regulierungsrecht dienten als Anschauungsmaterial. Das fiel teilweise mit ausgeprägten Privatisierungstendenzen (↑Privatisierung) im Bereich der Verwaltung zusammen, die die Ausbildung eines Gewährleistungs-V.s begünstigte. Ein Teil dieser Entwicklungen war durch die europarechtliche Überlagerung des deutschen V.s ausgelöst; vom EU-Recht (↑Europarecht) gehen heute wesentliche Impulse für die mitgliedstaatlichen V.e aus.

### 3. Systematik

Traditionell wird in Deutschland das allg.e vom bes.n V. unterschieden, nachdem noch O. Mayer in seinem grundlegenden Lehrbuch an der Wende vom 19. zum 20. Jh. das Polizei-, das Beamten- und das Abgabenrecht in die allg.en Lehren integriert mitbehandelt hatte. Die Ausbildung allg.er Teile ist in vielen Rechtsgebieten durch das Vorziehen „vor die Klammer" ein nicht unumstrittenes Instrument zur Systematisierung und Rationalisierung des Rechtsstoffes, das zu Abstraktion und schwerer Verständlichkeit führen kann. Das allg.e V. bringt die allg.en, für mehr oder weniger sämtliche Bereiche des bes.en V. geltenden Lehren, wie die Rechtsquellen einschließlich der Lehre von den Verwaltungsvorschriften, die Handlungsformen, die Lehren vom subjektiven öffentlichen Recht und vom Ermessen, verfahrensrechtliche Regeln u. a. mehr. Auch das Staatshaftungsrecht (↑Staatshaftung) wird üblicherweise zum allg.en V. gezählt. Die Teilgebiete des bes.n V. sind so vielgestaltig, wie die Verwaltungstätigkeit selbst. Traditionell sind hier das Polizeirecht als Musterbeispiel für die Eingriffsverwaltung, das ↑Kommunalrecht als Musterbeispiel für die Organisation von Selbstverwaltung und das ↑Baurecht als Musterbeispiel für Planungsrecht zu nennen. Hinzugetreten sind das Beamtenrecht, das ↑Straßen- und Wegerecht, das Wasserrecht, das ↑Wirtschafts-V., das ↑Umweltrecht, das ↑Schulrecht, das Wissenschaftsrecht, das Gefahrstoffrecht, das ↑Wehrrecht, das Informationsrecht und viele andere mehr. Die großen Gebiete des ↑Steuer- und des ↑Sozialrechts, die rechtssystematisch bes.es V. darstellen, haben sich dogmatisch wie in der akademischen Lehre teilverselbständigt – eine nicht unproblematische Entwicklung.

Zur Systematisierung des V. werden auch eher phänotypische Erscheinungsformen genutzt: So wird die Eingriffs- von der Leistungsverwaltung unterschieden. Hinzu treten die Planungs-, die Gewährleistung-, die Lenkungs- und die Regulierungsverwaltung sowie anderes mehr.

## 4. Rechtsquellen

Hauptrechtsquelle des V. ist das (formelle Parlaments-) ↑Gesetz. An der Spitze hat die Verfassung – in Deutschland das ↑GG – das V. seit 1949 maßgeblich überformt. Für die Verwaltung sind ↑Rechtsverordnungen wichtige Instrumente der Rechtsetzung. Sie beruhen gemäß Art. 80 Abs. 1 GG auf einer formal-gesetzlichen Ermächtigungsgrundlage, durch die Inhalt, Zweck und Ausmaß der Rechtsverordnung vorgezeichnet sind. Das deutsche V. kennt, anders als teilweise im 19. Jh. oder im Ausland, kein selbständiges, sondern nur ein gesetzesabgeleitetes Verordnungsrecht der Verwaltung. Rechtsetzungsform der (kommunalen wie funktionalen) ↑Selbstverwaltung sind die (autonomen) ↑Satzungen. Lange Zeit stellten die allg.en Grundsätze des V.s als ungeschriebenes ↑(Gewohnheits-)Recht eine wichtige Rechtsquelle des V.s dar. Durch die Teilkodifizierung (↑Kodifikation) des allg.en V.s im VwVfG hat deren Bedeutung jedoch stark nachgelassen.

## 5. Allgemeines Verwaltungsrecht

### 5.1 Gesetzmäßigkeit der Verwaltung

Die in Art. 20 Abs. 3 GG normierte Bindung der vollziehenden Gewalt an Gesetz und ↑Recht wird im V. als Grundsatz der Gesetzmäßigkeit der Verwaltung ausbuchstabiert. Die Gesetzmäßigkeit der Verwaltung unterfällt in den Grundsatz des Vorrangs und des Vorbehalts des Gesetzes. Vorrang des Gesetzes bedeutet, dass die Verwaltung in jedem Fall das geltende Recht beachten und befolgen muss. Vorbehalt des Gesetzes bedeutet, dass die Verwaltung für Eingriffe in ↑Freiheit und ↑Eigentum und für sonstige wesentliche Maßnahmen einer formalgesetzlichen Ermächtigungsgrundlage bedarf. Der Vorbehalt des Gesetzes reguliert damit das Prinzip der ↑Gewaltenteilung für das V. Der Grundsatz des Vorbehalts des Gesetzes besitzt v. a. historisch eine rechtsstaatliche Wurzel; im 19. Jh. bezeichneten „Freiheit und Eigentum" denjenigen Bereich, der für die Verwaltung ein Gesetz als Handlungsgrundlage erforderte. Damit war zugl. der Anwendungsbereich des Parlamentsgesetzes umrissen. Unter dem GG trat ein demokratischer und ein grundrechtlicher Begründungsstrang hinzu: Bes. wichtige („wesentliche") Entscheidungen bedürfen bes.r demokratischer ↑Legitimation, die nur das Gesetz vermitteln kann; die Freiheitsrechte stehen zumeist unter Gesetzesvorbehalten, d. h. auch aus grundrechtlicher Sicht bedarf die Verwaltung der Grundlage in einem Gesetz, wenn sie in ein ↑Grundrecht eingreift.

### 5.2 Verwaltungsermessen

Die (gesetzlich) gebundene Verwaltung findet in den Verwaltungsgesetzen ihre Handlungsgrundlage und Grenze. Die richtige Gesetzesanwendung unterliegt verwaltungsgerichtlicher Kontrolle, grundsätzlich auch, sofern die Gesetze unbestimmte und d. h. konkretisierungsbedürftige Begriffe verwenden, etwa wenn einem Gewerbetreibenden die Gewerbeerlaubnis wegen „Unzuverlässigkeit" entzogen wird (vgl. §35 GewO). In seltenen Fällen räumt hier die V.s-Sprechung einen gerichtlich nicht vollständig überprüfbaren Beurteilungsspielraum ein (Bewertung in mündlichen Prüfungen; Entscheidungen pluralistisch zusammengesetzter Ausschüsse, etwa zur Bewertung im Rahmen des Jugendschutzes u. a.). Charakteristisch für zahlreiche Gebiete des V.s ist jedoch die Einräumung von Verwaltungsermessen (↑Ermessen): Auf der Rechtsfolgenseite wird der Verwaltung ein gerichtlich nur eingeschränkt überprüfbarer Spielraum, etwa mehrere Entscheidungsmöglichkeiten eingeräumt. Unterschieden wird das Entschließungsermessen (soll die Verwaltung überhaupt einschreiten?) vom Auswahlermessen (welche Rechtsfolge wählt die Verwaltung aus?). Ermessensentscheidungen der Verwaltung sind gerichtlich nur eingeschränkt überprüfbar. Nur sog.e Ermessensfehler können beanstandet werden: Ermessensnichtgebrauch (die Verwaltung erkennt ihr Ermessen nicht); Ermessensüberschreitung (die Verwaltung überschreitet den ihr durch die Ermessensnorm eingeräumten Spielraum) und Ermessensfehlgebrauch (das Ermessen wird nach sachfremden Kriterien ausgeübt). V. a. das Polizeirecht lebt von Ermessensnormen. Demgegenüber kennt das Steuer- und Abgabenrecht kaum Ermessensvorschriften, ist insofern strikter gesetzlich gebunden.

### 5.3 Verwaltungsverfahren

Entscheidungen der Verwaltung ergehen als Ergebnis eines Verwaltungsverfahrens. Dieses ist seit 1977 im VwVfG geregelt. Anstelle des allg.en Verwaltungsverfahrens treten ggf. bes. Verwaltungsverfahren (§§ 63 ff. VwVfG – förmliches Verwaltungsverfahren; §§ 71a ff. VwVfG – Verfahren über eine einheitliche Stelle; §§ 72 ff. VwVfG – Planfeststellungsverfahren u. ä.). § 9 VwVfG definiert das Verwaltungsverfahren als „die nach außen wirkende Tätigkeit der Behörden, die auf die Prüfung der Voraussetzungen, die Vorbereitung und den Erlass eines Verwaltungsakts oder auf den Abschluss eines öffentlich-rechtlichen Vertrages gerichtet ist". In jedem Fall dient das Verwaltungsverfahren der Durchsetzung und Verwirklichung des materiellen Rechts. Es besitzt Hilfsfunktion im Verhältnis zum materiellen Recht, was allerdings keine lästige Formalie darstellt sondern auch Legitimation erzeugt („Legitimation durch Verfahren" [Luhmann 1969]). Eine ausgefeilte Verfahrensfehlerlehre behandelt die Wirkung von Verfahrens- und Formfehlern differenziert, vgl. etwa §§ 45, 46 VwVfG; § 44a VwGO, §§ 214 f. BauGB.

### 5.4 Handlungsformen

Die aus einer Verbindung von „Formungsidee" und „Systemidee" getroffene Unterscheidung und Dogmatisierung von Handlungsformen der Verwaltung dient zunächst der Strukturierung und Rationalisierung des Verwaltungshandelns. Begründung, Stärkung und Reaktivierung der verwaltungsrechtlichen Handlungsformenlehre bedeutet Vertrauen auf die Formungskraft des Rechts. Rationalisierung bedeutet hier zugl. Berechenbarkeit für den betroffenen Bürger sowie Effizienz und Effektivität auf Seiten der Verwaltung durch die Erhöhung der rechtlichen Steuerungsfähigkeit: Der Schutzauftrag zugunsten des Bürgers verbindet sich mit dem Bewirkungsauftrag der Verwaltung; die Handlungsformen setzen die Verwaltung überhaupt erst in Stand, ihre legitimen Aufgaben wahrzunehmen. Anders gewendet: Die Handlungsformenlehre findet nach wie vor ihre Berechtigung zwischen Rechtsschutz- und Steuerungsperspektive. Dies sind zugl. dogmatische wie rechtsstaatliche Folgen und Errungenschaften (↑Rechtsstaat). Durch die europarechtliche Überlagerung des deutschen V. wird die Handlungsformenlehre verändert, nicht jedoch in ihrer Bedeutung geschmälert.

Haupthandlungsform nicht nur der Eingriffs-, sondern auch etwa der Leistungs- oder Regulierungsverwaltung, ist nach wie vor der VA. Darunter fallen so unterschiedliche Handlungen wie Polizeiverfügungen, Beamtenernennungen, Baugenehmigungen oder die Genehmigung eines Flughafens, Staatsexamensprüfungen, Steuerbescheide, Wohngeldbewilligungen oder die Widmung einer Straße für den öffentlichen Verkehr. Nach der Legaldefinition in § 35 S. 1 VwVfG handelt es sich dabei um hoheitliche, d. h. öffentlich-rechtliche Einzelfallregelungen von Behörden mit Außenwirkung den Bürgern gegenüber. In der Sonderform der Allgemeinverfügung gem. § 35 S. 2 VwVfG wird der Charakter als Einzelfallregelung relativiert und der VA als Regelungsinstrument für eine bestimmbare Zahl von Adressaten oder Fällen geöffnet. Die Handlungsform des VA besitzt Bedeutung für das materielle V. wie auch für das ↑Verwaltungsprozessrecht. Nach § 42 Abs. 1 VwGO bestimmt die Handlungsform die verwaltungsgerichtliche Klageart. Materiell-verwaltungsrechtlich gehört zu den zentralen Eigenschaften des VA seine grundsätzlich fehlerunabhängige Rechtswirksamkeit, sofern er nicht unter einem so schweren Fehler leidet, dass nach § 44 VwVfG Nichtigkeit gegeben ist. Wird der VA nicht in der dafür vorgesehenen Frist angegriffen, erwächst er in Bestandskraft und kann dann nicht mehr beseitigt werden. VA besitzen auch eine vollstreckungsrechtliche Funktion, da sie als Vollstreckungstitel in der Verwaltungsvollstreckung dienen. Durch die Handlungsform des VA wird einerseits der Verwaltung ein effektives Instrument in die Hand gegeben, ihre Verwaltungsaufgaben zu erfüllen; andererseits bringt er für die Bürger Rechtsklarheit und Verlässlichkeit. VA können nur unter den im Gesetz normierten Bedingungen aufgehoben oder geändert werden, §§ 48 ff. VwVfG.

Eine weitere Handlungsform ist der öffentlich-rechtliche ↑Vertrag, §§ 54 ff. VwVfG. Die Verwaltung setzt auch Realakte, die keine Rechtsform besitzen (Reinigung der Straßen, Unterricht in Schulen und Hochschulen). Bedient sich die Verwaltung privatrechtlicher Handlungsformen ist zwischen sog.en fiskalischen Hilfsgeschäften (Kauf von Einsatzfahrzeugen oder Computern), erwerbswirtschaftlicher Tätigkeit der Verwaltung (zur Erzielung von Einnahmen; wegen des Steuerstaatsprinzips und des EU-Rechts nur noch in sehr engen Grenzen möglich) sowie der Erfüllung von materiellen Verwaltungsaufgaben in den Rechtsformen des Privatrechts (sog.es Verwaltungsprivatrecht) zu unterscheiden. In keinem Fall kann sich die Verwaltung dadurch ihrer öffentlich-rechtlichen Bindungen entledigen („keine Flucht ins Privatrecht"). Im Übrigen besteht grundsätzlich Handlungsformenwahlfreiheit.

### 5.5 Verwaltungsvorschriften

Verwaltungsvorschriften sind abstrakt-generelle Regelungen des verwaltungsinternen Bereichs, die von einer vorgesetzten Behörde einer nachgeordneten Behörde oder die von Vorgesetzten den nachgeordneten ↑Beamten und sonstigen Bediensteten gegenüber erlassen werden (im Steuerrecht: sog.e Steuerrichtlinien). Als sog.es Innenrecht beruhen sie auf der hierarchischen Verwaltungsgliederung, d. h. der Leitungs- und Weisungskompetenz der übergeordneten Verwaltungsinstanz. Außenwirkung dem Bürger gegenüber erlangen sie allenfalls über die sog.e Selbstbindung der Verwaltung: Eine ständige Verwaltungspraxis erlangt über den allg.en Gleichheitssatz des Art. 3 Abs. 1 GG „Außenwirkung", der Bürger kann sich gegen ein Abweichen davon gerichtlich wehren. Im Übrigen stellen Verwaltungsvorschriften als reines Innenrecht keine Prüfungsmaßstäbe für die Verwaltungsgerichtsbarkeit zur Verfügung. Das V. unterscheidet verschiedene Arten und Funktionen von Verwaltungsvorschriften: Organisations- und Dienstvorschriften betreffen den Dienstbetrieb der Behörden; verhaltenslenkende Verwaltungsvorschriften steuern eine einheitliche Gesetzesanwendung durch die Verwaltung; damit verwandt sind norminterpretierende bzw. normkonkretisierende sowie ermessenslenkende Verwaltungsvorschriften. Die praktische Bedeutung von Verwaltungsvorschriften kann kaum überschätzt werden, sie bestimmen den Verwaltungsalltag maßgeblich.

### 5.6 Verwaltungsvollstreckung

Die Verwaltung besitzt in Deutschland eigene Vollstreckungsmöglichkeiten. Mit dem VA setzt sie ihre eigenen Vollstreckungstitel (sog.es Selbsttitulierungsrecht der Verwaltung). Die Verwaltungsvollstreckungsgesetze des Bundes und der Länder sowie des Polizei- und Ordnungsrechts unterscheiden die Vollstreckung wegen Geldforderungen und die Erzwingung von Handlungen, Duldungen oder Unterlassungen. Als Zwangsformen werden regelmäßig das Zwangsgeld, die Zwangshaft, der unmittelbare Zwang sowie die Ersatzvornahme vorgesehen (↑Zwangsvollstreckung). Das Vollstreckungsverfahren ist hochgradig förmlich und in der Sache von der eigentlichen Verwaltungsentscheidung aus Gründen der Herstellung rechtsstaatlicher Distanz getrennt.

### 5.7 Verwaltungsorganisation

Das Verwaltungsorganisationsrecht geht von den Verwaltungsträgern als den rechtsfähigen Einheiten der Verwaltung aus. Dies ist der „Staat" im weiteren Sinne: Bund und Länder sowie rechtsfähige ↑Körperschaften, ↑Anstalten und ↑Stiftungen des öffentlichen Rechts, durch die der Staat Verwaltungsaufgaben durch verselbständigte Einheiten wahrnimmt. Während Bund und Länder mit ihrem Verwaltungsunterbau als unmittelbare werden die sonstigen ↑juristischen Personen des öffentlichen Rechts als mittelbare Staatsverwaltung bezeichnet. Das V. kann auch Private mit der hoheitlichen Wahrnehmung von Verwaltungsaufgaben betrauen, die dann als Beliehene (Unternehmer) agieren und insofern „Teil des Staates" werden, insb. auch seinen Rechtsbindungen unterliegen. Überkommene Beispiele stellen die Technischen Überwachungsvereine bei Hauptuntersuchung von Kraftfahrzeugen oder der Arbeitgeber beim Einbehalten der Lohnsteuer dar. Die juristischen Personen des öffentlichen Rechts handeln durch ihre Organe. Behörden sind demgegenüber im organisatorischen Sinn (Teil-)Organe von Verwaltungsträgern, im funktionellen Sinn alle Stellen, wenn und soweit sie zur hoheitlichen Durchführung konkreter Verwaltungsmaßnahmen im Außenverhältnis berufen sind (vgl. auch § 1 Abs. 4 VwVfG: „Behörde im Sinne dieses Gesetzes ist jede Stelle, die Aufgaben der öffentlichen Verwaltung wahrnimmt."). Für das Verwaltungsorganisationsrecht ist die gesetzliche Festlegung von sachlicher, örtlicher, instanzieller und funktioneller Zuständigkeit von zentraler Bedeutung. Unter Organisationsgewalt wird die Befugnis zur Errichtung, Änderung und Aufhebung von Verwaltungsträgern, d. h. Körperschaften, Anstalten und Stiftungen des öffentlichen Rechts sowie deren Verwaltungsorganen verstanden. Die Trägerschaft der Organisationsgewalt ist sowohl in bundesstaatlicher als auch in gewaltenteiliger Hinsicht differenziert geregelt: Da die Bundesgesetze als Regelfall von den Ländern als eigene Angelegenheiten ausgeführt werden (Art. 83 f. GG), verbleibt die Organisationsgewalt insoweit regelmäßig bei den Ländern. Der organisationsrechtliche Gesetzesvorbehalt besagt, dass die Errichtung von Verwaltungsträgern sowie die Festsetzung der Zuständigkeiten den Bürgern gegenüber nur durch Gesetz vorgenommen werden können.

### 5.8 Rechtsschutz im Verwaltungsrecht

Ein rechtsstaatliches V. verlangt die grundsätzlich volle gerichtliche Überprüfung des Verwaltungshandelns den Bürgern gegenüber. Unter dem GG ist damit eine Verwaltungsgerichtsbarkeit schon wegen der Rechtsschutzgarantie des Art. 19 Abs. 4 zwingend. Dem korrespondiert die verwaltungsgerichtliche Generalklausel des § 40 VwGO.

#### Literatur

H. Maurer/C. Waldhoff: Allgemeines Verwaltungsrecht, [20]2020 • F. Hufen/T. Siegel: Fehler im Verwaltungsverfahren, [6]2018 • C. Kremer (Hg.): Die Verwaltungsrechtswissenschaft in der frühen Bundesrepublik (1949–1977), 2017 • D. Ehlers/H. Pünder (Hg.): Allgemeines Verwaltungsrecht, [15]2016 • W. Hoffmann-Riem/E. Schmidt-Aßmann/A. Voßkuhle (Hg.): Grundlagen des Verwaltungsrechts, 3 Bde., [2]2012 f. • A. B. Kaiser: Die Kommunikation der Verwaltung, 2009 • E. Schmidt-Aßmann: Das allgemeine Verwaltungsrecht als Ordnungsidee, [2]2006 • C. Schönberger: „Verwaltungsrecht als konkretisiertes Verfassungsrecht", in: M. Stolleis (Hg.): Das Bonner Grundgesetz, 2006, 53–84 • E. Forsthoff: Lehrbuch des Verwaltungsrechts, [10]1973 • N. Luhmann: Legitimation durch Verfahren, 1969 • F. Werner: Verwaltungsrecht als konkretisiertes Verfassungsrecht, in: DVBl (1959), 527–533 • H. Peters: Lehrbuch der Verwaltung, 1949 • O. Mayer: Deutsches Verwaltungsrecht, 2 Bde., 1895 f.

CHRISTIAN WALDHOFF

## Verwaltungswissenschaft

### 1. Verwaltungswissenschaft als Forschungsfeld

V. ist keine eigenständige akademische Disziplin, sondern vielmehr ein Forschungsfeld *(field of study)*, in dem ↑Verwaltung als gemeinsamer Untersuchungsgegenstand aus Perspektive verschiedener Disziplinen beleuchtet wird. Die öffentliche Verwaltung wird in der ↑Soziologie, dem ↑Verwaltungsrecht und der öffentlichen BWL (↑Public Management) untersucht. Die politikwissenschaftliche Verwaltungsforschung bezeichnet die hier vorgestellte Perspektive auf Verwaltung, die in der ↑Politikwissenschaft beheimatet ist und der bisweilen eine „Leitfunktion" (Bauer/Grande 2018: 10) zugeschrieben wird. Wenngleich die politikwissenschaftliche Verwaltungsforschung durch eine erhebliche Vielfalt in Forschungsfragen, Theorien und Methoden gekennzeichnet ist, verbindet sie ein gemeinsames zentrales Erkenntnisinteresse an der politischen Rolle der Verwaltung, die auf verschiedenen staatlichen Ebenen sowie unter einer Vielzahl von Fragestellungen untersucht wird. Schnittmengen weist die politikwissenschaftliche Verwaltungsforschung insb. mit dem Public Management auf. In Deutschland ist die Etablierung der politikwissenschaftlichen Verwaltungsforschung seit den 1960/70er Jahren eng mit den Arbeiten zunächst von Thomas Ellwein und Fritz Morstein Marx sowie dann v. a. von Renate Mayntz und Fritz Wilhelm Scharpf verbunden.

### 2. Entwicklung und Themenkonjunkturen

Die akademische Beschäftigung mit der Verwaltung hat indes auch in Deutschland eine längere Tradition und wurzelt in der Policeywissenschaft des 16. Jh., die sich später in die ↑Kameralistik, die ↑Ökonomie und die Policey- und ↑Staatswissenschaft differenzierte. Die historische Entwicklung der V. als akademisches Feld ist immer auch eng mit der jeweiligen politischen, staatlichen und gesellschaftlichen Entwicklung verwoben. Die politikwissenschaftliche Verwaltungsforschung heutiger Prägung ist erst seit Ende der 1960er Jahre an den deutschen Universitäten verankert. In der Nachkriegszeit wurde die Politikwissenschaft zuvorderst als Demokratiewissenschaft und zur Lehrerbildung etabliert und befasste sich v. a. mit den Voraussetzungen, Funktionsmustern und normativen Grundlagen der ↑Demokratie als Staatsform. Die V. spielte hier zunächst keine Rolle. Dies änderte sich mit der Diskussion um politische ↑Planung, die das Interesse auf die Grundlagen der Regierungsorganisation und insb. der Ministerialverwaltung lenkte. Inspiriert durch die US-amerikanische Policy-Forschung (↑Policy) und eng verknüpft mit der von der damaligen Bundesregierung eingesetzten Projektgruppe *Regierungs- und Verwaltungsreform* ging es darum, die Handlungsfähigkeit der Regierung durch organisationale Reformen zu verbessern und so die Regierung in die Lage zu versetzen, „aktive Politik" zu machen (z. B. Mayntz/Scharpf 1975). Wie auch in anderen westlichen Staaten endete die Planungsdebatte mit erheblicher Enttäuschung und ohne das Gros der diskutierten ↑Reformen durchzuführen.

Mit dem Ende der Planungsära wandte sich die politikwissenschaftliche Verwaltungsforschung von den internen Strukturen und Prozessen der Ministerialverwaltung ab und entdeckte die ↑Implementation von Politiken als zentrales Untersuchungsthema. Inspiriert durch das von Jeffrey Pressman und Aaron Wildavsky verfasste Buch „Implementation. How great expectations in Washington are dashed in Oakland" (1973) wandte sich auch die V. in Deutschland den Fragen zu, wie, durch wen und in welchen Strukturen ↑Gesetze angewendet werden. Das war auch deshalb eine neue Forschungsperspektive, weil zuvor die juristisch geprägte Sichtweise galt, dass Gesetze nach Verabschiedung und Inkrafttreten schlicht vollzogen würden – ein Prozess ohne politische Relevanz. Die Forschung zeigte nun aber, dass Implementation sehr wohl eine politische Dimension hat: Im Vollzug werden Ermessensspielräume (↑Ermessen) genutzt, wird mit Adressaten verhandelt und werden professionelle Normen der ↑Bürokratie in die Gesetzesanwendung eingewoben. Mithin können Gesetze und ihre Wirksamkeit im Vollzug verändert werden.

Aus der Implementationsforschung entwickelte sich dann vor allem am 1985 unter der Leitung von R. Mayntz gegründeten MPIfG Interesse an der politischen ↑Steuerung staatsnaher Sektoren und der mittlerweile liberalisierten ehemaligen staatlichen Infrastrukturmonopole wie etwa in der Telekommunikation (↑Liberalisierung). Die am MPIfG entwickelte Steuerungstheorie unterscheidet gesellschaftliche Teilsysteme als Steuerungsobjekte vom ↑Staat als zentralem Steuerungssubjekt. Diese Vorstellung von der Dominanz hierarchischer Steuerung wurde dann durch die Forschung zu Policy-Netzwerken und v. a. durch die Forschung unter dem Oberbegriff „↑Governance" erheblich in Frage gestellt. Die Governance-Forschung rückte mit ↑Markt und Netzwerken Alternativen zur ↑Hierarchie als Steuerungsinstrumente in den Mittelpunkt, was sich nicht auf die politikwissenschaftliche Verwaltungsforschung beschränkte, sondern in verschiedenen Teilbereichen der Politikwissenschaft aufgegriffen wurde. Kollektive Handlungskoordination – so die Beobachtung – würde nicht mehr nur durch staatliche hierarchische Steuerung erbracht, sondern finde vielmehr in einer Vielzahl von Formen statt, in denen unterschiedliche Akteure miteinander kooperieren – etwa durch Verhandlungen in Netzwerken ohne hierarchisches Zentrum. In der politikwissenschaftlichen Verwaltungsforschung ging der Governance-Trend mit einer Besinnung auf institutionalistische Untersuchungsperspektiven einher, die sich für die formalen, normativen und kulturellen Rahmenbedingungen des Verwaltungshandelns und inneradministrativer Prozesse interessieren. In jüngerer Zeit werden diese institutionalistischen Perspektiven – wie auch in anderen Bereichen der Politikwissenschaft – durch ein Interesse an behavioralistischen Perspektiven (↑Behaviorismus, Behavioralismus) und Fragestellungen abgelöst, die analytisch auf der Ebene individueller Akteure ansetzen.

Die Untersuchung des Verhältnisses von ↑Politik und Verwaltung bildet einen roten Faden, der sich durch alle Themenkonjunkturen zieht: Seit den 1970er Jahren wurde und wird die politische und bürokratische Rollenteilung ebenso analysiert wie regierungsinterne horizontale wie vertikale Koordination und Kommunikation in und zwischen Ministerien. In der Implementationsforschung und der Steuerungsperspektive ging es auch um die Frage, ob und wie sichergestellt werden kann, dass politische ↑Entscheidungen durch die Verwaltung umgesetzt werden. Diese Frage ist auch in der lokalen Politikforschung zentral, also jenem Bereich der politikwissenschaftlichen Verwaltungsforschung, der sich vornehmlich mit der kommunalen Ebene befasst.

Insgesamt zeichnet sich V.s-Forschung dadurch aus, dass sie nicht über einen eigenen Korpus an Theorien verfügt oder gar eine große „Theorie der Verwaltung", sondern sich am theoretischen Repertoire der Politikwissenschaft, insb. der Policyforschung, aber z. B. auch der Organisationstheorie (↑Organisation) bedient. Methodisch dominierten lange Zeit qualitative Fallstudiendesigns, die in den letzten Jahren zunehmend durch quantitative Designs (z. B. Survey-Untersuchungen) sowie jüngst auch experimentelle Methoden ergänzt werden.

### 3. Praxisorientierung und Politikberatung

Die V. war und ist immer auch eng mit der Praxis verknüpft, was sich nicht zuletzt darin zeigt, dass die Beschäftigung mit Verwaltungsreformen ein Dauerthema ist, welches insb. die 1990er Jahre mit dem Reformtrend des NPM und der deutschen Version des ↑Neuen Steuerungsmodells prägte. Mit dem Begriff „NPM" wird ein Reformtrend bezeichnet, der im Kern darauf abstellt, Konzepte und Methoden des privatwirtschaftlichen ↑Managements in den öffentlichen Sektor zu übertragen, um ihn effizienter und effektiver werden zu lassen. NPM dominierte die Reformdiskussion in vielen OECD-Ländern und es wurde eine Vielzahl unterschiedlicher Reforminstrumente unter diesem Schlagwort diskutiert: So sollte etwa input-orientierte Steuerung von Verwaltungshandeln durch zielorientierte Steuerung abgelöst werden und Personal- und Haushaltsmanagement auf Performanceorientierung oder ↑Doppik ausgerichtet werden. Vergleichende Untersuchungen zeigen, dass diese Reformideen in den OECD-Ländern sehr unterschiedlich umgesetzt wurden und dass die deutsche Verwaltung sehr zögerlich reformiert wurde. Mit dem Neuen Steuerungsmodell hatte die KGSt 1993 ein Verwaltungsreformmodell erarbeitet, welches sich an NPM-Ideen orientierte und fortan Reformbemühungen insb. in den Kommunen prägte. Obgleich diese Zeit als Hochphase der Verwaltungsreformforschung gesehen werden kann, sind mit der Erforschung von „Besserer Rechtsetzung", Bürokratieabbau oder in jüngerer Zeit *public sector innovation* internationale Reformtrends dauerhafter Untersuchungsgegenstand der V. Verwaltungswissenschaftlerinnen und Verwaltungswissenschaftler sind seit jeher auch in der Beratung von Politik und Verwaltung (↑Politikberatung) aktiv – nicht nur, aber v. a. in Fragen der Verwaltungsreform. So entstammen zahlreiche Gutachten zur Verwaltungsreform in verschiedenen Bundesländern Federn von Verwaltungswissenschaftlerinnen und Verwaltungswissenschaftlern, die auch regelmäßig Mitglieder in Reformkommissionen sind.

### 4. Lehre

An der damals noch jungen Universität Konstanz wurde 1968 der erste grundständige V.s-Studiengang in Deutschland eingerichtet, in dem ein verwaltungswissenschaftliches Diplom erworben werden konnte. Mit der Neugründung der Universität nach der Wiedervereinigung wurde dann auch 1996 in Potsdam der Studiengang Diplom-V. eingerichtet. Mittlerweile bieten beide Universitäten einschlägige Bachelor- und Masterstudiengänge an – letztere z. T. auch in englischer Sprache. V. wird darüber hinaus traditionell auch an der *Deutschen Universität für Verwaltungswissenschaften Speyer* gelehrt, die neben dem Angebot an Rechtsreferendare, dort eine V.s-Station zu absolvieren, einen V.s-Masterstudiengang anbietet. Des Weiteren gibt es etwa mit dem Master of Public Policy an der *Hertie School* in Berlin und den Bachelor- und Masterstudiengängen „Politics, Administration & International Relations" an der *Zeppelin Universität* in Friedrichshafen Studiengänge mit einem V.s-Schwerpunkt. Daneben bieten eine Reihe politikwissenschaftlicher Institute etwa in Hannover, Bochum oder München V.s-Lehrangebote im Rahmen politikwissenschaftlicher Bachelor- und Masterstudiengänge an und z. B. die *Universität Kassel* einen Master-Studiengang mit einem Public Management-Schwerpunkt. An den zahlreichen verwaltungsorientierten Studiengängen der Fachhochschulen ist die Ausbildung sehr praxisnah und Inhalte der politikwissenschaftlichen Verwaltungsforschung haben i. d. R. nur einen geringen Anteil.

### 5. Internationale Ausrichtung

Im Vergleich mit anderen europäischen Ländern sind die politikwissenschaftliche Verwaltungsforschung und die entspr.e wissenschaftliche Community in Deutschland klein. Während die V. in den skandinavischen Ländern zum Kernbestand der Politikwissenschaft gehört, war die Etablierung in Deutschland lange umstritten. Gleichwohl – oder vielleicht auch gerade deshalb – ist die V. mittlerweile international orientiert. Einschlägige Fachkonferenzen wie etwa die Jahrestagung der *Euro-*

*pean Group of Public Administration* oder einschlägige Workshops oder Panels im Rahmen der wichtigen politikwissenschaftlichen Konferenzen etwa des *European Consortium for Political Research* zeigen nicht nur, dass die V. insgesamt sehr international ausgerichtet ist, sondern dass auch die deutschen Verwaltungswissenschaftlerinnen und Verwaltungswissenschaftler dort regelmäßig anzutreffen sind. Darüber hinaus sind viele Forschungsprojekte und -interessen mittlerweile international vergleichend ausgerichtet und/oder werden in internationaler Kooperation bearbeitet. Während sich eine genuin vergleichende V. derzeit noch entwickelt, liegen aus vielen Ländern umfassende und vielfältige Einzelfallstudien zu zahlreichen Fragestellungen vor.

### Literatur

M. W. Bauer/E. Grande (Hg.): Perspektiven der Verwaltungswissenschaft, 2018 • K. Wegrich: Ironie des Schicksals. Verwaltungswissenschaft im Zeitalter von Governance, in: dms 10/1 (2017), 3–30 • W. Jann: Praktische Fragen und theoretische Antworten. 50 Jahre Policy-Analyse und Verwaltungsforschung, in: PVS 50/3 (2009), 476–505 • J. Bogumil/W. Jann: Verwaltung und Verwaltungswissenschaft in Deutschland, [2]2008 • R. Mayntz/F. W. Scharpf: Policy-Making in the German Federal Bureaucracy, 1975 • J. Pressman/A. Wildavsky: Implementation. How Great Expectations in Washington are Dashed in Oakland, 1973.

THURID HUSTEDT

## Virtuelle Realität

Der Begriff V. R. beschreibt die menschliche Wahrnehmung einer mit Hilfe von Technologie erzeugten und dargestellten scheinbaren ↑Realität. In der Science-Fiction-Literatur wurde ein System, das V.r R. entspricht, erstmals 1964 von Daniel Francis Goulouye in seinem Roman „Simulacron-3" beschrieben. Dieser Roman bildete die Grundlage für den von Rainer Werner Fassbinder im Jahr 1973 produzierten Fernsehfilm „Welt am Draht". Der von den Schwestern Lana und Lilly Wachowski produzierte Film „The Matrix" aus dem Jahr 1999 greift ebenfalls die Ideen aus „Simulacron-3" auf, genauso wie der Film „13th Floor" von Roland Emmerich.

Die erstmalige Verwendung des Begriffs „V. R." wird dem Informatik-Pionier Jaron Lanier zugeschrieben, der ab Mitte der achtziger Jahre des letzten Jh. die Entwicklung von V.r R. wesentlich vorantrieb und u. a. den Datenhandschuh und erste technische V. R.s-Systeme entwickelte. Neben V.r R. werden auch Begriffe wie Virtuelle Umgebung oder ↑Cyberspace verwendet, um solche Systeme zu charakterisieren. Die Bezeichnung V. R. hat sich weitgehend etabliert. V. R. beschreibt die Schnittstelle zwischen den im Cyberspace verfügbaren Daten und den menschlichen Benutzern. Der Begriff Cyberspace beschreibt die Daten und Systeme selbst.

Auf Paul Milgram und Fumio Kishino geht der Begriff des „Realitäts-Virtualitäts-Kontinuums" (Milgram u. a. 1994) zurück, das in Abb. 1 dargestellt ist. Damit wird der stufenlose Übergang zwischen den Antipoden physikalische Realität und V. R. beschrieben. Werden nur kleinere Anteile der Realität durch künstliche Reize ersetzt, wird dies als erweiterte Realität, engl. *Augmented Reality* oder abgekürzt AR, bezeichnet. Wird nur noch ein sehr kleiner Teil der physikalischen Realität wahrgenommen, spricht man von erweiterter Virtualität, engl. *Augmented Virtuality.* Der Begriff der erweiterten Virtualität wird heute nicht mehr verwendet. Die Autoren beschreiben das komplette Spektrum des Kontinuums als „gemischte Realität" (engl. *Mixed Reality*).

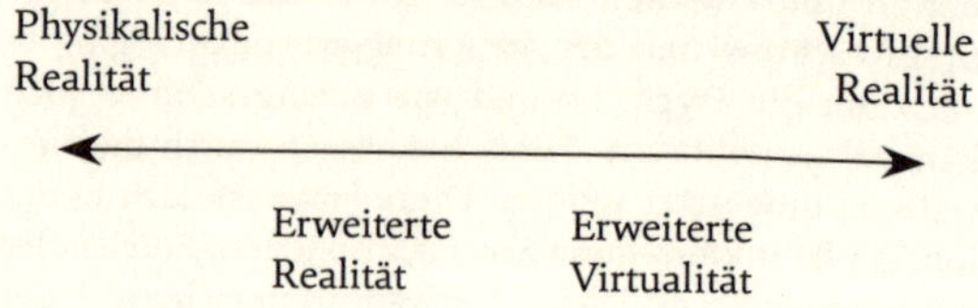


Abb. 1: Das Realitäts-Virtualitäts-Kontinuum nach P. Milgram und F. Kishino

Von V.n R.s-Systemen werden Fortschritte für die einfache und intuitive Benutzung von Software-Systemen erwartet, denn bei entspr. gestalteten Systemen interagieren die Benutzer nicht mit Tastatur und Maus, sondern mit Abbildern der physikalischen Welt. Dadurch verspricht man sich die intuitive Benutzung von Software-Systemen ohne vorheriges Training.

### 1. Realisierung von Virtueller Realität

Ein V.s R.s-System erzeugt Sinnesreize für die menschlichen Benutzer, die eine möglichst hohe Immersion hervorrufen sollen. Die Benutzer akzeptieren die künstlich hervorgerufenen Stimuli als real und können mit der dargestellten Umgebung interagieren. Ziel ist es, bei den Benutzern die Wahrnehmung einer Präsenz in der künstlich geschaffenen Umgebung hervorzurufen, die virtuelle Umgebung wird mental als real akzeptiert. Die Immersion und Präsenz werden durch die technische Verfolgung der Position und Orientierung der Benutzer und von Handsteuergeräten hervorgerufen. Diese Signale werden in Echtzeit auf entspr.e Darstellungen für die verwendeten Stimuli umgewandelt.

In der Theorie regt ein V.s R.s-System alle menschlichen Sinne mit Signalen an, von der visuellen und auditiven Wahrnehmung bis hin zur Propriozeption (Körperwahrnehmung im Raum), Thermozeption (Temperaturwahrnehmung) und Nozizeption (Schmerzwahrnehmung). In der Praxis werden hauptsächlich visuelle und auditive Signale eingesetzt. Taktile und haptische Informationen finden zunehmend Verwendung. Es darf bezweifelt werden, ob es jemals eine technische Realisierung von Systemen geben wird, die die gustatorische Wahrnehmung (Geschmacksempfinden) oder die Schmerzempfindung einsetzen. Selbst wenn dies zukünftig technisch möglich sein sollte, fällt es schwer, eine sinnvolle Anwendung dafür zu beschreiben.

## 2. Technische Realisierung

Sehr lange wurde V. R. v. a. mit Hilfe des *Cave Automatic Virtual Environment* realisiert. Das erste derartige System wurde 1992 an der University of Illinois in Chicago aufgebaut. Dazu wurden Projektoren, Rückprojektionsleinwände und Positionsverfolgung und sehr leistungsfähige Grafik-Rechner eingesetzt.

Durch die Fortschritte in der Herstellung von Sensoren und Aktoren werden heute häufig Datenbrillen, sog.e *Head-Mounted-Displays*, verwendet. Diese Geräte verwenden kleine, in Brillen verbaute Bildschirme und Kopfhörer für die visuellen und auditiven Signale. Die Datenbrillen können sowohl mit leistungsfähigen Rechnern, aber auch mit mobilen Endgeräten eingesetzt werden. Dabei werden die Bildschirme der mobilen Endgeräte verwendet, so dass sehr kostengünstige Lösungen realisiert werden können, die allerdings in der Qualität der Darstellung hinter dem technisch Möglichen zurückbleiben.

## 3. Ausblick

Die Automobil- und Luftfahrt-Industrie setzt bereits längere Zeit V. R. produktiv in Bereichen wie Prototypenbau oder Fertigungsplanung ein. Bedingt durch die Marktdurchdringung mit mobilen Endgeräten und dem ständigen Preisverfall wird der professionelle Einsatz von V.r R. und der erweiterten Realität in der Industrie bis hin zu den Endverbrauchern deutlich ansteigen. Dabei werden überwiegend mobile Endgeräte wie Smartphones oder Tablet-Rechner eingesetzt werden.

Die Unterhaltungsindustrie, insb. die Hersteller von Computer-Spielen, versuchen V. R. in diesem Bereich zu etablieren. Es darf bezweifelt werden, ob dies von großem Erfolg gekrönt sein wird. Die heutigen großen Stückzahlen werden die Kosten für den Aufbau eines V.n R.s-Systems künftig deutlich senken, so dass die ernsthafte Verwendung von V.r R. und von erweiterter Realität in vielen Bereichen der Wirtschaft und der Kultur zunehmen dürfte.

## Literatur

W. Sherman/A. Craig: Understanding Virtual Reality, 2019 • R. Dörner u. a.: Virtual und Augmented Reality (VR/AR), 2013 • M. Brill: Virtuelle Realität, 2009 • P. Milgram/F. Kishino: A Taxonomy of Mixed Reality Visual Displays, in: IEICE Transactions on Information and Systems E77-D (1994), 1321–1329 • Paul Milgram u. a.: Augmented Reality: A Class of Displays on the Reality-Virtuality Continuum, in: SPIE, 2351. Bd., (1994), 282–292 • C. Cruz-Neira u. a.: The CAVE: Audio Visual Experience Automatic Virtual Environment, in: CACM, 35/6, (1992), 64–72 • H. Rheingold: Virtual Reality, 1991 • J. Lanier u. a.: Virtual Environments and Interactivity: Windows to the Future, in: Computer Graphics, 23/5, (1989), 7–18 • M. Krueger: Artificial Reality, 1983 • I. Sutherland: The Ultimate Display, in: Proceedings of the IFIP Congress, (1965), 506–508 • D. Goulouye: Simulacron-3, 1964.

MANFRED BRILL